Christian Hartmann
Wehrmacht im Ostkrieg

Quellen und Darstellungen zur
Zeitgeschichte
Herausgegeben vom Institut für
Zeitgeschichte

Band 75

R. Oldenbourg Verlag München 2009

Christian Hartmann

Wehrmacht im Ostkrieg

Front und militärisches Hinterland 1941/42

R. Oldenbourg Verlag München 2009

Mit Unterstützung des Bayerischen Staatsministeriums für Wissenschaft, Forschung und Kunst

Bibliographische Information der Deutschen Nationalbibliothek

Die Deutsche Nationalbibliothek verzeichnet diese Publikation in der Deutschen Nationalbibliographie; detaillierte bibliographische Daten sind im Internet über http://dnb.ddb.de abrufbar.

© 2009 Oldenbourg Wissenschaftsverlag GmbH, München
Rosenheimer Straße 145, D-81671 München
Internet: oldenbourg.de

Umschlaggestaltung: Dieter Vollendorf

Gedruckt auf säurefreiem, alterungsbeständigem Papier (chlorfrei gebleicht)
Satz: Typodata GmbH, München
Druck: Memminger MedienCentrum, Memmingen
Bindung: Buchbinderei Klotz, Jettingen-Scheppach

ISBN 978-3-486-58064-8

Inhalt

„Das Jahrhundert geht zu Ende, und mit ihm lösen sich die Landschaften auf, die es in seiner Sturm-und-Drang-Zeit hervorgebracht hat. [...] So müssen wir mit der Hinterlassenschaft des Jahrhunderts leben. Sie ist unsere Umgebung. Wir können über den Wahn vorangegangener Generationen klagen, aber sie haben nur getan, was sie konnten, mit den Mitteln, die ihnen zur Verfügung standen, mit den Erwartungen und Hoffnungen, die auch ihr Leben erfüllten. Ob wir über sie wirklich hinaus sind, steht dahin. Bekanntlich stellt sich die Menschheit nur Aufgaben, zu deren Bewältigung sie auch das Zeug hat. Alles geschieht wie immer nur in bester Absicht. Über die Kehrseite des Fortschritts lamentiert man meist *ex post*. Die das zuwege brachten, taten es nicht leichtfertig, sondern unter großen Opfern. Sie riskierten einen hohen Einsatz, während wir darüber nur eine Ansicht zu haben brauchen. Worauf sie noch mit bestem Gewissen zusteuerten, bereitet uns, den Nachgeborenen, Kopfzerbrechen und Gewissensbisse. Wir gehen über das Gelände nach der Schlacht, in der nicht wir, sondern andere umgekommen sind, ermattet, distanziert und mit dem abgeklärten Blick derer, die mehr wissen als die, die dabei gewesen sind. Aber wenn wir so fair sind, ihnen nicht weniger Intelligenz und nicht weniger Anstand zuzubilligen, als wir uns selbst in der Regel zubilligen, dann hilft nur, der Spur des Sturm und Drangs nachzugehen. Sie wird gewiß in die Zone extremster Verwerfungen und Tumulte führen, [...]. "[1]

[1] Karl Schlögel, Promenade in Jalta und andere Städtebilder, Frankfurt a. M. 2003, S. 297f.

In
memoriam

Karl Christ
(1923–2008)

Prolog

Ein kleines Ereignis in einem großen Krieg

Zwei Delinquenten

Für die beiden Soldaten sah es nicht gut aus. Am 10. März 1942 hatte man ihnen eröffnet, der General habe ihr Gnadengesuch abgelehnt. Nun warteten sie, ein Gefreiter und ein Obergefreiter aus einem Nachschubkommando der 4. Panzerdivision, auf ihre Hinrichtung. Eine Hoffnung hatten sie noch: ihre Division, die das Urteil nicht akzeptierte. Kein Geringerer als ihr Erster Generalstabsoffizier, Oberstleutnant i. G. Otto Heidkämper, hatte sich für sie bei seinen Vorgesetzten eingesetzt. Daraus entspann sich ein längerer Schriftwechsel, bei dem mehr verhandelt wurde als nur ein juristischer Fall. Denn das Kriegsgericht hatte die zwei Landser „wegen Mordes an einem Russen" zum Tode verurteilt. Dahinter aber stand wiederum eine politische Grundsatzfrage: Wie sollte es mit der deutschen Besatzungspolitik in der Sowjetunion auf Dauer weitergehen, zumindest im Hoheitsgebiet der 2. deutschen Panzerarmee? Das war kein beliebiger Frontabschnitt, sondern ein Raum, in dem die Wehrmacht Hunderttausende von Soldaten konzentrierte[1]. Die Bedeutung, die man dieser Frage zumaß, veranschaulichen schon die Briefe, die wegen der beiden Verurteilten ausgetauscht wurden.

Ein Russe und ein Disput

Begonnen hatte diese Korrespondenz am 7. März 1942. Es sei, so Heidkämper, bei der Division „nicht ganz verständlich, daß zwei deutsche Soldaten wegen eines umgelegten Russen ihr Leben lassen sollen"[2]. Könne man die Vollstreckung der Todesurteile nicht erst einmal aufschieben? Beim Oberbefehlshaber der 2. Panzer-

---

[1] Dem Pz. AOK 2 waren im März 1942 neben einer Reihe spezieller Armeetruppen (wie Artillerie-, Pionier- oder Fernmelde-Einheiten) sowie der Kommandantur des Rückwärtigen Armeegebiets die folgenden Kampfverbände unterstellt: XXIV. Armeekorps (mit der 18. Panzer-, der 208., 211. und 339. Infanterie- sowie der 403. Sicherungsdivision), XXXXVII. Pz. Korps (mit der 4. Panzer- und 134. Infanteriedivision), LIII. Armeekorps (mit der Infanteriedivision „Großdeutschland", der 17. Panzer- sowie der 25., 56., 112., 167. und 296. Infanteriedivision) und XXXV. Armeekorps (mit der 29., 262. und 293. Infanteriedivision). Angaben nach: Tessin, Verbände und Truppen, Bd. 2, S. 89f.
Zur wechselnden Größe der Kommandantur des Rückwärtigen Armeegebiets der 2. Panzerarmee (seit dem 4.4.1942: Korück 532), damals immerhin ein Areal von einigen zehntausend Quadratkilometern, vgl. Schulte, German Army, S. 78f.
[2] IfZ-Archiv, MA 1582: 4. Pz. Div., 1. GenStOffz., Schreiben an den XXXXVII. Pz. Korps, Chef GenSt, vom 7.3.1942. Es handelt sich hier um ein „privat-dienstliches" Schreiben Heidkämpers, in dem es weiter heißt: „Da wegen Nichtbefürwortung des Gnadengesuches kaum mit einer Aufhebung der Bestätigung des Todesurteils gerechnet werden kann, bittet Oberst Eberbach, daß vor Vollstreckung des Urteiles ihm als Divisionsführer Gelegenheit gegeben wird, in die Akten Einsicht zu nehmen, um eine Entscheidung fällen zu können, ob er seinerseits nochmals ein Gnadengesuch an den Führer einreichen soll oder nicht." Heidkämpers indirekte Drohung mit einer Vorlage beim „Führer" ist bemerkenswert. BA-MA, I 10 Ost Spezial K 395: XXXXVII. Pz. K., Strafsache N. B., 6./kl. Kw. Kol. 84, Gnadengesuch B.'s vom 18.2.1942.

armee, Generaloberst Rudolf Schmidt, war er damit aber nicht weit gekommen. Schon drei Tage später stellte dieser nochmals klar, dass die künftige Besatzungspolitik nun durch einen Armeebefehl „eindeutig und abschließend geregelt" sei[3]. Deshalb wolle er auch am Urteil nichts ändern. Zwar habe, so Schmidt, die 4. Panzerdivision „vorher eine Reihe von Divisionsbefehlen erlassen, die […] auf die Straftat der Angeklagten offensichtlich nicht ohne Einfluß gewesen" seien. Diese Befehle habe die Division ja mittlerweile auch aufgehoben. „Trotzdem habe ich das Urteil, das durchaus der Sach- und Rechtslage entspricht, bestätigt und auch die Gnadengesuche beim O[ber]b[efehlshaber] d[es] H[eeres][4], dem sie bestimmungsgemäß vorzulegen waren, nicht befürwortet, da die Rohheit der aus der Tat sprechenden Gesinnung und die Notwendigkeit der Abschreckung die schärfste Strafe erfordern, um einer hier und da bereits eingetretenen Verwilderung der Truppe deutlich Einhalt zu gebieten." Schon deshalb wolle er das Urteil auf deutscher wie auf russischer Seite bekannt geben lassen.

Das war deutlich, und Heidkämper blieb nichts anderes übrig, als seinen Standpunkt in einem langen Brief nochmals zu rechtfertigen[5]. Nicht ungeschickt verwies er auf den berüchtigten Befehl des Generalfeldmarschalls Walter von Reichenau vom Oktober 1941 – auf ein Schriftstück, das schon damals zum „Synonym für die Komplizenschaft der Wehrmacht im Vernichtungskrieg"[6] geworden war. Dieser Grundsatzbefehl über das „Verhalten der Truppe im Ostraum" sei damals von der 4. Panzerdivision[7] – so Heidkämper weiter – „sehr begrüßt, sofort mit den Ic-Off[i]z[ieren] eingehend besprochen und bis zu den Kompanien verteilt" worden. Die Division habe „sich mit allen Mitteln bemüht, die Gedanken dieses Befehls zum Gemeingut der Truppe zu machen. Aus diesem Befehl sind die Gedanken genommen, die in den ‚Parolen des Tages' ihren Ausdruck fanden. Immer wieder sollte durch diese Parolen der tiefste Sinn unseres gegenwärtigen Kampfes allen Soldaten eingeimpft werden. Die Division hielt dies auch deshalb für erforderlich, weil den Leuten die Notwendigkeit der oft harten, ja roh erscheinenden eigenen Maßnahmen verständlich gemacht werden mußte. Wenn die Angehörigen der Division während des Rückzuges im Dezember viele Hunderte von russ[ischen] Gefangenen an der Straße elend verrecken sahen oder wenn sie auf höheren Befehl zahlreiche Dörfer zwischen den Fronten oder im Partisangebiet niederbrennen und dabei die den Brand zu verhindern suchende Bevölkerung umlegen, die übrige Bevölkerung bei 40 Grad Kälte in die Wälder, also in den sicheren Tod treiben

---

3 IfZ-Archiv, MA 1582: Pz. AOK 2, OB, Befehl an das XXXXVII. Pz. Korps vom 10.3.1942.
4 Oberbefehlshaber des Heeres war seit dem 19.12.1941 Hitler. Vgl. hierzu Hartmann, Halder, S.301ff.
5 IfZ-Archiv, MA 1582: 4. Pz. Div., Abt.I a, Schreiben an das XXXXVII. Pz. Korps vom 20.3.1942.
6 So Richter, Handlungsspielräume am Beispiel der 6. Armee, S.61. Vgl. hierzu Hürter, Heerführer, S.424, 575ff., 581ff. Druck von Reichenaus Befehl zum „Verhalten der Truppe im Ostraum" vom 10.10.1941 in: Ueberschär/Wette (Hrsg.), „Unternehmen Barbarossa", S.339f.
7 Nachdem Hitler den Befehl Reichenaus „als ausgezeichnet" bezeichnet hatte und bei den Oberbefehlshabern des Ostheers um „entsprechende Anordnungen" gebeten hatte, machte sich Guderian als Oberbefehlshaber der 2. Panzerarmee am 6.11.1941 Reichenaus Befehl vom 10.10.1941 „zu eigen". Das XXIV. Pz. Korps leitete diesen Befehl dann fünf Tage später an die Divisionen in seinem Befehlsbereich weiter. BA-MA, RH 24-24/95: Pz. AOK 2, Abt.I a, Befehl vom 6.11.1941; XXIV. Pz. Korps, Abt.I a, Befehl vom 11.11.1941. Ferner Müller (Hrsg.), Okkupation, S.113.

mußten, so war es notwendig, den Soldaten klar zu machen, warum dies alles sein mußte. Hätte man es nicht getan, so wären die Leute innerlich zerbrochen. Dies allein war der Hauptgrund, die Angehörigen der Div[ision] immer von neuem gegen das bolschewistische System aufzuhetzen, ihnen – wie der Befehl der 6. Armee sagt – volles Verständnis für die Notwendigkeit der harten, aber gerechten Sühne am jüdischen Untermenschentum beizubringen." Wenn Heidkämper schließlich um eine Entscheidung bat, „ob der Befehl des A.O.K. 6 aufgehoben ist" und „welche der beigefügten ‚Parolen des Tages' von der Division aufzuheben" seien, so war das freilich nicht mehr als ein Nachhutgefecht, denn Schmidt hatte keinen Zweifel daran gelassen, was er von seinen Soldaten künftig forderte: etwas ganz anderes als das, was bislang bei der 4. Panzerdivision üblich gewesen war[8]. Wie sehr diese während der zurückliegenden Monate moralisch verkommen war, illustriert schon eine Auswahl jener „Parolen des Tages", die Heidkämper seinem Schreiben beigelegt hatte:

„ 21.11.[19]41: Träger und Drahtzieher der bolschewistischen Idee ist der J u d e .
Deutscher Soldat denke immer daran, wo noch Juden leben, gibt es hinter der Front keine Sicherheit. Jüdische Zivilisten und Partisanen gehören nicht in die Gefangenenlager, sie sind zu erschießen.

25.11.[19]41/4.2.[19]42: Furcht vor deutschen Maßnahmen
muß der Bevölkerung mehr in den Knochen sitzen als der Terror umherirrender bolschewistischer Restteile und Partisanen. Gegenüber dem bolschewistischen Untermenschentum gibt es keine Gnade, auch nicht für Weiber und Kinder. Partisanen und Mitwisser an den nächsten Baum!
[...]

6.1.[19]42: Der deutsche Soldat steht als Kämpfer in Rußland! Zum A r b e i t e n sind genügend Russen vorhanden!
[...]

15.1.[19]42: Es gibt keine harmlosen Zivilisten im Sowjetstaat.
Zwanzig Jahre Bolschewismus haben die Bevölkerung zu gehorsamsten Sklaven der jüdischen Verbrecher gemacht. Nur drakonische Maßnahmen können Dich vor der Heimtücke hinter der Front schützen. An den höchsten Baum mit Partisanen und Juden!
[...]

24.1.[19]42: Mitleid mit der Zivilbevölkerung ist am falschen Platz! Sei hart gegen jeden verdächtigen Zivilisten. Erschieße ihn, bevor er Deine Kameraden morden kann!
[...]

19.3.[19]42: Jeglicher Zivilverkehr außerhalb geschlossener Ortschaften ist verboten.
Darum: Herumlaufende Zivilisten – falls möglich nach Vernehmungen – e r s c h i e ß e n ."

Es bedarf keiner großen Phantasie, um sich auszumalen, welche Folgen diese wöchentlichen Freibriefe zur Gewalt hatten. Das Prinzip des rassenideologischen Vernichtungskriegs, wie es der radikalste und auch brutalste Oberbefehlshaber des deutschen Ostheers in seinem Befehlsbereich schon längst praktizierte, sollte nun

---

[8] IfZ-Archiv, MA 1582: 4. Pz. Div., Abt. I a, Schreiben an das XXXXVII. Pz. Korps vom 20.3.1942, Anlage. Diese Anlage besteht aus insgesamt 23 „Parolen", von denen zwei zweimal ausgegeben wurden. Sie beginnen am 21.11.1941 und enden am 14.3.1942, wobei die letzte lediglich dazu aufforderte, liegen gebliebenes Kriegsgerät zu „vernichten oder mit[zu]nehmen".

zum Maßstab für die Besatzungspolitik der gesamten Wehrmacht in der Sowjetunion werden. Im Prinzip war dies nicht neu, Hass-Befehle hatte es schon vorher gegeben. Dass ausgerechnet dieser eine so große Wirkung entfaltete, besaß auch militärische Gründe. Denn die 4. Panzerdivision befand sich im Spätherbst 1941, wie viele Verbände, in einer tiefen Krise[9]. Obwohl sich ihre Offensivkraft definitiv erschöpft hatte, wurde sie weiter in einen Angriff getrieben, an dessen Ende nicht der Einmarsch in Moskau stand, sondern eine sowjetische Gegenoffensive, der die zerschlissenen Divisionen der Wehrmacht nicht mehr viel entgegenzusetzen hatten. Was folgte, war ein Kampf, bei dem es um die Existenz des gesamten Ostheeres ging. Kein deutscher Soldat konnte sich ihm entziehen. Während die Front immer wieder zu zerbrechen drohte, erfasste auch der Partisanenkrieg große Teile ihres Hinterlands.

Jene widerwärtigen Parolen, in der Geschichte dieser Formation bislang ohne Beispiel[10], trugen freilich kaum zu Verbesserung ihrer militärische Lage bei – im Gegenteil: Bei einer solch drakonischen Besatzungspolitik war abzusehen, dass sich selbst die Etappe in einen riesigen Kriegsschauplatz verwandeln würde. Ganz offensichtlich ging es nicht nur um militärische Ziele; diese Ideologisierung der Kriegführung besaß immer *auch* die Funktion eines psychologischen Ventils. Es bot den Landsern in der Krise dieses Winters eine Möglichkeit, ihre Anspannung, ihre chronische Unterversorgung und ihre Todesangst zu kompensieren[11]. Als Opfer dienten die Schwächsten – Gefangene, Zivilisten, Frauen und Kinder. So etwas hatte System: „Der Terror im Zweiten Weltkrieg ist zumeist aus Zuständen der Labilität erwachsen, besessen von tödlichem Zeitverlust, von dem Hinterhalt im Rücken, dem Kollaps der Heimat, dem Verrat der Kollaboranten, der Fragilität von Landungstruppen, Nachschublinien usw."[12]

Das wollte Schmidt nun abstellen. Die Verurteilung der beiden Soldaten war ein klares Signal[13]. Zugegeben, hier handelte es sich um zwei „kleine Fische". Aber – sieht man einmal davon ab, dass auch diese beiden Soldaten schuldig geworden

---

[9] Am 10.11.1941 musste sich die 4. Panzerdivision erstmals auf breiter Front zur Abwehr einstellen. Vgl. BA-MA, RH 27-4/12: 4. Pz. Div., Abt. I a, „Divisions-Befehl für die Gliederung zur Abwehr" vom 10.11.1941.

[10] Bereits in einer zeitgenössischen Selbstdarstellung der 4. Panzerdivision wurde offen eingeräumt, ihre Angehörigen seien im Spätherbst 1941 „rau und hart geworden". Vgl. O. Verf., Sturm im Osten, S.270. Bei dieser Panzerdivision, deren Identität in diesem Buch ungenannt bleibt, handelt es sich eindeutig (wie schon der Name des Verfassers, die Ortsangaben oder die Fotos belegen) um die 4. Pz. Div.

[11] Zu Ursachen und Verlauf solcher Transformationsprozesse vgl. etwa Shay, Achill in Vietnam, S.33ff.

[12] Friedrich, Gesetz des Krieges, S.654.

[13] Welche Wirkung von diesem Urteil ausging, ist schon an dem Papierkrieg zu erkennen, den es nach sich zog. Sogar der Kommandierende General des XXXXVII. Pz. K., Gen. Joachim Lemelsen, setzte sich mit einer Eingabe vom 18.2.1942 für die beiden Delinquenten ein, wobei er selbst „zur Abschreckung" eine Zuchthausstrafe empfahl. Am 4.3.1943 beharrte Schmidt aber nochmals schriftlich auf seiner Ablehnung, „weil die Tat eine überaus rohe Gesinnung der Verurteilten verrät und der Verwilderung der Truppe durch Abschreckung deutlich Einhalt geboten werden muß". Erst nach einer Intervention durch den GFM Wilhelm Keitel, der diese Sache (unter Bezug auf Hitlers Verfügung vom 6.1.1942) vermutlich diesem persönlich vorgelegt hatte, wurde das Todesurteil am 4.4.1942 auf dem Gnadenwege in „eine Zuchthausstrafe von 12 Jahren umgewandelt"; die beiden Verurteilten N. B. (* 1910) und F. B. (* 1919) waren bereits vorher in die Wehrmachtsstrafanstalt Frankfurt/Oder überstellt worden. Fasst man alles zusammen, so stand am Ende noch immer eine bemerkenswert harte Strafe; die Strafeinheiten der

waren – wie ließ sich eine Division, die außer Rand und Band geraten war, wieder in den Griff bekommen? Eben durch ein Exempel. Und, durch einen Neuanfang. Schmidts Grundsatz-Befehl vom 3. März[14] war kein allgemein gehaltener Appell an die „Disziplin und geistige Haltung" seiner Soldaten. Vielmehr konkretisierte der Generaloberst auf drei großen Feldern[15], wie er sich künftig die Besatzungspolitik seiner Armee vorstellte:

(1) Alle Kriegsgefangenen seien „dem Völkerrecht entsprechend zu behandeln. Ungerechtfertigte Erschießungen von Gefangenen" seien verboten, gegen Tatverdächtige werde man kriegsgerichtlich ermitteln. Auch wäre dafür Sorge zu tragen, dass die Gefangenen genügend zu essen bekämen. „Verwundete sind, soweit es die Lage erlaubt, zu versorgen."[16]

(2) In geregelte Bahnen versuchte Schmidt auch den Kampf gegen die Partisanen zu lenken; zwar seien, so Schmidt, gefangen genommene Partisanen weiterhin zu erschießen, da sie durch das Völkerrecht nicht gedeckt seien. Doch könne das nur der dienstälteste Offizier befehlen. Falls der Gefangene nachweisen könne, „daß er zum Dienst bei den Partisanen gepresst wurde und keine Gelegenheit zum Überlaufen hatte, kann von der Erschiessung abgesehen werden". Im Grunde wurde damit jedem Offizier anheimgestellt, wie er mit den Partisanen verfahren wollte. Überläufer seien „als Kriegsgefangene zu behandeln oder in ihren Heimatort zu entlassen". Und weiter: „Abbrennen von Dörfern" oder „summarische Vergeltungsmassnahmen" seien verboten; nur ein höherer Offizier könne dies befehlen.

(3) Auch zu den Zivilisten, der größten Personengruppe in Schmidts Kommandobereich, wollte dieser „ein gutes Verhältnis" herstellen: „Es muss jedem Soldaten klar sein, daß ein durch falsche Behandlung in die Arme der Partisanen getriebener Einwohner ihm morgen mit der Waffe in der Hand gegenüberstehen kann." Plünderungen seien von nun an „mit schärfsten Mitteln zu bekämpfen", ebenso jede Art von sexuellen Übergriffen. „Besonders ist auch zu bedenken, daß bei der ungeheuren Armut der Bevölkerung bereits kleine Dinge des täglichen Gebrauchs,

---

Wehrmacht waren zu Recht gefürchtet. Noch am 29.7.1943 lehnte das Gericht der Wehrmacht-Kommandantur Berlin eine Wiederaufnahme des Verfahrens ab.
Zum Strafsystem der Wehrmacht vgl. Ausländer, Topographie des Strafgefangenenwesens; Klausch, Sonder- und Bewährungseinheiten; Geldmacher, Strafvollzug. Hitlers Verfügung betr. „Aufhebung rechtskräftiger Urteile von Wehrmachtsgerichten" vom 6.1.1942, in: Moll (Hrsg.), Führer-Erlasse", Dok. 130.
Angaben zu diesem Prozess: BA-MA, I 10 Ost Spezial K 395: XXXXVII. Pz. K., Strafsache N. B., 6./kl. Kw. Kol. 84. Ferner Schreiben V/24-677/286 der Deutschen Dienststelle (ehem. WASt) Berlin vom 18.10.2005 an d. Verf. Mein Dank gilt dem BA-MA und der WASt für ihre rasche Unterstützung bei dieser Anfrage.
[14] BA-MA, RH 21-2/867 a: Pz. AOK 2, Abt. I c/A.O., „Armeebefehl für die Behandlung von Kriegsgefangenen, Partisanen, Feindkundschaftern und der Bevölkerung" vom 3.3.1942. Dort auch die folgenden Zitate.
Dass Schmidt diese Überlegungen weiterspann, belegt Hürter, Heerführer, S. 459f.
[15] Schmidts Befehl besteht eigentlich aus vier Teilen. Aus Gründen der Übersichtlichkeit wurde hier aber Punkt 3 „Behandlung von Feindkundschaftern" unter Punkt 2 „Behandlung von Partisanen" subsumiert.
[16] Schon am 9.12.1941 hatte der Vertreter des Auswärtigen Amts beim AOK 2, der Oberleutnant Anton Graf Bossi-Fedrigotti von Ochsenfeld, einen sehr kritischen Bericht über das „Kriegsgefangenenelend" verfasst, der „mit der ausdrücklichen Genehmigung des Oberbefehlshabers der Armee, General der Panzertruppen Schmidt abgesandt worden" war. PA-AA, R 60705: AOK 2, Abt. I c/VAA, Bericht Nr. 31 vom 9.12.1941; AA, Informations-Abt., Vorlage an StS vom 19.12.1941. Druck des Berichts: ADAP, Serie E, Bd. I, Dok. 122.

die für uns wertlos erscheinen, einen großen Besitz darstellen. [...] Jeder Familie ist nach Möglichkeit das zum Leben Notwendige (eine Kuh!) zu belassen." Dieser Befehl sei „bis zu den Kompanien zu verteilen" und dort „allen Angehörigen der Armee bekanntzugeben". Das waren keine vagen Absichtserklärungen[17]. Das Gerichtsurteil des XXXXVII. Panzerkorps, das Schmidt noch einmal definitiv bestätigt hatte, ließ daran keinen Zweifel. Ihm war es ernst mit diesen Forderungen, todernst.

Zweierlei Moral

Der Generaloberst hatte sich durchgesetzt, dieses mal[18]. Die Intention seiner Anordnung wurde von der Truppe auch durchaus verstanden[19]. Wenig später registrierte die Geheime Feldpolizei seines Armeekommandos, dass „das Auftreten der Wehrmacht in der Öffentlichkeit einwandfrei" sei, „fast garnisonsmäßig"[20]. Doch verraten Heidkämpers Ausführungen, vor allem aber der Auszug jener Tagesbefehle, mit denen die Divisionsführung ihre Soldaten „aufzuhetzen" versucht hatte, so Heidkämper wörtlich, dass dies im Krieg der Wehrmacht gegen die Sowjetunion nicht selbstverständlich war. Das galt auch für Schmidts Befehlsbereich, wo der Partisanenkrieg nicht mehr zur Ruhe kam und wo es dann vorkam, dass sich die deutschen Soldaten gar nicht „garnisonsmäßig" aufführten[21].

Solche Widersprüche waren Ausdruck eines generellen Problems: Die deutsche Besatzungsmacht verfügte in den eroberten sowjetischen Gebieten über relativ große Spielräume. Einer Panzerdivision wie der vierten war es möglich, in ihrem vergleichsweise kleinen Besatzungsgebiet ein Schreckensregiment zu errichten, doch konnte ein Oberbefehlshaber wie Schmidt dies auch relativ schnell wieder beenden. Für die Verhältnisse der Jahre 1933 bis 1945 war so etwas durchaus typisch. Erinnert sei an jene Dichotomie von Normenstaat und Maßnahmenstaat, in der bereits Ernst Fraenkel eines der wesentlichen Strukturmerkmale der NS-Diktatur sah[22], oder an die Beobachtung von Bernd Wegner, der mit Blick auf die

---

[17] Wenig später bekräftigte die 2. Panzerarmee nochmals diese Absichten. IfZ-Archiv, MA 1593: Pz. AOK 2, O.Qu./Qu. 2, Befehl betr. „Beitreibungen und Versorgung der Truppe aus dem Lande" vom 2.4.1942; BA-MA, RH 21-2/867 a: Pz. AOK 2, O.Qu./Qu. 2/I c/A. O., „Richtlinien für die Behandlung der einheimischen Bevölkerung im Osten" vom 30.5.1942.

[18] Vgl. IfZ-Archiv, MA 1591: XXXXVII. Pz. Korps, Abt. I c, Befehl an 4. Pz. Div. betr. „Parolen des Tages" vom 22.3.1942: „Die ‚Parolen des Tages' der Div. sind aufzuheben, soweit sie dem Armeebefehl vom 3.3.42 für die Behandlung von Kriegsgefangenen, Partisanen, Feindkundschafter und der Bevölkerung widersprechen."

[19] BA-MA, MSg 2/5320: NL Hans P. Reinert, Tagebuch, Eintrag vom 14.3.1942; BA-MA, RH 27-4/109: 4. Pz. Div., Abt. I c, Tätigkeitsbericht, Eintrag vom 29.3.1942. Reinert gehörte damals zur 296. Inf. Div., die dieser Armee ebenfalls unterstellt war.

[20] BA-MA, RH 21-2/639: Gruppe Geheime Feldpolizei 639 beim Pz. AOK 2, „Tätigkeitsbericht für Monat April 1942" vom 25.4.1942.
Dass es sich hierbei nicht um ein Strohfeuer handelte, veranschaulicht ein Ereignis aus dem März 1943. Der damalige Kommandeur der 4. Pz. Div., Gen.ltn. Erich Schneider, war während der Kämpfe im Winter 1942/43 auch mit ungarischen Truppen in Berührung gekommen. Er war „von deren Ausschreitungen gegen die Zivilbevölkerung derart entsetzt, daß er [am 28.3.1943] eine streng geheime Eingabe an die 2. Panzerarmee sandte", in der er „eine sofortige Abschaffung der Mißstände" forderte. Vgl. Ungváry, Ungarische Besatzungskräfte, S. 163.

[21] Vgl. Kap. 5.5.

[22] Fraenkel, The Dual State, New York 1941 (Dt. Übers.: Der Doppelstaat, Frankfurt a. M. 1974).

deutsche Besatzungspolitik in der Sowjetunion von „einem oft unkoordinierten, nicht selten bizarren Nebeneinander von maßlos brutalem und vergleichsweise rücksichtsvollem Herrschaftshandeln" spricht[23]. Wie weit aber lassen sich diese sehr allgemein gehaltenen Feststellungen im Hinblick auf die Wehrmacht präzisieren und vor allem generalisieren?

Zwei Protagonisten

Schon an den Exponenten dieses Disputs: Schmidt und Heidkämper, wird deutlich, wie facettenreich das Thema Wehrmacht ist. Beide waren deutsche Offiziere, beide trugen denselben Rock. Dennoch findet sich in ihren Biografien, ihrer Laufbahn und schließlich in dem, was man als „politisch-militärische Vorstellungswelt" bezeichnet hat[24], nicht nur Uniformes:

Rudolf Schmidt[25], geboren im Mai 1886 als Sohn eines Berliner Oberstudiendirektors, verkörperte in gewisser Weise noch die Alte Armee und jene Welt, die mit dem Ersten Weltkrieg eigentlich zu Ende gegangen war – die Welt des wilhelminischen Deutschland mit ihren scheinbar unverrückbaren Traditionen und Moralvorstellungen. Seit 1906 hatte er seinen Dienst für die Armee und – wie er es verstand – für sein Vaterland nicht ein einziges Mal unterbrochen. Dabei war er schnell reüssiert; „Panzer-Schmidt", dem man in der Schlacht eine „beispielhafte Ruhe" attestierte und auch eine „mitreißende Tatkraft"[26], hatte bereits im Juli 1941 das Eichenlaub zum Ritterkreuz erhalten[27], am 15. November 1941 übernahm er den Oberbefehl über die 2. deutsche Armee[28]. Dass Schmidt schon wenig später, am 25. Dezember 1941, noch eine weitere Armee anvertraut wurde, die 2. Panzerarmee, anfangs zusätzlich, dann ausschließlich[29], war im Grunde eine weitere Beförderung, denn kein Großverband der Wehrmacht war so stark und wertvoll wie ihre Panzerarmeen[30]. Noch ungewöhnlicher als diese Karriere aber war, dass die-

---

[23] Wegner, Krieg gegen die Sowjetunion S. 925.

[24] So etwa Müller, Beck.

[25] Die Personalakte Schmidts hat sich nicht erhalten; Einen gewissen Ersatz bieten die Angaben von: BA-MA, MSg 109: Slg. Krug, Biographische Angaben zu Rudolf Schmidt (1886–1957); Heuer, Die Generalobersten des Heeres, S. 180–184: Rudolf Schmidt; Stahl, Generaloberst Rudolf Schmidt; Hürter, Heerführer, S. 660f.

[26] Heuer, Generalobersten, S. 182.

[27] Schmidt war der 19. Soldat der Wehrmacht, der diese Auszeichnung erhalten hatte. Lenfeld/Thomas, Eichenlaubträger 1940–1945, S. 38.

[28] Schmidt hatte bis zum 15.1.1942 den Oberbefehl über beide Armeen innegehabt, danach nur noch über die 2. Panzerarmee. IfZ-Archiv, MA 1699: AOK 2, Abt. II a, „Armee-Tagesbefehl Nr. 153" vom 15.1.1942.

[29] Anlass dafür war Hitlers Misstrauen gegenüber dem bisherigen Oberbefehlshaber, Generaloberst Heinz Guderian, der am 26.12.1941 abberufen und am 11.1.1942 in die „Führerreserve" versetzt wurde. Vgl. Macksey, Guderian, S. 243ff.; Walde, Guderian, S. 157f.

[30] Das hatte zur Folge, dass Schmidt am 1.1.1942 zum Generaloberst befördert wurde. Natürlich war die Bezeichnung „Panzerarmee" zu diesem Zeitpunkt eher ein Anspruch. Vor dem Hintergrund des Potenzials, über das die Wehrmachtsführung damals aber noch immer verfügte, wäre es freilich falsch, die Bedeutung dieser Kommandobehörde zu unterschätzen. Im Winter 1941/42 meldete sie einen „Tiefststand von 30" Panzern, im Frühjahr 1942 war diese Zahl dann auf „über 70 einsatzbereite Panzer" geklettert. BA-MA, RH 21-2/333: Pz. AOK 2, Abt. I a, Kriegstagebuch, Anlage: „Besprechung am 8.4.1942 bei Heeresgruppe Mitte durch O.B. H.Gr. in Anwesenheit des Chefs der Op. Abt. und des Gen.Qu. mit den O.B. der Armeen", o.D. Ferner Jentz, Panzertruppe, 2 Bde.

ser Offizier alter Schule dennoch nicht zu moralischen Konzessionen bereit war. Einem Besucher Schmidts schien es, als sei für diesen General „die gemeinsame Abscheu vor dem [NS-]Regime und die Kritik an ihm ein selbstverständlicher Gesprächsstoff"[31]. Doch blieb es nicht nur bei Lippenbekenntnissen. Bereits im September 1941 hatte Schmidt als Kommandierender General des XXXIX. Armeekorps entschieden gegen den Mordbefehl protestiert, der die Erschießung aller sowjetischen Kommissare forderte. Stattdessen hatte es Schmidt für „viel wichtiger [gehalten], dem russischen Volk eine positive Zukunft zu zeigen"[32]. Von dieser Eingabe lässt sich eine direkte Linie zu einigen weiteren Quellen ziehen – zu jenem bereits zitierten Befehl vom 3. März 1942, mit dem Schmidt die Wehrlosen in seinem Befehlsbereich: Kriegsgefangene, Zivilisten oder Überläufer, schützen wollte, zu einem Bericht vom Juni 1942, demzufolge Schmidt „die Russen in stärkster Form für uns zu gewinnen" suchte[33], zu seinem Experiment des Lokoter Rayons, der sich ohne deutsche Funktionäre als „Selbstverwaltungsbezirk" organisieren konnte[34], und schließlich zu einem Tagebucheintrag von Joseph Goebbels. Dieser diktierte am 10. Mai 1943, Schmidt sei „wegen Landesverrats verhaftet" worden, weil man bei seinem Bruder „eine ganze Serie von Briefen des Generalobersten selbst gefunden" habe, „die sehr scharf gegen den Führer gerichtet waren"[35]. Es gehört zu den Widersprüchen der Geschichte, dass ausgerechnet ein Mann wie Schmidt, den die Wehrmacht im September 1943 entließ[36], zu Weihnachten 1947 von sowjetischen Behörden in Ellerich im Harz verhaftet und als „Kriegsverbrecher" zu 25 Jahren Lagerhaft verurteilt wurde[37]. Als man ihn im Januar 1956 entließ, war er ein gebrochener, todkranker Mann, der bereits ein gutes Jahr später, im April 1957, starb.

Ein General wie Schmidt, der viel von sich und seinen Soldaten forderte, wusste, was er an einem Eliteverband wie der 4. Panzerdivision hatte[38]. Dass er sich mit

[31] So Frido von Senger und Etterlin (Krieg in Europa, S. 71) nach einem Besuch im Sommer 1942 bei dem ihm bis dahin unbekannten Schmidt. Bei seiner Abmeldung habe Schmidt ihn gebeten, „alles zu vergessen, was er in diesen zwei Stunden gesagt habe".

[32] Druck: Jacobsen, Kommissarbefehl, Dok. 21. Am 29.8.1941 hatte Schmidt bereits „das Versprechen auf gute Behandlung" für die Kommissare gefordert, aber noch konzediert: „Von hier aus ist jedoch die politische Seite der Frage nicht zu beurteilen, die vielleicht doch die Erschießung der Kommissare erforderlich macht." Mit seiner Denkschrift vom 17.9.1941, die direkt an Hitler weitergeleitet werden sollte, hatte sich Schmidt zu einem klaren Votum gegen den Kommissarbefehl entschieden. Vgl. hierzu nun Römer, Kommissarbefehl, S. 530 f.

[33] So die Wirtschaftsinspektion Mitte in einem Bericht vom 26.6.1942, zit. bei: Hürter, Heerführer, S. 460.

[34] Vgl. Schulte, German Army, S. 172 ff. sowie Kap. 5.5.

[35] Die Tagebücher von Joseph Goebbels, Teil II, Bd. 8, S. 266 (Eintrag vom 10.5.1943). Anlass der Verhaftung war ein Verdacht gegen Schmidts Bruder, von dem man glaubte, er sei in eine Spionageaffäre verwickelt. Dabei wurden, so der Bericht des Chefs des Heerespersonalamts, bei Schmidt Briefe zu Tage gefördert, „die politisch für ihn so belastend sind, daß ein Verbleiben in seiner Stellung unmöglich ist. Unter anderem übte er Kritik an der Obersten Führung und wirft ihr Fehler vor, die zu den schweren Rückschlägen der letzten Zeit geführt haben sollen." Bradley/Schulze-Kossens (Hrsg.), Tätigkeitsbericht des Chefs des Heerespersonalamtes, S. 80 f.

[36] Dass Schmidt über Heinrich Himmler versuchte, wieder reaktiviert zu werden (Hürter, Heerführer, S. 602 f., Anm. 8), ist ein Beleg für eine patriotische, nicht unbedingt aber eine nationalsozialistische Gesinnung.

[37] Vgl. die Angaben bei Bezborodova, Generäle des Dritten Reiches in sowjetischer Hand, S. 197.

[38] Das gute Verhältnis Schmidts zur 4. Panzerdivision belegt: IfZ-Archiv, ED 91/9: Schreiben GL Willibald Frhr. von Langermann und Erlencamp an Leo Geyr Frhr. von Schweppenburg vom

ihrem Ersten Generalstabsoffizier anlegte, war nicht gerade üblich, und erst vor dem Hintergrund von Heidkämpers Biografie offenbart sich, wie unterschiedlich schon allein diese beiden Offiziere waren.

Otto Heidkämper, im März 1901 als Sohn eines Pfarrers aus Bückeburg geboren[39], stieß – noch keine 18 – in den letzten Tagen des Ersten Weltkriegs zur Armee. Es war daher weniger der Einsatz an der Front, der ihn prägte, sondern die darauf folgende „Verwendung im Grenzschutz"[40]. Dahinter stand meist die Erfahrung eines extrem politisierten und grausamen Bürgerkriegs, wie ihn damals auch viele spätere Parteigänger der NS-Ideologie erlebten. Heidkämpers politische Formierungsphase war damit aber noch nicht abgeschlossen. Auch er gehörte zu einer Generation, die die Weimarer Republik ganz anders erlebte als den Nationalsozialismus[41], schon weil sich auch in seinem Fall die Erfahrung des kollektiven mit der des persönlichen Erfolgs verband: Nach langen Jahren in der Reichswehr war Heidkämper erst in der Wehrmacht der berufliche Durchbruch geglückt, als er sich für den Generalstabsdienst qualifizierte. Dass dieser „außergewöhnlich tüchtige Generalstabsoffizier, der sich immer und immer wieder bewährt hat"[42], seine militärische Laufbahn schließlich als Generalleutnant beendete, war selbst in der Wehrmacht nicht gerade häufig[43]. Viel häufiger war dagegen etwas anderes: Dass sich Intelligenz und Können, Tapferkeit und Idealismus[44] mit viel Schlechtem in ein und derselben Biografie vereinigten – mit pervertierter politischer Energie, mit moralischer Korrumpierbarkeit und einer Inhumanität, die im „Notfall" auch über Leichen ging. Man kann daher einen Offizier wie Heidkämper als Typus begreifen, als fast schon paradigmatische Verkörperung des „Weltanschauungskriegers". Gefördert und ermutigt von den politischen Verhältnissen nahmen Leute wie er die Armee, die doch viel älter war als der Nationalsozialismus und sich ursprünglich anderen Traditionen verpflichtet gefühlt hatte, nun immer stärker in ihren Griff.

14.2.1942. Langermann war vom 8.9.1940 bis 7.1.1942 Kommandeur der 4. Panzerdivision und hatte danach als Nachfolger Geyrs das Kommando über das XXIV. Panzerkorps übernommen.

[39] Angaben zur Person Heidkämpers (1901–1969): BA-MA, Pers. 6/613: Personalakte Otto Heidkämper; BA, Außenstelle Ludwigsburg, II 202 AR 509/70: Verfahren gegen die Kampfgruppe von Gottberg; Ferner: Zweng (Hrsg.), Dienstlaufbahnen, Bd. 1, S. 265; BA-MA, N 592: Nachlass Generalleutnant a.D. Otto Heidkämper.

[40] Angaben nach: BA-MA, Pers. 6/613: Personalakte Otto Heidkämper, Personal-Nachweis, Bl. 2. Dort auch die folgenden Angaben.

[41] Vgl. hierzu BA-MA, Pers. 6/613: Heerespersonalamt, Stellv. Chef, Aktennotiz vom 30.8.1944: „SS-Obergruppenführer und General der Polizei von Gottberg, Kommandierender General des XIII. SS-Korps, teilt mir mündlich vertraulich mit: Gen.maj. Heidkämper, Chef Generalstab 3. Pz. Armee, ist ein besonders tüchtiger und vorzüglicher Generalstabsoffizier, der von mir politisch als absolut zuverlässig und treu beurteilt wird."

[42] BA-MA, Pers. 6/613: XXIV. Pz. Korps, Der Kommandierende General, Beurteilung Oberstleutnant Heidkämper vom 2.3.1942.

[43] Vgl. hierzu Lieb, Hirschfeld, S. 56, Anm. 17.

[44] Heidkämper wurde am 8.2.1943 das Ritterkreuz verliehen, nachdem er sich an der Spitze einer bereits eingeschlossenen Gruppe von ca. 9000 deutschen und 11000 italienischen Soldaten wieder zu den deutschen Linien zurückgekämpft hatte. BA-MA, Pers. 6/613: HGr. B, OB, Fernschreiben an das Heerespersonalamt vom 31.1.1943. Ferner, ebda., Pz. AOK 3, OB, Beurteilung Generalmajor Heidkämper vom 1.3.1944, in der es u.a. heißt: „Außergewöhnlich wertvolle Persönlichkeit, die selbst vorbildlich denkt und lebt, gleich hohe Anforderungen auch an seine Kameraden stellt."

Waren es die Heidkämpers, die mittlerweile das Verhalten der Wehrmacht prägten? Sie repräsentierten den jüngeren, leistungsfähigeren und auch den mit Abstand größeren Teil des deutschen Offizierskorps. Daneben aber gab es Leute wie Schmidt, die in diesem Fall sogar am längeren Hebel saßen. Auch sonst scheint jene Episode vom März 1942 mehr Fragen aufzuwerfen als zu beantworten. Die Dokumente zeichnen einerseits das Bild einer zutiefst verbrecherischen Wehrmacht; sie dokumentieren jedoch andererseits den Sieg des alten traditionellen Rechtsverständnisses. Und noch etwas wird an diesem Exempel deutlich: Das Prinzip des Verbrecherischen, wie es Reichenaus Hass-Befehl einforderte, war anfangs nicht Allgemeingut dieser Panzerdivision. Schon die Reaktion ihres damaligen Kommandeurs, des Generalmajors Willibald Freiherr von Langermann und Erlencamp, der den Eingang des Reichenau-Befehls mit der Bemerkung quittiert hatte, der deutsche Soldat müsse „noch wesentlich härter werden im Kampf gegen die bolschewistisch-jüdische Gefahr"[45], ist dafür ein Beleg. Noch aufschlussreicher ist das Tagebuch eines ihrer Offiziere, der einige Tage später, am 17. November 1941, notierte[46]: „Auf der Rückfahrt ins Quartier erzählt mir [Hauptmann] Franke einiges aus dem Inhalt der [Kommandeurs-]Besprechung. Der Kernpunkt ist rücksichtsloses Vorgehen und Einschreiten gegenüber den Russen. Was da in mehrstündiger Verhandlung festgelegt wurde, ist an sich nicht urdeutsch, aber vielleicht ein Gebot der Stunde, jedenfalls eine ganz scharfe und deutliche Festlegung." „Nicht urdeutsch" – die Zeitgenossen waren sich über die Bedeutung dieser Zäsur durchaus im Klaren. In anderen Worten: Das, was die 4. Panzerdivision in der Zeit von November 1941 bis März 1942 zu verantworten hatte, ist mit dem, was vorher und nachher geschah, nur zum Teil zu vergleichen.

Man kann es sich leicht machen und ausschließlich auf das Beispiel Heidkämpers verweisen, oder, nicht weniger holzschnittartig, auf das seines Antipoden, des Generaloberst Schmidt. Aber was beweist das? Sicher scheint nur eins: In ihrer Divergenz eröffnen solche Beispiele immer auch den Blick auf das, was zwischen diesen beiden Extremen liegt – ein riesiges, schier grenzenloses Geschehen, überwältigend, schon allein durch seine bloße Größe. Sich daraus zu bedienen und mit einzelnen Bruchstücken das zu belegen, was der eigenen Vorstellung entspricht, ist keine Kunst. Die Beschaffenheit des dazwischen liegenden Geschehens, sein Charakter, seine Strukturen und nicht zuletzt seine Größenverhältnisse, sind damit aber nur sehr unzureichend beschrieben.

---

[45] IfZ-Archiv, MA 1581: 4. Pz. Div., Abt. II a, „Divisions-Tagesbefehl Nr. 88" vom 13.11.1941 (gez. Frhr. von Langermann).
[46] BA-MA, MSg 1/3274: Fritz Farnbacher, Tagebuch, Eintrag vom 17.11.1941.

„Die Wirklichkeit des Krieges ist nicht
in den Büros der Militärstrategen zu finden,
sondern auf dem Schlachtfeld."[1]

Einleitung

Eine Frage

Ist denn die Wehrmacht noch ein Rätsel? Die einschlägige Literatur füllt ganze Bibliotheken[2]. Vor allem aber hat diese Armee ihre Unschuld schon lange verloren. Bereits in den alliierten Nachkriegsprozessen zeigte sich, wie sehr sich die deutsche militärische Führung zum Komplizen des NS-Regimes gemacht hatte[3]. Schon deshalb musste die Wehrmacht zum wichtigsten Exekutivorgan der Nationalsozialisten werden. Ohne sie wären Hitlers Kriege, die blutigsten der Weltgeschichte, nie möglich gewesen. Viel zu oft aber war die Wehrmacht mehr als nur ein militärisches Machtinstrument: mit ihrer Hilfe ist während der Jahre 1939 bis 1945 ein beträchtlicher Teil der deutschen Unterdrückungs-, Ausbeutungs- und auch Ausrottungspolitik verwirklicht worden.

Ihren unbestrittenen Höhepunkt fand diese Entwicklung im Krieg gegen die Sowjetunion, mit dem Hitler gleich mehrere Ziele seines Programms verwirklichen wollte – Eroberung von „Lebensraum", Unterwerfung, Dezimierung oder „Beseitigung" der dort lebenden Völker, Vernichtung des Bolschewismus und schließlich Aufbau einer strategischen Position, durch die das „Großgermanische Reich deutscher Nation" zur unbestrittenen Weltmacht werden sollte[4]. „Man kann also wirklich nicht behaupten", schrieb Konrad Adenauer bereits im Februar 1946, „daß die Öffentlichkeit nicht gewusst habe, daß die nationalsozialistische Regierung und die Heeresleitung ständig aus Grundsatz gegen das Naturrecht, gegen die Haager Konvention und gegen die einfachsten Gebote der Menschlichkeit verstießen."[5]

Das sollte sich nicht als Schlusswort erweisen. Selten ist in der Bundesrepublik so erbittert, so lange und mit so großer öffentlicher Beteiligung über etwas Vergangenes debattiert worden wie im Falle der Wehrmacht[6]. Schon allein die Ge-

---

1 Peter Arnett zu Beginn des Vietnam-Krieges. In: FAZ vom 27.4.1999, „Zum Schluß gaben sie ihm nur noch einen Piepser. Wie der Krieg klingt, weiß allein der Reporter des Augenscheins, der das Schlachtfeld kennt."
2 Verwiesen sei etwa auf die folgenden Spezialbibliographien: Ueberschär/Wette (Hrsg.), „Unternehmen Barbarossa", S.271ff.: Literaturbericht; The Third Reich at War (1984); Enser, A Subject Bibliography of the Second World War (1985); Neue Forschungen zum Zweiten Weltkrieg (1990); Weinberg, Eine Welt in Waffen (1995), S.963ff.; Müller/Ueberschär, Hitler's War in the East (1997; Dt. Übers.: Hitlers Krieg im Osten, 2000); Kühne, Der nationalsozialistische Vernichtungskrieg, 2 Teile (1999/2000); Ruck, Bibliographie zum Nationalsozialismus, Bd.1 (2000), S.225ff., 1054ff.; Bd.2, S.1054ff.
3 Zusammenfassend: Boll, Wehrmacht vor Gericht.
4 Vgl. hierzu Hillgruber, Hitlers Strategie, S.527, 530; Thies, Architekt der Weltherrschaft.
5 An Bernhard Custodis am 23.2.1946. Druck: Konrad Adenauer, Briefe über Deutschland 1945–1951, S.32–34, hier S.33.
6 Ihren ersten publizistischen Niederschlag fand diese Debatte in der Reihe „Zeit-Punkte": Gehorsam bis zum Mord? (1995), insbes. S.70ff.; bereits hier zeichnete sich ab, wie weit die Meinungen auseinandergingen und mit welcher Vehemenz diese Diskussion geführt wurde.

schichte der ersten „Wehrmachtsausstellung", die seit 1995 in 34 deutschen und
österreichischen Städten zu sehen war[7], bis sie 1999 zurückgezogen[8] und zwei Jahre später durch eine zweite revidierte Ausstellung ersetzt wurde[9], hat einen Eindruck vermittelt von der Sprengkraft dieses Themas, von seiner Bedeutung und
nicht zuletzt auch von seiner Komplexität. Dass das Thema „Wehrmacht" die
deutsche Gesellschaft auf diese Weise „einholte", liegt nicht allein daran, dass die
Militärgeschichtsschreibung in Deutschland lange Zeit ein Schattendasein fristete.
Seit dem Ende der 80er Jahre begann sich mit dem Generationswandel[10] sowie
dem Zusammenbruch des Warschauer Pakts das Bild von der Wehrmacht und
ihrer Kriege völlig zu verändern. Und auch die Zeitgeschichtsforschung lieferte
gerade in den letzten beiden Jahrzehnten immer neue Belege dafür, wie sehr die
Geschichte der deutschen Gesellschaft mit der des Nationalsozialismus und seiner
monströsen Verbrechen verwoben war. Eine so große und vor allem mächtige Institution wie die Wehrmacht ließ sich auf Dauer von diesem Erkenntnisprozess
kaum ausnehmen.

Das allein aber kann Vehemenz und Dauer der Wehrmachts-Debatte nicht wirklich erklären[11]. Viel wichtiger scheinen denn auch zwei andere Aspekte: Die gesellschaftliche Relevanz der Wehrmacht ist, ob wir das nun wollen oder nicht, nach
wie vor sehr groß, übrigens nicht nur in Deutschland. Während sie als *Institution*
ziemlich bedeutungslos geworden ist[12], gilt dies kaum für die 17 bis 18 Millionen

---

Zur Debatte über die erste „Wehrmachtsausstellung" vgl. Thiele (Hrsg.), Die Wehrmachtsausstellung (1997); Hamburger Institut für Sozialforschung (Hrsg.), Eine Ausstellung und ihre
Folgen (1999); dass. (Hrsg.), Krieg ist ein Gesellschaftszustand (1998); Keil/Kellerhoff, Deutsche Legenden (2002), S. 93 ff.; Thamer, Vom Tabubruch zur Historisierung? Die Auseinandersetzung um die „Wehrmachtsausstellung", in: Sabrow/Jessen/Große Kracht (Hrsg.), Zeitgeschichte als Streitgeschichte (2003), S. 171–186; Jeismann, Einführung in die neue Weltbrutalität.
Zweimal „Verbrechen der Wehrmacht", in: ebda., S. 229–239; Jureit, „Zeigen heißt verschweigen" (2004); Große Kracht, Die zankende Zunft, S. 155 ff.

[7] Siehe hierzu den Katalog und den begleitenden Sammelband: Hamburger Institut für Sozialforschung (Hrsg.), Vernichtungskrieg (1996); Heer/Naumann (Hrsg.), Vernichtungskrieg (1995).

[8] Ausgelöst durch die folgenden drei Aufsätze: Musial, Bilder einer Ausstellung; Ungváry, Echte
Bilder; Schmidt-Neuhaus, Tarnopol-Stellwand. Vgl. auch Bartov/Brink/Hirschfeld/Kahlen-
berg/Messerschmidt/Rürup/Streit/Thamer, Bericht der Kommission zur Überprüfung der
Ausstellung „Vernichtungskrieg. Verbrechen der Wehrmacht 1941 bis 1944", o. O. November
2000.

[9] Verbrechen der Wehrmacht. Dimensionen des Vernichtungskrieges 1941–1944. Ausstellungskatalog. Hrsg. vom Hamburger Institut für Sozialforschung, Hamburg 2002.

[10] Gehörten 1968 noch 37,35 % der männlichen deutschen Bevölkerung dem Jahrgang 1928 oder
einem älteren Jahrgang an – 1928 war der letzte Jahrgang, der zur Wehrmacht einberufen wurde
– , so waren dies 25 Jahre später nur noch 11,24 %. Damals, 1993 (also zwei Jahre vor Beginn
der ersten „Wehrmachtsausstellung"), ging der Jahrgang 1928 in Rente. Statistisches Jahrbuch
für die Bundesrepublik Deutschland 1970. Hrsg. vom Statistischen Bundesamt, Wiesbaden
1970, S. 35; 1995, S. 62.

[11] Bemerkenswert sind in diesem Zusammenhang die ganz unterschiedlichen Reaktionen der Me-
dien auf den Kommissionsbericht: FAZ vom 16.11.2000, „Kritik an der Ausstellung über
Wehrmacht ‚in Teilen berechtigt'"; SZ vom 16.11.2000, „Historiker entlasten Wehrmachtsausstellung".

[12] Charakteristisch dafür ist etwa das offizielle Traditionsverständnis der Bundeswehr. Vgl. Punkt
6 der Richtlinien zum Traditionsverständnis und zur Traditionspflege in der Bundeswehr vom
20.9.1982, in dem es u.a. heißt: „Ein Unrechtsregime, wie das Dritte Reich, kann Tradition
nicht begründen." Ferner Generalinspekteur Klaus Naumann, Erinnern, lernen – nichts kopieren, in: Gehorsam bis zum Mord? ZEIT-Punkte 3 (1995), S. 87–90; Bundesverteidigungsminis-
ter Volker Rühe, in: DIE ZEIT vom 1.12.1996, „Die Wehrmacht ist kein Vorbild."

Menschen, die ihr während der Jahre 1939 bis 1945 angehörten[13] – die lebenden wie die toten. Sie sind keine Randgruppe. In der öffentlichen Diskussion ging es also nicht um eine Streitmacht, über die die Geschichte hinweggegangen ist und über die sie ihr Urteil längst gesprochen hat. Es ging vielmehr um die Frage, wie sich jene, die wir als unsere Angehörigen bezeichnen, als Angehörige der Wehrmacht verhalten haben.

Wieweit aber kann man von einer Institution auf ihre Angehörigen schließen? Wieweit lassen sich Individuen für die Taten eines Kollektivs und insbesondere für seine Rechtsverletzungen verantwortlich machen? Da die erste „Wehrmachtsausstellung" genau dies getan hat, war der erbitterte Streit unausweichlich. Mittlerweile wissen wir viel von den Verbrechen der Wehrmacht, wir sind zumindest über die Resultate genauestens informiert, wir kennen Verantwortlichkeiten, Verantwortliche und nicht zuletzt viele Einzelbeispiele. Von einer wirklich flächendeckenden empirischen Forschung oder einer Kenntnis aller Strukturen kann aber noch längst nicht die Rede sein. Erst auf einer solchen Grundlage aber wäre eine Antwort auf die Frage möglich, wie weit die Angehörigen einer Institution, deren Zweck die Gewalt war, nicht aber das Verbrechen, auch dafür verantwortlich gemacht werden können.

Über die bloße Darstellung des Rechtsbruchs wird sich diese Frage kaum beantworten lassen. Erst durch den institutionellen, räumlichen oder militärischen Kontext, kurz: den Alltag dieser Soldaten, werden die Relationen erkennbar, der Stellenwert, den das Kriminelle damals hatte, und auch seine Voraussetzungen und Bedingungen. Was aber taten die deutschen Soldaten? Welche Funktionen und Aufträge hatten sie? Wie weit waren diese „konventioneller" Natur? Wie groß war ihre Bereitschaft oder die ihrer Vorgesetzten, die hergebrachten moralischen und rechtlichen Standards[14] zu ignorieren? Unter welchen Bedingungen kam es zu Kriegs- oder NS-Verbrechen[15], und nicht zuletzt wo? Fragen wie diese lassen sich nicht wie in einem Kriminalfall klären. Auch wird es kaum möglich sein, mit Zahlen oder gar Prozentangaben aufzuwarten[16]. Möglich ist dagegen eine Antwort auf

---

[13] Vgl. Müller-Hillebrand, Heer, Bd. 3, S. 253: 17,9 Mio.; Overmans, Verluste, S. 215: 17,3 Mio. Noch größer war lediglich die Deutsche Arbeitsfront, zu der 1939 über 22,1 Mio. und 1940 über 25,1 Mio. Mitglieder gehörten. Die Schnittstelle zwischen ihrer Tätigkeit und den Verbrechen des Regimes war aber zwangsläufig sehr viel kleiner. Vgl. Partei-Statistik. Hrsg. vom Organisationsleiter der NSDAP, Bd. IV: Die Deutsche Arbeitsfront, Berlin 1939, S. 76 ff., 86. Deutlich kleiner dagegen die übrigen NS-Organisationen: NSDAP: 3,9 Mio. (1938), SA: 4,5 Mio. (Juni 1934), NS-Frauenschaft: 6 Mio. (1941) und Hitler-Jugend: 8,7 Mio. (1938), wobei es sich hier nicht um Gesamtzahlen handelt.

[14] Das Verbrecherische ist zunächst eine juristische Kategorie; es definiert sich in diesem Fall über das *damals* herrschende Völkerrecht. Schon mit Blick auf seine Grauzonen sollten freilich seine aktuellen Regeln, die nicht selten auf den Erfahrungen des Zweiten Weltkriegs basieren, ebenso wenig aus dem Blickfeld geraten wie das individuelle moralische Empfinden. Die entsprechende Kennzeichnung dieser unterschiedlichen Kategorien ist freilich ein Gebot der historiographischen Redlichkeit. Anachronistisch wäre es dagegen – selbst wenn dies immer wieder geschieht –, allein die persönlichen Vorstellungen zur Grundlage eines historischen Urteils zu machen.

[15] Vgl. mit der Definition durch Artzt, Zur Abgrenzung von Kriegsverbrechen und NS-Verbrechen.

[16] Einer zuweilen kolportierten Behauptung zum Trotz habe ich nie Schätzungen über den prozentualen Anteil der Kriegsverbrecher in der Wehrmacht abgegeben. Allerdings bin ich nach wie vor der Ansicht, dass es sich durchaus lohnt, sich mit den ganz unterschiedlichen Schätzungen auseinander zu setzen, die während der Debatte um die erste „Wehrmachtsausstellung" genannt

die Frage nach den Strukturen dieser Armee und nach den Strukturen ihres Einsatzes. Deren Rekonstruktion ist das Hauptziel dieser Untersuchung.

Ihre Protagonisten sind nicht die Vertreter der wenigen militärischen Zentralinstanzen oder die winzige, vergleichsweise gut überschaubare Gruppe der Generäle und Generalstabsoffiziere[17], sondern jene, auf die sich das öffentliche Interesse zwangsläufig konzentrieren musste, die Soldaten, die man gewöhnlich die einfachen nennt. Mit immerhin 99,97 Prozent stellten sie das Gros aller Wehrmachtsangehörigen[18]. Zwar waren die individuellen Gestaltungsmöglichkeiten der Millionen Mannschaftssoldaten, Unteroffiziere oder Subalternoffiziere vergleichsweise klein. Um so größer ist aber die gesellschaftliche Bedeutung der „ordinary men"; ihnen gilt eigentlich unser Interesse. Es waren diese Menschen, welche „die größte Berührungsfläche zwischen Volksgemeinschaft und Regime" bildeten. „Sprach man von Verbrechen der Wehrmacht, so sprach man über die mögliche Nähe der eigenen Familie zu Massen- und Völkermord. Der Zivilisationsbruch war kein Abstraktum hinter Stacheldraht, weit draußen dort, wo niemand hinsehen konnte. Er fand in Gräben, auf Feldern, in Waldstücken statt – und vielleicht war der eigene Vater, Onkel oder Großvater dabei gewesen."[19]

Ein historiographisches Problem: Die Geschichte der Wehrmacht

Warum ist es so schwer, über Taten und Untaten dieser Soldaten Klarheit zu gewinnen? Der Hinweis, nichts sei so schwierig zu dokumentieren wie ein Verbrechen, greift viel zu kurz. Dass das Bild dieser Armee noch immer zwischen den Schlagworten von der „sauberen" und von der „verbrecherischen" Wehrmacht oszilliert, hat viele Gründe, die sich wiederum drei Problemkreisen zuordnen lassen, welche die Überschrift tragen: Institution, Angehörige, Geschichte.

(1) Beginnen wir zunächst mit der *Institution*: Schon die *Größe* der Wehrmacht[20] ist eine gewaltige historiographische Herausforderung[21]. Erst recht gilt das für die Beschreibung ihrer vielfältigen *Funktionen*[22] oder ihrer überwältigenden fak-

---

wurden. Diese zum Teil sehr willkürlichen Schätzungen über die Zahl der Täter sind im Grunde nicht mehr als Metaphern; sie stehen für die Begriffe „viel" oder „wenig", bzw. für sehr unterschiedliche Vorstellungen von der Wehrmacht. Wenn Hannes Heer schreibt, ich würde die Meinung von ca. 5 % Wehrmachtstätern vertreten, so kann oder will er meine Argumentation nicht verstehen. Auch spart er seinen eigenen Anteil an dieser unseligen Zahlendebatte aus, die er mit seiner Schätzung einer Täterquote von 60–80 % überhaupt erst angestoßen hat. Vgl. Hartmann, Verbrecherischer Krieg, insbes. S. 2 mit Anm. 4, S. 71; Hannes Heer, Taten ohne Täter. Wie Guido Knopp die Verbrechen der Wehrmacht kleinrechnet. in: Konkret 1/2008, S. 27.

[17] Vgl. hierzu nun Hürter, Hitlers Heerführer.

[18] Vgl. Stumpf, Wehrmacht-Elite, S. 161 ff. Zur militärischen Elite rechnet Stumpf allein die Generalität.

[19] Reemtsma, Zwei Ausstellungen, S. 58 f.

[20] Es spricht für sich, wenn ein großformatiges und eng beschriebenes Nachschlagewerk, das alle Formationen der Wehrmacht bis hinab auf die Ebene der Bataillone bzw. Abteilungen erfasst, mittlerweile 17, faktisch 15 Bände zählt (Bd. 15 befasst sich mit den taktischen Zeichen, Bd. 16/1–4 mit den Stationierungen): Georg Tessin, Verbände und Truppen der deutschen Wehrmacht und Waffen-SS im Zweiten Weltkrieg 1939–1945, 17 Bde., Frankfurt a. M. 1965–Osnabrück 2002.

[21] Zum Problem einer quantifizierenden Militärgeschichtsschreibung vgl. Wegner, Kliometrie des Krieges?

[22] Die Wehrmacht war mehr als nur ein militärisches Machtinstrument, sie fungierte als Besatzungsorgan, als Sozialisationsinstanz, als gesellschaftliches Subsystem und anderes mehr, so

tischen *Macht*, die allerdings ein totalitäres und verbrecherisches Regime kontrollierte, so dass diese Armee schon bald in einen politischen, ethischen und nicht zuletzt auch fachlichen Zwiespalt geraten musste.

(2) Auch die *Angehörigen* der Wehrmacht gewinnen oft nur schwer an Profil, weil dieses militärische Kollektiv – wie jede andere Armee auch – auf die *Deindividualisierung* ihrer Angehörigen hinarbeitete, so dass deren Biografien, deren Individualität und nicht zuletzt deren persönliche Verantwortung oft in der feldgrauen Monotonie dieses uniformierten Machtblocks zu verschwinden drohen. Zudem sind persönliche Quellen rar. Und noch ein Problem ist zu bedenken, das bei der Diskussion um die Schuld „der" Wehrmacht immer mehr in den Hintergrund gerückt ist; auch diese Armee hat Opfer in Millionenhöhe zu beklagen[23]. Ihre Geschichte ausschließlich auf die simple *Dichotomie von Tätern und Opfern* zu reduzieren, würde der komplexen Wirklichkeit einer militärischen Auseinandersetzung kaum gerecht.

(3) Damit wären wir beim dritten Problemkreis. Nichts hat die facettenreiche *Geschichte* der Wehrmacht so sehr geprägt wie der *Krieg*[24]. Der Krieg aber, und erst recht ein Weltkrieg, bietet „Tatsachenmaterial von einer Dichte und einem Umfang, daß dem Durchschnittsgelehrten Hören und Sehen vergeht"[25]. Noch mühseliger wird der Prozess der Wahrheitsfindung bei der Frage, was in einem solchen Ausnahmezustand als „gerecht" oder zumindest doch als völkerrechtskonform zu gelten hat und was nicht. Das beweist nicht nur die Debatte über die Wehrmacht, die sich genau auf diese Frage konzentrierte. Auch die Kriegsverbrecherprozesse der vergangenen Jahre boten hierüber Anschauungsmaterial in Hülle und Fülle[26].

Ein Ansatz

Diese drei Problemkreise verweisen erneut auf die zentrale Frage nach der vielbeschworenen „Normalität" dieser Armee[27]. Dass der Begriff „Wehrmacht" im

---

dass sich die Frage stellt, wie sich diese ganz unterschiedlichen Funktionen angemessen abbilden lassen.

[23] Die deutschen militärischen Verluste während des Zweiten Weltkriegs werden auf 5,3 Millionen Menschen geschätzt. Wenn dieses Ergebnis, dem umfangreiche wie systematische statistische Erhebungen zugrunde liegen, erst 1999 vorgelegt wurde, so kennzeichnet auch dies das deutsche Erkenntnisinteresse. Wie ungenau die davor kursierenden Schätzungen waren, belegt allein die Tatsache, dass sie sich in einer Spannbreite zwischen ca. 3 Millionen und ca. 6-7 Millionen bewegten. Vgl. hierzu Overmans, Verluste.

[24] Es wird gern übersehen, dass diese Prägung gewöhnlich schon im Frieden beginnt. „Ohne dieses Merkmal, die Ausrichtung auf den Kampf, lassen sich viele Eigenarten des Militärs nicht erklären." Handbuch der empirischen Sozialforschung, Bd. 9, S. 157.

[25] Keegan, Die Schlacht, S. 28.

[26] Dies haben beispielsweise jene Verfahren unter Beweis gestellt, welche seit Ende des Kalten Krieges durch die UNO initiiert wurden: 1993 für das ehemalige Jugoslawien (ICTY), 1994 für Ruanda (ICTR) und 2002 für Sierra Leone; 1998 wurde auf einer Konferenz in Rom die Gründung des International Criminal Court, ICC, beschlossen. Vgl. hierzu Ball, Prosecuting War Crimes and Genocide (1999); Beigbeder, Judging War Criminals (1999); Ahlbrecht, Geschichte der völkerrechtlichen Strafgerichtsbarkeit im 20. Jahrhundert (1999); Bass, Stay the Hand of Vengeance (2000); Boot, Genocide, Crimes against Humanity, War Crimes (2002).

[27] Zur vielbeschworenen Frage der „Normalität" vgl. beispielsweise die beiden unterschiedlichen Deutungen von: Lieb, Täter aus Überzeugung?; Heer, Extreme Normalität.

Grunde nicht mehr ist als ein „Sammelbegriff"[28], ist keine neue Erkenntnis. Er kann vieles bedeuten, und entsprechend unterschiedlich waren der Alltag dieser Armee und erst recht das Verhalten ihrer Angehörigen; erinnert sei an unseren Prolog. Was aber kann als repräsentativ für die Wehrmacht gelten – welche Biografie, welcher Truppenteil, welche Begebenheit? Um dieses Problem der Repräsentativität einigermaßen zufriedenstellend zu lösen, erscheint es zunächst sinnvoll, den Ausschnitt dieser Untersuchung unter den drei klassischen militärischen Prämissen von Organisation, Raum und Zeit auf jene Aspekte zu verengen, die für die Geschichte der Wehrmacht die größte Bedeutung besaßen:

- *organisatorisch*, auf einen Teil der Wehrmacht: und zwar auf ihren größten und wichtigsten, auf die Teilstreitkraft des Heeres[29],
- *räumlich* auf einen einzigen Krieg: in diesem Fall auf den gegen die Sowjetunion, der nicht nur als „Hitlers eigentlicher Krieg"[30] gilt, als „Kernstück" nationalsozialistischer Politik[31], sondern auch als „the major theater of war in the Second World War"[32],
- und *zeitlich* auf das erste Jahr des deutsch-sowjetischen Krieges, auf eine Phase, in der sich alles entschied, nicht nur der Krieg gegen die UdSSR. Da die Wehrmacht zu Beginn dieses Krieges „von absolutem Selbstvertrauen erfüllt" war[33],

---

[28] So Streim, Saubere Wehrmacht, S. 572.

[29] Das deutsche Heer hatte nicht nur den mit Abstand größten Anteil an der deutschen Kriegführung im Zweiten Weltkrieg. In der Sowjetunion war es auch die einzige Teilstreitkraft der Wehrmacht, die mit der Besatzungsherrschaft über große Gebiete beauftragt war. Die dominierende Bedeutung dieser Teilstreitkraft können schon einige Zahlen veranschaulichen: Im Mai 1941 besaß das deutsche Feldheer eine Kopfstärke von 3 800 000, die Luftwaffe von 1 680 000 und die Kriegsmarine von 404 000 Mann. Seit Juni 1941 kämpften 3,3 Millionen Angehörige des deutschen Feldheers gegen die Sowjetunion. Insgesamt waren rund zehn Millionen deutsche Soldaten während der Jahre 1941 bis 1944 in der Sowjetunion im Einsatz, die hier vor allem einen Landkrieg führten. Nach ihren Anfangserfolgen wurde die deutsche Luftwaffe im Ostkrieg „nur noch in taktischer Absicht" eingesetzt, marginal blieb hier der Einsatz der deutschen Kriegsmarine.
Angaben und Wertungen nach: Geschichte des Zweiten Weltkrieges, 2. Teil, S. 107ff., 438ff., Zitate S. 167, 486; Müller-Hillebrand, Heer, Bd. 3, S. 65f., 217; Klink, Die militärische Konzeption des Krieges, S. 270. Zahlen über die damals an der Ostfront eingesetzten Angehörigen von Luftwaffe und Kriegsmarine sind hier nicht angegeben. Die Gesamtangabe von 10 Millionen Soldaten bei: Müller, Hitlers Ostkrieg, S. 2.

[30] So Förster, Das nationalsozialistische Herrschaftssystem, S. 33. Vgl. hierzu auch Fest, Hitler, S. 831ff.

[31] So Hillgruber, „Endlösung".

[32] Die Einschätzung von Gerhard L. Weinberg in der Einleitung zu Müller/Ueberschär, Hitler's War in the East, S. VI. Vgl. auch mit der Bewertung Gabriel Gorodetskys (Die große Täuschung, S. 9), der die These vertritt, es gäbe „nur wenige Ereignisse des 20. Jahrhunderts, die in ihrer Tragweite mit der Operation ‚Barbarossa' vergleichbar" seien. In diesem Sinne auch Overy, Wurzeln des Sieges, S. 91ff.
Für diese Einschätzung sprechen viele Gründe; erinnert sei an den Stellenwert des „Unternehmens Barbarossa" im Rahmen des Zweiten Weltkriegs, aber auch an die unermesslichen Verluste, die der Existenzkampf dieser beiden totalitären Systeme kostete: Die Verluste der sowjetischen Zivilbevölkerung werden auf 17,9 Millionen Menschen, die der sowjetischen Streitkräfte auf 8,7 Millionen Menschen, die der Wehrmacht an der Ostfront auf etwa 2,7 Millionen geschätzt. Vgl. Hildermeier, Geschichte der Sowjetunion, S. 616; Koslow, Kriegsverluste der Sowjetunion; Wheatcroft/Davies, Population, in: Davies/Harrison/Wheatcroft (Hrsg.), The economic transformation of the Soviet Union, 1913–1945, S. 57–80; Zubkova, Russia after the War, S. 20ff.; Mawdsley, Great Fatherland War; Glantz, Colossus, S. 621ff.; Overmans, Deutsche militärische Verluste, S. 265.

[33] So Ulrich von Hassell am 10.4.1941 (Tagebücher, S. 246) mit Blick auf die deutschen Erfolge auf dem Balkan. Rückblickend hat es wohl keine Phase in der Geschichte der Wehrmacht gege-

lassen sich – so die naheliegende Vermutung – Ziele und Vorstellungen, die sie und ihre Angehörigen mit diesem mörderischen wie selbstmörderischen Unternehmen verfolgten, damals vermutlich am besten erschließen.

Damit haben wir einen Ausschnitt und eine Fragestellung. Wie aber lässt sich diese operationalisieren? Es geht darum, möglichst viele Menschen in den Blick zu nehmen, obwohl deren Spuren nicht leicht zu verfolgen sind. Und es geht darum, ihr Verhalten im militärischen Apparat (wenn man so will: die individuelle und institutionelle Interaktion) zu rekonstruieren. Schon deshalb scheint ein Einstieg über die Institution sinnvoll. Diese Arbeit konzentriert sich auf Ausschnitte dieser Institution, nicht beliebige, sondern gewissermaßen auf ihre elementaren Bausteine, auf ihre Divisionen. Zwischen diesen gab es strukturelle Ähnlichkeiten, aber auch große Abweichungen, was sie für eine komparatistisch angelegte Untersuchung[34] geradezu prädestiniert. Doch gibt es noch mehr Gründe, warum sich gerade ein militärischer Verband von der Größe einer Division für eine Untersuchung eignet, die ein möglichst vielfältiges wie differenziertes Bild über den Einsatz der Wehrmacht und ihrer Angehörigen zeichnen will:

Mit knapp 18000, später 12000 Mann waren die Divisionen der deutschen Wehrmacht „die kleinsten Heereskörper, die durch ihre organische Zusammensetzung zu operativer Selbständigkeit befähigt" waren[35]. Dass diese Formationen auf sich gestellt kämpfen und sich auch selbst versorgen konnten, stand nicht nur in der Vorschrift. Auch in der Wirklichkeit des Krieges bewährte sich dieses Prinzip. Dabei handelte es sich bei den Divisionen um die einzigen Großverbände der Wehrmacht, deren Zusammensetzung nicht ständig fluktuierte, wie dies etwa bei den Korps oder den Armeen der Fall war. Vielmehr war die Division als organisatorisches Kontinuum angelegt, auch dafür stand das gemeinsame Divisionswappen[36]. Da man die Divisionen in der Regel geschlossen einsetzte, blieben ihre Einsatzräume begrenzt und überschaubar. Selbst wenn ihre Frontabschnitte, deren Breite 20 Kilometer eigentlich nicht übersteigen sollten[37], sich im Laufe des Krieges zunehmend ausdehnten, waren die Angehörigen eines solchen Kollektivs gewöhnlich denselben militärischen, geographischen und auch politischen Rahmenbedin-

---

ben, in der ihre Angehörigen so selbstbewusst agierten wie in der Phase von Frühjahr bis Herbst 1941. Nur unter Berücksichtigung dieser Mentalität lässt sich die katastrophale Fehleinschätzung des sowjetischen Militärpotentials wirklich verstehen.

[34] Grundlage für diesen methodischen Ansatz ist der oft zitierte Essay von Otto Hintze, in dem dieser darauf hingewiesen hat, dass sich mit dem Kunstgriff des Vergleichs ganz unterschiedliche, ja entgegengesetzte Ziele verfolgen lassen: man könne vergleichen, „um ein Allgemeines zu finden, das dem Verglichenen zugrunde liegt; und man kann vergleichen, um den einen der verglichenen Gegenstände in seiner Individualität schärfer zu erfassen und von dem andern abzuheben." Hintze, Soziologische und geschichtliche Staatsauffassung (1929), S. 251. Überholt scheint hingegen Hintzes Auffassung, wonach es Aufgabe des Soziologen sei, das Allgemeine zu bestimmen, während der Historiker über das Individuelle der verglichenen Themen zu urteilen habe.
Überblicke bieten: Hampl/Weiler (Hrsg.), Vergleichende Geschichtswissenschaft (1978); Kaelble, Der historische Vergleich (1999).

[35] IfZ-Archiv, Da 34.08: H.Dv. 300/1: Truppenführung, 1. Teil (Abschnitt I–XIII), Berlin 1936, S. 7.

[36] Vgl. mit der ausführlichen Übersicht von Schmitz/Thies, Die Truppenkennzeichen der Verbände und Einheiten der deutschen Wehrmacht und Waffen-SS, Bd. 1, Bd. 3.

[37] Vgl. etwa Meier-Welcker, Aufzeichnungen eines Generalstabsoffiziers, Karte zwischen S. 176 und S. 177.

gungen unterworfen. Auch hielt man es auf deutscher Seite für keinen guten Gedanken, dezimierte Truppenteile mit anderen zu vermischen. Meist ließ man sie so lange kämpfen, bis sie „ausgebrannt" waren, doch erlebten sie auch danach die „Auffrischung" als Kollektiv[38].

Solche Voraussetzungen sorgten für eine ausgeprägte „Corporate Identity[39], die freilich nicht erst im Einsatz begann. Jede Division der Wehrmacht rekrutierte sich gewöhnlich aus derselben Region des Deutschen Reichs[40]; ihr waren dort einzelne Ausbildungseinheiten zugeordnet, die zugleich die Verbindung „nach Hause" garantierten. Diese Homogenität bei Herkunft und Ausbildung, Auftrag und Einsatz gab jedem dieser Verbände wenigstens während der ersten Kriegsjahre eine unverwechselbare Identität. Wie wirksam diese war, wird schon daran deutlich, dass sich die Traditionspflege der Veteranen wie selbstverständlich an „ihren" Divisionen orientierte[41]. Natürlich blieb die Division nicht der einzige institutionelle Bezugspunkt des Soldaten. Gerade für sein soziales Umfeld waren kleinere Einheiten: Gruppe, Kompanie oder Regiment, wichtiger. Auf diesen Ebenen der militärischen Hierarchie formierten sich die vielbeschworenen „Primärgruppen"[42]. In der operativen Führung spielten hingegen ganz andere Größenordnungen eine Rolle. Erst die Division als „unterste operative Einheit"[43] machte aus einigen Truppenteilen einsatzfähige Verbände, die dann durch ihren gemeinsamen Einsatz zu dem wurden, was man als „militärische Schicksalsgemeinschaft" bezeichnet hat. Dies ist freilich nicht die einzige historiographische Chance, die gerade die Organisationsform der Division bietet:

– Für die Wissenschaft waren Divisionen nur selten ein Thema. Diese Hierarchie ebene der Wehrmacht galt meist als Zwitter – zu klein für die Generalstabs perspektive der traditionellen Kriegsgeschichte, die vor allem in Heeresgruppen oder Armeen denkt, zu groß für jene Ansätze, die sich ganz auf den Erfahrungs horizont des einzelnen Soldaten konzentrieren, meist des einfachen. Daher blieb das Feld der „Divisionsgeschichten lange Zeit allein den Veteranen und den Apologeten des Krieges überlassen"[44], deren Darstellungen – erinnert sei an die Bedeutung des Subsystems Division für die Traditionspflege – mittlerweile ganze Bibliotheken füllen[45]. Dagegen gab es bis vor kurzem noch „keine vor-

---

[38] Vgl. Frieser, Kursker Bogen, S. 168.

[39] Vgl. hierzu Rass, Sozialprofil, S. 661 f.; Ambrose, Band of Brothers (1992).

[40] Zu den Vorteilen dieses Verfahrens, das zumindest bis 1943 funktionierte, vgl. Creveld, Kampfkraft, S. 76 ff.

[41] Vgl. Diehl, Thanks of the Fatherland, S. 186 ff.; Searle, Veterans' Associations and Political Radicalism; Rass, Sozialprofil, S. 661 f.; Kühne, Kameradschaft, S. 214 ff.

[42] Mit dem Begriff der Primärgruppe hat die angelsächsische Forschung schon früh die hohe militärische Leistungsfähigkeit der Wehrmacht zu erklären versucht. Vgl. Shils/Janowitz, Cohesion and Disintegration in the Wehrmacht in World War II; George, Primary Groups; Kellett, Combat Motivation, S. 320; Meyer, Kriegs- und Militärsoziologie, S. 112 ff.

[43] Handbuch der neuzeitlichen Wehrwissenschaften, Bd. II, S. 537.

[44] So Bernd Wegner in seiner Einleitung zu Sydnor, Soldaten des Todes, S. VIII. (erstmals: Princeton, NJ, 1977).

[45] Wie umfangreich diese Literatur ist, verdeutlicht die folgende Bibliographie: Held, Verbände und Truppen der deutschen Wehrmacht und Waffen-SS im Zweiten Weltkrieg. Eine Bibliographie der deutschsprachigen Nachkriegsliteratur, z. Z. 5 Bde., Osnabrück 1978–1995. Vgl. ferner Bibliographie zur Geschichte der Felddivisionen der Deutschen Wehrmacht und Waffen-SS 1939–1945. 2 Teile (Masch. Manuskript), Wien 1976–1984.

bildliche und gründliche Divisions- und Regimentsgeschichte von wissenschaftlichem Wert"[46]. Ganz besonders betrifft das die Kampfdivisionen. Während die rückwärtigen Besatzungsgebiete der Wehrmacht vergleichsweise gut erforscht sind[47], ist das Geschehen im Gefechtsgebiet noch immer weitgehend unbekannt. Dort aber entschied sich der Krieg, und hier waren mit Abstand die meisten Angehörigen der Wehrmacht im Einsatz.

– Auch methodisch scheint gerade der Ausschnitt der Division vielversprechend. Die klassische militärische Operationsgeschichte („an deren Geschichtsmächtigkeit kein ernsthafter Zweifel bestehen kann"[48]) hat gewöhnlich die überindividuelle Organisation in den Mittelpunkt gestellt: „das" Regiment oder „die" Armee, die „neue" Militärgeschichtsschreibung, die sich primär für sozial-, mentalitäts- und alltagsgeschichtliche Aspekte interessiert[49], hingegen den „Krieg des kleinen Mannes"[50]. Bei einer Divisionsgeschichte ist es noch möglich, beiden Perspektiven Beachtung zu schenken und damit ganz verschiedene Stränge miteinander zu verknüpfen – abstrakte Führungsentscheidungen wie auch sehr konkrete Erfahrungen aus dem Mikrokosmos von Krieg und Besatzungspolitik, so dass auf diese Weise auch das Spannungsverhältnis von Individuum und Institution als eines der wichtigsten Strukturmerkmale einer Armee[51] sichtbar wird.

– Auch die Quellenlage ist günstig. Da die Wehrmacht eine Meisterin im Dokumentieren ihres Handelns war, haben sich für viele ihrer Divisionen Berge an Quellen erhalten – solche, die zur Kommunikation dienten wie *Befehle* und *Meldungen*, und solche, die von vornherein einen dokumentarischen Zweck verfolgten: die *Kriegstagebücher*, welche die beiden ersten Generalstabsoffiziere täglich zu führen hatten[52], und die *Tätigkeitsberichte*, welche die übrigen Funk-

---

[46] Vgl. Müller, Wehrmacht, S. 29. Interessanterweise gilt dies weniger für die Waffen-SS, für die die folgenden wissenschaftlichen Formationsgeschichten vorliegen: Sydnor, Soldaten des Todes; Hastings, Das Reich; Lepre, Himmler's Bosnian Division; Casagrande, Die volksdeutsche SS-Division „Prinz Eugen"; Cüppers, Wegbereiter der Shoah. Generell: Wegner, Hitlers Politische Soldaten; Leleu, Waffen-SS.
Für Divisionen der Wehrmacht liegen mittlerweile folgende Untersuchungen vor: Rass, „Menschenmaterial"; Shepherd, War in the Wild East. Vgl. hierzu auch Christian Hartmann, „Auf Profilsuche", in: FAZ vom 8.8.2003; ders., „Weiche Soldaten, harte Offiziere", in: FAZ vom 13.9.2005. Ferner: Schulte, German Army; Meyer, Von Wien nach Kalavryta; ders., Blutiges Edelweiß.

[47] Zu den rückwärtigen Besatzungsgebieten vgl. nun den großen zusammenfassenden Überblick von Pohl, Herrschaft.

[48] Wegner, Wozu Operationsgeschichte?, in: Was ist Militärgeschichte?, S. 105–113, hier S. 105.

[49] Vgl. in diesem Zusammenhang etwa die Arbeit von Fritz, Frontsoldaten, Lexington, KY, 1995. Dt. Übersetzung: Hitlers Frontsoldaten. Berlin 1998 – eine Arbeit, in der kaum auf den übergreifenden militärischen und politischen Kontext eingegangen wird.

[50] Dies der Titel des von Wolfram Wette herausgegebenen Sammelbandes (München 1992). Hierzu kritisch: Ulrich, „Militärgeschichte von unten".

[51] Vgl. Handbuch der empirischen Sozialforschung, Bd. 9, S. 156ff.

[52] Kriegstagebuch führten im Divisionsstab der Erste und meist auch der Zweite Generalstabsoffizier, der I a und der I b. IfZ-Archiv, MA 1564/25, NOKW-1888: OKH/GenStdH/Kriegswissensch. Abt., „Bestimmungen für die Führung von Kriegstagebüchern und Tätigkeitsberichten" vom 23.4.1940. Wichtig auch Hitlers „Grundsätzlicher Befehl über Meldewesen in der Wehrmacht" vom 26.12.1941, in dem er nochmals auf den „Grundsatz bedingungsloser Wahrheitsliebe und Gewissenhaftigkeit" verwies. Druck: Moll (Hrsg.), „Führer-Erlasse", Dok. 126.
Zur Bewertung dieser Quellengattung vgl. Hubatsch, Das Kriegstagebuch als Geschichtsquelle; Ueberschär, Geschichte der Kriegstagebuchführung in Heer und Luftwaffe (1850 bis 1975).

tionsträger im Divisionsstab alle 14 Tage vorlegten[53]. Zweifellos besitzen diese Quellen ihre Probleme; sie sind sehr nüchtern gehalten, referieren oft nur Ergebnisse und sind im Grunde das Produkt der offiziellen Selbstdarstellung[54]. Gleichwohl ist die Tatsache einer institutionalisierten historiographischen Dokumentation und Selbstreflexion, die regelmäßig und zeitnah erfolgte und die auch abweichende Meinungen oder gar Kritik mit einschloss, keine Selbstverständlichkeit. Bereits durch die Anhänge dieser Aufzeichnungen wurde ein Quellenbestand geschaffen, der in seiner Authentizität und Verlässlichkeit seinesgleichen sucht. Zudem liegen für eine einzige Division Akten mehrerer interner Abteilungen vor, so dass sich ihre unterschiedlichen Perspektiven gut ergänzen. Auf den darunter liegenden Hierarchieebenen bricht die Überlieferung dagegen meist ab[55]. Das heißt: Wenn es darum geht, das Handeln der Wehrmachtsangehörigen zu rekonstruieren, insbesondere ihr Handeln im institutionellen Kontext, dann besitzt gerade die Hierarchieebene der Divisionen zentrale Bedeutung. Denn ihre Akten kommen dem Geschehen an der Basis am nächsten. Natürlich hat der Krieg auch in diese Überlieferung Lücken gerissen[56], doch lassen sich diese teilweise durch die Akten der vorgesetzten Kommandobehörden, der Korps, Armeen und Heeresgruppen, füllen[57].

– Nicht nur die *Instanzen* einer Division, auch ihre *Angehörigen* haben viele Spuren hinterlassen: *Nachlässe*, *Feldpostbriefe*, *Tagebücher*[58] und, nicht zu vergessen, eine teilweise umfangreiche *Erinnerungsliteratur*, deren historiographischer Wert freilich stark differiert[59]. Am größten sind gewöhnlich Aussagekraft und

[53] Dies waren I c: 2. Generalstabsoffizier, verantwortlich für Feindaufklärung und Abwehr; II a: 1. Adjutant, auch verantwortlich für Offizierspersonalien; III: Divisionsrichter; IV a: Intendant, verantwortlich für Verwaltung und Verpflegung; IV b: Arzt; IV c: Veterinär; IV d/e bzw. /k: evangelischer, bzw. katholischer Geistlicher. Sie sollten alle vierzehn Tage „einen zusammenfassenden Überblick im Großen über Tätigkeit, Ereignisse und Maßnahmen" geben.

[54] Vgl. hierzu auch Kap. 5.0.

[55] Die Akten der Regimenter und Bataillone der Wehrmacht sind während des Zweiten Weltkriegs fast gänzlich verloren gegangen. Vgl. Das Bundesarchiv und seine Bestände, S. 244 ff., 339.

[56] Die Behauptung von Hannes Heer, die I-c-Akten seien bei Kriegsende systematisch vernichtet worden und würden gewöhnlich in den überlieferten Beständen fehlen, ist ein aufschlussreicher Hinweis auf seine Quellenkenntnis. Da die Einheiten ihre Akten regelmäßig abgeben mussten, waren sie zu einer nachträglichen, systematischen Säuberung überhaupt nicht in der Lage. Ganz davon abgesehen wurden große Bestände der deutschen Militärakten – lange vor ihrer Rückgabe an das Bundesarchiv – von den National Archives verfilmt, so dass zumindest bei einer Benutzung der Mikrofilme eine nachträgliche „Säuberung" durch Veteranen auszuschließen ist. Vgl. Heer, Mitwirkung der Wehrmacht am Holocaust, S. 88 mit Anm. 137 sowie ders., Hitler war's, S. 269.

[57] Akten der Korps, Armeen und Heeresgruppen oder persönliche Aufzeichnungen von Angehörigen dieser Formationen werden für diese Arbeit dann herangezogen, wenn in dem betreffenden Zeitraum eine der uns interessierenden Divisionen diesen Kommandobehörden unterstellt war. An wenigen Stellen wurden auch Akten bzw. Aufzeichnungen von Nachbarformationen ausgewertet. Als sog. „Schwesterdivisionen" kämpften sie nicht selten auf engstem Raum miteinander.

[58] Die Gesamtzahl der deutschen Feldpostbriefsendungen des Zweiten Weltkriegs wird auf etwa 40 Milliarden geschätzt. Auch das Führen eines persönlichen Tagebuchs war damals ein relativ häufig verbreitetes Phänomen, selbst wenn das OKH am 17.2.1942 noch einmal die Mitnahme persönlicher Aufzeichnungen „in die vordere Linie" ausdrücklich verbot (BA-MA, RH 20-18/1295).

[59] Eine erste Einführung bietet Düsterberg, Soldat und Kriegserlebnis. Deutsche militärische Erinnerungsliteratur (1945–1961) zum Zweiten Weltkrieg. Das Genre der Verbandsgeschichten ist hier allerdings ausgespart.

Unmittelbarkeit jener Selbstzeugnisse, die noch im Krieg verfasst wurden; sie erweisen sich nicht selten als unabdingbare Ergänzung zu den oft spröden Dienstakten. Natürlich sind persönliche Aufzeichnungen aus dem Krieg schon öfters ausgewertet worden[60], allerdings nur verhältnismäßig selten in ihrem institutionellen Kontext, unter Berücksichtigung der amtlichen Quellen. Gerade ein solches Verfahren bietet aber die beste Möglichkeit, den historiographischen Wert dieser verschiedenen Quellengruppen am jeweils konkreten Fall zu überprüfen.

Private Zeugnisse sind nicht einfach zu beschaffen; die erste „Wehrmachtsausstellung" hat viel getan, um diese oft unersetzlichen Quellen zuzuschütten. Dennoch konnten einige größere und längere Tagebücher oder Briefserien erschlossen werden, so dass wir – neben einer Vielzahl kleinerer persönlicher Quellen[61] – für jeden Verband gewissermaßen über einen „Kronzeugen" verfügen: Fritz Farnbacher (4. Panzerdivision), Ludwig Hauswedell (45. Infanteriedivision), Hans Reinert (296. Infanteriedivision), Johannes Gutschmidt und nun auch Konrad Jarausch (221. Sicherungsdivision bzw. Korück 580)[62]. Zwar steht deren Zahl in keinem Verhältnis zur Zahl der Angehörigen einer Division, doch bilden schon ihre Zeugnisse so etwas wie Fenster zur Erlebniswelt einer großen Masse von Soldaten, die sonst bestenfalls in der Rolle grauer Statisten blieben.

– Schließlich existiert noch eine dritte große Quellengruppe, durch die die Geschichte einer Wehrmachtsformation plastischer wird: die *Personal*-[63] und *Gerichtsakten*[64]. Sie sind nicht nur ein Produkt der Wehrmachtsbürokratie; auch nach 1945 entstanden solche „Vorgänge", sei es bei Nachforschungen über ver-

---

Selbst wenn die zahllosen, nach 1945 geschriebenen Erlebnisberichte und Verbandsgeschichten sich primär auf Aspekte wie Kriegführung, Tapferkeit und Kameradschaft konzentrieren und teilweise nicht frei von apologetischen Tendenzen sind, so enthalten sie doch wichtige, teilweise unersetzbare Details. Auch hier gilt, dass diese retrospektiven Quellen ihren eigentlichen Wert erst im Kontext der Überrestquellen erhalten.

[60] Zu dieser Quellengattung, ihren Inhalten und ihren besonderen methodologischen Herausforderungen vgl. Latzel, Deutsche Soldaten – nationalsozialistischer Krieg?; ders., Vom Kriegserlebnis zur Kriegserfahrung; ders., Kriegsbriefe und Kriegserfahrung; Humburg, Das Gesicht des Krieges; Kühne, Kameradschaft. Bei Latzel (Deutsche Soldaten, S. 19 ff.) auch Angaben zu den vorhandenen Feldpostbriefsammlungen und den einschlägigen Editionen.

[61] Dass die „Ego-Dokumente" aus den Reihen der Kampfverbände überwiegen, liegt nicht allein daran, dass deren Angehörige oft den Eindruck hatten, ihre Kriegserlebnisse weitererzählen zu können. Die größere Quellendichte begründet sich auch in der größeren Zahl an Menschen, die diese Kampfverbände durchliefen. Vgl. hierzu auch Kap. 1.2 und 2.5.

[62] Das Dulag 203, dem Gutschmidt und Jarausch angehörten, war 1941 eine Zeitlang der 221. Sich. Div., eine Zeitlang dem Korück 580 unterstellt.

[63] Verwiesen sei auf die Bestände der folgenden Archive: *Bundesarchiv Zentralnachweisstelle* (Aachen-Kornelimünster), *Berlin Document Center*, jetzt *Bundesarchiv, Berlin-Lichterfelde*, *Deutsche Dienststelle (WASt)* und *Krankenbuchlager* (beide Berlin), *Suchdienst des Deutschen Roten Kreuzes* (München).

[64] In Deutschland waren hiermit seit 1958, bzw. 1968 zwei Behörden betraut, die *Zentrale Stelle der Landesjustizverwaltungen zur Verfolgung nationalsozialistischer Verbrechen* in Ludwigsburg, nun *Bundesarchiv Außenstelle Ludwigsburg*, sowie das „NS-Archiv" der ehemaligen Abteilung IX/11 (Aufklärung von Nazi- und Kriegsverbrechen) des Ministeriums für Staatssicherheit der DDR, nun *Bundesarchiv Außenstelle Dahlwitz-Hoppegarten*.
Zu den besonderen Problemen dieser verschiedenen Quellengattungen vgl. Krausnick/Wilhelm, Die Truppe des Weltanschauungskrieges, S. 333 ff.; Steinbach, Zum Aussagewert der nach 1945 entstandenen Quellen; Tuchel, Die NS-Prozesse als Materialgrundlage für die historische Forschung; Gerlach, Morde, S. 24 ff.

misste oder kriegsgefangene Soldaten, sei es bei Ermittlungen wegen Kriegsverbrechen. Auf die besonderen Probleme dieser unterschiedlichen Quellen soll hier nicht eingegangen werden[65] – sicher ist, dass der Ansatz einer Divisionsgeschichte auch in diesem Fall die Chance bietet, unzählige Einzelinformationen, die lediglich Teilaspekte referieren, wieder in ihren ursprünglichen Zusammenhang zurückzuführen.

Keine Frage: Bei all diesen Quellengruppen handelt es sich vor allem um – wenn man so will – „Täterakten". Sieht man aber einmal davon ab, dass schon ihre verschiedenen Provenienzen und Perspektiven für ein gewisses Korrektiv sorgen, so ist in diesem Zusammenhang an ein Urteil von Raul Hilberg zu erinnern; er sah in den „Täterakten" die beste Möglichkeit, um „an die historische Realität heranzukommen"[66].

Ein Ausschnitt als Modell: fünf Divisionen der Wehrmacht

Die Division als Armee im Kleinen, die Division als Modell der Wehrmacht oder zumindest doch als Modell ihrer Landstreitkräfte. Doch stellt sich auch hier das Problem der Repräsentativität. „Daß zwischen Division und Division ein himmelweiter Unterschied sein kann", wussten schon die Zeitgenossen[67]. Das fing an mit der Organisation, dem Personal und der Ausrüstung dieser Formationen, setzte sich dann fort bei Aspekten wie Auftrag, Einsatzort und Mentalität, um schließlich bei ihren Verlusten oder Verbrechen zu enden. Gerade bei den Verbrechen der Wehrmacht hat es den Anschein, dass es ganz bestimmte neuralgische Punkte gab, wo der Krieg eskalierte[68].

Um all diese Unterschiede zu kompensieren, beschäftigt sich diese Studie nicht mit einer, sondern mit mehreren Divisionen[69]. Für deren Auswahl waren *allein* drei Prinzipien maßgeblich: die Organisation der Division (also möglichst unterschiedliche Divisionstypen), ihr Einsatzraum (der insgesamt homogen sein sollte) und schließlich die Quellenlage (die möglichst reichhaltig sein und auch Recherchen in den ehemaligen Friedensstandorten ermöglichen sollte[70]). Keine Rolle spielte bei der Auswahl dieser Verbände deren Geschichte; unter diesem Aspekt ist das Design dieser Untersuchung bestimmt vom Prinzip des Zufalls. Aufgrund dieses Verfahrens fiel die Wahl schließlich auf die folgenden fünf Verbände:

---

[65] Vgl. mit den Überlegungen in Kap. 5.0.

[66] Zit. bei: Orth, System der nationalsozialistischen Konzentrationslager, S. 18.

[67] BA-MA, MSg 2/5315: NL Hans P. Reinert, Tagebuch, Eintrag vom 19.6.1941. Reinert war damals Artillerieoffizier in der 296. Infanteriedivision.

[68] Das haben etwa Lutz Klinkhammer und Carlo Gentile für die Front in Italien 1943 bis 1945 und Peter Lieb für den Westkrieg 1943/44 detailliert nachgewiesen. Vgl. Lieb, Konventioneller Krieg; Klinkhammer, Stragi naziste in Italia, insbes. S. 81 ff., 105 ff.; Gentile, "Politische Soldaten".

[69] Es ist aufschlussreich, dass bei der Erinnerung an den Zweiten Weltkrieg zunächst Eliteformationen im Mittelpunkt standen – die Fallschirmjägertruppe beispielsweise, die U-Boot-Waffe oder die Jagdflieger. Mittlerweile konzentriert sich öffentliche Aufmerksamkeit auf das, was man als die Hinterhöfe des deutschen Militärapparats bezeichnen könnte, die Sicherungsdivisionen und Ortskommandanturen, die Straf-Einheiten und die Kriegsgefangenenlager.

[70] Dem lag die Überlegung zugrunde, dass ein Friedensstandort in der alten Bundesrepublik oder in Österreich die Recherchen in den betreffenden Ortsarchiven bzw. den jeweiligen Veteranenverbänden erleichtern würde.

- *4. Panzerdivision:* Dieser Verbandstyp steht für die motorisierten Verbände, in denen die Wehrmacht ihr modernstes Kriegsgerät konzentrierte[71]. Ohne diese wenigen, aber sehr wertvollen Divisionen wäre der Blitzkrieg undenkbar gewesen. Im November 1938 in Würzburg aufgestellt, profilierte sich die 4. Panzerdivision schon im Polen- und im Westfeldzug als Eliteverband. Seit Juni 1941 war die „Vierer" dann ohne Unterbrechung an der Ostfront eingesetzt, wo ihre letzten Reste erst am 9. Mai 1945 (!) auf dem schmalen Band der Frischen Nehrung kapitulierten. Von ihrem Selbstverständnis war diese Formation, zu der etwa 13 300 Soldaten gehörten, ein Zwitter: technisch, aber auch politisch ein Produkt der Moderne, blieben sie auch der feudalistisch geprägten Tradition der Kavallerie-Regimenter verhaftet, so dass sich gerade in ihrem Fall mit Nachdruck die Frage stellt, wie weit sich Einheiten diesen Typs in Hitlers Konzept des rassenideologischen Vernichtungskriegs einfügten.

- *45. Infanteriedivision:* Es sind vor allem drei Aspekte, welche diese Division für unser Sample[72] empfehlen: Sie verkörperte einen Divisionstyp, der am häufigsten in der Wehrmacht vertreten war[73], die Infanteriedivision[74]; regional ist sie allerdings ein Sonderfall, weil sie im April 1938 in Linz aus Einheiten des ehemaligen österreichischen Bundesheeres zusammengestellt worden war und sich auch weiterhin fast ausschließlich aus der „Ostmark", insbesondere aus Oberösterreich, rekrutierte, was zur Frage berechtigt, welche Folgen das für Mentalität und Verhalten dieser Soldaten hatte[75]; und sie gehörte zur Gruppe der Vorkriegsverbände, zu den „aktiven" Divisionen, die so etwas wie den Kern der Wehrmacht darstellten. Auch die 45. ID, deren Stärke sich laut Plansoll auf ca. 17 700 Mann belief, war seit Juni 1941 pausenlos an der Ostfront im Einsatz, bis sie im Juni 1944 zusammen mit der Heeresgruppe Mitte vernichtet wurde[76].

- *296. Infanteriedivision:* Sie verkörpert gewissermaßen das Gegenstück zur 45. ID. Galt diese als aktive und vor allem bewährte Infanteriedivision, so war die 296. zunächst nicht mehr als eine Improvisation, ein hastig formierter Verband, den man ab Februar 1940 auf dem Truppenübungsplatz Grafenwöhr aus dem Personal zusammenstellte, das übrig geblieben war oder das andere Ein-

---

[71] Vgl. Michulec (4. Panzer-Division on the Eastern Front (1) 1941–1943), der sich primär mit der technischen Ausstattung dieser Division beschäftigt.

[72] Der Einfachheit halber wird die Gruppe dieser fünf Divisionen im Folgenden als „unser Sample" bezeichnet, zuweilen auch als „unsere Divisionen". Dem Autor möge aus dieser arbeitsökonomischen Sprachregelung bitte nicht der Vorwurf einer unkritischen Identifikation mit diesen Organisationen erwachsen.

[73] In der einschlägigen deutschen Dienstvorschrift *Führung und Kampf der Infanterie* vom 18.1.1940 heißt es einleitend: „Die Infanterie ist die Hauptwaffe. Alle anderen Waffen unterstützen sie." Zit. bei: Middeldorf, Neuzeitliche Infanterie, S. 285.

[74] Allein das Ostheer verfügte bei Angriffsbeginn über 99 Infanteriedivisionen. Angabe nach: Mueller-Hillebrand, Heer, Bd. 2, S. 111.

[75] Insgesamt stammten 7,6 % aller Wehrmachtsangehörigen aus der „Ostmark". Rein „österreichische" Verbände hat es in der Wehrmacht nicht gegeben, jedoch Divisionen, die in den Wehrkreisen XVII (Wien) und XVIII (Salzburg) formiert wurden und die sich überwiegend aus diesen rekrutierten. 1963 ging das österreichische Verteidigungsministerium von 30 „ostmärkischen" Divisionen aus: 13 Infanterie- und vier Volksgrenadierdivisionen, zwei Leichte Divisionen, zwei Panzer-, vier Jäger- und fünf Gebirgsdivisionen. Vgl. Overmans, Verluste, S. 224; Tuider, Wehrkreise XVII und XVIII, S. 1 u. S. 30f.; Unser Heer, S. 372ff.

[76] Nach ihrer Zerschlagung wurde die Reste der 45. Inf. Div. als 546. Volksgrenadierdivision wieder aufgestellt, die dann wenig später als 45. Volksgrenadierdivision firmierte.

heiten hatten abgeben müssen. Dieses „Kriegskind", das sich vor allem aus dem östlichen Bayern ergänzte, war den aktiven Divisionen quantitativ (Stärke ca. 17 000 Mann) und zunächst auch qualitativ unterlegen. Ihre „Feuertaufe" erlebte sie erst im Krieg gegen die Sowjetunion, an dem sie sich bis Juni 1944 ohne Unterbrechung beteiligte, bis auch sie zusammen mit der Heeresgruppe Mitte zerschlagen wurde.

Schon diese wenigen Beispiele zeigen, wie viel unter dem Begriff der Division subsumiert sein konnte. Hinsichtlich Ansehen, Selbstbild und militärischer Effizienz repräsentierte die 4. Panzerdivision gewissermaßen die Oberschicht der Wehrmacht, die 45. ID die obere und die 296. ID die untere Mittelschicht. Entsprechend unterschiedlich gestalte sich ihr militärischer Einsatz. Doch gab es eine große Gemeinsamkeit, ihre primär militärische Aufgabe; diese Divisionen kamen fast nur vorne, an den Hauptkampflinien, zum Einsatz. Es gab Formationen der Wehrmacht, bei denen dies anders war.

– *221. Sicherungsdivision:* Mit dieser 1939 formierten „Landwehrdivision", die 1940 beurlaubt und ab März 1941 in Breslau als Sicherungsdivision reaktiviert wurde, kommt ein neuer Divisionstypus in unser Sample: der Besatzungsverband. Die Sicherungsdivisionen kamen in deutlicher Entfernung zur Front in den Rückwärtigen Heeresgebieten zum Einsatz und fungierten als militärische Einheit wie auch als „Besatzungsbehörde"; sie sollten die deutsche Herrschaft durchsetzen, sichern und das militärische Besatzungsgebiet organisieren. Mit einer Personalstärke von insgesamt höchstens 8 000 bis 9 000 Mann[77] und einer sehr mediokren Ausrüstung[78] waren Schlagkraft und Ressourcen eines Verbands wie der 221. sehr begrenzt. Von einigen wenigen Unterbrechungen abgesehen, war diese Division, die im Juli 1944 zusammen mit der Heeresgruppe Mitte unterging, in deren rückwärtigen Gebieten eingesetzt, also im front*fernen* Hinterland.

– *Korück 580:* Bei den Kommandanten/Kommandanturen[79] des rückwärtigen Armeegebiets handelte es sich ebenfalls um Besatzungsverbände. Sie waren, wie schon der Name verrät, jeweils einer Armee zugeordnet, also dem front*nahen* Hinterland. Die Korücks, mehr Rahmenverband als Truppenteil, rangierten gewöhnlich auf der untersten Stufe in der informellen Hierarchie der Wehrmacht. Gleichwohl waren sie für die deutsche Kriegführung unverzichtbar. Diese Besatzungsbehörden dienten ihrer Armee als Etappe und leiteten als erste Vertre-

---

[77] Vgl. Kreidel, Partisanenkampf in Mittelrußland, S. 381. Kreidel war I a der 221. Sicherungsdivision.
Eine ganz ähnliche Stärkeentwicklung bei der 281. Sich. Div. Vgl. Hill, War behind the Eastern Front, S. 48.
[78] Vgl. mit dem Urteil von Cooper (Phantom War, S. 44), der der 221. bescheinigt, dass ihre Ausrüstung „of poor quality" gewesen sei.
[79] Der Genus des Begriffs „Korück" wechselt – teilweise schon in den zeitgenössischen Quellen und erst recht in der Nachkriegsliteratur. Die Abkürzung für diesen Besatzungsverband, der hier im Übrigen abweichend zum damaligen Ordnungssystem zur Gruppe der Divisionen gerechnet wird, kann unterschiedlich aufgelöst werden: als *der* Kommandant des … oder auch als *die* Kommandantur des … ; teilweise hat sich auch die Bezeichnung „das Korück" eingebürgert. Die Verwendung der männlichen Form kommt dem zeitgenössischen Sprachgebrauch vermutlich am nächsten.

ter der deutschen Besatzungsmacht gewöhnlich auch die Neustrukturierung des eroberten Territoriums ein, wozu im Laufe des Krieges zunehmend auch die Auseinandersetzung mit den Partisanen gehörte. Obwohl ein Korück formal eigentlich nicht als Division galt, scheint aufgrund seiner Größe und Gliederung ein Vergleich mit Verbänden dieser Größe durchaus möglich[80]. Das Beispiel des Korück 580 wird das bestätigen. Er wurde im August 1939 im Wehrkreis VI (Münster) aufgestellt, im Juli 1941 der 2. Armee zugeordnet und erlebte als Teil dieser Armee schließlich das Kriegsende in Westpreußen.

Keine Frage: Bei diesen fünf Formationen handelte es sich nur um einen verschwindend kleinen Teil jenes Machtkolosses, der im Juni 1941 die Grenzen zur Sowjetunion überschritt. Allein dem Ostheer waren damals 164 Verbände in Divisionsgröße unterstellt[81]. Trotzdem scheint diese Auswahl repräsentativ[82]. Denn in ihren *Funktionen* stehen diese fünf Formationen für über 90 Prozent aller Divisionstypen des Heeres. So gesehen lässt sich dieser Ausschnitt als Modell verstehen, als Modell des Ostheers und damit auch seines Gefechts- und Besatzungsgebiets – selbst wenn bei einem Verhältnis von drei Front- und zwei Besatzungsverbänden die Letzteren, also die vermutlich kriminelleren Teile der Wehrmacht, bewusst überrepräsentiert sind.

Diese fünf Divisionen haben freilich auch einige Gemeinsamkeiten – eine gute Überlieferung ihrer Akten[83], ein permanenter Einsatz in der Sowjetunion und dort mit dem südlichen Teil des mittleren Frontabschnitts einen weitgehend homogenen Einsatzraum, so dass dieser komparatistisch angelegten Untersuchung dieselben militärischen, geographischen und politischen Rahmenbedingungen zugrunde liegen.

Schon dieses Setting spricht dafür, die Institution zum Ausgangspunkt dieser Arbeit zu machen und nicht – wie so oft – einige zentrale Befehle, die ideologischen Prämissen des Ostkriegs oder die „Große Strategie". Dahinter steht auch die Überlegung, dass ohne das institutionelle und soziale Umfeld unsere zentrale Frage nach dem Verhalten dieser Soldaten kaum zu beantworten ist. Daher versu-

---

[80] Vgl. hierzu Kap. 1.2.

[81] Darin eingeschlossen die Besatzungsverbände. Mueller-Hillebrand, Das Heer, Bd. 2, S. 111. Ferner: DRZW, Bd. 4, Kartenband, Karte 2: Schematische Kriegsgliederung. Stand: B-Tag 1941 (22. 6.) „Barbarossa".
Laut Mueller-Hillebrand setzte sich das deutsche Ostheer am 22. 6. 1941 aus etwa 153 Divisionen zusammen. Dazu kamen noch acht Korücks, die den Armeen zugeordnet waren, und die drei Befehlshaber der Rückwärtigen Heeresgebiete, die hier ebenfalls zu den Verbänden gerechnet werden. Angaben zu den Besatzungsverbänden bei: Keilig, Das Deutsche Heer, Bd. II, Lieferung 160–169.

[82] Nicht vertreten sind folgende Divisionstypen der damaligen deutschen Streitkräfte: eine Division der Waffen-SS, des Ersatzheeres oder der Luftwaffe, von der an der Ostfront ebenfalls große Teile zu Lande kämpften. Sieht man davon ab, dass die Aufstellung der Luftwaffenfelddivisionen, nicht aber der Flak-Regimenter der Luftwaffe, erst im Sommer 1942 begann, so spricht neben arbeitsökonomischen Überlegungen der Gesichtspunkt der Übersichtlichkeit für eine Auswahl dieser Größe. Vgl. hierzu Stang, Zur Geschichte der Luftwaffenfelddivisionen; Stumpf, Die Luftwaffe als drittes Heer; Haupt, Luftwaffenfelddivisionen; Steffen Rohr, Die Erdkampfverbände der Luftwaffe im Ostkrieg unter besonderer Berücksichtigung der Luftwaffen-Felddivisionen. Entstehung, Einsatz und Überführung in das Heer, Dipl. Arbeit, Univ. der Bundeswehr München-Neubiberg, 2003.

[83] Vgl. Bundesarchiv und seine Bestände, S. 246 f.

chen die beiden ersten Kapitel möglichst tief in die Institution Wehrmacht einzudringen; unter den Überschriften *Formationen* bzw. *Soldaten* beschäftigen sie sich mit ihrer Organisation und ihren Menschen. Dies ist kein Selbstzweck. Erst durch diese Analyse werden Strukturen in ihrem Handeln erkennbar, das erstmals im Kapitel *Krieg* Darstellung findet. Dass bei ihrer Kriegführung und Besatzungspolitik auch ihren Rechtsverletzungen die Rede ist, liegt in der Natur der Sache. Doch wird erst durch den Kontext der militärischen Routine der Stellenwert und die Praxis des Kriminellen deutlich. Ein anderes Ziel verfolgt das Kapitel *Raum*, mit dem der kleine Ausschnitt dieser Untersuchung noch einmal räumlich und institutionell verortet wird – in den Schauplatz des deutsch-sowjetischen Krieges und in das Netzwerk der deutschen Institutionen, die hier im Einsatz waren. Gerade der letzte Punkt scheint unabdingbar zum Verständnis des Kapitels *Verbrechen*, das sich ausschließlich mit den Kriegs- und NS-Verbrechen dieser fünf Verbände beschäftigt. Die Gliederung dieses Kapitels orientiert sich nicht an der Chronologie des militärischen Geschehens, sondern an den Opfergruppen dieser Verbrechen. Dabei geht es nicht nur um Befehle, es geht auch – was die Sache nicht vereinfacht – um deren Vollzug. Dass diesen fünf Kapiteln, bzw. Themen jeweils unterschiedliche methodische Ansätze zugrunde liegen, versteht sich von selbst[84].

Ein kleiner Ausschnitt, zweifellos. Das Geschehen, für das er steht, ist um vieles größer. Doch bietet dieser Ausschnitt nicht nur den Vorteil von Präzision und Anschaulichkeit; viel wichtiger ist, dass er eine Art Referenzrahmen absteckt. In dessen Grenzen lassen sich Kriegführung und Besatzungspolitik der Wehrmacht empirisch analysieren und der Anteil des Verbrecherischen genauer bestimmen. Anstatt sich willkürlich aus einem schier unendlichen Fundus an Quellen das herauszusuchen, was die eigenen Thesen bestätigt, bilden die zeitgenössischen Ordnungsprinzipien gewissermaßen den Parameter. An ihm sind die Ergebnisse dieser Untersuchung zu messen. Das wiederum verweist auf die Bedeutung der militärischen Ordnungsprinzipien, dem Thema des ersten Kapitels.

*

Abschließend noch einige sprachliche und formale Bemerkungen:

Mit dem Terminus „Wehrmachtsführung" sind das OKW (Oberkommando der Wehrmacht), unter Umständen aber auch *alle* militärischen Zentralbehörden und deren Personal gemeint. Die Bezeichnungen „OKH" (Oberkommando des Heeres), „Heeresleitung" oder „Heeresführung" werden synonym verwendet. Der Begriff „Streitkräfte" steht für die Gesamtheit *aller* deutschen Soldaten, die Begriffe „Wehrmacht", bzw. „Armee" für alle Wehrmachtsangehörigen, die Begriffe „Heer", bzw. „Ostheer" für die Angehörigen der Landstreitkräfte (außer der Waffen-SS). Alle militärischen Organisationen ab der Hierarchieebene der Division werden als „Verband" bezeichnet, alle kleineren als „Einheit".

---

[84] Vgl. mit dem Urteil von Neitzel (Militärgeschichte ohne Krieg?, S.294), der zu Recht betont, es könne nicht angehen, in der Militärgeschichtsschreibung „die so kritisierte methodische Verengung der sechziger und siebziger Jahre lediglich durch eine andere zu ersetzen".

Nicht unterschieden wird zwischen der Organisationsform des Armeekorps und des Höheren Kommandos. Beide befanden sich auf derselben Hierarchieebene, ihre Organisation variierte nur in einigen Details, so dass in den Anmerkungen nur von A. K.'s die Rede ist.

Die unterschiedliche Bezeichnung der 221., die im Haupttext wie in den Anmerkungen mal als Infanteriedivision, mal als Sicherungsdivision firmiert, orientiert sich jeweils an der Schreibweise in den Quellen. Zu beachten ist, dass sich die 221. nicht nur bis Juli 1940, sondern auch in der Zeit von Dezember 1941 bis März 1942 Infanteriedivision nannte.

Die Bezeichnung „Deutsche" erscheint auch dann zweckmäßig, wenn damit Deutsche, Österreicher oder Auslandsdeutsche gemeint sind; sie bezieht sich freilich nicht auf deren Verbündete oder einheimische Hilfskräfte. Die Bezeichnung „sowjetische Gebiete" und „sowjetische Bevölkerung" orientiert sich an den politischen Verhältnissen des Juni 1941; dies ist freilich nicht als Urteil über die Rechtmäßigkeit der sowjetischen Annexionen während der Jahre 1939/40 zu verstehen.

Da es sich bei den vorkommenden Ortsnamen teilweise um kleine und kleinste Ortschaften handelt, die geographisch schwierig zur recherchieren sind, ist für deren Schreibweise die Orthographie in den deutschen Quellen maßgeblich; das gilt insbesondere für Zitate. Handelt es sich um mehrere Versionen, so orientiert sich die Schreibweise an den Angaben des Duden[85]. Aus Gründen der Einheitlichkeit wurde auf eine Transliteration der bekannten sowjetischen Städtenamen verzichtet. Die Orthographie der Zitate orientiert sich gewöhnlich an der Originalquelle; die Korrektur offensichtlicher Schreibfehler oder notwendige kleinere Anpassungen an die Syntax dieser Darstellung werden zum Teil stillschweigend vorgenommen. Ansonsten wird die grammatikalische Anpassung von Zitaten mit ‚...' (anstelle von „...") kenntlich gemacht.

Die Aktenzeichen werden in der Regel nur bei den zentralen Dokumenten von OKW und OKH wiedergegeben, jedoch nur dann, wenn sie nicht ediert sind. Verzichtet wurde auf die Aktenzeichen der Divisionsakten, da diese in den Originalen – insbesondere in der Zeit des Krieges – nur sehr sporadisch auftauchen.

Einige Archive, die mittlerweile neue Bezeichnungen tragen (BA, ZNS oder PRO) werden so zitiert wie zum Zeitpunkt der Recherche.

Da die Arbeit im Jahr 2008 abgeschlossen wurde, konnte die in diesem Jahr erschienene Literatur nur noch zum Teil berücksichtigt werden.

---

[85] Duden. Wörterbuch geographischer Namen des Baltikums und der Gemeinschaft Unabhängiger Staaten. Mit Angaben zu Schreibweise, Aussprache und Verwendung der Namen im Deutschen. Hrsg. vom Ständigen Ausschuss für geographische Namen, Mannheim 2000.

„Ich staune ja doch, in wie kurzer Zeit aus einem
Haufen Zivilisten eine Truppe wird, ein Körper.
Die eiserne Klammer des Dienstes vollbringt es."[1]

„Wer einmal auf die Fahne schwört,
hat nichts mehr, was ihm selbst gehört."

1. Formationen

1.1 Die Division

Die Geschichte jener fünf Verbände, um die es in dieser Studie geht, begann nicht
im Krieg. Sie lässt sich zurückverfolgen bis in die Welt der Truppenübungsplätze,
der Schreibstuben und Kasernenhöfe, der Kreiswehrersatz-Ämter und schließlich
in die Organisations-Referate der obersten militärischen Führungsinstanzen: Hier
waren sie geplant worden, hier hatte man ihre Aufstellung befohlen. Auf den ersten Blick schien das Ergebnis wenig zeitgemäß, fast schon altertümlich[2], zumindest im Frieden: Formalausbildung, Ausgehuniformen, Fahnen, Militärmusik, Offiziere zu Pferd. Angesichts der offiziellen Selbstdarstellung vieler Armeen wird
freilich leicht übersehen, dass es sich bei ihnen um hochartifizielle Konstrukte
handelt, die nicht allein der Tradition verpflichtet sind. Im Gegenteil: Ihre Organisation, alles andere als „naturgegeben"[3], hat in erster Linie den technischen, demographischen, finanziellen und politischen Voraussetzungen ihrer Zeit Rechnung zu
tragen, vor allem aber der jeweils gültigen Militärdoktrin. Sie entscheidet letzten
Endes über die Organisation eines militärischen Subsystems, über seine Funktion
und auch über die Aufgaben seiner Angehörigen[4].

Gerade an einer Division lässt sich dies besonders gut veranschaulichen, da sie
im Dickicht der militärischen Organisationen eine besondere Rolle spielt. Bis zum
Beginn des 19. Jahrhunderts hatte man Krieg meist auf der Grundlage von Regimentern geführt, die nur aus einer einzigen Waffengattung bestanden. „Reinras-
sig" nannte man das damals. Das Prinzip, mehrere Waffengattungen in einem
Großverband wie einer Division zu vereinigen, war zum ersten Mal am Ende des

---

[1] Johannes Niermann, Brief vom 18.12.1939, zit. in: Schleicher/Walle (Hrsg.), Feldpostbriefe
junger Christen 1939–1945, S. 103.
[2] Vgl. die These von John Keegan, demzufolge es sich über die kulturelle Konditionierung entscheidet, wie ein Krieg geführt wird. Unter Kultur versteht Keegan einen „Ballast aus gemeinsamen Überzeugungen, Werten, Assoziationen, Mythen, Tabus, Forderungen, Gebräuchen,
Überlieferungen, Verhaltens- und Denkweisen, Sprachen und Kunst – ein Ballast, der jede
Gesellschaft im Gleichgewicht hält". Keegan, Kultur des Krieges, S. 84.
[3] Es ist aufschlussreich, dass selbst die beiden einschlägigen Dienstvorschriften (H.Dv. 300/1:
Truppenführung; H.Dv. 487: Führung und Gefecht der verbundenen Waffen) keine Angaben
zur Organisation einer Division enthalten. Offenbar sah die deutsche militärische Führung
darin eher eine Frage der Praxis als eine Frage der Theorie.
[4] Generell zur Organisationssoziologie des Militärs: Schössler, Militärsoziologie; König (Hrsg.),
Handbuch der empirischen Sozialforschung, Bd. 9. Ferner Crozier/Friedberg, Zwänge kollektiven Handelns.

18. Jahrhunderts in Frankreich erdacht, in den Revolutionskriegen erprobt und schließlich von Napoleon I. perfektioniert worden[5]. Eine Division konnte nun allein auf sich gestellt operieren. Im 19. und 20. Jahrhundert, mit der zunehmenden Technisierung und Modernisierung des Kriegs, hatten sich diese Verbände immer mehr differenziert und spezialisiert. In der Division – dem Geteilten, Zerlegten – war mehr als eine Spielart der Kriegführung versammelt, die freilich alle diesem einem Zweck dienten. Auch in der Wehrmacht galten die Divisionen als „die kleinsten Heereskörper, die durch ihre organische Zusammensetzung zu operativer Selbständigkeit befähigt sind"[6]. Deshalb bestanden diese Armeen im Kleinen, die mit fast allen Anforderungen der modernen Landkriegführung zurechtkommen sollten, nicht nur aus vielen Soldaten, sie bestanden aus vielen Spezialisten[7]! Allein auf sich gestellt wären sie auf dem Schlachtfeld verloren gewesen; erst durch das taktische Prinzip des „Gefechts der verbundenen Waffen"[8] wurden sie autark, konnten sie kämpfen und überleben.

Der Prototyp unter den Divisionen der Wehrmacht war die Infanteriedivision. Sie trug gleich mehreren Anforderungen Rechnung: Da die deutsche Aufrüstung seit 1933/35 möglichst rasch vonstatten gehen musste, ließ sich die Schlagkraft der deutschen Landstreitkräfte mit Divisionen dieses Typs, die sich schnell und mit verhältnismäßig geringem finanziellen und materiellen Aufwand formieren ließen, relativ einfach erhöhen[9]. Auch waren Infanteriedivisionen beweglich, sie ließen sich vielseitig einsetzen, was angesichts der geostrategischen Lage des Deutschen Reichs mit seinen langen und ungeschützten Grenzen von großem Vorteil war. Am 22. Juni 1941 bestand das deutsche Heer aus insgesamt 205 Divisionen, 152, also etwa drei Viertel, waren reine Infanteriedivisionen[10]. Wie waren sie organisiert, wie ausgerüstet, und welche Aufgaben übernahmen ihre Angehörigen?

1.1.1 Manpower

Zunächst einmal: eine Division war groß, so groß, dass nur die Stabsoffiziere sie noch überblicken konnten. 1939 gehörten laut Plan 17734 Mann zu einer Infanteriedivision – 534 Offiziere, 102 Beamte, 2701 Unteroffiziere und 14397 Mann-

---

[5] Handbuch der neuzeitlichen Wehrwissenschaften, Bd. II, S. 532 ff.; Fiedler, Taktik und Strategie, S. 16 ff.

[6] IfZ-Archiv, Da 34.08: H. Dv. 300/1: Truppenführung, 1. Teil (Abschnitt I–XIII), Berlin 1936, S. 7.

[7] Generell zur Organisation der Division und zu den einzelnen Waffengattungen: Schottelius/Caspar, Organisation, S. 338 ff.; Tessin, Verbände und Truppen, Bd. 1; Die Deutsche Wehrmacht 1914–1939, S. 169 ff.; Buchner, Handbuch.

[8] Aufgrund der gestiegenen Feuerkraft und Motorisierung ist in vielen modernen Armeen die Brigade an die Stelle der Division getreten. Bei diesen Brigaden handelt es sich nicht mehr um Zusammenfassungen mehrerer Regimenter derselben Waffengattung, sondern um Formationen, die in ihrer Zusammensetzung einer Division entsprechen. Das heißt, dass sich an der Bedeutung dieses Organisationsprinzips nichts geändert hat; es firmiert nur unter einem neuen Namen. Vgl. auch Regling, Grundzüge der Landkriegführung, S. 216 ff.

[9] Vgl. Schottelius/Caspar, Organisation, S. 338; Geyer, Aufrüstung oder Sicherheit, S. 347 ff., insbes. S. 353.

[10] Vgl. Mueller-Hillebrand, Heer, Bd. 2, S. 111.

Krieg und Frieden: Einheiten der 45. Inf. Div. bei einer Parade in Brünn (März 1939, auf der Bühne Mitte General Wilhelm List, rechts von ihm der Divisionskommandeur Generalmajor Friedrich Materna).

Deutsche Infanterie auf dem Vormarsch in der Sowjetunion (1941)
(Quelle: OEGZ_S17_21; IfZ-Archiv)

schaftssoldaten[11]. Sie verteilten sich nicht gleichmäßig auf all ihre Subsysteme. Den Schwerpunkt bildeten hier drei *Infanterie-Regimenter* (mit zusammen 9 180 Mann) sowie das *Artillerie-Regiment* (mit weiteren 3 172 Mann). Diese Hauptstreitmacht war kaum motorisiert[12]; vielmehr hatten über 4 000 Pferde ihre Mobilität zu garantieren[13].

Mehr Fahrzeuge hatten die kleineren Formationen, die schon deshalb nicht nur in ihrer Spezialverwendung eingesetzt wurden, sondern auch als „Divisionsfeuerwehr", die dort kämpfte, wo es gerade „brannte". Allerdings besaßen diese Einheiten meist nur die Stärke eines Bataillons bzw. einer Abteilung: ein *Pionier-Bataillon* (779 Soldaten), eine *Aufklärungs-* (623 Soldaten), eine *Panzerabwehr-* (708 Soldaten) und eine *Nachrichten-Abteilung* (649 Soldaten). Allerdings war selbst dieser bescheidene Fuhrpark Anfang Dezember 1941, also noch *vor* Beginn der sowjetischen Winteroffensive, aufgebraucht[14]. Spätestens jetzt operierte der größte Teil des deutschen Ostheers „wie zu Napoleons Zeiten: zu Fuß, mit Pferd und Wagen, mit Gewehr und Kanone"[15].

Da eine Division auch bei der Versorgung autonom sein sollte, verfügte sie auch über „*Rückwärtige Dienste*" mit 1 747 und über ein *Feldersatz-Bataillon* mit 876 Mann – wohlgemerkt: Mann, denn auch die deutschen Divisionen des Zweiten Weltkriegs waren Teile jenes „frauenfreien Raums" (Karen Hagemann), zu denen die Armeen im 19. Jahrhundert geworden waren[16]. Doch selbst der Wehrmacht gelang es nicht, das weibliche Geschlecht auf Dauer vollkommen auszugrenzen[17]. Selbst in einer Kampfdivision der Wehrmacht traten Frauen nicht nur indirekt auf – als Mütter, Ehefrauen, Verlobte oder Töchter, die von der „Heimatfront" die Soldaten unterstützten. Mit zunehmender Dauer des Krieges kam es gerade in der besetzten Sowjetunion immer häufiger vor, dass eine Art Tross einheimischer Frauen die deutschen Divisionen begleitete; selbst an der Front entstanden mitun-

---

[11] Die Stärkeangaben nach: Mueller-Hillebrand, Heer, Bd. 1, S. 73. Sie beziehen sich auf eine Infanteriedivision 1. Welle, Stand September 1939. Abweichende Angaben bei Keilig, Das Deutsche Heer, Lieferung 101, I, 1 ff.
Mit der Infanteriedivision 43 wurde am 2. 10. 1943 der Typ einer neuen, erheblich kleineren Infanteriedivision eingeführt; sie besaß offiziell 13 656 Mann. Vgl. Keilig, Das Deutsche Heer, Lieferung 101, I, 1 ff. Ferner Overmans, Verluste, S. 277; Absolon, Wehrmacht, S. 192.
[12] Zusammen besaßen diese vier Regimenter nicht mehr als 178 Pkw, 155 Lkw und 242 Kräder. Zu diesem Problem vgl. Müller, Wirtschaftsallianz, S. 185 ff.
[13] Vgl. hierzu Nardo, Mechanized Juggernant; Frieser, Blitzkrieg-Legende, S. 35.
[14] Damals konstatierte das OKH die definitive „Entmotorisierung der Infanteriedivisionen". OKH/GenStdH/Op. Abt. I a, „Weisung für die Aufgaben des Ostheeres im Winter 1941/42" vom 8. 12. 1941. Druck: KTB OKW, Bd. I, Dok. 108. Mit dem Abklingen der Winterkrise waren Kfz bei den Infanteriedivisionen fast nicht mehr vorhanden. Vgl. in diesem Zusammenhang Bock, Tagebuch, S. 377 (Eintrag vom 11. 2. 1942), der die „trostlose Kraftfahrzeuglage" der 2. Armee schildert.
[15] Müller, Der letzte deutsche Krieg, S. 123.
[16] Vgl. Buchner, Handbuch, S. 9: „Weibliches Wehrmachtspersonal wie z. B. Nachrichtenhelferinnen, Rotkreuzschwestern usw. gab es in einer Infanteriedivision nicht." Insgesamt dienten schätzungsweise zwischen 450 000 und 500 000 Frauen als Helferinnen in der Wehrmacht, aber nicht in der Kämpfenden Truppe. Vgl. hierzu Gersdorff, Frauen im Kriegsdienst 1914–1945; Seidler, Frauen zu den Waffen?, S. 59. Ferner Higonnet (u. a. Hrsg.), Behind the Lines; Hagemann/Pröve (Hrsg.), Landsknechte, Soldatenkrieger und Nationalkrieger; Hämmerle, Von den Geschlechtern der Kriege und des Militärs.
[17] Doch wurden Frauen bis 1945 nur sehr selten zum Kampf an der Waffe zugelassen. Vgl. hierzu: Dörr, Frauenerfahrungen; Kundrus, Kriegerfrauen, S. 221 ff.; dies., Nur die halbe Geschichte; Vogel/Wette (Hrsg.), Andere Helme; Killius, Wehrmachthelferinnen.

ter „familiäre Verhältnisse"[18] oder zumindest doch Beziehungen, die an die Zeit des Dreißigjährigen Kriegs erinnern mochten[19]. Doch waren Frauen auch auf andere Weise präsent – als militärische Gegnerinnen, als Kriegsgefangene oder als Teil einer Besatzungsgesellschaft, auf deren Dienste die neuen deutschen Herren oft und gern zurückgriffen. Das ist freilich das Ergebnis von Entwicklungen, nicht von Organisationsstrukturen, so dass erst später davon die Rede sein soll. In den offiziellen Stellenplänen war weibliches „Wehrmachtsgefolge" für eine Kampf- wie auch für eine Besatzungsdivision jedenfalls nicht vorgesehen.

Die Einteilung von knapp 18000 Männern in den Organismus einer Division, die sich dann in ein kompliziertes Geflecht von Regimentern, Bataillonen und Kompanien verzweigte, hatte jedoch nicht allein den Zweck, die Masse Mensch zu organisieren und zu steuern. Die militärische Organisation wird bestimmt von ihren Aufgaben, den taktischen und, darauf basierend, den operativen. Doch vollzieht sich die Kriegskunst nicht einfach in einem luftleeren Raum. Sie ist wiederum gebunden an ganz bestimmte Voraussetzungen, technische zum Beispiel, also an die Ausrüstung dieser Organisationen, und das heißt natürlich vor allem an deren Waffen. Die schon damals hochkomplexe Militärtechnologie schuf nicht nur im Krieg Zwänge und Normen[20]; auch im Frieden war dies permanent spürbar, bei der Logistik, Unterbringung oder der Ausbildung. Schon eine Infanteriedivision der Wehrmacht, also ein durchschnittlicher und vergleichsweise einfach ausgestatteter Divisionstyp, verfügte über ein beträchtliches Arsenal an Waffen:

„Soll-Ausstattung" einer deutschen Infanteriedivision im Jahr 1939[21]
4 481 Pistolen, 12 609 Gewehre, 312 Maschinenpistolen, 378 leichte und 138 schwere Maschinengewehre, 12 Fla-Maschinenkanonen (Kaliber: 2 cm), 75 Panzerabwehrkanonen (Ka-

[18] So Müller, Liebe im Vernichtungskrieg, S. 250. In seiner Erzählung „Hauptmann Pax" (München 1975) hat Joachim Fernau diesen Frauen in der Gestalt der „Maja" ein Denkmal gesetzt.

[19] Dass die immer stärkere Inanspruchnahme von weiblichen Hilfskräften durch die Truppe diese selbst nachhaltig verändern konnte, verdeutlicht das Beispiel der 296. ID: „Zur Zeit wird ein großer Kampf gegen das Überhandnehmen der Russenweiber in sämtlichen Einrichtungen der Division ausgefochten, denn es hat sich so eingebürgert, daß jeder Mann bald eine Russin als Hilfsperson und persönliche Ordonnanz engagiert hat – natürlich nur wieder in den Trossen und rückwärtigen Diensten –, und daß diese Weibergeschichten zu Dingen geführt hat, die man nicht mehr mit ansehen kann, weil sie disziplinschädigend sind." BA-MA, MSg 2/5326: NL Hans P. Reinert, Tagebuch, Eintrag vom 18.4.1944. Dort auch die folgenden beiden Dokumente:
296. Inf. Div., Kdr., „Divisionstagesbefehl Nr. 16" vom 14.4.1944: „Es gibt bei Truppen und Stäben jetzt nurmehr die zugestandene Zahl von Frauen zum Waschen, Flicken und notfalls als Küchen-Hilfskräfte. Darüber hinaus noch die Hiwis und Hiwi-Anwärter, sonst dürfen sich bei den Truppen keinerlei Zivilisten und Kriegsgefangene mehr befinden. [...] Ich verbiete jeden Aufwartedienst durch zivile Hilfskräfte [...]."
296. Inf. Div., Kdr., „Divisionstagesbefehl Nr. 28" vom 12.6.1944: „Wenn ich immer noch Soldaten ohne Waffe, Gasmaske, ohne [Koppel] umgeschnallt, mit völlig aufgeknöpftem Rock herumlaufen sehe oder auch Fahrzeuge beobachte, schlecht bespannt, mit einem kutschierenden Soldaten auf dem Bock und einem schlafenden Hiwi oder beide schlafend, schließlich noch in Begleitung von Weiberleuten, so ist mir das ein Beweis, daß es noch an der Zucht, Ordnung und Disziplin, an der Einsicht und der Erkenntnis der Forderungen unserer derzeitigen Lage fehlt."

[20] Vgl. Creveld, Technology and War, S. 1: „War is completely permeated by technology and governed by it." Ferner Kaufmann, Technisiertes Militär, S. 199.

[21] Angaben nach: Mueller-Hillebrand, Heer, Bd. 1, S. 72; Keilig, Das Deutsche Heer, Lieferung 101, I, 2.
Zur Waffentechnologie vgl. Hahn, Waffen und Geheimwaffen, 2 Bde.

liber: 3,7 cm), 93 leichte und 54 mittlere Granatwerfer (Kaliber: 5 cm bzw. 8 cm), 20 leichte und 6 schwere Infanteriegeschütze (Kaliber: 7,5 cm bzw. 15 cm), 9 Flammwerfer, 3 Panzer-spähwagen, 36 leichte und 12 schwere Feldhaubitzen (Kaliber: 10,5 cm bzw. 15 cm).

Zahlen wie diese vermitteln nicht nur eine Vorstellung von der Technisierung und Vernichtungskraft einer Division[22], sondern auch von den Aufgaben ihrer Ange-hörigen. Dass diese „Krieg führten", ist ein sehr allgemeiner Befund. Wenn ein Vertreter der „neuen Militärgeschichtsschreibung" festgestellt hat, „wir wissen noch kaum, wann welche Soldaten das ein oder das andere taten"[23], dann erscheint es notwendig, sich genau dieser Frage zu stellen. Und deren Beantwortung beginnt mit den Funktionen, die das militärische System für seine Soldaten vorgesehen hatte. Gewiss wäre es abwegig, die Biographien dieser Soldaten allein darauf zu reduzieren; nicht minder abwegig wäre es aber, diese zu ignorieren. Denn mit dem Platz, den der einzelne in einem militärischen System einnahm, entschied sich viel: Wo erlebte er den Krieg? Was tat er dabei eigentlich? In was für Gruppen war er eingebunden? Und wie groß waren seine persönlichen Spielräume?

1.1.2 Aufgaben

Einen ersten Anhaltspunkt bilden die Waffengattungen, aus denen sich eine Divi-sion nach dem Prinzip des Baukastens zusammensetzte. Diese Waffengattungen konnten sich in ihrer Organisation, Ausrüstung, Beweglichkeit und Funktion, aber auch in ihrem Selbstverständnis und Ansehen sehr unterscheiden, so dass schon durch sie ein erstes, wenn auch zunächst noch sehr skizzenhaftes Bild von den dort eingesetzten Soldaten entsteht.

Kampftruppen[24]

„Hauptwaffengattung"[25] des deutschen Heeres war und blieb damals die *Infante-rie*. Die Infanteristen waren so etwas wie die „Arbeitspferde" der Wehrmacht, und was John Steinbeck für die Infanterie der US-Army festgestellt hat, das galt auch für ihr deutsches Pendant[26]: „Der einfache Infanterist hatte die schmutzigste, er-müdendste Aufgabe im ganzen Krieg, und er wurde kaum dafür gelohnt." Immer-hin war die deutsche Infanterie seit dem Ersten Weltkrieg schlagkräftiger und mobiler geworden[27]. Schon 1939 verfügten die Infanterie- (seit Oktober 1942:

---

[22] Vgl. Lidschun/Wollert, Enzyklopädie der Infanteriewaffen, Bd. I, S. 18.
[23] Vgl. Kühne, Victimisierungsfalle, S. 193.
[24] Die hier verwandte Zusammenfassung der Waffengattungen orientiert sich an der modernen Begrifflichkeit, die übersichtlicher ist. Innerhalb der Wehrmacht war das Feldheer lediglich un-terteilt in die drei Gruppen: Fechtende Truppen, Versorgungstruppen, Sicherungstruppen. Vgl. Absolon, Die Wehrmacht, Bd. V, S. 84 f.
[25] Schottelius/Caspar, Organisation, S. 345. Vgl. mit dem Urteil von Müller, Rüstungspolitik, S. 619 sowie von Senger und Etterlin, Krieg in Europa, S. 288 f.: „Infanterie – Königin des Schlachtfelds". Dieses Urteil, das erst während des Krieges entstand, scheint um so bemerkens-werter, als Senger und Etterlin der Kavallerietruppe entstammte und im Januar 1944 zum Gene-ral der Panzertruppe ernannt wurde.
[26] Steinbeck, An den Pforten der Hölle, S. 8.
[27] Vgl. zu diesem Aspekt die eingehende Darstellung von Storz, Kriegsbild und Rüstung vor 1914.

Grenadier-[28])Regimenter der Wehrmacht über zwölf verschiedene Waffen[29] und eine entsprechende Anzahl an Spezialisten – neben den Schützen auch Fernmelder, Reiter, Sanitäter oder Fahrer, die einen Teil der Ausrüstung transportierten, um ihre Kameraden wiederum beweglicher zu machen. Doch sollte all das nicht wirklich genügen. Vielmehr brachte der Krieg immer mehr zum Vorschein, dass die wichtigste und größte Waffengattung der Wehrmacht den militärischen Anforderungen immer weniger gewachsen war[30]. Sieht man einmal von der Einführung des gefürchteten MG 42 ab, so änderte sich an der Ausrüstung der deutschen Infanterie bis 1944 nur wenig[31]. Vor allem den Panzer- und Luftangriffen des Gegners hatte sie immer weniger entgegenzusetzen. Begriffe wie „Panzernahkampf"[32] waren nur ein Euphemismus dafür, dass man gerade das „Fußvolk" brutal „verheizte". „Mißbrauchte Infanterie" nannte ein deutscher General seine Memoiren[33], während Heinrich Böll einen Veteranen sagen lässt: „Ach gäbe es nur Infanteristen, das ganze Geschrei Krieg oder Nichtkrieg wäre überflüssig. Es gäbe keine mehr."[34] Solche Erfahrungen zeigen, wie begrenzt die Schlagkraft der Wehrmacht im Grunde genommen war; sie konnte Blitzfeldzüge in Europa gewinnen, für einen langen und kräftezehrenden Weltkrieg aber war sie kaum gerüstet[35].

Was der deutschen Infanterie fehlte, waren vor allem Fahrzeuge und schwere Waffen. Dies hatte sich teilweise schon vor dem Krieg abgezeichnet. So sollte jede aktive Division ursprünglich noch ein *Maschinengewehr*-Bataillon bekommen, bis Kriegsbeginn reichte es nur zu je einer Kompanie[36]. Blieb die Unterstützung von Luftwaffe und Flak aus – was im Verlauf des Krieges immer häufiger geschah –, dann waren die deutschen Divisionen der gegnerischen Luftwaffe weitgehend schutzlos ausgeliefert[37].

Zu schwach war auch ihre Panzerabwehr. Die *Panzerabwehr-* (seit März 1940[38]: *Panzerjäger*)-Abteilung der Division verfügte zwar über viele Kanonen, immerhin

---

[28] Vgl. Absolon, Wehrmacht, Bd. VI, S. 239.

[29] Handgranate, Pistole, Gewehr, Maschinenpistole, Präzisionsgewehr, leichtes und schweres Maschinengewehr, leichter und mittlerer Granatwerfer, leichtes und schweres Infanteriegeschütz, Panzerabwehrkanone. Ein Regiment bestand aus 3 Infanterie-Bataillonen mit je vier Kompanien sowie einer 13. (Infanteriegeschütze) und einer 14. Kompanie (Panzerjäger) und einer leichten Infanteriekolonne. Metz, Die deutsche Infanterie, in: Die Deutsche Wehrmacht 1914–1939, S. 169–207, hier S. 202. Ferner Barker, Die deutschen Infanteriewaffen.

[30] Vgl. hierzu Hürter, Heinrici, S. 68 (Brief vom 11.7.1941): „Der Bolschewik kämpft vorläufig am Dnjepr. An einzelnen Stellen ist er schon überschritten. Das bedeutet für uns laufen, daß die Zunge heraushängt, immer laufen, laufen, laufen. Ich glaube nach dem Kriege schafft man die Infanterie ab. Der Unterschied zwischen Motor u[nd] Mensch ist zu groß."

[31] Erst 1944 veränderte sich die Situation der Infanterie grundlegend durch die Einführung des Sturmgewehrs 44, der Panzerfaust und der Raketenpanzerbüchse „Panzerschreck".

[32] Vgl. etwa IfZ-Archiv, MA 1636: Pz. AOK 2, Abt. I a, Befehl betr. „Bildung von Panzervernichtungstrupps" vom 9.1.1942. Ferner Müller, Rüstungspolitik, S. 622ff.; Buchner, Handbuch, S. 41ff.

[33] Fretter-Pico, Mißbrauchte Infanterie (1957).

[34] Böll, Vermächtnis, S. 58.

[35] Bereits im Laufe des Jahres 1942 wurden die insgesamt neun Bataillone Infanterie, die zu einer Division gehörten, auf sechs gekürzt. Vgl. Kroener, „Menschenbewirtschaftung", S. 948.

[36] Vorgesehen waren 48 schwere MGs und 12 2-cm-Fla-Kanonen. Vgl. hierzu Freter, Heeres-Fla.

[37] Vgl. etwa IfZ-Archiv, MA 1618: 45. Inf. Div., Abt. I a, Kriegstagebuch, Eintrag vom 13.7.1941: „Die feindl. Luftaufklärung kommt über dem Kampfraum der Div. nahezu ungehindert durch, weil keinerlei Flakkräfte zur Verfügung stehen und eigene Luftwaffe in der Gegend nicht eingesetzt ist."

[38] Vgl. Absolon, Wehrmacht, Bd. V, S. 303.

75 Stück[39], die sich aber mit ihrem Kaliber von 3,7 cm schon 1940 als Auslaufmodell erwiesen hatten. Zu einer „Umbewaffnung mit einem leistungsfähigeren Geschütz", die man für „dringend notwendig" hielt[40], war es aber nicht gekommen, so dass diese zierlichen Waffen gegen die „schwersten Panzer" der Roten Armee nur wenig Chancen besaßen[41]. Dass ein Zug einer Panzerjäger-Abteilung „durch Niederwalzen seine sämtlichen Waffen" verlor[42], kam nicht nur einmal vor. Auch die Abhängigkeit von Zugmaschinen sorgte immer wieder für Probleme. Erst im Laufe des Krieges konnte die Einführung von stärkeren Waffen und Selbstfahrlafetten diese eklatante Unterlegenheit etwas ausgleichen[43]. Doch blieb auch die Panzerabwehr für die deutschen Divisionen des Zweiten Weltkriegs bis 1944 eine ausgesprochene Achillesferse.

Besser gerüstet war die *Aufklärungs*-Abteilung; sie sollte erkunden, sichern oder auch verschleiern, und zwar „an der Spitze", mitunter bis zu 30 Kilometer vor den eigenen Linien[44]. Kennzeichen dieser heterogenen Formation war ihre Beweglichkeit: Reiter, Radfahrer, ein motorisierter Nachrichtenzug sowie Panzerspähwagen und einige Geschütze hatten dafür zu sorgen, dass die Divisionsführung nicht blind agierte. Mit dem Ende des Bewegungskrieges verloren solche Einheiten jedoch ihren Sinn, so dass sie nun als „*Schnelle Abteilung*" (später unter der Traditionsbezeichnung *Füsilier*-Bataillon) meist als Divisions-Reserve fungierten[45].

Kampfunterstützungstruppen

Neben der Infanterie beanspruchte die *Artillerie* die meisten Kräfte in einer Division, für die gewöhnlich neun leichte und drei schwere Batterien vorgesehen waren, zuweilen auch eine Abteilung Beobachtender Artillerie[46]. Die Artillerie war bereits im Ersten Weltkrieg das zentrale Instrument der Kriegführung gewesen und auch im Zweiten war ihre Bedeutung viel höher, als gemeinhin vermutet wird. Hier war die Feuerkraft der Division am stärksten, hier reichte sie (mit bis zu 15 Kilometern) am weitesten. Bei der Artillerie handelte es sich seit alters her um eine ausgesprochen technisierte Waffengattung, und entsprechend unterschiedlich waren die Funktionen ihrer Angehörigen: In einer einzigen Batterie waren Richt-, Lade-, Munitionskanoniere und Geschützführer im Einsatz, ferner Vorgeschobene Beobachter, Funker, Fernsprecher und Vermesser. Des weiteren waren, da die meisten deutschen Artillerie-Regimenter 1939 noch bespannt in den Krieg zogen,

---

[39] Hierzu: Fleischer/Eiermann, Panzerjägertruppe 1935–1945.

[40] BA-MA, RH 53-7/v. 206: 4. Pz. Div., Abt. I a, „Erfahrungsbericht der 4. Panzer-Division über den Westfeldzug", o. D., S. 6.

[41] Vgl. etwa BA-MA, RH 24-4/39: IV. A.K., Abt. I a, Fernspruch an AOK 17 vom 28.6.1941: „Auftreten schwerster Panzer […] einwandfrei festgestellt. Wirkung gegen deren Panzer [sic] bei 3,7 und 5 cm Pak fraglich. Wirkung gegen Kette stets vorhanden." Ein ganz ähnliches Fazit zog die Panzer-Sonderkommission des Heeres-Waffenamts, welche die 2. Panzerarmee und hier auch das Panzer-Regiment 35 am 18.11.1941 besuchte. BA-MA, RH 21-2/244: Pz. AOK 2, Abt. I a, Kriegstagebuch, Eintrag vom 18.11.1941.

[42] BA-MA, RH 24-24/138: 296. Inf. Div., Meldung an XXIV. Pz. Korps vom 10.12.1941. Vgl. auch Schaub, Panzer-Grenadier-Regiment 12, S.114: „Das ‚leichte Heeresanklopfgerät' (3,7-cm-Pak) ist längst reif fürs Kriegsmuseum."

[43] Vgl. Senger und Etterlin, Geschütze, S.57ff.

[44] Generell hierzu vgl. Tolmein, Spähtrupp, insbes. S.70ff.

[45] Vgl. Richter, Die feldgrauen Reiter, S.176.

[46] Je eine Vermessungs-, Lichtmess- und Schallmess-Batterie und ein Wetter-Zug.

Bespannte Artillerie und Fieseler Storch, Mai 1942. Das Bild symbolisiert das Spannungsverhältnis zwischen Tradition und Modernität, das nicht nur im Technischen und Militärischen charakteristisch für die Wehrmacht war.
(Quelle:IfZ-Archiv)

Fahrer nötig sowie Schmiede, Pferdepfleger und Veterinäre[47]. Schon dieses Beispiel zeigt, wie sehr allein in einer einzigen Waffengattung die militärischen Funktionen und mit ihnen auch die Erfahrung „des" Krieges differieren konnten. Eines war freilich allen Artilleristen gemeinsam; ihre Chancen, den Krieg zu überleben, waren deutlich größer als etwa bei der Infanterie[48]. Dass von den drei „Kronzeugen" unserer Kampfverbände zwei Artilleristen waren, ist sicherlich kein Zufall.

Das *Pionier*-Bataillon der Division[49] war faktisch mehr als nur eine Unterstützungstruppe, oft waren die Pioniere die ersten am Feind. Das Bataillon sollte nicht nur Sperren beseitigen, Stellungen anlegen oder den angreifenden Truppen den Weg bahnen – über feindliche Stellungen, Minenfelder oder Gewässer hinweg. Ausgerüstet mit Sprengstoff, Minen oder Flammwerfer handelte es sich hier weniger um Bau- als um Kampftruppen, die häufig als Schwerpunktwaffe dienten.

---

[47] Vgl. hierzu Engelmann/Scheibert, Deutsche Artillerie 1934–1945; Senger und Etterlin (Hrsg.), Geschütze.
[48] Dass die Verluste der Kampfeinheiten mit 91% signifikant höher waren als die der Artillerie und der Unterstützungseinheiten (8 und 1%), belegt Rass, „Menschenmaterial", S.79. Interessant auch das Urteil von Lew Kopelew, der meinte, dass die Artilleristen und Pioniere nicht so schnell hart und rau geworden seien wie ihre Kameraden von der Infanterie. Vgl. Kopelew, Aufbewahren für alle Zeit!, S.104.
[49] Drei motorisierte Kompanien sowie je eine Brücken- und Geräte-Kolonne. Vgl. hierzu Riebenstahl, Pioniere.

Führungstruppen

Neben den Nachrichteneinheiten in den Regimentern, die immerhin fast sechs
Prozent ihrer Gesamtstärke ausmachten[50], verfügte die Division zusätzlich über
eine eigene *Nachrichten*-Abteilung[51]. In Deutschland besaß man traditionell viel
Erfahrung mit hochentwickelter Nachrichtentechnik[52], mit der die Armee andere
Schwachpunkte kompensieren konnte. Zwar hatte der Versailler Vertrag diese
Entwicklung für kurze Zeit unterbrochen, doch war es der Wehrmacht bis 1939
gelungen, die „modernste Fernmeldetruppe" ihrer Zeit aufzubauen[53]. Eine gut
funktionierende und rasche Kommunikation garantierte Kontrolle und Koordina-
tion, aber auch Aufklärung und nicht zuletzt die Überwindung von Räumen, was
gerade für einen Verband von der Größe einer Division unabdingbar war[54].

Ersatz- und Versorgungstruppen

Auch ein Frontverband hatte eine Etappe, denn er sollte sich ja selbst versorgen.
Zu diesem Zweck formierte jede Division der Wehrmacht mit der Mobilmachung
ein weitverzweigtes, weitgehend motorisiertes Nachschubsystem[55]. Schon seine
Teile: eine *Werkstatt*-, eine *Nachschub*-, eine *Bäckerei*- und eine *Schlächterei*-Kom-
panie, acht *Kraftwagen*- und eine *Betriebsstoff*-Kolonne[56], zwei *Sanitäts*- und eine
Veterinär-Kompanie, zwei *Krankenkraftwagen-Kompanien*, ein *Feldlazarett*[57],
ein *Feldpost*amt[58] sowie ein *Feldgendarmerie*-Trupp, lassen erkennen, wie viele
logistische Funktionen in einer einzigen Division versammelt waren, die ein *Divisionsnachschubführer,* meist ein Major, koordinierte[59]. Zu diesen 1747 Soldaten

---

[50] Vgl. Mueller-Hillebrand, Heer, Bd. 1, S. 73.
[51] Je eine Fernsprech- und Funkkompanie, ein Nachrichtenaufklärungszug und eine Geräte-Kolonne. Vgl. Niehaus, Die Nachrichtentruppe; Kampe, Heeres-Nachrichtentruppe.
[52] Insbesondere mit der Telegrafie. Vgl. hierzu Dudley, The Word and the Sword, S. 181 ff.
[53] So das Urteil von Schottelius/Caspar, Organisation, S. 357. Vgl. auch Wildhagen, Erich Fellgiebel; Kaufmann, Kommunikationstechnik und Kriegführung 1815–1945, S. 262 ff.; ders., Telefon
und Krieg, S. 7–25.
[54] Es spricht für sich, wenn selbst die deutsche Nachrichtentruppe im Ostkrieg an ihre Grenzen
stieß. So registrierte man bei der 4. Pz. Div. schon im September 1941, „daß die Ausstattung mit
Funkgeräten und deren Reichweite im großen Raum unzureichend sind". IfZ-Archiv, MA
1589: 4. Pz. Div., 5. Pz. Brig., „Gefechtsbericht für die Zeit vom 13.9.–18.9.1941" vom
20.9.1941.
[55] Vgl. hierzu etwa BA-MA, RH 26-45/2: „Kriegstagebuch der 45. Division vom polnischen Feldzug im Jahre 1939", Anlage 3: „Versorgung der Division im Feldzug gegen Polen 1939", wo die
Mobilmachung der rückwärtigen Dienste während der „Spannungszeit" detailliert geschildert
wird.
Die zeitgenössischen Bezeichnungen für die Logistiktruppen waren uneinheitlich; 1942 wurden
sieben Kategorien in der Wehrmacht eingeführt: Nachschub-, Verwaltungs-, Sanitäts-, Veteri-
när-, Kraftfahrpark- und Ordnungstruppen sowie die Feldpost. Vgl. IfZ-Archiv, MA 1624:
45. Inf. Div., Abt. I a, Anlage 122: Führungsanordnung Nr. 7 vom 2.11.1942.
[56] Vgl. hierzu Milson, German Military Transport.
[57] Das Feldlazarett wurde im Verlauf des Krieges wieder von der Divisionsebene abgezogen. Zum
Zentrum der medizinischen Betreuung wurden nun die Armee-Sanitäts-Abteilungen. Vgl.
Neumann, Arzttum, S. 88 f. Ferner: Feldchirurgie. Leitfaden für den Sanitätsoffizier in der
Wehrmacht. Hrsg. von H. Käfer, Dresden 1942.
[58] Vgl. hierzu Oberleitner, Geschichte der Deutschen Feldpost; Hinrichsen, Deutsche Feldpost
1939–1945; Ueberschär, Deutsche Reichspost 1933–1945, Bd. II, S. 37 ff.
Wie groß die Aufgaben selbst eines Feldpostamts waren, illustriert das Beispiel der 4. Panzerdivision, dessen Feldpostamt bis Oktober 1941 36 000 Postsäcke mit einem Gesamtgewicht von
1 095 000 kg beförderte. Sturm im Osten, S. 206.
[59] Seit 15.10.1942: „Kommandeur der Infanterie-Divisions-Nachschubtruppen".

der *Rückwärtigen Dienste* kamen noch einmal 1 695 Soldaten, die den „gefechts-
nahen" *Tross* bildeten, also der kämpfenden Truppe zugeordnet waren[60]. Für sich
genommen war das viel, im internationalen Vergleich war es wenig. Obwohl schon
Clausewitz erkannt hatte, dass sich mit einer „Verminderung des Trosses" zwar
Kräfte einsparen, aber kaum die Bewegungen beschleunigen ließen[61], hatte die
Wehrmacht daraus nicht wirklich Konsequenzen gezogen. In einer Infanteriedivision kamen auf 81 „Kämpfer" 19 „Versorger", im gesamten deutschen Feldheer lag
dieses Verhältnis sogar bei 85 zu 15. Wie spartanisch die Logistik der Wehrmacht
aufs Ganze gesehen war, zeigt der Vergleich mit einer verwöhnten Streitmacht wie
der US-Army, in der auf 57 „Kämpfer" 43 „Versorger" kamen[62].

An dieser Relation lassen sich gleich mehrere Dinge ablesen – etwa, wie sehr die
deutsche Kriegsmaschinerie auf den Kampf an der Front ausgerichtet war, wie sehr
sie ihre Etappe ausgedünnt hatte oder wie gering ihre logistischen Spielräume waren[63], so dass die Truppe schon bald „von der Hand in den Mund" lebte, wenn der
Krieg länger dauerte oder wenn sich ihre Einsatzräume weiter von der Heimat
entfernten[64]. Auch anderes wird nachvollziehbar: der eigenartige Widerspruch,
dass sich die deutschen Invasoren selbst in der Phase ihrer operativen Initiative
ständig mit technischen oder logistischen Problemen herumschlagen mussten, oder
der gewaltige Bedarf der Wehrmacht an „Hilfswilligen" und einheimischen Arbeitskräften. Sobald eine militärische Auseinandersetzung den zeitlich knapp bemessenen Rahmen eines „Blitzfeldzugs" sprengte, war die Logistik dieser Armee
gefährdet[65]. Denn der Bedarf der Truppe war enorm. Eine einzige Infanteriedivision benötigte pro Tag 170 Tonnen – Nahrung, Munition[66], Treibstoff und anderes
mehr; noch höher war die „Bedarfsmenge" einer motorisierten Division[67]. Dieses
Material musste Tag für Tag empfangen oder requiriert, transportiert, verarbeitet,

---

[60] Unterschieden wurde hier zwischen dem Gefechtstross (Munition, Ersatzteile und unmittelbarer Bedarf der Truppe), dem Verpflegungstross (Verpflegung), dem Gepäcktross (75 % des
Marschgepäcks) und den leichten Kolonnen (Bindeglied zwischen der Truppe und den Nachschubdepots). Vgl. Bieringer, Nachschubfibel, S. 20.

[61] Clausewitz, Vom Kriege, S. 298. Das wurde auch in der Wehrmacht so gesehen, ohne dass daraus aber Konsequenzen gezogen wurden. Vgl. Bieringer, Nachschubfibel, S. 9.

[62] Vgl. Creveld, Kampfkraft, S. 69ff.
Bereits 1954 war der Anteil der Angehörigen der US-Army, die rein militärische Funktionen
ausübten, sogar auf 29 % gesunken. Vgl. Handbuch der empirischen Sozialforschung, Bd. 9,
S. 159.

[63] Vgl. auch mit der Bewertung durch Overy, Wurzeln des Sieges, S. 409f.

[64] BA-MA, RH 21-2/244: Pz. AOK 2, Abt. I a, Kriegstagebuch, Eintrag vom 24. 11. 1941.

[65] Der Generalquartiermeister des Heeres hatte schon bei einem Planspiel im Februar 1941 erkannt, dass die Versorgung des Ostheers mit dem Angriff auf die Sowjetunion die Grenzen des
Machbaren überschreiten würde. Vgl. Gerlach, Morde, S. 783.

[66] Davon waren zwischen 30 und 45 Tonnen Lebensmittel und Futter. Die Grundausstattung einer Division an Munition wog insgesamt 615 Tonnen. Vgl. Buchner, Handbuch, S. 72f.; Keilig,
Das Deutsche Heer, Lieferung 101, I, 10.

[67] Die Abt. I b bei den Panzerdivisionen waren oft zu einer Quartiermeister-Abteilung erweitert;
außerdem war in diesen Divisionen noch ein Divisionsingenieur eingesetzt, der die Abt. V
„Kraftfahrwesen" betreute.
Die Transportkapazität einer motorisierten Division betrug fast 500 Tonnen, ihr täglicher
Durchschnittsverbrauch an Munition (Westfeldzug) 27 Tonnen. IfZ-Archiv, MA 1579:
4. Pz. Div., Abt. I b, „Munitions-Verbrauch Einsatz West", o. D.; IfZ-Archiv, MA 1582:
4. Pz. Div., Abt. I a, „Zustandsbericht der Division" vom 28. 12. 1941. Zum Treibstoff-Ver-
brauch vgl. IfZ-Archiv, MA 1593: 4. Pz. Div., Abt. I b, Denkschrift „Die Betriebsstoff-Versor-
gung der 4. Panzerdivision im Einsatz Rußland", o. D. [April 1942].

verteilt und entsorgt werden[68]. Die Bäckerei- und die Schlächterei-Kompanien waren daher kleine Fabriken: täglich sollten ca. 12 000 Brote gebacken, bzw. 15 Rinder, 120 Schweine oder 240 Schafe verarbeitet werden[69]. Mit täglich knapp viertausend Kilokalorien war der Versorgungssatz der deutschen Soldaten sehr hoch[70]. Allerdings sah die Wirklichkeit im Krieg oft anders aus[71]. Auch in der Wehrmacht kam es häufig vor, dass sich der Platz in der Nahrungskette mit zunehmender Nähe zur Front kontinuierlich verschlechterte. Noch übler waren freilich jene dran, welche die deutschen Soldaten als ungebetene, aber anspruchsvolle Gäste bewirten mussten. Ganz unabhängig davon, ob es sich nun um eine geregelte oder um eine improvisierte Versorgung handelte, für die Einheimischen wurde das deutsche Prinzip des „Lebens aus dem Lande"[72] auf jeden Fall zur ökonomischen Katastrophe.

Den Personalersatz für eine Division organisierten ihre *Feldersatz*-Einheiten, die gleichzeitig eine Art Scharnier zwischen Front, Etappe und Heimat bildeten. Die Zweiteilung der deutschen Landstreitkräfte in je ein *Feld*- und ein *Ersatzheer* (letzteres war für die Ausbildung der Rekruten zuständig) setzte sich fort bis auf die Hierarchieebene der Division. Diese Feldersatz-Bataillone, die es in der Heimat wie auch im Gefechtsgebiet[73] gab, waren keine anonymen Ausbildungszentren, sondern von vornherein Teil „ihrer" Division[74]. Martin van Creveld hat die Vorzüge dieses dezentralen Ausbildungssystems aufgezählt: es garantierte eine

---

[68] IfZ-Archiv, MA 1618: 45. Inf. Div., Abt. I b, Vermerk „Planspiel beim AOK 4 vom 22.-24.5.1941".

[69] Vgl. Buchner, Handbuch, S. 72f.

[70] Peltner, Soldatenernährung, S. 159. Ferner Thoms, „Ernährung ist so wichtig wie Munition".

[71] Die 4. Pz. Div. gestand schon während des Krieges ein, dass ihre Angehörigen während der Winterkrise 1941/42 oft nicht mehr im Magen hatten „als Brocken gefrorenen Brotes". Sturm im Osten, S. 293. So auch Neumann, 4. Panzerdivision, S. 465, 531 sowie Schaub, Panzergrenadier-Regiment 12: „Das Hauptnahrungsmittel in dieser Zeit sind Dauerbrot und Graupen. Für Abwechslung im Speisezettel sorgt nicht die Küche – sie kann nicht dafür sorgen – sondern der Landserhumor." Ähnlich die Verhältnisse bei der 45. Inf. Div.: „Truppe ist eingesetzt und hungert." BA-MA, RH 26-45/46: 45. Inf. Div., Abt. I a, Kriegstagebuch, Eintrag vom 28.12.1941. Noch drei Monate später schrieb ein Unteroffizier der 45. ID, er sei „ganz schwindlich […] vor Hunger". Brot gebe „es keines mehr, das Essen [sei] leer und dünn": BA-MA, MSg 3-217/1: Linzer Turm 6 (1983), Nr. 102: [Uffz. Adolf Bräuer], Aus dem Kriegstagebuch eines Sanitätsunteroffiziers, Eintrag vom 29.3.1942.

[72] Vgl. etwa IfZ-Archiv, MA 1668: 221. Sich. Div., Abt. IV a, Tätigkeitsbericht für die Zeit vom 1.3. bis 28.12.1941, Eintrag vom 30.8.1941.

[73] Vgl. den Befehl der 2. Panzerarmee vom 24.2.1942 (BA-MA, RH 24-24/136: Pz. AOK 2, Abt. I a, Befehl vom 24.2.1942), mit dem diese jeder Division befahl, ein Feldersatz-Bataillon aufzustellen; hierin wäre aufzunehmen: a) der neu eingetroffene Ersatz, „der noch nicht genügend ausgebildet erscheint", b) „vorübergehend schonungsbedürftige Frontkämpfer, c) Spezialisten, die für besondere Ausbildungszwecke bestimmt werden sollen, d) Unterführeranwärter, die besonders geschult werden. Das Btl. ist nicht als Fronttruppe einzusetzen, sondern dient lediglich zu Ausbildungs-, Auffrischungs- und Ergänzungszwecken. Die dorthin kommandierten Führer und Unterführer sind gleichzeitig Führerreserve der Division." In diesem Sinne auch: IfZ-Archiv, MA 1636: Pz. AOK 2, OB, Abt. I a, Weisung betr. „Ausbildung des Ersatzes" vom 21.3.1942.

[74] Vgl. etwa IfZ-Archiv, MA 1659: 221. Inf. Div., Abt. II a, Tätigkeitsbericht für die Zeit vom 21.4. bis 30.9.1940. Ferner Kroener, „Menschenbewirtschaftung", S. 820ff. sowie die Graphik auf S. 831.
Eine weitere Variante des Ersatzwesens stellten die „Ergänzungstruppenteile" dar, deren Aufgabe es war, die ungedienten Jahrgänge möglichst rasch auszubilden. Vgl. etwa BA-MA, MSg 3-217/1: Linzer Turm 20 (1977), Nr. 78: Hans Rödhammer, Die Ergänzungs-Truppenteile der 45. Inf.-Division 1938–1939.

enge Bindung zwischen Front und Heimat, eine regionale Homogenität jedes Truppenteils, eine realitätsnahe Ausbildung und schließlich die schrittweise Integration der unerfahrenen Rekruten in die Front[75]. Selbst Kranke und Verwundete wurden nach ihrer Genesung – im Sommer 1941 betrug ihr Anteil immerhin 83 Prozent – „zu dem Ersatztruppenteil geschickt [...], der ihrem letzten Feldtruppenteil angegliedert war. Sie wurden Ersatzkompanien bis zur Wiederherstellung ihrer Diensttauglichkeit zugeteilt, fuhren dann gemeinsam mit neuen Rekruten in denselben Marschbataillonen zu ihrem ursprünglichen Truppenteil zurück und wurden dabei häufig von Offizieren angeführt, die selbst zum aktiven Dienst zurückkehrten."[76]

Schließlich die *Feldgendarmen*: In den Kampfdivisionen der Wehrmacht blieben sie Exoten, hier waren nicht mehr als 33 Mann im Einsatz[77]. Gleichwohl war ihre Macht groß. Die „Kettenhunde" besaßen die Befugnisse von Polizisten; alle Soldaten, aber auch die einheimische Bevölkerung unterstanden ihrer Kontrolle und ihren Weisungen. Nicht selten überließ man den Feldgendarmen auch das, was als „Drecksarbeit" galt: die Erschießung von Geiseln, „Partisanenverdächtigen", Juden oder auch deutschen Deserteuren[78]. Die Existenz dieser Militärpolizei ist ein weiterer Beleg für die arbeitsteilige Struktur des militärischen Apparats, ihre geringe Größe zeigt aber auch, dass bei den Kampfverbänden der Wehrmacht militärpolizeiliche oder besatzungspolitische Aufgaben nur rudimentär vorhanden waren[79]. Zweifellos übernahm die Feldgendarmerie bei den Verbrechen der Wehrmacht eine Schlüsselfunktion, doch sollte nicht übersehen werden, dass sie auch die eigene Truppe zu kontrollieren hatte. Auch in ihrem Fall hing viel davon ab, was der jeweilige Kommandeur aus einer solchen Einheit machte[80].

Nimmt man alles zusammen, so besaß eine Infanteriedivision der Wehrmacht durchaus solide militärische Grundlagen; bei Kriegsausbruch waren sie mit „dem Modernsten" ausgestattet, „was es 1939 gab"[81]. In einigen Bereichen – Artillerie, Fernmeldetruppe und in gewisser Weise auch Infanterie – war sie den meisten ihrer Gegner deutlich überlegen, ein weiterer Vorzug war, dass gerade die deutschen Verbände das Gefecht der verbundenen Waffen sehr gut beherrschten[82]. Andererseits fallen auch einige deutliche Schwachpunkte ins Auge: die eklatante Unterle-

---

[75] Vgl. Creveld, Kampfkraft, S. 76ff.; Rass, „Menschenmaterial", S. 146ff.; ders. Sozialprofil, S. 693f.
[76] Creveld, Kampfkraft, S. 123. Ferner Tessin, Verbände und Truppen, Bd. 1, S. 125.
[77] In einer motorisierten Division 64 Feldgendarmen. Diese Einheiten waren durchgehend motorisiert. Vgl. Böckle, Feldgendarmen, S. 158ff.; www.lexikon-der-wehrmacht.de/Gliederungen/Ordnungstruppen.
[78] Oldenburg, Ideologie, passim.
[79] Im Gegensatz zu den Kampfverbänden war bei den Besatzungsverbänden der Wehrmacht in der Regel eine Feldgendarmerie-Abteilung im Einsatz, also ca. 400 bis 500 Mann.
[80] Aufschlussreich etwa BA-MA, RH 24-35/98: Feld-Gend.-Trupp mot. 435, Tagebuch für die Zeit vom 1.6.–31.12.1941. Dieser Feldgendarmerie-Trupp war Teil des XXXV. A.K., dem zeitweise auch die 45. ID unterstellt war. Teilweise fungierte dieser Trupp als Vollstrecker des nationalsozialistischen Vernichtungsprogramms (Erschießung eines Juden am 14.7.1941, Erschießung von fünf Zivilisten am 22.7.1941, Erschießung von 17 Juden am 7.8.1941 usw.), teilweise aber auch als Garant einer Besatzungspolitik im traditionellen Sinne. So schritt der Trupp am 9.7.1941 gegen plündernde deutsche Soldaten ein, Rückgabe von geplündertem Vieh an die Eigentümer am 27.7.1941, Verhinderung von deutscher Plünderung am 30.7.1941, Freilassung von zwei partisanenverdächtigen Zivilisten am 8.8.1941 usw. Beide Listen ließen sich fortsetzen.
[81] Schottelius/Caspar, Organisation, S. 312. Skeptischer: Frieser, Blitzkrieg-Legende, S. 37.
[82] Vgl. mit dem Urteil von Frieser, Kursker Bogen, S. 167.

Graphik 1:   Verteilung des Personals einer deutschen Infanteriedivision, 1939–1941

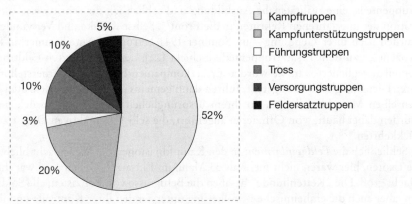

□ Kampftruppen

▨ Kampfunterstützungstruppen

□ Führungstruppen

■ Tross

■ Versorgungstruppen

■ Feldersatztruppen

genheit bei der Panzer- und Fliegerabwehr, die mangelnde Motorisierung und die unzureichende Logistik. Trotzdem sprechen schon die frappierenden Anfangserfolge dieser Divisionen wie auch ihr erstaunliches Durchhaltevermögen für deren militärische Effizienz.

Schließlich verdient noch ein Punkt Beachtung: Die Kampfdivisionen der Wehrmacht waren so organisiert, dass sich fast alles auf eine einzige Aufgabe konzentrierte, auf das Herbeiführen einer militärischen Entscheidung. Alles andere hatte dahinter zurückzustehen. Selbst Funktionen, auf die ein militärisches System eigentlich angewiesen war, Funktionen wirtschaftlicher oder politischer Art, waren zumindest in der durchschnittlichen deutschen Kampfdivision auf das Allernötigste reduziert. Das soll nicht heißen, dass es sich bei dieser Armee quasi um eine politikfreie Zone gehandelt habe – im Gegenteil: Spätestens seit Clausewitz wissen wir von den unauflösbaren Zusammenhängen zwischen Krieg und Politik. Doch ist auch richtig, dass diese Zusammenhänge arbeitsteilig organisiert sind und dass sich im Falle der Wehrmacht die meisten ihrer Angehörigen in der Regel auf nichts anderes zu konzentrieren hatten als auf das Kriegshandwerk in seiner ursprünglichsten Form, erinnert sei an das quantitative Übergewicht der Kampftruppen. Die Existenz dieser Soldaten war in einem unvorstellbar hohen Maß geprägt durch den militärischen Apparat, oder genauer: durch die Aufgabe, die ihnen dieser Apparat zuwies. „Wir haben ja nichts anderes zu tun, als zu gehorchen …"[83], charakterisierte ein Unteroffizier der 4. Panzerdivision seine Situation, während ein Feldwebel aus einem Dulag bekannte, man wisse „von den großen politischen Dingen gar nichts mehr"[84]. Eine Privatsphäre war für ihresgleichen kaum vorgesehen: etwas Feldpost, wenig „dienstfreie" Zeit[85] und ein knapp bemessener Urlaub[86], der

---

[83] BfZ, Slg. Sterz, 44705, Brief L. D. vom 22.2.1943.

[84] Jarausch/Arnold, Sterben, S. 300 (Brief vom 30.8.1941).

[85] Vgl. Seitz (4. Pz. Div.), Verlorene Jahre, S. 70: „In den fast ganz mit dem Dienst ausgefüllten Tagen gab es naturgemäß wenig Freizeit. Einmal in der Woche gab es einen freien Nachmittag: Auf einigen Lastwagen fuhr dann die Batterie zum Kinobesuch nach Gonozec."

[86] Den Soldaten des Ersatzheeres standen jährlich 14 Tage, den Soldaten des Feldheeres zweimal jährlich 14 Tage Urlaub zu. Vgl. Creveld, Kampfkraft, S. 130f.; Absolon, Wehrmacht, S. 303.

freilich oft der militärischen Lage zum Opfer fallen konnte[87]. Wenn diese „totale Erfassung des Soldaten", grosso modo Kennzeichen jedes militärischen Systems[88], in der Wehrmacht gewissermaßen auf die Spitze getrieben war, dann begründete sich dies nicht allein in ihrer preußisch-deutschen Vergangenheit. Mit der national-sozialistischen Diktatur[89] und dem Beginn des Krieges kamen zwei weitere Determinanten hinzu, welche die ohnehin spärlichen Freiräume ihrer Angehörigen noch weiter einschränkten. Doch war das Fundament dieser Armee beileibe nicht nur der Kadavergehorsam. Zweifellos war die Kontrolle des einzelnen durch Armee, Diktatur und Krieg extrem engmaschig und restriktiv, doch darf dies nicht darüber hinwegtäuschen, dass sich die meisten Wehrmachtsangehörigen mit ihrer Rolle als Soldat doch in einem Maße identifizierten, wie es in der Geschichte nur selten vorgekommen war.

1.1.3 Hierarchien

Zugleich aber gab es – und auch das macht die Beurteilung der Wehrmacht so schwierig – das militärische „System", den Apparat mit seinen streng ausgebildeten Hierarchien, die durch vieles: Uniform, Dienstgrad und Rangabzeichen, institutionelle und personelle Ausstattung (erinnert sei etwa an das System der Adjutanten, „Burschen" oder Fahrer) die eigene Position scharf markierten. Eine Division war denn auch stets ein Herrschaftsverband, dessen Zusammensetzung und Funktionsweise sich auch über seine formale Hierarchie erschließt[90].

Stabsoffiziere

Mit ihren knapp 18000 Mann entsprach die Größe einer Infanteriedivision bei Kriegsbeginn etwa der einer deutschen Kleinstadt. Ihre soziale Schichtung ähnelte hingegen einer relativ flachen Pyramide mit einem sehr breiten Sockel, gekrönt von einer dünnen hohen Spitze. Dort stand der *Divisionskommandeur*, ein Generalmajor, manchmal auch Generalleutnant, der sich als einziger Divisionsangehöriger im Generalsrang schon durch seine Uniform: hochrote Hosenstreifen, hoch-

---

[87] Vgl. hierzu Hürter, Heinrici, S. 163 (Bericht vom 8.5.1942): „Denn für viele, darunter auch für mich, war ja die Zeit vom Feldzugsbeginn bis heute eine ununterbrochene Dauerschlacht, ohne Urlaub, ohne Ruhe. Im 1. Weltkrieg gab es ähnliches nicht." Ferner BA-MA, RH 21-2/877: Pz. AOK 2, Abt. I a, Kriegstagebuch, Eintrag vom 12.2.1942, wo ein Bericht eines Korpsarztes zitiert wird, der für „den teilweise zu Tage getretenen völligen körperlichen und seelischen Zusammenbruch" der Truppe als Grund anführt, man habe der Truppe nicht „eine ausreichende Erholungsmöglichkeit geben [...] können, wie dies zum Beispiel im Weltkriege grundsätzlich geschah". Schließlich IfZ-Archiv, MA 1672: 221. Sich. Div., Abt. I a, Kriegstagebuch, Anlage: „Während der Urlaubssperre, die seit Beginn des Ostfeldzuges bis Mitte April 42 bestand, wurde nur bei Todesfall nächster Familienangehöriger vereinzelt Sonderurlaub gewährt."

[88] König, Handbuch der empirischen Sozialforschung, S.170; Meyer, Kriegs- und Militärsoziologie, S.102ff.

[89] Dies betraf nicht nur die generellen Lebensbedingungen unter der nationalsozialistischen Diktatur. Gerade die Wehrmacht wurde von Hitler unter ein besonders extremes Diktat der Geheimhaltung gestellt, was dazu führte, dass der einzelne Soldat – noch stärker als in einem militärischen Apparat üblich – seine Umwelt nur in Ausschnitten wahrnahm. Vgl. Hitlers „Grundsätzlicher Befehl" vom 11.1.1940, vom 25.9.1941 sowie seine Ergänzung vom 12.7.1942. Druck: Moll (Hrsg.), „Führer-Erlasse", Dok.17, 112, 174.

[90] Vgl. hierzu Bahrdt, Gesellschaft und ihre Soldaten, S.60ff.

rote Kragenspiegel sowie goldene Knöpfe und Stickereien[91] klar von allen übrigen Soldaten absetzte, über die er die Befehlsgewalt besaß.

Doch konnte er sein Amt nicht allein ausüben. Es war Ausdruck der zunehmenden Differenzierung, Spezialisierung und auch Technisierung der Kriegführung, wenn auch die Divisionsspitze vom Prinzip der Arbeitsteilung und Bürokratisierung geprägt war[92]. Zu diesem Zweck war dem Kommandeur ein *Divisionskommando* attachiert, ein Generalstab im Kleinen mit immerhin 161 Soldaten, darunter 18 Offiziere sowie 13 Beamte[93]. Doch handelte es sich nur bei zweien um „echte" *Generalstabsoffiziere*, die gezielt für diese Verwendung ausgebildet worden waren. Die privilegierte Stellung dieser kleinen, hochspezialisierten Elite machten das stolze Kürzel „i. G." (im Generalstab) kenntlich, ferner ihre karmesinroten doppelten Hosenstreifen und Kragenspiegel[94].

Der *Erste Generalstabsoffizier (I a)*, meist ein Oberstleutnant, war verantwortlich für die operativ-taktische Führung der Division. Dieses Führungsgebiet besaß in der deutschen Generalstabstradition das mit Abstand höchste Prestige[95]. Auch in einem Divisionskommando besaß der I a, dessen Posten als die „Kleine Krone des Generalstabes"[96] galt, etwa die Stellung eines Chefs des Stabes[97]. Alle übrigen Offiziere des Divisionsstabs waren ihm nachgeordnet. So besaß der *Zweite Generalstabsoffizier (I b)*, der primär die Versorgung koordinierte, gewöhnlich nur den Rang eines Majors[98], während der *Dritte Generalstabsoffizier (I c)*, zuständig für die Feindaufklärung, in der Regel keine Generalstabsausbildung mehr besaß, zumindest nicht in einem Divisionskommando. Nicht selten handelte es sich hier um einen Hauptmann der Reserve, der als „Gehilfe des I a"[99] diesem direkt unterstellt war.

---

[91] Vgl. Absolon, Wehrmacht, Bd. III, S. 295. Ferner Schlicht/Angolia, Wehrmacht, Bd. 1, S. 226ff.
[92] Die Ausmaße des „Papierkriegs", den bereits eine einzige Division führte, ist einem entsprechenden Bedarfsplan zu entnehmen, den das AOK 6 im Oktober 1941 veröffentlichte. In der langen Liste waren pro Division u. a. vorgesehen: 26 000 Blatt Schreibmaschinenpapier, 58 000 Blatt Durchschlagpapier, 4 700 Briefumschläge, 2 100 Urlaubsscheine, 14 Liter schwarze Tinte usw. BA-MA, RH 24-17: AOK 6, Abt. O.Qu./Qu. 1, „Besondere Anordnungen für die Versorgung und die Versorgungstruppen Nr. 63" vom 4. 10. 1941. Vgl. hierzu auch Hittle, The Military Staff.
[93] Stärkeangabe nach Mueller-Hillebrand, Heer, Bd. 1, S. 73. Ferner IfZ-Archiv, Da 034.008-92.1: Handbuch für den Generalstabsdienst im Kriege, Teil I, Berlin 1939, insbes. S. 33ff. sowie Buchner, Handbuch, S. 86ff.
[94] Vgl. Schlicht/Angolia, Wehrmacht, Bd. 1, S. 249.
[95] Hierzu eingehend Megargee, Hitler und die Generäle.
[96] So Meier-Welcker, Aufzeichnungen eines Generalstabsoffiziers, S. 113f. BA-MA, MSg 1/1513; NL Wilhelm Hamberger; Schreiben Oberst i. G. Wöhler an Hamberger vom 20. 3. 1940: „Es braucht nicht gesagt zu werden, daß die Stellung des I a einer Division zweifellos die schönste für einen jüngeren Generalstabsoffizier ist."
[97] Vgl. Schottelius/Caspar, Organisation, S. 336.
[98] Bemerkenswert ist, dass in der Wehrmacht die personelle und materielle Versorgung lediglich als Management-Aufgabe verstanden wurde. In diesem Sinne sind die deutschen Generalstabsoffiziere des Zweiten Weltkriegs durchaus als Erben des deutschen Idealismus' zu verstehen. Zum geringen Ansehen der Logistik im deutschen Heer vgl. Schüler, Logistik im Rußlandfeldzug, S. 37ff.; Megargee, Hitler und die Generäle, S. 117ff.
[99] IfZ-Archiv, Da 034.008-92.1: Handbuch für den Generalstabsdienst im Krieg, Teil I, S. 19, 35. BA-MA, RHD 5/89: H.Dv. 89: Feindnachrichtendienst (Entwurf), Berlin 1941. Ferner Megargee, Hitler und die Generäle, S. 127ff.

Zusammen mit dem Kommandeur verkörperten diese drei Offiziere, denen jeweils ein *Ordonnanzoffizier* zuarbeitete[100], die wichtigsten Führungsfunktionen der Division. Dabei unterstreichen Struktur und Aufgabenprofil dieser „Funktionselite"[101] mit ihrer klaren Akzentsetzung auf der operativ-taktischen Führung noch einmal die Dominanz des im engeren Sinne Militärischen. Trotzdem ging es in einem Divisionskommando bereits um mehr als nur um das bloße Kriegshandwerk.

Die Abteilung I b ist dafür etwa ein Beispiel. Sie war für die Versorgung der Division zuständig, aber auch für jene „Etappendienste", die selbst eine Kampfdivision brauchte[102]. Da die deutsche Führung beim „Unternehmen Barbarossa" ihre „Truppen restlos aus den besetzten Gebieten" verpflegen wollte[103], diese aber den Krieg gegen die Sowjetunion mit gerade mal 20 Tagessätzen Verpflegung eröffneten[104], mussten die „Quartiermeister" und ihr Stab von insgesamt 58 Mann[105] zwangsläufig zu Handlangern des nationalsozialistischen Raubkriegs werden[106]. Ebenfalls zuständig war die Abteilung I b für die Besatzungspolitik im Divisionsgebiet, meist aber erst dann, wenn der Krieg erstarrte und die Einsetzung eines *Kommandeurs des rückwärtigen Divisionsbereichs* notwendig wurde[107]. Allerdings war dies nicht mehr als eine Interimslösung, zu mehr war die kämpfende Truppe nicht in der Lage. Wirklich „federführend" für die Besatzungspolitik im Gefechtsgebiet waren erst die Armeeoberkommandos, deren Oberquartiermeister in jener – für die deutsche Armee typischen Kombination von Logistik und Besatzungsverwaltung – sowohl für „die Versorgung der Armee" wie auch „für alle Fragen der vollziehenden Gewalt im Armeegebiet" zuständig waren[108].

---

[100] Dem I a war der 1. Ordonnanzoffizier (O 1) zugeordnet, der für ihn die Lagekarten und das Kriegstagebuch führte, der O 2 dem I b, während der O 3 zusammen mit einigen Dolmetschern (meist im Rang von „Sonderführern") den I c unterstützte. Angaben nach: IfZ-Archiv, Da 034.008-92.1: Handbuch für den Generalstabsdienst im Kriege, Teil I, S. 51f.

[101] Zum militärischen Elitebegriff vgl. Stumpf, Wehrmacht-Elite, S. 1ff.; Kroener, Generationserfahrungen und Elitenwandel.

[102] Dem I b waren formal für die folgenden Dienststellen verantwortlich:
I b/WuG und I b/Kfz., meist zwei Hauptleute, die sich um Waffen und Geräte, bzw. die Kraftfahrzeuge der Division kümmerten,
IV a: Intendanturrat, als Divisionsintendant Vorgesetzter aller Verwaltungsdienste
IV b: Oberfeldarzt, als Divisionsarzt Fachvorgesetzter aller Sanitätsdienstgrade
IV c: Oberstabsveterinär, als Divisionsveterinär Fachvorgesetzter des Veterinär- und Beschlagpersonals
IV d: der katholische und evangelische Kriegspfarrer
IV z: Stabszahlmeister, der die Kriegskasse verwaltete.
F.P.: Leiter des Feldpostamts der Division.
Angaben nach: IfZ-Archiv, Da 034.008-92.1: Handbuch für den Generalstabsdienst im Kriege, Teil I, S. 51f.

[103] So die Richtlinien des Wirtschaftführungsstabs Ost vom Juni 1941, in: Moritz (Hrsg.), Fall Barbarossa, S. 363–399, hier S. 366.

[104] Müller, Scheitern, S. 991.

[105] Ein Generalstabsoffizier, elf Offiziere, acht Beamte sowie 39 Unteroffiziere und Mannschaften. Vgl. Buchner, Handbuch, S. 88.

[106] Die Verpflegung aus dem Lande war an und für sich nicht illegal. Die Haager Landkriegsordnung erlaubte dies ausdrücklich, falls sie – und das war ein entscheidender Punkt – in einem vernünftigen „Verhältnis zu den Hilfsquellen" des okkupierten Landes stand. Art. 52 HLKO. Druck: Lodemann (Hrsg.), Kriegsrecht, S. 65.

[107] Rass, „Menschenmaterial", S. 349. Vgl. auch Kap. 4.2.

[108] IfZ-Archiv, Da 034.008-92.1: Handbuch für den Generalstabsdienst im Kriege, Teil I, S. 30f.

Auch das Erstellen des „Feinbilds"[109] durch den I c war primär eine militärische Aufgabe. Doch fielen auf Divisionsebene auch andere Aufgaben in sein Ressort: „Abwehrdienst, geistige Betreuung, Propaganda, Presse" usw. Das konnte vieles bedeuten – die Umsetzung der Verbrecherischen Befehle etwa, die Bekämpfung des irregulären Widerstands oder auch die Abstimmung mit Himmlers Sonderkommandos. Dass den zuletzt genannten Aufgaben auf dieser Hierarchieebene zumindest in der Theorie wenig Bedeutung zugemessen wurde (was nicht heißen muss, dass sie es dann faktisch nicht waren)[110], wird schon daran erkennbar, dass reine „Abwehr-Offiziere", die sich als I c/A.O.'s[111] ausschließlich mit solch hochpolitischen Fragen beschäftigten, ebenfalls erst auf der Ebene der Armeeoberkommandos installiert waren.

Und noch ein Punkt war eigentlich nicht selbstverständlich, zumindest nicht in einer totalitären Diktatur: Anders als im zivilen Staatsapparat[112] fehlte den Kommandostellen der Wehrmacht bis zur Einführung der „Nationalsozialistischen Führungsoffiziere" zur Jahreswende 1943/44[113] eine Institution oder wenigstens einzelne Funktionäre, deren primäre Aufgabe es gewesen wäre, die Truppe im Sinne des Regimes zu indoktrinieren[114]. Nicht ohne Selbstbewusstsein betonte der Generaloberst Maximilian Freiherr von Weichs noch im Februar 1942[115]: „Wir haben keine Kommissare und wir Deutsche brauchen keine Kommissare." Das Beispiel der Divisionsführung zeigt, dass große Teile der Wehrmacht zumindest in institutioneller Hinsicht lange Zeit relativ autonom blieben.

[109] Ebda., S. 19, 22.
[110] Entscheidend war auch, dass den I c's auf Divisionsebene ein Offizier (O 3), zwei Dolmetscher, ein Unteroffizier und drei Mannschaftssoldaten als Schreibpersonal unterstellt waren, aber kein Exekutivorgan.
[111] Der I c/A.O. hatte sich im Armeeoberkommando um die Bereiche Spionage- und Sabotageabwehr, Propaganda, Presse, Zensur und allgemeine politische Fragen zu kümmern; auch empfahl das Handbuch für den Generalstabsdienst „die Verbindung mit der Partei" sowie mit „der im Operationsgebiet etwa tätigen Gestapo". Als Exekutivorgan war ihm die Geheime Feldpolizei unterstellt. Vgl. IfZ-Archiv, Da 034.008-92.1: Handbuch für den Generalstabsdienst im Kriege, Teil I, S. 22ff.; Geßner, Geheime Feldpolizei, insbes. S. 31ff.
[112] Zum Dualismus von „Staat und Partei", dem grundlegenden Charakterzug des zivilen Staatsapparats, vgl. Deutsche Verwaltungsgeschichte, Bd. 4, S. 653ff. Ferner Hüttenberger, Gauleiter; Nolzen, Kreisleiter.
[113] Der Führerbefehl zur Bildung eines „NS-Führungsstabes" im OKW vom 22.12.1943 wurde am 7.1.1944 bekannt gegeben. Druck: Moll (Hrsg.), „Führer-Erlasse", Dok. 289. Vgl. hierzu Messerschmidt, Wehrmacht, insbes. S. 441ff.; Weinberg, NS-Führungsoffizier; Zoepf, Wehrmacht; Förster, Geistige Kriegführung, insbes. S. 590ff.; Longerich, Hitlers Stellvertreter, S. 193f.
[114] Es wäre sicherlich abwegig, das komplizierte und vielschichtige Verhältnis zwischen Wehrmacht und Nationalsozialismus auf die Bestimmung eines einzigen Paragraphen zu reduzieren, des § 36 des Wehrgesetzes vom 23.3.1921 (RGBl. 1921, I, S. 336), bzw. § 26 des Wehrgesetzes vom 21.5.1935 (RGBl. 1935, I, S. 609), der allen Soldaten die politische Betätigung und damit auch die Zugehörigkeit zur NSDAP untersagte. Andererseits wäre es auch falsch, die Bedeutung, die diese Bestimmung für die Mentalität vieler Soldaten hatte, einfach zu ignorieren. Auffallend ist ferner, dass die einschlägige Dienstvorschrift, das formale Verhältnis zwischen „Wehrmacht und Partei" im Sinne einer Abgrenzung möglichst umfassend und minutiös zu regeln suchte, bis hin zur „Marschfolge bei Parteiveranstaltungen". Erst am 24.9.1944 wurde ein Eintritt von Wehrmachtsangehörigen in die NSDAP gestattet (RGBl. 1944, I, S. 317). IfZ-Archiv, Da 34.08: H. Dv. 22: Politisches Handbuch, Teil I (Pol. H. I), Berlin 1938. Ferner Absolon, Wehrmacht, Bd. III, S. 367f.; Messerschmidt, Wehrmacht, S. 93ff.
[115] BA-MA, RH 20-2/296-2: AOK 2, OB, Weisung an die „Herrn Kommandierende Generale und die Herrn Divisionskommandeure" vom 19.2.1942.

Auch die übrigen Funktionen im Stab einer Kampfdivision waren in erster Linie militärischer Natur: Für das Personalwesen waren der *1. und der 2. Adjutant* (Abt. II a und II b) zuständig, für Rechtsfragen die *Abteilung III*, das Kriegsgericht der Division[116], während zur weitgefächerten *Abteilung IV* der Sanitäts-, Veterinär- und Verwaltungsdienst gehörte, der sich rudimentär auch um die besetzten Gebiete kümmern sollte. Schließlich waren jedem Divisionskommando ein, meist zwei *Kriegspfarrer* zugeordnet, ein evangelischer und ein katholischer[117], auch das nicht unbedingt ein Beleg für die „Durchsetzung der ganzen Wehrmacht mit dem nationalsozialistischen Gedankengut", wie sie Hitler forderte[118]. Dieser sah jedenfalls in den Militärgeistlichen nur „Spaltpilze und Unruhestifter [...], die den Glauben missbrauchten, um im Trüben zu fischen"[119]. Trotzdem gehörten Vertreter beider großen Kirchen bis Kriegsende zu jeder Division des Heeres[120], die nicht nur als Geistliche wirkten, sondern auch als Psychologen eine wichtige „Ventilfunktion" besaßen[121]. Wie sie diese dann nützten, hing freilich von der Person des jeweiligen Geistlichen ab.

Den Bannkreis der Macht (und der Geheimhaltung), der um einen solchen Stab gezogen war, vervollständigten schließlich der *Kommandant des Stabsquartiers*, eine *Kraftwagengruppe*, eine *Registratur*, die *Kartenstelle*[122] und ein *Meldezug* – Einrichtungen, die immer auch veranschaulichen, wie kompliziert und vielschichtig das moderne Kriegshandwerk geworden war. Gleichwohl waren es im Grunde nur sehr wenige Menschen, die über das Schicksal einer Division bestimmten, selbst wenn sie ihrerseits eingebunden waren in ein System der Befehlsketten. In einer Division aber waren sie am mächtigsten, sie waren es, die hier die Befehle formulierten.

---

[116] Zur Tätigkeit der Abt. III vgl. etwa Huber, Rechtsprechung der deutschen Feldkriegsgerichte.

[117] Vgl. hierzu Messerschmidt, Wehrmacht, S. 171 ff.; ders., Militärseelsorgepolitik (1968); ders., Militärseelsorgepolitik (1969); Vogt, Religion im Militär; Güsgen, Militärseelsorge; Katholisches Militärbischofsamt (Hrsg.), „Mensch, was wollt ihr denen sagen?"; Beese, Seelsorger in Uniform; Kroener, Fromm, S. 571 ff.

[118] So Hitler am 7. 1. 1944 gegenüber der Wehrmachtsführung, zit. bei: Streit, General der Infanterie Hermann Reinecke, S. 206.

[119] Engel, Tagebuch, S. 70 (Eintrag vom 14. 12. 1939). Obwohl es sich hier teilweise um eine retrospektive Quelle handelt, vermittelt sie doch eine recht gute Vorstellung über Hitlers Einschätzung der Wehrmacht, die in einer eigentümlichen Weise zwischen Respekt und Misstrauen schwankte.

[120] So verfügte die Luftwaffe über keine eigenen Seelsorge-Einrichtungen.

[121] So Rass, Sozialprofil, S. 682, der auf das ‚ausgeprägte konfessionelle Leben' aufmerksam macht, das in der 253. ID herrschte. Vgl. auch IfZ-Archiv, MA 1632: 221. Sich. Div., Kath. Div.pfarrer, „Tätigkeitsbericht vom 1. 4.–30. 6. 1942" vom 14. 7. 1942. Er berichtet, dass er in dieser Zeit „62 Gottesdienste, davon 2 Feldgottesdienste abgehalten" hätte, an denen sich „gegen 3 350 Soldaten beteiligt hätten". Während der Kämpfe sei er „von Bunker zu Bunker" gegangen und habe dort mit den Soldaten gesprochen und gebetet. Ansonsten habe er sich auf Hauptverbandsplatz aufgehalten, wo er sich um die Verwundeten und Sterbenden kümmerte.

[122] Selbst unter diesem Aspekt war die Wehrmacht mit dem „Unternehmen Barbarossa" überfordert. Die Klagen über die „völlig unzureichenden Karten" finden sich jedenfalls in vielen deutschen Berichten, so dass man zunehmend dazu überging, sich mit erbeutetem sowjetischen Kartenmaterial zu versorgen. Vgl. etwa IfZ-Archiv, MA 1589: 4. Pz. Div., 5. Pz. Brig., „Gefechtsbericht für den Einsatz der Brigade vom 1.–3. 8. 1941" vom 4. 8. 1941; Neumann, 4. Panzerdivision, S. 214, 310.

Offiziere

„Der Geist einer Armee sitzt in seinen Offiziers", lautete eine Devise Friedrichs des Großen[123]. 200 Jahre später hatte sich daran, der allgemeinen Wehrpflicht zum Trotz, nur wenig geändert. Diese Dienstgradgruppe besaß die größte Befehlsgewalt, ihre Identifikation mit dem militärischen System war am größten. In einer durchschnittlichen Division der Wehrmacht waren 534 Offiziere im Einsatz, meist als *Subalternoffiziere*. Als Leutnant, Oberleutnant oder Hauptmann führten sie gewöhnlich einen Zug (ca. 50 Soldaten) oder eine Kompanie (bis zu 150/200 Soldaten), im Krieg zuweilen auch ein Bataillon (ca. 700 bis 800 Soldaten) oder gar ein Regiment (ca. 3 000 bis 3 500 Soldaten). Bis 1939/40 waren solch ausgewählte Posten allerdings der Dienstgradgruppe der *Stabsoffiziere* vorbehalten, den Dienstgraden: Major, Oberstleutnant, Oberst. Überträgt man die Relation der Subaltern- und der Stabsoffiziere im gesamten Heeresoffizierskorps[124] auf eine einzige Division, dann heißt das, dass von ihren 534 Offizieren 385 dem „gehobenen Dienst" und 149 dem „höheren" angehörten. Natürlich dominierte bei ihrer Verwendung das eigentliche Geschäft der Truppenführung, wobei diese Führungskräfte eher dem Typus des Managers ähnelten als dem des „Kämpfers"[125].

Wohl für keine Dienstgradgruppe waren die Chancen, aber auch die Probleme, die sich aus der überstürzten Aufrüstung der Wehrmacht ergaben, so groß wie für ihre Offiziere. Das Hunderttausend-Mann-Heer der Reichswehr war lediglich von 4 175 Offizieren kommandiert worden[126]. Bis Oktober 1942 schwoll dieses „Korps", das einst überschaubar, ja fast schon familiär gewesen war, auf 181 000 Mann an – wohlgemerkt, nur Heeres-Offiziere[127]! Ihre soziale und weltanschauliche Homogenität hatte diese Gruppe spätestens in den 30er Jahren verloren, als man sie mit Polizei-, Reserve- sowie älteren E(rgänzungs)-Offizieren aufzufüllen begann, und als auch die fachlichen und charakterlichen Konzessionen stetig wuchsen[128].

Beamte

Noch stärker trat die Spezialisierung der Divisionsführung bei den Sanitäts-, Veterinär-, Waffen- oder Ingenieuroffizieren zu Tage und auch bei ihren 102 *Beamten*. Ihre Aufgaben: Besoldung etwa oder Bekleidung, Verpflegung, Rechtsprechung

---

[123] Zit. bei Kroener, Generationserfahrung und Elitenwandel, S. 220.

[124] Im August 1939 gab es im Heer insgesamt 15 469 Subaltern- und 5 991 Stabsoffiziere, das entsprach einer Relation von 72 : 28 %. Vgl. die Übersicht bei Kroener, Die personellen Ressourcen, S. 896.

[125] Vgl. hierzu die grundlegende Studie von Huntington, The Soldier and the State.

[126] Stand 1. 5. 1932. Angabe nach: Schottelius/Caspar, Organisation, S. 373.

[127] Vgl. Kroener, „Menschenbewirtschaftung", S. 856.

[128] Nach dem Polenfeldzug setzte der Oberbefehlshaber des Heeres am 25. 10. 1939 den folgenden Erlass in Kraft, in dem es u. a. hieß: „Leistungen und Erfolge des polnischen Feldzuges dürfen nicht darüber hinwegsehen lassen, daß einem Teil unserer Offiziere die feste innere Haltung fehlt. Eine bedenkliche Anzahl von Fällen, wie unrechtmäßige Beitreibung, unerlaubte Beschlagnahme, persönliche Bereicherung, Unterschlagung und Diebstahl, Misshandlung und Bedrohung von Untergebenen teils in der Erregung, teils in sinnloser Trunkenheit, Ungehorsam mit schwersten Folgen für die unterstellte Truppe, Notzuchtverbrechen an einer verheirateten Frau usw., geben ein Bild von Landknechtsmanieren, die nicht scharf genug verurteilt werden können. Diese Offiziere sind, ob fahrlässig oder bewusst handelnd, Schädlinge, die nicht in unsere Reihen gehören." Druck: Offiziere im Bild von Dokumenten, Dok. 108.

usw.[129], vermitteln eine Vorstellung von der bürokratisch organisierten Struktur des modernen Militärapparats. Gleichwohl waren es die professionellen Militärs, die in der Wehrmacht weiterhin den Ton angaben; aufgrund ihrer schmaleren Schulterstücke galten die Beamten als „Schmalspursoldaten" – eine Bezeichnung, die verrät, wie sehr in der Wehrmacht noch der traditionelle Typus des „Kriegers" als Leitbild dominierte, selbst wenn die Wirklichkeit mittlerweile ganz anders aussah.

Unteroffiziere

Die *Unteroffiziere* bildeten das eigentliche Bindeglied zwischen Führern und Geführten. Das entscheidende Charakteristikum dieser Dienstgradgruppe – Napoleon sah in ihr den Kitt der Armee[130] – ist ihre „beaufsichtigende Funktion"[131], die sie in der Wehrmacht freilich sehr unterschiedlich wahrnahm; das Spektrum reichte vom Vorbild bis hin zum Sadisten. Gleichwohl wurzelte die hohe professionelle Leistungsfähigkeit der deutschen Armee gerade auch in ihren Unteroffizieren; nicht selten bildeten sie das eigentliche „Rückgrat der Truppe"[132], schon weil sie mit Abstand am längsten in „ihrer" Division blieben[133]. In einer militärischen Kultur, die ganz auf die Selbständigkeit und Kompetenz ihrer Unterführer setzte, war ihre Bedeutung denkbar groß. „Verantwortungsfreudigkeit" galt auch bei den Unteroffizieren als „vornehmste Führereigenschaft"[134], die sie – so die zentrale Dienstvorschrift – „in allen Lagen ohne Scheu vor Verantwortung" unter Beweis stellen sollten. Auch das kann vieles erklären, nicht nur die überraschenden militärischen Erfolge während der Blitzfeldzüge, sondern auch die Tatsache, dass es bereits vergleichsweise niedrige Chargen sein konnten, die darüber entschieden, ob eine Einheit außer Kontrolle geriet oder nicht. Laut „Plansoll" gehörten 2701 Unteroffiziere zu einer Division. Ihr Einsatzspektrum war groß. Sie konnten als Gruppen- (12 Soldaten) oder Zugführer (50 Soldaten) wirken, als Panzerkommandant, Geschützführer, Gerätewart oder in Sonderlaufbahnen als Schirrmeister, Musiker oder Feuerwerker[135].

Mannschaften

Die Offiziere führen die Unteroffiziere. Die Unteroffiziere führen die Soldaten. Die Soldaten führen den Krieg. Die *Mannschaften* waren dem Krieg am nächsten,

---

[129] Vgl. hierzu Schottelius/Caspar, Organisation, S. 378f.; Messerschmidt, Wehrmacht, S. 126ff. Ferner Schlicht/Angolia, Wehrmacht, Bd. 1, S. 330ff. Dort auch detaillierte Informationen zum Status und zu den zahlreichen Funktionen dieser Gruppe.

[130] Vgl. Lahne, Unteroffiziere, S. 163.

[131] Handbuch der empirischen Sozialforschung, Bd. 9, S. 179.

[132] So Lahne, Unteroffiziere, S. 485. Allerdings war die überhastete Aufrüstung auch an dieser Dienstgradgruppe nicht spurlos vorübergegangen. Vgl. Kroener, Personelle Ressourcen, S. 729ff.

[133] Vgl. Rass, Sozialprofil, S. 740. Das lag auch daran, dass es sich bei den Unteroffizieren oft um jene Soldaten handelte, welche die längste militärische Erfahrung besaßen.

[134] IfZ-Archiv, Da 34.08: H. Dv. 300/1: Truppenführung, 1. Teil (Abschnitt I–XIII), Berlin 1936, S. 2. Auch zum Folgenden.

[135] Auch die Dienstgradgruppe der Unteroffiziere war zweigeteilt, in die Gruppe der *Unteroffiziere ohne Portepee* – Dienstgrad Unteroffizier, Unterfeldwebel – und denen *mit Portepee*, den Feldwebeln, von denen es zuletzt fünf verschiedene Dienstgrade bis zum Oberstabsfeldwebel gab.

sie waren ausführendes Organ, gewissermaßen die Arbeiter, wenn man die übrigen Hierarchien der Division mit Begriffen wie Vorstandsvorsitzender, Manager, Abteilungsleiter, Ingenieure, Meister und Vorarbeiter beschreiben will[136]. 14 397 Mannschaftssoldaten gehörten zu einer Division, mit über 81 Prozent bildeten sie die Masse ihrer Angehörigen. In einem totalitären Regime, das viel unternahm, um die Militarisierung der Gesellschaft in jeder nur denkbaren Hinsicht zu fördern, bereitete deren Führung gewöhnlich keine Probleme[137]. Doch waren die Anforderungen, welche die Wehrmacht an ihre „gemeinen" Soldaten stellte, sehr hoch, so dass auch für sie galt, dass sie nur selten „auch nur eine Minute ohne Beobachtung und Kontrolle" waren[138]. Schon die Stärkeverhältnisse einer Division können dies belegen: auf fünf Mannschaftsdienstgrade kam ein Unteroffizier, auf fünf Unteroffiziere ein Offizier. Angesichts dieser engmaschigen Kontrolle verwundert es nicht, wenn Desertion oder Befehlsverweigerung in der Wehrmacht relativ selten vorkamen, sieht man einmal von den letzten Kriegsmonaten ab[139].

Erst recht undenkbar waren für die Wehrmacht Massendesertionen oder gar Meutereien; die Geschichte, die Alfred Andersch für ein Infanterie-Bataillon des Jahres 1944 durchspielte, blieb ein Produkt der literarischen Phantasie[140]. Dazu war die Wehrmacht viel zu diszipliniert. Dieser gleichermaßen mörderische wie selbstmörderische Gehorsam war nicht nur das Ergebnis einer entsprechenden Mentalität oder der viel beschworenen „Kohäsionskräfte", welche die Einheiten oft sehr stark „zusammenschweißten"[141]. Dieser Gehorsam war auch eine Folge einer harten, mitunter brutalen Menschenführung, die eine lange Tradition hatte und an deren Ende Hitlers Befehl vom Februar 1943 stand, mit dem er alle militärischen Vorgesetzten ermächtigte, „die Aufrechterhaltung von Disziplin und Ordnung nötigenfalls mit Waffengewalt zu erzwingen"[142]. Sieht man einmal davon ab, dass jeder Vorgesetzte in der Praxis des Krieges ohnehin Herr über Leben und Tod seiner Soldaten ist, so wäre es dennoch völlig falsch, sich die Menschenführung der Wehrmacht wie in einem Hollywood-Film vorzustellen, als eine „rein autoritäre, kalt-institutionelle Auffassung des Vorgesetztenverhältnisses"[143]. Die Methoden,

---

136 Vgl. mit dem Ansatz von Wido Mosen (Militärsoziologie), der militärische Organisation und militärisches Handeln mit Hilfe des zivilen Arbeitsbegriffs zu erklären sucht. Ähnliche Überlegungen auch bei Bahrdt, Gesellschaft, S. 70 ff.
137 Vgl. hierzu Wette, Ideologien, Propaganda und Innenpolitik; Förster, Geistige Kriegführung; Müller, Nationalismus in der deutschen Kriegsgesellschaft 1939–1945; Ferner Nittner, Menschenführung im Heer der Wehrmacht und im Zweiten Weltkrieg.
138 Salomon, Die Kadetten, S. 47.
139 Vgl. hierzu Messerschmidt/Wüllner, Wehrmachtsjustiz; Wüllner, NS-Militärjustiz; Detlef Garbe, Im Namen des Volkes?!; Seidler, Militärgerichtsbarkeit; Haase (Hrsg.), Reichskriegsgericht; Scheurig, Desertion und Deserteure; Bröckling/Sikora (Hrsg.), Armeen und ihre Deserteure; Manoschek (Hrsg.), Opfer der NS-Militärjustiz.
140 Alfred Andersch, Winterspelt. Roman, Zürich 1977.
141 Vgl. Kap. 2.6.
142 Zit. bei Absolon, Wehrmacht, Bd. VI, S. 703 f. Schon davor konnte über den § 5 a der Kriegssonderstrafrechtsverordnung (KSSVO) Verstöße „gegen die Manneszucht oder das Gebot soldatischen Mutes" mit der Todesstrafe geahndet werden. IfZ-Archiv, Da. 034.008-3/13: H.Dv. 3/13: Verordnung über das Sonderstrafrecht im Kriege und bei besonderem Einsatz vom 17.8.1938, hier § 5 a.
143 So Karl Demeter (Offizierskorps, S. 170) mit Blick auf das deutsche Offizierskorps zu Beginn des 20. Jahrhunderts, wobei er darauf hinweist, dieser menschenverachtende Führungsstil sei bereits damals weitgehend „ausgestorben".

die in den deutschen Streitkräften der Jahre 1933 bis 1945 zur Anwendung kamen, waren vielfältiger, sublimer und nicht zuletzt auch zeitgemäßer, schon weil in einem modernen Krieg der selbständig handelnde Soldat gefragt war, nicht aber der Phänotypus der friderizianischen Armee, die verängstigte und getretene „Canaille".

Charakteristisch für die Wehrmacht war – auch bei ihrer Menschenführung – eine Mischung aus alten und neuen Prinzipien. Vereinfachend könnte man sagen, dass die traditionellen „preußischen" Methoden vor allem in den Friedensstandorten dominierten, ganz besonders während der gefürchteten Grundausbildung, während dann im Ernstfall, auch mit zunehmender Nähe zur Front, ganz andere Einflüsse und Erfahrungen ihre Wirkung entfalteten – die der modernen Psychologie[144], der Jugendbewegung, der sozialen Reformen der Zwischenkriegszeit und nicht zuletzt das Erbe dessen, was man im Ersten Weltkrieg als „Frontgemeinschaft" apostrophiert hatte. Es war genau diese Mischung, auf der die militärische Effizienz der Wehrmacht beruhte: die traditionelle, bewährte Erfahrung und Professionalität der preußisch-deutschen Armee, kombiniert mit den Impulsen jener militärischen, politischen und psychologischen Modernisierungsschübe, wie sie auch die deutsche Niederlage im Ersten Weltkrieg erzwungen hatte.

Davon profitierte gerade der „einfache Soldat", der im egalitären Verständnis der NS-Ideologie ohnehin mehr sein sollte als nur der „gemeine Mann": Sein Sold war relativ hoch[145], er und seine Familie wurden unterstützt durch ein Sozialsystem, das sich im internationalen Vergleich als relativ attraktiv erwies[146], er konnte befördert[147] und mit jedem Orden dekoriert werden[148], und er sollte auch denselben Verpflegungssatz erhalten wie seine Vorgesetzten[149]. Viel wichtiger aber war ein anderer Punkt: Letztere waren für ihn auch dann präsent, wenn es darauf ankam; für die Frontsoldaten waren zumindest die rangniederen Offiziere mehr als nur eine entfernte Kaste[150].

---

[144] Den vergleichsweise hohen Stellenwert, den diese Wissenschaft in der Wehrmacht hatte, verdeutlicht Berger, Die Beratenden Psychiater des deutschen Heeres 1939 bis 1945; Creveld, Kampfkraft, S. 165 f.

[145] Generell zur finanziellen und sozialen Versorgung der Wehrmachtsangehörigen im Krieg: Absolon, Wehrmacht, Bd. V, S. 343 ff.; Bd. VI, S. 611 ff. Zu den sozialpolitischen Verwerfungen infolge des Krieges vgl. auch Essner/Conte, „Fernehe". Ferner Creveld (Kampfkraft, S. 128 ff.), der betont, dass gerade die einfachen Soldaten am stärksten von den relativ großzügig bemessenen Zulagen profitierten.

[146] Vgl. hierzu ausführlich Kundrus, Kriegerfrauen, S. 247 ff., 397 ff., 433 f. Dies auch die These von Aly, Hitlers Volksstaat, S. 86 ff., 114 ff. Zur Bewertung von Alys Thesen vgl. Wildt, Alys Volksstaat; Wolfgang Seibel, Rechnungen ohne Belege, in: FAZ vom 25.7.2005, S. 37; Götz Aly, Wohin floß das Geld?, in: FAZ vom 3.8.2005, S. 32 sowie die Sammelrezension, in: sehepunkte 5 (2005), Nr. 7/8 [15.7.2005], URL: http://www.sehepunkte.historicum.net/2005/07/7698.html.

[147] Selbst die Mannschaftsdienstgrade waren vielfältig. So gab es allein in dieser Gruppe fünf Dienstgrade, vom Schützen bis zum Stabsgefreiten. Vgl. Schlicht/Angolia, Wehrmacht, Bd. 1, S. 239 f. In der 253. ID erhielten 5–10 % des Divisionspersonals pro Monat einen höheren Dienstgrad. Vgl. Rass, „Menschenmaterial", S. 262.

[148] Vgl. Kap. 2.4.

[149] Vgl. hierzu Peltner, Soldatenernährung, S. 154 ff.

[150] Vgl. etwa Michels, Fremdenlegion 1870–1965, S. 337, der beschreibt, wie sehr sich in der Perspektive der deutschen Veteranen der französische Führungsstil vom deutschen unterschied. In diesem Sinne auch Frevert, kasernierte Nation, S. 321 f.

Attraktiv war schließlich auch das traditionelle preußisch-deutsche Führungsprinzip der Auftragstaktik[151]. Man sollte die Möglichkeiten, die dieses Prinzip bot, nicht überschätzen, hier ging es vor allem um eine gewisse fachliche Handlungsfreiheit, um die flexible Anpassung militärischer Aufträge an die Wirklichkeit des Krieges, wo Selbständigkeit, Eigeninitiative und Verantwortungsbewusstsein auf allen Ebenen der militärischen Hierarchie gefordert waren. Trotzdem: Jeder Soldat konnte sich bewähren, trug Verantwortung, mitunter auch für Gut oder Böse, schon weil die Auftragstaktik ursprünglich auch die Verweigerung fragwürdiger Befehle legitimiert hatte[152]. In der Praxis hatte sich auch diese Tradition zunehmend auf das Militärfachliche verengt. Gleichwohl ist die Bedeutung dieses Führungsprinzips für das Selbstverständnis der Wehrmacht, für ihr Verhalten und schließlich auch für ihre Anfangserfolge, die ihre Gegner so sehr erstaunten[153], kaum zu überschätzen.

1.1.4 Von der Ungleichheit des Uniformen

„Soldaten sind sich alle gleich, lebendig und als Leich", heißt es bei Wolf Biermann. Für den Betrachter von außen, den überzeugten Zivilisten und Pazifisten, der nur die offizielle Selbstdarstellung des Militärs kennt, mag dies so scheinen. Denn jede Armee versucht ihre Angehörigen zu normieren, ihre Persönlichkeit ganz ihrer Funktion unterzuordnen. Nirgends werden diese uniformen Sozialisationsmechanismen so sichtbar wie in der Grundausbildung, die, im Sinne von Michel Foucault, Individuen in eine „Machtmaschinerie" verwandeln will[154]. Einrichtungen wie Uniform, Gleichschritt, einheitliche Ausrüstung oder formalisierte Behandlung sind Beispiele dafür, wie sehr der standardisierte soldatische Typus das Denken des Militärs beherrscht. Ist diese Armee Teil eines totalitären System wie im Falle der Wehrmacht und steht diese Armee auch noch im Krieg, dann dürften auch diese beiden Faktoren kaum für Pluralismus in den eigenen Reihen sorgen. Das ist die eine Seite.

Dagegen steht die alte Erfahrung, dass es bislang keine Armee dieser Welt geschafft hat, das Individuelle ihrer Angehörigen völlig auszulöschen. Dies begründet sich nicht allein in der menschlichen Natur oder der zerstörerischen Wirkung des Krieges, der häufig neue soziale und organisatorische Strukturen schafft, die mit den offiziellen keineswegs deckungsgleich sein müssen. Bei näherem Hinschauen sind schon die äußeren Zeichen einer Armee, das komplizierte und weitgefächerte System an Dienstgraden, Spezialverwendungen, Auszeichnungen, Waffenfarben oder Verbandswappen, ein Beweis für den ungebrochenen Hang zur Distinktion, nur dass sich dieses Bedürfnis in einer vergleichsweise sublimen Form

---

[151] Vgl. Oetting, Auftragstaktik, insbes. S. 193 ff.; Creveld, Kampfkraft, S. 42 ff.; Leistenschneider, Die Entwicklung der Auftragstaktik.
Natürlich wurde dieses liberale Führungsprinzip unter den Bedingungen der NS-Diktatur mehr und mehr eingeschränkt; allerdings betraf die permanente Gängelung der militärischen Führung durch Hitler vor allem die Spitzen der Wehrmachts- und Heeresführung. Vgl. hierzu Jacobsen, Die deutsche Oberste Wehrmachtsführung 1939–1941; Hartmann, Halder; Hürter, Heerführer; Megargee, Hitler und die Generäle.
[152] Vgl. etwa Hartmann, Halder, S. 254; Hürter, Heerführer, S. 354 mit Anm. 373.
[153] Vgl. hierzu auch Dupuy, Genius for War.
[154] Foucault, Überwachen und Strafen, S. 176.

auslebt. Gleichwohl basiert jedes moderne militärische System auf den Prinzipien von Hierarchie, Differenz und Spezialisierung. So gesehen lässt sich die Funktionsweise militärischer Organisationen eher durch die Prinzipien von Arbeitsteiligkeit und Spezialisierung erklären, also durch zwei Aspekte, die in hohem Maße aufeinander angewiesen sind. Dabei schafft das Militär „eine Umwelt, in der die Instinkte des Soldaten so reagieren, daß sie dem Militär nützlich werden"[155].

Bereits das Beispiel einer durchschnittlichen Infanteriedivision zeigt, dass es „die Wehrmacht als geschlossenen, leicht zu fassenden Block nie gab und dass unter diesem Sammelbegriff meist ganz unterschiedliche Teile des militärischen Apparats gemeint werden"[156]. Wohlgemerkt hier ging es nur um einen Ausschnitt und um einen vergleichsweise einfach zu beschreibenden Aspekt, den des Organisatorischen. In der Diskussion über die Wehrmacht wurde aber die differenzierte Darstellung einer Institution gefordert, der nicht knapp 18 000 Menschen angehörten, sondern bis zu 18 Millionen. Deshalb ist nun die Perspektive auszuweiten. Nachdem wir die Strukturen einer einzelnen Division, quasi ihren Phänotyp, kennen gelernt haben, sind nun alle Divisionstypen in den Blick zu nehmen, die das Sample dieser Untersuchung bilden.

1.2 Divisionstypen

Je länger der Krieg dauerte, desto mehr Divisionen und Divisionstypen kreierte die Wehrmacht[157]. Bis Kriegsende wurden nicht weniger als 544 Divisionen aufgestellt, ungefähr die Hälfte waren Infanteriedivisionen[158]. Die andere Hälfte lässt sich nicht so schnell auf einen Nenner bringen, schon ihre Bezeichnungen vermitteln einen ersten Eindruck von ihrer Typenvielfalt[159]. Diese war kein Selbstzweck.

---

[155] Schneider, Buch vom Soldaten, S. 302.
[156] Hürter, Wehrmacht vor Leningrad, S. 377.
[157] Vgl. etwa die Übersicht über alle deutschen Divisionen, Stand vom 10.6.1944, in: Die Geheimen Tagesberichte, Bd. 10, S. 509ff.
[158] In dieser Zahl sind alle Wehrmachtsdivisionen erfasst, die zu Lande kämpften, also auch die Luftwaffenfeld- oder Flakdivisionen der Luftwaffe und die Erdkampfverbände der Kriegsmarine, ferner die Kommandanturen der Rückwärtigen Armee- und Heeresgebiete, jedoch nicht die Divisionen der Waffen-SS. Divisionen, die lediglich umgegliedert wurden, sind für diese Zählung nur einmal erfasst, wirkliche Neuaufstellungen, welche die Zahl eines bereits untergegangenen Verbands erhielten, dagegen zweimal. Zu den Infanteriedivisionen werden hier auch die Volksgrenadierdivisionen gerechnet sowie Divisionen mit reinen Traditionsbezeichnungen wie 44. Reichsgrenadierdivision oder 78. Sturmdivision. Als Grundlage für dies Zählung diente: Mueller-Hillebrand, Heer, Bd. 3, S. 284ff.; Tessin, Verbände und Truppen, Bd. 1, S. 40ff. Etwas höher die Angaben bei Buchner (Handbuch, S. 7) und Rass (Sozialprofil, S. 650), die 294, bzw. etwa 290 reine Infanteriedivisionen in der Wehrmacht ermittelt haben.
[159] Unterscheiden lassen sich folgende Gruppen, wobei die Zuordnung nicht immer eindeutig ist: *Schnelle Verbände*: motorisierte Infanteriedivision, bzw. Panzergrenadierdivision, leichte Division, Panzerdivision, Kavalleriedivision. *Spezialisierte Infanterieverbände*: Gebirgsdivision, Skijägerdivision, Luftlandedivision. *Erdkampfverbände von Luftwaffe oder Kriegsmarine*: Fallschirmjägerdivision, Luftwaffenfelddivision, Luftwaffendivision Hermann Göring, Flakdivision, Marine-Infanteriedivision. *Besatzungsverbände*: Sicherungsdivision, Feldausbildungsdivision, Ersatz- und Ausbildungsdivision, Reservedivision, Festungsdivision, Bodenständige Infanteriedivision, Kommandantur Rückwärtiges Armeegebiet, Befehlshaber Rückwärtiges Heeresgebiet. *Spezialverbände*: Artilleriedivision, Division Brandenburg. Allerdings konnte ein Verband wie eine Feldausbildungsdivision sowohl als Ausbildungs- wie auch Besatzungsverband eingesetzt werden.

Vielmehr versuchten die Stabsoffiziere in den zentralen Planungs- und Organisa-
tionsreferaten[160] mit diesen ganz unterschiedlichen Lösungen des Organisationsprinzips Division den wachsenden militärischen Anforderungen des Zweiten
Weltkriegs ebenso Rechnung zu tragen wie den wirtschaftlichen, technischen und
personellen Möglichkeiten oder Zwängen, die sich mit diesem Krieg auftaten[161].

Es wäre zu einfach, das organisatorische Durcheinander, das dabei schließlich
herauskam, allein mit den polykratischen Strukturen des NS-Regimes zu erklären[162]. Das Komplizierte, fast schon Vertrackte, das der Organisationsstruktur der
Wehrmacht, ihrer Ausrüstung und Sozialstruktur stets anhaftete, war immer auch
eine Folge davon, dass diese Armee das Ergebnis einer gigantischen Improvisation
blieb: aus einem kleinen Kaderheer, dessen Umfang in wenigen Jahren auf das
Siebenfache gesteigert worden war[163], ergänzt durch die personelle und materielle
„Beute" der deutschen „Blumenfeldzüge" des Jahres 1938, war ein Jahr später
durch die Einberufung aller Reservisten – deren militärisches Können vom blutigen Anfänger bis zum erfahrenen Profi reichte – ein Millionen-Heer geworden.
Je länger sich der Krieg hinzog, desto mehr musste sich dieses Heer verändern.
Was die immer rücksichtslosere Ausbeutung des „Menschenmaterials", beileibe
nicht nur des deutschen, an militärischem Potenzial schuf, zerstörten die wuchernden Aufgaben, welche die deutsche Führung der Wehrmacht wiederum auf-
halste, vor allem aber die Verluste, die seit 1941 eine Dimension erreichten, wie sie
selbst in der preußisch-deutschen Militärgeschichte bislang unbekannt geblieben
war. Diese extrem heterogenen Voraussetzungen in eine organisatorisch schlagkräftige Form zu bringen, ohne dabei einen wirklichen Neuanfang wagen zu können, hätte auch den erfahrensten Manager überfordert. Was blieb, war eine Organisationsstruktur, welche die widersprüchlichen Tendenzen dieses permanenten
Aufbau- und Zerstörungsprozesses widerspiegelt. Von dieser organisatorischen –
und wie sich noch zeigen wird: sozialen und militärischen – Vielfalt der Wehrmacht vermitteln die fünf Verbände unseres Samples eine erste Vorstellung:

1.2.1 Die 45. Infanteriedivision – eine professionelle, durchschnittliche Kampfdivision

Die 45. ID ist der Verband unseres Samples, der dem eingangs skizzierten Prototyp einer infanteristischen Durchschnittsdivision am ehesten entsprach. Dagegen
ließ sich ihre „österreichische" Herkunft im Organigramm nicht mehr erkennen.
Das ehemalige österreichische Bundesheer war voll und ganz in der Wehrmacht
aufgegangen, eine föderative Sonderstellung, auf die manche noch gehofft hatten,

---

[160] Eine gewisse Vorstellung von dieser Arbeit vermitteln die Biografien von Friedrich Fromm
und Claus Graf Schenk von Stauffenberg, die 1944 die Spitze des deutschen Ersatzheeres bildeten. Vgl. hierzu Kroener, Fromm, S. 342 ff.; Müller, Stauffenberg, S. 185 ff.; Hoffmann, Stauffenberg, S. 213 ff.

[161] Vgl. hierzu DRZW, Bd. 5/1 und 5/2 (Beiträge Müller und Kroener).

[162] Zusammenfassend: Rebentisch, Führerstaat; Funke, Diktator; Kißener, Das Dritte Reich,
S. 19 ff.

[163] Die Personalstärke des deutschen Heeres belief sich im Jahr 1933 auf 112 000 Mann und im
Jahr 1938 auf 760 000 Mann. Angabe nach: Schottelius/Caspar, Organisation, S. 315.

sollte es nicht geben[164]. Bei Organisation oder Dienstvorschrift ließ sich diese „Gleichschaltung" leicht kontrollieren, bei der Mentalität weniger. Daher wollte die Wehrmachtsführung wenigstens die Kader austauschen. Während viele Offiziere und Unteroffiziere aus dem „Altreich" in die neuen Wehrkreise XVII und XVIII versetzt wurden, gingen ihre österreichischen Kameraden häufig den umgekehrten Weg[165]. Diese Wehrpolitik, die ganz offensichtlich darauf zielte, „Österreich und alles Österreichische auszutilgen" – so die Klage des Generals Edmund Glaise von Horstenau[166] –, konnte indes nichts daran ändern, dass die Wehrpflichtigen dieser Division[167] weiterhin aus der „Ostmark" kamen.

1.2.2 Die 296. Infanteriedivision – eine professionelle, unterdurchschnittliche Kampfdivision

Als Division der achten Welle konnte die 296. ID bereits von ihrer Größe und Ausrüstung nicht mehr mit einer aktiven Division mithalten[168] – auch das ein Beispiel dafür, wie früh die deutsche Rüstungspolitik an ihre Grenzen stieß. So fehlten dieser Infanteriedivision eine Aufklärungs-Abteilung, ihr Pionier-Bataillon und Teile ihrer Versorgungsdienste waren nur bespannt[169], ihr übriger Fuhrpark bestand vor allem aus französischen und britischen „Beutefahrzeugen"[170]. Trotzdem handelte es sich bei der 296. noch immer um einen schlagkräftigen Infanterieverband, der organisatorisch weitgehend der bereits vorgestellten „Musterdivision" entsprach.

1.2.3 Die 4. Panzerdivision – eine professionelle, überdurchschnittliche Kampfdivision

Über die Schwächen des deutschen Heeres, vor allem seine mangelnde Tiefenrüstung, hatte sich seine Führung schon vor dem Juni 1941 keine Illusionen gemacht[171]. Und auch die Geschichte Napoleons I. und das Fiasko seines Russlandfeldzugs waren ihr wohl bekannt[172]. Doch glaubten die deutschen Generäle, es dieses mal besser machen zu können – mit Hilfe des motorisierten Bewegungs-

---

[164] Vgl. hierzu Tuider, Wehrkreise XVII und XVIII, S.12ff.; Absolon, Wehrmacht, Bd. IV, S.263ff. Ferner Manstein, Soldatenleben, S.326ff.

[165] Von ehemals 2128 Offizieren des Bundesheeres wurden etwa 1600 in die Wehrmacht übernommen. Der Anteil der ehemaligen österreichischen Leutnants, die ins „Altreich" versetzt wurden, belief sich auf 45%. Vgl. Matuschka, Organisation des Reichsheeres, S.310; Caspar, Die militärische Tradition, S.285.

[166] Broucek (Hrsg.), General im Zwielicht, Bd. 2, S.294.

[167] Ein Offizier der 45. Inf. Div. schätzte, dass 90% ihrer Angehörigen aus dem ehemaligen Österreich kamen. Interview d. Verf. mit Ludwig Hauswedell am 8.5.2001. Vgl. hierzu Kap.2.2. Hauswedell (*1913), seit 1933 Offizier, kam im Juli 1938 zur 45. Infanteriedivision, der er bis April 1942 angehörte.

[168] Vgl. Kroener, Die personellen Ressourcen, S.827. Zum Begriff der „Welle" vgl. Kap.2.1.

[169] Vgl. Mueller-Hillebrand, Heer, Bd.2, S.169f.

[170] BA-MA, MSg 2/5314: NL Hans P. Reinert, Tagebuch, Eintrag vom 9.1.1941.

[171] Vgl. hierzu Kroener, Fromm.

[172] Vgl. Blumentritt, Moscow, S.42; Praun, Soldat in der Telegraphen- und Nachrichtentruppe, S.154; Hartmann, Halder, S.348; Hürter, Heerführer, S.252 sowie PA-AA, R 60704: AOK 2, Abt. I c/VAA, Schreiben an LR von Rantzau vom 6.8.1941.

*Theorie und Praxis des Panzer-
kriegs: Schneidige Signalübungen
auf Panzerkampfwagen II (1940),
Instandsetzung (1942)*

(Quelle: BSB, Fotoarchiv Hoffmann
29204; BA, 101I-269-0214-23)

kriegs. Insgesamt 17 Panzer- und 17 motorisierte Divisionen hatten sie für den
Angriff gegen die Sowjetunion bereitgestellt[173]. Der Krieg in den Weiten des sowjetischen Imperiums galt aus Sicht der deutschen Panzergeneräle als „eine nahezu

---

[173] Vgl. Mueller-Hillebrand, Heer, Bd. 2, S. 111 sowie Jentz, Panzertruppe, Bd. 1, S. 186.
   Bei den motorisierten Verbänden handelte es sich um 9 2/3 mot. Inf. Div., 3½ mot. Divisionen
   der Waffen-SS und vier leichte Divisionen. Allerdings waren auch diese Divisionen nicht *voll-*

ausschließliche Angelegenheit der Panzertruppe"[174]. Wenn es hier nicht gelang, ihr taktisch-operatives Konzept des Blitzkriegs auszuspielen, wo sonst?

Mit ihren 13300 Mann war eine durchschnittliche Panzerdivision der Wehrmacht deutlich kleiner als eine Infanteriedivision[175]. Die hektischen Vorbereitungen im Vorfeld des „Unternehmens Barbarossa" waren auch an der 4. Panzerdivision nicht spurlos vorübergegangen. Schon im November 1940 hatte sie eines ihrer beiden Panzer-Regimenter abgeben müssen[176]. Trotzdem konnte die Division am „B-Tag" mit insgesamt 212 Panzern und über 5000 Fahrzeugen die Grenze zur Sowjetunion überschreiten[177].

Die deutschen Erfolge zu Beginn dieses Krieges waren auch ihr Werk. Doch brachte es eine Auseinandersetzung wie die gegen die Sowjetunion ziemlich rasch zu Tage, wie begrenzt das Potenzial der deutschen Panzertruppe im Grunde genommen war. Das Tragische daran war, dass man ihr mangelnde Einsatzbereitschaft und Leistungswillen kaum vorwerfen konnte. Es lag an der Technik, am Ersatz, vor allem aber an den aberwitzigen Zielen der obersten deutschen Führung, welche die Kräfte und Möglichkeiten der Panzerdivisionen hoffnungslos überspannten.

Dieser Prozess lässt sich am Kernstück der „Vierten", dem Panzer-Regiment 35[178], sehr genau verfolgen: Von seinen 177 Panzern[179] erwiesen sich nur 20, der schwere Typ IV mit seinem 7,5-cm-Geschütz, dem sowjetischen Gegner überhaupt als ebenbürtig[180]! Der Rest: 105 Panzer III (3,7-cm-, später 5-cm-Kanone)[181],

---

ständig motorisiert, der einzige vollmotorisierte Verband der Wehrmacht war die erst 1944 aufgestellte Panzer-Lehr-Division. Vgl. hierzu Ritgen, Panzer-Lehr-Division; Deutschland im Zweiten Weltkrieg, Bd. 5, S. 635.

[174] So der General Guderian in einem Brief an seine Frau vom 12.7.1941, zit. bei Hürter, Heerführer, S. 285. Vgl. hierzu Borgert, Grundzüge der Landkriegführung, S. 578ff.
Zur Bedeutung der motorisierten Kriegführung auf dem sowjetischen Kriegsschauplatz vgl. Bauer, Der Panzerkrieg, Bd. 1, S. 110ff.; Steiger, Panzertaktik im Spiegel deutscher Kriegstagebücher.

[175] BA-MA, RH 27-4/192: Kriegsgliederungen der 4. Pz. Div.; Kroener, Die personellen Ressourcen, S. 847.

[176] Und zwar das Pz. Rgt. 36. Vgl. Halder, Kriegstagebuch, Bd. II, S. 157 (Eintrag vom 1.11.1940); BA-MA, RH 27-4/199: Geschichte der 4. Panzerdivision, masch. Manuskript, S. 3.
Vgl. mit dem Urteil von Mueller-Hillebrand, Heer, Bd. 3, S. 17: „Die Panzerdivisionen waren zu schwach an Panzerkampfwagen." Ferner Middeldorf, Taktik im Rußlandfeldzug, S. 37.

[177] Vgl. hierzu IfZ-Archiv, MA 1580: 4. Pz. Div., Abt. I b/V: Meldung über die Panzerlage nach dem Stande vom 1.9.1941. Die „Ausrückstärke" dieser Division am 22.6.1941 belief sich demzufolge auf 1553 Kräder, 979 PKW's, 1964 LKW's, 212 Panzerkampfwagen, 171 Zugmaschinen, 40 Schützenpanzerwagen und 35 Panzerspähwagen.

[178] Zwischen dem Panzer-Regiment 35 und der 4. Panzerdivision war zeitweise noch eine Hierarchieebene zwischengeschaltet, die 5. Panzer-Brigade, seit dem Wegfall des Pz. Rgt. 36 aber ohne praktische Bedeutung.

[179] Daneben verfügte die 4. Pz. Div. noch über folgende Panzerkampfwagen: Panzer-Brigade 5: fünf Panzer II, drei Befehlspanzerwagen; Nachrichtenabteilung 79: drei Befehlspanzerwagen; Panzerpionierbataillon 79: zehn Panzer I (ausgerüstet mit zwei MG's), vier Panzer II; Artillerieregiment 103: zwölf Befehlspanzerwagen.

[180] Zu den technischen Details vgl. Oswald, Kraftfahrzeuge und Panzer, S. 340ff.; Hahn, Waffen, Bd. 2, S. 15ff. Vgl. mit dem Urteil des damaligen Divisionskommandeurs, der rückblickend schrieb, dass die 4. Panzerdivision 1939 „in der Masse nur über leichte Panzer verfügt" habe. Vgl. BA-MA, N 245/22: NL Georg-Hans Reinhardt, Autobiographie, o. D. [1945/46].

[181] Der Panzer III war mit 979 Stück derjenige Panzerkampfwagen, der am 22.6.1941 im Ostheer am meisten verbreitet war. Insgesamt verfügte das Ostheer damals über 3848 Panzerkampfwagen. Angabe nach: Müller, Wirtschaftsallianz, S. 185.

44 Panzer II (2-cm-Kanone)[182] sowie acht Befehlspanzerwagen, beeindruckte und wirkte durch ihre bloße Zahl[183], im Duell Panzer gegen Panzer zeigte sie sich aber schon bald unterlegen[184]. Im Grunde hat sich das bereits im Westfeldzug abgezeichnet, doch gelang es den Deutschen bekanntermaßen, ihre technischen Defizite durch eine überlegene Führung, durch Erfahrung, Improvisationsvermögen[185] und nicht zuletzt ihrem bloßen Angriffswillen zu kompensieren: „Nicht wanken! Nicht schwanken! Nur den einen Gedanken: Vorwärts und durch!", hatte man als Parole an die Panzerbesatzungen ausgegeben[186]. Dieses taktische Konzept der Flucht nach vorn wirkte auch gegenüber der Roten Armee, zumindest anfangs: „Der Russe ist uns um ein Vielfaches überlegen", brachte es ein Offizier der „Vierer" im Juli 1941 auf den Punkt: „Er bräuchte nur von beiden Seiten zuzupacken, dann hätte er uns. Statt dessen greifen wir ihn immerzu an. Das ist unsere Rettung."[187] Doch ließ es sich bei einer solchen Taktik nicht vermeiden, dass sich seine Division darüber „doch sehr verbrauchte". Im Februar 1942 resümierte diese, dass die eigenen Panzer „den russischen T 34, KW 45 u. 52 to. absolut unterlegen" seien[188]. Entsprechend hoch waren die Verluste: Verfügten die „Vierer" Anfang August noch über 92 Panzer[189], so musste bereits im November 1941, also noch *vor* Beginn des sowjetischen Gegenangriffs, das Panzer-Regiment 35 zur „Auffrischung" in die Heimat geschickt werden[190]. Übrig geblieben waren nur noch 30 Panzer – nicht mehr als

---

[182] Vgl. hierzu IfZ-Archiv, MA 1582: 4. Pz. Div., Abt. I a, Meldung an den General der Schnellen Truppen beim ObdH vom 7.2.1942: „Panzer II ist als Aufklärungspanzer wegen seiner Sichtverhältnisse, seiner dünnen Panzerung und seinem geringen Aktionsradius ungeeignet. Er hatte dadurch und durch die Überlastung des Motors infolge des Panzerschutzes so viele Ausfälle, dass mit dem Panzer II während des Einsatzes nicht mehr gerechnet werden konnte."

[183] Dabei gehörte die 4. Panzerdivision zu jenen Formationen, die nach Auffassung des Generalstabschef des Heeres für alle anstehenden Aufgaben „am besten geeignet" waren, da sie nur mit deutschem Material ausgestattet war. Halder, Kriegstagebuch, Bd. III, S. 45 (Eintrag vom 5.7.1941).

[184] Wie groß diese Defizite waren, verdeutlicht das Fazit, das anlässlich eines Besuchs der Panzer-Sonderkommission des Heeres-Waffenamts, der auch Professor Ferdinand Porsche angehörte, bei der 2. Panzerarmee am 18.11.1941 gezogen wurde: Als „Neukonstruktion" wurde von der Truppe gefordert: „Stärkerer Panzer, besseres Laufwerk mit breiterer Kette, besseres Geschütz, stärkerer Motor, wobei zu beachten ist, daß sich das Verhältnis von Gewicht zur Leistung des Motors so verhalten muß, daß ein dauerndes Fahren im Gelände und auf grundlosen Wegen ermöglicht wird." Das hieß, die deutschen Panzer hatten bis dahin weder von ihrer Bewaffnung, noch von ihrer Motorisierung, noch von ihrem Fahrwerk den Anforderungen dieses Krieges genügt. BA-MA, RH 21-2/244: Pz. AOK 2, Abt. I a, Kriegstagebuch, Eintrag vom 18.11.1941.

[185] Hierzu eingehend Frieser, Blitzkrieg-Legende, S. 44 ff. Ferner Bradley, Generaloberst Heinz Guderian; Förster, Totaler Krieg und Blitzkrieg; Bitzel, Die Konzeption des Blitzkrieges.

[186] Luther, SOS im Panzersturm, S. 13. Daraufhin hatte man die 4. PD von Anfang an ausgebildet. So hatte ihr erster Kommandeur, der damalige Gen.mj. Reinhardt, bei einer Kommandeursbesprechung vor dem Krieg folgende Parole ausgegeben: „Selbsttätigkeit, Wendigkeit, Entschlussfreudigkeit und Angriffsgeist anerziehen, so viel Sie können." Zit. bei: Clasen, Generaloberst Hans-Georg Reinhardt (1887–1963), S. 113 f.

[187] Vgl. BA-MA, RH 39/377: Heinrich Eberbach, Brief vom 21.7.1941. Auch zum Folgenden.

[188] IfZ-Archiv, MA 1589: 4. Pz. Div., Abt. I a, Bericht an den General der Schnellen Truppen beim ObdH vom 7.2.1942.

[189] BA-MA, RH 24-24/97: XXIV. Pz. Korps, Abt. Qu./V, Bericht über die Kfz.-Lage vom 3.8.1941. Bereits im September 1941 kam es zu einer ersten Umgliederung des Panzer-Regiments 35. BA-MA, RH 24-24/92: 4. Pz. Div., Abt. I a/I b, „Umgliederung Panzer-Regiment 35" vom 19.9.1941.

[190] BA-MA, RH 27-4/12: 4. Pz. Div., Kommandeur, Divisions-Tages-Befehl vom 28.11.1941. Dies war nur der Anfang. Es war ursprünglich geplant, im Dezember 1941 die gesamte 2. Panzerarmee zur „Auffrischung, Umgliederung, Neuaufstellung und Ausbildung" in die Heimat

eine „Feuerwehr-K[om]p[anie]"[191], so das Eingeständnis der Divisionsführung. Mit solchen „Divisionen" sollte die Wehrmacht Moskau erobern und den Krieg entscheiden[192]!

Da die Instandsetzung-Trupps nicht mehr nachkamen, mussten andere Waffengattungen den Panzer ersetzen[193]. Auch in dieser Division waren es vor allem die beiden Schützen-, (später: Panzergrenadier)-Regimenter 12 und 33[194], die zunehmend die „Hauptlast des Kampfes" trugen[195]. Sie galten als „eine Sorte besserer Infanterie"[196], weil sie motorisiert waren, anfangs freilich vor allem mit Krädern[197], so dass sie – ähnlich wie früher die Dragoner – in der Schlacht primär zu Fuß kämpften. Trotzdem beherrschte diese motorisierte Avantgarde noch bis zum Herbst 1941 das Schlachtfeld, schon weil die enge Zusammenarbeit mit Luftwaffe und Flak-Einheiten vorerst noch vieles kompensierte[198]. Das Prinzip der Taktik basiere – so der bekannte britische Militärtheoretikers J.F.C. Fuller – vor allem auf drei Komponenten: Beweglichkeit, Schutz und Angriffskraft[199], und was dieser Division an Schutz und Angriffskraft verloren ging, kompensierte sie vorerst durch ihre Beweglichkeit: den Gegner überraschen, an ausgesuchten Stellen kurzfristig eine örtliche Überlegenheit bilden, dort die gegnerische Front aufreißen und sie für die nachfolgenden infanteristischen Verbände öffnen.

Das reichte, um die Division nach neun Monaten Ostkrieg zu ruinieren. Zwar gab es sie noch nach der „Winterkrise", doch fehlte es ihr mittlerweile an allem – nicht nur an Panzern[200], sondern auch an Fahrzeugen, Nachrichtenmitteln oder

---

zu schicken. Vgl. hierzu die „Weisung für die Aufgaben des Ostheeres im Winter 1941/42", die das OKH am 8.12.1941 ausgab. Druck: KTB OKW, Bd. I, Dok. 108.

[191] BA-MA, RH 24-24/122: XXIV. Pz. Korps, Abt. I a, „Aktenvermerk: Besprechung Oberbefehlshaber mit Kom. General am 20.11., 12:00 Uhr, auf dem K[orps]Gef[echts]Stand Gorjatschkino" vom 20.11.1941; IfZ-Archiv, MA 1582: 4. Pz. Div., Abt. I a, Befehl zur Umgliederung der Division vom 11.12.1941.
Zu beachten ist freilich, dass die Verluste mit 75% (bis Anfang September 1941) bei der Panzergruppe 2 mit Abstand am höchsten waren. Am geringsten waren sie bei der Panzergruppe 4, die in diesem Zeitraum 30% ihrer Panzer einbüßte. Angabe nach: Mueller-Hillebrand, Heer, Bd. 3, S. 20.

[192] BA-MA, RH 27-4/12: 4. Pz. Div., Abt. I b, Meldung über die Panzer-Lage vom 28.11.1941.

[193] BA-MA, MSg 2/4391: 4. Pz. Div., Berichte von Angehörigen. Bericht Uffz. Rudolf Ruyter vom 5.3.1942: „Musestunden kannten die I[nstandsetzung]-Trupps fast gar nicht. In den wenigen Ruhetagen hatten die Panzerwarte alle Hände voll zu tun, um die Panzer einsatzbereit zu halten. Nicht selten wurden an Angriffstagen auch die Nachtstunden dazu geopfert. Im Walde bei Kritschew wurde die unmittelbare Nähe der Werkstatt eifrig ausgenutzt, um den einsatzbereiten Panzerbestand möglichst hoch zu bringen. Das führte sogar zu Wettbewerben zischen den einzelnen Kompanien."

[194] Vgl. Mueller-Hillebrand, Heer, Bd. 2, S. 105; Schaub, Panzer-Grenadier-Regiment 12.

[195] IfZ-Archiv, MA 1579: 4. Pz. Div., Abt. I a, Kriegstagebuch, Eintrag vom 3.10.1941; BA-MA, RH 24-24/140: 3. Pz. Div., Kdr., „Zustandsbericht" an XXIV. Pz. Korps vom 14.12.1941. Dieser Bericht wurde vom Korps an das Pz. AOK 2 weitergegeben mit der Bemerkung: „Der Bericht entspricht in allem der wirklichen Sachlage. Bei 4. Pz. Div. ist sie gleichartig."

[196] Grass, Katz und Maus, S. 100.

[197] Vgl. hierzu Schaub, Panzer-Grenadier-Regiment 12, S. 62ff., 332ff. Allg. Hinrichsen, Kräder; Scheibert, Panzergrenadiere; Lucas/Cooper, Panzergrenadiere.

[198] Vgl. etwa BA-MA, RH 53-7/v. 206: 4. Pz. Div., Abt. I a, „Erfahrungsbericht der 4. Panzer-Division über den Westfeldzug", o.D., S. 6.
Diese Verstärkung durch Fla-Kräfte, Nebelwerfer- oder Schwere Mörser-Einheiten hatte zur Folge, dass sich der Personalstand der 4. Panzerdivision zeitweise stark vermehrte. Er betrug am 9.7.1941 insgesamt 28000 Mann. Angabe nach: Neumann, 4. Panzerdivision, S. 209.

[199] O'Sullivan, Terrain and Tactics, S. 113.

[200] Vgl. hierzu RH 27-4/192: 4. Pz. Div., Kriegsgliederung vom 1.1., 1.2., 1.3.1942.

Artillerie[201]. Trotzdem beschied das OKH diesem „abgewirtschafteten" Haufen[202], dem man nur noch „begrenzte Angriffsaufgaben" zutraute[203], im März 1942, dass man ihn ganz einfach „auf der Grundlage des Vorhandenen" neu gliedern wolle[204]. Unter den Divisionsangehörigen begann sich daraufhin das Gerücht zu verbreiten, die Führung wolle die Division ganz „aussterben" lassen[205]. Dass sich mit dem vorläufigen Auslaufen der deutschen Offensiven die Funktion, Organisation und Ausrüstung jener Divisionen veränderten[206], die konzeptionell stets ein Instrument des Angriffskriegs gewesen waren, hatte nicht allein ökonomische, sondern auch militärische Ursachen. Im Stellungskrieg konnte man notfalls auf motorisierte Verbände verzichten[207]. Seit dem Winter 1941/42 begann die „Vierte" daher zunehmend „von ‚mot' auf ‚hot'" umzustellen[208]; mehrere Tausend Pferde[209] und ein entsprechender Fuhrpark an Panjewagen oder Schlitten ersetzten nun Zugmaschinen und LKW's[210]. Handelte es sich hier um jenen Prozess der „Entmodernisierung", auf den Omer Bartov so nachdrücklich hingewiesen hat und mit dem er auch die Brutalisierung der Wehrmacht zu erklären sucht[211]? Wohl kaum. Vielmehr lässt sich auch bei dieser motorisierten Division genau die gegenläufige Entwicklung feststellen. Erst in der zweiten Kriegshälfte, mit dem Anlaufen des Speerschen „Rüstungswunders", wurde auch die „Vierte" zu einer „richtigen" Panzerdivision[212]: die

---

201 Vgl. hierzu BA-MA, RH 27-4/21: 4. Pz. Div., Abt. I b/V, Meldung über die Kfz.-Lage nach dem Stande vom 3.1.1942; Meldung über die Panzer-Lage nach dem Stande vom 31.1.1942.

202 Neumann, 4. Panzerdivision, S. 532.

203 BA-MA, RH 21-2/882: Pz. AOK 2, Abt. I a, Kriegstagebuch, Eintrag vom 11.5.1942.

204 Am 23.1.1942 war Hitler durch den Generaloberst Friedrich Fromm in Kenntnis gesetzt worden, dass alle motorisierten Divisionen der Heeresgruppen Nord und Mitte „nur bedingt einsatzfähig zu sein brauchen". (Kroener, Fromm, S. 427). Am 12.2.1942 befahl das OKH, dass ein Teil der schnellen Verbände, darunter auch die 4. Pz. Div., „nur in sich selbst" aufgefrischt werden sollten. Vgl. OKH/GenStdH/Op. Abt. (I), „Weisung für die Kampfführung im Osten nach Abschluß des Winters" vom 12.2.1942, Druck: KTB OKW, Bd. I, Dok. 115. Ferner IfZ-Archiv, MA 1579: 4. Pz. Div., Abt. I b, Kriegstagebuch, Eintrag vom 16.3.1942.

205 BA-MA, MSg 1/3279: Fritz Farnbacher, Tagebuch, Eintrag vom 7.4.1942. Das Pz. Rgt. 35, Kernstück der Division, bestand 1942 nur noch aus einer schwachen Abteilung.

206 Diese Reflexion veranschaulicht sehr anschaulich jene Denkschrift von immerhin 31 Seiten, die der damalige Oberst Eberbach im März 1942 dem OKH vorlegte und in der er die bisherigen Erfahrungen des Ostkriegs verarbeitete. BA-MA, RH 24-24/167: 4. Pz. Div., Abt. I a, „Beantwortung Fragebogen O.K.H. betr. Erfahrung Ostfeldzug in Führung, Ausbildung und Organisation" vom 12.3.1942.

207 Seit Sommer 1942 besaßen die Panzerdivisionen im Bereich der Heeresgruppe Mitte nur noch eine Panzer-Abteilung, die bei der Heeresgruppe Süd dagegen drei. Vgl. Tessin, Verbände und Truppen, Bd. 1, S. 174. Ferner Stoves, Großverbände, S. 37 ff.; Jentz, Die deutsche Panzertruppe, passim.

208 BA-MA, N 460/14: NL Gerlach von Gaudecker, Tätigkeitsbericht Pz. Gren. Rgt. 33 vom Juni 1941-März 1944.

209 IfZ-Archiv, MA 1593: 4. Pz. Div., Abt. I b, „Gefechts- und Verpflegungsstärken, einschließl. Pferdebestand", vom 13.5.1942. Während der Winterkrise begann die Division zunehmend auf dieses Beförderungsmittel zu setzen. Der Gen. ltn. Frhr. von Langermann schrieb im Februar 1942, dass seine ehemalige Division ihren Bestand in kürzester Zeit „von 0 auf 4200 Pferde" gesteigert habe. IfZ-Archiv, ED 91/9: Schreiben Gen. ltn. Willibald Frhr. von Langermann und Erlencamp an Gen. Leo Geyr Frhr. von Schweppenburg vom 14.2.1942.

210 BA-MA, RH 27-4/19: XXIV. Pz. Korps, Abt. I a/Qu., Befehl vom 12.1.1942, in dem es u. a. heißt: „Die Panzer-Divisionen haben sich ab sofort mit Masse auf Schlittenbetrieb umzustellen."

211 Vgl. Bartov, Hitlers Wehrmacht, S. 27 ff., 50.

212 Vgl. Müller, Rüstungspolitik, hier S. 275 ff. sowie Kroener, „Menschenbewirtschaftung", S. 777 ff. Interessant auch das ambivalente Urteil des Gen. mj. Erich Schneider in seinem Schreiben an Gen. ltn. Heinrich Eberbach vom 22.2.1943 (BA-MA, RH 39/373): „Die Männer kämpfen hervorragend und die Bewaffnung und Ausrüstung ist zwar nicht ganz nach dem

Kradschützen (die sich nun Panzergrenadiere nannten) erhielten Schützenpanzerwagen, die Artillerie Selbstfahrlafetten[213] (so dass sie nicht mehr auf Zugmaschinen
angewiesen war), während die Division mit einer motorisierten Flugabwehr-Abtei-
lung verstärkt wurde[214] (und sich nun nicht mehr mit den Flak-Abteilungen der
Luftwaffe abstimmen musste). Vor allem aber erhielt die Division nun wirklich leistungsfähige Panzer, bis Mai 1943 den Panzer IV mit seiner zielsicheren 7,5 cm
Langrohr-Kanone[215], ab Juni 1944 teilweise auch den „Panther"[216], der dem Gegner „gewaltigen Respekt" bereitete[217]. Wenn dieser Panzertyp bis in die 50er Jahre
im Einsatz waren (etwa in der französischen Armee[218]), dann lässt sich zumindest
im Fall dieser Division kaum von einer „Entmodernisierung" sprechen. Gerade die
motorisierten Truppen der Wehrmacht profitierten am stärksten von der technolo-
gischen und wirtschaftlichen Zäsur des Jahres 1943, und es ist sicherlich kein Zufall,
dass sich gerade sie oft bis in die letzten Kriegstage behaupten konnten[219].

1.2.4 Die 221. Sicherungsdivision – ein durchschnittlicher, frontferner Besatzungsverband

Wenn es Einheiten der Wehrmacht gab, für die die Formel von der Entmodernisierung zutrifft, so waren es die im Hinterland. Das begann schon sehr früh. Sollten
die Kampfverbände eine militärische Entscheidung herbeiführen, so hatten die
Sicherungsverbände ungleich bescheidenere Aufgaben, zumindest im Verständnis
der deutschen Generalität; sie sollten, wie ihr Name schon verriet, in den rückwärtigen Gebieten Versorgungsstützpunkte, Flugplätze und Rollbahnen schützen
sowie den Verkehr und das Kriegsgefangenenwesen organisieren[220] – kurz: sie
sollten der Front den Rücken freihalten[221]. Erst wenige Monate vor Beginn des

---

neuesten Stande, aber doch so hochwertig, daß sich immer wieder Gelegenheit bietet, die viel-
seitigen modernen technischen Kampfmittel voll zur Auswirkung zu bringen."
Besonders deutlich wird dies im folgenden Bildband, der sich detailliert mit der Ausrüstung
dieser Division beschäftigt: Michulec, 4. Panzer-Division, 2 Bde. Ferner Neumann, 4. Panzerdivision, S. 533 ff.

[213] Seitz, Verlorene Jahre, S. 183.

[214] Die Heeres–Flakartillerie–Abteilung 290 (mot.). Vgl. BA-MA, RH 27-4/199: Geschichte der
4. Pz. Div., masch. Manuskript, o. D., S. 2, 5.

[215] Selbst Panzer IV dienten nach dem Kriege noch in Spanien, der Türkei und im mittleren Osten
– Syrien setzte diesen Typ sogar noch während des Krieges von 1967 ein. Vgl. Culver, Panzerkampfwagen IV, S. 4.

[216] Die 4. Pz. Div. verfügte allerdings nur über eine Abteilung von „Panthern"; Schwerpunktwaffe war nach wie vor der Panzer IV. BA-MA, RH 27-4/199: Geschichte der 4. Pz. Div., masch.
Manuskript, o. D., S. 3.

[217] BfZ, Slg. Sterz, 03711 B, Brief L. D. (4. Pz. Div.) vom 17. 8. 1944: „Vor unseren Panzern haben
sie wieder gewaltigen Respekt bekommen (Panther)." Generell hierzu Jentz, Panther.

[218] Vgl. Bishop (Hrsg.), Waffen des Zweiten Weltkriegs, S. 15.

[219] Eine Übersicht mit den Aufstellungs- und Untergangsdaten aller deutschen Divisionen des
Zweiten Weltkriegs existiert nicht. Von den deutschen Panzerdivisionen aber wissen wir, dass
28, also die Masse, erst in den letzten April- oder sogar erst in den ersten Maitagen kapitulierten. Vgl. Haupt, Panzertruppe 1916–1945, S. 139; Jentz, Panzertruppe, Bd. 2, S. 247 ff.

[220] Vgl. BA-MA, RH 26-221/7: OKH/GenStdH/Ausb.Abt. (I a), „Richtlinien für die Ausbildung
der Sicherungsdivisionen und der dem Befehlshaber des rückwärtigen Heeresgebiets unterstehenden Kräfte" vom 21. 3. 1941.

[221] Dabei war ursprünglich vorgesehen, dass die Sicherungsdivisionen die militärisch besonders
sensiblen Punkte sichern, die Einheiten des SS- und Polizeiapparats hingegen das übrige Land
durchkämmen sollten. Vgl. Pohl, Kooperation, S. 112.

Ostkriegs hatte man dafür die Sicherungsdivisionen geschaffen[222]. Doch blieb ihre Zahl viel zu niedrig. Statt 360 000 Mann, wie vor Kriegsbeginn eigentlich veranschlagt[223], standen dem Ostheer zunächst nur 100 000 Mann für die Sicherung seines Hinterlands zur Verfügung. Da aber jede Heeresgruppe mit „zwei einigermaßen brauchbaren Nachschubstraßen" auskommen wollte[224], hielt es die deutsche Führung für ausreichend, ihre Sicherungskräfte vor allem an diesen wenigen Linien zu konzentrieren.

Für den Feldzug gegen die Sowjetunion hatte man insgesamt neun Sicherungsdivisionen aufgestellt, jeweils drei für das rückwärtige Gebiet jeder Heeresgruppe[225]. Bei diesen Divisionen handelte es sich im Grunde um Zwitter. Auch von der *221. Sicherungsdivision*, die den Krieg noch als konventionelle Infanteriedivision begonnen hatte[226], war nach ihrer Neuformierung im März 1941 nur noch ein Rumpf-Verband übrig geblieben[227]. Ihre 10 267 Mann[228] waren wiederum drei Bereichen zugeordnet, die ganz unterschiedliche Segmente der deutschen Kriegs- und Okkupationsmaschinerie repräsentierten:

– Kern der 221. war das *Infanterie-* (und spätere *Grenadier-)Regiment 350*. Als „Eingreiftruppe"[229] sollte es auch offensive Aufgaben übernehmen[230], etwa „an wichtigen Punkten der Nachschubstraßen [...] gegen versprengte Feindkräfte oder sich bildende Banden"[231]. Schon bald aber mussten diese „kampfkräftigen Reserven" an der Front aushelfen[232], während man sich hinten mit dem behelfen musste, was dort übrig geblieben war.

Auch sonst verfügten die Sicherungsdivisionen noch über Relikte eines Kampfverbands: einen Divisionsnachschubführer[233] oder ein Artillerie-Regiment, das

---

[222] Vgl. den Aufstellungsbefehl des OKH vom 3.3.1941 in: Müller (Hrsg.), Okkupation, S. 21 f.

[223] Vgl. Pohl, Herrschaft, S. 68.

[224] Megargee, Hitler und die Generäle, S. 146.

[225] Vgl. Halder, Kriegstagebuch, Bd. II, S. 251 (Eintrag vom 22.1.1941); zusätzlich formiert wurde nur noch eine weitere Sicherungsdivision, die 201., im Juni 1942. Tessin, Verbände und Truppen, Bd. 1, S. 298; Bd. 8, S. 2 f.

[226] Vgl. mit dem Urteil von Hesse (Partisanenkrieg, S. 186 f.), der darauf hinweist, dass die 221. Sicherungsdivision zu einer Welle gehört habe, die „noch leidlich ausgerüstet" war.

[227] Vgl. Tessin, Verbände und Truppen, Bd. 1, S. 44, 51. Ferner IfZ-Archiv, MA 1661: 221. Sich. Div., Organigramm vom 1.7.1941.

[228] IfZ-Archiv, MA 1662: 221. Sich. Div., Abt. I a, Anlagen: Soll- und Ist-Stärke der 221. Sicherungsdivision, Stand 21.10.1941. Der Soll-Stand belief sich auf 376 Offiziere, 243 Beamte, 1 751 Unteroffiziere und 7 897 Mannschaften. Am 1.6.1942 waren davon noch 192 Offiziere, 52 Beamte, 1 077 Unteroffiziere und 7 145 Mannschaftssoldaten übrig. IfZ-Archiv, MA 1670: 221. Sich. Div., Abt. I b, Gefechts- und Verpflegungsstärken vom 20.3.–17.6.1942.

[229] IfZ-Archiv, MA 1564/41, NOKW-3566: OKH/GenStdH/Op. Abt./GenQu, Weisung vom 23.5.1941.

[230] IfZ-Archiv, MA 1659: OKH/GenStdH/Ausb.Abt. (I a), „Richtlinien für die Ausbildung der Sicherungs-Divisionen und der dem Befehlshaber des rückwärtigen Heeresgebiets unterstehenden Kräfte" vom 21.3.1941.

[231] So der Generalquartiermeister Wagner im Februar 1941, zit. bei: Müller, Kriegsrecht oder Willkür?, S. 140.
Ferner Klein, Zwischen den Fronten, S. 84, mit weiterführenden Quellen.

[232] Vgl. etwa Kap. 3.4. Ferner Arnold, Wehrmacht, S. 431.

[233] Nach ihrem Fronteinsatz im Winter 1941/42 hatte die 221. Sich. Div. selbst diese bescheidenen Bestände verloren, so dass ihre Führung auf eine „Beweglichmachung" durch eine „Erhöhung der Trosse" dringen musste, um den Aufgaben des Bewegungskriegs im Hinterland gerecht zu werden. IfZ-Archiv, MA 1670: 221. Sich. Div., Abt. I a/I b, Bericht an den Kdr. Gen. d. Sich. Trp. u. Bfh. im Rückw. Heeresgebiet Mitte vom 8.4.1942.

aber bereits 1941 „erhebliche Fehlstellen" zu verzeichnen hatte[234] und nur noch mit „Museumsstücken"[235] oder Beutewaffen ausgerüstet war. „Hearts and Minds" der vor Ort lebenden Menschen waren mit einem großkalibrigen Einsatz wohl kaum zu erobern. Dabei charakterisiert es das Widersprüchliche des deutschen Sicherungskonzepts, dass dieses bescheidene Arsenal an Artillerie ausgerechnet in dem Moment verbraucht war[236], als es eine Division wie die 221. eigentlich hätte brauchen können – ab Frühjahr 1942, als der Anti-Partisanenkampf militärisch immer mehr dem Krieg an der Front ähnelte.

Alle übrigen Einheiten: Pioniere etwa[237], Fernmelder[238] oder Aufklärer[239] fehlten zunächst, obwohl gerade diese Waffengattungen für einen Besatzungsverband unverzichtbar gewesen wären. Erst während des Krieges begann man diese Einheiten irgendwie zu „organisieren", nicht selten unter Zuhilfenahme von Kriegsgefangenen und sowjetischem Beutematerial. Auch sonst waren Bewaffnung und Ausstattung dieser Division dürftig – moderne und vor allem auch schwere Waffen blieben die Ausnahme[240]. Die wenigen Kraftfahrzeuge, meist aus französischer Beute[241], reichten kaum aus, so dass man sich mit Fahrrä-

---

[234] IfZ-Archiv, MA 1669: 221. Sich. Div., Abt. I b, Meldung an das XXXV. A. K. vom 24.12.1941; Meldung an das LV. A.K. vom 5.1.1942. Die gesamten Versorgungstruppen der Division bestanden damals aus kleinen Kraftwagen-Kolonnen, aus zwei Fahr-Kolonnen und einer reduzierten Nachschub-Kompanie.
Die Instandsetzungs-Einheit der Division konnte etwa nur deshalb arbeiten, weil man am 12.7.1941 „40 poln. Kfz.-Arbeiter" einstellte. IfZ-Archiv, MA 1667: 221. Inf. Div., Abt. I b, Kriegstagebuch, Eintrag vom 12.7.1941.

[235] Zit. bei: Arnold, Wehrmacht, S. 415.

[236] Nach einem Jahr Ostkrieg bestand das Art. Rgt. 221. nur noch aus sowjetischen Beutegeschützen. IfZ-Archiv, MA 1670: Bfh. im Heeresgebiet Mitte, Abt. I a/StOArt., Befehl an 221. Sich. Div. zur „Neuaufstellung und Umgruppieren der Artillerie der Art. Abt. Smolensk und Ergänzung bei 221. Div." Ferner: Ebda., 221. Sich. Div., Abt. I a, Kriegstagebuch, Anlage 332: „Gegenwärtiger Einsatz der Artillerie" vom 12.6.1942.

[237] Ab Oktober 1941 suchte die 221. Sich. Div., dieses Manko durch die Aufstellung von Pionier-Kompanien aus gefangenen „russischen Pionieren – Ukrainern, Wolgadeutschen" – zu kompensieren. IfZ-Archiv, MA 1667: 221. Sich. Div., Abt. I b, Kriegstagebuch, Eintrag vom 12.10.1941; BA-MA, RH 26-221/15: 221. Sich. Div., Abt. I a, Befehl vom 25.11.1941.

[238] Nachdem sich die Divisionsführung im September 1941 bitter über ihre unzureichenden Nachrichtenmittel beschwert hatte, wurde ihr am 1.12.1941 die Divisions-Nachrichten-Abteilung 824 zugeteilt. Allerdings musste sich die 221. Sich. Div. noch im März 1942 Fernsprech- und Funktrupps bei der 162. Inf. Div. „ausleihen". Vgl. Tessin, Verbände und Truppen, Bd. 13, S. 31; IfZ-Archiv, MA 1661: 221. Sich. Div., Abt. I a, Meldung an den Bfh. Rückw. Heeres-Geb. Mitte vom 18.9.1941; IfZ-Archiv, MA 1670: Kdr. Gen. d. Sich. Trp. u. Bfh. im Rückw. Heeresgebiet Mitte, „Besprechungspunkte für die Besprechung mit Generalltn. Pflugbeil" vom 19.3.1942.

[239] Dazu kam das Problem, dass in den Sicherungsdivisionen viel zu wenig Dolmetscher eingesetzt waren – auch dies im Übrigen ein Beleg dafür, dass man auf die Kommunikation mit der einheimischen Bevölkerung keinen großen Wert legte. Vgl. Hesse, Partisanenkrieg, S. 60.

[240] Bis Herbst 1942 waren beispielsweise die alten MG's aus dem Ersten Weltkrieg: Typ 08 bzw. Typ 08/15, sowie ein Sammelsurium an österreichischen, tschechoslowakischen oder französischen Beutewaffen im Einsatz. Vgl. IfZ-Archiv, MA 1668: 221. Sich. Div., Abt. I b, Kriegstagebuch, Eintrag vom 1.5.1941; IfZ-Archiv, MA 1673: 221. Sich. Div., Abt. I a, „Eingreiftruppe und ihre Einsatzorte, Ausstattung und Bewaffnung jedes einzelnen Stützpunktes an den Bahnstrecken im Bereich des Sicherungs-Bataillons 302" vom 22.10.1942. Ferner Kreidel, Partisanenkampf, S. 381. Kreidel war ehemaliger I a der 221. Sicherungsdivision.

[241] Verschärft wurde dieses Problem noch durch die Typenvielfalt. Allein bei der 221. waren 1941 insgesamt 12 ausländische Marken im Einsatz, im gesamten Ostheer jedoch über 2000 Kfz.-Typen. Dabei wurden vor allem die qualitativ schlechteren Verbände mit der Beute „abgespeist". Vgl. IfZ-Archiv, MA 1659: 221. Sich. Div., Abt. I b, Meldung an das OKH vom 9.4.1941 sowie Creveld, Supplying War, S. 150.

dern[242] und Pferden behelfen musste[243]. Von den französischen Beute-Panzern, die Hitler im Juli 1941 vollmundig angekündigt hatte[244], bekam die Division erst einige Monate später gerade mal drei Stück[245].

Dabei gab es kaum einen Divisionstyp der Wehrmacht, dessen Einsatzgebiet so groß war. Bei der 221. Sicherungsdivision umfasste es im Juli 1941 bereits 35 000 Quadratkilometer, also etwa die Größe von Baden-Württemberg[246]. Dass es der deutschen Besatzungsmacht nicht gelang, diese Riesenräume flächendeckend zu kontrollieren, war bereits in der eklatanten personellen und materiellen Schwäche ihrer Besatzungskräfte begründet[247]. Dafür ist die 221. Sicherungsdivision ein anschauliches Beispiel.

– Um diese Lücken zu stopfen, bediente man sich der *Landesschützen-Regimenter* und der *Wach-Bataillone* (später euphemistisch *Sicherungs-Regimenter*[248] genannt). In diesem zweiten Teilbereich der Sicherungsdivisionen kamen reine Reservisten-Einheiten zum Einsatz, die eigentlich nicht mehr zum Frontdienst taugten[249]. Daher sollten sie – so stellte man sich das zumindest vor – zur Sicherung der Versorgungsstützpunkte, der Nachschubstraßen und Nachschubtransporte, der Flughäfen, Beutelager und zur Bewachung der Kriegsgefangenen eingesetzt werden[250]. Doch waren Ausbildungs- und Ausrüstungsstand dieser Hilfskontingente häufig so dürftig, dass sie noch nicht einmal dazu in der Lage waren[251]. Der Ersatz sei als „völlig unausgebildet

---

[242] IfZ-Archiv, MA 1659: 221. Sich. Div., Abt. I a, Kriegstagebuch, Eintrag vom 26.4.1941: „Der Division werden 1400 Fahrräder zugewiesen." IfZ-Archiv, MA 1666: II./Inf. Rgt. 350, Meldung „an das Regiment" vom 18.8.1941: „Das Verfahren, die zum Einsatz gelangenden Einheiten auf Fahrrädern direkt nach dem abzusuchenden Raum zu transportieren, hat sich nicht bewährt."

[243] Im Juni 1942 verfügte die Division über 1730 Pferde. IfZ-Archiv, MA 1670: 221. Sich. Div., Abt. I b, „Gefechts- und Verpflegungsstärken der 221. Sich. Div. für die Zeit vom 20.3.–17.6.1942".

[244] Hitler forderte am Beginn des Ostkriegs, alle Sicherungsdivisionen, Landesschützen-Einheiten und Polizei-Formationen mit Beute-Panzer auszurüsten. Chef OKW, Schreiben an Chef HRüst und BdE vom 5.7.1941. Druck: Müller (Hrsg.), Okkupation, S. 104f.

[245] Die 221. Sich. Div. erhielt im Oktober 1941 drei französische Panzer vom Typ Renault R 35. IfZ-Archiv, MA 1666: Inf. Rgt. 350, Meldung an 221. Sich. Div. vom 19.10.1941. Auch unterhielt die Division seit Juli 1941 einen erbeuteten Panzerzug.

[246] IfZ-Archiv, MA 1660: 221. Sich. Div., Abt. I a, Kriegstagebuch, Eintrag vom 22.7.1941. Ferner Förster, Sicherung des „Lebensraumes", S. 1057.

[247] Schon im Juli 1941 musste Hitler zugeben, dass die rückwärtige „Sicherung natürlich sehr dünn" sei. Aktenvermerk über eine Besprechung Hitlers mit Rosenberg, Lammers, Keitel und Göring vom 16.7.1941, in: IMT, Bd. 38, S. 86–94 (hier S. 88): Dok. 221-L.

[248] Am 29.5.1942 wurden die Landesschützen-Regimenter und -Bataillone sowie die Wach-Bataillone umbenannt in Sicherungs-Einheiten. Vgl. Absolon, Wehrmacht, Bd. VI, S. 238.

[249] Vgl. hierzu etwa IfZ-Archiv, MA 1670: 221. Sich. Div., Abt. I a, Bericht vom 3.5.1942, in dem auf die Kriegstauglichkeit der Landesschützen-Bataillone eingegangen wird. So waren etwa beim L.S. Btl. 545 in der genau abgestuften Terminologie des Wehrersatzwesens: 181 Mann k[riegs]v[erwendungsfähig], 13 Mann g[arnisons]v[erwendungsfähig] Feld, 198 Mann g[arnison s]v[erwendungsfähig] Heimat und ein Mann a[rbeits]v[erwendungsfähig].

[250] IfZ-Archiv, MA 1659: OKH/GenStdH/Ausb.Abt. (I a), „Richtlinien für die Ausbildung der Sicherungs-Divisionen und der dem Befehlshaber des rückwärtigen Heeresgebiets unterstehenden Kräfte" vom 21.3.1941. Vgl. auch den Befehl des ObdH (Besondere Anordnungen für die Versorgung, Anl. 6, Teil C) vom 3.4.1941, in: Moritz (Hrsg.), Fall Barbarossa, S. 299–304, hier S. 299.

[251] Schon im Juli 1941 begann man die Landesschützen-Einheiten der 221. Sicherungsdivision mit Beutewaffen auszurüsten. Vgl. IfZ-Archiv, MA 1661: 221. Sich. Div., Abt. I a, Befehl an L.S. Regt. 45 vom 12.7.1941.

anzusprechen", klagte die Divisionsführung im April 1942 über die neu eingetroffenen Landesschützen-Bataillone.[252] Und weiter: „Die Masse des Bat[ail]l[on]s hat noch nicht scharf geschossen. Bat[ail]l[on]sführer und Komp[anie]führer haben ihre Einheiten unmittelbar vor dem Abtransport übernommen. Eine Ausbildung an schweren Inf[anterie]waffen sowie Gefechtsausbildung haben überhaupt nicht stattgefunden." Die Folge war, dass diese Einheiten ständig ausgewechselt werden mussten[253], so dass schon aufgrund dieser ständigen Fluktuation eine Wärme und Geborgenheit vermittelnde Solidargemeinschaft nur schwer wachsen konnte[254]. Im April 1942 befürchtete die Führung, dass „durch die Zersplitterung Werte verloren" gingen, „die der Stolz eines jeden Soldaten sind, nämlich das Gefühl der Zusammengehörigkeit, der Kameradschaft und der Tradition."[255]

– Der dritte Teilbereich dieser Sicherungsdivision war der mit Abstand „politischste". Zu ihm gehörten „bodenständige" Einrichtungen wie die *Feld- und Ortskommandanturen,* „welche die Kriegsverwaltung im Divisions-Gebiet" auszuüben hatten, oder auch die *Kriegsgefangenenlager*[256]. Ende Oktober 1941 waren allein der 221. vier Feld- und zwölf Ortskommandanturen sowie drei Durchgangslager zugeordnet[257]. Zudem verfügte diese Division über eine *Gruppe der Geheimen Feldpolizei*[258]. Knapp 100 Mann, vollmotorisiert – keine „gewöhnliche" Feldgendarmerie, sondern eine Truppe, die zu Recht als „Gestapo der Wehrmacht" galt[259]. Noch deutlicher wurden die Funktionen der Sicherungsdivisionen aber durch ihre enge Verflechtung mit dem nicht-militärischen

---

[252] IfZ-Archiv, MA 1670: 221. Sich. Div., Abt. I a, Meldung an den Kdr. Gen. d. Sich. Trp. u. Bfh. im Rückw. Heeresgebiet Mitte vom 8. 4. 1942. Auch zum Folgenden.

[253] Dazu kamen auch immer wieder verbündete Einheiten, die der 221. Sicherungsdivision unterstellt wurden, so im Mai 1942 Teile des französischen Inf. Rgt. 638. BA-MA, RH 22/229: Kdr. Gen. d. Sich. Trp. u. Bfh. im Rückw. Heeresgebiet Mitte, Abt. I a, Kriegstagebuch, Eintrag vom 15. 5. 1942.

[254] Kühne, Kameradschaft – „das Beste im Leben des Mannes", S. 509. Vgl. auch Wellershoff (Ernstfall, S. 236), der die „zynische Stimmung" in den 1945 rasch formierten „Alarm-Einheiten" beschrieben hat.

[255] Vgl. hierzu BA-MA, RH 22/231: Kdr. Gen. d. Sich. Trp. u. Bfh. im Rückw. Heeresgebiet Mitte, Abt. I a, Meldung an die H.Gr. Mitte vom 30. 4. 1942.

[256] Vgl. den Ergänzungsbefehl des OKH vom 4. 3. 1941, in: Müller (Hrsg.), Okkupation, S. 30–32. Ferner Hartmann, Massensterben, S. 150 mit Anm. 49.

[257] IfZ-Archiv, MA 1662: 221. Sich. Div., Abt. I a, Anlagen: Soll- und Ist-Stärke der 221. Sicherungsdivision, Stand 21. 10. 1941. Zu ihren Aufgaben vgl. den entsprechenden Abschnitt über den Korück 580.

[258] Vgl. Gerlach, Morde, S. 141; Geßner, Geheime Feldpolizei (1986), S. 73; Brown, The Senior Leadership Cadre of the Geheime Feldpolizei. Die Geheime Feldpolizei war Teil der Wehrmacht, wobei sich ihre Kader zu bis zu 80 % aus der Gestapo rekrutierten. Schon dadurch bestand eine Verbindung zum zivilen Polizei-Apparat. Bis März 1943 umfassten diese Gruppen, die später auf zwei pro Sicherungsdivision erweitert wurden, 60 bis 100 Polizisten, die von einem Feldpolizeidirektor geführt wurden. Der 221. Sich. Div. waren zeitweise die GFP-Gruppen 707, 718 und 729 unterstellt, die laut H.Dv.g. 150 vom 24. 7. 1939 als „politische Abwehrexekutive" des Heeres fungieren sollten. Zit. bei: Förster, Umsetzung, S. 422 mit Anm. 37.
Die gesamte Geheime Feldpolizei umfasste beim Feldheer 1941 4 085, 1942/43 7 885 Mann, die auf allen Kriegsschauplätzen im Einsatz waren. Allein in den besetzten sowjetischen Gebieten erschoss die GFP 35 000 Menschen. Vgl. Geßner, Geheime Feldpolizei (1995), S. 346; Gerlach, Morde, S. 873; Pohl, Herrschaft, S. 105.

[259] So Geßner, Geheime Feldpolizei – die Gestapo der Wehrmacht.

Besatzungsapparat[260]: So hatte Görings Wirtschaftsorganisation Ost in jeder Sicherungsdivision ein *Wirtschaftskommando* installiert[261], dessen Vertreter auch im Divisionsstab saßen[262], während Himmlers SS- und Polizeiapparat der 221. Sicherungsdivision zeitweise das berüchtigte[263] *Polizei-Bataillon* 309[264], später die Polizei-Bataillone 91 und 323[265] unterstellt hatte[266]. Und noch eine Einheit war dieser Sicherungsdivision temporär zugeordnet – das *Einsatzkommando* 8[267]. Die Stärke dieser institutionellen Fremdkörper betrug „noch mal etwa 2 000 bis 3 000 Mann"[268]. Viel wichtiger als ihre manpower war freilich ihre Funktion: Handelte es sich bei den Angehörigen der Einsatzgruppen, aber auch

---

[260] Dass diese Kooperation in der Phase des Bewegungskriegs oft schwierig aufrechtzuerhalten war, belegt IfZ-Archiv, MA 1668: 221. Sich. Div., Abt. IV a, Tätigkeitsbericht für die Zeit vom 1.3. bis 28.12.1941, wo es unter dem 25.8.1941 heißt: „Darüber hinaus kommt anscheinend durch den ständigen Wechsel bei der Mehrzahl dieser Kommandanturen ein Zugehörigkeitsgefühl zu ‚ihrer' Division nicht auf."

[261] Richtlinien des Wirtschaftsführungsstabes Ost für die wirtschaftliche Ausplünderung der besetzten sowjetischen Gebiete (grüne Mappe, Teil I: Aufbau und Organisation der Wirtschaft), Juni 1941, Druck: Moritz (Hrsg.), Fall Barbarossa, S. 363–399, hier S. 371; OKW/WFSt, Besondere Anordnungen Nr. 1 zur Weisung Nr. 21, Anlage I vom 8.5.1941: „Gliederung und Aufgaben der im Raum ‚Barbarossa' einzusetzenden Wirtschaftsorganisation". Druck: Ueberschär/Wette (Hrsg.), „Unternehmen Barbarossa", S. 310ff. Ferner: Müller (Hrsg.), Die deutsche Wirtschaftspolitik, S. 47: „Die Entwicklung führte aber dann zu der Maßnahme, für jedes AOK, jede OFK bzw. Sich. Div. nur 1 Wi. Kdo. gebietsgleich einzusetzen."
Zu Aufgaben und Organisation vgl. den Abschnitt über den Korück 580.

[262] Sie sollten dort „die Geschäfte der Gruppe IV Wi" übernehmen. Vgl. hierzu IfZ-Archiv, MA 1667: 221. Inf. Div., Abt. I b, Kriegstagebuch, Eintrag vom 17.7.1941.

[263] Klemp, „Nicht ermittelt", S. 261. Vgl. ferner mit dem Urteil von Shepherd, War, S. 66: „No other Order Police or SS unit was murdering Jews on such a scale so early in the eastern campaign." Vgl. ferner mit seiner Bewertung der besonders berüchtigten „300er-Bataillone", ebda., S. 116.
Die mit Abstand beste Vorstellung von der Rolle der Polizei-Bataillone vermittelt die Studie von Browning, Reserve-Polizeibataillon 101. Vgl. auch ders., Entfesselung der „Endlösung", S. 340ff. Ende 1941 waren in der Sowjetunion mindestens 26 Polizei-Bataillone mit einer Gesamtstärke von 12000 Mann im Einsatz. Zahl nach Curilla, Ordnungspolizei, S. 59.

[264] Das Polizei-Bataillon 309 war der 221. Sich. Div. Ende Mai 1941 unterstellt worden. Vgl. IfZ-Archiv, MA 1665: 221. Sich. Div., Abt. I a, Tagesmeldung vom 23.5.1941; Die Geheimen Tagesberichte der deutschen Wehrmachtführung, Bd. 3, S. 118; Tessin/Kannapin, Waffen-SS, S. 636. Generell zur Geschichte dieser Einheit: Klemp, Kölner Polizeibataillone in Osteuropa; Lichtenstein, Lügengewirr; Okroy, Wuppertaler Bialystok-Prozeß 1967/68; Curilla, Ordnungspolizei, passim; Klemp, „Nicht ermittelt", passim; Westermann, Hitler's Police Battalions, passim.

[265] Eigentlich Reserve-Polizei-Bataillon 91. Tessin/Kannapin, Waffen-SS, S. 631ff.; Rüter/Mildt, Die westdeutschen Strafverfahren: Verfahren: 664, 730, 741, 785; Curilla, Ordnungspolizei, S. 641ff., 696ff.

[266] In einem Erlass vom 21.5.1941 legte Himmler fest, dass die in der Sowjetunion eingesetzte Ordnungspolizei nach seinen „grundlegenden Weisungen" handele, während die motorisierten Polizei-Bataillone bei den Sicherungsdivisionen deren Kommandeuren „taktisch unterstellt" seien. Druck: Jacobsen, Kommissarbefehl, Dok. 12. Diesem Unterstellungsverhältnis wurde auch symbolisch Rechnung getragen. Die Polizisten erhielten auf dem linken Unterarm ihrer Uniform einen Ärmelstreifen, in den die Aufschrift „Deutsche Wehrmacht" eingestickt war. Vgl. Lichtenstein, Himmlers grüne Helfer, S. 73; Schlicht/Angolia, Wehrmacht, Bd. 1, S. 300.

[267] IfZ-Archiv, MA 91/2: Chef SiPo und SD, Ereignismeldung UdSSR Nr. 90 vom 21.9.1941; Gerlach, Einsatzgruppe B, in: Klein (Hrsg.), Einsatzgruppen, S. 52–70, hier S. 54; Einsatzgruppe B, Tätigkeitsbericht für die Zeit vom 23.6.1941 bis 13.7.1941, in: ebda., S. 375–386, hier S. 377f. Generell zu diesem Einsatzkommando: Ogorreck, Einsatzgruppen, S. 120ff.; Curilla, Ordnungspolizei, S. 557.
Zum organisatorischen Verhältnis zwischen Wehrmacht einerseits und SS- und Polizeiapparat andererseits vgl. Krausnick/Wilhelm, Truppe, S. 107ff., 205ff.; Gerlach, Morde, S. 180ff.; Pohl, Kooperation.

[268] Vgl. Kreidel, Partisanenkampf in Mittelrussland, S. 381.

Mit Hitler-Gruß: Angehörige des Polizei-Bataillons 309 in Köln, 1940
(Quelle: HSA, R4 Nr. 34239-193A)

bei denen der Geheimen Feldpolizei um ausgesuchte Anhänger der NS-Ideologie[269], die meisten jung und selbstbewusst, die wenig Skrupel hatten, jedes nur denkbare Verbrechen im Namen dieser Weltanschauung zu begehen, so sollten auch die Angehörigen der Polizei-Formationen immer wieder unter Beweis stellen, dass sie im Sinne dieser Ideologie „funktionierten", selbst wenn ihre Sozialisation längst nicht so homogen war wie bei SS, SD oder auch Gestapo. Durch sie war dieser Teil des militärischen Apparats bereits auf seiner Mikroebene mit Institutionen vernetzt, die sich eher ideologischen als militärischen Prinzipien verpflichtet fühlten[270]. Dass die Aufgaben einer Sicherungsdivision mit dem Begriff der klassischen militärischen Besatzungspolitik kaum adäquat beschrieben sind, ist bereits dem Organigramm zu entnehmen.

Auch eine Sicherungsdivision verfügte über die klassischen *Führungsressorts I a, I b und I c*, doch waren diese kleiner und gewöhnlich nicht mit professionellen Generalstäblern besetzt[271]. Dafür waren hier Ressorts zu finden, die es bei den Kampfdivisionen nicht gab – ein Feldpolizeidirektor etwa, zuständig für die Geheime Feldpolizei[272], oder eine Abteilung zur „Kriegsverwaltung", die *Ab-*

---

[269] Vgl. Krausnick/Wilhelm, Truppe; Wildt, Generation; Geßner, Geheime Feldpolizei.
[270] Vgl. etwa Westermann, Hitler's Police Battalions, insbes. S. 31 ff.
[271] Vgl. hierzu Kap. 2.3. Bei den Sicherungsdivisionen hatte die Abteilung I b im Vergleich zu den Kampfdivisionen einen höheren Stellenwert, da sie die Besatzungspolitik zu koordinieren hatte und auch sonst für entsprechende Fragen zuständig war, etwa für das Kriegsgefangenenwesen.
[272] Der Feldpolizeidirektor unterstand hier zunächst dem I c, dann dem I a der Sicherungsdivision. Vgl. hierzu Geßner, Geheime Feldpolizei, S. 36, 73; Gerlach, Morde, S. 141 mit Anm. 79.

teilung VII[273], deren Militärverwaltungsbeamte, meist zwei oder drei Spezialisten aus der Innenverwaltung[274], die Verwaltung und Kontrolle des besetzten Gebietes zu regeln hatten. Im Grunde handelte es sich bei dieser Abteilung um ein kleines Landratsamt, das für ein Besatzungsgebiet von 40000 Quadratkilometern mit bis zu zwei Millionen Einwohnern verantwortlich sein konnte; sie war zuständig für „Aufbau, Führung und Beaufsichtigung der einheimischen Verwaltung (außer in der Wirtschaft und mit Einschränkungen bei der einheimischen Polizei), Mitwirkung bei der Erarbeitung politischer Richtlinien und der Versorgung der Bevölkerung, Rechts- und Meldewesen, Kultur, Schul- und Gesundheitswesen, seit 1. März 1943 auch Finanzverwaltung, Volksdeutsche, Flüchtlingswesen und vor allem die ‚Judenfrage' in Zusammenarbeit mit den Einsatzgruppen". Eine Sicherungsdivision hatte also zwei Aufgaben, sie fungierte als „Truppenverband und Verwaltungseinheit"[275].

Die strukturellen Unterschiede zwischen den Kampf- und den Besatzungsverbänden der Wehrmacht waren also denkbar groß. Im Gegensatz zur Kämpfenden Truppe hatte man die besatzungspolitischen Funktionen bei den Sicherungsdivisionen und Korücks stark ausgebaut, während sie auf die militärischen Herausforderungen, die auf sie warteten – ein gnadenloser Partisanenkrieg in einem unübersichtlichen Gelände –, mit ihren älteren Jahrgängen „von durchschnittlich 35–40 Jahren"[276] kaum vorbereitet waren. Schon im Juli 1941 kam der Generalstabschef Halder zu dem Ergebnis, „die Sicherungsdivisionen allein" würden „nicht für die großen Räume" genügen[277]. Noch kritischer fiel die Bilanz des Kommandeurs der 221., des Generalleutnants Johann Pflugbeil, im November 1941 aus: In ihrer „jetzigen Zusammensetzung" sei die Division eine „völlige Fehlschöpfung"[278]. Die Folge war, dass man die Sicherungsdivisionen ständig umorganisierte. Auch bei der 221. suchte man seit Herbst 1941 in einer Art „organisatorischem Mimikry"[279] Organisation und Taktik des Gegners zu kopieren – mit Hilfe von motorisierten Partisanen-Bekämpfungs-Bataillonen[280], durch eine Reiter-Hundertschaft (221),

---

[273] Vgl. hierzu Pohl, Herrschaft, S. 95; Gerlach, Morde, S. 136ff., 515. Auch zum Folgenden. Da diese Abteilungen bei den Sicherungsdivisionen ohne Initiative waren, wurden sie Ende 1943 aufgelöst.

[274] Da nie mehr als 175 Militärverwaltungsbeamte im „Osteinsatz" waren, verlagerte sich faktisch die eigentliche Arbeit auf die Stabsoffiziere bei den militärischen Dienststellen. Vgl. hierzu Umbreit, Kriegsverwaltung, S. 128; Pohl, Herrschaft, S. 103. Auch zum Folgenden.

[275] So die Definition von Gerlach, Morde, S. 138.

[276] Kreidel, Partisanenkampf in Mittelrussland, S. 382.

[277] Halder, Kriegstagebuch, Bd. III, S. 32 (Eintrag vom 1.7.1941).

[278] BA-MA, RH 26-221/15: 221. Sich. Div., Abt. I a, Befehl vom 4.11.1941.

[279] Vgl. hierzu Heins/Warburg, Kampf der Zivilisten, S. 93, 98ff.

[280] IfZ-Archiv, MA 1661: 221. Sich. Div., Abt. I a, Befehl zur „Aufstellung eines Partisanen-Bekämpfungsbatl. (mot.)" vom 7.9.1941. Dieses Bataillon wurde 1942 auf zwei erweitert. Vgl. Gerlach, Morde, S. 885, Anm. 134.

die man aus Kriegsgefangenen formierte[281], vor allem aber in Form autonomer Kleingruppen, den Jagdkommandos, die als eine Art „Gegenbande" aus Deutschen und Landeseinwohnern den Gegner mit seinen eigenen Methoden schlagen sollten[282]. Hier sammelte sich gewissermaßen die Elite der Sicherungsdivisionen. Erst mit solch unkonventionellen Gruppen, zunehmend unterstützt durch „Osttruppen"[283], ließ sich ein Krieg gegen die immer stärker werdenden „Banden" überhaupt führen. Doch hatte es seine Zeit gebraucht, bis die Deutschen diese Lektion gelernt hatten. Ihr Hochmut, ihre konsequente Unterschätzung des sowjetischen Gegners, ja sogar die Brutalität ihres Besatzungskonzepts lassen sich selbst an der Organisation dieser Sicherungsdivision wie an einer Blaupause ablesen.

Wie wirklichkeitsfremd sich die Deutschen auf diesen Krieg vorbereitet hatten, wird vollends bei einem Vergleich ihrer Herrschaftsmittel mit denen alter Kolonialmächte wie Großbritannien oder Frankreich deutlich; diese hatten schon relativ früh ausgefeilte Konzepte zum „Imperial Policing" entwickelt[284], um ihre territoriale Herrschaft über große Räume zu sichern, auch wenn diese weit vom Mutterland entfernt waren[285]. In einer Armee wie der deutschen, die im Grunde nur wenig Erfahrungen mit Kolonien besaß[286], und deren Bild vom Krieg sich lange Zeit in den begrenzten, geradezu provinziellen Verhältnissen der Reichswehr bewegte, war man unfähig, etwas Adäquates auch nur in Ansätzen zu entwickeln. Nirgends wird das Dilettantische des „Unternehmens Barbarossa" so greifbar wie in den wenigen und unfertigen Sicherungseinheiten der Wehrmacht, die doch eigentlich ein Riesenreich im Griff halten sollten.

---

[281] IfZ-Archiv, MA 1666: Div. Nachsch. Führer 350, „3. Bericht über den Stand der Aufstellung der Reiterhundertschaft aus Kriegsgefangenen" vom 7.11.1941. Bemerkenswert daran, ist, dass das OKH erst danach die „Bildung von Kriegsgefangenen-Bataillonen" anordnete. Vgl. BA-MA, RH 20-18/135: OKH/GenStdH/Org.Abt.(II), Nr. 10000/41 geh., Weisung betr. „Kriegsgefangenen-Btl." vom 11.11.1941.
Diese Reiter-Hundertschaften wurden dann fallweise durch deutsche Reiter-Regimenter unterstützt. Vgl. Förster, Sicherung des „Lebensraumes", S. 1058. Ferner Richter, Die Geschichte der deutschen Kavallerie, S. 235ff.

[282] Umbreit, Herrschaft, S. 155; Förster, Sicherung des „Lebensraumes", S. 1042; Munoz/Romanko, Hitler's White Russians, S. 185f.
Obwohl ein Befehl zur Aufstellung von Jagdkommandos schon vor Beginn des Ostkriegs gegeben wurde, blieb er ohne Konsequenzen. (Vgl. IfZ-Archiv, MA 1660: 221. Sich. Div., Abt. I a, Kriegstagebuch, Eintrag vom 17.6.1941). Erste Ansätze zum Aufbau von Jagdkommandos fallen in den September 1941, scheinen dann aber erst am Ende dieses Jahres umgesetzt worden zu sein. Vgl. Kroener, Fromm, S. 883, Anm. 380. Der grundsätzliche Befehl des OKH dann in: ZAMO, Findbuch 12454, Akte 396: OKH/GenStdH/Op.Abt.(I), Befehl vom 31.8.1942.

[283] Gerade die Sicherungsdivisionen ergänzten sich schon bald aus landeseigenen Hilfskräften. So gab es schon im Herbst 1941 Sicherungsdivisionen, die über 8000 Hilfswillige beschäftigten. Arnold, Wehrmacht, S. 418ff.

[284] So der Name jenes Konzepts, das Sir Charles Gwynn 1934 in seinem bekannten Handbuch prägte. Charles Gwynn, Imperial Policing, London 1934.

[285] Vgl. Shepherd, War, S. 38ff.

[286] Spätestens im Zweiten Weltkrieg zeigte sich, wie begrenzt die Erfahrung der deutschen Streitkräfte mit kolonialen Herrschaftsstrategien war. Schon allein deshalb kann es nicht überzeugen, wenn die deutsche Eroberungs- und Besatzungspolitik mit der kolonialen Vergangenheit des Deutschen Reichs erklärt wird. In diesem Sinne für den Ersten Weltkrieg etwa Hull, Absolute Destruction.

1.2.5 Der Korück 580 – ein unterdurchschnittlicher, frontnaher Besatzungsverband

Beim *Kommandanten des Rückwärtigen Armeegebiets*, dem *Korück*, handelte es sich um einen ganz anderen Typ von Besatzungsverband. Er war im unmittelbaren Hinterland der Front im Einsatz, um die dazugehörige Armee zu ergänzen. Im Frühjahr 1942 existierten im gesamten Heer 17 Korücks, 15 von ihnen auf dem Boden der besetzten Sowjetunion[287].

Auch die Korücks waren Zwitter, sie besaßen militärische und besatzungspolitische Aufgaben. Denn im fremden Besatzungsgebiet waren die Oberbefehlshaber der Armeen und der Heeresgruppen Träger der Vollziehenden Gewalt; das hieß, sie hatten in ihrem Hoheitsgebiet alle Funktionen des okkupierten gegnerischen Staates wahrzunehmen (mit Ausnahme der Judikative)[288]. Das war auch im Krieg gegen die Sowjetunion der Fall – wenn auch mit Einschränkungen: Hitler wollte das „Operationsgebiet des Heeres [...] der Tiefe nach soweit als möglich [...] beschränken"[289] (so dass noch vor Abschluss des Feldzugs Zivilverwaltungsgebiete eingerichtet wurden), während man die Autonomie der Wehrmacht in dem verbleibenden Hoheitsgebiet durch Himmlers Einsatzgruppen und Görings Wirtschaftsinspektionen durchbrach. Dessen ungeachtet war die Macht der Militärs hier immer noch „beträchtlich. Besonders die Armeeoberbefehlshaber agierten in einem breiten Streifen hinter der Front wie kleine ‚Warlords'. Sie besaßen Macht und konnten Macht ausüben."[290] Da sie aber mit ihren militärischen Aufgaben ziemlich ausgelastet waren, hatte man ihre territoriale Befehlsgewalt an jene Kommandobehörden delegiert, die „hinten" für „Ruhe und Ordnung" sorgen sollten: bei den Armeen an die *Kommandanten der Rückwärtigen Armeegebiete*, bei den Heeresgruppen an die *Befehlshaber der Rückwärtigen Heeresgebiete*, die seit März 1942 den klingenden Titel eines *Kommandierenden Generals der Sicherungstruppen und Befehlshaber im Heeresgebiet* führten. Wie weit sich der jeweilige Ober-

---

[287] Vgl. Die Geheimen Tagesberichte der deutschen Wehrmachtführung, Bd. 4, S. 374f. Insgesamt sind allein 40 mit Ziffern versehene Korücks bekannt. Hinzu kamen die „Korücks bei den Armeen", etwa „Korück beim PzAOK 2" (später Korück 532), von denen 26 weitere bekannt geworden sind. Vgl. Tessin, Verbände und Truppen, Bd. 1, S. 281, 290ff.; Keilig, Das Deutsche Heer, Lieferung 163, Bl. 3ff.; Schulte, German Army, S. 313f.
Generell zum Einsatz von Korücks: Müller, Wehrmacht und Okkupation 1941–1944, S. 71ff.; Simpson, The German Experience; Kumanyev, Soviet People's Partisan Movement; Förster, Sicherung des „Lebensraumes"; Polonsky, German Occupation; Schulte, German Army; ders., Korück 582; ders., German Soldier in Occupied Russia; Umbreit, Herrschaft, S. 3ff.; ders., Die Verantwortlichkeit der Wehrmacht als Okkupationsarmee; Vestermanis, Ortskommandantur Libau; Anderson, Conduct of Reprisals, S. 106ff.; Röhr, Forschungsprobleme, S. 89ff.; Hammel, Kompetenzen und Verhalten der Truppe; Gerlach, Morde, S. 134ff.; Hürter, Wehrmacht vor Leningrad, S. 385ff.; Kunz, Die Feld- und Ortskommandanturen auf der Krim und der Judenmord 1941/42; Oldenburg, Ideologie, S. 62ff.; Munoz/Romanko, Hitler's White Russians, S. 157.
[288] Vgl. IfZ-Archiv, Da 34.08: H.Dv.g. 90: Versorgung des Feldheeres, Teil 1, Berlin 1.6.1938, S. 21f., 25. Für die Situation des Ostkriegs: Befehl des Oberbefehlshabers des Heeres (Besondere Anordnungen für die Versorgung, Anl. 6, Teil C), 3.4.1941, in: Moritz (Hrsg.), Fall Barbarossa, S. 299–304, insbes. S. 299. Vgl. hierzu auch Umbreit, Deutsche Militärverwaltungen 1938/39, S. 13ff. sowie Müller, Kriegsrecht oder Willkür?
[289] Richtlinien auf Sondergebieten zur Weisung Nr. 21 vom 13.3.1941, Druck: Hubatsch (Hrsg.), Hitlers Weisungen, S. 88–91, hier S. 89.
[290] Hürter, Heerführer, S. 611. Vgl. ferner mit der Bewertung bei ders., Wehrmacht vor Leningrad, S. 388.

befehlshaber der Armee oder Heeresgruppe wirklich für seine „Etappe" interessierte, hing von seinem Charakter ab und nicht zuletzt von der militärischen Lage. Für die meisten „OB's" hatte die „Kriegskunst" absolute Priorität[291]. Auch diese militärfachliche Verengung kann erklären, warum die NS-Führung so großen politischen Einfluss in Bereichen gewinnen konnte, die doch traditionell zu den Residuen des Militärs gehörten.

Die Kommandantur des Rückwärtigen Armeegebiets war also eine Art Hilfsverband, die ihrer Armee auf Schritt und Tritt folgen sollte, um sie zu ergänzen, zu entlasten und ihr – so der offizielle Auftrag – die „Sicherung und Ausnützung" ihres Besatzungsgebiets abzunehmen[292]. Am Beispiel des Korück 532 wird deutlich, was das im Einzelnen bedeutete[293]:

> „1.) militärische Sicherung des Rückw[ärtigen] Armee-Geb[ietes] (aktive Partisanenbekämpfung, Sicherung und Verteidigung wichtiger Anlagen)
> 2.) Leitung des Durchmarsches von Truppen [...]
> 3.) Unterbringung von Truppen und Armee-Einrichtungen [...]
> 4.) Fahrbarhaltung der Straßen [...]
> 5.) Sicherung der wirtschaftlichen Erfassung
> 6.) Einsatz der Ordnungsdienste
> 7.) Erhaltung und Ausbau des zivilen Verwaltungsdienstes
> 8.) Heranziehung der Zivilbevölkerung zu Dienstleistungen
> 9.) Erfüllung der Aufgaben als K[omman]d[eu]r der Kriegsgefangenen
> 10.) Durchführung der Abwehrmaßnahmen [gegen Spionage]
> 11.) Propagandistische Durchdringung und Befriedung des Rückw[ärtigen] Armeegebietes."

Die Korücks, die ja der Gefechtszone folgten, besaßen gewöhnlich eine Tiefe von bis zu 50 Kilometern[294], doch konnten sie sich auch weiter nach hinten ausdehnen. Allein der Korück 580 war zwischen November 1941 und Juni 1942 für Areale verantwortlich, deren Größe zwischen 18 000 und 37 500 Quadratkilometern schwankte[295]. Während des Bewegungskriegs schoben sich die Korücks wie große Luftkissenboote Stück für Stück weiter nach Osten. Erst mit Beginn des Stellungskriegs trat dann die langfristige Sicherung der deutschen Herrschaft in den Vordergrund. Ähnlich wie eine Sicherungsdivision zerfiel auch ein Korück organisatorisch in drei große Teile:
– Um sein Besatzungsgebiet zu beherrschen, war jedem Korück ein Netz von *Feld- und Ortskommandanturen* unterstellt. In diesen „territorialen Kommando-

---

[291] Vgl. hierzu Hürter, Heerführer, S. 266 ff., 350. Dieser kommt zu dem Schluss, dass sich „über 90 Prozent ihrer dienstlichen und privaten Äußerungen" auf das taktische und operative Geschehen in ihrem Befehlsbereich bezogen hätten.

[292] Befehl des Oberbefehlshabers des Heeres (Besondere Anordnungen für die Versorgung, Anl. 6, Teil C) vom 3. 4. 1941, Druck: Moritz (Hrsg.), Fall Barbarossa, S. 299–304, hier S. 299.

[293] BA-MA, RH 21-2/877: Pz. AOK 2, Abt. I a, Kriegstagebuch, Eintrag vom 1. 3. 1942. Interessant die Unterschiede zu den Aufgaben, die der Generalquartiermeister im Februar 1941 für die Korücks festgelegt hatte. Sie verdeutlichen, wie sehr sich diese Einrichtung während des Krieges verändert hatte. Müller, Kriegsrecht oder Willkür?, S. 140.

[294] Vgl. auch Hürter, Wehrmacht vor Leningrad, S. 385. Auch „die Tiefe des Armeegebietes" sollte „auf unbedingt erforderliche Maß beschränkt werden". Befehl des ObdH (Besondere Anordnungen für die Versorgung, Anl. 6, Teil C) vom 3. 4. 1941, in: Moritz (Hrsg.), Fall Barbarossa, S. 299–304, hier S. 299.

[295] IfZ-Archiv, MA 895/2: Korück 580, Kdt., „Abschließender Bericht über die Tätigkeit im rückwärtigen Armeegebiet in der Zeit von Dezember 1941 bis Ende Mai 1942" vom 28. 6. 1942. Vgl. Pohl, Herrschaft, S. 99.

stellen"[296] waren pro Korück nicht mehr als 500 Soldaten eingesetzt[297]. Um so größer war ihre Macht. Sie waren es, die als erste eine rudimentäre, aber ortsfeste[298] Militärverwaltung organisierten, indem sie „mit den zu unterstellenden Sicherungstruppen und Polizeikräften Stützpunkte für Versorgung [und] Beherrschung des Landes" bildeten[299]. Kaum ein Teil der Wehrmacht hatte daher so intensiven Kontakt zur einheimischen Bevölkerung. Diese Kommandanturen übernahmen, in Kooperation mit den Resten der einheimischen Administration, die territoriale Verwaltung. So war der Korück 580 im Herbst 1942 für immerhin 630 783 Menschen zuständig[300], also für eine Bevölkerung in der Größenordnung eines deutschen Regierungsbezirks.

– Daneben dienten die Korücks für die Front als „Hauptträger der Versorgung"[301]. Zu diesem Zweck arbeiteten sie im Ostkrieg eng mit den *Armeewirtschaftsführern* bei den Armeeoberkommandos zusammen sowie mit den *Wirtschaftskommandos* des Wirtschaftsstabs Ost[302]. Die Vertreter dieser „zivil-militärischen Mischgebilde"[303], pro Kommando etwa 400 bis 600 Mann[304], hatten wiederum zwei konträre Aufgaben, bei denen ständige Reibungen vorprogrammiert waren[305]: Als „eigentliche Ausführungsstelle der praktischen Landesausnutzung"[306] sollten sie einerseits die besetzten Gebiete in großem Maßstab für das Deutsche Reich ausbeuten und andererseits dem „Sofortbedarf" der Truppe vor Ort Rechnung tragen[307]. Im Gebiet des Korück 580 war im Februar 1942 beispielsweise

---

[296] Keilig, Das Deutsche Heer, Lieferung 163, Bl. 10. Insgesamt waren in den besetzten sowjetischen Gebieten 65–70 Feldkommandanturen und 300–350 nummerierte Ortskommandanturen eingesetzt. Vgl. Pohl, Herrschaft, S. 107; Tessin, Verbände und Truppen, Bd. 14. Zur Arbeitsweise vgl. BA-MA, RHD 4-485: H.Dv. 485: Dienstanweisung Feld- und Ortskommandanturen, Berlin 1939. Ferner Kunz, Feld- und Ortskommandanturen.

[297] Vgl. Oldenburg, Ideologie, S. 64 f. In einer Feldkommandantur waren gewöhnlich 10–14 Offiziere und Beamte sowie 50–60 Soldaten eingesetzt. In einer Ortskommandantur I waren es bis zu 5 Offiziere und Beamte sowie 20–35 Soldaten, während eine Ortskommandantur II nur über zwei Offiziere sowie 15–20 Soldaten verfügte.

[298] Vgl. hierzu auch BA-MA, RH 21-4/336: OKH/GenStdH/GenQu, „Besondere Anordnungen für die Sicherungen der rückwärtigen Heeresgebiete bei Fortsetzung der Operationen" vom 29.7.1941: „In der Westukraine und in Weissruthenien sind die erforderlichen Feld- und Ortskommandanturen [...] ortsfest zu belassen."

[299] BA-MA, RH 3/132: OKH/GenStdH/GenQu I/II a, Anordnungen über militärische Hoheitsrechte, Sicherung und Verwaltung im rückwärtigen Gebiet und Kriegsgefangenenwesen vom Februar 1941, Anlage 15.
Ferner BA-MA, RHD 4-485: H.Dv. 485: Dienstanweisung Feld- und Ortskommandanturen, Berlin 1939 sowie Müller, Kriegsrecht oder Willkür?, S. 141.

[300] IfZ-Archiv, MA 907: Wi. Kdo. AOK 2, Gruppe Arbeit, „Übersicht über die Bevölkerung und die Arbeitseinsatzfähigkeit im Bereiche Korück 580" vom 25.10.1942. Gezählt wurden damals 494 319 Menschen, die auf dem Land, und 107 564 Menschen, die in der Stadt lebten, davon in Kursk 75 000. Hinzu kamen noch 28 900 Evakuierte.

[301] Bieringer, Nachschubfibel, S. 10.

[302] In den besetzten sowjetischen Gebieten waren zunächst 23, schließlich etwa 50 Wirtschaftskommandos eingesetzt. Angabe nach: Pohl, Herrschaft, S. 110.

[303] So Hürter, Wehrmacht vor Leningrad, S. 387. Vgl. freilich auch mit dem Urteil Gerlachs (Morde, S. 145), dass „von einer Dominanz der Wehrmacht [in der Wirtschaftsorganisation Ost] keine Rede sein" könne.

[304] Gerlach, Morde, S. 149.

[305] Vgl. hierzu Müller, Scheitern, S. 936 ff.

[306] Müller (Hrsg.), Die deutsche Wirtschaftspolitik, S. 34. Ferner Müller, Wirtschaftsallianz, S. 129 ff.; Gerlach, Morde, S. 142 ff.

[307] Vgl. Anlage 1 zu den Besonderen Anordnungen Nr. 1 des Chefs OKW zur Weisung Nr. 21 vom 19.5.1941, in: Müller (Hrsg.), Okkupation, S. 45–54, hier S. 51. Ferner IMT, Bd. 27,

das Wirtschaftskommando Rylsk eingesetzt, dessen Leiter zugleich die Stelle eines Wehrwirtschaftsoffiziers (IV Wi) im Stab dieses Korück wahrnahm[308].
- Schließlich hatte der Korück „seine" Armee organisatorisch zu implementieren. Alles, was diese zum Kriegführen brauchte, was ihre Kampfverbände aber selbst nicht leisten konnten, blieb beim Korück hängen: er hatte Depots anzulegen, für den Nachschub, den Unterhalt der Straßen, den Abschub der Kriegsgefangenen oder für die Sicherheit im unmittelbaren Hinterland der Front zu sorgen[309]. Jene eigentümliche, für die Wehrmacht so typische Verknüpfung von Logistik und Besatzungsherrschaft[310] kennzeichnete also auch Aufgaben und Organisation eines Korück. Dazu waren diesem Rahmenverband mit seinem „Rumpfstab"[311], in dem gewöhnlich nicht mehr als 120 Mann tätig waren[312] und in dem sich kaum einmal ein geschulter Generalstäbler verirrte[313], die unterschiedlichsten Etappen-einrichtungen unterstellt; beim Korück 580 waren das im August 1941 *Wach-, Nachschub- und Bau-Bataillone,* ferner Einheiten des *Reichsarbeitsdienstes, Rad-fahr-Kompanien, Armee-Gefangenensammelstellen,* ein *Schienenschlepperzug* und ein *Feldpostamt* sowie eine ganze *Feldgendarmerie-Abteilung.*

Das war noch nicht alles. Auch Einheiten wie das *Sonderkommando 7 b*[314], das *Polizei-Regiment Mitte*[315] oder das uns schon bekannte *Polizei-Bataillon*

S. 169ff.: Dok. PS-1317; Bd. 39, S. 455: Dok. USSR-180. Ferner Thomas, Wehr- und Rüstungs-wirtschaft 1918–1943/45, S. 18f.

[308] Vgl. etwa IfZ-Archiv, MA 1669: LV. A.K., Abt. Qu., „Besondere Anordnungen für die Versor-gung und für die Versorgungstruppen Nr. 86" vom 11. 2. 1942.

[309] IfZ-Archiv, MA 885: Korück 580, Abt. Qu., „Umgruppierungsbefehl" vom 26. 8. 1941.

[310] Vgl. Wagner, Der Generalquartiermeister, S. 247ff.

[311] Für die Kommandanten eines Rückwärtigen Armeegebiets war der Quartiermeister der wich-tigste Mitarbeiter; er übernahm die Funktionen eines I b und zunehmend auch die eines I a. Allerdings wurde beim AOK 2 die Bekämpfung von Partisanen seit April 1942 von der Abtei-lung I a des AOK koordiniert. Daneben gab es im Stab eines Korück eine reduzierte Abt. I c und II a, ferner die Funktionen der Abt. III (Kriegsgerichtsrat), IV a (Intendantur), IV b (Oberfeldarzt) sowie IV c (Oberstabsveterinär), eine Gruppe Ordnungsdienste sowie die Abt. VII, die eine landeseigene Gemeindeverwaltung aufbauen und kontrollieren sowie die von den Wirtschaftsdienststellen beabsichtigte Ausbeutung unterstützen sollte. Insgesamt wa-ren im Stab des Korück 580 nur 18 Offiziere und Beamte tätig, im Stab einer Infanteriedivision wie der 45. ID insgesamt 40 Offiziere und Beamte. Vgl. IfZ-Archiv, MA 907: Kriegsrangliste des Stabes des Korück 580 für die Zeit vom 1. 10.–31. 12. 1942; BA-MA, RH 20-2/401: AOK 2, Abt. I a, Fernschreiben an Korück 580 vom 30. 4. 1942; IfZ-Archiv, MA 1622: Kriegsrangliste des Stabes der 45. Inf. Div. [Stand Januar 1942]. Ferner Neumann, Arzttum, S. 89.
Die Abteilung VII, die erst während des Ostkriegs installiert wurde, gab es bis zum Ende des Jahres 1942 bei den Korücks. Vgl. Schulte, German Army, S. 61ff.; Gerlach, Morde, S. 140; Oldenburg, Ideologie, S. 64.

[312] So verfügte der Korück 553 beispielsweise über 12 bis 16 ältere Offiziere, 4 bis 8 Beamte und rund 100 Soldaten, „die überwiegend mit Schreib- und Koordinierungsaufgaben beschäftigt waren". Vgl. Oldenburg, Ideologie, S. 63, Anm. 221.

[313] Vgl. etwa Schade, Briefe aus dem Krieg, S. 60ff. (Briefe vom 24. 2. 1942ff., Manuskript im Be-sitz des Verf.).

[314] IfZ-Archiv, MA 885: Korück 580, Verlegungsbefehl vom 8. 8. 1941.
Vgl. auch BA-MA, RH 20-2/1445: AOK 2, OQu/Qu. 2, Tätigkeitsbericht für die Zeit vom 29.6.–5. 7. 1941: „Das Sonderkommando 7 b der Sicherheits-Polizei trifft am 28.6. ein und wird durch I c angesetzt."
Vgl. hierzu auch Krausnick/Wilhelm, Truppe, S. 179ff.; Gerlach, Einsatzgruppe B, S. 54; Ogor-reck, Einsatzgruppen, S. 116ff.

[315] Das Polizei-Regiment Mitte war dem Korück 580 nur kurz unterstellt, vom 23.8. bis 1.9.1941. Wenn dieses freilich in dieser Zeit die Tötung von 1200 Menschen meldete, „russische Soldaten, Partisanen, Kommissare", so lässt sich ermessen, was dies bedeutete. IfZ-Archiv, MA 895/1: Korück 580, Anordnung vom 26.8.1941; ebda., Anordnung vom 2.9.1941. Vgl. hierzu auch Kap. 5.5.

309[316] waren diesem Korück zeitweise zugeordnet – auch das ein Beleg dafür, dass der rassenideologische Vernichtungskrieg im unmittelbaren Hinterland der Front begann. Diese Todesschwadronen hatten hier freie Hand. Ihre „fachlichen Weisungen" erhielten sie direkt von Reinhard Heydrich[317], nur „hinsichtlich Marsch, Versorgung und Unterbringung" waren sie den Armeen, und das hieß konkret: deren Korücks, unterstellt[318].

Wenn sich die Gliederung des Korück 580 bereits nach einem Jahr fast völlig verändert hatte, so spiegelte sich darin vor allem der Verlauf des Krieges – weniger der beginnende Stellungskrieg an der Front als vielmehr die zunehmende Bedeutung der Partisanen, die sich selbst in diesem Teil des deutschen Besatzungsgebiets festzusetzen begannen[319]. Nun erst wurden die Korücks richtig „aufgerüstet", wenn auch nicht mit der ersten Garnitur dessen, was die deutsche Kriegsmaschinerie zu bieten hatte. Vielmehr mussten die Verbündeten oder die Kollaborateure der Deutschen, in ihrem Verständnis die „Hilfsvölker", die Lücken im Rücken der deutschen Front zu schließen: So unterstanden dem Korück 580 im Mai 1942 zwei schwache *ungarische Divisionen* und ein *ungarisches Infanterie-Regiment*, ferner „*fremdvölkische*" Einheiten wie etwa das *Turkestanische Bataillon 450*[320] und nicht weniger als *14 Sicherungs-Hundertschaften* aus ehemaligen Kriegsgefangenen[321]; auch begann man mit Eingreif- und Jagdkommandos zu experimentieren[322] und sogar mit *Nebelwerfern,* wenn auch nur in Stärke einer *Batterie,* während die konventionellen Sicherungsaufgaben weiterhin bei deutschen *Wach-Bataillonen* und *Feldgendarmerie-Abteilungen* lagen. Was dieses Sammelsurium an Truppen zu leisten hatte, kann ein Bericht des Korück 580 vom Juni 1942 illustrieren[323]: Man habe seit Januar 1942 „über 140 größere, mehrtägige" sowie „über 800 kleinere, eintägige Säuberungsaktionen" unternommen, 20 größere Ortschaften, „796 km Eisenbahnen mit 120 Eisenbahnbrücken" und „520 km Straßen mit

316 IfZ-Archiv, MA 895/1: Korück 580, Anordnung vom 26. 8. 1941.
317 Befehl des ObdH vom 28. 4. 1941, in: Ueberschär/Wette (Hrsg.), „Unternehmen Barbarossa", S. 303 f.
318 Laut Befehl des OKH zur „Regelung des Einsatzes der Sicherheitspolizei und des SD im Verbande des Heeres" vom 28. 4. 1941 sollten die I c's als Schnittstelle zwischen Wehrmacht und Einsatzgruppen fungieren. Druck: Ueberschär/Wette (Hrsg.), „Unternehmen Barbarossa", S. 303 f. Vgl. hierzu auch Kap. 5.4.
319 Vgl. hierzu Kap. 3.4 und 3.5.
320 Dieses wurde, wie man bei der benachbarten 2. Panzerarmee bedauernd feststellte, ab Mai 1942 im Hinterland der 2. Armee eingesetzt. BA-MA, RH 21-2/355: Pz. AOK 2, Abt. I a, Fernsprechbuch, Eintrag vom 6. 5. 1942; BA-MA, RH 20-2/336: AOK 2, Abt. I a, Kriegstagebuch, Eintrag vom 13. 5. 1942.
321 Am 1. 11. 1942 waren beim Korück 580 insgesamt 1 147 Gefangene, 3 913 entlassene Kriegsgefangene und 147 Zivilisten eingesetzt. Angabe nach: Arnold, Wehrmacht, S. 337 mit Anm. 72.
322 Vgl. IfZ-Archiv, MA 907: Korück 580, Abt. Qu., Weisung betr. „Jagd-Kdos. und Eingreif-Kdos. zur Bandenbekämpfung" vom 17. 10. 1942. Diese sollten auf weite (Jagd-) und kurze Distanz (Eingreif-Kommandos) operieren. Pro Kommando wurden gerechnet: Ein Offizier, 7 Unteroffiziere und 58 Mannschaften, ausgerüstet mit 23 Gewehren, 13 Pistolen, 16 MP's, 14 Scharfschützengewehren, 3 le. MG's, einem sw. MG und einem Granatwerfer, ferner einer Leuchtpistole und 162 Handgranaten.
323 IfZ-Archiv, MA 895/2: Korück 580, Kdt., „Abschließender Bericht über die Tätigkeit im rückwärtigen Armeegebiet in der Zeit von Dezember 1941 bis Ende Mai 1942" vom 28. 6. 1942.

100 Straßenbrücken" gesichert und schließlich etwa 80 Ortschaften „zur Verteidigung hergerichtet".

Als „Dienstleister" des modernen Krieges blieben die Korücks Verbände „ohne Eigenschaften". Es spricht für sich, wenn selbst die Sicherungsdivisionen noch über ein Verbandswappen verfügten, die Korücks aber nicht[324]. Verächtlich schrieb ein Hauptmann von den „Pantoffel-Soldaten", was übrigens wörtlich zu nehmen ist, weil Angehörige eines Korück tatsächlich in Pantoffeln auf Wache gezogen waren[325]. Eine solche Verachtung hatte Tradition, erinnert sei an das geringe Prestige, das die Artilleristen oder Pioniere in der preußischen Armee besessen hatten, von den Nachschubtruppen, dem Train, einmal ganz zu schweigen[326]. Gefördert wurde diese lang eingeübte Geringschätzung durch den nationalsozialistischen Frontkämpfermythos, demzufolge nur jene als Soldaten zu gelten hatten, die an der Front dem Gegner ins Auge blickten[327]. Selbst Heinrich Himmler, der doch die Front nur aus Berichten kannte, sprach von den rückwärtigen Truppen nur als den „Troßknechten"[328]. Dass diese für das Funktionieren einer modernen Armee unabdingbar waren, passte offenbar nicht in sein archaisches Kriegsbild, und es ist sicherlich nicht falsch, in dieser konsequenten Unterschätzung der materiellen Bedingtheit des modernen Krieges *einen* Grund für den Zusammenbruch der deutschen Kriegsmaschinerie zu erkennen. Auch die Geschichte des Korück 580 ist ein Beispiel dafür, wie sehr die deutsche militärische Führung die Etappe vernachlässigte. Obwohl selbst hier die sowjetischen Partisanen kontinuierlich an Boden gewannen, musste ein Leutnant aus dem Korück 580 noch im April 1942 „die Inferiotät [sic!] der eigenen Truppen an Stärke und Bewaffnung"[329] melden.

In seinen Aufgaben, seinem deutlich reduzierten Stab und seiner unruhigen, ständig wechselnden Organisationsstruktur unterschied sich ein Korück stark von den übrigen Divisionen unseres Samples. Doch gab es auch strukturelle Übereinstimmungen. Laut Dienstvorschrift sollte „der Kommandant des rückwärtigen Armeegebietes [...] die Stellung eines Divisionskommandeurs" habe[330], was sich auch durch die Größe dieses Besatzungsverbands begründete; so gehörten zum Korück 580 etwa 15 400 Mann (Mai 1942)[331], zum Korück 532 exakt 14 143 Mann (September 1942)[332], was ziemlich genau der Größe einer starken Division ent-

---

[324] Vgl. Schmitz/Thies, Truppenkennzeichen, Bd. 1 und 3.

[325] Schulte, German Army, S. 146.

[326] Das bekam beispielsweise in der Zeit vor dem Ersten Weltkrieg Wilhelm Groener zu spüren, der als Oberstleutnant i. G. am 1.10.1912 Chef der Eisenbahnabteilung im Großen Generalstab geworden war. Obwohl die operative Planung und Führung ohne diese Abteilung eigentlich nicht denkbar war, haftete ihren Mitarbeitern „das Odium von Verwaltungsbeamten" an. Vgl. Hürter, Wilhelm Groener, S. 7.

[327] Vgl. Kroener, „Frontochsen", S. 377.

[328] Smith/Peterson (Hrsg.), Heinrich Himmler. Geheimreden, S. 235.

[329] IfZ-Archiv, MA 895/2: Gruppe Ltn. Burkhardt, Funkspruch an Korück 580 vom 25.4.1942. Vgl. hierzu auch Creveld, Kampfkraft, S. 204.

[330] IfZ-Archiv, Da 34.08: H.Dv.g. 90: Versorgung des Feldheeres, Teil 1, S. 23. Aufschlussreich ist ferner, dass der Kommandeur einer Division und der Kommandant eines Rückwärtigen Armeegebiets sowie ihre ersten Generalstabsoffiziere dieselben Dienstränge besaßen.

[331] IfZ-Archiv, MA 895/2: Korück 580, Kdt., „Abschließender Bericht über die Tätigkeit im rückwärtigen Armeegebiet in der Zeit von Dezember 1941 bis Ende Mai 1942" vom 28.6.1942.

[332] Angaben nach Schulte, German Army, S. 77 f.

sprach. Unter dem Aspekt von Organisation, Größe und Einsatzraum war ein
Korück nichts anderes als eine weitere Variante der deutschen Landstreitkräfte.
Ohne dessen Einbeziehung bliebe nicht nur eine Organisationsform der Wehrmacht ausgespart, sondern auch ein essentieller Teil ihres Aktionsraums, das unmittelbare Hinterland der Front.

Zusammenfassung

Im Mittelpunkt dieses organisationsgeschichtlichen Überblicks standen Truppenteile, keine Soldaten. Doch erschließt sich deren Identität auch über die Organisation, schon weil in der Vorstellung jedes militärischen Apparats die Person hinter
ihrer Funktion zurückzutreten hat. Nur wenige Armeen haben das Prinzip der
„totalen Organisation"[333] so sehr gelebt wie die preußisch-deutsche. Schon ihr
Motto, Generalstabsoffiziere hätten keine Namen[334], lässt das erahnen. Wenn diese Maxime bereits für jene kleine, hervorgehobene Elite galt, quasi den intellektu-
ellen Kern dieser Armee, um wie viel mehr musste es für den „gemeinen Mann"
gelten. Eine Beantwortung jener Kardinalfrage, was die deutschen Soldaten im
Krieg konkret zu tun und zu verantworten hatten, ist daher ohne Kenntnis der
Institution, der sie angehörten und die ihre Existenz vollkommen in Beschlag zu
nehmen suchte, kaum möglich.

(1) Obwohl es sich beim Sample dieser Untersuchung nur um einen verschwindend kleinen Ausschnitt der Wehrmacht handelt, vermittelt schon dieser eine Vorstellung von ihrer Größe und ihrer Komplexität. Die oft gesehenen Bilder der uniformierten, streng ausgerichteten Soldatenblöcke, Sinnbild des Homogenen
schlechthin, täuschen. Während des 18. Jahrhunderts hatte diese soldatische Geo-
metrie noch eine militärische Funktion, in der Wehrmacht war sie nur noch Tradition. Sie diente der Selbstdarstellung (und auch der Sozialisation der Rekruten), zu
mehr nicht. Spätestens im Krieg sah deren Alltag anders aus. Schon eine einzige
Division, die zwar als Kollektiv wirkte, zerfiel faktisch in Dutzende, wenn nicht
Hunderte hochspezialisierter Subsysteme. Kaum etwas hat die Situation des einzelnen Wehrmachtsangehörigen so sehr geprägt. Die Prinzipien von Arbeitsteiligkeit und Spezialisierung erzwangen nicht nur eine strikte Unterordnung unter das
militärische Kollektiv, sie sorgten auch dafür, dass sich die Aufgaben, die der Einzelne in diesem Kollektiv wahrnahm, extrem unterschieden. Diese Vielfalt an
Funktionen ist bereits das Charakteristikum einer einzigen Division; mit jedem
Divisionstyp und erst recht mit jeder Teilstreitkraft musste sich dies weiter potenzieren.

Das soll nicht heißen, dass es in der Wehrmacht nicht übergreifende Merkmale
gegeben hätte. Ihre Angehörigen trugen – grosso modo – ein und dieselbe Uniform, sie unterstanden dem Oberbefehl eines einzigen Mannes, sie hatten die gleichen Rahmenbestimmungen und -befehle zu beachten und sie mussten – was vermutlich am folgenreichsten war – gegen ein und dieselbe Streitmacht Krieg führen.

---

[333] Vgl. Meyer, Kriegs- und Militärsoziologie, S. 102 ff.
[334] So der General Hans von Seeckt, zit. in: Meier-Welcker, Seeckt, S. 234 f.

Das aber sah in der Praxis sehr unterschiedlich aus, weil es bereits die formale Struktur militärischer Organisationen war[335], an der sich diese Tendenzen zur Vereinheitlichung brachen.

(2) So sehr sich die Aufgaben, die der militärische Apparat seinen Angehörigen zuwies, auch diversifizierten, sie dienten doch einem einzigen Zweck – einem militärischen. Der Blick in den Organismus einer *Kampfdivision* offenbart, dass die weit überwiegende Mehrheit dieser 18 000 Männer eine Entscheidung auf dem Schlachtfeld herbeiführen sollte. Alles andere hatte dahinter zurückzustehen, und schon jene Funktionen, die nur mittelbar dieser Aufgabe dienten – Nachschub etwa, Verwaltung, Instandsetzung oder auch die Sicherung der Besatzungsherrschaft – , waren hier auf ein Minimum reduziert[336]. Diese Dominanz des Militärischen, wie es typisch für eine Kampfdivision der Wehrmacht ist, setzt sich auf den darüber liegenden Hierarchieebenen fort, sie ist auch ein Charakteristikum des gesamten Ostheers[337]. Zwar verfügte dieses Heer über Besatzungsverbände, doch blieben sie eindeutig in der Minderheit. Das begründete sich nicht allein in der Tradition der preußisch-deutschen Armee, die sich für die „zivilen Aspekte" des Krieges meist nur wenig interessiert und diese bewusst vernachlässigt hatte. Angesichts des Kräfteverhältnisses des deutsch-sowjetischen Krieges blieb der Wehrmachtsführung gar nichts anderes übrig, als die Masse ihrer Soldaten an die Front zu werfen. Da die politische Führung gleichzeitig nicht-, bzw. halb-militärische Organisationen zur Sicherung der deutschen Herrschaft einsetzte, förderte das bei der militärischen Führung die unverzeihliche Vorstellung, sie könne sich getrost aus der Besatzungspolitik zurückziehen, obwohl es sich hier doch um eine zentrale Aufgabe der Wehrmacht handelte. Das hatte zur Folge, dass die meisten deutschen Soldaten ausschließlich mit der Kriegführung beschäftigt waren, was in einem ganz wörtlichen Sinne zu verstehen ist.

(3) Aufschlussreich ist auch die Ausrüstung der fünf Formationen. Mit dem „Unternehmen Barbarossa" wurden die deutschen Soldaten in einen Krieg geschickt, in dem sie militärisch nur wenig Chancen besaßen. Mit Abstand am schwächsten ausgerüstet waren die Besatzungsverbände. Aber auch an der Front konzentrierte die Wehrmacht ihr modernes Kriegsgerät letzten Endes nur in sehr wenigen Elite-Formationen. An ihnen hing alles. Das Rückgrat der Wehrmacht, die Infanteriedivisionen – nach damaliger Vorstellung eigentlich leidlich ausgerüstet – , waren dagegen bei einem Unternehmen dieser Dimension schon bald heillos überfordert[338]. Dies sollte viele Konsequenzen haben – nicht nur militärische.

---

[335] Vgl. hierzu König, Handbuch der empirischen Sozialforschung, S. 156 ff.

[336] Das wird schon an der Dislozierung einer Division erkennbar. Natürlich hatte auch eine Kampfdivisionen nicht alle ihrer Soldaten an vorderster Front platziert, doch war es hier nur eine Minderheit, die primär „hinten" im Einsatz war. Ganz davon abgesehen handelte es sich hier gewöhnlich um das frontnahe Hinterland, nicht das rückwärtige Militärverwaltungsgebiet.

[337] Vgl. mit dem Urteil von Dieter Pohl, die Aufgabe der Wehrmacht habe „mehr in der Eroberung und weniger in der Besatzung fremder Territorien" bestanden. Pohl, Die Wehrmacht und der Mord an den Juden, S. 39.

[338] Bereits im Dezember 1940 hatte der Generalstabschef des Heeres dies auch unverblümt zugegeben: Die Divisionen könnten „nicht gleichmäßig ausgestattet werden", dies habe „fallweise" zu geschehen. Meier-Welcker, Aufzeichnungen, S. 95 (Eintrag vom 18.12.1940) nach einer Chefbesprechung bei Halder.

Nicht selten sind es Unterlegenheit und Verunsicherung, die Soldaten unberechenbar werden lassen[339].

Gewiss lassen sich damit *allein* die deutschen Kriegsverbrechen in der Sowjetunion nicht erklären. Doch wäre es genauso falsch, dieses zentrale Strukturmerkmal
des deutschen Militärapparats zu ignorieren: Das beispiellose Massensterben der
sowjetischen Kriegsgefangenen war *auch* eine Folge der unzureichenden deutschen
Logistik, die im Grunde noch nicht einmal die eigene Versorgung garantieren
konnte; zur radikalen Ausbeutung des besetzten Landes kam es auch deshalb, weil
der Führung eine Versorgung aus der Heimat entbehrlich schien; und der Partisanenkrieg eskalierte auch deshalb, weil die Deutschen das Problem militärisch nicht
in den Griff bekamen. Dass bei all diesen Verbrechen die Ideologie und die Entscheidungen der obersten Führung stets eine zentrale Rolle spielten – ausschließlich war dies beim Genozid an den sowjetischen Juden sowie bei der Ermordung
der sowjetischen Kommissare und Funktionäre der Fall –, steht außer Frage. Doch
gerade bei einer Darstellung, die sich auf das Verhalten der Basis konzentriert, sind
auch diese organisatorischen und technischen Voraussetzungen stets im Blick zu
behalten.

(4) Deutlich geworden sind auch die großen funktionalen Unterschiede zwischen den Kampf- und den Besatzungsverbänden der Wehrmacht[340]. Der Zweck
der Ersteren war ein rein militärischer, auch war ihre Autonomie größer. Die Besatzungsformationen hatten dagegen von Anfang an eine administrative und auch
eine politische Funktion. Auch agierten sie in ganz anderen funktionalen Zusammenhängen: Schon auf Divisionsebene waren sie mit Teilen der nationalsozialistischen Ausbeutungs- und Mordorganisationen durchsetzt, mit Organisationen, die
von ihrer Genese, ihren Aufgaben und ihrem Selbstverständnis etwas anderes darstellten als der militärische Apparat – auch das ein Hinweis darauf, wie sehr die
politische Führung speziell diesen Teil der Wehrmacht zu kontrollieren versuchte.

(5) Schließlich verdient noch ein Aspekt Erwähnung: Der Wehrmacht ist es wie
kaum einer Armee gelungen, den einzelnen in den militärischen Apparat zu inte-
grieren. Das lag nicht allein daran, dass Faktoren wie Diktatur und Krieg diesen
Prozess erheblich unterstützten. Es hatte auch lang zurückreichende historische
und mentale Voraussetzungen; die soziale Militarisierung der preußischen Gesell-

---

[339] Vgl. etwa Friedrich, Gesetz des Krieges, S. 654; Greiner, Krieg ohne Fronten.
[340] Unerfindlich bleibt die Behauptung von Hannes Heer (Hitler war's, S. 244), es habe „keine
reinen Besatzungsverbände" gegeben. Auch sein Hinweis, dass immer wieder Kampfverbände
im Hinterland eingesetzt worden seien, kann in diesem Zusammenhang nicht überzeugen,
schon weil deren Zahl sehr gering blieb. In der Regel handelte es sich hier, wie das bekannte
Beispiel der 707. ID zeigt, um schwache und militärisch nicht vollwertige Verbände. Seit
1942/43 kam es dann zu kurzfristigen Einsätzen einzelner Frontverbände bei „Großunternehmen" gegen Partisanen, doch blieb auch das die Ausnahme, da sich die deutsche Führung angesichts der militärischen Entwicklung etwas anderes überhaupt nicht leisten konnte. Für die
Zeit von Februar 1942 bis Juni 1944 sind insgesamt 68 solcher Großunternehmen bekannt
geworden; an 33, etwa an der Hälfte hat sich die Wehrmacht beteiligt, aber nur an dreizehn
sicher mit einzelnen Fronteinheiten. Weitere dreizehnmal ist allgemein von „Heeresverbän-
den" die Rede, wobei hier nicht zu erkennen ist, ob sie von der Front oder aus den Rückwärtigen Gebieten kamen. Vgl. die Übersichten bei Röhr, Forschungsprobleme, S. 202f.; Hesse,
Partisanenkrieg, S. 319ff.; Gerlach, Morde, S. 899f. Weitere Angaben in: Chant, Encyclopedia
of Codenames; Uhlich, Deutsche Decknamen des Zweiten Weltkrieges. Vgl. auch mit dem
Urteil von Wegner, Krieg, S. 925.

schaft lässt sich bis ins 17. Jahrhundert zurückverfolgen. Unter dieser Perspektive bildete die Wehrmacht den Endpunkt einer langen Entwicklung. Ihre Angehörigen haben Armee und Kriegsdienst in der Regel als einen als selbstverständlich wahrgenommenen Bestandteil ihrer Existenz empfunden. Das brauchte Kritik im

Deutsche Divisionen an der deutsch-sowjetischen Front (inkl. Lapplandfront)

B-Tag (22. Juni 1941)

Verbandstyp	Anzahl	in Prozent
Infanterie- und Jägerdivisionen	81	57,8 %
Panzer- und Infanteriedivisionen (mot.)	26 (17 und 9)	18,6 %
Gebirgs- und Kavalleriedivisionen	5 (4 und 1)	3,6 %
Sicherungsdivisionen	9	6,4 %
B-Rücks	3	2,1 %
Korücks	11	7,9 %
Divisionen der Waffen-SS	5	3,6 %
Luftwaffenfeld- und Flakdivisionen	0	0,0 %
Feldausbildungsdivisionen	0	0,0 %
Gesamt	140	100,0 %

24. Juni 1942

Verbandstyp	Anzahl	in Prozent
Infanterie- und Jägerdivisionen	131	63,3 %
Panzer- und Infanteriedivisionen (mot.)	29 (19 und 10)	14,0 %
Gebirgsdivisionen	6	2,9 %
Sicherungsdivisionen	11	5,3 %
B-Rücks	3	1,4 %
Korücks	13	6,3 %
Divisionen der Waffen-SS	6	2,9 %
Flakdivisionen	8	3,9 %
Feldausbildungsdivisionen	0	0,0 %
Gesamt	207	100,0 %

21. Juni 1943

Verbandstyp	Anzahl	in Prozent
Infanterie- und Jägerdivisionen	135	61,3 %
Panzer- und Infanteriedivisionen (mot.)	23 (17 und 6)	10,4 %
Gebirgsdivisionen	6 ½	2,9 %
Sicherungsdivisionen	10	4,5 %
B-Rücks	4	1,8 %
Korücks	12	5,5 %
Divisionen der Waffen-SS	6	2,7 %
Luftwaffenfeld- und Flakdivisionen	20 (12 und 8)	9,1 %
Feldausbildungsdivisionen	4	1,8 %
Gesamt	220 ½	100,0 %

einzelnen nicht ausschließen, das Prinzip selbst aber stellten nur die wenigsten wirklich in Frage. Diese hohe Motivation und Disziplinierung der deutschen Soldaten allein mit nationalsozialistischen Motiven zu erklären, hieße, sie gründlich zu missverstehen. Doch war es der Nationalsozialismus, der es verstand, sich diese Mentalität zu Nutze zu machen. Damit kommt der Faktor Mensch ins Spiel, der einzelne Soldat, der uns im Folgenden beschäftigen soll.

„,Sie' – damit meinte Pierre die Soldaten, die, welche
in der Batterie gewesen waren, die, welche ihm zu
essen gegeben hatten, die, welche vor dem Heiligenbild
gebetet hatten. ‚Sie', diese seltsamen, ihm bisher so
unbekannten Menschen, ‚sie' schieden sich jetzt in seinem Innern
klar und scharf von allen anderen Menschen. ‚Soldat sein,
einfach Soldat sein', dachte Pierre, wieder einschlafend.
‚In diese Gemeinschaft mit ganzem Wesen eintreten,
sich von dem durchdringen lassen, was die Leute zu dem macht, was sie sind!'"[1]

2. Soldaten

Waffen sind leicht zu beschreiben, Menschen nicht. Aber erst sie sind es, die eine
Einheit lebendig werden lassen, die ihr eine Geschichte geben und auch ein Schicksal. Daher soll nun von diesen Menschen die Rede sein. Ihre Zahl ist groß. Im Juni
1941 gehörten etwa 63 000 Männer zu den fünf Verbänden, um die es in dieser
Studie geht[2]. Und doch bildeten diese Soldaten nur einen sehr kleinen Teil jener
3,3 Millionen Wehrmachtsangehörigen, die damals in Richtung Osten aufbrachen.

Eine Darstellung jener 63 000 ist nicht nur schwierig aufgrund ihrer Zahl. Armeen sind bestrebt, die Individualität ihrer Angehörigen möglichst zurückzudrängen und ihre persönlichen Merkmale durch die Merkmale des Apparats zu ersetzen. Dass man der Gefallenen der Weltkriege mit der Figur des „Unbekannten
Soldaten" gedacht hat, begründet sich nicht allein im Charakter dieser Kriege. Ver-
schärfend kommt in unserem Fall hinzu, dass sich kaum aussagekräftige „Ego-Dokumente" erhalten haben. Die wenigen Tagebücher und Serien an Feldpostbriefen,
die von unserem Sample vorliegen, stehen jedenfalls in keinem Verhältnis zur Zahl
dieser Menschen. Oft wissen wir noch nicht einmal ihre Namen[3]. Das liegt auch
daran, dass die personelle Fluktuation innerhalb einer militärischen Formation
während des Krieges extrem hoch war[4]. Für eine Infanteriedivision wie die 253.
hat Christoph Rass errechnet, dass sie zwischen 1939 und 1945 von rund 27 000
Soldaten durchlaufen wurde, obwohl ihr Plansoll doch bei knapp 18 000 Mann
lag[5]. Überträgt man diese Relation auf die drei Kampfverbände unseres Samples,

[1] Leo Tolstoi, Krieg und Frieden. Roman in zwei Bänden, Berlin (Ost) 1947, Bd. 2, S. 274.
[2] 4. Panzerdivision: ca. 13 000 Mann; 45. und 296. Infanteriedivision: je ca. 18 000 Mann, 221. Sicherungsdivision: ca. 9 000 Mann, Korück 580: ca. 5 000 Mann
[3] Wie sich bei den Nachforschungen der deutschen Nachkriegsjustiz häufig herausgestellt hat,
   fällt es mitunter schon schwer, die personelle Zusammensetzung einer einzigen Kompanie zu
   rekonstruieren. Mit Hilfe der einschlägigen Personalkarten hat Christoph Rass für zwei Kompanien der 253. ID (7./Inf. Rgt. 435; 1./Inf. Rgt. 464) 58, bzw. 90 Biografien ermittelt. Rass,
   „Menschenmaterial", S. 196. Ferner ders., Gab es den Gefreiten Jedermann?; Hoffmann, Verfolgung der nationalsozialistischen Gewaltverbrechen in Hessen, insbes. S. 196 ff.
[4] Am Beispiel einer einzigen Kompanie hat dies Stephen E. Ambrose eindrucksvoll veranschaulicht: Band of Brothers. Zur Verlustentwicklung in unserem Sample vgl. Kap. 2.5.
[5] Vgl. Rass, „Menschenmaterial", S. 86. Entschieden zu hoch dagegen die Schätzungen bei Bartov, der in diesem Zusammenhang auf eine Zahl von 50 000 Soldaten kommt. Vgl. Bartov, Hitlers Wehrmacht, S. 91 f.

so wäre man bereits bei einer Summe von 81 000 Soldaten angelangt. Zusammen mit den beiden Besatzungsverbänden, die schwächer waren und auch geringere Verluste hatten[6], dürfte es sich also etwa um 100 000 Soldaten handeln, die zumindest zeitweise in eine der fünf Formationen unseres Samples ihren Kriegsdienst absolvierten[7].

Angesichts solcher Voraussetzungen könnte man, überspitzt gesagt, genau so gut die Sozialgeschichte eines belebten Platzes schreiben; eine flächendeckende prosopographische Analyse ist kaum möglich. Andererseits sind in militärischen Organisationen auch Elemente des Stetigen zu erkennen[8], die eine Art Korsett für ihre Entwicklung bilden – Rekrutierung, Ausbildung, Standorte, Vorgesetzte, Traditionen und nicht zuletzt ihre gemeinsame Geschichte. Schon weniger lässt Individuen in Kollektiven aufgehen, die mitunter als „Band of Brothers" bezeichnet wurden.

Durch diese Ordnung bietet sich die Möglichkeit so etwas wie sozialstatistische Schneisen in unsere fünf Divisionen zu schlagen. Erkennbar wird dabei nicht nur das Alters- und Sozialprofil einer Formation, ansatzweise enthüllt sich auch deren Mentalität, ihr vielbeschworener „Korpsgeist". Natürlich entzieht sich dieses sozialpsychologische Phänomen jeder Quantifizierung. Das ändert aber nichts an seiner Präsenz. Oder etwas deutlicher: Es gab kaum einen Faktor, der sich für das Selbstverständnis dieser Verbände, ihre Kampfkraft, ihren Zusammenhalt und ihre Moral, kurz: für die Geschichte eines solchen Verbands als so ausschlaggebend erwies wie diese kollektive Bewusstseinslage. Um von all dem genauere Vorstellungen zu bekommen, bieten sich fünf Zugänge an:

– *Formierung und Sozialstruktur*: Der Zeitpunkt, an dem eine Division aufgestellt wurde, entschied über viel – ihre Alters- und Sozialstruktur, ihre militärische Leistungsfähigkeit, ihre Tradition und schließlich auch über ihre Funktion während der ersten militärischen Einsätze in den Jahren 1939/40.

– *Heimat*: Dieses Teilkapitel ergänzt das vorhergehende. Skizziert werden die Regionen und Sozialmilieus, aus denen sich unsere Divisionen rekrutierten. Die Unterschiede, die sich dabei abzeichnen, sind so groß, dass die Frage berechtigt erscheint, wie weit diese regionalen Signaturen in der Wehrmacht weiterlebten.

– *Kader*: Thema ist die Positionselite dieser Divisionen, von der knapp 280 höhere Offiziere ermittelt werden konnten. In diesem Fall geht es nicht nur um die Beschreibung dieser Kommandeure und Generalstabsoffiziere, sondern auch um die Frage, welchen Einfluss sie auf ihre Einheiten hatten.

– *Auszeichnungen*: Die Leistungsfähigkeit einer militärischen Formation lässt sich am besten an den Auszeichnungen ihrer Angehörigen ablesen. Da über das weitverzweigte Ordenssystem der Wehrmacht genau Buch geführt wurde, bietet sich hier eine Möglichkeit, das systemkonforme Verhalten ihrer Angehörigen zu analysieren.

---

[6] Vgl. Kap. 1 und 2.5.

[7] Die Tatsache, dass diese 100 000 Mann nur einen kleinen Teil der Wehrmacht darstellten, sollte nicht dazu führen, ihre Größe zu unterschätzen. Die Landstreitkräfte der Reichswehr und mittlerweile auch der Bundeswehr besaßen bzw. besitzen etwa denselben Umfang.

[8] Rass (Sozialprofil, S. 652) hat errechnet, dass die mittlere Existenzdauer einer deutschen Infanteriedivision des Zweiten Weltkriegs bei immerhin 39 Monaten lag.

– *Verluste*: Dieses letzte Teilkapitel korrespondiert wiederum mit dem vorherge-henden; es berichtet von den menschlichen „Kosten" dieser militärischen Leis-tungen. Damit werden nicht allein die enormen Verluste dieser Verbände er-kennbar, sondern auch die Folgen, die dieser Auszehrungsprozess für die Ein-heiten und auch deren Angehörige hatte.

Sozialgeschichtliche Untersuchungen über die deutschen Streitkräfte des Zweiten Weltkriegs sind aufs Ganze gesehen noch immer rar; auf jeden Fall stehen sie in keinem Verhältnis zu deren Größe[9]. Auch deshalb ist es günstig, sich mit mehr als einer Division zu beschäftigen. Erst im Vergleich werden Norm und Ausnahme klarer erkennbar[10]. Um das Typische dieser Formationen so deutlich wie möglich herauszuarbeiten, wird in diesen sozialstatistischen Vergleich bewusst die gesamte Zeit des Krieges einbezogen oder wenigstens jene Jahre, für die aussagekräftige Daten vorliegen. Oft sind die Quellen verstreut oder nur in Bruchstücken überlie-fert; so endet etwa die Überlieferung bei jenen drei Divisionen unseres Samples, die im Sommer 1944 aufgerieben wurden, teilweise schon im vorhergehenden Jahr[11]. Dennoch lohnt sich die Mühe einer systematischen Sammlung. Die Infor-mationen sind doch so dicht, dass sie Sozialstruktur und auch Mentalität dieser Formationen wenigstens in Umrissen abbilden.

Ohne eine solche Analyse würden die Akteure dieser Studie weitgehend ano-nym bleiben. Aber nicht nur das. Ein Vergleich zwischen einigen Divisionen, die sich lediglich durch ihre „Hausnummer" oder ihre Organisationsstruktur unter-scheiden, bliebe im Grunde beliebig[12]. Erst durch die Kenntnis ihrer Sozialstruk-tur und – wenn möglich – ihrer Mentalität wird ihr Verhalten im Krieg plastischer, scheint eine Strukturanalyse dieser gewaltigen und mitunter verwirrenden Kriegs-maschinerie möglich. Was also war typisch für diese fünf Verbände – über das Or-ganisatorische und Materielle hinaus? Und wie weit ist es möglich, von ihren An-gehörigen ein genaueres Bild zu zeichnen?

2.1 Formierung und Sozialstruktur

2.1.1 Aufstellung und erster Einsatz

Die fünf Divisionen unseres Samples entstanden in wenigen Jahren. Die Impulse, welche die meisten Divisionen der Wehrmacht hervorgebracht haben, waren auch für ihre Entstehung verantwortlich: Wiederaufrüstung, „Anschluß", Mobilma-

[9] Vgl. in diesem Zusammenhang etwa die Arbeiten von Horst Boog, Jürgen Förster, Stephen G. Fritz, Johannes Hürter, Bernhard R. Kroener, Thomas Kühne, Peter Lieb, Rüdiger Overmans, Christoph Rass oder Reinhard Stumpf. Bemerkenswert bleibt, dass die Waffen-SS ein ungleich größeres Interesse gefunden hat als die Wehrmacht.
[10] So die These von Else Øyen (Comparative Methodology, S. 4): Kein soziales Phänomen könne isoliert studiert werden, ohne es mit anderen sozialen Phänomenen zu vergleichen.
[11] Dies gilt für alle Sicherungsverbände der Heeresgruppe Mitte. Vgl. Shepherd, War, S. 33.
[12] Vgl. etwa Bartov, Hitlers Wehrmacht, der in seiner Darstellung ebenfalls auf einige Divisionen der Wehrmacht eingeht, wobei seine Auswahlprinzipien völlig willkürlich sind.

chung und schließlich der Krieg, in dessen Folge immer neue deutsche Verbände
auf den Schlachtfeldern Europas auftauchten und wieder verschwanden.

Die *45. Infanteriedivision* und die *4. Panzerdivision* wurden 1938, also noch im
Frieden, aufgestellt, die *221. Infanteriedivision* und der *Korück 580* während der
Mobilmachung im August 1939, die *296. Infanteriedivision* schließlich im Krieg,
im Frühjahr 1940. Doch ging die Aufbauphase dieser fünf Divisionen weiter. Die
221. Infanteriedivision gehörte zu jenen Formationen, die man ab Juli 1940 beur-
laubte[13], so dass sie gewissermaßen eine zweite Geburt erlebte. Als man ihre Angehörigen im März 1941 wieder einberief, wurden aus der „alten" 221. drei
schwache *Sicherungsdivisionen* geschaffen, darunter auch die „neue" *221.* Daraus
ergibt sich folgende Chronologie:

1938: 45. Infanteriedivision, 4. Panzerdivision
1939: 221. Infanteriedivision, Korück 580
1940: 296. Infanteriedivision
1941: 221. Sicherungsdivision

Zwischen diesen wenigen Angaben liegt eine entscheidende Zäsur. Verbände
wie die 4. Panzer- und die 45. Infanteriedivision, die es schon vor dem Krieg gegeben hatte, galten als aktive Divisionen[14], mit einem Wort – sie galten als etwas Besonderes. Die Zahl jener 58 aktiven Divisionen, über die die Wehrmacht im September 1939 verfügte[15], ist klein im Vergleich zu jenen 550 Divisionen, die sie bis
zum Ende des Krieges formierte[16].

Nur ein gutes Zehntel der Wehrmachtsverbände war also mehr als ein Produkt
des Krieges. Sie hatten sich auf ihn schon vorbereitet, als es diesen noch gar nicht
gab. Zwar kam es zwischen den aktiven und den neu aufgestellten Divisionen immer wieder zu personellen Durchmischungen in Form von Versetzungen oder
„Abgaben", doch konnte das den Charakter der aktiven Verbände nicht wirklich
verändern. Sie bildeten gewissermaßen den Kern der Wehrmacht. Und: Sie verkörperten in einer besonderen Weise die deutsche und die österreichische Militärtradition. Denn Verbände wie die 4er oder 45er waren im Grunde viel älter, als es ihre
kurzfristige Aufstellung im Jahr 1938 vermuten lässt. Sie verstanden sich als Teil
einer militärischen Überlieferung, die bis ins 17. Jahrhundert zurückreichen konnte[17]. Weder die Zäsur des Ersten Weltkriegs, in dessen Folge die meisten alten Regimenter aufgelöst worden waren, noch die ständigen Neuaufstellungen und Umgliederungen infolge der Wiederaufrüstung hatten daran etwas geändert[18].

---

[13] IfZ-Archiv, MA 1659: OKH/Chef HRüst und BdE/AHA, Abt. I a, Weisung vom 29.7.1940.
    Davon waren 18 Divisionen betroffen. Bei der 221. wurden insgesamt „8 914 Soldaten (einschl.
    Offz.) in die Kriegswirtschaft beurlaubt". Ebda., 221. Sich. Div., Abt. I a, Tätigkeitsbericht für
    die Zeit vom 10.7.1940 bis 28.2.1941. Generell hierzu: Kroener, Personelle Ressourcen,
    S. 833 ff.
[14] Hogg (Hrsg.), German Order of Battle 1944, S. D 28 und 59.
[15] Vgl. Stahl (Hrsg.), Heereseinteilung 1939.
[16] Vgl. hierzu Kap. 1.2.
[17] Vgl. mit den Angaben bei Mohr, Heeres- und Truppengeschichte des Deutschen Reiches und
    seiner Länder 1806 bis 1918, S. 745 ff.
[18] Im August 1921 hatte der Chef der Heeresleitung jeder Kompanie des neuen Reichsheers „die
    Pflege der Überlieferung eines Verbandes der alten Armee zugewiesen". Vgl. Caspar/Marwitz/
    Ottmer, Tradition in deutschen Streitkräften, S. 229 f.

Die *45. Infanteriedivision* war 1938, nach dem „Anschluß" Österreichs im Wehrkreis XVII (Wien) entstanden, doch verstand sie sich nicht als „Neuaufstellung"[19], da in ihr die 4. und Teile der 3. österreichischen Division fortlebten[20]. Als aktiver Verband kämpfte die 45. ID bereits im Polen- und im Westfeldzug. Erlebte sie den September 1939 primär als einen einzigen Gewaltmarsch durch den Süden Polens[21], bei dem sich ihr militärischer Einsatz und auch ihre Verluste noch in Grenzen hielten, so wurde die Division im Westfeldzug schon härter herangenommen[22]. „Nach langen, anstrengenden Märschen"[23] erkämpfte sie am 9./10. Juni 1940 den Übergang über die Aisne – ein ungewöhnlich blutiger Durchbruch, mit dem die 45er aber unter Beweis stellten, dass sie eine der leistungsfähigsten Verbänden der Wehrmacht darsellten[24].

1938 war auch das Geburtsjahr der *4. Panzerdivision*. Da die ursprünglich in Franken und Thüringen stationierte 2. Panzerdivision seit April 1938 in Wien blieb[25], konnten ihre freigewordenen Unterkünfte im Wehrkreis XIII (Nürnberg) durch „Zuführung von österreichischen Teilverbänden und von Panzertruppen aus dem bisherigen Reichsgebiet" neu belegt werden[26]. Diese Kader fasste man nun zur 4. Panzerdivision zusammen. Dem künftigen Eliteverband, anfangs nicht mehr als eine „dünne Neuaufstellung"[27], fehlte es zunächst an allem, „was eine

---

[19] So Gschöpf, Weg, S. 25.

[20] Vgl. Tuider, Wehrkreise XVII und XVIII, S. 9 ff.; Gschöpf, Weg, S. 25 ff.; Gschaider, Das österreichische Bundesheer 1938; Rödhammer, Oberösterreichische Wehrgeschichte, S. 64 ff.

[21] Vgl. IfZ-Archiv, MA 1615: 45. Inf. Div. Abt. I a, Bericht an das OKH/GenStdH betr. „Erfahrungen und Zustand der 45. Div." vom 6. 10. 1939: „Zu einem planmäßigen Angriff im offenen Feld ist es nie gekommen; die Gefechte spielten sich in Wäldern und Ortschaften ab. [...] Die Marschleistung betrug durchschnittlich 30 km am Tag mit Gefechten; von der Truppe durchgehalten in der Erkenntnis, daß dadurch Blut im Angriff gespart wird."
Vgl. hierzu Ludwig Hauswedell, Einsatztagebuch 1938/39, Kopie im Besitz d. Verf., Eintrag vom 26. 8. 1939 ff. Für die Überlassung einer Kopie bin ich Herrn Hauswedell zu großem Dank verpflichtet. Ferner ÖStA, NLS, B/238: Nachlass Friedrich Materna, Masch. Manuskript: „Kriegstagebuch der 45. Division vom polnischen Feldzug im Jahre 1939"; Gschöpf, Weg, S. 63 ff.

[22] Die 45. Inf. Div. verlor während des Polenfeldzugs 154 Gefallene, 291 Verwundete und 703 Kranke, diese meist aufgrund der extrem harten Marschleistungen. Während des Westfeldzugs stiegen die Verluste der Division auf 334 Gefallene, 1 022 Verwundete und 28 Vermisste. ÖStA, NLS, B/238: Nachlass Friedrich Materna, Masch. Manuskript: „Kriegstagebuch der 45. Division vom polnischen Feldzug im Jahre 1939", Anlage 4; BA-MA, RH 26-45/9: „Die 45. Division beim Feldzug in Frankreich vom 10. 5.–20. 7. [1940]; BA-MA, MSg 1/1513; NL Wilhelm Hamberger, „45. I.D. Als 1. Generalstabsoffizier (I a) der Div. im Frankreichfeldzug". Dort auch ein großes Foto-Album; BA-MA, N 532/45: Nachlass Wilhelm Mittermaier, Manuskript Stabsveterinär Dr. Hallwachs, „Krieg in Frankreich". Ferner IfZ-Archiv, MA 1615: 45. Inf. Div., Abt. I a/I c, Kriegstagebuch und Tätigkeitsbericht mit Anlagen, 26. 9. 1939–10. 11. 1940; Gschöpf, Weg, S. 122 ff.

[23] „Feldzug im Westen, Tagebuch einer ostmärkischen Schützenkompanie (6./Inf. Rgt. 130), aufgezeichnet von ihrem Kompaniechef", Masch. Manuskript im Besitz d. Verf.
Ferner BfZ, Slg. Sterz, 24016, Brief J. S. vom 21. 5. 1940: „Ich war in Luxemburg, Belgien und jetzt wieder tief in Frankreich. Wenn dieses Tempo so weitergeht, sind wir bald wieder in der Heimat. Dieses Tempo ist hier noch größer als in Polen." J. S. war damals Feldwebel in der 45. Inf. Div.

[24] Vgl. hierzu auch BA-MA, N 260/3: NL Rudolf v. Bünau, Masch. Manuskript: „Der 9. u. 10. Juni 1940".

[25] Schottelius/Caspar, Organisation des Heeres, S. 309.

[26] Dies waren vor allem die Kasernen in Würzburg, Bamberg und Meiningen. BA-MA, RH 27-4/199: Geschichte der 4. Panzerdivision, S. 6. Ferner Schottelius/Caspar, Organisation des Heeres, S. 310.

[27] Schäufler, So lebten und so starben sie, S. 11.

Truppe benötigte"[28] – Panzer, Gerät und Spezialisten[29]. Dennoch bewies diese Division schon sehr bald, dass sie genau das war, was sie sein sollte – eine schnelle Truppe. Dass es in den wenigen Monaten vor Kriegsbeginn noch gelang, eine einsatzbereite Division aufzubauen[30], war schon viel. Dass diese jedoch am 8. September 1939 nach einem Parforceritt als erster deutscher Verband den Stadtrand von Warschau erreichte[31], grenzte fast an ein Wunder. Selbst die militärische Bürokratie kam da nicht mit, sie bescheinigte der Division erst zwei Monate später offiziell ihre „Feldverwendungsfähigkeit"[32]. Nach diesem militärisch vielversprechenden Auftakt gehörten die „Vierer" auch im Westfeldzug zur Avantgarde[33]: Als Teil der Heeresgruppe B stießen sie zunächst durch die südlichen Niederlande und Belgien und beteiligten sich an der Schließung des Kessels von Dünkirchen. Während der anschließenden „Schlacht um Frankreich" kam diese Division am weitesten nach Süden. Als sie am 24. Juni 1940 der Funkspruch erreichte: „25. 6., 1.35 Uhr Waffenruhe!", stand sie 100 Kilometer südlich von Lyon[34].

[28] Vgl. BA-MA, MSg 3-281/1: Panzer-Nachrichten Nr. 5 vom März 1959, S. 2. Ferner Clasen, Generaloberst Hans-Georg Reinhardt, S. 129.
[29] Vgl. BA-MA, N 245/22: NL Georg-Hans Reinhardt: „Aufzeichnungen über meine Teilnahme an den Kriegen Hitlers 1938–1945", S. 2 f.; BA-MA, RH 27-4/199: Geschichte der 4. Panzerdivision, S. 6 ff.; Neumann, 4. Panzerdivision, S. 1 ff. So war die Division zunächst nur zur Hälfte mit Panzern ausgestattet, „fast nur Panzer vom Typ I und oft reparaturbedürftig". Noch im Polenfeldzug besaß die Division eine Stärke von lediglich 10 000, an Stelle der geforderten 13 000 Mann (Neumann, 4. Panzerdivision, S. 8, 174).
[30] Vgl. etwa BA-MA, N 245/4: 4. Pz. Div., Abt. I a, Weisung zur „Sommerausbildung" vom 8. 5. 1939. Die Akten, die sich in Reinhardts Nachlass erhalten haben, vermitteln eine Vorstellung von dem enormen Zeitdruck, unter dem diese Division damals stand.
[31] Halder, Kriegstagebuch, Bd. I, S. 66 (Eintrag vom 8. 9. 1939): „17.15 Uhr 4. Pz. Div. in Warschau eingedrungen." Der Divisionskommandeur schrieb am 11. 9. 1939, er sei „wieder Mensch nach 10 entbehrungsreichen und sehr anstrengenden, auch seelisch anstrengenden Tagen. Diese Ruhe vor Warschau tut auch meiner Truppe gut, Mensch und Fahrzeuge und Waffe braucht Auffrischung in jeder Hinsicht, denn unser Gewaltmarsch auf Warschau war ebenso anstrengend wie gefährlich und kampfreich. […] Der Kampftag von Warschau hat uns schwere Opfer gekostet, aber wir müssen uns trösten, daß ihre Zahl im Vergleich zu dem Riesenerfolg gering sind." BA-MA, N 245/2: Nachlass Georg-Hans Reinhardt, Brief vom 11. 9. 1939. Ferner IfZ-Archiv, MA 1575: 4. Pz. Div., Abt. I a, Kriegstagebuch vom 28. 8. 1939–20. 9. 1939, Anlagen; BA-MA, RH 39/373, 374: „Kriegstagebuch des Panzer-Regiments 35 im Feldzug in Polen"; BA-MA, RH 39/512: 2./Pz.-Rgt. 35, „Der polnische Feldzug vom 1. 9.–19. 9. [1939]"; BA-MA, RH 27-4/199: Geschichte der 4. Panzerdivision, S. 18 ff.; Neumann, 4. Panzerdivision, S. 41 ff.; Schaub, Panzer-Grenadier-Regiment 12, S. 23 ff.
[32] IfZ-Archiv, MA 483: Divisionen-Kartei: 4. Pz. Div., o. D. Viele Einheiten der Division wurden erst 1939 formiert, teilweise erst nach Kriegsausbruch.
[33] Vgl. hierzu IfZ-Archiv, MA 1575: 4. Pz. Div., Abt. I a/I c, Kriegstagebuch vom 10. 5. 1940–27. 6. 1940 mit Anlagen, Meldungen, Feindnachrichten usw. Ferner Zimmermann, Der Griff ins Ungewisse.
[34] BA-MA, RH 27-4/199: Geschichte der 4. Panzerdivision, S. 73; Neumann, 4. Panzerdivision, S. 172; Schaub, Panzer-Grenadier-Regiment 12, S. 52 f.
Allerdings ist in der Divisionsgeschichte Neumanns (4. Panzerdivision, S. 173) die Kritik am damaligen Divisionskommandeur, Gen.mj. Johann Joachim Stever, unüberhörbar: Seine Führung war schlecht, am 16. 5. 1940 begab er sich nach einer leichten Verwundung erst einmal „ins Res. Lazarett Köln". Nur „die Führung von der Brigade an abwärts und die Leistung der Truppe selbst und deren Kampf- und Siegeswillen" hätten die Erfolge dieser Division während des Westfeldzugs garantiert. Stever, der das Kommando über die 4. Pz. Div. am 11. 2. 1940 übernommen hatte, wurde bereits am 1. 9. 1940 wieder abgelöst und zur „Führerreserve" versetzt. Darauf erkundigte er sich beim Reichsführer-SS über die Möglichkeit eines „Einsatzes bei der volkspolitischen Arbeit im Osten", blieb dann aber bei der Wehrmacht, wo er freilich nicht mehr reüssierte. Vgl. Müller, Hitlers Ostkrieg, S. 29; IfZ-Archiv, MA 1575: 4. Pz. Div., Abt. IV b, Tätigkeitsbericht für die Zeit vom 10. 5.–25. 6. 1940 „Einsatz Westen"; BA, Abt. R: Personalakte Hans-Joachim Stever.

Im Gegensatz zu diesen beiden aktiven Divisionen begann die Geschichte der anderen drei Verbände unseres Samples erst im organisatorischen Chaos der letzten Friedens- und ersten Kriegstage. Alles war geprägt von der „Hast des Aufbaus von ‚Null-Komma-Lipezks'"[35]. Bei der *221. Infanteriedivision,* aufgestellt seit dem 26. August 1939 als Division der dritten Welle im Wehrkreis VIII (Breslau), handelte es sich um eine reine Landwehrdivision[36], bei ihren Angehörigen meist um ältere „Weltkriegsgediente" oder „weiße Jahrgänge", die noch nie eine Kaserne von innen gesehen hatten. Obwohl dieser disparate Ersatz noch „erst zur Truppe gemacht werden" musste[37], trat er „sofort ins Gefecht"[38]. Blieb die 221. im Polenfeldzug in der Reserve, so stand sie im Westfeldzug am Oberrhein, an dem es zunächst ruhig blieb, über den sie dann aber, zusammen mit anderen Verbänden, noch kurz vor dem Waffenstillstand übersetzte[39]. Damit aber hatten die 221er erst einmal ihre Schuldigkeit getan, im Juli 1940 wurden sie bis auf wenige Kader beurlaubt[40]. Als man sie dann ab März 1941 wieder einberief, hatte die deutsche Führung längst eingesehen, dass sich Landwehrdivisionen nicht zum Einsatz an der Front eigneten. Deshalb begann man die alte 221. „auszuschlachten". Zusammen mit einigen Etappen-Einrichtungen, die „aus Frankreich [kamen], wo sie seit Ende des Westfeldzuges bodenständig eingesetzt waren"[41], wurde nun organisatorisch etwas völlig Neues geschaffen: die 444., die 454. und die „neue" 221. Sicherungsdivision[42]. Mit einer Infanteriedivision alten Schlages hatten sie nichts mehr gemein, schon weil sie kaum Gelegenheit hatten, zu einer wirklichen Einheit zusammenzuwachsen[43].

---

[35] Vgl. Petter, Militärische Massengesellschaft, S. 363.

[36] Vgl. Schlesische Tageszeitung vom 18.11.1939, „Schlesische Landwehr im Kampf. Ruhmestaten einer Landwehrdivision im Osten"; zur Organisation: Mueller-Hillebrand, Heer, Bd. 1, S. 69; Schottelius/Caspar, Organisation des Heeres, S. 387.

[37] So der Generaloberst Gerd von Rundstedt am 11.11.1939 über die „Masse der rückwärtigen Dienste". IfZ-Archiv, MA 1564/8 NOKW-511: H.Gr. A, Aufzeichnung über eine Kommandeurs-Besprechung vom 11.11.1939. Generell hierzu IfZ-Archiv, MA 1659: 221. Inf. Div. Für das Jahr 1939 haben sich die Tätigkeitsberichte der Abteilungen III, IV a und IV b (alle ab 26.8.1939) erhalten. Die der Abt. I c beginnen am 21.2.1940, die der Abt. II a am 21.4.1940, die Anlagen zum Kriegstagebuch der Abt. I a am 21.3.1940.

[38] So das Urteil des Artillerie-Regiments 221: „Diese, im Sommer 1939 neu zusammengestellte Abteilung, die auf einem Truppenübungsplatz noch nicht geübt hatte, mußte somit nach großen Marschleistungen, ohne seit der Mobilmachung Zeit zur Führerausbildung und zum Geschützexerzieren gehabt zu haben, sofort ins Gefecht treten." BA-MA, RH 41/408: Art. Rgt. 221, Kriegstagebuch vom 25.8.1939–10.11.1939.

[39] Vgl. hierzu IfZ-Archiv, MA 1660: 221. Inf. Div., Abt. I a, Kriegstagebuch, Einträge vom 10.5.1940ff. Dort und in IfZ-Archiv, MA 1661, auch die jeweiligen Anlagen. Ferner Göhri, Breisgauer Kriegstagebuch, S. 51ff.
Während des Westfeldzugs verlor die 221. Inf. Div. insgesamt 139 Tote, 504 Verwundete und 14 Vermisste, die meisten „beim Durchbruch durch die Maginotlinie". IfZ-Archiv, MA 1659: 221. Inf. Div., Abt. II a, „Tätigkeitsbericht der Abteilung II a für die Zeit vom 21.4. bis 30.9.1940".

[40] Vgl. IfZ-Archiv, MA 1659: 221. Inf. Div., Abt. II a, „Tätigkeitsbericht der Abteilung II a für die Zeit vom 21.4. bis 30.9.1940". Generell hierzu Kroener, Personelle Ressourcen, S. 834ff., 855ff.

[41] IfZ-Archiv, MA 1668: 221. Sich. Div., Abt. IV a, Tätigkeitsbericht für die Zeit vom 1.3. bis 28.12.1941. Hier handelte es sich vor allem um Landesschützen- und Wach-Bataillone, Feld- und Ortskommandanturen sowie Durchgangslager.

[42] Vgl. den Aufstellungsbefehl des OKH vom 3.3.1941 in: Müller (Hrsg.), Okkupation, S. 29f.

[43] Auch im Krieg war das nur schwer möglich. Das lag nicht nur daran, dass die Sicherungsdivisionen immer wieder aus „ihrem kriegsgliederungsmäßigen Zusammenhalt gerissen wurden", sie erlebten auch nicht – wie die Kampfverbände – eine gemeinsame „Feuertaufe", ein Ereignis, das in seiner Wirkung auf die Kohäsion kaum überschätzt werden kann. Tessin, Verbände und Truppen, Bd. 1, S. 299.

Noch einmal anders verlief die Formierungsphase der *296. Infanteriedivision*, die man ab Februar 1940 als Division der achten Welle im Wehrkreis XIII (Nürnberg) mit Hilfe einiger Kader förmlich aus dem Boden stampfte[44]. Mensch und Material waren zu Beginn des Jahres 1940 fast zur Gänze ausgeschöpft, so dass bereits während der Aufstellung auf dem Truppenübungsplatz Grafenwöhr in der Oberpfalz die Probleme nicht abzureißen drohten: Die Rekruten schienen fachlich und gesundheitlich kaum geeignet, der „Mangel an Gerät, Betriebsstoff, Vorschriften usw." war groß[45], und zu allem Überfluss vernichtete im Frühjahr eine Seuche fast den gesamten Pferdebestand. Dennoch glaubte die Führung, schon am 15. April 1940 die „Feldverwendungsfähigkeit" dieses Verbands melden zu können[46]; am 21. Mai sollte er die erste gemeinsame Übung absolvieren[47]. Aber schon tags zuvor setzte man die Division in Richtung Westen in Marsch. Nun sollte der Ernstfall das Manöver ersetzen.

Doch hatte die 296. ID Glück: Divisionen wie sie bildeten vorerst nur die „Komparsen des Blitzkrieges"[48]. Wie die 221., so blieb auch die bayerische Division vorerst „weit hinten"[49], in der Reserve[50]. Wenn es in der 296. ID Soldaten gab, die damals die Furcht quälte, sie würden „zu spät" kommen[51], so war das wirklichkeitsfremd und unverantwortlich. Denn hinter der Strategie der Wehrmachtsführung, eine Division nach der anderen aufzustellen, stand ein zynisches Prinzip, bei dem nicht allein militärische, sondern auch propagandistische Gründe eine Rolle spielten. Anstatt die bereits bestehenden Verbände personell und materiell auszubauen, meldete man die Aufstellung immer neuer Divisionen. Dieses Prinzip der fortlaufenden Teilung und Neuaufstellung von Stämmen und Ablegern war für die bereits bestehenden Verbände eine extreme Belastung. Doch begann erst mit dem Ostkrieg dieses System der permanenten „Zellteilung" zu kollabieren[52]. Die 296. Infanteriedivision, auch sie ein Produkt dieser Entwicklung, erhielt

---

[44] Vgl. hierzu IfZ-Archiv, MA 1631: 296. Inf. Div., Führungsabteilung, Kriegstagebuch, Einträge vom 28.2.–11.4.1940.

[45] IfZ-Archiv, MA 1631: 296. Inf. Div., Führungsabteilung, Kriegstagebuch, Eintrag vom 6.3.1940.

[46] Keilig, Das Deutsche Heer 1939–1945, S. 100 ff.; IfZ-Archiv, MA 1631: 296. Inf. Div., Führungsabteilung, Kriegstagebuch, Eintrag vom 28.2.1940.

[47] IfZ-Archiv, MA 1631: 296. Inf. Div., Führungsabteilung, Kriegstagebuch, Einträge vom 12.4. und 22.5.1940.

[48] Frieser, Blitzkrieg-Legende, S. 39.

[49] BayHStA, Abt. IV, NL Thoma 5: Kriegstagebuch, Brief vom 29.5.1940. Oberstleutnant Heinrich Thoma war damals Kommandeur des Infanterie-Regiments 519.

[50] Vgl. hierzu IfZ-Archiv, MA 1631: 296. Inf. Div., Abt. I a, Kriegstagebuch, Einträge vom 20.5.1941 ff. Dort und in IfZ-Archiv, MA 1632, auch die Anlagen. Ferner F. S., Die Truppe und der Weg des Infanterie-(Grenadier-)Regiments 521 der 296. Division 1940–1944, S. 3 ff. Masch. Manuskript im Besitz d. Verf.

[51] BA-MA, MSg 2/5314: Tagebuch Hans P. Reinert, Eintrag vom 4.6.1940. Vgl. auch mit seinem Eintrag vom 15.6.1940 über die (Falsch)Meldung, Frankreich habe bereits kapituliert: „Die erste Reaktion ist verschieden: die einen jubeln und schreien – die anderen marschieren ruhig weiter, im Herzen die Bitterkeit, nicht dort gewesen zu sein, wo die Entscheidung gefallen ist." Derartige Sorgen quälten damals nicht nur die Offiziere. Vgl. etwa BfZ, Slg. Sterz, 21011 A, Brief L. B. vom 7.7.1940: „Leider durften wir nicht in vorderster Linie mitkämpfen. Mein einziger Trost war, es müssen auch Truppen hintennach marschieren im Falle der Not. Und da zählten auch wir dazu..."

[52] Vgl. hierzu Kroener, „Menschenbewirtschaftung", S. 826 ff.

in der kurzen Zeit nach dem Westfeldzug noch die Chance einer kurzen Atempause. Erst jetzt wurde sie zu einem schlagkräftigen militärischen Verband[53].

Schließlich der *Korück 580*: Über dessen Entstehungsgeschichte ist nur wenig bekannt. Offiziell wurde er am 7. August 1939 im Wehrkreis VI (Münster) aufgestellt[54], gleichzeitig formierte man acht weitere dieser Rahmenverbände, welche die neu formierten Armeen ergänzen sollten. Dem Korück 580 selbst war anfangs nicht viel unterstellt: eine Feldgendarmerie-Abteilung (581), je zwei Straßenbau-Bataillone (580 und 584), Feld- (580 und 581) und Ortskommandanturen (585 und 586)[55], wobei diese Einheiten schon jetzt ständig wechselten. Auch dieser Besatzungsverband nahm am Polen- und am Westfeldzug teil, doch davon später.

2.1.2 Altersstruktur

Die Heere des Zweiten Weltkriegs waren Massenheere. Ohne die Mobilmachung aller Personalressourcen schien jede Beteiligung an diesem globalen Konflikt von vornherein aussichtslos. Das galt auch und gerade für die Wehrmacht, die jeden Mann, der nur irgendwie verfügbar schien, zu den Fahnen rief. Das Ergebnis war eine Wehrpflichtigenarmee, „in der – bei aller Stereotypisierung einer kriegerischen Männlichkeit als gemeinsames Substrat – alle möglichen Leute unter Waffen standen"[56]. Auch dafür sind die fünf Formationen unseres Samples ein anschauliches Beispiel. In ihrer ganz unterschiedlichen Sozialstruktur repräsentieren sie große Teile jener feldgrauen Gesellschaft, die während der Jahre 1939 bis 1945 Kriegsdienst leisteten. Allein bei den Mannschaftssoldaten waren im Jahr 1939 insgesamt 27 Jahrgänge vertreten, von 1893 bis 1919[57].

Allerdings war diese „Volksgemeinschaft in Waffen"[58] nicht wahllos über die Wehrmacht verteilt; vielmehr dominierten in jedem Verband des Heeres ganz bestimmte Regionen und auch Generationen: in den aktiven Divisionen wie der 4. oder 45. waren es vor allem die jungen Soldaten, während sich die gesetzteren Jahrgänge wiederum in einer Landwehrdivision wie der 221. sammelten. Neuaufstellungen wie die 296. oder der Korück 580 dienten schließlich als Sammelbecken jener Gruppen, für die woanders kein Platz mehr gewesen war, wobei die 296. als Kampfdivision zu einer jüngeren, der Korück hingegen zu einer deutlich fortgeschritteneren Altersstruktur tendierte. Schon dieser Aspekt beweist, wie vorsichtig man den Begriff Wehrmacht verwenden sollte. Nicht nur bei der Organisation ihrer Einheiten, sondern auch bei deren Alters- und Sozialprofil, konnte es große Unterschiede geben. Wie dieses Profil aussah, entschied der Zeitpunkt der Aufstellung. Denn die Mobilmachung der Wehrmacht vollzog sich in „Wellen"; das hieß, es wurden nach und nach Gruppen von Divisionen aufgestellt, deren Organisation und Ausrüstung in etwa gleich waren und die sich auch beim Alter und Aus-

---

[53] Allerdings musste die 296. ID in dieser Zeit nochmals einzelne Kader für die Bildung neuer Divisionen abgeben. Vgl. etwa Hauck, 305. Infanteriedivision, S. 11.

[54] BA-MA, RH 23/168: Korück 580, Befehl vom 7.8.1939.

[55] IfZ-Archiv, MA 876: Korück 580, Kriegstagebuch Nr. 1, 26.8.–4.10.1939. Der Stand bezieht sich auf den 26.8.1939.

[56] Geyer, Stigma der Gewalt und das Problem der nationalen Identität in Deutschland, S. 690.

[57] Vgl. Absolon, Wehrmacht, Bd. V, S. 119ff.

[58] Müller, Deutsche Soldaten, S. 20.

Metamorphose: Rekrut bei der Einkleidung
(Quelle: BSB, Fotoarchiv Hoffmann 11687)

bildungsstand ihrer Mannschaften ähnelten[59]. Welche Folgen hatte das für die Divisionen unseres Samples?

Verbände wie die *4. Panzer-* und die *45. Infanteriedivision* bestanden fast ausschließlich aus militärischen Profis: Aktive Soldaten bildeten das Offiziers- und Unteroffizierskorps, während 90 Prozent der Mannschaften ihre zweijährige Wehrpflicht gerade absolvierten oder sie erst vor wenigen Jahren hinter sich gebracht hatten[60]. Im Herbst 1939 befanden sich noch vier Jahrgänge (1916 bis 1919)[61] bei der Truppe, während man die vorher ausgebildeten (bis Jahrgang 1911) nun wieder reaktivierte[62]. Die Lebenserfahrung dieser jungen und ausgesuchten

---

[59] Vgl. Tessin, Verbände und Truppen, Bd. 1, S. 40. Ferner: Mueller-Hillebrand, Heer, Bd. 1, S. 65 ff.

[60] Vgl. Mueller-Hillebrand, Heer, Bd. 1, S. 69 f.; Kroener, Personelle Ressourcen, S. 710. Auch zum Folgenden.

[61] Das bestätigt sich auch für die Divisionen unseres Samples: Deutlich wird dies etwa an den sozialstatistischen Erhebungen, die Hans Reinert als Batteriechef im Artillerie-Regiment 296 während des Juni 1942 erstellte. Von den 140 Unteroffizieren und Mannschaften dieser Einheit, deren Division während des Krieges praktisch den Status eines aktiven Verbands bekam, gehörten 84 % dem Jahrgang 1911 oder einem jüngeren Jahrgang an. Der jüngste Jahrgang war damals der Jahrgang 1922. BA-MA, MSg 2/5321: NL Hans P. Reinert, Tagebuch, Eintrag vom 2. 6. 1942 mit Anlage.
Die 45. ID berichtete im März 1942, dass „das Durchschnittsalter" ihres personellen Ersatzes 25 Jahre betrage. BA-MA, RH 26-45/47: 45. Inf. Div., Abt. I a, Bericht betr. Feld-Ersatzbataillon 45/3 an das LV. A. K. vom 23. 3. 1942. Ferner IfZ-Archiv, MA 1668: Inf. Rgt. 130, Meldung an 221. Sich. Div. vom 5. 3. 1942, das ein „Durchschnittsalter zwischen 24 und 25 Jahren" angibt.

[62] Am 1. 10. 1937 hatte man den Jahrgang 1916 einberufen, ein Jahr später den Jahrgang 1917, und ab dem 26. 8. 1939 dann die Jahrgänge 1918/19. Vgl. Kroener, Personelle Ressourcen, S. 727; Absolon, Wehrgesetz und Wehrdienst, S. 108 ff.

Soldaten[63] hielt sich meist in Grenzen. Um so größer war ihre Leistungsfähigkeit und auch ihre Identifikation mit ihrer militärischen Aufgabe. Ganz besonders galt das für die Panzerdivisionen, die sich durch einen hohen Prozentsatz an Freiwilligen auszeichneten[64].

Bei den anderen drei Verbänden unseres Samples dominierten hingegen zunächst Rekruten und Reservisten. Am höchsten war der Altersschnitt bei der *221. Infanteriedivision*: 1939 gehörten 42 Prozent ihrer Angehörigen bereits zur Landwehr I, waren damals also schon zwischen 39 und 45 Jahre alt, während 46 Prozent zur Reserve II zählten[65]. Letztere waren deutlich jünger, unter 35 Jahre, dafür aber nur kurzfristig ausgebildet, meist nur in einem „stumpfsinnigen Exerzierbetrieb"[66]. Bis Sommer 1940 konnte man den Altersschnitt der 221. senken – und damit ihre Motivation erhöhen[67] –, doch stieg mit ihrer Neuaufstellung als Sicherungsdivision im Frühsommer 1941 wieder das Durchschnittsalter der Mannschaften und Unteroffiziere auf „35–40 Jahre"[68], teilweise sogar „untermischt mit Weltkriegsteilnehmern"[69]. Manche waren schon so alt, dass sie das harte Kommissbrot „infolge ihres schon schadhaften Gebisses nicht mehr richtig" kauen konnten[70], andere waren, so ein Ausbilder, schon „sehr verarbeitet" und zitterten, „wenn sie das Gewehr in ihren harten Händen" hielten[71]. Noch älter waren ihre Offiziere, 1942 lag deren Durchschnittsalter bei den Landesschützen-Bataillonen bei bis zu 47 Jahren[72]. „Es waren natürlich solche Leute, die man für die Kampftruppe nicht gut verwenden konnte, d. h. ältere Männer, auch vielleicht etwas gebrechlich, die nicht mehr ganz auf der Höhe waren, also jedenfalls [das,] was man so früher unter Landwehr verstand", gab ein deutscher General nach 1945 zu Pro-

---

Gerade in den Jahrgängen von 1911 bis 1915 erkennt Rass („Menschenmaterial", S. 99) den „Dreh- und Angelpunkt" im Altersprofil einer aktiven Division.

[63] Ältere Jahrgänge wurden als Mannschaftssoldaten in den aktiven Divisionen nur im Bereich der Rückwärtigen Dienste sowie der Trosse eingesetzt, die erst mit der Mobilmachung ins Leben gerufen wurden. Vgl. Kap. 1.1.

[64] Vgl. Lieb, Weltanschauungskrieg, S. 103.

[65] Vgl. Absolon, Wehrmacht, Bd. V, S. 119.

[66] Diese offensichtliche Anlehnung an das Vorbild der kaiserlichen Armee war weder eine Vorbereitung auf einen modernen Krieg, noch dürfte dies die Motivation dieser Soldaten irgendwie gesteigert haben. Vgl. Kroener, Personelle Ressourcen, S. 735. Ferner Jarausch/Arnold, Sterben, passim.

[67] IfZ-Archiv, MA 1659: 221. Inf. Div., Abt. I c, Tätigkeitsbericht für die Zeit vom 21.2.–31.12.1940.

[68] Vgl. Kreidel, Partisanenkampf in Mittelrußland, S. 382. Kreidel war I a der 221. Sicherungsdivision.

[69] IfZ-Archiv, MA 1668: Lds. Schtz. Rgt. 45, Gefechtsbericht für die Zeit vom 22.–29. 6. 1941; dort heißt es auch, dass das Durchschnittsalter bei den Mannschaften bei 36 Jahren gelegen habe. Ein weiteres Beispiel ist das Sicherungs-Bataillon 323; dessen Durchschnittsalter lag bei den Offizieren bei 47, bei den Unteroffizieren bei 38 und bei den Mannschaften bei 35 Jahren. IfZ-Archiv, MA 1673: Sicherungs-Btl. 323, Meldung an die 221. Sich. Div. vom 12.10.1942.

[70] IfZ-Archiv, MA 1659: 221. Inf. Div., Abt. IV a, Tätigkeitsbericht vom 26.8.1939–1.7.1940.

[71] Jarausch/Arnold, Sterben, S. 232 (Brief vom 2.8.1940).

[72] IfZ-Archiv, MA 1670: 221. Sich. Div., Abt. I a, Bericht vom 3.5.1942. Das Alter der Unteroffiziere lag bei 38,5 Jahre und das der Mannschaften bei 36,7 Jahren. Dort auch ähnliche Angaben für die Landesschützen-Bataillone 555, 557, 573 und 973. Ferner IfZ-Archiv, MA 1673: Sich.-Batl. 743, Bericht an Sich.-Rgt. 27 betr. „Teilnahme an Unternehmen ‚Blitz' und ‚Luchs'" vom 17.10.1942: „Einzelne Offz. sind zu alt und körperlich nicht genügend leistungsfähig. Auch fehlt vielen, altersgemäß bedingt, sich selbst und ihren Leuten gegenüber, oft die notwendige Härte und der mitreißende Schwung. Andererseits ergaben sich auch bei älteren Offizieren erfreuliche Bilder von passioniertem Soldatentum."

tokoll[73]. Dass diese Soldaten militärisch zum Teil „völlig unausgebildet" waren, machte die Sache nicht besser: Man habe ihnen zu Hause erzählt, meinten die „Neuen", dass sie „nur für Wachaufgaben verwendet" werden sollten[74]. Solche, nicht selten „unlustig geführten"[75] Truppen mochten noch zur Objektsicherung taugen, nicht aber für einen Partisanenkrieg, dessen Bedingungen immer härter, grausamer und nicht zuletzt auch militärisch anspruchsvoller wurden.

Bei der *296. Infanteriedivision* waren die Soldaten im Durchschnitt jünger[76], aber nicht unbedingt geeigneter – zumindest nicht zu Beginn des Krieges. Obwohl damals die personellen Reserven fast ausgeschöpft waren, hatte die Führung im Vorfeld der Westoffensive nochmals die allerletzten Reste für eine weitere Welle von Divisionen zusammengekratzt[77]. Ein Verband wie die 296., anfangs mehr Wille als Wirklichkeit, bekam zunächst nur „Abgaben aus dem Feld- und Ersatzheer"[78], nicht selten Leute, die man woanders loswerden wollte[79]. Sie bildeten die Stämme der neuen Regimenter, zu denen dann Rekruten kamen, deren Ausbildung nicht mehr als acht Wochen gedauert hatte[80]. Trotzdem gelang es der Divisionsführung relativ rasch, den Altersschnitt der 296. ID zu senken[81] und die verbleibende Zeit für eine intensive militärische Ausbildung zu nützen. Wirkliche militärische Profis fanden sich in den neuen Infanteriedivisionen wie der 221. und der 296. zunächst aber nur in den oberen Führungspositionen[82].

An der Spitze dieser Alterspyramide stand schließlich der Korück. In solch einem Besatzungsverband waren – wie ein deutscher General einmal bemerkte –

[73] So Karl von Roques, dem als Befehlshaber des Rückwärtigen Heeresgebiets Süd drei Sicherungsdivisionen unterstellt waren. Zit. bei: Friedrich, Gesetz des Krieges, S.745.

[74] IfZ-Archiv, MA 1670: 221. Sich. Div., Abt. I a, Meldung an Bfh. Rückw. Heeresgebiet Mitte betr. „Ausrüstungs- und Ausbildungsstand der neu eingetroffenen L.S.-Bataillone" vom 9.4.1942.
Auch in der deutschen Führung musste man das erkennen. Bemerkenswert der Befehl Hitlers vom 27.4.1943, der „zur Führung von Bandenunternehmungen" nur noch „tatkräftige, energische und körperlich leistungsfähige Persönlichkeiten" einsetzen wollte. Druck: Müller (Hrg.), Okkupation, Dok.57.

[75] So Seebach, Mit dem Jahrhundert leben, S.254. Seebach war seit Januar 1943 Offizier beim Korück 532.

[76] Vgl. IfZ-Archiv, MA 1631: Inf.-Rgt. A, Abt. I a, „Beurteilung des Ersatzes der 296. Inf. Div." vom 1.3.1940.

[77] Zu den Ursachen vgl. Kroener, Personelle Ressourcen, S.729.

[78] Vgl. Mueller-Hillebrand, Heer, Bd.2, S.36; Tessin, Verbände und Truppen, Bd.1, S.49.

[79] So erhielt allein das Inf. Rgt. 521 Abgaben aus der 17. I. D., 35. I. D. und 73. I. D. Vgl. K. H., Die Truppe und der Weg des Infanterie-Regiments 521 der 296. Division 1940–1944, Masch. Manuskript im Besitz d. Verf.

[80] Vgl. IfZ-Archiv, MA 1631: Inf.-Rgt. A, Abt. I a, „Beurteilung des Ersatzes der 296. Inf. Div." vom 1.3.1940: Noch 1944 meinte ein britischer Geheimbericht, die 296. ID habe sich primär aus „newly trained personnel" rekrutiert. Hogg (Hrsg.), German Order of Battle 1944, S.D 95.

[81] Während des Krieges war die 296. ID eine sehr junge Truppe. So ermittelte der Hauptmann Reinert im April 1942, dass von den 2280 Angehörigen des Art. Rgt.s 296 lediglich sechs: je zwei Offiziere, Unteroffiziere und Mannschaften, bereits am Ersten Weltkrieg teilgenommen hätten. BA-MA, MSg 2/5321: NL Hans P. Reinert, Tagebuch, Anlage: Art. Rgt. 296, „Teilnehmer an den Feldzügen" vom 30.4.1942 [nach Eintrag vom 8.5.1942].

[82] Mit aktiven Offizieren waren in diesen Divisionstypen nur die Spitzenstellen besetzt, die des Divisionskommandeurs und des Ersten Generalstabsoffiziers sowie die der Regiments- oder Bataillonskommandeure, während es sich bei den übrigen Kadern um Reservisten handelte.
So fungierte etwa der damalige Major i. G. Henning von Tresckow von August bis Oktober 1939 als Erster Generalstabsoffizier der 228. Infanteriedivision, also einer Division, die zur selben Welle gehörte wie die 221. Vgl. Scheurig, Henning von Tresckow, S.69ff. Generell vgl. hierzu Kap.2.3.

„lauter alte Kracher" im Einsatz, allerdings „zum Teil tolle Hechte darunter"[83].
Jüngere Leute blieben in der Minderheit, gerade bei den Kadern der Korücks do-
minierten, neben wenigen reaktivierten Offizieren, zivile, nicht selten „weltkriegs-
erfahrene" Spezialisten. Viele kamen aus Verwaltung oder Polizei, manche aus der
Privatwirtschaft. Dadurch waren sie aber den Aufgaben eines solchen Besatzungs-
verbandes häufig besser gewachsen als die „Nur-Soldaten"[84]. Oft blieben sie im
Grunde ihres Herzens „in Uniform gesteckte Zivilisten"[85], die nun ihre zivilen
Qualifikationen in ein militärisches Umfeld einbrachten, um so den „richtigen"
Soldaten zuzuarbeiten[86].

Zwischen den Verbänden der Wehrmacht lagen also nicht nur Wellen, es lagen
Welten. Das betraf auch ihr militärisches Können. Von den fünf Verbänden, die
uns interessieren, waren bei Kriegsbeginn nur zwei wirklich einsatzfähig[87]: Ihre
Angehörigen waren gut ausgerüstet, militärisch trainiert und beherrschten – was
besonders wichtig war – auch die Kooperation innerhalb eines Verbands. Wenn
freilich selbst bei der 4. Panzer- und der 45. Infanteriedivision die Aufstellungs-
phase im Herbst 1939 gerade erst abgeschlossen war, so veranschaulicht auch dies,
wie gering das Reservoir jener Streitmacht eigentlich war, die Hitlers Eroberungs-
phantasien nun realisieren sollte.

Schlecht sah es dagegen mit der militärischen Leistungsfähigkeit der drei übrigen Verbände aus[88]. Bei einem Etappenverband wie einem Korück war die Kon-
version von zivilen in militärische Spezialisten noch am einfachsten zu bewerkstel-
ligen; bei den beiden neu formierten Infanteriedivisionen, der 221. und der 296.
war es hingegen schon schwieriger: Besaß letztere noch den Vorteil eines eher jungen Altersschnitts, so wurde das durch die geringe militärische Erfahrung ihrer
Mannschaften wieder aufgehoben. Umgekehrt war die Lage bei der 221.: Die
Hälfte ihrer Angehörigen konnte noch auf ihr Wissen aus dem Ersten Weltkrieg
zurückgreifen, was freilich einen hohen Altersschnitt dieser Landwehrdivision zur
Folge hatte. Bereits nach einem Monat Krieg lag ihr Krankenstand bei über 11
Prozent[89]! Obwohl alle drei Neuaufstellungen schon sehr bald ins Feuer gewor-

---

[83] So der Gen.ltn. Heinrich Kittel am 28.12.1944 in einer heimlich vom CSDIC aufgezeichneten
Besprechung, in: Neitzel, Abgehört, S.272–282, hier S.273. Kittels Bemerkung bezieht sich auf
die Orts- und Feldkommandanten, die freilich auch ein Teil der Korücks bildeten.
[84] Vgl. BA-MA, RH 23/169: Korück 580, Kriegstagebuch Nr.2, 3.10.1939–24.6.1940; Anhang:
„Kriegsrangliste der Offiziere, Sanitäts- und Veterinäroffiziere und ob[eren] Beamten des Stabes Kommandant r. A. G. 580".
[85] So Seebach, Mit dem Jahrhundert leben, S.243. Über das Korück 532 schreibt Seebach, dass
hier nur zwei Berufsoffiziere eingesetzt waren. Ferner Schade, Briefe aus dem Krieg, S.60 (Brief
vom 24.2.1942, Manuskript im Besitz des Verf.), der beim Korück 582 eingesetzt war. Das Alter der Offiziere in dessen Stab 582 schwankte zwischen Mitte 30 und Mitte 50, nur einer war
27 Jahre alt.
[86] Während des Kriegs gegen die Sowjetunion gingen gerade Einrichtungen wie die Korücks dazu
über, ihre Stellen mit nichtdeutschem Personal aufzufüllen. So waren beim Korück 580 Ende
1942 insgesamt 1147 Gefangene, 3913 entlassene Kriegsgefangene und 147 Zivilisten eingesetzt.
Angabe nach: Arnold, Wehrmacht, S.337 mit Anm.72.
[87] Grundlegend hierzu Frieser, Blitzkrieg-Legende, S.28ff. und vor allem S.37ff.
[88] So bescheinigte der Generalstabschef des Heeres der 221. ID im Frühjahr 1940, dass sie „möglicherweise brauchbar" sei. Halder, Kriegstagebuch, Bd.I, S.234. (Eintrag vom 26.3.1940).
[89] IfZ-Archiv, MA 1659: 221. Inf. Div., Verpflegungsstärke für die Zeit vom 26.8.–31.12.1939. In
der Zeit vom 1.10.–10.10.1939 betrug die Verpflegungsstärke 15866 Mann, von denen 1794
krank gemeldet waren. Bis Jahresende sank der Krankenstand freilich auf 624.

fen, genügte diese Mobilmachung für die Blitzfeldzüge der Jahre 1939/40. Die überraschenden deutschen Erfolge waren auch das Werk von Verbänden, deren Charakteristikum ihre kurzfristige Improvisation war.

Dass die Wehrmacht im Grunde ein sehr heterogenes Bild bot, wusste auch deren Führung. Im Mai 1940 räumte der Oberbefehlshaber des Heeres vorsichtig ein, dass sich in den Reihen dieser Teilstreitkraft „alle natürlich vorhandenen und alle künstlich geschaffenen Gegensätze eines 80-Millionen-Volkes" wiederfänden[90]. Da das OKH bei der Formierung der Divisionen auf diese Gegensätze Rücksicht zu nehmen suchte, bietet dieser Ausleseprozesses wiederum einen Anhaltspunkt, um sich über eines der wichtigsten Merkmale dieser Formationen klar zu werden. Damals bezeichnete man es als Korpsgeist, heute als Mentalität.

2.1.3 Mentalität

Bei den aktiven Divisionen war die Identifikation mit dem militärischen System zweifellos am größten. Das lag nicht allein daran, dass es sich hier meist um junge Soldaten handelte – gesund, unverbraucht und belastungsfähig, gut ausgerüstet und einigermaßen wirklichkeitsnah ausgebildet[91]. Wichtiger war, dass bei dieser Gruppe die Integration in den militärischen Apparat am besten gelungen war. Besonders betraf dies die Offiziere und Unteroffiziere. Zwar stammten sie aus ganz unterschiedlichen Generationen, und entsprechend bunt und vielfältig waren ihre Biografien. Ein Punkt war jedoch fast immer gleich: Die meisten hatten sich freiwillig für ihren Beruf entschieden. Die Wehrmacht und stärker noch: „ihre" Division und „ihr" Regiment, empfanden diese Berufssoldaten als „Heimat"[92], manchmal auch als „Familie". Deren Existenz stellte man gewöhnlich nicht in Frage. Ihre Bestimmung, den Krieg, kannten freilich nur die wenigsten. Nur die verhältnismäßig kleine, wenngleich einflussreiche Gruppe der höheren Offiziere hatte noch am Ersten Weltkrieg teilgenommen[93] und war seinen desillusionierenden Erfahrungen ausgesetzt gewesen. Dass sie danach ihre militärische Laufbahn aber fortgesetzt hatten, zeigt, dass sie die Erfahrung des „Großen Krieges" im Sinne des militärischen Apparats verarbeitet hatten. Das galt auch für das Offiziers- und Unteroffizierskorps der 4. Panzer- wie der 45. Infanteriedivision, selbst wenn der „Anschluß" bei den Kadern des ehemaligen österreichischen Bundesheers nicht nur Jubel ausgelöst hatte[94]. Ein Teil hatte die Wehrmacht entlassen, die Übrigen versuchte sie mit Hilfe „reichsdeutscher" Lehrkompanien oder Versetzungen ins

[90] So der ObdH, Gen.oberst v. Brauchitsch, in einem Erlass vom 8.5.1940, in: Offiziere im Bild von Dokumenten aus drei Jahrhunderten, Dok. 110.
[91] *4. Pz. Div.:* Seitz, Verlorene Jahre, S.70; *45. Inf. Div.:* BA-MA, RH 26-45/8: 45. Inf. Div., Abt. I a, Kriegstagebuch vom I/40-V/40, das die Vorbereitung dieser Division auf den Westfeldzug dokumentiert. Aus den Akten wird deutlich, wie sehr sich die Divisionsführung um eine realistische und kriegsnahe Ausbildung bemühte, fernab von jedem Kasernenhofdrill.
[92] So Heinrich Eberbach über das Panzer-Regiment 35, zit. in: Schäufler, So lebten und so starben sie, S.11. Generell hierzu Frevert, Kasernierte Nation, S.245ff.
[93] Vgl. Kap.2.3.
[94] Vgl. hierzu Gschöpf, Weg, S.33ff. Selten werden diese Enttäuschungen und Ressentiments so deutlich wie in den Memoiren des Generals Glaise von Horstenau. Vgl. Broucek (Hrsg.), General im Zwielicht, Bd.2 und 3.

„Tiefste Gangart": Deutscher Rekrut bei der Grundausbildung (1941)
(Quelle: BSB, Fotoarchiv Hoffmann 62806)

„Alt-Reich" „auf einen deutschen Nenner" zu bringen[95], was wiederum für manche Spannungen sorgte.

Bei aktiven Divisionen wie der 4. und der 45. waren die meisten Angehörigen freilich nicht Berufssoldaten, sondern Wehrpflichtige. Ihr Verhältnis zur Armee war ambivalent. Gewöhnlich zählten sie die Tage bis zum Ende ihres Wehrdienstes, schon weil sie während ihrer harten, mit Blick auf den Krieg allerdings realitätsnahen Ausbildung „unwahrscheinlich geschliffen" wurden[96]: „Der Soldat ist eine aus Kommiß zusammengesetzte Maschine, die durch das Brüllen und Schreien der Ausbilder in Bewegung gesetzt wird"[97], schrieb ein Angehöriger der 4. Pan-

---

[95] So das in Wien stationierte Heeresgruppenkommando 5 am 12.4.1938, zit. in: Schmidl, „Anschluß", S. 221. Von ehemals 2 128 Offizieren des Bundesheers wurden etwa 1 600 in die Wehrmacht übernommen. Vgl. dazu Matuschka, Organisation des Reichsheeres, S. 310; Slapnicka, Oberösterreich (1978), S. 102 sowie Kap. 2.3.

[96] BA-MA, MSg 1/3266: Fritz Farnbacher, Tagebuch, Einleitung. Doch schreibt er hier auch, dass sich diese Schulung „für das Zurechtfinden in den harten Kriegs- und Gefangenschaftsjahren und im Leben überhaupt bezahlt gemacht" habe. Ähnliche Berichte bei: BA-MA, RH-39/373: Bericht von Rudolf Meckl (4. P.D.), o.D. über seine Ausbildung in Bamberg, „in der uns der Leutnant Seiter (mit einem Arm) [...] die Kunst lehrte, Soldat auch dann zu sein, wenn es einem nicht mehr so danach zumute war". *45. Inf. Div.:* Josef Gusenbauer [„Mit der 45. ID von 1940 bis 1944", in: BA-MA, MSg 3-217/1: Linzer Turm 43 (2000), Nr. 171], der seine militärische Ausbildung als „teilweise hart und schikanös" bezeichnete. *221. Inf. Div.:* IfZ-Archiv, MA 1659: 221. Sich. Div., Abt. I a, Befehl vom 27.8.1940: „Zwei Vorfälle geben mir Veranlassung, erneut auf meine wiederholt bei den Kdr.-Besprechungen festgelegten Weisungen über vorschriftsmäßige Behandlung von Untergebenen hinzuweisen." Generell hierzu: Schröder, Kasernenzeit; Bröckling, Disziplin, insbes. S. 241 ff.

[97] Seitz, Verlorene Jahre, S. 60.

zerdivision in seinen Erinnerungen, denen er den bezeichnenden Titel „Verlorene Jahre" gab. Dies war freilich eine späte Erkenntnis. Damals galt die Wehrpflicht als „Ehrendienst", dessen *prinzipiellen* Sinn die deutsche Gesellschaft kaum in Frage stellte[98]. Dieser Konsens war wiederum das Ergebnis eines „äußerst komplexen politischen, gesellschaftlichen, wirtschaftlichen und schließlich militärischen Prozesses, der die gesamte Bevölkerung erfaßte"[99], und in den sich in den 30er Jahren zunehmend auch Elemente der NS-Ideologie einnisteten. Dass diese jungen Burschen den Krieg in der Regel nur noch aus der Literatur kannten oder häufiger noch aus Erzählungen, die ihnen die „Stahlgewitter" der Jahre 14 bis 18 oft, wenn auch nicht immer, als ein im Grunde notwendiges „Mannbarkeitsritual" darstellten[100], wird ihre Akzeptanz alles Militärischen ebenso wenig gemindert haben wie die Tatsache, dass die soldatische Erziehung in dieser Gesellschaft schon lange vor der Einberufung begann[101]. Dagegen war der Kommissbetrieb selbst mit seinen Hierarchien und Demütigungen nur den wenigsten sympathisch. Idealisiert wurde hingegen der militärische Einsatz, wurden Begriffe wie Frontgemeinschaft, Kameradschaft, Kampf, Tat oder auch Opfer[102]. In einem Verband wie der 4. Panzerdivision mit ihren zahlreichen Freiwilligen[103] war dies besonders zu spüren. Während der Vorbereitung auf den Ostkrieg, immerhin eine Zeit von fast fünf Monaten, registrierte die Division lediglich zwölf Fälle von Desertion oder Unerlaubter Entfernung, wobei das Kriegsgericht in einem Fall auf Freispruch erkannte und in weiteren vier Fälle das Verfahren einstellte[104]. Selbst nach dem Juni 1941 blieben Desertionen hier lange Zeit „einmalige Kuriositäten"[105]. Charakteristisch für die „Vierer", die in der Wehrmacht gewissermaßen die Funktion der „Garde" erfüllten, waren eher Soldaten, die sich trotz schwerster körperlicher Behinderungen

---

[98] So § 1 des Wehrgesetzes vom 21.5.1935 (RGBl. 1935, I, S.609). Gesellschaftlich wurde das kaum infrage gestellt. Vgl. hierzu Frevert, Kasernierte Nation, S.245ff., 314ff.; Ritter, Staatskunst und Kriegshandwerk, Bd.2, S.123ff.; Wette, Deutsche Erfahrungen mit der Wehrpflicht 1918–1945; Foerster, Die Wehrpflicht; Opitz/Rödiger (Hrsg.), Allgemeine Wehrpflicht.

[99] Geyer, Aufrüstung oder Sicherheit, S.501.

[100] Vgl. Wette, Ideologien, Propaganda und Innenpolitik als Voraussetzungen der Kriegspolitik des Dritten Reiches; zur Wirkung einer solchen Erziehung vgl. auch Kittel, Provinz, S.274ff.

[101] Ein Kanonier der 4. Pz. Div. schrieb später: „So wird aus uns eine Generation systematisch herangezogen, die für das Soldatische in unserem Volkstum schwärmen muss, aller Unterricht zielt darauf hin." Seitz, Verlorene Jahre, S.34.

[102] Vgl. hierzu Messerschmidt, Der Reflex der Volksgemeinschaftsidee in der Wehrmacht. Zu diesem Aspekt auch Wildt, Generation, S.128ff.

[103] Vgl. hierzu auch Clasen, Generaloberst Hans-Georg Reinhardt, S.110ff.

[104] IfZ-Archiv, MA 1579: 4. Pz. Div., Gericht, „Tätigkeitsbericht des Gerichts der 4. Panzerdivision in der Zeit vom 1.1.–24.5.1941" vom 26.5.1941.

[105] So Schaub, Panzer-Grenadier-Regiment 12, S.123. Gemeint ist der Fall des Gefreiten Joseph S., der sich am 25.4.1942 „von einem Spähtrupp unerlaubt entfernte". S., geboren im März 1920 in Gollew bei Kattowitz, war 1939 als polnischer Soldat in deutsche Gefangenschaft geraten und hatte dann 1941/42 den Krieg gegen die Sowjetunion bei der 4. Panzerdivision mitgemacht. Bei seinen Kameraden galt er – so deren Urteil – als „mürrisch, schlampig, tapfer". Von seiner Desertion meint Schaub, dass sie „vom ganzen Rgt. einmütig als ehrlos schärfstens verurteilt" worden sei. Vgl. auch IfZ-Archiv, MA 1594: 5./Schtz. Rgt. 12, Vernehmung des Obfeldw[ebel] Franz Grundlmeyer vom 25.4.1942; dgl., „Tatbericht gegen Gefreiten Joseph S. wegen unerlaubter Entfernung/Fahnenflucht" vom 29.4.1942; Stellungnahme des K[om]p[anie]-Chefs vom 29.4.1942; 4. Pz. Div., Abt. I c, Meldung an das XXXXVII. Pz. Korps vom 6.5.1942.
Während der ersten acht Monate des Jahres 1942 soll es in der gesamten 4. Pz. Div. nur zwei registrierte Fälle von Überläufern gegeben haben. Vgl. Neumann, 4. Panzerdivision, S.528.

„freiwillig zur Front" meldeten[106], die heimlich das Lazarett verließen[107], um wieder bei ihren Kameraden sein zu können, oder die noch als Schwerverwundete: „linkes Auge offenbar verloren, Knie kaputt und zwei Bauchschüsse", ihre Vorgesetzten baten, „Soldat bleiben" zu dürfen[108]. Selbst in der Krise des Winters 1941/42 meldeten sich die Angehörigen dieses Verbands in der Regel „erst dann krank, wenn es gar nicht mehr anders" ging[109]. In keiner Division unseres Samples waren daher „Einsatzfreude"[110], Selbstvertrauen und Integrationskraft[111] so groß wie bei den „Vierern", was auch daran lag, dass ihre Angehörigen gelernt hatten, die zahllosen Notlagen von Ausbildung und Einsatz im Kollektiv zu ertragen. Nicht wenige empfanden ihre Division als große „Familie"[112], in der eine „Pfundskameradschaft"[113] geherrscht habe.

---

[106] IfZ-Archiv, MA 1589: Art. Rgt. 103, Gefechtsbericht vom 9.7.1941: „Der Gefr[eite] Sommerfeld hatte durch einen Unglücksfall vor dem Kriege ein Auge verloren. Obwohl er deswegen zum aktiven Wehrdienst nicht verpflichtet war, hatte er sich freiwillig zur Front gemeldet." Aufschlussreich ist in dieser Hinsicht auch der Schriftwechsel, den ein Angehöriger der 4. Panzerdivision mit seiner Mutter „wegen der verfluchten arischen Abstammung" führte. Auch dieser Gefreite wollte auf alle Fälle bei seiner Truppe bleiben. BfZ, Slg. Sterz, 21705, Brief H. W. vom 11.4.1943.

[107] Vgl. BA-MA, RH 39/377: Panzer-Regiment 35: Bericht Oberfeldwebel Hans Luther, o.D. Ferner Eberbach in: Neumann, 4. Panzerdivision, S. VI.

[108] Vgl. BA-MA, MSg 1/3271: Fritz Farnbacher, Tagebuch, Eintrag vom 22.9.1941: „Steffen wird zurückgebracht; ich sehe ihn weiter hinten. Auf der Bahre liegt er, blut- und dreckverschmiert im Gesicht, das Haar wild hereinhängend, das linke Auge von einem Splitter durchschlagen. Er hat die Augen geschlossen. Er bittet um eine Zigarette. Sein Chef zündet sie an und steckt sie ihm in den Mund. Steffen schlägt die Augen auf; [...] Dann winkt er Hptm. Guillaume mit der Hand; der beugt sich nieder und dann sagt Steffen mit matter, aber klarer Stimme: ‚Herr Hauptmann, wenn ich wieder zurückkomme, und ich hoffe, daß das recht bald ist, kann ich dann Soldat bleiben?' [...] In voller Kenntnis der Tatsache, daß Steffen hoffnungslos ist, sagt sein Chef zu ihm: ‚Aber Junge, das ist doch selbstverständlich, daß Du Soldat bleibst!' Dann nimmt er sein eigenes EK I von der Brust und heftet es dem Schwerverwundeten an." Ferner IfZ-Archiv, MA 1589: I./Schtz. Rgt. 12, Gefechtsbericht vom 1.7.1941: „Leichter Verwundete baten alle beim Btl. bleiben zu dürfen."

[109] Neumann, 4. Panzerdivision, S. 468.

[110] So IfZ-Archiv, MA 1594: 4. Pz. Div., Abt. I c, „Stimmungsbericht" an das XXXXVII. Pz. K. vom 22.5.1942, in dem heißt, dass die Division nach einer Auffrischung und einem Heimaturlaub „mit der gleichen Passion an den Feind gehen" würde wie bisher. Ferner Neumann, 4. Panzerdivision, S. 10.

[111] Darin einbezogen wurden zum Teil auch sehr unkonventionelle Naturen, etwa der legendäre „Peronje", im Zivilleben Landstreicher aus dem „alleräußersten Zipfel von Oberschlesien", der besser Polnisch als Deutsch sprach und aus einem Wehrmachtgefängnis zur 4. Panzerdivision gekommen war – zur „Frontbewährung". Dort aber wurde er „von allen respektiert und für voll genommen. Seine Kraft, sein Witz, seine Unerschrockenheit, seine Kaltblütigkeit wurden gebraucht". Sogar die charakteristische Meldung dieses ungewöhnlichen, aber hochdekorierten Soldaten wurde hier akzeptiert: „Leck mich am Arsch, Herr Hauptmann." Dass hier auch solchen Soldaten eine Chance gegeben wurde, spricht im Grunde für die Exklusivität und das Selbstbewusstsein dieses Verbands. Vgl. BA-MA, MSg 3-281/1: Panzer-Nachrichten Nr. 42 vom April/Mai 1974.

[112] Vgl. etwa die Erinnerungen des Panzer-Regiments 35, dem Kernstück der 4. Panzerdivision, das in der Erinnerung eines Veteranen als „eine große Familie" beschworen wurde. „Einer stand für alle, alle für einen." Auch General Heinrich Eberbach meinte im Nachruf auf einen seiner Offiziere, dieser würde nun „in der Erinnerung unserer Panzerfamilie weiterleben". Vgl. BA-MA, MSg 3-281/1: Panzer-Nachrichten Nr. 5 vom März 1959 sowie Nr. 35 vom Juli/August 1971. Gerade die amerikanische Militärsoziologie hat sich nach 1945 stark für diesen Aspekt interessiert; am bekanntesten hier der Aufsatz von: Shils/Janowitz, Cohesion and Disintegration in the Wehrmacht. Ferner Creveld, Kampfkraft.

[113] Vgl. Schaub, Panzer-Grenadier-Regiment 12, S. 116. Dort ist das Tagebuch eines Angehörigen des Schtz. Rgt. 12 abgedruckt, in dem unter dem 1.3.1942 steht: „Pfundskameradschaft".

Einem aktiven Verband wie der 45. ID fehlte ein solch zugespitztes Korps- und Elitebewusstsein, doch waren auch hier Kohäsion und Motivation keineswegs zu unterschätzen. Schon im März 1939 bescheinigte einer ihrer Offiziere seinen Soldaten einen ‚hervorragenden Geist', sie „hätten alle mitgerissen"[114]. Ein halbes Jahr später registrierte ein Erfahrungsbericht „viele Einzelbeispiele persönlicher Tapferkeit"; die Truppe würde Strapazen „willig ertragen"[115]. Die Bemerkung eines Hauptwachtmeisters der 45. ID, es sei „während des Einsatzes [...] ja selbstverständlich, dass jeder seine Sache leistet", wie es ihm möglich sei[116], ist ebenso Ausdruck dieser Hingabe wie die Bekenntnisse eines Rekruten, der im Dezember 1941 mit einem Marsch-Bataillon der 45. am Heiligen Abend sehr unsanft an der Ostfront gelandet war: „Doch habe ich mir nicht vorgenommen, bald Uffz. zu werden, [das] EK zu verdienen? Vielleicht ist die Prüfung recht nahe, da heißt es halt ausharren, Zähne zusammenbeißen und weitermachen."[117] Für die aktiven Divisionen sollte diese Mentalität während der ersten Kriegshälfte charakteristisch bleiben; ihren Angehörigen waren „Nationalismus und kriegerische Gesinnung in Fleisch und Blut übergegangen"[118].

Das lag auch daran, dass in der Existenz dieser jungen Leute das zivile Leben noch kaum Platz gegriffen hatte. Die meisten hatten Lehre oder Schule gerade hinter sich gebracht, oft auch die vielfältigen Sozialisations- und Erziehungsinstanzen des „Dritten Reichs". Zwar setzten sich Drill und Kontrolle in der Wehrmacht fort, doch war man wenigstens für eine gewisse Zeit der Enge von Familie und Heimat entkommen und profitierte vom hohen Sozialprestige des Militärs. Angesichts solcher Voraussetzungen war es kein Wunder, wenn unter dem Druck des Krieges die militärische Umgebung die alte zivile mehr und mehr zu ersetzen begann: „Meine Truppe war meine Heimat, meine Familie, die es zu bewahren galt", erinnerte sich einer dieser Soldaten später[119].

Die Altersstruktur der aktiven Divisionen spricht nicht nur für eine hohe militärische Motivation, sondern auch für eine verhältnismäßig große Identifikation mit dem herrschenden politischen System, selbst wenn es gerade in diesem Punkt große biographische Unterschiede geben konnte. Die jungen Soldaten, die 1939 in den Weltkrieg zogen, entstammten in ihrer Mehrzahl den Jahrgangsklassen zwischen 1910 und 1919[120], waren also zwischen 1925 und 1935, im Spannungsfeld

114 Ludwig Hauswedell, Einsatztagebuch 1938/39, Fazit März 1939, Kopie im Besitz d. Verf.
     Ferner Groscurth, Privattagebuch, S. 206 (Eintrag vom 18.9.1939): „Stülpnagel sagt, unsere
     Truppe schlüge sich hervorragend, einschließlich der Österreicher."
115 IfZ-Archiv, MA 1615: 45. Inf. Div. Abt. I a, Bericht an das OKH/GenStdH betr. „Erfahrungen
     und Zustand der 45. Div." vom 6.10.1939.
116 BfZ, Slg. Sterz, 11802, Brief E. H. vom 14.10.1940.
117 BA-MA, MSg 3-217/1: Linzer Turm 26 (1983), Nr. 102: [Uffz. Adolf Bräuer], Aus dem Kriegs-
     tagebuch eines Sanitätsunteroffiziers, Eintrag vom 24.12.1941.
     Vgl. auch BA-MA, N 260/6: NL R. v. Bünau, Schreiben an R. v. Bünau vom 28.7.1941 [Unter-
     schrift unleserlich], wo es über den Einsatz des Inf. Rgt. 133 vor Brest-Litowsk heißt: „Als ich
     von Ablösung sprechen wollte, da sagte man mir einmütig, daß so etwas gar nicht in Frage
     käme, bevor nicht der letzte Russe erschlagen wäre."
118 So Graml, Loyalität und Verblendung, S. 24f.
119 Vgl. Fritz, Hitlers Frontsoldaten, S. 201; Kühne, Kameradschaft, S. 140ff.
120 Daran änderte sich während des Krieges zunächst wenig. So besaß die Kampftruppe der 45.
     ID (Gren. Rgt. 133) im Mai 1943 ein „Durchschnittsalter" von 23,5 Jahren. BA-MA, RH 24-
     20/41: XX. Ä. K., Abt. I a, „Truppenbesuch des Herrn Kommandierenden Generals bei der
     9./Gr. R. 133 am 27.5.43".

zwischen Weltwirtschaftskrise und Nationalsozialismus politisch sozialisiert geworden[121]. Diese Erfahrung: der glanzlose Untergang der Weimarer Republik, der so sehr abstach von den überwältigenden politischen, wirtschaftlichen und auch gesellschaftlichen Anfangserfolgen des NS-Regimes, hatte sie entscheidend geprägt. Je jünger diese Soldaten wurden, desto mehr verflüchtigte sich diese Erfahrung. An ihre Stelle trat freilich die eines organisierten Nationalsozialismus. Dass bis 1942/43 bis zu 90 Prozent der Rekruten Mitglied einer NS-Organisation gewesen waren, meist der HJ[122], dürfte ihre Distanz zu dieser Ideologie kaum gefördert haben. Allerdings: In den 30er Jahren konnte man sich dem politischen „Dienst" noch leichter entziehen als dem militärischen[123], so dass zur Armee zwangsläufig auch diejenigen kamen, die sich bisher gegenüber jeder Vereinnahmung durch Partei oder Staat als resistent erwiesen hatten[124].

Mit zunehmender Dauer des Krieges wurden die Mannschaftssoldaten der aktiven Divisionen immer jünger: Lag im Jahr 1939 bei den Rekruten noch der Schwerpunkt bei den Jahrgängen 1911 bis 1915[125], so begann sich dieser zwei Jahre später bereits auf die Jahrgänge 1921 bis 1925 zu verschieben[126]; ab 1944 dominierten dann die Jahrgänge 1926 und jünger. In den sechs Kriegsjahren senkte sich das Alter der deutschen Rekruten also um bis zu 15 Jahre. Je jünger diese Soldaten waren, desto selbstverständlicher werden ihnen das „Dritte Reich", seine Ideologie und seine Politik erschienen sein. Ein Unteroffizier aus einem Landesschützen-Bataillon hatte den Eindruck, dass gerade bei den jüngeren Soldaten „die ganz andere Haltung" vorherrschend sei, „die Intoleranz in jeder Beziehung – zur Kirche, den Juden gegenüber"[127].

---

[121] Vgl. Rass, „Menschenmaterial", S. 92. Bei der 253. ID stammten etwa zwei Drittel ihrer Angehörigen aus dieser Jahrgangsgruppe.

[122] Laut Rass (Sozialprofil, S. 687) waren bis zum Geburtsjahrgang 1916 etwa 30 % der Soldaten Mitglied einer NS-Organisation, beim Geburtsjahrgang 1919 überschritt der Erfassungsgrad bereits die Marke von 50 %, um für die Jahrgänge 1924 und 1925 Werte von nahezu 90 % zu erreichen.

[123] Im Deutschen Reich galt seit dem 1.12.1936 das „Gesetz über die Hitler-Jugend", seit dem 25.3.1939 die „Jugenddienstpflicht". Erst jetzt war jeder zehnjährige Junge und jedes zehnjährige Mädchen zum Dienst im Deutschen Jungvolk, bzw. im Jungmädelbund definitiv verpflichtet, auch gegen den Willen der Eltern, da deren Kinder nun „einer öffentlich-rechtlichen Erziehungsgewalt" unterstanden. Vgl. Buddrus, Totale Erziehung, Teil I, S. 250ff. Druck: RGBl. 1936, I, S. 993; 1939, I, S. 709ff.

[124] Rass („Menschenmaterial", S. 121 ff.) hat für die Geburtsjahrgänge zwischen 1910 und 1920 einen „Erfassungsgrad durch RAD, Wehrdienst und Parteigliederungen von etwa 75 %" errechnet, für die älteren Jahrgänge liegen die entsprechenden Prozentzahlen zum Teil deutlich niedriger. Dass die Wehrmacht politische Rückzugsmöglichkeiten bieten konnte, wurde nach dem Krieg immer wieder bestätigt. Vgl. etwa Bamm, Eines Menschen Zeit, 162ff.; aicher, innenseiten des kriegs, S. 130; Slapnicka, Oberösterreich (1978), S. 98f. Generell zu den politischen Spannungen zwischen Wehrmacht und NS-Regime: Müller, Das Heer und Hitler.

[125] Vgl. die Graphik bei Overmans, Verluste, S. 222: 1939 waren 35,5 % der Rekruten in den Jahren 1911–1915 geboren, 25,9 % in den Jahren 1916–1920. Im Jahr 1940 verteilten sich die Schwerpunkte noch auf drei Altersdekaden: 1906–1910: 26,7 %, 1911–1915: 26,7 %, 1916–1920: 26,7 %. Seit 1941 lag dann der Schwerpunkt bei den Rekruten auf den Geburtsjahren 1921–1925: 1941 lag ihr Anteil bei 41,8 %, 1942 bei 51,7 % und 1943 bei 40,5 %. Seit 1944 begann der Altersschnitt nochmals zu sinken: 35,1 % gehörten dem Jahrgang 1926 an oder waren jünger. 1945 wuchs der Anteil dieser Altersdekade unter den Rekruten schließlich auf 50,1 %.

[126] Vom Marsch-Bataillon 45/4 beispielsweise, das die 45. ID am 27.5.1942 erreichte, gehörten „65 % [...] dem Jahrgang 1922 an". IfZ-Archiv, MA 1623: 45. Inf. Div., Abt. I a, Kriegstagebuch, Eintrag vom 27.5.1942.

[127] Jarausch/Arnold, Sterben, S. 201 (Brief vom 7.4.1940). Ferner ebda., S. 357 (Brief vom 29.12.1941).

Allerdings bedarf auch dies der Differenzierung, der zeitlichen wie der regionalen. Um einen Sonderfall handelt es sich etwa bei den Soldaten aus der „Ostmark", die nicht so lange der Indoktrination und Sozialisation durch das NS-Regime ausgesetzt waren wie ihre „reichsdeutschen" Kameraden. Zwar hatten große Teile der österreichischen Gesellschaft geradezu enthusiastisch auf den „Anschluß" reagiert, doch machte sich mit zunehmendem Abstand zum März 1938 eine gewisse Ernüchterung breit und auch eine Wiederbelebung des alten antipreußisch-deutschen Reflexes[128]. Das zeigte sich besonders während des Wehrdienstes, da die „Mannschaften aus Österreich und dem Sudetenland [...] durch das ,reichsdeutsche' Ausbildungspersonal immer wieder eine kränkende und ehrverletzende Behandlung erfuhren"[129]; möglicherweise war auch das ein Grund dafür, dass sich die Österreicher im Ostkrieg dann „außerordentlich milde" aufführten[130], so ein deutscher General später. Wie weit dies wirklich zutraf, wird später zu prüfen sein.

Aber auch bei ihren „reichsdeutschen" Kameraden insgesamt entwickelte sich die Zustimmung zum Nationalsozialismus keinesfalls geradlinig. Diese hatte spätestens durch Hitlers außenpolitische Abenteuer der Jahre 1938/39 und erst recht durch das ernüchternde Erlebnis des Kriegsausbruchs einen ersten wirklichen Dämpfer erhalten[131]. Der Ernstfall ließ viele Soldaten nachdenklicher werden. Sie wussten sehr genau, dass sie die Ersten sein würden, die für Hitlers Politik bezahlen mussten[132]. In der 45. ID war man schon im Oktober 1938 sehr froh, dass „wir [...] Gottseidank von einem Kriege verschont geblieben" sind[133], und auch im Sommer 1939 war die „Kriegsbegeisterung" in Oberösterreich „nicht groß"[134]. Bei

---

[128] Charakteristisch etwa Widerstand und Verfolgung in Oberösterreich 1934–1945, Bd. I, S. 365 (Lagebericht aus Steinbach vom 21.12.1938): „Bei der h[ier] o[rtsansässigen] Bevölkerung ist eine besondere Begeisterung, wie es zur Zeit des Umbruches [März 1938] der Fall war, nicht mehr wahrzunehmen. Bei Besitzern, wo der Sohn beim Arbeitdienst oder Militär ist, und bei solchen, welche im Laufe des heurigen Jahres zum Militär eingerückt waren, sowie bei jenen, welche sich zur Zeit des Umbruches besonders hervorgetan haben, hat die Begeisterung zur NSDAP stark nachgelassen." Generell hierzu Hanisch, Peripherie und Zentrum.

[129] Vgl. Kroener, Personelle Ressourcen, S. 823.

[130] So der Gen.ltn. Heinrich Kittel am 28.12.1944 in einer heimlich vom CSDIC aufgezeichneten Besprechung, in: Neitzel, Abgehört, S. 272–282, hier S. 273. Dass Einheiten aus der „Ostmark" teilweise auch eine sehr brutale Besatzungspolitik, allerdings auf dem Balkan, ausüben konnten, belegen die folgenden Studien: Manoschek, „Serbien ist judenfrei", S. 27 ff.; ders., Die Vernichtung der Juden in Serbien, S. 218; Meyer, Von Wien nach Kalavryta; Lieb, Weltanschauungskrieg, S. 96.

[131] Vgl. hierzu Kershaw, Hitler-Mythos, S. 118 ff., 123 ff.; Deutsch, Verschwörung gegen den Krieg, S. 71 ff.; Steinert, Hitlers Krieg und die Deutschen, S. 77 ff., 91 ff. Zur offiziellen Linie der Wehrmachtsführung vgl. Messerschmidt, Wehrmacht, S. 232 ff.

[132] Schon im Ersten Weltkrieg beobachtete Max Weber, wie sich die Kriegsbegeisterung mit wachsender Entfernung zu den Schützengräben immer mehr steigerte. Ders., Gesammelte Aufsätze zur Religionssoziologie, Bd. III, S. 121 f.

[133] So die Meinung eines Offiziers: Ludwig Hauswedell, Einsatztagebuch 1938–1939 I: 16.9.38–29.10.38, Eintrag vom 28.10.1938, Kopie im Besitz d. Verf.

[134] Widerstand und Verfolgung in Oberösterreich 1934–1945, Bd. II, S. 322 (Lagebericht aus Klaus vom 24.7.1939). Dort viele weitere Beispiele. Vgl. auch Gschöpf, Weg, S. 72: „Aus diesen Stunden ist mir eine bezeichnende Szene in Erinnerung geblieben. [...] Wie nicht anders zu erwarten, drehte sich das Gespräch natürlich um die Entwicklung der nächsten Zukunft. Trotz des Ernstes redeten wir uns einen gewissen Optimismus ein; an eine Ausweitung des Krieges wollte niemand glauben. Nur der damalige Div. Adj. Hptm. Harhausen, blieb schweigsam und hing eigenen Gedanken nach. Schließlich warf er die Bemerkung dazwischen: ‚Meine Herren, täuschen wir uns doch nicht, wir stehen am Vorabend eines zweiten Weltkrieges!'"

der 4. Panzerdivision war das nicht anders, „die frohe Begeisterung von 1914"
fehlte[135]. Als dann der Krieg begann, nahm man das hier lediglich „stumm" zur
Kenntnis[136]. Trotzdem gehorchten die Soldaten. Mit dem Begriff der „widerwil-
ligen Loyalität"[137] ist die Stimmung, die damals selbst in den aktiven Verbänden
der Wehrmacht herrschte, recht genau beschrieben. Um so stärker musste der
Stimmungsumschwung nach dem überraschend schnellen Sieg über den Angstgeg-
ner Frankreich ausfallen. Die Erfahrung der gemeinsam durchgestandenen und
„erfolgreich" bewältigten Krise schuf eine Übereinstimmung zwischen Regime,
Bevölkerung und Wehrmacht, wie sie bis dahin unbekannt gewesen war und die
sich bis in die Jahre 1944, ja 1945 als erstaunlich zählebig erweisen sollten[138].

Das soll nicht heißen, dass das Verhältnis von Wehrmacht und Nationalsozialismus frei von Spannungen und Rivalitäten geblieben wäre. Das kann man auch an
unseren Divisionen beobachten. Während der „Führer" schon durch seine Funktion
als Oberster Befehlshaber der Wehrmacht dort über ein beträchtliches Prestige
verfügte[139], konnte man das von „der Partei" und ihren Funktionären weniger
sagen[140]: Bei der 221. Infanteriedivision etwa wurde ein Rittmeister vor seinem
angetretenen Bataillon von einem Kreisleiter der NSDAP so „beschimpft und
beleidigt", dass der Kreisleiter daraufhin versetzt werden musste[141], bei der 45. ID
empörte man sich über die Parteigenossen, die sich als „unabkömmlich" zurück-
stellen ließen[142], ein Offizier der „Vierer" kritisierte die SS so sehr, dass sich der

---

[135] So der damalige Oberstleutnant Heinrich Eberbach: „Wir haben alle das Gefühl, daß wir es
schaffen werden, aber die frohe Begeisterung von 1914 fehlt." Schäufler, So lebten und so starben sie, S. 13.
BA-MA, N 245/22: Nachlass Georg-Hans Reinhardt: „Aufzeichnungen über meine Teilnahme
an den Kriegen Hitlers 1938–1945", S. 2f.: „An Krieg dachten die wenigsten, auch wir Soldaten
nicht, alles sah mit Vertrauen auf den Führer, dass er, der mit diplomatischem Geschick so viel
für Deutschland erreicht hatte, auch gegenüber Polen unblutig zum Ziele kommen würde."
Selbst in der offiziellen Selbstdarstellung wird die Skepsis der Soldaten vorsichtig angedeutet.
Vgl. BA-MA, RH 39/374: Kriegstagebuch des Pz. Rgt. 35 im Feldzug in Polen: „An den Mann
wird die scharfe Munition ausgegeben und da gehen allen mannigfache Gedanken durch den
Kopf. Die Gesichter sind plötzlich ernst, aber nur kurze Zeit, dann leuchtet schon wieder die
Freude heraus, endlich den bedrängten Brüdern in Polen zu Hilfe kommen zu können."
[136] Seitz, Verlorene Jahre, S. 20f.
[137] Krausnick/Graml, Der deutsche Widerstand und die Alliierten, S. 482. Zur Ernüchterung bei
Kriegsbeginn vgl. auch Vogel, „aber man muß halt gehen, und wenn es in den Tod ist", insbes.
S. 39.
[138] Vgl. mit dem Urteil von Förster, Geistige Kriegführung in Deutschland 1919 bis 1945, S. 511.
[139] Vgl. etwa IfZ-Archiv, MA 1659: 221. Sich. Div., Kdr., Tagesbefehl vom 15.7.1940: „In Ehr-
furcht gilt aber unser aller Dank unserem Führer und Obersten Befehlshaber der Wehrmacht
Adolf Hitler, der uns unsere unwiderstehlichen Waffen geschmiedet und in die Hand gegeben
hat, [...]. [...], eins ist sicher, unser Leben, unsere Arbeitskraft, unsere ganze Hingabe gehört
dem Führer, bereit zu neuen Taten, bis der Endsieg Deutschland gehört". Ferner Kopp, Die
Wehrmacht feiert. Kommandeurs-Reden zu Hitlers 50. Geburtstag.
[140] Dies ging so weit, dass sich diese Konflikte zuweilen sogar in Schlägereien zwischen „Feldgrauen" und „Braunen" entladen konnten. Vgl. hierzu Müller, Heer und Hitler, S. 612f.
(Wehrkreis VII); Hartmann, Halder, S. 47f. (7. Infanteriedivision/Wehrkreis VII); Sydnor, Soldaten des Todes, S. 65f. (3. SS-Division „Totenkopf"); Stahl, Generaloberst Rudolf Schmidt,
S. 219 (1. Panzerdivision).
[141] IfZ-Archiv, MA 1659: 221. Inf. Div., Abt. I c, Tätigkeitsbericht für die Zeit vom 21.2.1940–
31.10.1940.
[142] BA-MA, N 532/24: Nachr. Komp., Inf. Rgt. 135, Meldung an das Regiment wg. Unabkömmlichkeit d. Schtz. A. vom 25.8.1939. Ferner PA-AA, R 60705: AOK 2, Abt. I c/VAA, Bericht
Nr. 31 vom 9.12.1941, in dem der Oberleutnant Anton Graf Bossi-Fedrigotti über den Zorn
vieler Soldaten berichtete, dass die Mitgliedschaft zur NSDAP die Chancen auf „Unabkömm-

zuständige Höhere SS- und Polizeiführer für ihn zu interessieren begann[143]. Aufs
Ganze gesehen blieben dies jedoch einzelne Vorkommnisse, was sich sicherlich
nicht allein mit den Bedingungen eines totalitären Regimes erklären lässt. Gleichwohl bleibt der Eindruck von Rivalität, mitunter auch einer gewissen Distanz
zwischen Militär und NS-Regime[144]. Das hatte seinen Grund auch darin, dass in
der uniformierten und militarisierten Diktatur des Nationalsozialismus die Wehrmacht lange Zeit die einzige Institution blieb (sieht man einmal von einer zunächst
kleinen Ausnahme wie der Waffen-SS ab), die sich der Wirklichkeit des Krieges
stellte. Schon allein das musste bei den militärischen Profis für ein Gefühl von
Überlegenheit sorgen. Das gab man auch weiter: Der Eindruck von Christoph
Rass, dass bei der 253. ID „eine spezifisch nationalsozialistische Sozialisation keine hervorragende Rolle spielte"[145], scheint nicht nur für diese Division gegolten zu
haben[146]. Gerade in den aktiven Verbänden der Wehrmacht war das alte national-
konservative Weltbild noch wirksam[147], selbst wenn dieses bis 1945 zunehmend
verdrängt, aber nie völlig ersetzt wurde durch Elemente der NS-Ideologie.

Denn die Identität der „alten" Divisionen definierte sich immer auch über ihre
Tradition[148]. Dieses institutionalisierte Bekenntnis zu einer vergangenen, vormo-
dernen Epoche, zum traditionellen soldatischen Selbstverständnis und damit auch
zu einer domestizierten Kriegführung, wie sie im 18. und 19. Jahrhundert üblich
gewesen war[149], war wohl mehr als bloße Konvention. Gerade die 4. Panzerdivi-

---

lichkeit" zum Wehr- und Kriegsdienst erhöhte: „Hier fällt auch oft das Wort von den Parteidienststellen. Bezeichnend ist dabei, daß der Soldat ein ungemein feines Gefühl dafür hat, wer
in der Parteileitung wirklich unabkömmlich ist und wer nicht. […]. Man hört auch Worte, daß
viele, die in Parteistellen heute rückwärts tätig sind und die nach Ansicht des Soldaten durchaus
nicht unabkömmlich sind, nicht zu den echten Nationalsozialisten gehören, sondern Mitläufer
seien. Hier einmal Ordnung, dann aber eine aufrichtige, richtige und einleuchtende Aufklärung
zu schaffen, wäre allerernsteste Pflicht aller alten Nationalsozialisten." Zur 2. deutschen Armee
gehörten zum damaligen Zeitpunkt u. a. die 45. Inf. Div. und der Korück 580.
Solche Stimmungen waren relativ weit verbreitet. Vgl. etwa Groscurth, Tagebücher, S. 522–523
(Brief vom 14.8.1941): „Erfreulich ist, daß man bei Mann und Offizieren – nur nicht beim
General – offen reden kann und daß fast alle von der gleichen Wut beseelt sind gegen die Bonzen." Ferner Meldungen aus dem Reich, Bd. 2, S. 421 (Bericht vom 6.11.1939): „Aus verschiedenen Meldungen geht hervor, daß unter vielen Politischen Leitern der Partei nach wie vor
darüber Unzufriedenheit besteht, daß sie bei ihrer parteiamtlichen Tätigkeit oft als Drückeberger angesehen werden."

[143] Erhalten hat sich eine längere Korrespondenz zwischen dem Inspekteur der SiPo und des SD
in Breslau und dem Höheren SS- und Polizeiführer Südost aus dem Jahr 1943, in dem dieser
detaillierte Informationen über den einstigen Kommandeur des Kradschützen-Bataillons 34
(4. PD), Major Erich von Stegmann, einholte, weil dieser sich negativ über SS und Waffen-SS
geäußert hatte. BA, Abt. R: Personalakte Erich von Stegmann.

[144] Vgl. etwa Seitz, Verlorene Jahre, S. 134: „Ich war in einer Einheit, die auf eine stolze Leistung
in diesem Kriege zurückblicken konnte. Der Geist, der die Truppe beseelte, war sauber und
einwandfrei, nebenbei bemerkt – nicht nationalsozialistisch!"

[145] So Rass, „Menschenmaterial", S. 129.

[146] So wunderte sich ein Rekrut der 4. Pz. Div. darüber, dass man hier Politischen Unterricht „fast
gar nicht" kenne. Seitz, Verlorene Jahre, S. 68. Dies scheint erst bei Kriegsende anders geworden zu sein. Vgl. mit dem Beispiel für die 4. Pz. Div. vom Januar 1945 bei: Bartov, Hitlers
Wehrmacht, S. 203.

[147] Generell hierzu Messerschmidt, Wehrmacht; Kroener, Strukturelle Veränderungen in der Militärischen Gesellschaft des Dritten Reiches; Weinberg, Adolf Hitler und der NS-Führungsoffizier; Zoepf, Wehrmacht zwischen Tradition und Ideologie; Förster, Geistige Kriegführung
in Deutschland, S. 590 ff.

[148] Vgl. hierzu die Definition von Pieper, Tradition in der sich wandelnden Welt.

[149] Die 4. Panzerdivision stand etwa in der Tradition der Bayerischen Chevauleger-Regimenter 2
und 3, des Bayerischen Feldartillerie-Regiments 22 sowie des (Thüringischen) Infanterie-Re-

sion mit ihrem feudalistisch geprägten Offizierskorps war dafür anfällig. Nicht ohne Wehmut erinnerte sich einer ihrer Generalstabsoffiziere an seine Zeit im Bamberger Reiter-Regiment 17, aus dem „allein vier aktive Offiziere hervorgegangen [sind], die später nach dem 20. Juli 1944 hingerichtet wurden"[150].

Auch bei der 45. ID waren die Traditionsstränge zur k.u.k.-Monarchie im Jahr 1938 nicht ganz abgerissen[151]. Zwar hatte Hitler bei der „Eingliederung des österreichischen Bundesheeres in die Wehrmacht"[152] nicht die geringsten föderativen Zugeständnisse gemacht[153], doch akzeptierte die Wehrmachtsführung noch einzelne österreichische Traditionselemente[154]. Deshalb war auch die 45. ID institutionell mit einer Vergangenheit verbunden, die in der Vorstellung vieler Militärs als ruhmreich und gut galt. So gesehen standen die aktiven Formationen nicht allein in der militärischen Tradition der deutschen oder der österreichischen Armee, sie fühlten sich auch als Teil jener alten „Kultur des Krieges"[155], so dass sich gerade in ihrem Fall die Frage stellen wird, welche Chancen diese Kultur noch in einem Regime hatten, das den Zivilisationsbruch zu seinem Programm gemacht hatte.

Sicher ist, dass die Wirkung dieser Traditionskultur schon während der Aufrüstung, erst recht aber im Krieg langsam zu verblassen begann. Dafür schuf der Ernstfall neue Traditionen, in der nun aber auch andere Werte zählten. Gerade in Eliteverbänden wie der 4. Panzerdivision, die besonders zur Traditionsbildung prädestiniert sind[156], gab es dazu reichlich Gelegenheit. Aber nicht nur das, auch die technische Modernität dieser Division ließ ihre Angehörigen empfänglich werden für eine Identifikation mit der „neuen" Zeit, wie sie auch der Nationalsozialismus verkörperte[157].

Die Angehörigen der drei „Kriegskinder": der 221. und 296. Infanteriedivision sowie des Korück 580, mussten sich von vorneherein in einem ahistorischen Um-

---

giments 32. Vgl. Tessin, Verbände und Truppen, Bd. 15, S. 286 ff.; Schaub, Panzer-Grenadier-Regiment 12, S. 12 f.

[150] Vgl. Sauerbruch, Bericht eines ehemaligen Generalstabsoffiziers, S. 423.

[151] Ihrem organisatorischen Vorläufer, der 4. (und 3.) österreichischen Division, waren schon vor 1938 eine Reihe von Fahnen oder Namen der alten k.u.k.-Armee zugeteilt worden. Diese „altehrwürdigen Fahnen" wurden im November 1938 allerdings eingezogen „und in Museen deponiert". Vgl. Gschöpf, Weg, S. 17; Rödhammer, Oberösterreichische Wehrgeschichte, S. 68; Caspar/Marwitz/Ottmer, Tradition in deutschen Streitkräften, S. 286; Tessin, Verbände und Truppen, Bd. 15, S. 337 und 344. Zur Vorgeschichte vgl. auch Slapnicka, Oberösterreich (1983), insbes. S. 897 ff.

[152] Druck von Hitlers Weisung: Helfried Pfeifer (Hrsg.), Die Ostmark: Eingliederung und Neugestaltung. Historisch-systematische Gesetzessammlung nach dem Stande vom 16. April 1941, Wien 1941, S. 327 f.

[153] Vgl. Schottelius/Caspar, Organisation des Heeres 1933–1939, S. 309; Schmidl, „Anschluß", S. 220 ff.

[154] Caspar/Marwitz/Ottmer, Tradition in deutschen Streitkräften, S. 286.
In den Memoiren des Generals Glaise von Horstenau wird freilich deutlich, dass sich damit die österreichische Militärtradition nicht einfach auslöschen ließ. Glaise von Horstenau hat jedenfalls selbst viel – so Broucek – für „die Herausstreichung der Werte des Soldatentums aus dem Raum [getan], der nicht mehr Österreich genannt werden durfte". Vgl. Broucek (Hrsg.), Ein General im Zwielicht, Bd. 2, S. 43.

[155] So der Titel des Buchs von: John Keegan, Die Kultur des Krieges, Berlin 1995.

[156] Vgl. Schneider, Das Buch vom Soldaten, S. 340.

[157] Vgl. hierzu Heinz Guderian, Die Panzerwaffe, ihre Entwicklung, ihre Kampftaktik und ihre operativen Möglichkeiten bis zum Beginn des Großdeutschen Freiheitskampfes, Stuttgart ²1943, S. 170: „Die Übertragung der Regierungsgewalt an Adolf Hitler am 30. Januar 1933 führte diesen für unsere Waffe ausschlaggebenden Umschwung mit einem Ruck herbei." Vorsichtig angedeutet sind diese Sympathien auch bei Macksey, Guderian, S. 96 ff., insbes. S. 101 f. Vgl. ferner Kap. 2.3.

feld zurechtfinden. Selbst wenn einige ihrer Offiziere und Unteroffiziere auch aus alten Traditionsregimentern kommen mochten, ihre neuen Verbände hatten – wie etwa Ernst Jünger von seiner Einheit im Mai 1940 feststellte – „noch keine Geschichte angesetzt"[158]. Diese begann erst im Krieg. Ihre Angehörigen, „zum großen Teil ältere Mannschaften, etwas schwerfällige, aber biedere, ordentliche Männer"[159], fühlten sich denn auch zunächst vor allem als Zivilisten. Bei einem Verband wie der 296. ID, die gewissermaßen aus dem Nichts entstehen sollte, wurde dies besonders deutlich. Ihre Führung war anfangs entsetzt über ihren Gesundheitszustand[160] und den „z[um] T[eil] geringen Wehrwillen"[161]: „Alle möglichen Ausflüchte kamen schon bei der Verteilung des Ersatzes auf die Kompanien zur Sprache wie häusliche Nöte, angebliche Unabkömmlichkeit beim Arbeitgeber usw. Dazu kommt, daß die Ersatzleute den Dienst beim Bataillon als weitaus schärfer und anstrengender als beim Ersatzbataillon während ihrer Rekrutenzeit bezeichnen. Eine Anzahl von Krankmeldungen zeigt den äußerst mangelhaften körperlichen Zustand eines großen Teils auf der einen Seite, auf der anderen eine große Lustlosigkeit, Willenlosigkeit und Weichheit vieler Leute." Mit ihrer neuen Existenz als Soldat konnten sie sich offenbar nur schwer abfinden: „Das hätten wir alle nicht geglaubt, dass die Sache so lange dauert, und es ist noch keine richtige Aussicht, dass bald Schluss wird"[162], schrieb ein Infanterist der 296er im August 1940. Gleichwohl gelang es dieser Division relativ rasch, an das Alters- und Leistungsprofil einer aktiven Infanteriedivision anzuschließen[163] – durch eine entsprechende Personalpolitik, durch ein scharfes und rücksichtsloses Training und schließlich durch die erste Erfahrung des Kriegseinsatzes.

Verglichen damit blieben Besatzungsverbände wie die Sicherungsdivisionen oder die Korücks bunte Haufen. Ihre Angehörigen, meist gestandene, lebenserfahrene Männer, waren zwar „nicht ganz so zackig" wie ihre jüngeren Kameraden[164], hatten aber bereits im Zivilleben Kompetenz und auch Selbstbewusstsein erworben, so dass sie dem Kommis in der Regel distanzierter begegneten. Auch waren sie im Gegensatz zu ihren jüngeren Kameraden in den aktiven Verbänden viel seltener Mitglied einer NS-Organisation[165]. Was für diesen Sozialtypus zählte, war weniger „die Partei" als die Familie – die zivile, nicht die militärische[166]! Die Ver-

---

[158] So Ernst Jünger im Mai 1940 über seine Reservisten-Einheit, die freilich nicht zu unserem Sample gehörte. Ders., Strahlungen I/Gärten und Straßen, S. 132 (Tagebucheintrag vom 14.5.1940).
[159] BA-MA, MSg 2/5323: NL Hans P. Reinert, Tagebuch, undatierter Eintrag vom Frühjahr 1940.
[160] IfZ-Archiv, MA 1631: I./Inf.-Rgt. 520, Truppenarzt, Bericht an das I./Inf. Rgt. 520 vom 23.2.1940.
[161] IfZ-Archiv, MA 1631: Inf.-Rgt. 520, I a vom 2.3.1940: Zustand des Ersatzes der 296. Inf. Div.
[162] BfZ, Slg. Sterz, 04650: Brief L. B. vom 15.8.1940.
[163] Vgl. Kap. 2.4.
[164] Jarausch/Arnold, Sterben, S. 173 (Brief vom 6.2.1940).
[165] Vgl. Rass, Sozialprofil, S. 687.
[166] 1942 schrieb ein Artillerie-Unteroffizier der 221. Sicherungsdivision aus Russland, man versuche „den Abend etwas lustiger zu gestalten, denn sonst denkt man dauernd [an] zu Hause". Zweifellos handelt es sich beim Heimweh um ein Phänomen, das fast alle Soldaten quält, doch dürfte dies die Angehörigen der 221. mit ihrem ungewöhnlich hohen Altersschnitt und ihrer bereits stark entwickelten Bindung an „zu Hause" besonders betroffen haben. Hermann B. (Art. Rgt. 221), Schreiben vom 4.5.1942. Kopie im Besitz d. Verf.
Für die Überlassung dieses Nachlasses bin ich Matthias B. zu großem Dank verpflichtet.

heiratetenquote war bei den Reservisten fast dreimal so hoch wie bei den Wehrpflichtigen[167], so dass bei den älteren Jahrgängen „die Sehnsucht nach Heimat und Beruf im Gefühl der militärischen Unzulänglichkeit und Überflüssigkeit" überwog[168]. Wie weit das auch ihr Handeln beeinflusste, ist eine interessante Frage[169]. Dass bei den Sicherungsdivisionen „in jugendlichem Übereifer unüberlegt und zu scharf gehandelt" worden sei[170], so der General Karl von Roques später, war jedenfalls kaum in ihrer Altersstruktur begründet, sondern primär in den Befehlen, die Generäle wie Roques – er war von Juni 1941 bis Dezember 1942 Befehlshaber des Rückwärtigen Heeresgebiets Süd – erteilt hatten.

An diesem Alters- und Sozialprofil der Besatzungsverbände konnte und wollte deren Führung nichts ändern. Charakteristisch für Verbände dieser Art wurde die Mentalität der Etappe, nicht aber die der Front, schon weil die älteren Reservisten – 1939 waren dies allein bei den Mannschaftssoldaten die Jahrgänge 1893 bis 1900/01 – diese bereits gut kannten. Für sie war das Kaiserreich, vor allem aber der „Große Krieg", zum zentralen Bildungserlebnis geworden. Natürlich galt dies auch für die älteren Professionals der aktiven Verbände, freilich mit einem entscheidenden Unterschied: Hatten sich diese bewusst für eine Fortsetzung ihrer militärischen Laufbahn entschieden, so konnte man das von jenen, die 1918/19 ins Zivilleben zurückgekehrt waren, nicht behaupten – aller nationalistischen oder martialischen Beteuerungen zum Trotz. Die Erfahrungen und auch die Leiden der Jahre 1914 bis 1918 hatten sie nicht vergessen, schon im Herbst 1939 war unübersehbar, dass ihrer Begeisterungsfähigkeit „erkennbare Grenzen gesetzt waren"[171]. Am stärksten galt das wohl für die reaktivierten Mannschaften. Sie hatte man auf einer Postkarte zu einer mehrwöchigen Übung einberufen, ohne Rücksicht auf ihre familiären, sozialen und beruflichen Verpflichtungen, und nun fanden sie sich entsetzt in einem neuen Weltkrieg wieder. Der Schock über den zweiten Kriegseinsatz saß tief, die Akten berichten von Befehlsverweigerungen, Krankmeldungen oder Alkoholexzessen[172]. Auffällig war auch, dass die Divisionsgeistlichen der

---

[167] Für die 253. ID hat Rass ermittelt, dass die Quote der ledigen Soldaten der Jahrgänge 1910 bis 1919 bei 69 % lag, die der Verheirateten dagegen bei nur 27 %. Bei den Jahrgängen, die vor dem Jahr 1909 geboren worden waren, war das Verhältnis etwa umgekehrt: nur noch 20 % der Soldaten waren unverheiratet, 77 % jedoch verheiratet. Angaben nach: Rass, „Menschenmaterial", S. 111.

[168] Jarausch/Arnold, Sterben, S. 137 (Brief vom 19.11.1939). Vgl. auch Schlesische Tageszeitung vom 16.11.1941, „Auf der Rollbahn", in der der Divisionspfarrer der 221. Sich. Div. schilderte, wie diese Soldaten ihre Familienbilder wie „kostbare Schätze" herumreichten.

[169] Sicher belegt ist dieser Aspekt bei einem so bekannten Fall wie dem Polizei-Bataillon 101. Hier versuchte ein Teil der älteren Polizisten seine verbrecherischen Aufträge an andere zu delegieren. Vgl. Browning, Ganz normale Männer. Ferner Cüppers, Wegbereiter der Shoah, S. 111, wo ein Angehöriger der Waffen-SS-Brigaden wie folgt zitiert wird: „Ich habe jetzt selbst gesehen, daß sich insbesondere die noch jugendlichen Jahrgänge freiwillig zur Exekution meldeten. Innerhalb unserer Kp. gab es nämlich zwei Gruppen. Dies waren die Jahrgänge um 1920 bis 1923 und wir älteren Reservisten, Jahrgänge um 1910."

[170] Zit. bei: Friedrich, Gesetz des Krieges, S. 745.

[171] Kroener, Personelle Ressourcen, S. 824.

[172] Vgl. hierzu IfZ-Archiv, MA 1659: 221. Inf. Div., „Verpflegungsstärke für die Zeit vom 26.8.39–31.12.39", aus der erkennbar wird, dass der Krankenstand der 221. im Oktober mit 11 % einen Höchststand erreichte.
Zum Problem des Alkoholismus in der Wehrmacht vgl. demnächst die Dissertation von Peter Steinkamp, Pervitin und Kalte Ente, Russenschnaps und Morphium. Zur Devianz-Problematik in der Wehrmacht: Alkohol- und Drogenmissbrauch bei der Truppe.

221. häufig konsultiert wurden[173]. Henning von Tresckow, während des Polenfeldzugs ebenfalls Generalstabsoffizier einer Landwehrdivision, meinte bereits im
Herbst 1939, es sei „grauenhaft" gewesen, „man habe Mühe gehabt, die Einheiten
vorzubringen"[174]. Diese Grundbefindlichkeit dürfte für die Besatzungsverbände
charakteristisch geblieben sein, selbst wenn der Stimmungsumschwung des Sommers 1940 auch an ihnen nicht spurlos vorüberging. Solange sie dem eigentlichen
militärischen Geschehen entzogen waren, konnten sie ihren Aufgaben genügen.
Wurden sie aber so eingesetzt wie Kampfverbände, dann waren sie bald überfordert.

2.1.4 Blitzkrieg, Ideologie und Verbrechen

Wie diese Soldaten dachten und handelten, zeigte sich nirgends so deutlich wie
im Ernstfall. Schon den Feldzug gegen Polen führte die Wehrmacht nicht allein
nach militärischen Prinzipien. Zwar zeigte sich der verhängnisvolle Einfluss der
NS-Ideologie noch längst nicht überall, doch gab es schon damals Brennpunkte,
Orte, wo der Krieg unter dem Einfluss von Ideologie und den Aufregungen des
Kriegsbeginns eskalierte[175]. Ein solcher Ort war etwa Bromberg, den der Korück
580 im Gefolge der 4. deutschen Armee am 5. September 1939 erreichte[176]. Dort
sah es wüst aus. Zwei Tage zuvor waren dort vermutlich ca. 1 100 deutschstämmige
Zivilisten – die genaue Zahl ist umstritten – von ihren polnischen Mitbürgern ermordet worden[177]. Nicht weniger verhängnisvoll war, dass ausgerechnet der Kommandant dieses Rückwärtigen Armeegebiets, Generalmajor Walter Braemer, damit
konfrontiert wurde. Denn Braemer, der von August 1939 bis Mai 1941 als Korück
580 wirkte, war ein fanatischer Nationalsozialist[178], der schon damals „mit uner-

Vgl. die vielen einschlägigen Gerichtsakten, die sich für den Korück 580 erhalten haben. Vgl.
BA, ZNS, RH 23-G: Gericht Korück 580, ferner Jarausch/Arnold, Sterben, S. 217 (Brief vom
16. 6. 1940), der schreibt, seine Rekruten seien „sehr überzeugt davon, daß sie viel zu alt seien
und viel zu streng herangenommen würden".
173 Vgl. hierzu IfZ-Archiv, MA 1659: 221. Inf. Div., Abt. IV d/kath., „Tätigkeitsbericht über die
Zeit des Einsatzes im Westen (4. 6.–5. 7. 1940)" vom 20. 10. 1940. Dort heißt es, dass die mehrheitlich katholischen Angehörigen der Division von der Möglichkeit der seelsorgerischen Betreuung „sehr viel Gebrauch gemacht" hätten.
174 Scheurig, Tresckow, S. 72. Tresckow war damals I a der 228. Inf. Div., die zur selben Welle gehörte wie die 221. Inf. Div.
175 Vgl. hierzu Umbreit, Militärverwaltungen; Datner, Crimes committed by the Wehrmacht;
Rossino, Eastern Europe; Ders., Hitler strikes Poland; Böhler, Auftakt; Hürter, Heerführer,
S. 177 ff., 405.
176 IfZ-Archiv, MA 877: Korück 580, Befehl an die Orts-Kommandantur 586 vom 5. 9. 1939. Ferner Umbreit, Militärverwaltungen, S. 70, Anm. 22.
177 Der genaue Verlauf der Ereignisse konnte sich bis heute nicht genau klären lassen. Wahrscheinlich ist, dass in Bromberg um die 1 000 Volksdeutsche ermordet wurden und dann weitere 100 auf einem Marsch nach Kutno. Vgl. hierzu die teilweise widersprüchlichen Darstellungen von: Krausnick/Wilhelm, Truppe, S. 55 ff.; Jaszowski, Verlauf der nationalsozialistischen Diversion am 3. September 1939 in Bydgoszcz; Aurich, Der deutsch-polnische
September 1939; Schubert, Das Unternehmen „Bromberger Blutsonntag"; Jastrzębski, Bromberger Blutsonntag; Jansen/Weckbecker, Der „Volksdeutsche Selbstschutz", insbes. S. 56 ff.;
Weckbecker, Zwischen Freispruch und Todesstrafe, S. 442 ff.; Rossino, Hitler strikes Poland,
S. 61 ff.; Zayas, Wehrmacht-Untersuchungsstelle, S. 36 f.; Böhler, Auftakt zum Vernichtungskrieg, S. 206 ff.
178 Braemer, der im November 1932 seinen Abschied aus der Reichswehr erhalten hatte, wurde
noch im selben Monat hauptamtlicher SS-Funktionär, seit Juni 1938 im Rang eines SS-Bri-

hörter Brutalität"[179] auftrat. Als sich Roland Freisler, damals Staatssekretär im Reichsjustizministerium, am 9. September vor Ort ein Bild über die Ereignisse machen wollte, meldete Braemer, „dass bisher nur die Truppe selbst gesprochen hat und mehrere Hunderte Zivilisten wegen Waffentragens bzw. Widerstand erschossen wurden"[180]. Dies sollten nicht die einzigen polnischen Opfer in Bromberg bleiben. Nachdem in der besetzten Stadt immer wieder einzelne Schüsse gefallen waren[181], wurden in den folgenden Tagen Hunderte weiterer Geiseln interniert und erschossen; Täter waren SS, Polizei, aber auch die Feldgendarmen dieses Korück[182]. Dass gerade dieser Verband mit seinen älteren Jahrgängen, der damals durchaus auch auf Recht und Disziplin achten konnte[183], solch exorbitante Verbrechen zu verantworten hatte, ist zunächst ein überraschendes Ergebnis und begründete sich wohl vor allem in der Person seines Kommandanten. Hier handelte es sich weniger um spontane Gewaltexzesse, sondern gewissermaßen um Kriegsverbrechen auf Befehl.

Von den Kampfdivisionen unseres Samples sind Gräueltaten dieser Größenordnung nicht bekannt geworden, wohl aber einzelne Exekutionen. Im September 1939 ist eine Erschießung von „ungefähr 25" Geiseln durch Angehörige der 4. Panzerdivision relativ sicher belegt[184], die 221. ID meldete mehrere Todesurteile „wegen verbotenen Waffenbesitzes"[185]. Sehr wahrscheinlich werden dies

---

gadeführers, seit April 1944 im Rang eines SS-Gruppenführers. Militärisch reaktiviert wurde Braemer, der zumindest im frühen SS-Führerkorps eine Ausnahme darstellte, im August 1939. Angaben nach: BA-MA, Pers. 6/2102: Personalakte Walter Braemer; BA, Abt. R: Personalakte Walter Braemer.
Zur Rolle Braemers, von August 1939 bis Mai 1941 Kommandant des Rückwärtigen Armeegebiets 580, beim Judenmord in der besetzten Sowjetunion vgl. Verbrechen der Wehrmacht, S. 470; Europa unterm Hakenkreuz, Bd. 5, Dok. 58; Lieb, Täter, S. 547. Zu Braemers politischen Vorstellungen vgl. Die Tagebücher von Joseph Goebbels, Teil II, Bd. 2, S. 357 (Eintrag vom 24. 11. 1941).

[179] Umbreit, Militärverwaltungen, S. 143.
[180] IfZ-Archiv, MA 876: Korück 580, Aufzeichnung: „Lage am 9. 9. 1939, Mittag: Besuch des Staatssekretärs Freisler".
[181] So wurde am 9. 9. 1939 ein deutscher Soldat schwer verwundet. IfZ-Archiv, MA 876: Korück 580, Aufzeichnung: „Lage am 10. 9. 1939".
[182] IfZ-Archiv, MA 876: Korück 580, Aufzeichnung: „Lage am 11. 9. 1939", in der es u. a. heißt: „Feststellung der seit meiner Anwesenheit in Bromberg Erschossenen ergibt eine Zahl von etwa 370." Einem Befehl des Korück 580 vom 9. 9. 1939 (ebda.) ist zu entnehmen, dass diese Exekutionen vor allem die „Einsatzgruppe [IV] Beutel", das Polizei-Bataillon 6, mot. sowie die Feldgendarmerie-Abteilung 581 vornahmen.
[183] Aufschlussreich ist in dieser Hinsicht BA, ZNS, RH 23-G: Gericht Korück 580, Nr. 212/39: Strafsache gegen den Kanonier R. K., der im Polenfeldzug mit seinem Krad liegen geblieben war und daraufhin begonnen hatte, eine Art „Privatkrieg" zu führen. Zusammen mit dem Volksdeutschen Selbstschutz ermordete und beraubte er 13–15 Polen. Aufgrund Hitlers Amnestie-Erlasses vom 4. 10. 1939 konnte das Gericht ihn deswegen nicht so verurteilen, wie es das eigentlich wollte; es erkannte aber wegen „Fernbleibens im Feld und wegen Plünderung" immerhin auf acht Jahre Gefängnis.
[184] Bemerkenswerterweise hat ein Angehöriger der Division nach 1945 relativ offen über diese Repressal-Maßnahme berichtet. Vgl. BA-MA, MSg 3-281/1: Panzer-Nachrichten Nr. 39 vom Februar/März 1973.
[185] Infolge eines Standgerichtsverfahrens, das einzige Todesurteil, das durch die 221. Inf. Div. selbst vollstreckt wurde, und zwar am 11. 9. 1939. BA-MA, RH 41/408: Art. Rgt. 221, Kriegstagebuch, Eintrag vom 9. 11. 1939. Vgl. freilich auch den Eintrag vom folgenden Tag: „Das Standgericht verhandelt in gleicher Besetzung gegen einen Russen wegen verbotenen Waffenbesitzes, der freigesprochen wird."

damals nicht die einzigen Repressalien unserer Divisionen geblieben sein[186]. Das Panzer-Regiment 35 etwa berichtet von „kleineren Gehöftgefechten" gegen „die unangenehmen Heckenschützen und in Zivil verkleideten Soldaten"[187], alle Divisionen von Überfällen von „Freischärlern"[188]. Ob es sich dabei um Produkte einer überbordenden Phantasie, von Nervosität oder antipolnischer Affekte[189] handelte oder ob sie doch einen realen Kern besaßen, ist ebenso schwierig zu beantworten wie die Frage nach den deutschen Reaktionen. Dass diese wiederum gewalttätig waren, scheint sehr wahrscheinlich, selbst wenn es auch Beispiele dafür gibt, dass sich dieselben Divisionen gegenüber der Zivilbevölkerung oder den polnischen Kriegsgefangenen[190] auch durchaus korrekt verhalten konnten[191]. Die große Ausnahme blieb freilich schon damals ein Besatzungsverband wie der Korück.

Vgl. auch IfZ-Archiv, MA 1659: 221. Inf. Div., Abt. III, Tätigkeitsbericht für die Zeit vom 26.8.1939–24.6.1940. Dort ist die Rede von insgesamt „29 Strafsachen, die in der Hauptsache verbotenen Waffenbesitz, Raub mit Waffen und ähnl. betrafen". Die Todesurteile seien durch „ein Kommando der Schutzpolizei in Lublin" vollstreckt worden, nur das gegen den o.g. Freischärler durch die Division. Die genaue Zahl der Todesurteile, die durch das Gericht der 221. Inf. Div. ausgesprochen wurden, bleibt offen, offen bleibt auch, ob sich diese nur gegen Polen (erster Strafbestand) oder möglicherweise auch gegen deutsche Soldaten (zweiter Straftatbestand) gerichtet haben.

186   Möglicherweise waren Angehörige der 221. Inf. Div. während des Polenfeldzugs für folgende Verbrechen verantwortlich: Erschießung von zwei polnischen Zivilisten am 7./8.9.1939 in Wichrow, Erschießung von sechs polnischen Zivilisten in Gluchow und von fünf Zivilisten in Leczyca am 9.9.1939, von je einem Zivilisten in Wilczkow, in Orszewice und in Leczyca am 9.9.1939, Erschießung von sechs polnischen Zivilisten am 9.9. oder 13.9.1939 in Budy und von einem polnischen Zivilisten in Zacisze am 12.9.1939. Allerdings beruht dieser Verdacht allein darauf, dass an diesen Tagen das III. deutsche Armeekorps, damals drei Divisionen und eine Kampfgruppe, in diesen Orten im Einsatz war. Unklar bleibt ferner, ob Angehörige der 221. Inf. Div. am 10.9. oder 17.9. in dem Dorf Biala sechs polnische Soldaten erschossen, nachdem diese zusammen mit einem polnischen Zivilisten auf eine Wehrmachtskolonne gefeuert hatten. Ungeklärt blieb in diesem Fall nicht nur das Datum, als in Frage kommende Einheit wurde auch die 17. Inf. Div. genannt. BAL, 203 AR-Z 104/82: Verfahren gegen unbekannt, Einstellungsverfügung vom 17.12.1984; ebda., 203 AR-Z 86/84: Verfahren gegen unbekannt, Einstellungsverfügung vom 17.11.1986.
187   BA-MA, RH 39/512: 2./Pz.-Rgt. 35, „Der polnische Feldzug vom 1.9.–19.9.[1939]".
188   4. Pz. Div.: Ebda., „Der Feind behandelt unsere Leute, auch wenn sie verwundet sind, nicht ritterlich. Wir fanden später viele mit zertrümmertem Schädel und grausamen Verstümmelungen." BA-MA, N 245/2: Nachlass Georg-Hans Reinhardt, Brief vom 11.9.1939: „Dort [hinter der Front] ziehen diese Hunde Zivil an, das sie bei sich tragen, markieren harmlose Einwohner, bis sie dann hinter uns, wenn nur noch Kolonnen mit Benzin, Munition usw. nach uns kommen, auf diese wieder zu schießen anfangen."
      45. Inf. Div.: Ludwig Hauswedell, Einsatztagebuch 1938/39, Kopie im Besitz d. Verf., Eintrag vom 26.8.1939ff.; BA-MA, N 532/25: Nachlass Wilhelm Mittermaier, Gefechtsberichte über den Feldzug in Polen.
      221. Inf. Div.: BA-MA, RH 41/408: Art. Rgt. 221, Kriegstagebuch, Eintrag vom 8.9.1939: „In Tokary wurde kurz vor der Spitze des Rgt. Stabes ein Meldefahrer des IR 350 von Freischärlern aus dem Straßengraben angeschossen, die durch MG-Feuer vertrieben wurden."
189   4. Pz. Div.: BA-MA, RH 39/373: Kriegstagebuch des Panzer-Regiments 35 im Feldzug in Polen; BA-MA, RH 39/512: 2./Pz.-Rgt. 35, „Der polnische Feldzug vom 1.9.–19.9.[1939]".
      45. Inf. Div.: „Dreckig und verwahrlost die Straßen, dreckig und verkommen das Volk, [...]." BA-MA, N 532/25: Nachlass Wilhelm Mittermaier, Manuskript Stabsveterinär Dr. Hallwachs, „Vom Krieg in Polen". In diesem Sinne auch BfZ, Slg. Sterz, 27523, Brief J. S. vom 3.11.1939.
190   Allein die 4. Pz. Div. machte 1939 über 20000 Kriegsgefangene, die – folgt man ihrer Selbstdarstellung – korrekt behandelt wurden. Außerdem berichtet sie von Hilfsmaßnahmen gegenüber einzelnen polnischen Zivilisten. BA-MA, RH 39/374: Kriegstagebuch des Pz. Rgt. 35 im Feldzug in Polen
191   Die Tatsache, dass Angehörige der 4. Pz. Div. den militärisch sinnlosen Widerstand ihres polnischen Gegners rügten, ist sicherlich kein Beweis für einen entsprechenden Vernichtungs-

Solch eine extreme Polarisierung ist im Westfeldzug nicht zu erkennen; auf diesem Schauplatz führte die Wehrmacht *insgesamt* den Beweis, dass sie die Gesetze und Gebräuche des Krieges auch im Einsatz sehr ernst nehmen konnte. Zwar kam es auch 1940 zu deutschen Kriegsverbrechen: Bekannt geworden sind insgesamt fünf große Massaker, von denen zwei auf das Konto der Wehrmacht[192] und drei auf das der Waffen-SS[193] gingen, ferner Morde an farbigen Kolonialsoldaten[194], Plünderungen und auch Opfer unter den französischen Flüchtlingen, doch blieben das Ausnahmen. Auch unser Sample ist ein gutes Beispiel dafür, dass auf diesem Kriegsschauplatz andere Maßstäbe galten als in Polen: Berichtet wird, wie französische Verwundete durch deutsche Sanitäter versorgt[195] oder französische Gefallene „in derselben Würdigkeit bestattet" wurden wie die eigenen Kameraden[196]. Auch die Kriegsgefangenen scheinen in unserem Fall gut behandelt worden zu sein[197]. Die Führung der 221. ID beobachtete, „daß deutsche Soldaten aus Neugierde sich an Kriegsgefangene herandrängen und in freundschaftlicher Weise Gespräche mit ihnen führen", was man dort nicht billigte[198]. Eine Ausnahme bildeten allerdings die französischen Kolonialsoldaten, die man bei der 45. ID als „Affen" bezeichnete[199]. Bei der 296. ID war man immerhin der Ansicht, dass „die Inder, Indochinesen usw. [...] noch einen verhältnismäßig ordentlichen Eindruck" ma-

---

willen: „Wie oft müssen so polnische Soldaten ihr Leben enden, das ihnen gerne geschenkt worden wäre." BA-MA, RH 39/374: Kriegstagebuch des Pz. Rgt. 35 im Feldzug in Polen.

[192] Am 27.5.1940 erschossen Angehörige der 225. ID 86 Einwohner von Vinkt (Belgien), am 28.5.1940 töteten Angehörige der 267. ID insgesamt 114 Einwohner der Orte Oignies und Courrières (Dép. Pas-de-Calais). Offenbar hatten diese beiden Massaker ähnliche Gründe wie zuvor in Polen, da für beide Divisionen dies der erste Einsatz war. Angaben nach: Lieb, Konventioneller Krieg, S. 15 f.

[193] Zwischen dem 21. und 24.5.1940 erschoss die SS-Division „Totenkopf" in Aubigny (Dép. Pas-de-Calais) 92 Zivilisten, in Vandelicourt/Berles-Monchel (Dép. Pas-de-Calais) 45 Zivilisten und in Béthune (Dép. Pas-de-Calais) 48 Zivilisten. Am 27.5.1940 erschoss die SS-Division „Totenkopf" in Le Paradis (Dép. Pas-de-Calais) 121 britische Kriegsgefangene. Am 28.5.1940 erschoss die SS-Division „Leibstandarte Adolf Hitler" in Wormhout (Belgien) ca. 80–90 alliierte Kriegsgefangene. Angaben nach: Lieb, Konventioneller Krieg, S. 16ff. mit Anm. 3, S. 518; Sydnor, Soldaten des Todes, S. 80, 89ff.; Leleu, La division SS-Totenkopf.

[194] Die Zahl dieser Opfer ist umstritten. Lieb (Konventioneller Krieg, S. 18 f.) spricht von mehreren Hundert Opfern unter den französischen Kolonialsoldaten, Raffael Scheck von etwa 3000. Vgl. ders., „They are just Savages"; ders., Killing of Black Soldiers; ders., Hitler's African Victims, S. 28ff., 165.

[195] IfZ-Archiv, MA 1575: 4. Pz. Div., Abt. IV b, Tätigkeitsbericht für die Zeit vom 10.5.–25.6.1940 „Einsatz Westen".

[196] BA-MA, MSg 2/5314: Tagebuch Hans Paul Reinert, Eintrag vom 18.6.1940. Ferner ebda., vom 14.6.1940.

[197] IfZ-Archiv, MA 1615: 45. Inf. Div., Abt. I c, Tätigkeitsbericht für die Zeit vom 21.7.–20.9.1940; IfZ-Archiv, MA 877: Korück 580, Kriegstagebuch, Einträge vom 10.5.1940ff. Dort auch die entsprechenden Anlagen.

[198] IfZ-Archiv, MA 1659: 221. Inf. Div., Abt. I b, „Besondere Anordnungen Nr. 134/40" vom 2.7.1940. Dort heißt es weiter: „Abgesehen davon, daß dadurch den deutschen Wachmannschaften der Überblick erschwert und z. T. ihre Autorität durch übergroße Freundlichkeit der nicht im Wachdienst befindlichen deutschen Soldaten beeinträchtigt wird, darf nicht vergessen werden, daß der gefangene Franzose der Gegner ist und daß Frankreich nach Beendigung des Weltkrieges die deutschen Kriegsgefangenen unter z. T. unwürdigen Bedingungen über ein Jahr festgehalten hat."

[199] So der Stabsveterinär Dr. Hallwachs in seinem Gedicht: „Krieg in Frankreich", in: BA-MA, N 532/45: Nachlass Wilhelm Mittermaier. „Und er [Weygand] gab an seine Affen/ Den Befehl, sich hier aufzuraffen/ Und sich hier fest einzukrallen/ Auch, wenn nötig, hier zu fallen/ Für ‚Patrie' und für ‚Gloire'/ Wie's für Neger üblich war."

chen. Die „Schwarzen" aber „ekeln uns an"[200]. Doch gibt es aus unserem Ausschnitt keine Indizien dafür, dass dies Gewalttaten zur Folge gehabt hätte – im
Gegenteil: Bei der 4. Panzerdivision registrierte man, „daß im Kampfe gegen gemischte, farbige und weiße französische Truppen festgestellt wurde, daß der Gegner beim Rückzug nur seine weißen Gefallenen und Verwundeten mit zurück-
nimmt, in sehr vielen Fällen die schwarzen Toten und Verletzten dagegen zurück-
lässt. Die Truppe hält das Verfahren des Gegners für unwürdig."[201]

Auch das Verhältnis zur französischen Zivilbevölkerung galt – aus deutscher
Sicht! – als „freundlich, und als die Waffenruhe da war, herzlich"[202]. Die Angehörigen der 296. und auch der 45. ID empfanden die französische Bevölkerung als
„sehr zuvorkommend"[203]. Hier manifestierte sich wohl nicht nur eine spezifisch
deutsche Perzeption. Exzesse wie 1914[204] hatten sich diesmal kaum wiederholt,
auch zeigten sich „deutsche Soldaten aller Dienstgrade beeindruckt" über das
„Schicksal dieser Flüchtlinge und versuchen, diesen jede Unterstützung zuteil
werden zu lassen, in dem sie dabei auch mit ihrer letzten Tafel Schokolade nicht
geizen"[205]. Hinter solchen Reaktionen standen nicht nur persönliche Motive. Die
militärische Führung, vor allem aber der Oberste Befehlshaber der Wehrmacht
achteten damals auf eine Kriegführung im traditionellen Sinne[206], selbst wenn sie

---

[200] BA-MA, MSg 2/5314: Tagebuch Hans Paul Reinert, Eintrag vom 17.6.1940. Ferner ebda.,
Eintrag vom 4.6.1940.
Es existieren ferner Berichte über Ausschreitungen marokkanischer Truppen, bei denen
schwer zu entscheiden ist, ob es sich hier um rassistische Phantasien oder um wahre Nachrichten handelt. IfZ-Archiv, MA 1575: Art. Rgt. 103, Meldung an 4. Pz. Div. betr. „Verwüstung
der Kirche Locquignol" vom 21.5.1940. Dort berichtete das Rgt., „daß die in der Umgebung
und im Ort in großer Anzahl sich aufhaltenden Marokkaner die Schändung der Kirche vorgenommen und den Pfarrer erschlagen haben". IfZ-Archiv, MA 1575: 4. Pz. Div., Abt. I c, Meldung an das XVI. A. K. vom 19.5.1940: „Nach Meldung der 4. Schützen-Brigade vom
18.5.1940 nachm. ist die Ortschaft Marbais und Umgebung von den Marokkanern derartig
geplündert worden, daß selbst die Belgier ihrer Empörung den deutschen Soldaten gegenüber
Ausdruck gegeben haben."
In diesem Sinne auch BA-MA, MSg 2/5314: Tagebuch Hans Paul Reinert, Eintrag vom
12.6.1940.
[201] IfZ-Archiv, MA 1575: Art. Rgt. 103, Meldung an 4. Pz. Div. vom 19.5.1940.
[202] BA-MA, RH 39/603: Pz.-Rgt. 35, Bericht vom 23.6.1940. In diesem Sinne auch BA-MA, MSg
2/5314: NL Hans P. Reinert, Tagebuch, Eintrag vom 1.6.1940.
[203] BfZ, Slg. Sterz, 04650, Brief L. B. vom 11.9.1940. In diesem Sinne auch Kurowski, Fränkische
Infanterie, S. 305, 317; Interview d. Verf. mit Ludwig Hauswedell am 8.5.2001.
Die „Fraternization" ging der 45. ID so weit, dass sie die Weisung ausgab, es sei „eines sieg-
reichen deutschen Soldaten nicht würdig", in den „Beziehungen zur Zivilbevölkerung weiter-
zugehen, als es das Gebot der Menschlichkeit vorschreibt". IfZ-Archiv, MA 1615: 45. Inf. Div.,
Abt. I c, Weisung betr. „Abwehr" vom 30.7.1940.
[204] Vgl. Horne/Kramer, Deutsche Kriegsgreuel 1914.
[205] IfZ-Archiv, MA 1575: 4. Pz. Div., Abt. IV b, Tätigkeitsbericht für die Zeit vom 10.5.–25.6.1940,
„Einsatz Westen". Ferner, ebda., 4. Pz. Div., Div. Nachsch. Fhr. 84, Tätigkeitsbericht, Eintrag
vom 26.5.1940: „Der Bürgermeister wird veranlaßt, für die Versorgung der vielen Flüchtlinge zu
sorgen." Auch Lüttwitz schreibt, dass seine Soldaten „Mitleid" mit den Flüchtlingen hatten.
„Anderes kam uns damals noch nicht in den Sinn." BA-MA, N 10/9: Lebenserinnerungen Smilo
Frhr. von Lüttwitz, S. 103. Dass man sich damals in seiner Division um eine ideologische Sinnge-
bung dieses Kriegs bemühte, belegt das folgende Zitat: „Es ist ein schönes Land, das wir durch-
fahren. Aber während in Deutschland jedes Stück Erde ausgenützt ist, sind hier große Flächen
Brachland und in jedem Dorf zerfallene Häuser. Noch einmal wird die Anmaßung klar, die darin lag, daß dieses sterbende Volk mit seinem Überschuß an Boden dem landhungrigen Deutschland weite Gebiete wegnahm." BA-MA, RH 39/603: Pz.-Rgt. 35, Bericht vom 23.6.1940.
[206] IfZ-Archiv, MA 1575: XVI. A. K., Abt. I c, Befehl an die 4. Pz. Div. vom 30.5.1940 unter
Bezugnahme auf einen Befehl des OKH: „Mit Rücksicht auf das bisherige Verhalten der

die „zahllosen Plünderungen durch Soldaten und Zivilisten" nur teilweise verhindern konnten[207]. Doch beließ es die deutsche Führung auch in diesem Fall nicht nur bei Ermahnungen[208] oder „strikten Befehlen"[209]. Immer wieder wurden wegen „Beutemachens" drakonische Strafen ausgesprochen[210], bei der 296. ID wurde ein Sanitäts-Soldat wegen Vergewaltigung „mit acht Jahren Zuchthaus bestraft"[211], ein Obersoldat des Korück 580 deswegen zunächst zum Tode verurteilt, dann zu einer „Zuchthausstrafe von sieben Jahren"[212].

Zwei weitere Ereignisse sollten diesen positiven Eindruck der deutschen militärischen Besatzungsmacht fürs Erste verstärken. Zunächst einmal übernahm die Wehrmacht, darunter auch unsere Divisionen, die Betreuung und „Rückführung der Flüchtlinge"[213]. Obwohl sich im Juni 1940 von etwa 40 Millionen Franzosen zwischen 7 und 8 Millionen auf der Flucht befanden[214], gelang es der Wehrmacht relativ schnell, diese Menschen zu versorgen und wieder zurückzuführen[215]. Eine zweite Herausforderung, die sich ihr damals stellte, war die „restlose Einbringung" der Ernte; sie sei, so das AOK 16, „vordringlich vor jedem Dienst"[216]. „Das Verhalten gegen die Zivilbevölkerung", so fasste die 296. ID im Juli 1940 nochmals

---

belgischen Bevölkerung und im Hinblick auf die Waffenstreckung des belgischen Heeres ist ab sofort vor Vollstreckung von Todesurteilen gegen belgische Zivilisten Entscheidung des OKH einzuholen." Bemerkenswert auch der scharfe Befehl Brauchitschs zur „Manneszucht" nach dem Sieg über Frankreich. IfZ-Archiv, MA 1615: ObdH/Gen. Qu. (III)/GenStdH, Nr. 14816/40 vom 19. 6. 1940.

[207] *4. Pz. Div.:* IfZ-Archiv, MA 1575: 4. Pz. Div., Abt. III, Tätigkeitsbericht vom 2. 12. 1940; *221. Inf. Div.:* IfZ-Archiv, MA 1659: 221. Inf. Div., Abt. I b, „Besondere Anordnungen Nr. 134/40" vom 2. 7. 1940, Anlage; *296. Inf. Div.:* BA-MA, MSg 2/5314: NL Hans Paul Reinert, Tagebuch, Eintrag vom 3. 6. 1940.

[208] So wollte der Oberstleutnant v. Lüttwitz damals keine Übergriffe dulden, „die die Disziplin und das Ansehen des deutschen Soldaten im besetzten Gebiet gefährdeten". BA-MA, N 10/9: Lebenserinnerungen Smilo Frhr. von Lüttwitz, Bl. 105.

[209] BA-MA, MSg 2/5314: NL Hans P. Reinert, Tagebuch, Eintrag vom 3. 6. 1940. In diesem Sinne auch Gschöpf, Weg, S. 195 f.

[210] IfZ-Archiv, MA 1659: XXVII. A. K., Korpstagesbefehl vom 30. 6. 1940. Das XXVII. A. K., zu dem damals die 221. Inf. Div. gehörte, verurteilte einen Unteroffizier wegen geringfügiger Plünderung („Kleider und Wäschestücke") zu 6 Jahren Gefängnis und Rangverlust, einen Obergefreiten zu 5 Jahren und 6 Monaten Gefängnis, einen Gefreiten zu zwei Jahren Gefängnis und einen Soldaten zu sechs Monaten Gefängnis. Vgl. auch BA, ZNS, RH 23-G, Gericht Korück 580, Nr. 372/40: Strafsache gegen den Soldaten Sebastian S., der wegen eines ähnlichen Delikts zu drei Monaten Gefängnis verurteilt wurde.

[211] BA, ZNS, RH 23-G: Gericht 296. Inf. Div., Nr. 111/40: Strafsache gegen den Franz H., Urteil vom 10. 7. 1940.

[212] BA, ZNS, RH 23-G: Gericht Korück 580, Nr. 91/40: Strafsache gegen den Werner M., Urteil vom 19. 1. 1941. M. wurde nur deshalb begnadigt, weil er 1938 bei einem Autounfall eine schwere Gehirnverletzung erlitten hatte. Zum Problem der sexuellen Moral vgl. Petter, Militärische Massengesellschaft, S. 370 mit Anm. 49; Beck, Wehrmacht und sexuelle Gewalt.

[213] IfZ-Archiv, MA 1615: 45. Inf. Div., Abt. I a, Befehl betr. „Flüchtlingsfürsorge, Ortskommandanturen" vom 1. 7. 1940. Ebda., 45. Inf. Div., Abt. I c, Tätigkeitsbericht für die Zeit vom 1. 7.–20. 7. 1940: „Von den hiernach dem Abt. I c zufallenden Aufgaben erscheinen Flüchtlingsorganisation und -betreuung als die vordringlichsten."

[214] Siehe hierzu Umbreit, Militärbefehlshaber, S. 175 ff.; Jäckel, Frankreich, S. 89 f.

[215] Reinert, der seinen Ressentiments immer wieder freien Lauf ließ und „die" Franzosen als „faul und frech" charakterisierte, berichtete auch: „Wir geben ihnen Brot und Essen, versorgen ihre Kranken und helfen ihnen, so weit es unsere Mittel überhaupt erlauben." BA-MA, MSg 2/5314: NL Hans P. Reinert, Tagebuch, Eintrag vom 22. 6. und 8. 7. 1940.

[216] IfZ-Archiv, MA 1615: AOK 16, Abt. O.Qu./Qu.2, „Anordnungen Nr. 4 für die Ernte" vom 19. 8. 1940. Ebda., 45. Inf. Div., Abt. I a, „Divisions-Befehl Nr. 43 vom 12. 7. 1940. Ferner Anl. 2 „Bergung der Ernte im Dép. Aisne" vom 11. 7. 1940. Generell zur Erntehilfe der Wehrmacht: Umbreit, Militärbefehlshaber, S. 305 ff.

zusammen, „hat zurückhaltend und höflich zu sein. Immer wieder ist die Truppe darüber zu belehren, daß jeder, der einer weiblichen Person Gewalt antut, die schärfsten Strafen zu erwarten hat. Anzug und Auftreten in der Öffentlichkeit sind der Prüfstein für die innere Disziplin. Einbringung der Ernte ist im Interesse der Volksernährung vordringlich. Wünschen der bodenständigen Mil[itär-]Verwaltung ist daher zu entsprechen. Bei Übungen ist Flurschaden zu vermeiden."[217]

Gewiss sollten die Franzosen in den kommenden Jahren noch ganz andere Erfahrungen mit den deutschen Besatzern machen, auch mit der Wehrmacht[218], doch war das damals noch nicht abzusehen. Ausschlaggebend blieb vielmehr, dass bis zum Sommer 1941 die Wehrmacht einen sehr zwiespältigen Eindruck hinterlassen hatten. Sie hatte bewiesen, dass sie einen Krieg führen konnten, in dem die Signaturen der NS-Ideologie kaum zu erkennen waren[219], sie hatte aber auch bewiesen, dass sie dazu durchaus in der Lage war.

2.2 Heimat

2.2.1 Region als militärisches Organisationsprinzip[220]

Die Identität einer Division erschließt sich nicht nur über ihren Einsatz, sie erschließt sich auch über ihre regionale Herkunft. Das ist eigentlich überraschend, war doch das Deutsche Reich der Jahre 1933 bis 1945 ein durch und durch zentralistisch organisierter „Führerstaat"[221]. Gerade im Militärischen musste sich diese Monopolisierung der Macht besonders stark manifestieren; Aufrüstung, Kriegführung oder Strategie galten ausschließlich als Reichsinteresse[222].

Allerdings hat die Frage, woher ein Soldaten kam, im deutschen Militär stets besondere Bedeutung besessen. Selbst das Wehrgesetz vom 23. März 1921 wollte noch die „landsmannschaftlichen Interessen [...] bei der Ergänzung des Reichsheeres" beachten[223], obwohl doch wenige Jahre zuvor jede partikularistische

---

[217] IfZ-Archiv, MA 1632: 296. Inf. Div., Abt. I a, „Richtlinien für die Handhabung des Dienstes im besetzten Gebiet" vom 27. 7. 1940.

[218] Vgl. Jaeckel, Frankreich; Umbreit, Militärbefehlshaber; Lieb, Konventioneller Krieg.

[219] Hürter, Heerführer, S. 192.

[220] Der Begriff „Region" wird hier im Sinne eines Traditionsraums mit sozialer, kultureller, wirtschaftlicher und politischer Identität gebraucht. Dabei orientiert sich dieser interregionale Vergleich nicht nur an der traditionellen politischen Grenzziehung, die im nationalsozialistischen Deutschland ohnehin an Bedeutung verlor, sondern auch an den Grenzen der Wehrkreise und der Wahlkreise, die teilweise diesen Traditionsräumen genauer entsprachen. Vgl. hierzu Pankoke, Polis und Regio; Meier-Dallach, Räumliche Identität; Hard, Auf der Suche nach dem verlorenen Raum; Szejmann, regionalgeschichtliche Forschungen, S. 44, mit weiterführender Literatur.

[221] Vgl. hierzu: Nationalsozialismus in der Region, hier insbesondere die Beiträge von Andreas Wirsching und Michael Ruck. Ferner Schaarschmidt, Regionalität im Nationalsozialismus. Zu den Schnittstellen von zeitgeschichtlicher und landesgeschichtlicher Forschung vgl. auch Küppers, Zum Begriff der Landeszeitgeschichte.

[222] Dem wurde auch symbolisch Rechnung getragen: So wurden die Landeskokarden, die das Reichsheer noch auf den Mützen sowie als Wappen am Stahlhelm getragen hatte mit Verfügung vom 14. 3. 1933 durch die neuen schwarz-weiß-roten Reichsfarben ersetzt. Vgl. Schlicht/Angolia, Wehrmacht, Bd. 1, S. 588.

[223] So § 13 des Wehrgesetzes vom 23. 3. 1921 (RGBl. 1921, I, S. 331).

Autonomie im deutschen Wehrwesen eigentlich zu Ende gegangen war[224]. Zwar fehlte dieser Passus im Wehrgesetz vom 21. Mai 1935 – bei der überstürzten Wiederaufrüstung hatte man ganz andere Sorgen –, doch änderte das nichts daran, dass *in der Praxis* das Prinzip der landsmannschaftlichen Homogenität für die Organisation der Wehrmacht noch immer einen denkbar hohen Stellenwert besaß[225]. Als Faustregel galt, dass mindestens zwei Drittel des Personalersatzes aus jenem Raum kommen sollten, in der die jeweilige Einheit stationiert war[226]. Die Rekruten trafen daher in den Kasernen „auf ein soziales Umfeld, das ihnen in regionaler Hinsicht nicht fremd war, sondern in dem sich soziale Bindungen und Beziehungen auf der Grundlage ähnlicher Herkunft entwickeln konnten"[227]. Dieses Erbe einer föderalistischen Wehrverfassung hat Selbstverständnis und auch Charakter der deutschen Divisionen lange geprägt[228]. Wenn die Wehrmachtsberichte fast schon stereotyp an ihre landsmannschaftliche Herkunft erinnerten[229], wenn ein einfacher Soldat erleichtert war, „in einer Einheit mit Männern aus seiner Gegend und seinem Dorf zusammen zu sein"[230], oder wenn die Angehörigen eines „zusammengeschossenen R[e]g[imen]ts [...] gern bei ihrer alten Div[ision] bleiben" wollten[231], so illustrieren diese unterschiedlichen Stimmen, welch hohen Stellenwert diese regionale Bindung für das Zusammengehörigkeitsgefühl, die Kampfkraft wie überhaupt für die Identität dieser Soldaten hatte. Nur ihre Offiziere rekrutierten sich aus dem gesamten Deutschen Reich[232]. Deren permanente Fluktuation schien nicht nur eine engmaschige und objektive Kontrolle der Mannschaften zu garantieren, sondern auch homogene Standards bei Ausbildung und Führung.

---

[224] Vgl. dazu Matuschka, Organisation des Reichsheeres.

[225] Zwar suchte man auch in der Roten Armee diesem Prinzip Rechnung zu tragen, doch wurden gerade in der chaotischen Anfangszeit des Krieges die sowjetischen Einheiten oft aus dem Personal rekrutiert, das gerade zur Verfügung stand, wie die deutsche Seite immer wieder mit Erstaunen und Verachtung feststellte: „Das Verblüffendste beim Anblick des russischen Soldaten von heute ist das Bild einer planmäßigen Durchmischung der Verbände, das einem die Menagerie [sic] des russ[ischen] Riesenreiches im Verbande eines einzigen Regimentes vor Augen führt." PA-AA, R 60704: AOK 2, Abt. I c/A.O. (VAA), „Bericht Nr. 2" vom 5.7.1941; Glantz, Colossus Reborn, S. 591ff.

[226] Vgl. hierzu Walter Hedler, Aufbau des Ersatzwesens der Deutschen Wehrmacht, Berlin 1938, S. 136f.

[227] Rass, „Menschenmaterial", S. 107. Ferner ders., Sozialprofil, S. 680ff.; Creveld, Kampfkraft, S. 93f.

[228] Wie intensiv die Verbindung zwischen einer Formation und einer Region war, zeigt eine Publikation wie die folgende: Baden-Württembergische Divisionen im 2. Weltkrieg. Zusammengestellt von Rudolf Wich, Karlsruhe 1957. Hier wurden deutsche Divisionen des Zweiten Weltkriegs zu einer regionalen Gruppe zusammengefasst, die es zum Zeitpunkt ihrer Existenz noch gar nicht gab.

[229] Vgl. etwa den Wehrmachtsbericht vom 3.9.1943: „In dieser großen Abwehrschlacht haben sich die rheinisch-westfälische 6., die niedersächsische 31., die rheinisch-pfälzische 36. Infanteriedivision, die niederbayerisch-oberpfälzische 10. Panzergrenadierdivision, die mainfränkische 4. Panzerdivision und die württembergisch-badische 78. Sturmdivision besonders ausgezeichnet." Druck: Die Wehrmachtberichte 1939-1945, Bd. 2, S. 554.
Die regionale Bindung einer Division konnte sich auch in den Verbandswappen widerspiegeln, etwa im „Linzer Turm" der 45. Infanteriedivision. Vgl. hierzu Schmitz/Thies, Truppenkennzeichen, Bd. 1.

[230] Vgl. Fritz, Hitlers Frontsoldaten, S. 194.

[231] BA-MA, RH 21-2/337 a: Pz. AOK 2, Abt. I a, Fernsprechbuch, Eintrag vom 5.6.1942.

[232] Vgl. Kap. 2.3.

Die Mannschaftssoldaten und auch die meisten Unteroffiziere kamen dagegen meist aus jener Region, die „in der Nähe des Standorts" ihres Truppenteils lag[233]. Von einer Division wie der 253. wissen wir, dass über 88 Prozent ihrer Soldaten aus „ihrem" Wehrkreis stammten[234]. Man ging sogar so weit, das Prinzip der landsmannschaftlichen Homogenität auf die Regimenter, ja bis auf die Kompanien zu übertragen[235]. Das Milieu, das so aus einer zivilen in eine militärische Umwelt transportiert wurde, und das man schon am „richtigen" Dialekt erkannte, blieb auf diese Weise überschaubar und vertraut. An diesem psychologischen Kunstgriff suchte die Wehrmacht auch im Krieg festzuhalten. Selbst bei kurzfristigen Formierungen im fremden Besatzungsgebiet empfahl sie „landsmannschaftlich geschlossene" Bataillone aufzustellen, „z.B.: süddeutsch, mitteldeutsch, westdeutsch, norddeutsch"[236]. Erst seit 1943 wurden die Belastungen infolge der ständigen Verlegungen, Versetzungen, vor allem aber infolge der nicht abreißenden Verluste so groß[237], dass es immer schwieriger wurde, dieses Prinzip, „das bis dahin als eine wichtige Klammer des inneren Zusammenhalts angesehen wurde", durchzuhalten[238].

Trotzdem gab es bis Kriegsende Formationen, bei denen ihre Herkunft klar zu erkennen war. Gerade bei „älteren" Divisionen war dies der Fall. Eine der wenigen Quellen, die das detailliert belegen können, hat sich von der 296. Infanteriedivision erhalten[239]. Nach vier Kriegsjahren war ihr Personal auf 9335 Soldaten geschrumpft. Diese kamen aus den folgenden Regionen:

---

[233] Vgl. hierzu Hedler, Aufbau des Ersatzwesens, S.136: „Dabei sind die Rekrutierungsbezirke für den Bedarf des Eigenbereichs möglichst so zu wählen, daß die Rekruten und demzufolge auch die Wehrpflichtigen d. B. aus einem verhältnismäßig engbegrenzten Raum in der Nähe des Standorts des Truppenteils genommen werden."

[234] 88,61% entstammten dem Wehrkreis VI, der Anteil der übrigen Wehrkreise betrug meist je unter einem Prozent. Vgl. Rass, „Menschenmaterial", S.101.

[235] So wurde etwa im Art. Rgt. 296 darauf geachtet, dass jede Batterie ihre spezielle „landsmannschaftliche Zusammensetzung" hatte. Vgl. BA-MA, MSg 2/5321: NL Hans P. Reinert, Tagebuch, Anlage: Art. Rgt. 296 „Aufbau und Zusammensetzung bei Aufstellung" vom 30.4.1942.

[236] IfZ-Archiv, MA 263: AOK 7, Abt.Ia, Befehl an das XXV. A.K. vom 12.1.1942. Dieses Prinzip besaß in der deutschen Armee große Bedeutung. Am 8.12.1941 forderte das OKH in seiner „Weisung für die Aufgaben des Ostheeres im Winter 1941/42" u.a.: „Soweit möglich sind die Wiedergenesenen ihren alten Truppenteilen, der übrige Ersatz den aus dem betreffenden Wehrkreis stammenden Einheiten zuzuführen." Am 8.9.1942 bezeichnete Hitler in einem „Führerbefehl" Regiment bzw. Division als „Heimat" jedes Soldaten, aus der man ihn nicht herausreißen könne. Druck: KTB OKW, Bd.I, Dok.108; Bd.II/4, Dok.21.

[237] Zuweilen konnte dies schon früher einsetzen. Vgl. BayHStA, Abt.IV, NL Thoma 3, Brief des Oberstleutnants Schenks (296. ID) vom November 1941: „Ich führe zum Erstaunen der Welt immer noch mein altes Deggendorfer Bataillon. Aus 100 % Bayern sind durch Tote, Verwundete und Abgaben deren 20–25 % geworden. Es ist ein Jammer, man kennt das Bataillon nicht wieder..."

[238] Kroener („Menschenbewirtschaftung", S.962) meinte, dass es seit Ende 1943 bei der Neuformierung von Divisionen kaum noch eine Rolle gespielt habe. Vgl. hierzu auch Rass, „Menschenmaterial", S.106; ders., Sozialprofil, S.656; Tuider, Wehrkreise XVII und XVIII, S.31. Die älteren Divisionen, wie die unseres Samples, waren von diesem Prozess nur schleichend betroffen. Als Beispiel sei hier auf die „Auffrischung" der 45. ID im Frühjahr 1942 verwiesen: Am 23.5.1942 erreichte das Marsch-Bataillon 45/5 die Division, vier Tage später das Marsch-Bataillon 45/4. War das erste Bataillon noch auf dem „heimischen" Truppenübungsplatz Döllersheim formiert worden, so das zweite „in der Kölner Gegend". IfZ-Archiv, MA 1623: 45. Inf. Div., Abt.Ia, Kriegstagebuch, Eintrag vom 23. und 27.5.1942.

[239] BA-MA MSg 2/5326: NL Hans P. Reinert, Tagebuch, Anlage. Die Reihenfolge entspricht der Vorlage.
Bekannt ist eine entsprechende Liste von der 1. Geb. Div., zu der am 11.11.1943 insgesamt 12657 Schwaben und Bayern, 3401 Österreicher, 1551 Rheinländer, Westfalen und Hessen,

„Landsmannschaftliche Zusammensetzung der [296. Infanterie-]Division. Stand: 25.4.[19]44

Altbayern (Ober-, Niederbayern, Oberpfälzer) und Schwaben:	2 421
Mittel- u. Oberfranken	1 185
Sudetendeutsche	908
Mainfranken	521
Rheinländer	500
Sachsen	492
Ostmärker	408
Württemberger	359
Badener	332
Westfalen	285
Ostpreußen	246
Thüringer	199
Warthegau	194
Schlesier	187
Hessen	167
Brandenburger	149
Pommern	123
übriges Preußen	90
Rheinpfälzer	100
Mecklenburger	74
Hannoveraner	77
Schlesw[ig]-Holsteiner	61
Elsässer	52
Saarländer	49
Anhalt[in]er	22
Westpreußen	21
Berliner	21
Oldenburger- und Niedersachsen	18
Braunschweiger	16
Hamburger	10
Danziger	7
Kärntner[240] u. Krainer	6
Lothringer	4
Steiermärker [sic]	2
[Süd?]Tiroler	2
Memelländer	2
Bessarabier	6
Wolgadeutsche	1
Slovenier [sic]	3
Kroatier [sic]	1
Lettländer [sic], Italiener, Engländer, Schweizer	4
	9 335"

Mann für Mann belegt diese Übersicht, dass die 296. ID noch im vierten Kriegsjahr von ihrer personellen Zusammensetzung als „bayerischer" (44 Prozent ihrer Angehörigen), zumindest aber als „süddeutscher" Verband (61 Prozent) gelten konnte.

---

1 463 Schlesier und Sudetendeutsche, 761 Badener, Pfälzer und Elsässer, 701 Sachsen, Thüringer und Anhaltiner, 482 Berliner, Pommern, Hannoveraner und „Hanseaten" sowie 441 Danziger, Ost- und Westpreußen gehörten. Angabe nach: Lanz, 1. Gebirgsdivision, S.318. Dieser vergleichsweise große „Einzugsbereich" dieser Division beruhte auch darauf, dass sie sich nur aus Freiwilligen rekrutierte.

[240] Möglicherweise sind hier Einwohner jener Gebiete gemeint, die vor 1938 außerhalb der Grenzen Österreichs lagen.

Erkennbar aber werden auch die Metamorphosen, die der Krieg erzwang. Vertreten waren hier mittlerweile fast alle Regionen des Großdeutschen Reiches, aber auch Nationen oder Ethnien, die man in einer deutschen Infanteriedivision des Zweiten Weltkriegs kaum vermuten würde[241]. Angesichts der großen Bedeutung, welche die regionale Herkunft für die Personalpolitik der Wehrmacht hatte, wäre es abwegig, diesen Aspekt zu ignorieren, schon weil sich an der zivilen Herkunft dieser Menschen mitunter mehr ablesen lässt als an ihrem militärischen Status[242].

2.2.2 Stationierungs- und Rekrutierungsräume

Um welche Regionen handelt es sich in unserem Fall? Die Einteilung des Deutschen Reichs in neunzehn Wehrkreise (so der Stand im Herbst 1939) bietet die Möglichkeit, diese relativ präzise zu bestimmen[243]:
– Die *4. Panzer-* und die *296. Infanteriedivision* kamen aus dem Wehrkreis XIII, der seinen Schwerpunkt in Franken, Niederbayern und der Oberpfalz, ferner in einigen Teilen des Sudetenlands besaß. Ergänzt wurde er durch einige Land-

---

[241] Schon im Ersten Weltkrieg, als die regionale Herkunft eine entschieden größere Rolle spielte, war es nicht immer möglich gewesen, das Prinzip einer landschaftlich homogenen Rekrutierung durchzuhalten. Carl Zuckmayer (Als wär's ein Stück von mir, S. 270), der eine solche Metamorphose selbst erlebte, hat dies anschaulich beschrieben: „Im Anfang, solange wir noch einem hessischen Regiment und dem 18. Armeekorps angehörten, waren es mehr die Bewohner und Mundarten der engeren und weiteren Heimat, des deutschen Westens und Südwestens, mit denen man es zu tun hatte, von der Eifel und der Porta Westfalica über Hunsrück, Taunus, Rhön, Vogelsberg bis zum Schwarzwald und den Vogesen. Dann, durch den besonderen Charakter unserer Formation, die immer wieder anderen Armeekorps und anderen Divisionen zugeteilt war, kamen die für uns fremdartigsten, entferntesten Provinzstämme dazu, die Männer aus der ‚kalten Heimat‘ Ostpreußen, manche mit litauischem Einschlag, aus Lyck und Memel, Westpreußen ‚von der Weichsel, ‚Missingsche‘ von der Waterkant."

[242] Es spricht für sich, wenn die regionale Herkunft der deutschen Verbände sogar der gegnerischen Feindaufklärung auffiel. 1944 heißt es in einem Handbuch der britischen Armee über die Wehrmacht: *4. Pz. Div.:* „Personnel largely Bavarian"; *45. Inf. Div.:* „Personnel mainly Austrian"; *296. Inf. Div.:* „Formed […] from newly trained men from Northern Bayern and Western Sudetenland"; *221. Sich. Div.:* „Formed on mobilisation […] with Silesian Personnel". Angaben nach: German Order of Battle 1944, S. D 28, 59, 95, 116.

[243] 1939 war die Bildung der deutschen Wehrkreise abgeschlossen; es existierten die Wehrkreise I–XIII, XVII und XVIII sowie XX und XXI, ferner zwei Stellvertretende Generalkommandos eines im Reichsprotektorat Böhmen und Mähren sowie eines im Generalgouvernement. Vgl. hierzu Verordnung über die Wehrbezirkseinteilung für das Deutsche Reich vom 17. 7. 1941, in: RGBl. 1941, I, S. 391 ff. sowie Tessin, Verbände und Truppen, Bd. 16: Teil 2, S. 50 ff., 318 ff.; Teil 3, S. 2 ff.
Durch das System der Wehrkreise wurden die zivile Gesellschaft sowie das Ersatz- und Feldheer miteinander verzahnt. Die Wehrkreise entsprachen *zunächst* der Gliederung des Feldheers in Armeekorps; gleichzeitig waren die Wehrkreiskommandos für alle Angelegenheiten der Landesverteidigung und des Wehrersatzes zuständig. Das heißt, sie hatten zwei Funktionen, eine operativ-militärische und eine bei der Mobilisierung und Ausbildung des personellen Ersatzes. Vgl. Dietz, Wehrgesetz, S. 47.
Im Gegensatz zur Einteilung der Alten Armee vor 1914, bei der Preußen stark dominierte, war die Struktur der einzelnen Wehrkreise des damaligen deutschen Ersatzheeres so beschaffen, dass sie sich in ihrer Größe und vor allem in ihrer Bevölkerungszahl *ungefähr* entsprachen. In ihrer Größe sind sie mit den Wahlkreisen der Weimarer Republik vergleichbar. Übersichtlichkeit und Homogenität ermöglichen einen Zugriff, welcher der regionalen Differenzierung einigermaßen gerecht wird. So zerfiel beispielsweise Bayern in einen nördlichen (XIII) und in einen südlichen Wehrkreis (VII), so dass diese beiden Wehrkreise die ganz unterschiedlichen Traditionen, Konfessionen oder Strukturen Nord- und Südbayerns differenzierter abbilden, als es der bayerische Staat tat.

kreise in Thüringen, Baden, Württemberg und Schwaben. Das Generalkommando lag in Nürnberg.

- Die *45. Infanteriedivision* war im Wehrkreis XVII zu Hause, einem der beiden ehemals „österreichischen" Wehrkreise. Der Wehrkreis XVII umfasste die Bezirke Ober- und Niederösterreich (die man ab 1938 Ober- und Niederdonau nannte) sowie Wien, wo auch sein Generalkommando stationiert war. Auch zu diesem Wehrkreis waren im Herbst 1938 einige sudetendeutsche Landkreise hinzugekommen[244].
- Die *221. Sicherungsdivision* war im schlesischen Wehrkreis VIII aufgestellt worden, der Standort des Generalkommandos war Breslau. Im Süden war dieser Wehrkreis ebenfalls durch einige sudetendeutsche Landkreise erweitert worden.
- Den *Korück 580* hatte man im Wehrkreis VI formiert, einem der bevölkerungsreichsten Wehrkreise. Zu ihm gehörten die Rheinprovinz und die Provinz Westfalen, ferner Teile der Provinz Hannover und das Land Lippe. Das Generalkommando dieses Wehrkreises lag in Münster.

Das sind vier der insgesamt neunzehn deutschen Wehrkreise. Zwar überwiegt in unserem Fall das süddeutsch-österreichische Element[245], doch repräsentieren die Wehrkreise VI und VIII je ein nord- und ostdeutsches Gebiet.

Natürlich verteilten sich die Stationierungs- und Ergänzungsräume einer Division nicht über den gesamten Wehrkreis; meist lassen sie sich nochmals eingrenzen. Dass sie in einem anderen Wehrkreis lagen, war hingegen selten[246]. Die Standorte der *45. Infanteriedivision* mit dem Divisionskommando in Linz, das wie mit einem Kranz von Standorten (Ried, Braunau, Stockerau und Steyr) umgeben war, sind typisch für einen älteren Verband, der Zeit gehabt hatte, in eine Landschaft „hineinzuwachsen"[247].

Improvisierter wirkt dagegen der Stationierungsraum der *4. Panzerdivision*: die Führung in Würzburg, die übrigen Einheiten hingegen weit verstreut über Bamberg, Schweinfurt, Meiningen, Dessau bis hin nach München. Da motorisierte Truppenteile in der Wehrmacht selten waren, war ihr „Einzugsbereich" entsprechend groß[248].

---

[244] Vgl. Tuider, Wehrkreise XVII und XVIII, S.17ff. Auch die 45. ID hatte sich an der Besetzung des Sudetenlands und der „Rest-Tschechei" beteiligt, danach hatte man einige ihrer Garnisonen ins Sudetenland verlegt.

[245] Vgl. mit der Begründung in der Einleitung.

[246] Gerade bei den „alten" Verbänden der Wehrmacht waren Standort und Herkunft ihrer Angehörigen identisch, da die Einheiten „grundsätzlich in dem Lande ihren dauernden Standort" erhalten sollten, zu dessen „Landsmannschaft sie gehören". § 14 des Wehrgesetzes vom 23.3.1921 (RGBl. 1921, I, S.331f.).

[247] Vgl. mit der Karte bei Schmidl, „Anschluß", Vorsatzseite sowie S.297. Auch die Veteranen betonten, dass die Angehörigen der 45. ID „vorwiegend aus Oberösterreich und dem nördlichen Niederösterreich stammten". BA-MA, MSg 3-217/1: Linzer Turm 32 (1989), Nr.126, „Die Ritterkreuzträger der 45. Infanteriedivision".

[248] Vgl. mit den Angaben bei Neumann, 4. Panzerdivision, S.627. Interessanterweise hatte die Wehrmachtsführung vor 1939 in Thüringen mit der 1. Panzerdivision (Standort: Weimar), der 2. leichten Division (Standort: Gera) und der 29. Infanteriedivision mot. (Standort: Erfurt) einen Schwerpunkt in der Dislozierung ihrer motorisierten Truppen gebildet.

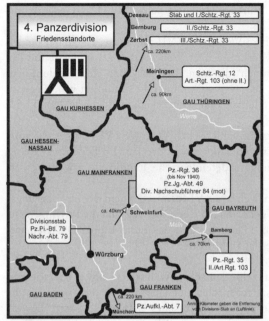

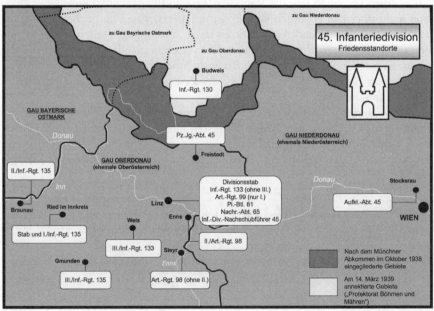

Als ein Sonderfall erweist sich in diesem Fall der *Korück 580*: Da die Einheiten dieses Rahmenverbands sehr oft wechselten und aus ganz unterschiedlichen Regionen stammten, ist hier weder eine organisatorische noch eine regionale Identität erkennbar. Der Korück präsentiert sich auch hier als Verband „ohne Eigenschaften", der zumindest bei diesem Vergleich ausscheidet.

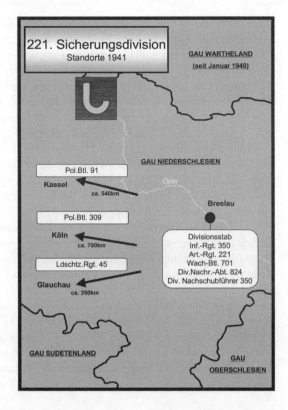

Bei den anderen beiden „Kriegskindern" ist eine regionale Zuordnung durchaus möglich: Die *221. Infanteriedivision* konnte mit Breslau sogar eine Großstadt als „Geburtsort" angeben[249], die *296. Infanteriedivision* dagegen „nur" einen Truppenübungsplatz wie Grafenwöhr[250]. Beide Divisionen besaßen jedoch klar umgrenzte Rekrutierungsbasen: bei der 221. ID hauptsächlich Niederschlesien[251], bei der 296. ID einen Raum, der damals „Bayerische Ostmark" hieß: Niederbayern und die Oberpfalz, erweitert durch einige Teile Oberfrankens und des benachbarten Sudetenlands. Selbst wenn auch in diesen beiden Divisionen Soldaten aus ganz „Großdeutschland [...] versammelt" waren[252], so existierte doch in beiden eine

---

[249] In Breslau lag das Divisionskommando und die Masse ihrer Truppenteile, der Rest war „im Raum westlich und südwestlich von Breslau untergebracht". IfZ-Archiv, MA 1660: 221. Sich. Div., Abt. I a, Kriegstagebuch, Eintrag vom 6.5.1941; IfZ-Archiv, MA 1659: 221. Sich. Div., „Unterkunftsübersicht Sich. Div. 221, 444, 454, Stand 15.3.41".

[250] IfZ-Archiv, MA 1631: 296. Inf. Div., Führungsabteilung, Kriegstagebuch vom 3.2.–28.2.1940.

[251] Vgl. IfZ-Archiv, MA 1673: I./Art. Rgt. 221, Meldung an 221. Sich. Div. vom 11.10.1942; Div. Nachsch. Führer, Meldung an 221. Sich. Div. vom 12.10.1942. Demzufolge waren 67 % der Angehörigen des Art. Rgt.s und 91 % ihres Nachschubpersonals Schlesier. Zur Identität dieser Division vgl. auch Schlesische Tageszeitung vom 18.11.1939, „Schlesische Landwehr im Kampf. Ruhmestaten einer Landwehrdivision im Osten".
Später wurde aber auch diese Sicherungsdivision immer häufiger durch Bataillone aufgefüllt, die aus allen Teilen des Reichs kamen. Vgl. Arnold, Wehrmacht, S. 421 f. mit Anm. 56.

[252] So der Divisionspfarrer der 221. Sich. Div., Dr. Ody, in: Schlesische Tageszeitung vom 16.11.1941, „Auf der Rollbahn".

klare regionale Akzentsetzung, die dafür sorgte, dass sich die Mehrheit ihrer Angehörigen mit „ihrer" Heimat, die eine zivile *und* eine militärische war, verbunden
fühlte[253]; im Falle der 45. ID sprach man sogar von den „Söhnen Oberdonaus"[254],
Oberösterreich galt als ihr „Mutterboden"[255]. Das war, so grobschlächtig solche
Bilder auch sein mögen, nicht nur Propaganda; auch im militärischen Alltag spielte
die Frage nach dem „Woher" eine große Rolle: Im Juni 1941 meinte ein Oberleutnant der 296. ID, ein „Lieblingsthema" ihrer Offiziere sei die regionale Abgrenzung gewesen: „Hie Preußen! Hie Süddeutsche!"[256]

Wofür aber steht diese regionale Herkunft? Sicher ist, dass sich die gleichsam bun-
teren Erscheinungsformen des zivilen Lebens oft besser zur Analyse eignen als das
feldgraue Einerlei des Militärs. Mit den Rekrutierungsräumen kommen auch Mileu-
us, Strukturen und Ereignisse in den Blick, historische Zäsuren wie die Weltwirtschaftskrise[257] oder der Aufstieg der NSDAP[258], durch die es wiederum möglich ist,
dichter an die Sozialstruktur und die Mentalität dieser Soldaten heranzukommen.
Gerade für die zentrale Frage: Wie dachten diese eigentlich über die NS-Ideologie, in
deren Namen sie doch kämpften? bieten die Wahlergebnisse einen ersten wichtigen
Anhaltspunkt. Gewiss lässt sich ein solcher Ansatz kritisieren: Bei den Wahlkreisen
handelte es sich um relativ große, amorphe Räume, die sich in ihren Strukturen und
erst recht in ihrem Wahlverhalten bei näherem Hinsehen meist als sehr viel heltero-
gener erwiesen; die Wahlergebnisse enden schon 1933; und schließlich: Die meisten
deutschen Soldaten des Zweiten Weltkriegs haben vor 1933 nicht gewählt[259].

Solche Bedenken lassen sich aber entkräften. Zunächst einmal: Wahlkreise und
Rekrutierungsräume waren *relativ* identisch, so dass sie sich durchaus in Korrelation setzen lassen. Die Unterschiede, die sich dabei zwischen den einzelnen Rekru-

---

[253] *4. Pz. Div.*: Neumann, 4. Panzerdivision, S. 13; BA-MA, MSg 3-141/2: Broschüre zum Treffen
der 4. Panzerdivision, o. D.; BA-MA, RH 27-4/199: Geschichte der 4. Pz. Div., Masch. Manuskript, o. D., S. 6. *45. Inf. Div.*: Gschöpf, Weg, S. 25 ff. *296. Inf. Div.*: Kurowski, Fränkische
Infanterie, S. 296.

[254] Linzer Tagespost vom März 1942, „Seit Kriegsbeginn ruhmreich bewährt!".

[255] So Gschöpf, Weg, S. 15, für die 45. Inf. Div.

[256] BA-MA, MSg 2/5314: NL Hans P. Reinert, Tagebuch, Eintrag vom 3. 6. 1941.

[257] Alle Angaben zur Arbeitslosigkeit entstammen – soweit nicht extra gekennzeichnet – dem
Statistischen Jahrbuch für das Deutsche Reich, dem Statistischen Jahrbuch für den Freistaat
Bayern sowie dem Sozialgeschichtlichen Arbeitsbuch, Bd. III. Im Falle der bayerischen Regierungsbezirke musste – da Volkszählungen nur in den Jahren 1925 und 1933 stattfanden, nicht
aber in den Jahren der Massenarbeitslosigkeit – ein gleichmäßiges, aber für diese Zeit relativ
geringfügiges Bevölkerungswachstum unterstellt werden. Auch für den Anteil der Erwerbsbe-
völkerung an der Gesamtbevölkerung, der sich 1925 interessanterweise von dem im Jahr 1933
kaum unterschied, wurde ein Mittelwert gebildet; er beträgt 53,3 %. Dieser Anteil wurde dann
auf die Bevölkerungszahl der einzelnen Regierungsbezirke übertragen, um so den Prozentsatz
der Arbeitslosigkeit, für die nur absolute Zahlen vorliegen, bestimmen zu können.
Natürlich sind solche Angaben nur ein Produkt der offiziellen Arbeitslosenstatistik. Da längst
nicht alle Arbeitslosen als „Hauptunterstützungsempfänger" registriert wurden, sind die jeweiligen Zahlen stets etwas höher anzusetzen. Vgl. hierzu Winkler, Weg in die Katastrophe, S. 23 ff.

[258] Alle Wahlergebnisse nach Falter/Lindenberger/Schumann, Wahlen und Abstimmungen in der
Weimarer Republik. Soweit nicht extra angegeben, dort alle Angaben zu den Wahlergebnissen
und Wahlkreisen. Ferner Falter, Hitlers Wähler.

[259] Laut Art. 22 der Verfassung des Deutschen Reichs vom 11. 8. 1919 erhielten Männer und
Frauen mit 20 Jahren das aktive Wahlrecht. Das heißt, dass von den uns interessierenden Jahr-
gängen jene von 1911 und 1912 die letzten waren, die sich an freien Wahlen beteiligen konn-
ten. Das betraf freilich nicht die aktiven Soldaten, denen § 36 des Wehrgesetzes vom 23. 3. 1921
(RGBl. 1921, I, S. 336), bzw. § 26 des Wehrgesetzes vom 21. 5. 1935 (RGBl. 1935, I, S. 609) das
Recht zum Wählen verbot.

tierungsräumen abzeichnen, sind auf alle Fälle so groß, dass durch sie sozial- und auch mentalitätsgeschichtlich auf jeden Fall ein genaueres und differenziertes Bild entsteht. Nach 1933 waren diese regionalen und sozialen Signaturen durch die „egalisierende ‚Planierraupe' der NSDAP"[260] nicht einfach ausgelöscht worden, selbst wenn sich diese Partei mit gewissen zeitlichen Verschiebungen bis 1939 im gesamten Großdeutschen Reich durchsetzte[261]. Damals, 1939, gehörten allein zu den Mannschaftssoldaten der Wehrmacht 27 Jahrgänge – vom Jahrgang 1893 bis 1919. Für die jüngsten Soldaten waren „Machtergreifung" oder gar Weltwirtschaftskrise nur noch Kindheiterinnerungen. Ihre älteren Kameraden aber hatten diese Ereignisse hingegen schon sehr bewusst erlebt[262], sie hatten, wenn auch meist nur als Wähler, gewöhnlich auch politische Verantwortung übernommen und sie bildeten schließlich das familiäre und soziale Milieu, in dem die jüngeren Generationen groß wurden[263]. Schon deshalb scheint der Blick zurück sinnvoll, mindestens bis in den Herbst 1929. Denn wenn es richtig ist, dass ohne die „Schockwirkung" der damals einsetzenden Weltwirtschaftskrise nichts in „der deutschen Geschichte der folgenden zehn Jahre [...] verstanden werden" kann[264], dann wäre es falsch, das damalige Verhalten jener Männer zu ignorieren, die dann 1939 in den Krieg zogen.

2.2.2.1 Die Stationierungs- und Ergänzungsräume der 4. Panzerdivision

Die Heimat dieser Division: die *drei fränkischen Regierungsbezirke*[265], *Anhalt* und *Thüringen*[266], lässt sich nur schwer mit einem einzigen Begriff beschreiben; schon

---

[260] Mintzel, Regionale politische Traditionen, S. 141. So stimmten bei der Volksabstimmung vom April 1938 in Franken 99,3 % mit „Ja", in Niederbayern-Oberpfalz 98,2 %. Vgl. Kershaw, Hitler-Mythos, S. 117.
Dass zu allen vier Divisionen auch sudetendeutsche Rekruten einrückten, also Angehörige einer Volksgruppe, die in einem ganz besonderen Maße der Verführungskraft des Nationalsozialismus erlegen war, dürfte ihre Resistenz gegenüber dem Nationalsozialismus kaum erhöht haben. Die Sudetendeutsche Partei (SdP), die zunehmend in das Fahrwasser der NSDAP geriet, erhielt schon im Mai 1935 66 % aller deutschen Stimmen. Vgl. Smelser, Sudetenproblem und das Dritte Reich 1933–1938; Boyer/Kučera, Die Deutschen in Böhmen, Zahl S. 276; Gebel, „Heim ins Reich!".

[261] Vgl. hierzu Steinert, Hitlers Krieg, S. 77 ff.; Kershaw, Hitler-Mythos, S. 46 ff., 111 ff.; Boberach (Hrsg.), Meldungen aus dem Reich 1938–1945, Bd. 4. Ferner Wirl, Die Öffentliche Meinung unter dem NS-Regime.

[262] So ließ ein Offizier der 221.: Jahrgang 1886, Hauptmann der Reserve und im Zivilberuf Innenarchitekt, im Dezember 1941 seine Kameraden wissen, er werde, „wenn er heimkommt, seine Existenz zum vierten Mal neu aufbauen" müssen. Jarausch/Arnold, Sterben, S. 356 (Brief vom 25. 12. 1941).

[263] Zusammenfassend zum Milieubegriff vgl. Bösch, Das konservative Milieu, S. 11.

[264] Vgl. Wehler, Deutsche Gesellschaftsgeschichte, Bd. 4, S. 262.

[265] Zu Franken: *Übergreifend*: Hambrecht, Aufstieg der NSDAP in Mittel- und Oberfranken; Seitert (Hrsg.), Nationalsozialismus in Franken. *Oberfranken*: Winkler, Oberfranken; Tapken, Bamberg als Garnisonsstadt; ders./Kestler, „Drum frisch, Kameraden, den Rappen gezäumt ...."; Bamberg. Eine Stätte deutscher Kultur. Fünf Jahre nationalsozialistischer Aufbau 1933/1937. Hrsg. im Auftrag des Oberbürgermeisters durch das Statistische Amt der Stadt Bamberg, Bd. 1, Bamberg 1938; Hayward/Morris, The First Nazi Town. *Mittelfranken*: Kittel, Provinz; *Unterfranken*: Memming, The Bavarian Governmental District Unterfranken; Rockenmaier, Das Dritte Reich und Würzburg; Weidisch, Machtergreifung in Würzburg. Der Regierungsbezirk Unterfranken, der 1938 offiziell die Bezeichnung Mainfranken erhielt, wird hier weiter als Unterfranken bezeichnet.

[266] Vgl. hierzu Patze/Schlesinger, Geschichte Thüringens, Bd. 5/2; Heiden (Hrsg.), Nationalsozialismus in Thüringen; ders., Thüringen auf dem Weg ins Dritte Reich; Dornheim, Thüringen 1933–1945.

geographisch war sie ausgesprochen heterogen. Die Geschichte – erinnert sei an die dort dominierende Kleinstaaterei und das in der Landwirtschaft vorherrschende Prinzip der Erbteilung – hatte das Kleinräumige dieser Regionen noch weiter verstärkt. Bis 1805 waren die fränkischen Teile mit ihrer Einverleibung ins Königreich Bayern in einem modernen Flächenstaat aufgegangen; das Land Thüringen wurde dagegen erst 1920 gegründet. Trotzdem wirkte die partikulare Tradition noch lange nach; mit ihren unzähligen Dörfern und Kleinstädten, ihren unterschiedlichen Konfessionen und Sozialmilieus handelte es sich hier um hochgradig fragmentierte Gebiete, teilweise stark geprägt von konservativen weltanschaulichen und sozialen Normen. Andererseits hatte in diesen, aufs Ganze gesehen noch immer agrarischen Räumen, das 19. Jahrhundert mit seinen großen Tendenzen: Industrialisierung, Bevölkerungswachstum und Landflucht deutliche Spuren hinterlassen. Die größte Bedeutung hatte die Landwirtschaft während der Zwischenkriegszeit noch im katholisch geprägten Unterfranken[267], während im protestantisch geprägten Mittel- und Oberfranken damals bereits über 40 Prozent der Erwerbstätigen von Industrie und Handwerk lebten[268], in Thüringen sogar 75 Prozent, nicht zuletzt von der Heimarbeit, die für diese Region besonders charakteristisch war. Diese Voraussetzungen dämpften etwas die Folgen der Weltwirtschaftskrise. Die Arbeitslosigkeit lag in Unterfranken 1932 bei 8,9 Prozent, in Thüringen (1933: 11,5 Prozent) und Oberfranken (1932: 12,4 Prozent) dagegen etwas höher[269].

Dass Mittelfranken und dann auch Thüringen für die Parolen der NSDAP besonders anfällig waren, hatte freilich nicht allein wirtschaftliche Gründe[270]. Bereits im 19. Jahrhundert hatte sich das protestantische Franken zur stärksten Bastion eines politisierten, kämpferischen und nicht zuletzt antisemitischen Protestantismus entwickelt[271]. Vor dem Aufkommen der NSDAP dominierten hier DNVP und Bayerischer Landbund[272], aber schon bei der Reichstagswahl von 1924 erhielt die Deutsch-Völkische Freiheitspartei im *Wahlkreis Franken* sensationelle 20,7 Prozent der Stimmen (bei einem reichsweiten Ergebnis von 6,5 Prozent)[273]. Erst ab 1930 begann sich die NSDAP mit ihren *reichs*weiten Wahlerfolgen dem hohen fränkischen Niveau anzunähern[274], wobei sich nun die deutlichen, konfessionell begründeten Unterschiede im Wahlverhalten der drei fränkischen Regierungsbe-

[267] Fast die Hälfte der Erwerbstätigen (48,7 %) fand hier ihr Auskommen, ein weiteres Drittel (38,6 %) wurde in der Kategorie der „mithelfenden Familienangehörigen" geführt.
[268] Mittelfranken: 42,6 %, Oberfranken: 41,2 %, Unterfranken: 26,4 %. Zahlen nach: Spitznagel, Wähler und Wahlen in Unterfranken 1919–1969.
[269] Das bedeutete, dass in Unterfranken 37 340, in Thüringen 29 100 und in Oberfranken 51 562 Arbeitslose registriert waren. Die Zahl für Thüringen bei: Patze/Schlesinger, Geschichte Thüringens, Bd. 5/2, S. 521.
[270] Das Stationierungs- und Ergänzungsgebiet der 4. Panzerdivision war auf die Wahlkreise Franken (letzterer umfasste die drei fränkischen Regierungsbezirke) und Thüringen aufgeteilt.
[271] Kittel, Provinz zwischen Reich und Republik, S. 39.
[272] Hambrecht, Der Aufstieg der NSDAP, S. 4f.
[273] 1928 kam die NSDAP im Wahlkreis Franken bereits auf 8,1 %, im gesamten Reich hingegen nur auf 2,6 %. Vgl. hierzu auch Glaser, Franken und der Nationalsozialismus.
[274] Reichstagswahl 1930: Franken 20,5 %, Reich 18,3 %; Reichstagswahl 1932 (I): Franken 39,9 %, Reich 37,3 %; Reichstagswahl 1932 (II): Franken 36,4 %, Reich 33,1 %; Reichstagswahl 1933: Franken 45,7 % Reich 43,9 %.

zirke neutralisierten[275]. In *Thüringen* war dagegen die Zustimmung zur NSDAP nicht ganz so ausgeprägt. Allerdings konnte sich hier die NSDAP aufgrund der chronischen Instabilität der Thüringer Landesregierungen[276] 1930 erstmals an einer Koalitionsregierung beteiligen[277], mit der Folge, dass sie hier ihren Stimmenanteil von 11,3 in drei Jahren auf 42,5 Prozent steigerte.

2.2.2.2 Die Stationierungs- und Ergänzungsräume der 296. Infanteriedivision

Diese Division stammte aus einem Raum, in dem sich die Veränderungen des 19. und 20. Jahrhunderts vergleichsweise wenig bemerkbar gemacht hatten. Äußerlich wirkten *Niederbayern* und die *Oberpfalz*[278] relativ geschlossen. Diese beiden Regierungsbezirke am östlichen Rand Bayerns wurden sehr stark geprägt von der Landwirtschaft, wobei das Landschaftsbild der Oberpfalz mit ihrer schlechten Bodenqualität stärker von Wäldern bestimmt wird als das Niederbayerns. Landflucht, Nebenerwerbstätigkeit, aber auch eine bescheidene Industrialisierung besaßen daher in der Oberpfalz eine größere Bedeutung als in Niederbayern, wo sich seit dem Ende des 19. Jahrhunderts strukturell nur wenig verändert hatte. Das Leben der Menschen wurde bestimmt vom Rhythmus des bäuerlichen Lebens, von der katholischen Religion (ihr gehörten damals 92,2 Prozent der Oberpfälzer und 98,8 Prozent der Niederbayern an[279]) und auch von der Dürftigkeit der materiellen Verhältnisse[280]. Noch zu Beginn der 30er Jahre galten Niederbayern und die Oberpfalz als Armenhäuser[281]. Immerhin sorgten diese agrarisch geprägten Erwerbsstrukturen dafür, dass die Arbeitslosigkeit damals in Niederbayern reichsweit am niedrigsten war, hier kam sie nie über 6 Prozent hinaus[282]. Etwas schlechter sah es in der Oberpfalz aus, 1931 wurden hier immerhin 9,3 Prozent der Erwerbstätigen

---

[275] Während die Wahlergebnisse der Nationalsozialisten im evangelisch dominierten Mittel- und Oberfranken (69 % bzw. 60 % Protestanten) weit über dem Reichsdurchschnitt lagen, gelang es ihnen im katholisch geprägten Unterfranken (80,6 % Katholiken) – traditionell eine Hochburg der BVP – niemals, auf ein solch hohes Niveau zu kommen. Reichstagswahl 1930: Oberfranken 23,9 %, Mittelfranken 23,8 %, Unterfranken 12,3 %, Reich 18,3 %; Reichstagswahl 1933: Oberfranken 48,7 %, Mittelfranken 51,6 %, Unterfranken 33,9 %, Reich 43,9 %. Angaben nach: Statistisches Jahrbuch für den Freistaat Bayern 1930, S. 580 f.; 1933, S. 524 f.; 1934, S. 9. Vgl. ferner mit der Einschätzung bei Spitznagel, Wähler, S. 49.

[276] Vgl. Mai, Thüringen in der Weimarer Republik.

[277] Neliba, Wilhelm Frick, S. 57 ff.; Handbuch zur Geschichte Thüringens, S. 506 f.

[278] *Übergreifend*: Zittel, Volksstimmung im Dritten Reich. *Niederbayern:* Becker (Hrsg.), Passau in der Zeit des Nationalsozialismus; Hettinger, Passau als Garnisonsstadt im 19. Jahrhundert; Kenkenstein (Hrsg.), Chronik der Garnisonsstadt Passau; Heller, 2000 Jahre Passau. *Oberpfalz*: Zweck, Die Nationalsozialistische Deutsche Arbeiterpartei in Regensburg; Halter, Stadt unterm Hakenkreuz. Kommunalpolitik in Regensburg.

[279] Statistisches Jahrbuch für Bayern 1934, S. 9.

[280] Für diese Armut gibt es viele Belege, etwa die hohe Säuglingssterblichkeit, die doppelt so hoch war wie im Übrigen Deutschen Reich, oder das auffallend geringe Steueraufkommen. Säuglingssterblichkeit nach den Statistischen Jahrbüchern: 1919 Niederbayern: 25,6 %, Reich: 14,5 %; 1925 Niederbayern: 21,2 %, Reich: 10,5 %. Anfang der 30er Jahre zahlten in Niederbayern nur 14 % der Bevölkerung Einkommenssteuer, im gesamten Bayern hingegen 25 %. Angaben nach: Statistisches Jahrbuch für Bayern 1936, S. 409.

[281] Seit 1927 war das gesamte oberfränkisch-oberpfälzisch-niederbayerische Grenzland in die finanzielle „Osthilfe" des Reichs einbezogen. Vgl. Zorn, Bayerns Geschichte im 20. Jahrhundert, S. 328. Vgl. auch mit dem eindrucksvollen Bericht von Wimschneider, Herbstmilch.

[282] 1932 erreichte sie einen Stand von 5,7 %, was 23 178 registrierten Arbeitslosen entsprach.

als arbeitslos registriert, auch das lag freilich noch unter dem Reichsdurchschnitt[283]. Zweifellos konnten diese Räume die wirtschaftliche Depression besser abfedern als ihre industrialisierten Nachbarn, doch sollte man nicht vergessen, auf welch bescheidenem ökonomischen Niveau dies geschah.

Der konservative Charakter Niederbayerns und der Oberpfalz zeigte sich auch bei den Wahlen. Kaum ein Wahlkreis bereitete der NSDAP solche Schwierigkeiten wie Niederbayern und die Oberpfalz[284]. Überrepräsentiert war die äußerste Rechte hier nur bei der Reichstagswahl vom Mai 1924[285]. Danach blieb der *Wahlkreis Niederbayern-Oberpfalz* für die Nationalsozialisten ein Diasporagebiet: 1930 erhielten sie hier 12 Prozent (Reichsdurchschnitt: 18,3 Prozent), 1932 dann 20,4 bzw. 18,5 Prozent (Reichsdurchschnitt: 37,3 bzw. 33,1 Prozent) der Stimmen; erst 1933 waren es schließlich 39,2 Prozent (bei einem Reichsdurchschnitt von 43,9 Prozent), wobei die Nationalsozialisten in der Oberpfalz[286] noch schlechter abschnitten als in Niederbayern[287]. Wenn es der NS-Bewegung nur langsam gelang, im östlichen Bayern Fuß zu fassen[288], dann lag das nicht nur an der vergleichsweise geringen Arbeitslosigkeit. Auch die Dominanz des Katholizismus, das Beharren der Bevölkerung auf dem Althergebrachten und eine auffallend niedrige Wahlbeteiligung sorgten dafür, dass hier die Resistenz gegenüber der NSDAP reichsweit am stärksten blieb[289].

2.2.2.3 Die Stationierungs- und Ergänzungsräume der 221. Infanterie- bzw. Sicherungsdivision

Schlesien erwies sich dagegen als politisch und wirtschaftlich sehr viel anfälliger für die Krisen der Zwischenkriegszeit. Schlesien hatte schon sehr früh zu einer politischen Einheit gefunden[290] und war dann in einer Großmacht aufgegangen, zu-

---

[283] Einzelne Industriezweige wie die Glas- oder die Porzellanfabrikation litten freilich stark unter der Krise.

[284] Die Rekrutierungsbasis der 296. Infanteriedivision konzentrierte sich vor allem auf den Wahlkreis Niederbayern-Oberpfalz (entsprechend den beiden gleichnamigen Regierungsbezirken).

[285] Niederbayern-Oberpfalz: 10,2 %, Reichsdurchschnitt: 6,5 %. Danach aber entsprachen ihre dortigen Wahlergebnisse ziemlich genau dem Reichsdurchschnitt.

[286] Zunächst ähnelten sich die Ergebnisse der beiden Regierungsbezirke. Später war die Skepsis gegenüber den Nationalsozialisten in der Oberpfalz deutlich stärker ausgeprägt. Reichstagswahl 1930: Oberpfalz 12,4 %; Niederbayern 11,6 %; Reich 18,3 %. Reichstagswahl 1933: Oberpfalz 34 %; Niederbayern 44 %. Angaben nach: Statistisches Jahrbuch für den Freistaat Bayern 1930, S. 580 f.; 1933, S. 524 f. Die 296. Infanteriedivision rekrutierte sich aber aus beiden Regierungsbezirken, so dass eine stärkere Differenzierung hier nicht nötig erscheint.

[287] Ein Ausnahme bildete hier nur Passau, das aufgrund seiner ungünstigen Randlage von der Arbeitslosigkeit besonders betroffen war. Vgl. hierzu Becker (Hrsg.), Passau in der Zeit des Nationalsozialismus. (Hier besonders Martin Hille, Zur Sozial- und Mitgliederstruktur der Passauer NSDAP in den zwanziger und dreißiger Jahren).

[288] Dies war auch nach 1933 zu spüren, selbst wenn die NSDAP in allen Wahlkreisen eine Zustimmung von weit über 90 % erzielte. Allerdings verschlechterten sich deren Ergebnisse in der Zeit von 1936 bis 1938 nirgends so sehr wie in Niederbayern und der Oberpfalz. Vgl. Kershaw, Hitler-Mythos, S. 117 mit Anm. 26.

[289] Während der Weimarer Republik war die Wahlbeteiligung im Wahlkreis Niederbayern-Oberpfalz am niedrigsten. Schon 1928 lag die Wahlbeteiligung im Regierungsbezirk Niederbayern bei 68,6 %, im Regierungsbezirk Oberpfalz bei immerhin 75,5 %. Bei der Reichstagswahl 1930 sank die Wahlbeteiligung im Regierungsbezirk Niederbayern dann auf 58,1 %. Vgl. Statistisches Jahrbuch für den Freistaat Bayern 1928, S. 591; 1930, S. 564. Ferner Falter/Lindenberger/Schumann, Wahlen und Abstimmungen in der Weimarer Republik, S. 275.

[290] Vgl. hierzu Sommer, Landeskunde Schlesien; Bartsch, Die Städte Schlesiens (in den Grenzen des Jahres 1937); Neubach, Parteien und Politiker in Schlesien; Bossle, Nationalsozialismus

nächst in Österreich, danach in Preußen. Bedingt durch seine Randlage galt das konfessionell geteilte Land – Oberschlesien war mehrheitlich katholisch, Niederschlesien protestantisch[291] – mal als eine Zone friedlicher Begegnung, mal als verteidigende Festung, mal als „Ausfallstor deutscher Kultur nach Osten"[292]. Ein weiteres Charakteristikum Schlesiens war sein immenser Reichtum, bedingt durch seine Rolle als klassisches Durchgangsland, die Fruchtbarkeit seiner Böden und nicht zuletzt seine Bodenschätze. Im 19. Jahrhundert wurde Oberschlesien zum zweitgrößten Industrierevier in Deutschland und Breslau zum „unbestrittenen Verwaltungs-, Wirtschafts- und Kulturzentrum im Osten Deutschlands"[293]. Allerdings war dieser Wohlstand lange Zeit sehr unterschiedlich verteilt – in der Industrie wie in der Landwirtschaft, wo sich riesige Güter in der Hand weniger Familien befanden. Schon deshalb hatte eine Region wie Schlesien besonders unter den Folgen des Ersten Weltkriegs, erinnert sei nur an den Verlust von Ostoberschlesien, und unter der Weltwirtschaftskrise zu leiden; bereits 1930 stieg hier die Arbeitslosigkeit auf 10,6 Prozent, 1932 sogar auf 16,9 Prozent[294]. Bis 1939 waren diese Schwierigkeiten freilich überwunden. Schlesien galt damals als eine der prosperierendsten Regionen Deutschlands.

Auch hier erzielte die NSDAP jene nachgerade erdrutschartigen Wahlerfolge, wie sie damals für ganz Ostdeutschland charakteristisch waren[295]. Hatten im *Wahlkreis Breslau* bis 1928 SPD, DDP und DNVP dominiert[296], so konnten die Nationalsozialisten nun auch hier ihre Vormacht rasch ausbauen; bei der Juli-Wahl 1932 gewannen sie im Wahlkreis Breslau bereits 43,5 Prozent, reichsweit dagegen nur 37,3 Prozent, bei der letzten, halbfreien Reichstagswahl im März 1933 betrug das Verhältnis sogar 50,2 zu 43,9 Prozent.

2.2.2.4 Die Stationierungs- und Ergänzungsräume der 45. Infanteriedivision

Oberösterreich[297], einst ein Kerngebiet der Habsburger-Monarchie, war von den Veränderungen infolge des Ersten Weltkriegs nur indirekt berührt worden. Auch

und Widerstand in Schlesien; Sprenger, Groß-Rosen; Irgang/Bein/Neubach, Schlesien; Fuchs, Gestalten und Ereignisse aus Schlesiens Wirtschaft; Conrads, Schlesien; Bahlke (Hrsg.), Schlesien und die Schlesier; Bartosz/Hofbauer (Hrsg.), Schlesien.
[291] Vgl. Statistisches Jahrbuch für das Deutsche Reich 1926, S. 36.
[292] Bartosz/Hofbauer (Hrsg.), Schlesien, S. 18.
[293] Ebda., S. 237. Ferner: Davies/Moorhouse, Die Blume Europas. Breslau – Wrocław – Vratislavia, insbes. S. 403 ff.; Thum, Die fremde Stadt.
[294] 1930 waren dies 260530 registrierte Arbeitslose, deren Zahl 1932 dann auf 420206 stieg. Als „Hauptherd der Arbeitslosigkeit" erwies sich nicht nur das hochindustrialisierte Oberschlesien, sondern auch Breslau, wo die Arbeitslosenquote schon 1931 auf über 28 % stieg. Statistisches Taschenbuch Breslau 1936, S. 15.
[295] Vgl. Falter, Hitlers Wähler, S. 30 ff.
Schlesien zerfiel entsprechend seiner Regierungsbezirke in die Wahlkreise Breslau (7), Liegnitz (8) und Oppeln (9). Während die NSDAP in den ersten beiden – protestantisch geprägten – Wahlkreisen weit überdurchschnittliche Ergebnisse erzielte, galt dies nicht für den oberschlesischen Regierungsbezirk Oppeln.
[296] Reichstagswahl 1928, DNVP: Breslau 22,9 %, Reich 14,2 %; NSDAP: Breslau 1 %, Reich 2,6 %. Während die Stadt Breslau zunächst eher links wählte, dominierten auf dem „platten Land" die rechten Parteien. Vgl. etwa Conrads, Schlesien, S. 648: „Im Gutsbereich des [nieder]schlesischen Banau gab es beispielsweise nicht eine einzige schwarzrotgoldene Fahne. Wer die Farben des Reiches gezeigt hätte, wäre ein Landesverräter gewesen."
[297] *Oberösterreich*: Slapnicka, Oberösterreich (1975/1978/1983); Mayrhofer/Schuster (Hrsg.), Bilder des Nationalsozialismus in Linz; Moser, Oberösterreichs Wirtschaft 1938 bis 1945;

wirtschaftlich hatte sich nur wenig geändert; die meisten Menschen lebten nach
wie vor von der Landwirtschaft[298]. Fabriken hatten sich nur in Linz, Wels und
Steyr angesiedelt, doch galten sie als „veraltet und wenig gewinnträchtig"[299]. Auch
hier verstärkte die homogene Konfessionalität – 1923 waren 97 Prozent der oberösterreichischen Bevölkerung katholisch – den stark konservativen Charakter
dieser Gegend. Die Massenarbeitslosigkeit infolge der Weltwirtschaftskrise zeigte
sich in *Oberösterreich* mit einer gewissen Verspätung; 1933 erreichte sie hier mit 10
Prozent ihren Höchststand[300], was etwa einem „mittleren" Platz in der deutsch-
österreichischen Erwerbslosenstatistik entspricht. Doch dauerte es hier länger, um
diese Krise zu bewältigen.

Bis 1933 führten die Nationalsozialisten in Oberösterreich ein Schattendasein;
bescheidene 3,5 Prozent erhielten sie bei der Landtagswahl vom April 1931[301]. Da
die NSDAP nach 1933 in ganz Österreich verboten wurde, können wir über ihre
weitere Entwicklung nur spekulieren. Sicher ist, dass Linz vor 1938 als „Hochburg
der illegalen NSDAP" galt[302], als „Brückenkopf" zum nationalsozialistischen
Deutschland[303]. Das hatte nicht nur geographische Gründe. Für Hitler, der von
1899 bis 1908 in Linz aufgewachsen war, blieb die Stadt stets Bezugspunkt seines
Planens. Schon 1931 machte er das „deutsche Linz" und nicht den „Wasserkopf
Wien" zum Sitz der österreichischen NSDAP[304]. Nach dem März 1938 verlieh er
dann dem verschlafenen Provinzstädtchen den Status einer „Führerstadt", die er
zur monumentalen Kulturmetropole ausbauen wollte[305]. Dass sich schon vorher

---

Slapnicka, Hitler und Oberösterreich; Bukey, The Nazi Party in Linz; ders., „Patenstadt des
Führers"; ders., Hitler's Austria; Rödhammer, Oberösterreichische Wehrgeschichte; Zinnhobler, Das Bistum Linz im Dritten Reich; Widerstand und Verfolgung in Oberösterreich 1934–
1945, 2 Bde.

[298] Vgl. Slapnicka, Oberösterreich (1983), S. 885. In der Zwischenkriegszeit bestand der oberösterreichische Raum zu 38 % aus Äckern, zu 37 % aus Wald, zu 20 % aus Wiesen und zu 2 %
aus Weideland und Gärten.

[299] Ihr Produktionsschwerpunkt lag auf der Herstellung von Maschinen, Autos, Nahrungsmitteln und Kleidung. Vgl. Bukey, „Patenstadt des Führers", S. 103.

[300] Slapnicka, Oberösterreich (1983), S. 886f. 1933 wurden ca. 48 000, 1936 ca. 38 000 Arbeitslose
registriert.

[301] Ergebnisse der Wahl in den oberösterreichischen Landtag vom 19. April 1931. Hrsg. von der
Landesregierung in Linz, Linz 1931, S. 2ff.
Auch im sozialdemokratisch geprägten Milieu der Landeshauptstadt Linz blieben die Nationalsozialisten bis 1933 eine politische Randerscheinung. Allerdings existierten Affinitäten
beim Militär. Die Linzer Ortsgruppe der NSDAP war 1924 von einigen Soldaten ins Leben
gerufen worden. Im Oktober 1932 wählten 13 % der in Linz stationierten Soldaten den Völkischen Soldatenbund. Vgl. Bukey, „Patenstadt des Führers", S. 131.

[302] So Schmidl, „Anschluß", S. 119. Ferner Bukey, „Patenstadt des Führers", S. 9. Bei der Entnazifizierung in Oberösterreich wurden rund 7 % der Bevölkerung als registrierte NS-Mitglieder
erfasst, in Linz dagegen 9 %. Vgl. hierzu Schuster, Politische Restauration und Entnazifizierungspolitik in Oberösterreich, S. 205.

[303] Slapnicka, Oberösterreich (1983), S. 884.
Interessant ist in diesem Zusammenhang, dass Ernst Kaltenbrunner und Adolf Eichmann in
Linz aufgewachsen sind, wo sie sich bereits in der Schule kennen lernten. Vgl. Black, Ernst
Kaltenbrunner, S. 40ff.; Aharoni/Dietl, Der Jäger. Operation Eichmann, S. 22ff. Zum Anti-
semitismus in Linz, wo im November 1938 bereits jüdischen Frauen öffentlich die Haare ge-
schoren wurden, vgl. auch Gilbert, From the Ends of the Earth, S. 177.

[304] Vgl. Mayrhofer/Schuster, Bilder des Nationalsozialismus, Bd. 1, S. 12; Hitler – Reden,
Schriften, Anordnungen, Bd. IV, Dok. 5.

[305] Linz war die einzige österreichische Stadt, die diesen Status erhielt. Vgl. hierzu Bukey, „Patenstadt des Führers"; Mayrhofer/Schuster (Hrsg.), Bilder des Nationalsozialismus in Linz, 2
Bde.; dies., Nationalsozialismus in Linz, 2 Bde.

das politische Klima in Oberösterreich zu ändern begann, hatte freilich nicht nur externe Gründe[306]. In Linz, Wels und auch im Innviertel war die illegale Nachfolgeorganisation der NSDAP besonders aktiv, so dass Oberösterreich zu einer der wichtigsten Schauplätze des Juli-Putsches von 1934 wurde[307]. Damals war auf das Bundesheer noch Verlass gewesen; auch national eingestellte Offiziere beteiligten sich an der Niederwerfung der nationalsozialistischen Aufstände[308]. 1938 blieb ihnen diese Prüfung erspart. In Linz erfolgte die „Machtergreifung" der Nationalsozialisten „schnell, reibungslos und ohne Blutvergießen unter begeisterter Zustimmung der Bevölkerung"[309]. Die dort stationierten Einheiten, die doch an den langen ungeschützten Grenzen Oberösterreichs aufmarschieren sollten[310], setzten dem nichts mehr entgegen. Auch hier überwogen mittlerweile Offiziere, die mit den Nationalsozialisten sympathisierten; ein Generalstabsoffizier spielte sogar die streng geheimen österreichischen Aufmarschpläne dem deutschen Geheimdienst in die Hände, während der Nationalsozialistische Soldatenring (NSR) die wichtigsten Kommandobehörden in Linz übernahm[311].

Doch wäre es zu einfach, die Zustimmung zum „Anschluß" mit der zum Nationalsozialismus gleichzusetzen. In Oberösterreich verfügte der NSR nur über 647 Mitglieder[312], in ganz Österreich lag der Anteil der NSDAP-Mitglieder unter den Berufstätigen bei fünf Prozent, der harte Kern der NS-Befürworter wird auf 25 bis 30 Prozent geschätzt[313]. Die Beziehung zwischen Hitler, Linz und der 45. Infanteriedivision, aus der man nun die „Heimatdivision des Führers" machte[314], war jedenfalls ein reines Propagandakonstrukt[315]. Geschichte und Selbstverständnis der

[306] Vgl. hierzu Slapnicka, Hitler und Oberösterreich.
[307] Die Zahl der Toten, die aufgrund dieses Ereignisses in Oberösterreich umkamen, wird auf bis zu 30 Personen geschätzt. Vgl. Slapnicka, Oberösterreich, in: Widerstand und Verfolgung in Oberösterreich 1934–1945, Bd. I, hier S. 24; Kepplinger, Aspekte nationalsozialistischer Herrschaft in Oberösterreich, S. 418f.
[308] Slapnicka, Oberösterreich (1983), S. 897; Schmidl, „Anschluß", S. 47ff.
[309] Aus einem Bericht des deutschen Konsulats in Linz vom 12.3.1938, zit. in: Schmidl, „Anschluß", S. 119. Vgl. auch Below, Als Hitlers Adjutant 1937–45, S. 91: „Der Jubel war unbeschreiblich. Die Glocken läuteten. Die 120 Kilometer von Braunau bis Linz glichen einer Triumphfahrt." Auch der Generaloberst Wilhelm Ritter von Leeb will noch im Herbst 1938 in Linz eine „ungeheure Begeisterung" gespürt haben. Leeb, Tagebuch, S. 48.
[310] Slapnicka, Oberösterreich (1983), S. 897; Schmidl, „Anschluß", S. 43ff., 63.
[311] Schmidl, „Anschluß", S. 40, 120.
[312] Ebda., S. 55. Schmidl („Anschluß", S. 43ff.) betont, dass es in der Armee auch einige entschiedene Nazi-Gegner gab. Sie aber blieben damals eindeutig in der Minderheit.
[313] Vgl. Hanisch, Der lange Schatten des Staates, S. 345. Ferner Widerstand und Verfolgung in Oberösterreich 1934–1945, 2 Bde.
[314] Vgl. etwa IfZ-Archiv, MA 1617: 45. Inf. Div., Abt I c, Tätigkeitsbericht für die Zeit vom 1.4.–21.6.1941. Ferner Linzer Tagespost vom März 1942, „Seit Kriegsbeginn ruhmreich bewährt!".
[315] Während ihrer Vorbereitungszeit auf den Westfeldzug im Raum Treysa wurde die 45. ID von einer oberösterreichischen Delegation unter Leitung des Gauleiters August Eigruber besucht, der dort „Liebesgaben" verteilte. Während des Ostkriegs lassen sich solche „Frontfahrten" jedoch nicht mehr nachweisen. (Vgl. Gschöpf, Weg, S. 116f.) Nun versorgten die politischen Funktionäre „ihre" Soldaten lieber per Feldpost. Vgl. etwa IfZ-Archiv, MA 1624: 45. Inf. Div., Abt. I c, Tätigkeitsbericht für die Zeit vom 1.10.–31.12.1942: „Der Gauleiter von Oberdonau spendete außerdem für alleinstehende Soldaten der Division 500 Bücher, 25 000 Zigaretten, 820 Flaschen Weinbrand, Pralinen, Lebkuchen und Briefpapier sowie 2 Waggons Bier." Umgekehrt spendeten die Angehörigen dieser Division für das Winterhilfswerk 1942 den „Riesenbetrag" von 770 985,79 RM. Weitere Angaben in IfZ-Archiv, MA 1622: 45. Inf. Div., Abt. I c, Tätigkeitsbericht für die Zeit vom 1.2.–12.3.1942.

45. ID lassen auch nicht ansatzweise erkennen, dass sie so etwas gewesen ist wie eine „Leibstandarte Adolf Hitler im Dienste der deutschen Wehrmacht". Vielmehr blieb sie eine durchschnittliche Infanteriedivision, die aus einem Standort kam, den der Nationalsozialismus eher zufällig für sich „entdeckt" hatte.

Diese vier Regionen sind ein Ausschnitt, kein Querschnitt des damaligen Großdeutschen Reichs, schon weil für ihre Auswahl die militärischen Sozialstrukturen maßgeblich waren, nicht aber die zivilen. In unserem speziellen Fall dominieren das katholische Sozialmilieu und rural geprägte Wirtschaftsformen[316]. Trotzdem ist aber schon in dieser Skizze deutlich geworden, wie unterschiedlich diese Landschaften waren. In einem entscheidenden Punkt bestand aber doch Übereinstimmung: Die meisten Soldaten, um die es in dieser Studie geht, waren in eher kargen Verhältnissen groß geworden, besonders jene, die „vom Lande" kamen[317]. Ein Offizier der 45. ID berichtete, dass es sich bei den meisten Soldaten um „Kleinhäusler" gehandelt habe, „meist Waldbauern, anspruchslose, aber zuverlässige Menschen, die gewöhnlich auch gute Kameraden waren"[318]. Bei der 296. ID sah es ähnlich aus[319], bei einem ihrer Regimenter verfügten knapp 92 Prozent der Mannschaften und Unteroffiziere nur über eine Volksschulbildung[320]. Von der 253. ID, deren Sozialstruktur viel genauer erforscht wurde, wissen wir, dass etwa drei Viertel ihrer Angehörigen der Unterschicht angehörten, das restliche Viertel der unteren Mittelschicht[321], wobei diese eher aus urbanen Räumen stammten. Dies ist auch ein Anhaltspunkt für das Sozialprofil der 221. Sicherungs- und der 4. Panzerdivision, wobei der technische Charakter dieses motorisierten Verbands wie auch

---

[316] Zweifellos war das Deutschland der 30er Jahre schon längst zu einem modernen Industriestaat geworden, doch wog das „Gewicht der Provinz" (Manfred Kittel) noch immer schwer: 1939 lebten 29% der deutschen Gesellschaft in Städten mit über 100000 Einwohnern, 30,9% lebten in Siedlungen mit weniger als 2000 Einwohnern. Etwas anders verhielt es sich mit der Konfessionalität der deutschen Gesellschaft, die in etwa zwei gleich große Hälften zerfiel. 1939 waren 48,6% der Deutschen protestantischer und 45,7% katholischer Konfession. Angaben nach: Statistisches Jahrbuch für das Deutsche Reich. Hrsg. vom Statistischen Reichsamt. 59. Jg. 1941/42, Berlin 1942, S.22f., 26.

[317] So das Urteil eines Angehörigen der 45. I.D. Vgl. BA-MA, MSg 3-217/1: Linzer Turm 18 (1975), Nr.70: „Winter 1939/40 in Hessen – Erinnerungen eines ‚133igers'".
   Auch Jarausch meinte über seine Rekruten: „Sie kommen meist aus einfachen Verhältnissen oder vom Lande." Jarausch/Arnold, Sterben, S.232 (Brief vom 2.8.1940).

[318] Interview d. Verf. mit Ludwig Hauswedell am 8.5.2001.

[319] Dies ist den sozialstatistischen Erhebungen zu entnehmen, die Hans Reinert für das Art.-Rgt. 296 erstellte. Von dessen 2311 Angehörigen kamen 36,7% aus der Landwirtschaft, 27,8% waren Handwerker, 6,6% Berufssoldaten, während die restlichen 28,9% anderen Berufen angehörten (Beamte, Lehrer, Kaufleute usw.). BA-MA, MSg 2/5321: NL Hans P. Reinert, Tagebuch, Eintrag vom 2.6.1942 mit Anlage.
   Verglichen mit der reichsweiten Berufsstatistik (Land- und Forstwirtschaft: 26,1%; Industrie und Handwerk: 42,1%; Handel und Verkehr: 17,5%; Öffentliche und private Dienstleistungen: 10,4%; Häusliche Dienste: 3,9%; Stand 1939) waren die landwirtschaftlichen Berufe also deutlich überrepräsentiert. Angaben nach: Statistisches Jahrbuch für das Deutsche Reich. 59. Jg. 1941/42, S.33.

[320] BA-MA, MSg 2/5321: NL Hans P. Reinert, Tagebuch, Anlage: Art. Rgt. 296, „Schulbildung der Jahrgänge 1917 und jünger". Erfasst wurden 902 Unteroffiziere und Mannschaften, von denen 828 Volksschulbildung (91,8%) hatten, 35 Mittlere Reife (3,9%) und 39 Abitur (4,3%).

[321] Rass („Menschenmaterial", S.112), der die Sozialstruktur der 253. Inf. Div. mit Hilfe der überlieferten Karteikarten rekonstruiert hat, kommt zu folgendem Ergebnis: 74,1% Unterschicht; 24,8% untere Mittelschicht. Diese Soldaten stammten allerdings vor allem aus dem Raum Aachen und aus den rheinisch-westfälischen Industriegebieten, also aus urbanen und stark industrialisierten Räumen. Vgl. Rass, „Menschenmaterial", S.101ff.

sein Rekrutierungsgebiet dafür sprechen, dass hier deutlich mehr Arbeiter und Handwerker zum Einsatz kamen[322].

Welche Folgen hatten diese Voraussetzungen für das Handeln dieser Menschen im Krieg? Existiert hier überhaupt eine Verbindung? Immerhin: Keine Division unseres Samples sollte sich so weit von Völkerrecht und Moral entfernen wie die 221. Dass dies auch eine Folge ihrer regionalen Herkunft sein könnte – erinnert sei an die weit überdurchschnittlichen Wahlerfolge der NSDAP in Schlesien – , ist keine neue Überlegung[323]. Doch spricht auch einiges für die Gegenthese, für die normative Kraft der militärischen Sozialisation, die allein ausschlaggebend für das Verhalten im Krieg gewesen sei. Waren es also doch Institution oder Situation, die Situation des Krieges, die darüber entschieden, wie der Einzelne im Krieg handelte? Solche Fragen sind nicht müßig. Dahinter steht auch jener alte Disput, ob die Verbrechen der Wehrmacht primär ideologisch zu erklären sind oder doch situativ. Diese Frage ist später zu diskutieren. Ohne die Kenntnis der Milieus, aus denen diese Soldaten stammten, ist dies aber kaum möglich.

2.2.3 Garnisonen

Auch nach ihrer Einberufung zur Wehrmacht blieben viele Soldaten zunächst in ihrer Heimat. Ihr Standort wurde nun zur Schnittstelle zwischen ihrer alten zivilen und ihrer neuen militärischen Existenz. Das Verhältnis zwischen einer Garnison und ihrer zivilen Umwelt galt oft als „herzlich"[324], was nicht nur weltanschauliche, sondern auch viel profanere Gründe besaß[325]. Gerade die „alten", aktiven Verbände wie etwa die 45. ID waren gut in ihre zivile Umwelt integriert[326], hier konnte sich die traditionelle Welt des Militärs mit ihren Manöverbällen, öffentlichen Vereidigungen, den Offizierscasinos und Soldatenheimen noch in Szene setzen[327]. Schon bei einer hastigen Neuaufstellung wie der 4. Panzerdivision blieb die

---

[322] Von den motorisierten Truppen der Wehrmacht wurden bevorzugt Rekruten mit einer technischen Berufsausbildung gesucht – Autoschlosser, Elektriker und Mechaniker. Vgl. hierzu Hochstetter, Das Nationalsozialistische Kraftfahrkorps (NSKK) 1931–1945, S. 261.

[323] So etwa die These von Shepherd, War, S. 78; Arnold, Wehrmacht, S. 422. Auffällig ist, dass alle Sicherungsdivisionen der Wehrmacht aus den Wehrkreisen II (Mecklenburg, Pommern) und VIII (Schlesien) stammten. Ob die ostdeutsche Herkunft dieser Divisionen lediglich organisatorische Gründe hatte oder ob ihr ein psychologisches Kalkül zugrunde lag, bleibt der Spekulation überlassen. Sicher ist, dass solche Überlegungen der Wehrmachtsführung nicht gleichgültig waren; so setzte sie bevorzugt „österreichische" Einheiten auf dem Balkan ein. Vgl. hierzu Müller (Hrsg.), Okkupation, S. 30–32; Manoschek, „Serbien ist judenfrei", S. 27ff.; ders., Die Vernichtung der Juden in Serbien, S. 218; Meyer, Von Wien nach Kalavryta; Lieb, Weltanschauungskrieg, S. 96.

[324] Vgl. BA-MA, RH 27-4/199: Geschichte der 4. Pz. Div., masch. Manuskript, o. D., S. 7: „Mit der Bevölkerung verband uns vom ersten Tage an ein herzliches Einvernehmen." In diesem Sinne auch Schaub, Panzer-Grenadier-Regiment 12, S. 17; IfZ-Archiv, MA 1667: 221. Inf. Div., Abt. I c, Tätigkeitsbericht für die Zeit vom 1. 11. 1940–14. 5. 1941. In dieser Zeit war die Division in ihren Heimatstandorten einquartiert; der I c meinte das Verhältnis der Soldaten zur Zivilbevölkerung sei damals „ausgezeichnet" gewesen.

[325] Vgl. hierzu Braun, Garnisonswünsche 1815–1914. Bemühungen bayerischer Städte und Märkte um Truppen oder militärische Einrichtungen; Schmidt, „Eine Garnison wäre eine feine Sache."

[326] 45. Inf. Div.: Rödhammer, Oberösterreichische Wehrgeschichte, S. 64ff. Ferner: Kaserne und Garnison Melk. Ein historischer Überblick. 4. Pz. Div.: Tapken, Bamberg sowie ders./Kestler, Kameraden.

[327] Vgl. mit der anschaulichen Rekonstruktion der Lebensverhältnisse der militärischen Elite während der 30er Jahre durch Kroener, Fromm, S. 322ff.

Garnisonszeit aber „nur von kurzer Dauer"[328]. Jene Divisionen, die erst im Krieg formiert wurden, kannten noch nicht einmal das. Sie hatten die prägende Kraft eines „Friedensstandorts" nie wirklich kennen gelernt.

Auch der Krieg konnte die Bindung eines Truppenteils an seine Garnison nicht zerstören. Zwar haben die meisten Divisionen mit Beginn des Zweiten Weltkriegs „ihren Friedensstandort nicht mehr wiedergesehen"[329], doch gilt dies nur für die Formationen im Ganzen. Ihre Angehörigen kehrten dagegen immer wieder in ihre alten Kasernen zurück – als Verwundete oder Genesene, zur Ausbildung oder als Urlauber. Das Beispiel einer Infanteriedivision wie der 253. hat gezeigt, dass ihre Angehörigen „einen nicht unbedeutenden Teil ihrer Dienstzeit bei den Ersatz-Einheiten verbrachten"[330], ihr Anteil betrug zeitweise bis zu 30 Prozent[331]. Auch emotional bestanden viele Bindungen an den alten Standort[332], was schon daran lag, dass nicht wenige Soldaten dort ihre Heimat zum letzten Mal gesehen hatten. Umgekehrt barg aber auch die regionale Identität einer Einheit ein entsprechend großes Identifikationspotenzial für die „Daheimgebliebenen". Sie nahmen meist „regen Anteil" am Schicksal „ihrer" Soldaten[333], was Wehrmacht, Staat und NS-DAP noch zusätzlich zu fördern suchten[334].

Von unseren Divisionen kehrten während der Jahre 1939 bis 1945 nur zwei in ihren Friedensstandort zurück – die 221. ID im Juli 1940, die 45. ID vier Jahre später. Beide Ereignisse vermitteln nicht nur eine Vorstellung von der engen Verbundenheit zwischen militärischer und ziviler Welt, sie lassen sich auch als Symbol verstehen für die facettenreiche Geschichte der Wehrmacht: Als die 221. Infanteriedivision nach dem Sieg im Westen am 17. Juli 1940 stolz in Breslau einzog, wur-

---

[328] BA-MA, RH 27-4/199: Geschichte der 4. Pz. Div., masch. Manuskript, o. D., S. 7. Ferner BA-MA, MSg 3-281/1 (Panzer-Nachrichten Nr. 32 vom November 1970), in dem ein ehemaliger Offizier der 4. Panzerdivision berichtet: „In dem sehr turbulenten Friedensjahr 1938/39 haben wir bereits sehr oft auf Truppenübungsplätzen und in Wäldern kampiert."
Auch für die 45. ID war die Zeit vor Kriegsausbruch keine „Ruhezeit", schon weil sie sich im September/Oktober 1938 am Einmarsch im Sudetenland und im März 1939 an der Besetzung der „Rest-Tschechei" beteiligte. Vgl. Rödhammer, Oberösterreichische Wehrgeschichte, S. 64 ff.

[329] BA-MA, MSg 3-151/1: Schrift zum 11. Treffen ehemaliger Angehöriger des Panzer-Artillerie-Regiments 103 vom 8.–10. 5. 1988 in Bamberg, S. 11.
Die 4. Panzerdivision kehrte Mitte Oktober nach Würzburg zurück, war dann wenige Wochen in ihren Kasernen, um dann bis Jahresende schon wieder auszurücken. Vgl. BA-MA, N 245/22: NL Georg-Hans Reinhardt: „Aufzeichnungen über meine Teilnahme an den Kriegen Hitlers 1938–1945", S. 17.

[330] Rass, „Menschenmaterial", S. 49.

[331] BA-MA, ZA 1/1992: Burkhart Mueller-Hillebrand, Division Slice, Study P-072, S. 13 ff.

[332] So war etwa für Seitz (Verlorene Jahre, S. 61) der „Ausgang" in seinen Standort stets ein „Erlebnis".

[333] Vgl. etwa IfZ-Archiv, MA 1668: 221. Sich. Div., Abt. I b, „Besondere Anordnungen für die Versorgung" vom 18. 11. 1941, in denen deutlich wird, wie intensiv der Austausch an Feldpost zwischen „Front und Heimat" sein konnte. Ferner Tapken/Kestler, Kameraden, S. 117 (für das Beispiel des Pz.-Rgt. 35).
Bei der Analyse der Feldpost wird oft übersehen, dass nur ein Teil dieser Briefe, zweifellos der größere, an die nächsten Angehörigen gerichtet war. Als Adressaten dienten häufig auch Kameraden, die man in der Grundausbildung, im Lazarett oder auf Lehrgängen kennen gelernt hatte, und zuweilen auch Vorgesetzte.

[334] Vgl. hierzu etwa Absolon, Wehrmacht, Bd. VI, S. 665. Ferner: Hirt, Die deutsche Truppenbetreuung im Zweiten Weltkrieg; Vossler, Propaganda in die eigene Truppe. Aus der Sicht der Truppe: Rass, „Menschenmaterial", S. 105.

Deutsche Rückkämpfer im Sommer 1944
(Quelle: Rolf Hinze, Rückkämpfer 1944, Meerbusch ²1996, S. 167)

de sie „förmlich mit einem Regen von Blumen und Liebesgaben" überschüttet. „Sämtliche Marschstrassen und die daran liegenden Gebäude waren festlich mit Girlanden und Fahnen geschmückt. Kein Soldat, kein Fahrzeug war ohne Blumenschmuck. Überall wurde die Truppe von den tosenden Heilrufen der Bevölkerung begrüßt, die häufig in begeisterten Sprechchören wie ‚Wir danken Euch' ausklangen."[335]

Genau vier Jahre später sah alles ganz anders aus. Die Wehrmacht hatte mittlerweile die größte Niederlage ihrer Geschichte erlitten – die Vernichtung der Heeresgruppe Mitte[336], unter ihr auch die 45. Infanteriedivision. Etwa Tausend 45er, die diesem Hexenkessel entkommen und schließlich nach Linz transportiert wor-

---

[335] IfZ-Archiv, MA 1659: 221. Inf. Div., Abt. I a, „Tätigkeitsbericht für die Zeit vom 10.7.1940–28.2.1941", o.D. Die 221. konnte nur deshalb in Breslau einmarschieren, weil sie zu jenen Divisionen gehörte, die nach dem Sieg im Westen „beurlaubt" wurden. Vgl. hierzu Kap. 1.2 sowie Kroener, Personelle Ressourcen, S. 840 f.

[336] Dieses zentrale Ereignis in der Geschichte des Zweiten Weltkriegs hat in der deutschen Historiographie erst allmählich die gebührende Beachtung gefunden. Seit Overmans (Verluste, insbes. S. 238 und 278) wissen wir, dass es kein Ereignis in der Geschichte der Wehrmacht gab, das so vielen ihrer Angehörigen den Tod brachte. Vgl. hierzu Hinze, Der Zusammenbruch der Heeresgruppe Mitte (1980); ders. Der Zusammenbruch der Heeresgruppe Mitte (1995); Rückkämpfer 1944; Frieser, Zusammenbruch.

den waren, formierten sich am frühen Morgen des 24. Juli 1944 zu einem letzten Marsch durch die Innenstadt ihrer alten Garnison. Hier handelte es sich nicht um eine der vielen organisierten Feiern des „Dritten Reichs"[337]. Diese letzte „Parade" der 45er, die Tod oder Gefangenschaft oft nur durch Zufall entgangen waren[338], war für sie nur eine kurze Unterbrechung auf ihrem Weg zurück in den Krieg. Auf dem niederösterreichischen Truppenübungsplatz Döllersheim bildete dieser „kleine Haufen", zusammen mit neuen Rekruten, ein allerletztes Aufgebot, die 45. Volksgrenadier-Division[339]. Über die Stimmung, die dieser gespenstische Abschied in Linz auslöste, lässt sich nur mutmaßen. Von chauvinistischem Triumph war wohl nicht mehr viel zu spüren, doch berichten die Teilnehmer von großer Herzlichkeit, die ihnen „unauslöschlich in Erinnerung" blieb.

In einer Episode wie dieser wird noch einmal die Bedeutung fassbar, welche die „Heimat" oder etwas präziser: der Stationierungs- und Ergänzungsraum, für eine Division und ihre Angehörigen besaß. Ihre regionalen Wurzeln waren mehr als nur propagandistische Fiktion oder ein integratives Element im Mikrokosmos der Truppe[340]. Hier handelte es sich um Signaturen, die viele Wirkungen hatten, und die selbst dann noch nachwirkten, als es diese Formationen schon längst nicht mehr gab. Denn der Wehrmacht gelang es, relativ homogene zivile Mentalitäten in militärische zu überführen, die durch Wehr- und Kriegsdienst entsprechend überformt und verändert, aber nie völlig ausgelöscht wurden. Das war nicht nur ein Charakteristikum dieser Streitmacht, es war auch eine ihrer Stärken. Damit tritt wieder der militärische Apparat in den Vordergrund. Niemand aber hat diesen so sehr verkörpert wie die höheren Offiziere.

2.3 Kader

Die Wassertemperatur im Kattegat liegt Mitte April gewöhnlich bei 5° Celsius. Höchstens. Vielleicht war das dem Oberst Hubert Lendle zum Verhängnis geworden. Eigentlich hätte er sich im April 1940 an der Spitze seines Infanterieregiments an der deutschen Besetzung Norwegens beteiligen sollen[341]. Doch war es dazu nicht gekommen, weil britische Zerstörer das Transportschiff, auf dem Lendles

---

337 Vgl. BA-MA, MSg 3-217/1: Linzer Turm 28 (1985), Nr. 112: „Bobruisk 1944 – Rückkämpfer erzählen", ebda., Linzer Turm 20 (1977), Nr. 78, „Anno 1944 – bei Bobruisk durchgekommen!" Auch zum Folgenden. Ferner Gschöpf, Weg, S. 389 sowie Oberdonau-Zeitung, Nr. 202 vom 24.7.1944: „Heute, Montag 24. Juli [1944], trifft nach fünfeinhalbjährigem Fronteinsatz die Heimatdivision in Linz ein. Die Division wird um 4.50 Uhr früh auf dem Verschiebe-Bahnhof Neue Welt ankommen und von dort um 7.00 Uhr in die Stadt marschieren, und zwar geht der eine Teil auf der Wiener Reichsstraße, Landstraße, Mozartstraße, Eisenhandstraße, Krankenhausstraße, Darrgutstraße zur Artillerie-Kaserne, der zweite [Teil durch die] Wiener Reichsstraße, Landstraße, Adolf-Hitler-Platz, Hofgasse, Tummelplatz zur Schloß-Kaserne."
338 Vgl. hierzu Kap. 2.5.
339 Vgl. Slapnicka, Oberösterreich (1978), S. 109. Gschöpf, Weg, S. 389ff.; Tuider, Wehrkreise XVII und XVIII, S. 30.
340 Vgl. hierzu Rass, „Menschenmaterial", S. 103, 105.
341 Vgl. Hubatsch, „Weserübung", S. 171 mit Anm. 11. Das Inf. Rgt. 345, das Lendle führen sollte, befand sich an Bord des Transportdampfers „Wigbert". Dieser wurde am 10.4.1940 durch das britische U-Boot HMS „Triton" torpediert; die Verluste des Inf. Rgt.'s 345 betrugen etwa 400 Mann.

Regiment übersetzte, mit Mann und Maus versenkt hatten. Erst nach einer halben Stunde hatte man den Oberst zusammen mit den Resten seines Regiments aus dem eiskalten Wasser gezogen. Obwohl er nicht ernsthaft verwundet war, stand er noch immer unter Schock: „Sofortige Ablösung Oberst Lendle [...] erbeten. Bitte um Ob[er]stl[eu]t[nant] Küster. [...] Umgehende Neubesetzung im Interesse der Kampfführung dringend notwendig", hatte der deutsche Befehlshaber, General Nikolaus von Falkenhorst, daraufhin an das Heerespersonalamt telegrafieren lassen[342]. Mehr verriet das Telegramm nicht, aber jedem war klar, was passiert war: Lendle hatte „Nerven gezeigt", er hatte „versagt". Zwar steht das nicht in dieser dezidierten Form in seinen Personalakten[343], doch machen diese unmissverständlich klar, wie unerbittlich die Wehrmacht in solchen Fällen verfuhr: Ehrgerichtsverfahren, danach Verwendung als Kommandant eines Truppenübungsplatzes in Frankreich. Das hatte man von Lendle nicht erwartet: 1919 gehörte der Oberleutnant und „Generalstabsanwärter" zu den wenigen Offizieren, welche die Reichswehr übernahm[344]. Sogar an der streng geheimen Ausbildung in der verbündeten Sowjetunion hatte er teilgenommen. Und nun das. Doch hatte schließlich auch das Heerespersonalamt ein Einsehen, schon weil es bald merkte, wie begrenzt die Reserven an höheren Offizieren waren. 1942 bekam Lendle doch noch „seine" begehrte Division, allerdings eine schwache, keine vollwertige. Am 5. Juli 1942 übernahm er offiziell das Kommando über die 221. Sicherungsdivision[345].

Der „Fall Lendle" steht beispielhaft für die Personalpolitik der Wehrmacht. Gerade bei den personellen Veränderungen in einer so ausgesuchten und wertvollen Gruppe wie der der Offiziere geschah nichts zufällig. Hinter dem komplizierten, schwer durchschaubaren System der Beförderungen, Auszeichnungen, Kommandierungen, Ausmusterungen und Degradierungen stand ein einziges Ziel: Es ging darum, die richtigen Führungskräfte an die richtigen Stellen zu bringen.

Ähnliches ereignete sich daher auch in den übrigen Divisionen unseres Samples. Die 45. ID verlor etwa während des Westfeldzugs einen ihrer Regimentskommandeure, den Oberst Claus Boie[346], weil er „seine Stelle wegen ungenügender kör-

---

[342] BA-MA, Pers. 6/2577: Gruppe XXI, OB, Fernschreiben an OKH/Heerespersonalamt vom 21.4.1940.
Wie grausam die damaligen Ereignisse sein konnten, veranschaulicht der folgende Bericht: Korvettenkapitän Zoepffel, Die letzten Stunden des schweren Kreuzers Blücher, in: Den Gefallenen, S. 58–61.
[343] Erhalten hat sich ein Bericht des Heeres-Personalamts vom 27.4.1940: „Nach Meldung des Div. Kdr. war Oberst Lendle nicht mehr in der Lage, sein Regiment und damit zugleich seine selbständige Kampfgruppe zu führen, da er am Ende seiner seelischen und körperlichen Kräfte war. Seine körperliche Verfassung war geschwächt durch eine Verletzung im Gesicht und Beschwerden in den Stirnhöhlen, die er auf eine Erkältung infolge der Torpedierung seines Transportdampfers, bei der er längere Zeit im kalten Wasser schwimmen musste, zurückführte." BA-MA, Pers. 6/2577.
[344] Weitere Angaben zur Biographie Lendles in BA-MA, N 350: Nachlass Hubert Lendle (1892–1970).
[345] BA-MA, Pers. 6/2577: Beurteilung Hubert Lendle zum 1.4.1943.
[346] BA-MA, Pers. 6/2526: Personalakte Claus Boie. Boie war 1944 schließlich als Kommandant der Feldkommandantur 497 (Marseille) eingesetzt. Vgl. Lieb, Konventioneller Krieg, S. 58.
Gnädiger dagegen die Erinnerung der Veteranen: „Trotz seiner Strenge und Härte – übrigens auch gegen sich selbst – war Oberst Boie hochgeschätzt und geachtet in der Truppe." BA-MA, MSg 3-217/1: Linzer Turm 4 (1961), Nr. 12: „Zum 70. Geburtstag Generalmajors a. D. Claus Boie".

perlicher Verfassung nicht" ausfüllte – so das unerbittliche Diktum des Oberbefehlshabers der 2. Armee, General Maximilian Freiherr von Weichs[347]. Bei beiden
Fällen, Boie wie Lendle, lassen sich einige bemerkenswerte Parallelen erkennen:
Jedes Mal handelt es sich um die Ablösung eines hohen Offiziers, beide hatten im
Gefecht versagt, beide in der Anfangsphase des Krieges, als man die Offiziere noch
besonders streng kontrollierte. Mit Blick auf das Sample unserer fünf Divisionen
lässt sich freilich ein entscheidender Unterschied konstatieren, gewissermaßen eine
gegenläufige Bewegung. Während eine aktive Division wie die 45. sich von Offizieren, die ihren Anforderungen nicht genügten, rasch trennte, während ein Eliteverband wie die 4. Panzerdivision solchen Fällen sogar den Selbstmord nahe-
legte[348], scheinen Verbände wie die 221. Sicherungsdivision für sie gerade zu einem
bevorzugten Sammelbecken geworden zu sein. Hinter diesen beiden, besonders
extremen, Beispielen stand also ein Prinzip. Schon das spricht dafür, einen militärischen Verband auch über seine Kader zu beschreiben.

Wie wir gesehen haben, war es bei der großen Gruppe der Mannschaften und
Unteroffiziere oft deren regionale Herkunft, die darüber bestimmte, wo ein Wehrpflichtiger schließlich landete. Bei den Offizieren war das anders. Ihre regionale
Herkunft spielte für ihre Verwendung kaum eine Rolle[349]. Auch die Truppe konnte darauf nur wenig Einfluss nehmen[350]. Zwar schrieb sie die Beurteilungen, die
definitive Entscheidung über die Karriere eines Offiziers lag aber bei einer Institution, die außerhalb der Truppe stand und daher mehr Objektivität bei diesem

---

[347] BA-MA, Pers. 6/2526: AOK 2, Fernschreiben Nr. 61753 vom 2.6.1940 an Heerespersonalamt.
Dort heißt es weiter: „Seine Verwendung im Heimatgebiet wird erbeten. Ich erbitte Neubeset-
zung des Regiments mit jüngerem energischem Reg[imen]t[s-]K[omman]deur."
Weichs hatte am selben Tag die 45. Inf. Div. besucht. Vgl. Gschöpf, Weg, S. 143.

[348] Vgl. hierzu den Brief des Generalleutnants Georg-Hans Reinhardt, den er als einstiger Kom-
mandeur der 4. Panzerdivision im Dezember 1939 schrieb: „Leider trage ich seit gestern
schweren seelischen dienstlichen Kummer mit mir herum. Von einem Offizier, natürlich vom
Regiment Czettritz [Schützen-Regiment 12], hat sich herausgestellt, dass er in Polen vor dem
Feinde feige war. Das Gerichtsverfahren schwebt hier, die schwersten Strafen mindestens
Zuchthaus, Degradation [sic] usw. sind wahrscheinlich. Furchtbar, dabei ist der Mann aktiver
Hauptmann und verheiratet. Welches Elend, welche Schande für alle! Und ich muss dann das
Urteil bestätigen. Wenn es nun gar Todesurteil wird? Schrecklich! Dein Hansi, der wirklich
nicht hartherzig ist, hat heute sogar den einzig anständigen Weg weisen müssen, dass dem
Schuldigen die Möglichkeit zum Selbstmord gegeben wird, dann wäre alles gut. Ich kann ja
nicht anders, ich kann und will ja auch keine Feiglinge schützen, und einen feigen Offizier erst
recht nicht. Aber Dir wenigstens muss ich mein Herz ausschütten, damit Du siehst, wie sehr
ich unter dieser Frage leide. Bitte behalte alles für Dich, es ist schrecklich genug, dass so etwas
in meiner Division vorgekommen ist." BA-MA, N 245/2: NL Georg-Hans Reinhardt, Brief
vom 6.12.1939. Reinhardt war am 10.11.1939 versetzt worden, musste sich aber noch mit
diesem Fall in seiner alten Division beschäftigen.
Verwiesen sei ferner auf das Schicksal des Generalmajors Johann Joachim Stever, der als Kommandeur der 4. Panzerdivision nach dem Westfeldzug abgelöst wurde. Vgl. Kap. 2.1.

[349] Vgl. hierzu Kroener, „Menschenbewirtschaftung", S. 870ff.; Neumann, 4. Panzerdivision,
S. 13.

[350] Eine gewisse Möglichkeit der Einflussnahme bestand noch mit der sog. Offizierswahl. Bei
diesem Verfahren, das auf die Scharnhorstschen Reformen zurückgeht, mussten die Offiziers-
anwärter nach bestandenem Lehrgang durch das Offizierskorps ihres Regiments „bestätigt",
also feierlich aufgenommen werden. Es spricht freilich für sich, wenn dieses Verfahren Ende
1942 aufgegeben wurde. Die Stammeinheiten konnten den Ausleseprozess also vor allem
durch ihren Vorschlag beeinflussen. Vgl. Kroener, Auf dem Weg zu einer „nationalsozialistischen Volksarmee", S. 660; Messerschmidt, Wehrmacht, S. 428.

höchst sensiblen Geschäft garantierte, beim Heerespersonalamt[351]. Diese Behörde sollte das Offizierskorps des Heeres bewerten und seinen Einsatz steuern[352]. Es gab damals nur wenige Gruppen, die einer so starken institutionellen, sozialen und zunehmend auch politischen[353] Kontrolle ausgesetzt waren wie die Militärkaste. Selbst das Private wurde in den Personalakten und Beurteilungen nicht ausgespart[354]: Herkunft, Ehefrau, Schwiegereltern, Vermögen und immer stärker auch die weltanschauliche Gesinnung[355]. Erst dieses komplexe System der Personalplanung und -steuerung entschied darüber, wie sich das militärische Führungspersonal einer Division dann im Einzelnen zusammensetzte.

Aufgrund dieses Ausleseprozesses lässt sich daher das höhere Offizierskorps zu Recht als herausgehobener Repräsentant „seiner" Einheiten begreifen. „Der" Offizier sollte diese allerdings nicht nur kommandieren, er hatte auch – wie es in der einschlägigen Dienstvorschrift hieß – „Führer und Erzieher" zu sein[356]. Wenn ein Regimentskommandeur der 4. Panzerdivision im Februar 1942 nach Hause schrieb: „Es hängt ja alles davon ab, wie die Offiziere ihre Stellung ausfüllen"[357], dann wird daran deutlich, wie wichtig diese vergleichsweise kleinen Kader für die ihnen unterstellten Einheiten waren. Ihr Einfluss war denkbar groß.

Im Falle der Wehrmacht kamen noch zwei weitere Aspekte hinzu, die diesen Einfluss noch steigerten: Das Führungskonzept der Auftragstaktik[358], das in der preußisch-deutschen Armee eine lange Tradition hatte, eröffnete gerade den höheren Offizieren mitunter mehr Handlungsspielräume, als man auf den ersten Blick vermuten würde. Ein Generalstabsoffizier oder gar ein Regimentskommandeur saßen bereits in Stellungen, die ihnen großes Prestige und beträchtliche Macht gaben. Und auch die Absicht des NS-Regimes, die Wehrmacht immer stärker in den Griff zu bekommen, konnte paradoxerweise die Handlungsspielräume des Militärs er-

---

[351] Zu Organisation und Bedeutung dieser Behörde vgl. Absolon, Wehrmacht, Bd. V, S. 60 f.; Bd. VI, S. 196 ff.; Stumpf, Wehrmacht-Elite, S. 320 ff.; Bradley/Schulze-Kossens (Hrsg.), Tätigkeitsbericht des Chefs des Heerespersonalamtes General der Infanterie Rudolf Schmundt. Bis zum 30. 9. 1942 wurde dieses Amt von General Bodewin Keitel geleitet, dem Bruder des Feldmarschalls, danach von Generalmajor Rudolf Schmundt. Galt schon Keitel als „Parteigeneral" (Streit, Kameraden, S. 68), so schwamm Schmundt völlig in Hitlers Fahrwasser. Die anderen beiden Teilstreitkräfte der Wehrmacht waren für ihre eigene Personalplanung zuständig. Vgl. etwa Boog, Luftwaffenführung 1935–1945, passim.

[352] Zum System der Beurteilung vgl. Absolon, Wehrmacht, Bd. III, S. 293 ff.; Creveld, Kampfkraft, S. 175 ff.

[353] Da Hitler am 11. 9. 1939 beschlossen hatte, sich „die Stellenbesetzung [der Offiziere] bis zu den Divisionskommandeuren" persönlich vorzubehalten, hatte er auch einen unmittelbaren Einfluss auf das Klima in den Divisionen. Vgl. hierzu Absolon, Wehrmacht, Bd. V, S. 49; Megargee, Hitler und die Generäle, S. 149.

[354] Zum Problem der „Heiratsordnung" für Offiziere vgl. Kroener, Heeresoffizierskorps, S. 662 ff.

[355] Die politische Einschätzung, die in den Beurteilungen abgegeben wurde und die darauf hinauslief, fast alle Offiziere zu Nationalsozialisten zu erklären, wurde freilich schon bald so inflationär eingesetzt, dass bereits Schmundt als Chef des Heerespersonalamts im Juni 1943 darüber klagte, die Begriffe würden so schematisch gehandhabt, dass „eine Wertung daraufhin kaum noch erfolgen kann". Bradley/Schulze-Kossens (Hrsg.), Tätigkeitsbericht, S. 75 (Eintrag vom 24./25. 6. 1943).

[356] Altrichter, Reserveoffizier, S. 8 f. So auch dezidiert BA-MA, RH 20-2/296-2: AOK 2, OB, Weisung an die „Herrn Kommandierende Generale und die Herrn Divisionskommandeure" vom 19. 2. 1942.

[357] BA-MA, N 10/9: NL Smilo Frhr. von Lüttwitz, Brief vom 25. 2. 1942.

[358] Vgl. Oetting, Auftragstaktik, insbes. S. 193 ff.; Creveld, Kampfkraft, S. 42 ff.; Leistenschneider, Die Entwicklung der Auftragstaktik im deutschen Heer.

weitern. Da der subkutane Konflikt zwischen Wehrmacht und NS-Regime nie völlig entschieden wurde[359], blieb manches in der Schwebe[360]. So waren beispielsweise die Ermessensspielräume eines Offiziers bei der Auslegung der „Verbrecherischen Befehle" größer, als es in einem totalitären Regime zu erwarten war.

Gerade die Divisions- und Regimentskommandeure, mitunter auch die Generalstabsoffiziere, waren es, die in „ihren" Einheiten „den Ton angaben" und die den Korpsgeist „ihrer" Formation prägten. Sie kannten „ihre Pappenheimer". Es gab Offiziere, die „ihre Leute" auf Zackigkeit drillten, oder solche, die einen lässigen Umgangston pflegten, es gab väterliche Kommandeure, die um ihre Männer besorgt waren, und es gab Offiziere, die ihren Ruf als „Blutsäufer" und Menschenschinder niemals los wurden. Diese Unterschiede bekamen nicht nur die „eigenen" Leute zu spüren. Auch für die „anderen": den Gegner, die Kriegsgefangenen oder die Zivilbevölkerung, waren Charakter und Führungsverhalten dieser Offiziere nicht selten von existentieller Bedeutung. Schon vor Beginn des Ostkriegs erkannte ein Generalstabsoffizier, dass es in dieser Hinsicht „sehr große Unterschiede in unserem Heer" gäbe. Auf jeden Fall sei „das Verhalten der Offiziere entscheidend für das Benehmen der Truppe"[361]. Schon das spricht für eine genauere Analyse.

Ansatz

Es ist weder sinnvoll noch möglich, wirklich alle Offiziere aus den fünf Divisionen unseres Samples zum Thema einer umfassenden sozialhistorischen Analyse zu machen. Beschränkt man sich aber auf die höheren Offiziersränge und damit auf die wichtigsten Funktionen innerhalb einer Division, erhält man eine Gruppe, die einerseits noch überschaubar ist, andererseits aber doch so groß, dass sich an ihr viel Repräsentatives ablesen lässt. Für diese Untersuchung wurden daher jene Offiziere berücksichtigt, die von September 1939 bis Mai 1945 mindestens eine der folgenden Führungspositionen bei einer unserer fünf Divisionen besetzten:
– die Divisionskommandeure
– die Generalstabsoffiziere (I a, I b und I c)
– die Kommandeure der Regimenter sowie die der „selbständigen" Bataillone und Abteilungen (also etwa des Pionier-Bataillons, der Aufklärungs-Abteilung usw.).

Insgesamt konnten 276 Offiziere ermittelt werden, die in unseren fünf Divisionen eine oder mehrere dieser Positionen durchliefen; von dieser Gruppe, im folgenden *Führungsgruppe* genannt, sind Biographien oder biographische Selbstzeugnisse kaum vorhanden. Grundlage dieser prosopographischen Analyse waren daher die militärischen Personalakten, die freilich nicht lückenlos überliefert oder zum Teil

---

[359] Vgl. etwa Die Tagebücher von Joseph Goebbels, Teil II, Bd. 15, S. 481 (Eintrag vom 12. 3. 1945): „Der Führer antwortet mir darauf, daß er keinen Mann hat, der beispielsweise Oberbefehlshaber des Heeres werden könnte. Er hat recht, wenn er erklärt, hätte er Himmler dazu gemacht, so wäre jetzt die Katastrophe noch größer, als sie ohnehin schon ist. Er will jetzt junge, an der Front bewährte Soldaten in den Offiziersstand hineinbringen, [auch] wenn sie nicht die gesellschaftliche Vorbildung mitgebracht hätten. Aber was heißt in dieser kritischen Zeit gesellschaftliche Vorbildung. Wir müssen alles daransetzen, Männer als Führer an die Front zu bekommen, ohne Rücksicht darauf, ob sie das gesellschaftliche Zeug zur Führung mitbringen."
[360] Vgl. hierzu Hürter, Konservative Akteure; ders., Heerführer, passim.
[361] Meier-Welcker, Aufzeichnungen, S. 117 (Eintrag vom 9. 6. 1941).

noch gesperrt sind[362]. Einen gewissen Ersatz boten die Kriegsranglisten in den Divisionsakten, ferner personenbezogene Akten aus anderer Provenienz[363], biographische Nachschlagewerke[364] und schließlich auch einzelne Artikel, etwa aus den Zeitschriften der Veteranenverbände.

Angesichts dieser disparaten Quellenlage schien es sinnvoll, aus der *Führungsgruppe*, die *alle* Offiziere umfasst, nochmals eine kleinere Gruppe herauszulösen, und zwar jene, die mit den Posten des Divisionskommandeurs und des Ersten Generalstabsoffiziers die einflussreichsten Positionen in einer Division besetzten – in unserem Fall 54 Offiziere. Diese „Positionselite"[365] firmiert hier als *Kerngruppe*. Auch die archivalische Überlieferung spricht für ein solches Vorgehen: Während bei der größeren *Führungsgruppe* für nur etwa ein Drittel aller Offiziere (35 Prozent) vollständige Personalakten vorliegen, sind es bei der *Kerngruppe* immerhin knapp zwei Drittel (63 Prozent).

Diese beiden Gruppen sollen im Folgenden unter drei Aspekten untersucht werden:
– Soziale Merkmale: Herkunft, Adelsanteil, Schulbildung, Konfession, regionale Herkunft, Familienstand
– Individuelle Merkmale: Alter und Diensteintritt
– Militärische Merkmale: Offiziersstatus, Auszeichnungen, Beurteilungen, Laufbahn, Verluste[366].

2.3.1 Soziale Merkmale: Herkunft, Adelsanteil, Schulbildung, Konfession, regionale Herkunft, Familienstand

Warum hatten sich gerade diese Offiziere für Spitzenpositionen in ihren qualifiziert? Woher kamen sie? Was zeichnete sie aus? Bei der Frage nach der Elitenbildung[367], gerade auch der militärischen, hat die Frage nach der sozialen Herkunft stets eine besondere Rolle gespielt. Noch nie, noch nicht einmal in der Reformzeit

---

[362] Die Personalakten derjenigen Offiziere, bei denen eine Verbindung zum militärischen Widerstand nachgewiesen oder vermutet wurde, sind beispielsweise häufig lückenhaft. Teilweise noch gesperrt waren die Akten jener Offiziere, die nach 1945 ihre militärische Karriere in der Bundeswehr fortsetzten.

[363] Hier seien besonders die Bestände des ehemaligen Berlin Document Center, nun Bundesarchiv, Abt. Lichterfelde, erwähnt, ferner die Abteilung IV des Bayerischen Hauptstaatsarchivs (Kriegsarchiv) oder die ehemalige Zentrale Stelle der Landesjustizverwaltungen zur Aufklärung nationalsozialistischer Verbrechen in Ludwigsburg, nun Bundesarchiv, Abt. Ludwigsburg.

[364] Vgl. etwa Folttmann/Möller-Wittmann, Opfergang der Generale; Podzun (Hrsg.), Das Deutsche Heer 1939; Stahl (Hrsg.), Heereseinteilung 1939; Keilig (Hrsg.), Rangliste des Deutschen Heeres 1944/45; Ders., Die Generalität des Heeres im 2. Weltkrieg; Model, Der deutsche Generalstabsoffizier, S. 202 ff.; Stumpf, Wehrmacht-Elite; Mehner, Die Deutsche Wehrmacht 1939–1945; German Order of Battle 1944, S. K 8 ff.; Bezborodova, Generäle des Dritten Reiches in sowjetischer Hand; Zweng (Hrsg.), Offiziere des Generalstabes des deutschen Heeres; Range/Düfel, Ritterkreuzträger in der Bundeswehr; Klee, Personenlexikon zum Dritten Reich; Lilla (Bearb.), Statisten in Uniform.

[365] Vgl. hierzu Stumpf, Wehrmacht-Elite, S. 2 f.; Kroener (Hrsg.), Generationserfahrungen und Elitenwandel.

[366] Dass es sinnvoll ist, einen solchen Ansatz in diesen Vergleich mit einzubeziehen, hat Wegner (Hitlers Politische Soldaten, S. 207 ff.) vorgeführt. Anders hingegen Rass, „Menschenmaterial", S. 205.

[367] Vgl. hierzu Bottomore, Elite und Gesellschaft; Meyer, Kriegs- und Militärsoziologie, S. 95 ff.; Handbuch der empirischen Sozialforschung, Bd. 9, S. 186 ff.; Stumpf, Wehrmacht-Elite, S. 2 ff.; Wegner, Hitlers Politische Soldaten, S. 207 ff.; Bald, Offizier, S. 38 ff.; Banach, Heydrichs Elite, S. 35 ff.; Wildt, Generation, S. 26 ff.; Ruck, Korpsgeist und Staatsbewusstsein.

während der Napoleonischen Kriege, veränderte sich die Rekrutierung des deutschen Offizierskorps indes so schnell wie im Zweiten Weltkrieg. Man kann diesen Prozess als Höhe- und Endpunkt einer Entwicklung begreifen, die bereits im frühen 19. Jahrhundert begonnen hatte. Mit der damals einsetzenden Verbürgerlichung des Offizierskorps in Deutschland wurde dieser Beruf *und* Stand aber längst nicht für alle Schichten geöffnet. Vielmehr waren es bis zu Beginn der 30er Jahre fast ausschließlich die Söhne des Geburts- und des Geldadels, teilweise auch die des Bildungsbürgertums, die Zugang zum Offiziersberuf erhielten. Mit dieser klaren Bevorzugung der „erwünschten" Kreise bewegte sich die soziale Rekrutierungsbasis des deutschen Offizierskorps immer noch in sehr engen Grenzen.

Im Oktober 1942 war damit Schluss. Damals legte Hitler definitiv fest, dass „nunmehr jeder junge Deutsche ohne Rücksicht seiner Herkunft, nur ausgelesen auf Grund seiner Persönlichkeit und seiner Bewährung ‚vor dem Feind', Offizier werden" könne[368]. Spätestens jetzt war klar – so Hitlers Chefadjutant, Generalmajor Rudolf Schmundt – , dass „das Offizierskorps nicht aus einer Gesellschaftsschicht stammen" sollte[369]. Mit diesem „späten Triumph des Weltkriegsgefreiten über die in hierarchischer Ordnung aufgestiegene militärische Führungsschicht"[370] wurde freilich einer Entwicklung Rechnung getragen, die sich schon länger abgezeichnet hatte, wenn auch zunächst nur zögerlich. Das deutsche Offizierskorps, in der Reichswehr nicht größer als 5500 Mann[371], hatte seine soziale, fachliche und auch weltanschauliche Geschlossenheit, auf die die militärische Führung doch so sehr vertraute[372], im Grunde schon während der Aufrüstung verloren[373]. Infolge seiner „Vermassung" – so ein konservativer Kritiker[374] – verfügte das Heer 1938 bereits über 14000 aktive, 8000 aktiv verwendete E[rgänzungs]- und z. D.-Offiziere sowie über weitere 77000 Reserveoffiziere.

Eine wirkliche Wende aber brachte erst der Krieg. Zunächst einmal begann sich das Offizierskorps des Heeres förmlich aufzublähen; im Juli 1943 hatten ca. 250000 Mann[375], bis Kriegsende schließlich 500000 Mann eine Offiziersverwendung durchlaufen[376]. Gleichzeitig aber schossen ihre Verluste in schwindelerregende Höhe: bis April 1942 waren bereits über 21000 Heeresoffiziere gefallen, vermisst oder gefangen genommen[377], bis Juni 1944 dann etwa 62000[378]. Das brachte das

---

[368] Befehl Hitlers vom 10.10.1942, in: Absolon, Wehrmacht, Bd. VI, S. 670, 675 und 481 f. Hitler hatte seinen Entschluss schon am 30. 9. 1942 in einer öffentlichen Rede angekündigt.
Zur Bedeutung dieser Zäsur Knox, 1 October 1942. Adolf Hitler, Wehrmacht Officer Policy, and Social Revolution. Ferner Kroener, „Menschenbewirtschaftung", S. 856.
[369] Zit. bei: Kroener, Heeresoffizierskorps, S. 679.
[370] So Messerschmidt, Wehrmacht, S. 426.
[371] 4000 Offiziere des Heeres und 1500 Offiziere der Kriegsmarine.
[372] Vgl. dazu Halder, Kriegstagebuch, Bd. III, S. 39 (Eintrag vom 3. 7. 1941): „Das Vertrauen auf die ausführenden Organe, was einer unserer stärksten Führungsseiten ist, kennt man an oberster Stelle [Hitler] nicht, weil man sich der Kraft einer gemeinsamen Ausbildung und Erziehung des Führerkorps nicht bewusst ist."
[373] Kroener, Personelle Ressourcen, S. 733.
[374] Hassell, Tagebuch, S. 283 (Eintrag vom 30. 11. 1941).
[375] 1. 7. 1943: 248 537 Offiziere des Heeres. Zahl nach: Messerschmidt, Wehrmacht, S. 423.
[376] Vgl. Kroener, Heeresoffizierskorps, S. 653.
[377] Vgl. Kroener, Personelle Ressourcen, S. 905.
[378] Overmans, Verluste, S. 56 f. Da 31,5 % aller deutschen Gefallenen des Zweiten Weltkriegs erst 1945 ums Leben kamen (ebda., S. 241), ist auch bei den gefallenen Offizieren von einer deutlich höheren Gesamtzahl auszugehen.

Heerespersonalamt in ein gehöriges Dilemma: Keine Dienstgradgruppe hatte während des Krieges so hohe Ausfälle, doch waren gerade die Offiziere am schwierigsten zu ersetzen[379]. Daher musste die deutsche Armee immer mehr Vorstellungen und Vorschriften über Bord werfen, um immer neue Gruppen als Offiziersersatz zu gewinnen.

Den Protagonisten des Nationalsozialismus, innerhalb wie außerhalb der Wehrmachtsführung, kam dies nur entgegen. Sie wollten schon lange ein „Volksoffizierskorps"[380]. Mit Hitlers Akzentsetzung auf dem militärischen, oder besser: soldatischen, Leistungsprinzip wurde nicht nur die bisherige Entwicklung legitimiert. Damit einher ging auch ein ganz neues Offiziersbild[381]: Entwertet wurde der traditionelle Bildungs- und Erfahrungshorizont des Offizierskorps, sein alter Wertekanon und teilweise auch die bisher gültigen Prinzipien des Kriegshandwerks und der militärischen Führungskunst. Stattdessen setzte man ganz auf den „Charakter". Zweifellos wäre es zu einseitig, nur die negativen Seiten einer solchen Entwicklung herauszustellen[382]. Die Betonung von sozialer Mobilität, von praktischer Erfahrung (und Bewährung) hatte – professionell gesehen – auch unbestreitbare Vorteile. Problematisch aber war, dass nun der linientreue Draufgänger, für den primär das Prinzip des Gehorsams zählte, zum Vorbild wurde und nicht mehr der Typ eines intellektuell geschulten „Managers", der sich auch seinen fachlichen und moralischen Prinzipien verpflichtet fühlte.

2.3.1.1 Soziale Herkunft

Wie weit lässt sich diese Entwicklung in unserer Gruppe erkennen? Ein Anhaltspunkt ist der Beruf des Vaters, selbst wenn die entsprechenden Angaben oft unscharf oder uneinheitlich sind[383]. Immerhin sind diese bei 68 Offizieren aus unserem Sample vorhanden, das sind knapp 25 Prozent der *Führungs-*, aber immerhin 52 Prozent (29 Fälle) der *Kerngruppe*. Von diesen 29 Vertretern der *Kerngruppe* lassen sich immerhin 11 (knapp 38 Prozent) der Oberschicht zurechnen[384], 13 (45 Prozent) der oberen Mittelschicht und fünf (17 Prozent) der unteren Mittelschicht,

---

[379] Rass, „Menschenmaterial", S. 82 sowie Kap. 2.5.

[380] Vgl. Absolon, Das Offizierskorps des Deutschen Heeres, S. 264.

[381] Vgl. Creveld, Kampfkraft, S. 28 ff.; Kroener, Heeresoffizierskorps, S. 662; Absolon, Wehrmacht, Bd. VI, S. 481 f.

[382] Vgl. auch mit dem Urteil von Frevert, Kasernierte Nation, S. 322 f.

[383] Die oft rudimentären Angaben in den Personalakten, die in dieser Ausführlichkeit natürlich vor allem für aktive Offiziere angelegt wurden, beschreiben meist die Wirtschaftsbranchen, das Arbeitsverhältnis oder auch die soziale Stellung des Vaters. Bei jenen Berufsangaben, deren soziale Zuordnung nicht klar war, wie etwa „Bauer" (Kullmer, Schlemminger, Strahammer) oder „Kaufmann" (Eberbach, Engel), wurde versucht, diese begriffliche Unschärfe mit Hilfe weiterer Informationen zu kompensieren, etwa durch Angaben über die Großeltern, die Mutter (adlig, Beruf des Großvaters) oder aus weiteren Angaben des eigenen Lebenslaufs. Vgl. Strauß, Deutschlands Freie Berufe 1934–1940; Bolte, Die Berufsstruktur im industrialisierten Deutschland; Katz, Occupational Classification in History; Kater, Quantifizierung und NS-Geschichte; Siegrist (Hrsg.), Bürgerliche Berufe.

[384] Operiert wurde hier mit einem zeitgenössischen Schichtungsraster, das zwischen Ober-, oberer und unterer Mittelschicht sowie Unterschicht unterscheidet. Vgl. hierzu Geiger, Die soziale Schichtung des Deutschen Volkes. Ferner: Bolte/Kappe/Neidhardt, Soziale Schichtung; Lepsius, Sozialstruktur und soziale Schichtung in der Bundesrepublik Deutschland; Hardach, Klassen und Schichten in Deutschland 1848–1970. Zu den methodischen Problemen vgl. etwa Stumpf, Wehrmacht-Elite, S. 189 ff.; Wegner, Hitlers Politische Soldaten, S. 222 f.

aber kein einziger der Unterschicht[385]. Damit lag unsere Offiziersgruppe voll und
ganz in der Norm: Bernhard R. Kroener hat darauf hingewiesen, dass in allen drei
Wehrmachtsteilen zunächst „die Vertreter der alten Offizierseliten ihre Führungspositionen behaupten konnten"[386]. Hätten sich vor Beginn des Ersten Weltkriegs
noch 66 Prozent der Offiziere aus den „sozial erwünschten Schichten" rekrutiert,
so seien es in der Reichswehr sogar 75 Prozent gewesen. Noch höher lag diese
Quote bei der Heeresgeneralität der Wehrmacht. Reinhard Stumpf beziffert sie auf
97,8 Prozent[387]. Unser Gesamtergebnis, dass 83 Prozent der *Kerngruppe* aus den
offiziersfähigen Schichten stammte, fügt sich sehr genau zwischen die beiden Ergebnisse von Kroener und Stumpf.

Die soziale Herkunft der gesamten *Führungsgruppe* ist mit 25 Prozent natürlich
nur unzureichend dokumentiert. Doch entsprechen unsere wenigen Anhalts-
punkte sehr genau den oben zitierten Ergebnissen; der Anteil von Oberschicht
und oberer Mittelschicht liegt mit zusammen 76 Prozent (28,3 und 47,7 Prozent)
etwas unter dem Anteil der *Kerngruppe*; der Rest verteilt sich auf die untere Mittelschicht (22,4 Prozent) sowie mit einem Fall auch auf die Unterschicht (1,5 Prozent)[388]. Das heißt: Der sozialen Rekrutierung der gesamten *Führungsgruppe* unseres Samples lagen also *bis zuletzt* fast ständisch orientierte Selektionsmechanis-
men zu Grunde[389]. Wirkliche soziale Aufsteiger blieben die Ausnahme, und es
entbehrt nicht der Symbolik, wenn in der Personalakte von Alfred Burgemeister
(von seinem Fall wird noch zu sprechen sein) erst in dem Moment wieder an seine
Herkunft aus dem Stand der Unteroffiziere erinnert wurde[390], als er in Konflikt
mit seinen Vorgesetzten geriet.

2.3.1.2 Adelsanteil

Im Gegensatz zu den Berufen der Väter ist die adlige Herkunft dieser Offiziere
sofort zu erkennen[391]. Obwohl der Offiziersberuf schon seit dem 19. Jahrhundert
keine Domäne des Adels mehr gewesen war[392], lag der Adelsproporz im Heeres-

---

[385] Interessant ist auch der hohe Selbstrekrutierungsgrad dieser militärischen Elite; bei 18 dieser
Offiziere wird beim Beruf des Vaters ein (meist höherer) Offiziersdienstgrad angegeben, teilweise auch in Kombination mit einer zivilen Beschäftigung wie etwa „Gutsbesitzer".

[386] Kroener, „Menschenbewirtschaftung", S. 863. Auch zum Folgenden.

[387] Stumpf, Wehrmacht-Elite, S. 257.

[388] Den größten sozialen Aufstieg in dieser Gruppe hat Hans Hüttner hinter sich gebracht, der
zunächst als Maurer ausgebildet wurde, um dann den Zweiten Weltkrieg als Generalmajor zu
beenden. Als Beruf seines Vaters wird „Fabrikmeister" oder „Saalmeister" angegeben. Vgl.
BA-MA, Pers. 6/1418: Personalakte Hans Hüttner; Rosenwald, Generalmajor Hans Hüttner,
S. 11.

[389] Mit einer Dokumentationsdichte von 25 % liegt in diesem Fall nicht mehr vor als eine Stich-
probe, so dass in diesem Fall auf einen Vergleich innerhalb unseres Samples verzichtet wurde.
Hierfür scheinen andere soziale Merkmale besser geeignet.

[390] Vgl. BA, ZNS, Heer 26082: Beurteilung Alfred Burgemeister vom 17.6.1943.

[391] Dabei wird nicht zwischen hohem und niederem, zwischen deutschem, österreichisch-unga-
rischem oder baltischem Adel unterschieden. Ausgeklammert wird auch die Frage, ob es sich
– etwa bei den Inhabern des bayerischen Militär-Max-Josephs-Ordens – lediglich um eine persönliche Nobilitierung handelte (in unserem Sample sind zwei Fälle vertreten: Radlmeier und
Rosenthal). Zu den Kriterien vgl. auch Stumpf, Wehrmacht-Elite, S. 277 ff.; Malinowski, Vom
König zum Führer, S. 34 ff.

[392] Vgl. etwa Demeter, Das deutsche Offizierskorps, S. 1 ff., 63 ff.; Absolon, Wehrmacht, Bd. II,
S. 1 ff.; Rumschöttel, Das bayerische Offizierskorps 1866–1914, S. 61 ff.; Hofmann (Hrsg.), Of-

offizierskorps noch 1938 bei 13,2 Prozent[393], in der damaligen deutschen Bevölkerung hingegen bei nur 0,15 Prozent[394]. Die nationalsozialistische Elitenmanipulation wie überhaupt der soziale Strukturwandel im Offizierskorps infolge des Zweiten Weltkriegs sorgten freilich dafür, dass auch hier der Adelsanteil immer geringer wurde[395], bzw. dass er gewöhnlich parallel zum Dienstalter und zum Dienstgrad wuchs[396]. Am höchsten war diese Quote bei den Wehrmachtsgenerälen, die noch in einer längst untergegangenen Welt militärisch sozialisiert worden waren; ihr Adelsanteil betrug 18,1, bei der Heeresgeneralität sogar 20,3 Prozent[397].

Auch in unserer Offiziersgruppe finden sich Vertreter vieler adliger Familien; insgesamt sind es 44 Personen, knapp 16 Prozent – ein Wert, der ziemlich genau zwischen dem durchschnittlichen Adelsanteil am gesamten Heeresoffizierskorps (13,2 Prozent) und dem an der Heeresgeneralität (20,3 Prozent) liegt. Allerdings ist dies nur ein Mittelwert, zwischen den fünf Verbänden unseres Samples lassen sich auch in dieser Hinsicht große Unterschiede feststellen. Am auffälligsten ist der große Adelsanteil in der 4. Panzerdivision: Bei der *Führungsgruppe* liegt er bei 20, bei der *Kerngruppe* sogar bei über 41 Prozent! Am anderen Ende dieser Skala liegt die Führung des Korück, in der während des gesamten Krieges kein einziger Vertreter des Adels auftauchte. Dies spricht nicht nur für das geringe Sozialprestige dieses Besatzungsverbands, hier konnte man die klassischen Vertreter der alten Militärelite auch am ehesten entbehren. Dazwischen liegen die drei übrigen Divisionen unseres Samples: in der *Führungsgruppe* der 45., 296. und der 221. ID beanspruchen die adligen Offiziere einen Anteil von 14 Prozent, was etwa dem Durchschnittswert der deutschen Streitkräfte entsprach, aber weit *über* dem der übrigen deutschen Gesellschaft lag[398].

Bei der kleineren *Kerngruppe* ist der Adelsproporz sehr viel uneinheitlicher[399]. Zum Teil ist das darauf zurückzuführen, dass es sich hier nur um wenig Personen handelte. Wenn der Adelsanteil in der *Kerngruppe* der 221. Sicherungsdivision mit 25 Prozent sehr hoch ist, dann lag das daran, dass von lediglich acht Offizieren eben zwei adlig waren. Doch wird in diesem Fall noch etwas anderes sichtbar: Mit den Besatzungsverbänden, wo es nicht so „darauf anzukommen schien", konnte man den – zum Teil – heftigen Reaktivierungs- oder Beförderungswünschen jener älteren Offiziere Rechnung tragen, die aufgrund ihres vorgerückten Alters für eine

---

fizierskorps; Kehr, Zur Genesis des königlich-preußischen Reserveoffiziers; Bald, Der deutsche Offizier, insbes. S. 85 ff.; Funck, Feudales Kriegertum und militärische Professionalität.

[393] Angaben nach: Absolon, Offizierskorps, hier S. 255. Nach Bald (Offizier, S. 90) lag der entsprechende Anteil im Jahr 1937 bei 15,3 %.

[394] Malinowski, Vom König zum Führer, S. 34.

[395] Bis 1943 war er bereits auf 7,1 % gefallen. Vgl. Bald, Offizier, S. 90.

[396] Noch am 1. 9. 1944 betrug der Anteil des Adels bei den zum Generalstab kommandierten und den in der Generalstabsausbildung befindlichen Offizieren 15 %. Vgl. Absolon, Offizierskorps, S. 255; Model, Generalstabsoffizier, S. 181 ff.; 202 ff.

[397] Vgl. Stumpf, Wehrmacht-Elite, S. 282; Preradovich, Die militärische und soziale Herkunft der Generalität des Deutschen Heeres.

[398] *Führungsgruppe*: 4. PD: 25 %; 45. I.D.: 14,6 %; 296. I.D.: 13,9 %; 221. Sich. D.: 15,6 %; Korück 580: 0 %.

[399] *Kerngruppe*: 4. PD: 41,6 %; 45. I.D.: 13,1 %; 296. I.D.: 11,1 %; 221. Sich. D.: 25 %; Korück 580: 0 %.

Graphik 2:   Adelszugehörigkeit

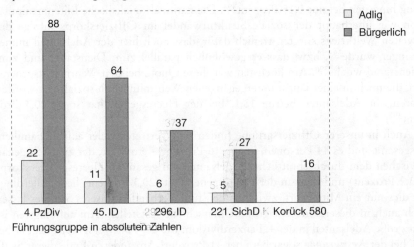

Führungsgruppe in absoluten Zahlen

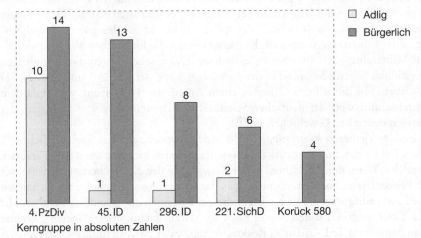

Kerngruppe in absoluten Zahlen

Frontverwendung nun einfach nicht mehr taugten[400]. Zuweilen muss die Führung der Sicherungsdivisionen oder Ortskommandanturen geradezu militärischen Traditionsvereinen geähnelt haben, obwohl gerade sie mit militärischen und politischen Aufgaben konfrontiert wurden, die ein junges, bewegliches und vor allem reformbereites Offizierskorps erfordert hätten.

Noch höher war die Adelspräsenz bei der 4. Panzerdivision[401]. Hier handelte es sich freilich nicht um „ältere Kavaliere, [...] die kein sonderlicher Ehrgeiz mehr

---

[400] Beispiele: Hartmann, Massensterben, S. 106, 108, 138; Lieb, Täter aus Überzeugung?, S. 531 mit Anm. 47.
[401] Obwohl allein die Positionen von Kommandeur und I a von 24 Offizieren durchlaufen wurden, waren 10 von ihnen adlig; das sind immerhin über 41 %.

stach"[402]. Im Gegenteil: Die Exklusivität dieses „Vereins"[403] definierte sich vor allem durch eine ungewöhnlich hohe Leistung, die wiederum der sozialen Exklusivität entsprach, die zumindest einen Teil dieser Kader auszeichnete. Für die Vertreter alter Soldatenfamilien, die schon von „zu Hause" mitunter Erfahrung, Selbstbewusstsein oder Charisma mitbrachten[404], bot sich hier die Chance, an den Habitus, die Leistung und das Selbstverständnis des Offizierskorps traditioneller Prägung anzuknüpfen. Gerade eine Panzerdivision wie die 4. bot eine gesellschaftliche Nische, die diese „elitäre Zirkelbildung"[405] ermöglichte, jenes „entre-nous-Milieu"[406], das die adlige Lebenswelt in einem hohen Maße auszeichnete[407]. Schon den Zeitgenossen fiel auf, dass sich die Offizierslisten „der 4. Panzerdivision, wo man normal von Langermann, von Saucken, von Götz und Schwanenfliess, Graf Moltke, Reichsfreiherr von Gaupp usw. hieß"[408], teilweise lasen wie ein Auszug des Gotha. Ein Regimentskommandeur aus dieser Division erinnerte sich später, dass er von einem preußischen Prinzen inständig gebeten wurde, ihn von seiner Stellung im rückwärtigen Gebiet „herauszulösen", weil er unbedingt „in meinem Verband den Rest des Krieges mitmachen" wollte[409].

Hier ging es wohl nicht allein um den Wunsch, wieder in ein vertrautes Sozialmilieu zu kommen oder gar um eine aristokratische Form der inneren Emigration. Attraktiv war vor allem der Elitecharakter dieser Division, der ihr ein gewisses Eigenleben ermöglichte[410], und auch die Möglichkeit, die Kultur der alten Kavallerietruppe[411], seit jeher eine bevorzugte Domäne des Adels, in den motorisierten

---

[402] So Friedrich, Gesetz, S.751.

[403] So Heinrich Eberbach über das Offizierskorps dieser Division. BA-MA, MSg 3-281/1: Panzer-Nachrichten Nr.11 vom März 1963, S.1f.: „Unser Pampas".

[404] Dass dies nicht immer so war, belegt folgende Quelle, bei der freilich ein Standartenführer der Waffen-SS zu Wort kommt. Hans Ligner, ehemaliger Kommandeur der 17. SS-Panzergrenadierdivision „Götz von Berlichingen", äußerte sich in britischer Kriegsgefangenschaft über den Gen.ltn. Hans Frhr. von Boineburg-Lengsfeld, der 1940 für kurze Zeit die 4. Panzerdivision kommandiert hatte, folgendermaßen: „Boineburg hat zwar jetzt im Krieg das Ritterkreuz bekommen, ist aber völlig degeneriert. Er kam mal zu uns und stellte so dämliche Fragen, dass sein eigener Adjutant ihn unterbrechen musste. Als er drei- oder viermal so dumm dazwischen fragte, da sagte ihm der Adjutant: ‚Nun einmal Punkt, Boini-Boini!' Da lächelte er so ganz dämlich und sagte keinen Ton!" PRO, WO 208/4140: C.S.D.I.C. S.R. Report S.R.M. 1220 Information from 19.2.1945.

[405] Kroener, Heeresoffizierskorps, S.655.

[406] So Malinowski, Vom König zum Führer, S.48.

[407] Wie „stilbildend" dies wirkte, wird etwa daran deutlich, dass ein Regimentskommandeur wie der Oberst Smilo Frhr. von Lüttwitz allein in seinem Stab „noch drei adlige Offiziere, Oblt. v. Heyden, Lt. v. Baumbach und Lt. v. Tiedemann" einsetzte. Vgl. BA-MA, MSg 1/3270: Fritz Farnbacher, Tagebuch, Eintrag vom 13.8.1941.

[408] BA-MA, MSg 3-281/1: Panzer-Nachrichten Nr.30 vom April/Mai 1970, „Müller – Meier – Schulze und Konsorten".

[409] BA-MA, N 10/9: Lebenserinnerungen Smilo Frhr. von Lüttwitz, Bl.176.

[410] Vgl. mit der Bemerkung Eberbachs, dass die Division „ihre Kommandeure und die ihrer Truppenteile ab 1942 großenteils den eigenen Reihen" entnehmen konnte. Neumann, 4. Panzerdivision, S.VI. Symbolisch scheint das Ende dieser Division, die ohne jede direkte Verbindung zum deutschen Machtbereich zunächst im Kurlandkessel, dann im Raum Danzig und schließlich auf der Frischen Nehrung kämpfte, wo sie erst am 9.5.1945 kapitulierte. Vgl. etwa BA-MA, MSg 1/3290: Fritz Farnbacher, Tagebuch für die Zeit vom 1.10.1944–8.5.1945; Haupt, Kurland, S.196ff.; Luther, SOS im Panzersturm; Schäufler, 1945 – Panzer an der Weichsel.

[411] In den Kavallerie-Regimentern war der Adelsanteil besonders hoch; noch in der Reichswehr lag er bei 47,3 %. Vgl. Bald, Offizier, S.92.

Verbänden fortzuführen. Nach der enttäuschenden Rolle, welche die Kavallerie im Ersten Weltkrieg gespielt hatte[412], schien nun die Panzerwaffe wieder eine Gelegenheit zu bieten, an den Ruhm vergangener Tage anzuknüpfen, an den alten „Reitergeist"[413], der unter dem Aspekt der militärischen Effizienz eigentlich schon längst überlebt schien. Mit einem feinem Gespür für weltanschauliche Unterschiede bemerkte man in der Waffen-SS, dass gerade die Panzerwaffe der Wehrmacht den Ruch des Reaktionären nie ganz los wurde[414].

Manifestierte sich hier bereits die vielbeschworene Distanz zwischen Adel und Nationalsozialismus? Dies allein mit einem Hinweis auf den 20. Juli zu beantworten, würde entschieden zu kurz greifen. Zwar besteht an der weit überproportionalen Präsenz des Adels im deutschen Widerstand kein Zweifel, doch bildeten die Protagonisten dieses Widerstands wiederum nur einen verschwindend kleinen Teil des deutschen Adels. Dass der Dissenz zwischen Adel und Nationalsozialismus längst nicht so groß war, wie nach 1945 gerne hervorgehoben wurde, haben verschiedene Untersuchungen mittlerweile klar belegt[415]. Denn mit der Zäsur von 1918/19 begannen sich auch Mentalität und Verhaltensregeln des Adels zu verändern, in denen Marion Gräfin Dönhoff so etwas wie ein „Sicherheitsgeländer" sah[416]. Bei den Offizieren der 4. Panzerdivision wird dies nicht anders gewesen sein – zumindest nicht bis 1941. Die Wirkung des NS-Regimes, das ihnen die Aussicht auf eine glanzvolle militärische Karriere eröffnet und eine Waffengattung wie die Panzertruppe überhaupt erst geschaffen hatte[417], war lange ungebrochen. In gewisser Weise entsprach das Selbstverständnis der Panzeroffiziere, jene eigentümliche Mischung aus Stolz und Traditionsbewusstsein[418], Leistungsfähigkeit und Modernität, dem Doppelcharakter des Nationalsozialismus als einer gleichermaßen „alt-neuen, revolutionär-rückschlägigen Welt"[419].

Trotzdem wäre es falsch, die Unterschiede zwischen den „alten" feudalen und den „neuen" nationalsozialistischen Eliten völlig zu ignorieren. Erinnert sei an den politischen, gesellschaftlichen und teilweise auch wirtschaftlichen Machtverlust des deutschen Adels, der sich seit 1933/34 nicht abschwächte, sondern noch weiter beschleunigte; an das geradezu „antithetische Verhältnis" der NS-Ideologie gegen-

---

[412] Vgl. hierzu Storz, Kriegsbild, S. 269ff.

[413] So der erste Kommandeur der 4. PD, der damalige Gen.mj. Reinhardt, bei einer Kommandeursbesprechung vor dem Krieg. Zit. bei: Clasen, Generaloberst Hans-Georg Reinhardt, S. 114.

[414] Vgl. Oechelhaeuser, Leuchtspuren, S. 172.

[415] Am stärksten durch Malinowski, Vom König zum Führer. Vgl. ferner Reif, Adel im 19. und 20. Jahrhundert; Conze, Von deutschem Adel; ders., Adel und Adeligkeit im Widerstand des 20. Juli 1944; ders. (Hrsg.), Adel und Moderne; Walterskirchen, Blaues Blut für Österreich.

[416] Dönhoff, Namen, S. 42.

[417] Vgl. etwa Zeidler, Reichswehr und Rote Armee, S. 188ff.; Guderian, Die Panzerwaffe, S. 170; Macksey, Guderian der Panzergeneral, S. 96ff., insbes. S. 101f.

[418] Bemerkenswert etwa das Eingeständnis des evangelischen Militärpfarrers der 4. Pz. Div., „fast alle Kommandeure" hätten im Westfeldzug seine Arbeit „aufs wärmste" unterstützt. Vgl. IfZ-Archiv, MA 1575: 4. Pz. Div., Abt. IV d (k/ev.), Tätigkeitsbericht für die Zeit vom 9.5.–25.6.1940.

[419] Mann, Doktor Faustus, S. 489.
Schon vor 1939 hatte man in der Wehrmacht gefürchtet, die Panzerdivisionen würden sich zu einem „Heer im Heer" entwickeln. Vgl. Caspar/Marwitz/Ottmer, Tradition in deutschen Streitkräften, S. 287.

über dem Preußentum[420] und an Hitlers tief sitzende Aversionen gegenüber den Vertretern des alten Militäradels[421]. Der Adel blieb eine „degradierte Macht-elite"[422], der sich auch deshalb nicht eindeutig einem einzigen politischen Lager zuordnen lässt, weil ein entscheidendes Kennzeichen dieser Klasse ihre Heterogenität und zudem ein ausgeprägter Individualismus waren[423]. Immerhin ist denn auch von fünf höheren Offizieren der 4. Panzerdivision bekannt, dass sie sich unter dem Eindruck des Krieges – vorsichtig formuliert – vom Nationalsozialismus entfremdeten[424]. Über den Freiherrn von Langermann etwa, der seit Winter 1941/42 in einen immer stärkeren Gegensatz zum NS-Regime geriet, berichtete sein Kamerad Freiherr von Lüttwitz im März 1942[425]: „War dann lange bei Langermann. Wir unterhielten uns über die Lage. (Er u[nd] sein Chef Schilling, den ich von Reiter 5 schon gut kannte, sind die erbittertsten Feinde des Nazismus u[nd] schimpften mit lauter Stimme. Ich bat sie etwas leiser zu sprechen, damit sie mir nicht etwa in späteren Kampftagen von der SS abgeholt würden!)."

---

[420] So Wirsching, Vom Weltkrieg zum Bürgerkrieg?, S. 348. Ferner Hildebrand, Hitlers Ort in der Geschichte des preußisch-deutschen Nationalstaates.

[421] Zuletzt hierzu: Arnold, Wehrmacht, S. 45 f.
Zitate wie das folgende finden sich häufig in den Goebbels-Tagebüchern: „Die Generale hängen dem Führer zum Halse heraus. Es ist eine seiner schönsten Vorstellungen, nichts mehr mit ihnen zu tun haben. Er fällt über die gesamte Generalität ein vernichtendes Urteil, das in seiner Schärfe zwar manchmal etwas voreingenommen oder ungerecht ist, aber im großen und ganzen doch wohl zutrifft. Er erklärt mir auch, warum er jetzt im Hauptquartier nicht mehr am großen Mittagstisch isst. Er kann die Generale nicht mehr sehen; [...] Alle Generale lügen, sagt er: alle Generale sind treulos, alle Generale sind gegen den Nationalsozialismus, alle Generale sind Reaktionäre." Druck: Die Tagebücher von Joseph Goebbels, Teil II, Bd. 8, S. 265 (Eintrag vom 10. 5. 1943).

[422] Wehler, Deutsche Gesellschaftsgeschichte, Bd. 4, S. 747.

[423] Ein solches Beispiel ist etwa der ziemlich unkonventionelle Lebenslauf des Ernst Frhr. von Jungenfeld, genannt „Pampas", weil dieser sich eine Zeitlang als Farmer in Südamerika versucht hatte. Vgl. BA-MA, MSg 3-281/1: Panzer-Nachrichten Nr. 11 vom März 1963, „Unser Pampas".

[424] Willibald Frhr. v. Langermann und Erlencamp, Smilo Frhr. v. Lüttwitz, Dietrich v. Saucken, Peter Sauerbruch (mehrere Verhöre, kurzfristige Inhaftierung), Georg Reichsritter von Gaupp-Berghaussen (mehrere Verhöre und Kriegsgerichtsverfahren), möglicherweise auch Erich Schneider.
Vgl. auch BA-MA, N 10/9: NL Smilo Frhr. von Lüttwitz, Lebenserinnerungen, Bl. 144: „Am 3. XI. kam neben Schimer, der auch zum Lt. beförderte Happich wieder zum Rgt. Ich hatte ihn je 1 mal in Frankreich u. im Warthelager bei der Prüfung durchfallen lassen. Nun hatte er beim 3. mal in der Heimat die Prüfung bestanden. Er war nicht von uns zum Offz. vorgeschlagen, sondern als Parteimitglied von einem Gau- oder Kreisleiter, daher meine scharfen Prüfungen. Als ich ihm nun gratulierte, sagte er, Herr Oberst, ich habe jetzt alles gelernt, was sie früher beanstandeten. Ich: Das freut mich sehr u. ich wünsche Ihnen alles Gute! Er wurde ein guter Zugführer, war besonders tapfer. Durch seine NS-Verbindung hatte ich mich vorher in seinem Charakter getäuscht." Ferner Seitz, Verlorene Jahre, S. 125, der berichtet, es habe an der Basis der 4. Panzerdivision sowohl überzeugte Nationalsozialisten als auch entschiedene Kritiker dieses Systems gegeben, die freilich in einer Art friedlichen Koexistenz nebeneinander lebten.

[425] BA-MA, N 10/9: NL Smilo Frhr. von Lüttwitz, Brief vom 20. 3. 1942.
In seinem Tagesbefehl vom 29. 12. 1941, den Langermann aus Anlass seines Ausscheidens aus der 4. Panzerdivision erließ (IfZ-Archiv, MA 1581), wird Hitler – mit Ausnahme der Grußformel – nicht ein einziges Mal erwähnt. In einem Schreiben Langermanns vom Februar 1942 wird dieser Gegensatz vorsichtig angedeutet, doch schreibt Langermann dann selbst: „Über die Hauptgründe möchte ich mich schriftlich nicht äußern, vielleicht habe ich den Vorzug, mich mal späterhin mündlich zu äußern." Vgl. IfZ-Archiv, ED 91/9: Schreiben Gen.ltn. Willibald Frhr. von Langermann und Erlencamp an Gen. Leo Geyr Frhr. von Schweppenburg vom 14. 2. 1942.

Wie weit aber machte sich diese Kritik im Handeln bemerkbar? Von den Offizieren dieser Division ist nur ein einziger Fall, eines – im Übrigen nichtadligen – Generalstabsoffiziers bekannt, den man nach dem 20. Juli wegen seiner Kontakte zu den Verschwörern verhaftete[426]. Schon am einem prominenten Beispiel wie dem der Oberbefehlshaber der Heeresgruppen und Armeen, unter denen der Adel besonders stark vertreten war, zeigte sich, dass Hitler gar „keine neue Generation von Generalen und keine neuen Kommandobehörden an der Front" brauchte, um seine militärischen, aber auch politisch-ideologischen Ziele durchzusetzen[427]. Auch bei der mittleren militärischen Führungsebene[428] blieb ein Fall wie der von Peter Sauerbruch offenbar eine Ausnahme. Doch ging es nicht allein um die prinzipielle Frage der politischen Loyalität, sondern auch um die Frage, wie weit in der *Praxis* des militärischen Handelns das traditionelle Postulat der Ritterlichkeit noch zählte. Davon aber später.

2.3.1.3 Schulbildung, Zivilberufe

Kommen wir zurück zum Sozialprofil unserer Offiziersgruppe; es ist auch an ihrer Schulbildung abzulesen. Bei 71 Offizieren sind wir darüber informiert, welchen Bildungs- oder Berufsabschluss sie erreicht haben; das entspricht einer Quote von knapp 26 Prozent bei der *Führungs-* und 52 Prozent bei der *Kerngruppe*. Von den 71 Offizieren dieser ersten Gruppe besaßen 67 Abitur oder einen gleichwertigen Schulabschluss[429], den fast alle (64) auf einer zivilen Lehranstalt erworben hatten, nur drei dagegen auf einer Kadettenanstalt. Auch damit bestätigt sich, dass die meisten dieser Offiziere den „offiziersfähigen" Schichten entstammte. Die Reichswehr hatte die Auswahlkriterien sogar noch verschärft: Seit 1920 galt das Abitur als unbedingte Voraussetzung zum Offiziersberuf[430]. Auch die Wehrmacht hielt sich zunächst an diesen Grundsatz, erst seit Mitte der 30er Jahre begann man ihn allmählich durch die massenhafte Beförderung von Unteroffizieren zu durchbrechen. Interessanterweise blieb aber Hitlers Entscheidung vom Oktober 1942, mit der er diese Bildungsvoraussetzung dann definitiv aufhob, zumindest für unsere Offiziersgruppe ohne Folgen. Die wenigen Ausnahmen sind rasch aufgezählt[431]: Über die niedrigste Schulbildung verfügte Hans Hüttner (296. ID), der nur eine

---

[426] Vgl. Sauerbruch, Bericht eines ehemaligen Generalstabsoffiziers.
   Verdächtigt wurde auch der ehemalige Divisionskommandeur Erich Schneider, mittlerweile Generalleutnant und Chef des Heereswaffenamts. Das Reichssicherheitshauptamt kam jedoch am 18.9.1944 zu den Schluss, dass „die Beschuldigungen [...] zu Unrecht erhoben" worden seien. Bradley/Schulze-Kossens (Hrsg.), Tätigkeitsbericht des Chefs des Heerespersonalamtes, S. 258.

[427] Vgl. hierzu Hürter, Konservative Akteure, S. 42; ders., Heerführer.

[428] Der institutionelle Spielraum dieser Gruppe war natürlich deutlich kleiner als bei den Oberbefehlshabern. Doch war diese Gruppe anders sozialisiert, so dass es kein Zufall war, dass es gerade die „Obristen" waren, die als die eigentlichen Schrittmacher des militärischen Widerstands galten.

[429] Da der Abschluss des Realgymnasiums seit 1900 dem des humanistischen Abiturs gleichgestellt war, wurde auf eine diesbezügliche Unterscheidung verzichtet.

[430] Vgl. Bald, Offizier, S. 101 ff.; Demeter, Offizierskorps, S. 109 ff.; Absolon, Wehrmacht, Bd. II, S. 41.

[431] Hüttner hatte sich im Ersten Weltkrieg die Goldene Tapferkeitsmedaille erworben. Vgl. BA-MA, Pers. 6/1418: Personalakte Hans Hüttner; Rosenwald, Generalmajor Hans Hüttner. BA, ZNS, Heer 26082: Personalakte Alfred Burgemeister; BA, ZNS, Heer 48286: Personalakte Erich Schlemminger; BA-MA, Pers. 6/1954: Personalakte Martin Strahammer.

Graphik 3:　Schulbildung

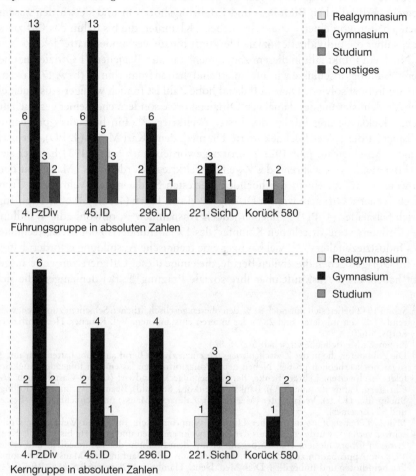

Führungsgruppe in absoluten Zahlen

Kerngruppe in absoluten Zahlen

Volksschule besucht hatte. Der gelernte Maurer und ehemalige Vizefeldwebel hatte sich bereits während des Ersten Weltkriegs als „Tapferkeitsoffizier" für diese Laufbahn qualifiziert. Auch Alfred Burgemeister und Erich Schlemmiger (beide 45. ID), beide erheblich jünger, verfügten lediglich über einen Volksschulabschluss, der freilich schon in den 30er Jahren durch den Besuch einer Fachschule des Heeres (Burgemeister) bzw. einer Gewerbefachschule (Schlemminger) ergänzt wurde. Beide waren typische Vertreter jener Unteroffiziere, denen bereits in der Phase der Aufrüstung der Laufbahnwechsel glückte. Martin Strahammer (4. PD) schließlich hatte eine „Bürgerschule" besucht, wurde Volksschullehrer und qualifizierte sich dann während des Ersten Weltkriegs in der k.u.k.-Armee zum Offizier. Bei diesen vier Beispielen fällt der Karrieresprung schon in die Zeit vor 1942, was beweist, wie viel Zeit die von Hitler dekretierte soziale Öffnung des Offizierskorps

brauchte[432]. Die Offiziere unseres Samples besaßen noch einen gemeinsamen, allgemein verbindlichen Bildungs- und Erfahrungshorizont und sie wurden zusammengehalten von einer weltanschaulichen „Klammer, die bis dahin das Offizierskorps über die individuelle soziale Herkunft hinaus verbunden hatte"[433].

Noch ein Punkt fällt in diesem Zusammenhang auf: Bei jenen 71 Offizieren, über
deren Bildungsabschlüsse wir informiert sind, hatten immerhin 12 (bzw. 17 Prozent)
ein Studium absolviert. Diese auffallend hohe Zahl ist freilich weniger Ausdruck einer Akademisierung des damaligen Offizierskorps, sondern eher seiner gesellschaftlichen Deklassierung infolge des Ersten Weltkriegs[434]. Ein besonders prägnantes
Beispiel ist der später hochdekorierte Dr. med. dent. Karl Mauss (4. PD), der nach
seinem Abschied im Jahr 1922 Zahnarzt geworden war[435]: Erst 1934 hatte er sich
reaktivieren lassen, während des Zweiten Weltkriegs wurde er als „Mauss mit dem
Löwenherzen" zu einem der hochdekoriertesten Soldaten der Wehrmacht. Technisch versierte Offiziere wie ein Dr.-Ing. Axel von Horn (45. ID)[436] oder Dipl.-Ing.
Erich Schneider (4. PD)[437] blieben jedoch Ausnahmen[438], obwohl „die Wandlung
des Offiziers vom ‚ritterlichen Kämpfer‘ des 19. Jahrhunderts zum ‚Kriegstechniker
des Industriezeitalters‘"[439] viel häufiger eine technische Ausbildung erfordert hätte.

Im Übrigen geben die zivilen Berufe, die einige dieser Offiziere zeitweise ausgeübt haben, auch Auskunft über ihre soziale Prägung[440]. Bei denjenigen, die sich

---

[432] Schon 1942 ließen sich nur noch 21 % den oberen gesellschaftlichen Schichten zuordnen, während 51 % der mittleren und 28 % der unteren entstammten. Vgl. Kroener, Heeresoffizierskorps, S. 670.

[433] Kroener, „Menschenbewirtschaftung", S. 874.

[434] Die Zahl derer, die in der Zwischenkriegszeit einen zivilen Beruf ausgeübt hatten, war mit 24
sogar noch erheblich größer. Neben neun Polizeioffizieren lassen sich folgende Tätigkeits-
felder nachweisen: Lehrer (Benke, Bertele, Seizinger), Landwirt (Castell-Castell (auch SA),
Christern, Pannwitz (auch SA)), Bankier (Breitkopf, Seewald), Beamter (Grünewald, Rüling),
Buchprüfer (Klett), Verlagsleiter (Meesmann), Zahnarzt (Mauss) und schließlich SA (Betzel)
und SS (Braemer).

[435] Mauss' Lebenslauf ist in mancher Hinsicht symptomatisch: Im Ersten Weltkrieg als Pilot
schwer verletzt, wurde er 1922 aus der Reichswehr entlassen und arbeitete bis 1925 als Kaufmann in Oberschlesien. Danach begann er mit dem Studium der Zahnmedizin und erhielt
1928 die Approbation zum Zahnarzt. Angaben zum Lebenslauf in: Karl Mauss, Zahnanomalien bei Idioten und Imbezillen, Diss. Med. Dent., Hamburg 1928 sowie BA-MA, Pers. 6/741:
Personalakte Dr. Karl Mauss.

[436] Horn hatte neben seinem Dienst im Heereswaffenamt während der Jahre 1930 bis 1935 an der
Technischen Hochschule studiert. Vgl. BA-MA, MSg 3-217/1: Linzer Turm 5 (1962), Nr. 18,
„Dr.-Ing. Axel von Horn".

[437] Ungewöhnlich war auch die Karriere des Gen.ltn. Erich Schneider (1894–1980), der nach seinem Kommando über die 4. PD die Leitung des Heereswaffenamts übernahm. Vgl. BA-MA,
MSg 3-281/1: Panzer-Nachrichten Nr. 63 vom Dezember 1980.

[438] In der Wehrmacht galt ein studierender Offizier als „ein Widerspruch in sich". Vgl. Bald, Offizier, S. 108.

[439] Kroener, Heeresoffizierskorps, S. 659.

[440] Aufschlussreich ist in diesem Zusammenhang auch, dass sich einige Offiziere aus unserem
Sample schon vor 1945 als Militärschriftsteller betätigten; zum Teil blieb das beschränkt auf
das Verfassen und Kommentieren militärischer Dienstvorschriften, die freilich weite Verbreitung fanden, wie im Falle von Fritz Kühlwein, Felddienst-ABC für den Schützen, Berlin 1932;
ders., Unterführer-ABC, Berlin [5]1934; ders., Die Gruppe im Gefecht, Berlin 1934/ [10]1938;
ders., Gefechtstaktik des verstärkten Bataillons, Berlin [2]1936; ders., Schützenzug und Kompanie im Gefecht, Berlin [5]1940.
Andere wie Kurt Agricola meldeten sich auch bei politischen Themen zu Wort: [Kurt] Agricola, Der rote Marschall. Tuchatschewskis Aufstieg und Fall, Berlin 1939. Agricolas Schrift gibt
nicht nur Hinweise auf seine politische Einstellung, insbesondere seinen entschiedenen Antibolschewismus, sondern auch auf seine überraschend intimen Kenntnisse der sowjetischen Ver-

Graphik 4: Tätigkeiten in der Zwischenkriegszeit

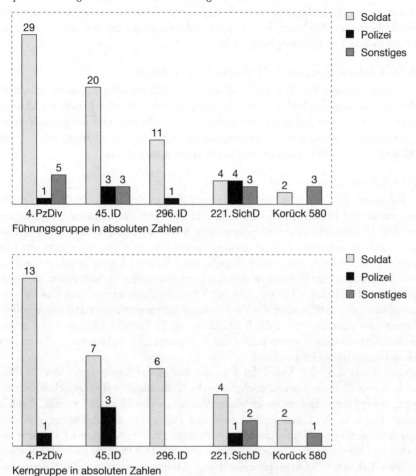

Führungsgruppe in absoluten Zahlen

Kerngruppe in absoluten Zahlen

nach dem Ersten Weltkrieg im Zivilleben bewähren mussten, finden sich oft schwierige, manchmal auch kümmerliche Lebenswege, aber kaum verkrachte Existenzen. Jener Kreis der „Gescheiterten und Marginalisierten, Fanatiker und nie zivilisierten Soldaten, Abenteurer und Absteiger"[441], der gewissermaßen „zwischen den Klassen" stand und der zum bevorzugten Rekrutierungspotential der frühen NSDAP, mitunter auch der Waffen-SS wurde[442], taucht im höheren Offizierskorps unserer Divisionen sehr selten auf[443]. Auch das bestätigt, dass es sich im

hältnisse und schließlich auch auf seine politischen Spekulationen, die er an Aufstieg und Fall des „roten Marschalls" knüpfte. Eine weitgehend unpolitische Verarbeitung seiner Kriegserlebnisse bot: Hans Christern, Die „Roten Teufel" und ihr Kommandeur, München 1941.
441 Herbert, Wer waren die Nationalsozialisten?, S. 23.
442 Vgl. hierzu Wegner, Hitlers Politische Soldaten, S. 230 ff.
443 Im Falle dieser Gruppe sind dies Clemens Betzel und Helmuth von Pannwitz.

Falle unseres Samples um eine relativ homogene soziale Gruppe handelt, die nicht nur von ihrer Herkunft, sondern auch von ihrer zivilen wie von ihrer militärischen Sozialisation eher den Vorstellungen und Anforderungen der militärischen als denen der politischen Führung entsprach.

2.3.1.4 Konfession, regionale Herkunft, Familienstand

Diese drei Aspekte besaßen vor 1945 einen verhältnismäßig hohen gesellschaftlichen und kulturellen Stellenwert. Für nicht wenige Offiziere, gerade die aktiven, waren die christliche Religion, die Bindung an eine Region und damit auch an ein angestammtes Herrscherhaus entschieden mehr als nur Konvention oder Tradition, so dass auch diese Aspekte Berücksichtigung verdienen.

2.3.1.4.1 Konfession

Bei insgesamt 73 Offizieren der *Führungs-* (26 Prozent) sowie 29 Offizieren der *Kerngruppe* (53 Prozent) ließ sich ermitteln, welcher *Konfession* sie angehörten. Von den 73 Offizieren der *Führungsgruppe* waren 54 evangelisch und 17 katholisch, während sich zwei als „gottgläubig" bezeichneten – also mit einem seit November 1936 amtlich anerkannten Begriff, mit dem man damals seinen Atheismus zu kaschieren suchte. Verglichen mit den konfessionellen Verhältnissen im damaligen Deutschen Reich – 1939 wurden 48,6 Prozent Protestanten und 45,6 Prozent Katholiken gezählt[444] – sind die Protestanten in unserer *Führungsgruppe* mit 74 Prozent also deutlich über-, die Katholiken mit 23 Prozent hingegen klar unterrepräsentiert. Dagegen entsprechen die 3 Prozent „Gottgläubigen" genau dem Reichsdurchschnitt (3,1 Prozent).

Noch höher liegt der Anteil der Protestanten in der *Kerngruppe*: Von 29 Offizieren waren 23 Protestanten, aber nur sechs Katholiken, während sich keiner für „gottgläubig" hielt; dies entsprich einem Verhältnis von 79 zu 21 Prozent. Auch in diesem Fall sind die Unterschiede zwischen *Führungs-* und *Kerngruppe* Abbild einer umfassenderen historischen Entwicklung. 1907 hatten sich 83 Prozent der deutschen Offiziere zum protestantischen, aber nur 16,6 Prozent zum katholischen Glauben bekannt[445]. Diese protestantische Dominanz im preußisch-deutschen Offizierskorps, jenes alte Bündnis zwischen Thron, Kirche und Militär[446], hat sich in der *Kerngruppe* naturgemäß stärker konserviert als in der größeren (und heterogeneren) *Führungsgruppe*. Dies entsprach dem allgemeinen Trend: Je länger der Krieg dann dauerte, desto stärker nivellierten sich die konfessionellen Unterschiede des Offizierskorps[447].

Interessant sind schließlich die Fälle jener beiden Offiziere, die sich als „gottgläubig" bezeichneten. Noch 1934 hatte der Reichskriegsminister Werner von Blomberg Kirchenaustritte von Wehrmachtsangehörigen als „unerwünscht" bezeich-

---

[444] Statistisches Jahrbuch für das Deutsche Reich. 59. Jg. 1941/42, Berlin 1942, S. 26: 48,6 % Protestanten, 45,7 % Katholiken, 3,1 % „Gottgläubige", 2,6 % Sonstige. Angaben nach: Statistisches Jahrbuch für das Deutsche Reich. Jg. 1941/42, Berlin 1942, S. 26.
[445] Bald, Offizier, S. 77.
[446] Vgl. auch Bald, Offizier, S. 74 ff. Ferner ders., Katholiken und Protestanten im deutschen Offizierskorps, in: Wehrwissenschaftliche Rundschau 29 (1980), S. 53 f.; Kroener, „Menschenbewirtschaftung", S. 871.
[447] Vgl. Kroener, „Menschenbewirtschaftung", S. 873.

Graphik 5: Konfession

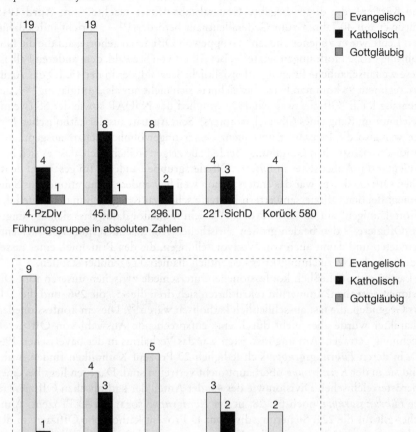

Führungsgruppe in absoluten Zahlen

Kerngruppe in absoluten Zahlen

net[448], bis 1936 war die Zugehörigkeit zu einer der beiden großen christlichen Konfessionen Einstellungsvoraussetzung für Offiziersbewerber[449]. Die Kategorie „gottgläubig" war also nicht nur Ausdruck eines Bruchs mit den traditionellen Wertvorstellungen des Offiziersberufs, sondern demonstrierte immer auch eine gewisse Nähe zur „Bewegung". Wie weit dies auf Helmut Staedke zutrifft, von 1938 bis 1940 I b der 4. Panzerdivision, lässt sich an Hand seiner Personalakte nur schwer

---

[448] So Blomberg am 1.9.1934; am 25.6.1937 korrigierte er dann diese Haltung: „Ebenso wenig dürfen diejenigen geringer geachtet oder benachteiligt werden, die ihr Glaubensbekenntnis wechseln, auch wenn der Wechsel mit einem Austritt aus der Kirche verbunden ist." Druck: Absolon, Wehrmacht, Bd. III, S. 405 f.
[449] Vgl. Demeter, Offizierskorps, S. 217.

sagen. Bereits im April 1938 war er „aus der evangelischen Kirche ausgetreten"[450].
Die Karriere, die dieser begabte Generalstabsoffizier machte – im April 1945
wurde er mit 40 Jahren zum Generalleutnant befördert[451] – , spricht indes dafür,
dass Leute wie er zu jener „neuen" Gruppe von Offizieren gehörte, auf die die NS-
Führung große Hoffnungen setzte[452]. Bei Albert von Seewald, dem anderen Fall, ist
diese weltanschauliche Prägung offensichtlich: Seewald, der in der 45. ID das Artillerieregiment 98 kommandierte, bezeichnete sich nicht nur als „gottgläubig"[453], der
ehemalig k.u.k.-Offizier war seit 1933 Mitglied der NSDAP sowie der SS (wenngleich nur im Rang eines Oberscharführers). Sein Austritt aus der katholischen Kirche war also die logische Konsequenz seiner ungewöhnlich scharf ausgeprägten
nationalsozialistischen Gesinnung. Beide Fälle zeigen freilich auch, dass es sich hier
eindeutig um Außenseiter in *unserer* Offiziersgruppe handelte. Im gesamten deutschen Offizierskorps war das anders, schon weil hier andere Generationen ins Spiel
kamen: Bei den Offiziersanwärtern kletterte schon zu Kriegsbeginn der Anteil der
„Gottgläubigen" auf bis zu 15 Prozent[454] – ein Indikator dafür, dass sich die jüngeren Offiziere[455] den beiden großen christlichen Konfessionen immer stärker entfremdeten und damit auch von Wertvorstellungen, die den Prinzipien eines rassenideologischen Vernichtungskriegs eigentlich diametral gegenüber standen.

    Lassen sich schließlich konfessionelle Unterschiede zwischen unseren fünf Di-
visionen erkennen? Immerhin rekrutierten sich drei: die 45., die 296. und die 221.
aus Gegenden, die fast ausschließlich katholisch waren[456]. Diesem konfessionellen
Charakter wurde aber nicht durch eine entsprechende Auswahl von Offizieren
Rechnung getragen. Am ungünstigsten war das Verhältnis in der bayerischen 296.
ID, in deren *Führungsgruppe* sich lediglich 20 Prozent Katholiken finden, während sie in der *Kerngruppe* überhaupt nicht vertreten sind. Dagegen liegt bei einer
oberösterreichischen Division wie der 45. der Anteil der katholischen Offiziere in
der *Führungsgruppe* noch bei 28, in der *Kerngruppe* sogar bei 43 Prozent. Ähnliches gilt für die 221. Sicherungsdivision: 43 Prozent katholische Offiziere in der
Führungs- und 40 Prozent in der *Kerngruppe*, was sich in ihrem Fall dadurch erklären lässt, dass sich ihre Kader meist aus älteren reaktivierten Offizieren oder
Reserveoffizieren rekrutierten, die aus dem katholischen Schlesien kamen. Dage-

---

[450] Vgl. BA-MA, Pers. 6/933: Personalakte Helmut Staedke, Kriegsakademie, Meldung an den
GenStdH vom 3.5.1938.

[451] Angaben nach Zweng, Dienstlaufbahnen, Bd.2, S.306.

[452] Auf ähnliche Fälle haben Stumpf (Wehrmacht-Elite, S.291ff.) oder Lieb (Hirschfeld) verwiesen; an ihnen wird deutlich, dass bei solchen „Blitzbeförderungen" nicht allein militärische
Leistung zählte, sondern auch politische Nähe zum Regime.

[453] BA, Abt.R: Personalakte Albert von Seewald, Fragebogen der Reichsschrifttumskammer vom
11.5.1939. Vor 1938 hatte Albert von Seewald für die illegale Presse der österreichischen NS-
Bewegung gearbeitet.

[454] Vgl. Kroener, „Menschenbewirtschaftung", S.873. Vgl. hierzu auch Schottelius/Caspar, Organisation des Heeres, S.383f.

[455] Vgl. BA-MA, MSg 1/3270: Fritz Farnbacher, Tagebuch, Eintrag vom 24.8.1941, wo sich dieser
Offizier der 4. Panzerdivision darüber beklagt, dass er sich als (streng gläubiger!) Christ mehr und
mehr isoliert fühle: „Und ausgerechnet die Wehrmacht des Volkes, das langsam darangeht, diesen
lästigen Gott im eigenen Land auszurotten, trägt ihn einem anderen Volk wieder neu zu!"
Zum Verhältnis von Wehrmacht und christlichen Kirchen im Krieg: Messerschmidt, Wehrmacht, S.276ff.

[456] Vgl. Kap. 2.2.

gen handelte es sich bei der Führung der 296. ID um aktive Offiziere, bei deren Auswahl man angesichts der bei Kriegsbeginn extrem knappen Personalressourcen keine Kompromisse eingehen konnte – im Gegensatz zur 45. ID, wo das noch eher möglich gewesen war. Dennoch: In allen drei Divisionen war den meisten Offizieren die Religion „ihrer" Soldaten fremd.

2.3.1.4.2 Regionale Herkunft

Auch die *regionale Herkunft* der höheren Offiziere stimmte gewöhnlich nicht mit der ihrer Soldaten überein. Dieser Gesichtspunkt spielte in unserer Offiziersgruppe kaum eine Rolle[457]. Was für die 4. Panzerdivision galt: die Offiziere seien „aus allen Berufen und allen Ländern Deutschlands" gekommen[458], galt für alle Divisionen der Wehrmacht.

Das betraf selbst einen Sonderfall wie die 45. ID, wo nach dem März 1938 gewissermaßen zwei Kulturen aufeinanderprallten[459]. Das Offizierskorps stand dabei im Zentrum jenes Verschmelzungsprozesses, auf den die Wehrmachtsführung hinarbeitete. Während insgesamt 2128 österreichische Offiziere von der Wehrmacht abgelehnt wurden[460], meist „die älteren, aus der Monarchie hervorgegangenen Offiziere", bei denen es sich „im Durchschnitt auch [um] die besonders österreichisch gesinnten" handelte[461], versetzte man die jüngeren bevorzugt ins Reich[462]. Auch die 45. ID erhielt mit Friedrich Materna zwar anfangs einen „österreichischen" Kommandeur[463], in der gesamten *Führungsgruppe* dieser Division fanden sich dagegen nur noch vier gebürtige Österreicher[464]. Damit waren Span-

---

[457] So ließen sich in den Spitzenpositionen der 4. Panzer-, der 296. Infanterie- und der 221. Sicherungsdivision jeweils nur ein Offizier finden, der aus derselben Region stammte wie seine Soldaten: Frhr. v. Boineburg-Lengsfeld, geb. in Eisenach (4. PD), Leutheusser, geb. in Coburg (296. ID), und Benke, geb. in Schweidnitz (221. Sich. Div.). Die 45. ID erhielt anfangs mit Friedrich Materna immerhin einen österreichischen Kommandeur.
Dass hier keine eindeutigen Schwerpunkte zu erkennen sind, ist auch auf die verhältnismäßig geringe Größe dieser Gruppe zurückzuführen. Generell hierzu Kroener, „Menschenbewirtschaftung", S. 870ff.

[458] So BA-MA, MSg 3-281/1: Panzer-Nachrichten Nr.5 vom März 1959, S.2. Ferner BA-MA, RH 27-4/199: Geschichte der 4. Pz. Div., masch. Manuskript, o. D., S.6.

[459] Vgl. Kap. 1.2 und 2.1.

[460] Etwa 25%. Vgl. Schottelius/Caspar, Organisation des Heeres, S.310; Schmidl, „Anschluß", S.220ff.

[461] Slapnicka, Oberösterreich (1978), S.97f. Erschwerend für die österreichischen Offiziere wirkte sich aus, „daß Stabsoffiziere erst nach einjähriger Bewährungsfrist rangmäßig eingegliedert werden können, daß die meisten österreichischen Generalstabsoffiziere als solche nicht übernommen, sondern zur Truppe versetzt werden und daß schließlich eine größere Anzahl von österreichischen Offizieren in den Stand der Ergänzungsoffiziere überstellt und damit benachteiligt werden." Ebda.

[462] Vom „letzten österreichischen Leutnantsjahrgang [blieb nur] ein Anteil von 55% in seiner Heimat". Vgl. Schottelius/Caspar, Organisation des Heeres, S.310.

[463] Materna, der im Ersten Weltkrieg in der k.u.k.-Armee gekämpft hatte, hatte davor die Ausbildungsabteilung im Bundesministerium für Landesverteidigung geleitet. Sein Erster Generalstabsoffizier und sein Adjutant kamen indes aus dem „Altreich". Vgl. Slapnicka, Oberösterreich (1978), S.98; ders., Oberösterreich, in: Widerstand und Verfolgung in Oberösterreich 1934–1945, Bd. II, hier S.318; Gschöpf, Weg, S.176.

[464] Von den 77 Offizieren aus der *Führungsgruppe* der 45. ID konnte bei 33 der Geburtsort ermittelt werden. Demnach entstammten nur vier aus dem ehemaligen Österreich(-Ungarn): Materna, geb. in Hof bei Sternberg (Böhmen); Frhr. v. Rüling, geb. in Linz a. d. Donau; v. Seewald, geb. in Wien; v. Steinitz, geb. in Wien. Zur verhältnismäßig geringen Repräsentanz österreichischer Offiziere in der Wehrmacht vgl. auch Kroener, „Menschenbewirtschaftung", S.871.

nungen vorprogrammiert – im Offizierskorps[465] und mehr noch zwischen den Mannschaften und ihren neuen Ausbildern[466]. Das betraf vor allem die Anfangszeit. Sein Divisionskommando in Linz sei „Balkan", empörte sich der Oberst Rudolf von Bünau im März 1939, nachdem der gebürtige Stuttgarter vier Monate vorher zur 45. ID versetzt worden war[467].

Zweifellos war eine Division wie die 45. für Probleme dieser Art besonders anfällig, doch wird es sie in abgeschwächter Form auch in den anderen Verbänden der Wehrmacht gegeben haben. Denn charakteristisch für das deutsche Offizierskorps war seine hohe Mobilität. Gerade die besseren Offiziere wurden ständig versetzt. In einer Gesellschaft, die ungleich bodenständiger war als heute, wird auch das für ein gewisses Gefühl des „Fremdseins" zwischen Führern und Geführten gesorgt haben. Auch sonst sollte man die Bedeutung jener tief eingekerbten Unterschiede in Stand, Herkommen oder Konfession nicht unterschätzen. Wenn sich diese unter der Erfahrung des Krieges immer mehr abschliffen und sich ganz neue Gruppen formierten, dann wird auch damit die Wirkung dieses Ereignisses erkennbar.

2.3.1.4.3 Familienstand

Die Offiziere, um die es in dieser Analyse geht, waren indes nicht nur Teil einer militärischen Familie. Bei 32 Offizieren der *Kerngruppe* (60 Prozent) kennen wir die privaten Familienverhältnisse. Von diesen waren insgesamt 27 verheiratet, vier ledig (wobei es sich in zwei Fällen um jüngere Offiziere handelte[468]) und einer geschieden. Ganz offensichtlich waren geordnete Familienverhältnisse unverzichtbarer Bestandteil einer militärischen Karriere. Was sich hinter dieser Fassade von Ordnung und Anständigkeit verbarg, verschweigen die Personalakten. Nur nicht im Fall von Clemens Betzel, dessen Auflösung seiner Ehe zur Folge hatte, dass er 1930 aus dem aktiven Offizierskorps ausgestoßen wurde[469]. Betzel war daraufhin als Ausbilder bei der SA untergekommen. Dennoch handelte es sich bei ihm weniger um einen „fanatischen Nationalsozialisten der alten Schule"[470], wie die NS-

---

[465] Alle Regimentskommandeure kamen jedoch schon 1938 aus dem „Alt-Reich" – ein Umstand, der als „eine große Ungerechtigkeit gegenüber unseren älteren österreichischen Offizieren empfunden" wurde, so ein Veteran. Dies habe „manche Verbitterung erzeugt, die man besser hätte vermeiden sollen". Rödhammer, Oberösterreichische Wehrgeschichte, S. 68; generell hierzu Kroener, Heeresoffizierskorps, S. 680.

[466] Gschöpf (Weg, S. 47) schreibt, das erste Zusammentreffen zwischen „reichsdeutschen" Ausbildern und österreichischen Rekruten hätte „manche unliebsame Mißstimmung und harte Disharmonie" erzeugt. Es seien, so sein Urteil, in dieser Zeit der Neuformierung eigentlich zwei Dinge notwendig gewesen: „auf reichsdeutscher Seite Takt und Einfühlungsvermögen und auf österreichischer Seite ein objektives Selbstbewusstsein."

[467] Beim Einmarsch in Mähren während des März 1939 meinte Bünau, Brünn sei als Stadt „ganz hübsch, aber noch mehr Balkan als Linz". Vgl. BA-MA, N 260/3: NL Rudolf von Bünau, „Bericht über den Einmarsch des Kdrs. I. R. 133 nach Mähren", o. D.
Möglicherweise bestätigte sich auch im Fall Bünaus, einem gebürtigen Stuttgarter, eine Beobachtung des deutschen Militärattachés in Wien, General Wolfgang Muff, die Erich von Manstein genüsslich in seinen Memoiren zitiert: Man solle „bei einem Austausch von Offizieren möglichst keine Süddeutschen nach Österreich" senden, da diese viel „kommissiger" seien als die Preußen. Vgl. Manstein, Aus einem Soldatenleben, S. 326.

[468] Kühlein (geb. 1910), Sauerbruch (geb. 1913; beide 4. PD), Faulenbach (geb. 1893; 296. ID), Böttger (geb. 1891; 221. Sich.D.).

[469] Vgl. BA-MA, Pers. 6/449: Personalakte Clemens Betzel

[470] Der SA-Führer 9 (1944), Heft 9, S. 22: „Das Ritterkreuz für Generalmajor Betzel"

Graphik 6: Familienstand

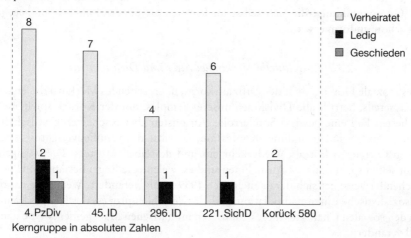

Propaganda zu wissen glaubte. Die SA war für ihn nur eine verachtete Notlösung. Erst der Krieg bot Betzel die Möglichkeit, seine militärische Karriere fortzusetzen, die er in seinen zahlreichen Eingaben als sein einziges „Ideal" bezeichnete[471]. Dass der ehemalige Reiterführer der SA-Gruppe Franken im Mai 1944 schließlich Kommandeur der 4. Panzerdivision wurde, hatte wahrscheinlich nicht nur militärische Gründe[472]. Seine Ernennung war auch eine Art Kontrapunkt zu seinem „altpreußischen" Vorgänger Dietrich von Saucken. Betzel, der kurz vor Kriegsende fiel und dem es bis dahin gelang, seine Division zusammenzuhalten, verkörperte hingegen militärisch und politisch eindeutig den „neuen" Typ des Divisionskommandeurs[473].

Auch im Falle Betzels erwies sich der Krieg als Katalysator. Dass erst dann Leute wie er in Spitzenpositionen aufrücken konnten, vermittelt eine Vorstellung davon, wie fest zementiert die Vorstellungen von Ehre und Anstand in großen Teilen des deutschen Offizierskorps waren, zumindest bis zum Beginn des Zweiten Weltkriegs, selbst wenn Hitler sich schon 1939 über die „Heiratsordnung der Wehrmacht" ereiferte, die er „reaktionär, zölibatisch und engstirnig" fand[474]. Doch

---

[471] Vgl. BA-MA, Pers. 6/449: Personalakte Clemens Betzel, Schreiben an Oberst v. S. vom 10.10.1934.

[472] Dies die Meinung eines Angehörigen der 4. PD (Seitz, Verlorene Jahre, S. 311), der darauf verweist, dass damals auch andere Kandidaten zur Verfügung gestanden hätten. Betzel scheint im Kameradenkreis ein Außenseiter geblieben zu sein. Vgl. ebda., S. 254: „Der ernste, gequälte Gesichtsausdruck des Oberst Betzel wird mir in Erinnerung bleiben, während alle andern in lautem Frohsinn feierten, wie es fiel. Sicher ahnte auch er, daß die Ostfront nun dem letzten und gewaltigsten Feindsturm entgegengehe, daß auch sein, des SA-Führers, Schicksal bald besiegelt sein werde!"

[473] Vgl. mit den Beispielen bei Lieb, Hirschfeld, S. 53 ff. Betzel führte seine Soldaten vor allem „von vorn" und suchte sie politisch in einer Intensität zu indoktrinieren, wie es in dieser Division bislang unbekannt gewesen war. Vgl. mit dem Beispiel bei Bartov, Hitlers Wehrmacht, S. 203.

[474] Engel, Tagebuch, S. 72 (Eintrag vom 22.1.1940). Zur Heiratsordnung der Wehrmacht vgl. auch Messerschmidt, Wehrmacht, S. 43, 75.

sorgte auch dieser Aspekt, der heute nebensächlich scheinen mag, für eine Form der Gruppenbildung, die sich selbst im Privaten als ungewöhnlich homogen, ja fast schon uniform erwies.

2.3.2 Individuelle Merkmale: Alter und Diensteintritt

Diese soziale Homogenität des Offizierskorps, übergreifendes Merkmal des ersten Analyseteils, betrifft alle Divisionen unseres Samples; nur der Korück spielt auch in diesem Fall eine gewisse Sonderrolle. Ansonsten aber erscheinen gesellschaftlicher Stand, Schulausbildung, Konfession, ja selbst die Familienverhältnisse bei diesen Offizieren fast als Wiederkehr ein und desselben Musters. Die wenigen, nicht selten spektakulären Ausnahmen sind es, welche die Regel bestätigen. Überraschenderweise hat sich daran auch nach 1939 wenig verändert. Weder die nationalsozialistische Elitenmanipulation noch der Verschleißprozess des Krieges konnten den sozialen Charakter dieses „mittleren militärischen Managements" substantiell verändern.

In einem Punkt aber war diese Gruppe mit ihrem fast schon uniformen Sozialprofil extrem heterogen – in ihrem Alter. Mit ihm erschließen sich nicht nur Lebensläufe und Erfahrungen, sondern auch die gesellschaftliche und politische Sozialisation dieser Offiziere: Fiel sie in die vergleichsweise ruhige Ära des Kaiserreichs mit ihrer ausgeprägten wirtschaftlichen und politischen Stabilität oder bereits in die „Stahlgewitter" des Ersten Weltkriegs? Waren es die unruhigen Jahre der Weimarer Republik oder schon die erfolgreichen Anfangsjahre des Nationalsozialismus, die das Denken dieser Männer entscheidend prägte?

Von den 276 Offizieren, um die es hier geht, wurde der älteste 1878 geboren, der jüngste im Jahr 1919[475]. Das ist eine Spanne von 41 Jahren[476], die veranschaulicht, wie viele Generationen selbst zu dieser kleinen Offiziersgruppe gehörten. Natürlich sind so vieldeutige Begriffe wie „Generation" oder „kollektive Generationserfahrung" umstritten, wie könnte es auch anders sein, da sie „weniger zur Analyse von gleichförmig ruhigen Phasen der Geschichte" taugen[477]. Ihren interpretatorischen Wert entfalten sie „erst mit den Einschnitten großer, die ganze Gesellschaft erfassenden geschichtlichen Ereignissen wie Kriegen, Revolutionen, Naturkatastrophen oder wirtschaftlichen Zusammenbrüchen"[478]. Genau das aber war bei unserer Gruppe zur Genüge der Fall. Schon allein die „Urkatastrophe" der Jahre 1914 bis 1918 ging an keiner sozialen Gruppe spurlos vorbei, am wenigsten am deutschen Offizierskorps. Aller Kontinuitätslinien zum Trotz ist allein die Existenz von drei militärischen Organisationen in der Spanne von 1871 bis 1945: Alte

---

[475] 1878: Mantell und Müller, Ludwig; 1919: Kleilein. Stärker ist der Jahrgang 1918 vertreten: Albers, Berger, Beukemann, Gaupp-Berghausen, Hintze, Mausch.
[476] Vgl. auch mit der Tabelle der Geburtsjahre bei Stumpf, Wehrmachtselite, S. 286f., die veranschaulicht, dass die Altersspanne bei der gesamten Wehrmachtsgeneralität noch größer war. Der älteste Wehrmachtsgeneral, den Stumpf ermitteln konnte, war im Jahr 1865 geboren.
[477] Herbert, Best, S. 42. Generell hierzu: Mannheim, Das Problem der Generationen; Schulz/Grebner (Hrsg.), Generationswechsel und historischer Wandel; Herbert, Drei politische Generationen im 20. Jahrhundert; Jureit/Wildt (Hrsg.), Generationen.
[478] Wildt, Generation des Unbedingten, S. 24.

Armee, Reichswehr und Wehrmacht, ein Beleg dafür, wie unterschiedlich schon allein die militärische Ausbildung dieser jungen Offiziere verlief.

Erst recht galt dies für die „politisch formative Lebensphase", von der man annimmt, dass sie etwa ab dem 15. Lebensjahr beginnt[479]. Allerdings enthalten die Personalakten kaum Angaben über die politischen und weltanschaulichen Vorstellungen eines Offiziers – der Hinweis auf die „nationalsozialistische Gesinnung", seit 1943/44 stereotyper Bestandteil einer Beurteilung, bietet bestenfalls durch seine Varianten („werbend tätig", „nationalsozialistische Haltung bejahend") vorsichtige Ansätze für eine Interpretation[480]. Um über die politischen Affinitäten unserer Offiziersgruppe mehr Klarheit zu gewinnen, scheint – neben der Auswertung der persönlichen Zeugnisse – eine generationelle Analyse am erfolgversprechendsten; sie orientiert sich an dem Generationenmodell, das Bernhard R. Kroener für die militärische Elite des „Dritten Reichs" entwickelt hat[481] und das zwischen vier Altersdekaden unterscheidet:

– *Die Stabsoffiziere des Ersten Weltkriegs (bis Jahrgang 1889)*: Aufgewachsen im ausgehenden 19. Jahrhundert[482], blieben sie dem wilhelminischen Deutschland und der „Alten Armee" am stärksten verhaftet[483], so dass sie die neue Zeit, wie sie der Nationalsozialismus verkörperte, eher respektierten als akzeptierten.

– *Die Frontoffiziere des Ersten Weltkriegs (Jahrgänge 1890 bis 1899)*: Sie hatten den „Frieden noch erlebt"[484], doch war erst der Krieg für sie zum zentralen „Bildungserlebnis"[485] geworden, schon weil ein Teil dieser *Jungen Frontgeneration*[486] erst als Kriegsfreiwillige zur Armee gefunden hatte. Gerade diese Generation gilt als die „vornehmliche Trägergruppe der NS-Diktatur"[487].

– *Die Offiziere ohne Weltkriegserfahrung (Jahrgänge 1900 bis 1913)*: Sie waren noch im „Weltkrieg" aufgewachsen, ohne an ihm teilzunehmen, so dass man sie auch als „Kriegsjugendgeneration" bezeichnete[488] oder gar als „überflüssige

---

[479] Vgl. hierzu Fogt, Politische Generationen; Gestrich, Vergesellschaftungen des Menschen, S. 53 ff.; Kroener, Generationserfahrungen, insbes. S. 223 ff.

[480] Diese sollten in ihrer Aussagekraft nicht überschätzt werden. Wenn selbst Stauffenberg im März 1944 (!) einem Peter Sauerbruch eine „positive Einstellung zum Nationalsozialismus" bescheinigte, so wird die Inhaltslosigkeit einer solchen Floskel erkennbar. BA, ZNS, Heer 46975: Beurteilung Peter Sauerbruch vom 30.3.1944.
Ferner Leyen, Rückblick zum Mauerwald, S. 80f. Leyen war damals im Heerespersonalamt tätig und meinte hierzu später: „Für spätere Quellenforschungen dürften Beurteilungen in dieser Richtung von sehr bedingtem Wert sein." In diesem Sinne auch Neitzel, Abgehört, S. 10f.; Arnold, Wehrmacht, S. 423, Anm. 65.

[481] Vgl. Kroener, Generationserfahrungen, S. 229 ff.

[482] Vgl. hierzu Kitchen, The German Officer Corps 1890–1914; Müller, Deutsche Militär-Elite in der Vorgeschichte des Zweiten Weltkrieges; Förster, Der Krieg der Willensmenschen. Ferner Gay, Kult der Gewalt.

[483] Zu ihrer militärischen Vorstellungswelt vgl. Storz, Kriegsbild und Rüstung vor 1914.

[484] So Bamm, Jahrgang 1897, über die Sozialisation seiner Generation. Bamm, Eines Menschen Zeit, S. 165.

[485] Fest, Hitler, S. 105.

[486] Vgl. Gründel, Sendung, S. 22 ff. Auch zum Folgenden.

[487] Herbert, Drei politische Generationen, S. 100. Vgl. Kroener, Generationserfahrungen, S. 231: „Als Funktionsträger der Partei, der SA, des Stahlhelm oder der Landespolizeien gelangte ein erheblicher Teil von ihnen in das Offizierskorps, wo sie den Anteil der Reichswehroffiziere bis Kriegsbeginn auf etwa 15 % zurückdrängten. Ihre Wiedereingliederung in die militärische Elite [...] begründete bei dieser Gruppe eine Loyalität, die alle Wechselfälle des Krieges überdauerte."

[488] Gründel, Sendung, S. 31.

Generation"[489]. Diese „Nachzügler", die das Gefühl nicht loswurden, den Krieg „verpasst" zu haben, besaßen ein starkes Nachholbedürfnis, was sie besonders empfänglich werden ließ für radikale Parolen und Programme[490]. Sebastian Haffner hat in ihr sogar „die eigentliche Generation des Nazismus" erkannt[491].

– *Die jüngsten Wehrmachtsoffiziere (Jahrgänge 1914 bis 1926/27)*: Sie waren erst in der Wehrmacht, oft erst im Krieg Soldat geworden und empfanden diesen Einsatz „als selbstverständlichen, wenn auch kritisch wahrgenommenen Bestandteil ihrer Existenz"[492], wobei gerade dieses „letzte Aufgebot", früh gereift unter den Bedingungen eines totalen Krieges, seinen desillusionierenden Erfahrungen besonders ausgesetzt war.

Da bei 92 Prozent unserer Offiziere ein Geburtsdatum vorliegt, lässt sich mit dem Modell dieser vier militärischen Führergenerationen gut arbeiten. Auffällig ist etwa die starke Überalterung in der Positionselite der beiden Besatzungsverbände[493]. Beim höheren Offizierskorps des Korück waren drei Viertel im 19. Jahrhundert geboren, bei der 221. Sicherungsdivision noch zwei Drittel. Ein völlig anderes Bild bieten hingegen die drei Frontdivisionen: Die älteste Offiziersgeneration ist hier kaum noch vertreten, der Schwerpunkt liegt vor allem auf der Dekade der zwischen 1890 und 1899 Geborenen, wenn auch mit bemerkenswerten Unterschieden. So ist in den motorisierten oder „neuen" Verbänden wie den 4ern und 296ern auch die jüngste Offiziersgeneration der Wehrmacht stark vertreten, während die Altersstruktur in der *Führungsgruppe* der 45. ID vermuten lässt, dass das Avancement hier jenem Muster folgte, das eher auf Ancienität setzte als auf Leistung[494].

---

[489] Wieland, Die Offizierstochter, S.174.

[490] „Es ist für uns die ganzen Jahre hindurch eine Schwierigkeit gewesen, daß wir 1900er nicht mehr den Weltkrieg richtig erlebt haben. Wer heute an dem Erleben nicht teilnimmt, gehört endgültig der Generation an, die in Zukunft nicht mehr entscheidend mitzureden hat." Jarausch/Arnold, Sterben, S.143 (Brief vom 29.11.1939).
Gerade die radikalen Nationalsozialisten wie Hans Frank oder Heinrich Himmler (beide Jahrgang 1900) gehörten zu dieser Jahrgangsklasse. Vgl. Herbert, Best sowie Wildt, Generation, S.45: „Über drei Viertel (77 Prozent) der späteren Führungsgruppe des Reichssicherheitshauptamtes gehörten dem Jahrgang 1900 und jünger an."

[491] Haffner, Geschichte eines Deutschen, S.22.

[492] Kroener, Heeresoffizierskorps, S.681 und S.679.

[493] Mit Ludwig Müller (geb. 15.11.1878) fungierte der älteste Offizier aus unserem Sample auch als Kommandant des Rückwärtigen Armeegebiets 580. Es spricht für sich, wenn er sich bereits Anfang Dezember 1941 aus gesundheitlichen Gründen ablösen ließ. Vgl. BA-MA, Pers. 6/12867: Personalakte Ludwig Müller.

[494] Wenn ein Kommandeur der 45. ID, Fritz Schlieper, von einem seiner Ordonnanzoffiziere als „kühl bis ins Herz hinein" beschrieben wurde, so lässt sich der Geist erahnen, der zumindest zeitweise in dieser Division geherrscht haben muss. Interview d. Verf. mit Ludwig Hauswedell am 8.5.2001. Allgemein gehaltene Angaben zur Person Schliepers, in: BA-MA, MSg 3-217/1: Linzer Turm 21 (1978), Nr.82, „Generalleutnant Fritz Schlieper".
Wenig „volksverbunden" scheint auch ein Erster Generalstabsoffizier wie Karl-Heinz Wirsing gewesen zu sein.
Eine Ausnahme im höheren Offizierskorps der 45. ID bildete jedoch eine so schillernde Figur wie der spätere Generalleutnant Helmuth von Pannwitz, der von September 1939 bis Dezember 1941 die Aufklärungs-Abteilung 45 kommandierte. Dieser moderne Condottiere, der vor seiner Reaktivierung im August 1934 Angehöriger diverser Freikorps, der schwarzen Reichswehr und schließlich Stabsführer der SA-Gruppe Schlesien gewesen war, entwickelte sich zu einer der bekanntesten Führer der Kosaken-Verbände, die freiwillig auf deutscher Seite kämpften und die Pannwitz mitunter geradezu vergötterten. Pannwitz wurde am 16.1.1947 im Moskauer Lubljanka-Gefängnis gehängt, allerdings nicht wegen der „Vielzahl von Plünde-

Graphik 7: Alter

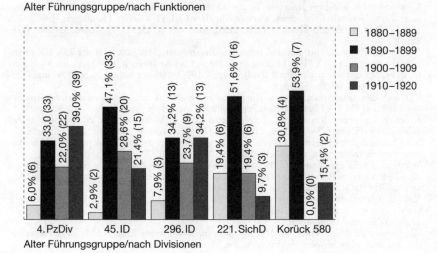

Geburtsjahre:
☐ 1880–1889
■ 1890–1899
◻ 1900–1909
◼ 1910–1920

40,3% (104)

28,7% (74)

22,5% (58)

8,5% (22)

Alter Führungsgruppe/alle Divisionen

1880–1889
1890–1899
1900–1909
1910–1920

58,8% (20)
32,4% (11)
5,9% (2)
2,9% (1)

0,0% (0)
15,4% (6)
38.5% (15)
46,1% (18)

7,7% (6)
57,7% (45)
20,5% (16)
14,1% (11)

Divisions-
kommandeure

Erste General-
stabsoffiziere (Ia)

Regiments-
kommandeure

Alter Führungsgruppe/nach Funktionen

1880–1889
1890–1899
1900–1909
1910–1920

6,0% (6)
33,0 (33)
22,0% (22)
39,0% (39)

2,9% (2)
47,1% (33)
28,6% (20)
21,4% (15)

7,9% (3)
34,2% (13)
23,7% (9)
34,2% (13)

19,4% (6)
51,6% (16)
19,4% (6)
9,7% (3)

30,8% (4)
53,9% (7)
0,0% (0)
15,4% (2)

4. PzDiv   45. ID   296. ID   221. SichD   Korück 580

Alter Führungsgruppe/nach Divisionen

Trotzdem befand sich in allen drei Frontdivisionen, auch in der 45. ID, die älteste Offiziersgeneration auf dem Rückzug[495]. Die Vertreter des wilhelminischen Deutschlands mögen noch das Klima im Offizierskorps der Besatzungsverbände bestimmt haben, in den Fronteinheiten, dem Kern der Wehrmacht, dominierte dagegen schon bald ein ganz anderer Offizierstypus. Der Krieg sollte die Verjüngung des Offizierskorps nochmals gewaltig beschleunigen. Zweifellos blieb das Beispiel des Majors Georg Reichsritterr von Gaupp-Berghausen, der 1945 mit 27 Jahren ein Regiment der 4. Panzerdivision kommandierte[496], eine Ausnahme. Doch zeigt dieser Fall, wohin die Entwicklung ging. Ob das nun die Position der Ersten Generalstabsoffiziere in der 45. ID betraf oder die der Regimentskommandeure in der 296. ID[497], seit 1942 kamen immer mehr junge oder zumindest doch jüngere Leute zum Zug[498]. Das war überall so. Allein bei den Divisionskommandeuren, die im Osten im Einsatz waren, zeigten sich viele den nervlichen und physischen Belastungen dieses Krieges nicht gewachsen, so dass bis April 1942 „fast 70 Stellen" neu besetzt werden mussten[499].

Von ihren Nachfolgern kann man – vereinfachend gesagt – annehmen, dass sie dem NS-Regime und seiner Ideologie zunächst mit mehr Verständnis gegenüberstanden als ihre älteren Kameraden[500]. Gerade dieser Generationswandel, der sich unter den Bedingungen des Krieges beschleunigt, fast schon brachial, vollzog[501], hat entscheidend zur politischen Anpassungsbereitschaft der militärischen Elite beigetragen, selbst wenn diese jüngeren, politisch noch stärker formbaren Jahrgän-

---

rungen, Vergewaltigungen und Erschießungen", die seine 1. Kosaken-Division (meist in Jugoslawien) zu verantworten hatte. Ausschlaggebend war vielmehr seine zentrale Rolle in der antisowjetischen Kollaborationsbewegung. Vgl. BA-MA, Pers. 6/791: Personalakte Helmuth von Pannwitz sowie BA-MA, MSg 3-217/1: Linzer Turm 4 (1961), Nr. 15, „Vor 15 Jahren starb Generalleutnant Helmut von Pannwitz". Zitat bei: Umbreit, Die deutsche Herrschaft, S. 160.

[495] Es war bezeichnenderweise erst die 45. Volksgrenadierdivision, die 1944 mit Richard Daniel (geb. 1900) einen der jüngsten Divisionskommandeure unseres Samples erhielt. Vgl. auch Gschöpf, Weg, S. 393.

[496] Das Panzer-Grenadier-Regiment 12. Vgl. Schaub, Panzer-Grenadier-Regiment 12, S. 288.

[497] Dies sind zwei beliebige Beispiele: In der 45. ID dienten während des Zweiten Weltkriegs sechs Erste Generalstabsoffiziere, so etwa von III/40-III/41 Wilhelm Hamberger (geb. 1901), von IV/41-X/41 Armin Dettmer (geb. 1905) oder von X/43-VII/44 Rudolf Grüner (geb. 1913).
Die ersten Kommandeure der drei Infanterie-Regimenter (519, 520, 521) der 296. ID: Heinrich Thoma (geb. 1891), Hans Hüttner (geb. 1885), Carl André (geb. 1894) wurden bis spätestens 1942/43 ersetzt durch Alfred Druffner (geb. 1904), Helmut Issmer (geb. 1898) und Gustav Kobold (geb. 1899).

[498] Vgl. mit den Graphiken zu den Jahrgangsstärken des aktiven Truppenoffizierskorps am 1.8.1939 und 1.4.1942 bei: Kroener, Personelle Ressourcen, S. 898 ff.

[499] Kroener, Personelle Ressourcen, S. 894; Bartov, Hitlers Wehrmacht, S. 65. Generell hierzu Hürter, Heerführer, S. 347 ff.; ders., Heinrici, S. 139 (Brief vom 11.1.1942): „Alle meine Nachbar K[omman]d[ie]r[enden] Generäle sind plötzlich verschwunden, krank pp. geworden. Andere werden versetzt und reisen schleunigst ab."
Während des Krieges wurde der Bedarf an Divisionskommandeuren so groß, dass Hitler am 22.6.1943 einen Befehl zur Einrichtung von Divisionskommandeur-Schulen erließ. Vgl. Absolon, Wehrmacht, Bd. VI, S. 729.

[500] Vgl. auch Jarausch/Arnold, Sterben, S. 357 (Brief vom 29.12.1941): „Es gab dann Streit; alle Gegensätze waren da: die alten und die neuen, die Weltkriegsteilnehmer und die jüngere ‚nationalsozialistische' Generation."

[501] Zur Generalskrise im Winter 1941/42 vgl. Stumpf, Wehrmachts-Elite, S. 304 ff. Vgl. ferner mit der Auflistung bei Absolon, Wehrmacht, Bd. VI, S. 630, Anm. 10.

Graphik 8: Diensteintritt

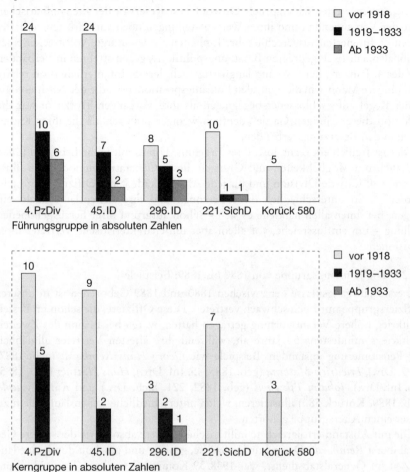

Führungsgruppe in absoluten Zahlen

Kerngruppe in absoluten Zahlen

ge vor allem in der zweite Hälfte des Krieges immer häufiger erlebten, dass sich die Verheißungen und Versprechungen des Nationalsozialismus als hohl erwiesen[502].

Die Analyse des höheren Offizierskorps unserer fünf Divisionen hat diese Entwicklung in vielen Details bestätigt, sie hat aber auch das Disparate darin freigelegt. Nur in der Führung der beiden Besatzungsverbände konnten sich noch die

---

[502] Es ist immer wieder darauf hingewiesen worden, dass viele Protagonisten des späteren militärischen Widerstands, etwa Claus Schenck Graf von Stauffenberg (geb. 1907), Hellmuth Stieff (geb. 1901) oder Henning von Tresckow (geb. 1901), also Angehörige einer jüngeren Offiziersgeneration, anfangs als prononcierte Befürwortern der NS-Bewegung auftraten. Vgl. etwa mit einem Brief von Gen.mj. Hellmuth Stieff an seine Frau vom 7.10.1930, in dem er schreibt, dass „mindestens 90 % des Offizierskorps" so denken wie jene drei angeklagten Offiziere, die das Reichsgericht in Leipzig am 4.10.1930 verurteilt hatte, weil sie mit dem Ziel einer „nationalen Revolution" heimliche Kontakte zum Stahlhelm und zur NSDAP aufgenommen hatten. Stieff, Briefe, S.61f.

alten, beharrenden Kräfte des Offizierskorps behaupten. Genau hier eröffnet sich ein bemerkenswerter Widerspruch. Obwohl diese Reservate der alten militärischen Elite der Vergangenheit und ihren Wertvorstellungen noch am stärksten verhaftet waren[503], fungierten ausgerechnet ihre Einheiten als bevorzugte Vollstrecker einer nationalsozialistisch geprägten Besatzungspolitik. Dagegen strebten in Verbänden wie der 4. Panzer-, der 296. und langfristig auch der 45. Infanteriedivision relativ bald jüngere Männer in die zentralen Führungspositionen[504], die der NS-Ideologie in der Regel aufgeschlossener begegneten als ihre Vorgänger. Trotzdem war die Funktion dieser „jungen Garde" deutlich weniger politisch als die ihrer Kameraden in den Besatzungsverbänden.

Dies ist freilich ein recht abstraktes Ergebnis. Um es mit mehr Leben zu füllen und auch um Möglichkeiten und Grenzen dieses Generationenmodells zu illustrieren, soll für jede Division und für jede Altersdekade je ein Offizier vorgestellt werden[505]. So unterschiedlich diese Personen und ihre Lebensläufe auch sein mögen, bei ihnen allen handelte es sich – schon aufgrund ihrer herausgehobenen Stellung – um einflussreiche, vor allem aber um charakteristische Vertreter ihrer Divisionen.

2.3.2.1 Die Jahrgangsgruppe von 1880 bis 1889: Beispiele

Die erste Jahrgangsklasse der zwischen 1880 und 1889 Geborenen ist in unserer Offiziersgruppe nur noch schwach vertreten. Diese Offiziere, die schon im Ersten Weltkrieg höhere Verantwortung getragen hatten, waren bei Beginn des Zweiten Weltkriegs mindestens 50 Jahre alt, während ihre ältesten Vertreter allmählich zur Pensionierung anstanden. Beispiele wie *Georg-Hans Reinhardt* (geb. 1887, 4. Pz. Div.), *Friedrich Materna* (geb. 1885, 45. Inf. Div.), *Hans Hüttner* (geb. 1885, 296. Inf. Div.), *Johann Pflugbeil* (geb. 1882, 221. Sich. Div.) und *Kurt Agricola* (geb. 1889, Korück 580) illustrieren, welch unterschiedliche Lebensläufe allein zu dieser einen Altersgruppe gehörten.

Die mit Abstand erfolgreichste militärische Karriere absolvierte der spätere Generaloberst *Reinhardt*. Der gebürtige Sachse, geprägt und geschult durch eine lange Zeit im Generalstabsdienst, war 1938/39 Kommandeur der 4. Panzerdivision, im August 1944 wurde er Oberbefehlshaber der Heeresgruppe Mitte[506]. Dass Reinhardt im Oktober 1948 im OKW-Prozeß wegen Kriegsverbrechen und Ver-

---

[503] Das scheint alle Korücks betroffen zu haben. So verfügte der Korück 553 beispielsweise über 12 bis 16 Offiziere, „meist ältere Militärs (zwischen 50 und 60 Jahre alt), [...] die für aktive Frontaufgaben nicht mehr geeignet waren". Vgl. Oldenburg, Ideologie und militärisches Kalkül, S. 63, Anm. 221.

[504] Auch Messerschmidt (Wehrmacht, S. 423f.) betont, dass das Heerespersonalamt zielgerichtet auf „die Verjüngung der Führungskräfte in der kämpfenden Truppe" hingearbeitet hat.

[505] Zu den Quellen siehe die Einleitung zu diesem Teilkapitel. Die Anmerkungen des folgenden Abschnitts beschränken sich auf allgemeine Literaturhinweise und auf die Quellennachweise der Zitate.
Es ist bezeichnend, wenn derartige Beispiele bei den beiden Besatzungsverbänden für die beiden letzten Jahrgangsgruppen nicht mehr zu finden sind.

[506] Angaben nach: BA-MA, Pers. 6/50: Personalakte Georg-Hans Reinhardt [Reste]; IfZ-Archiv, MA 1564/31, NOKW-2441: Lebenslauf Georg-Hans Reinhardt; Clasen, Generaloberst Hans-Georg Reinhardt sowie Hürter, Heerführer, S. 654f. Apologetisch, aber materialreich: Georg-Hans Reinhardt. Profilierter Panzerführer und Heeresgruppen-OB im II. Weltkrieg, in: Heuer, Die Generalobersten, S. 158–164.

brechen gegen die Menschlichkeit zu 15 Jahren Haft verurteilt wurde[507], zeigt, welchen Preis die Karriere eines Oberbefehlshabers forderte, der bis zuletzt an das „Genie des Führers" glaubte[508]. Den Krieg gegen die Sowjetunion verstand Reinhardt völkisch, als den „alten Kampf der Germanen gegen das Slawentum"[509]. Selbst nach dem Zusammenbruch des NS-Regimes fiel es ihm nicht leicht, sich von solchen Vorstellungen zu lösen[510]. Dass sich dieser alarmierende Mangel an politischer Urteilsfähigkeit mit großem militärischen Können in ein und derselben Biografie vereinigte, war in der Wehrmachts-Elite nicht selten. Aufbau und Anfangserfolge der 4. Panzerdivision waren nicht zuletzt das Werk dieses karrierebewussten und tapferen „Panzerführers"[511], für den „seine" Division zum Ausgangspunkt einer militärischen Bilderbuchkarriere wurde[512]. Damit stand Reinhardt in dieser Division nicht allein, doch sollte es keiner so weit bringen wie er.

Verglichen mit seiner Laufbahn wirkt die eines *Friedrich Materna* blasser. Bei ihm handelte es sich um einen der wenigen österreichischen Generäle, die überhaupt von der Wehrmacht übernommen worden waren. Als Kommandeur der 45. ID galt er

---

[507] Im Juli 1953 wurde Reinhardt allerdings vorzeitig aus der Haft entlassen.

[508] Vgl. BA-MA, N 245/5: NL Georg-Hans Reinhardt, Brief vom 30.10.1939: „Nur ein Genie, das eben der Führer ist, kann so umfassende Kenntnis haben." Schon in einer öffentlichen Ansprache vom 28.11.1938 schwärmte er von „der genialen Führung unseres Führers und Reichskanzlers". Zit. bei: Clasen, Generaloberst Hans-Georg Reinhardt, S.96f. Dass diese Wertschätzung auf Gegenseitigkeit beruhte, belegt ein Tagebucheintrag Goebbels' vom Juli 1944: Die Tagebücher von Joseph Goebbels, Teil II, Bd.2, S.121 (Eintrag vom 15.7.1944). Auch materiell wurde Reinhardt vom Regime verwöhnt. Als Generaloberst erhielt er laut einer Auszahlungsliste der Reichskanzlei zusätzlich zu seinem Sold noch eine monatliche Sonderzuwendung von 2000 Reichsmark extra. Vgl. Ueberschär/Vogel, Dienen und Verdienen, S.246.

[509] So Reinhardt im Jahr 1941, zit. bei: Friedrich, Gesetz, S.549. Dort aber auch eine Äußerung Reinhardts aus dem Jahr 1943: „Der russische Mensch muß erst für die Zusammenarbeit mit dem Deutschen geworben werden, denn mit bloßer Gewalt allein kann ein Volk wohl unterworfen, aber niemals für eine Idee innerlich gewonnen werden."

[510] Vgl. etwa BA-MA, N 245/4: NL Georg-Hans Reinhardt, Ansprache zur Vereidigung der Rekruten in Würzburg am 28.11.1938 sowie BA-MA, N 245/3: NL Georg-Hans Reinhardt, Tagebuch:
1.5.1945: „Der Führer gefallen! Entsetzlich, und doch zu erwarten gewesen. Wer mag mit ihm gefallen sein? Was soll nun werden? Allgemeines Durcheinander? Dönitz Nachfolger, sein Erlass, nur noch gegen den Bolschewismus zu kämpfen, an sich richtig, aber wie wird es an der Westfront?"
30.5.1945: „Erste Zeitungen (Bayr. Landeszeitung) unter Feindkontrolle [sic!] erscheinen wieder. Teilweise böse Hetzerei. Furchtbares über Greueltaten in deutschen Konzentrationslagern. Kaum zu glauben, daß Deutsche so etwas begangen haben sollen, widerliche Bestialitäten."
9.6.1945: „Durch Erzählungen usw. beginnt auch mein Glaube an die Person von Hitler zu wanken. Oder war, wie wir bisher glaubten, doch nur seine Umgebung schuldig? Furchtbar, wenn man an allem irre werden soll, dem man bisher geglaubt und gedient hat."
Vgl. auch BA-MA, N 245/22: Nachlass Georg-Hans Reinhardt, „Aufzeichnungen über meine Teilnahme an den Kriegen Hitlers 1938–1945", S.6.

[511] Vgl. hierzu IfZ-Archiv, MA 1564/31, NOKW-2441, wo einige Urteile über Reinhardt aufgeführt sind: „20.2.41 Blaskowitz: Klar, abwägend, vor dem Feinde tapfer u[nd] entschlossen, bes[onderes] Verständnis f[ür] P[an]z[er-]Verbände [...]; 10.4.42 v. Kluge: Sehr klug u[nd] durchgebildet. Zurückhaltend. S[eine] Stärke liegt i[n] s[einer] Intelligenz. Führte P[an]z[er-]Armee in kritischster Lage im allgemeinen fest u[nd] sicher, [...]; 1.3.44 Busch, OB. H.Gr. Mitte: Persönlichkeit mit hohen Werten und festem, grundehrlichen Charakter. Klug in Ausdruck und Beurteilung, stets gedankenklar und bestimmt."

[512] Reinhardt, der am 1.10.1939 zum Generalleutnant und am 1.6.1940 zum General der Panzertruppe befördert wurde, erhielt als einer der ersten Soldaten der Wehrmacht am 27.10.1939 das Ritterkreuz. Am 17.2.1942 erhielt er das Eichenlaub, am 26.5.1944 die Schwerter zum Ritterkreuz.

als „schneidig"[513], bei seinen Soldaten als beliebt[514], als einer der „ihren". Allerdings litt er unter einer schweren Nierenkrankheit[515] und auch unter einem immer wieder hervorbrechenden Gefühl der Minderwertigkeit gegenüber seinen Kameraden aus dem Reich. Als Materna im September 1940 die 45. ID verließ, wurde er Kommandierender General[516], dann aber endete seine Karriere. Das besaß nicht nur persönliche Gründe; politisch und auch militärisch[517] war Materna längst nicht zu so großen Zugeständnissen bereit wie etwa ein Reinhardt, und er kam mit der 45. aus einer Division, die sich viel weniger als Karrieresprungbrett eignete.

Der einzige Offizier unter den fünf Beispielen dieser Altersdekade, der zu Beginn des Krieges noch nicht zur Generalität gehörte, war der Oberst *Hans Hüttner*. Er führte von August 1941 bis Juni 1943 das Infanterie-Regiment 520[518]. Dass dieser „Tapferkeitsoffizier" des Ersten Weltkriegs[519], von seinem Selbstverständnis „Nur-Soldat"[520], überhaupt so weit gekommen war, war nicht selbstverständlich. Hüttner, zunächst Unteroffizier, beendete als Träger der Goldenen Tapferkeitsmedaille den Ersten Weltkrieg als Offizier, den Zweiten Weltkrieg schließlich als Generalmajor[521]. Schon diese wenigen Angaben sprechen für eine hohe militärische Qualifikation. Ob freilich der vierschrötig wirkende Troupier, der durch seine leutselige Art „hohes Ansehen bei der Truppe" besaß[522], dem Posten als Regimentskommandeur wirklich gewachsen war, blieb indes fraglich. Solange die Wehrmacht das Schlachtfeld beherrschte, schien sich dieser „truppenerfahrene Haudegen"[523] zu bewähren. Dagegen attestierte man ihm im Dezember 1944, er

---

[513] Stein, Österreichs Generale, S. 329.

[514] Vgl. Gschöpf, Weg, S. 186.

[515] Stein, Österreichs Generale, S. 328 f. Auch zum Folgenden.

[516] Materna wurde 1938 als Generalmajor von der Wehrmacht übernommen und 1939 zum Generalleutnant, 1940 zum General der Infanterie befördert. Von Oktober 1940 bis September 1942 führte er das XX. Armeekorps, von Februar bis Dezember 1943 stellvertretend das XVIII. Armeekorps. Vgl. hierzu ÖStA, NLS, B/238: Nachlass Friedrich Materna.

[517] Maternas XX. A.K. war im Winter 1941/42 der 4. Panzerarmee des Generaloberst Hoepner unterstellt. Am 8. 1. 1942 informierte Materna Hoepner darüber, dass er sein Korps unbedingt zurückziehen müsse, worauf dieser eigenmächtig den Befehl zum Rückzug gab. Dieser Befehl wurde wiederum zur Voraussetzung von Hoepners Entlassung. Vgl. Bücheler, Hoepner, S. 166 ff.

[518] Rosenwald, Generalmajor Hans Hüttner. Hüttner wurde erst spät, am 1. 1. 1945, zum Generalmajor befördert.

[519] Während des Ersten Weltkriegs war – im Gegensatz zum Zweiten – ein Laufbahnwechsel extrem selten. Stattdessen wurden die im Unteroffizierskorps wenig beliebten „Ersatzlösungen" des Offiziersstellvertreters und des Feldwebel-Leutnants eingeführt, die später als „psychologisch ungeschickt kritisiert" wurden, da sie „den so Beförderten die volle Anerkennung vorenthielten". Vgl. Schmidt-Richberg, Regierungszeit Wilhelms II., S. 91.

[520] Vgl. hierzu Rosenwald, Hüttner, S. 70: „Hüttner glaubte selbst in den trübsten Nachkriegstagen nicht daran, dass man auf Dauer auf deutsche Soldaten verzichten würde. Einem darüber recht erschrocken Kameraden rief er eines Tages über die Straße zu: ‚Wos maanst, wann geht's widder los mit uns?' Freilich, für Hans Hüttner persönlich war dies für alle Zeiten vorbei." Zu den politischen Implikationen eines „Nur-Soldatentums" vgl. jedoch Hürter, Heerführer, S. 98 f.

[521] Vgl. hierzu auch Lahne, Unteroffiziere, S. 501.

[522] BA-MA, Pers. 6/1418: Beurteilung Hans Hüttner vom 1. 3. 1943.

[523] BA-MA, Pers. 6/1418: Beurteilung Hans Hüttner vom 21. 1. 1944. Vgl. auch den Bericht einer Propaganda-Kompanie, die Hüttner als einen „jener prächtigen Weltkriegssoldaten" schilderte, „die den Tod verachten und die das Beispiel heldenmütiger Tapferkeit täglich vorleben". IfZ-Archiv, MA 1637: 296. Inf. Div., Abt. I c, Tätigkeitsbericht für die Zeit vom 23. 7.–28. 7. 1941, Anlage 2: Bericht der Propaganda-Kompanie „Hexenkessel am Tetereff".

war mittlerweile Festungskommandant, „geringe taktische Fähigkeiten. Überblick über größere Verhältnisse und Zusammenhänge fehlt. Geistig unbeholfen, [...]."[524] Dass er dennoch in der 296. reüssieren konnte, verdeutlicht, dass gerade im Führungskorps solcher Formationen die soziale Durchlässigkeit am stärksten war[525].

Schließlich die Beispiele aus den Besatzungsverbänden unseres Samples – *Johann Pflugbeil* und *Kurt Agricola*. Dass diese beiden Berufsoffiziere mit der Führung eines Besatzungsverbands „abgespeist" wurden[526], lag nicht allein an ihrem fortgeschrittenen Alter. Pflugbeil traute man offensichtlich nicht mehr zu[527]. Nachdem der erste Kommandeur der 221. Sicherungsdivision diese erst im Juli 1942 verlassen hatte, blieb er Generalleutnant – und in der Etappe. Zwar übernahm er im September 1942 das Kommando über die 388. Feldausbildungsdivision[528], doch rangierte diese vom Ansehen und Kampfwert kaum über seiner alten 221.

Etwas anders stellt sich der Fall bei Agricola dar. Die durchgehend exzellenten Beurteilungen des ehemaligen sächsischen Offiziers[529] sind eigentlich Ausdruck einer ungewöhnlichen militärischen Begabung. Trotzdem endete seine Karriere abrupt im Januar 1939. Mit gerade mal 50 Jahren wurde Agricola als charakterisierter Generalleutnant aus der Wehrmacht entlassen. Die Gründe bleiben in seiner Personalakte ausgespart[530], sie erschließen sich erst aus einer Nachkriegsaussage seines späteren Stabschefs, der 1967 zu Protokoll gab, man habe Agricola „vor dem Kriege zur Generalreserve versetzt [...], weil er mit einer Jüdin verheiratet war. Im Interesse seiner Kinder musste er sich scheiden lassen, seine Frau wanderte nach Südamerika aus, seine Kinder kamen nach Bethel [in die Bodelschwinghschen

---

[524] BA-MA, Pers. 6/1418: Beurteilung Hans Hüttner vom 26.12.1944.

[525] Welche Unterschiede zwischen einer Formation wie der 4. Panzer- und der 296. Infanteriedivision bestehen konnten, beobachtete der Leutnant Farnbacher im Dezember 1941: „In dem Haus liegen noch ein paar Männer von der Sanitätskompanie der 296. ID, Oberpfälzer; die staunen über den Umgangston, den bei uns die Offiziere mit ihren Männern haben; bei ihnen gibt es so etwas nicht, sagen sie. Ihr Chef ist ein Oberstabsarzt, der nur überall, wo er hinkommt, ein schönes Kasino mit Extrabedienung haben will und sich um seine Leute und deren Unterbringung nicht kümmert." Wie weit ein solcher Eindruck exemplarisch war, lässt sich freilich nur schwer beurteilen. Vgl. BA-MA, MSg 1/3275: Fritz Farnbacher, Tagebuch, Eintrag vom 10.12.1941.

[526] Bemerkenswert ist, dass diese beiden Verbände noch von aktiven Offizieren geführt wurden; bei anderen Sicherungsdivisionen wie der 201. oder der 203. taten dies ehemalige Polizeioffiziere.

[527] Vgl. BA-MA, Pers. 6/796: Personalakte Johann Pflugbeil. Dieser hatte bereits im Oktober 1937 den Posten des Landwehr-Kommandeurs Breslau übernommen.

[528] Die Division wurde im Mai 1944 in Feldausbildungs-Division „Nord", im Februar 1945 in Infanteriedivision „Kurland" umbenannt. Hier handelte es sich jedoch nur um terminologische Veränderungen ohne praktische Bedeutung. Die Einschätzung von Shepherd (War, S. 81), bei diesem Verband habe es sich um eine „front-line combat formation" gehandelt, trifft nicht zu.

[529] 1929: „Sehr begabt. [...] Füllt seine Stelle sehr gut aus."; 1932: „[...] ein besonders zuverlässiger Führungsstabsoffizier [...]"; 1933: „Geistig und militärisch sehr gut veranlagt [...]"; 1936: „Füllt seine Stelle sehr gut aus"; 1937: „Ein ganz ausgezeichneter Regimentskommandeur [...]"; 1938: „Füllt seine Stelle sehr gut aus." Vgl. BA-MA, Pers. 6/2514: Personalakte Kurt Agricola.

[530] In Agricolas Personalakte finden sich hierzu nur indirekte Hinweise. Am 29.7.1936 vermerkte man im Stab der 8. Division, dass Agricola „den Nachweis der arischen Abstammung bis zu den Großeltern erbracht" habe, am 3.1.1937 meldete dieser selbst, dass die ihm „zur Verfügung stehenden Papiere" seiner Frau betr. „Ariernachweis" dem Heerespersonalamt „vorgelegt worden" seien. Beide Papiere in: BA-MA, Pers. 6/2514: Personalakte Kurt Agricola.

Anstalten], um dort in Sicherheit zu sein. Als er aus russischer Kriegsgefangenschaft zurückkam, heiratete er sofort seine Frau wieder."[531] Es spricht für sich,
wenn man einem Talent wie Agricola, eigentlich befähigt zum Oberbefehlshaber
einer Armee, erst in der Krise des Winters 1941/42 die Kommandantur eines *Rückwärtigen* Armeegebiets anvertraute und ihm jede weitere Beförderung verweigerte[532]. Ob dieser Bruch in seiner Karriere Folgen hatte für sein Verhalten in der
besetzten Sowjetunion, werden wir sehen[533].

Hier handelt es sich um fünf exemplarische Lebensläufe, bei denen im Jahr 1939
bereits klar zu erkennen war, ob sie „Karriere gemacht" hatten oder nicht. Dies
verrät auch einiges über die Divisionen, aus denen sie kamen. Und noch etwas fällt
auf: Trotz ihrer Zugehörigkeit zu derselben Jahrgangsgruppe und demselben Kollektiv existierten im Weltanschaulichen doch deutliche Unterschiede. So ist Reinhardt ein Beispiel dafür, dass es selbst unter diesen älteren Militärs Fälle gab, denen
jede Distanz zum Nationalsozialismus fehlte[534], während sich das „schwerblütige
Wesen", das man einem Offizier wie Agricola attestierte, vielleicht eher durch sein
Schicksal als sein Psychogramm erklärt[535].

2.3.2.2 Die Jahrgangsgruppe von 1890 bis 1899: Beispiele

Je länger der Krieg dauerte, desto stärker drängte die „Frontgeneration des Weltkriegs" in die Schlüsselstellungen auf Divisionsebene. Von dieser „zweiten" Offiziersgeneration der Wehrmacht, 1939 zwischen 40 und 49 Jahren alt und damals
vermutlich der erfahrenste und leistungsfähigste Teil der deutschen Militärelite, sollen folgende Vertreter vorgestellt werden: *Rudolf von Bünau* (geb. 1890, 45. Inf. Div.),

---

531 Agricola, den S. als einen sehr humanen, sehr gebildeten und außerordentlich fähigen Mann
    bezeichnete, kehrte erst im Oktober 1955 aus sowjetischer Kriegsgefangenschaft zurück und
    starb zwei Monate später in Bad Godesberg. BAL, 204 AR, Nr. 2359/65: Vernehmung F.
    S. vom 17. 8. 1967. Ferner Bezborodova, Generäle des Dritten Reiches in sowjetischer Hand,
    S. 26 f.
532 Nachdem man Agricola am 31. 1. 1939 als charakterisierten Generalleutnant verabschiedet hat-
    te, wurde diese Position am 1. 8. 1943 in eine Stelle z. V. [zur Verwendung] verwandelt; am
    15. 12. 1943 erhielt Agricola außerdem das Deutsche Kreuz in Gold.
533 Vgl. Kap 3.4 und 3.5 sowie 5.4 und 5.5.
534 Das scheint auch für einige andere Vertreter dieser Altersdekade zu gelten wie den ersten
    Kommandeur der 296. ID, Wilhelm Stemmermann, der – zumindest in seinen öffentlichen
    Verlautbarungen – aus seiner Sympathie für den Nationalsozialismus keinen Hehl machte.
    Vgl. HStA Stuttgart, M 660, Bü 233, NL Wilhelm Stemmermann: Vortrag Wilhelm Stemmer-
    mann, „Nationalsozialismus und Wehrmacht".
    Ohne jede Wirkung blieb auch ein Brief, den der ehemalige General Walther von Seydlitz-
    Kurzbach als Vorsitzender des prosowjetischen Bundes Deutscher Offiziere an Stemmermann
    schrieb und in dem er an ihn appellierte, den Kampf einzustellen. Angabe nach: Bradley/
    Schulze-Kossens (Hrsg.), Tätigkeitsbericht des Chefs des Heerespersonalamtes, S. 129.
    Noch stärker war diese Affinität zum Nationalsozialismus beim ersten Korück 580, Walter
    Braemer, der später zum Wehrmachtsbefehlshaber Ostland avancierte und nicht nur über den
    Rang eines Generals (1942), sondern auch über den eines SS-Gruppenführers (1944) verfügte.
    Die Karriere dieses „Überläufers" ist auch Ausdruck der Strategie der SS, „die Spitze der Mi-
    litärverwaltung in zahlreichen deutsch besetzten Gebieten mit ihren Leuten zu besetzen".
    Braemers heftiger Konflikt mit dem Reichskommissar Ostland Hinrich Lohse, der schließlich
    dazu führte, dass sich die beiden Männer öffentlich ohrfeigten, war dagegen im Persönlichen,
    nicht aber im Politischen begründet. Vgl. BA-MA, Pers. 6/2102: Personalakte Walter Braemer;
    BA, Abt. R: Personalakte Walter Braemer. Umbreit, Kontinentalherrschaft, S. 87; ders., Herr-
    schaft, S. 49; Gerlach, Morde, S. 136 mit Anm. 45.
535 BA-MA, Pers. 6/2514: Personalakte Kurt Agricola, Beurteilung vom 15. 11. 1936.

Carl André (geb. 1894, 296. Inf. Div.), *Erich Breitkopf* (geb. 1896, 221. Sich. Div.)
und *Karl B.* (geb. 1896, Korück 580), während die beiden Exponenten der 4. Panzerdivision: *Heinrich Eberbach* (geb. 1895) und *Dietrich von Saucken* (geb. 1892)
als Beispiele dafür gelten können, dass selbst in derselben Generation, Division
und Funktion ganz unterschiedliche Naturen zu finden waren[536]. Eines war *Eberbach* wie *Saucken* freilich gemeinsam, sie galten beide als „ausgezeichnete" Kommandeure der 4. Panzerdivision, weil sie „für eine feste u[nd] klare Führung"[537]
sorgten und – im Sinne der Charisma-Definition von Max Weber – bei ihren Soldaten eine „ganz persönliche Hingabe" weckten[538]. Dies gelang ihnen allerdings
auf sehr unterschiedliche Weise: Saucken, ein „großer, schlanker Reiter-Oberst mit
dem Monokel, [...] der nie ein Wort zu viel, aber auch keines zu wenig sagte"[539],
präsentierte sich als typischer Vertreter der preußischen Militärelite. Von sich und
seinen „Leuten" forderte er viel[540]. Das war bei Eberbach nicht anders, doch verkörperte er den „warmherzigen"[541] und auch literarisch versierten Vorgesetzten:
„Ein Kommandeur, der wie ein guter Vater spricht und handelt, und der auch sofort die bestmögliche Lösung findet"[542], erinnerte sich einer seiner Soldaten. Für
die 4. Panzerdivision, in der Eberbach groß geworden war[543], wurde der gebürtige
Stuttgarter zu einer der wichtigsten Integrationsfiguren. Sein Ruf war schon damals „legendär"[544], er galt als Seele dieser Division: „Schneidiger, überlegter,
schwersten Lagen gerecht werdender Panzerführer. Einer unserer Besten", heißt es
in einer Beurteilung Eberbachs vom März 1944[545]. Eberbach und Saucken beendeten beide den Krieg als hochdekorierte (und schwer verwundete[546]) Generäle der
Panzertruppe, wenn auch auf unterschiedliche Weise: Eberbach hatte das Glück,

---

[536] Generell zu diesen beiden Generälen: Grigat, Heinrich Eberbach; Radke, General der Panzertruppe Dietrich v. Saucken; Kurowski, Deutsche Offiziere in Staat, Wirtschaft und Wissenschaft, S. 213 ff. Aufschlussreich auch die Nachkriegsdarstellungen, die diese beiden Offiziere vorgelegt haben: Vgl. etwa Schäufler, So lebten und so starben sie; Saucken, 4. Panzer-Division. Zu Eberbach vgl. nun auch Lieb, Weltanschauungskrieg, S. 93.

[537] BA-MA, N 10/9: Lebenserinnerungen Smilo Frhr. von Lüttwitz, Bl. 180.
Saucken in der Zeit vom XII/41–I/42 sowie vom V/43–I/44 Kdr. der 4. Pz. Div., Eberbach im
I/42, vom IV/42–VII/42 sowie in der Zeit von VII/42–XI/42.

[538] Vgl. Weber, Wirtschaft und Gesellschaft. 2. Halbbd., S. 654 ff.

[539] Vgl. BA-MA, MSg 3-281/1: Panzer-Nachrichten Nr. 63 vom Dezember 1980. Auch zum Folgenden.

[540] Vgl. IfZ-Archiv, MA 1582: 4. Pz. Div., Abt. I a, Meldung an OKH/Gen. z.b.V. vom 4.1.1942,
wo es über Saucken heißt: „Seine Männer verehrten ihn, weil er ihnen Mut und Tapferkeit
vorlebte und von ihnen nicht mehr verlangte, als er selbst zu geben bereit war."

[541] BA-MA, Pers. 6/121: Beurteilung Heinrich Eberbach vom 26.6.1943.

[542] Vgl. BA-MA, RH 39/377: Panzer-Regiment 35: Bericht Oberfeldwebel Hans Luther, o. D.;
BA-MA, MSg 3-281/1: Panzer-Nachrichten Nr. 32 vom November 1970: „Heinrich Eberbach
zum 75. Geburtstag am 24.11.1970."

[543] Eberbach war am 10.11.1938 Kommandeur des Panzer-Regiments 35 geworden und am
12.7.1941 Kommandeur der 5. Panzer-Brigade. Am 20.1.1942 wurde er mit der Führung der
4. Panzerdivision beauftragt. Angaben nach: BA-MA, Pers. 6/121: Personalakte Heinrich
Eberbach.

[544] „Fahrtberichte" aus der Zeit des deutsch-sowjetischen Krieges, S. 117, Anm. 105.

[545] BA-MA, Pers. 6/121: Beurteilung Heinrich Eberbach vom 1.3.1944 durch Generaloberst Guderian. Sein Urteil hat dieser in seinen Erinnerungen (S. 213) bestätigt. Vgl. auch BA-MA, N
10/9: Lebenserinnerungen Smilo Frhr. von Lüttwitz, Bl. 154: „Nur Eberbach, der unsere Div.
führt, ist schon lange bei uns u. ein fabelhafter Mann."

[546] Saucken gehörte zu den ganz wenigen Soldaten, die im Ersten wie im Zweiten Weltkrieg das
Goldene Verwundetenabzeichen erhielten. Vgl. Neumann, 4. Panzerdivision, S. 432.

1944 im Westen in britische Kriegsgefangenschaft zu geraten[547], während Saucken bis zum 9. Mai 1945 in seiner ostpreußischen Heimat kämpfte[548]. Da er auf seinem Posten blieb, verbrachte er die folgenden zehn Jahre in sowjetischer Kriegsgefangenschaft[549].

Auch im Politischen trennten sich die Wege dieser beiden Generäle: So räumte Eberbach nach 1945 ohne jede Umschweife „gewisse Sympathien mit dem Nationalsozialismus" ein[550]. Noch in der Kriegsgefangenschaft, in der er zwar – im Gegensatz zu vielen seiner Kameraden – das Attentat vom 20. Juli dezidiert befürwortete[551], versuchte er gegenüber seinem Sohn um Verständnis für den Holocaust zu werben[552]. Doch ging es bei einem General nicht nur um geistige Standortbestimmung. Dass gerade Eberbach etwa im Winter 1941/42 die Partisanen gnadenlos bekämpfte[553], lässt sich auch mit seiner Person und seiner Weltanschauung erklären[554]. Von Saucken ist so etwas nicht bekannt. Ein Verschwörer des 20. Juli bezeichnete ihn als „unerschrockenen Edelmann", der damals seine schützende Hand über ihn gehalten habe[555]. Im Mai 1944 anlässlich seines Abschieds von der 4. Panzerdivision dankte Saucken seinen Kameraden; Hitler und den Nationalsozialismus erwähnte der stockkonservative Preuße in seiner Rede mit keinem Wort[556].

---

[547] Vgl. Neitzel, Deutsche Generäle in britischer Gefangenschaft, hier S. 304 f., 346 f.

[548] Vgl. hierzu Dieckert/Grossmann, Kampf um Ostpreußen, insbes. S. 182 ff. Ferner Haupt, 1945. Das Ende im Osten, S. 80; Saucken, 4. Panzer-Division, S. 349; Meindl, Ostpreußens Gauleiter, S. 343, 345.

[549] Vgl. Bezborodova, Generäle des Dritten Reiches in sowjetischer Hand, S. 188.

[550] IfZ-Archiv, ZS 30: Schreiben Heinrich Eberbach an Hermann Foertsch vom 28.4.1951; auch in einer Vernehmung in britischer Kriegsgefangenschaft bezeichnete Eberbach Hitler als „right man, 1933 to solve un-employment and general economic chaos". PRO, WO 171/223: Vernehmungsprotokolle Heinrich Eberbach vom 1.9.1944. Auch der Hinweis „begeisterter Nationalsozialist", so in seiner Beurteilung vom 26.6.1943 (BA-MA, Pers. 6/121), findet sich in anderen Beurteilungen nur selten.
Andererseits begann Eberbach bereits während seiner Kriegsgefangenschaft seinen politischen Standpunkt zu revidieren. So attestierte Eberbach den Hitler-Attentätern „Handeln aus Idealismus", was bei vielen Mitgefangenen auf wenig Verständnis stieß. Vgl. Neitzel, Deutsche Generäle, S. 304 f., 346 f.; ders., Abgehört, S. 351 ff. Nach seiner Entlassung aus britischer Kriegsgefangenschaft ließ Eberbach am Bekenntnis zum demokratischen Staat, für den auch öffentlich warb, keinen Zweifel: „Fast noch größer und dankenswerter als Eure Leistungen im Kriege scheint mir die Tatsache, daß Ihr Euch durch das Euch widerfahrene Unrecht in der Liebe zu unserem Volk und zu unserem demokratischen Staat nicht habt beirren lassen." BA-MA, RS 7/v. 52a: Ansprache Heinrich Eberbach an Veteranen der 4. Pz. Div., o. D.

[551] Vgl. Neitzel, Abgehört, S. 356; Auch handelte es sich bei Eberbach um einen General, der sich bereits in den 50er Jahren klar von einer rechtsradikal geprägten Veteranenkultur distanzierte. Vgl. Meyer, Zur Situation der westdeutschen militärischen Führungsschicht, S. 663.

[552] Vgl. Neitzel, Abgehört, S. 139; ferner Kap. 5.4.

[553] BA-MA, RH 24-24/143: XXIV. Pz. Korps, Abt. I a, Weisung vom 30.12.1941.
Noch in britischer Kriegsgefangenschaft sollte Eberbach den harten Kurs gegen die Partisanen rechtfertigen. PRO, WO 171/223: Vernehmungsprotokolle Heinrich Eberbach vom 1.9.1944.

[554] Zugleich manifestierte sich in dieser Brutalität auch die Kehrseite von Eberbachs Fürsorge für seine eigenen Soldaten. In dem Moment, wo diese mit dem Rücken zur Wand standen, fielen bei einem Offizier wie Eberbach alle moralischen Hemmungen. Was für ihn allein zählte, war das Überleben der eigenen Truppe.

[555] Sauerbruch, Bericht, S. 435.

[556] Sein politischer Teil beschränkte sich auf die folgende Passage: „Jeder ist seines Glückes Schmied, so lautet das Sprichwort. Auch ein Volk schmiedet sein Glück; man kann das Schicksal meistern, und hier wurde es gemeistert. Mit fester Zuversicht sehe ich der deutschen Zukunft entgegen. Ich trinke darauf, auf Sie, meine Kommandeure, und die 4. Panzer-Division – Hurra!" BA-MA, N 460/1: NL Gerlach von Gaudecker, Rede des Generalleutnants von Saucken am 8.5.1944.

Dietrich von Saucken (2. von rechts) bei der 4. Panzerdivision
(Quelle: BSB, Fotoarchiv Hoffmann 53632)

Rudolf von Bünau und *Carl André,* beides Kommandeure von Infanterie-Regimentern (IR 133 und IR 521), repräsentieren die beiden Infanteriedivisionen unseres Samples. Deren Laufbahn sollte dort freilich nicht enden[557]. Bünau, der beim Übergang der 45. ID über die Aisne „wie der letzte Stoßtruppmann"[558] kämpfte, erwarb sich dort das Ritterkreuz und sollte es bis zum Kommandierenden General bringen[559]. Dagegen erhielt André als Generalmajor mit dem Kommando über die norwegische Stadt Bergen einen jener „Versorgungsposten", wie sie mit der Ausdehnung des deutschen Machtbereichs immer häufiger wurden. Auch diese beiden Lebensläufe verdeutlichen, welche Unterschiede zwischen Divisionen wie der 45. und der 296. herrschten, sie zeigen aber auch exemplarisch, dass damals nicht allein fachliche Gründe über die Karriere eines Offiziers entschieden. Während es sich bei André nicht um einen politischen Hardliner gehandelt zu haben scheint[560], war

---

[557] Für Bünau war das IR 133 nur eine Durchgangsstation; Kdr. war er vom 1.11.1938 bis 1.11.1940. André hatte diesen Posten dagegen über drei Jahre inne; er war vom 6.2.1940 bis 24.4.1943 Kdr. des IR 521. Vgl. BA-MA, Pers. 6/99: Personalakte Rudolf von Bünau; weitere biographische Angaben in: BA-MA, N 260/1–26: Nachlass Rudolf von Bünau; BA-MA, Pers. 6/1043: Personalakte Carl André.

[558] Gschöpf, Weg, S.155.

[559] XI–XII/43: XXXXVII. Pz. K.; II–III/44: LII. A.K.; IV/44–IV/45: XI. A.K.

[560] Zu Beginn des Jahres 1941 soll André folgende Weisung an seine Soldaten ausgegeben haben: „Man ehrt seine Feinde am meisten dadurch, indem man sie mit Achtung behandelt und sie zu verstehen sucht." Vgl. Kurowski, Fränkische Infanterie, S.317.

bei Bünau genau das der Fall, und zwar bis in die letzten Kriegstage[561]. Nachdem man ihn im April 1945 als „Kampfkommandanten" in Wien eingeflogen hatte, wollte er die Stadt bis zum letzten Blutstropfen verteidigen. Wenn es erst einigen Führern der Waffen-SS (!) gelang, Bünau zur Räumung der Metropole zu bewegen, so wird offenbar, wie sehr das Weltbild dieses Generals von der NS-Ideologie und einem pervertierten militärischen Gehorsamkeitsdenken geprägt war[562].

Ganz andere Naturen fanden sich schließlich bei den Besatzungsverbänden. Bei *Erich Breitkopf*, der im Mai 1942 I b der 221. Sicherungsdivision wurde, handelte es sich um einen typischen älteren Reserveoffizier. 1917 war er Leutnant geworden und nach allerlei Übungen und Lehrgängen in der Zwischenkriegszeit zum Hauptmann aufgestiegen[563]. Aber schon mit dem Polenfeldzug, an dem er als Batteriechef einer Artillerie-Ersatz-Abteilung teilnahm, scheint sich seine militärische Begeisterung rasch gelegt zu haben, denn seine ungewöhnlich umfangreichen Personalakten sind nun durchsetzt von zahllosen Dokumenten, die seine Untauglichkeit oder zivile Unabkömmlichkeit beweisen sollten. Die aber konnte der Breslauer Bankbeamte nicht mehr erlangen – im Gegenteil: Dass ein Verband wie die 221. ihn sogar als Stabsoffizier einsetzte, ist ein aufschlussreicher Hinweis auf die Mentalität dieser Division.

Doch gab es in den Besatzungsverbänden auch Fälle wie den Hauptmann *Karl B.*, der als Kommandeur eines Sicherungs-Bataillons zum Korück 580 gehörte[564]. Aussagekräftiger als seine Personalpapiere ist freilich ein Kriegsgerichtsverfahren, das im Oktober 1943 gegen ihn eröffnet wurde. „Und wenn Sie mich erschießen, ich kann nicht mehr", hatte B. seinem Vorgesetzten, einem Major Hoon, ins Gesicht geschrien. Das war am 21. September 1943. Damals hatte B. eigenständig Makoschino, ein Nest in der nördlichen Ukraine, räumen lassen, weil sich sein Bataillon – ältere deutsche Landesschützen, gemischt mit sowjetischen „Freiwilligen" – einfach auflöste[565]. Mit ihnen sollte er einen Abschnitt „von etwa 7 bis 8 km" verteidigen, und zwar an vorderster Front[566]. Darüber berichtete B.: „Die Stützpunkte hätten sich ohne Befehl, nachdem sie von allen Seiten angegriffen worden wären, zurückgezogen. Er hätte dies in der stockdunklen Nacht nicht verhindern können. Mit seinen wenigen Männern habe er solange als möglich den Russen standgehalten […]." Nachdem sie eine neue, vollkommen ungedeckte Stellung bezogen hätten, seien seine Leute wieder davon gelaufen. „Schließlich hätte er noch etwa 6 bis 8 Mann um sich stehen gehabt, davon habe einer zu ihm gesagt: ‚Herr Hauptmann, nun bleibt

---

[561] Bünau, der von 1938 bis 1940 zur 45. Inf. Div. gehörte, berichtete im März 1939 enthusiastisch über eine Begegnung mit Hitler während des Einmarsches in der sog. „Rest-Tschechei". Vgl. BA-MA, N 260/3: „Bericht über den Einmarsch des Kdrs. I. R. 133 nach Mähren", o. D.

[562] Vgl. Jedlicka, Dokumente zur Geschichte der Ereignisse in Wien; Käs, Wien im Schicksalsjahr 1945; Szokoll, Die Rettung Wiens 1945; Ungvary, Kriegsschauplatz Ungarn, S. 952; Gschöpf, Weg, S. 395.

[563] Angaben nach: BA, Abt. R: Personalakte Erich Breitkopf.

[564] B. gehörte seit „Ende August 1939" zum Korück 580. Vgl. Außerterminliche Beurteilung Hptm. Karl B. vom 3.11.1943. BA ZNS, RH 23-G: Gericht Korück 580, Nr. 343/43: Strafsache gegen den Hauptmann B.

[565] Das Sicherungs-Bataillon 456 bestand aus drei Kompanien deutscher Landesschützen sowie aus vier „Ost-Kompanien".

[566] BA ZNS, RH 23-G: Gericht Korück 580, Nr. 343/43: Strafsache gegen den Hauptmann B., Feldurteil vom 10.11.1943, S. 7. Auch zum Folgenden; dort auch alle übrigen biographischen Angaben zu B.

uns nichts anders übrig, als hinter den anderen auch herzulaufen.' Das habe ihm den Rest gegeben. In diesem Augenblick sei er völlig zusammengebrochen."

Dieses Ereignis eröffnet einen aufschlussreichen Einblick in das Binnenleben eines Korück. Denn B. war alles andere als ein Versager. Während des Ersten Weltkriegs hatte sich der 1896 in Urach geborene B. beide Eisernen Kreuze erworben sowie die Württembergische Goldene Militär-Verdienstmedaille, damals der „Pour le Mérite" der Unteroffiziere. Obwohl er 1918 als Leutnant schwer verwundet worden war, meldete sich B., nun Hauptschullehrer aus Münsingen, 1939 erneut. Wieder wurde er dekoriert[567] und noch im April 1943 „überdurchschnittlich" beurteilt: „Hauptmann B. ist ein gerader, aufrichtiger Charakter und ein diensteifriger Offizier." Er habe seine Einheit „fest in der Hand" und sorge „vorbildlich" für seine Männer; ein „überlegter Draufgänger" und „als Kamerad […] geachtet und beliebt"[568]. Wenn selbst dieser Mustersoldat unter der Last des Krieges zusammenbrach und in die Mühlen der deutschen Militärjustiz geriet, so zeigt sich in seinem Fall besonders krass, mit welcher Unerbittlichkeit die Wehrmacht in der zweiten Kriegshälfte auch noch ihre letzten personellen Reserven „verheizte". Selbst Leute wie B., bei dem damals „Schwerhörigkeit, Beinleiden, Magenleiden"[569] diagnostiziert wurden, mussten wieder in die vordersten Linien. Doch hatte das Kriegsgericht ein Einsehen. Nicht ohne den Hinweis, dass B. wegen seiner „Gehorsamsverweigerung" eigentlich die „Höchst"-, also die Todesstrafe, verdient habe, beließ man es bei elf Monaten Gefängnis. Als letzte Eintragung hat sich in seinem Fall ein Bericht der „Wehrmacht-Gefangenen-Abteilung Schäferberg" vom Februar 1944 erhalten, welche die Strafaussetzung „auf das wärmste" befürwortete[570]: „Der Hauptmann Karl B. hat sich während des Strafvollzugs sehr gut geführt. Am Dienst hat er mit Interesse teilgenommen und sich rege eingesetzt. Er ist ein durchaus anständiger, bescheidener, gerader Mensch mit ehrlichem Bewährungs- und Einsatzwillen. Seine Strafe nimmt er sich sehr zu Herzen […]. Er gehört nicht in ein Gefängnis."

2.3.2.3 Die Jahrgangsgruppe von 1900 bis 1913: Beispiele

Es spricht für sich, wenn sich für die „dritte Offiziersgeneration" der Wehrmacht unter den Auswahlkriterien unseres Samples nur noch vier gut dokumentierte Beispiele finden: *Hans Christern* (geb. 1900, 4. Pz. Div.), *Alfred Burgemeister* (geb. 1906, 45. Inf. Div.), *Hans-Heinrich Kuban* (geb. 1909, 296. Inf. Div.), und *Karl Hübner* (geb. 1909, 221. Sich. Div.), während in der Führung dieses Korück so junge Offiziere nicht mehr vertreten waren.

---

[567] B. erhielt das Kriegsverdienstkreuz II. Klasse, die Spangen zum Eisernen Kreuz II. und I. Klasse, die Ostmedaille, das Infanteriesturmabzeichen sowie die Tapferkeitsauszeichnung für Angehörige der Ostvölker II. und I. Klasse. BA ZNS, RH 23-G: Gericht Korück 580, Beurteilung Karl B. vom 23.10.1943.

[568] BA ZNS, RH 23-G: Gericht Korück 580, Beurteilung Karl B. vom 22.4.1943.

[569] BA ZNS, RH 23-G: Gericht Korück 580, Nr. 343/43: Strafsache gegen den Hauptmann B., Feldurteil vom 10.11.1943. Auch zum Folgenden.

[570] BA ZNS, RH 23-G: Gericht Korück 580, Nr. 343/43: Wehrmacht-Gefangenen-Abteilung Schäferberg, Bericht vom 7.2.1944. Dem Bericht wurde freilich erst am 4.5.1944 durch den Chef der Heeresrüstung und Befehlshaber des Ersatzheeres, Generaloberst Fritz Fromm, stattgegeben.

Mit *Hans Christern*, der von Mai 1944 bis März 1945 das Panzer-Regiment 35 führte, spiegelt sich die militärische Erfolgsgeschichte der 4. Panzerdivision auch in dieser Altersdekade wider. Trotz seiner Jugend wurde auch Christerns Lebenslauf noch ganz vom „Weltkrieg" geprägt – nicht nur psychisch: mit 17 Jahren Fahnenjunker, mit 18 Leutnant, dann aber so schwer verwundet, dass die Armee ihn 1921 entließ. Selbst bei der Wiederaufrüstung schien er nicht mehr verwendbar. Erst die entschiedene Fürsprache Eberbachs sorgte dafür[571], dass Christern wieder zu der Organisation zurückkehren konnte, die er ganz offensichtlich als seine Heimat empfand[572]. Trotz seiner langen Pause konnte er ungewöhnlich schnell reüssieren. 1943, nach nur sieben Jahren, wurde er Oberst, bei Kriegsende führte er eine Division. Bereits im Westfeldzug hatte dieser Offizier, den seine Vorgesetzten als „mitreißende, lebendige Persönlichkeit" charakterisierten[573], das Ritterkreuz erhalten und sich daraufhin auch in verschiedenen Stabs- und Lehrfunktionen bewährt. Auch dieser „schöpferische Offizier", der sich in erster Linie über die Armee definierte und wohl weniger über die Politik[574], war eines jener militärischen Talente, mit denen die 4. Panzerdivision reich gesegnet war.

Noch ungewöhnlicher war die Karriere von *Alfred Burgemeister*[575]. Dieser kam ursprünglich aus dem Infanterie-Regiment 9, jener legendären „Republik der freien Grenadiere"[576]. Der ehemalige Unteroffizier wurde 1934 zum Oberleutnant befördert, absolvierte von 1938 bis 1940 die Kriegsakademie und war als Generalstabsoffizier eingesetzt. Im März 1942 versetzte man ihn zur 45. ID, wo er zunächst ein Bataillon des Infanterie-Regiments 130 führte, vier Monate später dann das Regiment selbst. Auch hier erhielt der damalige Oberstleutnant vorzügliche Beurteilungen, so etwa im März 1943, als sein Divisionskommandeur Fritz Kühlwein in ihm eine „besonders wertvolle Persönlichkeit" erkannte[577]. Wenige Tage später aber kam es zur Krise, zunächst an der Front: Am 17. März 1943 brach der sowjetische Gegner so tief in den Abschnitt des IR 130 ein, dass der gesamte Frontabschnitt der 45. für kurze Zeit zu wanken begann. Kühlweins Reaktion war gleichermaßen hart und verständnislos; er attestierte Burgemeister in einer außerterminlichen Beurteilung schwerste charakterliche Mängel, stellte ihn vors Kriegsge-

[571] Vgl. BA, ZNS, Heer 63604: Schreiben Heinrich Eberbach an die 12. Division vom 26.10.1938.

[572] Christern diente (zusammen mit Eberbach) seit dem 1.1.1936 als Hauptmann in der Pz. Abw. Abt. 12, zur 4. Pz. Div. kam er im Mai 1944, die letzten beiden Monate des Krieges war er dann Kommandeur der 7. Pz. Div.

[573] BA, ZNS, Heer 63604: Beurteilung Hans Christern vom 26.7.1943. Auch zum Folgenden.

[574] Diese Vermutung basiert auf dem romanhaften Bericht, den Christern 1941 über seine Erlebnisse als Panzeroffizier veröffentlichte: Die „Roten Teufel" und ihr Kommandeur, München 1941. Diese Schilderung bietet vor allem eine Darstellung des militärischen Dienstbetriebs und des Krieges, während auf Hitler und den Nationalsozialismus nur ein einziges Mal, in einer Art Pflichtübung am Ende des Buchs, Bezug genommen wird. Auch in Christerns Angaben für die Reichsschrifttumskammer ist ein besonderes politisches Engagement nicht erkennbar. BA, Abt. R: Personalakte Hans Christern, Fragebogen der Reichsschrifttumskammer vom 25.10.1942.

[575] Vgl. BA, ZNS, Heer 26082: Personalakte Alfred Burgemeister. Aufschlussreich auch die vorsichtigen Andeutungen in der Zeitschrift der Veteranen: BA-MA, MSg 3-217/1: Linzer Turm 5 (1962), Nr. 18, „Oberst a. D. Alfred Burgemeister – 56 Jahre alt!".

[576] So Weizsäcker, Vier Zeiten, S. 74. Zum Inf. Rgt. 9 vgl. etwa Petter, Militärische Massengesellschaft.

[577] Vgl. BA, ZNS, Heer 26082: Beurteilung Alfred Burgemeister vom 1.3.1943.

richt und befahl, sein Infanterie-Regiment aufzulösen. Burgemeister konterte und beschwerte sich beim Kommandierenden General. Während das Kriegsgericht der 45. ID Burgemeister freisprach, und zwar zweimal, beharrte dieser selbst darauf, dass es auch nicht rechtens sei, „sein" Regiment aufzulösen. Daraufhin spitzte sich die Sache immer mehr zu: Der Kommandierende General bestrafte Burgemeister mit zehn Tagen Stubenarrest, weil es sich bei dieser Auflösung um eine rein organisatorische Maßnahme handele, während Burgemeister, nun mehr und mehr Kohlhaas, sich mit seinem Anliegen an die Armee, dann an die Heeresgruppe und schließlich an das Oberkommando des Heeres selbst wandte. Dieses schließlich hatte ein Einsehen. Am 20. März 1944 entschied es, „daß das Gren[adier-]Reg[imen]t 130 (45. I.D.) bei den Kämpfen am 17.3.[19]43 die Waffenehre nicht eingebüßt hat". Der Befehl, den der Divisionskommandeur tags darauf erlassen habe, sei „als ungültig zu betrachten"[578]. Damals gehörte Burgemeister aber schon nicht mehr zur 45. ID. Als Regiments-Kommandeur bekam er während des Rückzugs vom Balkan das Ritterkreuz, nach 1945 wurde er Bundestagsabgeordneter und dort schließlich Stellvertretender Vorsitzender der CDU/CSU-Fraktion[579]. Dass Burgemeister in einer Division wie der 45. zum Einsatz kam, spricht für deren militärische Qualität, zugleich aber ist sein „Fall" auch Ausdruck des Obrigkeitsstaatlichen, Verkrusteten, das damals deren Führung charakterisierte[580].

Verglichen mit solch ungewöhnlichen Biografien wirkt diejenige von *Hans Heinrich Kuban*, von Juli 1940 bis Februar 1942 Zweiter Generalstabsoffizier der 296. Infanteriedivision, eher blass. Seine Personalakte weist ihn als einen „sehr guten" Generalstabsoffizier aus, aber auch als „stillen, zurückhaltenden Charakter", der „an den Folgen einer im Ostfeldzug zugezogenen Gehirnerschütterung" leide[581]. Immerhin wurde er bereits mit 35 Jahren zum Oberst ernannt. Seine Auszeichnungen – Kuban erhielt nicht mehr als das EK II und das Kriegsverdienstkreuz I. Klasse – sprechen indes dafür, dass er nicht über jenes Format verfügte, wie es in den Stäben einer aktiven Division anzutreffen war.

Auch bei *Karl Hübner*, der von April bis Mai 1941 als Erster Generalstabsoffizier der 221. Sicherungsdivision fungierte[582], handelte es sich um einen Sonderfall. Denn ehemalige Polizeioffiziere wurden nur selten Generalstäbler[583], und es war wohl kein Zufall, wenn er „nur" in einem Verband wie der 221. Verwendung fand. Wurde er hier anfangs noch überschwänglich beurteilt[584], so findet sich in den

---

578 BA, ZNS, Heer 26082: OKH, Heerespersonalamt, Beschwerdeentscheidung vom 20.3.1944.

579 Angaben nach: Die Ritterkreuzträger der deutschen Wehrmacht, Teil III, Bd. 3, S. 294ff.; Kurowski, Deutsche Offiziere in Staat, Wirtschaft und Wissenschaft, S. 36ff.

580 Verantwortlich für die Zuspitzung dieses Konflikts war vor allem der damalige Divisionskommandeur Fritz Kühlwein. Selbst 1945 lässt der Geburtstagsgruß der Veteranen erkennen, dass es sich bei ihm um einen schwierigen, teilweise geradezu spleenigen Vorgesetzten gehandelt haben muss. BA-MA, MSg 3-217/1, „Generalleutnant a.D. Friedrich Karl Kühlwein – 70 Jahre alt!".

581 BA, ZNS, Heer 30775: Beurteilung Hans-Heinrich Kuban vom 16.3.1943 und 30.3.1944.

582 Vgl. BA, ZNS, Heer 23282: Personalakte Karl Hübner. Auch zum Folgenden.

583 Vgl. Groscurth, Tagebücher, S. 546 (Brief vom 25.6.1942), wo es u.a. heißt: „Das ist bei dem neuen General Strecker wesentlich besser. Er war lange Jahre Polizist und ist sicher kein großer Taktiker oder Stratege."

584 Bezeichnenderweise aber nur während des Einsatz im rückwärtigen Gebiet; deutlich kritischer dann die Beurteilung Hübners während des Fronteinsatzes der 221. während des Winters 1941/42. Vgl. Kap. 3.4.

Beurteilungen während seiner anschließenden Frontverwendung immer wieder der Vorwurf von „Sturheit" und „Überheblichkeit". Die daraus erwachsenden Querelen eskalierten so weit, dass man ihn hier erst einmal einige Monate als Bataillons-Kommandeur einsetzte. „Der Truppendienst hat auf ihn erzieherisch gewirkt", heißt es dann in einer Beurteilung vom November 1943. Welchen Grund diese kaum verhüllte Degradierung konkret hatte, bleibt unklar. Beispiele wie Kuban und Hübner sind nicht nur ein Hinweis auf das vergleichsweise geringe Prestige, das Divisionen wie die 296. oder die 221. besaßen. Sie sind auch ein Beispiel dafür, dass mit zunehmender Dauer des Krieges Kandidaten in Stabsstellungen rückten, die früher nur einer kleinen Auslese vorbehalten waren[585].

2.3.2.4 Die Jahrgangsgruppe von 1913 bis 1926/27: Beispiele

Die vierte und mit Abstand jüngste Offiziersgeneration der Wehrmacht ist bezeichnenderweise in unserer Offiziersgruppe nur noch mit drei exponierten Beispielen vertreten[586]: *Peter Sauerbruch* (geb. 1913, 4. Pz. Div.), *Werner Stößlein* (geb. 1915, 45. Inf. Div.) und *Horst Marticke* (geb. 1914, 296. Inf. Div.) hatten sich alle als Generalstabsoffiziere für die Positionselite der drei Kampfverbände qualifiziert, während Bataillons- oder gar Regimentskommandeure in *diesem* Alter vorerst noch die Ausnahme blieben[587]. Aber gerade ihre Funktion als Generalstäbler machte diese drei zu besonders prononcierten Vertretern des militärischen Systems und damit auch ihrer Division.

Ganz besonders galt dies für *Peter Sauerbruch*. Der Sohn des bekannten Chirurgen gehörte von März bis November 1944 als Erster Generalstabsoffizier zur 4. Panzerdivision, freilich mit einer bemerkenswerten Unterbrechung: Wegen seiner Kontakte zu den Verschwörern des 20. Juli wurde er mehrfach von der Gestapo verhört, die ihm freilich eine solche Beteiligung nicht nachweisen konnte[588]. War ihr jene Beurteilung vom März 1944 bekannt, zu der Claus Schenk Graf von Stauffenberg handschriftlich angefügt hatte[589]: „Ein über dem Durchschnitt stehender Gen[eral]St[abs]Offz[izier] von besonders hohem Niveau"? Offenbar fiel Sauerbruch selbst unter den Generalstäblern noch auf. Im Stabsdienst wurde er „allen gestellten dienstlichen Anforderungen in vorbildlicher Weise gerecht", an der Front erwarb er sich 1943 das Ritterkreuz, und schließlich ist er der einzige Offizier aus unserer Gruppe, der bereit war, einer verbrecherischen Führung den Gehorsam aufzukündigen.

---

585 Vgl. mit der Beobachtung Kroeners (Personelle Ressourcen, S. 738): „Insgesamt ist bei der Besetzung der Generalstabsstellen seit Kriegsbeginn zu beobachten, daß von den Frontdivisionen zur Heimat eine Abnahme der Qualität und eine Zunahme des Lebensalters die Regel wurde."

586 In der 221. Sich. Div. finden sich auch einige Beispiele von jüngeren Offizieren, die zu ihrer Positionselite gehörten, von denen sich aber kaum aussagekräftige Personalpapiere erhalten haben.

587 Offiziere aus dieser Generation finden sich erst als Kommandeure der hochspezialisierten Kampf- und Kampfunterstützungs-Abteilungen, wie einige Beispiele veranschaulichen können: Anton Fuhrmann (geb. 1913), Kdr. Pz. Nachr. Abt. 79 (4. PD); Clemens Hüser (geb. 1913), Kdr. H Flak Abt. 290 (4. PD); Erich Irle (geb. 1917), Kdr. Pio. Btl. 81 (45. ID); Ludwig Frhr. v. Perfall (geb. 1914), Kdr. Div. Füs. Btl. 296 (296. ID).

588 Vgl. Bradley/Schulze-Kossens (Hrsg.), Tätigkeitsbericht des Chefs des Heerespersonalamtes, S. 241; Sauerbruch, Bericht eines ehemaligen Generalstabsoffiziers.

589 BA, ZNS, Heer 46975: Beurteilung Peter Sauerbruch vom 30. 3. 1944. Auch zum Folgenden.

Im Vergleich zu Ausnahmeerscheinungen wie Sauerbruch verkörperten Leute wie *Werner Stößlein* (45. ID) und *Horst Marticke* (296. ID) eher das solide, verlässliche Mittelmaß. Sie besetzten nun Positionen, die früher nur den Besten vorbehalten gewesen waren[590]. „Ein nicht sehr temperamentvoller, aber pflichttreuer und energischer Offizier, der bei richtiger Anleitung ein brauchbarer Generalstabsoffizier werden wird", heißt es in Stößleins Beurteilung[591], während man Marticke, seit Januar 1944 Erster Generalstabsoffizier der 296., attestierte, dass er sich „als überlegter, ruhiger, schneller und selbständiger Arbeiter voll" bewährt habe[592]. Dass Offiziere, die bei Kriegsende erst Anfang dreißig waren, bereits so viel Verantwortung tragen mussten, vermittelt nicht nur eine Vorstellung vom Druck, unter dem die militärische Personalplanung mittlerweile stand. Erkennbar wird aber auch, dass sich das Potential an militärischen Führern im fünften Kriegsjahr immer mehr erschöpfte und dass jene „Dynamisierung der Beförderungsstruktur"[593] allmählich auch den Kernbereich des militärischen Managements erfasste.

2.3.3 Militärische Merkmale: Offiziersstatus, Auszeichnungen, Laufbahn, Verluste

Beschäftigten sich die beiden zurückliegenden Analyseabschnitte mit Aspekten, die der einzelne Offizier gar nicht oder nur kaum beeinflussen konnte, so ist das bei den militärischen Merkmalen anders. Mit ihnen wird deren individuelles Verhalten sichtbar und noch mehr die Institution, der diese Offiziere angehörten und die über sie bestimmte.

2.3.3.1 Offiziersstatus

Die Wehrmacht unterschied zwischen den aktiven Offizieren, den Ergänzungs- und den Reserveoffizieren[594]. Diese Formalie war immer auch ein verstecktes Qualitätsmerkmal. Vordergründig informierte der *Offiziersstatus* darüber, ob ein Offizier ununterbrochen Dienst geleistet hatte oder nicht. Für die *aktiven Offiziere* galt ersteres. Sie bildeten den eigentlichen Kern des deutschen Offizierskorps[595]. Mit der Wiederaufrüstung waren dann die *Ergänzungs-Offiziere* entstanden, größtenteils Offiziere des Ersten Weltkriegs, die erst in den 30er Jahren reaktiviert wurden. Diese meist älteren Herren[596], die in der Regel auf ihre Erfah-

---

[590] Vgl. hierzu auch Model, Generalstabsoffizier, S. 111 ff.
[591] BA, ZNS, Heer 54710: Beurteilung Werner Stößlein vom 2.2.1944.
[592] BA, ZNS, Heer 38278: Beurteilung Horst Marticke vom 1.3.1944.
[593] Kroener, Heeresoffizierskorps, S. 673.
[594] Vgl. hierzu Schottelius/Caspar, Organisation, S. 366 ff.; Absolon, Wehrmacht, Bd. III, S. 209 ff.; Kroener, Personellen Ressourcen, S. 732 ff. Nicht erwähnt sind in dieser Übersicht jene Offiziere, die z[ur] V[erwendung] oder z[ur] D[isposition] gestellt waren, da sie in unserem Sample keine Rolle spielen.
Der Status wurde auch dann gezählt, wenn die betreffenden Offiziere später den eines aktiven Offiziers erhielten.
[595] In der 4. Pz. Div. kam es noch im September 1941 vor, dass man Offizieren vorhielt, dass es sich bei ihnen nicht um aktive Offiziere handele. BA-MA, MSg 1/3273: Fritz Farnbacher, Tagebuch, Eintrag vom 16.9.1941.
[596] Die Altersgrenze lag vor 1939 beim Geburtsjahr 1884. Vgl. Kroener, Personellen Ressourcen, S. 734.

rung der Jahre 14 bis 18 zurückgreifen mussten, zählten gewissermaßen zur zweiten Garnitur, die man bevorzugt im Wehrersatzwesen einsetzte[597].

Die *Reserveoffiziere*[598] wurden bis 1945 schließlich zur größten Gruppe im deutschen Offizierskorps: Von den insgesamt 500 000 Männern, die während des Zweiten Weltkriegs die Offiziersuniform des Heeres trugen[599], waren immerhin 300 000 Reservisten[600]. Entsprechend heterogen war diese Gruppe: Hatte sie sich anfangs stark aus Offizieren rekrutiert, die noch den Ersten Weltkrieg und die Reichswehr erlebt hatten, so nahmen zunehmend Wehrpflichtige ihren Platz ein, die sich erst während des Krieges für die Offizierslaufbahn qualifizierten. Für diese war der militärische Einsatz ihr erster „richtiger" Beruf, und entsprechend groß war ihre Identifikation mit dieser Aufgabe. Dagegen besaßen ihre älteren Kameraden bereits eine zivile Existenz und vor allem einen gehörigen Vorsprung an Lebenserfahrung, was ihnen zwangsläufig einen ganz anderen Blick auf ihren militärischen Einsatz eröffnete. Natürlich lässt sich die politische Standort einer so großen Gruppe wie der der Reserveoffiziere kaum mit einem Wort beschreiben. Allerdings fällt auf, dass die Lehrer, denen eine besonders große Affinität zum Nationalsozialismus nachgesagt wird[601], etwa die Hälfte der Reserveoffiziere stellten. Auf jeden Fall begann sich mit ihrem Einbruch in alte militärische Reservate vieles zu verändern: der soziale Charakter des Offizierskorps mit seinem fast ständisch geprägten Selbstverständnis, dessen Mentalität und nicht zuletzt auch seine fachlichen und weltanschaulichen Vorstellungen[602].

Auch unsere Offiziersgruppe bestand beileibe nicht nur aus aktiven Militärs, wie schon Graphik 9 veranschaulicht[603]. Allerdings lässt diese auch erkennen, dass (mit Ausnahme des Korück) in den wirklichen Spitzenverwendungen *fast* ausschließlich militärische Professionals zum Einsatz kamen. Die wenigen Ergänzungs- und Reserveoffiziere, die in der Führungsspitze der übrigen vier Divisionen eingesetzt wurden, sind freilich ein Indiz dafür, dass die Offiziersrekrutierung prinzipiell durchlässig war; bei entsprechender Eignung konnten sich auch „Quereinsteiger" für Spitzenpositionen qualifizieren[604]. Hier handelte es sich oft um ehemalige Offiziere des „Weltkriegs", die vor ihrer Reaktivierung viele Berufe

---

[597] Die Bezeichnung „(E)" hinter dem Dienstgrad, die als diskriminierend empfunden wurde, fiel ab dem 15.12.1938 fort; die Bezeichnung „Ergänzungsoffizier" blieb aber bestehen. Vgl. Absolon, Wehrmacht, Bd. IV, S. 377. Angesichts dieser Zurücksetzung war es nicht selten, dass gerade diese Gruppe durch eine „übersteigerte Normenwahrung" diesen professionellen Makel zu kompensieren suchte. Kroener, Generationserfahrungen und Elitenwandel, S. 221.

[598] Formal gehörten die Reserveoffiziere – zusammen mit den Offizieren der Landwehr und den Offizieren z. V. – zu den Offizieren des Beurlaubtenstandes. Vgl. Altrichter, Reserveoffizier, S. 3, 16 ff.

[599] Vgl. Kroener, Heeresoffizierskorps, S. 653.

[600] Vgl. Petter, Militärische Massengesellschaft, S. 363. Auch zum Folgenden.

[601] Fast alle Pädagogen waren im Nationalsozialistischen Lehrerbund organisiert, ein weiteres Drittel in der NSDAP. Vgl. Schnorbach (Hrsg.), Lehrer und Schule unterm Hakenkreuz, S. 15; Eilers, Die nationalsozialistische Schulpolitik; Keim, Pädagogen und Pädagogik im Nationalsozialismus; Dick (Hrsg.), Lehreropposition im NS-Staat.

[602] Vgl. Kroener, „Menschenbewirtschaftung", S. 867 ff.

[603] Hier liegen für 29 % der Führungs- und 62 % der Kerngruppe Angaben aus den Personalakten vor.

[604] Erinnert sei an Fälle wie Heinrich Eberbach, Karl Mauss oder Karl-Jörg v. Götz und Schwanenfliess, die (zunächst) keine aktiven Offiziere waren und die diese Zurückstellung durch einen besonders intensiven Einsatz zu kompensieren suchten.

Graphik 9:   Offiziersstatus

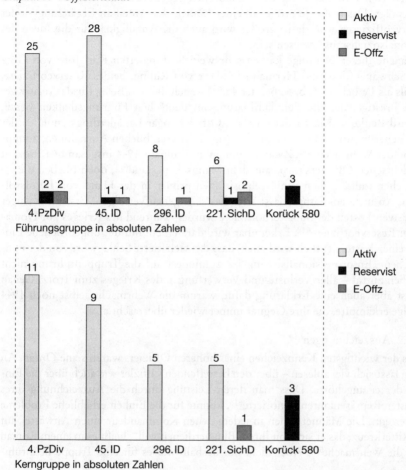

ausgeübt hatten[605], am häufigsten den des Polizeioffiziers. Solch ein „halbmilitä-
rischer" Werdegang findet sich besonders häufig in Divisionen wie der 45. oder
der 221., in deren *Führungsgruppen* ein hoher Altersschnitt herrschte[606]. Gerade
die ehemaligen Polizeioffiziere waren, wie einer aus ihrem Kreis nach 1945 offen
zugab, „mit dem Nationalsozialismus weit enger verbunden" wie „die Offiziere
der Reichswehr"[607]. Das hatte nicht nur ideologische Gründe. Gerade bei den

---

[605] Lehrer (Benke, Braemer, Seizinger, letzterer als Bezirksschulrat), Zahnarzt (Mauss), Bankier
   (Breitkopf, Seewald), aber auch die eines SA- oder SS-Funktionärs (Braemer, Castell-Castell,
   Pannwitz).
[606] In der *Führungsgruppe* der 45. I.D. finden sich drei ehemalige Polizeioffiziere, in der *Führungsgruppe* der 221. sogar vier.
[607] IfZ-Archiv, ED 30: Schreiben Heinrich Eberbach an Hermann Foertsch vom 28.4.1951. Eberbach war, wie er selbst schreibt, von 1920–1934 Polizeioffizier; auch er betont seine Dankbarkeit gegenüber Hitler. In seinem Brief an Foertsch schreibt er ferner: „Ich darf dazu erwähnen,
   dass ich mir im Jahre 1931 ein Stück Land in Brasilien kaufte, weil ich damit rechnete, als auf-

reaktivierten Offizieren war die Dankbarkeit gegenüber dem Regime besonders ausgeprägt. Das heißt: Je größer in einer Einheit der Anteil an Ergänzungs- oder Reserveoffizieren war, desto größer wird auch die Anfälligkeit für die Ideen des Nationalsozialismus gewesen sein.

Manche dieser Neulinge kamen sehr weit: So fungierten Karl-Jörg von Götz und Schwanenfliess und Hermann Freiherr von Rüling, beides Reserveoffiziere, jeweils als I c bei der 4. bzw. bei der 45.[608] – auch dies ein Beleg für das relativ geringe Prestige, das die Feindaufklärung im deutschen Führungsdenken besaß. Richard Benke wurde wiederum als E-Offizier sogar I a, allerdings „nur" in der 221. Sicherungsdivision[609]. Denn derartige Karrieren blieben Ausnahmen, zumindest in der Wehrmacht[610]. Zwar stammten im Frühjahr 1944 insgesamt 64 Prozent des deutschen Offizierskorps aus dem Mannschaftsstand[611], doch blieben die eigentlichen militärischen Schlüsselpositionen primär in der Hand von Berufssoldaten. An unserem Sample lässt sich dies sehr genau verfolgen. Erst die weniger exklusiven Posten der Subalternoffiziere wurden während des Krieges zur Domäne der Reserveoffiziere[612]. Erkennbar wird daran nicht nur der ungebrochene Einfluss einer Kaste, deutlich wird auch, dass das vielzitierte Schlagwort von der militärischen „Entprofessionalisierung"[613] zumindest auf die Truppenführung nicht wirklich zutraf – aller Verluste und Verwerfungen des Krieges zum Trotz. Genau das ist aber auch eine Erklärung dafür, warum die Wehrmacht selbst noch 1944 Erfolge erkämpfte, die ihre Gegner immer wieder überraschten.

2.3.3.2 Auszeichnungen[614]

Eines der wichtigsten Kennzeichen eines höheren Offiziers waren seine *Orden*. An ihnen lässt sich viel ablesen – über den betreffenden Offizier wie auch über die Einheit, der er angehörte. Dass man deren Leistung durch die Auszeichnung ihres höchsten Repräsentanten honorierte[615], konnte für die Einheit erhebliche Probleme aufwerfen: „Die Männer sehen in jedem neuen Kommandeur einen Anwärter auf das Ritterkreuz, das er sich mit ihrem Blut verdienen will", heißt es in einem Roman über die Wehrmacht[616]. Aber nicht nur deshalb war es für eine Truppe beunruhi-

---

rechter Polizeioffizier über kurz oder lang entlassen zu werden, und weil ich für meine 3 Söhne bei der damaligen Entwicklung der Verhältnisse keine sichere Existenzmöglichkeit in Deutschland sah."

[608] Vgl. IfZ-Archiv, MA 1608: Kriegsrangliste des Stabes der 4. Pz.-Div. vom 6.11.1943; IfZ-Archiv, MA 1623: Kriegsrangliste des Stabes der 45. Inf. Div., o.D. Dass dies auch in anderen Divisionen so gehandhabt wurde, belegt Megargee, Hitler und die Generäle, S.152.

[609] Vgl. BA-MA, Pers. 6/12442: Personalakte Richard Benke.

[610] Auch hier war es der Krieg, der für einen rapide steigenden Einsatz von Reservisten sorgte. In der Waffen-SS etwa lag der Reservistenanteil bei den Stabsoffizieren schließlich bei 30–40%. Vgl. Wegner, Hitlers Politische Soldaten, S.213.

[611] Aubin/Zorn (Hrsg.), Handbuch, 2, S.902, 904.

[612] Dies eine der Hauptthesen von Bartov, Wehrmacht, S.27ff.

[613] Vgl. hierzu Petter, Militärische Massengesellschaft, S.359–370. Für die Waffen-SS: Wegner, Hitlers Politische Soldaten, S.213.

[614] Dazu gezählt wurden auch jene Orden, welche die betreffenden Offiziere vor oder nach ihrer Dienstzeit in den uns betreffenden Divisionen erhielten.

[615] So erhielt der Gen.ltn. Materna als Kommandeur der 45. Inf. Div. nach dem Durchbruch über die Aisne das Ritterkreuz. Gschöpf, Weg, S.172. Vgl. ferner Rass, „Menschenmaterial", S.251f.

[616] Heinrich, Steiner, S.38. Generell hierzu Kap.2.5.

Graphik 10:   Auszeichnungen

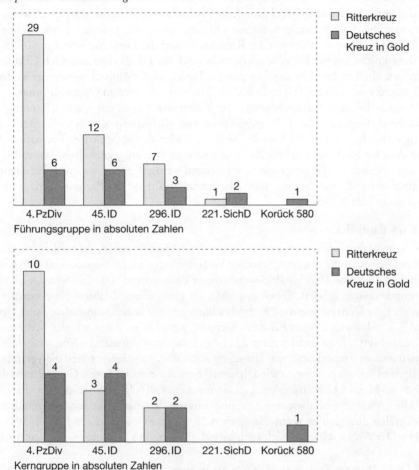

gend, wenn sie von einem General geführt wurde, der „Halsschmerzen"[617] hatte:
„Dieser magere, gelbe Generalshals ohne Schmuck ließ an verlorene Schlachten
denken, misslungene Rückzüge, an Rüffel, peinliche, bissige Rüffel, wie sie hohe
Offiziere untereinander austauschen, an ironische Telefongespräche, versetzte Stabschefs und einen müden, alten Mann, der hoffnungslos aussah, wenn er abends den
Rock auszog und sich mit seinen dünnen Beinen, dem ausgemergelten Malariakör-
per auf den Rand seines Bettes setzte, um Schnaps zu trinken."[618] Schlaglichter wie

---

[617] Grass, Katz und Maus, S. 147.
[618] Böll, Wo warst Du, Adam? S. 7. Im Grunde genommen war, wie bereits der Schilderung Bölls
    zu entnehmen ist, ein General ohne eine hohe Dekoration ungewöhnlich. Auch Neitzel (Ab-
    gehört, S. 27) hat darauf hingewiesen, dass ein nicht ausgezeichneter General „ein sicherer
    Hinweis darauf [ist], daß er entweder nur kurz an der Front eingesetzt war, sich im Kampf
    nicht in besonderem Maße bewährte und schließlich abgelöst wurde, oder aber an ruhigen
    Frontabschnitten oder in der Etappe Dienst tat".

diese vermitteln eine Vorstellung von der hohen Symbolkraft der Orden. Gerade die militärische Elite stand unter besonderer Beobachtung, nicht nur durch ihre Vorgesetzten. Die Auszeichnungen, die ein Offizier bekommen konnte – berücksichtigt werden bei dieser Analyse nur das Ritterkreuz und das Deutsche Kreuz in Gold[619] – stehen nicht nur für Taten, sondern mehr noch für Fähigkeiten und auch Charaktereigenschaften: für Führungskompetenz, Tapferkeit, Organisationsvermögen oder Charisma und auch für Härte, Brutalität, Eitelkeit oder bloßen Opportunismus.

Gerade bei den Auszeichnungen zeigt sich denn auch ein klares „Ranking": Während die Kader der 4. Panzerdivision fast 60 Prozent aller Ritterkreuze für sich verbuchen konnte[620], mussten sich die Kader der übrigen vier Formationen mit dem Rest zufrieden geben. Zwar könnte man dem entgegenhalten, dass militärische Tugenden bei einem Besatzungsverband weniger gefragt waren als bei einem Kampfverband, doch begann diese Abgrenzung während des Partisanenkriegs immer mehr aufzuweichen.

2.3.3.3 Laufbahn

Es kann daher nicht verwundern, dass die Offiziere der 4. Panzerdivision am schnellsten Karriere machten. Ständige Veränderungen im Divisionskommando waren die Folge: Von 1939 bis 1945 wurde dieser Eliteverband von nicht weniger als 19 Kommandeuren geführt, denen insgesamt elf Erste Generalstabsoffiziere assistierten[621]. Eine Division wie die 296. erlebte hingegen nur fünf Kommandeure und vier I a[622]. Ein höherer Posten bei den „Vierern" war also so etwas wie das berühmte „Sprungbrett". Dass nicht wenige ihrer Kommandeure danach ein Korps befehligten, meist ein Panzerkorps, war fast schon normal[623]. So gesehen waren die Veränderungen in Spitzenpositionen wie Divisionskommandeur und Erster Generalstabsoffizier ein klares Qualitätsmerkmal, das in unserem Fall folgendermaßen aussieht:

Die „Vierte" war diejenige Division unseres Samples, die von den meisten Generälen durchlaufen wurde; insgesamt 25 waren es während der Jahre 1939 bis 1945. Der Anteil schwächt sich auch hier ab bis hin zum Korück, in dem nur noch

---

[619] Da das Deutsche Kreuz in Gold als eine Art Vorstufe zum Ritterkreuz fungierte, wird es nur bei denjenigen Offizieren berücksichtigt, die nicht mit dem Ritterkreuz dekoriert waren. Die Verleihung des Ritterkreuzes, in vielen Nachschlagewerken dokumentiert, lässt sich leichter belegen als die Verleihung des Deutschen Kreuzes in Gold; als Quelle dienten hier die Personalakten. Für diese Dokumentation war nicht maßgeblich, ob die Verleihung in der Zeit stattfand, in der der betreffende Offizier zu einer Division unseres Samples gehörte. Von Interesse war vielmehr die Tatsache, dass dies überhaupt der Fall war.

[620] 29 Ritterkreuze und weiter sechs Deutsche Kreuze in Gold gingen an die *Führungsgruppe* der 4. Panzerdivision, 10 Ritterkreuze sowie vier Deutsche Kreuze in Gold an ihre *Kerngruppe*. Dabei ist hier nicht der Umstand berücksichtigt, dass auch noch die drei höheren Stufen dieses Ordens an Angehörige der 4. Panzerdivision verliehen wurden. So erhielten gleich zwei ehemalige Angehörige der 4. Panzerdivision die zweithöchste Stufe des Ritterkreuzes, das Ritterkreuz mit Eichenlaub, Schwertern und Brillanten: Dr. Karl Mauss und Dietrich von Saucken, allerdings beide zu Zeitpunkten, als sie nicht mehr zu dieser Division gehörten.

[621] Angaben nach: Mehner, Deutsche Wehrmacht, S.129. Einige Offiziere hatten diese Position mehrmals inne, so etwa Generalmajor Heinrich Eberbach. Hier wird jede Verwendung einmal gezählt.

[622] Ebda., S.96. Wenn etwa die 253. ID in ihrer fünfjährigen Geschichte von nur drei Kommandeuren geführt wurde, so ist auch das ein Hinweis auf den Stellenwert, den sie damals innerhalb der Wehrmacht besaß. Vgl. hierzu Rass, „Menschenmaterial", S.208ff.

[623] Das waren Heinrich Eberbach, Willibald Frhr. v. Langermann und Erlenkamp, Georg-Hans Reinhardt und Dietrich v. Saucken.

Graphik 11: Generalskarrieren

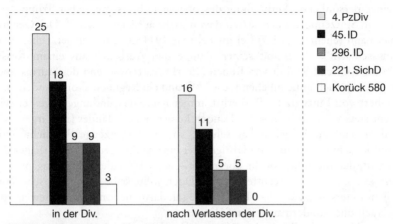

drei Generäle zu finden sind. Graphik 11 veranschaulicht dieses Gefälle, wobei hier sowohl die Generalsverwendungen in unseren Divisionen aufgeführt sind als auch jene, zu denen es erst nach Verlassen dieser Division kam[624]. Gerade dieser zweite Gesichtspunkt kann veranschaulichen, welche Division „karrierefördernd" wirkte und welche nicht. Mit 16 „Aufsteigern" stehen die „Vierer" auch hier an der Spitze, während der Korück keinen einzigen General „produzierte". „Militärische Lorbeeren" konnte man hier, wie ein Angehöriger eines Landesschützen-Bataillons erkannte, eben nicht mehr gewinnen[625]. Dass schließlich die höhere Führung der 296. und der 221. exakt denselben Karriereverlauf aufweisen, ist damit zu erklären, dass auch jene Zeit berücksichtigt ist, in der die 221. noch eine gewöhnliche Infanteriedivision war[626].

2.3.3.4 Verluste

Auch *Verluste* gab es in unserer Offiziersgruppe, häufiger sogar, als man gemeinhin vermuten würde. Das lag nicht allein daran, dass der Untergang der Wehrmacht auch ihre höheren Repräsentanten nicht verschonte. Deutlich wird auch,

[624] Nicht beachtet wurden hier diejenigen Generäle, die bereits in „ihrer" Division zum General befördert wurden, wie etwa Clemens Betzel oder Heinrich Eberbach.

[625] Jarausch/Arnold, Sterben, S.174 (Brief vom 6.2.1940). Es spricht für sich, wenn die Korücks nie in den Wehrmachtsberichten genannt wurden. Vgl. Die Wehrmachtberichte 1939–1945, Bd.3, S.833ff.

[626] *Beurteilungen* dieser Offiziere haben sich nur wenige erhalten, doch bestätigen sie die bisherigen Ergebnisse: Spitzenbeurteilungen wie „Überragend" oder „Weit über dem Durchschnitt" finden sich ausschließlich bei der 4. Pz. Div., besonders bei ihren Kommandeuren und I a's. Die Angaben aus den übrigen Divisionen liegen eher in einem guten Mittelfeld, wenn auch mit einigen signifikanten Ausreißern nach unten, etwa bei der 45. ID, wo zwei Kommandeure des Inf. Rgt. 133 abgelöst werden mussten, weil sie „den Anforderungen nicht mehr gewachsen" waren. Vgl. BA, ZNS, Heer 10252: Personalakte U. v. E.; BA-MA, Pers. 6/9325: Personalakte Dr. T. G. Zu diesem Mittelfeld gehören interessanterweise auch die beiden Besatzungsverbände. Von ihnen liegen aber nur wenige Angaben vor. Allerdings fällt auf, dass etwa die guten Beurteilungen für Karl Hübner in dem Augenblick endeten, als er von einer Sicherungs- zu einer Kampfdivision wechselte. Vgl. BA, ZNS, Heer 23282: Personalakte Karl Hübner.

dass in dieser Armee das persönliche Vorbild zählte, das alte „preußisch-deutsche
Ideal einer persönlichen Verbindung des oberen Führers mit seiner Truppe"[627].
Offiziere in Spitzenpositionen waren davon nicht ausgenommen[628]. Der General
Stemmermann (ehem. 296. ID) fiel im Februar 1944 in „einer entsetzlichen Vernichtungsschlacht", als er mit seiner Truppe den Ausbruch aus einem Kessel
wagte[629]; der Oberst Rudolf von Bünau (45. ID) hatte während des Sturms über
die Aisne „mehrfach unheimlichen Dusel"[630]; und ein Regimentskommandeur wie
der Freiherr von Lüttwitz (4. PD) erlitt immer neue Verwundungen, weil er sein
Regiment stets vorn führte und weil „noch keiner seiner Männer [ihn] irgendwie
schwanken oder zurückgehen hat sehen", so ein Augenzeuge[631]. Nicht ohne
Selbstkritik suchte Lüttwitz – im Übrigen der einzige Armeeoberbefehlshaber der
Wehrmacht, den die Bundeswehr übernahm – nach 1945 dieses Führungsprinzip
in einem kurzen Essay zu rechtfertigen[632]. Doch sollte seine psychologische Wirkung nicht unterschätzt werden. Die Truppe sah darin nicht nur einen Beweis von
Todesverachtung, sondern auch von Solidarität.

Diese Verluste sind selbst in den Personalakten nur sehr bruchstückhaft überliefert, häufig brechen diese Akten ganz einfach ab, ohne dass dort Tod oder Gefangennahme verzeichnet wären. Kompensieren lässt sich das mit Hilfe einschlägiger
Verzeichnisse, die freilich nur über die Verluste der Wehrmachts*generalität* Buch
führen[633]. Von jenen fünf Generälen, von denen bekannt ist, dass sie während des
gesamten Krieges fielen, gehörten bezeichnenderweise drei zur 4. Panzer- und je
einer zur 296. Infanterie- bzw. zur 221. Sicherungsdivision[634]. Da die Verlustquote
bei den niedrigeren Dienstgraden höher ausfiel, lässt sich erahnen, wie sich dort

---

627 Hürter, Heinrici, S. 36. Ferner Creveld, Kampfkraft, S. 195f.
      So fielen von den insgesamt 3191 Generälen und Admirälen der Wehrmacht (ohne Waffen-SS)
      während des Krieges 253, 59 wurden vermisst, 44 verunglückten tödlich und weitere 81 wähl-
      ten den Freitod, teilweise bereits in Kriegsgefangenschaft. Diese Verluste in Höhe von 437
      Mann entsprechen einer Quote von 13,7 %. Vgl. Stumpf, Wehrmacht-Elite, S. 15; Folttmann/
      Möller, Opfergang, S. 83.
628 Verwiesen sei etwa auf das Beispiel der 45. ID: Ihr Erster Generalstabsoffizier, Major i. G.
      Armin Dettmer, fiel am 18.10.1941 während der Offensive Taifun, der Kommandeur des Inf.
      Rgt. 133, Oberstleutnant Karl Knoll, wurde am 15.8.1942 während des Stellungskriegs Opfer
      eines sowjetischen Scharfschützen. BA-MA, RH 24-34/42: XXXIV. A. K., Chef GenSt, Funk-
      spruch an Pz. AOK 2, Chef GenSt, vom 19.10.1941; IfZ-Archiv, MA 1623: 45. Inf. Div.,
      Abt. I a, Kriegstagebuch, Eintrag vom 15.8.1942.
629 Overy, Russlands Krieg, S. 360; Frieser, Rückschlag, S. 410ff.
630 Vgl. BA-MA, 260/3: NL R. v. Bünau, Masch. Manuskript „Der 9. u. 10. Juni 1940", o. D., S. 2.
631 BA-MA, MSg 1/3270: Fritz Farnbacher, Tagebuch, Eintrag vom 18.8.1941. Ferner BA-MA,
      MSg 1/3271: ebda., Eintrag vom 8.9.1941: „Das Bild, das ich nun sehe, ist wieder ganz wun-
      derbar, ich möchte fast sagen, feierlich: Während das ganze Schlachtfeld ruht und alles auf der
      Erde liegt, um sich einigermaßen gegen Splitter und Geschosse zu decken und sich in die Erde
      eingräbt, steht Obstlt. v. Lüttwitz aufrecht und ohne leiseste Bewegung mitten unter den An-
      greifern und macht sich ein Bild von der Lage [...]."
632 Vgl. Lüttwitz, Die „Flucht an die Front". Lüttwitz, bei Kriegsende ausgezeichnet mit dem Rit-
      terkreuz mit Eichenlaub und Schwertern, wurde 1957 Drei-Sterne-General der Bundeswehr.
633 Vgl. Folttmann/Möller, Opfergang; Bezborodova, Generäle des Dritten Reiches in sowje-
      tischer Hand. Ferner Keilig, Generalität.
634 Todeszeitpunkt unabhängig von der Zugehörigkeit zum betreffenden Verband. 4.PD: Cle-
      mens Betzel († 27.3.1945), Gustav Fehn († 5.5.1945), Willibald Frhr. v. Langermann und Er-
      lencamp († 3.10.1942); 296. ID: Wilhelm Stemmermann († 18.2.1944); 221. SichD: Bogislav
      Graf von Schwerin (†17.9.1944).
      Nicht berücksichtigt wurden die Fälle des Gen.mj. Gerhard Körner (45. ID), der am 27.4.1941
      bei einem Verkehrsunfall im Reich ums Leben gekommen war, des Gen.mj. Oswin Grolig (4.

der Krieg auswirkte. Vor allem aber wird an diesem Gefälle deutlich, wie groß die Bereitschaft (aber auch die Gelegenheit) in einer motorisierten Division war, sich zu exponieren. Auch das sorgte dafür, dass bereits im März 1942 zwei höhere Offiziere dieser Division zu der Einsicht kamen, „dass wir die beiden einzigen K[omman]d[eu]re der 4. Pz. [Div.] sind, die seit dem 22. 6.[19]41 ununterbrochen dabei geblieben sind"[635].

Nimmt man alles zusammen, so bewegte sich die militärische Laufbahn unserer Offiziersgruppe meist in jenem Rahmen, den die Armee vorgegeben hatte. Einige wenige Offiziere erreichten Spitzenpositionen, viel mehr verharrten in einem mittleren Führungsfeld, wenn auch in einem hohen, wobei es nicht zuletzt die Divisionszugehörigkeit war, die darüber entschied, wohin sich eine militärische Karriere bewegte. Dagegen finden sich in unserer Offiziersgruppe nur wenige Beispiele, die mit dem militärischen oder gar dem politischen System in Konflikt gerieten, die versagten oder die auf anderen Wegen auszubrechen suchten aus dem engen Korsett der militärischen Institution[636]. Da gerade sie besonders interessant waren, wurden sie bei den persönlichen Beispielen bevorzugt berücksichtigt. Doch soll das nicht täuschen. Überblickt man alle vorhandenen Personalakten, so drängt sich der Eindruck auf, dass die meisten Offiziere den Vorgaben von oben, den militärischen wie den politischen, entsprachen.

2.3.4 Zusammenfassung: 276 Offiziere oder: Gibt es ein richtiges Leben im Falschen?

Offiziere sind Mittler. Sie sollen ihre Soldaten führen und erziehen – und zwar im Sinne ihres Obersten Kriegsherrn[637]. Das hat zwei Beziehungen zur Folge, eine zur Spitze und eine zur Basis. Bleiben wir zunächst bei der zweiten Beziehung und damit auch bei der Frage, wie weit diese Offiziere als Repräsentanten ihrer Einheiten gelten können. Für sie selbst stand das außer Frage. Ihre Identifikation mit ihren Einheiten und den ihnen „anvertrauten Menschen"[638] wirkt heutzutage fast

---

PD), der am 18.8.1944 tödlich verunglückte, und des Gen.ltn. Ludwig Ritter von Radlmeier (4. PD), der am 18.10.1943 einer Krankheit erlag.
Ein anderes Bild ergibt sich bei dem der langjährigen Kriegsgefangenschaft. In sowjetischem Gewahrsam befanden sich fünf Offiziere, die in der 45. ID gewesen waren (Joachim Engel (am 3.6.1948 Selbstmord in Kriegsgefangenschaft), Hans Frhr. von Falkenstein, Gustav Gihr, Helmuth von Pannwitz (am 16.1.1947 hingerichtet), Erich Schlemminger) und je einer aus der 4. Pz. Div. (Dietrich von Saucken), der 296. ID (Heinrich Thoma, am 30.10.1948 in Kriegsgefangenschaft verstorben) und dem Korück 580 (Kurt Agricola, zwei Monate nach Haftentlassung verstorben). Diese Zahlen erklären sich aus der ganz unterschiedlichen Geschichte dieser fünf Verbände, insbesondere ihrem Untergang.

635 BA-MA, N 10/9: NL Smilo Frhr. von Lüttwitz, Brief vom 27.3.1942.
636 Erinnert sei an Fälle wie Alfred Burgemeister oder Peter Sauerbruch. Ein Beispiel ist auch der Kommandeur des Grenadier-Regiments 133, U. v. E. (1901–1945), der freilich auch militärisch versagt hatte. Allerdings wurde ihm auch vorgeworfen, dass er „wohl nicht restlos mit dem nat. soz. Gedankengut vertraut und einverstanden war". BA, ZNS, Heer 10252: AOK 9, Waffenschule, Fhr. Schule Inf., Kdr., Meldung vom 10.7.1943.
637 Altrichter, Reserveoffizier, S. 8f.
638 BA-MA, N 254/2, Brief des General Hans-Georg Reinhardt an seine Frau vom 19.6.1941, in dem dieser u. a. schrieb: „Ich habe manchmal schlaflose Nächte hinter mir, die ich durchgegrübelt habe, wie ich meinen Truppen, den mir anvertrauten Menschen, den Weg und die Aufgabe erleichtern kann."

schon befremdend. Ein Major der 4. Panzerdivision bekannte nach dem Krieg, dass er sein Regiment „geliebt" habe[639], ein anderer betonte, welch „große Freude [er] an den tapferen Männern"[640] habe. Deren Führung erlebten diese Offiziere als „eine wunderbare und eine männlich würdige Aufgabe"[641].

Leicht war sie nicht. Schon die Voraussetzungen waren eigentlich nicht günstig. Bei der sozialgeschichtlichen Analyse ist deutlich geworden, dass zwischen der kleinen Gruppe der Großen und der großen Gruppe der Kleinen eine tiefe Kluft herrschte[642]: gesellschaftlicher Stand, Sozialisation, regionale Herkunft oder Konfession ließen den Offiziersstand schon fast zu einem Fremdkörper in seinem Umfeld werden. Zwar verfügten allein die Offiziere über die eigentliche Befehlsgewalt, doch zeigte sich spätestens in der Ausnahmesituation des Krieges, dass ein rein formalistisches Führungsverständnis seine Grenzen haben konnte. Die Vermittlung zwischen einem anonymen „Apparat", der immer mehr Blut forderte, je mehr er kollabierte, und den Soldaten, die Leben und Gesundheit eben für diesen Apparat aufs Spiel setzten, war eine grauenhafte, auf jeden Fall aber extrem schwierige Aufgabe. Wollte man dabei Erfolg haben, so war in der Regel mehr gefragt als nur der bloße Rückzug auf die militärische Hierarchie.

Alles hing davon ab, ob sich der militärische Führer „bewährte" – im Urteil seiner Vorgesetzten, seiner Kameraden und nicht zuletzt im Urteil der ihm unterstellten Soldaten[643]. „Ein Offizier mochte noch so klug, fähig und fleißig sein, wenn seine Soldaten an ihm zweifelten, konnte keine seiner Fähigkeiten das aufwiegen: er gehörte nicht zum Stamm."[644] Gerade der „Ernstfall" erwies sich in dieser Hinsicht als eine extrem harte Prüfung und als ständiger Ausleseprozess. Ohne die Akzeptanz seiner Soldaten konnte ein Offizier nur schwer reüssieren. Gewiss konnte er auch ohne diese Akzeptanz führen; doch waren die Folgen meist entsprechend. Schon deshalb ist unser Sample ein anschauliches Beispiel dafür,

---

[639] So der ehemalige Hauptmann Oskar Schaub über sein Panzer-Grenadier-Regiment 12 (Geschichte, S. 9).
Vgl. hierzu BA-MA, RH 24-34/47: XXXIV. A. K., Der Befehlshaber, „Bericht über den Tod des Generalleutnants von Cochenhausen" vom 18.12.1941: „Schon als ich am 30.9.41 Gen.lt. v. Cochenhausen kennen lernte, äußerte er sich sehr pessimistisch über die allgemeine militärische Lage im Osten und sprach mit großer Sorge und auch Liebe von seiner 134. Inf. Div., die damals abgekämpft und ermüdet war."

[640] BA-MA, N 10/9: NL Smilo Frhr. von Lüttwitz, Brief vom 3.1.1942. Vgl. auch seinen Brief vom 14.11.1941: „War heute nur kurz draußen, aber es ist notwendig, daß ich viel herumkomme. Habe auch meine Freude daran die Männer zu besuchen u. mit ihnen zu sprechen. Sie haben bei der Kälte ein schweres Los."

[641] Aus einem Feldpostbrief des Kompaniechefs Harry Mielert, zit. bei: Fritz, Hitlers Frontsoldaten, S. 194. Vgl. auch Groscurth, Tagebücher, S. 531 (Brief vom 1.1.1943): „Immerhin dürfen wir nicht verzagen. Wir würden uns sonst unserer heldenhaften Leute unwürdig erweisen."

[642] So auch Creveld, Kampfkraft, S. 155, der meint, dass es in der Wehrmacht meist gelang, diese Kluft einzuebnen.

[643] Vgl. mit dem Feldpostbrief eines Wachtmeisters der 4. Pz. Div., der im August 1944 schrieb: „Wir setzen uns hier immer langsam vom Russen ab, haben sehr wenig Verluste, hingegen der Russe sehr hohe, weil sie dauernd angreifen und dann von unserer Artillerie, MG und Panzern bekämpft werden. Wenn wir überall an der Front Panzerdivisionen hätten, ich glaube, die Russen kämen nicht durch. Ihnen würde schon der Arsch heiß gemacht werden. Aber bei den Infanterie-Divisionen ist es eben Scheiße, uns war auch so ein Haufen unterstellt, da habe ich selbst gesehen, wie nachts der Kompaniechef sich vor Angst ansoff, und in diesem blauen Zustand traf ich ihn an. Wo soll das hinführen? Die Brüder laufen halt so gerne davon, oft nur vom Artilleriefeuer." BfZ, Slg. Sterz, 03711 B: Brief L. D. (4. PD) vom 3.8.1944.

[644] Keegan, Kultur des Krieges, S. 15.

dass die Entwicklung eines Truppenteils in einem engen Wechselverhältnis zur Entwicklung ihrer Führung stand: Ohne ihre ausgesuchte, fast schon charismatische Führung lässt sich etwa die Exklusivität einer Division wie der „Vierer" kaum erklären[645]. Hier dominierte ein Offizierstypus, von dem „die eingegrabenen Grenadiere" gewohnt waren, ihn „vorn neben sich zu sehen"[646], während sich wiederum die Zahl jener Vorgesetzten, die sie für „Arschlöcher"[647] hielten, offensichtlich in Grenzen hielt. Auch bei den „durchschnittlichen" Kampfdivisionen wie etwa der 45.[648] oder der 296. ID fanden sich eine ganze Reihe von Kommandeuren, die sich bei ihren Untergebenen „große Achtung"[649] erwarben, während dieser Typus bei den Besatzungsverbänden seltener wurde. Für einen fähigen und ehrgeizigen Offizier war ein Kommando in einer Sicherungsdivision oder gar einem Korück nicht erstrebenswert. Hatte ihn sein Alter dorthin gebracht, nicht aber dunkle Flecken in der Biografie, dann konnte es sich mitunter um leutselige, ältere Herren handeln, beschlagen, gebildet und nicht zuletzt auch fürsorglich, wenn auch ihre militärische Erfahrung nicht mehr dem neuesten Stand entsprach. Einen solch paternalistischen, wohlwollend-autoritären Führungsstil kennzeichnete etwa einen General wie Kurt Agricola[650]. Da die Besatzungsverbände aber auch als Sammelbecken jener Fälle fungierten, die man dorthin abgeschoben hatte, konnten diese auch Bitterkeit im Herzen tragen – für das sensible Feld der Besatzungspolitik keine gute Voraussetzung und auch nicht für eine so schwierige militärische Aufgabe wie den Krieg gegen die Irregulären.

Nichts veränderte die Beziehung zwischen den Offizieren und ihren Soldaten so sehr wie der Krieg. Bewährte sich die militärische Führung, so entstanden nicht

---

[645] Vgl. auch IfZ-Archiv, ED 91/10: Schreiben Leo Frhr. Geyr v. Schweppenburg an Heinrich Eberbach vom 14.12.1966: „Überhaupt waren in der 4. Panzerdivision an Saucken, Smilo Lüttwitz und Genosse Eberbach Führerpersönlichkeiten, von denen man bei einer militärischen Pariswahl nicht wüßte, wem man den Zweig reichen sollte." Ferner BA-MA, RH 39/373: Hans Luther, frh. San.-Ofw. I.[Abt.]/[Pz.Rgt.] 35, o.D., der meint seinen Offizieren seien „Mut und soldatisches Können auf die Stirne geschrieben" gewesen.
Zum Phänotypus der Subalternoffiziere einer Panzerdivision vgl. auch den folgenden Bericht: „Während ich dort bin, meldet sich ein Leutnant des S[chützen-]R[egiment] 52 als verwundet ab. Er sah so richtig frontkämpfermäßig aus: Kurzer Panjepelz, Pistole zwischen den Knöpfen, Masch[inen]pistole umgehängt, unter dem Stahlhelm einige verschwitzte Locken hervorsehend, dreckig von oben bis unten. Er hatte gerade einen schweren russ[ischen] Panzer zur Strecke gebracht, war von hinten herangesprungen, hatte eine Handgranate in den Auspuff gesteckt und dann eine geballte Ladung unter die Kette geworfen; war beim Wegspringen gestolpert und hingefallen und hatte dann die Splitter der geballten Ladung abbekommen. Ein Pfundskerl!" BA-MA, MSg 1/1148: NL Joachim Lemelsen, Tagebuch, Eintrag vom 19.11.1941.
[646] So Schaub, Panzer-Grenadier-Regiment 12, S. 183.
[647] So BfZ, Slg. Sterz, 03711 B, Brief L. D. (4. PD) vom 3.7.1943.
[648] Erinnert sei etwa an Helmuth von Pannwitz, der spätere „Kosaken-General", der von September 1939 bis Dezember 1941 die Aufklärungs-Abteilung 45 kommandierte und sich damals das Ritterkreuz erwarb. BA-MA, Pers. 6/791: Personalakte Helmuth von Pannwitz.
[649] BayHStA, Abt. IV, NL Thoma 5: IR 519, Kriegstagebuch, Eintrag vom 27.9.1941.
[650] Vgl. BA-MA, Pers. 6/2514: Beurteilung Kurt Agricola vom 15.11.1937: „Zuweilen unterschätzt er in seiner großen Fürsorge für die Truppe, was mit Recht an Haltung und Anstrengungen gefordert werden muß." Auch Agricolas Stabschef, F. S., hielt ihn für einen ‚sehr humanen, sehr gebildeten und außerordentlich fähigen Mann'. BAL, 204 AR, Nr. 2359/65: Vernehmung F. S. vom 17.8.1967. Unter dem Eindruck der Krise des Winters 1941/42 führte freilich auch Agricola einen extrem harten Krieg gegen die Partisanen. Vgl. hierzu Kap. 3.4 und 5.5.

selten jene vielbeschworenen „Männerbünde"[651], deren Strukturen mit denen des militärischen Apparats nicht unbedingt identisch zu sein brauchten. Die Gegenwart schien oft wichtiger als das, was der einzelne zu Hause gewesen war. Diese Solidargemeinschaften waren mitunter so stark, dass einzelne Soldaten in Tränen ausbrachen, wenn sie den Befehlen ihrer Offiziere nicht mehr folgen konnten[652], während diese mitunter ihre Verwundungen verschwiegen, um bei „ihrer" Truppe bleiben zu können[653]. Der Oberst von Lüttwitz erlebte im Januar 1942, wie ein „starker Trupp von etwa 40 Mann im großen Tempo den Hang herunter auf" ihn zustürzte. „Ich rief ihnen zu: ‚Was ist los, Leute, wo wollt Ihr denn hin?' Die Pionierkomp[anie], die jetzt erst mich erkannte, atemlos u[nd] vollkommen erschüttert, wie aus einem Munde: ‚Herr Oberst, der Leutnant ist tot!' Ich antwortete: ‚Das tut mir ebenso leid wie Euch, aber wollt Ihr ihn oben allein liegen lassen? Mein Ord[onannz]off[i]z[ier], L[eu]tn[ant] Happich, geht mit Euch u[nd] Ihr werdet sofort Eure Stellung wieder besetzen.' Sie taten das [und] wehrten bald darauf Angriffe auf ihre Stellung ab. Der Tod ihres Komp[anie]Führers, mit dem sie fast 7 Monate alles geteilt hatten, hatte sie völlig ratlos gemacht."[654] In dieser Panik äußerte sich nicht nur Angst. Ohne ihren „Chef" fühlte sich die Gruppe dem Krieg nicht mehr gewachsen.

Überlebten diese Gruppen, dann endete ihre Kohäsion nur selten im Jahr 1945. Auch in den Traditionsverbänden kam es vor, dass ehemalige Vorgesetzte als deren Exponenten auftraten – etwa bei der 45. Infanterie-[655] und sehr stark bei der 4. Panzerdivision. Doch waren es längst nicht alle[656]. Da die Veteranen über ihre Repräsentanten selbst entschieden, wird gerade an ihrer Traditionskultur jene informelle Autorität erkennbar, die sich ein Teil dieser Offiziere im Krieg erworben hatte. Oder in den Worten eines Angehörigen der 4. Panzerdivision: „Denen aber,

---

651 Vgl. etwa Blazek, Männerbünde; Reulecke, „Ich möchte einer werden so wie die ..."; Brunotte, Zwischen Eros und Krieg; Kühne, Kameradschaft; ders., Zwischen Männerbund und Volksgemeinschaft.

652 Vgl. Hürter, Heinrici, S. 117 (Tagebucheintrag vom 4.12.1941).

653 Vgl. Hürter, Heinrici, S. 123 (Kriegsbericht vom 11.12.1941).

654 BA-MA, N 10/9: Lebenserinnerungen Smilo Frhr. von Lüttwitz, Bl. 154.

655 Wenn dieses Engagement bei der 45. ID mit einer gewissen Verzögerung einsetzte, während es zunächst vor allem die ehemaligen Unteroffiziere waren, welche die Gründung des Traditionsverbands vorantrieben, dann hatte dies vor allem politische Gründe. In dem Traditionsverband engagierten sich zunächst die „reichsdeutschen" Offiziere, während die österreichischen anfangs Nachteile im Berufsleben befürchteten. Interview d. Verf. mit Ludwig Hauswedell am 8.5.2001. Das österreichische Innenministerium forderte 1964, dass bei diesem Traditionsverband „an eine österreichische Soldatentradition angeknüpft" werden müsse. Daraufhin wurde die offizielle Bezeichnung des Traditionsverbands umgeändert in „Frontkämpferbund der 45. ID Linz (vormals 4. österreichische Division)". Vgl. BA-MA, MSg 3-217/1: Linzer Turm vom März 1964. Zur Rolle der ehemaligen militärischen Eliten bei der Traditionsbildung vgl. Searle, Wehrmacht Generals.

656 Das betrifft alle Armeen. So präsentiert Ambrose (Band of Brothers) am Beispiel einer US-Fallschirmjäger-Kompanie des Zweiten Weltkriegs zwei ihrer Chefs, die unterschiedlicher nicht sein konnten: Captain Herbert Sobel und Captain Richard Winters. Winters wurde von seinen Soldaten verehrt, während sie in Sobel nur einen neurotischen Schinder sahen, selbst wenn ihm zugestanden wurde, dass er es war, der diese Kompanie eigentlich formierte („He made Easy-Companie"). Diese unterschiedlichen Erfahrungen prägten auch das Traditionsverhalten der Kompanie-Angehörigen. Sobel wurde geschnitten und ließ sich nie auf den Treffen der Veteranen blicken; 1988 nahm er sich das Leben, weil er auch im zivilen Leben versagt hatte. Winters stand dagegen noch Anfang der 90er Jahre im Zentrum der Erinnerungskultur; seine Autorität war auch nach dem Ende des Krieges unumstritten.

die uns damals herausführten, gilt heute noch unser Dank und vollste Anerkennung."[657]

Wie aber kamen diese Soldaten – um im Bild zu bleiben – dort „hinein"? Damit kommt die andere Beziehung ihrer Offiziere ins Bild, ihre Beziehung zu ihrem Obersten Kriegsherrn. Dieser hatte „seine" Generale und Offiziere in den Krieg geschickt, und sie hatten diesem Befehl gehorcht – manche zögerlich oder nachdenklich, mache gottergeben, viele aber voller Vertrauen und auch Überzeugung. Doch wie immer auch Weltanschauung oder Charakter dieser Offiziere gewesen sein mögen, entscheidend war, dass sie das Gehorsamsprinzip höchst selten infrage stellten. Keine Frage: Unter ihnen gab es einige, die sich unter der Erfahrung des Krieges gegenüber Hitler und dem Nationalsozialismus – gelinde gesagt – entfremdeten. Ein besonders eindrückliches Beispiel ist dafür der Kommandeur der 4. Panzerdivision, Generalmajor Freiherr von Langermann und Erlencamp, für den noch im Juni 1941 allein „das Programm u[nd] die Intentionen des Führers" zählten[658], der aber schon im Frühjahr 1942 nichts mehr von Hitler wissen wollte[659]. Doch blieb auch dieser General „im Dienst". Damit war er nicht allein. Das Prinzip des soldatischen Gehorsams, der absoluten Hingabe gegenüber Vaterland, Volk und damit auch gegenüber dem „Führer", blieb ein, wenn nicht sogar das entscheidende Charakteristikum unserer Offiziersgruppe. Nur von einem einzigen: Peter Sauerbruch, ist sicher bekannt, dass er prinzipiell zum Bruch mit Hitler bereit war und daraus auch Konsequenzen zog. Gewiss war so etwas in der Verlassenheit von Diktatur und Krieg gefährlich und auch extrem schwierig. Spätestens hier wurden auch für einen höheren Offizier die Handlungsspielräume extrem eng. Alfred Andersch hat darüber einen langen Roman geschrieben. Er endet nicht gut.

Aber trotzdem: In unserem Falle handelte es sich nicht um Schützen oder Unteroffiziere, sondern um militärische Profis, jahrelang geschult, erfahren und aus-

---

[657] Vgl. BA-MA, RH 39/373: Hans Luther, frh. San.-Ofw. I.[Abt.]/[Pz.Rgt.] 35, o.D.

[658] Noch im Juni 1941 warf Langermann einem seiner Regimentskommandeure vor, er habe „niemals persönlich" vor seinem Offizierskorps „das Programm u[nd] die Intentionen des Führers vertreten". Nach sechs Monaten Ostkrieg habe Langermann „nicht nur eine andere Meinung vom Schützen Rgt. 12 [gewonnen], sondern auch eine ganz andere von dem Obersten Kriegsherrn, der er bisher ein treuer Gefolgsmann gewesen war". BA-MA, N 10/9: Lebenserinnerungen Smilo Frhr. von Lüttwitz, Bl. 123.

[659] „Wenige Wochen nach dem Tod seines Sohnes mußte er [Langermann] sich zum Empfang des Eichenlaubs bei Hitler melden. Im Beisein einer großen Anzahl von Generalen usw. gab ihm Hitler mit einigen Dankessprüchen den Orden. Langermann machte darauf plötzlich kehrt u[nd] ging aus dem Saal. Schmundt stellte ihn in großer Bestürzung draußen zur Rede, wie er den Führer des Großdeutschen Reiches einfach wortlos stehen lassen könne! L[angermann] antwortete: ‚Wenn er nicht mal so viel Takt besitzt, mir zum Tode meines einzigen Sohnes ein Wort zu sagen, will ich nichts von ihm wissen.' Mich rief Linnarz im April [1942] in Jena an: ‚Was ist L[angermann] denn für ein Mann? Er hat sich wie ein Elefant im Porzellanladen benommen!' Ich antwortete: ‚Das ist ein hervorragend tapferer Soldat, vor dem ich die größte Hochachtung habe.'" BA-MA, N 10/9: Lebenserinnerungen Smilo Frhr. von Lüttwitz, Bl. 176. Langermann fiel am 3.10.1942 „bei einer Erkundung in vorderster Linie". BA-MA, N 592/4: 4. Pz,. Div., Kdr., „Divisions-Tagesbefehl" vom 5.10.1942.
Zeitgenössische Dokumente bestätigen diese Metamorphose, so etwa ein Schreiben des Gen. ltn. von Langermann, der im Dezember 1941 mit der Führung des XXIV. Panzerkorps beauftragt worden war, an Gen. Leo Frhr. Geyr von Schweppenburg vom 14.2.1942, in dem er sich bitter über die widersprüchlichen Befehle der Obersten Führung sowie die unzureichende Winterausrüstung beklagte. IfZ-Archiv, ED 91: Nachlass Leo Frhr. Geyr von Schweppenburg, Schreiben Gen.ltn. Willibald Frhr. Langermann und Erlencamp an Gen. Leo Frhr. Geyr von Schweppenburg vom 14.2.1942.

gestattet mit einem gewissen – wenn auch sicherlich nicht dem höchsten – Überblick über die Lage. Zu erinnern ist in diesem Zusammenhang an die Überlegung von Ulrich von Hassell, die politische Verantwortung beginne beim Divisionskommandeur[660]. Ob sich das so generalisieren lässt, ist sehr fraglich. Sicher ist aber, dass sich auf eben dieser Führungsebene ein guter Teil unserer Offiziersgruppe bewegte und dass sie sich schon allein deshalb über die politischen und moralischen Folgen ihres Tuns im Klaren sein mussten.

Dabei waren es doch gerade die Vertreter des mittleren militärischen Managements, die Regiments- und Divisionskommandeure, die mehr und mehr zerrieben wurden „zwischen dem Missverhältnis der Anforderungen von oben und den tatsächlichen Verhältnissen"[661], so die Klage eines Generals. Doch fühlten sie sich nicht nur dem Prinzip des soldatischen Gehorsams verpflichtet, auch das erdrückende Netz von Abhängigkeit und Verantwortung schien diese militärischen Professionals förmlich zu lähmen. Ihnen war sehr wohl bewusst, dass sie in dem Moment, wo sie aus der politischen Ordnung ausscherten, auch ihre militärische Ordnung verließen. Die meisten hatten die Armee schon im Frieden als Heimat empfunden, im Krieg entwickelten sich Regiment oder Division oft zur Familie, zum einzigen Halt oder zum letzten, verlorenen Posten in einer Welt, die nicht selten nur noch als Chaos erlebt wurde.

Diese enge Verbindung, ja fast schon Verschmelzung mit dem militärischen Apparat ist nicht nur ein spezifisch deutsches Phänomen. Die Einsicht: „The military profession is more than an occupation; it is a complete style of life"[662], stammt von einem amerikanischen Militärsoziologen, und die These, dass viele Soldaten in einer eigenen Welt leben, die parallel zur normalen Welt existiere, ohne ein Teil von ihr zu sein[663], wiederum von einem britischen Militärhistoriker. Typisch deutsch waren freilich Radikalität und Unbedingtheit, die den Ungehorsam gegenüber der Armee und damit auch gegenüber dem „Führer" als inakzeptabel erscheinen ließen. Das eigentlich war das Problem dieses militärischen Managements: So groß ihr Einsatz und ihre Hingabe an der Basis auch sein mochten, damit allein konnten sie an den großen Koordinaten unmöglich etwas ändern. Im Auftrag Hitlers waren es auch diese Offiziere, die ihre Soldaten, ihre Armee und ihr Vaterland ins Verderben führten, ins militärische und auch ins moralische Verderben.

Allerdings scheint hier eine Einschränkung angebracht: Für diese Offiziere ging es nicht nur um eine politische Grundsatzentscheidung. Gerade für sie stellte sich immer auch die Frage nach der Praxis: Wie sollten sie in ihrem militärischen Alltag die Vorgaben ihrer Führung umsetzen? *Hier* waren ihre Entscheidungsmöglichkeiten entschieden größer als bei der prinzipiellen Frage der politischen Loyalität. Und: Hier ging es nicht nur um die „eigenen Leute", sondern auch um die „anderen" – die militärischen Gegner und die Zivilbevölkerung des deutschen Besatzungsgebiets. Für die Überlegung, dass sich die Offiziere, von denen hier die Rede war, ihnen gegenüber sehr unterschiedlich verhalten konnten, sprechen schon die

---

660 Hassell, Tagebücher, S. 246 (Eintrag vom 19.1.1941).
661 Hürter, Heinrici, S. 163 (Brief Heinricis vom 12.5.1942).
662 Janowitz, The Professional Soldier, S. 175.
663 Vgl. Keegan, A History of Warfare, S. XVI.

persönlichen Beispiele, die hier vorgestellt wurden. Es gab Offiziere, die man im damaligen Sprachgebrauch als „gläubig" bezeichnete[664], und solche, bei denen dies nicht zu erkennen war; es gab Karrieristen, die bereit waren, alles für eine Beförderung zu tun, und es gab schließlich Offiziere, die sich anderen Prinzipien verpflichtet fühlten, etwa dem traditionellen militärischen Ehrenkodex. Solche Unterschiede waren nicht allein das Ergebnis einer generationsbedingten Sozialisation, sie hatten ihren Grund immer auch in der Heterogenität der menschlichen Natur, die auch eine uniforme militärische Sozialisation nicht einfach auslöschen konnte[665]. So unterschiedlich diese Offiziere im Persönlichen auch waren, stets war die Wirkung, die ihr Charakter und ihr Denken auf ihre Einheiten hatte, sehr groß.

Damit kommen wieder alle Angehörigen dieser Verbände ins Bild – nicht nur ihre wenigen Offiziere. Von diesen Soldaten, Zehntausende wohlgemerkt, soll noch einmal die Rede sein, und zwar unter zwei Aspekten, die für die kollektive wie für die individuelle Geschichte des Krieges besonders aussagekräftig sind – ihren Auszeichnungen und ihren Verlusten.

2.4 Auszeichnungen

In der Welt des Militärs ist nichts so umstritten wie das große Feld der Auszeichnungen. „Ihr Zivilisten [...] macht euch ganz falsche Vorstellungen über Ordensverleihungen. Ich bekomme jedes Vierteljahr für das Bataillon soundsoviel EK's zugeteilt, und natürlich verteile ich sie in erster Linie an die Chargen, weil ich sie bei Stimmung halten muß. Auf diese Weise wird ein Küchen-Unteroffizier EK-I-Träger", lässt Alfred Andersch den Major Dincklage erklären[666]. Diese Romanfigur, dekoriert mit dem Ritterkreuz, soll mit seinem bissigen Eingeständnis die Aura des ordengeschmückten Helden relativieren. Auf diese Weise produziert der militärische Betrieb also seine Helden!

Zweifelsohne hat es Ordensverleihungen in der Wehrmacht gegeben, bei denen Anspruch und Wirklichkeit weit auseinanderklafften – etwa dann, wenn Vorgesetzte für die Leistungen ihrer Soldaten ausgezeichnet wurden. In einem Regime wie dem nationalsozialistischen, das so sehr auf den schönen Schein der Propaganda angewiesen war, boten Honorierungen genügend Anlass für Widersprüche und Ungerechtigkeiten. Aber schon diese Unzufriedenheit unterstreicht letzten Endes nur Bedeutung und Prestige solcher Auszeichnungen[667]. Ein Offizier der 296. ID

---

[664] Groscurth, Tagebücher, S.526 (Brief vom 27.3.1942).
[665] Erinnert sei an das Beispiel von Offizieren aus der ältesten Dekade wie Georg-Hans Reinhardt (4. PD), Wilhelm Stemmermann (296. ID) oder Walter Braemer (Korück 580), die sich klar zur NS-Ideologie bekannten, während in der jüngsten Dekade Biografien wie die eines Peter Sauerbruch auftauchen, der schon relativ früh auf klare Distanz zu dieser Weltanschauung ging.
[666] Andersch, Winterspelt, S.42.
[667] Vgl. etwa IfZ-Archiv, MA 1594: 4. Pz. Div., Abt.I c, „Stimmungsbericht" an das XXXXVII. Pz. K. vom 22.5.1942: „Der Frontsoldat hat kein Verständnis dafür, daß Leute in der Heimat mit dem Kriegsverdienstkreuz mit Schwertern ausgezeichnet werden, während eine große Anzahl Frontsoldaten, die an allen Feldzügen teilgenommen haben, heute noch ohne Auszeichnung sind."

*Infanteristen erhalten das Eiserne
Kreuz II. Klasse, Raum Smolensk,
August 1941*
(Quelle: BSB, Fotoarchiv Hoffmann
36699)

beobachtete, wie bei Ordensverleihungen mancher „krampfhaft zu schlucken" angefangen habe, „um die Weichheit nicht hoch kommen zu lassen"[668]. Solche Ge-
fühlsüberwallungen resultierten nicht allein daraus, dass die Welt des Militärs von
zeremoniellen Formen lebt[669]. Orden sind immer auch moralisches Kapital, die
Hierarchien schaffen – Hierarchien, die mit der offiziellen nicht identisch sein
müssen. Da aber jede Armee, zumindest äußerlich, die Uniformierung und Vereinheitlichung ihrer Angehörigen anstrebt, muss bei diesen wiederum das Bedürfnis
nach Honorierung und Kennzeichnung ihrer individuellen Leistung wachsen –
ungeachtet aller Probleme, die daraus entstehen mögen[670].

Denn Orden sollen als Symbol wirken, sie repräsentieren Verhalten, Ereignisse,
Erfolge und nicht zuletzt auch Charakterzüge. Natürlich handelt es sich bei Or-
den um „billige Zahlungsmittel" (Ralph Winkle), doch bleiben sie immer auch ein
Mittel der Information, gewissermaßen die knappste Form des militärischen
Rapports. Bei einem internationalen wie historischen Vergleich zeigt sich, dass das
Ordenssystem der Wehrmacht einige Vorteile besaß[671], schon weil es zumindest in

---

[668] BA-MA, MSg 2/5317: NL Hans P. Reinert, Tagebuch, Eintrag vom 28. 8. 1941.
[669] Vgl. Janowitz, Professional Soldier, S. 198.
[670] Zur anthropologischen und gesellschaftlichen Bedeutung des Ordenssystems vgl. Winkle, Für
     eine Symbolgeschichte soldatischer Orden und Ehrenzeichen.
[671] Vgl. mit der positiven Bewertung bei Creveld, Kampfkraft, S. 133 ff.

der Theorie transparent und differenziert strukturiert war[672]. Vier Überlegungen sprechen für diese These:

– Unter den militärischen Auszeichnungen der Wehrmacht gab es praktisch keine, die nur ganz bestimmten Dienstgraden oder Dienstgradgruppen vorbehalten waren. Jeder Soldat konnte – theoretisch – jeden Orden erhalten[673]. Dieses egalitäre Angebot bot jedem Soldaten die Chance zur Konstruktion von Individualität und auch Identität.

– Das System der Tapferkeitsauszeichnungen war gewöhnlich hierarchisch aufeinander aufgebaut, ein Soldat konnte erst dann für eine bestimmte Ordensstufe eingereicht werden, wenn er schon alle vorherigen besaß. Damit war es den Vorgesetzten möglich, differenziert auf die Leistungen ihrer Soldaten zu reagieren.

– Neben den reinen Tapferkeitsauszeichnungen existierten zahlreiche Kampf-, Leistungs- oder Schlachtabzeichen (Einsatz an einem bestimmten Ort, Zahl der Verwundungen, Anzahl von Abschüssen usw.), die in ihrer Differenziertheit den unterschiedlichsten Aspekten der militärischen Existenz: Erfahrung, Leistung, Opfer usw., gerecht wurden[674].

– Die Verleihung eines Orden erforderte eine detaillierte schriftliche Stellungnahme des zuständigen Vorgesetzten; häufig gab es sogar objektiv nachvollziehbare Kriterien[675], die für eine Ordensverleihung erfüllt sein mussten.

Orden sind immer auch Spuren; sie können über Individuen wie über Kollektive Auskunft geben. Denn die bunte Welt der Orden, Bänder und Medaillen steht in einem engen Wechselverhältnis zur düsteren und dramatischen Welt des Krieges. Für einen entsprechenden Vergleich zwischen den fünf Divisionen unseres Samples sind die Voraussetzungen sehr günstig[676]. Während die Verleihung der „großen" Orden – des Ritterkreuzes oder des Deutschen Kreuzes in Gold – in umfangreichen Nachschlagewerken dokumentiert ist[677], haben sich über die Verleihung

---

[672] Schon die zahllosen Übersichten sind ein Beleg für Prestige und die psychologische Bedeutung des Ordenswesens. Vgl. etwa Doehle, Die Auszeichnungen des Großdeutschen Reiches; Ottinger, Orden und Ehrenzeichen; Klietmann, Auszeichnungen des Deutschen Reiches 1936–1945.

[673] Am 31.3.1941 erhielt der Gefreite Hubert Brinkforth als erster Mannschaftssoldat der Wehrmacht von Hitler das Ritterkreuz. Vgl. Absolon, Wehrmacht, Bd. V, S. 267f. Eine Ausnahme bildete allerdings das Großkreuz des Ritterkreuzes, das nur Hermann Göring vorbehalten blieb.

[674] So verlieh, um auf ein Beispiel zu verweisen, die 4. Pz. Div. in der Zeit von Juni 1941 bis März 1942 an ihre Angehörigen 508 Panzerkampfabzeichen in Silber und 2.978 in Bronze sowie 999 Sturmabzeichen. IfZ-Archiv, MA 1594: 4. Pz. Div., Abt. II a/II b, Liste über Ordensverleihungen, o.D.

[675] So existierte in der Wehrmacht etwa das System der „Einsatzpunkte", um einen Maßstab für die Zuteilung von Ordenskontingenten zu schaffen. Dieses System erstreckte sich von 0 (Ruhetag) bis 10 Punkte (schwerste Gefechte mit hohen Verlusten). Vgl. Rass, Sozialprofil, S. 654ff.

[676] Zu beachten ist freilich: Bei der Existenzdauer der fünf Verbände unseres Samples sind die Unterschiede nicht so groß wie bei der Zahl ihrer Angehörigen. Angesichts der Personalfluktuation dieser Divisionen ist eine Berechnung von Durchschnittswerten nur schwer möglich. Als relevant werden hier daher nur die absoluten Zahlen von Orden betrachtet. Gezählt werden nur jene Orden, die an Divisionsangehörige zum Zeitpunkt ihrer Zugehörigkeit zu einem Verband unsers Samples gingen.

[677] Es ist bemerkenswert, wie viele solcher „Heldengalerien" nach 1945 publiziert wurden. Von den unzähligen, prosopographisch freilich höchst ergiebigen Dokumentationen sei auf fol-

Graphik 12:   Auszeichnungen Gesamtzahlen

	4. Panzer- division	45. Infanterie- division	296. Infanterie- division	221. Sicherungs- division	Korück 580[1]	Wehrmacht/ Waffen-SS insgesamt
Eisernes Kreuz 2. Klasse	16 316	9 470	11 830	2 770	-	~ 2 300 00[2] (mit Span- gen)
Eisernes Kreuz 1. Klasse	2 404	967	1 920	184	-	~ 300 000 (mit Span- gen)
Spangen zum Eisernen Kreuz 2. und 1. Klasse	147	82	46	498	-	(keine Angaben)
Gesamtzahl	18 867[3]	10 519[4]	13 796[5]	3 452[6]	-	-
Kriegsverdienst- kreuz 2. Klasse mit Schwertern[7]	7 643	5 328	5 075	4 615	-	2 700 000
Deutsches Kreuz in Gold	160	23	57	7	2	17 000
Nahkampfspange in Gold	37	0	0	0	0	(keine Angaben)
Ritterkreuz	72[8]	12	22	0	0	~ 5 070
Ritterkreuz mit Eichenlaub	10	0	0	0	0	569
Ritterkreuz mit Eichenlaub und Schwertern	1	0	0	0	0	87

[1] Angaben zum Korück liegen nicht vor. Die Angaben zu den „großen Orden" wurden den Dienstakten entnommen.
[2] Akten des OKH/PA/P 5 (Ordensabteilung) im BA-ZNS II 22, in: Absolon, Wehrgesetz und Wehrdienst, S. 262, 264.
Die Zahlen beziehen sich auf die Angehörigen der Wehrmacht und der Waffen-SS.
[3] BA, ZNS, Verleihungsliste EK 2. und 1. Klasse, 4. Pz. Div. Die hier angegebenen Daten weichen geringfügig von den Berechnungen der Verleihungslisten ab.
[4] BA, ZNS, Verleihungsliste EK 2. und 1. Klasse, 45. Inf. Div. Die hier angegebenen Daten weichen geringfügig von den Berechnungen der Verleihungslisten ab.
[5] BA, ZNS, Verleihungsliste EK 2. und 1. Klasse, 296. Inf. Div.
[6] BA, ZNS, Verleihungsliste EK 2. und 1. Klasse, 221. Sich. Div. Die hier angegebenen Daten weichen geringfügig von den Berechnungen der Verleihungslisten ab.
[7] Alle Angaben nach: BA, ZNS, Verleihungsliste KVK 2. Klasse mit Schwertern, 4. Pz. Div., 45. Inf. Div., 296. Inf. Div., 221. Sich. Div.
[8] Saucken, 4. Panzer-Division, Teil 2, S. 366 ff. Dort auch die folgenden Angaben zu den Ritterkreuzverleihungen an die 4. Pz. Div.

(Fortsetzung Fußnote 677 von S. 191)

gende verwiesen: Dörr, Die Träger der Nahkampfspange in Gold; ders., Die Inhaber der Anerkennungsurkunde des Oberbefehlshaber des Heeres; Fellgiebel, Die Träger des Ritterkreuzes; Scheibert, Die Träger des Deutschen Kreuzes in Gold. Bd. I: Das Heer, Bd. II: Kriegsmarine – Luftwaffe – Waffen-SS; ders., Die Träger der Ehrenblattspange des Heeres; Seemen, Die Ritterkreuzträger; Stockert, Die Eichenlaubträger; Thomas/Wegmann, Die Ritterkreuzträger der deutschen Wehrmacht, 6 Teile. Zum Problem von Heldenmythos und Heldenkult vgl. Dawson, Soldier Heroes; Schilling, „Kriegshelden", insbes. S. 316 ff.

der „kleinen" Orden, des Eisernen Kreuzes und des Kriegsverdienstkreuzes, minutiöse zeitgenössische Aufstellungen erhalten[678]. Diese Tabellen dokumentieren
– mit Ausnahme des Korück 580 – relativ lückenlos, wie viele Orden in diesen
Verbänden verliehen wurden. Dadurch lässt sich das systemkonforme Verhalten
der Divisionsangehörigen recht genau rekonstruieren, selbst wenn sich individuelle Begründungen für diese Ordensverleihungen nur in ganz wenigen Fällen erhalten haben.

Der Verband mit den meisten wie höchsten Auszeichnungen war eindeutig die
4. Panzerdivision[679]. Das gilt nicht nur für das Sample unserer Divisionen. Die 4.
galt als „höchstdekorierte Panzerdivision"[680], ja überhaupt als „höchstdekorierte
Division des Heeres im 2. Weltkrieg", wie die Veteranen noch Jahre später stolz
hervorhoben[681]. Allein vom Eisernen Kreuz gingen von Oktober 1939 bis Dezember 1944 insgesamt 2404 Stück der I. und 16316 der II. Klasse an Angehörige dieser Division, dazu noch einmal 147 Spangen. Die Gesamtsumme bei diesem Orden
liegt somit bei 18 867[682], ein weiterer Beleg für die exzeptionelle Stellung dieser
Division.

Überhaupt ist das Eiserne Kreuz ist ein guter Indikator, um die Kampfkraft
eines Verbands einzuschätzen. Das „EK" war so etwas wie das „Fundament dieses
Belohnungssystems"[683] – ein Orden, der ausschließlich „für besondere Tapferkeit
vor dem Feinde und für hervorragende Verdienste in der Truppenführung" vergeben wurde[684], und zwar so oft[685], dass er bereits in einer einzigen Division das
Verhalten von relativ vielen Soldaten dokumentieren kann. So lagen die Gesamtzahlen dieser Tapferkeitsauszeichnung: Eisernes Kreuz II. und I. Klasse, die an die
45., 296. und 221. Division gingen, ungleich niedriger als bei der main-fränkischen
Panzerdivision: 10 519 Stück waren es bei der 45. ID[686], 13 796 Stück bei der 296.
ID[687], aber nur 3 452 bei der 221. Sicherungsdivision[688].

Diese Zahlen vermitteln einmal mehr eine Vorstellung davon, wie sehr die militärische Effizienz dieser vier Divisionen differierte. Auffällig ist dabei die Unregel-

---

678 BA, ZNS, Heerespersonalamt, Verleihungsdienststelle: 4. Panzerdivision, 45. und 296. Infanteriedivision, 221. Sicherungsdivision, Korück 580. Vom zuletzt genannten Verband haben
sich nur wenige Splitter erhalten.
679 Vgl. auch mit der Gesamtübersicht bei Saucken, 4. Panzer-Division, Teil II, S. 366 ff.
680 Stoves, Die gepanzerten und motorisierten deutschen Großverbände, S. 42.
681 Fränkischer Tag vom 7. 6. 1973, „In Wien Kriegskameraden getroffen".
682 BA, ZNS: 4. Pz. Div., Verleihungsliste EK 1. und II. Klasse. Ferner mit den Listen der
4. Pz. Div., Abt. II a und II b in: IfZ-Archiv, MA 1594.
683 So Rass, „Menschenmaterial", S. 251.
Dass das Eiserne Kreuz im deutschen Ordenssystem einen besonderen Status besaß, illustriert
beispielsweise ein Erlass des OKH vom Februar 1942, demzufolge „Freiwillige fremder Volks-
stämme" vorerst nur mit dem Sturm- und dem Verwundetenabzeichen ausgezeichnet werden
durften, nicht aber mit dem Eisernen Kreuz. IfZ-Archiv, MA 1591: HGr. Mitte, Abt. II a,
Fernschreiben an Pz. AOK 2 vom 21. 2. 1942.
684 RGBl. 1939, I, S. 1573 ff. Ferner Ottinger, Orden, S. 154.
685 Von allen Soldaten der Wehrmacht dürften etwa 12,6 % das Eiserne Kreuz II. Klasse und 1,6 %
das der I. Klasse erhalten haben. Während des deutsch-sowjetischen Krieges wurde von der
Wehrmachtführung die Relation zwischen EK I und EK II auf ein Verhältnis von 1:8 festgelegt. Vgl. Rass, „Menschenmaterial", S. 253; Absolon, Wehrgesetz und Wehrdienst, S. 262 ff.;
Müller-Hillebrand, Heer, Bd. 3, S. 253.
686 BA, ZNS: 45. Inf. Div., Verleihungsliste EK 1. und II. Klasse.
687 BA, ZNS: 296. Inf. Div., Verleihungsliste EK 1. und II. Klasse.
688 BA, ZNS: 221. Sich. Div., Verleihungsliste EK 1. und II. Klasse.

Graphik 13:   Divisionsvergleich: Verliehene Eiserne Kreuze

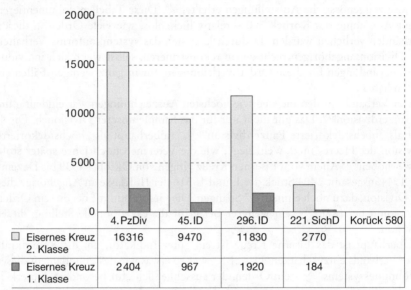

	4. PzDiv	45. ID	296. ID	221. SichD	Korück 580
☐ Eisernes Kreuz 2. Klasse	16 316	9 470	11 830	2 770	
■ Eisernes Kreuz 1. Klasse	2 404	967	1 920	184	

mäßigkeit im Ranking der beiden Infanteriedivisionen. Obwohl die 296. eine kürzere Geschichte hatte und obwohl es sich um keinen aktiven Vorkriegsverband handelte, begann sie schon relativ früh, ab Juli 1942, die „alte" 45. zu überholen. Am Ende des Krieges war die 296. mit einem Plus von über 3 000 Eisernen Kreuzen der 45. schließlich klar überlegen[689].

Kriegsgeschichtlich lässt sich dieses Statusgefälle kaum erklären, beide Divisionen befanden sich praktisch permanent im Einsatz. Ganz offensichtlich waren die Vorgesetzten bei der 45. ID rigider, zurückhaltender bei der Honorierung von Leistung. Und sie waren – erinnert sei an den höheren Altersschnitt dieses Offizierskorps – dabei noch eher in den Vorstellungen des Ersten Weltkriegs befangen, als Mannschaften kaum mit Auszeichnungen bedacht wurden[690].

Tatsächlich war von den drei Kampfdivisionen unseres Samples die 45. die mit Abstand „unsozialste", hier waren es die Offiziere, welche die meisten Eisernen Kreuze erhielten. Noch deutlicher zeigt sich dieses Missverhältnis bei der 221. Sicherungsdivision. Obwohl deren Führung bei den „Verleihungsvorschlägen" auf „ein angemessenes Verhältnis zwischen Offizier[en], U[ntero]ff[i]z[ieren] und

---

689 Mit einer Gesamtzahl von 13 513 verliehenen Eisernen Kreuzen befindet sich die 253. ID nicht nur auf einem ähnlichen Leistungsniveau wie die 296. ID. Da es auch einige sozialgeschichtliche Parallelen zwischen der 253. und der 296. ID gibt, spricht dies für eine ähnliche Vergabepraxis. Vgl. Rass, „Menschenmaterial", S. 251, 441.
690 Auffällig ist auch der relativ hohe Anteil von Unterführern, die bei der 296. ID mit dem Ritterkreuz ausgezeichnet waren. Vgl. etwa den Fall des Oberfeldwebels Josef Schneider, in: Kurowski, Grenadiere, S. 239–256.

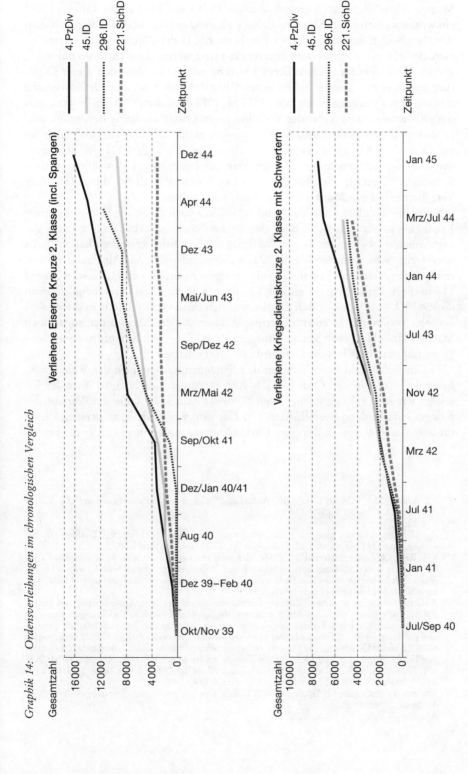

Graphik 14: Ordensverleihungen im chronologischen Vergleich

Mannschaften" drängte[691], gingen über die Hälfte der EK I an die Offiziere und ein weiteres Drittel an die Unteroffiziere, während sich die Mannschaften mit dem Rest bescheiden mussten. Wenn selbst beim EK II die Offiziere und Unteroffiziere der 221. noch immer weit überrepräsentiert waren, dann lag das wohl weniger an deren überdurchschnittlicher Leistung wie daran, dass sich dieser Sicherungsverband mit seinem hohen Altersschnitt[692] selbst bei der Ordensvergabe noch an den Verhältnissen der Jahre 1914 bis 1918 orientierte[693]. Damals hatte man die Offiziersdienstgrade bei der Verleihung von Orden eindeutig bevorzugt, und an diesem Kastendenken hatte sich zumindest in der 221. und abgestuft auch bei der 45. nach zwanzig Jahren offensichtlich nur wenig geändert. Da Orden aber einen zentralen Bestandteil des militärischen Belohnungs- und Motivationssystems darstellten[694], gerade auch für die einfachen Soldaten[695], dürfte diese ständische Vergabepraxis deren Motivation kaum gefördert haben.

Sozialgeschichtlich informativ sind schließlich auch die Spangen zum Eisernen Kreuz. Diese waren ausschließlich den älteren Soldaten vorbehalten, genauer gesagt: jenen, die bereits im Ersten Weltkrieg diesen Orden erworben hatten[696]. Es überrascht nicht, wenn gerade die 221. Sicherungsdivision mit Abstand die meisten Spangen erhielt, und zwar 498 zum Eisernen Kreuz II. und I. Klasse, während 147 an die 4. Panzerdivision gingen, 82 Spangen an die 45. ID und lediglich 46 an die 296. ID – ein weiterer Beleg dafür, wie sich diese vier Verbände in dieser Reihenfolge verjüngten. In einer Sicherungsdivision wie der 221. wurden sogar noch Mannschaftssoldaten mit Spangen ausgezeichnet[697], bei den Kampfdivisionen hingegen fast ausschließlich die Offiziere und Unteroffiziere.

Ein ähnliches Bild ergibt sich bei den Spitzenauszeichnungen der Wehrmacht. Einer der markantesten Orden ist das Ritterkreuz, das als höchste Stufe des Eisernen Kreuzes nur für solche Taten bestimmt sein sollte, „die den Verlauf des Krieges entscheidend beeinflussten"[698]. Das ungewöhnlich hohe Prestige dieses Ordens, das zuweilen an das einer Ordenskongregation erinnert (über die betref-

---

[691] IfZ-Archiv, MA 1659: 221. Inf. Div., Abt. II a, „Tätigkeitsbericht der Abteilung II a für die Zeit vom 21. 4. bis 30. 9. 1940".

[692] Vgl. Kap. 2.1.

[693] Zur Vergabepraxis des Eisernen Kreuzes während des Ersten Weltkriegs vgl. Geißler, Das Eiserne Kreuz 1813 bis heute, S. 11. Nun auch Winkle, Dank des Vaterlandes.

[694] Vgl. Rass, „Menschenmaterial", S. 254 ff., der sehr anschaulich von den nicht seltenen Fällen berichtet, in denen Soldaten unberechtigterweise Orden getragen haben und deswegen kriegsgerichtlich belangt wurden. Zur Bedeutung des Ordenssystems für den „einfachen Mann" vgl. auch Schröder, Die gestohlenen Jahre, S. 547 ff.

[695] Aufschlussreich ist in diesem Zusammenhang ein Befehl des XX. Armeekorps vom Januar 1942: „Andererseits muß von den gegebenen Möglichkeiten von EK-Verleihungen ausgiebig und ohne Engherzigkeit Gebrauch gemacht werden. Jede tapfere Tat muß belohnt werden, und zwar auf der Stelle. Es wäre besser gewesen, wenn die im rückwärtigen Gebiet verbrannten 1 000 EK einer Division an die Männer verliehen worden wären und hierdurch dazu beigetragen hätten, Stimmung und Haltung der Truppe zu bessern." BA-MA, RH 26-258/51: XX. AK, Komm. Gen., Befehl an „den Herrn Kommandeur der 258. Inf. Div." vom 15. 1. 1942.

[696] RGBl. 1939, I, S. 1573 ff. Ferner Ottinger, Orden, S. 154.

[697] Von den Spangen zum EK II, die an die 221. Sich. Div. gingen, wurden immerhin noch 8 % an die Mannschaften verteilt.

[698] Absolon, Wehrmacht, Bd. V, S. 267.

fenden Einheiten hinaus), resultierte nicht zuletzt aus seiner Seltenheit[699]. Trotzdem wurde die 4. Panzerdivision mit insgesamt 84 Stück bedacht[700]: 72 Ritterkreuze[701], 10 Ritterkreuze mit Eichenlaub, ein Ritterkreuz mit Eichenlaub und
Schwertern und schließlich sogar ein Ritterkreuz des Kriegsverdienstkreuzes[702].
Selbst in der Waffen-SS gab es keine Formation mit einer so großen Zahl an Ritter-
kreuzträgern[703]. Um so größer ist der Abstand zu den übrigen vier Verbänden
unseres Samples, die sich mit deutlich weniger bescheiden mussten[704]: 22 Ritterkreuze gingen an die 296., aber nur 12 an die 45. Infanteriedivision. Auch hier zeigt
sich dasselbe eigentümliche Leistungsgefälle wie beim Eisernen Kreuz. Eine Rit-
terkreuzverleihung an einen Angehörigen der beiden Besatzungsverbände: der
221. Sicherungsdivision[705] oder gar des Korück 580, ist dagegen nirgends überliefert.

Bestätigt wird dies durch die Vergabepraxis beim Deutschen Kreuz, das in Silber „für Verdienste in der militärischen Kriegführung" (gemeint waren vor allem
die Stabsdienste) oder in Gold „für vielfache außergewöhnliche Tapferkeit oder
für vielfache hervorragende Verdienste in der Truppenführung" verliehen werden
konnte[706]. Von diesem Orden, der von seinem Prestige zwischen dem Eisernen
Kreuz I. Klasse und dem Ritterkreuz rangierte, gingen 160 Deutsche Kreuze in
Gold (und 10 in Silber) an die 4. Panzerdivision, 57 an die 296. und 23 an die 45.
Infanteriedivision, 7 an die 221. Sicherungsdivision und – bemerkenswerter Weise

---

[699] Die Angaben über die Zahl aller im Zweiten Weltkrieg verliehenen Stufen des Ritterkreuzes
schwanken; Absolon spricht von 5740, Klietmann dagegen von rund 7300. Vgl. Absolon,
Wehrgesetz und Wehrdienst, S. 262; Klietmann, Auszeichnungen, S. 21.

[700] Angaben nach Saucken, 4. Panzer-Division, Teil 2, S. 294 ff., 741. Von diesen beanspruchte al-
lein das Panzer-Regiment 35 mindestens 22 Ritterkreuze für sich; kein Panzer-Regiment der
Wehrmacht besaß so viele Ritterkreuzträger. Vgl. BA-MA, RH 39/373: Ritterkreuzträger des
Panzer-Regiments 35.

[701] Interessanterweise ging eines der ersten Ritterkreuze, das in diesem Krieg überhaupt verliehen
wurde, an den damaligen Kommandeur dieser Division, Generalleutnant Georg-Hans Reinhardt. Vgl. BA-MA, N 245/5: NL Georg-Hans Reinhardt, Brief vom 30. 10. 1939. Zwei ehemalige Angehörige der 4. Panzerdivision erhielten das Ritterkreuz mit Eichenlaub, Schwertern
und Brillanten: Dr. Karl Mauss und Dietrich von Saucken, allerdings zu einer Zeit, als sie nicht
mehr zu dieser Division gehörten.

[702] Diese sehr seltene Auszeichnung ging an Anton Sextl (1904–1944), der als Heereshauptwerk-
meister in der Werkstattkompanie der I. Abt./Pz.-Rgt. 35 diesen Orden am 13. 9. 1943 erhielt.
Vgl. BA-MA, MSg 3-281/1: Panzer-Nachrichten Nr. 117 vom Dezember 1998, S. 4.

[703] Vgl. Wegner, Politische Soldaten, S. 279. Die meisten Ritterkreuzträger gab es in der 2. SS-Panzerdivision „Das Reich" (72), danach kam die 5. SS-Panzerdivision „Wiking" mit 54 Ritter-
kreuzträgern. Schon diese Zahlen verdeutlichen, wie die Position der 4. Panzerdivision im
Leistungsgefälle der deutschen Streitkräfte des Zweiten Weltkriegs zu verorten ist.

[704] BA, ZNS: Karteikasten Ritterkreuzverleihungen. Für eine Überprüfung und Ergänzung dieser Angaben bin ich Andreas Düfel, der über eine Personendatei aller Ritterkreuzträger der
Wehrmacht verfügt, zu großem Dank verpflichtet.

[705] Bekannt wurde lediglich ein Vorschlag für die Verleihung des Ritterkreuzes an einen Unterof-
fizier Scholten (4./LS-Btl. 230), die jedoch abgelehnt wurde. IfZ-Archiv, MA 1670: 221. Sich.
Div., Abt. I a, Kriegstagebuch, Anlage 226 vom 11. 5. 1942.
Das Ritterkreuz, das in Kap. 2.3. bei der 221. Sicherungsdivision aufgeführt ist, wurde 1944 an
Theodor Mehring verliehen. Mehring war 1939 I a der 221. gewesen und gehörte 1944 zur 3.
Gebirgsdivision.

[706] Dieser Orden wurde erst am 28. 9. 1941 gestiftet. Voraussetzung für eine Verleihung war der
Besitz des Eisernen Kreuzes I. Klasse. RGBl. 1941, I, S. 593 f. Auch die Zahl der Verleihungen
ist ein Hinweis auf diese Position zwischen EK I und Ritterkreuz. Während des Zweiten
Weltkriegs sollen allein an das Heer und die Waffen-SS rd. 900 Deutsche Kreuze in Silber und
rd. 17 000 Deutsche Kreuze in Gold gegangen sein.

– zwei auch an den Korück 580[707]. Hier handelte es sich also um eine Auszeichnung, die schon „einen gewissen Seltenheitswert"[708] besaß und die entsprechend begehrt war, selbst wenn es konservative Charaktere gab, die von der aufdringlichen nationalsozialistischen Emblematik des „Setzeis"[709] wenig angetan waren.

Auskunft über die Soldaten und ihre Einheiten geben indes nicht nur die „großen", spektakulären Auszeichnungen. Auch die kleinen können das tun. Eine eher kümmerliche Dekoration war etwa das Kriegsverdienstkreuz, das besondere Leistungen bei den „sonstigen Kriegsaufgaben" honorieren sollte[710]; die Schwerter, die ihm beigegeben sein konnten oder nicht, zeigten an, ob diese Taten „beim Einsatz unter feindlicher Waffenwirkung" erfolgt waren. Bei den meisten Soldaten war das Prestige dieser Massendekoration – im Diktum der 296. ID ein „Nichteinmischungsorden"[711] – daher recht gering, auch weil er immer wieder als Ersatz für die ungleich begehrteren Tapferkeits- und Kampfabzeichen herhalten musste[712]. Doch war auch er ein Symbol; er stand für Zuverlässigkeit, Belastbarkeit oder Improvisationsvermögen[713] und natürlich auch für jene zentrale Frage, wo denn nun ein Verband eingesetzt war[714]. Auch bei den Kriegsverdienstkreuzen II. Klasse mit Schwertern gibt es in unserem Sample ein klares Ranking, das für sich spricht: 7643 Stück gingen an die 4. Panzerdivision, 5328 an die 45., 5075 an die 296. Infanteriedivision (man beachte die Verschiebung im Vergleich zum Eisernen Kreuz) und „nur" 4615 an die 221. Sicherungsdivision. Doch war die 221. die einzige Division unseres Samples – auch das bedarf keines Kommentars – , die mehr Kriegsverdienstkreuze erhielt als Eiserne Kreuze.

In der uniformierten Welt des Militärs haben Kriegsauszeichnungen stets zwei Funktionen – die einer symbolischen Gratifikation und die eines sozialen Symbols, eines Signalgebers. War das Ordenssystems so ausgefeilt wie das der Wehrmacht, so konnte es viel über die Träger berichten. Zusammen mit seinen Dienstgradabzeichen, seiner Waffenfarbe und Regimentsnummer trug jeder Soldat seinen militärischen Werdegang quasi auf seinem Rock, als Orientierung für seine Umwelt und nicht zuletzt für seine Vorgesetzten. Dabei ist es soziologisch von größtem Interesse, dass der Ordenssegen, der auf einen militärischen Verband niederging, neue soziale Hierarchien schuf. Ein Oberfeldwebel, der das Deutsche Kreuz in Gold

---

[707] Angaben nach Scheibert, Die Träger des Deutschen Kreuzes in Gold. Ferner Saucken, 4.Panzer-Division, Teil 2, S.296ff. Ferner BA-MA, RH 39/373: Träger des Deutschen Kreuzes in Gold des Panzer-Regiments 35.
Vom Korück 580 ist bekannt, dass der Kommandant, Generalleutnant Kurt Agricola, und sein Quartiermeister diesen Orden erhielten. BA-MA, Pers. 6/2514: Personalakte Kurt Agricola; IfZ-Archiv, MA 907: Kriegsrangliste Korück 580 für die Zeit vom 1.10.–31.12.1942

[708] Stieff, Briefe, S.152 (Brief vom 20.2.1942).

[709] BA-MA, N 10/9: Lebenserinnerungen Smilo Frhr. von Lüttwitz, Bl.145.

[710] RGBl. 1939, I, S.2069ff. Ferner Ottinger, Orden, S.160.

[711] BA-MA, MSg 2/5322: NL Hans P. Reinert, Tagebuch, Eintrag vom 5.10.1942.

[712] Interessanterweise war das Kriegsverdienstkreuz II. Klasse der am meisten verliehene Orden innerhalb der Wehrmacht. Vom Eisernen Kreuz II. Klasse wurden insgesamt etwa 2 300 000 Exemplare verliehen, vom Kriegsverdienstkreuz II. Klasse 2 700 000 Stück. Vgl. Absolon, Wehrgesetz und Wehrdienst, S.262, 264.

[713] So verlieh man etwa einem Hauptmann im Befehlsbreich des Korück 580 das Kriegsverdienstkreuz I. Klasse mit Schwertern „für seine überragenden Verdienste, bei der nun mehr 2½ jährigen Führung einer Orts-Kommandantur". Vgl. IfZ-Archiv, MA 895/1: Korück 580, „Besondere Anordnungen für die Versorgung Nr.5" vom 3.12.1941.

[714] Vgl. mit dem Urteil von Rass, „Menschenmaterial", S.259.

trug, besaß ein ungleich höheres Sozialprestige als ein Generalstabsoffizier, der nicht mehr vorweisen konnte als das Kriegsverdienstkreuz II. Klasse.

Angesichts von mehreren zehntausend Auszeichnungen, die unsere fünf Divisionen gingen, ist eine individuelle Analyse nicht möglich. Aber schon die Gesamtzahlen sind aufschlussreich. Erkennbar wird die Professionalität einzelner Verbände, werden Können und Erfahrung ihrer Angehörigen und auch deren Identifikation mit dem militärischen Apparat oder ihren Vorgesetzten. Selbst über die Mentalität derer, die nicht in den Genuss solcher Auszeichnungen kamen, können diese Orden berichten. Jede Ordensverleihung schuf Selbstvertrauen – in der Kleingruppe wie in der ganzen Division. So stach das Selbstbewusstsein der „Vierer", die sich mit dem Titel einer „Schwerter-Division" schmückten, nachdem ihr Kommandeur die Schwerter zum Ritterkreuz erhalten hatte[715], scharf ab von der Mentalität eines Landesschützen-Bataillons, wo schon das EK I eine Ausnahmeerscheinung blieb. Es passt in diesen Zusammenhang, wenn die „Vierer" zu den ganz wenigen Wehrmachtsverbänden gehörten, die sogar eigene Erinnerungsmedaillen kreierten, die ausschließlich ihren Angehörigen vorbehalten blieben[716].

Medaillen, Auszeichnungen, Ordensbänder gehören zweifellos zu den attraktivsten Aspekten einer Armee. Die Tatsache, dass die Zahl der Ordensverleihungen bis Kriegsende kontinuierlich stieg und dass immer neue Auszeichnungen geschaffen wurden, war weniger Ausdruck einer Inflationierung. Vielmehr dokumentiert diese Entwicklung Länge und auch Härte des Krieges[717]. Selbst nach 1945 verloren diese Ehrenzeichen nicht ihre Wirkung[718]; sie waren ganz offensichtlich mehr als nur Blech, Tuch und Email.

Doch haben Medaillen auch ihre Kehrseiten. Das liegt schon allein daran, dass sie gewissermaßen auf dem Rücken des Gegners erkämpft werden. Der erscheint in den Ordensbegründungen oft nur als unpersönliches Faktum oder gar als abstrakte Zahl: drei gegnerische Soldaten wurden überwältigt, getötet oder eingebracht. So gesehen stehen Orden – natürlich – für militärische Tugenden wie Einsatzbereitschaft, Kameradschaft oder Tapferkeit. Sie dokumentieren aber auch Gewalt, Vernichtung sowie Grenz- und Extremerfahrungen, manchmal sogar Verbrechen[719]. Die „anderen" tauchen dabei nur selten auf, bestenfalls als anonyme

---

[715] Nach der Verleihung der Schwerter zum Eichenlaub des Ritterkreuzes an den Divisionskommandeur Gen.ltn. Dietrich von Saucken ergänzte man das Verbandswappen der Division mit zwei Schwertern „und man spricht stolz von der Schwerter-Division". BA-MA, N 460/14: NL Gerlach von Gaudecker, Tätigkeitsbericht Pz. Gren. Rgt. 33 vom Juni 1941–März 1944.

[716] Vgl. Klietmann, Auszeichnungen, S. 229ff.

[717] So auch Rass, „Menschenmaterial", S. 252.

[718] Davon zeugt nicht nur die einschlägige Erbauungsliteratur, die im Grunde mehr sein will als nur „Nachschlagwerk". Auch eine Novelle wie „Katz und Maus", die Günther Grass 1961 veröffentlicht hat, ist ein später Reflex auf ein Thema, dessen gesellschaftliche Faszinationskraft auch damals ungebrochen war.
Laut Ordensgesetz vom 26. 7. 1957 können „Orden und Ehrenzeichen, die vom 1. September 1939 bis zum 8. Mai 1945 von den zuständigen deutschen Stellen für Verdienste im Zweiten Weltkrieg gestiftet worden sind", öffentlich getragen werden – freilich ohne die nationalsozialistischen Symbole. BGBl. 1957, I, S. 844ff.

[719] So verlieh der Kommandeur der 221. Sich. Div., Gen. ltn. Pflugbeil, im Juli 1941 dem Major der Schutzpolizei Ernst Weis als Kommandeur des Polizei-Bataillons 309 die Spange zum EK II, nachdem dessen Bataillon in Bialystok über 2000 Juden umgebracht hatte. Ausgezeichnet wurden auch einige weitere Angehörige dieses Bataillons. Vgl. Kap. 3.2.

Erfolgsbilanz. Im folgenden Bericht ist dies anders, freilich auch deshalb, weil sich eine solche Geschichte selbst in der langen Geschichte der Wehrmacht nur sehr selten ereignete[720]. Aber gerade deshalb kann sie vielleicht am besten die Ambivalenz illustrieren, die dem Ordenssystem anhaftet.

Die Episode ereignete sich im Januar 1942, bei jener Division unseres Samples, die am häufigsten mit Orden geschmückt wurde, bei der 4. Panzerdivision. Diese musste damals nach schweren Kämpfen einen Ort namens Wesniny räumen[721], oder genauer gesagt: die Division musste diesen Ort aufgeben, weil niemand dort überlebt hatte. Nur einem einzigen Soldaten, einem Unteroffizier, gelang es, sich zu den eigenen Linien durchzuschlagen. Er hieß Kaminsky. Dieser berichtete, wie feindliche Panzer die eigenen Stellungen aufgerollt hatten und wie dann unter der deutschen Besatzung das entstand, was er als „kleine Panik" charakterisierte. „Kaminsky erbot sich, sich zum B[a]t[ai]l[lon] durchzuschlagen und dem B[a]t[ai]l[lon] davon Meldung zu machen, daß der Rückweg abgeschnitten sei. Daraufhin nahm er den Weg nach Süden in die Waldstücke, traf hier noch 11 weitere Kameraden […], die alle die Absicht hatten, sich zum B[a]t[ai]l[lon] durchzuschlagen. Schon mit anbrechender Dunkelheit kamen sie in Poljanskij an. Der Ort war feindfrei. Sie belegten ein Haus für die Nacht und stellten einen Posten vor die Tür. Schon kurze Zeit später stürzte der Posten in das Haus mit dem Ruf: ‚Das Haus ist umstellt, die Russen sind da!' Beim Hinausstürzen aus dem Haus wurde sofort der erste Mann durch Kopfschuß getötet. Er versperrte den Weg so, daß die übrigen im Haus bleiben mußten. Nach längerer Verteidigung des Hauses, inzwischen waren noch mehrere Verwundete eingetreten [sic], hatten die Russen das Haus in Brand gesteckt, so daß nichts anderes übrig blieb, als mit Gewalt auszubrechen. Kaminsky hatte einen Schwerverwundeten – Oberschenkelschuß – als letzter durch ein hinteres Fenster ins Freie gebracht. Nach einem längeren Marsch kam er wieder in einen Ort, wahrscheinlich Petuchowka. Selbst erschöpft durch das Tragen dieses Kameraden ließ er sich sofort in einem Haus nieder, nachdem er festgestellt hatte, daß die nähere Umgebung feindfrei war und verband seinen Kameraden noch einmal neu, dann bettete er ihn auf eine Pritsche.

---

[720] Aus unserem Sample ist nur ein Fall bekannt, der sich bei der 296. ID im Februar 1943 ereignete; diese hatte das Unternehmen „Neckar" durchgeführt, um „Gefangene einzubringen". Hierbei lief so ziemlich alles schief, was schief laufen konnte. Das hatte dann umfangreiche Nachforschungen zur Folge, bei denen auch die Frage untersucht wurde, was aus dem Leutnant Schimmel geworden war. In einem Bericht des Grenadier-Regiments 519 heißt es über den Bergungsversuch: „Daraufhin brach ich den Angriff ab und schoß mit einigen Leuten auf Leutnant Schimmel, um Gewißheit zu haben, daß er nicht verwundet in Feindeshand fällt. Lt. Schimmel gab jedoch kein Lebenszeichen mehr." IfZ-Archiv, MA 1642: 296. Inf. Div., Abt. I a, Anlagen zum Kriegstagebuch: Unternehmen „Neckar".

[721] IfZ-Archiv, MA 1589: II. Abt./Schtz.-Rgt. 33: „Bericht über die Tage vom 16.–27.1.1942". Zum Schicksal dieser Kampfgruppe vgl. auch: BA-MA, N 460/14: NL Gerlach von Gaudecker, Tätigkeitsbericht Pz. Gren. Rgt. 33 vom Juni 1941–März 1944: „Die Sowjets sitzen noch im Dorf Wesniny, das damals Leutnant O. mit seinen Sicherungen dem Feind nicht geben wollte, um seinem Batl. den Rücken offen zu halten. Er löste sich damals nicht von dem Befehl, das Dorf zu halten und starb den Heldentod inmitten seiner kleinen tapferen Schar." Ferner Schaub, Panzer-Grenadier-Regiment 12, S.116 (Eintrag in einem Tagebuch vom 14.–16.2.1942): „Auftrag: Rückeroberung von Wesniny am 15.Februar. […] Im Ort fanden wir zahlreiche schrecklich verstümmelte Leichen von Kameraden derjenigen Einheiten, die diesen Ort verloren hatten." In diesem Sinne auch Neumann, 4. Panzerdivision, S.463.

Kurze Zeit darauf schon stürzte eine Frau in das Zimmer, stieß den schlafenden Kaminsky an und riß die Lampe vom Tisch. Fast gleichzeitig packten ihn 2 Kerle, die er aber schnell mit dem Gewehr erledigen konnte. Wieder war das Haus umstellt und er mit dem Verwundeten nun allein. Der Verwundete bat ihn mehrmals, ihn doch zu erschießen, damit er den Russen nicht in die Hände fiele. Kaminsky gab jedoch den Kampf noch nicht auf, versuchte noch mit letzter Munition und letzter Kraft, die Belagerer abzuschütteln. Als ihm das nicht gelang und der Feind wiederum das Haus ansteckte, entschloß er sich, seinen verwundeten Kameraden zu erschießen. Er hat dies seinem Kommandeur in fabelhafter Haltung, ihn mit großen, offenen Augen ansehend, gemeldet. Nachdem sprang er dann durchs Fenster. Hierbei wurde er in der Hüfte durch einen Gewehrschuß verwundet. Vollkommen durchnäßt und durchblutet fand Kaminsky gegen 10.00 Uhr sein B[a]t[ai]l[lon]. Für seine fabelhafte Haltung, die K. schon sehr oft bei früheren Gelegenheiten unter Beweis gestellt hatte, hat ihm der Kdr. sofort das E.K. I an die Brust geheftet."

2.5 Verluste

Über Ordensverleihungen lässt sich diskutieren, über Verluste nicht. Tote, Verwundete und Vermisste sind ein unmissverständliches Ergebnis einer militärischen Aktion. Sie dokumentieren viel: Dauer und Härte des militärischen Einsatzes, das Schicksal des einzelnen wie das seines Truppenteils. Nicht selten sind es die Zeugnisse des Todes: die Kreuze aus Birkenholz, die Massengräber und Gefallenendenkmäler oder wenige amtliche Überbleibsel einer Gefallenenmeldung wie Soldbücher, Krankenbuchakten oder Erkennungsmarken, die als letzte Spuren militärischer Einheiten in die Gegenwart ragen[722].

Nicht nur für die historische Forschung sind Verluste von Interesse. Jene nüchternen, wenig empathischen Fragen, die uns bei den Verlustmeldungen interessieren, waren auch ziemlich genau jene, über die bereits die Offiziere im Stab einer Division nachgedacht haben: Wie hoch waren die „Abgänge"? Handelte es sich um Gefallene, Vermisste oder „nur" um Verwundete, zu denen auch die schwer Erkrankten gerechnet wurden[723], so dass Aussicht bestand, dass sie irgendwann wieder zurückkehrten[724]? Hielten sich Ausfälle und Ersatz noch einigermaßen die Waage? Ab wann war es nicht mehr möglich, den Aderlass des Krieges zu ersetzen, wann begann sich selbst in den Zeilen der militärischen Akten unwiederbringlich das Ende abzuzeichnen? In unserem Fall geht es um mehr als nur um eine Statistik von Tod und Vernichtung. Denn eng damit verknüpft sind andere Fragen,

---

[722] Eine Vorstellung davon vermittelt: Deutsche Dienststelle (WASt) 1939–1999. 60 Jahre im Namen des Völkerrechts einschließlich Arbeitsbericht der Deutschen Dienststelle (WASt) 1997/1998. Bearb. von Wolfgang Remmers, Berlin 1999.

[723] Vgl. etwa BA-MA, RH 21-2/333: Pz. AOK 2, Abt. I a, Kriegstagebuch, Anlage: „Besprechung am 8.4.1942 bei Heeresgruppe Mitte durch O.B. H.Gr. in Anwesenheit des Chefs der Op. Abt. und des Gen.Qu. mit den O.B. der Armeen", o.D.: „Im letzten Monat waren von den gesamten Ausfällen nur etwa 20% Verwundungen, dagegen 80% Erkrankungen."

[724] 1941 kehrten etwa 60% aller Verwundeten wieder zu ihrer Einheit zurück. Vgl. Kroener, Personelle Ressourcen, S.881. Noch höhere Angaben bei Creveld, Kampfkraft, S.121ff.

Spuren: Deutscher Soldatenfriedhof bei Tula, dem Einsatzgebiet der 4. Panzerdivision, Januar 1942
(Quelle: bpk 30017409)

etwa die nach der Professionalität der Divisionsangehörigen, nach ihrem Zusammenhalt, der vielbeschworenen „Kohäsion"[725], und nicht zuletzt nach der Geschichte ihres Verbands. Gerade die Verluste zeichnen in dieser Hinsicht ein unbestechliches Bild.

Allerdings sind sie nicht einfach zu ermitteln, erst recht nicht in einem Weltkrieg und schon gar nicht in einem verlorenen. Bis vor kurzem kannte man noch nicht einmal die Gesamtzahl der deutschen militärischen Verluste während der Jahre 1939 bis 1945. Die Schätzungen bewegten sich meist zwischen drei und vier Millionen, konnten aber auch sieben Millionen erreichen. Erst aufgrund der minutiösen statistischen Analyse von Rüdiger Overmans weiß man nun, dass damals höchstwahrscheinlich 5,3 Millionen deutsche Soldaten gefallen sind[726].

Für einzelne militärische Einheiten ist es mitunter noch schwieriger, eine solche Statistik des Todes zusammenzustellen[727]. Zwar registrierten die Divisionsstäbe

---

[725] Hierzu eingehend Bartov, Hitlers Wehrmacht, S. 51 ff., selbst wenn Bartovs Thesen oft widersprüchlich und überzogen sind. Kritik an Bartovs Interpretation der deutschen Verluste auch bei Overmans, Verluste, S. 297 f. sowie Rass, „Menschenmaterial", S. 192 ff. Überzeugender: Oetting, Motivation, S. 104 ff.

[726] Vgl. Overmans, Verluste, S. 313 ff., insbes. S. 316.

[727] Die im Folgenden errechneten Zahlenangaben beruhen auf einer systematischen Auswertung der einschlägigen Divisionsakten. Aufgrund ihrer Menge und Verstreutheit wurde im Folgenden auf jeden archivalischen Nachweis verzichtet. Gerade bei diesen Quellen stellt sich das Problem, dass sich zeitlich durchgehende Statistiken nur selten finden. Überliefert sind stattdessen zahllose Einzelangaben (etwa für einzelne Monate oder Quartale), denen freilich ganz unterschiedliche Zeiträume zugrunde liegen; zuweilen kommt es sogar vor, dass die Statistik nicht am ersten Tag eines Monats beginnt oder am letzten endet. Dennoch war es möglich, fast alle Monate mit Verlustangaben zu dokumentieren. Für die wenigen Monate, bei denen dies

(in der Regel die Abteilungen II a und II b) ihre „blutigen Verluste" sehr genau, da dies für sie eine Frage von existentieller Bedeutung war. Doch wuchsen mit zunehmender Dauer des Krieges die Lücken in der Überlieferung dieser Aufzeichnungen, bis sich diese dann während der Jahre 1944/45 zunehmend auflöste[728]. Immerhin lassen sich diese Angaben – wenn auch mit erheblichem Aufwand – für die Zeit von Juni 1941 bis Dezember 1943 sammeln und auswerten. Während die „blutigen Verluste" für diese 30 Monate bei der 4. Panzer- und der 45. Infanteriedivision sogar durchgehend dokumentiert sind, fehlen bei der 296. Infanterie- und der 221. Sicherungsdivision nur wenige Monate[729]. Lediglich der Korück 580 erweist sich auch hier als Sonderfall. Angaben über seine Personaleinbußen finden sind allein für sechs Monate, für die Zeit von Dezember 1941 bis Mai 1942. Da die Einheiten dieses Verbands sehr häufig wechselten und da zudem die Nationalität seiner Abgänge nicht zu erkennen ist (Deutsche, Verbündete oder einheimische Hilfsformationen), lassen sich seine Gesamtverluste zwar mit Hilfe eines monatlichen Durchschnittswerts hochrechnen, doch bleibt diese Zahl wenig valide[730]. Für die Verluste der übrigen vier Divisionen unseres Samples gilt das nicht. Bis zum Ende des Jahres 1943 ist die Überlieferung dicht, die wenigen Lücken lassen sich mit Durchschnittswerten füllen. Da im Sommer 1944 drei unserer Verbände aufgerieben und ein weiterer faktisch aufgelöst wurde, ist es sinnvoll, sich bei einem Vergleich, der auf den Divisionsakten basiert, auf die Monate Juni 1941 bis Dezember 1943 zu konzentrieren.

Andererseits verdienen auch die dramatischen Ereignisse des Jahres 1944 Beachtung, schon weil die Verluste damals förmlich explodierten. Um hiervon wenigstens eine ungefähre Vorstellung zu erhalten, werden sie in diesem Kapitel gesondert dargestellt. Grundlage sind hier nicht die militärischen Akten, sondern die Recherche-Ergebnisse des Suchdienstes des Deutschen Roten Kreuzes (München)[731]. Mit ihrer Hilfe lässt sich ein Zeitraum wenigstens in Ausschnitten doku-

---

nicht möglich war, wurden Durchschnittswerte gebildet, die schon deshalb als zuverlässig gelten können, weil die Zahl der dokumentierten Monate weit überwiegt. (Eine Ausnahme bildet hier lediglich der Korück 580). So liegen beispielsweise bei der 296. ID für fünf Monate keine Angaben vor, die sich jedoch mit einem Durchschnittswert füllen lassen, was bei dieser Relation als valide erscheint. Daneben gibt es einzelne Monatsserien, für die man sich ebenfalls mit Durchschnittswerten begnügen muss, weil bereits in den zeitgenössischen Akten nicht zwischen den einzelnen Monaten differenziert, sondern nur eine Gesamtsumme genannt wurde. Bei der 296. ID ist dies etwa für die Zeit von Juni 1941 bis März 1942 der Fall.

Nicht möglich schien – wie in der Studie von Rass – eine Auswertung von Personalakten. Bei fünf Divisionen hätten Aufwand und Ergebnis in keinem vernünftigen Verhältnis mehr gestanden. Lediglich für die Vermissten der Jahre 1944/45 wurden für die wichtigsten Teileinheiten personenbezogene Stichproben in den Unterlagen des Suchdienstes des Deutschen Roten Kreuzes gemacht. Eine Addition der Ergebnisse aus diesen beiden ganz unterschiedlichen Quellengruppen erscheint jedoch aus verschiedenen Gründen nicht machbar. Zu den Möglichkeiten und Grenzen derartiger Recherchen vgl. Rass, Die überregionale Erschließung personenbezogener Quellen. Für die Unterstützung bei der Auswertung der statistischen Angaben danke ich Andreas Wrublick.

[728] Das galt auch für die Zentralinstanzen. Vgl. hierzu Overmans, Verluste, insbes. S. 52ff.

[729] Vgl. Graphik 15. Für die 296. Inf. Div. sind dies Dez. 1942, Febr. 1943 sowie April-Juni 1943, für die 221. Sich. Div. Okt. 1942 sowie Sept.-Dez. 1943.

[730] Dass auch die Korücks mit wachsender Dauer des Krieges hohe Verluste zu verzeichnen hatten, wenn auch nicht so hohe wie die Kampfverbände, belegt Schulte, German Army, S. 132f.

[731] Generell zur Arbeit dieser Institution: Böhme, Gesucht wird; Mittermaier, Vermisst wird.

mentieren, in dem die Höhe der deutschen Verluste in einem völligen Widerspruch zur Armut der zeitgenössischen Quellen steht.

Eine Kriegsgeschichte zu schreiben, die vom Tod spricht, hat Michael Geyer angeregt[732]. Dem soll nun Rechnung getragen werden.

2.5.1 Zeitraum Juni 1941 bis Dezember 1943

Der Zeitraum dieser Analyse: Juni 1941 bis Dezember 1943, ist dicht dokumentiert, so dass es opportun ist, sich für die wenigen Monate, für die wir keine Angaben besitzen, mit Durchschnittswerten zu behelfen. Erst ab Sommer 1944 erreichte der „Blutzoll" der deutschen Divisionen Höhen, wie sie bislang unbekannt waren[733]. Davor hielten sich die ruhigen und die „heißen" Phasen noch einigermaßen die Waage, so dass ein Durchschnittswert zuverlässig erscheint.

Ganz davon abgesehen geht es bei diesem Vergleich nicht so sehr um Gesamtzahlen. Selbstverständlich lagen diese sehr viel höher als die hier ermittelten Daten, wie das Beispiel der 45. ID veranschaulicht: Für sie konnten bis Dezember 1943 Ausfälle in Höhe von 4059 Gefallenen und 1015 Vermissten ermittelt werden, während ihre Gesamtverluste bis Kriegsende bei etwa 13000 Gefallenen und 8000 Vermissten liegen dürften[734]. Diese erhebliche Differenz ist in ihrem Fall nicht allein darin begründet, dass diese Division beim Zusammenbruch der Heeresgruppe Mitte vernichtet wurde (was etwa die hohe Zahl an Vermissten erklärt), sondern dass in den Gesamtzahlen auch der Aderlass der Nachfolgedivision, der 45. Volksgrenadierdivision, enthalten ist, der ebenfalls sehr hoch war.

Trotzdem ist mit der Zeit von Juni 1941 bis Dezember 1943 mehr dokumentiert als nur ein Teilabschnitt dieses Krieges. Hier handelt es sich um einen langen Zeitraum, in dem bereits die wichtigsten Entscheidungen dieser globalen Auseinandersetzung fielen. 31 Monate dürften ausreichen, um eine gewisse Vorstellung von diesem Teil des militärischen Alltags zu erhalten.

2.5.2 Gesamtverluste Juni 1941 bis Dezember 1943

Zunächst einmal fällt die Höhe dieser Ausfälle ins Auge. In einer solchen Größenordnung hat es sie selbst in der Geschichte der preußisch-deutschen Armee noch nie gegeben[735]. Im speziellen Fall unserer Divisionen lag das auch daran, dass ihnen seit Juni 1941 keine wirkliche Atempause gegönnt wurde, keine systematische „Auffrischung" in einer Gegend fernab vom Krieg.

---

[732] Vgl. Geyer, Kriegsgeschichte.

[733] Vgl. mit den Statistiken bei Overmans, Verluste, S. 238 und 278.

[734] Der katholische Divisionspfarrer der 45. ID, der zugleich als „Divisionsgräber-Offizier" fungierte, hat nach dem Krieg ein „Totenbuch" erarbeitet, in dem er alle Gefallenen und Vermissten dieser Division namentlich erfasst hat. Bei diesem „Totenbuch", das schließlich aus fünf Bänden bestand, handelt es sich um „graue Literatur", die in wissenschaftlichen Bibliotheken nicht verfügbar ist. Die Angaben basieren daher auf einer Zusammenfassung, erschienen in: BA-MA, MSg 3-217/1: Linzer Turm 10 (1967), H. 41. Deutlich niedriger die Zahl der Gefallenen und Vermissten auf der Gedenktafel in Linz, wo sie mit 5000 angegeben wird.

[735] Während der Jahre 1741 bis 1762 lag die durchschnittliche Verlustquote der preußischen Armee bei den großen Schlachten bei 23,8%. Während der Napoleonischen Kriege sank diese Quote auf 19%, im Deutsch-Französischen Krieg 1870/71 dann auf 12,5%.

Graphik 15:   Dokumentationszeitraum der Verluste

Division	4. Pz. Div	45. Inf. Div	296. Inf. Div	221. Sich. Div	Korück 580
Polenfeldzug		X	-	X	
Westfeldzug		X		X	
Jun 41	X	X	X	X	
Jul 41	X	X	X	X	
Aug 41	X	X	X	X	
Sep 41	X	X	X	X	
Okt 41	X	X	X	X	
Nov 41	X	X	X	X	
Dez 41	X	X	X	X	X
Jan 42	X	X	X	X	X
Feb 42	X	X	X	X	X
Mrz 42	X	X	X	X	X
Apr 42	X	X	X	X	X
Mai 42	X	X	X	X	X
Jun 42	X	X	X	X	
Jul 42	X	X	X	X	
Aug 42	X	X	X	X	
Sep 42	X	X	X	X	
Okt 42	X	X	X		
Nov 42	X	X	X	X	
Dez 42	X	X		X	
Jan 43	X	X	X	X	
Feb 43	X	X		X	
Mrz 43	X	X	X	X	
Apr 43	X	X		X	
Mai 43	X	X		X	
Jun 43	X	X		X	
Jul 43	X	X	X	X	
Aug 43	X	X	X	X	
Sep 43	X	X	X		
Okt 43	X	X	X		
Nov 43	X	X	X		
Dez 43	X	X	X		
Jan 44					
Feb 44					
Mrz 44					
Apr 44					
Mai 44					
Jun 44					

Trotz dieses hohen Gesamtniveaus lassen sich zwischen diesen fünf Formationen Unterschiede erkennen, zum Teil sogar große. Bleiben wir zunächst bei den absoluten Zahlen: Bemerkenswerterweise verlor nicht der militärisch leistungsfähigste Verband, die 4. Panzerdivision, zwischen Juni 1941 und Dezember 1943

Graphik 16:   Gesamtverluste Juni 1941–Dezember 1943

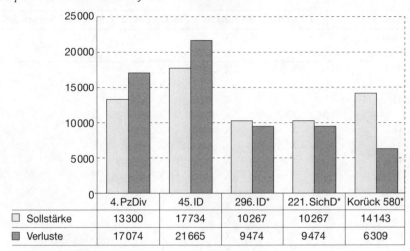

	4.PzDiv	45.ID	296.ID*	221.SichD*	Korück 580*
☐ Sollstärke	13300	17734	10267	10267	14143
■ Verluste	17074	21665	9474	9474	6309

Vergleich Sollstärke – Verluste

Die Angaben über die Verluste der mit * gekennzeichneten Verbände wurden
mit Hilfe eines Durchschnittswertes vervollständigt.

die meisten Menschen, sondern die 45. ID[736]. Ihre Gesamtverluste sind mit 21 665
Mann mit Abstand am höchsten! Hinter dieser Zahl verbirgt sich viel: Standhaftigkeit, Tapferkeit und Altruismus, aber auch Führungsschwäche[737], Menschenverachtung und Zynismus. Das Kapitel „Krieg" wird noch veranschaulichen, warum
gerade diese Division, für einen „österreichischen" Verband ohnehin untypisch[738],
am meisten Menschen „verbrauchte". Freilich sind auch jene 17 074 Soldaten, welche die main-fränkische Panzerdivision allein bis Dezember 1943 verlor, eine unvorstellbar große Zahl[739].

Im Vergleich zu den Verlustzahlen der 4. und der 45. sind die – und das ist das
eigentlich Überraschende an dieser Statistik – aller drei übrigen Verbände nied-

---

[736] Die Verluste dieser Division waren so exorbitant, dass dies sogar der gegnerischen Feindaufklärung auffiel. Vgl. hierzu German Order of Battle 1944, S. D 59.

[737] Vgl. Kap. 2.3. Welch katastrophale Folgen eine schlechte militärische Führung haben konnte,
hat Sydnor am Beispiel der Waffen-SS-Division „Totenkopf" gezeigt, die allein während des
Westfeldzugs (18 Tage Feindberührung, davon sieben Tage schwere Kämpfe) 1 152 Mann, also
mehr als 10 % (!) ihrer Angehörigen, verlor. Vgl. Sydnor, Soldaten des Todes, S. 86, 102.

[738] Overmans (Verluste, S. 228 ff.) hat errechnet, dass Österreich bei den deutschen militärischen
Verlusten das „Gebiet mit der geringsten Verlustquote" war, 8 % im Vergleich zu einer Verlustquote für das „Altreich" (1937) von 13,2 % und des Großdeutschen Reichs (1938) von
12,7 %.

[739] Zum Vergleich: Ein Eliteverband wie das Inf.-Rgt. bzw. die spätere Pz. Gren. Div „Großdeutschland" verzeichnete für die Zeit vom 9. 5. 1940 bis 30. 9. 1943, also inklusive Westfeldzug
und Herbst 1943, 8 994 Gefallene und 30 317 Verwundete. Die Zahl der Gefallenen entspricht
etwa der der Divisionen unseres Samples, die Zahl der Verwundeten liegt dagegen weit darüber. Searle, Veterans' Associations, S. 229 mit Anm. 31.
Informiert sind wir ferner über die Verluste der 61. Inf. Div., von 1939 bis 1945 insgesamt
28 500 Mann, davon 4 500 Gefallene, 21 000 Verwundete und 3 000 Vermisste. Vgl. Hubatsch,
61. Infanterie-Division, S. 159.

riger. Offenbar gab es bei Tod und Verwundung auch an der Front deutliche Unterschiede. Die Grenze verlief im Fall dieses Samples nicht zwischen den Bereichen Front und Etappe, sondern zwischen den beiden Gruppen der Vorkriegs- und der Kriegsdivisionen. Denn die Verluste der 296. ID, die zu Anfang dieses Krieges in der Reserve blieb[740], liegen mit 11 210 Mann eher bei denen der 221. Sicherungs-, als bei denen der 45. Infanteriedivision. Dass schließlich die beiden Besatzungsverbände Gesamtverluste von immerhin 9 474 Mann (221. Sicherungsdivision)[741] und vermutlich 6 309 Soldaten (Korück 580)[742] zu beklagen hatten, zeigt, wie gefährlich die Lage im Hinterland wurde. Zweifellos ist ein solcher Befund zu differenzieren – mit Blick auf den Zeitpunkt, aber auch auf die Tatsache, dass ein nicht unbeträchtlicher Teil dieser Verluste auf Kämpfe im Frontbereich zurückzuführen ist. Dennoch wird auch an solchen Zahlen deutlich, dass die Bedrohung durch die Partisanen mehr war als nur Einbildung.

Hilfreich ist in diesem Zusammenhang auch eine Vergleichszahl: Wenn eine Infanteriedivision wie die 253. zwischen Mai 1941 und Juni 1943 (einem etwas kürzeren Zeitraum also) 12 271 Mann „abschreiben" musste[743], so ist dies ein weiterer Anhaltspunkt für die Bewertung unserer Verluststatistik. Jene drei Verbände unseres Samples, die erst im Krieg formiert wurden, hatten eher unterdurchschnittliche Verluste, während die Verlustquote der beiden aktiven Divisionen über einer schon hohen Norm lag. Dass ein solcher Substanzverlust deren militärische Funktionsfähigkeit langfristig in Frage stellen musste, liegt auf der Hand.

Ein etwas anderes Bild ergibt sich schließlich, wenn man diesen absoluten Zahlen die Gesamtstärke unserer fünf Verbände zugrunde legt: Mit einer Verlustquote von 128,3 Prozent hatte die 4. Panzerdivision die meisten Verluste, knapp gefolgt von der 45. Infanteriedivision, die 122,1 Prozent ihrer Angehörigen verlor. Deutlich niedriger liegen die Verlustquoten der 296. Infanteriedivision: 63,2 Prozent, sowie des Korück 580, 44,6 Prozent, während bei der 221. Sicherungsdivision immerhin 92,2 Prozent ihrer Angehörigen Leben und Gesundheit einbüßten. Solche Ergebnisse begründen sich nicht zuletzt darin, dass in diesen Gesamtzahlen alle Abgänge verzeichnet sind: Gefallene, Verwundete und Vermisste, so dass eine differenzierte Analyse dieser Zahlen naheliegt.

---

[740] Vgl. Kap. 3.2 und 3.3. Erst ab Dezember 1941 fehlte es der 296. ID „gewaltig an Männern" – so der Oberleutnant Reinert. BA-MA, MSg 2/5319: NL Hans P. Reinert, Tagebuch, Eintrag vom 3.12.1941.

[741] Zur Stärkeentwicklung der 281. Sich. Div., die ähnlich zur 221. Sich. Div., verläuft, vgl. Hill, War behind the Eastern Front, S. 48.

[742] Dieses Ergebnis gewinnt an Wahrscheinlichkeit, wenn man es mit den Verlustraten vergleicht, die Schulte (German Army, S. 132) für den Korück 532 ermittelt hat. In der Zeit von April bis Dezember 1942 lag dessen monatliche Verlustrate bei seinen deutschen Angehörigen (Tote, Verwundete, Vermisste) bei 133 Mann, unter Einschluss der Verbündeten bei 179 Mann sowie unter Einschluss der Verbündeten *und* der Osttruppen bei 267 Mann. Überträgt man diese Durchschnittswerte auf jenen Zeitraum, wie er für den Korück 580 zugrundegelegt wurde, nämlich Juni 1941 bis Dezember 1943, so würde das bedeuten, der Korück 532 hätte in dieser Zeit Gesamtverluste von 4 123 Mann (nur Deutsche), 5 542 Mann (Deutsche und Verbündete) und von 8 273 Mann (Deutsche, Verbündete und Osttruppen) gehabt. Zahlen in dieser Größenordnung sind mit denen des Korück 580, bei denen ebenfalls, die – freilich stark schwankende – Zahl der Verbündeten und Osttruppen berücksichtigt wurden, durchaus vergleichbar.

[743] Gemeint sind Gefallene, Verwundete und Vermisste in der Zeit von Mai 1941 bis Juni 1943. Rass, „Menschenmaterial", S. 81.

Deutsche Verwundete beim Betrachten sowjetischer Abzeichen, Juli 1941
(Quelle: BSB, Fotoarchiv Hoffmann 36820)

2.5.3 Art der Verluste

In den Verluststatistiken der Wehrmacht wurde genau zwischen der Art des Verlustes unterschieden: Gefallene, Verwundete und Vermisste. Graphik 17 und 18 machen das sichtbar. Aufschlussreich ist beispielsweise die kleinste Gruppe unter den Verlusten, die der Vermissten. So hatte etwa die 45. ID mit 1431 Mann bzw. 7 Prozent den höchsten Anteil an Vermissten[744]. Die entsprechenden Werte bei den anderen beiden Frontdivisionen: 296. (5 Prozent) und 4. (3 Prozent), sind eindeutig niedriger. Nur bei der 221. liegt er mit 8 Prozent noch höher, was sich durch die unübersichtlichen Bedingungen des Partisanenkriegs erklärt[745]. Vermisste galten als „Makel für jede Truppe"[746], die in der Tat unbequeme Fragen provozieren: Wurden die, die es „erwischt" hatte, nicht mehr geborgen? War man bereit, ihr Schicksal zu klären, sie gegebenenfalls auch zu bestatten? Wie weit konnte sich der einzelne überhaupt auf seine Kameraden und Vorgesetzten verlassen? Angehörige der 45. oder der 296. ID haben später eindrücklich geschildert, wie sie im Winter 1941/42 immer wieder verzweifelt versuchten, ihre toten Kameraden zu beerdi-

---

[744] Für die Zeit von Mai 1941 bis Juni 1943 lag die Vermisstenquote der 253. Infanteriedivision bei 4,27%. Vgl. Rass, „Menschenmaterial", S. 81, 166f. Generell hierzu Kroener, Personelle Ressourcen, S. 856ff., 904ff.; ders., „Menschenbewirtschaftung", S. 950ff.

[745] Vgl. etwa IfZ-Archiv, MA 1666: Inf. Rgt. 350, Meldung an 221. Sich. Div. vom 30.11.1941, Anlage, in der das Regiment berichtete, dass es sich „unter Zurücklassung unserer Toten" habe zurückziehen müssen.

[746] Der Führer und ObdH/GenStdH, Op. Abt. (I) Befehl vom 15.1.1942, Druck: KTB OKW, Bd. I, Dok. 2.

Graphik 17   Art der Verluste Juni 1941–Dezember 1943

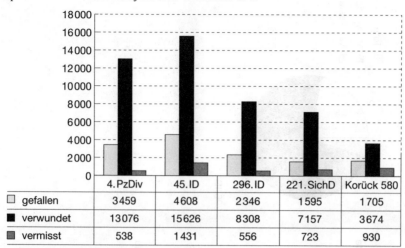

	4. PzDiv	45. ID	296. ID	221. SichD	Korück 580
☐ gefallen	3459	4608	2346	1595	1705
■ verwundet	13076	15626	8308	7157	3674
▨ vermisst	538	1431	556	723	930

gen, sie dann aber unverrichteter Dinge zurücklassen mussten[747]. Bei einer Division wie der 45. ist die relativ hohe Vermisstenquote wohl kaum Ausdruck eines mangelnden Zusammengehörigkeitsgefühls. Vielmehr manifestiert sich hier der Stress jener Kämpfe, denen gerade diese Division ganz besonders ausgesetzt war[748].

Dagegen ist die Mortalität bei den drei Frontdivisionen in etwa gleich, nur bei der 221. Sicherungsdivision ist sie mit 17 Prozent etwas niedriger[749], was wohl darauf zurückzuführen ist, dass im Partisanenkrieg weniger schwere Waffen im Einsatz waren als an der Front[750]. Diese insgesamt sehr hohe Todesquote – jeder fünfte Soldat konnte nicht mehr gerettet werden – war nicht zuletzt Ausdruck eines unzureichenden, bzw. überforderten Sanitätsdienstes war, der im Gefecht oft „auf seine eigene Improvisation und Phantasie angewiesen" blieb[751]. Von den Blessierten, die überlebten, wurden dagegen etwa 70 Prozent nach ihrer Genesung wieder als feldverwendungsfähig eingestuft[752], auch dies ein Beleg für die Härte des deutschen Kommisbetriebs. Selbst wenn der Krieg sie bereits unwiederbringlich gezeichnet hatte, mussten viele nochmals „ran". Dabei berichteten die Statistiken meist nur über die physischen, nicht aber die psychischen Beschädigungen.

---

[747] Gschöpf, Weg, S. 295; Manuskript, K. H., „Unser Einsatz im Osten", o. D., Kopie im Besitz d. Verf.

[748] Allein der dramatische Rückmarsch der 45. ID aus Jelez im Dezember 1941 kostete die Division 233 Gefallene und 232 Vermisste. Vgl. IfZ-Archiv, MA 1621: 45. Inf. Div., Abt. I a, „Gefechtsbericht über die Kampfhandlungen der 45. Inf. Division in der Zeit vom 5.12.-17.12.1941". Ferner Kap. 3.4.

[749] Ungleich höher dagegen die Mortalität beim Korück 580, was vermutlich darauf zurückzuführen ist, dass in diesem Fall nur eine sehr kurze, besonders blutige Phase dokumentiert ist.

[750] Vgl. mit der Beobachtung von Rass („Menschenmaterial", S. 153), dass die Splitterwirkung der Artilleriegeschosse die Soldaten am meisten bedrohte.

[751] Vgl. Neumann, Arzttum, S. 107. Ferner Kap. 3.3 und 3.4.

[752] Vgl. Rass, „Menschenmaterial", S. 72f., 152. 57% aller Verwundeten wurden nur einmal verwundet.

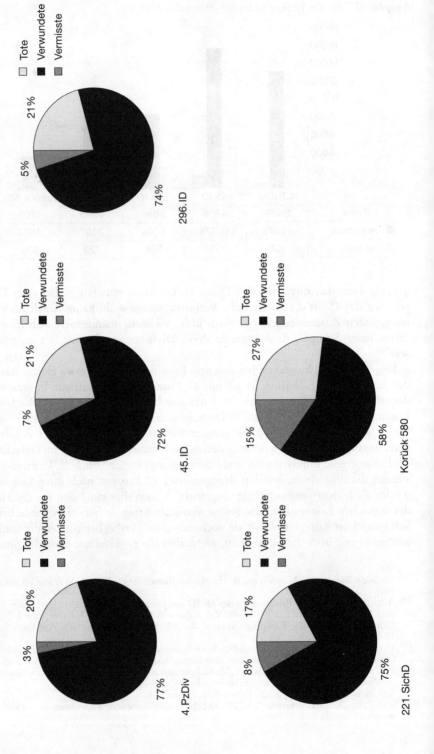

Graphik 18: Art der Verluste Gesamt Juni 1941–Dezember 1943

Dass aber zwischen physischer und psychischer Destruktion ein enger Kontext besteht, lehrt die Geschichte des Krieges wieder und wieder[753].

2.5.4 Dienstgradgruppen

Auch über die Dienstgradgruppen ist es möglich, zu einem genaueren Bild der Verluste zu kommen. Gewöhnlich unterschieden die militärischen Statistiker zwischen den Offiziersverlusten, da diese naturgemäß schwerer zu ersetzen waren[754], und den übrigen Verlusten, also denen der Unteroffiziere und Mannschaften. Allerdings haben das in unserem Falle nur die drei Front-, nicht aber die Besatzungsverbände getan. Doch lassen sich in dieser Hinsicht schon bei den drei Frontverbänden aufschlussreiche Unterschiede erkennen. Wie zu erwarten, hatte eine Eliteformation wie die 4. Panzerdivision im Zeitraum von Juni 1941 bis Dezember 1943 mit 175 Gefallenen, 565 Verwundeten und 14 Vermissten die höchsten Verluste an Führerdienstgraden. Das gilt absolut wie prozentual. Bei der 4. Panzerdivision lag der Offiziersanteil an den Gefallenen bei fünf Prozent, bei den Verwundeten bei vier Prozent und schließlich bei den Vermissten bei drei Prozent. Schon bei der 45. ID waren die Offiziersverluste geringer: 181 Gefallene (4 Prozent), 442 Verwundete (3 Prozent) und 18 Vermisste (1 Prozent). Am niedrigsten waren sie schließlich bei der 296. ID: 69 gefallene (3 Prozent), 182 verwundete (3 Prozent) und sechs vermisste Offiziere (1 Prozent)[755].

Die Offiziersverluste der 296. ID lagen damit in der Norm; der Offiziersanteil an der Gesamtstärke einer durchschnittlichen Infanteriedivision betrug ziemlich genau 3 Prozent[756]. Stärker scheinen sich dagegen die Offiziere der 45er, am stärksten die der 4er exponiert zu haben. Bereits Ende Februar 1942 war hier „der größte Teil der am 22.6.[1941] ausgerückten Offz. und Unterführer […] ausgefallen"[757]. Diese Relation verschiebt sich freilich nochmals bei *allen* drei Kampfverbänden, wenn man berücksichtigt, dass ein Teil dieser Dienstgradgruppe in Spezialverwendungen eingesetzt wurde – als Generalstabs-, Waffenoffiziere oder häufig auch als Adjutanten –, wo sie den Gefährdungen des Krieges nicht so sehr ausgesetzt waren wie in den vordersten Linien. Dagegen waren die Offiziere an der Front permanent gefährdet. Wenn gerade bei den Kampfdivisionen ständig

---

[753] Mit den Folgen von Kriegsinvalidität hat sich Sabine Kienitz beschäftigt, allerdings für die Invalidität infolge des Ersten Weltkriegs. Vgl. Kienitz, Beschädigte Helden; dies., Der verwundete Körper als Emblem der Niederlage?; dies., Body Damage.

[754] Vgl. Rass, „Menschenmaterial", S. 82; Bartov, Hitlers Wehrmacht, S. 65ff.; Kroener, Personelle Ressourcen, S. 904f.; ders., „Menschenbewirtschaftung", S. 859, 950ff.

[755] Das entsprach der Verlustrelation bei der 253. ID, die im besagten Zeitraum bei 2,9 % lag. Vgl. Rass, „Menschenmaterial", S. 81.
Aufschlussreich ist auch die Tatsache, dass 4,07 % *aller* militärischen Verluste der Wehrmacht Offiziere waren. Legt man diese Zahl zu Grunde, so ergibt sich unter diesem Aspekt ein leicht abweichendes Bild. Die 4. PD über dem Durchschnitt, die 296. ID unter dem Durchschnitt, während die Offiziersverluste der 45. ID ziemlich genau diesem Mittelwert entsprachen. Vgl. Creveld, Kampfkraft, S. 194ff.

[756] Vgl. hierzu Kap. 1. Die Sollstärke lag bei 14397 Mannschaften, 2701 Unteroffizieren und 534 Offizieren.

[757] Vgl. IfZ-Archiv, MA 1582: 4. Pz. Div., Abt. I a, „Zustandsbericht" vom 24.2.1942.

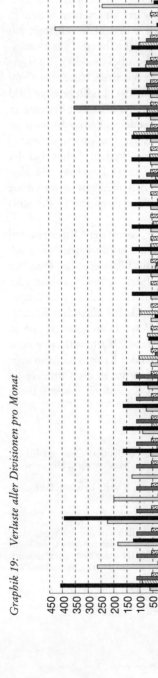

Graphik 19: *Verluste aller Divisionen pro Monat*

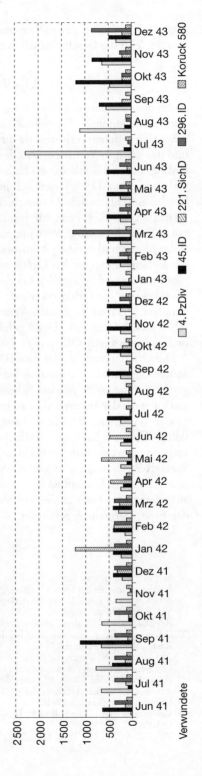

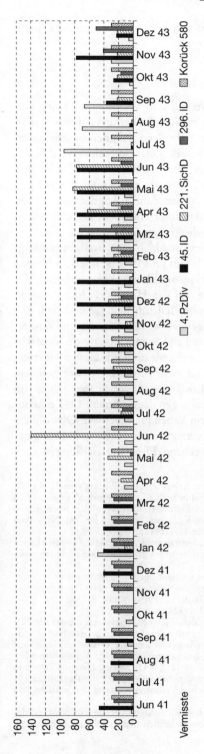

über den hohen Ausfall an Offizieren geklagt wurde[758], dann beruhte das nicht auf Einbildung[759].

2.5.5 Zeitpunkt

Die Interdependenz zwischen militärischer Verlauf und Verlustentwicklung veranschaulicht schließlich Graphik 19, die wie in einer Fieberkurve demonstriert, dass sich ein Krieg an einer Front von mehreren Tausend Kilometern sehr unterschiedlich auswirken konnte. Allerdings erlebte jede Division „schwarze Zeiten", die 4er und 45er im Sommer und nochmals im Herbst 1941, die 296. ID im Juni und Dezember 1941, während die 221. erst im „schrecklichen Winter 1941/42 [...] fürchterliche Verluste zu verkraften hatte"[760], so einer ihrer Angehörigen später. Entscheidend bei diesem Vergleich ist freilich das unterschiedliche Durchschnittsniveau, auf dem sich die menschlichen Kosten dieses Krieges bewegen.

Es fällt nicht schwer, jenen differierenden Verlustzahlen ganz bestimmte Ereignisse zuzuordnen: Der blutige Rekord der 45. ID im Juni 1941 ist mit dem Namen Brest-Litowsk verknüpft; die 4. Panzerdivision wiederum kam während der Schlacht um Kursk im Juli/August 1943 völlig ,auf den Hund'[761]. Doch erzählen diese Zahlen nicht nur die Geschichte militärischer Teileinheiten, sie sind auch Abbild übergreifender militärischer Entwicklungen. Zwei fallen in diesem Zusammenhang besonders auf[762]: das Blutbad während der ersten Monate des deutsch-sowjetischen Krieges und dann noch einmal die geradezu exorbitante Steigerung seit Sommer 1943, als die Deutschen mehr und mehr in die Defensive gerieten. Diese zweite Zäsur bedarf eigentlich keiner Erklärung, die erste aber schon. Im Grunde genommen wird schon an den Leichenbergen des Sommers 1941 erkennbar, wie sehr das „Unternehmen Barbarossa" ein Vabanque-Spiel war. Obwohl die Chance auf einen Sieg immer mehr schwand, versuchte die deutsche Führung genau das zu erzwingen. Das Resultat war entsprechend. Diese Entwicklung ist auch

---

[758] Vgl. etwa IfZ-Archiv, MA 1618: 45. Inf. Div., Abt. I a, Kriegstagebuch, Eintrag vom 22.6.1941, 8.40 Uhr. Am selben Tag ist noch einmal von „erheblichen Offiziersverlusten" (ebda., 12.00 Uhr) oder von „empfindlichen Verlusten [...] insbesondere an Offizieren" die Rede (ebda., 13.00 Uhr). Vgl. auch mit PA-AA, R 60705: AOK 2, Abt. I c/VAA, Bericht Nr. 6 vom 24.7.1941 sowie Bock, Tagebuch, S. 402 (Eintrag vom 16.3.1942).

[759] BA-MA, MSg 1/3273: Fritz Farnbacher, Tagebuch, Eintrag vom 9.10.1941: „Es reißt einfach jetzt wieder nicht mehr ab mit den Offiziersverlusten!" Vgl. auch ebda., Eintrag vom 29.11.1941.
Auch die Offiziersverluste der Roten Armee waren eminent hoch; insgesamt verlor sie während des Krieges ein gutes Drittel ihrer Offiziere. Angaben aufgrund der von G. F. Krivosheyev vorgelegten Zahlen nach: Erickson, Red Army Battlefield Performance, S. 236.

[760] Brief W. N. (Art. Rgt. 221) an Familie B. vom 21.11.1942.
In der Zeit vom 14.12.1941–19.3.1942, also in der Zeit ihres Fronteinsatzes, musste die 221. Sicherungsdivision 90 Gefallene, 297 Verwundete (von denen lediglich 22 bei der Truppe bleiben konnten), 14 Vermisste und 1793 Kranke melden (von denen 8 verstarben). Angaben nach: IfZ-Archiv, MA 1668: 221. Inf. Div., Abt. I a, Kriegstagebuch, Anlage: Verlustliste o. D.

[761] BfZ, Slg. Sterz, 03711 B, Brief L. D. (4. Pz. Div.) vom 12.7.1943: „Meine Division ist schon fast auf dem Hund. Schützenausfälle sehr groß, Panzer nicht weniger, auch die Tiger sind nicht die wahre Liebe." Zu den deutschen und sowjetischen Verlusten während der Schlacht von Kursk vgl. Töppel, Legendenbildung, S. 392ff.

[762] Dagegen hat sich der Einbruch infolge der deutschen Niederlage in Stalingrad während des Winters 1942/43 an dem uns interessierenden Frontabschnitten nicht niedergeschlagen. Vgl. hierzu Overmans, Verluste, S. 278.

in unserem Ausschnitt zu erkennen. Sogar im Winter 1941/42 waren die personellen Einbrüche nicht größer, sieht man einmal von der Ausnahme der 221. ab.

Hier lässt sich eine Parallele zum Russlandfeldzug Napoleons im Jahr 1812 erkennen. Einer weit verbreiteten Vorstellung zum Trotz verlor die Große Armee die
meisten Soldaten nicht während ihres katastrophalen Rückmarsches im Winter, sondern bereits in der Zeit der Offensive, so dass nur noch 30 Prozent dieser Armee
Moskau überhaupt erreichten[763]. 1941 wiederholte sich dies nicht in dieser extremen
Form, doch scheint ein Vergleich nicht abwegig. Erinnert sei an eine Beobachtung
des damaligen Oberst Smilo Freiherr von Lüttwitz, der nach dem Krieg meinte[764],
„daß wir schon auf dem Marsch nach Moskau hin so zahlreiche Kämpfe zu bestehen
[hatten], daß die deutschen Soldaten, die das überlebten, zu einer so schlagkräftigen
Truppe herangebildet wurden, wie wir sie wohl selten hatten. Es war zwar dann nur
noch die Hälfte des Bestandes, mit dem wir im Juni angetreten waren, aber diese
hocherfahrenen Männer haben uns dann so geholfen, wie man es früher nicht für
möglich gehalten hätte." Auch dieser „Ausleseprozess" kann erklären, warum die
Verluste des deutschen Ostheeres im Winter 1941/42 nicht noch mehr gestiegen sind.

Die Ausnahme bildete eine Division wie die 221. Die erste große Verlustwelle erreichte sie erst im Dezember 1941, als man diesen militärisch wenig erfahrenen Besatzungsverband kurzfristig an die Front warf. Mit 1 289 Mann erreichten ihre Verluste
im Januar 1942 einen bis dahin nie gekannten Höchststand, wobei die meisten (1 224
Mann) nicht starben, sondern Opfer jener grausamen Kälte wurden, auf die sie nach
ihrer überstürzten Versetzung an die Front überhaupt nicht vorbereitet waren[765].

Diese Beobachtung steht in Korrelation mit einer anderen Form des Vergleichs,
dem Vergleich nach Jahren. Wie Graphik 20 veranschaulicht, begann „das große
Sterben" bei Kampfdivisionen wie der 4., der 45. und der 296. erst 1943. Bei einem
Verband wie der 221. setzte dieser Prozess schon ein Jahr früher ein, als dieser
schwache Sicherungsverband erst vom Einsatz an der Front und dann von der
ganzen Wucht des aufflammenden Partisanenkriegs getroffen wurde.

Es ist sicherlich nicht verfehlt, in diesen maximalen Verlustzahlen so etwas wie
die „Wende" des Krieges zu erkennen, die sich bei einem Besatzungsverband wie
der 221. schon 1942 abzeichnete[766], bei den Frontverbänden hingegen erst im darauf folgenden Jahr. Ihr Untergang ließ sich nun nicht mehr aufhalten. Mit den
Soldaten starben auch ihre Regimenter, in der Vorstellung des Militärs eine der
verhängnisvollsten Entwicklungen überhaupt; denn oft schien im Chaos des
Krieges nur noch das militärische Organisationsprinzip aus Ordnung, Routine
und organisatorischer Kontinuität eine gewisse Stabilität zu bieten.

---

[763] In der Zeit von Ende Juni bis Mitte Oktober 1812 verringerte sich bereits die Stärke der Groß-
en Armee von 611 858 auf ca. 314 000 Mann. Vgl. Perjés, Die Frage der Verpflegung im Feldzuge Napoleons, Zahl S. 39; Riehn, 1812: Napoleon's Russian Campaign, S. 441, 492. Weitere
Angaben für einzelne Einheiten bei Nafziger, Napoleon's Invasion of Russia, S. 594f.

[764] BA-MA, N 10/9: Lebenserinnerungen Smilo Frhr. von Lüttwitz, Denkschrift „Rußland-Erfahrungen vom Juni 41–April 42".

[765] Vgl. Kap. 3.4. Ferner Reinhardt, Wende, S. 174f.; Kroener, Personelle Ressourcen, Graphik auf
S. 880.

[766] Schon im Mai 1942 registrierte der Befehlshaber des Rückwärtigen Heeresgebiets Mitte, dass
die Verluste der Landesschützen-Bataillone bei der 221. Sicherungsdivision zum Teil höher
lägen als bei den Fronteinheiten; auch handele es sich bei 50 % dieser Verluste um Tote. Vgl.
den betreffenden Bericht vom 7.5.1942, zit. bei: Schulte, German Army, S. 259.

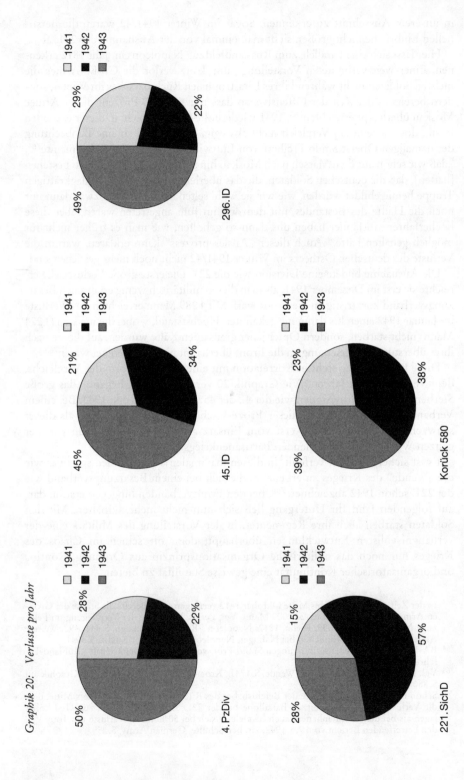

Graphik 20: Verluste pro Jahr

2.5.6 Die Vermissten der Jahre 1944/45

Über die Verluste im letzten Kriegsjahr schweigen die militärischen Akten. Doch hat der Suchdienst des Deutschen Roten Kreuzes (München) jeden Vermisstenfall, der ihm bekannt geworden ist, so genau wie möglich dokumentiert: Name, Dienstgrad, Einheit, Geburtsort und -datum sowie Ort und Datum des Abgangs. Daraus entstanden sind schließlich große Findbücher, geordnet nach den Einheiten jeder Division. Diese Bände wurden im Hinblick auf die Infanterie- und die Artillerieregimenter unserer Divisionen ausgewertet[767], nicht hingegen für ihre kleineren Einheiten. Damit ist freilich ein großer Teil dieser Divisionen erfasst[768], so dass sich deren Sterben während der Rückzugsschlachten der Jahre 1944/45 mit Hilfe dieser Vermisstenmeldungen in Ausschnitten rekonstruieren lässt.

Von den insgesamt 28 deutschen Divisionen, die beim Zusammenbruch der Heeresgruppe Mitte im Juni/Juli 1944 vernichtet wurden[769], gehörten drei zu unserem Sample: die 45., die 296. und die 221.[770]. Mehr Glück hatten die Angehörigen des Korück 580 und der 4. Panzerdivision; sie existierten bis Kriegsende. Was aber steht hinter diesen rudimentären Angaben? Die Statistiken über die Vermissten dokumentieren, wie zwei unserer Divisionen: die 45. und 296., vom Zusammenbruch ihrer Heeresgruppe geradezu schlagartig getroffen wurden[771].

Graphik 21: Vermisste 1944/45

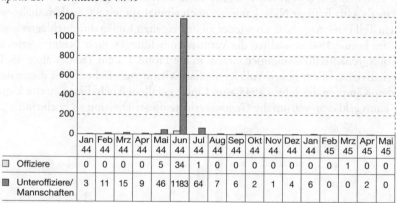

296. Infanteriedivision Vermisste 1944/45

Für die 296. ID war diese Katastrophe tödlich, eine Nachfolgeformation hat es nicht mehr gegeben. Von allen Verbänden dieses Samples hatte sie den größten

---

[767] Deutsches Rotes Kreuz, Suchdienst: *4. Pz. Div.*: AD 60–64; BB 227–259; FA 319–320; FO 355–365. *45. Inf. Div.*: AD 1–51; BJ 17–94, 204–240, 338–369. *296. Inf. Div.*: AG 92–116; BW 134–166, 167–195, 196–226. *221. Sich. Div.*: AF 19–23; BR 60–77.
[768] Vgl. Kap. 1.
[769] Zahl nach Frieser, Zusammenbruch, S. 556.
[770] Vgl. hierzu Tessin, Verbände und Truppen, Bd. 2, S. 242f.; Bd. 5, S. 124ff.; Bd. 8, S. 100ff.; Bd. 9, S. 51ff.
[771] Vgl. Hinze, Der Zusammenbruch der Heeresgruppe Mitte (1980/1995) und nun die große Arbeit von Frieser, Zusammenbruch. Offiziell wurde die 45. und die 296. Infanteriedivision am 17.7. bzw. 3.8.1944 aufgelöst. IfZ-Archiv, MA 483: Divisionen-Kartei: 45. Inf. Div.; 296. Inf. Div., o.D.

Monatsverlust zu beklagen (Juni 1944: 1 183 Vermisste), aus den darauf folgenden Monaten sind kaum noch Vermisstenmeldungen aus dieser Division bekannt. Das heißt, dass die meisten ihrer Angehörigen bereits im Juni 1944 fielen, gefangen genommen wurden oder dass sich ihre Spuren im Chaos dieses Untergangs verloren.

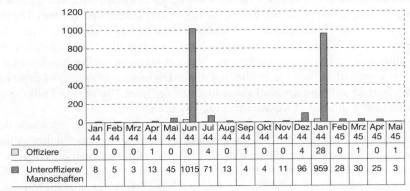

	Jan 44	Feb 44	Mrz 44	Apr 44	Mai 44	Jun 44	Jul 44	Aug 44	Sep 44	Okt 44	Nov 44	Dez 44	Jan 45	Feb 45	Mrz 45	Apr 45	Mai 45
☐ Offiziere	0	0	0	1	0	0	4	0	1	0	0	4	28	0	1	0	1
■ Unteroffiziere/ Mannschaften	8	5	3	13	45	1015	71	13	4	4	11	96	959	28	30	25	3

45. Infanteriedivision Vermisste 1944/45

Eine ähnliches Bild zeigt sich bei der 45. ID, deren Regimenter allein im Juni 1944 1 015 Soldaten einbüßten. Doch wurde diese Formation, im Gegensatz zur 296., die damals ganz in ihrer Nähe kämpfte, noch einmal aufgestellt, auch deshalb, weil sich ein Teil ihrer Angehörigen wieder zu den eigenen Linien durchschlagen konnte[772]. Im Januar 1945 schnellten die Vermisstenmeldungen ihrer Nachfolgerin, der 45. Volksgrenadierdivision, noch einmal in die Höhe. Da ein Teil der alten 45. Infanteriedivision in der neuen Volksgrenadierdivision weiterlebte[773], ist dieser dann erst den Kämpfen des Jahres 1945 zum Opfer gefallen. Auch dieser zweite Untergang kann erklären, warum die *Gesamt*verluste dieser Division so hoch sind[774].

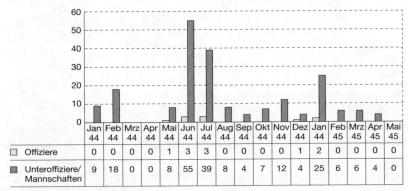

	Jan 44	Feb 44	Mrz 44	Apr 44	Mai 44	Jun 44	Jul 44	Aug 44	Sep 44	Okt 44	Nov 44	Dez 44	Jan 45	Feb 45	Mrz 45	Apr 45	Mai 45
☐ Offiziere	0	0	0	0	1	3	3	0	0	0	0	1	2	0	0	0	0
■ Unteroffiziere/ Mannschaften	9	18	0	0	8	55	39	8	4	7	12	4	25	6	6	4	0

221. Sicherungsdivision Vermisste 1944/45

[772] Vgl. BA-MA, MSg 3-217/1: Linzer Turm 28 (1985), Nr. 112: „Bobruisk 1944 – Rückkämpfer erzählen".
[773] Vgl. Gschöpf, Weg, S. 273 ff.
[774] Allein unter den Einwohnern von Linz, dem Sitz des Divisionskommandos, wurden 1947 im Rahmen einer systematischen Befragung 1 566 Kriegsgefangene und 1 153 Vermisste ermittelt. Vgl. Schneider, Oberösterreicher in sowjetischer Kriegsgefangenschaft, S. 220 ff.

Auch von der 221. Sicherungsdivision ist bekannt, dass sie im Sommer 1944 aufgerieben wurde[775]. Im Vergleich zu Kampfverbänden wie der 45. oder der 296. ID muss das aber ein quälend langsamer Prozess gewesen sein: Als Besatzungsverband war die 221. weiter von der Front entfernt[776], so dass sich einzelne Teile bis Oktober 1944 auf verlustreichen „Rückzugskämpfen" in Richtung Westen durchschlagen konnten[777]; danach war die Division „völlig abgekämpft und wurde aufgelöst". Die Vermisstenmeldungen von zwei ihrer Regimenter[778] belegen, dass deren Verluste deutlich niedriger liegen als die der 45. und der 296., was eben nicht nur an der kleineren Größe dieser Sicherungs-Regimenter lag.

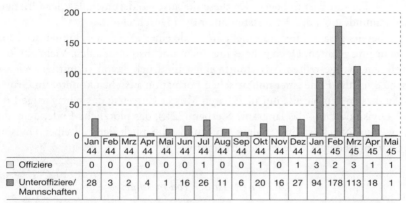

	Jan 44	Feb 44	Mrz 44	Apr 44	Mai 44	Jun 44	Jul 44	Aug 44	Sep 44	Okt 44	Nov 44	Dez 44	Jan 45	Feb 45	Mrz 45	Apr 45	Mai 45
☐ Offiziere	0	0	0	0	0	0	1	0	0	1	0	1	3	2	3	1	1
■ Unteroffiziere/ Mannschaften	28	3	2	4	1	16	26	11	6	20	16	27	94	178	113	18	1

4. Panzerdivision Vermisste 1944/45

Schließlich die 4. Panzerdivision: Sie war der einzige Verband dieses Samples, der bis zum Mai 1945 weiterkämpfte. Doch verdeutlicht das Ansteigen ihrer Vermisstenmeldungen in der Zeit von Dezember 1944 bis März 1945, welchen Gefahren sie während dieser permanenten Krise ausgesetzt war. Wenn die Zahl ihrer Vermissten jedoch nie das Niveau der beiden Infanteriedivisionen erreichte, so lässt sich auch daran ablesen, dass Führung, Mentalität und Ausrüstung dieser Panzerdivision anders waren. Bis Kriegsende gelang es ihr, der endgültigen Vernichtung immer wieder zu entkommen, oder genauer: diese fürs erste herauszuzögern[779].

---

[775] Auch das Ende dieser Formation ist, wie bei den meisten deutschen Divisionen, schwierig zu rekonstruieren, da sich so gut wie keine Akten erhalten haben. Angeblich soll die Division am 28.7.1944 offiziell aufgelöst worden sein, de facto bedeutete das aber, dass die noch vorhandenen Angehörigen auf andere Sicherungs-Einheiten verteilt wurden. Vgl. Tessin, Verbände und Truppen, Bd. 8, S. 221.

[776] Die 221. Sich. Div. war am 22.6.1944 dem Wehrmachtsbefehlshaber Weißruthenien unterstellt. Vgl. Frieser, Zusammenbruch, S. 530.

[777] Angaben nach BA-MA, MSg 175/39: Divisionsverzeichnis, 221. Infanterie-/Sicherungsdivision sowie Straub, Die Divisionen des Deutschen Heeres, S. 193f. Auch zum Folgenden.
Die Zahl der Rückkämpfer in der Heeresgruppe Mitte wird auf ca. 15000 Mann geschätzt. Vgl. Frieser, Zusammenbruch, S. 555f.

[778] Im Falle der 221. Sich. Div. wurden nur die Verlustmeldungen des Inf. Rgt. 350 und des Art. Rgt. 221 ausgewertet, da die übrigen Einheiten dieses Besatzungsverbands häufig wechselten. Dies ist bei einer Bewertung der absoluten Zahlen zu berücksichtigen. Da eine Sicherungsdivision allerdings deutlich kleiner war als eine durchschnittliche Kampfdivision, scheint diese Relation angemessen.

[779] Vgl. hierzu die Ausführungen über Clemens Betzel in Kap. 2.3.

Was ist diesen Zahlen noch zu entnehmen? Der Offiziersanteil von drei Prozent bei den Vermissten der beiden Infanteriedivisionen entspricht exakt dem Offiziersanteil, den ein solcher Verband haben sollte. Das spricht dafür, dass die Katastrophe von 1944 die 45. und die 296. ID flächendeckend getroffen haben muss. Alle wurden ihr Opfer, unabhängig von Dienstgrad, Funktion oder Einsatzort. Ob jemand dann doch dieses Blutbad überlebte, entschieden ganz offensichtlich andere Faktoren[780]. Wenn die 221. dagegen überdurchschnittlich hohe Verluste unter ihren Offizieren hatte (5 Prozent), so lässt das vermuten, dass gerade sie während der schweren Rückzugskämpfe stark gefordert waren. Umgekehrt dürfte der Fall bei der 4. Panzerdivision liegen. Da diese nie auseinanderbrach, lag der Offiziersanteil zumindest bei den Vermissten unter dem Durchschnitt.

Wie bereits gesagt: Hier sind nicht *alle* Teile einer Division dokumentiert, sondern nur ihre größten. Doch geht es hier nicht um absolute Zahlen. Vielmehr können die hier vorgestellten Ausschnitte einen Eindruck davon vermitteln, wie unterschiedlich das Ende einer militärischen Formation aussehen konnte. Im Grunde sind in diesem Sample alle nur denkbaren Muster vertreten: das schlagartige Ende einer Division (296.), das langsame Sterben (221.), das plötzliche Ende, dem aber eine weitere Neuaufstellung folgte (45.), und schließlich der Fall einer Division, die bis zum Ende des Krieges weiterkämpfte (4.).

2.5.7 Fazit: Ist der Tod messbar?

Was ergibt sich aus der traurigen Litanei jener Zahlenkolonnen? Ist es überhaupt legitim, das einzelne Schicksal bei dieser Analyse auszublenden und damit vielleicht auch den einzigen Maßstab, mit dem sich dieses Elend angemessen beschreiben ließe? Um dem Ansatz dieser Analyse Rechnung zu tragen, die sich eben mit militärischen Kollektiven beschäftigt, soll trotzdem zunächst von „überindividuellen" Ergebnissen die Rede sein. Denn der Krieg konnte nicht nur den einzelnen Soldaten verletzen oder vernichten, sondern auch ganze Einheiten und am Ende auch die Wehrmacht selbst. Doch wäre dieses Fazit unvollständig, wenn nicht auch die folgenden beiden Fragen wenigstens kurz angerissen würden: Wie wirkte sich die permanente Konfrontation mit dem Tod auf die Mentalität der deutschen Kriegsteilnehmer aus? Und welche Schlüsse zogen sie aus all dem, welchen Sinn versuchten sie diesem großen Sterben zu geben?

(1) Ein Aspekt ist als erster hervorzuheben; er ist so grundlegend, dass er nach all dem Gesagten fast banal erscheint: Die Verluste der Wehrmacht waren extrem hoch. Am höchsten waren sie in der Sowjetunion. Es gab keinen Kriegsschauplatz, der von der Wehrmacht so hohe Opfer forderte wie der im Osten. Insgesamt sind *dort* wohl 2,7 Millionen deutsche Soldaten gefallen oder gelten als vermisst, also jeder zweite deutsche Kriegstote[781]. Die Ostfront wurde – um eine

---

[780] Vgl. Hinze, Rückkämpfer 1944. Hier auch (S. 61 ff.) der Bericht eines Rückkämpfers aus der 45. ID.

[781] Vgl. Overmans, Verluste, S. 210, 265.
Allerdings kamen bei den Endkämpfen des Jahres 1945 weitere 1,23 Millionen deutsche Soldaten (23,1 %) ums Leben, so dass die Gesamtzahl der an der Ostfront Umgekommenen noch höher ist. Ferner die Beiträge Kroener in DRZW, Bd. 5/1 und 5/2.

Formulierung von Bernhard Kroener aufzugreifen – zur „Schädelstätte" der Wehrmacht[782].

Dieser Prozess begann schon sehr früh. In der 4. Panzerdivision etwa war bereits Anfang Juli 1941 eine Abteilung ihres Panzer-Regiments auf „wenig mehr als eine starke Kompanie" geschmolzen[783], drei Monate später näherten sich die Verluste eines ihrer Schützen-Regimenter der Zahl 1 200, „darunter etwa 20 bis 30 Prozent Tote!"[784] Solche Entwicklungen manifestierten sich nicht nur in den endlosen Verluststatistiken, sondern zuweilen in Szenen, die geradezu surrealistisch schienen. Ein Angehöriger dieser Division erinnerte sich, wie ein Bataillonskommandeur im Herbst 1941 allein „mit noch 11 Männern mitten im Gefechtsfeld" stand und ihn bat, „ihm bei der Bergung seines zerschossenen Bataillons und der Bestattung der Toten behilflich zu sein"[785].

Von solchen Erlebnissen war nicht nur die Avantgarde betroffen. Bis März 1942 hatte der Krieg gegen die Sowjetunion ein Drittel des Ostheers verschluckt. Schon damals lagen seine Gesamtverluste: Tote, Vermisste und Verwundete, bei über einer Million[786], bis zum März 1945 sollte diese Zahl auf 6 172 373 Menschen steigen[787]. Zwar gab es große Unterschiede, was den Zeitpunkt betraf, den Ort oder die Art der Verluste, doch gilt generell, dass der Alltag *aller* deutschen Soldaten in einer Weise von der Erfahrung von Tod und Vernichtung geprägt war, wie wir uns das heute nur noch schwer vorstellen können. Entsprechend groß war die Fluktuation in den Einheiten[788]. Bei der 45. ID erlebte man beispielsweise im Juli 1941, wie ein „junges Kerlchen, der aus der Führerreserve der Armee kommend, 1 Tag bei uns war, bei einem von ihm hervorragend geführten Spähtruppunternehmen schwer verwundet wurde"[789]. So etwas blieb kein Einzelfall. Gerade den Krieg im Osten dürften nur die wenigsten durchgehend erlebt haben[790], bis Juni 1944 oder gar – was noch unwahrscheinlicher war – bis Mai 1945. Das hatte nicht nur für das soziale Gefüge dieses Heeres gravierende Folgen, für seine Organisation, seine Erfahrung und seine Leistungsfähigkeit, sondern auch für jene zentrale Frage, wie viele seiner Angehörigen überhaupt Zeit und Gelegenheit fanden, sich an den Verbrechen dieses Krieges zu beteiligen. Denn die hohen Verluste bestimmten nicht nur über Einsatzdauer und Aktionsradius der deutschen Soldaten, sie begrenzten auch ihre Handlungsspielräume.

Seit den Untersuchungen von Overmans und Rass wissen wir, dass bestimmte Gruppen besonders unter diesen Ausfällen zu leiden hatten – organisatorisch die

[782] Kroener, „Menschenbewirtschaftung", S. 944.

[783] BA-MA, MSg 1/3268: Fritz Farnbacher, Tagebuch, Eintrag vom 8.7.1941.

[784] BA-MA, MSg 1/3272: Fritz Farnbacher, Tagebuch, Eintrag vom 22.9.1941.

[785] Vgl. BA-MA, RH 39/377: „Meine Kriegserlebnisse 1941/42 in Rußland als ehem. Hauptfeldwebel der 3.Komp./Pz. Rgt. 35".

[786] Angabe nach: Halder, Kriegstagebuch, Bd. III, S. 418 (25.3.1942).

[787] Ausfälle infolge von Tod, Verwundung oder Kriegsgefangenschaft. Angabe nach: KTB OKW, Bd. IV/2, S. 1508ff., Zahl S. 1515.

[788] Vgl. hierzu auch Rass, „Menschenmaterial", S. 73ff.

[789] BA-MA, N 260/4: NL Rudolf v. Bünau: Schreiben Inf. Rgt. 133 (Rg. Adj., Unterschrift unleserlich) an R. v. Bünau vom 20.7.1941.

[790] Vgl. hierzu Hürter, Heinrici, S. 162 (Kriegsbericht vom 8.5.1942): „Bei der Truppe giebt [sic] es ja nur noch verschwindend wenige, die vom 22. Juni [1941] ab bis heute übrig geblieben sind."

Fronteinheiten und soziologisch die jungen, noch unerfahrenen Soldaten[791]. So
sank die Lebenserwartung der Rekruten des deutschen Heeres im Verlauf des
Krieges dramatisch: Von 2,5 Jahren (1941) auf 1,7 (1942), 1,2 (1943), 0,8 (1944), um
dann 1945 bei schließlich 0,1 Jahren zu enden[792]. Natürlich sind Berechnungen
wie diese Durchschnittswerte, die Wirklichkeit war vielschichtiger: es gab „alte
Hasen", die sich im Frontalltag als recht zäh erwiesen[793], während gerade die jungen oder neu versetzten Soldaten schon wegen der ständig schlechter werdenden
Ausbildung schnell „verheizt" wurden[794].

Die Analyse unseres Samples bestätigt diese Ergebnisse, wobei der komparatis-
tische Ansatz ein sehr viel genaueres Bild ermöglicht. Bei Verbänden wie der 4.
Panzer- und der 45. Infanteriedivision waren die Gesamtverluste bis Dezember
1943 bereits höher als ihre Ausgangsstärke bei Kriegsbeginn; diese beiden Divisionen hätten sich nach vier Kriegsjahren also komplett erneuert, wenn sie von diesen Verlusten flächendeckend getroffen worden wären und wenn – zweite Voraussetzung – kein Verwundeter zurückgekehrt wäre. Nicht ganz so stark waren die
personellen Einbußen bei der 296. ID; doch gab es auch bei ihr – um nur ein Beispiel zu nennen – Bataillone, die im Herbst 1943 nur noch aus 90 Mann bestanden[795]. Schließlich lassen die Verluste der beiden Besatzungsverbände erkennen,
wie gefährlich der Partisanenkrieg für sie im Jahr 1942 wurde. Doch sollten die
Unterschiede zur kämpfenden Truppe nicht nivelliert werden. Gerade dafür sind
die Verluste ein wichtiger Indikator.

(2) Vor diesem Hintergrund war es kein Wunder, wenn sich die Teilnehmer
dieses Krieges zunehmend an die vielfältigen „Bilder des Elends"[796] gewöhnten,
die dieser in immer neuen Varianten produzierte. Schon im Juli 1941 fragte sich
der Oberleutnant Reinert aus der 296. ID[797], warum er so unempfindlich geworden sei „beim Anblick eines toten Russen", auch „wenn er schon aufgedunsen und
schwarz angelaufen ist. Das einzige, was uns noch schlaucht, ist der Anblick eines
gefallenen und nicht beerdigten deutschen Soldaten […]. Bei einem Russen, und
derer gibt es noch genug, auch heute wieder, ist das ganz anders. Da denkt man
höchstens ‚schon wieder einer weniger', aber packen kann einen das nicht mehr.
Mehr leid tut einem fast ein totes Pferd. Woher das kommen mag? Ich habe mich
schon oft darüber gewundert, denn trotz dieser Härte im Empfinden habe ich absolut nicht das Gefühl, verroht zu sein. Ob uns die verschlagenen Gesichter der
Gefangenen die Russen als minderwertige Menschen erscheinen lassen? Oder ob

---

[791] Vgl. hierzu eingehend Overmans, Verluste, S. 243 ff.; Rass, „Menschenmaterial", S. 139 ff. Rass
hat eine sehr hohe durchschnittliche Verweildauer von 38,2 Monaten errechnet (S. 138). Allerdings sind hierin auch die Jahre 1939/40 einbezogen. Doch stellt er auch fest, dass die Verluste
der fechtenden Einheiten mit Abstand am höchsten waren (S. 79) und dass sich die Fluktuation bis zum Kriegsende kontinuierlich steigerte (S. 138 f.).

[792] Overmans, Verluste, S. 250.

[793] So auch Rass, „Menschenmaterial", S. 192 ff., der in diesem Zusammenhang die Thesen Bartovs (Hitlers Wehrmacht, S. 65 ff.) ebenfalls revidiert.

[794] Verwiesen sei in diesem Zusammenhang auf das Schicksal von Heinrich Böll. Ders., Briefe aus
dem Krieg 1939-1945. Dass Odysseen wie die seine nicht untypisch waren, zeigt Rass, „Menschenmaterial", S. 148 ff.

[795] Sevenich, Truppe und der Weg , S. 10. Masch. Manuskript im Besitz d. Verf.

[796] Hürter, Heinrici, S. 104 (Tagebucheintrag vom 2. 11. 1941). Ferner Fritz, Hitlers Frontsoldaten,
S. 50 ff.

[797] BA-MA, MSg 2/5314: NL Hans P. Reinert, Tagebuch, Eintrag vom 14. 7. 1941.

das die Einstellung macht, daß man im Russen nichts sieht als den Gegner? Oder ob die Schreckensbilder von Lemberg[798] so nachwirken, daß man bei dem Gedanken an die Vernichtung alle andern Gedanken – die menschlichen Gedanken – ausschaltet? Vielleicht ist es in der Hauptsache der letzte Grund, denn auch bei dem Anblick vernichteter Feuerstellungen, zerschossener Tanks, ausgebrannter Fahrzeuge und abgeschossener Flugzeuge denkt man nicht an das, was vernichtet worden ist, sondern man ist im Grunde des Empfindens nur stolz, daß diese Fahrzeuge und diese Stellungen und diese Waffen des Gegners vernichtet sind."

Das ist eine lange und ungewöhnlich offene Reflexion, in der die rassistischen Legitimationsmuster des Nationalsozialismus deutlich zu erkennen sind[799]. Allein damit lässt sich freilich kaum erklären, warum der Anblick der Toten einmal Gleichgültigkeit oder gar Triumph hervorruft, das andere mal Erschütterung und Trauer[800]. Denn dieses, fast schon schizophrene Phänomen lässt sich in jedem Krieg beobachten. Auch im Zweiten Weltkrieg finden sich ähnliche Eingeständnisse – auf allen kriegführenden Seiten[801]. Schon Clausewitz hatte den Krieg als „das Gebiet körperlicher Anstrengungen und Leiden" definiert; es bedürfe „einer gewissen Kraft des Körpers und der Seele, die angeboren oder eingeübt, gleichgültig dagegen macht"[802]. Das Gegenstück zu dieser Gleichgültigkeit waren Ritterlichkeit oder wenigstens doch die Achtung des Gegners. Davon war im Falle Reinerts nicht mehr viel zu spüren.

Schlaglichter wie diese vermitteln eine Vorstellung davon, wie sich die Soldaten durch die permanente Präsenz des Todes verändern konnten. Gleichgültig und stumpf konnten sie freilich nicht nur gegenüber dem Leiden und Sterben der „anderen" werden. Die „radikale Entwertung des Individuums"[803] betraf auch die eigene Seite, mitunter sogar sie selbst. Allein drei Stimmen aus der 4. Panzerdivision können das veranschaulichen: Noch im September 1939 hatte deren Kommandeur eingestanden, er „leide mit um jedes Opfer, das wir bringen müssen"[804]. Angesichts von Verlusten, die deutlich niedriger ausfielen als im Ersten Weltkrieg[805], war dies noch möglich. Nach über drei Jahren herrschte in der Divisionsführung aber ein anderer Ton. Der Generalmajor Erich Schneider schrieb im Februar

[798] Zu den Massakern in Lemberg, wo das NKWD im Juni 1941 an die 3500 Gefangene ermordete und wo daraufhin die ukrainische Miliz und die deutschen Besatzer etwa 4000 Juden ermordeten, vgl. Kap. 5.4.
[799] Vgl. hierzu Wette, „Rassenfeind".
[800] Daran sollte sich bei Reinert nichts ändern. Im Dezember schrieb er über seine gefallenen Kameraden: „Aber die vor dem Hause liegenden Toten, die packen uns und tun uns körperlich weh." BA-MA, MSg 2/5319: NL Hans P. Reinert, Tagebuch, Eintrag vom 22.12.1941.
[801] Vgl. Kroener, „Menschenbewirtschaftung", S. 945f.; Arnold, „Ich bin bisher noch lebendig und gesund", S. 148ff.; Coudry, „Es sind immer die gleichen, die kämpfen und sich opfern", S. 166ff.; Pfund, „Zurück nach Hause!", S. 298f.; Bourke, An Intimate History of Killing, S. 151ff.; Gellhorn, Das Gesicht des Krieges; Schlemmer (Hrsg.), Die Italiener an der Ostfront, S. 38ff.; Scherstjanoi (Hrsg.), Rotarmisten schreiben aus Deutschland, insbes. S. 216ff.
[802] Clausewitz, Vom Kriege, S. 102.
[803] Geyer, Das Stigma der Gewalt, S. 679.
[804] BA-MA, N 245/2: NL Georg-Hans Reinhardt, Brief vom 20.9.1939.
[805] Obwohl sich etwa das Panzer-Regiment 35 während des Westfeldzugs stets im Brennpunkt der Kämpfe bewegte, hatte es damals „nur" 44 Gefallene, 120 Verwundete und einen Vermissten zu beklagen. Vgl. BA-MA, RH 39/377: Panzer-Regiment 35: „Unser Feldzug im Westen", S. 14.

1943[806]: „Die Verluste in den zum Teil recht harten Kämpfen waren schmerzlich, aber doch noch erträglich. Wir haben rund 1 300 blutige Verluste. 4 Offiziere sind gefallen, darunter leider auch der H[au]ptm[ann] Königsfeld." „Noch erträglich" – solch nassforsche Äußerungen lassen erahnen, wie sehr der Krieg hier mittlerweile die Wahrnehmung verändert hatte und damit auch das Verantwortungsgefühl; namentliche Erwähnung fanden nur noch – wenn überhaupt – die Offiziere. Das letzte Zeugnis stammt vom August 1944, als sich die totale Niederlage immer deutlicher abzeichnete: „Nun, es geht eben immer so weiter, bis man selbst eine verpasst bekommt"[807], bekannte damals ein Wachtmeister dieser Division. „Immer so weiter", nach beinahe fünf Jahren herrschten nur noch Apathie und Erschöpfung. Die Todeserfahrung war so mächtig geworden, dass eine Zukunft nicht mehr zu erkennen war – noch nicht einmal mehr die eigene.

Die permanente Konfrontation mit dem Tod ließ die Soldaten nicht nur stumpf werden, sondern mitunter auch hart und brutal. Berichtet wird von einem Bataillons-Kommandeur der 4. Panzerdivision, der im Winter 1941/42 „unter beträchtlichen Verlusten" ein Dorf eingenommen und bei der Fortsetzung seines Angriffs „die russische Bevölkerung über die Minen getrieben" habe. Er begründete das so: „Ich habe schon so viele gute Burschen verloren, daß ich einfach nicht die Verantwortung gegenüber den deutschen Müttern und Vätern übernehmen kann, meine Männer durch diese Minen zu schicken."[808] Auf ein solches Verhalten werden wir noch öfters treffen. Dass sich das während der Schlacht und – noch mehr – bei den Kämpfen mit den Partisanen häufte, verdeutlicht, dass gerade auch die militärische Interaktion zur Radikalisierung neigt. Doch ist dies kein Naturgesetz. Vielmehr gilt gerade auch hier, dass die Kader alles entscheiden. Ob sich militärisches Handeln außerhalb von Recht und Moral bewegte, hing in erster Linie davon ab, was die Offiziere ihren Soldaten *vorher* beibrachten und wie sie *nachher* auf deren Verhalten reagierten.

Schon deshalb verdient es Beachtung, wenn deren ständige Konfrontation mit dem Tod nicht immer in Abstumpfung und Verrohung endete. Der ehemalige Oberbefehlshaber der 2. Armee, Generaloberst von Weichs, erlitt 1951 einen „bösen Lungen- und Nervenzusammenbruch", weil ihn das „Gefühl etwa nicht voll erfüllter Verantwortung" belastete[809]. Ein Kommandeur wie Heinrich Eberbach bekannte noch in den 90er Jahren, dass er unter dem Tod seiner Soldaten „so gelitten [habe],

[806] BA-MA, RH 39/373: Schreiben Gen.mj. Schneider an Gen.ltn. Eberbach vom 22.2.1943. Schneider war seit November 1942 Kommandeur der 4. Pz. Div.
[807] BfZ, Slg. Sterz, 03711 B, Brief L. D. (4. Pz. Div.) vom 3.8.1944. Mit diesem Lebensgefühl blieb dieser Soldat nicht allein; der Oberstleutnant Frhr. von Lüttwitz schrieb schon im Oktober 1941: „Es ist ein herrlicher Herbstsonntag, wir hätten sicher einen großen Spaziergang zu Hause gemacht. Hier schoss es mal weniger. War in den Stellungen, bekam bei Heyden Kartoffelpuffer. Bin froh, daß sie es mal besser haben, sie verdienen es ... Überhaupt sind so viele gefallen. Man wundert sich manchmal, daß man selbst noch lebt. Aber so was hörst Du ja nicht gern." BA-MA, N 1010/9: NL Smilo Frhr. von Lüttwitz, Brief vom 15.10.1941. Ein anderer Angehöriger der 4. Pz. Div. schrieb im April 1945 ein Gedicht, das mit folgender Strophe endete: „Soll ich allein so weiterleben?/ Warum, weshalb, wie lange Zeit?/ Ich habe nichts mehr zu vergeben,/ nur noch dies Herz voll Bitterkeit."
[808] Neitzel, Abgehört, S. 315–319, hier S. 318.
[809] Aus einem Brief von Georg von Sodenstern vom 19.8.1951, zit. bei. Hürter, Heerführer, S. 352f., Anm. 366. Dem AOK 2 waren zeitweise die 45. und 221. Inf. Div. sowie das Korück 580 unterstellt.

als wären sie meine eigenen Kinder"[810]. Ein Batteriechef der „Vierer" war „schwer mitgenommen", weil seine Einheit „jeden Tag einen Toten"[811] zu verkraften hatte, das Panzer-Grenadier-Regiment 33 spendete in zwei Jahren über 300 000 RM an die Kinder seiner Gefallenen[812], während der Oberst v. Lüttwitz im September 1941 nach Hause berichtete[813]: „H[au]ptm[ann] Dorn, einer meiner Tapfersten, schon aus Frankreich, war gestern gefallen. Das ging mir besonders nah u[nd] ich verlor nach der kurzen Feier am Grabe die Nerven, musste durch schnelle Abfahrt meine Tränen verbergen. Es ist manchmal bißchen viel für einen schwachen Menschen. Am Tage vorher wurde der gute Hoffmann schwer verwundet u[nd] fehlt uns sehr."

Doch erschöpften sich die Reaktionen auf die militärischen Verluste nicht nur in Trauer, sie sorgten auch für tiefe Schuldgefühle. Da die Überlebenden oft genug mit der Verarbeitung ihrer unmittelbaren Verantwortung für die „eigenen" Leute zu tun hatten, blieb (wie schon im Krieg) für die „anderen" nicht mehr viel Mitgefühl übrig – auch das ein wesentlicher, oft übersehener Grund für die deutsche Bewusstseinslage nach 1945. Ihre Wurzeln hatten diese Schuldgefühle nicht allein in den Mechanismen des militärischen Apparats mit seinem tückischen Netz von Verantwortlichkeiten, in dem sich der einzelne so schnell verfing. Schon das bloße Überleben einer Katastrophe, nicht nur einer militärischen, kann als schwere psychische Belastung erlebt werden[814]. „Der Oberst hat in den letzten Tagen ein ganz kleines Gesicht bekommen – schlaflose Nächte, erregte Stunden […]. Schweigend steht er vor den langen Gräberreihen: ‚Da liegt meine alte Garde. Eigentlich gehören wir auch da hin. Dann wäre es vorbei‘"[815], steht in den Aufzeichnungen eines Divisionsgeistlichen. Ein anderer Landser schrieb: „Wieder einmal erfuhr ich, wie schwer es ist, den Tod eines Kameraden mitzuerleben: beinahe so schwer wie der eigene Tod."[816] Ein Kompaniefeldwebel der 4. Panzerdivision suchte dieses Schuldgefühl auf seine Weise zu verarbeiten: Während der harten Kämpfe im November 1941 führte er „die Leichen gefallener Kameraden oft tagelang im LKW mit, bis er einen besonders schönen Platz und die nötige Ruhe für die Beerdigung fand"[817].

Naturgemäß reduzierte sich dieses Mitgefühl auf das eigene Umfeld – das soziale oder das institutionelle[818]. Mit zunehmender Entfernung zu den Toten verflüchtigte sich diese Empathie. „Der" Russe – der militärische Gegner allemal – er-

---

[810] Faksimilierter Brief Eberbachs vom Februar 1992, in: Heinrich Eberbach, S. 78.
[811] BA-MA, MSg 1/3268: Fritz Farnbacher, Tagebuch, Eintrag vom 19.7.1941.
[812] Aufgrund regelmäßiger Sammlungen, die etwa in diesem Regiment durchgeführt wurden. Im Dezember 1944 meldete der Oberst v. Gaudecker, dass 1943 122 Kinder im darauf folgenden Jahr 186 Kinder „Sparkassenbücher je in Höhe von 1 000,– RM vom Regiment erhalten" hätten. BA-MA, N 460/16: Nachlass Gerlach von Gaudecker, Pz. Gren. Rgt. 33, Kdr., Bekanntmachung vom 24.12.1944.
[813] BA-MA, N 10/9: NL Smilo Frhr. von Lüttwitz, Brief vom 24.9.1941.
[814] Vgl. hierzu Jureit/Orth, Überlebensgeschichten, insbes. S. 153 ff.; Jureit/Meyer (Hrsg.), Verletzungen. Lebensgeschichtliche Verarbeitung von Kriegserfahrungen; dies., Erinnerungsmuster; Richard Bessel (Ed.), Life after Death.
[815] Zit. bei: Bartov, Hitlers Wehrmacht, S. 75.
[816] Zit. bei: Fritz, Hitlers Frontsoldaten, S. 192. Vgl. hierzu auch Kühne, Kameradschaft, S. 166 ff.
[817] Schaub, Panzer-Grenadier-Regiment 12, S. 100.
[818] Vgl. etwa BA-MA, MSg 1/3270: Fritz Farnbacher, Tagebuch, Eintrag vom 31.8.1941: „Es geht mir wieder sehr nahe, was ich sehe; es tritt das Wahnsinnige am Krieg wieder etwas deutlicher in Erscheinung als bei anderen Männern, die nicht in der eigenen Einheit stecken." Generell hierzu Kühne, Gruppenkohäsion und Kameradschaftsmythos; ders., Kameradschaft, S. 140 ff.; Creveld, Kampfkraft, S. 158.

schien demgegenüber nur noch als Masse, die erst dann wieder ein Gesicht und
eine Persönlichkeit erhielt, wenn die Entfernung aufgehoben war und wenn –
zweiter Grund – Krieg und Ideologie zurücktraten. Er könne nach allem, was er
gesehen habe, „in den breiten Millionenschichten des russischen Volkes keinen
Feind sehen", bekannte ein Feldwebel aus einem Dulag[819]. In den Rückwärtigen
Gebieten war dies leichter, selbst wenn das auch hier beileibe nicht zwangsläufig
war. Je mehr aber die kriegerische Auseinandersetzung mit ihren ganz eigenen Mechanismen in den Vordergrund trat, desto stärker mussten sich alle Anstrengungen
auf das eigene Überleben konzentrieren – der eigenen Person oder bestenfalls der
eigenen Kameraden.

(3) Was aber bleibt? Im Oktober 1941 verkündete der Generaloberst Freiherr
von Weichs, sein Gedenken gelte den tapferen Männern, die „ihr Leben für Führer
und Vaterland" gaben[820]. Für „Führer und Vaterland". Diese Formel fand hier weder zum ersten, noch zum letzten Mal Verwendung. Selbst im Totenkult manifestiert sich der eigenartige Doppelcharakter der Wehrmacht, jene charakteristische
Synthese aus Altem und Neuem, aus preußisch-deutscher Militärtradition und nationalsozialistischer Ideologie. Waren diese Soldaten tatsächlich dafür gefallen?

Sicher ist, dass der im Grunde verzweifelte Versuch, diesem massenhaften Sterben „den rechten Sinn [zu] geben"[821], nicht im Jahr 1945 endete. Denn in seiner
Ausweglosigkeit hat der Tod, dem sich eben nur selten ein Sinn abgewinnen lässt,
schon immer die menschliche Phantasie beschäftigt[822]. Die Soldaten und ihre Angehörigen bilden in dieser Hinsicht keine Ausnahme[823], vielmehr sind gerade sie auf
Erklärungen angewiesen[824]. „Lebe droben, o Vaterland/ Und zähle nicht die Toten!/ Dir ist, Liebes, nicht einer zu viel gefallen", wählten die Veteranen der 4. Panzerdivision als Motto für ihre Verbands-Zeitung. Vereinfachend könnte man sagen:
Nach 1945 war der Führer verschwunden, das Vaterland nicht. Waren die vielen,
aber angeblich nicht *zu* vielen, allein für das Vaterland gefallen? Vor allem aber: Für
welches Vaterland? Für ein Vaterland nationalsozialistischer Couleur oder für eine
abstrakte Nation, die man gewissermaßen ex post entnazifiziert hatte.

Gleichwohl mag die Behauptung vieler Veteranen, sie hätten nicht so sehr für
die NS-Ideologie gekämpft als vielmehr für ihr Vaterland[825], schon vor 1945 – mal

---

[819] Jarausch/Arnold, Sterben, S. 344 (Brief vom 25. 11. 1941).
[820] IfZ-Archiv, MFB 4/42870: AOK 2, OB, Tagesbefehl vom 19. 10. 1941.
       Generell zur Frage des Gefallenengedenkens, die viel über den politisch-weltanschaulichen
       Standort ihrer Verfasser verriet und verrät, vgl. Schmitt/Westenberger, Der feine Unterschied
       im Heldentod.
[821] So dezidiert der Kommandeur der 4. PD, Gen.mj. Reinhardt, in einer Ansprache am 10. 3. 1939,
       zit. bei: Clasen, Generaloberst Hans-Georg Reinhardt, S. 140.
       Vgl. etwa auch Hassell, Tagebuch, S. 323 (Eintrag vom 1. 8. 1942): „Leider ist Manfred Arnim,
       mein Patenjunge, gefallen. Mich erschüttert sehr sein Brief mit dem ‚Nicht umsonst‘."
[822] Vgl. hierzu Aries, Geschichte des Todes; Stubbe, Formen der Trauer; Schmied, Sterben und
       Trauern; Clark (Hrsg.), The Sociology of Death; Feldmann, Tod und Gesellschaft; Assmann/
       Maciejewski/Michaels (Hrsg.), Der Abschied von den Toten.
[823] Vgl. hierzu Schneider, Buch vom Soldaten, S. 365 ff.; Feldmann, Tod und Gesellschaft, S. 254 ff.;
       Latzel, Deutsche Soldaten, S. 261 ff.
[824] Vgl. hierzu Mosse, Gefallen für das Vaterland. Zum Thema Gefallenendenkmäler vgl. etwa
       Saehrendt, Der Stellungskrieg der Denkmäler.
[825] So etwa Helmut Schmidt, in: Steinhoff (u. a. Hrsg.), Deutsche im Zweiten Weltkrieg, S. 9 sowie
       S. 217 f.

mehr, mal weniger – ihrer subjektiven Überzeugung entsprochen haben. Doch ignoriert eine solche Argumentation, wie sehr dieser Begriff und diese Idee von den Nationalsozialisten missbraucht wurde[826]. Diese haben das Vaterland nicht nur für sich vereinnahmt, sondern letzten Endes auch bedenkenlos für ihre Ideologie geopfert. Zweifellos hat es viele Soldaten gegeben, die während des Krieges eher vage Vorstellungen von den Zielen der deutschen Führung hatten und die damals fest an die Propagandalüge vom Präventivkrieg gegen die Sowjetunion glaubten[827]. Doch eröffnete spätestens das Ende dieses Krieges genügend Möglichkeiten, sich über seine wirklichen Ursachen zu informieren[828].

All das ändert freilich nichts an der Tatsache dieser Verluste. Schon ein kleiner Teilausschnitt von nur fünf Divisionen vermittelt eine Ahnung davon, dass von der Wehrmacht nicht nur Tod und Vernichtung ausging. Ihre Angehörigen waren der destruktiven Gewalt des Krieges nicht minder ausgesetzt; schon in diesem Fall ging die Zahl der Gefallenen in die Zehntausende, noch größer war die Zahl derer, die diesem Krieg zwar entkamen, aber fortan an Leib oder Seele verstümmelt waren[829]. Diese Männer wollten nicht sterben oder als Krüppel weiterleben, doch ließ ihnen die politische und militärische Konstellation, deren Teil sie zweifelsohne immer auch waren, keine andere Wahl. Diese Verluste sind nicht das Ergebnis einer Deutung, die sich in einer „Victimisierungsfalle" befindet[830]. Sie sind eine Realität. Sie zu ignorieren, hieße nur, die „Unfähigkeit zur Trauer" unter anderen Vorzeichen fortzusetzen.

Vielleicht ist es daher am besten, am Ende dieses Teilkapitels eines dieser Opfer zu Wort kommen zu lassen. Dieser Soldat war kein Angehöriger unseres Samples, er gehörte zur 95. Infanteriedivision. Im Juni 1944, während des Zusammenbruchs der Heeresgruppe Mitte verloren sich seine Spuren, bis man ihn 1970 für tot erklärte. Doch war Willy Peter Reese noch eine Gnade vergönnt; vor seinem Tod konnte er seine Erfahrung des Krieges literarisch verarbeiten. Dazu gehörte auch die Erkenntnis, dass er als Soldat „permanent in der Nachbarschaft des Todes" lebte. Reeses Bilanz lautet: „Rußlands Erde aber nahm gleichgültig Blut und Ge-

---

[826] Vgl. hierzu Groscurth, Tagebücher, S. 549 (Brief vom 19. 8. 1942): „Ich glaube, man kann auch nicht mehr mit Hölderlin sagen: ‚Lebe droben, o Vaterland, und zähle nicht der Toten, Dir ist, Liebes, nicht einer zuviel gefallen!' Mehr Berechtigung hat das Ukraine-Lied. ‚Der Weg liegt voller Trümmer, die Welt hat keinen Sinn!'"
Man sollte sich freilich auch in diesem Fall vor Verallgemeinerungen hüten. Deutlich skeptischer etwa Schäufler, So lebten und so starben sie, das offizielle Gedenkbuch des Pz.-Rgt. 35, das mit einem Tagebuchzitat vom 13. 5. 1945 endet: „Jetzt, da alles zu Ende ist, drängt sich mir die Frage auf. ‚Warum haben wir eigentlich gekämpft? Warum haben wir das alles ertragen müssen? Warum, wofür sind so viele prächtige junge deutsche Soldaten gefallen.' Ich suche irgend einen Sinn und kann keinen finden." Zitat: S. 235 f.

[827] Vgl. hierzu Pietrow-Ennker (Hrsg.), Präventivkrieg?

[828] Dass der Krieg an und für sich falsch war (und damit untergründig auch seine politischen Intentionen), haben aber sehr viele Kriegsteilnehmer explizit eingestanden. Vgl. dazu Echternkamp, Mit dem Krieg seinen Frieden schließen, S. 90.
Eine solche Bewertung des Krieges lässt sich auch bei den Divisionen unseres Samples beobachten. Vgl. mit der deutlichen Ansprache des einstigen Kommandeurs der 45. ID Fritz Kühlwein am 7. Juni 1958 in Treysa: „Im Frieden liegt der Sinn des Lebens." BA-MA, MSg 3-217/1: Linzer Turm 2 (1959), Nr. 5.

[829] Zum Schicksal der Verwundeten nach 1945 vgl. etwa Jähnl, Die österreichischen Kriegsblinden der beiden Weltkriege; Weeks, Fifty Years of Pain.

[830] So Kühne, Victimisierungsfalle.

bein in sich auf. Der Verweste nährte den unbekümmerten Baum und die Ähre auf
kargem und trächtigem Land, und das Gras richtete sich wieder auf, wo der Stiefel
des Soldaten es heute zertrat. Jahrtausende vergingen, und der Russe hatte nur ein
Gesicht, und unverwandelt siegte allein das Land."[831]

2.5.8 Überlebende

Jene, die überlebten, vergaßen das nie. Doch blieb die Erinnerung so uneinheitlich
wie ihr Kriegseinsatz. Dass gerade die 4. Panzer- und die 45. Infanteriedivision
eine besonders lebendige Traditionskultur entwickelten, war sicherlich kein Zufall.
Doch entschieden nicht allein Kohäsion oder Mentalität, ob sich ein Veteranenver-
band bildete, sondern mitunter auch nur der Zufall: Hatte der Friedensstandort
der betreffenden Formation im „Westen" gelegen, in der alten Bundesrepublik
oder in Österreich? Handelte es sich um eine große Formation und besaß sie eine
längere Geschichte? Kamen ihre Rekruten aus einem regional homogenen Ergänzungsgebiet? Konnte die Formation bis Kriegsende überleben? Und schließlich:
Wo war sie eingesetzt, primär an der Front oder im Hinterland? Auch dieser Punkt
spielte eine große Rolle. Das lag weniger an der jüngeren Altersstruktur der
Kampfverbände oder daran, dass hier der Zusammenhalt aufgrund der primär militärischen Erfahrungen größer war. Entscheidend war auch, dass die Angehörigen
der Besatzungsverbände relativ häufig Dinge erlebt hatten, an die sie nicht gerne
erinnert werden wollten.

Die Traditionskultur unserer fünf Verbände repräsentieren fast schon paradig-
matisch diese verschiedenen Formen der militärischen „Vergangenheitsbewältigung", an deren Rändern gewöhnlich zwei Extremformen stehen: ein dezidiertes,
teilweise ritualisiertes Erinnern einerseits, das mit einem auffallenden Mitteilungs-
bedürfnis dieser Gruppe von Veteranen korrespondiert, auf der anderen Seite dagegen völliges (Ver)-Schweigen[832]. Es war daher kein Zufall, wenn die Veteranen
der 4. Panzerdivision das dichteste Netz militärischer „Erinnerungsgemein-
schaften" (Hans Günter Hockerts) ins Leben riefen – nicht allein für die Division,
sondern für fast jedes ihrer Regimenter[833]. Selbst in den fünfziger Jahren, als diese

---

[831] Reese, Mir selber seltsam fremd, S. 101, 132.

[832] Vgl. Kühne, Kameradschaft, S. 221.

[833] Wie lebendig diese Erinnerungskultur war, lässt sich dem *Deutschen Soldatenkalender* bzw.
dem *Deutschen Soldatenjahrbuch* entnehmen. Eine Auswertung der Jahrgänge 1953 bis 1983,
ergänzt durch die entsprechenden Unterlagen im BA, ZNS, ergab, dass nicht nur für die *4. Panzerdivision* ein Traditionsverband gebildet wurde, sondern auch für fast alle ihrer Regimenter
und Abteilungen, so etwa das Panzer-Regiment 35, die Panzergrenadier-Regimenter 12 und 33,
das Panzer-Pionier-Bataillon 79, die Panzer-Nachrichten-Abteilung 79, ja selbst für die Nach-
schub-Einheiten oder die Sanitäts-Abteilung dieser Division. Vgl. auch BA-MA, MSg 3-141/2:
Treffen der 4. Panzerdivision vom 20. bis 21. Juni 1953 in Bamberg, S. 13. Entsprechend war der
Zuspruch. Noch 1984 kamen allein „über 500 Teilnehmer" zum Veteranentreffen eines einzigen
Regiments (Panzer-Regiment 35). Vgl. Fränkischer Tag vom 9. 6. 1984, „35er trafen sich vor ‚ih-
rer' Kaserne". Ferner: Fränkischer Tag vom 7. 6. 1973, „In Wien Kriegskameraden getroffen".
Auch für die *45. Infanteriedivision* wurde ein ungewöhnlich aktiver Traditionsverband ins
Leben gerufen, jedoch nur für eines ihrer Infanterie-Regimenter (130).
Bei der *296. Infanteriedivision* war die Traditionspflege geringer. In ihrem Fall war das wohl
weniger eine Frage der Mentalität, sondern vor allem in dem Umstand begründet, dass diese
Division 1944 vernichtet und im Gegensatz zur 45. ID auch nicht wieder aufgestellt wurde.
Außerdem fehlte der 296. im Gegensatz zur 45. ein wirklicher Friedensstandort. Trotzdem

rührigen Verbände teilweise wie Pilze aus dem Boden schossen[834], war dies ungewöhnlich. Aber auch für die 45. ID konnte sich eine sehr rege Traditionskultur etablieren, wenn auch nur für die gesamte Division, während dies bei der 296. ID nur noch für eines ihrer Infanterie-Regimenter (521) belegt ist[835]. Von den beiden Besatzungsverbänden unseres Samples ist schließlich eine Traditionspflege noch nicht einmal in Ansätzen bekannt. Dies war keine Ausnahme; gleiches gilt auch für die übrigen Sicherungsdivisionen oder Korücks[836].

Heterogen waren also nicht nur Organisation und Sozialstruktur „der" Wehrmacht, sondern auch die Bereitschaft ihrer übrig gebliebenen Angehörigen, sich mit dieser Phase ihres Lebens zu identifizieren oder wenigstens doch auseinander zu setzen. Die Integrationskraft von Verbänden wie der 4. Panzerdivision endete nicht mit dem Krieg. Ihrer Veteranenkultur fehlten *meist* die nationalistischen oder militaristischen Töne, doch sprach das Traditionsblatt der „Vierer" dezidiert von „Erinnerungen, die wir uns bewahren sollten"[837]. Auch bei den beiden anderen Kampfverbänden unseres Samples, der 45. und der 296., wollte man das[838] – zuweilen voller Stolz, häufiger aber mit deutlich leiseren Akzenten[839]. Dagegen hiel-

war die Traditionsbildung immer auch ein Produkt des Zufalls. Es existierten viele Verbände der Wehrmacht, die eine ähnliche Geschichte besaßen wie die 296. ID und eine sehr rege Veteranenkultur entwickelten.

Minutiös bestätigt wird dieser Eindruck durch die einschlägigen Publikationen, die zu den fünf Formationen unseres Samples sowie deren Teileinheiten erschienen sind. Auch hier ergibt sich ein ähnliches „Ranking": Die meiste Literatur existiert über die 4. Pz. Div., ihr folgen die 45. Inf. Div., während es bei der 296. Inf. Div. schon spärlich aussieht. Verbandsgeschichten für die beiden Besatzungsverbände fehlen dagegen vollkommen. Vgl. hierzu Held, Verbände und Truppen der deutschen Wehrmacht und Waffen-SS im Zweiten Weltkrieg, z. Z. 5 Bde., Osnabrück 1978–1995.

834 Doch entwickelte sich daraus nie eine offensive politische Massenbewegung. Vgl. hierzu die überzeugende Interpretation von Kühne, Kameradschaft, S. 214 ff. Generell hierzu vgl. Schweinsberg, Die Soldatenverbände in der Bundesrepublik; Meyer, Zur Situation der westdeutschen militärischen Führungsschicht; ders., Soldaten ohne Armee; Volkmann, Die innenpolitische Dimension Adenauerscher Sicherheitspolitik, S. 589 ff.; Lockenour, Soldiers into Citizens; Berg, Challenging Political Culture in Postwar Austria; Diehl, The Thanks of the Fatherland; Searle, Veterans' Associations and Political Radicalism; ders., Wehrmacht Generals; Echternkamp, Mit dem Krieg seinen Frieden schließen; ders., „Kameradenpost bricht auch nie ab ..."; Düsterberg, Soldat und Kriegserlebnis; Manig, Politik der Ehre.
Zur Position der beiden deutschen Nachkriegs-Armeen: Abenheim, Reforging the Iron Cross; Koszuszeck, Militärische Traditionspflege in der Nationalen Volksarmee der DDR.

835 Vgl. hierzu auch 40 Jahre Kameradschaft der Würzburger Infanterie-Regimenter und Reservisten der Bundeswehr e. V. 1954–1994, Würzburg o. J. [1994].

836 Vgl. Kühne, Kameradschaft, S. 218.
Eine organisierte Traditionspflege hat es weder für die 221. Sich. Div. noch für den Korück 580 gegeben. Lediglich für die II./Art.-Rgt. 221, die nur zeitweise bei der 221. eingesetzt war, formierte sich eine Traditionsgemeinschaft, aber nur für wenige Jahre. Auch Verbandsgeschichten fehlen für diese beiden Formationen völlig.

837 BA-MA, MSg 3-281/1: Panzer-Nachrichten vom August 1970.

838 BA-MA, MSg 3-217/1: Linzer Turm 5 (1962), Nr. 22: „Wir haben diese Kameradschaft empfunden und so es nur ging, allen Kameraden weitervermittelt. Sie blieb unser Vermächtnis, das wir herübergerettet haben aus Zeiten der tiefsten Not und einer unlösbaren Zusammengehörigkeit, geschmiedet auf den Kampffeldern in Ost und West."

839 Vgl. mit dem Motto, das der ersten, 1958 erschienenen Ausgabe des *Linzer Turms* vorangestellt war: „Unser Wille und unser Weg sind klar vorgezeichnet: Treue Kameradschaft halten! [...] Für gleiches Recht! Es komme keiner und sage, wir wären für den Krieg! Einen größeren Unsinn könnte man gar nicht verzapfen, uns gegenüber [...]. Aber eines haben wir uns dabei bewahrt und tragen es als Vermächtnis in uns: Die Kameradschaft von Mann zu Mann, von Kamerad zu Kamerad, mag er nun wo immer im Leben stehen." BA-MA, MSg 3-217/1: Linzer Turm 1 (1958), Nr. 1.

ten es die Angehörigen der beiden Besatzungsverbände ganz offensichtlich für besser, über ihre militärische Vergangenheit zu schweigen und sie dem Vergessen anheimfallen zu lassen, zumindest dem öffentlichen. Dass diese selektive Form des Erinnerns, bei der viel von Panzer-Raids, von Auszeichnungen und Kameradschaft die Rede war, aber kaum etwas von Kriegsgefangenenlagern, Geiselerschießungen oder Ideologie, die gesellschaftliche Rezeption dieses Krieges maßgeblich prägte, steht außer Frage. Darin *ausschließlich* Verdrängung zu sehen, wäre indes zu einfach. Diese Form der „Vergangenheitsbewältigung" besaß auch ganz bestimmte institutionelle Voraussetzungen und orientierte sich immer an dem, was diese Männer persönlich erlebt hatten.

2.6 Resümee: Fünf Divisionen als Prototypen des deutschen Ostheeres

Am Anfang die Aufstellung, am Ende der Untergang. Hinter der Anordnung dieses Kapitels steht eine Erfahrung, wie sie millionenfach mit der Geschichte militärischer Truppenteile gemacht wurde. Ihre nicht selten improvisierte Aufstellung wurde als Aufbruch, als Befehl oder doch als Zäsur empfunden, auf jeden Fall als Beginn. Die dahinter stehenden Motive tragen in unserem Fall viele Namen: Nationalsozialismus, Nationalismus oder Patriotismus, Kriegs- oder Gewaltbereitschaft, Zwang, Schicksalsergebenheit, Abenteuerlust oder Pflichtbewusstsein. „Wir sind uns alle einig, daß wir den richtigen Weg gehen, und jeder tut sein Möglichstes mitzugehen auf diesem Weg – nicht weil er sonst allein bleiben würde, also aus Verstandesgründen heraus, sondern weil jeder fühlt, daß das das Richtige ist, und es so sein muß und nicht anders", schrieb ein Offizier, den man im Frühjahr 1940 zur 296. Infanteriedivision versetzte[840]. Diese Division sollte er damals mit aufbauen.

Am Ende dieses Weges standen nur noch Trümmer: Gräberfelder, Kriegsgefangenenlager, Verstümmelte, Traumatisierte und schließlich die tief eingefressene Erfahrung von Gewalt, Schuld und Tod, dem man selbst – oft nur knapp – entkommen war. Jener Offizier aus der 296. ID war davon nicht ausgenommen; auch er überlebte seine Gefangennahme nur durch Zufall[841]. Sein Schicksal war, das letzte Teilkapitel hat es zur Genüge gezeigt, kein Einzelfall. Die Geschichte kennt den Untergang vieler Armeen. Selten aber hat er sich auf so dramatische und totale Weise vollzogen wie im Falle der Wehrmacht. Das waren Anfang und Ende. Was aber lag dazwischen?

---

[840] BA-MA, MSg 2/5323: NL Hans P. Reinert, Tagebuch, undatierter Eintrag vom Frühjahr 1940.
[841] BA-MA, MSg 2/5326: NL Hans P. Reinert, Tagebuch, Anlage: rückblickende Zusammenfassung für die Zeit vom 22.6.–30.6.1944. Dort heißt es über seine Gefangennahme: „Auch bei mir war der Kampf bald entschieden, der eine hatte die Uhr, der andere, ein schlitzäugiger Mongole, den etwas spärlichen Inhalt meiner Taschen. Und als Ersatz dafür durfte er mich umlegen. Die M.Pi. ist im Anschlag – Ladehemmung! Durchladen und nochmals anlegen! Ein Ruf, er kommt vom Streifenführer, der ebenfalls einen Hund dabei hat und oben an der Böschung steht, und der Mongole dreht sich etwas zu ihm um, die Hand am M.Pi.-Kolben, den Finger am Abzug, er reißt durch und durch die kleine Wendung gehen die Schüsse dicht an meinem Oberschenkel vorbei. Was ich mir dabei gedacht habe? Gar nichts! Wirklich gar nichts. Das hat mit Tapferkeit nichts zu tun. Das ist so Selbstverständlichkeit, daß es jetzt eben aus ist, daß man sich dabei gar nichts denkt."

Die fünf Divisionen unserer Studie mit ihren an die 100 000 Angehörigen repräsentieren typologisch einen großen Teil der damaligen deutschen Landstreitmacht. Zwar handelte es sich bei der Wehrmacht um eine „heterogene männliche Massengesellschaft von über 17 Millionen Soldaten aus vier Generationen"[842], doch besaß jede Heeresformation ihr charakteristisches Alters- und Sozialprofil. Da in jeder Division der Altersschnitt einigermaßen homogen sein sollte, wurde mit ihrer *Aufstellung* auch der für sie charakteristische Sozialtypus festgelegt – der leistungsfähige und hochmotivierte Profi, der ergraute „Landwehrmann", der zivile, reaktivierte Spezialist oder der „grüne" Rekrut. Natürlich war in einer Division nicht durchgehend ein und derselbe Typus vertreten, doch war dieser jeweils vorherrschend. Anhaltspunkt dafür war die Altersstruktur, die sich in unserem Fall wie folgt verjüngte: 580 – 221. – 296. – 45./4. Das heißt: Im Korück war der Altersschnitt am höchsten, in den beiden aktiven Verbänden am niedrigsten. Die Altersstruktur liefert auch einen Hinweis darauf, wie wir uns die politische und gesellschaftliche Sozialisation dieser Soldaten vorzustellen haben. In den Verbänden mit einem jungen Altersschnitt wird die Zustimmung zum Nationalsozialismus sehr viel deutlicher ausgefallen sein, als in jenen, die sich vor allem aus älteren Reservisten rekrutierten. Auch dafür bietet jene Zahlenkolonne einen ersten, wenn auch groben Anhaltspunkt.

Vertiefen lässt sich der zuletzt genannte Aspekt, wenn man die *Heimat*, aus der diese Soldaten stammten, in diese Analyse mit einbezieht. Da die Wehrmacht auch auf eine regional homogene Rekrutierung größten Wert legte, bietet sich hier eine weitere Möglichkeit, um eine präzisere Vorstellung von der Identität dieser militärischen Kollektive zu bekommen. Es hat sich gezeigt, dass die meisten Soldaten dieser fünf Divisionen aus „einfachen", mitunter geradezu ärmlichen Verhältnissen stammten, selbst wenn sich diese stark agrarisch geprägten Landschaften in ihren geographischen, historischen und sozioökonomischen Strukturen extrem unterschieden. Doch hatten der Erste Weltkrieg, die Weltwirtschaftskrise und schließlich die nationalsozialistische Machtergreifung überall tiefe Spuren hinterlassen. Am Wahlverhalten zu Beginn der 30er Jahre lässt sich ablesen, wie man in den späteren Stationierungs- und Rekrutierungsräumen unserer fünf Divisionen über den Nationalsozialismus dachte. Gewiss lagen diese kollektiven politischen Meinungsäußerungen bereits einige Jahre zurück, als man in den Jahren 1938 bis 1940 diese Divisionen aufstellte. Doch waren diese politischen und mentalen Signaturen nicht einfach verschwunden. In Schlesien, Standort der 221., war die Zustimmung zum Nationalsozialismus am größten, in Niederbayern und der Oberpfalz, dem Standort der 296., am geringsten. Würde man, ausgehend von diesen beiden Extremen, ein Ranking erstellen, so müsste es lauten: 221. – 4. – 45. (?) – 296.; dagegen ist ein Urteil über die Angehörigen des Korück nicht möglich.

Das Teilkapitel *Kader* bot die Möglichkeit, wenigstens einen kleinen Teil der Divisionsangehörigen genauer darzustellen, nicht eine beliebige Gruppe, sondern eine, deren Macht und Prestige in ihrer Division mit Abstand am größten war. Die Analyse dieser kleinen, aber einflussreichen Positionselite von 276 Offizieren ermöglicht Rückschlüsse auf deren Sozialcharakter, der auffallend homogen war –

---

[842] Förster, Wehrmacht, Krieg und Holocaust, S. 948.

und blieb – und auch auf deren Wirkung auf „ihre" Einheiten. Galten sie als fachlich „gut", so verfügten sie meist auch über ebensolche Kommandeure, während
bei einer militärisch „schlechten" Einheit gewöhnlich genau das Gegenteil der Fall
war. Ein entsprechendes Ranking müsste in diesem Fall lauten: 4. – 45. – 296. – 221.
– 580. Unterschiedlich war freilich nicht nur die militärische Leistungsfähigkeit
dieser Offiziersgruppe. Aufgrund ihrer sehr breiten Altersspanne aus vier Generationen war auch ihre politische Sozialisation nicht uniform verlaufen. Über das
jüngste Offizierskorps verfügte die 296. ID, über das älteste der Korück, so dass
sich folgende Reihung ergibt: 296. – 4. – 45. – 221. – 580. Auch dies ist wiederum
ein erster, wenn auch nur grober Anhaltspunkt dafür, wie diese militärischen Führer politisch zu verorten sind, insbesondere im Hinblick auf ihre Zustimmung zum
Nationalsozialismus[843].

Schließlich die beiden Teilkapitel *Auszeichnungen* und *Verluste*, die sich auch als
Summe militärischen Handelns lesen lassen. Die militärische Effizienz eines Verbands in all ihren Varianten und Abstufungen wird dabei sicht-, ja fast schon mess-
bar, und auch der Preis, der dafür zu entrichten war. Erneut bestätigte sich jenes
professionelle Qualitätsgefälle, das sich bereits bei den Kadern abgezeichnet hatte:
4. – 296. – 45. – 221. – 580, freilich mit einer bemerkenswerten Verschiebung bei den
beiden Infanteriedivisionen. Wiederum anders fällt diese Abfolge bei einem Vergleich
der prozentualen Verluste dieser Divisionen aus; sie lautet: 4. – 45. – 221. – 296. – 580.
Derartige Angaben sind in ihrer Abstraktheit freilich mehr als nur „Merkmale militärischer Professionalität"[844]. Die Tragödien, die hinter diesen Zahlen stehen, erinnern
daran, dass auch die Wehrmacht von Opfern nicht verschont blieb. Doch ging es in
diesem Kapitel weniger um Einzelschicksale, sondern um die sozialen Strukturen militärischer Kollektive. Die hier präsentierten dürren Zahlenkolonnen sind ein Versuch, die großen Themen dieser fünf Teilkapitel auf ihren kleinsten Nenner zu bringen, wobei auch hier die vergleichende Perspektive die Interpretation erleichtert.

All das soll nun nochmals aufgelöst und für jede Division zusammengefasst
werden, um von ihnen mehr zu bekommen als nur einige abstrakte Zahlenreihen.

4. Panzerdivision   Spätestens seit Martin van Creveld wissen wir, wie groß die
Kampfkraft der Wehrmacht war. Doch gab es auch hier eine Spitze. Dass Verbände
wie die 4. Panzerdivision gewissermaßen die „Garde" der Wehrmacht bildeten,
entschied sich freilich nicht mehr über Stand oder Anciennität. Dafür verantwortlich waren allein Leistung und Erfolg. Das wird im Falle dieses Verbands an vielen
Aspekten erkennbar – am Ordenssegen, der auf ihn niederging, an den Kadern, die
hier versammelt waren, und nicht zuletzt auch an seiner Rolle als schlachtentschei-
dende Waffe[845]: In der Zeit der deutschen Offensiven standen die „Vierer" stets im
Zentrum des Angriffs, sie fungierten oft als eine Art Keil, der die gegnerische Front
spaltete. In der langen Zeit der Defensive wurden sie zunehmend zur „Feuerwehr",

---

[843] In diesem Sinne auch Pohl, Herrschaft, S. 112, der vermutet, dass die Zustimmung zum Nationalsozialismus in den Besatzungsverbänden am geringsten war.
[844] So Neitzel, Des Forschens noch wert?, S. 409.
[845] Das wird auch daran erkennbar, dass Verbände wie die 4. Panzerdivision zu jenen Verbänden
gehörten, die am häufigsten in den Lagemeldungen der Wehrmachtsführung erschienen. Vgl.
Mehner (Hrsg.), Die Geheimen Tagesberichte.

die immer wieder dann eingreifen musste, wenn schon alles verloren schien[846]. „Wenn wir überall an der Front Panzerdivisionen hätten, ich glaube, die Russen kämen nicht durch. Ihnen würde schon der Arsch heiß gemacht werden. Aber bei den Infanterie-Divisionen ist es eben Scheiße, [...]"[847], schrieb ein Wachtmeister dieser Division im August 1944. Doch blieben die motorisierten Verbände in der Wehrmacht eben eine sehr kleine Minderheit[848].

Dass die „Vierer" zu einem Eliteverband wurden, begründete sich freilich weniger in ihrer Organisation oder Ausrüstung. Den Ausschlag dafür gaben letzten Endes ihre Angehörigen – deren Selbstbewusstsein, Professionalität und auch deren Leistungs- und Opferbereitschaft. Bei ihnen handelte es sich in erster Linie um junge und gut ausgebildete Soldaten, die meisten Freiwillige oder Profis. Ihre Identifikation mit den militärischen und – so ist zu vermuten – politischen Verhältnissen war sehr groß. Da sie in diesem aktiven Verband auf ihresgleichen trafen, da sie immer wieder die Erfahrung machten, dass ihre Kameradschaft der schrecklichen Wirklichkeit des Krieges standhielt, entwickelte sich hier eine Solidargemeinschaft, wie sie selbst in der Wehrmacht „nur wenige Truppen hatten"[849]: „Einer stand für alle, alle für einen."[850] Den Krieg verstanden die „Panzer-Männer", unabhängig von Dienstgrad oder Funktion, als einen Prozess, durch den sie „miteinander verschmolzen"[851]. Wenn es unter den Divisionen unseres Samples eine gab, auf die das Wort der „band of brothers" zutraf, dann war es die 4. Panzerdivision.

Die Zugehörigkeit zu dieser „Panzer-Familie"[852] war teuer erkauft. Allein bis Dezember 1943 verlor diese Division ca. 17 000 Tote, Verwundete und Vermisste; das entsprach einer Verlustquote von über 128 Prozent; dies ist die höchste Quote in unserem Sample. Andererseits war es vermutlich auch auf den Sonderstatus dieser „Waffenbrüderschaft" zurückzuführen, wenn sie bis Kriegsende nie auseinanderbrach[853]. Ambivalent war der Anspruch, etwas Besonderes zu sein, aber nicht

---

[846] So Schaub, Panzer-Grenadier-Regiment 12, S. 183; Saucken, 4. Panzer-Division, Teil II, S. IX: Einleitung Heinrich Eberbach.

[847] BfZ, 03711 B: Brief L. D. (4. PD) vom 3. 8. 1944.

[848] Im Juli 1943 waren an allen Fronten nicht mehr als 23 deutsche Panzerdivisionen im Einsatz. Vgl. Mueller-Hillebrand, Heer, Bd. 3, S. 122; Jentz, Panzertruppe, Bd. 2, S. 47ff.

[849] Vgl. hierzu auch den Abschiedsbefehl Eberbachs an „sein" Panzer-Regiment 35 vom Juli 1941: „Diese Zeit gehört zu der schönsten meines Lebens. [...] Wir sind miteinander verbunden durch Erlebnisse, wie sie nur wenige Truppen hatten." BA-MA, RH 39/377: Befehl des Kdrs. Pz.-Rgt. 35 vom 26. 7. 1941.

[850] Vgl. BA-MA, MSg 3-281/1: Panzer-Nachrichten Nr. 5 vom März 1959.

[851] BA-MA, N 460/1: NL Gerlach von Gaudecker, Rede des Generalleutnants Dietrich von Saucken am 8. 5. 1944: „Sie wissen, wie sehr uns die gemeinsamen Kampferlebnisse miteinander verschmolzen haben. Um so schwerer fällt es mir, mich aus dieser Verschmelzung wieder herauszulösen." Vgl. auch BA-MA, RH 39/373: Hans Luther, frh. San.-Ofw. I.[Abt.]/[Pz.Rgt.] 35, o. D.; „Diese dramatischen Stunden gemeinsam durchlebter Gefahren haben die Division noch fester zusammengeschweißt." Ferner die zeitgenössische Propagandaschrift der 4. Pz. Div. (Sturm im Osten, S. 296), wo behauptet wird, die Angehörigen dieser Division hätten „zusammengehalten wie Pech und Schwefel".

[852] So Heinrich Eberbach auf einen seiner Offiziere, den legendären „Pampas", der „in der Erinnerung unserer Panzerfamilie weiterleben" würde. BA-MA, MSg 3-281/1: Panzer-Nachrichten Nr. 35 vom Juli/August 1971.

[853] Ein langsames Absinken der Kampfmoral war in dieser Division erst in den letzten Monaten des Krieges zu beobachten, wenn auch nur vereinzelt. Vgl. etwa den erstaunten Tagebucheintrag Farnbachers vom 10. 2. 1945, dass „eine große Schweinerei im Gange [sei]: unsere Landser laufen, ohne einen Schuss abgegeben zu haben, davon." BA-MA, MSg 1/3290: Fritz Farnbacher, Tagebuch, Eintrag vom 10. 2. 1945.

nur für die eigenen Leute. Auch die Gegenseite, Kombattanten wie Nichtkombattanten, bekam es immer wieder zu spüren, dass in dieser Division die Bereitschaft bestand, sich notfalls auch rücksichtslos über alles hinwegzusetzen, was dem eigenen Erfolg im Wege stand.

Diese latente Bereitschaft zum Vernichtungskrieg besaß nicht allein militärische Gründe. Die 4. Panzerdivision verstand sich nicht nur im Technischen als eine „moderne" Division, selbst wenn in ihrem sehr heterogenen, teilweise schon geradezu individualistischen Offizierskorps, mitunter auch ganz andere Einflüsse als die des Nationalsozialismus zu erkennen sind. Trotzdem scheint diese Ideologie zeitweise großen Einfluss auf das Selbstverständnis dieser Formation gehabt zu haben; es sei klar, schrieb einer ihrer Regimentskommandeure 1940, „daß wir eine Idee haben, eine Aufgabe, ein klares Ziel für unser Volk und damit auch für die ganze Welt. Aus dieser Idee entspringt unsere größere Härte."[854] Mit zunehmender Dauer des Krieges veränderte sich freilich diese Haltung. Während die politische Linientreue immer mehr in den Hintergrund trat, blieben Korpsgeist, Kameradschaft, unbedingter Leistungswille und Todesverachtung[855]. Für die „Vierer" scheint das gegolten zu haben, was Lothar Günther Buchheim über die U-Boot-Fahrer festgestellt hat: sie waren „besonderen Gefahren ausgesetzt, dafür wollten sie auch besondere Rechte haben"[856]. Zu dieser Nonkonformität konnte auch eine zunehmende Distanz zum Nationalsozialismus gehören, die sich vor allem in der zweiten Kriegshälfte immer deutlicher zeigte[857]. Doch wurden die Freiräume dieses militärischen Refugiums bestenfalls im taktischen Rahmen genutzt[858], was die Frage aufwirft, ob der bescheidene Luxus eigener Rituale und Wertvorstellungen in einer vernünftigen Relation stand zu den militärischen Opfern und den politischen Konzessionen, die sie kosteten. Wenn es ums Ganze ging, blieb dieser „verlorene Haufen" gehorsam – bis zuletzt. Sein Ende scheint fast wie ein Symbol: Vollkommen abgeschnitten vom Reich, zusammengedrängt auf dem schmalen Dünenstreifen der Frischen Nehrung ergaben sich die Reste der Division am 9. Mai 1945, am Tag nach der offiziellen deutschen Kapitulation.

---

854 BA-MA, RH 39/603: Pz.-Rgt. 35, Bericht vom 23. 6. 1940. Der Bericht endet mit den Worten: „Am selben Tag noch machte das Regiment kehrt und fuhr die erste Etappe zurück nach Norden. ‚Denn wir fahren gegen Engelland!' Heil Hitler. Eberbach."

855 Eine guten Eindruck über die Atmosphäre im Stab dieser Division vermittelt: BA-MA, RH 39/373: Gefechtsbericht über den Angriff auf Kriwonossowka, Glasoff, Chiltschitschi, Dubrowka und Wowna am 12. 3. 1943.

856 Buchheim, Die U-Boot-Fahrer, S. 79. Dieses Selbstbewusstsein wird auch spürbar in der Ansprache des Sohns des Generals Guderians, des späteren Generalmajors Heinz-Günther Guderian, der ebenfalls eine Zeitlang zur 4. Panzerdivision. gehörte. Vgl. BA-MA, MSg 3-281/1: Panzer-Nachrichten Nr. 48 vom März 1976: „Das Ehrenmal in der Heide".

857 Vgl. etwa Sauerbruch, Bericht. Ferner Eberbach: „Auf Grund ihrer großen Erfolge konnte es sich die Divisionsführung auch leisten, Nein zu sagen zu Befehlen, die der Lage nicht entsprachen und übermäßige Blutopfer gefordert hätten." Zit. in: Neumann, 4. Panzerdivision, S. VI. Die Militärgeschichte kennt viele Beispiele dafür, dass gerade die Garde anfällig für die politische Insubordination ist.

858 In diesem Sinne auch Seitz, Verlorene Jahre, S. 134 sowie S. 157: „Auffallend an dieser ganzen aufgezogenen mitternächtlichen Geschichte war die Tatsache, daß, als der Offizier zum Schlusse seiner Vorlesung ein Siegheil auf Hitler ausbrachte, keiner von uns mit einstimmte."

45. Infanteriedivision Als aktiver, traditionsreicher Vorkriegsverband gehörte auch die 45. zum eigentlichen Kernbestand der Wehrmacht, selbst wenn sie erst 1938 zu ihr gekommen war. Verglichen mit der 4. Panzerdivision war jedoch bei der 45. vieles anders. Bei ihr handelte es sich „nur" um eine Infanteriedivision, also um den durchschnittlichen Divisionstyp der Wehrmacht[859]. Auch fiel ihren österreichischen Angehörigen die Anpassung an die deutschen Verhältnisse anfangs nicht leicht. Noch im Oktober 1938 glaubte der Generaloberst Wilhelm Ritter von Leeb zwischen der 45. ID und einer „reichsdeutschen" Division einen „Unterschied wie Tag und Nacht" festzustellen[860]. Ein solches Urteil war nicht ganz unbegründet, doch lag es wohl kaum am mangelnden Engagement der „Ostmärker": „Wir müssen uns ja leider mit allem so behelfen. Nichts ist praktisch erprobt worden, so daß alle Augenblicke wieder Zwischenfälle eintreten"[861], meinte damals einer ihrer Offiziere.

Spätestens im Ernstfall bewiesen aber auch die „österreichischen" Wehrmachtsangehörigen, wie sehr sie sich mit ihrer neuen Aufgabe identifizierten[862]. Schon im Polen- und Westfeldzug zeigten sich Zuverlässigkeit und Schlagkraft dieser Formation, die auf einem breiten Fundament aktiver, engagierter Führer und Unterführer sowie junger, leistungsfähiger und kriegsnah ausgebildeter Wehrpflichtiger beruhten. Kein Spitzenverband wie die 4., aber eben doch „guter Durchschnitt" – in den Worten der deutschen Generalität eine „schöne" Division[863]. Deren Hoffnungen ruhten im Sommer 1941 auch auf Formationen wie der 45., die ein breites und leistungsfähiges Mittelfeld unter den deutschen Kampftruppen bildeten. Kurz und bündig formulierte einer ihrer Kommandeure im März 1943[864]: „Die 45. ID hatte den ganzen Krieg über einen vorzüglichen Ruf und konnte Dank ihrer überall gezeigten guten Leistungen stolz sein."

Der Anlass für diese Formulierung – die Anklage gegen einen so begabten Offizier wie den Oberstleutnant Burgemeister –, war freilich ein Indiz dafür, dass nach über drei Jahren Krieg in der oberösterreichischen Division längst nicht mehr alles zum Besten stand. Schon im ersten halben Jahr des Ostkriegs hatten die 45er zwei folgenschwere Führungsfehler auszubaden – den aberwitzigen Sturm auf die Festungsanlagen von Brest-Litowsk im Juni 1941, der sie allein knapp 500 Tote und etwa 1 000 Verwundete kostete[865], und den Rückzug aus Jelez, bei dem die Division dann beinahe ganz aufgerieben worden wäre. Keine Division aus unserem

---

[859] Vgl. mit Kap. 1.

[860] Leeb, Tagebuchaufzeichnungen, S. 48 (Zitat vom 11. 10. 1938). Verglichen wurde das Infanterie-Regiment 135, eines der drei Infanterie-Regimenter der 45. Inf. Div., und das hessische Infanterie-Regiment 57.

[861] Ludwig Hauswedell, Einsatztagebuch 1938/39, Kopie im Besitz d. Verf., Eintrag vom 30. 9. 1938.

[862] Groscurth, Privattagebuch, S. 206 (Eintrag vom 18. 9. 1939): „Stülpnagel sagt, unsere Truppe schlüge sich hervorragend, einschließlich der Österreicher."

[863] Broucek (Hrsg.), General im Zwielicht, Bd. 2, S. 580 f.: „Bei einem Spaziergang über den Kurfürstendamm traf ich General der Infanterie Materna, der leider seine schöne 45. Division mit dem Kommando eines in Stettin neu aufzustellenden Korps hatte vertauschen müssen."

[864] BA, ZNS, Heer 26082: Personalakte Alfred Burgemeister, 45. Inf. Div., Kdr., Befehl „an die Herren Kommandeure" vom 18. 3. 1943.

[865] Gschöpf, Weg, S. 225. Gschöpf war als katholischer Feldgeistlicher der 45. ID zugleich auch ihr „Gräberoffizier", so dass er über ihre Verluste sehr genau informiert war. Vgl. auch mit Kap. 2.5. dieser Arbeit.

Sample hatte in absoluten Zahlen so horrende Verluste wie die 45. – bis Dezember
1943 waren es bereits über 21 000 Mann an Toten, Verwundeten und Vermissten!
Dass die Überlebenden nach 1945 dennoch eine ausgesprochen lebendige Erinnerungskultur aufbauten[866], spricht eher für deren Engagement und Identifikation
als für die Leistungen ihrer Führung[867].

Gewiss verfügte auch die 45. über begabte und charismatische Führer, doch
längst nicht in dem Maß wie etwa die „Vierer". Charakteristisch für das höhere
Offizierskorps der 45. war auch ein relativ hoher Altersschnitt sowie der Umstand,
dass einzelne wegen erwiesener Unfähigkeit abgelöst werden mussten[868]. Und
noch etwas fällt auf: In unserem Sample existiert keine Frontdivision, in der die
Mannschaften so schlecht mit Auszeichnungen bedacht wurden wie in der 45., obwohl es doch gerade hier besonders oft hart her ging. Es ist sicherlich nicht verfehlt, darin die Handschrift zweier Kommandeure zu sehen, welche die 45. zwei
Jahre lang führten: Fritz Schlieper und Fritz Kühlwein[869]. Bei ihnen handelte es
sich – vorsichtig formuliert – um menschlich sehr schwierige, ja fast schon splee-
nige Zeitgenossen, die eine ganze Reihe von Fehlentscheidungen zu verantworten
hatten und wohl auch einen Führungsstil, den man als konservativ, obrigkeitsstaat-
lich, zum Teil auch nur noch als verkrustet bezeichnen könnte. Freilich hatte auch
das – wie alles – zwei Seiten. Keine Kampfdivision unseres Samples war so wenig

---

[866] Vgl. hierzu auch: Pollak, Die Wehrmachtlegende in Österreich.

[867] Bezeichnend ist auch die folgende Passage eines Briefes, den ein ehemaliger Unteroffizier der
45. schrieb, der die Vernichtung von 1944 überlebt hatte und nun in der Nachfolgeformation,
der 45. Volksgrenadierdivision, eingesetzt wurde: „Ich kann nur sagen, nie werde ich mich bei
einem solchen Haufen wohlfühlen." BfZ, Slg. Sterz, 28089, Brief J. B. vom 23.8.1944.

[868] Es war wohl kein Zufall, dass sich Fälle dieser Art bei der 45. häuften; verwiesen sei auf den
bereits erwähnten Fall des Oberst Boie: BA-MA, Pers. 6/2526: Personalakte Claus Boie. Ferner existieren allein im höheren Offizierskorps der 45. drei ähnliche Fälle: BA, ZNS, Heer,
10252: Personalakte U. v. E.; dort 45. Inf. Div., Kdr., Schreiben vom 25.8.1943, wo es u.a.
heißt, „daß ich E. als Truppenkommandeur für völlig ungeeignet halte". BA-MA, Pers. 6/9325:
Personalakte Dr. T. G.; dort 45. Inf. Div., Fernschreiben vom 24.1.1943, in dem es u.a. heißt,
„daß Obstlt. Dr. G., Kdr. Gren. Rgt. 133, den Anforderungen nicht mehr gewachsen ist".
Schließlich: BA, ZNS, 45. Inf. Div., Abt. III, Strafsache gegen Mj. E. K. wg. „Volltrunkenheit
im Dienst".

[869] *Fritz Schlieper*, geb. 1892, war vom 1.5.1941–26.2.1942 Kommandeur der 45. ID. Faktisch
wurde er aber schon am 29.12.1941, nach dem Rückmarsch der Division aus Jelez, unter wenig ehrenvollen Bedingungen abgelöst. Schlieper, den einer seiner Ordonnanzoffiziere als
„kühl bis ins Herz" beschrieben hat, wurde nach seinem Divisionskommando als Chef der
Deutschen Heeresmission in der Slowakei verwandt. In einer Beurteilung vom 31.3.1944
meinte Keitel, dass es Schlieper „infolge seiner trockenen und doktrinären Art nicht gelungen"
sei, „sich volles Vertrauen und die rückhaltlose Anerkennung in der Slowakei" zu erwerben.
Angaben nach: IfZ-Archiv, MA 1669: 221. Inf. Div., Abt. II a, Tagesbefehl vom 29.12.1941;
Interview d. Verf. mit Ludwig Hauswedell am 8.5.2001; BA-MA, Pers. 6/899: Personalakte
Fritz Schlieper. Ressentiments gegenüber Schlieper auch bei Gschöpf, Weg, S. 305.
Fritz Kühlwein, geb. 1892, kommandierte die Division vom 27.2.1942–29.4.1943. Gschöpfs
Urteil (Weg, S. 305) ist in seinem Fall deutlich positiver. In einer Beurteilung Kühlweins vom
8.1.1943 steht freilich, er sei „manchmal vielleicht etwas pedantisch", am 10.8.1943 meinten
seine Vorgesetzten, Kühlwein sei „nicht mehr voll auf der Höhe" und besitze nicht mehr die
„volle Eignung zum Kommandeur einer Front-Division im Osten". Allerdings kommandierte
Kühlwein in der Zeit von April bis Oktober 1944 die Panzergrenadierdivision „Brandenburg",
am Ende des Krieges dann aber eine Feldersatz-Division. Genaue Gründe für den Leistungs-
abfall Kühlweins lassen sich nur schwer feststellen. Ein Grund war möglicherweise der Tod
seines Sohns, der am 11.10.1941 als Leutnant in der 29. Inf. Div. fiel. BA-MA, Pers. 6/696:
Personalakte Fritz Kühlwein. IfZ-Archiv, MA 1619: 29. Inf. Div., Fernspruch an 45. Inf. Div.
vom 6.11.1941.

nationalsozialistisch imprägniert wie die 45. ID. Ursachen dafür waren nicht allein
eine Rekrutierungsbasis, in der die „Bewegung" erst spät Fuß gefasst hatte, oder
die Schwierigkeiten, die sich bei der Integration dieser Soldaten in die Wehrmacht
ergeben hatten, sondern auch Divisionskommandeure, deren Weltbild eher natio-
nalkonservativ als nationalsozialistisch war. Dass dies nicht ohne Folgen für die
Kriegführung der 45er blieb, werden die Kapitel „Krieg" und „Verbrechen" noch
zeigen.

Die militärischen Konsequenzen waren indes weniger gut. Zwar galt auch für
die 45. ID das, was für alle deutschen Infanteriedivisionen galt: seit Juni 1941 wurden sie mit militärischen Aufgaben konfrontiert, die einfach nicht zu bewältigen
waren. Doch nahm die Führung der 45. darauf besonders wenig Rücksicht. Gerade das Schicksal der 45. ID ist ein anschauliches Beispiel dafür, wie erschreckend
schnell die bewährten, alten Infanteriedivisionen, gewissermaßen das Rückgrat des
Ostheers, unter den Anforderungen des Ostkriegs ruiniert wurden. Bereits im Dezember 1941 war die Division „nicht wiederzuerkennen"[870]. Obwohl die 45. bis
Sommer 1942 wieder über einen Personalstand von über 15 000 Soldaten verfügte[871], sollte sie sich von diesem Aderlass des Jahres 1941 nie wieder erholen[872].
Sie wurde nur noch für defensive Aufgaben herangezogen[873] und unterschied sich
nicht mehr von den vielen anderen Infanteriedivisionen des Ostheeres. Ja mehr
noch: Nun begannen diese ihren Platz einzunehmen.

296. Infanteriedivision Eine solche Formation war beispielsweise die 296. Infanteriedivision. Noch bei Kriegsbeginn hatten die militärischen Profis von Improvisationen wie ihr nur wenig erwartet. So sahen im Oktober 1939 die Generäle von
Rundstedt und von Manstein „der Weiterentwicklung des Krieges trotz des raschen Sieges in Polen mit äußerstem Pessimismus entgegen. […] Verlass sei eigentlich nur auf die aktiven Divisionen […]; sind diese erst einmal ausgebrannt, so ist
überhaupt Schluss", lautete damals Mansteins Erwartung[874].

---

[870] Interview d. Verf. mit Ludwig Hauswedell am 8.5.2001. Vgl. dazu auch BA-MA, RH 26-
45/47: AOK 2, Abt. I a, „Richtlinien für die Auffrischung der 134. und 45. Inf. Div." vom
26.12.1941; ebda.: 45. Inf. Div., Kdr., „Zustandsbericht der 45. Inf. Div." vom 15.2.1941. Dort
auch detaillierte Aufstellung über das fehlende Personal und Material.
[871] IfZ-Archiv, MA 1624: 45. Inf. Div., Abt. I a, Anlage 136: Gefechtsstärken der 45. ID, Stand
7.7.1942; Anlage 204: Kriegsgliederung der 45. Infanteriedivision vom 25.7.1942.
[872] Vgl. hierzu die Einschätzung des Divisionskommandos: „Die Verluste im bisherigen Verlauf
des Ostfeldzuges, besonders an Führern, Unterführern und Spezialisten sowie die verkürzte
Ausbildungszeit des Kriegsersatzes haben zwangsläufig zu einem Absinken des Ausbildungs-
standes der kämpfenden Truppe geführt. Diesen mit allen Mitteln und Kräften zu heben und
dadurch die Überlegenheit über den Russen zu wahren, ist die Forderung, die in den kommenden Zeit an jeden Kdr. und Führer, auch den kleinsten Einheit, gestellt wird." IfZ-Archiv, MA
1624: 45. Inf. Div., Abt. I a, Befehl vom 16.10.1942.
[873] Vgl. etwa BA-MA, RH 26-45/47: 45. Inf. Div., Abt. I a, Kriegstagebuch, Eintrag vom
18.12.1941: „Die Div. könne wohl noch sichern, jedoch einen russ. Angriff nicht mehr aufhalten."
Daran sollte sich bis Sommer 1942 im Grunde nichts ändern. Vgl. ebda., 45. Inf. Div., Abt. I b,
Gefechtsstärke der 45. ID, Stand 7.7.1942: „Für einen Bewegungskrieg ist das Regiment [Inf.
Reg. 130] infolge des Fehlbestandes an Pferden und Fahrzeugen nicht verwendungsfähig."
[874] IfZ-Archiv, ED 1: Persönliche Erlebnisse des Generals d. Inf. a.D. Curt Liebmann in den
Jahren 1938/39. Niedergeschrieben im November 1939. Ähnlich IfZ-Archiv, MA 1564/8,
NOKW-511: H.Gr. A, Aufzeichnung über eine Kommandeurs-Besprechung vom
11.11.1939.

Tatsächlich waren die Ausgangsbedingungen der 296. ID nicht sehr günstig. Die Mannschaftssoldaten waren unerfahren oder überaltert, und ihre Motivation ließ oft zu wünschen übrig, was wohl auch damit zusammenhing, dass es kaum ein Rekrutierungsgebiet gab, wo die Leute dem Nationalsozialismus so gleichgültig gegenüberstanden wie in Niederbayern und der Oberpfalz. Auch die Führung der 296. entsprach zunächst nicht wirklich dem, was man von einer aktiven Division erwartete. Bei einem Vergleich zwischen dem höheren Offizierskorps der drei Frontdivisionen: 4. – 45. – 296. wird deutlich, dass das der 296. am schlechtesten abschnitt, und dass hier einige Offiziere reüssierten, die in einer aktiven Truppe wenig Chancen gehabt hätten. Den Westfeldzug erlebte die 296. daher wie „im tiefsten Frieden"[875], selbst im Sommer 1941 wurde sie zunächst noch in der Reserve eingesetzt.

Trotzdem waren es in der zweiten Phase des Krieges zunehmend Divisionen wie die 296., die nun die einstige „erste Garnitur" des Ostheers ersetzen mussten. Ihr Zusammenhalt, ihre Motivation und nicht zuletzt ihre Leistungen begannen nun mehr und mehr denen einer aktiven Division zu ähneln. Militärische „Aufsteiger" wie die 296. zeigten mitunter sogar bessere Leistungen als die alten Divisionen[876]: Während sie mit einem Gesamtausfall von über 11 200 Mann (bis Dezember 1943) längst nicht so einen hohen „Blutzoll" zu entrichten hatten wie die beiden anderen Frontdivisionen dieses Samples, erhielt sie doch deutlich mehr Auszeichnungen als etwa die 45. ID. Die Führung in der 296. scheint besser, lebendiger und vor allem realistischer gewesen zu sein als in jenen Formationen, in denen noch eher der traditionell preußisch-deutsche Führungsstil dominierte. Dass sich nach 1945 die Traditionskultur der 296. nur rudimentär entwickelte, lag weniger an einer geringen Kohäsion dieser ostbayerischen Division. Ausschlaggebend war wohl eher, dass die 296. nie in einem zivilen Standort verankert gewesen war und dass sie von der Vernichtung der Heeresgruppe Mitte noch härter getroffen wurde, so dass man sie – im Gegensatz zur 45. – nicht wieder aufstellte.

Aufs Ganze gesehen ist eine Infanteriedivision wie die 296. ein Beispiel dafür, dass die militärischen Ressourcen des Deutschen Reichs 1939 noch längst nicht erschöpft waren. Obwohl ihr Start nicht glücklich verlief, konnte sich auch dieser Verband relativ rasch emanzipieren – ja mehr noch: An ihrem Fall zeigte es sich, dass jener forcierte Verjüngungs- und Modernisierungsschub, wie ihn der Krieg erzwang, das Leistungspotential der Wehrmacht zunächst eher steigerte als schwächte.

221. Sicherungsdivision Dieser Divisionstyp steht für den anderen Teil der Wehrmacht, für einen, der im Verständnis des Militärs eher bescheidene Aufgaben hatte. Die 221. war eine jener Besatzungsverbände, welche die einmal erkämpften Gebiete sichern, kontrollieren und organisieren sollten. Organisatorisch handelte es sich bei einer Neuschöpfung wie der 221. um einen Zwitter; die ehemalige nieder-

---

[875] BA-MA, MSg 2/5312: NL Hans P. Reinert, Tagebuch, Eintrag vom 1.6.1940.
[876] Das wird auch daran erkennbar, dass man der 45. ID im Sommer 1944, kurz vor ihrem Zusammenbruch, bescheinigte, sie sei „zur Abwehr voll geeignet", während man damals von der 296. ID meinte, sie sei auch „zu begrenzten Angriffsmöglichkeiten geeignet". Angaben nach: Hinze, Zusammenbruch, S. 284.

schlesische Landwehrdivision besaß zwar noch die Strukturen eines regulären Infanterieverbands, aber nicht dessen Schlagkraft und Ausrüstung und vor allem nicht dessen Personal. Vielmehr kamen in der 221. nur noch jene Soldaten zum Einsatz, die für die Front nicht mehr taugten. Trotzdem wurden sie schon bald in einen langwierigen, unübersichtlichen und kräftezehrenden Partisanenkrieg geworfen, der selbst eine erfahrene Fronttruppe an den Rand ihres Könnens gebracht hätte.

Wie wenig diese Sicherungsdivision damit zurechtkam, wird auch an ihren Verlusten erkennbar. Ein Verlust von 9 500 Mann (bis Dezember 1943) sind für einen Besatzungsverband eine exorbitant hohe Zahl. Das steht gleichzeitig in einem scharfen Kontrast zu den vergleichsweise wenigen Orden, die an die 221. gingen. Wenn mit ihnen dann auch noch vor allem ihre Offiziere und Unteroffiziere bedacht wurden, dann beweist auch das, dass diese immer noch der Mentalität des wilhelminischen Ständestaats verhaftet waren, in dem sie groß geworden waren. Die Motivation der Mannschaften, meist Männer über 30 oder gar 40, die ihren Platz in der zivilen Gesellschaft schon gefunden hatten, dürfte dies kaum erhöht haben. Doch sprechen für die Überlegung, dass diese Soldaten eher aus Pflichtgefühl wie aus Überzeugung handelten, noch mehr Gründe: Auf den Krieg, noch dazu auf so einen, waren sie meist nur unzureichend vorbereitet. Und auch dem Können und Charisma ihrer Vorgesetzten waren in der Regel deutliche Grenzen gesetzt. Bei den Offizieren der 221. handelte es sich gewöhnlich nicht um die „zackigen Burschen" der 4. Panzerdivision[877], sondern um ein Sammelsurium dessen, was das Heerespersonalamt gewissermaßen noch „übrig" hatte: eine Handvoll überalterter Berufssoldaten, viele ältere Reserveoffiziere und, nicht zu vergessen, einige Professionals, die man quasi „nach hinten" strafversetzt hatte – aus welchen Gründen auch immer. Diese disparaten Elemente, die permanente organisatorische Umstrukturierung dieser Sicherungsdivision sowie ihr riesiger, weit auseinandergerissener Einsatzraum hatten zur Folge, dass hier ein wirklicher Zusammenhalt bestenfalls in Ansätzen entstehen konnte.

Improvisationen dieser Art sollten die Präsenz der Wehrmacht im Hinterland garantieren. Das bedeutete auch, dass sie eine Besatzungsherrschaft nach den rassistischen Mustern der NS-Ideologie aufzubauen hatten. Dazu war diese Division – wie sich noch zeigen wird – auch bereit. Eine große Rolle spielte dabei ihr institutionelles Umfeld, Einheiten wie das Polizei-Bataillon 309, die gewissermaßen den Part der Hardliner übernahmen und damit selbst die bedächtigsten Landesschützen in Zugzwang brachte. Wie weit aber standen sie und ihre Kameraden eigentlich hinter dem Konzept des rassenideologischen Vernichtungskriegs, das sie dann spätestens ab Herbst 1941 auf ganzer Linie umsetzten und das sie erst seit Frühjahr 1942 wieder vorsichtig zu revidieren begannen? Sicher ist, dass sich diese Soldaten aus einem Gebiet rekrutierten, in dem die Zustimmung zum Nationalsozialismus ungewöhnlich hoch war, und in dem auch die Frontstellung gegenüber „dem Osten" schon eine lange Tradition besaß. Andererseits prädestinierte der hohe Altersschnitt der 221er sie eigentlich nicht für die Rolle der Vollstrecker im Vernichtungskrieg. Dieser Widerspruch verweist erneut auf eine zentrale Frage:

---

[877] BA-MA, MSg 1/3268: Fritz Farnbacher, Tagebuch, Eintrag vom 19.7.1941.

Was war maßgeblich für das Handeln dieser Soldaten – die ideologischen Prinzipien, die sie von zu Hause mitbrachten, die Situation, in die ihre Führung sie hineingestellt hatte, oder das bloße Prinzip von Befehl und Gehorsam?

Auch nach 1945 spielte die 221. eine Sonderrolle; in ihrem Fall sind fast keine Ansätze für eine Traditionskultur erkennbar. Das war nicht allein Ausdruck jenes schwach entwickelten Zusammenhalts ihrer Angehörigen, die schon aufgrund ihres höheren Alters anders im Leben positioniert waren als ihre Kameraden in den aktiven Divisionen. Offensichtlich wollten die ehemaligen 221er nach dem Ende des Kriegs nichts mehr von diesem wissen.

Korück 580 Beim zweiten Besatzungsverband unseres Samples sind viele Parallelen zur 221. Sicherungsdivision zu erkennen: generell ein hoher Altersschnitt, ein stark überaltertes Offizierskorps, verhältnismäßig wenig Auszeichnungen, dennoch eine Verlustquote in einer Höhe, wie sie für einen Besatzungsverband eigentlich nicht zu erwarten, geschweige denn zu verantworten war, und ebenfalls nicht der geringste Ansatz für eine Erinnerungskultur. Zusammenhalt, Selbstbewusstsein und Sozialprestige dieser militärischen Serviceorganisation, die primär „ihre" Armeen zu komplettieren hatte, waren unter allen Verbänden der Wehrmacht am geringsten. Es sei „alles kümmerlich" gewesen, schrieb ein Feldwebel eines Dulags über eine Ordensverleihung, und habe ihnen „so recht zum Bewusstsein gebracht, wohin wir, soldatisch geurteilt, geraten sind"[878].

Die wenig ausgeprägte Identität dieses Besatzungsverbands erleichtert nicht gerade seine sozialgeschichtliche Beschreibung. Am ehesten ist dies noch bei den höheren Offizieren möglich, die eine Verwendung in einem Korück oft als „Abstellgleis" empfanden[879]. Hier dominierte nicht der Berufssoldat, sondern der zivile Spezialist, den man bei Kriegsbeginn zwar kurzfristig „eingekleidet" hatte, der letzten Endes aber Funktionen erfüllte, die seiner alten zivilen Verwendung ähnelten. Ihre militärische Erfahrung hatten diese Dienstleister zum Teil noch im Ersten Weltkrieg oder bei einigen Reserveübungen erworben.

Aber selbst diesen frontnahen Besatzungsverbänden blieb die Erfahrung einer militärischen Auseinandersetzung nicht erspart. Seit dem Winter 1941/42 war auch der Korück 580 vom Partisanenkrieg existentiell bedroht. Die 6 000 Mann Verluste, von denen im Falle dieses Korück bis Dezember 1943 auszugehen ist, und die kümmerliche Zahl an höheren Orden, die gleichzeitig an diesen Besatzungsverband gingen, lassen erahnen, wie man sich diesen „Einsatz" vorzustellen hat. Mehr war von seinen Angehörigen auch kaum zu erwarten. Ausgebildet für Aufgaben im Transport, im Kriegsgefangenenwesen oder der Besatzungsverwaltung sollten sie sich nun gegen einen irregulären Gegner zur Wehr setzen, der immer professioneller gegen die deutschen Invasoren kämpfte.

---

[878] Jarausch/Arnold, Sterben, S. 301 (Brief vom 1.9.1941).
[879] Vgl. auch Kroener („Frontochsen", S. 377), der die „problematische Geringschätzung der zur Unterstützung der Kampftruppen notwendigen rückwärtigen Truppenteile und Einrichtungen" betont. Dass sich diese Geringschätzung nicht allein auf die deutschen Streitkräfte beschränkte, belegt Barrett, Die Konstruktion hegemonialer Männlichkeit. In der informellen Hierarchie der US Navy besitzt das fliegende Personal den höchsten Status, die Versorger – von der Kampftruppe auch abschätzig „supply pussies" genannt – den niedrigsten.

Dass das so war, hatten auch Etappensoldaten wie die des Korück 580 zu verantworten. Schon im Polenfeldzug hatten sie sich so übel aufgeführt wie keine Formation unseres Samples. Erst recht galt das für den Krieg gegen die Sowjetunion, in dem das Besatzungsgebiet dieses Korück auch als Schauplatz vieler Verbrechen fungierte. Das lag nicht allein daran, dass dieser relativ schwache Besatzungsverband routiniert mit SS und Polizei kooperierte, sondern dass er auch selbst Verantwortung für zentrale Verbrechen der deutschen Besatzungspolitik trug, erinnert sei lediglich an das Kriegsgefangenenwesen. Da ein großer Teil dieser Soldaten noch im wilhelminischen Kaiserreich oder in der Weimarer Republik sozialisiert worden war, stellt sich auch in ihrem Fall die Frage, ob sie primär als Befehlsempfänger agierten oder doch als Weltanschauungskrieger.

Der Eindruck der Vielfalt der Massenorganisation Wehrmacht, wie er sich bereits im organisationsgeschichtlichen Überblick abzeichnete, wird durch ihre weitgefächerte Alters- und Sozialstruktur nochmals erheblich potenziert. Die Wehrmacht war das Produkt einer totalen gesellschaftlichen Mobilmachung, ohne die sich im 20. Jahrhundert Kriege nicht mehr führen, geschweige denn gewinnen ließen. Das hatte zur Folge, dass im Zweiten Weltkrieg „mehr als zwanzig Prozent der Einwohner des ‚Großdeutschen Reiches‘"[880] Soldaten waren. Die Komplexität und Fragmentierung einer modernen Gesellschaft wie der deutschen konnten und wollten die deutschen Streitkräfte aber nicht völlig einebnen. Zwar versucht jeder Militärapparat seine Angehörigen zu deindividualisieren, doch handelt es sich hier – wir haben es bereits gesehen – nicht um mehr als ein Konstrukt, das der institutionellen und sozialen Wirklichkeit dieses Apparats nur teilweise gerecht wird. Schon die Tatsache, dass die Wehrmacht so etwas wie einen individuellen Zuschnitt ihrer Truppenteile akzeptierte, ja förderte – erinnert sei an Aspekte wie regionale Herkunft, Altersschnitt oder Sozialcharakter – zeigt, wie heterogen diese Armee in mancher Hinsicht war. Der Krieg sollte diesen Prozess noch verstärken. Schon bald begannen sich in diesen „Einheiten" (in diesem Zusammenhang ein verräterischer Begriff) ganz neue Strukturen auszubilden, die deren Originalität oder wenigstens doch ein entsprechendes „Wir-Gefühl" nochmals erheblich unterstrichen. Das konnte, musste aber nicht so sein. Am Traditionsverhalten hat sich gezeigt, dass gerade Eliteverbände wie die 4. Panzerdivision dafür besonders anfällig waren, während man bei den Besatzungsverbänden – in ihrer Kohäsion eher amorphe Gebilde – nach dem Krieg rasch auseinander lief.

Ohne Kenntnis dieser Charakteristika scheint ein differenziertes Verständnis der Gesamtorganisation Wehrmacht kaum möglich. Und auch eine Untersuchung wie diese würde nicht weit kommen. Ihr Thema sind *nicht* fünf beliebige Formationen, die ein so gewaltiges Gebilde wie das deutsche Ostheer nur zu einem winzigen Prozentsatz repräsentieren würden. Vielmehr beruht das Design dieser Untersuchung auf der Überlegung eines Modells: organisatorisch, aber auch soziologisch sind hier gewissermaßen die Prototypen der deutschen Landstreitkräfte versammelt. Das erschließt sich aber nur über eine Beschreibung ihrer Binnenstruktur.

---

[880] Wehler, Deutsche Gesellschaftsgeschichte, Bd. 4, S. 716.

Diese ist im Übrigen nicht nur von historischem Interesse. Bereits während des Krieges dachten die Planer in den Operations- und Organisationsabteilungen der Generalstäbe in exakt diesen Kategorien. Organisation und Ausrüstung, Altersprofil und Leistungsfähigkeit entschieden darüber, wo die betreffenden Einheiten eingesetzt wurden; die Binnenstruktur eines Truppenteils korrespondierte also mit ihrem Auftrag, der wiederum verknüpft war mit bestimmte Räumen und Orten. Nicht selten wurden sie zum Schicksal dieser Formationen und ihrer Angehörigen. Verkürzt ließe sich also sagen: Aus Organisation und Sozialcharakter einer Formation ergeben sich folgerichtig deren Aufträge, die wiederum maßgeblich wurden für deren Verhalten im Krieg. Daher soll nun davon die Rede sein.

„Es ist alles im Kriege sehr einfach,
aber das Einfachste ist schwierig."[1]

3. Krieg

In der Debatte über die Wehrmacht war relativ selten von einem Aspekt die Rede,
der sie doch am meisten beschäftigt und ihre Geschichte mit Abstand am stärksten
geprägt hat: der Krieg, und zwar sein eigentliches Epizentrum, die militärische
Auseinandersetzung[2]. Damit schien sich unter umgekehrten Vorzeichen ein Versäumnis zu wiederholen, das nach 1945 in Deutschland zunächst die öffentliche
Erinnerung an den Zweiten Weltkrieg und an die Wehrmacht bestimmte: Im Vordergrund standen damals die militärischen Ereignisse, nur selten aber die politische
und erst recht nicht die verbrecherische Dimension dieses Krieges. Seit der Diskussion über die „Wehrmachtsausstellung" hat sich das Verhältnis umgedreht: Das
Verbrechen, so könnte man zugespitzt formulieren, hat den Krieg ersetzt. Das betrifft nicht nur die öffentliche Wahrnehmung. Die Schlachtfelder des Zweiten
Weltkriegs blieben „für die deutsche Universitätsgeschichtsschreibung zumeist
Orte, von denen man sich tunlichst fernhält oder allenfalls aus dem Blickwinkel
des ,einfachen' Soldaten nähert"[3]. Dadurch wird aber ein „viel umfassenderes
Kriegserlebnis" (Lutz Klinkhammer) so verkürzt, dass es der Geschichte dieser
Armee und ihrer Angehörigen nur in Ausschnitten gerecht wird. Auch die Geschichte unserer fünf Verbände lässt sich ohne den alles beherrschenden Kontext
des Krieges kaum verstehen. Dem militärischen Einsatz hatte sich im Verständnis
des Apparats und letztlich auch der meisten Soldaten alles andere unterzuordnen.
Das gilt gerade auch für unseren Ausschnitt: Seit dem 22. Juni 1941 kämpften alle
fünf Verbände ohne Unterbrechung gegen die Sowjetunion, nach dieser Zäsur war
keinem auch nur eine Ruhepause von wenigen Wochen vergönnt.

[1] Clausewitz, Vom Kriege, S. 130.
[2] Auch für Clausewitz war der Kampf das zentrale Element des Krieges. Vgl. Geyer, Kriegsgeschichte S. 60f. Zur theoretisch-methodischen Positionsbestimmung vgl. Wohlfeil, Wehr-,
Kriegs- oder Militärgeschichte?; ders., Militärgeschichte; Kühne/Ziemann (Hrsg.), Was ist Militärgeschichte?; Nowosadtko, Krieg, Gewalt und Ordnung; Chiari, Militärgeschichte; Neitzel,
Des Forschens noch wert?; ders., Militärgeschichte ohne Krieg?
[3] Wegner, Wozu Operationsgeschichte?, S. 109. Dort heißt es weiter: „Wer kennt schon Jassy? Wer
hätte je eine wissenschaftliche Studie über den Zusammenbruch der Heeresgruppe ,Mitte' in
Händen gehalten? Oder über die Belagerungen von Leningrad oder Sevastopol? Oder über die
nicht minder entsetzlichen Schlachten um die Krim oder um Char'kov? Kein Wunder: Über die
meisten großen und bedeutenden Schlachten auf dem für den europäischen Krieg mit Abstand
wichtigsten Kriegsschauplatz, deren jede einzelne Hunderttausende von Menschenleben kostete,
existiert bezeichnenderweise bis heute keine einzige, wissenschaftlichen Ansprüchen genügende
Monographie." Vgl. hierzu auch Martus/Münkler/Röcke (Hrsg.) Schlachtfelder; Krumeich/
Brandt (Hrsg.), Schlachtenmythen. Zum Ansatz einer militärischen Alltagsgeschichte vgl. Wette
(Hrsg.), Krieg des kleinen Mannes; hierzu kritisch: Ulrich, „Militärgeschichte von unten".
Vgl. in diesem Zusammenhang auch Neitzel, Militärgeschichte ohne Krieg?, S. 307, der meint,
es käme „fast einem akademischen Selbstmord gleich, sich in Promotions- oder gar Habilita-
tionsarbeiten mit dem Ureigensten des Krieges – der Schlacht, der Operation oder des Feldzuges – zu befassen".

Dieser Alltag konnte sehr unterschiedlich aussehen. Das lag nicht allein daran, dass an der Auseinandersetzung zwischen der Sowjetunion und dem Deutschen Reich alles groß war[4] – die beiden Kontrahenten, die Arena, in der sie gegeneinander antraten, die Zeit, die dies in Anspruch nahm, und schließlich die Folgen, die sich daraus ergaben. Auch die Funktion der deutschen Soldaten und Formationen, die hier zum Einsatz kamen, besaß zwar eine gemeinsame Klammer, eben den Einsatz in der Sowjetunion, doch konnte das in der Realität sehr vieles bedeuten[5]. Dieses Kapitel versucht daher mit Hilfe einiger Nahaufnahmen einen Eindruck von dieser vielfältigen „Wirklichkeit" zu geben. Mit den organisatorischen, militärischen, sozialen und mentalen Ausgangsbedingungen einer Formation entschied sich, was diese im Einsatz tat und auch wo dies geschah. Damit ist nicht allein die bloße Dichotomie zwischen Front- und Besatzungsverbänden gemeint. Schon die Rollen, welche die Kampfverbände spielten, konnten sich sehr unterscheiden. Zwischen ihren Einsatzräumen lag oft viel mehr als „nur" einige Dutzend oder Hundert Kilometer.

Dabei bietet gerade die Hierarchieebene der Division einen guten Ausgangspunkt für eine Darstellung des militärischen Geschehens. Hier lassen sich zwei Aspekte zusammenführen, die häufig getrennt dargestellt werden, obwohl doch beide zum Verständnis des Krieges unabdingbar sind: der Makrokosmos der Großen Strategie mit seinen abstrakten Intentionen und Entscheidungen sowie der Mikrokosmos von Krieg und Besatzungspolitik, dort, wo „das Leben konkret war" – so der Titel einer bekannten Stalingrad-Analyse[6]. Das Wechselspiel zwischen diesen beiden Ebenen war denkbar groß. Als „unterste operative Einheit"[7] des mittleren militärischen Managements waren die Divisionen so etwas wie Schnittstellen; an ihnen lässt sich der dialektische Prozess zwischen Intention und Wirklichkeit der Kriegführung besonders gut aufzeigen.

Dieser integrative Ansatz einer Operationsgeschichte in vertikaler Perspektive eröffnet methodisch aber noch mehr Chancen: Zum einen bietet sich hier die Möglichkeit, sowohl der klassischen Operationsgeschichte Rechnung zu tragen als auch den verhältnismäßig neuen sozial-, mentalitäts- und alltagsgeschichtlich orientierten Varianten der Militärgeschichtsschreibung[8]. Zum anderen lassen sich durch eine Darstellung, in dem stets zwei Dinge präsent sind: die Institution[9] wie

---

4 Vgl. mit dem Urteil Müllers (Der letzte deutsche Krieg 1939–1945, S. 90), der in diesem Zusammenhang von der ‚größten militärischen Kraftentfaltung der deutschen Geschichte' spricht.

5 Welche Probleme die Definition von „Normalität" bereitet und wie sehr die Meinungen auseinander gehen, illustrieren die gegensätzlichen Meinungen von Heer, Extreme Normalität sowie Lieb, Täter aus Überzeugung?
   Generell zu diesem Problem vgl. Wegner, Kliometrie des Krieges?; Hartmann, Verbrecherischer Krieg, S. 71 f.

6 So der Titel des gleichnamigen Werkes: Wilhelm Raimund Beyer, Stalingrad – unten, wo das Leben konkret war, Frankfurt a. M. 1987.

7 Handbuch der neuzeitlichen Wehrwissenschaften, Bd. II, S. 537.

8 Beide Perspektiven haben indes Defizite: Während der Mensch in der traditionellen Kriegsgeschichtsschreibung kaum vorkommt, kann bei ihren modernen Ablegern zuweilen der Eindruck entstehen, es handele sich bei Soldaten um weitgehend autonome, selbstbestimmte Subjekte, für deren Verhalten militär-, organisations- oder politikgeschichtliche Aspekte kaum noch eine Rolle spielen.

9 Ein Problem ist dabei das der organisatorischen Kohärenz: Der Krieg brachte es mit sich, dass sich die Verbände ausdehnen konnten (beim Vormarsch bis zu einer Länge von 100 Kilome-

auch die Individuen, die ihr angehörten, ganz unterschiedliche Quellengattungen zusammenführen: dienstliche Akten wie auch private Tagebücher, Erinnerungen oder Briefe[10] – Quellengruppen also, welche die Forschung häufig getrennt auswertet. Gerade im Kontext eines gemeinsamen historischen Ereignisses, lässt sich der Quellenwert dieser Zeugnisse am besten bestimmen.

Bei einer solchen Darstellung gerät zwangsläufig auch ein Aspekt in den Blick, der in den vergangenen Jahren im Zentrum der Debatte um die Wehrmacht stand – ihre Verstöße gegen die Gesetze und Gebräuche des Krieges. Dieser Aspekt lässt sich hier schon allein deshalb nicht aussparen, weil Auftrag und Alltag dieser fünf Formationen in hohem Maße kriminell sein konnten. Allerdings wird erst durch den Kontext des militärischen Geschehens der Stellenwert deutlich, den der Rechtsbruch für die Geschichte einer Einheit hatte. Aber nicht nur das. Erkennbar werden auch die Wechselwirkung zwischen der militärischen Entwicklung und dem Verhalten der Kriegsteilnehmer oder die Tatsache, dass das Verbrechen keine feste Größe war, sondern starken zeitlichen und situativen Schwankungen unterlag. Natürlich lässt sich ein so großes und komplexes Thema wie das der deutschen Verbrechen hier nur exemplarisch und in zusammengefasster Form ansprechen, eine tiefer gehende Analyse – geordnet nach den einzelnen Opfergruppen – erfolgt erst in dem einschlägigen Kapitel. Ohne eine Korrespondenz mit den militärischen Ereignisse, die den institutionellen, zeitlichen und regionalen Besonderheiten dieses Vernichtungskriegs differenziert Rechnung trägt, wäre eine solche Analyse aber wenig sinnvoll.

Schließlich noch ein Wort zur Sprache. In diesem Kapitel kommen häufig jene zu Wort, die diese Ereignisse selbst erlebt haben. Dieser Entscheidung liegt nicht nur die Einsicht zugrunde, dass es eigentlich kaum möglich ist, für das Extrem des Krieges die passenden Worte zu finden[11]. Nicht weniger relevant scheint eine an-

---

tern), dass sie zuweilen auseinandergerissen wurden oder dass sie sich mit anderen Verbänden mischten. Doch änderte das letzten Endes nur wenig am organisatorischen Kontinuum einer Division, das sich in vielem manifestierte – auch in ihrem gemeinsamen Auftrag. Beendet wurde dieses Kontinuum letzten Endes erst mit der Vernichtung oder Auflösung dieser Divisionen. Bis dahin aber stand das Schicksal dieser Formationen und das ihrer Angehörigen in einem spezifischen Wechselverhältnis, so dass es legitim scheint, mit dieser Größe zu operieren. Das haben im Übrigen auch die Zeitgenossen getan, die, aller Verwerfungen des Krieges zum Trotz, an dieser Organisationsform unter allen Umständen festhalten wollten. So befahl die 2. Armee im November 1941: „Eine personelle Auflösung von Abteilungen usw. ist nicht beabsichtigt. Es soll vielmehr sicher gestellt bleiben, daß kampferprobte Personaleinheiten in ihrer Zusammensetzung erhalten bleiben." BA-MA, RH 24–24/128: Pz. AOK 2, Abt. I a, Fernschreiben an das XXIV. Pz. Korps vom 18.11.1941.
Noch stärkeren Veränderungen unterworfen war die personelle Zusammensetzung einer militärischen Einheit. Stephen Ambrose hat in seinem Buch „Band of Brothers" diesen Prozess am Beispiel einer Fallschirmjägerkompanie mit einer bis dahin unbekannten Anschaulichkeit beschrieben. Doch wird daran auch deutlich, dass die zum Teil horrenden Verluste an der Organisation, Funktion und Mentalität einer Einheit nur wenig ändern konnten. Man kann in ihnen daher so etwas wie eine Art Kanal sehen, in dessen Bett sich sehr viele Einzelschicksale über einen längeren oder kürzeren Zeitraum bewegten.
[10] Die Möglichkeiten, die allein diese eine Quellengattung bietet, hat Klaus Latzel eindrucksvoll vorgeführt. Doch stellt sich die Frage, ob es sinnvoll ist, Militärgeschichte ausschließlich über diese eine Quellengattung zu rekonstruieren. Vgl. hierzu Latzel, Vom Kriegserlebnis zur Kriegserfahrung; ders., Kriegsbriefe und Kriegserfahrung; ders., Deutsche Soldaten – nationalsozialistischer Krieg? Ferner Humburg, Gesicht des Krieges.
[11] Zu diesem Problem vgl. Keegan, Schlacht, S. 70.

dere Überlegung: Gerade auf der Mikroebene des militärischen Geschehens ist eine Annäherung an die Erlebnisse der Zeitgenossen oft nur über deren Erfahrungen möglich, teilweise auch über ihre Erinnerung. Natürlich handelt es bei ihren Schilderungen *auch* um sprachlich verfertigte Wirklichkeiten, die viel über ihre Autoren erzählen sowie über die mentalen Strukturen und ideologischen Dispositionen ihres institutionellen und gesellschaftlichen Umfelds[12]. Gleichwohl sind diese Zeugnisse nicht allein Abbild einer Innenwelt. Gerade die Darstellungstechnik der Kontrastierung, des Vergleichs mit anderen orts- und zeitnah entstandenen Quellen, bietet eine sehr gute Möglichkeit, sich dem Kern des Geschehens zu nähern und damit auch dem Besonderen dieser verschiedenen Perspektiven. Mitunter ist das informativer als lange methodische Standortbestimmungen zu Beginn eines Kapitels. Keine Frage: Das beste nur denkbare Korrektiv zur Perspektive der deutschen Kriegsteilnehmer wäre eine Berücksichtigung der Stimmen derer gewesen, die sich auf der Gegenseite befanden. Die konsequente Anwendung eines solchen Verfahrens hätte allerdings diese Darstellung gesprengt. Gleichwohl bleibt die systematische Verzahnung der Stimmen beider Kontrahenten eine der ambitioniertesten Herausforderungen der modernen Militärgeschichtsschreibung.

Da in diesem Kapitel die Geschichte unserer fünf Divisionen parallel nachgezeichnet werden, empfal es sich, die Gliederung dieses Kapitels so übersichtlich wie nur möglich zu gestalten. Grundlage dafür sind die bekannten chronologischen Abschnitte und Zäsuren. Die Abschnitte: *Aufmarsch* und *Durchbruch* (Juni, Juli 1941), *Bewegungskrieg* (August bis November 1941), *Krise* (Dezember 1941 bis Februar 1942) und schließlich *Stellungskrieg* (März bis Juni 1942) tragen dieser Überlegung Rechnung[13]. Schon in diesem Ausschnitt sind alle relevanten Formen der militärischen Operation vertreten: Durchbrüche und Rückzüge, Bewegungs- und Stellungskrieg. Das heißt, wir erleben die Wehrmacht in mehr als einer militärischen Aktionsform. Doch rechtfertigt nicht nur das die Konzentration auf das erste, in vielerlei Hinsicht hochverdichtete, Jahr dieses Krieges. Die Zeit von Sommer 1941 bis Sommer 1942 hatte mit Abstand die meisten Folgen; damals entschied sich alles. Wie aber hat man sich das im Einzelnen vorzustellen?

3.1 Aufmarsch: Vor dem Sturm

Ein Krieg von der Größe des deutsch-sowjetischen beanspruchte gleich mehrere Bühnen, auf denen insgesamt drei deutsche Heeresgruppen gegen fünf sowjetische Fronten antraten. Dreh- und Angelpunkt des deutschen Schlachtplans war freilich die Heeresgruppe Mitte; sie war der mit Abstand stärkste Teil des Ostheers[14]. Hier standen am 22. Juni 1941 vier Verbände unseres Samples, während die 296. Infanteriedivision dem südlichen Abschnitt der deutschen Front zugeordnet war. Jede der drei deutschen Heeresgruppen war nach ganz bestimmten Mustern geordnet. Be-

---

[12] Vgl. hierzu Landwehr, Geschichte des Sagbaren.
[13] Dabei können diese zeitlichen Grenzen bei unseren fünf Divisionen von Fall zu Fall etwas variieren.
[14] Vgl. etwa mit der Bewertung durch Seaton, Der russisch-deutsche Krieg 1941–1945, S. 78.

fanden sich Verbände wie die 4. Panzer- oder die 45. Infanteriedivision an den „Brennpunkten"[15], so sollte eine „grüne" Formation wie die 296. ID erst langsam an den Krieg gewöhnt werden. Die Besatzungsverbände waren dagegen anfangs noch arbeitslos: Während sich der Korück 580 am „B-Tag" noch im Anmarsch befand[16], war die 221. wie die übrigen Sicherungsdivisionen dort eingesetzt, wo eigentlich „nicht angegriffen werden soll, zur Grenzsicherung oder zum Vortäuschen eines Angriffs"[17]. Für die 221. bedeutete das, dass sie zunächst in vorderster Linie eingesetzt war, wenn auch nur im Rahmen eines begrenzten Unternehmens, das schon in Bialystok endete. Danach setzte sie sich immer mehr ab vom Gros des deutschen Ostheers, um im Hinterland das zu übernehmen, was das OKH als „ihre eigentlichen Aufgaben" definiert hatte.

Erwartungen und Stimmung jener Millionen Deutschen, die damals gegen die Sowjetunion aufmarschierten, lassen sich kaum auf einen Nenner bringen. Dafür war diese Streitmacht mit ihren 3,3 Millionen Mann einfach zu groß. Allerdings ist die Wirkung der mit Kriegsbeginn einsetzenden Propagandakampagne gegen die Sowjetunion nicht zu unterschätzen. Viele Zeugnisse sprechen dafür, dass die meisten Soldaten (auch jene, die mit der NS-Ideologie nicht so viel anzufangen wussten) von der Notwendigkeit eines solchen Waffengangs überzeugt waren. Das lag auch daran, dass sie sich der Roten Armee, über die sie doch so wenig wusste[18], haushoch überlegen fühlten. Auch in unserem Ausschnitt finden sich skeptische Stimmen nur selten[19]. „Die meisten" würden sich „mächtig" freuen, „daß es endlich wieder einmal kracht"[20], meinte ein Offizier der 4. Panzerdivision, der selbst ebenfalls froh war, „den oft sturen Dienstbetrieb" mit „einem ‚richtigen' Krieg"

---

[15] So die Veteranen über die 4. Panzerdivision: „Sie stand vom ersten Kriegstag in Polen bis zur letzten Stunde bei Danzig im Brennpunkt des Kampfgeschehens." BA-MA, MSg 3-281/1: Panzer-Nachrichten vom August 1978.
Der *Linzer Turm* zitiert eine Rede des Neukirchener Bürgermeisters Friedhelm Wolper, der der 45. ID bescheinigte, man habe sie „stets an den Brennpunkten der Feldzüge eingesetzt". BA-MA, MSg 3-217/1: Linzer Turm 29 (1986), Nr. 116.
[16] Der Quartiermeister des Korück 580 traf erst am 27.6.1941 mit dem Flugzeug in Linowo ein. BA-MA, RH 20-2/1445: AOK 2, Abt. O.Qu./Qu. 2, Tätigkeitsbericht für die Woche vom 22.6.–28.6.1941.
[17] IfZ-Archiv, MA 1564/41, NOKW-3566: OKH/GenStdH/Op. Abt./GenQu, Weisung vom 23.5.1941. Auch zum Folgenden.
Die 221. Sicherungsdivision war in dieser Hinsicht kein Einzelfall. So waren auch die Brigaden der Waffen-SS, die wenig später primär für Massaker im Hinterland eingesetzt wurden, während der ersten Tage im Fronteinsatz. Vgl. Cüppers, Wegbereiter, S. 125 ff.
[18] Generell zu den Erwartungen der deutschen Seite: Hillgruber, Rußland-Bild; Volkmann (Hrsg.), Das Rußlandbild im Dritten Reich. Hier insbesondere die Beiträge von Wolfram Wette, Wolfgang Michalka, Manfred Zeidler, Jürgen Förster und Rolf-Dieter Müller.
[19] Vgl. etwa Hanns Hermann Seitz, der damals zur 4. Panzerdivision gehörte (Verlorene Jahre, S. 85). Er berichtete, er habe es vor dem 22.6.1941 für unmöglich gehalten, „den Raum Rußland, den Giganten […] zu bezwingen". Zu solchen Stimmungen vgl. Vogel, „… aber man muß halt gehen, und wenn es in den Tod ist", S. 42; Jarausch/Arnold, Sterben, S. 263 (Brief vom 22.6.1941). Sehr zurückhaltend auch die Reaktion des Major Gutschmidt, in: Hartmann, Massensterben, S. 139, 141 (Einträge vom 3.4. und 9.6.1941).
[20] BA-MA, MSg 1/3268: Fritz Farnbacher, Tagebuch, Eintrag vom 22.6.1941. Am 9.7.1941 notierte Farnbacher, „die Stimmung unserer Männer ist eine erfreulich gute". BA-MA, MSg 1/3268: Fritz Farnbacher, Tagebuch, Eintrag vom 9.7.1941. Schon am 11.7.1941 schrieb er freilich: „Es ist tatsächlich der tollste Krieg, den ich je erlebt habe." Auch Neumann (4. Panzerdivision, S. 195) berichtet, dass seine Kameraden damals „von außerordentlichem Vertrauen in die politische und militärische Führung erfüllt" waren. Die meisten wären der Ansicht gewesen, dass der Krieg gegen die Sowjetunion „gewiß noch 1941 siegreich beendet" werden würde.

tauschen zu können. Nicht sehr viel anders scheint die Stimmung in einer Infanteriedivision wie der 296. gewesen zu sein, wo man „in drei Wochen mit dem Zusammenbruch Rußlands" rechnete. Es würde „sehr rasch und schnell gehen mit
den Russen, wenn auch mancher ins Gras beißen muss. Aber doch nicht umsonst,
sondern für Deutschlands gute Zukunft"[21], schrieb ein 296er am 22. Juni 1941 in
bezeichnender Widersprüchlichkeit. Das Vertrauen in die Führung überwog alle
Bedenken. Der „Aufruf des Führers" habe ihnen, bekannte ein Artillerieoffizier
treuherzig, die Augen geöffnet „über das Warum und Wozu"[22] eines Unternehmens, durch das das Deutsche Reich nun doch in einen Zwei-Fronten-Krieg geriet.

Etwas verhaltener klingen die Berichte aus der 45. ID[23], was wohl auch an ihrem
ersten Angriffziel lag[24]: „Heute ist der Befehl gekommen. Also es wird Ernst",
notierte ein Regimentsadjutant am 16. Juni 1941 in sein Tagebuch. „Der Führer hat
nach dem Scheitern der Friedensbemühungen mit England sich entschlossen, zunächst Rußland niederzuwerfen. Nur das Wie und das Wann steht uns noch als
Rätsel bevor. Ohne Kriegserklärung? Aber: Es wird der Krieg gegen den Erzfeind
unserer Idee, den Bolschewismus. Und wir werden ihn zu führen wissen, hart und
entschlossen, [...]."

Wenn auch in dieser Division Zuversicht und Kampfbereitschaft überwogen,
wenn immer wieder das Vertrauen in „die unvergleichliche Tapferkeit der Truppen
unseres Heeres und die Güte unserer Waffen"[25] hervorgehoben wurde, so resultierte das auch daraus, dass dieses Vertrauen ungebrochen war[26]. Viermal: in Polen,
in Norwegen, im Westen und auf dem Balkan, hatten die Angehörigen der Wehrmacht erlebt, wie diese jede Aufgabe gemeistert hatte. Gerade der Feldzug gegen
Jugoslawien und Griechenland musste wie eine Generalprobe zum „Unternehmen
Barbarossa" erscheinen: ein zahlenmäßig großer Gegner eines multiethnischen
Staates, ein schwieriges Terrain, ein Zeitpunkt, der auch klimatisch viele Probleme
aufwarf, und schließlich eine deutliche quantitative Unterlegenheit der deutschen

[21] BfZ, Slg. Sterz, 04650, Brief L. B. vom 22.6.1941. Am 15.6.1941 hatte dieser Soldat geschrie-
    ben: „Das weiß unser Führer Adolf Hitler genau, daß der deutsche Soldat seine Pflicht tut und
    man sich drauf verlassen kann." Optimistisch auch: BayHStA, Abt. IV, NL Thoma 3: Tagebuch,
    Eintrag vom 22.6.1941.
[22] BA-MA, MSg 2/5316: NL Hans P. Reinert, Tagebuch, Eintrag vom 22.6.1941.
[23] Wenn ein Angehöriger der 45. ID später berichtete, man habe den 22.6. „sehr sorgenvoll" er-
    wartet, so handelte es sich in diesem Fall vermutlich nicht um eine nachträgliche Erkenntnis. O.
    Verf., Brest-Litowsk.
[24] Ludwig Hauswedell, Kriegstagebuch 1941/42 (4.5.41–21.4.1942), Kopie im Besitz d. Verf.,
    Eintrag vom 16.6.1941. Auch zum Folgenden.
    In einem Bericht der 45. Inf. Div. über ihren Einsatz beim „Feldzug in Frankreich vom 10.5.–
    20.7." lautete das Fazit: „Wenn der neue Marschbefehl des Führers ergeht: Die 45. Division ist
    bereit!" Doch hatte man damals mit dem „Endkampf mit England" gerechnet. Nun fanden sich
    die Angehörigen dieser Division an der deutsch-sowjetischen Grenze wieder. BA-MA, MSg
    1/1513: Wilhelm Hamberger, „Die 45. Division beim Feldzug in Frankreich vom 10.5.–
    20.7.[1940]".
[25] BA-MA, RH 24-12/20: XII. A. K., Abt. I a, Anl. 7: „Frontbericht", o.D. [Juni 1941]. Auch
    Farnbacher hielt die Wehrmacht für „die beste und präziseste Kriegsmaschinerie der Welt".
    BA-MA, MSg 1/3268: Fritz Farnbacher, Tagebuch, Eintrag vom 23.6.1941.
[26] Vgl. IfZ-Archiv, MA 1661: 221. Sich. Div., Kdr., „Tagesbefehl", o.D. [21.6.1941], in dem Gen.
    ltn. Pflugbeil verkündete: „Es gab bisher weder im Osten, noch im Westen einen Gegner, der
    unserem Siegeswillen, unserem Angriffsdrang gewachsen war."

Angehörige der 45. Infanteriedivision kurz vor dem Angriff auf die Sowjetunion
(Quelle: OEGZ_S477_52)

Angreifer. Trotzdem hatten sie diesen Feldzug in gut zwei Wochen für sich ent-schieden[27]. Warum sollte es diesmal anders verlaufen, bei einem Unternehmen, das die deutsche Führung monatelang vorbereitet hatte und bei dem sie nun ihre Hauptstreitmacht zum Einsatz brachte – acht Armeen, vier Panzergruppen und drei Luftflotten?

Vor diesem Hintergrund spricht einiges dafür, dass die hier zitierten Stimmen keine Ausnahmen blieben. Wenn bereits die vergleichsweise gut informierte deut-sche Führung voller Zuversicht in diesen Krieg ging, warum sollten dann die ein-fachen Soldaten anders denken? Einen Unterschied gab es freilich: Je tiefer man in der militärischen Hierarchie stand, desto sicherer konnte man sein, mit Leib und Leben für die Entscheidungen dieser Führung einstehen zu müssen.

---

[27] Zur jugoslawischen Armee gehörten (auf dem Papier) immerhin 1,4 Millionen Mann, doch war sie im April 1941 erst zu zwei Dritteln mobilisiert. Die griechischen Streitkräfte, die schon län-ger mobilisiert waren, verfügten im März 1941 über ca. 540 000 Soldaten. Der deutsche Angriff auf Jugoslawien begann am 6.4.1941, am 14.4. entschloss sich die jugoslawische Heeresleitung zur Kapitulation, am 21.4. kapitulierte die griechische Armee. Vgl. Geschichte des Zweiten Weltkrieges, Bd. 2, S. 424, 431.

3.2 Durchbruch: Der Sieg (Juni bis Juli 1941)

Schon deshalb wuchsen Anspannung, zuweilen auch erste Zweifel, je näher der Angriffstermin rückte[28]: Würde die Überraschung wirklich gelingen? Wie würde der sowjetische Gegner reagieren? Würde man ihn tatsächlich im Grenzraum stellen? Und vor allem: Was würde die angreifenden deutschen Truppen dort erwarten? Selbst Hitler, der doch das „Unternehmen Barbarossa" initiiert, vorangetrieben und geprägt hatte wie kein anderer, begann unmittelbar vor dem „B-Tag" nachdenklicher zu werden. „In der ihm eigenen Witterung künftiger Gefahren" äußerte er damals im vertrauten Kreis: „Mir ist, als ob ich die Tür zu einem dunklen, nie gesehenen Raum aufstoße, ohne zu wissen, was sich hinter der Tür verbirgt."[29] Auch die forcierte Zuversicht der deutschen militärischen Führung ließ sich nicht immer aufrechterhalten. Bei einem „Frontbesuch" des Generalstabschefs Halder beobachtete ein Offizier, wie dessen „prononcierte Frische" sofort nachließ, „wenn das Gespräch an Spannung verlor. In unbeobachtet geglaubten Momenten zitterten seine Lippen unaufhörlich."[30]

All diese dunklen Vorahnungen schienen sich am „klaren Sommermorgen"[31] des 22. Juni 1941 nicht zu bestätigen. Nicht wenige deutsche Soldaten empfanden diesen Tag denn auch als „Erlösung"[32], als „ein großes Aufatmen"[33]. Bis zuletzt hatte die sowjetische Seite nicht auf den Aufmarsch der Deutschen reagiert, so dass nun deren Operationsplan zunächst mit der Präzision eines Uhrwerks ins Werk gesetzt werden konnte; Kämpfe wie die der 45. Infanteriedivision blieben die Ausnahme. Aus Zweifel wurde Optimismus, aus Optimismus Hybris. Die gewaltige Schwerpunktverlagerung der deutschen Kriegführung von der West- an eine neueröffnete Ostfront war ein ungeheures Risiko gewesen. Nun schien der Ernstfall zu bestätigen, dass sich dieses Risiko tatsächlich gelohnt hatte.

Dass die deutschen Soldaten – immerhin über drei Millionen Mann – dies damals sehr unterschiedlich erlebten, lag nicht allein an ihrer Zahl. Mit einer Breite von über 1500 Kilometern war bereits die Ausgangsstellung des Ostheers so riesig, dass der Horizont des durchschnittlichen Soldaten spätestens an den Einsatzgren-

---

[28] So berichtete ein Angehöriger der 4. Pz. Div., dass eine „unheimliche Spannung" auf „allen Gesichtern" gelegen habe, als man seiner Kompanie den Angriffs-Befehl verkündet habe. BA-MA, RH 39/377: „Meine Kriegserlebnisse 1941/42 in Rußland als ehem. Hauptfeldwebel der 3./Pz. Rgt. 35". In diesem Sinne auch Schäufler, So lebten und so starben sie, S. 44.

[29] Zit. bei: Hillgruber, Hitlers Strategie, S. 511. Vgl. hierzu auch: KTB OKW, Bd. I, Dok. 88 (S. 1041 ff.), wo es über eine Besprechung bei der H.Gr. Mitte vom 4. 8. 1941 heißt: „Die Gesamtoperationen an der Ostfront sind bisher glücklicher verlaufen, als angesichts der überraschenden Mengen an Panzern und Flugzeugen, über die der Russe verfügte, zu erwarten war. Wäre der Führer über Beginn des Feldzuges darüber unterrichtet gewesen, so wäre ihm der Entschluß zum notwendigen Angriff wesentlich erschwert worden."

[30] Teske, Die silbernen Spiegel, S. 109. Die „Begrüßung der Generalstabsoffiziere beim AOK 17" fand am 24. 5. 1941 statt. Vgl. Halder, Kriegstagebuch, Bd. II, S. 428 (Eintrag vom 24. 5. 1941). Generell zur Skepsis der deutschen Generalität gegenüber dem „Unternehmen Barbarossa" vgl. Hürter, Heerführer, S. 214 f.

[31] IfZ-Archiv, MA 1579: 4. Pz. Div., Abt. I a, Kriegstagebuch, Eintrag vom 22. 6. 1941.

[32] BA-MA MSg 1/1148: NL Joachim Lemelsen, Tagebuch, Eintrag vom 31. 12. 1941, rückblickend auf das Jahr 1941.

[33] So der Oberleutnant Walter Bauer am 27. 6. 1941: „Es war bei uns wie ein großes Aufatmen, als am letzten Sonntag [22. 6. 1941] der neue Schlag verkündet wurde." Zit. in: Mallmann, Deutscher Osten, S. 23.

zen seiner Division enden musste. Wie wichtig gerade diese Organisationsform nun wurde, hatte der Generaloberst Halder schon vor Kriegsbeginn erkannt[34]: „Eindrucksvoll die Unendlichkeit der Räume, in denen unsere Truppen zum Angriff antreten. Das ‚Tuchfühlunghalten' hört hier von selber auf. Die Gefechtseinheit der Divisionen tritt stark hervor. Alle Arbeit, die wir seit Jahrzehnten in die Schulung der Divisionsführung gelegt haben, muß sich hier lohnen." Die Division als kleine, auf sich selbst gestellte Schicksalsgemeinschaft in der „Unendlichkeit" des sowjetischen Kontinents. Schon deshalb ist der Topos vom „Gesicht des Krieges"[35] hier fehl am Platze. Dieser Krieg hatte viele Gesichter.

Aus der Sicht der deutschen Führung hing alles davon ab, dass sich die Rote Armee bereits im Grenzbereich zum Kampf stellen würde[36]. War dies der Fall, dann schien tatsächlich die Chance gegeben, die sowjetische Front an wenigen entscheidenden Stellen mit Hilfe der vier deutschen Panzerkeile zu durchstoßen. Ihnen sollten die langsameren Infanterie-Armeen folgen, um die aufgerissenen sowjetischen Verbände vollends einzukesseln. Diese Kesselschlachten wollte man bis zur völligen Vernichtung des Gegners fortsetzen – bei fast fünf Millionen Rotarmisten keine Kleinigkeit[37]. Nach dieser Phase von zwei bis drei Monaten aber wäre, so die Erwartung der deutschen Militärs, das Schlimmste überstanden. Für die Besetzung des restlichen Territoriums sollten dann – so stellte man sich das vor – einige motorisierte Raids in die Weite des russischen Raums genügen[38]. Angesichts der wenigen Wochen, die für dieses Mammutprogramm zur Verfügung standen, lautete die Forderung der deutschen Führung an ihre Truppen: Schnelligkeit, Schnelligkeit um jeden Preis. Bis Ende September, bis zum Beginn der Schlechtwetterperiode, musste dieser Feldzug entschieden sein. „Es wird nur noch marschiert werden. Halte gibt es nicht; nur zum Auftanken wird gerastet; das Essen muß entweder im Fahren oder während der kurzen Tankpausen eingenommen werden. Es gibt nur ein Ziel Moskau!"[39], schrieb ein Offizier der *4. Panzerdivision*.

Genau „1040 km" trennten sie damals von ihrem großen Ziel[40]. Die Aufträge, die man daraus zog, lauteten in der dürren Sprache der Militärs: „P[an]z[er-]Gruppe 2 – am rechten Flügel der 4. Armee und dieser vorauseilend – durchbricht die

---

[34] Halder, Kriegstagebuch, Bd. II, S. 449 (9. 6. 1941).
[35] Diese Metapher etwa bei Franz Karl Endres, Das Gesicht des Krieges (1924); Robert Capa, Das Gesicht des Krieges (1965); Malcolm W. Browne, Das neue Gesicht des Krieges (1966); Ortwin Buchbender, Das andere Gesicht des Krieges (1982); Martha Gellhorn, The Face of War (1959), dt. Übers.: Das Gesicht des Krieges (1989); Martin Humburg, Das Gesicht des Krieges (1998); Anton Holzner, Das fotografische Gesicht des Krieges. Eine Einleitung, in: ders. (Hrsg.), Mit der Kamera bewaffnet (2003), S. 7–20.
[36] Vgl. Hartmann, Halder, S. 238, 271 ff.
[37] Die Rote Armee verfügte im Juni 1941 über 4 901 800 Soldaten; insgesamt wurden während des Krieges 29 574 900 weitere Personen mobilisiert. Angaben aufgrund der von G. F. Krivosheyev vorgelegten Zahlen nach: Erickson, Red Army Battlefield Performance, S. 235; Löwe, Bewaffnete Macht, S. 1704 mit Anm. 3.
[38] Vgl. hierzu die operativen Planungen, die OKW und OKH im Juli 1941 vorlegten, in: KTB OKW, Bd. I, Dok. 82–87 (S. 1036 ff.), Dok. 105 (S. 1072 f.).
[39] BA-MA, MSg 1/3268: Fritz Farnbacher, Tagebuch, Vorwort. Vgl. auch IfZ-Archiv, MA 1577: 4. Pz. Div., Abt. I a, „Divisionsbefehl für den Angriff über den Bug" vom 15. 6. 1941. Dort hieß es u. a.: „Das Ziel heißt Moskau – dies muß jeder Mann wissen!"
[40] IfZ-Archiv, MA 1577: XXIV. mot. Korps, Abt. I c, Bericht „Die Rollbahn zwischen Brest-Litowsk und Moskau" vom 17. 6. 1941.

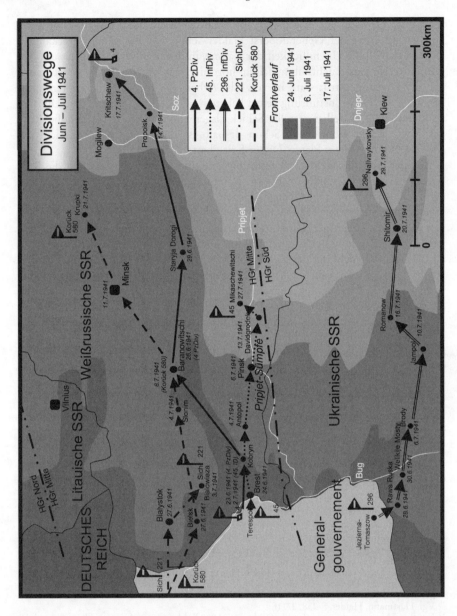

f[ein]dl[ichen] Grenzstellungen beiderseits Brest und gewinnt in unaufhaltsamem
Vorstoß über die Linie Slusk – Minsk den Raum um Smolensk, um demnächst den
Weg nach Moskau zu öffnen."[41] Das klang einfach und klar. In Wirklichkeit aber

---

[41] Vgl. BA-MA, RH 24-24/102: XXIV. mot. Korps, Abt. I a, „Korpsbefehl Nr. 1 für den Angriff"
     vom 13.6.1941.

war es ein hochriskantes Konzept, das auf vielen Unbekannten basierte[42]. Trotzdem schien es aufzugehen. Denn die verduzten sowjetischen Einheiten erholten
sich rasch vom Schock des deutschen Überfalls[43] und kämpften mit einer geradezu
selbstmörderischen Verbissenheit[44]: „Der Russe hat sich wieder einigermaßen gefunden"[45], meinte der I c der 4. Panzerdivision Anfang Juli; ihre Angehörigen
konnten das nur bestätigen: „Achtung vor dem Mut und der Tapferkeit der Russen
haben wir alle gelernt; feige sind sie auf keinen Fall"[46]. Genau das aber bewertete
die deutsche Seite als Erfolg! Man musste nicht Hunderte von Kilometern marschieren, um den Gegner im Nirgendwo der russischen Weiten zu stellen[47]. Vielmehr deutete alles darauf hin, dass man es bereits jetzt mit dem Gros der sowjetischen Kräfte zu tun hatte.

Nicht allein das schien den deutschen Operationsplan zu bestätigen. Den motorisierten Kräften der Wehrmacht war es tatsächlich in nur wenigen Tagen gelungen, die erste Staffel der Roten Armee zu durchstoßen. Der Zeitpunkt war günstig:
Da die sowjetische Führung einen Krieg unverzüglich ins Land des potentiellen
Angreifers tragen wollte, hatte sie ihre Verbände, die sich auch noch mitten in einer Umgruppierung befanden, sehr weit westlich postiert. Das gab den deutschen
Panzergruppen die einmalige Möglichkeit, bereits in der ersten Woche des Krieges
mehrere Hundert Kilometer weit auf sowjetisches Territorium vorzupreschen[48],
„so schnell und so weit", dass die deutsche Versorgung Mühe hatte nachzukom-
men[49]. Trotzdem funktionierte die Taktik der Kesselschlachten – zumindest im
Bereich der Heeresgruppe Mitte[50]. Als einzige deutsche Heeresgruppe verfügte sie
über zwei Panzerkeile, im Süden Guderians Panzergruppe 2 (zu der auch die
4. Panzerdivision gehörte) und im Norden Hoths Panzergruppe 3; schon am
28. Juni bildeten sie östlich von Minsk ihren ersten großen Kessel. Die sowjetische
„Westfront" war damit zerschlagen, das große Ziel Moskau nach nur einer Woche
um 300 Kilometer nähergerückt. Es schien, als ob sich jener Coup vom Herbst

---

[42] Vgl. mit den Bewertungen durch Müller, Der letzte deutsche Krieg, S. 90; Kroener, Der „erfrorene Blitzkrieg"; Hartmann, Halder, S. 237ff.

[43] Vgl. mit der eindrücklichen Schilderung bei Erickson, The Road to Stalingrad, S. 101f.; Hoffmann, Kriegführung, S. 713ff.; Overy, Rußlands Krieg 1941–1945, S. 123ff.; Hummel, Die sowjetische Nordwest- und Westfront im Sommer 1941.

[44] IfZ-Archiv, MA 1589: Pz. Rgt. 35, Bericht an die 4. Pz. Div. vom 4.7.1941: „Eindruck vom
Feind: hart kämpfender, ausgesprochen mutiger Soldat, dessen Moral noch nicht gelitten hat."
Generell Kap. 5.2.

[45] BA-MA, RH 27-4/109: 4. Pz. Div., Abt. I c, Tätigkeitsbericht vom 3.6.1941–31.3.1942, Eintrag
vom 2.7.1941. Bemerkenswert zunächst die Nervosität dieser Division, die zunächst verdächtig
„wenig Feindwiderstand" feststellte. Ebda., Eintrag vom 22.6.1941. Ferner IfZ-Archiv, MA
1579: 4. Pz. Div., Abt. I a, Kriegstagebuch, Einträge vom 23.6.1941: „Von Russen ist am 23.6.
wenig zu spüren, auch keine Flieger."

[46] BA-MA, MSg 1/3268: Fritz Farnbacher, Tagebuch, Eintrag vom 11.7.1941.

[47] Vgl. auch Meier-Welcker, Aufzeichnungen, S. 119f. (Eintrag vom 22.6.1941): „Wenn der Russe
tatsächlich planmäßig zurückgeht, tut er uns das Schlimmste an, was passieren kann."

[48] Bereits am 28.6.1941 hatte die 4. Panzerdivision 300 km zurückgelegt. Vgl. Seitz, Verlorene
Jahre, S. 90 (Eintrag vom 28.6.1941). Die Memoiren von Seitz enthalten ab S. 88ff. sein persön-
liches Tagebuch.

[49] IfZ-Archiv, MA 1761: Pz. Gr. 2, Abt. O.Qu. 2, Kriegstagebuch, Eintrag vom 23.6.1941.

[50] Dagegen stellte sich bei der Heeresgruppe Süd das Problem, dass sie weit hinter der Heeresgruppe Mitte zurückhing. Vgl. hierzu Klink, Operationsführung, S. 470ff.

1939, als die 4. Panzerdivision innerhalb von acht Tagen die gegnerische Hauptstadt erreicht hatte[51], nun nochmals wiederholen würde.

Auch in den glühendheißen, staubigen Tagen des Juli 1941[52] starteten die 4er
wieder einen „Sturmlauf"[53]: Am 6. Juli 1941 standen sie am Dnjepr[54], vier Tage
später kämpften sie sich durch die Stalin-Linie[55], den stärksten Verteidigungsriegel
im Westen des sowjetischen Imperiums. Die Betonbunker, Panzergräben und
Minenfallen konnten sie freilich genauso wenig aufhalten wie die sowjetischen
Armeen, die vor Smolensk noch einmal in Stellung gegangen waren. Während die
ersten deutschen Einheiten am 15. Juli in Smolensk eindrangen, rasselten südlich
davon die Panzer der 4er durch Kritschew[56]. Damit hatte sich der Abstand zwischen der deutschen Hauptkampflinie und der sowjetischen Hauptstadt in nur
vierzehn Tagen nochmals halbiert – auf etwa 350 Kilometer[57]. „In neun Tagen sind
wir in Moskau!"[58], jubelte damals einer ihrer Offiziere, während ein anderer Moskau „wie eine reife Frucht vor uns" liegen sah. „Unser geistiges Auge sieht schon
die Türme des Kreml, Phantasten träumen von einem Ballettabend in der Moskauer Oper."[59] Das schien nicht unrealistisch. Viele Militärexperten[60], auch ausländische[61], teilten damals solche Erwartungen; ein deutscher Sieg – zumindest im
Gebiet westlich des Urals – erschien in diesen Sommertagen nur noch als eine Fra-

---

51 Vgl. hierzu BA-MA, RH 27-4/199: Geschichte der 4. Pz. Div., masch. Manuskript, o. D.,
   S. 18ff.; Reinhardt, 4. Panzer-Division vor Warschau. Ferner Kap. 2.1.
52 Eine Vorstellung vermittelt der folgende Erfahrungsbericht: „Bei trockenem Wetter Staublage
   in unvorstellbarem Ausmaß, sehr gefährlich, da Sicht nach allen Seiten stark behindert und
   wegen Schlaglöcher rechte Straßenseite oft nicht eingehalten wird." BA-MA, RH 53-7/206: Beobachtungs-Ers. Abt. 7, „Bericht über die Reise zur Ostfront" vom 22. 8. 1941.
53 So auch das Urteil Halders, Kriegstagebuch, Bd. III, S. 25 (Eintrag vom 29. 6. 1941).
   Dabei lassen sich folgende Etappen unterscheiden: Durchbruch und Bug-Übergang: 22. 6.;
   Kämpfe im Pripjet-Gebiet: 23.–28. 6.; Vorstoß über Swislotsch und Beresina bis hin zum Dnjepr: 29. 6.–9. 7.; Dnjepr-Übergang und Durchbruch durch die Stalin-Linie: 10.–14. 7.; Kämpfe bei
   Propoisk: 15.–31. 7. 1941. Vgl. Schaub, Panzer-Grenadier-Regiment 12, S. 64ff.
54 BA-MA, MSg 2/4391: 4. Pz. Div., Berichte des Erkundungszuges I. Abt./Pz. Rgt. 35, o. D. Zu
   den Kämpfen: Walde, Guderian, S. 123ff.
55 BA-MA, RH 27-4/109: 4. Pz. Div., Abt. I c, Tätigkeitsbericht für die Zeit vom 3. 6. 1941–
   31. 3. 1942, Eintrag vom 10. 7. 1941. Zum Durchbruch der Division durch die Stalin-Linie bei
   Stary Bychow vgl. Alman, Panzer vor, S. 79ff. Ferner Wetzig, Die Stalin-Linie 1941. Propagandistisch wurde der Durchbruch durch diese Linie von deutscher Seite weit überbewertet, gerade auch im Vergleich zur Maginot-Linie. Die Stalin-Linie war zweifelsohne eine starke Stellung,
   deren Aufbau aber nicht abgeschlossen war. Zudem waren diese Stellungen vor allem von abgekämpften sowjetischen Einheiten besetzt.
56 Die Vorhut des Panzer-Regiments 35 besetzte Kritschew am 17. 7. 1941. Vgl. IfZ-Archiv, MA
   1579: 4. Pz. Div., Abt. I a, Kriegstagebuch, Eintrag vom 17. 7. 1941. Zu dem dortigen Geschehen
   vgl. auch Die Geheimen Tagesberichte, Bd. 3, S. 192, 197, 225 (Einträge vom 18. 7., 20. 7. und
   1. 8. 1941).
57 Vgl. BA-MA, MSg 1/3268: Fritz Farnbacher, Tagebuch, Eintrag vom 3. 8. 1941. Die Entfernung-
   sangaben schwanken. Seitz schreibt am 7. 8. von Kilometersteinen, auf denen als Entfernung 417
   km angegeben gewesen sei. Vgl. Seitz, Verlorene Jahre, S. 94f. (Eintrag vom 7. 8. 1941).
58 BA-MA, MSg 1/3268: Fritz Farnbacher, Tagebuch, Eintrag vom 21. 7. 1941.
59 Schaub, Panzer-Grenadier-Regiment 12, S. 77.
60 Stellvertretend sei auf die Erwartung des Oberst i. G. Günther Blumentritt verwiesen, der am
   9. 5. 1941 geäußert hatte: „Die ersten 8–14 Tage kann es harte Kämpfe geben, aber dann wird wie
   bisher der Erfolg nicht ausbleiben, und wir werden auch hier siegen." Zit. bei: Reinhardt, Wende vor Moskau, S. 21.
61 So rechnete der US-Marineminister William L. Knox mit einer Kriegsdauer von sechs bis acht
   Wochen, der US-Kriegsminister Henry L. Stimson mit einer Dauer von einem bis drei Monaten. Vgl. Cecil, Hitler's Decision to Invade Russia, S. 121; Reynolds, The Creation of the Anglo-
   American Alliance 1937–1941, S. 206.

ge der Zeit. Denn die deutschen Angriffsspitzen hatten mit Abschluss der „Schlacht von Smolensk" nicht allein das strategische Dreieck Orscha-Smolensk-Witebsk in ihre Gewalt gebracht. Mit der Eroberung dieser Schlüsselstellung hatten, wie bereits in der Kesselschlacht von Bialystok und Minsk, noch einmal knapp 350 000 Rotarmisten die Waffen gestreckt[62]. Welche Armee konnte auf Dauer solche Niederlagen aushalten?

Aber auch für die deutsche Seite waren diese Siege teuer erkauft. An den motorisierten Verbänden des Ostheers, die den Infanterie-Armeen teilweise bis zu 150 Kilometer vorausfuhren[63], war das besonders deutlich zu sehen. Sie entwickelten sich bald zu Seismographen dieses Krieges. Die Panzer-Soldaten hatten schnell gemerkt, dass es sich hier um etwas ganz anderes handelte als bei den Campagnen in Polen oder in Frankreich. „Es ist tatsächlich der tollste Krieg, den ich je erlebt habe", notierte der Leutnant Farnbacher[64]. Wenig später erregte er sich über einen Kriegsberichterstatter, der von diesem Krieg berichten würde wie von „einem spannenden Fußballspiel"[65]. Genau darum handelte es sich eben nicht. Diesem Waffengang fehlte von Anfang an jede spielerische Leichtigkeit. Mitte Juli erlebte der Oberstleutnant von Lüttwitz eine Kommandeursbesprechung „am Ortsrand unter 1 gr[oßen] Apfelbaum", unter den man auf einigen Bänken saß. „Plötzlich krepierte eine schwere russ[ische] Granate im Wipfel unseres Baumes. [Oberst Dietrich von] Saucken u[nd] 4–5 andere wurden schwer verwundet, einer davon starb sehr bald. Ecker u[nd] ich, die wir mitten drin saßen, wurden durch den Luftdruck weit weg geschleudert, bekamen nichts ab, das reine Wunder! Wir halfen sofort den Schwerverwundeten. Ich hielt einem Ob[er]l[eu]tn[ant], dem das Bein abgerissen war, die Schlagader zu, bis der Arzt endlich kam. Auf dem Weg zum Reg[imen]t wuschen wir uns in einem Tümpel das viele Blut ab, das auf der ganzen Uniform klebte."[66]

Diese Schilderung mit ihrem eindringlichen Widerspruch zwischen der Idylle im Obstgarten und dem unvermittelten Einbruch des Todes vermittelt eine Vorstellung, wie hart und verlustreich dieser „Sturmlauf" in Wirklichkeit war. Szenen wie diese blieben keine Ausnahme. Schon im August 1941 musste die Division feststellen, dass ihre Schützen-Kompanien seit Feldzugsbeginn „etwa 50–70 %" ihrer Mannschaften verloren hatten, oft „die besten Kämpfer". „Der Kradschützenzug dieses R[e]g[imen]ts besteht z[ur] Z[ei]t noch aus 2 Mann", konstatierte man im August 1941[67]. Die Überlebenden seien „stark ermüdet"[68], sie hatten – wie

---

[62] Während der Schlacht von Bialystok und Minsk nahm die H.Gr. Mitte 323 000 Rotarmisten gefangen, während der Schlacht von Smolensk/Roslawl nochmals 348 000 Mann. Angabe nach: Streit, Kameraden, S. 83.

[63] Angabe nach Haupt, Heeresgruppe Mitte, S. 60. Seitz beschreibt eindrücklich, wie die Division immer wieder den Kontakt zu den Infanterieverbänden verlor und teilweise völlig allein auf sich gestellt kämpfen musste. Vgl. Seitz, Verlorene Jahre, S. 93 (Einträge vom 21. und 28.7.1941). Vgl. auch Walde (Guderian, S. 122) der beschreibt, wie selbst Guderians Stab immer wieder in sowjetische Kolonnen fuhr.

[64] BA-MA, MSg 1/3268: Fritz Farnbacher, Tagebuch, Eintrag vom 11.7.1941.

[65] Ebda., Eintrag vom 17.7.1941.

[66] BA-MA, N 10/9: Lebenserinnerungen Smilo Frhr. von Lüttwitz, Bl. 128. Dieses Ereignis auch bei Schäufler, So lebten und so starben sie, S. 56f.

[67] BA-MA, RH 24-24/88: 4. Pz. Div., Abt. I a, Meldung an das XXIV. mot. Korps vom 15.8.1941. Auch zum Folgenden.

[68] IfZ-Archiv, MA 1579: 4. Pz. Div., Abt. I a, Kriegstagebuch, Eintrag vom 20.7.1941.

einer von ihnen damals berichtete – eben „schon allerhand mitgemacht hier im Osten"[69]. Auch das Material hatte durch die Gewaltmärsche der letzten Wochen schwer gelitten: von den 175 Panzern des Panzer-Regiments 35 waren Ende Juli nur noch 49 übrig[70], bei den Krädern fehlte die Hälfte, während der Nachschub der Division schon jetzt „nicht mehr sichergestellt"[71] war. Genau darauf aber wäre es angekommen. „Die Fahrzeuglage sowie der Zustand der Panzerwagen ist katastrophal und gibt für den Fall größerer Operationen mit weitgesteckten Zielen zu ernstesten Besorgnissen Anlass", lautete die Bilanz des Kommandeurs[72]. In anderen Worten: Die Division war zwar noch einsatzbereit, doch hatten sechs Wochen Vormarsch ausgereicht, um ihren personellen und materiellen Kernbestand zu erschöpfen[73]. Wie sie ihren Aufgaben künftig gerecht werden sollte, war völlig unklar. Damit begann sich schon sehr früh eine Parallele zum Russlandfeldzug Napoleons abzuzeichnen. Denn die Grande Armée hatte die meisten Soldaten und Pferde nicht auf ihrem grausamen Rückmarsch im Winter 1812 verloren, sondern schon im Sommer, während ihrer Offensive[74]. Genau das aber wollte die deutsche Führung nicht erkennen, die schon an die nächsten Projekte dachte – Projekte von globalen Ausmaßen, wie sie bislang noch keine deutsche Armee in Angriff genommen hatte[75]. Als der Befehlshaber der Panzergruppe 2, Generaloberst Guderian, seinem Obersten Kriegsherrn am 4. August an die raue Gegenwart zu erinnern suchte und ihm erklärte, die deutsche Offensive sei nur durch „einen ununterbrochen fließenden Strom von Ersatzteilen, zumal Motoren, und neuen Panzern bzw. Flugzeugen" am Laufen zu halten, beschied ihm Hitler, „er brauche die neuen Panzer und Flugzeuge für zukünftige Aufgaben". Eine „Monatsfertigung von Motoren" wollte Hitler frei geben, mehr nicht[76].

Der Raubbau, der besonders an den deutschen Panzerdivisionen getrieben wurde, soll freilich nicht darüber hinwegtäuschen, dass sie es waren, die diese „Grenz-

---

[69] BfZ, Slg. Sterz, 31026, Brief J. L. vom 3.8.1941.

[70] Vgl. IfZ-Archiv, MA 1578: 4. Pz. Div., Abt. I a, Meldung an das XXIV. mot. Korps vom 22.7.1941. Allerdings wurden weitere 83 Panzer als „wiederherstellungsfähig" bezeichnet. Auch zum Folgenden.
Vgl. ferner BA-MA, MSg 1/3268: Fritz Farnbacher, Tagebuch, Eintrag vom 19.7.1941: „Die [Panzer-]Abteilung ist schwer geschmolzen: wenig mehr als eine starke Kompanie ist sie noch."

[71] IfZ-Archiv, MA 1579: 4. Pz. Div., Abt. I b, Kriegstagebuch, Eintrag vom 14.7.1941. Der Nachschub war damals bereits so schwierig, dass die Division einen Major nach Deutschland schicken musste, „um die dringend benötigten Ersatzteile über die höchsten Stellen zu beschaffen". Neumann, 4. Panzerdivision, S. 230.

[72] BA-MA, RH 24-24/88: 4. Pz. Div., Abt. I a, Meldung an das XXIV. mot. Korps vom 15.8.1941. Auch zum Folgenden. Diese „sehr hohe Belastung der Fahrzeuge" begann im Grunde schon am ersten Tage dieses Krieges. Neumann, 4. Panzerdivision, S. 197.

[73] Vgl. hierzu BA-MA, RH 21-2/931: Pz. Gr. 2, Abt. I a, Kriegstagebuch, Eintrag vom 15.7.1941: „Die Versorgungslage der Pz. Gr. 2 wird durch die immer länger und schlechter werdenden und kaum gesicherten Nachschubwege immer schwieriger. Es ist dies eine den Ostfeldzug so besonders kennzeichnende Tatsache. Alle Überlegungen und takt[ischen] Maßnahmen hängen zu einem wesentlichen Teil davon ab. Operationen, die dies nicht berücksichtigen, sind auf die Dauer zum Scheitern verurteilt."

[74] Vgl. hierzu Kap. 2.5.

[75] Zu den deutschen Planungen für die Zeit nach „Barbarossa" vgl. Hillgruber, Hitlers Strategie, S. 377 ff.

[76] Dazu vermerkte das Kriegstagebuch der Panzergruppe 2: „Wenn auch diese Leistungen den Verschleiß nicht auszugleichen vermochten, so gaben sie doch der Truppe etwas das Gefühl nicht vergessen zu sein." BA-MA, RH 21-2/931: Pz. Gr. 2, Abt. I a, Kriegstagebuch, Eintrag vom 4.8.1941. Vgl. hierzu auch Halder, Kriegstagebuch, Bd. III, S. 152 (Eintrag vom 4.8.1941).

schlachten" damals noch souverän für sich entschieden. Gerade ein Verband wie die 4. zeigte sich damals „auf der Höhe" seines militärischen Könnens[77]. Ihre Schützen hatten mitunter den Eindruck, es würde zugehen wie bei „einem ausgesprochenen Kesseltreiben"[78], ein Hauptfeldwebel schilderte, wie damals „eine russ[ische] Art[illerie]-Batterie von einer unserer hervorragenden 8,8 cm Flak-Geschütze total vernichtet werden konnte, nachdem sich die Russen einen Überfall im direkten Schuss erlaubt hatten"[79], während sich ein Offizier an „die furchtbare Präzisionswirkung unserer Waffen, insbesondere unserer M.G." erinnerte[80]: „Wie hingemäht fielen die Angreifer, entweder getroffen oder durch die Feuerwirkung zu Boden gezwungen."

Dabei waren die deutschen Angreifer ihren sowjetischen Gegnern doch quantitativ und zunehmend auch qualitativ unterlegen. Trotzdem gelang es der Wehrmacht vorerst dies durch eine überlegene Führung, durch Schnelligkeit und nicht zuletzt durch eine gut eingespielte taktische Kooperation zu kompensieren. Das Gefecht der verbundenen Waffen funktionierte nicht nur innerhalb der Division[81]. Gerade ein motorisierter Schwerpunkt-Verband wie die 4. erhielt permanente Unterstützung von außen – durch Nebelwerfer-Batterien[82], durch Flak-Abteilungen oder durch Flugzeuge[83], die den Panzern den Weg frei bombten, sie an ihre Ziele dirigierten oder sie aus der Luft mit Treibstoff versorgten[84]. Techniken wie diese, mittlerweile Repertoire jeder modernen Armee, waren damals völlig neu und bildeten eine Voraussetzung dafür, dass das deutsche Konzept des Blitzkriegs in den Weiten der Sowjetunion vorerst mit einer geradezu unheimlichen Effizienz und Schnelligkeit funktionierte.

---

[77] So Neumann, 4. Panzerdivision, S.232, damals Offizier im Art. Rgt. 103.

[78] BA-MA, RH 27-4/12: I./S.R. 33, Meldung an S.R. 33 vom 7.8.1941.

[79] Vgl. BA-MA, RH 39/377: „Meine Kriegserlebnisse 1941/42 in Rußland als ehem. Hauptfeldwebel der 3./Pz. Rgt. 35".
Ähnlich in IfZ-Archiv, MA 1589: Pz. Rgt. 35, Bericht an die 4. Pz. Div. vom 14.7.1941, wo berichtet wird, dass eine einzige Abteilung des Regiments unter der Führung des Majors von Lauchert bei einem Angriff nicht weniger als „28 Geschütze, 26 Flak, 19 schwere und leichte M.G., 1 Schwimmpanzer, 3 Pz. Spähwagen, 10 gep. Zgkw., 30 Lkw. und Pkw. vernichtet hat".

[80] BA-MA, N 460/14: NL Gerlach von Gaudecker, Tätigkeitsbericht Pz. Gren. Rgt. 33 vom Juni 1941–März 1944.

[81] IfZ-Archiv, MA 1578: XXIV. mot. Korps, Abt. I a, „Korpsbefehl II für den Angriff über den Dnjepr" vom 8.7.1941. Auch zum Folgenden.

[82] Der Begriff „Nebelwerfer" war eine reine Tarnbezeichnung. Eigentlich handelte es sich um leichte Raketenwerfer. Der 4. Pz. Div. waren damals Teile des Nebelwerfer-Regiments 53 unterstellt, das vor allem bei der „Bekämpfung von Flächenzielen" verheerend wirkte. Vgl. hierzu etwa IfZ-Archiv, MA 1589: I./Nbl.Werf.-Rgt. 53, „Erfahrungsbericht" an die 4. Pz. Div. vom 26.7.1941.

[83] So wurde etwa der Übergang des XXIV. mot. Korps über den Dnjepr von insgesamt 333 Flugzeugen der Luftwaffe unterstützt, darunter auch durch das Jagd-Geschwader 51 „Mölders". Vgl. etwa BA-MA, RH 27-4/12: 4. Pz. Div, Abt. I a, Merkblatt für Zusammenarbeit zwischen Verbänden der Panzergruppe 2 und Verbänden des Nahkampfführers 2 vom 8.9.1941; BA-MA, RH 24-24/82: Flak-Regiment 104, Abt I a, Einsatzbefehl Nr. 9 vom 4.7.1941; BA-MA, RH 24-24/87: FliVO (Pz.) 2, „Einsatzmeldung des II. Flieger-Korps und Nakafü 2 am 10.8.[19]41". Dort auch eine aufschlussreiche Abschrift über den Funkverkehr zwischen einem Aufklärungsflieger und einer Panzer-Kompanie.

[84] BA-MA, RH 27-4/12: 4. Pz. Div., Abt. I a, „Bericht über die Kämpfe der 4. Panzer-Division vom 9.–14. August 1941" vom 25.8.1941; IfZ-Archiv, MA 1589: 4. Pz. Div., 5. Pz. Brig., „Bericht über den Einsatz des Aufklärungsfliegers bei den Kampfhandlungen der Kampfgruppe Eberbach" vom 20.8.1941; BA-MA, RH 27-4/199: Geschichte der 4. Pz. Div., masch. Manuskript, o. D., S. 84.

Blitzkrieg: Führungsfahrzeug einer motorisierten Kompanie und deutscher Aufklärer vom Typ Henschel HS 126, Juli 1941
(Quelle: BSB, Fotoarchiv Hoffmann 36786)

Auf diese Weise hatte die 4. Panzerdivision die Erwartungen ihrer Führung geradezu „mustergültig" erfüllt – so das Urteil Guderians[85]. Als man ihr am 23. Juli 1941 eine erste Ruhepause gönnte[86], musste sich freilich die Division fragen, ob sie derartige Gewaltmärsche, ständig unterbrochen von kräftezehrenden Durchbruchsschlachten oder heftigen sowjetischen Gegenangriffen[87], weiter durchhalten[88] oder ob sie sich auf Dauer nicht einmal zu Tode „siegen" würde. Der Druck des Gegners war in den zurückliegenden Wochen nicht weniger geworden, und auch das Verhältnis zur Zivilbevölkerung hatte manchmal schon Schaden gelitten.

[85] Guderian, Erinnerungen, S. 174. Am 3. 8. 1941 funkte dieser an die Division: „Dank und Anerkennung der 4. P.D.!" Zit. bei: Neumann, 4. Panzerdivision, S. 244.
[86] IfZ-Archiv, MA 1578: 4. Pz. Div., Art. Grp. Schneider, „Befehl für die Verteidigung des Brückenkopfes ostw. Kritscheff" vom 23. 7. 1941; BA-MA, RH 27-4/199: Geschichte der 4. Pz. Div., masch. Manuskript, o. D., S. 102.
[87] Die deutsche Feindaufklärung hatte damals den Eindruck, dass diese Gegenangriffe vor allem die Aufgabe hatten, „das Tempo des [deutschen] Vorgehens zu verzögern". BA-MA, RH 24-24/122: XXIV. mot. Korps, Abt. I a, Aktenvermerk „Lage beim XXIV. mot. Korps am 2. 7. 1941".
[88] Es spricht für sich, wenn die Fahrzeuge damals weniger aufgrund von „Feindeinwirkung" ausfielen, als aufgrund der geographischen und klimatischen Bedingungen: „Große Sorge bereitet der Truppe der Zustand der Fahrzeuge. Die Fahrzeuge, die schon den Polen- und Westfeldzug mitgemacht haben, sind am Ende ihrer Leistungsfähigkeit. Verschärft wird diese Lage durch den mehlfeinen Staub, der die inneren Teile der Motoren richtig ausschmirgelt. Eine Anfrage, ob die Truppe mit ihren Fahrzeugen noch 800 km zurücklegen könnte, mußte rundweg verneint werden. Die Fahrzeuge dürften höchsten noch 200–300 km halten, dann liegt die Abteilung aber voraussichtlich endgültig fest." BA-MA, RH 53-7/206: Beobachtungs-Ers. Abt. 7, „Bericht über die Reise zur Ostfront" vom 22. 8. 1941.

Zwar sollte man nicht übersehen, dass diese Division *damals* noch weitgehend einen Krieg im herkömmlichen Sinne führte: wilde Plünderungen wurden untersagt[89], verwundete Kriegsgefangene versorgt[90] und auch die Zivilbevölkerung, welche die deutschen Eroberer zunächst wie „Befreier" begrüßte[91], wurde möglichst wohlwollend behandelt. Doch zeigten sich schon damals auch andere Reaktionen – nicht nur gegen ein Hassobjekt wie die Kommissare[92]. Noch härter konnte diese Division reagieren, wenn sie ihre genuinen militärischen Interessen (und das bedeutete in erster Linie Schnelligkeit und Sicherheit) bedroht sah. Als im Juli acht ihrer Angehörigen tot und verstümmelt aufgefunden wurden, ohne dass deren Todesursachen geklärt werden konnten, exekutierte das Schützen-Regiment 12 kurzerhand einhundert „Freischärler"[93]. Brutalitäten dieser Art, damals noch die Ausnahme, waren nicht nur ein Resultat der unseligen ideologischen Vorgaben, sie resultierten auch aus der militärischen Situation, aus dem buchstäblich mörderischen Zeitdruck des deutschen Operationsplans. Vorerst befanden sich die Opfer auf sowjetischer Seite, doch es war nur eine Frage der Zeit, wann die deutschen Invasoren dafür würden bezahlen müssen. Zwar standen Verbände wie die 4. Panzerdivision nun tief im „Feindesland", doch ließ sich gerade an den Speerspitzen der deutschen Offensive schon früher und deutlicher erkennen, wie es um die deutsche Sache stand.

Auch in die *45. Infanteriedivision* hatte die deutsche Führung große Hoffnungen gesetzt; entsprechend war ihre Aufgabe. Sie trug einen einzigen Namen: Brest-Litowsk. Die alte russische, dann polnische und ab Herbst 1939 wiederum sowjetische Festung[94], damals Teil einer Stadt von etwa 50 000 Einwohnern, verteilte sich auf insgesamt vier Quadratkilometern am Zusammenfluss von Bug und Muchawiec. Seit Frühjahr 1941 wurde sie zu einer der stärksten Grenzstellungen des sowjetischen Imperiums ausgebaut. Genau darauf zielte der Angriff der

89 Vgl. etwa BA-MA, RH 27-4/165: 4. Pz. Div., Abt. I b „Besondere Anordnung für die Versorgung Nr. 65" vom 26.7.1941; BA-MA, N 10/9: Lebenserinnerungen Smilo Frhr. von Lüttwitz, Bl. 131: „Nach Rückkehr in die Stadt fand ich einige Leute, die gerade anfingen die Geschäfte zu plündern, was ich sofort unterband."
90 Vgl. BA-MA, RH 27-4/165: 4. Pz. Div., Abt. I b, „Besondere Anordnung für die Versorgung Nr. 49" vom 6.7.1941: „Russische Verwundete sind von Gefangenen sammeln zu lassen. Ihre Betreuung übernimmt in erster Linie russisches San.-Personal. Wo russische Ärzte nicht vorhanden [sind], hat ein deutscher Arzt erste Hilfe zu leisten, im Lazarett unter Umständen die notwendigen lebensrettenden Eingriffe durchzuführen. Deutsche Verwundete haben natürlich Vorrang. Abtransport der Verwundeten über Gefangenensammelstellen der Division auf zurückfahrenden Leerkolonnen bis zum nächst gelegenen Kriegsgefangenenlazarett oder auf Leerkolonnen direkt dorthin." In diesem Sinne auch BA-MA, MSg 1/3268: Fritz Farnbacher, Tagebuch, Eintrag vom 25.6.1941.
91 BA-MA, MSg 1/3269: Fritz Farnbacher, Tagebuch, Eintrag vom 3.7.1941. Auch zum Folgenden. In diesem Sinne auch Schäufler, So lebten und so starben sie, S. 44.
92 Vgl. Kap. 5.1.
93 BA-MA, RH 24-24/325: 4. Pz. Div., Abt. I c, Meldung an das XXIV. mot. Korps vom 1.7.1941. Vgl. auch BA-MA, MSg 1/3269: Fritz Farnbacher, Tagebuch, Eintrag vom 2.7.1941; Schaub, Panzer-Grenadier-Regiment 12, S. 67 sowie Kap. 5.5.
94 1842 hatten russische Ingenieure mit dem Bau der Festung begonnen; sie gliederte sich in eine Nord-, Süd- und West-Festung, letztere eine Insel, sowie in die Kernfestung, die sog. „Zitadelle", die ebenfalls von Wasser umgeben war. Es ist kaum bekannt, dass die Brester Festung während des Polenfeldzugs schon einmal von deutschen Truppen erobert worden war, die sie dann am 22.9.1939 an die vordringende Rote Armee übergeben hatten. Vgl. Rohde, Hitlers erster „Blitzkrieg", S. 129; Ben-Arie, Brest-Litovsk, S. 72 f.

45. Infanteriedivision[95]. Mit einer überraschenden Einnahme dieser Bastion sollte dem südlichen Zangenarm der Heeresgruppe Mitte schon in den ersten Kriegstagen der Weg nach Osten geöffnet werden[96].

Ein solches Unternehmen bedurfte einer langen und gründlichen Vorbereitung[97]. Pionier-Offiziere hatten daher schon im April damit begonnen, das zum Teil stark sumpfige Gelände an beiden Ufern des Bugs auszukundschaften[98]. In diese minutiöse Aufklärungsarbeit hatte man selbst „alte Unterlagen aus dem Weltkrieg über die Festung Brest-Litowsk" einbezogen[99]. Den schwierigen Bedingungen zum Trotz vertraute man darauf, die Festung mit Hilfe eines gewaltigen „Feuerschlags", einem wahren artilleristischen Großprogramm, sturmreif schießen zu können[100]. Währenddessen sollte die Infanterie mit Sturmbooten – nicht aber mit Wasserski, wie man kurzfristig erwogen hatte[101] – über den Bug setzen und gleichzeitig jene Eisenbahnbrücke nehmen, auf der noch in der Nacht vom 21. auf den 22. Juni 1941 die letzten sowjetischen Getreidezüge ins Deutsche Reich rollten. Bis zum Mittag des ersten Tags sollte sich das gesamte Festungsgelände in deutscher Hand befinden. Ein solcher Plan war nicht ohne Risiko, doch schienen nicht nur die Erfahrungen des Westfeldzugs, die Gründlichkeit der deutschen Vorbereitung und die schiere Masse an Waffen für einen Erfolg zu sprechen, sondern mehr noch das Moment der Überraschung[102]. Fast täglich hatten die Deutschen beobachtet, wie die Russen „im Hof der Zitadelle nichtsahnend den Parademarsch übten" und ihre „Feldbefestigungsarbeiten nur lässig betrieben"[103].

Doch alles kam anders. Es ist sicherlich nicht verfehlt, in den Kämpfen um diese eine Festung so etwas wie ein Symbol zu sehen – ein Symbol für die leichtfertige wie folgenreiche Unterschätzung der Sowjetunion durch die Wehrmachtsführung. Für diese Soldaten zeigte sich schon am ersten Tag, dass es sich bei diesem Krieg um

---

[95] Vgl. hierzu BA-MA, ZA 1/1582: Friedrich John, 45th Infantry Division: Forced Crossing of the Bug River Advance trough the Russian Border Defences and Capture of the Fortress of Brest-Litowsk, 1941; Ben-Arie, Brest-Litovsk; Gschöpf, Weg, S. 201 ff.

[96] Vgl. IfZ-Archiv, MA 1618: XII. A.K., Abt. I a, „Befehl zum Angriff über den Bug" vom 13.6.1941: „45. Div. – ohne 1 Rgt. Korpsreserve – nimmt die Zitadelle Brest, stößt dann mit einem Regiment beiderseits des Muchawiecz südl. der großen Straße nach Osten durch, riegelt mit Teilen die Stadt Brest nach rückwärts ab und erreicht mit Masse dieser Kampfgruppe zunächst die Höhe 144."

[97] Vgl. hierzu IfZ-Archiv, MA 1617: 45. Inf. Div., Abt. I a, Kriegstagebuch für die Zeit vom 1.4.–20.6.1941.

[98] IfZ-Archiv, MA 1618: Pio. Rgt. 507, Bericht an das XII. A.K. vom 13.4.1941. Dort auch Angaben über „günstige Übergangsstellen" der 45. ID, die damals noch auf französischen Truppenübungsplätzen das Übersetzen über Flüsse trainierte.

[99] IfZ-Archiv, MA 1618: Inspekteur der Ostbefestigungen, „Auswertung der alten Unterlagen aus dem Weltkrieg über die Festung Brest-Litowsk" vom 9.5.1941.

[100] Daran beteiligt waren auch zwei deutsche Mörser mit dem gewaltigen Kaliber von 60 cm. Zur Vorbereitung vgl. etwa IfZ-Archiv, MA 1618: Kdr. Nbl. Werf. Abt. 8, Meldung an XII. A.K. „Erkundungs-Ergebnis für Streifen 45. Div." vom 16.4.1941; XII. A.K., Abt. I a, Befehl zur „Unterstellung von Heerestruppen" vom 11.5.1941.

[101] IfZ-Archiv, MA 1618: XII. A. K., Abt. I a/Ko.Pio., Befehl an die 45. Infanteriedivision vom 18.5.1941.

[102] Es charakterisiert den damaligen Erwartungshorizont der deutschen militärischen Führungsspitze, wenn sogar der Oberbefehlshaber des Heeres, GFM Walther von Brauchitsch, sich vor dem 22.6.1941 persönlich über diesen Abschnitt informiert hatte. BA-MA, RH 24-12/20: 45. Inf. Div., Abt. I a, Meldung an XII. A. K. vom 8.6.1941.

[103] Walde, Guderian, S. 120.

eine „ganz schlimme Sache" handelte[104]. Wie schlimm illustriert etwa ein kurzer Tagebucheintrag eines Offiziers, der das Übersetzen seiner Division beobachtete[105]: „Schnell stoßen unsere Stoßtrupps vor. Leider einige Kurzschüsse, die bei der 3. Komp[anie] bedauerliche Ausfälle bewirken. 30 Mann mit einem mal weg." Zwar gelang die Überwindung des Bugs in nur neun Minuten[106], zwar zeigte sich tatsächlich „der Feind völlig überrascht"[107], zwar konnten sich die deutschen Infanteristen und Pioniere weit in die Zitadelle vorkämpfen[108], doch war damit eine Entscheidung noch längst nicht gefallen. Denn der Feuerüberfall von nur fünf Minuten hatte längst nicht die Wirkung gehabt, die man sich eigentlich erhofft hatte[109]. Die deutschen Soldaten, die in die Festung eindrangen, hatten vielmehr den Eindruck, sie hätten „geradezu in ein Wespennest" gestochen[110]. Das, was als Coup geplant war, wurde nun zu einer nicht enden wollenden Abfolge grausamster Nahkämpfe: Schon am ersten Tag des Krieges wurden 311 Angehörige dieser Division von Flammenwerfern aus nächster Nähe verbrannt, von Handgranaten zerrissen, von Scharfschützen erschossen oder in der höllischen Dunkelheit der Bunker mit dem Bajonett erstochen[111]. Der Oberleutnant Ludwig Hauswedell, der einige Tage später das Schlachtfeld besichtigte, notierte in sein Tagebuch: „Es sah ziemlich wild dort aus. Anblicke, die man besser nicht beschreibt."[112] Selbst dem Generalfeldmarschall Günther von Kluge, Oberbefehlshaber der zuständigen 4. Armee, wurde das zu viel. Noch am Abend des 22. Juni befahl er, „daß kein unnützes Blut im Kampf um die Zitadelle vergossen werden soll, da die Kämpfe nur noch örtliche Bedeutung haben. Der Feind solle ausgehungert werden."[113] Die Führung der

---

[104] Interview d. Verf. mit Ludwig Hauswedell am 8.5.2001.
[105] Ludwig Hauswedell, Kriegstagebuch 1941/42 (4.5.1941–21.4.1942), Kopie im Besitz d. Verf., Eintrag vom 25.6.1941. In diesem Sinne auch IfZ-Archiv, MA 1617: 45. Inf. Div., Abt. I a, Kriegstagebuch, Eintrag vom 22.6.1941. Das war nicht der einzige deutsche Verlust durch „friendly fire". Es charakterisiert das Brachiale des deutschen Artillerie-Schlags, wenn von den neun Sturmbooten bereits drei „durch zu kurz gegangene Wurfkörper zerschlagen" wurden. O. Verf., Brest-Litowsk, S. 293; Ben-Arie, Brest-Litowsk, S. 77.
[106] IfZ-Archiv, MA 1617: 45. Inf. Div., Abt. I a, Kriegstagebuch, Eintrag vom 22.6.1941, 3 Uhr 19 bis 3 Uhr 28. Den deutschen Angreifern gelang es, die Eisenbahnbrücke über den Bug im Handstreich zu erobern und auch die Brücken über den Muchawiec, bis auf eine Ausnahme, in Besitz zu nehmen; außerdem bauten sie eine weitere Ponton-Brücke über den Bug.
[107] BA-MA, RH 24-12/19: XII. A. K., Abt. I a, Kriegstagebuch, Eintrag vom 22.6.1941.
[108] Der Sturm auf die Festung war vor allem eine Aufgabe des Inf. Rgt. 135 und des Pio. Btl. 81; das Inf. Rgt. 130 kämpfte am rechten Flügel, wobei es auch auf die Südinsel vorstieß. Aufgrund der Schwere der Kämpfe wurde schließlich auch noch das Inf. Rgt. 133 eingesetzt, das man zunächst in der Reserve zurückbehalten hatte.
[109] Beim Angriff auf die Festung wurden allein am ersten Tag „ca. 1300 to Munition verschossen"; allerdings soll der erste Feuerschlag nur fünf Minuten gedauert haben. BA-MA, RH 24-12/90: XII. A. K., Abt. Qu., Kriegstagebuch, Eintrag vom 22.6.1941; O. Verf., Brest-Litowsk, S. 293. Über die Wirkung schrieb ein Unteroffizier der 45. ID (Inf. Rgt. 130): „3 Uhr 15, Feuerüberfall. Die Erde bebt. Zuerst alles schwarz, dann hell lodernde Brände in der Zitadelle." BA-MA, MSg 3-217/1: Linzer Turm 27 (1984), Nr. 106: [Uffz. Kieweg], Rußlandtagebuch 1941, Eintrag vom 22.6.1941.
[110] O. Verf., Brest-Litowsk, S. 294.
[111] Vgl. Gschöpf, Weg, S. 154.
[112] Ludwig Hauswedell, Kriegstagebuch 1941/42 (4.5.41–21.4.1942), Kopie im Besitz d. Verf., Eintrag vom 25.6.1941.
[113] IfZ-Archiv, MA 1617: 45. Inf. Div., Abt. I a, Kriegstagebuch, Eintrag vom 22.6.1941, 18 Uhr 30. Schon der Kommandierende General hatte um 12 Uhr befohlen, „daß nichts mehr in die Zitadelle zu stecken" sei.

Spähtrupps der 45. Infanteriedivision vor den Festungsanlagen von Brest-Litowsk, Juni 1941
(Quelle: BSB, Fotoarchiv Hoffmann 36366)

45. ID entschied daher, „die Lage in der Zitadelle von Brest unter weitgehender Vermeidung eigener Verluste zu bereinigen"[114].

Das Problem war nur, dass die sowjetischen Verteidiger dabei vorerst nicht mitspielten. Die deutschen Lautsprecherwagen[115] konnten sie genauso wenig überzeugen wie die Flugblätter oder Bomben, welche die Deutschen während der nächsten Tage über ihnen abluden. Ohne jede Hoffnung auf ein Überleben oder gar auf einen militärischen Erfolg hielten sie sich bis zum 30. Juni, einzelne sogar bis zum 23. Juli[116]. Bunker für Bunker, Kasematte für Kasematte mussten die deutschen Angreifer nun erobern; auch ihre Verluste waren hoch. Das Kriegstagebuch der 45., in seiner Diktion sonst eher nüchtern, gibt eine Vorstellung von der Härte und Verbissenheit dieser Kämpfe[117]: „Die noch haltenden Teile der Russen sind von einer beachtlichen Beharrlichkeit. Es kommt vor, daß aus Häusern, von denen eben ein großer Teil gesprengt wurde, sofort wieder geschossen wird. Die Säuberung ist deswegen so schwierig, weil sich einzelne Russen unter Lumpen, Eimern, selbst in Betten und Decken verbergen und nach Durchsuchung des Hauses erneut zu schießen beginnen

---

[114] Ebda., Eintrag vom 23. 6. 1941.
[115] O. Verf., Brest-Litowsk, S. 294.
[116] An diesem Tag wurde der Major Gravilov gefangen genommen. Ben-Arie, Brest-Litovsk, S. 95.
[117] IfZ-Archiv, MA 1617: 45. Inf. Div., Abt. I a, Kriegstagebuch, Eintrag vom 25. 6. 1941. Sehr ähnlich die Schilderung eines Augenzeugen: „Mit welcher Erbitterung seitens der Russen gekämpft wurde, dafür einige Beispiele: in einem Raum des Lazaretts, das eine Kompanie im Kampf genommen und gesäubert hatte, wurden leere Betten, Decken u. a. beiseite geräumt; plötzlich stach ein Russe, bisher unter Decken verborgen, wie wild mit einem Messer um sich." O. Verf., Brest-Litowsk, S. 294.

bzw. mit scharf geschliffenen Messern um sich stechen. Die ihnen von den Kommissaren beigebrachte Angst, sie würden in deutscher Kriegsgefangenschaft erschossen,
macht sich deutlich bemerkbar und ist Grund für die ungewöhnlich hartnäckige und
ausdauernde Verteidigung. Zum Teil stehen die aufgefundenen Gefangenen überhaupt nicht mehr auf, sondern wollen lieber an Ort und Stelle erschossen werden."
Wie weit es dazu tatsächlich kam, bleibt dahingestellt. Ein Fall ist sicher belegt,
erzählt wird ferner von der Ermordung einiger Krankenschwestern und Verwundeter[118], auch sollen für einen deutschen Angriff etwa 400 Frauen und Kinder als
lebender Schutzschild missbraucht worden sein[119]. Sicher ist, dass die 45. ID sehr
viele Gefangene registrierte, bis Ende Juni 1941 über 7200 Menschen[120]. Sicher
ist aber auch, dass noch mehr Rotarmisten, vermutlich über 11000, bei den
Kämpfen ums Leben kamen[121]. Die Deutschen registrierten wiederum, wie „gefangene Russen", die man mit Parlamentär-Flagge zu den eigenen Leuten zurück-
geschickt hatte, zum Teil von diesen „abgeschossen" wurden[122], oder wie Rotarmisten, die man als Verwundete unbehelligt gelassen hatte, „aus dem Verband
Pistolen hervor[holten] und schossen"[123]. Derartige Verletzungen des Kriegsrechts waren wohl weniger Ausdruck ideologischer Indoktrinierung, sondern
vor allem das Ergebnis einer militärischen Entwicklung, die in diesem Fall schon

---

[118] Vgl. Kohl, Krieg, S. 36 f.; Ben-Arie, Brest-Litovsk, S. 89.
[119] Vgl. Gerlach, Morde, S. 779; ders., Verbrechen deutscher Fronttruppen, S. 105 mit Anm. 81;
Kohl, Krieg, S. 32. Sicher ist, dass in der Stadt viele Soldatenfamilien lebten. Ben-Arie, Brest-
Litovsk, S. 89.
Gerlachs Darstellung beruht auf einer persönlichen Mitteilung einer Mitarbeiterin des Muse-
ums der Brester Festung. Ihre Behauptung, „die deutsche Seite habe hier auch Giftgas eingesetzt", wird bereits von Gerlach widerlegt. Ganz davon abgesehen hatte der Generalstabschef
Halder am 25. 7. 1941 die Weisung gegeben, dass eine „Gasverwendung unsererseits nicht beabsichtigt" sei. Zit. bei Groehler, Der lautlose Tod, S. 190.
Gerlach schreibt, die deutsche Seite habe nach einer Woche Belagerung in die Keller „in groß-
en Mengen ,Benzin, Öl und Fett' hineingegossen und angezündet. Dabei verbrannten und er-
stickten auch zahlreiche Angehörige der dort stationierten Rotarmisten, darunter viele Kinder." Die Vorbereitung dieses Unternehmens wird im Kriegstagebuch der 45. ID bestätigt,
wobei dieses „Benzin-, Öl- und Fettgemisch" nicht in die Keller, sondern „in den das Fort
umgebenden Graben" eingesetzt werden sollte. Allerdings heißt es dann weiter im Kriegstagebuch: „Dieses vorbereitete Unternehmen kommt nicht mehr zur Durchführung." Sicher ist,
dass es während der Kämpfe in der Festung zu zahllosen Bränden mit einer entsprechenden
Rauchentwicklung kam. Vgl. IfZ-Archiv, MA 1617: 45. Inf. Div., Abt. I a, Kriegstagebuch,
Eintrag vom 29. 6. 1941. In diesem Sinne auch O. Verf., Brest-Litowsk, S. 295.
[120] Vgl. BA-MA, N 260/6: NL Rudolf von Bünau, 45. Inf. Div., „Gefechtsbericht über die Wegnahme von Brest-Litowsk" vom 8. 7. 1941. Bis zum 29. 6. 1941 konnten 101 sowjetische Offiziere sowie 7122 sowjetische Unteroffiziere und Mannschaften in deutscher Kriegsgefangenschaft registriert werden. Interessanterweise hat selbst jene kleine Gruppe deutscher Soldaten,
die während der Kämpfe von ihren eigenen Leuten zeitweise abgeschnitten war, Gefangene
eingebracht.
[121] Vgl. BA-MA, N 260/6: NL Rudolf von Bünau, 45. Inf. Div., „Gefechtsbericht über die Wegnahme von Brest-Litowsk" vom 8. 7. 1941. Hier heißt es, „starke Teile von 2 russischen Divisionen" seien vernichtet. Tatsächlich lagen die 6. und 28. Schützendivision in Brest-Litowsk,
deren Personalstärke faktisch mit ca. 9300 Mann anzusetzen ist, also auf insgesamt 18600
Soldaten. Gleichzeitig wurden bis Ende Juni über 7200 Rotarmisten als Kriegsgefangene registriert, so dass die Summe allein der militärischen Verluste auf 11400 zu veranschlagen ist –
also ein Mehrfaches der deutschen Seite. Ben-Arie, Brest-Litovsk, S. 78; Glantz, Colossus,
S. 195, 655 mit Anm. 20 (dort die faktischen Stärken).
[122] IfZ-Archiv, MA 1617: 45. Inf. Div., Abt. I a, Kriegstagebuch, Eintrag vom 23. 6. 1941; Ben-
Arie, Brest-Litovsk, S. 86.
[123] Vgl. BA-MA, N 260/6: NL Rudolf von Bünau: Brief Baumgartners (Inf. Rgt. 135) an Bünau
vom 7. 7. 1941.

am ersten Tag vollkommen aus dem Ruder gelaufen war[124]. Gleichwohl scheint
es sich hier, aufs Ganze gesehen, doch um eine konventionelle militärische Auseinandersetzung gehandelt zu haben, aller Erregung und Erbitterung zum Trotz.
Auch die Tatsache, dass mit dem Ende der Kämpfe die Gewalttaten bald abflau-
ten[125], spricht für eine solche Deutung. Die deutschen Soldaten begannen damals
sogar, die Häftlinge aus den Brester Gefängnissen zu befreien[126]. Auch Pogrome
blieben noch aus, obwohl gerade eine Stadt wie Brest-Litowsk dazu prädestiniert
gewesen wäre[127]. Erst das Polizei-Bataillon 307 erschoss, unter organisatorischer
Mithilfe der FK 184 und der 162. ID, Anfang Juli Tausende von Zivilisten, die
meisten von ihnen Juden[128]. Zu diesem Zeitpunkt aber war die 45. schon längst
abgezogen[129].

„Im Osten verlaufen die Kämpfe des Heeres und der Luftwaffe gegen die Rote
Armee planmäßig und erfolgreich"[130], verkündete der Wehrmachtsbericht am
23. Juni. Für die 45. Infanteriedivision galt dies nicht. 482 ihrer Angehörigen hatten die Eroberung der Zitadelle nicht überlebt, weitere tausend nur als Schwerverwundete[131]. Das waren immerhin zwei Prozent aller personellen Einbußen, die
das gesamte Ostheer im Juni 1941 zu beklagen hatte[132]. Verglichen mit den 11 000
sowjetischen Gefallenen waren die der Deutschen allerdings gering. Derartige Relationen sollten in den folgenden Monaten charakteristisch werden; sie sind auch
Ausdruck der vorläufigen deutschen Überlegenheit, aber auch der Erbitterung
und Menschenverachtung, mit der damals beide Seiten kämpften.

Für die 45er war Brest-Litowsk nur der Anfang. Dennoch bekamen sie schon
hier eine erste Vorstellung vom Charakter jenes Unternehmens, in das man sie

---

[124] Zum Mechanismus von Gewaltexzessen bei militärischen Auseinandersetzungen vgl. Schneider, Reaktionen auf Gefechtsstress; Grossman, On Killing; Bourke, Intimate History of Killing.

[125] Vgl. Gilbert, Nie wieder!, S. 64f.

[126] Vgl. IfZ-Archiv, MA 91/1: Chef SiPo und SD, Ereignismeldung UdSSR Nr. 10 vom 2. 7. 1941:
„In einem Gefängnis in Brest sollen die dort befindlichen Zivilgefangenen von der Truppe
befreit [worden] sein. Angeblich handelt es sich – wenigstens zum Teil – um politische Gefangene der Sowjets. Aus einem anderen Gefängnis sollen sich die Gefangenen – meist krimineller
Art – selbst befreit haben. Es wird gebeten, die Truppe darauf hinzuweisen, daß eine Befreiung
von Gefangenen nicht erfolgen darf." Vgl. hierzu auch IfZ-Archiv, MA 1590: H.Gr. Mitte,
Abt. I c/A.O., Befehl vom 1. 7. 1941 (Abschrift) sowie IfZ-Archiv, MA 1622: 45. Inf. Div.,
Abt. I c, Tätigkeitsbericht für die Zeit vom 1. 2.–12. 3. 1942, wo berichtet wird, dass ein ehemaliger Angehöriger „der kaiserl[ichen] russ[ischen] Armee, den man aus dem sowjetischen Gefängnis in Brest-Litowsk befreit" hatte, nun offiziell als Dolmetscher eingestellt werde.

[127] Vgl. Kap. 5.4.

[128] Am 27. 6. 1941 traf das Sonderkommando 7 b in Brest ein, das die Stadt freilich schon tags
darauf wieder verließ. In der ersten Juli-Woche, also nach dem Abmarsch der 45. ID, wurden
„200 jüdische Männer" aufgegriffen und ermordet. Am 6./7. 7. 1941 wurden dann 4 435, möglicherweise sogar bis zu 6 000 Menschen ermordet. Vgl. IfZ-Archiv, MA 91/1: Chef SiPo und
SD, Ereignismeldung UdSSR Nr. 9 vom 1. 7. 1941; Nr. 32 vom 24. 7. 1941. Ogorreck, Einsatzgruppen, S. 116; Krausnick/Wilhelm, Truppe, S. 180, 600; Mallmann, Einstieg in den Genozid;
Gilbert, Nie wieder!, S. 64f.; Gerlach, Morde, S. 546ff.; Lichtenstein, Himmlers grüne Helfer,
S. 183ff.

[129] Der Abmarsch der 45. ID begann am 29. 6. und war bis zum 2. 7. 1941 beendet. IfZ-Archiv,
MA 1618: 45. Inf. Div., Abt. I a, Kriegstagebuch, Einträge vom 29. 6. 1941ff.

[130] Die Wehrmachtberichte 1939–1945, Bd. 1, S. 585f. (23. 6. 1941). Vgl. auch Die Geheimen Tagesberichte, Bd. 3, S. 154 (Eintrag vom 26. 6. 1941): „Die Zitadelle Brest wurde am 24. 6. abends
von 45. I.D. genommen."

[131] Vgl. Gschöpf, Weg, S. 158.

[132] Vgl. Overmans, Verluste, S. 276ff.

Schlachtenbummler: Hitler und Mussolini besichtigen die eroberte Festung Brest-Litowsk,
26. August 1941
(Quelle: bpk 50044707)

geschickt hatte, von der Realitätsverweigerung und der Verantwortungslosigkeit ihrer Führung und nicht zuletzt von der Entschlossenheit, mit der sich dieser Gegner
zur Wehr setzte[133]. Besonders bitter war, dass schon jetzt deutlich wurde, dass die
Eroberung der Festung auch militärisch nur wenig Sinn machte. „Während südlich
und nördlich [von] Brest-Litowsk kein nennenswerter Feind am Bug stand"[134],
zielte der deutsche Angriff genau dorthin, wo dieser am stärksten war. Einige Jahre
später sollte die US-Army in Frankreich vorführen, wie man mit dem Problem einer Festung zwar nicht schneller fertig wurde, aber doch militärisch eleganter und
vor allem mit deutlich weniger Verlusten – zumindest für die eigene Seite[135]. Wenn
selbst der Generalstabschef Halder schon am 25. Juni zu der Einsicht kam, „daß bei

---

[133] Die besondere Bedeutung von Brest-Litowsk in der sowjetischen und mittlerweile weißrussischen Erinnerung ist freilich auch darin begründet, dass es nur wenige Stellen gab, wo von
Anfang an so erbittert gekämpft wurde. Die übrigen Reaktionen auf den deutschen Überfall
waren ungleich disparater, neben heftigem Widerstand kam es zu Beginn auch oft vor, dass die
sowjetischen Einheiten schnell auseinander liefen oder ganz einfach kapitulierten. Angesichts
dieser Tatsache übernimmt die Besatzung der Zitadelle Brest-Litowsk immer auch eine Art
„Stellvertreterfunktion" in der offiziellen Erinnerung. Vgl. ferner Kap. 5.2.
[134] O. Verf., Brest-Litowsk, S. 293.
[135] Vergleichsweise hohe Verluste hatte die US-Army nur beim Kampf um die Festung Brest. Vgl.
hierzu Mordal, Die letzten Bastionen; Neitzel, Kampf um die Atlantik- und Kanalfestungen;
Ludewig, Rückzug aus Frankreich 1944, S. 115, 235f.; Lieb, Weltanschauungskrieg, S. 485 ff.
Ferner: Kuby, Mein Krieg, S. 423 ff.; Buchheim, Die Festung.

[der] 45. Div[ision] bei Brest-Litowsk offenbar unnötig viel Blut geopfert" wurde, so war dies für die deutschen Angreifer alles andere als eine gute Bilanz[136].

Vielleicht war es das Resultat solcher Einsichten, wenn man höheren Orts die 45. Infanteriedivision fürs Erste schonen wollte – zumindest militärisch. Da die Soldaten aus Oberösterreich mittlerweile 150 bis 200 Kilometer hinter der übrigen deutschen Front zurückhingen, erlebten sie den Feldzug in den folgenden Wochen vor allem als einen Gewaltmarsch über die Knüppeldämme und Sandpisten der Pripjet-Sümpfe, die sich „in einem außerordentlich schlechten Zustande" befanden[137]. Mit einer Fläche von rund 90 000 Quadratkilometern war dieses größte Sumpfgebiet Europas eine einzige Wildnis aus Seen, Schlick und Urwald und damit für militärische Operationen so ungeeignet, dass es die deutschen Planer schlichtweg als „Wehrmachtsloch" bezeichnet hatten[138]. Nun also ‚jagte man' die 45. ID ‚in die Sümpfe', wie der Generalfeldmarschall von Bock meinte[139]. Immerhin hatte man gute Chancen, dies zu überleben, selbst wenn der Weg durch die „ungangbaren"[140] Sumpf- oder Waldgebiete zu einer unvorstellbaren Strapaze wurde[141]. Während sich die meisten deutschen Divisionen entlang der großen Rollbahnen vorankämpften, wurde die 45. ID zur „45. SSS-Division", zu „Schliepers Sumpf- und Sand-Division"[142]. Der Divisionspfarrer berichtete später von den geradezu archaischen Verhältnissen, denen die deutschen Invasoren hier begegneten: „Menschensiedlungen trafen wir in diesem Gebiet nur wenige an; sie waren von einer Armseligkeit, die wir uns bisher nicht vorstellen konnten. Männer und Frauen gingen in schmutzigen, selbstgewebten, primitiven Leinenkleidern herum, Schuhe und Strümpfe schienen unbekannt zu sein. Bei kalter Witterung umwickelten sie die Beine höchstens mit Leinenfetzen und Stricken, als Schuhe

---

136 Halder, Kriegstagebuch, Bd. III, S. 13 (Eintrag vom 25. 6. 1941). Dort heißt es weiter: „Klärung der Führung der 45. Div. in Brest." Vgl. hierzu auch den Gefechtsbericht der 45. ID (BA-MA, N 260/6: NL Rudolf von Bünau), in dem es lakonisch heißt: „Der Überraschungsangriff gegen eine Festung, in der ein entschlossener Verteidiger sitzt, kostet viel Blut. Diese Binsenwahrheit hat sich erneut an Brest-Litowsk bewiesen."

137 IfZ-Archiv, MA 1617: 45. Inf. Div., Abt. I a, Kriegstagebuch, Eintrag vom 10. 7. 1941. Hauswedell schreibt, dass seine Division zunächst in zwei Tagen 175 Kilometer zurücklegte. Ludwig Hauswedell, Kriegstagebuch 1941/42 (4. 5. 41–21. 4. 1942), Kopie im Besitz d. Verf., Eintrag vom 9. 7. 1941.

138 So Keegan, Kultur des Krieges, S. 117. Ferner Philippi, Pripjetproblem; Klink, Operationsführung, S. 470 ff.; Gerlach, Morde, S. 557.

139 Bock, Tagebuch, S. 207 (Eintrag vom 2. 7. 1941): „Heute befiehlt das Oberkommando des Heeres, ein ganzes Korps über Pinsk bis Davidgrodek [sic] in die Sümpfe zu jagen, um eine Bedrohung der inneren Flanken der Heeresgruppe Süd und Mitte aus den Sümpfen heraus auszuschalten. Wer weiß, wann ich das Korps wiedersehe."

140 BA-MA, N 260/4: NL Rudolf v. Bünau: Schreiben Inf. Rgt. 133 (Reg. Adj.) an R. v. Bünau vom 20. 7. 1941.

141 Vgl. BA-MA, MSg 3-217/1: Linzer Turm 27 (1984), Nr. 106: [Uffz. Kieweg], Rußlandtagebuch 1941, Eintrag vom 9. 7. 1941: „Nach 59 km Tagesmarsch in Pinsk. Ich habe unheimlichen Durst. Quartier bezogen, heiß. [...]; 19. 7.: 5 Uhr früh Abmarsch aus Pinsk. Schlechte, sandige Straßen; 22. 7.: Ankunft in einem Sägewerk. 2 Tage Rast. Mückenplage."
BA-MA, MSg 3-217/1: Josef Gusenbauer, Mit der 45. ID von 1940 bis 1944, in: Linzer Turm 43 (2000), Nr. 171: „Der Kampf und Marsch durch die Pripjetsümpfe ist mit all seinen Strapazen allen, die dabei waren, in schrecklicher Erinnerung."

142 Vgl. Gschöpf, Weg, S. 163. Auch zum Folgenden. Dass die dort lebende Zivilbevölkerung zunächst „pro deutsch" eingestellt war, bestätigt auch der Bericht der Feldkommandantur 184 (V) vom 8. 7. 1941, (IfZ-Archiv, MA 1661). Zur deutschen Perzeption der Pripjet-Sümpfe vgl. Gerlach, Morde, S. 100 ff.

trugen sie Patschen aus Weidengeflecht. Die Hütten waren durchwegs Holzbauten mit Strohdächern, im Innern überall einfacher Lehmboden, als Einrichtung ein paar kistenartige, rohe Schränke und – als wichtigstes Stück des Hauses – ein riesiger Backofen; hier bereiteten die Frauen in wenigen irdenen Töpfen, die mit langen Gabeln eingeschoben wurden, das spartanische Essen, hier auf der breiten Ofenmauer schliefen die Kinder und Erwachsenen, hier wickelte sich eigentlich das ganze Leben der Familie ab. Uns gegenüber zeigten sich die Leute nicht feindselig, im Gegenteil, sie kamen bei jeder Gelegenheit zu uns mit Gänsen, Enten, Hühnern, Eiern und wollten dafür Tabak oder alte Kleidungsstücke."

Nicht ganz so dramatisch verlief der Kriegsbeginn für die *296. Infanteriedivision*. Sie sollte am nördlichen Flügel der Heeresgruppe Süd den Vorstoß in Richtung Südost unterstützen, wenn auch in der Reserve. In der 296., die schon den Westfeldzug so erlebt hatte, war man darüber nicht entzückt. Viele gaben sich siegesgewiss[143]. Ein Regimentskommandeur klagte: „Leider ist die 296. Div[ision] nicht in vorderer Linie eingesetzt; hoffentlich kommen wir bald dran, das ist der Wunsch wohl aller Angehörigen des R[e]g[imen]ts."[144]

Ihr Wunsch sollte bald in Erfüllung gehen – schneller, als es sich die meisten wohl vorgestellt und auch gewünscht hatten. Der Schwesterdivision, der 262. ID, war der Durchbruch durch die sowjetischen Grenzstellungen in Galizien nicht gelungen, ja nicht nur das: ein sowjetischer Gegenangriff hatte sie – noch am ersten Tag des Ostkriegs! – „zurückgeworfen"[145]. Nun endlich erhielt die 296. Infanteriedivision die lang ersehnte Gelegenheit zur Feuertaufe. Einfach war sie nicht: Ohne jede größere Unterstützung durch Artillerie oder Stukas[146] musste die bayerische Division durch eine Kette von 34 gut befestigten Betonbunkern brechen[147], zum Preis von etwa 200 Toten und der doppelten Zahl von Verwundeten[148]. Nicht allein das sollte den 296ern in Erinnerung bleiben[149]. Wie die 45., so waren auch sie erstmals auf einen Gegner getroffen, der ungewöhnlich „hartnäckig"[150] kämpfte,

---

[143] BayHStA, Abt. IV, NL Thoma 3: Tagebuch, Eintrag vom 22.6.1941: „Und daß die russische Armee geschlagen wird, darüber gibt es keinen Zweifel." Ähnlich der Tenor in: BfZ, Slg. Sterz, 04650, Brief L. B. vom 22.6.1941.

[144] BayHStA, Abt. IV, NL Thoma 3: Tagebuch, Eintrag vom 21.6.1941.

[145] Vgl. BA-MA, RH 24-4/38: IV. A. K., Abt. I a, Kriegstagebuch, Eintrag vom 22.6.1941.

[146] Die einzige Unterstützung, die der Division noch zusätzlich zur Verfügung stand, war eine Abteilung Flamm-Panzer (Pz.-Abt. 102). Vgl. BA-MA, RH 24-4/39: Kriegsgliederung des IV. A.K. vom 29.6.1941.

[147] Zum Verlauf vgl. etwa IfZ-Archiv, MA 1783/2: I./Inf. Rgt. 520, „Bericht über die Einnahme der Bunkerlinie Pawliczce-Ost durch I. Btl./Inf. Rgt. 520 am 27.6.41" vom 28.6.1941; IfZ-Archiv, MA 1633: II./Inf. Rgt. 520, „Gefechtsbericht über die Wegnahme und Vernichtung der Werkanlage auf dem Wielki Dzial am 29.6.1941" vom 3.7.1941.

[148] IfZ-Archiv, MA 1783/2: 296. Inf. Div., Abt. I a, Bericht über die Kämpfe vom 23.-29.6.1941 vom 5.7.1941. Reminiszenzen an diesen Durchbruch auch bei Kurowski, Fränkische Infanterie, S.322ff.

[149] K. H., Rückblick und Erinnerung an den Einsatz der 296. Inf. Div. im Osten aus der Sicht des II. Btl./Inf. Rgt. 521. Manuskript im Besitz d. Verf.

[150] Vgl. BfZ, Slg. Sterz, 04650, Brief L. B. vom 29.6.1941: „Der Kampf mit den Russen war in den ersten Tagen sehr hartnäckig, und wir kamen fast nicht zum Vormarsch. Die Russen hatten mehrere Bunker nebeneinander durch unterirdische Gänge verbunden, und es war kein Zugang und Eingang zu diesen zu finden. Endlich hat es ein Gefangener verraten, der Eingang war in einer Kirche. Aber dann ging es sehr rasch. Die Russen sind jetzt auf dem Rückzug. Es sind ungefähr fünf Divisionen, die sich zurückziehen. Sie werden von unserer Artillerie fest

notfalls auch „bis zur Vernichtung"[151]. Zur großen Verwunderung der Deutschen waren auch dessen Befestigungsanlagen „sehr gut getarnt und hochmodern konstruiert". „Wenn man glaubt, daß sie erledigt sind", so der damalige Oberstleutnant Heinrich Thoma, „leben sie immer wieder auf, weil die Besatzung einfach in ein tiefer gelegenes Stockwerk gehen kann. [...] Wir haben uns offenbar über den Ausbau der russischen Befestigungen getäuscht."[152] Und noch etwas fiel Thoma auf, die Gnadenlosigkeit, mit der die sowjetische Führung ihre eigenen Leute verheizte, „nur um unter allen Umständen zu verhindern, daß der Bunker in unsere Hände fällt"[153]. Kapitulationen blieben selten. „Schon schwer verwundet schießen sie so lange weiter, bis sie völlig erledigt sind", bemerkte ein Artillerieoffizier der 296.[154]. „Wenn man bedenkt, daß Teile der Besatzungen die Sprengungen im zweiten Stockwerk ausgehalten haben, nach der Sprengung wieder in das erste Stockwerk gehen und weiterschießen, so kann man, wenn man den Soldaten Ehre widerfahren lassen will, nur von Heldentum reden, [...]."[155]

War es Ehre, was die Deutschen diesen Soldaten widerfahren ließen? Wohl kaum. Vielmehr versuchte sich die 296. – so gut es ging – durch diese Stellung zu kämpfen. Viel Rücksicht auf einen Gegner, der „bis zum äußersten"[156] kämpfte, der selbst mitunter keine Gefangenen machte und dessen Verwundete sogar noch deutsche Hilfe ablehnen konnten[157], wollte man dabei nicht nehmen. Um so mehr fällt auf, dass die Division selbst jetzt nicht allein auf das Prinzip der Gewalt setzte. Lautsprecherwagen hatten freilich ebenso wenig Erfolg[158] wie die Verhandlung mit einem sowjetischen Gefangenen, der „völlig erschüttert" aus seinem Bunker heraus gekommen war „und erklärte, daß sich der Kommandant soeben erschossen habe. Nachdem die Besatzung nicht zu bewegen war, den Bunker zu verlassen, gab ich den Befehl, den Bunker weiter zu bearbeiten."[159] Danach versuchte derselbe deutsche Offizier „durch Verhandlung" die Übergabe des nächsten Bunkers zu erreichen, „jedoch antwortete die Besatzung mit MG-Schüssen". Erst dann gab er den Befehl zur Sprengung. Diesen Rotarmisten war – wie man später feststellte – „eingeschärft worden", dass sie bei Gefangennahme „von den Deutschen sofort

---

beschossen." Vgl. ferner: IfZ-Archiv, MA 1637: 296. Inf. Div., Abt. I c, Tätigkeitsbericht für die Zeit vom 22. 6.–29. 6. 1941.
[151] IfZ-Archiv, MA 1637: 296. Inf. Div., Abt. I c, Tätigkeitsbericht für die Zeit von 22. 6.–29. 6. 1941.
[152] BayHStA, Abt. IV, NL Thoma 3: Tagebuch, Eintrag vom 23. 6. 1941.
Vgl. hierzu auch das Urteil des Divisionskommandeurs, „daß diese ganzen Befestigungen der Rostocze Nord unter Ausnützung aller Erfahrungen des Westwalls und der Maginotlinie gebaut sind. Trotz des teilweise noch nicht vollendeten Ausbaues sind sie nur dann zu nehmen, wenn die Moral des Verteidigers nachläßt." BA-MA, RH 24-4/39: 296. Inf. Div., Kdr., Bericht an IV. A.K. vom 25. 6. 1941. Ferner: ebda., Pio.-Rgt. 601, „Erkundungsergebnis über einen russischen Bunker im Abschn. d. 296. I. D." vom 23. 6. 1941.
[153] BayHStA, Abt. IV, NL Thoma 3: Tagebuch, Eintrag vom 28. 6. 1941.
[154] BA-MA, MSg 2/5316: NL Hans P. Reinert, Tagebuch, Eintrag vom 22. 6. 1941.
[155] Ebda., Eintrag vom 27. 6. 1941.
[156] BA-MA, RH 24-4/39: 296. Inf. Div., Zwischenmeldung an IV. A.K. vom 27. 6. 1941.
[157] Vgl. BA-MA, RH 24-4/91: IV. A.K., Abt. I c, Tagesmeldung an AOK 17 vom 28. 6. 1941: „Der Kdr. des russ. MG. Btl. 36 hat Erschießung aller deutschen Gefangenen befohlen."; vom 29. 6. 1941: „Meldungen über Erschießung und Mißhandlung deutscher Gefangener mehren sich." Ferner BA-MA, MSg 2/5316: NL Hans P. Reinert, Tagebuch, Eintrag vom 28. 6. 1941.
[158] Vgl. BA-MA, RH 24-4/92: IV. A. K., Abt. I c, „Tagesübersicht" vom 24. 6. 1941; BA-MA, RH 24-4/91: IV. A.K., Abt. I c, Tagesmeldung an AOK 17 vom 25. 6. 1941.
[159] IfZ-Archiv, MA 1783/2: I./Inf. Rgt. 520, „Bericht über die Einnahme der Bunkerlinie Pawliczce-Ost durch I. Btl./Inf. Rgt. 520 am 27. 6. 41" vom 28. 6. 1941. Auch zum Folgenden.

erschossen" würden[160]. Dennoch konnte die 296. Infanteriedivision bis zum 29. Juni noch viele Gefangene registrieren: sieben Offiziere und 570 Mann[161], was dafür spricht, dass diese Option von den deutschen Soldaten schon deshalb bevorzugt wurde, weil sie naturgemäß Blut sparte.

Mit diesem mühseligen Durchbruch hatte sich die 296. ID den Weg in die Ukraine geöffnet und bildete wieder – die Reserve[162]. „Mancher von uns blickt mit etwas wehmütigen Gefühlen den vorbeirollenden Panzern nach. Denn jeder möchte gerne bei der Verfolgung des zurückweichenden Gegners dabei sein. Jedoch ist jetzt keine Zeit zum Überlegen, es heißt marschieren, damit auch wir bald wieder am Feind sind"[163], hieß es beim Infanterie-Regiment 519. „Bei glühender Hitze und in dichten Staubwolken" oder bei „wolkenbruchartigen Regenfällen"[164] näherte sich die 296. nun Kiew. „Der Deutsche soll das Gefühl für weite Räume bekommen", forderte Hitler in der Sicherheit und Gemütlichkeit seines Hauptquartiers[165]. Das bekam er nun. Bis zum 22. Juli legten die 296er insgesamt 630 Kilometer zurück, Tagesmärsche von bis zu 50 Kilometern waren keine Seltenheit[166]. Wie man sich diese Strapaze vorzustellen hat, ist den Aufzeichnungen Reinerts zu entnehmen: „Inzwischen ist es so heiß geworden, daß uns im Wagen der Kragen zu eng und die Mütze zu schwer wird. Denkt jemand daran, wie schwer den Infanteristen und Artilleristen, die nun gerade auf der Straße […] marschieren, dieser Marsch wird? Wie sie mit roten schweißgebadeten Gesichtern im Staub der Straße, der ihre Gesichter fast unkenntlich verschmiert, Kilometer um Kilometer zurücklegen, wie mal hier, mal dort einer umkippt. Nein, das bleibt nur diesen Männern in Erinnerung, aber all die andern gehen mit den Gedanken über das, was außer den Kämpfen ist, einfach weg."[167]

In einer Landschaft, die eine zeitgenössische Landeskunde als „recht einförmig" beschreibt[168], mussten diese Märsche den Soldaten als „endlos" erscheinen[169], die man bis Shitomir auf dürftigen Sandwegen[170], danach auf einem Untergrund zurücklegte, der in der UdSSR als Autobahn galt. Ohne die Unterstützung der dort lebenden Menschen hätten es die Deutschen niemals in dieser kurzen Zeit geschafft; ein Fahrer der 296. ID schrieb damals nach Hause[171], dass sie von den

---

[160] Vgl. BA-MA, RH 24-4/91: IV. A.K., Abt. I c, Tagesmeldung an AOK 17 vom 24.6.1941.

[161] Vgl. IfZ-Archiv, MA 1633: 296. Inf. Div., Abt. I a, Bericht „Ergebnis der Kämpfe 23.–29.6.41" vom 5.7.1941.

[162] BA-MA, RH 24-4/38: IV. A. K: Abt. I a, Kriegstagebuch, Eintrag vom 29.6.1941.

[163] BayHStA, Abt. IV, NL Thoma 5: Inf. Rgt. 519, Kriegstagebuch, Eintrag vom 29.6.1941.

[164] K. H., Die Truppe und der Weg des Infanterie-(Grenadier-)Regiments 521 der 296. Division 1940–1944. Manuskript im Besitz d. Verf.

[165] Hitler, Monologe, S. 64 (Eintrag vom 17./18.9.1941).

[166] BA-MA, MSg 2/5316: NL Hans P. Reinert, Tagebuch, Anlage: „Tägliche Marschleistungen des Rgt.-Stabs".

[167] Ebda., Eintrag vom 9.7.1941. Vgl. ferner K. H., Rückblick und Erinnerung an den Einsatz der 296. Inf. Div. im Osten aus der Sicht des II. Btl./Inf. Rgt. 521. Manuskript im Besitz d. Verf.

[168] Die Bücherei des Ostraumes: Ukraine, Berlin 1942, S. 58.

[169] K. H., Die Truppe und der Weg des Infanterie-(Grenadier-)Regiments 521 der 296. Division 1940–1944. Manuskript im Besitz d. Verf. Auch zum Folgenden.

[170] So meldete eine Einheit der 296. Schlaglöcher von zum Teil einem halben Meter Tiefe, so dass als „Höchstgeschwindigkeit" oft nur noch „Schrittempo" möglich war. IfZ-Archiv, MA 1633: 2./Pz. Jg. Abt. 296, Meldung an die Abt. über „Ergebnis der Straßenerkundung Rawa Ruska – Mosty" vom 29.6.1941.

[171] BfZ, Slg. Sterz, 04650, Brief L. B. vom 25.7.1941. B. war damals Angehöriger der 10. le. Fahrkolonne der 296. Inf. Div. So auch BA-MA, MSg 2/5316: NL Hans P. Reinert, Tagebuch, Eintrag vom 6.7.1941.

russischen – gemeint waren die ukrainischen – Bauern „Eier und Brot und Milch"
bekämen, „sie nehmen keinen Pfennig dafür, wenn man ein Ei verlangt, bekommt
man gleich zwei". Es sei erstaunlich, wie „gastfreundlich" diese Menschen seien.
„Wenn wir die russischen Bauern nicht gehabt hätten, hätten wir halb verhungern
müssen." Auch Reinert registrierte damals erstaunt, wie „freundlich" die ukrainische Bevölkerung auf die deutschen Invasoren reagierte: „Die Kinder reichen
uns Blumensträuße und die Erwachsenen haben Ehrenpforten mit breiten Tuch-
transparenten errichtet, die die Aufschrift ‚Heil Hitler' tragen und andere Wörter
in russischer Schrift, die wir nicht entziffern können. Vielleicht lauten diese In-
schriften so ähnlich wie die auf den Transparenten der nächsten Ortschaft, wo wir
lesen: ‚Die ukrainische Bevölkerung begrüßt herzlich ihre Befreier, die siegreiche
deutsche Wehrmacht!'"[172]

Für diesen Vertrauensvorschuss gab es viele Gründe. Die Begeisterung für die
sowjetische Ideologie war in der Ukraine nie so groß gewesen wie in Russland.
Vor allem aber stand die brutale Kollektivierung der ukrainischen Landwirtschaft
während der 30er Jahre in einem krassen Gegensatz zum vergleichsweise erträglichen Alltag unter der deutsch-österreichischen Besatzung im Jahre 1918, an die
sich zumindest die älteren Leute noch gut erinnerten[173]. Obwohl die ukrainischen
Hoffnungen auf die Deutschen diesmal schon bald enttäuscht werden sollten, war
dies beim Einmarsch einer Frontdivision wie der 296. noch nicht absehbar[174]. Unter ihr zu leiden, hatten damals Juden oder Kommunisten[175], die übrige ukrainische Gesellschaft aber noch nicht[176].

Das Problem war, dass sie die langfristigen Pläne der Deutschen nicht kannten.
Begeistert hätte es sie kaum. Selbst ein Offizier wie Reinert erwartete damals, „daß
dieses fruchtbare Land" nun „dem deutschen Volk gegeben" würde, „nicht nur
zur augenblicklichen Ausnutzung, sondern als das fruchtbarste Siedlungsgebiet
und Versorgungsland für alle Zeiten"[177]. In solchen Begehrlichkeiten offenbarte
sich, dass nicht allein die deutsche Führung vom „Lebensraum im Osten" träumte.

---

[172] BA-MA, MSg 2/5316: NL Hans P. Reinert, Tagebuch, Eintrag vom 1.7.1941. Vgl. auch BayH-
StA, Abt.IV, NL Thoma 3: Tagebuch, Eintrag vom 4.7.1941: „Die Bevölkerung der Orte,
durch die wir heute (und gestern auch schon) marschiert sind, sind sehr deutschfreundlich.
Man bekommt immer wieder Blumen. Man merkt den Leuten an, daß sie wirklich froh sind,
daß wir gekommen und sie von den Russen befreit sind."

[173] Vgl. hierzu Lieb, Aufstandsbekämpfung im strategischen Dilemma.

[174] Vgl. in diesem Zusammenhang auch IfZ-Archiv, MA 1634: 296. Inf. Div., Abt.I a, Divisionsbefehl Nr.52 vom 4.8.1941, in dem der Divisionskommandeur jede „unrechtmäßige Wegnahme von Verpflegungsmitteln" als Diebstahl oder Plünderung bezeichnet. PA-AA, R 60705:
AOK 2, OB, Erlaß betr. „Verhalten der Truppen in der Ukraine" vom 9.9.1941, in dem nochmals gefordert wird, „auf berechtigte Interessen der Betroffenen Rücksicht zu nehmen. Gegen
etwa vorkommende Plünderungen ist mit schärfsten Maßnahmen einzuschreiten."
Ferner IfZ-Archiv, MA 1637: 296. Inf. Div., Abt.I c, Tätigkeitsbericht für die Zeit vom 30.6.-
22.7.1941: „Die ukrainische Zivilbevölkerung wandte sich in zahlreichen Fällen um Rat und
Hilfe an die Abteilung [I c]. Die Notlage der ukrainischen Zivilbevölkerung konnte in vielen
Fällen durch geeignete Maßnahmen behoben oder zumindest gemindert werden, was sich in
propagandistischer Hinsicht günstig auswirkte."

[175] Vgl. Kap. 5.1 und 5.4.

[176] Erkennbar wird dies etwa daran, dass die deutschen Kriegsgerichte damals noch bei Verbrechen deutscher Soldaten gegenüber ukrainischen Zivilisten tätig wurden. BA-MA, RH 24-
17/269: XVII. A.K., Abt.III, Tätigkeitsbericht für die Zeit vom 1.9.-31.12.1941. Diesem A.K.
war die 296. ID zeitweise unterstellt.

[177] BA-MA, MSg 2/5316: NL Hans P. Reinert, Tagebuch, Eintrag vom 15.7.1941.

Zwar hatte sie die Befehle für diesen Eroberungszug formuliert. Aber auch unter den Befehlsempfängern, selbst den subalternen, existierten ganz ähnliche Erwartungen. Ob es sich bei Reinert um einen Ausnahmefall handelte oder nicht, ist schwer zu sagen[178]. Manches spricht dafür, dass derartige ideologische Dispositionen auch in der Truppe stärker verbreitet waren, als es viele nach 1945 wahrhaben wollten[179]. Zusammen mit seiner Division näherte sich dieser Offizier nun also der Hauptstadt dieses „fruchtbaren Landes".

Reinerts Phantasien änderten nichts daran, dass die Funktion seiner Division primär eine militärische blieb. Bei den beiden Besatzungsverbänden unseres Samples, der *221. Sicherungsdivision* und dem *Korück 580*, war dies anders, und zwar von Anfang an. Beim Aufbau der Besatzungsherrschaft der Wehrmacht im Rücken der deutschen Front handelte es sich weniger um einen militärischen Auftrag. Im Militärverwaltungsgebiet konnte sich die deutsche Herrschaft erstmals wirklich entfalten, hier begann jener menschenverachtende Umgestaltungsprozess, in dessen Verlauf aus sowjetischen Republiken deutsche Reichskommissariate werden sollten. Während die Fronteinheiten in dieser Phase des Bewegungskriegs nur kurz in den eroberten Territorien blieben[180], waren es die militärischen Besatzungsverbände, die hier die ersten Schritte zur Verwirklichung der barbarischen deutschen Utopien einleiteten.

In den Sicherungsdivisionen, oder zumindest in deren Führung, war man darüber nicht glücklich. Man strebte nach vorn, wollte mittun beim großen, „richtigen" Krieg[181]. Doch ließ die Heeresführung keinen Zweifel, wo sie diese Formationen haben wollte: „Die H[eeres]Gr[uppen] tragen dafür Sorge, daß den Sich[erungs]-Div[isionen] ausreichend Gelegenheit zur Ausbildung für die späteren Sicherungs-

---

[178] *296. ID*: „Die Gegend, durch die wir jetzt schon seit Tagen marschieren, ist sehr fruchtbar. Die Erde ist oft ganz dunkel. Das Getreide steht z.T. herrlich. Nachdem das jetzt schon ist, wo doch nur eine ganz primitive Bewirtschaftung statt fand, wird in Zukunft wohl noch viel mehr herauszuholen sein. Kunstdünger ist, soviel ich weiß, z.B. hier noch ganz unbekannt. [...] Die Bevölkerung ist fast durchwegs freundlich. Die Sowjetgrößen sind natürlich mit der zurückgehenden Armee verduftet. Die Häuser machen auch einen freundlicheren Eindruck, wenn sie auch meist nur strohgedeckt und klein sind. [...] Neugierig bin ich auf die schließliche politische Neuordnung. Sicher scheint mir zu sein, daß die Ukraine jedenfalls in engere Bindung mit uns als mit den Russen kommen wird." BayHStA, Abt. IV, NL Thoma 3: Tagebuch, Brief vom 8.7.1941. Bemerkenswert ist freilich das Unwissen des Verfassers über die politische Zukunft der Ukraine.
4. Pz. Div.: „Wir fahren durch hügeliges Land, das man nur als schön ansprechen kann, wenigstens für russische Verhältnisse. Es ist ein reiches, fruchtbares Getreideland mit riesigen Anbauflächen; das Land, um das wir Krieg führen, um unsere Ernährung sicherzustellen! Aber da wächst schon was." BA-MA, MSg 1/3272: Fritz Farnbacher, Tagebuch, Eintrag vom 17.9.1941. Skeptischer hingegen Seitz, Verlorene Jahre, S.134f.
[179] Vgl. hierzu auch Müller, Hitlers Ostkrieg und die deutsche Siedlungspolitik.
[180] Vgl. etwa Chiari, Büchse der Pandora, S. 886.
[181] Vgl. hierzu auch den Eintrag im Kriegstagebuch vom 30.6.1941, demzufolge der Generalfeldmarschall Fedor von Bock die Division an diesem Tag besuchte. „Er beglückwünschte die Division, daß sie zum Einsatz gekommen ist und erklärte, daß er sich selbst darüber freut, wenn auch das OKH den Einsatz der Division nicht gebilligt hatte (wörtlich: er habe deswegen eins auf den Deckel bekommen)." IfZ-Archiv, MA 1660: 221. Sich. Div., Abt. I a, Eintrag vom 30.6.1941. Wie intensiv sich diese Division auf einen militärischen Einsatz vorbereitete, wird auch in den Anlagen zu ihrem Kriegstagebuch deutlich, die im Mai und Juni 1941 entstanden waren. Vgl. IfZ-Archiv, MA 1665: 221. Sich. Div., Abt. I a, Anlagen zum Kriegstagebuch vom 6.5.–13.12.1941.

aufgaben gegeben wird."[182] Es war also nur eine Interimslösung, wenn sich einige dieser Besatzungsverbände an den Kämpfen im Grenzraum beteiligten. Dies waren nicht nur Scheingefechte; während der Kämpfe bei Slusk verlor die 221. insgesamt 29 Tote und 69 Verwundete, bei den Kämpfen *vor* Bialystok weitere 46 Gefallene, 39 Verwundete und 3 Vermisste[183]. Bialystok selbst, mit rund 100 000 Einwohnern eine der größten Städte der Gegend[184], fiel jedoch kampflos[185]. Die Führung der Division sei am 27. Juni, so das Kriegstagebuch, mitten in die Stadt gefahren[186] und habe schon um 8.45 Uhr „auf dem Gouvernementsgebäude die Reichskriegsflagge" gehisst. Trotz dieses vergleichsweise ruhigen Verlaufs kam es bei genau dieser Besetzung zu einem der ersten deutschen Großverbrechen dieses Krieges[187]. Es wurde zu einem Lehrstück über dessen Charakter, es wurde aber auch zu einem Lehrstück über die Rolle, die ein deutscher Besatzungsverband darin spielte.

Alles begann damit, dass das Sicherungs-Regiment 2[188] am frühen Morgen des 27. Juni Bialystok besetzte[189], das der Gegner zuvor geräumt hatte. „Besondere Vorkommnisse" gab es kaum, im Hotel „Ritz", dem neuen Hauptquartier des Regimentskommandeurs, Oberst Martin Ronicke, hatte man die Deutschen sogar

---

182 IfZ-Archiv, MA 1564/41, NOKW-3566: OKH/GenStdH/Op. Abt./GenQu, Weisung vom 23.5.1941.

183 Es ist nicht ganz klar, wie hoch die deutschen Verluste bei der Besetzung von Bialystok wirklich waren. Das Kriegstagebuch der 221. nennt: 46 Gefallene, 39 Verwundete und 3 Vermisste als „Verluste in dem Kampf um Bialystok". (IfZ-Archiv, MA 1660: 221. Sich. Div., Abt. I a, Kriegstagebuch, Eintrag vom 27.6.1941). Diesen Eintragungen ist freilich eine Verlustliste vorangestellt, in der für den 26.6. 56 Tote, 31 Verwundete und 2 Vermisste registriert sind, für den 27.6. hingegen nur 2 Tote und 2 Verwundete. Auf diese Vorgeschichte haben im Übrigen auch die deutschen Ermittlungsbehörden verwiesen sowie auf die „allgemeine Erregung", mit der das Polizei-Bataillon auf den Anblick dieser Toten reagierte. (BAL, 205 AR 20/60: Urteil des Landgerichts Wuppertal vom 12.3.1968, S.31). Vgl. auch Mallmann, Deutscher Osten, S.70; Gerlach, Morde, S.542.
Vgl. ferner IfZ-Archiv, MA 1660: 221. Sich. Div., Abt. I a, „Verlust-Liste der Sicherungs-Division" 221, o.D. Zur Schwere dieser Kämpfe vgl. IfZ-Archiv, MA 1661: Inf. Rgt. 350, Bericht vom 29.6.1941.

184 Altshuler, Soviet Jewry, S.329. Vgl. mit dem Reprint der zeitgenössischen Karte in: Verbrechen der Wehrmacht, S.595.

185 BAL, 205 AR-Z 20/60: Vernehmung W. H. vom 12.5.1960: „Erwähnen möchte ich, daß die Stadt selbst kampflos genommen wurde, d. h., sie war nach schweren Kämpfen vor Bialystok von den Russen geräumt worden. Die Einnahme Bialystoks erfolgte ausschließlich durch unser [Sicherungs-]Regiment [2], andere Einheiten waren daran nicht beteiligt." In diesem Sinne auch BAL, 205 AR-Z 20/60: Vernehmung Dr. T. C., eines jüdischen Überlebenden, vom 23.2.1966.

186 IfZ-Archiv, MA 1660: 221. Sich. Div., Abt. I a, Kriegstagebuch, Eintrag vom 27.6.1941.

187 Grundlegend die Ermittlungsakten: BAL, 205 AR-Z 20/60. Vgl. ferner Lichtenstein, Himmlers grüne Helfer, S.69ff.; Goldhagen, Hitlers willige Vollstrecker, S.226ff.; Browning, Ganz normale Männer, S.31ff.; Gerlach, Morde, S.542f.; Mallmann, Deutscher Osten, S.70ff.; Klemp, Kölner Polizeibataillone in Osteuropa; ders., „Nicht ermittelt", S.261ff.; Lichtenstein, Ein Lügengewirr; Okroy, „Man will unserem Batl. was tun …"; Verbrechen der Wehrmacht, S.593ff.; Gnatkowski, Nationalsozialistische Okkupationspolitik im „Bezirk Bialystok" 1941–1944; Shepherd, War in the Wild East, S.66ff.; Westermann, Hitler's Police Battalions, S.174ff.

188 Das Sicherungs-Regiment 2 unterstand damals dem Befehlshaber Rückwärtiges Heeresgebiet Mitte, wurde aber eine Zeitlang als eine Art „Schwester-Regiment" neben der 221. Sicherungsdivision eingesetzt.

189 Vgl. IfZ-Archiv, MA 1667: 221. Sich. Div., Abt. I a, Meldung an Kdr. vom 27.6.1941: „Sich. Rgt. 2 seit 4.40 Uhr im Vorgehen auf Bialystok."

„regelrecht Kirchenstille": Das Polizei-Bataillon 309 beim Einmarsch in Bialystok am 27. Juni 1941
(Quelle: HSA, R 4 Nr. 34239-007)

„landesüblich, mit Salz und Brot, willkommen geheißen"[190]. Erst danach, um „etwa 9 Uhr", folgten die übrigen Teile der 221. – darunter auch das Polizei-Bataillon 309, das die Stadt „von russ[ischen] Versprengten und deutschfeindlicher Bevölkerung" säubern sollte[191]. Noch immer herrschte in der Stadt „regelrecht Kirchenstille"[192]. Das sollte sich bald ändern; denn die Polizisten, die auch „Krieg" führen wollten, begannen wild herumzuschießen, was wiederum einige versprengte sowjetische Soldaten auf den Plan rief, die das Feuer „aus den Häusern und von den Dächern" erwiderten[193]. Da einige Polizisten vorher dem Alkohol gut zugesprochen hatten, offenbar um sich Mut anzutrinken, begannen sie daraufhin völlig auszurasten. Während der Bataillons-Kommandeur infolge eines Vollrausches ganz ausfiel, verwirklichten die rund 500 Polizisten auf Initiative einiger Polizei-Offiziere[194] (unter ihnen „eine Reihe von fanatischen Nationalsozialisten und Ju-

---

[190] BAL, 205 AR-Z 20/60: Vernehmung R. R. vom 27.4.1960. Auch zum Folgenden.
R. gehörte damals als Oberstabsintendant zum Sicherungs-Regiment 2. Er hat einen der detailliertesten und glaubwürdigsten Berichte über die damaligen Ereignisse vorgelegt.
[191] Vgl. IfZ-Archiv, MA 1667: 221. Sich. Div., Abt. I a, Befehl an Pol.-Batl. 309 vom 27.6.1941.
[192] Bis dahin hatte sich dieses Bataillon in sicherer Entfernung zum Geschehen, hinter dem Tross des Regiments, befunden; so auch der Gefechtsbericht dieses Polizei-Bataillons in: IfZ-Archiv, MA 1667: Pol.-Btl. 309, „Gefechtsbericht" an die 221. Sich. Div. vom 1.7.1941.
[193] Vgl. hierzu auch IfZ-Archiv, MA 1661: II./Inf. Rgt. 350, Gefechtsbericht für die Zeit vom 22. bis 28. Juni 1941 vom 29.6.1941.
[194] Vgl. die überzeugende Deutung bei Gerlach, Morde, S. 543, Anm. 242; Mallmann, Deutscher Osten, S. 179, Anm. 33 sowie Longerich, Politik der Vernichtung, S. 345 ff.
In den Nachkriegsprozessen behaupteten ehemalige Angehörige des Polizei-Bataillons 309, intern – also unabhängig von den Befehlen der Wehrmacht – habe man in diesem Bataillon

denhassern"[195]) nun das, was sie unter einer „weltanschaulichen Auseinandersetzung des Nationalsozialismus mit dem Bolschewismus" verstanden[196]. Das traf
freilich nicht die Anhänger dieser Ideologie, wie vielmehr eine Bevölkerungsgruppe, die etwa die Hälfte der Einwohnerschaft von Bialystok ausmachte: die Juden.
Nachdem die Polizisten bei einer stundenlangen Razzia „rund 250 Juden" erschossen[197] und auch Frauen vergewaltigt hatten[198], trieben sie Hunderte jüdische
Männer[199] „mit Hilfe von Schlägen, Tritten und Kolbenstößen" in die Synagoge[200]. Dann schleppte man Benzinkanister in den „großen Steinbau", verriegelte
die Türen und postierte davor MG's. „Mindestens 700 jüdische Männer waren nun
in der Synagoge eingeschlossen. Sie stimmten einen Choral an und beteten laut.
Einer der Bewacher warf durch ein Fenster eine geballte Ladung Handgranaten in
das Gebäude. Die weithin zu hörende Detonation entzündete den Treibstoff. Das
Singen und Beten ging jetzt in entsetztes Schreien über. Bei den Eingeschlossenen
brach eine Panik aus", heißt es in der minutiösen Rekonstruktion der deutschen
Ermittlungsbehörden. „Etwa eine Stunde verging nach dem Ausbruch des Brandes,
dann erstarben die letzten Schreie aus dem Inneren des Gotteshauses." Mit ihm
verbrannten nicht nur die Eingeschlossenen, sondern auch weite Teile der Innenstadt.

Die Massaker von Bialystok, denen insgesamt zwischen 2000 und 2200 Menschen zum Opfer fielen[201], waren ein Fanal. Schon sehr früh war deutlich geworden, was jene zu erwarten hatten, welche die NS-Ideologie für „Feinde" hielt.
Dieses Mal hatte es die Juden getroffen. Doch besaß der Nationalsozialismus bekanntermaßen sehr viele Feindbilder[202]. Verantwortlich für diesen beispiellosen
Gewaltausbruch war freilich nur ein verhältnismäßig kleiner Teil dieser Sicherungsdivision, so dass die Frage berechtigt scheint, wie sich dieser Verband verhalten hätte, wenn seine Organisationsstruktur anders ausgesehen hätte, wenn es der
Wehrmacht gelungen wäre, SS und Polizei von Anfang an aus ihrem Hoheitsgebiet
herauszuhalten. Auch in diesem Fall scheint sich die Mehrheit der 221er so verhalten zu haben, wie sich viele Menschen bei solchen Gelegenheiten verhalten: passiv,
abwartend – freilich mit den charakteristischen Ausnahmen an den Rändern solch
amorpher Gruppen: einige Soldaten, die sich „partiell" an dieser Orgie der Gewalt
beteiligten[203], andere, die sie einzudämmen suchten. Für die zweite Gruppe steht
etwa der Kommandeur des Sicherungs-Regiments 2, Oberst Martin Ronicke; er

bereits vor dem 22.6.1941 die Parole ausgegeben, alle Juden zu töten. Vgl. Curilla, Ordnungs-
       polizei, S.107f.
[195] Pohl, Holocaust-Forschung und Goldhagens Thesen, S.26.
[196] So der Angeklagte und damalige Ltn. im Pol.-Btl. 309, Heinrich Schneider, in einer Vernehmung
       vom 2./3.1.1962. BAL, 205 AR-Z 20/60: Vernehmung Heinrich Schneider vom 2.1.1962.
[197] Vgl. Gerlach, Morde, S.542.
[198] BAL, 205 AR-Z 20/60: Vernehmung Dr. T. C. vom 23.2.1966.
[199] Zum Teil hatten die Polizisten auch im Krankenhaus nach Juden gefahndet, aber nur einen
       jüdischen Arzt mitgenommen. BAL, 205 AR-Z 20/60: Vernehmung Dr. A. B. vom 23.2.1966.
[200] BAL, 205 AR-Z 20/60: Urteil des Landgerichts Wuppertal vom 12.3.1968, S.60.
[201] Ebda., S.56.
[202] Dass hier ganz offensichtlich rassistische Aspekte im Vordergrund standen, belegt auch die
       Einschätzung der 221. Sich. Div.: „Die bolschewistische Idee hat offensichtlich keinen tiefen
       Eindruck auf die Bevölkerung gemacht." BA-MA, RH 24-7/140: 221. Sich. Div., Abt.I c,
       Feindmeldung an VII. A. K. vom 1.7.1941.
[203] So Mallmann, Deutscher Osten, S.70; Gerlach, Morde, S.542.

Die ausgebrannte Synagoge von Bialystok
(Quelle: HSA Nr. 34239-015A)

war empört über diese Exzesse, drohte einem Polizisten „mit Erschießen" und schrie dessen Kameraden „fürchterlich"[204] an, man wolle Krieg führen und nicht morden[205]. Auch gab ein jüdischer Überlebender nach dem Krieg zu Protokoll, dass damals „einige Hundert Juden aus den Häusern hinausgejagt wurden", bis ihre Kolonne auf einer Landstrasse auf einen PKW stieß, „in dem Offiziere der Wehrmacht fuhren. Die Offiziere stellten die Begleitmannschaften zur Rede und die Verschleppten kehrten nachher in die Stadt zurück, sie wurden freigelassen."[206] Und es gab jene Pionierkompanie der Wehrmacht[207], die den Großbrand mit Hilfe gesprengter Feuergassen immerhin beendete.

Ungleich folgenreicher war freilich die Reaktion des Divisionskommandeurs, des Generalleutnants Johann Pflugbeil. An ihm hing eigentlich alles. Zwar war auch er empört über den Kommandeur des Polizei-Bataillons[208], den man am

---

[204] BAL, 205 AR-Z 20/60: Vernehmung W. H. vom 12.5.1960.
[205] Vgl. IfZ-Archiv, MA 1665: 2./Pol.-Btl. 309, Meldung an das Pol.-Btl. 309 vom 29.6.1941. Ferner Gerlach, Morde, S. 542f. mit Anm. 242, der von einem „Oberst der Wehrmacht" schreibt. Gemeint ist vermutlich Ronicke, der nach dem Krieg wenig Aufhebens von dem machte, was er getan hatte. Vgl. BAL, 205 AR-Z 20/60: Anklageschrift der Zentralstelle des Landes Nordrhein-Westfalen für die Bearbeitung von nationalsozialistischen Massenverbrechen vom 8.5.1967, S. 109; BAL, 205 AR-Z 20/60: Vernehmung Martin Ronicke vom 11.3.1960; Vernehmung R. R. vom 27.4.1960; Vernehmung W. H. vom 12.5.1960.
[206] BAL, 205 AR-Z 20/60: Vernehmung Dr. T. C. vom 23.2.1966.
[207] Bei der 1./Pio. Btl. 635 handelte es sich nicht um eine Einheit der 221. Sicherungsdivision.
[208] BAL, 205 AR-Z 20/60: Urteil des Landgerichts Wuppertal vom 12.3.1968, S. 61. Allerdings hatte Pflugbeil schon am 26.6. befohlen: „Bei Gewalttätigkeiten der Bevölkerung oder Widerstand ist rücksichtslos durchzugreifen." IfZ-Archiv, MA 1661: 221. Sich. Div., Abt. I a, Divisionsbefehl vom 27.6.1941.

Abend desselben Tages noch immer betrunken vorfand. Auch befahl Pflugbeil tags darauf, Zivilisten seien nur dann zu erschießen, „wenn Widerstand geleistet wird", Brände seien dagegen ganz „zu vermeiden"[209]. Doch kam das zu spät. Am 27. Juni konnte und wollte er nicht die Ruhe und Ordnung in der besetzten Stadt wieder-herstellen, obwohl das als ranghöchster Offizier eigentlich in seinem ureigensten Interesse liegen musste. Eine Szene dieses schrecklichen Tages spricht für sich: Als sich einige Juden in Todesangst zu Pflugbeil flüchteten, sich vor ihm auf den Bo-den warfen und um ihr Leben flehten, öffnete ein anwesender Polizist seine Hose und pisste auf die am Boden liegenden Menschen. Pflugbeils Reaktion auf diesen empörenden Vorfall erschöpfte sich darin, sich abzuwenden und davon zu gehen! Damit aber nicht genug: Pflugbeil suchte die Exzesse des Polizei-Bataillons im Kriegstagebuch zu vertuschen[210], sprach allen „beteiligten Einheiten seine vollste Anerkennung" aus und ließ es sich nicht nehmen, einige Polizisten auch noch per-sönlich auszuzeichnen[211]. Das war ein klares Signal. Auch wenn es intern Span-nungen mit dem Polizei-Bataillon gab[212], auch wenn zu erkennen war, dass die Führung der 221. diesen Massenmord nicht billigte, schon weil sich hier um eine spontane Aktion handelte – militärisch gesprochen um eine Insubordination –[213], durch seine öffentliche Ehrung demonstrierte dieser General doch unmissver-ständlich, dass er diesen Präzedenzfall akzeptierte, dass er sich zum Komplizen von Verbrechern machte. „Bialystok" war nicht nur eines der ersten großen deut-schen Verbrechen im Ostkrieg, es steht auch für einen Machtkampf zwischen der Wehrmacht und Himmlers Organisationen, den letztere eindeutig für sich gewan-nen. Jedem Angehörigen der 221. Sicherungsdivision musste nun klar sein, dass in diesem Krieg andere Grundsätze galten als bisher[214].

Nach diesem bösen Auftakt wurde die Division aus der Front herausgezogen. Was nun folgte, waren Nachhutgefechte, in der Sprache der Militärs: „Säuberungs-aktionen". Nach den Einsätzen der ersten Woche, die diesen Verband mit seinen

---

[209] IfZ-Archiv, MA 1660: 221. Sich. Div., Abt. I a, Kriegstagebuch, Eintrag vom 28. 6. 1941. Auch zum Folgenden.

[210] So auch dezidiert Gerlach, Morde, S. 543. Dass dies freilich nicht wirklich gelang, dokumentie-ren schon die damals entstandenen Akten. So meldete das Polizei-Bataillon 309, es habe am 27. 6. 1941 „im Feuergefecht etwa 200 russische Soldaten, Freischärler und Juden erschossen". Die 221. Sich. Div. wiederum meldete vom 22. 6.–3. 7. 1941 die Erschießung von sieben Kom-missaren und 323 „Freischärlern". IfZ-Archiv, MA 1661: 221. Sich. Div., Abt. I c, Meldung „Kriegsgefangene" vom 16. 7. 1941; ebda., Feldpostnr. 43985 A, „Bericht über den Einsatz des Btl. im Raume südostw. Brest-Litowsk" vom 5. 7. 1941; IfZ-Archiv, MA 1667: Pol.-Btl. 309, „Gefechtsbericht" an die 221. Sich. Div. vom 1. 7. 1941.

[211] Am 11. 7. 1941. Vgl. Mallmann, Deutscher Osten, S. 74, dort auch ein Bild der Verleihung auf S. 76. Ferner Lichtenstein, Himmlers grüne Helfer, S. 74.

[212] Vgl. auch BAL, 205 AR-Z 20/60: Vernehmung J. O. vom 6. 2. 1960: „Ich möchte erwähnen, daß der Div. Kdr. der 221. Sich. Div., Gen. Pflugbeil, sich bei unserem Kommandeur, Major Weis, [dem Kdr. des Pol. Btl. 309] über die Vorfälle in Bialystok beklagte." Das geschah am Abend des 27. 6. 1941, als Pflugbeil den völlig betrunkenen Weis zu sich befahl. Diese interne Auseinandersetzung wurde aber nach außen nicht sichtbar.

[213] Dass das Polizei-Bataillon 309 einem Befehl einer Polizeidienststelle folgte, scheint wenig wahrscheinlich. Vgl. Longerich, Vernichtung, S. 345 ff.; Pohl, Judenverfolgung, S. 180.

[214] Auch in Bialystok ging der deutsche Terror beinahe nahtlos weiter. Am 8. 7. 1941 veranstalte-ten dort die Polizei-Bataillone 316 und 322 eine Razzia im jüdischen Viertel. Dabei kam es bereits zu den ersten Erschießungen. Am 10. 7. 1941 organisierte dann das Polizei-Regiment Mitte eine groß angelegte Erschießungsaktion, der zwischen 1200 und 3000 Menschen zum Opfer fielen. Vgl. Ogorreck, Einsatzgruppen, S. 121 ff.

gereiften Jahrgängen immerhin 89 Tote und 102 Verwundete gekostet hatten[215], werden die meisten seiner Angehörigen – aller martialischen Beteuerungen zum Trotz[216] – im Grunde ihres Herzens doch erleichtert gewesen sein, wenn ihre Division nun eine Verwendung übernahm, die ihrer eigentlichen Bestimmung mehr entsprach: die Sicherung des Hinterlands, weit entfernt von der Front. Dort stiegen die Chancen, diesen Krieg einigermaßen unbeschadet zu überleben[217], wie die Verlustlisten der 221. belegen: In der nun folgenden Zeit, vom 29. Juni bis 12. Dezember 1941, verlor sie „lediglich" 45 Tote und 82 Verwundete. Pro Woche waren das weniger als zwei Tote und drei Verwundete. Das soll nicht heißen, dass die Angehörigen dieser Formation in den kommenden Monaten nicht mit dem Leid des Krieges konfrontiert worden wären, dass sie nicht täglich mit Toten, Sterbenden, Schwerverwundeten oder Gefangenen zu tun gehabt hätten. Nur befanden sich diese – das war der entscheidende Punkt – auf der Gegenseite. Offenbar hatten die Angehörigen der 221. Sicherungsdivision in Bialystok eine Lektion gelernt. In der folgenden Zeit waren es vor allem Wehrlose oder zumindest doch militärisch weit Unterlegene, gegen die sie „Krieg" führten.

Wie hat man sich das vorzustellen? Der Division wurden nun im Gebiet hinter der Front große Räume zugewiesen, in denen sie „die Sicherung der Eisenbahnlinien, insbesondere Kunstbauten, der durchlaufenden Rollbahnen, der großen Versorgungseinrichtungen und der OKH-Fernsprechachsen" garantieren[218] und auch eine erste Besatzungsverwaltung aufbauen[219] sollte. Da sich die deutsche Front zügig in Richtung Osten bewegte, hatten die Sicherungsdivisionen unter dem Kommando der Befehlshaber der Rückwärtigen Heeresgebiete „den Armeen und Panzergruppen dichtauf zu folgen". Dabei bildete die 221. nun den Nachzügler, quasi das Schlusslicht des militärischen Hoheitsgebiets. Sobald sie ein Gebiet verlassen hatte, wurde dieses an eine zivile Verwaltung übergeben, in diesem Fall an das Reichskommissariat Ostland[220]. Monat für Monat verlegte die 221. Sicherungsdivision nun ihr Hauptquartier weiter nach Osten[221] – von Bialystok (Juli), über Baranowitschi (August), Bobruisk (September), Kritschew (Oktober) bis Brjansk (ab November)[222]. Was sie dabei im Einzelnen tat, wird später zu berich-

---

[215] Von diesen 102 Verwundeten blieben nur 12 bei der Truppe. IfZ-Archiv, MA 1660: 221. Sich. Div., Abt. I a, „Verlust-Liste der Sicherungs-Division" 221, o. D. Auch zum Folgenden.

[216] Vgl. etwa IfZ-Archiv, MA 1661: 221. Sich. Div., Abt. I a, Meldung an das VII. A. K. vom 1. 7. 1941, in der sich Pflugbeil über die falschen Rundfunkmeldungen beschwert. Seine Division habe Bialystok erobert und nicht die 23. ID. Ferner: IfZ-Archiv, MA 1665: Lds. Schtz. Rgt. 45, Meldung an die 221. Sich. Div. vom 23. 6. 1941.

[217] Vgl. hierzu Overmans, Verluste, S. 264, insbes. S. 277f.

[218] BA-MA, RH 21-4/336: OKH/GenStdH/GenQu., „Besondere Anordnungen für die Sicherungen der rückwärtigen Heeresgebiete bei Fortsetzung der Operationen" vom 29. 7. 1941. Auch zum Folgenden.

[219] IfZ-Archiv, MA 1661: 221. Sich. Div., Abt. I b, Bericht an die Abt. I a vom 4. 7. 1941; Bfh. Rückw. Heeresgeb. Mitte, Abt. I a, „Korpsbefehl Nr. 24" vom 5. 7. 1941.

[220] IfZ-Archiv, MA 1660: 221. Sich. Div., Abt. I a, Kriegstagebuch, Eintrag vom 24. 8. 1941: „Das mit Wirkung vom 23. 8. an die 707. Inf. Div. abgegebene Gebiet scheidet am 1. 9. [19]41, 12.00 Uhr, aus dem Rückwärtigen Heeresgebiet Mitte aus und wird an den Reichskommissar Ostland übergeben."

[221] Zu den Unterstellungsverhältnissen vgl. BA-MA, RH 26-221/1: Stammtafel des Stabes der 221. Sicherungsdivision.

[222] Angaben nach den entsprechenden Gebietseinteilungen der Feld- und Ortskommandanturen, die der 221. Sicherungsdivision unterstellt waren. Zum Einsatz dieser Division vgl. auch die Karte in: Verbrechen der Wehrmacht, S. 584.

ten sein, denn in den kommenden Monaten sollte sich ihre Tätigkeit nur wenig
verändern.

Der *Korück 580* hatte den Beginn des Ostkriegs noch im besetzten Polen erlebt,
ziemlich „genau 40 km vor der russischen Grenze"[223]. Nachdem sich das Gros der
deutschen Streitmacht bereits in Richtung Osten in Bewegung gesetzt hatte, empfand ein Offizier dieses Korück „ein eigenartiges Gefühl, so plötzlich ganz allein zu
sein". Anfang Juli erreichten dann auch diese militärischen „Dienstleister" sowjetisches Gebiet: Als rückwärtiger Teil der 4., wenig später dann der 2. Armee[224], war
der Korück 580 für den Aufbau einer ersten improvisierten Besatzungsverwaltung
verantwortlich, ferner für Erstversorgung und Abtransport der Kriegsgefangenen,
die „Sicherung der großen Verkehrswege"[225] und schließlich für die „Ausnutzung
des Landes für die Bedürfnisse der Truppe zur Entlastung des Nachschubs".

Was diesen Besatzungsverband indes auch in Atem hielt, war die stürmisch vor-
rückende deutsche Front, der es ebenfalls „dicht" nachzufolgen galt[226]. Die Verle-
gungsbefehle rissen nicht ab. Ende Juli kam ein Major, der eine Zeitlang zu diesem
Verband gehörte, zu dem Ergebnis, dass er insgesamt „3 000 km im Auto zurückgelegt" habe. „Davon entfallen 1 380 km auf den Vormarsch und 1 620 km auf
Wege zu vorgesetzten Stellen, Erkundungen pp."[227] „Man nähert sich hier",
schrieb ein anderer Offizier aus dem Stab der 2. Armee[228], „zwischen Dnjepr und
der Beresina nach Süden fahrend, sichtlich den Pripjetsümpfen. Das Land kann
teilweise sogar romantisch genannt werden, denn es wechseln Wälder, Hügelket-
ten, Steppen und bebautes Ackerland miteinander ab. Dazwischen liegen bereits
bedeutende Flächen Sumpfgebietes, in denen allerhand Getier haust. In den Steppen, die von großen Wäldern umschlossen sind, ist der Wolf zu Hause, es sind
Gegenden, die man im Winter nicht allein passieren möchte."

Nur im Winter? Die Nähe zur Front brachte es mit sich, dass selbst diese „Etappen-Soldaten" nun zunehmend in die Kämpfe hineingezogen wurden. „Durch die
Kesselbildung und das Rollbahnsystem" konnte man – so der Eindruck der Einsatzgruppe B über diesen Abschnitt – „von einer vorderen und einer hinteren Linie
nicht sprechen."[229] Die „Feindberührung" dieses Korück wurde nun häufiger[230],

---

[223] Zit. bei: Hartmann, Massensterben, S. 142 (Eintrag vom 22.6.1941). IfZ-Archiv, MA 885:
Korück 580, Abt. Qu., Verlegungsbefehl vom 26.6.1941. Am 4.7.1941 errichtete der Korück
580 sein erstes Stabsquartier auf sowjetischem Boden, und zwar in Slonim. Vgl. BA-MA, RH
20-2/1445: AOK 2, Abt. O.Qu./Qu. 2, „Stabsquartiere Kommandant rückwärtiges Armeegebiet 580".

[224] IfZ-Archiv, MA 1660: 221. Sich. Div., Abt. I a, Kriegstagebuch, Eintrag vom 2.7.1941. Der
verspätete Einsatz begründete sich darin, dass die 2. Armee damals die einzige Reserve des
OKH war. Vgl. Klink, Operationsführung, S. 454f.

[225] Befehl des Oberbefehlshabers des Heeres (Besondere Anordnung für die Versorgung, Anl. 6,
Teil C) vom 3.4.1941, Druck: Moritz (Hrsg.), Fall Barbarossa, S. 299–304, hier S. 299. Auch zum
Folgenden. Vgl. auch IfZ-Archiv, MA 885: Korück 580, Abt. Qu., Befehl vom 8.7.1941, wo
noch einmal betont wird, dass die Versorgung der kämpfenden Truppe höchste Priorität habe.

[226] IfZ-Archiv, MA 885: Korück 580, Abt. Qu., Verlegungsbefehl vom 23.6.1941.

[227] Zit. bei: Hartmann, Massensterben, S. 147 (Eintrag vom 30.7.1941).

[228] PA-AA, R 60704: AOK 2, Abt. I c/A.O. (VAA), „Bericht Nr. 9" vom 6.8.1941.

[229] Vgl. IfZ-Archiv, MA 91/1: Chef SiPo und SD, Ereignismeldung UdSSR Nr. 17 vom 9.7.1941.

[230] Vgl. IfZ-Archiv, MA 885: Korück 580, Abt. Qu., Verlegungsbefehl vom 16.7.1941, in dem
Gen. ltn. Müller seinen Einheiten „Dank und Anerkennung" aussprach, da sie doch häufig „in

wenig später registrierte er seine ersten Toten[231]. Auch in der Etappe begann sich das Klima zu ändern, „in die Hände der 10 Kosakenschwadronen zu kommen, die in einem Teil dieses Gebietes noch immer herumgeistern", schien keinem ratsam[232]. Anfang August 1941 befahl der Kommandant, Generalleutnant Ludwig Müller, daher, von nun an müsse „stets mit schußbereiter Waffe gefahren werden".

Doch sollten die Angehörigen dieses frontnahen Besatzungsverbands nur im Notfall kämpfen. Viel wichtiger war die Implementierung ihrer Armee. Hierzu waren dem Korück 580 damals fünf Ortskommandanturen unterstellt, ferner vier Wach-, drei Nachschub- und zwei Bau-Bataillone, zwei Armee-Gefangenensammelstellen und ein Durchgangslager, drei Kompanien zur Versorgung mit Munition und Betriebsstoff, ein Armee-Verwaltungsamt, eine Feldgendarmerie-Abteilung, eine Gruppe des Reichsarbeitsdienstes, eine Radfahr-Kompanie, ein Feldpostamt und schließlich ein Schienenschleppzug[233]. Allein die Vielfalt dieses „Gemischtwarenladens" vermittelt einen ersten Eindruck von der Zahl der Aufgaben, die auf diesen Verband warteten. Dass es nicht leicht fällt, seine Politik während der ersten Wochen dieses Krieges mit einem einzigen Wort zu beschreiben, hat freilich noch einen Grund: Es finden sich einerseits Befehle, wie sie jede Besatzungsarmee dieser Welt erlassen würde, andererseits aber auch Anordnungen oder Aktionen, wie es sie nur in einem Vernichtungskrieg wie diesem gab. Diese Ambivalenz war auch eine Folge der Befehlslage bis Kriegsbeginn; zumindest in den Weisungen, die an die Besatzungsverbände gegangen waren, waren die ideologischen Ziele meist nur vorsichtig angedeutet worden[234].

An allen Handlungsfeldern dieses Korücks ist dieser Widerspruch zu sehen: Während seine Angehörigen einerseits mit deutscher Gründlichkeit in diesem für sie fremden und unheimlichen Land, das der Krieg ins Chaos gestürzt hatte, „Ordnung" zu schaffen suchten – von der Bekämpfung von Geschlechtskrankheiten[235] bis hin zur Kontrolle des Brieftaubenwesens[236] –, begannen sie gleichzeitig, die jüdische Bevölkerung zu erfassen[237] und sie an das Sonderkommando 7 b[238] aus-

---

Feindberührung" kämen. Vgl. hierzu auch Die Geheimen Tagesberichte, Bd. 3, S. 170 (Eintrag vom 6.7.1941) sowie Hartmann, Massensterben, S. 145 (Eintrag vom 16.7.1941).

[231] IfZ-Archiv, MA 885: Korück 580, Befehl „an alle unterstellten Einheiten" vom 3.8.1941. Dort auch der Befehl Müllers.

[232] PA-AA, R 60704: AOK 2, Abt. I c/A.O. (VAA), „Bericht Nr. 9" vom 6.8.1941.

[233] IfZ-Archiv, MA 885: Korück 580, „Einsatz-Stand" vom 25.7.1941 mit entsprechendem Organigramm.

[234] Vgl. Gerlach, Morde, S. 138.

[235] Da den Korücks auch ein Leitender Sanitätsoffizier zugeordnet war, hatten sie sich nicht nur um die medizinische Versorgung ihrer eigenen Truppen, sondern auch der Zivilbevölkerung und der Kriegsgefangenen zu kümmern. Vgl. Neumann, Arzttum, S. 89.

[236] IfZ-Archiv, MA 1661: 221. Sich. Div., Abt. I a, „Befehle für den Einsatz der Feld- und Orts-Kdtren, Dulags sowie Aufgabengebiet der Abt. VII und der Wirtschaftsdienststellen beim Div. Kdo." vom 20.7.1941.

[237] BA-MA, RH 22/224, K 5: Korück 580, Plakatanschlag des Ortskommandanten von Bielsk vom 3.7.1941 in dt. und poln. Sprache.
Dass dies nicht alle Angehörigen dieses Korücks befürworteten, verdeutlicht etwa die Reaktion des Major Gutschmidt: „Es ist unerhört, wie die Polizei wütet. Wir bemühen uns, gut zu den Russen zu sein, und die Polizei tat das Gegenteil. Sie behauptet, die Juden hätten Sabotage betrieben. Dabei ist kein einziger Fall von Sabotage vorgekommen." Hartmann, Massensterben, S. 144 (Eintrag vom 8.7.1941).

[238] Das Sonderkommando 7 b, das erst am 1.7.1941 die Grenze überschritten hatte, erschien zeitweise sogar auf dem Organigramm des Korück. IfZ-Archiv, MA 885: Korück 580, Abt. Qu.,

zuliefern, dessen Vernichtungsfeldzug im Besatzungsgebiet dieses Korück nicht allein diese Gruppe traf[239]. Auch die Wirtschaftspolitik des Korück war nicht frei von Widersprüchen. Zwar sollte die „Verpflegungsentnahme aus dem Lande [...] oberster Grundsatz" bleiben[240], doch wollte man „unzulässige Beitreibungen [...] kriegsgerichtlich" bestrafen und „die Entnahme von Vorräten, Gegenständen aller Art und Tieren aus dem Lande" bar bezahlen[241]. Zweifellos sollte das die Ausbeutung in geordnete Bahnen lenken, doch wurden dadurch auch die willkürlichen Plünderungen durch deutsche Soldaten erschwert, die nun wie eine Heuschreckenplage über das Land herfielen[242]. Davon abgesehen gab es damals militärische Dienststellen, welche die Einheimischen wirtschaftlich unterstützten[243]. Eine Sicherungsdivision wie die 221., die das Besatzungsgebiet im Anschluss an die Armeen übernahm, beklagte sich jedenfalls darüber, dass sie hier immer wieder auf Kommandanturen träfe, welche die Bestände an Lebensmitteln „schwunghaft an die Zivilbevölkerung ausgegeben" hätten[244]. „Gerade die Ortskommandanturen" würden immer wieder versuchen, „der Zivilbevölkerung mehr Verpflegungsmittel zukommen zu lassen, als für sie vorgesehen ist".

Nicht weniger widersprüchlich ist das Bild bei der Behandlung der sowjetischen Kriegsgefangenen. Zwar unterstrich der Korück im Juli, dass es unabdingbar sei, „Rote Soldaten [sic], die sich ergeben, als Kriegsgefangene zu behandeln" [245]. Doch fehlte diesem Befehl nicht der perfide Zusatz: „Falls Erschießungen notwen-

---

Befehl vom 8.7.1941; BA-MA, RH 20-2/1445: AOK 2, Abt.O.Qu./Qu. 2, Tätigkeitsbericht für die Woche vom 29.6.–5.7.1941; IfZ-Archiv, MA 91/1: Chef SiPo und SD, Ereignismeldung UdSSR Nr.9 vom 1.7.1941. Ferner Krausnick/Wilhelm, Truppe, S.180ff.; Gerlach, Morde, S.551ff.

[239] BA-MA, RH 22/224, K 4: Plakatanschlag vom 5.7.1941 in dt. und poln. Sprache, gez. „Der Befehlshaber der Sicherheitspolizei und des SD (Einsatzgruppe)". IfZ-Archiv, MA 91/1: Chef SiPo und SD, Ereignismeldung UdSSR Nr.13 vom 5.7.1941.

[240] IfZ-Archiv, MA 885: Korück 580, Abt.IV a, Befehl betr. „Verpflegungsempfang" vom 8.7.1941.

[241] Dies galt für Beträge bis zu 1000,– RM. „Für höhere Beträge ist eine vorgeschriebene Empfangsbescheinigung auszustellen." IfZ-Archiv, MA 885: Korück 580, Abt.Qu., Befehl vom 13.7.1941. Vgl. hierzu BA-MA, RH 20-2/1090: OKH/General z.b.V. beim ObdH, Befehl vom 9.7.1941: „Plünderung ist eines deutschen Soldaten unwürdig und in jedem Fall verboten." Ende August 1941 bestätigte die H.Gr. Mitte nochmals, dass Plünderer „von der ganzen Härte der Kriegsgesetze getroffen" würden. IfZ-Archiv, MA 1661: H.Gr. Mitte, Abt.I b [sic], Weisung betr. „Rückw. Heeresgebiet und rückw. Armeegebiet" vom 26.8.1941.

[242] Plünderung oder Vandalismus waren gerade bei Kriegsbeginn weit verbreitet. Vgl. etwa den Reisebericht des Majors von Payr vom 21.7.1941, in: Verbrechen der Wehrmacht, S.294; Wehrmachtsverbrechen, Dok.126; Müller (Hrsg.), Okkupation, S.185f. sowie BA-MA, RH 20-2/1445: AOK 2, Abt.O.Qu./Qu. 2, Tätigkeitsbericht für die Zeit vom 13.–19.7.1941. Ferner Gerlach, Morde, S.260ff., 376f.
„Durchziehende Truppen haben die Kühe auf der Weide erschossen. Statt Geld geben die Soldaten den Bauern Zigarettenschecks oder Zettel, auf denen steht geschrieben: ‚Der liebe Gott bezahlt's' oder ‚Leck mich am Arsch!'." Grützner, in: Die deutsche Wirtschaftspolitik, S.595.

[243] In einem Entwurf der Abteilung Kriegsverwaltung beim Generalquartiermeister vom Februar 1941 stand, dass „alle berechtigten Ursachen zur Unruhe in der Zivilbevölkerung – Hungersnot, Arbeitslosigkeit – möglichst rasch behoben werden" müssten. Müller, Kriegsrecht oder Willkür?, S.141. Selbst wenn es sich hier nicht um eine Weisung handelte, so dürften solche Gedanken doch auf informellem Wege (Generalstabsdienstweg) Verbreitung in der Truppenführung gefunden haben.

[244] IfZ-Archiv, MA 1668: 221. Sich. Div., Abt.IV a, Tätigkeitsbericht für die Zeit vom 1.3. bis 28.12.1941 (Eintrag vom 25.8.1941).

[245] IfZ-Archiv, MA 885: Korück 580, Abt.Qu., Befehl vom 2.7.1941. Bezug: IfZ-Archiv, MA 1618: AOK 4, Abt.I a, „Armeebefehl Barbarossa Nr. 4" bzw. Nr.5 vom 1.7.1941. Auch zum Folgenden.

dig werden, sind sie daher grundsätzlich so durchzuführen, daß Zivilisten nichts davon merken." Davon bedroht war aber nur eine Minderheit unter den gefangen genommenen Rotarmisten – die Kommissare, wenig später auch die Juden. Für die übrigen Gefangenen aber sollten noch andere Grundsätze gelten. Anfang August erinnerte die 2. Armee, die einen Teil der Gefangenen ohnehin entlassen wollte[246], den Korück 580 explizit an seine „volle Verantwortung" für deren „Bewachung, Unterbringung und Verpflegung"; „gegen Fälle roher Behandlung" drohte der Oberbefehlshaber, Generaloberst Maximilian Freiherr von Weichs, sogar mit dem Kriegsgericht[247]. Dies zeigt, dass es damals „Rohheiten" gab, beim Abtransport und auch in den rasch improvisierten Lagern. Es zeigt aber auch, dass damals von Plänen zur systematischen Ermordung oder auch nur Verelendung der sowjetischen Kriegsgefangenen keine Rede sein kann[248]. Das Problem war eher, dass sich im Chaos des Bewegungskriegs die Lager sehr unterschieden, schon weil die Handlungsspielräume der einzelnen Kommandanten relativ groß waren. Neben Lagern wie dem berüchtigten in Minsk, wo die Zustände in kürzester Zeit eskalierten[249], existierten solche wie das Dulag 203, dessen Kommandant den Eindruck hatte, die Gefangenen würden schnell merken, „daß wir es gut mit ihnen meinen und dafür sorgen, daß sie genug zu essen bekommen und daß wir namentlich auch [für] die ärztliche Betreuung der Verwundeten bestens sorgen"[250]. Dies war keine bloße Einbildung[251]. Selbst beim Lager in Minsk forderte das AOK 2 „sofortige

---

[246] BA-MA, RH 20-2/1445: AOK 2, Abt. O.Qu./Qu. 2, Meldung an die H.Gr. Mitte vom 3.8.1941; „Besondere Anweisungen für das Kriegsgefangenenwesen" vom 5.8.1941. Vgl. hierzu auch Arnold, Wehrmacht, S.334ff., Gerlach, Morde, S.817ff. sowie Kap.5.3.
Vgl. BA-MA, RH 20-2/1445: AOK 2, Abt. O.Qu./Qu. 2, Tätigkeitsbericht für die Zeit vom 10.–16.8.1941: „Die Entlassung der volksdeutschen, ukrainischen und aus den Randstaaten stammenden Kgf. ist nunmehr befohlen."

[247] Vgl. etwa ebda., OB, „Befehl an die Herren Kommandierenden Generale und den Herrn Kommandanten des rückw. Armeegebietes" vom 18.8.1941: „Ich bitte, der Behandlung der Kriegsgefangenen erhöhte Aufmerksamkeit zuzuwenden und darauf hinzuwirken, daß alle Truppenteile, die Kgf. gemacht oder übernommen haben, sich noch mehr als bisher ihrer vollen Verantwortung für Bewachung, Unterbringung und Verpflegung der Kgf. bewußt zu werden. Gegen Fälle roher Behandlung oder gar Ausschreitungen durch das Bewachungspersonal bitte ich, zur Reinhaltung der Ehre des deutschen Soldaten mit voller Schärfe einzuschreiten und Schuldige dem Kriegsgericht zu übergeben."

[248] Vgl. hingegen Gerlach, Morde, S.781ff.

[249] Vgl. hierzu ebda., S.788ff.

[250] Das Dulag 203 war in der Zeit vom 12.6. bis 2.7.1941 dem Korück 580, in der Zeit vom 18.9. bis 9.12.1941 der 221. Sicherungsdivision unterstellt. Angaben nach: BA-MA, RH 49/9: Dulag 203, Stammtafel.

[251] Zit. bei: Hartmann, Massensterben, S.145 (Eintrag vom 12.7.1941). Vgl. hierzu auch BA-MA, RH 20-2/1445: AOK 2, Abt. O.Qu./Qu. 2, „Besondere Anweisungen für das Kriegsgefangenenwesen" vom 5.8.1942, wo die materielle und medizinische Versorgung der Kriegsgefangenen geregelt wurde.
Dass das Engagement des Kommandanten des Dulags 203, Major Johannes Gutschmidt, auch von seinen Vorgesetzten akzeptiert wurde, belegt auch ein Bericht der 454. Sich. Div. vom 19.9.1941: „In der Anlage legt die Division 2 Berichte des Dulag 203 vor. Obwohl die Transporte nicht für das Dulag 203 bestimmt waren, ist aus menschlichen und dienstlichen Erwägungen heraus eingegriffen worden, weil die Kriegsgefangenen in einem solchen Erschöpfungszustand waren, daß voraussichtlich ein großer Teil das Endziel Szepetowka lebend nicht erreicht hätte. [...] Es muß für die Zukunft unmöglich gemacht werden, das Ansehen der Wehrmacht dadurch zu schädigen, daß Gefangene vor den Augen der Landeseinwohner in einem Zustand, der den elementaren Begriffen der Menschlichkeit zuwiderläuft, verschickt werden." Zit. bei: Krausnick/Wilhelm, Truppe, S.263, Anm.619. In diesem Sinne nun auch Jarausch/Arnold, Sterben.

durchgreifende Maßnahmen", um die grauenhaften Zustände abzustellen[252]. Zumindest diese Armee wollte damals verhindern, dass „Verfehlungen" in der Behandlung der Kriegsgefangenen „die in den Feind getragene Propaganda zum Überlaufen unwirksam" machen würden[253].

Nimmt man alles zusammen, so ist zumindest *dieses* Hoheitsgebiet der Wehrmacht ein Beispiel dafür, dass sich deren Besatzungspolitik erst schrittweise und vor allem partiell radikalisierte. Nicht allein die Urteile, die das Kriegsgericht dieses Korück damals noch fällte, sprechen dafür, dass man hier die Gesetze und Gebräuche des Krieges noch nicht völlig vergessen hatte[254]. Auch die Signale, die von der übergeordneten 2. Armee kamen, waren widersprüchlich: „So sehr die Truppe im Ostgebiet als Herr auftreten muß, so sehr muß sie andererseits alles vermeiden, was das Vertrauen der Bevölkerung in die deutsche Wehrmacht zu erschüttern geeignet ist", lautet deren Weisung vom 17. Juli 1941[255]. Gewiss ist dieser widerspruchsvolle Satz ein Appell an die deutsche „Herrenmenschenmoral". Richtig ist aber auch, dass für diese Armee die Interessen der Zivilbevölkerung mehr waren als nur eine Quantité négligeable.

Hitler sah dies anders. In eben jenen Wochen, am 16. Juli 1941, konkretisierte er gegenüber seinen engsten Mitarbeitern, wie mit den besetzten Ostgebieten zu verfahren sei[256]. Für ihn waren dies leere, vergangenheitslose Räume, bloße Konkursmasse, deren Bewohner sich allein dem unterzuordnen hätten, was er als „deutsche Interessen" definierte. Unter dem Deckmantel eines politischen Befreiungsprogramms sollte alles Nötige vorbereit werden, um „den riesenhaften Kuchen handgerecht zu zerlegen, damit wir ihn erstens beherrschen, zweitens verwalten und drittens ausbeuten können". Darin eingeschlossen war die Aussiedlung der einheimischen Bevölkerung, aber auch deren rücksichtslose Dezimierung. „Der Riesenraum müsse natürlich so rasch wie möglich befriedet werden; dies geschehe am besten dadurch, daß man jeden, der nur schief schaue, totschieße" – ein Prinzip, das auf den ungeteilten Beifall des Generalfeldmarschalls Wilhelm Keitel stieß, schon weil es nach dessen Ansicht „natürlich nicht möglich" war, „für jeden Schuppen und für jeden Bahnhof eine Wache zu stellen".

Die Bedeutung dieser Besprechung lässt sich kaum überschätzen: Hier wurden die Richtlinien einer Besatzungspolitik konzipiert, deren Wirkung nicht allein auf

---

[252] BA-MA, RH 20-2/1445: AOK 2, Abt. O.Qu./Qu. 2, Tätigkeitsbericht für die Zeit vom 13.–19.7.1941. Ferner PA-AA, R 60759: AOK 4, Abt. I c (VAA), „Kurze Denkschrift" vom 7.7.1941.

[253] BA-MA RH 20-2/1445: AOK 2, OB, Befehl an die Herren Kommandierenden Generale und den Herrn Kommandanten des rückw. Armeegebietes vom 18.8.1941.

[254] Vom Korück 580 wurden auch nach dem 22.6.1941 Soldaten bestraft, die Straftaten gegen die Zivilbevölkerung begangen hatten (Betrug, sexuelle Belästigung oder Plünderung). In zwei Fällen handelte es sich um Polen, die in der rassistischen Hierarchie des Nationalsozialismus über „den" Russen rangierten, in einem Fall aber auch um eine Russin, die als „Wasch- und Putzfrau" dieser Einheit fungierte. Sicher ist, dass solche Urteile für ihr Umfeld stets Signalcharakter besaßen. Vgl. BA ZNS, RH 23-G: Gericht Korück 580, Nr. 144/41, 153/41 und 179/41: Strafsache gegen den Pionier Erich H., gegen den Soldaten Walter S., gegen Uffz. J., OGefr. B., OGefr. K. und Gefr. B. sowie ebda., Strafsachenliste 1941.

[255] So das AOK 2 am 17.7.1941, zit. bei: Förster, Die Sicherung des „Lebensraumes", S. 1038. Vgl. generell hierzu Gerlach, Morde, S. 231 ff., 371 ff.; Klein, Zwischen den Fronten.

[256] Aktenvermerk Bormanns „über eine Besprechung Hitlers mit Rosenberg, Lammers, Keitel und Göring" vom 16.7.1941, in: IMT, Bd. 38, S. 86–94: Dok. 221-L. Dort auch die folgenden Zitate.

dem Prinzip von Befehl und Gehorsam beruhte. Die Verführungskraft dieser monströsen Richtlinien musste zwangsläufig immer größer werden, je instabiler die deutschen Besatzungsstrukturen wurden – und genau das war beim schnellen Vorrücken der deutschen Frontverbände schon jetzt unausweichlich. Doch wuchs nicht allein der Raum. Mit zunehmender Entfernung von der ehemaligen deutsch-sowjetischen Demarkationslinie begann sich auch die einheimische Zivilbevölkerung zu verändern, sie reagierte – cum grano salis – meist zurückhaltender auf die deutschen Eindringlinge, je weiter diese nach Osten kamen. Das war auch beim Korück 580 so. Dieser hatte zunächst Regionen durchquert, bei denen es sich faktisch um sowjetisches Besatzungsgebiet handelte oder wenigstens doch um „periphere Regionen" der Sowjetunion[257]. Schon Anfang Juli 1941 kam der Korück 580 jedoch „in das alte Rußland oder richtiger Weißrußland"[258] – in Gebiete also, wo sich ein herzlicher Empfang nur noch „auf einzelne Orte" beschränkte[259].

Wichtiger als das Umfeld blieben indes die Impulse aus dem Führerhauptquartier. Sie waren wiederum das Produkt ideologischer, aber auch militärischer Überlegungen – mit dem Konzept des „präventiven Terrors" im Hinterland sollte der Front den Rücken frei gehalten werden, um dort die erhoffte „schnelle Entscheidung" zu garantieren[260]. Sie aber begann sich immer mehr zu verflüchtigen.

3.3 Bewegungskrieg: Die Entscheidung (August bis November 1941)

Denn die Siege der Deutschen hörten nicht auf. Zwar dominierte die Wehrmacht nach wie vor, im Taktischen wie im Operativen, zwar hatte sich die Rote Armee tatsächlich bereits im Grenzraum zum Kampf gestellt, doch sollte sich die Einschätzung des OKH vom 28. Juli 1941, dass „die Masse des operationsfähigen russischen Heeres zerschlagen" sei[261], schon sehr bald als Illusion erweisen. Wenige haben den damaligen Stimmungsumschwung in der deutschen Führung so genau protokolliert wie der Reichspropagandaminister Joseph Goebbels. Am 24. Juli notierte er, dass man sich allmählich darüber klar werde, „daß der Ostfeldzug kein Spaziergang nach Moskau" sei[262]. Drei Tage später musste er sich eingestehen, dass „noch alles in der Schwebe" sei: „Man muß jetzt jedes Mittel versuchen, um das kriegführende Volk bei Kraft und guter Laune zu erhalten. Was sich jetzt in der Politik und in der Kriegführung abspielt, das ist eine der großen Nervenproben,

[257] So Chiari, Alltag, S. 27 ff. Ferner Bonwetsch, Sowjetische Partisanen, S. 221 ff.
[258] Hartmann, Massensterben, S. 144 (Eintrag vom 5.7.1941).
[259] Pohl, Herrschaft, S. 172.
[260] Hürter, Heinrici, S. 62 (Brief Heinricis vom 21.6.1941).
[261] BA-MA, RH 2/1326: OKH/GenStdH/Op. Abt. (I), Operationsweisung vom 28.7.1941.
[262] Die Tagebücher von Joseph Goebbels, Teil II, Bd. 1, S. 118 (Eintrag vom 24.7.1941).
    Es spricht freilich für sich, wenn Persönlichkeiten wie Helmuth von Moltke schon früher einsahen, „daß wir über Rußland doch offenbar ganz falsch unterrichtet waren". Briefe an Freya 1939–1945, S. 260 (Brief vom 3.7.1941).

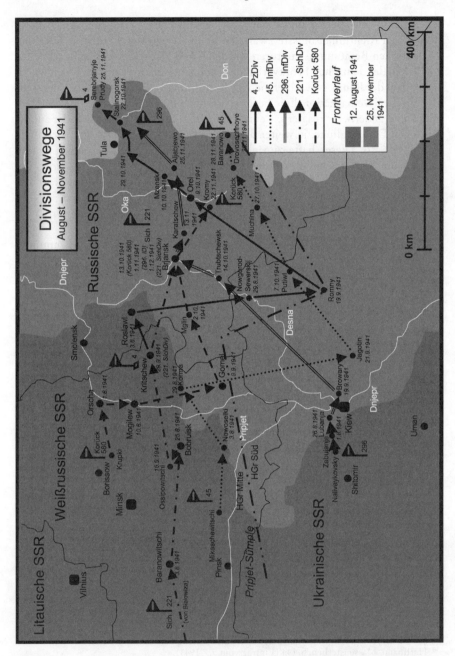

die in ihrem Verlauf manchmal kritische Situationen mit heraufführen, die aber,
wenn ein Volk sie besteht, zu einem ungeheuren Kräftezuwachs führen."[263]

[263] Die Tagebücher von Joseph Goebbels, Teil II, Bd. 1, S. 133 (Eintrag vom 27.7.1941). Noch
deutlicher dann sein Tagebucheintrag vom 19.8.1941 (ebda., S. 260): „Der Führer gibt mir eine

Aber gerade davon konnte man damals wohl kaum sprechen. Zwar hatten die deutschen Armeen Erfolge in einer Dimension errungen, die selbst sie bislang nicht kannten. Ihr eigentliches Ziel: die Vernichtung der gegnerischen Kampfkraft, hatten sie aber noch längst nicht erreicht. Vielmehr drohte schon jetzt die Gefahr, dass sie sich buchstäblich zu Tode siegen würden. Gerade an der ersten Garnitur der deutschen Kräfte, Verbänden wie der 4. Panzer- oder 45. Infanteriedivision, wurde dieser rapide Kräfteverschleiß besonders sichtbar. Während man auf deutscher Seite im August kaum noch in der Lage war, die förmlich explodierenden Verluste zu kompensieren[264], hatten die Sowjets ihre beträchtlichen Ausfälle bislang vergleichsweise problemlos ersetzt[265]. Nahm man alles zusammen, so zeichnete sich bereits jetzt ab, was eigentlich verhindert werden sollte – die Front hatte sich nach Osten verschoben, ohne dass man einer grundsätzlichen Entscheidung wirklich näher gekommen war.

Einsichten wie diesen konnte sich die deutsche Führung auf Dauer nicht verschließen. Wie groß der Temperatursturz in ihrer Erwartungshaltung war, lassen zwei Tagebucheintragungen des Generalstabschefs Halder erahnen. Noch am 3. Juli hatte er gejubelt, „daß der Feldzug gegen Rußland innerhalb [von] 14 Tagen gewonnen" sei[266]. Ungleich nüchterner fiel hingegen sein Eingeständnis vom 11. August aus[267], „daß der Koloß Rußland, der sich bewusst auf den Krieg vorbereitet hat, mit der ganzen Hemmungslosigkeit, die totalitären Staaten eigen ist, von uns unterschätzt worden ist". Dies beziehe sich nicht nur „auf die organisatorischen wie auf die wirtschaftlichen Kräfte", sondern vor allem auf die „rein militärische Leistungsfähigkeit". Das war ein Offenbarungseid. Schon jetzt, nach nur sechs Wochen Krieg, war im Grunde genommen unklar, wie dieser weitergehen sollte. Bei jener Führungskrise, die sich schon bald in einem langen wie kräftezehrenden Disput zwischen Hitler und der Heeresführung entlud, handelte es sich im Grunde um nichts anderes als um einen Akt der psychischen Kompensation. Hatte bislang „die Überzeugung, daß der Feldzug ohnehin in wenigen Wochen zum Ziele führen würde, [...] alle latenten Gegensätze" überdeckt[268], so wurde nun in der deutschen militärischen Führungszentrale wochenlang über den „richtigen" operativen Ansatz gestritten, so als ob dieser allein einen Sieg im Osten garantieren könne[269].

Das eigentliche Problem aber lag woanders: Weder Hitler noch seine militärischen Berater hatten über die vermeintlich „entscheidende" Anfangsphase wirk-

---

ausführliche Darlegung der militärischen Lage. In den vergangenen Wochen hat es manchmal sehr kritisch gestanden. Wir haben offenbar die sowjetische Stoßkraft und vor allem die Ausrüstung der Sowjetarmee gänzlich unterschätzt. Auch nicht annähernd hatten wir ein klares Bild über das, was den Bolschewisten zur Verfügung stand."
Zum Stimmungsumschwung in der deutschen Gesellschaft vgl. Boberach (Hrsg.), Meldungen aus dem Reich 1938–1945, Bd. 7, S. 2608 ff. (4.8.1941).

[264] Vgl. Kroener, Die Personellen Ressourcen, S. 877 ff.; Overmans, Verluste, S. 264 ff., insbes. S. 277 f.; Müller, Die Mobilisierung der deutschen Wirtschaft, S. 596 ff.

[265] Vgl. hierzu Hoffmann, Kriegführung, S. 719 ff.; Barber/Harrison, Soviet Home Front, 1941–1945, insbes. S. 59 ff.; Hildermeier, Geschichte der Sowjetunion 1917–1991, S. 617 ff.

[266] Halder, Kriegstagebuch. Bd. III, S. 38 (Eintrag vom 3.7.1941).

[267] Ebda., S. 170 (Eintrag vom 11.8.1941).

[268] So Hillgruber, Hitlers Strategie, S. 373.

[269] Vgl. Hartmann, Halder, S. 284.

lich hinausgedacht und sich *im Detail* mit all den Fragen und Problemen auseinandergesetzt, die im Anschluss auf das Ostheer warten würden. Nun war guter Rat teuer. Unsicherheit und Lähmung, die nun über die Frage entstanden, wie in einer zweiten Feldzugsphase eine militärische Entscheidung herbeizuführen sei, waren auf diesem riesigen Kriegstheater überall zu spüren. Wenn der Vertreter des Auswärtigen Amts beim AOK 2 Anfang August seinen Berliner Vorgesetzten um die Zusendung einer gut geschriebenen, nicht zu umfangreichen Darstellung über Napoleons Rußland-Feldzug' bat[270], so war das wohl kein Zufall.

Dass die deutsche Offensive ins Stocken geriet, spürte man als erstes bei Verbänden wie der *4. Panzerdivision*. Vordergründig betrachtet war ihre Lage günstig. Dass Anfang August ein weiterer Teil der sowjetischen Front herausgebrochen wurde, war auch ein Werk der „Vierer", die sich damals auf einer Rollbahn „durch nichtendenwollende Wälder" Stück für Stück vorankämpften[271]. Trotz des unübersichtlichen und für die Deutschen „unheimlichen" Geländes mussten die sowjetischen Verteidiger wieder unvorstellbar hohe Verluste hinnehmen[272]; ein einziges Schützen-Bataillon der 4. Panzerdivision zählte damals allein über 4200 Gefangene sowie Tonnen von erbeutetem Kriegsgerät[273].

Damit klaffte in der sowjetischen Front erneut eine riesige Lücke, die man für einen entschiedenen Vorstoß auf die sowjetische Metropole hätte nützen können. Hätte. Denn nun zeichnete sich ein „neuer Operationsabschnitt" ab[274]. Roslawl wurde zum Tor in die Ukraine: am 8. August erhielt die main-fränkische Panzerdivision den Befehl „zum Angriff nach Süden"[275]. Wieder war es Hitler, der das so wollte. Schon Mitte Juli hatte er erstmals Gefallen an der wahnwitzigen Idee gefunden, den Vormarsch „auf Moskau mit Infanterie-Verbänden" fortzusetzen, während die beiden Panzergruppen, welche die Flanken der Heeresgruppe Mitte bildeten, nach Norden bzw. Süden „abklappen" sollten[276]. Diese operative Schwerpunktverlagerung hatte er am 19. Juli nochmals in einer Weisung zu Papier gebracht, der ersten, die er nach Feldzugsbeginn erlassen hatte[277]. Daraufhin blieb der Heeresgruppe Mitte nichts anderes übrig, als erst einmal auf breiter Front in Stellung zu gehen[278]. Während die Deutschen nun auch im Süden zunehmend an Raum gewannen, blieben sie im Mittelabschnitt fürs Erste in der Defensive. Die sowjetischen Verbände begannen hier nun ihrerseits mit einer solchen Vehemenz

[270] PA-AA, R 60704: AOK 2, Abt. I c/VAA, Schreiben an LR von Rantzau vom 6.8.1941.
[271] O. Verf., Sturm im Osten, S. 97. Vgl. auch die Karte auf S. 96.
[272] Vgl. hierzu BA-MA, RH 27-4/12: H.Gr. Mitte, OB, Tagesbefehl vom 5.8.1941, in dem Bock bekannt gab, dass man mit dem Abschluss der Kesselschlacht von Smolensk insgesamt „309110 Gefangene, 3205 erbeutete oder vernichtete Panzer, 3000 Geschütze, 341 Flugzeuge" registriert habe.
[273] BA-MA, RH 27-4/116: I./Schtz. Rgt. 33, Bericht an das Schtz. Rgt. 33 vom 7.8.1941. Die Beute, die allein dieses eine Bataillon einbringen konnte, war gewaltig. Bei eigenen Verlusten von 4 Toten und 9 Verwundeten konnte es 102 Granatwerfer, 24 Pak-Geschütze sowie über 5000 Gewehre erbeuten.
[274] Seitz, Verlorene Jahre, S. 94 (Eintrag vom 8.8.1941).
[275] BA-MA, RH 27-4/148: 4. Pz. Div., Abt. I a, Gefechtsbericht für die Zeit vom 9.8.–14.8.1941.
[276] Diese Wendung in Halder, Kriegstagebuch, Bd. III, S. 108 (Eintrag vom 23.7.1941).
[277] Weisung Nr. 33 vom 19.7.1941. Druck: Hubatsch (Hrsg.), Hitlers Weisungen, S. 140–142. Hier auch die ergänzende Weisung Nr. 33 a (S. 142–144), die vier Tage später erlassen wurde.
[278] Zur Bedeutung vgl. Hillgruber, Der Zenit des Zweiten Weltkrieges; Philippi/Heim, Feldzug, S. 72.

Sowjetische Kriegsgefangene auf einer deutschen Vormarschstraße, Spätsommer 1941
(Quelle: BSB, Fotoarchiv Hoffmann 36663)

und Hartnäckigkeit die deutschen Stellungen anzugreifen, dass sich Beobachter an die Materialschlachten des Ersten Weltkriegs erinnert fühlten[279]. Auch dabei waren die sowjetischen Verluste unvorstellbar hoch, doch mussten die deutschen Truppen Anfang September erstmals seit Feldzugsbeginn erobertes Gebiet wieder räumen[280].

Hitler jedoch blieb bei seinem operativen Entschluss, den er nun mehr und mehr ausbaute. Nach langen Querelen mit seinen militärischen Beratern, die sich über sechs Wochen hinzogen[281], konnte er seine Option schließlich durchsetzen[282].

---

[279] „Besucht wurde der am weitesten östlich vorgetriebene Keil östlich Smolensk, in dem z. Zt. des Besuches noch heftige Kämpfe im vollen Ausmaß einer Flandern- und Sommeschlacht tobten." BA-MA, RH 53-7/206: Beobachtungs-Ers. Abt. 7, „Bericht über die Reise zur Ostfront" vom 22. 8. 1941.

[280] Vgl. hierzu Werth (Rußland im Krieg, S. 150 ff.), der als britischer Militärkorrespondent dieses Gebiet nach seiner Befreiung besuchte.
Dass das Zögern der deutschen Offensive in Richtung Moskau auch für die Stimmung in den besetzten sowjetischen Gebieten von einer nicht zu unterschätzenden Bedeutung war, da sich davon die sowjetische Zivilbevölkerung „stark beeindruckt und beunruhigt" zeigte, haben die deutschen Besatzer klar erkannt. Vgl. IfZ-Archiv, MA 91/2: Chef SiPo und SD, Ereignismeldung UdSSR Nr. 90 vom 21. 9. 1941.

[281] Vgl. hierzu Hartmann, Halder, S. 276 ff.; Klink, Operationsführung, S. 486 ff.

[282] Diesen Prozess dokumentieren seine Weisungen Nr. 33 vom 19. 7. 1941, Nr. 33 a vom 23. 7. 1941, Nr. 34 vom 30. 7. 1941 und Nr. 34 a vom 12. 8. 1941. Druck: Hubatsch (Hrsg.), Hitlers Weisungen, S. 140–150.
Ob mit der Eroberung Moskaus wirklich der gesamte Ostkrieg entschieden gewesen wäre, bleibt höchst unsicher und ist hier nicht zu diskutieren. Vgl. Philippi/Heim, Feldzug, S. 67 ff. sowie Reinhardt, Wende, S. 95, der zu Recht darauf verweist, dass Stalin bereit war, „in der Tiefe des Landes weiterzukämpfen".

Anstatt alles in die Offensive der Heeresgruppe Mitte zu investieren und hier die
Entscheidung zu suchen, stand nun der Süden: die Industrie- und Rohstoffpoten-
ziale der Ukraine und des Kaukasus', auf der Agenda des deutschen Ostheers.
Auch die 4. Panzerdivision war damals Teil von Guderians Panzergruppe 2, die
nun von Norden in die Ukraine einbrach, während Kleists Panzergruppe 1 als
Speerspitze der Heeresgruppe Süd die sowjetische Front am Dnjepr durchstoßen
hatte und sich nun nach Norden vorarbeitete. Für die gewaltige sowjetische Hee-
resmacht, die im Raum von Kiew massiert war, wurde dies zur tödlichen Gefahr.
Sobald sich Kleists und Guderians Panzer vereinigt hatten, waren nicht weniger als
vier sowjetische Armeen eingeschlossen. Aber nicht nur das; fast die gesamte Ukraine würde von Zentralrussland abgeschnitten, die deutschen Besatzer würden
über die reichste Sowjetrepublik verfügen.

Genau so sollte es kommen. Auch dieser Teil des Feldzugs wurde für die 4. Panzerdivision zu einer Erfolgsgeschichte – zumindest äußerlich. Doch war es sicherlich kein Zufall, wenn ein aufmerksamer Beobachter wie der Leutnant Farnbacher
damals Zweifel und Unmut bei seinen Kameraden registrierte, die sich in scharfer
Kritik an der eigenen Führung entlud: „Dabei fällt mir besonders H[au]ptm[ann]
Moll, der Chef der 3. Kompanie, durch seine große Offenheit auf. [...] Er gibt vor
allem ganz offen dem allgemeinen Gefühl Ausdruck, daß wir hier einen sinnlosen
Krieg führen, der uns regelrecht aufreibt und kaum Gefangene und große Erfolge
bringt."[283] In diesen deutlichen Worten artikulierte sich mehr als nur der ent-
täuschte Ehrgeiz der militärischen Profis. Viele Soldaten hatten mit dem großen
Ziel Moskau immer auch die Hoffnung auf eine militärische Entscheidung verbunden und damit auch auf das Ende eines Krieges, den sie mittlerweile als immer
grausamer und belastender empfanden[284]. Nun war von diesem großen Ziel vorerst nicht mehr die Rede. Nicht ohne einen Anflug von Resignation schrieb damals
ein Regimentskommandeur der „Vierer": „Unser Hochzeitstag gestern verlief
leider nicht sehr doll. Standen am Abend in stockdunkler Nacht bei triefendem
Regen irgendwo in dieser sumpfigen Niederung, fanden schließlich ein Dach u[nd]
etwas Stroh, aber die Feldküche blieb aus. Die Straßen sind bei Regen schwer pas-
sierbar. Der Feind ist abgezogen, die Gefangenen sagen aus, sie hätten keine Munition, nichts klappte mehr bei ihnen. Wir wollen hoffen, daß es ihnen bald noch
schlechter geht, dann hört der Krieg von selbst auf."[285] Doch sollte sich genau

---

[283] BA-MA, MSg 1/3270: Fritz Farnbacher, Tagebuch, Eintrag vom 14.8.1941. Überliefert ist
auch das Unverständnis des Generals Heinrici, dessen Korps damals auch die Operation in
Richtung Kiew unterstützen mußte. Hürter, Heinrici, S. 77 (Tagebucheintrag vom 11.9.1941)
sowie BA-MA, RH 21-2/931: Pz. Gr. 2, Abt. I a, Kriegstagebuch, Eintrag vom 24.8.1941:
„Der Bef[ehlshaber] [Guderian] trug weiter vor, es sei nicht seine Aufgabe, Vorschläge für die
Operationen zu machen, er müsse aber darauf hinweisen, daß die Operation in Richtung Kiew
Zeit und bei den schlechten Straßenverhältnissen viel Material verschleißen würde. Ob sich an
diese Operation im Herbst noch weitere mit Fernzielen anschließen ließen, sei fraglich."
[284] Vgl. hierzu auch Hürter, Heinrici, S. 94f. (Brief vom 16.10.1941).
Schon im Januar 1940 hatte ein Hauptmann der 4. Pz. Div. nach Hause geschrieben: „Und
dann – je eher der Kampf beginnt, desto eher ist er beendet, desto eher kommt wieder der
Friede und das Ende dieser unerträglichen Zustände..." BfZ, Slg. Sterz, 28050, Brief H. Frhr.
von P. vom 28.1.1940.
[285] BA-MA, N 10/9: NL Smilo Frhr. von Lüttwitz, Brief vom 11.9.1941.

diese Hoffnung, aller vordergründigen Erfolge zum Trotz, auch im zweiten Abschnitt dieses Feldzugs nicht erfüllen.

Angesichts solcher Voraussetzungen war es kein Wunder, dass die 4. Panzerdivision bei ihrem Vorstoß in Richtung Süden einem ständigen Wechselbad der Gefühle ausgeliefert war. Rasche, erfolgreiche Coups, bei denen es einzelnen Panzerkompanien gelang, „mitten in [die] feindlichen Kolonnen, bespannte und motorisierte Fahrzeuge, hineinzufahren"[286], wechselten ab mit erbitterten wie langwierigen Gefechten, die beiden Seiten hohe Verluste brachten[287]. Richtig dramatisch wurde es für die Panzersoldaten am 22. September 1941, als sie erstmals mit der unangenehmen Tatsache konfrontiert wurden, dass sie den sowjetische Waffen nichts Gleichwertiges mehr entgegenzusetzen hatten. Farnbacher, damals Vorgeschobener Beobachter in den vordersten Linien, hat über diese dramatische Begegnung anschaulich berichtet[288]: „Da ertönt, fast wie ein Blitz aus heiterem Himmel, der Ruf: ‚Die Panzer kommen!' und wirklich hört man sie fahren. [...] 4 oder 5 Panzer schweren Formats, wohl 32 Tonnen [...] fahren in unsere Linien. [...] Ich weiß nicht, ob wir jetzt Mut brauchen, aber es ist doch äußerst wichtig, daß sich keiner offen zeigt und dadurch die Aufmerksamkeit der Panzer auf sich lenkt. So steckt jeder möglichst die Nase in den Dreck und wartet der Dinge, die da kommen sollen, und die kommen denn von selbst. [...] Und nun sieht man Bilder, die ohne weiteres zum Lachen reizen würden, wenn es nicht tödlicher Ernst wäre. Wie bei einem Fangspiel laufen die Männer der B[eobachtungs]-Stelle um den Panzer herum, der seinerseits dauernd wendet mit einer Beweglichkeit, wie sie geradezu erstaunt. Wie ich hinterher erfahre, haben die Männer mit Pistolen auf die Luken des Panzers geschossen, aber natürlich ohne Wirkung."

Mit Pistolen gegen überschwere Panzer. In anderen Worten: eine deutsche Elitedivision war diesem sowjetischen Angriff vollkommen hilflos ausgeliefert; auch Farnbacher, „der so etwas noch nicht erlebt [hatte], daß Feindpanzer regelrecht durchbrechen konnten, ohne daß auch nur einer abgeschossen wird", entkam nur knapp dem Tod, der sich ihm auf Zentimeterweite näherte, als der sowjetische Panzer über seine Mantelspitze hinweg durch den Graben rumpelte[289]. Die Bilanz dieses Angriffs, den doch lediglich eine Handvoll gegnerische Panzer geführt hatte, war für die Deutschen erschütternd; allein an Material verloren sie „5 leichte

---

[286] BA-MA, RH 27-4/12: 4. Pz. Div., 5. Pz.-Brig., Gefechtsbericht für die Zeit vom 1.9.–10.9.1941.

[287] Dem Oberst Heinrich Eberbach, Kommandeur des Panzer-Regiments 35, schien damals der „Feindeindruck" als ziemlich „uneinheitlich. Neben hochwertigen Truppen andere, die nicht mehr vollen Gefechtswert haben." IfZ-Archiv, MA 1589: 4. Pz. Div., 5. Pz.-Brig., Gefechtsbericht für die Zeit vom 1.8.–3.8.1941. Deutlich positiver noch Eberbachs Fazit vom Juli 1941: „Beim Russen beginnen sich Zerfallserscheinungen zu zeigen, und auch sein Material beginnt weniger zu werden. Unseres im Übrigen auch, aber wir können es wenigstens noch soweit wie möglich reparieren, seines ist dagegen verloren." BA-MA, RH 39/377: Heinrich Eberbach, Brief vom 23.7.1941.

[288] BA-MA, MSg 1/3272: Fritz Farnbacher, Tagebuch, Eintrag vom 22.9.1941. Auch zum Folgenden. Vgl. hierzu auch Schaub, Panzer-Grenadier-Regiment 12, S. 88 ff.; Neumann, 4. Panzerdivision, S. 296 f.

[289] Ganz offensichtlich handelte es sich hier um die sowjetischen Panzertypen KW 1 und KW 2. Vgl. hierzu Page/Bean/Fowler, Russian Tanks of World War II, S. 107 ff.; Zaloga/Kinnear, Stalin's Heavy Tanks.

Feldhaubitzen, 3 Pak, 2 Infanteriegeschütze, [...] 3 schwere und verschiedene leichte Maschinengewehre, 2 Zugmaschinen, Zugmaschinen der Schützen bzw. schwere Waffen der Schützen, Gewehre, Funkgeräte, mindestens 1 Krad, Munitionskästen". Noch schwerer wogen freilich die personellen Ausfälle; allein dieser Einbruch hatte die 4. Panzerdivision 89 Mann an Toten und Verwundeten gekostet[290], denn die sowjetischen Panzer hatten die deutschen Fahrzeuge – so die Erinnerung eines anderen Augenzeugen – „auf weiteste Entfernung wie die Hasen" abgeschossen[291], während die Schüsse der deutschen Haubitzen „selbst bei einer Entfernung von knapp 50 m wirkungslos abgeprallt" waren[292]. All das blieb vorerst nicht mehr als eine Episode, doch verhieß sie für die Zukunft nichts Gutes[293]. Darüber machte man sich auf deutscher Seite keine Illusionen, der Gefechtsbericht, den der Stab der 4. hierüber anfertigte, trug denn auch die Überschrift „Schwarzer Tag der Division"[294].

Wenn es den deutschen Panzerkeilen dennoch gelang, den Ring ostwärts von Kiew bis zum 14. September 1941 zu schließen und auch in sehr schweren Gefechten zu behaupten, so lag das *weniger* an ihrer technischen[295], als vielmehr an ihrer taktischen Überlegenheit und auch an einer Führung, die sich der sowjetischen immer noch weit überlegen zeigte. Jener Einbruch vom 22. September lässt sich auch als ein Beispiel für die vielen Fehler lesen, die den sowjetischen „Tankisten" damals noch unterliefen: Weder hatten sie massiert angegriffen, noch waren sie von Infanterie oder Flugzeugen begleitet worden, noch waren sie in der Lage,

---

[290] IfZ-Archiv, MA 1589: 4. Pz. Div., Stab, Gefechtsbericht für den 22.9.1941 „Schwarzer Tag der Division".

[291] Vgl. BA-MA, RH 39/373: Hans Luther, frh. San.-Ofw. I.[Abt.]/[Pz. Rgt.] 35, o. D.

[292] IfZ-Archiv, MA 1589: 4. Pz. Div., Stab, Gefechtsbericht für den 22.9.1941 „Schwarzer Tag der Division". Ferner Art. Rgt. 103, Bericht an die 4. Pz. Div. vom 2.10.1941.

[293] Vgl. hierzu auch BA-MA, N 10/9: Lebenserinnerungen Smilo Frhr. von Lüttwitz, Denkschrift „Rußland-Erfahrungen vom Juni 41–April 42": „Die größte Überraschung war für uns das Auftreten der russ. Panzer, insbesondere der T-34 u. die völlige Wirkungslosigkeit unserer Waffen (3,7 Pak, Feldartl.) ihnen gegenüber! Diese Panzer hatten lange Kanonen mit großer Durchschlagskraft u. breite Ketten, die ihnen in jedem Gelände auch im hohen Schnee die rasche Bewegung ermöglichten. Sie traten damals glücklicher Weise nicht im operativem Verband einer Pz. Div. auf, sondern lediglich als Begleitwaffen ihrer Infanterie, aber auch das reichte uns schon durchaus. Daß uns die oberste Führung auf diese Waffen nicht vorbereitet hatte, war ein schweres Versäumnis. Erst allmählich konnten wir uns mit geballten Ladungen, Molotow-Cocktails u. Rotkopf-Granaten helfen."

[294] IfZ-Archiv, MA 1589: 4. Pz. Div., Stab, Gefechtsbericht für den 22.9.1941 „Schwarzer Tag der Division".
Interessant ist auch der Beginn dieses Gefechts: Bei seinem Vormarsch beobachtete der Divisionsstab zunächst einen einzelnen Mann in Zivil, „der sich in einem Gebüsch zu schaffen machte". Das Pakfeuer, das kurze Zeit später aus diesem Gebüsch auf die Spähwagen der 4. eröffnet wurde, war für die sowjetischen Panzer das Angriffssignal. Unklar bleibt, ob es sich hier um eine tatsächliche Kooperation mit Partisanen oder nur um eine Einbildung des deutschen Angreifer handelte. Doch kann auch diese Wahrnehmung erklären, warum sich das Verhältnis der 4. Panzerdivision zur sowjetischen Zivilbevölkerung damals rasch verschlechterte. Vgl. hierzu auch BA-MA, MSg 1/3272: Fritz Farnbacher, Tagebuch, Eintrag vom 29.9.1941, wo er schreibt, dass man „auf Grund der heutigen Belehrung über Partisanen [...] vorsichtiger geworden" sei. In diesem Sinne auch Schaub, Panzer-Grenadier-Regiment 12, S. 90.

[295] Hier ist nicht der Raum, sich auf einen systematischen militärtechnischen Vergleich einzulassen. Entscheidend war, dass ein großer Teil des deutschen Kriegsgeräts – erinnert sei an die Bereiche Fernmeldetechnik, Optik, Infanteriewaffen, Flugabwehrgeschütze oder auch Flugzeuge – dem der Roten Armee klar überlegen war. Generell hierzu Mawdsley, Thunder in the East.

sich untereinander durch Funk zu verständigen, so dass sie letzten Endes die Überlegenheit ihrer Waffen nicht wirklich ausspielen konnten. Auch im Operativen dominierte vorerst noch die Wehrmacht, wie das Zusammentreffen der deutschen
Panzergruppen 2 und 1 östlich von Kiew demonstrierte. Der Zusammenbruch
eines weiteren sowjetischen Frontabschnitts[296] war freilich eine operative, nicht
eine strategische Entscheidung. Trotzdem sollte Guderian, der eigentlich längst
eingesehen hatte, „daß die Truppen nach den anstrengenden und verlustreichen
Kämpfen von zweieinhalb Monaten dringend der Auffrischung" bedurften[297],
noch Ende August 1941 Hitler persönlich „sogar den Einsatz des XXIV. Panzerkorps" anbieten, „das er unmittelbar vorher noch als zur Zeit nicht einsatzfähig
bezeichnet hatte"[298]. Zwar hatte dieses Korps, und mit ihm die 4. Panzerdivision,
noch einmal das Schlachtfeld behauptet, doch schien nun das Ende ihrer Einsatzfähigkeit definitiv erreicht[299].

Auch die *45. Infanteriedivision* beteiligte sich damals an der gewaltigen Kesselschlacht im Raum von Kiew. Um die Verzögerung von Brest-Litowsk aufzuholen,
bestand auch der August für sie aus „mühsamen"[300] Gewaltmärschen. Wieder hatte die 45. Pech[301], da sie sich zunächst auf den Knüppeldämmen, Moorwegen oder
Sandpisten der Pripjet-Sümpfe „vorquälen" musste. Die Soldaten aus Oberösterreich empfanden das als eine ihrer „schlimmsten Marschstrecken". „Von Tagesan-
bruch bis tief in die Dunkelheit" bahnten sie sich ihren Weg: „Zu beiden Seiten der
Straße liegen die aufgetriebenen stinkenden Kadaver der im Zuge verendeten

---

[296] Am 15. 9. registrierte der I c der 4. Pz. Div., „daß die Stimmung der russ[ischen] Mannschaften
teilweise verzweifelt ist. Fast allgemein das Bestreben, nach Möglichkeit unverwundet in Gefangenschaft zu geraten. Eigentlicher Kampfgeist nur noch bei den Offizieren, die kommunistische Parteimitglieder sind." BA-MA, RH 27-4/109: 4. Pz. Div., Abt. I c, Tätigkeitsbericht für
die Zeit vom 3. 6. 1941–31. 3. 1942, Eintrag vom 15. 9. 1941.

[297] Schaub, Panzer-Grenadier-Regiment 12, S. 86.

[298] Gersdorff, Soldat im Untergang, S. 96. Bock habe daraufhin im Hinblick auf Guderian gesagt:
„Ooch so'n Jummilöwe." Bestätigt wird diese Episode durch Bock, Tagebuch, S. 257 (Eintrag
vom 24. 8. 1941).

[299] Bemerkenswerterweise wurde dieser Prozess auch von der sowjetischen Seite sehr genau verfolgt; Anfang September 1941 erklärte der kriegsgefangene sowjetische Hauptmann Malachow
gegenüber Angehörigen des Stabes des AOK 2: „Man habe innerhalb der russischen Führung
den Eindruck, daß das deutsche Heer während des Polenfeldzuges einen ungeheuren Schwung
entwickelt habe und daß es im Feldzuge in Belgien, Holland und Frankreich, dann auch noch
in Jugoslawien, Griechenland und Kreta den Höhepunkt seiner Leistungskraft erreicht habe."
Nach dem Abflauen des ersten deutschen Angriffsschwunges in Rußland habe „das deutsche
Heer den Höhepunkt seiner Schwungkraft überschritten", so die Meinung im sowjetischen
Offizierskorps. Die deutschen Panzer- und Luftwaffenverbände besäßen nicht mehr ihre
frühere Kraft, und die deutschen Truppen seien nicht mehr in der Lage, zurückweichende
russische Verbände gänzlich zu vernichten. Diese Tatsachen seien angeblich auf Benzinmangel
und das schwierige russische Gelände zurückzuführen. „Die russische Führung sei sich bewusst, daß, je weiter das deutsche Heer nach Osten vordringe, desto größere Schwierigkeiten
sich ihm entgegenstellen würden. Der Osten mit seinen unendlichen Räumen sei der große
Verbündete der Sowjets." PA-AA, R 60704: AOK 2, Abt. I c/VAA, „Bericht Nr. 16" vom
7. 9. 1941.

[300] IfZ-Archiv, MA 1618: 45. Inf. Div., Abt. I a, Kriegstagebuch, Eintrag vom 8. 8. 1941; IfZ-Archiv, MA 1621: Höheres Kdo. XXXV, ChefGenSt, Schreiben an AOK 2, ChefGenSt vom
16. 8. 1941. Dort auch die folgenden Zitate.

[301] Vgl. hierzu auch Ludwig Hauswedell, Kriegstagebuch 1941/42 (4. 5. 1941–21. 4. 1942), Kopie
im Besitz d. Verf., Eintrag vom 23. 8. 1941: „Heute war der General hier und sprach von den
Leistungen des Regiments in den letzten Tagen. Wir hatten es schwerer als unser Nachbar, der
meist in offenem Gelände kämpfen konnte."

Pferde", berichtete ein Generalstabsoffizier. „Hunderte von Pferden sind tot zusammengebrochen." Auch die „nervenaufreibenden Waldgefechte"[302], bei denen
„kaum noch Gefangene – auch von uns nicht – gemacht" wurden[303], forderten
ihren Tribut. Trotzdem zeigte man „oben" wenig Verständnis für diese Situation.
Der Oberbefehlshaber der Heeresgruppe mokierte sich höchstpersönlich über
„die geringe Marschleistung" der Division[304]. Denn er hatte sie bereits für einen
neuen Kampfeinsatz eingeplant.

Mitte August 1941, mit dem Überschreiten des Dnjepr im Raum östlich von
Gomel, endete für die 45er der „„Alleingang' durch die Sümpfe"[305]. Nun wurde
auch sie in Richtung „Südost"[306] umdirigiert. Am linken Flügel der 2. deutschen
Armee sollte sie jenen großen Kessel von Norden her eindrücken, der sich damals
südöstlich von Kiew abzeichnete. Das war kein leichter Auftrag. Denn viele sowjetischen Soldaten wollten lieber auf dem Schlachtfeld sterben, als sich den Deutschen ergeben. Schon in Brest-Litowsk hatten die 45er eine Blutorgie erlebt. Die
Szenen, mit denen sie nun konfrontiert wurden, übertrafen aber alles. Der Oberleutnant Hauswedell war nicht der Einzige[307], für den dieser Monat zur bislang
„schwersten und erlebnisreichsten" Zeit des Ostkriegs wurde[308]. „Die Tage und
Nächte im Raum zwischen Beresanj, der Nedra und Jagotin wird keiner, der dabei
war, je vergessen."

[302] Gschöpf, Weg, S. 243.
[303] Ludwig Hauswedell, Kriegstagebuch 1941/42 (4.5.1941–21.4.1942), Kopie im Besitz d. Verf.,
Eintrag vom 2.8.1941.
Eine Mordeinheit wie das 2. SS-Kavallerie-Regiment folgte der 45. ID durch die Pripjet-
Sümpfe, wenn auch in deutlicher Entfernung. So hatte, um ein Beispiel zu geben, die 45. ID
schon am 6.7.1941 Pinsk besetzt, um danach weiter in Richtung Osten zu marschieren, während das 2. SS-Kavallerie-Regiment diese Stadt erst am 5.8.1941 erreichte, um sie daraufhin
mit ihrem Mordprogramm zu überziehen. Vgl. hierzu Cüppers, Wegbereiter der Shoah,
S. 151 ff. sowie Kap. 5.4.
[304] Damals meldete sich der Oberbefehlshaber der H.Gr. Mitte telefonisch bei der 45. ID, um ihrem Kommandeur mitzuteilen, wie unzufrieden er „über die geringe Marschleistung der letzten Tage" sei. Dies lasse erkennen – so der Eintrag im Kriegstagebuch der 45. ID –, „daß der
volle Umfang der Schwierigkeiten des Vormarsches höheren Orts nicht bekannt ist. Eine Meldung über die Marschverzögerung, die vom Oberbefehlshaber d. H.Gr. gefordert wurde, wird
am 9.8. vorgelegt. [...] Aus den verschiedenen Anfragen muß die Führung der Div. entnehmen, daß teilweise der Wille zum Vormarsch angezweifelt wird – ein Umstand, der einerseits
den tatsächlichen Leistungen der Div. nicht gerecht wird, andererseits nicht geeignet ist, die
Stimmung der Truppe im günstigen Sinne zu beeinflussen." IfZ-Archiv, MA 1618: 45. Inf. Div.,
Abt. I a, Kriegstagebuch, Eintrag vom 9.8.1941.
[305] Ludwig Hauswedell, Kriegstagebuch 1941/42 (4.5.1941–21.4.1942), Kopie im Besitz d. Verf.,
Eintrag vom 29.9.1941.
[306] Halder, Kriegstagebuch, Bd. III, S. 207 (Eintrag vom 31.8.1941). Ferner: Die Geheimen Tagesberichte, Bd. 3, S. 296 (Eintrag vom 24.8.1941).
[307] Den damaligen Alltag der 45. ID beschreibt das Tagebuch einer ihrer Unteroffiziere. BA-MA,
MSg 3-217/1: Linzer Turm 27 (1984), Nr. 106: [Uffz. Kieweg], Rußlandtagebuch 1941, Eintrag
vom 4.9.1941: „Wir sind wegen der großen Ausfälle alle ganz fertig, [...]"; 5.9.1941: „Aber
unser Weitermarsch wird von schwerer Artillerie empfindlich gestört. Weber gefallen, Led-
winka verwundet. 3 unserer Pferde wurden buchstäblich zerfetzt. Ich hatte dabei großes
Glück."; 12.9.1941: „Strömender Regen. [...] Im knietiefen Schlamm und stockdunkler Nacht
erreichen wir die nächste Ortschaft. Die Russen schlafen schon und scheinen nicht zu wissen,
daß wir ebenfalls in dem gleichen Dorf nächtigen."; 13.9.1941: „Wir erhalten Nachricht, daß
unsere Feldküche einen Volltreffer erhielt; 1 Toter, 2 Verwundete."
[308] Ludwig Hauswedell, Kriegstagebuch 1941/42 (4.5.1941–21.4.1942), Kopie im Besitz d. Verf.,
Eintrag vom 29.9.1941. Auch zum Folgenden.

Deutsche Infanterie in den Pripjet-Sümpfen, Juli 1941
(Quelle: bpk 00005834)

Dessen ungeachtet gelang es den 45ern, sich bis zum 20. September ca. 200 Kilometer weit nach Süden vorzukämpfen. Obwohl die Lage der sowjetischen Verteidiger immer hoffnungsloser wurde[309], versuchten viele „selbst mit stärksten Opfern" den östlichen Ring des Kiewer Kessels aufzureißen. „Rücksichtslos werden selbst zusammenhängende Marschkolonnen vom Feind in den Kampf geworfen", heißt es dazu im Kriegstagebuch der 45. ID[310]. Ihren Angehörigen boten sich apokalyptische Bilder: „Die Verteidigung wird dadurch erschwert, daß unmittelbar vor der eigenen vorderen Linie ein brennender Panzerzug steht, in dessen Licht die eigenen Bewegungen vom Feind erkannt und unter Feuer genommen werden. Dazu kommt, daß laufend Teile des Panzerzuges unter starken Explosionen in die Luft fliegen. Die Masse der angreifenden Russen scheint betrunken zu sein. Die vorn in den Kolonnen gehenden Russen schießen und schreien ‚Hurräh‘, von hinten drängen die übrigen nach. Obgleich sie reihenweise fallen, kommen sie auf Grund ihrer Masse doch heran."[311] Doch blieben das nicht mehr als Verzweiflungstaten. Die vollbesetzten Panzerzüge, die frontal auf die deutschen Stellungen zurasten, wurden zu einer leichten Beute der deutschen Abwehrgeschütze: „Bis

---

[309] So registrierte man am 5.9.1941, dass der Feind zum Überlaufen neige. „An diesem Tage werden erneut 397 Gefangene gemacht. Sie gehören 7 verschiedenen Div. an." IfZ-Archiv, MA 1618: 45. Inf. Div., Abt. I a, Kriegstagebuch, Eintrag vom 5.9.1941.
[310] IfZ-Archiv, MA 1618: 45. Inf. Div., Abt. I a, Kriegstagebuch, Eintrag vom 22.9.1941.
[311] Ebda., Eintrag vom 24.9.1941.

zum Mittag werden über 1000 Gefangene gemacht und 35 Geschütze, zahlreiche Fahrzeuge und Kraftfahrzeuge erbeutet. Auch in den Transportzügen, neben denen reihenweise die toten Russen liegen (dabei zahlreiche Frauen), und die mit jammernden Verwundeten des Feindes vollgestopft sind, wird unübersehbare Beute an Bekleidung, Verpflegung, Waffen, Gerät und Munition gefunden.«[312]

Erst Ende September sollten diese „gnadenlosen Abwehrkämpfe"[313] auslaufen. Bis dahin erlebte die 45. Kavallerieangriffe, bei denen die sowjetischen Reiter mit Säbeln auf die deutschen Stahlhelme einschlugen[314], Scharfschützen, die sich in Strohmieten versteckt hielten und von dort so lange auf die deutschen Infanteristen feuerten, bis diese deren Versteck in Brand schossen[315], sowjetische Infanteristen, die sich mit Handgranaten, an die sie noch „Ekrasitpackungen angebunden" hatten, auf die deutschen Stellungen warfen[316] oder sowjetische Unterhändler, die sich mit weißer Fahne den deutschen Stellungen näherten, um diese dann mit Handgranaten aufzurollen[317]. Ein Hexenkessel wie dieser, bei dem man oft nicht mehr wusste, „wo Freund und Feind ist"[318], verführte naturgemäß beide Seiten dazu, kein Pardon zu geben[319]. Dennoch lassen die Tausenden an Kriegsgefangenen[320], welche allein die 45. Infanteriedivision damals einbrachte, erkennen, dass

---

[312] Ebda., Eintrag vom 23.9.1941.

[313] BA-MA, MSg 3-217/1: Linzer Turm 27 (1984), Nr. 106: [Uffz. Kieweg], Rußlandtagebuch 1941, Eintrag vom 22.9.1941.

[314] IfZ-Archiv, MA 1619: 45. Inf. Div., Abt. I a, Gefechtsbericht vom 1.10.1941; Gschöpf, Weg, S. 256; BA-MA, MSg 3-217/1: Linzer Turm 27 (1984), Nr. 106: [Uffz. Kieweg], Rußlandtagebuch 1941, Eintrag vom 24.9.1941.

[315] Vgl. auch IfZ-Archiv, MA 1618: 45. Inf. Div., Abt. I a, Kriegstagebuch, Eintrag vom 26.9.1941. Ferner Gschöpf, Weg, S. 264.

[316] IfZ-Archiv, MA 1618: 45. Inf. Div., Abt. I a, Kriegstagebuch, Eintrag vom 25.9.1941. Bei Ekrasit handelt es sich um einen besonders wirksamen Sprengstoff.

[317] IfZ-Archiv, MA 1618: 45. Inf. Div., Abt. I a, Kriegstagebuch, Eintrag vom 24.9.1941.

[318] BA-MA, MSg 3-217/1: Linzer Turm 27 (1984), Nr. 106: [Uffz. Kieweg], Rußlandtagebuch 1941, Eintrag vom 24.9.1941.

[319] Zu den sowjetischen Verbrechen vgl. etwa IfZ-Archiv, MA 1619: 45. Inf. Div., Abt. I a, Gefechtsbericht vom 1.10.1941: „In noch größerem Umfange als damals wandte der Feind in den Kämpfen bei Jagotin Mittel an, die allen Gesetzen des Krieges in ihrer Heimtücke und Hinterlist widersprechen." Ferner ebda.: I./Inf. Rgt. 135 „Bericht über die Grausamkeiten der Kämpfe in der Zeit vom 22.9.–27.9.1941" vom 29.9.1941; ebda.: II./Inf. Rgt. 135, Bericht über die „Kampfesweise der Russen" vom 29.9.1941; ebda.: III./Inf. Rgt. 135, Bericht über „Erfahrungen mit den Grausamkeiten russ. Kriegführung" vom 29.9.1941; ebda.: 10./Inf. Rgt. 130, Bericht über die „Verstümmelung des Lts. Koch" vom 29.9.1941. Berichtet wird von der Ermordung von mindestens zwei Dutzend gefangener deutscher Soldaten, von der Schändung und Fledderung deutscher Gefallener, von der Verwendung deutscher Uniformen im Kampf sowie von Gewaltakten angeblicher Parlamentäre sowie angeblich kriegsgefangener sowjetischer Soldaten. Schon allein diese Berichte sind ein Zeugnis dafür, dass man diese Phase des Krieges als etwas betrachtete, was man in dieser Form bis dahin noch nie erlebt hatte.
Dass auch die 45. ID damals das Völkerrecht negieren konnte, verdeutlicht der folgende Bericht: IfZ-Archiv, MA 1619: I./Inf. Rgt. 130, „Besonderheiten der Kampfhandlungen in der Zeit vom 22. bis 28.9.1941" vom 2.10.1941: „Geführt wurden diese Haufen zum Teil von Offizieren, vor allem jedoch von fanatischen Kommissaren, die wußten, daß für sie Gefangennahme den sicheren Tod bedeutete. [...] Ein Teil [der sowjetischen Sanitäterinnen] dürfte jedoch als ‚Flintenweiber' anzusprechen sein, da [...] Frauen beobachtet wurden, die Handgranaten warfen und mit der Pistole in der Hand stürmten."

[320] Vgl. hierzu IfZ-Archiv, MA 1618: 45. Inf. Div., Abt. I a, Kriegstagebuch, Eintrag vom 28.9.1941, wo von etwa 20000 Gefangenen die Rede ist. Ferner BA-MA, MSg 3-217/1: Linzer Turm 27 (1984), Nr. 106: [Uffz. Kieweg], Rußlandtagebuch 1941, Eintrag vom 25.9.1941: „Allein unser Regiment [Inf. Rgt. 130] macht um die 5000 Gefangene."

deren Ermordung selbst in solchen Extremsituationen wohl eher die Ausnahme als die Regel darstellte.

Diese „an kritischen Phasen reiche"[321] Zeit kostete die Division allein „40 Offiziere und rund 1 200 Unteroffiziere und Mannschaften an Toten und Verwundeten"[322]. Das waren fast zehn Prozent ihres Personalbestands, selbst für die Verhältnisse des Ostkriegs waren dies irrsinnige Verluste! Nach drei Monaten Krieg zeigte sich jetzt auch bei ihr ein ganz ähnlicher Erschöpfungs- und Auszehrungsprozess wie bei den Panzerdivisionen. Die Frage war, ob sich das allein auf diese eine Infanteriedivision beschränkte, oder ob sich diese Entwicklung bei allen Kampfverbänden des Ostheers beobachten ließ.

Die *296. Infanteriedivision* stand Ende Juli 1941 an der westlichen Peripherie jenes riesigen Kessels, der sich damals um Kiew schloss. Der Marsch dorthin war für die 296. freilich kein Spaziergang gewesen[323]. Obwohl sie einem geschlagenen Feind auf den Fersen blieb[324], kämpfte dieser noch immer „zäh [...], mit Listen und Tücken"[325], so der deutsche Eindruck. Ein Kriegsberichterstatter, der damals die 296. begleitete, konnte sich darüber vor Ort ein Bild machen: „Der General setzt sich mit seinem Adjutanten und dem Kommandeur des Art[illerie] R[e]g[imen]ts in den Kübel und braust ab, zum Schwerpunktregiment. Am Rande des Dorfes N. gibt es einen gewaltigen Knall, das Kfz. bäumt sich auf wie ein erschreckter Gaul – er war nämlich auf eine Mine gefahren. Soldatenglück, keiner verwundet. Der Oberst lacht breit über sein gesundes und sonnengebräuntes Gesicht: ‚Das muss man der Truppe erzählen – das stärkt ihre Kampfmoral ...' ‚Daß der Herr General auf eine Mine gefahren ist ...?' ‚Dass ihm selbst dabei nichts passiert!'"[326] Doch waren die deutschen Offiziere keine unverwundbaren Übermenschen, wie die Propaganda glauben machen wollte. Zwar hatte der Divisionskommandeur die Detonation tatsächlich überlebt, wenn auch unter Schock und

[321] IfZ-Archiv, MA 1618: 45. Inf. Div., Abt. I a, Kriegstagebuch, Eintrag vom 24.9.1941.

[322] Gschöpf, Weg, S. 264. In einem persönlichen Interview mit dem Verf. am 8.5.2001 unterstrich Ludwig Hauswedell nochmals, dass sich die Verluste in den Gefechten bei Beresan mit kaum einer Phase in der Geschichte der 45. ID vergleichen ließen. Vgl. hierzu auch Kap. 2.5.

[323] Vor allem Ende Juli hatten die Kämpfe noch einmal an Intensität zugenommen. Vgl. hierzu IfZ-Archiv, MA 1783/2: 296. Inf. Div., Abt. I a, Gefechtsbericht „Kämpfe im Waldgelände zwischen Tetereff und Sdwish".

[324] Vgl. etwa BA-MA, RH 24-4/92: IV. A. K., Abt. I c, „Tagesübersicht" vom 29.6.1941; IfZ-Archiv, MA 1634: LV. A.K., Abt. I a, „Korps-Befehl (Nr.24)" vom 22.7.1941; ebda.: AOK 6, Abt. I a, „Armeebefehl Nr.18" vom 23.7.1941.

[325] IfZ-Archiv, MA 1637: 296. Inf. Div., Abt. I c, Tätigkeitsbericht für die Zeit vom 23.7.–28.7.41.
Einzelne Reminiszenzen an die Gefechte, welche die 296. Infanteriedivision damals zu bestehen hatte, bei: Kurowski, Grenadiere, S. 239–256; ders., Fränkische Infanterie, S. 333 ff.
Vgl. auch BA-MA, MSg 2/5316: NL Hans P. Reinert, Tagebuch, Eintrag vom 27.7.1941: „Wie es auf der Feindseite aussieht, ist nicht ganz geklärt. Es ist nur bekannt, daß der Feind sehr starke Kräfte nördlich der genannten Divisionen stehen hat, die mit allen zur Verfügung stehenden Kräften die Bahnlinie Kiew-Korosten zu halten versucht. Unsere Divisionen haben schwerste Kämpfe zu bestehen, da der Gegner rücksichtslos seine Menschenmassen auch bei schwersten Verlusten nach Süden vorwirft und sehr geschickt in den kleineren Gefechten operiert und mit jener Zähigkeit kämpft, die uns schon gleich zu Anfang überrascht hat."

[326] Prop. kp. (mot.) 637, Bericht Oswald Zenkner, „Divisionsbefehl: Angriff 5 Uhr!" vom 30./31.7.1941. Original-Manuskript im Besitz d. Verf.

mit Verletzungen[327]. Ganz ausgespart aber hatte diese Reportage, dass noch mehr
Menschen in den Autos gesessen hatten. Deren Reste „boten ein grausiges Bild.
Was noch von den einzelnen Fahrern und Beifahrern gefunden wurde, trug man
zusammen, um auch dies in einem Grab beizusetzen"[328], erinnerte sich ein Augenzeuge später.

Solcher Ereignisse zum Trotz war es der 296. ID dennoch gelungen, mit dem
Tempo des Blitzkriegs Schritt zu halten. Ende Juli hatte sie den Irpen erreicht, ein
Flüsschen, zwanzig Kilometer westlich von Kiew, das sich dort in ein Stück
Sumpfland von bis zu 500 Metern Breite erweiterte. Unmittelbar östlich davon
begannen die Bunker, Gräben, Drahtverhaue, welche die Rote Armee zur Verteidigung Kiews errichtet hatte[329]. Hier gingen nun die 296er während der folgenden
sechs Wochen in Stellung[330]. Viel mussten sie nicht tun[331]. Da der Gegner von Tag
zu Tag schwächer wurde[332], arbeitete die Zeit für sie. Ein ehrgeiziger Offizier wie
der Oberleutnant Reinert begann darüber schon unruhig zu werden: „Spaßvögel
haben unsere Division daher auch schon als die SSK-Division bezeichnet: ‚Säu-
bert, sichert, kämmt'."[333] Die meisten Soldaten werden indes anders gedacht haben; nach den strapaziösen Märschen der vergangenen Wochen waren sie vermutlich froh, es erst einmal ruhiger zu haben.

Konkret hieß das, dass sie nun, unterstützt von massierter Artillerie[334], ihre gut
armierte Stellung[335] gegen die verzweifelten Ausbruchsversuche des Gegners verteidigten, die immer wieder im deutschen Drahtverhau „blutig" zusammenbra-
chen[336]. „Nun kann uns also der Russe nichts Passenderes tun, als möglichst lange
in Kiew sitzen bleiben, denn dann ist das große Kesseln fällig und dem Russen
kann es verteufelt an den Kragen gehen", kommentierte Reinert am 8. September[337]. Nachdem drei Tage später am Unterlauf des Dnjepr „die Bildung von 3
großen Brückenköpfen gelungen" war[338], begann am 18. September 1941 – die
deutschen Offensivzangen hatten sich weit östlich von Kiew bei Lochwiza bereits

---

[327] Stemmermanns Verletzungen vom 30.7. und vom 15.12.1941 waren so schwer, dass er am
2.1.1942 von seinem Posten als Divisionskommandeur abgelöst werden musste. Vgl. BA-MA,
Pers 6/355: Personalakte Wilhelm Stemmermann, Auszug aus den Beurteilungen, o.D.

[328] K. H., Rückblick und Erinnerung an den Einsatz der 296. Inf. Div. im Osten aus der Sicht des
II. Btl./Inf. Rgt. 521. Manuskript im Besitz d. Verf.

[329] Vgl. hierzu IfZ-Archiv, MA 1637: 296. Inf. Div., Abt. I c, Tätigkeitsbericht für die Zeit vom
29.7.–24.8.1941: „Bemerkenswert war die ausgezeichnete Tarnung. […] Es zeigt sich erneut,
daß der Rotarmist ein Meister im Anlegen von Feldstellungen ist."

[330] IfZ-Archiv, MA 1634: LV. A.K., Abt. I a, „Korps-Befehl Nr. 33" vom 1.8.1941.

[331] Im Kriegstagebuch finden sich nun auch Eintragungen wie: „Völlige ruhige Nacht." Vgl. etwa
IfZ-Archiv, MA 1783/2: 296. Inf. Div., Abt. I a, Kriegstagebuch, Eintrag vom 28.8.1941.

[332] Vgl. IfZ-Archiv, MA 1637: 296. Inf. Div., Abt. I c, Tätigkeitsbericht für die Zeit vom 29.7.–
24.8.41.

[333] BA-MA, MSg 2/5317: NL Hans P. Reinert, Tagebuch, Eintrag vom 31.8.1941.
Vgl. auch Halder, Kriegstagebuch, Bd. III, S. 137 (Eintrag vom 1.8.1941): „Die westlich Kiew
im Waldgelände fechtende Gruppe (111. und 296. Div.) wird nicht viel Aussicht haben auf
größere Erfolge."

[334] Vgl. IfZ-Archiv, MA 1634: Korps-Kommando XXIX, Abt. I a, Weisung vom 13.9.1941, Anlage 1.

[335] IfZ-Archiv, MA 1634: 296. Inf. Div., Abt. I a, „Divisionsbefehl Nr. 46" vom 5.8.1941, Anlage
1.

[336] Vgl. etwa ebda., Kriegstagebuch, Eintrag vom 18.8.1941.

[337] BA-MA, MSg 2/5317: NL Hans P. Reinert, Tagebuch, Eintrag vom 8.9.1941.

[338] Vgl. IfZ-Archiv, MA 1634: Korps-Kommando XXIX, Abt. I a, Weisung vom 11.9.1941.

Deutsche Infanterie beim Einmarsch in Kiew, 19. September 1941
(Quelle: bpk 30028300)

geschlossen – auch von Westen der lang vorbereitete Angriff auf die ukrainische Hauptstadt. Nach mehrstündigem Trommelfeuer gelang es der 296. Infanteriedivision noch am selben Tag, die gegnerischen Linien zu durchbrechen[339]. „Wir überholen", schrieb Reinert tags darauf, „auf schlechten, ausgefahrenen Wegen durch Sand und Sumpf Kolonne um Kolonne. Alles drängt im mörderischen Tempo nach vorn. Das Wort Kiew wirkt wie eine Rakete. Nicht verschmiert und vergrämt sind die Gesichter wie damals bei dem Angriff auf Andrejewka, sondern frisch und freudig, daß man noch mal so viel Freude am Vorgehen bekommt, als man an und für sich schon hat."[340]

„Begeistert und hoher Stimmung"[341], ahnte wohl kaum einer dieser Soldaten, dass ihrem Einmarsch in die ukrainische Metropole[342] schon bald „das größte

---

[339] BA-MA, MSg 2/5317: 296. Inf. Div., Abt. I a, Divisionsbefehl Nr. 71 vom 16. 9. 1941. Ferner IfZ-Archiv, MA 1783/2: 296. Inf. Div., Abt. I a, „Gefechtsbericht über den Durchbruch der 296. Division bei Borki" vom 21. 9. 1941. Zwar erwartete die Divisionsführung, dass der Gegner Kiew „bis zum letzten Mann und bis zur letzten Patrone" verteidigen würde, doch wusste sie auch, wie sehr gerade die vergangenen Wochen zu Gunsten der deutschen Angreifer gearbeitet hatten. IfZ-Archiv, MA 1634: Inf. Rgt. 520, „Ergebnis der Vernehmung 2er Überläufer am 28. 8. 1941".

[340] BA-MA, MSg 2/5317: NL Hans P. Reinert, Tagebuch, Eintrag vom 19. 9. 1941. Ferner IfZ-Archiv, MA 1637: Prop.-Komp. 637, Sdf. (Z) Lothar K. Schlabusch, „Vorausabteilung erobert Kiew" vom 20. 9. 1941.

[341] BayHStA, Abt. IV, NL Thoma 3: Tagebuch, Brief vom 19. 9. 1941. Ferner BA-MA, MSg 2/5317: NL Hans P. Reinert, Tagebuch, Eintrag vom 19. 9. 1941: „Auf der Fahrt durch diese herrliche Stadt können wir es immer noch nicht fassen, daß sie nun genommen und in unserer Hand sein soll. Es dünkt uns noch zu unglaublich."

[342] Am 17. 1. 1939 betrug die Einwohnerzahl Kiews 846 000 Menschen. Angabe: Leimbach, Sowjetunion, S. 231.

Deutsche Soldaten entfernen sowjetische Sprengladungen im Kiewer Lenin-Museum, Ende September 1941
(Quelle: BSB, Fotoarchiv Hoffmann 38340)

deutsche Einzelmassaker im Ostkrieg"[343] folgen sollte. Hätte es sie beunruhigt? Die 296. ID hatte auf ihrem Marsch durch die Ukraine schon viel erlebt: die Leichenberge, die das NKWD zurückgelassen hatte[344], die darauf folgenden Pogrome, initiiert von der ukrainischen Zivilbevölkerung, und auch den Terror, den SS und Polizei gegenüber all jenen ausgeübt hatte, die sie für Feinde hielt, allen voran die Juden und Bolschewisten. Dieser Terror war in der 296. ID auf erschreckend viel Verständnis gestoßen, einzelne hatten sich daran auch aktiv beteiligt[345]. Ob alle Angehörigen dieser Division so dachten, wissen wir nicht. Es fällt freilich auf, dass auch bei der Eroberung Kiews an die Stelle der Siegeseuphorie schon bald wieder die alten Ressentiments traten: „So herrlich, wie wir diese Stadt bei der ersten Durchfahrt gefunden haben, ist sie nämlich gar nicht", befand Reinert am 21. Sep-

[343] So Müller, Der letzte deutsche Krieg 1939–1945, S. 97. Generell hierzu: Wiehn (Hrsg.), Die Schoáh von Babij Jar (1991); Wiehn (Hrsg.), Babij Jar 1941 (2001); Rüß, Wer war verantwortlich für das Massaker von Babij Jar; Arnold, Eroberung und Behandlung der Stadt Kiew; Verbrechen der Wehrmacht, S. 160 ff.; Pohl, Schauplatz Ukraine; Lower, Nazi Empire-Building and the Holocaust in Ukraine, S. 69 ff.

[344] Dass dies durchaus wörtlich zu nehmen ist, schildert Musial („Konterrevolutionäre Elemente", S. 113). So waren in Lemberg, durch das auch die 296. ID kam, die Leichen in den NKWD-Kellern so aufeinander aufgeschichtet, dass sie „teilweise nur noch eine breiige Masse" bildeten.

[345] Vgl. Kap. 5.4.

tember[346], während sich der Oberstleutnant Thoma über den „abgehärmten, z[um]
T[eil] stumpfen Eindruck" der Bevölkerung ausließ[347].

Mit dem Beginn der sowjetischen Fernsprengungen in Kiew[348] sollte die Stimmung der deutschen Eroberer dann vollends umschlagen[349], wie sich an den täglichen Aufzeichnungen Reinerts sehr genau verfolgen lässt[350]. Dieser hatte sich
persönlich ein Bild über die Verwüstungen gemacht, in deren Folge ganze Viertel
in Flammen aufgingen, und empörte sich zunächst über die bolschewistischen
„Bestien", die „wieder einmal [...] ihren eigenen Landsleuten mehr" schaden „als
uns". Diese, nicht die Wehrmacht seien – so Reinert – die eigentlich Leidtragenden
gewesen: „Angst liegt in ihren Augen, die Angst vor ihren eigenen Landsleuten,
nicht die vor dem deutschen Soldaten, den sie um Schutz und Hilfe anflehen." Das
mag so gewesen sein. Doch wurde nun, in dieser Situation der Gefährdung, deutlich, wie sehr die Wahrnehmung dieses Offiziers von den Wahnvorstellungen der
NS-Propaganda überlagert wurde: „Polizei treibt die Anstifter dieses Untermenschentums zusammen: die Juden. Ekelhafte Züge streichen am Wagen vorbei,
Fressen, die man mit dem Stiefel zusammentreten möchte, Juden, die sich bisher in
ihren Kellerwohnungen verborgen hatten und nun bei den Razzien ans Tageslicht
befördert werden. Es sind nicht die maßgebenden jüdischen Drahtzieher, die haben sich bei Zeiten verdünnisiert, es sind die willigen schmierigen Werkzeuge, die
Pest dieser Stadt."

Dieser ordinäre wie decouvrierende Ausbruch wirft viele Fragen auf: Wie weit
war er repräsentativ für Reinerts Umfeld? Wie weit folgten diesen Worten auch
Taten? Und lassen sich Verbindungen von Reinerts Division zu den nun folgenden
Massakern von Babij Jar erkennen? Sicher ist, dass Reinerts antisemitische Obses-
sionen in seinem Umfeld nicht so selten waren; ein Fahrer der 296. schrieb damals:
„In Kiew zum Beispiel ist eine Explosion nach der anderen durch Minen. Die Stadt
brennt schon acht Tage, alles machen die Juden. Darauf sind die von 14 bis 60 Jahre alten Juden erschossen worden, und es werden auch noch die Frauen der Juden
erschossen, sonst wird's nicht Schluß damit [...]."[351] Mehr Stimmen aus der 296.
ID, zu der damals über 12 000 Soldaten gehörten[352], über Babij Jar besitzen wir
nicht. Da aber schon vorher der Judenmord in der 296. ID auf Zustimmung oder

---

[346] BA-MA, MSg 2/5317: NL Hans P. Reinert, Tagebuch, Eintrag vom 19.9.1941.
[347] BayHStA, Abt. IV, NL Thoma 3: Tagebuch, Brief vom 21.9.1941. Vgl. hierzu auch BA-MA,
MSg 2/5317: NL Hans P. Reinert, Tagebuch, Eintrag vom 21.9.1941: „Auch die Gesichter
sind wenig anziehend. Im Allgemeinen triumphiert das stupide, ausdruckslose Gesicht."
[348] Vgl. hierzu Friedrich, Gesetz, S.805f.; Hoffmann, Kriegführung, S.750f.; Geschichte des
Zweiten Weltkrieges 1939–1945, Bd.4, S.109.
[349] Die anfängliche Ahnungslosigkeit der deutschen Besatzer illustriert die folgende Passage aus
BayHStA, Abt. IV, NL Thoma 3: Tagebuch, Brief vom 24.9.1941: „Mittags fliegt ein Haus, in
dem die Feldgendarmerie untergebracht ist, in die Luft. Dort waren abgelieferte Waffen und
Munition untergebracht, auch Radioapparate usw.; Ursache noch nicht geklärt; kann Höllen-
maschine in einem Radioapparat gewesen sein. Kann natürlich aber auch unterminiert und
durch Zeitzünder geschehen sein. Ob das Haus vorher durch Pioniere untersucht worden ist,
weiß ich nicht. Höhe der Verluste noch nicht bekannt. Einige Verletzte habe ich gesehen."
[350] BA-MA, MSg 2/5317: NL Hans P. Reinert, Tagebuch, Eintrag vom 24.9.1941f.; MSg 2/5318:
NL Hans P. Reinert, Tagebuch, Einträge vom 26.9.1941ff.
[351] BfZ, Slg. Sterz, 04650: Brief L. B. vom 28.9.1941.
[352] Die Verpflegungsstärke der 296. Inf. Div. belief sich am 21.9.1941 auf exakt 12 300 Mann. Vgl.
IfZ-Archiv, MA 1632: 296. Inf. Div., Gefechts- und Verpflegungsstärken vom 11.3.1941–
21.3.1942.

Deutsche Infanterie durchkämmt ein Viertel im besetzten Kiew, September 1941
(Quelle: bpk 30028313)

wenigstens doch auf Verständnis gestoßen war[353], werden diese beiden Stimmen in ihrem Umfeld wohl nicht die einzigen gewesen sein.

Ohne Zweifel artikulierten sich hier auch Nervosität und Erbitterung über die vorhergehenden Anschläge, bei denen die Deutschen einige Hundert Angehörige verloren[354], wie auch der Einfluss ukrainischer Antisemiten, die es ebenfalls gern sahen, wenn man die Juden als Sündenböcke präsentierte. Doch wusste zumindest die örtliche Wehrmachtsführung, die sich nun zum Fürsprecher eines „radikalen Vorgehens" gegen die Kiewer Juden machte[355], dass es sich in erster Linie um eine Aktion des NKWD[356] handelte. Auch die Führung der 296. ID war schon früh

---

[353] Vgl. Kap. 5.4. Vergleichsweise verhalten sind die antisemitischen Ausfälle des Oberstleutnants Heinrich Thoma. In seinen zahlreichen Briefen, die während des Einmarsches in Kiew entstanden sind, geht er nur am 21.9.1941 auf die Juden ein: „Es wäre ja verwunderlich, wenn die Juden nicht auch hier ein Geschäft gewittert hätten. Denn daß sie alle geflohen sind, ist doch nicht anzunehmen." BayHStA, Abt. IV, NL Thoma 3: Tagebuch, Brief vom 21.9.1941.

[354] So die Einschätzung bei Rüß, Babij Jar, S. 505.

[355] IfZ-Archiv, MA 91/2: Ereignismeldung UdSSR Nr. 97 vom 28.9.1941. Dort heißt es u. a.: „Maßnahmen eingeleitet zur Erfassung des gesamten Judentums, Exekution von mindestens 50000 Juden vorgesehen. Wehrmacht begrüßt Maßnahmen und erbittet radikales Vorgehen […]." Vgl. aber auch den Bericht des VAA bei der H.Gr. Süd vom 20.10.1941: „Eine rücksichtslose Vertilgung der Juden ist gegenwärtig der Wehrmacht noch unerwünscht, da jede Arbeitskraft gebraucht wird und die Juden zu Aufräum- und Straßenbauarbeiten herangezogen werden." Zit. bei: Pohl, Herrschaft, S. 261.

[356] So Pohl, Herrschaft, S. 260, unter Verweis auf russische Quellen. In den deutschen Militärakten finden sich auch Hinweise darauf, dass sich einzelne Zivilisten an diesem Zerstörungswerk beteiligten. Vgl. hierzu Arnold, Kiew, S. 53. Doch hat schon Jörg Friedrich darauf hingewie-

über die „35-Tage-Uhrwerkszünder" der Sowjets informiert, mit denen diese auch dann ein ganzes Gebiet „verseuchen" konnten[357], wenn sie dieses bereits geräumt hatten. Auch im Falle von Kiew rechneten die Deutschen damit[358]. Im Übrigen war das – wie der Minenkrieg generell – eine legitime Kriegslist[359], die völkerrechtlich nur dann zu beanstanden war, wenn sie von Zivilisten benutzt wurde. Entscheidend war, dass die Ermordung der Kiewer Juden, mit über 224 000 Menschen eine der größten jüdischen Gemeinden in der Sowjetunion[360], schon vor der deutschen Besetzung eine „längst beschlossene Sache" war[361]; bereits am 26. September nahm das Sonderkommando 4 a seine „sicherheitspolizeiliche Tätigkeit" in Kiew auf[362].

Doch wurden die Lügen, mit denen SS, Polizei, aber auch die örtliche Wehrmachtsführung ihr Handeln rechtfertigten, von den deutschen Soldaten begierig aufgesogen[363]. *Das* war ihre eigentliche Schuld. Im Gegensatz zu einer Reihe anderer militärischer Dienststellen[364] existieren im Fall der 296. Infanteriedivision jedoch keine Belege, die auf eine Beteiligung ihrer Angehörigen an den folgenden Massakern hindeuten würden, die schließlich in den Ereignissen in der Schlucht von Babij Jar gipfelten. Die ersten systematischen Erschießungen begannen in Kiew am 27. September[365], und zwar durch das Polizei-Regiment Süd, darauf

---

sen, dass die Bewohner Kiews natürlich am stärksten unter diesen Zerstörungen zu leiden hatten. Vgl. Friedrich, Gesetz, S. 806.

[357] IfZ-Archiv, MA 1661: 296. Inf. Div., Merkblatt „Neuer russischer 35-Tage Uhrwerkszünder für elektrische Zündung", o. D.

[358] Vgl. BA-MA, RH 20-6/116: AOK 6, OB, „Armeebefehl für das Verhalten der Truppe gegen [sic] die Stadt Kiew" vom 25. 8. 1941: „Räumt der Feind die Stadt […], so muß mit der Möglichkeit gerechnet werden, daß in der Stadt starke Verminungen, versteckt angebrachte Ladungen an Barrikaden, Straßensperren, Haustüren usw. und Zeitzündungen angebracht sind." Dieser Befehl wurde auch von der 296. Inf. Div. weitergegeben. IfZ-Archiv, MA 1635: 296. Inf. Div., Abt. I a, Befehl betr. „Verhalten der Truppe in Kiew" vom 18. 9. 1941.

[359] Art. 22 HLKO bestimmte, dass die Kriegsparteien „kein unbeschränktes Recht in der Wahl der Mittel zur Schädigung des Feindes" hätten; diese wurden in Art. 23 genannt. Art. 24 bestimmte jedoch definitiv, dass „Kriegslisten" erlaubt seien. Vgl. Haager Landkriegsordnung in der Fassung vom 18. 10. 1907, Art. 22–24. Druck: Lodemann (Hrsg.), Kriegsrecht, S. 58f. Informationen zur Rechtssituation vor 1945 auch bei: Gimmerthal, Kriegslist und Perfidieverbot, S. 45ff.

[360] 1939 wurden in der Stadt Kiew 224 236 Juden registriert, das entsprach einer Quote von 26,5 %. Angabe nach: Altshuler (Hrsg.), Distribution of the Jewish Population of the USSR 1939, S. 20. The Encyclopedia of Jewish Life before and during the Holocaust, Vol. II, S. 625.

[361] Pohl, Verfolgung und Massenmord in der NS-Zeit 1933–1945, S. 77.

[362] IfZ-Archiv, MA 91/2: Chef SiPo und SD, Ereignismeldung UdSSR Nr. 111 vom 12. 10. 1941.

[363] Die Legende, die Juden seien die Brandstifter von Kiew, wurde nun zum Stereotyp der gesamten Wehrmachtsberichterstattung. Vgl. etwa IfZ-Archiv, MA 1590: Pz. AOK 2, Abt. I c/A.O., „Feindachrichten Nr. 10", Anlage 4: „Erfahrungen über Kiew als Unterlage für die Einnahme anderer Großstädte": „Teile eines Vernichtungs-Batl.s, Partisanen und Juden nahmen Brandstiftungen vor, […]. Die Bevölkerung Kiews beteiligte sich trotz des Befehls aus Moskau nicht am Kampf. Während des Großbrandes half sie bei den Löscharbeiten. Den Aufforderungen des Wehrmachtbefehlshabers ging die Bevölkerung willig nach und zeigte sich aufnahmebereit gegenüber der deutschen Propaganda."

[364] Die größte Verantwortung von Seiten der Wehrmacht besaßen der Kommandierende General des XXIX. A.K., General Hans von Obstfelder, und der Stadtkommandant von Kiew, Generalmajor Kurt Eberhard, die beide eine Exekution der Kiewer Juden als „Sühnemaßnahme" befürworteten. Die Propaganda-Kompanie 637 druckte die Plakate, welche die Juden aufrief, sich zu versammeln, das Pionier-Bataillon 113 sprengte die Grubenränder des Exekutionsorts, während einzelne Angehörige der 99. oder 299. Inf. Div. Juden in Lager einwiesen oder direkt dem Sonderkommando übergaben. Vgl. Pohl, Herrschaft, S. 259ff.

[365] Arnold, Kiew, S. 59 mit Anm. 220.

folgte mit Babij Jar das „verlustreichste Massaker" der Shoah[366]. Zwei ganze Tage,
den 29. und 30. September 1941, brauchten das Sonderkommando 4 a und zwei
Polizei-Bataillone, um 33 771 Juden, in der Mehrzahl Frauen und Kinder, zu ermorden[367].

Für die Vermutung, dass die 296. ID hieran nicht beteiligt war, sprechen nicht
nur ihre Akten, in denen dieses Ereignis nicht die geringsten Spuren hinterlassen
hat, oder der Rahmenbefehl der übergeordneten 6. Armee, die „jede Teilnahme
von Soldaten der Armee als Zuschauer oder Ausführende bei Exekutionen, die
nicht von einem militärischen Vorgesetzten befohlen sind, verboten" hatte[368].
Noch wichtiger scheint die Chronologie der Ereignisse: Nachdem man die 296. ID
strikt aus dem Stadtgebiet herausgehalten hatte[369], wollte man sie schon bald wieder an der Front einsetzen. Bereits am 20. September wurde ihr weiterer militärischer Einsatz besprochen[370], zwei Tage später setzte dann das Gros der Division
über den 600 Meter breiten Dnjepr[371], am 24. September kämpfte bereits ihre Vorhut gegen „Feindteile"[372], die aus dem großen Kessel nach Westen durchzubre-
chen suchten. Immerhin könnten sich Angehörige dieser Division vorher an den
Razzien beteiligt haben, welche die 6. Armee bereits am 21. September angeordnet
hatte. Dabei wurden Kriegsgefangene, verdächtige Zivilisten, aber auch Juden in
Kriegsgefangenenlager gebracht oder gleich dem SD ausgeliefert[373]. Und möglich
ist auch eine Beteiligung an den ersten Erschießungen, zu denen es offenbar noch
im Stadtgebiet kam. Von dieser Beteiligung ist aber weder in jenem Feldpostbrief
vom 28. September, noch bei Reinert die Rede[374]. Ein übler Antisemit wie er hätte

---

[366] Friedrich, Gesetz, S. 424.

[367] Nach anderen Quellen 34 000 oder gar 35 000 Menschen. Vgl. Rüß, Babij Jar, S. 484 f.

[368] So das AOK 6 (Abt. O. Qu./Qu. 1) in einer Anordnung vom 10. 8. 1941, wobei hier ausdrück-
       lich auf den Oberbefehlshaber dieser Armee, GFM von Reichenau, Bezug genommen wurde.
       Zit. bei: Hürter, Heerführer, S. 579. So auch Pohl, Herrschaft, S. 261.

[369] Vgl. IfZ-Archiv, MA 1635: AOK 6, Abt. O. Qu./Qu. 2, „Befehl für die Sicherung der Vorräte
       und die Aufrechterhaltung der Ordnung in Kiew" vom 20. 9. 1941, insbes. Anlage 3: „Absper-
       rung des Stadtgebietes Kiew"; IfZ-Archiv, MA 1634: Korpskommando XXIX, Abt. I a,
       „Korpsbefehl für das Verhalten der Truppe gegen [sic] die Stadt Kiew" vom 15. 9. 1941;
       296. Inf. Div., Abt. I a, Befehl vom 18. 9. 1941: „Die Stadt darf außer von der kämpfenden
       Truppe nur gegen besonderen Ausweis des Korps betreten werden. Das Herumstöbern, Plün-
       dern usw. durch Soldaten ist mit allen Mitteln zu verhindern." Am 20. 9. 1941 dehnte das
       XXIX. Korps dieses Verbot auf alle „Militärpersonen" aus. (IfZ-Archiv, MA 1635). Vgl. hier-
       zu auch Klink, Operationsführung, S. 514 f.; Arnold, Kiew, S. 49.

[370] IfZ-Archiv, MA 1632: 296. Inf. Div., Abt. I a, Kriegstagebuch, Einträge vom 20. 9. 1941 ff.

[371] BA-MA, MSg 2/5317: NL Hans P. Reinert, 296. Inf. Div., Abt. I a, „Divisionsbefehl Nr. 77"
       vom 22. 9. 1941. Reinert berichtete schon am 24. 9. 1941 vom Übersetzen der Division, die aber
       „sehr langsam vonstatten" gegangen sei, weil alle Brücken über den Dnjepr zerstört waren.
       BA-MA, MSg 2/5317: NL Hans P. Reinert, Tagebuch, Eintrag vom 24. 9. 1941. Ferner Arnold,
       Kiew, S. 30 mit Anm. 38.

[372] IfZ-Archiv, MA 1632: 296. Inf. Div., Abt. I a, Kriegstagebuch, Eintrag vom 24. 9. 1941.

[373] Vgl. hierzu Arnold, Kiew, S. 50 f.
       Das XXIX. Armeekorps, zu dem die 296. Inf. Div. damals gehörte, hatte am 22. 9. 1941 befoh-
       len, alle männlichen Juden festzunehmen und „für die Durchführung gefährlicher Räumungs-
       arbeiten [...] Juden aus den Dulags heranzuziehen". Zit. bei: Krausnick/Wilhelm, Truppe des
       Weltanschauungskrieges, S. 237.

[374] „Im Gegenteil, wir werden immer noch härter, das beweisen auch die vorne an der großen
       Straße liegenden Leichen der bei der Brandstiftung angetroffenen und sofort standrechtlich
       erschossenen Partisanen." Ob unter dem „wir" die 296. ID oder eher die deutschen Besatzer
       allgemein zu verstehen sind, bleibt unklar. BA-MA, MSg 2/5317: NL Hans P. Reinert, Tage-
       buch, Eintrag vom 25. 9. 1941.

eine Beteiligung „seiner" Leute bei diesen ersten Morden aber wohl kaum schamhaft verschwiegen[375].

Im Grunde zeigte sich im Herbst 1941 in Kiew ein ähnliches Bild wie schon in
Brest-Litowsk. Erst die Eroberung durch die Fronttruppe bildete die Voraussetzung für den deutschen Terror, den diese auch ausüben konnte – wenn auch sehr
begrenzt, wie gerade das Beispiel der 296. ID verdeutlicht. Mit dem Hinterland
oder gar mit Metropolen wie Kiew sollten diese Soldaten dagegen möglichst wenig
in Berührung kommen. Deren Schuld, und hier erscheint das Beispiel dieser Division als durchaus symptomatisch, liegt nicht darin, dass sie sich an diesem Genozid beteiligt hätten, sondern dass sie seinen Beginn gleichgültig oder gar mit Verständnis verfolgten[376]. Wie die meisten Kampfverbände so war auch die 296. ID
völlig vom militärischen Geschehen okkupiert. Daran sollte sich vorerst auch
nichts ändern – der Plan einer Eroberung der sowjetischen Hauptstadt forderte
noch einmal die letzte Kraft des deutschen Ostheers[377]. Mit diesem letzten Schlag
gegen das Zentrum des sowjetischen Imperiums sollte dann – so die deutsche
Hoffnung – dieser unsägliche Feldzug, der sich immer mehr in die Länge zog und
immer mehr Kräfte band und verschlang, definitiv beendet werden.

Diese Entscheidung hatte sich nur langsam durchgesetzt. Denn die Deutschen
hatten den Angriff gegen die Sowjetunion auf der Grundlage eines Operationsplans eröffnet, der vorerst nicht mehr darstellte als ein Kompromiss zwischen dem
von der Heeresführung favorisierten konzentrierten Angriff auf die sowjetische
Hauptstadt einerseits und andererseits zwei Schwerpunkten auf den äußeren beiden Flügeln, so wie das Hitler zunächst befürwortete[378]. Es charakterisiert die Situation der deutschen Kriegführung im Hochsommer 1941, wenn der Streit zwischen Hitler und der Heeresführung aber erst dann in voller Schärfe entbrannte,
nachdem der rechte Flügel der Heeresgruppe Mitte nach Süden abgedreht hatte.

Am 12. August 1941 hatte Hitler, der nun zunehmend als Feldherr agierte, in
einer „ergänzenden" Weisung noch einmal einen Kompromiss zwischen diesen
auseinanderdriftenden Zielen gesucht; zwar wolle er „das gesamte Staats-, Rüs-
tungs- und Verkehrszentrum um Moskau dem Gegner noch vor Eintritt des Winters [...] entziehen", vorher aber müssten noch die Ukraine erobert und Len-
ningrad abgeschnürt werden[379]. Erst diese definitive zeitliche Akzentsetzung
brachte die vorsichtig taktierende Heeresführung aus der Reserve. Zumindest im

---

[375] Es spricht für sich, wenn ein so getreuer und sensibler Chronist wie Willy Peter Reese, der am
28. 9. 1941 (!) in Kiew eintraf, die Massaker in Babij Jar mit keinem Wort erwähnt. Vgl. Reese,
Mir selber seltsam fremd, S. 58 u. S. 269 mit Anm. 10.

[376] Die Schlucht von Babij Jar war „nur 4 Kilometer von den Randbezirken Kiews entfernt".
Arnold, Kiew, S. 59 mit Anm. 222.

[377] Dass sich auch daran letzten Endes politische Ziele knüpften, versteht sich unter Maßgabe der
bekannten Doktrin von Clausewitz von selbst. Im Falle von Moskau wurde dies noch dadurch
gesteigert, dass Hitler schon im Juli 1941 angekündigt hatte, Moskau „dem Erdboden gleich
zu machen". Vgl. Halder, Kriegstagebuch, Bd. III, S. 53 (Eintrag vom 8. 7. 1941). Am 12. 10. 1941
wiederholte er seine Forderung, „daß eine Kapitulation Moskaus nicht anzunehmen" sei.
Druck von Hitlers Weisung vom 12. 10. 1941: KTB OKW, Bd. I, Dok. 103.

[378] Vgl. hierzu Hartmann, Halder, S. 237ff.

[379] Weisung Nr. 34 a vom 12. 8. 1941, Druck: Hubatsch (Hrsg.), Hitlers Weisungen, S. 148ff., hier
S. 149.

Militärischen zeigten sich Halder und Brauchitsch als gelehrige Schüler von
Clausewitz[380]: allein durch einen direkten Stoss auf Moskau sei dieser Krieg noch
zu gewinnen[381]. Der Rest der Geschichte ist bekannt[382]. Nachdem sich Hitler auch
in diesem Fall durchgesetzt hatte, konnte das verwirklicht werden, was auf den
Lagekarten so verlockend schien: die große Schlacht um Kiew. Diese war freilich
noch nicht zu Ende, als der nun zunehmend nervöser und unsicher agierende Hitler bereits das nächste Ziel festlegte. Auch ihm war nun aufgegangen, dass die
Wehrmacht diesen Krieg nur dann gewinnen konnte, wenn es gelang, ihre immer
schwächer werdenden Kräfte auf ein einziges, möglicherweise entscheidendes Ziel
zu konzentrieren[383]. Das wollte er nun nachholen. Schon am 6. September 1941
gab er die Parole aus, dass nach Abschluss der Kämpfe in der Ukraine „möglichst
frühzeitig (Ende September) zum Angriff" gegen Moskau angetreten werden
solle[384]. Damit hatte er den Vorschlägen des OKH doch noch entsprochen, wenn
auch unter völlig veränderten Bedingungen. Denn inzwischen hatte sich nicht nur
der zeitliche Rahmen für jene Großoffensive, die den Namen „Taifun" tragen sollte, vollkommen verschoben. Auch Einsatzbereitschaft und Ausrüstung der deutschen Verbände hatten so gelitten, dass sich schon jetzt ein definitives Ende ihrer
Offensivkraft abzeichnete.

Gerade am Beispiel der *4. Panzerdivision* lässt sich dies sehr genau aufzeigen.
Auch in diesem, vermeintlich letzten Abschnitt des Feldzugs, sollte sie „Schwerpunktdivision" sein[385]. Ihre Angehörigen mochten dies als Bestätigung ihrer bisherigen Leistungen empfinden. Doch machten sie sich über die Kampfkraft ihrer
Division keine Illusionen. Schon im August beschwerte sich ihr Kommandeur,

[380] Es erscheint bemerkenswert, dass bereits Clausewitz (Vom Kriege, S. 705 f.) genau dasselbe
operative Konzept favorisiert hatte; er vertrat die Ansicht, Napoleons Feldzug von 1812 sei
nicht deshalb missraten, „weil er zu schnell und zu weit vorgedrungen ist, wie die gewöhnliche Ansicht lautet, sondern weil die einzigen Mittel zum Erfolg fehlschlugen. Das russische
Reich ist kein Land, welches man förmlich erobern, d. h. besetzt halten kann, wenigstens nicht
mit den Kräften jetziger europäischer Staaten und auch nicht mit den 500 000 Mann, die Bonaparte dazu herangeführt hatte. Ein solches Land kann nur durch seine eigene Schwäche und durch
die Wirkungen inneren Zwiespaltes bezwungen werden. Um auf diese schwachen Stellen des
politischen Daseins zu stoßen, ist eine bis ins Herz des Staates gehende Erschütterung notwendig. Nur wenn Bonaparte mit seinem kräftigen Stoß bis Moskau hinreichte, durfte er hoffen, den Mut der Regierung und die Treue und Standhaftigkeit des Volkes zu erschüttern. In
Moskau hoffte er den Frieden zu finden, und dies war das einzige vernünftige Ziel, welches er
sich bei diesem Kriege stecken konnte."
[381] Druck der Denkschrift des ObdH vom 18. 8. 1941: KTB OKW, Bd. I, Dok. 95: „Vorschlag für
Fortführung der Operation der Heeresgruppe Mitte im Zusammenhang mit den Operationen
der Heeresgruppe Süd und Nord."
[382] Vgl. hierzu Hartmann, Halder, S. 276 ff.; Klink, Operationsführung, S. 486 ff.
[383] Vgl. hierzu auch die Bewertung durch den GFM von Bock: „In diesem Feldzuge ist dies das
siebente oder achte Mal, daß die Einkreisung des Gegners bei der Heeresgruppe gelingt. Rechte Freude habe ich aber nicht daran, denn das Ziel, auf das mein ganzes Denken gerichtet war,
die Vernichtung der Stärke des feindlichen Heeres, wurde fallen gelassen." Druck: Bock, Tagebuch, S. 258 (Eintrag vom 24. 8. 1941).
[384] Weisung Nr. 35 vom 6. 9. 1941, Druck: Hubatsch (Hrsg.), Hitlers Weisungen, S. 150–153, hier
S. 151.
Generell hierzu: Samsonov, Die große Schlacht vor Moskau 1941–1942; Reinhardt, Wende;
Bezymenskij, Zähmung des Taifuns; Klink, Operationsführung, S. 568 ff.; Ziemke/Bauer, Moscow to Stalingrad, S. 34 ff.; Parrish (Hrsg.), Battle for Moscow.
[385] BA-MA, MSg 1/3272: Fritz Farnbacher, Tagebuch, Einträge vom 28. 9. und 30. 9. 1941.

dass seine Soldaten „seit Kriegsbeginn in ununterbrochenem Einsatz gestanden [seien]. Die mehrfach beabsichtigte und auch angeordnete Ruhepause" wäre aber „tatsächlich niemals eingetreten". Die Fahrzeuglage sei „katastrophal" und gäbe „für den Fall größerer Operationen mit weit gesteckten Zielen zu ernstesten Besorgnissen Anlass"[386]. Noch deutlicher fiel das Urteil des Leutnants Farnbacher aus: die 4. Panzerdivision besitze einfach „keine Substanz" mehr[387]. Die folgenden schweren Kämpfe in der Ukraine hatten ihre Situation kaum verbessert; Ende September 1941 verfügte die „Vierer" nur noch über ein Drittel ihrer Fahrzeuge[388]. Diese Ausfälle ließen sich kaum ersetzen[389]. Es kam vor, dass noch nicht einmal mehr die elementarsten Verbrauchsgüter wie Munition, Ersatzteile oder Benzin nach vorn gebracht werden konnten[390], so dass Angriffe abgebrochen werden mussten, weil sich die Division „fast leer gefahren" hatte[391].

Mit dem hatte die deutsche Führung eigentlich gerechnet. Dem Technischen Offizier der 4. Panzerdivision war bereits im August 1941 beschieden worden, dass bis Oktober zwar „etwa die Hälfte aller Fahrzeuge ausgefallen" sein würden, doch sei bis dahin der Krieg längst gewonnen[392], während Hitler davon ausgegangen war, dass „die bisher eingesetzten Panzer-Verbände" für den Ostfeldzug „genügen" müssten[393]. Das bekam man nun dort immer mehr zu spüren: „Wie oft hatten wir gedacht", klagte der Leutnant Farnbacher Ende September, „unsere Batterien und auch andere Einheiten könnten infolge der entsetzlichen Fahrzeug-

---

[386] BA-MA, RH 24-24/88: 4. Pz. Div., Abt. I a, Meldung an das XXIV. mot. Korps vom 15.8.1941.
Wie schnell sich damals die Situation der Division veränderte, zeigen zwei Meldungen vom 8. und 20.8.1941: Betrug die „Panzerlage" am 8.8. noch 88 Panzer, so war sie zwölf Tage später schon auf 44 gesunken. IfZ-Archiv, MA 1579: 4. Pz. Div., Abt. I a, Kriegstagebuch, Einträge vom 8.8. und 20.8.1941.

[387] Vgl. etwa BA-MA, MSg 1/3272: Fritz Farnbacher, Tagebuch, Eintrag vom 28.8.1941. Ferner: ebda., Einträge vom 28. und 30.8.1941.

[388] Am 15.9.1941 verzeichnete der Generalstabschef des Heeres, dass die 4. Panzerdivision noch eine Einsatzbereitschaft von 29% habe. Angabe nach: Halder, Kriegstagebuch, Bd. III, S. 231 (Eintrag vom 15.9.1941).
Vgl. ferner BA-MA, RH 27-4/109: 4. Pz. Div., Abt. I c, Tätigkeitsbericht für die Zeit vom 3.6.1941–31.3.1942. Unter dem 29.9.1941 ist dort zu lesen, dass man noch nicht einmal mehr „die kämpfende Truppe mit den erforderlichen Kfz." ausstatten könne. Wie früh sich diese Situation angekündigt hatte, verdeutlichen die Aufzeichnungen der Abt. I b. IfZ-Archiv, MA 1579: 4. Pz. Div., Abt. I b, Kriegstagebuch, Einträge vom 14.7.1941ff.

[389] Vgl. die Schilderung jener „Schlaf-, Reinigungs- und Ruhewelle", welche man der 4. Panzerdivision Ende September 1941 für kurze Zeit verordnete, nachdem die Division erst am 26.9.1941 aus der Schlacht um Kiew herausgelöst worden war. Schaub, Panzer-Grenadier-Regiment 12, S. 90f.; Die Geheimen Tagesberichte, Bd. 3, S. 364 (Eintrag vom 26.9.1941).

[390] Vgl. hierzu auch Guderian, Erinnerungen, S. 206: „Man hatte uns endlich 100 neue Panzer für die Auffrischung unserer Panzer-Divisionen zugesagt. Leider wurden 50 von ihnen nach Orscha fehlgeleitet, so daß sie zu spät kamen. Auch der Brennstoff kam nicht in der erforderlichen Menge an." Ferner BA-MA, RH 24-24/109: XXIV. mot. Korps, ChefGenSt., Meldung an die Pz. Gr. 2 vom 21.9.1941, wo es heißt, „daß die Divisionen mit eigenem Kolonnenraum nicht in der Lage sind, die Versorgung mit Betriebsstoff sicherzustellen. Ein ähnliches Bild ergibt sich für den Munitionsnachschub. [...] Die Versorgungsverhältnisse für die neue Operation werden also ungleich schwieriger als bei der Einleitungsoperation des russischen Feldzuges."

[391] IfZ-Archiv, MA 1579: 4. Pz. Div., Abt. I a, Kriegstagebuch, Eintrag vom 14.9.1941: „Die Division ist am Abend wiederum fast leer gefahren." Ferner Neumann, 4. Panzerdivision, S. 295.

[392] „Kfz.-Instandsetzung im Rußlandfeldzug 1942/1943 (Erinnerungsbericht Truppen-Ing.)", Druck: Schaub, Panzergrenadier-Regiment 12, S. 279: Anlage 19.

[393] Weisung Hitlers betr. „Panzer-Programm im Rahmen der Umrüstung des Heeres" vom 13.7.1941, in: Moll (Hrsg.) „Führer-Erlasse", Dok. 97.

lage nicht mehr eingesetzt werden, und jetzt sind wir gar Schwerpunktdivision!"[394]

Doch blieben dies damals nicht die einzigen Zeichen, die bedenklich stimmten. Im September war der Sommer unwiderruflich zu Ende gegangen. Es wurde neblig, die ersten Regenfälle setzten ein, und das Thermometer begann immer mehr zu sinken. „Es ist eisig kalt; ich bin zu nichts anderem mehr fähig, als mich in den Wagen zu setzen, im Laufe der Zeit sogar mich in eine Decke einzuwickeln, denn die Finger werden ganz steif [...]. Es ist ein schlechter Anfang; wenn so der ganze Krieg bis Moskau sein soll!", lautete der Kommentar Farnbachers. Offensichtlich sorgte die Parole „Moskau", die man in der zweiten September-Hälfte bei dieser Division ausgegeben hatte[395], für sehr gemischte Gefühle bei den Soldaten aus Franken, schon weil sie es waren, die diesen letzten Schlag quasi als „stählerne Spitze"[396] anführen sollten. Die Beteuerungen ihrer Vorgesetzten, „daß die schnellen Truppen wirklich noch ein letztes Mal zeigen sollen, daß sie schnell sind und dann sei Feierabend für uns"[397], wirkten da fast schon wie eine Entschuldigung. Dennoch gaben die verantwortlichen Kommandeure die Vorgaben ihrer Führung nach unten weiter[398]. Wider besseres Wissen wurde eine völlig ausgepumpte Truppe in eine dritte Offensive geschickt, von der man glaubte (und hoffte), diese sei nun wirklich die letzte und entscheidende[399].

Es spricht daher weniger für das Können der obersten Führung, als vielmehr für die Leistungs-, aber auch Leidensfähigkeit dieser Panzerdivision[400], wenn es ihr dennoch gelang, den Angriff auf Moskau noch einmal mit einem Paukenschlag zu eröffnen. Als südlicher Zangenarm der Heeresgruppe Mitte hatte die 2. Panzerarmee[401] den längsten Weg; daher waren Guderians Divisionen schon zwei Tage früher aufgebrochen, am 30. September: „Das Wetter ist kalt und unfreundlich. Es

---

[394] BA-MA, MSg 1/3272: Fritz Farnbacher, Tagebuch, Eintrag vom 30. 9. 1941. Auch zum Folgenden.
Vgl. auch seinen Eintrag vom 20. 9. 1941: „[...] und behüte uns vor dem Krieg im Winter, dem russischen Winter, dessen Härte wir bei der augenblicklichen Temperatur im Herbstanfang schon ermessen können."

[395] BA-MA, MSg 1/3272: Fritz Farnbacher, Tagebuch, Einträge vom 20., 24. und 29. 9. 1941.

[396] So Schaub, Panzer-Grenadier-Regiment 12, S. 91.

[397] BA-MA, MSg 1/3272: Fritz Farnbacher, Tagebuch, Eintrag vom 29. 9. 1941. Vgl. auch den Eintrag vom folgenden Tag: „Der heutige Tag bringt nun für uns wohl das letzte Rennen in diesem Jahr und womöglich in diesem Krieg im Osten. Es sind eigenartige Gedanken, die sich daran anknüpfen."

[398] Im Grunde genommen war man sich auch im OKH darüber im Klaren, dass die Reserven der deutschen Panzertruppe nur noch für eine Operation ausreichten; so hatten Brauchitsch und Halder in ihrer Denkschrift vom 18. 8. 1941 hervorgehoben: „Die Leistungsfähigkeit der Schnellen Verbände lässt ihre Verwendung nach ihrer vorübergehenden behelfsmäßigen Auffrischung nur noch über begrenzte Entfernungen und mit verminderter Gefechtskraft zu. Infolgedessen muß ihr Einsatz auf die eine entscheidende Operation und die damit verbundenen unbedingt notwendigen Anforderungen beschränkt bleiben." ObdH, „Vorschlag für Fortführung der Operation der Heeresgruppe Mitte in Zusammenhang mit den Operationen der Heeresgruppe Süd und Nord" vom 18. 8. 1941, Druck: KTB OKW, Bd. I, Dok. 95.

[399] Vgl. hierzu Hartmann, Halder, S. 287 ff.

[400] Vgl. mit der Bilanz Guderians, die er wenig später, in einem Brief vom 21. 11. 1941, zog: „Die Anforderungen an die Truppe sind enorm. Um so bemerkenswerter sind nach wie vor ihre Leistungen. Jede, aber auch jede Unterstützung von oben fehlt." Zit. bei: Macksey, Guderian, S. 244 f.

[401] Dass die Panzergruppen 1 und 2 seit dem 6. 10. 1941 die stolze Bezeichnung 1. und 2. Panzerarmee führten, war nicht mehr als eine terminologische Veränderung, die ohne jede Folgen für

regnet fast während dieses ganzen Herbsttages. Nebelschwaden verschleiern die Stadt", beschrieb ein Offizier der „Vierer" die damalige Stimmung[402]. Der „dicke Nebel" mochte trostlos sein, doch begünstigte er den deutschen Angriff[403]; schon am ersten Tag konnten sie tief in das gegnerische Gebiet einbrechen – nicht weniger als 130 Kilometer[404]. Drei Tage später besetzten sie bereits Orel[405]. Der erste Eckpfeiler der sowjetischen Front war damit zum Einsturz gebracht. Die russische Großstadt, die schon zum äußeren Industriegürtel von Moskau zählte[406], besaß vor allem als Straßen- und Eisenbahnknotenpunkt sowie durch ihre Brücken über die Oka strategische Bedeutung[407]. Ihre fast schon handstreichartige Eroberung stellte für die Beteiligten allerdings eine gewaltige „Nervenprobe" dar: „Wir verteilten uns", schrieb ein Unteroffizier aus einer Instandsetzungs-Einheit, „zur besseren Deckung zwischen die Panzer der marschierenden Kampfstaffel. Über fast durchweg freies Gelände ging es auf Orel zu. Von der deutschen Luftwaffe war nichts zu sehen, dafür aber um so mehr von der russischen. Sie griff unentwegt an, mit Bomben, im Tiefflug, mit Luftorpedos [sic]. Wir konnten sogar an einem gewissen Punkt mit dem Glas bis zu ihrem Flugplatz sehen, wo sie im rollenden Einsatz landeten und wieder aufstiegen. [...] Die Panzer hatten es einfach, sie machten ihre Luken zu, während wir mit unserem Kübel[wagen] zwischen ihnen herummanövrierten, je nachdem, von welcher Seite der Angriff erfolgte. Es war ein ewiges Auf- und Abspringen vom Fahrzeug, ein Herumlaufen um die Panzer, oder ein Drunterkriechen, wenn die Panzer standen. So ging es 37 mal, bis der Stadtrand von Orel erreicht war."[408]

Dennoch schien das deutsche Konzept des Blitzkriegs noch immer nichts von seiner Durchschlagskraft verloren zu haben. Die Schnelligkeit der deutschen Vorstöße überraschte nicht nur die deutsche[409], sondern mehr noch die sowjetische Führung[410]. Während die deutschen Vorauskommandos ins Zentrum von Orel

Größe und Ausstattung dieser Streitmacht blieb. BA-MA, RH 21-2/931: Pz AOK 2, Abt. I a, Kriegstagebuch, Eintrag vom 6.10.1941.

[402] Schaub, Panzer-Grenadier-Regiment 12, S. 91.

[403] Vgl. BA-MA MSg 1/1147: NL Joachim Lemelsen, Tagebuch, Eintrag vom 1.10.1941: „Da dicker Nebel herrschte, kam der Angriff dem Russen völlig überraschend."

[404] Guderian, Erinnerungen, S. 209.

[405] Vgl. hierzu IfZ-Archiv, MA 1579: 4. Pz. Div., Abt. I a, Kriegstagebuch, Einträge vom 3.10.1941 ff.

[406] In Orel wurden im Januar 1939 111000 Einwohner gezählt. Vgl. Leimbach, Sowjetunion, S. 231. Zur wirtschaftlichen Bedeutung vgl. Sedlmeyer, Landeskunde der Sowjetunion, S. 123.

[407] Neumann, 4. Panzerdivision, S. 310.

[408] BA-MA, MSg 2/4391: 4. Pz. Div., Berichte von Angehörigen. Bericht Uffz. Rudolf Ruyter vom 5.3.1942. Vgl. hierzu auch BA-MA, RH 39/377: Bericht „Sturmangriff deutscher Panzer auf eine russische Stadt".

[409] Die Tagebücher von Joseph Goebbels, Teil II, Bd. 2, S. 50 (Eintrag vom 4.10.1941). Ferner: Bock, Tagebuch, S. 284 (Eintrag vom 3.10.1941): „Überall geht es vorwärts. Guderian [Pz. Gr. 2] nimmt mit dem rechten Flügel Orel. Die Infanterie, namentlich die des XII. und VII. Korps, leistet nahezu Unglaubliches."

[410] Aufgrund von Führungsfehlern konnten die örtlichen sowjetischen Kommandeure nicht rechtzeitig auf den deutschen Vorstoß reagieren. Vgl. Reinhardt, Wende, S. 63. Ferner Beevor (Schriftsteller, S. 72 ff.), der die Eroberung Orels aus der Perspektive von Wassili Grossman schildert. Während die Bevölkerung unruhig wurde, seien die Militärbehörden völlig sorglos gewesen.

preschten, waren dort noch Straßenbahnen unterwegs[411], während ein sowjetisches Bataillon „unter einigen wilden Schießereien" auseinander lief, „als es neugierig heraustretend" feststellte, „daß es deutsche Panzer und Kübel sind"[412]. Damit war bereits eine wichtige Vorentscheidung gefallen, denn nun zeichnete sich bereits „die Südostumfassung Moskaus" ab[413]. Auch die übrige militärische Entwicklung im Bereich der Heeresgruppe Mitte schien die deutsche Entscheidung zu einer erneuten Offensive vorerst zu rechtfertigen.

Das nächste Etappenziel der 4. Panzerdivision lag 50 Kilometer nordöstlich von Orel und hieß Mzensk. Bereits hier zeigte sich freilich, wie erschöpft die deutschen Angreifer waren. Nur noch die Beute an Kraftstoff und Fahrzeugen hielt ihre Offensive aufrecht[414], neue Panzer kamen viel zu wenig[415]. Entsprechend langwierig, zäh und nicht zuletzt blutig gestalteten sich die Kämpfe in Mzensk[416]. Durch einen Gegenangriff der 4. sowjetischen Panzer-Brigade, die über fabrikneue T-34 verfügte[417], verwandelte sich die Stadt bald in einen „Hexenkessel"[418]. Die sowjetischen Kampfwagen, klug zusammengefasst zu einem Massenangriff, waren den deutschen Angreifern aufgrund ihrer Panzerung, Wendigkeit und Feuerkraft eindeutig überlegen[419]. Es blieb schließlich dem Artillerie-Regiment der „Vierer",

411 O. Verf., Sturm im Osten, S. 225. Die Eroberung von Orel forderte nicht nur militärische, sondern auch zivile Opfer, wie die folgende Passage aus dieser zeitgenössischen Schrift zeigt: „Die Straßen sind noch stark belebt, in letzter Minute versuchen Offiziere und Kommissare, versuchen die Bewohner aus der Stadt zu flüchten. Als die deutschen Panzer klirrend über das Straßenpflaster rollen, flüchtet alles entsetzt in die Häuser. Was Widerstand leisten will, wird niedergewalzt. Eine Straßenbahn kommt da noch klingelnd den Panzern entgegen. Erst eine Sprenggranate, vor den Wagen gesetzt, macht die Herrschaften darauf aufmerksam, daß es aus ist, daß die Deutschen bereits in der Stadt sind." Zu den Folgen der deutschen Herrschaft, die die Einwohnerzahl Orels von 114 000 auf 30 000 Menschen reduzierte, vgl. Werth, Rußland im Krieg, S. 464 ff.; Pohl, Herrschaft, S. 190. Dies war vor allem ein Ergebnis des Hungerwinters 1941/42. Anfangs bemühte man sich noch um eine vergleichsweise maßvolle Besatzungspolitik. Vgl. hierzu IfZ-Archiv, MA 1581: Stadtkommandant von Orel, Anordnung vom 5.10.1941; IfZ-Archiv, MA 1590: „Das Neueste für den Soldaten. Wandzeitung für Orel, Nr. 2 vom 19.10.1941. Hrsg. von der Prop. Komp. [693] einer [der 2.] Panzerarmee" sowie Kap. 5.5.
412 BA-MA, RH 27-4/12: 4. Pz. Div., Abt. I a, Gefechtsbericht für die Zeit vom 30.9.–6.10.1941.
413 BA-MA, MSg 2/4391: 4. Pz. Div., Bericht: „Die 5. Panzer-Brigade öffnete den Weg nach Tula", o. D.
414 Vgl. etwa BA-MA, MSg 1/3272: Fritz Farnbacher, Tagebuch, Eintrag vom 1.10. und 2.10.1941. MSg 1/3273: Fritz Farnbacher, Tagebuch, Eintrag vom 5.10.1941; ebenso Neumann, 4. Panzerdivision, S. 310.
415 Die Panzerlage der 4. Pz. Div. betrug am 6.10.1941 72 Stück, von denen allerdings zehn unbewaffnete Befehlspanzer waren. Insgesamt erhielt die 4. Panzerdivision in der Zeit vom 22.6.–31.12.1941 41 neue Panzerkampfwagen. IfZ-Archiv, MA 1581: 4. Pz. Div., Abt. I b/V, „Meldung über die Panzer-Lage nach dem Stande vom 6.10.1941"; ebda., 4. Pz. Div., Abt. I a, „Kurzer personeller und materieller Zustandsbericht der 4. Panzer-Division" vom 28.12.1941; Guderian, Erinnerungen, S. 206; Reinhardt, Wende, S. 54 f. mit Anm. 32.
416 Vgl. hierzu auch BA-MA, RH 39/377: Bericht „Sturmangriff deutscher Panzer auf eine russische Stadt"; Neumann, 4. Panzerdivision, S. 314 ff.
417 Vgl. Beevor, Schriftsteller, S. 87; Reinhardt, Wende, S. 65.
418 BA-MA, N 10/9: Lebenserinnerungen Smilo Frhr. von Lüttwitz, Bl. 140. Aufschlussreich auch: Die Geheimen Tagesberichte, Bd. 3, S. 397–421 (Einträge vom 13.10.–25.10.1941).
419 T-34/76: Höchstgeschwindigkeit: 53 km/h; Hauptbewaffnung: 7,62 cm Langrohr-Kanone; Panzerung: 20–70 mm.
PANZER IV/D: Höchstgeschwindigkeit: 42 km/h; Hauptbewaffnung: 7,5 cm Kurzrohr-Kanone; Panzerung: 12–35 mm. Vgl. auch mit dem Vergleich bei Frieser, Kursker Bogen, S. 161.
Schon nach der Eroberung von Orel musste die 4. Panzerdivision erbeutete Molotow-Cocktails zur Panzerabwehr ausgeben. IfZ-Archiv, MA 1581: Der Stadtkommandant von Orel, Bekanntmachung vom 4.10.1941; 4. Pz. Div., Abt. I a, Befehl vom 5.10.1941.

nicht ihren Panzern oder Panzerjägern, vorbehalten, den sowjetischen Angriff zu stoppen. Das ansonsten eher nüchtern gehaltene Kriegstagebuch schildert, wie zwei Kanoniere schließlich in ihrer Not auf einen T-34 sprangen, seine Sehschlitze mit Dreck verschmierten, die Klappen zum Motor öffneten und diesen mit einem Beil zerstörten[420]: „Ein Artillerist, der vom Panzer angefahren mit dem Fuß im Leitrad festsitzt, wird befreit. Daraufhin wird der Panzer mit Benzin überschüttet und zum Brennen gebracht." Die restlichen T-34 vernichteten die deutschen Feldhaubitzen im „direkten Schuss". Für eine Panzerdivision war dies keine gute Bilanz.

Es war auch in der Gnadenlosigkeit dieser tagelangen Kämpfe begründet, wenn diese Division nun immer weniger bereit war, Pardon zu geben. Der Oberst von Lüttwitz beschrieb damals, wie ein T-34 „vor mir auf 1 Mine lief"[421]. „Als erstes kam aus dem Panzer – eine Frau, blutüberströmt mit abgerissenem Arm u[nd] bösem Gesicht. Ich musste sie vor dem begreiflichen Zorn unserer Männer zum Sanitäter retten." War dieser Zorn wirklich begreiflich? Soweit es sich hier um weibliche Angehörige der Roten Armee handelte – und bei einer Panzerbesatzung ist davon wohl auszugehen –, so besaßen auch diese den Status als Kombattanten, ohne jede Einschränkung. Für die deutschen Soldaten war aber das ein Kulturschock[422]. In ihrer Vorstellung hatten „Weiber im Krieg" nicht vorzukommen[423]. War dies doch der Fall, dann konnte die deutsche Reaktion in einem bezeichnenden Stimmungsgefälle zwischen den beiden Extremen von Hass oder Hemmung schwanken[424]. Es ist bekannt, dass die 4. Panzer- oder die 45. Infanteriedivision Rotarmistinnen durchaus auch gefangen nehmen konnten[425]. Andererseits

---

[420] IfZ-Archiv, MA 1579: 4. Pz. Div., Abt. I a, Kriegstagebuch, Eintrag vom 6.10.1941. Auch zum Folgenden. Ferner IfZ-Archiv, MA 1581: Art. Rgt. 103, Gefechtsbericht an 4. Pz. Div. vom 7.10.1941; Seitz, Verlorene Jahre, S. 101 (Eintrag vom 6.10.1941), der diese Episode exakt bestätigt, sowie BA-MA, MSg 3-281/1: Panzer-Nachrichten Nr. 39 vom Dezember 1980, „Die 5. Panzer-Brigade öffnete den Weg nach Tula", wo berichtet wird, wie die restlichen T-34 durch Sprengladungen, eine 8,8 cm Flak sowie Stukas außer Gefecht gesetzt wurden.

[421] BA-MA, N 10/9: Lebenserinnerungen Smilo Frhr. von Lüttwitz, Bl. 140. Die Episode auch in BA-MA, RH 27-4/12: 4. Pz. Div., 5. Pz. Brig., Gefechtsbericht für die Zeit vom 9.–11.10.1941 sowie Schaub, Panzer-Grenadier-Regiment 12, S. 94.

[422] Allein in der Roten Armee sollen etwa 800 000 bis 1 000 000 Frauen gedient haben. Vgl. hierzu: Erickson, World War 2 and the Soviet People; Pennington, Offensive Women; Glantz, Colossus Reborn, S. 551 ff.

[423] BA-MA, MSg 1/3272: Fritz Farnbacher, Tagebuch, Eintrag vom 7.9.1941: „Weiber im Krieg! Es ist scheußlich, kann ich nur sagen. […] Verwundete Frauen. Etwas scheußlicheres kann ich mir kaum vorstellen." Ferner Schaub, Panzer-Grenadier-Regiment 12, S. 76: „Bei der Bedienungsmannschaft kämpfen auch Frauen. Im Nahkampf mit ihnen sind wir schwer gehemmt." Solche Äußerungen sind kaum ein Beweis dafür, dass es sich hier um eine Auseinandersetzung handelte, welche die Angehörigen der Wehrmacht „schon immer führen wollte[n] – gegen die Frauen, gegen die Juden, gegen die Kinder und Greise […]". Heer/Naumann, Einleitung, in: dies. (Hrsg.), Vernichtungskrieg, S. 31. Vgl. hierzu Kap. 5.2.

[424] Zur Rolle von Frauen im Krieg vgl. Opitz, Von Frauen im Krieg zum Krieg gegen Frauen; Zipfel, Wie führen Frauen Krieg?; Seifert, Gender; Hagemann/Pröve (Hrsg.), Landsknechte, Soldatenkrieger und Nationalkrieger.

[425] Vgl. hierzu BA-MA, MSg 1/3269: Fritz Farnbacher, Tagebuch, Eintrag vom 24.7.1941; BA-MA, MSg 1/3272: Fritz Farnbacher, Tagebuch, Eintrag vom 7.9.1941; BA-MA, RH 39/377: „Meine Kriegserlebnisse 1941/42 in Rußland als ehem. Hauptfeldwebel der 3./Pz. Rgt. 35": „Auch uniformierte Frauen sind dazwischen, die teilweise heilfroh sind, diesem Inferno lebend entgangen zu sein. Man hatte ihnen erzählt, daß sie bei der Gefangennahme sofort ge-

verrät die Bemerkung von Lüttwitz, dass es daneben auch eine andere Praxis gab, deren erstmalige Erwähnung freilich auch ein Indiz für die ausweglose militärische Lage ist, in die diese Elitedivision nun immer mehr geriet.

Mit der Eroberung von Mzensk hatte sich die Division ihrem großen Ziel Moskau um weitere 50 Kilometer genähert[426]. Nun aber stockte alles. Dass selbst eine motorisierte Division wie die 4. erst einmal in Stellung gehen musste, war nicht nur Ausdruck ihrer Erschöpfung[427]. Sie musste auch darauf warten, bis das Gros der Heeresgruppe Mitte die gewaltigen Kesselschlachten bei Wjasma und Brjansk beendet hatte. Die Zerschlagung von neun weiteren sowjetischen Armeen musste vordergründig als eindrucksvolle Bestätigung der deutschen Erwartungen erscheinen. Es schien undenkbar, dass die Rote Armee, die bis Mitte Oktober noch einmal 673 000 Gefangene und fast 1 300 Panzerfahrzeuge verlor, einen solchen Aderlass würde kompensieren können. Der Generalstabschef Halder, der in diesen Tagen mehr als einmal voll Befriedigung feststellte, dass sich die Offensive auf Moskau „geradezu klassisch" entwickele[428], erwartete schon am 13. Oktober, dass der Gegner „zur Zeit um und westlich [von] Moskau über keine nennenswerten Reserven mehr" verfüge, so dass nun gewissermaßen in einem Art Schlussakkord das Zentrum des sowjetischen Imperiums „unter enger Einschließung der Stadt fest in die Hand zu nehmen" sei[429]. Mit dieser Einschätzung stand er nicht allein. Im Oktober geriet die Moskauer Bevölkerung allmählich in Panik, gipfelnd in den dramatischen Ereignissen am 16. Oktober. Vier Tage später wurde der Belagerungszustand über die sowjetische Hauptstadt verhängt[430].

Darüber war es – wie die 4. Panzerdivision meldete – „plötzlich Winter geworden"[431]. Auf den ersten Schnee folgten nicht enden wollende Regenschauer, so dass „die nächsten Wochen […] nun ganz im Zeichen der Schlammperiode" standen[432] – so die Erinnerung des Generaloberst Guderian, der doch eigentlich mit seiner 2. Panzerarmee Moskau „im Südosten und Osten einschließen" sollte[433]. Mit diesem Temperatursturz waren die hochgespannten deutschen Siegeserwartungen schlagartig über den Haufen geworfen. In seiner Wirkung erwies sich dieses

köpft würden, was sich dann aber rasch bei ihnen herumsprach, daß wir gar nicht an so etwas dächten." Dass auch die 45. ID Frauen als reguläre Kriegsgefangene behandeln konnte, belegt Gschöpf, Weg, S. 271 sowie BA-MA, MSg 3-217/1: Linzer Turm 27 (1984), Nr. 106: [Uffz. Kieweg], Rußlandtagebuch 1941, Eintrag vom 23. 9. 1941. Ferner Kap. 5.2.

[426] BA-MA, RH 24-24/125: XXIV. Pz. Korps, Abt. I a, Operationsskizze: „II. Phase. Fortschreitender Angriff auf Straße Mzensk-Tula", o. D.

[427] Nach den Kämpfen in Mzensk verfügte die 4. Pz. Div. noch über 38 Panzer. Vgl. Reinhardt, Wende, S. 77.

[428] Halder, Kriegstagebuch, Bd. III, S. 267 (Eintrag vom 4. 10. 1941), S. 268 (Eintrag vom 5. 10. 1941) und S. 275 (Eintrag vom 9. 10. 1941).

[429] BA-MA, RH 2/1327: OKH/GenStdH, Op. Abt. (I), Operationsanweisung vom 13. 10. 1941.

[430] Insgesamt wurden 1941 rund 1,5 Millionen Menschen aus Moskau evakuiert. Vgl. mit dem Erfahrungsbericht von Werth, Rußland im Krieg, S. 174 ff. Ferner Segbers, Sowjetunion, S. 177 f.; Hildermeier, Geschichte der Sowjetunion, S. 633.

[431] Vgl. BA-MA, RH 39/377: 4. Pz. Div., Abt. I a, Gefechtsbericht für die Zeit vom 8. 10.–25. 10. 1941. Bei Farnbacher wird der erste Schnee auf die Nacht vom 6. auf 7. 10. 1941 datiert. BA-MA, MSg 1/3273. In diesem Sinne auch KTB OKW, Bd. I, S. 684 (Eintrag vom 7. 10. 1941).

[432] So Guderian, Erinnerungen, S. 215.

[433] Bock, Tagebuch, S. 294 (Eintrag vom 14. 10. 1941).

Naturereignis mächtiger als alle sowjetischen Armeen[434], denn nun begann die
Natur die Gesetze des Krieges zu verändern. Während sich die Rollbahnen in
„Schlammkanäle" verwandelten[435], begann ab Mitte Oktober die gesamte Heeresgruppe Mitte mit all ihren Panzern, Geschützen, LKW's und Gespannen buchstäblich im Dreck zu versinken. „Es kam vor", erinnerte sich ein Zeitzeuge später,
„daß Pferde auf einer Straße ertranken, obwohl die Deutschen diese Straße stolz
Panzerrollbahn nannten"[436]. Damit war innerhalb weniger Tage die deutsche Offensive zusammengebrochen. Während die Heeresgruppe Mitte „in Schlamm und
Dreck" festsaß – so der missvergnügte Tagebucheintrag ihres Oberbefehlshabers[437]
– , hatten die sowjetischen Verteidiger noch einmal eine Frist erhalten, um ihre
durcheinandergeratene Front neu zu organisieren.

Wieder war bei der 4. Panzerdivision am frühesten zu erkennen, was nun dem
Rest des deutschen Ostheers blühte. Während der folgenden zwei Wochen lagen die
Panzer-Männer „müde und durchnässt"[438] in Mzensk, was nichts anderes bedeutete,
dass sie sich dem Gegner, der sich „überraschend schnell" auf den Höhen im Nordosten der Stadt eingegraben hatte[439], wie auf dem Präsentierteller darboten: „Es
schießt auch heute wieder wie verfault in unser Kaff. Wir liegen wie in einer Bade-
wanne, der Feind oben am Rand, wir unten drin. Keine angenehme Situation!"[440],
stellte der Oberst von Lüttwitz ernüchtert fest[441]. Obwohl man bis Mitte Oktober
auch im Stab der Heeresgruppe Mitte einzusehen begann, dass nun „psychologisch
der kritischste Augenblick des Ostfeldzuges" gekommen sei[442], wollte man höheren
Orts die Offensive unter gar keinen Umständen abbrechen. Denn nicht allein Hitler,
der Anfang Oktober öffentlich verkündet hatte, „daß dieser Gegner bereits gebrochen [sei] und sich nie mehr erheben" werde[443], stand im Wort[444]. Auch seine militärischen Berater, allen voran der Generalstabschef des Heeres Franz Halder, waren

[434] Vgl. Bock, Tagebuch, S. 299 (Eintrag vom 21. 10. 1941): „Der Russe hemmt uns weit weniger
als die Nässe und der Dreck!"
[435] Schaub, Panzer-Grenadier-Regiment 12, S. 96.
[436] Schlabrendorff, Begegnungen, S. 210.
[437] Bock, Tagebuch, S. 297 (Eintrag vom 19. 10. 1941).
[438] BA-MA, RH 27-4/12: 4. Pz. Div., 5. Pz. Brig., Gefechtsbericht für die Zeit vom 9.-
11. 10. 1941.
[439] BA-MA, RH 24-24/84: XXIV. Pz. Korps, Abt. I a, Denkschrift, o. D.: „Beurteilung der Er-
folgsaussichten für einen Angriff der 4. Pz. Div. in Richtung Tschernj".
[440] BA-MA, N 10/9: NL Smilo Frhr. von Lüttwitz, Brief vom 20. 10. 1941. Zur Szenerie vgl. Schaub,
Panzer-Grenadier-Regiment 12, S. 94: „Am 20. Oktober brennt die Schnapsfabrik nach einem
Volltreffer lichterloh bis auf die Grundmauern nieder. Wildgänse ziehen schreiend nach Süden."
[441] Vgl. hierzu Guderian, Erinnerungen, S. 213, der über Eberbach schreibt: „Zum erstenmal während dieses anstrengenden Feldzuges machte Eberbach einen mitgenommenen Eindruck, und es
war nicht körperliche, sondern die seelische Erschütterung, die man ihm anmerkte. Daß unsere
besten Offiziere durch die letzten Kämpfe so stark beeindruckt waren, mußte stutzig machen."
[442] So der Eindruck des GFM Hans von Kluge bei einem Besuch im Heeresgruppenkommando
am 15. 10. 1941, in: BA-MA, RH 19-II/120: H.Gr. Mitte, Abt. I a, Kriegstagebuch, Eintrag
vom 15. 10. 1941.
[443] Hitlers Rede vom 3. 10. 1941 in: Domarus (Hrsg.), Hitler, Teil II, Bd. 4, S. 1758–1767, hier
S. 1763. In vertrauter Runde verkündete Hitler noch in der Nacht vom 26. auf 27. 10. 1941: „Aus
dem Osten bringt kein Mensch uns mehr heraus!" Hitler, Monologe, S. 110 (26./27. 10. 1941).
[444] Das galt nicht nur für die deutsche Gesellschaft. Die Einsatzgruppe B meinte jedenfalls auf
sowjetischer Seite verbinde man mit der Eroberung Moskaus immer auch „den endgültigen
Sturz des bolschewistischen Regimes". Vgl. IfZ-Archiv, MA 91/2: Chef SiPo und SD, Ereignismeldung UdSSR Nr. 67 vom 29. 8. 1941. Ferner Boberach (Hrsg.), Meldungen aus dem
Reich 1938–1945, Bd. 8, S. 2835 ff.

geradezu besessen von der Vorstellung, dass der Gegner kurz vor der Kapitulation
stände und dass man nun alles daran setzen müsse, um in der deutschen Militärgeschichte ein zweites „Wunder an der Marne" zu verhindern[445].

Den Beweis sollten die Soldaten an der Front führen, allen voran – natürlich –
die 4. Panzerdivision[446]. Nach den quälend langen Tagen in Mzensk hatte sie
schließlich am 18. Oktober den Befehl „zur Verengung des Ringes um Moskau"
erhalten[447]. Ihr nächstes Zwischenziel hieß Tula. Tula – das „war nicht Estland,
Lettland, Weißrußland oder die Ukraine, das war uralter russischer Boden, ganz
nahe dem Herzen des alten Moskowiter Reiches" [448]. Die 150 Kilometer südlich
von Moskau gelegene Industriestadt galt als „die älteste russische Waffen-
schmiede"[449] und als ein Zentrum des Moskauer Braunkohlereviers. Mittlerweile
war die Stadt, in der 1939 272 000 Menschen wohnten[450], zum stärksten Bollwerk
im Moskauer Süden geworden[451]. Fiel Tula, so war der Weg nach Moskau frei.
Weiter östlich konnten die deutschen Angreifer nicht ausholen. „Ohne den Besitz
dieses Verkehrsknotenpunktes und Flugplatzes war" – so die Einsicht des General
Guderian – „ein Weiterführen der Operationen nach Norden oder Osten in Richtung auf die nächsten Ziele nicht denkbar."[452]

Aber erst am 25. Oktober konnte die Division ihren Vormarsch fortsetzen[453],
wenn auch nur „zäh und langsam"[454]. Selbst der Divisionskommandeur hatte

---

[445] Vgl. Hartmann, Halder, S. 291 ff.; Reinhardt, Wende, S. 160. An diesem historischen Beispiel
orientierte sich im Übrigen nicht nur das OKH, sondern auch ein Oberbefehlshaber wie der
GFM von Bock. Vgl. hierzu Assmann, Deutsche Schicksalsjahre, S. 275 f.; Heusinger, Befehl
im Widerstreit, S. 138 ff.

[446] Dass sich damals zwischen der Einschätzung der deutschen militärischen Führung und der der
Front eine immer stärkere „Kluft der Anschauungen" aufgetan habe – so das Urteil Guderians
(Erinnerungen S. 213) – ist nur teilweise richtig. Schaub (Panzer-Grenadier-Regiment 12, S. 98)
berichtet, dass es auch damals noch in der 4. Panzerdivision Soldaten gegeben habe, die sich
am Ziel Moskau „förmlich berauschten". Auch Guderian selbst äußerte noch Anfang Oktober
bei einem Truppenbesuch: „14 Tage bis 3 Wochen müssten wir auf jeden Fall noch aushalten;
er wisse nicht, ob die Reise bis zur Wolga oder zum Ural gehe." BA-MA, MSg 1/3273: Fritz
Farnbacher, Tagebuch, Eintrag vom 8.10.1941. Ähnliches berichtet Ludwig Hauswedell,
Kriegstagebuch 1941/42 (4. 5. 41–21. 4. 1942), Kopie im Besitz d. Verf., Eintrag vom 6. 10. 1941:
„Guderian sprach gestern die Divisionskommandeure [sic] und war sehr optimistisch in Bezug auf die große Lage."

[447] IfZ-Archiv, MA 1581: XXIV. Pz. Korps, Abt. I a, „Korpsbefehl für die Fortsetzung des Angriffs" vom 18.10.1941.

[448] Werth, Rußland im Krieg, S. 160.

[449] Michailow/Pokschischewskiy, Reise über die Karte der Sowjetunion, S. 93.

[450] In Tula wurden am 17. 1. 1939 272 000 Einwohner gezählt. Angabe nach: Leimbach, Sowjetunion, S. 231.

[451] Die sehr weit ausholende deutsche Zangenbewegung über Tula bot den operativen Vorteil, alle
drei Verteidigungslinien im Vorfeld von Moskau, den Verteidigungsabschnitt Wjasma – Rshew
sowie die beiden Moschaisker Verteidigungslinien zumindest von Süden her umgehen zu
können. Schon deshalb erhielt Tula während der folgenden Kämpfe eine absolute Schlüsselstellung. Vgl. hierzu Reinhardt, Wende, Karte „Operationsplan der Heeresgruppe Mitte für
die Operation ,Taifun'".

[452] So Guderian, Erinnerungen, S. 231.

[453] In dem entsprechenden Befehl hatte es geheißen: „Änderungen der Lage und Witterungsverhält-
nisse, die eine Mitwirkung der Luftwaffe ausschließen, können ein Verschieben des Angriffszeit-
punktes erforderlich machen." IfZ-Archiv, MA 1581: XXIV. Pz. Korps, Abt. I a, „Korpsbefehl
für die Fortsetzung des Angriffs" vom 18.10.1941. Gleichwohl meldete die Abt. I c immer wieder, dass die Division „ohne Feindberührung" sei. BA-MA, RH 27-4/109: 4. Pz. Div., Abt. I c,
Tätigkeitsbericht für die Zeit vom 3.6.1941–31.3.1942, Einträge vom 25.10.1941 ff.

[454] Seitz, Verlorene Jahre, S. 102 (Eintrag vom 25.10.1941).

mittlerweile vor einer Fortsetzung des Angriffs gewarnt[455]: Der „alte Kampfgeist"
der Division sei zwar „in keiner Weise gebrochen", doch seien „die pausenlosen
Anstrengungen und harten Kämpfe [...] nicht spurlos an Off[i]z[ier] und Mann
vorübergegangen" – ein Angriff könne nur noch „unter schwersten blutigen Verlusten gelingen", wenn überhaupt. Genau so kam es. Vier Kilometer vor Tula blieb
dieser Vorstoß „im unendlichen Schlamm der Rollbahnen" stecken[456]. Das war am
29. Oktober. Als Anfang November der graue Schlamm gefror, mussten die aus-
gebluteten und völlig erschöpften[457] deutschen Einheiten wieder antreten. Die
Kämpfe wurden nun immer gnadenloser: Der Leutnant Farnbacher beobachtete
etwa, wie ein „schwerverwundeter Russe" am Rand der Rollbahn lag und „sich
vor Schmerzen wortlos herumwälzt; kein Mensch hat Zeit für ihn; es ist furchtbar,
als Feind verwundet zu sein!"[458] Diese Mitleidlosigkeit war nicht nur ein Charakteristikum der deutschen Angreifer. Als das Schützen-Regiment 12 damals ein
sowjetisches Stellungssystem erkundete, fanden sie „einige verwundete Rotarmisten, darunter einer mit aufgerissener Bauchdecke. Mit unmenschlicher Zähigkeit
hat er Kälte und Verwundung überlebt. Grinsend bittet er um Papyrossi [Zigaret-
ten]."[459]
Doch waren es nicht allein Härte und Todesverachtung der sowjetischen Soldaten, an der sich das wenige, was den „Vierern" noch an „Kampfkraft" geblieben war,
nun rasch verbrauchte[460]. Die Rote Armee besaß inzwischen mehr Erfahrung, die
sie im Vorfeld ihrer Hauptstadt immer souveräner auszuspielen begann[461] – in Form
ständiger Luftangriffe etwa[462] oder ausgedehnter Minenfelder, in denen sich die

[455] BA-MA, RH 24-24/84: XXIV. Pz. Korps, Abt. I a, Denkschrift „Beurteilung der Erfolgsaus-
sichten für einen Angriff der 4. Pz. Div. in Richtung Tschernj", o. D. Auch zum Folgenden.
Die Antwort des Kommandierenden Generals, Gen. Leo Geyr Frhr. von Schweppenburg,
vom 18. 10. 1941, in: IfZ-Archiv, MA 1581: XXIV. Pz. Korps, Kdr. General, Schreiben an Gen.
mj. Willibald Frhr. von Langermann und Erlencamp vom 18. 10. 1941.
[456] Seitz, Verlorene Jahre, S. 102 (Eintrag vom 27. 10. 1941); Guderian, Erinnerungen, S. 222; Die
Geheimen Tagesberichte, Bd. 3, S. 431 (Eintrag vom 30. 10. 1941): „4. Pz. Div. und ‚Großdeutschland' erreichten ohne Feindwiderstand die Gegend 5 km südlich Tula. In Tula starke
Flakabwehr. Teile der Pz. Div. und Teile ‚Großdeutschland' gingen gegen ein Waldstück südlich Tula zu Fuß vor und kämpften dort gegen einen Feind mit Panzern."
[457] In der Zeit von Anfang Oktober bis Mitte November 1941 verlor die Heeresgruppe Mitte allein 87 445 Mann. Vgl. Reinhardt, Wende, S. 146 mit Anm. 19.
[458] BA-MA, MSg1/3272: Fritz Farnbacher, Tagebuch, Eintrag vom 1. 11. 1941.
[459] Schaub, Panzer-Grenadier-Regiment 12, S. 96. Das ging auch in den nächsten Tagen so weiter.
Vgl. etwa BA-MA, RH 27-4/109: 4. Pz. Div., Abt. I c, Tätigkeitsbericht, Eintrag vom
2. 12. 1941. I c, 4. PD: „Fdl. Schützen wurden halb erfroren gefangen genommen."
[460] Vgl. hierzu IfZ-Archiv, MA 1579: 4. Pz. Div., Abt. I a, Kriegstagebuch, Eintrag vom
19. 11. 1941: „Div. hat erheblich an Kampfkraft verloren. Gründe: Nur noch 25 Panzer, diese
ohne Stollen. Schützen zahlenmäßig sehr schwach, Führermangel, viel Krankheitsfälle, erst
seit heute einigermaßen ausreichende Winterbekleidung, mangelhafte Unterbringungsmöglichkeiten im Angriffsgelände, Artillerie nicht mehr voll einsatzfähig wegen Zugmaschinen-
mangel."
[461] So die These von Erickson, Red Army Battlefield Performance, S. 237.
[462] Vgl. hierzu Wagner (Hrsg.), The Soviet Air Force in World War II, S. 68 ff.
Schon am 2. 10. 1941 musste die 4. Pz. Div. melden, dass der Gegner die „einwandfreie Luft-
überlegenheit" habe. IfZ-Archiv, MA 1579: 4. Pz. Div., Abt. I a, Kriegstagebuch, Eintrag vom
2. 10. 1941. Vgl. auch die folgenden Tagebucheinträge, die eine Vorstellung davon vermitteln,
dass der Druck des Gegners aus der Luft immer stärker wurde. Auch der Oberst von Lüttwitz
wäre damals einem dieser Luftangriffe beinahe zum Opfer gefallen. Vgl. BA-MA, N 10/9: NL
Smilo Frhr. von Lüttwitz, Brief vom 9. 11. 1941.

deutschen Angreifer verfingen[463]. Die Reaktion der 2. Panzerarmee spricht für sich; sie entschied, „daß Minen [...] zur Schonung deutschen Blutes nur durch russ[ische] Gefangene [...] zu räumen" seien[464]. Selbst wenn diese Armee die Rotarmisten mit Minensuchgeräten ausrüsten wollte, so verstieß sie mit diesem Befehl gleich gegen mehrere Bestimmungen des internationalen Völkerrechts[465]. Auch diese Episode zeigt: Je härter und aussichtsloser dieser Krieg wurde, desto mehr war an der Basis die Bereitschaft zu spüren, diesen Krieg so zu führen, wie das die Führung wollte.

Diese aber wollte diesen festgefahrenen Krieg nicht beenden oder wenigstens unterbrechen, sie wollte ihn vielmehr in seiner Intensität nochmals steigern – politisch, Stichwort Reichenau-Befehl, und auch militärisch. Ein Sieg war freilich mehr als nur eine „Frage des Willens"[466], wie der deutsche Generalstabschef glaubte. Die 4. Panzerdivision ist dafür ein markantes Beispiel: Orel hatte sie noch im Handstreich genommen, Mzensk mit letzter Kraft, vor Tula, „150 km südlich von Moskau"[467], aber fraß sich ihr Vormarsch endgültig fest. Der Frontalangriff auf die gut befestigte Stadt sollte in den kommenden Tagen[468] ebenso scheitern wie der darauf folgende Versuch des XXIV. Panzerkorps, Tula östlich zu umgehen. Nun erlebte die 4., schlecht versorgt und ohne ausreichende Winterausrüstung[469], „sehr schwere" Tage[470] – so etwa am 19. November, als der Divisionskommandeur, Generalmajor Freiherr von Langermann und Erlencamp, melden musste, dass allein seine Schützen bei einem einzigen Gefecht 79 Verwundete gehabt hätten[471]. Auf-

---

[463] So konnte das Panzer-Pionier-Bataillon 79 allein am 25.10.1941 546 vergrabene Fliegerbomben „zu 50 kg" und 1308 Minen entschärfen. IfZ-Archiv, MA 1581: Pz. Pio. Btl. 79, Meldung an 4. Pz. Div. vom 27.10.1941 sowie BA-MA, RH 27-4/12: Pz. AOK 2, OB, Befehl vom 17.11.1941. Vgl. hierzu auch Reinhardt, Wende, S.154; Sturm im Osten, S.255ff.

[464] IfZ-Archiv, MA 1581: Pz. AOK 2, Armee-Pio.-Führer, Befehl betr. „Aufräumen von Minen" vom 2.11.1941. Ferner BA-MA, RH 27-4/109: 4. Pz. Div., Abt. I c, Tätigkeitsbericht, Eintrag vom 14.11.1941.

[465] Dieser Befehl widersprach Art. 4 und 6 HLKO (Fassung vom 18.10.1907) sowie Art. 2, 31, 32 und 34 der Genfer Kriegsgefangenenkonvention vom 27.7.1929. Druck: Lodemann (Hrsg.), Kriegsrecht, S.46ff., 86ff.

[466] IfZ-Archiv, ZS 74: Zeugenschrifttum Friedrich Hoßbach, Niederschrift vom 13.7.1951 über ein Gespräch mit dem Generalstabschef Franz Halder am 3.3.1942. Vgl. auch mit Halders Brief vom 24.7.1941, in dem dieser geschrieben hatte, man höre „fast" auf, „Mensch zu sein; man ist nurmehr Gedanke und Wille". Zit. bei: Hartmann, Halder, S.76.

[467] BA-MA, MSg 1/3266: Fritz Farnbacher, Tagebuch, Einleitung, S.139.

[468] Am 10.11.1941 musste sich die 4. Panzerdivision auf breiter Front zur Abwehr einstellen. Vgl. BA-MA, RH 27-4/12: 4. Pz. Div., Abt. I a, „Divisions-Befehl für die Gliederung zur Abwehr" vom 10.11.1941.

[469] Schon Ende Juli hatte man bei der 4. Panzerdivision damit begonnen, den „Bedarf an Winterbekleidung [...] zu ermitteln", ohne dass das erkennbare Folgen gehabt hätte. Einem Schreiben Guderians ist zu entnehmen, wie unzureichend seine Soldaten damals ausgerüstet waren. Ihre Winterausrüstung beschränkte sich lediglich auf „Tuchhandschuhe", während Fäustlinge nur zu 35%, weitere Wolldecken zu 30%, Filzschuhe zu 40% oder Übermäntel zu 50% ausgegeben worden waren. Vgl. BA-MA, RH 27-4/165: 4. Pz. Div., Abt. I b, „Besondere Anordnung für die Versorgung Nr.65" vom 26.7.1941; sowie Nr.94 vom 30.8.1941; BA-MA, RH 24-24/126: Pz. AOK 2, OB, Schreiben an den OB der H.Gr. Mitte vom 15.11.1941; Neuman, 4. Panzerdivision, S.299.

[470] Vgl. hierzu BA-MA, N 10/9: NL Smilo Frhr. von Lüttwitz, Brief vom 19.11.1941: „Es war gestern ein sehr schwerer Tag für uns. Ich ahnte es schon vorher. Ein Angriff gegen stark besetzte Stellungen bei derartiger Kälte ist eine der schwierigsten Aufgaben. Und doch standen wir am Abend im befohlenen Ziel. Für die Russen war dies ganz besonders blutig, aber auch wir hatten leider sehr traurige Verluste."

[471] IfZ-Archiv, MA 1581: 4. Pz. Div., Kdr., Meldung an den Kommandierenden General des XXIV. Pz. Korps vom 19.11.1941; IfZ-Archiv, MA 1579: 4. Pz. Div., Abt. I a, Kriegstagebuch,

grund der Temperaturen von minus 15 Grad habe man weder eine Deckungen graben können, noch sie abtransportieren können: „Es ist nachgewiesen, daß verschiedene Verwundete 4–7 Stunden lang nach ihrer Verwundung auf dem Gefechtsfeld dem Frost ausgesetzt waren. Ich schließe mich der Ansicht der Kommandeure an, daß hierdurch ein Teil der Verwundeten erfroren ist oder deren Verwundung dadurch verschlimmert wurde." Dies war ein Symbol[472]: Im Spätherbst konnte selbst dieser Eliteverband nicht einmal mehr seine Verwundeten versorgen. Ziemlich verloren und ohne klare Perspektive[473] standen die Panzersoldaten mit völlig verbrauchten Waffen und Fahrzeugen in einem riesigen, echolosen Land, das sie nur noch als „fürchterlich" empfanden – „ununterbrochen 10 Grad Kälte, weite Ebenen, wo der Wind weht"[474].

All das hatte zur Folge, dass sich diese Soldaten nun andere Ziele suchten[475]. Eine so stolze und erfolgsverwöhnte Division wie die „Vierte" war noch nie mit der unerfreulichen Tatsache konfrontiert worden, dass sie definitiv nicht mehr weiter konnte. Statt ehrgeizigen Zielen nachzujagen, mussten sich die Panzersoldaten aus Franken nun mit den oft kümmerlichen Verhältnissen vor Ort abfinden und nicht zuletzt mit den Menschen, die sie dort vorfanden. Für deren Geschichte, Kultur und Situation hatten sie meist wenig Verständnis aufgebracht. Erst recht aber galt dies für den Einsatzraum, in dem sie nun standen. Als die 4. Panzerdivision am 22. November 1941 Stalinogorsk besetzte, sprach ihre Führung vom „übelste[n] Arbeiternest, das je in der Sowjetunion angetroffen wurde"[476]. Als „Befreier" wurde diese Division dort kaum begrüßt[477]. Vielmehr spricht dessen historische, politische und soziale Prägung für eine verhältnismäßig große Identi-

---

Eintrag vom 18. 11. 1941. Vgl. auch Reinhardt, Wende, S. 174f.; Kroener, Personelle Ressourcen, S. 877 ff., insbes. die Graphik auf S. 880.

[472] Vgl. hierzu auch Hürter, Heinrici, S. 108 (Bericht vom 19. 11. 1941), der damals nach Hause berichtete: „Und gerade bei solchen Bedingungen, als es minus 20 ° waren und dieser Wind wehte, haben unsere Leute 2 Tage im Angriff stundenlang, von Granatwerfern und Maschinengewehren beschossen, auf dem knallhart gefrorenen Boden gelegen, wie im vorigen Jahr in Frankreich die Rebhühner, sich von der leichten Schneedecke abhebend."

[473] Vgl. BA-MA, RH 21-2/244: Pz. AOK 2, Abt. I a, Kriegstagebuch, Eintrag vom 24. 11. 1941: „Die Truppe ist erschöpft, ausgemergelt durch die Kälte und Anstrengungen; sie will nun endlich wissen, was werden soll."

[474] BA-MA, N 10/9: NL Smilo Frhr. von Lüttwitz, Brief vom 27. 11. 1941.

[475] Zu Ursachen und Verlauf derartiger Transformationsprozesse vgl. etwa Shay, Achill in Vietnam, S. 33 ff.; Friedrich, Gesetz, S. 654 f.

[476] Vgl. BA-MA, RH 24-24/126: 4. Pz. Div., Tagesmeldung vom 22. 11. 1941. Vgl. auch den aufschlussreichen Eindruck von Lemelsen: „Gestern machten wir Stellungswechsel nach Kagenowitsch, einem Braunkohle-Grubengebiet mit unerfreulicher Bevölkerung, unter denen sicher noch eine Menge Partisanen sein werden." BA-MA MSg 1/1148: NL Joachim Lemelsen, Tagebuch, Eintrag vom 10. 12. 1941.

[477] Die Einsatzgruppen haben sehr genau registriert, dass die Stimmung der Zivilbevölkerung – cum grano salis – gegenüber den deutschen Invasoren immer zurückhaltender, wenn nicht feindselig wurde, je weiter diese nach Osten vorrückten. Wurden die Deutschen in den ehemaligen polnischen Ostgebieten „sowohl durch polnische Volksgruppen als auch durch die weißruthenische Bevölkerung zum großen Teil als Befreier zum mindesten aber freundschaftlich neutral behandelt", so berichtete die Einsatzgruppe B Mitte Juli 1941 von einer „abwartenden" Haltung der weißruthenischen Bevölkerung, die bis Ende August, parallel zum deutschen Vordringen, allmählich immer „gedrückter" wurde: „Die Bevölkerung ist weiterhin passiv und macht im Großen und Ganzen einen verschüchterten und teilnahmslosen Eindruck." Vgl. IfZ-Archiv, MA 91/1: Chef SiPo und SD, Ereignismeldung UdSSR Nr. 17 vom 9. 7. und 12. 7. 1941; ebda., Ereignismeldung UdSSR Nr. 67 vom 29. 8. 1941.

Gaffer: Deutsche Soldaten vor hingerichteten sowjetischen Partisanen in Orel im Winter 1941/42, damals Einsatzgebiet der 4. Panzerdivision
(Quelle: BA 101I-287-0872-28A)

fikation mit dem sowjetischen System. Ausgerechnet hier fungierten die „Vierer" nun erstmals als Besatzungsmacht.

 Dass sie sich dabei rasch radikalisierten und ihren Herrschaftsanspruch mit geradezu drakonischen Mitteln durchzusetzen suchten, lag freilich nicht nur an der antibolschewistischen, antislawischen und auch antisemitischen Imprägnierung dieser Soldaten[478]. Denn erst die Rahmenbedingungen: die ‚harten und verlustreichen' Kämpfe[479], der sich ankündigende schwere Winter, und nicht zuletzt auch die mehr und mehr entschwindende Aussicht auf ein Ende dieses Krieges sorgten dafür, dass dessen Gesetze und Gebräuche nun auch in diesem Bereich des deutschen Herrschaftsgebiets immer unwichtiger wurden. Zum Auslöser wurde dann der Reichenau-Befehl, der diese Division just zu diesem Zeitpunkt erreichte[480], und auch der irreguläre Krieg, mit dem sie erstmals im größeren Umfang konfrontiert wurde. In ihren Berichten ist jedenfalls zunehmend von Partisanenüberfällen die Rede, vom Gebrauch deutscher Uniformen durch den Gegner, von Sabotage-

---

[478] Vgl. etwa BA-MA, MSg 1/3274: Fritz Farnbacher, Tagebuch, Eintrag vom 8.11.1941: „Das ganze Haus wimmelt von Russen […]. So anständig sie hier aussehen und sich zeigen, sie bleiben in meinen Augen immer und überall ein Sauvolk."

[479] In den damaligen Aufzeichnungen der Division finden sich immer mehr Eintragungen wie die folgende: „Heutige Kämpfe für Division hart und verlustreich. Gegner kämpfte mit gewohnter Zähigkeit." IfZ-Archiv, MA 1579: 4. Pz. Div., Abt. I a, Kriegstagebuch, Eintrag vom 18.11.1941.

[480] Vgl. mit dem Prolog.

akten oder Überfällen auf ihre Unterkünfte[481] – kurz über Formen des Krieges, für die sich die „unzähligen, nummerierten Kohleschächte des Tulaer Reviers"[482] prächtig eigneten. Hier handelte es sich nicht *nur* um imaginierte Feindgruppen[483]; schon Zahl und Detailliertheit der deutschen Berichte sprechen dagegen[484]. Das eigentliche Problem aber war, dass auch in diesem Fall die deutsche Seite kaum bereit war, zwischen versprengten Rotarmisten, kurzfristig organisierter Miliz[485] und reinen Partisanen zu unterscheiden. Entsprechend waren die deutschen Reaktionen, die wilden Rundumschlägen ähnelten und häufig auch jene trafen, deren einzige Schuld darin bestand, im Umfeld dieser Panzerdivision zu leben.

Dieser Prozess der Verrohung und Brutalisierung betraf viele Soldaten, selbst ein Offizier wie Farnbacher, pietistischer Christ durch und durch, war davon nicht ganz ausgenommen. Ende Oktober ereiferte er sich etwa über russische Plünderer, die mehrere Tausend Liter sowjetischen Motorenöls, für die Division ein kostbares Gut[486], unbrauchbar gemacht hatten: „Am liebsten würde ich die ganze Bande jetzt über den Haufen schießen!"[487] Bei einem Mann wie Farnbacher blieb das freilich

481 Vgl. BA-MA, RH 27-4/109: 4. Pz. Div., Abt. I c, Tätigkeitsbericht für die Zeit vom 3.6.1941–31.3.1942, Einträge vom 13.10., 17.10. und 9.11.1941ff. Einzelne Beispiele in: IfZ-Archiv, MA 1590: 4. Pz. Div., Abt. I c, Meldung betr. „Erkennen und Ausrüstung von mit Fallschirmen abgesetzten Partisanen" vom 17.10.1941; ebda., Anlage: „Feindnachrichten" vom 24.10.1941, hier Pkt. 6: „Ansatz russischer Partisanen"; ebda., Pz. AOK 2, Abt. I c, „Feindlagenblatt" vom 29.10.1941; ebda., Pz. AOK 2, Abt. I c/A.O., „Feindnachrichten Nr. 13" vom 19.11.1941; BA-MA, RH 24-24/126: XXIV. Pz. Korps, K. Pio. Fü., Bericht betr. „Feindnachrichten über russische Minenfelder und der durch Partisanen durchgeführten Sprengungen" vom 14.11.1941; BA-MA, RH 21-2/639: Pz. AOK 2, Abt. I a, Befehl betr. „Abwehr von russischen Sabotagemaßnahmen" vom 22.10.1941; ebda., Kriegstagebuch, Eintrag vom 4.11.1941.
482 Seitz, Verlorene Jahre, S. 104. Auf S. 102ff. endet der Abdruck von Seitzens Tagebuch und wird ersetzt durch seine in Prosa verfassten Memoiren. Ferner BA-MA, RH 27-4/109: 4. Pz. Div., Abt. I c, Tätigkeitsbericht, Eintrag vom 9.11.1941: „Wegen Partisanentätigkeit wurden verschiedene angezeigte Hüttenarbeiter vernommen. Ein Betriebsobmann hatte die Ausbildung der Bevölkerung im Schießen und Geländedienst geleitet. [...] Zahlreiche Verhöre wegen gegenseitiger Partisanenbezichtigung. Ein Mann mit Waffen angetroffen, Frau und Sohn Mitwisser. Ein Hüttenarbeiter hatte Auftrag, die Zeche zu sprengen, brachte aber die befohlene Sprengladung nicht an, um sich und dem Dorf die Arbeitsmöglichkeit zu erhalten."
483 Zum Teil handelte es sich eindeutig um versprengte sowjetische Soldaten. Vgl. BA-MA, RH 27-4/19: 4. Pz. Div., Kdr., Fernspruch vom 11.11.1941: „Es ist festgestellt worden, daß sich in hiesiger Gegend sich zahlreiche in Zivil umgekleidete russische Soldaten aufhalten, die aus dem Brjansker Kessel entkommen sind und versuchen, sich nach Osten durchzuschlagen. Ich ordne daher an, daß in allen z.Zt. von der Division belegten Ortschaften der Zivilbevölkerung bekannt gegeben wird, daß das Verlassen der Ortschaft verboten ist, daß bei den in den Ortschaften befindlichen nicht ortsansässigen Männern festgestellt wird, ob es sich um Soldaten handelt, diese sind sofort der Gefangenenauffangstelle zuzuführen [...]."
484 Im folgenden Monat sollten die Partisanen selbst im Einsatzraum dieser Panzerdivision so stark werden, dass sie bereits größere Ortschaften besetzten konnten, ohne dass ihre deutschen Gegner etwas dagegen tun konnten. Vgl. Die Geheimen Tagesberichte, Bd. 4, S. 101 (Eintrag vom 26.12.1941): „XXIV. A.K. Gruppe Eberbach: Schisdra von Partisanen besetzt. Kräfte zu Wiederbesetzung fehlen." Vgl. ferner Kap. 5.5.
485 Vgl. etwa IfZ-Archiv, MA 1590: 4. Pz. Div., Kdr., „Punkte für I-c-Offiziersbesprechung am 17.11.41": „Behandlung von Freischärlern (nicht uniformierte Arbeiter-Btl.)." Art. 2 HLKO ermöglichte die Bildung kurzfristiger Milizen. Druck: Lodemann (Hrsg.), Kriegsrecht, S. 50.
486 Vgl. hierzu IfZ-Archiv, MA 1575: 4. Pz. Div., Abt. I b, Kriegstagebuch, Einträge vom 9.10.1941ff. Zu den Folgen der Mineralölkrise an der Front vgl. Reinhardt, Wende, S. 116ff.
487 BA-MA, MSg 1/3274: Fritz Farnbacher, Tagebuch, Eintrag vom 26.10.1941. Auch zum Folgenden. Vgl. hierzu auch BA-MA, RH 27-4/109: 4. Pz. Div., Abt. I c, Tätigkeitsbericht für die Zeit vom 3.6.1941–31.3.1942, Eintrag vom 17.11.1941: „Der erste Gen. St. Offizier gibt klare Weisung zur Behandlung von Partisanen und verpflichtet alle I-c-Offiziere zur strengen Beachtung derselben."

ein Gedanke[488]. Immerhin konnten auch Wehrmachtsangehörige wegen Plünderung von Beutegut hart bestraft werden[489]. Wenn freilich Farnbachers Vorgesetzter dessen Meldung mit der Bemerkung quittierte, er „hätte gleich eine Portion [sic] von den Weibern erschießen sollen", so vermittelt dies eine Vorstellung davon, wie sehr sich das Klima im Herbst 1941 in dieser Division wandelte. Ihre Angehörigen waren – wie sie damals selbst zugaben – „rau und hart geworden"[490].

Von den Folgen war bereits die Rede[491]. Jeder Zivilist im Befehlsbereich dieser Division war nun gefährdet, schon die kleinste Verhaltensauffälligkeit konnte das Leben kosten. Eine juristische Wahrheitsfindung, die diesen Namen auch nur entfernt verdient hätte, war bereits mit dem Kriegsgerichtsbarkeitserlass „Barbarossa" außer Kraft gesetzt worden[492]. Doch hatten bislang nur höhere Offiziere zu entscheiden, wann „Repressalmaßnahmen" angebracht waren. Nun wurde jeder Soldat, vom General bis zum kleinsten Panzerschützen, zum Herrn über Leben und Tod. Schon deshalb lassen sich die Folgen nur schwer quantifizieren. Sicher ist nur, dass dieser Ausnahmezustand einige Monate anhielt und dass ihm wahrscheinlich schon deshalb nicht wenige Menschen zum Opfer fielen. Anfang Januar sah sich die Division genötigt – Ordnung musste sein! – eine Anordnung herauszugeben über die „Behandlung von Geldbeträgen und Wertgegenständen, die von Wehrmachtsangehörigen bei erschossenen Zivilpersonen in besetzten Gebieten vorgefunden werden"[493]; sie seien falls „empfangsberechtigte Angehörige von Erschossenen nicht zu ermitteln sind" bei der zuständigen Zahlmeisterei abzugeben. Das waren so die Verhältnisse. Beendet wurden sie erst im März 1942 durch, wir haben es bereits gesehen, den Oberbefehlshaber der 2. Panzerarmee, Generaloberst Rudolf Schmidt.

Kurz vor der Peripetie der militärischen Entwicklung hatte das Prinzip des gnadenlosen Vernichtungskriegs auch diesen Frontabschnitt erreicht – mit der Folge, dass der sowjetische Gegner nun nicht nur an der Front, sondern auch im Hinterland der Front die Initiative für sich gewann. Anstatt aber dieser Entwicklung po-

---

[488] Bereits am 8.10.1941 hatte die 4. Pz. Div. einen Befehl an alle Soldaten erlassen, „unverzüglich gegen Plünderungen der Zivilbevölkerung so einzuschreiten, daß die Einwohner jegliche Lust an weiterer Plünderung verlieren". BA-MA, RH 27-4/109: 4. Pz. Div., Abt. I c, Tätigkeitsbericht für die Zeit vom 3.6.1941–31.3.1942, Eintrag vom 8.10.1941.

[489] Es gibt zahllose Befehle, die jede spontane Plünderung durch die Truppe strikt verboten. Wilde Plünderungen sollten – so das OKW am 19.5.1941 – „mit den schwersten Strafen geahndet" werden. Auch der Kriegsgerichtsbarkeitserlass Barbarossa enthielt ein Plünderungsverbot. Druck: Moritz (Hrsg.), Fall Barbarossa, S.318f., hier S.319; Ueberschär/Wette (Hrsg.), „Unternehmen Barbarossa", S.306f., hier S.306. Zur Umsetzung durch die Truppe vgl. etwa BayHStA, Abt. IV, NL Thoma 3: Tagebuch, Eintrag vom 17.6.1941; BA-MA, RH 24-34/39: XXXIV. AK, Abt. II a, Befehl vom 3.8.1941; IfZ-Archiv, MA 1590: XXIV. Pz. Korps, Kd. Gen., Befehl betr. „Plünderungen usw." vom 28.8.1941; BA-MA, RH 21-2/244: Pz. AOK 2, OB, Befehl an alle Kommandeure betr. „Disziplin" vom 7.11.1941.

[490] Sturm im Osten, S.270. Vgl. dagegen die beschönigende Darstellung bei Schaub, Panzer-Grenadier-Regiment 12, S.100: „Der Verlust so vieler guter Kameraden, die Härte des Kampfes mit dem unerbittlichen Gegner und den Naturgewalten hatten uns aber nicht verhärtet oder verroht."

[491] Vgl. mit dem Prolog.

[492] Erlaß über die Ausübung der Kriegsgerichtsbarkeit im Gebiet „Barbarossa" und über besondere Maßnahmen der Truppe vom 13.5.1941, mit Ergänzungen des ObdH vom 24.5.1941, Druck: Ueberschär/Wette (Hrsg.), „Unternehmen Barbarossa", S.305ff. Zur Umsetzung vgl. Römer, Kriegsgerichtsbarkeitserlass.

[493] BA-MA, 27-4/165: 4. Pz. Div., Abt. I b, „Besondere Anordnung für die Versorgung Nr. 170" vom 6.1.1942.

litisch, psychologisch und nicht zuletzt wirtschaftlich entgegenzusteuern, gossen die deutschen Eindringlinge noch zusätzlich Öl ins Feuer. Gewiss konnten Kombattanten, die sich nicht als solche zu erkennen gaben, diesen Status auch nicht für sich in Anspruch nehmen[494]. Die deutsche Reaktion entbehrte aber – und das erscheint letzten Endes als das politisch *und* juristisch Entscheidende – jeder Verhältnismäßigkeit. An einer Lösung, die unter dem Aspekt des Völkerrechts oder wenigstens doch unter dem von Politik und Psychologie als adäquat gelten konnte, waren die Deutschen nicht interessiert. Auch an der Front setzte man nun auf die „altbewährten" Prinzipien von Rücksichtslosigkeit, Härte und Voluntarismus. Überall begann sich die Situation nun dramatisch zuzuspitzen; und überall befanden sich die Deutschen zunehmend in der Defensive.

Auch die beiden *Infanteriedivisionen* unseres Samples, die *45.* und *296.*, hatten sich Anfang Oktober an jener gewaltigen Offensive gegen die sowjetische Hauptstadt beteiligt. Sie waren nicht die Einzigen. Vielmehr hatte die deutsche Führung – aller Verluste zum Trotz – noch einmal eine beeindruckende Streitmacht im Mittelabschnitt der Ostfront konzentriert: drei Infanterie- und drei Panzerarmeen, nicht weniger als 78 Divisionen mit insgesamt fast zwei Millionen Soldaten[495]. Sie wurden unterstützt von den zwei Flieger- und dem Flakkorps der Luftflotte 2. Damit hatte die Wehrmachtsführung wirklich alle militärische Substanz, über die sie noch im Osten verfügte, auf eine einzige Karte gesetzt.

Der deutsche Angriff, der zwischen dem 30. September und dem 2. Oktober 1941 begann, war so mächtig, dass er „500 Kilometer Breite" für sich beanspruchte[496]. Kürzer war die Entfernung nach Moskau: 350 Kilometer – nicht viel, verglichen mit dem, was die Wehrmacht schon zurückgelegt hatte[497]. Zwar hatten die sowjetischen Verteidiger ihr tief gestaffeltes Stellungssystem im Vorfeld von Moskau nochmals ausgebaut und fieberhaft Reserven mobilisiert[498], doch waren die deutschen Angreifer vorerst noch immer stärker, zumindest während der ersten beiden Oktoberwochen. Für sie stellte sich damals ein anderes Problem. Durch ihre Schwerpunktverlagerung nach Süden hatten sie kostbare Zeit und Kraft verloren, die Divisionen eröffneten ihren Angriff „gewissermaßen mit hängender Zunge"[499]. Schon bald sollte sich zeigen, dass sie den entscheidenden Moment verpasst hatten.

---

[494] Dies war nach der damals vorherrschenden Interpretation des internationalen Völkerrechts unstrittig. Vgl. Wörterbuch des Völkerrechts, Bd. II, S. 259ff., 744f. Ferner War Department (Hrsg.), US Basic Field Manual. Rules of Land Warfare, Washington 1940, Art. 12 und 349. Ferner Kap. 5.5.

[495] Allein die Heeresgruppe Mitte verfügte damals über 1 929 406 Mann. Angaben nach: Reinhardt, Wende, S. 57; Haupt, Heeresgruppe Mitte, S. 84ff.; Klink, Operationsführung, S. 568ff.

[496] So der Generalstabschef Halder in einem Brief vom 2. 10. 1941, zit. bei: Hartmann, Halder, S. 289.

[497] Schon am 21. 7. 1941 hatte Farnbacher für seine Division berechnet, dass der Abstand nach Moskau in der Luft nur noch „dreihundert Kilometer" betrage, während er zugleich von einer Gruppe Infanteristen berichtete, die ihm erzählten, sie seien schon 1 300 Kilometer zu Fuß marschiert. BA-MA, MSg 1/3268: Fritz Farnbacher, Tagebuch, Eintrag vom 21. 7. 1941.

[498] Die Rote Armee hatte vor Moskau 83 Schützen-, 2 Mot. Schützen- und 9 Kavalleriedivisionen zusammengezogen, ferner eine Panzerdivision sowie 13 Panzerbrigaden. Vgl. Erickson, Soviet High Command, S. 628ff.; Reinhardt, Wende, S. 61; Hoffmann, Kriegführung, S. 734f., 760ff.; Overy, Rußlands Krieg, S. 181ff.

[499] Hürter, Heinrici, S. 90 (Eintrag vom 27. 9. 1941).

Die 45. und 296. Infanteriedivision befanden sich damals am rechten Flügel der
2. Panzerarmee[500], die als Teil des rechten, südlichen Zangenarms der Heeresgruppe Mitte Moskau in einer weit ausholenden Bewegung auch von Süden her einschließen sollte. Während die motorisierten Kräfte die sowjetische Front aufrissen
und in zwei gewaltigen Kesselschlachten bei Wjasma und Brjansk umstellten[501],
sollte die Infanterie, welche die Panzergruppe „buchstäblich im Dreck" zurückgelassen hatte[502], den Rest „erledigen". Doch bekam sie – die 45. mehr[503], die 296.
weniger[504] – zu spüren, dass der Gegner noch immer hartnäckig, vor allem aber
mit zunehmendem Geschick kämpfte. Auch die sowjetische Luftwaffe, allen voran
ihre schwer gepanzerten Schlachtflugzeuge, entwickelte sich zu einer rechten Pla-
ge für die Deutschen, die sich mühsam auf den verschlammten Rollbahnen in
Richtung Osten entlang wühlten[505]. Zu ihrem gefährlichsten Gegner aber wurde
die Natur[506]. Gerade in unserem Abschnitt „am Nordrand der ‚schwarzen Erde'"
war jedem klar, was das berüchtigte Wort „Raspútitsa" bedeutete: eine graue,
schlammige Wegelosigkeit, in die sich große Teile Russlands während der Über-
gangsperioden im Herbst und im Frühjahr verwandelten. Unbeweglich wurden
jetzt nicht nur jene deutschen Divisionen, die man eigentlich als beweglich bezeichnete. Auch die infanteristischen Verbände mit ihren Gespannen, LKW's, Krädern, Panjewagen, Feldküchen sowie ihren Tausenden von Soldaten zu Pferd, auf

[500] Beide Divisionen hatten „die rechte Flanke der Panzer-Gruppe [sic] zu sichern". Vgl. Ludwig
Hauswedell, Kriegstagebuch 1941/42 (4.5.1941–21.4.1942), Kopie im Besitz d. Verf., Eintrag
vom 6.10.1941 sowie BA-MA, MSg 2/5314: Tagebuch Hans P. Reinert, Eintrag vom
25.10.1941.
[501] Der Ring um Wjasma wurde am 7.10. geschlossen, die Kämpfe endeten bereits eine Woche
später. Der Ring um Brjansk schloß sich am 9.10.; die Kämpfe endeten dort am 20.10. Vgl.
Philippi/Heim, Feldzug, S. 86.
Zum Einsatz der 45. ID, die damals dem XXXIV. A. K. unterstellt war, vgl. BA-MA, RH 24-
34/41 a: XXXIV. A. K., Abt. I a, Anlage zum Kriegstagebuch vom 13.10.1941. Zur Situation
der 296. ID vgl. IfZ-Archiv, MA 1783/2: 296. Inf. Div., Abt. I a, „Gefechtsbericht über die
Kämpfe bei Trubtschewsk im Rahmen der Kesselschlacht südl. von Brjansk", o. D.
[502] Ludwig Hauswedell, Kriegstagebuch 1941/42 (4.5.41–21.4.1942), Kopie im Besitz d. Verf.,
Eintrag vom 18.10.1941. Vgl. dagegen BA-MA, RH 24-34/41 a: XXXIV. A. K., Abt. I a, Anlage zum Kriegstagebuch vom 4.10.1941: „Es ist wünschenswert, daß auch die anderen Infanteriedivisionen in gleicher Weise vom Angriffsschwung der weit vorauseilenden Panzertruppen beflügelt werden."
[503] Vgl. IfZ-Archiv, MA 1617: 45. Inf. Div., Abt. I a, Kriegstagebuch, Einträge vom 5.10.1941 ff.;
IfZ-Archiv, MA 1621: 45. Inf. Div., Abt. I a, Kriegstagebuch, Einträge vom 18.11.1941 ff. Wie
gefährlich das noch immer war, beweist schon allein die Tatsache, dass in dieser Zeit der I a der
45. Inf. Div., Major i. G. Armin Dettmer, zusammen mit einem Dolmetscher und zwei Beglei-
tern, einem Überfall versprengter sowjetischer Truppen zum Opfer fiel. BA-MA, RH 24-
34/42: XXXIV. A. K., ChefGenSt, Funkspruch an Pz. AOK 2, ChefGenSt, vom 19.10.1941.
[504] Vgl. IfZ-Archiv, MA 1783/2: 296. Inf. Div., Abt. I a, Kriegstagebuch, Einträge vom 5.10.1941 ff.
Ferner IfZ-Archiv, MA 1783/3: 296. Inf. Div., Abt. I a, „Gefechtsbericht über die Kämpfe bei
Trubtschewsk im Rahmen der Kesselschlacht südl. Brjansk", o. D. Laut I-c-Bericht hatten im
Oktober und November 1941 nur einzelne Teile der 296. ID „Feindkontakt". IfZ-Archiv, MA
1637: 296. Inf. Div., Abt. I c, Tätigkeitsbericht für die Zeit vom 28.9.–25.10.1941 sowie für die
Zeit vom 26.10.–30.11.1941.
[505] Gschöpf, Weg, S. 276. Allein in der Zeit vom 10.10.–31.10.1941 flog die sowjetische Luftwaffe
im Raum Moskau 14 000 Einsätze. Vgl. Reinhardt, Wende, S. 89 mit Anm. 276 sowie S. 148 mit
Anm. 31.
[506] Vgl. hierzu BA-MA MSg 1/1148: NL Joachim Lemelsen, Tagebuch, Eintrag vom 9.11.1941:
„Tatsächlich fing es bei uns eine Stunde später auch zu tauen und zu regnen an. Was ist dies für
ein Affenland! Solch unbeständige Witterung gibt es doch bei uns daheim nicht. Als ob sich
der liebe Gott mit Petrus im Bunde gegen uns verschworen hätte. Guderian tobt und ist gegen
diese Naturgewalten doch auch machtlos."

dem Fahrrad oder zu Fuß versanken in einem alles lähmenden Morast. „Am 10.10.[1941], um 2.00 Uhr, setzt ein starker wolkenbruchähnlicher Regen ein, der die Erde völlig aufweicht. Um 6.30 Uhr geht der Regen in Schnee über, und in kürzester Zeit ist die Erde mit Schnee bedeckt. Dazu heult ein eisiger Wind über die kahlen Flächen und kündigt somit das Nahen des Winters an"[507], berichtete ein Infanterie-Regiment der 296. ID. Auf Wege im mitteleuropäischen Sinne konnte man kaum hoffen, noch nicht einmal im Großraum Moskau. Die Straßen „ohne Unterbau" waren schon „bei trockener Jahreszeit für den Kfz.-Verkehr bedingt brauchbar"[508]. Das hatte man eigentlich schon vorher gewusst; es war der „Militärgeographischen Beschreibung der Sowjetunion" zu entnehmen, welche das OKH bereits vor Feldzugsbeginn ausgeteilt hatte[509].

Trotz einer Situation, die man zu Recht als „katastrophal" bezeichnete[510], erwartete die Führung, dass auch die Infanteriedivisionen irgendwie damit zurechtkommen würden, obwohl sie doch bereits 1000 Kilometer marschiert waren[511]. Was dies für den Soldaten zu Fuß bedeutete, sollen zwei zeitgenössische Aufzeichnungen konkretisieren: „Die Männer stehen um drei – vier [Uhr] morgens auf und machen sich marschfertig; meistens ohne sich zu waschen, weil das Wasser zu weit weg ist und weil man keine Zeit dazu hat und kein Licht. Dann wird den ganzen Tag über marschiert und spät, wieder bei Dunkelheit, oft um 21 oder 22 Uhr, kommen die Männer in ihre Quartiere und müssen da zuerst noch die Pferde versorgen und die Ställe herrichten, ehe sie nach dem Fraß an der Feldküche sich schlafen legen können."[512] Ungleich lakonischer hat ein Unteroffizier aus der 45. ID die Qual und Monotonie jener Tage beschrieben: „*1.10.:* 38 km Marsch; *2.10.:* 35 km Marsch, durch Priluki; *3.10.:* 20 km Marsch; *4.10.:* 40 km; *5.10.:* 33 km; *6.10.:* 38 km (durch Konotop); *7.10.:* 40 km (Putriol); *8.10.:* Ruhetag; *9.10.:* 25 km; Schnee, Regen; *10.10.:* 20 km; *11.10.:* 11 km; *12.10.:* 10 km; verstärkt Schnee!"[513] Angaben wie diese lassen erahnen, dass dieser Krieg die Leistungs- und Leidensfähigkeit von Mensch und Tier auch dann übersteigen konnte, wenn einmal nicht geschossen wurde. Doch bestand die Führung, „trotz der Ermüdung der Truppe", auf einer „Durchschnittstagesleistung von 25 km ohne Ruhetage"[514].

Es waren daher zunehmend Wetter und Geographie, die darüber entschieden, wie weit die Deutschen ihre Angriffskeile vorantreiben konnten. „Planmäßig",

---

[507] BayHStA, Abt. IV, NL Thoma 5: IR 519, Kriegstagebuch vom 10.10.1941.
[508] IfZ-Archiv, MA 1663: 221. Sich. Div., Abt. I c, Befehl vom 2.6.1941, Anlage 1: Militärgeographische Beschreibung. Im OKH hatte man gehofft, noch vor Einsetzen der Schlammperiode eine operative Wende herbeigeführt zu haben. Vgl. Reinhardt, Wende, S. 78.
[509] Auch diese Unterschätzung war kein Zufall. Zwar besaß die „Wehrgeographie" im deutschen militärischen Denken einen sehr hohen Stellenwert, doch vertrat einer ihrer Protagonisten wie Oskar Ritter von Niedermayer (Wehrgeographie, S. 17) die Ansicht, man solle geographische Faktoren keinesfalls überschätzen „und den Einfluß menschlicher Willenshandlungen" nicht unterschätzen – auch dies ein Beispiel einer volutaristisch geprägten Interpretation der geographischen Gegebenheiten.
[510] Vgl. BA-MA, RH 24-34/41 a: XXXIV. A. K., Abt. I a, Kriegstagebuch, Eintrag vom 12.10.1941.
[511] Vgl. mit dem Tagebucheintrag des Kommandierenden Generals eines benachbarten Korps: BA-MA MSg 1/1148: NL Joachim Lemelsen, Tagebuch, Eintrag vom 16.10.1941: „Und das alles, nachdem sie von Warschau her über 1000 km Tag für Tag marschiert sind."
[512] BA-MA, MSg 2/5318: NL Hans P. Reinert, Tagebuch, Eintrag vom 12.10.1941.
[513] BA-MA, MSg 3-217/1: Linzer Turm 27 (1984), Nr. 106: [Uffz. Kieweg], Rußlandtagebuch 1941, Eintrag vom 1.10.1941 ff.
[514] BA-MA, RH 24-34/41 a: XXXIV. A. K., Abt. I a, Anlage zum Kriegstagebuch vom 9.10.1941.

wie noch am Beginn von „Taifun"[515], lief nun nichts mehr. Herrschte Frost, so bekamen alle Fahrzeuge wieder „Luft", so dass es zuweilen „flott" vorwärts gehen[516] und auch „nach vorn aufgeschlossen werden" konnte[517]. Regnete es, so entstand „ein Meer von Schlamm, durch den durchzukommen für Kraftfahrzeuge und schwere Fahrzeuge kaum möglich" war[518]. Dabei entstanden zuweilen groteske Bilder: Während sich die Vormarschstraßen auf Hunderte von Metern verbreiterten, weil jeder irgendwie durchzukommen suchte, türmten sich dazwischen ganze „Wagenburgen [von] bis zu 200 Fahrzeugen"[519]. In den kommenden Wochen wurde diese Zerreißprobe zwischen Matsch und Frost zum Alltag der deutschen Verbände. „Bis heute sind wir nicht wieder eingesetzt gewesen, sondern sind nur marschiert", schrieb ein Major der 296. ID im November[520]. „Kaum ein Lkw., geschweige Pkw. kam mehr durch, selbst die Zugmaschinen versagten in dem grundlosen Schlamm den Dienst. Oft war es zum Verzweifeln. Aber allem zum Trotz, es wurde geschafft. [....] Heute sind wir fein heraus, wenn es auch kalt ist, so ist doch der Dreck und Schlamm gefroren und alles rollt wieder."

War die 296. tatsächlich „fein heraus"? Weder hatte sie ihre Winterquartiere erreicht, noch war vorerst eine militärische Entscheidung abzusehen. Sicher war vorerst nur, dass schon jene zermürbenden Märsche diese „besonders abgekämpften und ermüdeten"[521] Divisionen immer mehr in den Ruin trieben[522]. Bereits am 12. Oktober musste die 45. ID melden, dass sie kein Benzin mehr habe. „Die Be-

---

[515] IfZ-Archiv, MA 1783/2: 296. Inf. Div., Abt. I a, Kriegstagebuch, Eintrag vom 3.10.1941: „Die Div. setzt Vormarsch planmäßig weiter fort […]."

[516] Gschöpf, Weg, S. 275. Dabei wurden schon damals zunehmend die einheimische Bevölkerung zu Frondiensten herangezogen. Vgl. etwa BA-MA, RH 27-4/109: 4. Pz. Div., Abt. I c, Tätigkeitsbericht, Eintrag vom 7.11.1941: „Marsch der Div. geht flott vorwärts. Die stark zerfahrene Straße war auf lange Strecken von Arbeitskommandos instandgesetzt worden und mit endlosen Knüppeldämmen versehen."

[517] Ludwig Hauswedell, Kriegstagebuch 1941/42 (4.5.41–21.4.1942), Kopie im Besitz d. Verf., Eintrag vom 6.11.1941.

[518] Ebda., Eintrag vom 18.10.1941.

[519] IfZ-Archiv, MA 1621: 45. Inf. Div., Kdr., Meldung an das XXXIV. A. K. vom 6.11.1941.

[520] BayHStA, Abt. IV, NL Thoma 3: Tagebuch, Brief des Major Frischling vom 20.11.1941.

[521] So zumindest die Bewertung für die 45. ID. BA-MA, RH 24-34/120: XXXIV. A. K., „Bericht des Höheren Kommandos XXXIV über seinen Einsatz im Ostfeldzug" vom 1.12.1941. Vgl. ferner BA-MA, RH 24-34/41 a: XXXIV. A. K., Abt. I a, Kriegstagebuch, Eintrag vom 4.10.1941, wo die 45. und 134. ID als „stark abgekämpft" bezeichnet werden. Bei der 296. ID dürfte die Situation etwas besser ausgesehen haben, doch hatte auch sie unter den bisherigen Ereignissen schwer gelitten. Vgl. hierzu auch Kap. 2.5.

[522] Vgl. hierzu auch K. H., Rückblick und Erinnerung an den Einsatz der 296. Inf. Div. im Osten aus der Sicht des II. Btl./Inf. Rgt. 521 (Manuskript im Besitz d. Verf.): „Unser Inf. Rgt. 521 befindet sich am Westufer der Dessna und setzt über Trubtschewsk den Vormarsch fort. Seit Browarj hat es kaum aufgehört zu regnen. Nun vermischen sich die Regenfälle mit Schneeschauern. In den Nächten ist es sehr kalt. Erste Fröste machen sich störend bemerkbar und alles deutet auf einen frühen Beginn des Winters hin. Für unsere Fahrzeuge gibt es nur selten noch gut befahrbare Wege. Mensch und Tier versinken oft knietief, die Fahrzeuge bis über die Achsen im Schlamm. Das Schuhwerk ist zerfetzt. Verpflegung erfolgt aus dem Lande. Immer wieder müssen die Pferde mit äußerster Kraftanstrengung eingesetzt werden, schweißbedeckt stampfen sie mit den Fahrern durch den Morast. Vorspann und Schiebekommandos sind immer wieder die letzte Rettung, um diesem klebrigen Brei zu entrinnen. Die befohlenen Tagesziele müssen erreicht werden. Besonders die stählernen Gefechtsfahrzeuge erweisen sich in diesem Gelände als viel zu schwerfällig. Gut beweglich bleiben allein die kleinen Panjefahrzeuge, für die es immer noch Durchkommen gibt. Aus dem Regiments-Radfahrzeug wird ein Reiterzug. Bei Erkundungsvorstößen, die über die Dessna in dichte, sumpfige Waldgebiete führen, werden immer wieder Gefangene aus den Restbeständen des Trubschewsker Kessels eingebracht."

triebsstoffkolonnen liegen irgendwo weit hinten im rückwärtigen Armeegebiet fest.
Selbst wenn sie herankommen sollten", bestünde die Gefahr, dass die Fahrzeuge
„keinen Betriebsstoff mehr haben, um zum Auftanken zu fahren"[523]. Wenige Tage
später musste die Führung der oberösterreichischen Division dann eingestehen,
dass die „Gesamtversorgung [...] z.Zt. nicht gesichert" sei[524], schon weil jedes
zweite Zugpferd ausgefallen war. Oft fehlte es am einfachsten; im November musste sie etwa einen Angriff verschieben, „weil nur mit Zuführung von 50% der ange-
forderten Munition (!) zu rechnen" sei[525]. Bei den 296ern sah es nicht besser aus;
auch hier konnten das schwere Gerät[526] oder elementarste Versorgungsgüter wie
Benzin oder Verpflegung[527] nicht mehr nach vorn geschafft werden. Vor allem aber
forderte der Frost seit November mehr und mehr Verluste, denn noch immer waren die meisten Soldaten ohne Winterausstattung[528]. Bei der 45. ID konnten noch
nicht einmal die Gespannführer, die den ganzen Tag auf dem Kutschbock saßen,
mit warmen Sachen ausgestattet werden[529]. „Die Truppe läuft" – so meldete das
übergeordnete XXXIV. Armeekorps – „noch jetzt total verlaust, in zerrissener Wäsche und Uniformfetzen herum, die nur als Lumpen bezeichnet werden können.
Dabei beginnt es zu frieren!"[530] Die Folgen ließen nicht lange auf sich warten: So
meldeten sich in einer einzigen Abteilung des Artillerie-Regiments 296 allein 40
Mann mit Frostschäden: „angefrorene Ohren und Füße, und vor Kälte aufgesprun-
gene Wangen und leicht erfrorene Nasen"[531]. Das waren knapp zehn Prozent ihres
Personalbestands. Und es war die Bilanz eines einzigen Novembertages.

Trotzdem war die deutsche Führung nicht bereit, auf all diese Probleme wirklich Rücksicht zu nehmen[532]. Ende Oktober gab sie an die 45. Infanteriedivision
die Parole aus, es soll „jede Gelegenheit zum Vorwärtskommen ausgenutzt wer-

---

[523] BA-MA, RH 24-34/41 a: XXXIV. A. K., Abt. I a, Kriegstagebuch, Eintrag vom 12.10.1941.
Nicht anders die Situation bei der 45. Inf. Div.: IfZ-Archiv, MA 1621: 45. Inf. Div., Kdr., Meldung an das XXXIV. A. K. vom 6.11.1941.

[524] IfZ-Archiv, MA 1621: 45. Inf. Div., Abt. I b, Meldung an das XXXIV. A. K. vom 17.10.1941.
Auch zum Folgenden.

[525] Ebda., Abt. I a, Kriegstagebuch, Eintrag vom 25.11.1941. Hervorhebung im Original.

[526] IfZ-Archiv, MA 1783/2: 296. Inf. Div., Abt. I a, Kriegstagebuch, Einträge vom 11. und
16.10.1941.

[527] BA-MA, MSg 2/5318: NL Hans P. Reinert, Tagebuch, Eintrag vom 12.10.1941.

[528] BA-MA, RH 24-34/59: XXXIV. A. K., Abt. Qu., Anlage zum Kriegstagebuch vom 21.11.1941:
„Besprechung des Befehlshabers mit dem Kdr. der 45. I. D.": „An laufender und Winterbekleidung ist größter Mangel. 2/3 der Handschuhe fehlen, die 2. Decke ist noch nicht empfangen worden; keine Unterwäsche, vor allen Dingen fehlen Socken. Das Schuh- und Lederzeug
ist allgemein völlig hin."

[529] Für die 45. ID vgl. etwa IfZ-Archiv, MA 1621: 45. Inf. Div., Abt. I b, „Besondere Anordnung
für die Versorgung Nr. 61" vom 1.11.1941.

[530] BA-MA, RH 24-34/42: XXXIV. A. K., Abt. I a, Anlage zum Kriegstagebuch vom 24.10.1941.
In diesem Sinne auch BA-MA, RH 21-2/244: Pz. AOK 2, Abt. I a, Kriegstagebuch, Eintrag
vom 14.11.1941.

[531] BA-MA, MSg 2/5318: NL Hans P. Reinert, Tagebuch, Eintrag vom 18.11.1941. Reinerts
Schlussfolgerung lautete: „Also auch die Kälte hat ihre Tücke, nicht nur der Dreck." Bei der
übergeordneten 2. Panzerarmee stellte man damals fest, was alles bei der Truppe fehlte: Schneehemden, Tuchhosen, Wäsche, Stiefel, Stiefelschmiere, Schlupfjacken, Leibbinden, Kopfschützer, Handschuhe, Überstrümpfe, Frostschutzsalbe, Winteröl, Eisstollen, Glysantin. Mit anderen Worten, es fehlte an allem! BA-MA, RH 21-2/244: Pz. AOK 2, Abt. I a, Kriegstagebuch,
Eintrag vom 14.11.1941.

[532] Vgl. hierzu auch BA-MA, RH 24-34/41 a: XXXIV. A. K., Abt. I a, Kriegstagebuch, Eintrag
vom 29.10.1941: „Um 18.25 Uhr fordert ein sehr scharf formulierter Funkspruch des AOK 2
unter Hinweis auf das Beispiel von Nachbarn, das Antreten der Divisionen."

den"[533]. Es käme jetzt darauf an, „sich mit eigenen Kräften, so gut es geht, aus dem Dreck herauszuarbeiten und den Anschluss an die unter günstigeren Wetter- und Wegeverhältnissen weiter nach Osten vorwärtsgekommenen Angriffsspitzen wieder zu gewinnen". An diesem Konzept des puren Voluntarismus' hielt man fest. Noch Ende November wurde der 45. ID aufgetragen: „Bei dem Vormarsch, der morgen angetreten wird, muß das größte Bestreben sein, vorwärts zu kommen. Es ist ohne Rücksicht auf die Nachbarn vorzugehen. Der Feind ist anzugreifen, wo er sich stellt. Seien Sie ein Element des Vorwärtstreibens."[534]

Ein „Element des Vorwärtstreibens". Immerhin hatten beide Infanteriedivisionen in der letzten November-Woche das erreicht, was sie als ihre „Winterausgangsstellung" bezeichneten[535]. Hier hätte man bleiben und sich notdürftig einrichten können, schon weil man genau wusste, wie sehr gerade die vergangenen zwei Monate an der eigenen Substanz gezehrt hatten. Trotzdem setzten beide Divisionen schon am 24. November ihren Vormarsch nach Osten fort[536]. Angesichts dessen, was nun folgen sollte, erscheinen die Ziele, die man sich damals gesteckt hatte, kaum glaubhaft. Noch im Oktober war etwa die 45. ID darüber ins Bild gesetzt worden, es „sei Wille und Wunsch des Führers", in diesem Jahr noch „den Don zu erreichen"[537]. Den Don! Konkret hieß das, dass man nochmals knappe 150 Kilometer nach Osten vorstoßen solle, „bis in den tiefsten Winter hinein"[538], um sich dann irgendwo in der russischen Einöde einzugraben. Als einziger geographischer (und weniger militärischer) Anhaltspunkt sollte ein zugefrorener und verschneiter russischer Strom dienen. Das waren fürwahr keine schöne Aussichten.

Wenn auch die beiden ausgemergelten Infanteriedivisionen aller Bedenken zum Trotz[539] noch einmal das militärische Wagnis einer Winteroffensive eingingen,

---

[533] BA-MA, RH 24-34/59: XXXIV. A. K., Abt. Qu., Anlage zum Kriegstagebuch vom 26.10.1941. Auch zum Folgenden.

[534] IfZ-Archiv, MA 1621: 45. Inf. Div., Abt. I a, Kriegstagebuch, Eintrag vom 23.11.1941. Anruf des Generalstabschefs des XXXIV. Armeekorps an den I a der 45. Infanteriedivision.

[535] IfZ-Archiv, MA 1621: 45. Inf. Div., Abt. I a, Kriegstagebuch, Eintrag vom 20.11.1941. Auch die 296. ID sollte eine „Winterausgangsstellung" beziehen, und zwar am Nerutsch-Abschnitt. IfZ-Archiv, MA 1635: XXXV. A. K., Abt. I a, „Korpsbefehl Nr. 46" vom 4.11.1941. Diesen erreichte sie am 21.11.1941. IfZ-Archiv, MA 1783/2: 296. Inf. Div., Abt. I a, Kriegstagebuch, Eintrag vom 21.11.1941.

[536] IfZ-Archiv, MA 1621: 45. Inf. Div., Abt. I a, Kriegstagebuch, Eintrag vom 24.11.1941; IfZ-Archiv, MA 1783/2: 296. Inf. Div., Abt. I a, Kriegstagebuch, Eintrag vom 24.11.1941.

[537] BA-MA, RH 24-34/42: XXXIV. A. K., Abt. I a, Anlage zum Kriegstagebuch vom 27.10.1941. Dahinter stand die strategische Absicht, die Bahnlinie Rostow-Moskau-Wologda zu unterbrechen. Vgl. hierzu IfZ-Archiv, MA 1590: Pz. AOK 2, Abt. I c/A.O., „Feindlagenblatt" vom 29.10.1941: „Für die Russen wird es zum Beginn des Winters darauf ankommen, eine günstige Basis als Ausgang für die Kämpfe des nächsten Jahres zu behalten. Eine solche Basis müßte den Russen die uneingeschränkte Benützung der Eisenbahnlinie Rostow-Moskau-Wologda gestatten." Damit könnte die sowjetische Seite die Verbindung in den Kaukasus, nach Murmansk und in den Ural ohne jede Unterbrechung aufrechterhalten.

[538] So eine Einschätzung aus der 296. ID, die damals noch weiter zurückhing. Einer ihrer Offiziere schrieb Anfang November 1941: „Die Div. steckt seit Tagen im tiefen Dreck, der unglaubliche Zustände für Mann, Pferd und Kraftfahrzeuge schafft. Viel Ruhm wird wohl nicht mehr zu ernten sein, trotzdem die Div. von Brjansk noch mehrere 100 km nach Osten marschieren muss, wohl bis in den tiefsten Winter hinein." BayHStA, Abt. IV, NL Thoma 3: Tagebuch, Brief des Majors von Dungern vom 3.11.1941.

[539] IfZ-Archiv, MA 1621: 45. Inf. Div., Abt. I a, Kriegstagebuch, Eintrag vom 23.11.1941: „Alle diese Bedenken werden vom I a in einem Ferngespräch mit dem I a des Höh. Kdo. nochmals nachdrücklich klar gelegt."

dann nicht zuletzt deshalb, weil man sich auch hier – nicht nur in den vergleichsweise bequemen Führungszentralen in Ostpreußen und Berlin[540] – immer noch
dem Glauben hingab, dass der Feind noch viel mehr gelitten habe und dass es nun
lediglich noch dieses letzten Kraftaktes bedürfe, um für den Winter eine möglichst
günstige Ausgangsstellung zu erreichen[541]. Es wäre daher falsch, sich ausschließlich an den äußeren Bildern zu orientieren, wenn man die Stimmung zu beschreiben sucht, die im Spätherbst 1941 bei den deutschen Regimentern herrschte. Aller
Anstrengungen und Verluste, aller Kälte und Gefahren zum Trotz fühlten sich zumindest die Infanteriedivisionen, die ja gerade nicht zur Avantgarde gehörten, dem
Gegner immer noch „hoch überlegen"[542]. Zwar begann vielen allmählich zu däm-
mern, dass ein definitives Ende dieses schrecklichen und kräftezehrenden Krieges
vorerst nicht abzusehen war, zwar beschlich viele die Ahnung, „als ob die Versorgung in diesem Feldzug nicht generalstabsmäßig sauber durchdacht und vorbereitet wäre, sondern anscheinend über das Knie gebrochen worden ist"[543], doch blieben das nicht mehr als kurzfristige Stimmungen. Ein Stabsoffizier aus dem XXX-
XIV. Armeekorps wunderte sich im Oktober 1941 darüber, dass viele deutsche
Soldaten ihren Witz noch immer nicht verloren hatten. „Sie sangen, musizierten
und ulkten sich gegenseitig an."[544] Und auch der Oberleutnant Reinert aus der
296. ID wollte sich seine Zuversicht vorerst nicht nehmen lassen: „Also ich bin
Optimist und bleibe Optimist, mag kommen, was will. Da sollen die andern verza-
genderweise sich das Leben zur Qual machen, ich mache da halt nicht mit."[545]

Es ist sicherlich kein Zufall, wenn solche Stimmen gerade aus den Infanteriedivisionen kamen. Hier war man für diese Form des Optimismus, jener nassforschen
Verbissenheit des „dennoch", besonders anfällig. Denn im Gegensatz zu den motorisierten Verbänden, die in dieser Phase des Feldzugs die Hauptarbeit zu leisten
hatten, stellte sich der Alltag der infanteristischen Formationen anders dar. Das,

[540] Zur Erwartungshaltung Hitlers und der deutschen militärischen Führung vgl. Hillgruber, Hitlers Strategie, S. 537, Anm. 3. Hillgruber unterscheidet dabei fünf Phasen: die Zeit der erfolgreichen Grenzschlachten (22.6.–3.7.), die Zeit der Siegesgewissheit (3.7.–30.7.), die Zeit der
kritischen Illusion (30.7.–30.9.), danach die Zeit der Illusion eines erneuten Sieges, die Zeit der
Resignation (ab 19.11.1941) und damit auch der „Entschlossenheit, durch ‚fanatische' Anstrengungen das als unmöglich Erkannte zu erzwingen". Ferner: Halder, Kriegstagebuch,
Bd. III, S. 295 (Eintrag vom 19.11.1941) sowie die Ausführungen Jodls in: KTB OKW,
Bd. IV/2, Dok. 88.
[541] Vgl. etwa die Einschätzung bei der 296. ID: „Feind vor der Front der 2. Armee schwach, im
ständigen Ausweichen nach Osten." IfZ-Archiv, MA 1635: 296. Inf. Div., Abt. I a, „Divisionsbefehl Nr. 91" vom 22.11.1941.
Ferner IfZ-Archiv, MA 1635: 296. Inf. Div., Abt. I c, Tätigkeitsbericht für die Zeit vom 28.9.–
25.10.1941: „Nach Gefangenenaussagen war die Stimmung beim Feind sehr gedrückt. Kampf-
willige Leute waren nur noch in geringer Zahl vorhanden. Die wenigen bei der Truppe verbliebenen Offiziere forderten ihre Leute auf, bis zur letzten Patrone weiterzukämpfen, obwohl sie meist ein schlechtes Beispiel gaben. Von einer geregelten Versorgung der Truppe
konnte nicht mehr gesprochen werden."
[542] BA-MA, RH 24-34/41 a: XXXIV. A. K., Abt. I a, Anlage zum Kriegstagebuch vom 14.10.1941:
„Chef weist demgegenüber auf die durch mehrtägige Verfolgung geschwächte Kampfkraft des
Gegners hin, dem sich die eigene Truppe nach der Gesamtlage hoch überlegen fühle."
[543] BA-MA, RH 24-34/42: XXXIV. A. K., Abt. I a, Anlage zum Kriegstagebuch vom 24.10.1941.
Vgl. hierzu auch Humburg, Siegeshoffnungen und „Herbstkrise" im Jahre 1941.
[544] BA-MA, RH 24-34/59: XXXIV. A. K., Abt. Qu., Anlage zum Kriegstagebuch vom 11.10.1941.
Vgl. auch BA-MA, RH 21-2/244: Pz. AOK 2, Abt. I a, Kriegstagebuch, Eintrag vom
24.11.1941, wo die Stimmung der Truppe als „noch gut" bezeichnet wurde.
[545] BA-MA, MSg 2/5318: NL Hans P. Reinert, Tagebuch, Eintrag vom 11.10.1941.

was man als „Feindkontakt" bezeichnete, war längst nicht so häufig und intensiv
wie bei den Panzerverbänden, und selbst wenn man auf den Feind traf, so handelte
es sich oft um zersprengte Truppenteile, über die der erste Sturm der deutschen
Offensive bereits hinweggegangen war[546]. Daher konnte sich bei den Infanteriedivisionen leicht die Vorstellung festsetzen, dass es sich militärisch nur noch um eine
Art „Aufräumen" handeln würde. Bei der 296. Infanteriedivision, deren Dolmetscher auf einigen unzerstörten Eisenbahnstützpunkten sogar schon mit Moskauer
Behörden telefonierten[547], marschierte man damals „mit den schönsten Hoffnungen tagelang nach Nordosten". Vielleicht war man ja „doch noch bei der Einnahme von Moskau mit dabei".

Selbst wenn die Bilder, welche sich beim Vormarsch der Heeresgruppe Mitte
einstellten, immer mehr an den Russlandfeldzug Napoleons erinnern mochten, an
jene große Katastrophe der Militärgeschichte par excellence, so gab es noch im
Spätherbst noch viele im deutschen Ostheer, die von einem Vergleich mit 1812
nichts wissen wollten. In völliger Verkennung der Lage quälten die verantwortlichen Kommandeure an der Ostfront im November 1941 ganz andere Sorgen.
Das XXXIV. Armeekorps hielt es für die „Hauptsache [...], daß die Truppe nicht
in Winterschlaf" verfalle, „sondern beweglich und damit gesund und kampf-
kräftig" bleibe[548], während die Heeresgruppe Mitte damals ihre Divisionen darüber in Kenntnis setzte, dass nun die „Operationen im Großen zum Stillstand kommen" würden: „Aufgabe der Armeen wird es dann im allgemeinen sein, die gewonnenen Gebiete unter möglichster Schonung der Truppe zu sichern." Diese soll
sich darauf einstellen, „damit auch ein plötzlich einbrechender harter Winter die
Truppe nicht unvorbereitet trifft"[549]. Hier artikulierten sich nicht nur die „front-
fremden" Vorstellungen einiger Stabsoffiziere oder Quartiermeister, die es sich
weiter hinten gemütlich machen wollten. Ein jüngerer Offizier aus der 296. befürchtete noch am 14. November, dass der „Winter [...] hier in diesem trostlosen
Land reichlich langweilig werden"[550] würde.

Immerhin, in einer Hinsicht bestand doch Hoffnung; das Oberkommando des
Heeres hatte bereits für das Weihnachtsfest vorgesorgt[551]: „500 g Pfeffernüsse,
Printen oder dergl." war für jeden Heeresangehörigen vorgesehen („Die Luftwaf-
fen-Einheiten empfangen ihren Bedarf bei der Heeresverpflegungsdienststelle"),
ferner „100–125 g Keks (eine Packung), 180 g Süßwaren (6 Rollen Drops), 250 g

---

[546] Vgl. etwa IfZ-Archiv, MA 1635: 296. Inf. Div., Abt. I a, „Divisionsbefehl Nr. 87" vom
22.10.1941, in dem „die Vernichtung des im Waldgebiet ostwärts Trubtschewsk eingekesselten
Feindes" gemeldet wird.

[547] Das Infanterie-Regiment 521 setzte damals einen Teil seines Vormarsches von Orel mit Hilfe
eines erbeuteten Panzerzugs fort. Dabei hatten Dolmetscher auf den Eisenbahnstützpunkten
immer wieder mit Moskauer Behörden telefoniert, was natürlich bei den Soldaten die Vorstellung fördern musste, die Besetzung der sowjetischen Hauptstadt stünde unmittelbar bevor.
Manuskript, K. H., „Unser Einsatz im Osten", o. D., Kopie im Besitz d. Verf. Auch zum Folgenden.

[548] IfZ-Archiv, MA 1618: XXXIV A. K., Abt. I a, „Korpsbefehl Nr. 14" vom 9.11.1941.

[549] BA-MA, RH 24-24/134: H.Gr. Mitte, Abt. I a, „Richtlinien für Kampfführung im Winter und
Besonderheiten des Winterkrieges in Rußland" vom 10.11.1941.

[550] BayHStA, Abt. IV, NL Thoma 3: Tagebuch, Brief Hasslers an Oberst Heinrich Thoma vom
14.11.1941.

[551] BA-MA, RH 24-34/59: OKH/GenStdH/GenQu., Anordnung betr. „Weihnachtszuwen-
dungen" vom 31.10.1941. Auch zum Folgenden.

Äpfel (2–3 Stück) und ¾ Liter Wein (1 Flasche Weiß- oder Rotwein)". Auch hier war alles mit deutscher Gründlichkeit geregelt; „für je 3 Mann" war „eine Weihnachtskerze" vorgesehen, „mindestens je Einheit, die eine selbständige Feier abhält, jedoch 12 Kerzen und höchstens je Einheit 40 Kerzen. Kerzenhalter können wegen Mangel an Rohstoffen nicht zur Verfügung gestellt werden. Die Anbringung der Kerzen muss der Selbsthilfe der an den Weihnachtsfeiern Teilnehmenden überlassen werden." Ende November, am Sonntag, den 30. November 1941, begann die Vorweihnachtszeit und die Soldaten konnten den Ersten Advent feiern[552]. Doch sollten in den folgenden Wochen andere Probleme auf sie warten als die Organisation von Weihnachtsfeiern.

Während der Monate August bis November 1941 war der *Korück 580* seiner Armee, der 2., weiter gefolgt. Damit beteiligte sich auch dieser Besatzungsverband an jenen zwei großen Operationen, die damals das militärische Geschehen an der Ostfront bestimmten: an der Kesselschlacht um Kiew, und dann, ab Ende September[553], am Angriff auf Moskau, die fehlgeschlagene Großoffensive „Taifun". War der Korück zunächst in Weißrussland eingesetzt – zunächst mit Stoßrichtung Osten, dann Süden – , so hatte er am 22. September erstmals sein Stabsquartier auf russischem Boden aufgeschlagen[554].

In dieser Zeit kam es in diesem Verband zu einer einschneidenden organisatorischen Veränderung: Mit Wirkung vom 3. September wurde der Korück von seiner logistischen Aufgabe „entbunden", um stattdessen „seine gesamten Kräfte für Organisation, Sicherung und Befriedung des jeweiligen rückwärtigen Armeegebiets" einzusetzen[555]. Das bedeutete: Aus einer Serviceorganisation wurde, schon bemerkenswert früh, eine Hilfstruppe, die ihrer Armee *militärisch* den Rücken freihalten sollte – ein aufschlussreicher Beleg dafür, dass die „Bezwingung der Räume"[556] für die deutschen Okkupanten nun auch im Hinterland der Front schwieriger wurde. Dessen militärische und politische Instabilität hatte viele Ursachen: die Kämpfe hatten Zerstörungen zurückgelassen sowie versprengte Teile der Roten Armee und sie hatten die alte politische und soziale Ordnung zerstört. Hinzu kamen die Folgen der Evakuierungen, die Verunsicherungen und Erwartungen der vor Ort lebenden Menschen und schließlich ihr verzweifelter Versuch, ihr Überleben irgendwie zu sichern – notfalls auch durch Plünderungen, Denunziationen oder auch Gewalt, kurz: Nicht selten marschierte die Nachhut der deutschen Fronttruppen in Gebiete, die sich aufgrund jener Abfolge von Evakuierung, Krieg, Rückzug und Be-

---

552 Vgl. BA-MA, MSg 2/5318: NL Hans P. Reinert, Tagebuch, Eintrag vom 30. 11. 1941.
553 BA-MA, RH 20-2/1445: AOK 2, Abt. O. Qu./Qu. 2, Tätigkeitsbericht für die Zeit vom 7.–13. 9. 1941.
554 In der Zeit von August bis November 1941 hatte der Korück folgende Stabsquartiere belegt: 31. 7.–9. 8.: Orscha, 10. 8.–28. 9.: Mogilew, 29. 8.–8. 9.: Rogatschow, 9. 9.–21. 9.: Gomel, 22. 9.–1. 10.: Nowosybkow, 2. 10.–12. 10.: Mglin, 13. 10.–21. 11.: Brjansk, 22. 11.–30. 12.: Kromy. Vgl. BA-MA, RH 20-2/1445: AOK 2, Abt. O. Qu./Qu. 2, „Stabsquartiere Kommandant rückwärtiges Armeegebiet 580".
555 IfZ-Archiv, MA 885: Korück 580, Abt. Qu., Befehl vom 1. 9. 1941.
Die Logistik lag seitdem beim „Armee-Nachschub-Führer". Vgl. hierzu BA-MA, RH 20-2/1445: AOK 2, Abt. O. Qu./Qu. 2, Anordnung betr. „Gliederung der Nachschub- und Ordnungsdienste" vom 30. 8. 1941.
556 PA-AA, R 60704: AOK 2, Abt. I c/A. O./VAA, „Bericht Nr. 9" vom 6. 8. 1941.

setzung in einem völligen Chaos befanden. Dass die Deutschen nun ihrerseits unverzüglich eine „neue Ordnung" errichteten, die auf den Prinzipien von Unterdrückung, Ausbeutung und auch schon Vernichtung basierte, musste das Chaos
nur noch vergrößern. Auch dafür ist die Geschichte des Korück 580 ein Beispiel.

Bereits Ende Juli hatte man hier erstmals „Banden" registriert, „die sich in der
Hauptsache aus versprengten Rotarmisten" zusammensetzten[557], Mitte August war
dann erstmals von „Partisanen" die Rede[558]. Doch waren die Initiativen der sowjetischen Führung, die einen irregulären Krieg im Rücken der deutschen Eindringlinge zu entfesseln suchte, zunächst auf wenig Resonanz gestoßen. Folgenreicher
war, dass neben überrollten sowjetischen Soldaten auch Angehörige der sowjetischen Miliz, des NKWD oder politische Funktionäre hinter der deutschen Front
zurückblieben, welche die militärische Entwicklung nicht hinnehmen wollten. Dass
sie sich bei ihrem Widerstand völkerrechtskonform verhielten, ist schon aufgrund
der Vorgeschichte und der Voraussetzungen ihres Widerstands wenig wahrscheinlich. Für die deutsche Etappe blieben das aber vorerst „Nadelstiche", die aber angesichts ihrer Schwäche für diese zunehmend zu einem Problem wurden. Denn der
Mangel an Kräften war groß. Als beispielsweise im Herbst 1941 die 56. Infanteriedivision das Gebiet des Korück 580 durchquerte und diese den „klaren" Befehl zur
„Befriedung" dieses Gebiets erhielt[559], lehnte sie das kurzerhand ab: „Die Sicherung
des Raumes um Brjansk wird von 56. I.D. nur mit sehr schwachen Kräften durchgeführt, da die Division an die Front drängt."[560] Als Beispiel für den Einsatz von
Frontverbänden im Hinterland – so die Deutung von Hannes Heer[561] – lässt sich
diese Episode also kaum begreifen. Vielmehr bestätigte sich auch hier der Eindruck
des Kommandanten dieses Rückwärtigen Armeegebiets, des Generalleutnants
Müller, „daß die ihm unterstellten Kräfte völlig unzureichend" seien[562].

Doch trugen auch Offiziere wie er die Verantwortung für eine Situation, die
schon jetzt außer Kontrolle zu geraten drohte. Anstatt auf den sich abzeichnenden
Partisanenkrieg mit seinen höchst komplizierten militärischen, politischen und
ethnischen Konstellationen angemessen zu reagieren, setzten die neuen deutschen
Herren nun zunehmend auf das Konzept der „Prävention"[563] oder, falls das nichts

[557] BA-MA, RH 20-2/1445: AOK 2, Abt.O.Qu./Qu. 2, Tätigkeitsbericht für die Zeit vom 27.7.–
2.8.1941.
[558] Ebda., Tätigkeitsbericht für die Zeit vom 10.8.–16.8.1941. Vgl. auch IfZ-Archiv, MA 91/2:
Chef SiPo und SD, Ereignismeldung UdSSR Nr.67 vom 29.8.1941, wo ebenfalls davon die
Rede ist, dass die Partisanen zunehmend organisierter auftreten würden. Vgl. auch Kap.5.5.
[559] BA-MA, RH 20-2/1445: AOK 2, Abt.O.Qu./Qu. 2, Tätigkeitsbericht für die Zeit vom
12.10.–18.10.1941.
[560] Ebda., Tätigkeitsbericht für die Zeit vom 19.10.–25.10.1941. Ferner BA-MA, RH 21-2/244: Pz.
AOK 2, Abt.I a, Kriegstagebuch, Eintrag vom 4.11.1941, wo nochmals bestätigt wird, dass es
für die 56. ID nicht möglich sei, „größere Unternehmungen" gegen Partisanen durchzuführen.
[561] Vgl. Heer, Hitler war's, S.260 und 391 mit Anm.128. Heers „Beleg" für die Einbeziehung der
Fronttruppe in den Partisanenkrieg bezieht sich eben auf die 56. Inf. Div., deren Einsatz im
Spiegel der zeitgenössischen Akten freilich in einem ganz anderen Licht erscheint. Ein großer
Teil der von Heer angegebenen Opfer ging vielmehr auf das Konto der SS- und Polizei-Einheiten, die damals im Hoheitsgebiet der 2. deutschen Armee operierten.
[562] BA-MA, RH 20-2/1445: AOK 2, Abt.O.Qu./Qu. 2, Tätigkeitsbericht für die Zeit vom 17.8.–
23.8.1941.
[563] Vgl. hierzu IfZ-Archiv, MA 885: Korück 580, Abt.Qu. op., „Richtlinien für Säuberung, Befriedung und Beuteerfassung" vom 31.8.1941: „Wanderer grundsätzlich festnehmen bzw.
beseitigen." Allein diese Weisung belegt, wie nun der Kreis der potentiellen Gegner immer

nutzte, auch schon auf das der sogenannten „Befriedung". Schon Ende August meldete der Korück „umfangreiche Partisanenbekämpfungen", bei denen man „mehrere hundert Partisanen erschossen" habe[564]. Was das in Wirklichkeit hieß, können ein paar Zahlen illustrieren: Während der Korück in der Zeit vom 24. September bis 5. Oktober allein 125 erschossene „Partisanen" registrierte[565], verlor er selbst nicht mehr als zwei Tote und einen Schwerverwundeten[566]. Das waren keine Kämpfe, sondern „Strafaktionen" gegen eine wehrlose Zivilbevölkerung, namentlich ihren jüdischen Teil[567]. Für diese Überlegung spricht im Übrigen auch die bunt zusammengewürfelte Zusammensetzung der deutschen Sicherungskräfte: So kamen im Bereich dieses Korück nicht allein Wehrmachts-Einheiten zum Einsatz[568], sondern zunehmend auch Himmlers Männer – etwa das uns bereits bekannte Polizei-Bataillon 309[569], das Polizei-Regiment Mitte[570], das Sonderkommando 7 b[571] sowie die Brigaden der Waffen-SS[572]. Gerade diese Einheiten spielten beim Holocaust wie bei der Brutalisierung des Partisanenkriegs eine klare „Vorreiterrolle". Wenn der Korück wiederum sie für „eine höchst willkommene Verstärkung" hielt[573] und ihnen sogar noch zuarbeitete, etwa indem er den jüdischen Bevölkerungsteil registrierte[574], dann bedeutete das, dass sich nun auch hier ein

größer gezogen wurde: Nicht nur Partisanen, sondern auch Juden, russische Soldaten in Zivil oder Ortsfremde waren nun vom Tod bedroht. Vgl. hierzu auch Gerlach, Morde, S. 877 f.

[564] IfZ-Archiv, MA 885: Korück 580, Meldung an den Bfh. Rückw. Heeresgebiet 102 vom 29. 8. 1941.

[565] Ebda., Eintrag vom 5. 10. 1941. Auch danach rissen solche Aktionen nicht ab; so soll der Korück 580 am 16. 10. 1941 dem AOK 2 gemeldet haben, man habe „im Oktober eine große Zahl Verdächtige erschossen und in den Orten nicht weit von Weretenine mehrere Hundert Verdächtige erledigt". Zit. bei: Rüß, Wehrmachtskritik aus ehemaligen SS-Kreisen nach 1945.

[566] Eingesetzt waren vom 23. 9. bis 23. 10. 1941 zwei Kompanien, die 3./Feldgendarmerie-Abteilung 581 und die 1./Polizei-Bataillon 309, wobei man bei solchen „Strafaktionen" offenbar bewusst auf militärische und zivile Polizeikräfte zurückgriff. IfZ-Archiv, MA 885: Korück 580, Kommandant, Tagesbefehl vom 24. 10. 1941.

[567] Bekannt wurde etwa ein Massaker an mindestens 25 Juden durch das Polizei-Bataillon 309 im Raum Dobrjanka in der Zeit vom 17. 9.–3. 10. 1941. HStA Düsseldorf, Zweigarchiv Schloß Kalkum: StA Dortmund (Z) (Wuppertal), 45 Js 21/61: Verfahren gegen Angehörige des Polizei-Bataillons 309. Vgl. hierzu auch Kap. 5.4.

[568] Auch die Truppenteile, die dabei von Seiten der Wehrmacht zum Einsatz gebracht wurden, besaßen nicht nur ein unterschiedliches Einsatzprofil, sondern wohl auch eine differierende Moral. Besonders gefürchtet war zweifellos die Feldgendarmerie, in diesem Fall vertreten durch die Feldgendarmerie-Abteilung 581. IfZ-Archiv, MA 885: Korück 580, Abt. Qu., Befehl vom 31. 8. 1941.

[569] Vgl. Curilla, Ordnungspolizei, S. 519.

[570] Das Polizei-Regiment Mitte war dem Korück 580 vom 23. 8. bis 1. 9. 1941 unterstellt. IfZ-Archiv, MA 895/1: Korück 580, Anordnung vom 26. 8. 1941; ebda., Anordnung vom 2. 9. 1941.

[571] Vgl. IfZ-Archiv, MA 91/2: Chef SiPo und SD, Ereignismeldung UdSSR Nr. 67 vom 29. 8. 1941: „Auf Bitten des Abwehroffiziers AOK 2 griff auch das Sonderkommando 7 b in die Partisanenbekämpfung ein [...]." Laut eigenen Angaben tötete dieses Kommando bis zum 28. 8. 1941 insgesamt 886, bis zum 13. 9. 1941 dann 1 153 Menschen. IfZ-Archiv, MA 91/2: Chef SiPo und SD, Ereignismeldung UdSSR Nr. 92 vom 23. 9. 1941.

[572] Vgl. hierzu BA-MA, RH 20-2/1445: AOK 2, Abt. O.Qu./Qu. 2, Tätigkeitsbericht für die Woche vom 31. 8.–6. 9. 1941; ferner Cüppers, Wegbereiter, S. 142 ff.

[573] Vgl. Hürter, Heerführer, S. 554.

[574] IfZ-Archiv, MA 885: Korück 580, Abt. Qu., „Richtlinien für Säuberung, Befriedung und Beuteerfassung" vom 31. 8. 1941. Dort heißt es u. a.: „Juden und deren Betätigung besonders eingehend feststellen."
Das AOK 2 hatte im August 1941 sogar angeregt, den Einsatz der SS- und Polizeikräfte in seinem Armeegebiet zu intensivieren, weil hier bislang nur ein schwaches Sonderkommando (7 b) tätig sei. Das OKH meinte aber am 14. 8. 1941, dass dies „in keinem Falle in Frage" komme. Vgl. Förster, Sicherung, S. 1041.

militärisches Sicherheitsbedürfnis, das sich wenigstens zum Teil noch völkerrechtlich begründen ließ, rasch mit den Ideologemen einer barbarischen Besatzungspolitik vermischte, welche die okkupierte Gesellschaft von vornherein unterwerfen,
ausbeuten oder gleich ganz vernichten wollte[575].

Eine Deeskalation einer militärisch angespannten Lage war das nicht. Es war
daher kein Wunder, wenn der Korück bald registrieren musste, dass seine Befriedungsaktionen nur „vorübergehend" Erfolg gezeitigt hätten[576], obwohl man sie
doch „rollend und pausenlos" hinter der vorrückenden deutschen Front vorantrieb[577]. Ende September musste man sich eingestehen, dass „die Partisanentätigkeit [...] bisher noch nicht gekannte Formen" anzunehmen beginne[578]; einen guten Monat später berichtete das übergeordnete AOK 2 von Partisanenüberfällen,
die „mit größter Dreistigkeit" durchgeführt würden[579]. Daher begann der Korück
seine Streifzüge im Hinterland zunehmend durch ein anderes System zu ergänzen
– das der kollektiven Verantwortlichkeit, durch das „die Ortseinwohner mit ihrem
Leben für die Sicherheit der Truppe haften" sollten. Würden deutsche Soldaten zu
Schaden kommen, so würde man unverzüglich „doppelt soviel Einwohner" erschießen[580].

So unbarmherzig eine solche Drohung auch war, sie bewegte sich doch deutlich
unter den Vorgaben des OKW, wo man zu eben jenem Zeitpunkt „als Sühne für
ein deutsches Soldatenleben [...] die Todesstrafe für 50–100 Kommunisten als angemessen" hielt[581]. Auch suchte der Korück bei der Auswahl der Geiseln zwischen
jenen Zivilisten zu unterscheiden, die sich kooperationsbereit zeigten, und jenen,
bei denen dies nicht der Fall war[582]. Hier handelte es sich wohl nicht nur um die
letzten Reflexe einer traditionell geprägten Besatzungspolitik, sondern auch um
den Versuch, wenigstens einen Teil der einheimischen Bevölkerung auf die eigene
Seite zu ziehen[583] – jene, die nach den bitteren Erfahrungen mit dem Stalinismus[584]

[575] Vgl. hierzu auch Krausnick/Wilhelm, Truppe des Weltanschauungskrieges, S. 247.
[576] BA-MA, RH 20-2/1445: AOK 2, Abt. O.Qu./Qu. 2, Tätigkeitsbericht für die Zeit vom 28.9.–
4.10.1941.
[577] IfZ-Archiv, MA 885: Korück 580, Abt. Qu., Befehl vom 31.8.1941.
[578] BA-MA, RH 20-2/1445: AOK 2, Abt. O.Qu./Qu. 2, Tätigkeitsbericht für die Zeit vom 21.9.–
27.9.1941.
[579] Ebda., Tätigkeitsbericht für die Zeit vom 2.11.–8.11.1941.
[580] IfZ-Archiv, MA 885: Korück 580, Abt. Qu., Befehl vom 27.9.1941.
[581] Erlass des Chefs OKW vom 16.9.1941, in: KTB OKW, Bd. I, Dok. 101 (S. 1068f.). Die Frage
der Geiselnahme und -tötung hatte man in der Haager Landkriegsordnung ausgespart. Im
Gegensatz zu vielen internationalen Völkerrechtlern hielten die deutschen Juristen sie bis 1945
für zulässig und definierten sie als „feststehenden Kriegsbrauch". Demzufolge sei es üblich,
„für einen im besetzten Gebiet von der Zivilbevölkerung getöteten Soldaten zehn Geiseln zu
erschießen". Vgl. Wörterbuch des Völkerrechts, Bd. I, S. 635ff.; Hammer/Salvin, The Taking
of Hostages, S. 32f.; Albrecht, War Reprisals, S. 602f. sowie Kap. 5.5.
[582] Vgl. hierzu auch BA-MA, RH 20-2/229: AOK 2, ChefGenSt., Weisung vom 6.11.1941: „Wo
Partisanen auftreten, ist die Bevölkerung zu ihrer Bekämpfung heranzuziehen. Wo das nicht
mit freundlichen Mitteln, was erwünscht ist, gelingt, muß schärfster Terror das Ziel erreichen."
[583] BA-MA, RH 20-2/1445: AOK 2, Abt. O.Qu./Qu. 2, Tätigkeitsbericht für die Zeit vom
12.10.–18.10.1941: „Einwohnerwehren werden weiterhin stark herangezogen und bewähren
sich gut."
[584] Vgl. hierzu BA-MA, RH 20-2/1091: AOK 2, Abt. I c/A.O., Meldung an die H.Gr. Mitte vom
10.8.1941, in der es u. a. heißt, dass die Zivilbevölkerung „die deutschen Truppen als Befreier
vom bolschewistischen Joch" begrüße und „nun auch ein entsprechendes Einschreiten gegen
die noch vorhandenen politischen Funktionäre, Kommunisten usw." erwarte.

und zunehmend auch mit den marodierenden Versprengten und Irregulären[585] für die Deutschen optierten. Gerade im Korück 580 lassen sich solche Initiativen relativ früh festmachen. Seit November 1941 formierte man „versuchsweise" bewaffnete Einwohnerwehren[586] und erste „Hundertschaften" aus Kriegsgefangenen[587].

Gleichzeitig aber herrschte der blanke Terror. Er hatte genau den Effekt, den man eigentlich hatte vermeiden wollen: Während sich nach Monaten härtester Kämpfe und größter Anstrengungen die Aussicht auf einen deutschen Sieg immer mehr verflüchtigte, entstand im Rücken dieser Front ein neuer Kriegsschauplatz, der ebenfalls Kräfte band und der – so das Urteil der 2. Armee – „unübersehbare Folgen für die Sicherheit der Truppe haben" konnte[588].

Diese allmähliche Eskalation zeigte sich auch auf einem anderen Feld, dem der Kriegsgefangenenpolitik. In den ersten Wochen des Krieges hatte dieser Besatzungsverband Versorgung und Abschub der Kriegsgefangenen zunächst „ohne große Schwierigkeiten" bewältigt[589], auch deshalb, weil man noch relativ lax kontrollierte und viele überrollte Rotarmisten ganz einfach laufen ließ. So kam es damals noch vor, dass sie sich im Durcheinander des Kriegsbeginns unbehelligt zwischen den deutschen Transportkolonnen bewegen[590] oder sich sogar in den Wäldern verkrümeln konnten[591]. Auch entließ man einen nicht unbeträchtlichen Teil der Kriegsgefangenen – die „volksdeutschen", baltischen und rumänischen, dann auch teilweise der ukrainischen[592]. Das Beispiel des Durchgangslagers 203, das „meist über die [Verpflegungs-]Sätze hinausgegangen" war[593], belegt eindrücklich, wie sehr sich die Kriegsgefangenenpolitik des Sommers 1941 von dem unterschied, was dann im Herbst folgte. Dass nun auch hier die Dinge rasch eskalierten, lag vor allem an drei Veränderungen: dem Mangel an Verpflegung, der sich bereits im Spätsommer abzuzeichnen begann[594], dem Wetterumschwung seit Herbst 1941

---

[585] Vgl. BA-MA, RH 20-2/1091: AOK 2, Abt. I c/A.O., Erfahrungsbericht vom 17.11.1941: „Der Schaden, den die Bevölkerung durch Beraubung und Terrorisierung durch Partisanen erlitten hat, ist erheblich größer, als die von ihnen beabsichtigte Beunruhigung der deutschen Truppen."
Vgl. auch IfZ-Archiv, MA 91/2: Chef SiPo und SD, Ereignismeldung UdSSR Nr. 92 vom 23.9.1941, wo es u.a. heißt, „daß der größte Teil der Bevölkerung noch partisanenfeindlich eingestellt ist".
[586] BA-MA, RH 20-2/1445: AOK 2, Abt. O.Qu./Qu. 2, Tätigkeitsbericht für die Zeit vom 23.11.–29.11.1941.
[587] Ebda., Tätigkeitsbericht für die Zeit vom 2.11.–8.11.1941.
[588] Ebda., Tätigkeitsbericht für die Zeit vom 3.8.–9.8.1941.
[589] Ebda., Tätigkeitsbericht für die Zeit vom 31.8.–6.9.1941.
[590] Ebda., Tätigkeitsbericht für die Zeit vom 6.7.–12.7.9.1941: „Gegen die Gleichgültigkeit der Truppe gegenüber den vielen noch frei umherlaufenden Kgf. muß energisch eingeschritten werden."
[591] BA-MA, RH 20-2/1445: AOK 2, Abt. O.Qu./Qu. 2, Tätigkeitsbericht für die Zeit vom 3.8.–9.8.1941. Ferner Hartmann, Massensterben, S. 145 (Eintrag vom 12.7.1941). Allerdings beteiligte sich auch der Korück 580 an der Erschießung der versprengten sowjetischen Kriegsgefangenen. Vgl. etwa IfZ-Archiv, MA 885: Korück 580, Abt. Qu., „Richtlinien für Säuberung, Befriedung und Beuteerfassung" vom 31.8.1941: „Fahndung nach russischen Soldaten in Zivil. Frist stellen, bis wann sie sich melden können. Wer nachher angetroffen wird, wird erschossen." Generell hierzu Streit, Kameraden, S. 107f.
[592] BA-MA, RH 20-2/1445: AOK 2, Abt. O.Qu./Qu. 2, Tätigkeitsbericht für die Zeit vom 10.8.–16.8.1941 sowie für die Zeit vom 14.9.–20.9.1941. Vgl. hierzu generell Kap. 5.3.
[593] Jarausch/Arnold, Sterben, S. 298 (Brief vom 26.8.1941).
[594] BA-MA, RH 20-2/1445: AOK 2, Abt. O.Qu./Qu. 2, Tätigkeitsbericht für die Zeit vom 17.8.–23.8.1941. Vgl. hierzu Hartmann, Massensterben, S. 128f.

und schließlich den Massen an Kriegsgefangenen, die damals die Waffen streckten. Das merkte man auch im Korück 580, wo es immer schwieriger wurde, das System der permanenten Improvisation aufrechtzuerhalten. Bislang hatte man die Kriegsgefangenen noch relativ zügig nach Westen abgeschoben, nach den großen Kesselschlachten bei Kiew, Wjasma und Brjansk aber strömten insgesamt weitere 1 447 000 sowjetische Soldaten in die deutschen Lager[595]. Da die westlich davon liegenden Stammlager bereits hoffnungslos überfüllt waren[596], wurde das Kriegsgefangenen-Problem nun „immer ernster", so das AOK 2: „Die Zahlen wachsen auf 50 000–60 000 an, es treten Ernährungsschwierigkeiten hinzu, denen das Personal der Dulags nicht gewachsen ist."[597] Eine Woche später hieß es dann: „Die K[riegs]g[e]f[angenen]-Lage verschärft sich von Tag zu Tag, die Ernährungslage wird immer schwieriger, es drohen Hungerrevolten auszubrechen. Der Abschub mit der Eisenbahn ist völlig unzureichend [...]."[598] Auch die Lager im Rücken der 2. Armee entwickelten sich nun zu wahren Höllenlöchern, auch sie wurden nun zu Tatorten eines gigantischen Verbrechens, dem bis Februar 1942 etwa insgesamt zwei Millionen Kriegsgefangene zum Opfer fielen[599].

Wie weit handelte es sich dabei um eine „gezielte Vernichtung"[600]? Dass Hitler, seine Berater und auch große Teile der Wehrmachtsführung in den sowjetischen Kriegsgefangenen nicht mehr sahen als nützliche Arbeitskräfte, steht außer Frage. Ob diese dabei ums Leben kamen oder nicht, interessierte sie nur wenig. Doch war ein solches Denken keinesfalls Allgemeingut der deutschen Kriegsgefangenenorganisation. Vielmehr ist auch der Fall dieses Besatzungsverbands nicht gerade ein Beweis dafür, dass man dort zielgerichtet auf eine Vernichtung der Gefangenen hingearbeitet hat – im Gegenteil: Noch im Oktober wurden, um nur ein Beispiel zu nennen, dort „unter Heranziehung aller verfügbaren Lkw. und Gespanne, unter Einsatz von La[ndwirtschaft]-Führern und zahlreichen K[riegs]g[e]f[angenen] [...] Verpflegungs-Stützpunkte eingerichtet, von denen aus den K[riegs]g[e]f[angenen]-Lagern Verpflegung zugeführt wird"[601].

Das kann freilich die Mitschuld dieses Korück am Tod dieser Menschen kaum mindern. Doch werden die Verantwortlichkeiten fassbarer. Denn es waren zunächst Hitler und ihm nachfolgend Wehrmachts- und Heeresführung, die von vornherein so dürftige Rahmenbedingungen vorgegeben hatten, dass die Gefangenen nun der Eigendynamik, die dieser Krieg entwickelte, zum Opfer fielen. Dies ist freilich nicht mit einem *von vornherein* festgelegten Mordprogramm zu ver-

---

[595] Vgl. Streit, Keine Kameraden, S. 83. Bei der 2. Armee war es allein im Oktober nochmals ein Zugang von 61 457 Kriegsgefangenen. BA-MA, RH 20-2/1445: AOK 2, Abt. O.Qu./Qu. 2, „Kriegsgefangene", o. D.
[596] Vgl. hierzu BA-MA, RH 22/247: Bfh. Rückwärtiges Heeresgebiet Mitte, Abt. Qu., Tätigkeitsberichte für die Zeit vom 1.–31. 10., 1.–30. 11. und 1.–31. 12. 1941.
[597] BA-MA, RH 20-2/1445: AOK 2, Abt. O.Qu./Qu. 2, Tätigkeitsbericht für die Zeit vom 19. 10.–25. 10. 1941. Vgl. auch IfZ-Archiv, MA 885: Korück 580, Abt. Qu., Befehl vom 17. 10. 1941.
[598] BA-MA, RH 20-2/1445: AOK 2, Abt. O.Qu./Qu. 2, Tätigkeitsbericht für die Zeit vom 26. 10.–1. 11. 1941.
[599] Vgl. hierzu Kap. 5.3.
[600] So Gerlach, Morde, S. 811. Vgl. hierzu auch Hartmann, Massensterben, S. 126 ff.
[601] BA-MA, RH 20-2/1445: AOK 2, Abt. O.Qu./Qu. 2, Tätigkeitsbericht für die Zeit vom 19. 10.–25. 10. 1941. Ferner IfZ-Archiv, MA 885: Korück 580, Befehl vom 22. und 26. 10. 1941.

wechseln. Auch im Falle dieses Korück mussten erst zwei Krisen hinzukommen: die operative Krise des Spätsommers 1941 und die strategische Krise, die sich dann spätestens im Dezember 1941 offenbarte, welche die deutschen Besatzer dazu brachten, die sowjetischen Kriegsgefangenen als „das letzte und schwächste Glied"[602] einfach preiszugeben.

Deren Schicksal war kaum dazu angetan, um ihre Landsleute für die deutsche Sache zu gewinnen[603]. Auch sonst wurde bereits nach über fünf Monaten immer deutlicher, dass die deutsche Herrschaft noch schlimmer sein würde als die sowjetische. Nicht nur die beginnenden Massenerschießungen, der sich langsam formierende Partisanenkrieg und die gnadenlosen deutschen Reaktionen stellten eine immer unerträglichere Belastung dar, sondern auch das System der Überwachung[604] und Ausbeutung, das die Deutschen nun überall errichteten[605]. Dabei war dieser Korück in seiner Funktion als Verbindungselement zwischen dem Gefechts- und dem Besatzungsgebiet gewissermaßen nur der Vorbote der deutschen Besatzungsherrschaft, seine Maßnahmen nicht mehr als ein erstes Provisorium eines Okkupationsregimes, das sich mit zunehmender Entfernung von der deutschen Front immer mehr verstetigte. Im rückwärtigen Teil des deutschen Militärverwaltungsgebiets, unter anderem Einsatzraum der *221. Sicherungsdivision*, war das schon klar zu sehen.

Beim „Krieg", den diese Division mittlerweile führte, hatte sich eine ganz eigene Form des Alltags entwickelt. Seit Juli 1941 lag sie weit hinter der Front in einem immer größer und unübersichtlicher werdenden Hinterland[606]. Diese archaische Landschaft, ‚überwältigend in ihrer leeren Weite'[607], sollte sie nun beherrschen. Ändern sollten sich daran vorerst nur eines, die Grenzen ihres Einsatzraums, die sich nun kontinuierlich nach Osten verlagerten.

Einen Verband wie die 221., der gerade einmal die Schlagkraft einer schlecht ausgerüsteten Brigade besaß[608], musste diese Aufgaben schnell überfordern. Ihr fehlten für die Sicherung weiträumiger Gebiete eigentlich alles: Menschen, Fahrzeuge, Kommunikationsmittel und nicht zuletzt auch die Waffen. Daher konzentrierte man sich weisungsgemäß vor allem auf die Sicherung der großen Verbindungs- und Nachschublinien; sogar einen „behelfsmäßigen Panzerzug" *Leutnant*

[602] So Müller, Scheitern, S. 1015.
[603] IfZ-Archiv, MA 91/2: Chef SiPo und SD, Ereignismeldung UdSSR Nr. 106 vom 14. 11. 1941, wo berichtet wird, dass sich durch die deutschen militärischen Erfolge das Verhältnis zur Zivilbevölkerung verbessert habe. „Eine vorübergehende Trübung entstand lediglich dadurch, daß gefangene Rotarmisten, die dem Transport körperlich nicht gewachsen waren, von den Begleitmannschaften erschossen und an der Marschstraße liegen gelassen wurden."
[604] Vgl. IfZ-Archiv, MA 885: Korück 580, Abt. Qu., „Richtlinien für Säuberung, Befriedung und Beuteerfassung" vom 31. 8. 1941. Ferner ebda., Befehl vom 18. 9. 1941.
[605] Dazu gehörte auch, dass man im November 1941 begann, alle Unterkünfte, die von deutschen Soldaten okkupiert waren, rücksichtslos von Zivilisten zu räumen. Vgl. IfZ-Archiv, MA 885: Korück 580, Abt. Qu., „Besondere Anordnungen für die Versorgung Nr. 1" vom 23. 11. 1941; ebda., Nr. 3 vom 29. 11. 1941.
[606] Im Gegensatz zu den Frontverbänden begann bei der 221. Sicherungsdivision der Übergang zum Bewegungskrieg schon ab Ende Juni. Deshalb wird hier auch auf den Juli Bezug genommen.
[607] Jarausch/Arnold, Sterben, S. 318 (Brief vom 23. 9. 1941): „Für unsereinen ist diese leere Weite überwältigend. Schildern kann sich sie nicht. Aber ihr Bild wird künftig auf dem Grund meiner Seele leben wie das des Meeres und das des Hochgebirges."
[608] IfZ-Archiv, MA 1662: 221. Sich. Div., Abt. I a, Lagebeurteilung vom 4. 11. 1941. Vgl. hierzu auch Kap. 1.

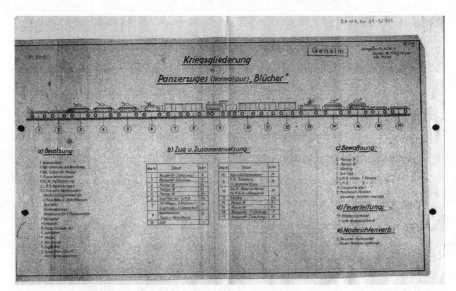

Gliederung eines deutschen Panzerzugs 1942. Sehr wahrscheinlich war der Panzerzug der 221. Sicherungsdivision nicht so gut ausgestattet; vermutlich handelte es sich damals um einen erbeuteten sowjetischen Panzerzug.
(Quelle:BA-MA, RH 21-3/751)

Marx setzte man seit Juli dazu ein[609]. Aufgabe seiner Besatzung, immerhin 78 Mann[610], war nicht nur die „Überprüfung der Betriebsfähigkeit der Gleisanlagen". Mit Hilfe von „Razzien"[611] sollte er „in dem an und für sich mit Truppen sehr dünn belegten Gebietsstreifen beiderseits der Bahnlinie [...] eine sehr bewegliche Einheit" bilden, „die bei Aufsässigkeit oder Unruhe hart zuschlägt. Die Bürgermeister in den an der Straße liegenden Ortschaften sind bei Androhung der Todesstrafe dazu anzuhalten, Sabotagemaßnahmen an Bahnhöfen, Brücken und allen technischen Betriebsanlagen zu verhindern."

Der Tenor dieses Befehls verhieß nichts Gutes. Wie man sich denn die Besatzungspolitik dieser Sicherungsdivision vorzustellen hat, soll eine einzige, durchschnittliche Tagesmeldung veranschaulichen. Der 16. September 1941 war für die Division ein Tag ohne „besondere Vorkommnisse"; damals berichtete ihre Führung über eine „Säuberungs-Aktion im Raum um Ossipowitschi"[612]. Man habe

---

[609] IfZ-Archiv, MA 1661: 221. Sich. Div., Abt. I a, Divisionsbefehl vom 10.7.1941, „Aufstellung eines Panzerzuges"; ebda., 221. Sich. Div., Abt. I a, Divisionsbefehl vom 11.7.1941. IfZ-Archiv, MA 1667: 221. Sich. Div., Abt. I b, Kriegstagebuch, Eintrag vom 16.7.1941. Dies entsprach einer Idee Hitlers, der „auch Panzer-Eisenbahnzüge" als „unentbehrlich" für die Sicherung des Gebiets bezeichnete. Chef OKW, Schreiben an Chef HRüst und BdE vom 5.7.1941. Druck: Müller (Hrsg.), Okkupation, S. 104 f.

[610] IfZ-Archiv, MA 1661: Inf. Rgt. 350, Meldung an 221. Sich. Div. vom 25.7.1941.

[611] IfZ-Archiv, MA 1661: 221. Sich. Div., Abt. I a, Befehl an Divisions-Panzerzug „Leutnant Marx" vom 26.7.1941. Auch zum Folgenden. Vgl. hierzu auch Shepherd, War, S. 80.

[612] IfZ-Archiv, MA 1665: 221. Sich. Div., Abt. I a, Tagesmeldung an den Bfh. Rückw. Heeres-Geb. Mitte vom 16.9.1941.

„47 Personen wegen Partisanenverdacht festgenommen und 31 Partisanen erschossen." Ferner seien 16 sowjetische Soldaten als Kriegsgefangene eingebracht und 2 kommunistische Agenten hingerichtet worden, „keine eigenen Verluste". Dies war damals der Alltag der 221. Sicherungsdivision – zumindest in seiner knappsten Form der buchhalterischen Bilanz, die hier ohne jedes Zeichen von Emotion gezogen wurde. Aber gerade die ungerührte, präzise Sachlichkeit ihrer Tagesmeldungen zeichnen ein sehr genaues Bild von der Geschichte dieses Besatzungsverbands. In der Zeit von Juli bis November 1941 findet sich eigentlich kaum eine Tagesmeldung der 221., in der einmal *nicht* über ein deutsches Kriegsverbrechen berichtet würde: erschossene Kommissare; Juden, die man dem SD übergeben oder gleich selbst „beseitigt" hatte; Zivilisten oder Kriegsgefangene, die dem bloßen Verdacht der Partisanenunterstützung zum Opfer gefallen waren; oder Kriegsgefangene, die „auf der Flucht erschossen" wurden. Die Exekution als Routine. Immerhin fällt auf, dass sich die Zahl dieser Opfer – verglichen mit einem Massenverbrechen wie dem von Bialystok – *anfangs* in Grenzen hielt[613]. So meldete die 221. Sicherungsdivision, sie habe in der Zeit von Anfang Juli bis Mitte September 134 Partisanen exekutiert, jedoch 3400 gefangen genommen und ferner 126 „Partisanenhelfer" festgesetzt[614]. Für die Verhältnisse dieses Krieges war dies zunächst eine vergleichsweise dünne Blutspur, die diese Division bei ihrem Marsch nach Osten hinter sich zog, vor allem dann, wenn man sich die Relationen vergegenwärtigt: Von über 3500 gefangen genommenen „Partisanen" (bzw. Personen, die man als solche bezeichnete) hatte sie 3,8 Prozent erschossen. Angesichts einer obersten Führung, die bei der Besatzungspolitik „sehr brutal" durchgreifen wollte[615], so ihr eigenes Eingeständnis, hätte man eigentlich anderes erwarten müssen[616].

Allerdings änderte sich das im September. Nachdem die Divisionsführung zu Beginn des Monats „eine noch intensivere und schärfere Handhabung der den

---

[613] Diese Zäsur lässt sich auch statistisch nachvollziehen. In der Zeit vom 22.6.–3.7.1941 registrierte die 221. Sich. Div. 4004 Gefangene, von denen sie sieben als Kommissare und 323 als „Freischärler" erschoss. Vermutlich sind darunter auch die Morde in Bialystok subsumiert. Danach sank die Zahl der Opfer deutlich. In der Woche vom 4.7.–11.7. wurden „3 Freischärler erschossen" und „16 zivil-polit[ische] Kommissare an Schutzpoliz[ei] abgegeben", in der Zeit vom 12.7.–16.7. „7 zivil-polit[ische] Kommissare". Vgl. IfZ-Archiv, MA 1661: 221. Sich. Div., Abt.I c, Meldung „Kriegsgefangene" vom 16.7.1941; BA-MA, RH 24-7/138: VII. A. K., Abendmeldung an AOK 4 vom 1.7.1941. So auch das Urteil von Shepherd, War, S.83ff.

[614] Die Angaben sind zwei Quellen entnommen, dem Kriegstagebuch der 221. Sicherungsdivision (IfZ-Archiv, MA 1660) und ihren Tagesmeldungen an den Befehlshaber des Rückwärtigen Heeresgebiets Mitte (IfZ-Archiv, MA 1665), wobei hier die Zahl der toten Partisanen etwas höher liegt. Die hier verwendeten Angaben orientieren sich an den höheren Zahlen. Dort auch die im Folgenden genannten Zahlen.

[615] So der Chef OKW über Hitlers Meinung in einem Schreiben an den Chef HRüst u BdE vom 5.7.1941, Druck: Müller (Hrsg.), Okkupation, S.104f., hier S.104. Vgl. auch Kap.5.5.

[616] Aufschlussreich ist ein Vergleich mit den Meldungen anderer Sicherungsdivisionen. Bis zum 30.9.1941 meldete die 281. Sich. Div. 1535 Gefangene, von denen sie 270 (17,5%) tötete, bei der 285. Sich. Div. betrug das Verhältnis 10034 zu 410 (4%) und bei der 207. Sich. Div. schließlich 32392 zu 1952 (6%). Diese großen Unterschiede bei den prozentualen wie auch absoluten Angaben sprechen für die verhältnismäßig große Selbständigkeit der einzelnen Divisionskommandeure bei der Umsetzung der Rahmenrichtlinien. Meldung des Bfh. Rückw. Heeresgebiet Nord vom 29.10.1941, Druck: Müller (Hrsg.), Okkupation, S.114f.
Dass die 221. keine Ausnahme unter den Sicherungsdivisionen im Bereich der Heeresgruppe Mitte (221., 286. und 403.) darstellte, belegt Shepherd, War, S.84f., 102f. Allerdings betont er auch, dass die 221. sich längst nicht so stark an der Zerstörung von Ortschaften beteiligte wie die beiden anderen Sicherungsdivisionen.

Truppenkommandeuren überlassenen Befugnisse"[617] gefordert hatte, tötete die
221. in den darauf folgenden drei Monaten insgesamt 1 847 „Partisanen"[618]; weitere 8 417 Menschen wurden als „Partisanen" sowie 3 820 als „Partisanenhelfer"
oder als „partisanenverdächtig" festgesetzt[619]. Nicht allein diese Zahlen erschrecken, sondern auch das Regelmäßige und Lakonische, mit der die Divisionsführung darüber berichtete. Die 221. hatte sich ganz offensichtlich damit abgefunden,
dass in diesem Krieg nicht nur militärische Aufgaben auf sie warteten. Ab Herbst
1941 begann ihr Tun zunehmend dem eines Einsatzkommandos zu ähneln, selbst
wenn letztere deutlich mehr Menschen umbrachten[620].

Das lag auch daran, dass die Sicherungsdivisionen als eine Art Bindeglied zwischen Himmlers Todesschwadronen im Hinterland und der eigentlichen Front
fungierten, was regional, aber auch funktional zu verstehen ist[621]. Denn mit den
militärischen Aufgaben wollten sich SS und Polizei damals nicht abgeben; das
überließen sie dann doch gern der Wehrmacht[622]. So forderte die Einsatzgruppe B
Ende September, „daß die Bekämpfung der Partisanen keine ausschließlich sicherheitspolizeiliche, sondern im Hinblick auf die Stärke und Bewaffnung festgestell-
ter Partisanengruppen vor allem eine militärische Aufgabe sei"[623]. Tatsächlich re-

---

[617] IfZ-Archiv, MA 1661: 221. Sich. Div., Abt. I a, „Divisionsbefehl für die am 6.9.41 erfolgende
       Übernahme des erweiterten Div.-Bereiches". Bereits am 31.8.1941 hatte der Divisionskom-
       mandeur eine Verschärfung der Besatzungspolitik angekündigt. Ebda.: 221. Sich. Div., Abt. I a,
       Befehl vom 31.8.1941.
[618] Eine Unterscheidung zwischen tatsächlichen oder vermeintlichen Partisanen lässt sich auf-
       grund der deutschen Quellen nicht treffen. Entscheidend war, dass die Frist, die der Befehls-
       haber des Rückwärtigen Heeresgebiets Mitte, General Max von Schenckendorff, versprengten
       Rotarmisten eingeräumt hatte, um sich bei deutschen Dienststellen zu melden, am 15.9.1941
       abgelaufen war. Danach sollten alle sowjetischen Soldaten, die sich noch im Militärverwal-
       tungsgebiet befanden, wie Partisanen behandelt werden. Vgl. hierzu Gerlach (Morde, S. 878 f.
       mit Anm. 103), der freilich auch den Befehl des I c/A.O. der Heeresgruppe Mitte, Oberstleut-
       nant Rudolf-Christoph Frhr. von Gersdorff, zitiert, demzufolge *uniformierte* Rotarmisten
       „als Kriegsgefangene zu behandeln" seien. Diese Befehlslage erweiterte zumindest im Bereich
       der Heeresgruppe Mitte die Handlungsspielräume jeder Einheit. Damit lässt sich sowohl die
       Tatsache erklären, warum die Opferzahlen bei der 221. Sicherungsdivision seit September
       sprunghaft in die Höhe schnellten, wie auch der Umstand, dass mehrere Tausend Partisanen
       als „festgesetzt", aber als *nicht* erschossen gemeldet wurden.
[619] Die Zahl der erschossenen Partisanen, die Shepherd nennt (War, S. 85), ist mit 1 746 Opfern
       niedriger.
[620] Die 221. Sicherungsdivision kooperierte schon bald eng mit dem Einsatzkommando 8. In ih-
       rem Tätigkeitsbericht vom 14.7.1941 meldete die Einsatzgruppe B: „Ab 5.7.41 löste sich das
       EK 8 zunächst von der Sich. Div. 221., rückte über Slonim, Baranowitschi und Stolbzy vor und
       erreichte am 8.7.41 mit seiner Spitze Minsk. Zwecks Durchführung umfangreicher sicherheits-
       polizeilicher Maßnahmen im Bereich der Sicherungsdivisionen 221 und 252 [sic!] operiert das
       EK 8 seit 8.7.41 in Baranowitschi und Umgebung, Slonim und Umgebung sowie Stolpce [sic]
       und Umgebung." Einsatzgruppe B, Tätigkeitsbericht für die Zeit vom 23.6.1941 bis 13.7.1941,
       in: Klein (Hrsg.), Die Einsatzgruppen in der besetzten Sowjetunion 1941/42, S. 377 f.
[621] Klein (Hrsg.), Die Einsatzgruppen in der besetzten Sowjetunion 1941/42, S. 125 f.
[622] Diese unterschiedlichen Funktionen von Wehrmacht auf der einen sowie Polizei und SS auf
       der anderen Seite wurde auch in deren Verlusten klar erkennbar. So meldete die 221. Sich. Div.
       dem Bfh. Rückw. Heeresgebiet Mitte bis zum 31.12.1942 insgesamt 1 415 Mann Verluste
       (Tote, Verwundete und Vermisste, und zwar nur für die Zeit ihrer Unterstellung). Das Polizei-
       Regiment Mitte, das dem Befehlshaber noch länger unterstellt war, verlor in derselben Zeit
       insgesamt 42 Mann. Bfh. Rückw. Heeresgebiet Mitte, Aufstellung über die Verluste der ihm
       unterstellten Sicherungstruppen, Stand: 31.12.1942, in: Müller, (Hrsg.), Okkupation, S. 142 f.
[623] IfZ-Archiv, MA 91/2: Chef SiPo und SD, Ereignismeldung UdSSR Nr. 92 vom 23.9.1941.
       Allerdings wollte die Einsatzgruppe nicht darauf verzichten, an den „Großaktionen" der
       Wehrmacht „kleinere sicherheitspolizeiliche Kommandos" zu beteiligen, um diese dann in ih-
       rem Sinne zu kontrollieren.

*Erster Widerstand: zerstörte Zugmaschine des Polizei-Bataillons 309, wahrscheinlich Herbst
1941*
(Quelle: HSA, R 4 Nr. 34239-212A)

gistrierte die 221. schon im August 1941 eine „bewaffnete Bande von 1000 Mann",
die in ihrem Sicherungsgebiet unterwegs war[624]. Selbst wenn deren Status unklar
bleibt: versprengte sowjetische Soldaten, die man – entgegen dem herrschenden
Kriegsrecht – ganz einfach zu Partisanen erklärte, oder Vorboten einer sich formierenden Untergrundbewegung, die irregulär kämpfte?, so zeigt dieser Vorfall
doch, dass es nicht ausschließlich die ideologischen Vorgaben der deutschen Führung waren, die damals für die Radikalisierung dieses Besatzungsverbands sorgten.
Es war auch ein Krieg, der auf sein Hinterland übergriff und dem sich die deutschen Besatzungsverbände immer weniger gewachsen fühlten.

Doch hat auch ein Verband wie die 221. wenig dazu getan, um dieser Eskalation
der Gewalt entgegenzuwirken. Noch in den ersten Tagen dieses Krieges war sie in
den ehemaligen ostpolnischen Gebieten und auch im westlichen Weißrussland
„mit Blumen, Salz und Brot als Befreier vom Sowjet-Joch"[625] begrüßt worden.

---

[624] IfZ-Archiv, MA 1660: 221. Sich. Div., Abt. I a, Kriegstagebuch, Eintrag vom 6.8.1941. Zur
selben Zeit registrierte auch die Einsatzgruppe B erste „Kämpfe mit Partisanengruppen" Vgl.
IfZ-Archiv, MA 91/1: Chef SiPo und SD, Ereignismeldung UdSSR Nr. 50 vom 12.8.1941.
Auch Shepherd (War, S. 96) unterstreicht, dass seit Ende August 1941 der Partisanenkrieg auch
für die 221. zu einem echten Problem wurde.

[625] IfZ-Archiv, MA 1660: 221. Sich. Div., Abt. I a, Kriegstagebuch, Eintrag vom 23.6.1941. Vgl.
hierzu auch BA-MA, RH 24-7/138: VII. A. K., Morgenmeldung an AOK 4 vom 1.7.1941:
„Vielerorts freudige Begrüßung unserer Truppen, in einem Fall Errichtung von Straßenaltären
und Darbietung von Salz und Brot. In Bialystok erfolgt Zertrümmerung von Sowjetdenkmä-
lern unter großem Beifall der polnischen Bevölkerung." Ferner: Tätigkeits- und Lagebericht
Nr. 1 des Chefs der SiPo und des SD vom 31.7.1941, in: Klein (Hrsg.), Einsatzgruppen, S. 112-
133, hier S. 125f. Generell hierzu Arnold, Wehrmacht, S. 147ff.

Diese Chancen hatte ihre Führung aber nicht genützt – mit der Folge, dass ein Generalstabsoffizier dieser Sicherungsdivision schon einen knappen Monat später ein sehr ernüchterndes Fazit ziehen musste: „Die Stimmung und Haltung der Bevölkerung – auch der polnischen – ist durchaus feindlich. Vertrauensseligkeiten, Anbiederung und gutgläubige Nachlässigkeit sind nicht am Platze."[626] Das war kein gutes Ergebnis. Denn die 221. war auf eine ethnisch, sozial und auch politisch sehr heterogene Gesellschaft getroffen, wie ihr I c klar erkannte: „In dem abzutretenden Gebiet setzt sich die Bevölkerung aus Weißrussen, Polen und Juden zusammen. [...] Die souveräne Beherrschung dieses alten Volkstumskampfes unter gleichzeitiger Ausmerzung des Judentums ist zugleich der Schlüssel zur totalen politischen und wirtschaftlichen Befriedung des Gebietes."[627] Natürlich hatten diese verschiedenen Gruppen ganz unterschiedlich auf den Einmarsch der Deutschen reagiert. Wenn es diesen dennoch in nur knapp vier Wochen auch hier gelang, sich schließlich *alle* zum Gegner zu machen, dann bedarf das kaum noch eines Kommentars. Trotz aller anderslautenden Weisungen, wie man sie teilweise auch damals bei der 221. erließ[628], waren die deutschen Besatzer nicht in der Lage, angemessen auf die Erwartungen und Bedürfnisse dieser multiethnischen Gesellschaft[629] einzugehen.

Wie wir gesehen haben, blieb dies nicht ohne Folgen, schon bald regte sich erster Widerstand[630]. Gleichzeitig begann man auch im militärischen Hinterland zu spüren, dass es an der Front nicht so lief, wie geplant. Auch die Besatzungsverbände gerieten nun mehr und mehr unter Druck, auch sie sollten vor Einbruch des Winters noch unbedingt eine Entscheidung erzwingen. Doch genau das erwies sich als immer schwieriger. Das Besatzungsgebiet, das sie sichern sollten, wurde von Woche zu Woche größer, immer häufiger wurden Truppen aus dem Hinterland an die Front geworfen, und mit dem Herbst 1941 begannen auch die wirtschaftlichen Verteilungskämpfe in den rückwärtigen Gebieten härter zu werden. Noch folgenreicher aber waren die Impulse von oben. Als sich Ende September 1941 Vertreter von SS, Polizei und Wehrmacht in Mogilew zu jenem berüchtigten Lehrgang zur „Bekämpfung von Partisanen" trafen, war auch die 221. durch einige Offiziere vertreten. Spätestens dieser „Erfahrungsaustausch" markiert eine neue Phase der deutschen Besatzungsherrschaft[631]. Wenn der Divisionspfarrer der 221.

---

[626] IfZ-Archiv, MA 1661: 221. Sich. Div., Abt. I a, Divisionsbefehl vom 19.7.1941.

[627] IfZ-Archiv, MA 1667: 221. Sich. Div., Abt. I c, „Übergabebericht über Haltung, Stimmung und politische Strömungen innerhalb der Bevölkerung des am 1.8.41 an die Verwaltung Ostpreußens abzutretenden ehem. Russischen Gebietes". Zur Geschichte dieser Gebiete vgl. Brown, A Biography of no Place.

[628] Vgl. hierzu BA-MA, RH 26-221/14 b: 221. Sich. Div., Abt. I a, „Divisions-Befehl für die Übernahme des am 22.9. erweiterten Sicherungsbereiches" vom 21.9.1941, in dem eine ausreichende Versorgung der Zivilbevölkerung gefordert wurde, um dem Anwachsen der Partisanenbewegung entgegenzusteuern.

[629] Zur Struktur dieser Gesellschaft vgl. Chiari, Alltag, passim; Gerlach, Morde, S. 36ff. sowie Musial, Sowjetische Partisanen, S. 10ff.

[630] Vgl. auch IfZ-Archiv, MA 91/2: Chef SiPo und SD, Ereignismeldung UdSSR Nr. 92 vom 23.9.1941, wo ebenfalls ein „Abgleiten der Stimmung" bei der Landbevölkerung registriert wird.

[631] Der Lehrgang fand vom 24.9.–26.9.1941 im Raum Mogilew statt, dem Standort des Befehlshabers des Rückwärtigen Heeresgebiets Mitte. Vgl. die einschlägigen Dokumente, in: Verbrechen der Wehrmacht, S. 462ff. Zur Quellenlage: Gerlach, Morde, S. 644, Anm. 773. Generell

Deutsche Soldaten bei einer
Hausdurchsuchung 1941
(Quelle: BSB, Fotoarchiv Hoffmann
63201)

damals „bei weitem nicht alle" Zivilisten für vertrauenerweckend hielt[632] oder
wenn das Gericht dieser Division den „Rückgang der anfallenden Strafsachen"
auch mit dem Kriegsgerichtsbarkeitserlass „Barbarossa" begründete, so sind das
bezeichnende Schlaglichter. Selbst die Kriegsrichter empfahlen mittlerweile „die
Aburteilung den Truppen bzw. den Offizieren selbst zu überlassen"[633]. Jene, die
eigentlich für die Pflege des Rechts in dieser Division vorgesehen waren, hatten
sich gewissermaßen selbst dispensiert.

Was aber besagt diese Entwicklung über die Angehörigen dieses Sicherungsver-
bands? Lässt sich deren Mentalität tatsächlich als eine Mischung aus „Mordlust
und Sadismus, Gefühlskälte und sexuelle[r] Perversionen"[634] beschreiben? Dagegen sprechen gleich mehrere Beobachtungen – die Tatsache, dass die Monate Juli
und August verhältnismäßig „ruhig" verlaufen waren, der Umstand, dass man die
Mehrheit der gefangen genommenen „Partisanen" nicht getötet hatte und nicht
zuletzt der Sozialcharakter der Besatzungsverbände. Bei ihren Angehörigen, von

---

hierzu: Krausnick, Truppe, S. 217f.; Förster, Sicherung, S. 1043f.; Birn, Zweierlei Wirklichkeit,
S. 282f.; Gerlach, Morde, S. 566, 643f.; Mallmann, Deutscher Osten, S. 144f.; Hürter, Heerführer, S. 558ff. Kritisch hingegen Arnold, Wehrmacht, S. 456 mit Anm. 258.

[632] Schlesische Tageszeitung vom 16.11.1941, „Auf der Rollbahn". Beim Autor dieses Artikels
handelte es sich um den katholischen Divisionspfarrer der 221. Sicherungsdivision.

[633] IfZ-Archiv, MA 1668: 221. Sich. Div., Abt. III, Tätigkeitsbericht für die Zeit vom 12.5.–
14.12.1941. Auch zum Folgenden.

[634] So die Interpretation von Heer, Killing Fields, S. 64.

ihrem Zuschnitt biedere Familienväter[635], handelte es sich meist nicht um Überzeugungstäter. So kritisierte der Befehlshaber des Rückwärtigen Heeresgebiets Mitte, dass die 221. „etwa 20 Kommunisten gefasst und in das ‚Gefängnis' eingeliefert" habe. „Die Einlieferung in das Gefängnis zur gerichtlichen Aburteilung ist verboten. Die Kommunisten sind dem SD sogleich zu übergeben."[636] Im September wurde ein Soldat der 221. gerügt, weil er Zivilisten, die eine deutsche Fernmeldeleitung zerstört hatten, nicht sofort erschossen, sondern einem vorbeifahrenden LKW mitgegeben hatte[637]. Und noch im Oktober mussten beim Infanterie-Regiment 350 Exekutionen von den Offizieren übernommen werden, weil „die Masse der Männer [...] zu weich" sei, wie ein Bericht bemängelte[638]. Wohlgemerkt: Hier handelt es sich um offizielle Aufzeichnungen, nicht um private. Obwohl die Lage im Hinterland schwieriger wurde und obwohl die Vorgesetzten – angefangen von der Wehrmachtsführung – systematisch auf eine Radikalisierung der Truppe hinarbeiteten[639], war „die Masse der Männer" noch immer nicht bereit, sich zum Vollstrecker eines Vernichtungsprogramms zu machen, das sich militärisch immer weniger begründen ließ.

Da die Divisionsführung aber genau diesen Kurs befürwortete, setzte sie zunächst auf andere Kräfte – auf die Geheime Feldpolizei (707)[640] und das bereits einschlägig bekannte Polizeibataillon 309[641]. Aber auch mit dem Polizei-Regiment

---

[635] Vgl. Kap. 2.1.
[636] IfZ-Archiv, MA 1661: Bfh. Rückw. Heeres-Geb. Mitte, Abt. I a, Befehl an die 221. Sich. Div. vom 26.7.1941.
[637] Ebda., Befehl an die 221. Sich. Div. vom 17.9.1941.
[638] IfZ-Archiv, MA 1666: Inf. Rgt. 350, Voraus-Abt., Meldung an 221. Sich. Div. vom 14.10.1941. Wenn Gerlach (Morde, S. 873) schreibt, man habe die Exekutionen „sozusagen als Ehrendienst aufgefasst und ausschließlich von Offizieren ausgeführt", so stellt das in diesem Fall die Dinge auf den Kopf.
[639] So auch der Eindruck von Shepherd, War, S. 99, 106f.
[640] Vgl. etwa IfZ-Archiv, MA 1665: 221. Sich. Div., Abt. I a, Meldung an den Bfh. Rückw. Heeres-Geb. Mitte vom 18.9.1941 und vom 8.11.1941. Zu ihrer Funktion als „Genickschuß-Spezialisten" vgl. Kap. 5.4.
[641] Im Zeitraum vom 17.9.–3.10.1941 ermordeten Angehörige des Bataillons „mindestens" 25 Juden, darunter auch Kinder, in Dobrjanka. Außer diesen Ereignissen und denen in Bialystok ermittelten die deutschen Behörden wegen folgender Straftaten, die dem Polizei-Bataillon 309 allein bis Mai 1942 vorgeworfen wurden:
   1. Erschießung von mindestens vier Partisanen;
   2. Erschießung von 13 männlichen Juden am 5.10.1941 in Kletnja als Vergeltung für einen Partisanenüberfall;
   3. Erschießung von zwei sowjetischen Offizieren und einem Zivilisten sowie eines Partisans;
   4. Erschießung von zwei Frauen wegen Partisanenunterstützung am 6.10.1941 sowie des Sohnes einer dieser Frauen wegen Partisanenverdachts;
   5. Erschießung von drei Zivilisten wegen Partisanenunterstützung;
   6. Erschießung einer Frau in dem Dorf Alen am 13.10.1941 wegen Partisanenverbindung;
   7. Erschießung von sieben Zivilisten wegen Verdachts der Partisanentätigkeit am 15.10.1941;
   8. Erschießung von drei verdächtigen Personen am 17.10.1941, da sie keine Ausweise hatten;
   9. Erschießung einer Frau, die Partisanen unterstützte;
  10. Erschießung von fünf Russen wegen Partisanenunterstützung;
  11. Erschießung eines Partisanen;
  12. Erschießung einer Frau, die Sprengstoff bei sich führte;
  13. Erschießung von fünf Männern in einer Kolchose;
  14. Erschießung von zwei bis drei Russen wegen Partisanenverdachts;
  15. Erschießung von 10 Russen wegen Waffenbesitzes;
  16. Erschießung von vier Partisanen;
  17. Erschießung eines Russen ohne Papiere;

Mitte[642] und dem Einsatzkommando 8 arbeitete die 221. Sicherungsdivision im Herbst 1941 eng zusammen[643]. Diese Einheiten hatten bereits viel auf dem Kerbholz, nicht nur Morde. So hatte das Polizei-Bataillon 309, um nur ein Beispiel zu nennen, am 18. Juli 1941 vom Höheren SS- und Polizeiführer den Befehl bekommen, „die Räumung aller im Bialowiczer Forst gelegenen Ortschaften schnellstens durchzuführen", weil Reichsmarschall Hermann Göring in seiner Funktion als Reichsforst- und Reichsjägermeister auf die glorreiche Idee gekommen war, dieses Gebiet als „Naturschutzgebiet" auszuweisen[644].

Noch folgenreicher war freilich der Beitrag dieses Bataillons zum Holocaust. Schon im Juli 1941 bekam es den Befehl, alle männlichen Juden „in einem Lager unterzubringen und zu Arbeitskommandos zusammenzufassen"[645], die man zunächst als „Judenkolonnen" für den Unterhalt der Rollbahnen einsetzte[646], wobei diese Befehle nicht von Himmler kamen, sondern eben von der Führung der 221. Sicherungsdivision. Da diese in den Juden eine Art Katalysator der Partisanenbewegung sah[647], sollten Repressalien – so ein Befehl des Divisionskommandeurs –

18. Erschießung von einer Frau wegen Partisanenverdachts;
19. Erschießung von sechs Angehörigen eines Partisanen;
20. Erschießung von mindestens 10 Partisanen;
21. Erschießung von zwei Russen;
22. Erschießung von 32 Partisanen in einem Bombentrichter (Genickschuß);
23. Erschießung von Kriegsgefangenen in Letoschniki;
24. Erschießung eines Zivilisten, der 30 gebündelte fortlaufend nummerierte Drei-Rubelscheine bei sich hatte;
25. Erschießung von zwei Russen am 6.11.1941 in Letoschniki wegen Partisanenverdachts; einer hatte angeblich Unwahrheiten gesagt, der andere hatte gebündelte und fortlaufend nummerierte Fünf-Rubelscheine im Besitz;
26. Erschießung des Starosten aus Litinow am 7.11.1941, da er eine Brücke nicht hatte bewachen lassen;
27. Erschießung von drei Gefangenen wegen Fluchtversuchs bzw. Partisanenverdachts;
28. Erschießung eines Juden, den man zuvor gequält hatte.
Außerdem wurden dem Bataillon vorgeworfen: Erschießungen in Letoschniki, die Verbrennung von zwei Partisanen in einem Haus sowie der Befehl zur Erschießung eines Kriegsgefangenen (der angeblich verweigert wurde). Angaben nach: HStA Düsseldorf, Zweigarchiv Schloß Kalkum: StA Dortmund (Z) (Wuppertal), 45 Js 21/61: Verfahren gegen Angehörige des Polizei-Bataillons 309; ebda., 45 Js 21/61, 45 Js 13/66 sowie 10 Js 56/65; BAL, 205 AR-Z 20/60, Vernehmung E. D. vom 26.3.1963; Klemp, Kölner Polizeibataillone, S. 284f.; Curilla, Ordnungspolizei, S. 508 ff.; Waffen-SS und Ordnungspolizei im Kriegseinsatz 1939–1945, S. 636.
[642] Curilla, Ordnungspolizei, S. 557.
[643] IfZ-Archiv, MA 91/2: Chef SiPo und SD, Ereignismeldung UdSSR Nr. 90 vom 21.9.1941; Gerlach, Die Einsatzgruppe B, hier S. 54; Einsatzgruppe B, Tätigkeitsbericht für die Zeit vom 23.6.1941 bis 13.7.1941, in: ebda., hier S. 377f. Zum Einsatzkommando 8 vgl. Ogorreck, Einsatzgruppen, S. 120 ff.; Curilla, S. 426 ff., 557.
[644] IfZ-Archiv, MA 1661: Bfh. Rückw. Heeresgeb. Mitte, Abt. I a, Befehl an die 221. Sich. Div. vom 18.7.1941. Göring hatte sich Anfang Juli 1941 persönlich ein Bild über die Verhältnisse vor Ort gemacht und dabei auch antisemitische Maßnahmen angeordnet. Dabei wurden 34 Dörfer geräumt, 6446 Einwohner vertrieben und mindestens 150 Personen erschossen. Vgl. Curilla, Ordnungspolizei, S. 550f.; Arnold, Wehrmacht, S. 508f. Fehn, „Lebensgemeinschaft von Volk und Raum".
[645] IfZ-Archiv, MA 1667: 221. Sich. Div., Abt. I a, Befehl vom 8.7.1941. Diese wurden in den folgenden Tagen in ein „Judenlager in Hajnowka" überführt und zu „Instandsetzungsarbeiten auf den Straßen" eingesetzt. Ferner: IfZ-Archiv, MA 1665: 221. Sich. Div., Abt. I a, Meldung an Bfh. Rückw. Heeres-Geb. Mitte vom 10.7.1941.
[646] IfZ-Archiv, MA 1665: 221. Sich. Div., Abt. I a, Meldungen an Bfh. Rückw. Heeres-Geb. Mitte vom 8.7. und 15.7. 1941.
[647] Zum Antisemitismus in der 221. Sicherungsdivision vgl. Shepherd, War, S. 64ff., 70, 93; Krausnick/Wilhelm, Truppe, S. 247 sowie Kap. 5.4.

„besonders Juden" treffen[648]. Wie um die Zahl der militärischen Komplizen zu erhöhen, befahl die Divisionsführung, dass sich ihr Infanterie-Regiment (350) daran durch „Begleitkommandos" und „Wachgestellung" im „gegenseitigen Einvernehmen" mit dem Polizei-Bataillon 309 zu beteiligen habe[649]. Bei der Führung des IR 350 fielen diese Befehle offensichtlich auf fruchtbaren Boden. Schon im folgenden Monat vertrat sein Kommandeur die Ansicht, dass „die Judenfrage [...] radikaler gelöst werden" müsse[650].

Im Gegensatz dazu war der Terror dieser Sicherungsdivision bei der Partisanenbekämpfung nicht allein das Resultat weltanschaulicher Wahnvorstellungen. Zwar begann ein systematischer Guerilla-Krieg erst langsam an Raum zu gewinnen, doch registrierte man im Hinterland der Heeresgruppe Mitte schon im Juli 1941 erste Fallschirmspringer, die berüchtigten „Diversanten"[651]. Ende August traf es dann auch die 221.: Bei einem ersten größeren Zusammenstoß mit Partisanentrupps wurden fünf Deutsche getötet und einer schwer verletzt[652], tags darauf, am 31. August, zerstörte eine „Partisanenbande" eine Blockhütte an einer Eisenbahnlinie: „Der Führer der Blockstelle wurde getötet, 4 Mann verwundet."[653] Doch agierten auch die sowjetischen Partisanen mitunter ähnlich grobschlächtig wie ihre deutschen Gegner. In den Akten der 221. ist etwa von einer „Bande" die Rede, „die auf 500 Köpfe geschätzt wird"[654]. Sie hätten einen Förster mit Benzin übergossen und ihn in seinem Haus verbrannt, außerdem die Bewohner in Grodsjanka drangsaliert und anschließend „den Bürgermeister und 8 weitere Personen wegen ihrer Deutschfreundlichkeit erschossen"[655].

---

648 IfZ-Archiv, MA 1661: 221. Sich. Div., Abt. I a, Befehl an Feld-Kdtr. 549 vom 18.7.1941.
649 Die Tatsache, dass der Terror dieser Sicherungsdivision seit Herbst 1941 zunehmend auch Juden traf, ist wahrscheinlich eine Folge von Keitels Erlass vom 12.9.1941, der den Arbeitseinsatz von Juden bei Dienststellen der Wehrmacht grundsätzlich verbot – mit Ausnahme von „besonders zusammengefassten Arbeitskolonnen". Für viele Juden, die bislang im Umfeld der Wehrmacht noch überlebt hatten, bedeutete das das Todesurteil. Druck: Müller (Hrsg.), Okkupation, S. 72; Shepherd, War, S. 86ff.; Gerlach, Morde, S. 578.
650 IfZ-Archiv, MA 1666: Inf. Rgt. 350, Bericht an die 221. Sich. Div. vom 19.8.1941. Dort heißt es weiter: „Ich schlage Erfassung aller auf dem Lande lebenden Juden in bewachten Sammel- und Arbeitslagern vor. Verdächtige Elemente müssen beseitigt werden."
651 Vgl. etwa IfZ-Archiv, MA 1665: 221. Sich. Div., Abt. I a, Meldung an Bfh. Rückw. Heeres-Geb. Mitte vom 20.7.1941; IfZ-Archiv, MA 1661: Bfh. Rückw. Heeres-Geb. Mitte, Abt. I a, Weisung betr. „Partisanenbekämpfung" vom 26.8.1941. IfZ-Archiv, MA 1661: OKH/GenStdH, Fr. H. Ost, Befehl Nr. 1600/41 vom 12.9.1941, Anlage: [Sowjetische] „Instruktion für die Organisation und Tätigkeit der Partisanen-Abteilungen und Diversions-Gruppen". Zum Einsatz der Diversanten vgl. Slepyan, People's Avengers, S. 36ff.
652 IfZ-Archiv, MA 1665: 221. Sich. Div., Abt. I a, Meldung an Bfh. Rückw. Heeres-Geb. Mitte vom 30.8.1941.
653 Ebda., Meldung an Bfh. Rückw. Heeres-Geb. Mitte vom 31.8.1941. Die Eisenbahnlinien begannen nun zum bevorzugten Angriffsziel der Partisanen zu werden. Vgl. etwa IfZ-Archiv, MA 1661: 221. Sich. Div., Abt. I a, Meldung an Bfh. Rückw. Heeres-Geb. Mitte vom 18.9.1941.
654 IfZ-Archiv, MA 1666: 9./Inf. Rgt. 350, „Bericht über die Nacht vom 16. zum 17.9.1941" vom 19.9.1941; LS Rgt. 45, Bericht an die 221. Sich. Div. vom 27.8.1941, Anlage.
655 IfZ-Archiv, MA 1666: Feldkommandantur 184 (V) Brjansk, Abt. I a, „Lagebericht vom 16. Nov. 1941" vom 17.11.1941; Hschr. „Anmeldung" der „Bürgerin Sabina M." an „den Ortskommandanten in Staryja Dorogi", o. D.; IfZ-Archiv, MA 1665: 221. Sich. Div., Abt. I a, Meldung an Bfh. Rückw. Heeres-Geb. Mitte vom 12.9.1941. Ferner Feldkommandantur 184 (V) Brjansk, Abt. VII, Meldung an 221. Sich. Div. vom 19.11.1941: „In mehreren Rayons [...] werden die Dörfer regelmäßig von starken und gut bewaffneten Partisanenbanden geplündert."

Den Deutschen konnte man nicht nachsagen, dass sie nicht schnell und hart reagiert hätten. Allerdings war es ein Charakteristikum ihrer ersten Anti-Partisanen-Aktionen, dass sie mit großer Regelmäßigkeit die Unschuldigen trafen. So hielt die 221. es nach jenen Anschlägen von Ende August für richtig, „zur Sühne" tags darauf „25 Juden und 9 russ[ische] Soldaten" zu erschießen, deren einziges „Vergehen" darin bestand, dass sie „in der Nähe des Überfallortes aufgegriffen wurden"[656]. Neben diesen drakonischen Abschreckungsmaßnahmen erprobte man im Rückwärtigen Heeresgebiet Mitte zwei Wochen später erstmals ein neues militärisches Konzept[657]: größere deutsche „Bandenunternehmen", an denen sich bereits mehrere Tausend deutsche Soldaten beteiligten – darunter auch Angehörige der 221. Sicherungsdivision[658], die hier erstmals mit einer neuen Einheit auf den Plan trat, einem rasch formierten Partisanen-Bekämpfungs-Bataillon[659]. Es spricht für sich, wenn dieses Bataillon von je einem Sonderkommando der Geheimen Feldpolizei sowie der Sicherheitspolizei und des SD begleitet wurde[660]. Ganz offensichtlich hatten diese „Spezialisten" dafür zu sorgen, dass das Bataillon im Sinne der obersten Führung „funktionierte". Wie diese Kooperation dann vor Ort aussah, wissen wir nicht[661]. Waren diese Sonderkommandos gewissermaßen die Männer fürs Grobe oder gelang es ihnen, auch die übrigen Soldaten zum Mitmachen bei ihrem Vernichtungsprogramm zu bewegen?

Veränderungen wie diese sind jedenfalls ein Hinweis darauf, wie sehr sich die Besatzungspolitik dieser Division damals veränderte. Um ihr Besatzungsgebiet zu „befrieden", setzte die Divisionsführung, die das Mittel der Propaganda nur kurz erprobt hatte[662], nun ganz auf das Prinzip des Terrors, auf ein „hartes, rücksichts-

---

[656] IfZ-Archiv, MA 1665: 221. Sich. Div., Abt. I a, Meldung an Bfh. Rückw. Heeres-Geb. Mitte vom 1.9.1941.

[657] IfZ-Archiv, MA 1661: Bfh. Rückw. Heeres-Geb. Mitte, Abt. I a, „Korpsbefehl Nr. 52" vom 14.9.1941.

[658] IfZ-Archiv, MA 1661: 221. Sich. Div., Abt. I a, „Divisionsbefehl für Durchführung einer Partisanen-Bekämpfungsaktion im Raum nordwestl. Bobruisk am 17. und 18. Sept. 1941" vom 16.9.1941; IfZ-Archiv, MA 1666: 339. Inf. Div., Abt. I a, Meldung an 221. Sich. Div. vom 24.9.1941; Inf. Rgt. 692, Meldung an 221. Sich. Div. vom 21.9.1941; Der Feldkommandantur 528 (V), Kdt., Meldung an 221. Sich. Div. vom 19.9.1941.

[659] IfZ-Archiv, MA 1661: 221. Sich. Div., Abt. I a, Befehl zur „Aufstellung eines Partisanen-Bekämpfungs-Btl. (mot.)" vom 7.9.1941. Vgl. ferner Kap. 1.

[660] IfZ-Archiv, MA 1661: Bfh. Rückw. Heeres-Geb. Mitte, Abt. I a, Befehl vom 5.9.1941. Vgl. auch IfZ-Archiv, MA 91/3: Chef SiPo und SD, Ereignismeldung UdSSR Nr. 123 vom 24.10.1941, wo zweimal darauf hingewiesen wird, dass „dem I c der 221. Division [...] zwecks Vorbereitung einer gemeinsamen Aktion Kenntnis gegeben" wurde, der dann gemeinsame Anti-Partisanen-Aktionen folgten.

[661] Ähnliche Formen der Kooperation zwischen Wehrmachteinheiten und einzelnen Vertretern des SS- und Polizeiapparats sind auch aus den besetzten Westgebieten überliefert, wobei hier Himmlers Männer noch eindeutiger die Funktion von „Politkommissaren" übernahmen, die dafür Sorge trugen, dass die Truppe im Sinne des Regimes „funktionierte". Vgl. hierzu Lieb, Konventioneller Krieg, S. 354f. Interessant ist in diesem Zusammenhang, dass die Kader der GFP bis zu 80 % aus der Gestapo kamen. Vgl. hierzu Brown, The Senior Leadership Cadre of the Geheime Feldpolizei 1939–1945.

[662] IfZ-Archiv, MA 1661: Bfh. Rückw. Heeres-Geb. Mitte, Abt. I a/I c, „Korpsbefehl Nr. 46" vom 3.9.1941; Bfh. Rückw. Heeres-Geb. Mitte, Abt. I a, Weisung vom 5.9.1941; 221. Sich. Div., Abt. I a, „Divisionsbefehl für die am 6.9.41 erfolgende Übernahme des erweiterten Div.-Bereiches" vom 6.9.1941.

loses Zuschlagen"[663]. Die Parallele zur Front ist überdeutlich. Während man dort einen Sieg mit allen nur denkbaren Mitteln förmlich zu erzwingen suchte, aber faktisch nur noch Pyrrhussiege erkämpfte[664], begann sich auch in den Rückwärtigen Gebieten ein Krieg im Krieg wie ein Flächenbrand auszubreiten, bei dem ebenfalls nicht abzusehen war, wann und wie er enden würde.

In ihrer ganzen Tragweite war diese Entwicklung für die Zeitgenossen nur schwer zu erkennen. Sie blieben gewöhnlich gefangen in einem Alltag, der sich immer mehr darauf reduzierte, zu kämpfen und zu überleben. Dass die Wehrmacht den Zenit ihrer Erfolge bereits definitiv überschritten hatte[665], wurde im Herbst 1941 nur den wenigsten ihrer Angehörigen klar[666]. Vielmehr stießen die deutschen Divisionen noch Ende November stur weiter nach Osten vor, so als hätte es die zurückliegenden Wochen mit all ihren personellen und materiellen Verlusten ganz einfach nicht gegeben. Und auch die Besatzungsformationen in den Rückwärtigen Gebieten sahen vorerst keinen Anlass, um am Konzept ihrer grausamen und menschenverachtenden Herrschaft etwas Grundlegendes zu ändern, obwohl immer deutlicher zu sehen war, wie kontraproduktiv ein solches Konzept war, von den moralischen Folgen einmal ganz abgesehen. Überall mehrten sich nun die Anzeichen des nahenden Umschlags, das große und entscheidende Signal, das endgültig Schluss machen sollte mit Hitlers „Weltkriegsblitzplan", war aber vorerst noch ausgeblieben.

Es war deshalb kein Zufall, wenn sich wirklich umfassende strategische Lageanalysen, die dieser Entwicklung Rechnung trugen, zumindest in den Stäben der Divisionen oder Armeekorps kaum finden[667]. Auf dieser Ebene des militärischen Managements war man so von den täglichen Sorgen okkupiert, dass für weiterreichende Überlegungen kaum Zeit blieb. Daher soll am Ende dieses Teilkapitels ein Dokument stehen, das ebenfalls in einer Dienststelle der Wehrmacht entstanden ist, die hierarchisch etwas höher angesiedelt war als ein Divisionskommando. Dieses Dokument: eine Denkschrift, die der Befehlshaber des Ersatzheeres und Chef der Heeresrüstung, Generaloberst Fritz Fromm, Ende Oktober 1941 ver-

---

663 Vgl. etwa IfZ-Archiv, MA 1665: 221. Sich. Div., Abt. I a, Meldung an den Bfh. Rückw. Heeres-Geb. Mitte vom 5. 10. 1941.

664 Bezeichnend war, wenn das OKH Anfang Dezember 1941 von der „Schwäche" der „Sicherungsverbände" sprach, die durch schnelle Verbände „behelfsmäßig" unterstützt werden müssten. Aufgrund der Zuspitzung der militärischen Lage an der Front kam es nicht zur Realisierung dieser Pläne. Vgl. „Weisung für die Aufgaben des Ostheeres im Winter 1941/42", die das OKH am 8. 12. 1941 vorlegte. Druck: KTB OKW, Bd. I, Dok. 108.

665 Die sehr frühe Deutung Andreas Hillgrubers, der bereits den Juli 1941 als den „Zenit des Zweiten Weltkriegs" bezeichnet hat, hatte bis heute bemerkenswert wenig Wirkung. Vgl. Hillgruber, Zenit.

666 Vgl. BA-MA, RH 20-2/296-2: AOK 2, OB, Weisung an die „Herrn Kommandierenden Generale und die Herrn Divisionskommandeure" vom 19. 2. 1942: „Wir waren daran gewöhnt, dem Gegner das Gesetz des Handelns aufzuzwingen, wir waren verwöhnt durch die auf allen Kriegsschauplätzen in fortwährender Kette errungenen Siege und gewonnenen Feldzüge. Nun hatte der Gegner für uns völlig überraschend das Gesetz des Handelns an sich gerissen. Er hatte dies in einem Augenblick getan, in dem wir weder operativ, noch taktisch, am wenigsten aber seelisch darauf vorbereitet waren."

667 Eine Ausnahme bildete etwa der I a der 251. Infanteriedivision, Major i. G. Hans Meier-Welcker, der etwa im Dezember 1941 zu der Einsicht kam: „Wir haben in den unscheinbarsten Dingen (Flickzeug, Öl, Nägel usw.) eine Armeleutewirtschaft, die in keinem Verhältnis steht zu der Größe unseres militärischen Programms." Meier-Welcker, Aufzeichnungen, S. 142 (Tagebucheintrag vom 1. 12. 1941).

fasste, scheint jedoch am besten geeignet, um noch einmal eine Vorstellung davon zu bekommen, wie es damals um die deutsche Sache stand.

Fromm hatte als einer der mächtigsten Manager der deutschen Landkriegführung in diesen Tagen eine wirtschaftliche Gesamtbilanz gezogen[668]. Auf dieser Grundlage hatte er nüchtern und rücksichtslos die Folgen erläutert, die sich aus der abzeichnenden Rohstoffknappheit ergeben würden – nicht allein für das deutsche Heer, sondern für die gesamte Wehrmacht: Die Panzerproduktion würde zusammenbrechen, die Munitionsfertigung gedrosselt werden und auch an die frontnahe Instandsetzung von Waffen und Gerät würde nicht mehr zu denken sein. Seine Prognosen, die er mit präzisen Zahlen belegen konnte, waren nicht mehr und nicht weniger als eine „Bankrotterklärung"; sie zeigte an, „daß das auf kurzen Feldzügen beruhende Konzept der Blitzkriegsrüstung unwiderruflich gescheitert war". Die Schlussfolgerung, die Fromm daraus zog, lautete: „Rechtzeitig erkennen, daß auf dem Höhepunkt der Macht Schluß gemacht werden muß."[669] Genau dieser Erkenntnis verweigerten sich viele Soldaten – nicht allein Hitler oder das Gros seiner engsten militärischen Berater. Doch sollte die Wehrmacht nun immer weniger Einfluss auf das militärische Geschehen haben.

3.4 Krise: Die Wende (Dezember 1941 bis Februar 1942)

Die drei Faktoren, die Anfang Dezember 1941 die weit überdehnten deutschen Frontlinien wie eine gewaltige Blase platzen ließen, sind schon oft beschrieben worden: die völlige Erschöpfung der ausgebrannten deutschen Verbände, der Einbruch eines arktischen Winters, vor allem aber die ungeheure Vernichtungskraft der am 5. und 6. Dezember 1941 losbrechenden sowjetischen Gegenoffensive[670]. Das ist die vordergründige Betrachtung. Denn hier handelte es sich nicht um ein schicksalhaftes Verderben, wie es manche nach dem Krieg suggeriert haben[671]. Dass diese drei Faktoren eine solch verheerende Wirkung entfalten konnten und schon damals beinahe zur Vernichtung der Ostfront geführt hätten, hatte tiefer liegende Gründe, die letzten Endes alle die deutsche Seite zu verantworten hatte – nicht allein der „Führer", sondern (von einer Ausnahme wie Fromm einmal abgesehen) auch die meisten militärischen „Fachleute" in seiner unmittelbaren Umgebung[672].

---

[668] Vgl. hierzu Kroener, Zwischen Blitzsieg und Verhandlungsfrieden; ders., Fromm, S. 417 ff. In beiden Publikationen auch die folgenden Zitate. Vgl. hierzu ferner Reinhardt, Wende, S. 97 ff., 102 ff.
Warnungen kamen auch vom Generalquartiermeister, Generalmajor Wagner, wenn auch später; am 27.11.1941 eröffnete er dem Generalstabschef Halder: „Wir sind am Ende unserer personellen und materiellen Kraft." Halder, Kriegstagebuch, Bd. III, S. 311 (Eintrag vom 27.11.1941).

[669] Bei einem Telefonat, das er am 26.10.1941 mit dem General Georg Thomas führte.

[670] Vgl. Philippi/Heim, Feldzug, S. 107 ff.; Reinhardt, Wende, S. 197 ff.; Klink, Operationsführung, S. 600 ff.

[671] Vgl. Breit, Das Staats- und Gesellschaftsbild deutscher Generale, S. 204 f.; Wegner, Erschriebene Siege, insbes. S. 292, wo Wegner betont, dass „die operativen und strategischen Fehlschläge nicht eigenen Planungs- und Führungsfehlern, sondern der Unbill von Klima und Geographie, vor allem aber dem Dilettantismus und der Unbelehrbarkeit Hitlers zugeschrieben wurden".

[672] Reinhardt, Wende; Hartmann, Halder, S. 296 ff.

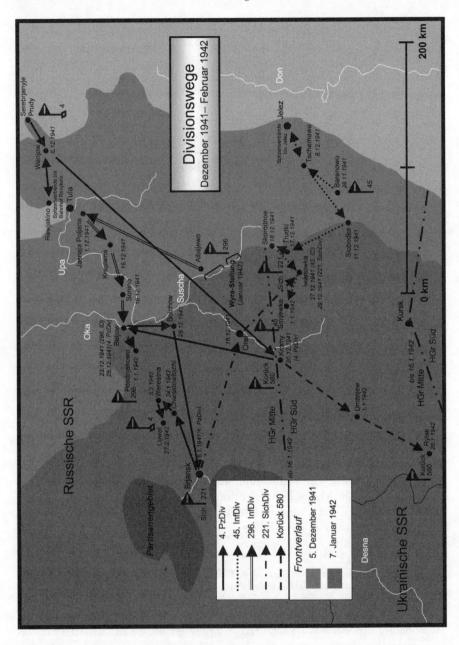

Das zentrale Problem war wohl die Feindaufklärung[673]. Die Prognosen des deutschen Generalstabs wurden von einer amerikanischen Analyse jüngst als

[673] Zum Problem der deutschen Feindaufklärung gegenüber der Sowjetunion vgl. Reile, Geheime Ostfront; Teske (Hrsg.), Köstring, insbes. S. 46 ff., 147 ff., 179 ff.; Moritz, Einschätzung der

„schlechter Scherz" bewertet[674]. Die Deutschen verkannten nicht nur die Absichten der sowjetischen Führung; auch von den enormen demographischen und natürlichen Ressourcen des Gegners, von seiner ungeheuren Regenerationskraft wie überhaupt von der Natur dieses Landes und seiner Menschen besaßen sie nur sehr ungefähre Vorstellungen[675]. Diese sträfliche Fehleinschätzung begann nicht erst im Herbst 1941. Dass mit dem Abbruch der Kooperation zwischen Reichswehr und Roter Armee zu Beginn der 30er Jahre auch die Nachrichten über die weitere Entwicklung der Sowjetunion versiegt waren[676], hatte vielem Vorschub geleistet – nicht nur jenen „rätselhaften Wahnvorstellungen"[677], die man sich in Deutschland über die Natur der Sowjetunion und ihre Bewohner machte, sondern auch, sehr viel konkreter, jenen Prognosen, welche etwa die Abteilung I c der Heeresgruppe Mitte noch am 4. Dezember 1941 erstellte. Deren Spezialisten gingen einen Tag vor Beginn des sowjetischen Angriffs noch allen Ernstes davon aus, dass die Rote Armee nicht mehr in der Lage sei, „mit den zur Zeit vor der Front der Heeresgruppe vorhandenen Kräften zu einer großen Gegenoffensive an[zu]treten"[678].

Täuschungen wie diese bildeten wiederum die Voraussetzung für zwei weitere folgenreiche Fehlentscheidungen: Noch Ende November 1941 wollten Hitler und das OKH das Risiko einer Winteroffensive ganz bewusst in Kauf nehmen, um für das kommende Jahr eine möglichst günstige Ausgangsstellung zu erreichen[679] – „auch auf die Gefahr hin, daß die Truppe völlig ausbrennt", wie der Generalfeldmarschall von Bock sarkastisch konstatierte[680]. Und auch die völlig unzureichende Wintervorsorge der Truppe wollte die Führung „im fernen Ostpreußen"[681] immer

---

Roten Armee; Reinhardt, Wende, S. 18, Anm. 35, S. 132 ff., 202 ff.; Wilhelm, Die Prognosen der Abteilung Fremde Heere Ost 1942–1945; Heydorn, Nachrichtenaufklärung (Ost) und sowjetrussisches Heeresfunkwesen bis 1945, S. 66 ff.; Thomas, Foreign Armies; Ringsdorf, Organisatorische Entwicklung und Aufgaben der Abteilung Fremde Heere Ost; Arazi, Horchdienst und Blitzkrieg; Wegner, Krieg, S. 796 ff.

[674] Megargee, Hitler und die Generäle, S. 285.

[675] Richtig ist allerdings, dass die Rote Armee im November 1941 an ihrer Westfront mit einer Personalstärke von 2,3 Millionen Soldaten ihren Tiefststand erreicht hatte. Angaben aufgrund der von Krivosheyev vorgelegten Zahlen nach: Erickson, Red Army Battlefield Performance, S. 238.

[676] Vgl. hierzu Zeidler, Reichswehr und Rote Armee 1920–1933, S. 251 ff., 291 ff., 305; Volkmann (Hrsg.), Das Rußlandbild im Dritten Reich, Köln 1994. Hier insbesondere die Beiträge von Wolfram Wette, Wolfgang Michalka, Manfred Zeidler, Andreas Hillgruber, Jürgen Förster und Rolf-Dieter Müller.

[677] So Seaton, Der russisch-deutsche Krieg 1941–1945, S. 37.

[678] So die „Zusammenfassende Feindbeurteilung" vom 4.12.1941, zit. bei: Reinhardt, Wende, S. 170 f. Vgl. auch die „Weisung für die Aufgaben des Ostheeres im Winter 1941/42", die das OKH am 8.12.1941 vorlegte und die noch stärker von der Vorstellung einer Winterpause geprägt wurde, Druck: KTB OKW, Bd. I, Dok. 108.

[679] Noch am 8.12.1941 hatte Hitler in seiner Weisung Nr. 39 den „Übergang zur Verteidigung" befohlen, um damit dem Ostheer u.a. „eine möglichst große Erholung und Auffrischung zu ermöglichen". Druck: Hubatsch (Hrsg.), Hitlers Weisungen, S. 171. Vgl. hierzu Reinhardt, Wende, S. 126 ff.; Ueberschär, Scheitern, S. 158 ff.; Hartmann, Halder, S. 292 ff.; Ziemke, Franz Halder at Orsha.

[680] Bock, Tagebuch, S. 334 (Eintrag vom 1.12.1941). Entscheidend freilich war, dass auch Bock nur halbherzig auf die Vorgaben aus den militärischen Führungszentralen reagierte.
Auch der Kommandierende General des XXIV. Panzerkorps war am 20.11.1941 zu dem Schluss gekommen, „daß die Leistungsfähigkeit von Truppe und Material erschöpft ist". BA-MA, RH 24-24/122: XXIV. Pz. Korps, Abt. I a, Kriegstagebuch, Anlage „Aktenvermerk: Besprechung Oberbefehlshaber mit Kom[mandierenden] General am 20.11., 12,00 Uhr, auf dem K. Gef. Stand Gorjatschkino" vom 20.11.1941.

[681] So Guderian, Erinnerungen, S. 235.

noch hinnehmen[682]. Auf eine Jahreszeit, von der man doch wusste, dass sie „besondere Maßnahmen gegen die Kälte" verlangte[683], waren lediglich 58 Divisionen vorbereitet – eben jene, die im Anschluss an diesen vermeintlich letzten Kraftakt als Besatzungsmacht in der Sowjetunion bleiben sollten. Doch noch nicht einmal diese konnten dann wirklich für den Winter ausgerüstet werden[684].

Dass die deutsche Führung ihre katastrophalen Führungsfehler nur sehr zögerlich revidierte, machte die Sache nicht besser. Die Generäle standen gegenüber dem „Führer" im Wort und dieser wiederum gegenüber der deutschen Gesellschaft, der er doch den bereits bevorstehenden Sieg prophezeit hatte. Die Leidtragenden waren die Soldaten, von denen nicht wenige rückblickend meinten, der Winter 1941/42 sei für sie die mit Abstand „schlimmste" Zeit gewesen, die sie „im Osten", wenn nicht sogar während des gesamten Krieges erlebt hätten[685]. Eine solche Einschätzung bedarf keines Kommentars; sie bedarf aber der Veranschaulichung.

Der Gegenangriff von 14 frischen und gut ausgerüsteten sowjetischen Armeen, der am 5. und 6. Dezember 1941 losbrach, traf die Heeresgruppe Mitte „im Augenblick der größten Schwäche einer in der Krise liegengebliebenen Offensive"[686]. Schon ein kurzer Blick auf die Karte zeigt, wie verhängnisvoll sich nun die Tatsache auswirken sollte, dass man noch im November so gut wie jeden Kampfverband, der nur irgendwie „frontverwendungsfähig" schien, unbarmherzig nach Osten vorangetrieben hatte[687]. Nun lagen fast zwei Drittel des deutschen Ostheers

---

[682] So behauptete Goebbels, „daß er nochmals im Oktober 1941 General Jodl wegen der Winterbekleidung angesprochen habe, dieser ihm aber von oben herab sagte: ‚Im Winter? Da sitzen wir in warmen Quartieren von Leningrad und Moskau. Das lassen Sie nur unsere Sorge sein.'" Zit. bei: Boelcke (Hrsg.), Geheime Goebbels-Konferenzen, S. 255.

[683] Diese Einschätzung in der im Mai 1941 durch das OKH herausgegebenen Militärgeographischen Beschreibung „Zentralrußlands", zit. bei: Piekalkiewicz, Schlacht um Moskau, S. 10 ff., hier S. 12.

[684] Vgl. mit der Angabe bei Kroener, Fromm, S. 433. Generell hierzu ders., Die Personellen Ressourcen, S. 868; Reinhardt, Wende, S. 127.

[685] *4. Pz. D.:* Der ehemalige Kommandeur der 4. Pz. Div., Gen.ltn. Willibald Frhr. von Langermann und Erlencamp, kam im Februar 1942 zu dem Schluss, er habe die „weitaus schlimmsten" Zeiten seines bisherigen Lebens durchgemacht. IfZ-Archiv, ED 91/9: Schreiben Gen.ltn. Willibald Frhr. von Langermann und Erlencamp an Gen. Leo Geyr Frhr. von Schweppenburg vom 14. 2. 1942. Der Oberst Smilo Frhr. v. Lüttwitz schrieb am 8. 12. 1941 nach Hause, dass er sich momentan in einem der „schwierigsten Unternehmen" befände, „die wir bisher in diesem Kriege hatten". BA-MA, N 10/9: NL Smilo Frhr. von Lüttwitz, Brief vom 8. 12. 1941. Vgl. ferner Brief vom 5. 1. 1942: „Der Krieg hier seit Anfang Nov[ember] 41 ist das anstrengendste u[nd] härteste, was ich bisher erlebte."
45. ID: L. Hauswedell berichtet, dass er den damaligen Rückmarsch von Jelez als „härteste Zeit in Rußland" erlebte; Interview d. Verf. mit Ludwig Hauswedell am 8. 5. 2001.
296. ID: „Die Tage vom 5. bis 24. Dezember [1941] waren für uns die schwersten, die wir überhaupt erlebten und die wir ein zweites mal nicht mehr erleben möchten." Manuskript, K. H., „Unser Einsatz im Osten", o. D., Kopie im Besitz d. Verf. Auch Hans Reinert bezeichnete schon den 10. 12. 1941 als den „bisher schwerste[n] Tag der Division". BA-MA, MSg 2/5319: NL Hans P. Reinert, Tagebuch, Eintrag vom 9. 12. 1941.
221. Sich. Div.: Rückblickend schrieb der Unteroffizier W. N. (Art. Rgt. 221): „Über drei Jahre haben wir zusammen des Krieges Freuden und Leiden geteilt. Besonders hart hat uns der letzte Winter mitgenommen. Immer war Hermann an meiner Seite, [...] Wie oft sind wir damals nahe am Tod vorbei gegangen, wie oft haben wir ihm zu dieser Zeit tatsächlich ins Auge sehen müssen." Brief W. N. an Frau F. B. vom 21. 11. 1942. Familie B. bin ich für die Überlassung dieses Nachlasses zu großem Dank verpflichtet.

[686] Philippi/Heim, Feldzug, S. 99.

[687] In dieser letzten Phase der Operation „Taifun" war die Zahl der eingesetzten deutschen Divisionen von 78 auf 73 gesunken. Vgl. Reinhardt, Wende, S. 147.

im Vorfeld der sowjetischen Hauptstadt, nachdem sie sich während der vergangenen Wochen aus drei Himmelsrichtungen, vergleichbar einem sich zuziehenden Sack, auf die Vier-Millionen-Stadt[688] zu bewegt hatten. Jene drei Kampfverbände, um die es in dieser Untersuchung geht, näherten sich dabei Moskau von Süden:

- Nachdem sich die *4. Panzerdivision* im November vor Tula endgültig festgebissen hatte, versuchte sie seit dem 1. Dezember 1941 dieses Bollwerk östlich zu umgehen, um sich auf diese Weise doch noch den Zugang nach Moskau von Süden her zu erzwingen[689].
- Unterstützung erhielt sie dabei von der *296. Infanteriedivision*, die nun ebenfalls zu Guderians 2. Panzerarmee gehörte. Ende November hatte die bayerische Division ihre „Winterausgangsstellung" am Nerutsch, östlich von Orel, verlassen und war in Eilmärschen nach Norden gezogen, um den Druck auf Tula zu verstärken. Dort sollte sie dann – so war es zumindest geplant – die folgenden Wintermonate verbringen[690].
- Südlich davon suchte auch die *45. Infanteriedivision* Land zu gewinnen – allerdings nicht in Richtung Norden (wie die beiden anderen Verbände), sondern nach Osten[691], bis zu den Ufern des Don. Damit gehörte die oberösterreichische Division bereits zur 2. deutschen Armee, die Guderians Vorstoß nach Süden hin abdecken sollte.
- Das unmittelbare Hinterland dieser Armee stand unter der Kontrolle jenes Korück, den wir bereits kennen, des *Korück 580*. Dieser hatte sein Hauptquartier in dem Städtchen Kromy bezogen, etwa 30 Kilometer südöstlich von Orel.
- Nur die *221. Sicherungsdivision* lag vorerst noch ganz woanders. Sie hatte ihr Hauptquartier Anfang Dezember westlich davon, in Brjansk, aufgeschlagen, das damals bereits zum Rückwärtigen Heeresgebiet Mitte, dem Hinterland der mittleren deutschen Heeresgruppe, gehörte. Doch sollte auch sie ab Mitte Dezember jenes Gebiet kennen lernen, in denen die übrigen Kampfverbände unseres Samples um ihre Existenz kämpften.

Dass eine Sicherungsdivision wie die 221. an die Front musste, veranschaulicht, wie erschöpft die Reserven des Ostheers waren[692]. Alles, was ihm noch geblieben war, hatte das deutsche Oberkommando in diese letzte Offensive investiert. An ihrem Ende stand aber kein Sieg, ja noch nicht einmal ein Patt, sondern das, was

---

[688] In Moskau wurden am 17. 1. 1939 4 137 000 Einwohner gezählt. Angabe nach: Leimbach, Sowjetunion, S. 231.

[689] So jedenfalls der Gedanke des deutschen Operationsplans. Vgl. IfZ-Archiv, MA 1582: XXIV. Pz. Korps, Abt. I a, „Korpsbefehl für den 2. 12." vom 1. 12. 1941.
Es spricht für sich, wenn die Heeresgruppe Mitte *damals* bereits auf die Einschließung von Moskau verzichten wollte. Stattdessen plädierte sie nur noch für „einen frontalen Durchbruch". Vgl. hierzu Reinhardt, Wende, S. 145. Wie primitiv das deutsche Angriffskonzept geworden war, ist dem folgenden Tagebucheintrag des GFM von Bock zu entnehmen, der am 23. 11. 1941 notierte, dem OKH komme es nur noch darauf an, „den Feind noch soweit irgend möglich zu schädigen". Bock, Tagebuch, S. 327 (Eintrag vom 23. 11. 1941).

[690] O. Verf., „Panzervorstoß Orel – Kursk. Unternehmen des verstärkten Infanterie-Regiments 521 vom 29. 10.–20. 11. 1941". Masch. Manuskript, Original im Besitz d. Verf.

[691] IfZ-Archiv, MA 1621: 45. Inf. Div., Abt. I a, Kriegstagebuch, Eintrag vom 21. 11. 1941 ff.

[692] „Zu Beginn der Operation ‚Taifun' waren auch die letzten drei verbliebenen Reservedivisionen des OKH der Ostfront zugeführt worden, so daß weitere Reserven nicht mehr verfügbar waren." Reinhardt, Wende, S. 54.

Clausewitz einst als „Kulminationspunkt des Angriffs" bezeichnet hatte[693]: „Es gibt strategische Angriffe, die unmittelbar zum Frieden geführt haben, aber die wenigsten sind von der Art; die meisten hingegen führen nur bis zu einem Punkt, wo die Kräfte noch eben hinreichen, sich in der Verteidigung zu halten und den Frieden abzuwarten. Jenseits dieses Punktes liegt der Umschwung, der Rückschlag; die Gewalt eines solchen Rückschlages ist gewöhnlich viel größer, als die Kraft des Stoßes war. Dieses nennen wir den Kulminationspunkt des Angriffs."

An diesem allerletzten „Stoß" hatten sich alle Kampfverbände unseres Samples beteiligt: die 45. und die 296. Infanteriedivision und auch die 4. Panzerdivision. Bei ihr lag – wo sonst? – auch diesmal der „Schwerpunkt"[694] von Guderians 2. Panzerarmee[695]. Mehr als 30 einsatzbereite Panzer konnten die „Vierer" aber nicht mehr aufbieten[696]. Mit diesen bescheidenen Resten sollte die main-fränkische Division eine Bresche in die sowjetischen Stellungen schlagen: „Tula? Kurze, harte Kämpfe – lange Reise – blondes Mädel", hatte Guderian als Parole ausgegeben[697]. Die Wirklichkeit sah anders aus – wie, ist dem Tagebuch des Leutnants Farnbacher zu entnehmen: „Draußen ist ein scheußlicher Sturm; ein Wetter, daß man keinen Hund hinausjagen mag. Und da muß der weitere Angriff steigen! Wir sind ja wirklich völlig am Hund mit unsern Fahrzeugen und auch so; wie lange wir uns noch schleppen können, bis es endgültig aus ist?"[698] Natürlich erwartete man von einem solchen Haufen keine „operativen Kunststücke" mehr[699]; selbst der Generalfeldmarschall von Bock musste das nun einsehen[700]. Gleichwohl ist das nur die halbe Wahrheit. Denn auch Bock vertrat damals gegenüber der Truppe die Ansicht, man müsse jetzt noch einmal „mit äußerster Kraftanstrengung" die „sich abzeichnende Feindschwäche" ausnützen[701]. Er blieb beileibe nicht der einzige, der sich vorerst noch an die Illusion klammerte, man könne noch eine möglichst günstige Aus-

---

[693] Clausewitz, Vom Kriege, S. 596.
[694] BA-MA, RH 27-4/12: 4. Pz. Div., Abt. I a, „Divisionsbefehl für den Angriff am 2.12.41" vom 30.11.41; IfZ-Archiv, MA 1582: 4. Pz. Div., Abt. I a, „Funkbefehl an 5. Pz. Brig." vom 2.12.1941. Ferner Reinhardt, Wende, S. 151, 166 f.
[695] Die Pz. Gr. 2, die mit „1 000 Pz. Kpfw. Ausrückstärke" in diesen Krieg gezogen war, verfügte damals noch insgesamt über 150 Panzer. BA-MA, RH 21-2/244: Pz. AOK 2, Abt. I a, Kriegstagebuch, Eintrag vom 18.11.1941.
[696] BA-MA, RH 27-4/12: 4. Pz. Div., Abt. I b, Meldung über die Panzer-Lage vom 28.11.1941. Schon am 20.11.1941 hatte der Kommandierende General gemeldet, „daß die Leistungsfähigkeit von Truppe und Material erschöpft ist". BA-MA, RH 24-24/122: XXIV. Pz. Korps, Abt. I a, „Aktenvermerk: Besprechung Oberbefehlshaber mit Kom. General am 20.11., 12,00 Uhr, auf dem K. Gef. Stand Gorjatschkino" vom 20.11.1941.
[697] Seitz, Verlorene Jahre, S. 104.
[698] BA-MA, MSg 1/3275: Fritz Farnbacher, Tagebuch, Eintrag vom 1.12.1941. Ein Offizier des Schtz.-Rgt. 12 hielt damals seine Soldaten für „unterernährt, übermüdet, schlecht gekleidet"; ihre Kampfstärke sei „erschreckend gering". Schaub, Panzergrenadier-Regiment 12, S. 105.
[699] So sinngemäß Bock am 11.11.1941. Tagebuch, S. 314 (Eintrag vom 11.11.1941): „Der Angriff kann ein großes operatives Kunstwerk nicht werden […]."
[700] Der GFM von Bock, der von einem „Angriff […] ohne Sinn und Ziel" sprach, schrieb damals in sein Tagebuch: „Der Gedanke, daß der Feind vor der Heeresgruppe ‚zusammenbricht', war, wie die Kämpfe der letzten 14 Tage lehren, ein Traumbild. Stehen bleiben vor den Toren von Moskau, wo sich das Bahn- und Straßennetz fast ganz Ostrußlands vereinigt, ist gleichbedeutend mit schweren Abwehrkämpfen gegen einen zahlenmäßig weit überlegenen Feind." Bock, Tagebuch, S. 334 (Eintrag vom 1.12.1941).
[701] IfZ-Archiv, MA 1582: XXIV. Pz. Korps, Fernspruch an 4. Pz. Div. vom 3.12.1941. Vgl. auch mit Einschätzung des Pz. AOK 2, das noch am 29.10.1941 zu dem Ergebnis gekommen war, das dem sowjetischen Gegner „kampfkräftige Reserven größeren Ausmaßes […]" vor dem

gangsstellung erkämpfen, bevor der Winter mit voller Macht einsetze[702]. Selbst der Oberst von Lüttwitz, dem man über die Lage an der Front nichts zu erzählen brauchte, hoffte damals noch, „bald zu einem guten Ende zu kommen"[703]. An Äußerungen wie diesen wird erneut deutlich, dass sich die Realitätsverweigerung nicht allein auf die höchsten Spitzen der Wehrmacht beschränkte. Auch in der Truppe war diese Stimmung verbreiteter[704], als man später zugeben wollte[705]. Ohne derartige Hoffnungen lässt sich jedenfalls die geradezu selbstmörderische Entschlossenheit kaum verstehen, mit der ein ausgelaugter Verband wie die 4. nun schnurstracks in den eigenen Untergang fuhr[706]. Ein Foto aus jenen Tagen wirkt wie ein Symbol[707]: Einige ihrer Kettenfahrzeuge versuchen im Frühdunst eines Wintermorgens – die Fluren sind bereits gefroren, aber noch kaum beschneit – ein kleines Flüsschen, die Upa, zu durchqueren, um östlich an Tula vorbei zu stoßen. Der Raum, in dem das stattfindet, scheint unendlich, das Grau des Horizonts und das Grau jener endlosen Ebene verschwimmen ineinander, so dass die wenigen

---

Winter nicht mehr zur Verfügung" ständen. IfZ-Archiv, MA 1590: Pz. AOK 2, Abt. I c/A.O., „Feindlagenblatt" vom 29.10.1941.

[702] Reinhardt, Wende, S. 123 ff. Verstärkt wurden diese Hoffnungen durch die Absicht, dass man noch im Dezember 1941 die gesamte 2. Panzerarmee zur „Auffrischung, Umgliederung, Neuaufstellung und Ausbildung" in die Heimat schicken wollte. Bei der 4. Pz. Div. war bereits das Panzer-Regiment 35 im November 1941 aus der Front herausgezogen worden, während man die zehn Kompanien der beiden Schützen-Regimenter jeweils um die Hälfte reduziert hatte. Vgl. hierzu die „Weisung für die Aufgaben des Ostheeres im Winter 1941/42", die das OKH am 8.12.1941 vorlegte. Druck: KTB OKW, Bd. I, Dok. 108. Ferner: Kroener, Die Personellen Ressourcen, S. 869 sowie BA-MA, RH 27-4/12: 4. Pz. Div., Kommandeur, Divisions-Tages-Befehl vom 28.11.1941.
Vgl. ferner die Weisung des XXIV. Panzerkorps vom 22.11.1941: „Ich bitte den umherschwirrenden Latrinenparolen über einen Abtransport in die Heimat entgegenzutreten. Ob das Gen. Kdo. in Rußland verbleibt oder wegkommt und wohin, ist völlig offen. Das eine ist genau so möglich wie das andere." BA-MA, RH 24-24/128: XXIV. Pz. Korps, ChefGenSt., Weisung vom 22.11.1941.

[703] Vgl. BA-MA, N 10/9: NL Smilo Frhr. von Lüttwitz, Brief vom 1.12.1941: „Morgen greifen wir wieder an u. hoffen dann bald zu einem guten Ende zu kommen." Diese Einschätzung wurde allerdings nicht vor den eigenen Kameraden abgegeben, sondern in einem Brief an die eigene Frau, auf die der Verfasser verständlicherweise Rücksicht nehmen wollte. Zum Problem der „inneren Zensur" vgl. auch Latzel, Deutsche Soldaten, S. 28 ff.

[704] Vgl. hierzu Schaub, Panzer-Grenadier-Regiment 12, S. 98: „Als sich das Gerücht von einer bevorstehenden Großoffensive verbreitet, wird es geglaubt. Als Nahziel wird die Umfassung von Tula und als Fernziel die doppelte Umfassung von Moskau genannt." Neumann (4. Panzerdivision, S. 360) schreibt, Ende November habe man geglaubt, die Rote Armee kämpfe „mit ihren letzten Kräften". In diesem Sinne auch Gschöpf, Weg, S. 299 und Stieff, Briefe, S. 133 (Brief vom 11.11.1941): „Einmal begrenzt können wir noch angreifen – das will auch die Truppe noch."
Berichtet wird freilich auch vom Fall eines Sanitäts-Unteroffiziers der 4. Pz. Div., der damals offene Kritik an der optimistischen Siegpropaganda übte. Daraufhin soll er angezeigt, vom SD verhaftet und bei den sich anschließenden Verhören gestorben sein. Vgl. Luther, SOS im Panzersturm, S. 75 f.

[705] Guderian (Erinnerungen, S. 231), der damals die 4. Panzerdivision besuchte, schrieb *rückblickend* über seine Eindrücke: „Nur wer die endlosen Weiten der russischen Schneeflächen in diesem Winter unseres Unheils gesehen hat, über welche der eisige Wind strich und jede Unebenheit des Bodens verwehte, um dann für Stunden um Stunden durch Niemandsland gefahren ist, um dann auf dünne, nur zu dünne Sicherungen schlecht gekleideter, schlecht ernährter Männer zu treffen, […] kann die nun folgenden ernsten Ereignisse richtig beurteilen."

[706] So meldete der Wehrmachtsbericht noch am 2.12.1941, dass „im Kampfgebiet vor Moskau" deutsche Truppen „tief in das feindliche Verteidigungssystem" eingebrochen seien. Die Wehrmachtberichte, Bd. 1, S. 736.

[707] Vgl. Carell, Unternehmen Barbarossa im Bild, S. 96 f.

Fahrzeuge, die diesem Teil der deutschen Offensive noch geblieben sind, fast völlig darin verschwinden[708]. Selten ist das Vergebliche, Wahnwitzige und auch das Tragische, das dieser allerletzten Phase des deutschen Ausgreifens anhaftete, so klar zu erkennen wie auf dieser Aufnahme.

Immerhin wäre es fast noch gelungen, Tula einzuschließen[709]. Der sowjetische Frontabschnitt, der auf der Landkarte mittlerweile wie ein nach Süden gerichteter Keil in den deutschen Machtbereich ragte, wurde in den ersten Dezembertagen von zwei Seiten in die Zange genommen. Während das XXIV. Panzerkorps östlich dieses Keils nach Norden vorrückte[710], drückte das XXXXIII. deutsche Armeekorps von Westen auf die sowjetischen Stellungen. Der General Gotthard Heinrici, der dieses Korps kommandierte, schrieb damals: „Ostwärts Tula geht es langsam voran, aber vorwärts. Nördlich Tula hat die 4. Panz[er]Div[ision] die große Straße bei Kostrowa erreicht mit der Abt[ei]l[ung] Eberbach. Sie selbst steht beim Bahnhof Rebjakino. Der Feind beginnt von Norden hart gegen sie zu drücken. Eberbach ist 30 Panzer stark, also keine übermäßige Streitmacht. Mit Sicherheit muß gerechnet werden, daß er morgen auch angegriffen wird."[711] Mit seiner Prognose sollte Heinrici recht behalten. Während die 4. Panzerdivision mit letzter Kraft noch das vorgesehene Ziel, die Chaussee zwischen Tula und Moskau, erreichte[712], blieb Heinricis XXXXIII. Armeekorps stecken. Jene neun Kilometer, die nun noch zwischen Eberbach und Heinrici lagen[713], waren mehr als nur eine kurze Störung des vorgesehenen Operationsplans. Sie bezeichneten unwiderruf-

---

[708] Eine fast identische Szene hat für diese Zeit Seitz (Verlorene Jahre, S. 105) beschrieben: „Noch am Morgen fahren wir mit einem leichten Panzerspähtrupp des berühmten Oberfeldwebels Gabriel mit seinem P 2 in der Gegend umher, die im winterlichen Weiß keine Abgrenzungen, keinen Horizont mehr zu haben scheint, die sich verliert im Wesenlosen, im eintönigen Grau des Himmels. Es gibt nun keine Unterkünfte mehr, nur noch ein paar Windmühlen grauen aus dem Abenddämmer, eine Bahnstrecke verliert sich nach einigen Metern Sicht im brodelnden Nebel."

[709] Wie sehr bereits die Truppenführung bei ihren Feindprognosen im Nebel stocherte, wird an den Einschätzungen deutlich, die man über Tula abgab. Die 3. Panzerdivision, damals „Schwesterdivision" der 4., ging noch Ende November 1941 von der sehr optimistischen Erwartung aus, dass der Gegner nur noch über 2–3 000 Mann in Tula verfüge. Die 296. ID erwartete hingegen Ende Dezember, dass man auf sowjetischer Seite „mindestens 2 Divisionen" zusammengezogen hatte, räumte aber rückblickend ein: „Ein einwandfreies klares Feindbild im Raum Tula bestand zunächst nicht." BA-MA, RH 24-24/135: 3. Pz. Div., Abt. I c, Feindnachrichtenblatt Nr. 19 vom 30. 11. 1941; IfZ-Archiv, MA 1637: 296. Inf. Div., Abt. I c, Tätigkeitsbericht für die Zeit vom 1. 12.–31. 12. 1941.

[710] Vgl. hierzu BA-MA, MSg 1/3275: Fritz Farnbacher, Tagebuch, Eintrag vom 2. 12. 1941: „Es ist wirklich kein erhebender Anblick mehr; die stolzen Angreifer schauen eher aus wie ein Trauerzug mit ihren lahmen Fahrzeugen. Es ist bärtig kalt heute, aber wir können nicht danach fragen, wir müssen."

[711] Hürter, Heinrici, S. 118 (Tagebucheintrag vom 4. 12. 1941).
Zur „Gruppe Eberbach" gehörten mittlerweile die Pz. Rgt. 6, 35 und 39. Am 18. 11. waren sie mit 110 Panzern angetreten, am 24. 11. verfügten sie noch über 32 Stück. Angaben nach: Reinhardt, Wende, S. 166.

[712] Vgl. BA-MA, RH 24-24/136: XXIV. Pz. Korps, Abt. I a, Kriegstagebuch, Eintrag vom 3. 12. 1941; BA-MA, RH 27-4/12: 4. Pz. Div., Abt. I a, „Gefechts- und Zustandsbericht der 4. Panzer-Division vom 1. 12. 41 bis 7. 12. 41" vom 15. 12. 1941: „Das der Div. gesteckte Ziel ist erreicht. Leider kann sich dieser erfolgreiche Vorstoß nicht auswirken, da der von Westen erwartete Angriff der 131. ID des XXXXIII. A.K. auf Kostrowa nicht wirksam wird." Ob Guderian in seinen Erinnerungen (S. 233 f.) der Situation und den Leistungen des XXXXIII. Armeekorps wirklich gerecht wird, scheint fraglich. Zur sowjetischen Perspektive vgl. Werth, Rußland im Krieg, S. 194 f.

[713] Hürter, Heinrici, S. 122 (Tagebucheintrag vom 6. 12. 1941).

Mit letzter Kraft: Deutsche Infanterie, ein Sturmgeschütz III und einige Panzerspähwagen in einer Ortschaft vor Moskau, Dezember 1941
(Quelle: OEGZ_S477_880)

lich das Ende. Denn die 4. Panzerdivision stand nun „sehr exponiert" und mutterseelenallein in einer Landschaft, in der die Temperatur mittlerweile auf minus 32 Grad Celsius gestürzt war[714]. Hier, endlich, blieb der deutsche Vormarsch stecken, hier brach sich der Eroberungswille des deutschen Diktators und seiner Armee an der Kraft und am Willen der sowjetischen Verteidiger.

Nun war deren Stunde gekommen. Der Augenblick ihrer groß angelegten und gründlich vorbereiteten Gegenoffensive „war sehr gut gewählt"[715]. Das bekam auch die 4. Panzerdivision zu spüren. Es spricht für sich, wenn deren Angehörige von ihrer letzten Kraftanstrengung so fertig waren, dass sie diese Zäsur beinahe verschlafen hätten[716]: „In der Nacht zum 5. Dez[ember] sank", so der Oberst von Lüttwitz, „die Temperatur auf 40 Grad Kälte. Um 2.00 Uhr nachts fingen f[ein]dl[iche] Art[i]l[lerie] u[nd] Granatwerfer an, in unser Dorf zu schießen. Dann hörte ich bald nach 3.30 Uhr Abschüsse unseres s[chweren] I[nfanterie]G[eschütz es], bat Ecker mal rauszusehen, was los wäre. Ich glaube, dass dieses Wachwerden u[nd] die sofortige Entsendung Eckers uns allen das Leben gerettet hat. Als Ecker

---

[714] BA-MA, RH 27-4/12: 4. Pz. Div., Abt. I a, „Gefechts- und Zustandsbericht der 4. Panzer-Division vom 1.12.41 bis 7.12.41" vom 15.12.1941.

[715] Reinhardt, Wende, S. 204. Zu den sowjetischen Vorbereitungen vgl. ebda., S. 147 ff.

[716] Vgl. auch BA-MA, N 10/9: Lebenserinnerungen Smilo Frhr. von Lüttwitz, Bl. 148.
Ferner BA-MA, RH 24-24/136: XXIV. Pz. Korps, Abt. I a, Kriegstagebuch, Eintrag vom 3.12.1941: „Durch die pausenlosen Kämpfe – bei manchen Truppenteilen seit 48 Stunden – bei den herrschenden Witterungsverhältnissen ist die Truppe stark ermüdet."

nicht sofort wiederkam, ging ich von unserer Schule ihm nach, in den Nordteil des Dorfes. Kein Gewehr oder M.G. schoß mehr bei der Kälte, auch beim Feind nicht. Aber Ecker holte die gep[anzerte] Komp[anie], deren M.G. unter den Häuserdächern geschützt standen u[nd] feuerbereit waren, sowie den Reg[imen]ts-Pion[ier]-Zug. Mit diesen Kräften wurden 2 russ[ische] Bat[ai]l[lo]ne, die in einem Balki [einer langen Schlucht] schon mitten im Dorf waren, unter großen Verlusten zurückgetrieben, 280 Gefangene gemacht."

Noch am selben Tag, am Abend des 5. Dezember 1941, fasste Guderian den erlösenden Entschluss, den weiteren Angriff seiner „müden, gelichteten Verbände"[717] einzustellen[718]. Doch stellte sich nun heraus, dass die 4. Panzerdivision bewegungsunfähig geworden war, schon weil man wegen der Kälte viel zu viel Sprit verbraucht hatte[719]. Die ganze Dramatik dieser Peripetie erschließt sich am besten aus einer damals entstandenen Schilderung: „Bei dem Versuch nicht mehr benötigte Fahrzeuge bei der Gruppe Eberbach nach Osten abzuschieben, ergibt sich, daß ein großer Teil der Kfz. nicht mehr anspringt. Die Div[ision] gibt den Befehl, alle Kfz., die im Augenblick des Zurückgehens noch bewegungsunfähig sind, zu zerstören. Zu gleicher Zeit (8.15 h) wird dem Korps gefunkt, daß das Absetzen sich infolge der Kälte verzögern würde und zahlreiche Kfz. sowie wahrscheinlich auch Geschütze gesprengt werden müßten. Eine Antwort erfolgte nicht. [...] Die Haltung der Truppe in diesen kritischen Stunden ist über alles Lob erhaben. Die Erfrierungen bei der sichernden Truppe nehmen stündlich erschreckend zu. Trotzdem werden alle Angriffe abgewiesen. An vielen Stellen werden die Führer von ihren Leuten angefleht, doch ihr Fahrzeug, ihr Geschütz oder ihren Panzer noch abzuschleppen. Jeder gibt sein Letztes her, um zu retten, was noch zu retten ist. Kraftfahrer und Panzerfahrer, die ihren Wagen schon in Polen, im Westkrieg und nun im Ostfeldzug trotz aller Schwierigkeiten heil hindurchgebracht haben, müssen erschüttert zusehen, wie ihre Wagen vernichtet werden müssen. Trotz dieser Nervenanspannung aller gelingt es, die Truppe in völliger Ordnung, teilweise auf Kfz., teilweise auf Panje-Wagen, teilweise zu Fuß hinter die neue Sicherungslinie zurückzuführen. Alle Verwundeten können geborgen werden."[720] So begann der Rückzug der 4. Panzerdivision.

[717] Bock, Tagebuch, S. 339 (Eintrag vom 5. 12. 1941).
[718] BA-MA, RH 21-2/244: Pz. AOK 2, Abt. I a, Kriegstagebuch, Eintrag vom 5. 12. 1941, 21.10 Uhr: „Der O.B. [Guderian] faßt nunmehr den Entschluß, die Operation einzustellen." Ferner Reinhardt, Wende, S. 167.
[719] Welch hohes Risiko man bei diesem letzten Vorstoß eingegangen war, können die folgenden beiden Tagebucheinträge verdeutlichen: „Der durch Kfz.-Ausfall ständig schwindende Laderaum, schlechte Wegeverhältnisse und geringer Nachschub verursachen eine überaus gespannte Lage." (3. 12. 1941) „Im Verlauf des Tages kommt nach größeren Schwierigkeiten soviel Betriebstoff heran, daß die Division im Durchschnitt für etwa 40 km fahrbereit ist, mit Ausnahme der Vorausabteilung Nierle." (4. 12. 1941); IfZ-Archiv, MA 1579: 4. Pz. Div., Abt. I a, Kriegstagebuch, Einträge vom 3. und 4. 12. 1941.
[720] BA-MA, RH 27-4/12: 4. Pz. Div., Abt. I a, „Gefechts- und Zustandsbericht der 4. Panzer-Division vom 1. 12. 41 bis 7. 12. 41" vom 15. 12. 1941. Vgl. auch BA-MA, RH 27-4/12: 4. Pz. Div., 5. Pz.-Brig., „Gefechtsbericht für die Zeit vom 2.12.–6. 12. 1941": „Aber es ist sehr kalt, und außer bei 2 Panzern springen die Motoren aller Kfz. nicht an. Die Lage ist kritisch. Zwei Panzer erreichen den Ort in dem Moment, als der Feind mit stärkeren Kräften 50 m vor dem Ort steht. Die Panzer greifen den Feind aus der Flanke an und räumen unter ihm auf."

Festgefahren: Deutscher Panzer III, Winter 1941/42
(Quelle: BSB, Fotoarchiv Hoffmann 44068)

Das Wort „Rückzug" bedeutete viel: Verluste, Frost, Materialschäden, Gerüchte über Partisanen, Kleidernot, durchgebrochene sowjetische Verbände, meterhohe Schneeverwehungen, Erschießungen von Kriegsgefangenen oder Zivilisten, Läuse, rücksichtslose Requirierungen, Erschöpfung, „verbrannte Erde", Hunger, Hoffnungslosigkeit, Improvisation und immer wieder Kälte, Kälte, Kälte. Schauplatz all dessen war im Falle der „Vierer" die „Chaussee Tula-Orel"[721], eine spiegelglatte und schneeverwehte Piste, auf der sie sich „im stockenden Marsch"[722] durch eine „trostlose, erdrückende, unendlich weite weiße Wüste"[723] in Richtung Westen absetzten – teilweise nicht mehr als 6,5 Kilometer pro Tag[724]. Die quälende Unsicherheit über die allgemeine militärische Lage, die durch widersprüchliche Befehle und Gegenbefehle ständig geschürt wurde[725], trug kaum zu Erleichterung bei. Lakonisch schrieb ein Offizier[726]: „Von der ‚Rollbahn' abzuweichen und ‚auf die Dörfer zu gehen', ist nicht ratsam, denn stellenweise sind wir vom Feind schon überrollt." Am schlimmsten aber war die Angst, hier nicht mehr lebend heraus-

---

[721] Guderian, Erinnerungen, S. 244.
[722] IfZ-Archiv, MA 1579: 4. Pz. Div., Abt. I a, Kriegstagebuch, Einträge vom 10. 12. 1941.
[723] Sturm im Osten, S. 312.
[724] IfZ-Archiv, MA 1576: 4. Pz. Div., Abt. I b, Kriegstagebuch, Eintrag vom 5. 12. 1941. Ferner Neumann, 4. Panzerdivision, S. 411: „Marschleistungen' von 40 km in 20 Stunden sind nichts Ungewöhnliches."
[725] Vgl. hierzu Seitz, Verlorene Jahre, S. 109: „Man erzählt von der Armee ‚List', die im Anmarsch sei, uns abzulösen. Natürlich steigen die Hoffnungsaktien auf eine Ablösung und Ruhetage. Aber es ist alles Wahn und Trug, Zerrbilder, die die Kälte vorzugaukeln scheint."
[726] Schaub, Panzer-Grenadier-Regiment 12, S. 104.

zukommen[727], denn mittlerweile ging es nicht nur um die Existenz einzelner Divisionen, sondern ganzer Armeen[728]. Wenn Farnbacher rückblickend schrieb: „Jener 6. Dezember brachte uns nicht nur überfallartig eine Kälte von minus 36 Grad, sondern die erschütternde Erkenntnis: hier haben wir nichts mehr zu bestellen!"[729], so zeigt dieses Eingeständnis, dass es nicht Hitler allein war, den damals dieser „Entzauberungsschlag" geradezu schlagartig traf[730]. Spätestens jetzt musste allen Soldaten der Ostfront klar werden, dass es ihre „Führung" (wen immer man hinter diesem vagen Begriff vermutete) auf sträfliche Weise versäumt hatte, politische oder wenigstens doch militärische Konsequenzen aus jener verfahrenen Lage zu ziehen, in die man das Ostheer manövriert hatte[731]. Nicht nur die Landser konnten darüber die Nerven verlieren[732]: „Der Mann (Hitler) hat uns verraten, keiner von uns wird mehr lebendig aus dem Sauland herauskommen!", brüllte der Divisionskommandeur damals seine Offiziere an[733]. In einer der letzten Weisungen Guderians hieß es[734]: „Für den Fall, daß der Einsatz der 4. P[an]z[er] Div[ision] zur Vernichtung der Div[ision] zu führen droht, entfällt die Durchführung. Es kommt dann darauf an, die Div[ision] zu retten."

Wider Erwarten sollte genau das gelingen. Fast ohne Panzer und ohne Panzerabwehr konnte sich das Gros dieser Division bis Ende Dezember 1941 schrittweise in Richtung Südwesten absetzen. Wie, steht im Tagebuch Farnbachers: „Was das jedes mal für eine aufregende Sache ist, bis der Leichenzug in Bewegung ist, kann

---

[727] Vgl. auch BA-MA, N 10/9: NL Smilo Frhr. von Lüttwitz, Brief vom 24.12.1941, wo es u. a. heißt: „Weißt Du, wenn dies Rußlandkapitel erst mal erledigt wäre! Das ist ein schrecklicher Alpdruck."

[728] Vgl. hierzu IfZ-Archiv, MA 1582: 4. Pz. Div., Abt. I a, „Aktennotiz über die Kommandeurbesprechung am 21.12.1941 in Kromy", o.D.: „In der nun folgenden Beurteilung der allgemeinen Lage geht der Div. Kdr. davon aus, daß es um das Bestehen oder Nichtbestehen der 2. Pz. Armee und der 2. Armee geht. Die Entscheidung des Führers muß abgewartet werden, aber unter allen Umständen muß die Flutwelle des aus allen Fronten angreifenden Russen aufgehalten, ein Durchbruch unter Einsatz auch des letzten Troßfahrers verhindert werden. Gelingt das nicht, sind wir alle verloren."

[729] BA-MA, MSg 1/3266: Fritz Farnbacher, Tagebuch, Einleitung, S. 140.

[730] Vgl. Fest, Hitler. Biographie, S. 892.

[731] Vgl. hierzu BA-MA, MSg 1/3275: Fritz Farnbacher, Tagebuch, Eintrag vom 8.12.1941: „Im Wehrmachtbericht um 2 Uhr erfahren wir, daß in Rußland infolge des jetzt eintretenden Winters die Operationen beendet sind und nur noch Kampfhandlungen örtlichen Charakters stattfinden." Eintrag vom 26.12.1941: „Man hat offenbar bei der obersten Führung angenommen, der Russe sei völlig am Ende und wir könnten auch mit unseren stark geschwächten Divisionen noch den Stoß auf Moskau wagen; und da hatte man sich eben ganz gewaltig getäuscht." Eintrag vom 27.12.1941: „Wir bauen also den Radio doch noch auf; aber man kann es bald nicht mehr anhören, was sie für ein Zeug schwätzen!" In diesem Sinne auch Seitz, Verlorene Jahre, S. 115.

[732] Symptomatisch ist in dieser Hinsicht Farnbachers Tagebucheintrag vom 6.12.1941 (BA-MA, MSg 1/3275): „Es geht ziemlich durcheinander. Was ist denn bloß? Ich glaube, von dem Schlag erholen wir uns nicht mehr, denn da geht noch viel vor die Hunde."

[733] So auf einer Besprechung der Regimentskommandeure am 11.12.1941. Über seine Reaktion berichtet Lüttwitz: „Nach diesem Abschluß stand ich auf u[nd] sagte zu Langermann: ,Wir haben uns mit Hilfe unserer Männer bis hierher durchgeschlagen. Ich habe auch das Vertrauen, daß wir mit vereinten Kräften den Rückweg fertig bringen.' Langermann, sichtlich bewegt, gab mir beide Hände." BA-MA, N 10/9: Lebenserinnerungen Smilo Frhr. von Lüttwitz, Bl. 150.

[734] BA-MA, RH 24-24/142: XXIV. Pz. Korps, Abt. I a, „Aktenvermerk über Besprechung beim Pz. AOK 2 am 25.12., 22.00 Uhr". Vgl. hierzu auch IfZ-Archiv, MA 1579: 4. Pz. Div., Abt. I a, Kriegstagebuch, Eintrag vom 27.12.1941 sowie BA-MA, MSg 1/3276: Fritz Farnbacher, Tagebuch, Eintrag vom 27.12.1941: „Ein Funkspruch ist an das Korps zur Weiterleitung an höhere Stellen aufgegeben worden: ,Soll die 4. Panzerdivision geopfert werden?'" Ebenso Seitz, Verlorene Jahre, S. 110.

man gar nicht sagen. Dazu dauernd beobachten, ob sie doch noch alle da sind. Meine stolze ‚Familie' sieht heute so aus: vorneweg der Chefwagen mit Vorderrad-antrieb; das Differential für den Hinterradantrieb ist ja gestern verreckt; ich habe Angst, ob wir die Berge schaffen, er spuckt auch ein wenig, aber es geht. Den An-hänger haben wir einem anderen Wagen übergeben. Dann der Arztwagen mit Hinterradantrieb und sechs Federbrüchen; aber Hofstädter bringt den Wagen be-stimmt noch dorthin, wo er gebraucht wird. Dann die Feldküche mit dem ange-hängten Sanka, es ist eine schwere Last, aber aufgeben kann ich den Wagen un-möglich. Dann kommt der B[eobachtungs]-Wagen ‚Diesel' mit dem angehängten Kommandeurkübel; der Verpflegungswagen, der in der Ölwanne ein Loch hat, aber trotzdem noch fahren muß und fährt; der Funkmeisterwagen, bei dem sich infolge zu starker Beladung die Federn schon nach unten durchdrücken; die Kfz. 2 des Oberschirrmeisters und Hauptwachtmeisters; der Hilfstruppwagen und ein Solokrad. [...] Das ist mein stolzer Haufen."[735] Sechs Tage später beobachtete Farnbacher, wie „an verschiedenen Fahrzeugen Kälber oder Schafe zum Schlach-ten" angebunden waren; „wenn dann irgend eines von diesen Tieren umfällt, wird es ganz kurz mit auf dem Eis weitergeschleift und bekommt die entsprechenden Fußtritte, bis es wieder aufsteht. Wir sind Kriegsknechte geworden!"[736] Schon die Brutalität solcher Szenen vermittelt eine erste Ahnung von jenem Prozess der Ver-rohung, der damals das Ostheer und seine Angehörigen erfasste. Alles, was das eigene Überleben sicherte, schien erlaubt, und alles, was es nur auch im entfernte-sten bedrohen konnte, wurde aus dem Weg geschafft oder gleich vernichtet. Aller-dings bedurfte es erst einer Krise von der Dimension dieses „Rußlandwinters", um solch einem Atavismus auf breiter Front zum Durchbruch zu verhelfen. Auch ist die Frage, wie andere Armeen auf solch ein Ereignis reagiert hätten, nicht müßig. Der Wille zu überleben ist ein menschliches Phänomen, kein politisches. Ein Punkt war im Falle der Wehrmacht freilich ungewöhnlich; ihre oberste Führung hatte schon sehr früh die Weichen für diese Entwicklung gestellt, schon vor Beginn dieses Feldzugs und dann nochmals im Herbst mit der Bestätigung des Reichenau-Befehls. Es brauchte seine Zeit, bis diese Parolen ihre Wirkung entfalteten. Auch dafür ist die 4. Panzerdivision ein Beispiel. Dass sich die Moral ihrer Angehörigen veränderte, wurde erstmals im November sichtbar[737], aber erst im Moment der großen existentiellen Krise begannen auch die letzten Dämme zu brechen.

Farnbachers Tagebuch ist ein ungewöhnlich präzises und ehrliches Dokument jener bedrückenden Metamorphose. Am 30. Dezember schilderte er sein Entset-zen, als er auf tote deutsche Kriegsgefangene traf, welche man auf der Gegenseite offenbar ausgezogen hatte, um sie erfrieren zu lassen[738]. Doch verdeutlichen Farn-bachers Schilderungen vom selben Tag, dass man der sowjetischen Seite nichts schuldig blieb[739]. So traf er vor seinem Quartier auf einen sowjetischen Kriegsge-

---

735 BA-MA, MSg 1/3275: Fritz Farnbacher, Tagebuch, Eintrag vom 20.12.1941.
736 Ebda., Eintrag vom 26.12.1941.
737 Vgl. mit dem Prolog.
738 BA-MA, MSg 1/3276: Fritz Farnbacher, Tagebuch, Eintrag vom 30.12.1941.
739 Farnbacher berichtete damals mehrfach, wie deutsche Soldaten sowjetische Kriegsgefangene aus den unterschiedlichsten Gründen ermordeten. Vgl. BA-MA, MSg 1/3276: Fritz Farnba-cher, Tagebuch, Einträge vom 7.12., 9.12., 30.12.1941, 5.1.1942.

fangenen, der ihm „durch Zeichen [andeutete], daß hinter seinem zerfetzten Ho-
senlatz eine Verwundung ist; man sieht auch Blut in der Schamgegend. Die
schmerzhaftesten Verwundungen, die es wohl gibt! Unsereiner würde da zusammenbrechen und vor Schmerzen brüllen, der aber kommt seelenruhig herein und
zeigt seine Blöße. Ich jage ihn hinaus und deute auf ein Haus, auf das er zugehen
soll; dort stehen schon mehr Russen herum; es muß irgendwo ein Verbandsplatz
sein, und wir sind hart und kalt gegenüber unseren Gegnern geworden; was liegt
daran, wenn der Mann eingeht." Und wieder die jähe Erkenntnis: „Wir sind
Kriegsknechte geworden!" In dieser Division tat man nun Dinge, die man „unter
anderen Umständen nie getan" hätte[740]. „Ich möchte ja bei der nächsten russischen
Offensive nicht in Gefangenschaft geraten", schrieb Farnbacher am 9. Dezember[741], „denn ich kann mir ungefähr vorstellen, was die mit deutschen Gefangenen
tun werden, wenn sie jetzt in den von uns geräumten Gebieten die abgebrannten
Dörfer und erschossenen Soldaten an der Straße finden …". Ende Dezember bekamen einige Pioniere den Auftrag, sowjetische Kriegsgefangene nach hinten abzutransportieren. Das Wetter war nicht gut und die Wegeverhältnisse waren es noch
weniger: „Wie wir später anfragen, was die [Gefangenen] ausgesagt hätten, sagt
man uns, man habe die alle umgelegt – es mögen so 30 Mann gewesen sein; der
Weg zur Sammelstelle sei zu weit gewesen. Es ist ein fast tierisches Lachen, das ich
höre, wie man das uns mitteilt; wie ist es doch um uns bestellt! Das hätte man vor
fünf Monaten einmal sagen oder wagen sollen!"[742]

„Vor fünf Monaten". Die Stimmung der Angst, Verrohung und Nervosität, aber
auch der Gleichgültigkeit und Insubordination, die nun diese Division erfasste,
entsprang auch der großen Angst, so zu enden wie einst die Grande Armée. Farnbacher wird nicht der einzige geblieben sein, dem „Napoleons russische Erlebnisse" nicht mehr aus dem Kopf gehen wollten[743]. Dabei war er als Regimentsadjutant noch in einer vergleichsweise privilegierten Position. Viel schlimmer traf es
jene, welche die Angriffe der nachdrängenden sowjetischen Verbände irgendwie
aufhalten mussten[744]. Am Tag vor Heilig Abend schrieb der Oberst von Lüttwitz
nach Hause: „Möhrlin ist mit Magen u[nd] Nerven zusammengebrochen, wurde

---

[740] So der Gen. Heinrich Eberbach in britischer Kriegsgefangenschaft, der berichtete, wie in diesem „schrecklichen Winter" einer seiner Bataillons-Kommandeure „unter beträchtlichen Verlusten" ein Dorf eingenommen und daraufhin „die russische Bevölkerung über die Minen getrieben" habe, weil er nicht noch mehr Soldaten verlieren wollte. Neitzel, Abgehört, S. 318.
[741] BA-MA, MSg 1/3276: Fritz Farnbacher, Tagebuch, Eintrag vom 9. 12. 1941. Auch Farnbacher
selbst, von dem man solche Töne bislang nicht kannte, schrieb damals über sich, er sei „hart
und rücksichtslos geworden". „Lieber alle Zivilisten hinauswerfen und notfalls sterben lassen
als bei uns nach einem halben Jahr […] eine Epidemie aufkommen lassen." Ebda., Eintrag vom
21. 12. 1941.
[742] BA-MA, MSg 1/3276: Fritz Farnbacher, Tagebuch, Eintrag vom 30. 12. 1941. Dass sich die
Rotarmisten damals bereits bei ihrer Gefangennahme in einem schlimmen Zustand befinden
konnten, belegt BA-MA, RH 27-4/109: 4. Pz. Div., Abt. I c, Tätigkeitsbericht, Eintrag vom
2. 12. 1941, wo es etwa heißt, dass die gegnerischen Soldaten „halb erfroren gefangen genommen" würden. Ebenso der Eintrag vom 30. 12. 1941.
[743] BA-MA, MSg 1/3275: Fritz Farnbacher, Tagebuch, Eintrag vom 6. 12. 1941. Vgl. ferner Hürter,
Heinrici, S. 128f. (Brief vom 16. 12. 1941).
[744] Es spricht für sich, wenn in einer zeitgenössischen Schrift, welche die 4. PD noch während des
Krieges publizierte, ein Kapitel über die Winterkrise 1941/42 die bezeichnende Überschrift
trägt: „Der Opfergang des Bataillons". Vgl. Sturm im Osten, S. 302ff.

in einem Loch vom russ[ischen] Panzer überfahren."[745] Szenen dieser Art konnte man erleben, wenn man sich am Ende jener auseinandergezogenen und demoralisierten Kolonnen befand, die einst die 4. Panzerdivision gewesen waren.

Dennoch gelang es ihren Angehörigen, sich bis zum Ende des Monats im Raum „südwestlich Orel"[746] an den Ufern der Oka zu sammeln. Mit ihrem Rückzug auf einer Strecke, die schon in der Luft 180 Kilometer beträgt, hatten diese Soldaten ohne jeden Zweifel militärisch und psychologisch „Übermenschliches geleistet", wie ihnen ein General damals bescheinigte[747]. Ihren Rest an Kampfkraft, personellen Reserven[748] und Material[749] aber hatten sie dabei aufgebraucht[750]. Mit „10 einsatzbereiten Panzerkampfwagen" und einem „Kolonnenraum" von 80 (statt 500) Tonnen[751] hatte die Division ihren Status als motorisierter Verband endgültig verloren. Noch nicht einmal mehr einen Frontabschnitt konnte sie übernehmen. Stattdessen wurde sie während der schweren Abwehrkämpfe der folgenden Wochen unter dem euphemistischen Begriff der „schnellen Einsatzreserve"[752]

[745] BA-MA, N 10/9: NL Smilo Frhr. von Lüttwitz, Brief vom 23.12.1941.
Dass selbst diese ehemalige Panzerarmee die gegnerischen Panzer nur noch mit Hilfe von Improvisationen aufhalten konnte, verdeutlicht der folgende Befehl, der damals in dieser Armee ausgegeben wurde: IfZ-Archiv, MA 1636: Pz. AOK 2, Abt. I a, Weisung betr. „Bildung von Panzervernichtungstrupps" vom 9.1.1942.

[746] Schaub, Panzergrenadier-Regiment 12, S. 105.

[747] Vgl. BA-MA MSg 1/1148: NL Joachim Lemelsen, Tagebuch, Eintrag vom 10.12.1941: „Die Truppen haben Übermenschliches geleistet, aber noch ist es nicht geschafft." Daran hatte der Kommandeur, Gen.mj. Frhr. von Langermann, während des Rückzugs appelliert, ganz offensichtlich mit Erfolg. IfZ-Archiv, MA 1582: 4. Pz. Div., Abt. I c, „Divisions-Tagesbefehl" vom 11.12.1941.

[748] Im Dezember 1941 verzeichnete die 4. Pz. Div. mit insgesamt 276 Mann an Gefallenen, Verwundeten und Vermissten *vergleichsweise* niedrige Verluste. Es war Ausdruck ihrer neuen Lage, wenn die Zahlen in den folgenden Monaten auf diesem Niveau blieben, während sie in jenen Monaten, als die Division als Avantgarde diente, deutlich höher lagen, am höchsten im Juli 1941 mit 960 Mann. IfZ-Archiv, MA 1594: 4. Pz. Div., Abt. II a/II b, Anlage: „Personelle Verluste in der Zeit vom 26.5.1941 bis 31.3.1942". Ferner Kap. 2.5.

[749] Deutlich wurde dies etwa an den Umgliederungen und Zusammenlegungen, die sich nun innerhalb der Division häuften. Vgl. hierzu BA-MA, RH 27-4/12: Schtz. Rgt. 12, „Befehl für die vorübergehende Umgliederung" vom 24.11.1941. IfZ-Archiv, MA 1582: 4. Pz. Div., Abt. I a, Weisung zur „Umgliederung der Div." vom 11.12.1941; 5. Pz.-Brig., Abt. I a, Meldung an die 4. Pz. Div. betr. „Verkleinerung des Brig.-Stabes" vom 13.12.1941; Pz. Rgt. 35, Meldung an 4. Pz. Div. betr. „Aufstellung von Kampfeinheiten aus den Resten des Pz.-Rgt. 35" vom 14.12.1941; 4. Pz. Div., Abt. I a, „Aktennotiz über die Kommandeurbesprechung am 21.12.1941 in Kromy" o.D. Ferner Schaub, Panzergrenadier-Regiment 12, S. 104 ff.

[750] Am 19.12.1941 meldete die 2. Panzerarmee, dass die Kampfkraft ihrer Divisionen jeweils „höchstens" einem verstärkten Regiment gleichzusetzen sei. BA-MA, RH 21-2/244: Pz. AOK 2, Abt. I a, Kriegstagebuch, Eintrag vom 19.12.1941.

[751] Bei den Lkw waren damals noch 22 %, bei den Pkw 12 % und bei den Krädern schließlich noch 10 % vorhanden. IfZ-Archiv, MA 1581: 4. Pz. Div., Abt. I a, „Kurzer personeller und materieller Zustandsbericht der 4. Panzer-Division" vom 28.12.1941.

[752] BA-MA, RH 21-2/244: Pz. AOK 2, Abt. I a, Kriegstagebuch, Eintrag vom 19.12.1941, wo sie zusammen mit der 3. Pz. Div. als „Armeereserve" bezeichnet wird. Ferner IfZ-Archiv, MA 1579: 4. Pz. Div., Abt. I a, Kriegstagebuch, Eintrag vom 28.12.1941. Deutlicher hingegen das Urteil von Seitz (Verlorene Jahre, S. 114), dass sich die Division „nur noch mit einem System von Aushilfen und Improvisationen über Wasser halten" konnte. Zum damaligen Einsatz von Teilen der Division im Partisanenkrieg vgl. Kap. 5.5.
Die neue militärische Lage sorgte auch im Taktischen für einschneidende Veränderungen. So befahl das XXIV. Panzerkorps im Januar 1942 die Aufstellung von Jagdkommandos, bei denen „ganze Kerle" dabei sein sollten. Sie sollten mit „Schneeschuhen oder auf Schlitten" kämpfen. „Es kommt nunmehr darauf an, die kämpferische Überlegenheit über den Gegner auch unter den harten Bedingungen des russ. Winterfeldzuges zur Geltung zu bringen und dadurch auch

auseinandergerissen[753] und dorthin abkommandiert, wo es gerade „brannte"[754].

Zu diesen „kriegerischen Einlagen"[755] gehörte auch der Kampf gegen Partisanen[756]. Einsätze dieser Art waren den Panzersoldaten aus Franken bislang meist
unbekannt geblieben[757], schon weil sie das für unter ihrer Würde hielten[758]. Selbst
wenn nur einzelne Kompanien „zur Bekämpfung der Partisanen" abgestellt wurden[759], so ist die psychologische Wirkung solcher Erfahrungen auf den Rest der
Truppe keinesfalls zu unterschätzen. Nachdem das XXIV. Panzerkorps „schärfstes
Durchgreifen" gefordert hatte[760], kam es nun immer häufiger vor, dass auch die
übrigen Einheiten der 4. Panzerdivision ganze Dörfer niederbrannten[761] und jeden
erschossen, der ihnen irgendwie „verdächtig" erschien[762].

Obwohl diese brutalen Rundumschläge häufig die Unschuldigen trafen, war die
Bedrohung durch die Partisanen keine Fiktion. Die erste Niederlage der verhass-
ten deutschen Okkupanten bot ihnen viele Chancen[763]: Unterkünfte der Wehr-

der Abwehr einen aktiven Charakter zu geben. BA-MA, RH 27-4/19: XXIV. Pz. Korps,
Abt. I a, Befehl vom 12.1.1942.

753 IfZ-Archiv, ED 91/9: Schreiben Gen.ltn. Willibald Frhr. von Langermann und Erlencamp an
Gen. Leo Geyr Frhr. von Schweppenburg vom 14.2.1942. Ferner: ebda., Schreiben Gen.mj.
Heinrich Eberbach an Gen. Leo Geyr Frhr. von Schweppenburg vom 3.2.1942.

754 Vgl. Schaub, Panzergrenadier-Regiment 12, S.107: „Zur Bereinigung wird die Feuerwehr –
sprich 4. Pz. Div. – gerufen." Zu diesen Einsätzen gehörte auch der dramatische Einsatz der
Gruppe Lüttwitz, um das eingeschlossene Suchinitschi zu entsetzen. Vgl. Neumann, 4. Panzerdivision, S.452ff.

755 Seitz, Verlorene Jahre, S.124.

756 Interessant ist, dass sich nun ehemalige Besatzungsverbände wie die 221. auch bei der Partisanenbekämpfung wie eine Frontdivision zu verhalten begannen. Schon Anfang Januar befahl
die 221., alle Zivilisten „aus der Kampfzone zu evakuieren", so dass die Masse der Division
mit den vor Ort lebenden Menschen kaum noch etwas zu tun hatte (IfZ-Archiv, MA 1669:
221. Inf. Div., Abt. I c, Fernschreiben an alle Regimenter vom 5.1.1942). Dagegen wurden
„Strafaktionen" – so im Falle der „Sonderaktion nach Trosnikowka" – nur noch von Trossein-
heiten durchgeführt (IfZ-Archiv, MA 1668: 221. Sich. Div., Abt. I c, Befehl an „Troß-Führer
Inf. Rgt. 429" vom 20.1.1942).

757 Damals setzte auch die 45. ID einen „Offizier für Partisanenbekämpfung" ein, der die entsprechenden Aktivitäten koordinieren sollte. IfZ-Archiv, MA 1669: 45. Inf. Div., Abt. I c, Weisung
betr. „I-c-Dienst (Feindnachrichtendienst, Abwehr)" vom 1.2.1942.

758 Vgl. Schäufler, So lebten und so starben sie, S.128.

759 IfZ-Archiv, MA 1582: 4. Pz. Div., Abt. I a/I c, „Divisions-Befehl" vom 16.1.1942. Auch zum
Folgenden. Insgesamt dauerte der Anti-Partisanen-Einsatz vom 21.12.1941 bis 16.1.1942.

760 BA-MA, RH 24-24/143: XXIV. Pz. Korps, Abt. I a, Weisung vom 30.12.1941.
Noch in britischer Kriegsgefangenschaft sollte Eberbach den harten Kurs gegen die Partisanen
rechtfertigen. PRO, WO 171/223: Vernehmungsprotokolle Heinrich Eberbach vom
1.9.1944.

761 BA-MA, RH 27-4/109: 4. Pz. Div., Abt. I c, Tätigkeitsbericht, Eintrag vom 9.2.1942.

762 IfZ-Archiv, MA 1582: 4. Pz. Div., Abt. I a/I c, „Divisions-Befehl" vom 16.1.1942: „Partisanenbekämpfung hat nur Erfolg bei größter Rücksichtslosigkeit. Zivilpersonen, die nicht zum
Dorf gehören, sind grundsätzlich zu erschießen." BA-MA, RH 27-4/109: 4. Pz. Div., Abt. I c,
Tätigkeitsbericht für die Zeit vom 3.6.1941–31.3.1942, Eintrag vom 24.1.1942: „I c stellt aus
Beutepapieren fest, daß Überfall auf Jaschinskije zu zwei Dritteln aus Partisanen und Einwohnern durchgeführt wurde, daher Befehl: alle männlichen Einwohner festsetzen und Verdächtige sofort erschießen."

763 Friedrich, Gesetz des Krieges, S.525. Ferner Shepherd, War, S.72; ders., Hawks, S.351; Neumann, 4. Panzerdivision, S.438. Vgl. hierzu etwa BA-MA, RH 24-24/143: XXIV. Pz. Korps,
Abt. I a, Tagesmeldung vom 31.12.1941, wo es u. a. heißt, am 24.12.1941 hätten ca. 300 Partisanen einen Störungstrupp der 4. Pz. Div. überfallen, „15 Mann erschossen und die Leichen in
den Kfz. verbrannt".

macht (oder die ihrer Landsleute)[764] wurden niedergebrannt, „Koffer mit Minen und Zeitzündern" auf Bahnhöfen abgestellt[765] oder Einheiten ausspioniert, auch durch Kinder und Jugendliche[766]. Allein in den ersten drei Februarwochen verlor die 2. Panzerarmee 60 Tote und 24 Verwundete durch Partisanen, die außerdem „in dieser Zeit 32 Bürgermeister mit 35 Familienangehörigen und über 100 Leute des russ[ischen] O[rdnungs]D[ienstes]" erschossen[767]. Ein Angehöriger der 4. Panzerdivision berichtete von den Leichen seiner Kameraden, die so „mit Beilhieben verstümmelt" gewesen seien, dass „wir die Teile in einen Sack stecken mussten"[768]. Aufgrund ihrer Unterlegenheit kam für die Partisanen nur der Kampf aus dem Hinterhalt oder aus der Tarnung infrage. Dass ein solches Vorgehen bei ihren deutschen Gegnern für ein Gefühl der Ohnmacht, des Ausgeliefertseins sorgte und auch des Hasses, konnte dabei kaum ausbleiben. Auch dies war ein weiteres Indiz dafür, dass die „glanzvollen Vormarschtage"[769] dieser Division nun unwiderruflich vorbei waren. Bislang hatte sie der deutschen Offensive als Speerspitze gedient, noch im Dezember war sie – wie ihr Kommandeur seinen Soldaten erklärt hatte – „am weitesten vorgestoßen"[770]. Doch lag es in der Logik jenes „Kulminationspunkts", wenn er gerade Truppenteile wie diese besonders weit zurückwarf – räumlich und in diesem Fall auch moralisch.

Von den Kampfdivisionen, die uns hier beschäftigen, hatte es die *296. Infanteriedivision* noch am besten gehabt. Im Abschnitt der 2. Panzerarmee galt sie als der „am wenigsten mitgenommene" Verband[771], als „die allerletzte Reserve, über die die Armee noch verfügt"[772]. Aber was hieß das schon unter diesen Umständen? Es hieß, dass zunächst auch diese bayerische Division bei klirrender Kälte[773] und

---

[764] Vgl. hierzu auch Hartmann/Zarusky, Stalins „Fackelmänner-Befehl" vom November 1941. Zum Einsatz der sowjetischen „Sonder-Bataillone" und „Brandkommandos" hinter den deutschen Linien vgl. auch BA-MA, RH 20-6/770: Amt Ausl./Abw., Abt. III, Weisung betr. „Erfahrungen in der Partisanenerkundung" vom 31.12.1941; IfZ-Archiv, MA 1590: 4. Pz. Div., Abt. I c, „Feindnachrichten" vom 2.12.1941.

[765] So das Erlebnis eines Offiziers der 4. Panzerdivision. BA-MA, N 460/14: NL Gerlach von Gaudecker, Tätigkeitsbericht Pz. Gren. Rgt. 33 vom Juni 1941–März 1944.

[766] BA-MA, RH 27-4/116: 4. Pz. Div., Abt. I c, „Feindnachrichten" vom 22.12.1941. Auch zum Folgenden.

[767] BA-MA, RH 21-2/877: Pz. AOK 2, Abt. I a, Kriegstagebuch, Eintrag vom 28.2.1942. Auch die Verluste, welche die Partisanen der 4. Pz. Div. damals beibrachten, waren nicht unerheblich: Am 23.1.1942 wurde ein Zug des benachbarten Inf. Rgt. 446 bis auf zwei Mann vernichtet, am 3.2. verlor das Bataillon Plessing 20 Tote und 8 Verwundete, am 21.2. verlor ein Spähtrupp fünf Tote und sechs Vermisste, am 7.3. verlor ein Futterkommando fünf Tote und drei Verwundete. Neumann, 4. Panzerdivision, S. 467, 484, 492.

[768] BA-MA, I 10 Ost Spezial K 395: N. B., Aussage vom 18.2.1942. Dass dieser Ausbruch an Brutalität Folge der „Ende 1941 neu angefachten Propagandakampagne" sei, ist eine These von Hoffmann, Kriegführung, S. 787.

[769] So Seitz, Verlorene Jahre, S. 111.

[770] IfZ-Archiv, MA 1582: 4. Pz. Div., Abt. I c, „Divisions-Tagesbefehl" vom 11.12.1941.

[771] Vgl. BA-MA, RH 21-2/244: Pz. AOK 2, Abt. I a, Kriegstagebuch, Eintrag vom 4.12.1941, wo Guderian von der 296. ID als einer „verhältnismäßig ausgeruhten und am wenigsten mitgenommenen" Division spricht. Ferner Walde, Guderian, S. 152 sowie Hürter, Heinrici, S. 120 (Tagebuch, Eintrag vom 5.12.1941): „Ich füge hinzu, daß ich der Gesamtlage nach übersehe, aber zu überlegen gäbe, ob man die Gefechtskraft der noch frischen 296. Division auch aufs Spiel setzen wolle."

[772] BA-MA, RH 21-2/244: Pz. AOK 2, Abt. I a, Kriegstagebuch, Eintrag vom 5.12.1941.

[773] Bei der 296. ID wurden am 5.12.1941 minus 35 Grad Celsius gemessen. IfZ-Archiv, MA 1783/3: 296. Inf. Div., Abt. I a, „Vorläufiger Gefechtsbericht über die Abwehrkämpfe der 296. Inf. Div. südlich Tula", o. D.

ohne Winterausrüstung[774] in Richtung Tula angreifen musste[775], um die starken sowjetischen Stellungen am Stadtrand zu umgehen und „Tula von Norden zu nehmen"[776]. Über das, was sich damals auf der Gegenseite zusammenbraute, war auch sie völlig ahnungslos[777]. Noch am 3. Dezember 1941 hatte der Oberleutnant Hans Reinert geglaubt, dass dort die „Stimmung absolut nicht rosig" sei[778], während er drei Tage später – an anderen Frontabschnitten hatte bereits der große sowjetische Gegenschlag begonnen – umfangreiche Pläne und Befehle für die bevorstehende Zeit erarbeitete, „denn man kann sich ja nicht nur einfach in eine Hütte setzen und zum Winterschlaf übergehen"[779]. Doch diese Hoffnung trog.

Auch Reinert, damals in der vergleichsweise komfortablen Position eines Stabsoffiziers, musste das spätestens am 7. Dezember 1941 einsehen – und zwar ziemlich früh, wie er akribisch notierte: „gegen 2,30 Uhr" musste er erstmals aufstehen, dann „gegen 3,15 Uhr zum zweiten mal" und „gegen 3,30 Uhr […] zum dritten mal und nun gleich für endgültig"[780]. Ruhe fand er nun keine mehr, bereits bis zum Mittag hatte er „mindestens 300 Telefongespräche" hinter sich gebracht[781]. So sollte das nun weitergehen. Auch die 296. ID hatte von nun an das durchzustehen, was in der Sprache des Militärs als „Abwehrkampf" gilt[782]. Reinert, der im Stab seines Artillerie-Regiments einen ganz guten Überblick besaß, hat das plastisch beschrieben: „Unsere Geschütze zerschlagen Bereitstellungen und jagen Kolonnen auseinander, aber es sind immer wieder neue Kräfte zur Stelle. Es ist wie in einem Fluss: Man kann ihn wohl ableiten, aber es strömt immer wieder neues Wasser nach. Und es ist ja kein Kampf um eine durchgehende Front. Es ist ein Kampf

---

[774] Zum schlechten Ausrüstungsstand der 296. ID schrieb damals Farnbacher: „Seit 2. Dezember sind die nun jeden Tag unterwegs, marschieren, marschieren. Die Männer haben keine Übermäntel, nur den einfachen Tuchmantel und frieren erbärmlich bei dem Wetter. Ich erinnere mich, wie in Trossna bei der 296. ID von etwa 600 Erfrierungen gesprochen wurde." BA-MA, MSg 1/3276: Fritz Farnbacher, Tagebuch, Eintrag vom 26. 12. 1941. Vgl. ferner Eintrag vom 14. 12. 1941.

[775] IfZ-Archiv, MA 1632: 296. Inf. Div., Abt. I a, Kriegstagebuch, Eintrag vom 3. 12. 1941.

[776] IfZ-Archiv, MA 1636: XXIV. Pz. Korps, Abt. I a, Fernschreiben an 296. Inf. Div.: „Korpsbefehl für die Wegnahme von Tula" vom 30. 11. 1941; 296. Inf. Div., Abt. I a, „Divisionsbefehl Nr. 96" vom 3. 12. 1941.

[777] Erst am 5. 12. 1941 kam das Pz. AOK 2 zu der Einsicht, dass die sowjetische Garnison in Tula „sehr viel stärker zu sein" scheint als ursprünglich angenommen. BA-MA, RH 21-2/244: Pz. AOK 2, Abt. I a, Kriegstagebuch, Eintrag vom 5. 12. 1941.

[778] BA-MA, MSg 2/5319: NL Hans P. Reinert, Tagebuch, Eintrag vom 3. 12. 1941. Noch am 6. 12. 1941 glaubte der Kommandeur der 296. ID, „daß der Angriff auf Tula […] erfolgreich fortgeführt werden könne". IfZ-Archiv, MA 1632: 296. Inf. Div., Abt. I a, Kriegstagebuch, Eintrag vom 6. 12. 1941.
Wie ahnungslos die Führung der 296. Inf. Div. damals war, geht auch daraus hervor, dass sie noch am 5. 12. 1941 voller Stolz dem Pz. AOK 2 meldete, sie habe nun „den Übergang über die Upa bei Barsuki erzwungen". Darauf dankte ihr Guderian und informierte sie bei dieser Gelegenheit „über den neuen Entschluß" für den Rückzug. BA-MA, RH 21-2/244: Pz. AOK 2, Abt. I a, Kriegstagebuch, Eintrag vom 5. 12. 1941.

[779] BA-MA, MSg 2/5319: NL Hans P. Reinert, Tagebuch, Eintrag vom 6. 12. 1941. Damit entsprach er lediglich den Absichten der obersten Führung.

[780] BA-MA, MSg 2/5319: NL Hans P. Reinert, Tagebuch, Eintrag vom 7. 12. 1941. Auch zum Folgenden.

[781] Am 11. 12. 1941 notierte Reinert (ebda.), dass es hier Tage gebe, „an denen wir 2 000 und mehr Schuß verschießen". BA-MA, MSg 2/5319: NL Hans P. Reinert, Tagebuch, Eintrag vom 11. 12. 1941.

[782] Vgl. hierzu IfZ-Archiv, MA 1783/3: 296. Inf. Div., Abt. I a, „Vorläufiger Gefechtsbericht über die Abwehrkämpfe der 296. Inf. Div. südlich Tula", o. D.

um Ortschaften. Zwischen diesen ist nichts! […] Wir fragen uns immer wieder, wofür der Russe diese sinnlosen Angriffe führt, immer wieder an denselben Stellen, auf die wir nun doch eingeschossen sind, dass uns nichts mehr entgehen kann. Was will er denn erreichen. Schon mag er einige Ortschaften bekommen, was ist das?"[783]

In diesem Fall ging es freilich um mehr als nur um „einige Ortschaften". Auch Reinert musste schließlich einsehen, dass es sich hier um den Beginn einer Großoffensive handelte, die sich anfangs aus schier unerschöpflichen Reserven speiste[784]. Die Übermacht der frisch ausgestatteten sowjetischen Regimenter, die nun „ausgeruht und aufgewärmt"[785], gegen die deutschen Stellungen getrieben wurden, schätzte man auf ein Verhältnis von 40:1[786]. Bei Voraussetzungen wie diesen war es nur eine Frage der Zeit, wann die ausgemergelten, schwach bewaffneten deutschen Linien[787] diesem Druck nicht mehr standhalten würden. Am 13. Dezember musste auch die 296. den Rückzugsbefehl geben[788], weil in ihrer unmittelbaren Nachbarschaft „eine Lücke entstanden" war, „deren Auswirkung noch nicht zu übersehen ist". So lautete in diesem Fall die Analyse der deutschen Heeresführung[789], die den Krieg „nur noch als Strich- und Zahlenwerk auf papierenen Landschaften" erlebte[790]. Ungleich plastischer ist die Schilderung eines Infanteristen, der nicht verschweigt, dass sich die 296. ID dabei einer neuen Taktik bediente – der Taktik der „Verbrannten Erde"[791]: „Weithin war das Gelände von den ungeheuren Bränden der vielen kleinen und größeren Ortschaften erleuchtet, denn auch diesmal wurde die Zerstörung gründlichst durchgeführt. Wie oft hatten wir schon daran geglaubt, dass sich der Russe in diesen niedergebrannten Ortschaften nicht mehr festsetzen könnte und doch war er uns bereits am nächsten Morgen schon wieder gefolgt."[792] Trotz aller Verwüstungen, welche die 296er auf ihrem Weg nach Westen hinter sich ließen, gelang es ihnen anfangs nicht, sich vom Gegner zu lösen. Das hatte viele Gründe; einer waren die tief eingeschnittenen Schluchten, die Balki, die dieses Gebiet durchzogen und an denen sich die deutschen „Riesenkolonnen" stauten: „Im

---

783 BA-MA, MSg 2/5319: NL Hans P. Reinert, Tagebuch, Eintrag vom 9.12.1941.
784 Bei der 296. ID schätzte man, dass ein einziger Angriff wie etwa der vom 9.12.1941 den Gegner ca. 2000 Gefallene kostete. IfZ-Archiv, MA 1783/3: 296. Inf. Div., Abt. I a, „Vorläufiger Gefechtsbericht über die Abwehrkämpfe der 296. Inf. Div. südlich Tula", o.D.
785 BA-MA, MSg 2/5319: NL Hans P. Reinert, Tagebuch, Eintrag vom 1.1.1942.
786 Ebda., Eintrag vom 13.1.1942.
787 Die Gefechtsstärke bei den Infanterie-Kompanien der 296. ID war damals auf „40–50 Mann" abgesunken. Angabe nach: Friedel Sevenich, Die Truppe und der Weg des Infanterie-(Grenadier-)Regiments 521 der 296. Division 1940-1944, S.6. Masch. Manuskript im Besitz d. Verf. Am 10.12.1941 meldete die 296. ID, dass ein ganzer Zug ihrer Panzerjäger-Abteilung „durch Niederwalzen seine sämtlichen Waffen" verloren habe. BA-MA, RH 24-24/138: 296. Inf. Div., Meldung an XXIV. Pz. Korps vom 10.12.1941.
788 Zur Chronologie dieses Rückzugs vgl. IfZ-Archiv, MA 1636: 296. Inf. Div., Abt. I a, Kriegstagebuch, Anlagen; IfZ-Archiv, MA 1632: 296. Inf. Div., Abt. I a, Kriegstagebuch, Eintrag vom 7.12.1941ff.
789 Halder, Kriegstagebuch, Bd. III, S. 337f. (Eintrag vom 10.12.1941).
790 Fest, Hitler. Biographie, S. 913.
791 Vgl. hierzu Kap. 5.6. Es verdient Beachtung, dass Hitler dies erst am 21.12.1941 zur allgemeinen Maßgabe des deutschen Rückzugs machte. Vgl. OKW/WFSt/Abt. L/I, Fernschreiben an OKH/Op.Abt. vom 21.12.1941, Druck: KTB OKW, Bd. I, Dok. 111.
792 Manuskript, K. H., „Unser Einsatz im Osten", o.D., Kopie im Besitz d. Verf. H. gehörte zum Inf. Rgt. 521, einem der drei Infanterie-Regimenter der 296. ID.

Deutsche Infanterie im Winterkampf, Januar 1942
(Quelle: IfZ-Archiv)

eisigen Nordwind. In dunkler Nacht und warten, bis sie an den Abstieg heran können. Im Abstand von 200 Meter kann hier Fahrzeug auf Fahrzeug folgen, wobei 20 Mann jedes Fahrzeug mit Tauen anhalten müssen, damit es nicht auf der abschüssigen Eisbahn einfach in die Schlucht hinabrutscht. Es ist ein unheimlicher Schlauch, denn die Männer müssen die 500 Meter immer wieder hoch, um nun die nächsten Fahrzeuge hinunterzubringen. Die Pferde rutschen auf ihren Hinterbacken den Hang hinunter. Die Fahrzeuge rutschen auf sie auf – und doch passiert selten was. Allerdings einige Geschütze von uns, die eben so schwer sind, daß sie von den Kanonieren nicht aufgehalten werden können, die rutschen ab, aber sie können, wenn auch mit sehr viel Mühe wieder herausgebracht werden. Daß dieses Abfließen [sic] bei einem solchen Sicherheitsabstand und bei einem solch langsamen Tempo natürlich unheimliche Verzögerungen ergibt, das läßt sich leicht ausrechnen, und ich rechne aus, dass nur die Hälfte der jetzt schon haltenden Kolonnen bis morgen früh 9 Uhr die Schlucht passiert haben wird. In dieser Zeit müssen die Männer in der eisigen Kälte stehen oder bergauf die Fahrzeuge bugsieren."[793] Lange konnte das nicht gut gehen: „Die Männer können auf dem Marsch plötzlich nicht mehr, fallen um und sind tot oder sterben und erfrieren vollends

---

[793] BA-MA, MSg 2/5319: NL Hans P. Reinert, Tagebuch, Eintrag vom 20.12.1941. Vgl. ferner IfZ-Archiv, MA 1632: 296. Inf. Div., Abt. I a, Kriegstagebuch, Eintrag vom 21.12.1941, wo ebenfalls über die „Wegeschwierigkeiten [...] in den Schluchten ostwärts Odojew" berichtet wird.

auf dem Transport zur nächsten Unterkunft. Es ist eine grauenvolle Zeit"[794], steht zwei Wochen später in Reinerts Tagebuch.

Der gnadenlose Existenzkampf, die zunehmende Erschöpfung[795] und das Gefühl militärischer Unterlegenheit führten auch Verzweiflung[796], Verunsicherung und nicht zuletzt dazu, dass „manche Begriffe von Völkerrecht" sich „reichlich" verwischten, wie Reinert vorsichtig andeutete[797]. Konkret hieß das: „Verbrannte Erde"[798], Morde an Zivilisten[799] oder wehrlosen Kriegsgefangenen[800], wobei sich Ausmaß und Folgen dieses Verrohungsprozesses im Fall dieser Division nur schwer abschätzen lassen. Viel hing auch hier ab von den einzelnen Vorgesetzten oder den Reaktionen des Gegners, der damals auch in diesem Frontabschnitt einzelne deutsche Gefangene erschoss[801] oder mit Hilfe von Partisanen – nach Urteil der Deutschen: „bestens ausgerüstet mit MG, Granatwerfer, MP u[nd] automat[ischen] Gewehren"[802] – die 296. ID auch von hinten unter Druck setzte[803]. Auch die 296. ID erntete nun, was die deutschen Invasoren in den vorhergehenden Monaten gesät hatten. Dass sie dabei auch für Taten zur Verantwortung gezogen

[794] BA-MA, MSg 2/5319: NL Hans P. Reinert, Tagebuch, Eintrag vom 1.1.1942. Vgl. auch Die Geheimen Tagesberichte, Bd.4, S.112 (Eintrag vom 1.1.1942): „Durch den starken Frost traten besonders bei der 296. Div. starke Erfrierungen ein."

[795] Vgl. etwa IfZ-Archiv, MA 1632: 296. Inf. Div., Abt.I a, Kriegstagebuch, Eintrag vom 31.12.1941.

[796] Vgl. etwa BA-MA, MSg 2/5319: NL Hans P. Reinert, Tagebuch, Eintrag vom 22.12.1941: „Also doch Befehl: Zurück! Wir klappen moralisch völlig zusammen. Ich kann nicht beschreiben, was uns in diesen Minuten bewegt. Es ist zu ungeheuerlich. Wir könnten losheulen ...."

[797] BA-MA, MSg 2/5320: NL Hans P. Reinert, Tagebuch, Eintrag vom 14.3.1942. Rückblickend auf die vergangenen Monate.

[798] Vgl. IfZ-Archiv, MA 1636: 296. Inf. Div., Abt.I a, „Divisionsbefehl Nr.100" vom 10.12.1941: „Sämtliche vor der Front befindlichen Ortschaften sind beim Räumen niederzubrennen oder der Ort späterhin in Brand zu schießen. Der Gegner darf keine Unterkünfte vor der Front mehr haben." Bei der Zerstörung und Sperrung dieser Ortschaften wurde auch von Minen „reichlich Gebrauch" gemacht. IfZ-Archiv, MA 1636: LIII. A. K., Abt.I a, „Korpsbefehl für den 24.Dezember 1941" vom 23.12.1941.

[799] Manuskript, K. H., „Unser Einsatz im Osten", o.D., Kopie im Besitz d. Verf. Dort wird beschrieben, wie in dieser Zeit „einige Zivilrussen, die uns trotz Weigerung den Weg nach rückwärts zeigen mussten", danach von Angehörigen der 296. ID ermordet wurden. Andererseits beschreibt Reinert immer wieder, dass es selbst damals bei dieser Division üblich war, die Zivilisten in den requirierten Wohnungen zu lassen und mit diesen zusammenzuwohnen.

[800] BA-MA, MSg 2/5319: NL Hans P. Reinert, Tagebuch, Eintrag vom 31.1.1942. Allerdings machte die 296. ID weiterhin Gefangene, während ihres Rückzugs im Dezember 1941 waren es 239 Mann, bei den Stellungskämpfen von Januar bis März 1942 weitere 306 Gefangene. Angaben nach: IfZ-Archiv, MA 1783/3: 296. Inf. Div., Abt.I a, „Vorläufiger Gefechtsbericht über die Abwehrkämpfe der 296. Inf.Div. südlich Tula", o.D.; IfZ-Archiv, MA 1637: 296. Inf. Div., Abt.I c, Tätigkeitsbericht für die Zeit vom 1.1.–31.3.1942.

[801] Vgl. hierzu: 56. Inf. Div., Abt.I c, Übersetzung Tagebuch Kdr. Schtz. Rgt. 1166, 346. Schtz. Div., in: BA-MA, MSg 2/5319: NL Hans P. Reinert, Tagebuch, Eintrag vom 27.1.1942, Anlage. Dieses Tagebuch war den Deutschen bei einem Gegenstoß, der von Teilen der 56. und 296. ID durchgeführt wurde, in die Hände gefallen. Dort entsprechende Eintragungen für den 16.12.1941.

[802] IfZ-Archiv, MA 1636: Pz. Jg. Abt.296, „Gefechtsbericht für die Zeit vom 2.1.–12.1.42", o.D.

[803] Seit Ende November 1941 wurde die Division immer wieder von Partisanen angegriffen. Vgl. hierzu IfZ-Archiv, MA 1636: Inf. Rgt. 520, „Regimentsbefehl Nr.1 für die Verteidigung vor Tula" vom 30.11.1941; BA-MA, MSg 2/5319: NL Hans P. Reinert, Tagebuch, Eintrag vom 19.12.1941; IfZ-Archiv, MA 1637: 296. Inf. Div., Abt.I c, Tätigkeitsbericht für die Zeit vom 1.12.–31.12.1941; IfZ-Archiv, MA 1632: 296. Inf. Div., Abt.I a, Kriegstagebuch, Eintrag vom 5.1.1942.

wurde, die sie selbst nicht zu verantworten hatte, war Ausdruck einer Situation, die sich weniger über individuelle als vielmehr über kollektive Ausgangslagen definierte.

Dennoch gelang auch ihr das Unerwartete[804]: „Unter Einsatz der letzten Kräfte"[805] und unter Verlust von über Tausend Mann[806], über acht Prozent ihres personellen Gesamtbestands[807], konnte sich die 296. ID bis Ende des Monats so weit vom Gegner lösen, dass sie etwa 120 Kilometer westlich von Tula eine Auffanglinie aufbauen konnte[808], die „Wyra-Stellung"[809]. Diese sollte nun „endlich einmal für 3 Monate halten"[810]. Obwohl die Angriffe des Gegners „während des nun kommenden viertel Jahres nicht einen Tag" nachließen und auf deutscher Seite noch viele Opfer forderten[811], konnte diese neue Hauptkampflinie nun von Tag zu Tag „besser ausgebaut" werden[812]. „Seine Städte Bolchow und Orel wollte er [der Gegner] wieder haben", erinnerte sich später ein Veteran. „Er kam nicht soweit. Wir hielten über die langen Wochen hinweg diese Stellung gegen jeden feindlichen Angriff. Für uns begann aber die Zeit des bisher nicht gekannten Stellungskrieges, mit all seinen Vor- und Nachteilen."

---

804 BA-MA, MSg 2/5319: NL Hans P. Reinert, Tagebuch, Eintrag vom 14.12.1941: „Die kritischsten Stunden sind überstanden und zwar in einer Form, die vorauszusagen selbst einem Optimisten Ehre gemacht hätte."

805 IfZ-Archiv, MA 1632: 296. Inf. Div., Abt. I a, Kriegstagebuch, Eintrag vom 1.1.1942.
Bei ihrem Rückzug aus Beljow wäre die Division beinahe eingeschlossen worden. Vgl. hierzu Manuskript, K. H., „Unser Einsatz im Osten", o. D., Kopie im Besitz d. Verf.: „Ein verdammt kitzliges Gefühl war es schließlich, als die Schüsse nicht alleine aus der Frontrichtung, sondern auch zugleich von rückwärts kamen."

806 Gefallene: 139 Mann (davon 6 Offz.); Verwundete: 478 Mann (davon 13 Offz.); Vermisste: 56 Mann (davon 1 Offz.); „durch Erfrierungen ausgefallen": 351 Mann (davon 1 Offz.). Vgl. IfZ-Archiv, MA 1783/3: 296. Inf. Div., Abt. I a, „Vorläufiger Gefechtsbericht über die Abwehrkämpfe der 296. Inf. Div. südlich Tula", o. D.

807 Am 1.10.1941 hatte die 296. ID eine Gesamtstärke von 12043 Mann. Angabe nach: IfZ-Archiv, MA 1632: 296. Inf. Div., Abt. II a und II b, „Gefechts- und Verpflegungsstärken der 296. ID".

808 Die 296. ID hatte am 24.12.1941 Beljow erreicht, eine Woche später musste sie auch diese Stadt räumen, um dann wenige Kilometer westlich davon in Stellung zu gehen. Eine Vorstellung von der Härte dieser Kämpfe vermittelt IfZ-Archiv, MA 1783/3: 296. Inf. Div., Abt. I a, „Gefechtsbericht über das Gefecht von Beleff [sic] am 31.12.1941", o. D.: „Die Truppe hat sich wie immer mit erbittertster Tapferkeit geschlagen, sie musste im Häuserkampf in der Nacht der zahlenmäßigen Übermacht weichen. Zum Schluß ist festzustellen: Die Division hat eine Woche in harten Kämpfen die 342., 322., 328. und 330. S[chützen]-D[ivision], Teile 1. und 2. G[arde]-K[avallerie]-D[ivision] mit hohen blutigen Verlusten in täglichen Kämpfen abgewiesen."

809 IfZ-Archiv, MA 1637: 296. Inf. Div., Abt. I c, Tätigkeitsbericht für die Zeit vom 1.1.-31.3.1942.

810 Manuskript, K. H., „Unser Einsatz im Osten", o. D., Kopie im Besitz d. Verf.; auch zum Folgenden.

811 Vgl. IfZ-Archiv, MA 1783/3: III./Inf. Rgt. 521, „Anhang zum Gefechtbericht für die Zeit vom 2.-22.1.1942" vom 22.2.1942, in dem sieben Fälle von Soldaten geschildert werden, die sich in dieser Zeit besonders auszeichneten. Von diesen sieben Soldaten fiel der Uffz. Kaspar „durch Kopfschuss", der Uffz. Wolfert wurde durch ein feindliches MG „zusammengeschossen", dem Gefr. Pflanze wurde „der Oberschenkel zerschmettert", der Uffz. Folz fiel bei „bei einem Gegenstoß", der Ltn. Lange wurde „durch einen Brustschuß schwer verwundet", während die letzten beiden in dieser Liste Erwähnten, der Ltn. Wesel und der Uffz. Bause, ihren Einsatz unbeschadet überstanden.

812 Vgl. IfZ-Archiv, MA 1636: 296. Inf. Div., Abt. I a/Pio., Befehl betr. „Ausbau der Stellung" vom 12.1.1942; LIII. A.K., Abt. I a/Korps-Pio.-Führer, Befehl an 296. Inf. Div. betr. „Ausbau der Stellungen" vom 27.1.1942.

Es gab damals deutsche Verbände, die es noch schlimmer traf. Das Schicksal der *45. Infanteriedivision* ist dafür ein Beispiel. Daher soll noch einmal, ein drittes Mal, von einem Rückzug die Rede sein. Am 24. November 1941 war auch die oberösterreichische Division, die südlich von Guderians 2. Panzerarmee stand, in Richtung Osten aufgebrochen, angeblich zum letzten Mal in diesem Jahr[813]. Wenn die Division damals noch immer „nicht voll" für den Winter ausgerüstet war[814], dann war das nicht das einzige Zeichen, das bedenklich stimmte. Es fehlte an Sprit[815] und an Munition[816], während die sowjetischen Piloten ein „regelrechtes Scheibenschießen" auf die deutschen Angreifer veranstalteten[817]. Noch problematischer war freilich, dass ein wirkliches Ziel ihrer Offensive nur schwer zu erkennen war[818]. So wahnwitzig die letzten deutschen Vorstöße auf Moskau auch sein mochten, hier bestand (zumindest theoretisch) noch immer Hoffnung auf eine Wende des Krieges oder wenigstens doch auf eine Pause, eine lange Pause in einem langen Winter. Bei der 45. war dies anders. Sie sollte, so lautete Hitlers Wunsch, möglichst noch in diesem Jahr bis zum Don vorstoßen[819]. Die entscheidende Frage, ob ein nochmaliges Vorschieben der deutschen Stellungen in den russischen Schneewüsten irgend etwas Substantielles an der eigenen Lage ändern würde, hatte der Oberste Kriegsherr offengelassen[820]. Auch im Oberkommando der 2. Armee – ihr war die 45. ID unterstellt – machte man sich darüber nicht allzu viel Gedanken; man betrachtete diese Offensive als eine Art „Demonstrationszug", bei dem man „nicht

---

[813] Am 21.11.1941 hatte die Führung der 45. Infanteriedivision den „Befehl für den Vormarsch gegen den Don" gegeben. IfZ-Archiv, MA 1621: 45. Inf. Div., Abt. I a, Kriegstagebuch, Eintrag vom 21.11.1941.
Da bei der 45. ID die Führung des Kriegstagebuchs im Dezember 1941 für einige Zeit ausgesetzt wurde, sind die Eintragungen verschiedenen Beständen entnommen, die zum Teil bis zum Beginn des Rückzugs, zum Teil auch erst in der Zeit danach entstanden sind.

[814] BA-MA, RH 24-34/120: XXXIV. A. K., „Bericht des Höheren Kommandos XXXIV über seinen Einsatz im Ostfeldzug" vom 1.12.1941. Zur Winterausstattung der 45. ID vgl. auch Buchbender/Sterz (Hrsg.), Das andere Gesicht des Krieges, S. 91 f.: Brief F. T. vom 5.1.1942.

[815] Vgl. hierzu BA-MA, RH 24-34/47: XXXIV. A. K., „Bericht des Höheren Kommandos XXXIV über seinen Einsatz im Ostfeldzug", II. Teil vom 28.3.1942, S. 1. Ferner ebda., Anlage: Kommentar des Chef des Stabes vom 22.12.1941, S. 2: „Daß auf dem Rückmarsch sehr viel Gerät und Fahrzeuge liegen geblieben ist, war eine Folge der von vornherein ganz unzureichenden Versorgung mit Betriebsstoff."

[816] IfZ-Archiv, MA 1621: 45. Inf. Div., Abt. I a, „Gefechtsbericht über die Kampfhandlungen der 45. Inf. Division in der Zeit vom 5.12.–17.12.1941": „In Fatesh war sie [die 45. ID] erstmalig wieder mit ausreichender Verpflegung, wenig Betriebsstoff und ganz unzureichender Winterbekleidung, jedoch – trotz starkem Mangels – nicht mit Munition versorgt worden. [...] Es gab Leute, die bei 30 ° Grad Frost in Drillichhosen und zerrissenen Schnürschuhen marschieren mußten; Ohrenschützer und Handschuhe waren z. T. nur behelfsmäßig in Selbsthilfe hergestellt."

[817] IfZ-Archiv, MA 1621: 45. Inf. Div., Abt. I a, Kriegstagebuch, Eintrag vom 3.12.1941; IfZ-Archiv, MA 1622: 45. Inf. Div., Abt. I a, Meldung an XXXIV. A. K. vom 5.12.1941: „Dringend Jagdschutz erbeten, da dauernde Tiefangriffe, [die] Angriff stark behindern."

[818] Aufschlussreich auch der folgende Eintrag der obersten deutschen Führung: „45. und 134. I.D. mit V[oraus-]A[bteilungen] im Vorgehen nach Osten. Standort unbekannt." Die Geheimen Tagesberichte, Bd. 4, S. 44 (Eintrag vom 21.11.1941).

[819] BA-MA, RH 24-34/42: XXXIV. A. K., Abt. I a, Anlage zum Kriegstagebuch vom 27.10.1941.

[820] Das war nicht nur in diesem Frontabschnitt so. Am 24.11.1941 schrieb der damalige Oberstltn. Hellmuth Stieff: „Daran ändert auch nichts, wenn die Lage sich zur Zeit entspannt hat und wir auf dem Nordflügel zum erfolgreichen Angriff übergehen konnten. Ob das nun hier zwei Wochen früher oder später 50 km weiter oder weniger weit zu Ende geht, ist ja so belanglos!" In: Stieff, Briefe, S. 150.

mehr so sehr gegen den Feind, als vielmehr mit der Weite des Raumes und den Unbilden der Witterung zu kämpfen" habe[821].

Das schien schon damals so wirklichkeitsfremd, dass der Generalfeldmarschall von Bock diese Armee mehrfach ermahnte, „nicht weiter nach Osten zu gehen, als dringend notwendig" sei[822]. Doch nahm das AOK 2 auf seine Bedenken wenig Rücksicht[823]. Das große Symbol der Hoffnung, mit dem man die ausgepumpte Truppe vorantrieb, hieß Jelez; hier wollte man „möglichst bald das ersehnte Winterquartier [...] erreichen" und vielleicht auch „noch Vorräte [...] finden"[824]. Dies war nichts anderes als eine Fata Morgana: „Der Russe geht überall nach planmäßiger Zerstörung von Schulen, Gemeindehäusern, Kolchosen usw. zurück", schrieb der Oberleutnant Hauswedell damals in sein Tagebuch[825]. Damit war eigentlich klar, dass man auch dieses Mal nicht in ein Gelobtes Land einziehen würde, das sich noch einigermaßen intakt irgendwo in den Weiten des russischen Raums erhalten hatte. Vielmehr ließ sich schon jetzt absehen, dass man lediglich von einer Zone des Krieges in eine andere kommen würde. Der Marsch nach Jelez wurde für die 45. Infanteriedivision daher nicht zu einem Weg in eine „Winterstellung"[826], geschweige denn in ein Winterquartier, er wurde – wie das ein Veteran später einmal auf den Punkt gebracht hat – für sie zum „Weg in die Kälte"[827].

[821] IfZ-Archiv, MA 1621: 45. Inf. Div., Abt. I a, „Gefechtsbericht über die Kampfhandlungen der 45. Inf. Division in der Zeit vom 5. 12.–17. 12. 1941".
Vgl. auch das Urteil Gschöpfs, der als Divisions-Pfarrer auch diesen Teil des Feldzugs erlebt hat. In seinen – wohlwollenden – Erinnerungen lässt selbst er durchblicken, dass der falsche Ehrgeiz der Vorgesetzten und nicht zuletzt die „Schönfärberei" ihrer Berichte dafür sorgten, dass der Marsch nach Jelez beinahe zum Ende dieser Division geführt hätte. Vgl. Gschöpf, Weg, S. 212.

[822] Bock, Tagebuch, S. 340 (Eintrag vom 6. 12. 1941). Vgl. auch ebda., S. 332 (Eintrag vom 30. 11. 1941) und S. 341 (7. 12. 1941).

[823] Vgl. hierzu BA-MA, RH 24-34/47: XXXIV. A. K., „Bericht des Höheren Kommandos XX-XIV über seinen Einsatz im Ostfeldzug", II. Teil vom 1. 12. 1941, S. 2: „Beim weiteren Vorgehen auf Jelez [...] wetteiferten beide Divisionen darin, möglichst bald das ersehnte Winterquartier zu erreichen."

[824] So bezeichnete Oberst Hans Cabanis, damals Chef des Stabes des Höheren Kommandos XX-XIV, die Vorgaben des AOK 2 als pure „Angriffshetze". BA-MA, RH 24-34/120: XXXIV. A. K., „Bericht des Höheren Kommandos XXXIV über seinen Einsatz im Ostfeldzug" vom 31. 12. 1941, hier Anlage: Kommentar des Chef des Stabes vom 22. 12. 1941.
Der General Schmidt vertrat als neuer OB der 2. Armee die Ansicht, dass Jelez als „Knotenpunkt" so wichtig war, dass er „unmöglich unzerstört vor seiner Front bleiben" dürfe. Geplant war, vor der Armee eine Art „Wüstenzone" herzustellen, die schon allein im Winter einen sowjetischen Gegenangriff verhindern sollte. Zitate bei: Stahl, Generaloberst Rudolf Schmidt, S. 221. Ferner Reinhardt, Wende, S. 211.
Zur Haltung der 2. Armee vgl. auch die vom Gen.oberst Frhr. von Weichs vorgelegte Entgegnung vom Mai 1942: BA-MA, RH 24-34/47: AOK 2, OB, Schreiben an Gen. Metz vom 15. 5. 1942.

[825] Ludwig Hauswedell, Kriegstagebuch 1941/42 (4. 5. 41–21. 4. 1942), Kopie im Besitz d. Verf., Eintrag vom 1. 12. 1941.
Vgl. auch IfZ-Archiv, MA 1621: 45. Inf. Div., Abt. I a, „Gefechtsbericht über die Kampfhandlungen der 45. Inf. Division in der Zeit vom 5. 12.–17. 12. 1941": „Verpflegung wurde im Lande nur unzureichend gefunden."

[826] Vgl. hierzu IfZ-Archiv, MA 1622: AOK 2, Abt. I a, „Armeebefehl Nr. 1 zum Einrichten einer Winterstellung" vom 6. 12. 1941. Es spricht für sich, dass dieser Befehl am Tag des Beginns der sowjetischen Gegenoffensive erlassen wurde.

[827] Fuchs, Wer spricht von Siegen, S. 32. Ferner Gschöpf, Weg, S. 274 ff.

Dem sich versteifenden sowjetischen Widerstand zum Trotz[828] sollte es den
45ern tatsächlich noch gelingen, Jelez bis zum 5. Dezember 1941 zu erobern. Nun
hatte die Division „ihre östlichste Linie in Rußland erreicht". Die Entfernung, die
sie „bisher von Brest-Litowsk über Kiew bis Jelez zurückgelegt" hatte, betrug
2100 Kilometer[829], wie einer ihrer Angehörigen ausrechnete. Während sich die
deutschen Soldaten in der Stadt, in der einmal 50 000 Menschen gelebt hatten[830],
mühselig einrichteten, hatte einer ihrer Spähtrupps ein seltsames Erlebnis: Man
beobachtete, wie ein sowjetisches Jagdflugzeug auf freier Fläche landete. „Der
Flieger habe sich mit den heraneilenden russ[ischen] Soldaten unterhalten und sei
nach einer gewissen Zeit wieder abgeflogen." Die Deutschen sahen darin „ein Beispiel dafür, mit welcher Sorglosigkeit sich die russ[ische] Luftwaffe im Kampfgebiet bewegen kann" [831].

So konnte man diesen kleinen Vorfall deuten, doch waren auch andere Schlüsse
möglich. Denn nun zeigte sich, wie sehr sich die 45. ID mittlerweile exponiert
hatte. Neben ihr stand nur noch ihr „Schwesterverband", die 134. Infanteriedivision, mit der sie zusammen das XXXIV. Höhere Kommando bildete[832]. Da diese
beiden Divisionen „ohne Rücksicht auf die Nachbarn" vorgestoßen waren[833], war
ihre „tiefe offene rechte Flanke"[834] völlig ungeschützt. Dieses Loch von beinahe
70 Kilometern Breite hatte der Gegner schnell erkannt[835]. Schon am 6. Dezember
begann sein Gegenangriff[836], der beide deutschen Divisionen rasch von der übrigen Front abschnitt. Zwei Tage später musste die 45. den Befehl geben, „sich
vom Feind zu lösen [...] und nach Nordwesten zurückzugehen"[837]. Im Klartext

---

[828] Vgl. Reinhardt, Wende, S. 168 f.; Gschöpf, Weg, S. 276.

[829] Gschöpf, Weg, S. 279.

[830] Reinhardt, Wende, S. 211. Nicht ausgeführt wurde damals der sowjetische Plan, Jelez niederzubrennen.

[831] IfZ-Archiv, MA 1621: 45. Inf. Div., Abt. I a, Kriegstagebuch, Eintrag vom 7.12.1941.

[832] Dem Höheren Kommando z. b. V. XXXIV, das den Status eines schwachen Armeekorps' be-
saß, waren damals die 45. und die 134. ID unterstellt; beim Rückmarsch aus Jelez wurde diese
Kommandobehörde so sehr mitgenommen, dass man sie am 31.1.1942 auflöste. Vgl. Tessin,
Verbände und Truppen, Bd. 5, S. 34.

[833] IfZ-Archiv, MA 1621: 45. Inf. Div., Abt. I a, „Gefechtsbericht über die Kampfhandlungen der
45. Inf. Division in der Zeit vom 5. 12.–17. 12. 1941".

[834] Ludwig Hauswedell, Kriegstagebuch 1941/42 (4. 5. 41–21. 4. 1942), Kopie im Besitz d. Verf.,
Eintrag vom 31. 12. 1941. Es charakterisiert das Leichtfertige des deutschen Vorgehens, wenn
die Führung der 45. ID immer wieder auf die sich abzeichnende Bedrohung aus der Flanke
hingewiesen hatte. Vgl. in diesem Zusammenhang IfZ-Archiv, MA 1621: 45. Inf. Div., Abt. I a,
Kriegstagebuch, Eintrag vom 29. 11., sowie vom 30. 11. 1941: „Wenn auch durch die
starke Aufklärung in die rechte Flanke der Div. bisher stärkere Feindkräfte noch nicht festgestellt wurden, so bleibt doch eine ständige Bedrohung durch die dortigen Feindkräfte und
durch das langsame Aufschließen der 95. I. D. [der Nachbardivision am rechten Flügel der 45.
ID]." Ferner Reinhardt, Wende, S. 131.

[835] IfZ-Archiv, MA 1621: 45. Inf. Div., Abt. I a, Kriegstagebuch, Eintrag vom 6. und 7.12.1941.

[836] Es ist bemerkenswert, dass man selbst in dieser Lage höheren Orts diese Zuspitzung noch
immer zu ignorieren suchte. Vgl. IfZ-Archiv, MA 1621: 45. Inf. Div., Abt. I a, Kriegstagebuch,
Eintrag vom 7. 12. 1941: „Das Korps ist also trotz der Flankenbedrohung auf den Vorschlag
der Div. nicht eingegangen und überläßt die Verantwortung der Division." Noch am 9.12.1941
(ebda.) betonte „der Herr Oberbefehlshaber in einem Gespräch mit dem Div. Kdr., daß ein
Zurückgehen hinter die Sossna kein Vorteil sei. Der Gegner müsse angepackt und abge-
schüttelt werden". Zu den Kompetenzstreitigkeiten der übergeordneten Kommandobehörden
vgl. auch Reinhardt, Wende, S. 211 f.

[837] Gschöpf, Weg, S. 282. Am 8.12.1941 wurde Jelez „nach Zerstörung der militärisch wichtigen
Anlagen" endgültig geräumt. Vgl. Stahl, Generaloberst Rudolf Schmidt, S. 221.

hieß das, dass aus den beiden Divisionen eine Art wandernder Kessel geworden war, der sich verzweifelt den Weg zu den deutschen Linien zu bahnen suchte. Was nun folgte, kam jenen apokalyptischen Bildern des Jahres 1812 wohl am nächsten[838]. „Wir waren schon ostwärts Jelez", schrieb ein Obergefreiter der 45. ID im Januar 1942 nach Hause. „Aber zu unserem Schrecken erfuhren wir dort, dass wir eingeschlossen sind. Volle 14 Tage irrten wir in der Gegend umher, ständig von den Russen angegriffen. Viele Nächte mussten wir opfern, ich werde es nicht vergessen, was wir in dieser Zeit mitmachten. Das kann sich niemand zu Hause vorstellen. Momentan haben wir 35–40 Grad Kälte täglich. Viele haben sich Hände, Wangen, Füße usw. erfroren, bei manchem muß sogar der Fuß abgenommen werden. Ich habe mir bis jetzt noch nichts erfroren."[839]

Das waren nur Andeutungen. Das Kriegstagebuch der Division – sonst bekannt für eine Leidenschaftslosigkeit, die schon fast ans Trockene grenzte – berichtet von „gespenstischen Nachtmärschen": „Zeitweise hört der dichte, eisig-kalte Schneesturm auf, und man hat einigermaßen Sicht. Im Osten leuchten überall große Brände. Stellenweise ist der Weg schon stark verweht und nur mit Hilfe von Landeseinwohnern überhaupt zu finden."[840] Unklar war nicht nur die Marschrichtung, sondern überhaupt die militärische Lage[841], so dass schließlich deutsche Flugzeuge mit Hilfe abgeworfener Flugblätter die Führung der desorientierten deutschen Kolonnen übernehmen mussten[842]. Doch nicht allein das war „gespenstisch", sondern auch die „sandsturmartigen"[843] Schneestürme, denen die deutschen Soldaten damals ausgesetzt waren: „Tagelang peitschte der Sturm ohne Unterbrechung den feinen Pulverschnee auf und trieb ihn gegen Augen und Gesicht, so daß ein Gefühl entstand, als wäre man in einen schmerzenden Nadelregen hineingeraten. […] Da die Stürme meist aus dem Osten kamen, hatte sie der Gegner vielfach im Rücken. Es war für ihn leicht, im Schutze dieser Schneewolken seine Stoß-

---

[838] Vgl. IfZ-Archiv, MA 1621: 45. Inf. Div., Abt. I a, Kriegstagebuch, Eintrag vom 12.12.1941: „Der Ort ist übervoll. Die Leute müssen zum Teil im Freien übernachten. Es weht ein naßkalter Wind, die Straßen sind durch den vorangegangenen Regen spiegelglatt. An den Ortsausgängen leuchten die zur Erwärmung und besseren Sicht angesteckten Strohhaufen der Feldwachen."
Ebda., 14.12.1941: „Der Übergang über den Abschnitt bei Kukui war wieder sehr schwierig; außer der vereisten Ab- und Auffahrt musste eine Furt überwunden werden, in der das Wasser häufig in die Schlitten mit Verwundeten eindrang. Ein vereister Balken als Brücke für Fußgänger ließ zahlreiche Leute stürzen, so daß sie bis zum Kopf von Eiswasser durchnässten. Der Div. Kdr., der bereits mit den vordersten Teilen dort eintrifft, befiehlt eine straffe Regelung des Übergangs."
[839] Buchbender, Das Andere Gesicht des Krieges, S. 91 f.: Brief F. T. vom 5.1.1942
[840] IfZ-Archiv, MA 1621: 45. Inf. Div., Abt. I a, Eintrag vom 11.12.1941.
[841] Vgl. hierzu Gschöpf, Weg, S. 283: „Es begann eine bittere Zeit, in der jeder einzelne Mann bereit war, das Letzte herzugeben, obwohl zunächst niemand recht wußte, warum es eigentlich soweit zurückgehe, denn von der großen Lage an der Gesamtfront hatten wir damals keine Ahnung."
Ferner IfZ-Archiv, MA 1621: 45. Inf. Div., Abt. I a, Kriegstagebuch, Eintrag vom 13.12.1941 über eine Weisung des AOK 2: „Eine Orientierung über die Lage fehlt. Ein Feindbild ist kaum zu gewinnen."
[842] IfZ-Archiv, MA 1621: 45. Inf. Div., Abt. I a, Eintrag vom 15. und 16.12.1941.
[843] So Philippi/Heim, Feldzug, S. 108.
Vgl. hierzu auch Die Geheimen Tagesberichte, Bd. 4, S. 81 (Eintrag vom 12.12.1941): „Bei 45. I.D. keine Kampfhandlungen. Die Div. ist jedoch durch Nachtmarsch im Schneegestöber stark mitgenommen."

trupps so an unsere Linien heranzubringen, daß sie erst im letzten Moment festgestellt werden konnten."[844]

Für die meisten war wohl das am unheimlichsten – das niederdrückende Gefühl völliger „Ohnmacht"[845]. Schutz bot vorerst nur noch jene „endlose Kolonne"[846], die nach Westen zog und die es irgendwie immer wieder schaffte, sich den Gegner vom Leib zu halten. Waren selbst diese letzten Reste einer militärischen Formation zerfallen, dann war unwiderruflich das Ende gekommen. Vorerst war das noch nicht der Fall. Dass vorerst kaum jemand kapitulieren wollte[847], war nicht allein Ausdruck der deutschen Kohäsion, welche die deutsche Führung notfalls mit drakonischen Mitteln herstellte[848]. Auch die sowjetischen Verfolger, die ihre Gegner nicht immer gefangen nahmen, sorgten dafür, dass sich die wandernden Kessel nicht auflösten[849]. Trotzdem schien die Chance auf ein Entkommen immer mehr zu schwinden. Die deutsche Führung hatte beide Divisionen, die 45. und die 134., schon abgeschrieben und „als aufgerieben gemeldet"[850]. Wenn sich der Kommandeur der 134. ID, Generalleutnant Conrad von Cochenhausen, am 13. Dezember 1941 erschoss[851], so charakterisiert dies das Ausweglose ihrer Situation.

Und doch ging die Geschichte weiter. Wider Erwarten gelang es beiden Divisionen, dem Tod noch einmal von der Schippe zu springen; bis zum 17. Dezember erreichten sie die deutschen Linien. Über die letzten Stunden ihrer Anabasis ist im Tagebuch des Divisionsadjutanten zu lesen: „Bereits am frühen Nachmittag gibt der Kommandeur den Befehl zum Lösen und zum Marsch nach Westen. […] Während nun im Schein der untergehenden Sonne die ganze mehrere Kilometer lange Kolonne der Division sich nach Westen vorschob, bot sich uns ein phantastisches Bild: Rechts vorwärts [also zwischen dem wandernden Kessel und der deutschen Front] griff gegen den Ort Karpowka der Russe in dicken Massen an, wurde mit Artillerie, Flak, Pak usw. restlos eingedeckt. Das Gefecht war nach einer halben Stunde entschieden. Die Reste des Gegners zogen sich fluchtartig nach Osten zu-

---

[844] Gschöpf, Weg, S. 302.
[845] So Gschöpf, Weg, S. 290. Vgl. auch Halder, Kriegstagebuch, Bd. III, S. 340 (Eintrag vom 12. 12. 1941): „134. und 45. Div[ision] überhaupt nicht mehr kampffähig. Keine Versorgung. Führung zwischen Tula und Kursk bankrott."
[846] IfZ-Archiv, MA 1621: 45. Inf. Div., Abt. I a, Eintrag vom 11. 12. 1941.
[847] Vgl. BA-MA, RH 24-34/47: XXXIV. A. K., „Bericht des Höheren Kommandos XXXIV über seinen Einsatz im Ostfeldzug", II. Teil vom 31. 12. 1941, S. 11: „Die Haltung der Truppe auf dem Gefechtsfeld war gut. Wo ich erschien, wurde mir auch im Kampf Ehrenbezeugung erwiesen, alle Befehle wurden sofort befolgt. Drückeberger habe ich nicht gesehen. Dabei mag die Furcht, in Gefangenschaft zu geraten, eine Rolle gespielt haben."
[848] Am 12. 12. 1941 befahl der OB der 2., General Schmidt, „einzelne Leute, die defaitistische Reden halten, herauszugreifen und exemplarisch umzulegen". Zit. bei: Hürter, Heerführer, S. 373, Anm. 68.
[849] Auch die sowjetische Seite machte damals immer weniger Gefangene, so Gschöpf, Weg, S. 295; Hoffmann, Kriegführung, S. 787 ff. sowie Kap. 5.2.
[850] So Hitler am 30. 12. 1941 in einem Telefongespräch gegenüber dem GFM Günther von Kluge, Druck: Reinhardt, Wende, Anlage 4. Vgl. auch Bock, Tagebuch, S. 350 (Eintrag vom 14. 12. 1941): „Im Süden bei der 2. Armee sieht es so aus, als ob die 134. Division sich durchschlagen kann, während es für die Reste der 45. zweifelhaft bleibt."
[851] Vgl. hierzu BA-MA, RH 24-34/47: XXXIV. A. K., Der Befehlshaber, „Bericht über den Tod des Generalleutnants von Cochenhausen" vom 18. 12. 1941: „Schon als ich am 30. 9. 41 Gen. ltn. v. Cochenhausen kennen lernte, äußerte er sich sehr pessimistisch über die allgemeine militärische Lage im Osten und sprach mit großer Sorge und auch Liebe von seiner 134. Inf. Div., die damals abgekämpft und ermüdet war."

rück. Während dieses Kampfes marschierte die Division ohne Stockung weiter – sozusagen unmittelbar hinter den beiden kämpfenden Parteien. Dort waren die deutschen Truppen! Nach kurzer Zeit kam auch ein Offizier der 56. Division, um mit uns Verbindung aufzunehmen. Wie ein Lauffeuer verbreitete sich die Nachricht durch die Truppe, daß wir nunmehr aus dem russischen Kessel heraus seien."[852]

All dies ist mehr als nur ein „eindrucksvolles Schlachtenbild"[853]. Vielmehr lassen sich an dieser Miniatur des Krieges zwei Dinge erkennen: Auch in diesem Fall gelang es der Roten Armee nicht, eine beispiellos günstige Lage bis zur völligen Vernichtung des Gegners auszunützen. Oder in Umkehrschluss: Selbst in einer solchen Lage konnten sich die bereits eingeschlossenen deutschen Verbände noch behaupten. Dahinter steckte ein System. Denn Jelez blieb kein Einzelfall. Ungleich bekanntere Schlachtorte wie die Kessel von Cholm oder Demjansk oder jene „Wellenbrecher" wie Staraja Russa, Welikije Luki oder Rshew[854] – um nur wenige zu nennen – sollten damals in immer neuen Varianten belegen, dass es den übernächtigten und ausgehungerten deutschen Soldaten meistens gelang, sich zu behaupten, selbst auf ihren Rückzügen. Im Dezember 1941 hatte die Rote Armee die Initiative gewonnen – zunächst im Taktischen, dann auch im Operativen. Sie hatte der Wehrmacht ihre erste empfindliche Niederlage zugefügt, sie aber noch längst nicht ausgeschaltet. Dazu waren die sowjetischen Streitkräfte noch nicht fähig.

Einsichten dieser Art finden sich in jeder Gesamtdarstellung des Zweiten Weltkriegs. Doch erklären sie noch nichts. Erst der Blick in den Mikrokosmos des Geschehens macht vieles verständlicher, was auf den ersten Blick unverständlich scheint. Die selbstmörderische Entschlossenheit, mit der große Teile der Wehrmacht in ihr eigenes Verderben marschierten, und der nicht minder erstaunliche Umstand, dass es der Roten Armee selbst jetzt nicht gelang, diesen Krieg für sich zu entscheiden. „Es ist ein Wunder, daß der Russe noch nicht in diese fast unbewegliche Masse hineingestoßen ist", vermerkte der Kriegstagebuchführer der 45. ID, als sich diese bei ihrem Rückzug wieder einmal an einer der zahllosen Schluchten staute[855]. Doch „der Russe" kam nicht. Die Wende in diesem kleinen und begrenzten Frontabschnitt, in diesem Feldzug und nicht zuletzt in diesem Krieg war mehr, viel mehr als nur ein Gezeitenwechsel, war mehr als eine bloße Seite, die nun ganz einfach „im Buch der Kriegsgeschichte […] umgeblättert" wurde[856]. Diese Wende war nichts anderes als ein Prozess, der sich entsprechend langsam, zäh und mühselig vollzog, der viel Kraft und Blut kostete und der vor allem Millionen von Menschen in den unbarmherzigen Strudel dieser großen historischen Veränderung riss.

---

852 Ludwig Hauswedell, Kriegstagebuch 1941/42 (4.5.41–21.4.1942), Kopie im Besitz d. Verf., Eintrag vom 31.12.1941.
853 So IfZ-Archiv, MA 1621: 45. Inf. Div., Abt. I a, Eintrag vom 16.12.1941 zum Geschehen am selben Tag.
854 Vgl. etwa Philippi/Heim, Feldzug, S.107ff., der Begriff auf S.108. Ferner Klink, Operationsführung, S.600ff.; Haupt, Heeresgruppe Mitte, S.109ff.
855 Vgl. IfZ-Archiv, MA 1621: 45. Inf. Div., Abt. I a, Kriegstagebuch, Eintrag vom 14.12.1941. Vgl. auch mit der Schilderung des Hauptfeldwebels Farthofer (Inf. Rgt. 133), in: Gschöpf, Weg, S.291f.
856 So Carell, Unternehmen Barbarossa, S.273. Zu diesem Autor vgl. nun Benz, Ribbentrops Pressechef.

An den Verlusten wird dies am deutlichsten[857]. Allein die 45. ID verlor vom 5. bis 17. Dezember über 1000 Mann – 233 Gefallene, 232 Vermisste und 567 Verwundete, die mitunter „auf Schlitten unter den schwierigsten Verhältnissen mitgeführt" wurden[858]. Schon diese Zahlen lassen erkennen, dass es damals diese Division innerhalb unseres Samples am härtesten getroffen hatte. Der Rückzug der 45. hatte eher einer Flucht geähnelt als einer militärischen Operation. Jene, die diesem Inferno entkommen waren (im Grunde immer noch erstaunlich viele), hatten gewöhnlich nicht mehr gerettet als das nackte Leben, sonst aber „so ziemlich alles verloren, was sie nicht mittragen konnten"[859]: Fahrzeuge[860] und Pferde[861], ihre schweren Waffen[862], ihre Feldküchen, Werkbänke, Protzen, Floßsäcke, Schweißgeräte, Richtkreise und was man sonst noch alles zur modernen Kriegführung braucht. Dass es sich bei diesen „Gruppen"[863] einmal um militärische Einheiten gehandelt hatte, war nicht mehr zu erkennen.

Nicht weniger schlimm waren jene Veränderungen, die nicht sofort ins Auge fielen. Die traumatische Wirkung dieses Rückzugs lassen etwa die knappen Eintragungen im Tagebuch des Oberleutnants Hauswedell erahnen: „So langsam kommt man nach all dem Erlebten wieder zu sich selbst. [...] Das Lesen guter Bücher ist auch wieder möglich, weil die Aufnahmebereitschaft dafür so langsam wieder kommt."[864] Doch musste der Divisionsarzt nicht nur „nervöse Erschöpfungszustände" bei „vielen" Soldaten konstatieren; auch sonst war ihr Gesundheitszustand „äußerst schlecht"[865]. Aufgrund „mangelhafter, dauernd durchnässter Kleidung,

---

[857] Vgl. hierzu Erickson, Sowjet High Command, S. 628 ff.

[858] IfZ-Archiv, MA 1621: 45. Inf. Div., Abt. I a, „Gefechtsbericht über die Kampfhandlungen der 45. Inf. Division in der Zeit vom 5. 12.–17. 12. 1941". Verglichen mit den Verlusten der Jahre 1944/45 blieben diese personellen Einbußen freilich noch immer auf einem „niedrigen" Niveau. Auch dies macht deutlich, warum die Wehrmacht die Winterkrise 1941/42 noch überleben konnte.

[859] Gschöpf, Weg, S. 211.

[860] Allein die Versorgungstruppen hatten einen Verlust von „90 % der Pkw., 80 % der Lkw., 100 % der Kräder, 60 % der Bespannfahrzeuge". IfZ-Archiv, MA 1621: 45. Inf. Div., Abt. I a, „Gefechtsbericht über die Kampfhandlungen der 45. Inf. Division in der Zeit vom 5. 12.–17. 12. 1941". Noch im Februar 1942 betrug der Bestand der 45. an Kfz. 11 %. BA-MA, RH 26-45/47: 45. Inf. Div., Abt. I a, „Meldung über die Kfz.-Lage nach dem Stande vom 1. 2. 1942" vom 11. 2. 1942.

[861] Im Februar 1942 fehlten der Division über 1800 Pferde. Vgl. BA-MA, RH 26-45/47: 45. Inf. Div., Abt. I a, Meldung an LV. A. K. vom 10. 2. 1942, Anlage 7: „Fehl an Pferden". Ferner Gschöpf, Weg, S. 292 f.

[862] In der Zeit vom 5. 12.–17. 12. 1941 verlor die 45. ID: „76 le. MG, 41 s. MG, 13 le. Gr.W., 8 s. Gr.W., 40 le. Pak, 4 m. Pak, 7 le. I.G., 2 s. I.G., 22 le. F.H., 2 s. F.H., 355 besp. Fahrzeuge, 440 Lkw., 281 Pkw., 469 Kräder." Zu bedenken ist, dass es sich hier vermutlich um die letzten Reste an schweren Waffen handelte, über die die Division noch verfügt hatte. IfZ-Archiv, MA 1621: 45. Inf. Div., Abt. I a, „Gefechtsbericht über die Kampfhandlungen der 45. Inf. Division in der Zeit vom 5. 12.–17. 12. 1941". Über die Gesamtverluste informieren die nicht enden wollenden Bedarfslisten. Vgl. hierzu BA-MA, RH 26-45/47: 45. Inf. Div., Abt. I a, „Zustandsbericht der 45. Inf. Div." vom 10. 2. 1942, Anlage 1: „Fehlstellen (Personal)"; Anlage 2: „Fehlende Waffen"; Anlage 3: „Fehlende Bespannfahrzeuge"; Anlage 4: „Fehlendes Großgerät"; Anlage 5: „Fehlende Kfz.", „Fehlende Kfz.-Anhänger".

[863] Vgl. BA-MA, RH 26-45/47: 45. Inf. Div., Abt. I a, „Befehl für das Beziehen der Winterstellung" vom 25. 12. 1941, wo nicht mehr von Regimentern die Rede ist, sondern nur noch von Gruppen.

[864] Ludwig Hauswedell, Kriegstagebuch 1941/42 (4. 5. 41–21. 4. 1942), Kopie im Besitz d. Verf., Einträge vom 3. 1. und 8. 1. 1942.

[865] BA-MA, RH 26-45/47: 45. Inf. Div., Divisionsarzt, Bericht an Abt. I a vom 23. 12. 1941.

schlechten und zerrissenen Stiefeln" hätten „ungefähr 70 % der Truppe [...] Erfrierungen, zum Teil dritten Grades"; bei weiteren „40 %" seien „Magen- und Darmerkrankungen aufgetreten (Durchfälle, Erbrechen)", weil eine kontinuierliche und vor allem ausreichende Verpflegung während der letzten Tage schlichtweg unmöglich gewesen sei. „Die Verlausung der Truppe hat solche Formen angenommen, daß sie bei den herrschenden Verhältnissen nicht bekämpft werden kann." Das Urteil der Divisionsführung war entsprechend: „Kampfwert der Truppe gleich Null, da völlig erschöpft."[866]

Interessanterweise begann erst jetzt die Division wirklich „zusammenzuschmelzen"[867]. Denn auch für sie ging der Krieg weiter[868]. Falls die Überlebenden jenes mörderischen Rückzugs gehofft hatten, die deutschen Linien würden ihnen Rettung bringen und auch etwas Erholung, so hatten sie sich gründlich getäuscht. Dass Ende Dezember 1941 an eine wirkliche „Auffrischung" der Division[869] nicht zu denken war, war nicht allein eine Folge der militärischen Krise. Ihr Schicksal ist auch ein Beispiel dafür, wie katastrophal sich Hitlers militärischer Führungsanspruch auswirkte[870]. Gegenüber dem Generalfeldmarschall Günther von Kluge behauptete er, „daß die 45. und 134. Div. als aufgerieben gemeldet wurden" und nun, „nachdem sie sich tapfer durchgeschlagen haben, im erfolgreichen Abwehrkampf"[871] ständen. Das war reiner Zynismus, denn Hitler war – wie das Kriegstagebuch der Division belegt – über ihren Zustand bestens informiert[872]. Doch waren seine „großen Sorgen" um die Division kaum ein Beweis menschlicher Fürsorge, sondern vielmehr Ausdruck eines Nützlichkeitsdenkens, dem die „menschlichen Kosten" des militärischen Erfolgs ziemlich gleichgültig waren.

So kam es, dass selbst eine Division wie die 45. sofort wieder an die Front musste[873], noch dazu an einen Abschnitt, den das AOK 2 als seinen eigentlichen „Gefahrenpunkt" bezeichnete[874]. Auch dieses Oberkommando verschanzte sich hinter dem „Führerbefehl": „Es ist unbedingt zu halten!"[875], selbst wenn Schmidt sich über die „ganz großen Gefahren" von Hitlers „Haltebefehl" durchaus im

[866] IfZ-Archiv, MA 1621: 45. Inf. Div., Abt. I b, Bericht „Allgemeiner Überblick über Lage bei den Versorgungstruppen der Division", o. D.; IfZ-Archiv, MA 1622: 45. Inf. Div., Abt. I a, Kriegstagebuch, Eintrag vom 18. 12. 1941.
[867] Vgl. hierzu BA-MA, RH 26-45/47: 45. Inf. Div., Abt. I a, „Zustandsbericht der 45. Inf. Div." vom 15. 2. 1942, Anlage 1: „Werturteil des Kommandeurs". Vgl. auch das Urteil Gschöpfs (Weg, S. 302), der betont, dass die Division „ihre ursprüngliche Stärke [...] nie wieder" erreichen sollte.
[868] Am 24. 12. 1941 wurde die Division sogar zu einem Gegenangriff gegen die „neuen Stellungen" des Gegners eingesetzt. Die Geheimen Tagesberichte, Bd. 4, S. 98 (Eintrag vom 24. 12. 1941).
[869] BA-MA, RH 26-45/47: 45. Inf. Div., Abt. I a, Kriegstagebuch, Eintrag vom 2. 1. 1942.
[870] Vgl. hierzu Hartmann, Halder, S. 301 ff.
[871] So Hitler am 30. 12. 1941 in einem Telefonat mit dem GFM von Kluge, Druck: Reinhardt, Wende, Anlage 4.
[872] IfZ-Archiv, MA 1621: 45. Inf. Div., Abt. I a, Kriegstagebuch, Eintrag vom 20. 12. 1941, wo u. a. steht, dass „der Führer selbst angerufen und sich nach der Division erkundigt [habe]". Er habe große Sorgen um sie gehabt.
[873] BA-MA, RH 26-45/47: 45. Inf. Div., Abt. I a, Meldung an LV. A. K. 2. 1. 1942, wo es u. a. heißt: „Die Truppenteile der Division befinden sich z. Zt. noch im Kampf und werden erst allmählich je nach dem Eintreffen der Ablösungen herausgelöst werden können."
[874] So der General Schmidt am 20. 12. 1941. BA-MA, RH 20-2/264: AOK 2, Abt. I a, Kriegstagebuch, Anlagen: Ferngespräche am 20. 12. 1941.
[875] BA-MA, RH 20-2/264: AOK 2, Abt. I a, Kriegstagebuch, Anlagen: Ferngespräche am 20. 12. 1941.

Klaren war, vor allem dann, wenn er „starr durchgeführt" würde[876]. Die verzweifelte Entgegnung des Ersten Generalstabsoffiziers der 45. ID, dass „die völlig erschöpfte Division in diesem breiten Abschnitt mit den zur Verfügung stehenden Kräften nicht mehr in der Lage sei, einen starken russ[ischen] Angriff abzuwehren", akzeptierte das AOK nicht[877].

Wie aber wollte man die „ausreichende Einsatzbereitschaft" der 45. (und der 134.) Division, „schon nach 10–14 Tagen" herstellen[878]? Mit Improvisation. „Alles was an Personal, Material und Pferden durch die Auflösung von Stäben und Versorgungstruppen frei gemacht werden kann, muß in die kämpfende Truppe". Auch die Artillerie sollte sich mit wenigen Resten bescheiden: „2 tschechische [Beute-]Geschütze sind eine Batterie"[879], während man die „geschützlosen" Mannschaften ganz einfach zu „Kanonier-Kompanien" zusammenfasste[880], die nun mit leichten Waffen kämpfen sollten; es sei – so meinte die Divisionsführung – vorerst am wichtigsten, „daß jeder Mann eine Schusswaffe hat. Trosse und Vers[orgungs]truppen, wenn erforderlich, mit Beutewaffen ausrüsten, deutsches Gerät zur fechtenden Truppe. [...] Bei völlig heruntergerissener Bekleidung nicht warten, bis die Armee hilft, sondern zunächst Pelze von der Bevölkerung als dringendste Aushilfe beschlagnahmen, ebenso Fußbekleidung. Es ist aber darauf zu achten, daß die Erkennbarkeit des Mannes als deutscher Soldat gewahrt bleibt."[881] Darauf begannen die Verluste der 45. ID so rapide anzusteigen[882], dass man selbst oben ein Einsehen hatte. Sie konnte einfach nicht mehr – zumindest nicht ohne Unterstützung von außen. Diese kam noch vor Jahresende. „Am 29.[12.] vormittags" konnte die Führung der 45. „den Befehl an das Kommando der 221. Inf[anterie]Div[ision]" übergeben[883]. Dieser schwache Besatzungsverband sollte nun jene Lücke stopfen, die sich durch das Himmelfahrtskommando der 45. aufgetan hatte.

---

[876] BA-MA, RH 21-2/244: Pz. AOK 2, Abt. I a, Kriegstagebuch, Eintrag vom 21.12.1941.
[877] BA-MA, RH 26-45/46: 45. Inf. Div., Abt. I a, Kriegstagebuch, Eintrag vom 26.12.41.
[878] BA-MA, RH 26-45/47: AOK 2, Abt. I a, „Richtlinien für die Auffrischung der 134. und 45. Inf. Div." vom 26.12.1941. Auch zum Folgenden. Dieser Befehl wurde in der 45. ID am 1.1.1942 weitergegeben. BA-MA, RH 26-45/47: 45. Inf. Div., Abt. I a, Kriegstagebuch, Eintrag vom 1.1.1942.
[879] BA-MA, MSg 3-217/1: Linzer Turm 26 (1983), Nr. 102: [Uffz. Adolf Bräuer], Aus dem Kriegstagebuch eines Sanitätsunteroffiziers, Eintrag vom 10.1.1942.
[880] Vgl. hierzu etwa BA-MA, RH 26-45/46: 45. Inf. Div., Abt. I a, Kriegstagebuch, Eintrag vom 21.12.1941.
[881] BA-MA, RH 26-45/47: 45. Inf. Div., Abt. I a, Kriegstagebuch, Eintrag vom 26.12.1941.
[882] Detaillierte Verlustlisten aus dieser Zeit fehlen. Vgl. jedoch BA-MA, RH 26-45/46: 45. Inf. Div., Abt. I a, Kriegstagebuch, Eintrag vom 20.12.1941: „Gesundheitszustand der Truppe verschlechtert sich äußerst rasch, hierdurch andauernde Verringerung der Kampfkraft."; vom 22.12.1941, wo es heißt, dass die „Gefechtskraft" der Division „infolge von blutigen Verlusten und Krankheit immer mehr absinkt". Noch im Februar 1942 fehlten der 45. ID 3928 Mannschaftssoldaten, 666 Unteroffiziere und 148 Offiziere, also 26,7 % ihres Bestands. Angaben nach: BA-MA, RH 26-45/47: 45. Inf. Div., Abt. I a, Meldung an LV. A.K. vom 10.2.1942, Anlage: „Fehlstellen".
Wie groß diese Fehlbestände waren, verdeutlicht die Tatsache, dass die gesamte 2. deutsche Armee in der Zeit vom 1.12.1941 bis 20.1.1942 nicht mehr als „3612 Mann Ersatz" erhielt. BA-MA, RH 20-2/1787: AOK 2, Abt. I a, Kriegstagebuch, Eintrag vom 21.1.1942.
[883] Ludwig Hauswedell, Kriegstagebuch 1941/42 (4.5.41–21.4.1942), Kopie im Besitz d. Verf., Eintrag vom 31.12.1941. Ferner BA-MA, RH 26-45/46: 45. Inf. Div., Abt. I a, Einträge vom 26.12.1941ff.

Der Fronteinsatz der *221. Sicherungsdivision* vermittelt eine Vorstellung von den Wirkungen jenes berüchtigten „Kulminationspunkts", die sich nun wie die Schockwellen eines Erdbebens über das gesamte deutsche Besatzungsgebiet ausbreiteten. Am 11. Dezember erreichten seine Ausläufer Brjansk, wo mittlerweile das Hauptquartier der 221. lag[884]. Da operative Reserven fehlten[885], mussten die Deutschen nun ihre wenigen Sicherungsformationen im Hinterland schleunigst „zusammenkratzen"[886]. Alles, was sich nur irgendwie einsetzen ließ, wurde nun „überraschend schnell nach vorn" geworfen[887], um „als Eingreiftruppe an der Kampffront Verwendung zu finden"[888]: knapp 3 500 „Gewehrträger", einige Dutzend Geschütze, drei französische Beute-Panzer[889] und – nicht zu vergessen – der „Musikmeister Willrich mit 28 Mann"[890]. Das verstand man im Ostheer unter Reserven. Einen Vorteil immerhin hatte die Sache: In den folgenden Wochen konnte sich die 221. wieder stolz „Infanteriedivision" nennen, so wie in ihrer Anfangszeit[891]. Doch war dieser Titel teuer erkauft. Als die Division im März 1942 wieder zurück ins Hinterland konnte, waren 104 Mann gefallen oder vermisst, 297 verwundet (davon fast alle schwer) während 1 793 Mann erkrankt waren[892], die meisten aufgrund der mörderischen Kälte[893] oder infolge des Fleckfiebers.[894]

---

[884] Vgl. IfZ-Archiv, MA 1668: H.Gr. Mitte, Fernschreiben an AOK 2 vom 12.12.1941; 221. Sich. Div., Abt. I a, Kriegstagebuch, Eintrag vom 14.12.1941 ff. Ferner Bock, Tagebuch, S. 346 (Eintrag vom 10.12.1941).
Die 221., die laut KTB am 11.12.1941 aus dem Befehlsbereich des Befehlshabers des Rückwärtigen Heeresgebietes Mitte herausgezogen wurde, erhielt am 19.12. den „Befehl, den Nerutsch-Abschnitt" zu besetzen. Am 25.12. wurde die 221. als ID dem LV. A.K. unterstellt.
[885] Am 16.12.1941 hatte man dem Ostheer „die Zuführung von 8 Westdivisionen und 4 ‚Walküre'-Verbänden angekündigt, während man den abgekämpften Ost-Divisionen keine Möglichkeit zur Rückführung und Auffrischung in Aussicht stellte". Vgl. Kroener, Die Personellen Ressourcen, S. 913.
In der Zeit von Dezember 1941 bis März 1942 wurden den drei Heeresgruppen Nord, Mitte und Süd insgesamt 386 900 Soldaten zugeführt, während diese im selben Zeitraum 723 000 Abgänge zu verzeichnen hatten. Angaben nach: Mueller-Hillebrand, Heer, Bd. 3, S. 206.
[886] Vgl. Bock, Tagebuch, S. 363 (Eintrag vom 22.1.1942): „Alles, was Waffen tragen kann, wird zusammengekratzt, um die schlimmsten Lücken zu stopfen; Luftwaffenformationen, rückwärtige Dienste, Panzerzüge usw." Ein anderer Verband, der damals erstmals aus dem Hinterland an die Front kam, ebenfalls im Abschnitt der 2. deutschen Armee, war die 1. SS-Brigade. Vgl. Cüppers, Wegbereiter der Shoah, S. 239f.
[887] So der Divisionskommandeur, Gen.ltn. Pflugbeil, rückblickend am 10.3.1942. IfZ-Archiv, MA 1669: 221. Sich. Div., Abt. II a, „Tagesbefehl Nr. 8" vom 10.3.1942.
[888] IfZ-Archiv, MA 1668: 221. Sich. Div., Abt. IV a, Tätigkeitsbericht für die Zeit vom 1.3.– 28.12.1941 (Eintrag vom 13.12.1941).
[889] IfZ-Archiv, MA 1668: 221. Sich. Div., Abt. I a, „Stärke der Sich. Div. 221 ab 12. Dez. 1941", o.D. Der Übersicht ist zu entnehmen, dass neben dem Divisionsstab und dem Inf. Rgt. 350 auch alle Nachrichten- und Versorgungstruppen in Marsch gesetzt wurden. Alle Landesschützen-Bataillone blieben hingegen in der Etappe.
[890] IfZ-Archiv, MA 1669: 221. Sich. Div., Abt. I b, Aktenvermerk vom 18.12.1941.
[891] Vgl. IfZ-Archiv, MA 1669: 221. Inf. Div., Abt. I b, Kriegstagebuch, Eintrag vom 26.12.1941: „Die Division erhält die Genehmigung, sich 221. Inf. Division zu nennen." Vgl. Kap. 2.1.
[892] Die Meldung bezieht sich auf die Zeit vom 14.12.1941–19.3.1942; von den 297 Verwundeten konnten lediglich 22 bei der Truppe bleiben. Die ersten Gefallenen dieser Phase wurden am 29.12. verzeichnet, am ersten Tag des Fronteinsatzes. Von den 1 793 Kranken starben nochmals acht. Angaben nach: IfZ-Archiv, MA 1668: 221. Inf. Div., Abt. I a, Kriegstagebuch, Anlage: Verlustliste, o.D.
[893] Vgl. etwa IfZ-Archiv, MA 1669: 221. Inf. Div., Abt. I a, Tagesmeldung vom 21.1.1942, wo es zum Wetter heißt: „Sonnig, klar, – 32 °, windstill." Insgesamt wurden an 75 % derjenigen Soldaten, die ins Lazarett kamen, „Erfrierungsschäden 2. Grades" festgestellt. IfZ-Archiv, MA

Im „Front-Kontingent" gab es also kaum einen Soldaten, der nicht schwer unter diesem „schrecklichen Winter"[895] litt. Das betraf selbst den Ersten Generalstabsoffizier, dem sein Kommandeur damals bescheinigte, er sei für diese Funktion „nicht geeignet", weil es „ihm an Härte, Überblick und Befehlstechnik"[896] fehle. Er blieb nicht der einzige, der dieser Situation im Grunde ziemlich hilflos gegenüberstand. Eine Formation wie die 221. war gewohnt, sich gegen irreguläre Kräfte zu behaupten, wenn auch mehr schlecht als recht[897], und sie konnte mittlerweile auch – wie die vergangenen Monate wieder und wieder bewiesen hatten –, eine hilflose und verängstigte Zivilbevölkerung terrorisieren. Ein Winterkrieg gegen professionelle Kampftruppen war dagegen etwas anderes. Die Stimmung, die sich damals in der 221. ausbreitete, war denn auch entsprechend: „Am 31.12. liegt der Intendant mit 40 ° Grad Fieber im engen Notquartier. Die Versorgungslage ist auch keineswegs beruhigend. Der Nachschub aus Orel kommt sehr schleppend, insbesondere fehlt der Nachschub von Brot und Hafer. Im ganzen gesehen ist der Abschluß des so erfolgreichen Jahres 1941 wenig erfreulich und hoffnungsvoll, aber die Front muß halten"[898], heißt es in einem Bericht, der an Sylvester 1941 erstellt wurde. Weder als Bilanz, noch als Ausblick konnte das wirklich beruhigen.

Trotzdem hatte die 221. Glück im Unglück, denn sie hatte die 45. ID an ihrer Seite[899]. Zwei schwache Divisionen, ein ausgebrannter Frontverband und eine Besatzungsformation ohne Kampferfahrung, wurden nun miteinander verzahnt[900]. Das Kommando aber lag jetzt beim Stab der 221. Sicherungsdivision[901]. Noch vor zwei Jahren hatte eine aktive Division wie die 45. zum Kernbestand der Wehrmacht gehört, nun musste sie sich der Führung eines Besatzungsverbands unterordnen. Was so etwas in einem Milieu bedeutete, das sich in einem hohen Maße über Kategorien wie Stand, Ehre und Leistung definierte, lässt sich unschwer vorstellen. Nichts kann die Zäsur in der Geschichte der oberösterreichischen Division so sehr unterstreichen wie dies. Gleichwohl schienen sich die beiden ungleichen Partner gut zu ergänzen; da die 45. aufgrund ihrer materiellen Verluste „für einen

1669: 221. Inf. Div., Divisionsarzt, „Tätigkeitsbericht der Abt. IV b für die Zeit vom 16.12.1941–31.3.1942" vom 7.6.1942.

[894] IfZ-Archiv, MA 1669: San. Kompanie 221, „Bericht über die Fleckfiebererkrankungen im Bereich der 221. Inf. Div. nach dem Stande vom 28. Januar 1942" vom 1.2.1942.

[895] Brief W. N. (Art. Rgt. 221) an Familie B. vom 21.11.1942.

[896] BA-MA, Pers. 6/12442: Personalakte Richard Benke, Beurteilung vom 24.2.1942.

[897] Noch Anfang Dezember 1941 hatten Teile der Division Operationen weit hinter der Front vorbereitet – etwa „die Durchführung eines größeren Unternehmens gegen die im Dnjepr-Szosh-Dreieck vermuteten Partisanenbanden". IfZ-Archiv, MA 1666: Lds. Schtz. Rgt. 45, Bericht an 221. Sich. Div. betr. „Planspiel beim L.S. Rgt. 45 am 2.12.41 in Gomel" vom 3.12.1941.

[898] IfZ-Archiv, MA 1668: 221. Sich. Div., Abt. IV a, Tätigkeitsbericht für die Zeit vom 1.3. bis 31.12.1941 (Eintrag vom 31.12.1941).

[899] Der Führung der 45. ID hatte man im Januar mitgeteilt, „daß trotz des Zustandes der Division an ein Herausziehen der Div[ision] zur Auffrischung bei der derzeitigen Lage nicht zu denken" sei. BA-MA, RH 26-45/47: 45. Inf. Div., Abt. I a, Kriegstagebuch, Eintrag vom 12.1.1942. Als möglich wurde damals lediglich eine „bataillonsweise Auffrischung" bezeichnet.

[900] Vgl. etwa BA-MA, RH 26-45/47: 45. Inf. Div., Abt. I a, Kriegstagebuch, Eintrag vom 14.2.1942; IfZ-Archiv, MA 1668: LV. A.K., Abt. I a, „Truppeneinteilung des LV. A.K." vom 8.3.1942.
Neben den Inf. Rgt. 130, 133 und 135, dem Art. Rgt. 98 und weiteren Einheiten der 45. ID waren der 221. auch noch das Inf. Rgt. 354 unterstellt.

[901] IfZ-Archiv, MA 1669: 221. Inf. Div., Abt. II a, Tagesbefehl vom 29.12.1941.

Bewegungskrieg nicht verwendungsbereit" war[902], musste nun die 221. etwa ihre „gesamte Versorgung"[903] übernehmen und auch sonst mit ihrem bescheidenen Bestand an Waffen so gut es ging aushelfen[904].

Und noch in einer anderen Hinsicht hatte es die 221. verhältnismäßig „gut" getroffen: Der Abschnitt der 2. deutschen Armee lag schon im Januar 1942 allmählich im Windschatten dieser militärischen Krise[905]; in den folgenden Wochen wurde es hier „verhältnismäßig ruhig"[906]. Am 5. Februar 1942 verkündete ihr wieder eingesetzter Oberbefehlshaber, Generaloberst Freiherr von Weichs, nun sei „das Schlimmste [...] geschafft"[907], schon bald werde man „den Russen wieder zu Paaren treiben". Etwas nüchterner bestätigte sein Stab drei Tage später, dass „russische Angriffsvorbereitungen nicht mehr erkennbar" seien[908]. Aber auch nördlich davon, im Einsatzraum der 4. Panzer- und 296. Infanteriedivision, wurde es Ende Januar „ruhiger"[909]. Am 26. Januar 1942 registrierte der Oberst von Lüttwitz den

---

902 BA-MA, RH 26-45/47: 45. Inf. Div., Kdr., „Bemerkungen zur beabsichtigten Kriegsgliederung der 45. Inf. Division", o. D. [März 1942].

903 BA-MA, RH 26-45/46: 45. Inf. Div., Abt. I a, Kriegstagebuch, Eintrag vom 30. 12. 1941. Noch im März musste die 45. eingestehen, dass sie auf die Versorgungseinheiten der 221. dringend angewiesen war. BA-MA, RH 26-45/47: 45. Inf. Div., Abt. I a, Kriegstagebuch, Eintrag vom 14. 3. 1942.
    Allerdings war der Fuhrpark der 221. so klein, dass er nur auf einen Laderaum von insgesamt 26 t kam. Welche Probleme sich daraus ergaben, verdeutlicht ein Bericht des Zweiten Generalstabsoffiziers der 221. vom 6. 1. 1942: „Die starke Kälte beansprucht die Kräfte der Truppe sehr. Wenn sie dann in dieser Lage nicht ausreichend mit Munition und Verpflegung versorgt wird, besteht große Gefahr." IfZ-Archiv, MA 1669: 221. Inf. Div., Abt. I b, Meldung an das LV. A.K. vom 5. 1. und 6. 1. 1942.

904 Zur Entwicklung ihrer Ausrüstung vgl. IfZ-Archiv, MA 1669: 221. Inf. Div., Meldung an das LV. A.K. betr. „Bestand und Fehl an schw[eren] Waffen" vom 19. 2. 1942. Ferner BA-MA, RH 26-45/47: 45. Inf. Div., Abt. I a, Kriegstagebuch, Eintrag vom 11. 2. 1942.

905 Das begann schon recht früh. Vgl. etwa BA-MA, RH 20-2/1787: AOK 2, Abt. I a, Kriegstagebuch, Eintrag vom 10. 1. 1942: „Die 2. Armee hat ihre Stellungen jetzt so fest in der Hand, daß sie allen mit den jetzigen Feindkräften möglichen Angriffen gegen ihre Front mit Vertrauen entgegensieht." Vgl. auch Reinhardt, Wende, S. 240. Die Normalisierung ihrer Lage war auch daran zu erkennen, dass der Gen.oberst Frhr. v. Weichs am 15. 1. 1942 nach zweimonatigem Genesungsurlaub wieder seine alte Armee übernahm, die zudem drei Tage zuvor der H.Gr. Süd unterstellt worden war.

906 Gschöpf, Weg, S. 303. Allerdings kämpften einige Einheiten der Division im Raum von Kursk, andere im Raum von Foshnja, wo die Lage viel kritischer war. Vgl. auch Bock (Tagebuch, S. 363/Eintrag vom 22. 1. 1941), der damals meinte „Führen" könne man „dies Wursteln mit kleinsten Verbänden nicht mehr nennen".

907 IfZ-Archiv, MA 1669: AOK 2, Abt. II a, „Armee-Tagesbefehl Nr. 160" vom 5. 2. 1942. Dort heißt es weiter: „Die kommenden Monate werden uns in steigendem Maße Ersatz bringen. Die Kälte wird nachlassen, der Schnee und das Eis werden wegtauen, und dann werden wir den Russen wieder zu Paaren treiben, wie das der Führer in seiner letzten Rede angekündigt hat und wie wir das im vergangenen Jahre getan haben."
    Zuvor war freilich im Hauptquartier folgende Parole ausgegeben worden: „Die Führung muß optimistisch bleiben, sonst kann auch die Truppe nicht optimistisch sein." BA-MA, RH 20-2/333: AOK 2, ChefGenSt, Vermerk „Lagebesprechung durch Chef am 18. 1. 1942, 9,30 Uhr".

908 BA-MA, RH 20-2/1787: AOK 2, Abt. I a, Kriegstagebuch, Eintrag vom 8. 2. 1942. Auch zum Folgenden.

909 So der General Lemelsen, der als Kommandierender General des XXXXVII. Panzerkorps ebenfalls im Abschnitt der 2. Panzerarmee stand. BA-MA, MSg 1/1148: NL Joachim Lemelsen, Tagebuch, Eintrag vom 15. 1. 1942. Charakteristisch die Meldungen der 296. ID aus diesen Tagen: IfZ-Archiv, MA 1632: 296. Inf. Div., Abt. I a, Kriegstagebuch, Eintrag vom 26. 1. 1942: „Die Nacht verlief infanteristisch ruhig."; vom 27. 1. 1942: „Die Nacht verlief verhältnismäßig ruhig."; vom 1. 2. 1942: „Die Nacht verlief ruhig."

„1. Tag ohne Feindangriffe"[910]: „Man kann dann mal von seinen Sorgen aufatmen u[nd] etwas für die Festigung der Front schaffen." Mitte Februar kam seine Division zu dem Ergebnis, die „große Lage" sehe „besser aus als vermutet"[911]. Das XXXXVII. Panzerkorps vertrat sogar die Ansicht, der Feind sei „durch die wochenlangen Märsche und Kämpfe ziemlich am Ende seiner Kraft. Wenn er jetzt angegriffen wird, ist uns der Sieg sicher!"[912] Ein etwas anderes Bild vom Alltag an der Front zeichnet ein Bericht des Oberschützen Eichhorn, damals Schreiber bei der 221. ID[913]. Am 23. Januar hatte man seine Kompanie alarmiert, nachts „gegen 23.00 Uhr", und ihr den Befehl erteilt, „unverzüglich" abzumarschieren. Damals verfügte die Kompanie noch über 75 Mann; beim „Sturm auf das Dorf Skorodomka" drei Tage später traf sie ein sowjetischer Gegenstoß. 18 Mann, darunter der Kompaniechef, wurden getötet oder fielen als Schwerverwundete dem Gegner in die Hände, weitere 20 Mann wurden verwundet. Am 28. Januar stand die Kompanie, die mittlerweile auf 37 Mann geschrumpft war, noch immer „in vorderster Linie": „Nach der Meldung des Oberschützen Eichhorn ist die Kompanie am 28.1.[19]42 erneut zu einem Stoßtruppunternehmen angetreten." Solcher Ereignisse zum Trotz begann sich dennoch zum ersten mal so etwas wie eine Pause in diesem unerbittlichen Krieg abzuzeichnen[914].

Nicht weniger folgenreich war der Stimmungsumschwung, der damit einherging. Die unerwartete Kraftentfaltung eines vermeintlich schon geschlagenen Gegners war für die deutschen Angreifer eine niederschmetternde Erfahrung gewesen, denn es war für diese „das erstemal", so der Pfarrer der 45. ID, „daß uns der Gegner das Kriegsgeschehen aufzwingen konnte"[915]. Das „Zurück allein schon" wurde für die Soldaten der 296. ID „eine schwere, einfach unfassliche Belastung"[916], während man sich in der 4. Panzerdivision über das „Dreckvolk" ereiferte[917], das nun die militärische Initiative übernommen habe. Am Ende solcher Tiraden aber stand freilich nur die bittere Einsicht: „Zu diesem Ergebnis haben wir nun 6 Monate hart gekämpft! Wie das sein muß, wenn man wieder mal nach Hause kommt?

[910] BA-MA, N 10/9: NL Smilo Frhr. von Lüttwitz, Brief vom 26.1.1942. Auch zum Folgenden.

[911] BA-MA, RH 27-4/109: 4. Pz. Div., Abt. I c, Tätigkeitsbericht, Eintrag vom 16.2.1942.

[912] BA-MA, RH 27-4/19: XXXXVII. Pz. Korps, Kdr. Gen., Befehl an die Divisionskommandeure vom 29.1.1942. Anfang Februar schrieb der Gen.mj. Eberbach, „die Lage ist noch immer ernst, der Kampf sehr schwer, aber man hat doch eher wieder Boden unter den Füßen". IfZ-Archiv, ED 91/9: Schreiben Gen.mj. Heinrich Eberbach an Gen. Leo Geyr Frhr. von Schweppenburg vom 3.2.1942.

[913] IfZ-Archiv, MA 1669: Inf. Rgt. 354, Bericht an 221. Inf. Div. vom 4.2.1942. Die 2. Kompanie dieses Regiments war damals der 221. ID unterstellt. Auch zum Folgenden.

[914] Am 12.2.1942 registrierte das OKH, dass „die winterlichen Abwehrkämpfe [...] ihren Höhepunkt überschritten" hätten." OKH/GenStdH/Op. Abt. (I), „Weisung für die Kampfführung im Osten nach Abschluß des Winters" vom 12.2.1942, Druck: KTB OKW, Bd. I, Dok. 115.

[915] Gschöpf, Weg, S. 299.

[916] BA-MA, MSg 2/5319: NL Hans P. Reinert, Tagebuch, Eintrag vom 10.12.1941.

[917] Wie sehr diese Veränderungen am Selbstbewusstsein der Divisionsangehörigen nagten, verdeutlicht auch der drastische Tagebucheintrag Farnbachers: „Wir sind wieder offensiv geworden! Es ist ein ganz wunderbarer Gedanke, daß wir gegenüber diesem Dreckvolk, das uns hier entgegentritt und nur deshalb uns zum Zurückgehen zwingt, weil wir keine solchen Massen einsetzen können wie der Russe, nun endlich wieder zum Angriff übergehen können, um eine örtliche Schlappe wieder auszugleichen." BA-MA, MSg 1/3276: Fritz Farnbacher, Tagebuch, Eintrag vom 30.12.1941.

Es ist unvorstellbar!"[918] Diese lähmende Hoffnungslosigkeit hatte während der folgenden Wochen alles überschattet. Nicht nur dem Sanitätssoldaten Bräuer aus der 45. ID war damals die Zukunft nur noch „grau" erschienen[919], auch die Truppenführung war damals mit ihrem „Latein restlos zu Ende"[920].

Eine solche Einschätzung war nicht unbegründet. Tatsächlich entkam die Ostfront damals nur um Haaresbreite der Vernichtung. Das ist an jedem der hier präsentierten Fallbeispiele zu sehen – keine Division, die damals nicht die Erfahrung eines Existenzkampfes gemacht hätte, wie er selbst in der deutschen Militärgeschichte bislang nur selten vorgekommen war[921]. Und noch eine Parallele fällt auf: In allen Fällen gelang es, gewissermaßen im letzten Moment das Ruder herumzureißen und die ganz große Katastrophe zu verhindern. Die Geschichte dieses Ausschnitts ist nicht nur die Geschichte einer Krise, es ist auch die Geschichte ihrer Überwindung. Das hatte mehrere Gründe: Zunächst einmal brachten es gerade die taktischen und zunehmend auch operativen Erfolge der Roten Armee ans Tageslicht, dass deren Führung diesem militärischen Turnaround noch nicht gewachsen war. Je länger die Initiative bei der sowjetischen Seite lag, desto weniger gelang es ihr, ihre Winteroffensive auf wenige ausschlaggebende Ziele zu konzentrieren. Stattdessen verzettelte sich der sowjetische Gegenangriff schließlich auf einer Breite von fast 1000 Kilometern, so dass er schon damit zwangsläufig an Stoßkraft verlieren musste[922]. Es war – wie Wassili Grossman damals erkannte – „ein taktischer Sieg ohne strategisches Ergebnis"[923].

Was sich die deutsche Führung im Vorfeld der „Schlacht um Moskau" geleistet hatte, war ebenfalls hochgradig dilettantisch gewesen; die Defizite lagen hier freilich – für das deutsche Führungsverständnis nicht untypisch – vor allem bei der Feindaufklärung und Logistik. Operativ erwies sich die deutsche Führung ihrem sowjetischen Gegnern noch immer weit überlegen, zumindest *unter den gegebenen Umständen*, nach Beginn des sowjetischen Gegenangriffs. Hier soll nicht noch einmal die alte Diskussion aufgewärmt werden, wie weit Hitlers berüchtigter „Halt-Befehl" die Vernichtung des Ostheers verhindert hat[924]. Jene frühe Einsicht, dass diese „aus der Not geborene Maßnahme" unter den gegebenen Umständen

---

[918] BA-MA, N 10/9: NL Smilo Frhr. von Lüttwitz, Brief vom 24.12.1941.

[919] BA-MA, MSg 3-217/1: Linzer Turm 26 (1983), Nr. 102: [Uffz. Adolf Bräuer], Aus dem Kriegstagebuch eines Sanitätsunteroffiziers, Eintrag vom 3.1.1942.

[920] Stieff, Briefe, S. 149 (Brief vom 10.1.1942). Vgl. hierzu auch Hürter, Heerführer, S. 323 ff.; ders., Heinrici, S. 115 ff. (Einträge vom 1.12.1941 ff.); Bock, Tagebuch, S. 339 ff. (Einträge vom 5.12.1941 ff.).

[921] Vgl. das Urteil Heinricis in seinem Brief vom 21.1.1942: „Keine deutsche Armee befand sich seit Menschengedenken in solcher Lage." Hürter, Heinrici, S. 140.

[922] Vgl. PA-AA, R 60752: AOK 2, Abt. I c/A.O. (VAA), Bericht vom 3.3.1942 (Auszug), dessen Verfasser, Hauptmann Graf Bossi-Fedrigotti, einen gefangenen sowjetischen Oberst verhörte: „Er behauptete dann, daß die russische Winteroffensive keine Offensive im Sinne eines allgemeineren Angriffs gewesen sei, sondern nur eine offensive Abwehr bedeutet hätte." Ferner mit der Einsicht Reinerts, der beim Lesen eines erbeuteten Tagebuchs eines sowjetischen Offiziers meinte, er „finde den Vergleich zwischen seinen und meinen Bemerkungen über die Lage nahezu humorvoll, denn jeder sagt vom andern: Ach herrjeh, wenn die auf der Gegenseite wüßten, wie es bei uns aussieht …!" BA-MA, MSg 2/5319: NL Hans P. Reinert, Tagebuch, Eintrag vom 27.1.1942.

[923] Beevor, Schriftsteller, S. 129.

[924] Vgl. Philippi/Heim, Feldzug, S. 107 ff.; Reinhardt, Wende, S. 179 ff.; KTB OKW, Bd. I, Dok. 109–113.

„wohl berechtigt" war, jedoch auch „die noch verbliebene geringe Handlungsfreiheit der militärischen Führung" beseitigt habe, scheint nach wie vor berechtigt[925].
Ohne jeden Zweifel verhinderte Hitlers doktrinärer Starrsinn *zunächst*, dass das
Ostheer in den Weiten dieses Kriegsschauplatzes zersprengt wurde, wo es vermutlich schon bald untergegangen wäre[926]. Andererseits machte sein „Halt-Befehl"
dieses Heer bewegungsunfähig; selbst im taktischen Rahmen konnte es nicht mehr
operieren[927]. Lange ging das nicht gut. Bereits am 15. Januar musste Hitler seine
Grundsatzentscheidung vom 26. Dezember, „um jeden Fußbreit Boden mit letz-
tem Einsatz zu kämpfen"[928], revidieren[929], so dass sich im Anschluss daran die vor
Moskau stehenden Armeen schrittweise bis zu 150 Kilometer in Richtung Westen
absetzen konnten. Jenes oft beschriebene Tauziehen zwischen Hitler und der
Truppenführung lässt sich daher immer *auch* als dialektischer Prozess begreifen,
an dessen Ende schließlich *drei* Führungsentscheidungen standen, die dieser Situation vermutlich noch am ehesten gerecht wurden: zunächst begrenztes Ausweichen (5./6. Dezember bis 26. Dezember), dann unbedingtes Halten (26. Dezember

---

[925] Philippi/Heim, Feldzug, S.101. Bemerkenswert Hitlers intuitive Einsicht, hier sei vor allem
„Nervenstärke" gefragt, wobei er den eigenen Anteil an der Katastrophe völlig ausblendete.
Druck: KTB OKW, Bd. II/4, Dok. 2.

[926] In aller schonungslosen Deutlichkeit versuchte das der GFM von Bock schon am 8.12.1941
dem Gen.oberst Guderian klarzumachen: „Das Gespräch schließt damit, daß ich ihm sage, mit
Klagen sei hier nichts getan, Verstärkungen könne ich ihm nicht geben, entweder man risse aus
oder man ließe sich totschlagen. Andere Dinge stehen nicht zur Wahl." Bock, Tagebuch, S. 342
(Eintrag vom 7.12.1941). Ferner ebda., S. 349 (Eintrag vom 13.12.1941): „Der Führer muß
sich entschließen, ob die Heeresgruppe sich nach vorne schlagen soll auf die Gefahr, daß sie
dabei in Trümmern geht oder ob sie sich absetzen soll, was die gleiche Gefahr in sich birgt.
Entscheidet er sich für das Absetzen, so muß er wissen, daß es zweifelhaft ist, ob dann hinten
ausreichende Kräfte ankommen, um eine neue, nicht vorbereite und wesentlich kürzere Stellung zu halten."

[927] Ein kritischer Kopf wie Helmuth James von Moltke hat gerade dies schon früh erkannt: „Es
stehen uns unvorstellbar schreckliche Monate bevor. Die militärische Lage kann m. E. nur
noch durch ein Wunder wiederhergestellt werden. A. H. hat befohlen, daß keine Rückzugsbewegungen ausgeführt werden dürfen und die Folge ist, daß wir es den Russen ermöglichen,
unsere Front allmählich zu zertrümmern, ohne daß sie dadurch, daß wir uns zurückziehen,
Nachschubschwierigkeiten bekommen. Die Folge wird sein, daß die Russen zwar keine wesentlichen territorialen Fortschritte machen, aber unser Ostheer einfach an Ort und Stelle vernichtet wird. Und die Soldaten sehen das immer noch nicht." Moltke, Briefe an Freya 1939–
1945, S. 340 (Brief vom 6.1.1942).
Die Truppe sah das freilich sehr wohl, vgl. etwa den Kommentar des General Schmidt vom
21.12.1941: „Der Führer hat befohlen, daß jede Truppe dort hält, wo sie steht und sich nachhaltig verteidigt. Die Armee und ihre Truppen sind vom festen Willen zum Halten beseelt und
von der Notwendigkeit zutiefst überzeugt. Jedes weitere Absetzen führt zu Materialverlusten,
zu Pferdeverlusten und zehrt, je schlechter Wetter, Kälte, Schneelage und Wege sind, in ent-
scheidendem Maße die Kräfte der Truppe auf, ohne den Russen, der winterbeweglicher ist,
ebenso zu schwächen. Starr durchgeführt, führt jedoch der Befehl zu ganz großen Gefahren.
Wir stehen in dünner Front, Reserven fehlen. Der Russe ist überlegen. Er steht nahe seinem
guten Bahnnetz. [...] Der starr ausgelegte Führerbefehl zwingt uns zur Zeit, die feindlichen
Angriffe in Stellungen anzunehmen, die für die Verteidigung ausgesprochen ungünstig sind,
obwohl dicht dahinter günstigere, sogar teilweise kampfwagensichere Abschnitte liegen. [...]
Die Folge einer starren Auslegung müssen zwangsläufig Kessel und damit die Vernichtung der
eingekesselten Teile werden, die aus Mangel an Reserven weder herausgehauen, noch beim
Durchbrechen aufgenommen werden können." BA-MA, RH 21-2/244: Pz. AOK 2, Abt. I a,
Kriegstagebuch, Eintrag vom 21.12.1941.

[928] Druck von Hitlers Entscheidung, welche das OKW am 26.12.1941 an die Truppe weitergab:
KTB OKW, Bd. I, Dok. 113. Vgl. ferner sein Befehl vom 8.1.1942 in: KTB OKW, Bd. II/4,
Dok. 2.

[929] Vgl. KTB OKW, Bd. II/4, Dok. 5.

bis 15. Januar) und schließlich nochmals begrenztes Ausweichen (seit 15. Januar), zumindest im Zentrum der Heeresgruppe Mitte[930]. Die entsetzlichen Kosten, die dieser quälende Entscheidungsprozess forderte, dürfen dabei allerdings ebenso wenig vergessen werden wie die erhebliche Verantwortung, welche die militärischen Führungszentralen, die an der Front teilweise mit eingeschlossen[931], für das Zustandekommen dieser Katastrophe trugen.

Auszubaden hatten es die deutschen Soldaten. Im Bewusstsein, dass sie mittlerweile mit dem Rücken zur Wand kämpften, gelang es ihnen in einer beispiellosen Kraftanstrengung, eine Situation, die doch eigentlich schon verloren schien, noch einmal zu retten. „Ich bin mir völlig klar, daß von der Truppe Unerhörtes gefordert wird und bin selbst ergriffen von dem Heldentum der vorne Kämpfenden", dekretierte der Generaloberst Schmidt im Januar 1942. „Ich kann aber von den gestellten Forderungen nicht abgehen. Es muß gehalten werden."[932] Dass das gelang, dass wenigstens das militärische Kollektiv überlebte, war eine Folge von Erfahrung[933] und Improvisationsvermögen, Mut und Härte[934], Kameradschaft und Todesverachtung und schließlich des puren Überlebenswillens. Die Energien, die ein Individuum oder ein Kollektiv entwickeln können, um sich dem eigenen Untergang entgegenzustemmen, sind groß. Dafür kennt die Geschichte viele Beispiele. Doch ist es auch richtig, dass jedes dieser historischen Beispiele seine ganz speziellen Signaturen besitzt. In diesem Fall waren zwei Entwicklungen zusammen gekommen – jener Freibrief zur Entgrenzung der Gewalt, den die deutsche Führung dem Ostheer bereits vor Beginn des Krieges ausgestellt hatte, und eine militärische Krise, die ihresgleichen suchte. Erst in dem Moment, als sich diese

---

[930] Das entspricht im Ergebnis den Überlegungen, die Clausewitz (Vom Kriege, S. 344) über den Rückzug angestellt hat: „Wer hier [nach verlorener Schlacht] glaubt, durch einige schnelle Märsche einen Vorsprung zu gewinnen und leichter einen festen Stand zu bekommen, begeht einen großen Irrtum. Die ersten Bewegungen müssen so klein als möglich und im allgemeinen muß es Grundsatz sein, sich nicht das Gesetz des Feindes aufdringen zu lassen. Diesen Grundsatz kann man nicht befolgen ohne blutige Gefechte mit dem nachdringenden Feind, aber der Grundsatz ist dieses Opfer wert. Ohne ihn kommt man in eine beschleunigte Bewegung, die bald ein Stürzen wird und dann an bloßen Nachzüglern mehr Menschen kostet, als die Schlachten der Arrieregarden gekostet haben würden, außerdem aber die letzten Überreste des Mutes vernichtet."

[931] Vgl. hierzu Hürter, Heerführer, S. 302ff.

[932] BA-MA, RH 20-2/333: AOK 2, OB, „Armeebefehl Nr. 11" vom 5.1.1942.
Nicht anders die Parolen, welche sein Vorgänger ausgegeben hatte: Ferner BA-MA, RH 21-2/244: Pz. AOK 2, Abt. I a, Kriegstagebuch, Eintrag vom 4.12.1941: „Der O.B. [Guderian] ist der Ansicht, daß die augenblickliche kritische Lage äußerste Härte gegen die Truppe verlangt."

[933] Interessant ist in diesem Zusammenhang die folgende Beobachtung des Oberst von Lüttwitz: „Es war zwar dann nur noch die Hälfte des Bestandes, mit dem wir im Juni angetreten waren, aber diese hocherfahrenen Männer haben uns dann so geholfen, wie man es früher nicht für möglich gehalten hätte." BA-MA, N 10/9: Lebenserinnerungen Smilo Frhr. von Lüttwitz, Denkschrift „Rußland-Erfahrungen vom Juni 41–April 42".

[934] Zur 4. Pz. D. vgl. etwa Seitz, Verlorene Jahre, S. 116: „Was an Einsatzbereitschaft, Opfermut, persönliche Härte von jedem verlangt wurde, um die Lage zu meistern, ist unbeschreiblich." Schaub, Panzergrenadier-Regiment 12, S. 111: „Hart und abgestumpft haben uns die Kämpfe mit dem erbitterten Feind und der unerbittlichen Natur gemacht." Sturm im Osten, S. 311: „Und die Sowjets müssen, müssen unter allen Umständen geschlagen, vernichtet werden. Sie oder wir – hier gibt es keine Kompromisse!"
Auch der Divisionsarzt der 4. Pz. Div. bescheinigte damals ihren Angehörigen, dass sie „trotz all der Anstrengungen und Strapazen hart gegen sich selbst" waren. IfZ-Archiv, MA 1582: 4. Pz. Div., Div. Arzt, Meldung an XXIV. Pz. Korps, Korpsarzt, vom 17.1.1942.

beiden Entwicklungen überkreuzten, fand der Krieg zurück in seine ursprünglichste, brutalste Form: Bot eine Ortschaft dem Gegner Schutz? Sie wurde verbrannt. Erschwerten Kriegsgefangene den Rückzug? Sie wurden erschossen. Kannten einheimische Führer die Rückzugswege der Deutschen? Sie wurden liquidiert. Schien die politische Loyalität der einheimischen Bevölkerung unsicher? Sie wurde vertrieben. Diese Liste ließe sich fortsetzen. Es gab auch damals deutsche Soldaten, die dabei nicht mitmachten, doch schienen sie mittlerweile in der Minderheit.

Die anderen empfanden das allerdings nur selten als politische Demonstration, als Ausdruck *bewusster* nationalsozialistischer Überzeugung[935]. Ihnen ging es ganz einfach um „die nackte Existenz"[936]. Und um diese zu retten, mussten die deutschen Soldaten jede Möglichkeit nutzen, die sich ihnen bot. Auf ihre oberste Führung konnten sie nicht mehr vertrauen, das hatten mittlerweile die meisten eingesehen[937]. Dies verweist wiederum auf einen bemerkenswerten Widerspruch: In dem Moment, wo das Vertrauen zu Hitler erstmals grundlegend erschüttert wurde, begann man sich viel stärker an seinen sozialdarwinistischen Handlungsrichtlinien zu orientieren[938], als das zuvor der Fall gewesen war. Kurzfristig mochte das helfen. Doch war der Preis, den die Deutschen dafür zu entrichten hatten,

---

[935] Vgl. BA-MA, N 10/9: Lebenserinnerungen Smilo Frhr. von Lüttwitz, Bl. 176: „All die schönen Tugenden der deutschen Soldaten waren nötig u[nd] vorhanden, um diesen heißen Kampf zu bestehen u[nd] daneben den eisigen Winter monatelang zu ertragen. Hochachtung u[nd] Dankbarkeit gegenüber solchem Verhalten unserer Männer gehörte auch schon zur damaligen ‚Inneren Führung', ebenso eine sachliche Aussprache über die täglich sich neu darstellende Aufgabe der Verteidigung. Diese große Kameradschaft u[nd] Vertrautheit untereinander trug uns u[nd] verband uns alle auch in der Sorge um die Heimat. Hitler u[nd] der Nationalsozialismus waren in dieser Zeit nicht gefragt. Niemand sprach davon.".
PA-AA, R 60705: Bericht des VAA beim AOK 2, Oberleutnant Anton Graf Bossi-Fedrigotti, vom 9. 12. 1941, der damals über den Zorn vieler Soldaten berichtete, dass die Mitgliedschaft zur NSDAP die Chancen auf „Unabkömmlichkeit" zum Wehr- und Kriegsdienst erhöhte: „Hier fällt auch oft das Wort von den Parteidienststellen. Bezeichnend ist dabei, daß der Soldat ein ungemein feines Gefühl dafür hat, wer in der Parteileitung wirklich unabkömmlich ist und wer nicht."
Auch der Gen.oberst Frhr. v. Weichs bemängelte, dass damals die Kritik „nicht einmal vor der Person des Führer und obersten Befehlshabers halt" gemacht hätte. BA-MA, RH 20-2/296-2: AOK 2, OB, Weisung an die „Herrn Kommandierenden Generale und die Herrn Divisionskommandeure" vom 19. 2. 1942.
[936] In diesem Sinne auch Stieff, Briefe, S. 135 (Brief vom 7. 12. 1941) sowie Hürter, Heinrici, S. 115 ff. (Tagebucheintrag vom 6. 12. 1941).
Stieff, Briefe, S. 135 (Brief vom 19. 11. 1941). Dort heißt es auch: „Man wird entsetzlich roh, denn gut 95 % der Bevölkerung ist anständig und vertrauensselig."
[937] Vgl. hierzu Stieff, Briefe, S. 142 (Brief vom 9. 12. 1941): „Wir fühlen uns so entsetzlich verlassen."
[938] Das bestätigt auch Rass („Menschenmaterial", S. 345 f.), der darauf verweist, dass beim Kriegsgericht der 253. ID während des Dezembers 1941 die höchste Zahl von Verfahren in der Geschichte dieser Division verhandelt wurden. Darunter hätten sich auch eine große Zahl von Delikten befunden, die sich gegen die sowjetische Zivilbevölkerung gerichtet hätten. Auch das beweise, so Rass, dass sich damals die Mentalität der Truppe zu verändern begann. Das ist durchaus richtig, richtig ist aber auch, dass zumindest diese Division solche Vergehen noch immer ahndete. Da diese Prozesse immer auch eine normbildende Funktion besaßen, sollte man die psychologische und politische Bedeutung einer derartigen Rechtsprechung keinesfalls unterschätzen.
Entsprechende Untersuchungen auf der Grundlage von Gerichtsakten lassen sich für das Sample unserer fünf Divisionen nicht durchführen, da sich lediglich vom Korück 580 größere Bestände an Gerichtsakten erhalten haben. Freilich fällt auf, dass ab Sommer 1941 verhältnismäßig wenig Prozesse wegen Vergehen gegen die Zivilbevölkerung geführt wurden.

extrem hoch – nicht nur in moralischer Hinsicht. „Es ist richtig", schrieb ein deutscher Generalstabsoffizier im April 1942, „daß das deutsche Heer in Rußland im Laufe des Winters erheblich an Ansehen verloren hat, ein außerordentlich erschwerendes Moment im Hinblick auf einen endgültigen Sieg im Osten. Man kann sagen, daß im Herbst 1941 etwa 50 % der Bevölkerung mit den deutschen Truppen sympathisierten. Vor einiger Zeit hörte ich, daß dieser Prozentsatz auf etwa 10 % gesunken sei. Teilweise ist dieser Rückgang auf die Schwierigkeit der Verhältnisse, als eine Zwangslage zurückzuführen."[939]

Es wäre allerdings falsch, die sowjetische Seite bei diesem Prozess der Verrohung aus dem Spiel zu lassen. Dass es sich hier ebenfalls um ein totalitäres und verbrecherisches Regime handelte, war für die deutschen Invasoren keine neue Erfahrung. Der Beginn der sowjetischen Gegenoffensive wurde zum „Auftakt zu einer neuen Mordwelle" unter den gefangen genommenen deutschen Soldaten[940]. Hier zeigte sich nicht allein die Wirkung einer neu angefachten Propagandakampagne oder das Hochgefühl der militärischen Initiative[941], das den sowjetischen Truppen bislang unbekannt geblieben war. Wichtiger war wohl die Tatsache, dass sich diese nach den beginnenden deutschen Rückzügen nun „mit eigenen Augen von dem tierischen Benehmen der Faschisten" überzeugen konnten, so ein sowjetischer Offizier[942]. Die Entdeckung vieler deutscher Gräueltaten „veränderte die Stimmung in den sowjetischen Streitkräften"[943].

Schließlich blieben auch die Erfahrungen, welche die Soldaten auf dem Schlachtfeld miteinander machten, nicht ohne Wirkung. Dass „die Russen [...] ihre Menschen und [...] sich selbst in einer Weise [opfern], wie sich das der Westeuropäer

---

[939] Meier-Welcker, Aufzeichnungen, S. 160 (Brief vom 7.4.1942). Eine solche Einschätzung teilten interessanterweise nicht nur die deutsche militärische Führung, sondern auch das NKWD, das den Stimmungswandel in den besetzten deutschen Gebieten sehr genau dokumentiert hat. Vgl. Pohl, Herrschaft, S. 172.

[940] So Hoffmann, Kriegführung, S. 788; Arlt, Die Wehrmacht im Kalkül Stalins, S. 113; Zayas, Wehrmachts-Untersuchungsstelle, S. 273 ff.; Beevor, Schriftsteller, S. 105; Kap. 5.2. Ferner BA-MA, MSg 2/5320: 296. Inf. Div., Abt. I c, „Feindnachrichtenblatt Nr. 57" vom 21.3.1942, dem ein übersetztes Tagebuch eines sowjetischen Kommandeurs beigegeben ist; dort heißt es u. a.: „Am Morgen wieder ein Vorfall. Auf dem Tisch lag eine geladene Leuchtpistole. Der Vertreter des Spießes [des Kompaniefeldwebels] nahm sie und schoß aus ihr, dabei traf er die Hauswirtin am Bein. Das haben wird dann alles dem Gegner in die Schuhe geschoben. Ich bin der Meinung, wenn wir jetzt unter Friedensbedingungen leben würden, würden alle Rotarmisten in den Gefängnissen sitzen, aber z. Zt. geht das eben alles auf Kosten des Krieges."
Diese Entwicklung war an allen Frontabschnitten zu spüren. Bei der 253. ID überrollten im Februar 1942 durchgebrochene sowjetische Verbände eine Eisenbahnzug, der „etwa 800 Verwundete" abtransportieren sollte; kaum einer überlebte das anschließende Gemetzel. Vgl. Rass, „Menschenmaterial", S. 157. Warum Rass diesen gravierenden Fall nicht im Kontext des Krieges referiert, in dem doch auch die gegenseitige Perzeption zu diskutieren wäre, sondern nur im Kapitel Verluste, bleibt unerfindlich.

[941] Sevenich, Die Truppe und der Weg des Infanterie-(Grenadier-)Regiments 521 der 296. Division 1940–1944, S. 5 f. Masch. Manuskript im Besitz d. Verf.: „Durch die Lage bedingt, schien beim Russen zur Zeit seines Vormarsches eine bessere Stimmung wie sonst gewesen zu sein." In wörtlicher Übereinstimmung: IfZ-Archiv, MA 1637: 296. Inf. Div., Abt. I c, „Tätigkeitsbericht für die Zeit vom 1.12.–31.12.1941" vom 1.1.1942.

[942] Meier-Welcker, Aufzeichnungen, S. 149 (Brief vom 17.1.1942). In diesem Brief zitiert Meier-Welcker den Brief eines gefallenen sowjetischen Offiziers.

[943] Overy, Rußlands Krieg, S. 196.

kaum vorstellen kann"[944], erlebten die deutschen Soldaten schon seit Kriegsbeginn in immer neuen Varianten. Militärisch und ideologisch waren die sowjetischen Truppen „auf Angriff gedrillt"[945], sie liefen häufig wie ins offene Messer. Allerdings sollte sich unter dem enormen Druck des militärischen „Plansolls" der selbstmörderische Charakter der sowjetischen Kriegführung im Winter 1941/42 nochmals steigern[946]: „Die Russen sind ungeheuer zäh u[nd] sie greifen an, wenn auch Hunderte von ihnen schon an derselben Stelle tot daliegen", beobachtete damals der Oberst von Lüttwitz[947]. „Glücklicherweise sind sie meist nicht gut ausgebildet, haben wenig Artillerie. Neulich griff uns 1 russ[ische] Div[ision] an, lauter alte Kerle von über 40 Jahren! Trotz wahnsinniger Verluste kamen sie immer wieder. Sie sind von der Kultur, die den Menschen weich macht, noch nicht beleckt, sind genügsam u[nd] können sogar bis zu 2 Nächten bei der Kälte im Freien aushalten. Allerdings haben sie alle Filzstiefel, Pelzkappen u[nd] sonstige gute Winterausrüstung."

Obwohl der Schwung der sowjetischen Offensive seit Mitte Januar 1942 spürbar verebbte, hielt die sowjetische Führung vorerst eisern an ihrer brutalen Taktik der Menschenwellen fest. Immer wieder war es die Infanterie, die mit ihrem hoffnungslos frontalen Kampfstil[948] den Durchbruch erkämpfen sollte[949]. Ohne Panzer, oft ohne jede artilleristische Unterstützung, doch unter Einsatz großer Mengen an Alkohol[950] wurden immer neue Wellen gegen die deutschen Linien gehetzt, in deren Vorfeld sie dann verbluteten[951]. „Unsere s[chweren] MG hielten zwischen die in großen Mengen angreifenden Russen und verrichteten ganze Arbeit", berichtete ein Angehöriger der 296. ID[952]. Bei einem dieser Angriffe registrierte seine Division damals ein Verhältnis von drei eigenen Toten und „735 toten Russen"[953], die 221. berichtete von „Feindverlusten" in Höhe von mindestens 100 Toten und 29 Gefangenen, während sie selbst nur einen Toten und sechs Verwundete ein-

---

[944] Meier-Welcker, Aufzeichnungen, S. 127 (Brief vom 15. 8. 1941). Ferner Halder, Kriegstagebuch, Bd. III, S. 79 (Eintrag vom 15. 7. 1941): „Die russische Truppe kämpft [...] mit wilder Verbissenheit und ungeheuren menschlichen Opfern."

[945] Löwe, Bewaffnete Macht, S. 1705.

[946] Die Stümperhaftigkeit von Stalins Kriegführung hat bereits Alexander Solschenizyn scharf verurteilt. Vgl. Solschenizyn, Der Archipel Gulag, S. 243 f.

[947] BA-MA, N 10/9: NL Smilo Frhr. von Lüttwitz, Brief vom 28. 1. 1942. Auch zum Folgenden.

[948] Merridale, Iwans Krieg, S. 125.

[949] Löwe, Bewaffnete Macht, S. 1705.

[950] Vgl. etwa IfZ-Archiv, MA 1622: 45. Inf. Div., Abt. I a, Kriegstagebuch, Eintrag vom 21. 12. 1941: „Russen stark betrunken. Russische Verluste schwer [...]." Ferner BA-MA, MSg 2/5320: 296. Inf. Div., Abt. I c, „Feindnachrichtenblatt Nr. 52" vom 3. 2. 1942, wo festgestellt wird, dass bei einem Angriff des Gegners „nicht einmal für jeden Mann ein Gewehr vorhanden war".

[951] Allein die Verteidigung Moskaus kostete die Rote Armee 658 279 Mann, die Gegenoffensive von Anfang Dezember 1941 bis Anfang Januar 1942 nochmals weitere 370 955. Angaben aufgrund der von Krivosheyev vorgelegten Zahlen nach: Erickson, Red Army Battlefield Performance, S. 238.

[952] Manuskript, K. H., „Unser Einsatz im Osten", o. D., Kopie im Besitz d. Verf. Vgl. auch BA-MA, RH 20-2/333: AOK 2, ChefGenSt, Vermerk „Lagebesprechung durch Chef am 18. 1. 1942": „Wenn der Russe auf freiem Feld angreifen muß, kommt er gegen unsere Maschinengewehre nicht an."

[953] IfZ-Archiv, MA 1636: 296. Inf. Div., Abt. I a, Zwischenmeldung an XXIV. Pz. Korps vom 9. 12. 1941.

*Nach der Schlacht: Im Vorfeld ei-
ner deutschen Stellung, April 1942*
(Quelle: BSB, Fotoarchiv Hoffmann
44108)

büßte[954]. Relationen dieser Art, gewöhnlich nur aus dem Partisanenkrieg bekannt,
prägten damals oft auch das militärische Geschehen an der Front[955]. Natürlich war
das für die deutschen Soldaten nicht neu, dass aber „mehrere Tausend Tote" zum
Teil wochenlang „vor den [eigenen] Stellungen"[956] lagen, war bislang eine eher
seltene Erfahrung geblieben. Dies war ein Krieg, bei dem sich die letzten Reste der
„Kriegs-Kunst" offenbar verflüchtigt hatten. Es ging nur noch um das gleichermaßen brutale wie primitive Halten oder Durchbrechen.

Entsprechend mussten sich die beteiligten Soldaten verändern. Zwar hatten sie
schon oft aufeinander das Feuer eröffnet, aber nur selten unter solchen Bedingungen. Die damals entstandenen deutschen Berichte sind nicht nur durchzogen
von Angst, Hass, Brutalität oder Gleichgültigkeit, es finden sich häufig auch pro-

---

[954] Vgl. IfZ-Archiv, MA 1668: 221. Sich. Div., Abt. I a, Kriegstagebuch, Eintrag vom 5. 2. 1942;
IfZ-Archiv, MA 1669: 221. Inf. Div., Abt. I a, Zwischenmeldung an das LV. A. K. vom 5. 2. 1942.
Vgl. ferner IfZ-Archiv, MA 1668: 221. Sich. Div., Abt. I a, Kriegstagebuch, Eintrag vom
10. 1. 1942; dort wird berichtet, ein sowjetischer Angriff habe „4 Tote, 2 Verwundete" gekostet; die Verluste des Gegners beliefen sich hingegen auf „90 Tote, 30–40 Verwundete".

[955] So meldete etwa das II./Inf. Rgt. 130 am 26. 4. 1942, es habe bei einem sowjetischen Angriff 12
Tote und 28 Verwundete verloren, der Gegner hingegen 212 Tote und 43 Kriegsgefangene,
davon zwei Offiziere. IfZ-Archiv, MA 1623: II./Inf. Rgt. 130, Bericht an Inf. Rgt. 130 betr.
den „russ. Angriff am 25. 4. 1942" vom 26. 4. 1942.

[956] IfZ-Archiv, MA 1783/3: 296. Inf. Div., Abt. I a, „Gefechtsbericht über das Gefecht von Beleff
[sic] am 31. 12. 1941", o. D.

fessionelles Unverständnis, ja Erschütterung über diese unvorstellbar hohen wie unnötigen Verluste der Gegenseite[957]. Diese „radikale Entwertung des Individuums"[958], wie sie die sowjetische Kriegführung förmlich erzwang, wurde nun für viele deutsche Soldaten zu einer alltäglichen Erfahrung, was bei ihnen wiederum die Vorstellung fördern musste, das Leben „des" einzelnen Russen gelte nun einmal nicht viel. Auch diese Entwicklung, in der sich weniger die vielbeschworene russische „Leidensfähigkeit" manifestierte als vielmehr die Menschenverachtung eines totalitären Regimes[959], begann erst im Frühjahr 1942 abzuebben. Bevor aber darüber zu berichten ist, sind noch die Ereignisse im Hinterland zu erwähnen.

Denn die dramatischen Veränderungen des Winters 1941/42 sparten diese Gebiete nicht aus. Die Geschichte des *Korück 580*, der einzigen Formation aus unserem Sample, die damals noch dort stand, ist dafür ein Beispiel. Dieser Besatzungsverband – sein Hauptquartier befand sich damals in Kromy, 40 Kilometer südwestlich von Orel – diente der 2. deutschen Armee weiterhin als Etappe.

Wie die vergangenen Monate gezeigt hatten, war dieses *unmittelbare* Hinterland der Front nur selten zur Ruhe gekommen – was nicht nur militärische Ursachen hatte. Die Korücks bildeten gewissermaßen die erste Vorhut der deutschen Besatzungsmacht und auch die ersten Vorposten einer „neue Ordnung", die bereits sie durchzusetzen suchten[960]. Während des Bewegungskriegs scheint diese Umbruchsituation zum Kennzeichen der Rückwärtigen Armeegebiete geworden zu sein; Ende August 1941 hielt der Korück 580 es für schlichtweg unmöglich, zu „einer allgemeinen Befriedung" zu kommen[961]. Etwas anderes war es, wenn der Krieg zum Stillstand kam, wie das schon vor der Winterkrise 1941 an einigen Frontabschnitten der Fall gewesen war. Verglichen mit dem übrigen militärischen Besatzungsgebiet war ein Korück doch so klein und überschaubar, dass es die neuen

---

[957] Vgl. etwa Schaub, Panzergrenadier-Regiment 12, S.108: „Nach einiger Zeit stießen etwa 5–10 Sturmgeschütze von Süden zu uns. Durch Zufall, gerade in dem Augenblick, als etwa 500–700 Russen in ein Balki [eigentlich: Balka, zu deutsch: lange Schlucht] verschwinden wollten und zum Teil bereits verschwunden waren. Die Russen ergaben sich trotz Aufforderung nicht und daher schossen die Sturmgeschütze in die Schlucht. Die Wirkung war fürchterlich! Ich schätze 200–400 tote und verwundete Russen."
In diesem Sinne auch IfZ-Archiv, MA 1637: 296. Inf. Div., Abt.Ic, Tätigkeitsbericht für die Zeit vom 1.1.–31.3.1942; Friedel Sevenich, Die Truppe und der Weg des Infanterie-(Grenadier-)Regiments 521 der 296. Division 1940-1944, S.5f. Masch. Manuskript im Besitz d. Verf.; Sturm im Osten, S.292ff.
[958] Geyer, Das Stigma der Gewalt und das Problem der nationalen Identität in Deutschland, S.679.
[959] Vgl. Löwe, Stalin, Bd.2, S.314ff.; Service, Stalin, S.410ff.
Bemerkenswert ist in dieser Hinsicht etwa die Notiz, die Stalin am 27.5.1942 an Marschall Timoschenko weitergab: „... Sollten wir nicht endlich lernen, mit geringeren Verlusten zu kämpfen, so wie das die Deutschen machen?" Zit. bei: Arlt, Die Wehrmacht im Kalkül Stalins, S.112. Ferner das Urteil eines sowjetischen Frontoffiziers, dass seine obere Führung vom Kriegführen nicht mehr verstehe als „ein Schwein von Apfelsinen". Meier-Welcker, Aufzeichnungen, S.162 (Brief vom 26.4.1942), wo er aus einem Brief eines gefallenen sowjetischen Offiziers zitiert.
[960] Vgl. mit Kap.3.3 sowie der Beobachtung der Einsatzgruppe B vom Oktober 1941, dass „die Bevölkerung in der Nähe der Front [...] viel nervöser und mehr beunruhigt [sei] als die Bevölkerung im rückwärtigen Heeresgebiet". IfZ-Archiv, MA 91/2: Chef SiPo und SD, Ereignismeldung UdSSR Nr.106 vom 7.10.1941.
[961] BA-MA, RH 20-2/1445: AOK 2, Abt.OQu./Qu. 2, Tätigkeitsbericht für die Zeit vom 31.8.–6.9.1941.

militärischen Machthaber unter solchen Voraussetzungen relativ rasch in den Griff bekamen.

Im Winter 1941/42 änderte sich auch das. Aufgrund der dramatischen Wende an der Front begann die Macht der deutschen Militärmaschinerie selbst im vergleichsweise übersichtlichen und geordneten Raum der „Etappe" allmählich zu erodieren[962], schon weil man jeden Soldat oder jede Einheit, die nur irgendwie einsatzfähig schien, nach vorn schickte[963]. Obwohl die oberste Führung „schlechte Erfahrungen mit dem Herausnehmen von Sicherungstruppen aus dem rückwärtigen Gebiet gemacht" hatte[964], herrschte nun auch im vergleichsweise schmalen Saum der Korücks jene „gähnende Leere"[965], die bislang nur für die Rückwärtigen Heeresgebiete charakterisiert hatte. Bereits Anfang Dezember musste sich auch der Korück 580 eingestehen, dass „große Teile" seiner Gebiete „nach Abzug der steckengebliebenen Einheiten und der Nachzügler ohne jede Truppenbelegung"[966] seien. Übrig geblieben waren hier nur noch eine Feldgendarmerie-Abteilung, eine russische „Reiter-Hundertschaft", zwei Wach-Bataillone, sechs Ortskommandanturen, drei Kriegsgefangenenlager und schließlich ein Feldpostamt[967] – zusammen nicht mehr als 800 Mann[968]. In einem Besatzungsgebiet, das mit einer Gesamtfläche von damals über 37 000 Quadratkilometern größer war als Belgien[969], standen diese wenigen Soldaten von vornherein auf verlorenem Posten.

In dem Moment, wo die deutsche Präsenz abnahm, begann der Gegner auch in dieses Gebiet einzusickern und sich seiner zu bemächtigen. Wurden Anfang Dezember 1941 erst „vereinzelt Partisanen" festgestellt[970], so konnte sich deren Krieg

---

[962] Eine Aufgabe des Korück bestand in dieser Zeit auch darin, eine „Rückverlegung" der gesamten 2. Armee vorzubereiten. IfZ-Archiv, MA 885: Korück 580, Abt. Qu., Kriegstagebuch, Eintrag vom 13. 12. 1941. Ferner BA-MA, RH 20-2/1445: AOK 2, Abt. OQu./Qu. 2, Tätigkeitsbericht für die Zeit vom 7.–21. 12. 1941: „Das gesamte rückwärtige Armeegebiet gewinnt an Bedeutung, da im schlimmsten Falle mit einem Rückzuge durch dieses Gebiet gerechnet werden muß." Nach dem Rückzug der 2. Armee wurde dann das Rückwärtige Armeegebiet „nach Westen erweitert". IfZ-Archiv, MA 885: Korück 580, Abt. Qu. Op., Weisung vom 31. 12. 1941.

[963] IfZ-Archiv, MA 885: Korück 580, Abt. Qu., Kriegstagebuch, Eintrag vom 17. 12. 1941: „Die Lage an der Front macht Einsatz aller im Versorgungsgebiet liegenden Männer erforderlich." Ferner ebda., Korück 580, Abt. Qu., „Besondere Anordnungen für die Versorgung Nr. 9" vom 17. 12. 1941.

[964] Bock, Tagebuch, S. 353 (Eintrag vom 16. 12. 1941). Ersatz gab es kaum noch; so wurde für die 221. Sicherungsdivision das Polizei-Bataillon 309 ins Rückwärtige Heeresgebiet Mitte verlegt. IfZ-Archiv, MA 1582: Pz. AOK 2, Abt. I a/OQu./Qu. 2, Weisung vom 6. 12. 1941.

[965] Philippi/Heim, Feldzug, S. 99. Vgl. hierzu auch Hürter, Heinrici, S. 121 (Tagebucheintrag vom 5. 12. 1941).

[966] IfZ-Archiv, MA 885: Korück 580, Abt. Qu., Kriegstagebuch, Eintrag vom 5. 12. 1941.

[967] IfZ-Archiv, MA 885: Korück 580, Abt. Qu. Op., Weisung vom 12. 12. 1941. Dort auch eine entsprechende Karte.

[968] IfZ-Archiv, MA 895/2: Korück 580, Kdt., „Abschließender Bericht über die Tätigkeit im rückwärtigen Armeegebiet in der Zeit von Dezember 1941 bis Ende Mai 1942" vom 28. 6. 1942. Ähnliche Verhältnisse herrschten auch in anderen Frontabschnitten, etwa im Raum von Jelnja, wo es den Partisanen im Januar 1941 gelang eine deutsche Garnison einzuschließen. Vgl. Armstrong (Hrsg.), Soviet Partisans, S. 422 ff.

[969] BA-MA, RH 20-2/1453: Korück 580, Kdt., „Lagebericht" vom 21. 1. 1942, in dem es u.a. heißt. „Die Ausdehnung in der West-Ost-Richtung beträgt 225 km, in der Süd-Nord-Richtung 165 km, entspricht also etwa der Entfernung Berlin-Dresden (2,5 Schnellzugstunden) bzw. Leipzig-Dresden (2 Schnellzugstunden)." Belgien hat eine Fläche von 33 990 km².

[970] BA-MA, RH 20-2/1445: AOK 2, Abt. OQu./Qu. 2, Tätigkeitsbericht für die Zeit vom 30. 11.– 6. 12. 1941: „Im rückwärtigen Armeegebiet werden erstmalig vereinzelt Partisanen festgestellt."

im Rücken der deutschen Front schon im selben Monat ganz „erheblich" ausweiten[971]. Anfang Februar 1942 operierten allein im Bereich dieses Korück sieben irreguläre Gruppen mit insgesamt 2000 bis 2500 Mann[972], unterstützt von einigen Einheiten der Roten Armee, die ins Hinterland eingebrochen waren[973]. Zwar entsprach die Gesamtstärke dieser „Waldgänger" noch nicht einmal der eines Regiments, doch konnten sie unter den geographischen, klimatischen und nicht zuletzt militärischen Bedingungen dieses speziellen Kriegsschauplatzes viel erreichen. Dass es ihnen Ende Dezember 1941 sogar gelang, ein Kriegsgefangenenlager zu überfallen und 210 Gefangene zu befreien[974], zeigt, wie selbstsicher sie mittlerweile auch hier agierten[975]. Viel gefährlicher war freilich für die Deutschen, dass ein anderes Ziel zunehmend ins Fadenkreuz dieser Angriffe geriet: ihre Verbindungslinien. Keine war für das Korück 580 so wichtig wie die Eisenbahnlinie Kursk–Orel[976], die als logistische Hauptschlagader parallel zur Front verlief. Wurde diese unterbrochen, dann war eine Kernfunktion dieses Korück infrage gestellt, das einer riesigen logistischen Zentrale für die Front. Der Generalfeldmarschall von Bock sah damals im „Versagen der Bahnen" eine der Hauptgründe für die militärische Katastrophe: „Der Russe hat es verstanden, unsere Transportschwierigkeiten durch Zerstörung nahezu aller Kunstbauten an den Hauptbahnen und Straßen so zu steigern, daß es der Front am allernötigsten zum Leben und Kämpfen fehlt."[977]

Die Sicherung dieser Nachschublinien wurde daher im Winter zu einer der Hauptaufgaben des Korück[978]. Große Erfolge konnte er nicht dabei verbuchen, denn die Schienen erreichten allein in diesem Besatzungsgebiet eine Länge von knapp 800, die Straßen von über 500 Kilometern; dazu kamen noch 120 Eisen-

---

[971] IfZ-Archiv, MA 885: Korück 580, Abt. Qu., Kriegstagebuch, Eintrag vom 24.12.1941: „Überhaupt lebt die Partisanentätigkeit und -propaganda unter der Bevölkerung im Zusammenhang mit russischen Erfolgen an der Front erheblich auf."

[972] Gezählt wurden sieben Gruppen, deren Gesamtstärke auf 2120 bis 2460 Mann geschätzt wurde. BA-MA, RH 20-2/1453: Korück 580, Kdt., „Lagebericht" vom 4.2.1942.
Beim AOK 2 kam man sogar auf eine Gesamtstärke von ca. 3000 Partisanen. BA-MA, RH 20-2/1787: AOK 2, Abt. I a, Kriegstagebuch, Eintrag vom 4.2.1942.

[973] So meldete man etwa am 9.12.1941, „daß russische Kavallerie [...] durchgebrochen" war. IfZ-Archiv, MA 885: Korück 580, Abt. Qu., Kriegstagebuch, Eintrag vom 9.12.1941. Ferner BA-MA, RH 20-2/1453: Korück 580, Kdt., „Lagebericht" vom 21.1.1941.

[974] IfZ-Archiv, MA 885: Korück 580, Abt. Qu., „Besondere Anordnungen für die Versorgung Nr. 11" vom 28.12.1941.

[975] Wenn behauptet wurde (so Richter, „Herrenmensch", S. 11), dass „die Partisanen 1941 militärisch noch keine Rolle" spielten, so zeigt schon das Beispiel dieses Korück, dass diese These der Differenzierung bedarf.

[976] Vgl. hierzu den Befehl Schmidts vom 15.12.1941: „Die Armee hat den Auftrag, unter allen Umständen die Bahnlinie Kursk-Orel benutzbar zu halten. Gelingt dies nicht, dann kann die Zurücknahme der gesamten Ostfront mitten im Winter notwendig werden. Die Folgen sind dann unübersehbar." BA-MA, RH 20-2/249: AOK 2, Abt. I a, Weisung an die Korps und Divisionen der 2. Armee vom 15.12.1941.

[977] Bock, Tagebuch, S. 342 (Eintrag vom 7.12.1941); ebda., S. 357 (Eintrag vom 25.12.1941): „Die Lage an der Front der Heeresgruppe [Mitte] ist nach wie vor sehr ernst; besonders schlimm scheint die Eisenbahnlage."
Generell zur Transportkrise: Schüler, Logistik im Rußlandfeldzug, S. 518 ff.

[978] Vgl. IfZ-Archiv, MA 885: Korück 580, Abt. Qu., Kriegstagebuch, Eintrag vom 27.12.1941; BA-MA, RH 22/229: Kdr. Gen. d. Sich. Trp. u. Bfh. im Rückw. Heeresgebiet Mitte, Abt. I a, Kriegstagebuch, Eintrag vom 8.1.1942; IfZ-Archiv, MA 895/2: Korück 580, Kdt., „Abschließender Bericht über die Tätigkeit im rückwärtigen Armeegebiet in der Zeit von Dezember 1941 bis Ende Mai 1942" vom 28.6.1942. Generell hierzu Pottgießer, Reichsbahn, S. 84 ff.; Knipping/Schulz, Die Deutsche Reichsbahn, S. 240 ff.

bahn- und 100 Straßenbrücken[979]. Aufgrund seiner chronischen Schwäche verlief die Geschichte dieses Besatzungsverbands damals ähnlich wie jene bekannte Fabel vom Hasen und Igel; seine wenigen Einheiten tauchten gewöhnlich erst dann auf, wenn der Gegner schon längst wieder unsichtbar geworden war, weil er sich in die Unübersichtlichkeit einer tief verschneiten Winter- und Moorlandschaft zurückgezogen hatte. Zurück blieben zerstörte Brücken, gesprengte Eisenbahnlinien oder verminte Rollbahnen. Die wenigen Einheiten des Korück, verunsichert und schlecht bewaffnet, reichten damals gerade aus, um die wichtigsten Ortschaften in diesem Gebiet zu sichern[980], nicht aber seine verhältnismäßig dicht gewebte logistische Infrastruktur.

In mancher Hinsicht ähnelte dies der Entwicklung an der Front. Auch in den Besatzungsgebieten hatte man Regenerationskraft und Stärke des Gegners auf sträfliche Weise unterschätzt. Es spricht für sich, wenn es einer nichtmilitärischen Organisation wie der Einsatzgruppe B bereits im September 1941 aufgefallen war, dass man „in deutschen militärischen Kreisen" davon ausgehe, „daß mit Beginn der Kälteperiode sich die Partisanenfrage ‚selbst löst', indem die Partisanen aus den Wäldern kommen und sich ‚stellen müssen'. Diese Annahme halten wir für irrig. Ein großer Teil der Partisanen hat sich Zivilkleider verschafft und wird sicher versuchen, in den völlig abgelegenen Dörfern zu überwintern, die in den nächsten Monaten, besonders bei hohem Schnee, äußerst schwierig, ja vielleicht überhaupt nicht aufgesucht werden können."[981] Eine Lageeinschätzung wie diese bestätigt erneut, wie dürftig die Kenntnisse der Wehrmacht über die Sowjetunion im Grunde genommen waren. Das Bild, das man sich über die Partisanen machte, war davon nicht ausgenommen.

Dieser Realitätsverlust hatte zur Folge, dass die Deutschen nun auch im frontnahen Hinterland rasch die Initiative verloren. Bereits im Dezember fühlte sich der Kommandant des Rückwärtigen Armeegebiets 580, Generalleutnant Ludwig Müller, der Sache nicht mehr gewachsen. Nach einem Herzanfall meldete sich Müller, immerhin Jahrgang 1878, krank[982] – und mit ihm eine ganze Reihe hoch-

---

[979] IfZ-Archiv, MA 895/2: Korück 580, Kdt., „Abschließender Bericht über die Tätigkeit im rückwärtigen Armeegebiet in der Zeit von Dezember 1941 bis Ende Mai 1942" vom 28.6.1942, wo u. a. über die „Sicherung von 796 km Eisenbahnen mit 120 Eisenbahnbrücken [sowie] 520 km Straßen mit 100 Straßenbrücken" berichtet wird.

[980] IfZ-Archiv, MA 885: Korück 580, Abt.Qu., Kriegstagebuch, Karte vom 23.12.1941. Belegt waren lediglich die Orte: Dmitrijew, Dmitrowsk, Fatesh, Kromy, Kursk, Ljgow, Ponyri, Rylsk und Sewsk.

[981] IfZ-Archiv, MA 91/2: Chef SiPo und SD, Ereignismeldung UdSSR Nr. 92 vom 23.9.1941. So erwarteten etwa die 286. und 403. Sicherungsdivision, dass die Bedrohung durch Partisanen im kommenden Winter nicht zunehmen würde, während man bei der 221. eine andere Ansicht vertrat. Vgl. hierzu Shepherd, War, S. 105.
Vgl. hierzu auch IfZ-Archiv, MA 91/3: Chef SiPo und SD, Ereignismeldung UdSSR Nr. 148 vom 19.12.1941: „Die Partisanentätigkeit hat im Bereich der Einsatzgruppe weiter zugenommen. Auch der strenge Frost hat ein Nachlassen dieser Tätigkeit nicht zur Folge gehabt. Auf der einen Seite richten sich die Angriffe der Partisanen nach wie vor gegen Angehörige und Einrichtungen der deutschen Wehrmacht, auf der anderen Seite gehen die Partisanen gegen die Bevölkerung in gleicher Weise vor wie früher." In diesem Sinne auch Tätigkeits- und Lagebericht Nr. 10 der Einsatzgruppen der SiPo und des SD in der UdSSR für die Zeit vom 1.2.-28.2.1942, in: Klein (Hrsg.), Einsatzgruppen, S. 288–302, hier S. 289.

[982] IfZ-Archiv, MA 885: Korück 580, Abt.Qu. Op., Weisung vom 12.12.1941. Ferner Arnold, Wehrmacht, S. 423, Anm. 61.

rangiger Militärs des Ostheers[983]. Sein Nachfolger, der Generalleutnant Kurt Agricola, war jünger, tatkräftiger, begabter[984], und vor allem war er nach seiner schäbigen Entlassung im Jahr 1939 noch nicht zum Zug gekommen. Seine Ernennung verstand er ganz offensichtlich als Chance. Mit einer ungewöhnlichen Energie begann er unverzüglich, das leer geräumte und desorganisierte Terrain, für das er nun die Verantwortung trug, neu zu formieren.

Agricola hatte rasch erkannt, dass unter Bedingungen wie diesen „aktive Unternehmen gegen die Partisanen"[985] keine Chancen hatten. Seine bescheidene Streitmacht konzentrierte er daher auf wenige Orte, die man nun – so gut das ging – zu kleinen Festungen ausbaute[986]. Bis Mitte Januar 1942 beschränkte sich die Kriegführung dieses Korück auf einzelne „Aufträge für Sicherung und Aufklärung"[987], während es sich zugleich fieberhaft darum bemühte, das eigene Kräftepotenzial irgendwie zu vergrößern[988]. Da sich die 2. Armee „selber helfen" müsse[989], wie ihr der Generalfeldmarschall von Bock kurz beschied, boten sich nur zwei Auswege: der Einsatz von Kriegsgefangenen, „zumeist Kosaken, Ukrainer und Weißrussen"[990], die man nun auch in diesem Korück zu sog. „Hundertschaften" zusammenfasste (bis zum Sommer 1942 immerhin 14 Stück[991]) und „zur Partisanenbekämpfung in abgelegenen Gebieten" einsetzte[992], sowie der Einsatz von verbün-

---

[983] Zur Generalskrise 1941 vgl. Stumpf, Wehrmacht-Elite, S. 303 ff.; Hürter, Konservative Akteure. Ferner Meier-Welcker, Aufzeichnungen, S. 156 (Brief vom 26. 1. 1942); Hürter, Heinrici, S. 139 (Brief vom 11. 1. 1942).

[984] Vgl. hierzu Kap. 2.3. Agricola, 1889 geboren, war wegen seiner jüdischen Ehefrau zu Beginn des Jahres 1939 in den vorzeitigen Ruhestand versetzt worden.

[985] BA-MA, RH 20-2/1447: AOK 2, Abt. OQu./Qu. 1, Lagebericht vom Januar 1942. Auch zum Folgenden.

[986] IfZ-Archiv, MA 885: Korück 580, Abt. Qu., „Besondere Anordnungen für die Versorgung Nr. 6" vom 6. 12. 1941; IfZ-Archiv, MA 895/2: Korück 580, Kdt., „Abschließender Bericht über die Tätigkeit im rückwärtigen Armeegebiet in der Zeit von Dezember 1941 bis Ende Mai 1942" vom 28. 6. 1942.

[987] BA-MA, RH 20-2/1447: AOK 2, Abt. OQu./Qu. 1, Lagebericht vom Januar 1942. Auch zum Folgenden.

[988] Wie mühselig das für die deutschen Besatzer war, verdeutlicht auch der Umstand, dass nun Trupps „zur Bergung zurückgebliebenen deutschen Gerätes im rückwärtigen Armeegebiet" ausgeschickt wurden. Das heißt, dass sich der Korück mit dem Gerät ausrüsten musste, das die Fronttruppe bei ihrem Marsch liegengelassen hatte. BA-MA, RH 20-2/1445: AOK 2, Abt. OQu./Qu. 2, Tätigkeitsbericht für die Zeit vom 7.–21. 12. 1941.

[989] Bock, Tagebuch, S. 362 (Eintrag vom 21. 1. 1942).
Am 16. 1. 1942 hatte man die nördliche Grenze der Heeresgruppe Süd weiter nach Norden verschoben, so dass die 2. Armee nun zu dieser Heeresgruppe gehörte. Bock, bis zum 19. 12. 1941 Oberbefehlshaber der Heeresgruppe Mitte, hatte am 20. 1. 1942 den Oberbefehl über die Heeresgruppe Süd übernommen.

[990] Kroener, Die Personellen Ressourcen, S. 986; Hoffmann, Kaukasien 1942/43, S. 44.

[991] Vgl. BA-MA, RH 20-2/1787: AOK 2, Abt. I a, Kriegstagebuch, Eintrag vom 21. 1. 1942: „Bei der im Bereich der 2. Armee durch die O.Qu.-Abteilung betriebene Bekämpfung der Partisanen im rückwärtigen Armeegebiet werden jetzt laufend Sicherungshundertschaften aus Landeseinwohnern und entlassenen Kriegsgefangenen eingesetzt. Dem OKH wird die bereits erfolgte Aufstellung von 9 Hundertschaften gemeldet. Das deutsche Rahmenpersonal wird so niedrig als möglich gehalten. Bei der Aufstellung wird auf einheitliche Stammeszugehörigkeit innerhalb der Hundertschaft geachtet." Ferner IfZ-Archiv, MA 895/2: Korück 580, Kdt., „Abschließender Bericht über die Tätigkeit im rückwärtigen Armeegebiet in der Zeit von Dezember 1941 bis Ende Mai 1942" vom 28. 6. 1942.

[992] BA-MA, RH 24-24/323: XXIV. Pz. Korps, Abt. I c, „Feindnachrichtenblatt Nr. 58" vom 31. 12. 1941, mit Blick auf den Korück 580.

deten Truppen[993]. Nachdem das AOK 2 „einen lauten Hilferuf"[994] ausgestoßen hatte, kam ab Mitte Februar ein kleines Kontingent ungarischer Truppen zum Korück 580 – nicht mehr als 650 Mann. Aus ihnen sollten in den kommenden drei Monaten schließlich 10 000 werden[995]. Dieser heterogenen Streitmacht sollte es bis zum Sommer 1942 tatsächlich gelingen, die Partisanen erstmals wieder zurückzudrängen[996]. Auch das war nicht einfach. Selbst im schmalen Saum der frontnahen Etappe waren mittlerweile erhebliche Anstrengungen nötig, um die deutsche Herrschaft durchzusetzen. Ohne diese Voraussetzungen aber wäre die Front, in diesem Fall der gesamte Abschnitt der 2. deutschen Armee, ohne jede Rückendeckung und ohne jede logistische Unterstützung hilflos in der Luft gehangen.

Eine existentielle Krise wie diese dürfte kaum mäßigend auf die deutschen Besatzer gewirkt haben, zumindest fürs Erste. Als Agricola sechs Monate nach seinem Amtsantritt eine erste Bilanz zog, kam er unter der Spalte „Feindverluste" auf „ca. 7 200 Tote [und] 135 Gefangene"[997]. Pardon wurde offenbar nur selten gegeben, auch nicht von den kaukasischen oder ukrainischen Kollaborateuren, die den „Bauch voll Hass gegen den Bolschewismus" hatten – wie ein deutscher Offizier damals registrierte[998]. Doch kämpften auch sie, was nicht vergessen werden sollte, im deutschen Auftrag. Allerdings macht jener Bericht Agricolas noch etwas deutlich. Bei 330 gefallenen Deutschen und Ungarn sowie 120 Vermissten und 711 Ver-

---

[993] Die Gefechtsstärke des Korück stieg von 800 Mann (Januar 1942) auf 2 700 Mann (Mitte Februar), dann auf 5 000 Mann (Mitte März) und schließlich auf 15 400 Mann (Mitte Mai 1942). IfZ-Archiv, MA 895/2: Korück 580, Kdt., „Abschließender Bericht über die Tätigkeit im rückwärtigen Armeegebiet in der Zeit von Dezember 1941 bis Ende Mai 1942" vom 28.6.1942.

[994] Hürter, Heerführer, S. 431. BA-MA, RH 20-2/292: AOK 2, Abt. I a, Meldung an die H.Gr. Süd vom 11.2.1942.

[995] IfZ-Archiv, MA 895/2: Korück 580, Kdt., „Abschließender Bericht über die Tätigkeit im rückwärtigen Armeegebiet in der Zeit von Dezember 1941 bis Ende Mai 1942" vom 28.6.1942.
Ungarische Besatzungsdivisionen befanden sich seit Herbst 1941 in der Sowjetunion. Dem Korück 580 wurde damals die 102. sowie Teile der 105. ungarischen Infanterie-Brigade (seit Januar 1942: leichte Infanteriedivision) zugewiesen. Vgl. hierzu BA-MA, RH 20-2/1787: AOK 2, Abt. I a, Kriegstagebuch, Eintrag vom 27.3.1942. Ferner Förster, Stalingrad, S. 19 f.; Ungváry, Ungarische Besatzungskräfte; Niehorster, The Royal Hungarian Army 1920-1945, S. 158 ff., 227; weitere Angaben in: Adonyi-Naredy, Ungarns Armee im Zweiten Weltkrieg, S. 40 ff., 62 ff.; Mujzer, The Royal Hungarian Army 1920-1945, passim.
Obwohl der OB, Generaloberst Frhr. von Weichs, demonstrativ an die „alte bewährte Waffenkameradschaft seit dem Weltkriege" erinnerte, waren die Deutschen oft wenig erbaut über Ausrüstung, Mentalität und Kampfkraft ihrer neuen Verbündeten. IfZ-Archiv, MA 1669: AOK 2, Abt. II a, „Armeetagesbefehl Nr. 166" vom 22.2.1942 sowie BA-MA, RH 20-2/1445: AOK 2, Abt. O.Qu./Qu. 2, Tätigkeitsbericht für Februar 1942: „Die Kampfkraft der ungarischen Truppen stellt sich als recht gering heraus, die Waffenausstattung ist dürftig, die Wendigkeit der Führung nicht sehr groß."

[996] Vgl. hierzu IfZ-Archiv, MA 895/2: Korück 580, Kdt., „Abschließender Bericht über die Tätigkeit im rückwärtigen Armeegebiet in der Zeit von Dezember 1941 bis Ende Mai 1942" vom 28.6.1942, in dem Agricola den Kampf gegen die Partisanen in drei Phasen unterteilte; die 3. Phase datierte er vom 15.2.–8.6.1942 und stellte sie unter die Überschrift. „Abwehr in der Winterstellung. Besetzung, Sicherung und Säuberung, verwaltungsmäßige Organisation und wirtschaftliche Erfassung und Ausnutzung des rückw. Armeegebiets". Generell hierzu Kap. 5.5.

[997] Alle folgenden Angaben in: IfZ-Archiv, MA 895/2: Korück 580, Kdt., „Abschließender Bericht über die Tätigkeit im rückwärtigen Armeegebiet in der Zeit von Dezember 1941 bis Ende Mai 1942" vom 28.6.1942. Angaben über die Verluste der auf deutscher Seite kämpfenden „fremdvölkischen" Einheiten sind hier nicht zu finden.

[998] BA-MA, MSg 1/1148: NL Joachim Lemelsen, Tagebuch, Eintrag vom 14.2.1942.

wundeten, die Verluste der „fremdvölkischen" Einheiten noch nicht einmal mitgerechnet, besteht kein Zweifel daran, dass es sich hier weniger um „Strafaktionen"
gegen eine wehrlose und eingeschüchterte Zivilbevölkerung handelte, sondern um
langwierige und blutige Kämpfe gegen einem Gegner, der zu kämpfen verstand[999].
Schon die zahllosen Waffen, die dieser Korück bis Juni 1942 erbeutete, darunter
auch 48 schwere Geschütze[1000], können das veranschaulichen. Handelte es sich
damit aber schon um reguläre Einheiten und Kombattanten? Bei den durchgebro-
chenen Teilen der Roten Armee, die auch im Rücken der deutschen Front weiter-
kämpften, wohl schon. Sie waren gewöhnlich uniformiert und besaßen einen verantwortlichen Führer. Schwieriger zu beantworten ist dagegen die Frage, ob sie die
Gesetze und Gebräuche des Krieges beachtet haben[1001]. Die Situation, die damals
im Gebiet dieses Korück herrschte, spricht eher dafür, dass die Artikel der Haager
Landkriegsordnung für *beide* Seiten kaum noch eine Rolle spielten. In diesem wilden und grausamen Krieg schien alles erlaubt, wenn es nur das eigene Überleben
sicherte.

Aber gerade deshalb war man auf deutscher Seite vorsichtiger geworden. Eine
Besatzungspolitik wie im Jahre 1941 konnte man sich ganz einfach nicht mehr leisten. Anstelle flächendeckender Strafaktionen suchten die Deutschen daher, sich
auf den eigentlichen Gegner zu konzentrieren und ihn von der übrigen Zivilbevölkerung zu isolieren[1002]. Das hieß nicht, dass die Zivilbevölkerung von nun an
geschont wurde. Bis Juni 1942 meldete der Korück, man hätte 1 600 Menschen
„unschädlich" gemacht, wobei die Angaben über ihren Status: „Partisanenhelfer,
Kommissare und Politruks, kommunistische Funktionäre und Aktivisten, Saboteure und Hetzer, Terroristen, Spione und Banditen"[1003], verdeutlichen, wie groß
der Kreis derjenigen war, die für die Deutschen nichts anderes waren als Todeskandidaten. Doch war es offensichtlich, dass der deutsche Terror nun nicht mehr

---

[999] Vgl. mit der eingehenden Analyse in: BA-MA, RH 22/230: Bfh. Rückw. Heeresgebiet Mitte,
Abt. I a, „Vorschläge zur Vernichtung der Partisanen im rückw. Heeresgebiet und in den
rückw. Armeegebieten" vom 1.3.1942.

[1000] Der Korück 580 erbeutete insgesamt 48 Geschütze und 37 Granatwerfer, 270 MG's oder
sonstige automatische Waffen sowie 2 500 Handfeuerwaffen. Angaben nach: IfZ-Archiv, MA
895/2: Korück 580, Kdt., „Abschließender Bericht über die Tätigkeit im rückwärtigen Armeegebiet in der Zeit von Dezember 1941 bis Ende Mai 1942" vom 28.6.1942. Zum Problem
von Opferzahl und Beutewaffen vgl. Kap. 5.5.

[1001] Vgl. etwa IfZ-Archiv, MA 885: Korück 580, Abt. Qu.: „Besondere Anordnungen für die Versorgung Nr. 9" vom 17.12.1941, wo es u. a. heißt, dass der Gegner auch zivile „Brandkommandos" einsetze, um „hinter den deutschen Linien Ortschaften einzuäschern. An den
Kursen sollen auch viele Frauen teilnehmen."

[1002] Vgl. hierzu auch BA-MA, RH 22/230: Kdr. Gen. d. Sich. Trp. u. Bfh. im Rückw. Heeresgebiet
Mitte, Abt. I a, „Vorschläge zur Vernichtung der Partisanen im rückw. Heeresgebiet und in
den rückw. Armeegebieten" vom 1.3.1942, in denen es heißt: „Die Partisanenbekämpfung
muß unter zwei großen Gesichtspunkten erfolgen: 1) Propagandistische Bearbeitung der russischen Bevölkerung, 2) Militärische Vernichtung der Partisanen."

[1003] IfZ-Archiv, MA 895/2: Korück 580, Kdt., „Abschließender Bericht über die Tätigkeit im
rückwärtigen Armeegebiet in der Zeit von Dezember 1941 bis Ende Mai 1942" vom
28.6.1942.
Wenn Agricola in seinem Bericht die Juden nicht mehr erwähnt, so war das vermutlich nicht
allein darauf zurückzuführen, dass zum damaligen Zeitpunkt „im Bereich der Heeresgruppe
Mitte fast das gesamte jüdische Leben ausgelöscht" war (Hürter, Heerführer, S. 567). Agricolas Stabschef berichtete mehrmals, dass Agricola über die Judenmassaker „sehr aufgebracht"
gewesen sei und deswegen mehrmals bei seinen Vorgesetzten interveniert habe. BAL, 204
AR, Nr. 2359/65: Vernehmung F. S. vom 14.2. und 17.8.1967. Vgl. auch Kap. 5.4.

wahllos eingesetzt wurde. Denn gleichzeitig wurden mehr als 6000 Menschen „untersucht, verhört und mit oder ohne Verwarnung entlassen" (so die akribische Bilanz Agricolas). Das waren 71,5 Prozent, während 19 Prozent (1600 Personen) umgebracht und die restlichen 9,5 Prozent (800 Personen) inhaftiert wurden. Das heißt: Der deutsche Terror war noch da, aber er war nun – nach der Zäsur des Winters 1941/42 – kalkulierbarer geworden. Ob dem politische oder auch ethische Motive zugrunde lagen, lässt sich schwer sagen[1004]. Sicher ist, dass die Deutschen nun differenzierter vorzugehen suchten und auch kontrollierter: Während sie jene Teile in der Bevölkerung, die sie als Gegner ausgemacht hatten, unbarmherzig vernichteten, suchten sie die übrigen, den weitaus größeren Teil, für sich zu gewinnen[1005], auch durch wirtschaftliche Zugeständnisse, wie sie Agricola schon im Februar 1942 forderte: „Durch den Zwang, das Land für unsere Zwecke auszunutzen, wird der Bevölkerung nun auch stark von uns zugesetzt. Die Verpflegungssätze, die der Bevölkerung zugebilligt sind, stehen unter dem, was ihr die Sowjets ließen." Man müsse nun, so der neue Kommandant, entscheiden, „was die Russen im besetzten Gebiet von uns erhoffen dürfen"[1006]. Das war neu. Lässt man die vorhandenen Quellen Revue passieren, so machte sich die Führung dieses Besatzungsverbands erstmals ernsthaft Gedanken über eine langfristige Besatzungspolitik, in der – so verhalten dies auch sein mochte – auch die Interessen der Zivilbevölkerung angesprochen wurden.

Noch stärker veränderte sich die Besatzungspolitik dieses Korück auf einem anderen Feld – bei der Behandlung der Kriegsgefangenen, wo man nun „mit allem Nachdruck Wandel zu schaffen" suchte[1007]. Abgezeichnet hatte sich das schon im Dezember; als die 1. SS-Infanterie-Brigade ihre vier Gefangenenlager auflösen, sprich deren Insassen kurzerhand ermorden wollte, musste sie ihren „Befehl zur Liquidierung der Gefangenenlager auf Anordnung AOK 2 widerrufen"[1008]. Anfang Januar 1942 suchte dann die 2. Armee die Behandlung ihrer Kriegsgefangenen generell zu verbessern; jede „quälerische Behandlung" wurde strikt verboten[1009],

---

[1004] Vgl. hierzu freilich auch BAL, 204 AR, Nr. 2359/65: Vernehmung F. S. vom 17.8.1967, der Agricola als einen „sehr humanen, sehr gebildeten und außerordentlich fähigen Mann" bezeichnete.

[1005] Vgl. hierzu auch Hürter, Heerführer, S. 449 ff.

[1006] BA-MA, RH 20-2/1453: Korück 580, Kdt., „Lagebericht Nr. 2" vom 4.2.1942. Die ganze Passage lautet: „Die Bevölkerung der rückwärtigen Armeegebiete ist dem Einfluss der russischen Propaganda ausgesetzt. Sie steht in der Mehrzahl dem Bolschewismus ablehnend gegenüber, bringt aber von sich aus nicht mehr den Schwung zu aktiver Abwehr auf. Die Furcht, dem Bolschewismus wieder ausgeliefert zu werden, wird von den Partisanen planmäßig gesteigert. Durch den Zwang, das Land für unsere Zwecke auszunutzen, wird der Bevölkerung nun auch stark von uns zugesetzt. Die Verpflegungssätze, die der Bevölkerung zugebilligt sind, stehen unter dem, was ihr die Sowjets ließen. Auf diese Weise können wir weder eine aktive, noch auch nur eine gesinnungsmäßige Stellungnahme für uns erwarten. Eine Entscheidung, was die Russen im besetzten Gebiet von uns erhoffen dürfen, würde die Verhältnisse klären und uns eine planmäßige Arbeit ermöglichen."

[1007] BA-MA, RH 20-2/1453: AOK 2, Abt. O.Qu./Qu. 2, Meldung an ChefGenSt der 2. Armee vom 15.2.1942.

[1008] Und zwar am 12.12.1941, zit. bei: Cüppers, Wegbereiter, S. 237, 410. Allerdings wurden fast alle Insassen eines dieser vier Lager des Lagerkomplexes Shurowka und Nowgorod-Sewersky bei einem anschließenden Todesmarsch von den SS-Angehörigen umgebracht.

[1009] BA-MA, RH 20-2/1455: AOK 2, Abt. OQu./Qu. 2, „Richtlinien für die Kommandanten der Kriegsgefangenen-Lager" vom 6.1.1942. Auch zum Folgenden.

ebenso jede Kürzung der „Verpflegungssätze", die mit Hilfe von „Heeresbeständen" von nun an „voll einzuhalten" seien. Auch seien alle Gefangenen „in gedeckten und geheizten Räumen unterzubringen", in denen sanitäre Einrichtungen vorhanden sein müssten. Und schließlich wollte man für eine medizinische Versorgung sorgen, schon um unbedingt sicherzustellen, so das AOK 2, „daß das Fleckfieber nicht verschleppt wird"[1010]. Auch die Beobachtung, dass sich jene Gefangenen, die man bei der Truppe einsetzte – als „Hiwis" oder schon in bewaffneten Formationen –, „überall gut" bewährten[1011], deutet darauf hin, dass sie nun auch außerhalb der Lager besser behandelt wurden. Dabei war diese Form der Kollaboration für die Wehrmacht ein Risiko, militärisch und auch politisch, weil Hitler noch immer nicht bereit war, eine solche Unterstützung zu akzeptieren[1012]. Darüber hatte sich dieser Besatzungsverband in der Krise des Winters hinweggesetzt – eine Entscheidung, die nicht allein von einigen Stabsoffizieren getragen wurde, sondern offensichtlich auch von der Truppe[1013].

Wie kam es zu diesem Mentalitätswandel? Von humanitären Motiven ist in den deutschen Quellen nur selten die Rede, appelliert wird lediglich an die Würde des deutschen Soldaten[1014]. Häufiger war hingegen das Argument zu hören, dass sich „der Mangel an geeigneten Arbeitskräften aus K[riegs]g[e]f[angenen] [...] immer mehr bemerkbar" mache[1015]. Schon im Januar erinnerte der Generaloberst Schmidt daran, dass es sich bei Kriegsgefangenen um „wertvolle Arbeitskräfte" handele, „die dem Deutschen Reich in voller Einsatzfähigkeit erhalten bleiben müssen"[1016]. Solch pragmatische Erwägungen mussten „ethische Momente"[1017] nicht zwangsläufig ausschließen. Doch konnte man unter den damaligen politischen Bedin-

---

[1010] Vgl. etwa IfZ-Archiv, MA 885: Korück 580, Abt. Qu., „Besondere Anordnungen für die Versorgung Nr. 11" vom 28.12.1941: „Durch Absperr- und Entlausungsmaßnahmen ist sicherzustellen, das das Fleckfieber nicht verschleppt wird. [...] Die Belegung der Lager ist so niedrig wie möglich zu halten."

[1011] BA-MA, RH 20-2/1445: AOK 2, Abt. OQu./Qu. 2, Meldung an die H.Gr. Mitte betr. „Freimachung von Soldaten durch vermehrte Einstellung von Kriegsgefangenen in die Truppe" vom 20.12.1941. Vgl. auch den positiven Erfahrungsbericht in: PA-AA, R 60705: AOK 2, Abt. I c/VAA, Schreiben an Legationsrat von Rantzau vom 10.3.1942. Tatsächlich gelang es der Wehrmacht, die Fleckfieber-Epidemie, die im März/April 1942 ihren Höhepunkt erreichte, weitgehend einzudämmen. Dass man mit ihr quasi „einen sauberen Tod" für die Gefangenen „organisiert" habe (so Gerlach, Morde, S. 828), geht völlig an der Wirklichkeit vorbei. Vgl. Kroener, Die personellen Ressourcen, S. 881; Leven, Fleckfieber beim deutschen Heer während des Krieges gegen die Sowjetunion (1941–1945), S. 132f. sowie Kap. 5.3.

[1012] Kroener, „Menschenbewirtschaftung", S. 837ff.

[1013] Vgl. hierzu etwa Mann, Die Ost-Reiterschwadron 299.

[1014] BA-MA, RH 20-2/1455: AOK 2, Abt. OQu./Qu. 2, „Richtlinien für die Kommandanten der Kriegsgefangenen-Lager" vom 6.1.1942.

[1015] Vgl. hierzu BA-MA, RH 20-2/1445: AOK 2, Abt. OQu./Qu. 2, Tätigkeitsbericht für die Zeit vom 30.11.–6.12.1941: „Der Mangel an geeigneten Arbeitskräften aus Kgf. macht sich immer mehr bemerkbar. An der Front fallen verhältnismäßig wenig Kgf. an, dafür ist der Bedarf allerorts um so größer; [...] Vom O.B. wird ein neuer Befehl über Behandlung der Kgf. erlassen, der insbesondere ausreichende Verpflegung der Kgf. verlangt."

[1016] BA-MA, RH 20-2/1455: AOK 2, Abt. OQu./Qu. 2, „Richtlinien für die Kommandanten der Kriegsgefangenen-Lager" vom 6.1.1942. Auch zum Folgenden.

[1017] Broucek (Hrsg.), Ein General im Zwielicht, S. 292f. Dort heißt es: „Natürlich mußte die Sache so stilisiert sein, daß irgendwelche ethischen Momente nicht zum Vorschein kamen. Denn dann würde man dergleichen Beschwerden auf jeden Fall mit dem schwersten Vorwurf, der einem im Dritten Reich treffen kann, dem von zu geringer ‚Härte' oder gar von ‚Weichheit', in den Papierkorb werfen." Anders dagegen Gerlach, Morde, S. 837.

gungen damit kaum argumentieren. Auf jeden Fall blieb es nicht nur bei Lippenbekenntnissen. Als sich im Februar 1942 bei einem Gefangenenlager dieses Korück
„eine ungewöhnlich hohe Sterblichkeitsziffer" herausstellte, zögerte man nicht,
den Lagerkommandanten unverzüglich abzulösen[1018].

So etwas wäre noch im Herbst 1941 undenkbar gewesen. Ideologie, militärisches
Nützlichkeitsdenken und pure Gedankenlosigkeit waren in diesem Korück mittlerweile abgelöst durch eine Besatzungspolitik, die zwischen den beiden Prinzipien
von „Zuckerbrot und Peitsche" oszillierte. Während er die Masse der Einwohner
mit einer Politik der begrenzten Zugeständnisse für sich gewinnen wollte, versuchte
er gleichzeitig mit allen nur denkbaren Mitteln die zunehmend stärker und professioneller werdende Partisanenbewegung in Schach zu halten. Schon diese Veränderungen zeigen an, wie sehr der Winter 1941/42 auch in der Geschichte des Korück
580 zu einer entscheidenden Zäsur wurde. Sogar hier konnten sich die Deutschen
nur noch mit Hilfe militärischer Verbündeter und politischer Konzessionen halten.

Bilanz einer Krise

Wie dieses Beispiel demonstriert, hatte die große Wende des Winters 1941/42 keinen Teil des deutschen Besatzungsgebiets ausgelassen. Schon das vermittelt eine
Vorstellung davon, wie viel sich in der Zeit von Dezember 1941 bis Februar 1942
verändert hatte. In diesen wenigen Monaten entschied sich nicht nur der deutsch-
sowjetische Krieg, sondern spätestens auch der Zweite Weltkrieg. Denn die Entwicklung, die die deutsche Führung mit dem Überfall auf die Sowjetunion losge-
treten hatte, ließ sich nicht mehr revidieren, selbst wenn sie dazu bereit gewesen
wäre. Dass hier ein solcher Kurswechsel noch nicht einmal in Erwägung gezogen
wurde, veranschaulicht, wie weit deren Realitätsverlust bereits vorangeschritten
war. Hitler und seine Berater waren bestenfalls zu kleineren Korrekturen an ihrer
Strategie bereit, bzw. mussten diese kraft des Faktischen akzeptieren – auf dem
Gebiet der operativen Kriegführung oder in der Besatzungspolitik. Die Strategie
aber, auf der das „Unternehmen Barbarossa" basierte, blieb unangetastet. Für das
deutsche Ostheer war dies wahrlich eine verfahrene Situation.

In den vergangenen neun Monaten hatte dieses Heer die militärischen und in
zunehmendem Maße auch die politischen Aufgaben, die ihr die oberste Führung
zugemutet hatte, getreulich erfüllt – unter größten Opfern, ja beinahe bis zur
Selbstvernichtung. Spätestens während der dramatischen Wende im Dezember
1941 musste freilich jedem deutschem Kriegsteilnehmer aufgehen, wie verfehlt das
„Unternehmen Barbarossa" war – verfehlt in jeglicher Hinsicht. Das begann bereits bei ganz einfachen, naheliegenden Fragen: Logistik, Wintervorsorge, Taktik,
qualitative und quantitative Überlegenheit. Ob dieser Erkenntnisprozess weiterging, ob er auch prinzipielle Gesichtspunkte und vor allem die großen strategischen, ideologischen und moralischen Fragen mit einschloss, hing ab von der
Person, dem Horizont und nicht zuletzt auch von der Situation des einzelnen Soldaten. Sicher ist, dass diese Krise so hart war, so schmerzhaft und auch so demüti-

---

[1018] BA-MA, RH 20-2/1453: AOK 2, Abt. OQu., Meldung an den ChefGenSt der 2. Armee vom
15.2.1942.

gend, dass sich kein Angehöriger des Ostheers ihrer Wirkung entziehen konnte. „Wir sind für die Überschätzung unserer Kraft und unsere Selbstüberhebung bestraft worden. Wenn man bei uns nur die Lehren aus dem Geschehen der letzten Monate zieht"[1019], schrieb ein deutscher Generalstabsoffizier am Ende des Jahres 1941. Genau dazu aber war ihre Führung nicht bereit; sie wollte sich „irgendwie" mit dieser Situation arrangieren. Was aber hatte die Truppe aus dieser beispiellosen Krise gelernt, der sie doch selbst beinahe zum Opfer gefallen wäre? Wie sollte es weitergehen an der Front und auch im besetzten Hinterland? Und wieweit war sie überhaupt in der Lage, aus der verfahrenen Lage Konsequenzen zu ziehen?

3.5 Stellungskrieg: Das Patt (März bis Juni 1942)

Es waren nicht die Strategen, die diese grausamen und immer ergebnisloseren Kämpfe erst einmal beendeten, es war die Natur. Anfang April begannen im Bereich der Heeresgruppe Mitte Schnee und Eis zu schmelzen[1020]. Die Frühlings-Raspútitsa ertränkte den Krieg buchstäblich in einem Meer aus Schlamm[1021]. Zu Tode erschöpft[1022] konnten nun die beiden Kontrahenten zum ersten Mal innehalten, um sich von den Schrecken und Strapazen der zurückliegenden neun Monate wenigstens etwas zu erholen[1023]. Im April blieb es an der Front meist ruhig.

Mit dieser Zäsur wurde auf deutscher Seite das ganze Ausmaß der Verwüstungen, Verluste und Veränderungen sichtbar, die der „Winter unseres Unheils"[1024], so die Formel Guderians, hinterlassen hatte. Zum Teil war das in einem ganz naheliegenden Sinne zu verstehen: „Jetzt, wo der Schnee weg geht", schrieb damals ein Infanterist der 45. ID lakonisch, „kommen allerhand Sachen hervor, Leichen von Menschen, Tieren, Waffen, Munition usw. Das gibt einen bestialischen Gestank

---

[1019] Meier-Welcker, Aufzeichnungen, S.145 (Brief vom 20.12.1941).

[1020] Bock, Tagebuch, S.413 (Eintrag vom 4.4.1942): „Die Schlammperiode beginnt." Ferner BA-MA, N 460/14: NL Gerlach von Gaudecker, Tätigkeitsbericht Pz. Gren. Rgt. 33 vom Juni 1941–März 1944: „Der April steht im Zeichen des Schlamms."

[1021] Vgl. Meier-Welcker, Aufzeichnungen, S.159 (Brief vom 9.4.1942): „Die Macht des Winters ist nun gebrochen. Dafür haben wir jetzt eine unheimliche Nässe. In kurzer Zeit bilden sich kleine Seen. Wasserbäche entstehen überraschend. An vielen Stellen laufen die Unterstände voll Wasser. Die Leute stehen in der Stellung stellenweise bis zu den Knien im Wasser. Die Wege sind kaum mehr zu benutzen und müssen auf weite Strecken für den Verkehr gesperrt werden."

[1022] Wie dürftig das Leben in dieser Übergangszeit noch immer war, hat ein Unteroffizier aus der 45. ID eindrucksvoll beschrieben: „Schon um 6 Uhr stand ich auf, mache Feuer; saukalt war es in der Bude. Und draußen! Du lieber Himmel! Ich habe schon Schneestürme erlebt, aber so etwas wie heute noch nie da. Einfach unvorstellbar. Mittags stapfe ich hinaus, um das Essen zu holen. Als ich zurück kam, war ich fertig. So matt, zum Umfallen. Die Anstrengung um das kümmerliche Essen. Ganz schwindlich [sic] war ich vor Hunger. Ich konnte nicht mehr stehen, musste mich niederlegen. Brot gibt es keines mehr, das Essen leer und dünn. Nachmittags ging ich entlausen. Wieder nichts! Daheim habe ich mich ein wenig gewaschen, Hemd gewechselt. Läuse habe ich wieder in Hülle und Fülle. Aber noch ärger ist der Hunger. Palmsonntag ist!" BA-MA, MSg 3-217/1: Linzer Turm 26 (1983), Nr.102: [Uffz. Adolf Bräuer], Aus dem Kriegstagebuch eines Sanitätsunteroffiziers, Eintrag vom 29.3.1942.

[1023] Der 4. Pz. Div. hatte man beispielsweise seit dem 22.6.1941 insgesamt nur $5^{1}/_{2}$ Ruhetage gegönnt, die meisten ihrer Angehörigen waren im Frühjahr 1942 „letztmalig in den Monaten Oktober bis Dezember 1940 auf Urlaub gewesen". IfZ-Archiv, MA 1582: 4. Pz. Div., Abt.I a, „Zustandsbericht" vom 24.2.1942.

[1024] Guderian, Erinnerungen, S.231.

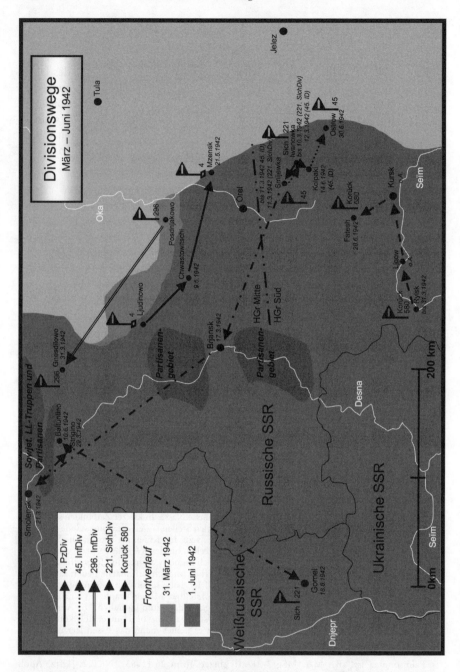

... "[1025]. Noch grauenhafter war die Bilanz im Großen. Bereits im November 1941 hatte der Generalstabschef Halder prophezeit, dass „ein Heer, wie das bis Juni

[1025] BfZ, Slg. Sterz, 16216 C: Brief F. T. vom 22.4.1942.

1941, [...] uns künftig nicht mehr zur Verfügung stehen" wird[1026]. Das war *vor* Beginn des sowjetischen Gegenangriffs gewesen! Bis Frühjahr 1942 hatte dieses Heer dann ein Drittel seiner Angehörigen verloren[1027], Fahrzeuge, schwere Waffen sowie fast alle Panzer[1028]. Auf dem Papier existierten so gut wie alle deutschen Divisionen noch, doch waren die meisten schlichtweg ruiniert[1029]. Im Februar 1942 gab das die 2. deutsche Armee, bei der damals drei Formationen unseres Samples standen, auch offen zu[1030]: Ihre Truppen seien schon 1941 „überfordert" gewesen: „Jetzt sind sie am Ende ihrer Kraft. [...] Die andauernde körperliche und seelische Anspannung, die starken blutigen und Kälte-Verluste, die im Gebiet der Armee ganz besonders schlechte Unterbringung in den kleinen, armen Steppendörfern mit ihren einzimmerigen [sic] Lehmhütten, haben aus der Truppe das Letzte herausgenommen. Es ist ein Wunder, dass sie sich bisher immer noch gehalten hat. Bedenklich zunehmender Krankenstand, eine unerträglich gewordene Verlausung mit verbreiteten Hautkrankheiten als Folge, ein sehr abgesunkener Ernährungszustand infolge Überbeanspruchung und Kälte haben in Verbindung mit den dauernden seelischen Eindrücken des Kampfes und der Feindnähe schon mehrmals zu örtlichem Versagen geführt. Die Truppen brauchen Ruhe außerhalb der unmittelbaren feindlichen Einwirkung, um Körper und Geist zu entspannen. Sie müssen heraus aus der dauernden Hochspannung und in brauchbaren Quartieren einmal für sich selbst sorgen können. Sie brauchen eine Auffrischung, um ihre Kampfkraft nicht auf den 0-Punkt sinken zu lassen."

Die Statistik bestätigte diesen Eindruck: Auf jeden verwundeten Soldaten kamen mittlerweile vier, die wegen Erkrankung ausfielen[1031]. „Durch die monatelangen Strapazen" waren sie „gleichgültig und apathisch" geworden, sie „vernachlässigten die körperliche Hygiene und würden depressiv", so der Eindruck eines deutschen Militärarztes[1032]. Denn noch immer kamen die meisten Landser nicht aus ihren Stellungen heraus: „Ich war gestern Abend noch bei den Männern vorn", schrieb damals der Oberst von Lüttwitz, „traf einige meiner besonders tapferen Unteroff[i]z[ier]e. Sie sahen sehr elend aus durch das lange Liegen im Schnee, wohnen im nassen Unterstand, aber kämpfen tun sie mit großer Tapferkeit u[nd] sind dabei bescheiden u[nd] immer dankbar, wenn ich komme. Hoffentlich kann

---

[1026] Halder, Kriegstagebuch, Bd. III, S. 306 (Eintrag vom 23. 11. 1941).
[1027] Laut Halder, Kriegstagebuch, Bd. III, S. 418 (Eintrag vom 25. 3. 1942), hatte das deutsche Ostheer bis zum damaligen Zeitpunkt 1 073 066 Mann verloren.
[1028] Zur Relation von Produktion und Verlust vgl. Müller, Mobilisierung, S. 630ff.
[1029] Am 2. 4. kam das OKH zu dem Ergebnis, dass von den 162 deutschen Divisionen an der Ostfront lediglich 8–11 für alle Aufgaben geeignet seien, 47 wären hierfür nur teilweise in der Lage, 73 seien nur zur Abwehr zu gebrauchen und bei den restlichen 29 Divisionen sei selbst dies fraglich. BA-MA, RH 2/2551: OKH/Org.-Abt.(I), Aufstellung vom 2. 4. 1942. Vgl. auch Halder, Kriegstagebuch, Bd. III, S. 430ff. (Eintrag vom 21. 4. 1942).
[1030] BA-MA, RH 20-2/1787: AOK 2, Abt. I a, Kriegstagebuch, Eintrag vom 8. 2. 1942. Auch das OKH hatte in seiner „Weisung für die Aufgaben des Ostheeres im Winter 1941/42" vom 8. 12. 1941, also *vor* dem Beginn der Winterkrise, bereits von den „fast übermenschlichen Anstrengungen der Truppe" gesprochen. Druck: KTB OKW, Bd. I, Dok. 108.
[1031] „Im letzten Monat waren von den gesamten Ausfällen nur etwa 20 % Verwundungen, dagegen 80 % Erkrankungen." BA-MA, RH 21-2/333: Pz. AOK 2, Abt. I a, Anlage: „Besprechung am 8. 4. 1942 bei Heeresgruppe Mitte durch O.B. H.Gr. in Anwesenheit des Chefs der Op. Abt. und des Gen.Qu. mit den O.B. der Armeen", o. D.
[1032] So der deutsche Internist Adolf Sylla, in: Neumann, Arzttum, S. 105f. In diesem Sinne auch Bock, Tagebuch, S. 402 (Eintrag vom 16. 3. 1942).

ich ihnen bald etwas Ruhe geben."[1033] Seine Division hielte ihre Soldaten schlichtweg für „heimwehkrank"[1034]. Viele hätten nur deshalb durchgehalten, um „noch einmal auf Urlaub fahren zu können"[1035]. Selbst Soldaten, die eigentlich guten Willens waren, konnten nun nicht mehr. Bei der 45. ID musste sich ein hochdekorierter Unteroffizier – Träger der Nahkampfspange und des Goldenen Verwundetenabzeichens – vor dem Kriegsgericht verantworten, weil er im Mai 1942 „nach dem Fallen von 3–4 Gewehrschüssen und der Detonation einer Handgranate" seine Stellung aufgegeben und damit seine Nachbarn „aufs äußerste gefährdet" hatte[1036].

Das blieb nicht das einzige Mal, dass der militärische Apparat vollkommen verständnislos, dilettantisch oder auch schlichtweg hilflos auf dieses kollektive Burnout reagierte: Die 2. Panzerarmee suchte damals mit ihrem „Front-Nachrichtenblatt" unter der Schlagzeile: „Lach Dich Warm!" für Stimmung zu sorgen[1037], oder gab Empfehlungen für die „Seelische Gesundheitsführung der Truppe"[1038], die in dem Rat gipfelten: „Jeder ist so hysterisch, als seine Umgebung es zulässt", die 4. Panzerdivision hielt die Parole: „Lieber deutsch sterben als russisch leben" für angebracht[1039], während das AOK 2 ein Lied verbot, das bei der Truppe großen Anklang fand, das „Dnjepr-Lied", das „mit dem Refrain endet, ‚schick uns heim in's Reich'"[1040].

Dass sich die personellen Lücken, welche die zurückliegenden neun Monate gerissen hatten, kaum füllen ließen, machte die Sache nicht besser. Der Ersatz, der schließlich an der Front ankam, war zu wenig und zu wenig qualifiziert. Daher konnte sich die Truppe anfangs nur schwer mit den „Neuen" anfreunden. Oft sah sie in ihnen „nur einen Ballast", der „unnötige Blutopfer" forderte[1041]. Die 4. Pan-

---

[1033] BA-MA, N 10/9: NL Smilo Frhr. von Lüttwitz, Brief vom 2.4.1942.
[1034] Vgl. hierzu IfZ-Archiv, MA 1582: 4. Pz. Div., Kdr., Weisung an die „Herren Kommandeure u. Kp. Chefs" vom 26.2.1942.
[1035] Vgl. hierzu IfZ-Archiv, MA 1582: 4. Pz. Div., Abt. I a, „Zustandsbericht" vom 24.2.1942. Auch bei der 296. ID mehrten sich die Fälle von Gehorsamsverweigerung. Vgl. BA, ZNS Kornelimünster, RH 26-296 G: Strafsachenliste 296. ID, S.5.
[1036] Vgl. BA, ZNS Kornelimünster, RH 26-45 G: 45. ID, Gericht, Strafverfügung P. S. vom 5.8.1942.
[1037] BA-MA, MSg 2/5320: NL Hans P. Reinert, Tagebuch, Anlage: Das Neueste. Front-Nachrichten-Blatt einer Panzer-Armee Nr.100a/[15.2.]1942, „Lach Dich Warm".
[1038] BA-MA, RH 21-2/301: Pz. AOK 2, Abt. IV b, „Seelische Gesundheitsführung der Truppe" vom 14.4.1942. Am 1.4.1942 wurde in Orel im Feldlazarett 615 eine neurologisch-psychiatrische Ambulanz eröffnet. Wenig später bekräftigte die 2. Panzerarmee nochmals diese Absichten. IfZ-Archiv, MA 1593: 4. Pz. Div., Abt. I b, „Besondere Anordnungen für die Versorgung Nr.207" vom 14.4.1942.
[1039] Vgl. hierzu IfZ-Archiv, MA 1582: 4. Pz. Div., Kdr., Weisung an die „Herren Kommandeure u. Kp. Chefs" vom 26.2.1942.
[1040] IfZ-Archiv, MA 1669: LV. A.K., Abt. I a, „Führungsanordnungen Nr.33" vom 22.2.1942. Dort heißt es weiter: „Die Truppe, welcher der Winterfeldzug Unerhörtes zumutet, ist in ihren denkenden und schwachen Gliedern gerade jetzt für einen Defaitismus, welchen das Lied atmet, aufnahmebereit. Die negative Einstellung des Liedes entspricht in keiner Weise der Wesensart der Front." Ferner IfZ-Archiv, MA 1669: AOK 2, Abt. I c/A.O., Befehl betr. „Verbot eines zersetzendes Liedes" vom 18.2.1942.
Diese Stimmung hatte sich in diesem Frontabschnitt schon früher abgezeichnet. Vgl. hierzu PA-AA, R 60705: AOK 2, Abt. I c/VAA, Bericht Nr.31 vom 9.12.1941, wo es u.a. heißt: „Das Wort von den Angehörigen dieser Stäbe [der Zivilverwaltung], die ‚reich heimwollen', während die befreiten Russen ‚heim ins Reich wollen', während er, der Frontsoldat, sagt: ‚Bloß heim, uns reichts!', ist ein äußerst ernst zu nehmender Gradmesser der Frontstimmung."
[1041] IfZ-Archiv, MA 1636: Pz. AOK 2, OB, Abt. I a, Weisung betr. „Ausbildung des Ersatzes" vom 21.3.1942. Dort heißt es weiter: „Der jetzt eintreffende Ersatz ist daher, wenn nicht

zerdivision empfand sie als „schlecht ausgebildet, nicht zum nötigen Schwung und zur nötigen Begeisterung erzogen, körperlich weich und wenig einsatzfreudig"[1042], einmal fiel sogar das böse Wort von den „Versagern"[1043]. So weit wollte man bei der 45. ID nicht gehen. Doch vertrat man auch hier die Ansicht: „Der wenige eingetroffene Ersatz ist nicht genügend ausgebildet und hat sich nur schwer in den Rahmen der Einheiten eingefügt."[1044]

Das hatte vor allem zwei Gründe: Zum einen hatten sich Feld- und Ersatzheer zunehmend entfremdet, was wäre bei einem Ereignis vom Ausmaß und Charakter dieses Krieges auch anderes zu erwarten gewesen? Zum anderen wurde den abgewirtschafteten Divisionen keine wirkliche Pause gegönnt. Zwar befahl Hitler im April, alle Angriffe, „die nicht unbedingt notwendig sind", einzustellen, um „der Truppe etwas Ruhe zu geben"[1045], zwar wollte das AOK 2 ab Frühjahr seine „völlig durcheinandergeworfenen Verbände"[1046] sukzessive aus der Front herauslösen[1047], zwar jagte bei der 45. ID ein „Befehl zur Auffrischung"[1048] den anderen, doch blieb das meist Flickschusterei. An eine wirkliche Regeneration des deutschen Ostheers war auch nicht ansatzweise zu denken. Die Bedrohung durch die Rote Armee ließ nicht nach, und an der quantitativen und teilweise auch qualitativen Unterlegenheit der Wehrmacht änderte sich nichts Substanzielles. Das aber lag auch daran, dass die deutsche Führung ihren Traum vom Sieg über die Sowjetunion, von einer deutschen Groß- oder Weltmachtstellung, noch immer nicht aus-

---

ganz besondere Notwendigkeiten vorliegen, zunächst in den Ersatzbataillonen der Divisionen auszubilden. Ausbildungsgegenstände: Schießen mit l. M.G., s. M.G., Ausbildung als Stoßtrupp und als Panzervernichtungstrupp."

[1042] IfZ-Archiv, MA 1582: 4. Pz. Div., Abt. I a, „Zustandsbericht" vom 24.2.1942.

[1043] IfZ-Archiv, MA 1589: 4. Pz. Div., Abt. I a, „Bemerkungen zur Kriegsgliederung der 4. Pz. Div. nach dem Stand vom 20.3.1942", o. D. In diesem Sinne auch BA-MA, MSg 2/5320: NL Hans P. Reinert, Tagebuch, Eintrag vom 16.2.1942.

[1044] BA-MA, RH 26-45/47: 45. Inf. Div., Abt. I a, „Zustandsbericht der 45. Inf. Div." vom 15.2.1942, Anlage 1: „Werturteil des Kommandeurs".
Dies entsprach auch in den kommenden Wochen dem Eindruck der Regimentskommandeure: Inf. Rgt. 130: „Der Ersatz war sehr gemischt in Bezug auf Ausbildung, doch konnten etwa 4/5 der eingetroffenen Ersatzmannschaften ohne Schwierigkeiten in die Truppe eingereiht werden. Das Menschenmaterial des Ersatzes ist teils brauchbar, d. h. Durchschnitt der Stamm-Mannschaften, teils steht es unter dem Durchschnitt dieser." Inf. Rgt. 135: „Die Ausbildung des am 18.2.42 eingetroffenen Ersatzes ist unterschiedlich, meist jedoch mangelhaft. Die Ausbildung am Gewehr ist lückenhaft, am M.G. fehlt sie meist ganz. Gefechtsausbildung mangelhaft, ebenso waffentechnische Kenntnisse." Art. Rgt. 98: „Die Ausbildung des Ersatzes, der mit dem Marschbataillon 45/1 am 17.2.42 in der Stärke von 83 Mann beim Regiment eingetroffen ist, muss als schlecht bezeichnet werden." IfZ-Archiv, MA 1668: Inf. Rgt. 130, Meldung an 221. Sich. Div. vom 28.2.1942; Inf. Rgt. 135, Meldung an 221. Sich. Div. vom 28.2.1942; Art. Rgt. 98, Meldung an 221. Sich. Div. vom 1.3.1942. Eine Ausnahme bildet lediglich IfZ-Archiv, MA 1668: Inf. Rgt. 130, Meldung an 221. Sich. Div. vom 5.3.1942; der Tenor dieser Meldung klingt viel positiver.

[1045] BA-MA, RH 21-2/333: Pz. AOK 2, Abt. I a, Kriegstagebuch, Anlage: „Besprechung am 8.4.1942 bei Heeresgruppe Mitte durch O.B. H.Gr. in Anwesenheit des Chefs der Op. Abt. und des Gen.Qu. mit den O.B. der Armeen", o. D.

[1046] BA-MA, RH 20-2/334: AOK 2, Abt. I a, Meldung an H.Gr. Süd „Beurteilung der Lage am 8.2.1942" vom 8.2.1942.

[1047] BA-MA, RH 20-2/1787: AOK 2, Abt. I a, Kriegstagebuch, Eintrag vom 1.3.1942.

[1048] Die 45. ID hatte schon am 10.1.1942 ihren ersten Befehl zur „Auffrischung der Division" ausgegeben, am 7.3.1942 folgte der vierte dieser Befehle. BA-MA, RH 20-2/1787: AOK 2, Abt. I a, Kriegstagebuch, Eintrag vom 10.1.1942; IfZ-Archiv, MA 1669: 45. Inf. Div., Abt. I a, „2. Befehl für die Auffrischung der Division" vom 14.1.1942; BA-MA, RH 26-45/47: 45. Inf. Div., Abt. I a, „4. Befehl für die Auffrischung der Division" vom 6.3.1942.

geträumt hatte. Dass das Ostheer 1942 nicht mehr auf ganzer Front angreifen konnte, hatten Hitler und seine militärischen Berater mittlerweile eingesehen. Aber eine Teiloffensive schien aus ihrer Sicht durchaus noch erfolgversprechend, und zwar „aus dem Bereich der H[eeres]Gr[uppe] Süd", wie der Generalstabschef Halder am 12. Februar 1942 den Oberbefehlshabern des Ostheers erstmals eröffnete[1049]. Dieser Operationsplan, der in den kommenden Wochen unter starker persönlicher Beteiligung Hitlers ausgearbeitet wurde[1050], sollte drei Schritte umfassen: Vernichtung der südlichen sowjetischen Streitmacht und Aufbau einer künftigen Winterstellung am Don, dann Eroberung Stalingrads, das als „Rüstungs- und Verkehrszentrum" ausgeschaltet werden sollte, und schließlich die Besetzung des Kaukasus', um dem sowjetischen Gegner mit den Ölfeldern von Grosny und Baku „die wichtigsten kriegswirtschaftlichen Kraftquellen so weit als möglich" zu entreißen[1051]. Vor Beginn dieser Großoffensive, die den Decknamen „Blau" erhielt und erst am 28. Juni 1942 begann, also ebenfalls mit Verspätung[1052], sollten eine Reihe von Teiloperationen möglichst günstige Ausgangsstellungen im südlichen Frontabschnitt schaffen[1053]. Diese Vorfeldkämpfe schienen die hochgespannten Erwartungen der deutschen Führung tatsächlich zu bestätigen: Unter sommerlichen Bedingungen bewies das Ostheer, dass es begrenzte Operationen noch immer relativ rasch für sich entscheiden konnte.

Als Teil der 2. Panzerarmee (Heeresgruppe Mitte) und der südlich davon anschließenden 2. Armee (Heeresgruppe Süd) standen die Divisionen unseres Samples damals im Windschatten dieser weitgespannten Planungen. In ihren Abschnitten erwartete das OKH bestenfalls „örtliche" sowjetische Gegenangriffe, die sowjetische „Gesamtabsicht" sei jedoch rein defensiv[1054]. Sie wollte das OKH nicht stören, zumindest nicht in diesem Abschnitt. Die 2. Armee sollte daher lediglich die linke Flanke der geplanten Offensive in Richtung Stalingrad und Kaukasus decken. Sonst aber erschöpfte sich hier das Geschehen in einem Stellungskrieg, zuweilen unterbrochen von einzelnen sowjetischen oder deutschen Angriffen[1055], die zumindest aus der historiographischen Rückschau „klein" wirken.

Es erscheint wie ein Symbol, dass die Frontverbände unseres Samples im März 1942 fast wieder in jener Gegend lagen, von der sie vor einem halben Jahr zum vermeintlich letzten Sturm auf Moskau aufgebrochen waren[1056]: die 296. Infante-

---

1049 OKH/GenStdH/Op. Abt. (I a), „Weisung für die Kampfführung im Osten nach Abschluß des Winters" vom 12. 2. 1942, Druck: KTB OKW, Bd. I, Dok. 115.

1050 Vgl. hierzu Wegner, Krieg, S. 761 ff.; Hartmann, Halder, S. 317 f.

1051 Weisung Nr. 41 vom 5. 4. 1942, Druck: Hubatsch (Hrsg.), Hitlers Weisungen, S. 183–188.

1052 Philippi/Heim, Feldzug, S. 133 ff; Wegner, Krieg, S. 868 ff.; Hartmann, Halder, S. 322 ff.

1053 Dies waren die Unternehmen „Trappenjagd": Rückeroberung der Halbinsel Kertsch (8.–18. 5. 1942), „Störfang": Eroberung der Festung Sewastopol (7. 6.–4. 7. 1942), „Fridericus I": Vernichtung der sowjetischen Fronteinbuchtung zwischen Izjum und Charkow (17.–28. 5. 1942), „Fridericus II": Vorstoß auf Woltschansk (10.–15. 6. 1942) und „Wilhelm": Vorstoß auf Kupjansk (22.–26. 6. 1942).

1054 GenStdH, Abt. Fremde Heere Ost, „Beurteilung der Gesamtfeindlage an der Ostfront" vom 1. 5. 1942. Druck: KTB OKW, Bd. I, Dok. 9.

1055 4. Pz. Div.: BA-MA, N 460/14: NL Gerlach von Gaudecker, Tätigkeitsbericht Pz. Gren. Rgt. 33 vom Juni 1941–März 1944. 45. Inf. Div.: Interview d. Verf. mit Ludwig Hauswedell am 8. 5. 2001. 296. Inf. Div.: Manuskript, K. H., „Unser Einsatz im Osten", o. D., Kopie im Besitz d. Verf.

1056 „Gestern machten wir Stellungswechsel mit dem Gefechtsstand nach Karatschew, von wo wir genau vor einem viertel Jahr fortgegangen waren. Wenn wir damals zu Beginn des Winters

rie- und 4. Panzerdivision etwa 40 bis 60 Kilometer nordwestlich von Orel im „Brückenkopf" Mzensk[1057], die 221. Sicherungs- und die 45. Infanteriedivision dagegen etwa 50 Kilometer südöstlich von Orel, im „Trudy-Abschnitt"[1058]. Dass sich deren Lage allmählich normalisierte, ließ sich auch daran ablesen, dass die Front- und Besatzungsverbände nun wieder dorthin kamen, wo sie eigentlich hingehörten – die 221. ab Mitte März wieder ins Rückwärtige Heeresgebiet Mitte[1059], alle Einheiten der 4. Panzerdivision ab Anfang April wieder an die Front[1060]. Damit war auch in unserem Abschnitt jene Schlachtordnung wiederhergestellt, wie sie bis zum Dezember 1941 bestanden hatte. Schon deshalb empfiehlt sich eine getrennte Darstellung dessen, was hier in den folgenden drei Monaten an der Front und im Hinterland geschah.

3.5.1 Auffrischung

Da unsere Divisionen bei der geplanten Sommeroffensive nicht dabei sein sollten, tat die deutsche Führung auch nicht viel für sie[1061]. Das galt im Personellen und noch mehr im Materiellen. Besonders krass zeigte sich dies bei einem ehemaligen Eliteverband wie der 4. Panzerdivision. Das deutsche Kriegsgerät war im Frühjahr 1942 so knapp geworden, dass die „Vierer" nur noch „in sich selbst" aufgefrischt werden sollten – so die euphemistische Forderung der Heeresführung[1062]. Da ja bei ihnen „auch in der Zukunft nicht viel los sein" würde[1063], müssten sie sich eben so behelfen. Im Frühjahr 1942 verfügte die Division noch über zwei Dutzend Panzer[1064], die freilich als „müde" galten und die, wie die meisten ihrer Kraftfahr-

---

diese Operation nicht mehr begonnen, sondern gleich nach dem großen Siege von Brjansk und der Schlammperiode eine Winterstellung bezogen hätten, dann ständen wir jetzt anders da." BA-MA, MSg 1/1148: NL Joachim Lemelsen, Tagebuch, Eintrag vom 6.2.1942.

[1057] BA-MA, RH 21-2/881: Pz. AOK 2, Abt. I a, Kriegstagebuch, Eintrag vom 2.4.1942; Seitz, Verlorene Jahre, S. 133.
Die 296. Inf. Div. war Ende Februar, Anfang März 1942 in eine vorbereitete Riegelstellung nördlich von Bolchow zurückgegangen. IfZ-Archiv, MA 1632: 296. Inf. Div., Abt. I a, Kriegstagebuch, Einträge vom 20.2.1942ff.

[1058] Die 45. Inf. Div. verließ im Juni 1942 den Trudy-Abschnitt, um südlich davon, und zwar östlich des Flüsschens Foshnja, in Stellung zu gehen und sich für kurze Zeit an der Sommeroffensive zu beteiligen. IfZ-Archiv, MA 1623: 45. Inf. Div., Abt. I a, Kriegstagebuch, Einträge vom 8.6.1942ff.

[1059] Vgl. IfZ-Archiv, MA 1668: 221. Sich. Div., Abt. I a, „Befehl für die Ablösung des Div.-Stabes und Teile der Division" vom 10.3.1942; BA-MA, RH 22/229: Kdr. Gen. d. Sich. Trp. u. Bfh. im Rückw. Heeresgebiet Mitte, Abt. I a, Kriegstagebuch, Eintrag vom 19.3.1942.

[1060] Schaub, Panzergrenadier-Regiment 12, S. 121.

[1061] Kroener, Die personellen Ressourcen, S. 887. Vgl. auch BA-MA, RH 22/229: Kdr. Gen. d. Sich. Trp. u. Bfh. im Rückw. Heeresgebiet Mitte, Abt. I a, Kriegstagebuch, Eintrag vom 15.2.1942: „OKH befiehlt die Erkundung und Einrichtung von Unterkunftsräumen für eine größere Zahl Panzer und mot. Divisionen und Heerestruppen, die aus der Front herausgelöst und zu neuem Einsatz im Frühjahr personell und materiell aufgefrischt werden sollen."

[1062] OKH/GenStdH/Op. Abt.(I), „Weisung für die Kampfführung im Osten nach Abschluß des Winters" vom 12.2.1942, Druck: KTB OKW, Bd. I, Dok. 115. Vgl. hierzu auch Mueller-Hillebrand, Heer, Bd. 3, S. 60ff. sowie IfZ-Archiv, MA 1589: XXIV. Pz. Korps, Abt. I a, „Befehl für die Auffrischung und Umbildung der dem XXIV. Pz. Korps unterstellten Verbände im Frühjahr 1942" vom 13.3.1942.

[1063] BfZ, Slg. Sterz, 03711 B, Brief L. D. (4. Pz. Div.) vom 24.4.1942.

[1064] IfZ-Archiv, MA 1582: 4. Pz. Div., Abt. I b/V, „Meldung über die Panzer-Lage nach dem Stande vom 8.3.1942". Damals waren 21 Panzer einsatzbereit, bei drei war das bedingt der Fall,

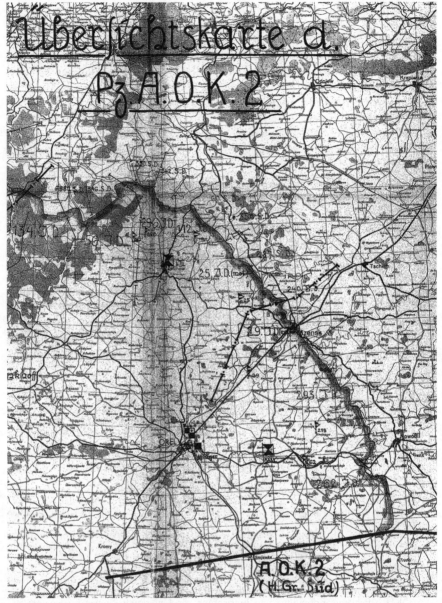

*„Brückenkopf Mzensk", nördlich davon die Stellung der 296. Infanteriedivision, Frühsom-
mer 1942*

(Quelle: BA-MA, MSg 2/5320: NL Hans P. Reinert, Tagebuch, Anlage)

25 befanden sich in der Instandsetzung. Ferner verfügte die Division noch über 321 voll und
506 bedingt einsatzbereite Kfz.
Die 2. Panzerarmee verfügte damals immerhin „über 70 einsatzbereite Panzer". BA-MA, RH
21-2/895: Pz. AOK 2, Abt. I a, Weisung betr. „Die Kampfführung der Armee während der
Zeit der Abwehr" vom 22. 4. 1942.

zeuge, generalüberholt werden mussten[1065]. Dabei sollte es vorerst bleiben. Noch im Juli 1942 waren es „etwa 20 Panzer, [...] verstärkt durch drei erbeutete russische T-34"[1066], und ca. 40 Prozent ihres Solls an Kraftfahrzeugen[1067], durch die sich diese Division als „motorisiert" definierte. Ansonsten behalf man sich mit Fahrrädern[1068] oder „bespannten Einheiten mit landesüblichen Wagen"[1069], während die „abgesessenen P[an]z[er]-Kompanien", eigentlich unersetzliche Spezialisten, nun als „Fußkompanien" kämpften. Griffen sowjetische T-34 an, so konnte sich diese „Panzerdivision" meist nur noch mit Hilfe so genannter „Panzervernichtungstrupps" zur Wehr setzen[1070], aber kaum mit schweren Waffen. Außerdem blieb die Division mit 11 747 Mann klar unter ihrer Sollstärke, so dass auch für sie „landeseigene Kräfte" immer wichtiger wurden[1071].

Dass die Division als „eine der ältesten Panzerverbände und langbewährt, so viele Monate ohne Auffrischung und Neuausstattung brach lag", war für ihre Angehörigen eine bittere Erfahrung[1072]. Sie war kaum dazu angetan, ihre ohnehin angeschlagene Moral wieder zu heben. Nachdem sie „die kalten Wintermonate und schweren Kämpfe [...] etwas aus der Form gebracht" hatten[1073], so die vorsichtige Umschreibung ihres neuen Kommandeurs, des Generalmajors Eberbach, hielt er „eine Entspannung durch einen 14-tägigen bis 3-wöchigen Urlaub aller Angehörigen der Div[ision], die seit dem 22.6.41 am Ostfeldzug beteiligt sind, für erforderlich". Man höre oft den Ausspruch: „Gebt uns Urlaub, und wir sind für einen neuen Einsatz wieder die Alten."[1074] Da aber erst seit Juni 1942 „eine regelmäßige Urlaubsrate" begann[1075], lässt sich ermessen, wie es damals um die Kampfkraft dieser Division bestellt war. Noch Anfang August musste ihre Führung ein-

---

1065 IfZ-Archiv, MA 1589: 4. Pz. Div., Abt. I a, „Bemerkungen zur Kriegsgliederung der 4. Pz. Div. nach dem Stand vom 20.3.1942", o. D.

1066 Seitz, Verlorene Jahre, S. 133.

1067 IfZ-Archiv, MA 1592: 4. Pz. Div., „Grad der Beweglichkeit in Prozent", o. D. [1.7.1942]. Der Kfz.-Stand betrug demnach noch 43,5 %.

1068 Schaub, Panzergrenadier-Regiment 12, S. 124.

1069 IfZ-Archiv, MA 1589: Schtz. Rgt. 12, Meldung an die 4. Pz. Div. vom 28.3.1942. Das Problem war, dass die Division über 2 180 Panje-Pferde, aber nur über 301 schwere deutsche Pferde verfügte. IfZ-Archiv, MA 1593: 4. Pz. Div., Abt. I b, „Verpflegungsstärken" vom 13.5.1942.

1070 Welche Bedeutung der „Panzernahkampf" für diese Panzerdivision mittlerweile hatte, sollten die Abwehrkämpfe vom 7.-11.7.1942 zeigen. Damals vernichtete die Division mindestens 24 (!) sowjetische Panzer, darunter T-34, KW-I und KW-II, durch Hand- oder Panzergranaten sowie Hafthohlladungen. IfZ-Archiv, MA 1592: 4. Pz. Div., Abt. I a, „Merkblätter für Offizierunterricht" vom 5.8.1942.

1071 IfZ-Archiv, MA 1593: 4. Pz. Div., Abt. I b, „Gefechts- und Verpflegungsstärken, einschließl. Pferdebestand" vom 13.5.1942. Die Sollstärke betrug eigentlich 13 300 Mann. Die übergeordnete 2. Panzerarmee verzeichnete damals ein Fehl von rund 48 000 Mann. BA-MA, RH 21-2/336: Pz. AOK 2, ChefGenSt, Besprechungsprotokoll über eine Besprechung mit ChefGenSt H.Gr. Mitte am 19.5.1942. Vgl. ferner Kap. 5.3.

1072 Neumann, 4. Panzerdivision, S. 532. Vor diesem Hintergrund musste es um so problematischer erscheinen, wenn Gen.mj. Eberbach dem Generalstabschef Halder persönlich meldete, die Lage seiner Division sei „günstig". Halder, Kriegstagebuch, Bd. III, S. 462 (Eintrag vom 21.6.1942).

1073 IfZ-Archiv, MA 1589: 4. Pz. Div., Kdr. Befehl „an die Herren Kommandeure u. Kp. Chefs" vom 26.2.1942.

1074 IfZ-Archiv, MA 1582: 4. Pz. Div., Abt. I a, „Zustandsbericht" vom 24.2.1942; Neumann, 4. Panzerdivision, S. 495, 500.

1075 Seitz, Verlorene Jahre, S. 122.

räumen, dass sie „zur Abwehr und zu Stoßtruppunternehmungen [!] voll geeignet" erscheine[1076], nicht mehr. In anderen Worten: Aus dem einstigen Eliteverband war eine durchschnittliche Division geworden und dies sollte sie vorerst auch bleiben.

Bei den beiden Infanteriedivisionen sah es nicht viel besser aus. Zwar hatte sich die 45. ID „durch Zuführen von Menschen und Gerät so weit erholt, daß sie nach dem Abgang des Stabes der 221. Division wieder selbständig den Abschnitt übernehmen konnte"[1077], doch war sie noch Mitte Juni 1942 bestenfalls „für Angriffsaufgaben mit begrenztem Ziel geeignet"[1078]. Auch sie hatte vor allem mit ihrer mangelnden Beweglichkeit zu kämpfen[1079], mit ihrer Munitionsknappheit[1080], der „Wiederherstellung eines guten Unterführer- und Spezialistenstammes"[1081] sowie der Eingliederung des personellen Ersatzes, der mitunter „ohne Handwaffen und Feldküchen" die Front erreichte[1082]. Doch half alles nichts, die 45. ID, die noch Mitte April 2000 Fehlstellen verzeichnete[1083], sollte „ihre ursprüngliche Stärke [...] nie wieder" erreichen[1084]. Trotzdem beteiligte auch sie sich an der Sommeroffensive des Jahres 1942. Wenn ihr Kommandeur in einem Tagesbefehl voller Stolz verkündete, „die wenigen harten Angriffstage um die Wende des Juni und Juli" hätten „gezeigt, daß die Division auch im Angriff voll auf der Höhe war", so war das nicht frei von nostalgischer Wehmut. Die 45. ID war schon längst keine „Angriffsdivision" mehr. Nachdem sie ihre Stellungen um zehn Kilometer vorverlegt hatte[1085], ging sie endgültig zur Abwehr über[1086].

Ähnlich war die Situation der 296. ID. Ihre Offiziere hatten damals den Eindruck, „daß wir in jeder Beziehung ein Verein zweiter Ordnung sind. Wir bekommen keinen erstklassigen Ersatz mehr an Männern und Gerät, unsere Munition wird stark beschränkt – also wir bleiben hier liegen und machen den Sommer über,

---

[1076] IfZ-Archiv, MA 1592: 4. Pz. Div., Abt. I a, „Wöchentliche Zustand-Kurzmeldung der 4. Pz. Div." vom 1.8.1942.

[1077] Gschöpf, Weg, S. 305.

[1078] IfZ-Archiv, MA 1623: 45. Inf. Div., Abt. I a, Kriegstagebuch, Eintrag vom 19.6.1942. Ferner ebda., „Zustandsbericht" vom 15.6.1942. Noch Ende März hatte der Kommandeur der 45. ID gemeldet, die Division sei „für einen Bewegungskrieg nicht verwendungsbereit". BA-MA, RH 26-45/47: 45. Inf. Div., Kdr., „Bemerkungen zur beabsichtigten Kriegsgliederung der 45. Inf. Division" o. D. [März 1942].

[1079] Das lag auch daran, dass der 45. ID nur 1350 deutsche Pferde zur Verfügung standen, also schwere Kaltblüter, die in der Lage waren, das Großgerät zu bewegen. IfZ-Archiv, MA 1623: 45. Inf. Div., Abt. I a, Kriegstagebuch, Eintrag vom 1.5.1942; ebda., Eintrag vom 3.6.1942.

[1080] IfZ-Archiv, MA 1623: 45. Inf. Div., Abt. I a, Kriegstagebuch, Einträge vom 1.4. und 16.5.1942.

[1081] Ebda., Befehl betr. „Ausbildung" vom 10.4.1942.

[1082] Ebda., Kriegstagebuch, Eintrag vom 13.5.1942.
Zwischen dem 12.1. und dem 23.5.1942 erreichten fünf Marsch-Bataillone, 45/1 – /5, jeweils zwischen 900 und 1000 Mann, die 45. ID. BA-MA, RH 26-45/47: 45. Inf. Div., Abt. I a, Kriegstagebuch, Eintrag vom 12.1.1942; IfZ-Archiv, MA 1623: 45. Inf. Div., Abt. I a, Kriegstagebuch, Eintrag vom 23.5.1942; Eintrag vom 27.5.1942.

[1083] BA-MA, RH 20-2/336: AOK 2, Abt. I a, Kriegstagebuch, Eintrag vom 12.4.1942.

[1084] Gschöpf, Weg, S. 302. Erst im Juli 1942 zählte die 45. ID wieder 15 224 Mann, doch besaß nur noch ein Teil, die vielbeschworenen „Kerngruppen", die militärische Ausbildung und Erfahrung, die für diesen Krieg nötig waren. Vgl. IfZ-Archiv, MA 1624: 45. Inf. Div., Abt. I a, Kriegstagebuch, Anlage 136: Gefechtsstärken, Stand 7.7.1942; Anlage 204: Kriegsgliederung der 45. Inf. Div. vom 25.7.1942.

[1085] Gschöpf, Weg, S. 223f. Vgl. hierzu auch Funkspruch der 45. Inf. Div. vom 1.7.1941, in dem eine Bemerkung des Kommandierenden Generals weitergegeben wurde: „Die Division hat sich selbst übertroffen." IfZ-Archiv, MA 1624: 45. Inf. Div., Abt. I a, Kriegstagebuch, Anlage 116.

[1086] IfZ-Archiv, MA 1623: 45. Inf. Div., Abt. I a, Kriegstagebuch, Eintrag vom 2.7.1942; IfZ-Archiv, MA 1624: 45. Inf. Div., Abt. I a, „Divisionsbefehl für die Verteidigung" vom 9.7.1942.

falls uns der Russe dafür Zeit läßt, in Ackerbau und Viehzucht. Das ist bei Gott zum Kotzen!"[1087]

3.5.2 Stellungskrieg

Neben ihrer Reorganisation waren die Frontdivisionen damals voll und ganz damit ausgelastet, „möglichst tief in die Erde hineinzukommen"[1088]. Bei den „vorderen Linien" hatte es sich anfangs oft nur um Verbindungs- und Versorgungswege zwischen den Dörfern gehandelt[1089]. Diese Wege verwandelten sich nun in Schützenlöcher, Minenfelder, Verbindungsgräben, Hindernisse, Erdbunker, Riegelstellungen und anderes mehr. Arbeit und Aufwand, die das kosteten, waren unvorstellbar[1090]. Um etwa den Frontabschnitt der 45. ID „panzersicher" zu machen, errechnete ihr Pionier-Bataillon einen Bedarf von ca. 40 000 Arbeitsstunden, 3 000 Kubikmeter Erde sowie etwa je 1 000 Kubikmeter Steine, Lehm und Holz, ferner fünf Kilometer Draht und 9 500 T-Minen[1091]. Auf sich gestellt konnten die deutschen Soldaten solche Aufgaben unmöglich bewältigen, so dass nun zunehmend Kriegsgefangene und Zivilisten buchstäblich in die Bresche springen mussten.

Durch dieses Erstarren der Front entstanden Verhältnisse, die stark an die der Jahre 1914 bis 1918 erinnerten: Zwei riesige Armeen, die sich permanent belauerten. „Äußerste Wachsamkeit, ständiges Beobachten des Feindes durch Späh- und Stoßtrupptätigkeit, ununterbrochene Abwehrbereitschaft und eindeutiges scharfes Zurückweisen jedweden Angriffsversuches blieben sozusagen das tägliche Brot unserer Kompanien"[1092], erinnerte sich der Divisionspfarrer der 45. ID. Gleichwohl mehrte sich der Passus: „Keine besonderen Ereignisse", in den Kriegstagebüchern. Diese zerbrechliche Ruhe wurde allerdings immer wieder unterbrochen von einzelnen Angriffen, mehr sowjetischen als deutschen[1093]. Doch bewiesen diese „Großkampftage"[1094] nur, dass an dem operativen Patt im mittleren Bereich

---

[1087] BA-MA, MSg 2/5320: NL Hans P. Reinert, Tagebuch, Eintrag vom 1. 4. 1942.

[1088] BA-MA, RH 21-2/333: Pz. AOK 2, Abt. I a, Kriegstagebuch, Anlage: „Besprechung am 8. 4. 1942 bei Heeresgruppe Mitte durch O.B. H.Gr. in Anwesenheit des Chefs der Op. Abt. und des Gen.Qu. mit den O.B. der Armeen", o. D.

[1089] Neumann, 4. Panzerdivision, S. 457.

[1090] Vgl. etwa IfZ-Archiv, MA 1589: XXXXVIII. Pz. Korps, Abt. I a/Pio., „Besondere Anordnungen für den Ausbau der H.K.L. zu Korpsbefehl Nr. 30" vom 23. 2. 1942; ebda., 4. Pz. Div., Abt. I a, Befehl betr. „Stellungsausbau" vom 12. 3. 1942; BA-MA, RH 21-2/895: Pz. AOK 2, Abt. I a, Weisung betr. „Die Kampfführung der Armee während der Zeit der Abwehr" vom 22. 4. 1942; IfZ-Archiv, MA 1639: 296. Inf. Div., Abt. I a, „Befehl für die Verstärkung der Stellung nach der Frostperiode" vom 4. 4. 1942; IfZ-Archiv, MA 1624: 45. Inf. Div., Abt. I a, „Divisionsbefehl für den Ausbau der Stellung" vom 18. 7. 1942.

[1091] IfZ-Archiv, MA 1624: Pio. Btl. 81, Meldung an das LV. A. K./Ko. Pio. Fü. betr. „Panzersicherheit der Foschnja" vom 12. 8. 1942.

[1092] Gschöpf, Weg, S. 320f.

[1093] Manuskript, K. H., „Unser Einsatz im Osten", o. D., Kopie im Besitz d. Verf.: „Er [der Feind] fand uns vorbereitet, hatte auch diesmal ebenso große Verluste. Immerzu hofften wir, daß er doch einmal die Nutzlosigkeit seiner Angriffe einsehen wird, aber er tat es nicht."

[1094] Am härtesten wurde die 296. Inf. Div. in der Zeit vom 5. 7.–11. 7. 1942 getroffen. Allein in den ersten drei Tagen vernichtete die Division insgesamt 124 sowjetische Panzer, davon viele im „Panzernahkampf". Vgl. BA-MA, MSg 2/5320: NL Hans P. Reinert, Tagebuch, Einträge vom 5. 7. 1942 ff. Ferner Manuskript, K. H., „Unser Einsatz im Osten", o. D., Kopie im Besitz d. Verf.; IfZ-Archiv, MA 1638: 296. Inf. Div., Abt. I a, Fernspruch an das LIII. A. K. vom 8. 7. 1942.

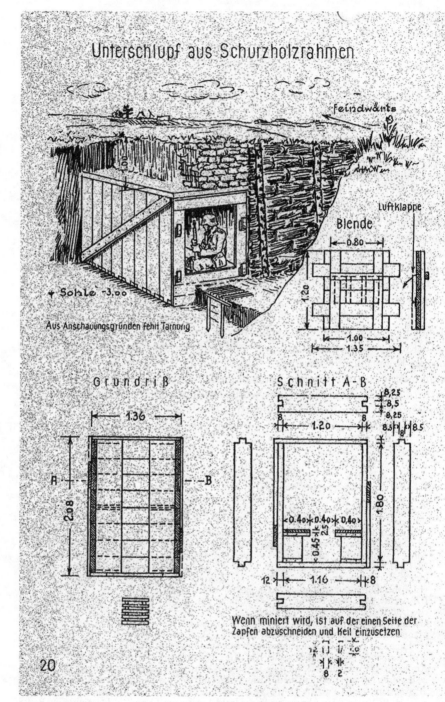

„Unterschlupf", aus einer Dienstvorschrift der 296. Infanteriedivision, Sommer 1942
(Quelle: BA-MA, MSg 2/5320: NL Hans P. Reinert, Tagebuch, Anlage)

der Ostfront vorerst nichts zu ändern war[1095]. Wenn die Rote Armee immer wieder „Gegenstöße mit verhältnismäßig starken Kräften" startete, aber „ohne Zusammenhang und ohne einheitlichen Plan, jedoch mit großer Zähigkeit"[1096], so diente das in erster Linie der „Fesselung deutscher Kräfte"[1097], wie man dort richtig erkannte. Die Wehrmacht blieb in dieser Hinsicht sehr viel zurückhaltender. Sie tat gut daran. Allein bei ihrem Angriff Ende Juni verlor die 45. ID „etwa 180 Tote und mehrere hundert Verwundete"[1098]. In Relation zu dem spärlichen Raumgewinn waren dies personelle „Kosten", die denen des Ersten Weltkriegs ähnelten.

Für die deutschen Soldaten war diese angespannte Ereignislosigkeit eine neue Erfahrung. Nach den Opfern und Entbehrungen der vergangenen neun Monate konnten sie – wenn sie Glück hatten – nun zeitweise ein „behagliches" Leben führen. Kampf und Chaos wechselten ab mit Lethargie und Gemütlichkeit. Ein Kanonier der „Vierer" bezeichnete seine Feuerstellung als einen kleinen „Kurgarten; sauber gerichtete Wohnbunker, zierliche ‚gärtnerische Anlagen', Birkenbänke, die nahen Plätze voll Walderdbeeren machten das Tal zu einer Art Heimat."[1099] Auch bei der 45. ID konnte man sich mitunter „nach dem Frühsport Gartenarbeit und Arbeiten zur Verschönerung des Ortes" leisten[1100]. Verglichen mit dem, was sich damals im Süden der Sowjetunion ereignete, handelte es sich hier noch um die „Sonnenseite des Rußlandfeldzuges"[1101], wie ein Offizier der 4. Panzerdivision meinte. Aber war es wirklich ein „Landserparadies"[1102]? Auch dieser Krieg forderte „laufend Ausfälle"[1103] – durch Artillerieüberfälle, Scharfschützen[1104], Luftangriffe[1105] oder Spähtruppunternehmen, die beide Seiten eifrig betrieben[1106]. Dazu kamen Dreck,

---

1095 Vgl. hierzu auch Wegner, Krieg, S. 906 ff.
1096 IfZ-Archiv, MA 1624: 45. Inf. Div., Abt. I a, Erfahrungsbericht an das LV. A.K. vom 24. 7. 1942; IfZ-Archiv, MA 1623: 45. Inf. Div., Abt. I c, Tätigkeitsbericht für die Zeit vom 14. 6.–30. 9. 1942.
Wie verlustreich diese Angriffe für die sowjetische Seite waren, verdeutlicht etwa der folgende Eintrag: „45. Inf. Div. wehrte einen feindl. Angriff von 2 Bataillonen [...] ab. Feindverluste im Korpsbereich 243 Tote und 42 Gefangene." BA-MA, RH 20-2/336: AOK 2, Abt. I a, Kriegstagebuch, Eintrag vom 25. 4. 1942.
1097 BA-MA, RH 21-2/336: Pz. AOK 2, ChefGenSt, Besprechungsprotokoll über eine Besprechung mit ChefGenSt H.Gr. Mitte am 19. 5. 1942.
1098 Gschöpf, Weg, S. 319.
1099 Seitz, Verlorene Jahre, S. 128. Ähnlich: BA-MA, MSg 2/5321: NL Hans P. Reinert, Tagebuch, Einträge vom 13. und 23. 5. 1942; BA-MA, MSg 1/3280: Fritz Farnbacher, Tagebuch, Eintrag vom 18. 5. 1942.
1100 IfZ-Archiv, MA 1623: 45. Inf. Div., Stab, Tätigkeitsbericht für die Zeit vom 1. 4.–30. 9. 1942.
1101 Schaub, Panzergrenadier-Regiment 12, S. 121.
1102 Seitz, Verlorene Jahre, S. 155.
1103 Gschöpf, Weg, S. 218.
1104 So fiel am 15. 8. 1942 der Kommandeur des Inf. Rgt. 133, Oberstleutnant Karl Knoll, einem sowjetischen Scharfschützen zum Opfer. IfZ-Archiv, MA 1623: 45. Inf. Div., Abt. I a, Kriegstagebuch, Eintrag vom 15. 8. 1942. Vgl. auch Schaub, Panzergrenadier-Regiment 12, S. 120.
1105 Vgl. etwa IfZ-Archiv, MA 1623: 45. Inf. Div., Abt. I a, Kriegstagebuch, Eintrag vom 6. 7. 1942: „Morgenmeldung: Starke feindl. Fliegertätigkeiten und Bombenwurf, 7 Tote, 3 Leicht- und 5 Schwerverwundete bei RAD." Ferner BA-MA, MSg 2/5320: NL Hans P. Reinert, Tagebuch, Einträge vom 7./8. 4. 1942 sowie vom 5. 7. 1942: „Um 5 Uhr 15 kommen neue Wellen feindlicher Flugzeuge – der Himmel ist fast dunkel vor lauter Flugzeuge."
1106 Wie gefährlich dies war, veranschaulicht ein Tagebucheintrag der 45. Inf. Div. vom 1. 6. 1942: Demzufolge hatte ein Spähtrupp durch eigene Minen Verluste in Höhe von einem Toten und 5 Schwerverwundeten. „Der 5. Fall blutiger Verluste durch eigene Minen innerhalb der letzten zehn Tage!" IfZ-Archiv, MA 1623: 45. Inf. Div., Abt. I a, Kriegstagebuch, Eintrag vom 1. 6. 1942.

Leichen, Mücken, Läuse, Ratten, Fleckfieber[1107], Typhus, Feindpropaganda, Hitze oder Wolkenbrüche. Selbst wenn sich der Gegner einmal nicht zeigte, blieb dieser Krieg grausam. Ungerührt berichtete damals das Pionier-Bataillon der 45. ID über fünfzehn „Unfälle durch Minen und Sprengmittel": (1) „Unfall bei Nichtbeachtung von Minengassen": drei Verwundete; (2) „Unfall bei Dunkelheit in einem Spanndrahtminenfeld": vier Tote, sieben Verwundete; (3) „Unfall bei Untersuchung einer russischen Mine": vier Tote, „mehrere Schwer- und Leichtverletzte"; (4) „Unfall beim Sprengen eines Minenstapels": drei Tote, 1 Verwundeter usw.; die Liste ging weiter, das waren nur vier Unfälle von insgesamt 15[1108]! Dies blieb nicht die einzige böse Überraschung, die der Stellungskrieg bereithielt: „1 verwundeter Russe liegt vor der Stellung und schreit", meldete etwa das Infanterie-Regiment 133[1109], während ein Angehöriger des IR 521 den „schwelenden Geruch" schilderte, „von den vielen Russen, die hier überall herumliegen [und] die in 2 Tagen vollkommen schwarz sind"[1110]. Angesichts der Aussicht, dass sich an diesem Dauerstress nichts wirklich ändern würde, war es kein Wunder, wenn sich auch hier die Stimmung der deutschen Soldaten spätestens seit Herbst 1942 wieder zunehmend verdüsterte[1111].

3.5.3 Zivilisten

Mit dem Übergang zu einem langfristigen Stellungskrieg begann sich auch das Verhältnis der deutschen Invasoren zu ihrer zivilen Umwelt zu ändern. Bis zum November 1941 hatten sie Gebiete erobert, in denen rund 40 Prozent der sowjetischen Bevölkerung lebten oder gelebt hatten[1112]. Zumindest die Russen waren für die deutschen Soldaten meist nur unbekannte Schattenexistenzen geblieben, mitunter auch lästige Störenfriede oder gar potentielle Feinde[1113]. Gleichwohl

---

[1107] So hatte die 45. ID „während der knappen sechs Monate am Trudy nicht weniger als 35 Todesfälle an Fleckfieber zu verzeichnen". Gschöpf, Weg, S. 306. Damit blieb sie nicht allein. Vgl. auch BA-MA, MSg 2/5321: NL Hans P. Reinert, Tagebuch, Eintrag vom 16. 5. 1942; IfZ-Archiv, MA 1639: 296. Inf. Div., Div. arzt, Gesundheitsbericht an den Korpsarzt LIII. A. K. vom 27. 9. 1942, vom 27. 11. 1942; IfZ-Archiv, MA 1593: 4. Pz. Div., „Tätigkeitsbericht der Abteilung IV b in der Zeit vom 8. 7.–20. 7. 1942" vom 20. 7. 1942.

[1108] IfZ-Archiv, MA 1624: 45. Inf. Div., Pio. Btl. 81, Erfahrungsbericht „Unfälle durch Minen und Sprengmittel. Erfahrungen mehrerer Pionier-Bataillone" vom 8. 8. 1942. Bei dem Bericht wird nicht spezifiziert, bei welchen Unfällen es sich um Angehörige des Pio. Btl. 81 handelte. Doch scheinen Ereignisse dieser Art zum Alltag eines Pionier-Bataillons gehört zu haben.

[1109] IfZ-Archiv, MA 1624: 45. Inf. Div., Inf. Rgt. 133, Morgenmeldung für den 6. 10. 1942. Vgl. auch IfZ-Archiv, MA 1638: 296. Inf. Div., Abt. I a, Kriegstagebuch, Eintrag vom 22. 8. 1942, wo von neun toten Gegnern berichtet wird, die vor einem feindlichen Spähtrupp vor den eigenen Linien liegengeblieben waren. „Aus dem Schreien der Verwundeten ging hervor, daß der Gegner etwa das Vierfache der Verwundeten [sic] verloren hat."

[1110] Manuskript, K. H., „Unser Einsatz im Osten", o. D., Kopie im Besitz d. Verf.

[1111] So konstatierte die 45. Inf. Div., dass die „lange Kriegsdauer" sowie die „besonderen Verhältnisse des Ostens, eine zunehmende Belastung [für den] einzelnen Soldaten" darstellen würden. IfZ-Archiv, MA 1624: 45. Inf. Div., Abt. I c, Tätigkeitsbericht für die Zeit vom 1. 10.–31. 12. 1942. Ferner IfZ-Archiv, MA 1639: 296. Inf. Div., Div. arzt, „Gesundheitsbericht an den Korpsarzt LIII. A. K." vom 27. 9. 1942: „Die Eintönigkeit des Lebens und der ununterbrochene Einsatz ohne Abwechslung haben eine gewisse geistige Abstumpfung zur Folge." Zum „Grabenkoller" vgl. auch Gschöpf, Weg, S. 342.

[1112] Segbers, Sowjetunion, S. 167.

[1113] BA-MA, MSg 1/3268: Fritz Farnbacher, Tagebuch, Eintrag vom 31. 8. 1941: „Und ich bin fest überzeugt, daß durch die Zivilbevölkerung manches verraten wird; das ist ja das Scheußliche, wenn die Zivilisten nicht evakuiert sind; wie schön war das dagegen in Frankreich!" So auch Neumann, 4. Panzerdivision, S. 476.

mussten mit Beginn der schlechten Jahreszeit im Herbst Besatzer und Besetzte
enger zusammenrücken. Entstanden waren dabei mitunter regelrechte Wohnge-
meinschaften[1114]. Das konnte, musste aber nicht Konflikte auslösen, zuweilen war
auch das Gegenteil der Fall. Einem Feldwebel, der im Hinterland eingesetzt war,
fiel schon im September 1941 auf, „wie intim viele [Landser] mit den Russen ver-
kehren – im Gegensatz zu allen Schlagworten – und wie beide Teile daraus ihre
Vorteile ziehen"[1115]. Nun begann sich das auch an der Front einzubürgern, und
auch hier dürfte die Zahl jener Soldaten gewachsen sein, die den unmittelbaren
Kontakt zu den vor Ort lebenden Menschen nicht nur als Bestätigung der primitiven, vorgestanzten Propaganda-Formeln erlebten. Sie wurden nun ergänzt, mitunter auch überlagert durch ihre persönlichen Erfahrungen mit den „Panjes".

Gleichzeitig aber löste das In-Stellung-Gehen des deutschen Ostheers zwei andere Entwicklungen aus, die dieser vorsichtigen Fühlungnahme wiederum in die
Quere kamen – die Evakuierung der Zivilbevölkerung aus der Gefechtszone, die
nun auf breiter Front begann, sowie der zunehmende Arbeitseinsatz von Zivilisten
und Kriegsgefangenen. Beide Entwicklungen, eigentlich gegenläufig, veränderten
die Voraussetzungen, unter denen Deutsche und Einheimische nun aufeinandertrafen.

Dass die Gefechtszone zum „Sperrgebiet" erklärt wurde, war nicht völkerrechtswidrig[1116] und entsprach bis zu einem gewissen Grade auch den Interessen
der dort lebenden Menschen. Problematisch war hingegen, dass die militärisch
vom Prinzip der Fürsorgepflicht, das laut Völkerrecht eigentlich maßgeblich sein
sollte[1117], nur wenig wissen wollten[1118]. Bislang war es aufgrund des Bewegungskriegs nur selten zur Räumung der Kampfzonen gekommen, so dass das buchstäblich hauteng, wenn auch meist nur kurzfristige Zusammenleben mit der einheimischen Bevölkerung zum Erfahrungsschatz der meisten deutschen Kriegsteilnehmer gehörte. In dem Moment aber, wenn der Krieg stagnierte und einigermaßen
stabile Fronten entstanden, änderte sich das, auch bei den Verbänden unseres Samples – erinnert sei nur an die entlarvende Bemerkung des Ersten Generalstabsoffiziers der 4. Panzerdivision, man habe damals die Bevölkerung „bei 40 Grad Kälte
in die Wälder, also in den sicheren Tod treiben" müssen[1119]. Zwar waren solche
Rohheiten seit dem Abklingen der Krise weniger geworden, doch duldeten die

[1114] Vgl. BA-MA, MSg 1/3273: Fritz Farnbacher, Tagebuch, Eintrag vom 9.10.1941. Ferner BA-
MA, N 10/9, NL Smilo Frhr. von Lüttwitz, Brief vom 27.12.1941 sowie ebda., Lebenserinnerungen, Bl. 152: „Inzwischen hatten wir 5 Soldaten unten im Stroh uns mit unseren Panjes
oben auf dem Ofen gut verstanden. Die Mittler waren die 3 kl. Jungen, die früh u. abds. aus
unserer Lebkuchenkiste ordentlich was abbekamen. Ich beließ grundsätzlich die Bewohner
im Haus, denn nur sie konnten den Ofen richtig heizen, nichts war mir unsympathischer als
ein verlassenes Haus."
[1115] Jarausch/Arnold, Sterben, S. 311 (Brief vom 16.9.1941).
[1116] Vgl. H. Wayne Elliott, Evakuierung von Zivilpersonen aus dem Kampfgebiet, in: Gutman/
Rieff (Hrsg.), Kriegsverbrechen, S. 109 ff.; Umbreit, Kontinentalherrschaft, S. 186.
[1117] Vgl. Art. 43 HLKO. Druck: Lodemann (Hrsg.), Kriegsrecht, S. 65. Umgesetzt wurde dieser
Gedanke in: IfZ-Archiv, Da 34.08: H. Dv. g. 90: Versorgung des Feldheeres, Teil 1, Berlin
1.6.1938, S. 25. Vgl. hierzu ferner: Wörterbuch des Völkerrechts, Bd. I, S. 195 ff.
[1118] Vgl. Müller, Okkupation, Dok. 10, 23, 41, 43, 47, 55, 60, 61-64. Vgl. hierzu Weindling, Epidemics and Genocide in Eastern Europe.
[1119] IfZ-Archiv, MA 1582: 4. Pz. Div., Abt. I a, Schreiben an das XXXXVII. Pz. Korps vom
20.3.1942. Vgl. mit dem Prolog.

Deutschen noch immer keinen Widerspruch, wenn sie ein Areal räumen wollten[1120]. Allerdings war nun das Bemühen unverkennbar, „zu große Härten […] zu
vermeiden", so das AOK 2 im Juli 1942[1121]. Dass die Vertreibung der russischen
„Nachbarn" bei jenen, die dies zu realisieren hatten, Skrupel auslösen konnte, illustriert der lange und ungewöhnlich nachdenkliche Tagebucheintrag Reinerts. Er
wollte dafür sorgen, dass „alles reibungslos und ohne Schikane geht"[1122]: „Denn
das Leiden der Evakuierten ist schon schlimm genug. Ich darf mir, obwohl es Krieg
ist und wir uns an schon so manches gewöhnt haben, dieses Elend, dieses Geheul
und dieses Wehklagen nicht vorstellen, […]. Es graust mir vor diesen Tagen und
am liebsten würde ich mich verkriechen, wenn dieses Elend hier beginnt." Aufschlussreich sind auch die durchsichtigen Argumente, mit denen sich Reinert damals zu beruhigen suchte: die Menschen wüssten ja nicht, „daß es ihnen dort, wo
sie hingebracht werden, nicht schlechter geht"; die Rote Armee würde in Deutschland noch viel schlimmer hausen; die britische Luftwaffe habe „mit Vorbedacht
und in kalter Berechnung" ein ziviles Zentrum wie Paris bombardiert, und ganz
davon abgesehen sei ein solches Vorgehen nun einmal militärisch notwendig. Im
Übrigen, so Reinerts Fazit, sei der deutsche Soldat „nicht von dieser rücksichtslosen Brutalität" wie sein sowjetischer Gegner. Er sei „im Kampf hart und entschlossen. Aber wenn der Gegner […] bezwungen ist und wenn es sich um Frauen und
Kinder handelt, da wird er butterweich und vergißt alle Vorsicht." Da konnte man
nur hoffen, dass jene Frauen und Kinder dies auch so sahen.

Denn sie erwartete ein hartes Schicksal[1123]. Schon die Verhältnisse in den Wohn-
bezirken oder den Zivilgefangenenlagern, in die man sie pferchte, waren meist er-

---

[1120] So erließ die 4. Pz. Div. am 4.3.1942 einen „Befehl zur Evakuierung der Zivilbevölkerung".
Vier Tage später wurde das Gefechtsgebiet „von 2800 Zivilpersonen" geräumt, am 14.3. erfolgte ein zweiter „Abtransport" von „über 3000 Personen in das rückwärtige Korpsge-
fechtsgebiet". BA-MA, RH 27-4/109: 4. Pz. Div., Abt. I c, Tätigkeitsbericht, Einträge vom
4.3., 8.3. und 14.3.1942.
Am 6.4.1942 erließ die 2. Panzerarmee einen weiteren Evakuierungsbefehl, dem folgendes
Konzept zugrunde lag: Die vorderste Front, insgesamt sechs Kilometer breit, sollte vollständig für russische Zivilisten gesperrt werden, in der zweiten Zone, zwei Kilometer breit, sollten sich nur jene Zivilisten und Kriegsgefangene aufhalten, die zu Arbeits-Kompanien zusammengefasst waren, während in der letzten und dritten Zone, weitere vier Kilometer breit,
die ortsansässigen Zivilisten, aber keine Ortsfremden und Flüchtlinge leben sollten. Insgesamt wurden damals etwa 60000–70000 Menschen aus dem Raum Brjansk-Orel vertrieben.
IfZ-Archiv, MA 1592: Pz. AOK 2, Abt. O.Qu./Qu. 2/I c/A. O., Befehl betr. „Evakuierung
hinter der Front zur Abwehr feindlicher Agententätigkeit" vom 6.4.1942. Zahl bei Pohl,
Herrschaft, S. 322. Mit dem Beginn der deutschen Sommeroffensive gelangten zunehmend
Flüchtlinge – meist Grubenarbeiter aus dem Donez-Gebiet – in das Besatzungsgebiet der
4. Pz. Div., die daraufhin Auffanglager einrichtete. IfZ-Archiv, MA 1592: 4. Pz. Div., Abt. I a/
I c, Befehl an Pz. Jg. Abt. 49 betr. „Auffanglager für russische Flüchtlinge" vom 22.6.1942.
[1121] IfZ-Archiv, MFB 4/42870: AOK 2, O.Qu./Qu. 2, Weisung vom 16.7.1942.
[1122] BA-MA, MSg 2/5320: NL Hans P. Reinert, Tagebuch, Eintrag vom 26.2.1942. Auch zum
Folgenden. Über den Verlauf der Evakuierung schreibt Reinert, dass den Bauern der Gebrauch von Pferdeschlitten verboten worden wäre, doch hätten die deutschen Soldaten „es
nicht übers Herz [gebracht], ihnen das zu verwehren". Ebda., Eintrag vom 6.3.1942. Die
296. Inf. Div. evakuierte im Februar und März 1942 „rund 6000 Personen in einen Sammel-
raum südwestlich Bolchow". IfZ-Archiv, MA 1637: 296. Inf. Div., Abt. I c, Tätigkeitsbericht
für die Zeit vom 1.1.–31.3.1942.
[1123] Diese drei Möglichkeiten definierte die 2. Panzerarmee, die ab April 1942 60000 bis 70000
Einwohner aus dem Raum Brjansk-Orel evakuierte. IfZ-Archiv, MA 1592: Pz. AOK 2,
Abt. I a, Befehl betr. „Evakuierung hinter der Front zur Abwehr feindlicher Agententätigkeit" vom 6.4.1942. Ferner Pohl, Herrschaft, S. 322.

bärmlich[1124], wenngleich diese Situation immer noch besser war als 1941, als die Deutschen diese Menschen einfach ihrem Schicksal überlassen hatten. Andere wurden nun zur Zwangsarbeit nach Deutschland geschickt[1125] – eine Aufgabe, welche die rückwärts gelegenen Feld- und Ortskommandanturen in Kooperation „mit den zuständigen Wirtschaftsdienststellen (Wirtschafts-Kommandos, Gebiets- und Kreislandwirten und Arbeitsämtern)" übernahmen[1126], wobei der Anteil der Freiwilligen anfangs relativ hoch war: „Die Leute", schrieb Farnbacher im März 1942, „haben sich auf entsprechende Reklame hin freiwillig gemeldet, weil sie dort Essen, Schuhe und was weiß ich alles zu kriegen hoffen und hier auf jeden Fall nichts versäumen. Die Mädchen behaupten, sie hätten Einberufungen für deutsche Zigarettenfabriken. Na, wenn die mal nicht ziemlich enttäuscht werden!"[1127] Schließlich gab es noch eine dritte Gruppe unter den Evakuierten – jene, welche die Wehrmacht selbst im Besatzungsgebiet zur Zwangsarbeit heranzog. Im Hinterland war dies eine Aufgabe der Ortskommandanturen[1128], an der Front der „Pi[onier]-Einheiten der Div[isionen]"[1129].

Auch diese Form der – im Übrigen völkerrechtswidrigen[1130] – Ausbeutung war kaum dazu angetan, die russischen Zivilisten für die deutsche Seite zu gewinnen. Andererseits war der deutsche Spielraum nicht sehr groß. Ohne den Einsatz eines riesigen Heeres an Arbeitskräften wäre das Freihalten der Verbindungslinien und Stellungen von Schnee und Eis[1131], vor allem aber der groß angelegte Aufbau der

---

[1124] Am schlimmsten scheinen die Verhältnisse in der Endphase der deutschen Besatzungsherrschaft gewesen zu sein, etwa in den berüchtigten Todeslagern bei Osaritschi, von denen Gerlach meint, dass es sich hier allerdings um einen „Extremfall" gehandelt habe. Vgl. hierzu Gerlach, Morde, S. 1097ff.; Rass, „Menschenmaterial", S. 386ff. Ferner „Dann kam die deutsche Macht", passim.

[1125] Bis Juni 1944 wurden insgesamt 2,8 Millionen Zwangsarbeiter aus den besetzten sowjetischen Gebieten ins Deutsche Reich transportiert. Vgl. hierzu Dallin, Deutsche Herrschaft, S. 441ff.; Homze, Foreign Labor in Nazi Germany, S. 67ff.; Pfahlmann, Fremdarbeiter und Kriegsgefangene, S. 44ff.; Herbert, Fremdarbeiter; Müller, Die Zwangsrekrutierung von „Ostarbeitern" 1941–1944; ders., Die Rekrutierung sowjetischer Zwangsarbeiter für die deutsche Kriegswirtschaft; Spoerer, Zwangsarbeit unter dem Hakenkreuz; ders., NS-Zwangsarbeiter im Deutschen Reich; Pohl, Herrschaft, S. 322f.

[1126] IfZ-Archiv, MA 1564/28, NOKW 2167: Korück 580, Abt. Qu., Befehl an die Feld- und Orts-Kdtren vom 9.8.1942. So organisierte der Korück 580 allein im Juni 1942 den Abtransport von „ca. 2880 Arbeitskräften" ins Deutsche Reich. IfZ-Archiv, MA 1564/28, NOKW 2167: Korück 580, Abt. Qu., Bericht an AOK 2, Abt. O.Qu./Qu.2, betr. „Abtransport russ. Arbeitskräfte ins Reich" vom 6.7.1942.

[1127] BA-MA, MSg 1/3279: Fritz Farnbacher, Tagebuch, Eintrag vom 25.3.1942.

[1128] IfZ-Archiv, MA 1564/28, NOKW-2167: Korück 580, Abt. Qu., Befehl betr. „Vordringliche Aufgaben der Orts-Kommandanturen" vom 18.7.1942; IfZ-Archiv, MA 1564/28, NOKW-2181: Korück 580, Kdt., Befehl betr. „Sicherungsmaßnahmen im rückw. Armeegebiet" vom 25.9.1942.

[1129] BA-MA, RH 24-24/172: XXIV. Pz. Korps, Abt. I a, Befehl vom 5.4.1942.

[1130] Dies verboten die Haager Landkriegsordnung, die Genfer Kriegsgefangenenkonvention von 1929 sowie das Übereinkommen des Völkerbunds zur „Ächtung der Sklaverei" von 1926, dem das Deutsche Reich am 14.1.1929 beigetreten war. Vgl. Lodemann (Hrsg.), Kriegsrecht, S. 52f.; 65, 96ff.; RGBl. 1929, II, S. 63ff.

[1131] Vgl. BA-MA, RH 24-24/143: Pz. AOK 2, Abt. I a, Fernschreiben an XXIV. Pz. Korps vom 31.12.1941, in dem befohlen wurde, die Bevölkerung rücksichtslos (!) zum Schneeräumen heranzuziehen und auch zum „noch ausstehenden (!) Bau von Schneezäunen bzw. Schneewällen". Ferner IfZ-Archiv, MA 1622: 45. Inf. Div., Tätigkeitsbericht des Stabes für die Zeit vom 1.1.–31.3.1942; IfZ-Archiv, MA 1669: 221. Inf. Div., Abt. I b, Kriegstagebuch, Eintrag vom 9.1.1942; IfZ-Archiv, MA 1637: 296. Inf. Div., Abt. I c, Tätigkeitsbericht für die Zeit vom 1.1.–31.3.1942.

deutschen Verteidigungslinien seit Frühjahr 1942 kaum möglich gewesen. Allein die 4. Panzerdivision beschäftigte im Mai 1942 über 1400 Zivilisten, davon allein 800 für den Stellungsbau[1132], bei der 2. Armee waren es damals 36000 Menschen, „ungefähr zur Hälfte Männer und Frauen"[1133]. Für sie wurde die Zwangsarbeit zu einer ihrer schwersten Prüfungen. Anstatt sich um die Sicherung der eigenen Existenz kümmern zu können – in den Zeiten des Krieges alles andere als eine leichte Aufgabe –, waren sie bei einer täglichen Arbeitszeit von mindestens zehn Stunden[1134], „ohne Einschaltung von Sonn- und Feiertagen"[1135], allein auf die Fürsorge der Wehrmacht angewiesen, hatten sie Glück, auch auf das Wohlwollen der deutschen Soldaten[1136]. Zwar wurden diese billigen Arbeitssklaven – nicht aber ihre Angehörigen! – verpflegt[1137], auch enthielten sie einen kärglichen Lohn[1138], eine bescheidene Ausrüstung wie Decken oder Schuhe[1139] oder manchmal sogar Zulagen (wobei hier „ein strenger Maßstab" angelegt wurde, da „jede großzügige Behandlung untragbare Nachteile für die Ernährung der Heimat" nach sich ziehe)[1140], doch illustriert schon allein die Tatsache, dass die Wehrmacht neben den

---

[1132] Hiervon waren eingesetzt: 800 Mann zum Ausbau des Hauptkampffelds, etwa 400 Mann als Panjefahrer, aufgeteilt auf die Truppenteile und Versorgungstruppen, 200 Arbeitskräfte (Männer und Frauen) als Hilfspersonal der Truppe (Pferdepflege, Küchenpersonal, Wegeunterhaltung usw.), ferner „eine Anzahl Männer" für Sicherungsdienste. Ferner sollten „noch rund 200 Mann" zwischen 16 und 45 Jahren hergezogen werden, „ohne die Frühjahrsbestellung zu gefährden". IfZ-Archiv, MA 1593: 4. Pz. Div., Abt. I a, Bericht an Abt. I b betr. „Zivilarbeitskräfte" vom 4.5.1942. Ferner IfZ-Archiv, MA 1564/28, NOKW 2167: Korück 580, Abt. Qu., Befehl betr. „Vordringliche Aufgaben der Orts-Kommandanturen" vom 18.7.1942; IfZ-Archiv, MA 1564/1, NOKW-106: Korück 580, Fernschreiben an das XXXV. A. K., betr. „Erhöhung der Gefechtsstärke" vom 25.10.1942.

[1133] IfZ-Archiv, MFB 4/42870: AOK 2, AWiFü, Kriegstagebuch, Eintrag vom 2.5.1942.

[1134] IfZ-Archiv, MA 1624: 45. Inf. Div., Abt. I a, „Territorial-Befehl Nr.4" vom 2.10.1942; IfZ-Archiv, MA 1564/28, NOKW-2181: Korück 580, Kdt., Befehl betr. „Sicherungsmaßnahmen im rückw. Armeegebiet" vom 25.9.1942. Ferner Müller, Okkupation, Dok.123.

[1135] IfZ-Archiv, MA 1624: 45. Inf. Div., Abt. I a, „Divisionsbefehl für den weiteren Ausbau der Stellung" vom 22.9.1942.

[1136] Vgl. etwa BA-MA, MSg 1/3281: Fritz Farnbacher, Tagebuch, Eintrag vom 15.5.1942: „Fünf Russen sind schon dabei, hinter unserem Haus einen festen Unterstand zu bauen. Ich laufe einmal ein bißchen herum und schaue den Russen bei ihrer Arbeit zu. Sie sind immer voll Späße und bekommen von mir eine Portion Tabak, damit sie wieder lieber und besser arbeiten." Ähnliches auch bei Gschöpf, Weg, S.313.

[1137] IfZ-Archiv, MA 1593: Generalkommando XXXXVII. Pz. Korps, Abt. Qu., „Besondere Anordnungen für die Versorgung Nr.215", Anlage betr. „Verpflegung russ. Arbeiter und Angestellter" vom 2.5.1942; dgl., Nr.218 vom 7.5.1942; IfZ-Archiv, MA 1624: 45. Inf. Div., Abt. I a, „Divisionsbefehl für den weiteren Ausbau der Stellung" vom 22.9.1942. Typisch für die deutsche Perspektive auch die folgende Eintragung: „So sieht man jetzt überall neben der Truppe diese Panje-Kolonnen fahren, und auf dem Schlitten friedlich nebeneinander frierend der Panje und unsere Landser. Der Panje freut sich über diese Verwendung mitsamt seinem Pferd, weil er was zu fressen bekommt. Und er fährt unbekümmert wochenlang mit der deutschen Truppe, ohne sich Sorgen zu machen, ob er heim darf." BA-MA MSg 1/1148: Joachim Lemelsen, Tagebuch, Eintrag vom 13.12.1941.

[1138] BA-MA, RH 27-4/165: 4. Pz. Div., Abt. I b, „Besondere Anordnung für die Versorgung Nr.167", vom 2.1.1942; PA-AA, R 60752: AOK 2, Abt. I c/A.O. (VAA), Bericht vom 3.3.1942 (Auszug), in dem es heißt, seit der Entlohnung sei „der Arbeitseifer gestiegen"; IfZ-Archiv, MA 1593: 4. Pz. Div., Abt. I b, „Besondere Anordnungen für die Versorgung Nr.220" vom 23.5.1942.

[1139] IfZ-Archiv, MA 1593: 4. Pz. Div., Abt. I b, Vermerk betr. „Beurteilung der Versorgungslage" vom 27.8.1942.

[1140] IfZ-Archiv, MA 1593: Generalkommando XXXXVII. Pz. Korps, Abt. Qu., „Besondere Anordnungen für die Versorgung Nr.215", Anlage betr. „Verpflegung russ. Arbeiter und Angestellter" vom 2.5.1942.

„Arbeitsrussen" auch ihre Strafkompanien einsetzte, wie sie selbst diese Arbeit einschätzte[1141]. Was das konkret bedeutete, illustriert das Tagebuch Farnbachers: „Die Leute hier leben sagenhaft arm und bescheiden und müssen bei Tag an Straßenarbeiten schaffen [sic]. Manche haben überhaupt nichts zu essen und ernähren sich von Sauerampfer und Brennesseln (ja, wirklich!), davon wird ein Gemüse gekocht. [...] Das Brot der Leute besteht aus getrockneten und zerriebenen, dann gebackenen Lindenblüten! Die Armut kann man sich nicht vorstellen. Und das bißchen Milch, das sie haben, müssen sie abliefern."[1142] In einem scharfen Kontrast dazu stand die Versorgung der deutschen Soldaten, denen Farnbacher damals bescheinigte, dass sie „durchaus reichlich zu essen" bekämen[1143].

Angesichts dieser eklatanten Ungerechtigkeiten muss es verwundern, wenn in den damals entstandenen deutschen Berichten immer wieder das „gute Verhältnis zwischen Truppe und Bevölkerung" herausgestellt wird. „Saboteure" oder „deutschfeindl[iche] Elemente" seien nicht aufgetreten, meldete etwa die 45. ID[1144]. Mit diesem Eindruck blieb sie nicht allein[1145]. Eine Propaganda-Kompanie der 2. Panzerarmee berichtete, sie sei „in den Dörfern [...] überaus herzlich" aufgenommen worden: „Soweit es ging, bekamen wir das beste Haus, und jeder einzelne versuchte uns eine kleine Aufmerksamkeit zu erweisen. Die sprichwörtliche Gastfreundschaft der Russen kommt selbst trotz der schlechten wirtschaftlichen Verhältnisse bei psychologisch richtiger Behandlung stets zum Ausdruck."[1146] Wieweit es sich dabei um Dichtung oder Wahrheit handelt, lässt sich schwer sagen. Wenn die Russen ihren deutschen „Gästen" „fast jeden Wunsch von den Augen"

1141 So waren beim Inf. Rgt. 130 für den Stellungsbau 147 russische Zivilisten und 98 Angehörige der Strafkompanie eingesetzt. IfZ-Archiv, MA 1624: 45. Inf. Div., I.R. 130 und I.R. 133 Zwischenmeldungen für den 28. 10. 1942.

1142 BA-MA, MSg 1/3281: Fritz Farnbacher, Tagebuch, Eintrag vom 17. 6. 1942. Interessant ist in diesem Zusammenhang, dass die 4. Pz. Div. wenig später „die bisher übliche Abgabe von Milch" durch die Zivilbevölkerung verbot. IfZ-Archiv, MA 1593: 4. Pz. Div., Kdr., Befehl Nr. 1179/42 geh. vom 18. 7. 1942.

1143 BA-MA, MSg 1/3280: Fritz Farnbacher, Tagebuch, Eintrag vom 9. 5. 1942.

1144 IfZ-Archiv, MA 1624: 45. Inf. Div., Abt. I c, Tätigkeitsbericht für die Zeit vom 1. 10.–31. 12. 1942. In diesem Sinne auch IfZ-Archiv, MA 1622: 45. Inf. Div., Abt. I c, Tätigkeitsbericht für die Zeit vom 1. 1.–31. 1. 1942; vom 1. 2.–12. 3. 1942; Gschöpf, Weg, S. 313. Ferner Schaub, Panzer-Grenadier-Regiment 12, S. 120 (April 1942): „Welches Vertrauen die Bevölkerung zu uns hat, zeigt folgendes Erlebnis: In die Aufbruchstimmung bringt ein Vater seinen siebenjährigen Sohn (eines von seinen vielen Kindern) zur 1. (gep.) Kp. und bittet händeringend, daß wir ihn mitnehmen sollen. Um den Grund für dieses schwer verständliche Ansinnen befragt, erklärt der Vater, er wolle, daß es dem Sohn einmal besser ginge als ihm selbst. Und besser gehen könne es ihm nur bei uns und später in Deutschland. Wir werden handelseinig. Spieß 1. (gep.) Kp. nimmt sich des Jungen wie ein Vater an. Vater und Bub scheiden tränenlos. Wer kann das begreifen?"

1145 IfZ-Archiv, MFB 4/42870, Wi. Kdo. Rylsk, Lagebericht für Juni 1942 vom 19. 6. 1942, das berichtete, die Bevölkerung verhalte sich „im allgemeinen zufriedenstellend" und würde sich seit Beginn des deutschen Aufmarschs „bereitwilliger als bisher den deutschen Dienststellen zur Verfügung" stellen.

1146 BA-MA, RH 21-2/333: Pz. AOK 2, Abt. I c/A.O., „Zusammenstellung aus Berichten der Propagandatrupps des Pz. Prop. Kp. 693" vom 14. 4. 1942. Ferner PA-AA, R 60752: AOK 2, Abt. I c/A.O. (VAA), Bericht vom 3. 3. 1942 (Auszug): „Mit dem Versteifen der deutschen Front und dem offensichtlichen Zusammenbruch der russischen Offensive hat sich die Stimmung der Bevölkerung zusehends gebessert. Es kann auch gesagt werden, daß, mit geringen Ausnahmen, niemand die Wiederkehr der Roten herbeiwünscht."

ablasen[1147], so geschah das sicherlich nicht immer freiwillig. Gleichwohl erscheint es entschieden zu einfach, das Verhalten der sowjetischen Zivilisten ausschließlich mit den Kategorien von Herrschaft und Unterwerfung erklären zu wollen. Dazu war, zumindest im Hinterland, die deutsche Position zu schwach und das Verhalten der Russen – gelinde gesagt – zu gutmütig. Für viele sowjetische Zivilisten war die deutsche Besatzungsherrschaft nicht ihre erste Erfahrung mit staatlicher Gewalt. Verbitterung über den Terror und die Misswirtschaft des sowjetischen Regimes[1148] spielten daher ebenso eine Rolle wie die Ungewissheit über den Ausgang dieses Krieges, ferner Schicksalsergebenheit, Hoffnung auf einen politischen Neubeginn, persönliche Beziehungen zu den Besatzern – ein Aspekt mit vielen Varianten[1149] – sowie, so überraschend das vor dem Hintergrund der Intentionen der deutschen Führung auch scheinen mag, echte Gastfreundschaft und Menschlichkeit. Stellenweise scheint es denn auch fast zu einer Art „Fraternization" zwischen Deutschen und Russen gekommen zu sein. Farnbacher erwähnt etwa ein deutschrussisches Tanzlokal („eine recht harmlose Angelegenheit")[1150], während die militärischen Dienststellen den Tauschhandel strikt verboten[1151] und immer wieder kritisierten, dass die Landser gegenüber den Einheimischen zu vertrauensselig seien. Die in diesem Zusammenhang aufgeführten Fälle lassen sich daher immer auch als Beispiele dafür lesen, dass die Wirklichkeit der militärischen Besatzungsherrschaft sehr viele Facetten besaß[1152].

Dafür spricht auch, dass die militärischen Dienststellen die Beziehungen zwischen den deutschen Soldaten und den Einheimischen zu überwachen und zu reglementieren suchten – etwa dadurch, dass man allmählich dazu überging, diese getrennt einzuquartieren[1153]. Gleichwohl war es gerade die Truppe, die nun immer häufiger die Ansicht vertrat, es sei besser, sich gegenüber der Zivilbevölkerung anders zu verhalten. An die Stelle bloßer Willkür sollten gewisse wirtschaftliche, soziale und rechtliche Mindeststandards treten: Beim Generalquartiermeister Wagner häuften sich im Sommer 1942 die Anträge der AOK's und der Befehlshaber

---

[1147] Vgl. BA-MA, RH 39/373: Hans Luther, frh. San.-Ofw. I.[Abt.]/[Pz.Rgt.] 35 o.D.
Ferner Seitz, Verlorene Jahre, S.119: „Die Familie […] verhielt sich stets freundlich und stellte uns unaufgefordert Milch und anderes zur Verfügung."
[1148] Vgl. etwa BA-MA, MSg 1/3278: Fritz Farnbacher, Tagebuch, Eintrag vom 7.3.1942.
[1149] Vgl. hierzu Müller, Liebe im Vernichtungskrieg. Ferner die Bilanz der 45. Inf. Div.: „Die Abhaltung von Erntedankfesten zeigte überall das gute Verhältnis zwischen Truppe und Bevölkerung. Saboteure u. ä. deutschfeindl. Elemente traten – von einzelnen mit Fallschirm abgesetzten Banditen abgesehen – im Div.-Bereich nicht auf." IfZ-Archiv, MA 1624: 45. Inf. Div., Abt. I c, Tätigkeitsbericht für die Zeit vom 1.10.–31.12.1942.
[1150] BA-MA, MSg 1/3278: Fritz Farnbacher, Tagebuch, Eintrag vom 7.3.1942.
[1151] Vgl. etwa IfZ-Archiv, MA 1671: 221. Sich. Div., Abt. I b, Weisung vom 7.6.1942.
[1152] In einem Befehl vom 15.6.1942 listete die Divisionsführung zahllose Beispiele auf, denen zufolge Angehörige der Division „Agentinnen", die im Hinterland verhaftet worden waren, in Autos mitgenommen, mit Passierscheinen versorgt, zeitweise als Wäscherinnen beschäftigt oder in einem Fall auch bei sich beherbergt hätten. IfZ-Archiv, MA 1594: 4. Pz. Div., Abt. I c, Tätigkeitsbericht, Eintrag vom 17.4.1942; ebda., 4. Pz. Div., Abt. I c, „Beispiele für die Nichtbeachtung der befohlenen Überwachungsmaßnahmen" vom 15.6.1942. In diesem Sinne auch BA-MA, MSg 2/5320: NL Hans P. Reinert, Anlage: LIIII. A. K., Abt. I c, Verfügung betr. „Abwehr von Spionage" vom 23.3.1942.
[1153] Vgl. IfZ-Archiv, MA 1592: Pz. AOK 2, Abt. O.Qu./Qu. 2/I c/A. O. betr. „Evakuierung hinter der Front zur Abwehr feindlicher Agententätigkeit" vom 6.4.1942; IfZ-Archiv, MA 1624: 45. Inf. Div., Abt. I a, „Territorialbefehl Nr. 7" vom 6.11.1942; BA-MA, RH 39/373: Bericht von Rudolf Meckl, o.D.; BfZ, Slg. Sterz, 31440: Brief E. H. vom 28.6.1942 (beide 4. Pz. Div.).

der Rückwärtigen Heeresgebiete, „Lebensmittel aus Heeresbeständen für die Zivilbevölkerung freizugeben"[1154], die 2. Panzerarmee wollte „wildes Beitreiben und Plündern" mit schärfsten Mitteln „bekämpfen"[1155] und den einheimischen Bauern Mindestpreise für ihre Produkte zu garantieren[1156], das LIII. A.K. betonte, wie wichtig „die korrekte Behandlung der Bevölkerung" sei[1157], während die 4. Panzerdivision ihre Leistungsfähigkeit unbedingt sichern wollte[1158]. Auch auf den darunterliegenden Hierarchieebenen gab es Offiziere, die diesem „armen, verführten, gequälten Volk"[1159] unter der Hand etwas zukommen ließen[1160], andere sorgten dafür, dass requirierte Pferde an die Bauern zurückgegeben wurden[1161], dass deren Prügeln unterblieb[1162] und dass für sie eine rudimentäre medizinische Betreuung organisiert wurde[1163], in „dringenden Bedarfsfällen" auch durch deutsche Ärzte[1164]. Selbst ein Hardliner wie Reinert vertrat nun plötzlich die Ansicht,

---

[1154] Schreiben des Generalquartiermeisters Wagner an den Wirtschaftsführungsstab vom 3.8.1942, in: Verbrechen der Wehrmacht, S. 305.

[1155] Dabei argumentierte die Armee nicht nur wirtschaftlich (Ernte-Einbringung), sondern auch damit, dass „die russische Propaganda geschickt alle derartigen Übergriffe ausnützt und dadurch immer neue Mitkämpfer für den Partisanenkrieg gewinnt". IfZ-Archiv, MA 1593: Pz. AOK 2, O.Qu./Qu. 2, Befehl betr. „Beitreibungen und Versorgung der Truppe aus dem Lande" vom 2.4.1942. Auch der Korück 580 hob hervor, daß „die beste Sicherungsmaßnahme [...] in einer gerechten Behandlung der Zivilbevölkerung" bestehe. IfZ-Archiv, MA 895/2: Korück 580, Besondere Anordnungen für die Versorgung im Operationsgebiet o. Nr. vom 14.6.1942. Dass die Vorgesetzten diese Anordnungen auch umzusetzen suchten, illustriert etwa BA-MA, MSg 1/3278: Fritz Farnbacher, Tagebuch, Eintrag vom 11.3.1942.

[1156] IfZ-Archiv, MA 1593: Pz. AOK 2, O.Qu./Qu. 2, Befehl betr. „Beitreibungen und Versorgung der Truppe aus dem Lande" vom 2.4.1942. In diesem Sinne BA-MA, RH 21-2/867 a: Pz. AOK 2, O.Qu./Qu. 2/I c/A. O., „Richtlinien für die Behandlung der einheimischen Bevölkerung im Osten" vom 30.5.1942; BA-MA, RH 21-2/883: Pz. AOK 2, Abt. I a, Kriegstagebuch, Eintrag vom 19.6.1942.

[1157] IfZ-Archiv, MA 1639: LIII. A. K., Abt. I a, „Die Kampfführung der Armee während der Zeit der Abwehr" vom 22.4.1942. Dem LIII. A. K. war damals die 296. Inf. Div. unterstellt.

[1158] IfZ-Archiv, MA 1593: 4. Pz. Div., Kdr., Befehl vom 18.7.1942; dort heißt es weiter: „Ich verbiete daher ab sofort jedes Beitreiben von Nahrungsmitteln bei der Zivilbevölkerung [...]". Am Ende des Jahres wurde diese Forderung noch einmal stark erweitert: „Es muß Allgemeingut der Truppe werden, daß sich jeder einzelne Soldat in seinem Auftreten und Verhalten dafür verantwortlich fühlt, die Bevölkerung davon zu überzeugen, daß ihr nur der Sieg der deutschen Wehrmacht die Sicherung von Leben, Freiheit und Eigentum gewährleistet." In diesem Sinne auch BA-MA, RH 29-4/129: 4. Pz. Div., Abt. I c, Weisung betr. „Behandlung der Bevölkerung" vom 23.12.1942 sowie Neumann, 4. Panzerdivision, S. 532.

[1159] BA-MA, MSg 1/3278: Fritz Farnbacher, Tagebuch, Eintrag vom 13.3.1942.

[1160] BA-MA, MSg 1/3277: Fritz Farnbacher, Tagebuch, Eintrag vom 25.2.1942; BA-MA, MSg 1/3281: Fritz Farnbacher, Tagebuch, Eintrag vom 17.6. und 20.6.1942: „Mir tun die Menschen immer leid, wenn ich ihnen Magen aus den Augen blicken sehe und trotz aller Verbote gewähre ich es, daß von dem übriggebliebenen Essen an die Russen abgegeben wird. Mit leeren Konservenbüchsen schleichen sie wie hungrige Wölfe um die Küchen herum. Es ist ein Jammer, immer wieder das Gleiche zu sehen, ein Jahr lang nun schon ...".

[1161] IfZ-Archiv, MFB 4/42870: Wi.Kdo. Kursk, Lagebericht für die Zeit vom 1.7.-15.7.1942.

[1162] IfZ-Archiv, MA 895/2: Korück 580, Abt. Qu./op., Abschrift eines Quartiermeister-Schreibens betr. „Eisenbahnsicherung" vom 13.5.1942. Auch der folgende Befehl der 45. Inf. Div. belegt, dass man sich um eine differenzierte Behandlung seiner zivilen Umwelt bemühte; diese stellte am 12.9.1942 fest, dass es sich bei der Beschädigung von Fernsprechleitungen „nicht um Sabotageakte durch die Zivilbevölkerung, sondern um unverantwortliches Verhalten einzelner Soldaten oder ganzer Einheiten handelt". Zukünftige Verfehlungen dieser Art würden als Sabotage geahndet. IfZ-Archiv, MA 1623: 45. Inf. Div., „Tagesbefehl" vom 12.9.1942.

[1163] IfZ-Archiv, MA 1593: 4. Pz. Div., Abt. IV b, „Tätigkeitsbericht der Abteilung IV b in der Zeit vom 8.7.-20.7.1942" vom 20.7.1942.

[1164] Für Russen war zudem ein Krankenhaus in Orel eingerichtet. IfZ-Archiv, MA 1593: 4. Pz. Div., Abt. I b, „Besondere Anordnungen für die Versorgung Nr. 226" vom 7.6.1942.

dass der Kampf allein dem Bolschewismus gelte, nicht aber den Russen[1165]. Verglichen mit den Prinzipien, die das Völkerrecht festlegte, blieben das nur sehr bescheidene Zugeständnisse; sie unterschieden sich aber doch gewaltig von den menschenverachtenden Richtlinien, welche die deutsche Führung im vergangenen Jahr in Kraft gesetzt hatte.

Diese Politik der vorsichtigen Konzessionen von Seiten der Truppe wurde durch andere Maßnahmen flankiert: durch eine Propagandakampagne, die zumindest aus deutscher Sicht „bei der Bevölkerung lebhaften Anklang" fand[1166], durch die Verkündung der „Neuen Agrarordnung" am 15. Februar 1942[1167], welche die Truppe entschieden befürwortete[1168] und die bei den Bauern große Erwartungen weckte (wenngleich sie dann in Wirklichkeit kaum eingelöst wurden), und schließlich durch die schon früher einsetzende „Wiederherstellung und Einführung der Religionsausübung durch die Deutsche Armee"[1169] – ein Entgegenkommen, das diese

Doch kam es auch vor, dass die Truppe „erste Hilfe" leistete: „Im Revier sehe ich, wie eine Russin, die auch nach Kartoffeln weg war und durch den Wind starke Augenentzündung hat, Tropfen bekommt; ich lasse deshalb Sima, unsere Haustochter, holen, denn auch sie ist gestern Abend mit braunverbranntem Gesicht und starker Augenentzündung vom Brotholen zurückgekommen." BA-MA, MSg 1/3279: Fritz Farnbacher, Tagebuch, Eintrag vom 28.3.1942. In diesem Sinne auch BA-MA, RH 39/373: Hans Luther, frh. San.-Ofw. I.[Abt.]/[Pz.Rgt.] 35, o.D.: „Es ist klar, daß sich dort [vor dem San. Bereich] auch einheimische Zivilpersonen mit allerlei Wehwechen einfanden und uns um ärztlichen Beistand angingen, ganz gleich, ob es in Rußland, Litauen oder Polen war. Als Sanitätsdienstgrad war mir diese Hilfeleistung nicht gerade verboten, durfte aber eine gewisse Grenze nicht überschreiten, die nur dem Arzt zustand. Doch würden heute sicherlich manche dieser Behandlungen zivilrechtlich bestraft werden, draußen aber dankten damals im Feindesland unzählige Menschen mit überschwenglichen, leidenschaftlichen Gesten dem einfachen Sani dafür."
Zur deutschen Furcht vor Seuchen: IfZ-Archiv, MA 1593: 4. Pz. Div., Abt.I b., „Besondere Anordnungen für die Versorgung Nr.239" vom 10.7.1942. Generell hierzu Schneider-Janessen, Arzt im Krieg, S.178; Leven, Fleckfieber beim deutschen Heer; Kroener, Personelle Ressourcen, S.881 mit Anm.21.

1165 BA-MA, MSg 2/5320: NL Hans P. Reinert, Tagebuch, Eintrag vom 14.3.1942.
1166 BA-MA, RH 27-4/109: 4. Pz. Div., Abt.I c, Tätigkeitsbericht, Eintrag vom 26.3.1942: „Zur Aufklärung der russ. Bevölkerung hat I c 2 Lehrerinnen erfaßt, die nach kurzer Ausbildung zusammen mit 2 Dolmetschern die Orte des rückwärtigen Gefechtsgebietes der Div. besuchen und zur Bevölkerung sprechen. Hierbei wird über Agrarpolitik, über den Sinn dieses Krieges und andere Themen gesprochen. Die Vorträge finden bei der Bevölkerung lebhaften Anklang und fördern das Vertrauen zum deutschen Soldaten." In diesem Sinne auch IfZ-Archiv, MFB 4/42870: AOK 2, AWiFü, Kriegstagebuch, Eintrag vom 1.3.1942; BA-MA, RH 21-2/881: Pz. AOK 2, Abt.I a, Kriegstagebuch, Eintrag vom 14.4.1942; BA-MA, RH 29-4/129: 4. Pz. Div., Abt.I c (Dolm.), Bericht „Aktivpropaganda für die Bevölkerung" vom 22.12.1942. Zur damaligen „Hearts-and-minds-campaign" der 221. Sich. Div. vgl. Kap.5.5. sowie Shepherd, War, S.133.
1167 Erlass Rosenbergs zur Umwandlung der sowjetischen Landwirtschaft vom 15.2.1942, in: Europa unterm Hakenkreuz, Bd.5, Dok.75. Dieser Erlass sollte auch in den Militärverwaltungsgebieten gelten. Am 20.2.1942 erließ das OKW eine Weisung, um eine Propaganda-Aktion für die „Neue Agrarordnung" einzuleiten. Druck: Müller, Okkupation, Dok.88. Vgl. hierzu Gerlach, Die deutsche Agrarreform; ders., Morde, S.342ff.; Chiari, Alltag, S.129ff.; Pohl, Herrschaft, S.141ff. Vgl. die Flugblätter bei BA-MA, MSg 2/5320: NL Hans P. Reinert, Anlage: „Übersetzung des Flugblatts Nr.15: Euch erwartet Eure Erde".
1168 Vgl. BA-MA, RH 21-2/819: Pz. AOK 2, Abt.O.Qu., Kriegstagebuch, Eintrag vom 22.2.1942: „Abschließend weist O.Qu. darauf hin, daß mit einer großzügigen Landverteilung an die Bauern, den Partisanen das Handwerk gelegt wird, die schon dabei sind, Land an die Russen in großzügigster Weise zu verteilen. Dieses Problem wäre sehr wichtig für die Sicherheit der Truppe."
1169 BA-MA, RH 53-7/206: Beobachtungs-Ers. Abt.7, „Bericht über die Reise zur Ostfront" vom 22.8.1941: „Nach dem feierlichen Gottesdienst küßten einzelne, in überquellender Dankbarkeit mit Tränen in den Augen den anwesenden deutschen Offizieren den Rocksaum

nicht viel kostete, dessen Wirkung aber gerade beim älteren Teil der sowjetischen Gesellschaft nicht hoch genug eingeschätzt werden kann. Doch war das aufs Ganze gesehen viel zu wenig. Was die gut gemeinten Befehle den Zivilisten an Verbesserungen brachten, machten die Evakuierungen, die Zwangsarbeit und auch die „offiziellen" Requirierungen, welche die militärischen Dienststellen in eigener Regie vornahmen, oft wieder zunichte[1170]. Obwohl die Truppenführung „ein gutes Verhältnis" zur Zivilbevölkerung wollte[1171] – so die 2. Panzerarmee – , arbeiteten schon die militärisch-ökonomischen Zwangslagen dieser Absicht entgegen. Die Landser wollten satt werden und waren froh, „ein fertiges Loch zu finden", da auch der Gegner „rücksichtslos die gesamte Zivilbevölkerung zum Buddeln" einsetzte, „um aus dem ganzen Land ein einziges Stellungssystem zu machen"[1172].

Viel folgenreicher als diese widerstreitenden Tendenzen an der Basis aber war ein anderer Punkt – das Verhalten der obersten Führung. Deren Entscheidungsspielräume waren ungleich größer. Doch war sie nicht bereit, sie wirklich zu nützen – weder politisch noch militärisch. Ihre Grundsatzentscheidung, den Krieg gegen die Sowjetunion auch weiterhin *offensiv* zu führen, musste das deutsche Ostheer bis aufs äußerste belasten, so dass der Truppe nach den gewaltigen personellen und materiellen Einbußen der vergangenen Monate gar nichts anderes übrig blieb, als noch stärker die Hilfe „von außen" – und das hieß in diesem Fall: aus dem Land – in Anspruch zu nehmen. Politisch aber wollten Hitler und viel zu viele aus seiner Umgebung erst recht nicht umdenken. Die durchaus zahlreichen Versuche der Truppe, die sowjetische Gesellschaft auf ihre Seite zu ziehen, fanden „oben" beileibe nicht die Unterstützung, die diese vorsichtigen Reformen eigentlich verdient hätten. So blieb zwar nicht alles beim Alten, doch kam es auch vor, dass die Truppe in die alten Verhaltensmuster zurückfiel, und dass sich die Ansätze für eine „neue" Besatzungspolitik viel zu oft an einer härteren Wirklichkeit brachen. Immerhin: Vergleicht man die Eindrücke, welche die Wehrmacht damals von der Zivilbevölkerung hatte, mit den Berichten, die SS und Polizei zeitgleich in den weiter rückwärts gelegenen Besatzungsgebieten verfassten, so drängt sich doch die Vermutung auf, dass die Verhältnisse in den Militärverwaltungsgebieten wenigstens etwas erträglicher waren als in den Reichskommissariaten. Die Stimmung sei hier – so SiPo und SD im Juni 1942 – „äußerst schlecht und niedergedrückt"[1173]. Drei Monate

---

und konnten sich dieselben kaum von den Dankbezeugungen retten." In diesem Sinne auch BA-MA, RH 27-4/109: 4. Pz. Div., Abt. I c, Tätigkeitsbericht, Eintrag vom 3.3.1942 sowie Sturm im Osten, S.172. Vgl. hierzu Dallin, Deutsche Herrschaft, S.486ff.; Berkhoff, Religious Revival.

[1170] Hierzu eingehend Gerlach, Morde, S.273ff.

[1171] So dezidiert der Gen.oberst Schmidt am 3.3.1942 und ihm folgend die 221. Sich. Div. am 8.4.1942. BA-MA, RH 21-2/867 a: Pz. AOK 2, Abt. I c/A.O., „Armeebefehl für die Behandlung von Kriegsgefangenen, Partisanen, Feindkundschaftern und der Bevölkerung" vom 3.3.1942; IfZ-Archiv, MA 1671: 221. Sich. Div., Abt. I c, Anordnung betr. „Behandlung von Kriegsgefangenen, Partisanen und Bevölkerung" vom 8.4.1942. Vgl. hierzu auch Bock, Tagebuch, S.391 (Eintrag vom 5.3.1942): „Ich habe Interesse daran, daß die Bevölkerung im Rücken des Heeres ruhig ist. Das zu erreichen, halte ich auch jetzt noch für leicht. Man muß der Bevölkerung allerdings klare Ziele geben und das, was man verspricht, auch halten."

[1172] Schaefer-Kehnert, Kriegstagebuch in Feldpostbriefen, S.169 (Brief vom 15.8.1942).

[1173] IfZ-Archiv, MA 439: Chef SiPo und SD, Meldungen aus den besetzten Ostgebieten Nr.8 vom 19.6.1942.

später kamen diese dann zu dem Ergebnis, dass „die breite Masse der weißruthe-
nischen Bevölkerung allen politischen Geschehnissen außerhalb ihres Lebensbe-
reiches völlig apathisch gegenüber" stände: „Man lebt von Tag zu Tag nur seinen
eigenen persönlichen Sorgen. Die Gedanken kreisen mit einer unverständlichen
Sturheit lediglich um Partisanen, Lebensmittel und Sachgüter unter der Devise:
‚Nach keiner Seite hin auffallen'."[1174] Das war nicht nur eine Bankrotterklärung.
Ganz offensichtlich war dieser Teil der deutschen Besatzungsmacht auch nicht im
Geringsten bereit, die eigene Rolle kritisch zu überdenken, geschweige denn zu
ändern[1175].

Dass sich gerade in den weiter westlich liegenden Besatzungsgebieten die Stimmung der Einheimischen am meisten verschlechterte, besaß allerdings nicht nur
politische Gründe. Während im unmittelbaren Einzugsbereich der Front die Zivilbevölkerung durch Kampfhandlungen kaum noch bedroht war, wurden jene Gebiete, wo sich die Wehrmacht nicht mehr massieren konnte, immer unsicherer. Der
Partisanenkrieg hatte mittlerweile alle Phasen der Eskalation durchlaufen und erfasste nun immer mehr Teile des Hinterlands. Die dort lebenden Menschen erlebten nun nicht nur, dass die deutschen Gegenaktionen häufig die Falschen trafen,
sie besaßen auch zunehmend den Eindruck, dass die Wehrmacht ihre Sicherheit
nicht mehr garantieren konnte.

Damit kommen wieder jene Regionen ins Spiel, in denen die beiden Besatzungsverbände unseres Samples damals im Einsatz waren. Seit Frühjahr 1942 drehte sich
hier alles um die Auseinandersetzung mit den irregulären Kräften. Während die
221. Sicherungsdivision, die im März ins Hinterland zurückgekehrt war, dort schon
bald „heftigen Feindangriffen" ausgesetzt war[1176], bildete auch das Gebiet des
Korück 580 einen der gefährlichsten „Unruheherde"[1177] im Rücken der deutschen
Front. Angesichts dieser Entwicklung scheint es sinnvoll, deren Geschichte erst in
den Kapiteln „Partisanenkrieg", bzw. „Kriegsgefangene" wiederaufzunehmen, den
beiden zentralen Handlungsfeldern dieser Verbände.

3.5.4 Ausblick

Nach einem Jahr hatte die Wehrmacht den Krieg gegen die Sowjetunion nicht verloren. Sie hatte – was sich *für sie* auf lange Sicht als noch schlimmer erweisen sollte
– ihn nicht entschieden. Was nun folgte, war ein quälend langes Sterben, waren

[1174] Ebda., Meldungen aus den besetzten Ostgebieten Nr. 20 vom 11.9.1942.

[1175] Es spricht für sich, wenn auch die Einheimischen zwischen den deutschen Besatzungsorganisationen unterschieden. Nach 1945 legte beispielsweise die Harvard University einer Gruppe
von 1000 sowjetischen Emigranten die Frage vor: „Wer von den Deutschen hat sich nach
Ihrer Meinung am besten benommen?", 545 nannten die Fronttruppen, 162 die Zivilverwaltung und 69 die Truppen in den Rückwärtigen Gebieten. Auf SS und Sicherheitspolizei verwiesen dagegen nur 10. Vgl. Dallin, Deutsche Herrschaft, S. 85, Anm. 1.
In diesem Sinne etwa auch Uwe Timm (Am Beispiel meines Bruders, Köln ⁴2003, S. 92), der
einen Brief seines Bruders, Angehöriger der Waffen-SS, vom 25.7.1943 zitiert: „Scheinbar
haben diese Leute hier unten noch nichts mit der SS zu tun gehabt. Sie freuten sich alle,
winkten, brachten uns Obst usw., bisher lag nur Wehrmacht hier in den Quartieren."

[1176] BA-MA, RH 22/229: Kdr. Gen. d. Sich. Trp. u. Bfh. im Rückw. Heeresgebiet Mitte, Abt. I a,
Kriegstagebuch, Eintrag vom 11.5.1942.

[1177] BA-MA, RH 20-2/1453: Korück 580, Kdt., „Lagebericht" vom 21.1.1941.

Abnützungskämpfe, Rückzüge, Zusammenbrüche, die auf lange Sicht noch mehr Opfer fordern mussten, als dies bei einem schlagartigen Zusammenbruch des Ostheeres der Fall gewesen wäre. Nirgends wurde diese Situation des strategischen und operativen Patts so deutlich wie am nördlichen und mittleren Abschnitt der deutschen Ostfront, wo die abgewirtschafteten deutschen Verbände nun gewissermaßen den Krieg des armen Mannes führten. Sie waren zu schwach, um ihn zu gewinnen, aber noch immer so stark, dass sie ihre Stellung hielten. Während die deutsche Führung stur am Prinzip des Angriffs festhielt und im Süden konsequent das Wenige verspielte, was das Ostheer mühsam an Ressourcen gewonnen hatte, erstarrte die übrige Front in Stellungskämpfen, im Abnützungskrieg, wie man ihn schon aus den Jahren 1914 bis 1918 kannte. Würde – wie damals – auch dieses Mal die Zeit langfristig gegen das Deutsche Reich arbeiten? Eine Antwort stand damals noch aus. Sicher aber war etwas anderes: Den Nimbus ihrer Unbesiegbarkeit hatten die deutschen Soldaten im vergangenen Winter verloren, nicht nur an der Front.

Spätestens jetzt wurde die Frage nach dem Ziel und dem Sinn dieses Krieges immer quälender. Während des stürmischen Vormarschs oder der verzweifelten Abwehrkämpfe hatten solch grundsätzliche Fragen meist hintan stehen müssen; die Sicherung der einfachsten Existenzbedingungen hatten alles überlagert. Auch in den Monaten nach der Krise waren die Landser damit noch zur Genüge ausgelastet. Doch gab es mittlerweile auch Ruhepausen. Sie nagten an der Seele. Um die Stimmung zu verstehen, die sich nach einem Jahr Krieg im Ostheer verbreitete, lohnt der Blick in einen Bericht, den die US-Army zum Thema „Exhaustion" nach dem Zweiten Weltkrieg erstellte[1178]: „Die meisten Männer waren nach 180 oder schon 140 Tagen nicht mehr kampffähig. [...] Nur wenige Männer taten nach 200 bis 240 Kampftagen noch Dienst, ihr Wert für ihre Einheit war unerheblich." Hier ging es aber nicht um 180, hier ging es um über 360 Tage, und ein Ende war nicht abzusehen. Dabei kämpfte man nicht nur gegen die Rote Armee: „48 Stunden im Freien, vor allem in der Nacht während einer Kälte von über 35 Grad verbracht, sind dazu angetan, in jedem Beteiligten besondere Vorliebe für das Land unserer Zukunft zu erwecken"[1179], schrieb ein Stabsoffizier aus dem AOK 2 im März 1942. Mittlerweile war der Abstand zwischen den hochtönenden Verheißungen der deutschen Propaganda und der Wirklichkeit so groß geworden, dass es schwer fiel, ihn zu ignorieren. Nach den Erfahrungen dieses Winters sei „das bisher unbegrenzte Vertrauen der Truppe in die Führung" rapide abgesunken, meinte ein Korpsarzt[1180], während die 45. ID nicht ohne Bitterkeit eine Meldung des Generalfeldmarschalls von Bock kommentierte, der als Oberbefehlshaber der Heeresgruppe Süd beim Gegner „Verfallserscheinungen" festzustellen glaubte: „Schon im Feldzug des Jahres 1941 wurde mehrfach in Befehlen höchster Dienststellen davon

---

[1178] Zit. in: Keegan, Schlacht, S. 393.

[1179] PA-AA, R 60752: AOK 2, Abt. I c/A.O. (VAA), Bericht vom 3.3.1942 (Auszug).

[1180] Vgl. ferner BA-MA, RH 21-2/877: Pz. AOK 2, Abt. I a, Kriegstagebuch, Eintrag vom 12.2.1942, wo ein Bericht eines Korpsarztes zitiert wird. Er sah in diesem Vertrauensbruch einen Umstand, der „wesentlich zur Erschütterung der seelischen Widerstandskraft" beigetragen habe.
Vgl. auch Neumann, 4. Panzerdivision, S. 483 (15.2.1942): „Bekleidung aus der ‚Wollsammlung des deutschen Volkes' kommt zur Verteilung. Da die große Kälte jetzt vorüber ist, hätte sich das erübrigt, ausgenommen Wäsche und Socken, vermerkt der I b."

gesprochen. Die russ[ische] Armee war leider nicht zerfallen! Sie erträgt schwerste
Erschütterungen besser als wohl jede andere europäische Wehrmacht."[1181]

Welche Konsequenzen aber zog man daraus? Das Problem war, dass sich die
meisten Wehrmachtsangehörigen auf einer Hierarchieebene bewegten, auf der man
über die strategischen Fragen nicht zu entscheiden hatte. „Daß der Durchschnitts-
soldat und -offizier einfach seine Pflicht tut", sei ja richtig, meinte selbst ein so
kritischer Kopf wie Ulrich von Hassell[1182]. Was aber war mit den höheren Vorgesetzten, jenen, welche die Augen vor der „Großen Lage" schon aufgrund ihrer
Position einfach nicht verschließen konnten? In den Divisionen gehörten zumindest die Kommandeure und Stabsoffiziere zu dieser Minderheit. Aber selbst sie
scheinen nur selten über das bloße militärische Tagesgeschäft hinausgedacht zu haben[1183]. Der Alltag mit seinen ständigen Improvisationen und auch die meist sehr
ernst genommene Verantwortung für die „eigenen Männer" fraßen das, was ihnen
an Zeit und Energie blieb, fast vollständig auf[1184]. Gleichzeitig drängte Hitler zunehmend in das Geschäft der eigentlichen Kriegführung. Spätestens seit dem Winter 1941/42, als keine Division mehr ohne Genehmigung der obersten Führung
bewegt werden durfte, spürte man hier allerorten, wie verschwindend gering selbst
die fachlichen Spielräume geworden waren.

Die Professionals haben das mit einer bemerkenswerten Schicksalsergebenheit,
sie hätten gesagt: Pflichtbewusstsein, hingenommen. Sie taten weiterhin ihren
„Dienst", wie schon in den Jahren oder Jahrzehnten zuvor. Sie waren bereit, im
Taktischen oder im Technischen zu lernen, mitunter auch im Politischen, schon
weil die Überlebenschancen sonst nicht sehr groß gewesen wären. Die große strategische Lage aber akzeptierte man, schon weil sie der eigenen Einflusssphäre vollkommen entrückt zu sein schien. Reinert, an Alter und Dienstalter jünger als die
Positionselite in den Divisionen, dürfte mit seiner Bemerkung vom Februar 1942
diese Stimmung sehr genau getroffen haben: „Aber auch hier sagen manche, dass
es schon mal einen Dreißigjährigen Krieg gegeben habe... natürlich mehr aus Ironie

---

1181 IfZ-Archiv, MA 1623: 45. Inf. Div., Abt. I a, Kriegstagebuch, Eintrag vom 6.7.1942.
     Es ist bemerkenswert, dass sich zum damaligen Zeitpunkt im oberösterreichischen Rekrutie-
     rungsgebiet der 45. ID ganz ähnliche Stimmungen verbreiteten: „Über die Kriegführung wird
     im allgemeinen nicht viel gesprochen. [...] Die Meinung der Bevölkerung über den Erfolg
     dieser Offensive ist eine geteilte, ein Teil setzt die Hoffnung darauf, daß es dem deutschen
     Heere gelingen wird, das russische Heer zur Gänze niederzuringen und dadurch ein entschei-
     dendes Ergebnis herbeizuführen. Der andere Teil der Bevölkerung ist sich eines schnelles
     Endes des Krieges und entscheidenden Erfolges im Osten nicht so sicher, [...]." Widerstand
     und Verfolgung in Oberösterreich 1934–1945, Bd. II, S. 325 (Lagebericht aus Scharnstein vom
     17.4.1942).
1182 Hassell, Tagebücher, S. 283 (Eintrag vom 30.11.1941). Bemerkenswert aber auch die klare
     Grenzziehung Hassells zu den höheren Etagen der Wehrmacht: „Ein Oberbefehlshaber ist
     kein Divisionskommandeur, der einfach zu gehorchen hat, sondern er hat auch die politischen
     Zusammenhänge mit zu erwägen, [...]." Ebda., S. 139 (Eintrag vom 6.11.1939). Zu diskutie-
     ren wäre freilich, ob sich ein Divisionskommandeur tatsächlich in einer solch subalternen
     Position befand.
1183 Dies hat Hürter (Heerführer, S. 353 ff.) selbst für die Ebene der Oberbefehlshaber nachgewie-
     sen.
1184 So beklagte sich damals Gen. mj. Otto Wöhler, Chef des Generalstabs der Heeresgruppe Mit-
     te, über den I a einer Division, der nicht die Stellungen seiner Division kannte, da er „vor
     Papierarbeit keine Zeit" habe, „nach vorn zu gehen". Dieser habe ihm gesagt, er käme täglich
     „höchstens 20 Minuten an die frische Luft". BA-MA, RH 21-2/338: Pz. AOK 2, ChefGenSt,
     Mitteilung „an die Herren Chefs des Generalstabes" der unterstellten Korps vom 28.6.1942.

und Spaß, aber das Körnchen Wahrheit, das hinter jedem Witz stecken soll, ist hier klar zu erkennen: Man weiß ja nie, wie lange dieser Krieg dauern wird – und was er persönlich einem bringt. Man sollte es also wie die Spatzen in der Bibel machen!"[1185] Noch deutlicher wurde Reinert zwei Monate später. Seine Ratlosigkeit und auch seine Schlussfolgerungen sind so bemerkenswert, dass es sich lohnt, sie in ganzer Länge zu zitieren: „Zugegeben, daß wir einfach kein Ende dieses Ringens im Osten uns vorstellen können, weil wir keine Möglichkeit sehen, dem Russen so vernichtend ans Leder zu können, daß er nicht mehr aufmucksen kann und nicht wissen, wie wir dieses Riesenland organisatorisch und militärisch erfassen können, so gibt es bei Gott doch Intelligentere, die mehr wissen als wir und die, für eine Lösung verantwortlich, auch schon eine solche bereit haben. Man sollte nicht von morgens bis abends grübeln und nörgeln. Besonders nicht als Soldaten. Unsere Aufgabe ist, das befohlene Ziel zu erreichen und zu halten. Was dann kommt, das haben die andern zu machen, und die werden es auch machen."[1186]

Diese verzweifelte Hoffnung auf eine Führung, die genau diesen Anspruch immer weniger einlöste, gemischt mit Unbelehrbarkeit, Gehorsam, reiner Verantwortungslosigkeit, Pflichtgefühl, purer Angst – vor dem Gegner wie auch vor der eigenen Verantwortung – und schließlich einem politischen Wertesystem, dessen Koordinaten in Reinerts Fall eher der Nationalsozialismus als der Nationalismus bildete, sorgten dafür, dass auch dieser Offizier bis zuletzt auf seinem Posten blieb, selbst wenn die Hoffnung auf einen Sieg oder wenigstens auf ein Patt immer mehr zerrann[1187]. Damit war er nicht allein. Denn dort, wo diese mentalen Sicherungen unter dem Eindruck der Ereignisse zerbrachen, verhinderte jene Trias aus Armee, Diktatur und Krieg, dass die Angehörigen des Ostheers jene Konsequenzen zogen, die sie eigentlich längst hätten ziehen müssen.

Vorerst standen sie noch „tief im Feindesland". Allein in der Sowjetunion kämpfte die Wehrmacht im Sommer 1942 an einer Front von mehreren Tausend Kilometern, ihr waren noch immer gewaltige Räume mit Millionen von Menschen unterstellt. Auch unsere fünf Divisionen waren über diesen gewaltigen Kriegsschauplatz verteilt, dem angesichts seiner Bedeutung für diesen Einsatz der Wehrmacht das nächste Kapitel gewidmet ist.

[1185] BA-MA, MSg 2/5321: NL Hans P. Reinert, Tagebuch, Eintrag vom 24.2.1942.
[1186] BA-MA, MSg 2/5321: NL Hans P. Reinert, Tagebuch, Eintrag vom 26.4.1942.
[1187] Das betraf auch die nationalsozialistische Überzeugung, so etwa bei der 4. Panzerdivision. Vgl. etwa Seitz, Verlorene Jahre, S. 157: „Auffallend an dieser ganzen aufgezogenen mitternächtlichen Geschichte [eines Appells, verbunden mit einer Ansprache] war die Tatsache, daß, als der Offizier zum Schlusse seiner Vorlesung ein Siegheil auf Hitler ausbrachte, keiner von uns mit einstimmte."

4. Räume

4.1 Zur Topographie des „Unternehmens Barbarossa"

Fast jede militärische Operation steht in einer engen Beziehung zum Raum[2]. Er bildet gewissermaßen den Parameter des Krieges, er gibt unmissverständlich Auskunft über die Erfolge oder Misserfolge der Kontrahenten. Kann eine Partei bestimmte Punkte und Regionen besetzen oder halten, dann heißt das, dass sie sich im Vorteil befindet. Muss sie sich zurückziehen, werden ihr diese Punkte und Räume wieder entrissen, dann ist dies Ausdruck einer Niederlage oder wenigstens einer momentanen Schwäche. Kurz und bündig heißt es hierzu in einer einschlägigen amerikanischen Analyse: „War is a geographical phenomenon."[3] Es gibt kaum einen Krieg, für den dieses Theorem so sehr zutrifft wie für den deutsch-sowjetischen. Das hatte mehr als einen Grund:
– Allein geographisch war die Sowjetunion ein gewaltiger Gegner. Mit einer Gesamtfläche von 22,4 Millionen Quadratkilometern verfügte sie im Jahre 1941 über die größte zusammenhängende Staatsfläche der Welt[4], ein Sechstel der Erde, wie die Sowjetunion sich damals stolz nannte. Dieses kulturell und zivilisatorisch stark zerklüftete Riesenreich war teilweise nur dünn besiedelt[5], viele Gebiete waren trotz der wirtschaftlich-gesellschaftlichen Modernisierungsschübe, welche die bolschewistischen Machthaber erzwungen hatten, rückständig geblieben oder noch nicht einmal erschlossen. Trotzdem schienen die Ressourcen an Mensch

---

[1] Schlögel, Im Raume, S. 485.
[2] Der Begriff Raum wird hier weniger in einem naturwissenschaftlichen Sinne gebraucht, sondern vor allem im Sinne der Humangeographie. Das heißt, es geht neben der physischen Beschaffenheit eines Raums in erster Linie um seine Funktion als Ort menschlichen Lebens und Handelns und auch als Projektionsfläche ideologischer Konstrukte. Gerade am Beispiel des deutsch-sowjetischen Krieges mit seinem raschen Aufbau und Zerfall völlig neuer regionaler Verwaltungsstrukturen („Weißruthenien" vs. „Partisanenrepublik") wird die Willkürlichkeit der symbolischen Codierung von Raum besonders deutlich. Zur Diskussion über räumliche Zusammenhänge in historischer Perspektive vgl. Sturm, Wege zum Raum; Osterhammel, Geopolitik; Mejstrik, Raumvorstellungen.
[3] O'Sullivan, Terrain and Tactics, S. 31. Ferner ders./Miller, The Geography of Warfare; Dockery (Hrsg.), The military landscape. Für die Angehörigen der Wehrmacht waren solche Paradigmen noch selbstverständlich. Vgl. etwa Diemer-Willroda, Schwert und Zirkel, S. 9: „Die Landschaft steht zu allen kriegerischen Begebenheiten in Beziehung, von ihrer richtigen Beurteilung hängt das Ergebnis jeder Kampfhandlung ab." Eine grundlegende moderne Analyse der militär- und operationsgeschichtlichen Bedeutung des Faktors Raum steht dagegen im deutschen Sprachraum noch aus.
[4] Sedlmeyer, Landeskunde der Sowjetunion, S. 18ff.
[5] Im Deutschen Reich kamen 1933 auf 1 km² 131 Einwohner. In der Ukrainischen SSR waren es 68,5, in der Weißrussischen SSR 44,2 und in der Russischen SSR 6,5 Menschen, wobei vor allem die dichter besiedelten Westgebiete von der Wehrmacht besetzt waren. Angaben nach: Statistisches Jahrbuch für das Deutsche Reich 1938. Hrsg. vom Statistischen Reichsamt, Berlin 1938, S. 7; Leimbach, Sowjetunion, S. 164ff., 218f., 231.

und Material, welche die Sowjetunion ins Feld führen konnte, beinahe unendlich.
– Doch war die schiere Größe dieses Gegners nicht allein ökonomisch und militärisch von Bedeutung. Die Geographie dieses Kriegstheaters stellte die beiden
Kontrahenten vor sehr spezielle Probleme. In diesem Krieg ging es nicht allein
darum, Räume zu erobern oder zu halten, sondern auch – was sich als mindestens genau so schwierig erweisen sollte – zu überwinden, zu durchdringen und
großräumig zu sichern. Dabei befanden sich jene, die in diesem Land aufgewachsen waren und die es kannten, von vorneherein im Vorteil.
– Auch ideologisch besaß der Faktor Raum im deutsch-sowjetischen Krieg einen
hohen Stellenwert. Ursache für den deutschen Angriff auf die Sowjetunion war
immer auch die atavistische Gier Hitlers nach Land und nach dem, was dieses
beherbergte: Menschen, Nahrung, Rohstoffe. Daraus wollte er „einen Garten
Eden machen"[6] – freilich nur für jene, die seinen rassistischen Vorstellungen
genügten. Grund und Boden waren in diesem Krieg also nicht nur eine militärische, sondern stets auch eine politische, wirtschaftliche und nicht zuletzt auch
ideologische Größe. Dass dies für die deutsche Kriegführung viele Folgen hatte,
wissen wir. Mit Hitlers Emanzipation als „Feldherr" traten wirtschaftliche und
politische Argumente mehr und mehr an die Stelle militärfachlicher Gründe[7].
Seine verbissene Haltestrategie in der zweiten Kriegshälfte oder die Strategie der
„Verbrannten Erde" waren Ausdruck einer solchen Einstellung.
– Schließlich lässt sich noch ein Grund dafür anführen, warum sich in diesem Fall
die Geschichte der Wehrmacht erst über den Raum erschließt. In der preußisch-
deutschen Geschichte hatte die Armee nicht nur Kriege zu führen und fremdes
Gebiet zu erobern, sie besaß auch seit alters her das Recht, dieses Gebiet so lange zu verwalten, bis die Politik entschied, wie damit weiter zu verfahren sei. Für
das NS-Regime war diese Vorstellung ein Gräuel. Schon im Polenfeldzug hatte
die Wehrmacht nicht so funktioniert, wie sich Hitler das eigentlich vorgestellt
hatte[8]. Bei der Vorbereitung des „Unternehmens Barbarossa" begann er deshalb
schon „sehr früh"[9], die Wehrmacht aus dieser Aufgabe herauszudrängen, ihr
dieses Recht zu nehmen. Warum sollte der „Führer" ein Unternehmen, das zu
den zentralen Anliegen seiner Politik zählte, denn auch in fremde Hände legen,
erst recht in die Kompetenz einer Institution, der er – aller Loyalitätsbekun-
dungen zum Trotz – politisch nicht wirklich traute? In den Repräsentanten des
Heeres sah er nur „Würstchen", unfähig, die eroberten Gebiete in seinem Sinne
zu verwalten[10]. Das, was er mit dem neuen „Lebensraum" vorhabe, erfordere

---

[6] So Hitler in seiner Besprechung mit Göring, Keitel, Rosenberg, Lammers und Bormann am
16.7.1941, in: IMT, Bd. 38, S. 86–94: Dok. 221-L.
[7] Vgl. hierzu Jacobsen, Oberste Wehrmachtführung; Philippi/Heim, Feldzug, S. 67ff.; Wegner,
Krieg; Hartmann, Halder, S. 274ff.
[8] Das hatte zur Folge, dass im Oktober 1939 das Generalgouvernement Polen, also eine Zivilverwaltung, errichtet wurde. Vgl. Röhr, Forschungsprobleme, S. 126ff.; Müller, Heer und Hitler,
S. 422ff.; Umbreit, Militärverwaltungen. Kritischer Böhler, Auftakt zum Vernichtungskrieg.
Vgl. dagegen auch Rossino, Hitler strikes Poland.
[9] So Gerlach, Morde, S. 156.
[10] Als Stabsoffizier im OKH erhielt der Prinz von der Leyen damals Kenntnis von einem Brief
Hitlers an Goebbels, in dem folgendes gestanden habe: „Der Gedanke, etwas von der ‚territorialen Beute' einem nationalen Rußland zu überlassen, fand vor den Augen Hitlers keine Gnade.

„so viel politisches Geschick", dass man das „nicht dem Heer zumuten könne"[11]. Schon im März 1941 befahl Hitler daher, „das Operationsgebiet des Heeres der Tiefe nach soweit als möglich zu beschränken"[12]. Die Wehrmacht sollte
sich im Feldzug gegen die Sowjetunion auf ihre Kernfunktionen, auf das Geschäft der Kriegführung, konzentrieren – und selbst hier sollte sie dann ihre
Autonomie verlieren[13].

Als Besatzungsmacht aber hatte man sie bereits von vorneherein zurechtge-
stutzt[14]. Obwohl das nationale[15] und auch das internationale Recht[16] die absolute Vorrangstellung des Militärs in einem besetzten Land vorsahen, fehlte nicht
nur „ein zentraler militärischer Besatzungsbefehlshaber wie beispielsweise in
Frankreich"[17]. Noch schwieriger war für die Wehrmacht, dass sie ihre Besatzungsherrschaft mit drei weiteren Konkurrenten teilen musste: Görings Vier-
jahresplan-Behörde, Himmlers SS- und Polizeiapparat und Rosenbergs Reichsministerium für die besetzten Ostgebiete. Die Aufgaben dieser verschiedenen
Organisationen fasste ein Generalstabsoffizier in wenigen Stichworten zusammen: „Wehrmacht: Niederringen des Feindes; Reichsführer SS: Politisch-poli-
zeiliche Bekämpfung des Feindes; Reichsmarschall: Wirtschaft; Rosenberg:
Polit[ischer] Neuaufbau."[18] Das klang klar und effizient; auch gab es – wie wir
noch sehen werden – Versuche, die Kompetenzen aufzuteilen und abzugrenzen.
Erfolge hatten sie kaum. In der Praxis waren die Rivalitäten und Grabenkämpfe
der beteiligten Institutionen dafür verantwortlich[19], dass „das Ergebnis ein nicht
mehr beherrschbares Chaos [war], das nicht einmal versuchsweise behoben,

---

In seiner Sprache sah das so aus: ‚Ich denke nicht daran, die weiche Tour dieser Würstchen, der
Generale des Heeres, mitzumachen.' Der Begriff ‚Würstchen' wiederholte sich öfters und
schien ihm besonderes Vergnügen zu bereiten." Leyen, Rückblick zum Mauerwald, S.106.

[11] KTB OKW, Bd.I. S.341 (Eintrag vom 3.3.1941). Vgl. ferner Engel, Tagebuch, S.96f.
(16.3.1941).

[12] Richtlinien auf Sondergebieten zur Weisung Nr.21 vom 13.3.1941, in: Hubatsch (Hrsg.), Hitlers Weisungen, S.88–91, hier S.89. Laut Reichsverteidigungsgesetz vom 4.9.1938 konnte Hitler
als Oberster Befehlshaber der Wehrmacht den Umfang des Operationsgebiets festlegen. IMT,
Bd.29, S.319ff.: Dok.PS-2194. Neue Quellen zum Entscheidungsprozeß bei: Angrick, Besatzungspolitik und Massenmord, S.69ff.

[13] Vgl. hierzu Hartmann, Halder, S.271ff.

[14] Vgl. Umbreit, Herrschaft, S.39, der die deutsche Besatzungsherrschaft in der Sowjetunion als
eine einzige „Fehlkonstruktion" bewertet und die These vertritt, dass der Machtverlust der Militärverwaltung am stärksten gewesen sei.

[15] Vgl. hierzu IfZ-Archiv, Da 034.008-92.1: Handbuch für den Generalstabsdienst im Krieg, Teil I,
Berlin 1939, S.117f.: „Die Obersten Reichsbehörden, Obersten Preußischen Landesbehörden
und die Reichsleitung der NSDAP können Anordnungen für das Gebiet, für das die vollziehende Gewalt übergegangen ist, nur mit Zustimmung des Inhabers der vollziehenden Gewalt
erlassen. […] Unberührt bleibt ihr Recht, den ihnen unterstellten Behörden und Dienststellen
Weisungen zu erteilen. Jedoch geht das Weisungsrecht der Inhaber der vollziehenden Gewalt
vor."

[16] So hielt die alliierte Seite die Einrichtung deutscher Zivilverwaltungen in den besetzten Ländern
für einen „Verstoß gegen die Haager Landkriegsordnung". ADAP, Serie D, Bd.XIII/1,
Dok.173.

[17] Pohl, Herrschaft, S.340.

[18] Aufzeichnung des Majors i.G. Hans Georg Schmidt von Altenstadt vom 6.6.1941, zit. bei:
Förster, Sicherung, S.1071.

[19] So suchte das Reichsministerium für die besetzten Ostgebiete durch Otto Bräutigam, seinen
Verbindungsmann zum OKH, von vorneherein „darüber zu wachen, daß schon die Militärverwaltung im Sinne und Geiste der späteren Zivilverwaltung arbeitete". Bräutigam, Kriegstagebuch, S.134 (Eintrag vom 24.6.1941).

sondern durch das Schaffen weiterer Zuständigkeiten noch vergrößert wurde"[20]. Auch das hatte System, es entsprach auch Hitlers charakteristischem Muster einer „Besatzungspolitik der verschleierten Zielsetzung"[21]. Gleichzeitig blieb Hitler, der die Richtlinien seiner Ostpolitik niemals schriftlich fixierte, die letzte und höchste Führungsinstanz. Wenn schon im Deutschen Reich die Herrschafts- und Verwaltungsstrukturen oft verworren, unübersichtlich und kontraproduktiv waren, dann musste das erst recht für ein Provisorium wie den deutschen „Lebensraum im Osten" gelten. „Hier wird lustig drauflos regiert, meistens einer gegen den anderen, ohne daß eine klare Linie vorherrscht", meinte Goebbels[22]. Andere nannten diesen Zustand nur noch „ChaOstpolitik"[23].

Wenn die territoriale Verantwortung der Wehrmacht letzten Endes dann doch viel größer ausfiel, so lag das vor allem am unerwarteten Verlauf dieses Krieges. Das militärische Okkupationsregime, ursprünglich als Provisorium gedacht, entwickelte sich allmählich zu einem Dauerzustand, so dass die Wehrmacht auch in der Sowjetunion zu einem der wichtigsten Träger der deutschen Besatzungsherrschaft wurde. 1942, auf dem Höhepunkt des deutschen Ausgreifens, kontrollierte sie ein Gebiet mit einer Million Quadratkilometer[24] bzw. 30 Millionen Menschen[25]. Doch war die Wehrmacht auch hier nicht allein, auch hier galt die von Hitler dekretierte Aufgabenteilung. Angesichts der sich überschneidenden Kompetenzen und angesichts des ausgeprägten Futterneids der beteiligten Organisationen waren Konflikte vorprogrammiert. Dass sich gleichzeitig an der Basis dann doch das entwickeln konnte, was Peter Longerich als „funktionales Zusammenspiel" bezeichnet hat, war nicht allein Folge der politischen Rückendeckung, welche die nicht-militärischen Organisationen von oben erhielten. Angesichts eines als bedrohlich empfundenen fremden Landes, der militärischen Lageentwicklung und der Destabilisierung des Hinterlands blieb den konkurrierenden deutschen Besatzungsorganisationen auf lange Zeit gar nichts anderes übrig, als die eigenen Reihen fester zu schließen[26].

Die Wehrmacht befand sich also in einer höchst eigenartigen Situation. Auf der Karte verfügte sie über sehr viel Macht. Die Hälfte der eroberten sowjetischen Gebiete befand sich in ihrer Gewalt, und auch in der anderen Hälfte, den Reichskommissariaten, war sie noch präsent, wenn auch in einer formal untergeordneten Position. Vor allem aber war die Wehrmacht, verglichen mit ihren Konkurrenten, faktisch die mächtigste Organisation auf diesem Kriegsschauplatz; personell und materiell verfügte sie mit Abstand über die „stärksten Bataillone". Gleichwohl

---

[20] Umbreit, Herrschaft, S. 39.
[21] Rebentisch, Führerstaat, S. 313.
[22] Goebbels, Tagebücher, Teil II, Bd. 4, S. 449 (Eintrag vom 5. 6. 1942).
[23] Mulligan, The Politics of Illusion and Empire, S. 31.
[24] Angaben nach: Röhr, Forschungsprobleme, S. 91. Geringere Angaben (1,5 Mio. km²) in: Müller (Hrsg.), Wirtschaftspolitik, S. 301. Ferner Gerlach, Morde, S. 134.
[25] Angabe nach: Müller (Hrsg.), Wirtschaftspolitik, S. 5.
    Auch in den beiden Reichskommissariaten hatte die Wehrmacht je einen Wehrmachtsbefehlshaber postiert, doch musste sie sich hier mit einer untergeordneten Rolle begnügen. Vgl. hierzu auch die folgenden Ausführungen.
[26] Zur Kooperation zwischen Zivil- und Militärverwaltung vgl. etwa Pohl, Herrschaft, S. 90f.

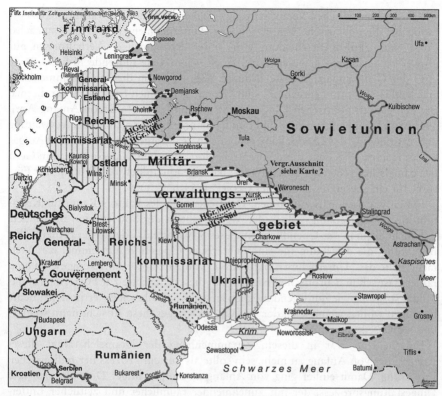

Die besetzten Gebiete der Sowjetunion – Stand Herbst 1942

hatte die politische Führung diesen militärischen Koloss organisatorisch so geschickt in ein Netzwerk konkurrierender Organisationen eingebunden, dass zumindest auf dem Feld der Besatzungspolitik ihre Spielräume stark eingeschränkt waren. Als militärische Besatzungsorganisation war sie nicht allein vertikal von Hitlers Vorgaben abhängig, die er als Oberster Befehlshaber der Wehrmacht (und seit Dezember 1941 auch als Oberbefehlshaber des Heeres) diktierte. Auch auf horizontaler Ebene existierte eine in ihren Bereichen weitgehend gleichgestellte Konkurrenz. Und schließlich verfügte die Wehrmacht über keine starke Zentralinstanz, bei der alle Kompetenzen für die besetzten sowjetischen Gebiete zusammengelaufen wären[27].

Wenn die Wehrmachtsführung diese Entmachtung akzeptierte, dann war das nicht Ausdruck ihrer politischen Schwäche, sondern auch einer bedenklichen poli-

---

[27] Einen gewissen Ersatz bildete das Amt des Generalquartiermeisters, der freilich mit der Versorgung des Heeres schon zur Genüge ausgelastet war. Außerdem war er als nachgeordnete Instanz des Generalstabschefs des Heeres institutionell zu schwach. Vgl. hierzu Pohl, Herrschaft, S. 92 ff. Zur Rivalität der Oberbefehlshaber vgl. Hürter, Heerführer, S. 356.

tischen und moralischen Verantwortungslosigkeit[28]. Sicherlich war ihre Konzentration auf die militärische Umsetzung des „Unternehmens Barbarossa" zunächst
Folge einer „Führerentscheidung", die unter den damaligen Verhältnissen nur
schwer zu revidieren gewesen wäre. Doch waren viele führende Militärs – wie
etwa der Generalquartiermeister Eduard Wagner, der in diesem Zusammenhang
eine Schlüsselposition einnahm[29] – im Grunde genommen froh, „daß wir diesmal
mit den ganzen politischen Dingen nichts zu tun haben"[30]. Schon Anfang April
1941 hatte Wagner daher kurz und bündig befohlen: „Die planmäßige Verwaltung
und Ausnutzung des Landes kann erst eine spätere Sorge sein. Sie ist nicht Aufgabe des Heeres."[31] Bereits diese Vorentscheidung stand im Widerspruch zum Geist
des damals herrschenden Kriegsrechts, das eigentlich doch das Prinzip der Fürsorge für ein „besetztes feindliches Gebiet" vorsah[32].

Fassen wir nochmals zusammen: Die Bedeutung des Faktors Raum für Kriegführung und Besatzungspolitik der Wehrmacht in der Sowjetunion begründete
sich nicht allein in der Unendlichkeit dieses Schlachtfelds oder in der prinzipiellen
Bedeutung, die der Raum für eine militärische Operation nun einmal hat. Vielmehr zielte das „Unternehmen Barbarossa" von Anfang an auf Raumgewinn, und
Hitlers fast schon neurotische Fixierung auf dieses Ziel hatte zur Folge, dass er das
Militär so wenig wie nur irgend möglich an der Kontrolle seiner territorialen Beute
beteiligen wollte, wenngleich der Verlauf des Krieges diese Absicht dann wenigstens teilweise konterkarierte.

Entscheidend war in diesem Zusammenhang der Doppelcharakter dieses
Krieges, der von Anfang an mehr sein sollte als nur ein Prozess der militärischen
Eroberung. Damit einher ging von Anfang an ein gewaltiger Destruktions- und
Umgestaltungsprozess, der mit zunehmender räumlicher und zeitlicher Entfer-

---

[28] Vgl. hierzu Hartmann, Halder, S. 241 ff.
     So berichtete der General Wilhelm Ritter von Thoma am 26.1.1943 in einer heimlich vom CS-
     DIC aufgezeichneten Besprechung, der Generalstabschef Halder habe ihm bei einer Beschwer-
     de über Verbrechen im Hinterland entgegengehalten: „Das ist eine politische Sache, die geht
     mich gar nichts an." Neitzel, Abgehört, S. 227f., hier S. 227.

[29] Vgl. hierzu Gerlach, Besatzungspolitik und Massenverbrechen, S. 175–208.

[30] Wagner, Generalquartiermeister, S. 201 (Brief vom 20.9.1941). Vgl. Dallin, Deutsche Herr-
     schaft, S. 32 ff.; Arnold, Wehrmacht, S. 109 ff. sowie die Ausführungen der Abteilung Kriegsver-
     waltung beim Generalquartiermeister im Februar 1941, in: Müller, Kriegsrecht oder Willkür?,
     S. 142: Die Einrichtung eines Chefs der Zivilverwaltung im „Feindgebiet" habe sich nicht be-
     währt. Für die Gebiete, die für die Wehrmacht militärisch nicht relevant seien, empfehle sich
     „die möglichst frühzeitige Abgabe der Verwaltung an zivile Stellen". Die Wehrmacht solle sich
     nur noch die Besatzungsherrschaft über jene Gebiete sichern, die für sie militärisch relevant
     seien, etwa „weil sie in der Nähe der Front liegen oder für die Rüstungswirtschaft besonders
     wichtig sind". Damit hatte das OKH nochmals dezidiert sein politisches Desinteresse betont
     und sich auf die Position eines militärischen Erfüllungsgehilfen zurückgezogen.

[31] So der Befehl des ObdH (Besondere Anordnungen für die Versorgung, Anl. 6, Teil C) vom
     3.4.1941, Druck: Moritz (Hrsg.), Fall Barbarossa, S. 299–304, hier S. 299.

[32] Haager Landkriegsordnung in der Fassung vom 18.10.1907, Art. 43: „Nachdem die gesetzmä-
     ßige Gewalt tatsächlich in die Hände des Besetzenden übergegangen ist, hat dieser alle von ihm
     abhängenden Vorkehrungen zu treffen, um nach Möglichkeit die öffentliche Ordnung und das
     öffentliche Leben wiederherzustellen und aufrechtzuerhalten und zwar, soweit kein zwin-
     gendes Hindernis besteht, unter Beachtung der Landesgesetze." Druck: Lodemann (Hrsg.),
     Kriegsrecht, S. 65. Umgesetzt wurde dieser Gedanke in: IfZ-Archiv, Da 34.08: H. Dv. g. 90:
     Versorgung des Feldheeres, Teil 1, Berlin 1.6.1938, S. 25. Ferner: Wörterbuch des Völkerrechts,
     Bd. I, S. 195 ff.; Berber, Lehrbuch des Völkerrechts, Bd. 2, S. 122 ff.

nung zu den Bruchlinien dieses Krieges immer deutlicher hervortrat[33]. „Insgesamt gesehen ist ein wesentliches Stimmungsgefälle vom Westen nach dem Osten festzustellen. Das heißt: in den westlichen Gebieten, wo die Kampfhandlungen und der Durchmarsch der deutschen Armee länger zurückliegt, ist bereits eine weitgehende innere Befriedung der Bevölkerung festzustellen, die nach dem Osten zu weniger fortgeschritten ist und im Aufmarschgebiet der Deutschen Armeen das Minimum erreicht", resümierte die Einsatzgruppe B im Dezember 1941[34], wobei sie offenließ, was sie unter dem vieldeutigen Begriff der „Befriedung" verstand.

Dass das Militär dabei – buchstäblich – an den Rand gedrängt wurde, lag nicht nur an der Arbeitsteilung, welche die politische und die militärische Führung vor Kriegsbeginn festgelegt hatten. Es lag auch an der militärischen Entwicklung, die schon bald völlig aus dem Ruder zu laufen begann. Sie musste die Konzentration des Militärs auf die „Kriegskunst" noch zusätzlich fördern und sie sorgte dafür, dass sich das Gros der Wehrmacht an den äußersten Rändern des deutschen Machtbereichs massierte.

4.2 Eine Reise im Juli 1942

Wie lässt sich ein Überblick über den Raum gewinnen, in dem das alles stattfand? Wie lässt er sich darstellen? Und wie lassen sich jene Ausschnitte, von denen im vergangenen Kapitel die Rede war, darin verorten? Eine Möglichkeit bietet eine „Reise", die ein deutscher Generalstabsoffiziers damals unternommen hat. Die Rahmenbedingungen der „Frontfahrt"[35] des Hauptmann Tönniges von Zastrow[36] sind bekannt. Als Angehöriger des OKH besuchte er am 6. Juli 1942 im Auftrag des Generalstabschefs des Heeres die 45. Infanteriedivision[37], um Fragen, die „bei der obersten Führung aus zusammengefaßten Meldungen der H[eeres]gruppen nicht geklärt werden können, bei der Truppe unmittelbar zur Sprache [zu] bringen und sich beantworten [zu] lassen".

Mehr wissen wir nicht. Was er während dieser Reise sah und erlebte, bleibt der Phantasie überlassen[38]. Doch geht es nicht um einzelne Ereignisse, es geht in unserem Fall um Überblick und Einordnung: Landschaften, Institutionen und auch Funktionen. Gleichzeitig bietet diese Fahrt die Möglichkeit, die fünf Divisionen unseres Samples in ihrem räumlichen und institutionellen Umfeld nochmals wie in einer Momentaufnahme zu verorten. Gerade der Sommer 1942 eignet sich dafür besonders gut. Damals befand sich das Deutsche Reich auf dem Höhepunkt seiner

---

[33] Aufschlussreich in diesem Zusammenhang ein Befehl des GFM Günther von Kluge, der am 11.9.1941 als OB der 4. Armee feststellte, dass die übelsten Verbrechen „besonders im Rückwärtigen Gebiet vorkommen". Zit. bei: Hürter, Heerführer, S. 451f.

[34] IfZ-Archiv, MA 91/3: Chef SiPo und SD, Ereignismeldung UdSSR Nr. 144 vom 10.12.1941.

[35] So Halder, Kriegstagebuch, Bd. III, S. 485 (18.7.1942).

[36] Vgl. mit den Angaben zu seiner Person bei: Zweng (Hrsg.), Dienstlaufbahnen, Bd. 2, S. 425.

[37] IfZ-Archiv, MA 1623: 45. Inf. Div., Abt. I a, Kriegstagebuch, Eintrag vom 6.7.1942. Auch zum Folgenden. Die Themen, über die Zastrow vor Ort Erkundungen einziehen sollte, waren vielfältig: Personal, Ausbildung, Organisation, Propaganda und Feindaufklärung.

[38] Die Möglichkeiten einer solchen Darstellung, die gleichermaßen auf Faktizität wie Fiktion beruht, hat etwa Bernhard Chiari vorgeführt: Die Büchse der Pandora. Ein Dorf in Weißrußland 1939 bis 1944.

Macht, so dass die Strukturen des deutschen Machtbereichs, die langfristigen Absichten der deutschen Okkupanten und schließlich auch Bedeutung und Funktion der Wehrmachtseinheiten besonders klar zu erkennen sind.

Lassen wir Zastrows Reise am frühen Morgen des 5.Juli 1942 beginnen. Da er damals zum Generalstab des Heeres gehörte, als Adjutant des Oberquartiermeisters I, General Günther Blumentritt, wird Zastrow im Lager „Mauerwald" aufgebrochen sein, einem riesigen Areal aus Baracken und Bunkern, in dem sich das Oberkommando des Heeres südwestlich des ostpreußischen Städtchens Angerburg eingerichtet hatte, 15 bis 20 Kilometer entfernt von der „Wolfsschanze", dem „Führerhauptquartier"[39]. In seiner Nähe befand sich beim Gut Wilhelmsdorf ein größerer Flugplatz mit mehreren Transportstaffeln der Luftwaffe; eines dieser Flugzeuge wird Zastrow für seinen Flug nach Osten benützt haben.

Eine Woche zuvor hatte im Süden der Sowjetunion eine deutsche Großoffensive begonnen, die Operation „Blau"[40]. An ihrem nördlichen Rand, auf der Höhe des russischen Städtchens Liwny, befand sich die 45. ID, die am frühen Morgen des 28.Juni ebenfalls zum Angriff angetreten war. Bis Mitte Juli gelang es ihren Angehörigen nach heftigen und blutigen Kämpfen, ihre Stellungen „um zehn Kilometer vorzuverlegen"[41]. Danach begann – so erinnerte sich ein Teilnehmer später – „die Front [...] in unserem Abschnitt zu erstarren". Um mit dem Flugzeug zur 45. ID zu kommen, musste man über Orel, dort lag der nächste große Feldflugplatz[42]. Bei einer Entfernung von 940 Kilometer Luftlinie und einer Reisegeschwindigkeit von etwa 250 Stundenkilometern bedeutete das knapp vier Stunden Flug[43]. Schon dies vermittelt eine Vorstellung davon, wie groß der deutsche Machtbereich mittlerweile geworden war. Doch charakterisiert es auch das Unfertige dieses Imperiums sowie das Chaotische der deutschen Besatzungsstrukturen, wenn Zastrow dabei Territorien überquerte, deren Bezeichnung und deren Status permanent wechselten: Rastenburg, sein Startpunkt, lag noch im sogenannten *Altreich*, dann folgten dessen „Vorposten", mit denen sich dieses Reich Stück für Stück in Richtung Osten ausbreitete: das *Gebiet von Sudauen*, südöstlich von Ostpreußen, war bereits im Herbst 1939 zum deutschen Reichsgebiet erklärt worden, der daran anschließende, ungleich größere *Bezirk Bialystok* galt als „CdZ-Gebiet"[44]; das hieß, es unterstand dem Gauleiter der ostpreußischen NSDAP, Erich Koch, bis es dann „1941 stillschweigend dem Deutschen Reich einverleibt"[45] wurde.

---

[39] Zur Topographie vgl. die detaillierten Anlagen bei Hoffmann, Die Sicherheit des Diktators, Zitat S.213. Ferner: Neumärker, Spinnennetz der Macht. Zur Organisation vgl. Hartmann, Halder, S. 90ff.; Megargee, Hitler und die Generäle, S.171ff.

[40] Grundlegend hierzu Wegner, Krieg, insbes. S.868ff.

[41] Gschöpf, Mein Weg, S.223f. Vgl. hierzu auch Funkspruch der 45. Inf. Div. vom 1.7.1941, in dem eine Bemerkung des Kommandierenden Generals weitergegeben wurde: „Die Division hat sich selbst übertroffen." IfZ-Archiv, MA 1624: 45. Inf. Div., Abt.I a, Kriegstagebuch, Anlage 116.

[42] Vgl. BA-MA, RL 19/606: Feldluftgaukommando XXVII (Moskau), Pläne, Unterlagen und Fotos zu den Flugplätzen im Osten 1942.

[43] Eine gute Vorstellung von den Impressionen dieses Flugs bietet: Kreft, Das östliche Mitteleuropa im historischen Luftbild.

[44] Der „Erlaß des Führers über die Verwaltung des Bezirks Bialystok" vom 15.8.1941, in: Moll (Hrsg.), „Führer-Erlasse", Dok.106. Zur Organisation der Gebiete, die unter einem „Chef der Zivilverwaltung" standen, vgl. Röhr, Forschungsprobleme, S.117ff.; Karten: ebda., S.124 sowie Umbreit, Kontinentalherrschaft, S.140.

[45] Gerlach, Morde, S.118.

Deutsches Flugzeug über der besetzten Sowjetunion, 1942
(Quelle: bpk 50044873)

Danach begann das eigentliche deutsche Besatzungsgebiet, im Falle von Zastrows Reise das *Reichskommissariat Ostland*, das schon ab Juli 1941 aus dem westlichen Teil der ehemaligen Weißrussischen Sowjetrepublik und den einstigen Baltischen Staaten errichtet worden war[46]. 1942 existierten erst zwei der geplanten vier großen Reichskommissariate, die in der besetzten Sowjetunion zur eigentlichen Basis der deutschen Herrschaft werden sollten. Das Reichskommissariat Ostland, über das Zastrow flog, war mit 210 500 Quadratkilometern sehr groß. Allerdings lebten hier nicht mehr als 9 Millionen Menschen[47]: Weißrussen, Balten, Polen, Russen, Ukrainer und jene Juden, die bislang den Holocaust überlebt hatten. Aus dem

[46] Erlass Hitlers vom 17.7.1941, in: Moll (Hrsg.), „Führer-Erlasse", Dok. 99. Dort auch Verweis auf die Folgedokumente. Zu seiner Geschichte vgl. Gerlach, Morde. Eine Karte mit den zeitlich differierenden Grenzverläufen des Reichskommissariats bei: Umbreit, Kontinentalherrschaft, S. 90 f. sowie DRZW, Bd. 4: Kartenband, Karte 27. Zum Reichskommissariat Ukraine vgl. Lower, Nazi Empire-Building and the Holocaust.

[47] Angabe nach: Eugen Freiherr von Engelhardt, Weissruthenien. Volk und Land, Berlin 1943, S. 277. In der BSSR lebten zum Zeitpunkt des deutschen Überfalls 7,9 Mio. Weißrussen, 940 000 Juden, 930 000 Polen, 590 000 Russen, 160 000 Ukrainer, 90 000 Litauer und 6 500 Deutsche. Nur ein Teil der BSSR ging in das Reichskommissariat Weißruthenien über, dafür aber bis zum 5.12.1941 alle drei Baltischen Staaten. Chiari, Alltag, S. 29 sowie S. 48. Einen Literaturüberblick bieten Beyrau/Lindner (Hrsg.), Handbuch der Geschichte Weißrußlands.

Flugzeug, das angesichts der Bedrohung durch feindliche Jäger relativ niedrig flog, bekam man eine Vorstellung, wie sehr das Reichskommissariat von Wäldern geprägt wurde, meist undurchdringliche, endlose Urwälder, durchzogen von zahllosen Wasserläufen, Tümpeln und Mooren[48]. Staatsgüter, Fabriken oder Kleinstädte waren nur selten zu sehen, vor 1941 existierten in ganz Weißrussland nicht mehr als etwa ein Dutzend größere Verwaltungszentren. Eine bescheidene Industrialisierung hatte erst in den 30er Jahren begonnen[49], die weit überwiegende Mehrheit dieser multiethnischen Bevölkerung arbeitete noch in der Land- und Forstwirtschaft[50]. Oft waren kleine Weiler oder wenige graue Holzhäuser, mit Schindeln oder Stroh gedeckt, das einzige Anzeichen ihrer Existenz. Aus der Entfernung schien das Land weitgehend sich selbst überlassen[51].

Eine solche Landschaft war der Albtraum jeder Armee. Dennoch war es der Wehrmacht im Sommer 1941 gelungen, Weißrussland auf seinen wenigen Rollbahnen rasch zu durchstoßen. Flächendeckend aber hatte sie dieses weite Land nie wirklich in Besitz genommen. Das war auch nicht mehr ihre Aufgabe. Denn mit der Proklamation des neu geschaffenen Reichskommissariats „Ostland" hatte die Wehrmacht „die gesamte Staatsgewalt"[52], die ihr für dieses Gebiet eigentlich zustand, Stück für Stück an eine zivile Besatzungsverwaltung abgegeben. Nur die „militärischen Hoheitsrechte" lagen noch bei einem Wehrmachtsbefehlshaber „Ostland"[53]. Seine Macht aber war begrenzt, nicht nur formal, da ihm damals nicht mehr als drei Oberfeldkommandanturen unterstanden, denen einige Feld- und Ortskommandanturen sowie Hilfsformationen nachgeordnet waren[54]. Um deren Schlagkraft zu erhöhen, begann man seit 1942 auch einzelne Ausbildungs- und Reservedivisionen in die Reichskommissariate zu legen, die dort aber nicht lange blieben[55]. Mit solch schwachen Kräften ließ sich der deutsche Herrschaftsanspruch in diesem riesigen, undurchdringlichen Territorium unmöglich durchsetzen.

---

[48] Schätzungsweise 40–70 % der gesamten weißrussischen Waldzone bestanden aus ausgedehnten Sumpflandschaften. Insgesamt wird die Ausdehnung der weißrussischen Wälder, Sümpfe und Seen auf 2 Millionen Hektar geschätzt. Vgl. auch Shepherd, Hawks, S. 351, Anm. 10.

[49] Während des ersten Fünfjahresplans waren in der Weißrussischen SSR etwas über 500, während des zweiten Fünfjahresplans ca. 1 700 weitere Betriebe gegründet worden, deren Größe und Produktivität aber meist klein blieben. Angaben nach: Kischtymau, Rückständigkeit und Industrialisierung im 20. Jahrhundert, S. 265.

[50] So etwa im Bezirk Baranowitschi 90 %. Vgl. Musial, Sowjetische Partisanen, S. 10.

[51] Vgl. die Schilderung bei Jarausch/Arnold, Sterben, S. 317 (Brief vom 23. 9. 1941).

[52] IfZ-Archiv, Da 34.08: HDv.g. 90: Versorgung des Feldheeres, Teil 1, Berlin 1. 6. 1938, S. 21. Ausgenommen war davon lediglich die Judikative.

[53] Vgl. Richtlinien auf Sondergebieten zur Weisung Nr. 21 vom 13. 3. 1941, in: Hubatsch (Hrsg.), Hitlers Weisungen, S. 88–91, hier S. 89; „Erlaß des Führers über die Ernennung von Wehrmachtsbefehlshabern in den neu besetzten Ostgebieten" vom 25. 6. 1941, in: Moll (Hrsg.), „Führer-Erlasse", Dok. 92, 99.
Im September 1943 wurden die beiden Wehrmachtsbefehlshaber „Ostland" und „Ukraine" den jeweiligen Heeresgruppen-Kommandos unterstellt. Vgl. Pohl, Herrschaft, S. 321.

[54] Tessin, Verbände und Truppen, Bd. 14, S. 188.
Dem Wehrmachtsbefehlshaber „Ostland" unterstanden am 1. 11. 1943 53 896 Mann, dazu kamen noch einheimische Kräfte. Vgl. Kroener, „Menschenbewirtschaftung", S. 976.

[55] Seit September 1942 wurden fünf Feldausbildungsdivisionen (381., 382., 388., 390. und 391.) formiert, von denen zwei (390. und 391.) der Heeresgruppe Mitte zugeordnet wurden. Außerdem waren bei den beiden Wehrmachtsbefehlshabern je zwei Reservedivisionen stationiert, beim Wehrmachtsbefehlshaber „Ostland" die 141. und 151. Reservedivision. Vgl. Wegner, Krieg, S. 919; Mueller-Hillebrand, Heer, Bd. 3, S. 71, 149, 214 f.

Ursprünglich sollte die Wehrmacht das auch nicht tun; für „die polizeiliche Sicherung" der Reichskommissariate[56] waren vielmehr die *Höheren SS- und Polizeiführer* (HSSPF) verantwortlich[57], denen dazu alle hier stationierten SS- und Polizeieinheiten unterstellt waren – auch das übrigens ein Beleg dafür, dass es hier von vorneherein um etwas anderes ging als um eine Besatzungspolitik im traditionellen Stil. Im Gegensatz zu den Wehrmachtsbefehlshabern agierten die HSSPF weitgehend unabhängig von der Zivilverwaltung; sie waren „allein verantwortlich für die Bandenbekämpfung"[58], wie Hitler im August 1942 nochmals bestätigte, und auch – so die vage Formulierung – für die „Durchführung der vom Führer gegebenen Sonderbefehle für das Gebiet der politischen Verwaltung"[59].

Dazu konnte auch die Vernichtung ganzer Bevölkerungsgruppen gehören, die sich in diesem Fall ethnisch, sozial oder politisch definierten. Diese Massaker hatten sehr früh begonnen, schon in den ersten Tagen der deutschen Herrschaft, als das Land, über das Zastrow nun flog, noch zum Hoheitsgebiet der Wehrmacht gehörte. Dabei operierte der SS- und Polizei-Apparat in drei Wellen: Als Speerspitze fungierten *Sicherheitspolizei* und *SD*[60], die den eigentlichen Kern der insgesamt vier *Einsatzgruppen* bildeten[61]; sie waren organisiert wie „mobile Miniaturausgaben des Reichssicherheitshauptamtes"[62]. Hinter ihnen marschierte das „Fußvolk der Endlösung"[63], ca. zwei Dutzend Bataillone der *Ordnungspolizei*[64], (von denen ein Teil wiederum den Sicherungsdivisionen unterstellt war), während die dazwischen liegenden Räume insgesamt drei *Brigaden der Waffen-SS* durchkämmten[65]. Schon allein dieses systematische Mordprogramm, das im Übrigen

---

[56] „Erlaß des Führers über die Verwaltung der neu besetzten Ostgebiete" vom 17.7.1941, in: Moll (Hrsg.), „Führer-Erlasse", Dok. 100.

[57] In den besetzten sowjetischen Gebieten waren damals im Einsatz: HSSPF Ostland und Russland-Nord, HSSPF Russland-Mitte, HSSPF Russland-Süd, HSSPF Nordost, HSSPF im rückwärtigen Gebiet der Heeresgruppe A, HSSPF z. b. V. (Kaukasien). Zu deren Kompetenzen vgl. Jacobsen, Kommissarbefehl, Dok. 9; Birn, Die Höheren SS- und Polizeiführer, insbes. S. 73ff., 220ff.; ferner Gerlach, Morde, S. 180ff.

[58] So Hitler in seiner Weisung Nr. 46 „Richtlinien für die verstärkte Bekämpfung des Bandenunwesens im Osten" vom 18.8.1942. Druck: Hubatsch (Hrsg), Hitlers Weisungen, S. 201–205, hier S. 203. Vgl. Gerlach, Morde, S. 180ff., 884ff., der betont, das die HSSPF „damit eine militärische Kommandofunktion übernahmen". Vgl. ferner: Einsatz im „Reichskommissariat Ostland". Benz/Kwiet/Matthäus (Hrsg.), Dokumente zum Völkermord im Baltikum und in Weißrußland; Lück, Partisanenbekämpfung durch SS und Polizei; Birn, „Zaunkönig".

[59] So Himmler am 21.5.1941 in einer Absprache mit dem OKH, zit. in: Krausnick/Wilhelm, Truppe, S. 138.

[60] Vgl. Mallmann, „Aufgeräumt und abgebrannt"; Arbor, Formation of an Instrument; Banach, Heydrichs Elite.

[61] Vgl. hierzu Krausnick/Wilhelm, Truppe, S. 173ff.; Ogorreck, Die Einsatzgruppen und die „Genesis der Endlösung"; ders., Morde, S. 184ff.

[62] Pohl, Judenverfolgung, S. 54.

[63] Mallmann, Fußvolk der „Endlösung".

[64] Vgl. hierzu Heller, The Remodeled Praetorians; Nachtwei, „Ganz normale Männer"; Mallmann, Vom Fußvolk der „Endlösung"; Matthäus, An vorderster Front; Curilla, Ordnungspolizei; Klemp, „Nicht ermittelt"; Westermann, Hitler's Police Battalions; Gerlach, Morde, S. 189ff. Ende 1941 waren in der Sowjetunion mindestens 26 Polizei-Bataillone mit einer Gesamtstärke von 12000 Mann im Einsatz. Zahl nach Curilla, Ordnungspolizei, S. 59. Aus den Bataillonen der Ordnungspolizei entstanden später die SS-Polizei-Regimenter.

[65] Vgl. hierzu Baade/Behrendt/Blachstein (Hrsg.), „Unsere Ehre heißt Treue"; Cüppers, Wegbereiter. Ein weiterer Verband, der hier später zum Einsatz kam, war das SS-Sonderkommando Dirlewanger. Vgl. hierzu Michaelis, SS-Sonderkommando Dirlewanger. Ferner: Mallmann u. a., Deutscher Osten, S. 143ff.; Gerlach, Morde, S. 555ff., 563ff. Unkritisch dagegen die Darstellung von: Yerger, Riding East, S. 132ff.

mit der militärischen Besatzungspolitik abgestimmt und auch verzahnt wurde, war sichtbarster Ausdruck dieses Vernichtungskrieges. Im Sommer 1942 waren die SS-und Polizei-Einheiten teilweise zum militärischen Einsatz an die Front vorverlegt worden, der Rest hatte sich in mehr oder weniger stationäre Dienststellen im rückwärtigen Militär- und Zivilverwaltungsgebiet verwandelt[66]. Die organisatorische Vielfalt von SS und Polizei darf freilich nicht über die geringe Zahl ihrer Angehörigen hinwegtäuschen: Die Größe aller vier Einsatzgruppen lag bei 3500, die der Polizei-Bataillone und der Waffen-SS-Brigaden bei etwa 30000 Mann[67]. Deshalb war auch dieser Teil der deutschen Besatzungsmacht stark auf die Unterstützung der Einheimischen angewiesen – im Sommer 1942 Hunderttausende von Menschen, die nicht nur bei SS und Polizei, sondern auch bei den „Schutzmannschaftsverbänden"[68], in den Wirtschaftsbetrieben oder in der Zivilverwaltung im Einsatz waren – jene 780000 Menschen, die für die Wehrmacht arbeiteten, nicht mitgerechnet[69].

Als offizieller „Hoheitsträger des Reichs"[70] fungierten in den Reichskommissariaten freilich weder Wehrmacht noch SS, sondern eine eigens installierte *Zivilverwaltung*. Sie eigentlich sollte „die dauerhafte Form des Besatzungsregimes" darstellen[71]. Dafür waren dem *Reichsministerium für die besetzten Ostgebiete*[72], eine relativ spät formierte und personell schwache Leitinstanz[73], die *Reichskommissare* unterstellt und ihnen folgend die *General-*[74] und schließlich die *Gebietskommissariate*[75]. Die einheimische *Selbstverwaltung* musste sich mit dem Platz am unters-

---

[66] Im Reichskommissariat „Weißruthenien" war in Minsk die Dienststelle „Kommandeur der Sicherheitspolizei und des SD Weißruthenien" gebildet worden; sie wurde im Herbst 1943 zur Dienststelle „Befehlshaber der Sicherheitspolizei Rußland-Mitte und Weißruthenien". Vgl. hierzu Curilla, Ordnungspolizei, S. 476 ff.; Dean, Collaboration in the Holocaust, S. 60 ff.

[67] Krausnick/Wilhelm, Truppe, S. 147; Kwiet, Auftakt zum Holocaust, S. 193. Zwar bezifferte Himmler im Mai 1943 den Umfang der Polizeikräfte in der besetzten Sowjetunion auf 327 500 Mann, doch handelte es sich bei den meisten um Kollaborateure. Angabe nach: Klemp, „Nicht ermittelt", S. 69.
Gerade an den stationären Dienststellen ließ sich die verhältnismäßig geringe Größe dieses Apparats erkennen; so unterstanden dem Kommandeur der Sicherheitspolizei und des SD in Minsk, einer zentralen Dienststelle, „nur etwa 150 deutsche Mitarbeiter", allerdings auch „über 1000 Balten, Volksdeutsche und Weißrussen". Gerlach, Morde, S. 187.

[68] Bei den Schutzmannschaften, im Februar 1943 ca. 300000 Mann, unterschied man vier Kategorien: Einzeldienst, Geschlossene Einheiten, Feuerschutzmannschaft und Hilfsschutzmannschaft. Vgl. Birn, Höhere SS- und Polizeiführer, S. 225, Anm. 2. Zu ihrer Rolle im Holocaust vgl. Dean, Collaboration in the Holocaust. Stärkeangabe bei: Bericht des Chefs der Ordnungspolizei Daluege vom 1. 2. 1943, in: Rürup (Hrsg.), Krieg gegen die Sowjetunion, S. 102.

[69] Angabe nach: Pohl, Herrschaft, S. 308.

[70] Vgl. Dallin, Deutsche Herrschaft, S. 103. Der „Erlaß des Führers über die Verwaltung der neu besetzten Ostgebiete" vom 17. 7. 1941, in: Moll (Hrsg.), „Führer-Erlasse", Dok. 99; ferner Dok. 101.

[71] So Umbreit, Kontinentalherrschaft, S. 85.

[72] Vgl. Zellhuber, „Unsere Verwaltung treibt einer Katastrophe zu ....".

[73] Am 20. 4. 1941 war Rosenberg von Hitler zum „Beauftragten für die zentrale Bearbeitung der Fragen des osteuropäischen Raums" ernannt worden, am 17. 7. 1941 wurde er offiziell als „Reichsminister für die besetzten Ostgebiete" bestätigt. Vgl. Moll (Hrsg.), „Führer-Erlasse", Dok. 81, 99.

[74] So zerfiel das Reichskommissariat „Ostland" in die Generalkommissariate „Estland", „Lettland", „Litauen" und „Weißruthenien", allein das GK „Weißruthenien" gliederte sich wiederum in elf Gebiete.

[75] Zwischen den General- und den Gebietskommissaren existierten in einem Teil der besetzten Gebiete bis Februar 1943 die Hauptkommissare als Zwischen- und Kontrollinstanz. Vgl. Gerlach, Morde, S. 166.

ten Ende dieser Befehlskette begnügen. Sie sollte nur noch die Vorgaben der „Goldfasane", wie man die Funktionäre der Zivilverwaltung auch nannte, so reibungslos wie möglich erfüllen[76]. Schon aufgrund der geringen Zahl dieser Funktionäre[77] ließ sich mit ihnen ein „deutsches Indien", wie es den nationalsozialistischen Ideologen vorschwebte, kaum aufbauen. Vielmehr beschränkte sich die „Arbeit" dieser zivilen Administration primär aufs Destruktive[78], auf die systematische Ausbeutung und Zerstörung des Vorhandenen, während der „Aufbau", etwa die geplante Besiedlung dieser Räume durch deutsche oder „germanische" Siedler, bereits in den ersten Ansätzen steckenblieb[79]. Aufgrund der militärischen, aber auch politischen Entwicklung wurde die Zivilverwaltung rasch zum schwächsten Teil des deutschen Besatzungsapparats, so dass sich seine Vertreter zunehmend in einen „realitätsfernen Verwaltungsaktivismus" flüchteten[80].

Selbst die vierte deutsche Leitinstanz, die *Wirtschaftsverwaltung*[81], die den „Lebensraum im Osten" ökonomisch ganz in den Dienst der deutschen Interessen stellen sollte, hatte hier mehr zu sagen[82]. Das wurde auch an den katastrophalen Folgen erkennbar, die ihr Tun für die vor Ort lebenden Menschen hatte. Die größte Verantwortung hierfür trug die *Wirtschaftsorganisation Ost*, die in den Reichskommissariaten[83] zusätzlich unterstützt wurde von den *Wirtschaftsspezialisten der Zivilverwaltung*, den *Rüstungsinspektionen des OKW* und schließlich auch von *Vertretern der deutschen Privatwirtschaft*[84]. Damit nicht genug trat seit Frühjahr 1942 auch noch Fritz Sauckel auf den Plan, der als *Generalbevollmächtigter für den Arbeitseinsatz (GBA)* aus den besetzten Ostgebieten bis zu 1,5 Millionen Menschen als Zwangsarbeiter „herausholen" wollte[85]. Bis Jahresende waren es bereits ca. 800 000 Menschen[86], welche die Deutschen ins Reich deportierten – Frei-

---

[76] Vgl. hierzu vor allem Chiari, Alltag, insbes. S. 96 ff.

[77] So waren etwa in Riga, dem Hauptsitz des Reichskommissariats, 500 bis 600 Deutsche beschäftigt, in den Gebietskommissariaten mit ihren 200 000 bis 300 000 Einwohnern nur noch 30 bis 90 deutsche Kräfte. Vgl. Gerlach, Morde, S. 159 und 167.

[78] Vgl. mit dem Urteil von Gerlach, Morde, S. 177: „Trotzdem sollte man sich nicht täuschen lassen: bei allen Erscheinungen von Bürokratismus war die deutsche Verwaltung der besetzten sowjetischen Gebiete durchaus effektiv – schrecklich effektiv."

[79] Maßgeblich beteiligt war daran auch das Rasse- und Siedlungshauptamt der SS. Zum Verlauf und zu den Ergebnissen der Germanisierungspolitik in der besetzten Sowjetunion vgl. Heinemann, „Rasse, Siedlung, deutsches Blut", S. 417 ff.

[80] Chiari, Alltag, S. 56.

[81] Vgl. hierzu Müller, Wirtschaftsallianz; ders., Scheitern; ders. (Hrsg.), Wirtschaftspolitik; Gerlach, Morde, S. 142 ff. und 231 ff.

[82] Vgl. die „Richtlinien für die Führung der Wirtschaft in den neubesetzten Ostgebieten" des Wirtschaftsführungsstabes Ost vom Juni 1941, die sogenannte „Grüne Mappe", die in einer Auflage von 1 000 Stück, in einer zweiten Auflage vom Juli von 2 000 Ausfertigungen bis auf die Führungsebene der Divisionen und Feldkommandanturen verteilt wurden. Druck: Moritz (Hrsg.), Fall Barbarossa, S. 363–399.

[83] In den Reichskommissariaten hatte die Wirtschaftsorganisation Ost nochmals 5 300 Mann im Einsatz. Müller (Hrsg.), Wirtschaftspolitik, S. 2.

[84] Mit Hilfe halbstaatlicher „Ostgesellschaften" konnten sich ihre Treuhänder und „kommissarischen Betriebsleiter" gezielt jene Sektoren der sowjetischen Volkswirtschaft sichern, die für eine spätere Privatisierung in Frage kamen. Vgl. hierzu Müller, Hitlers Ostkrieg, S. 49 ff. sowie Europa unterm Hakenkreuz, Bd. 5.

[85] Fritz Sauckel war am 21. 3. 1942 zum „Generalbevollmächtigten für den Arbeitseinsatz" ernannt worden. Vgl. Moll (Hrsg.), „Führer-Erlasse", Dok. 150 sowie mit dem Programm des GBA vom 20. 4. 1942, in: IMT, Bd. 25, S. 62 f.: Dok. 016-PS.

[86] Vgl. Pohl, Herrschaft, S. 314.

willige, Gepresste und zunehmend auch solche, die wie auf „Sklavenjagden" aufgebracht worden waren[87].

All das war aus einem Flugzeug nicht zu sehen. Was man indes sah, waren die Spuren des Krieges: „Ausgebrannter Wald, geknickte Bäume, Reste von Straßen, Sparren, Infanteriestellungen über Infanteriestellungen, zerschossene Tanks und – Gräber"[88]. Das war nicht überall so. Zum Teil hatte der Krieg „das Bild der Landschaft" kaum verändert[89]; man empfände, so ein deutscher Beobachter, seine zerstörende Gewalt erst, „wenn man sich mit Einzelheiten oder den menschlichen Schicksalen beschäftigt. Da wird man später allerdings wohl Bücher drüber schreiben können." Mit beidem sollte er Recht behalten. Es gab kaum eine Region, die im Zweiten Weltkrieg so sehr zu leiden hatte wie Weißrussland, wo allein zwischen 1,6 bis 1,7 Millionen Menschen infolge der deutschen Besatzungspolitik starben[90].

Dass dies Widerstand oder zumindest doch Verweigerung provozieren musste, war unausweichlich[91]. Im Sommer 1942 hatte sich ein Teil der sowjetischen Gesellschaft bereits der deutschen Herrschaft entzogen. Gerade die riesigen und undurchdringlichen Wälder Weißrusslands boten dafür ideale Voraussetzungen. Hier lebten neben bolschewistischen Gruppen, die mehr oder weniger stark von der Moskauer Zentrale kontrolliert, bewaffnet und gesteuert wurden[92], auch polnische[93], jüdische[94], ukrainische Parallelgesellschaften[95] sowie unabhängige Überlebensgruppen, die ihre Existenz mit allen nur denkbaren Mitteln zu sichern suchten. Die militärische Wirkung dieser Irregulären, die nicht selten miteinander rivalisierten[96], war anfangs sehr begrenzt[97], schon weil die meisten Einheimischen erst einmal abgewartet hatten, wie sich die deutsche Herrschaft entwickeln würde. Im Sommer 1942 aber spürte man allerorten, dass auch die Lage in den Rückwärtigen Gebieten zu kippen begann. In einem Gebiet, das die deutschen Besatzer

---

[87] Vgl. hierzu Müller, Die Zwangsrekrutierung von „Ostarbeitern"; Herbert, Europa und der „Reichseinsatz"; ders. (Hrsg.), Fremdarbeiter.

[88] Jarausch/Arnold, Sterben, S. 318 (Brief vom 23.9.1941).

[89] Hürter, Heinrici, S. 86 (Kriegsbericht vom 19.9.1941). Auch zum Folgenden.

[90] Angaben nach: Gerlach, Morde, S. 1158. Die sowjetischen Staatskommissionen haben für Weißrussland für die Zeit von 1941 bis 1944 die Zahl von 2 219 316 Toten errechnet, ferner die Zerstörung von 209 Städten und 9 200 Dörfern. Zit. bei: Marples, Die Sozialistische Sowjetrepublik Weißrußland, S. 150.

[91] Vgl. hierzu Kap. 5.5.; dort auch weiterführende Literatur.

[92] Der Zentrale Stab der Partisanenbewegung war am 31.5.1942 in Moskau gegründet worden. Am 5.9.1942 forderte Stalin in seinem Verteidigungsbefehl Nr. 189, den Partisanenkrieg zu einer „Angelegenheit des ganzen Volkes" zu machen. Vgl. Musial, Sowjetische Partisanen, S. 20; Slepyan, People's Avengers, S. 149ff.; Bonwetsch, Partisanen, S. 103.
Anfang Juli 1942 registrierte der Zentrale Stab der Partisanenbewegung 608 bolschewistische Abteilungen mit insgesamt 81 546 Angehörigen, ein Jahr später allein in Weißrußland 505 Brigaden mit knapp 73 000 Angehörigen. Angaben nach: Musial, Sowjetische Partisanen, S. 21; Chiari, Alltag, S. 176, Anm. 799.

[93] Vgl. Chiari/Kochanowski (Hrsg.), Die polnische Heimatarmee; Musial, Sowjetische Partisanen, S. 221ff.

[94] Zum jüdischen Widerstand vgl. Tec, In the Lion's Den; Ainsztein, Jüdischer Widerstand im deutsch besetzten Osteuropa; Lustiger, Zum Kampf auf Leben und Tod, S. 259ff.

[95] Vgl. mit dem Überblick bei Pavleno, Ukrainische Aufstandsarmee (UPA).

[96] Vgl. mit der Bewertung durch Chiari (Weißrußland im Zweiten Weltkrieg, S. 416), der Verhältnisse diagnostiziert, die fast schon einem Bürgerkrieg geähnelt hätten.

[97] Gerlach, Morde, S. 862.

stolz „Reichskommissariat" nannten, mussten sie sich zunehmend auf die größeren Ortschaften und einige Verbindungslinien zurückziehen[98].

Aus der Luft ließ sich rasch erkennen, wie unverzichtbar diese wenigen Lebensadern für die Deutschen waren. An den Rollbahnen, die meist nichts anderes waren als breite, unbefestigte Pisten durch die russische Landschaft, vor allem aber an den Eisenbahnlinien[99], die noch vor ihrer Inbetriebnahme von der russischen Breitspur auf die deutsche Normalspur ummontiert werden mussten, hing die Versorgung der gesamten Ostfront. Gerade dieses Streckennetz, allein im Bereich der Heeresgruppe Mitte etwa 8000 Kilometer lang[100], war für die Wehrmacht unverzichtbar. Deshalb hatte sie diesen Linien an ihren Rändern roden lassen, „je 300 m beiderseits"[101], und an diesen Schneisen große Teile ihrer Sicherungs-Einheiten wie an einer Perlschnur aufgereiht[102]. Ein Angehöriger der 221. Sicherungsdivision berichtete von Blockhäusern, welche die Landser mühsam „in der ‚Freizeit' gebaut" hätten; mittlerweile waren daraus kleine „Forts" geworden, mitunter ausgestattet mit Palisaden, Stellungen, Wohn- und Schlafräumen[103]. Diese Stützpunktlinien endeten an den großen Bahnhöfen im Rücken der deutschen Front, die immer auch als gigantische Nachschubdepots dienten. Alles, was die deutschen Armeen brauchten: Menschen, Tiere, Material, kam gewöhnlich über die Bahnhöfe, und alles, was die Armeen wieder ausspien: Urlauber, Verwundete, Gefangene, Beute oder Schrott, floss über diese gewaltigen Umschlagplätze wieder zurück. Deren Entfernung zur deutschen Front war aufgrund der Entmotorisierung der deutschen Verbände nie weiter als höchstens 100 Kilometer[104]. Kolonnen aus LKW's und zunehmend auch Panjewagen brachten dann im „Pendelverkehr" von hier aus den dringend benötigten Nachschub „nach vorn".

Während sich die deutschen Besatzer mehr und mehr auf diese Kerngebiete zurückzogen, entstand dazwischen entstaatlichte Räume. Diese suchten Wehrmacht, SS und Polizei seit Frühjahr 1942 mit Hilfe sogenannter „Großunternehmen" zu kontrollieren: dabei wurden ganze Distrikte, die man für politisch unzuverlässig hielt, dem Erdboden gleichgemacht und die Bevölkerung vertrieben oder vernichtet[105]. Noch aus der Luft war zu erkennen, warum diese Strategie auch „Schwarze-

---

[98] Konnten die Deutschen noch im August 1941 90% der Wälder wirtschaftlich nutzen, so sank diese Quote bereits bis zum Ende des Jahres 1942 auf ca. 30%. Müller (Hrsg.), Wirtschaftspolitik, S. 150 und 153.

[99] Vgl. hierzu Pottgiesser, Die deutsche Reichsbahn im Ostfeldzug; Knipping/Schulz, Die Deutsche Reichsbahn.

[100] So die Streckenlänge im Jahr 1943. Klink, Gesetz des Handelns, S. 122.

[101] Vgl. die Weisung des Chefs OKW vom 23.7.1942, in: Müller (Hrsg.), Okkupation, S. 129f.

[102] Die Stützpunkte sahen oft aus wie kleine Forts, gesichert mit Stacheldraht und Minen, die jeweils belegt waren von ein bis zwei Dutzend Soldaten, bzw. Hiwis und OD-Männern. Vgl. etwa IfZ-Archiv, MA 1673: 221. Sich. Div., Abt. I a, „Verteilung der zum Schutze der Eisenbahnen und Durchgangsstraßen eingesetzten Sicherungskräfte des Sicherungs-Bataillons 302" vom 22.10.1942. Beispiele auch bei Knipping/Schulz, Reichsbahn, S. 120ff., 317.

[103] Vgl. Schlesische Tageszeitung vom 16.11.1941, „Auf der Rollbahn", in der die Divisionspfarrer der 221. Sich. Div. seinen Besuch bei einem dieser Außenposten schildert.

[104] Vgl. Cooper, Phantom War, S. 126. Cooper spricht von 60 Meilen, was ungefähr 100 km entsprechen würde. Faktisch aber war es vermutlich so, dass die meisten Bahnhöfe noch näher an der Front lagen.

[105] Vgl. hierzu Gerlach, Morde, S. 884ff.; Birn, „Zaunkönig" an „Uhrmacher"; Klein, Zwischen den Fronten.

Zerstörte sowjetische Ortschaft
(Quelle: BSB, Fotoarchiv Hoffmann 37528)

Erde-Aktionen" hieß[106]. Abgebrannte Felder oder stille Dörfer, von denen nicht mehr übrig geblieben war als einige rußgeschwärzte Kamine, blieben als Mahnmale für „die extremste Form deutscher Herrschaft in Europa"[107].

Auch sonst hatten die jüngst zurückliegenden Ereignisse deutliche Spuren hinterlassen – so etwa die ehemalige deutsch-sowjetische Demarkationslinie, die in weiten Teilen zugleich die *westliche* Grenze des Reichskommissariats bildete. Dort hatte die Rote Armee seit Herbst 1939 eine Schneise von einem Kilometer Breite durch das Gelände geschlagen, der zahllose Feldbefestigungen folgten, die erst nach 30 Kilometern ausliefen[108]. Die *östliche* Grenze des Reichskommissariats, die Zastrow südöstlich von Minsk überflog, konnte man dagegen nur erahnen. Sie war eine Grenze, die es vorher nie gegeben hatte und die daher keine Zeit gehabt hatte, sich jahrelang in eine Landschaft hineinzufressen[109]. Gleichwohl war diese Grenze nicht weniger bedeutsam. Hier begann das Hoheitsgebiet der Wehrmacht[110].

Obwohl sich deren Rolle im Krieg gegen die Sowjetunion ja darauf beschränken sollte, eine militärische Entscheidung herbeizuführen, war ihre territoriale Verantwortung mit einem Besatzungsgebiet von damals rund einer Million Quadratkilo-

---

Generell zur Lage der Zivilbevölkerung in den deutsch besetzten Gebieten: Kohl, Der Krieg der deutschen Wehrmacht und der Polizei; Projektgruppe Belarus im Jugendclub Courage Köln e. V. (Hrsg.), „Dann kam die deutsche Macht".
[106] Zit. bei: Cüppers, Wegbereiter, S. 233.
[107] Pohl, Herrschaft, S. 294.
[108] Vgl. Chiari, Alltag, S. 38.
[109] Zur Grenzziehung der deutschen Besatzer vgl. Gerlach, Morde, S. 178 ff.
[110] Vgl. hierzu Müller, Wehrmacht und Okkupation 1941–1944, S. 134 ff.

meter und einer Bevölkerung von ca. 30 Millionen Menschen noch immer beträchtlich[111]. Der Krieg stagnierte und das, was ursprünglich als Interimslösung gedacht war, begann sich langsam zu verstetigen[112]. Im Juli 1942 erstreckten sich die Militärverwaltungsgebiete in einer Breite zwischen 150 und 670 Kilometern östlich der beiden Reichskommissariate, so dass sie quasi einen Korridor zwischen diesen und der deutsch-sowjetischen Front bildeten. Das war der letzte Vorposten der deutschen Macht.

Entsprechend ihrer Organisationsstruktur hatte die Wehrmacht ihr Hoheitsgebiet wiederum in verschiedene Zonen parzelliert[113]. Kam man wie Zastrow vom Westen, so passierte man zunächst das Gebiet des größten militärischen Teilverbands des deutschen Ostheeres, der *Heeresgruppe*. Die Heeresgruppen, zwischen 500 000 und einer Million Soldaten stark, unterteilte sich in *Armeen* (ca. 120 000-200 000 Soldaten), *Armeekorps* (ca. 25 000-36 000 Soldaten) und *Divisionen* (ca. 10 000-17 000 Soldaten)[114]. Anders gewendet: Je weiter man sich auf der militärischen Hierarchie nach unten bzw. nach vorne bewegte, desto kleiner wurden die Formationen. Und desto zahlreicher wurden sie.

Da die Befehlsbereiche der vier Heeresgruppen, respektive der neun Infanterie- und vier Panzerarmeen, die im Juli 1942 an der Ostfront standen, am größten ausfiel, besaßen diese Großverbände jeweils eine eigene Dienststelle für ihr rückwärtiges Besatzungsgebiet – bei den Heeresgruppen die *Befehlshaber der Rückwärtigen Heeresgebiete (BRück*, seit März 1942 die *Kommandierenden Generale der Sicherungstruppen und Befehlshaber im Heeresgebiet)*[115], bei den Armeeoberkommandos die *Kommandanten des Rückwärtigen Armeegebiets (Korück)*[116]. Für Zastrow bedeutete das, dass er bei seinem Flug nach Orel zunächst das Hinterland der Heeresgruppe Mitte, dann Süd und schließlich das ihrer Armeen überquerte, auch das der 2. Armee[117] mit dem uns schon bekannten Korück 580. Danach folgte als drittes Areal, die Gefechtszone. Erst hier konzentrierte die Wehrmacht die Masse ihrer Einheiten und Soldaten.

---

[111] Vgl. Förster, Sicherung des „Lebensraumes".
1940 lebten 194 Millionen Menschen in der Sowjetunion, davon rund 110 Millionen Sowjetbürger in der RSFSR (56,7 %), 41,3 Millionen (21,3 %) in der Ukraine, 9 Millionen (4,7 %) in Weißrussland sowie 5,8 Millionen (rund 3 %) in den drei baltischen, gerade eingegliederten Republiken. Angaben nach: Müller (Hrsg.), Die deutsche Wirtschaftspolitik, S. 5; Segbers, Sowjetunion, S. 167.

[112] Die beiden Reichskommissariate „Ostland" und „Ukraine", die der zivilen Verwaltung unterstanden, waren 400 000 bzw. 533 000 km² groß. Zusammen waren sie also noch immer kleiner als die Militärverwaltungsgebiete. Vgl. Röhr, Forschungsprobleme, S. 91. Geringer die Angaben bei Engelhardt, Weissruthenien, S. 277.

[113] Zur Organisation vgl. den Befehl des ObdH (Besondere Anordnungen für die Versorgung, Anl. 6, Teil C) vom 3. 4. 1941, in: Moritz (Hrsg.), Fall Barbarossa, S. 299-304, hier S. 299.

[114] Vgl. DRZW, Bd. 4: Kartenband, Karte 2: Schematische Kriegsgliederung. Stand: B-Tag 1941 (22. 6.) „Barbarossa".

[115] Vgl. demnächst Jörn Hasenclever: Die Befehlshaber der Rückwärtigen Heeresgebiete im Krieg gegen die Sowjetunion 1941-1944.

[116] Vgl. hierzu Kap. 1.2. Derzeit arbeitet Gert Lübbers, Münster, an einer Dissertation zum Thema: Militärische Besatzung in der Sowjetunion: Die Rückwärtigen Armeegebiete.

[117] Die 2. deutsche Armee trug in der Zeit vom 4.7. bis 5.8. 1942 die ungewöhnliche Bezeichnung einer „Armeegruppe v. Weichs", da ihr kurzfristig mehrere andere Armeen unterstellt waren. Doch handelte es sich hier nur um eine kurzfristige Interimslösung. Vgl. Tessin, Verbände und Truppen, Bd. 14, S. 217; Bock, Tagebuch, S. 439 (Eintrag vom 4.6. 1942).

Gleichzeitig wurden diese drei Gürtel des Militärverwaltungsgebiets nach Osten hin immer schmäler. Besaßen die Heeresgruppen mit den Rückwärtigen Heeresgebieten ein Besatzungsgebiet zwischen 80 000 und 150 000 Quadratkilometer, so schwankte die Größe der Korücks bei den Armeen zwischen 10 000 und 40 000 Quadratkilometer, während sich das Besatzungsgebiet der Frontdivisionen schließlich auf etwa 400 bis 1 000 Quadratkilometer beschränkte[118]. Nach heutigen Maßstäben war der Befehlshaber eines Rückwärtigen Heeresgebiets für ein Gebiet von der Größe mehrerer Bundesländer verantwortlich, ein Korück für eines dieser Länder, eine Frontdivision aber nur noch für eines vom Umfang eines Stadtstaats[119]. Da das Gefechtsgebiet möglichst klein bleiben sollte, verlief es in einem Abstand von nicht mehr als 20 Kilometern diesseits der Hauptkampflinien[120]. Die Armeekorps und Divisionen, die hier im Einsatz waren, besaßen offiziell kein *eigenständiges* Hinterland mehr[121]; ihre Aufgabe war primär der Kampf mit dem militärischen Gegner. Das Beispiel dieser „Frontfahrt" kann also nochmals das militärische Organisationsprinzip veranschaulichen: Ein Rahmenverband wie die Heeresgruppe B[122], in deren Gebiet sich der Generalstabsoffizier aus dem OKH bewegte, bestand damals aus fünf Armeen, neunzehn Armeekorps und etwa 59 Divisionen[123].

Je mehr sich Zastrow der Front näherte, desto stärker wurde die Präsenz der Wehrmacht. Damals bestand das gesamte deutsche *Ostheer* aus über 2,8 Millionen Mann[124]. Doch lagen nur jeweils 100 000 Mann in den Reichskommissariaten und in den Rückwärtigen Heeresgebieten. Erst in den Rückwärtigen Armeegebieten, etwa 70 Kilometer vor der Hauptkampflinie[125], steigerte sich ihre Zahl auf insgesamt 550 000 Soldaten. Die meisten, etwa 2,1 Millionen Mann, waren in der Ge-

---

[118] Zahlen nach: Pohl, Herrschaft, S. 99, 101; ebenso Rass, „Menschenmaterial", S. 348.

[119] Zum Vergleich: Baden-Württemberg: 35 752 km²; Brandenburg: 29 479 km²; Hessen: 21 180 km²; Schleswig-Holstein: 15 799 km²; Berlin: 892 km²; Hamburg: 755 km².

[120] IfZ-Archiv, Da 34.08: HDv.g. 90: Versorgung des Feldheeres, Teil 1, Berlin 1. 6. 1938, S. 21. Vgl. hierzu auch BA, R 6/257: Mit Weisung vom 24. 2. 1943 (OKW/WFSt/Qu. (Verw.)) bekräftigte Keitel nochmals, dass die Tiefe der Gefechtszone nicht mehr als 20 km betragen dürfe. Gerade beim Rückzug der deutschen Truppen aus der Sowjetunion, die eine ständig neue Abgrenzung zwischen den Zivil- und den Militärverwaltungsgebieten notwendig machte, besaß diese Definition zentrale Bedeutung. Vgl. mit den Angaben zur 253. I.D. bei: Rass, „Menschenmaterial", S. 348f. mit Anm. 65.

[121] Während des Stellungskriegs errichteten die Divisionen ein rückwärtiges Divisionsgebiet, das sie aber in der Regel von Zivilisten räumten. Vgl. hierzu Kap. 3.5.

[122] Folgt man der folgenden Edition: Die Geheimen Tagesberichte der deutschen Wehrmachtführung im Zweiten Weltkrieg 1939–1945, Bd. 5, S. 77, so erfolgte die Teilung der H.Gr. Süd in den H.Gr.en A und B in der Nacht vom 10. auf 11. 7. 1942. Es gibt jedoch auch frühere Angaben.

[123] Vgl. Die Geheimen Tagesberichte der deutschen Wehrmachtführung, Bd. 5, Lagekarte H.Gr. Süd vom 2. 7. 1942, H.Gr. B vom 4. 8. 1942. Ferner Wegner, Krieg, Grafik S. 933.

[124] 2. Armee, 6. Armee, 4. Panzerarmee, 2. ungarische Armee und 8. italienische Armee. Vgl. Mueller-Hillebrand, Heer, Bd. 3, S. 217. Die Angabe über die Relation bezieht sich auf den Stand vom 1. 10. 1943; die Ist-Stärke des Ostheers betrug damals 2 564 000 Mann, am 1. 7. 1942 2 847 000 Mann. Ebda., S. 124. Die Relation vom 1. 10. 1943 wurde rechnerisch auf die Situation vom 1. 7. 1942 übertragen.
Ähnliche Angaben bei Kroener, „Menschenbewirtschaftung", S. 964 und 979, der freilich die Verwendungsarten des gesamten Feldheeres stärker spezifiziert. Überträgt man die Kategorien seiner Quelle auf das hier präsentierte Modell, so sind dem Gefechtsgebiet zuzuordnen: die Fechtenden Truppen, die Fechtenden Heerestruppen und die Versorgungstruppen in den Verbänden, dem Korück die übrigen Versorgungstruppen und schließlich dem Rückwärtigen Heeresgebiet die Sicherungstruppen und die bodenständigen Einrichtungen. Zur Entwicklung der „Ist-Stärke" des Ostheers vgl. ebda., S. 955.

[125] Angabe nach: Schulte, German Army, S. 55. Allerdings konnten die Korücks auch tiefer sein.

Graphik 22: *Verteilung des deutschen Ostheeres, Oktober 1943*

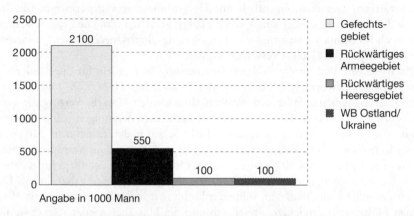

Angabe in 1000 Mann

Angaben nach Müller-Hillebrand, Heer, Bd. III, S. 217 und Kroener, Menschenbewirtschaftung, S. 976.

fechtszone eingesetzt. Die Dichte des deutschen Aufmarschs stand also in einem umgekehrten Verhältnis zur Größe ihres Einsatzraums[126].

Es war also nicht verwunderlich, wenn Zastrow selbst im Militärverwaltungsgebiet zunächst nur wenig sah, was auf die Anwesenheit einer Besatzungsarmee hindeutete; vermutlich waren es anfangs nicht mehr als einige Transportkolonnen, Depots, Kriegsgefangenenlager oder die stark gesicherten „Kunstbauten" der Eisenbahnlinien, auf deren Sicherung die militärische Führung so großen Wert legte[127]. In einem Gebiet von knapp 150 000 Quadratkilometern beschränkten sich die Einheiten des Rückwärtigen Heeresgebiets Mitte auf ein schütteres Netz von Feld- und Ortskommandanturen[128], einige exotische Spezialformationen wie etwa feste Funkstationen[129], und vor allem drei Sicherungsdivisionen[130], darunter auch die 221., die nun im Raum von Gomel lag[131]. Schon im Mai 1942 hatte sie von

---

[126] Die chronische Unterschätzung der Militärgeschichte hat auch zur Folge, dass jener Abschnitt, in dem sich die meisten deutschen Soldaten aufhielten, das am schlechtesten erforschte Gebiet dieses Krieges ist.

[127] Vgl. BA-MA, RH 21-4/336: OKH/GenStdH/GenQu., „Besondere Anordnungen für die Sicherung der Rückwärtigen Heeresgebiete bei Fortsetzung der Operationen" vom 29.7.1941, in denen das OKH „die Sicherung der Eisenbahnlinien, insbesondere Kunstbauten, der durchlaufenden Rollbahnen, der großen Versorgungseinrichtungen und der OKH-Fernsprechachsen" als wichtigste Aufgabe der rückwärtigen Truppen bezeichnete.

[128] Vgl. mit der Übersicht bei Hill, War behind the Eastern Front, S. 95, der zu entnehmen ist, dass die Orts- und Feldkommandanturen primär vom einheimischen Ordnungsdienst geschützt wurden.

[129] Einen Überblick über die Vielfalt dieser Einrichtungen, die hier als „Non-Divisional Units" bezeichnet werden, bietet: Hogg (Hrsg.), German Order of Battle 1944, S. E 1 ff..

[130] Das OKH setzte bis Mitte Juli 1941 insgesamt 145 Divisionen an der Ostfront ein, davon neun reine Sicherungsdivisionen. Mitunter konnten auch einzelne schwache Infanteriedivisionen, wie etwa die 707., für Sicherungsaufgaben im Hinterland herangezogen werden, doch gab es auch den umgekehrten Fall, dass während der zahllosen militärischen Krisen Sicherungsdivisionen an der Front eingesetzt wurden. Vgl. Philippi/Heim, Feldzug, S. 52; Mueller-Hillebrand, Heer, Bd. 2, S. 111; Gerlach, Morde, S. 882.

[131] Vgl. hierzu IfZ-Archiv, MA 1672: 221. Sich. Div., Abt. I a, Kriegstagebuch, Einträge vom 18.6.1942 ff.

„heftigen Feindangriffen" berichtet[132], weil das deutsche „Sicherheitsnetz" in den Rückwärtigen Gebieten, eigentlich nur als grobmaschiges Provisorium für die Phase des Bewegungskriegs konzipiert[133], längst zerrissen war. Die Folge war, dass sich auch im Militärverwaltungsgebiet regelrechte „Partisanenregionen" bildeten, die wie sowjetische Gebiete verwaltet wurden[134].

Zwar war die Wehrmacht in ihrem Besatzungsgebiet „allein für die Bandenbekämpfung verantwortlich"[135], doch operierten auch hier *Höhere SS- und Polizeiführer*, deren Apparat zwar den Armeen „hinsichtlich Marsch, Versorgung und Unterbringung" unterstellt war[136], die ihre fachlichen Weisungen jedoch letzten Endes vom Reichssicherheitshauptamt erhielt. Schon in den ersten neun Monaten dieses Krieges war das Militärverwaltungsgebiet zum Tatort eines Mordprogramms geworden, dem etwa 600 000 Menschen zum Opfer fielen[137], vor allem Juden, aber auch Kommunisten oder solche, die man auf deutscher Seite ganz einfach für „unerwünscht" hielt. Trotzdem sollte der Holocaust in der Sowjetunion erst 1942 seinen Höhepunkt erreichen, wobei sich nun die Massaker wieder stärker in die Reichskommissariate verlagerten.

Auch in ihrer Wirtschaftspolitik war die Wehrmacht nicht autonom. Die *Wirtschaftsorganisation Ost*[138], zu der im Dezember 1942 insgesamt 18 233 Mann gehörten[139], war formal der Wehrmacht unterstellt, fachlich jedoch dem Wirtschaftsstab Ost. Die „WiOst" besaß eine Doppelfunktion, sie sollte die wirtschaftliche Versorgung der deutschen Truppen vor Ort garantieren, aber auch so viel Beute wie möglich ins Reich bringen. Für dieses Raubprogramm waren allein bei der Wirtschaftsinspektion Mitte etwa 2 960 Mann im Einsatz; sie saßen beim Heeresgruppenkommando, bei den Feldkommandanturen und Sicherungsdivisionen[140], während ihre „Sonderführer" vor Ort Industrie, Land- und Forstwirtschaft unter ihre Kontrolle zu bringen suchten und Zwangsarbeiter rekrutierten. Die Parole lautete: „kein falsches Mitleid"; der russische Magen sei „dehnbar"[141]. Auch hier

---

132 BA-MA, RH 23/229: Kdr. Gen. d. Sich. Trp. u. Bfh. im Rückw. Heeresgebiet Mitte, Abt. I a, Kriegstagebuch, Eintrag vom 11.5.1942.

133 Vorgesehen war ursprünglich eine Art „Sicherheitsnetz" aus Sicherungsdivisionen, Einsatzgruppen, Polizei-Bataillonen und Brigaden der Waffen-SS, doch reichten diese Kräfte – wie sich bald zeigen sollte – hierzu auch nicht annähernd aus. Vgl. hierzu Pohl, Kooperation, S. 112.

134 Vgl. Kap. 3.4, 3.5 und 5.5.

135 Weisung Nr. 46 „Richtlinien für die verstärkte Bekämpfung des Bandenunwesens im Osten" vom 18.8.1942. Druck: Hubatsch (Hrsg), Hitlers Weisungen, S. 201–205, hier S. 203.

136 Zur Kompetenzabgrenzung vgl. Krausnick/Wilhelm, Truppe, S. 107ff.

137 Krausnick/Wilhelm, Truppe, S. 620; Pohl, Verfolgung und Massenmord in der NS-Zeit, S. 77.

138 Vgl. hierzu Müller (Hrsg.), Wirtschaftspolitik, S. 27ff.; Schustereit, Planung und Aufbau der Wirtschaftsorganisation Ost.

139 Vgl. Müller, Wirtschaftsallianz, S. 2, 130. Dort auch die folgende Zahl.
Insgesamt bestand die Wirtschaftsorganisation Ost im Februar 1941 aus einem Wirtschaftsstab, fünf Wirtschaftsinspektionen, 23 Wirtschaftskommandos, 12 Wirtschafts-Außenstellen, 60 Gruppen IV Wi, die als Verbindungsstellen zu den militärischen Kommando- und Verwaltungsdienststellen fungierten, 10 Berge- und 35 Rohstofferkundungstrupps. Vgl. Müller (Hrsg.), Wirtschaftspolitik, S. 42.

140 Vgl. mit den Besonderen Anordnungen Nr. 1 zur Weisung Nr. 21 vom 19.5.1941, Druck: Ueberschär/Wette (Hrsg.), „Unternehmen Barbarossa", S. 310ff. Im November 1941 wurden die Wirtschaftsinspektionen den Heeresgruppen angegliedert. Vgl. Müller (Hrsg.), Wirtschaftspolitik, S. 47; ders., Scheitern, S. 958.

141 „12 Gebote für das Verhalten der Deutschen im Osten und die Behandlung der Russen" vom 1.6.1941, Druck: Ueberschär/Wette (Hrsg.), „Unternehmen Barbarossa", S. 310ff.

stand – ähnlich wie bei SS und Polizei – der verhältnismäßig geringe personelle Umfang der Wirtschaftsorganisation Ost in einem umgekehrten Verhältnis zu den fürchterlichen Wirkungen, die sich aus ihrem Wirken für die besetzten sowjetischen Gebiete ergaben[142].

Vor diesem Hintergrund wird gerne übersehen, dass SS, Polizei und „WiOst" beileibe nicht die einzigen nicht- oder semimilitärischen Institutionen im deutschen Besatzungsgebiet waren. Hier traf man auf Formationen, die man hier zunächst nicht vermutet hätte, die Organisation Todt (OT)[143], den Reichsarbeitsdienst (RAD), das Nationalsozialistische Kraftfahrkorps (NSKK)[144], Reichsbahn und Reichspost[145] oder das Deutsche Rote Kreuz (DRK)[146]. Auch die Nationalsozialistische Volkswohlfahrt (NSV) oder die NS-Frauenschaft[147] waren hier noch mit einigen Schwestern oder „Ansiedlungsbetreuerinnen" vertreten, und sogar das Auswärtige Amt machte mit Hilfe eines speziellen „Sonderkommandos" Jagd nach Kulturgütern[148]. Die personelle Stärke dieses Konglomerats an Behörden und Institutionen, deren Angehörige teilweise der Straf- und auch der Befehlsgewalt der Wehrmacht unterstanden[149], ist nicht zu unterschätzen, sie dürfte bei etwa knapp 9 Prozent des Feldheeres gelegen haben[150]. Aufs Ganze gesehen war der deutsche Herrschaftsapparat in den Militärverwaltungsgebieten wohl noch komplizierter und schwerfälliger als der in den Reichskommissariaten, was schon daran lag, dass Staat und „Partei" ihren Einfluss im Militärverwaltungsgebiet bereits zu einem Zeitpunkt zu sichern suchten, als der Krieg noch gar nicht entschieden war. Aufgrund der Unübersichtlichkeit dieses wuchernden Besatzungsapparats mussten sich dessen Aufgaben und Ziele vor allem den höheren Chargen in den Stäben erschließen und zum Teil auch jenen Wehrmachtsangehörigen, die in den rückwärtigen Gebieten stationiert waren[151]. In diesem Gebiet sollte Zastrow nun landen.

Der Feldflugplatz südwestlich von Orel[152] war eine Anlage, die sich weniger durch ihre Bauten auszeichnete. Eindrucksvoll war bestenfalls die Größe der An-

---

[142] Vgl. hierzu Hürter, Leningrad, S. 386 ff.

[143] Vgl. Seidler, Organisation Todt, S. 88 ff. Zur Gesamtorganisation: Böhm, Die Organisation Todt im Einsatz 1939-1945, 1. Teil; Handbook of the Organisation Todt; Singer (Hrsg.), Quellen zur Geschichte der Organisation Todt, Bd. 1 und 2; Singer, Entwicklung und Einsatz der Organisation Todt.

[144] Vgl. Hochstetter, Das Nationalsozialistische Kraftfahrkorps (NSKK), S. 421 ff.

[145] Vgl. Ueberschär, Deutsche Reichspost, S. 126 ff.

[146] Vgl. Forrer, Sieger ohne Waffen, S. 99 ff.; Morgenbrod/Merkenich, Das Deutsche Rote Kreuz.

[147] Vgl. Vorländer, Die NSV, S. 166 f.
Generell zum Einsatz von Frauen in den besetzten polnischen und teilweise auch sowjetischen Gebieten vgl. Harvey, Women and the Nazi East, insbes. S. 119 ff.

[148] Vgl. Heuss, Die „Beuteorganisation" des Auswärtigen Amtes; Hartung, Raubzüge in der Sowjetunion.

[149] Zum rechtlichen Status vgl. die Definition bei Absolon, Wehrmacht, Bd. V, S. 239 f.

[150] Kroener („Menschenbewirtschaftung", S. 974) referiert Zahlen vom 1.9.1943, denen zufolge Feldheer und Luftwaffe damals eine personelle Stärke von 5 637 000 Mann besessen haben. Die Stärke des Wehrmachtgefolges betrug damals bei diesen beiden Teilstreitkräften 498 350 Mann, d.h. 8,8 %. Die Kopfstärke des Feld*heeres* an der Ostfront betrug am 1.7.1942 2 847 000 Mann, so dass sich damals – falls dieser Schlüssel stabil gewesen ist – der personelle Umfang des Wehrmachtgefolges auf etwa 250 000 Mann (ohne Luftwaffe) belaufen haben dürfte. Vgl. auch Mueller-Hillebrand, Heer, Bd. 3, S. 65.

[151] Vgl. hierzu etwa Hürter, Auf dem Weg zur Militäropposition; Pohl, Kooperation, S. 111.

[152] Zur Topographie vgl. IfZ-Archiv, LK 174: Heereskarte Osteuropa 1:300 000, Y 53 Orel.
Zur damaligen Bedeutung von Orel als „Nachschubzentrum" der Wehrmacht vgl. Seitz, Verlorene Jahre, S. 114.

Deutscher Feldflugplatz in der Ukraine
(Quelle: bpk 00027316)

lage[153]. Auch hier hatte die Luftwaffe Teile ihrer Geschwader stationiert: Transporter, Jäger, Aufklärer oder Schlachtflugzeuge. Diese Maschinen erinnerten daran, dass der deutsch-sowjetische Krieg nicht nur zu Lande ausgefochten wurde. Als zweitgrößte deutsche Teilstreitkraft setzte die Luftwaffe damals auf diesem Kriegsschauplatz über 2 600 Maschinen ein sowie knapp 900 000 Soldaten[154], die meisten freilich am Boden – bei der Flakartillerie etwa, der Nachrichten- oder der Bautruppe[155]. Dieser Wehrmachtsteil, dessen Existenz häufig übersehen wird[156], verstärkte vor allem das frontnahe Hinterland[157].

---

[153] Vgl. BA-MA, RL 19/606: Feldluftgaukommando XXVII (Moskau), Pläne, Unterlagen und Fotos zu den Flugplätzen im Osten 1942. Ferner Mattiello, Fliegerhorstkommandanturen und Flugplätze der deutschen Luftwaffe 1935–1945, S. 354, 499.

[154] Am 20.6.1942 meldeten die deutschen Geschwader, die an der Ostfront eingesetzt waren, eine Gesamtzahl von 2 635 Flugzeugen, von denen 1 873 einsatzbereit waren. Wegner, Krieg, S. 872. Zu Feldzugsbeginn konnte die deutsche Luftwaffe 3 904 Flugzeuge im Osten aufbieten, von denen 3 032 einsatzbereit waren. Vgl. Boog, Luftwaffe, S. 312. Über die Zahl der in der Sowjetunion eingesetzten Luftwaffensoldaten liegen kaum Zahlen vor. Laut Jacobsen waren im Juni 1941 61 % der Luftwaffen-Verbände an der Ostfront im Einsatz. Bei einer Gesamtstärke von 1 458 000 Mann wären dies 889 380 gewesen. Vgl. Jacobsen, 1939–1945, S. 550; Boog, Die deutsche Luftwaffenführung, S. 335, Anm. 791.

[155] Vgl. Kroener, Personelle Ressourcen, S. 906 ff.

[156] In der Diskussion der vergangenen Jahre wurden die Begriffe Wehrmacht und Heer meist synonym verwandt. Das auffallend geringe Interesse an der Geschichte der deutschen Luftwaffe ist nicht zuletzt darin begründet, dass bei Kriegsende große Teile der Akten von deutscher Seite systematisch vernichtet wurden. Vgl. Granier/Henke/Oldenhage, Bundesarchiv und seine Bestände, S. 314 ff.

[157] Vgl. hierzu die „Weisung für die Aufgaben des Ostheeres im Winter 1941/42", die das OKH am 8.12.1941 vorlegte: „Es ist ferner darauf zu achten, daß der Frontverlauf ermöglicht, daß

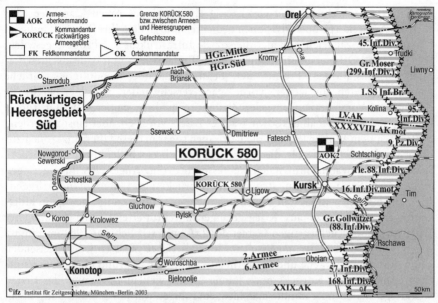

Frontabschnitt der 2. Armee mit Hinterland – Mai 1942

Ein Besucher, der wie Zastrow aus dem OKH kam, wird erst einmal nach Kursk gebracht worden sein, zum Hauptquartier des Armeeoberkommandos 2. Bei einer Entfernung von etwa 200 Kilometern bedeutete das wieder eine Fahrt von mehreren Stunden. Das gab Zastrow immerhin die Gelegenheit, sich ein genaueres Bild über diesen Teil des Militärverwaltungsgebiets zu machen[158]. Im Gegensatz zu den leergefegten Räumen der Rückwärtigen Heeresgebiete war die Wehrmacht in den Korücks wirklich präsent. Die Armeen bildeten mächtige Rahmenverbände, denen neben den Kampfverbänden und den Korücks weitere Spezialkräfte unterstellt waren wie Nachschub- oder Instandsetzungseinheiten, schwere Artillerieregimenter, Frontaufklärungskommandos, Kraftfahrparks, Pionierdepots, Feldeisenbahnen, Straßenbaubataillone, Feldhundestaffeln oder Brückenkolonnen[159] – ein

die Luftwaffe brauchbare Flugplätze, insbesondere für die Jagdkräfte, nahe genug hinter der eigenen Front ausnützen kann." Druck: KTB OKW, Bd. I, Dok. 108.
Zur Dislozierung vgl. die Übersicht bei Tessin, Verbände und Truppen, Bd. 16/3, S. 244ff., 270ff.

[158] Orel lag damals noch im Rückwärtigen Gebiet der 2. Panzerarmee, dem Korück 532, Kursk diente im Juli 1942 als Standort des AOK 2, das Korück 580 lag ab 28.6.1942 in Fatesh. Zu seinen damaligen Grenzen vgl. BA-MA, RH 20-2/1457: Armeegruppe von Weichs, O.Qu./ Qu. 2, „Besondere Anordnungen für die Ordnungsdienste" vom 10.6.1942. Vgl. ferner mit den Angaben bei Schulte, German Army, S. 55.

[159] Allein dem AOK 2 waren damals unmittelbar unterstellt: Armee-Nachrichten-Regiment 563; Nachrichten-Nahaufklärung-Kompanie 563; Feld-Nachrichten-Schule beim AOK 2; Armee-Nachschub-Abteilung 615; Nachschub-Abteilung 903; Kraftfahr-Abteilung 615; Stab, Armee-Nachschub-Führer 501 später: Kommandeur der Armee-Nachschub-Truppen 501; Nachschub-Bataillon 582; Munitions-Verwaltungs-Kompanie 570; Kfz.-Instandsetzung-Abteilung 567; Armee-Kraftfahr-Park 561; Stab, Höherer Artillerie Kommandeur 308; schwere Artillerie-Abteilung 616 (m); Nebelwerfer-Abteilung 6; Leichter V 0 Messtrupp 502; Artillerie Park 561; Stab, Armee-Pionier-Führer beim AOK 2; Stab, Armee-Pionier-Schule beim AOK 2;

riesiges Aufmarschgebiet und gleichzeitig ein gewaltiges Arsenal, aus dem sich auch die Armeekorps und Divisionen bedienten und in dem ihre Trosse ständig im Einsatz waren. Zugleich war hier die soziale Infrastruktur der Front angesiedelt: Soldaten- und Offiziersübernachtungsheime, Entlausungs- und Badeanstalten, Lazarette, Zahnstationen, Fronttheater, Feldbordelle oder Frontkinos, spärliche Annehmlichkeiten, die weiter „vorne" ganz verschwanden, weil hier bereits die elementaren Voraussetzungen jeder Zivilisation fehlten: sauberes Wasser, ruhige Nächte, Strom, regelmäßiges sowie warmes Essen, vor allem aber eins: Sicherheit.

Dass seit dem Winter 1941/42 die Partisanen sogar in diese Übergangszonen zur Front einsickerten, war für die Deutschen freilich ein bedenkliches Zeichen[160]. Spätestens hier waren ihre vitalen Interessen bedroht. Angesichts ihrer geringen *militärischen* Schlagkraft mussten sich die Korücks ihre Unterstützung „irgendwie" organisieren – in Gestalt des einheimischen „Ordnungsdienstes", von Hilfskontingenten, die man aus Kriegsgefangenen rekrutierte[161], oder verbündeter Truppen, die im Rückwärtigen Gebiet der 2. Armee seit Februar 1942 im Einsatz waren. Die Einheiten der ungarischen Honvéd-Armee mussten jedem Reisenden schon durch ihre Sprache und Uniform auffallen. Erst aufgrund dieser Unterstützung erinnerten die Korücks noch immer an die weitläufige Etappe des Ersten Weltkriegs. Als Offizier konnte man hier „ein ruhiges, warmes Zimmer mit großem Schreibtisch und gutem Bett" haben, und auch die Verpflegung war „wesentlich besser als bei der Division"[162].

Ob Zastrow nach seiner Ankunft in Kursk dem Oberbefehlshaber der 2. Armee, dem Generaloberst Maximilian Freiherr von Weichs, persönlich vorgestellt wurde, ist wenig wahrscheinlich. Nach dem Beginn der deutschen Sommeroffensive herrschte auch in diesem Armeeoberkommando hektische Betriebsamkeit, alles hatte sich „auf das Geschehen an der Front" zu konzentrieren[163]. Trotzdem ähnelte der Stab eines AOK mit seinen etwa 100 Offizieren und einigen hundert weiteren Soldaten eher einem kleinen Ministerium als „dem Klischee eines kleines Stabes auf dem Feldherrnhügel"[164]. Neben der operativen und taktischen Führung

---

Pionier Regiments Stab 685 (m); Heeres-Pionier-Bataillon 654 vorher: Pionier-Bataillon 654; Heeres-Pionier-Bataillon 742 vorher: Pionier-Bataillon 742; Pionier-Park-Bataillon 561; Bau-Bataillon 133 später: Bau-Pionier-Bataillon 133; Bau-Bataillon 135 später: Bau-Pionier-Bataillon 135; Bau-Bataillon 417 später: Bau-Pionier-Bataillon 417; schweres Straßen-Bau-Bataillon 676 später: Straßen-Bau-Pionier-Bataillon 676; Kommandeur der Bautruppe 24; Eisenbahn-Bau-Bataillon 511; Brücken-Kolonne B (m) 34; Verkehrsregelungs-Bataillon 757; Wach-Bataillon 552; Armee-Waffenschule beim AOK 2; Sturm-Regiment beim AOK 2; Propaganda-Kompanie 670 später: Propaganda-Einsatz-Führer 670; Bevollmächtigter Transport-Offizier beim AOK 2; Feldausbildungs-Regiment beim AOK 2. Angaben nach: BA-MA, MSg 175/22, hier AOK 2.

160 Vgl. Kap. 3.4.

161 Waren im Bereich des Korück 580 im Januar 1942 insgesamt 800 Mann eingesetzt, so waren es Mitte Februar bereits 2700, bis Mitte März 5000 und bis Mitte Mai 1942 15400 Mann. Angaben nach: IfZ-Archiv, MA 895/2: Korück 580, Kdt., „Abschließender Bericht über die Tätigkeit im Rückwärtigen Armeegebiet in der Zeit von Dezember 1941 bis Ende Mai 1942" vom 28.6.1942.

162 Schade, Briefe aus dem Krieg, S. 60 (Brief vom 27.2.1942, Manuskript im Besitz des Verf.) S. war Chef des Stabes beim Korück 582.

163 So der Gen.ltn. Kurt Brennecke, damals Chef des Stabes der H.Gr. Nord, zit.: bei Hürter, Heerführer, S. 271.

164 Hürter, Leningrad, S. 380f. Auch zum Folgenden. Ferner Hürter, Heerführer, S. 266ff.

war einer solcher Stab für die Logistik zuständig, für die Feindaufklärung, Spionage- und Sabotageabwehr, Personalwesen oder die Besatzungspolitik im Armeegebiet. Auch waren hier Waffenoffiziere tätig, Heeresrichter, ein Vertreter des Auswärtigen Amts[165], Armeewirtschaftsführer[166], Sanitäts- und Veterinäroffiziere, Ordonnanzen, Geistliche oder Feldpostmeister – Funktionen, die daran erinnerten, wie kompliziert der „totale Krieg" geworden war. Der Komplexität der modernen zivilen Massengesellschaft entsprach die Komplexität der militärischen Organisation; selten war dies so klar zu erkennen wie in einem Armeeoberkommando.

Die 2. deutsche Armee war für eine Front von etwa 320 km Länge[167] verantwortlich; die 45. Infanteriedivision war hier an ihrem linken Flügel in Stellung gegangen. Als Zastrow tags darauf seinen Weg dorthin fortsetzte, wurde er an ein gigantisches Verbrechen erinnert, für das die Wehrmacht fast ausschließlich die Verantwortung trug: Elend und Tod der sowjetischen Kriegsgefangenen[168]. Im Raum Kursk lagen die Dulags 134 und 191, schnell eingerichtete Durchgangslager[169], welche die Vorposten einer Lagerwelt bildeten, die sich vom Militärverwaltungsgebiet über die Reichskommissariate und das Generalgouvernement bis ins Reich erstreckte[170]. Dass in diesen Lagern bis Frühjahr 1942 bis zu zwei Millionen sowjetische Gefangene elend krepiert waren[171], wussten Offiziere wie Zastrow vermutlich nur vom Hörensagen. Nun aber bekam er die langen Züge sowjetischer Kriegsgefangener zu sehen, die auch daran erinnerten, dass wieder Bewegung in die Front gekommen war. Auch sonst wurden die Zeugnisse des Krieges nun häufiger: zerstörte oder aufgegebene Fahrzeuge, frisch aufgeworfene Gräber, Kolonnen mit deutschen Verwundeten, schwarze Rauchsäulen, LKW-Kolonnen oder Ketten von Flugzeugen, die zusammen mit Zastrow den Weg zur Front suchten.

Und noch etwas begann sich zu verändern, die Präsenz der Zivilisten. Außerhalb der eigentlichen Gefechtszone konnte man zumindest äußerlich den Eindruck haben, dass das zivile Leben irgendwie weiterging. Selbst in einem frontnahen Gebiet wie dem des Korück 580 zählte man im Herbst 1942 noch genau 630 783 Menschen[172]. Ihre Situation war damals noch recht unterschiedlich; neben Gebieten, in denen diese Zivilisten so lebten, „wie sie vor dem deutschen Einmarsch auch ge-

---

[165] Vertreter des Auswärtigen Amts beim AOK 2 war damals Oberleutnant Anton Graf Bossi-Fedrigotti, in seiner zivilen Existenz Legationsrat. Seine Berichte in: PA-AA, R 60704, 60705 und 60711. Generell zu dieser Einrichtung: Buchbender, Das tönende Erz, S. 148 ff.; Hürter, Nachrichten aus dem „Zweiten Krimkrieg".

[166] Zu den Armeewirtschaftsführer vgl. Müller (Hrsg.), Wirtschaftspolitik, S. 31 f.; ebda., Anlage 9.

[167] BA-MA, RH 20-2/882: AOK 2, Abt. I a, Kriegstagebuch, Eintrag vom 8. 5. 1942.

[168] Vgl. hierzu Kap. 5.2 und 5.3. Dort auch weiterführende Literatur.

[169] Dem Korück 580 waren damals drei Armee-Gefangenen-Sammelstellen (in Schtschigry, Kolpna und Droskowo) sowie drei Dulags: 171 (Ponyri), 134 (Kursk) und 191 (Kursk), unterstellt. BA-MA, RH 20-2/1457: Armeegruppe von Weichs, O.Qu./Qu. 2, „Besondere Anordnungen für die Ordnungsdienste" vom 10. 6. 1942.

[170] Vgl. die Übersicht von Mattiello/Vogt, Deutsche Kriegsgefangenen- und Internierten-Einrichtungen, Bd. 2, S. 48, 52, 55. Karte bei Pohl, „Rassenpolitik", S. 248 f.

[171] Vgl. Streit, Keine Kameraden, S. 136.

[172] IfZ-Archiv, MA 907: Wi. Kdo. AOK 2, Gruppe Arbeit, „Übersicht über die Bevölkerung und die Arbeitseinsatzfähigkeit im Bereiche Korück 580" vom 25. 10. 1942. Gezählt wurden damals 494 319 Menschen, die auf dem Land, und 107 564 Menschen, die in der Stadt lebten, davon in Kursk 75 000. Hinzu kamen noch 28 900 Evakuierte.

lebt hatten"[173], existierten andere, die bereits vom Krieg oder vom Terror der deutschen Okkupanten gezeichnet waren. Das betraf besonders die Städte[174], wo die Verelendung oft stärker zu spüren war als auf dem Dorf[175]. Auch Kursk wirkte zum Teil verödet und „völlig erstarrt"[176], von den 120 000 Einwohnern waren damals noch etwa 75 000 übrig[177], da die Deutschen nicht bereit gewesen waren, „Kursk über den Winter zu ernähren"[178] und einen „großen Teil" der Bevölkerung einfach aufs Land abgeschoben hatten. Nach außen schien in der Stadt Ruhe zu herrschen[179], doch der Schein trog, noch immer herrschte in Kursk bitterer Hunger[180]. In jenen Gebieten, wo sich der Krieg dann festgefressen hatte, war die Zivilbevölkerung völlig verschwunden – geflohen, gestorben oder evakuiert, erst von sowjetischer, dann von deutscher Seite[181]. Das war auch im Gefechtsgebiet der 45. ID so. Wenn man wie Zastrow die Foschnja, ein kleines Flüsschen zehn Kilometer vor den ersten deutschen Linien, passierte, traf man auf Posten mit Feldgendarmen neben großen Tafeln in deutscher und russischer Sprache: „Gefechtsgebiet! Betreten für Zivilpersonen bei Strafe verboten!"[182]

Burnewo (im Oblast Orlowskaja), wo Zastrow schließlich ankam, war etwa 15 Kilometer von den „Hauptkampflinien" entfernt. Hier hatte das Divisionskommando der 45. ID ihr Hauptquartier aufgeschlagen. Ein Stabsoffizier aus dem OKH, der sich von der Front ein möglichst umfassendes Bild verschaffen wollte,

---

[173] So Chiari, Pandora, S. 887. Vgl. auch mit der Bewertung von Bernd Wegner, der die Ambivalenz der deutschen Besatzungspolitik betont, die „zu einem oft unkoordinierten, nicht selten bizarren Nebeneinander von maßlos brutalem und vergleichsweise rücksichtsvollem Herrschaftshandeln" führte. Wegner, Krieg, S. 925; eine ganz ähnliche Bewertung bei Dallin, Deutsche Herrschaft, S. 83, 308.

[174] Vgl. hierzu Merridale, Iwans Krieg, S. 152f. Ferner Hürter, Heinrici, S. 86f. (Kriegsbericht vom 19. 9. 1941).

[175] So Wassili Grossman 1941 in seinem Tagebuch, zit. bei: Beevor, Schriftsteller, S. 78.

[176] Bericht des NKWD Kursk (der in Teilen dort geblieben war), zit. bei: Merridale, Iwans Krieg, S. 153.

[177] Im Januar 1939 wurden in Kursk 120 000 Menschen gezählt; im Mai 1942 registrierten die deutschen Behörden eine „Einwohnerzahl von 70 bis 80 000 Einwohnern". IfZ-Archiv, MFB 4/42870: AOK 2, AWiFü, Kriegstagebuch, Eintrag vom 3. 5. 1942; Leimbach, Sowjetunion, S. 231; Merridale, Iwans Krieg, S. 153f.

[178] IfZ-Archiv, MA 885: Korück 580, Abt. Qu., „Besondere Anordnungen für die Versorgung Nr. 3" vom 29. 11. 1941. Zur Ermordung der Kursker Psychiatrie-Patienten vgl. Kap. 5.4.

[179] Vgl. IfZ-Archiv, MFB 4/42870: Wi. Kdo. Kursk, Lagebericht für die Zeit vom 1.–15. 6. 1942: „Die starke Belegung des Oblast Kursk, besonders der Städte, hat die Lage der Bevölkerung erneut erschwert. Auf engem Raum und eine kümmerliche Unterkunft zusammengedrängt, verlor sie ihre Versorgungsquellen, ihre Wohnung und oft ihre Einrichtungsgegenstände. Die Sterblichkeit überschreitet die Geburtenzahl um ein Vielfaches. Ernährungsschwierigkeiten bestehen nach wie vor. [...] Trotzdem wird diese nicht leichte Lage von dem Großrussentum der Stadt Kursk auffallend geduldig ertragen. Im Gegensatz zur Ukraine hört man hier kein Geschimpfe darüber; als ausgesprochen deutschfreundlich kann die Stimmung aber nicht angesehen werden, sondern ist der russischen Natur entsprechend, mehr passiv. In Kursk hat sich jedenfalls noch kein einziger Überfall oder Sabotageakt ereignet, trotzdem auch hier sich sicher noch Anhänger des Bolschewismus unter der Bevölkerung befinden."

[180] Vgl. IfZ-Archiv, MFB 4/42870: AOK 2, AWiFü, Kriegstagebuch, Eintrag vom 3. 5. 1942, wo berichtet wird, dass auf dem Kursker Schwarzmarkt das „Brot stückweise verkauft" würde. „1 Pfund Speck: 800 Rubel, 1 Huhn: 300 Rubel, Eier: 10 bis 20 Rubel pro Stück."

[181] „12 000 Einwohner haben Woronesch verlassen. Im Sammellager Chochol 2 500 durchgeschleust. Wanderbewegung nach Osten mit Pferden, Milchkühen im Gange. Verpflegung reichlich. Evakuierung programmäßig. Einige Verwundete durch Fliegerbeschuss." IfZ-Archiv, MFB 4/42870: AOK 2, AWiFü, Kriegstagebuch, Eintrag vom 26. 7. 1942.

[182] IfZ-Archiv, MA 1624: 45. Inf. Div., Abt. Ia, Kriegstagebuch, Anlage 139. Auch zum Folgenden.

konnte seine Zeit nicht nur „hinten" verbringen[183]. Seine Fahrten im Abschnitt dieser Division vermitteln denn auch eine Vorstellung von der kleinen Welt, die sich die Soldaten aus Oberösterreich mittlerweile geschaffen hatten. Sie war wiederum Teil eines gewaltigen Schlachtfelds, jener „Front der dreitausend Kilometer"[184], die sich als schmales Band von Stellungen, Gräben und Unterständen durch die Sowjetunion, von den finnischen Urwäldern bis hin zum Schwarzen Meer, zog.

Obwohl sich im deutschen Machtbereich nirgends so viele Soldaten massierten wie an seiner äußersten Peripherie, war von ihnen erstaunlich wenig zu sehen. Die „Leere des Gefechtsfelds" war Ergebnis einer langen historischen Entwicklung: Neue Taktiken, eine wachsende Feuerkraft und nicht zuletzt auch ihre zunehmende Beweglichkeit hatten die Reihen der Kämpfenden immer mehr gelichtet. Waren bei einer Schlacht des 18. Jahrhunderts auf einer Meile noch 20 000 Soldaten gestanden, so hatte sich ihre Zahl im Krieg von 1870/71 auf 12 000 und im Ersten Weltkrieg schließlich auf 2 500 Mann reduziert[185]. Damals war die moderne Feuerkraft bereits so stark, dass sich die Soldaten eingruben, ihre bunten Uniformen durch getarnte ersetzen und sich schnell und unauffällig durch den Raum bewegen mussten. Doch war der Krieg damit nicht wirklich verschwunden: „Wer von einem tieffliegenden Flugzeug aus das Gelände überschauen würde", meinte ein Angehöriger der 4. Panzerdivision, „könnte glauben, eine menschenleere Einöde unter sich zu haben. Erst bei näherem Hinsehen würde er in den in unregelmäßigem Zickzack verlaufenden Gräben die Posten stehen sehen, eng an die Sandwand gedrückt, den Stahlhelm im Genick und das Fernglas vor den Augen. Unablässig spähen viele Augenpaare fast bewegungslos zu dem dunklen Waldrand hinüber, wo in etwa 400 Meter Entfernung weiße Erdaufwürfe die Stellung des Gegners bezeichnen."[186]

Im Fall der 45. ID war dies nicht anders. Ihre Stellungen lagen damals im Gebiet des südlichen Russlands[187]. Hier begann das Schwarzerdegebiet, offenes Grasland und riesige Felder, durchsetzt von Wäldern, Lößschluchten und Flüsschen, dazu einzelne Straßen und Eisenbahnlinien sowie zahllose Dörfer, Weiler oder ehemalige Staatsgüter. In diesem abwechslungsreichen, sanft geschwungenen Gelände, das sich gut für einen Stellungskrieg eignete, hatten sich die 45er seit Anfang Juli 1942 mit Fleiß, Geschick und auch unter rücksichtsloser Inanspruchnahme der dort lebenden Zivilisten eingerichtet. Da sich ihr Frontabschnitt auf einer Breite von knapp 30 Kilometern erstreckte[188], blieb der Divisionsführung keine andere

---

[183] Am 6.7.1942 fuhr Zastrow etwa zum Infanterieregiment 130, „um einen persönlichen Eindruck der Lage zu gewinnen". Vgl. IfZ-Archiv, MA 1623: 45. Inf. Div., Abt. I a, Kriegstagebuch vom 6.7.1942.

[184] So eine zeitgenössische Angabe. Vgl. Haussleiter, An der mittleren Ostfront, S. 15. Ferner Wegner, Krieg, S. 795. Zur Struktur des Gefechtsgebiets vgl. auch Knoch, Front.

[185] O'Sullivan, Terrain and Tactics, S. 114.
Im Ersten Weltkrieg hatte eine Infanteriedivision einen Abschnitt besetzt, dessen Breite nicht größer als 4,4 km war. Vgl. Kroener, „Menschenbewirtschaftung", S. 956.

[186] BA-MA, N 460/18: NL Gerlach von Gaudecker, Bericht R. Poensgen, 4. Pz. Div., vom 22.5.1944.

[187] Zur Topographie vgl. IfZ-Archiv, LK 189: Heereskarte Osteuropa 1:300 000, Z 53 Liwny.

[188] IfZ-Archiv, MA 1624: 45. Inf. Div., Abt. I a, Kriegstagebuch, Anlage 145: Divisionsbefehl für die Verteidigung vom 9.7.1942; Anlage 171: Divisionsbefehl für den Ausbau der Stellung vom 18.7.1942. Auch zum Folgenden.

An vorderster Front: Deutsche MG-Stellung, 1942. Aufschlussreich sind die völlig durchnäss-
ten Uniformen und der Dreck auf dem Stahlhelm des MG-Schützen, der auf einen Artillerie-
überfall schließen lässt
(Quelle: IfZ-Archiv)

Wahl, als das Gros ihrer 15 000 Soldaten[189] „vorne" einzusetzen. Über Reserven
verfügten, wie man damals im Stab der 2. Armee kurz und bündig feststellte, „weder die Armee noch die Korps und Divisionen"[190]. Also kamen die meisten an die
Front. Im damaligen Sprachgebrauch war die Front ein Mythos[191]. Was aber verbarg sich hinter diesem Begriff?

Das eigentliche Rückgrat der deutschen Front war die *Hauptkampflinie* (HKL)
– keine Linie im geometrischen Sinn, sondern „ein vielfach verschlungenes, zu-
rückweichendes und vorspringendes Gebilde, eine sehr unregelmäßige Schlange,
die sich dem Gelände anpasst[e] oder vom Druck des Gegners in ungünstiges Gelände gezwungen" wurde[192]. 1941 bestand die HKL meist aus einem aufgelocker-
ten System von Stützpunkten, kaum Gräben, sondern meist einzelne kleine Stellungen: *Schützenlöcher* oder *MG-Nester*. Erst im Verlauf des Jahres 1942, als die

---

189 Die 45. ID hatte Ende Juli eine Ist-Stärke von 15 224 Mann; ihre Gefechtsstärke betrug am
7. 7. 1942 8 083 Mann. Der Begriff Gefechtsstärke ist wörtlich zu nehmen. Diese Soldaten
waren in den vordersten Kampfstellungen im Einsatz. Die übrigen 7 000 Mann waren meist
bei den Kampfunterstützungstruppen eingesetzt. Die taktischen Reserven der Division beschränkten sich auf ein Infanterie-Bataillon und einen Zug der Panzerjäger-Abteilung. Vgl.
IfZ-Archiv, MA 1624: 45. Inf. Div., Abt. I a, Kriegstagebuch, Anlage 136: Gefechtsstärken,
Stand 7. 7. 1942; Anlage 204: Kriegsgliederung der 45. Inf. Div. vom 25. 7. 1942.
190 BA-MA, RH 20-2/882: AOK 2, Abt. I a, Kriegstagebuch, Eintrag vom 8. 5. 1942.
191 Vgl. Berning, Vom „Abstammungsnachweis" zum „Zuchtwart", S. 80f.
192 Böll, Vermächtnis, S. 133.

Wehrmacht zunehmend in die Defensive gedrängt wurde, begann sie mit dem Aufbau durchgehender Verteidigungslinien[193], die an die weitverzweigten Graben- und Stellungssysteme des Ersten Weltkriegs erinnerten und meist zusätzlich mit Stacheldrahtverhauen, Minen und Panzergräben gesichert wurden.

Diese Linie bildete das Vorfeld der deutschen Front und sollte den Todesstreifen zwischen der deutschen und sowjetischen Front überwachen und gegebenenfalls den ersten Schwung des feindlichen Angriffs brechen. In das davor liegende *Niemandsland*, meist zerstört oder verwüstet, trauten sich nur noch einzelne Spähtrupps[194]. Hinter der HKL, die alle taktischen Vorteile des Geländes auszunutzen suchte und sich an Siedlungen, Flüsse oder Hänge schmiegte, befand sich in etwa zwei Kilometer Entfernung die *zweite Linie*: Dort hatten sich die Vorgeschobenen Beobachter der Artillerie eingegraben, ferner die Granatwerfer und Infanteriegeschütze sowie die ersten Führungszentralen, die Gefechtsstände der Bataillone, die freilich oft nicht mehr darstellten als primitive Erdbunker mit Fernmeldegerät, Telefon und einigen Meldern. Trotzdem reichte die Entfernung zur ersten Postenkette aus, um das Geschehen an vorderster Front zu überblicken und auch zu leiten, so dass gerade die Bataillonskommandeure oft zu den „eigentlichen Trägern des Kampfes" wurden, zu „Kampfgruppenführer im Kleinen."[195]

Zwei weitere Linien folgten: die *Panzerauffanglinie*[196], wo die Geschütze der Panzerjäger und – falls vorhanden – der Flak lauerten, sowie, in etwa vier bis fünf Kilometer Entfernung von den ersten deutschen Posten, die *Rückwärtige Linie*, das Aufmarschgebiet der Divisionsartillerie. Mit ihrer Reichweite von 10 bis 15 Kilometern konnte sie das gesamte Vorfeld der deutschen Front kontrollieren und den Gegner nach einem genau festgelegten Feuerplan bekämpfen, bevor dieser die deutschen Stellungen überhaupt erreichte.

Nach diesen vier Linien, dem eigentlichen *Gefechtsgebiet*, begann das *Rückwärtige Divisionsgebiet*[197] mit den Gefechtsständen der Regimenter, dem Hauptver-

---

[193] Lidschun/Wollert, Enzyklopädie der Infanteriewaffen, Bd. I, S. 21. Vgl. hierzu auch Senger und Etterlin, Krieg in Europa, S. 288.
Die Ablösung des Stützpunkt- durch das dünn besetzte Grabensystem fällt bei der 45. ID genau in diese Zeit. Vgl. hierzu die Denkschrift des Divisionskommandeurs Fritz Kühlwein an das LV. A.K. vom 27. 8. 1942 (IfZ-Archiv, MA 1624): „Die Lösung der Frage ‚Stützpunkt oder dünne Linie' scheint folgende zu sein. Durchlaufende Linie mit dünner Besetzung, verstärkt durch Stützpunkte an geländemäßig hervorstechenden Punkten, die für die Führung des Abwehrkampfes von entscheidender Bedeutung sind."

[194] Wie gefährlich das war, verdeutlicht eine Meldung der 45. ID vom 1. 6. 1942, derzufolge ein Spähtrupp bereits durch eigene Minen einen Toten und 5 Schwerverwundete verlor. „Der 5. Fall blutiger Verluste durch eigene Minen innerhalb der letzten zehn Tage!" Vorfälle dieser Art wurden auch immer wieder beim Gegner beobachtet. IfZ-Archiv, MA 1623: 45. Inf. Div., Abt. I a, Kriegstagebuch, Eintrag vom 1. 6. 1942.

[195] Senger und Etterlin, Krieg in Europa, S. 98.

[196] IfZ-Archiv, MA 1624: 45. Inf. Div., Abt. I a, Kriegstagebuch, Anlage 159: Befehl für die Panzerabwehr in der Stellung der Division vom 15. 7. 1942.

[197] Die 45. ID unterschied nicht nur – wie allgemein üblich – zwischen „Gefechtsgebiet" und „Rückwärtigem Divisionsgebiet", sondern ging sogar so weit, einen eigenen „Korück 45" einzurichten, was institutionell für eine Division eigentlich nicht vorgesehen war. Auch dies ein Hinweis darauf, dass sich auch in der Gefechtszone die Trennung von Front und Etappe zunehmend verfestigte. IfZ-Archiv, MA 1624: 45. Inf. Div., Abt. I a, „Divisionsbefehl für den Ausbau der Stellung" vom 15. 7. 1942. Vgl. hierzu auch Rass, „Menschenmaterial", S. 140 f., 349; Pohl, Herrschaft, S. 99.

bandsplatz[198], den Zentralen der Nachrichten-Abteilung und nicht zu vergessen
den Trossen[199] der weiter vorne eingesetzten Kampftruppen. Zwar hauste man
auch hier meist in sehr bescheidenen Unterkünften[200], doch war man hier bereits
etwas geschützter. Einige Kilometer weiter folgte dann der Divisionsstab[201]: „Hier
arbeiteten, möglichst gedeckt in Waldstücken, Schluchten usw. im sog. Befehls-
Bus, in Zelten oder im Stellungskrieg auch in großen Bunkern, der Divisionskommandeur, I a, I c, usw. Die Adjutantur und Quartiermeisterabteilung befanden sich
15 bis 20 Kilometer hinter der Front, meist in festen Gebäuden und Unterkünften,
um dort möglichst ungestört ihre Aufgaben erfüllen zu können"[202]; auf diese
Weise waren wenigstens die zentralen Verwaltungs- und Versorgungsdienste der
Wirkung der feindlichen Artillerie entzogen[203]. Nach den Erfahrungen des Winterkriegs mit seinen zahllosen Durchbrüchen, aber auch aufgrund der zunehmenden
Bedrohung durch die Partisanen versuchten die deutschen Einheiten ihrer Gefechtszone mehr Tiefe zu geben[204]. Allein die 45. ID hatte alle 18 Ortschaften, die
damals in ihrem Gefechtsgebiet lagen, zu Stützpunkten ausgebaut[205]; selbst das
Flüsschen Foschnja im Rücken der deutschen Front hatten Pioniere der 45. gestaut
und mit Minen gesperrt[206], während man noch weiter hinten sogenannte „Riegelstellungen" angelegt hatte, die vorläufig unbesetzt waren und als letzte Rückzugs-
möglichkeit dienen sollten, falls die vordersten Linien fielen[207].

Solche Versuche zum Aufbau einer tiefer gestaffelten Front fanden an der chronischen Schwäche des deutschen Ostheers rasch ihre Grenze. Das Aufmarschgebiet einer Kampfdivision war selten tiefer als 20 Kilometer. Und selbst in der Gefechtszone, befanden sich die meisten Soldaten ganz vorne, in den Hauptkampflinien, und waren von dem, was sich hier abspielte, ganz in Anspruch genommen.
So gesehen wirkt der Ausschnitt einer einzigen Division wie ein Modell dieses
riesigen Kriegsschauplatzes, das einmal mehr veranschaulicht, wie sehr Wahrnehmung, Verhalten und nicht zuletzt auch Erinnerung dieser Soldaten vom militärischen Geschehen bestimmt wurde.

---

[198] Die Sanitäts-Kompanien hatten den Auftrag, in einer Entfernung von 4 bis 8 km hinter der
Hauptkampflinie einen Hauptverbandsplatz zu errichten, „wo die erste fachärztlich-chirur-
gische Versorgung geleistet wurde". Vgl. Neumann, Arzttum, S. 88.

[199] Angaben zur Entfernung der Trosse von der Front sind nur schwierig zu ermitteln. Bei einer
Formation wie der 296. ID lag die Entfernung der Trosse zur Hauptkampflinie in der Zeit des
Stellungskriegs zwischen 8 und 15 km. Vgl. IfZ-Archiv, MA 1636: 296. Inf. Div., Abt. I b, Mel-
dung betr. „Unterkunfts-Orte abgestellter Truppenteile" vom 22.2.1942.

[200] Vgl. etwa Meier-Welcker, Aufzeichnungen, S. 159 (Brief vom 25.3.1942).

[201] Vgl. IfZ-Archiv, Da 034.08: H.Dv. 300/1: Truppenführung, 1. Teil (Abschnitt I–XIII), Berlin
1936, P. 114: „In der Abwehr wird der Gefechtsstand des Divisionskommandeurs wegen der
größeren Breite gewöhnlich weiter von der vorderen Linie abzusetzen sein." Dagegen sollte der
Platz des Divisionskommandeurs beim Angriff weiter vorne, beim Marsch an der Spitze sein.

[202] Buchner, Handbuch, S. 90.

[203] Vgl. mit Rass („Menschenmaterial", S. 141), der betont, dass sich „Kriegserfahrung und direkte Bedrohung" auch „im relativ engen Raum eines Divisionsgebietes, dessen Tiefe zeitweise
weniger als 10 bis 15 km betrug, beträchtlich voneinander unterscheiden" konnten.

[204] Vgl. hierzu BA-MA, RH 26-45/47: AOK 2, Abt. I a, „Überlegungen für Kampfführung, Ver-
kehrsverbindungen und Versorgung in der Zeit der Schneeschmelze" vom 5.2.1942; 45. Inf.
Div., Abt. I a, „Organisation der Verteidigung in der Tiefe des Gefechtsgebiets" vom 5.2.1942.

[205] IfZ-Archiv, MA 1624: 45. Inf. Div., Abt. I a, Kriegstagebuch, Anlage 193 vom 23.7.1942.

[206] Ebda., Anlage 276: Pio. Btl. 81, Bericht an das LV. AK vom 12.8.1942.

[207] IfZ-Archiv, MA 1624: 45. Inf. Div., Abt. I a, Kriegstagebuch, Anlage 170: Divisionsbefehl für
den Ausbau der Stellung vom 18.7.1942.

Die Einsatzräume von Kampfdivisionen wie der 4. Panzer- oder der 296. Infanteriedivision sahen damals nicht sehr viel anders aus. Auch sie führten damals einen Stellungskrieg – die 4. Panzerdivision im Raum von Mzensk, 50 Kilometer nordöstlich von Orel, die 296. ID 80 Kilometer südlich von Wjasma. Auch bei ihnen war von schneidigen Vorstößen oder raschen Coups schon längst nicht mehr die Rede, ihre ganze Führungskunst reduzierte sich auf die Probleme des Stellungskriegs, auf so simple Fragen wie Armierung, Grabenstärke[208] oder Frontbreite[209].

Die militärische Doktrin sah eigentlich vor, dass sich mit den ca. 17 000 Mann einer durchschnittlichen Infanteriedivision ein Frontabschnitt von etwa zehn Kilometern Länge halten ließ[210]. Schon 1941, im Bewegungskrieg, konnte es indes vorkommen, dass sich der Abschnitt einer einzigen Division bis auf 90 Kilometer ausdehnte[211]. Damals verfügte die Wehrmacht noch über den Vorteil der operativen Initiative. Schwieriger wurde es für sie, wenn die Front mit all ihren Ausbuchtungen und Verschlingungen zu erstarren begann und wenn für die Kontrolle des Hinterlands zusätzliche Kräfte benötigt wurden. Dann wurde es, wie man damals bei der 2. Panzerarmee erkannte, „vorn sehr dünn"[212]. „Witzbolde haben schon vorgeschlagen, weite Strecken unserer sogenannten Stellung mit russischen Schildern zu versehen, Aufschrift: Weitergehen verboten!", schrieb ein deutscher General im April 1942[213]. Auch der Frontabschnitt der 45. ID verbreiterte sich damals in drei Monaten von 23 auf 30 Kilometer[214]. Da sich die Gegenseite „er-

---

[208] Der in den Quellen verwendete Begriff „Grabenstärke" ist mit dem Begriff „Kampfstärke" gleichzusetzen. Vgl. hierzu Kroener, „Menschenbewirtschaftung", S. 839.

[209] Aus einem Bericht der 4. Panzerdivision vom Oktober 1943 geht hervor, wie sehr sich ihre Kriegführung an die einer Infanteriedivision angeglichen hatte. Ihr Frontabschnitt bestand aus 115 km Kampf- und Verbindungsgräben, der mit 145 Unterständen sowie 1,1 Kilometer laufenden Hindernissen ausgerüstet war; insgesamt waren hier 222 MG-Stände, 15 Pak-Stände und 22 B[eobachtungs]-Stellen der Artillerie postiert. Das Ganze wurde einige Tage später noch armiert mit Stacheldraht und Hunderten von Minen. Aufschlussreich auch die Zahl der Arbeitskräfte, die für den Bau dieser Verteidigungsstellung im Einsatz waren: 713 Soldaten, 57 Landeseinwohner und 155 Kriegsgefangene. IfZ-Archiv, MA 1611: 4. Pz. Div., Abt. I a, Kriegstagebuch, Anlage c 1, Bericht über die A-Stellung vom 30. 10. 1943.

[210] Vgl. Middeldorf, Taktik im Rußlandfeldzug, S. 126.

[211] Vgl. BA-MA, MSg 1/1148: NL Joachim Lemelsen, Tagebuch, Eintrag vom 10. 10. 1941: „Und im Osten steht nur die 29. Div. auf ganz breiter Front von etwa 90 km und muss diese Angriffe auffangen." Die 296. ID hatte damals einen Frontabschnitt mit einer Breite von 40, später 60 km, zu besetzen, die 4. Pz. Div. von 50 km. Vgl. BayHStA, Abt. IV, NL Thoma 3, Tagebuch, Brief vom 28. 7. 1941; BA-MA, MSg 2/5317, Tagebuch Hans Reinert, Eintrag vom 11. 9. 1941; BA-MA, RH 27-4/12: 4. Pz. Div., Abt. I a, „Bericht über die Kämpfe der 4. Panzer-Division vom 9.–14. August 1941" vom 25. 8. 1941.
Während des Bewegungskriegs, als die Gefechtszone sehr viel schneller eingerichtet werden musste, ging man bei der Truppe von einer Tiefe von „etwa 5 km" aus. Vgl. BayHStA, Abt. IV, NL Thoma 5: IR 519, Kriegstagebuch vom 21. 8. 1941.

[212] BA-MA, RH 21-2/337 a: Pz. AOK 2, Abt. I a, Fernspruchbuch, Eintrag vom 5. 6. 1942.

[213] Vgl. etwa Hürter, Heinrici, S. 159 (Brief vom 25. 4. 1942).

[214] Schon im April 1942, als die Division noch die Ausfälle des Winters zu verkraften hatte, verteilten sich „allein die fechtenden Teile der [45.] Div. [...] auf einen Raum von 23 km. In Wirklichkeit ist die Ausdehnung noch größer..." IfZ-Archiv, MA 1618: 45. Inf. Div., Abt. I a, Kriegstagebuch, Eintrag vom 10. 4. 1942.
Vergleichsweise günstig stellte sich die Lage bei der 251. Infanteriedivision dar, die im Oktober 1942 lediglich für 20 km Front verantwortlich war. Vgl. Meier-Welcker, Aufzeichnungen, Karte zwischen S. 176 und 177. Ferner IfZ-Archiv, MA 1624: 45. Inf. Div., Abt. I a, Kriegstagebuch vom 3. 10. 1942: „In einem Gespräch mit dem Chef des Gen.Stabes meldet der Div.-Kdr., daß bei den schon sehr breiten Abschnitten das Herauslösen dieses Btl., somit einem weiteren Verdünnen der Stellung, nicht mehr verantwortet werden kann."

Deutscher Vormarsch, 1941
(Quelle: BSB, Fotoarchiv Hoffmann 36482)

staunlich gut über die dünne Besetzung der deutschen Stellung orientiert" zeigte[215], blieben Zerstörung, Auszehrung und schließlich auch Durchbruch dieser Linien nur eine Frage der Zeit. Das sollte seit Herbst 1942 immer stärker das militärische Geschehen bestimmen. Im November 1943 klagte die 4. Panzerdivision, sie verteidige „seit 14 Tagen einen 38 km langen Abschnitt mit eigenen Kräften", der nun auf 52 Kilometer ausgedehnt werde. Das bedeute, dass „je 100 m Graben im Durchschnitt mit 4,3 Mann besetzt" seien[216]. Dies waren Details, doch bildeten sie die Voraussetzungen für die großen operativen Veränderungen. Auch darüber konnte sich Zastrow bei seinem Besuch beim Infanterie-Regiment 130 ein Bild machen. Hier ging es nun nicht mehr weiter, der Generalstabsoffizier aus dem fernen OKH hatte die äußersten Ränder des deutschen Machtbereichs erreicht. Seine „Frontfahrt", deren Schilderung eine ungefähre Vorstellung vom deutschen Besatzungsgebiet in der Sowjetunion wie auch vom Einsatzraum unserer fünf Divisionen geben sollte, war freilich nicht mehr als eine Momentaufnahme. Sie soll nicht den Blick dafür verstellen, dass der deutsch-sowjetische Krieg über weite Strecken ein Bewegungskrieg war, der sich auf schattenlosen Rollbahnen unter diesigen Staubwolken, in endlos scheinenden Schnee- und Eiswüsten oder auf grundlosen

---

[215] IfZ-Archiv, MA 1624: 45. Inf. Div., Abt. I a, Kriegstagebuch, Eintrag vom 15.12.1942, aufgrund der Aussagen eines gefangen genommenen sowjetischen Offiziers.
[216] IfZ-Archiv, MA 1611: 4. Pz. Div., Abt. I a, Fernschreiben an das LVI. Pz. Korps vom 8.11.1943.

Matsch- und Schlammpisten während der „Übergangszeiten" abspielte. Die Kolonnen bewegten sich nun in Längsrichtung auf den Gegner zu – eine Panzerdivision mit einer offiziellen „Marschlänge" von 46[217], eine Infanteriedivision gar von 54 Kilometern[218], wobei sich diese auf bis zu 100 Kilometern auseinanderziehen konnten[219]. In der Sowjetunion sorgte das mitunter für Bilder, die weniger an einen Blitzkrieg wie an eine heutige Autobahn bei Urlaubsbeginn erinnern[220].

Auch dies lässt erkennen, wie sehr die deutsche Führung ihre Soldaten nach „vorne" drückte. An der äußersten Peripherie, im schmalen Raum der Gefechtszone, entschied sich der Krieg, darauf hatte sich alles zu konzentrieren, alles andere hatte dahinter zurückzustehen. So gesehen lebten die meisten Soldaten des Zweiten Weltkriegs, beileibe nicht nur die deutschen, ein sehr abgeschlossenes Leben. Oft blieb die Welt außerhalb ihrer Stellungen eher ein Objekt ihrer Fantasien und Sehnsüchte als das ihrer wirklichen Erfahrung.

4.3 Front und Hinterland im deutsch-sowjetischen Krieg

Der Gegensatz zwischen Front und Etappe ist so alt wie der Krieg[221]. Allerdings gab es nur wenige militärische Konflikte, in denen sich so große Unterschiede zwischen diesen beiden Räumen herausgebildet hatten wie in den jahrelangen Stellungskämpfen des Ersten Weltkriegs. Das taktische Patt der Jahre 1914 bis 1918 sorgte für extreme Unterschiede in der Kriegserfahrung. Während in den Schützengräben Millionen von Soldaten litten und starben, konnte man es sich in der Etappe relativ kommod einrichten; Ernst Jünger hat über die Eindrücke seiner Soldaten anschaulich, wenn auch nicht frei von Ironie berichtet: „Es entspinnt sich nun eines jener endlosen Gespräche über den Krieg, die ich schon hundert und aber hundert Male bis zum Überdruß angehört habe. Es ist immer dasselbe, nur die Erbitterung wird schärfer mit der Zeit. [...] Unzählige Male gehörte Satzfetzen dringen aus ihrem Geflüster zu mir. ,Wenn die dahinten mal einen Tag nach vorn kommen müßten, wär's gleich aus.' Wie im Kino; hinten sind die besten Plätze, vorne flimmert's."[222] Eindrücke wie diese prägten Wahrnehmung und Mentalität vieler Teilnehmer des „Weltkriegs". Noch 1927 musste der Chef der Heeresleitung, General Wilhelm Heye, in einem Erlass sehr deutlich werden; er hoffe, dass nun endlich „der nach dem Kriege sich bemerkbar machende Gegensatz zwischen Stäben und Front verschwinden" würde[223].

---

217 Bei einem Marschabstand von fünf Metern. Angaben nach: IfZ-Archiv, Da 034: OKH/GenStdH/Ausb.Abt.(I a); Marsch und Verkehrsregelung (Gültig für alle Waffen), Berlin 1941.
218 IfZ-Archiv, MA 1633: 296. Inf. Div., Abt. I a, Weisung vom 20.5.1941. Vgl. auch Sydnor, Soldaten des Todes, S.126.
219 Angabe nach: Hürter, Heinrici, S.63 (Kriegsbericht vom 24.6.1941). Entsprechend viel Raum benötigte eine Division auch für den Transport per Eisenbahn. Für die Verlegung der 296. ID nach Osten waren beispielsweise 54 Züge im Einsatz. BA-MA, MSg 2/5314: Hans Reinert, Tagebuch, Eintrag vom 30.1.1941.
220 Dass es sich hier um ein strukturelles Problem des motorisierten Krieges handelte, verdeutlicht Frieser, Blitzkrieg-Legende, S.130ff.
221 Generell zu diesem Phänomen: Handbuch der empirischen Sozialforschung, Bd. 9, S.163f.
222 Jünger, Der Kampf als inneres Erlebnis, S.87.
223 Offiziere im Bild von Dokumenten aus drei Jahrhunderten, Dok.93.

Doch hatte die Verachtung des „Etappenschweins" damals nicht allein eine militärische Konnotation. Für die Weltkriegsfreiwilligen und Freikorps-Soldaten
blieb all das, was nicht zur Front gehörte, „selbstverständlich das Suspekte, Zivile,
Unzuverlässig-Unkriegerische", aus der man „rückwärts-hinterrücks auch den
Dolchstoß auszuführen in der Lage" war[224]. Die Etappe galt als Brutstätte für
Auflösung, Feigheit und Ungehorsam. Seit 1933 wurde diese Ideologisierung militärischer Organisationsstrukturen gewissermaßen regierungsamtlich. Eine Lehre,
die Hitler aus seinen Kriegserfahrungen zog, lautete, „nie wieder Etappenerschei-
nungen zuzulassen, die in kritischer militärischer Situation die Stabilität des Regimes erschüttern konnten"[225]. Die Wehrmachtsführung suchte dann das Problem
auf ihre Weise zu lösen; sie löschte ganz einfach das Wort „Etappe" aus der militärischen Terminologie[226]. In einer Propagandaschrift der 4. Panzerdivision ist denn
auch zu lesen: „Etappe? Was ist das und wo ist sie? Wir kennen sie nur dem Namen nach."[227]
War die Etappe während der Jahre 1939 bis 1945 tatsächlich verschwunden?
Eine Frage wie diese hat durchaus ihre Berechtigung. Noch im Ersten Weltkrieg
konnte man Front und Etappe genau vermessen: So definierte das Reichsarchiv in
einer eigens erstellten Expertise, die „Kampfzone" hätte sich 1914 noch auf eine
Tiefe von zehn Kilometern erstreckt; bis 1918 hätte sie sich dann, analog zur Entwicklung der damaligen Waffentechnik[228], verdoppelt. Definitionen dieser Art
schienen während des Zweiten Weltkriegs zunehmend an Bedeutung zu verlieren.
Die Dimension der Bewegung, die Taktik und Motorisierung wieder in das militärische Geschehen brachten, der Luftkrieg sowie die militärische und wirtschaftliche Mobilisierung des Hinterlands hatten zur Folge, dass die Abgrenzung
zwischen „hinten" und „vorne" mehr und mehr verschwamm. Das galt gerade
auch für die riesigen Areale, auf denen der deutsch-sowjetische Krieg tobte. Zwei-

---

[224] Schlögel, Im Raume, S. 54.
[225] Kroener, „General Heldenklau", S. 269.
Vgl. hierzu auch IfZ-Archiv, MA 1582: XXXXVII. Pz. Korps, Abt. Qu./II a, Weisung betr.
„Versprengte und einzelreisende Soldaten" vom 16.1.1942, derzufolge die militärische Führung die „Erhaltung der Manneszucht in den weiten Räumen der rückwärtigen Gebiete" als
ein besonderes Problem betrachtete.
[226] Kroener, Etappenbulle und Frontochse, S. 374. So befahl das OKH am 4.6.1941, den Begriff
„Rückwärtige Dienste" zu ersetzen durch den Begriff „Versorgungstruppen". Absolon, Wehrmacht, Bd. V, S. 411.
Nach Heer (Hitler war's, S. 239) soll der Begriff „Hinterland" ein nicht existierender Ord-
nungsbegriff gewesen sein. Richtig daran ist, dass dieser Begriff in der Terminologie des Nationalsozialismus nicht zu existieren hatte. Gleichwohl konnte auch die Ideologie nichts daran
ändern, dass faktisch natürlich ein Hinterland existierte; allein Begriffe wie „Rückwärtiges Ar-
mee- oder Heeresgebiet", bzw. „Rückwärtige Dienste" sind nichts anderes als eine Umschreibung eben dieses Tatbestands.
[227] O. Verf., Sturm im Osten. S. 101.
[228] Vgl. Ulrich, „Militärgeschichte von unten", S. 500 mit Anm. 104.
Während des Ersten Weltkriegs wurde als „Etappe" derjenige Raum bezeichnet, der sich zwischen dem Operationsgebiets des Feldheeres und der Reichsgrenze befand, soweit er nicht –
wie beispielsweise das Generalgouvernement Belgien – einer besonderen Verwaltung unterstellt worden war. Vgl. Kriegs-Etappen-Ordnung (K.E.O.). Vom Kaiser genehmigter Entwurf.
Nur für den Dienstgebrauch, Berlin 1914, erschienen in: Druckvorschriften-Etat (D.V.E.)
Nr. 90, Ziffer 56.
Die Unterschiede zwischen der deutschen Etappe des Ersten und des Zweiten Weltkriegs begründeten sich also eher im Terminologischen und weniger im Faktischen.

fellos gab es dort ausgedehnte Rückwärtige Gebiete, die zu einer gewissen Ruhe kommen konnten[229], wenn der Krieg „vorne" erstarrt war. Doch wurde diese Entwicklung schon allein durch die sich ausbreitende Partisanenbewegung konterkariert[230]. Das verweist erneut und schärfer auf die Frage, ob sich jene strikte Unterscheidung zwischen „hinten" und „vorne" auf den Schauplatz des deutsch-sowjetischen Krieges überhaupt anwenden lässt.

Niemand konnte diese Frage so gut beantworten wie die dort eingesetzten Soldaten. Die Unterschiede zwischen Gefechtszone und Hinterland brauchte man ihnen nicht zu erklären. Sie hatten oft erlebt, dass man „vorne [...] schnell was weg" hat[231], und dass die finanzielle Vergütung der „Frontzulage"[232] angesichts einer *täglichen* Todesquote, die bis 1944 auf die Personalstärke drei ganzer Regimenter stieg[233], teuer erkauft war. Auch jetzt konnte man „hinten" sehr viel besser leben, „genau wie im letzten Kriege"[234]. Daher war im Osten „alles, was graue Uniform trug, von einer beängstigenden Hast beseelt, möglichst weit zurückzukommen" – so jedenfalls der Eindruck von Heinrich Böll[235]. Dieser Wunsch entstand nicht erst in der zweiten Hälfte des Ostkriegs. Bereits im Oktober 1941 hatte der General Gotthard Heinrici nach Hause geschrieben: „Ich glaube es gibt niemanden unter uns, der nicht wünschte, daß damit dieser Krieg und unser Aufenthalt in Rußland beendet wäre. Jeder aber ginge mit Kusshand aus diesem Lande hier fort, das uns Entbehrungen, Hässliches und unerhörte Anstrengungen bietet. Niemand hat eine Vorstellung von dem, was der einzelne Mann bei dieser Witterung, diesem Gelände, diesen Zuständen und diesen Kampfanforderungen hier ertragen muß, was es bedeutet, bei diesem nassen Patschschnee, ohne wirkliche warme Bekleidung (z.B. ohne Handschuh) mit nassen Füßen die Nacht hindurch ohne Dach im Wald auf Posten zu sein, in dem auch der Russe steckt, frierend,

---

[229] Das illustriert etwa auch die Tatsache, dass man dort anfangs weitgehend unbewaffnet seinen Dienst versehen konnte. Erst in der Krise des Winters 1941/42 änderte sich das. Damals befahl die 2. Armee: „Jede Truppe, auch wenn sie zu den rückwärtigen Diensten gehört, muß mit dem gleichen fanatischen Willen sich dort verteidigen, wo sie steht." BA-MA, RH 20-2/229: AOK 2, Abt. I a, Kriegstagebuch vom 21.12.1941.

[230] Das verdeutlichen auch die Verluste: Während der Korück 580 44,6% seiner Angehörigen verlor, waren es bei der 221. Sicherungsdivision 92,2%. Vgl. hierzu auch Kap. 2.5.

[231] Brief Hans Olte vom 2.2.1942, zit. in: Latzel, Kriegsbriefe und Kriegserfahrung, S. 8f.

[232] Vgl. Absolon, Wehrmacht, Bd. VI, S. 612f.

[233] Vgl. Overmans, Verluste, S. 276ff., hier S. 279. Im August 1944 starben über 277 000 Mann. Allerdings betrug die durchschnittliche tägliche Verlustquote im Ostfeldzug über 2 100 Mann. Dass dabei die Verluste der Kampfeinheiten weit über denen der übrigen Waffengattungen lagen, hat Rass („Menschenmaterial", S. 79) nachgewiesen.

[234] So der Sanitätsgefreite Otto. H. am 27.3.1944, zit. bei: Sven Müller, Deutsche Soldaten, S. 153f.
Vgl. auch IfZ-Archiv, MA 907: H.Gr. B, Abt. I a/I c/O.Qu., Anordnung betr. „Ausbau von Unterkünften" vom 28.9.1942: „Muß sich daher die kämpfende Truppe notgedrungen mit Unterkünften primitivster Art abfinden, die oft nicht einmal den einfachsten Forderungen gewohnter Lebenshaltung Rechnung tragen, so muß ich von Truppen, Stäben und Kommandobehörden in den rückwärtigen Gebieten verlangen, daß sie in der Ausgestaltung ihrer Unterkünfte jenes Maß halten, das seine Grenze in der Forderung nach menschenwürdiger und wohnlicher Unterbringung sowie nach Arbeitsbereitschaft und Hygiene findet. Ich verbiete jedoch jeden übertriebenen Luxus in Wohn- und Diensträumen, der nur auf Kosten des der kämpfenden Truppe vorbehaltenen Unterkunftsgerätes und Baumaterials erstellt werden kann."

[235] Böll, Vermächtnis, S. 126.

ohne warmes Getränk, womöglich noch mit hungerndem Magen, kann nur der ermessen, der es erlebt hat."[236]
Das war, immerhin, das Urteil eines Kommandierenden Generals. Dabei war damals dieser Krieg noch nicht einmal vier Monate alt. Dass sich der Wunsch der deutschen Soldaten, der Front und dem Krieg, wie überhaupt „dem Osten" so rasch wie möglich den Rücken zu kehren, mit jedem Monat steigern musste, lässt sich leicht denken – schon weil sich immer deutlicher abzeichnete, wie sehr sich die deutsche Führung mit dem „Unternehmen Barbarossa" verspekuliert hatte. Ein Intellektueller wie Willy Peter Reese hat das sehr klar erfasst: „Ob wir erschüttert, mutig oder zitternd, tollkühn oder feige, bereit oder verzweifelt in den Kampf gingen, wog nichts vor der Tatsache, daß keiner freiwillig ging. Nur manchmal, am Rande des Wahnsinns, geschah ein heroischer Opfergang von Einzelnen, die nicht mehr an ihr Leben glaubten."[237] Dennoch blieb Reese auf seinem Posten, und die meisten mit ihm. Dass es im Ostheer weder zu Meutereien noch zu Massendesertionen kam, wie sie schließlich das Ende des Ersten Weltkriegs geprägt hatten, war eigentlich nicht selbstverständlich. Es war weniger der Fahneneid, der das verhinderte[238], sondern drei sehr viel handfestere Gründe:
– Wollte man vor dem Krieg fliehen, dann stellte sich zunächst die Frage nach dem „Wohin". Es waren nicht nur die geographischen und klimatischen Bedingungen dieses Krieges, die jede Desertion extrem erschwerten. Die Angst vor dem Gegner war groß[239]. Dies war freilich nicht allein das Produkt einer ideologischen Fehlperzeption. Von den deutschen Kriegsgefangenen in der Sowjetunion sind viele Hunderttausende umgekommen[240], gerade zu Beginn des Krieges war die Todesrate am höchsten[241]. Die Gefahr, bei einer Desertion zwischen die Mühlsteine zweier totalitärer Systeme zu geraten, war daher extrem groß[242].

---

[236] Hürter, Heinrici, S. 94f. (Brief vom 16.10.1941). Nicht anders Jarausch/Arnold, Sterben, S. 303 (Brief vom 3.9.1941).
[237] Reese, Mir selber seltsam fremd, S. 135.
[238] Vgl. hierzu Lange, Der Fahneneid, insbes. S. 112ff.
[239] Auf sowjetischer Seite kam man zu dem Ergebnis, dass die Propaganda des „Nationalkomitees Freies Deutschland", NKFD, „in keiner Form gefruchtet" habe. Vgl. hierzu Morré, Hinter den Kulissen des Nationalkomitees, S. 106ff., Zitat S. 109. Zur niedrigen Zahl deutscher Überläufer vgl. Gerlach, Morde, S. 1156; Hilger, Kriegsgefangene, S. 77ff., 101f.; Karner, Archipel GUPVI, S. 12f.; Paul, Überläufer. Ferner Kap. 5.2.
Selbst eine prosowjetische Darstellung wie die folgende Sammlung von Augenzeugenberichten belegt, dass das Überlaufen zu den Partisanen im Grunde eine sehr seltene Ausnahme bildete: In den Wäldern Belo-Rußlands. Erinnerungen sowjetischer Partisanen und deutscher Antifaschisten, Berlin (Ost) 1984.
[240] Vgl. Karner, Archipel GUPVI, S. 86ff., 235; Hilger, Deutsche Kriegsgefangene in der Sowjetunion, S. 137.
[241] Vgl. hierzu Kap. 5.2. Ferner Böhme, Die deutschen Kriegsgefangenen in sowjetischer Hand, S. 110.
Das – freilich ungewöhnliche – Beispiel der Schlacht um Stalingrad ist ein Beleg dafür, wie hoch die Todesquote in sowjetischer Kriegsgefangenschaft sein konnte. Von den 110000 Soldaten, die kapitulierten, überlebten nur 5000 Mann. Vgl. Overmans, Das andere Gesicht des Krieges, S. 419–455, Zahl S. 442, 446.
[242] Ein solches Schicksal wurde von Gert Ledig mit der Person des „Melders" literarisch verarbeitet. Ledig, Die Stalinorgel. Die vielfältigen Probleme, die damals eine Desertion mit sich brachte, werden aufgefächert in dem Sammelband von Manoschek (Hrsg.), Opfer der NS-Militärjustiz, hier insbesondere die Beiträge von David Forster, Maria Fritsche, Thomas Geldmacher und Walter Manoschek.

- Dass sich die Kriegsgerichte des Ostheers bis 1944 relativ selten mit Delikten
  wie „Unerlaubte Abwesenheit" oder gar Desertion beschäftigen mussten[243], lag
  auch daran, dass zumindest die militärische Motivation der meisten deutschen
  Soldaten erstaunlich hoch war; ihre Integration in den militärischen Apparat,
  noch mehr aber in den Kreis ihrer Kameraden, war meist erstaunlich gut gelungen[244]. ‚Feigheit schien schlimmer als der Tod'[245], und der Anteil derer, die sich
  auf Kosten ihrer Kameraden dem Krieg entziehen wollten, blieb – aufs Ganze
  gesehen – verschwindend gering. Auch dieses Motivbündel aus Kameradschaft
  und Pflichtgefühl, Abenteuerlust sowie patriotischer oder nationalsozialistischer Indoktrination kann erklären, warum die meisten Wehrmachtsangehörigen diesen Krieg so lange ertrugen.

- Dort, wo solche Motive nicht griffen oder unter dem Schock des Krieges zu-
  sammenbrachen, trat noch ein drittes Sicherungsmittel in Kraft, das verhinderte,
  dass man sich diesem Krieg entzog. Gerade die Rückwärtigen Armeegebiete erfüllten auch die Funktion eines internen Sicherungsgürtels[246]: Mit Hilfe einer
  immer rigideren Militärjustiz[247] und eines geradezu wuchernden Überwachungs-
  systems aus Feldgendarmerie[248], Geheimer Feldpolizei[249], „Heeresstreifendienst"[250], Frontsammelstellen, eigens eingesetzter „Kommandeure für die
  Urlaubsüberwachung" und seit Dezember 1943 auch spezieller Feldjäger-Kommandos und -Bataillone „zur Auskämmung der rückwärtigen Gebiete der Ostfront"[251] gelang es der Wehrmachtsführung zumindest bis 1944, jene zehn
  Millionen Deutschen, die in der Sowjetunion im Einsatz waren[252], dorthin zu

---

[243] Im Bereich der gesamten Heeresgruppe Mitte wurde im März 1944, also zu einem bemerkenswert späten Zeitpunkt, lediglich nach 3.142 Wehrmachtsangehörigen gefahndet. Vgl. Geßner,
Geheime Feldpolizei – die Gestapo der Wehrmacht, S. 353.
Für die 253. ID konnte Rass („Menschenmaterial", S. 170) insgesamt nur 50 Fälle von Desertion und 283 Fälle von „Unerlaubter Entfernung" registrieren.
[244] Vgl. hierzu Rass, „Menschenmaterial", S. 192ff. Nun auch: Kühne, Kameradschaft.
[245] „Wir beteten nicht um unser Leben, wir wollten nur Mut, nur jene Tapferkeit, die uns Stolz
und Kraft bewahren ließ, um nicht feige zu sein. Feigheit war schlimmer als der Tod, und auch
ich, der Friedensmensch, verachtete jeden, der um sein Leben zitterte und dem Verhängnis
ausweichen wollte." Reese, Mir selber seltsam fremd, S. 68. Vgl. hierzu auch Detlef Vogel, „…
aber man muß halt gehen, und wenn es in den Tod ist".
[246] So erhielt der Korück 580 im Januar 1942 den Auftrag, die Versprengten „in geeigneten Orten
zu sammeln, unter scharfe disziplinarische Zucht zu nehmen und zunächst zum Wach- und
Arbeitsdienst zu verwenden. Ihre weitere Verwendung wird durch AOK 2 – I a geregelt, dem
zu melden ist, sobald die Zahl der gesammelten Versprengten 50 übersteigt." IfZ-Archiv, MA
1668: AOK 2, Abt. I a, Weisung an „alle Gen. Kdos." vom 6. 1. 1942.
[247] Vgl. hierzu Messerschmidt/Wüllner, Die Wehrmachtsjustiz im Dienste des Nationalsozialismus; Wüllner, Die NS-Militärjustiz; Garbe, Im Namen des Volkes?!; Seidler, Die Militärgerichtsbarkeit der Deutschen Wehrmacht; Haase (Hrsg.), Das Reichskriegsgericht und der Widerstand; Scheurig, Desertion und Deserteure; Bröckling/Sikora (Hrsg.), Armeen und ihre
Deserteure; Manoschek (Hrsg.), Opfer der NS-Militärjustiz.
[248] Vgl. Böckle, Feldgendarmen, S. 158ff.
[249] Vgl. Geßner, Geheime Feldpolizei.
[250] Vgl. Kroener, „Der starke Mann im Heimatkriegsgebiet", S. 547f.
[251] KTB OKW, Bd. III, S. 1337 (Eintrag vom 5. 12. 1943). Diese Kommandos, die schließlich auf
insgesamt drei Regimenter erweitert wurden und sich meist aus hoch dekorierten Frontsoldaten zusammensetzten, sollten „zunächst im Osten, und zwar in Transnistrien, der Ukraine
und im Bereich Ostland zum Einsatz kommen". Ebda., S. 1342. Ferner Rathke, Feldjäger-
Kommandos.
[252] So Müller, Hitlers Ostkrieg, S. 2. Eine differenzierende Aufteilung nach Teilstreitkräften oder
Organisationen war nicht zu ermitteln.

zwingen, wo sie ihrer Meinung nach hin gehörten: an die Front! Dies besaß
nicht nur militärische Gründe. Auch das Trauma des Ersten Weltkriegs, Hitlers
Glaubensbekenntnis, dass sich ein November 1918 unter seiner Herrschaft nie
wiederholen werde[253], hatte Wirkungen, die noch über Tausende von Kilometern, an der Peripherie des deutschen Machtbereichs, zu spüren waren[254].

Schon das musste die Handlungsspielräume der Soldaten, die in der Sowjetunion
kämpften, sehr begrenzen. Obwohl sich ihre eigenen Überlebenschancen kontinuierlich verschlechterten, waren die Chancen, sich diesem Krieg zu entziehen, nicht
sehr gut. Nichts kann Ausweg- und Hoffnungslosigkeit ihrer Situation so verdeutlichen wie der Umstand, dass ein Teil dieser Soldaten daran verzweifelte und in
den Rausch floh[255], in die Selbstverstümmelung[256], den Suizid[257] oder den Tod auf
dem Schlachtfeld[258].

Andere Formen der „Verweigerung" waren indes verbreiteter. Eine Verwundung bot die „legale" Möglichkeit, aus diesem Krieg auszusteigen, eine Zeitlang
oder möglicherweise auch für immer. Wenn nicht wenige Soldaten den sprich-
wörtlichen „Heimatschuss"[259] – eine Verwundung, leicht genug, dass sie ihre Existenz nicht gefährdete, aber doch schwer genug, dass man „nach hinten" abtransportiert wurde – , als „Erlösung"[260] empfanden, dann lässt sich schon daran ermessen, dass der Unterschied zwischen Front und Hinterland mehr war als nur
eine Fiktion. Die andere Möglichkeit einer einigermaßen „systemkonformen Verweigerung" war die des „Durchlavierens". So existierte ein kleiner, aber zäher
Prozentsatz an Landsern, denen es immer wieder gelang, den Kommisbetrieb aus-

---

[253] Vgl. etwa Jochmann (Hrsg.), Adolf Hitler. Monologe, S.59f. (14./15.9.1941); S.348f.
     (20.8.1942).
[254] So wollte Hitler schon am 19.4.1942 in einer Lagebesprechung mit dem Generalstabschef des
     Heeres, „den Kampf gegen das Drückebergertum in den großen Städten der Etappe" aufneh-
     men. KTB OKW, Bd.II/1, S.324.
[255] Vgl. hierzu Seidler, Alkoholismus und Vollrauschdelikte in der deutschen Wehrmacht; derzeit
     arbeitet Peter Steinkamp, Freiburg i. Br., an einer entsprechenden Dissertation: Pervitin und
     Kalte Ente, Russenschnaps und Morphium. Zur Devianz-Problematik in der Wehrmacht: Al-
     kohol- und Drogenmissbrauch bei der Truppe.
[256] Für die 253. ID konnte Rass („Menschenmaterial", S.190) insgesamt 70 Fälle von Selbstver-
     stümmelung ermitteln.
     Vgl. hierzu auch Meier-Welcker, Aufzeichnungen, S.158 (Brief vom 3.3.1942): „Man macht
     sich auch kaum eine Vorstellung, mit welcher Gleichgültigkeit und Sturheit sich manche Leute
     Glieder erfrieren lassen."
[257] Vgl. hierzu Nedoschill, Suizide von Soldaten der deutschen Wehrmacht. Ferner Berger, Bera-
     tende Psychiater, S.166ff.; Rass, „Menschenmaterial", S.163f., 169ff., der für die 253. ID ins-
     gesamt 42 Selbstmorde erfasst. Generell zum Problem der Soldatenselbstmorde: Demeter,
     Das deutsche Offizierkorps, S.168f.
     Überliefert ist dies beispielsweise für die 45. Inf. Div. Vgl. Gschöpf, Weg, S.382: „Wenn auch
     Disziplin und Manneszucht nicht einen Augenblick nachgelassen hatten, so begann sich in
     dieser fast aussichtslosen Lage doch da und dort einige Mutlosigkeit zu zeigen, die in den ers-
     ten Selbstmorden ihren Ausdruck fand."
[258] Vgl. Meier-Welcker, Aufzeichnungen, S.159 (Brief vom 25.3.1942): „Unsere Leute waren in
     den schweren Kämpfen der letzten Wochen häufig in einem Zustand, in dem sie alles in völ-
     liger Gleichgültigkeit hinnahmen. Da gibt es keine Furcht mehr, weder vor dem feindlichen
     Feuer noch vor dem Erfrieren. Denn der Tod ist ja dann viel erträglicher als die Leiden."
[259] BfZ, Slg. Sterz, 03711 B, Brief L. D. (4. Pz. Div.) vom 7.11.1944: „Vielleicht kommt es noch
     einmal zu einem Heimatschuß. Den Dreck hier habe ich schon lange satt." Ferner Rass, „Men-
     schenmaterial", S.167f.
[260] So Reese, Mir selber seltsam fremd, S.140ff.

zutricksen. Unter dem Motto: „Geht alles vom Krieg ab"[261] und unter allerlei Vor-
wänden, die dennoch nicht regelwidrig schienen: leichteren Blessuren, „Krankheiten", Beschaffungsaufträgen, Kommandierungen oder Transportschwierigkeiten, hinter der Front herumvagabundierten. Nach 1945 haben Erich Kuby und
Otl Aicher dies anschaulich geschildert[262]. Doch soll das Eindrückliche ihrer Berichte nicht darüber hinwegtäuschen, dass auch solche Reaktionen zumindest *bis*
zum Sommer 1944 eher die Ausnahme darstellten als die Regel[263], schon weil der
Druck des militärischen Apparats in Richtung Front im Laufe des Krieges eher
zu- als abnahm.

An der Ostfront existierten also zwei starke, aber gegenläufige Kräfte, so dass
sie auf den ersten Blick nur schwer zu erkennen waren. Gleichwohl waren diese
mächtigen Impulse existent. Sie trennten die Todeszone der Front sehr deutlich
von den weniger gefährlichen Distrikten dieses Krieges. Begriffe wie „Hauptkampflinie" oder „Rückwärtiges Armeegebiet" waren also nicht bloße Terminologie. Sie waren Ausdruck sehr realer Strukturen und Erfahrungen, die keinem
Kriegsteilnehmer verschlossen blieben. Dabei brachte es die militärische Entwicklung mit sich, dass immer mehr Einheiten in einen Kampf geworfen wurden, der
immer aussichtsloser schien, während man den rückwärtigen Teil der deutschen
Kriegsmaschinerie bis an den Rand seiner Funktionsfähigkeit von Menschen ent-
blößte. In seiner ganzen Radikalität zeigte sich das erstmals in der Krise des Winters 1941/42[264], als die Führung all das, „was noch hinter der Front herumwim-
melt" – so der Generalfeldmarschall von Bock[265] – , kurzerhand unter den Gene-
ralverdacht der „Drückebergerei" stellte[266]. Es seien einfach „zu viel Leute bei den

---

[261] So der ehemalige Waffenmeister Martin Pahl, der nach einer Sportverletzung seine Artillerie-
Einheit verließ. Nach seiner Einweisung in ein Lazarett kam er in eine Genesenen-Kompanie,
um dann als Waffenmeister in einer Instandsetzungswerkstatt Dienst zu tun. Vgl. Schröder,
Die gestohlenen Jahre, S. 343, ferner S. 474 ff.

[262] Vgl. Kuby, Mein Krieg; aicher, innenseiten des kriegs. Generell hierzu: Paul, Ungehorsame
Soldaten.

[263] In der Zeit von Sommer 1944 bis Kriegsende dürfte die Zahl dieser Soldaten freilich auf mehrere Hunderttausend Mann angewachsen sein. Vgl. Rathke, Feldjäger-Kommandos, S. 40.

[264] Dies belegen zahllose entsprechende Befehle, die sich aus dieser dramatischen Zeit erhalten
haben. So befahl die 2. Armee im Dezember 1941: „Das rückwärtige Gebiet soll durch Offi-
ziersstreifen nach dort entbehrlichen Soldaten durchkämmt werden und diese beschleunigt
dem nächsten Kampfverband bzw. dem zuständigen Pionierkommandant zugeführt werden."
BA-MA, RH-20-2/229: AOK 2, Abt. I a, Kriegstagebuch, Eintrag vom 17.12.1941.
Ähnlich auch zwei Befehle des XXIV. Panzerkorps: „Die Lage erfordert, daß alle rückwärts
der Front untergebrachten Resteinheiten der fechtenden Truppe und der Versorgungstruppen
personell und materiell erfasst und zur örtlichen Sicherung und notfalls Verteidigung eingesetzt werden." BA-MA, R 27-4/19: XXIV. Pz. Korps, Abt. I a, Befehl vom 14.1.1942.
„Die absinkende Gefechtsstärke der Kampftruppe erfordert, daß kein Mann ohne zwingenden
Grund hinter der Front verwendet wird. Ich kann mich des Eindrucks nicht erwehren, daß an
vielen Stellen des weiter rückwärts gelegenen Gefechtsgebietes zahlreiche Soldaten als Sonderkommandos und dergleichen herumsitzen, deren Erfassung und Einreihung in die Fronttruppe ohne Schaden für Truppe und Versorgung durchzuführen ist. Ich mache den Truppenkommandeuren aller Grade schärfste Überprüfung und dauernde Überwachung zur Pflicht, und
ersuche den Herrn Divisionskommandeur um Meldung erstmalig zum 2.3.[1942], daß ihr Befehlsbereich daraufhin überprüft ist und nur die unbedingt notwendige Zahl von Soldaten
hinter der Front beschäftigt wird." BA-MA, RH 24-24/161: XXIV. Pz. Korps, Kom. Gen.,
Befehl „an den Herrn Kommandeur der 339. I. D." vom 23.2.1942.

[265] Bock, Tagebuch, S. 354 (Eintrag vom 17.12.1941).

[266] IfZ-Archiv, MA 885: Korück 580, Abt. Qu., „Besondere Anordnungen für die Versorgung
Nr. 9" vom 17.12.1941.

nichtfechtenden Teilen"[267]. Selbst eine Sicherungsdivision wie die 221. wurde ja damals „ohne Rücksichtnahme der Front zugeführt", und zwar unter Einbeziehung „sämtlicher Nachkommandos"[268]. Sie blieb keine Ausnahme. Bei der 45. ID sollte beispielsweise „alles, was an Personal, Material und Pferden durch die Auflösung von Stäben und Versorgungstruppen frei gemacht werden kann, [...] in die kämpfende Truppe"[269]. Beim XX. Armeekorps war man noch härter; im Januar 1942 befahl man, alle rückwärtigen Teile „restlos" auszukämmen[270]: „Es muss mit größter Härte geführt werden. Auch vor den schärfsten Mitteln (Erschießen) ist nicht zurückzuschrecken. Härte ist in der gegebenen Lage Fürsorge. Wenn der Mann seiner Apathie überlassen wird, dann werden er und seine Kameraden vernichtet werden. Der Feind ist erbarmungslos."

Nur der Feind? Dies sollte jedenfalls nicht die einzige „Auskämmaktion" bleiben[271]. Doch war die Etappe eben kein Selbstzweck. Gerade eine so große, weitverzweigte und komplizierte Militärmaschinerie wie das Ostheer musste seine Funktionsfähigkeit ohne Versorgung, Instandsetzung, Heilung oder Erholung rasch verlieren. Da aber das Servicesystem der Wehrmacht ohnehin spartanisch ausgelegt war[272], war seine Überforderung nur eine Frage der Zeit. Schon 1941 kam es vor, dass die Truppen nur deshalb nicht angreifen konnten, weil ihnen Treibstoff oder Munition fehlte[273]. Trotzdem änderte sich daran nichts – im Gegenteil, das Hinterland wurde sogar noch weiter ausgezehrt. Im März 1942 kam etwa die 2. Armee zu der Einsicht, dass die „personelle Auffrischung" der Versor-

[267] IfZ-Archiv, MA 1582: XXIV. Pz. Korps, Kdr. Gen., Befehl an den Kdr. 4. Pz. Div. vom 13.12.1941.
[268] IfZ-Archiv, MA 1669: 221. Inf. Div., Abt. I b, Besondere Anordnungen für die Versorgung vom 17.1.1942. Auch in dieser Zeit wurden die Trosse dieses Verbands ständig ausgesiebt und „durchkämmt". Vgl. etwa IfZ-Archiv, MA 1668: 221. Inf. Div., Abt. I a, Kriegstagebuch, Eintrag vom 24.1.1942. Generell hierzu Kap. 3.3.
[269] BA-MA, RH 26-45/47: AOK 2, Abt. I a, „Richtlinien für die Auffrischung der 134. u. 45. Inf. Div." vom 26.12.[19]41.
    Vgl. auch den Befehl des XXXXVII. Panzerkorps vom Januar 1942: „In den rückwärtigen Armee- und Heeresgebieten werden einzelreisende Soldaten, Versprengte, zurückgebliebene Kfz.-Besatzungen und Sonderurlauber, die nicht zur Truppe zurückfinden und nicht ausreichend betreut werden, in großer Zahl angetroffen. Leichtfertige Inmarschsetzung und bestimmungswidrige Beurlaubung ist häufig der Anlaß. Schwierigkeiten in der Weiterbeförderung und Betreuung und mangelhafte disziplinarische Überwachung führen – auch bei gutem Willen, die Truppe sobald wie möglich zu erreichen – zu einer ernsten Gefahr für die Manneszucht des Heeres. Eigenmächtiges Beitreiben von Verpflegung, unberechtigtes Mitfahren in Urlauber- und Versorgungszügen, Herumlungern auf Bahnhöfen und in den Städten der rückw. Gebiete, unerlaubte Entfernung und Fahnenflucht sind die unausbleiblichen Folgen. Die Anordnung von Dienstreisen und die Genehmigung von Sonderurlaub sind auf die dringendsten Ausnahmefälle zu beschränken. Weiche Auffassungen und falsch angewandte Fürsorge sind scharf zu bekämpfen. [...] Die Schwierigkeiten in der Betreuung und Erhaltung der Manneszucht in den weiten Räumen der rückwärtigen Gebiete werden nur dann behoben, wenn sich alle Dienststellen und Truppen der Pflicht der Kameradschaft und der Mitverantwortung für die Manneszucht im Heere voll bewußt sind. Auch hier muß der Offizier beispielgebend wirken." BA-MA, RH 27-4/19: XXXXVII. Pz. Korps, Abt. Qu./II a, Anordnung betr. „Versprengte und einzelreisende Soldaten" vom 16.1.1942.
[270] BA-MA, RH 26-258/51: XX. AK, Der Komm. General, Befehl an „den Herrn Kommandeur der 258. Inf. Div." vom 15.1.1942.
[271] Vgl. hierzu Kroener, „General Heldenklau".
[272] Vgl. Kap. 1.1.
[273] So sank beispielsweise die durchschnittlich mitgeführte Munition bei den sechs Transportkolonnen der 4. Pz. Div. von 172 t. im Juni 1941 auf 53 t. im Dezember 1941. Neumann, 4. Panzerdivision, S. 430 sowie Schüler, Logistik im Rußlandfeldzug.

gungstruppen „sehr schwierig" sei[274]. Dies sei nur noch über den „Rückgriff auf Landeseinwohner und ukrainische Kriegsgefangene" möglich.

Diese Entwicklung schien paradox, hatte aber doch System: Je mehr Soldaten dieser Krieg verschlang, um so stärker wurden die push-and-pull-Faktoren, die ihre noch lebenden Kameraden in Richtung Front drängten. Dies hatte – wie wir gesehen haben – nicht allein die Wehrmachtsführung zu verantworten. Auch die Kohäsionskräfte an der Basis waren oft so groß, dass es vielen schlichtweg unmöglich wurde, sich dieser „verschworenen Schicksalsgemeinschaft"[275] zu entziehen und damit zwangsläufig auch jenen Funktionen, die ihnen der militärische Apparat zuwies. Im Ersten Weltkrieg hatte sich das Zusammengehörigkeitsgefühl an der Front teilweise so verselbständigt, dass man sich dem Gegner stärker verbunden fühlte als dem eigenen Hinterland. „Wie sah der Mann der Front auf den ganzen Troß herab, der das Hinterland bevölkerte. Ihm stand der kämpfende Gegner, das einfache Frontschwein, das cochon de front auf der anderen Seite näher."[276], erinnerte sich Ernst Jünger, während Carl Zuckmayer meinte[277], dass „der Haß gegen den Feind im Nachbargraben" längst „erloschen" gewesen sei: „Der Feind, für uns alle, war der Krieg, nicht der Soldat in Stahlblau oder Khaki, der dasselbe durchmachen musste wie wir. Sehr früh kam es zu Verbrüderungen."

Auf den ideologisierten Schlachtfeldern des deutsch-sowjetischen Krieges hatte eine solche „Internationale" der Frontsoldaten wenig Chancen[278]. Andererseits mussten sich auch diese zunehmend ihrem Hinterland entfremden, dem militärisch und noch mehr dem zivil verwalteten. Der Oberleutnant Reinert konnte es einfach nicht glauben, als er von den Verhältnissen in den Zivilverwaltungsgebieten erfuhr: „Junge Männer, denen man enorme Summen in die Taschen schiebe"[279], während der Oberst von Lüttwitz im Frühjahr 1942 beobachtete[280], wie „viele Leute [es gab], die schon den ganzen Winter in Orel waren u[nd] von unseren

---

[274] IfZ-Archiv, MFB 4/42870: AOK 2, AWiFü, Kriegstagebuch, Eintrag vom 29.3.1942. Auch zum Folgenden.

[275] So Hellmuth Stieff in einem Brief vom 7.12.1941, in: Stieff, Briefe, S.140.

[276] Jünger, Der Kampf als inneres Erlebnis, S.53.

[277] Zuckmayer, Als wär's ein Stück von mir, S.271.

[278] Bezeichnenderweise finden sich entsprechende Gedanken bestenfalls in der literarischen Verarbeitung dieses Krieges. So etwa bei Günter de Bruyn, der 1944 einem „ordensgeschmückten Oberleutnant" als „Bursche" zugeteilt wurde; de Bruyn hat, nicht frei von Ironie, von der „internationalistischen Frontschwein-Sentimentalität" dieses Offiziers berichtet: „Wenn er ‚wir Frontschweine' sagte, waren darin auch die feindlichen eingeschlossen; denn seine Untergangsphilosophie besagte, daß letzten Endes nicht die eine oder die andere Seite verlieren würde, sondern der Mut und die Anständigkeit. Überall würden, da die Besten gefallen seien, die Drückeberger, Waschlappen und Geschäftemacher den Ton und die Marschrichtung angeben. Auf den Gebeinen der Idealisten würde eine Gesellschaft aus Habsucht und Egoismus entstehen." Bruyn, Zwischenbilanz, S.217.
Ähnliche Gedanken bei Willy Peter Reese, (Mir selber seltsam fremd, S.184): „Dabei bedachte ich, daß ich gegen Menschen kämpfte, die ich nicht haßte, in denen ich niemals Feinde sah, die mir in ihrem Los nahe standen wie Brüder, und daß ich nur ein auferlegtes Schicksal getreu zu erfüllen suchte, gleichsam ein Mönch, der fremden Götzen diente, und doch alle Inbrunst, alle Leidenschaft in diesen Dienst und Orden legte."

[279] BA-MA, MSg 2/5320: NL Hans P. Reinert, Tagebuch, Eintrag vom 7.2.1942. Selbst dem Opfer fiel damals auf, dass „die SS hinter der Front im Paradiese lebte", während sie „den Ruhm des Heldentodes [...] den Wehrmachtssoldaten" überließ. So Jeanette Wolff, Sadismus oder Wahnsinn, Dresden o. J. [1947], zit. in: Deutscher Osten, S.93.

[280] BA-MA, N 10/9, Lebenserinnerungen Smilo Frhr. von Lüttwitz, Bl.178.

schweren Kämpfen nur ganz undeutliche Vorstellungen hatten. So verschieden geht es der Menschheit!" Diese beiden blieben nicht die Einzigen, die den Eindruck hatten, dass sich „die eigentliche Fronttruppe [...] in Haltung und Auftreten [...] vorteilhaft von den Versorgungstruppen" unterschied[281]. Noch schärfer fiel die Bilanz eines Landsers aus, den eine Verwundung ins Lazarett und danach in diverse Erholungsheime gebracht hatte: „Eine Daseinsberechtigung hat nur die Front. Alles, was hier [im Hinterland] getrieben wird, ist ohne Dringlichkeit, es kann ebenso gut wegfallen, dann merkt das auch kein Mensch. Die Front dagegen kann nicht einfach wegfallen; sie ist notwendig."[282] Dieses gleichermaßen harte wie ungerechte Urteil, noch dazu von einem Verwundeten, ist ein gutes Beispiel dafür, wie sehr die Mentalität der Kriegführenden von ihrem Einsatzraum beeinflusst wurde. Schon wenige Kilometer konnten für scharf voneinander getrennte Unterschiede sorgen. Schon deshalb lässt sich ohne den Faktor Raum der Einsatz der Wehrmacht in der Sowjetunion kaum angemessen strukturieren[283].

Zusammenfassung

Dieses Kapitel war der Versuch einer Verortung. Ging es bislang vor allem um Ausschnitte, so sollte dieser räumliche Überblick die Geschichte dieser fünf, weit über das Gelände verstreuten Divisionen nochmals zusammenführen und in ihre räumlichen, strategischen und institutionellen Zusammenhänge einordnen. Dies lässt das Gesamtgeschehen stärker hervortreten, akzentuiert allerdings auch noch einmal Position und Funktion unserer fünf Divisionen. Über diese Funktion bestimmte auch der Faktor Raum; er war in diesem Krieg entschieden mehr als nur eine militärische Größe. Angesichts der Verbrechen, welche die NS-Ideologie bereits *während* der Eroberung dieses Raums in Gang setzte, entschied sich mit dem Standort einer Einheit auch, ob und wie weit sich ihre Angehörigen an diesen Verbrechen beteiligten.

Ist eine solche Vorstellung nur ein „Konstrukt"[284]? Existierten auf diesem Kriegsschauplatz nicht genügend Phänomene, die sowohl in den Gefechts- wie in den Rückwärtigen Gebieten auftauchten, erinnert sei etwa an die Kriegsgefangenen, die Ausbeutung oder die Irregulären? Zweifellos befanden sich Front und Hinterland in einem ständigen Austausch; auch waren sie in einem extremen Maß

---

281 Vgl. IfZ-Archiv, MA 907: Korück 580, Abt. Qu., Tagesbefehl vom 19.10.1942. Zitiert wird eine Meldung des Kommandeurs des Heeresstreifendienstes beim AOK 2.
Vgl. auch die Erinnerung des Freiherrn von Seebach, der im Januar 1943 zum Korück 532 in Brjansk kam und den Eindruck hatte, dass sich seine neuen Kameraden „bisher in der Etappe Brjansk sehr wohl gefühlt hatten". Seebach, Mit dem Jahrhundert leben, S. 243.
282 Fritz, Hitlers Frontsoldaten, S. 219. Zu dieser Mentalität vgl. Kühne, Kameradschaft, S. 181 ff.
283 Das konnte im Übrigen auch auf der sowjetischen Seite vorkommen. So schilderte Lew Kopelew in einer 1943 entstandenen Kurzgeschichte, wie er in einem Kriegsgefangenenlager in Borowitschi den Hauptmann Morosow kennen lernte, der „sich sehr viel Mühe" gab, „uns zu beeindrucken, wir, die Frontkämpfer, sollten ihn respektieren". In einem vertraulichen Gespräch entpuppte sich dieser Offizier dann als der ehemalige „Vollstrecker der Höchststrafen im ganzen Leningrader Gebiet", also als ein Henker der Großen Säuberungen. Vgl. Kopelew, Kinder und Stiefkinder der Revolution, S. 145–147.
284 Heer, Hitler war's, S. 239, 241.

voneinander abhängig. Und schließlich existierten genügend Rahmenrichtlinien, die im gesamten deutschen Besatzungsgebiet galten, unabhängig davon, wo der einzelne deutsche Kriegsteilnehmer nun gerade im Einsatz war.

Trotzdem gehen jene Argumente, die immer wieder auf der Homogenität dieses Kriegsschauplatzes insistieren, am eigentlichen Kern des Problems vorbei, vor allem dann, wenn es darum, Verantwortung und Schuld dieser Soldaten präziser zu fassen. Denn – und dies ist der springende Punkt – ihre Funktionen waren in den vordersten Linien vollkommen anders als in den rückwärtigen Besatzungsgebieten: „Vorn" ging es primär um Kriegführung, „hinten" in erster Linie um Besatzungspolitik. Dieser Fundamentalunterschied hatte unzählige Folgen, bis hin zur Organisation und zum Sozialprofil einer militärischen Einheit. Noch stärker aber war ihr Verhalten davon betroffen. Das, was die 221. Sicherungsdivision im Sommer 1941 tat, ist eben etwas grundsätzlich anderes als das, was damals das Panzer-Regiment 35 zu verantworten hatte. Entsprechend unterschiedlich waren auch das Selbstverständnis jener Soldaten, die hier oder dort im Einsatz waren, und die Strukturen, in die sie eingebunden waren. In Fortführung einer Überlegung von Karl Schlögel, der auf den hohen Stellenwert hingewiesen hat, den die räumliche Umgebung und räumliche Zusammenhänge für das Politische (und damit notwendigerweise auch für das Militärische) haben[285], ließe sich also die These vertreten, dass sich ohne diese Beachtung des Faktors Raum eine realitätsnahe und differenzierte Darstellung der Geschichte der Wehrmacht kaum schreiben lässt. Dies gilt für den Krieg, den sie führte, noch mehr aber für ihre Verbrechen.

[285] Schlögel, Im Raume, S. 12.

> „Krieg ist nicht ‚eine bloße Fortsetzung der Politik
> mit anderen Mitteln'. Die Welt ließe sich einfacher
> verstehen, wenn dieser dem preußischen General Carl
> von Clausewitz zugeschriebene Ausspruch wirklich
> zuträfe."[1]

5. Verbrechen

Verbrechen der Wehrmacht – einige allgemeine Überlegungen

Die Erbitterung, mit der über die Verbrechen der Wehrmacht debattiert wurde, hatte viele Gründe: ein großes, komplexes Thema, juristisch schwierig, voller Emotionen, überfrachtet von Erinnerungen, von persönlicher Betroffenheit, von der Wissenschaft jahrzehntelang sträflich vernachlässigt und diskutiert von einer Öffentlichkeit, der das Phänomen des Krieges fremd geworden ist. Doch stellen sich bei der Klärung und Erforschung dieser Verbrechen noch mehr Probleme; von ihnen soll zunächst die Rede sein.

Dass die Wehrmacht am 22. Juni 1941 einen Krieg neuen Stils eröffnete, ist keine nachträgliche Deutung[2]. Die deutsche Führung war sich über die Bedeutung dieses Zivilisationsbruchs völlig im Klaren. Sie wollte einen „Vernichtungskampf"[3]. Mit der Unterdrückung, Versklavung und Dezimierung der sowjetischen Gesellschaft, mit dem Aufbau einer strategisch-ökonomischen Weltmachtstellung eines „Großgermanischen Reiches" und mit der Vernichtung der ideologischen „Todfeinde" Judentum und Bolschewismus sollte noch *während* der militärischen Auseinandersetzung begonnen werden[4]. Zu diesem Zweck hatten Hitler und seine Berater schon vor Kriegsbeginn einzelne Bestimmungen des herrschenden Kriegsrechts gelockert oder aufgehoben[5], während ausgewählten Vertretern der Wehrmacht im-

---

[1] Keegan, Kultur des Krieges, S. 21.
[2] Grundlegend hierzu Hillgruber, Hitlers Strategie; ders., Die „Endlösung" und das deutsche Ostimperium; DRZW, Bd. 4, hier insbesondere die Beiträge von Jürgen Förster und Rolf-Dieter Müller. Ferner Hürter, Heerführer, S. 205 ff.; Ueberschär, „Russland ist unser Indien"; Longerich, Der Russlandkrieg als rassistischer Vernichtungskrieg.
Interessant ist in diesem Zusammenhang, dass der Begriff des „Vernichtungskriegs" in einem nicht-militärischen Sinne bereits von den Zeitgenossen verwendet wurde. Vgl. etwa Kurt Fervers, Vernichtungskrieg, Düsseldorf 1941.
[3] So Hitler in der richtungsweisenden Besprechung vom 30.3.1941. Druck: Halder, Kriegstagebuch, Bd. II, S. 337 (Eintrag vom 30.3.1941).
[4] Die Sowjetunion ließ über ihre Schutzmacht Schweden der deutschen Reichsregierung in einer Note vom 17.7.1941 offiziell mitteilen, dass sie sich an die Kriegsregeln der Haager Landkriegsordnung gebunden fühle – selbstverständlich unter der Voraussetzung der Gegenseitigkeit. Während die deutsche Seite diese Note nie beantwortete, konnte das Genfer Internationale Rote Kreuz der UdSSR am 22.8.1941 mitteilen, dass Finnland die Regeln der HLKO einhalten wolle. Sechs Tage später wurde eine gleichlautende Erklärung Rumäniens übermittelt. Vgl. ADAP, Serie D, Bd. XIII/1, Dok. 173; Bd. XIII/2, Dok. 389. Rapport du Comité international de la Croix-Rouge sur son activité pendant la seconde guerre mondiale 1er Septembre 1939-30. Juin 1947, Vol. I, Genève 1948, S. 427 f., 431.
[5] Von all diesen Eingriffen und Veränderungen soll erst in den folgenden Teilkapiteln die Rede sein, und zwar jeweils bei den einzelnen Opfergruppen. Obwohl die deutsche Führung insgesamt nur

mer wieder nahegebracht wurde, dass auch der traditionelle Verhaltenskodex, der „Kriegsbrauch" – dessen mentale Bedeutung dem des kodifizierten Kriegsrechts wohl kaum nachstand – auf diesem Kriegsschauplatz nicht mehr Priorität habe[6]. „Rückkehr zum alten Kriegsbrauch", lautete die verharmlosende Formel[7], denn genau das war ja nicht der Fall.

Trotzdem hatte die deutsche Führung damit – wie so oft im „Dritten Reich"[8] – das alte Normensystem nicht einfach außer Kraft gesetzt, sondern nur an einigen Stellen aufgehoben, manipuliert oder ergänzt. Schon aus Rücksicht auf die deutsche wie die internationale Öffentlichkeit blieben andere Bestimmungen dagegen in Kraft, darunter auch viele Usancen des internationalen Völkerrechts[9]. Vor diesem Hintergrund besitzt die These vom „Doppelcharakter" des deutsch-sowjetischen Krieges[10], der sich *anfangs* zuweilen nicht von den vorhergehenden Feldzügen unterschieden habe, durchaus ihre Berechtigung[11]. Ein Blick in das Regelwerk der Wehrmacht kann diesen Widerspruch illustrieren: Im „Dienst-Unterricht" galt noch immer die „Ehre" als „das *höchste Gut* des Soldaten". Es sei „heilige Pflicht des einzelnen wie des ganzen Standes, sie rein und fleckenlos zu erhalten. Dabei muß sich jeder Soldat darüber klar sein, dass es *sittliche* Werte sind, die seinen Wert und den Wert der Wehrmacht bestimmen. *Der beste Schutz der Ehre ist ein unantastbares Verhalten.*"[12] Der Soldat dürfe niemals vergessen, „daß der Krieg

relativ wenige Weichenstellungen vornahm – zuweilen handelte es sich dabei noch nicht einmal um juristische, sondern lediglich um organisatorische Eingriffe, erinnert sei etwa an die Vorbereitung des Holocausts – , erwiesen sich diese doch als so folgenreich, dass es sinnvoll erscheint, Theorie und Praxis des Vernichtungskriegs am jeweiligen Fallbeispiel miteinander zu verbinden.

[6] Vgl. etwa Streit, Kameraden, S. 45 ff.

[7] So der General z.b.V., Gen.ltn. Müller, in einer Ansprache gegenüber den I c's und Heeresrichtern der obersten Kommandobehörden des Ostheers, die er am 11.6.1941 hielt. Druck: Ueberschär/Wette (Hrsg.), „Unternehmen Barbarossa", S. 337 f., hier S. 337.

[8] Schon 1941 hat Ernst Fraenkel das „Nebeneinander eines seine eigenen Gesetze im allgemeinen respektierenden ‚Normenstaates' und eines die gleichen Gesetze missachtenden ‚Maßnahmenstaates'" als ein entscheidendes Charakteristikum des NS-Regimes definiert. Vgl. hierzu Ernst Fraenkel, The Dual State. A Contribution to the Theory of Dictatorship. Transl. from the German by E. A. Shils, in Collaboration with Edith Lowenstein and Klaus Knorr, New York 1941. Dt. Übers.: Der Doppelstaat, Frankfurt a. M. 1974, hier S. 13.

[9] Erinnert sei etwa daran, dass die Registrierung der sowjetischen Kriegsgefangenen vorschriftsmäßig erfolgte, ferner an den Status des Roten Kreuzes, den beide Konfliktparteien selbstverständlich hervorhoben, oder an die Debatte, die innerhalb der deutschen Führung über den Gaskrieg geführt wurde, dessen Ablehnung auch rechtlich begründet wurde. Vgl. Keller/Otto, Das Massensterben der sowjetischen Kriegsgefangenen und die Wehrmachtbürokratie. Keller/Otto/Nagel, Sowjetische Kriegsgefangene in deutschem Gewahrsam. Gellermann, Der Krieg, der nicht stattfand, insbes. S. 143 ff.; Müller, Die deutschen Gaskriegsvorbereitungen 1919–1945, S. 42 ff.

[10] Fest, Hitler, S. 886. In diesem Sinne auch Wegner, Krieg, S. 925; Dallin, Deutsche Herrschaft, S. 83, 308.

[11] So die These von Overmans, Kriegsgefangenenpolitik, S. 799; Hartmann, Massensterben.

[12] Reibert. Der Dienstunterricht im Heere, Berlin [12]1940, S. 33. Die folgenden Angaben ebda., S. 48 f. Außerdem befanden sich im Soldbuch jedes Wehrmachtsangehörigen die „Zehn Gebote für die Kriegführung des Deutschen Soldaten", deren Prinzipien ähnlich lauteten. Druck: Uhlig, Der verbrecherische Befehl, S. 350 f.
Auch während des Krieges gegen die Sowjetunion gab es Vorgesetzte, die an diese Prinzipien erinnerten, so etwa der Gen.oberst Schmidt, der im März 1942 forderte, „daß der deutsche Soldat, selbst im Kampf gegen diesen Gegner, dessen Führung keine Ehre und kein Gefühl der Menschlichkeit kennt, seine Ehre unbefleckt und rein zu halten hat. Es ist seit Jahrhunderten die Tradition des deutschen Soldaten, nicht nur im Kampf mit der Waffe, sondern auch in Disziplin und geistiger Haltung jedem Gegner überlegen zu sein. Hierauf gründet sich der Führungsanspruch des deutschen Volkes!" BA-MA, RH 21-2/867 a: Pz. AOK 2, Abt. I c/A.O.,

nicht gegen die friedliche Zivilbevölkerung geführt" würde. Streng verboten sei: „Eigenmächtiges Beutemachen, Plündern, Mord, Erpressung, Körperverletzung, Notzucht, boshafte oder mutwillige Beschädigung oder Vernichtung fremder Sachen"; und auch Gefangene seien unbedingt „mit Menschlichkeit zu behandeln".

Gleichzeitig aber warnte die Wehrmachtsführung, um nur ein Beispiel herauszugreifen, in ihren berüchtigten „Richtlinien für das Verhalten der Truppe in Rußland"[13] jeden deutschen Soldaten, dass ihn diesmal ein ganz besonderer Gegner erwarte, der „Todfeind des nationalsozialistischen deutschen Volkes". Ohne ein „rücksichtsloses und energisches Durchgreifen gegen bolschewistische Hetzer, Freischärler, Saboteure, Juden und restlose Beseitigung jedes aktiven oder passiven Widerstandes" könne man diesen Kampf nicht führen. Auch gegenüber den Gefangenen sei „äußerste Zurückhaltung und schärfste Achtsamkeit geboten, da mit heimtückischer Kampfesweise zu rechnen ist". Das war ein neuer Ton[14]. Die militärische Führung, die diese Parolen in den kommenden Monaten kontinuierlich verschärfen und konkretisieren sollte, hatte damit von Anfang an signalisiert, dass man gegebenenfalls vom Kriegsrecht auch absehen könne. „Gründe" gab es viele: politische, „rassische" und schließlich auch solche, die man unter dem Stichwort „Verhalten" subsumierte.

Der traditionelle militärische Ehrenkodex war damit aber nicht einfach aufgehoben. Selbst wenn die Vorbereitung des „Unternehmens Barbarossa" bewies, wie sehr sich das OKH und noch mehr das OKW zu Erfüllungsgehilfen Hitlers gemacht hatten, so hielten es selbst führende Nationalsozialisten für immer noch besser, die Wehrmacht aus jenen Aufgaben herauszuhalten, für deren Erfüllung besondere ideologische Radikalität gefragt war. Und auch in der Befehlsgebung waren die Spannungen und unausgeräumten Konflikte zwischen politischer und militärischer Führung zu spüren; die Befehle, zuweilen vage und allgemein gehalten, konnten den nachgeordneten militärischen Instanzen letzten Endes mehr Auslegungsmöglichkeiten und Spielräume bieten, als man es in der Armee eines totalitären Systems erwartet hätte[15]; gerade eine so zentrale Anordnung wie der Kriegsgerichtsbarkeitserlass Barbarossa ist dafür ein gutes Beispiel[16].

Auch bei der Frage nach der mentalen Disposition „des" Ostheers sind die Dinge nicht so klar, wie es auf den ersten Blick scheint. Bei Millionen von Soldaten waren die individuellen Unterschiede zwangsläufig groß. Zwar trugen sie dieselbe Uniform und unterstanden einem einzigen Oberbefehl, aber spätestens beim Denken dieser Soldaten musste diese von oben verordnete Einheitlichkeit enden. Noch mehr aber gilt dies für ihr Handeln: Neben die ideologischen Motive der politischen Führungsspitze traten die primär fachlichen Absichten der militärischen Führung, das professionelle Selbstverständnis der Truppe und schließlich die ganz persönlichen Interessen der einzelnen Soldaten. Dass die Verhaltensmuster der deutschen Kriegs-

„Armeebefehl für die Behandlung von Kriegsgefangenen, Partisanen, Feindkundschaftern und der Bevölkerung" vom 3.3.1942.
[13] Druck: Ueberschär/Wette (Hrsg.), „Unternehmen Barbarossa", S.312.
[14] Eine Ausnahme bildete lediglich der folgende Passus der Richtlinien: „Plünderungen werden nach den Militärstrafgesetzen mit den schwersten Strafen geahndet."
[15] Vgl. etwa mit der Beobachtung Hürters (Heerführer, S.255), der auf den „Widersinn des Nebeneinanders von Radikalisierung und Disziplinierung" aufmerksam gemacht hat.
[16] Vgl. Kap.5.5.

teilnehmer erheblich differieren konnten, dass sie vom traditionellen militärischen Ehrenkodex bis zu den gnadenlosen Prinzipien eines weltanschaulichen „Existenzkampfes" reichten, lehrt die Geschichte dieses Krieges wieder und wieder.

Das soll nicht heißen, Hitlers Ideen hätten in der Wehrmacht nur wenige Anhänger gehabt. Schon der Traum vom „Lebensraum im Osten" sollte die Phantasie vieler deutscher Kriegsteilnehmer gehörig beschäftigen[17], und auch über die Gefährlichkeit von Bolschewismus, Juden- und Slawentum wurden sie seit Sommer 1941 fast bis zum Überdruss informiert[18]. Gleichzeitig aber existierten mentale Dispositionen, die viel älter waren als der Nationalsozialismus. Dazu gehört zum Beispiel auch „die – für das militärische Normensystem bedeutsame – Grenze zwischen regulärem und verbrecherischen (genozidalem) kriegerischen Töten"[19] sowie das Verbot, gegen die Wehrlosen: Zivilbevölkerung, Verwundete und Kriegsgefangene, Gewalt auszuüben[20]. Ließen sich diese zentralen Prinzipien, die über Jahrhunderte gegolten hatten, die sich im Ernstfall immer wieder (aber nicht immer) bewährt hatten und die gewissermaßen die moralische Substanz dieser Armee bildeten, mit ein paar Befehlen und Ansprachen einfach auslöschen? Die Dominanz des NS-Regimes und seiner Propaganda war zweifellos erdrückend. Richtig ist aber auch, dass Armeen „einer anderen, sehr alten Welt an[gehören], die neben der Welt des Alltags existiert, aber nicht zu ihr gehört"[21]. Sie sind ihren eigenen Überzeugungen verpflichtet – Werten, Mythen, Tabus, Forderungen, Traditionen, Codes wie überhaupt ganz eigenen Verhaltens- und Denkmustern. Es sind nicht selten diese Prinzipien, die diese Apparate zusammenhalten. Immerhin waren es die Soldaten, welche die größte Erfahrung mit der Ausübung militärischer Gewalt hatten. Und sie waren es, die sich dieser Gewalt auch stellten. In einer militarisierten Gesellschaft wie der des „Dritten Reichs" war so etwas nicht nebensächlich. Schon deshalb handelte es sich bei dem Konflikt zwischen traditionellem und spezifisch nationalsozialistischem Gewaltverständnis um einen dynamischen Prozess, der auch am Ende des Krieges noch längst nicht abgeschlossen war und der schon deshalb nicht linear verlief, weil das „Unternehmen Barbarossa" ganz anders verlief, als seine Initiatoren geplant hatten. Hitler und seine Führungsriege hatten damit ursprünglich auch die Hoffnung eines gigantischen Erziehungsprogramms verknüpft. Doch war es ein Kennzeichen dieses wahnwitzigen Unternehmens, dass es von vielen Illusionen lebte.

Neben diesen Problemfeldern, die sich zwangsläufig bei einer Beschäftigung mit den Verbrechen der Wehrmacht stellen, existieren noch einige weitere Aspekte, die an dieser Stelle Beachtung verdienen:

---

[17] Vgl. Müller, Hitlers Ostkrieg und die deutsche Siedlungspolitik.
[18] Ereignisse wie die „Reichskristallnacht" oder die bisherigen Feldzüge – auch der gegen Polen – hatten bislang gezeigt, dass zwischen der *Theorie* der NS-Weltanschauung und ihrer *praktischen Umsetzung* durch die „Volksgenossen" meist eine sehr viel tiefere Kluft herrschte, als sich die Machthaber wünschten. Vgl. hierzu Rossino, Hitler strikes Poland; Hürter, Heerführer, S. 177 ff., 405; kritischer hingegen Böhler, Auftakt, wobei selbst dessen These eines angeblichen Vernichtungskriegs gegen Polen nichts daran ändert, dass sich – aufs Ganze gesehen – nur ein sehr kleiner Teil der Wehrmachtsangehörigen an den Verbrechen während des Feldzugs beteiligte.
[19] Kühne, Victimisierungsfalle, S. 186.
[20] Vgl. etwa Best, Humanity; Fleck (Hrsg.), Handbuch des humanitären Völkerrechts, S. 1 ff.
[21] Keegan, Kultur des Krieges, S. 16.

– Beginnen wir mit den Quellen. Jede Forschung über die Wehrmacht hat sich zunächst an ihren zahllosen dienstlichen Selbstzeugnissen zu orientieren, also an ihrer *internen* Selbstdarstellung. Zweifellos ist diese oft ergiebiger, vielfältiger und nicht zuletzt kritischer, als man es bei der Armee einer totalitären Diktatur vermuten würde. Doch hatte diese Offenheit auch ihre Grenzen. Systemwidriges Verhalten oder generelle Kritik sind nur selten dokumentiert, und auch Zwischentöne werden in den militärischen Berichten oder Bilanzen, die zuweilen nicht mehr darstellen als bloße Zahlenkolonnen, gewöhnlich ausgelassen. Wenn in den militärischen Berichten die Angehörigen der Wehrmacht als Täter, Helfer, Mitwisser und Zuschauer auftauchen, so kann das in ihrem Fall durchaus auch Unbehagen, Widerspruch oder gar Widerstand einschließen – selbst wenn von diesen Motiven in der militärischen Berichterstattung aus naheliegenden Gründen nicht die Rede ist.

– Dass das Handeln dieser Soldaten zwangsläufig immer wieder aus Befehlen rekonstruiert wird, kann ebenfalls zu Missverständnissen führen. Denn ein Befehl ist eine Absichtserklärung, keine Bilanz. Selbst eindeutig scheinende Befehle sind nicht immer eindeutig: ein „harter" Befehl beispielsweise lässt vermuten, dass die Truppe so handelte, wie man es ihr vorschrieb. Man könnte ihn aber auch ganz anders verstehen, als Hinweis darauf, dass an der Basis eine gewisse Resistenz herrschte. Ebenso lassen sich „weiche" Befehle unterschiedlich interpretieren – als Beleg dafür, dass die Radikalisierung der Truppe schon weiter fortgeschritten war, als es der Führung lieb war. Oder doch als Beweis, dass es einzelnen Truppenführern tatsächlich gelang, ihre Einheiten zu mäßigen. Die hier konstatierte Beliebigkeit soll nicht heißen, dass die vielen unmenschlichen Rahmenbefehle nicht den großen Handlungsrahmen für die Angehörigen des Ostheers gebildet hätten. Ein konstruiertes, von oben verordnetes Kollektiv ist jedoch eine Sache, individuelles Verhalten eine andere. Gerade eine Untersuchung, in der es nicht allein um die Verantwortung der Truppenführung geht, sondern auch um das Handeln der Basis, kommt man nicht darum herum, sich auch mit den Folgen dieser Befehle zu beschäftigen, selbst wenn deren Rekonstruktion mitunter erhebliche Probleme bereiten kann.

– Jedenfalls sollte man nicht der Versuchung erliegen, die Ziele und Absichten dieser Soldaten mit denen ihrer Führung einfach gleichzusetzen. Zwar fungierten sie als deren Ausführungsorgane, zwar konnte es zwischen Führern und Geführten handfeste ideologische Gemeinsamkeiten geben (allerdings auch große Unterschiede), entscheidend aber war in diesem Fall, dass die meisten Soldaten nichts oder nur wenig von den eigentlichen Zielen Hitlers wussten[22]. Selbst den höheren militärischen Chargen wurden sie nur in Ausschnitten eröffnet[23]. Die

---

[22] Förster, Sicherung, S. 1075 ff.
[23] Selbst die Divisionskommandeure wurden erst sehr spät, in der Zeit von April bis Juni (!) 1941, überhaupt über die deutschen Angriffsabsichten in Kenntnis gesetzt. Vgl. Hürter, Heerführer, S. 211.
Was die Ziele dieses Krieges betraf, so wurde die höhere militärische Führung noch am genauesten über die wirtschaftlichen Ziele informiert. Die Richtlinien des Wirtschaftsführungsstabes Ost, die „Grüne Mappe", wurde an alle höheren Stäbe verteilt (Druck: Fall Barbarossa, S. 363 ff.). Nicht absehbar war dagegen die Entwicklung beim Judenmord und auch beim Massensterben der sowjetischen Kriegsgefangenen.

übrigen Soldaten, und das war die weit überwiegende Mehrheit, aber wurden in dem Glauben gelassen, es handele sich beim Krieg gegen die Sowjetunion um einen Verteidigungskrieg, um einen präventiven Angriff auf eine Macht, die „nicht nur Deutschland, sondern ganz Europa in Brand" stecken wolle[24]. Die Vorstellung vom einem „gerechten Krieg"[25], mit dem man einen potentiellen Aggressor nur um wenige Wochen zuvor gekommen sei[26], hielten die meisten deutschen Kriegsteilnehmer für plausibel – insbesondere zu Beginn des Krieges, als die deutsche Propaganda noch glaubwürdig schien. Dass es sich hier um einen Angriffskrieg handelte, der von vornherein unter dem Vorzeichen einer unmenschlichen Ideologie und des konsequenten Rechtsbruchs geführt wurde, dürfte den meisten Soldaten – wenn überhaupt – erst mit der Zeit aufgegangen sein. Die Aufklärung, die dann die Praxis dieses Krieges bot, präsentierte sich oft nur in Ausschnitten und Momentaufnahmen[27].

Zusätzlich gefördert wurde dieses Informationsdefizit durch den Versuch der Heeresführung, sich aus den politischen Aufgaben, die sich mit diesem Krieg zwangsläufig stellen mussten, nach Möglichkeit herauszustehlen[28]. Dabei wussten diese Generäle doch sehr genau, „daß der Krieg niemals ohne seinen politischen Zusammenhang gedacht werden kann"[29]. Gleichwohl hielt es der Generalfeldmarschall von Brauchitsch für richtig, dass seine Soldaten nur „solche Verwaltungsmaßnahmen" ergreifen sollten, „die zur Sicherung der rückwärtigen Gebiete und Ausnutzung des Landes für die Truppe unbedingt erforderlich sind"[30]. Im Übrigen aber hätte sie sich auf ihren militärischen Auftrag zu konzentrieren. Warum aber sollte ein einfacher Landser sich für die politischen (und

[24] So Hitler in seinem Aufruf an die „Soldaten der Ostfront", der in 800 000 Exemplaren gedruckt und in der Nacht vom 21. auf den 22. Juni an jede Kompanie verteilt und dort verlesen wurde. Druck: Ueberschär/Wette (Hrsg.), „Unternehmen Barbarossa", S. 319–323.

[25] Vgl. mit Müller (Deutsche Soldaten, S. 162), der zu Recht darauf verwiesen hat, dass „die Verteidigung der deutschen Heimat" „die wichtigste Legitimationsgrundlage des soldatischen Nationalismus" sei.

[26] Vgl. hierzu Ueberschär/Bezymenskij (Hrsg.), Angriff; Pietrow-Ennker (Hrsg.), Präventivkrieg?

[27] Das betraf natürlich auch die viel diskutierte Frage nach der Kenntnis über die Verbrechen im Hinterland und in den übrigen besetzten Gebieten. Es gibt genügend Beispiele dafür, dass entsprechende Nachrichten auch die Front erreichten, wenn auch nur bruchstückhaft oder verzerrt. Hinzu kamen das Informationsmonopol des militärischen Apparats, das ausgeprägte Bemühen um Geheimhaltung, das ihn oder eine Diktatur auszeichnet, oder die Erfahrung einer bewussten Desinformation durch den Gegner, wie sie etwa im Ersten Weltkrieg üblich gewesen war. Viel wichtiger aber waren die Isolation während des militärischen Einsatzes, die hohe persönliche Inanspruchnahme des Einzelnen durch sein soziales Umfeld und seine unmittelbare militärische Aufgabe, die zwangsläufig alle übrigen Ereignisse in den Hintergrund treten ließen. Zwei bekannte deutsche Veteranen des Zweiten Weltkriegs, Helmut Schmidt und Richard Freiherr von Weizsäcker, meinten denn auch, als Frontoffiziere hätten sie „wenig bis nichts" von den Verbrechen im Hinterland mitbekommen. „Wir haben keine englischen Sender gehört", so Weizsäcker, „und wir saßen nicht in gemütlichen Büroräumen und konnten uns über die Welt informieren. Wir waren halt als Infanteristen an der Front eingesetzt." Auch Schmidt stellte vehement in Abrede, an der Front von den Verbrechen in den rückwärtigen Gebieten erfahren zu haben. FAZ vom 5.3.2005, „Ich habe meinen Vater seitdem nie wieder lachen sehen". Interview mit Richard Frhr. von Weizsäcker; Schmidt in: Gehorsam bis zum Mord?, S. 70–86, hier S. 84.

[28] Dies begann schon sehr früh. So bestimmte der Generalquartiermeister Wagner im Februar 1941: „Eine unmittelbare Verantwortung militärischer Dienststellen gegenüber dem anderen Land ist nicht gegeben." In: Müller, Kriegsrecht oder Willkür?, S. 145.

[29] Niedermayer, Wehrgeographie, S. 7. Diese Meinung wurde im Jahr 1942 vertreten!

[30] Befehl des ObdH (Besondere Anordnungen für die Versorgung, Anl. 6, Teil C) vom 3.4.1941, in: Fall Barbarossa, S. 299–304, hier S. 299. Vgl. hierzu auch Hürter, Heerführer, S. 240.

auch moralischen) Folgen seines militärischen Handelns interessieren, wenn
noch nicht einmal seine höchsten Vorgesetzten hierzu bereit waren?

– Damit sind wir bei der Frage nach den persönlichen Motiven, einem Aspekt
also, der schon in den NS- und Kriegsverbrecher-Prozessen nach 1945 immer
wieder eine zentrale Rolle spielte. Viele Angeklagte suchten ihr Verhalten mit
der Behauptung des „Befehlsnotstands" zu rechtfertigen[31]. Doch hat sich gezeigt, dass zwar institutioneller, sozialer und ideologischer Druck auf die Täter
ausgeübt wurde, dass aber die Befolgung verbrecherischer Befehle für sie mit-
nichten eine Frage von Leben und Tod darstellte. Thema dieser Untersuchung
ist freilich weniger die Frage der juristischen Verantwortlichkeit, sondern die
Frage, welche Motive einen Soldaten dazu brachten, einen rechts- und sitten-
widrigen Befehl zu befolgen. War es Überzeugung, Angst, bloßer Gehorsam,
Sadismus, Ehrgeiz, Gleichgültigkeit oder der Wunsch nach Vergeltung? Wie
groß waren überhaupt die Handlungsspielräume des einzelnen Soldaten? Sicher
ist: In einem militärischen System, das das Verhalten seiner Angehörigen zu
normieren und in arbeitsteilige Prozesse einzubinden sucht, lassen sich persönliche Beweggründe nur schwer erkennen.

– Die Gerichtsakten der Wehrmacht haben jedenfalls große Lücken[32], obwohl
gerade sie das Rechtsverständnis eines Verbands und das Verhalten seiner Angehörigen gut dokumentieren könnten. Gerade die Gerichtsakten sind ein oft
beredtes Zeugnis dafür, wie weit eine Division bereit war, den Prinzipien des
rassenideologischen Vernichtungskriegs Rechnung zu tragen. Von unseren fünf
Divisionen sind aber nur vom Korück 580 Verfahrensakten in größerer Zahl
überliefert (insgesamt 214 Stück)[33], freilich auch diese nicht vollständig. Vielmehr belegen die Strafsachenlisten, eine Art Protokoll aller Verfahren, dass
deren Gesamtzahl auch in diesem speziellen Fall sehr viel höher lag. Diese Informationen, die interessanterweise beides sein können: Dokumente des Zivili-

---

[31] Vgl. hierzu Jäger, Verbrechen, S. 83 ff.; Streim, Behandlung, S. 300 ff.; Baumann, Die strafrechtliche Problematik nationalsozialistischer Gewaltverbrechen; Buchheim, Problem des sogenannten Befehlsnotstandes; Scheffler, Zur Praxis der SS- und Polizeigerichtsbarkeit.
Es wird im Übrigen relativ selten darauf hingewiesen, dass die deutschen Soldaten zumindest in
der Theorie das Recht besaßen, verbrecherische Befehle zu verweigern. So legte etwa Punkt 10
der „Zehn Gebote für die Kriegführung des Deutschen Soldaten" fest, dass „Zuwiderhand-
lungen gegen die vorstehenden Befehle [...] strafbar" seien; in diesem Sinne auch § 47 des Mili-
tärstrafgesetzbuchs, der dann mit Strafe drohte, wenn dem gehorchenden Untergebenen „bekannt gewesen ist, daß der Befehl des Vorgesetzten eine Handlung betraf, welche ein allgemeines oder militärisches Verbrechen oder Vergehen bezweckte". Es stellt sich natürlich die
Frage, wie weit solche Bestimmungen unter den Bedingungen eines totalitären Staates und einer
Armee wie der Wehrmacht überhaupt relevant waren. Trotzdem scheint es für das Selbstverständnis der Wehrmacht und der militärischen Tradition Preußen-Deutschlands bemerkenswert, dass dieses Recht zumindest offiziell existierte und auch einen entsprechenden öffentlichen Stellenwert besaß. Noch 1934 verwies ein deutsches Gericht im Fall eines Prozesses
gegen SS-Wachmannschaften, die KZ-Häftlinge misshandelt hatten, darauf, dass sie zur „Nicht-
befolgung" ihrer Befehle „nicht nur berechtigt, sondern sogar verpflichtet" gewesen seien, da
diese Befehle die Grenzen der Rechtsordnung überschritten hätten. Druck: Uhlig, Der verbrecherische Befehl, S. 350 f.; Gruchmann, Justiz im Dritten Reich, S. 348 ff.; Militärstrafgesetzbuch,
in der Fassung der Verordnung vom 10. Oktober 1940. Mit Einführungsgesetz und Kriegssonderstrafrechtsverordnung, erläutert von Martin Rittau, Berlin 41943, S. 99 ff.
[32] Vgl. Huber, Rechtsprechung der deutschen Feldkriegsgerichte, S. 89 ff. Ferner BA, ZNS, Findbuch „Wehrmachtgerichte".
[33] Vgl. BA, ZNS, Findbuch „Wehrmachtgerichte", S. 18.

sationsbruchs, aber auch Dokumente des alten traditionellen Rechtverständnisses, bleiben uns in diesem Fall verschlossen.

– Eine der wichtigsten Fragen, welche die Verbrechen der Wehrmacht aufwerfen, ist schließlich die nach ihrem Stellenwert: War die Gewalteskalation die Regel oder blieb sie doch eher eine Ausnahmeerscheinung[34]? Auf jeden Fall ist der Bruch des Rechts bedeutend spektakulärer als seine Befolgung. Die Verbrechen der Wehrmacht sind so zahlreich, dass es keine große Mühe bereitet, einige herauszugreifen und sie darstellerisch miteinander zu verbinden. Was aber lag dazwischen? Handelte es sich bei diesen Ereignissen um einen Dauerzustand oder um spektakuläre Ausnahmen? Wie hat man sich überhaupt den Alltag dieser Einheiten vorzustellen? Um den Stellenwert des Verbrechens abzuschätzen, ist der Blick aufs Ganze nötig. Auf dieses methodische Problem hat bereits Bernd Wegner aufmerksam gemacht, auf die Notwendigkeit einer quantifizierenden Militärgeschichtsschreibung, die – wie er es nannte – „Kliometrie des Krieges"[35]. Dass sie angesichts der Größe von Zeit und Raum und der Zahl der Akteure Probleme bereitet, bedarf keiner Hervorhebung. Aber nur so scheint ein differenzierte Beschreibung der Wehrmacht möglich.

– Eine letzte Frage ist die nach Recht und Unrecht. Gerade im Krieg scheint die Grenzziehung oft schwierig. Zweifellos gibt es genügend deutsche Verbrechen, bei denen jede Diskussion absurd und zynisch wäre, erinnert sei an das massenhafte Sterben der sowjetischen Kriegsgefangenen und erst recht an den Holocaust. Daneben aber existieren andere Handlungsfelder der Wehrmacht, bei denen die Unterscheidung zwischen „richtig" und „falsch" mehr Probleme bereitet – bei den Exzesstaten im Gefecht, die geprägt waren von einer intensiven Interaktion der beiden Kontrahenten, oder auch beim Partisanenkrieg, bei dem „der Unterschied von regulärem und irregulärem Kampf" stets abhängt „von der Präzision des Regulären"[36]. Diese Präzision war aber schon deshalb nicht gegeben, weil das damals gültige Kriegsrecht der Wirklichkeit des Krieges schon längst nicht mehr entsprach[37].

Man könnte diese Liste fortsetzen. Aber warum? Schon jetzt dürfte deutlich geworden sein, wie wenig vorschnelles Urteilen in diesem Fall weiterhilft. Gerade weil die Verbrechen der Wehrmacht so zahlreich und so schrecklich waren, dass es einem mitunter förmlich den Atem nimmt, haben sie eine möglichst präzise und detaillierte Darstellung verdient, differenzierend nach Ort, Zeitpunkt, Einheit und Tätern, so mühselig dies auch sein mag. Aber nur durch diese Arbeit im Kleinen scheint ein Urteil im Großen möglich.

---

34 Verwiesen sei etwa auf folgendes Problem: Im Gegensatz zu den Frontverbänden sind bestimmte Verbrechen bei den rückwärtigen Besatzungsverbänden sehr viel genauer dokumentiert. War dies Ausdruck eines unterschiedlichen Verhaltens oder lag dies lediglich daran, dass man sich „vorne" für bestimmte Taten einfach nicht interessierte? Auf jeden Fall ist die unterschiedlich starke Dokumentationsdichte der Verbrechen ein Charakteristikum der deutschen militärischen Akten.

35 Vgl. Wegner, Kliometrie. Ferner Jarausch, Möglichkeiten und Probleme der Quantifizierung.

36 Schmitt, Theorie des Partisanen, S. 11.

37 Das Problem war, dass die beiden Haager Friedenskonferenzen den systemimmanenten Widerspruch zwischen humanitärer Rücksichtnahme und militärischer Effizienz nicht wirklich aufgelöst hatten. Vgl. hierzu Dülffer, Regeln gegen den Krieg?

5.1 Kommissare und Funktionäre[1]

5.1.1 Ein Vorfall

Am 20. Juli 1941, einem Sonntag, erlebte ein Leutnant aus der 4. Panzerdivision „etwas sehr Unerfreuliches", etwas, was er „an sich nicht für möglich gehalten hätte [...][2]: Man hat eine Reihe von Überläufern gesammelt, die auf Grund von unseren Fliegern abgeworfenen Zetteln gekommen sind. Sie vermehren sich ständig und nun ist auch ein Jude dabei, der anrüchig sein soll, Kommissar oder so was. Jedenfalls ist er von Leuten verdächtigt worden. [...] Und nun wird beschlossen, daß der Jude erschossen wird. Laut höheren Befehls sind Kommissare zu erschießen. Das dehnt man auf den Juden aus. Maj[or] Hoffmann, ein sehr ‚geradeaus' arbeitender Mann, der sich kein Blatt vor den Mund nimmt [sic], leitet die Verhandlungen persönlich. [...] Der macht nun folgendes: er läßt sich von einem Kradfahrer seinen ‚Judentröster' holen, einen derben Stock, in den allerlei Runen, Sowjetsterne usw. eingezeichnet sind. Mit dem will er nun aus dem Juden herausbringen, wo die Kommissare in Tscherikow stecken. Erst schmeißt er dem Mann die Mütze eigenhändig auf den Boden, stößt sie mit den Füßen weg, während sein Adjutant den Mann mit der Karte auf den Kopf schlägt, wie er lebhaft zu reden und sich zu verteidigen anfängt. Ein Dolmetscher steht dabei. Als erste Begrüßung mit dem Judentröster schlägt Maj[or] Hoffmann den Juden einmal über die Glatze. [...] Der Sowjetstern auf dem Stock färbt auf die Stirne des Juden ab. Es beginnt ein übles Verhör mit entsprechenden Hinweisen durch den Dolmetscher, daß der Jude erschossen wird, wenn er nicht die Wahrheit sagt und die Kommissare verrät. Dann äußert Maj[or] Hoffmann seinen Plan und führt ihn anschließend auch aus. Mit einem Soldaten mit Gewehr marschiert er mit dem Juden ab, in Richtung auf fünf frische [deutsche] Gräber, von denen zwei erst heute Nachmittag von dem uns unterstellten Fl[ug]a[bwehr]-Zug [ein]gerichtet wurden. Vor jedem Grab haut Hoffmann den Juden mit dem Prügel über den Kopf. Dann führt er ihn ab, um ihn erschießen zu lassen. Ob er tatsächlich erschossen worden ist, weiß ich nicht; ich will es auch nicht wissen. Jedenfalls hat mir das gereicht. Hoffentlich erfährt so etwas kein weiteres Auge und Ohr, als es heute Nachmittag – Sonntagnachmittag! – der Fall war. Wie ich später erfahre, ist der Jude tatsächlich umgelegt worden."

Schilderungen wie diese finden sich nicht in den Dienstakten. Gewiss ist auch hier von den Folgen des „Kommissarbefehls" die Rede, doch bestenfalls in der knappen Form der „Vollzugsmeldung". Doch erst in den privaten Quellen, in diesem Fall im Tagebuch des Leutnants Farnbacher, erschließt sich, wie ein solches Verbrechen im Detail ablaufen konnte, finden sich genauere Informationen über Opfer, Täter, Tatmotive sowie über das Umfeld. Angesprochen wird bei Farnbacher zunächst die Existenz eines „höheren Befehls", demzufolge „Kommissare zu erschießen" sind. Dieser verbrecherische Befehl ist der Truppe ganz offensicht-

---

[1] Für viele Anregungen, fruchtbare Diskussionen und nicht zuletzt Informationen danke ich Felix Römer (Mainz) sehr herzlich.
[2] BA-MA, MSg 1/3269: Fritz Farnbacher, Tagebuch, Eintrag vom 20.7.1941.

lich bekannt, doch gibt es einen Offizier, der sich diesen Auftrag in einer ganz besonderen Weise zu eigen macht: den Major Ernst-Wilhelm Hoffmann[3]. Er war der Anstifter[4]. Seine Umgebung bleibt hingegen passiv – mit Ausnahme von vier Soldaten, die als Komplizen fungieren: der Adjutant, der Kradfahrer, der Dolmetscher und schließlich ein weiterer namenloser Soldat, vermutlich der Henker. Mit Ausnahme des Adjutanten bleiben die Motive der übrigen drei Soldaten unklar. Etwas anderes wird hingegen deutlicher: Schon das Stichwort „Kommissar" genügte, um aus ihnen Verbrecher zu machen.

Immerhin, der Autor dieses Berichts, Fritz Farnbacher, hielt mit seiner Meinung nicht hinter dem Berg, zumindest nicht in seinem Tagebuch. Nach einem Monat Krieg hätte er einen solchen Vorfall noch immer „nicht für möglich gehalten". Ihn „gruselte" dabei „gewaltig"[5]. Das bleibt nicht die einzige Passage seiner Aufzeichnungen, der sich entnehmen lässt, dass die Kommissar-Richtlinien in den Reihen seiner Einheit auf ein geteiltes Echo stießen. Am 3. August notierte der Leutnant: „Kommissare müssen sofort erschossen werden; aber keiner will ran. […] Ich habe ja selbst kein Interesse, daß der Mann erschossen wird, […]."[6] Wieder hatte man einen Gefangenen eingebracht, der „verdächtig" schien, aber keiner wollte „ran". Dieser Gefangene blieb unbehelligt.

Auch aus dem Bild des Mörders, das Farnbacher zeichnet, lässt sich viel ablesen. Bei jenem Major Hoffmann handelte es sich nicht gerade um einen unauffälligen Durchschnittsmenschen, einen „ordinary man". Vielmehr boten Armee, Diktatur und erst recht der Krieg seinen gefährlichen Anlagen reiche Entfaltungsmöglichkeiten. So beobachtete Farnbacher immer wieder, wie „schrecklich ungeduldig" Hoffmann war: „Wenn er etwas anordnet, und es ist nicht auch schon ausgeführt, wird er saugrob; er scheut sich z. B. nicht davor, einem Unteroffizier eine herunterzuhauen, weil er nicht schnell genug etwas macht; ich habe es selbst gesehen."[7] Ein solch ungeschlachter Führungsstil war selbst in der Wehrmacht ungewöhnlich; das Schlagen von Untergebenen war nicht nur verboten, es war – was viel wichtiger war – ganz einfach verpönt[8]. Dass dieser gewalttätige Choleriker schließlich seiner eigenen psychischen Disposition zum Opfer fiel, lässt das Pathologische seines Charakters erahnen. Im September 1941 wurde ihm von einer Panzergranate der rechte Oberarm abgerissen, weil er sich geweigert hatte, die Realitäten des Schlachtfelds anzuerkennen. Aber selbst unmittelbar nach seiner schweren Verwundung blieb er noch ganz „der Alte: Jeden schreit und scheißt er an, der ihn falsch anfasst oder nicht gleich begreift, was er will." Das Problem war freilich nicht die Psychopathologie dieses Offiziers, sondern die Tatsache, dass er seine

3 Ernst-Wilhelm Hoffmann (1904–1994), damals Major und Kdr. I./Schtz. Rgt. 12, 1.4.1944 Oberst, 10.4.1945 „Führer" der 4. Pz. Div.
4 Zum Typus der „Initiativtaten" vgl. Jäger, Verbrechen unter Totalitärer Herrschaft, S. 44ff.
5 BA-MA, MSg 1/3269: Fritz Farnbacher, Tagebuch, Eintrag vom 20.7.1941.
6 Ebda., Eintrag vom 3.8.1941.
7 BA-MA, MSg 1/3272: Fritz Farnbacher, Tagebuch, Eintrag vom 22.9.1941. Farnbacher hat die Ereignisse dieses Tages sehr genau beschrieben. Dort auch die folgenden Angaben.
8 Die Prügelstrafe war im preußischen Heer schon 1808 abgeschafft worden. Vgl. hierzu Craig, Preußisch-deutsche Armee, S. 48; Messerschmidt, Wehrmacht, S. 202.
   Laut § 122 M.St.G.B. konnte ein Vorgesetzter, der einen Untergebenen körperlich misshandelte, mit Gefängnis, Festungshaft oder Arrest „nicht unter vierzehn Tagen" bestraft werden. Militärstrafgesetzbuch, S. 174.

Disposition im Krieg gegen die Sowjetunion ungehindert ausleben konnte. Blieb er damit ein Einzelfall? Oder ereignete sich dies öfters? Und wieweit bedurfte es überhaupt einer solchen Disposition, um dem „Kommissarbefehl" Folge zu leisten?

Das sind nicht die einzigen Fragen, die jener Vorfall aufwirft. Nicht wirklich eindeutig ist auch der Anlass: Das Opfer galt den Deutschen als „anrüchig", „Kommissar oder so etwas": Wurde ihm das zum Verhängnis oder doch seine jüdische Herkunft? Wusste dieser Mann tatsächlich von der Existenz weiterer Kommissare? Sicher erscheint nur ein Punkt: Allein der bloße Verdacht auf den Status als Kommissar genügte, um diesen Ausbruch an Gewalt gegenüber einem wehrlosen Kriegsgefangenen zu provozieren. Warum war das so?

5.1.2 Ein Befehl

Bei den verschiedenen völkerrechtswidrigen Weisungen und Befehlen, welche die Wehrmachtsführung im Vorfeld des Unternehmens „Barbarossa" erließ, blieb vieles zunächst vage und unbestimmt. Beim „Kommissarbefehl" war dies anders[9]. Hier ging es nicht um Abstimmung mit anderen Organisationen, um Zuarbeit oder Akzeptanz. Hier handelte es sich klipp und klar um einen Mordauftrag.

Obwohl es auch in diesem Fall denkbar gewesen wäre, SS und Polizei mit der Ermordung der sowjetischen Kommissare, über deren Kombattantenstatus kein Zweifel bestand, zu beauftragen, war es die Wehrmacht, die diesen Auftrag erhielt. Denn der politischen Führung ging es nicht allein um die Vernichtung einer Gegnergruppe, es ging ihr ganz offensichtlich auch um „das Durchbrechen einer moralischen Barriere"[10]: In diesem Punkt wollte sie das Militär, und zwar „die Truppe" selbst, nicht etwa die Kriegsgerichte, zum Komplizen ihres Vernichtungsprogramms machen[11]. Dies hatte eine antibolschewistische, aber subkutan auch – erinnert sei an die Vorstellungen, die man sich in Deutschland von der bolschewistischen Führungselite machte – eine antisemitische Stoßrichtung. Damit knüpfte Hitler, nicht ohne Geschick, an die Erfahrung der älteren, nationalkonservativen Offiziere an, die in den Jahren nach 1918 immer wieder erlebt hatten, dass man mit dem politischen Gegner notfalls auch kurzen Prozess machen konnte. Der Auftrag zur Ermordung der sowjetischen Kommissare wurde denn auch von der Wehrmachtsführung bereits *vor dem 22. Juni 1941* akzeptiert. Zumindest in dieser Hinsicht dachte die Wehrmachtsführung nicht anders als gut zwanzig Jahre vorher die Freikorps.

Eingeleitet wurde dieser Entscheidungsprozess im Vorfeld des „Unternehmens Barbarossa"[12] erst relativ spät, Ende März 1941, mit einer deutlichen, in ihren

---

[9] Druck: Jacobsen, Kommissarbefehl, Dok. 12.
    Generell zum Kommissarbefehl vgl. Jacobsen, Kommissarbefehl; Förster, Sicherung, S. 1062 ff.; Streit, Keine Kameraden, S. 44 ff., 83 ff.; Streim, Behandlung, S. 33 ff.; Gerlach, Morde, S. 834 ff.; Hürter, Heerführer, S. 393 ff.; Römer, „Im Kampf festgestellte Greuel …".
[10] Gerlach, Morde, S. 90, Anm. 327.
[11] Vgl. die Aufzeichnungen Hoths über Hitlers Ansprache vom 30. 3. 1941: Kommissare „verdienen keine Schonung. Nicht an Kriegsgericht, sondern sofort durch die Truppe beseitigen. Nicht nach hinten abschieben." Zit. bei: Hürter, Heerführer, S. 7.
[12] Vgl. hierzu Uhlig, Der verbrecherische Befehl; Hartmann, Halder, S. 241 ff.; Otto, Wehrmacht, S. 48 ff.; Streim, Behandlung, S. 48 ff.; Betz, Das OKW und seine Haltung zum Landkriegsvölkerrecht, S. 107 ff., 152 ff.; Gerlach, Morde, S. 90 f.

Konsequenzen jedoch eher allgemein gehaltenen Parole Hitlers: „Kommissare und GPU-Leute sind Verbrecher und müssen als solche behandelt werden."[13] An einer juristischen Abrechnung mit den Trägern des sowjetischen Regimes waren Hitler und die Wehrmachtsführung[14] aber nicht im Geringsten interessiert[15]. Hinter Hitlers Forderungen standen vielmehr ideologische Ressentiments und auch das machiavellistische Kalkül, dass es das sowjetische Imperium „mit dem Beseitigen der Funktionäre zerreißen" würde[16]. Ohne zu zögern, hatten daraufhin OKW und OKH, die sich bereits mit ähnlichen Gedanken beschäftigt hatten[17], die Vorgaben des Diktators in ganz konkrete Handlungsanweisungen für die Truppe umgesetzt. Das Kernstück der „Richtlinien für die Behandlung politischer Kommissare" vom 6. Juni 1941 bildete dann die Forderung, Politische Kommissare, „wenn im Kampf oder Widerstand ergriffen, grundsätzlich sofort mit der Waffe zu erledigen". Dies ließ an Deutlichkeit nichts zu wünschen übrig.

Weniger klar war, wer eigentlich „erledigt" werden sollte. Im „Kommissarbefehl" ist von „Kommissaren aller Art" die Rede – also von zivilen Funktionären „jeder Art und Stellung" wie auch von jener Gruppe, die heutzutage gewöhnlich mit dem Begriff „Kommissare" in Verbindung gebracht wird: den Politoffizieren der Roten Armee. Allerdings sollte nicht allein der Status darüber entscheiden, ob ein Gefangener sein Leben verwirkt hatte. Ausschlaggebend war auch sein Verhalten und seine „Gesinnung". So sollten „Politische Kommissare, die sich keiner feindlichen Handlung schuldig machen oder einer solchen verdächtig sind [...] zunächst unbehelligt bleiben"[18]. Und weiter: „Bei der Beurteilung der Frage, ob

---

[13] Halder, Kriegstagebuch, Bd. II, S. 337 (Eintrag vom 30.3.1941). Vgl. auch Hürter, Heerführer, S. 1 ff. sowie Bock, Tagebuch, S. 180 ff. (Eintrag vom 30.3.1941), hier S. 181: „Scharfes Zufassen. Kommissare."
Tags darauf, am 31.3.1941, hatten die konkreten Vorarbeiten im OKH für die Formulierung des „Kommissarbefehls" begonnen. Vgl. Jacobsen, Kommissarbefehl, Dok. 6.

[14] Die Truppe scheint darauf teilweise noch gehofft zu haben. Vgl. den Vortrag des Gen.oberst von Küchler vom 28.4.1941. „Wenn bekannt wird, daß wir die politischen Kommissare und GPU-Leute sofort vor ein Feldgericht stellen und aburteilen, so ist zu hoffen, daß sich die russische Truppe und die Bevölkerung selbst von dieser Knechtschaft befreien. Wir wollen dieses Mittel auf jeden Fall anwenden." Zit. bei: Förster, Rußlandbild, S. 146.

[15] Vgl. mit Hitlers früher Forderung vom 3.3.1941: „Die Notwendigkeit, alle Bolschewistenhäuptlinge und Kommissare sofort unschädlich zu machen, spreche dafür [für einen Einsatz der SS-Verbände im Operationsgebiet]. Militärgerichte müssten für alle diese Fragen ausgeschaltet werden, sie hätten sich nur mit den Gerichtssachen innerhalb der Truppe zu befassen." KTB OKW, Bd. I, S. 341 (Eintrag vom 3.3.1941).
Vgl. ferner mit Hitlers Auslassungen über die „feindliche Haltung" der belgischen und französischen Zivilbevölkerung während des Ersten Weltkriegs: „Die Truppe wäre mit so etwas immer fertig geworden, aber die Juristen haben die Bevölkerung gegen die Truppe in Schutz genommen. Wie ich ihn hasse, diesen fiktiven Rechtsbegriff!" Hitler, Monologe, S. 59 (Eintrag vom 14./15.9.1941).

[16] Halder, Kriegstagebuch, Bd. II, S. 320 (Eintrag vom 17.3.1941); dort heißt es ferner: „Wir müssen stalinfreie Republiken schaffen. Die von Stalin eingesetzte Intelligenz muß vernichtet werden."

[17] Am 21.2.1941 hatte der Gen.mj. Warlimont, Chef L des WFSt des OKW, bereits eine „Herausgabe von Richtlinien für Verhalten der Truppe gegenüber den Bolschewisten" vorbereitet. KTB OKW, Bd. I, S. 333 (Eintrag vom 21.2.1941).
Der Gen.oberst Halder hatte wiederum am 28.1.1941 intern zu erkennen gegeben, dass er im Hinblick auf die geplante Militärverwaltung „völlig neue Ideen" verfolge. Müller, Kriegsrecht oder Willkür?, S. 129.

[18] Dieser Passus geht zurück auf eine Vortragsnotiz, die Warlimont als Leiter der Abteilung L im OKW am 12.5.1941 verfasst hatte. Druck: Jacobsen, Kommissarbefehl, Dok. 7.

‚schuldig oder nicht schuldig', hat grundsätzlich der persönliche Eindruck von der Gesinnung und Haltung des Kommissars höher zu gelten, als der vielleicht nicht zu beweisende Tatbestand." Das bedeutete, es lag im Ermessen der Truppe, wie mit jenen Personen zu verfahren sei, die als „Kommissare" galten. Auch vom OKH, das diesen Befehl in insgesamt 340 Exemplaren[19] zwei Tage später, am 8. Juni 1941, bis an die Divisionskommandos weitergegeben hatte[20], war dieser Aspekt in einem Zusatz noch einmal besonders herausgestellt worden[21].

Dies blieben nicht die einzigen Ungereimtheiten des „Kommissarbefehls": In seinen Ausführungsbestimmungen war etwa davon die Rede, „erst bei der weiteren Durchdringung des Landes" könne entschieden werden, „ob verbliebene Funktionäre an Ort und Stelle belassen werden können oder an die Sonderkommandos abzugeben sind". Hier war, zum ersten Mal in diesem Befehl, nicht mehr von „Politischen Kommissaren", also von sowjetischen Armeeangehörigen die Rede, sondern explizit – auch der Passus „an Ort und Stelle" lässt daran keinen Zweifel – von zivilen sowjetischen Funktionsträgern[22]. Das war eine ganz außerordentliche Ausweitung! Lag die Zahl der sowjetischen Politoffiziere vor Juni 1941 vermutlich bei rund 61 000 Personen, ging die Zahl derer, die sich unter dem Begriff der zivilen „Funktionäre" subsumieren ließen, in die Hunderttausende, wenn nicht in die Millionen[23].

In diesen Widersprüchlichkeiten, die dem „Kommissarbefehl" anhafteten, wird deutlich, dass es sich hier um einen Kompromiss handelte. Ungleich wichtiger als seine Genese sind freilich die Interpretationsmöglichkeiten, die dieser Befehl dann in der Praxis bot. Bei zwei Punkten war dies der Fall: So konnte man einen gefangen genommenen Kommissar schonen, falls der verantwortliche Offizier einen „positiven" Eindruck von ihm gewonnen hatte. Gleichzeitig aber eröffneten die Ausführungsbestimmungen *auch* die Möglichkeit, den Kreis der potentiellen Opfer ganz erheblich auszuweiten[24]. Doch wurde das nur vorsichtig angedeutet und

---

[19] Friedrich, Gesetz, S. 399.

[20] Das OKH leitete den Befehl mit den entsprechenden Zusätzen direkt an die Armeeober-, dann auch an die Heeresgruppenkommandos weiter, die dann für die *mündliche* Weitergabe des Befehls Sorge zu tragen hatten. Vgl. hierzu auch Römer, Heeresgruppenkommando Mitte, S. 456 mit Anm. 34.

[21] „Das Vorgehen gegen einen politischen Kommissar muß zur Voraussetzung haben, daß der Betreffende durch eine *besonders erkennbare Handlung oder Haltung* sich gegen die deutsche Wehrmacht stellt oder stellen will." Druck: Jacobsen, Kommissarbefehl, Dok. 13. Hervorhebung in der Vorlage.

[22] Auch die Präambel des „Kommissarbefehls" macht dies deutlich, da hier bereits von „politischen Kommissaren aller Art" die Rede ist. Druck: Jacobsen, Kommissarbefehl, Dok. 12.

[23] So war allein die Zahl der „Spezialisten mit höherer und mittlerer Bildung" in der sowjetischen Volkswirtschaft von 521 000 (1926/27) auf 2,4 Millionen (1938/39) gestiegen. Angabe nach: Hildermeier, Geschichte der Sowjetunion, S. 539.
Die Zahl der offiziellen Parteimitglieder, die in der VKP(b) eingeschrieben waren, belief sich bei Kriegsbeginn auf knapp vier Millionen Menschen. Angabe nach: Segbers, Sowjetunion, S. 73.

[24] Das ermöglichten im Übrigen auch die „Richtlinien für das Verhalten der Truppe in Rußland", die im Auftrag des OKW vor Feldzugsbeginn an alle im Osten eingesetzten Formationen verteilt worden waren. Dort wurde nicht nur der Bolschewismus als „Todfeind des nationalsozialistischen deutschen Volkes" definiert, sondern auch ein „rücksichtsloses und energisches Durchgreifen gegen bolschewistische Hetzer, Freischärler, Saboteure [und] Juden" gefordert. Bei den Kriegsgefangenen seien die „Führer sofort von den Mannschaften abzusondern". Das entsprach teilweise bereits den Forderungen des später formulierten Kommissarbefehls. Druck: Ueberschär/Wette (Hrsg.), „Unternehmen Barbarossa", S. 312.

zugleich einschränkend betont, dass bei den zivilen Funktionären die Sonderkommandos „selbst die Überprüfung vornehmen" sollten. Dass mit dem Beginn des Vernichtungskrieges gegen die Sowjetunion die Hinrichtung der zivilen politischen Funktionsträger vor allem in den Zuständigkeitsbereich des SS- und Polizeiapparats fiel[25], dann war das kaum auf den „Kommissarbefehl" zurückzuführen, der diese Möglichkeit der Wehrmacht durchaus eröffnet hätte[26], sondern wohl eher auf die Einsatzmodalitäten, auf die sich die Führung von Wehrmacht und SS vor Kriegsbeginn geeinigt hatten. Ins Fadenkreuz der Wehrmacht gerieten daher weniger die zivilen Funktionäre als vielmehr deren militärisches Pendant: die Politoffiziere der Roten Armee. Warum besaßen gerade sie für die Deutschen eine solche Bedeutung?

5.1.3 Eine Institution: Die Kommissare der Roten Armee

Ohne die Kommissare hätte es eine Rote Armee nie gegeben[27]. Deren Geschichte war von Anfang an aufs engste miteinander verwoben. Während des Bürgerkriegs verfügten die Bolschewiki über so wenige militärische Experten, dass sie Zehntausende ehemaliger Offiziere und Unteroffiziere der alten zaristischen Armee zu Kommandeuren gemacht hatten[28]. Zu ihrer Kontrolle hatte der neue Volkskommissar für Militärangelegenheiten, Leo Trotzki, schon im April 1918 befohlen, so genannte Politische Kommissare einzusetzen. Dabei sollte es bleiben. Die duale Kommandostruktur blieb ein entscheidendes Charakteristikum der Roten Armee, wobei sich das Verhältnis von militärischer und politischer Führung zu einem „Dauerthema bolschewistischer Militärpolitik"[29] entwickelte. Denn dieses Verhältnis musste nicht allein an der Spitze der Armee austariert werden, sondern praktisch auf all ihren Kommandoebenen. Das sorgte, wie man sich denken kann, für unendlich viel Unruhe und Streit in der Truppe und für immer neue Versuche, diese sehr spezielle Führungskonstellation zu regeln: 1928 wurden die Mitspracherechte der Kommissare in der militärischen Führung erstmals eingeschränkt[30], im

---

[25] So informierte Heydrich am 2.7.1941 die HSSPF, dass ihre Einheiten „alle [...] höheren, mittleren und radikalen unteren Funktionäre der Partei, der Gau- und Gebietskomitees, Volkskommissare, Juden in Partei- und Staatstellungen [und] sonstigen radikalen Elemente" zu exekutieren hätten. Allerdings zeigt das Beispiel unseres Samples, dass die beiden Besatzungs-, nicht aber die Frontverbände schon bald zivile Funktionäre in ihr Vernichtungsprogramm einbezogen. Zitat: Pohl, Judenverfolgung, S. 52 f. Generell zur „Kommunistenverfolgung" Krausnick/ Wilhelm, Truppe, S. 488 ff.; Ogorreck, Einsatzgruppen, S. 61.

[26] Mit einem Befehl vom 24.7.1941 an die „Kriegsgefangenenlager des Operationsgebietes" bekräftigte der Generalquartiermeister im OKH nochmals den Kommissarbefehl und deutete zugleich an, dass dieser ausgeweitet werden könne: „Politisch untragbare und verdächtige Elemente, Kommissare und Hetzer" seien „umgehend" auszusondern, und zwar durch die Wehrmacht. IfZ-Archiv, MA 1564/31, NOKW-2423: OKH/GenStdH/GenQu, Befehl Nr. II/4590/41 vom 24.7.1941. Vgl. hierzu auch Förster, Sicherung, S. 1065; Gerlach, Morde, S. 834 f.

[27] Vgl. hierzu Kolkowicz, Soviet Military, S. 15 ff.

[28] Zwischen Juni 1918 und August 1920 wurden 214 717 ehemalige Unteroffiziere und 48 409 Offiziere der alten Armee eingezogen. Angabe nach Löwe, Bewaffnete Macht, S. 1682.
Die bekanntesten Fälle für diese „Militärspezialisten" sind der ehemalige Unteroffizier Georgi K. Schukow (1896–1974) und der ehemalige Hauptmann Michail N. Tuchatschewski (1893–1937), die beide den Rang eines Marschalls der Sowjetunion erreichten.

[29] Löwe, Bewaffnete Macht, S. 1685.

[30] Erickson, Soviet High Command, S. 309, 311.

Mai 1937, während der „Großen Säuberungen", jedoch wiederhergestellt[31], um am 12. August 1940 erneut zurückgefahren zu werden[32], nachdem das Debakel des sowjetisch-finnischen Winterkriegs offenbart hatte, dass Ideologie allein nicht ausreichte, um die Rote Armee zu führen. Dennoch blieben die Kommissare weiterhin bei der Truppe. Der Beginn des deutsch-sowjetischen Krieges sollte auch die Regelung vom August 1940 über den Haufen werfen. Angesichts der massiven Auflösungserscheinungen unter den sowjetischen Einheiten während der ersten Wochen[33] gab die sowjetische Führung schon am 16. Juli 1941 den „Kriegskommissaren" wieder ihre alten Rechte zurück[34].

Gleichzeitig begann deren Zahl nach oben zu schnellen. Hatte diese im Mai 1940 bei vermutlich 61 400 Personen gelegen[35], so wurden mit Kriegsbeginn weitere „Parteiarbeiter" mobilisiert – „etwa 47 000 Mann aus dem Führungskader der KP und 95 000 der militärisch am besten ausgebildeten Kommunisten und Komsomolzen"[36]. Ihre Verluste waren groß[37]. Dennoch gehörten 1942 etwa 100 000, im folgenden Jahr sogar 240 000 Männer und Frauen zu den Politischen Kadern der Roten Armee[38], die sich – auch das kann die große Zahl erklären – auf allen Hierarchieebenen der sowjetischen Streitkräfte fanden. Von der Kompanie bis zur Armee[39] sollten diese Hohepriester der Parteilinie die „tägliche parteiliche Beeinflussung"[40] ihres Truppenteils (respektive dessen Kontrolle) garantieren, wobei die Kommissare ihre Gleichstellung mit den militärischen Kommandeuren im Okto-

---

[31] Colton, Commissars, S. 136 ff.; Erickson, Soviet High Command, S. 460, 477 ff.

[32] Ebda., S. 557.

[33] Vgl. hierzu Erickson, The Road to Stalingrad, S. 136 ff., 180 ff.; Hoffmann, Kriegführung, S. 719 ff.; Merridale, Iwans Krieg, S. 130 ff.

[34] Verordnung über die Kriegskommissare bei der Roten Arbeiter- und Bauernarmee vom 16. 7. 1941, Druck: Altrichter (Hrsg.) Die Sowjetunion, Bd. 1, Dok. 113. Ferner Erickson, Soviet High Command, S. 603; Hoffmann, Kriegführung, S. 723 ff.; Handbuch der Geschichte Rußlands, S. 933 f.; Kolcowicz, Soviet Military, insbes. S. 64 ff.; Colton, Commissars, S. 152 ff.; Hildermeier, Geschichte, S. 626 f.

[35] Vgl. Moldenhauer, Reorganisation der Roten Armee, S. 143 f. mit Anm. 118. Moldenhauer zitiert eine interne sowjetische Statistik, derzufolge der Fehlbestand bei den Politischen Kadern der Roten Armee am 1. 5. 1940 bei 3 850 Personen bzw. 5,9 % gelegen habe. Diese Gruppe wurde natürlich bei Kriegsbeginn nochmals ausgebaut. Vgl. ferner Buchbender, Erz, S. 158 ff. Höher dagegen die Schätzungen Gerlachs, Morde, S. 839 mit Anm. 355.

[36] Löwe, Bewaffnete Macht, S. 1706.

[37] Die bisherige Schätzung, während der Jahre 1941 bis 1945 seien an die Hunderttausend Politoffiziere dem Krieg zum Opfer gefallen, wurden mittlerweile durch die sowjetische Militärstatistik bestätigt. Vgl. Colton, Commissars, S. 75; Krivosheev (Hrsg.), Soviet Casualities, S. 221.

[38] Vgl. Hildermeier, Geschichte der Sowjetunion, S. 626 f. Ferner Reese, Stalin's Reluctant Soldiers, passim.

[39] Dies kam auch in einer entsprechenden Hierarchisierung dieser Gruppe zum Ausdruck; vgl. hierzu BA-MA, RH 27-6/113: Pz. Gr. 4, Abt. I c, „Nachrichten über Sowjetrußland Nr. 5" vom 17. 6. 1941: „Der politische Gehilfe ist die unterste Rangstufe der Kommissare und entspricht dem Unterleutnant. Es folgen dann: jüngerer Politruk (Leutnant), Politruk (Oberleutnant), älterer Politruk (Hauptmann), Bataillonskommissar (Major), älterer Bataillonskommissar (Oberstleutnant), Regimentskommissar (Oberst), Brigadekommissar (Generalmajor), Div. Kommissar (Generalleutnant), Korpskommissar (Generaloberst) und Armeekommissar (Armeegeneral). Die eingeklammerten Bezeichnungen bedeuten den entsprechenden Rang im militärischen Führerbestand." Für den Hinweis auf diese Quelle danke ich Felix Römer.

[40] So die Krassnaja Swesda in einem Artikel vom 29. 4. 1941, zit. in: BA-MA, RH 27-6/113: Pz. Gr. 4, Abt. I c, „Nachrichten über Sowjetrußland Nr. 5" vom 17. 6. 1941.

ber 1942 erneut verloren[41]. Dass man die Position dieser militärischen Nomenklatura ständig neu definierte, war Ausdruck einer militärischen und einer politischen Entwicklung, deren Veränderungen zuweilen an die nervösen Ausschläge eines Börsenkurses erinnern. Auf Phasen, in denen man der Armee eine *vergleichsweise* große Autonomie gewährte, folgten solche, in denen das Leninsche Prinzip strikter Kontrolle dominierte.

Zu jener Zeit, als die Deutschen, den „Kommissarbefehl" im Marschgepäck, über die Sowjetunion herfielen, war die Politische Verwaltung der Roten Armee, die PURKKA, freilich in ihrer Macht beschnitten. Für die deutsche Feindaufklärung hatte sich das schon vor Angriffsbeginn abgezeichnet; so wies etwa die Panzergruppe 4 darauf hin, dass sich „die Stellung der politischen Kommissare" verändert habe: „Während sie bis dahin dem Truppenführer gleichgestellt waren und in dessen Kommandogewalt eingreifen konnten, sind sie ihm jetzt unterstellt." Die eigentliche militärische Kommandogewalt stehe „allein dem Truppenführer" zu, „der Kommissar [sei] nur mehr für die politische Erziehung" der sowjetischen Soldaten verantwortlich[42]. Auch in der 2. deutschen Armee, in der ein Teil unserer Divisionen unterwegs war, erkannte man bald, dass sich „die Stellung der Kommissare im russischen Heer […] seit Beginn des Jahres 1941 völlig geändert" habe. Diese würden nur noch ein „Scheindasein" führen und hätten in allen entscheidenden Fragen nichts mehr zu sagen[43].

Spätestens am 16. Juli 1941, mit der Wiederherstellung ihrer alten Position, wurden die sowjetischen Politoffiziere aber wieder zu den mächtigen und einflussreichen „Vertretern von Partei und Staat"[44]. Deren Einfluss sollten sie in den Streitkräften sicherstellen – mit allen nur denkbaren Mitteln, mit denen von Fürsorge, Propaganda, Kontrolle, Bespitzelung und notfalls auch Terror. Keine Entscheidung – auch nicht militärische –, die allein vom Kommandeur getroffen wurde; Befehle ohne Gegenzeichnung des Kommissars waren ungültig[45]. Angeblich konnten die Kommissare ihre Meinung gegenüber ihren Kommandeuren auch mit der Waffe vertreten[46]. Sicher ist, dass die Politoffiziere sich nicht nur eines eigenen Apparats bedienten[47], um ihre Macht in der Armee zu zementieren. Sie kooperierten auch eng mit der „Besonderen Abteilung", die das NKWD in jeder Division eingerichtet hatte, und sie organisierten schließlich ein dicht gewebtes Netz gut bewaffneter „Sperrkommandos". Diese Kommandos, die auf *allen* Hierarchie-

---

[41] Verordnung über die Einführung der vollständigen Einzelleitung und die Abschaffung der Institution der Kriegskommissare in der Roten Armee vom 9.10.1942, Druck: Die Sowjetunion, Bd.1, Dok.114. Ferner Erickson, Soviet High Command, S.668; Erickson, Road to Stalingrad, S.361, 371f.; Buchbender, Erz, S.165.
Offiziell fungierten die Kommissare jetzt als „Stellvertretende Kommandeure für Politische Angelegenheiten".

[42] BA-MA, RH 27-6/113: Pz. Gr. 4, Abt.I c, „Nachrichten über Sowjetrußland Nr.5" vom 17.6.1941.

[43] PA-AA, R 60704: AOK 2, Abt.I c/A.O. (VAA), „Bericht Nr.2" vom 5.7.1941.

[44] So Buchbender, Erz, S.158.

[45] Verordnung über die Kriegskommissare bei der Roten Arbeiter- und Bauernarmee vom 16.7.1941, Druck: Die Sowjetunion, Bd.1, Dok.113.

[46] PA-AA, R 60704: AOK 2, Abt.I c/VAA, „Bericht Nr.15" vom 5.9.1941.

[47] Allein bei einer Division belief sich dessen Stärke ohne den nachgeordneten Bereich auf 21 Mann. Noch größer war die Politische Abteilung des Regiments, dessen Stärke sich auf 50 Mann belief. Vgl. Buchbender, Erz, S.158ff. Auch zum Folgenden

ebenen einer Division zum Einsatz kamen, sollten all jene rücksichtslos „liquidieren"[48], die als „Verräter" galten[49]. Dazu konnte man leicht werden; es genügte bereits, wenn man nach einem verlorenen Gefecht die Stellung aufgab.

Der Druck, der auf den sowjetischen Politoffizieren lastete, war im Übrigen nicht geringer. Sie hafteten mit ihrer Person für die Erfüllung der ihnen gestellten Aufträge[50]. „Politkader", die sich ergaben, galten als „böswillige Deserteure", deren Familien verhaftet wurden[51]. Aber nicht allein deswegen entwickelten sie sich zu den erbittertsten Gegnern der deutschen Eindringlinge. Wichtiger war wohl, dass keine Gruppe der Roten Armee in einem solchen Maß ideologisch indoktriniert war wie die Kommissare. Tapfer, intelligent und rücksichtslos fühlten sie sich nicht selten persönlich für den Sieg der Sowjetunion verantwortlich. Doch gab es noch einen Grund, einen dritten, warum gerade sie „bis zur letzten Patrone" kämpften[52]. Ihnen bot sich ganz einfach keine Alternative. Wenn man etwa bei der 45. Infanteriedivision ganz offen einräumte, dass die Kommissare doch wüssten, „daß für sie Gefangennahme der sichere Tod" bedeute[53], dann wird daran die kontraproduktive Wirkung des „Kommissarbefehls" erkennbar. Nach dem System der „selffullfilling prophecy" hatte auch die deutsche Seite ihren Teil dazu beigetragen, dass sich die gegnerischen Kommissare genau so verhielten, wie man es befürchtet hatte.

5.1.4 Ein Vollzug: Die Wehrmacht und der „Kommissarbefehl"

Über den Vollzug der Kommissar-Richtlinien ist viel spekuliert und gestritten worden. Dabei gab es doch andere deutsche Verbrechenskomplexe, denen sehr viel mehr Menschen zum Opfer fielen[54]. Wenn sich vor allem früher die weitgefasste Frage nach den Verbrechen der Wehrmacht in der Praxis häufig auf diesen einen

[48] Die Zahl der Todesurteile, die während des Zweiten Weltkriegs durch sowjetische Feldgerichte verhängt wurden, wird auf 158 000 geschätzt, wobei die Dunkelziffer noch höher liegen dürfte. Außerdem dienten 422 700 Rotarmisten in Strafbataillonen, den gefürchteten „Schtrafroti". Allein bei den Kämpfen um Stalingrad sollen über 13 000 Rotarmisten von ihren Kameraden oder dem NKWD exekutiert worden sein. Vgl. Merridale, Iwans Krieg, S. 178; Overy, Wurzeln des Sieges, S. 106. Weitere Beispiele bei: Hoffmann, Kriegführung, S. 722, 725.

[49] Vgl. hierzu Erickson, Red Army Battlefield Performance, S. 238; Löwe, Bewaffnete Macht, S. 1706.
Wie engmaschig dieses Netz arbeitete, wird auch daran deutlich, dass die Führer der Sperrkommandos, deren Zusammensetzung ständig verändert wurde, den Kommissaren täglich Bericht erstatten mussten. Vgl. Buchbender, Erz, S. 99.

[50] Vgl. die Verordnung über die Kriegskommissare bei der Roten Arbeiter- und Bauernarmee vom 16. 7. 1941, Abs. 2: „Der Kriegskommissar ist der Vertreter der Partei und der Regierung bei der Roten Armee und trägt zusammen mit dem Kommandeur die volle Verantwortung für die dem Truppenteil gestellten Aufgaben, für seine Festigkeit im Kampf und die unerschütterliche Bereitschaft, bis zum letzten Blutstropfen die Feinde unserer Heimat zu bekämpfen und jeden Fußbreit sowjetischen Bodens zu verteidigen." Druck: Die Sowjetunion, Bd. 1, Dok. 113.

[51] So Stalins Befehl Nr. 270, zit. bei: Osterloh, Sowjetische Kriegsgefangene, S. 67f.

[52] IfZ-Archiv, MA 1637: 296. Inf. Div., Abt. I c, Tätigkeitsbericht für die Zeit vom 28. 9.-25. 10. 1941; IfZ-Archiv, MA 1618: AOK 4, Abt. I a, „Armeebefehl Barbarossa Nr. 4" vom 1. 7. 1941. Dieser Armee waren damals die 45. Inf. und die 221. Sich. Div. unterstellt.

[53] IfZ-Archiv, MA 1619: I./Inf. Rgt. 130, Kdr., Bericht „Besonderheiten der Kampfhandlungen in der Zeit vom 22. bis 28. 9. 1941" vom 2. 10. 1941.

[54] Dieses Ungleichgewicht spiegelt noch der 1984 erschienene Bd. 4 von DRZW, der immerhin über 1 000 Seiten umfasst, wider: Lediglich 48 Seiten sind der „Sicherung des ‚Lebensraumes'" gewidmet (Beitrag Jürgen Förster, ebda., S. 1030ff.). Von diesen 48 Seiten beschäftigen sich freilich acht ganze Seiten, also immerhin ein Sechstel, mit der „Durchführung des Kommissar-,Befehls'". Vgl. hierzu auch Streit, Kameraden, S. 44.

Aspekt reduzierte, dann hatte das vor allem zwei Gründe: Zum einen ließ sich der kriminelle Charakter des „Kommissarbefehls" nur schwer leugnen (im Gegensatz etwa zum Kriegsgerichtsbarkeitserlass, der in seinen Konsequenzen sehr viel diffuser blieb). Zum anderen war mit diesem Befehl immer auch die Fronttruppe angesprochen, also eine zahlenmäßig große Gruppe von Soldaten. Die Nachfragen setzten in diesem Fall schon sehr früh ein[55]. Dennoch behaupteten die inkriminierten Generäle fast schon „emphatisch"[56], man habe diesen Befehl überhaupt nicht befolgt, man habe versucht, ihn abzuschwächen[57] oder die Führung mit Hilfe von „Zahlenspielen" getäuscht[58].

Dass „der Kommissarerlaß [...] in einem größeren Umfang vom Heer durchgeführt" wurde, als viele „Truppenführer nach dem Krieg zugeben wollten", ist schon länger bekannt[59]. Mittlerweile bewegen sich die Schätzungen über den Anteil der deutschen Divisionen, die Kommissare oder solche Soldaten, die man dafür hielt, direkt nach der Gefangennahme erschossen, zwischen 50 bis 60 Prozent[60] und über 80 Prozent[61]. Auch weiß man, dass die Truppe mitunter dazu neigte, diesen Befehl exzessiv und auch willkürlich auszulegen[62]. Besonders bekannt wur-

---

[55] Vgl. etwa IMT, Bd. 1, S. 256, 398; Bd. 2, S. 500f.; Bd. 4, S. 289; Bd. 7, S. 403; Bd. 10, S. 686; Bd. 11, S. 280f.; Bd. 12, S. 270; Bd. 15, S. 339, 448f.; Bd. 17, S. 350; Bd. 19, S. 368; Bd. 20, S. 445f., 689; Bd. 22, S. 326f., 609f., 312.
Trials of War Criminals before The Nuernberg Military Tribunals under Control Council Law No. 10, Vol. 10, S. 1054ff. Ferner Streim, Behandlung, S. 256ff.
Auch die Nachforschungen der Zentralen Stelle der Landesjustizverwaltungen in Ludwigsburg konzentrierten sich im Falle der Wehrmacht stark auf den Kommissarbefehl. Vgl. Streim, Behandlung, S. 276ff.; Rückerl, NS-Verbrechen vor Gericht, S. 69f., 303.

[56] So Streit, Kameraden, S. 84.

[57] Vgl. etwa IMT, Bd. 4, S. 525; Bd. 7, S. 330 (Aussage F. Paulus: ein Befehl, „der in der Praxis nicht zur Durchführung gelangte"), 348 (Aussage E. Buschenhagen: „Er ist praktisch nicht zur Durchführung gekommen."); Bd. 15, S. 449 (Aussage A. Jodl, der die Ansicht vertrat, alle Offiziere, mit denen er zu tun hatte, hätten diesen Befehl abgelehnt; Bd. 20, S. 635 (Aussage W. v. Brauchitsch, der darauf verwies, alle Generäle hätten diesen Befehl für „untragbar" gehalten).
Aus den Ausführungen Rohdes (Politische Indoktrination), der sich auf die Beweisführung des Unbeweisbaren einlässt, ergibt sich lediglich, dass größere Teile der Truppe den „Kommissarbefehl" befolgt haben.

[58] Friedrich, Gesetz, S. 547.
Auch der damalige I c des uns besonders interessierenden AOK 2, der spätere Oberst J. E., nach dem Krieg zu Protokoll, der Befehl sei „bei uns allgemein auf Ablehnung" gestoßen; es habe in seinem Bereich nur „fingierte Meldungen über die Tötung von Kommissaren" gegeben, was sich freilich leicht widerlegen lässt. BAL, 449 AR 129/69: Vernehmung J. E. vom 22. 7. 1969. Ebda., Anlage: AOK 2, Abt. I c/A.O., Meldung an die H.Gr. Mitte, o. D. und vom 23. 9. 1941 sowie Förster, Sicherung, S. 1064.

[59] Förster, Sicherung, S. 1069. Ferner Streit, Kameraden, S. 84; Streim, Behandlung, S. 94ff.; Jacobsen, Kommissarbefehl, S. 153 (mit Einschränkungen); Gerlach, Morde, S. 835.

[60] So Pohl, Verfolgung und Massenmord, S. 39.
Detlef Siebert schätzt, dass etwa zwei Drittel der an der Ostfront eingesetzten Divisionen den Kommissarbefehl befolgt hätten; der Durchschnitt der pro Division gemeldeten Kommissare habe allerdings bei höchstens 30 gelegen. Vgl. Detlef Siebert, Die Durchführung des Kommissarbefehls in den Frontverbänden des Heeres. Eine quantifizierende Auswertung der Forschung, unveröffentlichtes Manuskript, 2000, S. 14.
Eine entsprechende Untersuchung von Felix Römer, Freiburg i. Br., der alle einschlägigen Akten von der Heeresgruppe bis zur Division ausgewertet hat, steht kurz vor der Veröffentlichung. Vgl. ferner Streit, Kameraden, S. 88f.; Förster, Sicherung, S. 1064ff.; Gerlach, Morde, S. 835.

[61] Vgl. demnächst die Studie von Felix Römer.

[62] Vgl. hierzu Streit, Kameraden, S. 87ff.; Gerlach, Morde, S. 836; Pohl, Herrschaft, S. 204, 232.
Das lässt sich bereits im Semantischen nachweisen, etwa dann, wenn in den deutschen Quellen auch die zivilen Funktionäre immer wieder als „Kommissare" angesprochen wurden. Vgl. etwa PA-AA, R 60704: AOK 2, Abt. I c/A.O. (VAA), „Bericht Nr. 12" vom 24. 8. 1941: „Lediglich in

de ein Vorfall vom August 1941: Nach einer entsprechenden Anfrage der Heeresgruppe Mitte entschied das OKW, dass auch Politruks „als politische Kommissare
[...] anzusehen und entsprechend zu behandeln" seien[63]. Damit wurde der Kreis
der Todeskandidaten erheblich ausgeweitet. Denn Politruks, die gewissermaßen
als „Politischer Spieß" fungierten, gab es laut Plansoll bereits auf der Ebene der
Kompanien[64]. Allein an diesem einen Beispiel wird deutlich, wie sehr sich die
Wehrmachts- und auch die Truppenführung damals zum Erfüllungsgehilfen der
politischen Führung machten. Schon eine subalterne Funktion im sowjetischen
Politapparat reichte aus, um „bestimmungsgemäß behandelt zu werden", so der
Jargon der Täter[65]. Allerdings bestanden in der Truppe bei der Umsetzung des
„Kommissarbefehls" Handlungsspielräume. Damit stellen sich zwei entscheidende
Fragen: Wie viele Menschen wurden aufgrund dieses Befehls ohne jedes Verfahren
exekutiert? Und wer waren die Täter?

Verglichen mit den vielen anderen Verbrechen der deutschen Eroberer blieb der
Mord an den sowjetischen Politoffizieren ein *vergleichsweise* seltenes Phänomen,
schon weil diese innerhalb der Roten Armee eine kleine, ausgewählte Gruppe darstellten. Wenn freilich selbst bei diesem Verbrechenskomplex von einer fünfstelligen Opferzahl auszugehen ist, so wird einmal mehr die Dimension dieses Vernichtungskriegs erkennbar. Durch die sowjetischen Militärstatistiken wissen wir mittlerweile, dass die Gesamtverluste bei den Politoffizieren bei ungefähr 100 000
Mann liegen: 57 608 wurden aufgrund der militärischen Ereignisse getötet, weitere
42 126 Politoffiziere gelten als vermisst[66].

Diese Zahlen werfen weitere Fragen auf: Wie viele Kommissare fielen den Deut-
schen in die Hände? Wie viele von ihnen wurden als solche erkannt? Und wie viele
Rotarmisten wurden unter diesem Vorwand erschossen, obwohl sie gar keine Po-
litoffiziere waren? Auch von den vermissten Politoffizieren war ein Teil auf dem
Schlachtfeld gefallen[67], ein weiterer Teil – vermutlich nicht wenige – wählten den
Freitod, „um nicht in Gefangenschaft zu geraten"[68], während andere wiederum

einem Magazin für Kommissare, dessen Betreten nebenbei bemerkt bei Todesstrafe verboten war,
fanden sich etliche Kisten mit Keks, Fett, Butter, Zucker, Kerzen, Seife, Gries und Grütze."
[63] Vermerk Jodls vom 20.8.1941, Druck: Ueberschär/Wette (Hrsg.), „Unternehmen Barbarossa",
Dok. 18. Vgl. hierzu auch Römer, Heeresgruppenkommando Mitte, S. 457 ff.
Auch diesem Befehl wurde an der Front Rechnung getragen. Vgl. mit der Ermahnung der Panzergruppe 2 vom 3.9.1941, die freilich den bezeichnenden Zusatz enthält: „In letzter Zeit wiederholen sich Aussagen von Rotarmisten, wonach die Politischen Leiter vom Bataillons- bzw.
Abteilungsverband abwärts (Politruks) eine lächerliche Rolle spielen sollen und weder gefürchtet noch ernst genommen würden. Diese Stellen sollen z. T. auch mit politisch nicht vorgebil-
deten Leuten besetzt sein. Beobachtungen in dieser Richtung sind an Pz. Gr. 2, I c/A.O. zu
melden." IfZ-Archiv, MA 1590: Pz. Gr. 2, I c/A.O., „Feindnachrichten Nr. 5" vom 3.9.1941.
[64] Vgl. hierzu Buchbender, Erz, S. 158 f. Dort auch ein entsprechendes Organigramm.
[65] Vgl. Streit, Kameraden, S. 88.
[66] Die verhältnismäßig große Zahl an Suiziden unter den Kommissaren ist vermutlich auch in der
zweiten Zahl der Vermissten enthalten. Ganz davon abgesehen hatten auch die militärischen
Ereignisse zur Folge, dass ein Teil der Kommissare vermisst wurde. All das würde die Einschätzung von Gerlach in etwa bestätigen. Krivosheev (Hrsg.), Soviet Casualities, S. 221.
[67] Aufgrund der einschlägigen Berichte kommt Arnold (Wehrmacht, S. 210) zu dem Schluss, dass
„eine große Zahl" von Politoffizieren während der Kämpfe gefallen sei.
[68] Vgl. etwa: Bähr (Hrsg.), Kriegsbriefe Gefallener Studenten 1939-1945, S. 168 (Brief vom
26.7.1942): „Kommissare sind auch hier gewesen, doch sind alle entweder gefallen oder sie haben sich, wie wir beobachten konnten, selbst vernichtet." Meier-Welcker, Aufzeichnungen,
S. 122 (Eintrag vom 8.7.1941): „Wir haben vielfach festgestellt, daß russische Offiziere vor der

ihre „Dienstgradabzeichen [...] abgelegt" hatten[69], um nicht identifiziert zu werden. Tatsächlich gelang diese Identifizierung schon „in den ersten Kampfwochen
[...] nur in geringem Umfang"[70], so der Eindruck einer Panzergruppe. Gleichwohl
spricht viel für die Einschätzung von Christian Gerlach, der davon ausgeht, dass
allein im Bereich der Heeresgruppe Mitte zwischen 3000 und 5000 Kommissare
umgebracht wurden[71]. Rechnet man diese Schätzung hoch auf alle drei Heeresgruppen, so käme man auf eine Gesamtzahl mit einer Obergrenze von etwa 10000
Opfern, weil die Gefangenen, welche die Heeresgruppe Nord machte, zahlenmä
ßig nicht ins Gewicht fielen[72]. Dies waren die Opfer im Militärverwaltungsgebiet,
also die Opfer, die entweder an der Front oder in den Armeegefangenensammelstellen und Durchgangslagern ermordet wurden[73].

Das heißt: Von den vermissten, zum größeren Teil gefangen genommenen Kommissaren, nach russischer Berechnung über 42000 Menschen, wurde nur ein Teil
dort „erledigt", wo dies eigentlich geschehen sollte – auf dem Gefechtsfeld[74]. Was
aber passierte mit den restlichen Politoffizieren, welche die Rote Armee bis Kriegsende als kriegsgefangen oder vermisst registrierte? Neben den Morden, welche
die Fronteinheiten zu verantworten hatten, ist von einer zweiten Tötungswelle
auszugehen[75], und zwar weit hinter der Front[76], weil die Kommissare „zum größten Teil erst in den Gefangenenlagern festgestellt" wurden, so eine Beobachtung

---

Gefangennahme sich selbst töten." IfZ-Archiv, MA 1590: Pz. Aufkl. 7, Meldung an 4. Pz. Div.
     vom 19.9.1941; Meldung des AOK 2, Abt. I c/A. O. an H.Gr. Mitte vom 9.9.1941, Druck: Jacobsen, Kommissarbefehl, Dok. 20. Vgl. hierzu auch Rohde, Indoktrination, S.134; Arnold,
     Wehrmacht, S.210; Römer, Befolgung, S.187, Anm.10.
[69] Aus einem Feindnachrichtenblatt der Panzergruppe 3, Abt. I c, vom Juli 1941, Druck: Jacobsen,
     Kommissarbefehl, Dok.18.
[70] Aus einem Tätigkeitsbericht der Panzergruppe 3, Abt. I c, vom 14.8.1941, Druck: Jacobsen,
     Kommissarbefehl, Dok.19. Die meisten sowjetischen Politoffiziere dürften bis Dezember 1941
     in die Hände der Deutschen gefallen sein, danach waren die Gefangenenzahlen generell stark
     rückläufig.
[71] So Gerlach, Morde, S.836.
[72] Bis Mitte November 1941 brachte die Heeresgruppe Mitte 1413000 sowjetische Gefangene ein,
     die Heeresgruppe Süd 968000, die Heeresgruppe Nord dagegen nur 84000 Mann. Angaben
     nach: Streit, Kameraden, S.83.
     Vgl. auch mit dem Urteil von Overmans (Kriegsgefangenenpolitik, S.825), der von einer „kaum
     über den vierstelligen Bereich hinausgehenden Opferzahl" ausgeht.
[73] Anders formuliert: Dies waren die Opfer im Gefechtsgebiet sowie der Kriegsgefangenenlager
     im OKH-Bereich. Zu beachten ist in diesem Zusammenhang, dass hierzu in der Regel auch die
     Dulags zählten, die beim „Screening" der Gefangenen eine Schlüsselrolle übernahmen. Vgl.
     hierzu Streim, Behandlung, S.241f. sowie BA-MA, RH 20-2/1445: AOK 2, Abt.O.Qu./Qu. 2,
     „Besondere Anordnungen für das Kriegsgefangenenwesen" vom 5.8.1941, wo betont wird,
     dass „politisch untragbare Elemente", ferner Juden und Asiaten aus den Dulags *nicht* nach hinten abgeschoben werden dürften.
[74] Zu Recht hat Klaus-Jochen Arnold (Wehrmacht, S.211, Anm.355) darauf verwiesen, dass in
     vielen Meldungen „nicht klar" unterschieden wurde, „ob Kommissare im Kampf, nachträglich
     erschossen oder an den SD abgeschoben wurden".
[75] Vgl. den Erlaß des OKH vom 7.10.1941, der mit Schnellbrief Heydrichs vom 29.10. weitergeleitet wurde. Druck: Streim, Behandlung, S.324ff.
[76] Vgl. auch Verbrechen der Wehrmacht, S.234: „Bereits in den Divisions-Sammelstellen, überwiegend jedoch in den Armee-Gefangenensammelstellen und Durchgangslagern wurden Kommissare selektiert."
     Ferner BA-MA, RH 22/247: Bfh. Rückw. Heeresgebiet Mitte, Abt. Qu., Tätigkeitsbericht September v. 8.10.1941, wo unter dem Stichwort „Kriegsgefangene" festgestellt wird, dass in den
     in ihrem Befehlsbereich gelegenen Kriegsgefangenenlagern „durch V-Leute festgestellte Kommissare oder Politruks [...] bestimmungsgemäß behandelt" würden.

des Generalstabschefs Halder[77]. Das lag schon allein daran, dass die Kommissare seit August 1941 nicht mehr an ihrer Uniform zu erkennen waren[78]. Dieser „Aussonderung untragbarer Elemente", die anfangs die Wehrmacht, seit Oktober 1941 dann SD und Polizei „in eigener Verantwortlichkeit", wenngleich in Absprache mit den Lagerverwaltungen, vornahmen[79], sind bis Mitte 1942 beileibe nicht nur Kommissare zum Opfer gefallen. Allein für die Lager im Reich wird die Zahl dieser Opfergruppe auf „wenigstens 40 000 sowjetische Soldaten" geschätzt[80]. Schon das zeigt, dass es sich hier nicht nur um Politoffiziere handelte. Doch dürfte auch deutlich geworden sein, dass dieses Verbrechen zwei regionale Schwerpunkte besaß – einen im Frontbereich und einen zweiten, größeren, in den rückwärts gelegenen Lagern.

Schon allein diese Relationen lassen vermuten, dass auch in diesem Fall das Verhalten der Truppe vielfältiger gewesen ist, als es auf den ersten Blick scheinen mag[81]. Während sich gerade die rückwärtigen Einrichtungen des Militärapparats bei der Durchführung dieses Verbrechens als „besonders emsig" erwiesen[82], kam es „vorne" auch vor, dass man sich mit dem Problem nicht befassen wollte (oder konnte) und es dann – buchstäblich – nach hinten „abschob" (oder an die SS- und Polizeieinheiten delegierte). Zwar gab es genügend Einheiten, welche die sowjetischen Politoffiziere nicht nach hinten „durchwinkten", weil deren verfahrenslose

---

[77] Halder, Kriegstagebuch, Bd. III, S. 139 (1. 8. 1941). Vgl. auch seinen Eintrag vom 21. 9. 1941 (ebda., S. 243), dass bei der Truppe Kommissare nicht erschossen würden, sowie sein Eintrag vom 2. 10. 1941 (ebda., S. 264): „Aussieben gefährlicher Elemente durch Himmler in der Gefechtszone nicht möglich, nur rückwärts, dann wohl am besten unter Verantwortung OKW." Ferner eine Meldung des AOK 2 an die H. Gr. Mitte vom 9. 9. 1941 (Druck: Jacobsen, Kommissarbefehl, Dok. 20), in der man berichtete, dass man „politische Kommissare jetzt häufiger mit in Gefangenenlager" abschob.
Ferner die Bewertung von Krausnick, Kommissarbefehl und „Gerichtsbarkeitserlaß Barbarossa", S. 736, und Pohl, Schauplatz Ukraine, S. 138.
[78] Vgl. hierzu IfZ-Archiv, MA 1590: Pz. Gr. 2, I c/A. O., „Feindnachrichten Nr. 5" vom 3. 9. 1941; BA-MA, RH 27-4/109: 4. Pz. Div., Abt. I c, Tätigkeitsbericht, Eintrag vom 4. 9. 1941, I c: „Besonders bemerkenswert sind die Befehle Stalins: Kommissare tragen ab sofort dieselbe Uniform wie Offiziere, Ärmelabzeichen fallen fort."
[79] Grundlage hierzu waren die folgenden Einsatzbefehle des Chefs der Sicherheitspolizei und des SD: Nr. 8 vom 17. 7. 1941, Nr. 9 vom 21. 7. 1941 und Nr. 14 vom 29. 10. 1941. Druck: Streim, Behandlung, S. 315 ff. Zur Umsetzung vgl. Streim, Behandlung, S. 69 ff., 98 ff., Gerlach, Morde, S. 837 ff. sowie Pohl (Kooperation, S. 110), der darauf verweist, dass der Zutritt der Sicherheitspolizei schon vorher „längst gängige Praxis war".
Otto (Wehrmacht, S. 263 ff.) hat errechnet, dass allein in der Zeit von Juli 1941 bis Juli 1942 35 920 sowjetische Kriegsgefangene, die für die Deutschen als „untragbar" galten, ermordet wurden.
[80] Vgl. Otto, Wehrmacht, S. 63 ff., 263 ff.; Zahl ders., Sowjetische Kriegsgefangene, S. 133. Die Schätzung Streits (Keine Kameraden, S. 105), die Wehrmacht habe 580 000 bis 600 000 Gefangene an den SD zur Exekution übergeben, ist zu hoch. Der Kritik von Hoffmann (Kriegführung, S. 730 f., Anm. 70 f.) hält Streit in der dritten Auflage seines Buchs für berechtigt.
Streim (Behandlung, S. 244) errechnet eine Opferzahl von „mindestens 120 000 sowjetischer Kriegsgefangener im OKW-Bereich und wenigstens 20 000 im Operationsgebiet" – eine Schätzung, die Gerlach (Morde, S. 839 mit Anm. 353 f.) mit weiteren Dokumenten belegen kann.
[81] In diesem Sinne auch Streim, Behandlung, S. 95.
[82] So Gerlach, Morde, S. 836. Bereits eine Vortragsnotiz des Wehrmachtführungsstabs vom 12. 5. 1941 deutet darauf hin, dass man auch dort dazu tendierte, die Verantwortung möglichst nach hinten zu schieben. „Planmäßige Such- und Säuberungsaktionen" durch die Truppe hätten zu unterbleiben, „Funktionäre, die sich keiner feindlichen Handlung schuldig machen, werden zunächst unbehelligt bleiben"; man könne „der Truppe kaum zumuten", hier zu selektieren. Druck: Jacobsen, Kommissarbefehl, Dok. 7.

Liquidierung für sie überhaupt „kein Problem" darstellte[83]. Doch existierten daneben auch Einheiten, in denen schon der „Kommissarbefehl" selbst Unbehagen
und manchmal sogar Unruhe ausgelöst hatte[84]. Mit zunehmender Dauer des
Krieges, als immer deutlicher wurde, wie kontraproduktiv die deutschen Richtlinien waren, mehrte sich dieses Unbehagen. Seit Spätsommer 1941 wurde „von Befehlshabern, Kommandeuren und aus der Truppe"[85] die Forderung laut, den
„Kommissarbefehl" aufzuheben. Vergleichsweise vorsichtig formuliert war noch
die Meldung des Generalmajors Hermann von Witzleben; als Generalstabschef der
2. Armee wies er im September 1941 darauf hin, dass die „scharfen Befehle über
Behandlung der Kommissare und Politruk" zur Folge hätten, dass sich „der zähe
Widerstand der sowjetischen Truppen" immer mehr versteife[86]. Ungleich deutlicher wurde damals der Kommandierende General des XXXIX. Armeekorps,
General Rudolf Schmidt, der ganz offen die Forderung stellte, dass „der Schießer-
laß für politische Kommissare fallen" müsse: „Solange die Kommissare sich gemeinsam gegen den sicheren Tod wehren müssen, werden sie wie Pech und Schwefel zusammenhalten."[87] Auch der Vertreter des Auswärtigen Amts beim AOK 2
hielt „die Nichtgefangennahme von Kommissaren" für keine gute Idee[88]. Jene bekannte Eintragung ins Kriegstagebuch der Heeresgruppe Mitte, die schließlich der
Oberstleutnant i. G. Rudolf-Christoph Freiherr von Gersdorff, damals deren I c/
A.O., im Dezember 1941 zu Papier brachte, ließ schließlich an Deutlichkeit nichts

[83] Aus einem Tätigkeitsbericht der Panzergruppe 3, Abt. I c, vom 19.8.1941, Druck: Ueberschär/
Wette (Hrsg.), „Unternehmen Barbarossa", Dok. 19. Gleichlautend für die Panzergruppe 2,
o. D., zit. bei: Rohde, Politische Indoktrination, S. 131. Vgl. ferner Verbrechen der Wehrmacht,
S. 235; Förster, Geistige Kriegführung, S. 524 f. sowie das Urteil von Overmans, Kriegsgefangenenpolitik, S. 813.
[84] Hassell, Tagebücher, S. 260 (Eintrag vom 13.7.1941); Gersdorff, Soldat im Untergang, S. 86 ff.;
mit Einschränkungen auch bei Hürter, Heerführer, S. 393 ff. Über eine „große Ablehnung" berichtete auch der Gen. Wilhelm Ritter von Thoma am 5. 12. 1942 in einer heimlich vom CSDIC
aufgezeichneten Besprechung. Neitzel, Abgehört, S. 225–227.
Ferner Engel, Tagebuch, S. 102 (Eintrag vom 10.5.1941): „Ich war in Polen. Lange sprachen
Salmuth und Tresckow mit mir über den Kommissar-Befehl. Sie sehen ihn als ein Unglück an
und befürchten schwere Rückwirkungen auf die Truppe. Wir waren uns in dieser Auffassung
völlig einig. [...] Tresckow machte die typische Bemerkung: ‚Wenn Völkerrecht gebrochen
wird, sollen es die Russen selber tun und nicht wir!'"
Dagegen Streit, Kameraden, S. 317 mit Anm. 126; Gerlach, Morde, S. 1118 mit Anm. 74.
[85] So der General z. b. V. beim ObdH, General Müller, in einer zusammenfassenden Meldung an
das OKW vom 23.9.1941, in: Jacobsen, Kommissarbefehl, Dok. 20. Vgl. hierzu auch Streim,
Behandlung, S. 57 f.
[86] So eine Meldung des AOK 2, Abt. I c/A.O. an H.Gr. Mitte vom 9.9.1941, Druck: Jacobsen,
Kommissarbefehl, Dok. 20.
Nach dem Krieg berichtete Witzleben, er habe darauf von Generaloberst Busch ein Schreiben
bekommen, er „möchte endlich mit dem dummen Geschreibsel aufhören, es flöge doch nur in
den Papierkorb". Zit. bei: Uhlig, Verbrecherischer Befehl, S. 321.
[87] XXXIX. A. K., Kdr. Gen., Meldung an das AOK 16 vom 17.9.1941, Druck: Jacobsen, Kommissarbefehl, Dok. 21.
[88] PA-AA, R 60704: AA, Inf. Abt., Länderreferat Rußland, Vermerk 1.9.1941, „Auszug aus einem
Bericht von LR. Graf Bossi-Fedrigotti, VAA beim AOK 2, vom 26.8.": „Eine sehr ernst zu
nehmende Meldung ist die Nachricht, daß die Russen seit neuestem als Gegenrepressalie gegen
die Nichtgefangennahme von Kommissaren unsere Offiziere in Gefangenschaft erschießen
wollen. Bestätigt ist diese Nachricht noch nicht, aber es wird sich die Frage aufwerfen, falls sich
die Meldung bestätigt, ob ein toter Kommissar dem Sterbenmüssen eines gefangenen deutschen
Offiziers gleichzusetzen ist." Ferner PA-AA, R 60704: AOK 2, Abt. I c/VAA, „Bericht Nr. 15"
vom 5.9.1941.

mehr zu wünschen übrig: „die Erschießungen der Juden, der Gefangenen und auch der Kommissare" würden „fast allgemein im Offizierskorps abgelehnt"[89]. Ob dem humanitäre Überlegungen zugrunde lagen oder pragmatische, ist schwer zu entscheiden. In einer Diktatur wie der nationalsozialistischen verraten dienstliche Äußerungen – und um die handelte es sich in diesem Fall – nur wenig von den wahren Intentionen ihrer Autoren. Wenn ein deutscher General, der sich Monate später auf dem Balkan über die rüden Methoden der deutschen Kriegführung beschwerte, seinem Tagebuch anvertraute, dass „die Sache so stilisiert sein" müsse, „daß irgendwelche ethischen Momente nicht zum Vorschein" kämen, dann gilt dies wohl nicht nur für diese Situation und für diesen Kriegsschauplatz[90]. Entscheidend war jedenfalls, dass die Kritik, die vor allem an der Front laut wurde, nicht ohne Wirkung blieb. Das war keinesfalls selbstverständlich. Aus der Geschichte des „Dritten Reichs" sind relativ wenige Fälle überliefert – verwiesen sei etwa auf die Euthanasie[91] oder die legendäre „Rosenstraße"[92] – , wo Einspruch an der Basis die verantwortlichen politischen Entscheidungsträger zum Einlenken brachte, zumindest partiell und zeitweise[93].

In diesem Fall hatten die Militärs einmal tatsächlich Erfolg. Am 6. Mai 1942 setzte Hitler den „Kommissarbefehl" aus – „zunächst versuchsweise"[94], wie er selbst einschränkte, ohne ihn aber nochmals einzuführen. Zumindest „bei der Truppe"[95] begrüßte man das. Etwas anderes hätte auch nicht in ihrem Interesse gelegen. Die Fronteinheiten, deren Kommandeure sich zum Teil so dezidiert gegen diesen „Schießerlass"[96] gewandt hatten, waren froh, ein wirkungsvolles Propagandamittel zu besitzen[97]. Im Juni 1942 schärfte die 2. Panzerarmee noch einmal ihren Verbänden ein, „daß Politruks, Kommissare usw., die in deutsche Hand fallen, nicht zu erschießen sind, sondern wie andere Gefangene und Überläufer [!] zu behandeln" seien[98]. Dagegen sind in den Kriegsgefangenenlagern, zum Teil auch in denen des Operationsgebietes, noch einzelne Selektionen belegt, die meist von SD und Sicherheitspolizei vorgenommen wurden – unterstützt oder geduldet von den dort amtierenden militärischen Dienststellen[99].

---

[89] IfZ-Archiv, FD 600/1: H.Gr. Mitte, Abt. I a, Kriegstagebuch, Eintrag vom 9.12.1941.
[90] Broucek (Hrsg.), General im Zwielicht, Bd. 3, S. 292f. Dort weiter: „Denn dann würde man dergleichen Beschwerden auf jeden Fall mit dem schwersten Vorwurf, der einem im Dritten Reich treffen kann, dem von zu geringer ‚Härte' oder gar von ‚Weichheit', in den Papierkorb werfen." Anders dagegen Gerlach (Morde, S. 837), der ohne jede Berücksichtigung des Kontexts unterstellt, dass „moralische Skrupel […] keine ersichtliche Rolle" spielten.
[91] Vgl. hierzu Klee, Euthanasie im NS-Staat, insbes. S. 206ff.; Süß, Der „Volkskörper" im Krieg, S. 127ff., 311ff.; Kuropka (Hrsg.), Clemens August Graf von Galen, S. 187ff.
[92] Zur Kontroverse um die „Rosenstraße" vgl. Jochheim, Protest in der Rosenstraße; Stoltzfus, Widerstand des Herzens; Wydra, Rosenstraße; Gruner, Widerstand in der Rosenstraße; Leugers (Hrsg.), Berlin, Rosenstraße 2–4.
[93] Die wenigen Beispiele bei Pohl, Herrschaft, S. 88.
[94] KTB OKW, Bd. II, S. 341. Generell hierzu Streim, Behandlung, S. 140ff.
[95] So Streit, Kameraden, S. 254.
[96] So das XXXIX. A. K., Kdr. Gen., Meldung an das AOK 16 vom 17.9.1941, Druck: Jacobsen, Kommissarbefehl, Dok. 21.
[97] Vgl. hierzu Buchbender, Erz, S. 160ff.
[98] BA-MA, RH 21-2/883: Pz. AOK 2, Abt. I a, Kriegstagebuch, Eintrag vom 25.6.1942.
[99] Vgl. Streit, Kameraden, S. 253f.; Streim, Behandlung, S. 142ff.; Gerlach, Morde, S. 837. Ferner Hürter, Nachrichten aus dem „zweiten Krimkrieg" (1941/42), S. 383; Pohl, Herrschaft, S. 239; Shepherd, War, S. 72.

Diese Übersicht über den Vollzug des „Kommissarbefehls", nicht mehr als eine grobe Skizze, muss zwangsläufig viele Fragen offen lassen. Eine detailliertere Analyse ist jedoch am Beispiel jener fünf Divisionen möglich, die im Zentrum dieser Untersuchung stehen. Auch hier sind die Quellen nicht vollständig, doch lassen sich doch Strukturen und Größenordnungen erkennen.

5.1.5 Ein Ausschnitt: Fünf Divisionen und der „Kommissarbefehl"

– Dass es mit den Überlebenschancen eines politischen Kommissars schlecht bestellt war, wenn er in den ersten Monaten des Krieges Einheiten der *4. Panzerdivision* in die Hände fiel, beweist nicht nur das Tagebuch Farnbachers. Dafür sprechen auch die Akten dieser Division. Am 9. Juli 1941 meldete die Abteilung I c, dass „bisher 3 Kommissare [...] sämtlich im Kampf erschossen" wurden[100] (was immer darunter zu verstehen war)[101], weitere Tötungen sind dokumentiert für den 11.[102] und den 16. Juli[103] (jeweils ein Opfer) sowie für die Zeit vom 5. bis 12. September[104] (sieben Opfer). Was sonst geschah, ist unbekannt[105]. Sicher nachweisen lässt sich freilich, dass man in diesem Verband viel Sorgfalt und Mühe darauf verwandte, die sowjetischen Politoffiziere[106], aber auch „G.P.U.-Beamte", zu identifizieren[107], schon weil sie als die Seele des feindlichen Widerstands galten[108]. Die Abteilung I c der mainfränkischen Panzerdivision informierte denn auch präzise über die Uniformierung der Kommissare[109], übersetzte

---

[100] BA-MA, RH 24-24/325: 4. Pz. Div., Abt. I c, Meldung an das XXIV. Pz. Korps vom 9.7.1941.
[101] Sehr wahrscheinlich wurde damit dezidiert Bezug genommen auf jene Passage im Kommissarbefehl vom 6.6.1941, derzufolge Kommissare, „wenn im Kampf oder Widerstand ergriffen [...] mit der Waffe zu erledigen" seien. Druck: Jacobsen, Kommissarbefehl, Dok. 12.
[102] BA-MA, RH 24-24/331: 4. Pz. Div., Abt. I c, hs. Aktennotiz vom 11.7.1941. Hier wird von einer *Gesamt*zahl von bislang vier Kommissaren gesprochen.
[103] BA-MA, RH 27-4/114: Pz. Aufkl. Abt. 7, Meldung an 4. Pz. Div. vom 16.7.1941.
[104] BA-MA, RH 27-4/116: 4. Pz. Div., Abt. I c, Meldung an das XXIV. Pz. K. vom 12.9.1941: „5.9.–12.9.41: 7 Kommissare erschossen." Belegt ist ferner für den 26.9.1941 die Vernehmung des Brigadekommissars Kamenew. BA-MA, RH 27-4/109: 4. Pz. Div., Abt. I c, Tätigkeitsbericht, Eintrag vom 26.9.1941.
[105] Vgl. freilich die beiden folgenden, eher allgemein gehaltenen Meldungen: BA-MA, RH 27-4/109: 4. Pz. Div., Abt. I c, Tätigkeitsbericht, Eintrag vom 24.11.1941: „In Schischlowa und Nowinki bewaffnete Partisanengruppen unter Führung von Kommissaren vernichtet."; Eintrag vom 12.1.1942: „Feindverluste: 1 Kommissar und 20 Partisanen."
[106] Vgl. hierzu auch BA-MA, N 460/14: NL Gerlach von Gaudecker, Tätigkeitsbericht Pz. Gren. Rgt. 33 vom Juni 1941–März 1944.
[107] Vgl. IfZ-Archiv, MA 1590: 4. Pz. Div., Abt. I c, Meldung an das XXIV. Pz. Korps vom 16.6.1941: „In der Anlage überreicht die Division Papiere, die zur Ermittlung von G.P.U.-Beamten dienen können, mit der Bitte um Kenntnisnahme u. Weiterleitung an G.F.P."
[108] Vgl. BA-MA, RH 39/377: „Meine Kriegserlebnisse 1941/42 in Rußland als ehem. Hauptfeldwebel der 3./Pz. Rgt. 35". Ferner BA-MA, RH 27-4/109: 4. Pz. Div., Abt. I c, Tätigkeitsbericht, Eintrag vom 5.7.1941, wo es heißt, dass die sowjetischen Soldaten „durch russ. Feuer in den Stellungen gehalten werden" müssten.
[109] Vgl. BA-MA, RH 27-4/109: 4. Pz. Div., Abt. I c, Tätigkeitsbericht, Eintrag vom 4.9.1941: „Besonders bemerkenswert sind die Befehle Stalins: Kommissare tragen ab sofort dieselbe Uniform wie Offiziere, Ärmelabzeichen fallen fort. Da Kommandeure wiederholt Zeichen von Feigheit gezeigt haben, wird jeder Rotarmist ermächtigt, einen Kommandeur, der sich ergeben oder zurückgehen will, zu erschießen."
Ferner BA-MA, RH 27-4/109: 4. Pz. Div., Abt. I c, Tätigkeitsbericht, Eintrag vom 22.7.1941: „Der Russe kommt viel übergelaufen, hat aber nach wie vor große Angst vor den Kommissaren."

und verteilte deren erbeutete Tagebücher[110] und setzte gezielt Informanten auf die Gefangenen an wie beispielsweise den ukrainischen Medizinstudenten Wassil W., der „bei der Gefangenen-Auffangstelle der Division [...] als Spitzel zum Herausfinden politischer Leiter der Roten Armee und anderer verdächtiger Personen verwendet" wurde und sich nach Einschätzung seiner deutschen Auftraggeber „hierbei in sehr geschickter Weise als außerordentlich wertvoll" erwies[111].

Wie diese Verhöre ablaufen konnten, ist einer zeitgenössischen Schrift dieser Division zu entnehmen, die das mit einer geradezu brutalen Offenheit schildert: „Vor dem Zelt steht ein einfacher Sowjetsoldat, irgend etwas aber stimmt da nicht, sein Äußeres ist zu gepflegt, zu intelligent sind die Antworten. Aber ‚natürlich' ist auch er nur einfacher Soldat, hat schon längst das bolschewistische System satt, hat wegen Arbeitsverspätung eine harte Gefängnisstrafe hinter sich, ist freiwillig herübergekommen. Seine Papiere hat er verloren. Der Verdacht besteht, daß dieser Gefangene Kommissar ist. Wie ist ihm aber das zu beweisen?! Es gelingt diesmal auf eine einfache Art. Man untersucht ihn, findet zunächst nichts. Nur an die Uhrtasche hat der Gefangene nicht gedacht, auch die Dolmetscher haben diese Kleinigkeit übersehen, der Offizier aber war wachsam. Aus dieser Tasche holt man ihm eine kleine Rolle im Etui, seine Personalien. Hat er sie nun vergessen, diese kleine verhängnisvolle Rolle, oder hat er uns für dumm gehalten, daß wir ihm alles aufs Wort glauben würden!? ‚Politruk', also Kommissar, steht auf dem kleinen Ausweis. Auf einmal aber hat er die Uniform gefunden, natürlich seine eigene war so zerrissen, daß er die Uniform eines Gefallenen angezogen hat. Er lügt weiter. Und dumm! In der Eile, als man ihn nach seinem Namen fragt, sagt er die Wahrheit, sagt er seinen richtigen Namen, und dieser Name steht auf dem Papier. Überführt! Immerhin hat es fünfzehn Minuten gedauert. Welch eine Geduld gehört dazu und welche Nerven, denn diese Geschichte ist ja nicht einmalig, sie haben ja alle ihre Geschichten, ihre Märchen."[112]

„Märchen" erzählten freilich auch die Autoren dieser Schrift; was den „enttarnten" Kommissaren blühte, sparten sie aus. Auch so lässt sich lügen. Das muss im Umkehrschluss nicht heißen, dass alle Kommissare, die dieser Division in die Hände fielen, sofort erschossen wurden; verwiesen sei auf Farnbachers Bemerkungen[113] oder darauf, dass das übergeordnete XXIV. Panzerkorps nochmals daran erinnern musste[114], dass Kommissare unter die „Sonderbestimmung" fallen würden. Auch galt der Befehl, alle höherrangigen Kommissare an die Panzergruppe abzuschieben[115], was man mitunter auch auf die „kleinen" Fälle ausdehnte. Bekannt wurde etwa der Fall des Politruks Alexei W., der Anfang

110 Vgl. BA-MA, RH 27-4/109: 4. Pz. Div., Abt. I c, Tätigkeitsbericht, Eintrag vom 10.8.1941. Ferner BA-MA, RH 39/377: „Tagebuch des Majors des NKWD, Leiter der Besonderen Abteilung des NKWD bei der 50. Armee, gefallen nördl. Karatschew".
111 BA-MA, RH 27-4/112: 4. Pz. Div., Abt. I c, Meldung an das XXIV. Pz. K. vom 8.10.1941.
112 O. Verf., Sturm im Osten, S. 90 f.
Bei dieser Panzerdivision, deren Identität in diesem Buch nicht genannt wird, handelt es sich eindeutig (wie die Ortsangaben oder die Fotos belegen) um die 4. Pz. Div.
113 BA-MA, MSg 1/3269: Fritz Farnbacher, Tagebuch, Eintrag vom 3.8.1941. Ferner Eintrag vom 8.8.1941.
114 IfZ-Archiv, MA 1578: XXIV. Pz. Korps, Abt. Qu./I a, Befehl betr. „Gefangenenwesen und Sicherung der Rollbahn" vom 5.7.1941.
115 BA-MA, RH 27-4/109: 4. Pz. Div., Abt. I c, Tätigkeitsbericht, Eintrag vom 5.7.1941.

September 1941 an die Panzergruppe 2 weitergeleitet wurde, verbunden mit der
Bemerkung, W. mache „einen sehr aufgeweckten Eindruck" und könne „möglicherweise zu Propagandazwecken" verwendet werden[116].
Doch blieben das Ausnahmen. Es ist ganz offensichtlich, dass die Führung dieser Division den „Kommissarbefehl" akzeptierte und umsetzte. Dass in den
Quellen nicht von mehr Opfern die Rede ist, ist wahrscheinlich allein auf die
Funktion dieser motorisierten Division zurückzuführen. Als Avantgarde war
sie so sehr durch die militärischen Ereignisse okkupiert, dass sie verhältnismäßig
wenig Zeit für das „Screening" der Gefangenen aufwenden konnte[117].

– Im Gegensatz zur 4. Panzerdivision sind die Befunde für die *45. Infanteriedivision* spärlicher. Allerdings dienten die Kommissare auch hier als das klassische
Feindbild: Deren Zahl sei groß[118], nur sie würden die Truppe zusammenhalten[119] und „rücksichtslos" nach vorne treiben[120], wobei sie sich aller „hinter-
listigen Mittel der Bürgerkriegstaktik" bedienten[121], notfalls auch als Anführer
irregulärer Einheiten[122]. Von gefangen genommenen Kommissaren ist in den
Akten dieser Division hingegen kaum die Rede[123]; einzelne Belege über
Gefangennahmen und auch Erschießungen finden sich erst seit Dezember

---

[116] BA-MA, RH 27-4/116: 4. Pz. Div., Abt. I c, Meldung an den „Leiter der Korpsgefangenenstel-
le XXIV. Pz. K." vom 2. 9. 1941.
Allerdings ist auch belegt, dass man bei der 2. Panzerarmee noch im April 1942 den Kommissarbefehl exekutierte. So Gruppe Geheime Feldpolizei 639 am 25. 4. 1942, dass „bei der Überprüfung von Insassen der Gefangenen-Sammelstelle 20 in Orel [...] ein Politruk ermittelt"
wurde. „Er wurde erschossen." BA-MA, RH 21-2/639: Gruppe Geheime Feldpolizei 639
beim Pz. AOK 2, „Tätigkeitsbericht für Monat April 1942" vom 25. 4. 1942.
[117] Das veranschaulicht etwa eine Meldung der I. Abteilung des Schützen-Regiments 33, das damals 4213 Gefangene registrierte, „darunter 1 R[e]g[imen]t[s]-K[omman]d[eu]r und einige
Kommissare". BA-MA, RH 27-4/12: I./S.R. 33, Meldung an S.R. 33 vom 7. 8. 1941.
[118] IfZ-Archiv, MA 1618: 45. Inf. Div., Abt. I a, Kriegstagebuch, Eintrag vom 26. 9. 1941, ferner
vom 16. 10. 1941.
[119] Ebda., Eintrag vom 4. 7. 1941.
Ferner Ludwig Hauswedell, Kriegstagebuch 1941/42 (4. 5. 41–21. 4. 1942), Kopie im Besitz d.
Verf., Eintrag vom 16. 6. 1941: „Der Russe, besonders der Bolschewist, der rote Kommissar
weiß, um was es geht."
Schon im Polenfeldzug hatte die Divisionsführung bei ihrem Zusammentreffen mit der Roten
Armee betont, dass es sich bei vielen Kommissaren und auch Offizieren um Juden handele.
Vgl. IfZ-Archiv, MA 1615: 45. Inf. Div., Abt. I c, Bericht betr. „Maßnahmen, Verhalten der
Russen" vom 26. 10. 1939.
[120] IfZ-Archiv, MA 1618: 45. Inf. Div., Abt. I a, Kriegstagebuch, Eintrag vom 24. 9. 1941: „Die in
den Wald zur Säuberung hineingestoßenen Teile haben starken Feind vor sich, der nach Ge-
fangenenaussage immer wieder von Kommissaren und Offizieren angetrieben wird." Ferner:
IfZ-Archiv, MA 1619: 45. Inf. Div., Abt. I a, Gefechtsbericht vom 1. 10. 1941, wo von den
„rücksichtslos von Kommissaren und Offizieren vorangetriebenen Massen" berichtet wird.
IfZ-Archiv, MA 1622: 45. Inf. Div., Abt. I c, Tätigkeitsbericht für die Zeit vom 12. 3.–31. 3. 1942.
Dort wird berichtet, „daß unter den roten Truppen Kampfmüdigkeit herrscht, hervorgerufen
durch den brutalen Zwang der Kommissare [...]."
[121] IfZ-Archiv, MA 1618: 45. Inf. Div., Abt. I a, Kriegstagebuch, Eintrag vom 26. 9. 1941.
[122] IfZ-Archiv, MA 1619: 45. Inf. Div., Abt. I a, Tagesmeldung an das XXXIV. A.K., wo von mehreren Kommissaren berichtet wird, welche „die Bevölkerung unter Druck halten". IfZ-Archiv,
MA 1618: 45. Inf. Div., Abt. I a, Kriegstagebuch, Eintrag vom 20. 7. 1941: „Soldaten sowie polit. Kommissare der Sowjetunion, die sich vor der drohenden Haltung der Bevölkerung in den
Wäldern versteckt haben. Die Säuberung in Gegend Stolin [sic] wird durch eine vornehmlich
aus gedienten ehem. polnischen Soldaten zusammengesetzte Bürgerwehr vorgenommen."
[123] Besonders bekannt wurde der Fall des Jefim Moisejewitsch Fomin, eines jüdischen Politoffi-
ziers, der bei der Verteidigung der Festung Brest-Litowsk eine zentrale Rolle spielte. Fomin
geriet schwer verwundet in deutsche Kriegsgefangenschaft, wurde dort als kommunistischer

1941[124]. Allerdings war schon vorher allgemein bekannt, dass es sich bei Gefangenen dieser Art um „Todeskandidaten" handelte[125]. Dennoch sind Exekutionen nur in der Zeit von Januar bis März 1942 verzeichnet. Wollte man vorher die Morde geheim halten[126]? Warum aber ist dann später von Kommissaren dennoch die Rede? Verweigerte man sich dem Mordbefehl, zumindest am Anfang[127]? Oder suchte man ihn zu delegieren[128]? Bei einem „Planspiel beim AOK 4" vom Mai 1941, über das sich ein Protokoll in den Akten der 45. ID erhalten hat[129], wurde die Parole ausgegeben: „Offiziere, politische Kommissare und ältere Uffz. abschieben". Genau das aber verbot der „Kommissarbefehl"[130], so dass etwa die 2. deutsche Armee, der die 45. ID unterstellt war, schon im ersten Monat des Ostkriegs 177 erschossene Kommissare meldete[131].

– Bei der *296. Infanteriedivision* wurde schon vor Kriegsbeginn die Parole ausgegeben, dass „der Kampf [...] der Sowjet-Organisation" gelte: „Orts-Sowjet er-

Kommissar und Jude denunziert und daraufhin von den deutschen Besatzern exekutiert. Vgl. Ben-Arie, Brest-Litovsk, S. 93 f.; Gilbert, Nie wieder!, S. 64.
Für diesen Mord trägt vermutlich nicht die 45. ID die Verantwortung, da sie mit der Masse ihrer Truppen bis zum 29. 6. 1941 abmarschiert war, aber noch an eben diesem Tag gemeldet hatte: „Der Kommandant wird nicht gefunden." IfZ-Archiv, MA 1618: 45. Inf. Div., Abt. I a, Kriegstagebuch, Einträge vom 29. 6. 1941.

[124] *Dezember 1941:* IfZ-Archiv, MA 1621: 45. Inf. Div., Abt. I a, Kriegstagebuch, Eintrag vom 16. 12. 1941, wo es u. a. heißt: „[...] ihre Besatzungen, darunter 1 Kommissar gefangengenommen."
Januar 1942: IfZ-Archiv, MA 1622: 45. Inf. Div., Abt. I c, Tätigkeitsbericht für die Zeit vom 1. 1.–31. 1. 1942, wo es heißt, dass „bei gefährlichen aktiven Kommunisten die Erledigung in ihrem Heimatort angeordnet" wurde.
Februar/März 1942: IfZ-Archiv, MA 1622: 45. Inf. Div., Abt. I c, Tätigkeitsbericht für die Zeit vom 1. 2.–12. 3. 1942: „Eine Anzahl von Personen, die nachweislich zurückgebliebene Parteifunktionäre oder Mitglieder sogenannter ‚Vernichtungs-Bataillone' waren, wurden unschädlich gemacht [...]."
April 1942: IfZ-Archiv, MA 1622: II./Inf. Rgt. 130, Meldung an Inf. Rgt. 130 vom 26. 4. 1942, wo die Gefangennahme von einem Politruk gemeldet wurde.
Mai 1942: BA-MA, RH 24-55/75: LV. A. K., Abt. I c, Morgenmeldung vom 23. 5. 1942: „Kommissare: Bei 45. I.D. 1, sonst Fehlanzeige."
Juni 1942: BA-MA, RH 24-55/75: LV. A. K., Abt. I c, Morgenmeldung vom 8. 6. 1942: „In der Zeit vom 22. 5.–7. 6. 2 Kommissare (bei 45. I.D.)."

[125] IfZ-Archiv, MA 1619: I./Inf. Rgt. 130, Kdr., Bericht „Besonderheiten der Kampfhandlungen in der Zeit vom 22. bis 28. 9. 1941" vom 2. 10. 1941, wo es u. a. heißt: „Geführt wurden diese Haufen zum Teil von Offizieren, vor allem jedoch von fanatischen Kommissaren, die wußten, daß für sie Gefangennahme der sichere Tod bedeutete."

[126] Vgl. dagegen die Erkenntnis Hürters (Heerführer, S. 398), dass „die meisten Erschießungen innerhalb des Gefechtsgebietes [...] in den ersten beiden Monaten des Feldzugs gemeldet" worden seien.

[127] So die Erinnerung eines ehemaligen Offiziers der 45. ID. Interview d. Verf. mit Ludwig Hauswedell am 8. 5. 2001.

[128] Am 9. 9. 1941 meldete die 2. Armee, der Wegfall der sowjetischen Kommissars-Uniformen habe dazu geführt, „daß die Truppe unter den Gefangenen nicht mehr besonders nach Kommissaren forschen wird". Zit. bei: Hürter, Heerführer, S. 400.

[129] IfZ-Archiv, MA 1618: XII. A. K., Abt. I a, Kriegstagebuch, Anlage: „Planspiel beim AOK 4 vom 22.–24. 5. 1941". Am 1. 7. 1941 befahl freilich das AOK 4: „Notwendige Vollstreckungen sind grundsätzlich deshalb auch so durchzuführen, daß Zivilisten oder andere Gefangene davon nichts merken." IfZ-Archiv, MA 1618: AOK 4, Abt. I a, „Armeebefehl Barbarossa Nr. 4" vom 1. 7. 1941.

[130] Der Kommissarbefehl betonte gleich zweimal, dass Kommissare „sofort" zu töten seien. Druck: Jacobsen, Kommissarbefehl, Dok. 13.

[131] Die 45. ID war zunächst der 4. deutschen Armee, ab dem 4. 7. 1941 der 2. Armee unterstellt. Die Meldung, die sich auf den Zeitraum vom 22. 6. bis 24. 7. 1941 bezieht, bei Förster, Sicherung, S. 1064. Vgl. hierzu auch Ogorreck, Einsatzgruppen, S. 118, Anm. 34.

schießen, wenn Widerstand geleistet wird, aber den richtigen Sowjet!"[132] In der Vorstellung der Divisionsführung sollten solche Exekutionen als Ersatz für Kollektivmaßnahmen gegen die Zivilbevölkerung dienen[133]. Allerdings finden sich in den I-c-Akten dieser Division, in denen überhaupt nur selten von Kommissaren oder Funktionären die Rede ist[134], keine einzige „Vollzugsmeldung" über eine Hinrichtung[135]. Vielmehr existiert eine prosaische Meldung vom September 1941, in der zum Thema „Kommissare" nur ein einziges Wort steht: „Fehlanzeige"[136]. Auch bei den zivilen Funktionären hatte man – wie ein Regimentskommandeur im Juli 1941 lakonisch feststellte – „noch keinen erwischt"[137]. Und noch ein Punkt fällt auf: Die 296. ID war ein Verband, in dem man sich dezidiert von jenem propagandistischen Stereotyp distanzierte, bei den Kommissaren handele es sich stets um Juden. Stattdessen stellte die Abteilung I c klar: „Politische Kommissare sind keine Juden. Die Juden haben sich nach hinten verzogen."[138] Auch dies spricht dafür, dass man sich in dieser Formation bei der Umsetzung des „Kommissarbefehls" eher zögerlich verhielt[139]. Allerdings existiert auch ein Beleg, der in die andere Richtung deutet, und zwar im Tagebuch des Oberleutnants Reinert. Unter dem Datum 22. Juni 1941 ist dort zu lesen: „Der erste Schub Heckenschützen wird vorbeigebracht, aus dem gleich 3 Kommissare herausgefischt werden."[140] Die Selbstverständlichkeit, mit der Reinert über diesen Zwischenfall am Rande des Schlachtfelds berichtet, lässt vermuten, dass dies kein Einzelfall blieb.

– Sehr viel eindeutiger ist dagegen das Bild bei den beiden Besatzungsverbänden unseres Samples. Bei der *221. Sicherungsdivision* steht nicht nur fest, *dass* sie den

---

132 BayHStA, Abt. IV, NL Thoma 3: Tagebuch, Eintrag vom 17.6.1941.

133 Vgl. IfZ-Archiv, MA 1633: 296. Inf. Div., Abt. I a, Befehl vom 21.6.1941, Anlage 6: „Richtlinien für die Behandlung feindlicher Zivilpersonen". Vgl. ferner Kap. 5.5.

134 In den I-c-Akten der 296. I.D. werden erst 1942 von gefangenen Kommissaren bzw. über entsprechende Verhöre berichtet. Vgl. IfZ-Archiv, MA 1637 und 1639.

135 Vgl. etwa IfZ-Archiv, MA 1639: 296. Inf. Div., Abt. I c, „Tätigkeitsbericht für die Zeit vom 1.4.–31.12.1942" vom 1.1.1943, dass von den 1479 Gefangenen, die in diesem Zeitraum eingebracht wurden, 5 Politruks gewesen seien, ohne dass etwas über das Schicksal dieser Männer ausgesagt wird.

136 BA-MA, RH 24-17/168: 296. Inf. Div., Abt. I c, Tagesmeldung an das XVII. AK vom 5.9.1941.

137 BayHStA, Abt. IV, NL Thoma 3: Tagebuch, Brief vom 17.7.1941: „Diese Zimmer sind übrigens im Hause des ehemaligen Sowjetgewaltigen von hier. Natürlich ist er nicht mehr da. Von diesen Bonzen haben wir noch keinen erwischt. Sie sind alle mit der zurückgehenden sowjet[isch]-russ[ischen] Armee verduftet." Vgl. auch Thomas Brief vom 20.7.1941: „Der Kommissar ist natürlich geflüchtet." Dagegen berichtet Reinert über die Kolchosen dass hier die „Kommissare [...] generell beseitigt" seien. Aus dem Kontext aber ergibt sich, dass hierfür nicht die 296. ID die Verantwortung trägt. BA-MA, MSg 2/5316: NL Hans P. Reinert, Tagebuch, Eintrag vom 17.7.1941.

138 IfZ-Archiv, MA 1637: 296. Inf. Div., Abt. I c, Tätigkeitsbericht für die Zeit vom 1.1.–31.3.1942, Anlage: Vernehmung vom 18.1.1942.

139 Für die Nachkriegsprozesse wurde von Angehörigen der 296. ID eine eidesstattliche Erklärung abgegeben, derzufolge diese Division den Kommissarbefehl nicht befolgt habe. Von den fünf Formationen unseres Samples ist dies die einzige, von der eine derartige Erklärung vorliegt. Vgl. Streim, Behandlung, S. 52 mit Anm. 104.

140 BA-MA, MSg 2/5316: NL Hans P. Reinert, Tagebuch, Eintrag vom 22.6.1941. Vgl. auch BayHStA, Abt. IV, NL Thoma 3: Tagebuch, Brief vom 1.8.1941: „Diese Kommissare haben eben nichts zu verlieren."
Auch das XII. A.K., das der 296. ID übergeordnet war, meldete am 22.6.1941: „An Gefangenen werden 9 Offiziere und 1680 Mann sowie 9 Kommissare eingebracht." BA-MA, RH 24-12/20: XII. A. K., Abt. I a, Kriegstagebuch, Eintrag vom 22.6.1941.

„Kommissarbefehl" befolgte. Viel wichtiger sind die Belege, die klar beweisen, dass die Morde hier einen Umfang erreichten, wie er bei der kämpfenden Truppe unbekannt war[141]:

- 22. Juni bis 3. Juli 1941: „7 militär-pol[itische] Kommissare" erschossen[142]
- 4. bis 11. Juli: „16 zivil-polit[ische] Kommissare an Schutzpoliz[ei] abgegeben"
- 12. bis 16. Juli: „7 zivil-polit[ische] Kommissare" erschossen
- 18. Juli: ein Kommissar erschossen
- 20. Juli: „22 Zivil-Kommissare, darunter 1 Frau festgenommen"
- 23. Juli: „14 politische Funktionäre festgenommen und der Geheimen Feldpolizei übergeben"
- 24. Juli: 6 Kommunisten festgenommen
- 25. Juli: „Ein Zivil-Kommissar wurde dem SD-Dienst übergeben"
- 28. Juli: „der festgenommene Kommissar wurde allein unmittelbar dem SD zugeführt, da seine sofortige Vernehmung besonders wichtig erschien"
- 29. Juli: „25 polit[ische] Kommissare (darunter zwei weibliche) wurden dem SD übergeben, zwei Kommissare wegen Wiederstandes [sic] erschossen"
- 7. September: ein Kommissar erschossen
- 21. und 22. September: je ein Kommissar erschossen
- 7. Oktober: „3 Politruks erschossen"
- 8. Oktober „Führer der Partisanengruppe (Kommissar)" erschossen
- 14. Oktober: „1 Politruk erschossen"
- 15. Oktober: ein Kommissar festgenommen und „der GFP zugeführt"
- 17. Oktober: zwei Kommissare erschossen, „nach kurzem Feuergefecht"
- 22. Oktober: ein Kommissar erschossen
- 7. November: „ein weiblicher Kommissar festgenommen und erschossen"
- 16. und 30. November: je drei Kommissare erschossen
- 15. Dezember 1941 bis 12. März 1942: „Über 50 Zivil-Kommissare und bolschewistische Führer konnten an Hand der aufgefundenen Listen der Mitglieder des ,Vernichtungs-Bat[ai]l[lon]' durch V-Leute und Angaben der sich gerecht behandelt fühlenden [sic] Bevölkerung erledigt werden."[143]

---

[141] Soweit nicht extra erwähnt, stammen die folgenden Angaben aus folgender Quelle: IfZ-Archiv, MA 1665: 221. Sich. Div., Abt. I a, Meldung an Bfh. Rückw. Heeresgeb. Mitte. Erwähnt sind in dieser Zusammenstellung alle militärischen und zivilen Kommissare, teilweise auch die verhafteten bzw. erschossenen „Kommunisten", soweit diese Bezeichnung als Synonym für politische Funktionäre verwandt wurde.
Hierbei handelt es sich um eine Sammlung von Tagesmeldungen, welche die 221. Sich. Div. täglich an den Befehlshaber des Rückwärtigen Heeresgebiets Mitte sandte; das jeweilige Datum wird im Haupttext genannt.

[142] IfZ-Archiv, MA 1661: 221. Sich. Div., Abt. I c, Meldung „Kriegsgefangene" vom 16.7.1941. Insgesamt wurden 4004 Gefangene registriert, die während der Besetzung von Bialystok eingebracht wurden; von ihnen wurden 323 als „Freischärler" sowie „7 militär-pol[itische] Kommissare" erschossen. Dort auch die Angaben für den 4.–11.7. sowie den 12.–16.7.1941. Vgl. hierzu auch Kap. 3.2.
Ferner BA-MA, RH 24-7/138: VII. A. K., Abt. I c, Abendmeldung an AOK 4 vom 1.7.1941, in der es u.a. heißt: „Bis zum 29.6. sind nachzumelden: 5 Kommissare, 323 Freischärler." Generell hierzu Shepherd, War, S. 98.

[143] IfZ-Archiv, MA 1669: 221. Sich. Div., Abt. I c, Tätigkeitsbericht für die Zeit vom 15.12.1941 bis 21.3.1942. Bemerkenswert ist in diesem Fall die Unterstützung durch die Zivilbevölkerung.

Nicht allein das Regelmäßige und Unverhüllte dieser „Tötungsarbeit" ist erschreckend, sondern auch die Systematik, mit der dieser Besatzungsverband jeden, den er für einen politischen Gegner hielt, vernichtete. Von keiner Division
unseres Samples sind so viele Morde an Vertretern der sowjetischen Elite dokumentiert wie von der 221. Sicherungsdivision, wobei wahrscheinlich längst nicht
alle Verbrechen, die unter diesem Vorwand erfolgten, aktenkundig geworden
sind[144]. Auch handelt es sich bei den genannten Fällen um Morde, die direkt auf
das Konto der 221. gingen. Dabei haben auch die ihr unterstellten Kriegsgefangenenlager systematisch Kommissare ermordet oder jene, die sie dafür hielten –
verwiesen sei, pars pro toto, auf die Dulags 130[145] und 203[146]. Gerade die Lager,
die das erste „screening" betrieben, bildeten die Zentren dieser systematischen
Mordpolitik. Neben der Höhe der Opfer gibt es bei der 221. noch ein paar Aspekte, die auffallen: die gut eingespielte Kooperation mit der Geheimen Feldpolizei, dem SD und teilweise auch mit den einheimischen Kollaborateuren, oder
die Tatsache, dass diese Sicherungsdivision in ihrem Herrschaftsbereich nicht
nur die militärische Nomenklatura verfolgte[147], sondern auch die zivile[148], obwohl Letzteres doch gar nicht in die Zuständigkeit der Wehrmacht fiel[149].
Dies ist um so bemerkenswerter, weil die Divisionsführung zunächst versucht
hatte, in dieser Sache „kurz zu treten"[150]. Dafür spricht nicht nur die Nachkriegsaussage eines Regimentskommandeurs, sondern auch der Umstand, dass

---

[144] So beauftragte diese Division beispielsweise das Polizei-Bataillon 309, „die Dörfer, in denen
sich nach Aussagen der Landeseinwohner zeitweise politische Kommissare aufhalten", nach
diesen zu durchsuchen. IfZ-Archiv, MA 1668: 221. Sich. Div., Abt. I a, Befehl vom 8.7.1941.
Außerdem ermittelte die Staatsanwaltschaft Kiel wegen der Erschießung eines sowjetischen
Kommissars durch die GFP Gruppe 707, die 1941 der 221. Sicherungsdivision unterstellt war.
StA Kiel 2 Js 348/64: Verfahren gegen Angehörige der GFP-Gruppe 707 und der 221. Sich.
Div.

[145] Vgl. BAL, 319 AR-Z 38/69: Vernehmung W. T. vom 21.6.1965, der sehr detailliert schilderte,
wie SD und GFP mehrmals Erschießungen auf dem Friedhof in Roslawl durchführten, teilweise in Anwesenheit des I-c-Offiziers des Dulags. Nach 1942 seien dann die übrig gebliebenen Kommissare wie „mit Glacéhandschuhen angefaßt" worden. In diesem Sinne auch ebda.,
Vernehmung P. H. vom 11.12.1964; Vernehmung H. B. vom 30.3.1965, der über einen Fall
erzählt, wo zwei Wehrmachtsangehörige in Roslawl vier Kommissare erschossen hätten.

[146] Vgl. Hartmann, Massensterben, S. 121 ff. Im Juli hatte der Lagerkommandant noch eine Erschießung verhindert. Ebda., S. 146 (20.7.1941).

[147] Bei denen sie auch die Politruks nicht verschonte. Vgl. etwa IfZ-Archiv, MA 1665: 221. Sich.
Div., Abt. I a, Meldung an den Bfh. im Rückw. Heeresgeb. Mitte vom 14.10.1941.

[148] Dabei konnte sich die 221. – wie man dort konstatierte – auf die Zuarbeit der vor Ort lebenden
Menschen verlassen; in einem Bericht vom 1.8.1941 heißt es hierzu: „Die kommunistischen
Funktionäre insbesondere Kommissare wurden der Wehrmacht sehr bald von der Bevölkerung
angegeben, wobei die bestehende Spannung zwischen Weißrussen und Polen, sowie zwischen
Polen und Weißrussen gemeinsam gegenüber den Juden eine nicht unbedeutende Rolle spielte.
Es kann aufgrund der Anzeichen in letzter Zeit angenommen werden, dass sich die antisemitische Welle immer bemerkbar machen wird. Aber auch die alte Feindschaft zwischen Polen
und Weißrussen wird weiterglimmen." IfZ-Archiv, MA 1668: 221. Sich. Div., Abt. I c, „Übergabebericht über Haltung, Stimmung und politische Strömungen innerhalb der Bevölkerung des
am 1.8.41 an die Verwaltung Ostpreußens abzutretenden ehem. Russischen Gebietes".

[149] Ursprünglich hatte das OKH auch die Ermordung aller politischen Funktionäre gefordert,
auch der zivilen, doch hatte das OKW diesen Kreis dann auf den der militärischen Kommissare begrenzt. Vgl. Jacobsen, Kommissarbefehl, Dok. 6 und 7. Ferner Hartmann, Halder,
S. 245 ff.

[150] So der Kommandeur des Sicherungs-Regiments 2, Oberst Martin Ronicke, über eine Besprechung, die er vor Kriegsbeginn mit dem Divisionskommandeur, Gen.ltn. Pflugbeil, geführt
habe. BAL, 205 AR-Z 20/60: Vernehmung Martin Ronicke vom 11.3.1960.

man erst spät, am 10. Juli[151], *offiziell* den Eingang des „Kommissarbefehls" verzeichnete[152], und dass man, drittens, noch danach bei „den sogenannten ‚Funktionären' [...] zwei Klassen zu unterscheiden" suchte – die „fanatischen Verfechter
des Bolschewismus" und jene, die mangels „geeigneter Führer" mit „irgendwelchen Posten" betraut wurden[153]. Offenbar fungierten auch in diesem Fall die
„Polizisten", die man der Division beigegeben hatte, als Scharfmacher. Sicher ist,
dass im Polizei-Bataillon 309, das dieser Sicherungsdivision anfangs unterstellt
war, der „Kommissarbefehl" schon vor Feldzugsbeginn bekannt war[154]. Offenbar verhielt sich die Divisionsführung wieder so wie in Bialystok[155]. Man ließ die
Polizisten nicht nur gewähren, sondern passte sich ihrem negativen Vorbild immer mehr an. Vor diesem Hintergrund ist es kein Wunder, wenn sich Beobachtung[156], Erfassung[157] und nicht zuletzt auch Ermordung von politischen Kadern
bei der 221. Sicherungsdivision noch weit bis ins Jahr 1942 nachweisen lassen[158].
– Detaillierte Statistiken, vergleichbar mit denen der 221., haben sich vom *Korück
580* nicht erhalten, schon weil sein kleiner Stab[159] mit einer solchen „Buchführung" wahrscheinlich überfordert gewesen wäre. Doch besteht kein Zweifel,
dass es gerade bei diesem Verband zu Erschießungen von gefangenen Rotarmisten kam – nicht nur, weil ein Befehl vom Juli 1941[160] dies als „notwendig" bezeichnete oder weil ein Fall sicher belegt ist[161]. Vermutlich handelten die Lager,
die dem Korück unterstellt waren, in eigener Regie. Auch hier gilt, dass gerade

---

[151] Dass das Interesse der 221. Sich. Div. an den Kommissaren schon früher einsetzte, verdeutlicht
auch: BA-MA, RH 24-7/140: 221. Sich. Div., Abt. I c, „Feindmeldung" an VII. A. K. vom
1.7.1941. Anders hingegen Curilla, Ordnungspolizei, S. 510.
[152] Vgl. hierzu IfZ-Archiv, MA 1660: 221. Sich. Div., Abt. I a, Kriegstagebuch, Eintrag vom
10.7.1941: „Ferner gab der Befehlshaber [des Rückwärtigen Heeresgebiets] die Richtlinien für
die Behandlung der politischen Kommissare, Hetzer und Aufwiegler bekannt – mit dem Hinweis, dass schriftliche Bekanntgabe verboten ist. Abt. I c wurde mit der mündlichen Weitergabe dieser Richtlinien beauftragt." Ferner Gerlach, Morde, S. 834.
Am 6.9.1941 erneuerte die 221. noch einmal ihre Hinweise darauf, wie Kommissare und *auch*
Politruks zu erkennen und vor allem, wie sie „als solche zu behandeln" wären. Damit versuchte man auch hier bewusst, die Politruks in das Mordprogramm einzubeziehen. Vgl. Förster, Sicherung, S. 1068.
[153] IfZ-Archiv, MA 1668: 221. Sich. Div., Abt. I c, „Übergabebericht über Haltung, Stimmung
und politische Strömungen innerhalb der Bevölkerung des am 1.8.41 an die Verwaltung Ostpreußens abzutretenden ehem. Russischen Gebietes".
[154] Vgl. Curilla, Ordnungspolizei, S. 510; Mallmann (u. a. Hrsg.), Deutscher Osten, S. 71.
[155] Vgl. mit Kap. 3.2.
[156] IfZ-Archiv, MA 1669: 221. Sich. Div., Abt. I c, Bericht an das LV. A. K. vom 6.2.1942: „Politruks erklärten, da nunmehr die Deutschen durch die Misserfolge wild geworden, alle Kgfen.
erschießen, tun wir dasselbe. [...] Die politischen Kommissare werden sehr gefürchtet, da sie
mit äußerster Brutalität gegen die Mannschaften vorgehen. Ihren Worten wird jedoch sehr
mißtraut." Belegt ist freilich beides: Erschießungen deutscher Kriegsgefangener, die durch
sowjetische Politoffiziere initiiert wurden, aber auch Fälle, bei denen sowjetische Kommissare
dies zu verhindern suchten. Vgl. Hoffmann, Kriegführung, S. 785, 789 f.
[157] BA-MA, RH 26-221/73: 221. Sich. Div., Abt. I c, Vernehmungsbericht vom 13.4.1942.
[158] Vgl. auch Kap. 5.5.
[159] Vgl. hierzu Kap. 1.
[160] IfZ-Archiv, MA 885: Korück 580, Abt. Qu., Verlegungsbefehl vom 2.7.1941. Dieser Passus
war dem entsprechenden Befehl der vorgesetzten 4. deutschen Armee entnommen. IfZ-Archiv, MA 1618: AOK 4, Abt. I a, „Armeebefehl Barbarossa Nr. 4" bzw. Nr. 5 vom 1.7.1941.
[161] BAL, 449 AR 129/69, Anlage: AOK 2, Abt. I c/A.O., Meldung an die H.Gr. Mitte vom
26.7.1941. Das AOK 2 registrierte aber weitere Erschießungen der ihnen unterstellten Verbände – in der Zeit vom 6.7.–24.7.1941 „30 Fälle", in der Zeit vom 8.–21.9.1941 „12 Fälle".
Ebda. AOK 2, Abt. I c/A.O., Meldungen an die H.Gr. Mitte vom o. D. und 23.9.1941.

sie aufgrund ihrer Funktion eine besonders unheilvolle Rolle in diesem Mordprogramm spielten[162]. Bekannt geworden sind nach dem Krieg Erschießungen
in der Armee-Gefangenensammelstelle 4[163] sowie möglicherweise im Dulag
314, wo ein Offizier des SD insgesamt 25 Gefangene abholte[164]. Doch nicht nur
an seine Lager konnte der Korück den Mordauftrag delegieren[165]. Unterstützung erhielt er dabei auch von nicht-militärischer Seite. Anfang September
sprach der Korück dem Polizei-Regiment Mitte seine Anerkennung aus, weil
dieses „rund 1 200 russische Soldaten, Partisanen, Kommissare usw. z. T. in größeren Feuergefechten unschädlich gemacht und vernichtet" habe[166]. Auch das
Sonderkommando 7 b, das zeitweise in diesem Rückwärtigen Armeegebiet
operierte, berichtete regelmäßig über „Aktionen gegen Funktionäre, Agenten,
Saboteure und Juden"[167]. Sie hinterließen Opfer in einer Größenordnung, wie
man es an der Front nicht kannte. Fehlte die Unterstützung des SS- und Polizeiapparats – und das war ab Dezember 1941 der Fall –, dann war es freilich die
Wehrmacht selbst, die dieses Vernichtungsprogramm fortsetzte. Für die Zeit
von Dezember 1941 bis Mai 1942 bezifferte allein der Korück 580 die Zahl der
getöteten „Partisanenhelfer, Kommissare und Politruks, kommunistische Funktionäre und Aktivisten, Saboteure und Hetzer, Terroristen, Spione und Banditen" auf 1 600 Menschen[168]. Unter den Bedingungen des Partisanenkriegs[169]

---

[162] Diese Lager hatten das erste systematische „screening" unter den Gefangenen durchzuführen.
Vgl. IfZ-Archiv, Da 034.012: H. Dv. 38/4, Dienstanweisung für den Kommandanten eines
Kriegsgefangenen-Durchgangslager vom 22. 5. 1939, S. 11. Ferner Förster, Sicherung, S. 1066 f.;
Verbrechen der Wehrmacht, S. 237 f.; Hartmann, Massensterben, S. 121 ff.; Mallmann (u. a.
Hrsg.), Deutscher Osten, S. 164 f. Die systematische Erfassung der Kriegsgefangenen übernah-
men dann freilich erst die Stalags. Vgl. Keller/Otto, Das Massensterben der sowjetischen
Kriegsgefangenen und die Wehrmachtbürokratie. Für ein Dulag außerhalb des Korück 580, das
Dulag 155, findet sich etwa folgende Angabe: „Aus den Kgf. wurden bisher über 50 Kommissare herausgefunden und gemäß Sonderanweisung behandelt." BA-MA, RH 23/251: Kgf.-Be-
zirkskommandant J, „Bericht über die Besichtigungsfahrt vom 7. 8.–12. 8. 41" vom 13. 8. 1941.
[163] BAL, 449 AR-Z 138/71: Vernehmung K. H. vom 12. 6. 1969. Dieser Zeuge konnte sich daran
erinnern, dass 3–5 Kommissare abseits des Lagers in einem Kartoffelfeld erschossen worden
seien.
Für die Armee-Gefangenen-Sammelstelle 3 liegen hingegen vier Zeugenaussagen vor, die eines
deutschen Fahrers, eines deutschen Dolmetschers, eines deutschen Sanitäters und eines russischen
Dolmetschers (geb. 1919 in Köln, dessen Eltern 1923 in die Sowjetunion emigrierten), die übereinstimmend angaben, der Kommissarbefehl sei hier nicht durchgeführt worden. Allerdings korrigierte sich einer dieser Zeugen nachträglich. BAL, 449 AR-Z 455/67: Ermittlung gegen Angehörige der Armee-Gefangenen-Sammelstelle 3; Vernehmung A. H. vom 19. 11. 1970; Vernehmung
K. K. vom 30. 11. 1970; Vernehmung W. B. vom 18. 3. 1971; Vernehmung D. S. vom 6. 3. 1972.
[164] BAL, 319 AR-Z 41/71, Ermittlung gegen ehem. Angehörige des Dulag 314 vom 19. 4. 1971,
beruhend vor allem auf der Vernehmung des Zeugen A. G., der zur Wachmannschaft des Dulag 314 gehörte. Dieser berichtete: „Da die Schießerei auch schon am Vormittag zu hören gewesen sei, nehme er an, daß in der Mulde ein besonderes Exekutionskommando gewesen sei.
Der Zeuge konnte nicht angeben, wie die ‚untragbaren Kgf.' im einzelnen ermittelt wurden,
sagte aber immerhin aus, daß die Gefangenen ‚sicherlich vernommen' worden seien."
[165] Vgl. hierzu auch Arnold, Wehrmacht, S. 213.
[166] BA-MA, RH 23/170: Korück 580, Kdt., Tagesbefehl vom 2. 9. 1941.
[167] Vgl. etwa IfZ-Archiv, MA 91/2: Chef SiPo und SD, Ereignismeldung UdSSR Nr. 73 vom
4. 9. 1941. In diesem Bericht wurde im Abschnitt „Bekämpfung der Partisanen" ferner über die
„Liquidierung" eines Politischen Kommissars und vier „Parteifunktionären" referiert.
[168] IfZ-Archiv, MA 895/2: Korück 580, Kdt., „Abschließender Bericht über die Tätigkeit im
rückwärtigen Armeegebiet in der Zeit von Dezember 1941 bis Ende Mai 1942" vom
28. 6. 1942.
[169] Vgl. Kap. 3.4. und 5.5.

waren die Politoffiziere vermutlich nur noch ein kleiner Teil im groß gezogenen Kreis der politischen Gegner[170]; die Deutschen benützten für ihr Mordprogramm viele Chiffren. Allerdings vertrat die übergeordnete 2. Armee noch Ende Februar 1942 die Meinung, in ihrem Besatzungsgebiet müssten die „Überreste der Vertreter des Sowjetregimes [...] möglichst schnell liquidiert werden"[171] – auch dies ein Hinweis darauf, dass gerade auch dieser Besatzungsverband beim Vollzug des „Kommissarbefehls" viel Schuld auf sich geladen hat.

5.1.6 Ein Vexierspiel: Die sowjetischen Politoffiziere in der Perzeption der deutschen Wehrmacht

Wie erklärt sich das Verhalten der Deutschen? Dass sie nicht nur einen Befehl exekutierten, belegt bereits das eingangs zitierte Beispiel. Vielmehr eröffnete schon ein relativ „klarer" Auftrag wie der „Kommissarbefehl" erstaunlich große Handlungsspielräume. Gerade die Unterschiede bei seiner Umsetzung verdienen Beachtung. Zwar beantworten die Quellen nicht alle Fragen, doch scheint der „Kommissarbefehl" an der Front sehr unterschiedlich umgesetzt worden zu sein, während die Besatzungsverbände im Hinterland dies sehr viel systematischer taten. Dagegen fand das Feindbild vom sowjetischen Kommissar in allen Verbänden der Wehrmacht weite Verbreitung[172]. Auch antisemitische Ressentiments, die – falsche[173] – Vorstellung, dass es sich bei den Kommissaren mehrheitlich um Juden handele, waren dafür verantwortlich, dass die Gestalt „des" Kommissars für viele deutsche Soldaten zunächst zu einem ausgesprochenen Hassobjekt wurde: „In Gestalt dieser Kommissare erleben wir den Aufstand des Untermenschentums gegen edles Blut", verkündeten die „Mitteilungen für die Truppe" im Juni 1941[174].

---

[170] Vgl. etwa IfZ-Archiv, MA 895/1: Korück 580, Abt. I c, Befehl vom 2.4.1942: Um „Ruhe und Ordnung" im rückwärtigen Armeegebiet zu gewährleisten, müssten alle „zweifelhaften Elemente", vor allem Parteimitglieder, Funktionäre, Jungkommunisten und „sogen. Aktivisten" erfasst und überwacht werden. „Verdächtige und nicht tragbare Elemente (soweit sie nicht zu erledigen sind)" sollen in das ab 5.4.[1942] aufnahmebereite Zivil-Gefangenenlager Gluchow der Armee-Gefangenensammelstelle 19 eingewiesen werden. Ferner ebda., „Auszug aus dem Bericht der Baugruppe Strobl" vom 17.3.1942: „Grundzelle waren die pol. Kommissare, die durch unseren Vormarsch aus Städten und Dörfern aus ihren Machtstellungen vertrieben wurden. Für sie geht der Kampf nicht um nationalruss. Ziele, sondern um politische Pfründe. Ergeben sie sich, werden sie erschlagen, von den Russen oder von uns."
[171] BA-MA, RH 20-2/1152: AOK 2, Abt I c/A.O., Weisung betr. „Richtlinien für die propagandistische Beeinflussung der Zivilbevölkerung" vom 28.2.1942.
[172] Vgl. hierzu die umfassende Übersicht in: Volkmann (Hrsg.), Das Russlandbild im Dritten Reich; Koenen, Der Russland-Komplex; Lemberg, „Der Russe ist genügsam"; Krausnick/Wilhelm, Truppe, S.217ff.
[173] 1929 waren etwa 8% der sowjetischen Politoffiziere jüdischer Herkunft, 1938 etwa 20%, danach begann diese Quote wieder zu sinken. Angaben nach: Nove/Newth, The Jewish Population, S.165; Pohl, Herrschaft, S.75.
Eine ähnliche Entwicklung zeigte sich in den Führungskadern des NKWD. 1934 und 1936 setzte sich dessen Führung noch zu 39% aus Funktionären jüdischer Abstammung zusammen, bis Januar 1938 sank deren Anteil auf 27%, bis September 1938 auf 21%, im Juli 1939 schließlich auf 4%. Am 26.2.1942 betrug der jüdische Anteil in den Führungskadern 5%. Angaben nach: N. K. Petrow, K. W. Skorkin, Kto rukowodil NKWD 1934–1941? Sprawotschnik [Wer leitete das NKWD 1934–1941? Ein Handbuch], Redaktion: N. G. Ochotin, A. B. Roginskij, Moskau 1999, S.495. Für diese Information danke ich Jürgen Zarusky.
[174] „Mitteilungen für die Truppe" (Juni 1941), zit. bei: Messerschmidt, Wehrmacht im NS-Staat, S.326f.

Welch katastrophale Wirkung diese „images"[175] hatten, lässt sich bereits an der
Präambel des „Kommissarbefehls" ablesen; zwei Wochen vor Kriegsbeginn kannten die Drahtzieher in der Wehrmachtsführung bereits die ‚barbarisch asiatischen
Kampfmethoden' der Kommissare[176].
    Eine solche Propaganda blieb natürlich nicht ohne Einfluss auf die Wahrneh-
mung der deutschen Kriegsteilnehmer. Das galt vor allem für die Anfangszeit des
Krieges, als diese ihren Gegner noch nicht kannten und sich zwangsläufig auf ihr
geistiges Marschgepäck verlassen mussten. Je länger dieser Krieg freilich dauerte,
desto stärker traten persönliche Erlebnisse an die Stelle dieser gleichermaßen vorgestanzten wie öden Propagandaformeln. Gerade die rassistische Komponente
scheint für die Wahrnehmung der *Truppe* rasch an Bedeutung verloren zu haben[177].
In ihren Berichten spielt dieser Aspekt jedenfalls kaum noch eine Rolle. So gesehen ist die explizite Feststellung der 296. ID, dass es sich bei den Politischen Kommissaren eben nicht um Juden handele[178], als Ausdruck eines Erkenntnisprozesses
zu verstehen, der sich sehr wahrscheinlich nicht allein auf diese Division beschränkte.
    Militärisch und auch politisch wurden die sowjetischen Kommissare von den
deutschen Soldaten dagegen durchaus als Exponenten des stalinistischen Repressionsapparats erlebt. Natürlich werden auch in diesem Fall die wüsten Zerrbilder
des Nationalsozialismus nicht ohne Wirkung geblieben sein. Doch spricht schon
allein die Konstanz dieser Vorstellung dafür, dass es entschieden zu einfach wäre,
die deutschen Erfahrungen, wie sie sich zuhauf in dienstlichen und privaten Berichten finden, *ausschließlich* als Produkte der Propaganda abzutun[179]. „Wahrnehmung" ist stets ein dialektischer Prozess, der sich nicht allein aus Bildern einer
Innenwelt bedient, sondern mehr noch aus dem, was unter den Begriff der „Au-
ßenverhältnisse" fällt. Gerade ein so totales und einschneidendes Erlebnis wie ein
Krieg hat eine kaum zu überschätzende Wirkung auf Wahrnehmung, Weltbild und
Wertesystem seiner Teilnehmer. Das hat viele Ursachen, darunter auch ganz naheliegende: Ohne eine sehr intensive Auseinandersetzung mit der Wirklichkeit ist ein
Krieg, erst recht nicht einer wie der in der Sowjetunion, kaum zu überleben. So
gesehen und unter der Maßgabe einer intensiven Quellenkritik bieten die Berichte

---

[175] Vgl. hierzu Lippmann, Public Opinion. Ferner Ostermann/Nicklas, Vorurteile und Feindbilder;
     Niedhart, Perzeption und Image; Flohr, Feindbilder in der internationalen Politik; Schwarz,
     Reise ins Dritte Reich, insbes. S. 17ff.; Benz, Fremdenfeindlichkeit; Heuberger/Suppan/Vyslon-
     zil (Hrsg.), Das Bild vom Anderen; Aschmann/Salewski (Hrsg.), Das Bild „des Anderen". (Ins-
     bes. Beiträge Kühnhardt und Kersting); Dülmen, Historische Anthropologie, S. 85ff.
[176] So die Präambel des Kommissarbefehls. Druck: Jacobsen, Kommissarbefehl, Dok. 12.
[177] Vgl. etwa Jarausch/Arnold, Sterben, S. 291 (Brief vom 16. 8. 1941): „Im ganzen sind wirklich
     nicht alle Russen ‚Schweine' oder ‚Bestien'. Das war auch vorher anzunehmen, aber es ist doch
     gut, wenn man es nun aus erster Hand erfährt und bezeugen kann."
[178] IfZ-Archiv, MA 1637: 296. Inf. Div., Abt. I c, Tätigkeitsbericht für die Zeit vom 1. 1.–31. 3. 1942,
     Anlage: Vernehmung vom 18. 1. 1942.
[179] Vgl. etwa mit der abwegigen Interpretation von Omer Bartov (Hitlers Wehrmacht, S. 163ff.),
     der sein Kapitel „Die Verzerrung der Wirklichkeit" mit dem Brief eines deutschen Unteroffi-
     ziers vom Juli 1941 eröffnet. Dessen Bericht über die sowjetischen Verbrechen zu Beginn des
     Krieges ist für Bartov eine „verblüffende Verzerrung der Wirklichkeit, mit der die Schuld an
     der beispiellosen Brutalität von Wehrmacht und SS deren Opfern zugeschrieben wurde".
     Zu den sowjetischen Verbrechen in der Anfangsphase des Krieges vgl. Musial, „Konterrevolu-
     tionäre Elemente".

Verhör eines sowjetischen Kriegsgefangenen
(Quelle: BSB, Fotoarchiv Hoffmann 38353)

derer, die im Gegensatz zu den Jodls und Warlimonts näher am Geschehen waren, mehr als nur Informationen über die Vorstellungswelt der deutschen Soldaten. Hinzu kommt, dass sich die deutschen Stimmen durch sowjetische ergänzen lassen: Überliefert sind relativ viele Verhörprotokolle sowjetischer Kriegsgefangener, aber auch einige Beutedokumente[180]. Während bei den Verhören wahrscheinlich ist, dass sie *auch* die deutschen Vorurteile bedienten, sind die Beutedokumente völlig unabhängig von den deutschen Erwartungen entstanden, so dass gerade diese Quellengruppe eine sehr aussagekräftige Ergänzung zur deutschen Perspektive bildet.

In den einschlägigen Berichten aus den fünf Verbänden unseres Samples steht ein Aspekt an erster Stelle, wenn es um die militärischen Kommissare geht: ihr Terror[181]. Ein solches Bild zeichneten nicht nur die Artikel der Kriegsberichter-

---

[180] Vgl. hierzu etwa BA-MA, RH 39/377: „Tagebuch des Majors des NKWD, Leiter der Besonderen Abteilung des NKWD bei der 50. Armee, gefallen nördl. Karatschew". Ferner BA-MA, MSg 1/1148: NL Joachim Lemelsen, Tagebuch, Eintrag vom 4.2.1942: „Das Tagebuch eines russ. Rgts. Kdrs. vor unserer Front wurde erbeutet, aus dem hervorgeht, daß es dem Russen viel schlechter geht als uns. Sie haben sehr schwere Verluste und klagen über schlechten Nachschub, schimpfen im Übrigen über ihre Führung und besonders über die Kommissare. Sehr interessant und lehrreich." Dass solche Dokumente, übersetzt und in kleinen Auflagen hektographiert, bei der Truppenführung immer wieder im Umlauf waren, beschreibt auch Meier-Welcker, Aufzeichnungen, S. 136 (Brief vom 7.11.1941).
[181] So dezidiert IfZ-Archiv, MA 1637: 296. Inf. Div., Abt. I c, Tätigkeitsbericht für die Zeit vom 1.1.–31.3.1942. Dass diese Perzeption durchaus auf Tatsachen beruhte, schildert Merridale, Iwans Krieg, S. 81f., 144f.

statter[182], sondern auch die vergleichsweise nüchternen Analysen der Stabsoffiziere oder die dürren, auf wenige Informationen reduzierten Berichte, wie sie aus der Truppe kamen. Übereinstimmend sprachen sie alle davon, dass die sowjetischen Politoffiziere ihre Truppe wie eine „eiserne Zange"[183] im Griff hielten: Diese würden, so die deutschen Berichte, ihre Soldaten ständig bespitzeln[184], einschüchtern[185] und selbst kleinste Verstöße gegen die Disziplin hart bestrafen[186]. Auch sei den Rotarmisten von ihren Kommissaren „planmäßig und zielbewusst […] eingepeitscht worden, dass sie bei uns unter allen möglichen Folterungen getötet" würden[187]. Unselbständigkeit und Verängstigung[188] der sowjetischen Kriegsgefangenen entwickelten sich daher schon bald zu einer Art Topos in den deutschen Berichten[189]. Nicht nur den Angehörigen der 45. ID fiel auf[190], dass ihre Gegner „aus Angst vor Verstümmelung und Erschießung deutscherseits lieber verhungerten, als dass sie sich gefangen geben wollten"[191].

---

[182] Vgl. etwa IfZ-Archiv, MA 1637: Prop.-Komp. 637, Lt. Oswald Zenker, „Gegner hat uns eingekreist" vom 3.8.1941. Zenker war eine Zeitlang bei der 296. ID eingesetzt.

[183] Vgl. Buchbender, Erz, S. 155.

[184] BA-MA, RH 24-24/323: XXIV. Pz. Korps, Abt. I c, Feindnachrichtenblatt Nr. 22 vom 24.8.1941; PA-AA, R 60704: AOK 2, Abt. I c/A.O./VAA, „Bericht Nr. 9" vom 6.8.1941; IfZ-Archiv, MA 1639: 296. Inf. Div., Abt. I c, „Tätigkeitsbericht für die Zeit vom 1.4.–31.12.1942" vom 1.1.1943.

[185] IfZ-Archiv, MA 1637: 296. Inf. Div., Abt. I c, Tätigkeitsbericht für die Zeit vom 23.7.–28.7.1941.

[186] Ebda., Tätigkeitsbericht für die Zeit vom 25.8.–27.9.1941; BA-MA, MSg 2/5320: 296. Inf. Div., Abt. I c, „Feindnachrichtenblatt Nr. 52" vom 3.2.1942: „Der einfache Soldat ohne kommunistische Einstellung will nicht kämpfen und möchte heim. Nur der Terror der polit. Kommissare und Politruks hält die Truppe zusammen, […]."

[187] BA-MA, RH 24-24/161: 10. Pz. Div., Kdr., Denkschrift für das XXIV. Pz. Korps vom 14.2.1942. Ferner: IfZ-Archiv, MA 1618: AOK 4, Abt. I a, Kriegstagebuch, Eintrag vom 1.7.1941: „Der Russe als stumpfer Halbasiat glaubt dem eingetrichterten Grundsatz seiner Kommissare, daß er bei etwaiger Gefangennahme erschossen wird. Das ist der hauptsächliche Grund dafür, daß er sich nicht gefangen gibt." IfZ-Archiv, MA 1619: I./Inf. Rgt. 135, Bericht über die Grausamkeiten der Kämpfe in der Zeit vom 22.9.–27.9.1941, vom 29.9.1941: „ […] kamen die russischen Soldaten immer wieder verängstigt zu den Unterhändlern und ließen sich ehrenwörtlich andauernd bestätigen, daß ihnen bei ihrer Gefangennahme nicht die Zungen herausgeschnitten […] würden." Ferner PA-AA, R 60705: AOK 2, Abt. I c/A.O./VAA, „Bericht Nr. 9" vom 6.8.1941.

[188] Dass es Erschießungen von Gefangenen auf deutscher Seite gegeben hat, steht außer Frage. Doch erreichten diese längst nicht jenes Ausmaß, wie es die sowjetische Propaganda teilweise suggerierte. Vgl. hierzu Kap. 5.2, ferner den Bericht des Landesschützen-Bataillons 230 vom Oktober 1941 über die Aussage eines aufgegriffenen jüdischen [!] Überläufers, der über die Meinung seines Politischen Kommissars berichtete: „Sämtliche Gefangenen würden von den Deutschen getötet." IfZ-Archiv, MA 1666: 6./Lds. Schtz. Btl. 230, Bericht an das Lds. Schtz. Btl. 230 vom 31.10.1941.

[189] Vgl. BA-MA, RH 24-24/97: XXIV. Pz. Korps, Abt. I c, Feindnachrichtenblatt vom 31.7.1941; IfZ-Archiv, MA 1639: 296. Inf. Div., Abt. I c, „Tätigkeitsbericht für die Zeit vom 1.4.–31.12.1942" vom 1.1.1943.
Wie unversöhnlich der Hass der sowjetischen Führung auf jene Rotarmisten war, die in Gefangenschaft geraten waren, verdeutlicht Stalins Befehl Nr. 270 vom 16.8.1941, demzufolge diejenigen Rotarmisten, die es vorgezogen hätten, „sich anstelle der Organisierung des Widerstandes gefangenzugeben, […] mit allen Boden- und Luftmitteln zu vernichten" seien. Zit. bei Osterloh, Sowjetische Kriegsgefangene, S. 67 f.

[190] IfZ-Archiv, MA 1619: 45. Inf. Div., Abt. I a, „Gefechtsbericht" vom 1.10.1941: „Es bestätigen sich die Gefangenenaussagen, wonach hier zahlreiche Offiziere, Kommissare usw. sitzen, die sich trotz aussichtsloser Lage nicht ergeben." Ferner: ebda., Inf. Rgt. 135, Tagesmeldung an 45. Inf. Div. vom 23.6.1941.

[191] IfZ-Archiv, MA 1619: I./Inf. Rgt. 135, Kdr., „Bericht über die Grausamkeiten der Kämpfe in der Zeit vom 22.9.–27.9.1941" vom 29.9.1941.

Am schlimmsten aber seien, so der Eindruck der Deutschen, die sowjetischen Politoffiziere in der Schlacht[192]; sie verstünden es „meisterhaft", ihre „Leute durch Drohungen und Gewaltmaßnahmen"[193], aber auch „mit Hilfe von Wodkagaben und Einsatz von M.G. [...] rücksichtslos und unaufhörlich" gegen die deutschen Linien voranzutreiben[194]. Notfalls würden die Kommissare ihre eigenen Leute auch in Bunker einschließen[195]. Sogar über die berüchtigten „Sperr-Bataillone" waren die Deutschen informiert[196], obwohl diese doch im Rücken der sowjetischen Front postiert waren. Doch auch die Kommissare selbst würden „rücksichtslos"[197] von der eigenen Waffe Gebrauch machen, wenn die Stimmung in ihrer Einheit zu kippen drohte[198]. Ende Juli fand der Vertreter des Auswärtigen Amts beim AOK 2 die Leichen einiger sowjetischer Soldaten, von denen er annahm, dass sie „von Kommissaren durch Genickschuss erledigt worden waren, weil sie deutsche Flugzettel besaßen und scheinbar die Absicht hatten überzulau-

---

Vgl. auch: IfZ-Archiv, MA 1619: 45. Inf. Div., Abt. I a, „Gefechtsbericht über die Wegnahme von Brest-Litowsk" vom 8.7.1941: „Die Angst, bei Gefangennahme erschossen zu werden – wie die Kommissare den Soldaten gelehrt hatten – trug zum Entschluß, sich bis zum Äußersten zu verteidigen, wahrscheinlich sehr bei."

[192] Dazu gehörte auch der Vorwurf von Kriegsverbrechen an deutschen Kriegsgefangenen. IfZ-Archiv, MA 1669: 221. Sich. Div., Abt. I c, Bericht an das LV. A. K. vom 6.2.1942.

[193] IfZ-Archiv, MA 1637: 296. Inf. Div., Abt. I c, Tätigkeitsbericht für die Zeit vom 1.1.–31.3.1942; IfZ-Archiv, MA 1622: 45. Inf. Div., Abt. I c, Tätigkeitsbericht für die Zeit vom 12.3.–31.3.1942: „[...] daß unter den roten Truppen Kampfmüdigkeit herrscht, hervorgerufen durch den brutalen Zwang der Kommissare [...]".

[194] Vgl. IfZ-Archiv, MA 1590: 4. Pz. Div., Abt. I c, Tätigkeitsbericht, Eintrag vom 24.6.1941: „Es soll zu Disziplinlosigkeiten unter den Russen gekommen sein. Sie müssen teilweise durch russ. Feuer in den Stellungen gehalten werden."
Vgl. auch BA-MA, RH 24-24/97: XXIV. Pz. Korps, Abt. I c, Feindnachrichtenblatt vom 31.7.1941, wo es u.a. heißt, „daß nach wie vor Angst vor Erschießung bei Gefangennahme besteht; noch in den letzten Tagen wurde mehrfach festgestellt, daß sich Offiziere selbst erschossen haben, um der Gefangennahme zu entgehen. Kommissare und Offiziere zwingen eigene Leute mit der Waffe zum Kampf; an einer Stelle hierzu auch MG eingesetzt." So auch BA-MA, RH 53-7/206: Beobachtungs-Ers. Abt. 7, „Bericht über die Reise zur Ostfront" vom 22.8.1941.

[195] K. H., Rückblick und Erinnerung an den Einsatz der 296. Inf. Div. im Osten aus der Sicht des II./IR 521. Manuskript im Besitz d. Verf. Vgl. hierzu Kap. 3.2. Ähnliche Bilder bei Buchbender, Erz, S. 155, wobei hier unklar bleibt, warum die sowjetischen Soldaten bis zum Tod auf ihrem Platz blieben.
Eine ähnliche Szene scheint sich vor Kiew wiederholt zu haben. Vgl. BA-MA, MSg 2/5317: NL Hans P. Reinert, Tagebuch, Eintrag vom 20.9.1941.

[196] BA-MA, RH 53-7/206: Beobachtungs-Ers. Abt. 7, „Bericht über die Reise zur Ostfront" vom 22.8.1941; PA-AA, R 60704: AOK 2, Abt. I c/A.O. (VAA), „Bericht über die Vernehmung von russischen Kriegsgefangenen" vom 6.9.1941: „Ferner sind besondere Kommandos gebildet worden, die im Rücken der kämpfenden Truppen eingesetzt sind, um dort jeden, der sich von seiner Truppe entfernt hat, zu erschießen."

[197] IfZ-Archiv, MA 1619: I./Inf. Rgt. 130, Kdr., Bericht „Besonderheiten der Kampfhandlungen in der Zeit vom 22. bis 28.9.1941" vom 2.10.1941; 45. Inf. Div., Abt. I a, Tagesmeldung an das XXXIV. A. K. vom 14.10.1941.

[198] Das ging zuweilen sogar so weit, dass die Politoffiziere sogar noch auf Überläufer das Feuer eröffneten. Vgl. hierzu BayHStA, Abt. IV, NL Thoma 3: Tagebuch, Brief vom 30.7.1941: „Obwohl es sich bei den Russen nur mehr um mehr oder weniger abgesprengte Teile handeln kann, verteidigen sie sich äußerst zäh. Diese Bolschewisten wissen eben, daß sie nichts zu verlieren haben, sondern ggf. nur gewinnen können. Und die Masse der Soldaten ist belogen nach Strich und Faden; sie können nicht überlaufen. Gestern wurde z.B. folgendes beobachtet: Mehrere Russen schwenkten eine weiße Fahne. Sie wollten sich offenbar ergeben. Unmittelbar darauf wurden sie von rückwärts von ihren eigenen Leuten, die wohl von ihren Offizieren und Kommissaren dazu gezwungen wurden, beschossen. Daher kam es nicht zur Übergabe."

fen"[199]. Die große Angst vor den Kommissaren, das Bild des geknechteten „Iwan",
galt als Charakteristikum der Roten Armee[200].

Wenn gleichzeitig ein nicht abreißender Strom an sowjetischen Gefangenen oder
Überläufern in teilweise eindrucksvollen Schilderungen bestätigte, „die Kommissare, die in großer Zahl da seien, würden jeden sofort erschießen, der Miene machte, wegzukommen"[201], so werden sie damit nicht allein der deutschen Erwartungshaltung entsprochen haben. Bei den Politoffizieren handelte es sich zweifellos um
Schlüsselfiguren des sowjetischen Überwachungs- und Repressionsapparates[202].
Stalins bekannte Forderung vom 3. Juli 1941, „daß in unseren Reihen kein Platz
für Miesmacher und Feiglinge, für Panikmacher und Deserteure sei"[203], war für
die Politische Verwaltung der Roten Armee ein relativ eindeutiges Signal[204].

Das eigentliche Problem der deutschen Berichte ist denn auch weniger ihre
Glaubwürdigkeit wie ihre Einseitigkeit. Sie betonen fast ausschließlich die „negative" Funktion der politischen Kader. In Wirklichkeit aber beschränkten sich diese
Kader, die „in der Roten Armee sehr oft das gebildete Element verkörperten"[205],
nicht allein darauf, ihre Einheit zu terrorisieren. Der Politruk war vieles – „Propa-
gandist, Kaplan, Psychiater, Schulungsleiter und Spitzel"[206]. Gerade weil sie auch
Mitkämpfer[207], Versorgungsexperten (die aufgrund ihrer Beziehungen Nachschub

---

[199] PA-AA, R 60704: AOK 2, Abt. I c/A.O./VAA, Schreiben an Leg. Rat von Rantzau vom
30.7.1941. Ferner PA-AA, R 60705: AOK 2, Abt. I c/A.O./VAA, „Bericht Nr. 9" vom 6.8.1941:
„Ein Soldat, der einen Fluchtversuch machte, wurde von einem Politruk erschossen."

[200] BA-MA, RH 27-4/109: 4. Pz. Div., Abt. I c, Tätigkeitsbericht, Eintrag vom 22.7.1941. In diesem Sinne auch IfZ-Archiv, MA 1669: 221. Sich. Div., Abt. I c, Bericht an das LV. A. K. vom
6.2.1942; PA-AA: AOK 2, Abt. I c/VAA, „Bericht Nr. 6" vom 24.7.1941, wo über
folgende Episode berichtet wird: „Sofort, als die rückwärtigen Russen merkten, daß vorne in
den ersten Gräben Leute abhauen wollten, eröffneten sie ein MG- und Granatwerferfeuer auf
die eigenen Gräben. Die Folge davon war, daß die Russen vorne, wie Hasen bei einer Treib-
jagd hin- und herliefen." Die überlebenden Rotarmisten gaben nach ihrer Gefangennahme
ihren „neuen Kommissaren" die Schuld an diesem Massaker.

[201] BayHStA, Abt. IV, NL Thoma 3: Tagebuch, Brief vom 1.8.1941. Ferner IfZ-Archiv, MA 1637:
296. Inf. Div., Abt. I c, Anlage 2: „Gefangenen-Vernehmungs-Ergebnisse zum Tätigkeitsbericht für die Zeit vom 1.1.–31.3.1942" sowie BA-MA, MSg 1/3274: Fritz Farnbacher, Tagebuch, Eintrag vom 8.11.1941, wo ein sowjetischer Überläufer zitiert wird: „Die Kommissare
würden alle totschießen, auch ihn wollte einer erschießen, aber er sei doch noch entschlüpft."
Ähnliches berichtet K. H., Rückblick und Erinnerung an den Einsatz der 296. Inf. Div. im
Osten aus der Sicht des II./Inf. Rgt. 521. Manuskript im Besitz d. Verf.

[202] Vgl. Verordnung über die Kriegskommissare bei der Roten Arbeiter- und Bauernarmee vom
16.7.1941, die mit Abs. 5 von den Kriegskommissaren verlangte, „das Oberkommando und
die Regierung rechtzeitig vor Kommandeuren und Politarbeitern zu warnen, die der Bezeichnung Politarbeiter nicht würdig sind". Abs. 8 verpflichtete den Kommissar, „einen gnadenlosen Kampf gegen Feiglinge zu führen, gegen Panikmacher und Deserteure, indem er mit
fester Hand die revolutionäre Ordnung und die militärische Disziplin sichert". Druck: Die
Sowjetunion, Bd. 1, Dok. 113. Vgl. ferner Buchbender, Erz, S. 160; Colton, Commissars, S. 78 f.,
166 f.

[203] Rundfunkrede Stalins vom 3.7.1941. Druck: Ueberschär/Wette (Hrsg.), „Unternehmen Barbarossa", S. 326 ff., hier S. 327.

[204] Das wurde von sowjetischer Seite auch erstaunlich offen zugegeben. So hieß es in der Verordnung über die Zurücksetzung der Kriegskommissare in der Roten Armee vom 9.10.1942,
dieses „System" sei ursprünglich „auf der Grundlage eines gewissen Mißtrauens gegenüber
den Kommandokadern" entstanden. Druck: Die Sowjetunion, Bd. 1, Dok. 114.

[205] Hoffmann, Kriegführung, S. 750 f.

[206] Merridale, Iwans Krieg, S. 79.
Vgl. Verordnung über die Kriegskommissare bei der Roten Arbeiter- und Bauernarmee vom
16.7.1941. Druck: Die Sowjetunion, Bd. 1, Dok. 113. Ferner Colton, Commissars, S. 68 ff.

[207] Vgl. hierzu auch „Fahrtberichte", S. 236.

jeder Art „organisieren" konnten[208]) oder Sozialarbeiter[209] waren und nicht nur Vertreter der Partei, empfand man sie nicht selten als „Vater und Seele" ihrer Einheit[210]. Das galt ganz besonders für die Politruks, die sich häufig „aus den Reihen der einfachen Soldaten" rekrutierten. Sie hatten sich „wegen persönlicher Tapferkeit oder sonstiger Verdienste" für diese Funktion qualifiziert[211], und es wird immer wieder von Politoffizieren berichtet, an denen die Soldaten wie an einem Vater hingen[212].

Die Deutschen erlebten die sowjetischen Politoffiziere dagegen nur als Gegner oder aus der Perspektive der sowjetischen Gefangenen. Entsprechend einseitig waren ihre Wahrnehmung und ihre Schlussfolgerungen. Wenn gerade zu Beginn des Krieges immer wieder die Meinung zu hören war, allein die sowjetischen Politoffiziere würden „die Truppe zusammen halten"[213], dann bedeutete dies im Umkehrschluss: Bei Beseitigung dieser kleinen Gruppe würde der Gegner rasch auseinanderlaufen. Die Wirklichkeit war indes komplizierter. Dass die Politoffiziere im Namen des stalinistischen Regimes eine brutale Zwangsherrschaft ausübten, steht ebenso außer Zweifel wie der Umstand, dass die Auflösungserscheinungen unter den sowjetischen Truppen im Sommer 1941 *ohne* die Existenz ihrer Politkader noch verheerender ausgefallen wären. Mit deren Existenz allein lässt sich freilich kaum erklären, warum Millionen Rotarmisten bereit waren, für die Sowjetunion, und namentlich auch für Stalin, zu kämpfen und auch zu sterben. Dass Millionen Menschen in den „Großen Vaterländischen Krieg" zogen, beruhte beileibe nicht allein auf dem Prinzip des Terrors[214].

---

[208] Dies betont Colton, Commissars, S. 170f., 173.

[209] Vgl. hierzu Buchbender, Erz, S. 161.
Erinnert sei an den Bericht von Konstantin Simonow über jenen Bataillonskommissar, dessen Aufgabe es auf den Märschen war, sich darum zu kümmern, „daß sich die Männer aufwärmen könnten und etwas zu essen bekämen". Simonow, Kriegstagebücher, Bd. 2, S. 113.

[210] Vgl. Verordnung über die Kriegskommissare bei der Roten Arbeiter- und Bauernarmee vom 16.7.1941, Abs. 2:, Abs. 3. Druck: Die Sowjetunion, Bd. 1, Dok. 113. Vgl. hierzu auch PA-AA, R 60705: AOK 2, Abt. I c/VAA, „Bericht Nr. 6" vom 24.7.1941, wo berichtet wird, dass die gefangenen Rotarmisten sehr bewusst zwischen den „alten" und den „neuen" Kommissaren unterscheiden würden. „Wenn sie ihre alten Kommissare hätten, würden sie überhaupt nicht gekämpft haben."

[211] Vgl. Buchbender, Erz, S. 161.
Ein besonders bekanntes Beispiel einer solchen Karriere ist der spätere Generalsekretär Leonid Iljitsch Breschnew (1906–1982), der während seines Militärdienstes in den Jahren 1933–1936 zum Politruk ernannt wurde. Im Oktober 1941 wurde er Kommissar einer Brigade, im Mai 1945 war er Kommissar der 4. Ukrainischen Front.

[212] Colton, Commissars, S. 75.

[213] IfZ-Archiv, MA 1637: 296. Inf. Div., Abt. I c, Tätigkeitsbericht für die Zeit vom 1.1.–31.3.1942; IfZ-Archiv, MA 1619: Inf. Rgt. 135, Tagesmeldung an die 45. ID vom 23.6.1942; BA-MA, RH 39/377: „Meine Kriegserlebnisse 1941/42 in Rußland als ehem. Hauptfeldwebel der 3. Kp./Pz. Rgt. 35". Hürter, Heinrici, S. 72 (Brief vom 1.8.1941): „Vorläufig sagen sie [die kriegsgefangenen Rotarmisten] immer, sie wollten nicht kämpfen, aber die Kommissare zwängen sie dazu." Ferner „Fahrtberichte", S. 236: „Der Div. Kdr. [52. ID] führte den hartnäckigen Widerstand der Russen auf den Einfluß der Kommissare zurück, die in vorderer Linie kämpfen." Nicht beweisen lässt sich die folgende Behauptung Reinerts: „Es ist bekannt, daß Rote Kommissare die Verstümmelung deutscher Gefallener befehlen, um die deutsche Truppe zu Vergeltungsmaßnahmen zu veranlassen, wodurch das Überlaufen der russ. Soldaten verhindert werden soll." BA-MA, MSg 2/5320: NL Hans P. Reinert, Tagebuch, Eintrag vom 13.3.1942.

[214] Es spricht für sich, wenn die NS-Propagandisten dies selbst einzusehen begannen, es aber bewusst der deutschen Gesellschaft verschwiegen; so erklärte Goebbels intern am 2.8.1941: „Es ist auch nicht richtig, daß die Sowjetsoldaten nur deshalb nicht bis zum letzten kämpfen, weil

Zum Teil konnten sich die deutschen Soldaten auch persönlich davon überzeugen, dass der stalinistische Repressionsapparat nicht allein die Armee in seinen Griff genommen hatte, sondern auch die übrige sowjetische Gesellschaft. So trafen Angehörige der 4. Panzerdivision im Oktober 1941 im Gefängnis von Orel auf die Leichen von Gefangenen, die man in ihren Zellen hatte verhungern lassen[215], während die 296. ID bei ihrem Einmarsch in Lemberg mit den dortigen Massakern des NKWD konfrontiert wurde[216]. Diese Verbrechen wurden zwar zum Gegenstand militärjuristischer Ermittlungen, Verfahren, die einer wirklichen Rechtsfindung gedient hätten, blieben jedoch aus[217]. Stattdessen beschränkte sich die deutsche Reaktion darauf, bloßen Terror durch Terror zu beantworten.

Die Deutschen neigten schließlich auch dazu, die Rolle der sowjetischen Nomenklatura im beginnenden Partisanenkrieg zu überschätzen. Sicherlich war es mehr als nur ein „paranoides Sicherheitsdenken"[218], wenn man auf deutscher Seite annahm, „daß die im Rücken der Truppe aufgetretenen Partisanengruppen [...] weniger durch die Masse der Bevölkerung unterstützt [würden] als durch die noch vorhandenen politischen Funktionäre und sonstige aktivistisch eingestellte Kommunisten"[219], dass die sowjetischen Kader auch nach dem deutschen Einmarsch „die Bevölkerung unter Druck halten"[220] oder eine „dauernde Flüsterpropaganda"[221] betreiben würden. Denn die Führung der Kommunistischen Allunions-Partei hatte 1941 an ihre knapp 4 Millionen Mitglieder[222] die Parole ausgegeben,

---

die Kommissare sie sonst erschießen würden. Die aktiven Divisionen bestehen aus aktiven Bolschewisten, die in ihrem System das Paradies erblicken [...]. Das kann natürlich dem deutschen Volk vorläufig noch nicht so deutlich gesagt werden, obwohl es viel zur Klärung beitragen würde." Boelcke (Hrsg.), Geheime Goebbels-Konferenzen, S. 240f. (Konferenz vom 2.8.1941).

215 O. Verf., Sturm im Osten, S. 230. Dass bei Orel auch sowjetische Massengräber gefunden wurden, bestätigt Pohl, Herrschaft, S. 137, Anm. 46.
216 BA-MA, MSg 2/5316: NL Hans P. Reinert, Tagebuch, Eintrag vom 3.7.1941ff.
217 Vgl. Zayas, Wehrmacht-Untersuchungsstelle, S. 333ff.
218 So Heer, Hitler war's, S. 272. Anders hingegen: Wilenchik, Partisanenbewegung, S. 156f.; Arnold, Wehrmacht, S. 425.
219 So das AOK 2, dem damals die 45. ID unterstellt war, am 7.8.1941. Zit. bei: Förster, Sicherung, S. 1040. Ferner Hürter, Militäropposition, S. 559f. (Bericht der H.Gr. Mitte vom 14.8.1941): „Nach den von hier getroffenen Feststellungen scheinen die Partisanen aber nur dann eine Aktivität zu entwickeln, wenn sie in der Hand von Offizieren, Funktionären oder Kommissaren sind. Sobald sie aber ohne die Aufsicht sind, zerstreuen sie sich und versuchen ihre Heimatdörfer zu erreichen."
220 IfZ-Archiv, MA 1619: 45. Inf. Div., Abt. Ia, Tagesmeldung für den 14.10.41 an XXXIV. AK. Ferner Hürter, Heinrici, S. 105 (Kriegsbericht vom 5.11.1941): „In der Gegend gibt es viele Partisanen. Die bolschewistische Regierung hat angeordnet, daß alle Parteimitglieder zum Zweck dieser Tätigkeit zurückbleiben."
IfZ-Archiv, MA 1590: 4. Pz. Div., Abt. Ic, „Feindnachrichten" vom 30.8.1941: „Die Einzelgänger rekrutieren sich aus absichtlich zurückgelassenen Kommissaren oder Bolschewisten. Sie haben den Auftrag, versprengte oder geflohene Rotarmisten zu sammeln und kleine Partisanengruppen zu bilden."
221 BA-MA, RH 20-2/1453: Korück 580, Kdt., „Lagebericht" vom 21.1.1942. Auch die 45. ID berichtete, dass „ehem. Parteifunktionäre als harmlose Zivilisten herumlaufen und die Bevölkerung aufzuwiegeln versuchen". IfZ-Archiv, MA 1622: 45. Inf. Div., Abt. Ic, Tätigkeitsbericht für die Zeit vom 12.3.–31.3.1942.
Vgl. ferner BA-MA, RH 27-4/109: 4. Pz. Div., Abt. Ic, Tätigkeitsbericht, Eintrag vom 24.11.1941: „In Schischlowa und Nowinki bewaffnete Partisanengruppen unter Führung von Kommissaren vernichtet."
222 Segbers, Sowjetunion, S. 73. Niedriger die Angabe (2,5 Mio.) bei Rigby, Communist Party Membership in the U.S.S.R., S. 52.

sich von den Deutschen überrollen zu lassen[223]. Tatsächlich sollten jene, die nicht evakuiert wurden, als „vostočniki"[224] eine Schlüsselfunktion in dem sich formierenden Untergrund übernehmen[225]. Doch war auch hier die Wirklichkeit komplizierter. Sieht man einmal davon ab, dass es gerade bei den einfachen Parteimitgliedern durchaus auch die Bereitschaft zur Kollaboration mit den Deutschen geben konnte[226], so existierten auch genügend Guerillagruppen, die ihren Kampf eben *nicht* unter sowjetischen Vorzeichen führen wollten[227]. Trotzdem stilisierten die Deutschen auch in diesem Fall „den" Kommissar zum „Sündenbock", mit dessen finsteren Machenschaften sich ihr Machtverlust, vor allem aber die eigenen Fehler leicht entschuldigen ließen. Doch kamen die deutschen Okkupanten nicht um die Einsicht herum, dass die sowjetische Partisanenbewegung mehr als eine Wurzel hatte.

Auch sonst mussten die Deutschen bei der Einschätzung der zivilen Funktionäre umlernen. Anfangs sahen sie in ihnen nur „Bonzen". Einem Regimentskommandeur aus der 296. ID fiel im eroberten Kiew auf, dass „die Machthaber riesige Parteibauten aufgebaut" hätten, während man der Bevölkerung ansehe, „daß sie unter einer Zwangsherrschaft gelebt" habe[228]. Im Stab der 2. Armee amüsierte man sich über die prall gefüllten Magazine, die sich die Funktionäre reserviert hätten, wobei deren „Betreten nebenbei bemerkt bei Todesstrafe verboten war"[229]. Und auch dem Oberleutnant Reinert, der sich im September 1941 in einer Villenkolonie am Rande Kiews einquartiert hatte, galt schon die offensichtliche Wohlhabenheit der sowjetischen Oberschicht als ein Beweis für die Verderbtheit des Bolschewismus: „Das ist ja Plutokratismus in Reinkultur! Wo bleiben da die Prinzipien des Kommunismus? Da haben sich doch die Kiewer Plutokraten und Juden mitten in einen herrlichen und gepflegten Wald – oder besser Park – hinein Sommerhäuser und Wochenendhäuschen gestellt, denen man nicht absprechen kann, daß sie trotz ihrer Konstruktion aus Holz teilweise recht hübsch und niedlich sind. Sie sind bestimmt nicht billig gewesen."[230]

---

[223] So die VKP(b) in ihrem grundlegenden Aufruf vom 18.7.1941. Druck: Armstrong (Hrsg.), Soviet Partisans, S.653–655 (Doc. 1).
[224] Vgl. hierzu Musial, Sowjetische Partisanen, S.33ff.; Hesse, Sowjetrussischer Partisanenkrieg, S.53f. Anfangs war der Anteil der Funktionäre in den Partisanengruppen sehr hoch; er lag noch im Frühjahr 1942 zwischen 25 und 40 Prozent, um danach auf etwa durchschnittlich 10 Prozent abzusinken. Der Anteil an Mitgliedern des Komsomol, der Jugendorganisation der Kommunistischen Allunions-Partei/VKP (b), lag zwischen 15 bis 30 Prozent. Vgl. Armstrong (Hrsg.), Soviet Partisans in World War II, S.128ff., 145, 152ff., 167ff. und 194ff.
[225] IfZ-Archiv, MA 1666: Lds. Rgt. 45, Befehl betr. „Partisanenbekämpfung", in dem betont wird, dass die „Gruppe der geschulten Partisanen" über „viele Intelligenzen als Führer z.B. Kolchos-Direktoren und Sowjet-Beamte" verfügten.
[226] Vgl. IfZ-Archiv, MA 91/3: Chef SiPo und SD, Ereignismeldung UdSSR Nr.144 vom 10.12.1941: „Es kann immer wieder festgestellt werden, daß kommunistische Parteimitglieder ohne besondere Funktion und jüngsten Eintrittsdatums zurückbleiben und den Wunsch äußern, ihre Arbeit unter der Deutschen Wehrmacht wieder aufnehmen zu können."
[227] Vgl. hierzu Kap.5.5.
[228] BayHStA, Abt.IV, NL Thoma 5: IR 519, Kriegstagebuch, Eintrag vom 21.9.1941.
[229] PA-AA, R 60704: AOK 2, Abt.I c/A.O. (VAA), „Bericht Nr.12" vom 24.8.1941. Vgl. auch IfZ-Archiv, MA 1669: 221. Sich. Div., Abt.I c, Meldung betr. „Feindorientierung" vom 2.1.1942: „Politruks erregen hinter der Front angeblich durch ausschweifendes Leben Mißstimmung."
[230] BA-MA, MSg 2/5317: NL Hans P. Reinert, Tagebuch, Eintrag vom 1.9.1941. Von einem überzeugten Nationalsozialisten wie Reinert, für den die bolschewistischen Führer „Bestien" waren, war etwas anderes kaum zu erwarten. Vgl. ferner BA-MA, MSg 2/5317: NL Hans P. Reinert, Tagebuch, Eintrag vom 24.9.1941.

Auch in diesem Fall wäre das nachzuholen, was diese Chronisten nicht getan haben[231] – es gilt zu differenzieren. Dass die sowjetische Elite privilegiert war, und zwar auf Kosten der übrigen Gesellschaft, bedarf keiner weiteren Beschreibung; erwähnt sei aber, dass diese Kader, die angeblich doch alles entscheiden sollten, nicht minder den gnadenlosen Prinzipien „des" stalinistischen Systems unterlagen[232] und auch seinen nicht enden wollenden Säuberungswellen. Doch galt auch hier: Die meisten Wehrmachtsangehörigen bekamen überhaupt nicht die Gelegenheit, zu einem Bild der sowjetischen Oberschicht zu kommen, das irgendwie facettenreicher gewesen wäre. Denn in der Regel waren diese Funktionäre – wie es bei Reinert heißt – bereits „generell beseitigt"[233], oder sie waren, wie man in der 296. ID höhnisch registrierte, ganz einfach „verduftet"[234]. Auch hier machten sich die deutschen Invasoren erstaunlich wenig Gedanken darüber, warum dies so war. Dass sich die sowjetischen Funktionseliten von den neuen Machthabern nicht freiwillig liquidieren lassen wollten, war eigentlich nachvollziehbar. Viel wichtiger aber war ein anderer Aspekt: Den deutschen Kritikern entging, dass das Ausweichen der sowjetischen Führung: der technischen Spezialisten und Facharbeiter, aber auch der zahlreichen Staats-, Partei- und Sicherheitsfunktionäre[235], in erster Linie Teil eines groß angelegten Programms war, in dessen Verlauf über zehn Millionen Menschen nach Osten evakuiert wurden[236]. Wenn sich die sowjetischen

---

[231] Auch die militärischen Kommissare wurden – zumindest gelegentlich – nicht von dieser moralischen Diskreditierung ausgenommen. So berichtete man bei der 296. ID, sowjetische Offiziere und Kommissare, die bei der Truppe verblieben waren, forderten dazu auf, bis zur letzten Patrone zu kämpfen, „obwohl sie meist ein schlechtes Beispiel gaben" und sich zuweilen selbst in Sicherheit zu bringen suchten. IfZ-Archiv, MA 1637: 296. Inf. Div., Abt. I c, Tätigkeitsbericht für die Zeit vom 28. 9.–25. 10. 1941.

[232] Vgl. etwa Stalins bekannten Befehl Nr. 270 vom 16. 8. 1941, der allen Kommandeuren und Kommissaren, „die sich während des Kampfes verkriechen und Angst haben", Degradierung oder die Todesstrafe androhte. Druck: Buchbender, Erz, Dok. 3 (S. 295 f.).

[233] BA-MA, MSg 2/5316: NL Hans P. Reinert, Tagebuch, Eintrag vom 17. 7. 1941: „Jedes Kollektiv erhält einen deutschen Leiter. Spärlicher Anbau, magerer Boden, ohne Düngung, Ernte verhältnismäßig gut. Für unsere Ernährung sind beachtliche Mengen Getreide vorhanden. [...] Kommissare sind generell beseitigt."
Dass man dabei auch sonst, im Stile einer Art Damnatio memoriae, die Erinnerung an das alte System zu tilgen suchte, belegt folgender Befehl: „Straßen und Plätze sind nur dann umzubenennen, wenn dies dringend erforderlich ist, z. B. wenn bisher Straßennamen mit sowjetischen Begriffen und Namen sowjetischer Führer verwendet wurden. Name des Führers oder Offz. zu benutzen ist strengstens verboten." BA-MA, RH 27-4/165: 4. Pz. Div., Abt. I b, „Besondere Anordnung für die Versorgung Nr. 142", vom 14. 11. 1941.

[234] BayHStA, Abt. IV, NL Thoma 3: Tagebuch, Brief vom 17. 7. 1941. Dort heißt es auch: „Von diesen Bonzen haben wir noch keinen erwischt." Vgl. auch seinen Brief vom 20. 7. 1941: „Der Kommissar ist natürlich geflüchtet." Ferner seinen Brief vom 21. 9. 1941: „Diejenigen, die sich besser kleiden konnten, waren wohl nur die Kommissare und Funktionäre. Und diese sind natürlich alle getürmt. Diese haben ja, was man aus den Villen und Wohnungseinrichtungen schließen kann, wohl sehr luxuriös und gut gelebt." Ein ganz ähnlicher Tenor in: BA-MA, RH 24-7/140: 221. Sich. Div., Abt. I c, Bericht betr. „Allgem. Lage im Raum von Bialystok" an VII. A. K. vom 1. 7. 1941.
Dass NKWD und Miliz mitunter tatsächlich als erste „evakuiert" wurden, Musial, Musial, „Konterrevolutionäre Elemente", S. 103.

[235] Segbers, Sowjetunion, S. 171; 168; Pohl, Herrschaft, S. 124.

[236] Bis Februar 1942 wurden ca. 10 Millionen Sowjetbürger in Richtung Osten evakuiert, davon 9 400 000 Menschen in insgesamt 192 000 Sonderzügen, die man aus Güterwaggons gebildet hatte. Vgl. Segbers, Sowjetunion, S. 183. Ferner: Barber/Harrison, The Soviet Home Front, 1941–1945, S. 127 ff. Noch höher die Schätzung bei Gerlach (Morde, S. 378), der die Zahl der Evakuierten auf 10 bis 17 Millionen Menschen schätzt.

Funktionäre nicht in den Untergrund begeben hatten, dann hatten sie sich, nicht selten im Gefolge von Hunderten großer Rüstungsbetriebe[237], nach Osten abgesetzt, um dort einen langfristig angelegten Gegenschlag vorzubereiten. Es spricht für die Arroganz der deutschen Eroberer und gegen ihren Wirklichkeitssinn[238], wenn ihnen entging, dass sich hier ganz neue Fronten aufbauten, auf die sie nur noch schwer einwirken konnten.

5.1.7 Ein Fazit

Beim „Kommissarbefehl" wollte man in der Wehrmacht indes umdenken, und zwar schon relativ bald. Dass man mit dem bisherigen Konzept, das allein auf die Verteufelung und Beseitigung der sowjetischen Politoffiziere zielte, nicht mehr recht weiterkam, dürfte den deutschen Militärs spätestens bei der Pleite aufgegangen sein, die sie im September 1941 mit dem Flugblatt 150 RA erlebten[239]. Das Flugblatt 150 RA war nicht irgendein Flugblatt, wie sie damals zu Hunderttausenden über der Front des Gegners abgeworfen wurden. Dieses Flugblatt, gedruckt „in einer bisher wohl einmaligen Massenauflage von 160 Millionen Exemplaren", stand im Zentrum einer propagandistischen „Großaktion", die die Abteilung Propaganda im OKW initiiert hatte: „Haut den Juden-Kommissar. Seine Fresse schreit nach einem Ziegelstein", stand dort auf russisch. Der Passierschein auf der Rückseite sollte diese Aufforderung erleichtern. Gleichwohl zeigte diese Aktion „nur wenig Wirkung", wie man im OKW kurz darauf eingestehen musste[240]. Die Kommissare wurden mittlerweile nur noch selten von ihren eigenen Leuten beseitigt[241].

---

[237] Für dieses riesige Evakuierungsprogramm hatte man einen eigenen „Rat für Evakuierungen" eingesetzt; ihm wurde in der Zeit vom 26.9.1941–31.1.1942 ein weiteres zentrales Sonderorgan beigeordnet, die „Verwaltung für die Evakuierung der Bevölkerung". Diesen Organisationen gelang es, zwischen 1700 und 2000 Industriewerke, mit samt großer Teile ihrer Belegschaft nach Osten abzutransportieren. Vgl. Segbers, Sowjetunion, S. 120.

[238] Teilweise konnten sich auch die Stäbe an der Front aus den Berichten ihrer Gefangenen darüber informieren. Vgl. etwa BA-MA, RH 27-4/109: 4. Pz. Div., Abt. I c, Tätigkeitsbericht, Eintrag vom 25.9.1941: „Im Nachrichtenblatt 41 liegt die Vernehmung des gef[angenen] Oberbefehlshabers der 5. russ[ischen] Armee und des gefangenen Art[illerie-]Kommandeurs dieser Armee vor. Beide Generale in politischer Beziehung sehr zurückhaltend. Keinerlei abfällige oder systemfeindliche Äußerungen. General Potapow erwähnt, daß Wladiwostok 10 000 km entfernt und daß die Verlagerung der Industrie in das Uralgebiet weitgehend durchgeführt sei. Beide Generale rechnen mit langer Kriegsdauer." BA-MA, RH 27-4/109: 4. Pz. Div., Abt. I c, Tätigkeitsbericht, Eintrag vom 25.9.1941. Ferner auch ebda. vom 26.9.1941, wo über die Vernehmung des Brigadekommissars Kamenew berichtet wird, „zuletzt beim Stab der 5. Armee. Nach seinen Angaben kam der Krieg angeblich völlig überraschend. Annäherung an Deutschland in der Zeit vor dem Kriege sei in den Kreisen der politischen Arbeiter der Roten Armee begrüßt worden. Die Regierung werde den Krieg unter allen Umständen fortsetzen."

[239] Vgl. Buchbender, Erz, S. 98. Auch zum Folgenden. Dort (S. 100f.) auch ein Faksimile dieses Flugblatts.

[240] So das OKW/Amt Wehrmachtpropaganda in einem Bericht an General Jodl vom 12.9.1941, zit. bei: Buchbender, Erz, S. 99.

[241] So das AOK 2 in einem Bericht vom 30.7.1941, zit. bei: Buchbender, Erz, S. 99. Anfangs aber hatte es solche Vorkommnisse immer wieder gegeben. Vgl. etwa die folgende Beobachtung des Generals Heinrici: „Da die Kommissare die Soldaten am Überlaufen hindern und sie mit der Pistole zum Kampf zwingen, schlagen die Soldaten nun wieder die Kommissare tot." Hürter, Heinrici, S. 65 (Brief vom 5.7.1941). Ferner Friedrich, Gesetz, S. 469; Merridale, Iwans Krieg, S. 81 f.

Viel häufiger wurden gerade sie für ihre Einheiten zum Fels in der Brandung der Schlacht.

Der Rest der Geschichte ist bekannt. Im Mai 1942 wurde der „Kommissarbefehl" ausgesetzt, zumindest im Operationsbereich der Wehrmacht, bereits im nächsten Monat warben deutsche Propaganda-Kompanien mit Flugblättern, die den sowjetischen „Politarbeitern" eine gute Behandlung in Aussicht stellten[242]. Überblickt man die Geschichte des „Kommissarbefehls", so handelt es sich hier also nicht allein um den „Musterfall eines langfristig angelegten, planmäßigen Kriegsverbrechens" (Felix Römer), hier handelt es sich auch um einen höchst bemerkenswerten Lernprozess. Innerhalb eines einzigen Jahres hatte sich die Strategie der Wehrmacht um 180 Grad gedreht. Hatte diese zunächst das Ziel verfolgt, die sowjetische Armee (und in einem zweiten Schritt auch das bolschewistische System) durch die Vernichtung ihrer politischen Führung gewissermaßen zu „enthaupten", so stellte sie ein gutes Jahr später zumindest die militärischen Funktionäre ins Zentrum einer Propagandakampagne, die nun auf deren Vereinnahmung und nicht mehr auf ihre Vernichtung zielte. Ein solcher Wandel war nicht selbstverständlich, erst recht nicht in einem System wie dem nationalsozialistischen. Die Initiative hierzu kam eindeutig aus der Truppe – nicht aus den militärischen oder gar den politischen Zentralinstanzen.

Das kann die Schuld, welche die Wehrmacht in den vorhergehenden Monaten bei der Umsetzung dieses Mordbefehls auf sich geladen hatte, nicht verkleinern. Schon am Beispiel unseres Samples offenbart sich, dass ein inhumaner Auftrag wie der „Kommissarbefehl" in der Truppe zunächst auf fruchtbaren Boden fallen konnte. Sicher ist: Von fünf Formationen haben drei: die 4. Panzer-, noch mehr aber die 221. Sicherungsdivision und der Korück 580, diesen Befehl ausgeführt. Dagegen bleiben die Angaben von der 45. und noch mehr der 296. Infanteriedivision diffuser. In Zahlen ausgedrückt heißt das: Von den beiden Besatzungsverbänden sind viele Morde sicher belegt – sehr wahrscheinlich liegen sie allein bei diesen beiden Verbänden in einem mittleren dreistelligen Bereich. Die 4. Panzerdivision dürfte vermutlich mehrere Dutzend Morde zu verantworten haben, während sich von der 45. und der 296. Infanteriedivision dagegen nur sagen lässt, dass in ihren Befehlsbereichen im Winter 1941/42 bzw. zu Beginn des Ostkriegs Kommissare erschossen wurden.

Die Zahlen, die wir sicher kennen, sind zweifelsohne Mindestzahlen. Das liegt schon allein daran, dass die Quellen unvollständig sind und dass die Truppe einen Teil der Kommissare auf eigene Initiative „erledigte"[243]. Trotzdem sollte man den Umfang der Dunkelziffer nicht *zu hoch* veranschlagen. Aufgrund der Befehlslage bestand für die Truppe nicht die geringste Notwendigkeit, ihre Taten nach oben zu verschweigen. Ganz davon abgesehen wäre es widersinnig gewesen und hätte den Gepflogenheiten der deutschen Militärbürokratie widersprochen, wenn die Täter über den Vollzug dieses verbrecherischen Befehls teilweise Buch geführt hätten und teilweise nicht. Schon deshalb scheint die Aussagekraft der vorgefundenen

---

[242] Vgl. Buchbender, Erz, S. 162 f.
[243] So findet sich der Vorfall, über den Farnbacher berichtet, nicht in den amtlichen Akten, schon weil diese im Fall der 4. Panzerdivision einige Lücken aufweisen.

Meldungen sehr groß. Sie sind – keine Frage – unvollständig, bieten aber doch einen Anhaltspunkt für die jeweilige Größenordnung dieses Verbrechens.

Hier fällt der deutliche Unterschied zwischen den Front- und den Besatzungsverbänden sofort ins Auge. Im Hinterland wurden eindeutig mehr Vertreter der sowjetischen Elite umgebracht, und darüber haben die Täter auch ungeniert Buch geführt. In den Meldungen der Frontverbände ist von deutlich weniger Opfern die Rede, teilweise sind diese Meldungen auch weniger eindeutig[244]. Erklären lässt sich dieser Widerspruch nicht nur mit dem Selbstverständnis dieser Einheiten, sondern auch mit der Forderung des „Kommissarbefehls", die fechtende Truppe möge sich ganz auf ihren militärischen Auftrag konzentrieren und sich mit einem langwierigen Screening der Gefangenen „nicht aufhalten"[245]. Die Einheiten im Hinterland verfügten hingegen nicht nur über mehr Zeit, um sich damit abzugeben. Entscheidend war auch, dass sich dieses Verbrechen sehr viel leichter mit ihren übrigen Aufgaben (Stichwort: Kriegsgefangene) und ihrem Umfeld (Stichwort: Einsatzgruppen) in Übereinstimmung bringen ließ.

Auch das kann erklären, warum in den ausführlichen wie akribischen Tagebüchern von Farnbacher, Hauswedell und Reinert, alles Angehörige von Frontdivisionen, Hinweise auf eine Durchführung des „Kommissarbefehls" oder nur vorsichtige Andeutungen in diese Richtung eine sehr seltene Ausnahme bleiben. Das drastische Beispiel zu Beginn dieses Kapitels bleibt zumindest im Tagebuch Farnbachers, also in seinem institutionellen Umfeld, ein Einzelfall. Dabei ist die historiographische Bedeutung der genannten Tagebücher sehr groß: Ihre Autoren waren Chronisten, die zuweilen fast schon manisch alles festgehalten haben, was sich in ihrer Umgebung ereignete, selbst wenn dies nur Ausschnitte waren[246]. Trotzdem bietet schon dieses Panorama die Möglichkeit, dieses Verbrechen zu kontextualisieren und seinen Stellenwert abzuschätzen. Der Befund scheint relativ klar: Im Alltag der kämpfenden Truppe spielte die Umsetzung des „Kommissarbefehls" eine untergeordnete Rolle – selbst dort, wo man diesen verbrecherischen Auftrag prinzipiell akzeptierte.

Der Auszug aus den Aufzeichnungen Farnbachers hat freilich noch etwas verdeutlicht: Aufgrund der Befehlslage konnte im Grunde jeder Vorgesetzte die Initiative bei diesem Verbrechen übernehmen. Ob sie das dann auch taten, hing nicht nur vom Charakter, vom Weltbild und von der Funktion dieser Vorgesetzten ab, sondern noch mehr von ihrem Umfeld, in dem sie agierten. Das heißt: Die Gruppe an potentiellen Tätern war zwar groß, doch ist die Bedeutung jener kleinen

---

[244] So sind die „Aussonderungen", auf die immer wieder verwiesen wird, noch kein sicherer Hinweis auf eine Ermordung, schon weil bei allen sowjetischen Kriegsgefangenen stets die Trennung von Führung und Mannschaften vorgesehen war. Dabei sollte es – wie etwa ein Befehl der 45. ID vom Juni 1942 belegt – auch bleiben. Vgl. etwa die „Richtlinien für das Verhalten der Truppe in Rußland", Druck: Ueberschär/Wette (Hrsg.), „Unternehmen Barbarossa", S. 312; IfZ-Archiv, MA 1623: 45. Inf. Div., Abt. I c, Tätigkeitsbericht für die Zeit vom 14. 6.–30. 9. 1942, Anlage 4: „Abschub von Kriegsgefangenen".

[245] Teil I, 5 des Kommissarbefehls lautete: „Alle oben genannten Maßnahmen dürfen die Durchführung der Operationen nicht aufhalten. Planmäßige Such- und Säuberungsaktionen durch die Kampftruppe haben daher zu unterbleiben." Druck: Jacobsen, Kommissarbefehl, Dok. 12.

[246] Da sich alle drei in Stabsfunktionen – zumindest auf Regimentsebene – befanden, waren sie nicht nur über Ereignisse in ihrem Regiment, sondern auch in der Division überdurchschnittlich gut informiert.

Gruppe, die gewissermaßen qua Amt den „Kommissarbefehl" umzusetzen hatte – zu nennen wären hier vor allem die dritten Generalstabsoffiziere, die I c's, die Angehörigen des Kriegsgefangenenwesens, die Geheime Feldpolizei oder die Feldgendarmerie –, kaum zu unterschätzen. Dass von ihnen die mit Abstand meisten Aufzeichnungen stammen, die sich mit dem Vollzug dieses Befehls beschäftigen, ist sicherlich kein Zufall.

Von den vielen Verbrechen, welche die Wehrmacht in der Sowjetunion zu verantworten hat, verdient gerade der Mord an den sowjetischen Kommissaren und Funktionären besonderes Interesse. Gewiss gab es Verbrechen, die sehr viel mehr Opfer forderten. Doch wird gerade im Falle des „Kommissarbefehls" das Vorsätzliche besonders deutlich. Zu Beginn des Ostkriegs scheint die Akzeptanz dieses Mordbefehls in der Truppe noch relativ groß gewesen zu sein, selbst wenn sich von Anfang an ein verhältnismäßig großes Verhaltensspektrum zeigt, das alle nur denkbaren Reaktionen umfasst – von Verweigerung oder Ignorierung über Ablehnung, Konformität, bewusster Zustimmung bis hin zu einer eigenständigen Radikalisierung dieses Befehls – schon weil in diesem Fall nicht allein Intentionen eine Rolle spielten, sondern auch die Funktionen, die eine Einheit wahrnahm. Relativ sicher scheint freilich auch, dass die Skepsis gegenüber diesem Befehl mit zunehmender Dauer des Krieges wuchs, dass sein Sinn mehr und mehr in Frage gestellt wurde.

Auch dieser Prozess lässt mehrere Deutungen zu: Waren – wie man nach 1945 immer wieder hervorkehrte – ethische Motive wirklich ausschlaggebend? Oder handelte es sich nicht doch um reines Kalkül, um ein leidenschaftsloses militärisches Zweckdenken, weil die militärischen Kommandostellen diesen Befehl nicht so sehr für verbrecherisch wie ganz einfach für verkehrt hielten?

Schließlich existiert noch ein Aspekt, der Beachtung verdient: Die sowjetischen Kommissare und Funktionäre waren keine ganz gewöhnliche Opfergruppe, sie repräsentierten ein Regime, an dessen „terroristisch-totalitärem Grundzug" kein Zweifel bestand[247]. Allerdings: An einer Auseinandersetzung mit diesem Regime, die das Prädikat „juristisch" auch nur ansatzweise verdient hätte, hatte die Wehrmachtsführung kein Interesse[248]. Vielmehr fungierte sie selbst als Werkzeug eines nicht minder totalitären Systems, dessen politische Zielsetzung sich im Falle der besiegten Sowjetunion darauf beschränkte, die eine Terrorherrschaft durch eine andere abzulösen. Dass hier ein politischer Ansatz wie der Antibolschewismus, der mit Blick auf die sowjetische Gesellschaft durchaus eine legitime politische Funktion hätte erfüllen können, von vorneherein missbraucht wurde, steht für die Wehrmachts- und auch die höhere Truppenführung außer Frage.

Etwas anders musste sich dies für die übrigen Soldaten darstellen. Die Absichten ihres Obersten Kriegsherrn konnten sie bestenfalls erahnen. Was ihnen dagegen weniger verborgen blieb, waren die Missstände, Ungerechtigkeiten und auch Verbrechen, die den sowjetischen Alltag prägten und für die sie nun – einseitig wie

---

[247] So Hildermeier, Geschichte der Sowjetunion, S. 631.
[248] Teil III des Kommissarbefehls lautete: „Die Kriegsgerichte und die Standgerichte der Regiments- usw. Kommandeure dürfen mit der Durchführung der Maßnahmen nach I und II nicht betraut werden." Druck: Jacobsen, Kommissarbefehl, Dok. 12.

undifferenziert – „die" Kommissare verantwortlich machten[249]. Psychologisch besonders verhängnisvoll wirkten in dieser Hinsicht die Leichenfelder, die das NKWD zu Kriegsbeginn in den sowjetischen Westgebieten zurückließ und die gewissermaßen wie Mahnmale an der Grenze des sowjetischen Imperiums wirkten. Sie spielten der deutschen Hass-Propaganda perfekt in die Hände[250]. Wenn etwa ein deutscher Kriegsteilnehmer nach Besichtigung der Zitadelle von Złoczów (dort hatte man zwischen 650 und 700 Leichen gefunden[251]) sich über „diese verfluchten, diese verdammten Mörder" erregte, dann lässt sich nachvollziehen – aber nicht entschuldigen! –, warum das „Hassobjekt Kommissar" zunächst so viel Anklang in der Truppe fand. Im Kampf zweier totalitärer Unrechtssysteme musste die Unterscheidung zwischen Propaganda und Wirklichkeit, zwischen Recht und Unrecht, zwischen Schuld und Vergeltung die meisten Soldaten überfordern. Auch der Wehrmacht ist dies zunächst nicht gelungen. Doch ist ihr – immerhin – zugutezuhalten, dass sie ihren Standpunkt revidierte und dass sie dies auch gegenüber der obersten Führung durchsetzte. Zahlenmäßig aber bildeten die Kommissare nur den Bruchteil einer anderen Gruppe, die viel größer war: die sowjetischen Kriegsgefangenen. Angesichts ihrer Bedeutung sind sie das Thema der folgenden beiden Kapitel.

---

[249] Vgl. IfZ-Archiv, MA 1590: Pz. AOK 2, Abt. I c, „Feindnachrichten Nr. 10" vom 17.10.1941, Anlage 3 „Propaganda unter den sowjetischen Arbeitern": „Es ist immer wieder hervorzuheben, daß Deutschland zwar Feind des Bolschewismus, aber keineswegs der Feind der sowjetischen Arbeiter sei. Im Gegenteil werde der deutsche Sieg auch hier die Befreiung und überall das Ende der schamlosen Arbeitersklaverei bringen. An die Stelle des bolschewistischen Stachanow-Systems, das für einen – gemessen an seiner Kaufkraft – unvorstellbar elenden Lohn ein unbilliges Höchstmaß an Arbeitsleistung aus den versklavten Menschen heraus preßte", würden nun „angemessene Löhne" treten. „Mit den Methoden der Zuchthausverwalter und Sklavenhalter, die bisher in Geltung waren, wird zugunsten einer vernünftigen gerechten Organisation der Arbeit Schluß gemacht."

[250] Vgl. hierzu Musial, „Konterrevolutionäre Elemente", S. 200 ff.

[251] Vgl. ebda., S. 127, Zitat S. 213.

5.2 Kriegsgefangene I: Gefechtszone[1]

5.2.1 Annäherung an die Kampfzone

Nicht nur die Kommissare, auch die übrigen sowjetischen Kriegsgefangenen[2] sollten schon bald merken, dass es sich beim Krieg gegen Deutschland um keinen gewöhnlichen Krieg handelte. Gerade Kriegsgefangene sind in besonderem Maße vom Gutdünken ihres Gegners abhängig, ihre Gefährdung ist groß, nicht zuletzt im Moment der Gefangennahme. Als besonders hart galten die Kämpfe zu Beginn dieses Krieges, in der Phase des ersten Aufeinanderprallens der beiden feindlichen Heere, oder dann, wenn eines dieser beiden Heere ums Überleben kämpfte – während der Kesselschlacht von Kiew etwa oder im Winter 1941/42. Bei den Divisionen, die uns interessieren, war das nicht anders. Ihr Beispiel lehrt freilich auch, wie schnell die Situationen wechseln konnten. Es gab Kämpfe, in denen die deutschen Angreifer „alles tot" schlugen, „was ihnen in die Quere" kam[3], und bei denen ihre sowjetischen Gegner ihnen nichts schuldig blieben. Dazwischen lassen sich aber auch lange Phasen beobachten, in denen die Interaktion der beiden Kontrahenten so verlief, wie es Kriegsrecht und Kriegsbrauch eigentlich vorsahen. Der Blick in den Mikrokosmos des Geschehens offenbart, dass dessen Darstellung mehr bedarf als nur einiger Schlagworte.

Wie aber lässt sich jene „Zone extremster Verwerfungen und Tumulte"[4] angemessen beschreiben? Die Gegner konnten sich so ineinander verbeißen, dass es hinterher schier unmöglich scheint, dieses Knäuel an Ereignissen wieder zu entwirren[5]. Schon allein das ist freilich eine wichtige Erkenntnis: Das Verhalten der einen Seite lässt sich von dem der anderen unmöglich trennen. Schon Clausewitz war sich dessen bewusst: Der Krieg sei ein Akt der Gewalt, „und es gibt in der Anwendung derselben keine Grenzen; so gibt jeder dem anderen das Gesetz, es entsteht eine Wechselwirkung, die dem Begriffe nach zum Äußersten führen muß"[6]. Das war eine Diagnose aus dem 19. Jahrhundert. Über hundert Jahre später hatten die Staaten eigentlich Grenzen gezogen, die eben diese Verselbständigung der Gewalt verhindern sollten. Doch handelte es sich bei Hitler-Deutschland und der stalinistischen Sowjetunion um zwei Gegner, die schon vor diesem Krieg immer wieder unter Beweis gestellt hatten, dass sie – gelinde gesagt – ideologische und politische Interessen höher bewerteten als die Prinzipien des Rechts. Daran

---

[1] Mein besonderer Dank gilt an dieser Stelle Reinhard Otto (Lemgo) für die vielfältigen Anregungen, Informationen und den stets fruchtbaren Austausch.

[2] Vgl. mit dem Forschungsüberblick von Osterloh, Sowjetische Kriegsgefangene; ders., Verdrängt, vergessen, verleugnet.

[3] Bock, Tagebuch, S. 204 (Eintrag vom 30.6.1941): „Die Truppenkommandeure berichten, daß die Hinterlist der Russen, die so tun, als ob sie sich ergeben, um dann von neuem zu schießen, unsere Leute so zur Wut gebracht hat, daß sie alles totschlagen, was ihnen in die Quere kommt. Auch über Verstümmelung deutscher Verwundeter liegen Berichte vor."

[4] Schlögel, Promenade in Jalta, S. 297f.

[5] Zum Mechanismus von Gewaltexzessen bei militärischen Auseinandersetzungen vgl. Schneider, Reaktionen auf Gefechtsstress; Grossman, On Killing; Bourke, An Intimate History of Killing; Shay, Achill in Vietnam.

[6] Clausewitz, Vom Kriege, S. 62. Dass das Prinzip der reziproken Radikalisierung in diesem Zusammenhang eine große Rolle spielte, bestätigt Pohl, Herrschaft, S. 206.

sollte sich nichts ändern, erst recht nicht in einem Moment, wo es um ihre Existenz ging.

Angesichts der Wechselwirkungen, die sich daraus ergaben, kommt man nicht darum herum, das Verhalten *beider* Kontrahenten zu schildern: Wie hat man sich die Auseinandersetzung von Roter Armee und Wehrmacht an den „Hauptkampflinien" vorzustellen? Wie weit war bereits hier der ideologische Charakter dieses Krieges zu erkennen? Und wie gerieten die Soldaten in Gefangenschaft? Dies ist das Thema der ersten beiden Abschnitte dieses Teilkapitels. Der dritte Abschnitt wird sich dann auf das Schicksal der sowjetischen Kriegsgefangenen konzentrieren, und zwar auf die erste Phase ihrer Gefangenschaft, auf ihren Abschub aus der Gefechtszone – auf eine Phase also, die zu Recht als eine „Periode erhöhter Gefährdung" charakterisiert wurde[7].

5.2.2 Die deutschen Angreifer

5.2.2.1 Das eine Gesicht der deutschen Kriegführung: Härte, Utilitarismus, Morde

Beginnen wir zunächst mit dem Verhalten der Angreifer. Sie waren es, von denen die Gewalt ausging. Selbst wenn die „Battlefield Performance" der Wehrmacht sehr unterschiedlich aussehen konnte, so ist doch offensichtlich, dass es in der preußisch-deutschen Militärgeschichte noch nie einen Krieg gegeben hatte, in dem die Ideologie das Geschehen auf dem Schlachtfeld so beeinflusste wie in diesem Fall. Deshalb soll zunächst von diesem Aspekt die Rede sein. Ein Beispiel dafür, ein Beispiel von vielen, ist die Reportage eines Kriegsberichterstatters, der die 296. ID bei einem Sturmangriff begleitete[8]: „Grüne Stahlhelme, gelbe Uniformen! Einige springen aus ihren Löchern heraus und werfen die Waffen weg. Immer wieder diese Verbrechertypen und Gaunervisagen! Sie haben Angst um ihr Leben und reden und reden. Weiter! Weiter! Jetzt nicht mehr zur Ruhe kommen lassen! 20, 30 Bolschewisten ziehen wir aus den Stellungen heraus. Einige wollen wieder nicht raus, sie schießen auch noch. Da hilft eben alles nichts, Handgranaten hinein. Wumm! Zwei kriechen aus dem Loch, sie sind leicht verwundet, die anderen sind tot. Sie wollen nicht anders. Ekelhaft ist dieser Buschkrieg. […] Die Bolschewiken sind völlig überrascht. Verdattert und um ihr Leben zitternd marschieren sie mit erhobenen Händen in die deutsche Gefangenschaft. Ob sie immer noch glauben, dass sie erschossen werden?"

Hier handelt es sich um Propaganda. Doch findet sich in den Akten und Tagebüchern der militärischen Kommandobehörden immer wieder der lakonische Vermerk, Gefangene habe man nicht gemacht[9]. „Keine Gefangenen machen"; das konnte vieles heißen:

---

[7] Streit, Kameraden, S. 162.
[8] Prop. Kp. (mot.) 637, Bericht Dr. Fred Grossenbauer, „Elan gegen Sturheit", o. D. Original-Manuskript im Besitz d. Verf. Diese Propaganda-Kompanie war damals bei der 296. Inf. Div. im Einsatz.
[9] Vgl. etwa die folgenden Beispiele: Halder, Kriegstagebuch, Bd. III, S. 42 (Eintrag vom 4.7.1941): „Kämpfe mit den Russen außerordentlich hart. Es werden nur wenige Gefangene gemacht." BA-MA, RH 21-2/335: Pz. AOK 2, Abt. I a, Fernsprechbuch, Eintrag vom 6.5.1942: „Gegner

– Der Gegner kämpft mit äußerster Todesverachtung und ist bereit, auf dem
  Schlachtfeld zu sterben, weil er diese Möglichkeit einkalkuliert, weil er dazu
  gezwungen wird oder weil – was bei der Roten Armee vermutlich am häufigsten
  der Fall war – beide Faktoren eine Rolle spielen.
– Der Gegner ergibt sich, doch wird dies von der Gegenseite nicht akzeptiert.
– Der Gegner ergibt sich, er wird gefangen genommen, aber nach dem Abflauen
  der Kämpfe ermordet.
– Der Gegner wird bei den Kämpfen versprengt und bei seiner Gefangennahme, die
  erst geraume Zeit nach Abschluss der Kämpfe erfolgt, mit der völkerrechtswidrigen Begründung ermordet, er habe dadurch den Kombattantenstatus verloren.
– Und schließlich, auch diese Möglichkeit soll nicht unerwähnt bleiben: Es werden keine Gefangenen eingebracht, weil sich hierzu ganz einfach keine Möglichkeit bietet.

Um Verbrechen handelt es sich bei den Fällen 2 bis 4, wobei sie jeweils unterschiedliche Ursachen haben; auch folgt ihr Verlauf verschiedenen Mustern. Diese
sind im Folgenden zu schildern.

Exzesstaten auf dem Schlachtfeld Während ihrer Kapitulation sind Soldaten besonders gefährdet: Die Erregung des Kampfes ist noch nicht abgeklungen, und der
Übergang vom Status des Kombattanten zu dem des Kriegsgefangenen vollzieht
sich mitunter so schnell oder dramatisch, dass Exzesse[10], aber auch bloße Missverständnisse nicht selten sind. Wenn den deutschen Soldaten während des Gefechts
der Finger locker am Abzug saß, so lag das nicht allein an der brutalen Logik „des"
Krieges, die eine differenzierte Reaktion erschwerte. Der deutsch-sowjetische
Krieg hatte seine speziellen ideologischen, rechtlichen (weil der Kriegsgerichtsbarkeitserlass die individuellen Spielräume enorm erweitert hatte) und militärischen
Signaturen, die Übergriffe förmlich provozieren mussten – erinnert sei etwa an die
hohen Verluste, die für Erbitterung und auch für Exzesse *während* der Kämpfe
sorgen konnten. Zwar entzogen sich diese meist der Wahrnehmung der oberen
Kommandobehörden, die privaten Aufzeichnungen der Kriegsteilnehmer deuten
aber darauf hin, dass zumindest zeitweise von einer solchen Praxis auszugehen
ist[11]. Das gilt auch für die Kampfverbände unseres Samples[12]. Enerviert von ihrem

aus Ssonin Lug herausgeworfen, leider keine Gefangenen gemacht." Vgl. auch mit der Bemerkung des Gen.ltn. Karl Wilhelm v. Schlieben am 3.7.1944 in einer heimlich vom CSDIC aufgezeichneten Besprechung, in: Neitzel (Hrsg.), Abgehört, S. 248.
10 Der Begriff „Exzesse", bzw. „Exzesstaten" orientiert sich an der Definition von Herbert Jäger
  (Verbrechen unter totalitärer Herrschaft, S. 22), der sie als „individuelle Taten in kollektiven
  Ausnahmezuständen" beschreibt.
11 Weitere Beispiele bei Gerlach, Morde, S. 774ff.; ders., Verbrechen deutscher Fronttruppen in
  Weißrußland 1941-1944; Hürter, Heinrici, S. 62f. (Eintrag vom 23.6.1941); Mallmann/Rieß/
  Pyta (Hrsg.), Deutscher Osten 1939-1945, S. 23; Hürter, Heerführer, S. 359ff.; Hilger, Kriegsgefangene, S. 288f.
12 *4. Pz. Div.:* BA-MA, MSg 1/3268: Fritz Farnbacher, Tagebuch, Einträge vom 25.7. und
  13.8.1941; BA-MA, RH 27-4/111: Pz. Aufkl. Abt. 7, Meldung an die 4. Pz. Div. vom 14.8.1941;
  45. Inf. Div.: Ludwig Hauswedell, Kriegstagebuch 1941/42 (4.5.41-21.4.1942), Kopie im Besitz d. Verf., Eintrag vom 2.8.1941; *296. Inf. Div.:* BA-MA, MSg 2/5316: NL Hans P. Reinert,
  Tagebuch, Einträge vom 22.6., 24.6., 25.6., 27.6. und vom 30.7.1941: „Gefangene werden keine

Marsch durch die Pripjetsümpfe machte die 45. ID eine Zeitlang „kaum noch Gefangene"[13]; für den Oberleutnant Reinert war zu Beginn des Krieges „klar"[14], dass
man gegenüber „Heckenschützen" kein Pardon geben könne; angeblich habe es
sich bei ihnen um sowjetische Soldaten im „Zivilrock" gehandelt. Dass man hier
sehr wahrscheinlich reguläre und irreguläre Kämpfer großzügig zusammenfasste,
war für Reinert kein Problem; mit diesem Gegner wollte man sich, und das war
damals der springende Punkt, nicht lange aufhalten. Dass auch die Uniform die
gegnerischen Kombattanten nicht immer schützte, belegt jedenfalls ein Tagebucheintrag Farnbachers vom 25. Juli; er registrierte damals „tote Russen", die „drüben
über dem Ssosh" lägen, „die einen vergeblichen Versuch gemacht haben, herüber
zu kommen; einer hatte noch zum Zeichen seiner Ergebung das Gewehr in den
Sand gesteckt, da steckt es immer noch neben seiner Leiche."[15] Allerdings waren
solche Exzesse kein Dauerzustand, auch damals nicht. Gerade die privaten Tagebücher, die sich über Hunderte von Tagen erstrecken, lassen erkennen, wie schnell
die Stimmung an der Front wechseln konnte: Phasen, in denen es vergleichsweise
„professionell" zuging, wurden abgelöst von solchen, wo der Krieg rasch eskalierte. Nach dem ersten, fast schon nervösen Kennenlernen zu Beginn des Krieges
schien sich die Interaktion der beiden Kontrahenten zeitweise wieder dem anzunähern[16], was man von anderen Kriegsschauplätzen gewöhnt war[17], selbst wenn
diese „Normalität", wie etwa die Ereignisse während der großen Kesselschlacht
um Kiew belegen, brüchig war[18].

Im Spätherbst 1941 überkreuzten sich dann zwei Entwicklungen: die beginnende militärische Stagnation und das Bekanntwerden des berüchtigten Reichenau-
Befehls in der Truppe[19]. Da die Gewalteskalation an der Ostfront in einem denkbar engen Zusammenhang mit der militärischen Entwicklung stand, musste spätestens jetzt die Bereitschaft an der Basis wachsen, den üblen Parolen Reichenaus
Folge zu leisten. Nun geschah es immer häufiger, dass man gar keine Gefangenen
mehr einbrachte[20] oder dass man diese kurzerhand „erledigte"[21] – aus Hass, aus

---

gemacht, da der Russe unsere Verwundeten und Gefangenen zusammenschlachtet, mit einer
Bestialität und einem Sadismus, wie ihn nur ein Asiate haben kann. Es ist ein Kampf, den man
mit Worten nicht beschreiben kann."

[13] Ludwig Hauswedell, Kriegstagebuch 1941/42 (4.5.1941–21.4.1942), Kopie im Besitz d. Verf.,
Eintrag vom 2.8.1941.

[14] BA-MA, MSg 2/5316: NL Hans P. Reinert, Tagebuch, Einträge vom 24.6. und 25.6.1941.
Reinert schreibt von Exekutionen auf dem Gefechtsfeld sowie von niedergebrannten Häusern.

[15] BA-MA, MSg 1/3268: Fritz Farnbacher, Tagebuch, Eintrag vom 25.7.1941.

[16] Offiziere wie der Leutnant Fritz-Dietlof Graf von der Schulenburg (damals Inf. Rgt. 9) sahen
schon bald „eine Gefahr für die Disziplin darin, wenn unsere Leute anfangen, auf eigene Faust
‚umzulegen'". Zit. nach: Heinemann, Ein konservativer Rebell, S.73 (Tagebucheintrag vom
28.6.1941).

[17] Vgl. auch mit der Einschätzung von Hürter, Heerführer, S.370.

[18] BA-MA, MSg 1/3268: Fritz Farnbacher, Tagebuch, Eintrag vom 9.9.1941.

[19] Zum Befehlsweg vgl. mit dem Prolog.

[20] Wenn etwa das AOK 2 in der Zeit von Januar bis März 1942 nur noch 2497 gefangene Rotarmisten meldete, so hatte das sicherlich nicht nur militärische Gründe. BA-MA, RH 20-2/1445:
AOK 2, Abt. OQu./Qu. 2, Tätigkeitsberichte, Anlage, o.D.

[21] So die zeitgenössische Propagandaschrift der 4. Pz. Div.: O. Verf.: Sturm im Osten, S.281: „Die
ausbootende restliche Besatzung wird erledigt."

Überforderung oder aus Bequemlichkeit[22], aber auch, dieses Motiv war neu, weil die Deutschen so schlecht auf den Winter vorbereitet waren, dass man sich an Hitlers menschenverachtende Weisung hielt, man solle „Gefangene und Einwohner rücksichtslos von Winterkleidung entblößen"[23]. Diese Willkür zeigte sich damals überall – bei der 4. Panzerdivision, die damals offen Rache forderte „für alle Bestialitäten, die deutschem und artverwandtem Volkstum zugefügt" worden seien[24] (was dann unter ihren Angehörigen für „wohlberechtigte Erbitterung"[25] sorgte) oder bei der 296. ID, wo man damals, so die makabre Bemerkung Reinerts, das Mittel der Gefangenenerschießung nicht „sparsam" einsetzen wollte[26]. Die gute Ausrüstung eines Kriegsgefangenen oder die Mühseligkeit seines Abtransports konnten für ihn schon das Todesurteil bedeuten[27]. Als man etwa Ende Dezember 1941 einige Pioniere der 4. Panzerdivision befragte, „was die [Gefangenen] ausgesagt hätten, sagt man uns, man habe die alle umgelegt – es mögen so 30 Mann gewesen sein; der Weg zur Sammelstelle sei zu weit gewesen. Es ist ein fast tierisches Lachen, das ich höre, wie man das uns mitteilt!"[28] Farnbachers empörter Ausruf: „Wie ist es doch um uns bestellt! Das hätte man vor fünf Monaten einmal sagen oder wagen sollen", markiert nicht nur den immensen Abstand zwischen einer vergangenen Normalität und der gegenwärtigen Bestialität, sondern verdeutlicht auch, wie sehr der Verfall von Disziplin mit der der Moral Hand in Hand ging. Immerhin gab es auch Gegenbeispiele, Einheiten, die ihre Gefangenen auch da-

---

[22] Vgl. hierzu BA-MA, MSg 1/3275: Fritz Farnbacher, Tagebuch, Einträge vom 7.12. und 9.12.1941; MSg 1/3276: Fritz Farnbacher, Tagebuch, Einträge vom 30.12.1941, 5.1.1942 und 18.1.1942.
Ferner BA-MA, RH 27-4/109: 4. Pz. Div., Abt. I c, Tätigkeitsbericht, Eintrag vom 16.11.1941: „A.R. 103 meldet die Erschießung von 2 russ. Soldaten."
[23] OKW/WFSt/Abt. L/I, Fernschreiben an OKH/Op.Abt. vom 21.12.1941, Druck: KTB OKW, Bd. I, Dok. 111.
Dass so etwas systematisch betrieben wurde, belegt der Befehl des XXIV. Pz. Korps, dem die 4. Pz. Div. damals unterstellt war: „Der Nachschub an sonstiger Winterausrüstung kann vorerst den Bedarf nicht decken. Aufbringung aus dem Lande ist gemäß den seinerzeit ergangenen Befehlen mit Nachdruck zu betreiben. Schneeschuhe, Schneehemden, Pelze u. Filzstiefel pp. sind gefangenen oder gefallenen Russen abzunehmen." BA-MA, RH 27-4/19: XXIV. Pz. Korps, Abt. I a/Qu., Befehl vom 12.1.1942. Vgl. ferner BA-MA, MSg 1/3276: Fritz Farnbacher, Tagebuch, Einträge vom 30.12.1941 und 5.1.1942.
[24] IfZ-Archiv, MA 1590: 4. Pz. Div., Abt. I c, „Entwurf: Div.-Tagesbefehl", o. D.
[25] Schaub, Panzer-Grenadier-Regiment 12, S. 84. Generell hierzu Hürter, Heerführer, S. 359ff.
[26] BA-MA, MSg 2/5319: NL Hans P. Reinert, Tagebuch, Eintrag vom 31.1.1942. Dort schildert Reinert, wie ein Stoßtrupp seiner Division im Januar 1942 zwanzig sowjetische Soldaten findet, die sich zur Tarnung im Schnee vergraben haben. „6 Mann davon werden als Gefangene zurückgebracht", während die anderen kurzerhand erschossen werden – für Reinert selbst kein Problem: „Da die anderen keine Gefangenen machen, bzw. die Gefangenen alle umbringen, ist für uns kein Grund gegeben, so sparsam [damit] umzugehen."
Zur Situation bei der 45. Inf. Div. vgl. Gschöpf, Weg, S. 276: „Schwer litten die Kämpfer durch Mangel an Winterbekleidung. Der abnormal scharfe Wind brachte Temperaturen um 45 Grad. Dabei hatte niemand warme Wäsche, geschweige denn Strick- oder Pelzsachen, keine starken warmen Stiefel, keine warmen Handschuhe, keine Kopfschützer. Ab und zu gelang es, gefangenen Russen Mäntel und Pelzmützen abzunehmen."
Ferner Buchbender, Das Andere Gesicht des Krieges, S. 91f. Brief F. T. (Art. Rgt. 98, 45. Inf. Div.) vom 5.1.1942: „Habe mir von den Russen manche warmen Sachen angeeignet […]."
[27] Vgl. hierzu IfZ-Archiv, MA 1582: 4. Pz. Div., Abt. I a, Schreiben an das XXXXVII. Pz. Korps vom 20.3.1942, in dem ihr Erster Generalstabsoffizier offen zugab, dass die Angehörigen dieser Division „während des Rückzuges im Dezember viele Hunderte von russ[ischen] Gefangenen an der Straße elend verrecken sahen".
[28] BA-MA, MSg 1/3276: Fritz Farnbacher, Tagebuch, Eintrag vom 30.12.1941.

mals ganz anders behandelten. Erst ab Frühjahr 1942, mit der allmählichen Wende in der deutschen Kriegsgefangenenpolitik[29], wurde das an der Front aber wieder zum Allgemeingut. Dieser Wandel speiste sich nicht nur aus politischen und ethischen Überlegungen. Mit dem beginnenden Stellungskrieg wurde der Krieg nicht nur übersichtlicher, es wurden immer weniger Gefangene eingebracht, während der Bedarf an Arbeitskräften „allerorts" wuchs[30].

Vergeltungstaten nach Beendigung des Gefechts Neben diesen Exzesstaten konnten sowjetische Gefangene im Gefechtsgebiet auch so genannten Vergeltungsaktionen zum Opfer fallen. Hier handelte es sich in der Regel um Exekutionen, die von der Führung befohlen oder gefördert wurden, wenn die Kämpfe schon abgeklungen waren. Diese Vergehen waren ebenfalls nicht frei von Emotionen, doch tritt hier das Moment des Spontanen und Situativen zurück hinter dem des Vorsätzlichen, dem der bewusst kalkulierten Rache. Zu Verbrechen dieser Art, welche die deutsche Seite als Repressalien deklarierte, kam es vor allem zu Beginn des Ostkriegs, die Oberkommandos der 6. und 9. deutschen Armee gingen sogar so weit, „systematische Vergeltungsmaßnahmen" anzuregen[31]. Allerdings versprach sich der Oberbefehlshaber des Heeres, Generalfeldmarschall Walther von Brauchitsch, schon recht früh, am 9. Juli 1941, „von der Erschießung selbst einer Vielzahl Kriegsgefangener gegenüber den Russen [...] keinen Erfolg". Vielmehr befürchtete er „eine zunehmende Erbitterung der Kämpfe"[32]. Dies sei aber „unerwünscht". Dass diese Worte nicht folgenlos blieben, bestätigt unser Ausschnitt. Abgesehen von der Erschießung der Kommissare[33] lassen sich hier in den Wochen *nach* Brauchitschs Intervention keine Vergeltungsaktionen mehr nachweisen. *Davor* meldeten die 45.[34] und die 296. ID die Exekution von je zwei sowjetischen Gefangenen, die 296. ID „auf Grund eines Feldkriegsgerichtsurteils", weil die beiden Rotarmisten „den in Gefangenschaft geratenen Oberschützen Knorr, I.R. 519, in ihrem Bunker erschossen" hätten[35]. Möglicherweise ging die Truppe jedoch dazu über, solche

[29] Vgl. mit Kap. 5.3 sowie mit dem Prolog.
[30] BA-MA, RH 20-2/1445: AOK 2, Abt. O.Qu./Qu. 2, Tätigkeitsbericht für die Woche vom 30.11.–6.12.1941. Seit dem 11.11.1941 war die Zahl der im Bereich der 2. deutschen Armee wöchentlich eingebrachten Gefangenen erstmals auf unter 1000 gefallen, und zwar auf insgesamt 621 Mann. ebda., Anlage o. D.
Im Januar 1942 wurden in diesem Frontabschnitt 1692 Gefangene, im Februar 1942 dann 538 Gefangene und im März 1942 nur noch 267 Gefangene eingebracht. BA-MA, RH 20-2/1455: AOK 2, Abt. O.Qu./Qu. 1, Kriegstagebuch, Anlage, o. D.
[31] Vgl. hierzu Hürter, Heerführer, S. 364; Streit, Kameraden, S. 108 mit Anm. 155f.
[32] BA-MA, RH 21-2/639: OKH, General z. b. V. beim OKH, Meldung an AOK 6 betr. „Völkerrechtswidrige Behandlung deutscher Soldaten in sowjetrussischer Kriegsgefangenschaft" vom 9.7.1941.
[33] Vgl. Kap. 5.1.
[34] IfZ-Archiv, MA 1617: Pio. Btl. 81, Tagesmeldung an 45. Inf. Div. vom 24.6.1941; Ben-Arie, Brest-Litowsk, S. 89. Offenbar handelte es sich hier um zwei Gefangene, die man in einem Teil der Brest-Litowsker Festung aufgebracht hatte, die man schon für erobert hielt. Dass das deutsche Verhalten nicht völkerrechtskonform war, bedarf in diesem Fall keiner besonderen Hervorhebung.
[35] IfZ-Archiv, MA 1637: 296. Inf. Div., Abt. I c, „Tätigkeitsbericht für die Zeit vom 22.6.–29.6.1941" vom 30.6.1941. Wie weit dieser Exekution ein Verfahren vorausgegangen war, das die Bezeichnung rechtskonform verdient, lässt sich nur schwer beurteilen. Immerhin war es nicht selbstverständlich, dass man Fälle wie diese überhaupt noch an ein Kriegsgericht abgab.

Vorfälle selbst zu „regeln", so dass dies nur selten aktenkundig wurde[36]. Trotzdem scheinen Verbrechen dieser Art – so zumindest der Eindruck aus unserem Sample – im weiteren Verlauf des Krieges kaum eine Rolle gespielt zu haben.

Die Ermordung überrollter Rotarmisten   Viel häufiger kam es dagegen vor, dass die deutschen Oberbefehlshaber in allen Kombattanten, über die die deutsche Front hinweggerollt war, ganz einfach Gefangene sahen[37]. Gerade an diesem Beispiel, an der bloßen Deklaration eines Sieges, der vielleicht im Operativen errungen worden war, aber damit nicht zwangsläufig im Taktischen, zeigt sich besonders deutlich, welch mörderische Allianz militärfachliches Zweckdenken und ideologisch motivierte Inhumanität eingehen konnten. Schon am 25. Juli 1941 befahl das OKH, versprengte Rotarmisten hätten „sich sofort bei der nächsten deutschen Wehrmachtsdienststelle zu melden. Geschieht das nicht, sind sie von einem gebietsweise festzusetzenden Zeitpunkt ab als Freischärler anzusehen und entsprechend zu behandeln."[38] Zwar verlängerte der General Max von Schenckendorff als Befehlshaber des Rückwärtigen Heeresgebiets Mitte zweimal die gesetzte Frist: zunächst auf den 31. August, dann nochmals auf den 15. September[39], doch konnte er damit die Wirkung dieser besonders perfiden Entscheidung nur teilweise abschwächen, die insgesamt vermutlich Zehntausenden sowjetischer Soldaten das Leben gekostet hat[40].

Naturgemäß dürften diese Exekutionen, wie bereits die Reaktion Schenckendorffs vermuten lässt, in einiger Entfernung zum Kampfgeschehen erfolgt sein. Dafür spricht auch das Beispiel unseres Samples. Die mit Abstand meisten Fälle

---

[36] Ein Beispiel gibt es aus dem Nachbarkorps: BA-MA, MSg 1/1148: NL Joachim Lemelsen, Tagebuch, Eintrag vom 2.12.1941, wo zugleich deutlich wird, wie sehr propagandistische Stereotypen die Wahrnehmung beeinflussen konnten: „Am Dorfeingang baumelten an einem Balken aufgereiht etwa 15 Rotarmisten. Davor steht auf einem Schild: ‚Diese Bestien haben in der Nacht zum 25./26.11.41 verwundete deutsche Soldaten verstümmelt und ermordet.' Schauerliches Bild, schreckliche asiatische Typen. Gegen solche Tiere in Menschengestalt müssen deutsche Soldaten kämpfen!" Weitere Beispiele bei Römer, Befolgung, S. 191 f.
[37] Hürter, Heerführer, S. 366 ff.
[38] Druck: Ueberschär/Wette (Hrsg.), „Unternehmen Barbarossa", S. 349 f. Vgl. hierzu Gerlach, Morde, S. 875 ff. Auch zum Folgenden.
[39] IfZ-Archiv, MA 856: Bfh. Rückw. Heeres-Geb. Mitte, Abt. I a, „Korpsbefehl Nr. 40" vom 16.8.1941. Dort heißt es weiter: „Ich verbiete bis dahin das Erschießen von versprengten russ. Soldaten, soweit sie nicht im Kampf, mit der Waffe oder bei Plünderungen gestellt werden. Die gegebenen Sonderbefehle bleiben bestehen." Diese Frist wurde von Schenckendorff noch einmal verlängert; am 14.9.1941 befahl er aber: „Die Frist mit der Aufforderung an die Rotarmisten westwärts des Dnjepr, sich bis zum 15.9. zu melden, wird nicht verlängert. Die nach diesem Zeitpunkt in dem Raume westlich des Dnjepr aufgegriffenen russ[ischen] Soldaten in Uniform oder Zivil sind nach den gegebenen Befehlen entsprechend zu behandeln." IfZ-Archiv, MA 1661: Bfh. Rückw. Heeres-Geb. Mitte, Abt. I a, „Korpsbefehl Nr. 52" vom 14.9.1941.
[40] Zu hoch wahrscheinlich Streits Schätzung (Kameraden, S. 107), der in diesem Zusammenhang von einer ‚hohen fünfstelligen, wenn nicht sechsstelligen Zahl von Opfern' ausgeht. Streim (Behandlung, S. 244) spricht von einer Opferzahl von „mindestens 120 000 sowjetischer Kriegsgefangener im OKW-Bereich und wenigstens 20 000 im Operationsgebiet". Das entspricht etwa den Angaben Gerlachs (Morde, S. 839 mit Anm. 353 und 354), die auf einer Angabe von Gestapo-Chef Heinrich Müller basieren, der am 5.12.1941 intern erklärte, es seien bisher 16 000 Gefangene erschossen worden, womit wahrscheinlich nur die Lager im Operationsgebiet gemeint waren. Gerlach schätzt daher, dass allein von der Heeresgruppe Mitte während der Jahre 1941 bis 1944 „etwa 10 000 Kriegsgefangene" an die Einsatzgruppe abgegeben wurden. Auch Pohl (Herrschaft, S. 206) meint, dass infolge dieses Befehls die Opfer „in die Tausende" gingen.

gehen auf das Konto der beiden Besatzungsverbände, das folgende Teilkapitel wird das noch zeigen. Bei der kämpfenden Truppe finden sich einige Fälle bei der 4. Panzerdivision[41], aber mehr Befehle und Berichte, aus denen das glatte Gegenteil hervorgeht: Die Kampfverbände brachten ihre Gefangenen auch dann in die Armee-Gefangenen-Sammelstellen[42], wenn sie diese erst lange nach Ende der Kämpfe aufstöberten[43]. Grundlage dafür war eine Intervention der Heeresgruppe Mitte, derzufolge „Partisanen in voller Uniform" [sic] als Kriegsgefangene anzusehen seien[44]. Das schließt eine gewisse Dunkelziffer an Morden nicht aus, doch wird gerade an diesem Fall deutlich, dass das Verhalten „der" Wehrmacht durchaus unterschiedlichen Mustern folgen konnte[45].

Zur Behandlung der weiblichen Kriegsgefangenen   Eine besonders gefährdete Gruppe unter den sowjetischen Kriegsgefangenen bildeten schließlich die Frauen[46].

---

[41] BA-MA, MSg 1/3274: Fritz Farnbacher, Tagebuch, Einträge vom 9.11., 13.11., 24.11., 25.11. und 30.11.1941; IfZ-Archiv, MA 1590: II./Art.-Rgt. 103, Meldung an das Art. Rgt. 103 vom 13.11.1941, in der die „Erschießung von 2 russ. Soldaten" gemeldet wird.

[42] Vgl. etwa IfZ-Archiv, MA 1590: Pz. Gr. 2, Abt. I a, Befehl vom 24.6.1941: „Zahlreiche russische Soldaten haben die Uniform ausgezogen und treiben sich als ‚Zivilpersonen' im Gefechtsgebiet herum. Sie sind im allgemeinen kahl geschoren und tragen teilweise behelfsmäßig abgeänderte Uniformstücke. Diese Leute sind von der Truppe gefangen zu nehmen, als Kriegsgefangene zu behandeln [!] und in die Gefangenensammelstellen abzuschieben."
BA-MA, RH 27-4/19: 4. Pz. Div., Kdr., Fernspruch vom 11.11.1941: „Es ist festgestellt worden, daß in hiesiger Gegend sich zahlreiche in Zivil umgekleidete russische Soldaten aufhalten, die aus dem Brjansker Kessel entkommen sind und versuchen, sich nach Osten durchzuschlagen. Ich ordne daher an, daß in allen z.Zt. von der Division belegten Ortschaften der Zivilbevölkerung bekannt gegeben wird, daß das Verlassen der Ortschaft verboten ist, daß bei den in den Ortschaften befindlichen nicht ortsansässigen Männern festgestellt wird, ob es sich um Soldaten handelt. Diese sind sofort der Gefangenenauffangstelle zuzuführen [...]."
In diesem Sinne auch die 296. Inf. Div., die ebenfalls deutlich darauf hinwies, dass es sich bei abgesprengten Teilen der Roten Armee nicht automatisch um Freischärler handele. IfZ-Archiv, MA 1633: 296. Inf. Div., Abt. I a, Befehl vom 8.7.1941.

[43] Vgl. IfZ-Archiv, MA 1622: 45. Inf. Div., Abt. I c, Tätigkeitsbericht für die Zeit vom 1.1.–31.1.1942, in dem gemeldet wird, dass „aufgegriffene ehemalige Angehörige der Roten Armee [...] der Gefangenensammelstelle zugeführt" worden wären. In diesem Sinne agierte auch die 221. Sich. Div. seit ihrem Fronteinsatz. Damals erließ sie einen Befehl, in den nicht von der Truppe besetzten Ortschaften seien sofort Einwohnerwehren zu bilden. Diese hätten „Rotarmisten mit der aus der ‚Bekanntmachung' ersichtlichen Zusicherung, daß ihnen nichts geschieht, dem nächsten deutschen Truppenteil zuzuführen." IfZ-Archiv, MA 1669: 221. Sich. Div., Abt. I c, „Tätigkeitsbericht für die Zeit vom 15.12.1941 bis 21.3.1942". Offenbar hielt die 221. Sich. Div. auch danach daran fest. Vgl. etwa IfZ-Archiv, MA 1672: 221. Sich. Div., Abt. I a, Kriegstagebuch, Eintrag vom 18.7.1942, wo von der Festnahme von 381 Rotarmisten berichtet wird.
Diese Praxis herrschte auch im Bereich der 2. Panzerarmee. BA-MA, RH 21-2/639: Gruppe Geheime Feldpolizei 639 beim Pz. AOK 2, „Tätigkeitsbericht für Monat April 1942" vom 25.4.1942.

[44] Nach einer Intervention des I c/A.O. der Heeresgruppe Mitte, Oberstleutnant i. G. Rudolf-Christoph Frhr. von Gersdorff, erließ diese Heeresgruppe am 11.9.1941 einen Befehl, demzufolge „Partisanen in voller Uniform [...] als Kriegsgefangene zu behandeln" seien. Auf dieser Grundlage formulierte acht Tage später auch der Befehlshaber des Rückwärtigen Heeresgebiets Mitte einen entsprechenden Befehl, der unter bestimmten Bedingungen eine Behandlung als reguläre Kombattanten ermöglichen sollte. Vgl. Gerlach, Morde, S. 878f. mit Anm. 104; IfZ-Archiv, MA 1661: Bfh. Rückw. Heeres-Geb. Mitte, Abt. I a, „Korpsbefehl Nr. 54" vom 19.9.1941.

[45] Vgl. in diesem Zusammenhang auch Hürter, Heinrici, S. 110f. (Kriegsbericht vom 19.11.1941).

[46] Während des Zweiten Weltkriegs sollen in der Roten Armee etwa 800 000 bis 1 000 000 Frauen gedient haben, die Hälfte von ihnen an der Front. Vgl. hierzu Erickson, World War 2 and the Soviet People; Conze/Fieseler, Soviet Women; Cottam, Women in War (Einzelbeispiele);

Da der Einsatz von Frauen an der Waffe in der Wehrmacht nicht vorkam[47], reagierten deren Angehörige mit Erstaunen, aber auch mit Angst, Widerwillen und offenem Hass[48], wenn sie in den gegnerischen Linien auf Frauen trafen, selbst wenn diese meist Funktionen wie Sanitäterinnen, Fernmelderinnen oder Fahrerinnen wahrnahmen[49]. Wie wenig selbst das den kulturellen Mustern der deutschen Armee entsprach[50], verdeutlicht der berüchtigte Befehl, den das AOK 4 am 29. Juni 1941 ausgab[51]: „Frauen in Uniform sind zu erschießen." Das VII. Armeekorps und ihr folgend die 221. Sicherungsdivision gaben diesen Mordbefehl noch am selben Tag weiter – ohne jede Einschränkung. Über die Folgen schweigen die Quellen. Sicher belegen lässt sich nur, dass die 221. später, als sie weit hinter der Front, im Rückwärtigen Heeresgebiet Mitte operierte, immer wieder „Flintenweiber" erschoss[52]. An der Front galten damals längst andere Richtlinien. Denn auch im AOK 4 hatte man schnell einsehen müssen, dass ein solcher Mordbefehl selbst unter den Vorzeichen dieses Kriegs nicht haltbar war. Schon am 1. Juli 1941 revidierte man ihn – mit dem bezeichnenden wie offenherzigen Zusatz, dieser sei „irrtümlich" ergangen[53].

Trotzdem blieben Rotarmistinnen gefährdet, wenn sie das Unglück der Kriegsgefangenschaft traf, zumindest im Jahr 1941[54]. Auf deutscher Seite galten sie eher

Seidler, Frauen zu den Waffen?, S. 352 ff.; Pennington, Offensive Women; Glantz, Colossus Reborn, S. 551 ff.
Generell zur Rolle von Frauen im Krieg: Opitz, Von Frauen im Krieg zum Krieg gegen Frauen; Zipfel, Wie führen Frauen Krieg?; Seifert, Gender, Nation und Militär; Hagemann/Pröve (Hrsg.), Landsknechte, Soldatenkrieger und Nationalkrieger; Bourke, Killing, S. 306 ff.

[47] Eine Ausnahme bildeten die letzten Monate des Krieges. Vgl. Gersdorff, Frauen im Kriegsdienst 1914–1945, S. 60 ff.; Seidler, Blitzmädchen; Kundrus, Nur die halbe Geschichte; Maubach, Als Helferin in der Wehrmacht.

[48] Vgl. hierzu Theweleit, Männerphantasien, Bd. 1, S. 88 ff.; Klinkhammer, Partisanenkrieg, S. 833 ff.

[49] Vgl. mit Glantz, Colossus, S. 552.

[50] Generell hierzu Freytag, Kriegsbeute „Flintenweib", S. 32–36; Strebel, Feindbild „Flintenweib".

[51] IfZ-Archiv, MA 1660: VII. A.K., Abt. I a, „Besondere Anordnungen für den Korpsbefehl für den 30.6.41" vom 29.6.1941; IfZ-Archiv, MA 1666: 221. Sich. Div., Abt. I a, Anordnung vom 29.6.1941. Beide Befehle basieren auf dem Befehl des übergeordneten AOK 4. Vgl. hierzu Hürter, Heerführer, S. 365.
Fraglich dagegen die Aussage eines kriegsgefangenen deutschen Soldaten, derzufolge eine entsprechende Weisung schon vor dem 22.6.1941 in seinem Truppenteil ausgegeben worden sein soll. Heer (Hrsg.), „Stets zu erschießen [...]", S. 10. Zur Kritik an Heer vgl. auch Pohl, Herrschaft, S. 202, Anm. 7.

[52] IfZ-Archiv, MA 1665: 221. Sich. Div., Abt. I a, Meldung an den Bfh. Rückw. Heeres-Geb. Mitte vom 29.7.1941 (2 weibliche „Kommissare" festgenommen), 17.9.1941 (1 „Flintenweib" erschossen), 1.10.1941 (11 Zivilistinnen und 2 Rotarmistinnen festgenommen), 2.10.1941 (2 „Flintenweiber" erschossen), 14.10.1941 (1 Zivilistin erschossen), 28.10.1941 (1 „Flintenweib" erschossen), 4.11.1941 (2 Zivilistinnen erschossen) und 7.11.1941 (1 weiblicher „Kommissar" erschossen), 8.11.1941 (1 Jüdin wegen „Partisanenunterstützung" erschossen), 13.11.1941 (2 weibliche Partisanen erschossen).
Die Bezeichnung der Opfer lässt ihren Status nicht immer sicher erkennen. So könnte es sich sowohl bei den weiblichen „Kommissaren", als auch bei den so genannten „Flintenweibern" um Angehörige der Roten Armee gehandelt haben.

[53] BA-MA, RH 24-24/128: AOK 4, Abt. I a, Armeebefehl vom 1.7.1941 (Abschrift für das XXIV. Pz. Korps). Dort heißt es weiter: „Dagegen finden auf nichtuniformierte Frauen, die Waffen tragen, die Grundsätze über Freischärlerei Anwendung. Die irrtümliche frühere Weisung wird aufgehoben." Vgl. hierzu auch Hürter, Heerführer, S. 365 f.

[54] Vgl. mit Reichenaus Befehl zum „Verhalten der Truppe im Ostraum" vom 10.10.1941 in: Ueberschär/Wette (Hrsg.), „Unternehmen Barbarossa", S. 339 f., wo es heißt: „Immer noch werden heimtückische, grausame Partisanen und entartete Weiber zu Kriegsgefangenen gemacht [...]".

als „überzeugte Kommunistinnen" wie als Kombattanten[55]: Die Bemerkung eines Regimentskommandeurs aus der 4. Panzerdivision, der berichtete, wie er eine schwer verwundete sowjetische Panzerfahrerin „vor dem begreiflichen Zorn unserer Männer zum Sanitäter retten" musste[56], ist in dieser Hinsicht ebenso decouvrierend wie die folgende Definition der 45. ID: „Ein Teil [der sowjetischen Sanitäterinnen] dürfte jedoch als ‚Flintenweiber' anzusprechen sein, da [...] Frauen beobachtet wurden, die Handgranaten warfen und mit der Pistole in der Hand stürmten."[57] Offenbar glaubte man, unter völliger Missachtung des herrschenden Völkerrechts[58], den Soldatinnen im Falle ihres Waffengebrauchs den Kombattantenstatus absprechen zu können. Schon dies spricht für eine entsprechende Praxis bei den Kampfverbänden, selbst wenn von ihnen, ganz im Gegensatz zu einem Besatzungsverband wie der 221., keine Nachrichten vorliegen, mit denen sich eine Misshandlung oder Ermordung weiblicher Kriegsgefangener sicher beweisen ließe.

Sicher ist, dass es auch eine korrekte Behandlung gab[59]. Die Rotarmistinnen seien, schrieb ein Hauptfeldwebel des Panzer-Regiments 35, froh gewesen, „diesem Inferno lebend entgangen zu sein. Man hatte ihnen erzählt, daß sie bei der Gefangennahme sofort geköpft würden, was sich dann aber rasch bei ihnen herumsprach, daß wir gar nicht an so etwas dächten."[60] Stimmen wie diese wie im Übrigen auch die Revision jenes Mordbefehls der 4. Armee sind ein Indiz dafür,

---

Bei dieser Passage wurde – offenbar bewusst – im Unklaren gelassen, ob sie sich auf weibliche Angehörige der Partisanen-Verbände oder der Roten Armee bezog. Vgl. ferner mit dem Urteil Pohls (Herrschaft, S. 239), dass es nach 1941 kaum noch zu systematischen Tötungen von Rotarmistinnen kam.

[55] Frank, Russische Frauen in der Kriegsgefangenschaft, S. 51; Pohl, Herrschaft, S. 205.

[56] BA-MA, N 10/9: Lebenserinnerungen Smilo Frhr. von Lüttwitz, Bl. 140. Die Episode auch in BA-MA, RH 27-4/12: 4. Pz. Div., 5. Pz. Brig., Gefechtsbericht für die Zeit vom 9.–11. 10. 1941 sowie Schaub, Panzer-Grenadier-Regiment 12, S. 94. IfZ-Archiv, MA 1590: 4. Pz. Div., Abt. I c, „Entwurf: Div.-Tagesbefehl", o. D.: „Der Kampf hinter der Front muß mit den härtesten Mitteln geführt werden. Heimtückische, grausame Partisanen und entartete Flintenweiber gehören an den nächsten Baum und nicht in das Gefangenenlager."

[57] Vgl. IfZ-Archiv, MA 1619: I./Inf. Rgt. 130, Kdr., „Besonderheiten der Kampfhandlungen in der Zeit vom 22. bis 28. 9. 1941" vom 2. 10. 1941.
Vgl. auch IfZ-Archiv, MA 1634: Feldgendarmerie-Trupp 296, Bericht an 296. Inf. Div., Abt. I b, vom 26. 8. 1941. Beim Versuch dieses Trupps, etwa hundert versprengte sowjetische Soldaten einzubringen, nahm dieser auch „eine russische Sanitäterin [...] gefangen. Sie hat sich an dem Gefecht nicht beteiligt." Dieser Zusatz, der wohlgemerkt im Interesse der sowjetischen Sanitäterin vorgebracht wurde, eröffnet viele Fragen.
Schon in der Heimat vertrat man die Ansicht, dass man „Flintenweiber [...] unmöglich als Kriegsgefangene ansehen könne", so zumindest der Eindruck des SD. Vgl. Boberach (Hrsg.), Meldungen aus dem Reich 1938–1945, Bd. 7, S. 2564 (Meldung Nr. 205 vom 24. 7. 1941).

[58] Vgl. [Genfer] Abkommen über die Behandlung der Kriegsgefangenen vom 27. 7. 1929, Art. 3: „Die Kriegsgefangenen haben Anspruch auf Achtung ihrer Person und ihrer Ehre. Frauen sind mit aller ihrem Geschlecht geschuldeten Rücksicht zu behandeln." Ebenso auch Art. 4. Druck: Lodemann (Hrsg.), Kriegsrecht, S. 86.

[59] BA-MA, RH 39/377: „Meine Kriegserlebnisse 1941/42 in Rußland als ehem. Hauptfeldwebel der 3./ Pz. Rgt. 35"; BA-MA, MSg 1/3269: Fritz Farnbacher, Tagebuch, Eintrag vom 24. 7. 1941: „Auch ein Trupp Gefangener begegnet uns, vorneweg ‚Flintenweiber', uniformierte Frauen." Ferner das Foto in: o. Verf., Sturm im Osten, S. 213. Dass auch die 45. ID Frauen als reguläre Kriegsgefangene behandeln konnte, belegt Gschöpf, Weg, S. 271 sowie BA-MA, MSg 3-217/1: Linzer Turm 27 (1984), Nr. 106: [Uffz. Kieweg], Rußlandtagebuch 1941, Eintrag vom 23. 9. 1941.

[60] BA-MA, RH 39/377: „Meine Kriegserlebnisse 1941/42 in Rußland als ehem. Hauptfeldwebel der 3./Pz. Rgt. 35".

dass weibliche Kombattanten nicht in jedem Fall „mit ungeheurer Brutalität bekämpft oder nach dem Kampf niedergemacht" wurden[61]. Das lag schon daran, dass nicht wenige Landser im Kampf mit diesen Frauen „schwer gehemmt"[62] waren: „Verwundete Frauen! Etwas Scheußlicheres kann ich mir kaum vorstellen"[63], schrieb der Leutnant Farnbacher damals in sein Tagebuch. Zweifellos artikulierten sich auch hier die Kategorien des soldatischen Männerbundes, in denen Frauen auf dem Schlachtfeld ganz einfach nicht vorkamen. Doch waren es eben diese Kategorien, die dafür sorgten, dass die deutschen Soldaten den Rotarmistinnen mit durchaus zwiespältigen Gefühlen begegneten – mit Hass, aber eben auch mit Hemmung[64]. Trotzdem – die Zahl dieser Opfer dürfte weit über dem ohnehin hohen Durchschnitt liegen[65].

5.2.2.2 Das andere Gesicht der deutschen Kriegführung: Fürsorge, Gleichgültigkeit und das Prinzip der Blitzkriegstaktik

Fürsorge Jede Kriegsgefangenschaft ist ein Risiko. Ganz besonders gilt dies für ihren Beginn, beim Wechsel vom Kombattanten zum Kriegsgefangenen. Dieses Phänomen, bekannt aus vielen Kriegen[66], galt besonders für den deutsch-sowjetischen. Wie die vorhergehenden Beispiele illustrieren, reduzierten sich die Kämpfe oft auf das Prinzip: Töten oder getötet werden. Dies galt für bestimmte Phasen, Abschnitte oder Gruppen. Andererseits spricht schon der immer wiederkehrende Hinweis in den deutschen Befehlen, dass „Rote Soldaten", die sich ergeben, „als Kriegsgefangene" anzusehen seien[67], vor allem aber die Tatsache, dass Millionen

---

[61] So Gerlach, Morde, S. 778.

[62] Vgl. Schaub, Panzer-Grenadier-Regiment 12, S. 76: „Bei der Bedienungsmannschaft kämpfen auch Frauen. Im Nahkampf mit ihnen sind wir schwer gehemmt."

[63] BA-MA, MSg 1/3268: Fritz Farnbacher, Tagebuch, Eintrag vom 7.9.1941.

[64] Vgl. auch mit dem Urteil von Reinhard Otto: „Erwähnt werden sollen auch die in Gefangenschaft geratenen weiblichen Angehörigen der Roten Armee, die man zumeist nicht, wie irrig angenommen, als ‚Flintenweiber' liquidierte, sondern häufig, in wenigen Lagern konzentriert, im medizinischen Bereich oder im Küchendienst einsetzte." Otto, Sowjetische Kriegsgefangene (2007), S. 85. Diese Lager lagen bei Bobruisk und bei Baranowitschi, auch das ein Beleg dafür, dass viele Rotarmistinnen zumindest ihre Gefangennahme überlebten. Vgl. Gerlach, Morde, S. 778 mit Anm. 26. Ein Teil der gefangenen Rotarmistinnen kam allerdings in deutsche Konzentrationslager, etwa 1000 ins KZ Ravensbrück, wo ein Teil ermordet wurde. Vgl. hierzu Streim, Behandlung, S. 153f.; Strebel, Feindbild „Flintenweib"; Pohl, Herrschaft, S. 239.

[65] Vgl. mit den Angaben bei Gerlach, Morde, S. 777f.; ders., Verbrechen deutscher Fronttruppen S. 97; Rass, „Menschenmaterial", S. 337.

[66] Vgl. mit den drastischen Beispielen bei Keegan, Schlacht, S. 50ff.

[67] IfZ-Archiv, MA 1618: AOK 4, Abt. I a, „Armeebefehl Barbarossa Nr. 4" vom 1.7.1941, wo die Forderung erhoben wird, „daß Rote Soldaten, die sich ergeben und womöglich das Flugblatt zeigen, als Kriegsgefangene behandelt werden" – allerdings nicht ohne den perfiden Zusatz von den „notwendigen Vollstreckungen". Selbst dieser makabre Passus ist freilich ein Beweis dafür, dass die deutsche Führung die Gefangenenerschießung nicht einfach aus der Hand geben wollte. Ebenso, ebda., „Armeebefehl Nr. 5" vom 1.7.1941.
IfZ-Archiv, MA 1578: XXIV. Pz. Korps, Abt. Qu./I a, Befehl betr. „Gefangenenwesen und Sicherung der Rollbahn" vom 5.7.1941: „Russische Soldaten und im wehrpflichtigen Alter stehende Zivilisten ohne Waffen sind als Kriegsgefangene, Zivilisten, bei denen Waffen gefunden werden, als Freischärler zu behandeln."
BA-MA, RH 24-24/79: Pz. Gr. 2, Abt. I a, Befehl an das XXIV. Pz. Korps vom 24.6.1941: „Zahlreiche russische Schützen haben die Uniform ausgezogen und treiben sich als ‚Zivilpersonen' im Gefechtsgebiet herum. Sie sind im allgemeinen kahl geschoren und tragen teilweise behelfsmäßig abgeänderte Uniformstücke. Diese Leute sind von der Truppe gefangen zu

sowjetischer Soldaten die deutschen Kriegsgefangenenlager erreichten, dafür, dass dieser Krieg an der Front auch nach ganz anderen Prinzipien geführt werden konnte. Mitunter war die Kluft zwischen den düsteren Erwartungen der sowjetischen Gefangenen und ihrer Behandlung durch die deutschen Truppen so groß, dass dies dort Erstaunen auslöste, manchmal sogar „Gelächter"[68]. Auch war es keine Ausnahme, dass verwundete Rotarmisten nach ihrer Gefangennahme noch im Frontbereich ärztlich versorgt wurden[69], selbst wenn sie, „halbtot und halbverbrannt" „jede ärztliche Hilfe" ablehnten[70] oder sogar ihre deutschen Helfer beschossen[71]. So befahl die 4. Panzerdivision im Juli 1941: „Russische Verwundete sind von Gefangenen sammeln zu lassen. Ihre Betreuung übernimmt in erster Linie russisches San[itäts]-Personal. Wo russische Ärzte nicht vorhanden [sind], hat ein deutscher Arzt erste Hilfe zu leisten, im Lazarett unter Umständen die notwendigen lebensrettenden Eingriffe durchzuführen. Deutsche Verwundete haben natürlich Vorrang. Abtransport der Verwundeten [...] auf Leerkolonnen [...]."[72]

---

nehmen, als Kriegsgefangene zu behandeln und in die Gefangenensammelstellen abzuschieben."
IfZ-Archiv, MA 1671: 221. Sich. Div., Abt. I c, Weisung betr. „Behandlung von Kriegsgefangenen, Partisanen und Bevölkerung" vom 8.4.1942: „Gefangene, die sich keine Vergehen gegen das Völkerrecht zuschulden kommen ließen, sind dem Völkerrecht entsprechend zu behandeln. [...] Die Gefangenen sind, soweit es die Lage erlaubt, ausreichend zu verpflegen und nach kurzer Vernehmung über die notwendigsten Fragen schnellstens der Div. Abt. I c zuzuführen. Handelt es sich bei den Gefangenen um Überläufer, so ist ihnen hierüber eine Bescheinigung auszustellen." Ferner IfZ-Archiv, MA 1669: 221. Sich. Div., Abt. II a, „Tagesbefehl Nr. 7" vom 3.3.1942: „Die unterstellten Truppenteile sind darauf hinzuweisen, daß Überläufer mit Ruf ‚Kaput Stalinu' erscheinen und auch ohne Besitz eines Passierscheines wohlwollend aufzunehmen sind."
68 Vgl. etwa PA-AA, R 60705: AOK 2, Abt. I c/A.O./VAA, „Bericht Nr. 9" vom 6.8.1941: „Belustigend war eine Bitte, die der Artillerieoberleutnant am Schlusse des Verhörs aussprach. Er bat, eine Frage stellen zu dürfen. Als man ihm zustimmte, meinte er sichtlich betreten, ob er nun erschossen würde. Bei dem darauf folgenden Gelächter war er sichtlich verblüfft. Unser Dolmetscher, ein balt[ischer] Professor aus Posen, benützte die Gelegenheit, um ihm einiges über die verlogene Propaganda der Kommissare an den Kopf zu werfen."
69 BA-MA, MSg 1/3268: Fritz Farnbacher, Tagebuch, Eintrag vom 25.6.1941; BA-MA, MSg 1/3271: ebda., Eintrag vom 31.8.1941, wo die Erstversorgung von 15 verwundeten Rotarmisten geschildert wird: „Die erste Hilfe leistet der Truppenarzt des I./S.R. 12. Im Ort ist, wie sich im Laufe der Stunden herausstellt, ein Krankenhaus mit einer russische Ärztin und ein Arzt, der sich Chirurg nennt. Bis auf letzteren werden sie alle herbei geholt, denn die deutschen Ärzte usw. leisten nur die erste und notwendigste Hilfe; alles andere ist Sache der russischen Versorgung." Ferner IfZ-Archiv, MA 1621: 45. Inf. Div., Abt. I b, „Besondere Anordnungen für die Versorgung Nr. 57" vom 10.10.1941: „Die ärztliche Betreuung der Gefangenen ist durch gefangene Ärzte sicherzustellen, die durch die Truppenärzte nach Möglichkeit zu überwachen sind."
70 BA-MA, MSg 2/5316: NL Hans P. Reinert, Tagebuch, Eintrag vom 28.6.1941.
71 Vgl. IfZ-Archiv, MA 1619: I./Inf. Rgt. 135, „Bericht über die Grausamkeiten der Kämpfe in der Zeit vom 22.9.–27.9.1941" vom 29.9.1941: „Bei demselben Waldgefecht bemühte sich Uffz. Gierbl um einen verwundeten Russen. Als er sich abwandte, wurde er von diesem aus 2 m mit einer Pistole erschossen." IfZ-Archiv, MA 1619: III./Inf. Rgt. 135, „Erfahrungen mit den Grausamkeiten russ. Kriegsführung" vom 29.9.1941, wo von einem Sanitätsgefreiten der 45. ID berichtet wird, der sich um verwundete Russen bemühte, von diesen aber durch „einen Pistolenschuss verwundet" wurde.
72 Vgl. BA-MA, RH 27-4/165: 4. Pz. Div., Abt. I b, „Besondere Anordnung für die Versorgung Nr. 49" vom 6.7.1941.

Die Truppe suchte für die Gefangenen nicht nur medizinisch zu sorgen, sie machte sich auch Gedanken über ihre Ernährung[73], ihren Schutz[74] und ihren möglichst schnellen wie kräfteschonenden Abschub[75]. Zweifellos handelte es sich bei diesen Formen der Fürsorge oft um ein Minimum, doch wird dennoch der Wille erkennbar, den Rahmen des Möglichen zugunsten der Gefangenen auszuschöpfen. Selbst der Verdacht des Kriegsverbrechens war kein automatischer Erschießungsgrund[76], und auch nicht die Tatsache, dass Rotarmisten als Versprengte hinter der deutschen Front den Kampf fortzusetzen oder sich ganz einfach nach Hause durchzuschlagen suchten[77]. Obwohl doch die deutschen Weisungen anders lauteten[78], scheint auch in diesem Fall das Verhaltensspektrum der deutschen

[73] IfZ-Archiv, MA 1578: XXIV. Pz. Korps, Abt.Qu./I a, Befehl betr. „Gefangenenwesen und Sicherung der Rollbahn" vom 5.7.1941 sowie IfZ-Archiv, MA 1621: 45. Inf. Div., Abt.I b, „Besondere Anordnungen für die Versorgung Nr.57" vom 10.10.1941: „Die Versorgung der Gefangenen mit Verpflegung ist aus dem Lande unter Heranziehung der Zivilbevölkerung und aus Beutebeständen, sowie sie für die Truppe nicht brauchbar sind, zu entnehmen. Es sind zu verwenden: Kartoffeln, Kohl, Hirse, Mais, Beutemehl, erschöpfte Pferde, im Notfall Vieh. Die Brotversorgung ist durch die K[rie]g[sge]f[angenen] bzw. die Zivilbevölkerung sicherzustellen. Für die Zubereitung der Verpflegung sind Beutefeldküchen und -backöfen zu verwenden, Herde und behelfsmäßige Backöfen sind bauen zu lassen, sowie Kochlöcher anzulegen." Ein Beispiel ferner bei BA-MA, MSg 1/3268: Fritz Farnbacher, Tagebuch, Einträge vom 21.7.1941 sowie vom 8.11.1941, wo er von einem sowjetischen Überläufer berichtet: „Und dann bekommt er von uns Suppe zu essen; das hatte er wahrscheinlich nicht erwartet. Die Regimentsfernsprecher nehmen ihn noch mit zur Division." Besonderen Wert suchte man ab 1942 auf deutscher Seite auf eine gute Behandlung der Überläufer zu legen. Vgl. hierzu BA-MA, RH 21-2/867: Pz. AOK 2, Abt.OQu./I c/A. O., Anordnung betr. „Behandlung von Überläufern" vom 24.3.1942.

[74] So befahl das VII. Armeekorps im Juli 1941, dass die Kriegsgefangenen „ihre Ausweispapiere, Mantel, Gasmaske, Stahlhelm, Koppel und Brotbeutel" behalten dürften. „Privatpost und Fotografien, insbesondere solche von Angehörigen, sind nur dann abzunehmen, wenn daraus Rückschlüsse auf militärische Zusammenhänge zu ziehen sind." IfZ-Archiv, MA 1660: VII. A. K., Abt.I a, „Besondere Anordnungen für den Korpsbefehl für den 30.6.41" vom 29.6.1941. Ferner BA-MA, RH 24-24/97: H.Gr. Mitte, Abt.I a, Weisung vom 29.10.1941: „Bei ungeklärter Lage, insbesondere beim Angriff und in der Verfolgung, ergeben Gefangenenkolonnen, die nicht als solche gekennzeichnet sind, oft ein falsches Feindbild. In einzelnen Fällen wurden diese Gefangenenkolonnen als Feind gewertet und durch die Luftwaffe angegriffen. Um eine Verwechslung zwischen Feindkolonnen und Gefangenenkolonnen auszuschalten, wird angeordnet: Gefangenenkolonnen über Kompanie-Stärke sind durch Zeigen weißer Tücher (ausgebreitete Zeitungen usw.) oder durch Abschießen von weißen Leuchtkugeln der eigenen Luftwaffe kenntlich zu machen."

[75] IfZ-Archiv, MA 1578: XXIV. Pz. Korps, Abt.Qu./I a, Befehl betr. „Gefangenenwesen und Sicherung der Rollbahn" vom 5.7.1941: „Gefangenenabschub entlang der Rollbahn nur durch Leerkolonnen! Fußmarsch stört den Kraftverkehr."

[76] „Vernehmungsbericht eines russ[ischen] Leutnants, welcher Gegenstände von gefallenen Angehörigen der Div[ision] mit sich führte. Die Vernehmung wurde durch Kriegsgerichtsrat Dr. Wagner geleitet, ergab jedoch für den russ[ischen] Offizier nichts nachweisbar Belastendes." BA-MA, RH 27-4/109: 4. Pz. Div., Abt.I c, Tätigkeitsbericht, Eintrag vom 11.7.1941.

[77] *4. Pz. Div.:* BA-MA, RH 24-24/79: Pz. Gr. 2, Abt.I a, Befehl an das XXIV. Pz. Korps vom 24.6.1941; IfZ-Archiv, MA 1590: XXIV. Pz. Korps, Abt.I c, Befehl betr. „Abwehrmaßnahmen gegen Freischärlertätigkeit" vom 23.9.1941; BA-MA, RH 27-4/19: 4. Pz. Div., Kdr., Fernspruch vom 11.11.1941; BA-MA, RH 27-4/109: 4. Pz. Div., Abt.I c, Tätigkeitsbericht, Eintrag vom 13.11.1941. *45. Inf. Div.:* BA-MA, RH 26-45/92: 45. Inf. Div., Abt.I c, Tätigkeitsbericht für die Zeit vom 1.1.–31.3.1942: „Die Befriedung des Unterbringungsraumes der aus der Front herausgelösten, dem Div. Stab unterstellten Teile der Div. war vordringliche Aufgabe. [...] In manchen Ortschaften aufgegriffene ehemalige Angehörige der Roten Armee wurden der Gefangenensammelstelle zugeführt." *296. Inf. Div.:* IfZ-Archiv, MA 1633: 296. Inf. Div., Abt.I a, Befehl vom 8.7.1941.

[78] Vgl. hierzu Hürter, Heerführer, S.367ff. Wie scharf die „Hardliner" auf der deutschen Seite diese Richtlinien auslegen wollten, belegt ein Befehl des HSSPF beim BRück 102 an das Poli-

Truppe sehr groß gewesen zu sein. Selbst im Winter 1941/42 regierten nicht nur Brutalität und Willkür; einzelne Einheiten richteten damals im frontnahen Gebiet kleinere Lager ein[79], welche die Gefangenen zum Arbeitseinsatz „aufpäppeln" sollten, andere führten selbst jetzt ihre Gefangenen unter allen Umständen mit sich[80], selbst wenn für diese die Bedingungen dabei oft mörderisch waren[81]. Doch blieben dies damals Ausnahmen. Erst nach dem Ende dieser Krise suchte man, die Behandlung der sowjetischen Kriegsgefangenen prinzipiell zu ändern. Von „allen Armeeoberkommandos" wurden nun „Befehle zur ‚anständigen' Behandlung der Kriegsgefangenen" ausgegeben[82], so auch bei der 2. Panzerarmee, die im März 1942 ihre Soldaten ermahnte, man kämpfe gegen die Rote Armee, den Bolschewismus und den Partisanen, nicht aber gegen die Bevölkerung „und den gefangenen Soldaten"[83].

Gleichgültigkeit Ungeachtet solcher Extreme einer dezidiert guten oder dezidiert schlechten Behandlung scheint bei den deutschen Soldaten das Gefühl der „Gleichgültigkeit"[84] gegenüber den sowjetischen Kriegsgefangenen (und im Übrigen auch gegenüber den sowjetischen Gefallenen[85]) am verbreitetsten gewesen zu sein. Ge-

---

zei-Rgt. Mitte vom 30.6.1941: „Jeder russische Soldat, der auch nur teilweise Zivilkleider trägt, ist nach dem Völkerrecht sofort an Ort und Stelle zu erschießen. Desgleichen sind […] versprengte russische Trupps, bei denen Waffen noch im Besitz gefunden werden, sofort als Plünderer und Marodeure zu erschießen." Zit. bei: Arnold, Wehrmacht, S. 507, Anm. 108.
Über diese Richtlinien wurden auch die Divisionen unseres Samples informiert. Allerdings überließ die 4. Pz. Div. die Entscheidung, ob es sich bei den sowjetischen Soldaten, die hinter der deutschen Front gefangen genommen wurden, um „Freischärler" handele oder um „Kriegsgefangene", ihren Kommandeuren. IfZ-Archiv, MA 1590: 4. Pz. Div., Abt. I c, Abschrift OKH-Erlass vom 13.9.1941.

[79] BA-MA, MSg 1/3276: Fritz Farnbacher, Tagebuch, Eintrag vom 22.12.1941: „In der Schule gehe ich zu dem alten Feldwebel, der das Gefangenenlager unter sich hat. Es ist ein ganz interessantes und aufschlussreiches Gespräch. Das Lager ist vom AOK 2 eingerichtet und darf natürlich nicht geräumt werden. 150 Gefangene werden dort von 29 deutschen Soldaten bewacht und betreut. Die Leute haben teilweise etwa 14 Tage nichts zu essen bekommen, seit ihrer Gefangennahme eben und sollen nun hier ‚aufgepäppelt' werden, wie der Feldwebel sagt, damit sie im Januar oder Februar bis März zur Straßeninstandsetzung verwendet werden können; in dieser Zeit sollen die größten Schneeverwehungen sein." Generell zu diesen Maßnahmen, die auf einem entsprechenden Befehl des OKW („Sofort-Maßnahmen auf dem Gebiet des Arbeitseinsatzes sowjetischer Kgf.") vom 26.11.1941 basierten, Hürter, Heerführer, S.390f., Overmans, Kriegsgefangenenpolitik, S.823.

[80] IfZ-Archiv, MA 1622: Pio. Btl. 81, Funkspruch an 45. Inf. Div. vom 6.12.1941.

[81] Vgl. etwa Schaub, Panzer-Grenadier-Regiment 12, S.104: „Die hungrigen Gefangenen balgen sich um die beinhart gefrorenen Pferdekadaver, die sie bis auf die Knochen kahl fressen."

[82] Hürter, Heerführer, S.392.

[83] BA-MA, RH 21-2/867 a: Pz. AOK 2, Abt.I c/A.O., „Armeebefehl für die Behandlung von Kriegsgefangenen, Partisanen, Feindkundschaftern und der Bevölkerung" vom 3.3.1942.

[84] So wörtlich in: BA-MA, RH 20-2/1445: AOK 2, Abt.O.Qu./Qu. 2, Tätigkeitsbericht für die Woche vom 6.–12.7.1941.

[85] Während des deutsch-sowjetischen Krieges gaben die Führungen beider Seiten klar zu erkennen, dass sie an einem Totenkult für die jeweils gegnerischen Gefallenen nicht interessiert waren. Das OKW bestimmte, dass die Beisetzung sowjetischer Soldaten „in aller Stille" zu erfolgen habe, ohne Beteiligung von Wehrmachts-Abordnungen und ohne „Beteiligung eines Geistlichen". Von Stalin ist wiederum bekannt, dass er die „Liquidierung der deutschen Soldatenfriedhöfe in den wiedergewonnenen Gebieten" befahl. Vgl. Hürter, Heerführer, S.371, Anm.58; Hoffmann, Kriegführung, S.784.
Doch sind auch andere Fälle überliefert; bekannt ist etwa ein ordentliches Begräbnis für abgestürzte sowjetische Piloten, bei dem der Divisionspfarrer ein Vaterunser sprach. Auch wird von gemeinsamen deutsch-russischen Gräberfeldern berichtet und von einzelnen „Russengräbern",

rade an der Front waren die Soldaten, die deutschen wie die sowjetischen, in der Regel ‚von ihrem eigenen Schicksal vollständig ausgefüllt'[86]. Mit dem „Gefangenenproblem"[87] wollte man sich deshalb so wenig wie möglich belasten. Eine solche Einstellung hat in den Quellen naturgemäß kaum Spuren hinterlassen. Um so mehr fällt auf, wenn sogar der Oberbefehlshaber des Heeres bereits im Juli 1941 bemängelte, dass gegenüber den sowjetischen Kriegsgefangenen „nicht an allen Stellen mit der erforderlichen Härte durchgegriffen" würde[88]. Sehr viel später, im Februar 1942, kam man in einer langen Analyse dann zu dem Schluss: „Im allgemeinen wurde immer wieder festgestellt, daß mit Gefangenen niemand etwas zu tun haben wollte. Diese Einstellung ist auf Grund der Überbeanspruchung der Truppe und der in Frage kommenden Stellen erklärlich, eine Abänderung wegen der Wichtigkeit der Frage in diesem Jahre jedoch notwendig."[89] Die kämpfende Truppe nahm die Kameraden „von der anderen Feldpostnummer" gefangen, mit deren Schicksal aber konnten und wollten sie sich nicht mehr befassen. Der Begriff des „Abschiebens" erwies sich in dieser Perspektive als durchaus doppeldeutig.

Blitzkriegstaktik   Immerhin scheinen die meisten sowjetischen Kriegsgefangenen ihre Gefangennahme überlebt zu haben[90] – trotz aller Gewalttaten, welche die deutsche Kriegführung auch kennzeichnen konnten. Schon die extrem hohen Gefangenenzahlen, die man während der ersten Monate auf deutscher Seite registrierte, sind dafür ein Beleg. Selbst während der mörderischen Kämpfe um Brest-Litowsk im Juni 1941 machte eine Division wie die 45. noch über 7 200 Gefangene[91], und auch im Dezember 1941 ging deren Zahl in die Tausende[92]. Dies war bei

welche die Truppe angelegt hatte, „mit Stahlhelmen drauf oder die Gewehre mit dem Lauf in den Boden gesteckt", da die sowjetische Seite während ihrer Rückzüge des Jahres 1941 ihre Toten oft nicht bestatten konnte. BA-MA, MSg 1/3268: Fritz Farnbacher, Tagebuch, Einträge vom 25.6. und 30.6.1941; BA-MA, MSg 2/5316: NL Hans P. Reinert, Tagebuch, Eintrag vom 17.7.1941; Merridale, Iwans Krieg, S. 160.

86 So Willy Peter Reese, als er zum erstenmal eine Kolonne sowjetischer Kriegsgefangener erlebte, die von ihren deutschen Bewachern geschlagen wurden: „Ich fühlte keinen Zorn über die Misshandlung der Wehrlosen und kein Mitleid mit ihnen. Ich sah nur ihre Faulheit und ihren Trotz; ich wusste noch nicht, daß sie hungerten. Ich freute mich, daß die Reise vorläufig zu Ende war, daß uns noch eine Gnadenfrist geschenkt wurde, und mein eigenes Schicksal füllte mich vollständig aus." Reese, Mir selber seltsam fremd, S. 48.

87 Halder, Kriegstagebuch, Bd. III, S. 45 (Eintrag vom 5.7.1941).

88 ObdH, Verfügung betr. „Behandlung feindlicher Zivilpersonen und russischer Kriegsgefangener" vom 30.7.1941, Druck: Ueberschär/Wette (Hrsg.), „Unternehmen Barbarossa", S. 349f.

89 BA-MA, RH 24-24/161: 10. Pz. Div., Kdr., Denkschrift für das XXIV. Pz. Korps vom 14.2.1942. Die 10. Pz. Div. war damals zusammen mit der 4. Pz. Div. dem XXIV. Pz. Korps zugeteilt. Vgl. auch IfZ-Archiv, MA 895/2: Korück 580, Abt. Qu./I c, Erlaß betr. „Organisation des Gefangenen-Abschubes" vom 24.5.1942, wo es einleitend heißt: „Die Erfahrungen des Ostfeldzuges 1941 haben gezeigt, daß die Regelung des Abschubes so großer Mengen von Kriegsgefangenen, wie sie anfallen, auf die allergrößten Schwierigkeiten stieß." Ferner BA-MA, RH 20-2/1445: AOK 2, OB, „Befehl an die Herren Kommandierenden Generale und den Herrn Kommandanten des rückw. Armeegebietes" vom 18.8.1941.

90 Vgl. hierzu die unten angegebene Berechnung.

91 Gezählt wurden bis zum 29.6.1941 7 122 sowjetische Unteroffiziere und Mannschaften sowie 101 Offiziere. BA-MA, N 260/6: 45. Inf. Div., „Gefechtsbericht über die Wegnahme von Brest-Litowsk" vom 8.7.1941. Allerdings beliefen sich die sowjetischen Verluste infolge der Kämpfe um Brest auf etwa 11 000 Mann.

92 Zusammen mit ihrer „Schwesterdivision", der 134. ID, hatte die 45. ID schon in der zweiten November-Hälfte „über 1 000 Gefangene" eingebracht. Schon am 2.12.1941 meldete die 45. ID weitere 660 Gefangene. Zeitweise machten ihre Regimenter pro Tag mehrere Hundert Gefange-

den Kampfverbänden offenbar die Regel – zumindest in den ersten Monaten des Ostkriegs[93]. Ein motorisierter Verband wie die „Vierer" registrierte bis Ende September 39 050 Gefangene, aber „nur" 3 054 „Feindtote"[94]. Das heißt: Bedeutend mehr Gegner wurden gefangen genommen als getötet. Noch in der ersten, besonders schwierigen Dezemberwoche, als sich das Blatt endgültig wendete, zählte diese Division 356 „Feindtote" sowie 1 897 Rotarmisten, die man zum Teil „halb erfroren" gefangen nahm[95]. Angesichts der Härte der militärischen Auseinandersetzungen, die ohnehin hohe Verluste unter den Rotarmisten forderten, scheint also die Feststellung nicht übertrieben, dass die Gefangennahme die Regel, der Gefangenenmord aber die Ausnahme darstellte[96].

Mitunter kam es sogar vor, dass die deutschen Soldaten bei der Gefangennahme des Gegners auch die persönliche Gefährdung nicht scheuten: Bei der 4. Panzerdivision verließen die Besatzungen den Schutz ihrer Panzer, um Gefangene „einzukassieren"[97]. Ein Hauptmann der 296. ID versuchte persönlich „durch Verhandlung" die Übergabe eines Bunkers zu erreichen, doch „antwortete die Besatzung mit MG-Schüssen"[98]. Eine Gruppe der 45. ID, die während der Kämpfe um Brest-Litowsk zeitweise abgeschnitten und in schwerste Bedrängnis geraten war, brachte es noch fertig, „einige russische Gefangene bei sich" zu führen[99].

ne. IfZ-Archiv, MA 1622: 45. Inf. Div., Funkspruch an Höh. Kdo. XXXIV. vom 2.12.1941; Inf. Rgt. 130, Funkspruch an 45. Inf. Div. vom 2.12.1941; Inf. Rgt. 133, Funkspruch an 45. Inf. Div. vom 4.12.1941; BA-MA, RH 24-35/120: XXXIV A. K., „Bericht des Höheren Kommandos XXXIV über seinen Einsatz im Ostfeldzug" vom 1.12.1941.

[93] Die 296. ID konnte bei den Durchbruchskämpfen im Grenzraum sieben Offiziere und 570 Mann gefangen nehmen. Zahlen in dieser Größenordnung wurden in den folgenden Wochen zur Regel. In der Zeit vom 22.7.–2.8. registrierte man etwa 1 115 Gefangene. Vgl. IfZ-Archiv, MA 1633: 296. Inf. Div., Abt. I a, Bericht „Ergebnis der Kämpfe 23.–29.6.41" vom 5.7.1941; IfZ-Archiv, MA 1634: 296. Inf. Div., Abt. I a, Bericht „Ergebnis der Kämpfe vom 22.7.–2.8.41" vom 7.8.1941.

[94] IfZ-Archiv, MA 1590: 4. Pz. Div., Abt. I c, „Zusammenstellung über Beute u[nd] Gefangene der Div[ision] vom 22.6.–25.9.1941" vom 27.9.1941; BA-MA, RH 27-4/109: 4. Pz. Div., Abt. I c, Tätigkeitsbericht, Eintrag vom 7.12.1941. Ferner Neumann, 4. Panzerdivision, S. 298.

[95] BA-MA, RH 27-4/109: 4. Pz. Div., Abt. I c, Tätigkeitsbericht, Eintrag vom 2.12.1941. Ferner ebda., Eintrag vom 30.12.1941. Allein vom Schützen-Regiment 12 wurden noch während des dramatischen Gefechts am 4./ 5.12.1941 280 Gefangene gemacht. BA-MA, N 10/9: Lebenserinnerungen Smilo Frhr. von Lüttwitz, Bl. 148.

[96] Die 2. deutsche Armee registrierte in der Zeit vom 22.6.–31.12.1941 insgesamt 394 366 sowjetische Gefangene, darunter 2 029 Offiziere. Vgl. BA-MA, RH 20-2/1445: AOK 2, Abt. O.Qu./ Qu. 2, Tätigkeitsberichte, Anlage, o. D.

[97] BA-MA, RH 27-4/12: 4. Pz. Div., 5. Pz. Brig., Gefechtsbericht für die Zeit vom 1.9.–10.9.1941, wo es heißt, die Brigade hätte „mit z. T. abgesessenen Panzerbesatzungen und Infanterie noch etwa 250 Gefangene aus ihren Löchern herausgeholt". Ferner BA-MA, RH 39/377: 3./Pz. Rgt. 35, „Bericht der 3. Kompanie über den Kampf bei Ryshkowka am 12.7.1941" vom 22.7.1941: „Den Schock ausnützend, befehle ich meinem Richtschützen, unter dem Schutz meiner Pistole sofort aus dem Wagen herauszuspringen und die Russen zu entwaffnen."
Belegt ist auch die Gefangennahme feindlicher Panzerbesatzungen, die man selbst im härtesten Nahkampf aus ihren Fahrzeugen holte. Vgl. Seitz, Verlorene Jahre, S. 101 (Eintrag vom 6.10.1941).

[98] IfZ-Archiv, MA 1783/2: I. /Inf. Rgt. 520, „Bericht über die Einnahme der Bunkerlinie Pawliczce-Ost durch I. Btl./Inf. Rgt. 520 am 27.6.41" vom 28.6.1941.

[99] BA-MA, N 260/6: 45. Inf. Div., „Gefechtsbericht über die Wegnahme von Brest-Litowsk" vom 8.7.1941; IfZ-Archiv, MA 1619: Inf. Rgt. 133, Meldung an die 45. Inf. Div. vom 27.6.1941. Zu dieser Episode vgl. auch O. Verf., Brest-Litowsk, S. 294.

Als Optimum galt auf deutscher Seite freilich der Raid, der schnelle, möglichst
unblutige „Handstreich"[100]: einen überraschten Gegner umzingeln und von der
Sinnlosigkeit jedes weiteren Widerstands überzeugen. In den Blitzfeldzügen der
Jahre 1939/40 hatte die Wehrmacht mit solch vergleichsweise moderaten Anstrengungen Hunderttausende von Gefangenen eingebracht[101], und es charakterisiert
das Wechselhafte des militärischen Geschehens, wenn dies auch auf dem sowjetischen Kriegsschauplatz immer wieder gelingen konnte[102]. Gerade die „Vierer",
die als Avantgarde agierten und deren Aufgaben schon sehr bald in einen immer
krasseren Widerspruch zu ihren militärischen Möglichkeiten standen, setzten auf
dieses Konzept[103]: Zuweilen reichten „energische Befehle", um den Gegner „zur

---

[100] So die 45. ID über die geplante Einnahme von Jelez. IfZ-Archiv, MA 1621: 45. Inf. Div.,
Abt. I a, Kriegstagebuch, Eintrag vom 2. 12. 1941.
[101] Während des Polenfeldzugs gerieten zwischen 420 000 und 544 000 Soldaten in deutsche Gefangenschaft. Die Zahl der alliierten Soldaten, die während des Westfeldzugs von der Wehrmacht
gefangen genommen wurden, wird auf 1,2 Million Mann geschätzt. Zahlen nach: Nowak, Polnische Kriegsgefangene im „Dritten Reich", S. 508; Frieser, Blitzkrieg-Legende, S. 399.
[102] Dass die deutschen Angreifer gleichzeitig ungeheuer brutal gegen die Vertreter des sowjetischen
Systems vorgingen, empfanden sie nicht als Widerspruch – im Gegenteil: Die Ermordung der
Kommissare und die Schonung der Kriegsgefangenen waren vielmehr Bestandteile ein- und desselben Konzepts, hinter dem die Überlegung stand, man müsse die sowjetische Armee lediglich
„enthaupten", dann würde der „Koloss auf tönernen Füssen" rasch zusammenbrechen.
[103] Vgl. BA-MA, RH 39/377: 3./Pz. Rgt. 35, „Bericht der 3. Kompanie über den Kampf bei Ryshkowka am 12. 7. 1941" vom 22. 7. 1941. In diesem Sinne etwa auch Neumann, 4. Panzerdivision, S. 202.

Übergabe" zu bringen[104], im September 1941 gelang es einer einzigen Kompanie, den gesamten Tross eines sowjetischen Regiments: 110 Fahrzeuge, 280 Pferde und 300 Mann aufzubringen – ohne einen einzigen Schuss[105]. Ähnliches konnte auch den Infanteriedivisionen gelingen, die 45. ließ bei einem Durchbruch die gegnerischen Stellungen „buchstäblich rechts liegen"[106], bei der 296. machte ein einziger Reiterzug „durch kühnen eigenen Entschluß" 500 Gefangene[107].

Ereignisse wie diese blieben sicherlich Ausnahmen, doch brauchte man ihre Vorteile den Beteiligten kaum zu erklären: ein Maximum an Erfolg mit einem Minimum an Verlusten! Mit bloßer Brutalität und ideologischem Fanatismus ließ sich dies jedenfalls kaum erreichen[108]. Dass die deutschen Soldaten an einer Radikalisierung der Kämpfe kein Interesse haben konnten, entsprach nicht nur ihren militärischen Interessen, dahinter stand auch das schlichte Postulat der Selbsterhaltung: Wenn „Pardon" gegeben wurde, dann war das auch ein Signal an die Gegenseite. Niemand konnte wissen, ob er demnächst nicht selbst dem Gegner in die Hände fallen würde. Noch unter den vergleichsweise sicheren Bedingungen des Stellungskriegs scheint dieses Prinzip maßgeblich gewesen zu sein[109]. Erleichtert beschrieb der Oberleutnant Farnbacher im Juni 1942, wie es ihm bei einem „Spähtrupp" gelang, „zwei Kerle ohne einen Schuß [zu] kriegen". Daraufhin hätten sie „sofort den Rückmarsch" angetreten: „Was sollen wir weiter erreichen? Unser Auftrag ist ja erfüllt: Wir haben die ersten zwei Gefangenen eingebracht, ohne einen Schuß!"[110]

5.2.3 Die sowjetischen Verteidiger: „2 Haltungen, die sich aufs Schlechteste vereinigen lassen"

Die „Battlefield Performance" der Roten Armee ähnelte in vielerlei Hinsicht der der Wehrmacht. Der permanente Wechsel zwischen ideologischem Fanatismus, konventioneller Kriegführung, aber auch Schicksalsergebenheit und Gleichgültigkeit war auch für sie charakteristisch. Dies war schon daran zu sehen, *wie* deren Angehörige in Gefangenschaft gerieten. Gerade 1941, in der Zeit des Bewegungskriegs, als die Wehrmacht die meisten Gefangenen einbrachte, geschah dies auf höchst unterschiedliche Weise. Es gab Einheiten der Roten Armee, die den Kampf

---

104 BA-MA, RH 39/377: Oltn. Wollschlaeger [Pz. Rgt. 35], „Verfolgung in der Ukraine", o.D. Zur Genese dieses Berichts heißt es anfangs: „Diese Aufzeichnung habe ich in den ersten Septembertagen 41 meinem damaligen Kp. Schreiber, Uffz. Böttcher, [...] diktiert."

105 BA-MA, RH 39/377: 3./Pz. Rgt. 35, „Beutemeldung" an die I. Abt. vom 8.8.1941. Allein diese eine Kompanie machte am 3.8. 10 Gefangene, am 4.8. 150 und am 6.8.1941 nochmals 200 Gefangene.

106 Ludwig Hauswedell, Kriegstagebuch 1941/42 (4.5.41–21.4.1942), Kopie im Besitz d. Verf., Eintrag vom 11.10.1941.

107 IfZ-Archiv, MA 1637: 296. Inf. Div., Abt.Ic, „Tätigkeitsbericht für die Zeit vom 28.9.–25.10.1941" vom 26.10.1941.

108 Vgl. hierzu IfZ-Archiv, MA 1634: 296. Inf. Div., Abt.Ia, Befehl betr. „Verhalten in den Stellungen usw." vom 6.9.1941, in dem der Divisionskommandeur seine Soldaten ermahnte, nicht zu vertrauensselig gegenüber dem Gegner zu sein.

109 So nahm allein die 296. Inf. Div. während der schweren Abwehrkämpfe im Juli 1942 insgesamt 620 Rotarmisten gefangen. IfZ-Archiv, MA 1639: 296. Inf. Div., Abt.Ia, „Gefechtsbericht über die Kämpfe der 296. Inf. Division vom 5.–13.7.1942", o.D.

110 BA-MA, MSg 1/3281: Fritz Farnbacher, Tagebuch, Eintrag vom 13.6.1942.

schnell aufgaben und „sich massenweise gefangen" nehmen ließen[111], während andere – buchstäblich – bis zur „letzten Patrone" kämpften. Die deutschen Invasoren waren daher einem ständigen Wechselbad ausgesetzt. „Es sind 2 Haltungen, die sich aufs Schlechteste vereinigen lassen", erkannte der General Heinrici bereits Ende Juli 1941[112]. Auch deshalb lässt sich die Interaktion der beiden feindlichen Heere kaum mit einem einzigen Begriff beschreiben.

5.2.3.1 Die eine Möglichkeit der sowjetischen Reaktion: Härte, Kriegslist, Morde

„Kampf bis zum letzten"   Bleiben wir zunächst bei der Reaktion der Härte. Der entschlossene Widerstand, oft „bis zum letzten"[113], war aufs Ganze gesehen für die sowjetische Seite charakteristischer. Dass die Rotarmisten „außerordentlich zäh"[114] kämpften, dass sie „in verbarrikadierten Häusern verbrannten, weil sie sich bis zuletzt hartnäckig verteidigten"[115], dass man „erst nach erbittertem Handgranatenkampf"[116] Gefangene machen konnte oder dass sich noch lange nach Ende einer Schlacht „in den hohen Kornfeldern und verlassenen Bunkern einzelne Russen [fanden], die auf einzelne Soldaten z[um] T[eil] mit deutschen Gewehren schossen und sich nicht ergaben, bis sie totgeschlagen waren"[117], wurde von den Deutschen oft berichtet[118] – mit Erstaunen, mit Hass, aber auch mit einer gewissen Bewunderung[119]. So etwas hatten sie noch nie erlebt[120]; im Vergleich dazu erschien

---

[111] Hoffmann, Kriegführung, S. 721 ff.; Merridale, Iwans Krieg, S. 130 ff.

[112] Hürter, Heinrici, S. 71 (Tagebucheintrag vom 30.7.1941).

[113] Ludwig Hauswedell, Kriegstagebuch 1941/42 (4.5.41–21.4.1942), Kopie im Besitz d. Verf., Eintrag vom 23.8.1941. Generell hierzu: Overy, Rußlands Krieg, S. 144. Ferner Halder, Kriegstagebuch, Bd. III, S. 42 (Eintrag vom 4.7.1941): „Kämpfe mit dem Russen außerordentlich hart. Es werden nur wenige Gefangene gemacht."

[114] IfZ-Archiv, MA 1618: AOK 4, Abt. I a, „Armeebefehl Barbarossa Nr. 4" vom 1.7.1941. Dieser Armee waren damals die 45. Inf. Div. und die 221. Sich. Div. unterstellt. Vgl. auch BA-MA, N 260/4: Schreiben Dedekind (Inf. Rgt. 133) an R. v. Bünau vom 20.7.1941, in dem die „erstaunliche Zähigkeit" des Gegners betont wird.

[115] IfZ-Archiv, MA 1590: II./Schtz. Rgt. 33, Meldung an das Schtz. Rgt. 33 vom 18.10.1941.

[116] BA-MA, RH 27-4/12: I./Schtz. Rgt. 33, Meldung an Schtz. Rgt. 33 vom 7.8.1941.
Vgl. etwa Schaub (Panzer-Grenadier-Regiment 12, S. 122), der über einen Spähtrupp dieses Regiments im April 1942 berichtet: „Der Handstreich gelingt. Aber die überraschte russische Besatzung ergibt sich nicht, sondern muß im Kampf niedergemacht werden."

[117] IfZ-Archiv, MA 1624: 45. Inf. Div., Abt. I a, Erfahrungsbericht an das LV. A.K. vom 24.7.1942; IfZ-Archiv, MA 1623: 45. Inf. Div., Abt. I a, Kriegstagebuch, Einträge vom 29.6. und 6.7.1942. Vgl. auch BA-MA, MSg 2/5318: (NL Hans P. Reinert) 296. Inf. Div., Abt. I a, „Gefechtsbericht über den Durchbruch der 296. Division bei Borki" vom 21.9.1941: „Der Feind leistete in den Bunkern hartnäckigen Widerstand und ergab sich nur in wenigen Fällen kurz vor der Sprengung. Im Allgemeinen wurde er mit den Bunkern vernichtet."

[118] Ein Angehöriger der 45. ID will während der Kämpfe um Brest-Litowsk sogar abgeschossene sowjetische Piloten beobachtet haben, die noch „am Fallschirm herunterpendelnd" auf die Deutschen schossen. BA-MA, MSg 2/5384: Walter Loos, Die Einnahme von Brest-Litowsk. Als Augenzeugenbericht niedergeschrieben im Sommer 1943, S. 8. Zur Härte des sowjetischen Widerstands in Brest-Litowsk vgl. auch O. Verf., Brest-Litowsk, S. 294.

[119] Vgl. hierzu etwa BayHStA, Abt. IV, NL Thoma 3: Tagebuch, Eintrag vom 27.6.1941: „Ihre Taktik ist sehr verschlagen, aber auch tapfer."; O. Verf., Brest-Litowsk, S. 295, der schreibt, der harte Widerstand der sowjetischen Verteidiger von Brest-Litowsk habe den deutschen Soldaten ‚hohe Achtung' abgenötigt. Ähnlich auch Hürter, Heinrici, S. 63 (Brief vom 24.6.1941).

[120] Vgl. etwa BA-MA, MSg 1/3270: Fritz Farnbacher, Tagebuch, Eintrag vom 13.8.1941: „Der Russe schießt immer noch, auch wenn eine ganze Kompanie an ihm vorbeimarschiert ist und läßt sich lieber wie ein Hase abschießen, als daß er sich ergibt. In Polen war so etwas ebenso wenig denkbar wie in Frankreich!"

ihnen der Feldzug im Westen wie eine „K.d.F.-Fahrt"[121]. Bislang hatte meist eine militärische Entscheidung ausgereicht, um den Gegner dazu zu bringen, seinen Widerstand einzustellen. Nun musste der Gegner, Mann für Mann, aus seinen Stellungen herausgeholt oder „herausgeschossen" werden – je nach Situation. Für den erbitterten Widerstand ihrer Gegner fanden die Deutschen politische, aber auch rassistische Erklärungen. Besonders der Druck, den der sowjetische Apparat durch seine Kommissare ausübte, beschäftigte die Landser[122]. Keine Frage: Dieser Druck war zweifellos vorhanden; am 16. August 1941 veröffentlichte Stalin seinen berüchtigten Befehl Nr. 270, der alle Kommandeure und Politkader, die sich gefangen nehmen ließen, zu „böswilligen Deserteuren" erklärte; ihre Familien seien zu verhaften. Die einfachen Soldaten aber, die sich ergäben, seien „mit allen Boden- und Luftmitteln [!] zu vernichten. Den Familien der sich gefangengebenden Soldaten aber ist die staatliche Hilfe zu entziehen."[123] Daher fürchteten viele Rotarmisten, wie ihre deutschen Gegner immer wieder mit Verwunderung feststellten, die Gefangennahme mehr als den Tod in der Schlacht[124]. Nicht weniger erstaunte deren Erwartung, sie würden in deutscher Gefangenschaft erschossen. Dass sich „die russischen Soldaten [...] ehrenwörtlich andauernd bestätigen [ließen], daß ihnen bei ihrer Gefangennahme nicht die Zungen herausgeschnitten" würden, berichtete die 45. ID nicht ohne ein gewisses Schmunzeln[125]. Solche Erfahrungen machten die Deutschen nicht nur mit den einfachen Soldaten, die „im allgemeinen [...] wenig informiert" schienen[126]: „Wir haben festgestellt, daß rus-

---

121 Zit. bei Römer, Befolgung, S. 186.
122 Vgl. Kap. 5.1. In diesem Sinne IfZ-Archiv, MA 1590: XXIV. Pz. Korps, Abt. I c, „Feindnachrichtenblatt Nr. 19" vom 9. 8. 1941; BayHStA, Abt. IV, NL Thoma 3: Tagebuch, Brief vom 1. 8. 1941; IfZ-Archiv, MA 1666: 6./Lds. Schtz. Btl. 230, Bericht an das Lds. Schtz. Btl. 230 vom 31. 10. 1941 sowie PA-AA, R 60704: AOK 2, Abt. I c/VAA, „Bericht Nr. 15" vom 5. 9. 1941: „‚Was wollen Sie', meinte ein sowjetischer Major, der sich nach hartem Kampf in der Nähe von Tschernigow endlich ergeben hatte, ‚wir müssen bis zum Letzten kämpfen, denn wir werden von drei Seiten zum Kampf auf Leben und Tod gezwungen. Von vorne schießt der Gegner auf uns, der uns, wie die Kommissare sagen, bei der Gefangennahme niedermacht. Von rückwärts und von den Flanken aber werden wir durch das eigene Feuer niedergehalten, damit wir und die Soldaten nicht in Versuchung geraten, einen sinnlosen Kampf aufzugeben!'"
123 Zit. bei Osterloh, Sowjetische Kriegsgefangene, S. 67f.
124 Vgl. etwa IfZ-Archiv, MA 1618: AOK 4, Abt. I a, „Armeebefehl Barbarossa Nr. 4" vom 1. 7. 1941; PA-AA, R 60705: AOK 2, Abt. I c/VAA, „Bericht Nr. 6" vom 24. 7. 1941; IfZ-Archiv, MA 1619: 45. Inf. Div., Abt. I a, „Gefechtsbericht" vom 1. 10. 1941: „Es bestätigten sich die Gefangenenaussagen, wonach hier zahlreiche Offiziere, Kommissare usw. sitzen, die sich trotz aussichtsloser Lage nicht ergeben." Ferner: ebda., Inf. Rgt. 135, Tagesmeldung an 45. Inf. Div. vom 23. 6. 1941.
Derartige Erfahrungen machte man auch bei der 4. Pz. Div. Vgl. etwa BA-MA, MSg 1/3268: Fritz Farnbacher, Tagebuch (Eintrag vom 25. 6. 1941), der schon sehr früh registrierte, dass die sowjetischen Soldaten Angst hätten, nach ihrer Gefangennahme „abgemurkst" zu werden und sich daher im Wald verkröchen. Ferner BA-MA, RH 27-4/109: 4. Pz. Div., Abt. I c, Tätigkeitsbericht, Eintrag vom 9. 8. 1941: „Vernehmungsbericht eines übergelaufenen Offiziers vom S.R. 383. [...] Es habe allgemein die Überzeugung bestanden, daß die Gefangenen v[on] d[en] Deutschen erschossen würden."
Ähnliche Erlebnisse hatte man auch bei der 296. ID: Manuskript, K. H., „Unser Einsatz im Osten", o. D., Kopie im Besitz d. Verf.
125 IfZ-Archiv, MA 1619: I./Inf. Rgt. 135, „Bericht über die Grausamkeiten der Kämpfe in der Zeit vom 22. 9.–27. 9. 1941" vom 29. 9. 1941.
126 IfZ-Archiv, MA 1637: 296. Inf. Div., Abt. I c, „Tätigkeitsbericht für die Zeit vom 22. 6.–29. 6. 1941" vom 30. 6. 1941. Der Oberst Thoma (296. ID) meinte, die sowjetischen Soldaten seien „belogen nach Strich und Faden". BayHStA, Abt. IV, NL Thoma 3: Tagebuch, Brief vom 30. 7. 1941.

sische Offiziere vor der Gefangennahme sich selbst töten. Zum Teil ist dieses Verhalten darauf zurückzuführen, daß den Offizieren in Russland gesagt wird, daß sie von uns grausam behandelt würden."[127]

Angesichts der weltanschaulichen Vorgaben, unter denen die Deutschen diesen Krieg eröffnet hatten, kann es nicht verwundern, wenn sie den harten sowjetischen Widerstand auch rassistisch deuteten. „Der" Russe sei – so wusste man bei der 45. ID – ein „stumpfer Halbasiat"[128]. Trotzdem (oder gerade deswegen) sei er „ein hartnäckiger und zäher Einzelkämpfer", selbst wenn er nur „kurz und unzulänglich" ausgebildet sei[129]. Dass die Rotarmisten *auch* aus politischer Überzeugung kämpften, aus Identifikation mit einem Krieg, den sie als ihre Sache empfanden[130], und nicht zuletzt auch aus Hass gegen die deutschen Eindringlinge, war dagegen für diese kein Thema – auch das ein Beispiel für deren gravierende Fehleinschätzung der Sowjetunion.

Waren Härte und Verbissenheit, mit der die Rotarmisten kämpften, war ihre fast schon panische Angst vor der deutschen Gefangenschaft, eigentlich unberechtigt? Immerhin haben zwei Drittel jener drei Millionen sowjetischen Soldaten, die 1941 in die deutschen Lager kamen, das darauf folgende Frühjahr nicht mehr erlebt. Diese Lager befanden sich allerdings in einiger Entfernung zum Frontgebiet. Das heißt, man erhielt nur indirekt Nachricht vom dortigen Geschehen, ganz davon abgesehen, dass das grauenhafte Massensterben erst ab Herbst 1941 wirklich erkennbar wurde[131]. Doch wollten viele sowjetische Soldaten schon in den allerersten Tagen dieses Krieges lieber sterben als kapitulieren[132]. Das lag nicht nur an den rigiden Sicherungsmechanismen des stalinistischen Repressionsapparats (gegenüber den Soldaten *und* ihren Familien[133]), sondern auch an einer Propaganda, die den Rotarmisten ein-

---

[127] Meier-Welcker, Aufzeichnungen, S.122 (Brief vom 8.7.1941); Bock, Tagebuch, S.197 (Eintrag vom 23.6.1941). Ferner O. Verf., Brest-Litowsk, S.295; BA-MA, RH 24-24/97: XXIV. Pz. Korps, Abt. I c, Feindnachrichtenblatt vom 31.7.1941, in dem es heißt, „daß nach wie vor Angst vor Erschießung bei Gefangennahme besteht; noch in den letzten Tagen wurde mehrfach festgestellt, daß sich Offiziere selbst erschossen haben, um der Gefangennahme zu entgehen. Kommissare und Offiziere zwingen eigene Leute mit der Waffe zum Kampf; an einer Stelle hierzu auch MG eingesetzt." Daran sollte sich auch in den folgenden Monaten nichts ändern. Vgl. etwa IfZ-Archiv, MA 1639: 296. Inf. Div., Abt. I c, „Tätigkeitsbericht für die Zeit vom 1.4.–31.12.1942".
[128] IfZ-Archiv, MA 1618: AOK 4, Abt. I a, Kriegstagebuch, Eintrag vom 1.7.1941.
[129] IfZ-Archiv: MA 1624: 45. Inf. Div., Abt. I a, Erfahrungsbericht an das LV. A.K. vom 24.7.1942.
[130] So Merridale, Iwans Krieg, S.152.
[131] Die Behauptung Streits (Kameraden, S.130), dass die Verluste unter den sowjetischen Gefangenen schon zu Beginn des Krieges „sehr groß" waren, hat Gerlach widerlegt und nachdrücklich auf den „Entwicklungsschub im Herbst 1941" verwiesen. Vgl. Gerlach, Krieg, Ernährung, Völkermord, S.33 sowie ders., Morde, S.796f. In diesem Sinne auch Hartmann, Massensterben, S.123.
[132] BayHStA, Abt. IV, NL Thoma 3: Tagebuch, Eintrag vom 27.6.1941: „Die Roten verteidigen sich bis zum Letzten. Es ist geradezu unglaublich, wie sie sich halten. Wenn schon Teile gesprengt sind, schießen sie immer noch heraus. Ihre Taktik ist sehr verschlagen, aber auch tapfer [!]. Sie lassen die Angreifer ganz nahe heran bis auf 100–50 m und schießen erst dann. Selbst wenn unsere Leute schon oben auf den Bunkern stehen, ergeben sie sich noch nicht." Ebda., Brief vom 28.6.1941: „Ich bin vor allem auf die Gefangenenzahlen gespannt. Wir haben bisher nur sehr wenige. Sie halten ja bis zum Letzten und lassen sich totschlagen."
[133] Vgl. hierzu PA-AA, R 60704: AOK 2, Abt. I c/VAA, „Bericht Nr. 15" vom 5.9.1941: „Jedesmal erhält man von einem kriegsgefangenen Offizier, aber auch von Angehörigen des Mannschaftsstandes die bange Frage: ‚Wird es wohl in Rußland nicht bekannt werden, daß ich kriegsgefangen bin? Wenn dies nämlich bekannt wird, nimmt man meiner Familie jede Einnahmequelle!'" Ferner BA-MA, RH 27-4/109: 4. Pz. Div., Abt. I c, Tätigkeitsbericht, Eintrag

zureden suchte, dass ihre Gegner alle Kriegsgefangenen sofort erschießen würden[134].
Das war auch tatsächlich der Fall, wenn auch nicht längst in dem Ausmaß, wie es die
sowjetischen Propagandisten suggerierten. Gleichwohl schienen die deutschen
Exekutionen, denen Juden, Zivilisten, Kommissare und auch Kriegsgefangene zum
Opfer fielen, aber auch die elenden Bedingungen auf ihren Märschen, die „sich mit
Windeseile über den ganzen Raum verbreiteten"[135], die sowjetischen Behauptungen
vordergründig zu bestätigen, obwohl doch die meisten Gefangenen erst später, in
den Lagern, ums Leben kommen sollten. Ein Verweis darauf aber war gar nicht
mehr nötig[136]. Die Härte, mit der die Deutschen diesen Krieg teilweise führten, ihre
menschenverachtende Ideologie, die ersten Morde an den sowjetischen Gefangenen,
die Erbitterung über den deutschen Überfall und nicht zuletzt die düsteren Prophe-
zeiungen der sowjetischen Propaganda reichten aus, dass viele Rotarmisten mit einer unglaublichen Todesverachtung kämpften. Nicht ohne Erschütterung meldete
ein Kommandierender General der 2. Panzerarmee noch im Juni 1942, „daß heute
morgen eine Feindgruppe von 22 Mann durch nichts zur Übergabe zu bewegen gewesen wäre und daher alle erschossen werden mussten".[137]

Zur sowjetischen Taktik   Nicht nur das empfanden die deutschen Angreifer als
ungewohnt und irritierend. Auch die sowjetische Taktik machte ihnen „wenig
Spaß"[138]. Allerdings erhielten die deutschen Soldaten zunächst einen sehr zwiespältigen Eindruck von der Professionalität der Roten Armee. Dort, wo deren
Angehörige während der ersten Monate des Jahres 1941 als *Kollektiv* auftraten,
wirkte das für ihre deutschen Gegner meist wenig überzeugend. Ganz anders
erlebten diese die *individuellen* Leistungen der sowjetischen Soldaten. Gerade in
Situationen, die selbst erfahrene Einheiten fürchteten, im „Wald-"[139] und „Orts-

---

vom 13.8.1941: „Dem Korps wurde ein Flugblatt übersandt, in welchem die Bevölkerung
aufgehetzt wird, Vorräte und dergl. zu vernichten, außerdem Fragment eines Flugblattes mit
Androhung von Strafmaßnahmen für die Familien von Überläufern."

[134] Diese Propaganda-Strategie hatte die sowjetische Propaganda schon im sowjetisch-finnischen
Winterkrieg 1939/40 mit Erfolg angewandt. Vgl. hierzu Römer, Befolgung, S. 186f.

[135] So die Propaganda-Abteilung Weißruthenien in einem Stimmungsbericht für die Zeit vom
1.11.–15.11.1941, zit. bei: Buchbender, Erz, S. 106.

[136] Je deutlicher sich freilich die katastrophalen Zustände in den deutschen Kriegsgefangenenlagern abzeichneten, desto stärker musste dies der sowjetischen Propaganda zuarbeiten. Eine
„Feindbeurteilung" des I c/A.O. der Heeresgruppe Mitte vom 10.3.1942 führte „Erschießungen deutscher Gefangener ausdrücklich auf das „schnell bekannt gewordene Elend der
russischen Kriegsgefangenen" zurück. Streit, Kameraden, S. 347, Anm. 155.

[137] BA-MA, RH 21-2/883: Pz. AOK 2, Abt. I a, Kriegstagebuch, Eintrag vom 21.6.1942.

[138] BA-MA, N 260/4: Brief Baumgartners (Inf. Rgt. 135) an R. v. Bünau vom 7.7.1941. Ferner
Ludwig Hauswedell, Kriegstagebuch 1941/42 (4.5.41–21.4.1942), Kopie im Besitz d. Verf.,
Eintrag vom 2.8.1941: „Dieser Kleinkrieg hier ist nicht einfach und geht den Soldaten etwas
an die Nerven [...]."

[139] Gerade der Kampf in den Wäldern, in Weißrussland ein relativ häufiges Phänomen, scheint
den Deutschen besondere Schwierigkeiten bereitet zu haben. Vgl. hierzu IfZ-Archiv, MA
1623: 45. Inf. Div., Abt. I a, Kriegstagebuch, Eintrag vom 29.6.1942: „Der Angriff durch den
Feschna Wald gestaltet sich als sehr schwierig. Jeder Russe muss in seinem Kampfstand erschlagen werden."
Ferner BA-MA, N 10/9: Lebenserinnerungen Smilo Frhr. von Lüttwitz, Denkschrift „Rußland-Erfahrungen vom Juni 41–April 42": „In den ersten Wochen, aber auch später manchmal
mussten wir riesige Waldgebiete durchstoßen. Überall schlug uns Feuer entgegen, ohne daß
wir die Position u[nd] Stärke des Gegners genau ausmachen konnten. Bei den sehr undeut-
lichen russ[ischen] Karten war dazu die Orientierung für die vordersten Teile der eigenen

kampf"[140] sowie im „Kampf bei Dunkelheit"[141] erwiesen sich die Rotarmisten, „ausgezeichnet ausgerüstet" mit „Zielfernrohr- und Schnellfeuergewehren"[142], ihren deutschen Gegnern mitunter weit überlegen[143]. Das galt besonders für die Taktiken des „Kleinkriegs": der massive Einsatz von Scharfschützen[144], die etwa die deutschen Offiziere gezielt „herausschossen"[145], oder „ausgezeichnet" getarnter „Baumschützen"[146] wechselte ab mit Feuerüberfällen aus dem Hinterhalt[147], Raids hinter den deutschen Linien[148], mit Nahkämpfen, auch unter Einsatz

Truppe ebenso schwierig wie für alle nachfolgenden Verbände der Zusammenhalt u[nd] das Nachführen ohne geeignete Straßen. Oft blieben Feindteile hinter u[nd] schossen aus Flanke u[nd] Rücken. Wir lernten bald, daß nur ein energischer Vorstoß die einzige Möglichkeit der Aufklärung im Walde bot u[nd] daß man jede Gelegenheit nutzen musste, um die Waldzone rasch hinter sich zu bringen."

140 Vgl. hierzu etwa IfZ-Archiv, MA 1783/2: 296. Inf. Div., Abt. I a, Kriegstagebuch, Eintrag vom 26. 6. 1941: „Mit Eindringen in die Bunkerlinie (I.R. 519) bzw. Erreichen derselben (I. R. 521) nimmt der Feindwiderstand zusehends zu. Nicht gesprengte Bunker leben wieder auf, in Häusern versteckte Rotarmisten schießen von seitwärts und rückwärts in die Truppe, besonders in Lubyeza Krolewska wird das II./I.R. 521 schon bei einbrechender Dunkelheit in einen schweren Häuserkampf verwickelt."

141 Vgl. IfZ-Archiv, MA 1590: 4. Pz. Div., Abt. I c, „Feindachrichten" vom 30. 8. 1941 sowie ebda., Anlage: „Übersetzung: Befehl an die Truppen der Westfront Nr. 0109" vom 15. 8. 1941, in dem die „Unfähigkeit der Deutschen" betont wird, „plötzliche nächtliche Angriffe" abzuwehren.

142 IfZ-Archiv, MA 1617: 45. Inf. Div., Abt. I a, Kriegstagebuch, Eintrag vom 26. 9. 1941.

143 Vgl. BA-MA, RH 24-24/167: 4. Pz. Div., Abt. I a, „Beantwortung Fragebogen O.K.H. betr. Erfahrung Ostfeldzug in Führung, Ausbildung und Organisation" vom 12. 3. 1942.

144 Bemerkenswert scheint in diesem Zusammenhang, dass man auf deutscher Seite die Scharfschützen immer wieder als „Heckenschützen" diffamierte. Damit suggerierte man, diese hätten sich schon durch ihre Taktik außerhalb des geltenden Kriegsrechts bewegt. Vgl. hierzu BA-MA, RH 27-4/109: 4. Pz. Div., Abt. I c, Tätigkeitsbericht, Eintrag vom 9. 8. 1941: „Vereinzelter hartnäckiger Widerstand durch Heckenschützen." BA-MA, RH 24-24/323: XXIV. Pz. Korps, Abt. I c, Feindnachrichtenblatt Nr. 58 vom 31. 12. 1941: „Die Scharfschützentaktik ist lästig und weiter gefördert als im deutschen Heer." Ferner BA-MA, N 10/9: Lebenserinnerungen Smilo Frhr. von Lüttwitz, Denkschrift „Rußland-Erfahrungen vom Juni 41–April 42".

145 „Im Verlauf des diesjährigen Feldzuges ist aus manchen Kpn. die 4- bis 5- (z. T. noch mehr)fache Zug- und Gruppenführerbesetzung herausgeschossen worden." BA-MA, RH 24-24/167: 4. Pz. Div., Abt. I a, „Beantwortung Fragebogen O.K.H. betr. Erfahrung Ostfeldzug in Führung, Ausbildung und Organisation" vom 12. 3. 1942.

146 Vgl. hierzu IfZ-Archiv, MA 1617: 45. Inf. Div., Abt. I a, Kriegstagebuch, Eintrag vom 22. 6. 1941; IfZ-Archiv, MA 1637: 296. Inf. Div., Abt. I c, „Tätigkeitsbericht für die Zeit vom 29. 7.–24. 8. 1941" vom 25. 8. 1941; IfZ-Archiv, MA 1589: 1./Pz. Jg. Abt. 49, Gefechtsbericht vom 22. 6. 1941; BA-MA, MSg 1/3268: Fritz Farnbacher, Tagebuch, Eintrag vom 2. 7. 1941; BA-MA, RH 27-4/12: Schtz. Rgt. 33, „Bericht über die Kämpfe des Regiments vom 9. 8.–14. 8. 41"; O. Verf., Sturm im Osten, S. 23 sowie BA-MA, N 10/9: Lebenserinnerungen Smilo Frhr. von Lüttwitz, Denkschrift „Rußland-Erfahrungen vom Juni 41–April 42": „Die russ[ischen] Soldaten waren Meister der Tarnung u[nd] in ihrer Naturverbundenheit außerordentlich geschickt in der Geländebenutzung. Dazu war ihre Uniform unauffällig u[nd] im Winter u[nd] Sommer genau der Temperatur angepasst, Vorteile, die uns nicht im gleichen Maße gegeben waren."

147 Vgl. IfZ-Archiv, MA 1624: 45. Inf. Div., Abt. I a, Erfahrungsbericht an das LV. A.K. vom 24. 7. 1942; BA-MA, RH 39/377: „Meine Kriegserlebnisse 1941/42 in Rußland als ehem. Hauptfeldwebel der 3. Kp./Pz. Rgt. 35"; IfZ-Archiv, MA 1590: II./Schtz. Rgt. 33, Meldung an die 4. Pz. Div. betr. „Unternehmen ‚Jadreno' am 16./17. 10. 1941" vom 18. 10. 1941: „Die Russen schossen zu dieser Zeit nur etwa mit 3 M.G. und einigen Gewehren auf erkannte Bewegungen und ließen die Kompanie in einem Anlauf bis an das Flußufer herankommen. Dann setzten sie mit einem mörderischen Feuer aus einer Vielzahl von s. M.G., Granatwerfern und mehreren Geschützen ein. Die Verluste waren erheblich."
Zum „Heckenkrieg", den die 296. ID bei Kriegsbeginn erlebte, vgl. BA-MA, MSg 2/5316: NL Hans P. Reinert, Tagebuch, Einträge vom 22. 6. 1941 ff.

148 Zum Einsatz der sowjetischen „Sonder-Bataillone" hinter den deutschen Linien vgl. IfZ-Archiv, MA 1590: 4. Pz. Div., Abt. I c, „Feindnachrichten" vom 2. 12. 1941.

des Bajonetts[149], einer schlagartigen Feuereröffnung auf kürzeste Entfernung[150], dem Vortäuschen von Rückzügen oder dem Passierenlassen der deutschen Angriffsspitzen, die dann in ihrem Rücken unter Feuer genommen wurden[151]. Diesen Gefechtsformen bot die deutsche Taktik, die wiederum ganz auf die raschen Durchbrüche mobiler Panzerkeile setzte, noch zusätzliche Angriffspunkte, weil die motorisierten Einheiten oft weit vor den eigenen Linien operierten[152], so dass zwischen ihnen und der nachfolgenden Infanterie mitunter weite Lücken klafften. Den überrollten sowjetischen Truppen bot das viele Chancen. Selbst wenn sie im Operativen keine Entscheidung mehr herbeiführen konnten, so gelang es ihnen doch, im Chaos der großen Kesselschlachten durch ihre nadelstichartige Taktik den Gegner zu zermürben und ihm noch hohe Verluste zuzufügen[153].

Obwohl die deutschen Soldaten nicht müde wurden, das Verhalten ihrer Gegner als „hinterlistig", „verschlagen", „unberechenbar" oder „heimtückisch" zu diskreditieren[154], handelte es sich hier um Kriegslisten, die nach geltendem Kriegsrecht

---

Für die 296. ID berichtet Reinert, wie die sowjetische Seite noch in Gebieten Minen verlegte, von denen die Deutschen glaubten, sie hätten sie schon längst besetzt. BA-MA, MSg 2/5316: NL Hans P. Reinert, Tagebuch, Eintrag vom 2. 8. 1941. Gegen die 4. Pz. Div. kamen dagegen Minen mit Zeitzündung zum Einsatz. IfZ-Archiv, MA 1590: 4. Pz. Div., Abt. I c, Meldung an XXIV. Pz. Korps vom 17. 10. 1941.

[149] Vgl. hierzu Overy, Rußlands Krieg, S. 144; Merridale, Iwans Krieg, S. 130ff.

[150] So berichtete ein Angehöriger der 296. ID: „Unser Vorgehen entwickelte sich nun zu einem Kampf Mann gegen Mann, wobei wir erstmals erleben mussten, daß sich der Feind auch in aussichtslosen Situationen nicht ergab. Der Gegner blieb in seinen Schützenlöchern, ließ uns herankommen, womöglich noch hineinschießen. Erst dann kamen die Russen hoch, feuerten auf die Angreifer und brachten uns so die vielen Kopf- oder Bauchschüsse bei. Überall vor den feindlichen Stellungen lagen unsere gefallenen oder auch nur verwundeten Kameraden, ohne diesen sofort helfen zu können [sic]." K. H., Rückblick und Erinnerung an den Einsatz der 296. Inf. Div. im Osten aus der Sicht des II./Inf. Rgt. 521. Manuskript im Besitz d. Verf. Ferner BayHStA, Abt. IV, NL Thoma 3: Tagebuch, Eintrag vom 27. 6. 1941.

[151] Vgl. BA-MA, MSg 2/5317: NL Hans P. Reinert, Tagebuch, Eintrag vom 7. 8. 1941. Ferner Bay-HStA, Abt. IV, NL Thoma 5: IR 519, Kriegstagebuch, Eintrag vom 23. 6. 1941.

[152] Dies war schon im Polenfeldzug ein Problem gewesen. Vgl. hierzu Böhler, Auftakt, S. 72f.; Hürter, Heerführer, S. 405.

[153] Vgl. hierzu BA-MA, MSg 2/5316: NL Hans P. Reinert, Tagebuch, Eintrag vom 15. 7. 1941: „Wie zäh dieser Gegner kämpft, sehen wir wieder deutlich an den noch frischen Kampfspuren nördlich Demkowce [...], wo die Russen erschlagen noch in ihren Schützenlöchern liegen, mit wüsten Verwundungen, aber bis zum letzten Atemzug an ihren Waffen und uns Verluste zufügend, so viel sie nur können."
Auch die 45. ID machte während der schweren Kämpfe bei Brest-Litowsk die Erfahrung, dass ihr feindliche Einzelschützen „empfindliche Verluste" zufügten, „insbesondere an Offizieren". IfZ-Archiv, MA 1617: 45. Inf. Div., Abt. I a, Kriegstagebuch, Eintrag vom 22. 6. 1941.
Ferner Hürter, Heinrici, S. 71 (Eintrag vom 30. 7. 1941): „Die Truppe geht in den unaufhörlichen Waldgefechten kaputt. Die Kampfesart der bolschewistischen Nadelstiche macht sie kaputt, denn in diesem Wald- und Sumpfland kann sich der beste Mann des Überfalls nicht erwehren."

[154] IfZ-Archiv, MA 1634: XXXIV. Höheres Kommando, Bfh., Weisung an den „Herrn Div.-Kommandeur der 296. Div." vom 14. 8. 1941; IfZ-Archiv, MA 1665: Pol.-Btl. 309, Meldung an die 221. Sich. Div. vom 27. 6. 1941: „Der Gegner war hinterlistig, zäh und kämpfte bis zum Letzten."; IfZ-Archiv, MA 1619: 45. Inf. Div., Abt. I a, „Gefechtsbericht über den Einsatz der 45. Division zur Verhinderung feindlicher Durchbruchsversuche ostw. Kiew" vom 1. 10. 1941: „In noch größerem Umfange als damals wandte der Feind in den Kämpfen bei Jagotin Mittel an, die allen Gesetzen des Krieges in ihrer Heimtücke und Hinterlist widersprechen."; BA-MA, RH 27-4/12: Schtz. Rgt. 33, „Bericht über die Kämpfe des Regiments vom 9. 8.–14. 8. 41" sowie BA-MA, RH 39/377: „Meine Kriegserlebnisse 1941/42 in Rußland als ehem. Hauptfeldwebel der 3./ Pz. Rgt. 35", wo der Gegner als „niederträchtig und hinterlistig" charakterisiert wird. In diesem Sinne auch Hürter, Heinrici, S. 78 (Kriegsbericht vom 12. 9. 1941).

durchaus zulässig waren[155]. Zumindest die deutsche Führung hat das von Anfang an klar erkannt[156] und auch in der Truppenführung begann man das einzusehen, wie eine Denkschrift des XXXIV. Höheren Kommandos vom August 1941 eindrucksvoll belegt[157]:

„Der Kampf der Russen wird allgemein als ‚hinterhältig' bezeichnet. Soweit es sich um Kriegslisten handelt, die nicht gegen die Genfer Bestimmungen[158] verstoßen, kann man diese Kampfweise doch nur als ‚richtig' bezeichnen. Uns Deutschen liegt mehr der offene Kampf. Wenn wir aber erkennen, dass der Feind mit Listen aller Art uns empfindliche Verluste beibringt, dann muß unsere Truppe sich dieser Kampfweise anpassen und gleiches mit gleichem vergelten. Auch wir müssen den Feind herankommen lassen, in Fallen locken und dann erledigen. Ich spreche hier nur von dem Kleinkrieg, wie er sich jetzt in und zwischen den Stellungen abspielt. Jede Unternehmung muß den Gegner überraschen, muß aber auch mit Verschlagenheit und List angelegt werden. Um den Feind herauszulocken, können Scheinunternehmungen gemacht, Scheinstellungen angelegt und können Verkehr oder Wagenlärm an einer Stelle vorgetäuscht werden, um ihn zu veranlassen, dorthin seine Spähtrupps zu schicken. […] Der deutsche Soldat ist ein ehrlicher Kämpfer und daher zu leicht vertrauensselig. Umstellung ist nötig."

Solcher Einsichten zum Trotz wurden die Deutschen während des Krieges das Gefühl nie los, es hier mit einem Gegner zu tun zu haben, der irgendwie „unehrlich" und „verschlagen" kämpfte. Das war auch darin begründet, dass die sowjetische Seite mitunter auch tatsächlich „perfide Kriegslisten" anwandte, die nicht mehr durch das Völkerrecht gedeckt waren. Dass die Deutschen den Einsatz sowjetischer Flugzeuge mit deutschen Hoheitsabzeichen[159] registrierten, die Verwendung deutscher Uniformen oder von Zivilkleidung durch sowjetische Soldaten[160]

---

[155] Vgl. Art. 24 HLKO: „Kriegslisten und die Anwendung der notwendigen Mittel, um sich Nachrichten über den Gegner und das Gelände zu verschaffen, sind erlaubt." Druck: Lodemann (Hrsg.), Kriegsrecht, S. 59. Ferner Wörterbuch des Völkerrechts, Bd. II, S. 349f. Auch zum Folgenden.
Auch dieser Artikel eröffnete den Kriegführenden – das eigentlich war sein Problem – einen relativ großen, im Detail freilich nicht wirklich definierten Spielraum.

[156] Vgl. etwa Halder, Kriegstagebuch, Bd. III, S. 32 (Eintrag vom 1.7.1941): „Ernste Sorgen macht die Befriedung des rückwärtigen Gebietes. Die Eigenart unserer Kampfesweise hat weitgehende Unsicherheit des rückwärtigen Gebietes durch abgesprengte Feindteile zur Folge. Die Sicherungsdivisionen allein genügen nicht für die großen Räume. Wir müssen von der fechtenden Truppe einzelne Div. dafür ausgeben.".

[157] IfZ-Archiv, MA 1634: XXXIV. Höheres Kommando, Bfh., Weisung an den „Herrn Div.-Kommandeur der 296. Div." vom 14.8.1941.

[158] Gemeint war wohl die Haager Landkriegsordnung, nicht die beiden damals gültigen Genfer Konventionen.

[159] BA-MA, MSg 2/5319: NL Hans P. Reinert, Tagebuch, Eintrag vom 17.12.1941. Knapp zwei Wochen später wurde diese auch von der Divisionsführung registriert. IfZ-Archiv, MA 1636: 296. Inf. Div., Abt. I c, Funkspruch vom 30.12.1941: „13.20 Uhr Bombenabwurf von Flugzeug mit deutschen Abzeichen über Belew [sic]; Verluste. I c." Denkbar ist es freilich, dass es sich hier um deutsche Fehlwürfe handelte.

[160] PA-AA, R 60704: AOK 2, Abt. III, Vernehmung Leutnant Verclas vom 9.8.1941; IfZ-Archiv, MA 1618: 45. Inf. Div., Abt. I a, Kriegstagebuch, Eintrag vom 16.10.1941; IfZ-Archiv, MA 1619: 45. Inf. Div., Abt. I a, „Gefechtsbericht über den Einsatz der 45. Division zur Verhinderung feindlicher Durchbruchsversuche ostw. Kiew" vom 1.10.1941; IfZ-Archiv, MA 1590: 4. Pz. Div., Abt. I c, „Feindnachrichtenblatt 1" vom 17.10.1941; ebda., 4. Pz. Div., Kdr. „Punkte für I-c-Offiziersbesprechung am 17.11.41". Vgl. hierzu auch Kap. 5.5.

sowie die Vergiftung von Brunnen[161], war freilich selten. Weitaus häufiger passierte es, dass die Nahkämpfe eskalierten: Berichtet wird vom „Totstellen" und von der Simulation von Verwundungen, welche die sowjetischen Soldaten dann zu unerwarteten Überfällen ausnutzten[162], von der Vortäuschung von Kapitulationen und auch vom Missbrauch der weißen Parlamentärflagge, mit deren Hilfe Angriffe auf deutsche Stellungen getarnt wurden[163]. Gerade weil auf deutscher Seite bereits latent die Bereitschaft zum Bruch des Völkerrechts vorhanden war, konnte ein solcher Anlass – wie der Kommentar Farnbachers erahnen lässt – dann ganze Kettenreaktionen auslösen: „Zwei Russen kommen aus einem Loch und heben die Hände hoch zum Zeichen, daß sie sich ergeben wollen; und dann schmeißen sie auf einmal den deutschen Soldaten, die sie gefangen nehmen wollen, Handgranaten zwischen die Beine! Oder sie werfen überhaupt noch Handgranaten aus ihren Löchern. Da kann man es denn wohl auch verstehen, wenn die Landser die nächsten Russen, die sie erwischen, einfach umlegen."[164]

Konnte man es wirklich verstehen? Psychologisch schon, zumindest aus Sicht der unmittelbar Beteiligten. Etwas anders mussten sich solche Fälle aus rechtlicher, ethischer und nicht zuletzt militärischer Perspektive darstellen, schon weil die Eskalation unmöglich im Interesse der deutschen Seite liegen konnte. Stattdessen begann sich hier die Vorstellung festzusetzen, man könne, ja man müsse[165] nun selbst

---

[161] IfZ-Archiv, MA 1590: 4. Pz. Div., Abt. I c, „Feindnachrichten" vom 30. 8. 1941, Anlage: Übersetzung vom 12. 8. 1941.

[162] IfZ-Archiv, MA 1619: I./Inf. Rgt. 135, „Bericht über die Grausamkeiten der Kämpfe in der Zeit vom 22. 9.–27. 9. 1941" vom 29. 9. 1941.
Das Nachbar-Bataillon registrierte den Fall eines Sanitätsgefreiten der 45. ID, der sich ebenfalls um einen verwundeten Russen bemühen wollte und von diesem durch „einen Pistolenschuß verwundet" wurde. IfZ-Archiv, MA 1619: III./Inf. Rgt. 135, „Erfahrungen mit den Grausamkeiten russ. Kriegsführung" vom 29. 9. 1941.
Ferner BA-MA, N 260/4: NL Rudolf von Bünau: Brief Baumgartners (Inf. Rgt. 135) an Bünau vom 7. 7. 1941: „Zwei-, dreimal mußten Häuser durchsucht werden, bis wir dahintergekommen waren, daß scheinbar Tote über Nacht lebendig wurden und wieder in die Gegend knallten. Verwundete holten aus dem Verband Pistolen hervor und schossen […]."

[163] *4. Pz. Div.:* IfZ-Archiv, MA 1589: 3./Pz. Jg. Abt. 49, Kompaniebericht vom 26. 6. 1941. *45. Inf. Div.:* IfZ-Archiv, MA 1618: 45. Inf. Div., Abt. I a, Kriegstagebuch, Eintrag vom 24. 9. 1941, wo von einem Angriff „unter vorheriger Täuschung mit vorangetragener weißer Fahne" berichtet wird. IfZ-Archiv, MA 1619: I./Inf. Rgt. 130, Bericht über „Hinterlistigkeit der russ. Kampfesweise" vom 29. 9. 1941 sowie IfZ-Archiv: MA 1624: 45. Inf. Div., Abt. I a, Kriegstagebuch, Eintrag vom 29. 11. 1942: „3 Russen nähern sich mit erhobenen Händen der Stellung nordwestl[ich] Senkin. Nach Erreichen des Drahthindernisses werfen sie plötzlich Handgranaten auf die eigene Stellung, während gleichzeitig aus der russ[ischen] Stellung M.G.- und Gr[anat]w[erfer]-Feuer auf die winkenden Posten einsetzt. Nach Abschießen von 2 roten Leuchtkugeln entkommen die angeblichen Überläufer in das russ[ische] Grabensystem." *296. Inf. Div.:* IfZ-Archiv, MA 1634: 296. Inf. Div., Abt. I a, Befehl betr. „Verhalten in den Stellungen usw." vom 6. 9. 1941: „Es ist vorgekommen, daß vermeidbare Verluste eingetreten sind, weil Sicherungen nicht sofort auf Rotarmisten das Feuer eröffnet haben, sondern im Vertrauen auf Aussagen vorausgehender Jugendlicher, die die Soldaten als Überläufer anzeigten, diese auf Handgranatenwurfweite herankommen ließen."

[164] BA-MA, MSg 1/3270: Fritz Farnbacher, Tagebuch, Eintrag vom 13. 8. 1941. Weitere Beispiele bei: Schaub, Panzer-Grenadier-Regiment 12, S. 84; BA-MA, MSg 2/5316: NL Hans P. Reinert, Tagebuch, Eintrag vom 15. 7. 1941 sowie Bock, Tagebuch, S. 204 (Eintrag vom 30. 6. 1941).

[165] Vgl. hierzu BA-MA, N 10/9: Lebenserinnerungen Smilo Frhr. von Lüttwitz, Denkschrift „Rußland-Erfahrungen vom Juni 41–April 42": „In der Verteidigung setzten die Sowjets meist Scharfschützen ein, die das Vorfeld überwachten u[nd] jede Bewegung unter Feuer nahmen, auch bei Nacht mit dazu fest auf besondere Punkte unseres Wegenetzes eingerichteten Waffen. Dadurch hatten wir sehr unangenehme Verluste (besonders z. B. am Weißen Haus bei Mzensk).

all das im Kampf ignorieren, was Recht, Tradition und Moral eigentlich vorschrieben[166]. Von diesem unheimlichen Gegner wollte man „lernen"[167], so der Tenor in vielen deutschen Quellen. Den ‚gutmütigen Muschik des Weltkrieges'[168] hielt man jedenfalls, so das Urteil im Stab des AOK 2, für eine ausgestorbene Spezies.

Zweifellos verlief dieser Erkenntnisprozess nicht linear. Die Bereitschaft zum „Fair Play", die es an der deutschen Front durchaus geben konnte, wechselte ab mit Phasen, in denen man letzten Endes das umsetzte, was der NS-Führung vorschwebte. Dahinter standen viele Motive: militärischer Gehorsam, ideologische Überzeugung, Gewaltbereitschaft, Rachegefühl und Erbitterung, aber auch Gruppendruck und ein militanter Rassismus, dem das Leben des einzelnen „Iwan" völlig gleichgültig war. Vieles davon hatten die Deutschen bereits von zu Hause mitgebracht. Doch resultierten ihre Gewaltausbrüche auch aus den Erfahrungen, die sie mit den sowjetischen Gegnern machten. Es wäre grotesk und moralisch höchst fragwürdig, eine Untat durch den Nachweis entlasten zu wollen, dass auch auf der Gegenseite andere Untaten begangen worden seien. Darum geht es auch nicht. Vielmehr waren diese Verbrechen an der Front nicht selten das Produkt eines engen dialektischen Prozesses, an dem sich *zwei* totalitäre Regime beteiligten, die beide sehr eigenwillige Vorstellungen von Recht und Moral in diesen Krieg mitbrachten. Ein besonders markantes Beispiel ist dafür auch das Schicksal jener deutschen Soldaten, die damals bereits zu Gefangenen der Roten Armee wurden.

Zum Schicksal der deutschen Kriegsgefangenen während des ersten Kriegsjahrs
Bis Dezember 1941 blieb der Anteil der deutschen Soldaten, die in sowjetische Kriegsgefangenschaft gerieten, relativ klein. Ihre Zahl wird auf 60 000 bis 70 000 Mann geschätzt, bis Herbst 1942 dürften es dann wahrscheinlich 100 000 Mann gewesen sein. Verglichen mit den ca. 3,5 Millionen Wehrmachtsangehörigen, die bis Kriegsende in sowjetische Kriegsgefangenschaft gerieten[169] handelte es sich bei diesen „Frühgefangenen"[170] also um eine Minderheit.

Für diese Gefangenen hatte die Sowjetunion seit Kriegsbeginn durchaus Vorsorge getroffen. Zumindest in der Theorie orientierte sich diese am fixierten Völ-

---

Unsere eigenen Männer waren aber nur sehr schwer dazu zu bringen, solche Taktik zu erwidern. Ich glaube, es lag unseren Soldaten nicht, persönl[ich] Jagd mit der Flinte auf einen Menschen zu machen."

[166] Vgl. etwa BA-MA MSg 1/1148: NL Joachim Lemelsen, Tagebuch, Eintrag vom 25.12.1941: „Weihnachten im Felde, diesmal so ganz anders wie im Weltkriege, wo der Feind meist dieses Fest auch respektierte, und wir in Ruhe feiern konnten. Heute greift der Russe unentwegt und vielleicht gerade weil Weihnachten ist, heftig an. Unsere Truppen haben keine Ruhe. Sie kämpfen und marschieren durch Nacht und Eis und finden keine warmen Stube mit einem Lichterbaum und Weihnachtsstimmung."

[167] Vgl. den Brief des Uffz. Erich Schlenker vom 30.6.1941: „Die Russen töten Gefangene auf bestialische Weise. Wir haben inzwischen aber auch etwas gelernt. Gefangene machen wir keine mehr." Zit. in: Mallmann (u.a. Hrsg.), Deutscher Osten, S.23; BA-MA, N 260/4: NL Rudolf von Bünau: Brief Baumgartners (Inf. Rgt. 135) an Bünau vom 7.7.1941, in dem es u.a. heißt: „Aber unsere Leute schlugen sich prächtig und waren auch bald mit allen Wassern gewaschen." IfZ-Archiv, MA 1634: XXXIV. Höheres Kommando, Bfh., Weisung an den „Herrn Div.-Kommandeur der 296. Div." vom 14.8.1941.
Noch im Oktober 1942 bezeichnete der GFM Gerd v. Rundstedt den Ostkrieg als „die ‚hohe Schule' zur Heranbildung eines ‚harten' Soldaten". Zit. bei: Hürter, Heerführer, S.372, Anm.64.

[168] PA-AA, R 60704: AOK 2, Abt. I c/A.O. (VAA), „Bericht Nr.2" vom 5.7.1941.

[169] Vgl. hierzu die Angaben bei Hilger, Kriegsgefangene, S.389ff.

[170] So Böhme, Die deutschen Kriegsgefangenen, Bd.7, S.17.

kerrecht[171]. Obwohl die Sowjetunion der Genfer Kriegsgefangenenkonvention vom 27. Juli 1929 nicht beigetreten war (wohl aber dem „Genfer Abkommen zur Verbesserung des Loses der Verwundeten und Kranken der Heere im Felde"[172]), handelte es sich bei der sowjetischen „Verordnung über das Kriegsgefangenenwesen" vom 19. März 1931, die dann am 1. Juli 1941 abgelöst wurde durch die „Verordnung des Rats der Volkskommissare über Kriegsgefangene"[173], um „keine bloße Propagandaveranstaltung"[174]. Auch die Führung der Roten Armee war naturgemäß an Kriegsgefangenen interessiert[175]. Andererseits hatte Stalin, der am 4. September 1941 zu Schukow gesagt haben soll: „Glauben Sie nicht allzu sehr an die Kriegsgefangenen, befragen Sie sie mit Nachdruck und dann erschießen Sie sie"[176], immer wieder unter Beweis gestellt, wie gnadenlos er bereits auf potentielle Bedrohungen reagieren konnte. Dass er ausgerechnet in einer Situation, in der es nicht allein um seine Existenz ging, den völkerrechtlichen Normen erste Priorität geben würde, war kaum zu erwarten[177].

Diese Ausgangslage hatte jedenfalls zur Folge, dass von den deutschen Kriegsgefangenen der Jahre 1941/42 die meisten ums Leben gekommen sind. „Gerade in den ersten Monaten des Krieges" blieben Gefangenenerschießungen „keine Ausnahme"[178], selbst Wassili Grossman schrieb damals in sein Tagebuch ohne jede

---

171 Hilger, Kriegsgefangene, S. 63. Dort (S. 48 ff.) auch Angaben zu den folgenden Aspekten.
172 Am 29. 3. 1934, vgl. Lodemann (Hrsg.), Kriegsrecht, S. 169.
   Am 8. 10. 1941 ließ die Sowjetunion über ihre Schutzmacht Schweden die Reichsregierung nochmals wissen, dass sie den „Anspruch (revendication)" habe, „daß die internationale anerkannten Bestimmungen betreffend die Behandlung von Kriegsgefangenen [...] genau befolgt werden". ADAP, Serie D, Bd. XIII/2, Dok. 389.
173 Druck: Ueberschär/Wette (Hrsg.), „Unternehmen Barbarossa", S. 356 ff.
174 So Hilger, Kriegsgefangene, S. 54. Die Felddienstvorschrift der Roten Armee legte fest: „Die Soldaten der Roten Arbeiter- und Bauernarmee behandeln den gefangengenommenen Feind großmütig und gewähren ihm jegliche Hilfe, um ihn am Leben zu erhalten." Zit. in: Muchin, Das System der Gefangennahme, S. 115.
175 Die sowjetische Truppenführung hatte schon bald zahllose Befehle erlassen, die das Erschießen der deutschen Gefangenen zu unterbinden suchten, wobei auch hier das Kontinuum dieser Befehle belegt, dass man genau das nicht erreichte. Vgl. Zayas, Wehrmacht-Untersuchungsstelle, S. 287 ff. Grundsätzlich veränderte sich die Lage vermutlich erst durch Stalins „dezidierten Gegenbefehl" vom 23. 2. 1942. Vgl. Hilger, Kriegsgefangene, S. 60.
176 Zit. bei: Petrov, Außergerichtliche Repressionen gegen kriegsgefangene Deutsche, S. 195, beruhend auf einer Angabe des Izvestija 10/1990, S. 216. Bekannt wurde auch, dass der Stellvertretende Volkskommissar für Verteidigung L. Mechlis 1941 „persönlich Weisungen zur Erschießung gefangener Wehrmachtsangehöriger gegeben hat". Arlt, Die Wehrmacht im Kalkül Stalins, S. 114.
177 Vgl. auch mit dem Urteil Karners (Archipel GUPVI, S. 236), der die sowjetische Kriegsgefangenenverwaltung, den Archipel GUPVI, als einen „wesentlichen Teil stalinistischer Gewaltherrschaft" sieht.
178 Hilger, Kriegsgefangene, S. 60; Petrov, Außergerichtliche Repressionen gegen kriegsgefangene Deutsche, S. 175; Rass, Sozialprofil, S. 705.
   Der Prozentsatz der deutschen Soldaten, die 1941/42 in sowjetische Kriegsgefangenschaft gerieten und dort umgekommen sein sollen, wurde auf 90 bis 95 Prozent geschätzt. So Böhme, Die deutschen Kriegsgefangenen in sowjetischer Hand, Bd. 7, S. 110. In diesem Sinne auch Zayas, Wehrmacht-Untersuchungsstelle, S. 277.
   Differenzierter und abwägender hingegen die Berechnungen von Overmans, Verluste, S. 284 ff. Er kommt zu dem Ergebnis, dass in den Jahren 1941/42 nur ca. 5 000 deutsche Soldaten in sowjetischem Gewahrsam umgekommen sind. Allerdings sind in dieser Zeit ca. 134 000 deutsche Soldaten an der Ostfront „verschollen". Für Overmans erscheint es „durchaus plausibel", dass etwa die Hälfte dieser Verschollenen „tatsächlich in sowjetischem Gewahrsam gestorben ist". Vgl. ferner die Angaben bei Hilger, Kriegsgefangene, S. 71, 390 ff.

Spur von Gewissensbissen, er habe „den Antrag auf Erschießung zweier Deutscher" gestellt[179]. Erst in der zweiten Hälfte des Krieges sollte sich diese Praxis ändern[180]. Dagegen erreichten von den 60000 bis 70000 Wehrmachtsangehörigen, welche die Rote Armee 1941 gefangen nahm[181], bis Ende dieses Jahres gerade einmal 9147 Mann, übrigens nicht alle Deutsche, die rückwärtigen Lager[182]. Zwar suchte die Führung der Roten Armee schon bald Exzesse bei der Gefangennahme zu verhindern, doch geschah dies nicht mit dem entsprechenden Nachdruck. An ihrer Basis erwiesen sich andere Motive oft als stärker: Schock und Wut über den unerwarteten Überfall der Deutschen, der Stress der Kämpfe, der permanente Druck des militärischen und des politischen Apparats, der unheimlich wirkende Gegner, die permanente propagandistische Indoktrination, erste Nachrichten über das inhumane Verhalten der deutschen Eindringlinge, das Chaos der Rückzüge, das Gefühl der militärischen Unterlegenheit, das man mit diesen Gewaltexzessen zu kompensieren suchte, und schließlich auch „die kriegerische Mentalität" der Bolschewiki, die „in allen Bereichen zu spüren" war[183], gerade auch in der Armee, die stets als „Werkzeug einer Partei"[184] gegolten hatte. All dies sorgte dafür, dass sich der Hass gegen die deutschen Invasoren gerade dann entlud, wenn man ihrer habhaft wurde.

Das bekamen auch die Formationen zu spüren, um die es in dieser Studie geht. Ihre Berichte über sowjetische Verbrechen an deutschen Kriegsgefangenen – private Aufzeichnungen, aber auch amtliche Rapports, die teilweise an ein kriminalpolizeiliches Verfahren erinnern[185] –, sind einfach zu zahlreich und zu detailliert, als dass man sie als Latrinenparolen, Propaganda oder als das Produkt einer verzerrten Wahrnehmung abtun könnte[186]. Und noch etwas fällt auf: Die sowjetischen Verbrechen begannen schon sehr früh – zu einer Zeit, als man noch gar nicht absehen konnte, *wie* die Deutschen diesen Krieg führen wollten. Bei der 296. ID häuften sich schon im Juni die „Meldungen über Erschießung und Misshandlung deut-

---

[179] Beevor, Schriftsteller, S. 105. Als Begründung gab er an, die beiden Deutschen hätten einen Kameraden „persönlich getötet", wobei unklar bleibt, ob dies während oder nach den Kämpfen passiert sei. Grossmans Perspektive spricht vermutlich für die erste Variante.

[180] Zu einer Wende kam es erst *nach* Stalingrad; noch von den Überlebenden des Stalingrader Kessels, die auf ca. 120000 beziffert werden, sollen 60000 bis 70000 gestorben sein. Vgl. Hilger, Kriegsgefangene, S. 110f.

[181] Vgl. hierzu Böhme, Kriegsgefangene, S. 10ff.; Overmans, Verluste, S. 284ff.

[182] Angabe nach: Petrov, Außergerichtliche Repressionen gegen kriegsgefangene Deutsche, S. 175. Welcher Nationalität diese Gefangenen angehörten, wird aus der Darstellung nicht ersichtlich. Eine nationale Differenzierung liegt allerdings für den 10. 8. 1941 vor: Von 1990 rückwärts untergebrachten Kriegsgefangenen waren 1016 Rumänen und 974 Deutsche. Das würde bedeuten, dass bis zum 31.12.1941 noch viel weniger kriegsgefangene deutsche Soldaten die rückwärts gelegenen sowjetischen Lager erreichten.

[183] Overy, Russlands Krieg, S. 24.

[184] Löwe, Bewaffnete Macht, S. 1680. Auch zum Folgenden.

[185] Vgl. etwa BayHStA, Abt. IV, NL Thoma 5: IR 519, Kriegstagebuch vom 26.7.1941: „Der Gefr. Meier, der bei dem Unternehmen der 2./Inf. Rgt. 519 am 23.7.41 dem verwundeten Lt. Ziegler zu Hilfe kam, wurde dabei von den Bolschewisten überrascht und anschließend ermordet. Ass.-Arzt Dr. Dressel (Stab I./Inf. Rgt. 519) stellt fest, daß die Leiche 2 Schussverletzungen mit deutlichen Verbrennungs- und Pulverspuren an der Haut aufwies sowie 4–5 Stichverletzungen im Bauch und Oberschenkel."

[186] Vgl. indessen Gerlach, Morde, S. 780: „Für den Gewaltausbruch in den allerersten Kriegstagen und die gleichzeitigen Wehrmachtverbrechen gegen Zivilisten in jener Zeit spielte die Konfrontation mit dem angeblich grausamen Gegner im wesentlichen keine Rolle […]."

scher Gefangener"[187], im Juli traf man auf zwölf Kameraden, die man nach einem
sowjetischen Gegenangriff verwundet zurückgelassen hatte, „mit z[um] T[eil] eingeschlagenen Schädeln und auch bis zur Unkenntlichkeit verstümmelt"[188]. Noch
im März 1942 berichtete man von deutschen Gefallenen, an denen „Minen mit
Zugzünder" angebracht waren[189]. Mit „Verstößen gegen das Völkerrecht" wurde
auch die 4. Panzerdivision bald konfrontiert[190]: „5 Verwundete, Angehörige der
10. Kompanie wurden durch Bajonettstiche misshandelt. 3 sind an den Folgen
gestorben."[191] Selbst die 221. Sicherungsdivision meldete während ihres kurzen
Fronteinsatzes im Juni 1941, man habe „auf der Straße Lomza – Suprasl 19 deutsche Panzersoldaten zerstümmelt und tot aufgefunden"[192]. Ein Frontverband wie

---

[187] Vgl. BA-MA, RH 24-4/91: IV. A.K., Abt. I c, Tagesmeldung an AOK 17 vom 29.6.1941. Ferner vom 28.6.1941: „Der Kdr. des russ. MG. Btl. 36 hat Erschießung aller deutschen Gefangenen befohlen." Die 296. Inf. Div. war damals dem IV. A. K. unterstellt.
Bestätigt werden diese Ereignisse in: BA-MA, MSg 2/5316: NL Hans P. Reinert, Tagebuch, Eintrag vom 28.6.1941. Weitere sowjetische Kriegsverbrechen gegenüber Angehörigen der
296. Inf. Div. in: IfZ-Archiv, MA 1637: 296. Inf. Div., Abt. I c, „Tätigkeitsbericht für die Zeit von
23.7.–28.7.1941" vom 29.7.1941: „Verstöße gegen die völkerrechtlichen Bestimmungen der roten
Soldaten kamen verschiedene Male vor. So wurden verwundet in Gefangenschaft geratene Soldaten später erschossen und ausgeplündert aufgefunden." BayHStA, Abt. IV, NL Thoma 5: IR 519,
Kriegstagebuch vom 26.7. und 31.7.1941, wo festgestellt wird, dass „verwundete deutsche Soldaten schwacher Spähtrupps stets von den Russen ausgeplündert und ermordet" würden.
[188] K. H., Rückblick und Erinnerung an den Einsatz der 296. Inf. Div. im Osten aus der Sicht des
II./IR 521. Manuskript im Besitz d. Verf. Dort heißt es: „Grauenhafte Zustände mussten wir
in Teniatiska feststellen. Ein Oberfeldwebel, drei Unteroffiziere und acht Mann, welche beim
ersten Angriff verwundet wurden, versuchten sich in einem Haus zu verstecken. Vier Tage
ging dies gut, bis sie vor dem Abzug der Russen schließlich doch noch entdeckt wurden. Mit
z. T. eingeschlagenen Schädeln und auch bis zur Unkenntlichkeit verstümmelt, fand man sie
vor. Gerade fanden wir noch Zeit, diese Kameraden in Einzelgräbern beizusetzen, als schon
der Vormarsch fortgesetzt wurde." Vgl. in diesem Zusammenhang auch BA-MA, MSg 2/5316:
NL Hans P. Reinert, Tagebuch, Eintrag vom 30.7.1941, wobei es unklar bleibt, ob sich dessen
Schilderung auf diese Episode bezieht.
[189] BA-MA, MSg 2/5320: NL Hans P. Reinert, Tagebuch, Eintrag vom 13.3.1942.
[190] IfZ-Archiv, MA 1591: 4. Pz. Div., Abt. III, Vernehmung Oberstltn. W. Dumler und Uffz. H.
Blümel vom 11.8.1941. Beide beim Vormarsch Leichen mehrerer deutscher Soldaten
gefunden, die zum Teil gefesselt, aus nächster Nähe erschossen worden waren; IfZ-Archiv, MA
1590: Pz. Aufkl. Abt. 7, Meldung an die 4. Pz. Div. vom 27.7.1941; ebda., II./Schtz. Rgt. 33,
Meldung an das Schtz. Rgt. 33 vom 18.10.1941; BA-MA, MSg 1/3268: Fritz Farnbacher, Tagebuch, Eintrag vom 2.7.1941; BA-MA, MSg 1/3276: Fritz Farnbacher, Tagebuch, Einträge vom
30.12.1941 und 5.1.1942. In diesem Sinne auch Panzerregiment, 4. Panzerdivision, S. 202, 246, 330.
Ferner BA-MA, N 460/14: NL Gerlach von Gaudecker, Tätigkeitsbericht Pz. Gren. Rgt. 33
vom Juni 1941–März 1944: „Vorgefunden wurden vom Kdr. I/33 persönlich ein deutscher
Uffz. und ein Mann, den beiden die Hände auf dem Rücken gefesselt waren und die auf nahe
Entfernung durch einen Schuß ins Gesicht erschossen werden mussten. Später meldeten Angehörige eines Inf.-Rgt.'s, daß sie in derselben Gegend Offz. und Mannschaften erschossen und
misshandelt – einem Leutnant war das Geschlechtsteil abgeschnitten – aufgefunden haben. Da
auch im Laufe des Tages trotz Nachforschungen kein Angehöriger der Vorausabteilung gefunden werden konnte, muss damit gerechnet werden, daß diese Abteilung von den Russen gefangen genommen worden ist."
[191] IfZ-Archiv, MA 1579: 4. Pz. Div., Abt. I a, Kriegstagebuch, Eintrag vom 28.7.1941; Ferner
BA-MA, RH 27-4/199: Geschichte der 4. Pz. Div., masch. Manuskript o. D., S. 104, wo ein
ähnlicher Bericht des Schtz. Rgt. 33 vom 28.7.1941 zitiert wird.
[192] BA-MA, RH 24-7/138: VII. A. K., Abt. I c, Morgenmeldung an AOK 4 vom 1.7.1941. Die
Nachkriegsaussagen hierzu bei Curilla, Ordnungspolizei, S. 511. Ferner IfZ-Archiv, MA 1669:
221. Sich. Div., Abt. I c, Bericht an das LV. A. K. vom 6.2.1942: „Politruks erklärten, da nunmehr die Deutschen durch die Misserfolge wild geworden, alle K[riegs]g[e]f[angen]en erschießen, tun wir dasselbe."
Weitere Meldungen über sowjetische Kriegsverbrechen im Abschnitt der 4. Armee, der sowohl
die 221. Sich. Div., als auch die 45. Inf. Div. zeitweise unterstellt waren, in: PA-AA, R 60759:
AOK 4, VAA, „Bericht Nr. 83" vom 9.7.1941, „Bericht Nr. 86" vom 16.7.1941, Bericht o.

die 45. ID erlebte die „von den Russen ausgeübten und festgestellten Grausamkeiten an Verwundeten und wehrlosen Soldaten"[193] natürlich häufiger: Spähtrupps oder einzelne Soldaten wurden „viehisch massakriert"[194], so dass sie zum Teil „vollkommen unkenntlich" waren[195]; im September fand man den Schützen Gager, der „mit seinem eigenen Seitengewehr erstochen" war. „Das Seitengewehr befand sich noch im Kopfe."[196]

Zweifellos ließ es sich im Chaos des Krieges nicht immer klären, wie die verstümmelten Toten, auf die die Deutschen trafen, gestorben waren. Auch steht außer Frage, dass die nicht aufhörende propagandistische Mobilmachung gegen einen Feind, der – Hitler zufolge – „aus tierischer Blutgier kämpft und zugleich aus Feigheit und Angst vor seinen Kommissaren", deutliche Spuren in der Wahrnehmung der deutschen Kriegsteilnehmer hinterließ[197]. Schon vor Feldzugsbeginn hatte ein Merkblatt vor der ‚heimtückischen Sowjetkriegführung' und der ‚unwürdigen, sadistischen und brutalen Behandlung von Verwundeten und Gefangenen' gewarnt[198]. Doch ist die bloße Existenz solcher Parolen für sich genommen noch

---

Nr. vom 30.7.1941, „Bericht Nr. 97" vom 8.9.1941, „Bericht Nr. 106" vom 8.11.1941, „Bericht Nr. 111" vom 5.1.1942.

[193] IfZ-Archiv, MA 1619: I./Inf. Rgt. 135, „Bericht über die Grausamkeiten der Kämpfe in der Zeit vom 22.9.–27.9.1941" vom 29.9.1941. Dort wird der Bericht eines überlebenden Angehörigen der 45. ID zitiert, der erlebte, wie 13 seiner verwundeten „Kameraden durch Bajonettstiche erstochen und vollkommen ausgeplündert" wurden. Berichtet wird ferner von fünf weiteren, zum Teil sehr brutalen Morden („Das Gesicht des Ob. Schtz. Forthuber dürfte durch Fußtritte breit getreten worden sein.") an Angehörigen dieses Regiments. Ferner PA-AA, R 60704: AOK 2, Abt. I c/A.O./VAA, Vermerk vom 30.7.1941 sowie Seidler, Verbrechen an der Wehrmacht, S. 193, wo ein Mord an einem weiteren Angehörigen der 45. Inf. Div. (Art. Rgt. 98) dokumentiert ist.

[194] BA-MA, N 260/4: Schreiben Inf. Rgt. 133 (Reg. Adj. Dedeking) an R. v. Bünau vom 20.7.1941; Ludwig Hauswedell, Kriegstagebuch 1941/42 (4.5.41–21.4.1942), Kopie im Besitz d. Verf., Eintrag vom 2.8.1941: man fand den „Kübel[wagen], in dem Lt. Wintersberger leichtsinnigerweise vor der Front herumfuhr. Wintersberger wurde wie der Fahrer scheußlich zugerichtet aufgefunden"; IfZ-Archiv, MA 1619: I./Inf. Rgt. 130, Bericht über „Hinterlistigkeit der russ. Kampfesweise" vom 29.9.1941; II./Inf. Rgt. 135, Bericht über „Kampfesweise der Russen" vom 29.9.1941; ebda., MA 1619: 45. Inf. Div., Abt. I a, „Gefechtsbericht über den Einsatz der 45. Division zur Verhinderung feindlicher Durchbruchsversuche ostw. Kiew" vom 1.10.1941.

[195] Vgl. IfZ-Archiv, MA 1619: III./Inf. Rgt. 135, „Erfahrungen mit den Grausamkeiten russ. Kriegführung" vom 29.9.1941.

[196] IfZ-Archiv, MA 1619: 10./Inf. Rgt. 130, Meldung über „Verstümmelung des Lts. Koch" vom 29. September 1941, in dem über die Verstümmelung von drei weiteren Angehörigen dieser Kompanie berichtet wurde.

[197] Diese ging auch während des Krieges weiter, auch im Abschnitt der 2. Armee. Vgl. etwa BA-MA, RH 20-2/249: AOK 2, OB, Fernspruch an die unterstellten Korps vom 27.12.1941: „Stalin hat am Jahrestag der bolschewistischen Revolution befohlen, daß jeder Deutsche auf russ[ischem] Boden getötet werden müsste. Seit dieser Zeit melden die Russen nur die Vernichtung, nie aber die Gefangennahme deutscher Soldaten. Ich teile diese Tatsache mit, damit jeder Soldat weiß, was ihn erwartet, wenn er den Kampf aufgibt." Zweifellos handelt es sich hier um eine propagandistische Übertreibung. Allerdings hatte Stalin am 6.11.1941, bei seiner Rede anlässlich des 24. Jahrestags der „Großen Sozialistischen Oktoberrevolution", gefordert, „alle Deutschen [...] bis auf den letzten Mann zu vernichten" (zit. nach: Hoffmann, Kriegführung, S. 787). Dass der Befehl durchaus unterschiedlich ausgelegt werden konnte, belegt die Vernehmung eines gefangenen sowjetischen Offiziers, der bei seiner Befragung durch das LIV. A.K. zu Protokoll gab: „Er verstände ihn so, daß im Kampfe möglichst viele Gegner vernichtet werden sollten, der Befehl aber auf Gefangene, ob verwundet oder unverwundet, keine Anwendung zu finden hätte. Es gäbe aber Leute, die den Befehl anders auffaßten." Zit. bei: Zayas, Wehrmacht-Untersuchungsstelle, S. 303.

[198] Vgl. etwa IfZ-Archiv, MA 1590: 4. Pz. Div., Abt. I c, Anlage: „Richtlinien für das Verhalten der Truppe in Rußland". Druck: Ueberschär/Wette (Hrsg.), „Unternehmen Barbarossa", S. 312.

keine Widerlegung dessen, was dann später tatsächlich geschah. Den komplizierten dialektischen Prozess zwischen der Wahrnehmung der Kriegsteilnehmer und der Wirklichkeit dieses Krieges allein mit einigen Propagandaformeln erklären zu wollen, wäre entschieden zu einfach[199]. So sind Berichte über Verbrechen im Bereich der sowjetischen Front nicht nur von den Einheiten unseres Samples überliefert[200]; der Vertreter des Auswärtigen Amts beim AOK 2 meldete beispielsweise Anfang August 1941, man habe „aufgrund aufgefundener Akten der russischen Wehrmacht" festgestellt, dass im gegenüberliegenden Frontabschnitt „achtzig deutsche Kriegsgefangene erschossen wurden"[201]. Insgesamt sammelte die zuständige Wehrmachtsuntersuchungsstelle für Völkerrechtsverletzungen „einige Tausend Berichte" über die Ermordung deutscher Kriegsgefangener[202]. Schon diese Zahl lässt freilich keinen Zweifel daran, dass der Mord an deutschen Kriegsgefangenen im ersten Jahr dieses Krieges *insgesamt* eher selten blieb, was auch daran lag, dass damals eben nur ein Bruchteil der deutschen Angreifer in sowjetische Hände fiel. Auch handelte es sich hier um „keine systematische, von der sowjetischen Führung befohlene Mordpolitik"[203], selbst wenn ihre Toleranz gegenüber diesen Verbrechen groß war[204]. In Kombination mit der deutschen Kriegführung und Besatzungspolitik reichte das freilich aus, dass sich die Gewalt dort verselbständigen konnte, wo beide Seiten aufeinander prallten – an der Front oder im Partisanenkrieg[205].

Dort (S. 316f.) auch das Merkblatt „Warnung vor heimtückischer Sowjetkriegsführung".
Auch sonst bewahrheiteten sich einige Erwartungen des zuletzt genannten Merkblatts, so etwa beim Kleinkrieg im Rücken der deutschen Front, beim Einsatz von Sprengladungen mit Zeitzündern (erinnert sei an die Ereignisse in Kiew), beim Absetzen von Fallschirmspringern in Zivil und teilweise auch bei der Folterung der Gefangenen. Für die deutsche Fehlperzeption war freilich entscheidend, dass man diese negative Prognosen generalisierte und zudem rassistisch erklärte, ganz davon abgesehen, dass sich andere Befürchtungen wie etwa der gefürchtete und verbotene Einsatz von chemischen Kampfstoffen nicht bewahrheiten sollten.

[199] Vgl. etwa mit der Deutung von Bartov, Hitlers Wehrmacht, S.163ff.
[200] Weitere Belege und Literatur bei: Overy, Rußlands Krieg, S.144; Hürter, Heerführer, S.360ff.; Shepherd, War, S.72; Rass, „Menschenmaterial", S.157, 334ff.; Römer, Befolgung, S.191f.; Hilger, Kriegsgefangene, S.56, Anm.235.
Werth, (Rußland im Krieg, S.154) berichtet über einen sowjetischen Offizier, der ihm im Herbst 1941 erzählt habe, dass er „manchmal alle Mühe" habe, „unsere Soldaten davon abzuhalten, die deutschen Gefangenen umzubringen. Ich weiß, daß sie es gern täten, besonders, wenn sie diese anmaßenden, fanatischen Nazischweine sehen."
[201] PA-AA, R 60704: AOK 2, Abt.I c/VAA, Fernschreiben an Legationsrat von Rantzau vom 9.8.1941.
[202] Hoffmann, Kriegführung, S.785; Zayas, Wehrmacht-Untersuchungsstelle, S.284. Franz W. Seidler hat die Berichte der Wehrmachtsuntersuchungsstelle teilweise ediert: Verbrechen an der Wehrmacht. An der Substanz der von Seidler präsentierten Fälle, die zum Teil nicht nur durch Berichte und Zeugenvernehmungen, sondern auch durch zahlreiche Fotos dokumentiert sind, besteht kein Zweifel. Skandalös ist aber, wenn Seidler auch den Kannibalismus unter sowjetischen Kriegsgefangenen in diesen Band aufnimmt und damit suggeriert, hier habe es sich ebenfalls um ein sowjetisches Kriegsverbrechen gehandelt.
[203] So Hürter, Heerführer, S.361.
[204] Natürlich lässt sich auch auf sowjetischer Seite die Tendenz beobachten, immer wieder mäßigend auf die Truppe einzuwirken. Vgl. hierzu Hoffmann, Kriegführung, S.785ff. Doch musste das, wie Hürter (Heerführer, S.359ff.) für die deutsche Seite festgestellt hat, der „Quadratur des Kreises" gleichkommen, da die sowjetische Propaganda gleichzeitig ganz andere Parolen vertrat.
[205] Vgl. mit dem Beispiel bei Hilger, Kriegsgefangene, S.288f. Das ausgeprägte Misstrauen der Deutschen gegenüber dem sowjetischen Gegner rührte auch daher, dass diese immer wieder mitbekamen, wie „rücksichtslos" die sowjetische Führung mit „ihren eigenen Leuten" umging, so etwa der Eindruck bei der 296. Inf. Div. Einer ihrer Angehörigen erlebte bei den harten Durchbruchsschlachten im Juni 1941, wie sich „der Russe" lieber „totschlagen" ließ, „als

Die deutsche Wahrnehmung war freilich auch davon bestimmt, dass bei der Wehrmacht zunächst die militärische Initiative lag. Das hieß: Wurde ein deutscher Kriegsgefangener von der Roten Armee korrekt behandelt und aus dem Frontbereich abtransportiert, dann hinterließ dies in der Regel keine Spuren. Zurück blieben nur die Leichen der ermordeten und oft misshandelten Kameraden, so dass die Deutschen schon deshalb eine selektive und langfristig auch verzerrte Wahrnehmung des Gegners entwickeln mussten. Die deutsche Propaganda tat dann das ihre, um diese Ereignisse entsprechend aufzubauschen[206]. Oft aber genügten schon die Erfahrungen, die viele Einheiten im ersten Jahr dieses Krieges gemacht hatten. Einzig die „Angst vor der russischen Gefangenschaft" habe verhindert, „daß der Krieg in Russland schon 1942 zu Ende ging", meinte Heinrich Böll[207]. Noch 1943 beobachtete ein Sanitäts-Feldwebel der 4. Panzerdivision, wie eine Panik in seinem Lazarett ausbrach, als dessen Eroberung durch sowjetische Truppen drohte[208], seine Kameraden, denen die Flucht aus sowjetischer Gefangenschaft gelungen war, berichteten von der Ermordung deutscher Gefangener und Verwundeter oder der Misshandlung sowjetischer Kollaborateure[209].

Gleichwohl überlebten seit Frühjahr 1943 die meisten deutschen Soldaten eine Gefangennahme durch die „Frontowiki", die sowjetischen Frontsoldaten[210]. Zwar

auch nur einen Meter zurückzuweichen", weil im Hintergrund bereits die Sperr-Bataillone des NKWD warteten. Wenig später beobachtete man in derselben Division, wie „ein Haufen von ca. 50 [sowjetischen] Zivilgefangenen [...] durch die russischen und eigenen Minenfelder" getrieben wurden. „In beiden Minenfeldern gingen", so das lakonische Fazit des Berichts, „Minen hoch". Angaben nach: BayHStA, Abt. IV, NL Thoma 3: Tagebuch, Eintrag vom 28.6.1941; K. H., Rückblick und Erinnerung an den Einsatz der 296. Inf. Div. im Osten aus der Sicht des II./Inf. Rgt. 521. Manuskript im Besitz d. Verf. Vgl. auch ebda., Brief vom 18.8.1941: „Welche Schweinehunde die Russen sind, geht aus folgendem hervor: Heute Nacht schickten sie Spähtrupps gegen unsere Linie, die je einen Zivilisten vor sich hertrieben. Diese traten auch prompt auf unsere Minen und flogen in die Luft. Dadurch erfuhren sie, wo Minenfelder liegen u. bewahrten sich dadurch vor Verlusten."
BA-MA, RH 27-4/109: 4. Pz. Div., Abt. I c, Tätigkeitsbericht, Eintrag vom 4.9.1941: „Da Kommandeure wiederholt Zeichen von Feigheit gezeigt haben, wird jeder Rotarmist ermächtigt, einen Kommandeur, der sich ergeben oder zurückgehen will, zu erschießen." IfZ-Archiv, MA 1632: 296. Inf. Div., Abt. I a, Kriegstagebuch, Eintrag vom 23.8.1941.
Auch anderes ließ sich auf Dauer nicht geheim halten, so etwa die Stigmatisierung der sowjetischen Kriegsgefangenen durch ihre eigene Führung oder die Gefangenenerschießungen des NKWD zu Beginn des Krieges. Vgl. etwa BA-MA, RH 24-7/140: A. K., Abt. I a, Tagesmeldung an AOK 17 vom 29.6.1941: „Aus Zolkiew werden bestialische Ermordungen an Ukrainern und deutschfreundlichen Personen (50–60) gemeldet." Zum ersten Aspekt vgl. Naumov/Rešin, Repressionen gegen sowjetische Kriegsgefangene und zivile Repatrianten in der UdSSR 1941 bis 1956, in: Die Tragödie der Gefangenschaft in Deutschland und der Sowjetunion 1941–1956; Goeken-Haidl, Der Weg zurück.

[206] Vgl. hierzu Streit, Kameraden, S. 108; Hürter, Heerführer, S. 363 f.; Römer, Befolgung, S. 190; Overmans, Kriegsgefangenenpolitik, S. 800.

[207] Böll, Vermächtnis, S. 137 f. Vgl. hierzu BA-MA, RH 24-34/47: XXXIV. A. K., „Bericht des Höheren Kommandos XXXIV über seinen Einsatz im Ostfeldzug", II. Teil vom 31.12.1941, S. 11: „Drückeberger habe ich nicht gesehen. Dabei mag die Furcht, in Gefangenschaft zu geraten, eine Rolle gespielt haben." Generell hierzu Hilger, Kriegsgefangene, S. 78 f., 101 f.

[208] Vgl. BA-MA, RH 39/373: Hans Luther, Aufzeichnung, o. D.

[209] Vgl. BA-MA, MSg 1/3284: Fritz Farnbacher, Tagebuch, Eintrag vom 14.2.1943; BA-MA, MSg 3-151/1: 11. Treffen ehemaliger Angehöriger des Panzer-Artillerie-Regiments 103 vom 8.–10. Mai 1988 in Bamberg, S. 37 ff. Dass dies nicht nur auf Einbildung beruhte, belegt etwa Frieser, Zusammenbruch, S. 557.

[210] Hilger, Kriegsgefangene, S. 57.
So schien der 221. Sich. Div. folgender Bericht eines ihrer Kriegsgefangenen bemerkenswert: „Deutsche Kriegsgefangene hat er nur in den Lazaretten Kalinin, Kasan, Balaschow gesehen.

hielt die sich anschließende Gefangenschaft noch immer genug an Schrecken und Entbehrungen bereit, doch sind *insgesamt*, prozentual wie absolut, in den sowjetischen Lagern deutlich weniger Gefangene umgekommen als in den deutschen[211]. Diese Entwicklung aber wurde auf deutscher Seite nur sehr zögerlich akzeptiert, schon weil die Erfahrungen aus der Anfangszeit nachwirkten. Zugleich suggerierte die deutsche Propaganda, die sowjetische Kriegsgefangenschaft sei schlimmer als der Tod, da Hitler – nicht anders als sein Gegenspieler Stalin – nicht wollte, „daß bei der Truppe an der Ostfront die falsche Meinung entstehe, als würden sie im Falle der Gefangenschaft von den Russen vertragsmäßig behandelt"[212]. Schon allein das sorgte dafür, dass zumindest im Ostheer die Überläuferquote auffallend niedrig blieb[213]; viel verbreiteter war hier die Tendenz, ebenfalls den Kampf bis zur „letzten Patrone" fortzusetzen[214]. Damit ernteten die deutschen Soldaten das, was sie teilweise selbst, auf jeden Fall aber ihre Nation und ihre Armee gesät hatten.

5.2.3.2 Die andere Möglichkeit der sowjetischen Reaktion: Aufgabe, Flucht, Kapitulation

Kommen wir zurück zum Verhalten der sowjetischen Soldaten; gerade zu Beginn des Krieges wollten längst nicht alle kämpfen[215]. Partiell nahmen die Auflösungserscheinungen solche Formen an, dass man glauben konnte, der Krieg würde sich auf diese Weise entscheiden[216]. Zweifellos sollte die „Kriegsunlust in der Roten

Die Behandlung sei dieselbe gewesen, wie bei eigenen Verwundeten, sie seien auch nicht abgesondert gewesen. Andere Kriegsgefangene hat er nicht gesehen." IfZ-Archiv, MA 1669: 221. Sich. Div., Abt. I c, Meldung an das LV. A. K. vom 24.1.1942.

[211] Von den zwischen 5350000 und 5750000 sowjetischen Kriegsgefangenen sind wahrscheinlich ca. 3000000 in deutschem Gewahrsam umgekommen. Vgl. Kap. 5.3.
Von den zwischen 3200000 und 3500000 Millionen deutschen Kriegsgefangenen in sowjetischem Gewahrsam lassen sich ca. 360000 Todesfälle sicher nachweisen. Doch gibt es „gute Gründe für die Annahme, daß die tatsächliche Zahl der Fälle bei ca. 1000000 liegt und die Differenz, ca. 700000 Todesfälle, in der Zahl der Verschollenen enthalten ist". Vgl. Overmans, Deutsche militärische Verluste, S.284ff., Zitat S.292 sowie Hilger, Kriegsgefangene.

[212] So Hitler wörtlich Anfang Januar 1942; dieser lehnte auch jede Initiative des IKRK zugunsten der deutschen Kriegsgefangenen ab. ADAP, Serie E, Bd. I, Dok. 106.

[213] Vgl. Gerlach, Morde, S. 1156; Hilger, Kriegsgefangene, S.77ff., 101f.; Karner, Archipel GUPVI, S.12f.

[214] Overmans (Kriegsgefangenenpolitik, S.800) berichtet, dass immer wieder „Soldaten vor der Gefangennahme im Osten Selbstmord" begingen.

[215] Zuweilen erlebte man sogar kuriose Szenen. Bei der 296. ID näherten sich sowjetische Soldaten den deutschen Linien, um mit den Landsern darüber zu diskutieren, dass sich doch diese in Gefangenschaft begeben sollten. Die Deutschen wiederum suchten die Sowjets von der Sinnlosigkeit ihres Widerstands zu überzeugen. Als dann plötzlich ein Schuss krachte, rannte alles in seine alte Stellung, und der Kampf ging weiter. K. H., Rückblick und Erinnerung an den Einsatz der 296. Inf. Div. im Osten aus der Sicht des II./Inf. Rgt. 521. Manuskript im Besitz d. Verf.

[216] Vgl. hierzu Hoffmann, Kriegführung, S.721ff.; Merridale, Iwans Krieg, S.130ff.
Ferner die Beobachtung bei Gersdorff, Soldat im Untergang, S.92: „Überhaupt war während der ersten Grenzschlachten die Kampfkraft der Roten Armee im allgemeinen geringer, als dies von uns erwartet worden war. Mangelhafte Führung und unterlegene Waffenausstattung sowie der Überraschungseffekt ließen den Widerstand der Sowjets an den meisten Stellen rasch zusammenbrechen. Hinzu kam, daß der Kampfgeist und die Moral in den sowjetischen Streitkräften im Sommer 1941 gering waren. Spektakuläre Ausnahmen wie die heldenmütige Verteidigung in der Grenzfestung Brest, die noch andauerte, als die deutschen Angriffsspitzen bereits den Dnjepr erreichten, waren Einzelfälle."

Armee und in der Bevölkerung"[217] schon bis zum Winter 1941/42 abnehmen[218], doch fällt auf, dass noch bis zur Jahreswende 1944/45 die Quote der sowjetischen Überläufer signifikant höher blieb als die aller anderen alliierten Heere: Während es sich damals noch bei jedem 16. gefangenen Rotarmisten um einen Überläufer handelte, kam im Westen auf 4692 amerikanische, britische und französische Kriegsgefangene nur ein einziger Überläufer[219].

Dies ist ein höchst bemerkenswerter Befund. Angesichts der politischen Ziele, welche die Deutschen in der Sowjetunion verfolgten, hätte man eigentlich anderes erwarten können. Wie immer, so war es auch in diesem Fall ein ganzes Bündel von Motiven, welches die sowjetischen Soldaten dazu brachte, ihr Schicksal in die eigenen Hände zu nehmen: die Ablehnung des Bolschewismus und/oder des sowjetischen Imperialismus, die Tatsache, dass es kaum eine militärische Führung gab, die ihre Leute so brutal verheizte wie die sowjetische, das Chaos des Krieges gerade während der dramatischen Monate des Jahres 1941, der anfängliche Eindruck einer scheinbar unbesiegbaren Wehrmacht und nicht zuletzt die vage Hoffnung, dass man es möglicherweise unter einer deutschen Herrschaft einmal besser haben werde.

Dass sich Rotarmisten mehr oder weniger „freiwillig" in deutsche Hand begaben[220], teilweise zu Hunderten und zu Tausenden[221], dass sie „freundlich lächelnd aus den Büschen" herauskamen[222], war jedenfalls eine Erfahrung, die in den ersten Monaten dieses Krieges viele deutsche Soldaten machten[223]. Auch in unserem Sample registrierte man sehr genau, wenn sich bei den „anderen" „Auflösungserscheinungen" zeigten[224], wenn dort eine „große Lust zum Überlaufen vorhanden"

---

[217] So PA-AA, R 60704: AOK 2, Abt. I c/A.O. (VAA), „Bericht über die Vernehmung von russischen Kriegsgefangenen" vom 6.9.1941.
[218] Vgl. etwa IfZ-Archiv, MA 1637: 296. Inf. Div., Abt. I c, „Tätigkeitsbericht für die Zeit vom 1.12.–31.12.1941" vom 1.1.1942: „Während der Verteidigung vor Tula gab es sehr wenig, in der Zeit unserer Ausweichbewegung keine Überläufer."
[219] Hoffmann, Kriegführung, S. 727.
[220] So die Beobachtung bei: Ludwig Hauswedell, Kriegstagebuch 1941/42 (4.5.41–21.4.1942), Kopie im Besitz d. Verf., Eintrag vom 16.9.1941.
[221] So erlebte ein Angehöriger der 4. Pz. Div., wie Mitte September 1941 nach einem Stuka-Angriff „ca. 8000 Russen zu uns Deutschen" überliefen. BA-MA, RH 39/377: „Meine Kriegserlebnisse 1941/42 in Rußland als ehem. Hauptfeldwebel der 3./Pz. Rgt. 35". Ferner IfZ-Archiv, MA 1590: Art. Rgt. 103, Meldung an 4. Pz. Div. vom 16.9.1941: „Der Feind vor 5. Pz. Brig. bestand in der Hauptsache aus Reservisten und war wenig kampffreudig. Nach wenigen Gruppen [Salven] der II./103 liefen schon viele Russen über. Es wurden dort bis zum Morgen des 16.9. leicht 700 Gefangene eingebracht."
[222] BA-MA, MSg 2/5317: NL Hans P. Reinert, Tagebuch, Eintrag vom 26.8.1941.
[223] Eine Erfahrung ganz anderer Art machte ein Nachrichtensoldat der 4. Pz. Div. im Februar 1942. Bei einer Leitungskontrolle, die er damals in der Nähe von Chatkowo allein durchführte, begegnete er plötzlich einem sowjetischen Soldaten, „die Maschinenpistole auf mich angelegt". Nachdem sie sich lange in die Augen geschaut hätten, habe der Gegner plötzlich gelächelt, gerufen „Woina – pfui", habe auf den Boden gespuckt, sich umgedreht und sei im Wald verschwunden. Hierzu der Verfasser [Hans Schäufler]: „Dieser einfache ‚Naturbursch' – so nennen wir doch in unserer Überheblichkeit diese unverbildeten Menschen, die sich außerhalb der Spielregeln bewegen, die wir gedankenlos akzeptieren –, dieser moralisch himmelhoch über uns ‚Kulturmenschen' stehende Philosoph aus den Wäldern Sibiriens hat den Mut gehabt, auszusprechen, es zu demonstrieren, danach zu handeln, was wir in unserer Verblendung nicht mehr sehen wollen." Karschkes (Hrsg.), Menschlichkeit im Krieg, S. 69ff.
[224] IfZ-Archiv, MA 1619: 45. Inf. Div., Abt. I a, „Gefechtsbericht über den Einsatz der 45. Division zur Verhinderung feindlicher Durchbruchsversuche ostw. Kiew" vom 1.10.1941. Ferner, ebda., 45. Inf. Div., Abt. I a, Funkspruch an Höh. Kdo. XXXV vom 5.9.41: „Im allgemeinen Feind stark erschüttert, Neigung zum Überlaufen." In diesem Sinne auch Hürter, Heinrici, S. 94 (Brief vom 16.10.1941).

Kapitulation: Sowjetische Soldaten ergeben sich, Juni/Juli 1941
(Quelle: BA 101I-020-1268-10)

war[225], wenn man dort förmlich „auf den Abwurf von Flugblättern" wartete[226], durch die man dann „gute Erfolge" erzielte[227]. Teilweise nahmen sogar „eigene Spähtrupps [...] Flugblätter mit in das vom Feind besetzte Gelände"[228]. „Der Russe kommt viel übergelaufen, hat aber nach wie vor große Angst vor den

[225] IfZ-Archiv, MA 1621: 45. Inf. Div., Abt. I a, Kriegstagebuch, Eintrag vom 28.11. sowie vom 29.11.1941. Ferner IfZ-Archiv, MA 1623: 45. Inf. Div., Abt. I c, Tätigkeitsbericht für die Zeit vom 14.6.–30.9.1942; BA-MA, MSg 1/1148: NL Joachim Lemelsen, Tagebuch, Eintrag vom 4.2.1942.

[226] BA-MA, RH 27-4/109: 4. Pz. Div., Abt. I c, Tätigkeitsbericht, Eintrag vom 5.7.1941; ferner ebda., Eintrag vom 15.9.1941: „Fast allgemein das Bestreben, nach Möglichkeit unverwundet in Gefangenschaft zu geraten." Am 22.7.1941 brachte die 4. Pz. Div. nach Abwurf von 63500 Flugblättern insgesamt 2700 Gefangene ein. Neumann, 4. Panzerdivision, S. 230. Ferner IfZ-Archiv, MA 1637: 296. Inf. Div., Abt. I c, „Tätigkeitsbericht für die Zeit vom 1.1.–31.3.1942" vom 31.3.1942: „Es konnte festgestellt werden, daß die Wirkung unserer Flugblatt-Propaganda gut war. Sämtliche Überläufer und viele Gefangene trugen deutsche Flugblätter bei sich."

[227] PA-AA, R 60704: AOK 2, Abt. I c/A.O./VAA, „Bericht Nr. 9" vom 6.8.1941; IfZ-Archiv, MA 1639: 296. Inf. Div., Abt. I c, „Tätigkeitsbericht für die Zeit vom 1.4.–31.12.1942". Vgl. auch BA-MA, RH 21-2/881: Pz. AOK 2, Abt. I a, Kriegstagebuch, Eintrag vom 20.4.1942: „Die Armee bedauert, nicht genügend Lautsprecher zur Verfügung zu haben, da man sich von dieser Propaganda bei den Russen großen Erfolg verspricht. Die Gefangenen sagen immer wieder aus, daß unsere Propaganda an der Front nicht genügt und daß vor allen Dingen ‚Passierscheine' fehlen, ohne die sich Überläufer nicht auf [die] deutsche Seite trauen, da sie fürchten, ohne dieselben erschossen zu werden."

[228] IfZ-Archiv, MA 1637: 296. Inf. Div., Abt. I c, „Tätigkeitsbericht für die Zeit vom 29.7.–24.8.1941" vom 25.8.1941, wo es weiter heißt: „Neigung zum Überlaufen bestehe häufig; es sei aber außerordentlich schwer, sich von der Truppe zu entfernen. Die deutsche Flugblattpropaganda wirke sich erfolgreich aus. Ein Beweis war die Tatsache, daß sämtliche Überläufer deutsche Passierscheine bei sich hatten." Vgl. auch BA-MA, RH 21-2/333: Pz. AOK 2, Abt. I a, Protokoll über die Besprechung am 14.4.1942: „O.B. forderte, daß Spähtrupps grundsätzlich Flugblätter mitnehmen sollten."

Kommissaren."[229] Oft würden sich die Rotarmisten „kopflos ohne Widerstand"[230] ergeben, die meisten seien „froh, dem Krieg entronnen zu sein"[231].

Die Deutschen taten viel, um diese Tendenzen zu fördern. Sie wussten sehr genau, dass jeder Überläufer „viel Blut erspart"[232]. Setzte man zunächst auf die bloße Wirkung der Propaganda[233], so wurde seit 1942 mehr und mehr die Forderung laut, dass deren Versprechungen auch tatsächlich Rechnung zu tragen sei: Überläufer und Gefangene müssten „von der Truppe menschlich behandelt, im Rahmen der Bestimmungen ernährt und in geheizten Räumen untergebracht" werden[234]. Diese Meinung war nicht nur an der Front nun häufiger zu hören[235]. Seit Frühjahr 1942 wurden beim Korück 580 in Kursk spezielle „Überläuferlager" eingerichtet, „wo den Überläufern die zugesicherte besonders bevorzugte Behandlung zuteil wird"[236]. Sogar ein Verband wie die 221. Sicherungsdivision, die noch während des Herbstes 1941 bei ihrem Einsatz im Hinterland versprengte Rotarmisten rücksichtslos exekutiert hatte[237], gab im März 1942 die Parole aus, man wolle Überläufer künftig „wohlwollend" behandeln[238].

---

[229] BA-MA, RH 27-4/109: 4. Pz. Div., Abt. I c, Tätigkeitsbericht, Eintrag vom 22. 7. 1941. Ferner ebda., Eintrag vom 9. 8. 1941: „Vernehmungsbericht eines übergelaufenen Offiziers vom S.R. 383. Deutsche Flugzettelpropaganda sehr wirkungsvoll. Er selbst ist unter dem Eindruck eines von ihm gefundenen Flugzettels übergelaufen." Ferner BA-MA, RH 27-4/12: 4. Pz. Div., 5. Pz. Brig., Gefechtsbericht für die Zeit vom 13. 9.–18. 9. 1941: „Der Eindruck des bisherigen Vormarsches ist der, daß der Feind weich geworden ist und sich kopflos ohne Widerstand ergibt."

[230] BA-MA, RH 27-4/12: 4. Pz. Div., 5. Pz. Brig., Gefechtsbericht für die Zeit vom 13. 9.–18. 9. 1941.

[231] Ludwig Hauswedell, Kriegstagebuch 1941/42 (4. 5. 41–21. 4. 1942), Kopie im Besitz d. Verf., Eintrag vom 2. 9. 1941. Bei der 4. Panzerdivision berichtete man, beim Gegner wachse zunehmend das Bestreben, „nach Möglichkeit unverwundet in Gefangenschaft zu geraten". BA-MA, RH 27-4/109: 4. Pz. Div., Abt. I c, Tätigkeitsbericht, Eintrag vom 15. 9. 1941.

[232] IfZ-Archiv: MA 1661: Korück 580, Abt. Qu. Op., Befehl vom 2. 7. 1941 mit Bezug auf einen entsprechenden Befehl des VII. A.K. vom 1. 7. 1941.

[233] Vgl. etwa IfZ-Archiv, MA 1621: 45. Inf. Div., Abt. I a, Kriegstagebuch, Eintrag für 28. 11. 1941: „Die Gefangenen klagen über Überanstrengung und schlechte Verpflegung. [...] Vom Rgt. 130 wird Flugblattpropaganda angefordert, da bei den Gefangenen große Lust zum Überlaufen vorhanden sei."; IfZ-Archiv, MA 1622: 45. Inf. Div., Abt. I c, Tätigkeitsbericht für die Zeit vom 12. 3.–31. 3. 1942, wo beklagt wird, die deutsche Propaganda sei gut, doch viel zu wenig aktiv; BA-MA, MSg 1/3280: Fritz Farnbacher, Tagebuch, Eintrag vom 8. 5. 1942: „Es sind auch früh drei Russen mit Waffen übergelaufen; es wäre nun interessant festzustellen, ob die auf Grund unserer Flugblätter gekommen sind. Jedenfalls haben die ausgesagt, daß sie am Tag 100 Gramm Brot und 20 g Fleisch bekommen und daß die Stimmung und Verpflegung bei ihnen saumäßig sei; immerhin ein Trost für uns!" Generell zur deutschen Propaganda im Frontbereich: Buchbender, Erz, S. 59ff.

[234] IfZ-Archiv, MA 1661: LV. A.K., Abt. I a, „Führungsanordnungen Nr. 33" vom 22. 2. 1942; IfZ-Archiv, MA 1593: 4. Pz. Div., Abt. I b, „Besondere Anordnungen für die Versorgung Nr. 203" vom 1. 4. 1942: „Überläufer sind möglichst nach ihrem Eintreffen bei einer Einheit zu verpflegen. Tabakwaren sind in geringem Umfange zu verabfolgen. Die zur Verpflegung der Überläufer erforderlichen Lebensmittel dürfen den Nachschubbeständen entnommen werden." Der grundlegende Befehl Schmidts in: BA-MA, RH 21-2/867 a: Pz. AOK 2, Abt. I c/A.O., „Armeebefehl über die Behandlung von Kriegsgefangenen, Partisanen, Feindkundschaftern und der Bevölkerung" vom 3. 3. 1942.

[235] Vgl. mit dem Brief Rosenbergs an Keitel vom 28. 2. 1942, in dem er schreibt: „Ein grundlegender Fehler ist gewesen, daß kein Unterschied gemacht wurde zwischen eigentlichen Kriegsgefangenen und Überläufern." Druck: Wette/Ueberschär (Hrsg.), „Unternehmen Barbarossa", S. 399f., hier S. 400.

[236] BA-MA, RH 20-2/1445: AOK 2, Abt. O.Qu./Qu. 2, Tätigkeitsbericht für März 1942; IfZ-Archiv, MA 895/2: Korück 580, Abt. Qu., Befehl an Kriegsgefangenen-Bezirks-Kommandant X vom 25. 6. 1942.

[237] Vgl. Kap. 5.3.

[238] IfZ-Archiv, MA 1669: 221. Sich. Div., Abt. I c, „Tagesbefehl Nr. 7" vom 3. 3. 1942.

Zu diesem Zeitpunkt aber hatten die Deutschen ihre politischen Chancen bereits definitiv verspielt. Selbst wenn die Zahl der sowjetischen Überläufer noch immer relativ groß blieb, an die Möglichkeit eines Zerfalls der Roten Armee oder gar der gesamten Sowjetunion war ernsthaft schon lange nicht mehr zu denken. Für diese Entwicklung gab es viele Gründe, einer davon war das Massensterben unter den sowjetischen Kriegsgefangenen. Zum Schauplatz dieses gigantischen Verbrechens wurden die deutschen Kriegsgefangenenlager. Doch ließ sich auch außerhalb dieser Lager nicht geheim halten, wie wenig das Leben eines gefangenen Rotarmisten zählte.

5.2.4 Wege aus der Schlacht

Die Kampfeinheiten der Wehrmacht interessierten sich zunächst kaum für die sowjetischen Kriegsgefangenen[239]. Sie mochten für die Statistik zählen, sonst aber wollte man sich mit ihnen so wenig wie möglich belasten[240]. Das entsprach nicht nur der Befehlslage: die oberste Führung drängte nach dem 22. Juni darauf, die Gefangenen „schnellstens in rückwärtige Gebiete" zu transportieren[241], es entsprach auch den völkerrechtlichen Prinzipien[242], der Dienstvorschrift[243] und – was vermutlich am folgenreichsten war – dem Interesse der Truppe. Ihren Angehörigen ging erst mit der Zeit auf, dass man Gefangene auch „vorne" brauchen konnte

---

[239] Vgl. etwa O. Verf., Sturm im Osten, S. 221: „Man hat keine Zeit, sich mit den Gefangenen abzugeben. Sie laufen an der Vormarschstraße zurück, sie brauchen ja auch keine Bewachung; die Kette der Kolonnen auf dieser Straße reißt nie ab, und die Soldaten auf den Fahrzeugen sind wachsam."

[240] Vgl. IfZ-Archiv, MA 885: AOK 2, OB, Befehl vom 8.7.1941: „Das Zurückfließen versprengter russischer Soldaten in Zivil nimmt einen solchen Umfang an, daß es sich zu einer Gefahr für die Truppe entwickelt."

[241] So der Chef des Allgemeinen Wehrmachtamts, Gen.ltn. Hermann Reinecke, bei einer Besprechung in Warschau in der Zeit vom 4.9.–6.9.1941, zit. bei: Arnold, Wehrmacht, S. 346f. In diesem Sinne auch IfZ-Archiv, MA 1564/28, NOKW-2184: OKH/GenStdH/GenQu/Abt. K. Verw., Weisung betr. „Kriegsgefangenen-Arbeitseinsatz und -Abschub" vom 31.7.1941; BA-MA, RH 20-11/407: OKH/GenStdH/GenQu, Az. IV/IVb/ Qu. 4/Kgf., Nr. II/7891/41 geh., Anordnung betr. „Kriegsgefangenenlage" vom 9.11.1941. Zwar hatte die Heeresführung vor Kriegsbeginn einen Arbeitseinsatz der Kriegsgefangenen erwogen, doch betraf das vor allem das rückwärtige Gebiet. Vgl. OKH/GenStdH/GenQu./Abt. Kriegsverwaltung (Besondere Anordnungen für die Versorgung, Anl. 6, Teil C) vom 3.4.1941, in: Fall Barbarossa, S. 299–304, hier S. 302.
Das AOK 2 forderte daraufhin „Vernehmung Einzelner höchstens über die augenblickliche Kampfhandlung des Truppenteils und ohne Verzögerung des Abschubs zur Gefangenensammelstelle". Die Berichte dieses AOK's zeigen wie in einer Art Fieberkurve, dass sich hier das Interesse primär darauf konzentrierte, die Gefangenen in Richtung Westen abzutransportieren. Ende November 1941 kam man zu dem Schluss, dass von den 400 000 Kriegsgefangenen 90 % abgeschoben seien, den Rest habe man im Armeegebiet eingesetzt. BA-MA, RH 20-2/1445: AOK 2, Abt. O.Qu./Qu. 2, Anlage 3: „Kriegsgefangene. Verlauf der Vernehmung und des Abschubs", o. D.; ebda., Tätigkeitsbericht für die Woche vom 29.6.–5.7.1941ff.

[242] Vgl. Genfer Kriegsgefangenenkonvention vom 27.7.1929, Art. 7: „Die Kriegsgefangenen sind in möglichst kurzer Frist nach ihrer Gefangennahme nach Sammelstellen zu bringen, die vom Kampfgebiet weit entfernt liegen, so daß sie sich aus der Gefahr befinden." Druck: Lodemann (Hrsg.), Kriegsrecht, S. 84ff., hier S. 88.

[243] IfZ-Archiv, Da 034.008-92.1: Handbuch für den Generalstabsdienst im Kriege, Teil I, Berlin 1939, S. 112ff.: Bei der „Fechtenden Truppe" sei der „schnelle Abschub" absolut vordringlich. „Vernehmung einzelner höchstens über die augenblickliche Kampfhandlung des Truppenteils und ohne Verzögerung des Abschubs zur Gefangenensammelstelle."

– als Arbeitssklaven oder Dolmetscher[244], als „Leibrussen" oder „Hilfswillige"[245] und manchmal sogar als Mitkämpfer[246]. Während des Bewegungskriegs aber wollte man die Gefangenen möglichst schnell „durchwinken". Die 45. ID hielt den „Abschub von Kriegsgefangenen" für ein Thema „von höchster Wichtigkeit"[247], während die 4. Panzerdivision ein ausgeklügeltes System entwickelte, um der „kämpfenden Truppe die Gefangenen sofort abzunehmen", damit ihr „keinerlei Soldaten entzogen werden" müssten[248]. Erst mit der Zeit begann diese, aber mehr noch die rückwärtigen Instanzen, einen Teil der Gefangenen für sich zurückzubehalten[249] und sie für alle nur denkbaren Arbeiten einzusetzen – auch solche, die das Völkerrecht eigentlich verbot[250]. Davor aber blieb das Gros der sowjetischen Kriegsgefangenen nicht lange im Bereich der Front[251].

Diese Märsche aus der Gefechtszone wurden für die sowjetischen Kriegsgefangenen meist zu einer entsetzlichen Tortur. Nicht selten befanden sie sich nach den tagelangen Kämpfen und dem Stress der Gefangennahme „schon in sehr schlech-

---

[244] Vgl. IfZ-Archiv, MA 1669: 45. Inf. Div., Abt. I c, Weisung betr. „I-c-Dienst" vom 1.2.1942: „Laut K[riegs]St[ärke]N[achweisung] steht den Truppenteilen kein Dolmetscher zu; erfahrungsgemäß verfügen jedoch die meisten Einheiten über sprachkundige Soldaten oder über zurückgehaltene Kriegsgefangene (Wolgadeutsche, Kriegsgefangene usw.)."

[245] Im Hinterland der 2. Armee wurden seit Ende Juli, Anfang August 1941 Kriegsgefangene „zu festen Arbeitskommandos eingeteilt", bei der Fronttruppe geschah dies später. BA-MA, RH 20-2/1445: AOK 2, Abt.O.Qu./Qu. 2, Tätigkeitsbericht für die Woche vom 27.7.–2.8.1941. Ein erster Beleg aus dem Bereich der 2. Panzerarmee datiert von Anfang November 1941; dort entschied man damals, „daß Minen [...] zur Schonung deutschen Blutes nur durch russ[ische] Gefangene [...] zu räumen" seien. IfZ-Archiv, MA 1581: Pz. AOK 2, Armee-Pio.-Führer, Befehl betr. „Aufräumen von Minen" vom 2.11.1941. Ferner BA-MA, RH 27-4/109: 4. Pz. Div., Abt. I c, Tätigkeitsbericht, Eintrag vom 14.11.1941. Dieser Befehl widerspricht Art. 4 und 6 HLKO in der Fassung vom 18.10.1907 sowie Art. 2, 31, 32 der Genfer Kriegsgefangenenkonvention vom 27.7.1929. Druck: Lodemann (Hrsg.), Kriegsrecht, S.52.

[246] Zur Bewaffnung von ehemaligen Kriegsgefangenen kam es im Hinterland seit Herbst 1941 (vgl. hierzu Kap.3.3 und 3.4.), seit Frühjahr 1942 dann punktuell auch im Frontbereich. So begann man beispielsweise im April 1942 bei der 4. Pz. Div., die Aufstellung von „Bahnschutz-Bataillonen" aus russischen Landeseinwohnern und Kriegsgefangenen vorzubereiten. IfZ-Archiv, MA 1592: XXXXVII. Pz. Korps, Fernspruch betr. „Aufstellung von Bahnschutz-Btlen. aus russ[ischen] Landeseinwohnern und Kriegsgefangenen" vom 16.4.1942. Generell zu den verschiedenen Spielarten einer Situation, die man als Ausbeutung oder als Kollaboration deuten konnte, Rass, „Menschenmaterial", S.360ff.

[247] IfZ-Archiv, MA 1622: 45. Inf. Div., Abt. I c, Tätigkeitsbericht für die Zeit vom 14.6.–30.9.1942, Anlage 4: „Abschub von Kriegsgefangenen" vom 19.6.1942.

[248] BA-MA, RH 27-4/109: 4. Pz. Div., Abt. I c, Tätigkeitsbericht, Eintrag vom 12.7.1941. Auch das vorgesetzte XXIV. Panzerkorps legte auf den schnellen Abschub der Kriegsgefangenen größten Wert: IfZ-Archiv, MA 1578: XXIV. Pz. Korps, Abt. Qu./I a, Befehl betr. „Gefangenenwesen und Sicherung der Rollbahn" vom 5.7.1941; BA-MA, RH 24-7/56: VII. A. K., Abt. Qu., „Erfahrungsbericht betr. Gefangenenbewachung, Ernährung und Abschub während der am 2.10.41 begonnenen Offensive" vom 18.10.1941.

[249] Vgl. hierzu eingehend Arnold, Wehrmacht, S.331ff.

[250] Art. 6 HLKO: „Der Staat ist befugt, die Kriegsgefangenen nach ihrem Dienstgrad und nach ihren Fähigkeiten als Arbeiter zu verwenden. Diese Arbeiten dürfen nicht übermäßig sein und in keiner Beziehung zu den Kriegsunternehmungen stehen." Auf dieser Grundlage beruhten Art. 27–34 des [Genfer] Abkommens über die Behandlung der Kriegsgefangenen vom 27.7.1929. Druck: Lodemann (Hrsg.), Kriegsrecht, S.26, S.96ff.

[251] Gerade nach der Entscheidung der deutschen Führung für einen Arbeitseinsatz der sowjetischen Kriegsgefangenen drängte das OKH darauf, dass im Operationsgebiet nur jene Gefangenen zurückbehalten werden sollten, die dort unbedingt zum Arbeitseinsatz benötigt würden. BA-MA, RH 20-11/407: OKH/GenStdH/GenQu, Az. IV/IV b/Qu. 4/ Kgf., Nr. II/7891/41 geh., Weisung betr. „Kriegsgefangenenlage" vom 9.11.1941.

tem Zustand"[252]. Wenn es danach überhaupt zu einer Erstversorgung kam, dann war sie gewöhnlich improvisiert. Trotzdem schickte man diese erschöpften Menschen auf Gewaltmärsche, die sich über Tage erstrecken konnten, weil sich der Abstand zwischen der Hauptkampflinie und den stationären Lagern während des Bewegungskriegs rasch vergrößerte. Der Einsatz von Güterwaggons oder „Leerkolonnen" blieb zunächst die Ausnahme[253], die meisten Kriegsgefangenen mussten „Entfernungen bis zu 500 km Luftlinie"[254] zu Fuß bewältigen.

Schon deshalb starben viele auf diesen Elendsmärschen[255]. „Die Leichen russischer Gefangener, die in größerer Anzahl auf allen Anmarschstraßen" herumlagen, weil sie „aus den Gefangenentransporten vor Erschöpfung oder wegen Krankheit ausgefallen sind"[256], machten unmissverständlich klar, wie brutal die deutschen Wachmannschaften verfahren konnten. Teilweise waren sie schlichtweg überfordert[257], teilweise hatte ihr Handeln aber auch System. Die deutschen Rahmenrichtlinien sahen vor, dass man bei „Widersetzlichkeit, Auflehnung" oder bei Fluchtversuchen „sofort von der Waffe Gebrauch" machen solle[258]. Das ließ sich exzessiv auslegen, mitunter wurden die „trostlosen Gefangenenkolonnen"[259] von deutschen LKW's mit „feuerbereitem M.G." begleitet[260]. Wenn „einer durch den tagelangen Hunger nicht mehr" konnte, bedeutete das nicht selten sein Todesurteil[261]. Beschwerden wie die des Korück 580, der sich über die „Szenen" in Orscha mokierte, „wo deutsche Soldaten zu Tode erschöpfte Gefangene vor den Augen der Zivilbevölkerung schlugen", und wo es „zu unzähligen Erschießungen" kam, sind nicht nur aus diesem Befehlsbereich überliefert[262]. Die zahllosen deutschen

---

[252] IfZ-Archiv, MA 1668: 221. Sich. Div., Abt. I b, Kriegstagebuch, Einträge vom 30.10. und 7.12.1941. Hierzu Hartmann, Massensterben, S. 128 ff.; Arnold, Wehrmacht, S. 349 ff. Anders dagegen Gerlach, Morde, S. 844 f.

[253] Vgl. hierzu Pohl, Herrschaft, S. 207; Arnold, Wehrmacht, S. 340 ff.

[254] Overmans, Kriegsgefangenenpolitik, S. 806.

[255] Vgl. Streit, Kameraden, S. 164. Ferner Gerlach, Morde, S. 843 ff.; Verbrechen der Wehrmacht, S. 218 ff.

[256] IfZ-Archiv, MA 91/3: Chef SiPo und SD, Ereignismeldung UdSSR Nr. 144 vom 10.12.1941.

[257] Vgl. IfZ-Archiv, MA 1665: 221. Sich. Div., Abt. I a, „Erfahrungsbericht" vom 25.9.1941, in dem die Divisionsführung entschieden vor der ‚völligen Überanstrengung der Wachmannschaften' sowie vor dem „Entweichen der vor Hunger und Durst halb wahnsinnig werdenden Gefangenen" warnte. Weitere Beispiele bei Streit, Kameraden, S. 169.

[258] So die Verfügung des OKH betr. „Behandlung feindlicher Zivilpersonen und russischer Kriegsgefangener" vom 25.7.1941, Druck: Ueberschär/Wette (Hrsg.), „Unternehmen Barbarossa", S. 349 f. Vgl. auch Wehrmachtsverbrechen, Dok. 65, 72. Weitere entsprechende Befehle in Kap. 5.3.

[259] Groscurth, Tagebücher, S. 522 (Brief vom 14.8.1941).

[260] BA-MA, RH 24-7/56: VII. A.K., Abt. Qu., „Erfahrungsbericht betr. Gefangenenbewachung, Ernährung, und Abschub während der am 2.10.41 begonnenen Offensive" vom 18.10.1941.

[261] Vgl. etwa BA-MA, MSg 1/3275: Fritz Farnbacher, Tagebuch, Eintrag vom 9.12.1941. Ferner IfZ-Archiv, MA 1582: 4. Pz. Div., Abt. I a, Schreiben an das XXXXVII. Pz. Korps vom 20.3.1942.

[262] Vgl. etwa mit den Eindrücken des Gen. ltn. Friedrich Frhr. v. Broich am 27./28.8.1944 in einer heimlich vom CSDIC aufgezeichneten Besprechung, in: Neitzel, Abgehört, S. 254 f., hier S. 254: „Dann marschierten wir die Straße runter, da ging eine Kolonne von 6000 völlig wankenden Gestalten, völlig ausgemergelt, sich gegenseitig stützend. Alle 100 bis 200 m bleiben einer bis drei liegen. Nebenher fuhren Radfahrer, Soldaten von uns, mit der Pistole; jeder, der liegen blieb, kriegte einen Genickschuss und wird in den Graben geschmissen. Alle 100 m war das." In diesem Sinne auch IfZ-Archiv, MA 91/2: Chef SiPo und SD, Ereignismeldung UdSSR Nr. 106 vom 14.11.1941 sowie BAL, 319 AR 327/77: Ermittlungsverfahren gegen Angehörige des Dulags 131; Vernehmung des K. L. vom 24.12.1945 (Übersetzung): „Ich weiß, daß die

Gegenbefehle während der ersten Monate dieses Krieges[263], in denen immer wieder die Forderung laut wurde, dass die „unwürdige Behandlung von Kriegsgefangenen durch die Bewachungskräfte [...] mit allen Mitteln bekämpft werden müsse"[264], sind ein Beleg dafür, dass man genau das nicht erreichte. Denn die drakonischen Richtlinien der Zentraldienststellen wurden vorerst nicht revidiert[265], so dass es im Ermessen des jeweils Verantwortlichen lag, wie diese widersprüchliche Befehlslage ausgelegt wurde[266]. Vieles war möglich: Ein Besatzungsverband wie die 221. verbot, „daß Entkräftete nur deshalb, weil sie nicht mehr laufen können, erschossen werden"[267], und sorgte dafür, dass „requirierte Panjefahrzeuge [...] die Fußkranken" nachschleppen konnten[268], während sich einer ihrer Lagerkommandanten persönlich um die „beste Beförderungsart" verwundeter Rotarmisten bemühte[269] oder „aus menschlichen und dienstlichen Erwägungen" einen Transport eigenmächtig stoppte, weil die Gefangenen schon so erschöpft waren, dass „voraussichtlich ein großer Teil" sein Ziel „lebend nicht erreicht hätte"[270]. Auch waren die Verhältnisse bei den Märschen mitunter so chaotisch, die Bewachung so grobmaschig[271] oder auch gar nicht existent[272], dass Gefangene fliehen

---

Kriegsgefangenen während des Ausladens der Transportzüge von Soldaten mit Stöcken, Gummiknüppeln oder einfach mit den Gewehrkolben geschlagen worden sind, und zwar insbesondere diejenigen, die nicht laufen konnten." Ferner Dawletschin, Kasan, S. 134.

[263] Vgl. etwa BA-MA, RH 20-2/1445: AOK 2, OB, Befehl an die Kommandierenden Generale und den Korück vom 18.8.1941: „Ich bitte, der Behandlung der Kriegsgefangenen erhöhte Aufmerksamkeit zuzuwenden und darauf hinzuwirken, daß alle Truppenteile, die Kgf. gemacht oder übernommen haben, sich noch mehr als bisher ihrer vollen Verantwortung für Bewachung, Unterbringung und Verpflegung der Kgf. bewusst werden. Gegen Fälle roher Behandlung oder gar Ausschreitungen durch das Bewachungspersonal bitte ich, zur Reinhaltung der Ehre des deutschen Soldaten mit voller Schärfe einzuschreiten und Schuldige dem Kriegsgericht zu übergeben." Ferner Gerlach, Morde, S. 844 mit Anm. 380; Arnold, Wehrmacht, S. 350 ff., 363 ff. Dort allerdings auch Gegenbeispiele (S. 359 f.), die belegen, dass ein Teil der Gefangenen zurückgelassen werden konnte.

[264] Zit. bei Streit, Kameraden, S. 168. Vgl. ferner Hartmann, Massensterben, S. 152 (Eintrag vom 24.10.1941).

[265] Am 8.9.1941 bekräftigte das OKW nochmals, „den Waffengebrauch [gegenüber den sowjetischen Kriegsgefangenen] sehr scharf zu handhaben". OKW/AWA, „Anordnungen über die Behandlung sowjetischer Kr. Gef. in allen Kriegsgefangenenlagern" vom 8.9.1941, Druck: Ueberschär/Wette (Hrsg.), „Unternehmen Barbarossa", S. 351–354.

[266] Einer der zentralen Sätze jenes Erlasses über das „Kriegsgefangenenwesen" lautete: „Gegen Unbotmäßigkeit von Kgf. ist von vornherein scharf einzuschreiten, während williger Arbeitsdienst durch ausreichende Verpflegung und gute Fürsorge zu belohnen ist." IfZ-Archiv, MA 1618: Pz. Gr. 2, Abt. Qu./Qu. 2, Erlass über das „Kriegsgefangenenwesen" vom 12.6.1941.

[267] IfZ-Archiv, MA 1667: 221. Sich. Div., Abt. I b, Befehl an Dulag 142 vom 25.11.1941. Vgl. auch BA-MA, RH 20-2/1445: AOK 2, OB, Befehl an die Kommandierenden Generale und den Korück vom 18.8.1941: „Zur Aufnahme nicht marschfähiger K[riegs]g[e]f[angener] sind stets Besp[annte] Fahrzeuge mitzuführen, die Verpflegung ist vorausschauend zu organisieren."

[268] IfZ-Archiv, MA 1667: 221. Inf. Div., Abt. I b, Kriegstagebuch, Eintrag vom 30.10.1941.

[269] Hartmann, Massensterben, S. 147 (Eintrag vom 3.8.1941).

[270] Aus einem Bericht der 454. Sich. Div. vom 19.9.1941, der wiederum auf zwei Berichte des Dulag 203 Bezug nimmt. Zit. bei: Krausnick/Wilhelm, Truppe, S. 263, Anm. 619.

[271] BA-MA, RH 20-2/1445: AOK 2, Abt. O.Qu./Qu. 2, Tätigkeitsbericht für die Woche vom 3.–9.8.1941, wo von einem Marsch berichtet wird, der „durch das Waldgelände unvorhergesehene Schwierigkeiten und Abgänge" gebracht hätte. In diesem Sinne auch Arnold, Wehrmacht, S. 356.

[272] Vgl. etwa BA-MA, RH 21-2/819: Pz. AOK 2, Abt. O.Qu., Kriegstagebuch, Eintrag vom 6.7.1941: „Große Gefangenenmassen fallen an, deren Bewachung und Ernährung kaum bzw. nicht möglich ist." BA-MA, RH 20-2/1445: AOK 2, Abt. O.Qu./Qu. 2, Tätigkeitsbericht für

oder sich „unterwegs verkrümeln" konnten[273]. Gleichzeitig aber konnten, und das
blieb entscheidend, „Leute, die sonst im Leben kaum etwas zu sagen haben [...],
den rücksichtslosen Herr[n]" spielen, so der Eindruck eines Kochs aus einem
Durchgangslager[274].

Schon im Sommer 1941 soll es Gefangenentransporte gegeben haben, bei denen
die Todesquote bei 80 Prozent lag[275], nach einem Gefangenentransport im Januar
1942 schätzte man, dass „in der Minsker Hauptstraße Sowjetskaja 1000 bis 2000
Leichen von Gefangenen" lagen[276]! Dass selbst für den Generalfeldmarschall von
Bock, einem der ranghöchsten deutschen Soldaten an der Ostfront, der Abtransport der sowjetischen Kriegsgefangenen „ein besonders schwieriges Problem"
blieb[277], war nicht nur Ausdruck von Hilflosigkeit. Angesichts ihrer begrenzten
logistischen Möglichkeiten hielt die deutsche Führung andere Probleme ganz einfach für wichtiger. Zwar verdeutlichen ihre regelmäßigen Ermahnungen sowie
„schroffen Befehle", dass sie „Rohheiten" eigentlich nicht dulden wollte. Doch
ließ man die Dinge viel zu lang schleifen[278]. Dass die sowjetischen Gefangenen, die
in endlosen Kolonnen nach hinten geführt wurden, der Willkür ihrer Bewacher
weitgehend hilflos ausgesetzt waren, dass es hier zu Szenen kam, die selbst die
militärische Führung als „grauenvoll" empfand[279], wurde in den ersten Monaten
dieses Krieges zu einem Alltagsphänomen.

die Woche vom 6.–12.7.1941: „Gegen die Gleichgültigkeit der Truppe gegenüber den vielen
frei umherlaufenden Kgf. muß energisch eingeschritten werden."
Ferner IfZ-Archiv, MA 1590: XXIV. Pz. Korps, Abt.I c, Meldung an Pz. Gr. 2 vom 27.6.1941:
„Die Unmöglichkeit für die fechtende Truppe, Gefangene nach rückwärts abzuschieben zu
können, wächst sich zu einer großen Gefahr aus. [...] Der fechtenden Truppe muß so Sicher-
stellung und Abtransport der Gefangenen abgenommen werden, da sie selbst nicht in der Lage
ist, das Zurückführen der Gefangenen mit eigenen Kräften bis zu den meist weit zurückliegenden Gefangenen-Sammelstellen zu übernehmen." IfZ-Archiv, MA 1590: XXIV. Pz. Korps,
Abt.I c, Befehl betr. „Abwehrmaßnahmen gegen Freischärlertätigkeit" vom 23.9.1941: „Die
zahlreichen russischen Soldaten, die teils einzeln, teils in kleineren Trupps immer wieder auf
den Straßen und Wegen angetroffen werden, sind aufzugreifen und den Gefangenensammelstellen zuzuleiten."
[273] Am 21.20.1941 registrierte die 221. Sich. Div., dass „auf dem Fußmarsch von 20000 Kriegsgefangenen etwa 9000 [...] nicht eingetroffen" seien. IfZ-Archiv, MA 1667: 221. Inf. Div.,
Abt.I b, Kriegstagebuch, Eintrag vom 21.10.1941. Ferner Hartmann, Massensterben, S.153
(Eintrag vom 31.10.1941).
[274] Tagebuch von Franz H., Koch des Dulag 150 (18.10.1941), zit. in: Deutscher Osten, S.164.
Vgl. auch New Soviet Documents on Nazi Atrocities. Published by authority of „Soviet War
News", London 1943, S.100, wo ein Angehöriger der 296. Inf. Div., die Misshandlung einer
Kolonne von Kriegsgefangenen in Brjansk schildert.
[275] Vgl. etwa mit Moltke, Briefe an Freya 1939–1945, S.278f. (Brief vom 26.8.1941).
[276] Gerlach, Morde, S.845
[277] Bock, Tagebuch, S.256 (Eintrag vom 22.8.1941): „Beim Abtransport von Kriegsgefangenen
sind Rohheiten vorgekommen, gegen die ich mich in einem sehr schroffen Befehl an die Armeen gewandt habe. Bei der Erschöpfung der Gefangenen und der Unmöglichkeit, sie auf den
langen Märschen durch weite, menschenleere Gebiete nur einigermaßen ausreichend zu ernähren, bleibt ihr Abtransport ein besonders schwieriges Problem." Vgl. hierzu auch BA-MA,
RH 20-2/1445: AOK 2, Abt. O.Qu./Qu. 2, Tätigkeitsbericht für die Woche vom 17.–23.8.1941;
Gersdorff, Soldat, S.100 sowie Halder, Kriegstagebuch, Bd.III, S.221 (Eintrag vom 11.9.1941):
„Disziplinfragen: Ausschreitungen im rückwärtigen Bereich gegen Gefangene..."
[278] So Hürter, Heerführer, S.391.
[279] So Bock, Tagebuch, S.298 (Eintrag vom 20.10.1941). In diesem Sinne auch Halder, Kriegstagebuch, Bd.III, S.288 (Eintrag vom 12.11.1941): „Bilder des Gefangenenelends." Ebda., S.289
(Eintrag vom 14.11.1941): „Grauenhafte Eindrücke, gegen die aber eine Abhilfe im Augenblick nicht möglich erscheint."

Erst die Natur brachte die Verantwortlichen auf deutscher Seite allmählich zum Umdenken. Mit dem Einsetzen der „Schlammperiode" begannen diese einzusehen, dass nun längere Fußmärsche für die Gefangenen „nicht in Frage" kämen[280]. Stattdessen versuchte man im Herbst 1941 zunehmend auf den Transport per Bahn oder Lkw's auszuweichen[281], wobei auch hier die Kälte für mörderische Bedingungen sorgte[282]. Der Lageroffizier des Dulags 131 berichtete von einem „Transport mit 50 bis 60 offenen Güterwagen, [...] auf die jeweils 80 bis 100 Personen geladen wurden", der aber nie sein Ziel erreichte, „weil alle Kriegsgefangenen erfroren und ihre Leichen unterwegs die Böschung herabgeworfen worden sind"[283]. Erst jetzt befahl die 221. Sicherungsdivision, ihr war dieses Dulag damals unterstellt, „alle Gefangenentransporte" einzustellen[284].

Die Neuordnung der deutschen Kriegsgefangenenpolitik seit Frühjahr 1942 betraf auch den Transport. Dieser müsse, so schärfte der Korück 580 im Mai 1942 seinen Leuten ein, „besser im vornherein geplant und organisiert" werden, damit die „im Feldzug 1941 [...] aufgetretenen Schwierigkeiten, Härten und Gefahren bei den kommenden Operationen nach Möglichkeit auf ein erträgliches Maß zurückgeführt werden können"[285]. Auch an der Front legte man nun Wert darauf, bei den Märschen, „richtige Behandlung, ausreichende Versorgung, Unterkunft und Bewachung [...] sicherzustellen". „Die Erhaltung der Arbeitsfähigkeit der Kriegsgefangenen und ihre anständige Behandlung" sei aus militärischen, ökonomischen, aber auch „aus menschlichen und propagandistischen Gründen mit allen

---

[280] BA-MA, RH 22/251: Bfh. Rückw. Heeresgebiet Mitte, Ltd. Kgf. Bez. Kdt., „Niederschrift über die Besprechung mit Vertretern des OKW, OKH, Kgf. Kdrs. Ostland und Bv. T.O. Mitte über Kgf.-Abschub am 4.10.1941 in Mogilew". Ferner IfZ-Archiv, MA 1668: 221. Sich. Div., Abt. I b, Kriegstagebuch, Eintrag vom 30.10.1941, wo die Feststellung getroffen wird: „Längere Fußmärsche der Kriegsgefangenen sind bei Schneewetter auf Grund ihres entkräfteten Zustandes kaum mehr durchzuführen." BA-MA, RH 20-2/1445: AOK 2, O.Qu./Qu. 2, Meldung an H.Gr. Mitte betr. „Kriegsgefangenenlage" vom 27.11.1941: „Der Entschluß zum Fußmarsch auf lange Strecken kann [...] nur im äußersten Notfall gefaßt werden."
[281] Schon am 1.11.1941 kam die 221. Sich. Div. zu der Einsicht, dass nur noch ‚körperlich kräftige Leute' auf einen Fußmarsch geschickt werden könnten. IfZ-Archiv, MA 1668: 221. Sich. Div., Abt. I b, Kriegstagebuch, Eintrag vom 1.11.1941. Ferner ebda., Eintrag vom 15.11.1941: „Der viertägige Fußtransport nach Kritschew kann auf Grund der Mißstände des schlechten Wetters nur noch mit dem Zug durchgeführt werden. Die Situation im Dulag 203 in Kritschew ist schlechter. Auch hier erfolgt der Abtransport nur noch per Bahn." Sowie ebda., Eintrag vom 25.11.1941: „Das Dulag 142 soll die Anzahl seiner Gefangenen bis auf die notwendige Anzahl auf Grund des unzureichenden Ausbaus des Lagers und der schlechten Lebensmittelbeschaffung im Raum Brjansk vermindern. Der Abtransport erfolgt in überschaubaren Gruppen, in LKW's und mit der Bahn."
[282] Vgl. Arnold, Wehrmacht, S. 348; Gerlach, Morde, S. 847f. sowie Hartmann, Massensterben, S. 158 (Eintrag vom 14.2.1942), wo berichtet wird, wie man aus einem einzigen Zug 60 Tote herausholte.
[283] BAL, 319 AR 327/77: Ermittlungsverfahren gegen Angehörige des Dulags 131; Vernehmung K. L. vom 24.12.1945 (Übersetzung). L. berichtete damals, dass die Transportzüge „weder Öfen noch Holz" hatten, „um Brände unterwegs zu vermeiden".
[284] IfZ-Archiv, MA 1668: 221. Sich. Div., Abt. I b, Kriegstagebuch, Eintrag vom 7.12.1941.
[285] IfZ-Archiv, MA 895/2: Korück 580, Abt. Qu./I c, Erlaß betr. „Organisation des Gefangenen-Abschubes" vom 24.5.1942. Generell habe der Abschub nicht nur in Form von „Landmärschen", sondern auch „durch nach Westen fahrende Leerkolonnen" zu erfolgen. „Letzteres wird so organisiert, dass in regelmäßigen Abständen von ca. 30 km Sammelpunkte einzurichten sind. Dort sollen ausreichend Unterbringungsraum für K[riegs]g[e]f[angene] und die Truppe und Kochgelegenheiten geschaffen werden." So auch IfZ-Archiv, MA 1671: 221. Sich. Div., Abt. I b, „Besondere Anordnungen für die Versorgung Nr. 38/42" vom 7.6.1942.

In die Lager: Sowjetische Kriegsgefangene, Oktober 1941
(Quelle: BSB, Fotoarchiv Hoffmann 38351)

Mitteln" zu garantieren[286]. Verwundete Kriegsgefangene hätten „besondere Aufmerksamkeit" verdient[287]. Das war ein neuer Ton. Wenn für 2 000 Kriegsgefangene mindestens „50 Mann Wachpersonal" vorgesehen wurden[288], so sollte das nicht nur den eigenen Sicherheitsinteressen Rechnung tragen, es sollte auch Überreaktionen entgegenwirken, denn „ungerechtfertigte Erschießungen von Gefangenen" wurden nun streng verboten[289]. Ob diese Vorschriften immer halfen? Auch 1942

---

[286] IfZ-Archiv, MA 1622: 45. Inf. Div., Abt. I c, Tätigkeitsbericht für die Zeit vom 14. 6.–30. 9. 1942, Anlage 4: „Abschub von Kriegsgefangenen" vom 19. 6. 1942. Der entsprechende Befehl des AOK 2 in: BA-MA, RH 20-2/160; IfZ-Archiv, MA 1593: XXXV. A.K., Abt. Qu., „Besondere Anordnungen für die Versorgung Nr. 38", Anlage 1 betr. „Verpflegung sowjetrussischer Kgf. auf Transporten" vom 12. 6. 1942: „Es ist Sorge zu tragen, daß die sowjetruss. Kriegsgefangenen auf dem Eisenbahntransport in die Heeresgebiete, Reichskommissariate und ins Reichsgebiet im Rahmen der vorhandenen Möglichkeiten ausreichend verpflegt werden." Das VII. A.K. hatte bereits im Oktober 1941 die Notwendigkeit einer ausreichenden Verpflegung der Gefangenen bei den Transporten betont. BA-MA, RH 24-7/56: VII. A. K., Abt. Qu., „Erfahrungsbericht betr. Gefangenenbewachung, Ernährung und Abschub während der am 2. 10. 41 begonnenen Offensive" vom 18. 10. 1941.

[287] BA-MA, RH 20-18/1310: OKH/GenStdH/GenQu, Az. Abt. K.Verw. Nr. II/3881/42 geh., Weisung betr. „Kriegsgefangenenwesen bei Operationen" vom 10. 6. 1942.

[288] BA-MA, RH 20-2/1457: Armeegruppe von Weichs [ehem. AOK 2], O.Qu./Qu. 2, „Besondere Anordnungen für die Ordnungsdienste" vom 10. 6. 1942.

[289] BA-MA, RH 21-2/867 a: Pz. AOK 2, Abt. I c/A.O., „Armeebefehl für die Behandlung von Kriegsgefangenen, Partisanen, Feindkundschaftern und der Bevölkerung" vom 3. 3. 1942: „Ungerechtfertigte Erschießungen von Gefangenen, auch heimliche, z. B. unter dem Vorwand ‚auf der Flucht erschossen', sind verboten. Übertretungen sind durch die Einheitsführer zu ermitteln; gegen die Betreffenden ist, auch in Verdachtsfällen, Tatbericht einzureichen. Jeder Angehörige der Armee ist verpflichtet, Vorfälle, die ihm über Erschießungen von Gefangenen bekannt werden, zu melden."

sollten noch auf den Transporten zahllose Gefangene sterben[290]. Ganz davon abgesehen hatten bis dahin schon mehr als die Hälfte aller gefangenen Rotarmisten diese Phase ihrer Gefangenschaft durchlaufen, die jenen, die sie überlebt hatten, als eine besonders qualvolle Zeit in Erinnerung blieb[291]. Trotzdem: Das Jahr 1941 scheint auch in dieser Hinsicht mit Abstand am schlimmsten gewesen zu sein.

Mit ihrem Abschub begannen die Kriegsgefangenen aus dem Horizont der Kämpfenden Truppe zu verschwinden und auch aus ihrer Verantwortlichkeit. Normalerweise erfolgte der Abschub in zwei Etappen: Die Kämpfende Truppe brachte ihre Gefangenen ins Rückwärtige Gefechts- bzw. Armeegebiet, in die Divisions-, dann in die Armee-Gefangenen-Sammelstellen[292]. Meist begleiteten nur wenige Soldaten die endlosen Gefangenenzüge nach hinten, man wollte „vorne" am „Begleitpersonal sparen"[293]; noch im Dezember 1941 gab es Kolonnen mit „etwa 2000 Gefangenen", die lediglich von sechs deutschen Soldaten bewacht wurden[294]. Diese erste Etappe war in der Regel schnell zu Ende; manchmal dauerte sie Stunden, manchmal Tage.

Bei der zweiten Etappe war dies meist anders. Nun wurden die Gefangenen von den Sammelstellen in die ortsfesten Lager geschickt; erst hier erfolgte dann ihre erste wirkliche Registrierung[295]. Diese Lager erstreckten sich vom Rückwärtigen Heeresgebiet bis ins Deutsche Reich. Schon deshalb konnte sich dieser Teil des Abschubs über Wochen hinziehen und den Gefangenen die letzten Kräfte rauben. Organisiert wurden diese Märsche vor allem durch die rückwärtigen Kräfte des Ostheers[296]: Feldgendarmerie, Landesschützen-, Wach- oder Feldersatz-Bataillo-

---

[290] So beschreibt Leon Atanasyan einen Eisenbahntransport verwundeter Kriegsgefangener, der am 17.7.1942 in Orel, damals Einsatzgebiet der 4. Panzer- und der 45. Infanteriedivision, ankam. „Fast in jedem" Waggon seien Leichen gewesen. „Sich kaum auf den Füßen haltende Menschen krochen aus den Waggons hervor und baten, ihnen Wasser zu geben." Vgl. Shumejko, NS-Kriegsgefangenenlager, S. 182.

[291] Vgl. etwa mit den Memoiren von Shumuk, Life Sentence, S. 40ff.; Dawletschin, Kasan, S. 52ff.

[292] Wurden die Gefangenensammelstellen der Divisionen noch mit deren Bewachungskräften unterhalten, so griff man für die Armeegefangenensammelstellen und Dulags bereits auf rückwärtige Kräfte zurück. „Armee-Gef[angenen-]Sammelstellen und Durchgangslager verfügen über eigene Bewachungskräfte. Da diese jedoch nur schwach sind, haben die Heeresgruppen im Bedarfsfalle Kräfte rückwärtiger Truppenteile zur Bewachung der Gefangenen zusätzlich heranzuziehen." Befehl des ObdH (Besondere Anordnungen für die Versorgung, Anl. 6, Teil C) vom 3.4.1941, in: Fall Barbarossa, S. 299–304, hier S. 303; IfZ-Archiv, Da 034.008-92.1: Handbuch für den Generalstabsdienst im Kriege, Teil I, S. 112.
Daran hielt man auch während des Krieges fest. Vgl. hierzu IfZ-Archiv, MA 1622: 45. Inf. Div., Abt. I c, Tätigkeitsbericht für die Zeit vom 14.6.–30.9.1942, Anlage 4: „Abschub von Kriegsgefangenen" vom 19.6.1942: „Korps und Divisionen sind für Abschub und Versorgung der Kriegsgefangenen bis zur Einlieferung in die Armee-Gef[angenen-]S[ammel-]Stellen verantwortlich!" Der vorhergehende Passus, dass der Abschub nur „durch die Mithilfe der Kampftruppe erreicht" werden könne, lässt vermuten, dass diese vorher dieser Pflicht nicht immer nachgekommen war.

[293] BA-MA, RH 24-7/56: VII. A.K., Abt. Qu., „Erfahrungsbericht betr. Gefangenenbewachung, Ernährung und Abschub während der am 2.10.41 begonnenen Offensive" vom 18.10.1941.

[294] BA-MA, MSg 1/3275: Fritz Farnbacher, Tagebuch, Eintrag vom 9.12.1941.

[295] Zum Problem der Gefangenenregistrierung, die – entgegen der bislang herrschenden Meinung – auch bei den sowjetischen Kriegsgefangenen „korrekt und vorschriftsmäßig" erfolgte, allerdings nicht in den Dulags, sondern den Stalags, vgl. Keller/Otto, Das Massensterben der sowjetischen Kriegsgefangenen und die Wehrmachtbürokratie; Keller/Otto/Nagel, Sowjetische Kriegsgefangene in deutschem Gewahrsam.

[296] Am 10.6.1942 betonte das OKH noch einmal: *Die Verantwortung der Armeen für Betreuung und Bewachung der Kriegsgefangenen endet an den Verladebahnhöfen, spätestens an der*

ne[297], ja sogar Hilfsmannschaften sollten „den Divisionen so frühzeitig wie möglich die Bewachung der Gefangenen" abnehmen, notfalls sogar „durch Vorwerfen von Abholkommandos"[298].

Dass gerade die rückwärtigen Einheiten die größte Verantwortung für diese Todesmärsche trugen, lässt sich nicht allein an den Strukturen ablesen, es lässt sich auch mit Zahlen belegen. Ende November 1941 registrierte die 2. deutsche Armee, dass man seit Feldzugsbeginn knapp 400000 Gefangene eingebracht habe. Von diesen Gefangenen seien 500 gestorben (0,125 Prozent), während man 180 „auf der Flucht erschossen" habe (0,045 Prozent)[299]. Zweifellos sind diese Angaben zu gering: sie enthalten nicht jene Fälle, die bereits bei ihrer Gefangennahme ermordet wurden; auch ist von einer Dunkelziffer von Opfern während der Märsche auszugehen[300]. Dennoch werden die Größenordnungen erkennbar. Denn die Gesamtverluste der sowjetischen Kriegsgefangenen liegen insgesamt im siebenstelligen Bereich, und auch für die Phase des Abschubs werden Opfer in einer fünf- bis siebenstelligen Größenordnung diskutiert. Das heißt: Eine Phase der erhöhten Gefährdung war für die sowjetischen Soldaten die Phase ihrer Gefangennahme, aber weniger der erste Teil ihres Abschubs, also die Strecke von der Front ins Rückwärtige Armeegebiet. Deutlich mehr Gefangene dürften bei der zweiten Etappe des Abschubs umgekommen sein[301] und die meisten schließlich in den Lagern selbst.

Den Gefangenen dürften Unterscheidungen dieser Art ziemlich gleichgültig gewesen sein; für sie blieb der Weg in die Lager eine einzige Pein. Nicht gleichgültig sind solche Überlegungen freilich für die Beantwortung der Frage nach den Schuldigen auf deutscher Seite. Die sowjetischen Kriegsgefangenen – zumindest jene, die nicht in der Gefechtszone blieben – wurden relativ schnell nach hinten abgegeben; bereits im Rückwärtigen Armeegebiet warteten Einheiten auf sie, die nicht

---

rückw[ärtigen] Grenze des Armeegebietes." BA-MA, RH 20-18/1310: OKH/GenStdH/GenQu, Abt. K. Verw. Nr. II/3881/42, Anordnung betr. „Kriegsgefangenenwesen bei Operationen" vom 10. 6. 1942 (Hervorhebung im Original).

[297] Vgl. etwa IfZ-Archiv, MA 1618: 45. Inf. Div., Abt. I b, „Besondere Anordnungen für die Versorgung zum Divisionsbefehl für den Angriff über den Bug" vom 17. 6. 1941, wo das Feld-Ersatz-Btl. 45 zum Gefangenentransport eingesetzt wurde.

[298] Befehl des ObdH (Besondere Anordnungen für die Versorgung, Anl. 6, Teil C) vom 3. 4. 1941, in: Fall Barbarossa, S. 303. Ferner Halder, Kriegstagebuch, Bd. II, S. 157 (Eintrag vom 5. 5. 1941): „Gute Erfahrungen mit Beitreibungskommandos von Landesschützen auf Fahrrädern hinter der Panzertruppe, um diesen die Gefangenen abzunehmen und Beute zu sichern." Vgl. auch Muchin, Gefangennahme, S. 107; Gerlach, Morde, S. 843; Arnold, Wehrmacht, S. 350, 359.

[299] BA-MA, RH 20-2/1445: AOK 2, O.Qu./Qu. 2, Meldung an die H.Gr. Mitte betr. „Kriegsgefangenenlage" vom 27. 11. 1941.

[300] Schon Streit (Kameraden, S. 170) hat darauf hingewiesen, dass es sicherlich „nicht viele Soldaten gab, die unter den gegebenen Umständen bereit waren, schießwütige Kameraden zu melden, mochten sie auch deren Haltung ablehnend gegenüberstehen".

[301] Dafür spricht folgende Überlegung: 1941/42 waren neun Armeen und vier Panzergruppen in der Sowjetunion im Einsatz. Selbst wenn die Zahl des AOK 2 nach oben zu korrigieren und dann mit dem Faktor dreizehn zu multiplizieren ist, so liegt das Ergebnis noch immer weit unter den bisher abgegebenen Schätzungen über die Zahl jener sowjetischen Kriegsgefangenen, die außerhalb der deutschen Lager erschossen wurden.
Dem entspricht im Übrigen eine Beobachtung Gerlachs (Morde, S. 827, Anm. 292), dass in den Rückwärtigen Armeegebieten „80 % der vorhandenen Gefangenen (bei viel geringerer Sterblichkeit)" gearbeitet hätten „im rückwärtigen Heeresgebiet nur etwa 33 %".

mehr zur Front gehörten. Nun begann ein neues Kapitel in der Geschichte dieser Gefangenen, dessen Zentrum freilich nicht auf den staubigen oder schlammigen Rollbahnen liegen sollte, sondern in der düsteren Welt der deutschen Lager[302]. Bevor dieser Teil der Geschichte zu schildern ist, ist freilich der erste zusammenzufassen.

5.2.5 Bilanz: Opfer und Verantwortlichkeiten

In diesem Teilkapitel ging es um drei Themen: um den Kampf, den die sowjetischen und deutschen Soldaten an der Front gegeneinander führten, um ihre Gefangennahme und um den Beginn ihrer Gefangenschaft. Natürlich stand dabei das Schicksal der sowjetischen Kriegsgefangenen im Mittelpunkt. Da aber gerade diese Ereignisse geprägt waren von einer intensiven Interaktion, liegt es nahe, das Schicksal der Gegenseite nicht völlig auszublenden.

Ein besonderes Kennzeichen der Kriegsgefangenen ist ihre Schutzlosigkeit[303]. Niemand, noch nicht einmal die Zivilbevölkerung, ist in einem solchen Maße dem Gutdünken des Gegners ausgeliefert. Am Schicksal der Kriegsgefangenen lässt sich besonders deutlich ablesen, wie ein Krieg geführt wird. 1941 machte die Wehrmacht Gefangene in Millionenhöhe, die Rote Armee dagegen einige Zehntausend[304]. Erst in dem Moment, wo die sowjetische Seite die Initiative übernahm, kam es allmählich auch bei den Kriegsgefangenenzahlen zu einem Turnaround. Es spricht für sich, wenn von den Kriegsgefangenen des Jahres 1941, den sowjetischen wie den deutschen, nur eine Minderheit überlebte. Bis Frühjahr 1942 starben ca. zwei Drittel jener knapp drei Millionen sowjetischer Kriegsgefangener, welche der Wehrmacht im Jahr 1941 in die Hände gefallen waren. Von den ca. 60 000–70 000 deutschen Kriegsgefangenen desselben Jahres ist ein noch höherer Prozentsatz ums Leben gekommen. Schon diese Gegenüberstellung zeigt freilich, wie sich die Schuld in diesem Fall verteilt. Die Wehrmacht hat den Tod von Millionen Menschen zu verantworten, die Rote Armee zunächst von einigen Zehntausend, wobei die Zahl der deutschen Kriegsgefangenen, die in sowjetischem Gewahrsam umgekommen sind, schließlich auch eine sechs- oder gar siebenstellige Größe erreichte. Nicht vergessen sollte man freilich: Es waren die Deutschen, die als Erste bei diesem grausamen Ranking Maßstäbe setzten.

Beachtung verdient freilich auch der Ort des Geschehens: Von den *vergleichsweise* wenigen deutschen Kriegsgefangenen des Jahres 1941 starben viele schon recht früh, meist bereits im Gebiet der sowjetischen Front[305]. Dagegen sind jene zwei Millionen sowjetische Kriegsgefangene, von denen oben die Rede war, in den deutschen Lagern umgekommen. Hier handelte es sich um jene Rotarmisten, welche die Deutschen registriert hatten. Wie viele aber wurden *vorher* „niedergemacht", obwohl sie doch die Waffen gestreckt hatten? Und wie viele wurden beim

---

[302] Vgl. Kap. 5.3.
[303] Vgl. hierzu Bischof, Kriegsgefangenschaft als internationales Forschungsthema, S. 31.
[304] Die Schätzungen bei Overmans (Deutsche militärische Verluste, S. 284 ff.) bewegen sich bei 60 000 bis 70 000 Mann.
[305] Vgl. mit den Angaben bei Petrov, Außergerichtliche Repressionen gegen kriegsgefangene Deutsche.

Abtransport Opfer der deutschen Wachmannschaften? Über sie wurde nicht Buch geführt. Genau ihr Schicksal aber stand im Zentrum dieses Teilkapitels, so dass abschließend die Größe dieser Gruppe genauer einzugrenzen wäre – mit Blick auf die Opfer wie auch auf die Täter.

Dafür gibt es noch einen Grund – die Heterogenität des militärischen Geschehens. Schon am kleinen Ausschnitt dieser Untersuchung wurde dies erkennbar. Wie oft aber kam es damals vor, dass sich die Kämpfe so radikalisierten, dass Gefangene nicht mehr gemacht oder bereits im Gefechtsgebiet ermordet wurden? Und wie oft war das nicht der Fall? Und: Wie viele sowjetische Gefangene erreichten überhaupt die deutschen Stammlager, und wie viele blieben auf dem Weg dahin buchstäblich „auf der Strecke"?

Für unseren Ausschnitt lassen sich diese Fragen nicht beantworten, für den gesamten Kriegsschauplatz aber schon, da hierfür mittlerweile einigermaßen valide Zahlen vorliegen – von deutscher, wie inzwischen auch von russischer Seite[306], so dass sich das Geschehen in unserem Ausschnitt wenigstens strukturieren lässt. Bei der militärischen Personalstatistik der Sowjetunion fällt zunächst auf, dass im Jahr 1941 die Zahl der vermissten, bzw. kriegsgefangenen Rotarmisten die Zahl der gefallenen weit übersteigt: 465 381 Rotarmisten wurden als gefallen registriert[307], viel mehr aber als vermisst bzw. als kriegsgefangen, nämlich 2 335 482 Rotarmisten.

Dass 1941 die Mehrheit der sowjetischen Soldaten zumindest ihre Gefangennahme durch die Wehrmacht überlebte, hat diese selbst bestätigt. Die Wehrmacht registrierte damals sogar noch mehr sowjetische Gefangene, nämlich insgesamt 3,3 Millionen Menschen. Wie sich diese Abweichung erklärt, wird später zu diskutieren sein. Entscheidend ist aber, dass die erste Zählung erst in den Divisions- oder Armeegefangenensammelstellen erfolgte, also nach Ende der Schlacht. Unter der Rubrik der 465 381 gefallenen Rotarmisten dürften allerdings auch jene enthalten sein, die von der Wehrmacht noch auf dem Schlachtfeld ermordet wurden. Ihren genauen Anteil können wir nur schätzen. Allerdings waren die militärisch bedingten Verluste schon aufgrund der extrem harten Kämpfe des Jahres 1941 oft (wenn auch nicht immer) hoch. Trotzdem belegen die sowjetischen, noch mehr

---

[306] Die Angaben basieren auf den Berechnungen jener Autoren, die sich vermutlich am intensivsten mit dieser Frage auseinandergesetzt haben: Aufgrund der deutschen Angaben hat Streit (Kameraden, S. 83) errechnet, dass die Wehrmacht bis Mitte Dezember 1941 insgesamt 3,35 Millionen Kriegsgefangene registriert habe.
Grigori F. Krivosheev und ihm folgend David M. Glantz kommen indessen zu dem Ergebnis, dass die Rote Armee bis Ende Dezember 1941 2,33 Millionen Mann als Vermisste und Kriegsgefangene abgeschrieben habe. Insgesamt veranschlagt Krivosheev die Zahl der sowjetischen Kriegsgefangenen *und* Vermissten auf 4,55 Millionen Mann. Vgl. Krivosheev (Hrsg.), Soviet Casualities and Combat Losses in the Twentieth Century, S. 96 f., 104 f., 236; Glantz, Colossus, S. 624 f.
Richard Overy veranschlagt die Verluste der Roten Armee im Jahr 1941 auf 2 663 000 Mann, ohne diese Angaben zu begründen oder zu differenzieren. Vgl. Overy, Rußlands Krieg 1941–1945, S. 188.

[307] Zu diesen Verlusten kamen nochmals 101 471 sowjetische Soldaten, die aufgrund ihrer Verletzung in *sowjetischen Lazaretten* starben und weitere 235 339, die unter der Rubrik der „Non-Combat-Losses" registriert wurden, das heißt: sie starben aufgrund von Krankheiten, bei Unfällen und möglicherweise auch – was in der Statistik so nicht angegeben wird – aufgrund interner „Säuberungen". Natürlich sind auch diese Zahlen den militärischen Verlusten hinzuzurechnen, doch handelte es sich bei ihnen um Soldaten, die noch auf sowjetischer Seite starben. Das heißt: In diesem Fall ist ein deutsches Verbrechen sicher auszuschließen.

aber die deutschen Angaben, dass die Zahl der kriegsgefangenen Rotarmisten die der gefallenen weit überstieg.

Etwas anders sieht die Bilanz für das erste Halbjahr 1942 aus: Hier stehen 646 069 gefallene Rotarmisten[308] gegenüber 710 110 vermissten bzw. gefangenen Rotarmisten. Hier hat sich die Relation bereits deutlich zu Ungunsten der kriegsgefangenen Rotarmisten verschlechtert, was drei Gründe hatte: die insgesamt rückläufige Tendenz bei den sowjetischen Verlusten, die Tatsache, dass die Verlustrate bei den wahnwitzigen sowjetischen Gegenangriffen ohnehin sehr hoch lag und schließlich die zunehmende Brutalität der deutschen Kriegführung im Winter 1941/42. Addiert man die Angaben dieser vier Quartale aus den Jahren 1941 und 1942, so stehen im ersten Jahr des deutsch-sowjetischen Krieges, Juni 1941 bis Juni 1942, 1 111 450 gefallene Rotarmisten (zu denen nochmals 202 883 Verstorbene und 295 961 „Non-Combat-Losses" kommen) gegenüber 3 045 592 Soldaten, die man auf sowjetischer Seite als vermisst bzw. als kriegsgefangen „abschrieb". Das heißt: Die Möglichkeit, in deutsche Gefangenschaft zu geraten, war damals fast dreimal so groß wie auf dem Schlachtfeld zu sterben – sei es durch eine militärisch bedingte Aktion, sei es infolge eines deutschen Verbrechens.

Verluste der Roten Armee Juni 1941–Juni 1942

Gefallen:	1 111 450 Rotarmisten
Verstorben in sowjetischen Lazaretten:	202 883 Rotarmisten
Gestorben aufgrund von Krankheiten, Unfällen etc.:	295 961 Rotarmisten
Vermisst, Kriegsgefangen:	3 045 592 Rotarmisten

Diese Relation verschiebt sich noch zu Gunsten der Gefangennahme, wenn jene Zahlen berücksichtigt werden, welche die Wehrmacht 1941 über ihre sowjetischen Kriegsgefangenen vorlegte, nämlich *bis Mitte Dezember 1941* ca. 3,3 Millionen Menschen. Das war immerhin eine Million mehr, als man damals auf sowjetischer Seite vermisste. Für diese gravierende Abweichung finden sich, so Dieter Pohl, vor allem drei Erklärungen[309]:

(1) Im Chaos der Rückzüge versagte die Personalbuchhaltung der Roten Armee (ein Phänomen, das man übrigens in der zweiten Hälfte des Krieges auch auf deutscher Seite beobachten kann[310]);

(2) die sowjetische Seite war bestrebt, die für sie peinlich hohe Zahl an Überläufern zu kaschieren, indem sie – ganz im Gegensatz zu den darauf folgenden Jahren – diese Zahl bewusst nach unten korrigierte[311];

(3) die Wehrmacht registrierte auch solche Personen als Kriegsgefangene, bei denen es sich nicht um reguläre Angehörige der Roten Armee handelte, also Zivilisten, Angehörige der ad hoc aufgestellten Arbeiter-Bataillone, Komsomolzen,

---

[308] Zu ihnen kommen nochmals 101 412 in sowjetischen Lazaretten verstorbene Rotarmisten und 60 622, die man als „Non-Combat-Losses" zählte. Vgl. oben.
[309] Vgl. Pohl, Herrschaft der Wehrmacht, S. 201 ff.
[310] Vgl. Overmans, Verluste, S. 36 ff.
[311] Viktor Muchin (Das System der Gefangennahme, S. 110) meint hierzu, dass es sich hier um „rund 500 000" eingezogene Soldaten gehandelt habe, „die an die Einsatzarmee weitergeleitet wurden, bei den ihnen zugewiesenen Verbänden jedoch nicht erschienen sind".

aber auch Angehörige staatlicher (erinnert sei an das NKWD) oder paramilitärischer Organisationen[312] – ein Phänomen, das sich auch in unserem Ausschnitt
beobachten lässt[313]. Das heißt: Die Zahl der sowjetischen Kriegsgefangenen des
Jahres 1941 bewegt sich zwischen einer Ober- und einer Untergrenze: 3,3 Millionen, so die deutsche, und 2,3 Millionen, so die russische Angabe. Berücksichtigt
man, dass die deutsche Seite sehr wahrscheinlich zu viele Personen, die sowjetische
Seite dagegen zu wenig Menschen unter der Kategorie „sowjetische Kriegsgefangene" registrierte, dann besitzt für das Jahr 1941 ein Mittelwert von ca. 2,8 Millionen sowjetischer Kriegsgefangener die größte Wahrscheinlichkeit.

Aufgrund dieser Angaben lässt sich die Zahl der sowjetischen Gefangenen, die
bereits zu Beginn ihrer Gefangenschaft, also in jener dramatischen Phase zwischen
ihrer Kapitulation und ihrer Ankunft in den Lagern, deutschen Verbrechen zum
Opfer fielen, zumindest eingrenzen. Die bisherigen Schätzungen sind so vage und
unterschiedlich, dass sie lediglich belegen, wie wenig man über diese Phase weiß.
Christian Streit spricht von „Zehntausenden" von Opfern während der Märsche[314], aber auch von einer fünf- bis sechsstelligen Zahl von Opfern aufgrund der
Erschießungen versprengter Rotarmisten, Alfred Streim von „wenigstens 20 000
[Opfern] im Operationsgebiet"[315], David M. Glantz veranschlagt dagegen die Zahl
der sowjetischen Soldaten, die nach ihrer Kapitulation, aber vor ihrer Registrierung ums Leben gekommen sind, auf ca. 250 000 bis 1 000 000[316], während Grigori
F. Krivosheev schließlich schätzt, dass bei ca. 500 000 Mann der Verbleib unklar sei
(„killed on the battlefield, although according to reports from the front they were
listed as missing in action")[317]. Das sind – so viel steht fest – extrem widersprüchliche Angaben. Wie verhalten sie sich zu den Zahlen, die oben vorgestellt wurden?
Um diese Frage zu beantworten, scheint es sinnvoll, zwischen drei Phasen im Weg
eines sowjetischen Kriegsgefangenen zu unterscheiden: Kampf und Gefangennahme (und damit auch die Zeit der Exzess- und Vergeltungstaten), ihr Abtransport
durch die kämpfende Truppe und schließlich ihr Weg von den Sammelstellen in die
Stammlager.

– Die geringsten Verluste scheint es beim *Abtransport durch die kämpfende Truppe*
  gegeben zu haben. Sieht man einmal davon ab, dass die Erregung der Schlacht
  abgeklungen und die Gefangenen in dieser Phase noch am frischesten waren, so
  spricht nicht nur die oben zitierte Meldung des AOK 2 mit ihrer auffallend
  niedrigen Todesquote für diese Vermutung, sondern mehr noch die Tatsache,

---

[312] Vgl. auch mit der Einschätzung von Streit, Sowjetische Kriegsgefangene in deutscher Hand,
S. 288. Beispiele bei Jarausch/Arnold, Sterben, S. 343 (Brief vom 25. 11. 1941).
[313] Vgl. etwa Sturm im Osten [4. Pz. Div.], S. 222: „Die Gefangenenkolonnen werden immer länger. Auch Zivilisten mit ihrem Hab und Gut wandern da mit – das sind die zum Dienst ge-
pressten Arbeiter der sowjetischen Wehrmacht, die vor den Städten die Befestigungsanlagen
ausheben sollten und teilweise auch schon ausgehoben haben."
[314] Streit, Kameraden, S. 167, und zwar für die Zeit des Abschubs. An anderer Stelle (S. 106)
spricht Streit von ,einer hohen fünfstelligen, wenn nicht sechsstelligen Zahl von Opfern', die
Massenerschießungen der Wehrmacht außerhalb der Lager zum Opfer gefallen seien, wobei
unklar bleibt, ob es sich hier um Morde auf dem Gefechtsfeld handelt, beim Abschub oder um
die Erschießungen der versprengten Kriegsgefangenen in den Rückwärtigen Gebieten.
[315] Streim, Behandlung, S. 244.
[316] Glantz, Colossus, S. 622. Vgl. auch mit Pohl, Herrschaft, S. 210, der eine russische Schätzung
zitiert, der zufolge 200 000–250 000 Rotarmisten auf dem Transport umgekommen sein sollen.
[317] Krivosheev (Hrsg.), Soviet Casualties and Combat Losses in the Twentieth Century, S. 236.

dass jene 2,8 Millionen Gefangenen ja erst in den Armeegefangenensammelstellen gezählt wurden. Bis dahin aber waren, fasst man die deutschen und die sowjetischen Angaben zusammen, kaum Gefangene „verloren" gegangen.

– Für die davor liegende Phase, die *Phase von Kampf und Gefangennahme*, lässt sich das nicht so sicher sagen. Die Zahlen belegen nur, dass die Gefangennahme durch die Wehrmacht die Normalität darstellte, das Verbrechen jedoch die Ausnahme. Den genauen Anteil unter den im ersten Kriegsjahr als gefallen registrierten 1111450 Rotarmisten, die deutschen Exzess- oder Vergeltungstaten zum Opfer gefallen sind, kennen wir nicht. Subsumiert man die Eindrücke dieses Teilkapitels, so scheint freilich die These nicht abwegig, dass sich ihre Zahl *etwa* in der Größenordnung jener deutschen Soldaten bewegt haben könnte, die wiederum auf der Seite der sowjetischen Front Opfer eines Verbrechens wurden. Bei diesem Krieg handelte es sich, wie bei jeder militärischen Auseinandersetzung, in einem hohen Maße um einen dialektischen Prozess. Ideologie? – schön und gut. Noch folgenreicher aber war, dass hier zwei Armeen aufeinander trafen, die sich an Härte und Gewaltbereitschaft einander kaum nachstanden.

– Schließlich die dritte Phase, der *Abschub in die Stammlager*, der meist nicht mehr durch die kämpfende Truppe erfolgte. In diesem Fall müssen wir sogar mit zwei Unbekannten arbeiten, da wir weder die Gesamtverluste auf den Märschen kennen, noch die Zahl derer, die in den Stammlagern ankamen[318]. Doch sprechen schon die längere Dauer und Strecke dieses Abschnitts, die zunehmende Erschöpfung der Gefangenen und nicht zuletzt die bisher zitierten Beispiele dafür, dass die Verluste in dieser Phase sich durchaus in einem sechsstelligen Bereich bewegt haben könnten. Daneben existierten freilich noch mehr Faktoren, welche die Züge der Gefangenen kleiner werden ließen: die Tatsache, dass die Truppe, anfangs meist die rückwärtigen Einheiten, einen Teil der Gefangenen zurückbehielt – im November 1941 waren dies bereits 490000 Menschen[319] –, dann die Entlassungen, die das OKH im Juli 1941 ermöglichte[320] und schließlich der Umstand, dass ein Teil der Gefangenen während der Märsche floh oder ganz einfach auseinander lief, weil die deutschen Begleitkommandos fehlten. Die Zahl dieser „Abgänge" ist nicht zu unterschätzen. Verwiesen sei auf den Fall eines Abtransports von 150000 Gefangenen durch die 137. Infanteriedivision. Diese musste dabei 10 Prozent in den Ortschaften zurücklassen, während weitere 10 bis 15 Prozent während des Marsches entkommen konnten[321].

Überlegungen wie diese ändern nichts an der Schuld der Wehrmacht. Denn von denen, welche die Tortur dieser Märsche überlebten, sollten schließlich zwei Drittel in den deutschen Lagern elend krepieren. Doch werden mit diesen Überlegungen die Strukturen und damit auch die Verantwortlichkeiten deutlicher. Klar

---

[318] Vgl. nun hierzu Otto/Keller/Nagel, Sowjetische Kriegsgefangene in deutschem Gewahrsam 1941–1945. Zahlen und Dimensionen, die freilich nur die Zahlen für die Reichskommissariate, das Generalgouvernement und das Deutsche Reich rekonstruieren können.
[319] Zit. bei: Arnold, Wehrmacht, S. 334.
[320] Generell hierzu Kap. 5.3.
[321] Arnold, Wehrmacht, S. 359. In diesem Sinne auch Overmans, Kriegsgefangenenpolitik, S. 806.

wird, dass dieses monströse Verbrechen einen deutlichen Schwerpunkt in den rückwärts gelegenen Lagern der Wehrmacht besitzt.

Das soll nicht heißen, dass die verbrecherischen Prinzipien des Weltanschauungskriegs, so wie ihn die politische und militärische Führung des Deutschen Reichs haben wollte, nicht auch die Front erreicht hätte. Dieses Teilkapitel bot dafür viele Beispiele. Wie viele sowjetische Soldaten den deutschen Fronteinheiten insgesamt zum Opfer fielen, wissen wir nicht. Doch war in der Gefechtszone die Gefangennahme die Regel und nicht der Mord. Bei der folgenden Erfahrung eines sowjetischen Kriegsgefangenen scheint es sich daher nicht um einen Einzelfall gehandelt zu haben: „Je weiter wir uns von der Front entfernten, desto strenger behandelte man uns. Die mehr oder weniger freundliche Einstellung der deutschen Frontsoldaten war schon bald verschwunden, immer mehr Geleitschutz kam dazu, und der Umgangston mit den Gefangenen verschärfte sich zusehends."[322]

Das war die Situation auf dem Marsch, bevor die Gefangenen in den Lagen ankamen. Wie aber ging ihre Geschichte dort weiter?

[322] Dawletschin, Kasan, S. 56.

5.3 Kriegsgefangene II: Hinterland

5.3.1 Eines der größten Verbrechen der Kriegsgeschichte

„Die Gedanken flogen frei", schrieb ein sowjetischer Kriegsgefangener über seine
ersten Tage bei den Deutschen, „und vor unserem geistigen Auge erschienen die
Facetten unseres weiteren Lebens: Unfreiheit, Zwangsarbeit, Erniedrigungen und
Beleidigungen. Doch es sollte sich herausstellen, daß selbst die blühendste Fantasie
nicht auch nur annähernd an das herankam, was den Gefangenen noch alles bevor-
stand."[1]

Davon soll im Folgenden die Rede sein. Keine Gruppe unter den Kriegsgefangenen des Zweiten Weltkriegs hatte so hohe Verluste wie die sowjetischen[2]. Doch
begründet sich die Schuld der Wehrmacht nicht allein durch die bloße Zahl der
Opfer – ernsthaft diskutiert werden Zahlen in einer Höhe zwischen 2,6 und 3,3
Millionen Rotarmisten[3] –, die in deutschem Gewahrsam verhungerten, erfroren,
ermordet wurden oder an Seuchen starben. Entscheidend sind in diesem Zusammenhang noch vier weitere Überlegungen:

– Zunächst einmal handelte es sich beim Kriegsgefangenenwesen um ein Feld, auf
   dem das deutsche Militär weitgehend autonom agieren konnte. Die wenigen
   institutionellen Einschränkungen, die der Wehrmacht in diesem Fall auferlegt
   waren, sind rasch aufgezählt: neben den Kriegsgefangenenlagern der Wehrmacht
   gab es auch solche der Waffen-SS, für die Selektionen in den Wehrmachtslagern
   waren auch die Einsatzkommandos von Sicherheitspolizei und SD zuständig,
   wenn auch gewöhnlich in enger Abstimmung mit dem Militär, und schließlich
   übernahm Ende September 1944 der Reichsführer SS das gesamte Kriegsgefangenenwesen[4]. Zu diesem Zeitpunkt aber waren schon über die Hälfte der sowjetischen Kriegsgefangenen tot. Die meisten sind also im Gewahrsam der Wehrmacht umgekommen.

– Dabei handelte es sich bei der Betreuung von Kriegsgefangenen – und das ist der
   zweite Aspekt, der kein gutes Licht auf die Wehrmacht wirft – nicht gerade um
   ein neues Phänomen des Kriegsgeschehens. Im Gegenteil: Die Kriegsgefangenschaft ist so alt wie der Krieg. Nicht selten bildeten Menschen das eigentliche

---

[1] Dawletschin, Kasan, S. 60.
[2] Prozentual wie auch in absoluten Zahlen. Eine international vergleichende Perspektive bei
   MacKenzie, Treatment of Prisoners of War in World War II.
[3] Bis 1945 gerieten zwischen 5,35 und 5,75 Millionen sowjetische Soldaten in deutsche Kriegsgefangenschaft. Ihre Verluste werden von Streim mit einer Höhe von mindestens 2545000 Menschen, von Streit mit etwa 3300000 Menschen angegeben. Streits Schätzung ist vermutlich etwas zu hoch, da er die Zahl der erschossenen Gefangenen auf 580000 bis 600000 veranschlagte
   (Keine Kameraden, S. 105). Vgl. bereits mit der Kritik von Hoffmann, Kriegführung, S. 730 f.,
   Anm. 70 und 71, der Streit in der dritten Auflage seines Buchs „eine gewisse Berechtigung"
   zugesteht. Damit scheint sich die relativ frühe Schätzung Datners zu bestätigen, der die Zahl
   der Opfer unter den sowjetischen Kriegsgefangenen auf 2,8 bis 3 Millionen veranschlagte. Vgl.
   Streim, Sowjetische Gefangene in Hitlers Vernichtungskrieg, S. 178; Streit, Kameraden, S. 244 ff.;
   Datner, Crimes against POWs, S. 225 f. In diesem Sinne auch Pohl, Herrschaft, S. 240. Ferner:
   Zeidler/Schmidt (Hrsg.), Gefangene in deutschem und sowjetischem Gewahrsam 1941–1956,
   S. 29 ff.; Overmans, Kriegsgefangenenpolitik, S. 820 ff.
[4] Zu diesen verschiedenen Aspekten vgl. Streit, Kameraden., S. 217 ff., 289 ff.; Overmans, Kriegs-
   gefangenenpolitik, S. 861 ff.; Otto, Wehrmacht; Moll (Hrsg.), „Führer-Erlasse", Dok. 365.

Kriegsziel, so dass sich schon deshalb über die Jahrhunderte ein umfangreiches
wie vielfältiges Brauchtum herausbildete, wie mit jenen Kombattanten zu verfahren sei, die im Krieg ihre Freiheit verloren hatten. Keine Frage: Die Geschichte des Krieges bietet viel Anschauungsmaterial dafür, dass die Praxis nur
wenig Rücksicht auf diese Gebräuche nehmen konnte, sie bietet aber eben auch
viele Gegenbeispiele. Es spricht jedenfalls für sich, wenn in den verschiedenen
Anläufen, mit denen man während des 19. und des 20. Jahrhunderts die unge-
schriebenen Gesetze und Gebräuche des Krieges zu kodifizieren suchte, gerade
das „Los" der Kriegsgefangenen einen zentralen Platz einnahm[5].

– Daher gab es 1939 kaum einen Aspekt des Krieges, den das internationale Kriegsrecht so genau geregelt hatte wie den Schutz der Kriegsgefangenen. Nicht nur in
der Haager Landkriegsordnung hatte man bereits eine ganze Reihe von Standards festgelegt, diese waren 1929 in der Genfer Kriegsgefangenenkonvention
noch einmal erheblich erweitert und präzisiert worden[6]. Über dieses „moderne,
rechtliche Instrumentarium"[7] war man auf deutscher Seite bestens informiert –
in den Rechtsreferaten der Wehrmachts- und Heeresführung wie auch in der
Truppe. Die völkerrechtskonforme Behandlung der Kriegsgefangenen war Thema einer entsprechenden Dienstvorschrift[8] und auch Teil der militärischen Ausbildung[9], deren Quintessenz allen Angehörigen der Wehrmacht nochmals in
Form der „10 Gebote" persönlich mitgegeben wurde[10]; unter Punkt 4 dieser
Handlungsanleitung hieß es: „Kriegsgefangene dürfen nicht misshandelt oder
beleidigt werden." In diesem Fall existierten also keine rechtlichen Grauzonen,
mit denen sich später das eigene Handeln rechtfertigen ließ. Die Rechte der
Kriegsgefangenen waren präzise festgelegt, und das, was die Wehrmacht gegenüber den gefangenen Sowjets zu verantworten hat, steht dazu in einem krassen
Widerspruch. Schon allein deshalb bildeten gerade diese Untaten einen wesentlichen Teil der Anklage im Prozess gegen die Hauptkriegsverbrecher vor dem
Internationalen Militärgerichtshof in Nürnberg.

[5] Vgl. Streim, Das Völkerrecht und die sowjetischen Kriegsgefangenen; Streit, Die Behandlung
der sowjetischen Kriegsgefangenen und völkerrechtliche Probleme des Krieges gegen die Sowjetunion; Oeter, Die Entwicklung des Kriegsgefangenenrechts.
[6] Haager Landkriegsordnung in der Fassung vom 18.10.1907, II. Kap. Abkommen über die Behandlung der Kriegsgefangenen vom 27.7.1929 [Genfer Kriegsgefangenenkonvention], Druck:
Lodemann (Hrsg.), Kriegsrecht, S.51ff., 84ff.
[7] Overmans, Kriegsgefangenenpolitik, S.737f.
[8] BA-MA, RMD 4/38/2: HDv. 38/2: Vorschriften für das Kriegsgefangenenwesen: I. Abkommen
über die Behandlung der Kriegsgefangenen vom 27.7.1929; II. Genfer Abkommen zur Verbesserung des Loses der Verwundeten und Kranken des Heeres im Felde vom 27.7.1929.
Dies wurde auch in der Truppe entsprechend rezipiert. Vgl. etwa BA-MA, RH 26-45/7:
45. Inf. Div., Abt. I c, Anordnung betr. „Behandlung von Kriegsgefangenen" vom 16.12.1939.
[9] Vgl. Reibert. Der Dienstunterricht im Heere. Ausgabe für den Panzerabwehrschützen. Neubearbeitet von Guido Allmendinger, Berlin [12]1940, S.48: „Gefangene sind mit Menschlichkeit zu
behandeln."
Schon im Schrifttum lassen sich freilich auch entgegengesetzte Tendenzen feststellen. So publizierte das OKW 1939 eine Broschüre über Kriegsgefangene, in der es unter dem Motto: „Feind
bleibt Feind!" an Hand von Beispielen aus dem Ersten Weltkrieg die Kriegsgefangenen als
heimliche Saboteure, Fluchthelfer, potenzielle Brandstifter oder Hetzer zu denunzieren suchte.
IfZ-Archiv, Da 033.061 b: Kriegsgefangene. Auf Grund der Kriegsakten bearbeitet beim Oberkommando der Wehrmacht, Berlin 1939.
[10] Druck: Uhlig, Der verbrecherische Befehl, S.350f. Das Merkblatt war Teil des Soldbuchs, das
jeder Wehrmachtsangehörige bei sich trug.

– Das verweist auf einen vierten und letzten Punkt, der in diesem Zusammenhang Beachtung verdient. Ein entscheidendes Charakteristikum der Kriegsgefangenen ist ihre Wehrlosigkeit. Während bei vielen anderen Kriegsverbrechen auch externe Faktoren eine große Rolle spielen können – erinnert sei etwa an den Partisanenkrieg oder auch an den Prozess der Gefangennahme selbst[11] –, sind diese bei Kriegsgefangenen zumindest in dem Moment weitgehend ausgeschaltet, wenn sie sich, weitab vom Chaos des Krieges, in der Ruhe und Sicherheit der Lager befinden. Genau dort ist aber die Masse der sowjetischen Kriegsgefangenen umgekommen.

5.3.2 Voraussetzungen

Unbestritten sind Größe dieses Verbrechens, seine Grausamkeit und nicht zuletzt auch die ausschlaggebende Verantwortung der Wehrmacht[12]. Anderes scheint dagegen weniger klar. Noch immer wird über die Motive der deutschen Seite diskutiert und damit auch über die Frage, welche Personen, Gruppen und Institutionen im Einzelnen die Verantwortung für diese Millionen von Toten tragen. Diese Diskussion ist auch eine Folge fehlender Quellen[13]. Dies gilt besonders für die Vorgeschichte, die Zeit *vor* dem 22. Juni 1941[14]. Die deutsche militärische Führung konkretisierte damals lediglich in zwei zentralen Dokumenten, was sie mit den sowjetischen Kriegsgefangenen vorhatte; dies waren:
– die „Besonderen Anordnungen für die Versorgung", die das OKH am 3. April 1941 in Kraft gesetzt hatte[15]
– die Anordnung zum „Kriegsgefangenenwesen im Fall Barbarossa", die das OKW am 16. Juni 1941 erlassen hatte[16].

---

[11] Vgl. Kap. 5.2.

[12] Vgl. mit dem Forschungsüberblick von: Osterloh, Sowjetische Kriegsgefangene 1941–1945 im Spiegel nationaler und internationaler Untersuchungen, in: ders., Verdrängt, vergessen, verleugnet.

[13] Vgl. hierzu Böhm/Ueberschär, Aktenüberlieferung zu sowjetischen Kriegsgefangenen im Bundesarchiv-Militärarchiv. Vgl. ferner die Dokumenteneditionen bei: Streim, Sowjetische Gefangene in Hitlers Vernichtungskrieg, S. 313 ff.; Ueberschär/Wette (Hrsg.), „Unternehmen Barbarossa", S. 346 ff.

[14] Streit, Kameraden, S. 67 ff.; Gerlach, Morde, S. 781 ff.; Hürter, Heerführer, S. 377 f.

[15] OKH/GenStdH/GenQu., Abt. Kriegsverwaltung (Besondere Anordnungen für die Versorgung, Anl. 6, Teil C) vom 3. 4. 1941, in: Moritz, (Hrsg.), Fall Barbarossa, S. 299–304. Zur Rezeption in der Truppe vgl. etwa IfZ-Archiv, MA 1618: Pz. Gr. 2, Abt. Qu./Qu. 2, „Allgemeine Anordnungen für die Rollbahnen" vom 12. 6. 1941.

[16] IfZ-Archiv, IMT, Dok. PS 888: OKW/Abt. Kriegsgefangene, Anordnung betr. „Kriegsgefangenenwesen im Fall Barbarossa" vom 16. 6. 1941. Teilw. Druck: Ueberschär/Wette (Hrsg.), „Unternehmen Barbarossa", S. 315.
Es wird immer wieder übersehen, dass diese Anordnung allein im Wehrkreis I und im Generalgouvernement gelten sollte, also im Gebiet der sogenannten „Kriegsgefangenen-Heimatorganisation", das die Funktion einer Art „Transitzone" für die Weiterleitung der Gefangenen ins Reich hatte. Trotzdem scheint die Bedeutung dieser Anordnung sehr groß – nicht allein deshalb, weil es sich um eine der ganz wenigen Dokumente handelte, in der eine deutsche Zentraldienststelle *vor* dem 22. 6. 1941 die Prinzipien ihrer Kriegsgefangenenpolitik im „Fall Barbarossa" formulierte. Bemerkenswert scheint auch, dass auch der Generalbevollmächtigte für den Arbeitseinsatz in einer entsprechenden Vorschrift von 1942 in einer fast gleichlautenden Passage hervorhob, dass die Genfer Kriegsgefangenenkonvention „die Grundlage für die Behandlung sowjetischer K[riegs]g[e]f[angener]" bilde. IfZ-Archiv, Da 20.09: Einsatzbedingungen der Ostarbeiter sowie der sowjetrussischen Kriegsgefangenen. Von Hans Küppers und Rudolf Bannier beim Beauftragten für den Vierjahresplan/Generalbevollmächtigten für den Arbeitseinsatz, Berlin 1942, S. 89. (Für diesen Hinweis danke ich Martina Seewald-Mooser.)

Grundsätzlicher war zweifellos die Anordnung des OKW, in der stand: „Die Gegenseite hat das [Genfer] Abkommen über die Behandlung von Kriegsgefangenen vom 27.7.1929 nicht anerkannt. *Trotzdem bildet dieses die Grundlage für die Behandlung der Kriegsgefangenen.*"[17] Vor dem Hintergrund der kommenden Ereignisse überrascht dieser Passus, der allerdings schon hier durch insgesamt zehn „Ausnahmen" relativiert wird, da „gegenüber allen Angehörigen der Roten Armee – auch den Gefangenen – [...] äußerste Zurückhaltung und schärfste Achtsamkeit geboten" sei[18]. Das war ein klares Signal: Ein Teil der völkerrechtlichen Normen war von vorneherein außer Kraft gesetzt[19], nicht zuletzt auch die Kontrolle der Gewahrsamsmacht durch Dritte. Gleichwohl stellte die Genfer Konvention noch immer einen Bezugspunkt der deutschen Planungen dar[20]. Diese Ambivalenz war nicht nur Ausdruck der Verfassungswirklichkeit des „Dritten Reiches", jener charakteristischen Dichotomie von „Maßnahmen- und Normenstaat", sondern auch eines Kompromisses zwischen den unterschiedlichen Vorstellungen, die damals in der deutschen militärischen Führung kursierten[21]. Dies sind mehr als nur akademische Überlegungen. In ihrer Widersprüchlichkeit konnten diese Anordnungen auch Handlungsspielräume eröffnen.

Im Vergleich dazu schienen die Anordnungen des OKH vom 3. April praxisbezogener und folgenreicher. Zwar wurden auch hier die geltenden internationalen Bestimmungen nicht explizit außer Kraft gesetzt. Doch belegen die Auslassungen zum Thema „Kriegsgefangenenwesen", die mit dem offenherzigen Satz beginnen: „Kriegsgefangene sind wertvolle Arbeitskräfte", dass für die Verfasser dieses Dokuments primär ökonomische und militärische, nicht aber juristische oder mo-

[17] Hervorhebung im Original.
Die Sowjetunion hatte die HLKO, die noch vom zaristischen Russland ratifiziert worden war, nicht anerkannt und auch die Genfer Kriegsgefangenenkonvention vom 27.7.1929 nicht ratifiziert, jedoch das Genfer Abkommen zur Verbesserung des Loses der Verwundeten und Kranken der Heere im Feld vom 27.7.1929. Sieht man einmal davon ab, dass Art. 82 der Genfer Kriegsgefangenenkonvention bestimmte, dass „die Bestimmungen dieses Abkommens gleichwohl für die kriegführenden Vertragsparteien verbindlich", falls „einer der Kriegführenden nicht Vertragspartei" sei, hatte die Sowjetunion dem Deutschen Reich bei Kriegsbeginn mitteilen lassen, dass sie sich an die Kriegsregeln der Haager Landkriegsordnung gebunden fühle. Druck: Lodemann (Hrsg.), Kriegsrecht, S. 117. Vgl. ferner Kap. 5.0 sowie Betz, Das OKW und seine Haltung zum Landkriegsvölkerrecht im 2. Weltkrieg, S. 64; Streit, Die Behandlung der sowjetischen Kriegsgefangenen; Streim, Das Völkerrecht und die sowjetischen Kriegsgefangenen; Fleck, Handbuch des Völkerrechts, S. 260 ff; Oeter, Kriegsgefangenenrecht. Generell dazu: Best, Humanity in Warfare.
[18] Dieser Passus entsprach wörtlich den „Richtlinien für das Verhalten der Truppe in Rußland", die das OKW/WFSt am 19.5.1941 als „Besondere Anordnungen Nr. 1 zur Weisung Nr. 21, Anlage 3" ausgegeben hatte. Druck: Ueberschär/Wette (Hrsg.), „Unternehmen Barbarossa", S. 312. Ferner als Beispiel für die Rezeption in der Truppe: IfZ-Archiv, MA 1618: Pz. Gr. 2, Abt. Qu./ Qu. 2, „Allgemeine Anordnungen für die Rollbahnen" vom 12.6.1941, Anlage.
[19] Gestrichen wurde etwa: „Bezahlung für die geleisteten Arbeiten", Meldungen an die Wehrmachtsauskunftsstelle, die Vorschriften über „Beziehungen der Kgf. zur Außenwelt", Wahl von Vertrauensleuten, ferner die Beschränkungen bei Strafverfahren. Das Verbot, die Kriegsgefangenen an die Wehrmachtsauskunftsstelle zu melden, sollte dann in der Praxis keine Rolle spielen. IfZ-Archiv, IMT, Dok. PS 888: OKW/Abt. Kriegsgefangene, Anordnung betr. „Kriegsgefangenenwesen im Fall Barbarossa" vom 16.6.1941.
[20] Zu hart scheint die Deutung von Streit (Kameraden, S. 74), dass damit „von der Substanz des [Genfer] Abkommens nichts übriggeblieben" sei. Vgl. dagegen das Urteil von Overmans (Kriegsgefangenenpolitik, S. 799), der meint, dass sich „in mancherlei Beziehung [...] der Krieg gegen die Sowjetunion zunächst nicht von anderen ‚Feldzügen'" unterschieden habe.
[21] Vgl. hierzu Müller, Kriegsrecht oder Willkür; Overmans, Kriegsgefangenenpolitik, S. 805.

ralische Erwägungen eine Rolle spielten. Dabei waren doch Arbeiten von Kriegsgefangenen, die in einer Beziehung „zu den Kriegsunternehmungen" der Gewahrsamsmacht standen, laut Artikel 6 der HLKO verboten[22]. Mit der Passage, dass „gegen Unbotmäßigkeiten von Gefangenen […] von vorneherein scharf einzuschreiten" sei[23], „während williger Arbeitsdienst durch ausreichende Verpflegung und gute Fürsorge zu belohnen ist", wurde ferner die Fürsorgepflicht eingeschränkt. Denn die adäquate Versorgung der gefangenen Rotarmisten war kein Anspruch mehr, sie lag nun im Ermessen des deutschen Wachpersonals.

Recht und Moral spielten in der Kriegsgefangenenpolitik, welche die Wehrmachtsführung im Vorfeld des deutsch-sowjetischen Krieges konzipierte, also bestenfalls eine untergeordnete Rolle. Andere Aspekte schienen wichtiger: die Sicherheit der eigenen Truppe, deren Unterstützung durch Hilfskräfte wie überhaupt die Absicht, mit dem „Problem" der Kriegsgefangenen den gnadenlosen Zeitdruck, unter dem dieser Blitzfeldzug stehen sollte, so wenig wie möglich zu gefährden. Die ideologischen Ressentiments gegenüber dem künftigen Gegner erleichterten dieses militärische Zweckdenken. Unter ihrem Eindruck begannen die deutschen Militärs sehr bewusst die bestehenden internationalen Bindungen zu lockern. Auch andere Anzeichen mussten bereits im Vorfeld von „Barbarossa" bedenklich stimmen, nicht nur Hitlers oft zitierte Parole, dass dieser Gegner auch nach seiner Gefangennahme „kein Kamerad" sei[24], sondern auch die Tatsache, dass es mit den *praktischen* Vorbereitungen im Kriegsgefangenenwesen nicht sehr weit her war[25]. Aber erklärt all das die Katastrophe, in die die deutsche Kriegsgefangenenpolitik in der Sowjetunion schon bald münden sollte? Wohl kaum. Zwar zeichnete sich schon vor Kriegsbeginn deutlich ab, dass die völkerrechtlichen Normen immer mehr ersetzt wurden durch das Prinzip der Willkür. Dass aber bis Februar 1942 etwa 2 Millionen Rotarmisten im deutschen Gewahrsam ums Leben kommen würden[26], war aufgrund dieser „sehr vage"[27] gehaltenen Befehlslage eigentlich nicht zu erwarten.

Jedenfalls erleichterte das den deutschen Hauptverantwortlichen, den millionenfachen Tod der sowjetischen Kriegsgefangenen vor dem Nürnberger Kriegs-

---

[22] Vgl. Art. 6 HLKO: „Der Staat ist befugt, die Kriegsgefangenen mit Ausnahme der Offiziere nach ihrem Dienstgrad und nach ihren Fähigkeiten als Arbeiter zu verwenden. Diese Arbeiten dürfen nicht übermäßig sein und in keiner Beziehung zu den Kriegsunternehmungen stehen." Druck: Lodemann (Hrsg.), Kriegsrecht, S. 52. In diesem Sinne auch: Abkommen über die Behandlung der Kriegsgefangenen vom 27.7.1929, Art. 31. Druck: Lodemann (Hrsg.), Kriegsrecht, S. 97f.

[23] Auch die Genfer Kriegsgefangenenkonvention räumte der Gewahrsamsmacht die Möglichkeit zu Sanktionen ein. So lautete Art. 45: „Die Kriegsgefangenen unterstehen den im Heer des Gewahrsamsstaats geltenden Gesetzen, Vorschriften und Befehlen. Jede Unbotmäßigkeit berechtigt ihnen gegenüber zu den Maßnahmen, die in diesen Gesetzen, Vorschriften und Befehlen vorgesehen sind." Entscheidend war freilich, dass die deutschen Sanktionsandrohungen die bestehenden rechtlichen Bindungen ignorierten. Druck: Abkommen über die Behandlung der Kriegsgefangenen vom 27.7.1929, Art. 45, Druck: Lodemann (Hrsg.), Kriegsrecht, S. 103.

[24] So Hitler in seiner Ansprache vom 30.3.1941. Halder, Kriegstagebuch, Bd. II, S. 336 (Eintrag vom 30.3.1941).

[25] Streit, Kameraden, S. 79. Auch Overmans (Kriegsgefangenenpolitik, S. 738ff.) betont die gute organisatorische, aber schlechte materielle Vorbereitung des deutschen Kriegsgefangenenwesens. Das lag auch daran, dass sich die zentralen militärischen Dienststellen völlig falsche Vorstellungen von der Gesamtstärke der Roten Armee machten. Vgl. hierzu Arnold, Wehrmacht, S. 329; Otto, Wehrmacht, S. 33ff.

[26] Streit, Kameraden, S. 136.

[27] Vgl. Hürter, Heerführer, S. 378.

verbrecher-Tribunal ausschließlich mit organisatorischen und technischen Problemen zu rechtfertigen. Das war nicht mehr als eine bloße Schutzbehauptung[28]. Die extremste Gegenposition hierzu hat dann Christian Gerlach formuliert: Die deutsche Führung habe schon von Anfang an eine bewusste Unterversorgung der sowjetischen Kriegsgefangenen erwogen[29]; im September 1941 sei dieser „Mordplan" dann in Kraft gesetzt worden, so dass sich die Kriegsgefangenenlager der Wehrmacht „faktisch zu Vernichtungsmaschinen, zu Instrumenten eines staatlich geplanten Massenverbrechens"[30] entwickelt hätten. Zwischen diesen beiden Positionen liegen die Erklärungen wie sie – wenn auch sehr unterschiedlich nuanciert – Christian Streit, Alfred Streim, Klaus Jochen Arnold oder der Verfasser vertreten haben; sie können im Grunde als Synthese dieser extrem entgegengesetzten Deutungen verstanden werden. Nach ihrer Sicht wollte die deutsche Führung von Anfang an nur wenig für die gefangenen Rotarmisten tun, es bestand die – wenn auch vage formulierte – Absicht, „das Russentum" zu schwächen, doch war es erst die unvorhergesehene militärische Entwicklung, welche die Wehrmachtsführung dazu brachte, die Kriegsgefangenen, also die schwächste Gruppe, auf die unterste Stufe einer perversen „Ernährungshierarchie" zu drängen.

Für diese Interpretation, die im Übrigen nichts am moralischen Versagen der Wehrmachtsführung ändert, sprechen noch drei weitere Überlegungen:

– Zunächst einmal die Tatsache, dass man vor Feldzugsbeginn nur bei einem kleinen Teil der sowjetischen Kriegsgefangenen, nämlich den Kommissaren, die explizite Absicht formuliert hatte, sie in eigener Regie zu töten. Wenig später erweiterte die deutsche Führung die Gruppe dieser Todeskandidaten durch solche, die als renitent galten oder die man als „Intelligenzler" oder Juden ausgemacht hatte[31]. Hätte man diese Opfergruppen extra bestimmen müssen, wenn man ohnehin die Absicht gehabt hätte, *alle* sowjetischen Kriegsgefangenen systematisch dem Tod preiszugeben[32]?

– Auch sollte man sich – dies ist die zweite Überlegung – vor einer Überinterpretation jener oben zitierten Befehlsformulierungen hüten. „Daß diese auch in der

---

[28] So behauptete der GFM Wilhelm Keitel während des Nürnberger Kriegsverbrecherprozesses, „daß es sich [*bei den sowjetischen Kriegsgefangenen*] um ein ausgesprochenes Massenproblem gehandelt habe, das außergewöhnlich schwer zu organisieren war für die Versorgung, Unterbringung und Bewachung", in: IMT, Bd. 10, S. 665. Zur Argumentation Jodls vgl. ebda., Bd. 15, S. 451f.

[29] Gerlach (Morde, S. 781ff., hier S. 785) legt „die deutschen Vernichtungsabsichten" bereits in die Zeit vor dem 22. Juni 1941, räumt aber – in dem für seine Darstellung typischen Nebeneinander von zugespitzter These und gleichzeitiger Einschränkung – ein, daß die Pläne „zur Vernichtung eines großen Teils der sowjetischen Kriegsgefangenen ziemlich im Dunkeln" lägen (Ebda., S. 781). Gleichzeitig negiert er, dass das „Unternehmen Barbarossa" als Blitzfeldzug angelegt war, der bereits im Herbst 1941 entschieden sein sollte. Auch sonst bleibt bei ihm vieles unklar: Warum verwies das OKW in seinem zentralen Erlass vom 16.6.1941 zum Thema Ernährung ausgerechnet auf die international gültigen Vorschriften? Und warum wurden die Gefangenen in den Stalags systematisch registriert, wenn es das Ziel der Wehrmachtsführung gewesen wäre, die sowjetischen Kriegsgefangenen möglichst schnell und ohne internationales Aufsehen verschwinden zu lassen?

[30] Gerlach, Morde, S. 858f.

[31] Streit, Kameraden, S. 61.

[32] Vgl. hierzu auch Overmans (Kriegsgefangenenpolitik, S. 824): „Vorschläge, die ‚Überflüssigen‘ umzubringen, sind durchaus gemacht worden, und daß das ‚Dritte Reich‘ zu einem solchen Schritt fähig gewesen wäre, haben die Einsatzgruppen mit ihren Morden bewiesen. Die Tatsache, daß solche Überlegungen nicht in die Tat umgesetzt wurden, zeigt, daß es keinen Plan gab, die sowjetischen Kriegsgefangenen zu liquidieren."

Realität eingelöst wurden"[33], war möglich, aber nicht unbedingt zwingend. Im Jahr 1940 erließ beispielsweise die 221. Infanteriedivision in Frankreich einen scharfen Befehl, es bedürfe „keiner weiteren Erwähnung", „daß Kriegsgefangene als Feinde anzusehen sind, die unter Umständen sehr schädlich werden können. Den Angehörigen der Truppe ist es daher eindringlich zur Pflicht zu machen, sich überall dort, wo Soldaten mit Kriegsgefangenen zusammen kommen (z. B. Landarbeit im Ernteurlaub), sich größte Zurückhaltung aufzuerlegen."[34] Gleichwohl ergab sich aus solchen Parolen nicht zwangsläufig ein Massensterben der französischen Kriegsgefangenen. Bei einer Sterberate von 2,8 Prozent während der Jahre 1940 bis 1945 war deren Behandlung „zwar sicherlich hart, [...] jedoch nicht generell kriegsvölkerrechtswidrig"[35]. Auch im Falle der sowjetischen Kriegsgefangenen wäre eine Deutung, die deren Geschichte von ihrem Ende aufrollt, nichts anderes als eine teleologische Interpretation, die jede Alternative einer historischen Entwicklung leugnen würde. Gerade in diesem Fall aber bedurfte es vieler Faktoren, um eine Katastrophe dieses Ausmaßes herbeizuführen.

– Damit kommen wir zu einem dritten Punkt, vermutlich zum folgenreichsten. Nichts sollte für das Schicksal der sowjetischen Kriegsgefangenen eine so große Bedeutung bekommen wie ihre Ernährung. Mit der Höhe der Rationen bestimmte die militärische Führung, wie groß die Überlebensquote in den Lagern war. Hierüber hatte das OKW in seiner zentralen Anordnung vom 16. Juni 1941 einen „Sonderbefehl" angekündigt; bis dahin sollten aber – wie es ausdrücklich hieß – „die Vorschriften für das Kriegsgefangenenwesen" gelten[36], denen zufolge „die Verpflegung der Kriegsgefangenen [...] in Menge und Güte derjenigen der Ersatztruppen" des Gewahrsamlandes zu entsprechen hätte (Artikel 11 der Genfer Kriegsgefangenenkonvention)[37]. Ein Indiz für einen Hungerplan, den die Wehrmachtsführung schon damals für die sowjetischen Kriegsgefangenen erwogen hätte, ist das nicht.

Gerade weil die Absichten der deutschen Führung nicht so klar definiert waren, gerade weil diese Eskalation als das Produkt einer Interaktion zwischen Führung und Basis zu verstehen ist, lohnt sich der Blick an den eigentlichen Ort des Geschehens. Die Stationen, die ein sowjetischer Kriegsgefangener zu durchlaufen hatte, wenn er der Wehrmacht in die Hände fiel, lassen sich in unserem Sample wie in einem Modell verfolgen. Das verweist auf die Frage, welche Funktionen diese Divisionen dabei zu erfüllen hatten.

5.3.3 Das Kriegsgefangenenwesen als arbeitsteiliges System

Die beiden Teilkapitel dieser Studie, die sich mit dem Schicksal der sowjetischen Kriegsgefangenen beschäftigen, sind komplementär zueinander aufgebaut: Stand

---

[33] Ebda., S. 805.
[34] IfZ-Archiv, MA 1659: 221. Inf. Div., Abt. I c, Befehl vom 5.8.1940.
[35] Overmans, Kriegsgefangenenpolitik, S. 772.
[36] Dieser entscheidende Passus ist bei Ueberschär/Wette (Hrsg.), „Unternehmen Barbarossa", S. 315, gekürzt.
[37] Druck: Lodemann (Hrsg.), Kriegsrecht, S. 90.

Sammelstelle: ein improvisiertes Kriegsgefangenenlager 1941
(Quelle: BSB, Fotoarchiv Hoffmann 36360)

im ersten Teilkapitel vor allem die Frage im Mittelpunkt, wie sich die *Kampfverbände* unseres Samples gegenüber den Kriegsgefangenen verhielten, so richtet sich nun der Fokus vor allem auf die *Besatzungsverbände*. Denn allein diesen waren die *großen* Kriegsgefangenenlager unterstellt[38]. Hier wurden zwangsläufig andere Mechanismen wirksam als im Gefechtsgebiet. Eine so gewaltige Einrichtung wie das Kriegsgefangenenwesen war in einem hohen Maß arbeitsteilig organisiert; auch dafür sind die fünf Verbände, um die es in dieser Studie geht, ein Beispiel: Eine motorisierte Formation hatte am wenigsten mit den sowjetischen Kriegsgefangenen zu tun. Sie sollte die gegnerische Front aufreißen, die deutschen Vorstöße weit ins Innere des Landes treiben und dafür sorgen, dass die deutsche Offensive nicht zum Stillstand kam. Alles andere erschien aus ihrer Perspektive sekundär. Erst die Infanteriedivisionen vollendeten dann die Kesselschlachten, was auch bedeutete, dass sie die sowjetischen Soldaten „einsammelten" und nach hinten brachten – in die Sammelstellen auf Divisions- oder Armee-Ebene.

Spätestens hier endete die Verantwortung der Kampfverbände für die gefangen genommenen Rotarmisten[39]. Anders gewendet: Für diese blieb die Zeit im deutschen Gefechtsgebiet meist nur eine kurze Episode[40]. Zwar begann die Zahl jener

---

[38] Es existierten auch kleinere Lager, die seit 1942 einzelnen Frontverbänden zugeordnet werden konnten, meist als Unterbringung für deren Arbeitskräfte. Schon aufgrund ihrer Größe wurden sie aber nicht als Kriegsgefangenenlager mit einer entsprechenden Nummerierung geführt.

[39] Vgl. Kap. 5.2.

[40] Vgl. BAL, 319 AR-Z 121/70: Ermittlungsverfahren gegen Angehörige der AGSSt 21; Vernehmung R. L. vom 28.8.1970: „Die Kriegsgefangenen, die uns von der Truppe überstellt wurden, waren ja auch immer nur kurze Zeit bei uns."

Gefangenen, die bei der Truppe blieben, seit Herbst 1941 kontinuierlich zu steigen, doch wurden die meisten noch immer in die rückwärts gelegenen Lager geschickt, zuerst in die *Dulags*, die Durchgangslager, dann in die *Stalags*, die (Mannschafts-)Stammlager, bzw. in die *Oflags*, die Offizierslager[41]. Handelte es sich bei den zuletzt genannten beiden Lagertypen um stationäre, „ortsfeste" Einrichtungen, so schlossen die teils motorisierten, teils bespannten Dulags diese Lücke, indem sie die kämpfende Truppe[42] in Etappen auf ihrem Vormarsch begleiteten. Die Dulags, die man auch als die „Verschiebebahnhöfe" des nationalsozialistischen Lagersystems bezeichnet hat[43], dienten als „Sammel- und Abschubstellen" für Kriegsgefangene[44], von dort aus wurden die Kriegsgefangenen an die ortsfesten Lager verteilt, was organisatorisch bedeutete, dass sie damit in der Regel vom *OKH-* in den *OKW-Bereich* kamen. Dabei bildeten die Kriegsgefangenenlager in der ehemaligen Sowjetunion nur die Vorposten einer riesigen Lagerwelt, die sich vom Militärverwaltungsgebiet über die Reichskommissariate, das Generalgouvernement und das gesamte Großdeutsche Reich erstreckte.

Mit der Zeit begann sich der Charakter der verschiedenen Lagertypen, die im Militärverwaltungsgebiet eingesetzt waren, immer mehr anzugleichen. Mit dem Übergang vom Bewegungs- zum Stellungskrieg und der chronischen Überbelegung der meisten Lager[45] wurde nun auch aus den Dulags feste Einrichtungen mit einem mehr oder weniger festen Stamm an Kriegsgefangenen. Ihre Bezeichnungen verloren zunehmend an Bedeutung. Was sich freilich weiterhin änderte, waren die Unterstellungsverhältnisse[46]:

Kriegsgefangenenlager in der Zeit von Juni 1941 bis Juni 1942 im Befehlsbereich von Korück 580[47]
Armee-Gefangenen-Sammelstelle 3
    7.6.1942 – 2.1.1944
Armee-Gefangenen-Sammelstelle 4
    7.6.1942 – Ende 1943

---

[41] IfZ-Archiv, Da 034.012: Dienstanweisung für den Kommandanten eines Kriegsgefangenen-Durchgangslagers vom 22.5.1939 (H. Dv. 38/4); Dienstanweisung für den Kommandanten eines Kriegsgefangenen-Mannschafts-Stammlagers vom 22.5.1939 (H. Dv. 38/5); Dienstanweisung für den Kommandanten eines Kriegsgefangenen-Offizierslagers vom 22.5.1939 (H. Dv. 38/6).

[42] Die großen Armee-Gefangenen-Sammelstellen waren institutionell noch Teil der kämpfenden Truppe, während die Lager bereits zum Kriegsgefangenenwesen gerechnet wurden. Vgl. Streim, Behandlung sowjetischer Kriegsgefangener, S.13, Anm.73.

[43] Vgl. Weinmann (Hrsg.), Das nationalsozialistische Lagersystem (CCP), S.XXV.

[44] IfZ-Archiv, Da 034.012: Dienstanweisung für den Kommandanten eines Kriegsgefangenen-Durchgangslagers vom 22.5.1939 (H. Dv. 38/4), S.7.

[45] Während der großen Kesselschlachten von Wjasma und Brjansk, die am 18.10. bzw. 20.10.1941 beendet wurden, gelang es der Heeresgruppe Mitte, bis zum 20.10.1941 insgesamt 662 000 Gefangene einzubringen. Vgl. Klink, Operationsführung, S.575ff.; Streit, Kameraden, S.83.

[46] Die Kriegsgefangenenlager waren organisatorisch den Besatzungsverbänden, und hier der Abteilung I b, bzw. Qu., unterstellt, die in der Regel für „Bewachung, Verpflegung und Abschub" der Kriegsgefangenen verantwortlich waren, fachlich dagegen den Kriegsgefangenen-Bezirkskommandanten, die im OKH-Bereich in letzter Instanz der Abteilung Kriegsverwaltung beim Generalquartiermeister des Heeres unterstanden. Vgl. hierzu Streim, Behandlung, S.10ff.; Gerlach, Morde, S.786.

[47] Die folgenden Informationen beruhen auf einer Auswertung aller einschlägigen Akten der Bestände BA-MA, RH 22 und 23. Ergänzende Informationen in: Tessin, Verbände und Truppen, 17 Bde., passim; Mattiello/Vogt, Deutsche Kriegsgefangenen- und Internierten-Einrichtungen 1939–1945, 2 Bde.; Streim, Behandlung, passim.

Armee-Gefangenen-Sammelstelle 19
       8.10.1941 – 1.11.1941
       23.12.1941 – 31.12.1941
       7.2.1942 – 30.3.1942
Armee-Gefangenen-Sammelstelle 21
       23.12.1941 – 30.4.1942
Armee-Gefangenen-Sammelstelle 22
       7.2.1942 – 30.3.1942
Dulag 142
       8.10.1941 – 1.12.1941
       9.6.1942 – 12.8.1943
Dulag 191
       15.7.1942 – 15.8.1942
Dulag 192
       15.5.1942 – 9.6.1942
Dulag 203
       12.6.1941 – 2.7.1941
Dulag 314
       9.12.1941 – 1.1.1942
       1.5.1942 – 3.5.1943

221. Sicherungsdivision

Armee-Gefangenen-Sammelstelle 19
       2.11.1941 – 1.12.1941
Dulag 130
       1.5.1941 – 20.7.1941
       25.7.1941 – 8.8.1941
       20.11.1941 – 1.12.1941
       6.6.1942 – 14.8.1943
Dulag 131
       1.5.1941 – 10.7.1941
       25.7.1941 – 3.9.1941
       15.10.1941 – 1.11.1941
       20.11.1941- 8.12.1941
       5.2.1942 – 1.3.1942
Dulag 142
       21.11.1941 – 1.12.1941
Dulag 185
       1.5.1941 – 22.8.1941
       20.11.1941 – 8.12.1941
       6.6.1942 – 4.3.1943
Dulag 203
       18.9.1941 – 9.12.1941
Dulag 220
       1.11.1941 – 1.12.1941
Dulag 314
       26.8.1941 – 8.12.1941

Natürlich kamen nicht alle sowjetischen Kriegsgefangenen in die Lager und damit in die Verantwortung der Besatzungsverbände. Doch handelte es sich bei dem Teil, der im Gefechtsgebiet blieb, um den kleineren Teil der Gefangenen. Davon abgesehen, war ihre Situation im Frontbereich – wie noch zu zeigen sein wird – viel heterogener: Es gab Gruppen, die den deutschen Soldaten beinahe gleichgestellt waren, während es anderen genau so dreckig ging wie ihren Kameraden in Lagern. Was sich dort ereignete, kannte man an der Front aus Erzählungen[48], zuweilen hatte man auch das ein oder andere persönlich erlebt. Doch blieben das Ausschnitte, schon weil diese Lager gewöhnlich „unendlich weit hinter der Front" lagen[49].

5.3.4 Zum Problem der Versprengten

Viele sowjetische Kriegsgefangene sollten diese Lager nie erreichen[50]: Sie wurden nicht gefangen genommen, sie starben auf den qualvollen Märschen oder die Deutschen stellten sie kurzerhand an die Wand, weil sie es unterlassen hatten, „sich sofort bei der nächsten deutschen Wehrmachtsdienststelle zu melden" – so der menschenverachtende Befehl des OKH vom 25. Juli 1941[51]. Von diesen Verbrechen war bereits die Rede, allerdings vor allem aus Perspektive der Fronttruppe[52]. Sobald aber diese weitermarschiert war – und das ging im Bewegungskrieg sehr schnell –, hatten die rückwärts eingesetzten Einheiten zu entscheiden, wie mit den versprengten Rotarmisten zu verfahren sei. Zunächst versuchten sie es mit Druck: Mit Hilfe von Fristen sollte das deutsche Besatzungsgebiet „von Versprengten gereinigt" werden[53]. Aber war es realistisch und vor allem fair, die in den Wäldern und Sümpfen vagabundierenden Überlebenskünstler mittels Plakaten und Flugblättern erreichen zu wollen? Die deutsche Führung wollte diese Frage nicht beantworten, sondern delegierte sie an ihre Soldaten: „Russische Kampftruppen, die unter verantwortlicher Führung von Offizieren während der Kämpfe hinter unsere Front gelangen und dazu bestimmt sind, Kampfaufgaben durchzuführen, haben, soweit sie nicht im Kampf erledigt werden, bei Gefangennahme Anspruch auf Behandlung als Kriegsgefangene. Russische Soldaten und Gruppen, die dagegen nach Erlöschen der eigentlichen Kämpfe aus Verstecken hervorkommen, sich erneut zusammenschließen, zu den Waffen greifen und gegen unsere rückwärtigen Verbindungen zusammenhanglos und auf eigene Faust kämpfen, sind als Freischärler anzusehen. Es ist Sache der Truppenkommandeure bzw. Befehlshaber, im Einzelfall nach der taktischen Lage die Entscheidung zu treffen."[54]

---

[48] Charakteristisch sind etwa Einträge wie der folgende: „Aus der Unterhaltung mit Obstltn. Drape wird mir besonders folgendes in Erinnerung bleiben, was er mit hundertprozentiger Gewißheit und teilweise als eigene Beobachtung [!] weitergibt: Die Russen sollen sich gegenseitig in den Gefangenenlagern auffressen! Und das nicht sprichwörtlich, sondern tatsächlich abschlachten und auffressen. Auch behauptet er gesehen zu haben, wie zwei deutsche Fliegeroffiziere nach dem Aussteigen aus der Maschine die berühmten [Spuck-]Tüten, die es in den Flugzeugen für gewisse Zwecke gibt, wegwarfen, worauf sich sofort Russen darauf stürzten, um das Zeug aufzufressen. Na danke, mir langt's." BA-MA, MSg 1/3273: Fritz Farnbacher, Tagebuch, Eintrag vom 22. 10. 1941.

[49] Jarausch/Arnold, Sterben, S. 284, 288f. und 320 (Briefe vom 12., 15. 8. und 28. 9. 1941).

[50] Zur Größe dieser Gruppe vgl. die Schätzung von Streit, Kameraden, S. 107 sowie das Fazit von Kap. 5.2.

[51] Druck: Ueberschär/Wette (Hrsg.), „Unternehmen Barbarossa", S. 349f. sowie Gerlach, Morde, S. 875ff.

[52] Vgl. Kap. 5.2. Auch zum Folgenden.

[53] So der General Max von Schenckendorff, in: IfZ-Archiv, MA 856: Bfh. Rückw. Heeresgeb. Mitte, Abt. I a, „Korpsbefehl Nr. 40" vom 16. 8. 1941.

[54] IfZ-Archiv, MA 1661: Bfh. Rückw. Heeresgeb. Mitte, Abt. I a, „Korpsbefehl Nr. 54" vom 19. 9. 1941. Dieser Befehl, der auf einer entsprechenden Vorgabe des OKH beruhte, wurde auch

Während man an der Front die Spielräume, die diese Regelung bot, offenbar eher zugunsten der sowjetischen Soldaten auslegte, war man in den rückwärtigen Besatzungsgebieten der Wehrmacht viel restriktiver. Das hatte sich dort schon länger abgezeichnet: „Fahndung nach russischen Soldaten in Zivil. Frist stellen, bis wann sie sich melden können. Wer nachher angetroffen wird, wird erschossen", hatte der Korück 580 bereits Ende August angeordnet[55]. Das empfahl auch die 221. Sicherungsdivision: „Einwohner nach Aufenthalt russischer Soldaten befragen, sowie nach Leuten, die sich hetzerisch oder sonst wie gegen die deutsche Wehrmacht betätigen."[56] In ihrem Fall kennen wir nicht nur Befehle, sondern auch Zahlen: Schon zu Beginn des Krieges, in der kurzen Frist vom 22. Juni bis 3. Juli 1941, als diese Division insgesamt 4004 Gefangene einbrachte, erschoss sie 323 „Freischärler"[57], wer immer auch darunter subsumiert wurde. Mit dem Beginn ihres Einsatzes im Hinterland änderte sich diese Relation zunächst kaum: Bis Ende September 1941 nahm die Division 4729 versprengte sowjetische Soldaten gefangen[58], 403 „Partisanen" endeten vor ihren Erschießungs-Pelotons[59]. Allerdings: *Diese* Exekutionsmeldungen beginnen erst ab Ende August, um dann 14 Tage später förmlich zu explodieren – zweifelsohne eine Reaktion auf Schenckendorffs Befehle, aber auch auf die ersten Vorboten des Partisanenkriegs[60]. Von Oktober bis Anfang Dezember 1941 tötete die 221. dann insgesamt 1847 „Partisanen", weitere 8417 Menschen wurden als „Partisanen" sowie 3820 als „Partisanenhelfer" oder als „partisanenverdächtig" festgesetzt[61], wobei schon die Bezeichnung einiger „Partisanen": „Offizier" (so am 4.9., 17.9., 4.10. und 1.11.1941), oder „Oberst" (so am 13.10.1941) erkennen lässt, dass es sich hier sehr wahrscheinlich oft um Angehörige der Roten Armee handelte[62].

---

an Fronteinheiten weitergeleitet. Vgl. etwa BA-MA, RH 27-4/12: 4. Pz. Div., Abt. I c, Befehl vom 4.10.1941, nachdem die Heeresgruppe Mitte schon am 11.9.1941 einen entsprechenden Befehl formuliert hatte. Vgl. Gerlach, Morde, S. 878f. mit Anm. 104.

[55] BA-MA, RH 23/170: Korück 580, „Richtlinien für Säuberung, Befriedung und Beuteerfassung" vom 31.8.1941.

[56] Vgl. etwa IfZ-Archiv, MA 1661: 221. Sich. Div., Abt. I c, Weisung betr. „Behandlung feindlicher Zivilpersonen und russischer Kriegsgefangener im rückwärtigen Heeresgebiet" vom 7.8.1941.

[57] BA-MA, RH 24-7/138: VII. A. K., Abendmeldung an AOK 4 vom 1.7.1941. Ferner IfZ-Archiv, MA 1661: 221. Sich. Div., Abt. I c, Meldung „Kriegsgefangene" vom 16.7.1941.

[58] IfZ-Archiv, MA 1660: 221. Sich. Div., Abt. I a, Kriegstagebuch, Eintrag vom 28.9.1941. Darunter war auch ein General. Vgl. ebda., Eintrag vom 30.8.1941: „Bei einer umfassend angelegten Razzia in Bobruisk wurden 200 Personen darunter der russische Generalmajor Potatu[r]czev, Kdr. der 4. Panzer-Division in Bialystok, und mehrere Offz. der Roten Armee festgenommen." Generalmajor Andrei Potaturczev war einer von 77 sowjetischen Generälen, die von der Wehrmacht gefangen genommen wurden; er starb 1945 in deutscher Kriegsgefangenschaft. Vgl. Maslov, Captured Soviet Generals.

[59] Die Angaben sind zwei Quellen entnommen, dem Kriegstagebuch der 221. Sicherungsdivision (IfZ-Archiv, MA 1660) und ihren Tagesmeldungen an den Befehlshaber des Rückwärtigen Heeresgebiets Mitte (IfZ-Archiv, MA 1665).

[60] Vgl. Kap. 3.3 und 5.5.

[61] Angaben ebenfalls nach: Kriegstagebuch der 221. Sich. Div. (IfZ-Archiv, MA 1660) und ihre Tagesmeldungen an den Befehlshaber des Rückwärtigen Heeresgebiets Mitte (IfZ-Archiv, MA 1665), wobei hier die Zahl der toten Partisanen etwas höher liegt. Die hier verwendeten Angaben orientieren sich an den höheren Zahlen. Die Zahl der erschossenen Partisanen, die Shepherd nennt (War, S. 85), ist mit 1746 Opfern etwas niedriger.

[62] Für diese Vermutung spricht im Übrigen die Tatsache, dass diese Sicherungsdivision während dieser Zeit auch gegen versprengte Teile der sowjetischen Streitkräfte im Einsatz war. Vgl. etwa IfZ-Archiv, MA 1665: 221. Sich. Div., Abt. I a, Meldung an Bfh. Rückw. Heeresgeb. Mitte vom

Antreten gefangener sowjetischer „Partisanen"; aufschlussreich ist ihre durchgehende Uniformierung sowie der Helm des rechts stehenden Deutschen, der ihn als Angehörigen von SS oder Polizei ausweist
(Quelle: OEGZ-S 345-31)

Zahlen wie diese lassen keinen Zweifel daran, dass Schenckendorffs Fristen nicht in den Wind gesprochen waren. Auch die Chronologie spricht dafür. Denn nach den dramatischen Ereignissen von Bialystok folgte zunächst eine Pause; erst am 27. August 1941 begann die 221. wieder zu erschießen. Allerdings wollte die Division selbst dann den Mordbefehl ihrer Vorgesetzten „elastisch" auslegen[63], was im Übrigen auch für den Korück 580 gilt[64]. Das heißt, diese beiden Verbände ermordeten damals „nur" einen Teil der „Partisanen" (faktisch wohl meist versprengte Rotarmisten), bei der 221. Sicherungsdivision etwa jeden fünften, wäh-

---

5. 9. 1941: „Das angesetzte Fahndungskommando kam zweimal in ein Feuergefecht mit Partisanenbanden, 4 Russen – 2 davon hatten russ. Uniform – wurden erschossen, 2 Uffz.e der Streife wurden verwundet." Dgl. vom 7. 9. 1941: „43 Partisanen [wurden] aufgegriffen und erschossen, darunter 1 Kommissar und 3 Partisanen in Uniform." Dgl. vom 30. 9. 1941: „In dem Feuergefecht wurden 5 Partisanen erschossen, darunter 1 russ. Leutnant in Uniform) [...]."

[63] Diese Meldungen widerlegen Gerlachs These (Morde, S. 876), dass die gegnerischen Soldaten, die man im Hinterland gefangen genommen habe, „umstandslos ermordet" worden seien. Auch bei den Rotarmisten, die zum Teil als solche ausgewiesen werden, überstieg gewöhnlich die Zahl der Festgenommenen die Zahl der Ermordeten.

[64] So registrierte der Korück 580, dass im Zeitraum vom 24. 9.–5. 10. 1941 bei „Säuberungsaktionen in dem zu sichernden Gebiet" 125 Partisanen erschossen und 107 russische Soldaten gefangen genommen worden seien; die 3./Feldgend. Abt. 581 und die 1./Pol. Btl. 309 meldeten, sie hätten im Zeitraum vom 23. 9.–23. 10. 1941 bei zahlreichen Feuergefechten rund 750 Kriegsgefangene eingebracht. Gleichzeitig aber waren dem Korück nicht-militärische Kräfte unterstellt, die sehr viel rücksichtsloser vorgingen; so meldete das Polizei-Regiment Mitte bei seinem Einsatz im August, es habe „rund 1 200 russische Soldaten, Partisanen, Kommissare usw. z. T. in größeren Feuergefechten unschädlich gemacht und vernichtet". IfZ-Archiv, MA 895/1: Korück, Tagebuch, Eintrag vom 5. 10. 1941; ebda., Korück 580, „Tagesbefehl" vom 24. 10. 1941.

rend sie die restlichen gefangen setzte[65]. Gleichwohl fielen der „Befriedungspolitik" dieser Division in weniger als drei Monaten noch immer 1847 Menschen zum Opfer!

Über das, was jene getan haben, können wir nur spekulieren. Angesichts der rigiden deutschen Befehlslage bedurfte es freilich nicht viel, dass man ihnen – wider besseres Wissen – den Kombattantenstatus absprach. Es fällt auf, dass in den deutschen Berichten zuweilen von „Partisanen" in Uniform, manchmal auch von Dienstgraden die Rede ist. Das soll freilich den Blick nicht dafür verstellen, dass bei einem Überlebenskampf, wie ihn die versprengten Rotarmisten führen mussten, das Völkerrecht kaum noch eine Rolle spielen konnte, was bei ihren deutschen Gegnern wiederum die Bereitschaft förderte, auch noch die letzten Reste von Kriegsbrauch und Kriegsrecht über Bord zu werfen.

Für diese Verselbständigung der Gewalt trägt freilich die deutsche Seite oder präziser: die deutsche Führung, die größte Verantwortung. Ihre Vorstellung, das Hinterland durch ein bloßes Dekret „säubern" zu können, war wirklichkeitsfremd, inhuman und gleichzeitig ein entscheidender Schritt zur Radikalisierung des Kriegs im Hinterland. Es spricht für die deutschen Soldaten, die diese Vorgaben umsetzen sollten, wenn sie nicht immer so darauf reagierten, wie sich ihre Führung das vorstellte. Erinnert sei nicht nur an die Bemerkung aus der 221., dass „die Masse der Männer" für Exekutionen „zu weich" sei[66]. Der General von Schenckendorff kritisierte, die Gefangenenaussagen ließen erkennen, „daß bei Festnahmen und Wiederentlassungen von unsicheren Elementen äußerst leichtsinnig verfahren" würde. „Vielfach wurden solchen Elementen sogar Ausweise ausgestellt."[67] Auch der Generalleutnant Agricola stellte als neuer Korück 580 im Januar 1942 ungerührt fest, „viele Tausend ehemaliger russischer Soldaten sind im rückw[ärtigen] Armeegebiet zu ihren Familien zurückgekehrt. Sie verhalten sich z[ur] Z[ei]t ruhig, sind aber dauernder Flüsterpropaganda durch Funktionäre und Partisanen ausgesetzt."[68] Offenbar hatte man sich hier damit abgefunden, dass sich die gegnerischen Soldaten selbst demobilisiert hatten. Einen Grund zur Aufregung sah Agricola darin aber nicht mehr[69]. Dies war freilich eine späte Erkenntnis. Bis

---

[65] Auch die Meldungen, die aus der 221. Sicherungsdivision kamen, belegen, dass es hier nicht immer zu flächendeckenden Erschießungen von „vergessenen" Kriegsgefangenen kam. So meldete etwa das Infanterie-Regiment 350 im Oktober 1941, dass es einige versprengte sowjetische Soldaten erschossen, andere hingegen dem nächsten Dulag „zugeführt" habe. Die Unterscheidungskriterien, die man dabei machte, sind dem Dokument nicht zu entnehmen. IfZ-Archiv, MA 1666: Inf. Rgt. 350, Meldung an 221. Sich. Div. vom 21.10.1941; vom 29.10.1941. So auch Jarausch/Arnold, Sterben, S. 338 (Brief vom 11.11.1941), der damals schrieb, dass viele Hunderte „ohne Ausweis in den Wäldern aufgegriffen" und in sein Dulag (203) gebracht wurden.

[66] IfZ-Archiv, MA 1666: Inf. Rgt. 350, Voraus-Abt., Meldung an 221. Sich. Div. vom 14.10.1941. Wenn Gerlach (Morde, S. 873) schreibt, man habe die Exekutionen „sozusagen als Ehrendienst aufgefasst und ausschließlich von Offizieren ausgeführt", so stellt das in diesem Fall die Dinge auf den Kopf.

[67] IfZ-Archiv, MA 1661: Bfh. Rückw. Heeresgeb. Mitte, Abt. I a, „Korpsbefehl Nr. 38" vom 8.8.1941. In diesem Sinne auch: ebda., Befehl an die 221. Sich. Div. vom 26.7.1941 und vom 17.9.1941.

[68] BA-MA, RH 20-2/1453: Korück 580, Kdt., „Lagebericht" vom 21.1.1942.

[69] Soweit die 221. Sich. Div. bei ihren Anti-Partisanen-Einsätzen seit Sommer 1942 auf Kriegsgefangene stieß, die nicht zu den irregulären Einheiten gehörten, wurden diese in Kriegsgefangenenlager abgeschoben. IfZ-Archiv, MA 1673: 221. Sich. Div., Abt. I a, Tagesmeldungen an Kd. Gen. d. Sich. trp. u. Bfh. i. Heeresgeb. Mitte vom 1.7.1942ff.

dahin hatte die unselige Entscheidung der Heeresführung insgesamt Zehn-, möglicherweise sogar Hunderttausenden unschuldiger Opfer das Leben gekostet.

5.3.5 Die deutschen Kriegsgefangenenlager

Noch mehr sowjetische Kriegsgefangene aber starben in den Lagern. Schon die bloße Zahl dieser Lager vermittelt eine Vorstellung von der Dimension dieses Geschehens: Bereits 1941 waren 81 Lager über das deutsche Operationsgebiet in der Sowjetunion verteilt, 22 Armee-Gefangenen-Sammelstellen, 47 Durchgangs- und 12 Stammlager[70]. Für die gesamte Zeit des Krieges lassen sich insgesamt 245 „Russenlager" ermitteln[71], um die 120 befanden sich – ganz oder zeitweise – auf ehemals sowjetischem Boden[72]. Allein den beiden Besatzungsverbänden unseres Samples waren insgesamt 14 unterstellt.

Äußeres Kennzeichen dieser Lager war ihre Umzäunung – laut Vorschrift ein doppelter, ausreichend beleuchteter und 2,5 m hoher Stacheldrahtzaun, der einen Patrouillengang von 3 m Breite einschloss, unterbrochen von jenen unverkennbaren Wachtürmen, die zum Symbol der Lagerwelten des 20. Jahrhunderts geworden sind. Wie es dann *in* diesen Lagern aussah, war sehr unterschiedlich; anfangs war hier meist so gut wie nichts vorhanden, so dass die Gefangenen auf dem bloßen Boden oder in Erdhöhlen hausten, manchmal auch in den gerade vorhandenen Behausungen, etwa in einem „ausgeplünderten Fabrikgelände"[73]. Mit der Zeit erhielten die Lager dann „Baracken primitivster Art"[74], sanitäre Einrichtungen oder Lazarette, so dass sie zumindest äußerlich jenen Eindruck vermittelten, den ein Kriegsgefangenenlager eigentlich vermitteln sollte. Doch dauerte das meist seine Zeit.

Die Organisation, die diese Lager betrieb, war klein: Zur eigentlichen Lagerverwaltung[75] gehörten „ungefähr 100 Leute"[76]. Dem Kommandant waren insgesamt sieben Gruppen[77] unterstellt: die eigentliche Lagerführung (mit den Lageroffizieren und Dolmetschern), ferner die Gruppen Arbeitseinsatz, Sanitätsoffizier, Abwehr, Verwaltung, Fahrbereitschaft und schließlich der Lager-Bautrupp. Außerdem waren dem Lagerkommandanten Wacheinheiten unterstellt[78]; sie rekrutierten

---

[70] Streim, Behandlung, S. 241.
[71] Ermittelt werden konnten: 160 Stamm-, 63 Durchgangs- und 22 Offizierslager, teilweise waren dort auch Kriegsgefangene untergebracht, die nicht aus der Sowjetunion stammten. Vgl. mit der Übersicht von: Mattiello/Vogt, Deutsche Kriegsgefangenen- und Internierten-Einrichtungen, 2 Bde. Ergänzend: Tessin, Verbände, Bd. 16/3, sowie http://www.moosburg.org/info/stalag/ Erfassungskriterien für diese Zählung waren Nationalität der Gefangenen, aber auch Standort des Lagers. Da einzelne Lager organisatorisch in anderen aufgingen, sind hier Mehrfachnennungen möglich. Auch gab es Lager, die sich praktisch in Form mehrerer Einzelobjekte über eine Stadt oder ein Gebiet verteilten oder die diverse Nebenlager besaßen. Höher die Schätzung bei Pohl, Herrschaft, S. 211, Anm. 53.
[72] 57 Stamm- und 63 Durchgangslager.
[73] Jarausch/Arnold, Sterben, S. 354 (Brief vom 25.12.1941).
[74] Otto, Wehrmacht, S. 35.
[75] IfZ-Archiv, Da 34.12: Dienstanweisung, S. 8 ff.
[76] Nds. HStA, Nds. 721 Hannover Acc. 90/99, Nr. 124/5: Vernehmung A. S. vom 4.7.1971.
[77] BA-MA, RH 49/74: Stellenbesetzung Dulag 126, Stichtag 5.2.[19]43. Vgl. ferner BA-MA, RH 49/77: Dulag 127, Kdt., „Stellenbesetzung und Arbeitsteilung", o. D.
[78] Freilich nur taktisch, in ihrer Funktion als Bewachungsorgan. Vgl. Streim, Behandlung sowjetischer Kriegsgefangener, S. 15 f.

sich oft aus dem Besatzungsverband, dem das Lager jeweils zugeordnet war[79]. Eigentlich sollte die Stärke dieser Bewacher pro Lager zwei Landesschützen-Bataillone betragen, was einem Verhältnis von einem Wachmann auf zehn Kriegsgefangene entsprochen hätte. Doch ließ sich eine solche Relation nirgends verwirklichen[80]; die chronische Schwäche der Wachmannschaften blieb ein Charakteristikum des deutschen Lagersystems[81]; das war auch in unserem Sample so: Beim Dulag 203 betrug das Verhältnis zeitweise dreißigtausend Gefangene und 150 deutsche Bewacher[82], beim Dulag 131 18138 Kriegsgefangene und 92 deutsche Soldaten, beim Dulag 220 sogar 8500 Kriegsgefangene und 30 Deutsche[83]. Um die Lücken in ihren Reihen zu füllen, griffen die Deutschen zunehmend auf Kriegsgefangene, meist Ukrainer, Kosaken oder Kaukasier[84], zurück, die sie als interne Lagerpolizei oder gar als Lagerwachen einsetzten. Schon diese ungünstigen Stärkeverhältnisse ließen Überreaktionen bei der Behandlung der Gefangenen wahrscheinlich werden[85].

Wie weit es dazu kam, hing sehr stark vom jeweiligen Kommandanten ab. Im Vergleich zur amerikanischen oder britischen Armee waren die Kompetenzen und Handlungsspielräume der deutschen Lagerkommandanten recht groß[86]. Das war im deutschen Führungsprinzip der Auftragstaktik begründet, aber auch in der Geographie des Ostkriegs. Viele deutsche Lager waren völlig isoliert. Bei einer Inspektion stellte sich heraus, dass eines „keinerlei Befehle und Verfügungen erhält und teilweise vollkommen im Unklaren über das ist, was ringsherum um es

[79] BAL, 319 AR 327/77: Ermittlungsverfahren gegen Angehörige des Dulags 131; Vernehmung Karl Langut vom 24.12.1945 (Übersetzung). Das Dulag 131 war damals der 221. Sicherungsdivision unterstellt.
[80] Vgl. hierzu den zentralen Befehl des OKH vom 3.4.1941: „Armee-Gef.-Sammelstellen und Durchgangslager verfügen über eigene Bewachungskräfte. Da diese jedoch nur schwach sind, haben die Heeresgruppen im Bedarfsfalle Kräfte rückwärtiger Truppenteile zur Bewachung der Gefangenen zusätzlich heranzuziehen." OKH/GenStdH/GenQu, Abt. Kriegsverwaltung (Besondere Anordnungen für die Versorgung, Anl. 6, Teil C) vom 3.4.1941, Druck: Fall Barbarossa, S.299–304, hier S.303.
[81] Vgl. hierzu auch Streit, Kameraden, S.377, Anm.335. Ferner BAL, 449 AR-Z 471/67: Kgf.-Bezirkskommandant J, „Besprechung mit den Dulag-Kommandanten 112, 155, 185, 126, 130, 231 und dem Kommandanten der A.G.S. 19 bei Dulag 155 in Lida am 21.8.41" vom 22.8.1941: „Ganz besonderer Wert wurde bei der Aussprache der Bewachung zugewiesen. Es hat sich, wie so oft, wieder herausgestellt, daß von seiten der Divisionen den Dulags zu geringe Bewachungskräfte zur Verfügung gestellt werden."
[82] BA-MA, MSg 1/257: Johannes Gutschmidt, Tagebuch, Eintrag vom 17.10.1941. Im Falle des Dulag 203 waren dies 1941 u.a. die folgenden Kompanien: 2./LS-Btl. 974, 3./LS-Btl. 285, 1. (oder 2.)/LS-Btl. 432, 1./LS-Btl. 974. Angaben nach Nds. HStA, Nds. 721 Hannover Acc. 90/99, Nr.124/2. Weitere Beispiele bei Otto, Wehrmacht, S.32; Müller, Scheitern, S.994 sowie Nagel/Osterloh, Wachmannschaften, S.76.
[83] BA-MA, RH 22/251: Ltd. Kgf.Bez.Kdt beim Bfh. Rückw. HG Mitte, Kriegstagebuch, Anlagen, Besichtigungsbericht vom 9.10.1941.
[84] BA-MA, MSg 1/257: Johannes Gutschmidt, Tagebuch, Eintrag vom 22.10.1941; BA-MA, RH 20-2/1445: AOK 2, Abt.O.Qu./Qu. 2, Tätigkeitsbericht für die Woche vom 2.–8.11.1941. Ferner Müller, Scheitern, S.1016.
[85] In den Lagern im Reich bestanden ähnliche Relationen: Im sächsischen Zeithain kamen im Sommer/Herbst 1941 auf 32000 Gefangene gerade mal 160 Mann Wachpersonal, im westfälischen Hemer Anfang 1944 auf etwa 100000 Gefangene knapp 400 deutsche Soldaten. Vgl. Nagel/Osterloh, Wachmannschaften, S.79f.; Stopsack/Thomas (Hrsg.), Stalag VI A Hemer, S.62ff., 82ff.
[86] So Overmans, Kriegsgefangenenpolitik, S.807. Vgl. auch BA-MA, RH 49/77: Dulag 127, Kdt., „Stellenbesetzung und Arbeitsteilung", o. D.

geschieht (eine Erscheinung, die auch bei dem Besuch von weiteren Dulags und Sammelstellen beobachtet wurde)"[87]. Angesichts des „Inseldaseins" der meisten deutschen Kriegsgefangenenlager in der Sowjetunion lässt sich die Bedeutung ihrer jeweiligen Kommandanten kaum überschätzen. Zwar war ihre Autonomie angesichts der politischen und militärischen Verhältnisse nicht grenzenlos, doch lag es weniger an den Weisungen der obersten Führung, als in erster Linie an den wirtschaftlichen und militärischen Rahmenbedingungen, wenn sich ab Herbst 1941 ihre Spielräume zunehmend verengten.

In den meisten „Russenlagern" wurde eine „Lagerordnung", wie sie die deutsche Dienstvorschrift eigentlich vorsah, mit einer „Einteilung" der Gefangenen in Einheiten mit „Vorgesetztenverhältnissen", „Anzugsbestimmungen" oder „Ehrenbezeugungen"[88], bestenfalls in Ansätzen verwirklicht[89]. Die Gefangenen wurden lediglich nach den Kategorien „Volkstumszugehörigkeit", militärische Dienstgradgruppe oder politische Zuverlässigkeit getrennt[90] – mitunter zählten auch die Faktoren Verwundung oder Krankheit. Eine wirkliche Ordnung, die den Bedürfnissen der Gefangenen entsprochen hätte, war das nicht, und es blieb nur eine Frage der Zeit, wann der Gefangene zum schlimmsten Feind des Gefangenen wurde. Ein Überlebender hat eindrucksvoll beschrieben, wie seine Umgebung mehr und mehr verkam, wie seine Kameraden „zu Tieren" wurden, „bösartig und gereizt"; sie „verloren jegliche Achtung vor sich selbst und dem Nächsten und reagierten auf jedes Wort ihrer eigenen Kameraden mit den widerwärtigsten Flüchen"[91]. Diese Gesetze des Dschungels förderten den Aufstieg einer informellen Lager-Hierarchie, in der die Stärksten herrschten, die von „keinerlei staatlichem Gesetz" oder „von religiösen oder moralischen Grundsätzen irgendeiner Art im Zaum gehalten" wurden. Dass die sowjetischen Kriegsgefangenen nicht allein unter den deutschen Wachmannschaften zu leiden hatten, sondern häufig auch unter ihren Kameraden, hatten freilich weniger diese zu verantworten. Es hätte in der Macht der deutschen Lagerverwaltungen gestanden, diese Anarchie abzustellen.

Ein weiteres Problem war, dass viel zu wenig Lager existierten. Hätte man jene 3,3 Millionen Rotarmisten, die im Jahr 1941 von der Wehrmacht gefangen genommen wurden, gleichmäßig auf alle 81 Lager verteilt, die damals in der Sowjetunion eingesetzt waren, so wäre man auf eine durchschnittliche Belegung von knapp 41 000 Mann pro Lager gekommen. Mit den theoretischen Obergrenzen von 5 000

---

[87] BA-MA, RH 23/251: Kgf.-Bezirkskommandant J, „Bericht über die Besichtigungsfahrt vom 7.8.–12.8.41" vom 13.8.1941. Ferner Jarausch/Arnold, Sterben, S.314 (Brief vom 19.9.1941): „Leider hören wir gar nichts von der Welt."

[88] IfZ-Archiv, Da 034.012: Dienstanweisung für den Kommandanten eines Kriegsgefangenen-Mannschafts-Stammlagers vom 22.5.1939 (H. Dv. 38/5), S.15f.

[89] Dass sich die Lagerordnung allmählich auflöste, wird selbst in Gutschmidts Lager deutlich, obwohl dieser doch anfangs stolz hervorgehoben hatte: „Die Gefangenen laufen nicht mehr blind umher, sondern alles ist geregelt." Vgl. Hartmann, Massensterben, S.142ff., Zitat S.147 (Tagebucheintrag vom 28.7.1941). In diesem Sinne auch Jarausch/Arnold, Sterben, S.293 (Brief vom August 1941).

[90] IfZ-Archiv, MA 1564/31, NOKW 2423: Befehl OKH/GenStdH, Az. Gen zbV ObdH/GenQu Abt.K. Verw. Nr.II/4590/41 vom 24.7.1941. Zum Bereich unseres Samples vgl. etwa BA-MA, RH 20-2/1445: AOK 2, Abt.O.Qu./Qu. 2, „Besondere Anordnungen für das Kriegsgefangenenwesen" vom 5.8.1941.

[91] Dawletschin, Kasan, S.77.

Gefangenen pro Dulag und 10 000 Gefangenen pro Stalag[92] hatte das nicht mehr viel zu tun. Es entsprach aber dem Befehl des OKW, das schon am 16. Juni befohlen hatte, die Lager „bis an die äußerste Grenze ihrer Aufnahmefähigkeit" zu belegen[93]. Das heißt: Die Führung hatte das Problem einfach an die Lagerverwaltungen abgeschoben, die schon aufgrund dieses Missverhältnisses chronisch überfordert sein mussten. Die Imponderabilien der militärischen Lageentwicklung hatten zur Folge, dass gerade die frontnahen Lager immer wieder von riesigen Wellen an Kriegsgefangenen überschwemmt wurden[94], so dass sich die Reaktion ihrer Kommandanten primär darauf beschränkte, den „großen Gefangenen-Anfall"[95] so schnell wie möglich los zu werden, diese buchstäblich in Richtung Westen „abzuschieben"[96]. Auch in diesem Fall kann der Kommandant eines dieser Lager, des Dulags 203, als Kronzeuge dienen; 10. Juli 1941: 8 500 Gefangene; 23. Juli: 7 069 Gefangene; 5. August: 5 150 Gefangene; 8. August: 11 000 Gefangene; 17. Oktober: 52 000 Gefangene; 19. Oktober: 30 000 Gefangene[97]. Schon die bloßen Zahlen vermitteln einen Eindruck, was ein einzelnes Lager zu bewältigen hatte. Dieses Dulag blieb kein Einzelfall; Anfang November registrierte die 221. Sicherungsdivision: Dulag 130: 20 375, Dulag 203: 14 915 und Dulag 220: 20 934 Gefangene[98]. Angesichts dieser Bedingungen war eine Eskalation nur eine Frage der Zeit.

---

[92] IfZ-Archiv, Da 034.012: Dienstanweisung, S. 7; Dienstanweisung für den Kommandanten eines Kriegsgefangenen-Mannschafts-Stammlagers vom 22. 5. 1939 (H. Dv. 38/5), S. 18.

[93] IfZ-Archiv, IMT, Dok. PS 888: OKW/Abt. Kriegsgefangene, Anordnung betr. „Kriegsgefangenenwesen im Fall Barbarossa" vom 16. 6. 1941. Teilw. Druck: Ueberschär/Wette (Hrsg.), „Unternehmen Barbarossa", S. 315.

[94] Vgl. hierzu BA-MA, RH 20-9/359: OKW/WFSt/WPr. (AP), Weisung betr. „Propaganda in den Kriegsgefangenenlagern in der Nähe der Front" vom 10. 11. 1941: „Die angespannte Versorgungslage und notdürftige Unterbringung kennzeichnet vor allem die Durchgangslager in der Nähe der Front. Mit dem weiteren Abtransport der Gefangenen nach Westen verbessert sich ihre Lage. Ebenso beginnt weiter westlich der Arbeitseinsatz und damit eine produktive Betätigung und bessere Ernährung."

[95] IfZ-Archiv, MA 895/1: Korück 580, Abt. Qu. op., Anordnung vom 29. 6. 1941. Zu den Dimensionen vgl. ebda., Anordnung vom 17. 10. 1941; dort wurde beispielsweise das Dulag 142 darüber informiert, dass es sich auf die Unterbringung von weiteren 30 000 Kriegsgefangenen aus Schisdra einrichten müsse.

[96] Hartmann, Massensterben, S. 149 (Eintrag vom 27. 8. 1941). Vgl. auch IfZ-Archiv, MA 895/1: Korück 580, Anordnung vom 26. 8. 1941; IfZ-Archiv, MA 1661: 221. Sich. Div., Abt. I b, Kriegstagebuch, Anlage 178: „Das Dulag 142 soll die Anzahl seiner Gefangenen bis auf die notwendige Anzahl auf Grund des unzureichenden Ausbaus des Lagers und der schlechten Lebensmittelbeschaffung im Raum Brjansk vermindern. Der Abtransport erfolgt in überschaubaren Gruppen, in LKW's und mit der Bahn."

[97] Hartmann, Massensterben, passim.

[98] Dazu kam noch die Armee-Gefangenen-Sammelstelle 19 mit 677 Kriegsgefangenen. Angaben nach: IfZ-Archiv, MA 1668: 221. Sich. Div., Abt. I b, Kriegstagebuch, Eintrag vom 3. 11. 1941. Wie die Gefangenen zwischen den Lagern hin und her geschoben wurden, veranschaulicht ein Tagebucheintrag vom 19. 10. 1941: „Der I b gibt einen Sonderbefehl über Abschub der Kgf. von Dulag 203 nach Kritschew und nach Mogilew heraus. 20 000 Kgf. sind […] vom Dulag 185 in Mogilew und vom Dulag 203, Kritschew, zu übernehmen. Da der Bahntransport täglich nur ca. 2 000 Kgf. schafft, werden am 20. 10. 1941 8 000 gut marschfähige Kgf. […] im Fußmarsch zunächst bis Tscherikow und am nächsten Tage bis Tschaussy gebracht […]."
Noch bemerkenswerter erscheint das Beispiel des Dulags 131, das bis Ende November 1941 von 158 000, bis 1944 von „angeblich 350 000 Menschen" durchlaufen wurde. Angaben nach: Gerlach, Morde, S. 802.

5.3.6 Varianten des Sterbens

5.3.6.1 Hunger

Nichts hat so vielen sowjetischen Kriegsgefangenen das Leben gekostet wie der Hunger. „Im Osten [...] kamen wir an einem Lager vorbei, wo 20 000 Gefangene saßen", erinnerte sich ein deutscher General später. „Die heulten nachts wie die wilden Tiere. Hatten nichts zu fressen. Es war auch nicht möglich, selbst wenn wir es wollten. Wir hatten ja selber kaum 'was."[99] Zweifellos war der Hunger seit Herbst 1941 auch für viele Angehörige des deutschen Ostheers ein Thema[100], doch hat das unter ihnen kein Massensterben ausgelöst. Warum aber traf es gerade die sowjetischen Gefangenen?

Mit ihrem Angriff auf die Sowjetunion verfolgte die deutsche Führung auch ökonomische Ziele, selbst wenn Ideologie und Strategie im Verständnis Hitlers und seiner Berater eine viel größere Rolle spielten. Letztere erkannten allerdings bereits bei der Vorbereitung des „Unternehmens Barbarossa", dass sich mit Hilfe der Ökonomie immer auch ideologische Ziele realisieren ließen, möglicherweise sogar umfassender, schneller und mit weniger Aufsehen, als dies bei einem Mordprogramm der Fall gewesen wäre[101]. Hier von einem Plan zu sprechen, wäre freilich übertrieben; richtiger scheint – um eine Definition von Johannes Hürter aufzugreifen – der Begriff des Kalküls. Objekt dieser Überlegungen aber waren im Vorfeld des Krieges die sowjetischen Zivilisten, nicht aber die Kriegsgefangenen.

Stattdessen verwies das OKW in seiner Anordnung vom 16. Juni 1941 über das „Kriegsgefangenenwesen im Fall Barbarossa"[102] darauf, dass deren Ernährung mit einem „Sonderbefehl" geregelt würde, bis dahin sollten aber die international gültigen „Vorschriften für das Kriegsgefangenenwesen" gelten, während das OKH bereits im April 1941 festlegte, dass wenigstens die arbeitenden Kriegsgefangenen „durch ausreichende Verpflegung und gute Fürsorge zu belohnen [sic]" seien[103]. So problematisch die Formulierung des OKH auch war, so handelte es sich hierbei doch nicht nur um leere Versprechungen. Noch bei Kriegsbeginn arbeitete das Kriegsgefangenenwesen der Wehrmacht zum Teil so wie bisher: Die neu eingelieferten Gefangenen wurden registriert, teilweise auch geimpft, während man ihre Offiziere in gesonderten Lagern unterbrachte[104].

---

[99] So der Gen.ltn. Friedrich Frhr. v. Broich am 27./28.8.1944 in einer heimlich vom CSDIC aufgezeichneten Besprechung, in: Neitzel, Abgehört, S. 254. Ähnlich Werth, Russland im Krieg, S. 473.

[100] Vgl. etwa Thoms, „Ernährung ist so wichtig wie Munition", S. 222.

[101] So der deterministische Ansatz von Gerlach, Morde, S. 796 ff. sowie ders., Ausweitung. Zur Kritik an Gerlach vgl. bereits Hürter, Leningrad, S. 439 und ders., Heerführer, S. 378, Anm. 93 sowie Overmans, Kriegsgefangenenpolitik, S. 822 ff.

[102] IfZ-Archiv, IMT, Dok. PS 888: OKW/Abt. Kriegsgefangene, Anordnung betr. „Kriegsgefangenenwesen im Fall Barbarossa" vom 16.6.1941. Teilw. ed. in: Ueberschär/Wette (Hrsg.), „Unternehmen Barbarossa", S. 315.

[103] OKH/GenStdH/GenQu., Abt. Kriegsverwaltung (Besondere Anordnungen für die Versorgung, Anl. 6, Teil C) vom 3.4.1941, in: Moritz (Hrsg.), Fall Barbarossa, S. 299–304. Zur Rezeption in der Truppe vgl. etwa IfZ-Archiv, MA 1618: Pz. Gr. 2, Abt. Qu./Qu. 2, „Allgemeine Anordnungen für die Rollbahnen" vom 12.6.1941. Vgl. hierzu auch Streit, Kameraden, S. 79.

[104] Zu den Nachweisen vgl. die folgenden Seiten. Mit der Überlegung, dass Offizierslager Ausdruck einer gewissen völkerrechtlichen Normalität waren, soll natürlich nicht in Abrede gestellt werden, dass gerade die sowjetischen Offiziere besonders unter der deutschen Kriegsge-

Die brüchige Normalität: Küche des Dulag 203, 1941
(Quelle: Nds. HStA Hannover, Nds. 721, Acc. 90–99, Nr. 124–17)

Über die Praxis entschieden freilich weniger diese dürren Rahmenrichtlinien, sondern vor allem die Frage, ob es gelang, beim Gegner Beute zu machen[105]. Schon im August 1941 gab das die 221. Sicherungsdivision in seltener Offenheit zu; den Kriegsgefangenen ständen zwar die „Verpflegungssätze der [...] Angehörigen des Ersatzheeres zu". Doch handele es sich hier um „Richtsätze", deren Ausgabe „nur im Rahmen der vorhandenen Bestände möglich" sei. Zur Arbeit eingesetzte oder marschierende Kriegsgefangene müssten „ausreichend" verpflegt werden, in erster Linie durch „Beutebestände"[106]. Interessant ist hier zunächst einmal die Bezugnahme auf die offiziell gültigen Normen, die Absicht, wenigstens einen Teil der Kriegsgefangenen ausreichend zu verpflegen, schließlich aber auch der freimütige Verweis auf die „Realitäten" dieses Krieges.

Diese Haltung scheint typisch gewesen zu sein. In diesem Krieg zählten weniger Anordnungen oder gar Vorschriften, sondern Initiative, Können oder Beziehungen

---

fangenschaft zu leiden hatten und dass die Oflags auch den Zweck hatten, die Offiziere von der Truppe zu trennen. Entscheidend ist aber in diesem Zusammenhang die deutsche Perspektive bei Kriegsbeginn: Für die Genfer Kriegsgefangenenkonvention war die Existenz von Offizierslagern selbstverständlich, so dass diese 1939/40 auch Teil der deutschen Kriegsgefangenenorganisation waren. Auch bei der Vorbereitung des „Unternehmens Barbarossa" suchte die Wehrmacht daher an dieser Praxis festzuhalten.

[105] Overmans, Kriegsgefangenenpolitik, S. 807. In diesem Sinne auch Gerlach, Morde, S. 794.
[106] IfZ-Archiv, MA 1668: 221. Sich. Div., Abt. I b, „Besondere Anordnungen für die Versorgung, Versorgungstruppen, Feld-Kdtren., Orts-Kdtren. u. Dulags Nr. 103/42" vom 4.8.1941.

des einzelnen Lagerkommandanten[107]. Dieses System der permanenten Improvisation scheint zunächst funktioniert zu haben; es gab Lager, die bei ihrer Verpflegung „meist über die Sätze" hinaus gingen und dreimal täglich „je ein Liter Grütze, dazu 1 000 gr. grobes dunkles Brot für den Kopf" verteilten[108]. Lager wie das berüchtigte in Minsk, damals Standort des Korück 580, wo 100 000 Kriegs- und 40 000 Zivilgefangenen unter entsetzlichen Bedingungen zusammengepfercht waren[109], blieben *anfangs* eine Ausnahme, was auch daran erkennbar ist, dass zumindest die Wehrmacht die dortigen Verhältnisse zu verbessern suchte[110]. Die These von Christian Streit, der meint, die Verluste unter den Gefangenen seien schon im Sommer sehr groß gewesen[111], hat bereits Christian Gerlach widerlegt. Er hat auf den „Entwicklungsschub im Herbst 1941" verwiesen, den Streit „zwar teilweise wahrgenommen, aber unterbewertet" habe[112]. Der Blick in den Mikrokosmos unseres Samples bestätigt das. Zwar wurde schon zu Beginn des Krieges erkennbar, dass die Deutschen die sowjetischen Kriegsgefangenen an den unteren Rand der Nahrungskette drängen wollten, zwar mussten die Deutschen schon Ende August 1941 feststellen, dass „nennenswerte Vorräte" fast nirgends mehr gefunden würden, „da die Sowjets alles planmäßig zerstört oder weggeführt haben"[113], doch gelang es der Basis, dies vorerst zu kompensieren und „für die Gefangenen das Mögliche herauszuholen"[114]. Auch die Hungersätze, die das OKH

---

[107] Vgl. Hartmann, Massensterben, S. 143 ff.

[108] Jarausch/Arnold, Sterben, S. 298, 293 (Briefe vom 26. 8. und vom August 1941). Die arbeitenden Kriegsgefangenen erhielten täglich 1 700 gr. Brot.

[109] Angaben aus einem Bericht des Ministerialrats Dorsch vom 10. 7. 1941, in: Wehrmachtsverbrechen, Dok. 64. Ferner Müller, Scheitern, S. 994; Gerlach, Morde, S. 788 ff.; Verbrechen der Wehrmacht, S. 227 ff.; Kohl, Krieg, S. 84 ff.
Auch fiel dieses Lager, das der 286. Sich. Div. unterstellt war, dadurch auf, dass hier bereits Einsatzgruppe B und GFP von Anfang an rücksichtslos wüteten. „Zielgruppen" waren nach Aussage der Täter vor allem „bolschewistische Funktionäre, Agenten, Kriminelle, Asiaten usw.", die aus dem Zivilgefangenenlager aussortiert wurden. IfZ-Archiv, MA 91/1: Chef SiPo und SD, Ereignismeldung UdSSR Nr. 21 vom 13. 7. 1941; Nr. 36 vom 28. 7. 1941.

[110] Hinsichtlich des Minsker Lagers forderte das AOK 2 bereits im Juli 1941 „sofortige durchgreifende Maßnahmen", um diese katastrophalen Zustände zu beenden, während der Vertreter des Auswärtigen Amts beim AOK 4 die Zustände in diesem Lager als „unmöglich" kritisierte und eine „gerechte u[nd] soldatische Behandl[un]g d[er] Gefangenen" forderte. Sein Fazit lautete: „Wenn solche Zustände hier andauern od[er] sich andernorts gleichfalls abspielen oder wiederholen, ist Kapital des Vertrauensvorschusses d[er] weißruss[ischen] Bevölker[un]g gegenüber den d[eu]tschen ‚Befreiern' vertan." Auch der General von Schenckendorff betonte am 15. 7. 1941, dass die Verhältnisse im Minsker Lager „des sofortigen Eingreifens" bedürften. Sonst sei der Krieg im Osten „so gut wie verloren". BA-MA, RH 20-2/1445: AOK 2, O.Qu./ Qu. 2, Tätigkeitsbericht für die Zeit vom 13.–19. 7. 1941; PA-AA, R 60759: AOK 4, Abt. I c (VAA), „Kurze Denkschrift" vom 7. 7. 1941. Das letzte Zitat bei Gerlach, Morde, S. 790. Diese drei Stimmen widersprechen der Darstellung Gerlachs (Morde, S. 789, 796), der meint, dass „der Fall Minsk […] die Situation der sowjetischen Kriegsgefangenen in Weißrußland wie unter einem Brennglas" zeigen würde. Er selbst räumt wenige Seiten später ein, dass die Todesraten in den deutschen Lagern im Sommer 1941 „noch sehr unterschiedlich" gewesen seien.

[111] Streit, Keine Kameraden, S. 130.

[112] Gerlach, Krieg, Ernährung, Völkermord, S. 33 sowie ders., Morde, S. 796 f.

[113] BA-MA, RH 20-2/1445: AOK 2, Abt. O.Qu./Qu. 2, Tätigkeitsbericht für die Woche vom 17.–23. 8. 1941. Dies scheint überall so gewesen zu sein. Vgl. in diesem Zusammenhang IfZ-Archiv, MA 1621: 45. Inf. Div., Abt. I a, Kriegstagebuch, Eintrag vom 20. 11. 1941: „Bei der Div. besteht der Eindruck, daß sich der Feind unter Zurücklassung schwacher Sicherungen und Zerstörkommandos überall nach Osten abgesetzt hat. Diese zerstören planmäßig alle öffentlichen Gebäude (Schulen, Kolchosen usw.) und Vorräte."

[114] Jarausch/Arnold, Sterben, S. 301 (Brief vom 1. 9. 1941).

Sowjetische Kriegsgefangene, Juli 1941
(Quelle: BSB, Fotoarchiv Hoffmann 36662)

am 6. August 1941 erstmals für die sowjetischen Kriegsgefangenen zentral festlegte[115]: 2040 bzw. 2200 Kalorien täglich für jeden Kriegsgefangenen, konnten daran nur wenig ändern.

Erst im Oktober 1941 kippte die Lage. Die Gefangenenmassen aus den Doppelschlachten von Wjasma und Brjansk ließen die Versorgung der sowjetischen Kriegsgefangenen fast schlagartig zusammenbrechen. Wie vieles am „Unternehmen Barbarossa" so war auch die deutsche Kriegsgefangenenorganisation eine sehr windige Angelegenheit; schon materiell fehlte es an allen Ecken und Enden[116]. Dass die notdürftigen Improvisationen[117] nun nicht mehr ausreichten, hatte gleich mehrere Ursachen: die fallenden Temperaturen, die sowjetische Strategie der „Verbrannten Erde"[118], Hitlers Verbot, die sowjetischen Kriegsgefangenen ins Reich abzutransportieren[119], und auch die Tatsache, dass sich das Kriegsglück noch ein-

---

[115] Vgl. hierzu Streit, Kameraden, S. 138ff.; Hürter, Heerführer, S. 378f., die darauf hingewiesen haben, dass diese Ernährungssätze auf Dauer zu Unterernährung führen mussten.
[116] Hierzu treffend Arnold, Wehrmacht, S. 329. Ferner Streit, Kameraden, S. 72ff.
[117] So Jarausch/Arnold, Sterben, S. 327 (Brief vom 15. 10. 1941): „Es muß immerzu notdürftig improvisiert werden."
[118] So meldete etwa die 4. Pz. Div. am 8. 10. 1941, dass sie sich nur noch „aus „Beutebeständen" verpflegen könne. IfZ-Archiv, MA 1576: 4. Pz. Div., Abt. I b, Kriegstagebuch, Eintrag vom 8. 10. 1941. Vgl. ferner Kap. 5.6.
[119] Im August 1941 wurden ca. 200000 sowjetische Kriegsgefangene ins Generalgouvernement und nach Ostpreußen gebracht, mindestens 400000 befanden sich Anfang September noch im Bereich der Heeresgruppe Mitte. Angaben nach: Gerlach, Morde, S. 792.

mal den Deutschen zuwandte und sich daraufhin ihre Kriegsgefangenenlager rasch füllten[120].

Doch war die nun beginnende Katastrophe nicht allein das Resultat von Entwicklungen und Strukturen, sie war *auch* das Ergebnis einer sehr bewussten Entscheidung, welche die deutsche Führung just zu dieser Zeit traf. Bereits am 16. September 1941 hatte Reichsmarschall Göring die Forderung aufgestellt, dass die „Verpflegung der bolschewistischen Gefangenen [!]" sich allein „nach den Arbeitsleistungen für uns" zu richten"[121] habe, man sei ja – so seine juristisch unhaltbare Argumentation[122] – bei deren Verpflegung „an keine internationalen Verpflichtungen gebunden". Umgesetzt wurde das in einem neuen Rahmenbefehl des OKH, der am 21. Oktober in Kraft trat und der die Kalorienzahl der *arbeitenden* sowjetischen Kriegsgefangenen mit 2 175 Kalorien pro Tag weitgehend unangetastet ließ, jedoch den Tagessatz der *nichtarbeitenden* Gefangenen auf 1 487 Kalorien pro Tag drückte[123]. Wie diese Vorgaben zu verstehen waren, gab der Generalquartiermeister Wagner in jener berüchtigten Besprechung vom 13. November 1941 ganz offen zu[124]: Nichtarbeitende Kriegsgefangene hätten – so sein unmenschliches Diktum – zu verhungern. Deutlicher konnte man kaum werden. Rolf-Dieter Müller hat Wagners Verdikt als Ausdruck von „Hilflosigkeit"[125] interpretiert, Christian Gerlach dagegen als „das eiskalte Kalkül eines Hauptverantwortlichen des Völkermords"[126]. Wie immer man zu diesen beiden Urteilen stehen mag, weiterführender scheint in diesem Zusammenhang die Einschätzung von Johannes Hürter, der darauf hingewiesen hat, dass sich damals die „Hardliner im OKH und OKW" bereits auf dem Rückzug befanden[127], weil sich Hitler angesichts der sich zuspitzenden militärischen und wirtschaftlichen Lage nun doch für einen „Russeneinsatz" im Reich ausgesprochen hatte. Das brachte wiederum das OKH in erheblichen Zugzwang. Während die Versorgung des Ostheers immer mehr in die Brüche ging, wurde das OKH gleichzeitig gezwungen, auch für jene Kriegsgefangenen mehr zu tun, die in seiner Vorstellung nur noch als „unnütze Esser" galten. Am 2. Dezem-

---

120 BA-MA, RH 20-2/1445: AOK 2, Abt. O.Qu./Qu. 2, Tätigkeitsbericht für die Zeit vom 19.–25. 10. 1941: „Das Kgf.-Problem wird immer ernster, die Zahlen wachsen auf 50 000–60 000 an, es treten Ernährungsschwierigkeiten hinzu, denen das Personal des Dulag nicht gewachsen ist;"

121 Zit. bei: Streit, Kameraden, S. 144.

122 Art. 82 des Abkommens über die Behandlung der Kriegsgefangenen vom 27. 7. 1929 bestimmte: „Falls in Kriegszeiten einer der Kriegführenden nicht Vertragspartei ist, bleiben die Bestimmungen dieses Abkommens gleichwohl für die kriegführenden Vertragsparteien verbindlich." Druck: Lodemann (Hrsg.), Kriegsrecht, S. 117. Vgl. hierzu Overmans, Kriegsgefangenenpolitik, S. 734 ff.

123 Angaben nach: Streit, Kameraden, S. 138.
    Dokument: BA-MA, RH 19-III/638: OKH/GenStdH/GenQu, Abt. IV a, Az. 960 Nr. I/ 23738/41 geh. Anordnung betr. „Verpflegung sowjetrussischer Kriegsgefangener" vom 21. 10. 1941. Dort heißt es bezeichnenderweise: Da die Sowjetunion nicht dem „Abkommen über die Behandlung der Kriegsgefangenen" vom 27. 7. 1929 beigetreten sei, bestände keine Verpflichtung, die Versorgung der sowjetischen Kriegsgefangenen nach den Richtlinien des Abkommens zu gewährleisten. Die aufgeführten Verpflegungssätze seien absolute Höchstsätze.

124 IfZ-Archiv, MA 1564, NOKW-1535: [AOK 18, Chef GenSt], „Merkpunkte aus der Chefbesprechung in Orscha am 13. 11. 1941".

125 Müller, Scheitern, S. 1018.

126 Gerlach, Morde, S. 801.

127 Hürter, Heerführer, S. 388.

ber musste die Heeresführung ihre Verpflegungssätze für die sowjetischen Kriegsgefangenen jedoch wieder erhöhen (auf täglich 2335 bzw. 2573 Kalorien), wobei das OKH selbst jetzt noch darauf insinuierte, es handele sich hier um „absolute Höchstsätze"[128].

Dabei wusste man doch ganz genau, dass die sowjetischen Gefangenen mittlerweile starben „wie die Fliegen"[129]. Selbst die trockenen, unterkühlten Meldungen und Berichte aus unserem Sample vermitteln noch eine Ahnung von den grauenhaften Zuständen, die inzwischen in den Lagern herrschten. Erste Warnungen waren schon im September 1941 zu hören[130], selbst einem Frontverband wie der 45. ID war nicht entgangen, dass in einem benachbarten Kriegsgefangenenlager die „Bewachung, Verpflegung und Unterbringung" der Kriegsgefangenen „große Schwierigkeiten" bereiten[131]. Aber erst in den folgenden Monaten zeigte sich die Krise in ihrer ganzen Monstrosität; im November meldete etwa das Dulag 220 unzählige „Hunger-Sterbefälle"[132], einen Monat später musste es dann zugeben, dass sich „der Zustand der Gefangenen" nochmals „sehr verschlechtert" habe[133], was im Klartext hieß, dass allein hier Tag für Tag etwa 400 von ihnen zu Grunde gingen[134]. Solche Verhältnisse herrschten nun in allen Lagern[135]. Bei der 221. Sicherungsdivision sorgte man sich über den „starken Erschöpfungszustand" der Kriegsgefangenen[136], der Korück 580 befürchtete „Hungerrevolten"[137], und der Major Gutschmidt wurde Zeuge, wie im Dulag 126 bei Smolensk „jeden Tag so etwa 200 bis 250 Gefangene" krepierten[138]. „Wenn sie erstarrt vor Frost – wir haben heute etwa minus zehn, gestern minus fünfzehn Grad am Tage gehabt – zum Essen kommen, taumeln sie, fallen um, sterben zu unseren Füßen."[139] Die Lage wurde so schlimm, dass sich in diesen Höllenlöchern der Kannibalismus ausbreitete[140]. Auf deutscher Seite kannte man darauf nur eine Antwort: Hinrichtung der

---

[128] BA-MA, RH 20-6/764: OKH/GenStdH/GenQu, Abt. IV a Az. 960, Nr. I/36761/41 geh., Erlass betr. „Verpflegung sowjetrussischer Kriegsgefangener" vom 2.12.1941. Vgl. hierzu Streit, Kameraden, S. 138, 145 ff.

[129] PA-AA, R 60705: AOK 2, Abt. I c/VAA, Bericht Nr. 31 vom 9.12.1941.

[130] BA-MA, RH 22/220: Kgf. Bez. Kdt. J, Bericht vom 18.9.1941, in dem auch auf die Zustände im Dulag 314 eingegangen wird; dessen Lagerarzt habe erklärt, die Gefangenen könnten „ohne Gefahr von Erkrankungen und Kräfteverfall auf die Dauer nicht mit den ihnen zustehenden Verpflegungsportionen auskommen".

[131] IfZ-Archiv, MA 1618: 45. Inf. Div., Abt. I a, Kriegstagebuch, Eintrag vom 28.9.1941; vgl. ebda., Eintrag vom 29.11.1941, wo nochmals darauf hingewiesen wird, dass die Gefangenen „über Überanstrengung und schlechte Verpflegung" klagten.

[132] IfZ-Archiv, MA 1668: 221. Sich. Div., Abt. I b, Kriegstagebuch, Eintrag vom 18.11.1941.

[133] Ebda., Eintrag vom 7.12.1941; dort heißt es weiter: „Trotz aller Bemühungen durch Verbesserung der Verpflegung gelang eine Kräftigung der Gefangenen nicht."

[134] Angabe nach: Pohl, Herrschaft, S. 224.

[135] IfZ-Archiv, MA 1564, NOKW 3058: H.Gr. Mitte, Abt. I b, Meldung an OKH/GenStdH/ GenQu vom 7.12.1941, wo es klar heißt: „Der Gesundheitszustand der Gefangenen verschlechterte sich zusehends und die Sterblichkeit in den Lagern, vor allem auch in den Kriegsgefangenen-Lazaretten, wird daher noch auf längere Zeit außergewöhnlich hoch bleiben."

[136] IfZ-Archiv, MA 1667: 221. Sich. Div., Abt. I b, „Besondere Anordnungen für die Versorgung Nr. 164/41" vom 25.11.1941.

[137] BA-MA, RH 20-2/1445: AOK 2, Abt. O.Qu./Qu. 2, Tätigkeitsbericht für die Zeit vom 23.-29.11.1941.

[138] Hartmann, Massensterben, S. 156 (Eintrag vom 17.12.1941).

[139] Jarausch/Arnold, Sterben, S. 339 (Brief vom 14.11.1941).

[140] BA-MA, RH 22/251: Kgf.-Bezirkskommandant J, „Bericht über die Besichtigungsfahrt vom 8.11.-13.11.41" vom 14.11.1941; Jarausch/Arnold, Sterben, S. 339 (Brief vom 14.11.1941).

„Schuldigen" – wohlgemerkt der Russen, nicht der Deutschen. Im Dulag 142 mussten sich die Verurteilten „an den Händen festhalten und mit dem Gesicht zu einem vor ihnen aufgebauten Maschinengewehr schauen. Der MG-Schütze stand etwa 10 m weg."[141] Der Kommandant eines anderen Dulag hielt es vor einer solchen Urteilsvollstreckung sogar für richtig, sich „mit einer belehrenden Ansprache" an die Gefangenen zu wenden; Thema bildete „die Unzulässigkeit für heutige Kulturmenschen, zur Ernährung menschliches Fleisch zu nutzen"[142].

Damit aber ließen sich die Ursachen für diese Verzweiflungstaten nicht beseitigen. Der Hunger blieb daher auch in den folgenden Monaten ein ständiges Thema. Noch im April 1942 klagte man bei der 2. Armee über die „besondere Knappheit an Lebensmitteln", insbesondere für die Kriegsgefangenen[143]. Im Mai verhörte die 221. Sicherungsdivision einen entflohenen und wieder aufgegriffenen Gefangenen, der „derartig hungrig" war, „daß ihm völlig gleichgültig war, was mit ihm geschah"[144]. Morgens hätten er und seine Kameraden „etwa 200 g Brot und ein ganz kleines Gefäß mit Tee" erhalten, am Mittag „eine Suppe, die aus ungemahlenen Roggenkörnern und Wasser gekocht war. Hier bekamen nur die mit dem russ[ischen] Koch befreundeten oder diejenigen, die ihm Zigaretten gaben, Körner in die Suppe, während den übrigen nur Wasser abgeschöpft wurde. Am Abend bekamen sie das gleiche Essen wie zu Mittag. Infolgedessen war ein großer Teil der K[riegs]g[e]f[angenen] so verhungert, daß sie aus den Küchenabfällen der deutschen Küchen alles auch nur halbwegs genießbare, wie verfaulte Kartoffeln usw. aufsammelten und aßen." Berichte dieser Art verschwinden erst ab Sommer 1942, was nicht nur eine Folge der sich bessernden logistischen[145], wirtschaftlichen und jahreszeitlichen Rahmenbedingungen war. Von den 3,3 Millionen Kriegsgefangenen, welche die Wehrmacht 1941 gefangen genommen hatte, hatten 2 Millionen das Frühjahr 1942 nicht mehr erlebt. Die Ernährung der Überlebenden ließ sich nun leichter organisieren[146].

Wie aber hat „die" Wehrmacht auf diese Katastrophe reagiert? Überblickt man die vorhandenen Quellen, so drängt sich der Eindruck auf, dass ihre Reaktion vor allem davon abhing, wie groß die Entfernung zu dieser Welt des Unglücks war. Während die militärischen Führungszentralen in der Heimat „gleichgültig und rück-

---

[141] StA Ludwigsburg, EL 317 III, Nr. 805-807: Vernehmung M. R. vom 12.8.1968 (Dulag 142).

[142] So Leon Atanasyan, der damals im Dulag 130 inhaftiert war. Er berichtete ferner von einem Fall von Kannibalismus, bei dem die Deutschen den Schuldigen aufgehängt und „für zwei Wochen" hängen gelassen hätten, mit der Absicht, „uns, die ‚Barbaren', vom schrecklichen Laster des Kannibalismus abzubringen". Vgl. Shumejko, NS-Kriegsgefangenenlager, S. 174.

[143] IfZ-Archiv, MFB 4/42870: AOK 2, AWiFü, Kriegstagebuch, Eintrag vom 3.4.1942.

[144] IfZ-Archiv, MA 1671: 221. Sich. Div., Abt. I c, Meldung an Bfh. Rückw. H. Geb. Mitte betr. „Propaganda und Aussage eines russ. Kgf." vom 26.5.1942. Auch zum Folgenden.

[145] Wie langsam sich diese besserten, verdeutlichen das Tagebuch Bocks: „17. Armee meldet, daß bei ihr bisher 5000 Pferde verhungert sind! Auch dies ist die Schuld der versagenden Bahnen. Der Hafer ist da, wir bekommen ihn aber nicht nach vorn." Bock, Kriegstagebuch, S. 379 (Eintrag vom 15.2.1942). Vgl. auch ebda., S. 386 (Eintrag vom 25.2.1942).

[146] Wie gering die Belegungszahlen im Jahr 1942 waren, zeigt eine Anordnung des Korück 580 vom 2.10.1942; für die unterstellten Kriegsgefangenenlager veranschlagte man folgende Belegungszahlen:
Stalag 384: 3000–4000 Kgfe.; Dulag 314: 2700–3500 Kgfe.; A.Gef.S.St. 3: 1500–2500 Kgfe.; A.Gef.S.St. 4: 1000–2000 Kgfe.; A.Gef.S.St. 19: 300–500 Kgfe. Angaben nach: IfZ-Archiv, MA 907: Korück 580, Abt. Qu./Kgf., „Besondere Anordnungen für die Kgf.-Einheiten Nr. 8" vom 2.10.1942.

sichtslos über das angeblich nicht zu ändernde Massensterben der sowjetischen Kriegsgefangenen" hinweggingen[147], war das für die darunter liegenden Hierarchieebenen nicht so einfach: Bei der Heeresgruppe Mitte vertrat man noch im November die Ansicht, „daß jedes Verpflegungsmittel, das den K[riegs]g[e]f[angenen] zuviel gereicht wird, den Angehörigen in der Heimat oder dem deutschen Soldaten abgezogen werden muß". Bei der 2. Armee teilte man diese Ansicht, doch hielt man hier – immerhin – die Verpflegungssätze für die Gefangenen für „nicht ausreichend"[148]. Für jene Offiziere, die dann unmittelbar für die Kriegsgefangenen verantwortlich waren, also in erster Linie die Kriegsgefangenen-Bezirks- und die Lagerkommandanten, galten andere Prioritäten. Das lag schon allein daran, dass man sie seit Winter 1941/42 zunehmend für die Verhältnisse in den Lagern verantwortlich machte. Beim Korück 580 wurde im Januar 1942 der Kommandant eines Lagers wegen der „ungewöhnlich hohen Sterblichkeitsziffer" unter den Kriegsgefangenen unverzüglich abgelöst[149]. Das blieb kein Einzelfall[150]. Auch in anderen Befehlsbereichen kam es vor, dass gegen einzelne Kommandanten, die „versagt" hatten, Kriegsgerichtsverfahren eröffnet wurden, einer tötete sich daraufhin selbst[151].

Schon allein das zeigt, dass längst nicht allen Dienststellen der Wehrmacht gleichgültig war, ob in ihren Lagern mal „einige hundert Gefangene" starben[152]. Zweifellos spielten bei einem Teil dieser Offiziere ideologische Motive eine zentrale Rolle[153], doch findet sich daneben ein breites Spektrum an Reaktionen: Gleich-

---

[147] Hürter, Heerführer, S. 388. Vgl. etwa BA-MA, RH 19-III/639: OKH/GenStdH/GenQu/ Abt. IV a, Anordnung betr. „Verpflegung von Kriegsgefangenen" vom 27.11.1941, in der betont wurde, man müsse bei der Versorgung der sowjetischen Gefangenen mit einem „System von Aushilfen" arbeiten.

[148] BA-MA, RH 20-2/1445: AOK 2, Abt. O.Qu./Qu. 2, Bericht an die H.Gr. Mitte vom 27.11.1941; auch hier glaubte man, „ein Zurückgreifen auf Nachschubbestände bei der Versorgungslage der Armee nicht" verantworten zu können.

[149] BA-MA, RH 20-2/1453: AOK 2, O.Qu./Qu. 2, Meldung an den Chef GenSt der 2. Armee vom 15.2.1942. Auch zum Folgenden.

[150] BA-MA, RH 20-2/1445: AOK 2, Abt. O.Qu./Qu. 2, Tätigkeitsbericht für Januar 1942. Ferner Pohl, Herrschaft, S. 223.

[151] Ende November 1941 wurde der Kommandant des Dulags 231 durch den Befehlshaber des Rückwärtigen Heeresgebiets Mitte abgelöst, „weil in seinem Lager in Wjasma 4000 Todesfälle vorgekommen sind". Gegen einzelne Kommandanten, in deren Lagern die Verhältnisse eskaliert waren, wurden Kriegsgerichtsverfahren eröffnet, von einem Kommandant ist bekannt, dass er sich daraufhin umbrachte. Vgl. Hartmann, Massensterben, S. 155 mit Anm. 67; Streim, Behandlung, S. 178, Anm. 85; Pohl, Herrschaft, S. 229 mit Anm. 141. Vgl. ferner IfZ-Archiv, MA 1668: 221. Sich. Div., Abt. I b, Kriegstagebuch, Eintrag vom 19.11.1941; dort wird der Befehl an das Dulag 142 (Brjansk) registriert, es solle „bessere Verhältnisse" schaffen und einen „Bericht an [221. Sich.] Div." geben.

[152] So ein Inspektor bei einer Auseinandersetzung mit Jarausch. Jarausch/Arnold, Sterben, S. 347 (Brief vom 2.12.1941). Vgl. auch den Brief, den der Reichsminister für die besetzten Ostgebiete, Alfred Rosenberg, an den GFM Keitel am 28.2.1942 schrieb; dort hieß es: „Innerhalb der Sowjet-Union war z. B. nach vorliegenden Nachrichten die einheimische Bevölkerung durchaus gewillt, den Kriegsgefangenen Lebensmittel zur Verfügung zu stellen. Einige einsichtige Lagerkommandanten haben diesen Weg auch mit Erfolg beschritten. In der Mehrheit der Fälle haben jedoch die Lagerkommandanten es der Zivilbevölkerung untersagt, den Kriegsgefangenen Lebensmittel zur Verfügung zu stellen und sie lieber dem Hungertod ausgeliefert." Druck: Ueberschär/Wette (Hrsg.), „Unternehmen Barbarossa", S. 399.

[153] Erkennbar wird das etwa daran, dass das OKH selbst in dieser Lage noch die ukrainischen Kriegsgefangenen „bevorzugt" behandeln wollte. Diesem Befehl wurde auch in Lagern unseres Samples Rechnung getragen. Vgl. BA-MA, RH 20-18/1209: OKH/GenStdH/GenQu, Az. Abt. K.Verw. Nr. II 7970/41 geh., Weisung betr. „Russische Kriegsgefangene ukrainischer Nationalität" vom 17.11.1941 sowie Hartmann, Massensterben, S. 154 (Eintrag vom 15.11.1941).

gültigkeit, Zynismus, ein brutales Zweckmäßigkeitsdenken, aber auch Verantwortungsbewusstsein und Humanität und nicht zuletzt Hilflosigkeit oder pures Unvermögen, schon weil im Kriegsgefangenenwesen häufig überalterte Offiziere zum Einsatz kamen oder auch solche, die das Heerespersonalamt fachlich[154] oder politisch[155] für unzuverlässig hielt.

Wie immer Einstellung oder Qualifikation dieser Kommandanten auch im Einzelnen gewesen sein mögen, nur wenige konnten so auf diese Krise reagieren, wie es eigentlich notwendig gewesen wäre[156]. Ende November 1941 kam die 221. zu dem Ergebnis, dass „aus dem Lande […] kaum noch nennenswerte Bestände [an Verpflegung] heranzuholen" seien[157]. Das hieß: Die Truppe musste sich auch hier selbst „behelfen". Wenn überhaupt, so war dies nur noch durch sehr unkonventionelle Maßnahmen möglich. Ein Dulag wollte etwa „die kranken, aber noch besserungsfähigen Gefangenen zu den Bauern aufs Land" schicken, damit sie dort durchgefüttert würden[158]. Derartige Improvisationen konnten aber nur wenig an der großen Lage ändern, auf die die Heeresführung viel zu spät und viel zu kleinmütig reagierte. Obwohl selbst Hitler mit Blick auf den bevorstehenden Arbeitseinsatz der sowjetischen Kriegsgefangenen deren „ausreichende Ernährung" sicherstellen wollte[159], beharrte das OKH weiterhin auf einer Verpflegung aus dem Lande[160], noch dazu „im Einvernehmen" mit den Dienststellen des Wi[rtschafts] Stabes Ost. Nur „in einzelnen besonders gelagerten Notfällen" sei „die Entnahme aus Nachschubbeständen" erlaubt. Davon war erstmals in der Verordnung vom 2. Dezember die Rede. Damit aber besaßen die Verantwortlichen an der Basis wenigstens einen Ausweg. So kam etwa der Befehlshaber des Rückwärtigen Heeresgebiets im Februar 1942 zu dem Ergebnis, dass eine Verpflegung der Gefangenen, die nur aus „Landeserzeugnissen" bestände, nicht mehr zu garantieren sei[161].

Wie zynisch die Heeresführung agierte, wie sehr sie die Lager allein ließ, verdeutlicht noch einmal die Chronologie der Ereignisse. Noch am 27. November, also *vor* der neuen Ernährungs-Anordnung vom 2. Dezember, aber *nach* Wagners brutaler Devise vom 13. November, ließ eben dieser Mann das Ostheer wissen:

---

[154] Vgl. Hartmann, Massensterben, S. 120.

[155] Erinnert sei an den Fall des Oberst Otto Marschall, der gegen die NS-Rassepolitik verstoßen hatte. Vgl. hierzu Kap. 5.4 sowie BA-MA, Pers. 6/8620.

[156] Vgl. mit der Einschätzung Jarauschs, der seinen Kommandanten Gutschmidt als „sehr menschlich" charakterisierte, „aber doch zu sehr seinen eigenen Gedanken und Interessen" verhaftet, „um für den anderen ein wirkliches Auge zu haben. So ist er wohl überhaupt: väterlich gutmütig, aber ohne die zugreifende Sorge für den anderen." Jarausch/Arnold, Sterben, S. 306 (Brief vom 9. 9. 1941).

[157] IfZ-Archiv, MA 1667: 221. Sich. Div., Abt. I b, Kriegstagebuch, Eintrag vom 25. 11. 1941.

[158] Hartmann, Massensterben, S. 156 (Eintrag vom 20. 12. 1941).

[159] So in einem Erlass betr. „Zurverfügungstellung sowjetischer Kriegsgefangener für die Rüstungs- und Kriegwirtschaft" vom 24. 12. 1941. Druck: Moll (Hrsg.), „Führer-Erlasse", Dok. 126.

[160] BA-MA, RH 20-6/764: OKH/GenStdH/GenQu/Abt. IV a Az. 960, Nr. I/36761/41 geh., Erlass betr. „Verpflegung sowjetrussischer Kriegsgefangener" vom 2. 12. 1941. An diesem Prinzip suchte man auch später unbedingt festzuhalten. Vgl. etwa BA-MA, RH 19-III/639: OKH/GenStdH/GenQu/Abt. KV/Qu. 4, Kgf., Nr. I/ 23099/42, Erlass betr. „Verpflegung sowjetischer Kriegsgefangener" vom 6. 5. 1942; BA-MA, RH 19-III/638: OKH/GenStdH/GenQu/Abt. IV a, Az. 960, Nr. I/ 50470/42, Erlass betr. „Verpflegung sowjetischer Kriegsgefangener" vom 24. 10. 1942.

[161] BA-MA, RH 22/1248: Bfh. Rückw. Heeresgebiet Mitte, Abt. Qu., „Tätigkeitsbericht für die Zeit vom 1.–28. 2. 1942" vom 6. 3. 1942.

„Die Verpflegungssätze [...] reichen, wenn sie in vollem Umfang gewährt werden, zur Ernährung der Kriegsgefangenen aus. Es kann sich daher nicht darum handeln, diese Sätze in erster Linie zu erhöhen, sondern sie zu erfüllen."[162] Er empfehle den Lagern ein „System von Aushilfen". Dabei hatte er doch vierzehn Tage zuvor offen zugegeben, dass zumindest die nicht-arbeitenden Gefangenen bei diesen Rationen verhungern müssten.

Nicht allein das war unverantwortlich. Das OKH ignorierte auch, dass mit Kalorienzahlen allein „das stumme Hinsterben"[163] der Gefangenen, das sich nun immer mehr verselbständigte, nicht aufzuhalten war. Die Gefangenen brauchten nicht nur größere Portionen, sie brauchten oft regelrechte Therapien. Viele hatten erschöpft und ausgezehrt[164] die deutschen Lager gerade noch erreicht, wo sie vor allem ab Herbst völlig chaotische Verhältnisse erwarteten; oft klappte noch nicht einmal die Essensausgabe[165]. Im ersten halben Jahr dieses Krieges verschlechterte sich die Versorgung der Gefangenen kontinuierlich. Meist wollten die Deutschen nur das an sie ausgeben, was für die eigene Verpflegung „nicht mehr brauchbar" schien[166]. „Schlachtabfälle"[167] galten schon als Leckerbissen, auch experimentierten die Intendanten mit „Wildgemüse oder Pilzen", mit Kälberföten[168] oder Tierblut[169]. Dass solche Abfälle den Zustand der Gefangenen oft noch verschlechterten, musste man selbst auf deutscher Seite einsehen: „Buchweizen darf nicht", so etwa die Empfehlung der 221. Sicherungsdivision im Dezember 1941, „unge-

---

162 Vgl. etwa BA-MA, RH 19-III/639: OKH/GenStdH/GenQu/Abt. IV a, Nr. I/36143/41, Anordnung betr. „Verpflegung von Kriegsgefangenen" vom 27.11.1941. Auch zum Folgenden. In diesem Sinne auch BA-MA, RH 19-III/638: OKH/GenStdH/GenQu, Abt. IV a, Äz. 960, Nr. I/35946/41 geh., Weisung betr. „Verpflegung der Kriegsgefangenen-Bau-Bataillone" vom 18.11.1941.
Im Mai 1942 betonte das OKH erneut, dass die Verpflegungssätze für die sowjetischen Kriegsgefangenen bei Brot momentan höher seien als die der deutschen und russischen Zivilbevölkerung. Auch sei die Fleischportion der russischen Kriegsgefangenen mit „Schwerarbeiterzulage" höher als der normale Satz der deutschen Bevölkerung. BA-MA, RH 19-III/639: OKH/GenStdH/GenQu, K. Verw. Nr. I/23099/42 geh., an Befehlsstelle Nord, Weisung betr. „Verpflegung der sowjetrussischen Kriegsgefangenen" vom 6.5.1942.
163 Jarausch/Arnold, Sterben, S. 331 (Brief vom 1.11.1941).
164 IfZ-Archiv, MA 1668: 221. Sich. Div., Abt. I b, Meldung an 286. Sich. Div., Abt. I b, vom 15.11.1941; Jarausch/Arnold, Sterben, S. 293 (Brief vom August 1941): „Gleichzeitig kamen 10–20000 Gefangene an. Sie waren von den Schlachtfeldern 30–40 km marschiert, durchnässt bis auf die Knochen; seit Tagen ohne Verpflegung hatten sie zum Teil grüne Ähren verschlungen." In einem später erbeuteten Tagebuch schildert ein versprengter sowjetischer NKWD-Offizier eindrucksvoll, wie seine Truppe vor ihrer Gefangennahme durch die Wehrmacht völlig verelendete. BA-MA, RH 39/377: „Tagebuch des Majors der NKWD, Leiter der Besonderen Abteilung der NKWD bei der 50. Armee, gefallen nördl. Karatschew".
165 Jarausch/Arnold, Sterben, S. 301 (Brief vom 1.9.1941). Mitunter setzten die Lagerverwaltungen den Essensentzug als Strafe ein. BA-MA, RH 20-18/1954: OKH/Chef HRüst u. BdE/ Abt. VA/Ag V III/V 3, Nr. 2465/41, Anordnung betr. „Verpflegung von Kriegsgefangenen bei Freiheitsentziehung" vom 2.9.1941.
166 IfZ-Archiv, MA 1621: 45. Inf. Div., Abt. I b, „Besondere Anordnungen für die Versorgung Nr. 55" vom 17.10.1941. In diesem Sinne auch IfZ-Archiv, MA 1668: 221. Sich. Div., Abt. IV a an Abt. I b, „Beiträge zu den Besonderen Anordnungen für die Versorgung" vom 27.7.1941.
167 BA-MA, RH 22/1248: Bfh. Rückw. Heeresgeb. Mitte, Abt. Qu., „Tätigkeitsbericht für die Zeit vom 1.–31.1.1942" vom 7.2.1942; IfZ-Archiv, MA 895/2: Korück 580, Abt. Qu. op., Anordnung betr. „Kriegsgefangenenwesen" vom 7.6.1942.
168 Shumejko, NS-Kriegsgefangenenlager, S. 178. Der Autor Leon Atanasyan befand sich auch eine Zeitlang in Dulag 130.
169 IfZ-Archiv, MA 895/2: Korück 580, Abt. Qu./I c/IV a, Verordnung betr. „Bevorratung der Kriegsgefangenenlager" vom 23.5.1942.

schrotet zur K[riegs]g[e]f[angenen]-Verpflegung verwendet werden, da er sonst zu häufig tödlich verlaufenden Krankheiten führt"[170]. Auch habe sich die „Einseitigkeit der Ernährung", die bei den Kriegsgefangenen „hauptsächlich aus Roggen und Kartoffeln bestand, ungünstig auf ihre Arbeitsfähigkeit ausgewirkt"[171]. Selbst die Führung der NSDAP konnte sich im März 1942 nicht mehr der Einsicht verschließen, „daß ein großer Teil der in stark unterernährtem Zustand in Kriegsgefangenenlagern des Heimatkriegsgebietes eintreffenden sowjetischen Kriegsgefangenen die normale Kost nicht verträgt"[172].

Trotz solch gutgemeinter Ratschläge sollte der deutsche Gewahrsam in der Zeit von April 1942 bis Dezember 1944 einer weiteren Million sowjetischer Gefangener das Leben kosten[173]. Die Ernährung blieb ein Dauerproblem[174]. So empfahl der Korück 580 seinen Lagern die Anlage von Feldern[175]; es müsse „alles geschehen, um die Verpflegung der K[rie]g[sge]f[angenen] sicherzustellen"; gelänge das nicht, „so kann auf Nachschubbestände zurückgegriffen werden". Gleichwohl sollten auch hier weiterhin Kriegsgefangene zu Hunderten sterben, selbst wenn die Verluste längst nicht mehr das Ausmaß des ersten „Russlandwinters" erreichten[176]. Doch war es nicht allein die Unterernährung, die die sowjetischen Kriegsgefangenen bedrohte.

5.3.6.2 Kälte

„Im Oktober", so erinnerte sich ein ehemaliger sowjetischer Kriegsgefangener, „wurde es deutlich kälter, die Erde gefror und es fiel der erste Schnee. Morgens gab es spürbaren Frost, der mitunter sogar tagsüber andauerte. Neben dem Hunger war nun ein zweiter, noch schlimmerer Feind aufgetaucht: die Kälte."[177] Auch dagegen tat die Wehrmacht viel zu wenig. Selten wird das Improvisierte, das stets ein Kennzeichen des „Unternehmens Barbarossa" blieb, auf eine so extreme Weise sichtbar wie bei der Unterbringung der sowjetischen Kriegsgefangenen. Zu Beginn des Krieges pferchte man sie oft in große Areale, wo sie dann sich selbst überlassen blieben[178]. Dass man sich auf deutscher Seite nicht besser auf die erwarteten

[170] IfZ-Archiv, MA 1668: 221. Sich. Div., Abt. IV a, „Beiträge zu den Besonderen Anordnungen für die Versorgung" vom 25.12.1941. So auch Jarausch/Arnold, Sterben, S.306 (Brief vom 7.9.1941).
[171] BA-MA RH 22/250: Bfh. Rückw. Heeresgeb. Mitte, Abt.Qu., Anordnung vom 16.12.1941.
[172] IfZ-Archiv, Db 15.06: Partei-Kanzlei II H, Punkt 221: „Verpflegung sowjetischer Kriegsgefangener im Heimatkriegsgebiet" vom 4.3.1942.
[173] Zur Entwicklung der Sterblichkeit während der Jahre 1942 bis 1944 vgl. Streit, Kameraden, S.238ff.; Gerlach, Morde, S.829ff.
[174] Erst im Juli 1944 wurde deren Verpflegung der der anderen Kriegsgefangenen, ab Oktober 1944 dann der deutschen Zivilbevölkerung gleichgestellt, was immer dies in der Realität auch heißen mochte. Overmans, Kriegsgefangenenpolitik, S.811.
[175] IfZ-Archiv, MA 895/2: Korück 580, Abt.Qu./I c/IV a, Verordnung betr. „Bevorratung der Kriegsgefangenenlager" vom 23.5.1942; dort steht weiter: „Allen russischen Kgf., auch denen, die in den Kgf.-Lagern ohne Arbeit untergebracht sind, werden folgende Verpflegungssätze für 7 Tage gewährt: Brot 2 250 gr., Fleisch und Fleischwaren 200 gr. [...] Frischgemüse (mögl. nur Speiserüben) 1 125 gr., Kartoffeln 8 500 gr. [...]".
[176] Im September 1942 starben von den 14 184 sowjetischen Kriegsgefangenen, die sich damals im Bereich des Korück 580 befanden, 241 Menschen (1,7 %); im folgenden Monat betrug die Relation 18 137 Gefangene und 384 Tote (2,1 %). IfZ-Archiv, MA 907: Korück 580, Abt.Qu./Kgf., „Kriegsgefangenen-Monatsmeldung" vom September 1942; IfZ-Archiv, MA 908: dgl. vom Oktober 1942.
[177] Dawletschin, Kasan, S.122.
[178] Vgl. Streit, Kameraden, S.172.

Kriegsgefangenenmassen vorbereitet hatte[179], war nicht nur Ausdruck bösen Willens. Dahinter stand auch die Erwartung, dass dieser Feldzug bereits im Herbst beendet sein würde, sowie das Konzept, dass die Kriegsgefangenen erst während des Feldzugs ihre Lager selbst aufbauen sollten. Das war nicht nur im Falle der Sowjetunion so. Den einschlägigen deutschen Dienstvorschriften vom Mai 1939 ist zu entnehmen, dass für die Dulags eigentlich nur Zelte vorgesehen waren[180]. Baracken sollten „erst dann errichtet werden, wenn im Laufe der Zeit aus dem ‚Dulag' ein ‚Stalag' gebildet werden soll"[181]. Mit Improvisationen dieser Art mochte man bei einem Blitzfeldzug in Mitteleuropa noch über die Runden kommen, nicht aber unter den militärischen und geographischen Bedingungen des deutschsowjetischen Krieges.

Das zeigte sich schon bald. Selbst engagierte Kommandanten wie etwa Gutschmidt, der es nach eigener Einschätzung doch ‚gut mit den Russen meinte'[182] und der sein Dulag entgegen der Vorschrift schon bald mit offenen Unterständen oder geschlossenen Baracken ausstatten ließ[183], konnte den Bedürfnissen „seiner" Gefangenen kaum Rechnung tragen. Noch Mitte Oktober standen für „bisher nur 10 000" der insgesamt 30 000 Gefangenen seines Lagers Baracken zur Verfügung[184]. Andere Kommandanten machten sich da weniger Sorgen; in ihren Lagern stellte bereits der Besitz einer Erdhöhle, einer Laub- oder Erdhütte ein Privileg dar[185]. Vollends außer Kontrolle geriet die Situation seit Herbst 1941. Am 7. Oktober fiel im Bereich der Heeresgruppe Mitte der erste Schnee[186], schon Ende September hatte man hier nachts die ersten Fröste registriert[187]. Was das für die hilflosen Gefangenen bedeutete, bedarf keiner Beschreibung[188]. Am schlimmsten scheinen die Verhältnisse in jenen Lagern gewesen zu sein, die der Front am nächsten waren[189], denn sie waren naturgemäß am schlechtesten ausgebaut.

---

[179] Overmans, Kriegsgefangenenpolitik, S. 738 ff., 807.
[180] IfZ-Archiv, Da 034.012: Dienstanweisung für den Kommandanten eines Kriegsgefangenen-Mannschafts-Stammlagers vom 22. 5. 1939 (H. Dv. 38/5), S. 18. Auch zum Folgenden.
[181] Vgl. etwa IfZ-Archiv, MA 895/1: Korück 580, Abt. Qu. op., Anordnungen vom 11. 9. und 17. 9. 1941, aus denen deutlich wird, wie das System aus Schließung, Abgabe, Neuaufbau funktionierte.
[182] Hartmann, Massensterben, S. 145 (Tagebucheintrag vom 12. 7. 1941).
[183] Vgl. auch den ausführlichen Bericht des Dulag 240 vom 25. 10. 1941 (BA-MA, RH 49/78), in dem die umfangreichen Bauvorhaben beschrieben werden, die für 15 000 bis 20 000 Kriegsgefangene ausgelegt waren.
[184] Vgl. Hartmann, Massensterben, S. 151 f. (Tagebucheinträge vom 16. 10. und 19. 10. 1941). IfZ-Archiv, MA 1667: 221. Sich. Div., Abt. I b, Kriegstagebuch, Eintrag vom 17. 10. 1941.
[185] Vgl. Streit, Kameraden, S. 171 ff.
[186] Vgl. KTB OKW, Bd. I, S. 684 (Eintrag vom 7. 10. 1941). Ferner Reinhardt, Wende, S. 73.
[187] Vgl. etwa BA-MA, MSg 1/3272: Fritz Farnbacher, Tagebuch, Einträge vom 20. 9. und 30. 9. 1941.
[188] Selbst wenn „Verpflegung und Unterbringung" gesichert schienen wie etwa „im Kriegsgefangenenlager Roslawl", gestaltete „sich die Holzbeschaffung als schwierig", so dass „sich die Zahl der Sterbefälle in letzter Zeit erheblich" vergrößerte. IfZ-Archiv, MA 1668: 221. Sich. Div., Abt. I b, Meldung an 286. Sich. Div., Abt. I b, vom 15. 11. 1941.
[189] Vgl. BA-MA, RH 20-9/359: OKW/WFSt,/W.Pr., Anordnung betr. „Propaganda in den Kriegsgefangenenlagern in der Nähe der Front" vom 10. 11. 1941: „Die angespannte Versorgungslage und notdürftige Unterbringung kennzeichnet vor allem die Durchgangslager in der Nähe der Front. Mit dem weiteren Abtransport der Gefangenen nach Westen verbessert sich ihre Lage." Jarausch schreibt, dass im September sein Dulag wenigstens Regendächer mit seitlichem Windschutz für die Gefangenen gehabt habe. Jarausch/Arnold, Sterben, S. 302 (Brief vom 1. 9. 1941).

Dass die sowjetischen Soldaten oft nicht mehr besaßen als ihre verdreckten und zerschlissenen Uniformen, machte die Sache nicht besser. Oft fehlte es am Einfachsten wie etwa an Löffeln oder entsprechendem Kochgeschirr. Zwar hatte die deutsche Führung Weisung gegeben, dass die Gefangenen ihre wenigen Habseligkeiten behalten sollten[190], von einer *systematischen* Ergänzung ihrer Ausrüstung und Bekleidung aber wollte sie nichts wissen[191]. Wenn überhaupt, so gab man das aus, was gerade vorhanden war. Das aber war meist zu wenig. Dass die Deutschen dann seit November die neu eingebrachten Gefangenen immer öfters ausplünderten[192], war besonders niederträchtig. Nicht weniger niederträchtig war freilich die Weisung der deutschen Führung, die ihren Soldaten damals empfahl, sich etwa mit „Papierwesten aus Kreppapier" für einen Winterfeldzug unter arktischen Bedingungen vorzubereiten[193] und sich das Übrige, was ihnen an Winterausrüstung noch fehle, doch am besten bei jenen zu besorgen, die ihnen am hilflosesten ausgeliefert waren – eben bei den Gefangenen und den Zivilisten. Auf der Grundlage einer entsprechenden Weisung Hitlers[194] befahl das XXIV. Panzerkorps dann im Januar 1942, dass die „Aufbringung" an Winterausrüstung aus dem Lande „mit Nachdruck zu betreiben" sei. „Schneeschuhe, Schneehemden, Pelze u[nd] Filzstiefel pp. sind gefangenen oder gefallenen Russen abzunehmen."[195] Auch in diesem Fall trugen – wie so oft – die eigentliche Verantwortung nicht jene, die wider Gesetz und Moral handelten, sondern jene, die sie erst in eine solch ausweglose Situation manövriert hatten.

Immerhin, auch hieraus wollte die Truppe lernen. Im Herbst 1942 erkannte der Korück 580 in der „Schaffung wintersicherer Verhältnisse" „eine ausschlaggebende Voraussetzung dafür, dass die unentbehrlichen Arbeitskräfte der Kriegsgefangenen durch den Winter erhalten werden"[196]. Auch im Winter 1942/43 sollten die Sterbe-

[190] IfZ-Archiv, MA 1618: 45. Inf. Div., Abt. I b, „Besondere Anordnungen für die Versorgung zum Divisionsbefehl für den Angriff über den Bug" vom 17.6.1941.

[191] Vgl. Hartmann, Massensterben, S. 149 (Tagebucheintrag vom 23.8.1941): „Ich habe einen Betrieb zur Anfertigung von Löffeln aufgemacht, damit jeder Gefangene einen Löffel hat." Ferner BAL, 449 AR-Z 471/67: Kgf.-Bezirkskommandant J, „Besprechung mit den Dulag-Kommandanten 112, 155, 185, 126, 130, 231 und dem Kommandanten der A.G.S. 19 bei Dulag 155 in Lida am 21.8.41" vom 22.8.1941: „Die gezeigten Beschäftigungsarten der Kgf. im Lager wie Anfertigung von Essgerät, evtl. auch Freiübungen usw. zeigen, daß viele Möglichkeiten gibt, die Gefangenen im Lager selbst nutzbringend zu beschäftigen [...]."
Die 221. Sich. Div. betonte im August 1941, dass in der Heimat „ein außerordentlicher Mangel an Bekleidung für russische Kgf." herrsche, so dass diese Bekleidung aus sowjetischen Lagerbeständen, aber auch von sowjetischen Gefallenen mit allen Mitteln beizutreiben wäre, vorausgesetzt letztere wären aus hygienischen Gründen noch akzeptabel. IfZ-Archiv, MA 1668: 221. Sich. Div., Abt. I b, „Besondere Anordnungen für die Versorgung, Versorgungstruppen, Feld-Kdtren., Orts-Kdtren. u. Dulags" vom 19.8.1941. In diesem Sinne auch BA-MA, RH 24-12/92: XII. A.K., Abt. Qu., „Besondere Anordnungen für die Versorgung Nr. 1" vom 25.6.1941.

[192] Vgl. etwa BA-MA, MSg 1/3276: Fritz Farnbacher, Tagebuch, Eintrag vom 14.12.1941.

[193] BA-MA, RH 27-4/165: 4. Pz. Div., Abt. I b, „Besondere Anordnung für die Versorgung Nr. 160" vom 12.12.1941.

[194] Vgl. OKW/WFSt/Abt. L/I, Fernschreiben an OKH/Op.Abt. vom 21.12.1941, Druck: KTB OKW, Bd. I, S. 1085.

[195] BA-MA, RH 27-4/19: XXIV. Pz. Korps, Abt. I a/Qu., Befehl vom 12.1.1942.

[196] IfZ-Archiv, MA 907: Korück 580, Abt. Qu./Kgf., „Besondere Anordnungen für die Kgf.-Einheiten Nr. 8" vom 2.10.1942. Ferner ebda., „Besondere Anordnungen für die Kgf.-Einheiten Nr. 11" vom 19.10.1942, wo eine „geeignete Unterbringung" gefordert wurde, „die der Jahreszeit Rechnung trägt, die Kgf. zumindest gegen Kälte und Nässe schützt und ihnen Erholung nach der Arbeit ermöglicht". Gefordert wurde hier ferner eine „Instandhaltung der Bekleidung". Dort auch die entsprechenden Anordnungen über die Kontrolle der Baracken.

zahlen steigen[197]. Dass sie mit denen des vorhergehenden Winters kaum zu vergleichen waren, war freilich auch eine Folge solcher Initiativen.

5.3.6.3 Seuchen

Mit dem Hunger, der Nässe und den eisigen Temperaturen kamen die Seuchen,
allen voran das gefürchtete Fleckfieber. Da es sich hier um eine typische Not- und
Hungerkrankheit handelt, tragen die Deutschen auch dafür eine hohe Verantwortung. Für eine adäquate medizinische Versorgung, eigentlich Teil der völkerrechtlichen Schutzbestimmungen[198], existierten in den Lagern bestenfalls Minimalstan-
dards. Den Personalkarten aus den Stalags ist freilich zu entnehmen, dass dort „in
der Regel die Gefangenen unmittelbar nach ihrem Eintreffen gegen Pocken und
Typhus geimpft wurden"[199]. Auch befahl das OKH schon im Juli 1941, „behelfsmäßige" Lazarette und Krankenreviere in allen Lagern einzurichten[200], wenn auch
einfach gehalten und betrieben von russischem Pflegepersonal. Die in diesem Zusammenhang getroffene Bemerkung, es gelte, „die Heimat vor einer Überschwem-
mung mit russischen Verwundeten zu bewahren", lässt erkennen, worum es der
deutschen Führung in erster Linie ging[201] – um die eigenen Interessen.

Allerdings ist die Truppe sehr unterschiedlich mit diesen Vorgaben umgegangen. Das Dulag 203 wollte „auch [für] die ärztliche Betreuung der Verwundeten
bestens sorgen"[202], bei der 221. Sicherungsdivision organisierte man 1941 drei
große Kriegsgefangenen-Lazarette, davon eines mit „1500 Betten"[203], übergab die
Schwerverwundeten „dem nächsten Zivilkrankenhaus"[204] oder behandelte „viele
Kranke aus der Umgebung" und verteilte Medikamente[205]. Dagegen überließ das

---

[197] Vgl. Gerlach, Morde, S. 829ff.; Pohl, Herrschaft, S. 229f.
[198] Art. 4, 7, 15, 19, 21-20 HLKO, Druck: Lodemann (Hrsg.), Kriegsrecht, S. 47ff.; Abkommen
über die Behandlung der Kriegsgefangenen vom 27.7.1929, Art. 13–15, 76. Druck: ebda.,
S. 84ff.; Abkommen zur Verbesserung des Loses der Verwundeten und Kranken der Heere im
Felde vom 27.7.1929. Druck: ebda., S. 165ff.
[199] Vgl. Keller/Otto, Massensterben, S. 162.
[200] IfZ-Archiv, MA 1564/31, NOKW 2423: Befehl OKH/GenStdH, Az. Gen z.b.V. beim ObdH/
GenQu/Abt. K. Verw., Nr. II/4590/41 vom 24.7.1941. Auch zum Folgenden. Ferner Otto,
Wehrmacht, S. 35.
  Vgl. freilich die Bemerkung des Oberst Marschall, der im August 1941 darauf hinwies, dass in
den Lazaretten „nach Möglichkeit nur die Bettlägerigen Unterkunft finden" sollten. BAL, 449
AR-Z 471/67: Kgf.-Bezirkskommandant J, „Besprechung mit den Dulag-Kommandanten
112, 155, 185, 126, 130, 231 und dem Kommandanten der A.G.S. 19 bei Dulag 155 in Lida am
21.8.41" vom 22.8.1941.
[201] Vgl. auch BA-MA, RH 20-2/1445: AOK 2, Abt. O.Qu./Qu. 2, „Besondere Anordnungen für
das Kriegsgefangenenwesen" vom 5.8.1941: „Ärztliche Versorgung der Kgf. erfolgt grundsätzlich durch Sanitätspersonal, Arznei- und Verbandmittel sowie Sera der Roten Armee, den
notwendigen Ausgleich regelt Kdt. r[ückwärtiges] A[rmeegebiet]" Generell hierzu: Streit, Das
Schicksal der verwundeten sowjetischen Kriegsgefangenen.
[202] Hartmann, Massensterben, S. 145 (Tagebucheintrag vom 12.7.1941).
  Vgl. den Fall des Stalags 357 (Slawuta), wo ein Groß-Lazarett mit Dutzenden russischer Ärzte
und Hunderten von Sanitätern im Einsatz war. Stellenplan bei: Streim, Behandlung, S. 164.
[203] In Chorosch, Gomel und Kritschew. IfZ-Archiv, MA 1668: 221. Sich. Div., Abt. IV b, Tätigkeitsbericht für die Zeit vom 1.3. bis 15.12.1941. Ähnliches gilt auch für den Korück 580. Vgl.
auch IfZ-Archiv, MA 895/1: Korück 580, Abt. Qu. op., Anordnung vom 9.9.1941.
[204] IfZ-Archiv, MA 1668: 221. Sich. Div., Abt. I b, Meldung an die 286. Sich. Div. vom
15.11.1941.
[205] Jarausch/Arnold, Sterben, S. 299, 291, 314 (Briefe vom 26.8., 19.9. und vom August 1941);
Hartmann, Massensterben, S. 147 (Eintrag vom 3.8.1941).

Dulag 220 eines seiner Gefangenen-Lazarette einfach sich selbst; für diese „Zwischenstation auf dem Weg ins Massengrab"[206] wurden noch nicht einmal mehr Wachtposten gestellt[207]. Zunächst schienen die Risiken einer solchen Verantwortungslosigkeit noch kontrollierbar. „Ruhrerkrankungen machen 1% aller Lagerinsassen aus, die Sterblichkeit der Verwundeten beträgt 1%, die der innerlich Kranken 2%", stellte die 221. Sicherungsdivision Mitte September fest[208].

Das sollte sich schon bald ändern. Nachdem im Oktober 1941 das Fleckfieber im Generalgouvernement ausgebrochen war, grassierte die Seuche zwei Monate später „in fast allen Lagern außerhalb und in den meisten Lagern des Reichsgebiets"[209]. Damit war – zeitgleich zur Ernährung – auch dieser Teil der deutschen Kriegsgefangenenorganisation zusammengebrochen. Die dienstlichen[210] und privaten[211] Zeugnisse veranschaulichen, welch große Sorgen dies bei den deutschen Bewachern auslöste. Es gab Militärärzte, die das Fleckfieber für eine der „gefährlichsten Seuchen im Zweiten Weltkrieg"[212] hielten. Ihr war schon Napoleons Armee erlegen – warum nicht 130 Jahre später auch die Wehrmacht? „Ohne Stalags gäbe es in Rußland bei der Wehrmacht kein Fleckfieber", lautete der Kommentar eines höheren Wehrmachtsarztes[213]. Dies war vermutlich übertrieben, doch zeigt diese Einschätzung, welches Sicherheitsrisiko man auf deutscher Seite in den Lagern sah. Gerade das Unkontrollierte dieser Seuchenzüge, die jederzeit „zurückschlagen" konnten, belegt einmal mehr, dass die Deutschen von den Folgen einer Entwicklung überrollt wurden, für deren Entstehen sie zwar erhebliche Verantwortung besaßen, die sie aber in dieser Form wohl kaum gewollt hatten[214]. Schon das spricht kaum für die These von Gerlach, der meint, man habe mit Beginn der Fleckfieber-Epidemie „für die in den Lagern weitgehend isolierten, durch ihre Schwäche in der Regel an der Flucht gehinderten Gefangenen [...] ein[en] ‚sauberen Tod' organisiert"[215].

Richtig daran ist, dass die deutsche Führung kaum etwas für die kranken und sterbenden Gefangenen tun wollte. Wie es der deutsche Generalstabschef Franz Halder aus Anlass eines Frontbesuchs in aller Brutalität formulierte: Die Lager mit

---

[206] So Dawletschin, Kasan, S. 113.
[207] IfZ-Archiv, MA 1662: Dulag 220, Bericht an die 221. Sich. Div. vom 25.9.1941.
[208] IfZ-Archiv, MA 1668: 221. Sich. Div., Abt. VII, „Bericht über die Lage im Bereich der Sich.-Div. 221" vom 19.9.1941. Immerhin bemühte sich diese Division damals um eine systematische Entlausung der Kriegsgefangenenbekleidung. IfZ-Archiv, MA 1668: 221. Sich. Div., Abt. I b, „Besondere Anordnungen für die Versorgung, Versorgungstruppen, Feld-Kdtren., Orts-Kdtren. u. Dulags" vom 19.8.1941.
[209] Streit, Kameraden, S. 177.
[210] BA-MA, RH 20-2/1445: AOK 2, Abt. O.Qu./Qu. 2, Tätigkeitsbericht für Februar 1942 und März 1942. Beide Berichte gehen auch auf die Entwicklung seit Dezember 1941 ein.
[211] Vgl. Hartmann, Massensterben, S. 156 (Tagebucheinträge vom 17.12. und 29.12.1941 sowie 2.1.1942).
Gutschmidt war seit Dezember 1941 kurzfristig zum Dulag 126 kommandiert worden, das dem Bfh. Rückw. Heeresgebiet Mitte unterstellt war. Vgl. ebda., S. 155 mit Anm. 65.
[212] So Schneider-Janessen, Arzt im Krieg, S. 178.
[213] So der Beratende Internist der Befehlsstelle Süd am 3.3.1942. Zit. bei: Leven, Fleckfieber beim deutschen Heer, S. 132.
[214] Vgl. dazu auch Halder, Kriegstagebuch, Bd. III, S. 289 (Eintrag vom 14.11.1941), der bei seinem Besuch des Lagers in Molodetschno registrierte, dass „mehrere deutsche Ärzte tödlich erkrankt" seien. Sein Kommentar lautete: „Grauenhafte Eindrücke, gegen die aber eine Abhilfe im Augenblick nicht möglich erscheint."
[215] Gerlach, Morde, S. 828.

den Fleckfieber-Kranken seien eben „zum Aussterben verurteilt"[216]. Das hatte mit „organisieren" freilich wenig zu tun[217]. Vielmehr forderte Hitler noch im Dezember 1941 „die Beseitigung der Fleckfiebergefahr" bei den sowjetischen Kriegsgefangenen[218]. Wie das dann geschehen sollte, ließ er freilich offen. Viel zu spät, am 19. Dezember, befahl der Generalquartiermeister eine Quarantäne der betroffenen Lager[219], kurz zuvor hatte er den kranken Kriegsgefangenen einen erhöhten Verpflegungssatz zugestanden – freilich nur, wenn dadurch deren Arbeitsfähigkeit wiederhergestellt und Seuchen vermieden werden könnten[220]. Viel war das nicht. Dabei hätte es durchaus Chancen gegeben, die Seuche zu stoppen. Sieht man einmal davon ab, dass diese „Mangel- und Schmutzkrankheit"[221] ihre primäre Ursache in den Verhältnissen hatte, die in den Lagern herrschten, so unterbreitete das Internationale Komitee vom Roten Kreuz im Dezember 1941 der Wehrmachtsführung ein entsprechendes Hilfsangebot[222]: Versorgung mit Kleidung, Verpflegung und auch Impfstoff. Doch lehnte Hitler, nicht anders als später Stalin[223], jede Hilfe von außen ab. Die Menschenverachtung und ideologische Fixierungen des Diktators, aber auch Feigheit, die Hilflosigkeit und der Zynismus seiner militärischen Berater hatten zur Folge, dass der „nachgeordnete Bereich" diese gefährliche Krise irgendwie selbst „managen" mussten.

Wenn die Lager damals nicht viel für die Kranken taten, so war das in *ihrem* Fall weniger eine Frage des Wollens als des Könnens. Denn hier wusste man sehr genau, dass diese Epidemie keine Unterschiede zwischen den Nationalitäten machte. Suchte man im November noch eine Ausbreitung der Seuche durch „Zusatzverpflegung auf Höchstdauer von 6 Wochen" zu verhindern[224], so beschränkte man sich wenig später nur noch darauf, die betroffenen Lager unter Quarantäne zu stellen[225]. „Zur Seuchenverhütung" seien „zahlreiche Latrinen" anzulegen, die Gefangenen „zu ihrer Benutzung [...] und zur Sauberkeit" anzuhalten. „Schaffung von behelfsmäßigen Entlausungsanstalten und Lagerwäschereien ist beabsichtigt, [...]."[226] So

---

[216] Halder, Kriegstagebuch, Bd. III, S. 289 (Eintrag vom 14.11.1941).

[217] Vgl. etwa den Befehl des AOK Lappland vom 20.3.1942: „Alles ist daranzusetzen, durch ausreichende Ernährung und Beseitigung der Fleckfiebergefahr die Gefangenen zu erhalten." Zit. bei: Hürter, Heerführer, S. 392, Anm. 152.

[218] So in einem Erlass betr. „Zurverfügungstellung sowjetischer Kriegsgefangener für die Rüstungs- und Kriegwirtschaft" vom 24.12.1941. Druck: Moll (Hrsg.), „Führer-Erlasse", Dok. 126.

[219] Am 19.12.1941 hatte Generalquartiermeister Wagner befohlen, „sämtliche Kriegsgefangenenlager und Arbeitskommandos, in denen Fleckfieber gemeldet ist, für jeden Besuch durch Außenstehende" zu sperren. IfZ-Archiv, MA 1765: Pz. AOK 2, Abt.O.Qu., Tätigkeitsbericht für die Zeit von Dezember 1941–April 1942.

[220] BA-MA, RH 20-6/764: OKH/GenStdH/GenQu/Abt. IV a Az. 960, Nr. I/36761/41 geh., Erlass betr. „Verpflegung sowjetrussischer Kriegsgefangener" vom 2.12.1941.

[221] Moltke, Briefe an Freya 1939–1945, S. 331 (Brief vom 30.11.1941).

[222] ADAP, Serie E, Bd. I, Dok. 51, 106. Im Gegensatz zu Hitler befürworteten das OKW und das Auswärtige Amt dieses Angebot. Vgl. hierzu Streit, Kameraden, S. 179f.

[223] Vgl. Hilger, Kriegsgefangene, S. 51; Overmans, Kriegsgefangenenpolitik, S. 800.

[224] IfZ-Archiv, MA 1667: 221. Inf. Div., Abt. I b, Kriegstagebuch, Eintrag vom 26.11.1941, und zwar im Dulag 142.

[225] IfZ-Archiv, MA 885: Korück 580, Abt. Qu., „Besondere Anordnungen für die Versorgung Nr. 11" vom 28.12.1941.

[226] Vgl. etwa IfZ-Archiv, MA 885: Korück 580, Abt. Qu., „Besondere Anordnungen für die Versorgung Nr. 11" vom 28.12.1941: „Durch Absperr- und Entlausungsmaßnahmen ist sicherzustellen, daß das Fleckfieber nicht verschleppt wird. [...] Die Belegung der Lager ist so niedrig wie möglich zu halten."

etwas war im Grunde ein Offenbarungseid. Allerdings war geeignetes Serum so rar, dass selbst im Operationsgebiet nur die älteren Angehörigen des Lagerpersonals geimpft werden konnten[227]. Für die russischen Kriegsgefangenen blieb nichts übrig, sie standen in der Perspektive der barbarischen deutschen Herrenmoral am unteren Ende der deutschen „Rassenhierarchie". Es spricht für sich, wenn in der deutschen Führung damals der Gedanke kursierte, die erkrankten Gefangenen zu erschießen[228]. In einzelnen Fällen wurde das auch durch SiPo und SD umgesetzt[229], andere Lagerverwaltungen wehrten sich dagegen[230].

Trotzdem hatten die Deutschen Glück. Zwar sprang die Fleckfieber-Epidemie auch auf die Wehrmacht über, wo sie im März/April 1942 ihren Höhepunkt erreichte, doch hielt sich die Zahl der Opfer in Grenzen, weil es den deutschen Ärzten gelang, die Seuche einzudämmen[231]. Auch bei den Kriegsgefangenen blieb die Zahl der Seuchenopfer, verglichen mit denen, die aufgrund von Hunger, Kälte oder Misshandlung umkamen, relativ gering[232]. Da sich infolge des Massensterbens einerseits die Ernährungs- und Unterbringungssituation bei den sowjetischen Gefangenen zwangsläufig verbesserte, während gleichzeitig die Infizierten rasch „wegstarben", brach die Epidemie im Frühsommer 1942 schließlich in sich zusammen.

Dass die Truppe die Rückkehr dieser Seuche mit allen Mitteln zu verhindern suchte, ist ein weiterer Beweis dafür, wie sehr sie diese fürchtete[233]. Man begann die Hygiene zu verbessern[234], alle Kriegsgefangenen regelmäßig zu untersuchen und „zu entlausen"[235], und die Verwundeten und Kranken besser zu betreuen – schon „aus propagandistischen und menschlichen Gründen"[236]. Gefangene, die

---

[227] Dazu kam, dass die Impfung nicht immer erfolgversprechend war. Vgl. Hartmann, Massensterben, S. 156 (Eintrag vom 29.12.1941).

[228] Vgl. Pohl, Herrschaft, S. 237.

[229] Vgl. Streit, Behandlung, S. 121 f., 178.

[230] Vgl. IfZ-Archiv, MA 91/3: Chef SiPo und SD, Ereignismeldung UdSSR Nr. 144 vom 10.12.1941. Hier bemängelte etwa die Einsatzgruppe A, dass „trotz des Vorschlags der Gesundheitsabteilung des Generalkommissariats [...] die vom Fleckfieber betroffenen Gefangenen nicht sofort erschossen" worden seien. Zu dieser perversen Lösung ist es nicht gekommen. Stattdessen befahl das OKH am 22. Januar 1942, die „dienstunfähigen" Gefangenen in die Hungergebiete abzuschieben.

[231] Vgl. Leven, Fleckfieber, S. 132 f. Ferner Kroener, Die personellen Ressourcen, S. 881 mit Anm. 21 sowie Hartmann, Massensterben, S. 157 (Einträge vom 19.1. und 21.1.1942); Jarausch/Arnold, Sterben, S. 360 ff.

[232] Vgl. Streit, Kameraden, S. 180. So auch Gerlach, Morde, S. 828 f. sowie Keller, Forschungsprojekt, S. 475.

[233] Das galt im Übrigen auch für die Fronttruppe. Vgl. etwa IfZ-Archiv, MA 1593: 4. Pz. Div., Abt. IV b, „Tätigkeitsbericht der Abteilung IV b in der Zeit vom 8.7.–20.7.1942" vom 20.7.1942: „Namentliche Erfassung sämtlicher russ. Ärzte und Feldschere im Div.-Gebiet. Ermittlung der Seuchenlage im Div.-Bereich. Starke Verbreitung von Fleckfieber, stellenweise Diphtherie [...] und Typhus [...]. Ernennung eines Ober-Feldschers, der für Durchführung der gegebenen Anordnungen verantwortlich ist: Einrichtung von Krankenstuben für Infektionskranke in jedem Ort. Einrichtung von Badestuben in jedem Ort."

[234] IfZ-Archiv, MA 895/1: Korück 580, Abt. I c, Befehl an AGSSt 4 vom 16.4.1942, in dem drei Maßnahmen befohlen werden: Eine geringere Belegung der Baracken durch Bau neuer Baracken, monatlich mindestens ein Bad mit Seife sowie „Beschaffung einer zweiten Garnitur Wäsche".

[235] Auch die 221. Sich. Div. ordnete im Juni 1942 eine 14tägige Entlausung für die Kriegsgefangenen an. IfZ-Archiv, MA 1671: 221. Sich. Div., Abt. I b, „Besondere Anordnungen für die Versorgung Nr. 38/42" vom 7.6.1942.

[236] IfZ-Archiv, MA 895/2: Korück 580, Abt. Qu. op., Anordnung betr. „Kriegsgefangenenwesen" vom 7.6.1942. Auch zum Folgenden.

operiert werden müssten, seien an die zivilen Krankenhäuser abzugeben. „Ärztliche Hilfe, die über die Leistungsfähigkeit dieser Lazarette hinausgeht, ist bei den nächstgelegenen deutschen Sanitäts-Dienststellen anzufordern. Sie wird gewährt, sobald bei diesen alle deutschen Verwundeten ausreichend versorgt sind. Das Gleiche gilt für Arzneien und Verbandmittel, die ebenfalls, wenn Beutebestände nicht ausreichen, bei den nächstgelegenen deutschen Sanitäts-Dienststellen anzufordern sind."[237] All das war kein Optimum. Verglichen mit der Situation des Winters 1941/42 und vor dem Hintergrund der ideologischen Prämissen, unter denen dieser Krieg begonnen worden war, war es aber schon ein gewaltiger Fortschritt. Freilich blieben auch danach die sowjetischen Kriegsgefangenen von Seuchen bedroht; zur häufigsten Todesursache wurden jetzt – neben Arbeitsunfällen und allgemeiner Erschöpfung – meist Ruhr[238] und Tuberkulose[239].

Wie ist die Verantwortung „der" Wehrmacht im Falle der Fleckfieber-Epidemie zu bewerten? Die mit Abstand größte Schuld trägt in diesem Fall die politische Führung; sie hätte damals mit der Initiative des IKRK eine realistische Chance zur Rettung vieler Gefangener besessen. Wider besseren Wissens hat sie dies abgelehnt. Kaum geringer war die Verantwortung der obersten militärischen Führung, die Hitlers Entscheidung letzten Endes akzeptierte[240]. Etwas anders ist die Lage im nachgeordneten Bereich zu bewerten. Denn das Fleckfieber war eine Krankheit, welche die Deutschen nicht aussparte[241]. Zwar haben die Lager die Voraussetzungen für den Ausbruch der Seuche geschaffen, zwar kann man ihnen den Vorwurf nicht ersparen, dass sie bei der Verteilung ihrer zu geringen Ressourcen zunächst an sich dachten, was menschlich verständlich, aber moralisch unentschuldbar ist. Doch belegt gerade der Fall der Fleckfieber-Epidemie, wie gering die Handlungsspielräume an der Basis mittlerweile geworden waren. Ihre Entstehung ist auch ein Indiz dafür, dass den deutschen Lagerkommandanten spätestens zu diesem Zeitpunkt die Entwicklung völlig aus den Händen geglitten war.

5.3.6.4 Morde: Wahlloser Terror

Bei den bisher geschilderten Todesursachen der sowjetischen Kriegsgefangenen: Hunger, Kälte oder Seuchen, dürfte deutlich geworden sein, dass es sich hier mit-

---

[237] IfZ-Archiv, MA 895/2: Korück 580, Abt.Qu. op., Anordnung betr. „Kriegsgefangenenwesen" vom 13.6.1942.
Im Herbst 1942 wollte der Korück 580 unter allen Umständen eine Wiederholung der Fleckfieber-Seuche verhindern. Im Oktober 1942 wurde „die sanitätsdienstliche Überwachung" aller Kriegsgefangenenlager durch den Heeresgruppenarzt angekündigt sowie eine „ständige Prüfung des Gesundheitszustandes" durch die Lagerärzte vorgeschrieben. IfZ-Archiv, MA 907: Korück 580, Abt.Qu./Kgf., „Besondere Anordnungen für die Kgf.-Einheiten Nr. 8" vom 2.10.1942, bzw. Nr.11 vom 19.10.1942.
[238] Vgl. Verbrechen der Wehrmacht, S.242.
[239] Keller, Forschungsprojekt, S.473.
[240] Einen etwas anderen Ton hatte dann ein von Keitel unterschriebener „Führer-Erlass" vom 30.5.1943, in dem dieser verkündete, der Einsatz der Kriegsgefangenen sei von „höchster Bedeutung". Auch wirke deren Behandlung „auf die in feindlicher Hand befindlichen deutschen Kr.Gef. zurück". Vgl. Moll (Hrsg.), „Führer-Erlasse", Dok.251.
[241] Am 20.6.1942 registrierte der Leitende Sanitäts-Offizier beim Militärbefehlshaber im Generalgouvernement, dass dort insgesamt 2286 sowjetische Kriegsgefangene und 396 deutsche Wachmänner an Fleckfieber gestorben waren. Angabe nach: Streit, Kameraden, S.379, Anm.359. Ferner Jarausch/Arnold, Sterben, S.88f.

nichten um bloße „Naturgewalten" handelte. Erst aufgrund der deutschen Vorgaben konnten diese eine solch verheerende Wirkung entfalten. Doch kam es auch
zu Verbrechen, bei denen das Vorsätzliche sehr viel deutlicher zu Tage trat. Die
Rede ist von den gezielten Selektionen und vom willkürlichen Terror der Wachmannschaften.

Diese Willkür hatte System. Schon in seiner zentralen Anordnung vom 16. Juni
1941 hatte das OKW klar gestellt, dass bei der Behandlung der sowjetischen
Kriegsgefangenen ideologische, politische und militärische Gründe mehr zählten
als rechtliche oder moralische[242]. Den Wachmannschaften wurde „äußerste Zurückhaltung und schärfste Wachsamkeit" befohlen sowie ein „rücksichtsloses und
energisches Durchgreifen bei den geringsten Anzeichen von Widersetzlichkeit".
Diese Parolen, die viel über die Mentalität ihrer Verfasser verraten und wenig über
die Wirklichkeit in den Gefangenenlagern, sollten in den darauf folgenden Verordnungen noch radikaler werden. Während das OKH den ‚Gedanken unbedingter
Sicherheit für den deutschen Soldaten' in den Mittelpunkt seiner Verfügung vom
25. Juli 1941 stellte – auf flüchtige Kriegsgefangene sei „sofort", ohne Halteruf, zu
schießen[243] –, glaubte das OKW am 8. September dem Gegner „jeden Anspruch
auf Behandlung als ehrenhafter Soldat" absprechen zu können[244]. Widerstand von
Gefangenen müsse „sofort mit der Waffe (Bajonett, Kolben und Schusswaffe) restlos beseitigt werden". Der Waffengebrauch sei „sehr scharf zu handhaben. Wer zur
Durchsetzung eines gegebenen Befehls nicht oder nicht energisch genug von der
Waffe Gebrauch macht, macht sich strafbar." Wachvorschriften dieser Art waren
ein Novum in der deutschen Militärgeschichte – schon das bloße Zögern konnte
strafbar sein[245].

Ein Teil der deutschen Wachmannschaften verstand das so, wie es gemeint war
– als Lizenz zum Töten. So kam es, dass „alte Landesschützen", Männer zwischen
40 und 50 Jahren, „hier zu Sadisten" wurden, „die mit Lust mordeten"[246]. Doch
spielten dabei nicht allein Befehle oder Propaganda eine Rolle, sondern auch ihre
Überforderung, ihre Angst vor den Gefangenenmassen[247], Gruppenzwang, die
Dürftigkeit der eigenen Existenz, die Brutalisierung unter dem Eindruck des
Krieges und sogar pure Langeweile. Der Lageroffizier des Dulags 131, Hauptmann

---

[242] IfZ-Archiv, IMT, Dok. PS 888: OKW/Abt. Kriegsgefangene, Anordnung betr. „Kriegsgefangenenwesen im Fall Barbarossa" vom 16.6.1941. Teilw. ed. in: Ueberschär/Wette (Hrsg.),
„Unternehmen Barbarossa", S. 315.

[243] Druck der Verfügung des OKH betr. „Behandlung feindlicher Zivilpersonen und russischer
Kriegsgefangener" vom 25.7.1941: Ueberschär/Wette (Hrsg.), „Unternehmen Barbarossa",
S. 349f.

[244] Druck der Anordnungen des OKW zur „Behandlung sowjetischer Kr. Gef. in allen Kriegsgefangenenlagern" vom 8.9.1941: Ueberschär/Wette (Hrsg.), „Unternehmen Barbarossa",
S. 351-354. Schon am 21.8.1941 war auf Betreiben Hitlers eine Note des Auswärtigen Amts
veröffentlicht worden, derzufolge Deutschland die Anwendung der HLKO ablehne. Vgl.
Overmans, Kriegsgefangenenpolitik, S. 800.

[245] Vgl. hierzu den bekannten Brief, den der Admiral Wilhelm Canaris in dieser Sache an das
OKW gerichtet hatte. Druck: Ueberschär/Wette (Hrsg.), „Unternehmen Barbarossa", S. 355f.

[246] Bericht Dr. Hans S. vom 2.1.1942, zit. in: Verbrechen der Wehrmacht, S. 262. Der Bericht bezieht sich auf die Verhältnisse im Lager Bergen-Belsen, doch dürften diese auch im Atmosphäre in vielen Lagern im Operationsgebiet entsprechen.

[247] Dieser Aspekt spielt bei Jarausch eine große Rolle, der bei der Essensausgabe „oft nicht ohne
Rücksichtslosigkeit dem Einzelnen gegenüber" zurechtkam. Jarausch/Arnold, Sterben, S. 301
(Brief vom 1.9.1941).

Karl Langut, gab in sowjetischer Gefangenschaft zu[248], dass „Erschießungen [...]
praktisch fast täglich vorgekommen" seien. Während der ersten Monate des
Krieges habe man solche Vorfälle „überhaupt nicht registriert". Beim Arbeitseinsatz außerhalb der Lager sei es sogar vorgekommen, dass sie „die erschossenen
Kriegsgefangenen durch die erstbesten Bürger, die [ihnen] in den Straßen von
Bobruisk in die Hände fielen, ersetzten und diese in die Kolonne jagten. Nach ihrer Ankunft im Lager übergaben sie diese als Kriegsgefangene, weil es keine
schriftlichen Unterlagen über die Anzahl der Gefangenen gab. Auf diese Weise
brauchten die Begleitmänner keine Erklärung über die Erschießungen während
des Transportes abzugeben." Selbst im Lager hätten die Wachmannschaften
„manchmal auch ohne jeglichen Grund auf die Gefangenen" geschossen, weil sie
deswegen „nicht bestraft" wurden.

Die Perspektive der Gegenseite hat Leon Atanasyan beschrieben[249]; er war eine
Zeitlang im Dulag 131: Für einige „Lagerscharfschützen" sei dies eine „Art von
Sport" gewesen. „Die vollständige Gesetzlosigkeit und auch die billigende Haltung der deutschen Kommandobehörden zu dieser Art von ‚Sport' führten dazu,
daß Soldaten Tag und Nacht ohne jeden Anlass von Seiten der Kriegsgefangenen
auf diese schossen." Gab es keinen Anlass, so fand sich einer. Ein anderer Gefangener berichtete, wie etwa 200 seiner Kameraden von den deutschen Wachmannschaften erschossen wurden, weil sie aus Hunger auf die Bäume geklettert waren,
„um die grünen Zweige zu holen"[250].

Nicht alle Wachsoldaten handelten so[251], schon weil es Offiziere gab, die ein
solches Regiment nicht duldeten; so gab der Major Gutschmidt im Oktober 1941
den „strengen" Befehl, „daß nur bei wirklichen Fluchten scharf geschossen werden darf". Im folgenden Jahr reichte er gegen drei Soldaten, die zwei sowjetische
Gefangene bei einem Marsch erschossen hatten, einen Tatbericht ein, „und zwar
wegen Mordes"[252]. Auch die Führung der 221. Sicherungsdivision sprach sich im
November scharf gegen jede Willkür aus[253], während der Kommandant des Dulag
127 seinen Leuten einschärfte, dass die Gefangenen einen „Anspruch auf men-
schenwürdige Behandlung" hätten; von der Schusswaffe sei „nur dann Gebrauch
zu machen, wenn nach Lage der Dinge kein anderes Mittel ausreicht"[254]. „Unnötige Züchtigung und mangelhafte Verpflegung" würden die „Arbeitsleistung und
Arbeitswilligkeit sofort erheblich" herabdrücken[255]. Noch deutlicher wurde damals die Heeresgruppe Mitte, die nun offen die Ansicht vertrat, der „Zwang zu

---

[248] BAL, 319 AR 327/77: Ermittlungsverfahren gegen Angehörige des Dulags 131; Vernehmung
Karl Langut vom 24.12.1945 (Übersetzung). Das Dulag 131 war damals der 221. Sicherungsdivision unterstellt.

[249] Vgl. Shumejko, Die NS-Kriegsgefangenenlager in Weißrussland in den Augen des Militärarztes der Roten Armee, L. Atanasyan, S.180.

[250] Dorniak, Meine Erinnerungen (1914–1994), S.115.

[251] Vgl. die Beispiele bei Jarausch/Arnold, Sterben, S.292, 319 (Briefe vom August und vom
24.9.1941), freilich auch S.330 (Brief vom 25.10.1941): „Bei uns knallt immerzu ein Schuß
durch den Regen. Das ist das Geräusch, mit dem wir einschlafen und aufwachen."

[252] Vgl. Hartmann, Massensterben, S.152 (Eintrag vom 24.10.1941) sowie S.120.

[253] IfZ-Archiv, MA 1668: 221. Sich. Div., Abt. I b, Befehl an Dulag 142 vom 25.11.1941.

[254] BA-MA, RH 49/77: Dulag 127, Kdt., „Anweisungen für die Sicherungsmaßnahmen im
Hauptlager Orscha" vom 22.9.1941.

[255] BA-MA, RH 49/77: Dulag 127, „Merkblatt über die Abgabe von Kriegsgefangenen zum Arbeitseinsatz".

rücksichtslosem Durchgreifen gegenüber den Gefangenen hat zu einer Mißachtung des Wertes eines Menschenlebens und zu der Auffassung geführt, daß Wehrlosen gegenüber alles erlaubt ist. Das sind Gesinnungen, die deutschen Soldaten bisher fremd waren und die mit allen Mitteln bekämpft werden müssen."[256]

Dass im Jahr 1942 der Terror der Wachmannschaften zurückging, selbst wenn er nie völlig verschwand, war freilich nur zum Teil die Folge solcher Initiativen. Angesichts der militärischen und wirtschaftlichen Entwicklung wollte die deutsche Führung künftig sorgsamer mit dem Rohstoff „Arbeitskraft" umgehen. Doch scheinen auch die häufigen Ermahnungen für eine „anständige Behandlung" der Gefangenen, die auch „aus menschlichen und propagandistischen Gründen erforderlich"[257] sei, so etwa der Korück 580, allmählich gefruchtet zu haben. Zwar waren solche Ermahnungen nicht neu, der Generaloberst Freiherr von Weichs hatte schon im August 1941 gegen die ‚rohe Behandlung oder gar Ausschreitungen des Bewachungspersonals' interveniert[258]. Aber erst seit Frühjahr 1942 wurde dies – erinnert sei an das Beispiel der 2. Panzerarmee[259] – mit dem entsprechenden Nachdruck vertreten. „Ungerechtfertigte Erschießungen von Gefangenen, auch heimliche, z. B. unter dem Vorwand ‚auf der Flucht erschossen', sind verboten", lautete die klare Forderung der 221. Sicherungsdivision[260]. Es ist sicherlich kein Zufall, wenn in jenem sehr freimütigen Bericht Languts auch davon die Rede ist, dass im Winter 1941/42 die Schießexzesse allmählich abgeflaut seien, weil man von den Wachmannschaften entsprechende Erklärungen eingefordert habe[261]. Schließlich entsprach auch das OKW am 24. März 1942 den Forderungen aus der Truppe: „Ungerechtes Schießen" des Wachpersonals sei streng verboten[262]. Zweifellos handelte es sich hier um keine abrupte Zäsur, es gab immer wieder Rückfälle. Trotzdem lag es wohl auch an der Disziplinierung der Wachmannschaften durch ihre Führung, wenn während der Jahre 1942 bis 1945 insgesamt weniger Kriegsgefangene starben als in den ersten neun Monaten des Krieges[263].

5.3.6.5 Morde: Gezielte „Selektionen"

In den Lagern wurde nicht nur wahllos gemordet, sondern auch „nach Plan". Besonders bedroht waren die sowjetischen Politoffiziere oder die sowjetischen

[256] IfZ-Archiv, MA 1564, NOKW 3058: H.Gr. Mitte, Abt. I b, Meldung an OKH/GenStdH/GenQu vom 7. 12. 1941.

[257] IfZ-Archiv, MA 907: Korück 580, Abt. Qu./Kgf., „Besondere Anordnungen für die Kgf.-Einheiten Nr. 11" vom 19. 10. 1942.

[258] BA-MA, RH 20-2/1445: AOK 2, OB, Befehl an die unterstellten Kommandierenden Generale und den Korück vom 18. 8. 1941.

[259] Vgl. mit dem Prolog.

[260] IfZ-Archiv, MA 1671: 221. Sich. Div., Abt. I c, Anordnung betr. „Behandlung von Kriegsgefangenen, Partisanen und Bevölkerung" vom 8. 4. 1942.

[261] BAL, 319 AR 327/77: Ermittlungsverfahren gegen Angehörige des Dulags 131; Vernehmung Karl Langut vom 24. 12. 1945 (Übersetzung).

[262] Zit. bei Streit, Kameraden, S. 183.

[263] Vgl. auch den kritischen Bericht eines entflohenen sowjetischen Kriegsgefangenen, der nach seiner Festnahme einräumte: „Die Behandlung der Gefangenen durch die deutschen Soldaten war im allgemeinen gut. Teilweise war zur Beaufsichtigung der Gefangenen russ. O[rdnungs-]D[ienst] eingesetzt, der die Gefangenen nicht gut behandelte." IfZ-Archiv, MA 1671: 221. Sich. Div., Abt. I c, Meldung an Bfh. Rückw. H. Geb. Mitte betr. „Propaganda und Aussage eines russ. Kgf." vom 26. 5. 1942.

Kriegsgefangenen jüdischer Herkunft; diesen beiden Opfergruppen sind eigene Abschnitte gewidmet[264]. Doch blieben sie nicht die einzigen Gefangenen, die „befehlsmäßig behandelt" wurden, wie es in der Sprache der Täter hieß[265].

Sprachen Heydrich in seinem Einsatzbefehl Nr. 8 vom 17. Juli 1941[266] und ihm folgend OKW[267] und OKH[268] noch sehr allgemein von ‚politisch untragbaren Elementen', so spezifizierte er am 29. Oktober in seinem berüchtigten Einsatzbefehl Nr. 14 nochmals den Kreis der Opfer. Mit dem Tode bedroht waren nun nicht nur die höheren sowjetischen Funktionäre und die Kommissare, sondern auch Juden, „sowjetrussische Intelligenzler" sowie „alle Personen, die als Aufwiegler oder fanatische Kommunisten festgestellt werden". Dieser weit gezogene Kreis war nicht immer klar definiert, so dass die nachgeordneten deutschen Instanzen diese Vorgaben nach Gutdünken auslegen konnten. Sogar Krankheiten oder Verwundungen konnten ausreichen, um Gefangene „loszuwerden". Im Klartext hieß das, sie wurden erschossen, von SS und Polizei, zuweilen aber auch von der Wehrmacht selbst[269]. Angesichts der Unbestimmtheit dieser Befehle hing auch hier viel vom einzelnen Lagerkommandanten ab.

Vom Kommandanten des Dulags 203, dem schon erwähnten Major Gutschmidt, ist bekannt, dass er Nachforschungen fremder Instanzen in seinen Lagern gar nicht mochte[270]: „Im Lager wimmeln mehrere Trupps der Abwehr herum und schnüffeln viel umher. Sie machen dann törichte Berichte, und ich muß dann immer Gegenberichte machen." Wenn freilich selbst ein Mann wie Gutschmidt bei diesen Auseinandersetzungen oft den Kürzeren ziehen musste, dann lässt sich an seinem Beispiel ermessen, wie gering die Einflussmöglichkeiten in einer Frage waren, die das NS-Regime als existentiell betrachtete. Selbst die moderaten Kommandanten machten sich bei der „Gegnerbekämpfung" oft der Mithilfe schuldig – von denen, die den SD gewähren ließen oder die sogar selbst „Aussonderungen" durchführten, einmal ganz zu schweigen[271]. Auch von den Lagern aus unserem Sample wissen wir, dass „Ungehorsam und Widersetzlichkeiten von Kriegsgefangenen"[272], die jüdische Herkunft oder der Status als Politoffizier ein Tötungsgrund sein konnten. Noch im Herbst 1942 überstellte der

---

[264] Vgl. Kap. 5.1 und 5.4.

[265] Vgl. hierzu Streim, Behandlung, Dok. I.7.

[266] Druck: Ueberschär/Wette (Hrsg.), „Unternehmen Barbarossa", S. 346 ff. Vollständiges Faksimile: Streim, Behandlung, Dok. I.1. Vgl. hierzu auch Otto, Wehrmacht.

[267] Druck der Anordnung des OKW vom 8.9.1941: Ueberschär/Wette (Hrsg.), „Unternehmen Barbarossa", S. 351–354.

[268] IfZ-Archiv, MA 1564/31, NOKW 2423: Befehl OKH/GenStdH, Az. Gen. z.b.V. ObdH/GenQu Abt. K.Verw. Nr. II/4590/41 vom 24.7.1941, wo „politisch untragbare und verdächtige Elemente, Kommissare und Hetzer" als Todeskandidaten definiert wurden. Vgl. hierzu auch Streit, Kameraden, S. 87 ff.

[269] Vgl. mit Heydrichs Zusatz: „Ich bitte die Chefs der Einsatzgruppen, besorgt zu sein, daß möglichst mit eigenen Kräften die Durchgangslager entsprechend gesäubert werden." Dieser Zusatz des Einsatzbefehl Nr. 8 vom 17.7.1941, in: Klein (Hrsg.), Einsatzgruppen, S. 331–340, hier S. 333. Vgl. hierzu auch Streit, Kameraden, S. 183 ff.; Streim, Behandlung, S. 163.

[270] Hartmann, Massensterben, S. 117 f. Vgl. hierzu auch BA-MA, MSg 1/257: Johannes Gutschmidt, Tagebuch, Einträge vom 21.10. und 25.10.1943 sowie 13.11.1943.

[271] Overmans, Kriegsgefangenenpolitik, S. 814.

[272] IfZ-Archiv, MA 1668: 221. Sich. Div., Abt. I b, „Besondere Anordnungen für die Versorgung Nr. 141/41" vom 10.10.1941: „Ungehorsam und Widersetzlichkeiten von Kriegsgefangenen gegen die Lagerpolizei ist sofort auf das Schärfste zu ahnden, eventuell durch Erschießen."

Korück 580 regelmäßig Gefangene an den SD, ohne dass in diesem Fall aber Gründe und Folgen bekannt sind[273].

5.3.7 Deutsche Kritik am Gefangenenelend

Die Katastrophe, auf die die deutsche Kriegsgefangenenpolitik rasch zutrieb, sorgte auf deutscher Seite nicht nur für Gleichgültigkeit, Zynismus oder Resignation. Schon relativ bald waren erste Warnungen zu hören, mitunter auch mehr – konkrete Verbesserungsvorschläge, Einwände oder auch harsche Kritik. Zweifellos blieben das vorerst einzelne Stimmen, doch mehrte sich gerade bei jenen, die diese Katastrophe miterlebten, ganz offensichtlich der Wunsch, etwas dagegen zu tun. Eines der eindrucksvollsten Zeugnisse ist in dieser Hinsicht der lange Bericht, den der Vertreter des Auswärtigen Amts bei der 2. deutschen Armee am 9. Dezember 1941 seinen beiden Dienststellen vorlegte. Es war wohl kaum sein Rang als Oberleutnant, durch den sich Anton Graf Bossi-Fedrigotti von Ochsenfeld[274] dafür qualifizierte wie vielmehr seine herausgehobene Position in einem Stab eines Armeekommandos. Sein Eindruck lautete[275]:

„Ein eigenes Kapitel bedeutet für den Frontsoldaten auch die Behandlung der Kriegsgefangenen. So hart, so unerbittlich der Frontsoldat den Gegner anpackt, so wenig hat er Verständnis für das Bild des Kriegsgefangenenelends, dessen Augenzeuge er täglich ist. Die tatsächlichen Vorkommnisse von Kannibalismus, die eine Folge des entsetzlichen Hungers der Kriegsgefangenen in den Lagern waren, haben sich mit unerfreulicher Schnelligkeit in der Truppe herumgesprochen und eine allgemeine Ablehnung hervorgerufen. Der Soldat weiß aus ureigenster Erfahrung, wie hart die Versorgung in diesem Land ist, und er weiß auch, daß die Hungersnot, die ihre Anzeichen bereits vorausschickt, eine Folge des bolschewistischen Zerstörungssystems ist. Aber er empfindet es als für die deutsche Wehrmacht beschämend,

---

[273] IfZ-Archiv, MA 907: Korück 580, Abt. Qu./Kgf., „Kriegsgefangenen-Monatsmeldung" vom September 1942; IfZ-Archiv, MA 908: Korück 580, Abt. Qu./Kgf., „Kriegsgefangenen-Monatsmeldung" vom Oktober 1942: Im September 1942 wurden von über 14000 Kriegsgefangenen 88 an den SD abgegeben, im folgenden Monat waren es von 18137 Gefangenen 42 Männer, wobei die Gründe für diese „Abgabe" und das weitere Schicksal dieser Männer im Unklaren bleiben. Allerdings übergab der Korück 580 auch in seinem Zivilgefangenenlager „reichsfeindliche Elemente" dem SD. Korück 580, Anordnung betr. Zivilgefangenenlager Schtschigry, in: Müller (Hrsg.), Okkupation, S. 144f.
Sicher ist, dass nach dem 5.5.1942 „Aussonderungen" nur noch in den Lagern östlich des Reichsgebiets stattfanden. Vgl. Otto, Wehrmacht, S. 241ff., wobei Hoffmann (Kriegführung, S. 730, Anm. 70f.) zu Recht darauf verwiesen hat, dass die Überstellung zum SD nicht immer mit „einer Exekution gleichzusetzen" sei, „da z.B. die gesamte Hilfspolizei (‚Schutzmannschaften', ‚Ordnungsdienste' usw.)" in den Reichskommissariaten allein dem Reichsführer SS unterstanden habe. Auch hätten SiPo und SD ihre Sicherungsverbände und Hilfsdienste aus den Kriegsgefangenen rekrutiert.
[274] Zu seiner Person vgl. Biographisches Handbuch des deutschen Auswärtigen Dienstes 1871–1945, Bd. 1, S. 236f.
[275] PA-AA, R 60705: AOK 2, Abt. I c/VAA, Bericht Nr. 31 vom 9.12.1941. Druck: ADAP, Serie E, Bd. I, Dok. 122. Der 2. deutschen Armee waren damals die 45. Inf. Div., die 221. Sich. Div. sowie der Korück 580 unterstellt. In der Vorlage an den Staatssekretär von Weizsäcker vermerkte die Informations-Abteilung am 19.12.1941: „Der Bericht des VAA beim AOK 2 ist mit der ausdrücklichen Genehmigung des Oberbefehlshabers der Armee, General der Panzertruppen Schmidt, abgesandt worden." PA-AA, R 60705: AA, Informations-Abt., Vorlage an StS vom 19.12.1941.

wenn unter deren Augen die Gefangenen sterben wie die Fliegen. Es gibt Soldaten, die offen erklären, sie könnten das Elend der vorbeischleichenden, ausgehungerten Gestalten einfach nicht mehr mit ansehen. Der Soldat weiß nur allzu gut, daß der gefangene Rotarmist den Bolschewismus ebenso ablehnt wie er. Er weiß, daß dieser Rote [sic] die Deutschen ebenso als Befreier betrachtet wie die Bevölkerung, die ihre ganze Hoffnung in eine von den Deutschen gelenkte Zukunft setzt."

Bei Eindrücken dieser Art handelte es sich wohl *auch* um die Meinung des Autors – in dieser Hinsicht erinnert dieser Bericht an den bekannten Eintrag des Oberstleutnants i. G. Rudolf-Christoph Freiherr von Gersdorff, dass „die Erschießung der Juden, der Gefangenen und auch der Kommissare fast allgemein im Offizierskorps abgelehnt" würde[276], den er just am selben Tag im Kriegstagebuch der Heeresgruppe Mitte zu Papier brachte. Doch wäre es falsch, die Eindrücke Bossi-Fedrigottis als ein Produkt reinen Wunschdenkens zu deuten. Das galt besonders im Hinblick auf die kämpfende Truppe. Sie bekam die Veränderungen auf der Gegenseite am frühesten zu spüren und auch am stärksten. Wenn sich etwa seit Herbst 1941, also zu Beginn des Massensterbens, auf sowjetischer Seite der Eindruck verstärkte, „daß Kriegsgefangene mißhandelt und getötet werden"[277], dann vermittelt dies nicht nur einen Eindruck von der Geschwindigkeit, mit der sich diese Nachrichten damals verbreiteten, sondern auch von der Interdependenz dessen, was „vorne" und „hinten" geschah[278].

Vor allem die kritischeren Geister auf deutscher Seite konnten sich dieser Einsicht nur schwer verschließen[279]. Die eigene Gefangenenpolitik musste, so die naheliegende Schlussfolgerung, die „Schauermärchen" der Kommissare nur bestätigen[280]. Auch im Hinterland bekamen die Deutschen das zu spüren. „Der Ruf dieser schlechten Behandlung" führe dazu, so die 221. Sicherungsdivision, dass „viele" versprengte Rotarmisten zu den Partisanen übergegangen seien[281], während diese wiederum bewusst einzelne Kriegsgefangenenlager überfielen, um mit den befreiten Kriegsgefangenen die eigenen Reihen zu verstärken[282]. Gerade die plastischen Berichte jener Rotarmisten, „die schon einmal in deutscher Gefangenschaft waren

[276] IfZ-Archiv, FD 600/1: H.Gr. Mitte, Abt. I a, Kriegstagebuch, Eintrag vom 9.12.1941. Vgl. mit der Bewertung bei Hürter, Heerführer, S. 565.

[277] Vgl. PA-AA, R 60759: AOK 4, Abt. I c/VAA, „Bericht Nr. 114" vom 1.3.1942, in dem auf die Ereignisse des vergangenen halben Jahres verwiesen wird.

[278] Vgl. mit der Bewertung von Dallin (Deutsche Herrschaft, S. 432), der auf der Basis von Nachkriegsbefragungen zu dem Ergebnis kommt, dass nichts unter der sowjetischen Bevölkerung einen so schlechten Eindruck hervorgerufen habe wie die Behandlung der sowjetischen Kriegsgefangenen.

[279] Vgl. mit Kap. 5.1. und 5.2.

[280] Vgl. etwa IfZ-Archiv, MA 1669: 221. Sich. Div., Abt. I c, Bericht an das LV. A. K. vom 6.2.1942. Bereits am 25.11.1941 unterrichtete die Sowjetunion in einer Zirkularnote sämtliche Mächte, mit denen sie diplomatische Beziehungen unterhielt, über „erschreckende Grausamkeiten, die von den deutschen Machthabern gegen sowjetische Kriegsgefangene begangen" würden. Vgl. Soviet Government Statements on Nazi Atrocities, London 1945.

[281] IfZ-Archiv, MA 1671: 221. Sich. Div., Abt. I c, Meldung an Bfh. Rückw. H. Geb. Mitte betr. „Propaganda und Aussage eines russ. Kgf." vom 26.5.1942. Vgl. auch IfZ-Archiv, MA 1667: 221. Sich. Div., Abt. I c, „Tätigkeitsbericht für die Zeit vom 10.5.–14.12.1941" vom 14.12.1941: „Im übrigen steht und fällt die Propaganda mit der Tat. So wirkte sich unzweifelhaft vom Gesichtspunkt der Feindpropaganda die Form der Behandlung der Gefangenen in den Lagern und auf den Transporten ungünstig aus."

[282] IfZ-Archiv, MA 885: Korück 580, Abt. Qu., „Besondere Anordnungen für die Versorgung Nr. 11" vom 28.12.1941. Gemeldet wurde die Befreiung von 210 Kriegsgefangenen.

und entkommen sind", wären für die sowjetische Seite „vorzügliches Propagandamaterial" – so das Fazit einer Denkschrift, die an das XXIV. Panzerkorps ging: „Ein Gefangener sagte vor dem Sonderführer von Alchibaja aus, er sei aus deutscher Gefangenschaft entkommen; er sei jedoch so schlecht behandelt worden, daß er sich diesmal freiwillig nicht ergeben hätte. Einwohneraussagen bestätigen, in Unterhaltungen russischer Soldaten, ähnlich dahingehende Bemerkungen gehört zu haben. Seit dem November vorigen Jahres ist die Tatsache bekannt, daß nur wenige Überläufer kommen und daß in den Gefechten bei erbittertem Widerstand nur wenige Gefangene gemacht werden."

Im Stab dieses Panzerkorps zog man daraus entsprechende Schlüsse, wie ein Befehl vom März 1942 erkennen lässt: „Die Einstellung gegen den deutschen Eindringling [!] hat sich trotz der Abstumpfung jedoch erheblich versteift. U[nter] a[nderem] ist das Verhalten der deutschen kämpfenden Truppe und der dahinter eingesetzten Zivilverwaltung nicht ohne Rückwirkung geblieben (Gefangenenbehandlung). In der Gefangenschaft erwartet der russ[ische] Soldat nicht mehr auf Grund der Reden des Politruks, sondern nunmehr aus eigener Überzeugung ein qualvolles Leben und den Tod." Dies habe nicht nur Folgen auf „die Neigung zum Überlaufen und Sichgefangengeben", sondern auch „Auswirkung im Kampfverhalten". „Gegenmaßnahmen können nicht durch Propagandaeinsatz, sondern allein durch Änderung der Tatsachen gefunden werden."[283]

Solche Worte waren nicht nur von diesem Panzerkorps zu hören. Gerade im mittleren Abschnitt der Ostfront forderte man damals immer entschiedener eine neue Kriegsgefangenenpolitik. Der Stabschef der Heeresgruppe Mitte, Generalmajor Hans von Greiffenberg, vertrat schon im November die Ansicht, die Kriegsgefangenen könnten aufgrund ihrer Erschöpfung kaum noch arbeiten[284], wenig später forderte er eine „Abänderung des Gefangenenelends, das unserer bisherigen Propaganda ins Gesicht schlägt"[285], während der I c/A.O. dieser Heeresgruppe im März 1942 zu dem Ergebnis kam, die „Erschießungen deutscher Gefangener" seien allein ein Resultat des ‚schnell bekannt gewordenen Elends der russischen Kriegsgefangenen'[286]. Ähnlich dachte man im nachgeordneten AOK 2. Bereits *vor* der Winterkrise leitete man hier konkrete Veränderungen ein. Anfang Dezember 1941 erließ der Oberbefehlshaber, General Rudolf Schmidt, einen „Befehl über [die] Behandlung der K[rie]g[sge]f[angenen]", der insbesondere ihre „ausreichende Verpflegung" forderte[287]. Entgegen den anders lautenden Rahmenrichtlinien[288] erhielten in dieser Armee jene Gefangenen, die man als Arbeitskräfte einsetzte, nicht nur „Beute-Bestände" oder „Speisereste", sondern zum Teil auch die reguläre

---

283 BA-MA, RH 24-24/323: XXIV. Pz. Korps, Abt. I c, „Feindnachrichtenblatt Nr. 75" vom 12. 3. 1942.
284 IfZ-Archiv, MA 1564/20, NOKW-1535: [AOK 18, Chef GenSt], „Merkpunkte aus der Chefbesprechung in Orscha am 13. 11. 1941".
285 Meldung vom 7. 12. 1941, zit. bei: Reinhardt, Wende, S. 186 mit Anm. 92. Zur Position Greiffenbergs vgl. Hürter, Heerführer, S. 389.
286 Streit, Kameraden, S. 347, Anm. 155.
287 BA-MA, RH 20-2/1445: AOK 2, O.Qu./Qu. 2, Tätigkeitsbericht für die Zeit vom 30. 11.– 6. 12. 1941.
288 BA-MA, RH 20-6/764: OKH/GenStdH/GenQu/Abt. IV a Az. 960, Nr. I/36761/41 geh., Erlass betr. „Verpflegung sowjetrussischer Kriegsgefangener" vom 2. 12. 1941. Vgl. hierzu Streit, Kameraden, S. 138, 145 ff.

„Truppenverpflegung"[289]. Die Forderung dieses AOK's, bei der Behandlung der Kriegsgefangenen „mit allem Nachdruck Wandel zu schaffen"[290], war mehr als nur eine Phrase, erinnert sei an den Kommandanten der Armee-Gefangenen-Sammelstelle 21, den der Korück 580 wegen ‚einer ungewöhnlich hohen Sterblichkeitsziffer unter den K[riegs]g[e]f[angenen]' unverzüglich ablösen ließ. Auch vor einer scharfen Auseinandersetzung mit der SS schreckte Schmidt nicht zurück. Als die 1. SS-Infanterie-Brigade ihre Lagerkomplexe bei Shurowka und Nowgorod-Sewerskij auflösen und die Insassen kurzerhand ermorden wollte, musste sie ihren „Befehl zur Liquidierung der Gefangenenlager auf Anordnung AOK 2 widerrufen"[291], wobei es den SS-Wachmannschaften beim anschließenden „Todesmarsch" dennoch gelang, die meisten Gefangenen zugrunde zu richten.

Möglicherweise waren es Vorfälle wie diese, die Schmidt dazu brachten, das gesamte Kriegsgefangenenwesen in seinem Armeebereich neu zu organisieren. Anfang Januar 1942, auf dem Höhepunkt der militärischen Krise, erließ er neue „Richtlinien für die Kommandanten der Kriegsgefangenen-Lager"[292], mit denen er jede „quälerische Behandlung" der Gefangenen strikt verbot, ebenso jede Kürzung der „Verpflegungssätze", die mit Hilfe von „Heeresbeständen" von nun an „voll einzuhalten" seien. Auch seien alle Gefangenen „in gedeckten und geheizten Räumen unterzubringen" sowie sanitäre Einrichtungen und eine ausreichende medizinische Versorgung bereitzustellen[293]. Wenig später wurde Schmidt noch deutlicher[294]. Sein Grundsatzbefehl vom 3. März 1942 mit der Forderung, alle Kriegsgefangenen seien „dem Völkerrecht entsprechend zu behandeln", stand in einem denkbar scharfen Gegensatz zu jener Anordnung des OKW vom 8. September 1941, mit der es den sowjetischen Soldaten genau diesen Anspruch abzuerkennen versucht hatte[295]. Schmidt beließ es aber nicht allein bei Dekreten. Sein Stabschef, Oberst i. G. Kurt Freiherr von Liebenstein, äußerte etwa gegenüber dem XXXV. Armeekorps, dass das OKH zwar verbiete, „für die aufgestellten Gefangenenkomp[anien] bessere Verpflegung zu geben", doch vertrete er die Ansicht, dass die dort Beschäftigten „neben der Gefangenenverpflegung Schwerarbei-

[289] BA-MA, RH 20-2/1445: AOK 2, O.Qu./Qu. 2, Meldung an die H.Gr. Mitte betr. „Freimachung von Soldaten durch vermehrte Einstellung von Kriegsgefangenen in die Truppe" vom 20.12.1941.

[290] BA-MA, RH 20-2/1453: AOK 2, O.Qu./Qu. 2, Meldung an den Chef GenSt der 2. Armee vom 15.2.1942. Auch zum Folgenden. Mit Blick auf die Verpflegung dieses Lagers heißt es dort auch: „Falls Verpflegung aus dem Lande nicht ausreicht, ist Heeresverpflegung anzufordern."

[291] Am 12.12.1941, zit. bei: Cüppers, Wegbereiter, S.237, 410. Dabei wurden ungefähr 8000 Kriegsgefangene von Shurowka in das ca. 90 km entfernte Nowgorod-Sewerskij getrieben. Nur etwa 300 Personen erreichten die Stadt lebend. Die 221. Sicherungsdivision, welche die beiden Lager übernehmen sollte, konnte diese aufgrund der Witterung nicht erreichen.

[292] BA-MA, RH 20-2/1453: AOK 2, Abt. O.Qu./Qu. 2, „Richtlinien für die Kommandanten der Kriegsgefangenen-Lager" vom 6.1.1942. Auch zum Folgenden.

[293] Dies wurde von den unterstellten Verbänden so weitergegeben. Vgl. etwa IfZ-Archiv, MA 1669: LV. A.K., Abt.I a, „Führungsanordnungen Nr.33" vom 22.2.1942, in denen u.a. befohlen wurde, „daß Überläufer und Gefangene von der Truppe menschlich behandelt, im Rahmen der Bestimmungen ernährt und in geheizten Räumen untergebracht werden".

[294] BA-MA, RH 21-2/867 a: Pz. AOK 2, Abt.I c/A.O., „Armeebefehl für die Behandlung von Kriegsgefangenen, Partisanen, Feindkundschaftern und der Bevölkerung" vom 3.3.1942. Dort auch das folgende Zitat.
Dass Schmidt diese Überlegungen weiterführte, belegt Hürter, Heerführer, S.459f.

[295] Druck: Ueberschär/Wette (Hrsg.), „Unternehmen Barbarossa", S.351–354.

terzulage erhalten"[296] sollten. Dies war ein klarer Fall von Insubordination, noch dazu einer, der aktenkundig wurde. Zumindest in diesem Armeeoberkommando scheint sich das Interesse an den Kriegsgefangenen unter dem Eindruck der militärischen Krise nicht verflüchtigt zu haben[297] – vielmehr erkannte man hier sehr klar, dass das eine mit dem anderen durchaus zusammenhing.

Auch bei den unterstellten Divisionen gab es Offiziere, die diese Ansicht teilten. So schrieb der Oberst von Lüttwitz im Februar 1942: „Mein Nachbar Thüngen hat einen sehr guten Bericht über die Gefangenenbehandlung verfasst, dem ich sehr zustimme. Er ist wie ich für eine anständige Behandlung u[nd] ritterliche Kriegführung."[298] Dieser Bericht des Generalleutnants Karl Freiherr von Thüngen, der dann am 20. Oktober 1944 wegen seiner Beteiligung am Staatsstreich vom 20. Juli hingerichtet wurde, hat sich in den Dienstakten des XXIV. Panzerkorps erhalten. Sein Tenor lautet, „daß in der Einstellung zur Gefangenenbehandlung ganz allgemein eine Änderung notwendig ist"[299].

Dieser Unmut beschränkte sich nicht nur auf Fronteinheiten, die ihn sich eher leisten konnten. Auch Formationen wie die 221. Sicherungsdivision suchten seit November 1941, in den Lagern „bessere Verhältnisse zu schaffen"[300]. Ermahnungen an die nachgeordneten Dienststellen, diese müssten mit der Arbeitskraft der Kriegsgefangenen haushalten[301] und „für ausreichende Ernährung (täglich warmes Essen und Brot), beheizte Unterkunft und Ergänzung fehlender Bekleidung" sorgen, scheinen aber ohne große Wirkung geblieben zu sein. Erst nach ihrem Fronteinsatz bemühte sich die Führung der 221. um einen wirklichen Neuanfang: „Richtige Behandlung heißt gerechte Behandlung"; dies sei „ein Gebot der Klugheit". Ein solcher Wechsel in der Kriegsgefangenenpolitik würde sich sowohl „auf die feindliche Front" auswirken als auch auf die „Bevölkerung der besetzten Gebiete". Auch hier fehlte nicht der Hinweis, dass die Gefangenen, die „arbeitsfähig, arbeitswillig und gesund" bleiben sollten[302], „dem Völkerrecht entspre-

---

[296] BA-MA, RH 21-2/882: Pz. AOK 2, Abt. I a, Kriegstagebuch, Eintrag vom 22.5.1941.

[297] Vgl. Hürter, Heerführer, S. 391.

[298] BA-MA, N 10/9, NL Smilo Frhr. von Lüttwitz, Brief vom 25.2.1942.

[299] BA-MA, RH 24-24/161: 10. Pz. Div., Kdr., Denkschrift für das XXIV. Pz. Korps vom 14.2.1942. Dort heißt es weiter: „In den Durchgangslagern und besonders auch in den Gefangenensammelstellen ist für eine einigermaßen ausreichende Verpflegung der anfallenden Kriegsgefangenen zu sorgen. Ebenso sind für ärztliche Betreuung im bescheidensten Maße, dann aber für schnelleren Abschub wie bisher vorsorglich Kräfte zur Verfügung zu stellen. Man kann sich nach den Erfahrungen des vergangenen Jahres auf diesem Gebiet der Tatsache nicht verschließen, daß in Frontnähe überall improvisiert werden musste und daß es lediglich von dem guten Willen einzelner Stellen abhing, wenn überhaupt etwas geschah; [...]. Diese Einstellung ist auf Grund der Überbeanspruchung der Truppe und der in Frage kommenden Stellen erklärlich, eine Abänderung wegen der Wichtigkeit der Frage in diesem Jahre jedoch notwendig."

[300] IfZ-Archiv, MA 1668: 221. Sich. Div., Abt. I b, Kriegstagebuch, Eintrag vom 19.11.1941: „Dem Dulag 142 Brjansk wird befohlen, bessere Verhältnisse zu schaffen und Bericht an Div. zu geben." Vgl. auch ebda., Eintrag vom 7.12.1941.

[301] Ebda., „Besondere Anordnung Nr. 164/41" vom 25.11.1941. Auch zum Folgenden. Vgl. auch IfZ-Archiv, MA 895/1: Korück 580, Abt. Qu., wo ein Partisanen-Flugblatt zitiert wird, das auf das deutsche Angebot eingeht, sie als Kriegsgefangene zu behandeln. Die Folgerung der Partisanen hätte gelautet: „Wir wollen aber in den Kriegsgefangenenlagern nicht an Hunger sterben."

[302] IfZ-Archiv, MA 1671: 221. Sich. Div., Abt. I c, „Merkblatt für die Behandlung sowjetischer Kriegsgefangener", o. D. [Eingangsstempel 18.4.1942].

chend" zu behandeln seien[303]. Auch beim Korück 580 hatte der Generalleutnant Agricola bereits im Dezember, unmittelbar nach seinem Dienstantritt, versucht, die Verhältnisse in den Lagern zu verbessern[304], weil er eine „anständige Behandlung" der Kriegsgefangenen aus wirtschaftlichen, aber auch aus „rein menschlichen und propagandistischen Gründen [für] dringend erforderlich" hielt[305] – wohlgemerkt, das waren militärische Weisungen, keine internen Denkschriften, selbst wenn die Tatsache, dass sie wiederholt werden mussten, ein Hinweis darauf ist, dass ihrer Wirkung Grenzen gesetzt waren[306].

Initiativ wurden mittlerweile nicht nur einzelne Offiziere[307]. Vielmehr mehrten sich seit der Zäsur des Winters 1941/42 auf allen vorgesetzten Kommandoebenen, von der Division bis hin zur Heeresgruppe, die Stimmen, welche die tödlichen Existenzbedingungen für die sowjetischen Kriegsgefangenen nicht mehr akzeptieren wollten, wobei in diesem Fall Front- und Besatzungsverbände einmal in seltener Einmütigkeit an ein und demselben Strang zogen[308]. Neben Kritik, Denkschriften und Befehlen boten sich aber auch einige praktische Möglichkeiten, um das Schicksal der sowjetischen Kriegsgefangenen zu ändern.

5.3.7 Alternativen zum Tod – Entlassung, Ausbeutung, Kollaboration

Diese Alternativen waren sehr unterschiedlich. Das Schicksal eines estnischen Soldaten, der im Sommer 1941 entlassen wurde, war mit dem seines ehemaligen russischen „Kameraden", der sich im Auftrag der Wehrmacht beim Minenräumen oder Straßenbau zu Tode schuften musste, kaum zu vergleichen. Und dessen Los hatte wiederum wenig gemeinsam mit dem eines usbekischen Freiwilligen, der sich auf das Abenteuer eingelassen hatte, für die deutsche Armee Kriegsdienst zu leisten. Trotzdem gibt es bei all diesen unterschiedlichen Lebensläufen eine Parallele. Stets boten Entlassung, Arbeitseinsatz oder Kollaboration eine Alternative zur

---

[303] Ebda., Anordnung betr. „Behandlung von Kriegsgefangenen, Partisanen und Bevölkerung" vom 8.4.1942.

[304] Vgl. hierzu auch BA-MA, RH 20-2/1445: AOK 2, Abt.O.Qu./Qu. 2, Tätigkeitsbericht für den Januar 1942: „Bei Überprüfung der in Konotop und Gluchow neu übernommenen Gefangenenlager stellen sich dort unhaltbare Zustände heraus, zu deren Beseitigung die notwendigen Sofortmaßnahmen eingeleitet werden." BA-MA, RH 20-2/1453: AOK 2, Abt.O.Qu., Meldung an den „Herrn Chef des Generalstabes der 2. Armee" vom 15.2.1942: „Als aus den ersten eintreffenden Meldungen der A. Gef. S.Stelle 21 eine ungewöhnlich hohe Sterblichkeitsziffer unter den Kgf. hervorging und der vom Kdt. r. A. 580 zur Verbindungsaufnahme nach Konotop entsandte Offz. nach seiner Rückkehr die Verhältnisse im Kgf. Lager als unhaltbar schilderte, erging am 7.1.42 vom AOK an die Feld-Kdtr. folgendes Fernschreiben", sie solle „mit allem Nachdruck" Wandel schaffen. Ein „Offizier zur Ablösung des Lagerkommandanten wird durch Kdt. r. A. in Marsch gesetzt."

[305] IfZ-Archiv, MA 895/2: Korück 580, Abt.Qu. op., Anordnung betr. „Kriegsgefangenenwesen" vom 7.6.1942.

[306] Vgl. etwa mit dem Befehl des Korück 580 vom 5.5.1943, der die „Überbeanspruchung", Ausplünderung und mangelnde Betreuung der Kriegsgefangenen scharf kritisiert. Zit. bei: Streit, Kameraden, S.242.

[307] Vgl. hierzu Hartmann, Massensterben, passim.
Gutschmidt war kein Einzelfall. Bekannt wurde etwa der Fall des Lothar Meinl, Kommandant des Lagers Linkunen bei Tilsit, der sich ebenfalls mit allen ihm zur Verfügung stehenden Mitteln für eine Verbesserung der Verhältnisse in seinem Lager bemühte. Vgl. Müller, Die Geschichte hat ein Gesicht, S.71, Anm.18.

[308] Vgl. hierzu Hürter, Heerführer, S.391ff.; Richter, „Herrenmensch", S.91ff.

tödlichen Hoffnungslosigkeit des Lageralltags. Das soll nicht heißen, dass die drei hier erwähnten Alternativen gefahrlos gewesen seien. Doch eröffneten sie den Gefangenen in der Regel mehr Perspektiven. Diese spielten für die Deutschen bestenfalls eine untergeordnete Rolle. Viel wichtiger schienen ihnen ihre eigenen Interessen. Doch wird – mal mehr, mal weniger – auch der Gedanke eine Rolle gespielt haben, wenigstens in Ansätzen Alternativen zu dem zu entwickeln, was sich täglich in den Lagern abspielte.

5.3.7.1 Entlassungen

Die riesigen Verluste unter den sowjetischen Kriegsgefangenen verstellen mitunter den Blick dafür, dass schon in den ersten Monaten des deutsch-sowjetischen Krieges gefangene Rotarmisten in einer sechsstelligen Größenordnung entlassen wurden. Auch dies war ungewöhnlich, denn der Krieg war ja noch längst nicht beendet. Doch auch die Entlassungen waren nicht frei von Ideologie und Willkür. Denn die Genfer Kriegsgefangenenkonvention verbot alle „Vergünstigungen"; wenn, dann ließen sie sich nur mit „dem militärischen Dienstgrad, dem körperlichen oder seelischen Gesundheitszustand, der beruflichen Eignung oder dem Geschlecht" begründen[309]. Von Nationalität oder Rasse war hier nicht die Rede. Genau diese Kriterien aber machte die deutsche Führung zur Grundlage ihrer komplizierten, oft widersprüchlichen Entlassungspolitik, „bei der die Balten, die Auslandsdeutschen und die muslimischen Völker, insbesondere aus der Kaukasusregion, auf den obersten Stufen der Hierarchieleiter standen, Ukrainer in der Mitte und Russen ganz unten" – eine Abstufung, die sich nicht allein an der nationalsozialistischen Rassenideologie orientierte, sondern auch an den Erfahrungen des Ersten Weltkriegs[310]. Noch schlechter als die Russen hatten es sowjetische Kriegsgefangene jüdischer und anfangs auch die „asiatischer" Herkunft. Für sie war in der rassistischen Hierarchie des Nationalsozialismus kein Platz vorgesehen.

Doch gab es in diesem System der Willkür nicht nur Verlierer. Nach einer entsprechenden Weisung des OKH vom 24. Juli 1941[311] forderte das AOK 2 eine „schnelle Entlassung" einzelner Gefangenengruppen; sie sei aus propagandistischen, aber auch aus wirtschaftlichen Gründen notwendig[312]. Aufgrund dieser Regelung, die eine bereits bestehende Praxis sanktionierte[313], wurden nun bevorzugt

---

[309] Abkommen über die Behandlung der Kriegsgefangenen vom 27.7.1929, Art. 4. Druck: Lodemann (Hrsg.), Kriegsrecht, S. 84ff., hier S. 86.

[310] Overmans, Kriegsgefangenenpolitik, S. 807. Vgl. hierzu auch Nachtigal, Die Kriegsgefangenen-Verluste an der Ostfront.

[311] Vgl. hierzu IfZ-Archiv, MA 1564/31: NOKW-2423. OKH/GenStdH, Az. Gen. z.b.V. ObdH/ GenQu/K.Verw., Nr. II/ 4590/41 geh., Weisung betr. „Russische Kriegsgefangene" vom 24.7.1941. Der Befehl ermöglichte die Entlassung der kriegsgefangenen Volksdeutschen, Ukrainer, Litauer, Letten und Esten. Generell hierzu Gerlach, Morde, S. 817ff.; Arnold, Wehrmacht, S. 334ff.; Pohl, Herrschaft, S. 215f.

[312] BA-MA, RH 20-2/1445: AOK 2, Abt. O.Qu./ Qu. 2, „Besondere Anordnungen für das Kriegsgefangenenwesen (gültig für die Ordnungsdienste der Armee)" vom 5.8.1941.

[313] Vgl. etwa IfZ-Archiv: MA 1661: Bfh. im Rückw. Heeresgeb. Mitte, Abt. I a, „Korpsbefehl Nr. 34" vom 25.7.1941: „Es wird mit sofortiger Wirkung nochmals verboten, daß Angehörige der Sowjetarmee, gleichgültig welcher Nationalität und gleichgültig ob in Uniform oder Zivil aufgegriffen, aus Gefangenenlagern entlassen werden. Sie sind sämtlich als Kriegsgefangene zu behandeln." Offenbar wusste man zu diesem Zeitpunkt noch nichts von der Grundsatzentscheidung des OKH.

„volksdeutsche"[314], litauische, lettische, estnische, finnische, rumänische und manchmal auch ukrainische Soldaten[315] entlassen, nicht selten auch die Schwerverwundeten[316], was die Vorschrift ja ohnehin vorsah[317]. Offenbar suchte die 221. Sicherungsdivision diese Praxis sukzessive auszuweiten; im Oktober 1941 wollte sie „zuverlässige" Kriegsgefangene zur Herbstbestellung „beurlauben"[318] und künftig auch die „vermeintliche Haltung gegenüber der deutschen Besatzungsmacht"[319] berücksichtigen, bis sie dann im Februar 1942 befahl, „alle Kriegsgefangenen, die dem Bolschewismus gegenüber feindlich eingestellt sind, [...] für das Deutsche Reich nutzbringend in Sicherungsverbänden usw." zu verwenden[320].

Entlassen wurde nicht allein in den Lagern. Die Truppe machte von dieser Möglichkeit so reichlich Gebrauch, dass etwa die 4. Panzerdivision kritisierte, man würde bei der Ausstellung von Ausweisen für entlassene Gefangene „immer noch nicht mit der nötigen Sorgfalt" vorgehen[321]. Das OKH entschied daher im September

314 IfZ-Archiv, MA 1668: 221. Sich. Div., Abt. I b, Verordnung vom 13.9.1941: „Volksdeutsche Russen sind sofort zu entlassen und als Dolmetscher oder Kolchosenführer zur Verfügung zu stellen."
Auch die 4. Pz. Div. entließ gefangengenommene wolgadeutsche Soldaten. Den Wunsch des Schtz. Rgt. 33, diese Soldaten in die Division einzugliedern, lehnte die Divisionsführung allerdings noch Anfang Oktober ab. IfZ-Archiv, MA 1590: 4. Pz. Div., Abt. I c, Befehl an das Schtz. Rgt. 33 vom 4.10.1941.

315 Im Rückwärtigen Gebiet der 2. Armee begann man, nach anfänglichem Zögern, im August mit der Entlassung der „volksdeutschen", dann der „ukrainischen und aus den Randstaaten stammenden" Kriegsgefangenen. BA-MA, RH 20-2/1445: AOK 2, Abt. O.Qu./Qu. 2, Tätigkeitsbericht für die Woche vom 3.-9.8.1941; ebda., vom 10.-16.8.1941. Diese entlassenen Kriegsgefangenen wurden als Arbeiter bei deutschen Dienststellen eingesetzt. Im September 1941 wurde die Entlassung der weißrussischen Kriegsgefangenen vorbereitet (ebda., vom 14.-20.9.1941), Ende November die der finnischen (ebda., vom 23.-29.11.1941). Vgl. auch mit der ebda., AOK 2, Abt. O.Qu./Qu. 2, Meldung an die H.Gr. Mitte vom 3.8.1941, wo zunächst Zweifel am Sinn der Entlassung angemeldet werden, da die Truppe die Arbeitskommandos nicht überwachen könne.
Vgl. auch mit IfZ-Archiv, MA 1667: 221. Sich. Div., Abt. I b, Kriegstagebuch, Eintrag vom 15.7.1941: „Dulag 185 erhält Auftrag 500 gefangene Ukrainer herauszuziehen, die vom Polizei-Führer [sic] als Hilfs-Polizisten später in der Ukraine verwendet werden sollen und dazu von Pol.-Kommandos ausgebildet werden."

316 Vgl. hierzu IfZ-Archiv, MA 1667: 221. Sich. Div., Abt. I b, „Besondere Anordnungen für die Versorgung Nr. 143/41" vom 12.10.1941; IfZ-Archiv, MA 1668: 221. Sich. Div., Abt. I b, Meldung an die 286. Sich. Div. vom 15.11.1941: „Dauernd wehrunfähige schwerverwundete [...] oder schwerkranke [...] Kgf. können auf Vorschlag des San. Offz. nach Überprüfung durch den Abwehroffz. entlassen und dem nächsten Zivilkrankenhaus übergeben werden, soweit sie in der näheren Umgebung beheimatet sind." Ferner Hartmann, Massensterben, S. 145 (Eintrag vom 12.7.1941), wo berichtet wird, dass die verwundeten Kriegsgefangenen, die man „sehr gern [...] an die Zivilkrankenhäuser" abgegeben habe, nach ihrer Genesung „einfach freigelassen" würden.

317 IfZ-Archiv, Da 034.012: Dienstanweisung für den Kommandanten eines Kriegsgefangenen-Mannschafts-Stammlagers (H. Dv. 38/5), S. 42: „Schwerverwundete und Schwerkranke werden ohne Rücksicht auf ihren Dienstgrad und Zahl in ihre Heimat zurückbefördert, sobald ihr körperlicher Zustand es gestattet. Schwerverwundete werden daher im allgemeinen bereits aus den Kriegs- und Feldlazaretten abgeschoben worden, ohne ein ‚Stalag' berührt zu haben."

318 IfZ-Archiv, MA 1667: 221. Sich. Div., Abt. I b, „Besondere Anordnungen für die Versorgung Nr. 130/41" vom 6.10.1941; ebda., „Besondere Anordnungen für die Versorgung Nr. 162/41" vom 19.11.1941.

319 Arnold, Wehrmacht, S. 337.

320 IfZ-Archiv, MA 1669: 221. Sich. Div., Abt. I b, „Besondere Anordnungen für die Versorgung Nr. 10/42" vom 6.2.1942.

321 BA-MA, RH 27-4/109: 4. Pz. Div., Abt. I c, Tätigkeitsbericht, Eintrag vom 14.11.1941. In diesem Sinne auch IfZ-Archiv, MA 1661: Bfh. Rückw. Heeresgeb. Mitte, Abt. I a, „Korpsbefehl Nr. 38" vom 8.8.1941. IfZ-Archiv, MA 1667: 221. Inf. Div., Abt. I b, Kriegstagebuch, Eintrag vom 9.8.1941. Ferner Overmans, Kriegsgefangenenpolitik, S. 806.

1941, dass nur noch die Dulags Kriegsgefangene entlassen dürften[322], wobei mit Blick auf die bevorstehenden Ernten nun auch wirtschaftliche Gründe geltend gemacht wurden[323]. Seit November 1941 – also in dem Moment, wo der „ökonomische Wert" der Gefangenen wieder stärker ins Bewusstsein der deutschen Führung rückte – wurden die militärischen Dienststellen jedoch wieder restriktiver[324].

Allein im OKH-Bereich wurden bis Jahresende 1941 ca. 270000, bis Mai 1944 534000 sowjetische Kriegsgefangene entlassen[325] – nicht immer in die Freiheit. Die formelle Entlassung war Voraussetzung für vieles: Überführung in ein ziviles oder militärisches Arbeitsverhältnis, Eingliederung in die Freiwilligen-Verbände der Wehrmacht oder Auslieferung an den SD. Trotzdem waren auch Entlassungen Teil der deutschen Kriegsgefangenenpolitik, die freilich nicht auf den Prinzipien des Rechts basierte, sondern auf denen rassistischer Willkür.

5.3.7.2 Ausbeutung

Vor Beginn des „Unternehmens Barbarossa" schienen die sowjetischen Kriegsgefangenen für die Deutschen vor allem unter einem Aspekt von Interesse – in ihrer Funktion als Arbeitskräfte. „Ihre beschleunigte Nutzbarmachung im Operationsgebiet" sei, so das OKH im April 1941[326], „von besonderer Wichtigkeit". Entsprechende „Arbeitskompanien" sollten auch „zum Einsatz in den Versorgungsstützpunkten, zum Straßen- und Brückenbau sowie zur Ausnutzung des Landes für die Truppe" kommen. Auch das war ein Verstoß gegen das herrschende Völkerrecht, denn die Ausbeutung der Kriegsgefangenen durfte nicht militärischen Zwecken dienen und auch nicht „übermäßig" sein[327]. Sicherlich war im Einzelfall nicht immer klar, ob die Reparatur einer Straße oder einer Brücke allein den militärischen Besatzern zugute kam. Gleichwohl bewegte sich der ökonomische Einsatz der

---

[322] Vgl. hierzu eingehend Arnold, Wehrmacht, S. 336 mit Anm. 64.

[323] IfZ-Archiv, MA 1668: 221. Sich. Div., Abt. I b, Anordnung vom 20.9.1941: „Kgf. können zur Arbeit auf nahegelegenen Kolchosen für die Ernte oder Herbstbestellung beurlaubt werden." Ebda., Anordnung vom 19.11.1941, wo es heißt, dass die Beurlaubung auch „nach Beendigung der Herbstbestellung" fortgesetzt werden könne.

[324] Vgl. etwa IfZ-Archiv, MA 1671: Kd. Gen. d. Sich. Trp. u. Bfh. i. Heeresgeb. Mitte, Abt. Qu., „Besondere Anordnungen für die Versorgung Nr. 45", wo auf zwei entsprechende Anordnungen vom 21.11. und 4.12.1941 hingewiesen wird. Allerdings berichtete Jarausch noch Ende November 1941, „einzelne Gefangene" würden wegen des großen Hungers „nach Hause geschickt". Jarausch/Arnold, Sterben, S. 345 (Brief vom 28.11.1941).

[325] Gemäß der „Nachweisung des Verbleibs der sowjetischen Kriegsgefangenen nach dem Stand vom 1.5.1944" wurden im OKH-Bereich 533523 Entlassungen registriert. Zusammen mit dem OKW-Bereich belief sich die Zahl der entlassenen sowjetischen Kriegsgefangenen auf etwa 815000. Laut Gerlach wurden bis zum 31.12.1941 insgesamt 269048 sowjetische Kriegsgefangene entlassen, allerdings nur 29677 Mann bei der H.Gr. Mitte. Allerdings wurde gerade hier ein Teil der Gefangenen bereits vor ihrer Erfassung durch die kämpfende Truppe oder die Dulags entlassen, so dass die Zahl deutlich höher liegen dürfte. Zu bedenken ist freilich auch, dass auch die Abgaben an den SD unter der Kategorie „sonstige Abgänge" subsumiert wurden, da sowjetische Kriegsgefangene vor ihrer Ermordung durch den SD formal aus der Wehrmacht zu „entlassen" waren. Angaben nach: Ueberschär/Wette (Hrsg.), „Unternehmen Barbarossa", S. 364–366, hier S. 364; Pohl, Herrschaft, S. 217. Gerlach, Morde, S. 817ff.; Arnold, Wehrmacht, S. 334ff.; Otto, Wehrmacht, S. 70f.

[326] OKH/GenStdH/GenQu, Abt. Kriegsverwaltung (Besondere Anordnungen für die Versorgung, Anl. 6, Teil C) vom 3.4.1941, in: Moritz (Hrsg.), Fall Barbarossa, S. 299–304, hier S. 302.

[327] Ein solcher Einsatz widersprach Art. 6 HLKO in der Fassung vom 18.10.1907 sowie Art. 2, 31, 32 und 34 der Genfer Kriegsgefangenenkonvention vom 27.7.1929. Druck: Lodemann (Hrsg.), Kriegsrecht, S. 52f.; S. 84ff.

sowjetischen Kriegsgefangenen bestenfalls in einer rechtlichen Grauzone. An der Klärung solcher Fragen waren die deutschen Planer aber kaum interessiert[328]. Ohne die unermüdliche Unterstützung der sowjetischen Kriegsgefangenen in den Wehrmachtdepots und Bahnhöfen, den Rollbahnen und Eisenbahnlinien (die in einer mühseligen Arbeit von der russischen „Breitspur" auf die deutsche „Normalspur" umzunageln waren[329]) hätte die deutsche Offensive rasch an Schwung verloren. Mit anderen Worten: Der Krieg sollte den Krieg ernähren.

Dagegen wollte man sich an der Front zunächst kaum mit „Arbeitsrussen" belasten[330], trotz der anderslautenden Absichten der vorgesetzten Dienststellen[331]. „Abschieben", hieß die Praxis[332]. Bei den rückwärtigen Verbänden fand der Gedanke, aus den Kriegsgefangenen auch wirtschaftlichen Nutzen zu ziehen, dagegen mehr Anklang[333]. Schon im Juli 1941 befahl die 221. Sicherungsdivision, dass „die Gefangenen als Arbeitskräfte eingesetzt werden"[334] – zur Räumung von Minen[335], „bei der Bäckerei-Komp[anie]"[336], „zum Straßenbau"[337], später auch zum Bau von Schlitten und Winterunterkünften[338]. Das Hinterland entwickelte sich rasch zum eigentlichen Arbeitsplatz der sowjetischen Kriegsgefangenen[339]. Es war kein Wunder, wenn die 221. bereits im Dezember 1941 ihren Einsatz außerordentlich positiv beurteilte[340] und ihn nun weiter ausbaute[341]. Noch wichtiger sollte

---

[328] IfZ-Archiv, MA 1618: AOK 4, Abt. I a, „Planspiel beim A.O.K. 4 vom 22.–24.5.1941"; IfZ-Archiv, MA 1564/28, NOKW-2184: OKH/GenStdH/GenQu, Az. Abt. K.Verw. (Qu. 4 B./Kgf.), Nr. II/11987/41, Anordnung betr. „Kriegsgefangenen-Arbeitseinsatz und -Abschub" vom 31.7.1941: „Die Arbeitskraft sämtlicher Kriegsgefangener ist rücksichtslos auszunutzen."

[329] Vgl. Pottgiesser, Reichsbahn im Ostfeldzug 1939–1944, S. 26ff.

[330] Vgl. IfZ-Archiv, MA 1618: 45. Inf. Div., Abt. I a, Kriegstagebuch, Eintrag vom 7.8.1941.

[331] Vgl. etwa IfZ-Archiv, MA 1578: XXIV. Pz. Korps, Abt. Qu./I a, Befehl vom 5.7.1941; IfZ-Archiv, MA 1564/31, NOKW 2423: OKH/GenStdH/Az. Gen. z.b.V. O.b.d.H./GenQu, Abt. K.Verw., Nr. II/ 4590/41 geh., Anordnung betr. „Russische Kriegsgefangene" vom 24.7.1941; BA-MA, RH 20-2/1445: AOK 2, Abt. O.Qu./Qu. 2, „Besondere Anordnungen für das Kriegsgefangenenwesen (gültig für die Ordnungsdienste der Armee)" vom 5.8.1941.

[332] Vgl. Kap. 5.2 sowie Rass („Menschenmaterial", S. 361 ff.), der für die 253. ID zu dem Ergebnis kommt, dass dort der Einsatz von Zivilisten erst im Winter 1941/42 begonnen habe, der von permanenten Arbeitskommandos aus sowjetischen Kriegsgefangenen erst im Juli 1942.

[333] Vgl. etwa BA-MA, RH 53-7/206: Beobachtungs-Ers. Abt.7, „Bericht über die Reise zur Ostfront" vom 22.8.1941: „Gesprengte Brücken und durch den Vormarsch der Truppen zerstörte Strassen werden von O[rganisation] T[odt] und Gefangenen in großer Zahl in vorbildlicher Weise wiederhergestellt."

[334] IfZ-Archiv, MA 1667: 221. Inf. Div., Abt. I b, Kriegstagebuch, Eintrag vom 12.7.1941; IfZ-Archiv, MA 1668: 221. Sich. Div., Abt. I b, „Sonderbefehl über Kriegsgefangenenwesen" vom 4.7.1941.

[335] IfZ-Archiv, MA 1665: 221. Sich. Div., Abt. I a, Meldung an Bfh. Rückw. Heeresgeb. Mitte vom 30.8.1941.

[336] IfZ-Archiv, MA 1667: 221. Sich. Div., Abt. I b, Kriegstagebuch, Eintrag vom 12.7.1941.

[337] Ebda., Eintrag vom 24.9.1941. Jedes Dulag hatte „5 Arbeitskomp. zum Straßenbau mit 300 Kgf. und 40 Wachmannschaften" aufzustellen.

[338] IfZ-Archiv, MA 1668: 221. Sich. Div., Abt. I b, „Besondere Anordnungen für die Versorgung, Versorgungstruppen, Feld-Kdtren., Orts-Kdtren., Dulags Nr. 128/41" vom 20.9.1941.

[339] Vgl. IfZ-Archiv, MA 895/1: Korück 580, Abt. Qu., Anordnung vom 1.7.1941; IfZ-Archiv, MA 1667: 221. Sich. Div., Abt. I b, Kriegstagebuch, Eintrag vom 11.9.1941. Vgl. hierzu Arnold, Wehrmacht, S. 418 ff.

[340] BA-MA, RH 26-221/15: 221. Sich. Div., Abt. I a, Bericht an Bfh. Rückw. Heeresgeb. Mitte vom 12.12.1941.

[341] IfZ-Archiv, MA 1670: Bfh. Rückw. Heeresgeb. Mitte, Abt. I a, Befehl an die 221. Sich. Div. vom 3.5.1942.

dieses Programm für den Korück 580 werden[342], im November 1942 beschäftigte
er insgesamt 1 147 Gefangene, 3 913 entlassene Kriegsgefangene und 147 Zivilisten[343]. Rechnet man noch die 14 bewaffneten „Ost-Bataillone" dieses Korücks
hinzu, so waren die Deutschen hier bereits stark in der Minderheit[344].

Und auch an der Front begann man die eigenen Lücken zunehmend mit
Kriegsgefangenen zu füllen[345]. Teilweise konnte dieser Prozess relativ harmo-
nisch verlaufen wie bei Hans Schäufler (Panzer-Regiment 35), den „sein" Wassil
bis zum Frühjahr 1945 begleitete[346], teilweise aber auch unter brutalem Zwang
wie bei der 2. Panzerarmee, die im November 1941 sowjetische Kriegsgefangene
zur Minenräumung an der Front missbrauchte – „zur Schonung deutschen
Blutes", wie ihre Führung bei dieser Gelegenheit hervorhob[347]. Doch spielten
Sympathie oder Rache beim Einsatz von Kriegsgefangenen meist keine große
Rolle, im Vordergrund standen eher die Prinzipien der militärisch-ökonomischen
Zweckmäßigkeit[348]. Schon deshalb konnten sich die Aufgaben dieser Gefangenengruppen und auch ihre Sozialstruktur oder ihre hierarchische Stellung gewal-
tig unterscheiden[349]: Ganz unten standen jene Arbeitskolonnen aus Kriegsgefan-

[342] Schon im Oktober 1941 befahl der Korück der Armee-Gefangenensammelstelle 4 in Dubrowka, „Spezialisten" unter den Kriegsgefangenen herauszusuchen. IfZ-Archiv, MA 895/1:
Korück 580, Abt. Qu., Erlass vom 11.10.1941.

[343] Angabe nach: Arnold, Wehrmacht, S. 337 mit Anm. 72. Dabei wurden bei der Auflösung eines
Lagers dieses Korück im März 1943 noch „schwarze Bestände" an Kriegsgefangenen festgestellt. BA-MA, RH 23/185: Korück 580, Abt. Qu., Kriegstagebuch, Eintrag vom 29.3.1943.

[344] Ende Mai 1942 waren beim Korück 580 als Anti-Partisanentruppen 1 650 Deutsche, 3 050 Ungarn, 2 700 Russen und 1 600 Angehörige der Miliz eingesetzt. IfZ-Archiv, MA 895/2: Korück
580, Kdt., „Abschließender Bericht über die Tätigkeit im rückwärtigen Armeegebiet in der
Zeit von Dezember 1941 bis Ende Mai 1942" vom 28.6.1942. Wenn der Gen.ltn. Agricola eine
„anständige Behandlung" der Kriegsgefangenen forderte, die „auch aus menschlichen und
propagandistischen Gründen erforderlich" sei, so resultierte das auch aus der Erfahrung, dass
ohne deren Einsatz dieses Korück schnell zusammengebrochen wäre. IfZ-Archiv, MA 907:
Korück 580, Abt. Qu./Kgf., „Besondere Anordnungen für die Kgf.-Einheiten Nr. 11" vom
19.10.1942.

[345] Noch am 9.11.1941 befahl das OKH, dass „im Operationsgebiet nur diejenigen Kriegsgefangenen zurückbehalten werden", die dort „zur Arbeit benötigt werden". BA-MA, RH 20-
11/407: OKH/GenStdH/GenQu, Az. IV/ IVb/ Qu. 4/ Kgf., Nr. II/ 7891/41 geh., Anordnung
betr. „Kriegsgefangenenlage" vom 9.11.1941. Ferner BA-MA, RH 21-2/244: Pz. AOK 2,
Abt. I a, Kriegstagebuch, Eintrag vom 24.11.1941: „Russische Soldaten bringen Munition in
die Feuerlinie, da die eigenen Gefechtsstärken kaum zur Bedienung der Waffen ausreichen."

[346] Schäufler berichtete nach dem Krieg, wie er Wassil am 10.7.1941 eher zufällig gefangen nahm,
wie dieser daraufhin bei ihm bleiben wollte, wie er – Schäufler – dies bei seinem Kompaniechef
durchsetzte, wie Wassil als Koch und Faktotum bei der Kompanie arbeitete, wie er Schäufler
das Leben rettete und wie Wassil vor ihm im Frühjahr 1945 wieder einer Kriegsgefangenen-
Kolonne übergeben wurde. 1951 habe er per Post ein Amulett erhalten, das Schäufler während
des Kriegs Wassil geschenkt hatte. Vgl. So lebten und so starben sie, S. 209ff.

[347] IfZ-Archiv, MA 1581: Pz. AOK 2, Armee-Pio.-Führer, Befehl betr. „Aufräumen von Minen"
vom 2.11.1941; BA-MA, RH 27-4/109: 4. Pz. Div., Abt. I c, Tätigkeitsbericht, Eintrag vom
14.11.1941: „Pz. AOK 2 befiehlt die Aussonderung russ. Radiopioniere und diese bei der
Entminung und Unschädlichmachung von Fernzündungsanlagen einzusetzen." Dies gab es
auch bei anderen Divisionen. Vgl. Rass, „Menschenmaterial", S. 339.

[348] Natürlich vollzog sich dies vor dem Hintergrund einer Ideologie, die das Prinzip der „rassischen Ungleichheit" postulierte. Bemerkenswert ist in diesem Zusammenhang ein Erlass
Hitlers vom 8.9.1942, der die „Beschäftigung deutscher Soldaten, RAD-Männer und Bau-
arbeiter mit untergeordneten Arbeiten" strikt verbot. Stattdessen solle das Verhältnis von
deutschen zu ausländischen Arbeitskräften „mindestens 1:5, im Osten nach Möglichkeit 1:10
und darüber betragen". Druck: Moll (Hrsg.), „Führer-Erlasse", Dok. 193.

[349] Interessant erscheint in diesem Zusammenhang auch eine Beobachtung von Dawletschin (Kasan, S. 110), dass die Organisation Todt unter den Gefangenen am gefürchtetsten gewesen sei.

Die ersten „HiWis": improvisierter Einsatz sowjetischer Kriegsgefangener bei der kämpfenden Truppe, September 1941
(Quelle: BSB, Fotoarchiv Hoffmann 37251)

genen, die den deutschen Verbänden unmittelbar angeschlossen waren; teilweise wurden sie unter mörderischen Arbeitsbedingungen förmlich verschlissen[350], teilweise arbeiteten sie auch unter einigermaßen erträglichen Bedingungen[351]. Deutlich besser ging es in der Regel den Hilfswilligen, den „HiWis". In Funktionen wie Gespannfahrer, Ordonnanzen oder Dolmetscher waren sie viel stärker in „ihre" Einheiten integriert, wobei sie bald zu mehr gebraucht wurden als nur zu „Handlangerdiensten"[352]. An der Spitze dieser informellen Hierarchie standen schließlich die sog. Osttruppen, die eigenständige und vor allem bewaffnete Einheiten bildeten[353].

Schon im November 1941 waren von den „offiziell 715000 in Arbeit befindlichen Kriegsgefangenen mindestens 490000 in den Ostgebieten bei der Truppe eingesetzt"[354] – zunehmend auch bei der Fronttruppe, wo sie allmählich auch zu

---

[350] Vgl. Rass, „Menschenmaterial", S. 274 f., 339, 362 f. Ein Leutnant einer Eisenbahn-Bau-Kompanie schrieb etwa im Oktober 1942: „Ich erlebe z. Zt. schreckliche Tage. Jeden Tag sterben 30 meiner Gefangenen, oder ich muß sie erschießen lassen. Es ist bestimmt ein Bild des Grauens." Zit. bei: Buchbender/Sterz, Gesicht, S. 150 f.

[351] So führte die 4. Pz. Div. im April 1942 insgesamt 220 Kriegsgefangene in den offiziellen Verpflegungslisten. IfZ-Archiv, MA 1593: 4. Pz. Div., Div. Intendant, Verpflegungsstärken, Stand: 21. 4. 1942.

[352] So das AOK 9 im November 1941, zit. bei: Förster, Sicherung, S. 1059.

[353] Vgl. Absolon, Wehrmacht, Bd. VI, S. 363; Rass, „Menschenmaterial", S. 363 f.

[354] Angabe nach: Arnold, Wehrmacht, S. 334. Die Weisungen, die vor Feldzugsbeginn zum Arbeitseinsatz der Kriegsgefangenen erarbeitet worden waren, weisen jedoch darauf hin, dass sie vor allem im Rückwärtigen Gebiet eingesetzt werden sollten.

Dauergästen wurden[355]. Der 4. Panzerdivision fiel bereits im Januar 1942 auf, „daß sich in verschiedenen Einheiten Gefangene ständig befinden, deren Zahl in keinem Verhältnis zu ihrer positiven Arbeitsleistung" stände. Sie „mit den vollen Sätzen der Truppe" zu verpflegen, hielt die Divisionsführung zunächst für keine gute Idee[356]. Doch konnte auch sie sich der Wirklichkeit auf Dauer nicht verschließen[357]. Nachdem einzelne Einheiten der „Vierer" schon im Dezember die völlig erschöpften Gefangenen für einen Arbeitseinsatz „aufzupäppeln" versucht hatten[358], organisierte die Division im Sommer 1942 dann eine offizielle Sammelstelle, um die Arbeitskraft der Kriegsgefangenen „durch ausreichende Ernährung" zu sichern[359]. Wie wichtig deren Einsatz für die 4. Panzerdivision wurde, bestätigen die Zahlen: Im Oktober 1942 waren hier schließlich 3 300 Hilfskräfte beschäftigt, ein Drittel Kriegsgefangene, der Rest Zivilisten[360].

Diese Menschen wurden auf alle Einheiten der Division verteilt, wenn auch sehr unterschiedlich[361]. Waren etwa beim Pionier-Bataillon im Juli 1942 nur 13 „Russen" im Einsatz, so waren es allein bei der Abteilung I b insgesamt 841 Mann. Ganz offensichtlich waren hier die Verhältnisse für die Gefangenen eindeutig besser als im Lager; die Listen der Division vermerken kaum Sterbefälle, allerdings einzelne Abgaben ans Lager oder ans Lazarett. Auch der Oberleutnant Farnbacher, der im Mai 1942 einen Trupp Russen beim Stellungsbau beaufsichtigte, hatte

---

[355] Vgl. etwa BA-MA, RH 24-24/172: Pz. AOK 2, OB, A. Pio. Fü., „Befehl für Verstärkung der Stellungen und Einsatz der Pioniere nach der Frostperiode" vom 27. 3. 1942.
Das war damals bei allen Frontverbänden der Fall. So veranstalte die 45. ID, wo man „zum Ausfüllen der Trosse [...] in erster Linie ‚Hilfswillige'" einsetzen wollte, spezielle Lehrgänge, um die „durch Einstellen von Hiwi freiwerdenden Soldaten [...] zu brauchbaren Infanteristen" auszubilden. IfZ-Archiv, MA 1624: 45. Inf. Div., Pio. Btl. 81, Meldung an das LV. A.K. vom 7. 8. 1942; 45. Inf. Div., Abt. I a, Kriegstagebuch vom 23. 12. 1942.

[356] BA-MA, RH 27-4/165: 4. Pz. Div., Abt. I b, „Besondere Anordnung für die Versorgung Nr. 171" vom 14. 1. 1942. Vgl. auch Neumann, 4. Panzerdivision, S. 430, der schreibt, die Gefangenen seien „sehr willig" gewesen. Selbst in den „vordersten Linien" habe nie die Gefahr des Überlaufens bestanden.

[357] Im April 1942 waren in dieser Division bereits 777 Angehörige „fremder Nationalitäten" offiziell registriert, ferner 220 Kriegsgefangene. IfZ-Archiv, MA 1593: 4. Pz. Div., Div. Intendant, Verpflegungsstärken, Stand: 21. 4. 1942. Im März forderte der Oberquartiermeister des Pz. AOK 2, dass die arbeitenden Kriegsgefangenen hinsichtlich Verpflegung und Ernährung den deutschen Soldaten gleichgestellt würden. BA-MA, RH 21-2/819: Pz. AOK 2, Abt. O. Qu., Kriegstagebuch, Eintrag vom 25. 3. 1942.
Da für die Frontverbände der Einsatz kriegsgefangener Rotarmisten immer wichtiger wurde, schuf man für sie regelrechte „Planstellen"; seit Herbst 1943 zählten sie zum festen Personalbestand der deutschen Verbände. Am 27. 11. 1943 forderte Hitler nochmals den Einsatz der Kriegsgefangenen zu intensivieren, um auf diese Weise „noch mehr Soldaten für die Front freizumachen". Vgl. Kroener, „Menschenbewirtschaftung", S. 961; Moll (Hrsg.), „Führer-Erlasse", Dok. 284.

[358] BA-MA, MSg 1/3276: Fritz Farnbacher, Tagebuch, Eintrag vom 22. 12. 1941. Zu diesen Maßnahmen, die auf einem entsprechenden Befehl des OKW („Sofort-Maßnahmen auf dem Gebiet des Arbeitseinsatzes sowjetischer Kgf.") vom 26. 11. 1941 basierten, vgl. Hürter, Heerführer, S. 390 f.; Overmans, Kriegsgefangenenpolitik, S. 823.

[359] IfZ-Archiv, MA 1593: 4. Pz. Div., Abt. I b, Befehl betr. „Einrichtung einer Gefangenensammelstelle" vom 21. 8. 1942. Ihre Kapazität sollte sich auf 1 000 Kriegsgefangene belaufen, von denen „400 Gefangene als Dauerbelegung (Arbeitspersonal)" vorgesehen waren.

[360] Zahlen nach: Neumann, 4. Panzerdivision, S. 526 f. Dieser Einsatz begann sich zunehmend zu verstetigen; so arbeiteten in einer einzigen Batterie dieser Division 1943 allein zehn HiWis „als Kraftfahrer, Köche, Schuster usw." BfZ, Slg. Sterz, 44705, Brief L. D. vom 10. 1. 1943.

[361] Vgl. IfZ-Archiv, MA 1594: 4. Pz. Div., Abt. I b, Listen über den Bestand an Kriegsgefangenen, incl. Zu- und Abgänge vom 1. 2.–6. 8. 1942. Dort auch die folgenden Angaben.

den Eindruck, dass die Gefangenen „fleißig" arbeiten würden: „Es scheint auch, daß es ihnen Spaß macht, weil sie so bei der Sache sind. Dafür bekommen sie auch heute Mittag den Gaul, den wir wegen Lungenkrankheit schlachten müssen, als Festessen und brauchen nur bis 12 Uhr arbeiten."[362] Wenig später schreibt er, dass seine Arbeiter demnächst „eine eigene Kochstelle gebaut" bekämen[363] und „ab 1. Juni unsere deutsche Soldatenverpflegung"[364]. Dass es sich bei diesen Zeilen nicht nur um das Produkt einer spezifisch deutschen Wahrnehmung handelt, bestätigt das Zeugnis eines sowjetischen Kriegsgefangenen, der die vielen Vorteile hervorhob, die ein Arbeitseinsatz mit sich brachte: „Die Zeit verging schneller, die Gedanken an Zuhause und an die Familie zerstreuten sich, man bekam zu essen und konnte in der Stadt Lebensmittel kaufen – dabei gab man dem erstbesten Jungen etwas Geld, und dieser kaufte dann Brot und brachte es dem Gefangenen."[365]

Farnbachers Tagebücher belegen aber auch, wie schnell sich diese Atmosphäre des Einvernehmlichen verflüchtigen konnte: So berichtet er von einer Schlägerei unter dem russischen Küchenpersonal, das sich danach gegenseitig mit Beschuldigungen überhäufte. Ein Russe habe „neulich bei uns ins Essen oder in den Kaffee Gift geschüttet […]; der andere hat's fast restlos wieder heraus [getan] und nur noch ein bißchen drin gelassen; einige [unserer] Männer sollen daraufhin auch Bauchweh bekommen haben. Jedenfalls interessant! Ob die Burschen nicht gemäß meinem ursprünglichen Verdacht die vier Speckseiten gefuttert haben? Vermutlich aber wird morgen auf jeden Fall mindestens einer hängen."[366] Farnbacher jedenfalls glaubte „der Sache schon, denn diesem Sauvolk ist alles zuzutrauen. Aber bevor wir jemand hängen, muß erst die Feldgendarmerie die Leute vernehmen und die gibt sie morgen wieder an die Geheime Feldpolizei weiter, damit der Zusammenhang mit den Partisanen klar festgestellt wird."[367] Wieweit dies der Fall war, wird nicht mehr berichtet. Aber ungeachtet der Sachlage und ungeachtet des Verfahrens, macht jene Episode doch schlagartig klar, dass diese Gefangenen nichts anderes waren als eine rechtlose Verfügungsmasse.

---

[362] BA-MA, MSg 1/3280: Fritz Farnbacher, Tagebuch, Eintrag vom 24.5.1942. Ferner ebda., Eintrag vom 5.6.1942: „Die Panjes bekommen noch etwas Tabak und drehen sich aus Zeitungspapier ‚Zigaretten'; nur der 20jährige, der die Nacht wie ein Stier gearbeitet hat und direkt auffällt, raucht nicht. Den 15jährigen haben wir übrigens schlafen lassen, er braucht nichts zu tun. Gegen ½ 4 Uhr gehen wir los; ich lasse die Russen in meinem Zug noch bis 5 Uhr arbeiten, weil sie so fleißig waren; an sich müssten sie bis 7 Uhr schaffen, damit die neun Stunden voll sind. Einer von den Schlaumeiern hat noch gesagt, daß bei ihnen ein Leutnant nichts arbeitet. Und voll Übermut und Spässen sind die Kerle auch, wenn man ein bißchen mit ihnen lacht; ich glaube, man könnte sich im Ernstfall auf sie verlassen. Sie sollen da ja auch Krankenträger machen, Munition schleppen usw. Seit 1. Juni bekommen die Russen unsere deutsche Verpflegung."
[363] BA-MA, MSg 1/3280: Fritz Farnbacher, Tagebuch, Eintrag vom 26.5.1942.
[364] Ebda., Eintrag vom 27.5.1942.
[365] Dawletschin, Kasan, S. 99. Vgl. auch ebda., S. 111: „Ebenfalls von Vorteil war es, wenn man in eine kleine Brigade geriet, zum Beispiel aus 10 bis 15 Mann, selbst wenn Deutsche diese begleiteten. In kleinen Brigaden bekamen die Gefangenen, gleich welche Arbeit sie ausführten, etwas zu essen, und die Soldaten waren weniger streng zu ihnen als bei einer großen Menschenmenge."
[366] BA-MA, MSg 1/3279: Fritz Farnbacher, Tagebuch, Eintrag vom 22.3.1942. Bestätigt wird die Episode bei Neumann, 4. Panzerdivision, S. 493.
[367] BA-MA, MSg 1/3279: Fritz Farnbacher, Tagebuch, Eintrag vom 23.3.1942.

Gleichwohl war seit Frühjahr 1942 bei den meisten deutschen Einheiten doch die Tendenz zu erkennen, künftig besser mit den Gefangenen umzugehen[368]. Die 2. Panzerarmee forderte im August 1942 sogar, dass diese „als Soldaten behandelt werden" müssten, jeder Einheitsführer habe sich ihrer „persönlich anzunehmen"[369]. Während die Zahl der Gefangenen drastisch geschrumpft war[370], wollte Hitler seit Dezember 1941 definitiv einen „Großeinsatz" sowjetischer Kriegsgefangener im Reich[371]. Zum „obersten Grundsatz" der deutschen Kriegsgefangenenpolitik in der Sowjetunion wurde nun *die sofortige Nutzbarmachung aller neu anfallenden Kriegsgefangenen für den Arbeitseinsatz im Reich*[372], der vielen Gefangenen nach den bitteren Erfahrungen des Winters 1941/42 noch als die bessere Alternative erschien[373]. Das hatte nicht nur Verteilungskämpfe zwischen Front und Heimat zur Folge, im Operationsgebiet der Wehrmacht begann man sich nun auch zunehmend Gedanken über den Eindruck zu machen, den die „vorbeischleichenden, ausgehungerten Gestalten"[374] zu Hause hervorrufen würden, die man unter der hochtönenden Bezeichnung „Arbeitskräfte" ins Deutsche Reich transportieren wollte. „Die deutsche Regierung hat den Gefangenen nicht genug Nahrung bewilligt, und es wird wohl einen schönen Krach geben, wenn nur so wenige nach Deutschland zur Arbeit kommen", befand damals der Major Gutschmidt. „Wir Kommandanten haben so oft mehr Lebensmittel verlangt, und ich habe immer bedeutend mehr ausgeben lassen, als zuständig [sic] war."[375] Dass es für die sowjetischen Kriegsgefangenen nun besser wurde, wenn auch nicht wirk-

---

[368] Diese Absicht wurde mitunter schon früher formuliert; so betonte der Chef des Stabes der Heeresgruppe Mitte schon im November 1941 „die Notwendigkeit des Arbeitseinsatzes der Kriegsgefangenen". IfZ-Archiv, MA 1564/20, NOKW-1535: [AOK 18, Chef GenSt], „Merkpunkte aus der Chefbesprechung in Orscha am 13.11.1941".

[369] IfZ-Archiv, MA 1594: Pz. AOK 2, Abt. O.Qu./Qu. 2, „Merkblatt zur Behandlung von Kgf.-Dauerkommandos" vom 16.8.1942.

[370] So meldete etwa das AOK 2 im Zeitraum von Januar bis März 1942 lediglich 2497 gefangene Rotarmisten. BA-MA, RH 20-2/1445: AOK 2, Abt. O.Qu./Qu. 2, Tätigkeitsberichte, Anlage, o.D.

[371] Hitler hatte am 4.7.1941 den Arbeitseinsatz der sowjetischen Kriegsgefangenen im Deutschen Reich strikt verboten; am 31.10., nach einem längeren Entscheidungsprozeß, revidierte er dieses Verbot. Am 3.12.1941 verkündete Hitler in einem Erlass, dass eine Rüstungssteigerung „nur noch durch den zusätzlichen Einsatz von Kriegsgefangenen erreichbar" sei, am 24.12.1941 bekräftigte er nochmals seine Entscheidung. Zwar arbeiteten im November 1941 bereits ca. 400000 ehemalige Rotarmisten in Deutschland, doch konnte Hitlers Absicht, nun die sowjetischen Gefangenen in einen „Großeinsatz für die Bedürfnisse der Kriegswirtschaft" zu bringen, zunächst nur langsam und schrittweise umgesetzt werden. Ursachen dafür waren vor allem die militärische Lage sowie das Massensterben, so dass erst ab Frühjahr 1942 Hitlers Weisung in einem größeren Maßstab umgesetzt wurde. Vgl. Streit, Kameraden, S. 191 ff.; Arnold, Wehrmacht, S. 338 ff.; Overmans, Kriegsgefangenenpolitik, S. 810. Ferner Moll (Hrsg.), „Führer-Erlasse", Dok. 124, 126.
Auch Göring revidierte seine Meinung in einer Besprechung vom 7.11.1941. Vermerk über die Ausführungen des Reichsmarschalls in der Sitzung am 7.11.41 im R.L.M. vom 11.11.1941, in: IMT, Bd. 27, S. 64–68: Dok. 1206-PS.

[372] BA-MA, RH 20-18/1310: OKH/GenStdH/GenQu/Abt. K. Verw. Nr. II/3881/42, Anordnung betr. „Kriegsgefangenenwesen bei Operationen" vom 10.6.1942 (Hervorhebung im Original).

[373] Vgl. BA-MA, MSg 1/3279: Fritz Farnbacher, Tagebuch, Eintrag vom 25.3.1942; BA-MA, MSg 1/3282: Fritz Farnbacher, Tagebuch, Eintrag vom 29.11.1942.

[374] PA-AA, R 60705: AOK 2, Abt. I c/VAA, „Bericht Nr. 31" vom 9.12.1941.

[375] Hartmann, Massensterben, S. 158 (Eintrag vom 8.3.1942).

lich gut, war eine Folge von Hitlers Entscheidung[376], aber auch eine Folge jener Initiativen, die zur selben Zeit aus der Truppe kamen.

5.3.7.3 Militärische Kollaboration

Die Kriegsgefangenen sollten nicht nur für die Wehrmacht arbeiten, sie sollten auch für sie kämpfen. Hitler aber wollte das nicht. Er vertrat – auch hier – strikte Ansichten: „nur der Deutsche darf Waffen tragen, nicht der Slawe, nicht der Tscheche, nicht der Kossack [sic] oder der Ukrainer"[377]. Dieser Standpunkt war auch in Hitlers nächster Umgebung nicht unumstritten. Schon im Juli 1941 befahl Himmler, aus ausgewählten Ethnien Hilfstruppen zu rekrutieren[378], die er auch außerhalb ihres Heimatgebiets einsetzen wollte[379]. Die Wehrmachtsführung musste in solch heiklen Fragen vorsichtiger agieren, schon weil ihr politisches Standing längst nicht so gesichert schien wie etwa das der SS[380]. Während der Generalfeldmarschall Keitel noch im September 1941 die Ansicht vertrat, dass auf „landeseigene Kräfte" kein Verlass sei[381], begann die Truppe ganz anders darüber zu denken.

Die Frage, ob in diesem Fall nach ideologischen oder pragmatischen Gesichtspunkten zu verfahren sei, sollte die militärische Wirklichkeit rasch entscheiden. Je länger der Krieg dauerte, desto offenkundiger wurde es, dass sich die personellen Ressourcen des Großdeutschen Reichs viel zu schnell erschöpften[382]. Deshalb ermächtigte der Generalquartiermeister Wagner am 6. Oktober 1941 die Befehlshaber der drei Rückwärtigen Heeresgebiete „im Einvernehmen mit den Höheren SS- und Polizeiführern" aus Kriegsgefangenen je eine „Kosaken-Hundertschaft" aufzustellen[383]. In der Truppe scheint man auf diese vorsichtige Zugeständnis nur gewartet zu haben[384] – der Einsatz von *unbewaffneten* sowjetischen Kriegsgefangenen war hier ja längst Realität. Nun aber ging es um mehr als nur um die

---

[376] Vgl. mit der Bewertung bei Streit, Kameraden, S. 201 ff.

[377] Aktenvermerk über eine Besprechung Hitlers mit Rosenberg, Lammers, Keitel und Göring vom 16.7.1941, in: IMT, Bd. 38, S. 86–94 (hier S. 88): Dok. 221-L. Ferner ADAP, Serie E, Bd. II, Dok. 7.

[378] Steinberg, The Third Reich Reflected, S. 636. Den Gedanken eines Einsatzes von „Kindern guten Blutes" auf deutscher Seite hatte Himmler schon seit 1940 erwogen. Vgl. Krausnick, Denkschrift Himmlers.

[379] Breitman, Himmler's Police Auxiliaries in the Occupied Soviet Territories, S. 23.

[380] Hierzu Mühlen, Zwischen Hakenkreuz und Sowjetstern; Hoffmann, Deutsche und Kalmyken 1942–1945; ders., Die Ostlegionen 1941–1943; ders., Die Geschichte der Wlassow-Armee; Thorwald, Die Illusion; Alexiew, Soviet Nationalities in German Wartime Strategy; Ready, The Forgotten Axis.

[381] Erlass des Chefs OKW vom 16.9.1941, in: Ueberschär/Wette (Hrsg.), „Unternehmen Barbarossa", S. 359f., hier S. 360. Dieser Meinung blieb zumindest das OKW treu; noch im November 1943 meinte der Gen.oberst Jodl: „Mit größter Vorsicht und Skepsis aber muß man die Heranziehung fremdländischer Völker als Kämpfer betrachten. Es gab einmal eine Zeit, da ging beinahe eine Art Psychose von dem Schlagwort: ‚Rußland kann nur durch Russen besiegt werden'." Zit. bei: Absolon, Wehrmacht, Bd. VI, S. 358.

[382] Vgl. Kroener, Personelle Ressourcen, S. 877 ff.

[383] Hoffmann, Ostlegionen, S. 21; Förster, Sicherung, S. 1058.
Eine anschauliche Vorstellung über Aufbau, Innenleben und Schicksal einer solchen Freiwilligen-Einheit vermitteln die Memoiren von: Mann, Die Ost-Reiterschwadron 299.

[384] Die Truppe konnte auch deshalb so schnell auf Wagners Befehl reagieren, weil dieser bereits im Juli 1941 eine entsprechende Trennung der Kriegsgefangenen verfügt hatte, bei der auch Aspekte wie Nationalität oder Einstellung eine Rolle spielten. Vgl. IfZ-Archiv, MA 1564/31, NOKW 2423: OKH/GenStdH, Az. Gen. z.b.V. O.b.d.H., GenQu, Abt. K. Verw., Nr. II/4590/41 geh., Weisung betr. „Russische Kriegsgefangene" vom 24.7.1941.

Beschäftigung von Köchen, Fahrern oder „Leib-Russen", es ging um den systematischen Aufbau von *bewaffneten* Freiwilligen-Einheiten, die ausschließlich im Hinterland zum Einsatz kommen sollten. Bereits fünf Tage später befahl die 221. Sicherungsdivision, „Pioniere, Funker, Ukrainer oder Weißruthenen, die reiten können",
zu melden[385]. Wie sehr sie an ihrem Einsatz interessiert war, belegt die Chronologie: Als am 16. November 1941 auch die Sicherungsdivisionen die Erlaubnis zur
Aufstellung je einer „Reiterhundertschaft" aus Kriegsgefangenen erhielten[386], existierte in der 221. bereits eine solche Einheit[387]. Noch ungewöhnlicher war die Formierung „russischer" Pionier-Kompanien[388]. Wie zügig dies ging, erkennt man
auch an der „Verrechtlichung" ihres Einsatzes. Schon bald folgte eine Fülle einschlägiger Vorschriften – über den Status dieser „Freiwilligen"[389], über ihre Behandlung[390], ihren Sold: „8 Rubel täglich", bei Verheirateten „ein Familiengeld von
täglich 10 Rubel"[391], und nicht zuletzt über einen Aspekt, der alle Soldaten
brennend interessierte: ihre Verpflegung. In einer Welt, in der täglich Tausende an
Hunger starben, definierte sich der soziale Status auch über den Inhalt des Koch-
geschirrs. Uniformen oder Orden schienen demgegenüber als zweitrangig[392]. Wenn

---

[385] IfZ-Archiv, MA 1668: 221. Sich. Div., Abt. I b, Kriegstagebuch, Eintrag vom 11.10.1941.
[386] Hoffmann, Ostlegionen, S. 21.
[387] IfZ-Archiv, MA 1668: Dulag 203, Meldung an 221. Sich. Div. betr. „Kosaken-Hundertschaft"
      vom 27.10.1941; IfZ-Archiv, MA 1667: 221. Inf. Div., Abt. I b, Kriegstagebuch, Eintrag vom
      25.10.1941; IfZ-Archiv, MA 1666: Div. Nachsch. Führer 350, „3. Bericht über den Stand der
      Aufstellung der Reiterhundertschaft aus Kriegsgefangenen" vom 7.11.1941; IfZ-Archiv, MA
      1667: Div. Nachsch. Führer 350, „Abschlußbericht über die Aufstellung der Reiterhundertschaft
      aus Kriegsgefangenen" vom 22.11.1941. Ferner Tessin, Verbände und Truppen, Bd. 8, S. 103.
[388] Ab November 1941 begann die 221. Sich. Div. aus gefangenen „russischen Pionieren – Ukrai-
      nern, Wolgadeutschen – " Pionier-Kompanien zu formieren. BA-MA, RH 26-221/15: 221.
      Sich. Div., Abt. I a, Befehl vom 25.11.1941.
[389] IfZ-Archiv, MA 895/2: Korück 580, Abt. Qu./I b, Anordnung betr. „Personelle Auffüllung
      der Hundertschaften bei Feldgend.-Abt. 581 und den Wach-Batlen." vom 25.4.1942 sowie
      ebda., Korück 580, Abt. III, Anordnung betr.: „Ausdehnung der deutschen Kriegsgerichtsbar-
      keit auf mit der Waffe eingesetzte Landeseinwohner" vom 7.5.1942, die über die Entschei-
      dung des OKW informierte, „daß die zum Kampf gegen den Bolschewismus *mit der Waffe*
      eingesetzten Landeseinwohner als Truppe anzusehen und zur Aufrechterhaltung der Manns-
      zucht der Kriegsgerichtsbarkeit unterstellt sind." Dasselbe gelte auch für die verschiedenen
      Freiwilligenverbände, wie etwa die Georgische oder Armenische Legion und die im Ord-
      nungsdienst eingesetzten Landeseinwohner, sowie für die *ständig* als Kraftfahrer im Heeresge-
      folge dienenden Russen, „auch wenn ihnen keine Waffen übergeben sind. [...] Mit den nun-
      mehr der deutschen Kriegsgerichtsbarkeit unterstellten Landeseinwohnern ist bei strafbaren
      Handlungen in gleicher Weise zu verfahren wie bei strafbaren Handlungen deutscher Wehr-
      machtsangehöriger. Es findet das deutsche Strafrecht Anwendung."
[390] Vgl. etwa IfZ-Archiv, MA 1668: 221. Sich. Div., Abt. I b, „Besondere Anordnungen für die Ver-
      sorgung Nr. 161/41" vom 18.11.1941, wo es u.a. heißt, dass sowjetische Kriegsgefangene „als
      Pferdewärter, Kraftfahrer, Köche, Putzer usw. bei Verlegungen aus [den sowjetischen] besetzten
      Gebieten" nicht ins Reichsgebiet oder in andere besetzte Gebiete mitgeführt werden dürften.
[391] IfZ-Archiv, MA 895/2: Korück 580, Abt. Qu., Anordnung betr. „Aufstellung neuer Hundert-
      schaften im rückwärtigen Armeegebiet" vom 21.5.1942. Vgl. auch den positiven Erfahrungs-
      bericht in: PA-AA, R 60705: AOK 2, Abt. I c/VAA, Schreiben an Legationsrat von Rantzau
      vom 10.3.1942.
[392] Noch im Februar 1942 wollte das OKH den sowjetischen Freiwilligen nur Leistungsabzei-
      chen wie das Sturm- oder Verwundetenabzeichen zugestehen, nicht aber Kriegsauszeich-
      nungen wie das Eiserne Kreuz. Stattdessen schuf man spezielle Orden für die Angehörigen der
      Sicherungshundertschaften. IfZ-Archiv, MA 1591: H. Gr. Mitte, Abt. II a, Fernschreiben an
      Pz. AOK 2 vom 21.2.1942; IfZ-Archiv, MA 895/2: Korück 580, Fernschreiben vom 7.5.1942,
      betr. „Vorschläge zur Belohnung und Auszeichnung von Russen gemäss Fernschreiben AOK
      2/O.Qu./Qu.2 vom 5.5.1942." Generell hierzu Absolon, Wehrmacht, Bd. VI, S. 502f.

die 2. Armee schon im Dezember 1941 darauf drang, eingestellte Kriegsgefangene nicht allein mit „Beute-Beständen" oder „Speiseresten" zu ernähren, sondern auch mit „Truppenverpflegung"[393], dann war genau dieser Punkt – so fremd dies heutzutage anmuten mag – Ausdruck ihrer Emanzipation[394].

Das soll nicht heißen, dass Missverständnisse und Spannungen zwischen den beiden ungleichen Partnern ausgeblieben wären. Die Unterschiede in punkto Herkunft, Sozialisation und Mentalität waren groß; im Rückwärtigen Heeresgebiet Mitte empfahl man im Mai 1942, den eingestellten Kriegsgefangenen-Gruppen jeweils „einen V-Mann beizugeben"[395], während sich ein Oberleutnant der 221. Sicherungsdivision über die „völlig unzulängliche" Sicherung einer Brücke empörte[396]: „Die Wachmannschaften waren im Wachlokal auf 4–5 Zimmer verteilt, z.T. schlafend, z.T. beim Essenzubereiten, der Wachhabende beim Rasieren, und die übrigen bummelten (ohne [das Koppel] umgeschnallt) umher – ein tolles Bild der Unordnung einer Wache. Von Kampf- und Einsatzbereitschaft konnte gar keine Rede sein. [...] Ein Ukrainerposten stand mit dem Gewehrlauf nach unten und hatte den Mantel umgehängt; eine richtige Revolutionsfigur!"

Es spricht für sich, wenn die 221. Sicherungsdivision[397] und der Korück 580[398] den Einsatz der Freiwilligen dennoch insgesamt ausgesprochen positiv bewerteten. Gerade ein Verband wie der Korück 580, der in der Krise des Dezembers 1941 mit

---

[393] BA-MA, RH 20-2/1445: AOK 2, O.Qu./Qu. 2, Meldung an die H.Gr. Mitte betr. „Freimachung von Soldaten durch vermehrte Einstellung von Kriegsgefangenen in die Truppe" vom 20.12.1941.
Die 221. Sich. Div. war damals der 2. deutschen Armee unterstellt.

[394] Dies wurde dann nochmals definitiv im Mai 1942 klargestellt. Vgl. IfZ-Archiv, MA 895/2: Korück 580, Abt. Qu., Anordnung betr. „Aufstellung neuer Hundertschaften im rückwärtigen Armeegebiet" vom 21.5.1942: „Die Hundertschaften erhalten die gleichen Verpflegungssätze wie die deutschen Truppen." Vgl. hierzu auch Rass, „Menschenmaterial", S.364.

[395] IfZ-Archiv, MA 1670: Bfh. im Rückw. Heeresgeb. Mitte, Abt. I a, Befehl an die 221. Sich. Div. vom 3.5.1942. Die Partisanen wiederum wandten sich mit speziellen Aufrufe an die Kollaborateure, u. a. auch direkt an die der 221. Sich. Div. Druck: Armstrong (Hrsg.), Soviet Partisans, S.717f. (Doc. 30).

[396] IfZ-Archiv: MA 1670: Meldung Oberleutnant Heim an 221. Sich. Div., o.D. Vgl. ferner etwa IfZ-Archiv, MA 1593: 4. Pz. Div., Abt. I b, „Besondere Anordnungen für die Versorgung Nr. 244" vom 24.7.1942: „Es häufen sich die Meldungen über Entweichungen von Ukrainern, die aus der Kriegsgefangenschaft entlassen und bei Wehrmachtsdienststellen beschäftigt sind. In den meisten Fällen handelt es sich bisher um Ukrainer, die nicht bei der kämpfenden Truppe eingesetzt sind. Um dem Umsichgreifen solcher Entwicklungen vorzubeugen, ist erhöhte Beaufsichtigung auch der aus der Kriegsgefangenschaft entlassen, als Hilfspolizisten, Dolmetscher, im Sicherheitsdienst usw. eingesetzten Ukrainer erforderlich. Den unterstellten Einheiten ist daher schärfere Bewachung aller eingesetzten Ukrainer, insbesondere das Mitführen schußbereiter Waffen durch die Wach- und Begleitmannschaften zur Pflicht zu machen."

[397] IfZ-Archiv, MA 1669: 221. Sich. Div., Abt. I b, „Besondere Anordnungen für die Versorgung Nr. 10/42" vom 6.2.1942.

[398] BA-MA, RH 26-221/15: 221. Sich. Div., Abt. I a, Kriegstagebuch, Eintrag vom 12.12.1941. IfZ-Archiv, MA 1669: 221. Sich. Div., Abt. I b, „Besondere Anordnungen für die Versorgung Nr. 10/42" vom 6.2.1942. Vgl. auch mit dem ebenfalls positiven Eindruck der 2. Armee, in deren Rahmen die 221. Sich. Div. wenig später eingesetzt wurde. BA-MA, RH 20-2/1445: AOK 2, O.Qu./Qu. 2, Meldung an die H. Gr. Mitte betr. „Freimachung von Soldaten durch vermehrte Einstellung von Kriegsgefangenen in die Truppe" vom 20.12.1941.
Ferner IfZ-Archiv, MA 895/2: Korück 580, Abt. Qu., Meldung betr. „1./Turkestan. Inf. Btl. 450" an AOK 2 vom 30.6.1942: „Die Turkestaner sind wegen ihrer eingewurzelten Abneigung gegen den Bolschewismus und in ihrem Streben nach nationaler Selbständigkeit sehr brauchbare Mitkämpfer, wenn sie von Offizieren geführt werden, die sich mit voller Hingabe dieser schwierigen Aufgabe zu widmen entschlossen sind."

gerade mal 800 Mann[399] ein Besatzungsgebiet von der Größe Belgiens kontrollieren sollte[400], wusste, was er an den Kriegsgefangenen hatte. Damals begann er so genannte „kaukasische" Reiter-Hundertschaften aufzustellen – „kaukasisch", weil nur die Turkstämme und Kosaken „in den Augen nationalsozialistischer Rassedogmatiker die Privilegierten unter den sonst als Parias behandelten Sowjetvölkern" waren[401]. In Wirklichkeit aber handelte es sich hier auch um Ukrainer, Weißrussen und Russen[402], die nun „zur Partisanenbekämpfung in abgelegenen Gebieten eingesetzt werden" sollten. Auch damit eilte der Korück den Anordnungen der Heeresführung weit voraus[403]. Noch Anfang April 1942 wollte der Oberbefehlshaber der Heeresgruppe Mitte, Generalfeldmarschall von Kluge, dass die Frage der Freiwilligen-Verbände „an OKH nicht gestellt wird"[404]. Dabei entstanden doch damals allein in diesem Korück, das nun in seinen Lagern regelrechte Werbekampagnen „für den Eintritt in die Sicherungshundertschaften" eröffnete[405], insgesamt 14 „Hundertschaften" aus Kriegsgefangenen[406]. Ohne sie war der Kampf gegen die Partisanen nicht mehr möglich.

---

[399] IfZ-Archiv, MA 885: Korück 580, Abt. Qu. op., Weisung vom 12. 12. 1941; der Korück 580 verfügte damals über eine Feldgendarmerie-Abteilung, eine russische „Reiter-Hundertschaft", zwei Wach-Bataillone, sechs Ortskommandanturen, drei Kriegsgefangenenlager sowie ein Feldpostamt. Vgl. hierzu Kap. 3.4.

[400] BA-MA, RH 20-2/1453: Korück 580, Kdt., „Lagebericht" vom 21. 1. 1942.

[401] Neulen, An deutscher Seite, S. 323. Ferner Hoffmann, Ostlegionen, S. 24f. Ferner IfZ-Archiv, MA 1593: 4. Pz. Div., Abt. I b, „Besondere Anordnungen für die Versorgung Nr. 254" vom 18. 8. 1942: „OKH verlangt Angabe, wie viel Kgf. an tatarisch sprechenden Tschuwaschen, Mari, Mordyinen, und Udmurten sich im Operationsgebiet befinden."

[402] Ende Juni 1942 registrierte der Korück dann in einem offiziellen Bericht diese Hilfskontingente unter ihrer wirklichen Nationalität, als Russen, Ukrainer und Turkestaner. IfZ-Archiv, MA 895/2: Korück 580, Kdt., „Abschließender Bericht über die Tätigkeit im rückwärtigen Armeegebiet in der Zeit von Dezember 1941 bis Ende Mai 1942" vom 28. 6. 1942. Vgl. auch Kroener, Die Personellen Ressourcen, S. 986; Hoffmann, Kaukasien 1942/43, S. 44. Ferner Tagebücher von Joseph Goebbels, Teil II, Bd. 7, S. 226 (Eintrag vom 31. 1. 1943).

[403] Am 9. 1. 1942 hatte der O.Qu. I im GenStdH, Gen. Paulus, den Armeen lediglich die Aufstellung je einer Hundertschaft aus „zuverlässigen, entlassenen Kriegsgefangenen und Landeseinwohnern" erlaubt. Am 24. 3. 1942 untersagte der Generalstabschef Halder jedoch „die Neuaufstellung von Kampf- und Sicherungsverbänden aus Landeseinwohnern im Operationsgebiet im Osten"; genehmigt waren nur Einheiten aus kaukasischen Ethnien. Vgl. Hoffmann, Ostlegionen, S. 21ff.

[404] BA-MA, RH 21-2/333: Pz. AOK 2, Abt. I a, Kriegstagebuch, Anlage: „Besprechung am 8. 4. 1942 bei Heeresgruppe Mitte durch O.B. H.Gr. in Anwesenheit des Chefs der Op. Abt. und des GenQu mit den O.B. der Armeen", o. D. Allerdings trug das OKH dieser Entwicklung am 15. 12. 1942 durch die Einrichtung einer Stelle eines Generals der Osttruppen beim OKH Rechnung. Vgl. Absolon, Wehrmacht, Bd. VI, S. 194.

[405] IfZ-Archiv, MA 895/2: Korück 580, Abt. Qu./I b, Anordnung betr. „Personelle Auffüllung der Hundertschaften bei Feldgend.-Abt. 581 und den Wach-Batlen." vom 25. 4. 1942; ebda., Korück 580, Abt. Qu., Befehl an die unterstellten Kriegsgefangenenlager vom 29. 6. 1942: „Aus den Sicherungshundertschaften der zugeteilten Wach-Komp. sind je Lager 5 besonders geeignete Angehörige der Sicherungshundertschaften auszusondern, die als Werber für den Eintritt in die Sicherungshundertschaften unter den neu anfallenden Kgf. einzusetzen sind."

[406] IfZ-Archiv, MA 895/2: Korück 580, Kdt., „Abschließender Bericht über die Tätigkeit im rückwärtigen Armeegebiet in der Zeit von Dezember 1941 bis Ende Mai 1942" vom 28. 6. 1942.
Wie groß die Erfahrung des Korück 580 war, wird auch daran deutlich, dass diese Dienststelle regelrechte Lehrgänge über „Behandlung und Ausbildung landeseigener Kampfverbände" organisierte. Druck einer entsprechenden Verfügung des AOK 2 vom 24. 9. 1942 in: Mann, Ost-Reiterschwadron 299, S. 77.

Bei den Fronteinheiten blieben „landeseigene" Kombattanten hingegen Exoten. Die 4. Panzerdivision wurde seit 1941 von einigen „Wolga-Deutschen" begleitet[407], die 45. ID von einem ehemaligen Angehörigen „der kaiserl[ichen] russ[ischen] Armee", den sie bereits im Juni 1941 „aus dem sowjetischen Gefängnis in Brest-Litowsk befreit" hatte[408]. Erst im Herbst 1942 begann die 4. Panzerdivision mit einer Sicherungskompanie aus Kriegsgefangenen (84) zu experimentieren – kontrolliert von deutschem Stammpersonal[409] und nur im rückwärtigen Divisionsgebiet! Aufgrund von Hitlers Starrsinn besaß der Aufbau einer sowjetischen Freiwilligen-Bewegung an der Front von vorneherein keine Chance.

Auf einige grundsätzliche Probleme, die diese ungewöhnliche Kooperation aufwerfen musste, soll hier nur kurz eingegangen werden. Die Frage nach der „Freiwilligkeit"[410] der sowjetischen Kollaborateure ist ebenso komplex, wie die nach den Motiven, welche sie mit ihrem Dienst für die Deutschen verbanden. Auch andere Fragen: Wie weit profitierten die Deutschen von dieser Zusammenarbeit[411]? Wie gingen sie mit dem Vertrauen und dem Engagement um, das ihnen ihre ehemaligen Gegner entgegenbrachten?, bedürften schon deshalb einer ausführlichen Erörterung, weil hier individuelle Konstellationen eine denkbar große Rolle spielten. Gleichwohl lassen sich doch einige übergreifende Strukturmerkmale dieser Kooperation erkennen – etwa das Prinzip der Ungleichheit, das das Verhältnis zwischen den sowjetischen Kollaborateuren und ihren deutschen Vorgesetzten prägte. Diese hatten ihre ehemaligen Gegner völlig in der Hand. Waren sie unzufrieden mit ihren „fremdländischen" Soldaten, dann war ihr „Heeresgefolge-Verhältnis"[412] rasch zu Ende; sie wurden dann wieder zu Kriegsgefangenen[413]. Denn

---

[407] BA-MA, RH 27-4/116: I./Schtz. Rgt. 33, Meldung an das Schtz. Rgt. 33 vom 18.9.1941: „Überall ist es aufgefallen, dass die Wolgadeutschen in vorderer Linie kämpfend, außerordentlich tapfere und gute Soldaten sind, die als Freiwillige am Feldzug weiterhin teilnehmen. Einzelne Soldaten haben so außerordentliche Einzelleistungen vollbracht, daß sie bei Reichszugehörigkeit zweifellos mit dem Eisernen Kreuz ausgezeichnet worden wären."

[408] Dieser wurde dann neun Monate von der Division offiziell als Dolmetscher bestätigt. IfZ-Archiv, MA 1622: 45. Inf. Div., Abt. I c, Tätigkeitsbericht für die Zeit vom 1.2.–12.3.1942.

[409] Neumann, 4. Panzerdivision, S. 526f.

[410] Da dieser Aspekt im Einzelnen sehr schwer zu beurteilen ist, wurde dieser Begriff bislang bewusst nicht in Anführungszeichen gesetzt.

[411] Wie ambivalent die militärische Leistungskraft der „landeseigenen" Verbände sein konnte, die zudem sehr stark durch die allgemeine Kriegslage beeinflusst wurde, verdeutlicht eine Einschätzung des Generalmajors Ralph von Heygendorff, der nach dem Krieg meinte, „daß ein Fünftel der Freiwilligen gut war, ein Fünftel schlecht und drei Fünftel labil". Zit. bei: Neulen, An deutscher Seite, S. 327.

[412] IfZ-Archiv, MA 1671: 221. Sich. Div., Abt. I b, „Besondere Anordnungen für die Versorgung Nr. 38/42" vom 7.6.1942; IfZ-Archiv, MA 895/2: Korück 580, Abt. Qu., Anordnung betr. „Kriegsgefangenenwesen" vom 7.6.1942. Vgl. auch Pohl, Herrschaft, S. 177 sowie das Beispiel bei Mann, Ost-Reiterschwadron 299, S. 233.
In welchem Ausmaß die sowjetischen Freiwilligen auf das Wohlwollen ihrer Vorgesetzten angewiesen waren, belegt eine Anordnung des Korück 580 vom Mai 1942, die festlegte, dass dem einzelnen deutschen Offizier hinsichtlich dieses Personenkreises kein „Erschießungsrecht" mehr zustände; die sowjetischen Freiwilligen unterständen nun der ordentlichen deutschen Kriegsgerichtsbarkeit. IfZ-Archiv, MA 895/2: Korück 580, Abt. III, Anordnung betr. „Ausdehnung der deutschen Kriegsgerichtsbarkeit auf mit der Waffe eingesetzten Landeseinwohner" vom 7.5.1942.

[413] So unterhielt der Korück 580 ein Zivilgefangenlager, das auch als „Besserungsanstalt für Angehörige landeseigener Verbände" diente. Korück 580, Anordnung betr. Zivilgefangenenlager Schtschigry, in: Müller (Hrsg.), Okkupation, S. 144f.

für die deutsche Seite zählten in erster Linie militärische Erwägungen, selbst wenn bei einigen Offizieren auch humanitäre, soziale[414] oder gar politische Überlegungen mit hinzukamen[415].

Umgekehrt galt, dass es sich bei der Entscheidung dieser Kriegsgefangenen für die deutsche Seite immer *auch* um das Produkt einer Zwangslage handelte. Darauf wurde später oft nur wenig Rücksicht genommen – nicht nur in der Sowjetunion, wo die „Wlassow"-Leute schlichtweg als „Unrat" galten[416]; auch in der deutschen Sprache hat die Bezeichnung „Kollaborateur" einen schlechten Klang[417]. Mehr Gewicht besitzt hingegen das Urteil eines ehemaligen sowjetischen Kriegsgefangenen, der sich selbst im Übrigen nicht für die Kollaboration entschied, sondern für die Flucht und den Kampf bei den Partisanen; er meinte später, „daß nicht weniger als 95% dieser Freiwilligen sich in diese Hundertschaften und Abteilungen am Vorabend ihres unausweichlichen Hungertodes in den Kriegsgefangenenlagern eingeschrieben hatten und nur auf diese Weise ihr Leben retten konnten. Ich glaube, daß viele von ihnen, bevor sie diesen Schritt gingen, nicht nur eine schlaflose Nacht verbracht haben. Ich weiß nicht, ob man viele Leute finden könnte, auch die Ehrenhaftesten, Höchstmoralischen und moralisch Gefestigten, welche den Tod diesem Schritt vorziehen würden. Die Deutschen wussten genau, was sie machten! Jener, der diese vor Hunger sterbenden Menschen gesehen hat, wird sich nicht erlauben, den ersten Stein auf sie zu werfen."[418]

Auf jeden Fall war das eine Alternative zum Tod in den deutschen Lagern. Und es war – zumindest im Falle der Kollaboration – ein Ansatz, der den ideologischen und politischen Zielen, die Hitler mit dem „Unternehmen Barbarossa" verfolgte, zuwiderlief. Die Waffe, welche die ehemaligen Kriegsgefangenen erhielten, war ein Symbol, sie stand für die Möglichkeit einer gewissen, wenngleich sehr eingeschränkten Partizipation an der militärischen Macht. Dass sich daran zwangsläufig auch politische Erwartungen knüpfen mussten, ließ sich kaum vermeiden. Über deren Chancen zu spekulieren, erübrigt sich, weil sich diese Möglichkeit nie wirklich bie-

---

[414] Bemerkenswert erscheint, dass das OKH im November 1943 ein Programm für die „Verwendung der dienstunfähigen landeseigenen Hilfskräfte aus den Ostgebieten" initiierte, die in spezielle Umschulungslager geschickt wurden, die sie auf eine zivile Verwendung in den besetzten Ostgebieten vorbereiten sollte. Vgl. Absolon, Wehrmacht, Bd. VI, S. 360.

[415] Zur Rolle des OKH und insbesondere des Majors i. G. Graf von Stauffenberg bei der Formierung der Freiwilligen-Verbände vgl. Hoffmann, Ostlegionen, S. 50 ff.; Hoffmann, Stauffenberg, S. 255 ff.

[416] „Das Wort ‚Wlassow-Mann' klingt bei uns wie: ‚Unrat', keiner mag es in den Mund nehmen, so als wäre der Klang an und für sich schon unappetitlich, und darum will es jeder tunlichst vermeiden, auch nur einen langen Satz mit dem verpönten Wort auszusprechen." Solschenizyn, Der Archipel Gulag, S. 253; Werth, Russland im Krieg, S. 478.

[417] Vgl. freilich mit dem bemerkenswert frühen Ansatz von Werner Rings (Leben mit dem Feind), der verschiedene Formen von Kollaboration unterschied: (1) Neutrale Kollaboration, oder: Ich passe mich an; (2) Bedingungslose Kollaboration, oder: Unser Feind ist mein Freund; (3) Bedingte Kollaboration, oder: Ich kollaboriere mit Vorbehalt; (4) Taktische Kollaboration, oder: Ich kollaboriere, aber ich tue nur so.

[418] Shumejko, NS-Kriegsgefangenenlager, S. 168. Vgl. auch mit dem Urteil Atanasyans (ebda., S. 158), der selbst dem sowjetischen System treu blieb, über die politische Veränderung seiner Mitgefangenen: „Die Abwendung von der sowjetischen Wirklichkeit [!] war vollständig. Das Letztere trug wenig zu den Erfolgen der deutschen Propaganda unter den Kriegsgefangenen bei, als die Deutschen völlig ungehindert jede Lüge und Falschaussage in die Köpfe der Kriegsgefangenen einhämmern konnten. Leider war die Sache auch nicht besser, als ich außerhalb des Stacheldrahtes leben konnte, in der Stadt."

ten sollte. Wichtiger scheint indes ein anderer Aspekt: Unter dem Eindruck ihrer täglichen Zusammenarbeit und vor allem ihres gemeinsamen Kampfes gegen ein und denselben Gegner mussten sich diese beiden ungleichen Partner zwangsläufig verändern. Das betraf auch die deutschen Soldaten, die nun Vorstellungen von der Sowjetunion und ihren zahllosen Völkern und Stämmen entwickeln konnten, die mehr mit der Wirklichkeit zu tun hatten als bisher. Schon deshalb sind die Bedeutung dieser Zusammenarbeit und auch ihre Folgen kaum zu unterschätzen.

5.3.8 Bilanz: Opfer und Verantwortlichkeiten

„Nur jener, der bei den Deutschen in Kriegsgefangenschaft gewesen war, kann mit vollem Recht sagen, dass er tatsächlich die Grenzen des menschlichen Leidens kennengelernt hat, die Grenzen jener physischen, moralischen und seelischen Qualen, welche der Mensch aushalten kann"[419], meinte ein sowjetischer Kriegsgefangener später. Hier handelte es sich nicht allein um einen Reflex auf den apokalyptischen Charakter dieses Verbrechens oder auf seine schiere Dimension, ein solches Urteil hatte seinen Grund auch schlichtweg darin, dass der Hungertod eine der grausamsten und langwierigsten Formen des Sterbens ist. Etwa 60 Tage kann ein normalgewichtiger Mensch ohne Nahrung überleben. Da aber viele sowjetische Gefangene oft knapp an der Überlebensgrenze vegetierten, zog sich ihr Sterben meist noch mehr in die Länge. „Ich habe geweint vor Hunger", erinnerte sich später einer von ihnen[420]. Zwar lassen sich im Fall dieser Opfergruppe noch ganz andere Todesursachen ausmachen: Kälte, Krankheiten und auch gezielte Morde. Die meisten Gefangenen aber sind schlichtweg verhungert.

Wie kam es dazu? Wer hat dieses Verbrechen zu verantworten? Und welche Erkenntnisse ergeben sich aus dem Beispiel unseres Samples? Gerade dieser Ausschnitt zeigt einmal mehr, dass es kaum möglich ist, dieses Geschehen zu isolieren. Es verlief eher wie ein dialektischer Prozess, an dem stets zwei Teile, Führung und Basis, mitwirkten. Deshalb wäre zunächst von den Rahmenbedingungen zu sprechen; sie hatte die Führung zu verantworten. Dass sie *vor Beginn* des Krieges und auch noch *während seiner ersten Wochen* einen Plan verfolgte, dessen Ziel die systematische Ermordung *aller* sowjetischen Kriegsgefangenen gewesen wäre, lässt sich nirgends nachweisen. Etwas anderes hingegen schon: Ideologie, Gehorsam und auch das Prinzip des militärischen Erfolgs um jeden Preis schienen der Wehrmachtsführung mittlerweile wichtiger als jener Ehrenkodex, der die preußischdeutsche Armee lange ausgezeichnet hatte. In den Angehörigen der Rote Armee sah die deutsche Führung kaum gleichwertige Gegner, die tapfer und anständig gekämpft hatten und die nach ihrer Gefangennahme Anspruch auf eine ehrenvolle oder zumindest doch lebenserhaltende Behandlung besaßen. Sie sah in ihnen nur den „Todfeind"[421]. Dessen Vernichtung schien die logische Konsequenz dieser

---

[419] Shumejko, NS-Kriegsgefangenenlager, S.184.
[420] Bach/Leyendecker, Ich habe geweint vor Hunger.
[421] OKW/WFSt, Besondere Anordnungen Nr.1 zur Weisung Nr.21, Anlage 3 vom 19.5.1941: „Richtlinien für das Verhalten der Truppe in Rußland". Druck: Ueberschär/Wette (Hrsg.), „Unternehmen Barbarossa", S.312. Auch zum Folgenden. Zur terminologischen Unterscheidung von „Feind" und „Gegner" vgl. auch Andersch, Winterspelt, S.49f.

Definition. Allerdings haben die führenden deutschen Militärs dies anfangs vor allem in einem militärischen und weniger in einem physischen Sinne verstanden. Nur einen Teil der Gefangenen, den mit Abstand kleineren, verurteilten sie explizit zum Tode: die jüdischen, die Kommissare oder jene, die sie als „untragbare Elemente" stigmatisierten.

Der große Rest sollte nicht sterben – im Gegenteil: er sollte arbeiten! Das war das Hauptinteresse der deutschen Heeresführung, dem hatte sich alles andere unterzuordnen, auch die Bestimmungen des Völkerrechts. In dieser brutalen Verantwortungslosigkeit manifestierte sich nicht allein eine menschenverachtende Ideologie. Eine ebenso große Rolle spielten in diesem Zusammenhang militärisches und ökonomisches Zweckdenken, Zynismus, Überforderung und reiner Dilettantismus. Hier von einem „Hunger*plan*" zu sprechen, geht völlig an der Realität vorbei. Das entscheidende Charakteristikum in der Vorbereitungs- und Formierungsphase dieses gigantischen Verbrechens ist weniger das Geplante wie vielmehr seine weitgehende *Planlosigkeit*. Die deutsche Führung hatte nur das geklärt, was *ihr* wichtig erschien, alle übrigen Fragen sollte dann – um eine Formel des Generalstabschefs Halder aufzugreifen – der Krieg „beantworten"[422]. Die Schuld der deutschen Führung – nicht allein Hitlers, sondern auch die seiner militärischen „Experten", der Herren Keitel, von Brauchitsch, Halder, Reinecke und Wagner – präsentiert sich in diesem Fall als eine Mischung aus bodenloser Verantwortungslosigkeit und einem Überlegenheitsdenken, das sich rassistisch oder nationalistisch legitimierte. Als sich dann während des Krieges die Folgen zeigten, suchte sich diese kleine Führungsgruppe mit der Vorstellung zu beruhigen, hier seien „Naturgewalten" am Werk. Dabei waren es doch sie, die die Voraussetzungen für eines der schrecklichsten und schäbigsten Verbrechen dieses Krieges geschaffen hatten.

Es sollte nicht ihre einzige Schuld bleiben. Als sie sich im Herbst 1941 darüber klar zu werden begannen, wie sehr sie sich mit dem „Unternehmen Barbarossa" verspekuliert hatten, zögerten sie nicht, nun die sowjetischen Kriegsgefangenen als „das letzte und schwächste Glied"[423] der deutschen Besatzungsgesellschaft dem Hungertod preiszugeben. Bei zwei Anlässen wurde dies auch mehr oder weniger deutlich ausgesprochen: War Görings Diktum vom 16. September 1941, die „Verpflegung der bolschewistischen Gefangenen" habe sich allein „nach den Arbeitsleistungen für uns" zu richten"[424] noch relativ allgemein gehalten, so lässt sich das von der berüchtigten Forderung des Generalquartiermeisters Wagner vom 13. November 1941 nicht mehr sagen: nichtarbeitende Kriegsgefangene hätten zu verhungern[425]. Dass es ein Spitzefunktionär des OKH war, der dieses Todesurteil aussprach, lässt erkennen, auf welch moralischem Tiefpunkt die Heeresführung mittlerweile angelangt war. Allerdings dürfte es dem OKH selbst jetzt weniger um die Realisierung eines genozidalen Projektes gegangen sein[426], als vielmehr um den Versuch, die damals ausbrechende Versorgungskrise „irgendwie" wieder in den

---

[422] Vgl. Hartmann, Halder, S. 157, 190.
[423] So Müller, Scheitern, S. 1015.
[424] Zit. bei: Streit, Kameraden, S. 144.
[425] IfZ-Archiv, MA 1564, NOKW-1535: [AOK 18, Chef GenSt], „Merkpunkte aus der Chefbesprechung in Orscha am 13. 11. 1941".
[426] Vgl. mit der Überlegung von Overmans, Kriegsgefangenenpolitik, S. 822 f.

Griff zu bekommen. Die Schuld der Verantwortlichen kann das nicht verkleinern. Ihnen fiel nichts Besseres ein, als das eigene Versagen einfach auf jene abzuwälzen, die ihnen am hilflosesten ausgeliefert waren. Gleichwohl: Das nun beginnende Massensterben der sowjetischen Kriegsgefangenen war nicht der Zweck, es war in der perversen Logik der deutschen militärischen Führung ein Mittel, um die Versorgung des Ostheers wieder zu stabilisieren.

Dafür spricht schon allein der Umstand, dass Hitler just zu diesem Zeitpunkt die Kriegsgefangenenpolitik erneut korrigierte; eine Rüstungssteigerung sei, so seine Erkenntnis, „nur noch durch den zusätzlichen Einsatz von Kriegsgefangenen erreichbar"[427]. Doch blieb die Reaktion des OKH, das daraufhin am 2. Dezember 1941 befahl, die Ernährungssätze der nichtarbeitenden Kriegsgefangenen wieder zu erhöhen, zu zögerlich. Vor allem aber kam sie zu spät. So kam es, dass bis Frühjahr 1942 etwa zwei jener drei Millionen Rotarmisten starben, welche die Wehrmacht bis zum Ende des Jahres 1941 gefangen genommen hatte. Die Geschichte des Krieges kennt nur wenig Katastrophen, die von ihrem Ausmaß und ihrem Charakter damit zu vergleichen sind.

Wie ist die Basis, in diesem Fall die deutschen Lagerverwaltungen, mit diesen Vorgaben umgegangen? Probleme bereiteten ihnen nicht allein die Erfüllung der ohnehin kargen Standards, welche die Führung festgesetzt hatte. Auch das Unklare der deutschen Kriegsgefangenenpolitik war eine erhebliche Belastung. Dies war nicht nur zu Beginn des Krieges so, als sich das OKH mit der Festlegung der Ernährungsrichtlinien Zeit ließ, oder im Herbst 1941, als die Heeresführung einen Teil der Kriegsgefangenen dem Untergang preisgab und wenige Wochen später diese Entscheidung wieder revidierte. Widersprüche dieser Art zeigten sich überall: Einerseits war *allen* deutschen Soldaten schnell klar, dass im Krieg gegen die Sowjetunion andere Maßstäbe galten als in den vorhergehenden Feldzügen. Andererseits war längst nicht alles außer Kraft gesetzt worden, was Recht, Gewohnheit und Tradition geboten. Diese mitunter bizarre Widersprüchlichkeit war schon in den zentralen Erlassen der Wehrmachtsführung zu erkennen: Wo notwendig, sei gegenüber den Kriegsgefangenen „sofort von der Waffe Gebrauch zu machen", befahl das OKW im Juli 1941 und schwächte sogleich ab, dass natürlich „jede Willkür untersagt"[428] sei. Dies blieb nicht die einzige Unbestimmtheit: Auf der einen Seite war – neben den Hetzbefehlen, Hunger-Rationen und Aussonderungsverfahren – das Desinteresse der obersten militärischen Führung überall zu spüren, so dass auch hier „das ‚Organisieren' hier fast zum Überleben gehörte"[429], wie ein deutscher Kriegsteilnehmer erkannte. Auf der anderen Seite aber bezeichnete selbst das OKW in seiner Weisung vom 16. Juni 1941 die Genfer Kriegsgefangenenkonvention als „Grundlage für die Behandlung" der sowjetischen Kriegsgefangenen[430] – eine Formulierung, die man offiziell erst am 8. September wieder

---

[427] So Hitler in seiner Weisung vom 3. 12. 1941. Druck: Moll (Hrsg.), „Führer-Erlasse", Dok. 124.
[428] Druck der Verfügung des OKH betr. „Behandlung feindlicher Zivilpersonen und russischer Kriegsgefangener" vom 25. 7. 1941, in: Ueberschär/Wette (Hrsg.), „Unternehmen Barbarossa", S. 349f., hier S. 350. Vgl. zu diesem Problem auch Wegner, Krieg, S. 922.
[429] Grützner, in: Die deutsche Wirtschaftspolitik, S. 623.
[430] IfZ-Archiv, IMT, Dok. PS 888: OKW, Abt. Kriegsgefangene, Anordnung betr. „Kriegsgefangenenwesen im Fall Barbarossa" vom 16. 6. 1941. Teilw. ed. in: Ueberschär/Wette (Hrsg.), „Unternehmen Barbarossa", S. 315.

revidierte[431], an die der Generaloberst Schmidt aber bereits im März 1942 wieder erinnerte[432]. Auch andere Oberbefehlshaber wollten „Rohheiten" bei der Behandlung der Kriegsgefangenen nicht dulden – erst recht nicht mehr nach der Winterkrise[433]. Selbst das brutale wie eindeutige Diktum Wagners vom November 1941 war nicht mehr als eine interne Information, gedacht für eine ausgesuchte Gruppe von Generalstäblern, die darauf mit sehr gemischten Gefühlen reagierten. *Schriftlich* aber wurde das nie nach unten gegeben. Im Gegenteil: Wagner selbst ließ die Lagerkommandanten zu genau diesem Zeitpunkt wissen, dass die Verpflegungssätze, „wenn sie in vollem Umfang gewährt werden, zur Ernährung der Kriegsgefangenen" doch ausreichen würden. Man müsse sie nur erfüllen[434]. Dass dies den Gipfel des Zynismus' darstellte, steht hier nicht zur Debatte. Viel wichtiger erscheint, dass die deutsche Führung selbst in dieser Situation gegenüber ihren Lagern noch den Anschein aufrechtzuerhalten suchte, dass sie am Weiterleben der Gefangenen interessiert sei. Denn es blieb nicht allein bei diesem Befehl. Die Tatsache, dass schon damals einzelne Lagerkommandanten, bei denen damals das Sterben außer Kontrolle geriet, abgelöst oder mitunter sogar vors Kriegsgericht gestellt wurden, dürfte bei ihnen kaum die Vorstellung gefördert haben, dass ihre Führung das Massensterben befürworte.

Angesichts dieser unklaren und oft widersprüchlichen Vorgaben musste sich die Basis „völlig im Stich gelassen" fühlen[435]. Ihr hatte man, neben einem allgemeinen Desinteresse an den völkerrechtlichen Standards, im Grunde nur signalisiert, dass sich die sowjetischen Kriegsgefangenen am Ende der deutschen Ernährungshierarchie befänden und sich bitteschön mit dem zu bescheiden hätten, was übrig blieb. Diese Rahmenbedingungen, die im Kern darauf hinausliefen, alle Verantwortung nach unten abzuwälzen, können auch erklären, warum das Verhaltensspektrum schon im Mikrokosmos unseres Ausschnitts so groß und widersprüchlich war: Gerade zu Beginn des Krieges fanden sich viele Varianten: Lager, in denen das deutsche Personal dem „Appell des Nationalsozialismus' an den inneren Schweinehund" (Kurt Schumacher) reichlich Rechung trug; Lager, in denen ein raues Regime herrschte, in denen die Gefangenen aber *zunächst* durchaus Chancen hatten zu überleben; und schließlich auch solche, die so zu arbeiten suchten wie bisher,

---

[431] Druck der Anordnungen des OKW zur „Behandlung sowjetischer Kr. Gef. in allen Kriegsgefangenenlagern" vom 8.9.1941: Ueberschär/Wette (Hrsg.), „Unternehmen Barbarossa", S. 351–354, hier S. 351.

[432] BA-MA, RH 21-2/867 a: Pz. AOK 2, Abt. I c/A.O., „Armeebefehl für die Behandlung von Kriegsgefangenen, Partisanen, Feindkundschaftern und der Bevölkerung" vom 3.3.1942, wo es dezidiert heißt, alle Kriegsgefangenen seien „dem Völkerrecht entsprechend zu behandeln".

[433] Bock, Tagebuch, S. 256 (Eintrag vom 22.8.1941); Gersdorff, Soldat, S. 100; Halder, Kriegstagebuch, Bd. III, S. 221 (Eintrag vom 11.9.1941). Ferner BA-MA, RH 20-2/1445: AOK 2, Abt. O. Qu./Qu. 2, Tätigkeitsbericht für die Woche vom 17.–23.8.1941. Zur Neuorientierung nach der „Winterkrise" vgl. Hürter, Heerführer, S. 391 f.

[434] Vgl. etwa BA-MA, RH 19-III/639: OKH/GenStdH/GenQu/Abt. IV a, Nr. I/36143/41, Anordnung betr. „Verpflegung von Kriegsgefangenen" vom 27.11.1941. Auch zum Folgenden. In diesem Sinne auch BA-MA, RH 19-III/638: OKH/GenStdH/GenQu, Abt. IV a, Az. 960, Nr. I/35946/41 geh., Weisung betr. „Verpflegung der Kriegsgefangenen-Bau-Bataillone" vom 18.11.1941.

[435] Jarausch/Arnold, Sterben, S. 331 (Brief vom 28.10.1941). Ferner, ebda., S. 361 (Brief vom 4.1.1942): „Aber für unsere Gefangenen wissen wir bald nicht mehr aus noch ein."

erinnert sei an das Beispiel des Dulag 203, über das wir besonders gut informiert sind. Wie groß der jeweilige Anteil dieser drei Lagertypen war, lässt sich nur schwer sagen. Allerdings fällt auf, dass die Überlebensquote der sowjetischen Kriegsgefangenen bis Herbst 1941 vergleichsweise hoch war. Das spricht dafür, dass damals der größere Teil der Lagerkommandanten bereit war, ihre Freiräume zugunsten der Gefangenen zu nutzen. Zwar existierten schon damals so berüchtigte Lager wie das in Minsk, doch spricht schon die Aufmerksamkeit, die diese riesige Anlage erregte, dafür, dass es eine Ausnahme blieb. Allerdings waren schon seinerzeit – wie auch das Beispiel unseres Samples veranschaulicht – die meisten Lagerkommandanten bereit, die selektive Ermordung eines Teils ihrer Gefangenen zu akzeptieren.

Schon im Herbst 1941 begannen sich die Unterschiede zwischen den Lagern zu verflüchtigen. Grund war nicht allein die schreckliche Hungerdirektive[436], die das OKH am 21. Oktober 1941 in Kraft setzte[437]. Nicht weniger folgenreich war, dass sich zur selben Zeit auch die äußeren Faktoren rapide verschlechterten. Selbst für jene Lagerverwaltungen, die dieser Entwicklung entgegensteuern wollten, wurde dies nun immer schwieriger. Spätestens jetzt *mussten* sie zu Exekutoren einer Führung werden, die sich längst damit abgefunden hatte, dass ein Teil der Kriegsgefangenenlager eben „zum Aussterben verurteilt" sei[438].

Zweifellos waren jene, die diese Lager betrieben, in ein unbarmherziges System von Befehl und Gehorsam eingebunden, ganz davon abgesehen, dass sie nicht annähernd auf das vorbereitet waren, was sie in der Sowjetunion erwarten sollte. „Dazwischen ist man nun geworfen, ohne etwas tun zu können als das bißchen Pflicht", schrieb der Feldwebel Jarausch im November 1941[439]. Andererseits wurden Leute wie er täglich aufs Neue mit den apokalyptischen Bildern in *ihren* Lagern konfrontiert, auch er war letzten Endes verantwortlich für das, was dort geschah. Wie seine Umwelt insgesamt zu beurteilen ist, lässt eine Beobachtung Alfred Rosenbergs vom Februar 1942 erahnen, der meinte, die „Mehrheit" der deutschen Lagerkommandanten hätten in dieser Zeit *nicht* alle Möglichkeiten zur Ernährung der Kriegsgefangenen genützt, wären also nicht bereit gewesen, die eng gezogenen Grenzen von Vorschriften und Befehlen zu überschreiten. Tatsächlich war es erst die Natur, die ab Frühsommer 1942 die Situation der sowjetischen Kriegsgefangenen substantiell verbessern sollte.

Allerdings hatten die Deutschen mittlerweile einige Lektionen gelernt. Dies war auch eine Folge jener Kritik, die in der Truppe laut geworden war. Im Ostheer erkannte man recht bald, wie groß das wirtschaftliche, militärische und politische Potential war, das in den Kriegsgefangenen steckte. Auch handelte es sich bei ihnen um eine Gruppe, die von den deutschen Soldaten noch am ehesten als ebenbürtig akzeptiert wurde – nicht zuletzt unter dem Eindruck, dass man mit ihnen kooperieren konnte. Ein Teil der Truppe hatte daher, noch bevor die Führung ihre

---

[436] Vgl. mit dem Hinweis bei Pohl (Herrschaft, S.219), dass das Massensterben schon vor der Rationskürzung einsetzte.
[437] BA-MA, RH 19-III/638: OKH/GenStdH/GenQu, Abt.IV a, Az. 960 Nr.I/ 23738/41 geh. Anordnung betr. „Verpflegung sowjetrussischer Kriegsgefangener" vom 21.10.1941.
[438] Halder, Kriegstagebuch, Bd.III, S.289 (Eintrag vom 14.11.1941).
[439] Jarausch/Arnold, Sterben, S.339 (Brief vom 14.11.1941).

Kriegsgefangenenpolitik revidierte, begonnen praktisch zu handeln: Ausbeutung, Kollaboration, zuweilen auch Entlassung waren, wie wir gesehen haben, weite Felder, deren Motive und Wirklichkeit sehr unterschiedlich aussehen konnte. Entscheidend aber war, dass diese vorsichtigen Initiativen oft, wenn auch nicht immer, eine Alternative zu den tödlichen Existenzbedingungen in den Lagern darstellten.

Wie unzureichend diese Veränderungen letzten Endes waren, wird schon allein daran erkennbar, dass bis Kriegsende eine weitere Million sowjetischer Kriegsgefangener umkam. Zwar sollte sich eine Katastrophe wie die von 1941/42 nicht wiederholen, doch blieben die sowjetischen Gefangenen in den deutschen Kriegsgefangenenlagern die mit Abstand gefährdetste Gruppe. Dies hatte zunächst die deutsche Führung zu verantworten, während an der Basis zunehmend auch andere, entgegengesetzte Tendenzen wirksam wurden. Zum Teil war es dadurch möglich, Leid und Elend der sowjetischen Kriegsgefangenen mehr oder weniger zu lindern. Doch ändert das nichts daran, dass es dieselbe Basis war, die nach wie vor als Vollzugsorgan einer Führung wirkte, die in Millionen toter Kriegsgefangener keinen Grund zur Aufregung erkannte.

5.4 Völkermord

Der Mord an den Juden ist das mit Abstand größte Verbrechen des Nationalsozialismus. Keine Schuld wiegt schwerer. Trotzdem stieß die Frage nach dem Anteil der Wehrmacht am Holocaust lange Zeit nur auf wenig Interesse, obwohl es sich doch bei ihr um eine der größten und mit Abstand mächtigsten Institutionen des „Dritten Reichs" handelte. Dass beim Thema Holocaust die Wehrmacht fast schon „vergessen" wurde, hatte viele Gründe – das Schweigen der Veteranen[1], das mit dem Desinteresse der deutschen Gesellschaft an ihrer Geschichten und ihren Geschichte korrespondierte, der Versuch der ehemaligen Wehrmacht-Elite, ein weitgehend entpolitisiertes Bild von der Wehrmacht zu präsentieren, und schließlich auch die Quellen. Teilweise waren die einschlägigen Dokumente verloren gegangen oder gezielt vernichtet worden[2], viel folgenreicher aber war und ist, dass sich in den dienstlichen und persönlichen Aufzeichnungen[3] zum Stichwort „Juden" meist nur so wenig findet, dass sich die Verantwortung der Wehrmacht oft allein den Experten erschließt. Wenn nur gegen einen sehr kleinen Teil der Wehrmacht – „klein" im Vergleich zur gesamten Institution – von der Zentralen Stelle der Landesjustizverwaltungen ermittelt wurde, so ist das sicher kein Zufall[4].

Erst langsam begannen einzelne Forscher, das weit verbreitete Bild, „die" Wehrmacht habe so gut wie nichts mit dem Völkermord an den Juden zu tun gehabt, zu korrigieren. In seinem 1965 erschienenen Werk arbeitete Andreas Hillgruber die ideologischen Prämissen heraus, unter denen das Deutsche Reich Krieg gegen die Sowjetunion führte, mit den Studien von Raul Hilberg (1961, deutsche Übersetzung aber erst 1982), Norbert Müller (1971), Christian Streit (1978) und Helmut Krausnick (1981) wurde dann erstmals das Ausmaß der Kooperation zwischen Armee und NS-Regime beim Judenmord in Umrissen erkennbar[5]. Bezog sich Krausnicks Diktum „einer weitgehenden, in ihrem Ausmaß erschreckenden Integration des Heeres in das Vernichtungsprogramm und die Vernichtungspolitik Hitlers"[6] noch in erster Linie auf die Spitze des Heeres sowie die Oberkommandos an der Front, so begann sich mit zunehmendem Wissen über die Wirklichkeit der Jahre 1939 bis 1945 immer deutlicher abzuzeichnen, dass sich auch die Truppe stärker an diesem Verbrechen beteiligte, als man es zunächst vermutet hatte. Mit dem Beginn einer Militärgeschichtsschreibung, die sich als „neu" bezeichnete, vor allem mit der Debatte um die beiden „Wehrmachtsausstellungen" ist die

---

[1] Vgl. hierzu Bartov, Wem gehört die Geschichte?, S. 605 f.

[2] Vgl. Hürter, Heerführer, S. 521.

[3] Ein Beispiel dafür sind etwa die Aufzeichnungen des Generals Gotthard Heinrici oder des Oberstleutnants i. G. Hans Meier-Welcker. Nur wenige deutsche Offiziere haben über ihre Erlebnisse und Erfahrungen im Ostkrieg so detailliert, so anschaulich und nicht zuletzt auch so reflektiert berichtet wie diese beiden. Während beide vor dem 22.6.1941 zuweilen auch über die Juden berichten, ist nach Kriegsbeginn in ihren Aufzeichnungen nichts mehr über sie zu lesen. Vgl. hierzu Hürter, Heinrici; Meier-Welcker, Aufzeichnungen.

[4] In der Bundesrepublik wurden etwa 2300 einschlägige Ermittlungsverfahren gegen Wehrmachtsangehörige geführt. Angabe nach: Pohl, Herrschaft, S. 334. Vgl. ferner Streim, Saubere Wehrmacht?; Birn, Wehrmacht und Wehrmachtangehörige. Ferner die Statistik in: Verbrechen der Wehrmacht, S. 663.

[5] Hillgruber, Hitlers Strategie, S. 516 ff.; Hilberg, Vernichtung, S. 216 ff.; Krausnick/Wilhelm, Truppe, S. 107 ff.

[6] Krausnick/Wilhelm, Truppe, S. 278.

Frage nach der Mitverantwortung der Wehrmacht am Holocaust immer stärker ins Zentrum des Interesses gerückt, des wissenschaftlichen wie des öffentlichen[7].

Angesichts der Größe und Komplexität dieses Themas wäre es zu wenig, sich allein auf die fünf Divisionen unseres Samples zu konzentrieren. Erst in einem größeren Kontext wird deren Rolle bei der Verfolgung und Ermordung der sowjetischen Juden wirklich verständlich.

5.4.1 Wehrmacht und Holocaust – ein Überblick

5.4.1.1 Voraussetzungen

Die Schnittstellen zwischen der Wehrmacht und der antisemitischen Politik des NS-Regimes blieben zunächst sehr schmal. Keine Frage: Schon im 19. Jahrhundert waren im preußisch-deutschen Offizierskorps Juden quasi nicht existent gewesen[8] (nur im Ernstfall, etwa während der deutschen Einigungskriege oder während des Ersten Weltkriegs, durften Juden auch als Offiziere für das Königreich Preußen bzw. für das Deutsche Reich kämpfen)[9]. Auch hatte es in der deutschen Armee schon immer Vorbehalte gegenüber „den" Juden gegeben[10], die sich dann während des Ersten Weltkriegs[11], vor allem aber unter dem Eindruck von Nie-

---

[7] Vgl. hierzu etwa Müller, Wehrmacht und Okkupation 1941-1944, S. 117 ff; Förster, Sicherung, S. 1030 ff.; ders., Die Wehrmacht; Messerschmidt, Harte Sühne am Judentum; Schulte, German Army, S. 211 ff.; Petter, Wehrmacht und Judenverfolgung; Manoschek, Serbien; ders., „Wo der Partisan ist, [...]"; Dreßen, Role of the Wehrmacht and the Police; Heer, Killing Fields; ders., Bittere Pflicht; ders., Nicht Planer, aber Vollstrecker; ders., Tote Zonen; ders., Mitwirkung der Wehrmacht am Holocaust; ders., Einübung in den Holocaust; ders., Lemberg 1941; Heer/Naumann (Hrsg.), Vernichtungskrieg, hier insbes. die Beiträge von Walter Manoschek, Hannes Heer, Margers Vestermanis, Bernd Boll/Hans Safrian, Truman O. Anderson, Theo J. Schulte, Klaus Geßner; Bartov, Hitlers Wehrmacht, S. 163 ff.; ders., German Soldiers and the Holocaust; Gerlach, Die Ausweitung der deutschen Massenmorde; ders., Morde, S. 503 ff.; Longerich, Politik, S. 405 ff.; Förster, Wehrmacht, Krieg und Holocaust; Pohl, Schauplatz Ukraine; ders., Die Wehrmacht und der Mord; ders., Das deutsche Militär und die Verbrechen an den Juden; ders., Herrschaft, S. 243 ff.; Ueberschär, Der Mord an den Juden und der Ostkrieg; Lieb, Täter aus Überzeugung?; Wette, Wehrmacht, S. 95 ff.; Oldenburg, Ideologie, S. 159 ff.; Shepherd, War in the wild East; Angrick, Besatzungspolitik; Priemel, Am Rande des Holocaust; Hürter, Heerführer, S. 509 ff.; ders., Auf dem Weg zur Militäropposition; ders./Römer, Widerstand und Ostkrieg; Kunz, Krim unter deutscher Herrschaft; Stein, Die 11. Armee und die „Endlösung"; Arnold, Wehrmacht, S. 486 ff.; Bensoussan (Hrsg.), La Wehrmacht dans la Shoah.

[8] 1906 waren von 33 067 aktiven deutschen Offizieren nur 16 jüdischer Herkunft, bei den Reserveoffizieren waren es ca. 300. Dagegen zählte man in der k.u.k.-Armee 2 179 jüdische Offiziere. Angaben nach: Messerschmidt, Juden im preußisch-deutschen Heer, S. 103, 105; Vogel, Ein Stück, S. 38.

[9] Im deutsch-französischen Krieg von 1870/71 kämpften auf preußischer Seite 9 400 Juden. 373 erhielten das Eiserne Kreuz oder vergleichbare Auszeichnungen, 483 fielen während des Krieges oder wurden verwundet. Vogel, Stück, S. 34 f.
Während des Ersten Weltkriegs dienten ca. 96 000 deutsche Juden in den deutschen Streitkräften, von denen 12 000 fielen. Knapp 30 000 erhielten Auszeichnungen, 19 545 wurden befördert. 2 022 wurden Truppenoffiziere, 1 159 Sanitätsoffiziere oder Militärbeamte im Offiziersrang. Vgl. Messerschmidt, Juden im preußisch-deutschen Heer, S. 105 ff. Ferner Dunker, Reichsbund jüdischer Frontsoldaten.

[10] Allerdings war ein gewisser Prozentsatz der Offiziere mit Jüdinnen verheiratet. Vgl. hierzu auch Messerschmidt, Wehrmacht, S. 357.

[11] Das erste Signal bildete in dieser Hinsicht die vom preußischen Kriegsminister Adolf Wild von Hohenborn am 11. 10. 1916 angeordnete Zählung, wie viele Juden aktiv im Heer dienten, wie viele noch nicht einberufen und wie viele als untauglich ausgemustert worden waren. Dahinter

derlage und Revolution, radikalisiert hatten. Doch standen viele Militärs dem „Radau-Antisemitismus" der radikalen Rechten eher kritisch gegenüber[12]. Auch die Reichswehrführung wollte, dass in der Truppe „Judenhetze unter keinen Umständen weiter betrieben wird"[13]. Im Dienst habe es keine „Judenfrage" zu geben[14]. Vielmehr seien alle „Klassen- und Rassen-Unterschiede zwischen deutschen Staatsbürgern" aufgehoben, „deren Schutz uns als Ehrenpflicht anvertraut" sei. Das sollte sich mit der Machtergreifung der Nationalsozialisten ändern. Der Antisemitismus wurde nun zu einer Art Staatsdoktrin, auch für die Wehrmacht. Allerdings kamen ihre Angehörigen bis 1939 kaum noch mit Juden zusammen, weil sich diese Armee mittlerweile strikt von allem distanzierte, was auch nur entfernt jüdisch schien.

Jene, die nicht den „Rassekriterien" des Berufsbeamtengesetzes genügten, mussten bereits im Februar 1934 die deutschen Streitkräfte verlassen; dass es nicht mehr als 70 Soldaten waren, charakterisiert die Rekrutierungspolitik der Reichswehr[15]. Mit der Wiedereinführung der Wehrpflicht im März 1935 wurden Juden generell vom Wehrdienst ausgeschlossen, Offiziere mussten den Nachweis „ihrer arischen Abstammung" vorlegen[16]. Noch perfider waren die einschlägigen Bestimmungen über jene Gruppe, die man als „Jüdische Mischlinge" definierte. Ihr Wehrdienst war zwar unter bestimmten Bedingungen möglich, doch durften sie nicht „Vorgesetzte in der Wehrmacht werden"[17]; noch nicht einmal „eine Befehlsbefugnis als Wachhabender", also eine temporäre Funktion, wollte man ihnen übertragen[18]. Da Hitler bei der „Behandlung von jüdischen Mischlingen in der Wehrmacht" den „schärfsten Maßstab" anlegen wollte[19], verschlechterte sich deren Situation bis Kriegsende, obwohl die Wehrmacht doch dringend Soldaten gebraucht hätte[20]. Auch sonst hielt das Militär auf Distanz. Wehrmachtsangehörigen war verboten, Jüdinnen zu heiraten, bei Juden zu kaufen, Wohnungen zu

---

stand der Versuch, den Patriotismus des deutschen Judentums zu überprüfen. Vgl. Vogel, Stück, S. 131.

[12] Hürter, Heerführer, S. 511. Kritischer dagegen Förster, Reichswehr und Antisemitismus.

[13] Gen.mj. Otto Haas, Führer der Gruppe Haas, in einem Befehl vom 8.4.1920. Druck: Hürten (Hrsg.), Ära Seeckt, Dok. 58.

[14] So der Chef der Heeresleitung, Gen.ltn. Walther Reinhardt, in einem Befehl vom 21.2.1920. Druck: ebda., Dok. 160.

[15] Vgl. Messerschmidt, Deutsche jüdische Soldaten, S. 128. Gesetz zur Wiederherstellung des Berufsbeamtentums vom 7.4.1933, in: RGBl. 1933, I, S. 175 ff., § 3: „Beamte, die nicht arischer Abstammung sind, sind in den Ruhestand (§ 8 ff.) zu versetzen."

[16] Vgl. hierzu Steiner/Cornberg, Willkür in der Willkür, S. 168 ff.; Rigg, Hitlers Jüdische Soldaten, S. 114 ff.
Rigg schätzt allerdings (S. 65) die Zahl der jüdischen „Mischlinge" in der Wehrmacht auf „mindestens 150 000", wobei diese oft versucht hätten, ihre Herkunft geheim zu halten.

[17] Wehrgesetz vom 21.5.1935, in: RGBl. 1935, I, § 15, S. 609 ff., hier S. 611.

[18] IfZ-Archiv, Da 034.08: H. Dv. 22: Politisches Handbuch, Teil I (Pol. H. I), Berlin 1938, Abschnitt G.
Am 8.4.1940 ordnete Hitler an, dass „Mischlinge ersten Grades" nicht mehr Soldat werden durften. Allerdings konnten sie bei besonderer „Bewährung" bzw. bei Auszeichnungen weiterverwendet werden. Am 25.9.1942 ordnete das OKW dann auch die Entlassung dieser Soldaten an. Laut Befehl Hitlers vom 26.10.1944 wurden schließlich sogar Offiziere, die mit „Mischlingen ersten Grades" verheiratet waren, aus der Wehrmacht entlassen. Vgl. Messerschmidt, Wehrmacht, S. 357 f.; Petter, Wehrmacht, S. 197 f.

[19] IfZ-Archiv, Db 001.003: Verordnungsblatt der Reichsleitung der NSDAP, Anordnung A 34/42: „Behandlung von jüdischen Mischlingen in der Wehrmacht".

[20] Vgl. hierzu Kroener, „Menschenbewirtschaftung".

mieten oder sich bei Juden einzuquartieren[21]. In anderen Worten: Juden existierten in der Propaganda der Wehrmacht, aber nicht mehr in ihrem Alltag, zumindest nicht bis zum Beginn des Krieges.

Trotz der Linientreue der Wehrmachtsführung schien zunächst nur wenig darauf hinzudeuten, dass ausgerechnet diese Armee einmal eine zentrale Funktion beim Mord an den europäischen Juden übernehmen würde. *Während* ihrer Feldzüge im Westen und in Skandinavien blieben antisemitische Gewalttaten aus. Bereits im Februar 1940 hatte das OKH „ein Aufrollen der Rassenfrage" strikt verboten[22]: „Allein auf den Umstand hin, daß ein Landeseinwohner Jude ist, dürfen Sondermaßnahmen gegen ihn nicht gestützt werden." Erst im Herbst 1940, also lange nach Abschluss der Kämpfe, begannen die deutschen Militärverwaltungen in Frankreich und Belgien eine Politik einzuleiten, welche die dort lebenden Juden entrechten und enteignen sollte[23]; ab Sommer 1941, als die Diskussion über die „Sühnegeisel" begann, waren diese dann auch in ihrer Existenz bedroht.

Anders entwickelten sich die Dinge in Polen. Das lag nicht allein daran, dass dieses Land zu Beginn des Zweiten Weltkriegs die höchste jüdische Bevölkerungsdichte in Europa aufwies[24]. Die Morde begannen schon während des Feldzugs, bis zum Ende des Jahres 1939 hatten sie bereits mehreren Tausend polnischer Juden das Leben gekostet[25]. Täter waren nicht nur die Einsatzgruppen, die damals im Rücken der vordringenden deutschen Armeen operierten. Es kam auch vor, dass Wehrmachtsangehörige, fast durchgehend niedere Ränge, Juden diskriminierten, quälten oder töteten. Gleichwohl war „die Wehrmacht insgesamt weniger häufig an antisemitischen Gewalttaten beteiligt als die SS und Polizei"[26], schon weil das Militär ger-

---

[21] Die einzige Ausnahme, welche die Wehrmachtsführung machte, bestand in ihrem Engagement für die ehemaligen jüdischen Teilnehmer des Ersten Weltkriegs, vor allem dann, wenn sie während der Jahre 1914–1918 dekoriert oder verwundet worden waren. Vgl. hierzu Hilberg, Vernichtung, S. 303 ff.

[22] Zit. bei: Petter, Wehrmacht, S. 203. Ferner Arnold, Wehrmacht, S. 489; Förster, Umsetzung, S. 423.

[23] Die systematische deutsche Repression gegen die Juden, die im besetzten Frankreich und Belgien lebten, begann am 27. 9. 1940 mit der so genannten „Ersten Judenverordnung"; sie verbot den geflüchteten Juden den Übertritt ins Besetzte Gebiet. Stieß die „Judenfrage" bei der „Militärverwaltung jedoch nach wie vor nur auf geringes Interesse und galt eher als ein unerfreuliches, wenngleich unvermeidliches Randproblem, welches man eigentlich Heydrichs Leuten in der Avenue Foch gern überlassen hätte" (Herbert, Best, S. 306), so änderte sich diese Haltung, als es im August 1941 zu den ersten Attentaten auf Wehrmachtsangehörige kam. Die deutsche Besatzungsmacht, darunter auch der Militärbefehlshaber in Frankreich, General Otto von Stülpnagel, reagierte darauf noch im selben Monat mit Razzien, bei denen von Juden verhaftet wurden. Am 24. 3. 1942 fuhr der erste Zug mit 1 112 französischen Juden nach Auschwitz, was die deutsche Militärverwaltung als „Repressionsmaßnahme" auf die Attentate deklarierte. Vgl. hierzu Klarsfeld (Hrsg.), Endlösung; ders., Vichy-Auschwitz; Herbert, Best, S. 262 ff., 298 ff.; Meyer, Die deutsche Besatzung in Frankreich, insbes. S. 43 ff.; ders., Täter im Verhör; Delacor, Attentate und Repressionen; dies., Weltanschauungskrieg im Westen; Lambauer, Opportunistischer Antisemitismus; Lieb, Konventioneller Krieg, S. 20 ff. Zu Belgien vgl. Weber, Die innere Sicherheit im besetzten Belgien und Nordfrankreich, S. 59 ff., 119 ff.

[24] Die Gesamtbevölkerung in Polen wird für das Jahr 1939 auf 35 100 000 Personen geschätzt, davon waren 3 446 000 Polen jüdischer Herkunft. Angabe nach: Golczewski, Polen, in: Dimension des Völkermords, S. 417.

[25] Vgl. Pohl, Verfolgung, S. 64. Vgl. ferner Datner, Crimes committed by the Wehrmacht; Krausnick/Wilhelm, Truppe, S. 32 ff.; Müller, Heer und Hitler, S. 422 ff.; Umbreit, Militärverwaltungen, S. 28 ff.
Nicht überzeugend hingegen die Deutung von Böhler, Auftakt zum Vernichtungskrieg. Vgl. dagegen Rossino, Hitler strikes Poland, S. 105 f.

[26] Hürter, Heerführer, S. 181.

ne „die in ihrer Notwendigkeit nicht bestrittenen, im einzelnen aber noch nicht festgelegten antijüdischen Maßnahmen der Verwaltung und der Polizei" überließ[27]. Doch gab es damals auch ganz andere Tendenzen. So beobachtete der Oberbefehlshaber des Heeres bei seinen Frontfahrten „vielfach ein zu freundschaftliches Verhältnis zwischen Soldaten und Zivilisten einschl[ießlich] Juden"[28]. Auch führende Repräsentanten der Wehrmacht waren entsetzt über die „Schweinereien hinter der Front"[29], distanzierten sich von der sich abzeichnenden rassenideologischen „Flurbereinigung" oder protestierten dagegen[30]. Es war nicht zuletzt die ambivalente Reaktion der Wehrmacht auf die ideologischen Vorgaben Hitlers, die diesen dazu brachte, die Herrschaft des Militärs über die polnische Westhälfte, in der 1,9 Millionen Juden lebten[31], schnell zu beenden[32]. Bereits am 25. Oktober 1939 wurde die Militärverwaltung durch eine deutsche Zivilverwaltung abgelöst[33]. Von nun an lag die antijüdische Politik, gegen die der neue Oberbefehlshaber Ost, Generaloberst Johannes Blaskowitz, im Übrigen weiter opponierte[34], in den Händen der Zivilverwaltung, bis dann 1942 die Federführung für das eigentliche Mordprogramm auf SS und Polizei überging. Nachdem Blaskowitz im Mai 1940 in den Ruhestand versetzt worden war, hielt es der Generaloberst Georg von Küchler, als Oberbefehlshaber der 18. Armee seit Juli 1940 nun der wichtigste Vertreter der Wehrmacht im Generalgouvernement, für besser, sich beim „Volkstumskampf" aus den „Aufgaben anderer Verbände herauszuhalten"[35].

---

[27] Umbreit, Militärverwaltungen, S. 206. Auch Musial (Zivilverwaltung, S. 106ff.) betont, dass die Einsatzgruppen bei den ersten antisemitischen Maßnahmen „federführend" gewesen seien, die Maßnahmen der Militärverwaltung hätten vor allem darauf gezielt, „die Teilnahme der Juden im Wirtschaftsleben einzuschränken".
Brauchitschs Interesse beschränkte sich darauf, Truppe und Einsatzgruppen soweit wie möglich voneinander zu trennen. Am 21.9.1939 informierte er die Heeresgruppen, dass die Einsatzgruppen „gewisse volkspolitische Aufgaben" zu erfüllen hätten, welche „außerhalb der Verantwortlichkeit der Oberbefehlshaber" lägen. Drei Tage später verbot er jede Mitwirkung an „polizeilichen Exekutionen". Vgl. Browning, Die Entfesselung der „Endlösung", S. 126; Krausnick/Wilhelm, Truppe, S. 56.
[28] Groscurth, Diensttagebuch, S. 270 (Eintrag vom 16.9.1939).
[29] Halder, Kriegstagebuch, Bd. I, S. 68 (Eintrag vom 10.9.1939). Vgl. auch Bock, Tagebuch, S. 78 (Eintrag vom 20.11.1939): „Nachts Fahrt nach Koblenz im Zuge des Oberbefehlshabers des Heeres. Ich höre hier Vorgänge aus der ‚Kolonisierung' des Ostens, die mich tief erschrecken. Macht man dort weiter so, so werden diese Methoden sich einmal gegen uns kehren."
[30] Vgl. Müller, Heer und Hitler, S. 425ff., ferner, ebda., Dok. 48–50; Browning, Entfesselung, S. 37ff., 116; Hürter, Heerführer, S. 181ff., 512f.
[31] Angabe nach: Musial, Zivilverwaltung, S. 342f.
[32] Vgl. Hitler, Monologe, S. 59 (Eintrag vom 14./15.9.1941): „Wie ich ihn hasse, diesen fiktiven Rechtsbegriff! Erst in Polen ist es vorgekommen, daß Juristen sich gegen die Truppe wenden wollten, die 60 Einwohner anliegender Straßen erschossen hatte als Entgeltung dafür, daß verwundete Deutsche dort niedergemacht wurden. [...] Sie begreifen nicht, daß in Notzeiten andere Gesetze gelten."
[33] Hitler hatte Hans Frank bereits am 15.9.1939 darüber informiert, dass seine „zunächst notwendige Unterstellung unter den Militärbefehlshaber [...] baldmöglichst aufgehoben werden" solle. Präg/Jacobmeyer (Hrsg.), Das Diensttagebuch des deutschen Generalgouverneurs, S. 45; Moll (Hrsg.), „Führer-Erlasse", Dok. 14 und 15.
Die Autonomie des Militärs hatten freilich schon vorher die formal unterstellten, faktisch aber mehr oder weniger selbständigen Chefs der Zivilverwaltung durchbrochen.
[34] Vgl. Hürter, Heerführer, S. 184ff.
[35] So Küchler in einer Anordnung vom 22.7.1940, zit. bei: Müller, Heer und Hitler, S. 453, Anm. 164. Dort heißt es u.a.: „Bestimmte Verbände der Partei und des Staates sind mit der Durchführung dieses Volkstumskampfes im Osten beauftragt worden. Der Soldat hat sich daher aus diesen Aufgaben anderer Verbände herauszuhalten. Er darf sich auch nicht durch Kritik in diese Aufgaben einmischen [...]." Vgl. auch Hürter, Heerführer, S. 189f.

Dass sich die Wehrmacht damals nicht oder eher partiell an der antijüdischen Politik des NS-Regimes der Jahre 1938 bis 1940 beteiligte, belegt auch das Beispiel unseres Samples. Zwar gab es auch hier antisemitische Strömungen[36], doch hatten sie vergleichsweise wenig Konsequenzen. Von der 45. ID wissen wir, dass sie Juden zum Arbeitseinsatz zwang[37], ihre Waren beschlagnahmte[38] oder sie mitunter auch als Geiseln nahm – für den Fall von Unruhen[39]. Doch sollen dies, so der Eindruck eines Zeitzeugen, Ausnahmen geblieben sein[40]. Dafür spricht auch der Aufruf des Divisionskommandeurs, Generalmajor Materna, der Anfang Oktober öffentlich festlegte, dass „die im Reichsgebiet geltenden Gesetze über die Juden [...] vorläufig noch nicht durchgeführt werden" sollten[41].

Die große Ausnahme bildete freilich der Korück 580. Wie viel Aggressionspotenzial in diesem Besatzungsverband steckte, wurde nicht nur bei den Massenexekutionen in Bromberg erkennbar[42], sondern auch an seiner engen Kooperation mit der SS, die auch im Befehlsbereich dieses Korück Juden vertrieb oder ermordete[43]. Die Sonderstellung dieses Besatzungsverbands begründete sich freilich nicht nur in seiner Funktion. Sein Kommandant, Generalmajor Walter Braemer,

---

[36] Vgl. etwa BA-MA, RH 39/373: Kriegstagebuch des Panzer-Regiments 35 im Feldzug in Polen, S. 6: „Polnische Juden, schmierig und dreckig, schleichen vorbei, kriecherisch die Hand zum deutschen Gruß gekrümmt und Heil Hitler murmelnd."
Allerdings soll der Kommandeur der 4. Panzerdivision, der damalige Generalmajor Reinhardt, im März 1939 in der böhmischen Stadt Iglau den Ausnahmezustand verhängt haben, „um weitere Ausschreitungen der Schutzpolizei gegen die jüdische Bevölkerung zu unterbinden sowie deren Rechte und Eigentum zu schützen". Vgl. Clasen, Generaloberst Hans-Georg Reinhardt, S. 157.

[37] Ludwig Hauswedell, Kriegstagebuch 1939 (26.8.39–11.10.39), Kopie im Besitz d. Verf., Eintrag vom 25.9. 1939; BA-MA, N 260/4: NL R. v. Bünau, „Brief eines Komp. Chefs von Rudolfs Rgt. [Inf. Rgt. 133]" vom 18.10.1939. Dies entsprach der Linie der Wehrmachtsführung, obwohl ein Arbeitszwang für die jüdische Bevölkerung des Generalgouvernements erst am 26.10.1939 eingeführt wurde. Vgl. hierzu Trunk, Judenrat, S. 48; Umbreit, Militärverwaltungen, S. 205 ff.

[38] BA-MA, N 260/4: NL R. v. Bünau, „Brief eines Komp. Chefs von Rudolfs Rgt. [Inf. Rgt. 133]" vom 22.10.1939.

[39] IfZ-Archiv, MA 1615: 45. Inf. Div., „Bekanntmachung", o. D.

[40] So Herbert Urban am 4.10.2000 in einem Interview mit d. Verf.
Urban, der nach damaliger Definition als „Halbjude" galt, gehörte der 45. Inf. Div. vom Februar bis November 1938 und erneut vom August 1939 bis Februar 1941 an. Nach dem Krieg diente Urban beim österreichischen Bundesheer, das er als Oberst verließ.
Unterschiedlich die zeitgenössischen Stimmen; vgl. etwa Ludwig Hauswedell, Kriegstagebuch 1939 (26.8.39–11.10.39), Kopie im Besitz d. Verf., Einträge vom 11.9. und 10.10.1939, der die Juden, als „dreckig und recht unfreundlich", aber auch als „höflich und dienstbeflissen" charakterisierte. Deutlicher die antisemitischen Vorurteile in: BA-MA, N 532/25: Nachlass Wilhelm Mittermaier, Manuskript Stabsveterinär Dr. Hallwachs, „Vom Krieg in Polen": „Dazwischen reichlich Vertreter des ‚auserwählten Volkes', hündisch dienernd und katzbuckelnd, mit krummen Rücken die schmierigen Deckel ziehend."
Für diese ambivalente Haltung österreichischer Militärs gibt es weitere Belege. Vgl. mit der Beobachtung des US-Militärattachés in Wien vom März 1938, der berichtete, dass das Verhalten der deutschen Soldaten „in jeder Weise tadellos" sei. „Ich erfuhr von etlichen Fällen, wo deutsche Offiziere gegen besonders offensichtliche Juden-Mißhandlungen einschritten und die betreffenden Juden vor rachsüchtigen Parteifunktionären gerettet haben." Auch die Wehrwirtschaftsinspektion XVII aus Wien meldete im November 1938, dass die weitaus größere Zahl der Österreicher mit der Art und Weise der „Entfernung der Juden" nicht einverstanden sei. Schmidl, Der „Anschluß" Österreichs, S. 207; Förster, Wehrmacht, Krieg und Holocaust, S. 951.

[41] Zit. bei: Gschöpf, Weg, S. 105. Ein solches Verhalten scheint bei Materna glaubhaft; vgl. Kap. 2.3.

[42] Vgl. Kap. 2.1.

[43] Rossino, Poland, S. 102, 119 f.

hatte nach seinem Abschied aus der Reichswehr im November 1932 eine zweite Karriere in der SS begonnen[44], so dass er nun den Schulterschluss zu Organisationen suchte, von denen sich seine Kameraden damals eher noch fernhielten. Trotzdem gab es damals in diesem Korück auch Soldaten, welche die Ansichten ihres Kommandanten nicht teilten; so verurteilte dessen Kriegsgericht noch im Dezember 1939 einen Feldgendarm zu einer einjährigen Gefängnisstrafe und Degradierung, weil dieser eine Jüdin erpresst hatte[45].

Überhaupt schien bis Frühjahr 1941 noch manches ungeklärt, nicht nur das Verhältnis der Wehrmacht zur Judenpolitik des NS-Regimes, sondern auch die Frage, welche Richtung diese Politik überhaupt einschlagen würde. Sicherlich gab es in dieser Millionenarmee nur wenige, welche die generelle Bedeutung der „Judenfrage" in Zweifel gezogen hätten. Einige Soldaten hatten zudem zu erkennen gegeben, dass sie SS und Polizei gerne unterstützen würden. Und schließlich zeigte die Propaganda der Wehrmacht, wie groß die Bereitschaft ihrer Führung war, die Parolen von NSDAP und SS nachzubeten. Doch blieb das alles Theorie. Welche Funktion die Wehrmacht in der *Praxis* der Judenverfolgung spielen würde, schien vorerst noch fraglich[46]. Zweifellos begann sich teilweise schon während der Feldzüge in Polen und im April/Mai 1941 dann auch auf dem Balkan[47] das „funktionale Zusammenspiel" zwischen militärischen und nicht-militärischen Institutionen anzubahnen[48]. Und es existierten Militärverwaltungen, die im Westen zögerlicher, im besetzten Serbien aber umso entschiedener[49] demonstrierten, dass sie auch selbst bereit waren, eine radikale antisemitische Politik im großen Stil umzusetzen. Doch war nicht nur das „Experiment" einer deutschen Militärverwaltung in Polen gescheitert[50]. Mit einer feinen Witterung für Mentalitäten und Weltbilder, besonders fremden, konstatierte kein Geringerer als Reinhard Heyd-

[44] Braemer wurde bereits 1937 SS-Brigadeführer. Vgl. BA-MA, Pers. 6/2102: Personalakte Walter Braemer; BA, Abt. R: Personalakte Walter Braemer. Vgl. hierzu auch Gerlach, Morde, S. 136 mit Anm. 45.

[45] BA, ZNS, RH 23-G, Gericht Korück 580, Nr. 175/39: Strafsache gegen den Feldgendarmen Hans M. Dieser hatte versucht eine ehemalige Breslauer Jüdin, die nach Leobschütz/Westpreußen ausgewandert war, wegen angeblicher Devisenvergehen um 5000 RM zu erpressen.

[46] Aufschlussreich ist in diesem Zusammenhang die Bemerkung des Generalquartiermeisters Wagner, der noch im Februar 1941 (!) bei internen Planspielen die Meinung vertrat, die „Feldgendarmerie- und Polizei-Einheiten" seien „im Polizeidienst (Verkehrsregelung, Ordnungsdienst)" einzusetzen. „Geschlossener Einsatz ist nur in besonderen Fällen vorzusehen." Müller, Kriegsrecht oder Willkür?, S. 141.

[47] Vgl. Krausnick/Wilhelm, Truppe, S. 137.

[48] Vgl. Longerich, Politik, S. 247.

[49] Am 2.4.1941 hatte das OKH in einem Befehl zur „Regelung des Einsatzes der Sicherheitspolizei und des SD" im Feldzug gegen Jugoslawien neben „Emigranten, Saboteuren, Terroristen usw." ausdrücklich auch „Juden und Kommunisten" als Gegner bezeichnet. Vgl. Krausnick/Wilhelm, Truppe, S. 137.
Erste antijüdische Maßnahmen begannen bereits während des Balkanfeldzugs; zu ausgedehnten Repressalmaßnahmen kam es dann freilich erst in der Zeit von Ende September bis Anfang Dezember 1941. In diesem Zeitraum erschossen Einheiten der Wehrmacht zwischen 20000 und 30000 „Geiseln", die meisten von ihnen Juden und Roma. Vgl. hierzu Manoschek, Serbien.

[50] Wie tief sich der Disput zwischen Wehrmacht und SS eingegraben hatte, verdeutlicht der folgende Tagebucheintrag Halders: „Alte Streitfälle mit SS über Polen-Vorkommnisse. Untersuchungen müssen unter Heranziehung unserer Dienststellen fortgesetzt werden. Dann erst Urteil möglich." Halder, Kriegstagebuch, Bd. II, S. 345 (Eintrag vom 4.4.1941).
Allerdings war es bezeichnend, wenn dieser Streit dann im Juni 1941 beigelegt wurde. Vgl. hierzu Arnold, Wehrmacht, S. 131; Browning, Entfesselung, S. 126ff.

rich noch im Juli 1940, dass „über grundsätzliche Fragen der Staatsfeindbekämpfung [...] in vielen Fällen bei den höheren Befehlshabern des Heeres eine grundsätzlich andere Auffassung" bestände. Die Auffassungen der Militärs „über Juden, Freimaurer, Marxisten und Kirchenfragen" seien „naturgemäß" völlig anders als die, die man im Reichssicherhauptamt vertrete[51].

Das war etwa die Lage während jenes richtungsweisenden Jahres, das im Sommer 1940 begann. Bei den Feldzügen im Westen und in Skandinavien hatten antisemitische Verbrechen keine Rolle gespielt, während sich die Besatzungspolitik der Wehrmacht in Frankreich und Serbien erst im Herbst 1941 radikalisieren sollte. Unklar war die Situation im besetzten Polen. Mit der Absetzung von Blaskowitz hatte sich die politische Führung zwar fürs Erste durchgesetzt, doch wusste man noch nicht, wie sich die Wehrmachtsführung verhalten würde, falls dieser Konflikt wieder aufbrechen würde. Ganz davon abgesehen handelte es sich in all diesen Fällen um Feldzüge, die nur kurze Zeit gedauert hatten, so dass sich die militärischen Besatzungsverwaltungen, nicht aber die kämpfende Truppe, mit der Frage beschäftigen musste, wie mit den Juden zu verfahren sei.

Was aber würde geschehen, wenn das Regime seine Judenpolitik radikalisieren würde? Wie würde sich dann die militärische Führung verhalten und wie die Masse der Wehrmacht, die Truppe? Die SS-Führung erwartete eine Antwort auf diese Fragen „mit einiger Spannung"[52] und versuchte schon vor Beginn des deutsch-sowjetischen Krieges einige zentrale Punkte mit der Wehrmacht zu regeln.

5.4.1.2 Befehle

Die Kooperation zwischen der Wehrmacht einerseits und den SS- und Polizeiformationen andererseits beruhte auf vier Anordnungen, auf die sich die politische und die militärische Führung vor Beginn des deutsch-sowjetischen Krieges geeinigt hatten[53]:

– die „Richtlinien auf Sondergebieten zur Weisung Nr. 21", des OKW vom 13. März 1941[54]
– die „Besonderen Anordnungen für die Versorgung", des OKH vom 3. April 1941[55]
– der Befehl des OKH zur „Regelung des Einsatzes der Sicherheitspolizei und des SD im Verbande des Heeres" vom 28. April 1941[56]
– und schließlich der Befehl des Reichsführers SS über die Einsetzung Höherer SS- und Polizeiführer im Rückwärtigen Heeresgebiet vom 21. Mai 1941[57].

[51] In einem Brief vom 2.7.1940. Druck: Krausnick, Hitler und die Morde in Polen, S. 206–209.
[52] Hürter, Heerführer, S. 517.
[53] Vgl. hierzu Krausnick/Wilhelm, Truppe, S. 116; Förster, Unternehmen, S. 421 ff.; Ogorreck, Einsatzgruppen, S. 19 ff.; Angrick, Besatzungspolitik, S. 41 ff.; Gerlach, Morde, S. 81 ff.; Arnold, Wehrmacht, S. 125 ff.; Hürter, Heerführer, S. 240 ff. Die ersten Richtlinien, die Heydrich „über die Säuberung der Gefangenenlager" erließ, datieren vom 17.7.1941. Druck: Ueberschär/Wette (Hrsg.), „Unternehmen Barbarossa", S. 346 ff.
[54] Druck: Hubatsch, Hitlers Weisungen, S. 88–91. Zur Genese vgl. KTB OKW, Bd. I, S. 340f. (Eintrag vom 3.3.1941).
[55] Druck: Moritz (Hrsg.), Fall Barbarossa, S. 299–304.
[56] Druck: Ueberschär/Wette (Hrsg.), „Unternehmen Barbarossa", S. 303f.
[57] Druck: Jacobsen, Kommissarbefehl, Dok. 9.

Der Inhalt dieser Anordnungen blieb, verglichen mit ihren Folgen, bemerkenswert vage und diffus[58]. Zwar hatte das OKW in seinen Richtlinien, die es schon am *13. März 1941*, also noch vor jener richtungsweisenden Konferenz vom *30. März*, in Kraft gesetzt hatte[59], „Sonderaufgaben" angekündigt, die „der Reichsführer SS zur Vorbereitung der politischen Verwaltung" erhalten solle und die „sich aus dem endgültig auszutragenden Kampf zweier entgegengesetzter politischer Systeme" ergäben. Doch blieb offen, was darunter genau zu verstehen war. Viel wichtiger erschien vorerst ein anderer Punkt – die Abgrenzung zwischen den militärischen und den nicht-militärischen Organisationen[60]: Der Reichsführer SS sollte im Hoheitsgebiet der Wehrmacht „selbständig und in eigener Verantwortung" operieren können, und zwar „im Auftrage des Führers", freilich ohne dabei die militärischen Operationen zu stören. So etwas war theoretisch noch denkbar. Dass mit einer solchen Regelung jedoch die „Vollziehende Gewalt" des Heeres nicht berührt sei, wie eben diese Richtlinien behaupteten, war eine glatte Lüge. Laut Vorschrift sollten die Armeeoberkommandos in ihren Besatzungsgebieten „die gesamte Verwaltung" leiten[61]. Auf einem zentralen Feld aber hatte man sie bereits mit diesen Rahmenrichtlinien von vornerein durchbrochen.

Zum Verständnis dessen, was nun geschah, ist daran zu erinnern, dass sich in dieser „Schicksalsstunde des deutschen Heeres"[62] viele Alternativen boten. Eine Option wäre – zweifellos – gewesen, Himmlers Apparat ganz aus dem Hoheitsgebiet der Wehrmacht hinauszudrängen. Dies war gewissermaßen das eine Extrem. Das andere hätte die Forderung an die Wehrmacht gebildet, sie solle doch bitteschön *selbst* jene Aufträge übernehmen, welche die politische Führung dem SS- und Polizei-Apparat übertragen wollte. Dass so etwas theoretisch durchaus denkbar war, belegt bereits der „Kommissarbefehl", mit dem Hitler sehr bewusst die Wehrmacht zum Komplizen seines Vernichtungsprogramms machte. In dieser Situation schien der Heeresführung ein Mittelweg am besten, wie an ihrer Anordnung vom *3. April 1941* erstmals erkennbar wird[63]. Dort wurde, unter vielen anderen Punkten, fast schon am Rande von „Sonderaufgaben" des Reichsführers SS gesprochen[64], dessen Einheiten in den Rückwärtigen Heeres- und den Rückwär-

[58] So Pohl, Kooperation, S. 108.

[59] Gerlach (Morde, S. 81 f.), der die Eigeninitiative der militärischen Führung betont, hat darauf hingewiesen, dass die Vorbereitungen zum Einsatz von Himmlers Formationen schon sehr früh begonnen hätten, „bereits um die Monatswende Januar/Februar 1941". Er übersieht aber, dass man von Seiten der SS bereits seit Sommer 1940 in dieser Frage zu „bohren" begonnen hatte. Erste Gespräche, welche Heeresführung und SS in dieser Frage geführt hatten, blieben zunächst ergebnislos. Vgl. hierzu Krausnick, Hitler und die Morde; Hartmann, Halder, S. 242 f.; Arnold, Wehrmacht, S. 127 f. mit Anm. 494.

[60] Vgl. mit der Argumentation Heydrichs in seinem Brief vom 2.7.1940, dass das OKH sich „bei zukünftigen Einsätzen [...] zwar der fachlichen Kräfte der Polizei" bedienen wolle, „diese aber nicht in SS-Uniform und nicht unter Führung ihrer Polizei- und SS-Vorgesetzten", sondern „lediglich im Rahmen des Heeres als Geheime Feldpolizei zum Einsatz" bringen wolle. Druck: Krausnick, Hitler und die Morde, S. 207.

[61] Vgl. IfZ-Archiv, Da 34.08: H.Dv.g. 90: Versorgung des Feldheeres, Teil 1, Berlin 1.6.1938, S. 21 f., 25.

[62] So Hillgruber, Hitlers Strategie, S. 527.

[63] Den entsprechenden Auftrag hatte Halder schon am 14.3.1941 erteilt. Vgl. Halder, Kriegstagebuch, Bd. II, S. 312 (Eintrag vom 14.3.1941).

[64] „Im rückwärtigen Armeegebiet und im rückwärtigen Heeresgebiet führt der Reichsführer SS mit eigenen Organen selbständig und in eigener Verantwortlichkeit Sonderaufgaben durch. Hierüber ergeht besonderer Befehl." Druck: Moritz (Hrsg.), Fall Barbarossa, S. 302.

tigen Armeegebieten unterwegs sein würden. Das OKH hatte sich auf einen Kompromiss eingelassen. Akzeptabel erschien ihm das durch die Vorstellung, damit wenigstens einen Teil seiner Autonomie gerettet zu haben.

Es lag in der Konsequenz dieses Denkens, mit Hilfe formaler Bestimmungen Distanz wahren zu können, wenn am *28. April 1941* die Einbindung von SS und Polizei nochmals präzisiert wurde. Dieser Regelung war das Ergebnis einer Absprache, die zwölf Tage zuvor in Graz stattgefunden hatte[65]. Die Position des Heeres war schwach; andere Aspekte schienen seiner Führung offenbar wichtiger. Deshalb war es lediglich durch seinen Generalquartiermeister, General Eduard Wagner, vertreten. Die SS hatte hingegen gleich ihren Reichsführer Heinrich Himmler aufgeboten, den Chef des Reichssicherheitshauptamts, SS-Gruppenführer Reinhard Heydrich, und eine Reihe weiterer Funktionäre. Diese ungleichen Partner scheinen sich freilich rasch darüber geeinigt zu haben, wie Himmlers Schergen ins Hoheitsgebiet der Wehrmacht einzubinden waren: die *Einsatzgruppen* als ihr eigentlicher Kern sollten in zwei Wellen agieren. Während „*Sonderkommandos*" im *Rückwärtigen Armeegebiet* einzelne „Objekte" sowie „besonders wichtige Einzelpersonen" sicherzustellen hatten, lag die „Erforschung und Bekämpfung der staats- und reichsfeindlichen Bestrebungen" bei den „*Einsatzkommandos*" im *Rückwärtigen Heeresgebiet*, deren Befehlshaber von den Einsatzkommandos über die „politische Lage" auf dem Laufenden gehalten werden sollten. Das konnte vieles bedeuten. Klarer waren die funktionalen und territorialen Definitionen: Die Sonderkommandos sollten gewissermaßen als Vorhut fungieren, während die eigentliche Exekutive dann bei den Einsatzkommandos lag, die in einiger Entfernung zum Gefechtsraum in den Rückwärtigen Heeresgebieten operierten. Im Gegensatz zu den Sonderkommandos, die eng an ihre jeweiligen Armeen gebunden blieben, waren die Freiräume der Einsatzkommandos etwas größer. Allerdings sollten beide „in eigener Verantwortlichkeit" handeln; disziplinarisch und gerichtlich unterstanden sie allein Reinhard Heydrich. Nur „hinsichtlich Marsch, Versorgung und Unterbringung" waren sie den jeweiligen militärischen Verbänden „unterstellt".

Wie man sich dies auf Seiten der Wehrmacht vorstellte, ließ eine Besprechung vom 16. Mai 1941 erkennen. Bei dieser Gelegenheit konkretisierte der Major i. G. Hans Georg Schmidt von Altenstadt, ein enger Mitarbeiter Wagners, dass es sich bei den Sonderkommandos nur um „schwache Gruppen" handeln würde. „Größere Aktionen" würden erst „im rückwärtigen Heeresgebiet" stattfinden, es handele sich hier um die „Bekämpfung politischer Bestrebungen", erst hier sei der SS- und Polizeiapparat in seiner vollen Stärke im Einsatz[66]. Die Stärke der Einsatzkommandos veranschlagte die Wehrmachtsführung denn auch auf je 500 Mann, die der Sonderkommandos dagegen nur auf je 80[67].

---

[65] Grundlage dieser Besprechung war ein Entwurf, den der Generalquartiermeister des Heeres am 26. 3. 1941 erarbeitet hatte. Druck: Jacobsen, Kommissarbefehl, Dok. 2. Die Tatsache, dass weder Brauchitsch noch Halder bei dieser Absprache vertreten waren, macht deutlich, dass sie auch in diesem Fall gerne diese undankbare Aufgabe an Wagner delegierten.

[66] Vortragsnotiz Major i. G. Hans Georg Schmidt von Altenstadt zur Besprechung vom 16.5.1941, faksimilierter Druck: Verbrechen der Wehrmacht, S. 61. Vgl. auch Förster, Umsetzung, S. 424.

[67] Förster, Umsetzung, S. 425.

Nachdem es bei all diesen Absprachen offensichtlich keine Probleme gegeben hatte, schien dem Reichsführer SS der Zeitpunkt gekommen, die Stärke seiner Formationen noch einmal erheblich zu erweitern. Einen knappen Monat nach der Veröffentlichung des „Wagner-Heydrich-Abkommens", am 21. Mai 1941, befahl er, „in den drei rückwärtigen Heeresgebieten je ein[en] ,Höheren SS- und Polizeiführer'" einzusetzen. Ihnen sollten zusätzlich je ein Polizei-Regiment sowie weitere Einheiten der Ordnungspolizei und der Waffen-SS unterstehen. Damit hatte Himmler seine Macht enorm ausgebaut. Während sich die Größe der Einsatzgruppen auf etwa 3500 Mann belaufen sollte, umfasste die Stärke aller Polizei-Bataillone sowie der drei Brigaden der Waffen-SS nochmals über 30000 Mann[68]. Das bedeutete: SS und Polizei waren so groß und mächtig geworden, dass ohne sie die Sicherung des Hinterlandes kaum noch möglich schien. Diese „militärische" Funktion wurde für diese nun zu einem weiteren Einfallstor in das Hoheitsgebiet der Wehrmacht.

Charakter und Dimension der bevorstehenden ethnischen Säuberung ließen sich all diesen abstrakten Regelungen – „unbestimmt und vieldeutig zugleich"[69] – aber kaum entnehmen. Die Abmachungen, die man getroffen hatte, enthielten „keine Formulierungen, die den Einsatzgruppen die summarische Exekution aller Juden erlaubt hätten"[70]. Trotzdem konnte die militärische Führung kaum für sich in Anspruch nehmen, sie hätte nicht gewusst, worauf sie sich damals eingelassen habe[71]. Denn nicht allein in den vorhergehenden Feldzügen hatte man ungute Erfahrungen mit den Einsatzgruppen gemacht. Hitler selbst hatte bereits im März 1941 gegenüber seiner *unmittelbaren* militärischen Umgebung offen über seine Vernichtungsphantasien gesprochen; die besetzten sowjetischen Gebiete könne man nur mit „brutalster Gewalt" neu organisieren[72]. Auch müsse „die jüdisch-bolschewistische Intelligenz, als bisheriger ,Unterdrücker' des Volkes, [...] beseitigt werden"[73]. Das ließ an Deutlichkeit nichts zu wünschen übrig. Deshalb hatte man sich nicht nur in der Wehrmachts-, sondern auch schon in der Truppenführung darüber Gedanken gemacht, wie denn nun der „Einsatz von SS-Einsatzkommandos" in der Praxis auszusehen habe[74]. Dass es hierbei zu Exekutionen kommen würde, stand außer Zweifel; sie müssten „abseits der Truppe vorgenommen werden" – allein darauf legte die militärische Führung Wert.

---

[68] Krausnick/Wilhelm, Truppe, S.147; Kwiet, Auftakt zum Holocaust, S.193.
[69] Hürter, Heerführer, S.240. Zu Recht hat Gerlach (Morde, S.84) darauf hingewiesen, dass der Befehl des OKH vom 28.4.1941 aufgrund seiner unklaren Angaben „lediglich als ,Geheim' eingestuft" wurde.
[70] Streit, Ostkrieg, S.244.
[71] Vgl. mit der Argumentation Keitels, der in seiner Eidesstattlichen Erklärung vom 29.3.1946 behauptete, wie sich der Einsatz der SS in den besetzten Gebieten auswirken würde, „konnte ein Soldat nicht voraussehen, ja nicht einmal vorausahnen". IMT, Bd.40, S.376–385 (hier S.377): Dok.Keitel 12.
[72] Halder, Kriegstagebuch, Bd.II, S.320 (Eintrag vom 17.3.1941).
[73] KTB OKW, Bd.I, S.341 (Eintrag vom 3.3.1941). Handelte es sich hier um eine Äußerung gegenüber dem OKW, so bekräftigte Hitler zwei Wochen später gegenüber der Heeresführung: „Wir müssen stalinfreie Republiken schaffen. Die von Stalin eingesetzte Intelligenz muß vernichtet werden." Halder, Kriegstagebuch, Bd.II, S.320 (Eintrag vom 17.3.1941).
[74] Besprechungsnotiz des Rittmeisters Schach von Wittenau vom 6./7.3.1941, faksimilierter Druck: Verbrechen der Wehrmacht, S.57.

Vor allem Kontrolle und Information war den militärischen Führungszentralen wichtig, auch eine gewisse räumliche Distanz zu Himmlers Einheiten, alles andere aber ließ man laufen[75]. Das offene Eingeständnis des Generalquartiermeisters Wagner, er sei im Grunde genommen froh, „daß wir diesmal mit den ganzen politischen Dingen nichts zu tun haben"[76], macht klar, dass man sich der politischen wie moralischen Verantwortung mit derart formalistischen Planspielen auf eine gleichermaßen bequeme wie unakzeptable Weise entledigen wollte. Bereits 1939, noch während des Polenfeldzugs hatte die politische Führung der Heeresführung kühl und bestimmt beschieden, „wenn die Wehrmacht" mit der rassenideologischen Mordpolitik „nichts zu tun haben wollte, sie es auch hinnehmen müsse, dass SS und Gestapo neben ihr in Erscheinung träten"[77]. Zumindest die obersten militärischen Instanzen hatten das damals letzten Endes akzeptiert[78]. In Polen hatten sie gegenüber Hitler an politischem Terrain verloren, und auch der Westfeldzug, für die Heeresführung im Grunde eine fachliche „Blamage", erschien als eine sehr reale Bestätigung von Hitlers nominellem Führungsanspruch über die Wehrmacht[79]. Dass bei der Beurteilung des künftigen sowjetischen Gegners zwischen der politischen und der militärischen Führung eine Reihe handfester Gemeinsamkeiten existierte, kam Hitler ebenso zugute wie die Erwartung an die Heeresführung, sie müsse das bevorstehende Unternehmen, das selbst Hitler für „gigantisch" hielt[80], in kürzester Zeit durchfechten[81]. Vor diesem Hintergrund hielten es die führenden Militärs für besser, der politischen Leitung eine Art Deal anzubieten. Um „ihre" Soldaten aus „den ganzen politischen Dingen" herauszuhalten und um wenigstens bei der operativen Führung des bevorstehenden Feldzugs, über deren Schwerpunkte auch noch Unklarheit bestand[82], Handlungsfreiheit zu besitzen, opferten sie einen Teil ihrer politischen Autonomie in den rückwärts gelegenen Besatzungsgebieten[83]. Doch wurde das Verhalten der Wehrmacht nicht allein durch Befehle geregelt. Ausschlaggebend waren dafür auch Vorstellungen, die mitunter viel älter waren als die Angehörigen dieser Armee.

5.4.1.3 Bilder

Für die deutsche Gesellschaft und deren bewaffnete Macht waren die sowjetischen Juden etwas Besonderes. Im Blick auf diese Gruppe vereinigten sich gleich zwei tiefsitzende deutsche Phobien – der Antisemitismus und der Antibolschewismus.

---

[75] So schärfte der Generalquartiermeister den hierfür zuständigen Generalstabsoffizieren des Ostheeres ein: „Als Grundprinzip wurde erreicht: Die Durchführung politischer Aufträge des Führers soll nicht Sache des Heeres sein." So Wagner bei einer Besprechung beim AOK 16 am 16.5.1941, zit. bei: Arnold, Wehrmacht, S. 132.
[76] Wagner, Generalquartiermeister, S. 201 (Brief vom 20.9.1941). In diesem Sinne auch Dallin, Herrschaft, S. 32ff.; Arnold, Wehrmacht, S. 109ff., 132; Hürter, Heerführer, S. 242.
[77] Aktenvermerk des Oberstleutnants i. G. Erwin Lahousen, Edler von Vivremont, „über die Besprechung im Führerzug" vom 12.9.1939, in: Groscurth, Tagebücher, S. 357–359, hier S. 358.
[78] Vgl. Müller, Heer und Hitler, S. 425ff., ferner ebda., Dok. 48–50; Hartmann, Halder, S. 149ff.; Longerich, Politik, S. 243ff.; Browning, Entfesselung, S. 34ff.
[79] Vgl. Hartmann, Halder, S. 201ff.
[80] Bock, Tagebuch, S. 181 (Eintrag vom 30.3.1941).
[81] Vgl. Frieser, Blitzkrieg-Legende, S. 437ff.
[82] Vgl. hierzu Hartmann, Halder, S. 237ff.
[83] Vgl. Krausnick/Wilhelm, Truppe, S. 116ff.

Diese These ist weder neu noch originell[84]. Doch erklärt sie, warum sich gerade in diesem Fall der deutsche Antisemitismus so radikalisierte. Da man den deutschen Soldaten unaufhörlich einredete, beim Bolschewismus handele es sich um „eine politische Aktion des Weltjudentums"[85], schien jedes sowjetische Verbrechen, jeder ökonomische Missstand, jede Kriegslist der Roten Armee als Bestätigung jenes Wahns, hier seien allein „die" Juden am Werk. So wahnwitzig der Versuch auch war, ein politisches Phänomen wie den Bolschewismus rassistisch erklären zu wollen, im Sommer 1941 war die Überzeugungskraft dieses Erklärungsmusters doch hoch, schon weil kaum einer der deutschen Invasoren die Sowjetunion wirklich kannte.

Was sie hingegen mitbrachten waren Feindbilder, auch das von „Russisch-Judäa". Je wirklichkeitsfremder und vor allem verschwommener solche Wortfassaden waren, desto größer war ihre Wirkung. Seit Ende des Ersten Weltkriegs hatten sich diese trostlosen Ideen jedenfalls immer stärker in der Mentalität der deutschen Gesellschaft eingenistet, 1933 erhielten sie den Status eines Regierungsprogramms[86], das auch die propagandistische Konfrontation mit der Sowjetunion prägte. Nach der kurzen Unterbrechung durch den deutsch-sowjetischen Nichtangriffspakt wurden die Soldaten des Ostheers seit dem 22. Juni 1941 förmlich überschüttet von Verlautbarungen, welche die Identität und die Gefährlichkeit von Judentum und Bolschewismus zu belegen suchten. Wenn selbst Viktor Klemperer den Zweiten Weltkrieg als „Jüdischen Krieg" verstand[87], so verdeutlicht dies einmal mehr den Stellenwert, den dieser Topos hatte; er wurde nun zum „Leitthema der gesamten NS-Propaganda gegen den Kriegsgegner im Osten"[88]. Im Juli 1941 erwartete Goebbels, dass nun „der größte Judenschwindel aller Zeiten aufgedeckt und entlarvt" werde. Das sowjetische „Arbeiterparadies" würde sich nun als „ein gigantisches Betrüger- und Ausbeutersystem" entpuppen. „In diesem System, in dem Juden, Kapitalisten und Bolschewisten Hand in Hand arbeiten, herrscht ein geradezu unvorstellbarer Grad menschlicher Verkommenheit."[89]

„Juden, Kapitalisten und Bolschewisten Hand in Hand" – geistesgeschichtlich handelt es sich hier um eine geradezu atemberaubende Synthese einer sowohl antikapitalistisch wie antibolschewistisch ausgerichteten Judenfeindschaft, die dann in der Vorstellung mündete, dass „die" Juden unter verschiedenen ideologischen Vor-

---

[84] Vgl. etwa die frühe Deutung von Hillgruber, Die „Endlösung" und das deutsche Ostimperium; Ferner Wette, „Rassenfeind"; Ueberschär, Der Mord an den Juden und der Ostkrieg; Streit, Ostkrieg, Antibolschewismus und „Endlösung". Ferner: Hecker, Die Sowjetunion im Urteil des nationalsozialistischen Deutschland; Jahn, „Russenfurcht" und Antibolschewismus.

[85] IfZ-Archiv, Db 052.29 a: E. V. von Rudolf [i.e. Rudolf Elmayer von Vestenbrugg], Totengräber der Weltkultur. Der Weg des jüdischen Untermenschentums zur Weltherrschaft, München 1937, S. 103.

[86] Pohl, Wehrmacht und Mord, S. 40.

[87] Klemperer, Tagebücher 1945, S. 8 (Eintrag vom 14. 1. 1945).
Vgl. etwa IfZ-Archiv, Db 008.024: NSDAP, Hauptschulungsamt, Sprechabenddienst, Parole Nr. 21 (Sept./Okt. 1944): „Den Juden kennen, heißt den Sinn des Krieges verstehen!" Weitere Beispiele bei Herff, „Der Krieg und die Juden", S. 159ff.

[88] Wette, Rußlandbild, S. 64. Zur Bedeutung und Konstanz dieses Ziels für Hitlers Denken und Politik vgl. Jäckel, Hitlers Weltanschauung, S. 55ff. Ferner Wilhelm, Die „nationalkonservativen Eliten".

[89] Boelcke (Hrsg.), Geheime Goebbels-Konferenzen, S. 238 (Konferenz vom 5. 7. 1941).

zeichen nach nichts anderem strebten als nach der „Weltherrschaft"[90]. So abstrus solche Theorien auch waren, selbst in der Wehrmachtsführung hielten sie viele für schlüssig. Der Generaloberst Erich Hoepner, der seinen Soldaten erklärte, dass es in diesem Krieg um die „Abwehr des jüdischen Bolschewismus" gehe[91], war kein Außenseiter[92]. Auch in vielen anderen Oberkommandos wurde schon vor Kriegsbeginn „der Topos vom notwendigen Kampf gegen den ‚jüdischen Bolschewismus' immer wieder in die Befehle" aufgenommen[93]. Und auch in den „Richtlinien für das Verhalten der Truppe in Rußland", die das OKW vor Feldzugsbeginn an alle im Osten eingesetzten Formationen verteilte[94], wurde auch ein „rücksichtsloses und energisches Durchgreifen gegen bolschewistische Hetzer, Freischärler, Saboteure, Juden" gefordert. Diese Gruppen galten als die eigentlichen Drahtzieher dieses Krieges, gegen den sich das Deutsche Reich – so eine weitere deutsche Propagandalüge – nun präventiv zur Wehr setzte.

Durch diese Verschmelzung von Antisemitismus und Antibolschewismus gerieten die sowjetischen Juden sehr rasch in eine Rolle, in der sie sich nicht zum ersten Mal befanden – in die der Sündenböcke. Das Fremde, Unheimliche und Verbrecherische dieses politischen Systems sei, so die Gebetsmühle der NS-Propaganda, allein das Werk der „jüdisch-bolschewistischen Machthaberschaft von Moskau"[95]. Immer dann, so die nationalsozialistischen Deutungsmuster, wenn sich der Krieg radikalisierte, seien die Juden am Werk – an der Front in Gestalt des „jüdischen Kommissars"[96], im Hinterland als „Anstifter des Partisanenkriegs"[97]. Je „rücksichtsloser und energischer" aber die Juden beseitigt würden – so die implizite Versprechung der deutschen Propaganda –, um so schneller wäre der Krieg zu Ende[98].

[90] Vgl. etwa IfZ-Archiv, Da 034.006 (a): Wofür kämpfen wir? Hrsg. vom Personal-Amt des Heeres, Berlin 1944, S. 8: Als erster Satz zum Thema Judentum wurde dort verkündet: „Die Juden streben seit Jahrtausenden die Herrschaft über die Welt an."
[91] Befehl Hoepners vom 2.5.1941, Druck: Wette/Ueberschär (Hrsg.), „Unternehmen Barbarossa", S. 305.
[92] Schon 1939 hatte das OKW in einem seiner „Schulungshefte" die Auffassung vertreten, dass man mit „den nichtjüdischen Völkern […] eine ritterliche Auseinandersetzung" führe. „Das Weltjudentum aber bekämpfen wir, wie man einen giftigen Parasiten bekämpfen muß." IfZ-Archiv, Da 033.059: C. A. Hoberg, Der Jude in der deutschen Geschichte, in: Schulungshefte für den Unterricht über nationalsozialistische Weltanschauung und nationalpolitische Zielsetzung. Hrsg. vom Oberkommando der Wehrmacht, Abt. Inland, 1 (1939), H. 5, S. 3–42. Zur Wirkung solcher Parolen vgl. etwa Müller, Deutsche Soldaten, S. 147f.
[93] Hürter, Heerführer, S. 516 sowie Uziel, Wehrmacht Propaganda Troops and the Jews.
[94] Druck: Ueberschär/Wette (Hrsg.), „Unternehmen Barbarossa", S. 312. So führte etwa die Ortskommandantur Gomel im Auftrag der 221. Sich. Div. den Film „Der ewige Jude" vor. Sich. IfZ-Archiv, MA 1667: 221. Sich. Div., Abt. I c, Meldung betr. „Geistige Betreuung" an 286. Sich. Div. vom 14.12.1941.
[95] So Hitler in seinem Aufruf an die „Soldaten der Ostfront" vom 22.6.1941, die unmittelbar vor Angriffsbeginn allen deutschen Kriegsteilnehmern bekannt gegeben wurde. Druck: Ueberschär/Wette (Hrsg.), „Unternehmen Barbarossa", S. 319–323, hier S. 319.
[96] Vgl. Kap. 5.1. Ferner Messerschmidt, Wehrmacht, S. 326f.; Römer, Befolgung, S. 190. Das versuchte man auch der Gegenseite einzureden. Das Bild des „jüdisch-kommunistischen Kommissars" war in den Flugblättern, welche die Wehrmacht über der gegnerischen Front abwarf, ein häufiges Motiv. Vgl. IfZ-Archiv, MA 1591: 4. Pz. Div., Abt. I c, Flugblatt „Offiziere, Soldaten des russischen Heeres, Genossen!", Flugblatt „Kämpfer und Kommandeure".
[97] Hilberg, Vernichtung, S. 217. Vgl. ferner Kap. 5.5.
[98] Vgl. mit der Einschätzung durch Messerschmidt (Wehrmacht, S. 360f.), der die antisemitische Propaganda der Wehrmacht als „‚gemäßigt', als nicht unmittelbar ‚mentalitätserzeugend' im Sinne der Ausrottungsmentalität" charakterisierte. Doch habe sie bereits dadurch das Verständnis gefördert für das, „was die Avantgarde des Führers praktizierte".

Dass solche Parolen unter den deutschen Soldaten nicht ungehört verhallten[99], ist leicht zu belegen. Zu eben diesem Zweck erschienen vor wie nach 1945 knappe Editionen, die – wenn auch unter unterschiedlichem Vorzeichen – genau diesen Beweis zu führen suchten: „Bolschewik sein, kann nur ein Jude, für diesen Blutsauger gibt es nichts schöneres, als Bolschewik zu sein [...]", schrieb ein Sanitäts-Gefreiter in einer nationalsozialistischen Briefedition von 1941[100], ein Obergefreiter wurde zitiert, der „die" Juden als „die Übeltäter" jener Massaker präsentierte, auf die die deutschen Truppen damals trafen. Zeugnisse dieser Art knüpfen fast nahtlos an jene schmale Briefedition an, die über 50 Jahre später erschien[101]. Wenn hier ein Leutnant die Sowjetunion für „das satanischste und verbrecherischste System aller Zeiten" hielt und für „ein Paradies für Juden", wenn einem Gefreiten die „Gründlichkeit" imponierte, mit der hier die „Judenfrage" gelöst würde, dann scheint der Schluss nahe zu liegen, dass der Antisemitismus, und zwar ein radikaler, eliminatorischer Antisemitismus, damals Allgemeingut des deutschen Ostheeres gewesen sei. Doch sind solch rasch zusammengestellte Broschüren[102] wirklich repräsentativ? Bei einer Zahl von etwa 10 Millionen deutscher Kriegsteilnehmer in der Sowjetunion[103] liegt das Problem nicht darin – so Klaus Latzel –, „Äußerungen zu finden, in denen die genannte Schwelle [zum Antisemitismus] überschritten wird, sondern darin, solche Belegstellen zu gewichten"[104].

Dieses Problem wird sich auch hier stellen. Denn in einer Millionenarmee wie der Wehrmacht existierten viel mehr Bilder von den Juden und der Sowjetunion, als es die dürren Propagandaformeln vermuten lassen[105]. Das lag schon allein daran, dass es sich bei diesem Krieg um einen dynamischen Prozess handelte, der mit zunehmender Dauer auch zu einer Art „Nagelprobe für die Richtigkeit des nationalsozialistischen Rußlandbildes" wurde[106]. Und auch die Prämissen, unter denen

---

[99] Auch die deutsche „Heimatfront" wurde mit ähnlichen Bildern konfrontiert und entwickelte interessanterweise ähnliche Stimmungen. Vgl. etwa Boberach (Hrsg.), Meldungen aus dem Reich 1938–1945, Bd. 7, S. 2564 (Meldung Nr. 205 vom 24.7.1941): „Mit lebhafter Zustimmung wurden die Bilder von der Inhaftierung der am Mordwerk beteiligten Juden aufgenommen und zum Ausdruck gebracht, daß mit diesen noch viel zu loyal umgegangen würde. Die Bildfolgen vom Zwangseinsatz der Juden zu Aufräumungsarbeiten seien überall mit großer Freude aufgenommen worden."
[100] Wolfgang Diewerge, Deutsche Soldaten sehen die Sowjet-Union, Berlin 1941, S. 35, 44. Zur Person Diewerges vgl. Frei, Vergangenheitspolitik, S. 366, 368, 380; Weißbecker, „Wenn hier", S. 38.
[101] Manoschek (Hrsg.), „Es gibt nur eines für das Judentum", S. 43, 51.
[102] Während die Broschüre von Diewerge den Angriff auf die Sowjetunion propagandistisch begleiten sollte (die Reichspropagandaleitung der NSDAP plante, diese Broschüre in einer Höhe von drei Millionen Exemplaren zu verbreiten), ist die Edition von Manoschek im Kontext der ersten Wehrmachtsausstellung erschienen. Angesichts der Größe der von ihm herangezogenen Sammlung an Feldpostbriefen (ca. 50 000 Stück) sind seine 103 Belege, die noch dazu teilweise von denselben Autoren stammen, noch kein Beweis für eine antisemitische Indoktrination der Wehrmacht.
Vgl. dagegen die folgende Edition, die – basierend auf der wohl größten Sammlung deutscher Feldpost des Zweiten Weltkriegs – einen repräsentativen Querschnitt aus diesen Briefen zu präsentieren sucht. Von 206 Seiten sind insgesamt vier antisemitischen Briefpassagen gewidmet, wobei offen bleibt, ob diese Auswahl ihrem prozentualen Anteil Rechnung trägt. Vgl. Buchbender/Sterz, Gesicht, S. 170–173.
[103] So eine Schätzung von Müller, Hitlers Ostkrieg und die deutsche Siedlungspolitik, S. 2.
[104] Latzel, Deutsche Soldaten, S. 204.
[105] Förster, Rußlandbild, S. 141. Auch zum Folgenden.
[106] Weißbecker, „Wenn hier", S. 34.

das Deutsche Reich diesen Krieg begonnen hatte, wurden durch seinen Verlauf zunehmend in Frage gestellt. Spätestens seit Herbst 1941 wurde darüber in vielen Stäben des Ostheers diskutiert[107] – die „Judenfrage" mit eingeschlossen, schon weil deren „Lösung" bei einer ganzen Reihe von Soldaten Erstaunen, Ekel oder Empörung hervorgerufen hatte. Ganz davon abgesehen konnte jedermann sehen, dass sich weder die politische noch die militärische Situation zugunsten der Deutschen verbesserte, obwohl doch immer mehr Juden verschwanden.

Aber selbst, wenn man seine Meinung in der „Judenfrage" revidierte oder wenigstens modifizierte, war es doch schwierig, daraus Konsequenzen zu ziehen. Denn das NS-Regime war in dieser, angeblich existentiellen Angelegenheit unerbittlich[108]. 1942 bekräftigte der General Schmundt nochmals, dass man vom deutschen Offizier „eine eindeutige, völlig kompromißlose Haltung in der Judenfrage" erwarte[109]. Schon Geburtstagsbriefe oder ein öffentliches Treffen mit den Stigmatisierten konnten zur Entlassung oder Degradierung führen[110]. Angesichts dieses Konformitätsdrucks findet sich selbst vorsichtige Kritik an der deutschen Judenpolitik nur sehr selten in den militärischen Akten[111]. Häufiger werden interne Gespräche gewesen sein[112]; auch registrierten die Sonderkommandos aus SiPo und

---

[107] Vgl. hierzu Hürter, Heerführer, S. 449ff.; ders., Militäropposition; Richter, „Herrenmensch", S. 91ff.; Pohl, Herrschaft, S. 170ff.

[108] Noch 1944 wurde die Broschüre „Wofür kämpfen wir?" in einer Millionenauflage an die Truppe verteilt. Den „Sinn" dieses Krieges reduzierte man hier auf folgende Formel „Jetzt geht es darum, welche Weltanschauung siegt: Der jüdisch-bolschewistische Ungeist des Materialismus oder die schöpferische Weltanschauung des germanischen Idealismus, der Nationalsozialismus." IfZ-Archiv, Da 034.006 (a): Wofür kämpfen wir? Hrsg. vom Personal-Amt des Heeres, Berlin 1944, S. 32f.

[109] So in einem Befehl vom 31.10.1941, zit. bei: Messerschmidt, Wehrmacht, S. 355. Auch zum Folgenden.

[110] So war etwa der Oberst Otto Marschall, während der Jahre 1941–1942 Kriegsgefangenen-Bezirkskommandant J, am 1.5.1941 als Kommandeur des Artillerieregiments 188 abgelöst worden, weil er – so der Befehlshaber im Wehrkreis XIII – „eine recht laxe Auffassung hinsichtlich der rassepolitischen Grundsätze gezeigt" habe. Marschall hatte einen Wachtmeister Tresper, dieser hatte sich 1939 in einem Alter von 51 Jahren kriegsfreiwillig gemeldet, in sein Regiment aufgenommen, obwohl ihm bekannt war, daß es sich bei diesem zu 50% um einen „jüdischen Mischling" handelte. Vgl. BA-MA, Pers 6/8620: Otto Marschall.

[111] Am bekanntesten ist in dieser Hinsicht jener Eintrag im Kriegstagebuch der Heeresgruppe Mitte, demzufolge dort „die Erschießung der Juden, der Gefangenen und auch der Kommissare fast allgemein im Offizierskorps abgelehnt" würde. IfZ-Archiv, FD 600/1: HGr. Mitte, Abt. I a, Kriegstagebuch, Eintrag vom 9.12.1941.
Typischer dagegen Berichte wie etwa die Vernehmung des sowjetischen Hauptmanns i. G. Wassilij Malachow, aus der man auch eine vorsichtige deutsche Kritik am Genozid an den Juden herauslesen kann. Malachow mache „den bisher intelligentesten und soldatischsten Eindruck, der von einem Offizier der Roten Armee zu gewinnen ist", so jedenfalls das Urteil seiner deutschen Gegenüber. „Die bisherige Flugblattpropaganda bezeichnet Malachow als zu einseitig und unzweckmäßig. Die deutsche Propaganda beschränke sich z. Zt. auf Agitation gegen Kommissare und Juden. Die Judenfrage sei im russ[ischen] Volke z. Zt. nicht besonders aktuell. Dies sei darauf zurückzuführen, daß viele Juden auch durch das bolschewistische System gelitten hätten. Außerdem trete der Jude im Osten immer weniger in Erscheinung. Hinter der allgemeinen Linie Smolensk – Gomel – Kiew gäbe es, vor allem auf dem Lande und in den kleineren Städten, sehr wenig Juden." Vgl. PA-AA, R 60704: AOK 2, Abt. I c/A.O. (VAA), „Bericht Nr. 16" vom 7.9.1941.

[112] Vgl. etwa Neitzel, Abgehört, S. 225ff. Die in britischer Kriegsgefangenschaft heimlich abgehörten Berichte sind Ausdruck eines großen Meinungsspektrums, wobei hier nicht nur Zustimmung, sondern auch Entsetzen oder Wut als Reaktion auf den Holocaust vorkommen. Ferner Müller, Deutsche Soldaten, S. 153.

SD, dass sie „überall", wo sie hinkamen, „etwas schräg angesehen" wurden[113]. Doch ist es angesichts der vielen Kontroll- und Sanktionsmechanismen einer Diktatur[114] nicht einfach, ein wirkliches Stimmungsbild zu erhalten[115]. Wie aber sah die Situation der sowjetischen Juden in Wirklichkeit aus?

5.4.1.4 Zur Situation der sowjetischen Juden

In der Sowjetunion lebten im Januar 1939 rund drei Millionen Juden: die Hälfte davon in der Ukraine, eine weitere knappe Million in Russland sowie 375 000 in Weißrussland[116]. Das war die zweitgrößte jüdische Gemeinde in Europa. Gleichwohl bildeten die Juden in der Sowjetunion nur eine kleine Minderheit. Bei einer Gesamtzahl von über 170 Millionen Sowjetbürgern betrug ihr Anteil damals 1,78 Prozent. Bis Juni 1941 war die Zahl der sowjetischen Juden allerdings stark gewachsen, auf knapp 5 Millionen Menschen[117]. Mit den Territorien, welche die Sowjetunion 1939/40 annektierte, waren nochmals 1,4 Millionen ostpolnische Juden, 225 000 baltische und 250 000 Juden aus Bessarabien hinzugekommen[118].

Am Vorabend des deutschen Angriffs existierten in der Sowjetunion zwei jüdische Lebensformen: Zum einen die traditionelle Stetl-Kultur, die sich vor allem auf die Gebiete westlich und östlich der deutsch-sowjetischen Demarkationslinie konzentrierte[119]. Hier lebten die nicht assimilierten Ostjuden, meist als kleine Händler, Handwerker und Taglöhner. Zum anderen hatte sich vor allem in den Städten der Sowjetunion ein modernes Judentum etabliert[120]. Nachdem schon mit der Februar-Revolution 1917 alle rechtlichen Beschränkungen für Juden aufgehoben worden waren[121], hatten viele ihre traditionellen Siedlungsgebiete verlassen, jenen „Ansiedlungsrayon" zwischen Ostsee und Schwarzem Meer, den ihre Vorfahren von der Zarin Katharina II. erhalten hatten. Ziel ihrer Migration bil-

---

[113] Aus einem Brief des SS-Obersturmführers Karl Kretschmer (SK 4 a) vom 19.10.1942, zit. in: Klee/Dreßen/ Rieß (Hrsg.), „Schöne Zeiten", S.161.

[114] Vgl. hierzu Petter, Wehrmacht, S.201, der auf folgendes Ereignis verweist: Oberstleutnant Prof. Dr. Oskar Ritter von Niedermayer, während des Zweiten Weltkriegs General der Osttruppen, habe bei einem Vortrag bestritten, „daß die Juden in der Roten Armee dominierten". Daraufhin wurde Niedermayer denunziert. „Nur nachgewiesene ‚Verdienste' während der bayerischen Rätekämpfe konnten Niedermayer vor der Anklage wegen heimtückischer Gesinnung, auf die das nationalsozialistische Strafrecht abzuheben pflegte, bewahren."

[115] Vgl. Longerich, „Davon haben wir nichts gewusst"; Bajohr/Pohl, Massenmord und schlechtes Gewissen.

[116] Altshuler, Soviet Jewry on the Eve of the Holocaust, S.3. Gezählt wurden ferner 50 676 Juden in Usbekistan, 42 300 Juden in Georgien, 41 245 Juden in Aserbaidschan und 19 240 Juden in Kasachstan.

[117] Altshuler, Soviet Jewry, S.9.

[118] Vgl. Ebda., Soviet Jewry, S.9. Ferner mit zum Teil differierenden Angaben: Levin, The Jews in the Soviet Union, S.154, 337; Nove/Newth; The Jewish Population; Pinkus, The Jews of the Soviet Union, S.49ff.; Morde, S.92; Gross, The Jewish Community in the Soviet-Annexed Territories.

[119] Vgl. etwa Gilbert, Endlösung, S.64; Altshuler, Soviet Jewry, S.45.

[120] Vgl. hierzu Hürter, Heerführer, S.515: „Diese assimilierten Juden wurden allgemein als wesentlich gefährlicher eingeschätzt als die orthodoxen ‚Ostjuden', so dass sich die Judenfeindschaft im Ostheer und unter seinen Oberbefehlshabern nicht auf einen plumpen Antisemitismus gegen das ‚Ostjudentum' reduzieren lässt."

[121] Dagegen wurde die jüdische Religion seit dem Ende der 20er Jahre massiv durch den sowjetischen Staat bekämpft; auch war dieser nicht bereit, eine nationale jüdische Staatlichkeit zu akzeptieren.

deten meist die großen Städte[122]. Die soziale Revolution der Bolschewiki beschleunigte diesen Prozess. Gerade in qualifizierten Berufen wie Kaufleute, Ingenieure, Lehrer, Wissenschaftler und Ärzte[123] sowie bei den politischen Funktionären, nicht aber in der Generalität[124], waren die Juden weit überrepräsentiert, selbst wenn zwischen den einzelnen Sowjetrepubliken starke Unterschiede herrschten[125]. Doch war diese Entwicklung „nicht Ausdruck ihrer traditionellen Kollektivität und Ethnizität, womöglich gar informellen Solidarität", die sowjetischen Juden verdankten ihn „ihren sozialen Fähigkeiten"[126]. Mit Beginn des deutschen Einmarsches waren alle sowjetischen Juden vom Tode bedroht. Schlecht informiert, im Stich gelassen und häufig ahnungslos[127] konnten und wollten viele nicht fliehen[128]. Von den vier Millionen Juden, die im deutschen Besatzungsgebiet gelebt hatten[129], gelang 1,5 Millionen die Flucht[130]. Was aber geschah mit jenen 2,5 Millionen, die unter deutsche Herrschaft gerieten?

---

[122] Vgl. etwa Freitag, Aus der Provinz in die Metropole.

[123] Überrepräsentiert waren die Juden bei den Facharbeitern (38,5 % aller jüdischen Beschäftigen gegenüber einer Quote von 19 % aller sowjetischen Beschäftigten), im Handel (18,5 % gegenüber 4,8 %), in Erziehung und Wissenschaft (8,4 % gegenüber 4 %), in der Medizin (6,1 % gegenüber 2,1 %) und schließlich auch in der Verwaltung (6,9 % gegenüber 3,2 %). Unterrepräsentiert waren die Juden dagegen in den Bereichen Landwirtschaft (8,8 % gegenüber einer Quote von 51 % aller sowjetischen Beschäftigten), Transport (3,7 % gegenüber 4,4 %) und Bau (3,2 % gegenüber 4,1 %). Angaben nach: Altshuler, Soviet Jewry, S. 133 ff.

[124] Der Anteil aller jüdischen Angehörigen der Roten Armee belief sich auf 2,1 %, der Anteil unter den höheren Offizieren dagegen auf 4,6 %. Während der Jahre 1940 bis 1945 erreichten insgesamt 229 sowjetische Juden den Rang eines Generals oder Admirals. Angaben nach: Altshuler, Soviet Jewry, S. 156f. Zum Einsatz der sowjetischen Juden in der Roten Armee vgl. Arad, Soviet Jews in the War against Nazi Germany.

[125] In der Ukraine waren 1939 28,8 % aller führenden politischen Funktionäre Juden, in Russland dagegen nur 8,3 %, in Weißrussland wiederum 35,9 %. Bei den Richtern und Staatsanwälten lag die Quote bei insgesamt 5,4 %. Angaben nach: Altshuler, Soviet Jewry, S. 163, 151. Generell hierzu Yuri Slezkine, Das jüdische Jahrhundert, S. 121 ff.

[126] Dan Diner im Vorwort zu Slezkine, Das jüdische Jahrhundert, S. 13.

[127] Vgl. etwa PA-AA, R 60759: AOK 4, Abt. I c (VAA), „Bericht Nr. 86" vom 16. 7. 1941, Anlage „Stimmung der Bevölkerung": „Die Juden sind auffallend schlecht unterrichtet, wie wir zu ihnen stehen und wie die Juden in Deutschland oder in dem für sie doch nicht so entfernt liegenden Warschau behandelt werden." Sie würden oft glauben, „daß wir sie in Ruhe lassen, wenn sie fleißig ihrer Arbeit nachgehen".
Auch von sowjetischer Seite wurde die besondere Gefährdung ihrer jüdischen Bevölkerungsgruppe konsequent negiert. So veröffentlichte die Rote Armee zwischen 1942 und 1945 insgesamt 15 Schriften, die sich mit den deutschen Verbrechen beschäftigten, ohne dass dort einmal explizit auf die jüdische Herkunft der Opfer Bezug genommen wurde. Stattdessen war stereotyp von „friedlichen Sowjetbürgern" die Rede. Vgl. Levin, The Jews, Vol. I, S. 424. Ferner Gitelman, Soviet Reactions to the Holocaust, 1945–1991; Hirszowicz, The Holocaust in the Soviet Mirror; Levin, The Fateful Decision.

[128] Während viele Juden in den Randzonen des sowjetischen Imperiums von der deutschen Offensive buchstäblich überrollt wurden, sah es in den Räumen, die ostwärts des Dnjepr lagen, für sie noch am besten aus; dort gelang relativ vielen Juden die Flucht. Vgl. Levin, The Jews, Vol. I, S. 410. Gerlach (Morde, S. 92) schätzt, dass von den 650 000 bis 680 000 weißrussischen Juden – so die von ihm veranschlagte Gesamtzahl – „etwa 150 000–180 000" sich durch Flucht nach Osten retten konnten. Ferner IfZ-Archiv, MA 91/3: Chef SiPo und SD, Ereignismeldung UdSSR Nr. 144 vom 10. 12. 1941, wo es über die „Allgemeine Lage in den neubesetzten Gebieten" heißt: „Die jüdische Bevölkerung ist restlos geflohen. Der jüdische Bevölkerungsanteil in diesen Gebieten war sowieso sehr niedrig."

[129] Vgl. Hilberg, Vernichtung, S. 209. Abweichend Altshuler, Soviet Jewry, S. 16.

[130] Insgesamt wurden etwa eine Million ukrainischer und weißrussischer Juden evakuiert, außerdem eine halbe Million russischer Juden. Vgl. Levin, The Jews, Vol. I, S. 402; Lewin, Fateful Decision; Gerlach, Morde, S. 380; Dubson, Problem of Evacuation of the Soviet Jews.

5.4.1.5 Die Wehrmacht und der Holocaust in der Sowjetunion – Strukturen und Verlauf

Am 22. Juni 1941 begann mehr als nur eine militärische Auseinandersetzung zwischen zwei Staaten. Zwischen dem deutschen Überfall auf die Sowjetunion und dem Massenmord an den Juden bestand „eine symbiotische Beziehung [...], auch wenn es sich um eine extrem komplexe und vielgestaltige Interdependenz handelte"[131]. Tatsächlich beschränkte sich die Funktion der deutschen Streitkräfte nicht mehr allein darauf, die militärische Macht des Gegners zu brechen und den deutschen Machtbereich auszuweiten. Wie wir gesehen haben, war der Verfolgungsapparat aus SS und Polizei auf eine komplizierte, aber dennoch effiziente Weise in die deutsche Kriegsmaschinerie eingebunden. Dafür verantwortlich waren nicht nur die zentralen Dienststellen der Wehrmacht, die Oberkommandos, Generalstäbe und Ämter. Als der Krieg begann, zeigte es sich bald, dass auch *alle* Oberbefehlshaber des Ostheers das Morden in ihrem Hoheitsgebiet duldeten oder gar begrüßten[132]. Reaktionen wie die eines Reichenau, der die Morde von SS und Polizei offen billigte[133], oder die eines Leeb, der sie resigniert hinnahm[134], bilden die Grenzen des Verhaltensspektrums; etwas anderes war von den höchsten Repräsentanten des Ostheers damals nicht zu erwarten. Die Bedeutung, die das für ein hierarchisch organisiertes System wie das der Wehrmacht hatte, kann man nur schwerlich überschätzen; im Grunde war damit bereits die zentrale Entscheidung gefallen. Dabei verfügten die deutschen Oberbefehlshaber nicht allein über formale Macht[135]. Die Wehrmacht war in den besetzten Ostgebieten die mit Abstand stärkste Organisation. Gleichwohl akzeptierten ihre zentralen Repräsentanten, dass ihr Besatzungsgebiet zum Schauplatz eines der größten Völkermorde der Menschheitsgeschichte wurde.

Denn schon sehr bald entpuppten sich die zahlenmäßig kleinen Einheiten aus SS und Polizei – verglichen mit dem Ostheer betrug ihr Umfang gerade mal ein Prozent![136] – als reine Todesschwadronen[137]. Bereits in den ersten Tagen dieses Krieges erreichten ihre „Aktionen" eine Dimension, „die sich weder mit den militärischen oder polizeilichen Notwendigkeiten, noch mit den politisch-ideologischen Prägungen und Vorurteilen der Generale begründen ließ, sondern jeden Rahmen

---

131 Mayer, Der Krieg als Kreuzzug, S. 357.
  Vgl. auch mit den Überlegungen bei Hillgruber, „Endlösung"; Ferner Streit, Ostkrieg, Antibolschewismus und „Endlösung"; Longerich, Der Russlandkrieg als rassistischer Vernichtungskrieg.
132 Vgl. Hürter, Heerführer, S. 535 ff.
133 Am bekanntesten ist sein Befehl zum „Verhalten der Truppe im Ostraum" vom 10.10.1941, Druck: Ueberschär/Wette (Hrsg.), „Unternehmen Barbarossa", S. 339 f.; weitere Belege bei Hürter, Heerführer, S. 575 ff.; Longerich, Politik, S. 406.
134 Leeb, Tagebuch, S. 62 ff., 288 (Eintrag vom 8.7.1941).
135 Erinnert sei an das militärische Vetorecht, das man ihnen am 13.3.1941 zugestanden hatte, und daran, dass das Prinzip der Vollziehenden Gewalt in einem besetzten Land auf der Vorrangstellung des Militärs beruhte. Vgl. IfZ-Archiv, Da 034.008-92.1: Handbuch für den Generalstabsdienst im Krieg, Berlin 1939, S. 117 f.
136 Insgesamt waren in den rückwärtigen Gebieten etwa 35 000 Mann von Polizei und SS im Einsatz. Vgl. Kwiet, Auftakt zum Holocaust, S. 193.
137 Dieser Überblick beruht vor allem auf einer Auswertung der in Anm. 7 dieses Kapitels genannten Literatur.

sprengte"[138]. Dennoch war dies erst der Anfang. Die Einsatzgruppen aus SD und Sicherheitspolizei „beschränkten" sich zunächst vor allem auf die Ermordung eines ausgewählten Personenkreises: kommunistische Funktionäre, Angehörige der jüdischen Intelligenz und solche Personen, die man für potenzielle Unruhestifter hielt. Auch initiierten oder förderten die Einsatzgruppen antijüdische Pogrome. Schon damals wurden Zehntausende Menschen abgeschlachtet, die meisten von ihnen Juden[139].

Als klar wurde, dass die Wehrmacht dieses „Mindestprogramm" akzeptierte, begannen SS und Polizei ihre Mordpolitik auf *alle* wehrfähigen jüdischen Männer auszudehnen. Auch das war offensichtlich möglich – „organisatorisch" und, mit Blick auf die Wehrmacht, auch politisch. Nun taten die Mörder ihren dritten und letzten Schritt. Nachdem Heydrich am 31. Juli 1941 bei Göring in dessen Funktion als Vorsitzender des Ministerrats für die Reichsverteidigung (!) den Befehl erwirkt hatte, „alle erforderlichen Vorbereitungen in organisatorischer, sachlicher und materieller Hinsicht zu treffen für eine Gesamtlösung der Judenfrage im deutschen Einflussbereich in Europa"[140], fielen ab August alle sowjetischen Juden, unabhängig von Alter und Geschlecht, der deutschen Vernichtungspolitik zum Opfer, ferner Roma, Kranke und zunächst auch solche Menschen, welche die Deutschen für „Asiaten" hielten. Auch die Tarnbezeichnungen für die Massaker, die man zunächst oft als Repressalmaßnahmen deklariert hatte, verschwanden allmählich. Spätestens mit der Auslöschung ganzer jüdischer Gemeinden ab September/Oktober 1941 hatte dann der systematische Genozid an den sowjetischen Juden begonnen, der allein in den besetzten sowjetischen Gebieten bis März 1942 nahezu 600 000 Opfer forderte[141]. Im *östlichen* Teil des deutschen Besatzungsgebiets waren damit fast alle Juden tot.

Aber erst das Jahr 1942, als sich abzeichnete, dass Hitlers „Weltblitzkriegsplan" definitiv gescheitert war, sollte zur zentralen Phase des Holocausts werden[142]. Die besetzte Sowjetunion war davon nicht ausgenommen. In ihrem westlichen Teil, der mittlerweile nicht mehr der Wehrmacht, sondern einer deutschen Zivilverwaltung unterstand, hatten noch relativ viele Juden den deutschen Einmarsch überlebt. Über diese Gemeinden brach seit Frühjahr 1942 eine zweite Vernichtungswelle herein, die bis Oktober 1943 weiteren 1,5 Millionen Menschen das Leben

---

[138] Hürter, Heerführer, S. 517.
[139] Am 2. 7. 1941 bekräftigte Heydrich dieses Konzept gegenüber den Höheren SS und Polizeiführern nochmals schriftlich. Vgl. Longerich, Politik der Vernichtung, S. 315. Zum Verlauf vgl. Ogorreck, Einsatzgruppen, S. 110 ff.; Browning, Entfesselung, S. 371 ff.
[140] Longerich, Politik der Vernichtung, S. 421. Ferner Ogorreck, Einsatzgruppen, S. 161 ff. Der genaue Zeitpunkt des deutschen Entschlusses, alle Juden auf sowjetischem Boden zu ermorden, ist noch immer umstritten. Während Browning (Entfesselung, S. 405 ff., 449 ff.) von einer Entscheidung im Juli 1941 ausgeht, sind Ogorreck (Einsatzgruppen, passim) und Jersak (Entscheidung, S. 287 ff.) der Ansicht, dass diese Entscheidung erst im August gefallen sei. Gerlach (Wannsee-Konferenz, S. 42; Morde, S. 566) vertritt die These, dass die Entscheidung zum Mord an den sowjetischen Juden „spätestens" auf August zu datieren ist, möglicherweise aber bereits auf den Beginn des Jahres 1941.
[141] Pohl, Verfolgung und Massenmord, S. 77. Vgl. auch Krausnick/Wilhelm, Truppe, S. 620.
[142] Browning, Ganz normale Männer, S. 11: In ganz Europa lebten „Mitte März 1942 [...] noch etwa 75 bis 80 Prozent aller Holocaust-Opfer; bis dahin hatten erst 20 bis 25 Prozent ihr Leben verloren. Nur elf Monate später, Mitte Februar 1943, hatten sich die Prozentzahlen genau umgekehrt."

kostete[143]. Waren 1941 die männlichen, arbeitsfähigen Juden die bevorzugten Opfer gewesen, so suchten die deutschen Besatzer diese nun möglichst lange auszubeuten, während sie alle übrigen, vom Säugling bis zum Greis, sofort umbrachten[144]. Insgesamt wird die Gesamtzahl der Juden, die der deutschen Besatzungsherrschaft in der Sowjetunion zum Opfer fielen, auf ca. 2,4 Millionen geschätzt, von ihnen starben zwischen 450 000 und 500 000 im Hoheitsgebiet der Wehrmacht[145].

Für diese existierte „kein Befehl zur allgemeinen Ermordung von Juden"[146]. Auch beteiligten sich nur relativ wenige Soldaten *aktiv* an diesem Verbrechen. Doch ist damit die Verantwortung der Wehrmacht nur sehr unvollkommen beschrieben. Ohne die Unterstützung oder zumindest doch ohne die Rückendeckung dieser Millionenarmee wäre ein Genozid dieses Ausmaßes niemals möglich gewesen[147] – nicht nur, weil sich ein Teil dieser Massenmorde im Herrschaftsgebiet der Wehrmacht ereignete[148]. Allein auf sich gestellt wären Himmlers Einheiten nicht weit gekommen. Zwar begannen die Einsatzgruppen schon bald, Hilfskräfte zu rekrutieren[149]. Aber erst eine Organisation wie die Wehrmacht konnte ein Verbrechen dieser Dimension wirklich organisieren. Mit der Wehrmacht begann die deutsche Besatzung; sie war es, die die eroberten Gebiete und ihre Gesellschaft neu zu ordnen begann. Dazu gehörte auch „die Kennzeichnung (in Form von Armbinden oder auf Brust und Rücken zu tragenden Abzeichen) und Registrierung der Juden sowie die Bildung von Judenräten"[150] oder von Ghettos, so dass dann SS und Poli-

---

[143] Angaben nach: Ilja Altman, Schertwy nenawisti [Die Opfer des Hasses]. Cholokost w SSSR 1941–1945 gg. Moskau 2002, S. 303. Für die Zeit von Februar 1942 bis Oktober 1943 hat er folgende jüdische Opferzahlen errechnet: Ukraine: 860 000, Weißrussland: 550 000, Moldawien: – , Litauen: 25 000, RSFSR: 75 000–80 000, Lettland: 2 000, Estland: – ; zusammen 1 512 000–1 517 000 Menschen. Zu hoch wahrscheinlich die Opferzahlen für Weißrussland und Russland). Für diese Information danke ich Dieter Pohl, der zu dem Ergebnis kommt, dass die Angaben Altmans vermutlich um 10 % zu hoch liegen. Altmans Gesamtzahl der ermordeten ukrainischen Juden (1 430 000 Menschen) wird von Pohl bestätigt. Dagegen schätzt Gerlach (Morde, S. 743), dass in Weißrussland während der Jahre 1941–1944 ca. 500 000 Juden von der deutschen Besatzungsmacht umgebracht wurden, während Altman die Zahl dieser Gruppe mit 810 000 Menschen veranschlagt.
[144] Vgl. Gerlach, Morde, S. 583. Ferner Matthäus, „Reibungslos und planmäßig". Anfang August 1942 stimmten die Reichskommissariate Ostland und Ukraine, die zunächst auf das Ausbeutungskonzept gesetzt hatten, einer Vernichtung aller jüdischen Ghettos zu. Vgl. Pohl, Holocaust, S. 75.
[145] Angabe nach: Pohl, Herrschaft der Wehrmacht, S. 281.
[146] Curilla, Ordnungspolizei, S. 897f.
[147] Vgl. hierzu etwa das Beispiel Galizien: Pohl, Nationalsozialistische Judenverfolgung, S. 45ff.; Sandkühler, „Endlösung", S. 114ff.
[148] In den Militärverwaltungsgebieten wurden zwischen 450 000 und 500 000 Juden ermordet, in den Zivilverwaltungsgebieten etwa 1,9 Millionen. Angaben nach: Pohl, Herrschaft der Wehrmacht, S. 47.
[149] Vgl. Krausnick/Wilhelm, Truppe, S. 145ff., 287, 478; weitere Angaben bei Klein (Hrsg.), Einsatzgruppen.
[150] Hilberg, Vernichtung, S. 249, wobei dieser konzediert, dass „die Wehrmacht die Errichtung von Ghettos nicht überall als eine Aufgabe von größter Dringlichkeit" betrachtet habe. „Sie sollte keinesfalls Vorrang vor den eigentlichen Militärbelangen erhalten." Vgl. auch Gerlach, Morde, S. 521ff.; Arnold, Wehrmacht, S. 497ff.; Pohl, Herrschaft, S. 249, 252. Grundlage hierfür war ein Befehl des OKH vom 19. 8. 1941, der die Ghettoisierung von Juden unter bestimmten Bedingungen vorsah. Das Original dieses Befehls hat sich nicht erhalten. Vgl. hierzu Gerlach, Morde, S. 525; Angrick, Besatzungspolitik, S. 226f.; Pohl, Schauplatz, S. 9, Anm. 38; Arnold, Wehrmacht, S. 492, 500.

*Kameramann einer Propaganda-Kompanie beim Filmen einer jüdischen Arbeitskolonne;
ihre Angehörigen sind mit einem runden Fleck, nicht mit dem Davidstern gekennzeichnet;
Oktober 1941 bei Minsk*
(Quelle: BA, 101I-121-1231)

zei ihre wehrlosen Opfer oft nur noch „abzuholen" brauchten. 1941 entstanden auf
diese Weise allein im östlichen Weißrussland, in Russland und in der Ukraine 93
solcher Zwangssiedlungen, von denen noch im selben Jahr 55, alle übrigen dann
1942 ausgelöscht wurden[151]. Schon das charakterisiert ihre Funktion: sie waren
nicht mehr als Sammelstellen auf dem Weg in den Tod.

Nicht allein das organisierte die Wehrmacht. Militärische Dienststellen entrech-
teten die Juden und knechteten sie durch Ausbeutung, Kontributionen und Hun-
gerrationen. Damit konnten mitunter schon deutsche Fronteinheiten beginnen. Zu
den eigentlichen Organisatoren dieses Programms aber entwickelten sich erst „die
Abteilungen VII/Kriegsverwaltung beim Befehlshaber des rückwärtigen Heeresgebiets, bei den Sicherungsdivisionen und den Feldkommandanturen"[152] – Einrichtungen also, die weit hinter den Hauptkampflinien wirkten.

Über deren „Vorbereitungen" war der SS- und Polizeiapparat bestens informiert. Die „ständige enge Zusammenarbeit" – etwa auf der Ebene zwischen den
Armeen und den Sonderkommandos –[153] ermöglichte erst die erschreckend schnel-

---

[151] Angaben nach: Levin, The Jews, Vol. I, S. 413. 23 Ghettos befanden sich im östlichen Weißrussland und in Russland, von denen noch zwölf im Jahr 1941 ausgelöscht wurden. In der Ukraine existierten etwa 70 Ghettos, von denen 1941 bereits 43 „liquidiert" wurden. Ferner Gerlach, Morde, S. 521 ff.; Trunk, Judenrat; Friedmann, The Jewish Ghettos.
[152] Gerlach, Morde, S. 515. Vgl. auch seine Einschätzung ebda., S. 539.
[153] So der Befehl des OKH zur „Regelung des Einsatzes der Sicherheitspolizei und des SD im
Verbande des Heeres" vom 28. 4. 1941. Druck: Ueberschär/Wette (Hrsg.), „Unternehmen Barbarossa", S. 303 f.; auch zum Folgenden. Der Informationsaustausch sollte vor allem über die

le und effiziente „Tötungsarbeit" der Himmlerschen Maschinerie. Doch ging es nicht nur um Austausch und Abstimmung. Logistisch waren die Einsatzgruppen den Befehlshabern der Rückwärtigen Heeresgebiete unterstellt; von dort bekamen sie Benzin, Munition, Proviant, Plakate[154]. Sogar die „Frequenzzuteilung" erfolgte durch den Chef des Heeresnachrichtenwesens[155]. In Anlehnung an einen modernen Begriff könnte man also von einer fast nahtlosen, institutionellen „Einbettung" von Himmlers Einheiten in den Apparat der Wehrmacht sprechen.

Doch tat die Wehrmacht noch mehr. Zwar blieb ein Fall von der Größenordnung der 707. Infanteriedivision, die im Reichskommissariat Ostland allein ca. 10 000 Juden und weitere 9 000 Nichtjuden hinschlachtete[156], eine Ausnahme, doch existierten einige Bereiche, in denen die Wehrmacht selbst initiativ wurde – erinnert sei an ihre Kriegsgefangenenpolitik, mit der sie Rotarmisten jüdischer Herkunft und die vermeintlich „jüdischen" Kommissare[157] zum Tod verurteilte, an den Krieg gegen die Partisanen, der immer wieder als Deckmantel für den Holocaust missbraucht wurde, und schließlich an die antisemitischen Übergriffe der Truppe, zu der es vor allem im Westen der besetzten Sowjetunion kam. Als Vorwand dienten die Mordaktionen des NKWD zu Beginn des Krieges, die Ermordung deutscher Kriegsgefangener oder die Furcht vor angeblichen Partisanenüberfällen – alles Ereignisse, mit denen die Juden nichts zu tun hatten[158]. Von ihrer Häufigkeit wie von ihrer Dimension war diese antijüdische Gewalt, die teilweise auch auf das Konto deutscher Fronteinheiten[159] ging, jedoch nicht mit dem flächendeckenden Terror des SS- und Polizeiapparats zu vergleichen, schon weil die Kommandobehörden diese Gewaltausbrüche meist zu unterbinden suchten[160].

Für die Einbindung der Wehrmacht in den Judenmord wurde der Partisanenkrieg viel wichtiger. Durch die Gleichsetzung von Partisanenbekämpfung und Judenvernichtung vermischten sich hier zunehmend militärische Aufgaben mit der

---

I c's und den I c/A.O.'s erfolgen. Vgl. IfZ-Archiv, MA 91/2: Chef SiPo und SD, Ereignismeldung UdSSR Nr. 43 vom 5. 8. 1941: „Die Zusammenarbeit mit den [...] Feldkommandanturen [...] war ausnahmslos gut. In zahllosen Fällen erfolgte eine gegenseitige Unterrichtung über beabsichtigte Maßnahmen oder eine gegenseitige Unterstützung bei notwendigen Aktionen."
154 Vgl. Pohl, Die Wehrmacht und der Mord, S. 45. Ferner der Bericht der Prop. Kp. 637 (mot.) vom 27. 9. 1941, in: Verbrechen der Wehrmacht, S. 162; Plakat: ebda., S. 161.
155 Druck: Ueberschär/Wette (Hrsg.), „Unternehmen Barbarossa", S. 303f.
156 Zahlenangabe nach: IfZ-Archiv, Fb 104/2: KdS Minsk, Burckhardt-Bericht, o. D. [Januar 1942]. Vgl. hierzu Lieb, Täter; Gerlach, Morde, S. 579, 620 sowie Heer, Extreme Normalität. Seine These von der „extremen Normalität" scheint allerdings ebenso wenig plausibel wie seine Behauptung, Lieb verfolge die Absicht, „seinen Protagonisten Andrian zu entlasten". Vgl. auch die Einschätzung bei Förster (Wehrmacht, Krieg und Holocaust, S. 958), der die Geschichte der 707. Inf. Div. als „schrecklichen Gipfel, nicht die Norm militärischer Befriedungspolitik" charakterisiert.
157 Vgl. hierzu Kap. 5.1.
158 Vgl. hierzu Musial, Stets zu erschießen, S. 231ff.
159 Auffällig ist, dass die anfänglichen antisemitischen Gewalttaten deutscher Fronteinheiten, welche die militärische Führung freilich bald unterband, meist eine Reaktion waren auf Morde des NKWD, Ermordung deutscher Kriegsgefangener oder ukrainische Pogrome. Vgl. Pohl, Judenverfolgung, S. 59ff.; Curilla, Ordnungspolizei, S. 892ff.; Gerlach, Verbrechen, S. 100; Bald, Weiße Rose, S. 100.
160 Vgl. Pohl, Herrschaft, S. 245ff. sowie mit der Einschätzung durch Gerlach (Morde, S. 537f.): „Es handelte sich um spontane antisemitische Übergriffe oder brutale, organisierte Einschüchterungsaktionen, aber sie erreichten noch nicht die Dimension der Massaker, die später Einsatzgruppe B, Polizeibataillone oder die 707. Infanteriedivision der Wehrmacht verübten."

eliminatorischen Strategie der NS-Rassenideologie[161], selbst wenn die Wirklichkeit diese Gleichsetzung kaum bestätigte. Sieht man einmal davon ab, dass einige Partisanengruppen eine geradezu frappierende Judenfeindschaft an den Tag legten[162], dann gingen sehr viele Juden mit einer schier unglaublichen Schicksalsergebenheit in den Tod[163]. Gerade bei jenen, die am stärksten unter der deutschen Besatzungsherrschaft zu leiden hatten, blieb Widerstand die Ausnahme[164]. Selbst die Juden, die in die Wälder flüchteten, flohen zunächst vor dem sicheren Tod[165].

Indes galt jene dürre Formel: „Wo der Partisan ist, ist der Jude, und wo der Jude ist, ist der Partisan"[166], welche SS und Wehrmacht auf ihrem gemeinsamen Lehrgang Ende September 1941 in Mogilew gefunden hatten, nicht allein als ideologische „Erkenntnis". Man hielt das auch für eine Art militärische Doktrin, die zudem den Vorteil bot, dass sie sich auch als Deckmantel für den Genozid an den Juden verwenden ließ, schon weil sich an der Bekämpfung der Partisanen meist gemischte „Bandenkampfverbände" beteiligten. Als die Partisanen dann immer mehr Erfolge hatte, obwohl doch die Juden immer weniger wurden – ab Winter 1941/42 lebten im Herrschaftsgebiet der Wehrmacht kaum noch Juden –, musste das „Konstrukt von der militärischen Relevanz des Judenmords"[167] rasch an Bedeutung verlieren.

Doch waren in der Wehrmacht auch ökonomische „Argumente" zu hören, wenn es um den Judenmord ging. Dies war nicht immer so gewesen. Gerade die Wehrmacht hatte gern auf das Arbeitskräftepotenzial der Juden zurückgegriffen,

---

[161] Vgl. etwa mit dem Armeebefehl Hoths vom 17.11.1941, der die Juden als „die geistigen Stützen des Bolschewismus, die Zuträger seiner Mordorganisation, die Helfer der Partisanen" bezeichnete. In seinem Armeebefehl vom 20.11.1941 behauptete Manstein: „Das Judentum bildet den Mittelsmann zwischen dem Feind im Rücken und den noch kämpfenden Resten der Roten Wehrmacht und der Roten Führung. Es hält stärker als in Europa alle Schlüsselpunkte der politischen Führung und Verwaltung, des Handels und des Handwerks besetzt und bildet weiter die Zelle für alle Unruhen und mögliche Erhebungen." Druck: Ueberschär/Wette (Hrsg.), „Unternehmen Barbarossa", S. 341ff., hier S. 342 bzw. 343. Hierzu auch Hilberg, Vernichtung, S. 218.

[162] Vor allem dann, wenn sich aus Ukrainern, Polen und Litauern rekrutierten. Doch gab es auch „rote" Partisanengruppen, die Juden ermordeten. Noch in Stalins Befehl Nr. 189 vom 5.9.1942 „Über die Aufgaben der Partisanenbewegung" wurde die Rettung der Juden mit keinem Wort erwähnt. Vgl. hierzu Levin, The Jews, Vol. I. S. 419; Musial (Hrsg.), Partisanen, S. 186f.; Slepyan, The Soviet Partisan Movement and the Holocaust.

[163] Vgl. mit der Bewertung bei Hilberg, S. 229: „Bezeichnend ist, daß sich die Juden in der Regel widerstandslos niederschießen ließen – in den Berichten der Einsatzgruppen gibt es nur sporadische Hinweise auf ‚Zwischenfälle'. Die Tötungskommandos verloren bei ihren Erschießungsaktionen nicht einen einzigen Mann." Zu den geistesgeschichtlichen Hintergründen vgl. ebda., S. 22ff.

[164] Vgl. hierzu Kahanowitz, Jewish Partisan Movement; Eckman/Chaim, The Jewish Resistance; Lustiger, Zum Kampf auf Leben und Tod!, S. 259ff.; Ainsztein, Jüdischer Widerstand, S. 93ff.; Musial (Hrsg.), Partisanen, S. 183ff.

[165] Die Zahl derjenigen Juden, die in den weißrussischen Wäldern und Sümpfen zu überleben suchten, wird auf ca. 25000 Menschen geschätzt. Cholawsky, The Jews of Byelorussia, S. 306; Eckman/Lazar, Jewish Resistance, S. 13; Musial (Hrsg.), Partisanen, S. 186f.

[166] Der Lehrgang fand vom 24.9.–26.9.1941 im Raum Mogilew statt, dem Standort des Befehlshabers des Rückwärtigen Heeresgebiets Mitte. Vgl. hierzu die einschlägigen Dokumente in: Verbrechen der Wehrmacht, S. 462ff. Zur Quellenlage: Gerlach, Morde, S. 644, Anm. 773. Generell hierzu: Krausnick/Wilhelm, Truppe, S. 217f.; Förster, Sicherung, S. 1043f.; Birn, Zweierlei Wirklichkeit, S. 282f.; Gerlach, Morde, S. 566, 643f.; Mallmann (u. a. Hrsg.), Deutscher Osten, S. 144f.; Hürter, Heerführer, S. 558ff. Kritisch hingegen Arnold, Wehrmacht, S. 456 mit Anm. 258.

[167] Cüppers, Wegbereiter, S. 187.
Es charakterisiert freilich die ideologische Verblendung der deutschen Führung, wenn Himmler noch am 18.12.1941 schrieb: „Judenfrage. Als Partisanen auszurotten." (Witte u. a. Hrsg.), Dienstkalender Heinrich Himmlers, S. 294 (Eintrag vom 18.12.1941).

deren Rechtlosigkeit sie zu einer stets einsetzbaren Verfügungsmasse der deutschen Interessen machte[168]. Juden dienten zur Instandsetzung der Straßen, als Handwerker in den zahllosen Wehrmachts-Betrieben, als Dolmetscher oder als Ärzte. Als Keitel am 12. September 1941 den Einsatz von „Juden zu irgendwelchen bevorzugten Hilfsdiensten für die Wehrmacht" strikt verbot, außer „in besonders zusammengefassten Arbeitskolonnen"[169], hatte er auch jene Juden, die bisher im Umkreis der Wehrmacht ihre Existenz gefristet hatten, an Himmlers Schergen ausgeliefert. Nicht alle militärischen Dienststellen befürworteten dies[170]. Andere hingegen meinten vom Verschwinden „nutzloser Esser" auch noch ökonomisch zu profitieren. Doch handelte es sich hier – schon die geringe Größe der jüdischen Ethnie lässt daran keinen Zweifel – lediglich um eine besonders makabre Form der Rechtfertigung, deren Stellenwert nicht zu überschätzen ist. Die Ideologie, nicht die Ökonomie blieb die eigentliche Triebfeder dieses Genozids[171].

Schon dieser kursorische Überblick lässt keinen Zweifel daran, daß die Wehrmacht beim Genozid an den Juden mehr war als nur Zuschauer. Die deutschen Streitkräfte fungierten auch als Komplizen, mitunter sogar als Motor der Judenvernichtung – erinnert sei an die Felder Partisanenkrieg, Kriegsgefangenen- und Wirtschaftspolitik. Viel wichtiger aber erscheint eine andere Überlegung, jene Beobachtung von Götz Aly, dass der Holocaust in der Sowjetunion zunächst „experimentell" angelegt war[172]. Die Wehrmacht war Teil dieses Experiments. Als es erkennbar wurde, dass sie das Morden hinnahm, förderte oder gar begrüßte, wussten die Täter, dass sie nun freie Hand in ihrer Politik der Vernichtung besaßen. Dies eigentlich ist die Hauptschuld der Wehrmacht.

Diese Schuld verteilte sich nicht flächendeckend über alle Angehörigen und Einheiten, schon weil diese Armee arbeitsteilig organisiert war und ihre Angehörigen über eine sehr unterschiedliche Verantwortung verfügten. Auch die Schnittstellen zu den eigentlichen Täterorganisationen waren alles andere als einheitlich. Es waren deshalb – schon dieser Überblick lässt dies erkennen – ganz bestimmte Teilbereiche des deutschen Ostheers, die überdurchschnittlich viel Verantwortung für dieses Menschheitsverbrechen übernahmen:

– Mit Abstand am größten war die Verantwortung seiner Führungszentralen. Bei den Oberkommandos der Armeen und Heeresgruppen liefen alle administrativen Fäden und Informationen zusammen. Hier erst erschloss sich die ganze Dimension dieses Genozids, hier erst kommunizierte man regelmäßig mit der Führung des SS- und Polizeiapparats, erst hier wurden die Details der Koopera-

---

[168] Vgl. Trunk, Judenrat, S. 406 ff. Ferner Gerlach, Morde, S. 93 f., 574 ff., dessen Darstellung in dieser Frage allerdings widersprüchlich ist (insbes. S. 576 und S. 580).

[169] Druck: Müller (Hrsg.), Okkupation, S. 72; IfZ-Archiv, MA 1667: 221. Sich. Div., Abt. I b, „Besondere Anordnungen für die Versorgung Nr. 130/41" vom 6. 10. 1941. Vgl. hierzu Shepherd, War, S. 86 ff.; Gerlach, Morde, S. 578; Schulte, German Army, S. 228.

[170] Vgl. etwa mit dem vorsichtigen Einspruch des in der Ukraine eingesetzten Oberkriegsverwaltungsrats Peter-Heinz Seraphim, der darauf verwies, dass die Juden „in zufriedenstellendem Umfang Wirtschaftswerte produziert" hätten. Zit. bei: Petter, Wehrmacht, S. 210. Ferner: Trunk, Judenrat, S. 407 f.; Neitzel (Hrsg.), Abgehört, Dok. 135. Ungewöhnlich war der Fall von Przemyśl, wo am 26. 7. 1942 Wehrmachtsangehörige ihre „Arbeitsjuden" aktiv gegen die SS verteidigten. Vgl. Haase, Oberleutnant Dr. Albert Battel.

[171] Vgl. dagegen Gerlach, Morde, S. 576 ff.; ders., Deutsche Wirtschaftsinteressen.

[172] So Aly, „Endlösung", S. 398.

tion mit den Einsatzgruppen geregelt und auch die zentralen Richtlinien erarbeitet, wie sich die unterstellten Soldaten in der „Judenfrage" zu verhalten hätten. Die weit überdurchschnittliche politische und moralische Verantwortung dieser vergleichsweise wenigen Zentralinstanzen entspricht ihrer herausgehobenen Position in der militärischen Hierarchie, wobei zu beachten ist, dass auch diese Stäbe arbeitsteilig organisiert waren.

– Eine Schlüsselfunktion bei der Verfolgung und Ermordung der sowjetischen Juden übernahmen auch die rückwärtigen Teile des Ostheers – Institutionen wie die BRücks und Korücks mit ihren Feld- und Ortskommandanturen[173], die Sicherungsdivisionen oder die Geheime Feldpolizei, kurz jene Einheiten, welche die rückwärtigen Teile des Militärverwaltungsgebiets organisierten. Bei diesen Gebieten handelte es sich nicht nur um die bevorzugten Einsatzräume von SS und Polizei, der Antisemitismus war – wie wir zur Genüge gesehen haben – immer auch integraler Bestandteil jenes Besatzungskonzeptes, das die Wehrmacht in der Sowjetunion umsetzte. Dieser Antisemitismus musste nicht eliminatorisch sein; es reichte, wenn er bei diesem arbeitsteiligen Prozess die Funktion eines einzelnen Bausteins erfüllte. Allerdings waren die rückwärtigen Einheiten, von denen hier die Rede ist, weder von ihrer Größe noch von ihrer Funktion und ihrem Prestige repräsentativ für das *gesamte* Ostheer[174].

– Damit kommt schließlich der größte Teil des Ostheers in den Blick, die Fronttruppe, und mit ihr die Frage nach ihrer Rolle beim Judenmord. Auch von diesem Teil des Ostheers sind antisemitische Verbrechen bekannt, jedoch scheint es sich dabei eher um Ausnahmen gehandelt zu haben. Das lag schon daran, dass der kämpfenden Truppe in der Regel Zeit und auch Gelegenheit zum Judenmord fehlte. „Bewegung und Kampf mit der feindlichen Wehrmacht" seien – so eine zentrale Weisung des Oberbefehlshabers des Heeres – „eigentliche Aufgabe der Truppe. [...] Diese Aufgabe darf an keiner Stelle in Frage gestellt sein. Besondere Such- und Säuberungsaktionen scheiden daher im allgemeinen für die kämpfende Truppe aus."[175] Außerdem operierten zumindest die Heeresgruppen Nord und Mitte schon bald in Gegenden, wo nur noch verhältnismäßig wenige Juden lebten. Viel wichtiger aber war, dass die militärische Führung in der Regel die vereinbarte Aufgabentrennung befürwortete und zumindest die kämpfende Truppe aus dem Judenmord herauszuhalten suchte, dessen Schauplätze nur selten im Gefechtsgebiet lagen[176].

---

[173] Zur antisemitischen Politik dieser Kommandanturen vgl. etwa Pohl, Judenverfolgung, S. 45f.

[174] Die gesamte Geheime Feldpolizei beim Feldheer umfasste 1941 4085, 1942/43 7885 Mann, die an allen Fronten im Einsatz waren. Vgl. Geßner, Geheime Feldpolizei, S. 346. Zur sehr hohen Zahl ihrer Opfer vgl. Gerlach, Morde, S. 873.

[175] Weisung des ObdH zum „Erlaß über die Ausübung der Kriegsgerichtsbarkeit im Gebiet ‚Barbarossa' und über besondere Maßnahmen der Truppe" vom 24. 5. 1941, Druck: Ueberschär/Wette (Hrsg.), „Unternehmen Barbarossa", S. 307f., hier S. 307.

[176] So befahl etwa das AOK 4 vor Kriegsbeginn, dass „grundsätzliche Sondermaßnahmen den später folgenden politischen Organen" vorbehalten seien, während die 454. Sicherungsdivision im August 1941 die Ansicht vertrat, „daß Lynchjustiz gegenüber Juden und andere Terrorakte mit allen Mitteln zu verhindern" sei. AOK 4, Abt. O.Qu./Qu.2 am 8. 6. 1941, zit. bei: Arnold, Wehrmacht, S. 489. Der Befehl der 454. Sich. Div. bei: Müller (Hrsg.), Okkupation, S. 57–62. Weitere Beispiele: ebda., Dok. 25 und 30; Krausnick/Wilhelm, Truppe, S. 229f., 240; Hürter, Heerführer, S. 579; Hilberg, Vernichtung, S. 232ff.; Robel, Sowjetunion, S. 530f.; Klee/Dreßen (Hrsg.), „Gott mit uns", S. 102f.

Unter der Maßgabe dieser drei Voraussetzungen spricht viel für die Einschätzung von Dieter Pohl, der die Zahl der Wehrmachtsangehörigen „auf einige Zehntausend" schätzt, „die an Selektion, Organisierung, Durchführung, Absperrung bei Erschießungen oder Abgabe an die Sicherheitspolizei tätig waren"[177]. Verglichen mit den 10 Millionen Wehrmachtsangehörigen, die in der Sowjetunion im Einsatz waren, ist das eine sehr kleine Gruppe. Angesichts der technischen wie organisatorischen Möglichkeiten, die eine moderne Armee bietet, konnte freilich schon diese kleine Gruppe sehr viel bewirken. Noch viel kleiner ist freilich jene Gruppe von Wehrmachtsangehörigen, die ihr Unbehagen gegenüber dem Holocaust artikulierte oder gar dagegen Widerstand leistete[178]. Das heißt, wir haben es in diesem Fall mit einem breiten, scheinbar indifferenten Mittelfeld zu tun.

Die Frage, wie sich diese amorphe Gruppe, mit Abstand die große Mehrheit des Ostheers, bei der Judenverfolgung verhielt, ist damit freilich noch längst nicht beantwortet – im Gegenteil, sie ist gerade erst einmal gestellt. Denn die große *institutionelle* Verantwortung der Wehrmacht am Holocaust sagt nur wenig aus über die *individuelle* Verantwortung ihrer Angehörigen. Was haben sie getan und wie haben sie auf die unvorstellbaren Verbrechen in ihrem Umfeld reagiert[179]? Gerade dann, wenn man die Gesamtheit ihrer Angehörigen in den Blick nimmt, fällt ein Urteil schwer[180]. Die fünf Divisionen unseres Samples bieten deshalb auch bei dieser Frage die Chance, wenigstens an einem Ausschnitt zu präziseren Ergebnissen zu kommen, der auch in diesem Fall Modellcharakter für das gesamte Ostheer haben könnte.

5.4.2 *Wehrmacht und Holocaust – das Fallbeispiel von fünf Formationen*

5.4.2.1 Tatorte

Überblick lässt sich auch hier über den Raum gewinnen: Wie verliefen die Marschwege jener fünf Divisionen, wie die des SS- und Polizeiapparats, wo kreuzten sich ihre Wege? Wann näherten sie sich an? Und wann arbeiteten sie zusammen? Zumindest *an der Basis* war Kooperation nur dann möglich, wenn sie sich am selben Ort oder wenigstens im selben Raum befanden.

---

[177] Pohl, Die Wehrmacht und der Mord, S. 50.

[178] Vgl. hierzu Müller, Wehrmacht und Okkupation, S. 125 f.; Krausnick/Wilhelm, Truppe, S. 255 ff.; Streit, Kameraden, S. 101 f.; Haase/Paul (Hrsg.), Die anderen Soldaten; Wette (Hrsg.), Retter in Uniform; Priemel, Am Rande des Holocaust.

[179] Die moralische Ambivalenz des Ostheers gegenüber dem Völkermord hat niemand schärfer erfasst als die Mörder selbst: Die Einsatzgruppen berichteten, dass zur Wehrmacht „vom ersten Tage an ein ganz ausgezeichnetes Einvernehmen" bestehe. „Vor allem bei den Stäben [!] der Wehrmacht würde die Sicherheitspolizei „ein hohes Ansehen" genießen. „Lediglich in der Judenfrage" – also dem Hauptziel der Mordeinheiten – sei „bis in die jüngste Zeit kein restloses Verständnis bei den nachgeordneten Wehrmachtsdienststellen [!]" zu finden. IfZ-Archiv, MA 91/3: Chef SiPo und SD, Ereignismeldung UdSSR Nr. 128 vom 3.11.1941.

[180] Vgl. auch hier Pohl, Die Wehrmacht und der Mord, S. 48: „Erheblich schwieriger ist die Einschätzung der Mehrheit der Soldaten im Osten, also der Fronttruppe. […] Die Zahl der Divisionen, in denen Soldaten an Verbrechen gegen Kriegsgefangene und Zivilisten teilgenommen haben, ist zwar insgesamt vergleichsweise groß; aber die Frage, in welcher Zahl, in welchem Rahmen die Täter handelten und in welchem Ausmaß Juden die Opfer waren, ist noch offen."

Die Standorte von Wehrmacht sowie von SS und Polizei lassen sich relativ genau rekonstruieren[181]. Um einen Überblick über ihre Marschwege zu erhalten,
wurde eine entsprechende Liste erarbeitet, die alle Einsatzräume bzw. Standorte
dann berücksichtigt, *wenn sich Wehrmacht bzw. SS oder Polizei auf 100 Kilometer
oder weniger annäherten.* An dieser Tabelle[182] lassen sich zwei Dinge ablesen –
die militärische Entwicklung wie auch die militärisch-politischen Besatzungsstrukturen, welche die deutschen Invasoren der okkupierten Sowjetunion aufzuzwingen suchten: vorne die Kampf-, dahinter die Besatzungsverbände der Wehrmacht und dazwischen, mit zunehmender Entfernung zur Front immer dichter,
die drei Wellen des SS- und Polizeiapparats. Allein mit diesem Überblick wird sich
jene zentrale Frage nach der Beteiligung der Wehrmacht am Holocaust sicher nicht
beantworten lassen; andererseits wäre es ohne diesen Hintergrund aber nur schwer
möglich, die einschlägigen Quellenfragmente dieser fünf Divisionen angemessen
einzuordnen.

Überblickt man diesen Ausschnitt, so fallen zunächst die Unterschiede zwischen den Front- und den Besatzungsverbänden ins Auge. Letztere waren den
Schauplätzen dieses Völkermords am nächsten, schon weil sie selbst mitunter als
Exekutoren wirkten. Das lässt sich in Zahlen ausdrücken: Während sich für die
4. Panzerdivision im Jahr 1941 nur zwei Situationen finden, in denen sich diese
Division den Tatorten der „Himmler-Truppe" auf weniger als 100 Kilometer näherte[183], sind es bei der 45. Infanteriedivision sechs solcher Situationen. Dagegen

---

[181] Die Marschwege und Einsatzräume jener fünf Divisionen, die im Mittelpunkt dieser Studie
stehen, wurden auf der Basis der militärischen Akten rekonstruiert, Marschwege und Tatorte
der Einsatzgruppen aufgrund der „Ereignismeldungen", die der Polizei-Bataillone und der
Brigaden der Waffen-SS anhand der Literatur. Als Standortangabe diente bei den großen
Wehrmachtsverbänden in der Regel der Standort des Divisionshauptquartiers. Lagen detaillierte Angaben für einzelne Teileinheiten der Division vor, insbesondere bei einer Kooperation
mit Einheiten von SS und Polizei, dann wurden diese berücksichtigt. Zwar ergibt sich daraus
ein recht genaues Bild über die Einsatzräume von Wehrmacht, SS und Polizei, doch bestehen
zwischen den einzelnen Einsatzorten der militärischen wie der nicht-militärischen Einheiten
zum Teil größere Lücken; sie sind räumlicher, aber auch zeitlicher Natur. Auch ist es nicht
einfach, die zeitlich zum Teil nicht deckungsgleichen Angaben über die Einsatzorte der militärischen und der nicht-militärischen Einheiten aufeinander abzustimmen. Schließlich können
auch die Distanzen schwanken, wenn sich Einheiten auf dem Marsch befanden.
Als Quellen und Literatur dienten neben den einschlägigen militärischen Akten vor allem:
IfZ-Archiv, MA 91/1–4: Der Chef der Sicherheitspolizei und des SD: Ereignismeldungen
UdSSR Nr. 1–66; 67–117; 118–167; 168–195. Headland, Messages of Murder; Tessin/Kannapin
(Hrsg.), Waffen-SS und Ordnungspolizei im Kriegseinsatz 1939–1945; Klemp, „Nicht ermit-
telt"; Curilla, Ordnungspolizei; Baade/Behrendt/Blachstein (Hrsg.), Unsere Ehre heißt Treue;
Ferner: Mallmann (u. a. Hrsg.), Deutscher Osten, S. 143 ff.; Gerlach, Morde, S. 555 ff., 563 ff.;
Yerger, Riding East, S. 132 ff. Die Ereignismeldungen enthalten zwar meist genaue Angaben
über die Zahl der Opfer, aber nur selten exakte Daten über den Zeitpunkt eines Einsatzes, der
über weitere Quellen und mit Hilfe der Literatur präzisiert wurde. Hilfreich waren dabei vor
allem Krausnick/Wilhelm, Truppe; Klein (Hrsg.), Einsatzgruppen; Spector (Hrsg.), The Encyclopedia of Jewish Life before and during the Holocaust, 3 Bde.
Für die Unterstützung bei der Erstellung dieser Tabelle sei Stefan Becker herzlich gedankt.
[182] Die Tabelle ist dem Buch als Anlage beigegeben.
[183] Auch sonst finden sich in den dienstlichen und privaten Quellen aus dieser Division so gut wie
keine Hinweise auf den Holocaust. Eine Ausnahme bildet lediglich die folgende Passage: BA-
MA, MSg 1/3268: Fritz Farnbacher, Tagebuch, Eintrag vom 24. 6. 1941: „Nachmittags fahre
ich mit ein paar Männern, die fotografieren wollen, in die Stadt Kobryn, weil es da schon seit
Stunden brennt; man hat die Synagoge angezündet und das Feuer frißt nun um sich wie ein
Krebsschaden."

lassen sich für die 296. Infanteriedivision und den Korück 580 je 24 Annäherungen feststellen, während es bei der 221. Sicherungsdivision sogar 33 sind.

„Annäherungen" an die Tatorte des Holocausts im Jahr 1941 (auf eine Entfernung auf 100 Kilometer oder weniger)

4. Panzerdivision	2
45. Infanteriedivision	6
296. Infanteriedivision	24
Korück 580	24
221. Sicherungsdivision	33

Bei dieser ersten Übersicht wird ein Prinzip erkennbar: Mit der militärischen Leistungsfähigkeit dieser Formationen stieg auch ihre Entfernung zu den Schauplätzen dieses Genozids. Sie bekamen daher naturgemäß – so die naheliegende Vermutung – am wenigsten von dem mit, was in ihrem Rücken passierte[184]. Eine Ausnahme unter den Kampfverbänden bildet allerdings die 296. ID. Die Gründe sind später zu erläutern, jedenfalls ist ihr Wert mit 24 Annäherungen genau so groß wie der des Korück 580. Noch höher sind die Einträge bei der 221. Sicherungsdivision; sie war den Schauplätzen des Judenmords am nächsten.

Damit ist noch nichts gesagt über die Qualität dieser Begegnungen. Eines der wichtigsten Kriterien ist hier die *genaue* Entfernung zwischen den militärischen und den nicht-militärischen Einheiten. Blieb der Abstand zwischen der 4. Panzerdivision und Himmlers Mordkommandos auch bei den „Annäherungen" sehr groß, so galt das meist auch für die 45. ID; nur im September 1941 verringerte sich ihr Abstand zum Sonderkommando 7 b für kurze Zeit auf 50 Kilometer. Eine Ausnahme bildet dagegen die 296. ID. 24 Fälle, in denen sich die Distanz dieser Division zu Himmlers Formationen auf unter 100 Kilometer verringerte, sind eine große Zahl. Das hatte vor allem zwei Gründe: Zum einen handelte es sich bei der 296. um die einzige Division aus unserem Sample, die zu Beginn des Krieges in der Ukraine eingesetzt war, wo viel mehr Juden lebten als in Weißrussland. Außerdem war – und das war wahrscheinlich noch folgenreicher – die 296. ID anfangs vor allem in der Reserve eingesetzt[185], so dass sie dem Kampfgeschehen am weitesten „hinterher hinkte". Zweimal, am 3. Juli und am 20. Juli 1941, teilten sich die 296er und Himmlers Männer sogar ein und denselben Standort – in Lemberg (Lwow)[186]

---

[184] Vgl. hierzu auch Gerlach, Morde, S. 538: „Die Aufgabe der Fronteinheiten bestand nicht darin, Besatzungspolitik zu betreiben, sondern die gegnerischen Truppen möglichst schnell und nachhaltig zu schlagen, wobei das Tempo in diesem Fall eine besonders große Rolle spielte. Weder scheint ihnen während des zeitweilig tatsächlich raschen Vormarschs in Weißrußland Zeit für größere Judenvernichtungsaktionen geblieben zu sein, noch sahen die Kommandeure sie als Aufgabe ihrer Einheiten an oder waren darauf eingestellt, obwohl Antisemitismus in der Fronttruppe verbreitet und in den geschilderten Morden seinen Ausdruck fand."

[185] Vgl. Kap. 3.2. Seit Ende Juli lag die 296. ID zudem mehrere Wochen in Stellung vor Kiew. Vgl. hierzu BayHStA, Abt. IV, NL Thoma 3: Tagebuch, Eintrag vom 21.6.1941 sowie ebda., 5: Inf. Rgt. 519, Kriegstagebuch, Eintrag vom 29.6.1941.

[186] Zu den Ereignissen in Lemberg vgl. Krausnick/Wilhelm, Truppe, S. 186 ff.; Hilberg, Vernichtung, S. 210, 223; Pohl, Judenverfolgung, S. 62 ff.; Sandkühler, „Endlösung", S. 114; Held, Vom Pogrom zum Massenmord, S. 102 ff., 175 ff.; Heer, Lemberg (in ZfG und in Wette/Ueberschär, Kriegsverbrechen im 20. Jahrhundert); Musial, „Konterrevolutionäre Elemente", S. 102 ff., 175 ff.; Wachs, Fall Theodor Oberländer, S. 86 f.

und in Shitomir[187], so dass die Soldaten den Massenmord an den Juden aus nächster Nähe erlebten. Über ihre Reaktionen wird noch zu berichten sein. Diese Nähe zu den Todesschwadronen von SS und Polizei endete abrupt im September 1941, als die 296. ID die Ukraine verließ.

Noch näher an den Tatorten des Völkermords waren jedoch die beiden Besatzungsverbände unseres Samples: 24 Annäherungen beim Korück 580 und 33 bei der 221. Sicherungsdivision, wobei sich beim Korück drei, bei der 221. sogar neun Situationen feststellen lassen, bei denen deren Hauptquartiere mit denen von SS und Polizei identisch waren. Aber nicht allein das spricht dafür, dass gerade diese beiden Formationen viel stärker in diese Verbrechen involviert waren. Im Gegensatz zu den Kampfverbänden, deren Gros sich selbst im Bewegungskrieg vor allem an den „Hauptkampflinien" konzentrierte, waren die Besatzungsverbände in der Regel *flächendeckend* für große Räume verantwortlich[188]. Das heißt: Wenn sich eine SS- oder Polizei-Einheit dem *Hauptquartier* eines solchen Besatzungsverbands näherte, dann bedeutete das, dass die betreffende Einheit bereits *in* seinem Besatzungsgebiet operierte. Im Besatzungsgebiet des Korücks 580 waren das 1941 zeitweise das Einsatzkommando 8[189], das Sonderkommando 7 b[190] sowie das Polizei-Regiment Mitte oder das Polizei-Bataillon 309[191], bei der 221. Sicherungsdivision damals das Einsatzkommando 8, die Polizei-Bataillone 309, ferner 307, 316 und 322 sowie das 1. SS-Kavallerie-Regiment. Dabei blieb die 221. Sicherungsdivision – auch diese Besonderheit bedarf der Erwähnung – zum Teil sogar *hinter* den SS- und Polizei-Einheiten zurück; sie ist damit die einzige Formation unseres Samples, die von ihnen „überholt" wurde. Schon dieser Überblick vermittelt einen Eindruck, wie viele Facetten die Kooperation „der" Wehrmacht mit Himmlers Einheiten haben konnte. Als Faustregel ließe sich formulieren: Je intensiver sich eine Division am Kampfeinsatz beteiligte, desto größer war ihre Entfernung zu den Epizentren dieses Massenmords.

Wenn immer wieder darauf verwiesen wurde, dass die ursprünglich verabredete Arbeitsteilung: die Rückwärtigen Heeresgebiete als Operationsraum der Einsatzkommandos, die Rückwärtigen Armeegebiete als Operationsraum der Sonderkommandos, während des laufenden Feldzugs rasch an Bedeutung verlor und beide sehr viel weiter vorne operierten[192], dann macht schon diese Übersicht klar, wie man sich dies in der Realität vorzustellen hat[193]. Zweifellos waren bereits im

---

[187] Zu den Ereignissen in Shitomir vgl. Krausnick/Wilhelm, Truppe, S. 187f.; Hilberg, Vernichtung, S. 210; Pohl, Vernichtung, S. 56; Dean, German Gendarmerie.

[188] Vgl. IfZ-Archiv, MA 1660: 221. Sich. Div., Abt. I a, Kriegstagebuch, Eintrag vom 22.7.1941, wo die Größe ihres Besatzungsgebiets mit 35 000 Quadratkilometern angegeben wird. Ferner Kap. 1.2.

[189] Vgl. Curilla, Ordnungspolizei, S. 426ff.

[190] IfZ-Archiv, MA 885: Korück 580, Verlegungsbefehl vom 8.8.1941; Ogorreck, Einsatzgruppen, S. 110ff.

[191] Vgl. hierzu Munoz/Romanko, Hitler's White Russians, S. 158.

[192] Vgl. Streit, Kameraden, S. 110; Pohl, Judenverfolgung, S. 53; Hürter, Heerführer, S. 527ff. Dies widersprach eigentlich den Vorstellungen der Heeresführung: Am 14.8.1941 hatte der Generalquartiermeister des Heeres entschieden, dass die SS- und Polizeiverbände „zur Durchführung besonderer Aufgaben in den rückw[ärtigen] Heeresgebieten vorgesehen" seien. Ein Einsatz bei den Armeen komme „in keinem Falle in Frage". Zit. bei: Arnold, Wehrmacht, S. 517.

[193] So bilanzierte die Einsatzgruppe B im September 1941, dass die Zusammenarbeit zwischen ihr und der Wehrmacht „äußerst befriedigend und reibungslos verlaufen" sei, wobei sie in diesem

Gefechtsgebiet Vorkommandos unterwegs[194], die – so die Forderung Heydrichs – versuchen sollten, „mit der militärischen Entwicklung Schritt zu halten"[195]. Wirklich beginnen konnten die großen Massaker aber frühestens in den Rückwärtigen Armeegebieten, während sie dann in den westlich davon liegenden Besatzungsgebieten, den militärischen und den zivilen, schließlich ihren Höhepunkt fanden – 1941 und dann noch einmal 1942, als eine zweite „Vernichtungswelle" über die Reichskommissariate hinwegrollte. Dass Massenmorde in dieser Dimension einen institutionellen und technischen Vorlauf brauchen, liegt in der Natur der Sache. Allerdings ruft das Beispiel der 296. ID auch in Erinnerung, wie schnell selbst ein Frontverband in das Mordgeschehen hineingezogen werden konnte, wenn er nur etwas zurückblieb.

Wieweit sich diese Ergebnisse dieses Ausschnitts verallgemeinern lassen, ist eine interessante, aber doch spekulative Frage. Einiges scheint dafür zu sprechen, dass die hier konstatierten Strukturen für das gesamte Ostheer Gültigkeit besitzen könnten. Doch würde eine solche Diskussion den Rahmen dieses Teilkapitels sprengen. Viel wichtiger scheint die Frage, wieweit die einschlägigen Quellen mit den bisher skizzierten Befunden korrelieren.

5.4.2.2 Schriftliche Zeugnisse

In den Akten der militärischen Dienststellen wird der Judenmord „auffällig selten und sporadisch" angesprochen[196]. Dies allein mit dem Verlust oder der Vernichtung dieser Papiere zu erklären, geht am eigentlichen Problem vorbei. Schon „im OKH waren Gespräche über dieses Thema verpönt"[197]. Wenn selbst Himmler die Meinung vertrat, dass über die „Ausrottung des jüdischen Volkes" öffentlich „nie" gesprochen werden dürfe[198], dann legt dies nahe, dass auch in der Wehrmacht dieses Verbrechen und seine schaurigen Details zwar der Gegenstand interner Debatten sein konnten, aber eher selten das Thema schriftlicher Aufzeichnungen.

Zusammenhang besonders auf die Kooperation mit „der Heeresgruppe, dem Befehlshaber des rückw. Heeresgebietes, den AOKs, den Feld- und Ortskommandanturen" verwies, die sich „äußerst fruchtbringend" ausgewirkt habe. Schon diese Aufzählung illustriert, welche Teile der Wehrmacht in der Praxis mit dem SS- und Polizeiapparat kooperierten. Vgl. IfZ-Archiv, MA 91/2: Chef SiPo und SD, Ereignismeldung UdSSR Nr. 90 vom 21.9.1941.

[194] Auch bei der Panzergruppe 2 war seit Anfang Oktober 1941 ein „Vorauskommando" des Sonderkommandos 7 b im Einsatz. IfZ-Archiv, MA 91/2: Chef SiPo und SD, Ereignismeldung UdSSR Nr. 106 vom 7.10.1941. In diesem Sinne auch IfZ-Archiv, MA 91/3: Chef SiPo und SD, Ereignismeldung UdSSR Nr. 128 vom 3.11.1941.

[195] So Heydrich in seinem Einsatzbefehl Nr. 3 vom 1.7.1941, zit. bei: Krausnick/Wilhelm, Truppe, S. 172. Damals soll Heydrich von den Einsatzgruppen gefordert haben, nach jedem Einrücken in eine größere Stadt sofort „eine Judenaktion einzuleiten". Ogorreck, Einsatzgruppen, S. 114.

[196] Hürter, Heerführer, S. 521. Ähnlich auch das Urteil von Latzel (Deutsche Soldaten, S. 202f.): „Die Belege für die Zusammenarbeit zwischen Wehrmacht und SS sowohl in den höchsten Führungsstäben wie auch vor Ort sowie für selbständige Mordaktionen von Wehrmachteinheiten sind erdrückend – sie finden sich nur nicht in meinem Quellenkorpus. Darin sind nur ein paar verstreute Einzelinformationen enthalten, in denen zwar verschiedene Elemente der Aussonderungs-, nicht aber des Vernichtungsprozesses erwähnt werden." Nähme man diese Äußerungen zusammen „– und mehr finden sich zum Thema nicht – dann bleibt der Eindruck diffus".

[197] IfZ-Archiv, ZS 322: Hasso von Etzdorf, Vernehmung vom 9.6.1948.

[198] So Himmler anlässlich seiner Rede vom 4.10.1943 vor den SS-Gruppenführern in Posen, in: IMT, Bd. 29, S. 110–173 (hier S. 145), Dok. 1919-PS.

Doch begründen sich die Spezifika der Quellenlage nicht allein im sinistren Charakter dieses „öffentlichen Geheimnisses" (Götz Aly); entscheidend war auch, dass man schon bei den zentralen militärischen Dienststellen das Thema Juden bestenfalls als ein marginales Thema verstand, das die oberste Führung ja ohnehin an den SS- und Polizeiapparat „ausgelagert" hatte. Anderes, vor allem der nicht enden wollende Alltag des Krieges, okkupierten die Wahrnehmung der Militärs.

Erst recht musste das für eine Kampfdivision gelten. Auch bei den drei Beispielen unseres Samples finden sich aufs Ganze gesehen nur wenige Informationen über Juden – in den dienstlichen wie in den privaten Zeugnissen. Dagegen taucht das Thema „Juden" bei den Besatzungsverbänden mit einer gewissen Regelmäßigkeit auf, weil diese aufgrund ihrer Aufgaben mehr mit der einheimischen Gesellschaft zu tun hatten. Die Spezifika dieser fragmentarischen Quellenlage gilt es bei der folgenden Rekonstruktion zu beachten. Hier wurden vergleichsweise wenig Funde, die sich über einen sehr großen Quellenbestand verteilen, nachträglich verdichtet. Trotzdem ist es möglich, mit Hilfe dieser verstreuten Bruchstücke zu grundsätzlichen Aussagen zu kommen.

4. Panzerdivision Dies betrifft vor allem die *4. Panzerdivision*, deren Führung schon vor Beginn des „Unternehmens Barbarossa" einen mörderischen Antisemitismus propagiert hatte. Bereits eine Woche vor Angriffsbeginn wusste deren I-c-Abteilung: „Die überall ansässigen Juden sind besonders verschlagen und unzuverlässig. Es empfiehlt sich bei ihnen die Methode der Einschüchterung."[199] Was darunter genau zu verstehen war, präzisierte sie bei dieser Gelegenheit: „Gegenüber dem Juden gilt für den deutschen Soldaten das Wort von Hermann Löns: Not kennt kein Gebot: Sla tot, sla tot!"[200] Krasser konnte man es kaum formulieren. Dass es sich hier nicht um eine einmalige Entgleisung handelte, sondern um ein Prinzip, an dem die Divisionsführung monatelang festhielt, lassen die ekelhaften Vorgaben erkennen, welche sie ab November ausgab, nachdem der berüchtigte Reichenau-Befehl auch sie erreicht hatte[201]: der Kampf gelte „der völligen Vernichtung der bolschewistisch-jüdischen Irrlehre, des Sowjetstaates und seiner Wehrmacht" sowie der „Ausrottung der asiatischen Einflüsse im europäischen Kulturkreis"[202]. Der deutsche Soldat sei „Träger einer unerbittlichen völkischen Idee". Doch ging es hier nicht nur um die Theorie des Vernichtungskriegs: „Wo noch Juden leben, gibt es hinter der Front [!] keine Sicherheit für die deutsche Wehrmacht und ihre Versorgungseinrichtungen." Und: „Deutscher Soldat denke immer daran, daß der Jude Träger und Drahtzieher der bolschewistischen Idee ist. Er muß aus dem Hinterland [!] verschwinden." Wenn der Autor dieses Pamphlets erneut mit seiner „literarischen Bildung" brillierte und Hermann Löns zitierte, so

---

199 IfZ-Archiv, MA 1590: 4. Pz. Div., Abt. I c, Anlage 1: „Feindnachrichtenblatt Nr. 1" vom 15.6.1941.
200 Ebda., „Entwurf: Ziffer 1: Div.-Tagesbefehl", o.D. [Oktober 1941].
201 IfZ-Archiv, MA 1581: 4. Pz. Div., Abt. I a, Schreiben an das XXXXVII. Pz. Korps vom 20.3.1942, Anlage. Diese Anlage besteht aus insgesamt 23 „Parolen", von denen zwei zweimal ausgegeben wurden. Sie beginnen am 21.11.1941 und enden am 14.3.1942. Vgl. mit dem Prolog.
202 IfZ-Archiv, MA 1590: 4. Pz. Div., Abt. I c, „Entwurf: Ziffer 1: Div.-Tagesbefehl", o.D. [Oktober 1941].

wird deutlich, dass sich im Jahr 1941 buchstäblich kein Jota an der Einstellung der Divisionsführung gegenüber dem jüdischen „Problem" geändert hatte. Noch am 10. Februar 1942 forderte sie: „Jüdische Zivilisten und Partisanen gehören nicht in die Gefangenenlager, sondern an den Galgen!"[203]

So etwas lässt auf eine entsprechende Praxis an der Basis schließen. Über deren Ausmaß kann man allerdings nur spekulieren. Nur ein einziger Judenmord lässt sich hier sicher belegen, erinnert sei an das bereits erwähnte Ereignis vom 20. Juli 1941, als der Major Hoffmann einen jüdischen Kriegsgefangenen – möglicherweise ein Kommissar – quälte und schließlich erschießen ließ[204]. Schon sein „Judentröster", den er dabei zum Einsatz brachte, ist freilich ein Indiz dafür, dass dies vermutlich kein Einzelfall blieb[205]. Allerdings galt Hoffmann in seiner Division eher als Außenseiter, sicherlich nicht im Hinblick auf seine Weltanschauung, aber doch hinsichtlich seines Charakters und seiner Führungsmethoden. Jedenfalls ist von vergleichbaren Ereignissen weder im Tagebuch Farnbachers noch in den Akten dieser Division die Rede[206]. Aber was beweist das? Wenn ein Offizier aus dem Stab dieser Division in den Juden nur „Gesindel" sah[207], dann ließ dies ebenso wenig Gutes erwarten wie die Suada eines einfachen Panzerschützen, der sich im März 1941 über „die Sau-Juden" ereiferte, die zu Recht „Schellen von den SS-Leuten"[208] erhalten würden.

Mehr Zugang zur antisemitischen Praxis dieser Division geben die Ausführungen des Generals Eberbach während seiner Kriegsgefangenschaft. Sie sind – so viel steht fest – widersprüchlich. Von äußerster, geradezu atemberaubender Amoralität war seine Bereitschaft, dieses gigantische Mordprogramm zu akzeptieren: „Ich meine, man kann sogar vielleicht noch so weit gehen, dass man sagt, gut, es müssen eben diese Million Juden, oder wie viele wir da umgebracht haben, gut, das musste eben im Interesse unseres Volkes sein. Aber die Frauen und die Kinder, das musste nicht sein. Das ist das, was zu weit ging."[209] Andererseits will derselbe Eberbach gegenüber Himmler persönlich die Meinung vertreten haben, er könne nicht verstehen, „dass man gegen die Juden generell in so unmenschlicher Weise vorgegangen wäre"[210]. Die Tatsache, dass beide Statements heimlich aufgezeichnet wurden, spricht für deren Glaubwürdigkeit; auch ist bekannt, dass Eberbach

---

[203] IfZ-Archiv, MA 1581: 4. Pz. Div., I a, Schreiben an XXXXVII. Pz. Korps, ChefGenSt., vom 7.3.1942, Anlage, „Parolen des Tages", hier Parole vom 10.2.1942.

[204] Vgl. Kap. 5.1.

[205] BA-MA, MSg 1/3269: Fritz Farnbacher, Tagebuch, Eintrag vom 20.7.1941.

[206] Farnbacher berichtete zweimal über Begegnungen mit sowjetischen Juden – einmal mit einem jüdischen Jungen und das andere Mal mit jüdischen Kriegsgefangenen. Beide befürchteten, von den Deutschen erschossen zu werden, was Farnbacher sich aber nicht vorstellen konnte. BA-MA, MSg 1/3268: Fritz Farnbacher, Tagebuch, Einträge vom 25.8. und 15.9.1941.

[207] O. Verf., Sturm im Osten, S. 160. Vgl. auch ebda., S. 229, wo der Verfasser behauptete, „wir kennen ja die Juden so genau, daß wir sie im Dunkeln an ihren Gewohnheiten erkennen würden".

[208] BfZ, Slg. Sterz, 04650: Brief L. B. vom 12.3.1941.

[209] Vgl. Neitzel, Abgehört, S. 139. Eberbach behauptete bei dieser Gelegenheit, er hätte sich an den Mordaktionen nie beteiligt, wobei unklar bleibt, ob damit Polen, Russen oder Juden gemeint waren.

[210] Zit. bei: Neitzel, Abgehört, S. 257. Dass Eberbach bei dieser Gelegenheit behauptet haben will, „dass man die Juden durch andere Behandlung zu einer ganz anderen Einstellung zur Regierung hätte bringen können, das ihm [Himmler] zu sagen, war nicht zweckmäßig", spricht freilich für eine politische Naivität, wie sie für führende deutsche Militärs nicht untypisch war.

persönlich (wie vergeblich) von Hitler eine „Deutschblütigkeitserklärung" für einen Obergefreiten seiner Division zu erhalten suchte, den man wegen seiner Abstammung nicht mehr beförderte[211]. Möglicherweise ist die Widersprüchlichkeit der Aussagen Eberbachs, für die 4. Panzerdivision war er wohl eine der wichtigsten und prägendsten Führerfiguren[212], ein Schlüssel zur Beantwortung der Frage, wie sich diese gegenüber dem Judenmord verhielt: Akzeptanz der Judenmassaker, aber nicht in der Form eines Genozids[213].

Immerhin existieren auch einige Zeugnisse, welche die bisherigen Eindrücke etwas relativieren; dazu zählen die Tagebücher Farnbachers, in denen antisemitische Ressentiments völlig fehlen, der Einsatz jüdischer Dolmetscher in dieser Division[214] oder ein Bericht der Abteilung I c über einen ukrainischen Kriegsgefangenen, dessen Hass auf die Juden so „ausgeprägt" gewesen sein muss, dass „bei der Gefangenen-Auffangstelle der Division Vorsicht geboten war, ihn mit Juden allein zu lassen"[215]. Hätte man das getan, wenn man alle Juden selbst erschossen hätte[216]? Und noch ein Aspekt verdient Beachtung. In einem speziellen Merkblatt betonte diese Division, dass sie zwar erste Ortskommandanturen einrichten würde, allerdings nur „zu Zwecken der eigenen Sicherung" und weniger zu „Verwaltungszwecken, da diese bei der Kürze des Aufenthaltes der Truppenteile, in dem betreffenden Ort überhaupt nur selten durchführbar" seien[217]. Das heißt: Es waren – auch der dezidierte Hinweis der Divisionsführung auf ein „judenfreies" Hinterland spricht dafür – erst die nachrückenden Einheiten, die diese Aufgabe übernehmen sollten. Den Kampfverbänden, erst recht den motorisierten, fehlte dafür schlichtweg die Zeit.

Trotzdem drang die Dimension des Holocausts ins Bewusstsein der „Panzer-Männer"[218]. Wenn Farnbacher schon im November 1941 seinem Tagebuch anver-

---

211 Rigg, Hitlers Jüdische Soldaten, S. 270. Hitler lehnte es ab, den Obergefreiten Georg Struzyna zum Unteroffizier zu befördern und ihm eine „Deutschblütigkeitserklärung" ausstellen zu lassen, obwohl Struzyna das EK I erhalten hatte und schwer verwundet worden war. Vgl. hierzu auch BA-MA; MSg 1/3281: Fritz Farnbacher, Tagebuch, Eintrag vom 21.6.1942: „Schade, dass der Mann nicht Unteroffizier werden kann, weil er Vierteljude ist! Aber hoffentlich geht es jetzt durch, wenn es auch der Führer persönlich entscheiden muß." Messerschmidt (Wehrmacht, S. 357) hat allerdings darauf hingewiesen, dass solche Initiativen als „Ausdruck einer Haltung [zu verstehen sind], die mehr von der soldatischen Solidarität als von bewußter Ablehnung der Rassendiskriminierung her bestimmt war".

212 Vgl. Kap. 2.3.

213 Vgl. hierzu Hürter, Militäropposition, der bei der H.Gr. Mitte zu Beginn des Jahres 1941 eine ähnliche Ambivalenz feststellt: Einerseits Zustimmung zu den Massenerschießungen, die sich erst dann veränderte, als auch Frauen und Kindern darin einbezogen wurden.

214 Am 24.10.1941 verbot die Divisionsführung den Einsatz von jüdischen Dolmetschern, die auch in dieser Division tätig waren. IfZ-Archiv, MA 1590: 4. Pz. Div., Abt. I c, Anlage „Feindnachrichten" vom 24.10.1941. Zum Einsatz vgl. BA-MA, MSg 1/3270: Fritz Farnbacher, Tagebuch, Eintrag vom 25.8.1941.

215 IfZ-Archiv, MA 1590: 4. Pz. Div., Abt. I c, Meldung an das XXIV. Pz. Korps vom 8.10.1941.

216 Überliefert ist das Vernehmungsprotokoll eines gefangen genommenen jüdischen Rotarmisten durch den I c der 4. Panzerdivision, ohne dass hier eine Abgabe an ein Erschießungskommando vermerkt worden wäre. IfZ-Archiv, MA 1591: 4. Pz. Div., Abt. I c, „Vernehmungsbericht Nr. 50" (Laser Poljakow) vom 16.2.1942.

217 IfZ-Archiv, MA 1591: 4. Pz. Div., Abt. I c, „Merkblatt über Einrichtung von Ortskommandanturen", o. D. [Anlage zum Anlagenband August – November 1941].

218 So schrieb der erste Kommandeur der 4. Pz. Div., der spätere Gen.oberst Reinhardt, 1945 in sein Tagebuch: „Erste Zeitungen (Bayr. Landeszeitung) unter Feindkontrolle [!] erscheinen wieder. Teilweise böse Hetzerei. Furchtbares über Greueltaten in deutschen Konzentrations-

traute, dass es „in Warschau [...] toll zugehen" soll: „täglich sterben Hunderte Juden an Flecktyphus"[219], wenn Angehörige der 4. Panzerdivision bei ihrer Durchfahrt durch „Warschau-Ost [...] alle Verpflegung in ein Juden-Lager" warfen[220] oder wenn einen Wachtmeister dieser Division im September 1944 das schlechte Gewissen plagte, es sei „furchtbar", den Krieg zu verlieren, schon weil „die Nazis [!] es mal ein bisschen toll mit den Juden getrieben haben"[221], dann sind diese bruchstückhaften wie widersprüchlichen Nachrichten doch eine Art Echo, eine Ahnung von der unermesslichen Schuld, die das Deutsche Reich auf sich geladen hatte.

Zumindest in den ersten neun Monaten des deutsch-sowjetischen Krieges hat die Führung dieser Division – das bleibt als bitteres Fazit – die antijüdische Politik des NS-Regimes voll und ganz akzeptiert, selbst wenn mancher Divisionsangehörige anders denken mochte. Erst im Frühjahr 1942 kam es zu einer Zäsur. Das lag nicht allein daran, dass in ihrem Befehlsbereich kaum noch Juden lebten[222]. Folgenreicher war, dass der Generaloberst Schmidt die menschenverachtenden und nicht zuletzt dezidiert antisemitischen „Parolen der Woche", welche die 4. Panzerdivision regelmäßig ausgegeben hatte, einstellen ließ[223]. Zwar blieben die Juden in seinen Befehlen, mit denen er die Besatzungspolitik in seinem Armeebereich zu humanisieren suchte, unerwähnt[224], doch war seit März 1942 klar, dass die Willkür ein Ende hatte. Davor aber bestand eine Art Freibrief. Die Befehle der Divisionsführung lassen keine Zweifel daran, dass in dieser Division mehr existierte als nur eine antisemitische Disposition. Hier bestand auch die klare Bereitschaft, dafür zu morden. Dass wir nicht mehr Verbrechen kennen, liegt an der Überlieferung und wohl vor allem daran, dass diese Division mit ihren militärischen Aufgaben zur Genüge ausgelastet war.

45. Infanteriedivision Bei der *45. Infanteriedivision* sind die Zeugnisse hingegen spärlicher – was überrascht, war doch der Antisemitismus in den Nachfolgestaaten der österreichisch-ungarischen Doppelmonarchie besonders virulent[225]. Linz, der Sitz des Divisionskommandos, war davon jedenfalls nicht ausgenommen; dort

---

lagern. Kaum zu glauben, daß Deutsche so etwas begangen haben sollen, widerliche Bestialitäten." BA-MA, N 245/3: NL Hans Reinhardt, Tagebuch, Eintrag vom 30.5.1945.

219 BA-MA, MSg 1/3274: Fritz Farnbacher, Tagebuch, Eintrag vom 1.11.1941.

220 Vgl. BA-MA, MSg 3-281/1: Panzer-Nachrichten Nr.31, S.5: Aus dem Kriegstagebuch des Obergefreiten Franz Weber von der 4./Pz. Rgt. 35.

221 BfZ, Slg. Sterz, 03711 B, Brief L. D. (4. Pz. Div.) vom 4.9.1944.

222 Gerlach, Morde, S.380; Hürter, Heerführer, S.567.

223 Vgl. mit dem Prolog.

224 In der Zeit, als Schmidt die 2. Panzerarmee führte, verbreitete sie allerdings weiterhin antisemitische Propaganda. So ließ sie, in Absprache mit ihrem I c und unter tatkräftiger Mithilfe russischer Kollaborateure, durch die Propaganda-Kompanie 693 die antisemitische Zeitung *Rech* publizieren. Vgl. hierzu Herzstein, Anti-Jewish Propaganda; Uziel, Wehrmacht Propaganda Troops and the Jews. BA-MA, RH 21-2/333: Pz. AOK 2, Abt. I c/A.O., „Zusammenstellung aus Berichten der Propagandatrupps der Pz. Prop. Kp. 693" vom 14.4.1942.

225 Vgl. hierzu: Pulzer, Die Entstehung des politischen Antisemitismus; Schubert/Moser (Hrsg.), Der gelbe Stern in Österreich; Spira, Feindbild „Jud"; Bunzl/Marin (Hrsg.), Antisemitismus in Österreich; Weiss, Antisemitische Vorurteile in Österreich; Kaindl-Widhalm, Demokraten wider Willen; Pauley, From Prejudice to Persecution; Jüdisches Museum der Stadt Wien (Hrsg.), Die Macht der Bilder; Tortelli, La propaganda antisemita; Wassermann, Naziland Österreich?; Betten (Hrsg.), Judentum und Antisemitismus; Halbrainer (Hrsg.), „Feindbild Jude"; Wladika, Hitlers Vätergeneration; Melichar, Who is a Jew?

hatte man schon im November 1938 Jüdinnen öffentlich die Haare geschoren[226]. Während des Polenfeldzugs lassen sich denn auch einzelne antisemitische Verordnungen der 45. ID nachweisen[227], nicht aber für die Zeit des deutsch-sowjetischen Krieges[228], in dem diese Division auch sonst, erinnert sei an ihre Rolle beim „Kommissarbefehl", eine eher zurückhaltende Rolle spielte[229].

Dabei agierte dieser Verband durchaus in einem antisemitischen Umfeld – das betrifft seine vorgesetzten Kommandobehörden[230] wie auch sein Besatzungsgebiet. So galt Brest-Litowsk, das die 45. ID in den ersten Kriegstagen besetzte, als „Brutstätte des Antisemitismus". Allein zwischen 1935 und 1937 hatte man hier über 100 größere Pogrome registriert mit zahllosen Verwundeten und auch Toten[231] – also ganz ähnliche Voraussetzungen wie in der Ukraine, wo es schon vor den großen deutschen Mordaktionen zu Pogromen kam. Trotzdem hat sich bei der Besetzung Brests durch die 45. ID nichts Vergleichbares ereignet[232]. Eine Lücke in der Überlieferung? Oder eine Folge davon, dass sich die „Ostmärker" in der Sowjetunion „außerordentlich milde" aufgeführt haben sollen, wie ein deutscher General einmal meinte[233]?

[226] Vgl. Gilbert, From the Ends of the Earth, S. 177. Vgl. auch das Bild vom Linzer Fasching, bei dem man Spaß daran fand, sich als „Juden" zu kostümieren und damit so gut wie alle antisemitischen Stereotypen zu bedienen. Encyclopedia of Jewish Life, Vol. II, S. 733.
Zu antisemitischen Verbrechen in Oberösterreich bzw. zur Hilfeleistung einzelner für Juden vgl. Widerstand und Verfolgung in Oberösterreich 1934–1945, Bd. II, S. 372 bzw. Bd. I, S. 532 ff.

[227] In einem Interview mit dem Verf. am 4.10.2000 meinte jedoch Herbert Urban, der nach damaliger Definition als „Halbjude" galt und der 45. Inf. Div. vom Februar bis November 1938 und erneut vom August 1939 bis Februar 1941 angehörte, er sei in dieser Zeit von seinen Kameraden gut behandelt worden.

[228] Zwar registrierte man in der Division, dass „von jedem Gefangenen die erste Frage, die durch Zeichen angedeutet bzw. von den deutschsprachigen Juden ausgesprochen wurde, [gewesen sei], ‚Wird uns auch nicht der Hals abgeschnitten, oder werden wir auch nicht erschossen?'", doch reagierte die Truppe darauf eher mit Erstaunen. IfZ-Archiv, MA 1619: I./Inf. Rgt. 135, „Bericht über die Grausamkeiten der Kämpfe in der Zeit vom 22.9.–27.9.1941" vom 29.9.1941.

[229] Vgl. Kap. 5.1.

[230] Während man etwa beim XXXIV. Höheren Kommando nach einzelnen sowjetischen Juden fahndete, unterschied das AOK 2 bewusst zwischen „aktivistischen Parteigängern und Juden" einerseits sowie der übrigen Bevölkerung andererseits. Durch diese Trennung versuchte man offensichtlich mehreren Zielen gerecht zu werden: Bestrafung einer Minderheit, die als „Sündenbock" diente bei gleichzeitiger Schonung der Masse der indigenen Bevölkerung, sowie Befriedigung des deutschen sowie des regionalen Antisemitismus. BA-MA, RH 24-34/120: XXXIV. A. K., Abt. Qu., „Besondere Anordnungen für die Versorgung und für die Versorgungstruppen Nr. 26" vom 8.9.1941; BA-MA, RH 20-2/1090: AOK 2, Abt. I c/A.O., Weisung vom 17.7.1941; PA-AA, R 60704: AOK 2, Abt. I c/VAA, Vermerk „Aussagen der weißruss[ischen] Zivilbevölkerung" vom 29.7.1941.

[231] Bei den Pogromen der Jahre 1935–1937, die in den Ereignissen vom 13.5.1937 ihren Höhepunkt gefunden hatten, waren insgesamt 14 Menschen getötet und über 2000 verletzt worden. Vgl. Eckman/Hirschler, Menachem Begin, S. 16 ff., Zitat: S. 17; Haber, Menahem Begin, S. 11 ff.

[232] Zum Fall des Jefim Moisejewitsch Fomin vgl. Kap. 5.1. Allerdings sollen einige Wehrmachtsangehörige in Janow, das an der Straße Brest-Pinsk lag, den Juden gedroht haben, sie hätten keine Zeit „sich der ‚Judenfrage' zu widmen, bald würde aber die SS nachfolgen, die diese Aufgabe übernehmen und endlich ‚Ordnung' herstellen würde". Auch in Dawid-Gorodok bei Pinsk wurde mit Hilfe der Pinsker Ortskommandantur eine Kennzeichnung von Juden eingeführt. Ob es sich hier um Einheiten der 45. Inf. Div. gehandelt hat, ist möglich, aber nicht sicher. Vgl. Cüppers, Wegbereiter, S. 153, 162.

[233] So der Gen.ltn. Heinrich Kittel am 28.12.1944 in einer heimlich vom CSDIC aufgezeichneten Besprechung, zit. bei: Neitzel, Abgehört, S. 273. Dass Wehrmachts-Einheiten aus der „Ostmark" auch eine sehr brutale Besatzungspolitik ausüben konnten, belegen die folgenden Studien: Manoschek, Serbien, S. 27 ff.; ders., Die Vernichtung der Juden in Serbien; Meyer, Von

Dagegen sprechen die Ereignisse in Pinsk, das die 45. ID am 6. Juli besetzte und
wo sehr wahrscheinlich ihre Angehörige 30 Juden festnahmen und im Stadtpark
erschossen[234] – ein Ereignis, das in der Division allerdings nicht nur auf Zuspruch
traf. So berichtete der Jesuitenpater Roman Kormann, damals Sanitätssoldat in der
45. ID und 1944 als „wehrunwürdig" aus der Wehrmacht entlassen, wie „unser
Internist auf Wunsch einer Dienststelle einmal feststellen sollte, ob ein Russe, der
zu ihm geschickt wurde, Jude sei [...]." Er habe zu ihm gesagt: „‚Das tue ich nicht!'
Er war wütend. Gerade hatten wir mitbekommen, daß in Pinsk Juden liquidiert
wurden. Das schockierte den Arzt dermaßen, daß er sich weigerte festzustellen, ob
dieser Russe beschnitten war oder nicht. Die Beschneidung sei schließlich, so gab
er zu bedenken, auch bei anderen Völkern üblich und deshalb kein Unterschei-
dungskriterium."[235]
    Wie weit ein solcher Fall elementarer Menschlichkeit charakteristisch für die 45.
Infanteriedivision war, sei dahingestellt. Sicher ist, dass die großen Massaker an
den sowjetischen Juden, welche die 45er damals als „nicht unfreundlich"[236] erlebten, erst dann begannen, als die Division längst weitergezogen war[237]. Und sicher ist auch, dass in den Quellen, die diese Division hinterlassen hat, das Thema
„Juden" – aus was für Gründen auch immer – ausgespart bleibt.

296. Infanteriedivision   Von der *296. Infanteriedivision* lässt sich dies nicht sagen.
Obwohl deren Führung keine Mordbefehle erließ, finden sich unter ihren Ange-
hörigen Anzeichen für einen erschreckenden Antisemitismus. Zwar kennen wir
insgesamt nur vier Stimmen, doch fällt auf, dass es sich um ganz unterschiedliche
Dienstgrade handelte: höherer Offizier, Subalternoffizier, Unteroffizier, einfacher
Soldat. Schon allein das lässt vermuten, dass sich diese Mentalität nicht allein auf
diese vier beschränkte.
    Bei der Geschichte der 296. ID fallen zwei Besonderheiten ins Auge: Bei ihrem
Marsch durch die Ukraine wurde sie immer wieder mit dem Judenmord konfrontiert, wobei in diesen Fällen nicht nur die Deutschen, sondern auch die Ukrainer

---

Wien nach Kalvryta. Allerdings waren diese Einheiten nicht in der besetzten Sowjetunion,
sondern auf dem Balkan im Einsatz.
[234] Aus dem Feuer gerissen, S. 70. An der Erschießung hätten sich deutsche Soldaten, „eine österreichische Einheit", und polnische Polizei beteiligt. Anschließend wurde in Pinsk eine Ortskommandantur eingerichtet, auf deren Veranlassung ein Judenrat gebildet wurde. Berichtet
wird auch von einer zweiten, späteren Erschießung, der 16 Juden zum Opfer fielen – ob unter
Beteiligung der 45. ID bleibt unklar. Vgl. Fatal-Knanni, Jews of Pinsk, S. 159f.
[235] Priester in Uniform (Roman Kormann), S. 275. Dass die Vorfälle in Pinsk bei den dort stationierten Soldaten für „rege Diskussionen" sorgten, bestätigt Pohl, Herrschaft, S. 257.
[236] So berichtete Hauswedell über sein erstes Zusammentreffen mit Juden während des Ostkriegs:
„Die Bevölkerung ist nicht unfreundlich. Von 32 000 Einwohnern sind 22 000 Juden, der Rest
vorwiegend Weiß- und Großrussen, ein kleinerer Teil Ukrainer und Polen." Ludwig Hauswedell, Kriegstagebuch 1941/42 (4.5.41–21.4.1942), Kopie im Besitz d. Verf., Eintrag vom
15.7.1941.
[237] Das 2. SS-Kavallerie-Regiment war damals der 45. ID durch die Pripjet-Sümpfe gefolgt, wenn
auch in deutlicher Entfernung. Nachdem die 45. ID schon am 6.7.1941 Pinsk besetzt hatte,
um danach weiter in Richtung Osten zu marschieren, erreichte das 2. SS-Kavallerie-Regiment
diese Stadt einen knappen Monat später, am 5.8., wo es ca. 5000 Männer, meist Juden, tötete.
Vgl. Cüppers, Wegbereiter, S. 151ff.; Kausnick/Wilhelm, Truppe, S. 222f.; Gerlach, Morde,
S. 555ff.; Mallman (u.a. Hrsg.), Deutscher Osten, S. 143ff.; Birn, Wirklichkeit, S. 275–284. Ferner USHMM, RG-48.004M: Feldpost-Nr. 44762 C, Meldung betr. „Durchsuchungsaktion in
Pinsk" vom 26.8.1941.

als Täter fungierten. Aber nicht nur das; die 296er wurden damals auch Zeuge jener Massaker, die das NKWD in seinen Gefängnissen angerichtet hatte. Das Problem waren die Schlussfolgerungen, die diese Soldaten daraus zogen. Die Propagandalüge von den „jüdischen Tätern" fiel bei ihnen auf fruchtbaren Boden und hatte zur Folge, dass sich der latente Antisemitismus dieser Soldaten nun rasch radikalisierte. Wenn ein Rassist wie der Oberleutnant Reinert schon vor dem 22. Juni 1941 hatte durchblicken lassen, dass für ihn ein Genozid eigentlich kein Problem darstelle[238], so lernte er nun die Wirklichkeit kennen – das erste Mal in Lemberg (Lwow), einer Stadt von 361 000 Einwohner, davon etwa ein Drittel Juden. Dort hatte das NKWD unmittelbar vor dem deutschen Einmarsch etwa 5 300 Häftlinge ermordet, unter denen sich übrigens auch Juden, etwa zionistische Aktivisten, befanden[239]. Für deren Tod machten Deutsche und Ukrainer aber nicht die sowjetische Geheimpolizei verantwortlich[240]. „Die Juden waren den Bolschewisten gleichgestellt, ja eigentlich waren nur die Juden Bolschewisten", erinnerte sich später einer der wenigen Lemberger Juden[241], der den Zweiten Weltkrieg überlebte: „Wir waren vogelfrei." Den grauenhaften Hetzjagden zu Beginn der deutschen Besetzung fielen etwa 4 000 Juden zum Opfer. Das war vor allem das Werk der ukrainischen Miliz, das freilich SS und Polizei gezielt förderten. Die Rolle der Wehrmacht war hingegen weniger eindeutig; die meisten deutschen Soldaten verfolgten das Geschehen „passiv und teilnahmslos"[242]. Doch war der Anteil derer,

---

[238] Vgl. etwa BA-MA, MSg 2/5315: NL Hans P. Reinert, Tagebuch, Eintrag vom 10. 3. 1941: „Gegen 4.00 Uhr morgens sind wir in Auschwitz, auch die Einfahrt nach Auschwitz verläuft nicht ganz programmmäßig. Kurz vor Auschwitz hat sich eine Polin mit Selbstmordabsichten vor den Zug geworfen und ist von ihm überfahren worden. Auschwitz ist nämlich eine völlig polnische und jüdische Stadt, die zur Zeit evakuiert wird. Die Leute werden einfach zusammengetrieben und erhalten Befehl, nur mit dem Notwendigsten versehen, innerhalb einer Stunde marschbereit zu sein zur Verschickung ins Generalgouvernement. Pardon und Milde gibt es nicht. Und nach dem, was sich die Polen geleistet haben, wäre Milde auch nicht angebracht, so schrecklich das Schicksal für die Einzelnen ist."
Ebda., Eintrag vom 17. 4. 1941: „Dafür wird mir ein anderes Bild wohl unvergessen bleiben: An einer zerstörten Brücke arbeiten Sträflinge. So sehen sie wenigstens aus in ihren weiß und blau gestreiften Anzügen und Mützen. In Wirklichkeit sind es die im Auschwitzer Konzentrationslager gefangen gesetzten und zum Untergang geweihten – das Krematorium steht ständig unter Rauch – polnischen Intelligenzler. Sie schuften, ohne sich rechts oder links umzuschauen – vielleicht verbieten dies auch die von den SS-Posten schußfertig gehaltenen Maschinenpistolen – so also sieht der Tod bei lebendigem Leib aus! Oder glaubt einer dieser Menschen, daß dieses Tun eines Tages für ihn ein Ende haben könnte und daß diese Ende anders sei als im Krematorium …?"
Ebda., Eintrag vom 25. 4. 1941: „Ich glaube, es ist Slupna: Da wimmelt es von Juden, die ruckartig bei der Ansicht unseres Wagens die Kappen von ihren dreckigen Kräusellocken ziehen. Man sieht Typen [!] aller Art, genau so, wie man sie schon im Stürmer abgebildet gesehen hat [!]. Es sind mitunter oft widerliche Anblicke und die weißen Armbinden mit dem blauen Judenstern oder die mit einer Schnur am Arm befestigten Schilder mit der gleichen Zeichnung wären gar nicht nötig, um schon aus hundert Meter Entfernung festzustellen, was [!] Jude ist und was nicht."
[239] Zahl nach: Pohl, Judenverfolgung, S. 55f. Insgesamt wird die Zahl der Opfer, die der NKWD kurz vor dem deutschen Einmarsch in der Westukraine erschoss, auf ca. 10 000 geschätzt.
[240] Vgl. hierzu Krausnick/Wilhelm, Truppe, S. 186ff.; Hilberg, Vernichtung, S. 210, 223; Pohl, Judenverfolgung, S. 54ff.; Sandkühler, „Endlösung", S. 114; Heer, Lemberg; Held, Pogrom; Musial, „Konterrevolutionäre Elemente", S. 102ff., 175ff.; Heer, Lemberg (in: ZfG, und in: Wette/Ueberschär (Hrsg.), Kriegsverbrechen im 20. Jahrhundert); Wachs, Oberländer, S. 69ff., insbes. S. 86f.
[241] So Adolf Folkmann, zit. bei: Held, Pogrom, S. 122.
[242] Wachs, Oberländer, S. 80.

die sich spontan an den Exzessen beteiligten[243] wohl größer als die Zahl derer, die den Juden halfen[244]. Viel folgenreicher als die Reaktion der Basis aber war die der deutschen Stadtkommandantur, die zunächst nicht mehr Herr der Lage war. Erst nach drei Tagen machte sie diesem Alptraum ein Ende[245].

Während sich in den Akten der 296. ID keine Hinweise auf diese Ereignisse finden, lässt Reinerts Schilderung erkennen, wie sehr er sich mit den Mördern solidarisierte; so notierte er am 3. Juli[246]: „Zur Ahndung dieser Grausamkeiten wurden nun in einem Raum 15 Juden zusammengetrieben, die dort verhört werden sollten. Aber der Bruder des Ermordeten ist in einer solchen sinnlosen Wut, daß er den Raum stürmt und sämtliche Juden mit einer Eisenstange totschlägt, daß in dem Raum buchstäblich das Blut rinnt und die Körper der Gemordeten sich übereinander türmen. Man kann diese Wut verstehen, auch wenn man sie nicht gut heißen kann." Tags darauf ist in Reinerts Tagebuch zu lesen: „In einem Gutshof [in Busk] sind an die 200 russische Gefangene. Sie liegen oder sitzen herum, und man sieht ihnen an, daß sie nicht zu klagen haben. In einem Graben aber stehen 6 Zivilisten, denen man den Juden schon von weitem ansieht. Sie fallen vor Müdigkeit und Hunger schier um, denn sie stehen schon hier seit 3 Tagen und haben während dieser Zeit auch noch nichts zu essen bekommen. Es sollen Heckenschützen sein. Aber trotzdem und trotz der Grausamkeit, die diese Kanaillen und ihre Rassegenossen verübt haben, halte ich diese Methode nicht für das Richtige. Man sollte sie zu denen legen, die in den vergangenen Tagen hier schon erschossen und in der Ecke des Guthofs verscharrt worden sind."[247] Decouvrierend an dieser Passage ist nicht allein der mitleidlose Blick Reinerts auf die Opfer, sondern auch die Tatsache, wie er nun auch den Gewaltausbruch seiner Kameraden legitimierte; schon ein Gerücht genügte: „Es sollen Heckenschützen sein."

Entscheidend war, dass Reinert mit solchen Ansichten in seiner Division nicht allein blieb. „Der Ort, bei dem wir seit gestern vorm[ittag] sind", schrieb damals der Oberst Thoma, „ist zu 50 % von Deutschen bewohnt. Die Russen haben offenbar wie die Bestien gehaust. Die Bewohner (auch Ukrainer und Russen) waren

---

[243] Vgl. mit der eindringlichen Schilderung von Yones, Die Straße nach Lemberg, S. 18ff. Yones war einer der wenigen Überlebenden der Lemberger Massaker. Ferner Musial, „Konterrevolutionäre Elemente", S. 241f.; Pohl, Judenverfolgung, S. 59f.

[244] Vgl. Friedman, Brot und Bücher, S. 51ff. Friedman erlebte als Jude, den deutschen Einmarsch in Lemberg. Vgl. mit der Einschätzung bei Held, Pogrom, S. 123; Pohl, Judenverfolgung, S. 65ff.

[245] Die Massenmorde waren damit nicht zu Ende; sie wurden nun von deutschen Einheiten fortgeführt. Ab dem 2.7.1941 ermordete das EK 5 in Lemberg nach eigenen Angaben 7000 Juden als „Vergeltungsmaßnahme" für „Greueltaten" an Ukrainern. Weitere 73 Personen, von denen behauptet wurde, sie seien als Funktionäre und Spitzel des NKWD tätig gewesen, wurden ebenfalls erschossen. 40 Mann, vor allem Juden zwischen 20 und 40 Jahren, wurden auf Grund von Anzeigen aus der Bevölkerung getötet. Angaben nach: Krausnick/Wilhelm, Truppe, S. 186f.; Held, Pogrom, S. 124f.

[246] BA-MA, MSg 2/5316: NL Hans P. Reinert, Tagebuch, Eintrag vom 3.7.1941. Ferner: Yones, Straße, S. 20f. sowie Manuskript, K. H., „Unser Einsatz im Osten", o.D., Kopie im Besitz d. Verf.

[247] BA-MA, MSg 2/5316: NL Hans P. Reinert, Tagebuch, Eintrag vom 4.7.1941. Vgl. auch mit ebda., Eintrag vom 6.7.1941: „Scheu drücken sich die Juden, die auch hier [Brody] schon durch die Zionssterne gekennzeichnet sind durch die Straßen, während die ukrainische Bürgerwehr stolz die Gewehre geschultert an den Straßenecken steht und sich ihre Freizeit wohl damit verkürzt, daß sie aussinnt, wie auch vollends der Rest der Juden beiseite geräumt werden kann, denn unter den Ukrainern herrscht eine erbitterte Wut gegen die ‚Auserwählten' und sie halten die Juden alle für Verräter und Halsabschneider, was ihnen kein vernünftiger Mensch bestreiten kann [sic]."

früher Eigentümer von Bauernhöfen. Diese wurden ihnen allen entschädigungslos genommen. […] Die Leute sind natürlich ganz verschüchtert. Man hat das Gefühl, dass sie noch nicht aus sich herausgehen. Die Hauptschuld schieben sie auf die Juden. Wenn man das gesehen und gehört hat, dann kommt man zur Überzeugung, daß diese tatsächlich samt und sonders mit Stumpf und Stiel ausgerottet werden müssen. Für keinen Juden ist [es] schade, wenn er erschossen wird. Je eher das geschieht, desto besser ist es. Jeder Judenfreund und jeder, der etwa noch mit dem Kommunismus sympathisiert, müsste das Elend hier sehen; dann wäre er für alle Zeiten geheilt."[248]

Auch hier zeigte sich jenes auffällige ideologische Amalgam – ein fanatischer Hass gegen die Juden und die Bolschewisten, wobei sich in diesem speziellen Fall ältere Stereotypen mit dem überlagerten, was Thoma von den Einheimischen gehört hatte. Im Angesicht seiner Reaktion kann es daher kaum wundern, wenn seine Soldaten diese Ansichten teilten. Mit bemerkenswerter Offenheit fasste ein Unteroffizier der 296. ID seine damaligen Beobachtungen wie folgt zusammen: „Langsam formierte sich bereits der ukrainische Selbstschutz, der, von uns eingesetzt [!], für Ordnung sorgte und vor allem seine lange zurückgehaltene Wut an der jüdischen Bevölkerung auslassen konnte. Wir wären ja die letzten gewesen, die dies nicht begrüßt hätten. Kaum waren wir am Abend in einer kleinen oder auch größeren Stadt als, mit Gewehren bewaffnet, der Selbstschutz durch die Straßen zog, hier und da aufräumte, dort das Judenpack aus den Häusern heraus holte und dort hinbrachte, wo sie niemandem mehr ein Leid zufügen können und dort sind, wo sie schon längst und auch alle hingehören, zum Teufel. Greueltaten von Juden wurden bekannt, wo man den Sohn, Vater und Mutter ermordet, in anderen Fällen die Augen ausgestochen hatte und nun der Sohn dafür zehnfache Vergeltung ungestört [!] üben konnte."[249] Und schließlich sei noch auf ein letztes, ein viertes Zeugnis verwiesen, das erst im September 1941 entstanden ist, während des Blutbads von Babij Jar[250], dem „Symbol für den Judenmord der SS auf dem Boden der

---

[248] BayHStA, Abt. IV, NL Thoma 3: Tagebuch, Brief vom 19. 7. 1941. Vgl. auch ebda., Brief vom 8. 7. 1941: „Die Gegend, durch die wir jetzt schon seit Tagen marschieren, ist sehr fruchtbar. […] Die Russen müssen vor allem in den Städten fürchterlich gegen Ukrainer und Volksdeutsche vorgegangen sein. Sie müssen sehr viele erschossen, gemartert und verstümmelt haben. Die Zahlen, die da genannt werden, sind z. T. sehr groß. Die Richtigkeit kann ich nicht nachprüfen. Natürlich erfolgt jetzt eine Reaktion. Der Selbstschutz der Ukrainer, der jetzt in Tätigkeit tritt, geht nun seinerseits gegen die Juden, die ja in erster Linie Anstifter dieser Scheußlichkeiten waren, energisch vor. Eine erhebliche Anzahl scheint schon ihr Leben eingebüßt zu haben. Aber die meisten und vermutlich die Rädelsführer sind natürlich ausgerissen."

[249] Manuskript, K. H., „Unser Einsatz im Osten", o. D., Kopie im Besitz d. Verf.
Bemerkenswert ist, dass der Verfasser eine zweite, für die Öffentlichkeit „gereinigte" Version anfertigte, in der dieser Teil entsprechend abgeschwächt wurde: „Langsam formierte sich auch der von uns eingesetzte ukrainische Selbstschutz, welcher für Ordnung sorgte, der auch bald Waffen trug und mit vielerlei Aufgaben betraut wurde, was sicherlich nur für die Befreiung der Ukraine Geltung haben durfte. Greueltaten, welche unter der Bevölkerung vorgekommen waren, sehr lange hatte man darauf gewartet, fanden nun ihre Vergeltung, ausschließlich jedoch nur durch die Ukrainer selbst." K. H., Rückblick und Erinnerung an den Einsatz der 296. Inf. Div. im Osten aus der Sicht des II./IR 521. Manuskript im Besitz d. Verf.

[250] Vgl. hierzu Wiehn (Hrsg.), Die Schoáh von Babij Jar; Rüß, Massaker von Babij Jar; Arnold, Die Eroberung und Behandlung der Stadt Kiew, S. 160ff.; Wiehn (Hrsg.), Babij Jar; Pohl, Schauplatz Ukraine; Lower, Nazi Empire-Building and the Holocaust in Ukraine, S. 69ff.

Sowjetunion"[251]. Der Gefreite B. kommentierte das Geschehen mit den Worten: „In Kiew zum Beispiel ist eine Explosion nach der anderen durch Minen. Die Stadt brennt schon acht Tage, alles machen die Juden. Darauf sind die von 14 bis 60 Jahre alten Juden erschossen worden, und es werden auch noch die Frauen der Juden erschossen, sonst wird's nicht Schluß damit [...]."[252] Er blieb in seiner Division nicht der Einzige, der die Lügen, mit denen die deutsche Führung den Massenmord an den Juden zu rechtfertigen suchte, bereitwillig glaubte[253]. Erinnert sei an Reinerts Ausbruch, der sich über „die Anstifter dieses Untermenschentums" ereiferte und die „Fressen" der Juden „mit dem Stiefel zusammentreten" wollte[254]. Allerdings hat die Rekonstruktion der militärischen Ereignisse gezeigt, dass sich die 296. Infanteriedivision nach der Eroberung von Kiew sehr wahrscheinlich nicht an den sich anschließenden Massakern beteiligte, schon weil sie schon bald wieder in den nächsten militärischen Einsatz geworfen wurde.

Was aber ist sonst an Taten bekannt? Dass die Angehörigen der 296. ID es nicht nur bei Worten beließen, belegen die Ereignisse in Lemberg. Auch weiß man von „187 Sowjetrussen und Juden", die von der Wehrmacht in Shitomir an die Einsatzgruppe C zur Exekution weitergeleitet wurden[255]. Shitomir war zu diesem Zeitpunkt gemeinsamer Standort dieser Einsatzgruppe und der 296. ID. Sonst aber sind wir in ihrem Fall ebenfalls auf Spekulationen angewiesen, weil weitere einschlägige Angaben über eine Beteiligung am Judenmord fehlen[256]. Was bekannt ist, ist ein Befehl des XXIX. Armeekorps, dem die 296. ID zeitweise unterstellt war: „Für die Durchführung gefährlicher Räumungsarbeiten sind Juden aus den Dulags heranzuziehen."[257]

Wie ist das Schweigen in den Quellen zu deuten? In einer Division wie der 296. ID war – wie wir zur Genüge gesehen haben – Antisemitismus alles andere als ein Tabu, so dass man entsprechende Befehle und Taten in ihren dienstlichen *und* privaten Aufzeichnungen wohl kaum schamhaft verschwiegen hätte. Ausschlaggebend war wohl auch hier, dass im Selbstverständnis ihrer Führung die Juden letzten Endes nur ein Randthema darstellten – zumindest im Alltag jenes Krieges, den

---

251 Förster, Wehrmacht, Krieg und Holocaust, S. 956.
252 BfZ, Slg. Sterz, 04650, Brief L. B. vom 28.9.1941. Auch zit. in: Verbrechen der Wehrmacht, S. 78.
253 Vgl. mit den damaligen Impressionen des Oberst Thoma: „Gestern Abend bin ich noch etwas durch die Stadt [Kiew] gefahren. [...] Die Kaufläden sind alle leer. Ich habe nur in einem einzigen Laden ein paar Bücher stehen sehen. Z[um] T[eil] sollen die Läden schon vom Mob geplündert worden sein. Zum anderen Teil werden die Russen wohl schon vorher die Bestände abgeschleppt haben. Und schließlich sind vielleicht noch Vorräte in Kellern und Magazinen vorhanden, wie es ja auch in Warschau gewesen ist. Es wäre ja verwunderlich, wenn die Juden nicht auch ein Geschäft gewittert hätten." BayHStA, Abt. IV, NL Thoma 3: Tagebuch, Brief vom 21.9.1941.
254 BA-MA, MSg 2/5317, NL Hans P. Reinert, Tagebuch, Eintrag vom 24.9.1941 f.; BA-MA, MSg 2/5318, NL Hans P. Reinert, Tagebuch, Eintrag vom 26.9.1941 ff. Vgl. Kap. 3.3. Auch zum Folgenden.
255 IfZ-Archiv, MA 91/1: Chef SiPo und SD, Ereignismeldung UdSSR Nr. 30 vom 22.7.1941.
256 Bei den Exekutionen des Sonderkommandos 4 a, die Anfang Juli 1941 in der Ukraine stattfanden, beteiligten sich freiwillig auch einige Wehrmachtsangehörige, wobei unklar bleibt, zu welcher Einheit diese gehörten. Vgl. Ogorreck, Einsatzgruppen, S. 132.
257 IfZ-Archiv, MA 1635: XXIX A. K., Abt. I a/I c, Befehl vom 22.9.1941. Vgl. auch Krausnick/ Wilhelm, Truppe, S. 237.

diese Division zu führen hatte[258] – und dass die Führung, den Soldaten jede Teilnahme an den Morden strikt verbot[259], die sich – der räumliche Überblick hat es gezeigt – mitunter direkt vor ihren Augen abspielten[260]. Hätten sie sich diesen Verbrechen verweigert? Angesichts ihrer Reaktionen[261] fällt es schwer, diese Frage zu verneinen[262].

221. Sicherungsdivision   Im Gegensatz zu den drei Frontdivisionen, von denen bislang die Rede war, erscheint die Rolle, welche die beiden Besatzungsverbände unseres Samples beim Völkermord an den Juden spielten, klarer. Bei der 221. Sicherungsdivision wie beim Korück 580 sind wir über beides informiert – über die *Theorien*, die man sich hier von „den" Juden machte, wie auch über die *Praxis* ihrer Verfolgung.

Die *221. Sicherungsdivision* eröffnete den Krieg gegen die Sowjetunion mit einem Paukenschlag. Bereits in der ersten großen Stadt, welche die Division besetzte, ermordete das ihr unterstellte Polizei-Bataillon 309 zwischen 2000 und 2200 Menschen, die meisten von ihnen Juden. Von dieser Gewaltorgie war bereits ausführlich die Rede[263]. Auffallend ist nicht nur die unfassbare Brutalität, mit der die Deutschen damals vorgingen, oder der sehr frühe Zeitpunkt dieses Massakers, sondern auch der interne Machtkampf, der hinter diesem Ereignis stand. Zwar handelte es sich bei einem solch unkontrollierten Gewaltausbruch um „den Alptraum aller militärischen Verwaltungsexperten"[264], doch konnte und wollte die Divisionsführung ihn nicht stoppen[265]. Allein die Polizisten bestimmten an jenem 27. Juni, was in Bialystok passierte. Gleichwohl versuchte der Divisionskommandeur, Generalleutnant Pflugbeil, den Vorfall zu vertuschen; einige Polizisten wurden sogar mit Orden dekoriert. Dahinter stand – wie noch zu zeigen sein wird – eine Art Lernprozess, der schon sehr früh seinen Abschluss gefunden hatte. Die Divisionsführung hatte den Judenmord akzeptiert, und zwar als genuine Aufgabe!

---

[258] Vgl. auch mit der Einschätzung von Pohl (Schauplatz Ukraine, S. 151 und 169ff.), dass es von den ukrainischen Juden wohl „einige Tausend" (bei einer Gesamtzahl von 1,4 Millionen jüdischen Opfern) waren, die von deutschen Soldaten umgebracht wurden.

[259] So der Befehlshaber des Rückwärtigen Heeresgebiets Süd am 29. 7. 1941. Vgl. Pohl, Judenverfolgung, S. 60.

[260] Wenn die Einsatzgruppen in Reinerts Tagebuch allerdings nie erwähnt wurden, so spricht auch das dafür, dass in der Wahrnehmung dieses Offiziers allein militärische Aufgaben zählten.

[261] Vgl. auch die hämischen Kommentare Reinerts über das Warschauer Ghetto: BA-MA, MSg 2/5318: NL Hans P. Reinert, Tagebuch, Eintrag vom 20. 11. 1941.

[262] Erst spät begann man diese Meinung zu revidieren; so notierte der I c der 296. Inf. Div. im ersten Quartal des Jahres 1942: „Politische Kommissare sind keine Juden. Die Juden haben sich nach hinten verzogen." IfZ-Archiv, MA 1637: 296. Inf. Div., Abt. I c, Tätigkeitsbericht für die Zeit vom 1. 1.–31. 3. 1942, Anlage: Vernehmung vom 18. 1. 1942.

[263] Vgl. Kap. 3.2. Dort auch Angabe der relevanten Quellen sowie der weiterführenden Literatur.

[264] Hilberg, Vernichtung, S. 233.

[265] Vgl. auch BAL, 205 AR-Z 20/60: Vernehmung J. O. vom 6. 2. 1960: „Ich möchte erwähnen, daß der Div. Kdr. der 221. Sich. Div., Gen. Pflugbeil, sich bei unserem Kommandeur, Major Weis, [dem Kdr. des Pol.-Btl. 309] über die Vorfälle in Bialystok beklagte." Das geschah am Abend des 27. 6. 1941, als Pflugbeil den völlig betrunkenen Major Weis zu sich befahl. Diese interne Auseinandersetzung wurde jedoch nach außen nicht sichtbar. Allerdings dürfte sie für das weitere Verhalten des Bataillons nicht ohne Folgen geblieben sein.

Das brennende Bialystok, 27. Juni 1941
(Quelle: HSA, R 4 Nr. 34239-179A)

Zwei Angehörige der 221. Sicherungsdivision, die detailliert und zuverlässig über die grauenhaften Ereignisse in Bialystok berichtet haben[266], meinten fast übereinstimmend, sie hätten „ähnliche Vorgänge wie in Bialystok [...] auf dem ganzen Vormarsch in Rußland nicht erlebt"[267]. Das ist zwar so richtig, bedeutete aber nicht, dass es in den kommenden Wochen und Monaten nicht mehr zur Ermordung Unschuldiger gekommen wäre – im Gegenteil: Wie die Akten belegen, wurde das gewissermaßen zum Tagesgeschäft dieser Sicherungsdivision. Nach Bialystok, das auch die Funktion eines ersten Tabubruchs hatte, hinterließ die Division zunächst schmalere, seit Herbst 1941 dann breitere Blutspuren auf ihrem Marsch nach Osten[268]. Meist waren es so genannte „Partisanen", die der 221. zum Opfer fielen, was immer sich hinter diesem Begriff verbarg, aber auch Vertreter anderer Gruppen, darunter auch Juden.

[266] Der Zeuge R. kehrte aufgrund seiner Funktion als Intendant einige Wochen später nochmals nach Bialystok zurück. Hier erfuhr er von einem deutschen Brauereibesitzer von den großen Mordaktionen des Einsatzkommandos 8, das im Juli 1941 in der Umgebung von Bialystok ca. 3 000, nach anderen Quellen sogar 4 500 Juden ermordet hatte. BAL, 205 AR-Z 20/60, Vernehmung R. R. vom 27. 4. 1960.

[267] BAL, 205 AR-Z 20/60: Vernehmung R. R. vom 27. 4. 1960. R. gehörte damals als Oberstabsintendant (vergleichbar einem Major) zum Stab des Sich. Rgt. 2, das zu jenem Zeitpunkt von Oberst Ronicke geführt wurde. Kaum ein deutscher Zeuge hat die Ereignisse so präzise, farbig und überzeugend geschildert wie R.
Vgl. auch BAL, 205 AR-Z 20/60: Vernehmung W. H. vom 12. 5. 1960: „Erwähnen möchte ich, daß ich während des ganzen weiteren Rußlandfeldzuges von derartigen oder gleichartigen Vorfällen wie in Bialystok nichts gehört habe."

[268] Vgl. Kap. 3.2 und 3.3.

Denn sie hielt man für besonders gefährlich[269]. Ende Juli 1941 schrieb der I c der 221., der Oberleutnant Helmut Mann, in einem großen „Übergabebericht"[270]: „In dem abzutretenden Gebiet setzt sich die Bevölkerung aus Weißrussen, Polen und Juden zusammen. [...] Die Juden sind in ihrer Grundeinstellung bolschewistisch, sie werden es jetzt [!] naturgemäß erst recht bleiben. [...] Die Juden haben von der zwischen beiden Volksgruppen bestehenden Spannung bisher ihren Nutzen gezogen. Sie bekommen jetzt für alle Angebereien und Drangsalierungen der Bevölkerung nur die wohlverdiente Quittung. Sie sind und bleiben in diesem Land auch die Hauptträger der Zersetzung und des bestehenden Dreckes in jeder Hinsicht. Ihre Isolierung von der übrigen Bevölkerung erscheint notwendig. Sie leisten die notwendig gewordenen Arbeiten aus angeborener Angst heraus mit z[um] T[ei]l staunenswerter Schnelligkeit, ohne dass besonderes Antreiben notwendig ist. An ihrer Einstellung, dem Deutschen Reich zu schaden, wo es für sie ungefährlich ist und wo immer sie nur Schaden anrichten können, wird dadurch nichts geändert. [...] Die souveräne Beherrschung dieses alten Volkstumskampfes unter gleichzeitiger Ausmerzung des Judentums ist zugleich der Schlüssel zur totalen politischen und wirtschaftlichen Befriedung des Gebietes."

„Hauptträger der Zersetzung und des bestehenden Dreckes in jeder Hinsicht"; „Ausmerzung des Judentums" – solche Worte hätten auch aus dem Reichssicherheitshauptamt stammen können. Doch handelt es sich bei diesem Autor um einen „kleinen" Oberleutnant, der freilich durch seine Funktion im Stab dieser Sicherungsdivision über vergleichsweise viel Einfluss und Macht verfügte[271]. Vor dem Hintergrund der Ereignisse in Bialystok sowie der beginnenden Mordwellen von SS und Polizei war klar, was mit dem Begriff der „Ausmerzung" gemeint war. Ein Offizier aus dem Stab der 221. notierte denn auch an den Rand dieses Berichts: „ist Sache der Polizei, die schon das Richtige veranlassen wird".

Etwas später, im September 1941, wurde man im Stab der 221. etwas deutlicher. Mit entwaffnender Offenheit behauptete die Abteilung VII, deren Aufgabe der Aufbau einer neuen Besatzungsverwaltung[272] sein sollte: „Die Juden des Berichtbereiches haben die Partisanen unterstützt und betreiben [sic] auch vielfach Flüsterpropaganda. Sie mußten daher vom S.D. großenteils liquidiert werden. Diese Maßnahme ist von der Bevölkerung begrüßt worden, da die Juden allgemein ver-

---

[269] Generell zum Antisemitismus in der 221. Sicherungsdivision vgl. Shepherd, War, S. 64 ff., 70, 93; Gerlach, Morde, S. 529, 543.

[270] IfZ-Archiv, MA 1668: 221. Sich. Div., Abt. I c, „Übergabebericht über Haltung, Stimmung und politische Strömungen innerhalb der Bevölkerung des am 1.8.41 an die Verwaltung Ostpreußens abzutretenden ehem. Russischen Gebietes" vom 28.7.1941. Auch zum Folgenden. Vgl. hierzu auch Förster, Sicherung, S. 1045; Gerlach, Morde, S. 529.
Der „Übergabebericht" – ein in der Forschung immer wieder zitiertes Dokument – sollte die Abtretung des „Raumes um Bialystok" an die Provinz Ostpreußen vorbereiten. Vgl. hierzu Moll (Hrsg.), „Führer-Erlasse", Dok. 103; Röhr, Forschungsprobleme, S. 117 ff.; Karten: ebda. S. 124; Umbreit, Kontinentalherrschaft, S. 140.

[271] Vgl. auch seinen Lagebericht vom 18.8.1941, in dem es u.a. heißt: „Besonders das stark hervortretende jüdische Element bedingt dabei in erheblichem Umfange die unsichere Haltung der Bevölkerung." IfZ-Archiv, MA 1667: 221. Sich. Div., Abt. I c, „Lagebericht" an 221. Sich. Div., Abt. VII, vom 18.8.1941.

[272] Vgl. Kap. 1.2. Von der Abteilung VII der 221. Sich. Div. ist ferner bekannt, dass sie das „von Juden verwaltete Vermögen" zu sichern suchte. Zit. bei: Gerlach, Morde, S. 515, Anm. 64.

hasst sind."[273] Jenes alte Argumentationsmuster, die Gleichsetzung von Juden, Bolschewisten und Partisanen[274], war nicht nur im Stab der 221. zu hören. Einer ihrer Bataillons-Kommandeure hielt es für geraten, „den Einfluß der Juden, der in manchen Orten noch heute bestimmend und keineswegs gebrochen ist, zu beseitigen und diese Elemente mit den radikalsten Mitteln auszuschalten, da gerade sie es" seien, welche die „Verbindung zur Roten Armee" und den Partisanen aufrechterhielten[275]. Sein Vorgesetzter, der Kommandeur des Infanterie-Regiments 350, konzedierte freimütig: „Die Judenfrage muß radikal gelöst werden. Ich schlage Erfassung aller auf dem Lande lebenden Juden in bewachte Sammel- und Arbeitslager vor. Verdächtige Elemente müssen beseitigt werden."[276] Das waren keine Planspiele am grünen Tisch. Die 221. stand mitten im „Feindesland", und ihre Führung wusste sehr wohl, was Begriffe wie „ausmerzen", „ausschalten" oder „beseitigen" in der Praxis der deutschen Besatzungspolitik bedeuteten. Hier handelte es sich nicht um Ressentiments, die man in privaten Aufzeichnungen auslebte, hier ging es vielmehr um die generelle Frage, wie mit *allen* Juden (und im Übrigen auch den Roma[277]) zu verfahren sei.

Jenen berüchtigten Anti-Partisanen-„Lehrgang" in Mogilew, an dem neben Angehörigen von SS, SD und Polizei auch Offiziere der Wehrmacht teilnahmen, darunter auch einige aus der 221. Sicherungsdivision[278], mochte man in deren Reihen als „Erfahrungsaustausch" begrüßen, möglicherweise auch als eine praxisbezogene

---

[273] IfZ-Archiv, MA 1668: 221. Sich. Div., Abt. VII, „Bericht über die Lage im Bereich der Sich.-Div. 221" vom 19.9.1941. Dort heißt es weiter: „Juden waren besonders in den Städten sehr zahlreich vertreten, wo sie z[um] T[eil] 50% und mehr der Gesamtbevölkerung ausmachten. Sie sind z[um] T[eil] geflohen, z[um] T[eil] in Lagern zusammengefaßt, z[um] T[eil] auch in Ghettos untergebracht. Bemerkenswert ist, daß z.B. in Gomel die reichen Juden bei Beginn des Krieges auf Grund ergangener Regierungsmaßnahmen in das Innere des Landes abtransportiert wurden und zwar die männlichen Juden durch die russischen Militärdienststellen auf großen Lastzügen erst kurz vor der Einnahme der Stadt durch die deutschen Truppen. [...] Infolge der Abwanderung und zum anderen der Zusammenfassung treten die Juden nach außen kaum noch in Erscheinung. Es gibt daher auch keine Verbindung mehr mit ihnen, ebenso ist ihre propagandistische Wirksamkeit dadurch zum mindesten sehr beeinträchtigt. [...] Lediglich gegen die Juden herrscht vielfach eine allgemeine Erbitterung, da ihnen die Hauptschuld an diesem Kriege zugeschoben wird. Die übrige Bevölkerung freut sich, daß die Juden, soweit sie noch vorhanden sind, zum Arbeiten gezwungen werden; sonst hat sie an dem weiteren Schicksal der Juden wenig Interesse."

[274] Schon am 8.7.1941 behauptete die Führung der 221. Sich. Div., die Juden würden die Bildung von Partisanengruppen unterstützen. IfZ-Archiv, MA 1660: 221. Sich. Div., Abt. I a, Kriegstagebuch, Eintrag vom 8.7.1941. Vgl. auch BA-MA, RH 24-7/140: 221. Sich. Div., Abt. I c, Bericht betr. „Allgem. Lage im Raum von Bialystok" an VII. A. K. vom 1.7.1941: „Die seit der russischen Besetzung im Jahre 1939 neu eingestellten Polizisten waren Juden und sind ebenfalls alle geflüchtet. Die früheren polnischen Polizisten und Beamten wurden zum größten Teil nach Sibirien verschleppt oder eingesperrt oder erschossen."

[275] IfZ-Archiv, MA 1666: II./Inf. Rgt. 350, Meldung „an das Regiment" vom 18.8.1941.

[276] Ebda., Inf. Rgt. 350, Meldung an die 221. Sich. Div. vom 19.8.1941.

[277] Vgl. etwa IfZ-Archiv, MA 1666: Feldkommandantur 528 (V), Kommandanturbefehl Nr.25 vom 8.10.1941, demzufolge „Zigeuner" generell zu internieren seien. „Wird Plünderungs- oder Diebesgut festgestellt, so sind die betr. Zigeuner (sämtl. Beteiligte) zu erschießen. Im Übrigen sind sämtliche Zigeuner wie die Juden in einem Zwangsarbeitslager zu internieren. Sie sind jedoch von den Juden getrennt zu halten." Vgl. hierzu Zimmermann, Rassenutopie und Genozid, S.259ff.; Wippermann, Nur eine Fußnote?; Pohl, Herrschaft, S.272ff.

[278] Von der 221. Sich. Div. waren vertreten: ein Offz. der Div. fhrg. (I c), zwei Offze. Inf. Rgt. 350, ein Offz. Lds. Btl. 352, ferner fünf Offze. des benachbarten Sich. Rgt. 2. Vgl. Verbrechen der Wehrmacht, S.466ff.; IfZ-Archiv, MA 1661: Bfh. Rückw. Heeresgeb. Mitte, Abt. I a, Befehl an die 221. Sich. Div. vom 17.9.1941.

„Schule des Terrors"[279]. In der Sache selbst aber bedurften die meisten dieser Offiziere kaum noch der Überzeugungsarbeit. Das, was man bei dieser Gelegenheit propagierte und präsentierte (darunter auch eine „Übung", die „ernstfallmäßig angesetzt" wurde, was im Klartext bedeutete, dass man „13 Juden und 19 Jüdinnen in Zusammenarbeit mit dem SD" in einer Art „Schauexekution" liquidierte[280]), war für die Vertreter der 221. kaum etwas Neues – weder in der Theorie noch in der Praxis.

Dies verweist auf die Frage, wieweit sich die 221. Sicherungsdivision selbst an der Verfolgung und Ermordung der sowjetischen Juden beteiligte. Das Polizei-Bataillon 309 fungierte in diesem Fall zweifellos als Speerspitze[281], aber es agierte nicht allein. Auch die übrigen, militärischen Einheiten dieser Division begannen seit Juli 1941, mal allein auf sich gestellt, mal „im gegenseitigen Einvernehmen mit Pol[izei] B[a]t[ai]l[lon] 309"[282], Krieg gegen die Juden zu führen. Zwar sollten sich Blutbäder wie in Bialystok nicht mehr wiederholen, doch war das nur eine Veränderung im Quantitativen, nicht aber im Qualitativen. „Die restlose Beseitigung der Juden" gehörte nun zum Alltag der 221. Sicherungsdivision[283]; das besaß viele Facetten: Die Divisionsführung sorgte dafür, dass man die Juden „aufspürte"[284], sie „durch einen gelben Flecken auf Brust und Rücken"[285] stigmatisierte, in spezielle „Judenlager"[286] oder in Arbeitskolonnen zwang[287], die man zur Instandsetzung

---

[279] So Verbrechen der Wehrmacht, S. 462.

[280] Angaben nach: Verbrechen der Wehrmacht, S. 468.

[281] Vgl. mit dem Urteil von Klemp, „Nicht ermittelt", S. 261; Shepherd, War, S. 66, 116.

[282] Die Tatsache, dass der Terror dieser Sicherungsdivision seit Herbst 1941 zunehmend auch Juden traf, ist auch eine Folge von Keitels Erlass vom 12.9.1941, der den Arbeitseinsatz von Juden bei Dienststellen der Wehrmacht grundsätzlich verbot – mit Ausnahme von „besonders zusammengefassten Arbeitskolonnen". Für viele Juden, die bislang im Umfeld der Wehrmacht noch überlebt hatten, war das ein Todesurteil. Druck: Müller (Hrsg.), Deutsche Besatzungspolitik, S. 72; Shepherd, War, S. 86ff.; Gerlach, Morde, S. 578. Eine falsche Zuordnung dagegen bei Müller, Wehrmacht und Okkupation, S. 117.

[283] Vgl. auch das rückblickende Fazit, das der I c der 221. in dem Moment erstellte, als sie zur Front abmarschierte: „Alles, was in Kräften der Division stand, wurde getan, um den Div[isions]-Bereich zu befrieden. Die restlose Beseitigung der Juden war dabei Vorbedingung. Sie waren die Zuträger, Hetzer und Zersetzer." IfZ-Archiv, MA 1668: 221. Sich. Div., Abt. I c, Tätigkeitsbericht für die Zeit vom 10.5.–14.12.1941.

[284] So berichtete ein Leutnant der 221., er habe bei einem Spähtrupp in den Wäldern um Bialystok „versprengte Soldaten, teilweise in Zivil, teilweise Juden" angetroffen, „die mit Gewalt herausgeholt" werden mussten. BA-MA, RH 26-221/20: 9./Inf. Rgt. 350, Bericht vom 29.6.1941. Vgl. ferner Shepherd, War, S. 58f.

[285] IfZ-Archiv, MA 1668: 221. Sich. Div., Abt. VII, „Bericht über die Lage im Bereich der Sich.-Div. 221" vom 19.9.1941.

[286] Die Divisionsführung hatte am 8.7.1941 „die Evakuierung aller im Bereich des Forstes von Bialowicza liegenden Ortschaften von männlichen jüdischen Einwohnern angeordnet". Diese 600–700 Juden wurden in den folgenden Tagen in ein „Judenlager in Hajnowka" überführt. Ende August oder Anfang September wurde diese Gruppe „unter Schlägen und Quälereien" von deutscher Polizei nach Prushany gebracht, wobei die Hälfte bereits auf dem Weg starb. IfZ-Archiv, MA 1661: 221. Sich. Div., Abt. I a, Tagesmeldungen an Bfh. Rückw. Heeresgeb. Mitte vom 8.7.1941ff.; IfZ-Archiv, MA 1668: 221. Sich. Div., Abt. I a, Befehl vom 8.7.1941. Ferner Gerlach, Morde, S. 522; Curilla, Ordnungspolizei, S. 550f.
Dagegen verzichtete man vorerst auf die „Bildung von Judenräten" sowie „die Schaffung von besonderen Wohnvierteln für Juden". IfZ-Archiv, MA 1668: 221. Sich. Div., Abt. VII, „Bericht über die Lage im Bereich der Sich.-Div. 221" vom 19.9.1941. Ferner Shepherd, War, S. 76.

[287] Vgl. IfZ-Archiv, MA 1667: Pol.-Btl. 309, „Gefechtsbericht" der 221. Sich. Div. vom 1.7.1941: „Ein Kommando sorgte mit Hilfe von Panjefahrzeugen und Juden für die Säuberung und Räumung der Straßen [in Bialystok] von rund 230 Leichen, die in Massengräbern außerhalb des Stadtgebietes vergraben wurden." Ferner IfZ-Archiv, MA 1668: 221. Sich. Div., Abt. VII, „Bericht über die Lage im Bereich der Sich.-Div. 221" vom 19.9.1941.

der großen Rollbahnen[288] oder – welch sinnige Idee! – zum Umstürzen „sämtlicher Lenin- und Stalin-Denkmäler"[289] einsetzte, wobei eines der Opfer den Eindruck hatte, „daß die Deutschen nicht nur an der Arbeit interessiert waren, sondern auch daran, uns zu quälen"[290]. Damit aber nicht genug: Juden wurden als Geiseln genommen[291], malträtiert[292] und vor die Erschießungspelotons gestellt. Mit schrecklicher Eintönigkeit meldete die 221. Sicherungsdivision[293]:

- 1. September 1941: 25 Juden erschossen
- 13. September: acht Juden erschossen
- 8. Oktober: 22 Juden (in Esmon) erschossen („denen Verbindung mit Partisanen nachgewiesen wurde")[294]
- 8. Oktober: 19 Juden (in Golowtschin) erschossen (als „Vergeltungsmaßnahmen" für einen Überfall auf eine „Ortsstreife")
- 15. Oktober: ein Jude öffentlich gehenkt
- 17. Oktober: drei Juden wegen „Sabotage" erschossen
- 21. Oktober: „vier jüdische Jungkommunisten erschossen"[295]
- 22. Oktober: ein Jude („Partisane") erschossen
- 29. Oktober: ein „jüdischer Bankdirektor" als „Anhänger der Partisanen" öffentlich gehenkt
- 8. November: drei Juden erschossen (eine Jüdin wegen „Partisanenunterstützung", zwei Juden wegen „Aufhetzung" der Bevölkerung)

Eine Liste wie diese verdeutlicht das Alltägliche, das Routinierte dieser „Tötungsarbeit". Zwar macht sie auch klar, dass die Mordstatistiken der Einsatzgruppen und auch der berüchtigten 707. Infanteriedivision andere Dimensionen erreichten[296], doch scheint der Judenmord der Division, oder genauer: ihrer Führung, keine Probleme bereitet zu haben. Die einfachen Soldaten konnten sich dagegen bei den Exe-

---

[288] IfZ-Archiv, MA 1665: 221. Sich. Div., Abt. I a, Meldung an Bfh. Rückw. Heeresgeb. Mitte vom 8.7. und 15.7. 1941; IfZ-Archiv, MA 1661: 221. Sich. Div., Abt. I a, Befehl an das Pol.-Btl. 309 vom 4.7.1941.

[289] IfZ-Archiv, MA 1660: 221. Sich. Div., Abt. I a, Kriegstagebuch, Eintrag vom 30.6.1941.

[290] Yones, Straße, S. 26f. Zum Alltag in den „Judenlagern" vgl. Friedman, Brot und Bücher, S. 67ff.

[291] IfZ-Archiv, MA 1661: 221. Sich. Div., Abt. I a, Befehl an Feld-Kdtr. 549 vom 18.7.1941: „Es sind Geiseln (besonders Juden) festzunehmen, deren Erschießung bei geringster Unruhestiftung anzuordnen ist."

[292] Offenbar beteiligte sich auch das Wach-Bataillon 701, damals Teil der 221. Sich. Div., am 25.10.1941 an der Niederschlagung der jüdischen Aufstände in Starodub und Tatarsk. Vgl. hierzu Munoz/Romanko, Hitler's White Russians, S. 161; Gilbert, Endlösung, S. 76f.

[293] Soweit nicht gesondert erwähnt, stammen die Angaben aus folgender Quelle: IfZ-Archiv, MA 1665: 221. Sich. Div., Abt. I a, Meldung an Bfh. Rückw. Heeresgeb. Mitte. Hierbei handelt es sich um eine Sammlung von Tagesmeldungen, welche die 221. Sicherungsdivision täglich an den Befehlshaber des Rückwärtigen Heeresgebiets Mitte sandte; das jeweilige Datum wird im Haupttext genannt. Die Morde des Pol.-Btl. 309 sind in dieser Statistik nicht erfasst.
Unerfindlich bleibt die Behauptung Gerlachs (Morde, S. 604), „der Anteil der jüdischen Opfer", welche die 221. Sich. Div. ermordet habe, sei „wegen der Verschleierung in den Militärakten nicht abzuschätzen". Wie die Statistiken der 221. belegen, hat diese Division darüber sehr genau Buch geführt.

[294] IfZ-Archiv, MA 1668: 221. Sich. Div., Abt. I a, Meldung vom 8.10.1941. Auch zum Folgenden.

[295] IfZ-Archiv, MA 1666: Inf. Rgt. 350, Meldung an 221. Sich. Div. vom 21.10.1941.

[296] Die 707. Inf. Div. ermordete allein im Herbst 1941 über 10000 Juden. Vgl. Lieb, Täter, S. 536; Gerlach, Morde, S. 619f.

kutionen als „zu weich" erweisen, so dass dann ihre Offiziere selbst eingreifen
mussten[297]. Auch gab es Leute wie jenen Oberst Ronicke, Kommandeur des benachbarten Sicherungs-Regiments 2[298], von dem bekannt ist, dass er sich in Bialystok mit dem Polizei-Bataillon 309 und im August 1941 mit der SS wegen einer Ju-
denerschießung anlegte. Damals lehnte er jede Mitwirkung seines Regiments kate-
gorisch ab[299]. Wenn freilich ausgerechnet dieser Offizier an jenem berüchtigten
Lehrgang in Mogilew teilnehmen musste, und zwar aktiv[300], dann lässt dies auch
erkennen, dass selbst jene, die im Grunde ihres Herzens gegen diesen Mord waren,
sich dem brutalen System von Befehl und Gehorsam unterwarfen[301].

Trotzdem scheint diese Sicherungsdivision den Mord an den Juden gerne an die
Polizei-Einheiten delegiert zu haben, die ihr unterstellt waren. So erschoss das
Polizei-Bataillon 309 auch im Herbst 1941 immer wieder Juden[302], ebenso das

---

[297] IfZ-Archiv, MA 1666: Inf. Rgt. 350, Voraus-Abt., Meldung an 221. Sich. Div. vom 14.10.1941.
Noch im Mai 1942 bemängelte der General von Schenckendorff, es läge „Veranlassung vor",
darauf hinzuweisen, dass „die Beschäftigung von einzelnen Juden in Wehrmachtbetrieben verboten" sei. IfZ-Archiv, MA 1671: Kd. Gen. d. Sich. trp. u. Bfh. i. Heeresgeb. Mitte, Abt. Qu.,
„Besondere Anordnungen für die Versorgung Nr. 45" vom 30.5.1942.

[298] Das Sicherungs-Regiment 2 unterstand damals unmittelbar dem Befehlshaber Rückwärtiges
Heeresgebiet Mitte, wurde aber eine Zeitlang als „Schwester-Regiment" neben der 221. Sicherungsdivision eingesetzt.

[299] Vgl. hierzu BAL, 205 AR-Z 20/60: Vernehmung R. R. vom 27.4.1960: „Ronicke schickte den
SS-Offz. hinaus und rief telefonisch in meiner Gegenwart eine vorgesetzte Dienststelle an,
welche, weiß ich nicht. R[onicke] erklärte nun am Telefon dem Angerufenen, daß ein SS-Offz.
da sei, der einen Uffz. und 12 Mann des Regiments für Judenerschießungen abgestellt haben
will, und zwar sollten Juden aus Prushany erschossen werden. Der Angerufene sagte zu Ronicke, ich konnte das selbst hören, daß dieses nicht in Frage komme, da das Heer mit solchen
Sachen sich nicht befasse. Dieses erklärte Ronicke auch dem SS-Offz. Dieser hatte kurz das
Zimmer verlassen, als ihn Ronicke noch mal zurückrufen ließ und nach dessen Ausweis fragte.
Der SS-Offz. erklärte in schroffer Form, sein Ausweis ging Oberst R. nichts an, und er sei
nicht verpflichtet, seinen Ausweis vorzuzeigen. Als ich nach 3 Tagen von Warschau wieder
zurückkam, das Regiment befand sich zu dem Zeitpunkt bei Bobruisk, erzählte mir Oberst
Ronicke, daß dieser SS-Offz. mit seinen 2 oder 3 Männern m. E. noch 12 oder 13 Juden, und
zwar Männer, Frauen und Kinder, in einem Straßengraben außerhalb von Prushany erschossen habe und liegen ließ." Die 221. Sich. Div. erreichte am 25.8.1941 Bobruisk. Vgl. hierzu
auch BAL, 205 AR-Z 20/60: Vernehmung Martin Ronicke vom 11.3., 14.3. und 25.4.1960.

[300] Ronicke war nicht nur Teilnehmer des Lehrgangs, sein Sicherungs-Regiment 2 umstellte und
„säuberte" während der „Lehrübung" am 26.9.1941 auch das Dorf Kussikowitschi. Die Erschießung der 32 Juden erfolgte dann „in Zusammenarbeit mit dem SD". Vgl. Verbrechen der
Wehrmacht, S. 467f.

[301] Bemerkenswert erscheint das Verhalten Ronickes, als er im März 1960 zum ersten Mal vernommen wurde. Obwohl während des Massakers in Bialystok niemand so klar gegen das Polizei-Bataillon einzuschreiten versucht hatte wie er, nahm er darauf keinen Bezug, sondern
behauptete, dass er „von Erschießungen von Juden aus rassischen Gründen" nichts wisse.
Auch sonst insistierte Ronicke, der später mit dem Generalfeldmarschall Schörner in einen
Streit geraten war und daraufhin in die „Führerreserve" versetzt wurde, darauf, seine Einheit
sei allein im militärischen Einsatz gewesen. BAL, 205 AR-Z 20/60: Vernehmung Martin Ronicke vom 11.3.1960.

[302] Außer den Ereignissen in Bialystok ermittelten die deutschen Behörden wegen folgender
Straftaten, die dem Polizei-Bataillon 309 vorgeworfen wurden. Im Zeitraum vom 17.9.–
3.10.1941 ermordeten Angehörige des Bataillons „mindestens" 25 Juden, darunter auch Kinder, in Dobrjanka. Am 5.10.1941 erschossen Angehörige dieses Bataillons 13 männliche Juden
in Kletnja als Vergeltung für einen Partisanenüberfall, im November einen Juden, den man
vorher gequält hatte. Angaben nach: HStA Düsseldorf, Zweigarchiv Schloß Kalkum: StA
Dortmund (Z) (Wuppertal), 45 Js 21/61: Verfahren gegen Angehörige des Polizei-Bataillons
309; BAL, 205 AR-Z 20/60: Verfahren gegen Angehörige des Polizei-Bataillons 309, Anklageschrift vom 8.5.1967.

Polizei-Bataillon 91[303], das der 221. dann 1942 unterstand. Offenbar war dies Ausdruck einer Art Arbeitsteilung: Während die 221. fast ausschließlich gegen Partisanen, vermeintliche oder tatsächliche, im Einsatz war, war die Ermordung der Juden mittlerweile zu einer Aufgabe der Polizei geworden – nicht nur der zivilen, sondern auch der Geheimen Feldpolizei (707[304], 729), die oft als „Genickschuß-Spezialisten"[305] oder als Exekutionskommandos[306] dienten und auch nicht davor zurückschreckten, dabei mitunter „Sprengmunition" zu verwenden[307]. Diese interne Arbeitsteilung, die ihren Grund auch darin hatte, dass die Wehrmacht „die Exekution unbewaffneter Personen [...] als polizeiliche Maßnahme" verstand[308], wurde auch nach außen fortgesetzt. Als Formation kooperierte die 221. mit vielen SS- und Polizei-Einheiten – mit dem Einsatzkommando 8, das „im Verband"[309] dieser Sicherungsdivision „umfangreiche sicherheitspolizeiliche Maßnahmen" durch-

---

[303] Vgl. IfZ-Archiv, MA 1672: 221. Sich. Div., Abt. I a, Kriegstagebuch, Eintrag vom 12.7.1942: „In Chotimsk führte Res. Pol. Batl. 91 eine Razzia gegen die Juden durch, da begründeter Verdacht der Partisanenunterstützung und des Waffenbesitzes vorliegt. Die Juden wurden in ein Ghetto überführt, bei Ausbruchversuchen wurden 24 Juden erschossen." Ferner wurden dem Res. Pol. Btl. 91 für das Jahr 1942 u. a. folgende Verbrechen vorgeworfen, wobei die jüdische Identität der Opfer nicht immer geklärt werden kann:
– Erschießung von Häftlingen im Gefängnis von Wolkowysk im Jan./Febr. 1942 sowie im März/April 1942
– Tötung von mindestens 20 Juden durch Sprengung der Synagoge im Frühjahr 1942
– Beteiligung an der Tötung von mindestens 15 alten und gebrechlichen Juden („unnütze Brotesser") des Ghettos von Krynki durch Erschießen im Frühsommer 1942
– Erschießung von drei ukrainischen Hilfswilligen aus der dem Bataillon angegliederten ukrainischen Hilfspolizei-Einheit bei Jerschitschi im Herbst 1942
– Erschießung von drei Männern in einem Dorf bei Jerschitschi; Erschießung eines Bauern und anderer Zivilisten bei Jerschitschi im Winter 1942/43
– Erschießung eines 17jährigen Juden in Nowidwor, bei dem eine Pistole gefunden worden war
– Erschießung von 4–6 Zivilisten bei einer Razzia in einem Dorf bei Wolkowysk;
Angaben nach: HStA Düsseldorf, Zweigarchiv Schloß Kalkum: StA Dortmund (Z) 45 Js 7/62 (= Düsseldorf 8 Ks 2/71): Verfahren gegen Angehörige des Polizei-Bataillons 91.
[304] Zur Tätigkeit der GFP 707, die der 221. Sich. Div. unterstellt war, vgl. BAL, 202 AR-Z 9/63: Vernehmung H. R. (Leutnant) vom 25.3.1965; Vernehmung E. K. (Dolmetscher) vom 1.4.1965 und 10.5.1965; Vernehmung J. L. vom 27.4.1965; Vernehmung F. K. (Kraftfahrer) vom 15.7.1965; Vernehmung W. K. vom 12.7.1965.
Diese Angaben sind freilich ungenau und höchst widersprüchlich. Während R., gegen den sich das Verfahren richtete, alles abstritt und meinte, dass er „sehr enttäuscht" gewesen sei, als der SD 1942 die jüdischen Handwerker abgeholt habe, die für den GFP-Trupp gearbeitet hätten, ansonsten aber „nur" über die Erschießung einiger russischer Zivilisten berichtete, erwähnten andere Angehörige eine Erschießung von Juden bei Starye Dorogi sowie ferner einen Abtransport von Juden.
Dass gerade die GFP-Trupps eine Schlüsselfunktion bei der Terrorisierung des besetzten Gebietes übernahmen, belegt etwa IfZ-Archiv, MA 1665: 221. Sich. Div., Abt. I a, Meldung an den Bfh. Rückw. Heeresgeb. Mitte vom 8.11.1941: „Durch die eingesetzten GFP-Gruppen im Raum Gomel, Nowosybkow und Korma wurden bei den durchgeführten Säuberungsaktionen 24 Partisanen, darunter eine Jüdin, wegen Partisanenunterstützung, sowie 2 Juden wegen Aufhetzung der Bevölkerung und ein Bürgermeister im Raum Nowosybkow wegen nachgewiesener Partisanenunterstützung und deutschfeindlicher Einstellung erschossen."
[305] Vgl. BAL, 202 AR-Z 9/63: Vernehmung W. K. vom 12.7.1965.
[306] „Exekutionen fanden vielmehr in unregelmäßigen Zeitabständen statt, und zwar immer dann, wenn die Bestätigungen für die Exekutionen von der Sicherungsdivision bei uns einging." BAL, 202 AR-Z 9/63: Vernehmung H. R. vom 25.3.1965.
[307] BAL, 205 AR-Z 20/60: Vernehmung W. K. vom 27.5.1966: „Die Folge war, daß den Delinquenten die Schädeldecke abgerissen wurde."
[308] Ungváry, Ungarische Besatzungskräfte, S. 150.
[309] Vgl. hierzu IfZ-Archiv, MA 91/2: Chef SiPo und SD, Ereignismeldung UdSSR Nr. 90 vom 21.9.1941: „Vom 10. bis 13.9.41 waren 2 weitere Trupps im Verband der Sicherungsdivision 221, das Sich. Rgt. 2 und das Pol. Rgt. Mitte zur Säuberung des Raumes zwischen Mogilew und

führte[310], mit dem Polizei-Regiment Mitte[311], mit der SS-Kavallerie-Brigade[312], die vor allem die Räume abseits der Marschstraßen der 221. durchkämmte, und nicht zuletzt mit der nicht minder berüchtigten 707. Infanteriedivision, an die die 221. immer wieder ihr Besatzungsgebiet „weiterreichte"[313].

All das zeigt: Schuldig wurde diese Sicherungsdivision nicht allein durch ihre eigenen Taten. Vielmehr war gerade eine Formation wie diese in ein sehr viel umfassenderes Netzwerk eines erschreckend effizienten Terror- und Mordapparats eingebunden, der damals die Zusammenarbeit mit der Wehrmacht für „äußerst befriedigend" hielt[314]. Das war bei der 221. nicht anders: Sie hatte sich vor allem auf die „Vorarbeiten" zum Judenmord zu konzentrieren und für die militärische „Befriedung" jener Gebiete zu sorgen, die dann dem SS- und Polizei-Apparat als Tatort dienten. Die Schuld dafür trug in erster Linie die Führung dieser Sicherungsdivision, während es bei ihren übrigen Angehörigen nicht klar ist, ob sie aus Befehl oder aus Überzeugung handelten.

Nimmt man alles zusammen, so hat es in unserem Sample keinen Verband gegeben, der eine so exponierte Rolle beim Holocaust spielte wie die 221. Sicherungsdivision. Das gilt vor allem für das Jahr 1941. Nach ihrem Fronteinsatz während des Winters 1941/42 wurde diese Sicherungsdivision primär im Partisanenkrieg eingesetzt, und zwar in Gebieten, in denen so gut wie keine jüdischen Gemeinden mehr existierten. Die Tatsache, dass das Thema „Judenmord" in den Akten dieser Sicherungsdivision kaum noch auftaucht, ist kein Beleg für einen Mentalitätswandel; vielmehr fehlte zum Judenmord nun die Gelegenheit, zumindest für diesen Verband[315].

Bobruisk eingesetzt." Ferner IfZ-Archiv, MA 91/3: Chef SiPo und SD, Ereignismeldung UdSSR Nr.123 vom 24.10.1941 sowie Curilla, Ordnungspolizei, S.426ff.; Gerlach, Morde, S.540.

[310] Die 221. Sicherungsdivision kooperierte schon bald eng mit dem Einsatzkommando 8. In ihrem Tätigkeitsbericht vom 14.7.1941 meldete die E.Gr. B: „Ab 5.7.41 löste sich das EK 8 zunächst von der Sich. Div. 221., rückte über Slonim, Baranowitschi und Stolbzy vor und erreichte am 8.7.41 mit seiner Spitze Minsk. Zwecks Durchführung umfangreicher sicherheitspolizeilicher Maßnahmen im Bereich der Sicherungsdivisionen 221 und 252 [sic!] operiert das EK 8 seit 8.7.41 in Baranowitschi und Umgebung, Slonim und Umgebung sowie Stolpce [sic] und Umgebung." Einsatzgruppe B, Tätigkeitsbericht für die Zeit vom 23.6.1941 bis 13.7.1941, in: Klein (Hrsg.), Einsatzgruppen, S.377f. Zum Einsatzkommando 8 vgl. Mallmann (u.a. Hrsg.), Deutscher Osten, S.129ff.

[311] Bereits am 24.6.1941 hatte Schenckendorff die 221. Sich. Div. darüber informiert, dass nun der Höhere SS- und Polizeiführer den Kräften der Wehrmacht dicht folgen würde, u.a. mit dem Polizei-Regiment Mitte. IfZ-Archiv, MA 1661: Bfh. Rückw. Heeresgeb. Mitte, Abt.I a, „Korpsbefehl Nr.18" vom 24.6.1941. Ferner Curilla, Ordnungspolizei, S.557.

[312] IfZ-Archiv, MA 1661: Bfh. Rückw. Heeresgeb. Mitte, Befehl an die 221. Sich. Div. vom 27.7.1941; IfZ-Archiv, MA 1660: 221. Sich. Div., Abt.I a, Kriegstagebuch, Eintrag vom 18.8.1941. Ferner IfZ-Archiv, MA 1667: 221. Inf. Div., Abt.I b, Kriegstagebuch, Eintrag vom 13.9.1941: „SS-Brig[ade], die zur Zeit der Div. zugeteilt ist, braucht große Mengen von Betriebsstoff."

[313] IfZ-Archiv, MA 1667: 221. Inf. Div., Abt.I b, Kriegstagebuch, Eintrag vom 10.8.1941; IfZ-Archiv, MA 1660: 221. Sich. Div., Abt.I a, Kriegstagebuch, Abt.I a, Eintrag vom 16.8.1941. Vgl. auch Lieb, Täter, S.532f.

[314] IfZ-Archiv, MA 91/2: Chef SiPo und SD, Ereignismeldung UdSSR Nr.90 vom 21.9.1941. Vgl. auch Kreidel (Partisanenkampf, S.381), der als ehemaliger I a der 221. Sich. Div. noch nach 1945 betonte, wie „wichtig" die Zusammenarbeit mit der GFP und dem SD sowie den Abwehrtrupps des OKH bei der Partisanenbekämpfung gewesen sei. Ob sich das allein darauf bezog, scheint sehr fraglich.

[315] Der einzige Beleg findet sich in IfZ-Archiv, MA 1673: 221. Sich. Div., Abt.I a, Tagesmeldung an Kd. Gen. d. Sich. trp. u. Bfh. i. Heeresgeb. Mitte vom 6.9.1942: „1 Jude erschossen".

Korück 580   Vom anderen Besatzungsverband unseres Samples, dem *Korück 580*, sind die einschlägigen Zeugnisse nicht ganz so zahlreich, doch sprechen auch sie für eine verhältnismäßig enge Einbindung in diesen Genozid, zumindest im ersten halben Jahr des deutsch-sowjetischen Krieges. Am folgenreichsten war wohl, dass das Sonderkommando 7 b, das noch im Juni 1941 vom AOK 2 selbst „angesetzt"[316] worden war, zeitweise im Hinterland dieser Armee operierte, eben im Gebiet des Korück 580[317]. Gleiches gilt für das Polizei-Regiment Mitte sowie das Polizei-Bataillon 309[318]. Mit ihnen scheint der Korück gut kooperiert zu haben, der sogar Bekanntmachungen des Sonderkommandos veröffentlichte (dieses habe „30 männliche Juden der Stadt Bielsk erschossen", da sie versucht hätten, „die weißrussische und polnische Bevölkerung durch Wucher und Drohung zu terrorisieren").[319] Auch sonst konnten sich Himmlers Leute auf den Korück verlassen; er kennzeichnete die jüdische Bevölkerung[320], ghettoisierte sie[321] und/oder unterstellte sie einem „Judenrat". „Juden und deren Betätigung" solle man, so der Korück am 31. August, „besonders eingehend feststellen". Da diese „vor allem den bolschewistischen Funktionären weitgehendst Spitzeldienste leisten und Verbindung mit ihnen halten" würden, seien sie – auch hier bediente man sich der bekannten Formel – ein Sicherheitsrisiko[322]. Wenn es dem Sonderkommando 7 b gelang, bis Ende

---

[316] BA-MA, RH 20-2/1445: AOK 2, Abt. O.Qu./Qu. 2, Tätigkeitsbericht für die Woche vom 29.6.–5.7.1941.

[317] Vgl. IfZ-Archiv, MA 885: Korück 580, Abt. Qu., Befehl vom 8.8.1941; BA-MA, RH 20-2/1445: AOK 2, Abt. O.Qu./Qu. 2, Tätigkeitsbericht für die Woche vom 29.6.–5.7.1941; IfZ-Archiv, MA 91/1: Chef SiPo und SD, Ereignismeldung UdSSR Nr. 9 vom 1.7.1941. Ferner Krausnick/Wilhelm, Truppe, S. 180ff.; Ogorreck, Einsatzgruppen, S. 116ff. Im September 1941 war im Gebiet des Korück 580 auch das Polizei-Bataillon 309 im Einsatz. Vgl. hierzu Curilla, Ordnungspolizei, S. 519.

[318] Das Polizei-Regiment Mitte war dem Korück 580 nur kurz unterstellt, vom 23.8.–1.9.1941. Wenn dieses freilich in dieser Zeit die Tötung von 1 200 Menschen meldete, „russische Soldaten, Partisanen, Kommissare", so lässt sich ermessen, was dies bedeutete. IfZ-Archiv, MA 895/1: Korück 580, Anordnung vom 26.8.1941; ebda., Anordnung vom 2.9.1941. Auch zum Folgenden.

[319] BA-MA, RH 22/224, K 4: Korück 580, Plakatanschlag des Ortskommandanten von Bielsk vom 3.7.1941.

[320] BA-MA, RH 22/224, K 5: Korück 580, Plakatanschlag des Ortskommandanten von Bielsk vom 5.7.1941; dort wurde die „Bildung eines kommissarischen Judenrates" verkündet, dessen Anordnungen die jüdische Bevölkerung „unbedingt Folge zu leisten" habe. „Der Älteste des Judenrates stellt sofort vorläufig 10 Arbeitskommandos mit je 1 Vorarbeiter und 14 Mann zusammen, die auf Anforderung deutscher Dienststellen zur Verfügung zu stellen sind." Außerdem sei die jüdische Bevölkerung („sämtliche männlichen und weiblichen Juden über 10 Jahren, das heißt Personen über 10 Jahren, die von 3 oder mehr jüdischen Großelternteilen abstammen") entsprechend zu kennzeichnen. Aufschlussreich ist, dass der Befehlshaber des Rückwärtigen Heeresgebiets Mitte erst am 7.7. die Kennzeichnung der jüdischen Bevölkerung und am 13.7.1941 die Bildung von Judenräten anordnete. Vgl. Brakel, Baranowicze, S. 108.

[321] Besonders bekannt wurde der Fall des Minsker Ghettos, für dessen Errichtung die Feldkommandantur 812, die damals noch dem Korück 580 unterstand, am 19.7.1941 den Befehl erteilte. Vgl. Gerlach, Morde, S. 524. Ähnliches ereignete sich dann Anfang September 1941 in Rogatschew bei der Ortskommandantur OK I/827. Vgl. Pohl, Herrschaft, S. 263.

[322] IfZ-Archiv, MA 885: Korück 580, Abt. Qu. op., „Richtlinien für Säuberung, Befriedung und Beuteerfassung" vom 31.8.1941. Vgl. auch IfZ-Archiv, MA 1666: Korück 580, Bericht an AOK 2/O.Qu. vom 2.9.1941; Bericht des Korück 580 an AOK 2 vom 2. September 1941, in dem es u.a. heißt, dass „die wenigen deutschsprechenden Elemente [...] vielfach durchaus unsicher (Juden)" seien.

September 1544 Menschen zu töten[323], dann war das auch auf die reibungslose
Kooperation mit dieser Dienststelle der Wehrmacht zurückzuführen, wobei auch
diese sorgsam darauf achtete, sich selbst bei der „Drecksarbeit" des Erschießens
nicht die Hände schmutzig zu machen[324].

Diese enge Zusammenarbeit war nicht nur Ausdruck einer entsprechenden ideologischen Disposition, sondern auch der chronischen militärischen Schwäche
dieses Korück[325], der schon bald spürte, wie ihm die Kontrolle über sein Besatzungsgebiet immer mehr entglitt. „Auf Bitten des Abwehroffiziers AOK 2" musste daher „das Sonderkommando 7 b in die Partisanenbekämpfung" eingreifen[326],
was zur Folge hatte, dass sich die Grenzen zwischen militärisch begründeten Gegenmaßnahmen und einer rein rassenideologisch motivierten „Flurbereinigung"
immer mehr auflöste. Wichtiger aber schienen dem AOK 2 der Gedanke unbedingter militärischer Sicherheit wie auch der Wunsch, die Truppe mit derartigen
„Maßnahmen" nicht zu belasten, da „sie [dazu] selbst nicht in der Lage ist"[327].
Das war in diesem Fall selbst dem OKH zu viel[328]. Doch wurde schon bald das
„Gebiet westl[ich] des Dnjepr" „auf Anforderung des A.O.K. [2] [...] durch die SS
Kav[allerie-]Brig[ade] befriedet", wobei der Korück 580 weiterhin über seinen
„Kräftemangel [...] und die Unmöglichkeit einer allgemeinen Befriedung" klag-
te[329]. Anfang Dezember sollte dann auch noch die 1. SS-Infanterie-Brigade im
Bereich dieses Korück „wirksam" werden; nur die militärische Krise an der Front
verhinderte, dass man auch diesem Mord-Verband im Hinterland der 2. Armee
freie Hand ließ[330].

---

[323] Vgl. IfZ-Archiv, MA 91/2: Chef SiPo und SD, Ereignismeldung UdSSR Nr. 108 vom 9. 10. 1941.
Bis zum 20. 8. hatte dieses Sonderkommando 886 Menschen, bis zum 13. 9. 1153 Menschen
ermordet. IfZ-Archiv, MA 91/2: Chef SiPo und SD, Ereignismeldung UdSSR Nr. 73 vom
4. 9. 1941, Nr. 92 vom 23. 9. 1941.
Möglicherweise beteiligte sich der Korück auch an der Ermordung von 1500 psychiatrischen
Patienten in Kursk, das die 2. Armee Anfang November 1941 besetzt hatte. Die Stadtkom-
mandantur zwang das medizinische Personal, 400 Patienten verhungern zu lassen und 600 mit
Giftinjektionen zu töten. Die Übrigen wurden durch das Sk 4a seit Sommer 1942 ermordet.
Vgl. Pohl, Herrschaft, S. 275.

[324] Mit der Verstärkung von SS und Polizei im eigenen Besatzungsgebiet wollte das AOK 2 auch
die eigene Truppe möglichst aus den Exekutionen heraushalten. Solange Himmlers Leute aber
noch nicht eingetroffen seien, so das AOK 2 weiter, habe die Truppe durch „energisches Einschreiten gegen alle verdächtigen Personen Abhilfe" zu schaffen. Vgl. hierzu Ogorreck, Einsatzgruppen, S. 118, Anm. 34. Eine andere Linie verfolgte das AOK 2 allerdings bei den jüdischen Kriegsgefangenen. Vgl. BA-MA, RH 20-2/1445: AOK 2, Abt.O.Qu./Qu. 2, „Besondere Anordnungen für das Kriegsgefangenenwesen" vom 5. 8. 1941.

[325] So beklagte der Kommandant dieses Rückwärtigen Armeegebiets im August 1941, „daß die
ihm unterstellten Kräfte völlig unzureichend" seien. BA-MA, RH 20-2/1445: AOK 2, O.Qu./
Qu. 2, Tätigkeitsbericht für die Zeit vom 17. 8.–23. 8. 1941. Vgl. Kap. 3.3.

[326] IfZ-Archiv, MA 91/2: Chef SiPo und SD, Ereignismeldung UdSSR Nr. 67 vom 29. 8. 1941.

[327] BA-MA, RH 20-2/1091: AOK 2, Abt.I c/A.O., Meldung an die H.Gr. Mitte betr. „Bekämpfung des Bandenwesens" vom 10. 8. 1941. Vgl. auch Ogorreck, Einsatzgruppen, S. 118; Hürter,
Heerführer, S. 554; Munoz/Romanko, Hitler's White Russians, S. 157.

[328] Förster, Sicherung, S. 1041.

[329] Vgl. hierzu BA-MA, RH 20-2/1445: AOK 2, Abt.O.Qu./Qu. 2, Tätigkeitsbericht für die
Woche vom 31. 8.–6. 9. 1941. Vgl. hierzu auch Hürter, Heerführer, S. 554 sowie Cüppers, Wegbereiter, S. 142 ff.

[330] IfZ-Archiv, MA 885: Korück 580, Abt. I a, Kriegstagebuch, Eintrag vom 11. 12. 1941: „SS Brigade 1 (mot.) trifft in Kromy ein. Besuch des Kommandeurs, [SS-]Oberführer Hartenstein, bei
General[leutnant] Müller]. Brigade sollte Korück als Armeereserve ursprünglich unterstellt werden, Druck des eingebrochenen Feindes macht sofortigen Einsatz [an der Front] erforderlich."

Exekution durch eine deutsche Einheit in der Sowjetunion; Ort, Zeitpunkt und Einheit sind
unbekannt, doch veranschaulicht das Foto das Improvisierte und Grausame dieses Ereignisses.
Ein Teil der Delinquenten ist schon tot, einige brechen im Feuer zusammen, die restlichen
warten noch auf ihren Tod
(Quelle: BSB, Fotoarchiv Hoffmann 59744)

Ganz offensichtlich bestanden gegenüber dem SS- und Polizei-Komplex bei der
Führung der 2. Armee keine Berührungsängste. Denn deren Oberbefehlshaber,
Generaloberst Maximilian Freiherr von Weichs, glaubte zu wissen, wie „die SS-
Führer" zu „nehmen" seien. Anlässlich eines militärisch begründeten Streits im
Sommer 1942 wies er darauf hin, dass man in der SS dazu neige, Kritik, „auch
wenn sie berechtigt ist, vielfach als Übelwollen, sogar als Beleidigung" aufzufas-
sen. „Nach Erfahrungen, die ich an anderen Stellen gemacht habe, sind SS-Führer
aber Belehrungen und Anregungen durchaus zugänglich, wenn sie in freundschaft-
lich-kameradschaftlichen Ton gemacht werden. Offene Aussprache ist im allgemeinen erst möglich, wenn ein gewisses Vertrauensverhältnis gewonnen ist. Dieses
gewinnt man am besten durch außerdienstlichen Verkehr. Es empfiehlt sich also
nicht, SS-Verbände nach Art deutscher Soldaten zu behandeln, sondern wie Bundesgenossen."[331] Das war die Linie, die damals in diesem Armeebereich galt: die SS
als „Bundesgenossen". Dass sich dabei militärische, sicherheitspolizeiliche und
ideologische Absichten zunehmend miteinander vermengten, nahm man hin. Dabei war es hier weniger ideologische Übereinstimmung, wie vor allem militärischer
Utilitarismus, die dazu führten, dass man die Mörder in den eigenen Reihen duldete.

---

[331] BA-MA, RH 20-2/160: AOK 2, OB, Schreiben an OB H.Gr. Süd vom 13.5.1942. Anlass des
Schreibens waren Differenzen, die zwischen dem Gen.ltn. Willi Moser und der 1. SS-Inf.-Bri-
gade über ihren Einsatz entstanden waren. Bock antwortete am 15.5.1942 (ebda.).

Zu einer wirklichen Zäsur scheint es erst im Dezember 1941 gekommen zu sein, in der Zeit der militärischen Krise[332]. Denn mit der damaligen Ablösung des alten Kommandanten, Generalleutnant Müller, begann sich die Besatzungspolitik dieses Korück zu verändern – auch gegenüber den Juden. Schon die Tatsache, dass der neue Kommandant, Generalleutnant Agricola, mit einer Jüdin verheiratet war, derentwegen er seine militärische Karriere abgebrochen hatte[333], lässt vermuten, dass die Führung dieses Korücks den SS- und Polizei-Verbänden zumindest in dieser Frage mit mehr Distanz begegnete als bisher[334]. Agricolas Stabschef berichtete jedenfalls nach dem Krieg, dass Agricola, den er als einen ‚sehr humanen, sehr gebildeten und außerordentlich fähigen Mann‘ charakterisierte[335], über die Judenmassaker „sehr aufgebracht" gewesen sei und deswegen mehrmals bei seinen Vorgesetzten interveniert habe[336]: „Ich erinnere mich, dass Gen[eral] Agricola einmal gegenüber Radetzki (Führer des SD-Trupp 4 a, Obersturmführer [sic][337]) eingriff, als ihm bekannt wurde, daß ein SD-Trupp Erschießungen in Fatesh vorgenommen habe." Dies war im September 1942. Im darauf folgenden Jahr wurden „in der Nähe unseres Stabsquartiers an einem ausgetrockneten Bachbett, das Terrassen aufwies, ebenfalls durch seinen Trupp Erschießungen vorgenommen". „Auch hier griff Gen[eral] A[gricola] sofort ein und stellte die Erschießungen sogleich ab. Diese Geschehnisse wurden auch dem nächsthöheren Vorgesetzten, Gen[eneral] d[er] Inf[anterie] Weiß, gemeldet."[338]

---

[332] Vgl. Kap. 3.4.

[333] Vgl. Kap. 2.3. Agricolas Frau befand sich während des Zweiten Weltkriegs in Südamerika im Exil. Nach seiner Entlassung aus sowjetischer Kriegsgefangenschaft im Jahr 1955 heiratete Agricola seine Frau erneut.

[334] Auch der Standortkommandant von Orel [bis Sommer 1942: Ortskommandantur 273, dann 273 (I)], Generalmajor Adolf Hamann, soll „sich die Herren von der SS möglichst vom Leib" gehalten haben; er habe „sich von ihnen nicht in seine Kommandanturgeschäfte hineinreden" lassen. „Er hat häufig oder wenigstens einige Male in meiner Gegenwart über die SS geschimpft und seinen Reden konnte ich entnehmen, daß er mit den Leuten nichts zu tun haben wollte." Orel war 1942 zunächst Standort des Korück 580, der diesen dann im Juli 1942 nach Rylsk verlegte. BAL, 202 AR-Z 287/62: Vernehmung von G. v. B. vom 20.10.1964.

[335] Vgl. hierzu freilich auch BAL, 204 AR, Nr. 2359/65: Vernehmung F. S. vom 17.8.1967.

[336] BAL, 204 AR, Nr. 2359/65: Vernehmung F. S. vom 14.2. und 17.8.1967. Als Oberst d. R. war S. vom 26.7.1942–21.3.1944 Chef des Stabes des Korück 580.
In einem großen, zusammenfassenden Bericht, den der Korück 580 Ende Juni 1942 vorlegte, berichtete man, dass man nicht weniger als 1 600 Menschen „unschädlich" gemacht habe: „Partisanenhelfer, Kommissare und Politruks, kommunistische Funktionäre und Aktivisten, Saboteure und Hetzer, Terroristen, Spione und Banditen". Juden wurden hier nicht erwähnt. IfZ-Archiv, MA 895/2: Korück 580, Kdt., „Abschließender Bericht über die Tätigkeit im rückwärtigen Armeegebiet in der Zeit von Dezember 1941 bis Ende Mai 1942" vom 28.6.1942.

[337] Gemeint ist der Hauptsturmführer Waldemar von Radetzky, damals eingesetzt als Führer eines Teilkommandos beim Sonderkommando 4 a. Vgl. Krausnick/Wilhelm, Truppe, S. 243, 290; MacLean, The Field Men, S. 97.

[338] BAL, 204 AR, Nr. 2359/65: Vernehmung F. S. vom 14.2.1967. General Walter Weiß übernahm am 3.2.1943 das Oberkommando über die 2. Armee.
Ein ähnlicher Fall aus dem AOK 2 lässt sich mit zeitgenössischen Quellen belegen. Am 21.5.1943 protestierte der Chef des Stabes, Generalmajor Gustav Harteneck, gegen die Erschießungen durch den SD, „die geradezu eine Sabotage unserer Bestrebungen, endlich eine anständige und gerechte Behandlung der Bevölkerung durchzusetzen, bedeuten". Es sei sicherzustellen, „daß derartige Vorkommnisse sofort auch auf dem I-c-Wege gemeldet werden". Zit. bei: Ungváry, Ungarische Besatzungskräfte, S. 150.

Solche couragierte Reaktionen waren im Ostheer selten. Doch zeigt dieses Beispiel auch, dass selbst dieser General das Morden nicht aufhalten konnte[339]. Beim Völkermord an den Juden akzeptierte das NS-System keine Kompromisse. Da aber von den damaligen Oberbefehlshabern des Ostheers in dieser Frage „fast nur Duldung, Kooperation und Unterstützung bekannt" wurden[340], blieb einer nachgeordneten Dienststelle wie einem Korück nur die Wahl zwischen Rebellion, Obstruktion oder Akzeptanz. Dass es hier nicht zu mehr Massakern kam, war allein darauf zurückzuführen, dass in seinem Befehlsbereich kaum noch Juden lebten – mit Ausnahme der jüdischen Arbeits-Kompanien, der, wie sie sich selbst nannte, ‚dumm und dusselig geprügelten ‚Knochenbrigade', welche die Ungarn nun auch in dieses Besatzungsgebiet der Wehrmacht mitbrachten[341]. An ihrer Verfolgung aber scheinen die hier stationierten Kommandobehörden nicht interessiert gewesen zu sein[342]. Und noch etwas wird am Fall Agricola erkennbar: Dass er eine andere Linie wie sein Vorgänger Müller verfolgte[343], erschließt sich weniger aus der schriftlichen, sondern im Grunde erst aus der mündlichen Überlieferung[344].

[339] In Orel selbst hatten 1939 3 143 Juden gelebt. Von denjenigen, die zurückgeblieben waren, wurden im August 1942 insgesamt 185, zwischen Februar und Juli 1943 weitere 120 Menschen ermordet, am 10.7.1943 dann alle Übrigen. Angaben nach: Encyclopedia, Vol. II, S. 943. In Rylsk, dem späteren Standort des Korück 580, waren die wenigen Juden, die noch hier geblieben waren, schon bald nach dem deutschen Einmarsch ermordet worden. Angaben nach: Encyclopedia, Vol. II, S. 1109.

[340] Hürter, Heerführer, S. 597.

[341] Zum Einsatz dieser Arbeitskompanien – ihre Zahl bei der 2. ungarischen Armee betrug immerhin 45 Stück – vgl. Zsolt, Neun Koffer, S. 70ff., Zitat S. 210; Ungváry, Ungarische Besatzungskräfte, S. 144ff.; Pihurik, Hungarian Soldiers and Jews. Auch Zsolt kam im Rückwärtigen Gebiet der 2. deutschen Armee zum Einsatz.

[342] Die einzige deutsche Reaktion findet sich in: BA-MA, RH 20-2/401: AOK 2, OB, Schreiben an den „Kommandeur der kgl. ung. 6. le. Div., Herrn Oberst Gödry" vom 14.5.1942: „Eine Weigerung von Bahndienststellen, Arbeiter-Kompanien deshalb nicht zu befördern, weil sie aus Juden bestehen, ist ausgeschlossen." Entscheidend war, dass die höheren Dienststellen der Wehrmacht diesen Teil der Besatzungsgesellschaft möglichst zu ignorieren suchten.

[343] Eine ähnliche Haltung konnten mitunter auch die ihm unterstellten Soldaten zeigen. Vgl. etwa BAL, 202 AR-Z 287/62: Vernehmung F. D. vom 30.1.1964: „Ich weiß noch, daß wir bei uns auf der Feldkommandantur ständig einen jüdischen Schuster beschäftigten, der auch bei den verschiedenen Verlegungen stets bei uns blieb. Ich erinnere mich ferner, daß wir diesen jüdischen Schuster später abgeben mußten. Der Oberstleutnant Frhr. von Würffel soll sich seinerseits sehr dagegen gewehrt haben. Er hatte jedoch keinen Erfolg, […]." Berichtet wird ferner von einem Vorfall in der Armee-Gefangenen-Sammelstelle 4, die dem Korück 580 unterstellt war, wo ein Major die Meldung über einen jüdischen Kriegsgefangenen mit den Worten abtat: „Der Mann arbeitet ja, lassen Sie ihn arbeiten!" BAL, 449 AR-Z 455/67: Verfahren gegen Angehörige der Armee-Gefangenen-Sammelstelle 3 vom 30.11.1970, 18.3.1971 und 6.3.1972. Während Agricolas Amtszeit sollen aus jenen Lagern, die dem Korück unterstellt waren, keine jüdischen Kriegsgefangenen an SS und Polizei ausgeliefert worden sein. BAL, 204 AR, Nr. 2359/65: Vernehmung F. S. vom 17.8.1967.

[344] Für das erste Halbjahr 1942 liegen lediglich zwei Dokumente des Korück 580 vor, die sich explizit mit Juden beschäftigen:
– Am 11.5.1942 erließ der Korück eine Anordnung über „Ausweise für die Zivilbevölkerung", die auf einen entsprechenden Befehl des OKH vom 14.2.1942 Bezug nahm. Obwohl dort explizit verfügt wurde, Juden in ihrem Ausweis mit einem „J" zu kennzeichnen, war davon in der Anordnung des Korück nicht die Rede. IfZ-Archiv, MA 895/2: Korück 580, Anordnung betr. „Ausweise für die Zivilbevölkerung" vom 11.5.1942; Ebda.: Korück 580, Abschrift eines Befehls des Heeres-Quartiermeisters, OKH, betr. „Befehl über Ausgabe von Ausweisen für die Zivilbevölkerung im Operationsgebiet" vom 14.2.1942.
– Im Mai 1942 wurde der Korück vom AOK 2 darüber informiert, dass mit „den neu eingetroffenen ungarischen Verbänden" auch „Arbeits-Bataillone" eingetroffen seien, die sich aus „jüdischen Dienstpflichtigen" rekrutierten, die, obwohl „wehrunwürdig", im Rahmen der all-

5.4.2.3 Zum Schicksal der jüdischen Kriegsgefangenen

Auch die Verfolgung der sowjetischen Kriegsgefangenen jüdischer Herkunft war eine Aufgabe der deutschen Besatzungsverbände[345]. Die Zahl dieser Gefangenen ist nicht zu unterschätzen: 2,1 Prozent aller Angehörigen der Roten Armee waren Juden, beim höheren Offizierskorps betrug deren Anteil sogar 4,6 Prozent[346]. Das waren immerhin 450000 bis 500000 Soldaten[347]. Fielen sie den Deutschen in die Hände, dann konnten auch sie nicht auf Gnade hoffen[348], obwohl sie doch eigentlich – so die einschlägige Bestimmung der Genfer Kriegsgefangenenkonvention von 1929 – „jederzeit mit Menschlichkeit behandelt und insbesondere gegen Gewalttätigkeiten, Beleidigungen und öffentliche Neugier geschützt werden" mussten[349].

Im Gefechtsgebiet, in dem es primär darum ging, die Gefangenenmassen nach hinten abzuschieben, blieb meist kaum Zeit für ein ausführliches „Screening"[350]. Daher wurden die jüdischen Rotarmisten gewöhnlich erst in den Rückwärtigen Armeegebieten identifiziert, manchmal sogar noch später, in den weiter westlich gelegenen Stammlagern. Für sie war das eine Frage von Leben und Tod. Denn Heydrich hatte schon am 28. Juni 1941, nach ersten Vorgesprächen mit General Hermann Reinecke, dem Kriegsgefangenen-Referenten im OKW, einen Entwurf vereinbart, „der die Aussonderung politisch und rassisch unerwünschter Personen in den Kriegsgefangenenlagern durch Kommandos der Sicherheitspolizei und des SD im Zusammenwirken mit den Lagerkommandanten vorsah"[351]. Die definitiven Richtlinien „über die Säuberung der Gefangenenlager, in denen Sowjetrussen untergebracht sind"[352], übermittelte Heydrich dann am 17. Juli 1941 seinem Apparat nicht ohne den Zusatz: „Die besondere Lage des Ostfeldzuges verlangt daher besondere Maßnahmen, die frei von bürokratischen und verwaltungsmäßigen Einflüssen verantwortungsfreudig durchgeführt werden müssen"[353], was im Klartext hieß: Lieber ein Delinquent zu viel als zu wenig. Beim Heer war man darüber nicht glücklich – sei es aus prinzipiellen Überlegungen, sei es auch nur deshalb,

---

gemeinen Wehrpflicht zum Arbeitsdienst eingezogen" würden. „Die Truppe, alle rückwärtigen Dienste und alle militär. und zivilen Dienststellen" seien über diesen Einsatz zu unterrichten, damit „Übergriffe aus Unkenntnis des Sachverhalts" vermieden würden. IfZ-Archiv, MA 895/2: AOK 2, Abt. I c/A.O., Anordnung betr. „Orientierung über ungar. Arbeits-Bataillone" vom 11.5.1942.

[345] Vgl. hierzu generell: Hilberg, Vernichtung, S. 239 ff.; Streit, Kameraden, S. 109 ff.; Krakowski, The Fate of the Jewish POWs; Poljan, Sowjetische Juden als Kriegsgefangene.

[346] Altshuler, Soviet Jewry, S. 153.
Während der Jahre 1940 bis 1945 erreichten insgesamt 229 sowjetische Juden den Rang eines Generals oder Admirals. Ebda., S. 156 f.

[347] Poljan, Sowjetische Juden, S. 488.

[348] Insgesamt wurden im Reichsgebiet etwa 38000 sowjetische Kriegsgefangene ermordet, außerhalb des Reichs ungefähr 62000, nicht alle wegen ihrer jüdischen Herkunft. Vgl. Overmans, Kriegsgefangenenpolitik, S. 815.

[349] Abkommen über die Behandlung der Kriegsgefangenen vom 27.7.1929, Art. 2. Druck: Lodemann (Hrsg.), Kriegsrecht, S. 86.

[350] Vgl. Kap. 5.1–5.3.

[351] Curilla, Ordnungspolizei, S. 103. Streit (Kameraden, S. 75) geht davon aus, dass es bereits vor dem 22.6.1941 einen Sonderbefehl der Wehrmachtführung gegeben haben muss, der darüber bestimmte, wie mit den gefangenen Rotarmisten jüdischer Herkunft zu verfahren sei.

[352] In Form des Einsatzbefehls Nr. 8. Druck: Ueberschär/Wette (Hrsg.), „Unternehmen Barbarossa", S. 346 ff., hier S. 346. Vollständiges Faksimile: Streim, Behandlung, Dok. I.1. Vgl. hierzu auch Otto, Wehrmacht, Gestapo und sowjetische Kriegsgefangene.

[353] Diesen Satz übernahm das OKW wörtlich in seine Anordnung vom 8.9.1941.

weil man keine Kompetenzen abgeben wollte. Eine Woche später, am 24. Juli 1941, befahl der Generalquartiermeister des Heeres, General Wagner, die „Kriegsgefangenenlager des Operationsgebietes" zumindest von diesem Teil des Mordprogramms erst einmal auszunehmen. Zwar sollten schon jetzt, so Wagner, „politisch untragbare und verdächtige Elemente, Kommissare und Hetzer" erschossen werden[354], Juden und „Asiaten" aber seien „für den Arbeitseinsatz im Operationsgebiet" heranzuziehen. Diese Einschränkung dürfte der Mentalität vieler Lagerkommandanten entsprochen haben, die es meist nicht gern sahen, wenn andere in ihren Lagern herumschnüffelten[355].

Doch wurde dieser Versuch des OKH, wenigstens die jüdischen Kriegsgefangenen aus dem Vernichtungsprogramm herauszunehmen, schon bald darauf Stück für Stück durchbrochen – nicht nur, weil es schon damals Kommandanten gab, die von sich aus Himmlers Leuten zuarbeiteten oder die in eigener Regie Juden quälten und auch schon „beseitigten"[356]. Mit einer Anordnung vom 8. September 1941 machte das OKW den Kommandanten *aller* Lager die „engste Zusammenarbeit mit den Einsatzkommandos zur Pflicht"[357]. Am 29. Oktober 1941 hatte die Heeresführung dann auch diese Auseinandersetzung mit der SS verloren: Durch Heydrichs berüchtigten Einsatzbefehl Nr. 14 mussten nun auch die Kriegsgefangenenlager im Operationsgebiet den Mordkommandos ihre Tore öffnen[358]. Von nun an wurden alle Lager mit sowjetischen Kriegsgefangenen, nicht nur die im Reich und im Generalgouvernement, entsprechend „gesiebt"[359]. Die Exekutoren des Reichssicherheitshauptamts, die durch das „Kommunismus-Referat" (IV A 1) in der Berliner Zentrale koordiniert und kontrolliert wurden, arbeiteten erschreckend schnell[360]. Anfang April 1942 lebten in den Kriegsgefangenenlagern im Zivilverwaltungsgebiet in der besetzten UdSSR nur noch 68 jüdische Sowjetgefangene[361].

---

[354] IfZ-Archiv, MA 1564/31, NOKW 2423: Befehl OKH/GenStdH, Az. GenzbV ObdH/GenQu Abt.K.Verw. Nr. II/4590/41 vom 24.7.1941. Vgl. hierzu Streit, Kameraden, S. 87ff.

[355] Vgl. mit dem Protest Bocks in ders., Tagebuch, S. 312f. (Eintrag vom 9.11.1941). Bock betonte bei dieser Gelegenheit nochmals, dass das Heer „nach Soldatenbrauch und Recht für Leben und Sicherheit seiner Kriegsgefangenen, welcher Art sie auch seien, verantwortlich" sei. Die Verantwortung des Lagerkommandanten sei „unteilbar", er solle bei der „Aussonderung bestimmter Persönlichkeiten" das letzte Wort haben. Vgl. hierzu Hürter, Heerführer, S. 383. Ferner Hartmann, Massensterben, S. 117f.
Noch Anfang November beklagten sich SiPo und SD, „daß dieser grundlegende Erlaß immer noch nicht an die nachgeordneten Dienststellen [der Wehrmacht] gelangt ist". IfZ-Archiv, MA 91/3: Chef SiPo und SD, Ereignismeldung UdSSR Nr. 128 vom 3.11.1941.

[356] Hilberg, Vernichtung, S. 240; Overmans, Kriegsgefangenenpolitik, S. 814.

[357] Druck: Ueberschär/Wette (Hrsg.), „Unternehmen Barbarossa", S. 351ff., hier S. 352.

[358] Bezeichnend hier der Satz: „Diese Richtlinien sind im Einvernehmen mit dem OKH ausgearbeitet worden." Druck: Ueberschär/Wette (Hrsg.), „Unternehmen Barbarossa", S. 361f. Vollständiges Faksimile: Streim, Behandlung, Dok. I.3.

[359] Zur schlechten Quellenlage speziell zu diesem Aspekt vgl. Streit, Kameraden, S. 109; Pohl, Wehrmacht und Mord, S. 41. Erforscht sind diese Morde bislang nur fürs Reichsgebiet; vgl. Otto, Wehrmacht.

[360] Vgl. Wildt, Generation, S. 342ff. Ferner Overmans, Kriegsgefangenenpolitik, S. 815: „Am 15. November 1941 erklärte sich Himmler damit einverstanden, ‚Ausgesonderte' nicht mehr unmittelbar ermorden zu lassen, sondern in die KZ einzuweisen – langfristig allerdings mit demselben Resultat."

[361] Streit, Kameraden, S. 347, Anm. 159.
Insgesamt sollen bis 1945 ca. 15 000 bis 20 000 jüdische Kriegsgefangene überlebt haben, weil es ihnen gelang, ihre Identität geheim zu halten. Angabe nach: Poljan, Sowjetische Kriegsgefangene, S. 503.

Insgesamt wird die Zahl der jüdischen Rotarmisten, die in den deutschen Kriegsgefangenenlagern ermordet wurden, auf 80 000 bis 85 000 Mann geschätzt[362].

Die Lager, die dem Korück 580 oder der 221. Sicherungsdivision unterstellt waren, blieben davon nicht ausgenommen; dafür sprechen schon die zahllosen Ermittlungsverfahren, die nach 1945 gegen Angehörige dieser Lager eröffnet wurden[363]. Zwar sollen sich zwei Kommandanten von Armee-Gefangenen-Sammelstellen (4 und 21) gegen die Aussonderungen gewehrt haben[364], doch wissen wir
auch, dass schon ihre vorgesetzten Dienststellen der Ansicht waren, dass die Juden
„weg" müssten[365]. Auch hat ein Verband wie der Korück 580 regelmäßig Kriegs-

[362] Arad, Soviet Jews in the War against Nazi Germany, S.125. Höher dagegen die Schätzung
Streits, der von weit über 140000 sowjetischen Gefangenen ausgeht, die diesem Befehl zum
Opfer gefallen seien. Vgl. Streit, Deutsche und sowjetische Kriegsgefangene, S.184. Pohl (Die
Wehrmacht und der Mord, S.41) veranschlagt die Größe dieser Gruppe auf 70000 bis 90000
Opfer.

[363] Gegen die folgenden, für unser Sample relevanten Lager wurde von der deutschen Justiz er-
mittelt. Allerdings wurde in keinem dieser Fälle ein Gerichtsverfahren eröffnet oder gar eine
Verurteilung ausgesprochen, was im übrigen nicht gegen die Substanz der Vorwürfe zu spre-
chen braucht.
  – *Armee-Gefangenen-Sammelstelle 4*: StA Augsburg, Staatsanwaltschaft Augsburg 30 Js
    43/71 gg. unbekannt.
  – *Armee-Gefangenen-Sammelstelle 21*: HStA Hannover, Nds. 721 Gött. Acc. 99/81; Nr.58
    Staatsanwaltschaft Göttingen, 3 Js 47/71 gg. v. Knigge.
  – *Dulag 130*: BAL, 319 AR-Z 38/69: Ermittlungsverfahren gegen Angehörige des Dulag 130;
    StA Marburg, 274 Kassel, Acc. 2002/7Ks, Nr.46/1-11; Staatsanwaltschaft Kassel, 3a Js 53/73
    gg. Kunze u.a.
  – *Dulag 131*: StA Ludwigsburg, EL 317 III Nr.261–262; Staatsanwaltschaft Stuttgart, 15 Js
    143/64 gg. Roeder von Diersburg u.a. Vgl. hierzu auch Pohl, Herrschaft, S.234 (mit Bezug
    auf russische Literatur).
    StA Ludwigsburg, EL 317 III, Zug 2002/41, [noch ohne Nummer]; Staatsanwaltschaft Stutt-
    gart, 19 Js 481/78 gg. Roeder von Diersburg u.a.
  – *Dulag 134*: StA Darmstadt, H 13 Darmstadt, Nr.1697/1-7; Staatsanwaltschaft Darmstadt, 2
    Js 413/70 gg. Hermersdorf.
  – *Dulag 142*: StA Ludwigsburg, EL 317 III Nr.805–811; Staatsanwaltschaft Stuttgart, 15 Js
    396/70 gg. Eicheler.
  – *Dulag 185*: StA Nürnberg, Staatsanwaltschaft Nürnberg-Fürth 2004-01, Nr.417–424, 730;
    Staatsanwaltschaft Nürnberg-Fürth, 11 Js 1/70 F sowie 95 Js 26269/78 gg. Marschall. Vgl.
    hierzu auch Pohl, Herrschaft, S.234 (mit Bezug auf russische Literatur).
  – *Dulag 192*: StA Münster, Staatsanwaltschaft Dortmund-Zentralst. 197–202; Staatsanwalt-
    schaft Hamburg, 147 Js 31/69 gg. Stahmer u.a.; Staatsanwaltschaft Dortmund (Z), 45 Js
    31/73 gg. Hülshoff.
  – *Dulag 203*: HStA Hannover, Nds. 721 Hann. Acc. 90/99, Nr.124/1-21; Staatsanwaltschaft
    Hannover, 2 Js 608/70 gg. Hausbrand u.a.
  – *Dulag 220*: BAL, 319 AR-Z 75/70 gg. Daemm.
  – *Dulag 314*: BAL, 319 AR-Z 41/71 gg. Meley u.a.
  – *Stalag 308*: HStA Wiesbaden, Abt.461, Nr.32569/1-6; Staatsanwaltschaft Frankfurt, 4 Js
    480/72 gg. Hönig.
  – *Kriegsgefangenen-Bezirks-Kommandant E*: Landesarchiv Schleswig, Abt.354 Flensburg,
    Nr.13512–13518; Staatsanwaltschaft Flensburg 2 Js 13/72 gg. Morré.
  Für diese Informationen bin ich Edith Raim und Andreas Eichmüller zu großem Dank ver-
  pflichtet.

[364] Vgl. Streim, Behandlung, S.239. Dazu passt auch, dass gegen die Angehörigen der *Armee-Gefangenen-Sammelstellen 3, 19* und 22, nicht aber gegen *4*, von der Zentralen Stelle der Landesjustizverwaltungen nur Vorermittlungsverfahren geführt wurden. Vgl. BAL, 319 AR 455/67;
449 AR 471/67 und 319 AR 474/67.

[365] Vgl. etwa BA-MA, RH 20-2/1445: AOK 2, Abt.O.Qu./Qu. 2, „Besondere Anordnungen für
das Kriegsgefangenenwesen" vom 5.8.1941: „Politisch untragbare Elemente usw. sind vom
Abschub ausgeschlossen; mit ihnen ist nach Entscheidung des Lagerkommandanten gem. ge-
gebener Sonderanweisung zu verfahren. Organe der Sicherheitspolizei (SD) sind hierfür nicht
heranzuziehen." Jüdische Kriegsgefangene wollte das AOK 2 allerdings „in erster Linie zur

gefangene an den SD abgegeben, wobei die Gründe und Folgen in diesem Fall unklar bleiben[366]. Auch von anderen Lagern aus unserem Sample[367] liegen einzelne Nachrichten vor: Im Dulag 185 wurden bereits im Juli 1941 „5 Gefangene (Juden) wegen Fluchtversuchs" von Angehörigen des Polizei-Bataillons 309 niedergeschossen[368]; damals plädierte der Kommandant des Dulag 131, „daß in der Erledigung der Juden zweckmäßigere Bearbeitung wünschenswert wäre", was bedeutete, dass er Ärzte „für den Fall einer Seuchengefahr" vorerst von den offenbar üblichen Exekutionen ausnehmen wollte[369]; von der Armee-Gefangenen-Sammelstelle 4 wird berichtet, dass die SS ca. 20 Gefangene aus dem Lager abgeholt und „in Kursk auf einem Platz in der Nähe des dortigen Theaters erhängt" habe. „Die Erhängten haben an dieser Stelle noch wochenlang gehangen."[370] Auch die Armee-Gefangenen-Sammelstelle 3, ebenfalls eine Zeitlang zum Korück 580 gehörig, hat wahrscheinlich Juden „ausgesondert", ein Angehöriger dieses Lagers erinnerte sich an einen „jüdischen Gefangenen", den man zunächst als „Verwalter" für Lebensmittel eingesetzt, dann aber wegen angeblicher Unregelmäßigkeiten an die Wand gestellt habe[371]. Auf eine sehr spezielle Weise beteiligte sich schließlich das Dulag 314 am Judenmord[372]: Es überstellte nichtjüdische 25 Gefangene an den SD, die dieser angeblich „zum Arbeitseinsatz" brauchte. Als man später im Lager hörte, dass durch den SD „die jüdische Bevölkerung erfaßt, abtransportiert und auch erschossen wurde", habe man daraus geschlossen, „daß die 25 russischen Kriegsgefangenen durch den SD zum Ausheben und Zuschütten solcher Gräben verwendet wurden. Es ist ja klar, daß solche Gefangene nicht mehr in das Lager zurückgeführt werden können."[373] All dies bleiben nur Schlaglichter, doch sind sie sehr wahrscheinlich Ausdruck einer viel weitergehenderen Praxis.

Immerhin sind wir auch über einige Gegenbeispiele informiert. In der Armeegefangenensammelstelle 21 versuchte der Kommandant, ein Major von Knigge, die Auslieferung eines jüdischen Gefangenen offenbar mit der Begründung abzuleh-

---

Arbeit" einsetzen und erst danach an die Dulags weiterleiten. Vgl. jedoch Jarausch/Arnold, Sterben, S. 309 (Brief vom 13.9.1941): „Die Kameraden sagen ja meist, wenn der Jude ausgeschaltet ist, werden sich überall andere Kräfte durchsetzen."

[366] Vgl. hierzu Kap. 5.3.

[367] Vgl. mit der Übersicht in Kap. 5.3.

[368] USHMM, RG-48.004M: Pol.-Btl. 309, Meldung an das Polizei-Regiment Mitte vom 12.7.1941.

[369] BA-MA, RH 23/251: Kgf.-Bezirkskommandant J, „Bericht über die Besichtigung des Dulags 131" vom 23.7.1941.

[370] BAL, 449 AR-Z 138/71: Vernehmung F. B. vom 16.6.1969. B. berichtete ferner von der Ermordung von jüdischen Männern, Frauen und Kindern in einem Lagerkomplex für Kriegsgefangene [gemeint wahrscheinlich ein Zivilgefangenenlager] in Orel. Die Juden wurden vorher in Kursk bei Hausdurchsuchungen durch die SS festgenommen. B., der gerade einen Gefangentransport nach Orel begleitete, beobachtete diese Aktion. So mussten sich die Juden trotz strengster Kälte ihre Gruben mit der Hacke selber ausheben. Anschließend wurden sie durch die SS-Leute, die einen betrunkenen Eindruck machten, erschossen.

[371] BAL, 449 AR-Z 455/67: Ermittlung gegen Angehörige der Armee-Gefangenen-Sammelstelle 3; Vernehmung W. B. vom 18.3.1971. Ebda., Vernehmung A. H. vom 19.11.1970, der meinte, er habe von entsprechenden „Gerüchten" gehört.

[372] Das Dulag 314 war zeitweise der 221. Sicherungsdivision zugeordnet.

[373] BAL, 319 AR-Z 41/71: Verfahren gegen ehem. Angehörige des Dulag 314, Vermerk vom 19.4.1971. Ferner BAL, 319 AR-Z 41/71: Vernehmung A. G. vom 19.8.1971. G. berichtete ferner, er habe später von Kameraden erfahren, dass die jüdische Bevölkerung von Bobruisk in den alten Festungsanlagen in der Nähe des Dulags ermordet worden seien.

Gefangener jüdischer Rotarmist,
August 1941
(Quelle: BA 101I-267-0111-36)

nen, „er sei unentbehrlich"[374]. Als sich dann auch hier die SS nach einem längeren
Verfahren durchsetzte, habe der Jude bei seinem Abschied gesagt: „Wehrmacht gut
– SS Scheiße – jetzt muß ich sterben." Auch im Dulag 203 kam es regelmäßig zu
„Aussonderungen" – als Tatorte werden Bielsk, Orscha, Kochanowo und Krit-
schew genannt[375] – von Kommissaren[376] und vermutlich auch von einzelnen Ju-

---

[374] Vgl. BAL, 319 AR-Z 121/70: Ermittlungsverfahren gegen Angehörige der AGSSt 21; Vernehmung W.-L. S. vom 7.9.1970 und 20.3.1979. Die Darstellung von S. erhält dadurch Glaubwürdigkeit, dass dieser angab, er sei 1933 wegen „politischer Unzuverlässigkeit" aus der Stadt-
verwaltung Trier entlassen worden. Dr. A. H., der in der AGSSt 21 als Stabsarzt eingesetzt
war, gab in einer Vernehmung vom 25.6.1971 an, die jüdischen Kriegsgefangenen seien zu
seiner Zeit „unbehelligt geblieben". „Ich hatte sogar die Möglichkeit, die Juden wie andere
Kriegsgefangene zu entlassen."

[375] Vgl. hierzu Hartmann, Massensterben, S. 121 ff. sowie Nds. HStA, Nds. 721 Hannover Acc.
90/99, Nr. 124/5: Vernehmung G. M. vom 19.7.1971, Vernehmungen M. B. vom 6.3.1972 und
A. S. vom 14.7.1971; Nds. HStA, Nds. 721 Hannover Acc. 90/99, Nr. 124/6: Vernehmung A.
R. vom 4.3.1975; StA München, Staatsanwaltschaften 31508: Vernehmung H. M. vom
15.1.1969; StA München, Staatsanwaltschaften 31508: Vernehmung F. M. vom 21.1.1969. Ferner Streim, Behandlung, S. 242.

[376] Nds. HStA, Nds. 721 Hannover Acc. 90/99, Nr. 124/5: Vernehmungen G. M. vom 19.7.1971
und M. B. vom 6.3.1972.
Die meisten der befragten Zeugen, über 150, gaben freilich zu Protokoll, sie hätten „nichts von
Erschießungen gehört". Ob es sich hier um bloße Schutzbehauptungen handelt, ist fraglich;

den[377], selbst wenn der Kommandant dieses Lagers, Major Gutschmidt, darüber „sehr erregt" gewesen sein soll[378]. Allerdings gab ein sowjetischer Zeuge, der im Januar 1942 – nach Gutschmidts Versetzung – in dieses Dulag kam, nach dem Krieg zu Protokoll[379], es habe hier noch viele Juden gegeben, „die auf dem Rücken ihrer Kleidung den gelben Stern" getragen hätten. Sie wären dann zu den bevorzugten Opfern eines wolgadeutschen Dolmetschers geworden, der sie alle dann bis Mai 1942 während ihres Arbeitseinsatzes erschossen habe[380].

Über vergleichbare Fälle sind wir aus den übrigen Lagern unseres Samples nicht informiert, wobei noch einmal darauf hinzuweisen ist, dass die Quellenlage in diesem speziellen Fall dünn ist. Immerhin lehren die zuletzt erwähnten Beispiele auch, dass in jenen Fällen, in denen die Wehrmacht noch über eine gewisse Autonomie verfügte (und das war in den Kriegsgefangenenlagern – wenn auch mit Abstrichen – noch immer der Fall[381]), der einzelne Offizier die Entwicklung ungleich stärker beeinflussen konnte[382] als bei der militärischen Besatzungspolitik (und damit beim Massenmord an den jüdischen Zivilisten), wo die höchsten militärischen Führungsgremien noch vor Kriegsbeginn akzeptiert hatten, dass sie nicht mehr Herr im eigenen Haus waren.

5.4.3 Bilanz

Zwei Abschnitte, ein Thema: ein allgemeiner Überblick über das Thema „Wehrmacht und Holocaust" und das konkrete Beispiel von fünf deutschen Divisionen. Beides mal ist die hohe Mitverantwortung der Wehrmacht an einem der größten

---

viele wie etwa G. K., ehemaliges KPD-Mitglied und Buchenwald-Häftling, hatten wohl tatsächlich den Eindruck, es habe in diesem Durchgangslager „ein ständiges Kommen und Gehen" geherrscht. (Nds. HStA, Nds. 721 Hannover Acc. 90/99, Nr. 124/6: Vernehmung G. K. vom 17.2.1975) Auch bei diesen Vernehmungen zeigte sich, dass nur diejenigen, die wirklich in diese Vorgänge involviert waren, einigermaßen zutreffende und lohnende Angaben machen konnten.

[377] Vgl. Jarausch/Arnold, Sterben, S. 335 (Brief vom 7.11.1941), der von „Juden barfuß im Schnee" berichtet und davon, dass sein „halbjüdischer" Russisch-Lehrer, ein Kriegsgefangener, nun „fortgekommen" sei.

[378] Nds. HStA, Nds. 721 Hannover Acc. 90/99, Nr. 124/13: Staatsanwaltschaft bei dem Landgericht Hannover, Verfügung 11/2 Js 608/70 vom 25.2.1980, S. 24. Ferner Nds. HStA, Nds. 721 Hannover Acc. 90/99, Nr. 124/4: Vernehmung H. H. vom 5.5.1976. Dass Gutschmidt den Judenmord ablehnte, belegt etwa der folgende Eintrag aus seinem Tagebuch: „Es ist unerhört, wie die Polizei wütet. Wir bemühen uns, gut zu den Russen zu sein, und die Polizei tat das Gegenteil. Sie behauptet, die Juden hätten Sabotage betrieben. Dabei ist kein einziger Fall von Sabotage vorgekommen." Hartmann, Massensterben, S. 144 (Eintrag vom 8.7.1941).

[379] Nds. HStA, Nds. 721 Hannover Acc. 90/99, Nr. 124/4: Vernehmung W. T. N. vom 28.1.1975.

[380] Zum Teil sind die Angaben allerdings widersprüchlich. Vgl. hierzu StA München, Staatsanwaltschaften 31508: Vernehmung F. W. vom 14.1.1969; Nds. HStA, Nds. 721 Hannover Acc. 90/99, Nr. 124/5: Vernehmung W. B. vom 11.12.1968; Nds. HStA, Nds. 721 Hannover Acc. 90/99, Nr. 124/2: Vernehmung F. M. 21.1.1969, wo von der Erschießung von zwei jüdischen Dolmetschern sowie von Nachforschungen nach jüdischen Gefangenen berichtet wird. Unklar bleibt dabei freilich die Zeitpunkt und damit die Frage, ob dies bereits in die Zeit vor dem 3.12.1941 fällt, also in die Zeit, als Gutschmidt dieses Dulag führte.

[381] Noch im Einsatzbefehl Nr. 14 vom 29.10.1941 betonte Heydrich: „Auftretende Schwierigkeiten sind durch persönliche Verhandlungen mit den in Frage kommenden Stellen der Wehrmacht zu bereinigen." Druck: Ueberschär/Wette (Hrsg.), „Unternehmen Barbarossa", S. 361f., hier S. 361.

[382] Vgl. hierzu generell Otto, Wehrmacht, S. 200ff.

Völkermorde der Weltgeschichte deutlich geworden[383]. Gezeigt hat sich aber auch, dass die persönliche Schuld ihrer Angehörigen dabei sehr unterschiedlich ausfällt. Wie passen diese beiden Befunde zusammen?

Sicher ist, dass die Beteiligung einer so hochgradig organisierten, disziplinierten und weitverzweigten Organisation wie der Wehrmacht an diesem gigantischen Verbrechen nicht einfach ungeordnet und planlos verlief. Hier handelte es sich vielmehr um ein zentrales Anliegen der politischen Führung; die Strukturen, die schon beim allgemeinen Überblick erkennbar geworden sind, setzen sich fort im Ausschnitt unseres Samples und treten hier – wie könnte es anders sein – plastischer hervor. Mit Hilfe dieser Strukturen lässt sich die Frage nach der *institutionellen* Schuld der deutschen Armee präziser beantworten. Nicht beantworten lässt sich dagegen die Frage nach der *individuellen* Schuld, aber sie lässt sich zumindest doch eingrenzen.

Nirgends war die Beteiligung am Holocaust so groß wie in den rückwärts gelegenen Militärverwaltungsgebieten. Verbände wie ein Korück oder eine Sicherungsdivision fungierten in der besetzten Sowjetunion als Stichwortgeber und Exekutoren einer Besatzungspolitik, die sich immer auch gegen die Juden richtete – erinnert sei an die Punkte: Entrechtung, Ghettoisierung, Ausbeutung sowie an die regelmäßigen Erschießungsaktionen, die teilweise auch auf das Konto dieser Verbände gingen. Noch folgenreicher aber war, dass diese Verbände als Teile eines sehr viel umfassenderen Verfolgungs- und Terror-Netzwerkes fungierten. Die Beispiele aus unserem Sample belegen, dass das Vernichtungswerk der Einsatzgruppen ohne die Vorarbeit der Wehrmacht und ohne deren logistische und administrative Unterstützung niemals diese Ausmaße erreicht hätte. Darin liegt ihre größte Schuld.

Die Kampfverbände der Wehrmacht übernahmen dagegen einen anderen Part. Sie hatten die Gebiete zu erobern, die dann zum Tatort dieses einzigartigen Verbrechens werden sollten. Zwar kam es auch in der Gefechtszone zu antisemitischen Verbrechen, doch ist das, was von den drei Beispielen unseres Samples an *Taten* bekannt ist, kaum mit dem zu vergleichen, was hinter der Front geschah. Möglicherweise resultiert dieser Eindruck auch aus einer unvollständigen Quellenlage oder daraus, dass man diese Verbrechen stillschweigend duldete. Angesichts des prononcierten Antisemitismus, der charakteristisch für die Stimmung in vielen Wehrmachtsverbänden gewesen zu sein scheint, ist es aber wenig wahrscheinlich, dass solche Vorfälle in den Akten verschwiegen worden wären. Viel folgenreicher war, dass für den Judenmord im Aufgabenprofil und Selbstverständnis dieser Kampfverbände kein Platz vorgesehen war. Bei den Massakern von Babij Jar wird dies fast schon exemplarisch deutlich: Ein Kampfverband wie die 296. ID wurde in Kiew noch Zeuge der großen Verhaftungswellen, die ihre Angehörigen auch durchaus begrüßten. Als die Mordaktionen selbst begannen, war diese Division aber schon längst wieder an der Front. Dies hatte System. Denn ein Großver-

---

[383] Darunter fielen die Insassen psychiatrischer Anstalten, die Roma oder jene, die man als „Asiaten" bezeichnete, wobei auch in diesen Fällen die Ermordung oft an die SiPo und den SD delegiert wurde. Generell hierzu Hürter, Leningrad, S. 433 ff.; Gerlach, Morde, S. 1063 ff.; Zimmermann, Rassenutopie, insbes. S. 259 ff.; Pohl, Herrschaft, S. 271 ff.

brechen wie der Holocaust brauchte Zeit. Auch dafür ist unser Sample ein Modell: Je mehr entfernt man von der Front im Einsatz war, desto wahrscheinlicher wurde eine Beteiligung an diesem Verbrechen.

Doch informiert dieser Ausschnitt nicht nur über Strukturen, sondern auch über Mentalitäten. Existierte beim Handeln eine klare Trennlinie zwischen Frontgebiet und Hinterland, so verschwand diese spätestens dann, wenn es um die Frage ging, wie man die Juden oder auch den Holocaust bewertete. Für weite Teile des deutschen Ostheers scheint der Antisemitismus Teil ihres geistigen Marschgepäcks gewesen zu sein. Den schlimmsten Eindruck hinterlassen in dieser Hinsicht die 296. Infanterie-, die 4. Panzer- und die 221. Sicherungsdivision. Dagegen sind antisemitische Tendenzen von der 45. ID während der Jahre 1941/42 nicht bekannt geworden; ob das Zufall war oder nicht, lässt sich nicht sagen. Auch beim Korück 580 sollte man sich vor einem vorschnellen Urteil hüten: Während sich dieser Besatzungsverband noch 1941 in seinen Verlautbarungen wie auch in seinem Handeln nahtlos in jene Linie einfügte, welche die politische und militärische Führung vorgegeben hatten, änderte sich das abrupt mit dem Führungswechsel, zu dem es auch in diesem Korück während des Dezembers 1941 kam. Der neue Kommandant, Generalleutnant Agricola, ist ein Beispiel dafür, wie vorsichtig man mit Pauschalierungen beim Thema „Wehrmacht und Holocaust" sein sollte. Sein Beispiel zeigt freilich auch, wie begrenzt selbst die Handlungsspielräume eines höheren Offiziers in dieser Frage waren.

Das verweist auf ein weiteres Problem: Die Stimmen, die in diesem Teilkapitel zu hören waren, erwiesen sich mitunter als so laut und so grell, dass sie nicht selten all jene übertönen, die sich zum Thema „Juden" gemäßigter oder gar nicht äußerten. Leise Zwischentöne oder bloßes Schweigen (wie beredt dies auch immer sein mochte) sind freilich nur schwer als repräsentative historiographische Fundstücke zu präsentieren, selbst wenn auch sie einen Teil des Meinungsspektrums bildeten. Bei den drei „Kronzeugen" aus den Kampfverbänden unseres Samples: Fritz Farnbacher (4. Pz. Div.), Ludwig Hauswedell (45. Inf. Div.), und Hans Reinert (296. Inf. Div.), die Tausende Seiten persönlicher Aufzeichnungen hinterlassen haben, handelte es sich im Falle Reinerts um einen Antisemiten übelster Sorte. Dagegen finden sich in den Tagebüchern der beiden anderen Offiziere noch nicht einmal antisemitische Untertöne. Auch bei den militärischen Dokumenten ist das meist so. Natürlich existieren auch hier Bekenntnisschriften, die über den Standpunkt des Verfassers keinen Zweifel lassen. Viel mehr Dokumente sind aber so nüchtern und allgemein gehalten, dass sie nur wenig oder nichts über die Vorstellungen ihrer Verfasser verraten. Diese Zurückhaltung war nicht nur Ausdruck des militärischen Selbstverständnisses. Die Bedingungen eines totalitären Systems, das gerade bei der Judenfrage keine Abweichungen akzeptierte, ließen eigene Meinungen – noch dazu in dienstlichen Aufzeichnungen – kaum erwarten.

Verglichen mit der Zahl der Menschen, um die es hier geht, also geschätzten Hunderttausend Mann, verfügen wir also nur über einen Bruchteil an Quellen. Gerade in den Dienstakten der Kampfverbände bleibt das Thema Juden weitgehend ausgespart, während man in denen der Besatzungsverbände häufiger darauf stößt. Über die entsprechenden Vorstellungen der meisten Soldaten können wir indes nur spekulieren; was wir besitzen, sind im Grund nur Splitter. Allerdings sind diese so aussagekräftig, dass es doch möglich scheint, diese wenigen Fragmente zusammenzusetzen.

Dabei entsteht – so viel steht fest – kein gutes Bild von der Wehrmacht. Dass diese das Abbild einer Gesellschaft war, in die sich „das Gift des Antisemitismus [...] schon zu tief eingefressen" hatte[384] – so das häufig zitierte Fazit von Peter Bamm – , ist keine neue Erkenntnis. Doch wirkt diese sehr theoretisch. Einen wirklichen Eindruck von jenem Abgrund an Gemeinheit und Brutalität vermitteln erst die zeitgenössischen Auslassungen, die zugleich dokumentieren, wie sehr sich Teile des deutschen Ostheers, unabhängig von Dienstgrad und Funktion, der NS-Propaganda angepasst hatten und dabei moralisch verkommen waren.

Dabei fällt ein charakteristischer Widerspruch ins Auge. Bemerkenswerterweise blieb gerade jenen Teilen des Ostheers, von denen aufgrund ihrer Sozialisation die geringsten Vorbehalte gegenüber dem Holocaust zu erwarten gewesen wären, eine Beteiligung an diesem Verbrechen am häufigsten erspart. Es waren in der besetzten Sowjetunion häufig die vergleichsweise unmilitärischen Besatzungsverbände, jene Reservisteneinheiten, die sich meist aus älteren, reaktivierten Familienvätern rekrutierten, die zu Vollstreckern der schlimmsten Befehle wurden, und weniger die Frontverbände, deren Personalstruktur eine größere weltanschauliche Nähe zum NS-Regime wahrscheinlich machte. Einer der wenigen Hinweise, die über eine wirkliche Ablehnung der Exekutionen berichten, stammt denn auch aus den Reihen der 221. Sicherungsdivision. Auf diese Mentalitäten und Befindlichkeiten nahm die militärische Führung aber nicht die geringste Rücksicht. Für sie galt allein das Prinzip von Befehl und Gehorsam, und auch die Vorstellung, mit Hilfe einiger formaler Abgrenzungen die Institution Wehrmacht aus diesem gigantischen Verbrechen heraushalten zu können. Genau das sollte aber nicht gelingen. Und auch ihrer Führung, die sich auf diesen Teufelspakt eingelassen hatte, war es kaum möglich, sich auf eine so billige Weise aus ihrer Verantwortung herauszustehlen. Gleichwohl sollte man die Folgen, die sich aus dieser formalen Abgrenzung ergaben, nicht unterschätzen. Sie schaffte doch jene Strukturen, unter denen sich diese Kooperation dann vollzog. Weder die Wehrmacht als Institution noch ihre Führung lassen sich von dieser Schuld freisprechen. Dagegen lassen sich Verantwortung und Schuld der nachgeordneten Dienststellen und ihrer Millionen Angehöriger nicht so einfach auf einen Nenner bringen. Ob aus Soldaten Mörder wurden oder nicht, entschieden – und das ist eigentlich das Frappierende – weniger Weltanschauungen oder Meinungen. Oft waren viel banalere Faktoren ausschlaggebend wie etwa Funktion, Standort, Alter oder Beziehungen.

Ohne diesen differenzierenden Blick auf die Wehrmacht scheint es jedenfalls kaum möglich, jene zentrale Frage, welche Rolle ihre Angehörigen beim Holocaust spielten, auch nur einzugrenzen. Wie sich diese Soldaten verhalten hätten, falls die Rahmenbedingungen anders ausgesehen hätten, ist eine spekulative Frage. Aber ist sie wirklich müßig? Angesichts der Stimmen, die in diesem Teilkapitel zu hören waren, war es wohl besser, wenn diesem Teil der Wehrmacht diese Entscheidung erspart blieb.

---

[384] Bamm, Die unsichtbare Flagge, S. 75.

5.5 Partisanen

Niemand wollte den Partisanenkrieg – weder die Deutschen noch die Sowjets. Während die Wehrmacht schon vor dem Angriff auf die Sowjetunion die Parole ausgab, dass alles, was nur nach irregulärem Krieg roch, bereits „im Keine zu ersticken" sei[1], wollte auch die sowjetische Führung von einem Krieg im Rücken eines potentiellen Gegners nichts wissen, zumindest nicht bis zum 22. Juni 1941[2].

Dabei besaß das Konzept des „Volkskriegs" in Russland – sehr im Gegensatz zum Deutschen Reich[3] – eine lange Tradition[4], schon weil die geographischen, ethnischen und auch die politischen Voraussetzungen hierfür sehr günstig waren. Die Säuberungen der 30er Jahre hatten jedoch alle Vorbereitungen von Staat, Partei und Armee für einen revolutionären Krieg, der den potentiellen Gegner auch in seinem Hinterland treffen sollte, zunichte gemacht. Die Vordenker dieser Strategie waren erschossen worden oder in Lagern verschwunden[5]. Nur 90 der ursprünglich 9000 Instruktoren, die man speziell für einen Partisanenkrieg ausgebildet hatte, hatten überlebt. Grund dafür war nicht nur Stalins chronisches Misstrauen gegenüber jeder Initiative von unten; ein solcher Ansatz widersprach auch der damaligen sowjetischen Militärdoktrin, derzufolge das militärische Geschehen unverzüglich ins Land des Aggressors getragen werden sollte[6].

Waren die deutschen Befürchtungen damit unbegründet? Nur zum Teil. Zweifellos bewiesen die Warnungen der deutschen Militärs, wie wenig sie von den aktuellen Entwicklungen in der Sowjetunion wussten. Doch ist das nur die halbe Wahrheit. Denn nach dem 22. Juni 1941 musste die sowjetische Führung nicht nur ihre außenpolitische Doktrin revidieren, auch ihre militärischen Planungen und Konzepte waren nun mit einem Schlag über den Haufen geworfen. Der „Vaterländische Volkskrieg gegen die faschistischen Unterdrücker"[7] wurde sehr rasch zu einem zentralen Bestandteil der sowjetischen Strategie. So gesehen hatten die

---

[1] Befehl des ObdH (Besondere Anordnungen für die Versorgung, Anl. 6, Teil C) vom 3.4.1941, in: Moritz (Hrsg.), Fall Barbarossa, S. 299–304, hier S. 301.

[2] Allgemein hierzu Aubrey/Heilbrunn, Communist Guerilla Movement; Howell, Soviet Partisan Movement; Armstrong (Hrsg.), Soviet Partisans; Hesse, Partisanenkrieg; Cooper, Phantom War; Wilenchik, Partisanenbewegung; Bonwetsch, Sowjetische Partisanen; Wegner, Krieg, S. 911ff.; Birn, Zweierlei Wirklichkeit?; Slepyan, „The Peoples's Avengers"; Umbreit, Das unbewältigte Problem; Lustiger, Kampf auf Leben und Tod; Richter, „Herrenmensch"; Grenkevich, Soviet Partisan Movement; Gerlach, Morde, S. 859ff.; Shepherd, Hawks; ders., War; Musial, Partisanen; Arnold, Wehrmacht, S. 413ff.; Blood, Hitler's Bandit Hunters; ders., Bandenbekämpfung; Hürter, Heerführer, S. 404ff.; Pohl, Herrschaft, S. 283ff.

[3] Dass Deutschland das einzige Land des Zweiten Weltkriegs war, in dem sich keine echte Partisanenbewegung formierte, war nicht nur Ausdruck der militärischen, politischen und mentalen Lage der Jahre 1944/45. Zwar hatten die deutschen Militärs immer wieder mit dem Gedanken des „Kleinen Krieges" experimentiert, insbesondere nach 1919, ohne diese Überlegungen aber wirklich umzusetzen. Vgl. hierzu Geyer, Aufrüstung, S. 97ff.; Rink, „Partheygänger"; ferner die zeitgenössische Schrift von: Arthur Ehrhardt, Kleinkrieg, Geschichtliche Erfahrungen und künftige Möglichkeiten, Potsdam [1935].

[4] Vgl. Schmitt, Theorie des Partisanen, S. 52ff.; Shepherd, War, S. 61f.

[5] Bonwetsch, Sowjetische Partisanen; Hoffmann, Kriegführung, S. 890f.; Armstrong (Hrsg.), Soviet Partisans, S. 73ff.; Slepyan, Avengers, S. 24f., 31f.; ders., People Avengers or Enemies of the People; Grenkevich, Partisan Movement, S. 37ff.; Starinov, Front, S. 112.

[6] Vgl. hierzu Hummel, Nordwest- und Westfront, S. 28ff.

[7] So Stalin in seiner bekannten Rundfunkrede vom 3.7.1941. Druck: Ueberschär/Wette (Hrsg.), „Unternehmen Barbarossa", S. 326–329, hier S. 328.

Deutschen wiederum Recht mit ihren Prognosen. Doch bedarf auch diese Feststellung der Differenzierung. Der Erfolg des sowjetischen Paradigmenwechsels begründete sich nicht zuletzt in den gravierenden politischen und militärischen Fehlern der deutschen Besatzer.

5.5.1 Ansprachen und Weisungen

Denn der deutschen Führung war das Schicksal der sowjetischen Gesellschaft bestenfalls gleichgültig. Verfügungsmasse waren sie für die deutschen Stichwortgeber, nicht mehr; eine Rücksichtnahme auf die einfachsten Grundregeln der politischen Klugheit schien ihnen nun, im Moment des endgültigen „Politikverzichts"[8], nicht mehr nötig. Sollten sich Russen oder Ukrainer gegen ihre Versklavung, Ausbeutung oder Vernichtung wehren oder gar gegen den Prozess der militärischen Eroberung, dann schien in Hitlers Sicht nur ein einziges Mittel legitim: die „Anwendung brutalster Gewalt"[9].

Das hielten auch die führenden Militärs im Prinzip für richtig[10]. Grund für diese Übereinstimmung war nicht nur jene vielbeschworene ideologische „Teilidentität" zwischen Wehrmacht und NS-Regime. Die Furcht des deutschen Offizierskorps vor der irregulären Kriegführung war groß. Nach den Erfahrungen der Jahre 1870/71, als die „Francs-tireurs" den Sieg der deutschen Armeen beinahe revidiert hätten[11], hatten viele deutsche Militärs 1914 fast schon panisch auf die bloße Möglichkeit reagiert, dass belgische oder französische Zivilisten ihren Vormarsch stören könnten[12]; und auch 1918 bei der Besetzung der Ukraine kam es immer wieder zu brutalen Überreaktionen der deutschen Besatzer[13]. Natürlich handelte es sich hier nicht *nur* um eine spezifisch deutsche Wahrnehmung; für jede Armee ist ein irregulärer Krieg ein Horror. Ausdruck einer deutschen Sonderentwicklung war freilich die Tatsache, dass die überlieferten Feindbilder in der Zeit zwischen den beiden Weltkriegen nie wirklich kritisch analysiert wurden. Deshalb konnte dieses Gemisch aus Gerüchten, Halbwahrem, Selbsterlebtem und purer Ideologie ungeprüft weiterleben, bis es sich dann während der 30er Jahre unter dem Einfluss der Rassenideologie erst recht radikalisierte. Wie gefährlich die Wirkung dieses Denkens war, zeigte sich dann erstmals während des Feldzugs gegen Polen[14].

---

[8] Fest, Hitler, S. 838.
[9] Halder, Kriegstagebuch, Bd. II, S. 320 (Eintrag vom 17.3.1941). Vgl. auch ebda., S. 336 f. (Eintrag vom 30.3.1941).
[10] Vgl. etwa die „Blaupausen" des Generalquartiermeisters, die im Ton etwas moderater sind und stärker zwischen den Völkern der Sowjetunion zu differenzieren suchen, ansonsten aber in ihrem Ergebnis auf dasselbe Ziel hinauslaufen, in: Müller, Kriegsrecht oder Willkür?
[11] Nachdem sich die provisorische französische Regierung im September 1870 die Francs-tireurs unterstellt hatte, wurde im Winter 1870/71 ihr „Volkskrieg" für die deutsche Armeen zu einem echten Problem. Auch dies war ein Grund für Bismarck, diesen Krieg möglichst schnell zu beenden. Vgl. Hillgruber, Bismarcks Außenpolitik, S. 124 f.; Kolb, Der schwierige Weg zum Frieden, S. 9 f.; Best, Humanity, S. 191.
[12] Vgl. etwa Wieland, Belgien 1914; Alan Kramer, „Greueltaten"; Horne/Kramer, Deutsche Kriegsgreuel 1914; Hull, Absolute Destruction.
[13] Vgl. Lieb, Aufstandsbekämpfung im strategischen Dilemma.
[14] Vgl. hierzu Böhler, Auftakt; Rossino, Hitler strikes Poland; Hürter, Heerführer, S. 177 ff., 405, wobei hier – im Gegensatz zu Böhlers Deutung – an der These festgehalten wird, dass es sich beim Feldzug gegen Polen noch nicht um einen Vernichtungskrieg handelte.

Doch beruhte die deutsche Angst vor „dem" Partisan auch auf militärischem Kalkül. Denn den deutschen Verantwortlichen war von Anfang an klar, dass es sich beim deutschen Operationsplan gegen die Sowjetunion um ein hochriskantes Unternehmen handelte, wie die Analyse der klassischen militärischen Trias: Zeit, Raum und Kraft, belegt:

- Das „Unternehmen Barbarossa" hatte nur dann Aussicht auf Erfolg, wenn eine militärische Entscheidung in kürzester Zeit fiel. Schon deshalb musste die Wehrmacht, wollte sie nicht in der Unendlichkeit der Sowjetunion verbluten, jede Verzögerung ihrer Offensive verhindern. Bei unübersichtlichen und zeitzehrenden Guerilla-Kämpfen bestand die große Gefahr, dass sich die deutschen Angriffskeile im Gestrüpp des „Kleinen Krieges" verfangen und ihre Stoßkraft erlahmen würde.

- Dass die Kontrolle des sowjetischen Riesenreichs kein leichtes Unterfangen sein würde – problematisch waren nicht nur die schiere Größe, sondern auch die Wegeverhältnisse sowie die klimatischen und geographischen Verhältnisse (angefangen mit den Pripjet-Sümpfen) – wussten selbst die Optimisten in der deutschen militärischen Führung. Das Beispiel Napoleons blieb unvergessen[15], so dass die Frage, wie man eigentlich ein Besatzungsgebiet dieser Größe „gegen Aufruhr, Sabotage und feindliche Fallschirmtruppen"[16] sichern könne, durchaus Beachtung fand.

- Doch blieb diese Frage ungelöst. Das deutsche Ostheer mochte gewaltig sein, verglichen mit der Roten Armee war es schwach. Dass ausgerechnet der Angreifer dem Verteidiger quantitativ (und wie sich bald herausstellen sollte, auch qualitativ) unterlegen war, widersprach jeder militärischen Doktrin. Angesichts dieser Voraussetzungen war es unausweichlich, dass das Ostheer für die militärische Sicherung der riesigen rückwärtigen Räume zunächst kaum Kräfte übrig hatte. Neben Himmlers Hilfstruppen sollten anfangs nicht mehr als neun Sicherungsdivisionen das gesamte Rückwärtige Heeresgebiet kontrollieren.

All das waren für die Deutschen keine Variablen: Weder ließ sich das Ostheer vergrößern[17], noch konnte man Abstriche am Zeitplan dieses „Blitzfeldzugs" machen[18]. Und auch die Größe der Sowjetunion ließ sich kaum kompensieren[19], vor

---

[15] Vor Beginn und während des deutsch-sowjetischen Krieges gehörten die „Denkwürdigkeiten" des Armand de Caulaincourt (1773–1827) immer wieder zur bevorzugten Lektüre der deutschen militärischen Elite, wahrscheinlich die folgende Ausgabe: Friedrich Mathaesius (Hrsg.), Mit Napoleon in Rußland, Bielefeld 1938. Vgl. Blumentritt, Moscow, S. 42; Praun, Soldat in der Telegraphen- und Nachrichtentruppe, S. 154; Hartmann, Halder, S. 348; Hürter, Heerführer, S. 252 sowie PA-AA, R 60704: AOK 2, Abt. I c/VAA, Schreiben an LR von Rantzau vom 6. 8. 1941.

[16] So das OKW in seinen „Richtlinien auf Sondergebieten zur Weisung Nr. 21" vom 13. 3. 1941 mit Blick auf die Wehrmachtbefehlshaber. Druck: Hubatsch (Hrsg.), Hitlers Weisungen, S. 88–91, hier S. 90.

[17] Die Wehrmachtführung hatte die übrigen deutschen Besatzungsgebiete bis an die Grenze des militärisch Akzeptablen entblößt. Vgl. Hillgruber, Hitlers Strategie, S. 457 ff., insbes. S. 458 mit Anm. 4.

[18] Vgl. hierzu Frieser, Blitzkrieg-Legende, S. 437 ff.; zu Hitlers Weltblitzkriegsplan vgl. Hillgruber, Hitlers Strategie, S. 316 ff.

[19] Diese Probleme wurden – mit Ausnahme der strukturellen Schwäche des Ostheers – bereits in der Präambel des Kriegsgerichtsbarkeitserlasses angedeutet: „Die weite Ausdehnung der Operationsräume im Osten, die Form der dadurch gebotenen Kampfesführung und die Besonderheit

allem dann nicht, wenn große Teile des deutschen Ostheers Krieg führten wie zu
Napoleons Zeiten – zu Fuß oder mit Pferd. Schon vor Kriegsbeginn war absehbar,
dass die rückwärtigen Gebiete mit ihren dünnen, schnell wachsenden Versorgungs-
linien zur Achillesferse des deutschen Ostheers werden mussten. Den deutschen
militärischen Planern schien das Problem nur dadurch lösbar, wenn sie „bereits
gegen aufkeimendes Aufstehen der Bevölkerung" mit größter Härte vorgehen
würden[20]. Terror hieß das Allheilmittel, notfalls auch präventiv. Ohne die „schnelle Befriedung" des Besatzungsgebiets[21], so die Forderung des OKH, war dieser
Blitzfeldzug nicht zu realisieren.

Sichtbarster Ausdruck dieser Intention war der *Erlaß über die Ausübung der
Kriegsgerichtsbarkeit im Gebiet „Barbarossa" und über besondere Maßnahmen
der Truppe*, genannt: *Kriegsgerichtsbarkeitserlaß*, den Keitel als Chef des OKW am
13. Mai 1941 unterzeichnete, der aber erst seit Anfang Juni an die Truppe ausgegeben wurde[22]. Es hat wohl nichts gegeben, was das Verhalten des Ostheers so
nachhaltig beeinflusst haben dürfte, wie dieser Erlass. Er war der große Freibrief
für die in der Sowjetunion eingesetzten deutschen Soldaten, weil Hitler und seine
militärischen Berater mit diesem scheinbar spröden Dokument, dessen Bedeutung
die Nachwelt lange unterschätzt hat, zwei entscheidende Weichenstellungen vornahmen:
– Sie entzogen, erstens, die sowjetische Zivilbevölkerung der ordentlichen Kriegsgerichtsbarkeit und stellten sie dem Gutdünken der Truppe anheim: Freischärler
  waren „schonungslos zu erledigen", bei ‚tatverdächtigen Elementen' hatte ein Offizier über deren Erschießung zu entscheiden. Offiziere in höherrangigen Funktionen konnten auch „kollektive Gewaltmaßnahmen" gegen ganze Ortschaften
  anordnen, „aus denen die Wehrmacht hinterhältig oder heimtückisch angegriffen
  wurde". Gleichzeitig verbot der Erlass die längere Verwahrung Verdächtiger. „Das
  drängte die Truppe zur Alternative: Erschießen oder Laufenlassen."[23]
– In seinem zweiten Teil hob der Kriegsgerichtsbarkeitserlass den „Verfolgungs-
  zwang" für alle Straftaten auf, die Wehrmachtsangehörige „gegen feindliche [!]
  Zivilpersonen begehen". Der Gerichtsherr habe nur noch zu prüfen, „ob in solchen Fällen eine disziplinare Ahndung angezeigt oder ob ein gerichtliches Ein-

des Gegners stellen die Wehrmachtsgerichte vor Aufgaben, die sie während des Verlaufs der
Kampfhandlungen und bis zur ersten Befriedung des eroberten Gebiets bei ihrem geringen Personalbestand nur zu lösen vermögen, wenn sich die Gerichtsbarkeit zunächst auf ihre Hauptauf-
gabe beschränkt." Druck: Ueberschär/Wette (Hrsg.), „Unternehmen Barbarossa", S. 306.

[20] So der Generalquartiermeister Wagner am 16.5.1941 in einer Besprechung mit den Abwehr-
und Versorgungsoffizieren des Ostheers. Zit. bei: Hürter, Heerführer, S. 249.

[21] Erlass des ObdH vom 24.5.1941, Druck: Ueberschär/Wette (Hrsg.), „Unternehmen Barbarossa", S. 307f., hier S. 307. Ein halbes Jahr später sollten die deutschen Militärs bei den sowjetischen Kriegsgefangenen eine ähnliche Lösung praktizieren. Anstatt sich das eigene Unvermögen wie überhaupt das Illusionäre dieses ganzen Kriegsprojekts einzugestehen, suchten sie einen Ausweg, indem sie das Versorgungsproblem einfach auf eine andere Gruppe abwälzten.
Vgl. hierzu Kap. 5.3.

[22] Druck: Ueberschär/Wette (Hrsg.), „Unternehmen Barbarossa", S. 305ff.
Zur Entstehung und Bedeutung des Kriegsgerichtsbarkeitserlasses vgl. Messerschmidt, Wehr-
macht, S. 407ff.; Krausnick, Kommissarbefehl; Streit, Kameraden, S. 33 ff; Förster, Unterneh-
men „Barbarossa", S. 426ff.; Hartmann, Halder, S. 245ff.; Gerlach, Morde, S. 87ff.; Arnold,
Wehrmacht, S. 133ff.; Hürter, Heerführer, S. 248ff.; Römer, Kriegsgerichtsbarkeitserlass, insbes.
S. 53ff.

[23] Hürter, Heerführer, S. 250.

schreiten notwendig" sei. Kurz zusammengefasst hieß das, dass „praktisch jedem Soldaten das Recht" eingeräumt wurde, „auf jeden Russen, den er für einen
Freischärler hält – oder zu halten vorgibt – von vorne oder von hinten zu schießen", wie der Generalfeldmarschall von Bock noch vor Kriegsbeginn missver-
gnügt konstatierte[24].

Beide Regelungen standen in einem engen Zusammenhang. Die potentiellen Täter
sollten amnestiert, den potentiellen Opfern sollte jeder rechtliche Schutz genommen werden. Anders gewendet: Die Wehrmacht sollte quasi in einem rechtsfreien
Raum agieren; dazu gehörte auch, dass das traditionelle Prinzip der Fürsorge ersetzt werden sollte durch das Prinzip der blanken Willkür[25]. Für die deutsche
Führung besaß dieses Ziel oberste Priorität: In einer Art Merkblatt, den „Richtlinien für das Verhalten der Truppe in Rußland", die das OKW vor Kriegsbeginn an
alle im Osten eingesetzten Formationen verteilte, forderte es noch einmal „rücksichtsloses und energisches Durchgreifen gegen bolschewistische Hetzer, Freischärler, Saboteure, Juden und restlose Beseitigung jedes aktiven oder passiven
Widerstandes"[26]. Bei drei Besprechungen mit ausgesuchten Stabsoffizieren des
Ostheers – am 16. Mai in Wünsdorf mit dem Generalquartiermeister Wagner und
Oberst-Kriegsgerichtsrat Erich Lattmann[27] sowie am 10. Juni in Allenstein und am
11. Juni in Warschau, beides Mal geleitet von Generalleutnant Eugen Müller[28], –
wurde die Führung noch deutlicher; im Krieg gegen die UdSSR habe „Rechtsemp-
finden u[nter] U[mständen] hinter Kriegsnotwendigkeit zu treten". Man solle zum
„alten Kriegsbrauch" zurückkehren, das hieße: „Träger der feindlichen Einstellung
nicht konservieren, sondern erledigen." Noch am 25. Juli – der Krieg war längst im
Gange – erließ Müller einen Befehl, der „unverzüglich kollektive Gewaltmaßnahmen" auch dort forderte, „wo sich passive Widerstände abzeichnen", oder dort,
wo „die Täter nicht sofort festgestellt" werden könnten[29]. Damit konnten die
Truppenführer im Grunde tun, was sie wollten, was freilich auch bedeutete, dass
die Verantwortung bei ihnen lag; die Führung hatte sie dorthin abgeschoben[30].
    Doch war der Kriegsgerichtsbarkeitserlass nicht so eindeutig, wie es zunächst
schien. Zwar teilten die meisten Militärs Hitlers *Meinung* über die Freischärlerei[31], über die *Bekämpfung* dieses Phänomens existierten in der Truppe aber mehr

---

[24] Bock, Tagebuch, S. 190 (Eintrag vom 4.6.1941).
[25] Dazu gehörte etwa auch die Anordnung des OKW, Quartierleistungen und Kriegsschäden nicht
    zu entschädigen. Allerdings sollten die übrigen Requirierungen bezahlt werden. OKW/WFSt/
    Abt. L (IV/Qu.) vom 19.5.1941, Druck: Müller (Hrsg.), Okkupation, S. 45–54, hier S. 48, 52.
[26] Druck: Ueberschär/Wette (Hrsg.), „Unternehmen Barbarossa", S. 312.
[27] Vgl. Gerlach, Morde, S. 88 mit Anm. 317.
[28] Vgl. Jacobsen, Kommissarbefehl, Dok. 14. Ferner Förster, Unternehmen „Barbarossa", S. 433 f.;
    Gerlach, Morde, S. 89; Hürter, Heerführer, S. 253.
[29] OKH/Gen. z.b.V., Erlass vom 25.7.1941, Druck: Ueberschär/Wette (Hrsg.), „Unternehmen
    Barbarossa", S. 349 f., hier S. 350.
[30] Vgl. hierzu Förster, Unternehmen „Barbarossa", S. 433.
[31] Auch das OKH forderte schon früh ein „selbstbewußtes und rücksichtsloses Auftreten gegen-
    über den deutschfeindlichen Elementen" in der sowjetischen Gesellschaft; jeden aktiven oder
    passiven „Widerstand der Zivilbevölkerung" wollte das OKH „mit scharfen Strafmaßnahmen
    im Keime" ersticken. OKH/GenStdH/GenQu., Abt. Kriegsverwaltung (Besondere Anord-
    nungen für die Versorgung, Anl. 6, Teil C) vom 3.4.1941, Druck: Fall Barbarossa, S. 299–304,
    hier S. 301.

als eine Auffassung. Es war daher Ausdruck der vielen Widersprüchlichkeiten, denen sich die Wehrmacht damals ausgesetzt sah, wenn derselbe Erlass, der das Töten und anderes mehr *erlaubte*, aber nicht ausdrücklich *befahl*, gleichzeitig an „die Aufrechterhaltung der Manneszucht" erinnerte und Strafverfolgung für jene deutschen Verbrechen androhte, die sich nicht allein militärisch oder ideologisch legitimieren ließen. Schon das eröffnete gewisse Spielräume. Aufschlussreich ist etwa, dass sich Hitler noch im Dezember 1942 darüber beklagte, „daß einzelne in der Bandenbekämpfung eingesetzte Angehörige der Wehmacht wegen ihres Verhaltens im Kampf nachträglich zur Rechenschaft gezogen" würden[32], und aufschlussreich ist auch, dass bereits die Drahtzieher in den obersten deutschen Kommandobehörden ihre Zweifel daran hatten, ob „die" Truppe so auf Kriegsgerichtsbarkeitserlass reagieren würde, wie sie sich das vorstellten. Die Prinzipien, die ihr „zugemutet" würden – so resümierten die Rechtsexperten im OKW im Mai 1941[33] –, „ließen sich im Verlauf der Kampfhandlungen und bis zur ersten Befriedung von der Truppe durchführen. Schon für diese Zeit sei es wahrscheinlich, daß die Offiziere viel weniger scharf sein würden als die an Härte bei Urteilssprüchen gewöhnten Richter."

Doch sprechen noch mehr Punkte dafür, dass die Truppe nicht immer so auf diesen Erlass reagierte, wie sich das seine Verfasser vorstellten. Gerade die älteren Militärs, die noch den Ersten Weltkrieg und die Jahre danach erlebt hatten, hofften, dass mit dem deutschen Angriff die sowjetische „Völkerfamilie" rasch zerfallen würde[34], so dass ihnen schon deshalb die „Zubilligung gewisser Freiheiten und materieller Vorteile"[35] ratsam schien. Ganz davon abgesehen hielten viele Militärs Abstriche an der Disziplin der Truppe für undenkbar. Rückendeckung bekamen sie durch die ergänzende Weisung vom 24. Mai 1941, dem so genannten *Disziplinarerlaß*, in der der Generalfeldmarschall von Brauchitsch als Oberbefehlshaber des Heeres daran erinnerte, dass „Bewegung und Kampf" die „eigentliche Aufgabe der Truppe" seien. Dies verlange „vollste Sammlung und höchsten Einsatz aller Kräfte. Diese Aufgabe darf an keiner Stelle in Frage gestellt sein. Besondere Such- und Säuberungsaktionen scheiden daher im allgemeinen für die kämpfende Truppe aus."[36] Auch empfahl er eine differenzierte Bestrafung der sowjetischen Bevölkerung[37], nicht immer aber ihr sofortiges Erschießen. Und: „Der einzelne Soldat darf nicht dahin kommen, daß er gegenüber Landeseinwoh-

---

[32] Weisung des OKW vom 16.12.1942, in: Müller (Hrsg.), Okkupation, S.139f.

[33] OKW/WR, Schreiben an Chef WFSt vom 9.5.1941. Faksimile: Verbrechen der Wehrmacht, S.45f.

[34] Die spätere Bemerkung des wohl informierten Helmuth James von Moltke, es könne keine Rede davon sein, dass der Krieg gegen die Sowjetunion „ein militärischer Spaziergang" sei, „unterstützt durch Unruhen in Rußland", reflektierte sehr genau die Erwartungen vieler deutscher Militärs. Moltke, Briefe an Freya 1939–1945, S.259 (Brief vom 1.7.1941).

[35] ObdH, Besondere Anordnungen für die Versorgung, Anl. 6, Teil C vom 3.4.1941, in: Moritz (Hrsg.), Fall Barbarossa, S.299–304, hier S.302.

[36] ObdH, Erlass betr. „Behandlung feindlicher Zivilpersonen und Straftaten Wehrmachtsangehöriger gegen feindliche Zivilpersonen" vom 24.5.1941, Druck: Ueberschär/Wette (Hrsg.), „Unternehmen Barbarossa", S.307f.

[37] Damit stand er im OKH nicht allein. So wollte der Generalquartiermeister Wagner schon im Februar 1941 die sowjetfeindliche Bevölkerung „den deutschen Interessen, gegebenenfalls unter Zubilligung gewisser Freiheiten und materieller Vorteile, nutzbar" machen. Druck: Müller, Kriegsrecht oder Willkür?, S.141.

nern tut und läßt, was *ihm* gut dünkt, sondern er ist in jedem Fall gebunden an die Befehle seiner Offiziere."[38]

Zweifellos zielten diese verschiedenen Ergänzungen in erster Linie auf „die Wahrung der Truppendisziplin"[39]. Das muss aber nicht heißen, dass sich ihre Wirkung allein darauf beschränkte. Wenn behauptet wurde, es mache keinen Unterschied, „ob eine disziplinierte Truppe oder eine wilde Soldateska ein Dorf niederbrennt und seine männlichen Einwohner ermordet"[40], dann mag das für diesen speziellen Fall durchaus gelten. Doch übersieht eine solche Argumentation, dass es sehr wohl einen Unterschied macht, ob die Entscheidung bei *jedem* Soldaten liegt oder nur bei einigen Offizieren. Im ersten Fall sind – schon statistisch gesehen – Gewaltausbrüche sehr viel wahrscheinlicher[41]. Eine Verwilderung einer Truppe hat nicht nur Auswirkungen auf deren Disziplin. Spätestens in einem solchen Fall droht – wie die Geschichte des Krieges wieder und wieder lehrt – eine Situation, in der kollektive und individuelle Motive zunehmend verschmelzen. So gesehen scheint die Frage durchaus berechtigt, ob sich das Ostheer *ohne* diese Zusätze nicht noch schneller und nicht noch viel mehr radikalisiert hätte, als es dies ohnehin tat.

Trotz dieser Interpretationsmöglichkeiten, die diese Ergänzungen eröffneten, konnten sie aber an der Substanz des Kriegsgerichtsbarkeitserlasses nichts ändern. Mit ihm war eine alte Rechtstradition, die sich schon lange vor ihrer Kodifizierung ausgebildet hatte, unterbrochen worden. Die prinzipielle Bedeutung dieses Rahmenbefehls lässt sich daher kaum überschätzen, er wurde zur Grundlage der deutschen Gewaltpolitik in der Sowjetunion, ohne die sich auch die Radikalisierung des Partisanenkriegs in der Sowjetunion nicht erklären lässt. Die Entscheidung hierzu fiel auf deutscher Seite schon vor Beginn des Krieges, mit der Ausgabe dieses Erlasses an die Truppe.

Wie aber hat diese darauf reagiert? Dass sie die Widersprüchlichkeiten und Freiräume, die in diesem Erlass angelegt waren, durchaus erkannte, belegt schon die schriftliche Umsetzung durch die Truppenführung[42]. Von den fünf Verbänden unseres Samples hat die 296. ID den Erlass bereits bei seiner Weitergabe in einigen Details *schriftlich* verändert[43]. Sah dieser ursprünglich vor, dass *jeder* Offizier über

---

[38] Mit seinen moderaten Kommentaren blieb der Oberbefehlshaber des Heeres nicht allein. Auch der Generalfeldmarschall Fedor von Bock hatte als Oberbefehlshaber der größten deutschen Heeresgruppe Probleme mit dem Kriegsgerichtsbarkeitserlass, so dass sein Heeresgruppenkommando noch einige „Zusätze" formulierte. Vgl. Bock, Tagebuch, S. 190 ff. (Einträge vom 4.6.1941 ff.); Fall Barbarossa, Dok. 101 (S. 323 f.); Streit, Kameraden, S. 44; Hürter, Heerführer, S. 251 f.

[39] So Gerlach, Morde, S. 89. In diesem Sinne etwa auch Rass, „Menschenmaterial", S. 272; Römer, Kriegsgerichtsbarkeitserlass, S. 64 ff.

[40] So Hürter, Heerführer, S. 255.

[41] Wenn beispielsweise Rass („Menschenmaterial", S. 345 f.) mit dem Ansteigen der Strafverfahren gegen deutsche Soldaten während der zweiten Hälfte des Jahres 1941 deren „Radikalisierung" zu belegen sucht, so ließe sich mit einem solchen Hinweis auch das glatte Gegenteil beweisen. Auch in der 253. Inf. Div. arbeiteten die Kriegsgerichte noch, so dass auch deren Rechtsprechung – erst recht in einem militärischen Apparat – Normen setzen musste.

[42] Vgl. auch Förster, Unternehmen „Barbarossa", S. 435; Römer, Kriegsgerichtsbarkeitserlass, S. 81 ff.

[43] Vgl. IfZ-Archiv, MA 1633: 296. Inf. Div., Abt. I a, Befehl vom 21.6.1941, Anlage 6: „Richtlinien für die Behandlung feindlicher Zivilpersonen". Auch zum Folgenden.
Vgl. auch IfZ-Archiv, MA 1783/2: 296. Inf. Div., Abt. I a, Kriegstagebuch, Eintrag vom 17.6.1941: „Dann erfolgte eine Einweisung über das Merkblatt des O.K.H. über Verhalten der Truppe in Rußland und den Erlaß des Führers über Behandlung feindl. Zivilpersonen."

die Erschießung „tatverdächtiger Elemente" entscheiden könne (I.4), so verengte man das bei der 296. ID auf einen sehr viel enger gezogenen Kreis, auf die Offiziere „mit den Befugnissen [mindestens] eines nicht-selbst[ändigen] Bat[ail]l[ons]-K[omman]deurs". Allein diese hätten zu entscheiden, „ob die Verdächtigen zu erschießen *oder freizulassen* sind" – die zweite Variante wurde in der Vorlage des OKW nicht erwähnt. Auch die übrigen Modifikationen der Divisionsführung – gegenüber der Empfehlung des OKH, in verdächtigen Ortschaften „30 Mann erschießen" zu lassen[44], wollte die 296. ID, dass „der oder die Orts-Sowjets festgenommen und erschossen werden"[45] –, lassen erkennen, dass die Führung dieses Verbands für eine gemäßigtere Besatzungspolitik plädierte. Auch diese war mörderisch. Trotzdem besaß man hier den Mut, die offiziellen Vorgaben abzuschwächen, noch dazu schriftlich, wie auch die folgenden Passagen verdeutlichen: „Das Abbrennen von Ortschaften und Häusern als ‚Strafmaßnahme' hat zu unterbleiben. Dadurch werden nur Vorräte und Unterbringungsmöglichkeiten der Truppe vernichtet. Desgleichen sind Ortschaften nur zu evakuieren, wenn es die Kampftätigkeit wirklich erfordert." Bemerkenswert sind auch die Grundsätze zu Beginn dieser Richtlinien: die Kommandeure seien verantwortlich für „schnelle und gerechte Maßnahmen, Verhinderung jeglicher Willkürakte, Aufrechterhaltung strengster Disziplin, Wahrung der Ehre des deutschen Soldaten." All das wurde der Truppe nicht vorenthalten: „Keine wilde und planlose Schießerei in den ersten Tagen – nicht jeder Zivilist schießt"[46], lautete die Parole, die ein Regimentskommandeur dieser Division ausgab.

Auch die 4. Panzerdivision erhielt eine Version des Kriegsgerichtsbarkeitserlasses, die modifiziert worden war – wenn auch nicht in diesem Ausmaß und auch nicht durch sie selbst. Vielmehr hatte Generaloberst Heinz Guderian als Befehlshaber der Panzergruppe 2 am 9. Juni 1941 entschieden, dass die entsprechenden Maßnahmen „nicht durch einzelne Leute (auch nicht durch Offiziere als Zugführer), sondern in einem schnellen Feldgerichtsverfahren zu tätigen" seien[47]. Damit hatte man auch hier den Kreis der Verantwortlichen eingeschränkt und ihnen sogar die Möglichkeit eines einigermaßen formalisierten Verfahrens (freilich in Form eines Feld-, nicht Kriegsgerichts!) eingeräumt. Doch waren das nur Änderungen im Detail. Mit Blick auf unser Sample heißt das: Es war prinzipiell durchaus möglich, diesen Erlass im Sinne des Prinzips der Auftragstaktik zu modifizieren, doch war dazu offenbar nur eine Minderheit bereit.

Spielräume im Partisanenkrieg eröffnete aber nicht allein die deutsche Befehlsgebung, sondern auch die internationale Rechtslage.

---

[44] So der Generalquartiermeister Wagner am 16.5.1941 in einer Besprechung mit den Abwehr- und Versorgungsoffizieren des Ostheers. Zit. bei: Gerlach, Morde, S. 88.

[45] Weiter heißt es: „Dabei ist es wichtig, daß auch wirklich der Orts-Sowjet herausgegriffen wird und diese Maßnahme der Bevölkerung bekannt wird."

[46] BayHStA, Abt. IV, NL Thoma 3: Tagebuch, Eintrag vom 3.6.1941. Vgl. auch ebda., Eintrag vom 17.6.1941: Ein „Erschießen von Zivilisten [sei] im Kampf selbstverständlich, wenn sie die Truppe angreifen, sonst nur auf Befehl eines B[a]t[ail]l[ons-]K[omman]d[eu]rs. Kein Anzünden von Häusern als Strafe für Einwohner!"

[47] Zit. bei: Römer, Kriegsgerichtsbarkeitserlass, S. 71.

5.5.2 Internationale Rechtslage

Im Gegensatz zu vielen anderen Verbrechen der Wehrmacht fällt ein Urteil über ihre Rolle im Partisanenkrieg auch deshalb schwerer, weil der juristische Referenzrahmen unzureichend war. Der militärischen und politischen Wirklichkeit der 40er Jahre wurde die Haager Landkriegsordnung, die 1899 in Kraft getreten und 1907 noch einmal geringfügig modifiziert worden war, jedenfalls kaum gerecht. Spätestens mit Beginn eines flächendeckenden Partisanenkriegs im Rücken der gegnerischen Besatzungsmacht erhielten – neben einer Reihe kleinerer völkerrechtlicher Probleme – zwei juristische Fragen zentrale Bedeutung: Kombattantenstatus und Repressalmaßnahmen. Unter welchen Bedingungen schien ein irregulärer Kampf gegen die deutsche Besatzungsmacht legitim? Und: Wie weit waren wiederum deren Gegenmaßnahmen juristisch vertretbar?

Der erste Aspekt war relativ präzise geregelt, zumindest unter formalen Gesichtspunkten. Als Kombattant galt – unabhängig davon, ob es sich bei ihm um einen Soldaten, einen Milizionär oder einen Freiwilligen handelte – , wer die folgenden vier Forderungen erfüllte:

(1) Unterstellung unter einen verantwortlichen Vorgesetzten,

(2) Tragen eines aus der Ferne erkennbaren Abzeichens,

(3) offenes Führen der Waffen und

(4) Beachtung der Gesetze und Gebräuche des Krieges (Art. 1 HLKO)[48].

Mit Hilfe dieser vier Prinzipien ließ sich *relativ* klar definieren, ob im völkerrechtlichen Sinne legal gekämpft wurde oder nicht. Schwieriger wurde es bei Artikel 2 der HLKO. Er erlaubte der „Bevölkerung eines nicht besetzten Gebiets", den eindringenden Gegner zu bekämpfen, falls sie keine Zeit gehabt hatte, „sich nach Artikel 1 zu organisieren"[49]. Allerdings mussten auch diese Milizionäre „die Gesetze und Gebräuche des Krieges" beachten, sie mussten die Waffen offen führen[50] und sie durften nur im „nicht besetzten Gebiete" kämpfen. Diese Form der Kriegführung hatte spätestens dann zu enden, wenn die militärische Besetzung eines Gebiets abgeschlossen war. *Während* ihres Einmarsches war dagegen der Kampf paramilitärischer Einheiten gegen die Wehrmacht völkerrechtlich legitim, wobei die Frage nach der Beachtung der Gesetze und Gebräuche des Krieges und mehr noch nach dem offenen Führen der Waffen denkbar viele Auslegungsmöglichkeiten boten. *Mehr* Rechte hatte die Haager Landkriegsordnung der Zivilbevölkerung jedoch nicht eingeräumt, erst recht nicht ein festgeschriebenes Widerstandsrecht.

Noch weniger definiert waren die Sanktionsmöglichkeiten der Besatzungsmacht[51]. Geregelt war lediglich die Fürsorgepflicht der Okkupationsmacht (Art. 43 HLKO). Wie aber sollte sie auf Rechtsverletzungen durch die Bevölkerung

---

[48] Druck: Lodemann (Hrsg.), Kriegsrecht, S. 50. Zur historischen und völkerrechtlichen Entwicklung vgl. Buß, Kombattantenstatus.

[49] Das wurde durch die Kriegssonderstrafrechtsverordnung anerkannt. IfZ-Archiv, Da. 034.008-3/13: H.Dv. 3/13: Verordnung über das Sonderstrafrecht im Kriege und bei besonderem Einsatz (Kriegssonderstrafrechtsverordnung) vom 17.8.1938, hier § 3, Abs. 3.

[50] Art. 2 HLKO, Druck: Lodemann (Hrsg.), Kriegsrecht, S. 50.

[51] Auch in der Zwischenkriegszeit war man hier zu keiner befriedigenden Lösung gekommen. Vgl. Best, Humanity in Warfare, S. 232f.

eines besetzten Gebietes reagieren? Dass „Freischärlerei [...] mit dem Tode bestraft" werden sollte, war nicht allein eine Bestimmung des nationalen deutschen
Rechts, der so genannten *Kriegssonderstrafrechtsverordnung* vom 17. August
1938[52], es entsprach auch dem internationalen Gewohnheitsrecht. Völlig unklar
war dagegen die Frage der Geiselnahme und -tötung. Die Juristen waren damals in
dieser Frage gespalten. „Außerhalb der deutschen Völkerrechtsschule wurde sie
nur von wenigen Autoren für zulässig gehalten"[53], so dass im Nürnberger Kriegs-
verbrecherprozess Geiseltötungen und Repressalien schon aufgrund des exzes-
siven deutschen Missbrauchs prinzipiell als Kriegsverbrechen bewertet wurden. In
den Folge-Prozessen, insbesondere während des „Südosteuropa-Prozesses" und
des „OKW-Prozesses" (beide 1947/48), kamen die amerikanischen Richter dagegen zu einem anderen Ergebnis: unter bestimmten, eng begrenzten Voraussetzungen, könnten Geiseltötungen und Kriegsrepressalien auch erlaubt sein[54].

Doch warf der Partisanenkrieg noch mehr Fragen auf, die juristisch ungeklärt
waren: Wie weit war etwa ein Kampf von Kombattanten in *bereits besetzten* Gebieten legitim[55]? Wann hatte ein Gebiet überhaupt als besetzt zu gelten[56]? Welchen
Status hatten jene Partisanen, die sich nicht zur Sowjetunion bekannten, die sich
also nicht einer bestimmten politischen Einheit zuordnen ließen? Und wie war
eine Gruppe zu bewerten, die sich aus Kämpfern zusammensetzte, die zum Teil
den Kombattanten-Status besaßen und zum Teil nicht? Kollidierte das Gebot zum

---

[52] IfZ-Archiv, Da. 034.008-3/13: H.Dv. 3/13: Verordnung über das Sonderstrafrecht im Kriege
und bei besonderem Einsatz (Kriegssonderstrafrechtsverordnung) vom 17.8.1938, hier § 3,
Abs. 1: „Wegen Freischärlerei wird mit dem Tode bestraft, wer, ohne als Angehöriger der bewaffneten feindlichen Macht durch die völkerrechtlich vorgeschriebenen äußeren Anzeichen
der Zugehörigkeit erkennbar zu sein, Waffen oder andere Kampfmittel führt oder in seinem
Besitz hat, in der Absicht, sie zum Nachteil der deutschen oder einer verbündeten Wehrmacht
zu gebrauchen oder einen ihrer Angehörigen zu töten, oder sonst Handlungen vornimmt, die
nach Kriegsgebrauch nur von Angehörigen einer bewaffneten Macht in Uniform vorgenommen werden dürfen."
Ferner IfZ-Archiv, Da 034.008-92.1: Handbuch für den Generalstabsdienst im Kriege, Teil I,
Berlin 1939, insbes. S. 105 ff.; Delacor, Attentate und Repressionen, Dok. 1.
[53] Wörterbuch des Völkerrechts, Bd. I, S. 636. Ferner Hammer/Salvin, The Taking of Hostages,
S. 32 f.; Albrecht, War Reprisals, S. 602 f.
[54] Diese Voraussetzungen waren: 1.) Es muss ein illegaler Akt des Gegners vorliegen; 2.) es muss
versucht werden, den Täter zu ermitteln; 3.) die Repressalie muss angekündigt und die Exekution ggfs. von einem Gericht angeordnet sein; 4.) Repressalien und Geiseltötungen müssen unter klar definierter Verantwortung durchgeführt werden; 5.) das Prinzip der Verhältnismäßigkeit muss gewahrt sein; 6.) es muss eine Verbindung zwischen den Geisel- bzw. Repressalopfern
und dem illegalen Akt vorliegen; 7.) die Exekution der Geiseln muss bekannt gegeben werden;
8.) Die Tötung der Geiseln bleibt letztes, äußerstes Mittel. Vgl. Jentsch, Beurteilung summarischer Exekutionen. Ferner: Geisel- und Partisanentötungen im Zweiten Weltkrieg. Hinweise
zur rechtlichen Beurteilung. Hrsg. von d. Zentralen Stelle der Landesjustizverwaltungen,
Masch. Manuskript, Ludwigsburg 1968; Lieb, Konventioneller Krieg, S. 256.
[55] Das internationale Völkerrecht unterscheidet zwischen den beiden Begriffen der *Treuepflicht*
und der *Gehorsamspflicht*. Die kriegerische Besetzung eines Landes kann keine Treuepflicht
gegenüber dem Okkupanten begründen, vielmehr behält die Bevölkerung des besetzten Landes
ihre alte Staatsangehörigkeit. Allerdings besteht für die Landesbewohner eine Gehorsamspflicht
gegenüber dem Okkupanten, dessen Befehlen und Anordnungen sie Folge zu leisten haben.
Vgl. Wörterbuch des Völkerrechts, Bd. I, S. 195 ff.
[56] Entscheidend ist in diesem Zusammenhang Art. 42 HLKO: „Ein Gebiet gilt als besetzt, wenn
es sich tatsächlich in der Gewalt des feindlichen Heeres befindet." Das war zwar im Falle der
besetzten Sowjetunion zumindest formal, nicht immer aber praktisch der Fall, so dass schon
der Tatbestand der Besetzung Auslegungssache sein konnte. Druck: Lodemann (Hrsg.), Kriegsrecht, S. 63.

offenen Führen von Waffen mit der Kriegslist, die Art. 24 der HLKO erlaubte[57]?
Und: Wann war eine Repressalie noch verhältnismäßig und wann war sie das nicht
mehr?

Es wäre grundfalsch, die zahllosen Verbrechen der deutschen Besatzungsmacht
während des Zweiten Weltkriegs allein mit den Lücken und Unklarheiten des internationalen Völkerrechts zu erklären. Ursache dafür waren in erster Linie ein
politischer Wille und ein ideologisches Programm, die sich um Recht und Moral
wenig scherten. Andererseits wäre es aber auch nicht richtig, die Bedeutung dieser
völkerrechtlichen Defizite[58] einfach zu ignorieren, schon weil sie den Rechtsbruch erleichtern mussten und weil sie – was vermutlich noch folgenreicher war –
die Handelnden in der Praxis des Krieges oft schlichtweg alleinließen. Auch das
Verhalten der deutschen Führung trug nicht zur Klärung der Situation bei, schon
weil es widersprüchlich war. *Faktisch* hatte sie bewusst und ohne Not einen Teil
des geltenden Völkerrechts außer Kraft gesetzt. *Offiziell* aber war die Haager
Landkriegsordnung (schon aus Rücksicht auf die internationale Öffentlichkeit,
den Gegner und nicht zuletzt auch auf die Wehrmacht selbst) nie sistiert worden.
Schon deshalb existierten Teilbereiche – erinnert sei etwa an das Kriegsgefangenenwesen, an das System der Parlamentäre, an das Rote Kreuz usw. –, wo sich
zumindest die *Kriegführung* an dem orientierte, was Kriegsrecht und Kriegsbrauch
eigentlich vorsahen. Diese Grundsätze waren schon deshalb nicht völlig obsolet
geworden, weil neue Rechtsprinzipien nicht an ihre Stelle getreten waren. Zur
Klärung der Frage, was im Krieg als legal bzw. als illegal zu gelten hatte, war zumindest die Truppe noch immer auf die Grundsätze des alten Rechts angewiesen.
Auch in diesem speziellen Fall ist jenes charakteristische Nebeneinander eines ge-
setzlichen „Normenstaates" und eines, die gleichen Gesetze ignorierenden „Maßnahmenstaates" zu beobachten[59].

Diese Situation, welche nicht die Truppe zu verantworten hatte, sondern deren
Führung, bot mehr Spielräume, als man zunächst vermuten würde. Da die einschlägigen völkerrechtlichen Bestimmungen offiziell nie aufgehoben worden waren, konnte man sich – was auch zuweilen geschah – auf sie berufen[60]. Auch das
für die Wehrmacht charakteristische Führungsprinzip der Auftragstaktik, die weiten Entfernungen zu den militärischen Zentraldienststellen oder die Tatsache, dass
der Kriegsgerichtsbarkeitserlass mehr Auslegungsmöglichkeiten bot, als es auf den
ersten Blick schien, förderten die Handlungsspielräume der Truppenführung, freilich auch deren Verantwortung[61]. Spätestens an diesem Punkt wird deutlich, dass

---

[57] Art. 22 HLKO bestimmte, dass die Kriegsparteien „kein unbeschränktes Recht in der Wahl der
Mittel zur Schädigung des Feindes" hätten; diese wurden in Art. 23 genannt. Art. 24 bestimmte
jedoch definitiv, dass „Kriegslisten" erlaubt seien. Druck: Lodemann (Hrsg.), Kriegsrecht,
S. 58f. Informationen zur Rechtssituation vor 1945 auch bei: Gimmerthal, Kriegslist und Perfidieverbot, S. 45ff.

[58] Wie unvollkommen die damalige Rechtsordnung war, belegt allein das „IV. Genfer Abkommen
zum Schutze von Zivilpersonen in Kriegszeiten", das am 12.8.1949 in Kraft gesetzt wurde und
das den Defiziten, wie sie im Zweiten Weltkrieg zutage getreten waren, Rechnung zu tragen
suchte. Druck: Die Vier Genfer Abkommen zum Schutze der Opfer des Krieges vom 12.8.1949,
S. 112ff.

[59] Vgl. Fraenkel, Der Doppelstaat.

[60] Vgl. etwa mit dem Prolog.

[61] Vgl. hierzu auch Anderson, 62. Infanterie-Division, S. 311.

das damals gültige Völkerrecht zumindest für die Truppe mehr war bzw. mehr sein konnte als nur eine Quantité négligeable.

Schließlich ist in diesem Zusammenhang noch ein Aspekt zu beachten: Auch die sowjetische *Führung* zeigte im Falle des Partisanenkriegs kein großes Interesse an der Einhaltung des Völkerrechts. Zweifellos war dieser Krieg eine Reaktion auf den völkerrechtswidrigen deutschen Überfall und auf die nicht minder völkerrechtswidrige deutsche Besatzungspolitik. Mit seinem Aufruf vom 3. Juli 1941 hatte Stalin freilich *von vorneherein* klar gestellt[62], dass man den Kampf gegen die Deutschen „nicht als einen gewöhnlichen Krieg betrachten" dürfe. Dies sei vielmehr ein „schonungsloser Kampf", bei dem allein das Prinzip der militärischen Effizienz zähle, denn es gehe gegen den „schlimmsten und heimtückischsten Feind, den deutschen Faschismus". Entscheidend ist der sehr frühe Zeitpunkt dieser Proklamation. Stalins Rede datiert vom 3. Juli, der erste Aufruf der sowjetischen Führung zum Partisanenkrieg sogar vom 29. Juni 1941. Damals aber war die Dimension dessen, was die deutschen Besatzer vorhatten, noch längst nicht zu erkennen. Stalins Ansprache allein damit zu rechtfertigen, wäre jedenfalls anachronistisch; auch in seinem Fall handelte es sich – ähnlich wie bei der deutschen Gegenseite – um eine auffallend frühe Grundsatzentscheidung. Zwar agierte die Sowjetunion in der Defensive, zwar war sie – gegen jedes Völkerrecht – vom einen auf den anderen Tag überfallen worden, doch hatte auch sie mit der Besetzung von Ostpolen im September 1939, spätestens aber mit dem Angriff auf Finnland zwei Monate später, der Weltöffentlichkeit vorgeführt, dass sie sich in der Frage der Kriegseröffnung ebenfalls souverän über das Völkerrecht hinwegsetzen konnte[63].

Schließlich sollte man noch einen völkerrechtlichen Grundsatz hier nicht völlig aus dem Spiel lassen: Beim *Ius ad bellum* (Wozu führt man Krieg?) und beim *Ius in bello* (Wie führt man Krieg?) handelt es sich um zwei Rechtsbereiche, die „vollkommen unabhängig von einander" sind[64]. Gültiges Prinzip war (und ist) vielmehr, „daß das Kriegsrecht in jedem Krieg und für alle Kriegführenden in gleicher Weise galt, ob der Krieg gerecht oder ungerecht, legal oder illegal, ob er Angriffs- oder Verteidigungskrieg oder sogenannter Präventivkrieg war [...]". Natürlich ist dieses Prinzip nur begrenzt auf den Ostkrieg übertragbar, bei dem es sich immer auch um einen Völkermord handelte; für viele Juden, Russen oder Ukrainer ging es um das nackte Überleben. Ihre Interessen aber waren wiederum mit denen der sowjetischen Führung nur zum Teil deckungsgleich. Deren primäres Ziel war die Durchsetzung ihrer Herrschaft, auch in jenen Gebieten, in denen offiziell die Deutschen herrschten. Alles andere hatte sich dieser Absicht unterzuordnen.

Alles in allem waren das keine günstigen Voraussetzungen. Ideologische Radikalität und militärisches Nützlichkeitsdenken – die Deutschen suchten ihre Schwäche im Hinterland zu kompensieren, die Sowjets ihre anfängliche Unterlegenheit an der Front – ließen hier einen Krieg im Krieg entstehen, bei dem das Völkerrecht

---

[62] Rundfunkrede Stalins vom 3. 7. 1941, Druck: Ueberschär/Wette (Hrsg.), „Unternehmen Barbarossa", S. 326–329.

[63] Nachdem sowjetische Truppen am 30. 11. 1939 die finnische Grenze überschritten hatten, erklärte der Völkerbund die UdSSR am 14. 12. 1939 zum Angreifer und schloss sie aus dem Völkerbund aus. Vgl. hierzu Jakobson, Diplomatie im Finnischen Winterkrieg, S. 215ff.

[64] Karma Nabulsi, Ius ad bellum/Ius in bello, in: Gutman/Rieff (Hrsg.), Kriegsverbrechen, S. 210f.

von vornherein sistiert war. An die sozialen Folgen, die das hatte, verschwendeten beide Diktatoren keine Gedanken, zumindest nicht zu Beginn des Krieges. Angesichts der Grenzen und Unzulänglichkeiten des herrschenden Kriegsrechts wurde ihnen dies leicht gemacht. Anders gewendet: Wären die internationalen Regeln umfassender und vor allem auch präziser gewesen, so wäre es schwieriger geworden, sie zu ignorieren oder gar bewusst zu brechen. Doch hatten die beiden totalitären Diktaturen, die auf diesem Kriegsschauplatz aufeinandertrafen, schon öfters demonstriert, wie rücksichtslos sie sich über diese Prinzipien hinwegsetzen konnten. Entsprechend groß ist die Verantwortung dieser beiden Apparate, in Sonderheit ihrer Führer, für die Exzesse auf diesem Schauplatz des Ostkriegs. Doch gilt auch hier, dass es die deutsche Seite war, die hierzu den ersten Schritt tat.

5.5.3 Beginn: Juni/Juli 1941[65]

Die Folgen ließen nicht lange auf sich warten. Für Verbände wie die *4. Panzerdivision*, die unter dem größten Erfolgs- und Zeitdruck standen, war die Versuchung groß, „mit den zahlreichen Misshelligkeiten, Reibereien, Seitenhieben, Anschlägen aus der Sphäre des Zivils"[66] kurzen Prozess zu machen[67]. Anfang Juli fanden einige Schützen acht ihrer Kameraden, tot und verstümmelt. Obwohl unklar blieb, warum das so war, füsilierte das Schützen-Regiment 12 daraufhin „über 100 Freischärler" – zur „Vergeltung"[68]. „Unmengen Gefangene sitzen hier herum", schrieb der Leutnant Farnbacher, „und ab und zu verrät ein einzelner Schuß, daß wieder ein Freischärler erschossen worden ist."[69] Wieder scheint der Major Hoffmann, der sich auch bei der Umsetzung des „Kommissarbefehls" als Hardliner aufführte[70], der Initiator gewesen zu sein. Farnbacher beobachtete damals, wie er „jeden Abend […] ein Dorf anzünden" ließ[71]. An seinem Beispiel werden die katastrophalen Folgen des Kriegsgerichtsbarkeitserlasses wie in einem Brennspiegel er-

---

[65] Bei der folgenden Darstellung wird nicht nur die Entwicklung im Hinterland der 2. deutschen Armee (Korück 580) berücksichtigt, sondern – wo nötig – auch das Hinterland der 2. deutschen Panzerarmee (Korück 2. Panzerarmee, ab 1.4.1942: Korück 532), in dem seit 1942 immer wieder Teile der 4. Panzerdivision im Einsatz gegen Partisanen waren.

[66] Friedrich, Gesetz des Krieges, S. 517.

[67] Ohne „den rücksichtslosen Kampf gegen die Heckenschützen und Freischärler" hielt das XXIV. Pz. Korps „das schnelle Ende des Feldzugs" für kaum möglich. XXIV. Pz. Korps, Abt. I a, in einem Korpsbefehl vom 25.6.1941. Zit. bei: Römer, Kriegsgerichtsbarkeitserlass, S. 78. In diesem Sinne auch BA-MA, RH 24-24/104: XXIV. Pz. Korps, Abt. I a, Aktenvermerk „Besprechung beim XXIV. Pz. Korps", o.D. [Ende Juni 1941]. Angst hatte man freilich weniger vor der Zivilbevölkerung als vor den umher vagabundierenden Rotarmisten. Vgl. etwa IfZ-Archiv, MA 1590: XXIV. Pz. Korps, Abt. I c, Meldung an Pz. Gr. 2 vom 27.6.1941.

[68] BA-MA, RH 24-24/325: 4. Pz. Div., Abt. I c, Meldung an das XXIV. mot. Korps vom 1.7.1941. Wieweit dieser Vorwurf stichhaltig war, ließ sich anhand der vorliegenden Akten nicht klären. Farnbacher bestätigt, dass man seine Divisionsangehörigen in „bestialischer Weise" hergerichtet habe, „die Schädel eingeschlagen und mit Bajonetten zerstochen". Dort findet sich auch ein Hinweis auf die Bewaffnung der Zivilisten: „So hat auch Hptm. Horn heute morgen mitgebracht, daß unsere Kradschützen über 100 Freischärler erschossen haben, die mit zehn Maschinengewehren, zehn Maschinenpistolen und Flakgeschützen hinübergebracht wurden." BA-MA, MSg 1/3268: Fritz Farnbacher, Tagebuch, Eintrag vom 2.7.1941. Vgl. hierzu auch Schaub, Panzer-Grenadier-Regiment 12, S. 67, wo es heißt, die verwundeten Kameraden seien „in Feindeshand" gefallen.

[69] BA-MA, MSg 1/3268: Fritz Farnbacher, Tagebuch, Eintrag vom 3.7.1941.

[70] Vgl. Kap. 5.1.

[71] BA-MA, MSg 1/3269: Fritz Farnbacher, Tagebuch, Eintrag vom 19.7.1941.

kennbar. Das Problem war nicht die Psychopathologie des Majors Hoffmann, das Problem war, dass sich solche Naturen nun ungehindert ausleben konnten.

Trotzdem – und das scheint das eigentlich Überraschende – blieb er zunächst eine Ausnahme. Denn meistens trafen die „Vierer" gerade nicht auf das, was Hitler prognostiziert hatte – auf eine ‚total verhetzte bolschewistische Bevölkerung'[72]. Statt dessen zeigte sich diese oft „sehr freundlich"[73] und „zutraulich"[74], begann sofort zu handeln[75], brachte „Blumensträußchen"[76] oder „Salz und Brot"[77]. Es kam sogar vor, dass die einmarschierenden Panzersoldaten „von der Bevölkerung auch geküßt" wurden[78]: „Sie halten uns offenbar für Befreier." Es spricht für die 4er, wenn sie diese Chancen in der Regel nützten; mitunter wurden sogar Zivilisten medizinisch versorgt[79]. Bei Verdachtsmomenten – ob begründet oder nicht lässt sich schwer entscheiden – reduzierte sich ihr Handeln nicht allein auf die gleichermaßen einfallslose wie menschenverachtende Dichotomie des Kriegsgerichtsbarkeitserlasses, der darauf hinauslief: „Erschießen oder Freilassen"[80]; *meist* machte sie „Zivilgefangene"[81], obwohl doch die Verwahrung Verdächtiger *„ausdrücklich verboten"* war[82].

---

[72] So der Chef OKW über Hitlers Meinung in einem Schreiben an den Chef HRüst u BdE vom 5.7.1941, Druck: Müller (Hrsg.), Okkupation, S.104f., hier S.104.

[73] Neumann, 4. Panzerdivision, S.201. In diesem Sinne auch Schäufler, So lebten und so starben sie, S.44.
Vgl. auch PA-AA, R 60759: AOK 4, Abt.I c (VAA), „Bericht Nr.86" vom 16.7.1941, Anlage „Stimmung der Bevölkerung": „Grundsätzlich sind die Leute durchwegs entgegenkommend und freundlich. Zunächst habe ich mir das nicht erklären können, da sie ja durch unseren Einmarsch bisher nur Negatives, Hunger, Wohnungsnot usw. erfahren haben. Die Freundlichkeit ist auch nicht etwa durch Angst begründet, denn dann würde sich mehr passive Resistenz bemerkbar machen."

[74] BA-MA, MSg 1/3268: Fritz Farnbacher, Tagebuch, Eintrag vom 29.6.1941. Wie schnell solche Stimmungen freilich wechseln konnten, belegt ebda., MSg 1/3269: Eintrag vom 31.7.1941, in dem Farnbacher von einer „ängstlichen" Bevölkerung berichtet und sich über ihre „stupide" Stimmung beklagt.

[75] Ebda., Eintrag vom 29.6.1941. Generell hierzu Arnold, Wehrmacht, S.147ff.

[76] BA-MA, MSg 1/3268: Fritz Farnbacher, Tagebuch, Eintrag vom 3.7.1941. Die 4. Pz. Div. erlebte damals, wie ein russischer Bauer zwei schwer verwundete Kameraden „36 Stunden lang vor den bolschewistischen Truppen" versteckte. „Dieses alles unter Lebensgefahr für ihn und seine Frau." O. Verf., Sturm im Osten, S.53f.

[77] BA-MA, N 10/9: NL Smilo Frhr. von Lüttwitz, Brief vom 7./8.7.1941: „Im Hause, in dem wir zu 6 das einzige Zimmer bewohnen, betreut uns eine ordentliche Frau. Ecker, Baumbach, Heyden, Stäuber, Tiedemann u. ich liegen zusammen unten im Stroh, alle Panje oben auf dem Ofen. Sie haben ihre Ikonen wieder aufgestellt u. bekreuzigen sich manchmal. In einer anderen Ortschaft brachten sie uns Salz u. Brot, weil wir dort die ersten Deutschen waren."

[78] BA-MA, MSg 1/3268: Fritz Farnbacher, Tagebuch, Eintrag vom 1.7.1941. Auch zum Folgenden.

[79] BA-MA, RH 39/373: Hans Luther, fr. San. Ofw. I./Pz. Rgt. 35, Bericht „Privat-Praxis".

[80] Vgl. hierzu BA-MA, RH 27-4/109: 4. Pz. Div., Abt.I c, Tätigkeitsbericht, Eintrag vom 30.7.1941: „Am 29.7. wurden vom Feldgendarmerietrupp 84 vier Zivilisten im Bereich der Div. aufgegriffen. Die heutige Vernehmung ergab, daß die Leute bereits von einer Gefangenensammelstelle angehalten worden waren, jedoch wiederum mit Ausweisen versehen wurden nach Orten, die sich zur Zeit noch in Feindeshand befinden." Der ergänzende Bericht zeigt freilich eine maßvolle Reaktion der Division; der I c berichtete dem XXIV. Panzerkorps: „Mangels Ausweispapieren konnte den Zivilisten nicht nachgewiesen werden, daß sie Angehörige der Roten Armee sind bzw. zu derselben einberufen wurden; auch sonst machten ihre Aussagen einen immerhin glaubwürdigen Eindruck." BA-MA, RH 27-4/115: 4. Pz. Div., Abt.I c, Meldung an das XXIV. Pz. Korps vom 30.7.1941.

[81] BA-MA, RH 27-4/109: 4. Pz. Div., Abt.I c, Tätigkeitsbericht, Eintrag vom 18.7.1941: Eingang der „Anweisung über die Behandlung russischer Zivilgefangener".

[82] Druck: Ueberschär/Wette (Hrsg.), „Unternehmen Barbarossa", S.306. Hervorhebung im Original.

Deutsche Panzersoldaten treffen auf russische Zivilisten, Juli 1941
(Quelle: BSB, Fotoarchiv Hoffmann 36501)

Auch bei der *296. Infanteriedivision* setzte man damals – erinnert sei an ihre abwägende Reaktion auf den Kriegsgerichtsbarkeitserlass – weniger auf Härte. Das konnten sich die bayerischen Soldaten auch leisten, denn bei ihrem Einmarsch in die Ukraine trafen sie auf eine Woge der Empathie[83], der sie offenbar auch „Rechnung [zu] tragen" verstanden[84]. „Die ukrainische Zivilbevölkerung wandte sich in zahlreichen Fällen um Rat und Hilfe" an die Division, vermerkte deren Abteilung I c. Die Nöte dieser Menschen habe man „in vielen Fällen durch geeignete Maßnahmen behoben oder zumindest gemindert [...], was sich in propagandistischer Hinsicht günstig auswirkte"[85]. Auch Plünderungen, Misshandlungen

---

[83] BA-MA, MSg 2/5316: NL Hans P. Reinert, Tagebuch, Einträge vom 22.6., 5.7., 6.7., 21.7. und 6.8.1941; BfZ, Slg. Sterz, 04650, Brief L. B. vom 25.7.1941; BayHStA, Abt. IV, NL Thoma 3: Tagebuch, Eintrag vom 1.7.1941: „Wir sind jetzt in einer offenbar sehr deutschfreundlichen Gegend. Über die Straße ist ein Spruchband gespannt, das auf deutsch und russisch (od. ukrainisch?) sagt: ‚Heil Hitler! Das ukrainische Volk begrüßt seinen Befreier, die heldenmütige, siegreiche deutsche Armee.' Wie ich bei der Kirche halte, kommt der ehemalige Lehrer und begrüßt uns. Er spricht einigermaßen deutsch. Dann werden Milch und wundervolle Walderdbeeren gebracht [...] Der Lehrer erzählt sehr interessant. Die Russen scheinen ja während der kurzen Zeit ordentlich gewirkt zu haben. Die Leute hier machen einen wesentlich günstigeren Eindruck wie z. B. die Polen."
[84] BA-MA, MSg 2/5316: 296. Inf. Div., Abt. I c, „Feindnachrichtenblatt Nr. 3" vom 4.7.1941: „Unter der Sowjetherrschaft hat das ukrainische Volk bis in die letzten Tage hinein schwerste Blutopfer bringen müssen. Seine deutschfreundliche Haltung kann infolgedessen, von einzelnen Ausnahmen abgesehen, erwartet werden. Dem muß die Truppe Rechnung tragen."
[85] IfZ-Archiv, MA 1637: 296. Inf. Div., Abt. I c, Tätigkeitsbericht für die Zeit vom 30.6.–22.7.1941.

oder Überreaktionen[86] suchte die 296. ID damals noch zu unterbinden[87]. Allerdings konnte diese Stimmung schon damals umschlagen – etwa dann, wenn ihre Sicherheit gefährdet war oder gar ihr militärischer Auftrag[88], oder wenn sie auf Juden oder Kommunisten traf[89].

Dies war auch bei der *45. Infanteriedivision* so; wenn es zu Repressalien kam, dann gewöhnlich in Form von Verhaftungen, die ab August „mehr und mehr überhand" nahmen[90], so das übergeordnete AOK 2. Das war kein Zufall. Denn diese Armee wollte die „Masse der Bevölkerung" (nicht aber die „aktivistischen Parteigänger" und die Juden[91]) gut behandeln[92], und registrierte befriedigt, dass „die große Masse der Soldaten" sich tatsächlich „einwandfrei gegen die russische Zivilbevölkerung" verhalte[93]. Etwas anderes wäre auch wenig sinnvoll gewesen. Die 45. ID erlebte diese als „nicht feindselig"[94], meist hätte man „nur Frauen, Kinder und Greise" gesehen[95].

Keine Frage: Schon damals konnte die kämpfende Truppe brutal und rücksichtslos auftreten, vor allem dann, wenn es um ihre elementaren Interessen ging: Sicherheit, Zeitplan und auch Versorgung. In der Phase des Bewegungskriegs aber blieben Gewaltausbrüche die Ausnahme. Das lag nicht allein daran, dass die Begeg-

---

[86] BA-MA, MSg 2/5316: NL Hans P. Reinert, Tagebuch, Eintrag vom 3./4.7.1941, der von der standrechtlichen Erschießung eines Russen durch die 296. ID berichtet, der deren Angehörige mit einem Knüppel angegriffen hatte. Fünf Geiseln, die wegen des Verdachts der Unterstützung festgenommen worden waren, wurden dagegen am nächsten Morgen freigelassen. Ferner IfZ-Archiv, MA 1637: 296. Inf. Div., Abt. I c, Tätigkeitsbericht für die Zeit vom 29.7.–24.8.1941: „Fernsprechkabel-Beschädigungen wurden gemeldet. Es konnte nicht einwandfrei erwiesen werden, ob es sich um Sabotageakte handelt."

[87] Vgl. IfZ-Archiv, MA 1634: 296. Inf. Div., Abt. I a, „Divisionsbefehl Nr. 52" vom 4.8.1941, in dem der Divisionskommandeur jede „unrechtmäßige Wegnahme von Verpflegungsmitteln" als Diebstahl oder Plünderung bezeichnet; PA-AA, R 60705: AOK 2, OB, Erlass betr. „Verhalten der Truppen in der Ukraine" vom 9.9.1941, in dem noch einmal deutlich gefordert wird, „auf berechtigte Interessen der Betroffenen Rücksicht zu nehmen. Gegen etwa vorkommende Plünderungen ist mit schärfsten Maßnahmen einzuschreiten."

[88] BA-MA, MSg 2/5316: NL Hans P. Reinert, Tagebuch, Eintrag vom 22.6.1941ff. Ferner IfZ-Archiv, MA 1633: Radf. Schw. 296, Meldung an die Pz. Jg. Abt. 296 vom 25.6.1941; die Schwadron erkundigte sich damals bei der Divisionsführung, ob sie eine Gruppe von Zivilisten selbst erschießen dürfe, „zumal diese Personen auch untertags in Brand geschossene Dörfer und Ortschaften wieder zu besetzen pflegen und aus Beutegewehren auf die angreifende Truppe oft ein wohlgezieltes und hinterlistiges Feuer abgeben". IfZ-Archiv, MA 1637: 296. Inf. Div., Abt. I c, Tätigkeitsbericht für die Zeit vom 29.7.–24.8.1941: „Auf Befehl des Rgts.-Kdeurs, I. R. 519, wurde am 30.7. ein Zivilist erschossen, der einwandfrei als Spion erkannt war." BA-MA, RH 24-7/141: Plakat „Bekanntmachung". Dem VII. A.K. war damals die 296. Inf. Div. unterstellt.

[89] Vgl. hierzu Kap. 5.1 und 5.4.

[90] BA-MA, RH 20-2/1445: AOK 2, Abt. O.Qu./Qu. 2, Tätigkeitsbericht für die Woche vom 10.–16.8.1941.

[91] Sehr wahrscheinlich hatte auch die 45. ID damals eine Exekution von Juden zu verantworten. Vgl. Kap. 5.4.

[92] BA-MA, RH 20-2/1090: AOK 2, Abt. I c/A.O., Weisung vom 17.7.1941.

[93] In einem Befehl vom 8.8.1941, zit. bei: Hürter, Heerführer, S. 451. Auch nach 1945 betonte der ehemalige Oberbefehlshaber der 2. Armee, Gen.oberst Frhr. von Weichs, dass seine Soldaten zwar durch die NS-Propaganda nicht unbeeinflusst gewesen seien, durch den direkten Kontakt hätten sie aber bald „einen Teil der russischen Bevölkerung in ganz anderem Lichte sehen" gelernt. Zitat: Ebda., S. 445.

[94] Gschöpf, Weg, S. 163. Auch die Feldkommandantur (V) 184, die damals Gebiete übernahm, welche die 45. ID durchquert hatte, berichtete über ein gutes Verhalten der Fronttruppe. IfZ-Archiv, MA 1661: Feldkommandantur (V) 184, Bericht vom 8.7.1941.

[95] Ludwig Hauswedell, Kriegstagebuch 1941/42 (4.5.41–21.4.1942), Kopie im Besitz d. Verf., Eintrag vom 29.7.1941.

nungen zwischen den deutschen Soldaten und den vor Ort lebenden Menschen meist nur kurz und oberflächlich blieben. Viel folgenreicher war, dass diese *anfangs* meist eben nicht feindselig auf die deutschen Invasoren reagierten, was sich politisch (erinnert sei an die kurz vorher erfolgte sowjetische Machtverschiebung nach Westen) und gesellschaftlich erklären lässt; gerade die Landbevölkerung, mit der die vorrückenden Deutschen am häufigsten zusammen trafen, hatte für den Bolschewismus meist wenig übrig. Im Verhalten der deutschen Soldaten sind wiederum antibolschewistische und auch antisemitische, aber weniger antislawische Motive zu erkennen, selbst wenn sich diese Soldaten den Einheimischen klar überlegen fühlten. Allerdings blieb jene Wehrmachtsangehörigen, die ihre Ressentiments gewaltsam auslebten, damals eindeutig in der Minderheit.

Bei den Besatzungsverbänden war das anders, schon weil die Herrschaft über die sowjetische Gesellschaft ihre Kernaufgabe darstellte. Davon abgesehen vollzog sich ihr Vormarsch langsamer und beschränkte sich nicht allein auf die großen Rollbahnen[96]. Vielmehr hatten sie das gesamte Besatzungsgebiet zu „befrieden", auch die „abseits der Straßen gelegenen Dörfer"[97]. Gleichwohl war auch ein Verband wie die *221. Sicherungsdivision* in den westlichen Teilen des sowjetischen Imperiums zunächst „mit Blumen, Salz und Brot als Befreier vom Sowjet-Joch" begrüßt worden[98]. Doch unterließ sie nichts, um diesen Vertrauensvorschuss zu verspielen[99]. Dabei handelte es sich um eine systematische Strategie, nicht um einzelne Übergriffe. Um „zur totalen politischen und wirtschaftlichen Befriedung" ihres Besatzungsgebietes zu kommen[100], schien es ihrer Führung am besten, alle potentiellen Unruhestifter von vorneherein zu paralysieren. Von den schrecklichen Folgen, die diese Strategie des Rundumschlags hatte, war bereits die Rede[101] und auch von der intensiven Kooperation dieser Sicherungsdivision mit den Einheiten des SS- und Polizei-Apparats[102]. Zweifellos blieb ein Massaker wie das von Bialystok in seinem Ausmaß und in seinem Charakter ein Einzelfall. Doch besaß dieser

---

[96] Die Säuberung undurchdringlicher Waldgebiete blieb für die deutschen Kampfverbände eine Ausnahme. So berichtete das Infanterie-Regiment 510: „Hierzu mußten durch ein völlig versumpftes und dichtes Waldgebiet etwa 30 km zurückgelegt werden. Dieses Gebiet wurde bis jetzt noch von keinem deutschen Soldaten betreten." BayHStA, Abt. IV, NL Thoma 5: IR 519, Kriegstagebuch vom 19. 10. 1941.

[97] IfZ-Archiv, MA 1667: 221. Sich. Div., Abt. I c, „Lagebericht" an 221. Sich. Div., Abt. VII, vom 18. 8. 1941.

[98] IfZ-Archiv, MA 1660: 221. Sich. Div., Abt. I a, Kriegstagebuch, Eintrag vom 23. 6. 1941. Ferner BA-MA, RH 24-7/140: 221. Sich. Div., Abt. I c, Bericht betr. „Allgem. Lage im Raum von Bialystok" an VII. A. K. vom 1.7.1941: „Die polnische Bevölkerung ist nach wie vor entgegenkommend. Sie hat bei der Niederlegung der Standbilder der Sowjetgrößen ihren unumschränkten Beifall gezollt." Dieser Eindruck setzte sich zunächst auch Anfang August beim Einmarsch der Division in die RSFSR fort.

[99] Dabei hatte auch der Befehlshaber des Rückwärtigen Heeresgebiets Mitte registriert, „daß die weißrussische u. polnische Bevölkerung eine durchaus deutschfreundliche Haltung zeigt". Er „wünsche daher schonendste Behandlung dieser Bevölkerungsteile". USHMM RG-48.004M: Polizei-Regiment Mitte, Befehl betr. „Verhalten gegenüber der weißrussischen und polnischen Bevölkerung" vom 12.7.1941. Dem Befehl war eine Besprechung mit dem Bfh. Rückw. Heeresgebiet Mitte am 15.7.1941 vorausgegangen.

[100] So die Divisionsführung in IfZ-Archiv, MA 1668: 221. Sich. Div., Abt. I c, „Übergabebericht über Haltung, Stimmung und politische Strömungen innerhalb der Bevölkerung des am 1.8.41 an die Verwaltung Ostpreußens abzutretenden ehem. Russischen Gebietes" vom 28.7.1941. Vgl. hierzu auch Förster, Sicherung, S. 1045; Gerlach, Morde, S. 529 sowie Kap. 5.4.

[101] Vgl. Kap. 3.2.

[102] Vgl. Kap. 1, 3.2 und 5.4.

Massenmord für die 221. immer auch die Funktion eines Tabubruchs, schon weil es in Bialystok nicht nur die Juden traf, sondern auch – um in der Diktion der 221. zu bleiben – die ersten „Freischärler"[103]. Seitdem waren Hinrichtungen an der Tagesordnung. Dabei lassen die täglichen Meldungen der 221. keinen Zweifel daran, dass die Zahl ihrer zivilen Opfer mit der Zahl derer, die auf das Konto der Kampfverbände gehen, auch nicht ansatzweise zu vergleichen ist. In anderen Worten: Mochte es an der Front auch immer wieder zu einzelnen brutalen Interventionen gegen die Zivilbevölkerung kommen, wirklich systematisiert wurde diese gewalttätige Form der Besatzungspolitik erst im Hinterland.

Das galt auch für das frontnahe Hinterland[104], wenngleich hier die Verhältnisse *zunächst* noch etwas erträglicher gewesen zu sein scheinen als in den weiter westlich gelegenen Besatzungsgebieten. Das Problem war freilich, dass der *Korück 580*, dem damals die Exekutivkräfte fehlten, auf die Unterstützung durch den SS- und Polizeiapparat setzte – mit der Folge, dass nun auch in diesem Teil des deutschen Besatzungsverbands Einheiten wie das Polizei-Bataillon 309, das Polizei-Regiment Mitte, das Sonderkommando 7 b oder die Brigaden der Waffen-SS das tun konnten, was sie für richtig hielten. Dabei richtete sich ihr Terror nicht nur gegen die jüdische Minderheit, sondern zunehmend auch gegen „Freischärler" – oder solche, die sie dafür hielten[105].

All das verweist auf eine zentrale Frage: Existierte in der Anfangsphase des Krieges überhaupt eine Bedrohung durch irreguläre Kräfte oder waren die entsprechenden Meldungen lediglich das Produkt deutscher Vorurteile und Ängste? Dass jede Truppe im Moment des Einmarsches in ein gegnerisches, fremdes Land zur „Anfängerpanik" neigt, so der Landser-Jargon, ist eine alte Erfahrung[106]. Erst recht musste das unter Voraussetzungen wie diesen gelten, erinnert sei nur an die propagandistischen und rechtlichen „Vorarbeiten" der deutschen Führung oder an die Missverständnisse und Friktionen, die es auf dem Schlachtfeld infolge der deutschen wie sowjetischen „Kampfesweise"[107] geben konnte. Doch war der irreguläre Krieg mehr als nur ein Produkt des Zufalls. Die sowjetische Führung wollte diese Form des Krieges; am 18. Juli, gute zwei Wochen nach Stalins Rundfunkrede, gab hierzu das ZK der Kommunistischen Partei hierzu den offiziellen Befehl[108]. Die Resonanz

---

103 Für die Zeit vom 22.6.–3.7.1941 registrierte die 221. Sich. Div. 4004 Gefangene, von denen sieben als Kommissare und 323 als „Freischärler" erschossen wurden. IfZ-Archiv, MA 1661: 221. Sich. Div., Abt. I c, Meldung „Kriegsgefangene" vom 16.7.1941; ebda., Feldpostnr. 43985 A, „Bericht über den Einsatz des Btl. im Raume südostw. Brest-Litowsk" vom 5.7.1941.

104 Vgl. hierzu Kap. 3.2. Auch zum Folgenden.

105 Mit dem Vorwurf der „Partisanenunterstützung", der „Partisanenverbindung" oder der „Partisanentätigkeit" rechtfertigte dieses Bataillon jedes nur denkbare Verbrechen. Vgl. hierzu die umfangreichen Ermittlungen der deutschen Justiz nach 1945 in: HStA Düsseldorf, Zweigarchiv Schloß Kalkum: StA Dortmund (Z) (Wuppertal), 45 Js 21/61: Verfahren gegen Angehörige des Polizei-Bataillons 309.

106 BA-MA, MSg 3-281/1: Panzer-Nachrichten Nr. 39 vom Februar/März 1973. Ferner Graml, Wehrmacht, S. 372f.

107 Halder, Kriegstagebuch, Bd. III, S. 32 (Eintrag vom 1.7.1941). Generell hierzu Kap. 5.2.

108 Druck: Armstrong (Hrsg.), Soviet Partisans, S. 653–655 (Doc. 1).
Das Diktum des Hannes Heer, der von einem „Partisanenkampf ohne Partisanen" gesprochen hat, ist längst überholt; bereits Christian Gerlach hat darauf hingewiesen, dass davon „zu keiner Zeit die Rede sein" könne. Trotzdem zeigt sich Heer an solchen Meinungen nicht interessiert. Vgl. Heer, Die Logik des Vernichtungskrieges, S. 109; Gerlach, Morde, S. 861; Heer, Hitler war's, S. 261.

blieb freilich zunächst gering. Wenn damals in den deutschen Berichten von „bolschewistischen Banden"[109] die Rede war, welche die Bevölkerung „terrorisieren"[110], von ihr Lebensmittel „erpressen"[111] oder deutsche Kradmelder töten würden[112], so handelte es sich meist um „abgesprengte Feindteile"[113]. Über deren Kombattantenstatus konnte kein Zweifel bestehen – allerdings nur, solange sie uniformiert waren, was zumindest bei den Versprengten nicht immer der Fall war. Auch fiel auf, dass auch sie mitunter keine Gnade kannten: Anfang Juli 1941 meldete etwa ein Landesschützen-Bataillon, dass sowjetische „Heeresangehörige 3 Hirtenjungen auf der Weide mit dem Bajonett erstochen haben, da sie ihren Aufforderungen, nach dem Verbleib der deutschen Soldaten zu forschen, nicht nachgekommen waren"[114]. Daneben suchte die sowjetische Seite aber auch mit Hilfe überrollter Funktionäre oder mittels Agenten, den „Diversanten", einen Krieg im Rücken der deutschen Eindringlinge zu entfachen. Die 296. ID nahm beispielsweise im Juli 1941 vier Zivilisten gefangen, bei denen „Maschinenpistolen, Pistolen, Gerät und Werkzeug gefunden" wurden und die daraufhin beim Verhör zugaben, „sie seien in Kiew gestartet, hätten Zivil anziehen müssen" und seien per Fallschirm abgesetzt worden, um „an den Bahnlinien Sabotageakte durchzuführen"[115]. Gleichzeitig registrierte diese Division,

---

[109] Vgl. etwa BA-MA, RH 20-2/1445: AOK 2, Abt. O.Qu./Qu. 2, Tätigkeitsbericht vom 27.7.–2.8.1941, wo es u. a. heißt: „Zum ersten mal treten im rückw. Armeegebiet Banden auf, die sich in der Hauptsache aus versprengten Rotarmisten zusammensetzen, insbesondere im Waldgebiet zwischen Dnjepr und Beresina." Ferner IfZ-Archiv, MA 885: Korück 580, Weisung betr. „Sicherung des rückw. Armeegebietes" vom 22.7.1941; IfZ-Archiv, MA 1618: 45. Inf. Div., Abt. I a, Kriegstagebuch, Eintrag vom 10.8.1941.
Davon war das gesamte Hinterland der H.Gr. Mitte betroffen. Vgl. etwa Die Geheimen Tagesberichte, Bd. 3, S. 170 (Eintrag vom 6.7.1941): „Vereinzelte Überfälle durch feindliche Banden meist im Hintergelände."
[110] IfZ-Archiv, MA 1661: 221. Sich. Div., Abt. I a, Befehl an Divisions-Panzerzug „Leutnant Marx" vom 26.7.1941; ebda., Bfh. im Rückw. Heeresgeb. Mitte, Abt. I a, Befehl an die 221. Sich. Div. vom 24.7.1941.
Ferner IfZ-Archiv, MA 1618: 45. Inf. Div., Abt. I a, Kriegstagebuch, Eintrag vom 9.7.1941: „Überfälle von russischen Jagdkommandos auf unsere Truppen weiterhin möglich. Es bilden sich russ. Banden, die angeblich nachts in den Dörfern die Zivilbevölkerung beunruhigen." Ebda., Eintrag vom 25.7.1941, wo berichtet wird, „daß sich etwa 30 km südostw. Dawidgrodek [sic], in Gegend Kolki, bolschewistische Terrorbanden befänden". Ferner ebda., 45. Inf. Div., Abt. I a, „Divisionsbefehl für den 19. u. 20.7.41" vom 19.7.1941: „In Übereinstimmung mit vielfachen Einwohneraussagen um Unterkunftsbereich der Div. bringt der russ. Nachrichtendienst ständig Meldungen über Unternehmungen russ. Partisanenabteilungen im Rücken der deutschen Truppen. Wenn es auch bisher zu Kampfhandlungen gegen die eigenen Truppen nicht gekommen ist, sondern nur die Bevölkerung ständig beunruhigt und terrorisiert wurde, so ist ständige Wachsamkeit und Abwehrbereitschaft aller Truppen einschl. der Versorgungstruppen unbedingt erforderlich."
[111] IfZ-Archiv, MA 1665: 221. Sich. Div., Abt. I a, Meldung an Bfh. Rückw. Heeresgeb. Mitte vom 24.7.1941. Vgl. hierzu auch Musial, Partisanen, S. 105ff.
[112] Vgl. IfZ-Archiv, MA 1618: 45. Inf. Div., Abt. I a, Kriegstagebuch, Eintrag vom 10.8.1941. Auch zum Folgenden.
[113] Halder, Kriegstagebuch, Bd. III, S. 32 (Eintrag vom 1.7.1941).
[114] IfZ-Archiv, MA 1661: Feldpostnr. 43985 A, „Bericht über den Einsatz des Btl. im Raume südostw. Brest-Litowsk" vom 5.7.1941.
[115] BA-MA, MSg 2/5316: NL Hans P. Reinert, Tagebuch, Eintrag vom 9.7.1941. Dies blieb kein Einzelfall. Vgl. etwa BA-MA, MSg 2/5317: 296. Inf. Div., Abt. I c, Befehl betr. „Verhalten gegenüber feindl. Spionage u. Sabotagetrupps" vom 20.8.1941; IfZ-Archiv, MA 1661: 221. Sich. Div., Abt. I a, Funkspruch an die nachgeordneten Einheiten vom 18.7.1941; IfZ-Archiv, MA 1618: 45. Inf. Div., Abt. I a, Kriegstagebuch, Eintrag vom 5.8.1941: „In der Nacht schleichen sich russische Fallschirmjäger an das Div[isions]stabsqu[artier] heran und werden durch die Stabswache unter Hinterlassung eines Toten und zahlreicher geballter Ladungen vertrieben." Offenbar handelte es sich hier um Diversanten-Trupps des NKWD, das seit Kriegsbeginn

wie „der Gegner des öfteren Saboteure durch unsere dünnen Linien zu schleusen" suchte. „In verschiedenen Fällen wurden Angehörige solcher Partisanengruppen schon beim Versuch unsere vordere Linie zu durchschreiten gefasst. Sie hatten Schußwaffen, Handgranaten und Sprengmunition bei sich und waren mit größeren Geldbeträgen und falschen Ausweisen versehen."[116]

So etwas ließ sich wohl nur schwer erfinden. Deutlich wird aber auch, wie begrenzt die Wirkung dieser Einzelaktionen vorerst blieb[117]. Allerdings fielen just zu dieser Zeit einige grundlegende Entscheidungen in der deutschen wie in der sowjetischen Führung. Beides sorgte dafür, dass der irreguläre Krieg im Rücken des deutschen Ostheers nun rasch an Boden gewann[118].

5.5.4 Weichenstellungen

Bereits im Juli 1941, im Hochgefühl der ersten militärischen Triumphe, hielt Hitler den Zeitpunkt für gekommen, um seine politischen Absichten vor seinen engsten Mitarbeitern zu konkretisieren. Aus den eroberten sowjetischen Gebieten solle

kleinere Gruppen in Stärke von 3–10 Mann zu Erkundungs- und Sabotagezwecken über die Front schickte. Vgl. hierzu Glantz, Colossus, S. 168; Slepyan, People's Avengers, S. 36ff.

[116] IfZ-Archiv, MA 1637: 296. Inf. Div., Abt I c, Tätigkeitsbericht für die Zeit vom 29.7.–24.8.1941.

[117] Selbst im Bereich der Heeresgruppe Mitte – ein Jahr später ein Epizentrum des sowjetischen Partisanenkriegs – war etwa die Pz. Gr. 3 im August 1941 noch der Ansicht, „daß entgegen den Erwartungen Freischärlerei nur vereinzelt vorgekommen ist und infolgedessen die strengen Strafen nur vereinzelt zur Anwendung kommen brauchten". Zit. bei: Hürter, Militäropposition, S. 557f., Anm. 103. In diesem Sinne auch PA-AA, R 60750: AOK 4, Abt. I c (VAA), „Bericht Nr. 86" vom 16.7.1941; Römer, Kriegsgerichtsbarkeitserlass, S. 81.

[118] Ein methodisches Problem, das sich bei der Beschreibung des Partisanenkriegs stellt, sind die Angaben, die beide Seiten, die deutsche wie die sowjetische, über die Verluste ihres jeweiligen Gegners gemacht haben. Es besteht kein Zweifel daran, dass beide Seiten bei ihren entsprechenden Meldungen übertrieben, zum Teil sogar weit übertrieben haben – „mit dem leicht durchschaubaren Ziel einer Belobigung oder Beförderung", so Lutz Klinkhammer. Auch konnten die Übertreibungen der Verlustmeldungen auch dazu dienen, mehr Nachschub zu erhalten (so im Falle der sowjetischen Partisanen, die zum Teil aus der Luft versorgt wurden) oder auch das eigene Verhalten zu verschleiern. Dabei könnten auch bloße Feigheit, Unterlegenheit oder Bequemlichkeit eine Rolle gespielt haben, aber auch Mitleid, zumindest mit den Zivilisten. Beim Ausschnitt dieser Arbeit spricht vieles dafür, dass während des Jahres 1941, als die deutsche Seite noch in ihrem Besatzungsgebiet dominierte, von einem relativ zuverlässigen „bodycount" auszugehen ist, während schon 1942, als der Krieg im Hinterland größer, gefährlicher und vor allem auch unübersichtlicher wurde, eine genaue „Buchführung" für die Deutschen immer schwieriger wurde. Erschwerend kam hinzu, dass die Partisanen gewöhnlich ihre Toten und Verwundeten mitzunehmen suchten, während sie dies bei der übrigen Zivilbevölkerung natürlich nicht taten. Vgl. Klinkhammer, Partisanenkrieg, S. 817; Mulligan, Reckoning the Cost of People's War; Musial, Partisanen, S. 105ff.; Lieb, Konventioneller Krieg, S. 412ff. Die Zahl der Partisanen über die der Beutewaffen zu erschließen, wie es immer wieder geschieht, ist entscheidend zu einfach. So schätzte etwa Gerlach aufgrund dieser Zahlen (Morde, S. 907), dass „etwa 10 bis 15 Prozent der Opfer der deutschen Aktionen Partisanen" waren. Röhr (Forschungsprobleme, S. 203) veranschlagt sie sogar auf nur 5 Prozent. Natürlich steht die Zahl der sowjetischen Waffen, welche die Deutschen im Partisanenkrieg erbeuteten, in einem oft krassen Missverhältnis zur Zahl der durch sie gemeldeten „Feindtoten". Allerdings sollte man nicht übersehen, dass für viele *militärische* Funktionen bei den Partisanen wie etwa Späher, Melder, Versorger oder Pioniere eine Bewaffnung nicht unbedingt nötig war. Ganz davon abgesehen waren Waffen bei den Partisanen so hochbegehrt, dass sie die ihrer gefallenen Kameraden sofort übernahmen. Wenn überhaupt, dann sind also die deutschen Berichte über Beutewaffen nur ein sehr grober Anhaltspunkt für die Relation von Partisanen und Nicht-Partisanen. Vgl. auch mit der Einschränkung bei Gerlach, Morde, S. 958 sowie Hill (War behind the Eastern Front, S. 128), der die schlechte Bewaffnung der Partisanen mit Waffen präzise belegt.

Deutschland „nie wieder herauskommen"[119]; es gehe nun darum, „den riesenhaften Kuchen handgerecht zu zerlegen". Es kennzeichnete die inhumane Monstrosität seiner Ziele, aber auch deren Wirklichkeitsfremdheit, wenn Hitler bei dieser Gelegenheit zu erkennen gab, dass für ihn doch der „Partisanenkrieg [...] auch wieder seinen Vorteil" habe; „er gibt uns die Möglichkeit, auszurotten, was sich gegen uns stellt." Das war deutlich. Eine durchaus notwendige militärische Option, den Schutz des Ostheers vor Partisanen, wollte Hitler von vornehein für die Verwirklichung seiner ideologischen Ziele missbrauchen.

Dass seine militärische Umgebung ihm dabei folgte, zeigt, wie diese einzuschätzen ist. Der unglückselige Keitel sekundierte seinem „Führer", die sowjetischen „Einwohner müssten wissen, daß jeder erschossen würde, der nicht funktioniere"; eine Woche später konkretisierte der Generalfeldmarschall, „die zur Sicherung der eroberten Ostgebiete zur Verfügung stehenden Truppen" würden nur ausreichen, „wenn alle Widerstände nicht durch die juristische Bestrafung der Schuldigen geahndet werden, sondern wenn die Besatzungsmacht denjenigen Schrecken verbreitet, der allein geeignet ist, der Bevölkerung jede Lust zur Widersetzlichkeit zu nehmen. [...] Nicht in der Anforderung weiterer Sicherungskräfte, sondern in der Anwendung entsprechender drakonischer Maßnahmen müssen die Befehlshaber das Mittel finden, um ihre Sicherungsräume in Ordnung zu halten."[120]

Die strukturelle Schwäche der deutschen Besatzungsmacht durch Terror kompensieren. Selbst wenn man im OKH nicht ganz so radikal dachte, etwas grundsätzlich anderes hatte man auch hier nicht anzubieten. Schon am 1. Juli hatte der Generalstabschef Halder zugegeben, dass ihm „die Befriedung des rückwärtigen Gebietes" erstmals „ernste Sorgen" bereite: „Die Sicherungsdivisionen allein genügen nicht für die großen Räume."[121] Solch undankbare Aufgaben delegierte das OKH gerne an den General z. b. V. Müller[122], der schon im Vorfeld des „Unternehmens Barbarossa" durch seine menschenverachtenden Ansprachen aufgefallen war. Nun monierte dieser am 25. Juli in einem Befehl, „daß nicht an allen Stellen mit der erforderlichen Härte durchgegriffen" werde[123]; maßgebend sei allein der Gedanke „unbedingter Sicherheit für den deutschen Soldaten", schon passiver Widerstand sei mit „kollektiven Gewaltmaßnahmen" zu brechen. Dass das OKH bereits die bloße *Möglichkeit* zivilen Widerstands für ein Verbrechen hielt, war an Radikalität kaum zu überbieten, und lässt keinen Zweifel daran, dass auch *diese* Weichenstellung nicht allein Hitler zu verantworten hat.

Allerdings war auch die Gegenseite nicht untätig geblieben. Ihre Not war groß. Nachdem die sowjetische Führung schon am 29. Juni 1941 sämtliche Partei-, Gewerkschafts-, Sowjet- und Komsomol-Organisationen in den bereits besetzten Gebieten zum Kampf gegen die deutschen Invasoren verpflichtet hatte, erteilte

---

119 Aktenvermerk vom 16.7.1941, in: IMT, Bd. 38, S. 86–94: Dok. 221-L. Auch zum Folgenden. Vgl. auch Witte (u. a. Hrsg.), Dienstkalender Heinrich Himmlers 1941/42, S. 294 (Eintrag vom 18.12.1941).
120 Weisung Nr. 33 a vom 23.7.1941. Druck: Hubatsch (Hrsg.), Hitlers Weisungen, S. 141–145, hier S. 145.
121 Halder, Kriegstagebuch, Bd. III, S. 32 (Eintrag vom 1.7.1941).
122 Zu seiner Person vgl. Hartmann, Halder, S. 245 ff.
123 OKH/Gen. z.b.V., Erlass vom 25.7.1941, Druck: Ueberschär/Wette (Hrsg.), „Unternehmen Barbarossa", S. 349 f. Auch zum Folgenden.

Stalin selbst vier Tage später in seiner bekannten Rundfunk-Rede allen Sowjetbürgern hierzu gewissermaßen eine Generalvollmacht[124]. „Erwürgt, zerhackt, ver-
brennt, vergiftet den faschistischen Auswurf", empfahl das ZK der Kommunistischen Partei (b) Weißrusslands am 1. Juli[125]. Teil dieser totalen Mobilmachung war
die Aufstellung von „Volkswehren" in den großen Städten, die unter der historischen Bezeichnung „narodnoe opolčenie" auftraten[126], die Formierung von
„Vernichtungs-Bataillonen", die eigentlich zum offenen Einsatz im eigenen Hinterland vorgesehen waren[127], und schließlich die Mobilisierung des NKWD, der
sowohl konventionelle Schützendivisionen aufstellte als auch kleine Trupps von
Diversanten für den Einsatz hinter den feindlichen Linien[128]. Diese feinen Unterschiede machte die militärische Entwicklung oft zunichte, so dass sich die Grenzen
zwischen regulären Volksmilizen, die völkerrechtlich als Kombattanten legitimiert
waren, und solchen, bei denen dies von vornherein nicht der Fall war, zunehmend
auflösten. Aufgrund des rapiden deutschen Vormarschs fanden sich viele: Soldaten, Milizionäre, Funktionäre oder NKWD-Agenten plötzlich hinter den deutschen Linien. Dort blieb ihre Wirkung vorerst gering. Gerade Weißrussland ist
dafür ein besonders eindrückliches Beispiel. Noch im Juni 1941 waren hier erste
Ausbildungszentren für Partisanen entstanden[129], wenig später meldete die Weißrussische KP die Aufstellung von 118 Gruppen mit insgesamt 2 664 Mitgliedern
nach Moskau. Doch gingen sie fast alle im Strudel der sowjetischen Niederlagen
und Rückzüge unter[130]. Im Sommer 1941 war der „Vaterländische Volkskrieg",
den Stalin im Rundfunk beschwor, eine Absicht, ein Projekt – aber auch ein Beginn, schon weil die *deutsche* Führung nichts unversucht ließ, um dem Konzept
der sowjetischen Führung in die Hände zu arbeiten.

5.5.5 August–November 1941: Radikalisierung auf beiden Seiten

Im August begann das deutsche Besatzungsgebiet allmählich unsicher zu werden[131]. Die Durchbrüche und Kesselschlachten hatten zahlreiche sowjetische
Überlebens-Gruppen zurückgelassen, die „Okruženy" („Umzingelten"), die weiter kämpfen oder wenigstens ihre Freiheit retten wollten[132]. Nicht immer waren
sie uniformiert[133]. Dass „auch Zivilisten"[134] auf sie schossen, erlebten unsere Divi-

---

[124] Rundfunkrede Stalins vom 3.7.1941, Druck: Ueberschär/Wette (Hrsg.), „Unternehmen Barbarossa", S. 326–329.
[125] Hoffmann, Kriegführung, S. 756.
[126] Ebda., S. 718.
[127] Bonwetsch, Partisanen, S. 93; Glantz, Colossus, S. 170.
[128] Vgl. Glantz, Colossus, S. 157 ff. Zur Größenordnung vgl. Pohl, Herrschaft S. 160.
[129] Vgl. hierzu Musial (Hrsg.), Partisanen, S. 17 ff.
[130] Nolte, Partisan War in Belorussia, 1941–1944, S. 265.
[131] Vgl. Hürter, Militäropposition, S. 557 (Bericht der H.Gr. Mitte vom 14. 8. 1941). Ferner Richter, „Herrenmensch", S. 6 ff.; Gerlach, Morde, S. 862 ff.; Brakel, Versorgung der Partisanen,
S. 399 ff.
[132] Vgl. hierzu Musial (Hrsg.), Partisanen, S. 33, 105.
[133] Dies war ein Phänomen, dass von allen Divisionen beobachtet wurde und das zeitweise offenbar massenhaft auftrat. *4. Pz. Div.:* IfZ-Archiv, MA 1590: 4. Pz. Div., Abt. I c, „Feindnachrichtenblatt 1" vom 17. 10. 1941; BA-MA, RH 27-4/19: 4. Pz. Div., Kdr., Fernspruch vom
11. 11. 1941: „Es ist festgestellt worden, daß in hiesiger Gegend sich zahlreiche in Zivil umgekleidete russische Soldaten aufhalten, die aus dem Brjansker Kessel entkommen sind und ver-

sionen nun häufiger. Das war ein klarer Verstoß gegen die Haager Landkriegsordnung. Andererseits bot sich den versprengten Rotarmisten kaum eine andere
Wahl, weil weder auf deutscher noch auf sowjetischer Seite eine wirkliche Perspektive für sie existierte[135].

Es ist sicherlich kein Zufall, wenn in den deutschen Berichten nun erstmals von
„Partisanen" die Rede ist. Diese Bezeichnung war für die Wehrmacht mehr als nur
eine willkürliche Chiffre[136]. So wollte die 4. Panzerdivision diesen Begriff „auf alle
Soldaten, Truppeneinheiten und Gruppen in Zivil angewendet [wissen], die volkskriegsähnliche Aufgaben im rückwärtigen Gelände (Brückensprengungen, Überfälle auf Einzelfahrzeuge, Quartiere usw.) durchführen". Ein solches Verständnis
war nicht völkerrechtswidrig. Vor allem aber zeigt diese Definition, dass sich die
Truppe durchaus um eine differenzierte Wahrnehmung bemühen konnte[137]. Nicht
erfinden ließ sich vermutlich der Fall des Parteisekretärs von Mglin, Michail Izkoff,
der nach der Besetzung der Stadt versucht hatte, „in das NKWD-Haus einzudringen". Dort fand man bei einer anschließenden Hausdurchsuchung 332 Molotow-
Cocktails. Izkoff, der außerdem „Leute zur Teilnahme am Partisanenkrieg gepresst" hätte, wurde daraufhin „standrechtlich erschossen"[138]. Und auch die deutschen Verluste waren kein Produkt der Einbildung; blieben deutsche Soldaten

---

suchen, sich nach Osten durchzuschlagen." IfZ-Archiv, MA 1590: 4. Pz. Div., Kdr. „Punkte
für I-c-Offiziersbesprechung am 17.11.41". *45. Inf. Div.:* IfZ-Archiv, MA 1618: 45. Inf. Div.,
Abt. I a, Kriegstagebuch, Eintrag vom 10.8.1941, wo berichtet wird, dass sich sowjetische Soldaten „Zivilkleider" besorgen und „als Banden nachts die Zivilbevölkerung" beunruhigen
würden. *296. Inf. Div.:* IfZ-Archiv, MA 1634: 296. Inf. Div., Abt. I a, Kriegstagebuch, Einträge
vom 8.8. und 30.8.1941; IfZ-Archiv, MA 1635: III./I.R. 519, Meldung an das Inf. Rgt. 519
betr. „Spähtrupp Lt. Oppel" vom 20.10.1941. *221. Sich. Div.:* IfZ-Archiv, MA 1665: 221. Sich.
Div., Abt. I a, Meldung an den Bfh. Rückw. Heeresgeb. Mitte vom 2.10.1941. *AOK 2:* IfZ-
Archiv, MA 885: AOK 2, OB, Befehl vom 8.7.1941 (Abschrift): „Das Zurückfließen versprengter russischer Soldaten in Zivil nimmt einen solchen Umfang an, daß es sich zu einer
Gefahr für die Truppe entwickelt."
134 BA-MA, RH 27-4/109: 4. Pz. Div., Abt. I c, Tätigkeitsbericht, Eintrag vom 18.9.1941, wo berichtet wird, dass „auch Zivilisten" aus den Häusern geschossen hätten; IfZ-Archiv, MA 1635:
296. Inf. Div., Abt. I c, „Meldung über die Sprengung der Partisanen-Zentrale dicht südl. des
Bolischoj Cheron-Sees (etwa 13 km südwestl. Trubtschewsk)" vom 18.10.1941.
135 Vgl. Kap. 5.2 und 5.3.
136 Vgl. BA-MA, RH 20-17/276: OKH/Gen. z.b.V. beim ObdH, Weisung betr. „Partisanen-Abteilungen der Sowjets" vom 18.7.1941: „Angehörige sowjetischer ‚Partisanen'-Abteilungen,
die vor oder hinter unserer Front auftreten und hinsichtlich Beachtung der Kriegsgesetze, Bekleidung, Ausrüstung oder Erkennbarkeit nicht einwandfrei die Voraussetzungen erfüllen, die
an eine kriegsführende Truppe, Miliz und Freiwilligenkorps zu stellen sind, sind als Freischärler zu behandeln. Dabei ist gleichgültig, ob sie bisher Soldaten waren, sich noch als Soldaten
bezeichnen oder Nicht-Soldaten sind. Zivileinwohner, die solchen Partisanen-Abteilungen in
irgendeiner Form Vorschub leisten, unterstützen damit irreguläre Kampfhandlungen und sind
damit nach Kriegsbrauch ebenfalls als Freischärler anzusehen." In diesem Sinne auch IfZ-Archiv, MA 1564/29, NOKW-2258: ObdH/GenStdH/Ausb. Abt. I a, „Richtlinien für Partisanenbekämpfung" Nr. 1900/41 vom 25.10.1941.
137 Vgl. BA-MA, RH 27-4/12: 4. Pz. Div., Abt. I c, Befehl vom 4.10.1941. Zwar nahm diese Definition keine Rücksicht auf alle Merkmale des Kombattantenstatus', doch trug sie einem wesentlichen Element des internationalen Standards Rechnung – dem nämlich, dass die Kombattanten als solche zu erkennen sein mussten.
138 BA-MA, RH 27-4/109: 4. Pz. Div., Abt. I c, Tätigkeitsbericht, Eintrag vom 22.8.1941; BA-
MA, RH 27-4/116: 4. Pz. Div., Abt. I c, „Bekanntmachung", o.D. sowie Aktenvermerk vom
22.8.1941.

hinter der Front zurück[139], waren sie als Kradmelder unterwegs[140] oder auf abgelegenen Stützpunkten verteilt[141], so konnten sie schon damals zum Ziel von Guerilla-Angriffen werden. Das betraf auch sowjetische Kollaborateure; am 8. September wurden etwa der Bürgermeister der Gemeinde Grodsjanka „und 8 weitere Personen wegen ihrer Deutschfreundlichkeit" von Partisanen niedergeschossen[142], die im Übrigen immer häufiger in größeren Gruppen operierten[143], „mit größter Dreistigkeit"[144] und gut bewaffnet[145]. Daneben existierten noch mehr Spielarten des irregulären Krieges: Bei einem Verhör versuchte ein „Partisanenführer" durch „eine versteckt gehaltene Pistole den deutschen Vernehmungsoffizier zu erschießen"[146],

---

[139] Manuskript, K. H., „Unser Einsatz im Osten", o. D., Kopie im Besitz d. Verf. H. berichtet, dass einzelne Angehörige der 296. ID, die in den Dörfern zurückgeblieben waren, von Partisanen erschossen wurden. Ferner IfZ-Archiv, MA 1589: 4. Pz. Div., 5. Pz. Brig., „Gefechtsbericht für die Zeit vom 23. 8.–29. 8. 1941" vom 30. 8. 1941; IfZ-Archiv, MA 885: Korück 580, Abt Qu. op., Befehl vom 27. 9. 1941, wo über einen Anschlag im Raum Klentnaja berichtet wird, bei dem fünf deutsche Soldaten ums Leben kamen. Vgl. auch Hürter, Heinrici, S. 70 (Brief vom 22. 7. 1941): „Das Kennzeichen des Krieges sind die überall in den Wäldern auftretenden russischen Banden. Sie überfallen jeden einzelnen. Nur an die größere Truppe trauen sie sich nicht heran."

[140] IfZ-Archiv, MA 1637: 296. Inf. Div., Abt. I c, Tätigkeitsbericht für die Zeit vom 28. 9.–25. 10. 1941: „Während des Vormarsches der Division von Browary nach N. wurde am 4. 10., 11.00 Uhr, ein Meldefahrer der V[oraus-]A[bteilung] mit einem Beifahrer 5 km südl. Orlowka von 10 Partisanen, die mit 1 M.G. und Gewehren ausgerüstet waren, überfallen. In diesem Sinne auch IfZ-Archiv, MA 1618: 45. Inf. Div., Abt. I a, Kriegstagebuch, Eintrag vom 10. 8. 1941; IfZ-Archiv, MA 1666: Lds. Schtz. Rgt. 45, Befehl, betr. „Partisanenbekämpfung" vom 8. 10. 1941. Ferner Schlesische Tageszeitung vom 16. 11. 1941, „Auf der Rollbahn", in der der Divisionspfarrer der 221. Sich. Div. beim Besuch eines Außenpostens „vom letzten Versuch der Partisanen" berichtete, „die Wache zu überrumpeln und die Brücke in Brand zu stecken".

[141] So wurde Ende August ein Verpflegungslager der 221. Sich. Div., „besetzt mit 1 Uffz. und 5 Mann" (Wach.-Btl. 701) von Partisanen überfallen: „5 Mann getötet, 1 Mann schwer verletzt." Tags darauf wurde eine Blockhütte an einer Eisenbahnlinie von Partisanen gestürmt: „Der Führer der Blockstelle wurde getötet, 4 Mann verwundet." In der Nacht vom 7. auf 8. 10. wurde die Wache an einer Eisenbahnbrücke überfallen. IfZ-Archiv, MA 1660: 221. Sich. Div., Abt. I a, Kriegstagebuch, Abt. I a, Eintrag vom 30. 8. 1941; IfZ-Archiv, MA 1665: 221. Sich. Div., Abt. I a, Meldung an Bfh. Rückw. Heeresgeb. Mitte vom 31. 8. 1941; IfZ-Archiv, MA 1666: Lds. Schtz. Btl. 352, „Zusammenfassender Bericht über den Angriff von Partisanen auf die Wache an der Eisenbahnbrücke über den Fluß Bessedj" vom 8. 10. 1941.

[142] IfZ-Archiv, MA 1665: 221. Sich. Div., Abt. I a, Meldung an Bfh. Rückw. Heeresgeb. Mitte vom 12. 9. 1941. Vgl. hierzu auch BA-MA, RH 27-4/109: 4. Pz. Div., Abt. I c, Tätigkeitsbericht, Eintrag vom 13. 8. 1941 sowie IfZ-Archiv, MA 1618: Aufkl.-Abt. 45, Meldung an 45. Inf. Div. vom 1. 11. 1941: „Bevölkerung freundlich, jedoch eingeängstigt [sic] durch Partisanen."

[143] Vgl. hierzu etwa BA-MA, RH 27-4/116: 4. Pz. Div., Abt. I c, Aktenvermerk vom 22. 8. 1941, wo von einer Gruppe von „rund 500 Kommunisten" berichtet wird, die im Raum Mglin den Partisanenkrieg vorbereite. Ferner BA-MA, RH 27-4/12: 4. Pz. Div., 5. Pz. Brig., Gefechtsbericht für die Zeit vom 25. 8.–29. 8. 1941; hier ist von einem Überfall durch eine „etwa 90 Mann starke Partisanengruppe mit M.G., Gewehrfeuer und Handgranaten" die Rede. Das XXXIV. A.K. meldete am 6. 11. 1941 eine bevorstehende „Großaktion durch Partisanen im Hinterland der deutschen Front". IfZ-Archiv, MA 1618: XXXIV. A. K., Funkspruch an 45. Inf. Div. vom 6. 11. 1941.

[144] BA-MA, RH 20-2/1445: AOK 2, Abt. O.Qu./Qu. 2, Tätigkeitsbericht für die Zeit vom 2. 11.–8. 11. 1941.

[145] Vgl. etwa BA-MA, MSg 2/5317: 296. Inf. Div., Abt. I c, „Feindnachrichtenblatt Nr. 17" vom 15. 8. 1941; IfZ-Archiv, MA 1667, 221. Inf. Div., Abt. I b, Kriegstagebuch, Eintrag vom 17. 8. 1941; IfZ-Archiv, MA 1637: 296. Inf. Div., Abt. I c, Tätigkeitsbericht für die Zeit von 28. 9.–25. 10. 1941. Generell hierzu Munoz/Romanko, Hitler's White Russians, S. 140, welche die sowjetischen Statistiken zitieren. Sie übersehen aber, dass die Schlachtfelder geradezu Selbstbedienungsläden glichen.

[146] Vgl. BA-MA, RH 39/377: „Meine Kriegserlebnisse 1941/42 in Rußland als ehem. Hauptfeldwebel der 3./Pz. Rgt. 35".

Zivilisten verlegten Minen im Rücken der deutschen Front[147] oder sprengten Gebäude oder Brücken in die Luft[148], die Deutschen trafen auf Vorbereitungen zur Vernichtung der landwirtschaftlichen[149] und industriellen[150] Infrastruktur, Meldungen liefen ein über gut ausgerüstete Saboteure, welche die deutschen Linien zu passieren suchten[151] und sich dabei gern als „befreite Sträflinge" ausgaben[152], ferner über mobile Rekrutierungsbüros, die – ausgerüstet mit Waffen und Stempeln[153] – hinter den deutschen Linien unterwegs waren, oder über Arsen, das in erbeuteten Lebensmitteln nachgewiesen wurde[154]. Dies alles blieben zunächst nicht mehr

---

[147] *221. Sich. Div.:* IfZ-Archiv, MA 1667: 221. Sich. Div., Abt. I a, Befehl betr. „Aufstellung von Pionier-Gruppen" vom 9.10.1941; *4. Pz. Div.:* BA-MA, MSg 1/3274: Fritz Farnbacher, Tagebuch, Eintrag vom 9.11.1941; *45. Inf. Div.:* IfZ-Archiv, MA 1618: 45. Inf. Div., Abt. I a, Kriegstagebuch, Eintrag vom 8.11.1941.

[148] *4. Pz. Div.:* IfZ-Archiv, MA 1590: 4. Pz. Div., Abt. I c, Anlage „Feindnachrichten" vom 24.10.1941; BA-MA, RH 24-24/92: XXIV. Pz. Korps, K. Pio. Fü., „Feindnachrichtenblatt" vom 14.11.1941; IfZ-Archiv, MA 1590: Pz. AOK 2, Abt. I c/A.O., „Feindnachrichten Nr. 13" vom 19.11.1941; *221. Sich. Div.:* IfZ-Archiv, MA 1667: 221. Sich. Div., Abt. I a, Befehl betr. „Aufstellung von Pionier-Gruppen" vom 9.10.1941.

[149] BA-MA, RH 27-4/109: 4. Pz. Div., Abt. I c, Tätigkeitsbericht, Eintrag vom 13.8.1941; IfZ-Archiv, MA 885: Korück 580, Abt. Qu., Befehl betr. „Maßnahmen zum Schutze der Ernte im besetzten Teil der U.d.S.S.R." vom 1.9.1941; PA-AA, R 60704: AA, Inf. Abt., Länderreferat Rußland, Vermerk D IX 156 vom 21.8.1941, mit Anlage.

[150] Das Korück 580 versuchte beispielsweise die Zerstörung des „Industriekombinats" in Nowosybkow, Slynka, Klimowo und Klinzy mit Hilfe ihrer Feldgendarmerie zu verhindern, damit „die in Gang befindlichen Industriewerke in ungestörter Arbeit erhalten bleiben". IfZ-Archiv, MA 885: Korück 580, Abt. Qu., Erlass vom 9.9.1941.
BA-MA, RH 27-4/109: 4. Pz. Div., Abt. I c, Tätigkeitsbericht, Eintrag vom 9.11.1941: „Wegen Partisanentätigkeit wurden verschiedene angezeigte Hüttenarbeiter vernommen. Ein Betriebsobmann hatte die Ausbildung der Bevölkerung im Schießen und Geländedienst geleitet. [...] Zahlreiche Verhöre wegen gegenseitiger Partisanenbezichtigung. Ein Mann mit Waffen angetroffen, Frau und Sohn Mitwisser. Ein Hüttenarbeiter hatte Auftrag, die Zeche zu sprengen, brachte aber die befohlene Sprengladung nicht an, um sich und dem Dorf die Arbeitsmöglichkeit zu erhalten."

[151] *296. Inf. Div.:* BayHStA, Abt. IV, NL Thoma 5: Inf.-Rgt. 519, Kriegstagebuch, Eintrag vom 3.8.1941; IfZ-Archiv, MA 1637: 296. Inf. Div., Abt. I c, Tätigkeitsbericht für die Zeit vom 29.7.–24.8.1941 sowie für die Zeit vom 25.8.–27.9.1941; BA-MA, MSg 2/5317: 296. Inf. Div., Abt. I c, „Feindnachrichtenblatt Nr. 17" vom 15.8.1941 und Befehl betr. „Verhalten gegenüber feindl. Spionage u. Sabotagetrupps" vom 20.8.1941, in dem von einem regelrechten ‚kleinen Grenzverkehr' „über die Linien hinweg" die Rede ist. *4. Pz. Div.:* BA-MA, RH 27-4/116: 4. Pz. Div., Abt. I c, Aktenvermerk vom 28.8.1941; IfZ-Archiv, MA 1590: 4. Pz. Div., Abt. I c, Meldung betr. „Erkennen und Ausrüstung von mit Fallschirmen abgesetzten Partisanen" vom 17.10.1941 und „Feindnachrichtenblatt 1" vom 17.10.1941; ebda., 4. Pz. Div., Kdr. „Punkte für I-c-Offiziersbesprechung am 17.11.41"; ebda., Pz. AOK 2, Abt. I c/A.O., „Feindnachrichten Nr. 13" vom 19.11.1941.
Zur systematischen Ausbildung von Saboteuren, den so genannten SPECNAZ, in sowjetischen Partisanenschulen vgl. Musial, Partisanen, S. 19; Glantz, Colossus, S. 169f.

[152] IfZ-Archiv, MA 1661: Bfh. Rückw. Heeresgeb. Mitte, Abt. I c, „Korpsbefehl Nr. 51" vom 11.9.1941.

[153] BA-MA, RH 27-4/109: 4. Pz. Div., Abt. I c, Tätigkeitsbericht, Eintrag vom 13.10.1941: „Durch Streife der Pz. A.A. 7 wird ein Zivilist festgenommen, der zwischen Hemd und Hose eine Pistole trug und außerdem ein Säckchen mit Stempeln bei sich führte. Wie sich durch Vernehmung bei der Armee herausstellte, war der Zivilist als fliegendes Aushebungsbüro hinter den deutschen Linien eingesetzt." Vgl. auch BA-MA, RH 24-24/125: XXIV. Pz. Korps, Kdr. Gen., Korpstagesbefehl vom 20.10.1941, in dem ein Unteroffizier der 4. Pz. Div. öffentlich belobigt wurde, weil er einen Zivilisten festgenommen hatte, „der sich noch in letzter Zeit mit der Erfassung russischer Wehrpflichtiger betätigt hat".

[154] BA-MA, RH 27-4/165: 4. Pz. Div., Abt. I b, „Besondere Anordnung für die Versorgung Nr. 142" vom 14.11.1941. So auch BA-MA, MSg 2/5317: NL Hans P. Reinert, Tagebuch, Eintrag vom 30.8.1941.

als „örtliche Störaktionen"[155]; im August 1941 konnten noch 90 Prozent der besetzten Wälder, dem künftigen Hauptoperationsgebiet der Partisanen, von den Deutschen forstwirtschaftlich genutzt werden[156]. Noch wichtiger war, dass diesen Irregulären vorläufig eine wirkliche Verankerung in der Bevölkerung fehlte. Andererseits war doch deutlich, dass sich hier ein Untergrund formierte, dessen Motive, dessen Protagonisten und dessen Stärke vorerst noch sehr unterschiedlich waren, der aber bereits erahnen ließ, welches Potenzial in ihm steckte[157].

Die Reaktion des OKH war – wie es selbst sagte – „rücksichtslos und unbarmherzig"[158], und sie war völlig falsch. Neben ausgedehnten Repressalien kam es damals schon zu größeren „Strafaktionen", so etwa bei der 221. Sicherungsdivision, die Mitte September 1941 sich im Raum Bobruisk bei einem Großeinsatz gegen eines der „Unruh-Gebiete" beteiligte[159]. Da man der Ansicht war, dass gerade die „Befriedung" des Hinterlands „von kriegsentscheidender Bedeutung" sei[160], besaßen diese Anti-Partisanen-Aktionen hier, nicht an der Front, ihren eindeutigen Schwerpunkt[161]. Problematisch war dabei nicht nur das undifferenzierte, schonungslose Vorgehen der Wehrmacht, sondern auch ihre enge Kooperation mit dem SS- und Polizeiapparat. Dass Einheiten wie das Polizei-Bataillon 309 und das Polizei-Regiment Mitte sogenannte „Säuberungsaktionen im rückw[ärtigen] Armeegebiet" 580 durchführten[162], dass das Einsatzkommando 8 zeitweise „in enger Absprache" mit der 221. Sicherungsdivision operierte[163], wurde bereits erwähnt, schon weil diese „Aktionen" auch als Vorwand für den Massenmord an den sowjetischen Juden

---

[155] Vgl. BA-MA, RH 39/377: „Meine Kriegserlebnisse 1941/42 in Rußland als ehem. Hauptfeldwebel der 3./Pz. Rgt. 35".

[156] Zwei Jahre später war diese Quote auf nur 10 Prozent gesunken. Angaben nach: Müller (Hrsg.), Wirtschaftspolitik, S. 150, 153.

[157] Die Zahl der aktiven sowjetischen Partisanen wird für das Jahr 1941 auf ca. 22 000 geschätzt. Angabe bei: Munoz/Romanko, Hitler's White Russians, S. 141.

[158] IfZ-Archiv, MA 1564/29, NOKW-2258: ObdH/GenStdH/Ausb. Abt. (I a), „Richtlinien für Partisanenbekämpfung" Nr. 1900/41 vom 25. 10. 1941.

[159] IfZ-Archiv, MA 1667: 221. Sich. Div., Abt. I c, „Tätigkeitsbericht für die Zeit vom 10. 5.–14. 12. 1941" vom 14. 12. 1941; IfZ-Archiv, MA 1661: Bfh. Rückw. Heeresgeb. Mitte, Abt. I a, „Korpsbefehl Nr. 52" vom 14. 9. 1941; 221. Sich. Div., Abt. I a, „Divisionsbefehl für Durchführung einer Partisanen-Bekämpfungsaktion im Raum nordwestl. Bobruisk am 17. und 18. Sept. 1941" vom 16. 9. 1941.

[160] So der General Max von Schenckendorff in: BA-MA, RH 22/233: Bfh. Rückw. Heeresgeb. Mitte, Abt. I a, Weisung vom 3. 8. 1941. Vgl. hierzu auch Bock, Tagebuch, S. 296 (Eintrag vom 17. 10. 1941).

[161] Vgl. mit der Bewertung durch Hürter, Heerführer, S. 423. Laut Meldungen des Bfh. Rückw. Heeresgeb. Mitte wurden bis einschließlich September 1941 insgesamt 24 668 angebliche Partisanen „erledigt", worunter mitunter auch die Gefangennahme fallen konnte; die entsprechenden Zahlen für Oktober lauteten 14 265, für November 14 037 Menschen. Vgl. mit den Angaben bei: Gerlach, Morde, S. 875 sowie den Kommentaren von Arnold, Wehrmacht, S. 474 ff. und Hürter, Heerführer, S. 419 mit Anm. 261.

[162] IfZ-Archiv, MA 885: Korück 580, Anordnung vom 26. 8. 1941.
Während des Jahres 1941 operierten im Besatzungsgebiet des Korück 580 zeitweise das Einsatzkommando 8, das Sonderkommando 7 b sowie das Polizei-Regiment Mitte und das Polizei-Bataillon 309, bei der 221. Sicherungsdivision war ebenfalls das Einsatzkommando 8 im Einsatz, aber auch die Polizei-Bataillone 309, ferner 307, 316 und 322 sowie das 1. SS-Kavallerie-Regiment. Vgl. hierzu Kap. 5.4.

[163] IfZ-Archiv, MA 91/3: Chef SiPo und SD, Ereignismeldung UdSSR Nr. 123 vom 24. 10. 1941. Ferner Einsatzgruppe B, Tätigkeitsbericht für die Zeit vom 23. 6. 1941 bis 13. 7. 1941, in: Klein (Hrsg.), Einsatzgruppen, S. 375–386, hier S. 377 f.; IfZ-Archiv, MA 91/2: Chef SiPo und SD, Ereignismeldung UdSSR Nr. 90 vom 21. 9. 1941. Zum Einsatzkommando 8 vgl. Mallmann (u. a. Hrsg.), Deutscher Osten, S. 129 ff.

Alltag: Ein Kompaniefeldwebel des Polizei-Bataillons 309 erschießt sowjetische Zivilisten, vermutlich Herbst 1941
(Quelle: HSA, R Nr. 34239-217A)

dienten[164]. Doch blieben sie nicht die einzigen Opfer. Gerade Himmlers Leute waren für „radikale" Lösungen empfänglich. So setzte das uns bereits bekannte Polizei-Bataillon 309 einen Dolmetscher ein, der, so die Erinnerung eines Zeugen, „wirklich nicht gut russisch" konnte, der eigentlich nur polnisch verstand. Trotzdem ging er mit der Bezeichnung „Partisan" sehr verschwenderisch um, mit der Folge, dass das Schicksal der so Bezeichneten „dann besiegelt" gewesen sei[165].

Jener berüchtigte Lehrgang für die „Bekämpfung von Partisanen" in Mogilew, den der Befehlshaber des Rückwärtigen Heeresgebiets Mitte im September 1941 veranstaltete[166], war also nur noch eine Bestätigung dessen, was die Basis schon längst praktizierte. Für die Wehrmacht, die in dieser „Schule des Terrors"[167] ausschließlich von ihren rückwärtigen Einheiten vertreten wurde, waren die Themen

---

[164] Vgl. IfZ-Archiv, MA 885: Korück 580, Erlass vom 26.8.1941. Zu den Morden des Pol.-Btl. 309 vgl. HStA Düsseldorf, Zweigarchiv Schloß Kalkum: StA Dortmund (Z) (Wuppertal), 45 Js 21/61: Verfahren gegen Angehörige des Polizei-Bataillons 309; BAL, 205 AR-Z 20/60: Verfahren gegen Angehörige des Polizei-Bataillons 309, Anklageschrift vom 8.5.1967 sowie Kap. 3.3. Auch der Korück 580 war der Ansicht, dass Juden sowohl für die Rote Armee, als auch für die „Bolschewistische Funktionären" Spionagearbeit leisten würden. IfZ-Archiv, MA 885: Korück 580, Abt. Qu., „Richtlinien für Säuberung, Befriedung und Beuteerfassung" vom 31.8.1941. Ferner IfZ-Archiv, MA 1666: Feldkommandantur 549 (V), Bericht an 221. Sich. Div. vom 13.9.1941 sowie Kap. 5.4.

[165] BAL, 205 AR-Z 20/60: Vernehmung W. K. vom 27.5.1966. K. war Angehöriger der 1. Kompanie des Pol.-Btl. 309. Seine Aussage bezieht sich auf die Zeit nach dem Massaker in Bialystok.

[166] Vgl. hierzu die Angaben in Kap. 3.3. An diesem Lehrgang nahmen auch einige Offiziere der 221. Sich. Div. teil. IfZ-Archiv, MA 1661: Bfh. Rückw. Heeresgeb. Mitte, Abt. I a, Befehl an die 221. Sich. Div. vom 17.9.1941.

[167] Verbrechen der Wehrmacht, S. 462.

jedenfalls nicht wirklich neu: die Gleichsetzung von Partisanen und Juden, die es
beide zu vernichten galt, und die Kooperation mit Himmlers Männern, ohne deren „Methoden" sich das Hinterland angeblich nicht „befrieden" lasse. Allerdings
erhielt das, was an der Basis zur Praxis geworden war, nun gewissermaßen den
„Segen" der Führung. Wie aber hat man sich diese Praxis vorzustellen?

Im Bereich des *Korück 580*, wo man die „Befriedung" des Hinterlands „rollend
und pausenlos" vorantrieb[168], galten mittlerweile auch jene, welche die „Banden
irgendwie [!] unterstützen", als Todeskandidaten. Selbst Ortsfremde, die „Wanderer", wollte der Korück nun „grundsätzlich festnehmen bzw. beseitigen"[169], obwohl es doch die Deutschen waren – der Korück 580 eingeschlossen – , welche die
großen Städte leerten, um deren Einwohner nicht „über den Winter" ernähren zu
müssen[170]. Schon bei einer einzigen jener „umfangreichen Partisanenbekämpfungen" wurden gleich „mehrere hundert Partisanen erschossen"[171]. In dieser
Größenordnung ging das Morden nun weiter[172], wobei der Kreis der Opfer noch
wuchs: „russische Soldaten, Partisanen, Kommissare usw. [!]"[173]. Aber auch die
unbeteiligte Zivilbevölkerung wurde nun durch den entgrenzenden Terminus' des
„Bandenhelfers" kriminalisiert oder als potentielle Geiseln „mit ihrem Leben für
die Sicherheit der Truppe haftbar" gemacht[174]. Würden deutsche Soldaten zu Schaden kommen, so seien unverzüglich „doppelt soviel Einwohner" niederzuschie-
ßen[175]. Es spricht für sich, wenn der Korück schon im Herbst 1941 einsehen musste, dass sein Terror „nur vorübergehend" Erfolg gezeigt hätte[176]. Selbst unter dem

---

[168] IfZ-Archiv, MA 885: Korück 580, Abt. Qu. op., „Richtlinien für Säuberung, Befriedung und
       Beute-Erfassung" vom 31.8.1941. Auch zum Folgenden. Dabei hatte der Korück in dem-
       selben Befehl festgestellt, dass „viele Orte [...] ausgesprochen deutschfreundlich" seien.
[169] Ferner IfZ-Archiv, MA 885: Korück 580, Abt. Qu. op., Befehl vom 18.9.1941. In diesem Sinne
       auch BA-MA, RH 20-2/1445: AOK 2, Abt. O.Qu./Qu. 2, Tätigkeitsbericht für die Woche
       vom 21.–27.9.1941. Vgl. hierzu Gerlach, Morde, S. 877f.
[170] IfZ-Archiv, MA 885: Korück 580, Abt. Qu., „Besondere Anordnungen für die Versorgung
       Nr. 3" vom 29.11.1941. In diesem Fall ging es um Kursk.
[171] IfZ-Archiv, MA 885: Korück 580, Meldung an den Bfh. Rückw. Heeresgebiet Mitte vom
       29.8.1941. Am 2.9.1941 meldete der Korück 580, dass das bei ihm eingesetzte Polizei-Regi-
       ment Mitte, in wenigen Tagen „rund 1200 russische Soldaten, Partisanen, Kommissare usw.
       z. T. in größeren Feuergefechten unschädlich gemacht und vernichtet" habe. IfZ-Archiv, MA
       885: Korück 580, Erlass vom 2.9.1941. Vgl. ferner ebda., Korück 580, Abt. Qu., Meldung an
       221. Sich. Div. und Bfh. Rückw. Heeresgeb. 102 [Mitte] vom 5.9.1941.
[172] In der Zeit vom 24.9.–5.10. meldete der Korück 580 insgesamt 125 erschossene „Partisanen",
       am 16.10.1941 berichtete er dem AOK 2, man habe „im Oktober eine große Zahl Verdäch-
       tiger erschossen und in den Orten nicht weit von Weretenine mehrere Hundert Verdächtige
       erledigt"; am 28.10.1941 kam es zu einer Vergeltungsaktion für den Partisanen-Überfall vom
       26.10.1941, bei der man 91 Partisanen erschossen habe. IfZ-Archiv, MA 885: Korück 580,
       Kriegstagebuch, Einträge vom 5.10. und 28.10.1941; Rüß, Wehrmachtskritik aus ehemaligen
       SS-Kreisen, S. 441.
       Aufschlussreich sind die Verluste, welche die beteiligten Einheiten, 3./Feldgendarmerie-
       Abt. 581 und die 1./Pol.-Btl. 309, im Zeitraum von Ende September bis Ende Oktober 1941
       hatten: zwei Tote und ein Schwerverwundeter. IfZ-Archiv, MA 885: Korück 580, Komman-
       dant, Tagesbefehl vom 24.10.1941.
[173] IfZ-Archiv, MA 885: Korück 580, Erlass vom 2.9.1941.
[174] BA-MA, RH 20-2/1445: AOK 2, Abt. O.Qu./Qu. 2, Tätigkeitsbericht für die Woche vom
       21.–27.9.1941.
[175] IfZ-Archiv, MA 885: Korück 580, Abt. Qu., Befehl vom 27.9.1941. Vgl. hierzu auch Klein,
       Zivilbevölkerung Weißrußlands, S. 86f.
[176] BA-MA, RH 20-2/1445: AOK 2, Abt. O.Qu./Qu. 2, Tätigkeitsbericht für die Zeit vom 28.9.–
       4.10.1941.

Gesichtspunkt der „militärischen Effizienz" war diese Strategie der Friedhofsruhe letzten Endes nur kontraproduktiv.

Bei der *221. Sicherungsdivision*, die damals weiter westlich, im Rückwärtigen Heeresgebiet Mitte operierte, war das nicht anders. In ihrem Fall sind wir aufgrund ihrer peniblen Buchführung noch präziser darüber informiert, wie sehr sich ihre „Kriegführung" in eben dieser Zeit radikalisierte[177]. Von Anfang Juli bis Mitte September nahm sie 3400 „Partisanen" und 126 „Partisanenhelfer" fest[178], von denen sie allerdings „nur" 134, also 3,8 Prozent, erschoss. Seit Mitte September veränderte sich diese Relation[179] – zweifellos auch eine Wirkung von Schenckendorffs verhängnisvollem Befehl, mit dem er alle versprengten sowjetischen Soldaten kriminalisierte. Das soll im Umkehrschluss nicht heißen, dass *alle* Versprengten ihren Krieg hinter den deutschen Linien völkerrechtskonform fortgesetzt hätten[180]. Doch hatte darüber allein die deutsche Truppe zu entscheiden, nicht aber ihre Kriegsgerichte, so dass der Willkür Tür und Tor geöffnet war. Die 221. Sicherungsdivision ist auch dafür ein Beispiel: In der Zeit von Mitte September bis Mitte November 1941 erschoss sie insgesamt 1847 „Partisanen"[181]. Weitere 8417 Menschen wurden als „Partisanen", 3820 als „Partisanenhelfer" oder als „partisanenverdächtig" festgenommen[182]. Damit hatte diese Division ihre „Tötungsquote" auf 15,1 Prozent hochgeschraubt. Zwar tötete sie selbst jetzt den kleineren Teil jener, die man unter das Verdikt des Partisanen stellte, doch ändert das nichts an einer vierstelligen Zahl jener Opfer, die innerhalb von nur acht Wochen starben! Zweifellos war auch hier der Partisanenkrieg mehr als nur eine Fiktion, bereits im August 1941 musste sich die 221. mit einer „bewaffneten Bande von 1000 Mann" herumschlagen[183], selbst „in kleinsten Gruppen" konnten die Partisanen schon da-

---

[177] Zur Bedeutung dieser Zäsur vgl. Shepherd, War, S. 96.

[178] Die Angaben sind dem Kriegstagebuch der 221. Sicherungsdivision (IfZ-Archiv, MA 1660) und ihren Tagesmeldungen an den Befehlshaber des Rückwärtigen Heeresgebiets Mitte (IfZ-Archiv, MA 1665) entnommen, wobei hier die Zahl der toten Partisanen etwas höher liegt. Die hier verwendeten Angaben orientieren sich an den höheren Zahlen. Dort auch die im Folgenden genannten Zahlen. Zu den Meldungen anderer Sicherungsdivisionen, die in der Regel höher lagen, vgl. Kap. 3.2.

[179] So auch Shepherd (War, S. 83 ff.), der ebenfalls unter der Kapitel-Überschrift „Bludshed Mushrooms" auf den Radikalisierungsschub ab Herbst 1941 verweist.

[180] Vgl. hierzu Kap. 5.3.

[181] Eine Unterscheidung zwischen tatsächlichen oder vermeintlichen Partisanen ist aufgrund der deutschen Quellen nicht möglich. Entscheidend war, dass die Frist, die der Befehlshaber des Rückwärtigen Heeresgebiets Mitte, General von Schenckendorff, den versprengten Rotarmisten eingeräumt hatte, um sich bei deutschen Dienststellen zu melden, am 15.9.1941 ablief. Danach sollten alle sowjetischen Soldaten, die sich noch im Militärverwaltungsgebiet befanden, wie Partisanen behandelt werden. Vgl. hierzu Kap. 5.2 und 5.3.
Faktisch eröffnete dies jeder Einheit die Möglichkeit, mit *diesen* Kriegsgefangenen nach eigenem Gutdünken zu verfahren. Damit lässt sich nicht nur die Tatsache erklären, warum die Opferzahlen bei der 221. Sicherungsdivision seit September sprunghaft in die Höhe schnellten, sondern auch der Umstand, dass mehrere Tausend Partisanen als „festgesetzt", aber als *nicht* erschossen gemeldet wurden.

[182] Die Zahl der erschossenen Partisanen, die Shepherd nennt (War, S. 85), ist mit 1746 Opfern etwas niedriger.

[183] IfZ-Archiv, MA 1660: 221. Sich. Div., Abt. I a, Kriegstagebuch, Eintrag vom 6.8.1941. Vgl. auch BA-MA, RH 53-7/206: Beobachtungs-Ers. Abt. 7, „Bericht über die Reise zur Ostfront" vom 22.8.1941: „Feindliche Truppenkörper bis zur Stärke eines Kavallerie-Regiments mit Artillerie befinden sich heute noch bis zu 400 km hinter der Front in den Wäldern."
Dies betraf ab Oktober 1941 das gesamte Hinterland der H.Gr. Mitte. Vgl. hierzu Reinhardt, Wende, S. 129.

mals „bis zur Vernichtung" kämpfen[184]. Doch bleibt der Eindruck, dass nicht nur die deutsche Führung[185], sondern auch die Besatzungstruppe selbst darauf nur eine Reaktion kannte – einen undifferenzierten und grausamen Terror[186], der im Endeffekt den Guerillakrieg eher förderte als bremste, weil er jede Verhältnismäßigkeit vermissen ließ. Die deutsche Terminologie lässt den Anteil derer, die hier zu Unrecht an die Wand gestellt wurden, nur schwer erkennen. Sicher ist, dass er sehr groß war[187].

Doch gab es auch im Hinterland „die anderen Soldaten"[188], bei denen das Gefühl für Gut und Böse noch nicht verkümmert war, selbst wenn sie in den amtlichen Quellen nur am Rande vorkommen: berichtet wird von einzelnen Hilfsmaßnahmen für Einheimische[189], kritisiert wird der Leichtsinn „bei Festnahmen und Wiederentlassungen von unsicheren Elementen"[190] – selbst Partisanen seien „deutsche Ausweise" ausgestellt worden[191]. Auch schlug die Truppe schon damals

---

[184] IfZ-Archiv, MA 1666: Lds. Schtz. Rgt. 45, Befehl, betr. „Partisanenbekämpfung" vom 8.10.1941.

[185] Am 16.9.1941 hatte Keitel als Chef OKW seinen bekannten Erlass „über die Bekämpfung kommunistischer Aufstandsbewegungen" ausgegeben. Er forderte als „Sühne für ein deutsches Soldatenleben [...] die Todesstrafe für 50–100 Kommunisten". „Die Art der Vollstreckung muß die abschreckende Wirkung noch erhöhen." Druck: Ueberschär/Wette (Hrsg.), „Unternehmen Barbarossa", S. 359f.

[186] Zweifellos hat die 221. Sich. Div. nicht Keitels Quoten erfüllt. Doch befahl sie am 20.9.1941: „Verdächtige Zivilisten werden, wenn sie als russische Wehrmachtsangehörige oder verbrecherische Elemente erkannt werden, sofort erschossen. Ansonsten werden sie der nächsten Dienststelle der GFP, des SD oder dem nächsten Dulag übergeben. Bestätigt sich dort der Verdacht nicht, können sie entlassen werden." IfZ-Archiv, MA 1667: 221. Sich. Div., Abt. I b, Anordnung vom 20.9.1941.
Die eminent hohe Zahl der Verhaftungen erklärt sich auch damit, dass die 221. Sich. Div. „Zivilpersonen ohne Ausweis" festnahm „und der GFP bzw. dem nächsten Dulag" zuführte. Vgl. etwa IfZ-Archiv, MA 1665: 221. Sich. Div., Abt. I a, Meldung an den Bfh. Rückw. Heeresgeb. Mitte vom 21.10.1941.

[187] Vgl. hierzu die Einschätzung Pohls (Herrschaft, S. 297), demzufolge „im Durchschnitt etwa 20–30 % der Todesopfer bei den deutschen Aktionen auch Partisanen waren, offensichtlich in den frontnahen Gebieten der RSFSR ein höherer Satz und entsprechend im Zivilgebiet ein niedrigerer". Geringer dagegen die Einschätzungen bei Gerlach (Morde, S. 907: „etwa 10 bis 15 Prozent") und Röhr (Forschungsprobleme, S. 203), der sie sogar nur auf 5 Prozent veranschlagt.

[188] So der Titel von Haase/Paul (Hrsg.), Die anderen Soldaten, Frankfurt a. M. 1995.

[189] Erwähnt wird die medizinische Versorgung der Zivilbevölkerung durch Einheiten der 221. sowie ein Fall, bei dem zwei Schützen ein Kind aus einem brennenden Haus „schwer verletzt und mit Brandwunden" herausholten und versorgten. IfZ-Archiv, MA 1667: 221. Sich. Div., Abt. VII, Meldung vom 19.9.1941; IfZ-Archiv, MA 1666: 6./Lds. Schtz. Batl. 230, Meldung an Lds. Schtz. Batl. 230 vom 28.10.1941.

[190] IfZ-Archiv, MA 1661: Bfh. Rückw. Heeresgeb. Mitte, Abt. I a, „Korpsbefehl Nr. 38" vom 8.8.1941.
Auch das OKH kritisierte am 2.10.1941, dass die Kontrolle der Zivilbevölkerung zu nachlässig sei, dass abseits liegende Ortschaften „nicht durchkämmt" würden, „daß deutsche Kommandobehörden besonderes Vertrauen ehrwürdig und bieder aussehenden älteren Leuten entgegenbringen" würden und dass deutsche Ortskommandanturen immer wieder Passierscheine für Partisanen ausgestellt hätten. BA-MA, RH 20-6/135: OKH/GenStdH/O.Qu. IV/Abt. Frd. Heere Ost (II c), Erlass vom 2.10.1941.
Vom Korück 580 ist ferner ein Fall überliefert, bei dem vier Soldaten am 28.10.1941 bis zu drei Monaten Gefängnis verurteilt wurden, weil sie eine „Wasch- und Putzfrau" dieser Einheit ausgeplündert hatten. BA, ZNS, RH 23-G, Gericht Korück 580, Nr. 179/41: Strafsache gegen Uffz. J., OGefr. B., OGefr. K. und Gefr. B.

[191] IfZ-Archiv, MA 1661: Bfh. Rückw. Heeresgeb. Mitte, Abt. I c, „Korpsbefehl Nr. 51" vom 11.9.1941; IfZ-Archiv, MA 1590: 4. Pz. Div., Abt. I c, Anlage zu „Feindnachrichten" vom 24.10.1941; IfZ-Archiv, MA 1667: Kdo. 221. Sich. Div., Meldung betr. „Feststellungen in Klimowitschi" an 221. Sich. Div. vom 23.10.1941.

vor, kollaborationsbereite Partisanen zu schonen und „ihnen das Leben und eine Existenz" zu versprechen[192]; und schließlich wurde von der Möglichkeit der Inhaftierung viel häufiger Gebrauch gemacht als vom dem der Exekution[193]. Bei diesen konnte es passieren, dass sie von den Offizieren übernommen werden musste, da „die Masse der Männer" hierfür „zu weich" sei, so die Klage aus der 221.[194]. Trotzdem blieben das Ausnahmen, schon weil die Vorgaben anders lauteten. Sie hatten zur Folge, dass auch dieser Besatzungsverband letzten Endes im Sinne der obersten Führung funktionierte[195].

Auch die kämpfende Truppe blieb damals vom irregulären Krieg nicht verschont. Sie kam nun in Gebiete, in denen „von irgendeiner Begeisterung oder lebhaftem Empfang" nichts mehr zu merken war[196]. Trotzdem bemühte sich deren Führung meist noch um ein gutes Verhältnis zu den Einheimischen – so etwa die Heeresgruppe Mitte[197], die 2. Armee[198] oder das XXXIV. Höhere Kommando, das im August von seinen Soldaten „straffste Disziplin" verlangte, „um das Vertrauen der Zivilbevölkerung zur deutschen Wehrmacht aufrecht zu erhalten"[199]. Seine Forderung lautete, „die ansässige, arbeitende Bevölkerung, die von den Deutschen eine Besserung ihrer Lage erwartet, human zu behandeln"[200]. Selbst die 2. Panzerarmee rief noch im Oktober 1941, kurz vor ihrer Radikalisierung, zur

---

[192] IfZ-Archiv, MA 1666: Lds. Schtz. Rgt. 45, Befehl betr. „Partisanenbekämpfung" vom 8.10.1941.

[193] IfZ-Archiv, MA 1667: 221. Sich. Div., Abt. I b, Anordnung vom 20.9.1941: „In jedem Dulag ist – soweit noch nicht vorhanden – sofort eine Abteilung für Zivilisten einzurichten." IfZ-Archiv, MA 885: Korück 580, Abt. Qu., Kriegstagebuch, Eintrag vom 15.11.1941, wo berichtet wird, dass die Armee-Gefangenen-Sammelstelle 4 in Kursk 2100 Gefangene übernommen habe, davon 1100 Zivilisten. 467 Zivilisten seien daraufhin sofort „auf Verfügung durch G.F.P. entlassen" worden.

[194] IfZ-Archiv, MA 1666: Inf. Rgt. 350, Voraus-Abt., Meldung an 221. Sich. Div. vom 14.10.1941. Vgl. auch IfZ-Archiv, MA 1661: Bfh. Rückw. Heeresgeb. Mitte, Abt. I a, Befehl an die 221. Sich. Div. vom 26.7.1941: „Die Div. meldet, dass sie etwa 20 Kommunisten gefaßt und in das ‚Gefängnis' eingeliefert hat. Wenn es erforderlich ist, Kommunisten zu erfassen, kann es sich nach diesseitiger Auffassung nur um solche Elemente handeln, die nach den mündlich übermittelten Bestimmungen an den SD zu übergeben wären. Die Einlieferung in das Gefängnis zur gerichtlichen Aburteilung ist verboten. Die Kommunisten sind dem SD sogleich zu übergeben."

[195] Vgl. mit der Mahnung des I c der 221. Sich. Div.: „Als wirksamste Propaganda hat sich jedoch die Haltung des deutschen Soldaten und die Propaganda der Tat herausgestellt." IfZ-Archiv, MA 1667: 221. Sich. Div., Abt. I c, „Tätigkeitsbericht für die Zeit vom 10.5.–14.12.1941" vom 14.12.1941.

[196] Vgl. etwa PA-AA, R 60704: AOK 2, Abt. I c/VAA, „Bericht Nr. 15" vom 5.9.1941: „Von irgendeiner Begeisterung oder lebhaftem Empfang, die unsere Truppen erwarten sollten, ist in dieser Gegend der Ukraine allerdings kaum etwas zu merken. Die Ursache dafür ist in erster Linie auf den unmittelbaren Eindruck der Kämpfe zurückzuführen, die Bewohner sind verschreckt und stehen unter dem Eindruck der verlorenen oder vernichteten Habe."

[197] Bock, Tagebuch, S. 227 (Eintrag vom 22.7.1941).

[198] Das AOK 2 erinnerte damals daran, „daß die im Rücken der Truppe aufgetretenen „Partisanengruppen [...] erfahrungsgemäß tatsächlich weniger durch die Masse der Bevölkerung unterstützt [würden], als durch die noch vorhandenen politischen Funktionäre und sonstige aktivistisch eingestellte Kommunisten". Im Oktober 1941 war man beim AOK 2 der Ansicht, dass „Kollektivmaßnahmen gegen Dörfer und deren Bevölkerung" eine „Ausnahme" bleiben müßten. Vielmehr bestehe „bei geschickter und freundlicher Behandlung" der Zivilbevölkerung die Chance, sie bei der Bekämpfung der Partisanen auf die eigene Seite zu ziehen. BA-MA, RH 20-2/1091: AOK 2, Abt. I c/A.O./Abw. III, Befehl betr. „Bekämpfung des Bandenwesens" vom 7.8.1941; BA-MA, RH 20-2/1093: AOK 2, Abt. I c/A.O./Abw. III, Befehl betr. „Partisanenbekämpfung" vom 2.10.1941.

[199] BA-MA, RH 24-34/33: XXXIV. Höheres Kommando, Abt. I a, Kriegstagebuch vom 3.8.1941.

[200] IfZ-Archiv, MA 1634: XXXIV. Höheres Kommando, Bfh., Weisung an den „Herrn Div.-Kommandeur der 296. Div." vom 14.8.1941.

Mäßigung auf: Zwar sei es „unwürdig, heute schon so zu tun, als ob es nie etwas Trennendes zwischen Sowjetrußland und Deutschland gegeben habe [...]. Andrerseits aber entspricht es nicht deutscher Größe, wenn der einzelne Soldat sich in der Geste des Siegers und Eroberers fühlt, wenn er glaubt, er könne jeden Bürger des Landes in herrischer Weise zu den privatesten Handreichungen anstellen und seine Bitte um Entlohnung mit drohender Beschimpfung abtun. Unsere Haltung fordert viel Takt und viel Weitsicht."[201] Das scheint zunächst nicht ohne Wirkung auf die unterstellten Divisionen geblieben zu sein: Bei der „Vierten" war noch im August der bloße Verdacht auf Sabotage[202] oder auf Unterstützung der Partisanen kein automatischer Erschießungsgrund[203]. Die 296. ID forderte damals eine korrekte Behandlung der Zivilisten, um sie nicht „zu einer feindlichen Haltung" zu drängen[204]. Natürlich waren derartige Äußerungen Ausdruck einer Politik des „sowohl als auch", die – wie noch zu zeigen sein wird – großen Schwankungen unterlag. Doch unterschieden sich diese Signale zunächst noch deutlich von jenen „drakonischen"[205] Vorgaben, die damals aus dem Führerhauptquartier kamen.

Im Herbst 1941 aber begann die Stimmung definitiv zu kippen – auch an der Front. Die Soldaten wurden nun intensiv über die Partisanen „belehrt", und Farnbacher blieb sicherlich nicht der einzige, der von nun an „vorsichtiger" sein wollte[206]. Eine Division wie die 296. duldete nun keine Zivilisten in ihrem Gefechtsgebiet mehr[207] und befahl, alle Partisanen „ohne Rücksicht und falsche Humanität

---

201 IfZ-Archiv, MA 1590: „Das Neueste für den Soldaten. Wandzeitung für Orel, Nr. 2 vom 19. 10. 1941. Hrsg. von der Prop. Komp. [693] einer [der 2.] Panzerarmee". Auch sonst hielt die 4. Pz. Div. damals noch auf Zucht und Ordnung. Anfang Oktober drohte die 4. Pz. Div. mit der Todesstrafe, weil zwei ihrer Angehörigen in betrunkenem Zustand das Stadtmuseum von Orel angezündet hatten. IfZ-Archiv, MA 1581: Stadtkommandant von Orel, Anordnung vom 5. 10. 1941.

202 IfZ-Archiv, MA 1637: 296. Inf. Div., Abt. I c, Tätigkeitsbericht für die Zeit vom 29. 7.–24. 8. 1941: „Einige Fälle von Fernsprechkabel-Beschädigungen wurden gemeldet. Es konnte nicht einwandfrei erwiesen werden, ob es sich um Sabotageakte handelte."

203 BA-MA, RH 27-4/116: 4. Pz. Div., Abt. I c, Aktenvermerk vom 22. 8. 1941. Ferner IfZ-Archiv, MA 1590: 4. Pz. Div., Abt. I c, Schreiben an Pz. AOK 2, Abwehr-Gruppe vom 20. 10. 1941, wo als Ergebnis eines Verhörs eines Mzensker Bürgers festgehalten wird, dass sich hier der Verdacht der Partisanenbeteiligung „nicht einwandfrei nachweisen" ließ.

204 IfZ-Archiv, MA 1634: 296. Inf. Div., Abt. I a, „Divisionsbefehl Nr. 52" vom 4. 8. 1941. Allerdings hieß es in diesem Befehl auch: „Die Zivilbevölkerung ist anzuhalten, fremde Elemente, Versprengte usw. anzuzeigen. Ihr ist anzudrohen, daß sie bei Unterstützung derartiger Elemente selbst zur Rechenschaft gezogen wird."
Vgl. auch BA-MA, RH 24-17/269: XVII. A. K., Abt. III, Tätigkeitsbericht für die Zeit vom 1. 9.–31. 12. 1941. Verhandelt wurden u. a. 7 Straffälle wegen Diebstahls bei Zivilisten sowie ein Fall von Notzucht. Dem XVII. A. K. war die 296. I. D. damals zeitweise unterstellt.

205 So explizit die Weisung Nr. 33 a vom 23. 7. 1941. Druck: Hubatsch (Hrsg.), Hitlers Weisungen, S. 141–145, hier S. 145.

206 BA-MA, RH 27-4/109: 4. Pz. Div., Abt. I c, Tätigkeitsbericht, Eintrag vom 29. 9. 1941, wo es heißt, dass „Sicherungsmaßnahmen" gegen Freischärler nun zum „Allgemeingut der Truppe" gehörten. BA-MA, MSg 1/3272: Fritz Farnbacher, Tagebuch, Eintrag vom 29. 9. 1941 sowie Neumann, 4. Panzerdivision, S. 277; IfZ-Archiv, MA 1637: 296. Inf. Div., Abt. I c, Tätigkeitsbericht für die Zeit vom 28. 9.–25. 10. 1941: „Belehrung der Truppe über Verhalten gegenüber der (feindlich eingestellten) Zivilbevölkerung."

207 BayHStA, Abt. IV, NL Thoma 5: Inf.-Rgt. 519, Kriegstagebuch, Eintrag vom 21. 8. 1941: „Das Rgt. [519] befiehlt hierzu: Im Rgts. abschnitt (etwa 5 km tief) sind sämtliche Zivilisten, die in diesem Streifen wohnen, zu evakuieren. Jeder Zivilist, der in diesem Streifen angetroffen wird, ist sofort festzunehmen und dem Rgt. zu überführen." Immerhin scheint bemerkenswert, dass auch hier nirgends von Erschießungen die Rede ist. Vgl. auch BA-MA, MSg 2/5317: 296. Inf. Div., Abt. I c, Befehl betr. „Verhalten gegenüber feindl. Spionage u. Sabotagetrupps" vom 20. 8. 1941.

zu vernichten"[208]. Einer ihrer Angehörigen hat beschrieben, wie die Bevölkerung „durch einen Dolmetscher zusammengerufen" und den Partisanen „gegenübergestellt" wurde. „Der Dolmetscher mußte nun zu verstehen geben, daß diese sich als nicht reguläre Kampftruppe gegen uns gewandt hätten und aus diesem Grund erschossen würden. Für den Fall, daß sich dies wiederholen sollte, würden die männlichen Einwohner der Ortschaft ohne Ausnahme erschossen. Die ersten und zugleich auch gefährlichsten Typen dieser Art wurden unter Anwesenheit der Bevölkerung außerhalb der Ortschaft erschossen."[209] Ein ähnlich rigides Vorgehen ist auch von den anderen Kampfverbänden unseres Samples überliefert, selbst wenn es in seinem Ausmaß nicht mit dem zu vergleichen ist, was sich damals in den Rückwärtigen Gebieten ereignete[210]. Das wird schon an den Kräften deutlich, welche diese Divisionen damals zur Bekämpfung der Partisanen einsetzten: Bei den „Vierern" war es „eine Kradschützenkompanie"[211], bei der 296. ID nicht mehr als „ein kampfkräftiger Spähtrupp"[212], während die 45. ID sich mit Hilfe eines Trupps Reiter diesen Kleinkrieg vom Leibe halten wollte[213].

Je mehr sich freilich die militärische Lage zuspitzte, desto unnachsichtiger reagierte die Fronttruppe auf jede zusätzliche Bedrohung, auch auf die potentielle. Das war neu. Besonders schlimm wurde es bei der 4. Panzerdivision. Als ihr Vormarsch zu stocken begann, errichtete sie in ihrem Frontabschnitt ein wahres Schreckensregiment. Hier manifestierte sich nicht allein die Frustration über die militärische Entwicklung, die Zunahme des sowjetischen Guerillakriegs[214], die Tatsache,

---

Die Räumung der Gefechtszone, die im Übrigen auch dem Sicherheitsbedürfnis der Zivilisten Rechnung trug, wie auch die zeitweilige Internierung der Zivilbevölkerung gehörten damals zum international anerkannten Kriegsbrauch. Vgl. Umbreit, Kontinentalherrschaft, S. 186.

[208] BA-MA, MSg 2/5317: 296. Inf. Div., Abt. I c, Befehl betr. „Verhalten gegenüber feindl. Spionage u. Sabotagetrupps" vom 20.8.1941. Vgl. auch ebda., NL Hans P. Reinert, Tagebuch, Eintrag vom 30.8.1941.

[209] Manuskript, K. H., „Unser Einsatz im Osten", o. D., Kopie im Besitz d. Verf. Ferner BA-MA, MSg 2/5317: 296. Inf. Div., Abt. I c, Befehl betr. „Verhalten gegenüber feindl. Spionage u. Sabotagetrupps" vom 20.8.1941.

[210] Dahinter stand ein System; in seinen „Richtlinien für Partisanenbekämpfung" befahl das OKH am 25.10.1941, dass zur Bekämpfung der Partisanen pro Division „eine mot. Eingreifgruppe in Stärke von mindestens 2 Kompanien" zu bilden sei. IfZ-Archiv, MA 1564/29, NOKW-2258: ObdH/GenStdH/Ausb. Abt. (I a), „Richtlinien für Partisanenbekämpfung" Nr. 1900/41 vom 25.10.1941.
Nach Schulte (German Army, S. 136f.) forderten freilich die „Kleinunternehmungen" besonders hohe Verluste.

[211] BA-MA, RH 27-4/12: 4. Pz. Div., 5. Pz. Brig., Gefechtsbericht für die Zeit vom 25.8.-29.8.1941. Generell begann die kämpfende Truppe seit Herbst 1941 „Jagdkommandos" zur Bekämpfung der Partisanen abzuordnen. Vgl. Förster, Sicherung, S. 1042; Rass, „Menschenmaterial", S. 342.

[212] IfZ-Archiv, MA 1635: 296. Inf. Div., Abt. I c, „Meldung über die Sprengung der Partisanen-Zentrale dicht südl. des Bolischoj Cheron-Sees (etwa 13 km südwestl. Trubtschewsk)" vom 18.10.1941; IfZ-Archiv, MA 1637: 296. Inf. Div., Abt. I c, Tätigkeitsbericht für die Zeit vom 28.9.-25.10.1941.
Dazu gehörte auch die Praxis, dass man die Hinrichtung der Partisanen der Geheimen Feldpolizei überließ: „Alle der Zugehörigkeit zu Partisanen Abteilungen Verdächtige wurden nach Verhör der G.F.P. beim Gen. Kdo. zugeführt." IfZ-Archiv, MA 1637: 296. Inf. Div., Abt. I c, Tätigkeitsbericht für die Zeit vom 29.7.-24.8.1941. In diesem Sinne auch ebda., 296. Inf. Div., Abt. I c, Tätigkeitsbericht für die Zeit vom 25.8.-27.9.1941.

[213] BA-MA, RH 26-46 D: 45. Inf. Div., Abt. I a, Kriegstagebuch, Eintrag vom 26.11.1941.

[214] Vgl. etwa IfZ-Archiv, MA 1590: 4. Pz. Div., Abt. I c, „Feindnachrichtenblatt 1" vom 17.10.1941; BA-MA, RH 27-4/19: 4. Pz. Div., Kdr., Fernspruch vom 11.11.1941. Ferner BA-

dass sie mittlerweile im russischen Kerngebiet kämpfte[215], oder der Beginn der Schlechtwetter-Periode, der dazu führte, dass die Deutschen mit den Einheimischen „Seite an Seite" in völlig „überfüllten" Räumen hausten[216]. Am folgenreichsten war der berüchtigte Reichenau-Befehl, der just zu diesem Zeitpunkt auch die 2. Panzerarmee erreichte und der die latenten Tendenzen zur Radikalisierung nun offiziell legitimierte[217]. „Schonung verdächtiger Elemente ist nicht am Platze"[218], lautete nun die Parole. Waren russische Zivilisten „soldatenverdächtig", so konnte schon allein das das Todesurteil bedeuten[219]. Wohlgemerkt: Nicht der *Kampf* in Zivilkleidung galt als „Verbrechen", sondern deren bloßer Gebrauch durch versprengte Rotarmisten. Auch Repressalien gegen die männliche Zivilbevölkerung schienen nun im Falle von Partisanenangriffen als legitim[220]. Die Aufzeichnungen Farnbachers, der sehr offen schildert, wie nun in seinem Umfeld „nicht mehr viel Federlesen" gemacht und ein „verdächtiger" Zivilist nach dem anderen „umgelegt" wurde[221], vermitteln einen Eindruck davon, wie schnell nun diese ‚barbarischen Manieren' durchbrachen, so das Urteil Farnbachers[222]. Er war damals „froh", mit all dem „nichts zu tun" zu haben[223]. Aber wie viele in seinem Umfeld dachten noch so?

Es ist sicherlich richtig, dass es damals auch im Gefechtsgebiet zu einzelnen irregulären Angriffen gekommen ist. Die Schuld der Wehrmacht aber war es, und das betrifft speziell auch die Truppe, dass sie spätestens seit Herbst 1941 zusätzlich Öl ins Feuer goss, anstatt auf eine Deeskalation hinzuarbeiten. Den Charakter jenes „schmutzigen Krieges", den sie mittlerweile nicht nur im Hinterland führte, können selbst Nüchternheit und Abstraktion der amtlichen Quellen nicht völlig verbergen: „Durch die GFP wurde unter Ausnutzung von zwei festgenommenen Partisanenweibern als Kundschafter im Raum von Worga (20 km südlich von Roslawl) ein nichtbesetztes Partisanenlager entdeckt und zerstört. 6 Partisanen wurden in Worga festgenommen. Diese wie auch die beiden Flintenweiber wurden

---

MA, RH 21-2/244: Pz. AOK 2, Abt. I a, Kriegstagebuch, Eintrag vom 4.11.1941: „Im Waldgebiet nördl. Brjansk befinden sich zahlreiche Partisanen, die sich aus ehemaligen Soldaten der Kesselkämpfe und aus der Industriebevölkerung zusammensetzen."

[215] Bei ihrem Vormarsch in die Ukraine hatte die Division noch die Erfahrung gemacht, dass sich die Bevölkerung ihr gegenüber „äußerst freundlich" verhielt. Neumann, 4. Panzerdivision, S. 292.

[216] BA-MA, RH 24-34/41 a: XXXIV. A. K., Abt. I a, Anlage zum Kriegstagebuch vom 11.10.1941: „Jeder kleinste Raum des Ortes war von Soldaten, die Schutz gegen Kälte und Nässe suchten, überfüllt." BA-MA, MSg 1/3273: Fritz Farnbacher, Tagebuch, Eintrag vom 9.10.1941: „Das gibt natürlich jetzt ein ziemliches Gedränge, weil alles ein Dach finden will und doch nicht übermäßig viel Platz da ist." Ferner BA-MA, N 10/9, NL Smilo Frhr. von Lüttwitz, Brief vom 14.11.1941; BA-MA, RH 24-24/135: Pz. AOK 2, Abt. II a, Weisung vom 1.12.1941.

[217] Am 6.11.1941 hatte sich Guderian den Reichenau-Befehl „zu eigen" gemacht. BA-MA, RH 24-24/128: Pz. AOK 2, Abt. I a, Weisung vom 6.11.1941.

[218] IfZ-Archiv, MA 1590: Pz. AOK 2, Abt. I c/A.O., „Feindnachrichten Nr. 13" vom 19.11.1941.

[219] BA-MA, MSg 1/3274: Fritz Farnbacher, Tagebuch, Eintrag vom 13.11.1941.

[220] IfZ-Archiv, MA 1590: 4. Pz. Div., Abt. I c, „Entwurf: Div.-Tagesbefehl", o. D.

[221] Ebda., Einträge vom 9.11., 13.11., 24.11., 25.11. und 30.11.1941.

[222] BA-MA, MSg1/3272: Fritz Farnbacher, Tagebuch, Eintrag vom 23.9.1941: „Die russische Familie darf auch wieder in ihr Haus einziehen, nachdem sie kleine Kinder hat und den Türhaken offenbar niemand absichtlich entfernt hat; ich finde ja die Manieren teilweise auch recht barbarisch."

[223] BA-MA, MSg 1/3275: Fritz Farnbacher, Tagebuch, Eintrag vom 30.11.1941.

erschossen"[224], ist in einem Bericht der 221. Sicherungsdivision vom November 1941 zu lesen, eine ihrer Einheiten meldete damals lapidar: „Da trotz aller ‚Ermahnungen' weitere Auskünfte nicht zu erhalten waren", hätte man den Partisan erhängt.[225] Und auch die 4. Panzerdivision empfahl nun beim Verhör „von Freischärlern (nicht uniformierte Arbeiterbat[ail]l[one]): [...] Reichlicher Gebrauch von Gegenüberstellungen, Gegeneinanderausspielen der Leute, Prügel."[226]

5.5.6 Dezember 1941–Februar 1942: Wende, auch im Hinterland

Es waren die Ereignisse an der Front, die während der folgenden Wintermonate alles beherrschten. Der Rest schien zweitrangig, auch das Geschehen im rückwärtigen deutschen Besatzungsgebiet. Nicht wenige Historiker haben daher diese Wintermonate als eine Pause im Partisanenkrieg verstanden[227]. Unser Sample scheint eine solche Deutung vordergründig zu bestätigen. Selbst ein Besatzungsverband wie die 221. war damals dort eingesetzt, wo die Entscheidungen fielen: an der Front. Doch blieb diese Schwerpunktverlagerung nicht folgenlos[228]. Denn genau in dem Moment, wo die deutsche Besatzungsmacht in den Rückwärtigen Gebieten schwächer wurde, begannen sich andere dieser Freiräume zu bemächtigen. Am Beispiel des Korück 580 lässt sich das sehr genau verfolgen[229]. Seit Dezember 1941 waren die deutschen Besatzungstruppen hier so in der Minderheit, dass es fraglich schien, ob sie sich selbst noch im unmittelbaren Hinterland der Front behaupten würden[230].

---

[224] IfZ-Archiv, MA 1665: 221. Sich. Div., Abt. I a, Meldung an den Bfh. Rückw. Heeresgeb. Mitte vom 13. 11. 1941.

[225] Vgl. etwa IfZ-Archiv, MA 1666: Partisanen-Bekämpf.-Batl. (Wach-Batl. 701), Meldung an Inf. Rgt. 350 vom 21. 11. 1941. Schon im September 1941 legte das XXIV. Panzerkorps „Wert darauf, einzelne Freischärler über die Organisation zu vernehmen. Gefangene Freischärler sind nicht sofort abzuurteilen, sondern zunächst dem Generalkommando I c, auch verwundet, zur Vernehmung anzubieten [sic]." BA-MA, RH 27-4/109: 4. Pz. Div., Abt. I c, Tätigkeitsbericht, Eintrag vom 26. 9. 1941. Vgl. hierzu auch Umbreit (Herrschaft, S. 154), der darauf hingewiesen hat, dass die Deutschen im Partisanenkrieg „mit den brutalsten Mitteln" verhörten.

[226] IfZ-Archiv, MA 1590: 4. Pz. Div., Kdr., „Punkte für I-c-Offiziersbesprechung am 17. 11. 41".

[227] Umbreit, Probleme, S. 135; Richter, „Herrenmensch", S. 11. Dagegen Nolte, Partisan War, S. 270. Erinnert sei an die skeptische Lageeinschätzung der Einsatzgruppe B, die bereits im September 1941 moniert hatte, man gehe „in deutschen militärischen Kreisen" davon aus, „daß mit Beginn der Kälteperiode sich die Partisanenfrage ‚selbst löst', indem die Partisanen aus den Wäldern kommen und sich ‚stellen müssen'" IfZ-Archiv, MA 91/2: Chef SiPo und SD, Ereignismeldung UdSSR Nr. 92 vom 23. 9. 1941. Vgl. auch Shepherd, War, S. 105.

[228] Philippi/Heim, Feldzug, S. 99. Vgl. hierzu auch Hürter, Heinrici, S. 121 (Tagebucheintrag vom 5. 12. 1941).

[229] Vgl. Kap. 3.4 sowie IfZ-Archiv, MA 91/3: Chef SiPo und SD, Ereignismeldung UdSSR Nr. 148 vom 19. 12. 1941: „Die Partisanentätigkeit hat im Bereich der Einsatzgruppe weiter zugenommen. Auch der strenge Frost hat ein Nachlassen dieser Tätigkeit nicht zur Folge gehabt. Auf der einen Seite richten sich die Angriffe der Partisanen nach wie vor gegen Angehörige und Einrichtungen der deutschen Wehrmacht, auf der anderen Seite gehen die Partisanen gegen die Bevölkerung in gleicher Weise vor wie früher."

[230] Das betraf auch jene Teile der 221. Sich. Div., die im Rückwärtigen Heeresgebiet Mitte geblieben waren: „Durch Partisanentätigkeit ist im Gebiet um Brjansk und im Bereich der F[eld-]K[ommandantur] 200 Konotop Nowgorod-Sewerski die Erfassung der Bestände im Lande erschwert." IfZ-Archiv, MA 1667: 221. Sich. Div., Abt. I b, Kriegstagebuch, Eintrag vom 6. 12. 1941.

Das war nicht die einzige Veränderung dieses Winters[231]. Der sowjetische Untergrund war nun besser ausgebildet[232], wurde koordiniert[233] und begann zudem seine Operationen mit dem Geschehen an der Front abzustimmen, kurz: Er entwickelte sich damals zu einem ernstzunehmenden militärischen Gegner, wie der General von Schenckendorff am 1. März 1942 eingestehen musste: „In der Kampfesweise der Partisanen ist im Laufe des Winters ein deutlicher Wandel eingetreten. Während die Partisanen früher fast ausnahmslos nur in kleinen Gruppen, mangelhaft bewaffnet und ohne militärisch geschulte Führer auftraten, nach erfolgtem Überfall sich sofort abzusetzen und der nachstoßenden Truppe auszuweichen pflegten, haben sie sich jetzt zu größeren Abteilungen unter straffer militärischer Führung zusammengefunden, sind mit allen modernen Infanteriewaffen, teilweise sogar mit Artillerie ausgerüstet und führen einen Kampf, der sich in nichts von dem einer regulären Truppe unterscheidet. Durch Kenntnis des Landes und seiner Bevölkerung, durch Ausnutzung der Furcht vor der Rückkehr der Bolschewisten und durch geschickte Propaganda sind sie der Besatzungstruppe überlegen."[234]

Das war deutlich. Die Macht des sowjetischen Untergrunds wuchs damals so rapide, dass selbst an der Front „die Unsicherheit groß" wurde[235]. Außerhalb ihrer Stellungen war auch die kämpfende Truppe nicht mehr sicher[236]. Einem Bericht der 4. Panzerdivision ist zu entnehmen, wie am 26. Dezember 1941 etwa 300 Partisanen „in Bjakowo einen deutschen Störungstrupp von 15 Mann erschossen und die Leichen in den Kfz." verbrannten[237]. Und auch ein Leutnant der 296. ID,

---

[231] So berichtete etwa die 221. Sich. Div., wie die sowjetischen Partisanen laufend durch sowjetische Fallschirmjäger verstärkt wurden. IfZ-Archiv, MA 1668: 221. Sich. Div., Abt. I a, Kriegstagebuch, Eintrag vom 9.1.1942.

[232] Vgl. BA-MA, RH 20-6/770: Amt Ausl./Abw., Abt. III, Weisung betr. „Erfahrungen in der Partisanenerkundung" vom 31.12.1941: „Es ist zu erwarten, daß der Russe von dem Einsatz intelligenter, militärisch vorgeschulter und genau eingewiesener Partisanen vermehrt Gebrauch machen wird. Mit einer sehr gewandten, organisierten Partisanentätigkeit ist im Winter zu rechnen." Ferner wurde hier berichtet, dass jeder Partisanen-Abteilung künftig ein Funker mit „Radio-Apparatur" sowie ein Flugzeug zugeteilt würde.

[233] Vgl. etwa IfZ-Archiv, MA 1590: 4. Pz. Div., Abt. I c, „Feindnachrichten" vom 2.12.1941, wo über sowjetische „Sonder-Bataillone" im Rücken der deutschen Front berichtet wird, deren Auftrag es sei, „Brücken zu sprengen, Stäbe und einzelne Fahrzeuge zu überfallen und Terror- und Sabotageakte zu verüben". Vgl. hierzu auch Shepherd, War, S. 110f.

[234] BA-MA, RH 22/230: Kdr. Gen. d. Sich. Trp. u. Bfh. im Rückw. Heeresgebiet Mitte, Abt. I a, „Vorschläge zur Vernichtung der Partisanen im rückw. Heeresgebiet und in den rückw. Armeegebieten" vom 1.3.1942. In diesem Sinne auch BA-MA, RH 20-2/292: AOK 2, Abt. O. Qu./Qu. 2, „Bericht über die Partisanenbewegung im Bereich der 2. Armee" vom 11.2.1942.

[235] Vgl. BA-MA, RH 39/373: Bericht von Albert Siebald über seine Erlebnisse in Rußland bei Pz.Gren. 22 und Feld-Ers.Btl. 84. Einer seiner Kameraden schilderte ebenfalls, dass sich seit dieser Zeit einzelne Soldaten nicht mehr hinter den eigenen Linien bewegen konnten. Vgl. BA-MA, RH 39/373: Hans Luther, frh. San.-Ofw. I.[Abt.]/[Pz.Rgt.] 35, o. D.

[236] Vgl. hierzu BA-MA, RH 20-2/1453: AOK 2, Abt. O.Qu./Qu. 2, „Besondere Anordnung für die Partisanenbekämpfungen Nr. 4" vom 1.1.1942, wo es hieß, dass Partisanen in der Gefechtszone nur „vereinzelt" aufgetreten seien, während im Rückwärtigen Armeegebiet bereits ein „stärkeres Auftreten" registriert wurde.

[237] BA-MA, RH 24-24/143: XXIV. Pz. Korps, Abt. I a, Tagesmeldung vom 31.12.1941. Ein Angehöriger dieser Division berichtete später, wie bereits im Dezember 1941 ihre Marsch-Bataillone, die personellen Ersatz an die Front bringen sollten, von Partisanen attackiert wurden. Vgl. BA-MA, RH 39/373: Bericht von Albert Siebald über seine Erlebnisse in Rußland bei Pz. Gren. 22 und Feld-Ers. Btl. 84. Auch bei ihrem Rückzug war die Division zuweilen Angriffen der Partisanen ausgesetzt. Vgl. BA-MA, MSg 3-281/1: Panzer-Nachrichten Nr. 11 vom März 1963, „Tagebuchblätter" (Einträge vom 26. und 28.12.1942).

der im Hinterland aufklären sollte, erlebte geradezu gespenstische Szenen. Oft waren die Orte, die er passierte, völlig leer. Traf er auf Menschen, so wusste er nicht, ob sie auf sowjetischer oder deutscher Seite standen. In Dubno schließlich wurde er vom Bürgermeister begrüßt, der ihm „herausfordernd" die Hand gab und erklärte, „die Ortschaft sei von 400 Partisanen umstellt", er „käme nicht mehr heraus". Nur durch eine List und sofortige Flucht gelang es ihm, sich und seinen Reiter-Zug zu retten[238]. Aber auch bei ihren Märschen in Richtung Westen wurden die Kolonnen der 296. ID immer wieder von Partisanen, „bestens ausgerüstet mit MG, Granatwerfer, MP u[nd] automat[ischen] Gewehren"[239] „aus Hecken, Büschen und Waldstückchen" beschossen[240].

Wirklichen Schutz boten nur noch die festen Stellungen[241]. Zeitweise reichte die Macht der Wehrmacht kaum darüber hinaus. Ein Angehöriger der „Vierer" hat eindrucksvoll geschildert, wie er im Januar 1942 nach Ordshonikidsegrad kam, wo man in den Wäldern rings um der Stadt die Motorengeräusche der Partisanen hörte[242], ohne dass sie viel dagegen tun konnten[243]. Die Schwäche der deutschen Invasoren bot dem sowjetischen Untergrund Chancen, wie er sie bisher noch nie gekannt hatte. An manchen Stellen ähnelte die deutsche Front schon einem schmalen isolierten Band[244], das sowohl von vorne, aber zunehmend auch von hinten bedrängt wurde. Noch gefährlicher war, dass die regulären und die irregulären sowjetischen Kräfte ihre Operationen zunehmend aufeinander abstimmten: „Eine Schwächung der Front zu Gunsten der Bildung von Reserven bei Divisionen und Korps ist deshalb nicht möglich, weil der Russe durch seinen vorzüglichen Kundschafterdienst jede schwache Stelle erkennt und bei seiner Initiative jede Schwäche ausnutzt"[245], meldete die 2. Armee, wenig später musste sie eingestehen, dass die Partisanen „auf dem Funk- und Luftwege in ständiger Verbindung mit der roten

238 Vgl. etwa IfZ-Archiv, MA 1636: Ltn. Mathieu, Ord. Offz., Rgt. Stab Inf. Rgt. 521, „Meldung über die Durchführung des Auftrages vom 10.12.41" vom 11.12.1941.
239 IfZ-Archiv, MA 1636: Pz. Jg. Abt. 296, „Gefechtsbericht für die Zeit vom 2.1.–12.1.42", o. D.
240 BA-MA, MSg 2/5319: NL Hans P. Reinert, Tagebuch, Eintrag vom 19.12.1941. IfZ-Archiv, MA 1637: 296. Inf. Div., Abt. I c, Tätigkeitsbericht für die Zeit vom 1.12.–31.12.1941, wo von „starken mit Schwerwaffen ausgerüsteten Partisanengruppen" die Rede ist. Erste irreguläre Angriffe hatte die 296. ID schon Ende November 1941 registriert. Vgl. hierzu IfZ-Archiv, MA 1636: Inf. Rgt. 520, „Regimentsbefehl Nr. 1 für die Verteidigung vor Tula" vom 30.11.1941. Diese Scharmützel zogen sich bis Anfang Januar hin. IfZ-Archiv, MA 1632: 296. Inf. Div., Abt. I a, Kriegstagebuch, Eintrag vom 5.1.1942.
241 Im Falle der 296. ID war dies die „Wyra-Stellung". IfZ-Archiv, MA 1637: 296. Inf. Div., Abt. I c, Tätigkeitsbericht für die Zeit vom 1.1.–31.3.1942.
242 Seitz, Verlorene Jahre, S.119f. Vgl. auch BA-MA, MSg 1/3276: Fritz Farnbacher, Tagebuch, Eintrag vom 12.1.1942: „Neulich sollen auch 150 von ihnen [Partisanen] am Rande unserer Stadt erschienen sein, aber niemand war da, der ihnen etwas zuleide tun konnte."
243 BA-MA, RH 27-4/109: 4. Pz. Div., Abt. I c, Tätigkeitsbericht, Eintrag vom 16.1.1942. In diesem Sinne auch: Die Geheimen Tagesberichte, Bd. 4, S. 101 (Eintrag vom 26.12.1941): „XXIV. A.K. Gruppe Eberbach: Schisdra von Partisanen besetzt. Kräfte zur Wiederbesetzung fehlen."
244 Vgl. Hürter, Heinrici, S. 151 (Tagebucheintrag vom 9.3.1942): „Wenn ich mir die Armee-Lage betrachte, ist sie doch eine erstaunlich absonderliche. In einer Front von 130 km steht sie wie ein schmales Band in 2x gebrochenem Winkel da." Vgl. DRZW, Bd. 4: Karten-Beiheft, Karte Nr. 20. Besonders gefährlich wurde die Lage im Bereich der nördlich liegenden 4. Armee, wo sich das Partisanengebiet mit den beiden nördlich bzw. südlich davon liegenden sowjetischen Stoßkeilen zu vereinigen drohte. Noch größer waren damals allerdings – wie die Karte auch verdeutlicht – die Partisanengebiete im Rücken der 2. Panzer- und der 2. deutschen Armee.
245 BA-MA, RH 20-2/1787: AOK 2, Abt. I a, Kriegstagebuch, Eintrag vom 20.1.1942.

Armee" ständen[246]. Würde aber die Front ihre Anbindung an ihr Hinterland verlieren, so wäre das ihr Ende[247]. Daher ernannte man auch hier „Offiziere für Partisanenbekämpfung"[248] und glaubte mit dem Vokabular der Erbarmungslosigkeit dem Problem Rechnung tragen zu können: „schärfstes Durchgreifen" (XXIV. Panzerkorps)[249], „Zivilisten, die ohne Ausweis angetroffen werden, sind als Freischärler zu behandeln" (221. Infanteriedivision)[250], „Partisanen in Zivil oder Halbzivil sind nicht gefangen zu nehmen oder zu erschießen, sondern öffentlich zu erhängen" (LV. Armeekorps)[251], „auf Zivilisten, die sich der Bahnlinie nähern, ist ohne weiteres zu schießen" (4. Panzerdivision).[252]

Die Umsetzung dieser wüsten Drohungen war weniger einfach, schon weil Soldaten für eine *offensive* Bekämpfung der Partisanen fehlten. Nur so aber ließen sich diese wirklich packen. Angesichts der real existierenden Kräfteverhältnisse blieb ein Befehl der mittlerweile an der Front eingesetzten 221., dass sich „jede Einheit der fechtenden Truppe und der Versorgungsdienste [...] an der Bekämpfung der Partisanen" zu beteiligen habe[253], nicht mehr als ein frommer Wunsch. Die „fechtende Truppe" hatte genug damit zu tun, sich der nicht enden wollenden Angriffe der Roten Armee zu erwehren. Ihr Beitrag zum Krieg gegen die „Banden"[254] beschränkte sich in der Praxis denn faktisch auch darauf, dass pro Armeekorps (!) nicht mehr als ein „Verband in B[a]t[ai]l[lons]-Stärke mit erforderlichen schweren Waffen und Nachr[ichten]-Mitteln"[255] zusammengekratzt wurde, in dem natürlich vor allem jene Kräfte zum Einsatz kamen, die man vorne noch am ehesten entbehren konnte[256]. Teilweise suchte man diese quantitative und zunehmend auch qualitative Unterlegenheit dadurch zu kompensieren, dass man nun auch im rückwärtigen Frontbereich auf jene Notlösung setzte, die sich in den

---

[246] BA-MA, RH 20-2/401: AOK 2, Abt. I a, Meldung an H.Gr. Süd betr. „Lage im rückwärtigen Armee-Gebiet" vom 29.4.1942. Dabei sollte es in diesem Gebiet auch bleiben: Vgl. den Befehl des Pz. AOK 2 vom 19.8.1942 in: Europa unterm Hakenkreuz, Bd.5, Dok.235. Generell zur Bedeutung dieser „Luftbrücken" vgl. Armstrong (Hrsg.), Soviet Partisans, S.362ff.

[247] Vgl. hierzu BA-MA, RH 24-24/143: Sicherungsverband Eberbach, „Befehl Nr.1" vom 23.12.1941: „Von unserem Einsatz hängt der Nachschub und damit das Schicksal von 2 Armeen ab. Dies muß jeder unserer Leute wissen. Auch hier ist Front und vorne."

[248] IfZ-Archiv, MA 1670: 45. Inf. Div., Abt. I c, Weisung betr. „I-c-Dienst (Feindnachrichtendienst, Abwehr)" vom 1.2.1942.

[249] BA-MA, RH 24-24/143: XXIV. Pz. Korps, Abt. I a, Weisung vom 30.12.1941.

[250] IfZ-Archiv, MA 1670: 221. Inf. Div., Abt. I c, Weisung betr. „Aufklärung" vom 19.1.1942.

[251] IfZ-Archiv, MA 1670: LV. A. K., Abt. I c/Qu. Partisanenoffz., Weisung, betr. Partisanen vom 6.2.1942, Anlage: „Merkblatt für Partisanenbekämpfung Nr.2".

[252] BA-MA, RH 24-24/143: Sicherungsverband Eberbach, „Befehl Nr.2" vom 23.12.1941.

[253] IfZ-Archiv, MA 1670: 221. Inf. Div., Abt. I c, Weisung betr. „Partisanen" vom 14.2.1942.

[254] Der Begriff „Banden" begann sich im deutschen Sprachgebrauch seit Frühjahr 1942 zunehmend einzubürgern; am 23.8.1942 entschied das OKH, dass „aus psychologischen Gründen" das von „den Bolschewisten eingeführte und verherrlichte Wort ,Partisan' nicht mehr gebraucht" werden dürfe. IfZ-Archiv, MA 1564/22, NOKW-1635: OKH/GenStdH/Op. Abt., „Richtlinien für die verstärkte Bekämpfung des Bandenunwesens im Osten" vom 23.8.1942.

[255] BA-MA, RH 24-24/161: Pz. AOK 2, Abt. I a, Fernschreiben an XXIV. Pz. Korps vom 23.2.1942.

[256] BA-MA, RH 27-4/109: 4. Pz. Div., Abt. I c, Tätigkeitsbericht, Eintrag vom 17.1.1942. Einer der hieran beteiligten Soldaten schrieb später, dass sich die Anti-Partisanen-Unternehmen dieses Bataillons vor allem auf das „rückwärtige Korpsgebiet" erstreckten. Vgl. BA-MA, RH 39/373: Bericht von Albert Siebald über seine Erlebnisse in Rußland bei Pz. Gren. 22 und Feld-Ers. Btl. 84.

Rückwärtigen Gebieten damals immer mehr einbürgerte[257]: die Aufstellung landeseigener Einheiten[258].

Doch ließen sich selbst mit solchen Improvisationen noch „Vergeltungsunternehmen" realisieren – so etwa bei der 45. ID, bei der im November in Urynowskii „6 Partisanen erschossen und 3 erhängt" wurden[259]. Im Januar folgte eine Strafaktion gegen Kurakino, dessen Bürgermeister von Partisanen ermordet worden war[260], Ende März 1942 konnte ein „aus 81 Mitgliedern bestehendes Vernichtungs b[a]t[ail]l[on] [...] gefasst und liquidiert bzw. abgeschoben werden"[261]. Zur selben Zeit befahl die 221. einem ihrer Tross-Führer (!) „eine Sonderaktion nach Trosnikowka (14 km südlich Div. Gef. Stand)": „Mit Hilfe des Starost ist nach Zusammentreiben der gesamten Dorfbevölkerung die ortsfremde männliche Bevölkerung auszusondern und zu erschießen. Im Anschluß daran ist jeder 10. Mann der männlichen Bevölkerung des Dorfes Trosnikowka gleichfalls zu erschießen."[262]

Zu einem Sonderfall wurde schließlich die 4. Panzerdivision. Nach ihrem Rückzug war sie so abgekämpft, dass nun Teile unter der Bezeichnung „Sicherungsverband Eberbach" die Partisanen im Hinterland in Schach halten sollten[263], denen gegenüber sich die wenigen Ordnungskräfte aus dem Rückwärtigen Armeegebiet als „machtlos" fühlten[264]. Eberbach, der noch in britischer Kriegsgefangenschaft

---

[257] Im rückwärtigen Gebiet der 2. Armee begann die Aufstellung der Sicherungshundertschaften „aus Landeseinwohnern und entlassenen Kriegsgefangenen" im Januar 1942. Das deutsche Rahmenpersonal wurde „so niedrig als möglich gehalten", auch wurde auf eine „einheitliche Stammeszugehörigkeit innerhalb der Hundertschaft geachtet". Im Juni 1942 existierten fünf bodenständige Hundertschaften und weitere neun, die der Truppe angegliedert waren. Vgl. BA-MA, RH 20-2/1787: AOK 2, Abt. I a, Kriegstagebuch, Eintrag vom 21. 1. 1942; IfZ-Archiv, MA 895/2: Korück 580, Kdt., „Abschließender Bericht über die Tätigkeit im rückwärtigen Armeegebiet in der Zeit von Dezember 1941 bis Ende Mai 1942" vom 28. 6. 1942 sowie Kap. 3. 5.
[258] Auch bei der 4. Pz. Div. wurden ein „Ukrainer-Bataillon" und weitere Einheiten aus kriegsgefangenen Freiwilligen formiert. BA-MA, RH 27-4/109: 4. Pz. Div., Abt. I c, Tätigkeitsbericht, Eintrag vom 17. 1. 1942. Vgl. hierzu auch Richter, „Herrenmensch", S. 55.
[259] BA-MA, RH 26-46 D: 45. Inf. Div., Abt. I a, Kriegstagebuch, Eintrag vom 26. 11. 1941.
[260] IfZ-Archiv, MA 1622: 45. Inf. Div., Abt. I c, Tätigkeitsbericht für die Zeit vom 1. 1.–31. 1. 1942. Man habe in Kurakino „Nachforschungen durch Feldgendarmerie und Spähtrupps des I.R. 135 [angestellt], in deren Verlauf die Mörder des Bürgermeisters, zugleich kommunistische Agitatoren, unschädlich gemacht werden konnten. Kommunistische Parteimitglieder, die in den Ortschaften westl. der Bahn bis zur Rybniza festgestellt wurden, wurden über die Gefangenensammelstelle Smijewka nach Orel abgeschoben, bei gefährlichen aktiven Kommunisten die Erledigung in ihren Heimatorten angeordnet. Im allgemeinen kann gesagt werden, daß die Zivilbevölkerung den deutschen Truppen vertrauensvoll und aufgeschlossen gegenübertrat. Organisationen bewaffneter Partisanen konnten nicht aufgedeckt werden. Überfälle auf deutsche Soldaten und andere Sabotageakte wurden nicht gemeldet."
[261] Und zwar durch die Geheime Feldpolizei. IfZ-Archiv, MA 1622: 45. Inf. Div., Abt. I c, Tätigkeitsbericht für die Zeit vom 12. 3.–31. 3. 1942. Bekannt ist aus dieser Zeit ferner, dass der Stab der 45. Inf. Div. am 31. 3. 1942 vier zum Tode verurteilte Partisanen erschoss. IfZ-Archiv, MA 1622: 45. Inf. Div., Tätigkeitsbericht des Stabes für die Zeit vom 1. 1.–31. 3. 1942.
[262] IfZ-Archiv, MA 1668: 221. Sich. Div., Abt. I c, Befehl an „Troß-Führer Inf. Rgt. 429" vom 20. 1. 1942. Außerdem meldete diese Division für die Zeit vom 15. 12. 1941–12. 3. 1942, dass man „über 50 Zivil-Kommissare und bolschewistische Führer" erschossen habe. IfZ-Archiv, MA 1670: 221. Sich. Div., Abt. I c, Tätigkeitsbericht für die Zeit vom 15. 12. 1941 bis 21. 3. 1942.
[263] Vgl. BA-MA, MSg 3-281/1: Panzer-Nachrichten Nr. 11 vom März 1963, „Tagebuchblätter". Hier handelt es sich um den Nachdruck der damaligen Tagebuchaufzeichnungen des Oberleutnants Hermann Vogel.
[264] BA-MA, RH 27-4/109: 4. Pz. Div., Abt. I c, Tätigkeitsbericht für die Zeit vom 3. 6. 1941–31. 3. 1942, hier Eintrag vom 16. 1. 1942. Auch zum Folgenden.

einen erbarmungslosen Krieg gegen die Partisanen *und* gegen die Zivilbevölkerung rechtfertigte[265], gab die Parole aus: „Nur größte Rücksichtslosigkeit führt zum Ziele und spart damit deutsches Blut."[266] Obwohl die „Panzer-Männer" bislang die Ansicht vertreten hatten, dies sei kein Krieg für sie[267], lernten sie schnell: „Verdächtige" wurden „eliminiert"[268] und Ortschaften niedergebrannt[269]. Für diese Entgrenzung der Gewalt hatte die deutsche Führung schon längst die Voraussetzungen geschaffen. Im Moment ihrer existentiellen Gefährdung begann die Fronttruppe diese Freiräume weidlich zu nutzen.

Die Reaktion der sowjetischen Irregulären war entsprechend. Die 2. deutsche Panzerarmee registrierte allein im Februar 1942 in ihrem Hinterland 60 tote und 24 verwundete Wehrmachtsangehörige, aber auch 32 russische Bürgermeister mit 35 Familienangehörigen und über 100 Leute des russischen Ordnungs-Dienstes, welche die selbsternannten „Volksrächer" erschossen hatten[270]. Beide Seiten kämpften nun immer verbissener[271]. Es kam vor, dass deutsche Spähtrupps im Hinterland „völlig spurlos" verschwanden[272], traf man auf Leichen – wie etwa bei der 4. Panzerdivision – , so konnten diese so „mit Beilhieben verstümmelt" sein, dass man „die Teile in einen Sack stecken" musste[273]. Dass die Partisanen mitunter auch verkleidet auftraten, als Popen[274], als deutsche oder als ungarische Soldaten[275], dass sie

---

[265] Zit. bei: Neitzel, Abgehört, S. 140.

[266] BA-MA, RH 24-24/143: Sicherungsverband Eberbach, „Befehl Nr. 1" vom 23.12.1941. Am 31.12.1941 erhielt der Verband den Befehl: Partisanen „vernichten", „Zivilpersonen ohne Ausweis [...] erschießen". BA-MA, RH 24-24/143: Pz. AOK 2, Abt. I a, Fernschreiben an XXIV. Pz. Korps vom 31.12.1941.

[267] Vgl. Schäufler, So lebten und so starben sie, S. 128. Vgl. auch Schaub, Panzer-Grenadier-Regiment 12, S. 115: „Ein derartiger Kleinkrieg bei Kälte, tiefem Schnee und mit den wenig vertrauten Pferden in einem Partisanenwald war nicht nach unserem Geschmack." (Eintrag eines Angehörigen vom Schtz. Rgt. 12 für die Zeit vom 21.1.–2.2.1942).

[268] BA-MA, RH 27-4/109: 4. Pz. Div., Abt. I c, Tätigkeitsbericht, Eintrag vom 24.1.1942: „I c stellt aus Beutepapieren fest, daß Überfall auf Jaschinskije zu zwei Dritteln aus Partisanen und Einwohnern durchgeführt wurde, daher Befehl: alle männlichen Einwohner festsetzen und Verdächtige sofort erschießen."

[269] BA-MA, MSg 1/3277: Fritz Farnbacher, Tagebuch, Eintrag vom 27.2.1942: „Heute steigen wieder verschiedene Unternehmungen zur Bekämpfung der Partisanen, bei denen auch Ortschaften angezündet werden." In diesem Sinne auch IfZ-Archiv, MA 1589: Gruppe Jay, Führer „Bericht über Unternehmen gegen Partisanen im Raum um Krasnyj Poeslow" an die 4. Pz. Div. vom 11.2.1942.

[270] BA-MA, RH 21-2/877: Pz. AOK 2, Abt. I a, Kriegstagebuch, Eintrag vom 28.2.1942. Der Berichtszeitraum endete in diesem Fall schon am 23.2.1942. Ferner BA-MA, RH 20-2/292: AOK 2, Abt. O.Qu./Qu. 2, „Bericht über die Partisanenbewegung im Bereich der 2. Armee" vom 11.2.1942; Tätigkeits- und Lagebericht Nr. 10 der Einsatzgruppen der SiPo und des SD in der UdSSR für die Zeit vom 1.2.–28.2.1942, in: Klein (Hrsg.), Einsatzgruppen, S. 288–302, hier S. 290 (mit Bezug auf Brjansk).

[271] Vgl. Nolte, Partisan War, S. 276: „Partisan war in the Soviet Union was total on both sides."

[272] BA-MA, MSg 1/3276: Fritz Farnbacher, Tagebuch, Eintrag vom 12.1.1942. Vgl. auch BA-MA, MSg 1/3277: Fritz Farnbacher, Tagebuch, Eintrag vom 21.2.1942, der schildert, wie während eines Spähtrupps fünf deutsche Soldaten getötet und sechs verschleppt wurden.

[273] BA-MA, I 10 Ost Spezial K 395: N. B., Aussage vom 18.2.1942. In diesem Sinne auch IfZ-Archiv, MA 1589: Gruppe Jay, Führer „Bericht über Unternehmen gegen Partisanen im Raum um Krasnyj Poeslow" an die 4. Pz. Div. vom 11.2.1942. Dort ist von deutschen Gefallenen „mit Hinterkopfschuß" die Rede, die „anscheinend verwundet in die Hände der Partisanen gefallen und erschossen worden" wären. „Einigen Gefallenen waren die Ringfinger abgeschnitten." Ein weiteres Beispiel bei: Latzel, Deutsche Soldaten, S. 229.

[274] Vgl. BA-MA, RH 39/373: Hans Luther, frh. San.-Ofw. I.[Abt.]/[Pz. Rgt.] 35, o. D.

[275] BA-MA, RH 20-2/1453: AOK 2, Abt. O.Qu./Qu. 2, „Besondere Anordnung für die Partisanenbekämpfungen Nr. 5" vom 28.2.1942; IfZ-Archiv, MA 895/1: Ltn. Schröder, 102. 1e. Div.

gezielt „Jugendliche beiderlei Geschlechts als Nachrichtenträger" einsetzten[276], die Unterkünfte der deutschen Soldaten (und damit auch die der sowjetischen Zivilisten) vernichteten[277] oder mit geschickt „vorbereiteten Partisanenfallen" arbeiten[278], waren Entwicklungen, die zudem für Angst und Verunsicherung auf deutscher Seite sorgten.

Allerdings gab es auch hier deutsche Soldaten, die bei dieser wechselseitigen Radikalisierung nicht mitmachten. Wenn ein Oberleutnant der „Vierer" damals feststellte, „die vermeintlichen Partisanen waren harmlose russische Bauern"[279], wenn sich die „Partisanen-Demonstrationen" dieser Division mitunter darauf beschränkten, sich vor allem gegenseitig aus dem Weg zu gehen[280], wenn man nicht requirieren wollte, „um uns die freundliche Gesinnung der Bevölkerung zu erhalten"[281], oder wenn ein Offizier froh darüber war, dass seine Anti-Partisanen-Aktion nicht mehr geblieben war als ein „Spaziergang"[282], dann standen dahinter moralische Bedenken, aber auch die naheliegende Einsicht, dass die harschen Befehle der Führung die eigenen Überlebenschancen nicht unbedingt verbesserten.

5.5.7 März-Juni 1942: Konsolidierung der sowjetischen Partisanenbewegung

Die Stabilisierung ihrer Front hatte bei den Deutschen die Hoffnung genährt, nun auch wieder ihr Hinterland in den Griff zu bekommen, „möglichst noch vor Beginn der Schneeschmelze"[283]. Doch dazu sollte es nicht kommen – im Gegenteil,

Somlay, Fernspruch an Korück 580 vom 6.4.1942; ebda., Orts-Kdtr. Sewsk, Fernspruch an Korück 580 vom 6.4.1942.

[276] BA-MA, RH 24-24/323: XXIV. Pz. Korps, Abt. I c, „Feindnachrichtenblatt Nr. 58" vom 31.12.1941. Bemerkenswert hier auch der folgende Abschnitt: „Mehrfach wurde gemeldet, daß derartige Agenten nach Ergreifung und Überführung ‚wegen ihres jugendlichen Alters' in ein Gefangenenlager gebracht worden sind. Diese Maßnahme stößt auf schwerste Bedenken. Durch den russ. Nachrichtendienst werden Jugendliche ja gerade deshalb vorzugsweise ausgewählt, weil angenommen wird, daß sie, falls ergriffen, von den Deutschen geschont werden. Erfolgt diese Schonung tatsächlich in größerem Umfange, so spricht sich dies bei dem gut arbeitenden Nachrichtennetz schnell herum." Vgl. auch BA-MA, RH 27-4/109: 4. Pz. Div., Abt. I c, „Feindnachrichten" vom 22.12.1941; ebda., 4. Pz. Div., Abt. I c, Tätigkeitsbericht, Eintrag vom 23.2.1942.

[277] Zum Einsatz der sowjetischen „Sonder-Bataillone" und „Brandkommandos" hinter den deutschen Linien vgl. BA-MA, RH 20-6/770: Amt Ausl./Abw., Abt. III, Weisung betr. „Erfahrungen in der Partisanenerkundung" vom 31.12.1941; IfZ-Archiv, MA 1590: 4. Pz. Div., Abt. I c, „Feindnachrichten" vom 2.12.1941; BA-MA, RH 27-4/116: 4. Pz. Div., Abt. I c, „Feindnachrichten" vom 22.12.1941. Ferner Hartmann/Zarusky, Stalins „Fackelmänner-Befehl".

[278] BA-MA, N 10/2: NL Smilo Frhr. von Lüttwitz, Gruppe von Lüttwitz, Kriegstagebuch vom 3.2.1942. Allein diese eine „Partisanen-Falle" kostete die deutsche Seite 21 Tote und 11 Verwundete.

[279] Vgl. BA-MA, MSg 3-281/1: Panzer-Nachrichten Nr. 11 vom März 1963, „Tagebuchblätter" (Eintrag vom 9.1.1942).

[280] Vgl. BA-MA, RH 39/373: Bericht von Albert Siebald über seine Erlebnisse in Rußland bei Pz. Gren. 22 und Feld-Ers. Btl. 84.

[281] Schaub, Panzer-Grenadier-Regiment 12, S. 115 (Eintrag in einem Tagebuch für die Zeit vom 21.1.–2.2.1942).

[282] BA-MA, MSg 1/3276: Fritz Farnbacher, Tagebuch, Eintrag vom 19.1.1942.

[283] BA-MA, RH 22/229: Kdr. Gen. d. Sich. Trp. u. Bfh. im Rückw. Heeresgebiet Mitte, Abt. I a, Kriegstagebuch, Eintrag vom 4.3.1942; BA-MA, RH 26-45/47: LV. A. K., Abt. I a, Befehl betr. „Zusätze des Gen. Kdos. zur Bezugsverfügung" an die 45. Inf. Div. vom 1.3.1942. Hitler hatte dies schon am 29.12.1941 in einem Brief an Mussolini angekündigt. Druck: ADAP, Serie E, Bd. I, Dok. 62.

im Frühjahr 1942 zeigten sich die sowjetischen Partisanen so stark wie nie zuvor. Auch für sie war der zurückliegende Winter keine leichte Zeit gewesen. Andererseits hatten sie damals erfahren, dass auch die Deutschen besiegbar waren, nicht nur an der Front. Die psychologische Wirkung dieser Erfahrung ist kaum zu überschätzen. Sie hatte den regulären und den irregulären Kämpfern auf sowjetischer Seite gewaltigen Auftrieb gegeben[284]. Noch wichtiger war, dass die einheimische Zivilbevölkerung gegenüber den Deutschen „sowohl in der Stadt, als auf dem Lande [...] zurückhaltender geworden" sei, so die Einschätzung des AOK 2[285]. Die deutschen Eindringlinge hatten nicht nur an der Front Raum aufgeben müssen, auch in ihrem Hoheitsgebiet existierten mittlerweile kleine Inseln, in denen lokale Warlords herrschten. Natürlich konnte die Herrschaft über diese Inseln wechseln. Trotzdem wussten die Partisanen mittlerweile, dass auch bei ihnen die Initiative liegen konnte.

5.5.7.1 Gefechtsgebiet

Aus dem Gefechtsgebiet, wo die Wehrmacht ihre Kräfte konzentrierte, begannen sich die Partisanen seit Frühjahr 1942 allerdings immer mehr zurückzuziehen[286]. Das lag auch daran, dass die deutsche Führung damals dazu überging, alle Zivilisten „aus der Kampfzone zu evakuieren"[287], so dass dem Fisch „Guerilla" nun das „Wasser" seines sozialen Umfelds fehlte[288]. Weitgehend abgeschottet von ihrer Umwelt lebte die kämpfende Truppe mit dem Beginn des Stellungskriegs ihr Maulwurfsdasein in einem immer ausgefeilteren System aus Stellungen, Bunkern und Schützenlöchern. Kontakte, aber auch Konflikte mit den Einheimischen wurden nun seltener, und auch den wachsenden Einfluss des sowjetischen Untergrunds bekam man hier nur noch punktuell zu spüren – etwa wenn dieser die Hilfskräfte der Wehrmacht zu unterwandern suchte[289], wenn Kuriere oder Saboteure die deutschen Linien querten[290] oder wenn der Nachschub ausfiel, weil Partisanen ihn

---

Mit welcher Menschenverachtung die Deutschen damals gegen die Partisanen kämpfen wollten, sind einigen Notizen des Generalstabschefs Halder zu entnehmen, der am 25.2.1942 schrieb: „Gas gegen Partisanen? Gas überhaupt?" Zit. bei: Hartmann, Halder, S.310, Anm.86. Vgl. hierzu auch Groehler, Der lautlose Tod, S.198; Gellermann, Krieg, S.149f. und S.153. Nach 1945 stellte Halder gar die Frage, ob nicht der Einsatz von Atombomben gegen Partisanen sinnvoll gewesen sei. Vgl. Bor, Halder, S.248.

[284] IfZ-Archiv, MA 885: Korück 580, Abt.Qu., Kriegstagebuch, Eintrag vom 24.12.1941: „Überhaupt lebt die Partisanentätigkeit und -propaganda unter der Bevölkerung im Zusammenhang mit russischen Erfolgen an der Front erheblich auf."

[285] BA-MA, RH 20-2/292: AOK 2, Abt.O.Qu./Qu. 2, „Bericht über die Partisanenbewegung im Bereich der 2. Armee" vom 11.2.1942; PA-AA, R 60752: AOK 2, Abt.I c/A.O./VAA, „Auszug aus einem Bericht von Legationsrat Graf Bossi" vom 3.3.1942; IfZ-Archiv, MA 1670: 221. Sich. Div., Abt.I a, „Div.-Befehl Nr.243/42" vom 3.4.1942, Anlage, wo es u.a. heißt: „Bevölkerung verlor zunehmend das Vertrauen zur Kraft der deutschen Wehrmacht [...]."

[286] Vgl. hierzu etwa IfZ-Archiv, MA 1622: 45. Inf. Div., Abt.I c, Tätigkeitsbericht für die Zeit vom 1.2.–12.3.1942; BA-MA, RH 20-2/1453: AOK 2, Abt.O.Qu./Qu. 2, „Besondere Anordnung für die Partisanenbekämpfungen Nr.5" vom 28.2.1942.

[287] IfZ-Archiv, MA 1670: 221. Inf. Div., Abt.I c, Fernspruch an alle Regimenter vom 5.1.1942.

[288] Vgl. Kap.3.5.

[289] Vgl. etwa BA-MA, MSg 1/3279: Fritz Farnbacher, Tagebuch, Eintrag vom 23.3.1942; IfZ-Archiv, MA 1623: 45. Inf. Div., Abt.I a, Kriegstagebuch, Einträge vom 6.5. und 1.6.1942.

[290] BA-MA, RH 21-2/333: Pz. AOK 2, Abt.I a, Kriegstagebuch, Anlage: „Besprechung am 8.4.1942 bei Heeresgruppe Mitte durch O.B. H.Gr. in Anwesenheit des Chefs der Op. Abt.und des Gen.Qu. mit den O.B. der Armeen", o.D.: „Der I c wies abschließend auf in

unterbrochen hatten[291]. Doch stand für die dünn besetzten deutschen Linien[292] der Kampf gegen die andrängende Rote Armee im Vordergrund.

Daher waren an der Front „selbständige Unternehmen durch einzelne Dienststellen und Einheiten gegen Partisanen" strikt verboten[293]. Stattdessen hatte man diese Aufgabe an die Korps delegiert, die Reserven „zur Abwehr feindl[icher] Einbrüche, zur Stützung bedrohter Frontteile und zur Bekämpfung etwa auftretender Partisanengruppen" bilden sollten[294]. Wie wenig Kräfte die kämpfende Truppe hierfür freimachen wollte, verdeutlicht die Reaktion der 45. ID vom Mai 1942; sie wollte lediglich Landeseinwohner zur Partisanenbekämpfung mobilisieren, als deutsches Rahmenpersonal sollten ein Unteroffizier sowie „2-3 Mann" aus den Trossen genügen[295]. Ganz offensichtlich gab es hier drängendere Aufgaben. Die Quellen verzeichnen denn auch Verhaftungen einzelner Zivilisten[296], die im evakuierten Gebiet aufgegriffen worden waren, manchmal Hinrichtungen von Partisanen oder „Agenten" – meist waren sie beim Versuch verhaftet worden, über die deutschen Linien zu kommen –, doch blieben dies *damals* Einzelfälle[297]. Wirklich konfrontiert wurden die Frontsoldaten in dieser Phase mit dem sowjetischen Untergrund, wenn sie einmal nach „hinten" kamen[298] oder wenn sie zu regelrechten

---

letzter Zeit in verstärktem Maße auftretende feindl. Agenten hin, deren Zahl im letzten Monat auf über 100 geschätzt wird. Der Russe verwendet hierfür Greise oder Jugendliche, sehr oft auch Mädchen." In diesem Sinne auch BA-MA, RH 21-2/639: Gruppe Geheime Feldpolizei 639 beim Pz. AOK 2, „Tätigkeitsbericht für Monat April 1942" vom 25.4.1942.

[291] Vgl. IfZ-Archiv, MA 1592: 4. Pz. Div., Abt.I a, Kriegstagebuch, Eintrag vom 6.4.1942; BA-MA, MSg 1/3279: Fritz Farnbacher, Tagebuch, Eintrag vom 18.3.1942.

[292] Vgl. Bock, Tagebuch, S. 402 (Eintrag vom 16.3.1942). Ferner Kap. 4.2 und 4.3.

[293] Vgl. ferner BA-MA, RH 21-2/877: Pz. AOK 2, Abt.I a, Kriegstagebuch, Eintrag vom 17.3.1942. Am 19.5.1942 betonte der Chef des Generalstabs der Heeresgruppe Mitte, Gen.mj. Otto Wöhler, nochmals, dass eine „Erlaubnis zur aktiven Partisanenbekämpfung [...] nicht erteilt" werden könne. BA-MA, RH 21-2/336: Pz. AOK 2, ChefGenSt, Besprechungsprotokoll über eine Besprechung mit ChefGenSt H.Gr. Mitte am 19.5.1942.
Auch in der 4. Pz. Div. wurden selbständige Requirierungsexpeditionen ins Hinterland untersagt. IfZ-Archiv, MA 1592: 4. Pz. Div., Abt.I a, Kriegstagebuch, Eintrag vom 6.4.1942; BA-MA, MSg 1/3278: Fritz Farnbacher, Tagebuch, Eintrag vom 7.3.1942.

[294] IfZ-Archiv, MA 1623: LV. A.K., Abt.I a, „Befehl für die Bildung einer schnellen beweglichen bzw. mot. Korpsreserve" vom 1.5.1942.

[295] IfZ-Archiv, MA 1623: 45. Inf. Div., Abt.I a, Kriegstagebuch vom 6.5.1942; IfZ-Archiv, MA 1623: 45. Inf. Div., Abt.I c, Tätigkeitsbericht vom 1.4.-13.6.1942; IfZ-Archiv, MA 1623: 45. Inf. Div., Abt.I c, Tätigkeitsbericht vom 1.4.-13.6.1942. Nicht anders die Reaktion im Bereich der 4. Pz. Div.: IfZ-Archiv, MA 1592: XXXXVII. Pz. Korps, Fernspruch betr. „Aufstellung von Bahnschutz-Btlen. aus russ[ischen] Landeseinwohnern und Kriegsgefangenen" vom 16.4.1942.

[296] IfZ-Archiv, MA 1639: 296. Inf. Div., Abt.I c, „Tätigkeitsbericht für die Zeit vom 1.4.-31.12.1942" vom 1.1.1943, wo es u.a. heißt. „Durch Streifen aufgegriffene Zivilisten wurden eingehend verhört und bei Verdachtgründen der G.F.P. zugeführt."

[297] IfZ-Archiv, MA 1623: 45. Inf. Div., Abt.I c, Tätigkeitsbericht vom 1.4.-13.6.1942; IfZ-Archiv, MA 1624: 45. Inf. Div., Abt.I a, Bericht an LV. A.K. vom 19.9.1942. Zum Teil wurden die Verdächtigen auch durchweg an die GFP weitergeleitet. IfZ-Archiv, MA 1623: 45. Inf. Div., Abt.I c, Tätigkeitsbericht für die Zeit vom 14.6.-30.9.1942.
Andererseits gibt es auch Belege dafür, dass die Truppe zur Nachsicht gegenüber der Zivilbevölkerung neigen konnte. So gab die 4. Pz. Div. zahllose Beispiele dafür, dass Angehörige der Division „Agentinnen", die später im Hinterland verhaftet wurden, vorher in Autos mitgenommen, mit Passierscheinen versorgt, zeitweise als Wäscherinnen beschäftigt oder in einem Fall auch bei sich beherbergt hätten. IfZ-Archiv, MA 1594: 4. Pz. Div., Abt.I c, „Beispiele für die Nichtbeachtung der befohlenen Überwachungsmaßnahmen" vom 15.6.1942.

[298] Vgl. BA-MA, MSg 1/3279: Fritz Farnbacher, Tagebuch, Eintrag vom 18.3.1942.

Anti-Partisanen-Aktionen dorthin kommandiert wurden. Seit April 1942 war dies in unserem Sample aber kaum noch der Fall[299].

5.5.7.2 Hinterland

Es war nicht die Front, es war das Hinterland, das im Frühjahr 1942 zum unbestrittenen Zentrum des Partisanenkriegs wurde. Gerade die Einsatzräume der 221. Sicherungsdivision und des Korück 580 entwickelten sich dabei zu ausgesprochenen Brennpunkten. Überblickt man deren Meldungen, so sticht zunächst die Zahl ihrer Gegner ins Auge[300]. Schon im April 1942 berichtete der Korück 580 von einer ganzen Brigade mit 1500 Partisanen[301]. Konfrontiert wurden die Deutschen allerdings nicht nur mit quantitativen, sondern auch mit qualitativen Veränderungen. Denn hier handelte es sich um Kämpfer, die mittlerweile professionell[302] und im Team operierten, auch bei größeren Aktionen[303]. Der I a der 221. attestierte ihnen, dass es sich „in der Masse um vollausgebildete Soldaten" handele[304], die „zähen Widerstand" leisteten und mit „unverkennbar eingedrillter[r] Taktik" vorgingen[305]. Dazu gehörte auch, dass sie ihre Ziele nicht einfach wahllos suchten. Vielmehr lassen sich in dieser Phase ganz bestimmte Schwerpunkte der irregulären Kriegführung erkennen.

Am naheliegendsten war der Versuch der Partisanen, neue Territorien und nicht zuletzt die dort lebenden Menschen zu gewinnen[306]. Nicht immer handelte es sich dabei um einen Prozess der Überredung[307]. Wie die deutschen Okkupanten

---

[299] So setzte beispielsweise die 4. Pz. Div. ihr Feldersatz-Bataillon 84 und die Stabs-Kompanie des Pz. Rgt. 35 in der Zeit vom 20.6.–25.7.1942 gegen irreguläre Kräfte ein, nicht aber ihre übrigen Einheiten. Der einzige Fall, der außerhalb dieser Zeit überliefert ist, datiert vom 17.4.1942, als „14 Männer, 2 Knaben und 2 Frauen wegen Partisanenbegünstigung erschossen" wurden. Im o. g. Zeitraum meldeten die beiden Einheiten 238 gefallene Partisanen, 183 Gefangene und 43 Überläufer. IfZ-Archiv, MA 1594: 4. Pz. Div., Abt. I c, Tätigkeitsbericht, Eintrag vom 17.4.1942; Neumann, 4. Panzerdivision, S. 514.

[300] Vgl. hierzu IfZ-Archiv, MA 895/1: Korück 580, Abt. Qu. Meldung an AOK 2, Abt. O.Qu. vom 1.4.1942; ebda., AOK 2, Abt. O.Qu./Qu. 2, Fernspruch an Korück 580 vom 2.4.1942; ebda., Ltn. Burkhardt, Fernspruch an Korück vom 2.4.1942. Vgl. hierzu auch Musial (Hrsg.), Partisanen, S. 105; Wegner, Krieg, S. 914 f.

[301] IfZ-Archiv, MA 895/1: FK 194, Fernschreiben an Korück 580 über FK 200 vom 5.4.1942. Ferner Bock, Tagebuch, S. 422 (Eintrag vom 10.5.1942).
Die Zahl der sowjetischen Partisanen in Weißrussland soll im Februar 1942 bei 23000 gelegen haben, aufgeteilt auf 19 Brigaden bzw. 227 Bataillone. Angabe nach: Munoz/Romanko, Hitler's White Russians, S. 167.

[302] Im März musste die 221. Sich. Div. feststellen, dass der Gegner „mit s. MG und Zielfernrohrgewehren auf Entfernungen bis 2500 m [!] mit Erfolg" schieße. IfZ-Archiv, MA 1670: 221. Sich., Div., Abt. I a, „Weisungen für die Kampfführung" vom 30.3.1942.

[303] Eine Schlüsselfunktion bei der Koordinierung übernahmen dabei die Fallschirmspringer, welche die sowjetische Seite im deutschen Hinterland absetzte. IfZ-Archiv, MA 439: Chef SiPo und SD, Meldungen aus den besetzten Ostgebieten Nr. 3 vom 15.5.1942; BA-MA, RH 21-2/883: Pz. AOK 2, Abt. I a, Kriegstagebuch, Eintrag vom 3.6.1942.

[304] IfZ-Archiv, MA 1670: 221. Sich. Div, Abt. I a, Befehl vom 14.4.1942.

[305] Ebda., Anlage zu Div.-Befehl Nr. 243/42 vom 3.4.1942.

[306] Vgl. etwa IfZ-Archiv, MA 895/1: Korück 580, Abt. Qu., Meldung an AOK 2 vom 1.4.1942: „Uralowo, 10 km südwestlich Ssnob, wurde am 29.3. von etwa 70 Partisanen besetzt. In Staraja Guta soll sich nach Einwohnermeldungen ein Stab der Partisanen befinden, der ‚Requirierungen' von Getreide und dessen Abfuhren ins 20 km nordwestlich gelegene Sseredina Buda vornehmen lässt. In Kamenj, 31 km nördlich Nowgorod-Sewerski, drangen am 31.3. 40 Partisanen ein, die aber zunächst zurückgeschlagen werden konnten."

[307] Vgl. IfZ-Archiv, MA 895/1: Ltn. Schröder, 102. 1e. Div. Somlay, Fernspruch an Korück 580 vom 6.4.1942: „Laut aufgefangenem russischen Funkspruch wurde in Uralowo eine Ver-

so suchten auch die Partisanen jene zu vernichten, die im bloßen Verdacht standen, mit dem Gegner zu kooperieren[308]: Ortsvorsteher[309], Angehörige des Ordnungs-Dienstes[310], Beschäftigte der Wehrmacht und deren Familien, mitunter sogar deren Kinder[311], oder entlassene Kriegsgefangene[312] waren nun ihres Lebens nicht mehr sicher. Schon die Tatsache, dass die Bauern ihre Produkte an die Deutschen ablieferten, konnte in den Augen der Irregulären deren Tod rechtfertigen[313]. Doch hatten sie mit dieser Mischung aus Gewalt, Druck und Propaganda tatsächlich Erfolg; Ende April 1942 sollen sie etwa 40 Prozent aller Wälder des gesamten deutschen Besatzungsgebiets kontrolliert haben[314]. Resigniert stellte die 221. Sicherungsdivision damals fest, der Feind habe „mit einzelnen Gruppen von 10–30 Mann die einzelnen Ortschaften besetzt" und beherrsche „so den Raum nördlich und südlich des Div[isions]-Raumes fast völlig"[315]. Aus „kleinen Feindnestern" seien nun „zahlenmäßig nicht unbedeutende Widerstandszentren" geworden[316].

Diese Ausgangsbasen waren wiederum unabdingbare Voraussetzung für eine Operationsform, mit der die sowjetischen Guerillas relativ leicht und gefahrlos Erfolge erzielen konnten – die Sabotage der rückwärtigen deutschen Verbindungs-

---

sammlung abgehalten, bei der vom dortigen Kolchos-Starost ein Memorandum verlesen wurde. Darin sicherte er den Partisanen Lebensmittel und besonders Vieh zu. [...] Des Weiteren beklagte er sich über die schlechte Behandlung der russischen Kriegsgefangenen."

[308] Vgl. IfZ-Archiv, MA 895/1: Korück 580, Abt.Qu., Meldung an AOK 2, Abt.O.Qu./Qu. 2, vom 19.4.1942; BA-MA, RH 21-2/883: Pz. AOK 2, Abt. I a, Kriegstagebuch, Eintrag vom 3.6.1942; Stimmungsbericht der Propaganda-Abteilung Weißruthenien vom 4.9.1942, in: Buchbender, Erz, Dok.7 (S. 302ff.).

[309] IfZ-Archiv, MA 1670: 221. Sich. Div., Meldung von Flak-Abt. 342 vom 20.3.1942. Ferner BA-MA, RH 22/248: Kdr. Gen. d. Sich. Trp. u. Bfh. im Rückw. Heeresgebiet Mitte, Abt. VII „Monatsbericht" vom 7.7.1942: „Die Steigerung der Partisanengefahr hat verursacht, daß sich in besonders bedrohten Gebieten die Bürgermeister auf den Landgemeinden nicht mehr halten konnten und in die Rayonstädte zurückgezogen werden mußten; in diesen Gebieten ist daher eine Stockung im Aufbau der Verwaltung und in der Durchführung der Verwaltungsaufgaben eingetreten. Die Ermordung von Bürgermeistern und OD-Leuten durch Partisanen dauert in vermehrtem Umfange fort." Generell hierzu Armstrong (Hrsg.), Soviet Partisans, S. 431 f.; Eckman, Jewish Resistance, S.104. Teilweise wurden die Kollaborateure auch inhaftiert oder in die Reihen der Partisanen-Einheiten gezwungen.

[310] BA-MA, RH 21-2/883: Pz. AOK 2, Abt. I a, Kriegstagebuch, Eintrag vom 28.6.1942.

[311] Vgl. IfZ-Archiv, MA 1673: 221. Sich. Div., Abt. I a, Tagesmeldung an Kd. Gen. d. Sich. trp. u. Bfh. im Heeresgeb. Mitte vom 15.7.1942: „In Letjachi, 36 km südlich von Krasnopolje, 2 Frauen und 7 Kinder von Partisanen erschossen." In diesem Sinne auch ebda., Tagesmeldung vom 26.9.1942, wo von 38 Zivilisten und 8 OD-Männern berichtet wird, die von Partisanen erschossen wurden.

[312] So schreibt Jarausch, die Partisanen würden „mit Vorliebe auf die entlassenen Kriegsgefangenen auf den Landstraßen schießen, weil sie in ihnen Parteigänger Deutschlands sehen". Jarausch/Arnold, Sterben, S.347 (Brief vom 2.12.1941).

[313] IfZ-Archiv, MFB 4/42870, Wi.Kdo. Rylsk, Lagebericht für Juni 1942 vom 19.6.1942: „In den Partisanen-Rayons erschwerten berittene Banden durch Wegnahme von Saatgut und Pferden die Bestellung in weitestem Umfang; an manchen Orten wurde sogar die bei der Feldbestellung angetroffene Bevölkerung erschossen." Relativ häufig kam es vor, dass die Partisanen die deutschen Landwirtschaftsführer gezielt „herausschossen". Vgl. etwa IfZ-Archiv, MA 1673: 221. Sich. Div., Abt. I a, Tagesmeldungen an Kd. Gen. d. Sich. trp. u. Bfh. im Heeresgeb. Mitte vom 18.8., 29.8. und 26.9.1942

[314] Die Wirtschaftsinspektion Mitte schätzte, dass im April 1942 insgesamt 40 Prozent der Waldflächen, für die sie zuständig sein sollte, „bandenverseucht" gewesen sein. Vgl. Verbrechen der Wehrmacht, S.457: Bericht Wirtschaftsinspektion Mitte vom 22.5.1943. Ähnliche Angaben bei Wegner, Krieg, S. 912.

[315] IfZ-Archiv, MA 1670: 221. Sich. Div., Abt. I a, Kriegstagebuch, Eintrag vom 1.4.1942.

[316] Ebda., „Div.-Befehl Nr. 243/42", Anlage vom 3.4.1942.

linien[317]. Wie geschickt und skrupellos sie dabei vorgingen, ist dem Tagebuch Farnbachers zu entnehmen, der einen Überfall auf einen Truppentransport schildert:
Am 8. März 1942 hätten die Partisanen einen Zug mit einer Mine gestoppt, ein Partisan, als deutscher Feldwebel verkleidet, habe den Befehl zum Aussteigen gegeben,
im selben Moment sei von zwei MG's das Feuer auf die Aussteigenden eröffnet
worden, so dass im Kugelhagel etwa 200 deutsche Soldaten, unter ihnen auch einzelne sowjetische Gefangene, umgekommen seien[318]. Mit solchen Aktionen trafen
die Partisanen ihre deutschen Gegner an ihren empfindlichsten Stellen. Ihr Schienennetz von insgesamt 65 000 Kilometern Länge[319] konnten sie nur „mit größter
Anstrengung" sichern, so das Eingeständnis des Generalfeldmarschalls Günther
von Kluge im April 1942[320]. Schon bald nahmen im rückwärtigen Gebiet der Heeresgruppe Mitte „die Sprengungen der Partisanen in erschreckendem Umfange"
zu[321]. Das traf nicht nur die deutsche Logistik. Durch den beginnenden „Schienen-
krieg" waren die deutschen Besatzer gezwungen, ihre Kräfte beim Objektschutz zu
verzetteln. Genau das aber führte immer weniger zum Erfolg.

Zumindest die vor Ort eingesetzten deutschen Militärs – nicht alle, aber doch
immer mehr – begannen nun einzusehen, dass sie ihre Anti-Partisanen-Strategie
ändern mussten, wenn sie hier noch „auf einen grünen Zweig" kommen woll-

---

[317] Im Februar 1942 hatten die Brjansker Partisanen eine entsprechende Weisung erhalten. Am
8.4. bezeichnete das Pz. AOK 2 die „planmäßigen Einzelunternehmungen gegen Bahn und
Straße Brjansk-Roslawl und gegen Bahn und Straße Brjansk-Shisdra" als „besonders störend".
Die Anschläge auf das Schienennetz sollten sich in den folgenden Monaten dramatisch stei-
gern. Vgl. Armstrong (Hrsg.), Soviet Partisans, S. 494; BA-MA, RH 21-2/333: Pz. AOK 2,
Abt. I a, Kriegstagebuch, Anlage: „Besprechung am 8.4.1942 bei Heeresgruppe Mitte durch
O.B. H.Gr. in Anwesenheit des Chefs der Op. Abt. und des Gen.Qu. mit den O.B. der Ar-
meen", o. D.; Shepherd, Hawks, S. 351.

[318] BA-MA, MSg 1/3281: Fritz Farnbacher, Tagebuch, Eintrag vom 17.6.1942. Farnbachers Darstellung beruht auf der Erzählung eines Unteroffiziers eines Bau-Bataillons, das im Hinterland
der 4. Pz. Div. eingesetzt war. Bestätigt werden Farnbachers Angaben bei Neumann, 4. Panzerdivision, S. 492; so beziffert allein der deutschen Verluste auf 209 Tote und 11 Verwundete.
In einem von Einheiten der 4. Pz. Div. später erbeuteten Tagebuch einer Partisanen-Abteilung
fanden sich folgende Einträge; möglicherweise beziehen sie sich auf dieses Ereignis: „5.6.1942:
Um 13.00 Uhr wurde ein Mannschaftstransportzug zur Entgleisung gebracht. 250–300 Deutsche vernichtet, Waggons verbrannt. Rache an unschuldigen Kindern und Frauen in der
Umgebung der Entgleisung. 4 Männer und die meisten Kinder und Frauen vernichtet
worden. [...] 6.6.1942: Der kraftlose Gegner hat sein Mütchen an wehrlosen Kindern gekühlt.
Wir sind in Ruhe. Die Leute sind mit dem gestrigen Tag zufrieden und erzählen einander von
ihren Eindrücken. Die Stimmung ist gehoben." BA-MA, RH 39/377: „Übersetzung des am
26.5.1943 westlich von Glinnoje erbeuteten Tagebuchs der Partisanen-Abteilung ‚Kotowskij'.
Das Tagebuch ist von verschiedenen Personen geführt."

[319] Angabe nach: Segbers, Sowjetunion, S. 121.

[320] BA-MA, RH 22/231: Kdr. Gen. d. Sich. Trp. u. Bfh. im Rückw. Heeresgebiet Mitte, Abt. I a,
„Notizen über Besprechung Chef, I a beim Feldmarschall von Kluge" vom 28.4.1942. Generell hierzu Wegner, Krieg, S. 915f.
Allein im rückwärtigen Armeegebiet der 2. Panzerarmee waren „rund 500 km lange Bahnlinien und etwa gleich lange Straßen und Wege zu sichern". Dafür waren Tausende von Soldaten
im Einsatz. BA-MA, RH 21-2/882: Pz. AOK 2, Abt. I a, Kriegstagebuch, Eintrag vom
8.5.1942.

[321] BA-MA, RH 22/229: Kdr. Gen. d. Sich. Trp. u. Bfh. im Rückw. Heeresgebiet Mitte, Abt. I a,
Kriegstagebuch, Eintrag vom 4.5.1942; Bock, Tagebuch, S. 420, 422 (Einträge vom 7.5. und
11.5.1942); IfZ-Archiv, MA 439: Chef SiPo und SD, Meldungen aus den besetzten Ostgebieten Nr. 14 vom 31.7.1942. Wurden im Rückwärtigen Gebiet der Heeresgruppe Mitte im April
1942 noch 30 Anschläge gegen deutsche Eisenbahnverbindungen gemeldet, so waren es im
August bereits 208. Vgl. Shepherd, War, S. 114; Pottgießer, Reichsbahn, S. 84ff.; Rohde, Wehrmachttransportwesen, S. 178ff.; Knipping/Schulz, Die Deutsche Reichsbahn, S. 240ff.

ten[322]. Würden sie weiterhin so gewalttätig und unreflektiert handeln wie im vergangenen Jahr, so wäre das nicht nur militärisch sinnlos und moralisch fragwürdig, sondern auch politisch höchst kontraproduktiv. Daher wurden nun alle militärischen Anstrengungen darauf gerichtet, die „Banden" selbst zu treffen[323]. Die Behandlung der Zivilbevölkerung wollte man dagegen abhängig von ihrem Verhalten machen; es käme darauf an – so der Generaloberst Schmidt – die Deutschfreundlichen und die Neutralen „auf unsere Seite zu bringen"[324].

5.5.7.3 Die offensive Seite der deutschen Anti-Partisanen-Strategie

Bleiben wir zunächst bei der ersten Komponente der deutschen Anti-Partisanen-Strategie, der gezielten Offensive. Im Grunde handelte es sich hier um jene Taktik, welche die US-Army unter dem Stichwort „search and destroy" später in Vietnam anwenden sollte[325]. Die Partisanen könne man nur dann besiegen, so die 221. Sicherungsdivision im April 1942, wenn sie „in groß angelegten, energisch durchgeführten Angriffen umfasst, eingeschlossen und vernichtet" würden[326]. Diese Großunternehmen glichen nun regelrechten militärischen Operationen; gefragt waren nun „unter weitgehender Heranziehung von V-Leuten"[327] eine detaillierte Auskundschaftung der „Partisanenzentren", eine mobile Logistik[328], die „Mitwirkung der Luftwaffe" sowie eine intensive Kooperation mit der Geheimen Feldpolizei, dem SD und den in Frage kommenden „La[ndwirtschafts]-Führern"[329]. Angesichts der zunehmenden Bedrohung durch die sowjetischen Guerillas begannen nun Wehrmacht, Polizei und SS ihre Reihen noch dichter zu schließen. Ihre Einheiten operierten nicht nur gemeinsam[330], wie schon bei früheren Aktionen, von

---

[322] BA-MA, RH 21-2/355: Pz. AOK 2, Abt. I a, Fernsprechbuch, Eintrag vom 6.5.1942: Telefonat 2. Armee mit Chef H.Gr. Mitte: „Wenn wir nicht offensiv gegen die Banden vorgehen, kommen wir nie auf einen grünen Zweig."

[323] Vgl. BA-MA, RH 22/230: Bfh. Rückw. Heeresgebiet Mitte, Abt. I a, „Vorschläge zur Vernichtung der Partisanen im rückw. Heeresgebiet und in den rückw. Armeegebieten" vom 1.3.1942, in denen es einleitend heißt: „Die Partisanenbekämpfung muß unter zwei großen Gesichtspunkten erfolgen: 1) Propagandistische Bearbeitung der russischen Bevölkerung, 2) Militärische Vernichtung der Partisanen." Generell hierzu Wegner, Krieg, S. 920.

[324] BA-MA, RH 21-2/883: Pz. AOK 2, Abt. I a, Kriegstagebuch, Eintrag vom 19.6.1942.

[325] Vgl. Herring, American Strategy; Carland, Winning the Vietnam War; Greiner, Krieg ohne Fronten, S. 74 ff.

[326] IfZ-Archiv, MA 1670: 221. Sich. Div., Abt. I a, Bericht an den Bfh. im Rückw. Heeresgebiet Mitte vom 8.4.1942. Diese militärische Intensivierung war auch daran erkennbar, dass seit Ende April 1942 die Bekämpfung von Partisanen im rückwärtigen Armeegebiet eine Aufgabe der Abteilung I a des AOK war. BA-MA, RH 20-2/401: AOK 2, Abt. I a, Fernschreiben an Korück 580 vom 30.4.1942.

[327] IfZ-Archiv, MA 1670: Kdr. Gen. d. Sich. Trp. u. Bfh. im Rückw. Heeresgebiet Mitte, „Besprechungspunkte für die Besprechung mit Generalltn. Pflugbeil" vom 19.3.1942; IfZ-Archiv, MA 895/1: Korück 580, Abt. Qu., Kriegstagebuch, Eintrag vom 1.4.1942.

[328] IfZ-Archiv, MA 1670: 221. Sich. Div., Abt. I a/I b, Bericht an den Kdr. Gen. d. Sich. Trp. u. Bfh. im Rückw. Heeresgebiet Mitte vom 8.4.1942.
In der Realität konnte auch diese Forderung oft nicht erfüllt werden. Vgl. etwa BfZ, Slg. Sterz, 24636, Brief H.W. vom 11.7.1942, in dem dieser schreibt: „Wir dagegen haben immer noch keine Fahrzeuge, einige Panjewagen, das ist alles ..."

[329] IfZ-Archiv, MA 1670: Kdr. Gen. d. Sich. Trp. u. Bfh. im Rückw. Heeresgebiet Mitte, „Besprechungspunkte für die Besprechung mit Generalltn. Pflugbeil" vom 19.3.1942.

[330] So wurden damals die 221. Sich. Div. mit dem Polizei-Regiment Mitte zur „Gruppe Schenckendorff" zusammengefasst. BA-MA, RH 22/229: Kdr. Gen. d. Sich. Trp. u. Bfh. im Rückw. Heeresgebiet Mitte, Abt. I a, Kriegstagebuch, Einträge vom 30.5. und 1.6.1942.

nun an waren meist kleinere Kommandos aus SD oder GFP in jede größere Sicherungs-Einheit der Wehrmacht „eingebettet"[331].

Noch vor Beginn der Schneeschmelze, im März 1942, begannen die ersten großen Unternehmen. Nachdem es an der Front ruhiger geworden war, wollten die Deutschen auch ihr Hinterland „in Ordnung bringen". Doch kam – abgesehen von einer Unterbrechung infolge der Schlammperiode[332] – der Krieg auch hier nicht mehr zur Ruhe. Das war gerade auch in unserem Ausschnitt der Fall:
– Die *221. Sicherungsdivision* hatte bis zum 19. März alle Einheiten aus der Front abgezogen und ins Rückwärtige Heeresgebiet Mitte verlegt[333], um sich, nach einer Art „Generalüberholung"[334], bis Juli 1942 an mehreren Großunternehmen zu beteiligen, den Unternehmen *„München"* (19. März–28. März 1942)[335] sowie *„Hannover I und II"* (24. Mai–30. Mai, bzw. 3. Juni–11./16. Juni 1942)[336]. Alle drei hatten ein Ziel: die Kampfgruppe des Generalleutnants Below, der im Raum Jelnja-Dorogobusch-Jarzewo, östlich von Smolensk, mit etwa 20 000 Mann – regulären wie irregulären Kämpfern[337] – das größte Partisanenzentrum im Rücken der deutschen Front kommandierte und das über einige Flugplätze sogar mit der sowjetischen Seite verbunden war[338]. Wenn die Deutschen drei „Säuberungsunternehmen"[339] brauchten, um dessen Basis zu zerstören, so wird daran deutlich, wie groß und mächtig diese mittlerweile geworden war. Beim Unternehmen *„München"* gelang es lediglich, die deutsche Garnison von Jelnja

---

[331] Die Stärke eines GFP-Kommandos belief sich auf einen Sekretär, einen Dolmetscher, einen Unteroffizier und vier Hilfspolizisten, die Stärke eines SD-Kommandos auf zwei Sicherheitspolizisten, einen Dolmetscher und vier SS-Männer. IfZ-Archiv, MA 1670: 221. Sich. Div., Abt. I a, Befehl vom 23.4.1942. Ähnliches praktizierte man später auch im besetzten Frankreich. Vgl. hierzu Lieb, Weltanschauungskrieg, S. 70.

[332] „Nach Eintritt der Schlammperiode erfährt Partisanenbekämpfung im rückw. Armeegebiet vorübergehende Unterbrechung." BA-MA, RH 20-2/1787: AOK 2, Abt. I a, Kriegstagebuch, Eintrag vom 27.3.1942. Zur Datierung vgl. Bock, Tagebuch, S. 407, 415 (Einträge vom 24.3. und 24.4.1942).

[333] BA-MA, RH 22/229: Kdr. Gen. d. Sich. Trp. u. Bfh. im Rückw. Heeresgebiet Mitte, Abt. I a, Kriegstagebuch, Eintrag vom 19.3.1942; BA-MA, RH 26-221/1: 221. Sich. Div., Stammtafel. Hier wird als Datum der 21.3.1942 genannt.
Hierfür wurden der 221. Sich. Div. unterstellt: Ls. Rgt. 45 (14 Kpn.), Ls. Rgt. Stab 61, Ls. Btl. 973 (3 Kpn.), Art. Abt. 101 (mot.), I./Art. Rgt. 221 (3 Bttr. aus 7,62 cm Beute-Geschützen). IfZ-Archiv, MA 1670: Kdr. Gen. d. Sich. Trp. u. Bfh. im Rückw. Heeresgebiet Mitte, „Besprechungspunkte für die Besprechung mit Generalltn. Pflugbeil" vom 19.3.1942.

[334] Vgl. IfZ-Archiv, MA 1670: Kdr. Gen. d. Sich. Trp. u. Bfh. im Rückw. Heeresgebiet Mitte, Abt. I a, Vermerk betr. „Stand der Aufstellung der 221. Div. am 19.3.1942".

[335] BA-MA, RH 22/229: Kdr. Gen. d. Sich. Trp. u. Bfh. im Rückw. Heeresgebiet Mitte, Abt. I a, Kriegstagebuch, Einträge vom 22.3.1942 ff. Generell hierzu Armstrong (Hrsg.), Soviet Partisans, S. 422 ff.; Pohl, Herrschaft, S. 286; Hürter, Heerführer, S. 434 f.; Munoz/Romanko, Hitler's White Russians, S. 199 ff.; Kreidel, Jagd auf Grischin, S. 45. Auch zum Folgenden.

[336] IfZ-Archiv, MA 1670: XXXXIII. A.K., Abt. I a, „Befehl für die Beendigung des Unternehmens Hannover" vom 16.6.1942; ebda., Bfh. im Rückw. Heeresgebiet Mitte, Abt. I a, „Korpsbefehl Nr. 106" vom 14.6.1942. Ferner Shepherd, War, S. 132.

[337] Am 31.3.1942 meldete die 221. Sich. Div. über ihre Gegner: „Führer in den Haupt- und Stabsquartieren Offiziere. Mannschaften der Stäbe anscheinend reguläre Truppe, verstärkt bzw. ergänzt durch Partisanen, versprengte und frisch ausgehobenen Zivilisten". Auch habe man „Angehörige der Luftlandetruppe" festgestellt. IfZ-Archiv, MA 1670: 221. Sich. Div., Abt. I a, Divisions-Befehl vom 3.4.1942, Anlage: „Feindlage".

[338] Vgl. Reinhardt, Die russischen Luftlandungen im Bereich der deutschen Heeresgruppe Mitte.

[339] KTB OKW, Bd. II, S. 379 f. (Eintrag vom 24.5.1942).

zu befreien, die seit Januar von den Partisanen umzingelt war[340]. Erst mit den beiden folgenden Unternehmen, für die das Ende der Schlammperiode das Signal gab, konnten die Deutschen Belows Gruppe zerschlagen. Dazu war ein erhebliches Aufgebot nötig, insgesamt zwischen 40 000 und 45 000 Mann[341]: das XXXXI. Panzer- und das XXXXIII. Armeekorps mit jeweils drei Frontdivisionen, verschiedene Besatzungseinheiten, darunter die russische Freiwilligen-Brigade „Graukopf", und eben die 221. Sicherungsdivision[342]. Sie stand am südlichen Rand des Kessels und sollte „den Durchbruch der Truppen des Generals Below in südlicher und südwestlicher Richtung [...] verhindern"[343]. Genau hier, an einer der schwächsten Stellen des deutschen Rings, brach Below mit noch 2 000 Mann durch[344]. Ein Besatzungsverband wie die 221. verfügte eben nicht über die Kampfkraft einer Frontdivision.

Am Ende hatten die Deutschen etwa 5 000 Gegner getötet, weitere 11 000 gefangen genommen, selbst aber „nur" 468 Tote und ca. 200 Vermisste verloren, wobei gerade die 221. einen hohen Blutzoll zahlen musste[345]. Obwohl der Befehlshaber des Rückwärtigen Heeresgebiets dieses Gebiet nun für „bereinigt" hielt[346], waren die Partisanen selbst noch längst nicht vernichtet. Ein Ende des Krieges war nicht absehbar, auch nicht für die 221. Sofort im Anschluss wurde sie bei einer Reihe kleinerer Operationen eingesetzt, die man zusammenfassend Unternehmen *„Maikäfer"* nannte[347].

– Im Gebiet des *Korück 580* tobten in diesen Monaten ebenfalls erbitterte Kämpfe. In den großen Wäldern südlich von Brjansk war eine regelrechte „Partisanenrepublik"[348] entstanden – flächenmäßig groß, mit anfangs geschätzten 2 000 Mann[349] aber längst nicht so mächtig wie die Gruppe Belows. Da sie jedoch an

---

[340] Am 28.3.1942. Vgl. Armstrong (Hrsg.), Soviet Partisans, S.422, hier S.426; IfZ-Archiv, MA 1670: 221. Sich. Div., Abt. I a, „Divisionsbefehl für Neugliederung der Division und Einsatz an der Straße Potschinek-Jelnja" vom 28.3.1942.

[341] Zahl nach: Pohl, Herrschaft, S.286.

[342] Für das Unternehmen „Hannover" wurde die 221. Sich. Div. der 4. Armee unterstellt. BA-MA, RH 22/231: H.Gr. Mitte, Fernspruch an Kdr. Gen. d. Sich. Trp. u. Bfh. im Rückw. Heeresgebiet Mitte vom 8.6.1942.

[343] IfZ-Archiv, MA 1670: Gruppe Schenckendorff, Abt. I a, „Gruppenbefehl" vom 2.6.1942.

[344] Der Durchstoß erfolgte beim Wach-Bataillon 701, das dabei weitgehend vernichtet wurde. Vgl. Munoz/Romanko, Hitler's White Russians, S.203.

[345] Allein im April 1942 registrierte die Führung der 221. Sicherungsdivision 102 Gefallene und 462 Verwundete. So viele Gefallene hatte diese Division in einem Monat während des Ostkrieges noch nie. Vgl. IfZ-Archiv, MA 1671: 221. Sich. Div., Abt. I a, Tagesmeldungen an den Kdr. Gen. d. Sich. Trp. u. Bfh. im Rückw. Heeresgebiet Mitte für die Zeit vom 24.3. bis 16.6.1942 sowie Kap.2.5.
Von Mitte März bis Mitte Juni 1942 meldete die 221. Sich. Div. insgesamt 806 gezählte „Feindtote", 168 Gefangene, 106 Freischärler, 101 Überläufer sowie weitere 1 227 geschätzte getötete oder verwundete Gegner. Dem standen an eigenen Verlusten gegenüber: 235 Tote, 554 Verwundete und 189 Vermisste; ferner 13 gefallene Ukrainer, 2 gefallene OT-Leute sowie „rd. 30 tote u. verw. russ. OD-Männer". IfZ-Archiv, MA 1671: 221. Sich. Div., Abt. I c, „Tätigkeitsbericht für die Zeit vom 22.3. bis 17.6.1942" vom 18.6.1942.

[346] BA-MA, RH 22/231: Kdr. Gen. d. Sich. Trp. u. Bfh. im Rückw. Heeresgebiet Mitte, Abt. I a, „Notizen über Besprechung Chef, I a beim Feldmarschall von Kluge" vom 28.4.1942.

[347] Angaben nach: Munoz/Romanko, Hitler's White Russians, S.206f.

[348] Wegner, Krieg, S.916.

[349] BA-MA, RH 20-2/292: AOK 2, Abt. O.Qu./Qu. 2, „Bericht über die Partisanenbewegung im Bereich der 2. Armee" vom 11.2.1942. Dort auch detaillierte Angaben über die einzelnen Abteilungen, die u. a. mit „einzelnen Geschützen und Panzern" bewaffnet waren.

„Stärke und Tätigkeit [...] ständig" wuchs[350], auf vermutlich über 10 000 Köpfe[351], waren auch hier gleich mehrere Unternehmen nötig, zum Teil unter Einsatz der deutschen Luftwaffe[352], um die undurchdringlichen Wälder Stück für Stück wieder zurückzuerobern. Den ersten Angriff startete der Korück noch im März. Kurzfristig verstärkt durch ein bunt zusammengewürfeltes Aufgebot von ungarischen Truppen, landeseigenen Abteilungen und einigen ausgebrannten deutschen Fronteinheiten, konnte der Korück Ende März melden, er habe „mehrere Partisanengruppen, verstärkt durch Rotarmisten, aufgerieben"[353]. Auch in diesem Fall verdeutlichen die Waffen, welche die „Partisanenjäger" erbeuteten, aber auch ihre eigenen Verluste: 95 Gefallene und 143 Verwundete[354], dass es sich hier um mehr handelte als nur um Strafaktionen gegen eine wehrlose Zivilbevölkerung. Gleichwohl ist das krasse Missverhältnis der Verlustzahlen nicht zu übersehen: Wenn die Deutschen meldeten, sie hätten bei diesen Kämpfen „1 936 Partisanen erschossen", dann wird schlagartig deutlich, mit welcher Gnadenlosigkeit sie und auch ihre Verbündeten diesen Krieg führten[355]. Ähnlich wie im Norden bei der 221. Sicherungsdivision bedurfte es auch hier zweier Anschlussunternehmen im Frühsommer, um dieses Partisanenzentrum in dem „nahezu ungangbaren Sumpfgelände" auszuschalten[356], die

---

[350] BA-MA, RH 20-2/1453: AOK 2, Abt.O.Qu./Qu. 2, „Besondere Anordnung für die Partisanenbekämpfungen Nr. 5" vom 28.2.1942.

[351] IfZ-Archiv, MA 895/1: Korück 580, Abt.Qu., Meldung an AOK 2, ChefGenSt vom 15.4.1942.

[352] IfZ-Archiv, MA 895/1: Wach-Batl. 552, Fernspruch an Korück 580 vom 24.4.1942; O.Ltn. Crüwell, Meldung an Korück 580 vom 24.4.1942. Umgekehrt konnten auch die Partisanen für ihre Operationen mitunter die Unterstützung der sowjetischen Luftwaffe in Anspruch nehmen. Vgl. etwa IfZ-Archiv, MA 1673: Sich.-Batl. 743, Bericht an Sich.-Rgt. 27 betr. „Teilnahme an Unternehmen ‚Blitz' und ‚Luchs'" vom 17.10.1942.
Das war auch bei den Kämpfen der 221. Sich. Div. der Fall. Vgl. Armstrong (Hrsg.), Soviet Partisans, S. 428 ff.

[353] BA-MA, RH 20-2/1787: AOK 2, Abt. I a, Kriegstagebuch, Eintrag vom 27.3.1942. Dort auch die folgenden Angaben. Vgl. hierzu auch Bock, Tagebuch, S. 409 (Eintrag vom 27.3.1942).

[354] Deutsche Truppen: 36 Gefallene, 10 Verwundete; Ungarische Truppen: 50 Gefallene, 124 Verwundete; Kosaken: 9 Gefallene, 9 Verwundete. BA-MA, RH 20-2/1787: AOK 2, Abt. I a, Kriegstagebuch, Eintrag vom 27.3.1942. Eine Verlustrelation von 1:20, auf die auch Röhr hinweist (Forschungsprobleme, S. 203), war damals auch an der Front keine Seltenheit. Vgl. etwa IfZ-Archiv, MA 1623: 45. Inf. Div., Abt. I a, Kriegstagebuch, Eintrag vom 25.4.1942: „Eigene Verluste durch Angriff der Russen 14 Tote und 48 Verwundete, die der Russen ca. 250 Tote und 42 Gefangene."

[355] Vgl. etwa IfZ-Archiv, MA 895/1: Korück 580, Abt.Qu., Meldung an AOK 2 vom 1.4.1942, wo auch der schwammige Begriff des „Partisanenhelfers" als Erschießungsgrund angegeben wird. Ferner BA-MA, RH 20-2/1787: AOK 2, Abt. I a, Kriegstagebuch, Eintrag vom 27.3.1942. Offenbar scheint ein großer Anteil der getöteten Gegner auf das Konto der ungarischen Verbündeten gegangen zu sein. Die 102. ungarische leichte Division meldete allein im April 1942 die „Erledigung" von 1 380 Partisanen und „Helfern". Ungváry, Ungarische Besatzungskräfte, S. 134.

[356] Bock, Tagebuch, S. 418 (Eintrag vom 1.5. bis 2.5.1942). In der Zeit vom vom 13.5.–30.5.1941 kam es im Gebiet des Korück 580 zu weiteren Kämpfen in den Wäldern „nördlich Chinel", die „vorwiegend durch ungarische Verbände" geführt wurden und bei denen die Gefallenen-Relation noch stärker auseinanderklaffte. „Als Ergebnis dieser Kämpfe [...] wird gemeldet: Feindverluste 4 375 Tote, 135 Gefangene, 21 Geschütze, 26 Granatwerfer, 71 MG, zahlreiche Handfeuerwaffen und Munition wurden erbeutet oder vernichtet. Eigene Verluste in diesen Kämpfen: Gefallen: 90 Ungarn, 31 Deutsche, 11 Turkestanen, Kosaken, Ukrainer, 87 Mann Miliz. Verwundet: 314 Ungarn, 69 Deutsche, 21 Turkestanen, Kosaken, Ukrainer, 50 Mann Miliz. Vermisst: 32 Ungarn, 3 Deutsche, 3 Turkestanen. Insgesamt 711 Mann eigene blutige Verluste." BA-MA, RH 20-2/336: AOK 2, Abt. I a, Kriegstagebuch, Eintrag vom 30.5.1942.

Unternehmen „*Vogelsang I und II*" (5. Juni–4. Juli 1942)[357]. Unter Führung des XXXXVII. Panzerkorps wurde eine weitere Einkreisungsoperation im Rücken der 2. Panzerarmee und der 2. Armee gestartet. Etwa 5 500 Deutsche, 1 100 Russen und 1 800 Ungarn kämpften gegen 10 000 Partisanen, die mittlerweile „an die 400 Ortschaften mit 200 000 Einwohnern" kontrollierten. Die Deutschen meldeten schließlich 519 gefangen genommene und 1 382 getötete Partisanen. Außerdem habe man „3 249 Mann im Alter zwischen 16 und 50 Jahren [...] festgesetzt, davon war ein großer Teil Waffenträger bei den Partisanen. [...] 8 587 Frauen und Kinder wurden außerhalb der Orte in den Wäldern angetroffen. 12 351 Menschen wurden evakuiert."[358] Das war immerhin – wie diese verschiedenen Einteilungen belegen – eine differenzierte Reaktion. Trotzdem stehen auch hier die deutschen Verluste, die mit ihren Verbündeten 58 Tote, 130 Verwundete und einen Vermissten verloren, in einem schroffen Gegensatz zu den Verlusten der Gegenseite[359].

Hatten die Deutschen die Sache damit militärisch für sich entschieden? Wohl kaum. Sicherlich, sie hatten viele Partisanen getötet, noch mehr aber rückten mittlerweile nach. Auch an dieser Front gelang es der sowjetischen Seite, ihre horrenden Verluste rasch zu ersetzen. Entscheidend war, dass Kerne dieser Partisanengruppe überlebten, die dann rasch zum Nukleus neuer Einheiten werden konnten[360]. Von wenigen Zehntausend im Januar 1942 stieg denn auch die Gesamtzahl der sowjetischen Partisanen bis Juni 1942 auf 70 000, bis Januar 1943 gar auf 120 000[361]. Schon das brachte die Deutschen immer mehr in die Defensive[362]. Es würden immer wieder Partisanen durchsickern, lautete Schmidts Bilanz Ende

---

[357] Die folgenden Angaben nach: BA-MA, RH 21-2/901: Pz. AOK 2, Abt. I a, „Weisung für das Unternehmen Vogelsang" vom 28.5.1942; ebda., „Weisung für die Fortführung des Unternehmens Vogelsang" vom 13.6.1942; Hürter, Heerführer, S.436; Armstrong (Hrsg.), Soviet Partisans, S.504f.; Wegner, Krieg, S.916f.; Munoz/Romanko, Hitler's White Russians, S.205; Pohl, Herrschaft, S.289.

[358] BA-MA, RH 21-2/883: Pz. AOK 2, Abt. I a, Kriegstagebuch, Eintrag vom 4.7.1942; ferner ebda., Eintrag vom 21.6.1942. Als Beute wurden 4 Geschütze, 15 Pak, 15 Granatwerfer, 26 MG, 6 MPi, 9 Panzerbüchsen, 2 Flugzeuge, zahlreiche Gewehre und andere Waffen eingebracht. Auch hier stehen die vergleichsweise geringe Beute an Waffen in einem auffallenden Gegensatz zur großen Zahl an Lagern, insgesamt 262 ausgebaute Munitions- und Partisanenlager, welche die Deutschen zerstörten. Niedrigere Angaben: 1 193 getötete und 1 400 verwundete Partisanen bei: Munoz/Romanko, Hitler's White Russians, S.205.
Insgesamt meldete das Pz. AOK 2 von April bis Dezember 1942 5 644 getötete Partisanen, 2 741 gefangengenommene Partisanen und eigene Verluste in Höhe von 754 Toten (Deutsche, Ungarn und Hiwis). Angaben nach: Mulligan, The Cost of People's War, S.35.

[359] Bei diesen Relationen sollte es bleiben. Ende Juni 1942 hatte das Korück 580 auf eigener Seite 330 Tote, 120 Vermisste und 711 Verwundete, auf gegnerischer Seite dagegen 8 500 Mann „Verluste" (also Tote) registriert. IfZ-Archiv, MA 895/2: Korück 580, Kdt., „Abschließender Bericht über die Tätigkeit im rückwärtigen Armeegebiet in der Zeit von Dezember 1941 bis Ende Mai 1942" vom 28.6.1942.

[360] Vgl. hierzu Kreidel, Jagd auf Grischin.

[361] Armstrong (Hrsg.), Soviet Partisans, S.35f.; Slepyan, Avengers, S.99, 142ff.; die höhere Zahl bei Wegner, Krieg, S.911.

[362] So vertrat die 2. Panzerarmee die Ansicht, dass „eine völlige Befriedung des rückw. Armeegebietes [...] nach der aktiven Bekämpfung der Partisanen nur durch eine stützpunktartige Besetzung der durchkämmten Gebiete zu erreichen sein" würde. BA-MA, RH 21-2/883: Pz. AOK 2, Abt. I a, Kriegstagebuch, Eintrag vom 11.6.1942; BA-MA, RH 21-2/901: Pz. AOK 2, Abt. I a, Meldung an die H.Gr. Mitte vom 13.6.1942.

Juni 1942. „Man muß es eben noch einmal bereinigen. Es ist doch eine Sauarbeit, bis man da einmal fertig wird."[363]

5.5.7.4 Die defensive Seite der deutschen Anti-Partisanen-Strategie

Dabei zielte die zweite Komponente der deutschen Anti-Partisanen-Strategie doch eigentlich in eine ganz andere Richtung; es ging um das, was die britische Armee nach 1945 unter dem Begriff der „hearts-and-minds-campaign" praktizieren sollte[364]. Im Frühjahr 1942 richtete sich diese Kampagne an drei Gruppen: die Zivilisten, die „Partisanenverdächtigen" und erstmals auch die Partisanen selbst. Dass die Deutschen einen Keil in ihre Gruppen treiben wollten, war neu. Eines der wichtigsten Zeichen setzte, auch hier, der Generaloberst Schmidt: In seinem bekannten Befehl vom 3. März 1942 legte er fest, dass von einer Erschießung dann abgesehen werden könne, wenn „der Gefangene nachweisen [kann], daß er zum Dienst bei den Partisanen gepreßt wurde und keine Gelegenheit zum Überlaufen hatte"[365]. Überläufer seien „als Kriegsgefangene zu behandeln oder in ihren Heimatort zu entlassen". Ähnlich dachte man bei der 221. Sicherungsdivision[366]. Lange bevor das OKW hierzu die Erlaubnis erteilt hatte[367], wollte sie Überläufer nun „wohlwollend" aufnehmen[368]. Ihre Parole „gerechte Partisanenbekämp-

---

[363] BA-MA, RH 21-2/338: Pz. AOK 2, Abt. I a, Fernsprechbuch, Eintrag vom 28.6.1942. Auch im Rückwärtigen Gebiet der Heeresgruppe Mitte meldete man damals ein „außerordentliches Anwachsen der Partisanentätigkeit". BA-MA, RH 22/229: Kdr. Gen. d. Sich. Trp. u. Bfh. im Rückw. Heeresgebiet Mitte, Abt. I a, Kriegstagebuch, Eintrag vom 5.6.1942.

[364] Das Konzept des „Winning Hearts and Minds" wurde in dieser dezidierten Form erstmals durch General Gerald Templer (1898–1979) während seiner Zeit als High Commissioner in Malaya (1952–1954) entwickelt. Diese Strategie basierte auf drei Überlegungen: 1. die Guerilla militärisch *nicht* zu zerschlagen; 2. die Guerilla vom Volk zu trennen; 3. die Entscheidung auf wirtschaftlichem, sozialem und politischem Gebiet zu suchen. Entsprechende Ideen sind freilich sehr viel älter; sie wurden erstmals während der Jahre 1724 bis 1730 von Don Alvaro Navia Osoric, Marqués de Santa Cruz y Marcenado in seinen „Réflexions militaires et politiques" zu Papier gebracht. Vgl. hierzu Beckett, Modern Insurgencies and Counter-Insurgencies, S. 26; Nagl, Counterinsurgency Lessons. Ferner Shepherd, Hawks, S. 352.

[365] BA-MA, RH 21-2/867 a: Pz. AOK 2, Abt. I c/A.O., „Armeebefehl für die Behandlung von Kriegsgefangenen, Partisanen, Feindkundschaftern und der Bevölkerung" vom 3.3.1942. Vgl. auch Umbreit, Herrschaft, S. 165f.

[366] Gestrichen wurde hier freilich der Passus: „Von einer Erschießung ist abzusehen". Stattdessen hieß es, dass „die Gefangenen mit entsprechender Meldung der Division – Abt. I c – zuzuführen" seien. IfZ-Archiv, MA 1671: 221. Sich. Div., Abt. I c, Anordnung betr. „Behandlung von Kriegsgefangenen, Partisanen und Bevölkerung" vom 8.4.1942. Ferner Shepherd, War, S. 133ff.

[367] Offiziell möglich war dies erst ab August 1943. Vgl. Armstrong (Hrsg.), Soviet Partisans, S. 222f.; Richter, „Herrenmensch", S. 16. Statt dessen befahl das OKW noch am 11.11.1942, gefangen genommene Partisanen grundsätzlich zu erhängen oder erschießen. Vgl. Müller (Hrsg.), Okkupation, S. 136.

[368] IfZ-Archiv, MA 1670: 221. Sich. Div., Abt. I c, „Tagesbefehl Nr. 7" vom 3.3.1942. Interessant ist, dass der 221. Sich. Div. in der Zeit ihres Fronteinsatzes befohlen wurde, „daß Überläufer und Gefangene von der Truppe menschlich behandelt, im Rahmen der Bestimmungen ernährt und in geheizten Räumen untergebracht werden". Daran wollte sie auch *nach* ihrer Verlegung ins Hinterland festhalten, wie ein Befehl vom 8.4.1942 belegt. IfZ-Archiv, MA 1670: LV. A.K., Abt. I a, „Führungsanordnungen Nr. 33" vom 22.2.1942; IfZ-Archiv, MA 1671: 221. Sich. Div., Abt. I c, Weisung betr. „Behandlung von Kriegsgefangenen, Partisanen und Bevölkerung" vom 8.4.1942. Ferner Shepherd, Hawks, S. 354.
Ähnliche Tendenzen zeigten sich damals im Übrigen auch bei anderen deutschen Besatzungsverbänden, etwa beim Korück 580 (IfZ-Archiv, MA 895/1: Korück 580, Abt. I c, Befehl vom 10.4.1942) oder bei der 207. Sich. Div., die ab Frühjahr 1942 gefangene Partisanen „anständig" behandeln wollte. Vgl. Umbreit, Herrschaft, S. 157.

fung"[369] zeigte aber keine große Wirkung bei den Partisanen: Obwohl ihnen Straffreiheit zugesichert wurde und auch Verpflegung aus deutschen „Nachschubbeständen"[370], registrierte die 221. in der Zeit von Mitte März bis Mitte Juni nur 101 Überläufer[371], sie selbst nahm in dieser Zeit 217 Partisanen, 237 Zivilisten und 7 Soldaten gefangen[372].

Sehr viel mehr Menschen waren von dem Verdikt des „Partisanenverdächtigen" betroffen; hier handelte es sich nicht selten um jene Zivilisten, die in den – aus deutscher Sicht – „bandenverseuchten" Gebieten lebten. Wurden diese „gesäubert" und zunehmend auch verödet[373], dann mussten den deutschen Besatzern zwangsläufig Zehntausende Zivilisten in die Hände fallen, deren politische Einstellung nur schwer zu überprüfen war. Immerhin war man mit Exekutionen mittlerweile vorsichtiger[374]; unsere beiden Besatzungsverbände registrierten die meisten Zivilisten unter den Rubriken „gefangen" oder „evakuiert". Die 221. befahl im Mai, „alle Männer zwischen 15–60 Jahren [...] festzunehmen"[375] und zu überprüfen[376], während der Korück „Verdächtige und nicht tragbare Elemente" in ein „Zivil-Gefangenenlager" bringen lassen wollte[377]. Wie groß die Zahl derer war, die diesen Überprüfungen zum Opfer fielen oder den Existenzbedingungen in den Lagern, ist unklar. Sicher ist, dass von den neuen Großunternehmen naturgemäß sehr viele Menschen betroffen waren. Die Schläge, welche die deutsche Besatzungsmacht austeilte, waren noch immer mörderisch, aber sie bemühte sich mittlerweile – mal mit mehr, mal mit weniger Erfolg –, sie genauer ins Ziel zu lenken.

[369] Shepherd, Hawks, S.355; ders., War, S.134. Am 6.4.1942 berichtete die Division, dass „8 Überläufer, von den Partisanen zwangsweise ausgehobene Ortseinwohner, eingebracht" wurden. IfZ-Archiv, MA 1670: 221. Sich. Div., Abt.I a, Kriegstagebuch, Eintrag vom 6.4.1942. Vgl. auch mit dem Bericht über ein Erkundungsunternehmen der 221. Sich. Div. am 12.5.1942, bei dem „4 verdächtige Personen", die man mit der Waffe in der Hand antraf, erschossen worden seien, 20 weitere Zivilisten habe man „zwecks näherer Prüfung" mitgenommen. Ebda., Eintrag vom 12.5.1942.
[370] IfZ-Archiv, MA 1671: Kd. Gen. d. Sich. Trp. u. Bfh. im Rückw. Heeresgebiet Mitte, Abt.Qu., „Besondere Anordnungen für die Versorgung Nr.28" vom 4.4.1942. Dort wurde auch festgelegt, dass alle Überläufer in der Gefangenschaft „ohne Rücksicht auf die Art ihrer Tätigkeiten" die Schwerarbeiterzulage erhalten sollten.
[371] IfZ-Archiv, MA 1671: 221. Sich. Div., Abt.I c, „Tätigkeitsbericht für die Zeit vom 22.3. bis 17.6.1942" vom 18.6.1942.
[372] IfZ-Archiv, MA 1671: 221. Sich. Div., Abt.I a, Tagesmeldungen an den Kd. Gen. d. Sich. Trp. u. Bfh. im Rückw. Heeresgeb. Mitte für die Zeit vom 24.3.–6.6.1942. Diesen Berichten ist nicht zu entnehmen, was mit den Gefangenen geschah.
[373] Bei den Kämpfen im Bereich des Korück 580 wurden damals folgende Orte zerstört: Berestok („niedergebrannt"); Bol. Bereska („niedergebrannt"); Borrissowo („niedergebrannt"); Dubrowka („niedergebrannt"); Isbitschni („bombardiert"); Jasnaja Poljana („bombardiert"); Lepetschino („bombardiert"); Ljutoje („niedergebrannt"); Stopucha („bombardiert"). Während es sich bei den Bombardierungen um Einsätze der deutschen Luftwaffe handelte, gehen die Feuersbrünste höchstwahrscheinlich auf das Konto ungarischer Truppen, da die Meldungen von den deutschen Verbindungsoffizieren kamen, die damals bei den ungarischen Verbündeten eingesetzt waren. IfZ-Archiv, MA 895/1: Ltn. Burkhardt, Fernspruch an Korück 580 vom 18.4.1942; ebda., Korück 580, Fernspruch an Kgl. ung. 102. le. Div. vom 19.4.1942; ebda., O.Ltn. Crüwell, Meldung an Korück 580 vom 24.4.1942.
[374] Charakteristisch etwa IfZ-Archiv, MA 1673: 221. Sich. Div., Abt.I a, Tagesmeldung an Kd. Gen. d. Sich. trp. u. Bfh. im Rückw. Heeresgeb. Mitte vom 11.7.1942, wo von 245 festgenommenen Männern und 10 erschossenen Partisanen berichtet wird.
[375] IfZ-Archiv, MA 1670: 221. Sich. Div., Abt.I a, „Weisungen für die Kampfführung in der neuen Sicherungszone" vom 4.5.1942.
[376] Ebda., Kriegstagebuch, Eintrag vom 11.6.1942.
[377] IfZ-Archiv, MA 895/1: Korück 580, Abt.I c, Befehl vom 2.4.1942.

Von den Deutschen gefangen genommene Partisanen, Juli 1942
(Quelle: OEGZ-S345-88)

Was aber geschah mit der übrigen Bevölkerung – mit jenen, die das Glück hatten, in den Zonen zu leben, die aus deutscher Sicht noch nicht als No-go-Areas
galten? Um sie wollten die Deutschen werben. Oberstes Ziel waren daher ein
„korrektes Auftreten des deutschen Soldaten"[378] und „ein gutes Verhältnis" zur
Zivilbevölkerung[379]. Mit Hilfe aufwändiger Propaganda-Aktionen[380], handfester

---

[378] BA-MA, RH 20-2/1152: AOK 2, Abt. I c/A.O., „Richtlinien für die propagandistische Beeinflussung der Zivilbevölkerung" vom 28.2.1942.

[379] So dezidiert der Gen.oberst Schmidt am 3.3.1942 und ihm folgend die 221. Sich. Div. am
8.4.1942. BA-MA, RH 21-2/867 a: Pz. AOK 2, Abt. I c/A.O., „Armeebefehl für die Behandlung von Kriegsgefangenen, Partisanen, Feindkundschaftern und der Bevölkerung" vom
3.3.1942; IfZ-Archiv, MA 1671: 221. Sich. Div., Abt. I c, Anordnung betr. „Behandlung von
Kriegsgefangenen, Partisanen und Bevölkerung" vom 8.4.1942. Vgl. hierzu auch Bock, Tagebuch, S.391 (Eintrag vom 5.3.1942): „Ich habe Interesse daran, daß die Bevölkerung im Rücken des Heeres ruhig ist. Das zu erreichen, halte ich auch jetzt noch für leicht. Man muß der
Bevölkerung allerdings klare Ziele geben, und das, was man verspricht, auch halten."

[380] Vgl. etwa BA-MA, RH 20-2/301: AOK 2, Abt. I c/A.O., „Richtlinien für die propagandistische Beeinflussung der Zivilbevölkerung" vom 28.2.1942; BA-MA, RH 21-2/867 a: Pz. AOK
2, Abt. I c/A.O., „Armeebefehl für die Behandlung von Kriegsgefangenen, Partisanen, Feindkundschaftern und der Bevölkerung" vom 3.3.1942; IfZ-Archiv, MA 895/1: Korück 580,
Abt. I c, „Richtlinien für die propagandistische Beeinflussung der Zivilbevölkerung" vom
9.4.1942; BA-MA, RH 21-2/333: Pz. AOK 2, Abt. I c/A.O., „Zusammenstellung aus Berichten der Propagandatrupps des Pz. Prop. Kp. 693" vom 14.4.1942; BA-MA, RH 21-2/333: Pz.
AOK 2, Abt. I a, Kriegstagebuch, Anlage: „Besprechung am 8.4.1942 bei Heeresgruppe Mitte
durch O.B. H.Gr. in Anwesenheit des Chefs der Op. Abt. und des Gen.Qu. mit den O.B. der
Armeen", o.D.: „Die Propaganda bei der Bevölkerung im Armeegebiet wurde durch Zeitungen und Lautsprecherwagen, neuerdings auch durch Propagandatrupps durchgeführt."

materieller Versprechungen[381], vor allem aber einer Ernährungspolitik, die den Bedürfnissen der Einheimischen Rechnung zu tragen suchte[382], sollte diese gegen die Partisanen in Stellung gebracht werden[383]. Dies scheint tatsächlich eine Zeitlang Erfolg gehabt zu haben – aller Härten, Ungerechtigkeiten und Brutalitäten der deutschen Besatzung zum Trotz. Im Frühjahr 1942 lag freilich einiges noch in der Zukunft[384], während die Enttäuschung über den Bolschewismus noch immer nachwirkte. Vor allem aber hatten die deutschen Besatzer mit der „Neuen Agrarordnung" – Reichsminister Rosenberg hatte sie am 15. Februar 1942 verkündet[385] – den Nerv der einheimischen Landbevölkerung getroffen. Dass dieses Programm in Wirklichkeit nicht mehr bleiben sollte als ein Torso, war damals noch nicht absehbar. Zunächst war seine Wirkung groß[386]. So meldete das XXXXVII. Panzerkorps, „daß sich in den meisten Fällen die Zivilbevölkerung freiwillig angeboten" habe, „Partisanenschlupfwinkel anzugeben. Die Leute freuten sich fast alle, von dem Partisanendruck befreit zu sein."[387] Auch das Wirtschaftskommando Kursk

---

Zur Dimension dieser Propagandakampagnen, bei denen Hunderttausende von Broschüren und Zeitungen verteilt wurden, vgl. Shepherd, Hawks, S. 363; Uziel, Wehrmacht Propaganda Troops and the Jews.

[381] BA-MA, RH 20-2/301: AOK 2, Abt. I c/A.O., „Richtlinien für die propagandistische Beeinflussung der Zivilbevölkerung" vom 28. 2. 1942: Beseitigung der Kollektivwirtschaft, „gerechte" Preise und Löhne, „Beseitigung der Lebensmittelknappheit", „Freiheit des Glaubens", „Ordnung, Sicherheit und friedliche Verhältnisse"; BA-MA, RH 27-4/165: 4. Pz. Div. Anlage 1 zu „Besondere Anordnungen für die Versorgung Nr. 201": „Belohnung von Landeseinwohnern für Partisanenbekämpfung" vom 28. 3. 1942: „Landeseinwohner, die bei der Partisanenbekämpfung mitgewirkt haben, können belohnt werden durch: Landzuteilung, Auszahlung einer Geldsumme, bevorzugte Zuteilung von Verbrauchsgütern. Die Belohnung muß rasch und großzügig gehandhabt werden."; IfZ-Archiv, MA 895/1: Korück 580, Abt. I c, Erlass betr. „Richtlinien für die propagandistische Beeinflussung der Zivilbevölkerung" vom 9. 4. 1942; BA-MA, RH 22/248: Kdr. Gen. d. Sich. Trp. u. Bfh. im Rückw. Heeresgebiet Mitte, Abt. VII „Monatsbericht" vom 7. 7. 1942, in dem gefordert wird, dass man mit „der Zuweisung von Einzelhöfen an bei der Partisanenbekämpfung verdiente Landeseinwohner zu beginnen" habe.

[382] Vgl. Pohl, Herrschaft, S. 195, der einen Befehl Schmidts zitiert, demzufolge die noch vorhandenen Lebensmittel zuerst an die Zivilbevölkerung und erst dann an die Truppe auszugeben seien.

[383] IfZ-Archiv: MA 1670: 221. Sich. Div., Abt. I c, Tätigkeitsbericht für die Zeit vom 15. 12. 1941–21. 3. 1942, wo ein Befehl dieser Division zitiert wird, demzufolge in den „nicht von der Truppe besetzten Ortschaften sofort Einwohnerwehren zu bilden" seien. IfZ-Archiv, MA 895/1: Korück 580, Abt. Qu., Fernspruch am 3./Wach-Btl. 581 vom 1. 4. 1942: „Nach Durchführung der Befriedungsaktionen sind in den Orten sofort ‚Starosten' oder Dorfälteste einzusetzen."

[384] Es spricht für sich, wenn ein halbes Jahr später die Stimmung im besetzten Gebiet kippte. „Einsichtige Russen erkennen klar, daß wir Rußland gegenüber keine Kriegsziele nennen und bringen diese Tatsache in logischen Zusammenhang mit unseren Mißerfolgen hinsichtlich der Befriedung des Landes." Stimmungsbericht der Propaganda-Abteilung Weißruthenien vom 4. 9. 1942, in: Buchbender, Erz, Dok. 7 (S. 302ff.).

[385] Erlaß Rosenbergs zur Umwandlung der sowjetischen Landwirtschaft Hitlers vom 15. 2. 1942, in: Europa unterm Hakenkreuz, Bd. 5, Dok. 75. Am 20. 2. 1942 erließ das OKW eine Weisung, um eine Propaganda-Aktion für die „Neue Agrarordnung" einzuleiten. Druck: Müller (Hrsg.), Okkupation, S. 224f. Vgl. hierzu Gerlach, Die deutsche Agrarreform; ders., Morde, S. 342ff.; Chiari, Alltag, S. 129ff.; Pohl, Herrschaft, S. 141ff.

[386] Vgl. PA-AA, R 60740: AOK 2, Abt. I c/A.O./VAA, „Bericht Nr. 4" vom 11. 4. 1942, der konstatiert, dass zunächst, „kurz nach Verkündung der neuen Agrarordnung eine allgemeine Freude in den Äußerungen der Landbevölkerung zum Ausdruck" gekommen sei; mittlerweile gäbe es aber Stimmen, „die die Ehrlichkeit der deutschen Absichten in Zweifel stellen".

[387] BA-MA, RH 21-2/883: Pz. AOK 2, Abt. I a, Kriegstagebuch, Eintrag vom 9. 6. 1942. In diesem Sinne auch Schaub (Panzergrenadier-Regiment 12, S. 124), der über ein „gutes" Verhältnis zwischen seiner Einheit und der Zivilbevölkerung berichtet: „Dies zeigt sich unter anderem darin, daß die Masse der Zivilisten durch Kundschafterdienst aktiv bei der Partisanenbekämpfung mithilft. Das tun sie nicht aus reiner Liebe zu uns, sondern sie wählen von zwei Übeln

registrierte im Juni 1942 „im Großen und Ganzen eine willige Mitarbeit der Bevölkerung"[388], während das Wirtschaftskommando Rylsk der Ansicht war, dass sich diese im allgemeinen „zufriedenstellend" verhalte[389]. Noch einen Schritt weiter ging Schmidt schließlich im Falle des Rayons Lokot (südöstlich von Brjansk), der mit seinen 41 000 Einwohnern von der 2. Panzerarmee als „Selbstverwaltungsbezirk" geführt wurde – mit dem Ziel, aus diesem Gebiet eine Art „Bollwerk" gegen die Partisanen zu machen[390]. Doch hatte das „Lokoter Experiment", damals eine einmalige Ausnahme im Hoheitsgebiet der Wehrmacht, nicht nur eine militärische Funktion. Erstmals erprobte eine höhere militärische Dienststelle die Möglichkeit einer nationalrussischen Selbstverwaltung und einer weitgehend partnerschaftlichen militärischen Kooperation, selbst wenn ein Warlord wie Bronislaw Kaminski, ein gleichermaßen gewalttätiger und selbstherrlicher Opportunist[391], dafür kaum die geeignete Führungsfigur war.

Verglichen mit den Verhältnissen des Jahres 1941 waren dies freilich schon große Veränderungen. Heutzutage wäre ohne solche Komponenten: ein wirtschaftlich-politisches Minimalprogramm, eine differenzierte Behandlung der Zivilisten, das Angebot politischer Autonomie oder juristisch-politischer Amnestie an ehemalige Partisanen, jede Form der Counter-Insurgency undenkbar. Damals aber existierten dafür nur wenige Vorbilder, erst recht nicht in der Theorie. Vor allem aber musste ein solches Konzept den politischen und ideologischen Prämissen strikt widersprechen, unter denen die deutsche Führung diesen Krieg ursprünglich vom Zaun gebrochen hatte. Zwar mehrten sich unter den deutschen Besatzern seit Herbst 1941 und erst recht seit Frühjahr 1942 die Stimmen, „die für eine psychologische Kriegführung und eine Ostpolitik eintraten, die annehmbare Inhalte für die einheimische Bevölkerung aufwies"[392], doch brauchte es seine Zeit, bis die militärisch und politisch Verantwortlichen an der Spitze dafür überhaupt die Erlaubnis gaben. Noch im April 1942 vertrat der Generalfeldmarschall von Kluge gegen-

---

das kleinere. Ein Teil, besonders die ältere Generation, tritt an die Offiziere mit der Bitte heran, als Bauern in Deutschland angesiedelt zu werden. Es sind viele darunter, die während des Ersten Weltkrieges in deutscher Gefangenschaft waren."

[388] IfZ-Archiv, MFB 4/42870, Wi. Kdo. Kursk, „Lagebericht für die Zeit vom 1.–15. Juni 1942", o. D.
Dieses und das nachfolgende Wirtschaftskommando waren beide im Bereich des Korück 580 eingesetzt.

[389] IfZ-Archiv, MFB 4/42870, Wi. Kdo. Rylsk, „Lagebericht für Juni 1942" vom 19.6.1942. Vgl. auch IfZ-Archiv, MA 439: Chef SiPo und SD, Meldungen aus den besetzten Ostgebieten Nr. 14 vom 31.7.1942: „Alle aus dem Raum der Heeresgruppe Mitte eingegangenen Meldungen besagen eindeutig, daß die Haltung der Bevölkerung, vor allem im Hinblick auf die Zukunft, abhängig von der Lösung des Partisanenproblems ist. Nach Ansicht der Bevölkerung wäre mit der Lösung des Partisanenproblems auch die Ernährungslage für die Zukunft sichergestellt."

[390] Vgl. Schulte, German Army, S. 172 ff. Der Rayon Lokot, der bereits seit Frühjahr 1942 relativ autonom war, wurde von der 2. Panzerarmee erstmals im August 1942 als „Selbstverwaltungsbezirk" geführt. Die Stärke der „Kaminski-Brigade" wurde auf etwa 7000 Mann geschätzt. Nach der sowjetischen Eroberung von Lokot im September 1943 setzte Kaminski, dem bereits die deutsche Seite ein „Willkürregiment" bescheinigte, den Kampf auf deutscher Seite fort. Vgl. ferner Dallin, The Kaminsky Brigade; Armstrong, Soviet Partisans, S. 237, 544; Hesse, Partisanenkampf, S. 176.

[391] Vgl. etwa mit der Szene, die Teske (Die silbernen Spiegel, S. 181) schildert.

[392] Umbreit, Herrschaft, S. 165. Ferner Shepherd, War, S. 119; Buchbender, Erz, S. 272 ff.; Schulte, German Army, S. 150 ff.; Hürter, Heerführer, S. 449 ff.; Pohl, Herrschaft, S. 170 ff.

über Schmidt die Ansicht, „daß jeder Russe, der sich in Zivil am Kampf beteiligt, als Partisan rücksichtslos zu erschießen ist"[393]. Doch machte Schmidt dabei nicht mit. Im selben Monat nahm die Geheime Feldpolizei seiner 2. Panzerarmee insgesamt 160 Zivilisten fest, u. a. wegen Freischärlerei, Spionage, Sabotage oder unerlaubten Waffenbesitzes; doch endeten „nur" 13 vor den deutschen Erschießungspelotons[394]. Solche Veränderungen blieben nicht allein auf diese Armee beschränkt. Die 221. Sicherungsdivision hielt die Hinrichtung jugendlicher Agenten nur noch dann für gerechtfertigt, „wenn ihnen die Durchführung der ihnen gestellten Aufgaben nachgewiesen werden" könne, während sie „summarische Vergeltungsmaßnahmen auf eigene Faust" strikt verbot[395]. Und auch der Korück 580, wo man die Quote der „Mitläufer" unter den Partisanen auf 70 Prozent schätzte[396], wollte die Überläufer unter den Partisanen schonen und sie als Kriegsgefangene „würdig" behandeln[397].

Diese Initiativen der Menschlichkeit galten allerdings nur außerhalb der eigentlichen Kampfzone. In ihr herrschten andere Gesetze. „Schärfste Maßnahmen" wollte das Sicherungs-Regiment 45 zur Anwendung bringen[398], und selbst Schmidt befahl im Juni, „alle Orte innerhalb der ungangbaren Waldgebiete zu vernichten"[399], obwohl mehrere militärische Dienststellen dagegen „Einspruch erhoben". Die „Feindverluste", welche die 221. Sicherungsdivision und der Korück 580 damals meldeten, sprechen eine deutliche Sprache. Wie diese zustande kommen konnten, illustriert ein Brief eines Rekruten des Feldersatz-Bataillons 84, damals der einzige Teil der 4. Panzerdivision, der im Sommer 1942 noch im Hinterland agierte: „Unser Augenmerk gilt hauptsächlich den Partisanen, denn vor einigen Tagen startete hier in der Nähe ein Angriff, das heißt ein Kesseltreiben gegen diese Bande. Es ist noch ein ziemlich großer Haufen, aber schon ziemlich zusammengedrängt. Das schlechteste dabei ist, daß die ganze Gegend alles Wald und Sumpf ist. Man kann also nicht viel mit motorisierten Truppen anfangen, es muß ausschließlich die Infanterie machen. Wenn Ihr in nächster Zeit mal hört, daß wieder ein großer Partisanenkessel ausgeräuchert wurde, so ist es dieser. Von unserem Zug wurden vor einigen Tagen zwei Gefangene [gemacht], ein Alter und ein junger Bub mit 6–7 Jahren. Hatten Kartoffeln und Salz zur Verpflegung und sagten aus,

---

[393] BA-MA, RH 21-2/333: Pz. AOK 2, Abt. I a, Kriegstagebuch, Anlage: „Besprechung am 8.4.1942 bei Heeresgruppe Mitte durch O.B. H.Gr. in Anwesenheit des Chefs der Op. Abt. und des Gen.Qu. mit den O.B. der Armeen", o. D.

[394] BA-MA, RH 21-2/639: Gruppe Geheime Feldpolizei 639 beim Pz. AOK 2, „Tätigkeitsbericht für Monat April 1942" vom 25.4.1942.

[395] IfZ-Archiv, MA 1671: 221. Sich. Div., Abt. I c, Anordnung betr. „Behandlung von Kriegsgefangenen, Partisanen und Bevölkerung" vom 8.4.1942. Vgl. hierzu auch Shepherd, War, S. 134.

[396] IfZ-Archiv, MA 895/1: Hptm. Biewald, Fernspruch an Korück 580 vom 10.4.1942.

[397] IfZ-Archiv, MA 895/1: Korück 580, Abt. I c, Befehl vom 10.4.1942. BA-MA, RH 20-2/401: AOK 2, O.Qu./Qu. 2, Befehl an den Korück 580 vom 30.3.1942.

[398] IfZ-Archiv, MA 1673: Sich.-Rgt. 27, „Befehl für die Sicherung und Aufklärung im Raum um Nowosybkoff" vom 23.6.1942.

[399] BA-MA, RH 21-2/883: Pz. AOK 2, Abt. I a, Kriegstagebuch, Eintrag vom 9.6.1942. Auch zum Folgenden. Vgl. auch ebda., Eintrag vom 8.6.1942: Die 2. Panzerarmee befahl damals, „daß alle Schlupfwinkel und einzelstehenden Gehöfte nachhaltig zerstört werden, ebenso alle alten Stellungen und Bunker. Auf die Feststellung, dass in dem bisher besetzten Partisanengebiet viel mehr Lebensmittel vorhanden sind, als in den bandenfreien Gebieten und deshalb an eine Aushungerung des Gegners nicht zu denken wäre, wird nochmals rücksichtsloses Vorgehen befohlen."

sie wollten Fische fangen, hatten aber was ganz anderes vor. Ihre Gefangenschaft war kurz, dann wurden sie durch den Tod erlöst. Ich persönlich hatte noch nicht das Vergnügen, jemanden zu erschießen, würde es aber mit Freuden machen ..."[400]. Von einem differenzierten Vorgehen oder gar vom Versuch eines „guten Verhältnisses" zur Zivilbevölkerung war hier nicht mehr viel übrig geblieben.

Warum aber scheiterte die Idee einer „Deeskalation von oben" selbst in einem Teil des deutschen Herrschaftsgebiets, in dem sich die militärisch Verantwortlichen doch dezidiert um einen Neuanfang bemühten? Verwiesen sei auf fünf mögliche Erklärungen:

(1) Der Kampf gegen die Partisanen war militärisch extrem schwierig. In einer eingehenden Analyse kam die 2. Panzerarmee im Juli 1942 zu dem Ergebnis, dass der sowjetische Untergrund „unter energischer, zielbewusster Führung [...] bis zur Selbstvernichtung" kämpfe. Von Nachtgefechten war hier die Rede, von Handgemengen auf kürzeste Distanz und schließlich fiel das Wort vom „bewaffneten Volksaufstand", „wobei den Partisanen selbst Jugendliche als Baumschützen und Weiber als Wegweiser und Sanitäter zur Verfügung standen". Mit anderen Worten: Ansätze zu einem totalen Krieg in einem Terrain, das selbst eine erfahrene Truppe nur mit Mühe gemeistert hätte: „Millionen von Mücken, große Hitze, Unwetterperioden wechselnd mit Kälte"[401], dabei ständig „große Versorgungsschwierigkeiten"; Feldküchen fehlten ganz, zum Trinken habe man „nur Sumpfwasser". Dass solche Voraussetzungen eine Radikalisierung dieser Kämpfe fördern mussten, kannte man bereits aus den Kolonialkriegen[402]. Erst recht musste das für diesen Kriegsschauplatz gelten, wo die Wehrmacht quasi ihre dritte Garnitur an Truppen in diesen Phantomkrieg schickte. Sie sei jetzt „nur auf das angewiesen, was sie in den wenigen noch zur Verfügung stehenden Tagen ausbildungsmäßig" lernen würde[403], wurde der 221. Sicherungsdivision von ihrem Kommandeur beschieden[404]. Schon diese materielle und mentale Unterlegenheit musste eine Mentalität fördern, zu deren Kennzeichen es wurde, dass man im Kampf gegen die „Banden" im Zweifelsfall lieber einen „Verdächtigen" zuviel als einen zuwenig „umlegte".

---

[400] BfZ, Slg. Sterz, 24636, Brief H. W. vom 9.6.1942. Vgl. auch ebda., Brief vom 21.7.1942: „Wir sollten neulich eine Partisanenfrau festnehmen, welche in der Nacht durchgebrannt ist (65 Jahre). Wenn wir sie erwischt hätten, ich hätte sie totgeschlagen, nicht mal erschossen ..." Allerdings sollten die Soldaten bei ihrem Einsatz nicht alle Gefangenen erschießen. Vielmehr meldete die 4. Pz. Div. bei diesen Kämpfen 238 gefallene Partisanen, 183 Gefangene und 43 Überläufer. IfZ-Archiv, MA 1594: 4. Pz. Div., Abt. I c, Tätigkeitsbericht, Eintrag vom 17.4.1942; Neumann, 4. Panzerdivision, S. 514.

[401] BA-MA, RH 21-2/883: Pz. AOK 2, Abt. I a, Kriegstagebuch, Eintrag vom 4.7.1942. BA-MA, RH 21-2/131: Pz. AOK 2, Abt. I a, Fernschreiben an die H.Gr. Mitte vom 4.7.1942.

[402] Vgl. hierzu Klein/Schumacher (Hrsg.), Kolonialkriege.

[403] IfZ-Archiv, MA 1670: 221. Sich., Div., Abt. I a, Befehl vom 14.4.1942.

[404] Erst im März, unmittelbar vor ihrer ersten Großoffensive, wurde die 221. Sich. Div. wieder einigermaßen materiell und personell aufgefrischt. IfZ-Archiv, MA 1670: Kdr. Gen. d. Sich. Trp. u. Bfh. im Rückw. Heeresgebiet Mitte, „Besprechungspunkte für die Besprechung mit Generalltn. Pflugbeil" vom 19.3.1942; ebda., 221. Sich. Div., Abt. I a/I b, Meldung an Bfh. Rückw. Heeresgebiet Mitte betr. „Ausrüstung der neu zugeführten L.S. Btle. mit schweren Inf. Waffen" vom 21.4.1942; IfZ-Archiv, MA 1670: 221. Sich., Div., Abt. I a, Meldung an Bfh. Rückw. Heeresgebiet Mitte betr. „Ausrüstungs- und Ausbildungsstand der neu eingetroffenen L.S.-Bataillone" vom 9.4.1942, wo es heißt, diese Bataillone seien „völlig unausgebildet".

(2) Das lag allerdings auch daran, dass die deutschen Soldaten den Eindruck hatten, sie bewegten sich hier gewissermaßen in entstaatlichten Räumen, in denen nur eines zählte: das Recht des Stärkeren. Ein solcher Eindruck war nicht nur ein Ergebnis jener Manipulationen, mit denen die deutsche Führung noch vor Beginn des „Unternehmens Barbarossa" einen Teil des Völkerrechts außer Kraft gesetzt hatte. Auch die sowjetischen Partisanen kämpften meist außerhalb jeder Rechtsordnung[405]. Allein die Tatsache, dass sie gewöhnlich keine Gefangenen machten[406], dass sie als Zivilisten kämpften, aus dem Hinterhalt, schon weil ihnen etwas anderes gar nicht übrig blieb, sorgte auf deutscher Seite für Erbitterung, für ein Gefühl der Ohnmacht und nicht zuletzt für den Eindruck, dass Recht und Moral in dieser Auseinandersetzung gewissermaßen sistiert seien[407]. Schon an dieser Erfahrung, an der Dynamik wechselseitiger Brutalisierung, brachen sich die gutgemeinten Ratschläge und Befehle jener Generäle und Stabsoffiziere, die selbst die unmittelbare Erfahrung dieses Krieges nicht machen mussten.

(3) Ein weiterer Schwachpunkt der deutschen Anti-Partisanen-Strategie war die Tatsache, dass sie auf Verbündete angewiesen war. Beim Korück 580 trafen seit Mitte Februar 1942 erste ungarische Truppen ein, bis Mai waren es dann 10000 Mann[408]; Gleiches galt für das Hinterland der 2. Panzerarmee. Da die Ungarn aufgrund ihrer dürftigen militärischen Erfahrung, ihrer erbärmlichen Ausrüstung[409] und ihrer geringen Motivation gegenüber den Partisanen „zunächst den kürzeren" zogen, wie der Generalfeldmarschall von Bock sarkastisch notierte,[410],

---

[405] Dies wurde von der sowjetischen Führung bewusst gefördert. Vgl. etwa das bekannte, von Ilja Ehrenburg verfasste Flugblatt „Töte!", das im Sommer 1942 an die reguläre und irreguläre Truppe ausgegeben wurde. Druck: Buchbender, Erz, Dok. 8 (S. 305).

[406] Vgl. etwa IfZ-Archiv, MA 895/1: Ltn. Burkhardt, Fernspruch an Korück 580 vom 16.4.1942, wo von folgendem aufgefangenen Funkspruch berichtet wird: „Von den Deutschen erbeuteten wir 2 MG, 3 Minenwerfer, machten 20 Gefangene, auch einen Offizier. Die Gefangenen wurden gehängt."

[407] Dies wurde auch offen formuliert; so forderte etwa der Korück 580, sich möglichst „der hinterhältigen Kampfesweise der Partisanen" anzupassen. IfZ-Archiv, MA 895/1: Korück 580, Abt. Qu., Fernspruch an 3./Wach-Btl. 581 vom 1.4.1942.

[408] IfZ-Archiv, MA 895/2: Korück 580, Kdt., „Abschließender Bericht über die Tätigkeit im rückwärtigen Armeegebiet in der Zeit von Dezember 1941 bis Ende Mai 1942" vom 28.6.1942. Ungarische Besatzungsdivisionen befanden sich seit Herbst 1941 in der Sowjetunion. Dem Korück 580 wurde damals die 102. sowie Teile der 105. ungarischen Infanterie-Brigade (seit Januar 1942: leichte Infanteriedivision) zugewiesen; pro Division erreichten die Ungarn nur eine „Stärke von etwa 4000–5000 Mann". Vgl. hierzu BA-MA, RH 20-2/1787: AOK 2, Abt. I a, Kriegstagebuch, Eintrag vom 27.3.1942; Kreidel, Partisanenkampf, S. 382; Förster, Stalingrad, S. 19f.; Ungváry, Ungarische Besatzungskräfte in der Ukraine; Wimpffen, Die 2. ungarische Armee; Niehorster, The Royal Hungarian Army, Vol. I, S. 158ff., 227; Adonyi-Naredy, Ungarns Armee im Zweiten Weltkrieg, S. 40ff., 62ff.; Mujzer, The Royal Hungarian Army, Vol. II.
   Vgl. auch BA-MA, RH 20-2/1445: AOK 2, Abt. O.Qu./Qu. 2, Tätigkeitsbericht für Februar 1942: „Die Kampfkraft der ungarischen Truppen stellt sich als recht gering heraus, die Waffenausstattung ist dürftig, die Wendigkeit der Führung nicht sehr groß." Ferner BA-MA, RH 20-2/360: AOK 2, Abt. I a, Denkschrift vom 15.5.1942, in der den Ungarn zugestanden wird, sie seien „vom besten Willen beseelt, aber ohne Kriegserfahrung, insbesondere ohne Osterfahrung".

[409] Am 18.3.1942 meldete die ung. 102. le. Div., dass „80% der Schuhe, 50% der Hosen, 100% der Wäsche" unbrauchbar seien. IfZ-Archiv, MA 895/1: Korück 580, Meldung an AOK 2 vom 6.4.1942, Anlage. Bei dieser Beurteilung blieb es dann auch. Vgl. etwa BA-MA, RH 20-2/360: AOK 2, Abt. I a, Denkschrift vom 15.5.1942.

[410] Bock, Tagebuch, S. 417 (Eintrag vom 28.4.1942).

konzentrierten sie sich zunächst weniger auf deren gezielte Bekämpfung. Stattdessen wiederholten sie konsequent jene Fehler, die die Deutschen schon im vergangenen Herbst gemacht hatten. Sie richteten in ihrem Besatzungsgebiet erst einmal ein Blutbad unter der Zivilbevölkerung an und vernichteten damit jedes politische Vertrauen[411]. „Wenn nämlich die Ungarn melden", resümierte Goebbels im Mai 1942, „daß sie ein Dorf ‚befriedet' haben, ist meistens von dem Dorf wie von den Einwohnern nichts mehr vorhanden."[412] Schon jene drei ungarischen Divisionen, die damals in der nördlichen Ukraine im Einsatz waren, „töteten im Frühjahr 1942 annähernd so viele Partisanen wie alle anderen Besatzungtruppen im Hinterland der Heeresgruppe Mitte"[413]. Die Verödung ganzer Landstriche und die Massaker an der Zivilbevölkerung waren für die Ungarn „die billigste und ungefährlichste Art der Partisanenbekämpfung"[414]. Natürlich handelte es sich hier beileibe nicht um ein Spezifikum der ungarischen Besatzungtruppen. Doch gab es damals bereits deutsche Militärs, die deren rüde Methoden entschieden ablehnten, schon weil es ihrem Versuch einer politischen Neuorientierung in die Quere kommen musste[415].

Nicht allein die ungarischen Verbündeten bereiteten den Deutschen Probleme; unter dem Kommando der 221. Sicherungsdivision waren 1942 auch Freiwillige

[411] So beschwerte sich Bronislaw Kaminski, Anführer einer pro-deutschen Kampfgruppe, beim Korück 532 über die Ungarn. „Korück: Kaminski will sein Amt niederlegen, das wäre sehr schlecht für uns. Reden ihm natürlich gut zu, und ich denke auch, daß er bleibt, aber es muß etwas geschehen. Kaminski sagt, die Ungarn kennen uns ganz genau. Haben mit uns verhandelt und mit uns gekämpft und nun passieren diese Geschichten. Sie nehmen seinen Leuten das Vieh fort und die sagen nun, was sollen wir da noch kämpfen." BA-MA, RH 21-2/355: Pz. AOK 2, Abt. I a, Fernsprechbuch, Eintrag vom 23. 5. 1942. In diesem Sinne auch IfZ-Archiv, MA 895/1: Obltn. Crüwell/Ltn. Dulle, Fernspruch an Korück 580 vom 6. 4. 1942; IfZ-Archiv, MFB 4/42870, Wi. Kdo. Rylsk, Lagebericht für Juni 1942 vom 19. 6. 1942. Ferner Dallin, Kaminsky Brigade.
[412] Goebbels, Tagebücher, Teil II, Bd. 4, S. 313 (Eintrag vom 19. 5. 1942). Vgl. ferner Ganzenmüller, Ungarische und deutsche Kriegsverbrechen. Vgl. in diesem Zusammenhang auch das Urteil von Ungváry, Das Beispiel der ungarischen Armee, S. 100: „In ihren Methoden bei der Partisanenbekämpfung standen die ungarischen Formationen denen der Wehrmacht in nichts nach, zuweilen waren die Ungarn noch brutaler als die Deutschen."
[413] Ungváry, Das Beispiel der ungarischen Armee, S. 103.
Die in der nördlichen Ukraine eingesetzten ungarischen Verbände meldeten für die Zeit von November 1941 bis April 1942: 105. le. Inf. Div.: 5 632 exekutierte Partisanen; 102. le. Inf. Div.: 7 350 exekutierte Partisanen; 108. le. Inf. Div.: 393 exekutierte Partisanen;
[414] Ungváry, Ungarische Besatzungskräfte, S. 156.
Diese Vermutung lässt sich konkret mit Zahlen belegen. Während der ungarische Generalstab jede Verwendung „der in die Gegend von Charkow vorgezogenen ungarischen Sicherungsbrigaden" an der Front verweigerte, war der Kommandeur der 108. le. Inf. Div. der Einzige, der einen Fronteinsatz seines Verbandes dezidiert befürwortete. Verglichen mit der 102. und der 105 le. Inf. Div. tötete die 108. le. Inf. Div. aber deutlich weniger „Partisanen" – ein interessanter Hinweis auf das unterschiedliche Selbstverständnis dieser Divisionen. Ferner Bock, Tagebuch, S. 380 und 396 (Einträge vom 17. 2., 11. 3. 1942).
[415] Interessant ist, dass der Korück 580 versuchte, den ungarischen Truppen die gefangen genommenen Partisanen abzunehmen. So befahl der Korück am 6. 4. 1942 den zuständigen Ortskommandanten, „die Vernehmung bzw. ‚Aburteilung' gefangener Partisanen und Partisanenhelfer im Gebiet ihrer Standorte durchzuführen". Die Kgl. ung. 1e. 102. Div. werde „im Interesse einer einheitlichen Nachrichtengewinnung gebeten", alle von ihren eigenen Truppen und deutschen Truppenteilen gefangen genommenen Partisanen, Partisanenhelfer und sonstige Verdächtige ihnen „zuzuführen". Ob dieser Befehl militärischen Überlegungen entsprang, politischen oder gar humanitären, sei dahingestellt. IfZ-Archiv, MA 895/1: Korück 580, Befehl an Kgl. ung. 1e. 102. Div. u. a. vom 6. 4. 1942. Vgl. auch BA-MA, RH 21-2/336: Pz. AOK 2, Abt. I a, Fernsprechbuch, Eintrag vom 23. 5. 1942 (Gespräch ChefGenSt und Korück); Ungváry, Ungarische Besatzungskräfte, S. 129 sowie Shepherd, Hawks, S. 367.

der Französischen Legion eingesetzt[416]. Schon am 6. Juni 1942 musste die 221. allerdings eingestehen, dass ein „Einschreiten" ihres Kommandeurs „gegen den K[omman]d[eu]r der franz[ösischen] Legion notwendig" geworden sei[417], wenig später folgte die Meldung, man habe ihn „wegen Unfähigkeit nach Hause geschickt"[418]. Über die Ursachen dieses Disputs lässt sich nur spekulieren. Wahrscheinlich waren die Deutschen unzufrieden mit der militärischen Leistung ihrer Verbündeten, möglicherweise machte man sich aber auch hier Sorgen über die politische Wirkung, welche die Kriegführung der Franzosen hatte.

(4) Noch folgenreicher aber war die Ambivalenz des deutschen Konzepts. Dort, wo keine Kämpfe tobten, an der Front oder in den großen Städten, war eine differenzierte, um Gerechtigkeit bemühte Behandlung der Zivilbevölkerung durchaus möglich. Wenn die Geheime Feldpolizei im Bereich der 2. Panzerarmee den Eindruck hatte, dass „das Auftreten der Wehrmacht in der Öffentlichkeit einwandfrei" sei[419], dann war das keine Propaganda, schon weil es sich um befriedetes Gebiet handelte. In den Kämpfen selbst aber musste die widersprüchliche Befehlsgebung: „schonungslose Härte"[420] gegenüber den Partisanen bei einer gleichzeitig verständnisvollen Behandlung der Zivilbevölkerung[421], die Truppe letzten Endes

---

[416] Das verstärkte Inf. Rgt. 638, mit dessen Aufbau seit September 1941 begonnen worden war und das dann am 21. 2. 1942 im Generalgouvernement formiert wurde, rekrutierte sich aus Angehörigen der Legion Volontaire Française. Dessen III. Bataillon wurde der 221. Sich. Div. am 15. 5. 1942 unterstellt. BA-MA, RH 22/229: Kdr. Gen. d. Sich. Trp. u. Bfh. im Rückw. Heeresgebiet Mitte, Abt. I a, Kriegstagebuch, Eintrag vom 15. 5. 1942; Kreidel, Partisanenkampf in Mittelrußland, S. 381; Tessin, Verbände und Truppen, Bd. 12, S. 15.

[417] Auch in diesem Fall hatte das deutsche Einschreiten nicht nur militärische Gründe. Den Deutschen missfiel auch die Tatsache, dass die französischen Soldaten bei jeder Gelegenheit plünderten. BA-MA, RH 22/229: Kdr. Gen. d. Sich. Trp. u. Bfh. im Rückw. Heeresgebiet Mitte, Abt. I a, Kriegstagebuch, Eintrag vom 6. 6. 1942. IfZ-Archiv, MA 1673: Oberstleutnant von Kirschbaum, Kdr. des Verbindungsstabes zum III./Frz. IR 638, „Erfahrungsbericht über den Einsatz des III./[IR] 638 und Beurteilung seiner gegenwärtigen Einsatzfähigkeit" vom 27. 6. 1942; ebda., Verbindungsstab zum III./Frz. IR 638, „Zustandsbericht über das III./Frz. IR 638" vom 7. 8. 1942.

[418] BA-MA, RH 22/229: Kdr. Gen. d. Sich. Trp. u. Bfh. im Rückw. Heeresgebiet Mitte, Abt. I a, Kriegstagebuch, Eintrag vom 10. 6. 1942.

[419] BA-MA, RH 21-2/639: Gruppe Geheime Feldpolizei 639 beim Pz. AOK 2, „Tätigkeitsbericht für Monat April 1942" vom 25. 4. 1942. Vgl. freilich auch BA-MA, RH 20-2/301: AOK 2, Abt. I c/A.O., „Richtlinien für die propagandistische Beeinflussung der Zivilbevölkerung" vom 28. 2. 1942, wo die Meinung der sowjetischen Zivilbevölkerung über die deutschen Soldaten folgendermaßen zitiert wird: „Er ist nicht so schlecht, wie das, was von ihm behauptet wurde, aber auch nicht so gut, wie man es erhofft hatte."

[420] Charakteristisch etwa der folgende Tagebucheintrag: „Der O.B. erläßt für die im rückw. Gebiet eingesetzten Verbände einen Befehl, in dem er wohl schonungslose Härte gegen die Partisanen fordert, wo sie am Platze ist, andererseits jedoch darauf hinweist, daß unbedingt Unterschiede zwischen Partisanen und der im Partisanengebiet teilweise unter starkem Terror lebenden Bevölkerung zu machen sind, da es in erster Linie darauf ankommt, letztere auf unsere Seite zu bringen." BA-MA, RH 21-2/883: Pz. AOK 2, Abt. I a, Kriegstagebuch, Eintrag vom 19. 6. 1942. Vgl. auch Stimmungsbericht der Propaganda-Abteilung Weißruthenien vom 4. 9. 1942, in: Buchbender, Erz, Dok. 7 (S. 302ff.): „Fälle völlig unzweckmäßiger und den Vorschriften widersprechender Behandlung gelegentlich der Unternehmungen gegen Banden durch militärische Einheiten haben dazu in verschiedenen Gebieten sehr viel Unheil angerichtet."

[421] Ende Mai 1942 bekräftigte Schmidt nochmals diese Linie. BA-MA, RH 21-2/867 a: Pz. AOK 2, O.Qu./Qu. 2/I c/A. O., „Richtlinien für die Behandlung der einheimischen Bevölkerung im Osten" vom 30. 5. 1942.

überfordern[422]. Die Klage des Generals von Schenckendorff, der sich im August 1942 darüber beschwerte, „daß im Zuge von Säuberungs- und Befriedungsunternehmungen sogenannte ‚Vergeltungsmaßnahmen' zur Anwendung kamen, die im Gegensatz zu der von mir vertretenen grundsätzlichen Auffassung stehen, daß es darauf ankommt, die Bevölkerung für uns zu gewinnen"[423], ist Ausdruck dieses Zielkonflikts[424]. Anstatt ihre Linie mit der nötigen Deutlichkeit und auch Härte zu vertreten, bzw. vertreten zu können, beließ die Truppenführung es bei vagen Vorgaben des „Sowohl – als auch".

(5) Denn an der Spitze fehlte ein politischer Wille, eine Instanz, die wirklich bereit gewesen wäre, die Fehlentwicklungen an der Basis zu korrigieren. Zwar hatte bis Sommer 1942 selbst die oberste deutsche Führung eingesehen, dass der Krieg im Hinterland nicht zu gewinnen war, wenn gleichzeitig gegen zwei Fronten: gegen die Partisanen *und* gegen die Zivilbevölkerung, gekämpft würde. Doch bildete Hitlers Weisung Nr. 46 für „die verstärkte Bekämpfung des Bandenunwesens im Osten"[425] schon sein äußerstes Zugeständnis. Lange sollte es nicht gelten. Das, was generell über Hitlers militärisches Handeln in der zweiten Hälfte des Krieges konstatiert wurde[426], galt erst recht für die Führung des Partisanenkriegs. Eine auffallende intellektuelle Verarmung und ideologische Verhärtung ersetzten selbst den kleinsten Ansatz von taktischem Kalkül oder politischer Geschmeidigkeit. Auch deshalb wurde das Jahr 1942 zum Entscheidungsjahr. Schon im August begann Hitler seine wenigen Zugeständnisse zurückzunehmen; die Auseinandersetzungen mit den Partisanen verglich er nun mit „den Indianerkämpfen in Nordamerika. Die stärkere Rasse wird siegen, und das sind wir. Unter allen Umständen werden wir da Ordnung bringen."[427] Zwei Monate später bekräftigte er, „der Krieg gegen die Partisanen" werde „auf die restlose Ausrottung des einen oder des anderen Teils" hinauslaufen[428], im Dezember 1942 verpflichtete er schließlich die Truppe, den Kampf gegen die Partisanen mit „den allerbrutalsten Mitteln" zu führen, „um dieser Pest Herr zu werden". Sollte es dabei zu Verbrechen kommen, so sicherte er allen deutschen Soldaten nochmals dezidiert

---

[422] Das wird auch an den widersprüchlichen Parolen von Hitlers Weisung Nr. 46 vom 18.8.1942 deutlich, die einerseits „härteste Maßnahmen" gegen alle Irregulären forderte bei gleichzeitiger ‚strenger aber gerechter Behandlung der Bevölkerung'. Letzten Endes lief das darauf hinaus, dass sich jeder das heraussuchen konnte, was er für richtig hielt. Druck: Hubatsch (Hrsg.), Hitlers Weisungen, S. 201-205. Vgl. mit dem Urteil von Wegner, Krieg, S. 919.

[423] Verbrechen der Wehrmacht, S. 452. Vgl. auch mit Schenckendorffs Protest gegen Görings Befehl aus dem Jahr 1942, alle Siedlungen niederzubrennen, falls es in deren Nähe zu einem Anschlag auf die deutschen Eisenbahnverbindungen gekommen sei. Shepherd, War, S. 115, 125.

[424] Vgl. auch mit dem Urteil von Wegner (Krieg, S. 925), der die Ambivalenz eines „oft unkoordinierten, nicht selten bizarren Nebeneinander von maßlos brutalem und vergleichsweise rücksichtsvollem Herrschaftshandeln" als eines der Charakteristika der deutschen militärischen Besatzungsherrschaft definiert.

[425] Vom 18.8.1942. Druck: Hubatsch (Hrsg.), Hitlers Weisungen, S. 201-205; dort auch die folgenden Zitate. Vgl. hierzu Wegner, Krieg, S. 918f.; Gerlach, Morde, S. 180ff., 884ff.; Blood, Bandit Hunters, S. 77ff. Umgesetzt wurde Hitlers Weisung durch das OKH in den „Richtlinien für die verstärkte Bekämpfung des Bandenunwesens im Osten" vom 23.8.1942. IfZ-Archiv, MA 1564/22, NOKW-1635.

[426] Vgl. Fest, Hitler, S. 912ff.

[427] Jochmann (Hrsg.), Hitler, Monologe, S. 168 (8.8.1942).

[428] Weisung Nr. 46 b vom 18.10.1942. Druck: Hubatsch (Hrsg.), Hitlers Weisungen, S. 207-209.

Straffreiheit zu[429]. Spätestens jetzt – zeitgleich zur Wende in der Schlacht um Stalingrad – konnte die deutsche Seite den Partisanenkrieg politisch nicht mehr gewinnen[430].

Denn ihre strategischen Fehler stehen in einem auffälligen Gegensatz zum Geschick, mit dem die sowjetische Führung mittlerweile auf diesem Feld agierte: Im März 1942 wurde in Moskau die Bildung eines „Zentralstabs der Partisanenbewegung" beschlossen[431], so dass der Kampf der sowjetischen Guerilla – Anfang Juli 1942 registrierte der Zentrale Stab 608 Abteilungen mit insgesamt 81 546 Angehörigen[432] – von nun an sehr viel effektiver gesteuert und koordiniert werden konnte[433]. Am 5. September 1942 veröffentlichte Stalin den Verteidigungsbefehl Nr. 189 „Über die Aufgaben der Partisanenbewegung", die fortan zu einer „Angelegenheit des ganzen Volkes" werden sollte[434]. Damit hatte sich Stalin bewusst gegen das Konzept des NKWD entschieden, der in erster Linie auf wenige Funktionäre und Diversanten setzte. Aus dem sowjetischen Untergrund war nun das geworden, was der Generaloberst Schmidt schon im Mai 1942 befürchtet hatte – eine zweite Front[435], die vorerst die der Westalliierten ersetzte.

5.5.8 Bilanz

Es ist das Grundproblem jedes Partisanenkriegs, dass er die Unterschiede zwischen den Kombattanten und den Nicht-Kombattanten einebnet. Darauf haben im Falle des deutsch-sowjetischen Krieges beide Seiten hingearbeitet, und zwar von Anfang an. Die sozialen Folgen, die das haben musste, für die gegnerische wie im Übrigen auch für die eigene Partei, spielten weder für Hitler noch für Stalin eine erkennbare Rolle. Für die deutsche Führung waren die „Kollateralschäden"

---

[429] Weisung des OKW vom 16.12.1942, in: Müller (Hrsg.), Okkupation, S.139f. Vgl. hierzu Wegner, Krieg, S.923; Shepherd, War, S.126. Auch dies übrigens ein interessanter Hinweis auf die Praxis des Kriegsgerichtsbarkeitserlasses.

[430] So gesehen handelte es sich bei der bekannten Denkschrift der Abteilung Fremde Heere Ost vom November 1942, in der man die „Einstellung des russischen Menschen zur deutschen Macht" zur Schlüsselfrage einer dauerhaften Befriedung im Osten erklärte, nur noch um ein Rückzugsgefecht. Folgenreich wurden diese Aktivitäten nur noch für die Freiwilligen-Werbung, während die Entscheidung im Partisanenkrieg längst gefallen war. Vgl. Wegner, Krieg, S.918f.

[431] Hierzu eingehend Glantz, Colossus, S.376ff. Über das genaue Datum existieren verschiedene Angaben. Glantz, Colossus, S.377: 30.3.1942; Musial, Partisanen, S.20 (beruhend auf sowjetischen Angaben): 31.5.1942.

[432] Angaben nach: Musial, Partisanen, S.21.
Ein Jahr später registrierte man allein in Weißrussland 505 Brigaden mit knapp 73 000 Angehörigen, das entsprach etwa der Stärke der deutschen Sicherungskräfte. Chiari, Alltag, S.176, Anm.799. Dem Wehrmachtsbefehlshaber „Ostland" unterstanden am 1.11.1943 53 896 Mann, dazu kamen noch zivile Kräfte. Vgl. Kroener, „Menschenbewirtschaftung", S.976.

[433] Vgl. Armstrong (Hrsg.) Soviet Partisans, S.98ff.; Klein, Zwischen den Fronten, S.91.
Für diese bemerkenswert erfolgreiche Abstimmung ist auch unser Ausschnitt ein Beispiel. Teilweise rekrutierten die Partisanen-Einheiten Wehrpflichtige, Pferde sowie Vieh, die sie dann durch die Front auf die sowjetische Seite schleusten. IfZ-Archiv, MA 1673: Sich.-Batl. 743, Bericht an Sich.-Rgt. 27 betr. „Teilnahme an Unternehmen ‚Blitz' und ‚Luchs'" vom 17.10.1942.

[434] Slepyan, Avengers, S.149ff.; Bonwetsch, Partisanen, S.103.

[435] BA-MA, RH 21-2/355: Pz. AOK 2, Abt. I a, Fernsprechbuch, Eintrag vom 6.5.1942 (Telefonat 2. Armee mit Heeresgruppe, Chef H.Gr. Mitte): „Jetzt könnte man mit dem Gesindel noch fertig werden, allmählich aber wächst sich das zu einer zweiten Front aus."

des Partisanenkriegs freilich nicht nur ein „notwendiges Übel". Da Hitler und seine Berater die sowjetische Gesellschaft ohnehin verdrängen, dezimieren oder ganz
„ausrotten" wollten, sahen sie im Partisanenkrieg eine „Chance", wie Hitler in der
richtungweisenden Besprechung vom 16. Juli auch unverblümt zugab. Die Folgen
waren entsprechend. Allein in Weißrussland, dem unbestrittenen Zentrum des
Partisanenkriegs, sollen ihm 345 000 Menschen zum Opfer gefallen sein, in der
gesamten Sowjetunion waren es wohl an die 500 000 Menschen[436]. Wenn dagegen
die Verluste der deutschen Besatzer und ihrer Verbündeten im Partisanenkrieg
etwa mit einem Zehntel zu veranschlagen sind[437], so wird bereits an dieser Relation erkennbar, wie das Verhalten der beiden Seiten einzuschätzen ist und auch
deren Schuld.

Welche Rolle spielte dabei die Wehrmacht? Der Kampf gegen die Partisanen war
eine ihrer genuinen Aufgaben. Allerdings agierte sie auch in diesem Fall nicht allein. Gerade die SS- und Polizeikräfte, zuweilen aber auch die Verbündeten oder
einheimische Hilfskräfte, verhielten sich bei der „Bandenbekämpfung", ein Terminus der für viele Verbrechen herhalten musste, am aggressivsten, erinnert sei an die
Ereignisse in Bialystok oder die Kämpfe beim Korück 580 im Frühjahr 1942. Auch
im Großen sind gewisse Unterschiede zu erkennen: Von den etwa 500 000 sowjetischen Opfern des Partisanenkriegs starben etwa 300 000 bis 340 000 in den
Reichskommissariaten, der Rest im Hoheitsgebiet der Wehrmacht. Angesichts
solcher Dimensionen spielen freilich diese qualitativen und quantitativen Unterschiede letzten Endes nur eine untergeordnete Rolle. Die Wehrmacht hat hier ein
Blutbad angerichtet, wie es in der Geschichte des Krieges nur selten vorkam.

Wie kam es dazu und wie verteilt sich die Verantwortung? Im Gegensatz zu
anderen Verbrechenskomplexen wie etwa dem Judenmord war in diesem Fall die
Autonomie der Wehrmacht eingeschränkter: Sie war gewissermaßen eingekeilt
zwischen den strategisch-politischen Richtlinien, die ihr die oberste Führung diktierte, den Zwangslagen, die sich aus der militärischen Entwicklung ergaben und
auch dem Verhalten der Gegenseite. Trotzdem nahmen *Hitler und seine unmittelbaren militärischen Berater* auf diese Zwangslagen kaum Rücksicht; was für sie
zählte, waren ideologische Prinzipien und erst dann die militärischen Nützlichkeit. Obwohl schon bald sichtbar wurde, dass sein harter, doktrinärer Kurs die
Lage im Hinterland kaum verbesserte, von den ethischen Folgen einmal ganz abgesehen, war der „Führer" (abgesehen von einer kurzen Phase des Zögerns im
Sommer 1942) auch nicht zur kleinsten Kurskorrektur bereit – sehr im Gegensatz
zu seinem Kontrahenten Stalin, der es auf diesem Feld sehr wohl verstand, seine
Ideologie und seine Phobie vor autonom handelnden „Untertanen" dem Prinzip
der militärischen Effektivität wenigstens zeitweise unterzuordnen.

---

[436] Angaben nach: Gerlach, Morde, S. 1158; Pohl, Herrschaft, S. 296, 342 (dort auch die folgende
Zahl); Hürter, Heerführer, S. 438; Musial, Partisanen, S. 22 mit Anm. 49; Arnold, Wehrmacht,
S. 462 ff.
[437] Mulligan geht von 52 300 Mann Verlusten der deutschen Seite aus sowie von 5 000 toten Kollaborateuren. Vgl. Mulligan, The Cost of People's War, S. 45. Ferner Cooper, Phantom War,
S. IX, basierend auf einer Einschätzung Jodls, geringer die Einschätzung bei Klinkhammer,
Partisanenkrieg, S. 822.

Trotz dieses eng gesteckten Handlungsrahmes besaßen die *vor Ort* eingesetzten *Truppenführer* der Wehrmacht doch gewisse Entscheidungsfreiheiten – erinnert sei an das traditionelle deutsche Führungsprinzip der Auftragstaktik, die Interpretationsmöglichkeiten, die der Kriegsgerichtsbarkeitserlass bot, oder an die Isolierung vieler Einheiten, die weit ab vom „Führerhauptquartier" mitunter fast schon in staatsfernen Räumen agierten. Gerade die Truppenführung, die sich in diesem Fall auffächert von den Armeeoberkommandos bis zur Ebene der Bataillonskommandeure, übernahm bei der Auseinandersetzung mit dem sowjetischen Untergrund nicht selten eine Schlüsselrolle, so dass es sich lohnt, diese etwas genauer zu betrachten. Dass die Truppenführung nicht um jeden Preis einen rassenideologischen Vernichtungskrieg führen wollte, zeigen die ersten Monate dieses Krieges. Damals eröffneten sich den einmarschierenden deutschen Truppen erstaunlich viele politische Chancen, der Stalinismus hatte ihnen letzten Endes entgegengearbeitet, und nicht wenige deutsche Kommandeure waren denn auch bereit, diese Chancen zu nützen. Allerdings galt das eher – so jedenfalls der Eindruck aus unserem Sample – für die Front- als für die Besatzungsverbände, die sich von ihren Aufgaben ganz anders definierten und die schon allein durch Himmlers Einheiten stärker kontrolliert bzw. in Zugzwang gebracht wurden. Blieben Kollektivmaßnahmen gegen die Zivilbevölkerung bei den Fronteinheiten zunächst eher eine Ausnahme, so entwickelten sie sich bei den Besatzungsverbänden schon bald zu einem ihrer wichtigsten Herrschaftsinstrumentarien. Doch gab es eine entscheidende Ausnahme: Schienen die militärischen Interessen bedroht, so kannte man damals auch an der Front kein Pardon.

Bis zum Winter 1941/42 sollte sich freilich das Verhältnis zwischen Wehrmacht und sowjetischer Zivilbevölkerung mehr und mehr verschlechtern. Der unerwartete Verlauf des Krieges, die beginnende Mobilisierung des sowjetischen Untergrunds, die Unübersichtlichkeit der Kämpfe sowie die Tatsache, dass sich die Einstellung der sowjetischen Gesellschaft zur Wehrmacht nicht verbesserte, je weiter diese nach Osten kam, sorgten dafür, dass die Truppenführung empfänglicher wurde für die radikalen Vorgaben ihrer obersten Führung. Nun begannen sich die Unterschiede in der persönlichen Handschrift der Kommandeure zunehmend zu verflüchtigen. Der Winter 1941/42 bildete in dieser Hinsicht zweifellos einen düsteren Höhepunkt; die Besatzungsherrschaft der 4. Panzerdivision unterschied sich prinzipiell kaum noch von dem, was die Besatzungsverbände im Hinterland anrichteten, wo es bereits im Herbst 1941 einen Radikalisierungsschub gegeben hatte, erinnert sei an die Kriminalisierung der versprengten Rotarmisten und den ungehemmten Terror gegen die Zivilbevölkerung. Doch erkämpften die deutschen Sicherheitsverbände damit nicht mehr als Pyrrhussiege. Spätestens in der militärischen Zäsur des Winters 1941/42 zeigte sich, wie kontraproduktiv dies war. So gesehen kann der Krieg, den die Deutschen damals gegen die sowjetischen Partisanen führten, immer auch als militärisches Paradigma verstanden werden: Selbst die völlige rechtliche und ethische Bindungslosigkeit führte nicht zum Erfolg, zumindest dann nicht, wenn die Okkupationsarmee quantitativ unterlegen war.

Seit Frühjahr 1942 begannen das immer mehr Truppenführer einzusehen. Eine Wende in der Besatzungspolitik, welche die militärischen Zentralinstanzen bestenfalls zögerlich unterstützten, ließ sich aber nur dort verwirklichen, wo noch eini-

germaßen friedliche Verhältnisse herrschten. In der eigentlichen Auseinandersetzung mit den Partisanen sollte dieses Konzept rasch scheitern, schon weil eine
konsequente Unterstützung von oben fehlte. Die Gründe hierfür wurden eingehend erläutert. Sie umreißen die Ermessenräume der deutschen Truppenführung
wie auch die Verantwortung, die sie in diesem Fall hatte.

Fungierten die vielen *einfachen Soldaten* im Partisanenkrieg schließlich nur
noch als Exekutoren? Zwar lassen die uns bekannten Quellen ihre Rolle weitgehend im Dunkeln, doch sind Hinweise auf ein systemwidriges Verhalten rar. Zwar
waren die älteren Jahrgänge, wie sie in den Besatzungsverbänden bevorzugt zum
Einsatz kamen, von ihrer Sozialisation und ihrem Selbstverständnis kaum darauf
vorbereitet, einen Krieg gegen unschuldige Frauen und Kinder zu führen. Doch
blieben gerade ihre Gestaltungsmöglichkeiten außerordentlich begrenzt. Das lag
nicht allein am Prinzip von Befehl und Gehorsam, dem sie unterworfen waren,
oder daran, dass diese Soldaten bestenfalls die Praxis der deutschen Besatzungsherrschaft beeinflussen konnten, nicht aber deren Prämissen. Entscheidend war
auch, dass gerade die ordinary men die Partisanen in einem sehr persönlichen Sinne
als Feinde erlebten; die Erfahrung des Vertrauensbruchs, der Ohnmacht, einer Bedrohung aus allernächster Nähe wie überhaupt eines Krieges, in dem der Gegner
nicht immer klar zu erkennen war, musste zwangsläufig den Wunsch nach Vergeltung fördern. Dabei begann sich die Unterscheidung zwischen Gegnern, Mitläu-
fern und unbeteiligten Zivilisten oft ebenso aufzulösen wie die Grenzen zwischen
militärisch begründeten Gegenmaßnahmen und einer rein rassenideologisch motivierten „Flurbereinigung". Die Natur dieses Kriegsschauplatzes, wo sich alles auf
den bloßen Überlebenskampf reduzierte, begünstigte diesen Prozess. Schon deshalb wurden viel zu viele dieser Soldaten zu Handlangern „einer am Vernichtungs-
prinzip orientierten ‚Befriedungs'-Politik"[438] – ganz unabhängig davon, ob sie das
nun wollten oder nicht. Allerdings waren sie, das ist ein Spezifikum des Partisanenkriegs, nicht allein Täter, sie konnten diesem Krieg auch zum Opfer fallen.
Doch waren es nicht die deutschen Soldaten, es war die sowjetische Zivilbevölkerung, die am stärksten unter einer Kriegsform zu leiden hatte, von der sich schon
Clausewitz gefragt hatte, „ob diese neue Verstärkung des kriegerischen Elements
der Menschheit überhaupt heilsam sei oder nicht"[439].

---

[438] Wegner, Krieg, S. 926.
[439] Clausewitz, Vom Kriege, S. 492 f.

5.6 Rückzugsverbrechen

5.6.1 Ein altes Mittel des Krieges

Am 7. Dezember 1941 war es wieder so weit. Das Panzerartillerie-Regiment 103 rückte ab. Zuvor aber hatten die deutschen Soldaten noch einen Auftrag zu erfüllen: Alles vernichten, was dem Gegner irgendwie von Nutzen sein konnte. In einem Winter, in dem die Temperaturen auf über minus 40 ° Celsius fielen, konnte das vieles bedeuten. Denn in dieser gnadenlosen Welt aus Schnee und Eis hing viel davon ab, wo sich die Soldaten beider Parteien festsetzen konnten, wo sich Schutz bot – vor Kälte und Sturm, Nässe und Hunger und schließlich auch vor Granaten und Geschossen. Nun sollten selbst diese kargen Schutzräume ruiniert werden.

Auch in diesem Fall besitzen wir mit dem Tagebuch des Leutnants Farnbacher eine Quelle, die präzise, anschaulich und nicht zuletzt zuverlässig darüber informiert, wie sich dieser „Stellungswechsel" vollzog: „Anischino brennt; jedes einzelne Haus wird angesteckt, nachdem die Truppen abgerückt sind; ich lasse das, in dem wir gewesen waren, nicht anbrennen, mögen es andere tun. Auch der Kommandeur ist nicht für solche Sachen. Aber es muß wohl sein, um den Russen wenigstens etwas Einhalt zu gebieten. Wir dürfen auch nicht danach fragen, ob die Zivilbevölkerung verhungert oder erfriert oder sonst umkommt. Im Zusammenhang damit muß ich immer denken, wie merkwürdig ich bisher durch diesen Krieg gegangen bin: Ich habe noch keinen einzigen Schuß abgegeben, weder mit einem Geschütz, noch aus einer Pistole oder aus einem Gewehr oder aus einem Maschinengewehr, habe noch kein Huhn, noch keine Gans geschlachtet, noch kein Haus angebrannt, noch keinen Befehl zur Erschießung irgend eines Russen erteilt, auch noch keiner Erschießung beigewohnt; wie merkwürdig, wie fast unglaublich das klingt! Aber ich bin so dankbar dafür. Ist doch schon genügend gemordet, gebrannt, zerstört worden in diesem unseligsten aller Kriege!"[1]

Reflexionen wie diese sind in militärischen Selbstzeugnissen eher die Ausnahme – nicht nur in denen, die aus der Wehrmacht stammen. Erstaunlich ist zunächst Farnbachers Einsicht in die besondere moralische Problematik dieses Krieges. Eine solche Sensibilität war damals ebenso wenig selbstverständlich wie das Eingeständnis seiner persönlichen Unschuld[2]. Farnbachers Bilanz nach knapp sechs Monaten Krieg ist einmal mehr ein Hinweis darauf, dass sich die individuelle Verantwortung für das Unrecht, das damals im deutschen Namen geschah, nicht gleichmäßig und flächendeckend über die Wehrmacht verteilte, sondern dass es – wie Heinrich Böll einmal festgestellt hat – so etwas „wie ein Scheide-

---

[1] BA-MA, MSg 1/3275: Fritz Farnbacher, Tagebuch, Eintrag vom 7. 12. 1941.
[2] Dafür spricht nicht nur der Inhalt seines Tagebuchs, wo eben solche Stellen fehlen, sondern auch die Tatsache, dass Farnbacher dieses Eingeständnis seinem Tagebuch nicht an prominenter Stelle vorausgestellt hat.
Vgl. in diesem Zusammenhang auch BA-MA, MSg 1/3275: Fritz Farnbacher, Tagebuch, Eintrag vom 17. 12. 1941, wo Farnbacher sich über das Schicksal seines Quartiers und seiner Bewohner Gedanken macht: „Ob ihnen nicht in aller Kürze das Dach über dem Kopf abbrennen wird. Es ist scheußlich, daran zu denken."

wasser" gab, das die Grenze markierte zwischen den ‚guten und den schlechten Kerlen'[3].

Und noch ein Aspekt, ein dritter, verlangt Aufmerksamkeit: Die konsequente Unterscheidung des Tagebuchschreibers zwischen individueller und kollektiver Schuld. Seine Zugehörigkeit zu einer Armee, die diesen „unseligsten aller Kriege" führt, war für Farnbacher offenbar kein Problem, obwohl er als Offizier mehr Verantwortung trug als der „gemeine Mann". Dass das Erste, was man im Krieg verliere, um eine Formulierung von Stanley Kubrick aufzugreifen[4], die Unschuld sei, ist Farnbacher offensichtlich fremd, zumindest will er sich das in seinem Tagebuch nicht eingestehen. Stattdessen ergeht er sich in allgemeinen Klagen über „den" Krieg. Zweifellos tendiert jede militärische Auseinandersetzung zur Eskalation, zur Überschreitung jener Grenzen, die Recht, Anstand und Moral gezogen haben. Doch ändert das nichts daran, dass jeder Krieg seine ganz eigenen, unverwechselbaren Signaturen besitzt. Diese Unterschiede hat nicht ein Abstraktum wie „der" Krieg zu verantworten, sondern allein jene, die ihn führen.

Farnbachers Aufzeichnung belegt noch etwas; wie schwer es für den Einzelnen war, sich einem verbrecherischen System zu entziehen. Obwohl es sich bei ihm um eine durch und durch redliche Natur handelte, um einen Offizier, der dezidiert im christlichen Ethos wurzelte und der diesen Krieg nicht nur „heil", sondern auch „rein" zu überstehen suchte, obwohl er sich persönlich nicht an der Taktik der „Verbrannten Erde" beteiligen wollte, war er doch bereit, diese als „kriegsnotwendig" zu akzeptieren: „Wir dürfen auch nicht danach fragen, ob die Zivilbevölkerung verhungert oder erfriert oder sonst umkommt." Doch genau das wäre seine Pflicht gewesen – nicht nur seine moralische. Auch das damals bestehende Recht verbot diese Form des Rückzugs, bei dem eine Zone des Todes zwischen die Kriegsparteien gelegt wurde.

Das Mittel der „Verbrannten Erde", das die Wehrmacht im Dezember 1941 erstmals zur Anwendung brachte[5], war nicht neu. Schon in der Bibel[6] oder bei Homer[7] wird häufig von der Zerstörung dessen berichtet, was die damaligen Gesellschaften unbedingt zum Leben brauchten: Brunnen, Felder, Ölbäume oder ganze Siedlungen. Es war daher kein Wunder, wenn das Kriegsgewohnheitsrecht diese barbarische Form der Kriegführung, die weniger die Wehrhaften wie vor allem die Wehrlosen traf, schon lange geächtet hatte[8], was nichts daran änderte, dass das Mittel der Verwüstung in vielen Kriegen zum Einsatz kam (und auch weiterhin kommt)[9]. Artikel 22 der Haager Landkriegsordnung bestimmte dann definitiv,

---

3 „Manchmal, wenn ich an diese Zeit zurückdenke, glaube ich, der Krieg ist ein Element. Wenn man ins Wasser fällt, wird man naß, und wenn man sich da vorne um jene Linie herum bewegt, wo Infanteristen und Pioniere sich in die Erde wühlen, dann ist man im Kriege. Diese Atmosphäre ist wie ein Scheidewasser, es gibt nur gute und schlechte Kerle, sämtliche Mittelstufen fallen ab oder steigen auf." Böll, Vermächtnis, S. 133.
4 Als Untertitel zum Filmplakat „Full Metal Jacket".
5 Vgl. hierzu generell Nolzen, „Verbrannte Erde"; Pohl, Herrschaft, S. 322.
6 Vgl. etwa 1. Mose 26, 15 und 18; 5. Mose 7, 5; Josua 11, 6-12; Richter 15, 5; 1. Samuel 15, 3, 13–15; 2. Könige 8, 12; Jesaja 33, 1; Hesekiel 25, 7; Maleachi 3, 19–21.
7 Ilias, 1. Gesang, 127–129; 163–164.
8 Vgl. Wörterbuch des Völkerrechts., Bd. I, S. 355 ff.
9 Erinnert sei etwa an die Zerstörung der kuwaitischen Erdölfelder durch die irakische Armee im Jahr 1991.

dass „die Kriegführenden [...] kein unbeschränktes Recht in der Wahl der Mittel zur Schädigung des Feindes" haben sollten[10]. Prinzipiell galt: Der militärische Nutzen solcher Zerstörungen sollte in einem vernünftigen Verhältnis stehen zu den Leiden der dort lebenden Menschen[11]. Auf diesem Grundsatz basierten eine ganze Reihe weiterer, wenn auch in der Auslegung dehnbarer Artikel der Haager Landkriegsordnung, die den verschiedenen Spielarten der Devastation einen Riegel vorzuschieben versuchten[12]. Wenn diese dennoch relativ früh im deutsch-sowjetischen Krieg zum Einsatz kam, so lag dies nicht allein an den ideologischen Prämissen dieses Konflikts. Auch die geographischen und militärischen Bedingungen dieses Kriegsschauplatzes förderten den Einsatz einer solchen Strategie.

5.6.2 Ein Vorspiel: Die sowjetische Strategie der „Verbrannten Erde"

Bekanntermaßen war es nicht die deutsche, sondern die sowjetische Seite, die als erste zu diesem letzten verzweifelten Mittel griff[13]. In seiner bekannten Rundfunkrede vom 3.Juli 1941 kündigte Stalin an, alles abzutransportieren, was dem Feind von Nutzen sein konnte[14]: „Bei einem erzwungenen Rückzug von Truppenteilen der Roten Armee muß das gesamte rollende Material der Eisenbahnen fortgebracht werden; dem Feind darf keine einzige Lokomotive, kein einziger Waggon, kein Kilogramm Getreide, kein Liter Treibstoff überlassen werden. Die Kollektivbauern müssen das ganze Vieh wegtreiben und das Getreide zur Abbeförderung ins Hinterland dem Schutz der staatlichen Organe anvertrauen. Alles wertvolle Gut, darunter Buntmetalle, Getreide und Treibstoff, das nicht abtransportiert werden kann, muß unbedingt vernichtet werden."

---

[10] Druck: Lodemann (Hrsg.), Kriegsrecht, S.58. Anders hingegen Friedrich, Gesetz, S.493.

[11] Ähnliches galt auch für andere Streitkräfte. Im Falle der U.S. Army ächteten etwa § 313 und § 314 der „Rules of Land Warfare" von 1940 diese Form der Kriegführung. Zit. in: Trials of War Criminals before The Nuernberg Military Tribunals, Vol. X, S.317f.
Auch die so genannten „Nürnberger Prinzipien" suchten dem Rechung zu tragen. Im „Grundsatz VI" definierte man, was als Kriegsverbrechen zu gelten habe, u.a. auch „die mutwillige Zerstörung von Großstädten, Städten oder Dörfern oder deren Verwüstung, die nicht durch militärische Notwendigkeit gerechtfertigt ist".

[12] Vgl. ferner HLKO: Art. 23 (Verbot der „Zerstörung oder Wegnahme feindlichen Eigentums"), Art. 25 (Verbot des Angriffs auf unverteidigte Ortschaften), Art. 26 (Benachrichtigung der Behörden bei Beschießung einer gegnerischen Stadt), Art. 27 (Schonung bestimmter Gebäude und Einrichtungen), Art. 28 (Verbot der Plünderung eingenommener Ortschaften), Art. 43 (Pflicht zur Aufrechterhaltung der öffentlichen Ordnung nach Besetzung eines Gebiets), Art. 46 (Schutz von Ehre, Recht und religiöser Überzeugung der Bevölkerung eines Besatzungsgebiets), Art. 47 („Die Plünderung ist ausdrücklich untersagt"), Art. 48–51 (Regelungen von Zwangsabgaben und Geldstrafen), Art. 52 (Höhe der zu erbringenden Natural- und Dienstleistungen), Art. 53 (Regelung der Beschlagnahme), Art. 55 (Regelung der Nutznießung des öffentlichen Besitzes), Art. 56 (Schutz des Eigentums der Gemeinden sowie sonstiger öffentlicher Einrichtungen). Druck: Lodemann (Hrsg.), Kriegsrecht, S.58ff.

[13] Bereits am 29.6.1941 hatte das Zentralkomitee der Kommunistischen Allunions-Partei und der Rat der Volkskommissare eine entsprechende Direktive erlassen. Vgl. Hoffmann, Kriegführung, S.732ff.; Barber/Harrison, Soviet Home Front, S.29, 127ff.; Segbers, Sowjetunion im Zweiten Weltkrieg, S.40, 90ff.; Arlt, Die Wehrmacht im Kalkül Stalins, S.111.

[14] Druck: Ueberschär/Wette (Hrsg.), „Unternehmen Barbarossa", S.328. Vgl. auch Segbers, Sowjetunion, S.40.
Dieses Dokument war der deutschen Truppe bekannt. Vgl. etwa IfZ-Archiv, MA 1591: 4. Pz. Div., Abt. I c, Flugblatt: „Rundfunkrede des Vorsitzenden des Staatskomitees für Verteidigung J. W. Stalin am 3.Juli 1941."

Mit diesem Programm sollten in den okkupierten Gebieten „für den Feind und alle seine Helfershelfer unerträgliche Bedingungen" geschaffen werden. Damit traf man aber nicht nur die deutschen Invasoren oder ihre „Helfershelfer", sondern alle „Zurückbleibenden", für die man oft „so gut wie nichts" übrig ließ[15]. Auch mussten jene, die dieses Zerstörungsprogramm umzusetzen hatten, in viele Konflikte geraten[16]. Während die sowjetische Führung von ihnen erwartete, dass sie ihre eigenen Lebensgrundlagen und die ihrer Nachbarn vernichteten, betrachteten die deutschen Eindringlinge sie wiederum als Saboteure, deren Tun – so die 2. Panzerarmee – „bestimmt nicht ungerächt" bleiben würden.

Trotzdem sind die Verheerungen, die die deutschen Besatzer wenige Monate später anrichten sollten, anders zu bewerten als das sowjetische Räumungs- und Vernichtungsprogramm[17]. Sieht man einmal davon ab, dass die deutsche, nicht die sowjetische Seite diesen Krieg begonnen hatte, so handelte es sich hier um Zerstörungen im eigenen Land! Auch besaß die Evakuierung, nicht der Kahlschlag, für die sowjetische Führung oberste Priorität. Unter der Regie eines speziell eingerichteten „Rats für Evakuierungen"[18] gelang es der sowjetischen Seite tatsächlich, bis Januar 1942 zwischen 1700 und 2000 Industriewerke, darunter 1500 große, dem Zugriff der deutschen Eroberer zu entziehen[19]. Damit einher ging der Abtransport von Rohstoffen, Transportmitteln, und nicht zuletzt auch von Menschen, die mitunter sofort in die Einheiten der Roten Armee eingereiht wurden[20]. Diese riesige

[15] Vgl. PA-AA, R 60759: AOK, Abt.I c/VAA, Bericht Nr. 8 vom 16.7.1941, Anlage 1: „Stimmung der Bevölkerung": „Immer wieder erzählten sie, wie die Kommissare kurz nach dem Einbruch der deutschen Truppen über die Grenze der UdSSR von den Banken das Geld holten, die Lebensmittellager ausräumten und dann im Auto oder mit der Eisenbahn in Richtung Moskau flüchteten und den Zurückbleibenden so gut wie nichts hinterließen."

[16] Vgl. IfZ-Archiv, MA 1590: Pz. AOK 2, Abt.I c, „Feindnachrichten Nr. 10" vom 17.10.1941, Anlage 3: „Propaganda unter den sowjetischen Arbeitern": „Immer eingehämmert werden muß namentlich dem jüngeren Arbeiter, der dazu neigt, die Sowjetbefehle zu befolgen, daß, wer seine Maschinen zerstört, die Voraussetzung seines Daseins beseitigt und damit praktisch Selbstmord verübt. Denn das Deutsche Reich wird bestimmt keinen Finger rühren, um diejenigen vom Hungertode zu retten, die einen so irrsinnigen Befehl wie die Aufforderung Stalins, alle Maschinen vor Räumung der Fabriken zu zerstören, befolgt haben. Der sowjetische Arbeiter selbst, seine Frau und seine Kinder werden nur dann diesen Krieg überleben, wenn sie sich der Möglichkeit eines ausreichenden Unterhalts nicht selbst auf verblendete Weise berauben. Das aber tun sie gewiß, wenn sie Hand an die Produktionsmittel legen. Abgesehen von dieser Seite der Sache muß den Arbeitern klar sein, daß jeder, der Maschinen und lebenswichtige Güter zerstört, eine feindselige Handlung gegen das Deutsche Reich verübt. Es ist aber zur Genüge bekannt, daß die deutsche Wehrmacht feindselige Handlungen, die gegen sie gerichtet sind, bestimmt nicht ungerächt läßt." Auch zum Folgenden.

[17] Was die deutsche Besatzungsmacht völkerrechtlich für sich in Anspruch nehmen konnte, war Art. 43 HLKO, der von einer Besatzungsmacht verlangte, „die öffentliche Ordnung und das öffentliche Leben wiederherzustellen und aufrechtzuerhalten". Druck: Lodemann (Hrsg.), Kriegsrecht, S. 63.

[18] Segbers, Sowjetunion, S. 69.

[19] Angabe nach: Segbers, Sowjetunion, S. 120. Leicht differierende Angabe: Hoffmann, Kriegführung, S. 733.

[20] Vgl. PA-AA, R 60704: AOK 2, Abt.I c/A.O. (VAA), „Bericht über die Vernehmung von russischen Kriegsgefangenen" vom 6.9.1941, wo es u.a. heißt: „Schließlich ergab sich aus den Vernehmungen, daß die gesamte männliche Bevölkerung bis zum Alter von 50 Jahren von den zurückgehenden Truppen mitgenommen wird. Die Evakuierten werden sofort, auch ohne Ausbildung, als Auffüllung in Einheiten des Feldheeres eingesetzt."
In diesem Sinne auch Hürter, Heinrici, S. 80 (Kriegsbericht vom 12.9.1941).

„Ostverlagerung" wurde zu einer „kriegsentscheidenden Leistung"[21], auch das kann das Verhalten der Sowjetunion rechtfertigen.

Alles was übrig blieb, was nicht mitzunehmen war und was den deutschen Eroberern irgendwie nützen konnte, versuchte man zu ruinieren[22]. Zu diesem Zweck traten schon bald die „Vernichtungs-Bataillone"[23] auf den Plan, die das verwirklichen sollten, was bereits der Großen Armee Napoleons das Kreuz gebrochen hatte: die Strategie der „Verbrannten Erde". Angesichts der Schnelligkeit der deutschen Offensiven war dies zunächst nicht einfach. Den Russen sei es, wie ein deutscher Offizier noch im Juli 1941 bemerkte, „eben nicht gelungen, alles zu zerstören oder fortzuschaffen, wie sie es vorhatten"[24]. Doch sollte sich das bald ändern. Das sowjetische Vernichtungsprogramm profitierte nicht nur von der zentralistischen Struktur der Sowjetunion, wo sich so etwas relativ leicht organisieren ließ[25], sondern mehr noch von der, gelinde gesagt, Durchsetzungsfähigkeit Stalins. Seit Ende Juli 1941[26] begann seine Strategie der partiellen Selbstvernichtung mehr und mehr zu greifen. Je weiter die deutschen Truppen „nach Osten vorstießen, desto mehr gaben die befohlenen Devastierungen dem Lande das Gepräge". Die Wehrmacht traf nun immer häufiger auf wahre „Industriefriedhöfe"[27], Ende August 1941 kam man im Stab der 2. deutschen Armee zu der Einsicht, dass „nennenswerte Vorräte [...] fast nirgends mehr gefunden [werden], da die Sowjets alles planmäßig zerstört oder weggeführt haben"[28].

Das wurde nun zum Alltag, selbst die Ernte sollte vernichtet werden[29]. Auch die zahllosen Brände und Fernsprengungen in den okkupierten Städten gingen

---

[21] So Hildermeier, Geschichte der Sowjetunion, S. 632.

[22] Vgl. etwa IfZ-Archiv, MA 1591: XXIV. Pz. Korps, Abt. I c, Anlage: Übersetzung sowjetisches Flugblatt, „An die Arbeitenden der weißrussischen Westgebiete der U.d.S.S.R.", wo es u.a. heißt: „Versteckt vor ihnen [den Faschisten] die Lebensmittel, zündet ihre Lager an! Vernichtet die Telegrafen und Telefonverbindungen! Baut die Eisenbahnen ab! Schraubt die Gewinde los! Zerstört das Eisenbahn-Signalnetz! Bringt an wenig befahrene Straßen falsche Wegweiser an! Verderbt jegliche Art Maschinen!"

[23] Während des beginnenden Partisanenkriegs konzentrierten sich die deutschen Gegenmaßnahmen immer wieder auf die Zerschlagung dieser Vernichtungs-Bataillone, die im Rücken der deutschen Front agierten. Vgl. hierzu IfZ-Archiv, MA 1669: 221. Sich. Div., Abt. I c, Tätigkeitsbericht für die Zeit vom 15.12.1941 bis 21.3.1942; IfZ-Archiv, MA 1622: 45. Inf. Div., Abt. I c, Tätigkeitsbericht für die Zeit vom 12.3. bis 31.3.1942. Vgl. hierzu auch Hoffmann, Kriegführung, S. 778f.

[24] BayHStA, Abt. IV, NL Thoma 3: Tagebuch, Brief vom 28.7.1941.

[25] Vgl. auch mit dem Eindruck von Meier-Welcker, Aufzeichnungen, S. 124 (Brief vom 31.7.1941).

[26] Vgl. Arnold, Wehrmacht, S. 160. In diesem Monat erreichte auch die Evakuierung mit rund 300 000 Wagons bereits ihren Höhepunkt. Vgl. Segbers, Sowjetunion, S. 133.
Vgl. hierzu auch Müller (Hrsg.), Wirtschaftspolitik, S. 40: „In den nach 1939 von den Sowjets besetzten Gebieten gelang die Durchführung dieser Stalinbefehle wegen des Widerstands der Bevölkerung und der Schnelligkeit des deutschen Vormarsches nur in seltenen Fällen." Dort auch das folgende Zitat.

[27] Müller (Hrsg.), Wirtschaftspolitik, S. 232. Weitere Beispiele bei Gerlach, Morde, S. 382.

[28] BA-MA, RH 20-2/1445: AOK 2, Abt. O.Qu./Qu. 2, Tätigkeitsbericht für die Woche vom 17.-23.8.1941.
Ähnlich der Tätigkeits- und Lagebericht Nr. 3 der Einsatzgruppen der SiPo und des SD für die Zeit vom 15.8.-31.8.1941, Druck: Klein (Hrsg.), Die Einsatzgruppen in der besetzten Sowjetunion 1941/42, S. 166.

[29] Vgl. PA-AA, R 60704: AA, Inf. Abt., Länderreferat Russland, Vermerk D IX 156 vom 21.8.1941, mit Anlage: Übersetzung eines russischen Flugblatts „Über das Getreide und die Ernte. Die ausgehungerten Hitler-Banditen strecken ihre blutbefleckten Pfoten nach unserem Getreide, nach der reichen Ernte aus. [...] Es ist natürlich schade, Genossen, die durch ehrliche Arbeit erworbene reiche Ernte zu vernichten, jedoch zuzulassen, daß die Ernte in den Besitz

nicht selten auf das Konto der Vernichtungs-Bataillone[30]. Besonders bekannt geworden sind die Ereignisse in Kiew (September 1941) oder Charkow (November 1941), wo es den sowjetischen Verteidigern gelang, große Viertel einzuäschern und bereits damit den deutschen Eindringlingen erhebliche Verluste zuzufügen[31]. Doch bediente man sich nicht nur in den großen Metropolen dieser Strategie. Die sowjetische Seite operierte schon bald so souverän mit Minen und Sprengfallen, dass auch in Dörfern, Kleinstädten und Kasernen Einquartierungen zu einem gefährlichen Unternehmen werden konnten[32].

Auch diese Form der Kriegführung hat einen erheblichen Beitrag zur Brutalisierung des deutsch-sowjetischen Krieges geleistet[33]. Allerdings ist auch hier die Chronologie zu beachten. Denn Hitler hatte schon *zuvor* zu erkennen gegeben, dass er Großstädte wie Moskau und Leningrad dem „Erdboden gleich [...] machen"[34] wolle. Das sowjetische Vernichtungsprogramm, vor allem aber die Fernsprengungen im deutsch besetzten Kiew, boten ihm nur noch das Stichwort, um gegenüber den besetzten sowjetischen Metropolen eine noch härtere Gangart einzulegen: „Das Leben deutscher Soldaten für die Errettung russischer Städte vor einer Feuergefahr einzusetzen oder deren Bevölkerung auf Kosten der deutschen Heimat zu ernähren, ist nicht zu verantworten. Das Chaos in Russland wird um so größer, unsere Verwaltung und Ausnützung der besetzten Ostgebiete um so leichter werden, je mehr die Bevölkerung der sowjetischen Städte nach dem Innern Rußlands flüchtet."[35] Gerade die Stadtbevölkerung geriet damit schon sehr bald zwischen zwei Fronten.

---

der Faschisten gelangt, heißt das Vaterland verraten, dem Feind zu helfen, unsere Väter, Männer, Brüder, Söhne, Frauen und Kinder weiter zu erschießen. Genossen! Die faschistische Lumpenbande wird das Getreide nicht da lassen, sie wird es bis zum letzten Korn rauben. Deshalb lasst kein Getreide und keine Ernte in die Hände des Feindes gelangen."
Vgl. etwa auch Hürter, Heinrici, S. 105 (Bericht vom 5.11.1941); IfZ-Archiv, MA 895/1: Korück 580, Abt. Qu., Erlass vom 9.9.1941. Auch die 4. Pz. Div. wurde bei ihrem Einmarsch ins Braunkohlerevier im Raum Tula mit großflächigen Zerstörungsmaßnahmen konfrontiert, die sich zum Teil auch gegen die deutschen Soldaten richteten. BA-MA, RH 27-4/109: 4. Pz. Div., Abt. I c, Tätigkeitsbericht, Einträge vom 9.11. und 11.11.1941.

[30] Nicht überzeugend dagegen die Interpretation Gerlachs (Morde, S. 371ff.), der die These vertritt, die Zerstörung der sowjetischen Städte sei fast ausschließlich ein Werk der deutschen Luftwaffe gewesen. Ihrem Einsatz hätten nicht nur militärische Prämissen zugrunde gelegen, sondern auch das Ziel einer bewusst herbei geführten „Entindustrialisierung und Entstädterung". Allerdings deutet Gerlach auf S. 383f. vorsichtig an, dass möglicherweise die Zerstörungen auch auf sowjetische Brandstiftung zurückzuführen seien.

[31] Zu den Ereignissen in Kiew vgl. Kap. 3.3. Zu den Zerstörungen in Charkow vgl. Angrick, Das Beispiel Charkow, S. 120.

[32] Vgl. etwa Meier-Welcker, Aufzeichnungen, S. 133 (Brief vom 11.10.1941). Zum Einsatz von Sprengfallen vgl. auch IfZ-Archiv, MA 1590: 4. Pz. Div., Abt. I c, Anlage „Feindnachrichten" vom 24.10.1941: „In Staraja Russa flog der Mittelbau einer Kaserne hoch [sic], in der Truppen schon seit 3 Wochen einquartiert waren; es gab 49 Tote und 19 Verwundete."
Teilweise begann man auch mit der Verseuchung von Brunnen. Vgl. etwa IfZ-Archiv, MA 1590: 4. Pz. Div., Abt. I c, „Feindnachrichten" vom 30.8.1941, Anlage: Übersetzung vom 12.8.1941.

[33] So wird etwa immer wieder berichtet, dass die Rote Armee bei ihrem Rückzug 1941 selbst ihre Verwundeten immer wieder zurückließ. Vgl. etwa Schneider-Janessen, Arzt im Krieg, S. 62f.; Hartmann, Massensterben, S. 146 (Tagebucheintrag vom 23.7.1941); Schaub, Panzer-Grenadier-Regiment 12, S. 96.

[34] Halder, Kriegstagebuch, Bd. III, S. 53 (Eintrag vom 8.7.1941). Hierzu auch Hürter, Leningrad, S. 391ff.

[35] OKW/WFSt, Chef, Weisung vom 7.10.1941, Druck: Ueberschär/Wette (Hrsg.), „Unternehmen Barbarossa", S. 334f., hier S. 334.

Das brennende Kiew, Ende September 1941
(Quelle: OEGZ- S 477-647)

Seit Herbst 1941 wurde das auch zunehmend zum Schicksal der Einheimischen, die auf dem Lande lebten. Der Regen und die zunehmende Kälte hatten zur Folge, dass nun militärische Erfolge immer mehr von der Frage abhingen, wie weit es möglich war, für die Truppen „jedes Haus und jeden Schuppen zu erhalten"[36]. Das wusste auch die sowjetische Führung, die im November 1941 wiederum den Befehl gab, „alle Siedlungspunkte" im Hinterland der deutschen Front durch eigens dafür gebildete Jagdkommandos „vollständig zu zerstören und niederzubrennen"[37]. Auch in diesem Fall schreckte Stalin nicht davor zurück, einen hohen Preis für die Verzögerung der deutschen Offensive zu zahlen. Denn die Leidtragenden waren auch diesmal nicht allein die Deutschen. Während man bis Februar 1942

---

[36] BA-MA, RH 24-24/135: Pz. AOK 2, Abt. II a, Weisung vom 1.12.1941.

[37] Stavka, Befehl Nr. 0428 vom 17.11.1941, Druck: Hartmann/Zarusky, Stalins „Fackelmänner-Befehl", S. 674. An der Authentizität dieses Befehls besteht kein Zweifel. Allerdings wurde dieser Befehl während der Diskussion um die „Wehrmachtsausstellung" mit dem falschen Zusatz in Umlauf gebracht, die Jagdkommandos, die diese Zerstörungen zu realisieren hatten, sollten sich mit deutschen Uniformen tarnen.
Zum Einsatz der sowjetischen „Sonder-Bataillone" hinter den deutschen Linien vgl. IfZ-Archiv, MA 1590: 4. Pz. Div., Abt. I c, „Feindnachrichten" vom 2.12.1941; IfZ-Archiv, MA 885: Korück 580, Abt. Qu., „Besondere Anordnungen für die Versorgung Nr. 9" vom 17.12.1941, wo berichtet wird, dass der Gegner „Brandkommandos" einsetze, um „hinter den deutschen Linien Ortschaften einzuäschern. An den Kursen sollen auch viele Frauen teilnehmen." Ferner BA-MA, RH 24-24/323: XXIV. Pz. Korps, Abt. I c, „Feindnachrichtenblatt Nr. 58" vom 31.12.1941: „Aus einer Meldung geht hervor, dass in Kunzewa (westl. Moskau) laufend Brandkommandos, die hinter den deutschen Linien Ortschaften einäschern sollen, ausgebildet werden."

etwa 10 Millionen Sowjetbürger in den Osten evakuierte[38]: neben den Funktionseliten vor allem die Fachkader und das große Heer der Arbeitsfähigen, die das im
Übrigen nicht immer begrüßten[39], blieben nicht weniger als 55 Millionen Menschen zurück – überwiegend Frauen, Kinder, Kranke und alte Leute[40]. Sie mussten
sich mit dem zurechtfinden, was noch übrig geblieben war und dem, was ihnen die
neuen deutschen Herren zugestanden. Diese scheuten jedenfalls nicht davor zurück, ihr gnadenloses Ausbeutungsprogramm mit den „von den Bolschewisten
angeordneten und unter Mitwirkung der Bevölkerung durchgeführten Vernichtungsmaßnahmen" zu kaschieren[41].

    Schon vor diesem Hintergrund konnte die sowjetische Strategie der „Ver-
brannten Erde" ein höheres moralisches Recht für sich in Anspruch nehmen als
das, was das deutsche Heer kurze Zeit später praktizierte. Doch ändert eine solche
Einsicht nichts daran, dass „die Zerstörungswut der Russen"[42], die den Vormarsch
der Deutschen begleitete, bei ihnen zwangsläufig auch die Vorstellung fördern
musste, daß es sich hier nicht mehr um einen Krieg in der hergebrachten Form
handelte. Der Oberleutnant Reinert erlebte etwa im August 1941, wie „der Russe
[...] einige Ortschaften in dem von ihm besetzten Gebiet angezündet [hat], so daß
der ganze Horizont vor dem I[nfanterie]-R[egiment] 520 in roter Glut aufleuch-
tet"[43]. Seine Einheit blieb beileibe nicht die einzige[44], auf die damals das „Sengen
und Brennen wie zu Napoleons Zeit"[45] „einen tiefen Eindruck machte"[46]. Wenn
ein Offizier der 45. ID noch Anfang Dezember 1941 beobachtete, dass sich „der
Russe [...] überall nach planmäßiger Zerstörung von Schulen, Gemeindehäusern,
Kolchosen usw." zurückziehe[47], so wird daran nicht nur das Flächendeckende

---

[38] Vgl. Segbers, Sowjetunion, S. 183.; Barber/Harrison, The Soviet Home Front, 1941–1945,
    S. 127ff.
[39] Vgl. IfZ-Archiv, MA 1590: Pz. AOK 2, Abt. I c/A.O., Weisung an XXIV. Pz. Korps vom
    24. 11. 1941, in der berichtet wird, dass sich in Tula die Fälle mehren, „in denen Zivilisten (vor
    allem Industrie- und Bergarbeiter) versuchen, die eigenen Linien zu überschreiten, um sich ei-
    ner Evakuierung und Verfrachtung nach dem Ural bzw. nach Sibirien zu entziehen". Ferner
    Arnold, Wehrmacht, S. 161.
[40] Angaben nach: Müller (Hrsg.), Wirtschaftspolitik, S. 5. Im Bereich der späteren Wirtschafts-
    inspektion Mitte betrug das Verhältnis bei 1 000 Einwohnern: 370 Kinder unter 14 Jahren, 240
    Männer und 390 Frauen. Angaben nach: Gerlach, Morde, S. 381. Vgl. auch mit Meier-Welcker,
    Aufzeichnungen, S. 124 (Brief vom 31. 7. 1941).
[41] BA-MA, RH 20-6/887: OKH/GenStdH/Gen. Qu., Abt. K. Verw., Nr. II/7732/41 geh. Anord-
    nung betr. „Ernährung der Zivilbevölkerung im Operationsgebiet" vom 4. 11. 1941.
[42] Manuskript, K. H., „Unser Einsatz im Osten", o. D., Kopie im Besitz d. Verf.
[43] BA-MA, MSg 2/5317: NL Hans P. Reinert, Tagebuch, Eintrag vom 21. 8. 1941.
[44] Auch im Sommer 1942 setzte die sowjetische Seite die Strategie der „Verbrannten Erde" fort;
    am bekanntesten wurde in dieser Hinsicht die systematische Vernichtung des Ölfelds bei Mai-
    kop, das die deutschen Hoffnungen auf das sowjetische Erdöl mit einem Schlag zerstörte. Vgl.
    hierzu Wegner, Krieg, S. 938, 942ff.
[45] Hürter, Heinrici, S. 65f. (Brief vom 6. 7. 1941): „In Minsk, einer Stadt von 200 000 Einwohnern,
    sollen – nach Schilderung meines Oberbefehlshabers, Generaloberst v. Weichs – noch 2 Sowjet-
    prunkgebäude stehn, alle anderen abgebrannt sein. In unserem Quartierort Kozow steht noch
    ¹/₃ der Häuser, den Kern der Stadt haben die roten Kommissare verbrannt, die Bevölkerung, die
    das nun seit 1915 zum 4. Mal excerziert, mag die Nase voll haben!"
[46] So der Soldat H. H. in einem Feldpostbrief vom 14. 7. 1941 über das zerstörte Minsk, zit. bei:
    Gerlach, Morde, S. 383.
[47] Ludwig Hauswedell, Kriegstagebuch 1941/42 (4. 5. 41.–21. 4. 1942), Kopie im Besitz d. Verf., Ein-
    trag vom 1. 12. 1941. Auch in diesem Fall sprechen die zeitgleich entstandenen Eintragungen im
    Kriegstagebuch der Division für die Glaubwürdigkeit dieses privaten Tagebuchs: „Bei der
    Div[ision] besteht der Eindruck, daß sich der Feind unter Zurücklassung schwacher Sicherungen

dieses Vernichtungswerks erkennbar[48], sondern auch die Unerbittlichkeit, mit der sich auch die sowjetische Führung über die elementarsten Interessen der Zivilbevölkerung hinwegsetzte.

5.6.3 Eine Wende: Der erste Einsatz der „Verbrannten Erde" durch die Deutschen

Im Dezember 1941 wendete sich das Blatt. Die Deutschen mussten nun etwas tun, was sie – nach Eingeständnis eines Regimentskommandeurs der 4. Panzerdivision – „noch nie gemacht hatten"[49]; sie mussten sich zurückziehen und Räume, die sie unter großen Verlusten erobert hatten, wieder aufgeben. Binnen weniger Wochen wurden die deutschen Truppen um mehr als 100 Kilometer zurückgeworfen, und zwar auf einer Frontlänge von etwa 500 Kilometern. Angesichts dieser dramatischen Wende versuchten sie daher schon bei ihren ersten Rückzügen, zwischen sich und dem Gegner eine Zone der Verwüstung zu legen. Vorerst handelte es sich dabei weniger um eine *Strategie*, als eine *Taktik* der „Verbrannten Erde". In drei Punkten unterscheiden sich diese ersten Zerstörungswellen der Deutschen von ihren groß angelegten Devastierungen späterer Jahre. Im Winter 1941/42 ging es noch um räumlich begrenzte Absetzbewegungen und damit um vergleichsweise schmale Gebiete, welche die Wehrmacht nun verwüstete. Auch suchte man noch nicht Arbeitskräfte mit sich zu führen[50] – im Gegenteil: es kam immer wieder vor, dass die Deutschen die ortsansässige Bevölkerung auf die „andere Seite" trieben, weil man hoffte, damit den sowjetischen Vormarsch zu verzögern[51]. Und schließlich zielten diese ersten systematischen Verheerungen weniger auf eine langfristige wirtschaftliche Schädigung[52]; es ging eher darum, mit solch einer Taktik die eigene militärische Unterlegenheit in der Krise dieses Winters irgendwie zu kompensieren.

Gleichwohl charakterisiert es Umfang und Rigorosität dieses Zerstörungswerks, wenn sich alle Formationen unseres Samples daran beteiligten, mit Ausnahme des

---

und Zerstörkommandos überall nach Osten abgesetzt hat. Diese zerstören planmäßig alle öffentlichen Gebäude (Schulen, Kolchosen usw.) und Vorräte." IfZ-Archiv, MA 1621: 45. Inf. Div., Abt. I a, Kriegstagebuch, Eintrag vom 20. 11. 1941; ferner Eintrag vom 2. 12. 1941 sowie IfZ-Archiv, MA 91/3: Chef SiPo und SD, Ereignismeldung UdSSR Nr. 144 vom 10. 12. 1941.

[48] Bezeichnenderweise stammt die letzte einschlägige Nachricht, die eine Division unseres Samples über sowjetische Zerstörungen abgaben, vom 9. 12. 1941! Damals versuchte die sowjetische Seite Charino, im Frontabschnitt der 296. ID, zu zerstören. BA-MA, MSg 2/5319: NL Hans P. Reinert, Tagebuch, Eintrag vom 9. 12. 1941. Vgl. auch IfZ-Archiv, MA 1590: 4. Pz. Div., Abt. I c, „Feindnachrichten" vom 2. 12. 1941: „In letzter Zeit ist wiederholt beobachtet worden, dass der Russe Ortschaften und Getreidevorräte niederbrennt. Es hat den Anschein, als ob es sich hier um einen allgemein geltenden Befehl handelt."

[49] BA-MA, N 10/9, NL Smilo Frhr. von Lüttwitz, Brief vom 15. 12. 1941.

[50] Müller (Hrsg.), Wirtschaftspolitik, S. 325: „Damals war der Wert der russischen Menschen, insbesondere auch der Frauen, als Produktionsfaktor noch nicht erkannt."

[51] IfZ-Archiv, MA 1622: AOK 2, Abt. I a, „Armeebefehl Nr. 1 zum Einrichten in der Winterstellung" vom 6. 12. 1941, wo es u. a. heißt: „Die Bevölkerung der zerstörten Orte ist nach der Feindseite abzuschieben; wehrfähige Männer sind aufzugreifen und in Gefangenen-Sammelstellen abzuliefern."
BA-MA MSg 1/1148: NL Joachim Lemelsen, Tagebuch, Eintrag vom 14. 12. 1941: „Die Bevölkerung wird zu den Russen getrieben. Das mag hart sein, aber es ist eben nötig. Wenn der Russe in unser deutsches Land eingefallen wäre, er hätte viel rücksichtsloser gehaust. Und dieser Russe hängt ja nicht so an seiner Scholle wie der deutsche Bauer." Ähnliches berichtet Rass („Menschenmaterial", S. 380) für die 253. ID.

[52] Vgl. Müller (Hrsg.), Wirtschaftspolitik, S. 372.

Korück 580, der damals im Hinterland geblieben war[53]. Alle anderen suchten sich mit jenem Gürtel der „Verbrannten Erde" die sowjetischen Verfolger vom Leib zu halten. So befahl die 296. Infanteriedivision: „Sämtliche vor der Front befindlichen Ortschaften sind beim Räumen niederzubrennen oder der Ort späterhin in Brand zu schießen. Der Gegner darf keine Unterkünfte vor der Front mehr haben."[54]. Auch kam es hier vor, dass man Zivilisten, die man beim Rückzug als „Scouts" eingesetzt hatte, kurzerhand „umlegte", damit sie dem Gegner die Stellungen der Deutschen nicht verrieten[55]. Nicht nur hier wurde die Devastation „gründlichst durchgeführt", so dass „das Gelände von den ungeheuren Bränden der vielen kleinen und größeren Ortschaften weithin erleuchtet" war[56]. Bei der 45. ID, deren Rückzug aus Jelez sich besonders dramatisch gestaltete, war dies nicht anders: „Das Absetzen der Division in der Nacht vollzog sich ohne wesentlichen Feinddruck reibungslos. Das Abbrennen und Vernichten der geräumten Zone erfolgte planmäßig."[57] Im Erinnerungsbuch des ehemaligen Divisionspfarrers wurde dies auch gar nicht geleugnet: „Des Nachts war der Himmel weithin glühend rot und bildete eine grauenhafte Silhouette zu dem furchtbaren Kriegsgeschehen."[58] Bei der 4. Panzerdivision richtete sich die Gewalt nicht allein gegen Sachen. Hier schreckte man nicht davor zurück, Ortschaft um Ortschaft niederzubrennen, „die den Brand zu verhindern suchende Bevölkerung um[zu]legen [und] die übrige Bevölkerung bei 40 Grad Kälte in die Wälder, also in den sicheren Tod [zu] treiben"[59], so das Eingeständnis ihres Ersten Generalstabsoffiziers. Solch schaurige Details sind den militärischen Akten normalerweise nicht zu entnehmen, die entsprechenden Meldungen, welche diese Panzerdivision in solchen Fällen produzierte, lauteten eher so[60]: „In Tolkatschi und Siedlung 600 m westlich

---

[53] Vgl. hierzu Kap. 3.4.

[54] Vgl. IfZ-Archiv, MA 1636: 296. Inf. Div., Abt. I a, „Divisionsbefehl Nr. 100" vom 10.12.1941. Ferner IfZ-Archiv, MA 1636: LIII. A. K., Abt. I a, „Korpsbefehl für den 24. Dezember 1941" vom 23.12.1941.

[55] Manuskript, K. H., „Unser Einsatz im Osten", o. D., Kopie im Besitz d. Verf. Dort wird beschrieben, wie in dieser Zeit „einige Zivilrussen, die uns trotz Weigerung den Weg nach rückwärts zeigen mußten", danach von Angehörigen der 296. ID ermordet wurden.

[56] Manuskript, K. H., „Unser Einsatz im Osten", o. D., Kopie im Besitz d. Verf. H. gehörte zum IR 521, einem der drei Infanterie-Regimenter der 296. ID. Über den Rückzug der 296. ID aus Beljow am Ende des Jahres 1941 schreibt H.: „Der Rgt. Gefechtsstand, der in einem kasernenähnlichen großen Gebäude untergebracht war, wurde rasch zur Sprengung vorbereitet und dann flog er auch in die Luft."

[57] IfZ-Archiv, MA 1622: 45. Inf. Div., Abt. I a, Kriegstagebuch, Eintrag vom 26.12.1941. Vgl. auch BA-MA, RH 26-45/47: 45. Inf. Div., Abt. I a, „Befehl für die Zurücknahme in die Winterstellung" vom 25.12.1941, in dem nochmals betont wird, „es [sei] besonders wichtig, alle für den Russen möglichen Unterkünfte und Anklammerungspunkte gründlich zu zerstören". Auch seien nach Möglichkeit „Verminungen vorzunehmen".
Neben den Unterkünften in Jelez zerstörte die 45. Inf. Div. auch „die Bahnlinie südl. Jelez [...] an mehreren Stellen". Die Geheimen Tagesberichte, Bd. 4, S. 67 (Eintrag vom 4.12.1941).

[58] Gschöpf, Weg, S. 283. Es waren vor allem diese Verbrechen der 45. Inf. Div., die dann nach 1945 zu Anklagen vor sowjetischen Gerichten führten. Vgl. hierzu Karner/Selemenev (Hrsg.), Österreicher und Sudetendeutsche vor sowjetischen Militär- und Strafgerichten in Weißrußland 1945–1950, S. 242 ff.

[59] IfZ-Archiv, MA 1582: 4. Pz. Div., Abt. I a, Schreiben an das XXXXVII. Pz. Korps vom 20.3.1942.

[60] BA-MA, RH 27-4/109: 4. Pz. Div., Abt. I c, Tätigkeitsbericht, Eintrag vom 4.1.1941. Vgl. auch ebda., Eintrag vom 1.1.1941. Ferner BA-MA, RH 39/373: Bericht von Albert Siebald über seine Erlebnisse in Russland bei Pz. Gren. Rgt. 22 und Feld-Ers. Btl. 84: „Doch blieben wir in

Deutsche Infanterie im Raum Orel auf dem Rückzug
(Quelle: bpk 0047569)

Butyrki wurden schwache Feindkräfte vertrieben und die Orte niedergebrannt. Bolwanowka mittags feindbesetzt. Kargaschinka [wurde] niedergebrannt und bietet dem Feind keinen Unterschlupf mehr." Angesichts dieser neuen Form der Kriegführung musste sich die Stimmung auf der sowjetischen Seite zwangsläufig verändern, und der Leutnant Farnbacher wird vermutlich nicht der einzige deutsche Soldat geblieben sein, der darüber nachdenklich wurde und „bei der nächsten russischen Offensive nicht in Gefangenschaft geraten" wollte[61].

Selbst ein ehemaliger Besatzungsverband wie die 221., der erst in einem Moment an die Front kam, als die Ausweichbewegungen der 2. deutschen Armee bereits abgeschlossen waren[62], leistete noch einen Beitrag zu jener Orgie der Verwüstung, wenn auch einen vergleichsweise bescheidenen. Die „örtlich begrenzten Stoßtruppunternehmungen", die diese Division damals in das gegnerische Gebiet unternahm,

---

der Ortschaft, bis einsetzendes Tauwetter – es gab schon Ende Februar [1942] einige recht warme Tage – wohl die Aufgabe des Dorfes veranlasste. Alles Vieh wurde entfernt, alle Öfen zerstört. Dann rückten wir eines Nachts ab."
Ferner BA-MA, RH 24-24/176: XXIV. Pz. K., Abt. I a, Aktenvermerk: „Ferngespräch O.B. – Chef des Stabes, 23.1.42, 12.30 Uhr": „Wenn es nicht gelingt, Szuchinitschi zu halten, kommt es darauf an, die Verwundeten zu bergen, das Material abzutransportieren und alle Anlagen, insbesondere die der Bahn, nachhaltig zu zerstören, so daß die Benutzung der Bahn mindestens auf Wochen hinaus unmöglich ist."
[61] BA-MA, MSg 1/3275: Fritz Farnbacher, Tagebuch, Eintrag vom 9.12.1941.
[62] Vgl. Kap. 3.4.

verfolgten nicht selten das Ziel, „das Vorfeld restlos zu veröden"[63], selbst die „Kellergewölbe" wurden dabei nicht ausgenommen[64]. Was der Infanterie dabei entging, sollten dann Minen oder planmäßig gelenktes Artilleriefeuer vollenden. Daran werden zwei Dinge erkennbar: Bei ihren Rückzügen sparten die Deutschen kaum einen Quadratkilometer feindlichen Bodens von ihren Verwüstungen aus. Und: Jeder deutsche Verband, der damals dem Druck der Roten Armee standhalten musste, bediente sich solcher Methoden[65] – unabhängig davon, ob er sich nun im Stellungskampf oder auf dem Rückzug befand.

Schon an diesen wenigen Beispielen lässt sich ermessen, dass es sich schon bei den ersten deutschen Rückzügen um mehr handelte als nur um militärische Operationen. Noch nie hatte die deutsche Kriegführung – sieht man einmal vom Sonderfall der Leningrader Front ab[66] – für die sowjetische Zivilbevölkerung so schreckliche Folgen gehabt wie in dieser Zeit. Keine Frage: Dafür gab es ideologische und mentale Voraussetzungen, doch wurde auch erst hier die militärische Entwicklung zum eigentlichen Auslöser. Dass diese barbarische Form der Kriegführung relativ schnell Schule machte, war freilich nicht allein das Ergebnis einiger Befehle oder Richtlinien. Die Zerstörungswut der Deutschen war immer auch Ausdruck von Angst – Angst vor der schier unheimlichen Regenerationskraft des Gegners, vor seiner souveränen Beherrschung des russischen Winters, aber auch Angst vor der Tatsache, dass man sich nicht in die Sicherheit einer vorbereiteten Ausweichstellung zurückziehen konnte[67]. Dass sich diese Angst vermischte mit Frustration und Wut, machte die Sache nicht besser. Zur Erbitterung der Truppe trug nicht nur bei, dass man das teuer erkämpfte Terrain wieder aufgeben musste[68], sondern auch der Umstand, dass man bei diesen Rückzügen das Wenige, was der Truppe noch an Fahrzeugen und schweren Waffen geblieben war, nun selbst in die Luft sprengen oder verbrennen musste[69]. Diese ganz unterschiedlichen Motive sorgten jedenfalls dafür, dass sich nun auch immer mehr Front-

---

[63] Vgl. IfZ-Archiv, MA 1668: 221. Sich. Div., Abt. I a, Weisung vom 31.12.1941; 221. Sich. Div., Abt. I a, Kriegstagebuch, Eintrag vom 1.1. und vom 28.1.1942.

[64] IfZ-Archiv, MA 1669: 221. Sich. Div., Abt. I c, Meldung betr. „Feindorientierung" vom 2.1.1942.

[65] Entsprechende Dokumente sind auch von anderen deutschen Verbänden publiziert, so etwa von der 7. Panzerdivision: „Es kommt darauf an, daß der Feind nicht mehr ein einziges Haus vorfindet, in dem er Stäbe oder Truppen unterbringen kann." Druck: Müller (Hrsg.), Okkupation, S. 327 f.

[66] Vgl. Hürter, Die Wehrmacht vor Leningrad 1941/42; Goure, The Siege of Leningrad; Salisbury, 900 Tage; Jäniche, Blockade Leningrad 1941–1944; Ganzenmüller, Das belagerte Leningrad 1941–1944.

[67] Erst am 26.12.1942 befahl Hitler, „im mittleren Teil der Ostfront" den „Aufbau einer rückwärtigen Stellung einzuleiten". OKW, WFSt/op. (H), Weisung vom 26.12.1941, Druck: KTB OKW, Bd. I, Dok. 113. Vgl. auch mit seiner Weisung Nr. 39 vom 8.12.1941, in der er einen Rückzug erst für den Fall in Aussicht stellte, wenn „eine rückwärtige Stellung vorbereitet" sei. Druck: Hubatsch (Hrsg.), Hitlers Weisungen, S. 171.

[68] Vgl. etwa BA-MA, MSg 2/5319: NL Hans P. Reinert, Tagebuch, Eintrag vom 22.12.1941: „Also doch Befehl: Zurück! Wir klappen moralisch völlig zusammen. Ich kann nicht beschreiben, was uns in diesen Minuten bewegt. Es ist zu ungeheuerlich. Wir könnten losheulen …"

[69] BA-MA MSg 1/1148: NL Joachim Lemelsen, Tagebuch, Eintrag vom 14.12.1941: „Man macht sich kaum einen Begriff, was solche Bewegung, wenn sie nicht ein operatives Manöver ist, für Anforderungen an die Truppe stellt; seelisch sowohl wie ganz besonders körperlich. Und dann das viele schöne Kfz.-Material, das kaputt geht, stehen bleibt und soweit möglich gesprengt oder unbrauchbar gemacht werden muss, damit der Feind es nicht mehr benutzen kann." In diesem Sinne auch Schaub, Panzer-Grenadier-Regiment 12, S. 104.

soldaten in einer apokalyptisch scheinenden Situation über die einfachsten völkerrechtlichen und moralischen Prinzipien hinwegsetzten[70]. Allerdings war es nicht immer die blanke Not, die Aussichtslosigkeit der militärischen Lage, welche die Deutschen dazu brachte, mit dem Mittel der „Verbrannten Erde" zu experimentieren. Der Generaloberst Schmidt beispielsweise erließ schon am 6. Dezember 1941, die Nachricht von der sowjetischen Gegenoffensive hatte ihn noch nicht erreicht[71], einen „Armeebefehl" zum „Einrichten in der Winterstellung", die östlich davon von „einer Wüstenzone von 10 km" Tiefe zu begrenzen sei. Hier sollten „alle Unterkünfte, Verkehrswege, Flugplätze und sonstige dem Feinde dienenden Stützpunkte vernichtet werden. Damit soll dem Feind die Möglichkeit genommen werden, sich mit stärkeren Kräften unmittelbar vor der Winterstellung bereitzustellen. Die Truppe ist mit Nachdruck darauf hinzuweisen, daß sie durch sorgfältig überlegte und gründliche Zerstörung in einer tiefen Wüstenzone sich die besten Vorbedingungen für Abwehr und Ruhe in der Winterstellung schafft."[72]

Zweifellos handelte es sich hier um eine begrenzte Maßnahme, die sich zudem militärisch begründen ließ. Doch kann sie auch illustrieren, wie sich in diesem Fall Initiativen von oben und von unten trafen. Hitlers berüchtigte Weisung, in der dieser forderte, „alle aufgegebenen Gehöfte nieder[zu]brennen"[73], stammt jedenfalls erst vom 20. Dezember 1941. Zu diesem Zeitpunkt aber war bei allen Divisionen unseres Samples die Praxis der „Verbrannten Erde" bereits an der Tagesordnung. Und noch etwas verdient Beachtung: Für die deutsche Seite waren Vernichtung und Verwüstung nicht nur ein Mittel des Rückzugs, sondern auch – erinnert sei an das Beispiel der 221. ID – ein Mittel der Verteidigung. Handelte es sich in diesem Fall um relativ kleine, abgegrenzte Räume, so mussten diese sich rasch ausdehnen, wenn die deutsche Front in Bewegung geriet. Dann begann sich aus deutscher Sicht alles auf die existentielle Frage zu reduzieren, ob es gelang, den Gegner auf sichere Distanz zu halten.

Dass sich der deutsche Vandalismus außerhalb der völkerrechtlichen und moralischen Normen bewegte, steht außer Frage. Aber hatte er wenigstens eine militä-

---

[70] Die Feststellung von Jörg Friedrich (Gesetz des Krieges, S. 512), der zu Recht darauf hingewiesen hat, dass die Haager Landkriegsordnung „solche Fälle wie alle Fälle des Zivils höchst wolkig" geregelt habe, ändert nichts an dieser These.

[71] Im Stab des AOK 2 war man noch am 1.12.1941 davon ausgegangen, dass die bevorstehende „Zeit der Ruhe" zugunsten der deutschen Seite „arbeiten" würde. IfZ-Archiv, MA 1755: AOK 2, Abt. I a, Kriegstagebuch, Eintrag vom 1.12.1941.
Dagegen wurde beim Pz. AOK 2 der Entschluss für eine „Zerstörung der Unterkunftsmöglichkeiten für den Gegner im aufzugebenden Raum" erst *nach* dem Befehl zum Rückzug getroffen. BA-MA, RH 21-2/244: Pz. AOK 2, Abt. I a, Kriegstagebuch, Eintrag vom 8.12.1941.

[72] IfZ-Archiv, MA 1622: AOK 2, Abt. I a, „Armeebefehl Nr. 1 zum Einrichten in der Winterstellung" vom 6.12.1941. Bei dieser Gelegenheit erwog man sogar, das gerade von der 45. ID besetzte Jelez „niederzulegen". Vgl. Reinhardt, Wende, S. 211.

[73] OKW, WFSt/Abt. L/I, Fernschreiben an OKH/Op. Abt. vom 21.12.1941, Druck: KTB OKW, Bd. I, Dok. 111. Diesen Befehl hatte Hitler tags zuvor wörtlich dem Generalstabschef des Heeres mitgeteilt; außerdem sind folgende Aussagen Hitlers überliefert: „Luftwaffe planmäßig auf [Zerstörung von] Ortschaften [die Gegner besetzt hat]. Artilleriewirkung. Orte anzünden!" Halder, Kriegstagebuch, Bd. III, S. 356 ff. (Eintrag vom 20.12.1941). Am 15.1.1942 bekräftigte Hitler seine Absicht in einem grundlegenden Befehl, in der er die Zerstörung aller Ortschaften und Verkehrsanlagen befahl. Der Führer und ObdH, GenStdH/Op. Abt., WWFSt/Abt. L/I, Fernschreiben an OKH/Op.Abt. vom 15.1.1942, Druck: KTB OKW, Bd. II/4, Dok. 5.
Vgl. ferner mit der Aussage Jodls in: IMT, Bd. 15, S. 452 f. sowie Megargee, Hitler und die Generäle, S. 197 ff.

rische Wirkung? Bei einem Rückzug, der sich in einzelnen Etappen vollzog, schien
sich die Technik des Brandschatzens gegenüber einem unerbittlich nachdrängenden
Feind geradezu anzubieten. Denn das damalige militärische Geschehen reduzierte
sich, zumindest im Bereich des Taktischen, häufig auf einen „Kampf um Ortschaften"[74], auf den vielbeschworenen „Kampf um den Ofen", wie man damals in
der 4. Panzerdivision sagte[75]. Ohne diese Stützpunkte konnte man nur schwer
überleben, geschweige denn kämpfen. „Geländeverstärkungen" oder ein „Eingra-
ben bei dem tiefgefrorenen Boden" war, wie die 2. Panzerarmee meldete, damals
einfach nicht mehr möglich[76]. Die sowjetischen Kriegsgefangenen berichteten denn
auch, dass die von der Wehrmacht „geschaffene Wüstenzone" ihnen „sehr unange-
nehm" gewesen sei[77]. Sie hätten „sich nur in den Kartoffelkellern aufhalten [kön-
nen] und in einzelnen Ruinen". Das konnte auch eine Division wie die 221. bestätigen: „Abbrennen der Ortschaften, Vernichtung jeglicher Unterkunftsmöglichkeit
verschlechtert des weitern die Stimmung, da die Russen nach langem Anmarsch im
Freien biwakieren müssen, weder Stroh, noch Nahrungsmittel aus dem Lande entnehmen können und ein Abkochen und Aufwärmen unmöglich gemacht wird."[78]
Das galt vor allem dann, wenn es den Deutschen gelang, ihre Front zu halten. Dann
wurde es – wie man etwa bei der 2. deutschen Armee erkannte – für den Gegner
tatsächlich schwierig, sich im Vorfeld der deutschen Front festzusetzen[79].

Etwas anders gestalteten sich die Dinge, wenn sich die deutschen Formationen
zurückziehen mussten. Spätestens dann wurde das Missverhältnis zwischen Destruktion und menschlichem Leid einerseits und militärischem Nutzen andererseits
immer größer. Auf ihren Rückzügen machten die erschöpften deutschen Soldaten
immer wieder die Erfahrung, dass der Gegner ihnen keine Ruhe ließ, dass er nicht
selten „sofort" nachstieß[80]: „Wie oft hatten wir schon daran geglaubt, daß sich
der Russe in diesen niedergebrannten Ortschaften nicht mehr festsetzen könnte
und doch war er uns bereits am nächsten Morgen schon wieder gefolgt. Oft nach
Stunden, die zwischen der Loslösung und der Meldung über die neu bezogene
Verteidigungsstellung lagen, war schon wieder Feindberührung vorhanden."[81] Das

---

[74] BA-MA, MSg 2/5319: NL Hans P. Reinert, Tagebuch, Eintrag vom 9.12.1941.
[75] IfZ-Archiv, MA 1582: 4. Pz. Div., Abt. I a, Schreiben an das XXXXVII. Pz. Korps vom
     20.3.1942, Anlage „Parolen des Tages".
[76] BA-MA, RH 21-2/244: Pz. AOK 2, Abt. I a, Kriegstagebuch, Eintrag vom 17.12.1941.
[77] BA-MA, RH 24-35/96: 262. Inf. Div., Abt. I c, Bericht vom 9.1.1942 sowie IfZ-Archiv, MA
     1669: 221. Sich. Div., Abt. I c, Meldung betr. „Feindorientierung" vom 2.1.1942. Ferner Rass,
     „Menschenmaterial", S. 380.
[78] IfZ-Archiv, MA 1669: 221. Sich. Div., Abt. I c, Feindorientierung vom 2.1.1942.
[79] BA-MA, RH 20-2/249: AOK 2, Chef GenSt, Fernspruch an die unterstellten Korps vom
     26.12.1941: „Die Truppe ist erneut auf die entscheidende Bedeutung der Zerstörung aller dem
     Feinde nutzbar werdenden Unterkünfte hinzuweisen. Bei plötzlichem Kälteeinbruch bricht der
     Russe zusammen, wenn er keine Unterkünfte hat. Alle Rücksichten auf noch so dringend er-
     wünschte Erleichterungen haben dagegen zurückzustehen." Ferner IfZ-Archiv, MA 1636: LIII.
     A. K., Abt. I a, „Korpsbefehl für den 24. Dezember 1941" vom 23.12.1941: „Sämtliche vor der
     Front befindlichen Ortschaften sind beim Räumen niederzubrennen oder der Ort späterhin in
     Brand zu schießen. Der Gegner darf keine Unterkünfte vor der Front mehr haben."
[80] BA-MA, RH 26-45/47: 45. Inf. Div., Abt. I a, Kriegstagebuch, Eintrag vom 24.12.1941.
[81] Manuskript, K. H., „Unser Einsatz im Osten", o. D., Kopie im Besitz d. Verf.
     Vgl. in diesem Zusammenhang auch mit Gschöpf, Weg, S. 283, der betont, dass „Der Russe [...]
     deswegen nicht einen einzigen Kilometer zurück [blieb], Tag und Nacht hefteten sich seine
     Kavallerietrupps und Panzerrudel an unsere Fersen."

lag nicht zuletzt daran, dass die weithin sichtbaren Rauchsäulen die sowjetische Seite schnell und zuverlässig darüber informierten, wann wieder Bewegung in die deutsche Front kam[82].

Angesichts dessen könnte man von einer umgekehrt reziproken Wirkung sprechen: Solange die deutsche Front hielt, hatte die destruktive Taktik der deutschen Verbände einen gewissen militärischen Nutzen, während sich die Schäden, die man damit anrichtete, noch einigermaßen in Grenzen hielten. Bei einem Rückzug, der sich zuweilen über Gebiete von bis zu 200 Kilometern Länge erstreckten, fiel ein ungleich größeres Terrain dem Vernichtungswillen der Deutschen zum Opfer. Aber gerade dann konnten diese am wenigsten davon profitieren, weil die nachrückenden sowjetischen Verbände diese Wüstenzone in der Regel relativ rasch durchstießen. Die Taktik der „Verbrannten Erde" war nicht nur brutal, sie war zumindest teilweise auch nutzlos. Die militärische Unterlegenheit der Deutschen ließ sich damit auf Dauer jedenfalls nicht kompensieren.

5.6.4 Ausnahmen und Sonderfälle

Nicht alle deutschen Soldaten beteiligten sich an dieser barbarischen Form der Kriegführung oder suchten sich einzureden, diese sei „hart, aber nötig", weil „der Russe [...] viel rücksichtsloser gehaust" hätte, wenn er „in unser deutsches Land eingefallen wäre"[83]. Es gab Angehörige der Wehrmacht, die offen zugaben, dass Maßnahmen dieser Art für sie nur „schwer zu ertragen" waren[84]. Besonders häufig scheint dies interessanterweise bei den „Vierern" gewesen zu sein, was wohl auch daran lag, dass die Divisionsführung eine besonders harte Linie vertrat[85]. Doch gab es hier Kommandeure wie den Oberst von Lüttwitz, der über den Januar 1942 berichtete: „Ohne ‚Verbrannte Erde' (wie es Befehl war) zogen wir nach 15.00 Uhr ab u[nd] ich meldete mich 2 Stunden später bei [Generalmajor von] Saucken, der nun auch seinerseits keine ‚Verbrannte Erde' zurückließ."[86] Ähnliches ist auch aus anderen Teilen dieser Division überliefert[87] sowie von den vorgesetzten Kommandobehörden, der 2. Panzerarmee[88] oder dem XXIV. Panzer-

---

[82] Vgl. hierzu Meier-Welcker, Aufzeichnungen, S. 150, Anm. 247.

[83] BA-MA MSg 1/1148: NL Joachim Lemelsen, Tagebuch, Eintrag vom 14.12.1941.

[84] Vgl. etwa BA-MA, MSg 2/5320: NL Hans P. Reinert, Tagebuch, Eintrag vom 4.3.1942: „Ich darf mir, obwohl es Krieg ist und wir uns schon an manches gewöhnt haben, dieses Elend, dieses Geheul und dieses Wehklagen nicht vorstellen, wie die Leute auf den Knien angerutscht kommen, weil sie sich von der geringen Habe, die sie noch ihr eigen nennen, nicht trennen können. Ich darf mir nicht die abgehärmten Gesichter vorstellen, nicht die Trauerzüge, die da tagelang nach hinten ziehen, die Kinder tragend oder mit sich schleppend, ohne Pferde und Schlitten, nur etwas Proviant und sonstige für diese Menschen unentbehrlichen Dinge oder Kostbarkeiten in Säcken auf dem Rücken – Anklage in den Gesichtern, denn sie wissen ja nicht, daß es ihnen dort, wo sie hingebracht werden, nicht schlechter geht, als wenn sie hier im Feuer blieben oder zu den Russen zurückkämen, vor denen sie sich doch selbst fürchten. Sie wissen nur, daß sie jetzt ihre elende Hütte aufgeben müssen, die nichts wert [ist], doch diesen Menschen alles bedeutet, denn sie sind ja ärmer wie arm." Ähnliche Beispiele bei: Meier-Welcker, Aufzeichnungen, S. 150f. (Brief vom 18.1.1942); Bartov, Hitlers Wehrmacht, S. 126.

[85] Vgl. mit dem Prolog.

[86] BA-MA, N 10/9: Lebenserinnerungen Smilo Frhr. von Lüttwitz, Bl. 149.

[87] Vgl. etwa BA-MA, MSg 1/3275: Fritz Farnbacher, Tagebuch, Eintrag vom 7.12.1941.

[88] So befahl die 2. deutschen Panzerarmee am 4.2.1942, es komme darauf an, „dem Feind weiterhin Dorf um Dorf zu entreißen. Ein Abbrennen der vor der Front befindlichen Dörfer liegt im

korps, das im März 1942 anordnete, nur die deutschfreundliche Zivilbevölkerung auf dem Rückzug nach Westen mitzuführen[89]: „Die übrigen Teile der Bevölkerung sind in weniger wichtigen Ortschaften zusammenzuziehen und bei der Räumung dort zu belassen. Diese Ortschaften sind", so wurde noch einmal hervorgehoben, „nicht zu zerstören." Noch deutlicher wurde die 4. Panzerdivision im März 1942, als man ihr die „Evakuierung des Gefechtsgebietes und die Umsiedelung der gesamten Bevölkerung in das rückwärtige Gefechtsgebiet" befohlen hatte. Dies verweigerte die Divisionsführung mit folgender Begründung: „Da die Umsiedler über keinerlei Schlitten verfügen und die Truppe keinen Laderaum zur Verfügung stellen kann, wird ein großer Teil der älteren Umsiedler und auch viele Kinder diesen Marsch nicht überstehen. Sie würden in großer Zahl an der Straße herumliegen. Dieses ist jedoch nach Ansicht der Division mit der Auffassung eines Kulturvolkes nicht vereinbar."[90] Es ist sicherlich nicht verfehlt, in einer solchen Meldung auch eine Reaktion auf den politischen Paradigmenwechsel zu sehen, welche die 2. Armee im Frühjahr 1942 in ihrem Befehlsbereich durchzusetzen versuchte[91]. Auch aus den darauf folgenden Jahren sind aus den Kampfdivisionen unseres Samples Stimmen überliefert, die klar belegen, dass die mitleidlose Strategie der „Verbrannten Erde" bei der Truppe für Unbehagen sorgte[92], dass man die entsprechenden Befehle abzumildern oder diese mitunter sogar ganz zu ignorieren suchte[93].

Zu einem Symbol wurde Jasnaja Poljana, wobei dieser Fall auch als ein Beleg dafür gelten kann, wie schwierig sich die Wahrheitsfindung gestalten kann. In dem ehemaligen Gut von Leo Tolstoi im Oblast Tula, das nach seinem Tode zu einem Museum ausgebaut worden war, hatte die Führung der 296. ID seit dem 2. Dezember 1941 ihr Hauptquartier eingerichtet[94]. Die Verwüstungen, die man nach dem

---

allgemeinen nicht im Interesse der Truppe, die darüber hinweg wieder angreifen muß". IfZ-Archiv, MA 1582: XXXXVII. Pz. Korps, Abt. I a, Fernspruch an die 4. Pz. Div. vom 4. 2. 1942 (beruhend auf einem Befehl des Pz. AOK 2).

[89] BA-MA, RH 24-24/167: XXIV. Panzerkorps, Abt. I a, Befehl Nr. 225/42 g. Kdos. vom 18. 3. 1942.

[90] BA-MA, RH 24-47/221: 4. Pz. Div., Abt. I c, Meldung an das XXXXVII. Pz. Korps „zur Sicherung im rückw[ärtigen] Gefechtsgebiet und Partisanenbekämpfung", vom 17. 3. 1942. Dort heißt es ferner: „Es mußte daher zunächst jede Entnahme von Vieh, Kartoffeln usw. durch die Truppe unterbunden werden, um die Verpflegung für die Umsiedler zur Verfügung zu haben."

[91] Vgl. mit dem Prolog.

[92] Bei einem Rückzug der 4. Pz. Div. schrieb Farnbacher in sein Tagebuch, „es ist nicht schön, solche Befehle geben zu müssen, aber es darf doch nicht alles in Feindeshand fallen". Als Angehöriger der 296. Inf. Div. meinte Reinert bei einer ähnlichen Lage: „Es ist schwer, sich einfach darüber hinwegsetzen zu müssen und nicht helfen zu können." BA-MA, MSg 1/3289: Fritz Farnbacher, Tagebuch, Eintrag vom 28. 7. 1944; BA-MA, MSg 2/5323: NL Hans P. Reinert, Tagebuch, Eintrag vom 9. 8. 1943.

[93] So intervenierte etwa ein höherer Offizier der 45. ID im Juni 1943 bei der Divisionsführung und erreichte, dass die Zivilbevölkerung nicht evakuiert wurde. BA-MA, RH 24-20/106: 45. Inf. Div., Abt. I a, Meldung an XX. A. K. vom 18. 6. 1943.

[94] Vgl. IfZ-Archiv, MA 1632: 296. Inf. Div., Abt. I a, Kriegstagebuch, Einträge vom 1. 12. 1941 ff. Ferner BA-MA, MSg 2/5319: NL Hans P. Reinert, Tagebuch, Eintrag vom 2. 12. 1941: „Gegen Mittag erreichen wir völlig durchgefroren Jasnaja Poljana, das vermutlich unsere Bleibe für die Zeit bis zum Einsatz bleiben wird." Sowie Hürter, Heinrici, S. 127 (Kriegsbericht vom 11. 12. 1941): „Durch Vermittlung des Grafen Moy habe ich einige Erzählungen von Tolstoi und Leskow gelesen. Tolstois Villa ist dicht südlich Tula, ein Div[isions]-Stab sitzt darin. Sein Landgut, die Tolstoischen Höfe, sind ganz in unserer Nähe, es sind ganz verkommene Panje-Scheunen!"

deutschen Rückzug in der Gedenkstätte vorfand, waren sogar Teil der sowjetischen Anklage vor dem Internationalen Militärgerichtshof in Nürnberg[95]: Bereits während der deutschen Besatzung seien Tolstois Manuskripte dazu benützt worden, um damit in den Öfen Feuer zu machen, während an seinem Grab deutsche Gefallene bestattet worden seien. Bei ihrem Rückzug hätten die „nazistisch-faschistischen Vandalen" die Gedenkstätte „zertrümmert, geschändet und schließlich in Brand gesteckt"[96], was man ihnen im Übrigen auch bei der Tschaikowski-Gedenkstätte in Klin vorwarf. Diesen Vorwürfen hat Guderian, damals Oberbefehlshaber der dort stationierten 2. Panzerarmee, entschieden widersprochen[97]. Seine Darstellung wird gestützt durch die Tatsache, dass Tolstois Gut „noch in einem sowjetischen Film nach der Wiederbesetzung im Jahre 1942 als unversehrt gezeigt worden ist"[98]. Träfe dies zu, dann würde dies gegen die sowjetische Behauptung einer völligen Zerstörung von Jasnaja Poljana sprechen. Was allerdings während der kurzen deutschen Besatzung *innerhalb* der Gedenkstätte geschah, bleibt Spekulation[99] und lässt sich kaum mehr klären. Viel wichtiger erscheint die Funktion, die dieser „Fall" nach dem Krieg erhielt. Denn Jasnaja Poljana war kein durchschnittlicher Ort, beide Seiten, die deutsche wie die sowjetische, suchten ihn entsprechend zu instrumentalisieren: Während die sowjetischen Juristen ein offenbar übertriebenes Bild der deutschen Barbaren propagierten, die bei ihren Rückzügen noch nicht einmal das kulturelle Erbe Russlands respektiert hätten, wurde genau das von den Deutschen behauptet, wobei die Wortführer einer solchen Verteidigung geflissentlich verschwiegen, dass rechts und links dieses Gedenkorts das Land sehr wohl in Flammen aufgegangen war. Jasnaja Poljana war zweifellos ein besonders spektakulärer Fall. Charakteristisch für das Schicksal jener Gebiete, welche die Deutschen im Winter 1941/42 aufgeben mussten, war er jedoch nicht.

5.6.5 Ausblick: Die deutsche Strategie der „Verbrannten Erde" bis zum Ende des Krieges

Es blieb nicht bei den Rückzügen des „Russlandwinters" 1941/42. Ein Jahr später geriet die Wehrmacht endgültig in die Defensive, bis sie sich schließlich im Sommer 1944 in ihren ursprünglichen Ausgangsstellungen wiederfand. Diese zweite Phase des Ostkriegs war von ganz unterschiedlichen Typen von Rückzugsbewegungen geprägt: Zusammenbrüche ganzer Frontabschnitte, bei denen den

---

[95] Vgl. auch IMT, Bd. 1, S. 64; Bd. 20, S. 7454. In diesem Sinne auch Lynn, Raub der Europa, S. 258. Auch zum Folgenden. Lynn zufolge verwandten die Deutschen „besondere Aufmerksamkeit auf die Zerstörung von Wohnhäusern und Museen bedeutender historischer Persönlichkeiten".

[96] Vgl. auch IMT, Bd. 8, S. 88. Auch zum Folgenden.

[97] Guderian, Erinnerungen, S. 233. So auch der Verteidiger Hans Laternser in Nürnberg; vgl. IMT, Bd. 21, S. 441.

[98] Hoffmann, Kriegführung, S. 779. In diesem Sinne auch Werth, Russland im Krieg, S. 271, der meint, dass der Fall von der sowjetischen Propaganda instrumentalisiert worden sei. „In Wirklichkeit standen die beiden Häuser noch, wenn auch einiges entwendet oder zerstört war. Außerdem hatten die Deutschen viele ihrer Toten rund um Tolstois Grab im Park bestattet, und das war ohne Zweifel eine Art ,Entweihung'."

[99] Vgl. freilich: Eine Schuld, die nicht erlischt, S. 396 f. Auf den dort publizierten Fotos sind durchwühlte und verdreckte Räume zu sehen, doch deutet nichts auf eine Brandschatzung hin.

deutschen Besatzern nur noch die überstürzte Flucht blieb, wechselten ab mit systematischen, gut vorbereiteten Absetzbewegungen. Am häufigsten war freilich das kurzfristig improvisierte, schrittweise Ausweichen des deutschen Ostheers, wobei Hitlers eigensinnige wie kontraproduktive Strategie des „Haltens um jeden Preis" dessen Handlungsspielräume noch zusätzlich einschränkte[100].

Verglichen mit der Wirkung, welche das Mittel der „Verbrannten Erde" nun entfaltete, blieben die Ereignisse des Winters 1941/42 nur ein bescheidenes Vorspiel. Aus der Taktik wurde nun eine Strategie[101]. Hitler und seine Entourage wollten den eigenen Untergang nicht nur so lange wie nur irgend möglich hinauszögern, sondern auch möglichst große Teile des Gegners mit in diesen Untergang reißen[102]. Die deutschen Besatzer gewannen daher schnell Erfahrung in der Strategie der „Verbrannten Erde". Ihr einstiger „Lebensraum" wurde von ihnen immer gründlicher in Schutt und Asche gelegt, wobei man sich nicht scheute, dies auch noch als heroischen Kampf zur Verteidigung des „Abendlands" darzustellen. Nicht immer wurde dieses Zerstörungsprogramm so umgesetzt, manchmal fehlte an der Basis die Bereitschaft, manchmal auch nur die Zeit. War aber beides vorhanden, dann hinterließen die Deutschen nicht nur brennende Dörfer und Städte, gesprengte Brücken, aufgerissene Eisenbahnlinien, vergiftete Brunnen oder ruinierte Industrie- oder Energieanlagen; sie begannen nun auch ihrerseits alles mitzunehmen, was sich irgendwie mitnehmen ließ, nicht nur die Ressourcen und Produkte aus Industrie und Landwirtschaft, sondern auch die menschliche Arbeitskraft. In Mzensk, das die 4. Panzerdivision Anfang Oktober 1941 erobert hatte, trafen die sowjetischen Verbände, welche die Stadt im Juli 1943 befreiten, nur noch auf zwei alte Frauen und vier Katzen; sie waren die einzigen Lebewesen, die es hier noch gab[103].

Auch an diesem schrecklichen Finale haben sich alle Kampfverbände unseres Samples beteiligt. Entsprechende Hinweise finden sich seit Winter 1942/43 im Tagebuch Farnbachers (4. Pz. Div.)[104], oder in den Aussagen, die Generalleutnant Arthur Kullmer (296. Inf. Div.) im Jahre 1947 vor einem sowjetischen Gericht machte: „Es war notwendig, für den heranrückenden Gegner Zonen mit unerträglichen Bedingungen zu schaffen", begründete er damals das Verhalten seiner Soldaten[105].

---

[100] Vgl. Frieser, Rückschlag des Pendels; ders., Zusammenbruch im Osten.
[101] Vgl. hierzu Müller, Wehrmacht und Okkupation, S. 248 ff.; Gerlach, Morde, S. 1092 ff.; Nolzen, „Verbrannte Erde"; Wegner, Aporie, S. 256 ff.; Pohl, Herrschaft, S. 321 ff.
[102] So beschwerte sich Hitler im Februar 1943 darüber, „daß beim Rückzug zu wenig zerstört worden ist". Aus einem Vermerk des Wehrwirtschaftsamts im OKW vom 19.2.1943, in: Europa unterm Hakenkreuz, Bd. 5, Dok. 158. Vgl. auch mit Hitlers Weisung vom 4.9.1943, in: KTB OKW, Bd. III/2, S. 1455 f.: „Der Gegner muß ein auf lange Zeit voll unbrauchbares, unbewohnbares, wüstes Land, wo noch monatelang Minensprengungen vorkommen, übernehmen."
[103] Werth, Russland im Krieg, S. 463.
[104] BA-MA, MSg 1/3283: Fritz Farnbacher, Tagebuch, Eintrag vom 3.2., 7.2. und 8.2.1943; BA-MA, MSg 1/3289, ebda., Eintrag vom 12.7., 15.7. und 28.7.1944 sowie 3.8.1944; BA-MA, MSg 1/3290, ebda., Eintrag vom 29.3.1945. Besonders bemerkenswert scheint Farnbachers Eintrag vom 3.2.1943 (BA-MA, MSg 1/3283): „Der Krieg hat viel scheußlichere Formen angenommen als 1941/42! Nicht, daß es die große Kälte von damals ist – im Durchschnitt ist es doch etwa 10 Grad wärmer als den letzten Winter –, aber die Ausweitungen des Rückzuges in diesem Winter, die moralische Seite, sind doch erschreckend!"
[105] StA Gomel, R–1345–2–7, Kopie USHMM, RG–53.005 M, recl. 1.
Kullmer stritt die Vernichtungsmaßnahmen seiner Division nicht ab, bestritt aber die Vergiftung von Brunnen. Allerdings gab er zu, dass im Bezirk Schisdra und Rogatschow Arbeitsla-

Einem Befehl der 45. Infanteriedivision vom Januar 1943 lässt sich entnehmen, was alles unter eine „Räumungsbewegung" fallen konnte[106]: von der Sprengung aller Brücken ist hier die Rede, von der Verminung der „Straßen, Engen und Furten", der Verseuchung der Brunnen und schließlich auch vom „Abschub der Zivilbevölkerung", deren „wehrfähiger" Teil unverzüglich dem „Einsatz zur Arbeit" zugeführt werden sollte. Der Krieg, den die Deutschen über die Sowjetunion gebracht hatten, hatte dem Land schon vorher viele Wunden geschlagen. Noch nie aber hatte er mit einer solchen Systematik und mit solch einer zerstörerischen Gewalt das Land durchpflügt.

Mit der Verschleppung der Zivilbevölkerung erhielt die Strategie der „Verbrannten Erde" eine neue Dimension. Zu den ersten größeren Deportationen kam es im Winter 1942/43 nach den deutschen Niederlagen in Stalingrad und im Kaukasus[107]; *systematisch* erfasst und zwangsumgesiedelt wurde die ortsansässige Zivilbevölkerung jedoch erstmals während der „Büffel-Bewegung", als die Wehrmacht im März 1943 den weit vorgeschobenen Frontbogen um Rshew und Wjasma räumte und dabei 190 000 Menschen mit sich führte[108]. Wurden allein in Weißrussland eine Million Personen in irgendein Nirgendwo getrieben[109], so waren es in der gesamten Sowjetunion schließlich mindestens 2,3 Millionen Menschen, die nun ihr Heim und ihren letzten Besitz verloren[110]. Ein Teil dieser erschöpften und verängstigten Menschenmassen folgte allerdings mehr oder weniger freiwillig den deutschen Rückzugskolonnen; als sich die Wehrmacht im Winter 1942/43 aus dem Kaukasus und dem Don-Gebiet zurückzog, wurden „100 000 Menschen unter Steuerung durch die Arbeitseinsatz- und La[ndwirtschafts]-Dienststellen in Marsch" gesetzt[111]. „Aus Angst vor den Sowjets setzten sich selbst [...] etwa noch weitere 50 000 Menschen in Bewegung." Allerdings dürfte die Bereitschaft der Zivilbevölkerung, die Deutschen auf ihrem Weg in den Untergang zu begleiten, mit zunehmender Kriegsdauer abgenommen haben[112]. Um so rigider reagierten diese wiederum, wenn es darum ging, diese Menschen für sich zu behalten, sie auszubeuten, insbesondere für den immer dringlicheren Stellungsbau, oder wenigstens ihre Wehr- oder Arbeitskraft dem Gegner zu entziehen. Selbst jene, die auf deutscher Seite als „nutzlose Esser" galten[113], erwartete oft ein grausames Schicksal. Mitunter pferchte die Wehrmacht die Alten, Krüppel, Frauen und Kinder nach langen, strapaziösen Elendsmärschen in irgendwelche Internierungslager[114], wo

---

ger für die Zivilbevölkerung existiert hätten, dass er Befehle zur Evakuierung der Zivilbevölkerung weitergeleitet habe und dass die 296. ID selbst die Saaten auf den Feldern mit Hilfe spezieller Walzen vernichtet habe.

[106] IfZ-Archiv, MA 1564/37: NOKW-3046: 45. Inf. Div., Abt. I a, „Divisionsbefehl Nr. 5" vom 28.1.1943.

[107] Lübbers, Die 6. Armee und die Zivilbevölkerung von Stalingrad; Pohl, Herrschaft, S. 323 f.

[108] Vgl. Verbrechen der Wehrmacht, S. 387; Rass, „Menschenmaterial", S. 381 f.

[109] Vgl. Gerlach, Morde, S. 501.

[110] Vgl. Müller (Hrsg.), Wirtschaftspolitik, S. 325 ff. Dort differenzierte Zahlenangaben. Vgl. auch die Übersichten in: Verbrechen der Wehrmacht, S. 387 ff. sowie Pohl, Herrschaft, S. 327.

[111] Müller (Hrsg.), Wirtschaftspolitik, S. 326.

[112] Im September 1943 rechnete man auf deutscher Seite nur noch mit einer Freiwilligkeit von 10 %. Vgl. Okkupationspolitik, Dok. 208; Müller (Hrsg.), Wirtschaftspolitik, S. 373.

[113] Aus einem Befehl des AOK 2 vom 28.6.1944, zit. in: Gerlach, Morde, S. 1097.

[114] Besonders bekannt wurde das Lager von Osaritschi, das Gerlach und Pohl allerdings als „Extremfall" verstehen. An der Zwangsevakuierung der ca. 40 000 Zivilisten in diesen Lagerkom-

man sie bis zu ihrer Befreiung durch die Rote Armee einfach ihrem Schicksal überließ[115].

Wie das Beispiel der 45. ID lehrt, hat auch die Fronttruppe diese grausamen
Trecks organisiert, wenn auch lustlos[116]. Denn für die Frontsoldaten hatten im
Chaos der Rückzüge ganz anderen Fragen Priorität: Wie konnte man den Gegner
aufhalten, wie die eigenen wirtschaftlichen Bedürfnisse einigermaßen befriedigen?
Und gelang es, das besetzte Hinterland einigermaßen ruhig zu halten? Ein Exodus
dieser Dimension musste dagegen nicht den eigenen Bewegungen ins Gehege
kommen, sie möglicherweise sogar verlangsamen (was in dieser Phase des Krieges
tödlich sein konnte). Sie sorgten auch für eine „Beunruhigung" einer Bevölkerung,
auf deren Unterstützung oder zumindest doch Stillhalten man sich immer weniger
verlassen konnte. Wenn die Truppenführung die Deportationen mitunter sogar
„behinderte"[117], so wird deutlich, das sie in der Truppe nur auf wenig Gegenliebe
trafen.

Gerade auch in dieser Phase, die zuweilen geprägt war von Zusammenbrüchen
ganzer Frontabschnitte, wurden längst nicht alle Befehle befolgt. So konnte sich
beispielsweise der General Eberbach das rapide Vorrücken der Roten Armee im
Dezember 1943 am Südflügel der Ostfront nur damit erklären, dass beim deutschen Rückzug viel zu wenig zerstört worden war[118]. Dennoch – schon allein die
Zwangsdeportationen, die als ein „System ineinandergreifender Maßnahmen" organisiert waren[119], wären ohne die stete Unterstützung durch das Militär kaum zu
realisieren gewesen. Zwar lag die Verantwortung für das gesamte Procedere formal
bei den Arbeitsdienststellen der Zivilverwaltung, doch waren diese mit solch gewaltigen Bevölkerungsverschiebungen völlig überfordert, so dass diese sie „in
engster Verbindung mit den Divisionen und Armeen, den Kriegsgefangenen-Ein-
richtungen und Versorgungstruppen" durchführten[120]. Gewöhnlich hatten die
weiter vorne gelegenen Einheiten für den ersten Teil der „Evakuierung" zu sorgen[121], die meist von Feldgendarmerie, den frontnahen Feld- und Ortskommandanturen sowie deren Hilfstruppen eskortiert wurden[122], weil man es sich ange-

---

plex, in dem zwischen 8000 und 9000 Menschen starben, beteiligten sich auch die 296. und die
45. ID sowie die 4. Panzerdivision. Vgl. Gerlach, Morde, S. 1095 ff.; Rass, „Menschenmaterial", S. 377 ff., insbes. S. 389; Pohl, Herrschaft, S. 327 f.

[115] Vgl. auch StA Gomel, R–1345–2-7, Kopie USHMM, RG-53.005 M, recl. 1, wo der Zeuge P.
die Bedingungen in einem Lager beschreibt, das im Raum von Brjansk von der 296. ID aufgebaut worden war: „Wir wurden […] sehr schlecht behandelt. Zu essen gab es Buchweizensup-
pe einmal in 24 Stunden; die Menschen starben."

[116] Vgl. BA-MA, MSg 1/3289: Fritz Farnbacher, Tagebuch, Eintrag vom 28.7.1944; BA-MA, MSg
2/5323: NL Hans P. Reinert, Tagebuch, Eintrag vom 9.8.1943. Ferner Bartov, Hitlers Wehrmacht, S. 126; Alvensleben, Lauter Abschiede, S. 243 (Tagebucheintrag vom 3.11.1942).

[117] Vgl. Müller (Hrsg.), Wirtschaftspolitik, S. 328. Ferner Müller (Hrsg.), Okkupation, S. 362 f.; in
einer Aktennotiz des AOK 8 vom 25.10.1943 heißt es, dass „sich Generalfeldmarschall von
Kleist im übrigen gegen die von der Armee gewünschte Evakuierung ausgesprochen" habe.

[118] Vgl. Neitzel, Militärgeschichte ohne Krieg?, S. 301.

[119] Verbrechen der Wehrmacht, S. 386; Gerlach, Morde, S. 155.

[120] Vgl. Müller (Hrsg.), Wirtschaftspolitik, S. 325 f., Zitat: S. 329.

[121] Vgl. etwa Rass, „Menschenmaterial", S. 368 f.

[122] Vgl. Müller (Hrsg.), Okkupation, Dok. 140, 145–147, 150 f., 159. Ferner, Rass, „Menschenmaterial", S. 369. Eingehend dazu der Befehl der Heeresgruppe Süd vom 22.8.1943 (Dok. 145):
„Für die Rückführung sind die Kgf.-Einheiten, frei werdende Kommandanturen, insbesondere aber deutsche und einheimische Polizeikräfte sowie deutsche Wirtschaftsdienststellen

sichts der dünnen Frontlinien kaum leisten konnte, das Gros der fronttauglichen Truppen auf zeitaufwendige Evakuierungsmärsche nach hinten zu schicken[123]. Waren die Trecks in den Auffanglagern angelangt, dann wurden diese Menschen wie Arbeitssklaven „nach den Weisungen des G[eneral]B[evollmächtigten für den] A[rbeitseinsatz] bezw. seiner Beauftragten" an zivile, aber auch militärische Dienststellen verteilt[124]. Der kleinere Teil blieb bei der Truppe[125], während die meisten in den rückwärtigen Gebieten oder gar erst im Reich zum Einsatz kamen.

Übernahmen die Frontverbände bei den Deportationen gewöhnlich nur den ersten Teil, so spielten sie bei der Verwüstung des aufgegebenen Gebiets nicht selten eine Schlüsselrolle[126]. Zwar lag die Regie bei der Wirtschaftsorganisation Ost[127], doch war für die Umsetzung im *Operationsgebiet* allein der militärische Apparat verantwortlich[128]. Hier ging es um mehr als nur um den Einsatz einiger „Zerstörungskommandos"[129] wie im Winter 1941/42. „Jeder einzelne hat die Pflicht dafür zu sorgen, daß das dem Feind überlassene Gebiet für jede militärische und landwirtschaftliche Nutzung auf absehbare Zeit hinaus ausfällt"[130], lautete die Parole, welche die deutschen Kommandostellen inzwischen ausgegeben hatten. So war es denn kein Wunder, wenn am Ende dann „jeder Trossknecht sich dazu berufen fühlte, Zerstörungen vorzunehmen" – so eine Beobachtung des Generals Heinrici aus dem Jahr 1944[131]. Zwar verlangte die vielschichtige und vor allem immer aggressiver gehandhabte Strategie des ARLZ[132], des Auflockerns, Räumens, Lähmens und Zerstörens, eine Vorbereitung „von langer Hand"[133] sowie eine Beteiligung und Abstimmung vieler Institutionen, auch ziviler wie etwa des RAD, der Organisation Todt oder der Wirtschaftsorganisation Ost. Doch waren die Front-Einheiten naturgemäß jener Teil der deutschen Macht, der das besetzte Land als letztes verließ, so dass oft sie für die Verwirklichung von Verwüstung, Deportation

---

(Landwirtschaftsführer, WiKo, Arbeitsämter, die Beauftragten des G.B.A.) heranzuziehen, soweit nicht militärische Kräfte zur Verfügung gestellt werden können."

[123] Vgl. den Bericht der Propagandakompanie K, o.D., in: Müller (Hrsg.), Okkupation, S.363–366: „Die direkte Evakuierung obliegt den einzelnen Divisionen, welche dann die einzelnen Trupps mit kleinen Begleitkommandos zu den bestimmten Übergabepunkten an die Zivilverwaltung senden." Vgl. ferner Dok.159.
Vgl. auch Rass, „Menschenmaterial", S.375: „Die Soldaten, die mit der Durchsetzung dieser Zwangsmaßnahmen gegenüber der Zivilbevölkerung befasst waren, waren meist und in der Mehrzahl Angehörige der rückwärtigen Dienste […]."

[124] So der GBA in einem Erlass vom 8.9.1943, zit. in: Verbrechen der Wehrmacht, S.391.

[125] Einen Teil dieser Arbeitskräfte behielt die kämpfende Truppe, wobei ihr Anteil „auf ein Mindestmaß" beschränkt werden sollte. Aus einem Befehl des Bfh. Rückw. Heeresgebiet Nord vom 21.9.1943, in: Europa unterm Hakenkreuz, Bd.5, Dok.210.

[126] Vgl. die Anordnung des AOK 6 vom 10.4.1943. Druck: Müller (Hrsg.), Okkupation, S.308f.

[127] Vgl. Müller (Hrsg.), Wirtschaftspolitik, S.59. Weitere Belege bei Müller (Hrsg.), Okkupation, Dok.141, 144, 148, 150–152, 154, 163, 167.

[128] Vgl. Anlage 76, in: Müller (Hrsg.), Wirtschaftspolitik, S.560–576; Verbrechen der Wehrmacht, S.390; Müller (Hrsg.), Okkupation, Dok.170; Pohl, Herrschaft, S.326.

[129] IfZ-Archiv, MA 1622: Gruppe v. Oven [Teil 45. Inf. Div.], Abt. I a, „Befehl für die Zurücknahme in die Winterstellung" vom 24.12.1941.

[130] Vgl. Eine Schuld, die nicht erlischt, Dok.141. Ferner die Beispiele bei Bartov, Hitlers Wehrmacht, S.125ff.

[131] So Heinrici am 18.3.1944, zit. bei: Hürter, Heinrici, S.51.

[132] Hierzu eingehend: Müller (Hrsg.), Wirtschaftspolitik, S.372ff., 553ff.

[133] Befehl der H.Gr. Süd vom 22.8.1943, in: Eine Schuld, die nicht erlischt, Dok.145 sowie Müller (Hrsg.), Wirtschaftspolitik, S.375.

und Ausplünderung Sorge zu tragen hatten. Das war nicht allein eine Folge der
rigiden Vernichtungs-Befehle. Die Rückzüge des Ostheers waren teilweise auch
geprägt von einer allgemeinen Untergangsstimmung, die mitunter in ein chao-
tisches Rette-sich-wer-kann münden konnte. Jeder spürte „den Beginn einer Auflösung"[134], die nicht selten auch eine Auflösung von Disziplin und Moral war.
Unter dem Druck der militärischen Ereignisse begannen nun die Grenzen zwischen dem befohlenen und dem individuell motivierten Kriegsverbrechen mehr
und mehr zu verschwimmen. Angesichts der zusammenbrechenden Strukturen
des deutschen Ostheers, auch seiner logistischen, wurden einzelne deutsche Soldaten oder ganze Trupps, die mit dem System der Plünderung ihr Überleben zu sichern suchten[135], phasenweise zu einer Alltagserscheinung.

5.6.6 Ein Fazit

Das System der „Verbrannten Erde" kam im deutsch-sowjetischen Krieg nicht
zum ersten Mal zum Einsatz. Es hatte eine lange Tradition. Von den vielen Beispielen, welche die Geschichte des Krieges bietet, sei abschließend eines herausgegriffen, das Unternehmen „Alberich", in dessen Folge sich im Februar/März 1917
Teile der deutschen Westfront auf die „Siegfried-Linie" zurückzogen[136]. Schon damals suchten die Deutschen zwischen sich und dem Gegner eine Wüstenzone zu
legen. Ein Augenzeuge wie Ernst Jünger hat sehr genau erfasst, dass seine Landsleute damit nicht nur den Gegner schädigten: „Die Bilder erinnerten, wie gesagt,
an ein Tollhaus und riefen eine ähnliche, halb komische, halb widrige Wirkung
hervor. Sie waren auch, wie man sogleich bemerkte, der Manneszucht abträglich.
Zum ersten Male sah ich hier die planmäßige Zerstörung, der ich später im Leben
noch bis zum Überdruß begegnen sollte; sie ist unheilvoll mit dem ökonomischen
Denken unserer Epoche verknüpft, bringt auch dem Zerstörer mehr Schaden als
Nutzen und dem Soldaten keine Ehre ein."[137]
Dies ist nicht nur ein ungewöhnlich klarsichtiges Urteil, erstaunlich scheint auch
der Zeitpunkt. Denn die Vernichtungsaktionen des Zweiten Weltkriegs, auf die
Jünger schon vorsichtig verweist, sind mit denen der Jahre 1914 bis 1918 kaum zu
vergleichen. In einem Punkt aber bestand eine bemerkenswerte Übereinstimmung:
Schon damals hat das Destruktionsprogramm seinen Exekutoren „keine Ehre"
eingebracht. Erst recht galt das für die Ereignisse der Jahre 1941 bis 1945. Das lag
nicht allein daran, dass die deutsche Untergangsstrategie des Zweiten Weltkriegs
sehr viel radikaler und flächendeckender umgesetzt wurde und dass in einem Bewegungskrieg zwangläufig viel mehr Zivilisten unter einer solchen Strategie zu

---

[134] Grützner, in: Müller (Hrsg.), Wirtschaftspolitik, S. 640. Vgl. ferner Rass, „Menschenmaterial",
S. 384. Generell hierzu: Hentig, Die Besiegten.
[135] Vgl. etwa Dallin, Deutsche Herrschaft, S. 377; Rass, „Menschenmaterial", S. 384.
[136] Die militärisch erfolgreiche Absetzbewegung, in deren Folge knapp 5000 Quadratkilometer
Land zwischen Arras und Soissons völlig verwüstet, 200 Ortschaften zerstört und 100 000
Zivilisten ins Hinterland deportiert wurden, sorgte im Ausland für einen verheerenden Eindruck. Vgl. Kriegsgeschichtliches Forschungsamt des Heeres (Hrsg.), Der Weltkrieg 1914 bis
1918, Bd. 12, S. 130ff.; Hirschfeld/Krumeich/Renz (Hrsg.), Enzyklopädie Erster Weltkrieg,
S. 326f. (Beitrag Markus Pöhlmann).
[137] Jünger, In Stahlgewittern, S. 141f.

leiden hatten als bei den Stellungskämpfen der Jahre 1914 bis 1918. Noch folgenreicher war der Einfluss des Ideologischen auf diese Form der Kriegführung. Hinter der Strategie der „Verbrannten Erde" standen eben nicht nur „rein militärische
Gründe", wie etwa der Generalfeldmarschall Erich von Manstein vor dem Internationalen Militärgerichtshof in Nürnberg behauptete[138]. Das soll nicht heißen,
dass dabei militärische Erwägungen überhaupt keine Rolle gespielt hätten. Aus
Sicht der Truppe, gerade auch der einfachen Soldaten, waren solche Erwartungen
sogar maßgebend. Aber je höher man in der deutschen militärischen und politischen Führung kam, desto mehr traten auch andere Absichten hervor – Absichten
wirtschaftlicher, politischer oder auch ideologischer Art. Wie beim „Projekt" der
Shoah[139] suchte Hitler den Gegner noch mit in den eigenen Untergang zu ziehen[140]. Zweifellos war die Strategie der „Verbrannten Erde" kein Genozid[141], aber
es ging doch um eine langfristige Vernichtung der gegnerischen Lebensgrundlagen.

Damit erlebte der Krieg gegen die Sowjetunion seine letzte große Steigerung. Es
spricht für die Wirkung dieser Entwicklung, wenn sie von der deutschen Seite auch
dann nicht mehr außer Kraft gesetzt wurde, als man das sowjetische Territorium
längst verlassen hatte[142]. Diese spezielle Form der Vernichtungsstrategie, die dann
mit Hitlers berüchtigtem „Nero-Befehl" vom März 1945 schließlich ihren Höhepunkt erreichte[143], blieb ein Mittel im Arsenal der deutschen Kriegführung. Gewiss hat sich auch Stalin dieses Mittels bedient. Doch handelte es sich bei seiner
Strategie um das, was bereits Clausewitz als den „Rückzug in das Innere des
Landes" bezeichnet hat[144]. Im Gegensatz zu seinem deutschen Gegenspieler verband Stalin damit noch immer eine realistische Hoffnung auf den Sieg. Dagegen
verlor das, was man auf deutscher Seite inszenierte, schon bald jeden Sinn; es war
im Grunde ein kollektives Selbstmordprogramm, in das die deutsche Führung
möglichst viele hineinziehen wollte.

Die Verantwortung der Wehrmacht für diese Art der Kriegführung, die ein Augenzeuge als „die verhängnisvollste Maßnahme" bezeichnete, die er im Osten in

---

[138] Vgl. IMT, Bd. 21, S. 13. Zu Mansteins Rolle bei der Umsetzung der „Verbrannten Erde" vgl.
Wrochem, Erich von Manstein, S. 88 ff.
[139] So hat bereits Andreas Hillgruber die unbarmherzige Haltestrategie Hitlers auch mit der
Überlegung erklärt, dem Diktator sei es auch darum gegangen, in der ihm noch verbleibenden
Zeit so viele Juden wie möglich zu ermorden. Ders., Der 2. Weltkrieg, S. 97.
[140] Diese Absicht ließ Hitler schon sehr früh in seiner öffentlichen Rede vom 30.1.1942 durchblicken, selbst wenn er dabei die ganze Konsequenz seiner Vernichtungsstrategie nicht wirklich
enthüllte: „Diese Fronten – sie stehen, und wo an einzelnen Stellen die Russen durchbrachen,
und wo sie irgendwo glaubten, einmal Ortschaften zu besetzen, sind es keine Ortschaften
mehr, sondern nur noch Trümmerhaufen." In: Domarus (Hrsg.), Hitler, Bd. II, S. 1832.
[141] So hat Gerlach (Morde, S. 1104) darauf hingewiesen, dass die Wehrmacht bei ihren Rückzügen, „entgegen der landläufigen Annahme, anscheinend nur in Ausnahmefällen vorsätzlich"
Zivilisten erschoss.
[142] Zu den Rückzugsverbrechen im besetzten Frankreich, die teilweise stark von jenen Mustern
beeinflusst wurden, die man bereits seit Jahren „im Osten" eingeübt hatte, vgl. nun Lieb, Konventioneller Krieg, S. 448 ff. Signifikant für das Geschehen im Westen ist freilich auch, dass der
größere Teil dieses Zerstörungsprogramms nicht mehr umgesetzt wurde, auch deshalb weil die
Wehrmacht hierzu nicht bereit war.
[143] Vgl. hierzu Henke, Die amerikanische Besetzung Deutschlands, S. 421 ff.
[144] Vgl. Clausewitz, Vom Kriege, S. 505 ff.

zwei Jahren erlebt habe[145], war groß. Das betraf in diesem Fall besonders die
Fronttruppe, die als letzter Teil der deutschen Besatzungsmacht die Sowjetunion
räumte. Sie hinterließ ein Land, das so gründlich verwüstet und ausgeplündert war,
wie das in diesen langen Kriegsjahren noch nie geschehen war. Zweifellos sollte
man sich auch hier vor Verallgemeinerungen hüten. Auch in diesem Fall waren
vermutlich die Unterschiede zwischen den einzelnen Einheiten, Frontabschnitten
oder Kommandeuren größer, als man unter politischen und institutionellen Umständen wie diesen vermuten könnte. Und es gab – auch das sollte man nicht vergessen – eine Arbeitsteilung zwischen den zivilen und den militärischen Institutionen und auch innerhalb des militärischen Apparats selbst[146]. Doch ändert das
nichts daran, dass es in dieser jahrelangen Auseinandersetzung wahrscheinlich
keine Entwicklung gab, in der das Prinzip des Vernichtungskriegs auf so breiter
Front die militärischen Ereignisse zu prägen begann, wo die Entgrenzung der
Gewalt so augenfällig wurde wie in diesem Fall.

---

[145] Brief des Militärverwaltungsrats W. Schumann vom 7.3.1944, in: Verbrechen der Wehrmacht,
      S. 391.
[146] Zur besonderen Rolle der Pioniertruppe im Rahmen der Strategie der „Verbrannten Erde" vgl.
      Müller (Hrsg.), Okkupation, Dok. 138, 142, 162.

Schluss

Die Wehrmacht hat viel zu verantworten. Völkerrechtswidrig war bereits der Befehl, den Krieg gegen die Sowjetunion als Überraschungsschlag, ohne Kriegserklärung, zu eröffnen[3]. Ein Befehl Hitlers, keine Frage, aber die Wehrmacht hat ihn befolgt. Die Folgen waren entsprechend: 1945 lagen allein in der Sowjetunion 1710 Städte und etwa 70000 Dörfer in Schutt und Asche[4]. Demographischen Berechnungen zufolge starben im „Großen Vaterländischen Krieg" insgesamt 26,6 Millionen Sowjetbürger[5] – unter ihnen 3 Millionen sowjetische Kriegsgefangene, 2,4 Millionen sowjetische Juden und weitere 500000 Menschen, die infolge des Partisanenkriegs umkamen. Noch größer war die Zahl derer, die als Verstümmelte, Heimatlose, Gebrochene, Verwitwete und Verwaiste zurückblieben. Schon im Januar 1942 bezeichnete einer der führenden Köpfe des deutschen Widerstands den Ostkrieg als „ein gigantisches Verbrechen"[6]. Eindrücke wie diese mussten sich nicht nur den Beobachtern aus der Ferne aufdrängen. Das alles sei „schon mehr Mord als Krieg", schrieb ein deutscher Feldwebel im November 1941, der in einem Kriegsgefangenenlager Dienst tat[7].

---

[1] Charles Baudelaire, Les Fleurs du mal. Introduction et notes de Blaise Allan, Paris 1995, S. 98f.: „Ich bin die Wange und der Streich/Ich bin das Messer und die Wunde/Glieder und Rad zur selben Stunde/Opfer und Henkersknecht zugleich."

[2] Stefan George, Der Krieg, Berlin 1917, S. 5.

[3] Bereits die Eröffnung des Krieges in Form eines Überfalls auf die Sowjetunion war in mehrfacher Hinsicht völkerrechtswidrig. Er verstieß gegen das internationale Abkommen über den Beginn der Feindseligkeiten vom 18.10.1907, demzufolge diese nur mit einer förmlichen Kriegserklärung beginnen durften, gegen den Deutsch-Sowjetischen Nichtangriffspakt vom 23.8.1939 und gegen den Deutsch-Sowjetischen Grenz- und Freundschaftsvertrag vom 28.9.1939. Druck: Lodemann (Hrsg.), Kriegsrecht, S. 12ff.; ADAP, Serie D, Bd. VII, Dok. 228; Bd. VIII, Dok. 157. Zudem verbot der Briand-Kellogg-Pakt, dem das Deutsche Reich am 27.8.1928 beigetreten war, den Krieg „als Werkzeug nationaler Politik".

[4] Barber/Harrison, Soviet Home Front, S. 42f. Auch zum Folgenden.

[5] Von diesen sind etwa 11,4 Millionen Menschen als Angehörige der sowjetischen Streitkräfte infolge der Kampfhandlungen gestorben. Noch mehr Probleme bereitet die Berechnung der zivilen Opfer. Da deren Höhe auch mit Hilfe demographischer Berechnungen ermittelt wurden, sind in der Gesamtzahl die direkten wie die indirekten Folgen des Krieges enthalten, ferner die Opfer infolge deutscher, aber auch sowjetischer Verbrechen. Vgl. Krivosheev (Hrsg.), Soviet Casualties, S. 83ff.; Erickson, Soviet War Losses, S. 256; Sokolov, Cost of War; Korol, Price of Victory; Zubkova, Die sowjetische Gesellschaft, S. 365; Overy, Rußlands Krieg, S. 435ff.

[6] Moltke, Briefe an Freya 1939-1945, S. 340 (Brief vom 6.1.1942).

[7] Mit Blick auf die Judenerschießungen, die das Einsatzkommando 8 in Kritschew im November 1941 durchführte. Jarausch/Arnold, Sterben, S. 339 (Brief vom 14.11.1941).

Natürlich fallen Anteil und Verantwortung der Wehrmacht an den Verbrechen dieses Krieges sehr unterschiedlich aus. Es gab konkurrierende deutsche Organisationen, die gewissermaßen auf den Rechtsbruch spezialisiert waren, ganz davon abgesehen, dass es sich bei den 26,6 Millionen sowjetischen Toten beileibe nicht nur um Opfer deutscher Kriegs- oder NS-Verbrechen handelt. Die Wehrmacht hat einen Krieg in die Sowjetunion getragen, der dort viele Wirkungen hatte, auch weil er sich dort verselbständigte; erinnert sei an den Partisanenkrieg, der immer auch ein Bürgerkrieg im Innern der Sowjetunion war. Trotzdem, den Mythos von der „sauberen" Wehrmacht braucht niemand mehr zu entlarven[8]. Ihre Schuld ist so erdrückend, dass sich darüber jede Diskussion erübrigt.

Thema dieser Untersuchung war daher eine andere Frage. Sie ist komplexer, ihre Beantwortung bereitet mehr Mühe und erfordert viel Zeit. In ihrem Mittelpunkt steht nicht eine abstrakte, anonyme Institution, sondern die Individuen, die ihr angehörten. Ihre Zahl wird auf 17 bis 18 Millionen Menschen geschätzt, diejenigen, die in der Sowjetunion im Einsatz waren, auf etwa 10 Millionen[9]. Welche Folgen hatte das für sie? Und vor allem: Wieweit sind sie dadurch schuldig geworden?

Angesichts solcher Dimensionen hat sich diese Arbeit auf einen kleinen Ausschnitt der Wehrmacht konzentriert. Unter drei Einschränkungen im Hinblick auf Organisation, Ort und Zeit – das heißt in diesem Fall: die deutschen Landstreitkräfte, den Kriegsschauplatz Sowjetunion sowie das erste Jahr des deutsch-sowjetischen Krieges, die Zeit von Juni 1941 bis Juni 1942 – wurden Pars pro Toto fünf deutsche Formationen ausgewählt: zwei Infanteriedivisionen (45. und 296.), eine Panzer- (4.) und eine Sicherungsdivision (221.) sowie die Kommandantur eines Rückwärtigen Armeegebiets (580). Diese fünf Verbände hatten eine einzige Aufgabe: gegen die Sowjetunion Krieg zu führen. Doch taten sie das auf mehr als eine Weise. Denn diese fünf Formationen unterschieden sich nicht nur von ihren Ausgangsbedingungen – ihrer Größe und Organisation oder dem „Menschenmaterial", aus dem sie sich rekrutierten. Auch ihre Funktion und damit das, was sich in ihrem Fall unter Allerweltsbegriffen wie „Einsatz" oder „Krieg" verbirgt, konnte sehr variieren. Allein der Ort, an dem dieser Einsatz stattfand, ist ein Kapitel für sich.

Verglichen mit den 164 Divisionen und 3,3 Millionen Soldaten des Ostheers (Stand Juni 1941) handelte es sich bei diesen fünf Verbänden und ihren etwa 60 000 Mann nur um einen kleinen Ausschnitt. Trotzdem lassen sie sich typologisch gewissermaßen als Archetypen dieser riesigen Streitmacht verstehen und in der Kombination unseres Samples auch als ein Modell, das der institutionellen, räumlichen und zeitlichen Komplexität des Geschehens Rechnung trägt. An diesem Modell sollte – um auf die Ausgangsfragen dieser Studie zurückzukommen – überprüft werden, wieweit es im Falle der Wehrmacht legitim ist, von einer Organisation auf ihre Angehörigen zu schließen. Wurden sie in eben diesem Maße schuldig wie „die" Wehrmacht, deren Teil sie waren? Selbst für unseren Ausschnitt lässt sich diese Frage niemals erschöpfend beantworten, sozusagen Mann für Mann.

---

[8] Vgl. etwa das Cover der 2008 erschienenen Studie von Römer, Kommissarbefehl, die nun „endgültig die Legende von der ,sauberen Wehrmacht'" zerstöre.
[9] Vgl. mit den Nachweisen in der Einleitung. Auch zum Folgenden.

Möglich ist dagegen, ihren Einsatz in der Sowjetunion, ihren militärischen Alltag, so präzise und differenziert darzustellen, dass dessen Strukturen sichtbar werden. Gerade dafür eignen sich militärische Organisationen von der Größe einer Division sehr gut.

Sicher ist: Die fünf Verbände, die im Mittelpunkt dieser Studie stehen, haben viele Verbrechen zu verantworten (Kapitel 5). Die Liste der Tatbestände ist lang: Vernachlässigung der Fürsorgepflicht gegenüber der Zivilbevölkerung, systematische Unterversorgung der Kriegsgefangenen, Misshandlungen, Plünderung, Ausbeutung, Repressalien, flächendeckende Verwüstung und immer wieder Morde, Morde, Morde. Dabei entlastet es nicht gerade die Täter, wenn diese Verbrechen nur selten im Chaos der Schlacht verübt wurden, die geprägt war von Dynamik, Unberechenbarkeit und Interaktion. Vielmehr kamen die meisten Kriegsgefangenen, Zivilisten oder sowjetischen Funktionäre gerade nicht im Kampf ums Leben, und auch die übrigen Vergehen ereigneten sich meist erst dann, wenn die eigentlichen Kämpfe schon längst abgeflaut waren.

Wie stellt sich das Bild im Einzelnen dar? Von den fünf Verbänden unseres Samples hatte die *221. Sicherungsdivision* mit Abstand die meisten Verbrechen zu verantworten. Das gilt für fast alle verbrecherischen Handlungsfelder, um die es in dieser Untersuchung ging: den Völkermord, den massenhaften Tod der sowjetischen Kriegsgefangenen, die Liquidierung der sowjetischen Nomenklatura oder den Partisanenkrieg, der auf dem Rücken der einheimischen Bevölkerung ausgetragen wurde. Eine Ausnahme bildet lediglich die Devastation, die Taktik der „Verbrannten Erde"; dass sich die 221. im Winter 1941/42 daran beteiligte, war Zufall. Hier handelte es sich gewöhnlich um einen Verbrechenskomplex, der fast ausschließlich in die Verantwortung der Fronttruppe fiel.

Nicht sehr viel besser sieht die Bilanz des *Korück 580* aus. Allerdings sind in seinem Fall einige Einschränkungen angebracht: Aufgrund seiner anfänglichen Schwäche fungierte dieser frontnahe Besatzungsverband im Jahr 1941 eher als Komplize, etwa wenn er Himmlers SS- und Polizeieinheiten zuarbeitete. Erst mit seiner systematischen „Aufrüstung" seit Frühjahr 1942 wurde dieser Korück dann wirklich handlungsfähig. Allerdings verfügte er damals mit Generalleutnant Agricola bereits über einen neuen Kommandanten, der maßvoller und humaner agierte als seine Vorgänger. So gelang es ihm beispielsweise, die Verhältnisse in „seinen" Kriegsgefangenenlagern entscheidend zu verbessern. Um so stärker ist freilich der Gegensatz zu der verhängnisvollen Rolle, die dieser Korück nach wie vor im Partisanenkrieg spielte.

Dieses düstere Ranking von Verbrechen und Schuld wird fortgesetzt durch die *4. Panzerdivision*. Obwohl die Verbrechensdichte bei der kämpfenden Truppe generell deutlich geringer war als bei den Besatzungsverbänden – so jedenfalls der Befund, der sich aus den vorliegenden Quellen ergibt –, waren im Winter 1941/42 zwischen einer Sicherungsdivision und den „Vierern" kaum noch Unterschiede zu erkennen. Auf das Konto dieser Panzerdivision gingen Morde an Kriegsgefangenen, Kommissaren, Zivilisten und vermutlich auch Juden, um nur die schwersten Verbrechen zu nennen.

Bei den beiden Infanteriedivisionen lässt sich ein solch extremer Verrohungsprozess nicht beobachten, sehr wohl aber eine Beteiligung an den Untaten dieses

Krieges. Dass bei einem Vergleich die *296.* deutlich schlechter abschneidet als die *45. Infanteriedivision*, ist vor allem in der Rolle begründet, die erstere beim Judenmord spielte. Dagegen scheint die 45. ID, fasst man alle Ergebnisse zusammen, noch am ehesten den Gesetzen und Gebräuchen des Krieges entsprochen zu haben. Doch gilt das nur in Relation zu ihrem Umfeld. Denn auch diese Division hat Verbrechen zu verantworten, erinnert sei etwa an ihr Verhalten während der Kämpfe von Brest-Litowsk, bei der Besetzung von Pinsk oder im Winter 1941/42.

Das heißt: Alle fünf Verbände, um die es in dieser Studie ging, wurden im ersten Jahr des deutsch-sowjetischen Krieges schuldig an Kriegs- und oft auch NS-Verbrechen. Allerdings: Das Ausmaß ihrer Beteiligung an diesen Verbrechen konnte sehr variieren; die Gewalteskalation war kein Dauerzustand. Und: Neben dem Verbrechen gab es auch die Normalität eines militärischen Alltags, der mit dem Begriff des „Vernichtungskriegs" kaum adäquat beschrieben ist.

Individuelle Schuld oder Verantwortung sind bei all dem nur schlaglichtartig erkennbar geworden. Auch ist der genaue Anteil derer, die den Scharfmacher spielten, oder jener, die sich der Radikalisierung des Krieges verweigerten, nur schwer zu bestimmen. Das liegt schon an den Quellen, in denen das Individuum häufig hinter den Apparat zurücktritt. Sehr viel klarer abgezeichnet hat sich dagegen anderes: die Größenordung dieser Untaten, ihr Stellenwert im Alltag der Truppe, die Voraussetzungen des Rechtsbruchs, Sozialprofil und Mentalität der Tätergruppen und nicht zuletzt auch ganz spezielle „Handschriften", für die oft einzelne Multiplikatoren innerhalb des militärischen Apparats – das konnten Generale sein, aber auch Subalternoffiziere – die Verantwortung trugen.

Allerdings wäre es nicht nur einseitig, es wäre schlichtweg falsch, die facettenreiche Geschichte der Wehrmacht auf die Geschichte ihrer Verbrechen zu reduzieren. Dies mag vielleicht dem Verständnis einer arbeitsteilig organisierten Wissenschaft entsprechen, wird aber dem Ereignis und der Organisation, um die es hier geht, kaum gerecht. Das gilt auch für den Aspekt des Rechtsbruchs. Löst man ihn aus seinem Kontext, so fehlt bereits der Maßstab, um seinen Stellenwert zu bestimmen, den er für die einzelne Einheit bzw. für die Wehrmacht insgesamt hatte. Für sie aber war das Verbrechen keine feste Größe, unser Ausschnitt ist dafür der beste Beweis. Vielmehr hing die Frage, wie weit dem Prinzip Vernichtungskrieg Rechnung getragen wurde, ab von externen Faktoren wie *Institution*, *Raum*, *Zeit* und *Krieg*.

Beginnen wir mit der *Institution* (Kapitel 1 und 2). Bereits Organisation, Funktion, Ausrüstung und Einsatzgrundsätze einer militärischen Formation verraten im Grunde sehr viel über ihr Verhalten im Krieg. Wie in jeder modernen Armee so basierte auch die Organisation der Wehrmacht auf den Prinzipien von Spezialisierung und Arbeitsteilung. Einen Eindruck von ihrer Komplexität und Größe hat der organisationsgeschichtliche Überblick vermittelt. Angesichts der unzähligen Varianten von Dienstgrad, Dienststellung, Aufgaben und institutionellem Umfeld fällt es schwer, selbst in einer einzigen Division so etwas wie den Durchschnittssoldaten zu definieren. Kommen verschiedene Divisionstypen oder gar Teilstreitkräfte ins Spiel, dann potenzieren sich diese Unterschiede. Auch der Umstand, dass die Wehrmachtsführung wirklich alle personellen und materiellen Ressourcen für die Vorbereitung des „Unternehmens Barbarossa" zusammenkratzen musste, war sicherlich kein Beitrag zur Vereinheitlichung dieses Millionen-Heers.

Noch größer werden diese *systemimmanenten* Differenzen bei einer Berücksichtigung der „weichen" Charakteristika eines militärischen Kollektivs, also Aspekten wie Professionalität oder Leistungs- und Leidensfähigkeit, die wiederum mit der Mentalität und dem Sozialprestige dieser militärischen Milieus korrespondieren. Davon war ausführlich die Rede – von Kampfkraft und Selbstbewusstsein der 4. Panzerdivision, von den bescheidenen militärischen Möglichkeiten der beiden Besatzungsverbände, die dennoch ohne jede Rücksicht auf Alter, Ausrüstung und Ausbildung in den Kampf geworfen wurden, oder von den beiden Infanteriedivisionen, die quasi die unermüdlichen Arbeitspferde des Ostheers darstellten, wobei in diesem Fall der militärische „Abstieg" der „alten" 45. ID und die „Emanzipation" der „neuen" 296. ID auffällt. Deutlich wird bei diesem Vergleich auch, welche Faktoren eine Radikalisierung einer Formation besonders begünstigen konnten. Im Falle der 4. Panzerdivision etwa waren es ihr Herkommen – eine Region, in der der Nationalsozialismus überdurchschnittlich erfolgreich war –, ihr Kommandeur, der sich zunächst stark mit dieser Ideologie identifizierte, der Elitecharakter dieser Division und schließlich ihre Funktion im Krieg; von den motorisierten Divisionen wurde am meisten erwartet – auch dann, wenn ein Krieg nicht programmgemäß verlief.

Trotz seiner organisatorischen und sozialen Vielfalt agierte das Ostheer letzten Endes nur auf zwei großen Feldern: in der Kriegführung und der Besatzungspolitik. Und demzufolge zerfiel dieses Heer in zwei Gruppen – in eine sehr große, die *primär* an der Front im Einsatz war, und in eine sehr kleine, bei der dies *vor allem* im Hinterland der Fall war. Dieses Hinterland ist keine „Erfindung"[10], im Gegenteil: Die konsequente Trennung des Ostheers in diese beiden Gruppen und Einsatzräume lässt sich bis in seine „Baupläne" zurückverfolgen. War in den Kampfdivisionen der Wehrmacht so gut wie alles auf das Herbeiführen einer militärischen Entscheidung ausgerichtet – so unterschiedlich die Funktionen ihrer Angehörigen dort dann auch im Einzelnen sein mochten –, so war die Kampfkraft der Besatzungsverbände zunächst stark zurückgefahren. Erst aufgrund der Destabilisierung des Hinterlands mutierten diese militärischen „Dienstleister" allmählich in eine halbwegs schlagkräftige Anti-Partisanen-Truppe, die freilich stets auf die Unterstützung von außen angewiesen blieb – auf Hilfswillige, Verbündete und auch die „manpower" von SS und Polizei. Ursprünglich aber standen bei den Sicherungsdivisionen und Korücks andere Aufgaben im Vordergrund: neben der passiven Sicherung die Verwaltung und Umgestaltung der okkupierten Gebiete. Da die politische Führung der Wehrmacht nicht wirklich traute, hatte sie gerade die Besatzungsverbände in ihren Griff genommen und diese systematisch mit nicht-militärischen Einheiten verzahnt, mit der Polizei etwa oder der Wirtschaftsorganisation Ost. Die Wehrmachtsführung hatte – das war das Problem – daran in der Regel nichts auszusetzen, so dass es *auch* diese politischen Exekutiv- *und* Kontrollorgane waren, die diesen Teil der Wehrmacht so „funktionieren" ließen, wie sich das

---

[10] So Heer, Hitler war's, S. 238f.

die politische Führung vorstellte. Bei den Kampfverbänden waren solche „Aufpas-
ser" nicht vorhanden, zumindest nicht auf einer so niedrigen militärischen Hierarchieebene; sie fanden sich *hier* erst im Bereich der Armeeoberkommandos. Die
„Truppe" aber, die Divisionen, Regimenter und Kompanien, blieb in ihrem Mikrokosmos lange Zeit erstaunlich autonom[11], schon weil sie mindestens bis Ende
1943 so organisiert war wie früher.

Gewiss lassen sich viele Bestimmungen und Befehle aufzählen, die unterschieds-
los für alle Angehörigen des Ostheers galten. Doch lohnt die Überlegung, ob für
ihr Verhalten die Bedeutung dieser heterogenen institutionellen Voraussetzungen
im Grunde nicht viel größer war. Denn erst mit ihnen entschied sich, wo ein Soldat
in diesem Krieg eingesetzt wurde, welches institutionelle Umfeld er dort vorfand,
und vor allem: was er dann dort konkret tat.

Der Faktor Institution fand seine Entsprechung im Faktor *Raum* (Kapitel 4).
Auch dieser war nicht allein eine militärische Größe. Da das „Unternehmen Barbarossa" von Anfang an auf Eroberung von „Lebensraum" zielte, war es von
vornherein angelegt wie ein riesiger Verdauungsprozess: Während sich die kämpfende Truppe immer tiefer in das gegnerische Reich hineinfraß, blieb es den dahinter stationierten Einheiten vorbehalten, diese Beute zu „verdauen", oder genauer:
sie in einen riesigen kolonialen Ergänzungsraum zu verwandeln, ausgerichtet nach
den rassistischen Mustern der NS-Ideologie.

Natürlich war das „Unternehmen Barbarossa" ein einziger Krieg, wie könnte es
auch anders sein[12]? Einsichtig ist freilich auch, dass sich die *persönliche* Verantwortung des durchschnittlichen Kriegs-Teilnehmers kaum über eine Art Durch-
schnittsquotienten erschließt. Ein General hatte viel mehr zu verantworten als ein
Gefreiter, die persönliche Bilanz eines Richtkanoniers sah wiederum ganz anders
aus als etwa die eines Offiziers, dem ein Kriegsgefangenenlager unterstand. Verantwortung „fürs Ganze" trugen nur sehr wenige, sie saßen in den höchsten Füh-
rungsspitzen. Dagegen können die „ordinary men", also mit Abstand die meisten,
persönlich nur für das haftbar gemacht werden, was sie selbst taten. Sie waren Teil
eines Apparats, zu dessen herausstechenden Strukturmerkmalen das System der
Arbeitsteilung, eine immense Größe und schließlich auch das Prinzip einer abgestuften Verantwortung gehörten. Für die Verbrechen der Wehrmacht gilt dasselbe
wie für die übrigen Verbrechen des Nationalsozialismus – sie waren das Produkt
großer, anonymer und arbeitsteilig organisierter Apparate[13], und die Rolle, die der
Einzelne darin spielte, hing ab von seiner hierarchischen Stellung, seiner Funktion
und nicht zuletzt von seinem Einsatzort.

Über diesen Einsatzort entschied sich viel. Dass sich „vorne", an den Hauptkampflinien, die kämpfende Truppe ganz auf ihren militärischen Auftrag konzent-

---

[11] Vgl. mit dem Urteil von Pohl (Herrschaft der Wehrmacht, S. 338), der auf „eine relativ hohe
Binnenautonomie" der Wehrmacht „mit einer durchaus breiten Meinungsvielfalt innerhalb des
konservativen bis rechtsextremistischen Spektrums" verwiesen hat.
[12] Vgl. stattdessen Heer, Hitler war's, S. 247: „Der Vernichtungskrieg im Osten war *ein* Krieg.
Hartmann will uns glauben machen, es habe deren zwei gegeben – einen im Hinterland und
einen an der Front."
[13] Vgl. hierzu den Überblick von Feldman/Seibel, Networks of Nazi persecution. Ferner: Seibel/
Raab, Verfolgungsnetzwerke.

rieren musste, lag nicht allein am Charakter eines Krieges, der etwas anderes kaum zuließ. Es lag auch im Interesse der *gesamten* deutschen Führung, Hitlers *und* seiner Generäle, denen es dabei nicht nur um militärische Interessen ging. Während das OKH zumindest das Gros seiner Truppen aus den politischen Aufgaben dieses Weltanschauungskriegs möglichst herauszuhalten suchte (was ihm freilich nur schwer gelingen konnte), wusste wiederum Hitler sehr wohl, warum er Aufgaben dieser Art aus der Wehrmacht gewissermaßen „outgesourct" hatte.

Mit zunehmender Entfernung zu den Bruchlinien dieser militärischen Auseinandersetzung begannen sich die politischen Ziele dieses Krieges immer deutlicher abzuzeichnen. Denn Distanz zur Front bedeutete auch, dass die neuen Herren Zeit gehabt hatten, sich einzurichten, und dass nun neben der Wehrmacht zunehmend nicht-militärische Organisationen auf den Plan traten, die primär ideologische, politische oder wirtschaftliche Ziele verfolgten. War ein Soldat in einem solch frontfernen Umfeld eingesetzt, dann wuchs zwangsläufig auch die Wahrscheinlichkeit seiner Beteiligung an jener brutalen „Umgestaltung" der besetzten Gebiete, bei der die deutsche Führung von vorneherein einkalkuliert hatte, dass dabei „zig Millionen" der vor Ort lebenden Menschen umkommen würden[14].

Doch hatten die strukturellen Unterschiede zwischen einem Einsatz an der Front oder im Hinterland auch rechtliche Voraussetzungen. An der Front trafen die deutschen Soldaten meist auf einen wehrhaften Gegner, hier bestand eine Art Symmetrie der Gewalt, für die das geltende Kriegsrecht weit bemessene und zudem nicht immer klar definierte Spielregeln abgesteckt hatte. Daran konnte sich ein Aggressor selbst dann halten, wenn er im Anschluss daran plante, den Gegner zu unterjochen, auszubeuten oder ganz auszulöschen. Davon abgesehen sprachen auch praktische Gründe dafür, dass es sich spätestens in der Todeszone der Front nicht immer empfahl, mit der Attitüde des Herrenmenschen aufzutreten. Man lebte hier in unmittelbarer Nachbarschaft zum Feind und konnte nie wissen, ob dieser nicht einmal Rechenschaft fordern würde für das, was hier passierte. Im Hinterland war das anders. Hier bewegten sich die deutschen Soldaten in einem zivilen, zunächst wehrlosen Umfeld, in dem sie eine Besatzungspolitik exekutieren sollten, die mit einer Fürsorgepflicht im traditionellen Sinne nur noch wenig zu tun hatte. Dabei waren es doch gerade die Wehrlosen: Verwundete, Kriegsgefangene oder Zivilisten, die seit alters her unter dem besonderen Schutz von Kriegsbrauch und Kriegsrecht standen.

Natürlich waren diese Wehrlosen auch an den – freilich schmalen – Hauptkampflinien präsent, auch neigt die militärische Interaktion per se zur Radikalisierung. Schon deshalb konnten die Massenverbrechen des Hinterlands bis in die äußersten Ränder des deutschen Machtbereichs reichen, andere Verbrechenskomplexe wie die „Verbrannte Erde" oder teilweise auch die Ermordung der gefangenen Kommissare besaßen ihre Schwerpunkte auch im Frontbereich. Doch ändert das nichts an den strukturellen Unterschieden zwischen den Einsatzorten: Front und Hinterland. Schon aufgrund der militärisch-politischen und völkerrechtlichen

---

[14] Aus der Aktennotiz der Staatssekretärsbesprechung über das Unternehmen Barbarossa vom 2.5.1941, in: Ueberschär/Wette (Hrsg.), „Unternehmen Barbarossa", S. 377. Ebenso Himmler bei seiner Ansprache auf der Wewelsburg im Juni 1941. Vgl. Longerich, Himmler, S. 540. Generell zu dieser Strategie vgl. Gerlach, Morde, S. 231 ff., 1127 ff.

Rahmenbedingungen war die Möglichkeit, im Hinterland kriminell zu werden, ungleich größer. Dazu trug zwangsläufig auch die geringe Stärke der deutschen Besatzungsverbände bei. Ihre verhältnismäßig kleine Zahl steht in einem auffälligen Kontrast zur Dimension ihrer Verbrechen. Schon deshalb verfügten diese „Etappen-Soldaten", die doch von ihrem Prestige ganz unten im Ostheer rangierten, häufig über Schlüsselpositionen, erinnert sei an die Rolle der Lagerverwaltungen, an die der Ortskommandanturen beim Völkermord oder an die „Befriedungs"-Maßnahmen der Sicherungskräfte.

So gesehen ist unser Ausschnitt immer auch ein Beispiel dafür, dass der Einsatz an der Front etwas anderes darstellte als der in den rückwärtigen Gebieten – auch unter dem Aspekt des Verbrechens. Doch gab es Ausnahmen, verwiesen sei auf die Radikalisierung der 4. Panzerdivision seit Herbst 1941, die freilich auch deshalb ins Auge sticht, weil es sich hier um eine exzeptionelle Entwicklung handelt – zeitlich und auch institutionell begrenzt, zumindest mit Blick auf die benachbarten *Front*abschnitte. Allerdings waren selbst in dieser Ausnahmesituation die strukturellen Unterschiede zwischen Gefechts- und Besatzungsgebiet noch wirksam. Besonders schlimm haben sich die ausgebrannten Einheiten der 4. Panzer- (und teilweise auch der 45. Infanteriedivision) immer dann aufgeführt, wenn sie einmal „hinten" zum Einsatz kamen, während sich wiederum die Besatzungsverbände bei ihren zeitlich befristeten Frontkommandos rasch an die dort üblichen Gepflogenheiten anpassten, erinnert sei an das Beispiel der 221. Sicherungsdivision. Auch diese Ausnahme unterstreicht nochmals die besondere Bedeutung des Einsatzraums, der nicht einfach willkürlich zugewiesen wurde. Situationen wie die im Winter 1941/42 waren selten. Die Regel war vielmehr, dass sich an der Front mit Abstand die meisten Verbände des Ostheers konzentrierten, während ein Einsatz im Hinterland nur wenigen schwachen Formationen vorbehalten blieb[15].

Nicht nur mit Hilfe des Raums lässt sich der Einsatz der Wehrmacht in der Sowjetunion präziser und differenzierter darstellen. Auch über den Faktor *Zeit* ist das möglich (Kapitel 3). Beim Blick in den Mikrokosmos des militärischen Geschehens offenbart sich, wie schnell sich dieser Krieg radikalisieren konnten. Im Juni/Juli 1941 während der erbitterten Durchbruchsschlachten war das der Fall oder ab Herbst 1941, als sich auf deutscher Seite die Zuspitzung der militärischen Lage und die Verbreitung des Reichenau-Befehls zeitlich überkreuzten. Doch han-

---

[15] Das waren entweder reine Sicherungsverbände, sehr wenige Infanteriedivisionen, die von ihrer Stärke, Ausrüstung und Erfahrung faktisch kaum etwas anderes darstellten als die Sicherungsdivision – zu ihr gehörte auch die berüchtigte 707. ID – und schließlich seit 1942 auch einige Ausbildungsverbände. Insgesamt handelte es sich bei diesen Formationen aber nur um einen sehr kleinen Teil des Ostheers.
Einheiten der kämpfenden Truppe kamen aufs Ganze gesehen nur kurzfristig im Hinterland zum Einsatz – entweder, weil sie so „abgekämpft" waren, dass sie für einen Fronteinsatz nicht mehr taugten oder seit 1942 auch für die „Großunternehmen". Für die Zeit von Februar 1942 bis Juni 1944 sind insgesamt 68 solcher Großunternehmen bekannt geworden; an 33, etwa der Hälfte, hat sich die Wehrmacht beteiligt, aber nur an 13 sicher mit einzelnen Fronteinheiten. Vgl. die Übersichten bei Röhr, Forschungsprobleme, S. 202 f.; Hesse, Partisanenkrieg, S. 319 ff.; Gerlach, Morde, S. 899 f. Weitere Angaben in: Chant, Encyclopedia of Codenames of World War II; Uhlich, Deutsche Decknamen des Zweiten Weltkrieges. Ferner Lieb, Judenmorde, S. 531.

delte es sich dabei nicht um Einbahnstraßen[16]. Vielmehr wurde diese wellenförmig
auf- und abflauende Eskalation der Gewalt auch immer wieder unterbrochen von
Phasen, in denen zumindest das Geschehen an der Front vergleichsweise konven-
tionell wirkte und sich kaum von dem unterschied, was an den übrigen Fronten
des Zweiten Weltkriegs passierte. Auch lehrt unser Ausschnitt, dass viele Offiziere
nach den Erfahrungen des Jahres 1941 vorsichtiger geworden waren; das besaß
nicht allein militärische Ursachen. Nicht nur in den Verbänden unsers Samples
war seit Frühjahr 1942 die Einsicht immer häufiger zu hören, dieser Krieg sei nur
mit, aber nicht gegen „den Russen" zu gewinnen[17].

Allerdings zeigt unser Ausschnitt auch, dass es im Hinterland für einen politischen Kurswechsel bereits zu spät war. Die Radikalisierung der deutschen Besatzungspolitik im Herbst 1941 – erinnert sei an den Übergang zum Genozid bei der
Verfolgung der Juden, an die beginnende Ermordung der versprengten sowjetischen Kriegsgefangenen und schließlich an die flächendeckende Bekämpfung der
Partisanen, die vor allem durch den dehnbaren Begriff des „Partisanenhelfers" jedes Maß verlor – hatte hier eine Spirale der Gewalt in Gang gesetzt, die sich durch
die deutsche Politik der begrenzten politischen, wirtschaftlichen und sozialen Zugeständnisse nicht mehr anhalten ließ. So gesehen wurde der Winter 1941/42 auch
im Hinterland zum Wendepunkt. Dafür steht das Beispiel des Korück 580.

Auf diese Voraussetzungen und Entwicklungen aber nahm die militärische Personalpolitik – um nochmals den Faktor *Institution* ins Spiel zu bringen (Kapitel 1
und 2) – keine Rücksicht. Während die jüngeren und leistungsfähigen Soldaten fast
ausnahmslos an die Front kamen, stationierte die Wehrmachtsführung die älteren
und militärisch weniger qualifizierten meist im Hinterland. Damit lag die praktische Umsetzung einer militärischen Besatzungspolitik nach den Mustern der
NS-Ideologie ausgerechnet in den Händen jener Soldaten, deren Alter, politische
Sozialisation und Lebenserfahrung vermuten ließen, dass sie sich mental dafür am
wenigsten eigneten[18].

Aus diesem Widerspruch ergeben sich eine ganze Reihe aufschlussreicher Hinweise – auf das Funktionieren des militärischen Apparats, auf die Mentalität der
militärischen „Täter" und schließlich auch auf die Genese der Wehrmacht-Verbre-

---

[16] Zwar meinte ein Kenner wie der Generaloberst Schmidt: „Je länger der Krieg dauert, um so
weniger ist eine Vergröberung und Verwilderung der Sitten zu vermeiden. Im Interesse von
Schlagkraft und Disziplin der Truppe muß sie aber unbedingt in Grenzen gehalten werden."
Doch deutete er bereits hier an, dass er durchaus bereit war, dieser Entwicklung entgegenzusteuern. BA-MA, RH 21-2/301: Pz. AOK 2, Abt.IV b, „Seelische Gesundheitsführung der
Truppe" vom 14.4.1942.
[17] Vgl. hierzu Hürter, Heerführer, S.449ff.; Pohl, Herrschaft, S.170ff.
[18] Die These, dass der Partisanenkrieg „sehr bald zum feststehenden Bestandteil der Rekrutenaus-
bildung" geworden sei, damit die jungen Soldaten „dem Tod in seiner triumphierenden Gestalt
begegnen" durften, klingt gut, geht aber völlig an der damaligen Realität vorbei. Seit 1942 waren einige Ausbildungsdivisionen zeitweise im Hinterland stationiert, auch gab es Ersatz- und
Ausbildungs-Bataillone, u.a. auch der Luftwaffe, die dort im Einsatz waren. Das änderte aber
nichts daran, dass hier nur ein Bruchteil der deutschen Rekruten sozialisiert wurde. Ansonsten
aber blieb das Hinterland das bevorzugte Einsatzgebiet der älteren Soldaten. Davon abgesehen
dürften der Entscheidung, im Hinterland Rekruten einzusetzen, primär militärische, aber kaum
ideologisch-psychologische Motive zugrunde gelegen haben. Heer/Naumann, Einleitung, in:
dies. (Hrsg.), Vernichtungskrieg, S.25–36, hier S.31.

chen. Man könnte daraus schließen, dass die weit überwiegende Mehrheit des Ostheers die NS-Ideologie doch so weit verinnerlicht hatte oder wenigstens doch
akzeptierte, dass selbst diejenigen einen rassenideologischen Vernichtungskrieg
führten, die dazu eigentlich am wenigsten prädestiniert schienen. Doch ist auch
eine ganz andere Deutung möglich: Es waren nicht die persönlichen Voraussetzungen, die darüber entschieden, ob Soldaten zu Mördern wurden. Die Entscheidung hierüber fällte ein seelenloser militärischer Apparat, das Gehorsamsprinzip
und die Zufälligkeit des Jahrgangs oder des Einberufungsbescheids.

Das soll nicht heißen, die Basis hätte nur aus Zwang gehandelt; sie konnte das
durchaus auch aus Überzeugung – mal mehr, mal weniger, der genaue Anteil ist
kaum zu bestimmen, schon weil es sich dabei sehr wahrscheinlich nicht um eine
feste Größe handelte. Doch spielten Meinungen oder persönliche Motive in diesem Zusammenhang bestenfalls eine untergeordnete Rolle. Was wirklich zählte,
waren die Befehle des militärischen Apparats. Wenige Stichwortgeber hatten sie
formuliert, viele Offiziere gaben sie weiter. Auffallend oft bildeten erst diese Befehle das Zündkraut, welches die Gewalt zur Explosion brachte. Es passt in diesen
Zusammenhang, wenn zumindest in den vorhandenen Zeugnissen Hinweise auf
spontane Gewaltexzesse der Wehrmacht in der Sowjetunion viel seltener zu finden
sind[19]. Bekanntermaßen können die Mechanismen eines hierarchischen Apparats
jene nicht wirklich entlasten, die im Auftrag dieses Apparats gegen Recht und Moral handeln. Auch das Ostheer konnte nur deshalb funktionieren, weil der Führung
eine disziplinierte, gehorsame und motivierte Basis zu Verfügung, die viel zu oft
bereit war, dem Willen dieser Führung unter allen Umständen Rechnung zu tragen.

Nicht allein der militärische Apparat und das politische System forderten unbedingten Gehorsam. Nicht weniger unerbittlich war der Mahlstrom dieses nicht
enden wollenden *Krieges* (Kapitel 3), den das Deutsche Reich mutwillig vom Zaun
gebrochen hatte. Je niedriger man in der militärischen Hierarchie stand, desto stärker waren seine Zwänge zu spüren. Allerdings hatte dieser mehr als nur ein Gesicht, wie eine verbrauchte Metapher glauben machen will. Die Auseinandersetzung zwischen dem nationalsozialistischen Deutschland und der stalinistischen
Sowjetunion war so gewaltig, besaß so viele Facetten, beanspruchte so viel Zeit
und so viele Schauplätze, dass generalisierende Aussagen nur für das Geschehen
im Ganzen möglich sind.

Natürlich waren alle Kriegsteilnehmer diesen strategischen Determinanten unterworfen. Doch begannen sich ihre Folgen schon auf der darunter liegenden, operativen Ebene, so aufzufächern, dass sich Erleben und Handeln dieser Kriegsteilnehmer entsprechend diversifizierten. Ob sich der Krieg nach Osten, nach Westen
oder überhaupt nicht bewegte, blieb demgegenüber sekundär, wichtiger war die
Funktion der jeweiligen Formation, zu der der einzelne Soldat gehörte. Hier existierten viele Möglichkeiten, wie allein die „Divisionsgeschichten" unseres Samples

---

[19] Ein solches Ereignis ist etwa das Massaker von Bialystok. Während einige Soldaten sich an den
Verbrechen des Polizei-Bataillons beteiligten, blieben die meisten Soldaten passiv. Die Hauptschuld aber trägt die Führung der 221. Sicherungsdivision, die diese Ereignisse einerseits zu
vertuschen suchte, andererseits aber die Mörder noch auszeichnete.

veranschaulichen, selbst wenn in ihnen die Signaturen der „Großen Strategie" stets präsent blieben.

So vielschichtig diese militärischen Rahmenbedingungen waren, so vielschichtig mussten die Reaktionen derer ausfallen, die ihnen ausgesetzt waren. Gewiss trugen nicht nur die Verwerfungen „des" Krieges oder einige, weit entfernte Führungszentralen, die Verantwortung für das, was in dieser Auseinandersetzung dann konkret passierte. Das war – in einem sehr direkten, unmittelbaren Sinne – immer auch das Werk von Millionen von Menschen. Trotzdem erlebten gerade die „ordinary men" dieses Produkt individuellen Verhaltens immer als etwas Überindividuelles, dem sie sich in ihrer subjektiven Wahrnehmung mehr oder weniger hilflos ausgeliefert fühlten, schon weil Krieg, Armee und Diktatur ihre Reaktionsmöglichkeiten extrem einschränkten. Dass dies für beide Seiten, die deutsche wie die sowjetische, galt, machte die Sache nicht einfacher. Vielmehr musste der Umstand, dass sich hier zwei totalitäre verbrecherische Regime förmlich ineinander verbissen, die Handlungsspielräume derer, die diesen Kampf zu führen hatten, noch weiter einengen. Eine Alternative bot sich kaum; jeder, der aus dieser Frontstellung auszubrechen suchte, lief Gefahr, zwischen die Mühlsteine zweier monströser Diktaturen zu geraten.

Auch unser Sample bietet viele Beispiele dafür, dass oft schon das militärische Geschehen reichte, um das Handeln dieser Soldaten in ganz bestimmte Bahnen zu lenken: Warum wurde ausgerechnet die 296. ID zum Zeugen des Judenmords? Weil sie als Reservedivision fungierte. Warum begann die 4. Panzerdivision gerade seit Spätherbst 1941 den Freibrief zur Gewalt zu nützen, den ihr die Führung ja schon längst ausgestellt hatte? Weil sie genau zu diesem Zeitpunkt die hohen militärischen Erwartungen ihrer Führung nicht mehr erfüllen konnte, so dass sie ihre Verzweiflung und Frustration nun zunehmend an der wehrlosen sowjetischen Zivilbevölkerung abreagierte. Und warum gelang es den Besatzungsverbänden 1942 nicht mehr, ihre Herrschaft grundlegend zu reformieren? Weil sich ihre Auseinandersetzung mit den Partisanen bereits so verselbständigt hatte, dass diese ihre eigenen Gesetze entwickelte, welche die vor Ort eingesetzten Soldaten nur schwer ignorieren konnten.

Obwohl man diese Beispiele leicht fortsetzen könnte, wäre es grundfalsch, Handeln und Verbrechen der deutschen Kriegsteilnehmer *ausschließlich* mit der Situation des Krieges zu erklären. Den Ausschlag gaben die Intentionen und Vorgaben ihrer Führung. Nicht weniger falsch aber wäre es, den dominierenden Kontext des Krieges einfach auszublenden. Denn er erwies sich als der große Katalysator, ohne diesen existentiellen Ausnahmezustand wäre eine Entgrenzung der Gewalt in diesem Ausmaß wohl nie möglich gewesen. Ideologie, Propaganda? Ja, natürlich! Aber erst der Umstand, dass hier zwei totalitär regierte Nationen mit einer geradezu religiösen Inbrunst gegeneinander kämpften, sorgte dafür, dass der Zivilisationsbruch dem „gemeinen Mann" – hüben wie drüben – als etwas völlig „Normales" erscheinen konnte. Wohlgemerkt, das konnte, aber musste nicht so sein – schon allein deshalb, weil dieser Krieg aufgrund seiner Größe viele Gesichter besaß.

Der Angriff auf die Sowjetunion sei zur „Schicksalssendung der deutschen
Wehrmacht" geworden, schrieb der General Walter Warlimont später[20]. Dies ist
etwas altmodisch formuliert, trotzdem trifft es den Kern der Sache. Auf dem sowjetischen Kriegsschauplatz hat die Wehrmacht alles verloren – den Krieg, nicht nur
den gegen die Sowjetunion, zahllose Angehörige, wahrscheinlich an die 2,7 Millionen Mann[21], und nicht zuletzt ihre Ehre. Denn spätestens bei diesem Projekt,
einem der zentralen Anliegen nationalsozialistischer Politik, fungierte die Wehrmacht nicht nur als militärisches Machtinstrument. Ihren Ruf hatte sie damit unwiederbringlich zerstört. Ehre verloren, alles verloren, hieß es früher in der preußischen Armee. Wenn dieses Motto noch gilt, so kann die Wehrmacht schon allein
deshalb nicht als institutioneller Anknüpfungspunkt für militärische Traditionen
dienen[22].

Jene, die im Dienst der Wehrmacht standen, wird man von dieser *kollektiven*
Verantwortung nicht freisprechen können. Darüber hinaus aber lässt sich ein Urteil über die Angehörigen dieser Armee nicht auf so wenige Worte und einfache
Einsichten reduzieren. Das allein damit zu rechtfertigen, dass sich unter dem mi-
kroskopischen Blick der Historiographie zwangsläufig alles zu differenzieren und
diversifizieren beginnt, wäre billig. Auch begründet sich dieser Eindruck nicht allein in der Größe des Geschehens und der Vielfalt, der Widersprüchlichkeit oder
den Entwicklungsmöglichkeiten der menschlichen Existenz. Beim Blick in den
Mikrokosmos des Geschehens hat sich gezeigt, dass sich Schuld und Verantwortung für die Schandtaten der Wehrmacht sehr unterschiedlich verteilten, was interessanterweise eher funktionale als persönliche Voraussetzungen besaß. Folgenreicher als Meinungen oder Charaktere waren die Weisungen der Zentralinstanzen,
das Korsett des militärischen Apparats und die Eigendynamik des Krieges.

Selbstverständlich lässt sich ein Geschehen wie dieses nicht auf wenige Strukturen reduzieren, es gab Faktoren, die diese Strukturen beeinflussen, verändern oder
auch ganz außer Kraft setzen konnten – erinnert sei an das Prinzip der Auftragstaktik oder die Freiräume, die sich durch den Krieg auftun konnten, die Entfernungen, die zwischen der Truppe und ihren Zentralinstanzen lagen, oder an Hitlers Absicht, diesen Kriegsschauplatz quasi in einen rechtsfreien Raum zu verwandeln, was wiederum viele Folgen haben konnte. Noch folgenreicher aber war ein
anderer Punkt: Bei der Wehrmacht handelte es sich um eine Armee des „Übergangs". Sie war damals einem tief greifenden Transformationsprozess ausgesetzt,
der sich auf mehr als einem Feld manifestierte: ideologisch-politisch, sozial, organisatorisch und auch militärisch-technologisch. Dass sie sich zur selben Zeit auch
noch einer unvorstellbar harten fachlichen Bewährungsprobe stellen musste,
machte die Sache für sie nicht einfacher. Trotzdem hielten selbst führende Nationalsozialisten noch im Jahr 1945, also nach der Zäsur des 20. Juli 1944, die „Gleich-

---

[20] Warlimont, Im Hauptquartier der deutschen Wehrmacht 39–45, S. 133.
[21] Also etwa die Hälfte der deutschen militärischen Verluste des Zweiten Weltkriegs. Vgl. Overmans, Verluste, S. 210, 265. Ferner: DRZW, Bd. 5/1, Bd. 5/2 (Beiträge Kroener).
[22] Vgl. mit den Richtlinien zum Traditionsverständnis und zur Traditionspflege in der Bundeswehr. Als traditionsbildend akzeptiert die Bundeswehrführung nur noch drei historische Ereignisse; die preußischen Heeres-Reformen 1807–1813, den 20. Juli 1944 sowie die eigene Geschichte der Bundeswehr.

schaltung" der Wehrmacht für ein unerledigtes Problem[23]. Um wie viel stärker
aber musste sich dieses Problem während der Jahre 1941/42 manifestieren[24]. Mit
einem feinen Gespür für diese Entwicklung hat denn auch ein gut informierter
Zeitgenosse wie Ulrich von Hassell vom „gespaltenen Geist in der verwirrten
Wehrmacht" gesprochen, der eben der „echte Führer" fehle[25]. Während ihr der
„echte Führer" fehlte (gemeint war sicherlich nicht Hitler, sondern eine dominierende militärische *und moralische* Autorität), weil Hitler alle Schlüsselpositionen
in OKW und OKH schon längst mit den Leuten besetzt hatte, die allein er favori-
sierte, blieb die Truppe selbst „gespalten"[26].

Ohne die Berücksichtigung dieses Bruchs, der damals durch die Wehrmacht
ging, ist weder ihre Situation zu verstehen, noch die Tatsache, warum deren Bild so
facettenreich, mitunter auch widersprüchlich, wirken kann. Sicher ist, dass dieser
Bruch eine sehr große Bedeutung hatte, schon weil er sich als Strukturmerkmal
nicht allein auf die Wehrmacht beschränkte. Die Dichotomie vom Maßnahmen-
und Normenstaat gilt als das entscheidende Charakteristikum des „Dritten
Reichs"[27]. Auch in der Wehrmacht war der traditionelle Normenstaat, die alte
„Kultur des Krieges" (John Keegan) noch immer präsent[28]. So gesehen lässt sich
auch der Aufstand vom 20. Juli 1944 als ein später Reflex einer alten Kriegerkaste
begreifen, die das Feld nicht völlig kampflos räumen wollte. Ihn auf einen Machtkampf der Eliten angesichts der drohenden totalen Niederlage zu reduzieren, hieße
die Intentionen seiner Protagonisten gründlich missverstehen; sie handelten *auch*,
wie etwa der Generaloberst Ludwig Beck klar hervorhob, weil im Rücken der
Wehrmacht „Verbrechen begangen wurden, die den Ehrenschild des deutschen

---

[23] Vgl. Die Tagebücher von Joseph Goebbels, Teil II, Bd. 15, S. 481 (Eintrag vom 12. 3. 1945).

[24] Vgl. mit dem Urteil von Joachim Fest, der vom „Doppelcharakter" des deutsch-sowjetischen
Krieges sprach; ähnlich die Einschätzung von Albert Dallin, Bernd Wegner oder Bernhard Chi-
ari. Fest, Hitler, S. 886; Dallin, Deutsche Herrschaft, S. 83, 308; Wegner, Krieg, S. 925; Chiari,
Zwischen Hoffnung und Hunger.

[25] „Das Ganze ein Beweis für den gespaltenen Geist in der verwirrten Wehrmacht, die keinen
echten Führer hat." Hassells Bemerkung zielte auf einen Kriegsgerichtsrat, der einen Offizier
wegen regimekritischer Äußerungen verurteilen sollte und nicht wusste, wie. Der Regimentskommandeur rettete dann die Situation mit der Bemerkung, er bekäme einen Tritt in den Hin-
tern, wenn er seinen Kameraden zu einer hohen Strafe verurteile. Hassell, Tagebücher, S. 307
(Eintrag vom 24. 3. 1942).

[26] Besonders eindrucksvoll in dieser Hinsicht ein Brief Hellmuth Stieffs vom 10. 1. 1942: „Wen
Gott strafen will, den schlägt er mit Blindheit! Wir alle haben so viele Schuld auf uns geladen –
denn wir sind ja mitverantwortlich, dass ich in einem einbrechenden Strafgericht nur eine gerechte Sühne für alle die Schandtaten sehe, die wir Deutschen in den letzten Jahren begangen
bzw. geduldet haben. Im Grunde genommen befriedigt es mich zu sehen, dass es solch eine
ausgleichende Gerechtigkeit auf der Welt gibt! Und wenn ich ihr selbst zum Opfer fallen sollte.
Ich bin dieses Schreckens ohne Ende müde." In: Stieff, Briefe, S. 150.

[27] Vgl. Fraenkel, Der Doppelstaat.
Wenig Beachtung hat bislang die Tatsache gefunden, dass Hitler auch nach dem 22. 6. 1941 mit
zum Teil sehr deutlichen Weisungen auf die Kriegsgerichtsbarkeit des Ostheers Einfluss zu
nehmen suchte. Auch dies ist wohl kaum ein Beweis, dass der Kriegsgerichtsbarkeitserlass stets
im Sinne des „Führers" umgesetzt wurde. Vgl. Moll (Hrsg.), „Führer-Erlasse", Dok. 130, 153,
211 sowie Weisung des OKW vom 16. 12. 1942, in: Müller, Okkupation, Dok. 53.

[28] Vgl. etwa Jarausch/Arnold, Sterben, S. 329 (Brief vom 25. 10. 1941): „Glücklicherweise haben
die alten Offiziere noch die Menschlichkeit alter Art, so daß man an ihnen einen Rückhalt hat
und manches – wie die zweimalige Verpflegung [der sowjetischen Kriegsgefangenen] gegen den
Willen der ‚Beamten' – durchsetzen kann."

Volkes beflecken und seinen in der Welt erworbenen guten Ruf besudeln"[29]. Doch gilt hier erst recht: Zu wenige, zu spät, zu schwach! Die Strukturen erwiesen sich, auch in diesem Fall, als stärker.

Wie aber mit diesem Erbe umgehen, das wie ein kolossaler Findling sperrig, nutzlos und verachtet in unserer Gegenwart liegt? Noch einmal: Es geht nicht um eine Institution, es geht um ihre 17 bis 18 Millionen Angehörigen, darin inbegriffen etwa insgesamt 5,3 Millionen Gefallene und Vermisste[30], noch mehr Blessierte und auch um jene, die zeitlebens nicht mit der Erfahrung dieses Krieges fertig geworden sind. Wie weit sich das mit ihrer Schuld gegenrechnen lässt, ihrer kollektiven und/oder ihrer individuellen Schuld, ist eine schwierige Frage. Vier Aspekte sollte man in diesem Fall nicht übersehen: Die individuelle Schuld war in der Wehrmacht sehr unterschiedlich verteilt. Dann – zweitens – war die Entscheidungsfreiheit der Täter oft sehr eingeschränkt; es waren längst nicht immer ihre Intentionen, die Soldaten zu Verbrechern werden ließen; Befehle, Situationen oder auch der bloße Zufall spielten eine ebenso große Rolle. Ein dritter Punkt: Bei der Wehrmacht handelte es sich um die einzige Täterorganisation des NS-Regimes – wenn man sie denn als eine solche begreift –, die selbst einen sehr hohen Anteil an Opfern zu beklagen hat. Viele Soldaten mussten für das, was sie getan haben, bitter bezahlen, viele haben das Ende dieses Krieges nicht erlebt. Es war und bleibt freilich das besondere Problem dieser Art von Vergeltung, damit sind wir beim vierten Punkt, dass es sich dabei meist nicht um das Urteil juristischer Gremien handelte, sondern – auch hier – um das Diktum eines seelenlosen Zufalls.

Diesen Fehler braucht man nicht zu wiederholen. Pauschalurteile über diese Soldaten werden der historischen Wirklichkeit nicht gerecht. Nur bei ihrer *kollektiven Verantwortung*, die parallel zum Dienstgrad wächst, lässt sich noch eine gewisse Systematik erkennen. Für ihre *persönliche Schuld*, im Sinne einer unmittelbaren, direkten Haftung für einzelne Ereignisse und Taten, existiert keine so einfache Formel. Dafür ist das Sample, das im Mittelpunkt dieser Untersuchung stand, ein repräsentatives Beispiel.

Es kann für noch etwas als Beispiel dienen – dafür, wie fremd uns diese Zeit und ihre Bedingungen geworden sind. Trotzdem besteht zu Selbstgefälligkeit kein Anlass. Die vielen großen und kleinen Katastrophen, in die die Geschichte der Wehrmacht mündete, waren eben nicht allein das Produkt historischer Konstellationen oder Traditionen. Hier waren immer auch anthropologische Mechanismen am Werk, wie wir sie nicht nur aus diesem einen Krieg kennen. Keine Frage: Dass sie sich im Falle des „Unternehmens Barbarossa" so extrem manifestieren konnten, lag schon allein daran, dass hier eine Führung kommandierte, die ihren Soldaten moralischen und juristischen Dispens erteilt hatte. Einer solch extremen Versu-

---

[29] „Aufruf an die Wehrmacht" vom 11. 8. 1944, Druck: Spiegelbild einer Verschwörung, Bd. 1, S. 199–203, hier S. 201: „Wir müssen handeln, weil – und das wirkt am schwersten [!] – in Eurem Rücken Verbrechen begangen wurden, die den Ehrenschild des deutschen Volkes beflecken und seinen in der Welt erworbenen guten Ruf besudeln." Zur Autorenschaft Becks vgl. Müller, Beck (2008), S. 493.

[30] Vgl. Overmans, Verluste, S. 265.

chung und Prüfung mussten sich die Armeen der westlichen Industrienationen nach 1945 nicht stellen. Das ist gut so.

Denn mit dem Ende des Zweiten Weltkriegs ist die Brutalisierung des Kriegsgeschehens nicht zu Ende gegangen – im Gegenteil: Die Maßstäbe, die auch in der Auseinandersetzung zwischen dem Deutschen Reich und der Sowjetunion gesetzt wurden, sind immer noch gültig. Vieles, was in den Konflikten der Gegenwart längst zur Gewohnheit geworden ist, wurde im Ostkrieg erstmals (wieder!) im großen Maßstab praktiziert: die Strategie des Vernichtungskriegs, die systematische Terrorisierung eines besetzten Landes und seine hemmungslose Ausbeutung, der Partisanenkrieg, die Misshandlung der Kriegsgefangenen oder die Rekrutierung des ehemaligen Gegners. Ganz spezielle Kriegstechniken wie beispielsweise der Minenkrieg gehören ebenso dazu wie ein grundlegender Wandel im Selbstverständnis der Kriegführenden, die immer weniger bereit waren, zwischen dem militärischen und dem zivilen, dem wehrhaften und dem wehrlosen Gegner zu unterscheiden. All das war nicht wirklich neu, das meiste hatte es vorher schon oft gegeben. Doch war es ein Kennzeichen des 18. und 19. Jahrhunderts gewesen, dass die militärischen Auseinandersetzungen zwischen den Staaten zunehmend – aller Brüche und Rückschläge zum Trotz – domestiziert und auch kultiviert worden waren; die Haager Friedenskonferenzen in den Jahren 1899 und 1907 lassen sich in dieser Hinsicht als Schlusspunkt verstehen.

Den Gegenentwurf dazu bildete gewissermaßen der deutsch-sowjetische Krieg. Hier handelte es sich nicht um einen abgelegenen Kolonialkrieg, einen Bürgerkrieg oder um revolutionäre Nachwehen infolge eines „Großen Krieges", hier handelte es sich um die zentrale Auseinandersetzung zwischen zwei der stärksten und radikalsten Großmächte des 20. Jahrhunderts. Das „Unternehmen Barbarossa", initiiert von der deutschen Seite, hat den Beweis geführt, dass auch im 20. Jahrhundert ein Konflikt dieser Dimension und dieser Bedeutung wieder in seine atavistischen Ursprünge zurückfallen kann. Die Wirkung dieses beispiellosen Präzedenzfalls ist bis heute ungebrochen. Aber nicht allein das bereitet Unbehagen. Dass im Falle unseres Samples ausgerechnet jene Soldaten die meisten und übelsten Verbrechen zu verantworten haben, die für derartige Barbareien am wenigsten prädestiniert schienen, lässt sich als ein weiteres Beispiel dafür lesen, wie leicht der Einzelne in einem solchen Fall zu instrumentalisieren ist.

Erfahrungen wie diese hatten zur Folge, dass sich gerade die deutsche Gesellschaft allem Militärischen zutiefst entfremdet hat. Desavouiert war nicht allein die Wehrmacht, desavouiert schienen auch die Ideen und Kräfte, welche sie erst formiert, zusammengehalten und ihre ungeheure Kraftentfaltung möglich gemacht haben. Natürlich war für diesen Entfremdungsprozess nicht allein die Geschichte der Wehrmacht verantwortlich. Doch hat gerade sie, als Armee, in der das Prinzip von Ehre und Verantwortung eine so zentrale Rolle spielte, am nachhaltigsten den Beweis geführt, wie brüchig das klassische militärische Ethos geworden war. Gleichzeitig zeigte sich, dass das Prinzip der klassischen militärischen Entscheidungsfindung zunehmend an sein Ende gelangte. Nach 1945 schien jede Form der militärischen Auseinandersetzung zwischen den Großmächten unmöglich und auch deshalb das militärische Erbe Preußen-Deutschlands funktionslos geworden – gesellschaftlich und im Grunde auch politisch.

Doch ist der Krieg nicht tot, kommt die Gewalt nicht zur Ruhe. Sie sucht sich nur neue Formen und Schauplätze. Schon deshalb bleibt das Beispiel der Wehrmacht als eines der extremsten Beispiele für die Möglichkeiten und Gefahren des Militärischen in der Moderne auf Dauer unverzichtbar.

Dank

Danksagungen sind Rituale. Trotzdem sind sie wahr. Das gilt auch für dieses Buch, das nur deshalb entstehen konnte, weil das Institut für Zeitgeschichte Raum und Zeit für dieses lange wie langwierige Projekt bot.

Mein größter Dank gilt Hans Woller, Hermann Graml, Lothar Gruchmann und Sibylle Benker, die mir das Beste gaben, was man mir in meiner Situation geben konnte – ein Umfeld, das lehrt, kritisiert, ermutigt, fordert, unterstützt und das mir immer dann Rückhalt bot, wenn es darauf ankam. Meine andere Basis war unser Projekt „Wehrmacht in der NS-Diktatur". Wir waren ein gutes Team und auch ein erfolgreiches, und denen, die dabei waren, bin ich für vieles sehr dankbar, allen voran Johannes Hürter, Peter Lieb und Dieter Pohl. Erst ermöglicht haben unser Projekt der Direktor des Instituts für Zeitgeschichte, Prof. Dr. Dr. h. c. mult. Horst Möller, der Stellvertretende Direktor, Prof. Dr. Udo Wengst, die Verwaltungsleiterin, Ingrid Morgen, und das Bayerische Staatsministerium für Wissenschaft, Forschung und Kunst. In meinen Dank sei die Hoffnung eingeschlossen, dass ich ihre Geduld nicht überstrapaziert habe. Allein die Sache wollte es.

Zu unserem Team gehörten auch viele Hilfskräfte und Praktikanten, die ich hier nicht alle nennen, denen ich aber allen an dieser Stelle nochmals sehr herzlich danken kann. Stellvertretend seien erwähnt Saskia Hofmann und Sandra Seider, Stefan Becker, Chris Helmecke, Sven Keller, Magnus Pahl und Steffen Rohr. Dass viele zusammen mit uns forschen und sich zum Teil auch mit militärgeschichtlichen Themen qualifizieren konnten, war für unser Projekt ein gutes Zeichen. Noch besser ist freilich, dass zwei unserer Besten, Judith Schneider und Andreas Götz, dabei zusammengefunden haben.

Wer könnte forschen oder schreiben, ohne den Rat und die Unterstützung derer, die dasselbe tun? Ich bin vielen Kolleginnen und Kollegen zu großem Dank verpflichtet, angefangen mit Reinhard Otto, einem Lehrer und Freund, und Sönke Neitzel, Jay W. Baird, Alexander Brakel, Andreas Eichmüller, Jörn Hasenclever, Ulrike Jureit, Stefan Karner, Manfred Kittel, Nicole Kramer, Harald Knoll, Petra Mörtl, Edith Raim, Christoph Rass, Felix Römer, Thomas Schlemmer, Alaric Searle, Ben Shepherd, Sergej Slutsch, Helmut Strauß, Andreas Toppe, Krisztián Ungváry und Jürgen Zarusky.

Die Fußnoten dieses Buchs können am besten illustrieren, auf welchem Fundament es eigentlich steht. Mein Quellen- und Literaturverzeichnis ist deshalb auch als großer Dank an die vielen Mitarbeiterinnen und Mitarbeiter der dort genannten Archive und Bibliotheken zu verstehen, nicht zuletzt auch an die Kolleginnen und Kollegen aus unseren beiden „Service-Abteilungen".

Dass darüber hinaus einige Privatleute dieses Fundament zum Teil noch erheblich erweiterten, war alles andere als selbstverständlich, erst recht nicht nach der ersten Wehrmachtsausstellung. Mich erfüllt es mit großem Dank, noch mehr aber mit Hochachtung, dass jene, für die der Zweite Weltkrieg mehr ist als nur ein „Studienobjekt", bereit waren, mich und meine Leser an ihrer Geschichte teilhaben zu lassen. Sie alle sind im Quellenverzeichnis und in den entsprechenden Anmerkungen genannt; stellvertretend gilt mein ganz besonderer Dank Fritz Farnbacher und Ludwig Hauswedell, Götz Eberbach, Christian Richter und Max Wührer.

Bei Katja Klee möchte ich mich für ein erstklassiges Lektorat bedanken, bei Gabriele Jaroschka dafür, dass sie – kompetent, geduldig und auch entschieden – mit mir noch einen aufgeregten Autor auf die Schiene der Drucklegung brachte.

Jene, die mir am wichtigsten sind, haben mich in den letzten Jahr in vielen Funktionen erlebt, als Mann, Vater, Bruder oder Freund, aber doch stets okkupiert von der Wehrmacht. Dabei ist doch diese Geschichte schon längst vorbei. Ihr hattet viel Geduld mit mir und Ihr habt mir nicht allein dadurch geholfen. Christiane, Sophie, Theresa und Martina, Sabine, Joey, Klaus, Julia, Ulrich, Gisela, Gerhart – sollte an diesem Buch etwas Gutes sein, so ist das Euer Werk. In diesen Dank einschließen möchte ich auch meine Schwiegereltern, Albrecht und Irmela Baumann, und meine Eltern, Wolf und Ingeborg Hartmann, schon weil es „Eure" Zeit ist, über die ich schreibe. Um so wichtiger ist mir Euer Urteil. Das meiner Mutter, die früher jede Zeile von mir gelesen hat, kann ich leider nur noch erahnen.

Damit sind wir am Ende. Und wieder am Anfang. Denn Karl Christ ist dies Buch gewidmet. Er hätte gewusst, warum.

Anhang

Divisionsgliederungen

4. Panzerdivision

Aufstellung: 10.11.1938 an Stelle der nach Wien verlegten 2. Panzerdivision
Mobilmachung: 22.8.1939
Standort: Würzburg (Divisionskommando)
Wehrkreis: XIII (Nürnberg)

4. Schützen-Brigade / 4. Panzergrenadier-Brigade
als Stab für die Schützeneinheiten der 4. Panzer-Division
* 1.11.1939   seit 5.7.1942
als Brigade z.b.V. 4   seit 7.11.1942 Heerestruppe beim PzAOK 2
StO Bamberg

Schützen-Regiment 12 / Panzergrenadier-Regiment 12
* 1.4.1938   seit 10.7.1942
FStO Meiningen

Infanterie-Regiment 33 (mot.)/ Schützen-Regiment 33 / Panzergrenadier-Regiment 33
* 15.10.1935, seit 1937 motorisiert   seit 1.4.1940   seit 5.7.1942
am 18.10.1939 der 4. Panzer-Division unterstellt
FStO Stab Dessau, II. Bernburg, III. Zerbst

Kradschützen-Bataillon 34
* 7.1.1941
aus dem III. Bataillon/Infanterie-Regiment 5 (mot.)
am 5.3.1942 mit der Panzer-Aufklärungs-Abteilung 7 verschmolzen
geht am 30.4.1943 zur Panzer-Aufklärungs-Abteilung 4

5. Panzer-Brigade
als Stab für die Panzereinheiten der 4. Panzer-Division
* 10.11.1938, 1941 kurzfristig der 3. Panzerdivision unterstellt, am 21.2.1942 aufgelöst
FStO Bamberg

Panzer-Regiment 35
* 10.11.1938
1942 II./Panzer-Regiment 35 umgewandelt in III./Panzer-Regiment 15 und an 5. Panzer-
Division
am 14.11.1943 wieder auf zwei Abteilungen gebracht
FStO Bamberg

Panzer-Regiment 36
* 10.11.1938,
am 11.11.1940 aus der 4. Panzer-Division ausgeschieden und zur 14. Panzer-Division
FStO Schweinfurt

Artillerie-Regiment 103/Panzer-Artillerie-Regiment 103
* 7.11.1938   seit Juni 1944
am 7.1.1941 III. Abteilung aus II./Artillerie-Regiment 93 (FstO Würzburg)
1942 Beob.-Batterie (Pz.) 324 unterstellt und umbenannt in Beob.-Batterie (Pz.) 103
FStO Meiningen, II. Bamberg

Panzerabwehr-Abteilung 49/Panzerjäger-Abteilung 49
* 1.8.1939   seit 16.3.1940
FStO Schweinfurt

Aufklärungs-Abteilung 7 (mot.)/ Panzer-Aufklärungs-Abteilung 7
* 1.2.1921 als 7. bayer. Kraftfahr-Abteilung   seit 1.2.1940
am 5.5.1942 aufgelöst und mit Kradschützen-Bataillon 34 verschmolzen
FStO München

Heeres-Flakartillerie-Abteilung 290 (mot.)
* 1.11.1942 im WK VI
seit 1943 bei der 4. Panzerdivision

Pionier-Bataillon/Panzer-Pionier-Bataillon 79
* 1.11.1939   seit 15.4.1940
StO Würzburg

Nachrichten-Abteilung 79/Panzer-Nachrichten-Abteilung 79
* 1.3.1939   seit Januar 1945
FStO Würzburg

Schützen-Ersatz-Regiment 81/Panzergrenadier-Ersatz-Regiment 81
* 26.8.1939   ab 1.8.1942
FStO Meiningen, ab 29.6.1943 Rudolstadt

Infanterie-Ersatz-Bataillon 103/ Infanterie-Ersatz-Bataillon 440
* 26.8.1939   seit 1.12.1940
FStO Zittau

Divisions-Nachschubführer 84 (mot.)
* 1.8.1939 in Schweinfurt
seit 15.10.1942 Kommandeur der Panzer-Divisions-Nachschubtruppen 84

45. Infanteriedivision

Aufstellung: 1.4.1938 (aus der ehemaligen 4. und Teilen der 3. Division des österrei-
                      chischen Bundesheeres)
Mobilmachung: 22.8.1939
Vernichtung: Juni 1944
Wiederaufstellung: 18.7.1944 als 45. Grenadierdivision,
                      seit 21.10.1944 Volksgrenadierdivision
Standort: Linz (Divisionskommando)
Wehrkreis: XVII (Wien)

Infanterie-Regiment 130/ Grenadier-Regiment 130
* 1.8.1938 (ehem. Alpenjäger-Rgt. Nr. 8) seit 15.10.1942,   am 14.12.1943 aufgelöst
FStO Budweis (seit Frühjahr 1939) II. erst bei Mobilmachung

Infanterie-Regiment 133/ Grenadier-Regiment 133
* 1.8.1938 (ehem. Infanterie-Rgt. Nr. 14) seit 15.10.1942
FStO Linz, III. Wels

Infanterie-Regiment 135/ Grenadier-Regiment 135
* 1.8.1938 (ehem. Infanterie-Rgt. Nr. 17) seit 15.10.1942
FStO Ried, II. Braunau, III. Gmunden

Artillerie-Regiment 98
* 1.8.1938 (ehem. leichtes Artillerie-Rgt. Nr. 4)
III. Abt. erst nach Mobilmachung aus Artillerie-Regiment 99
FStO Steyr, II. Ems

Aufklärungs-Abteilung 45/Radfahr-Abteilung 45/Divisions-Füsilier-Bataillon (A.A.) 45
* 26.8.1939   seit 11.5.1942   seit 2.10.1943
FStO Stockerau

Panzer-Abwehr-Abteilung 45/ Panzer-Jäger-Abteilung 45
* 1.8.1938 (ehem. Infanterie-Kanonen-Abt. Nr. 4) seit 1.4.1940
1943 vorübergehend Divisions-Bataillon 45
FStO Freistadt/ OD

Pionier-Bataillon 81
* 1.8.1938 (ehem. Pionier-Btl. Nr. 4 „Birago")
FStO Linz

Nachrichten-Abteilung 65
* 1.8.1938 (ehem. Telegraphen-Btl. Nr. 4)
FStO Linz

Infanterie-Ersatz-Regiment 45/Reserve-Grenadier-Regiment 45
* 28.8.1939
FStO Linz, seit 10.1.1940 Krumau/Moldau

Feldersatz-Bataillon 45/Feldersatz-Bataillon 98
* 26.8.1939   seit 27.10.1943
WK XVII

Infanterie-Divisions-Nachschubführer45/Kommandeur der Infanterie-Divisions-Nachschub-truppen 45
* 26.8.1939   seit 1.11.1942
WK XVII

296. Infanteriedivision

Aufstellung: 5.2.1940 als Division 8. Welle
Vernichtung: Juni 1944, am 3.8.1944 formell aufgelöst
Aufstellungsraum: Truppenübungsplatz Grafenwöhr, Raum Passau/Deggendorf
Wehrkreis: XIII (Nürnberg)

Infanterie-Regiment 519/ Grenadier-Regiment 519
* 1.2.1940 in Passau   seit 15.10.1942
I. Btl. im Sommer 1943 aufgelöst

Infanterie-Regiment 520/ Grenadier-Regiment 520
* 14.2.1940 im Raum Passau   seit 15.10.1942
I. Btl. am 5.9.1942 aufgelöst

Infanterie-Regiment 521/ Grenadier-Regiment 521
* 10.2.1940 im Raum Passau   seit 15.10.1942
I. Btl. 1943 umgebildet zum Div.-Btl. 296, dann Füsilier-Bataillon 296

Divisions-Bataillon 296/Füsilier-Bataillon 296
* Sommer 1943   seit 26.7.1943 aus dem I. Btl. Gren.-Rgt. 521

Artillerie-Regiment 296
* 5. 2. 1940 im Raum Passau als Art.-Rgt. „Reichsgründung"

Panzerabwehr-Abteilung 296/ Panzerjäger-Abteilung 296
* 1. 2. 1940 (Panzerabwehr-Abt. 296) seit 1. 4. 1940

Pionier-Bataillon 296
* 6. 2. 1940 im Raum Passau

Nachrichten-Abteilung 296
* 18. 2. 1940 im Raum Passau

Feldersatz-Bataillon 296
* 10. 4. 1941, 1943 aufgelöst, Mai 1944 wiedererrichtet

Infanterie-Divisions-Nachschubführer 296/Kommandeur der Infanterie-Divisions-Nach-schubtruppen 296
* 20. 2. 1940   seit 15. 10. 1942

221. Sicherungsdivision

Aufstellung: 26. 8. 1939 als Division 3. Welle
Beurlaubung: August 1940
Wiederaufstellung als Sicherungsdivision: 15. 3. 1941
Auflösung: 28. 7. 1944
Standort: Breslau (Divisionskommando)
Wehrkreis: VIII (Breslau)

Infanterie-Regiment 350/ Grenadier-Regiment 350
* 26. 8. 1939 in Breslau   seit 15. 10. 1942
von August 1940 bis März 1941 beurlaubt
1942 bei der 2. Panzerarmee, 1944 bei der 3. Panzerarmee detachiert
WK VIII

Artillerie-Regiment 221
I. Abteilung
* 26. 8. 1939 in Breslau, WK VIII, wiedereinberufen am 15. 3. 1941

Stab Landesschützen-Regiment 45/ Sicherungs-Regiment 45
* 17. 9. 1940 in Glauchau WK IV seit 15. 10. 1942
gebildet aus den Sicherungs-Bataillonen 302, 352 und 230

Landesschützen-Bataillon 230
* 7. 8. 1940 im WK I zu 6 Kompanien

Landesschützen-Bataillon 257
* 1. 4. 1940 durch Umbenennung des Landesschützen-Bataillons VII/II (* 26. 8. 1939 in Neustrelitz, WK II)

Landesschützen-Bataillon 302
* 1. 4. 1940 im Westen durch Umbenennung des Landeschützen-Bataillons II/III (* 26. 8. 1939 in Frankfurt/Oder, WK III)

Landesschützen-Bataillon 352
* 1. 4. 1940 durch Umbenennung des Landesschützen-Bataillons II/IV (Altenburg)

Wach-Bataillon 701/ Sicherungs-Bataillon 701/ Sicherungs-Bataillon 791
* 1.9.1940   seit 1.6.1942   seit 28.6.1942

Reiter-Hundertschaft 221
* Winter 1942/43

Divisions-Nachrichten-Abteilung 824
* 1.12.1941

Polizei-Bataillon 309
* 19.9.1940 in Köln
von Mai 1941 bis Mai 1942 bei der 221. Sicherungsdivision

Gruppe Geheime Feldpolizei 707
* 26.4.1941 im WK IV
bis Dezember 1941 bei der 221. Sicherungsdivision

Infanterie-Ersatz-Bataillon 350/ Grenadier-Ersatz-Bataillon 350
* 26.8.1939   seit 7.11.1942
im Oktober 1942 Teilung in ein Ersatz- und ein Reserve-Bataillon

Feldkommandantur 569
* 11.9.1939 im WK XIII, 1944 aufgelöst

Feldkommandantur 599
* 13.9.1939 im WK V

Feldkommandantur 606
* 25.11.1939 im WK V, aufgelöst am 20.12.1941 in Ortskommandanturen 981 und 982

Feldkommandantur 610
* 27.11.1939 im WK XI, am 27.12.1944 aufgelöst

Ortskommandantur I/ 823
* 7.8.1940 im WK I

Ortskommandantur I/ 824
* 7.8.1940 im WK I

Ortskommandantur I/ 825
* 6.8.1940 im WK II, 1944 aufgelöst

Ortskommandantur I/ 826
* 8.8.1940 in Köslin, WK II, am 21.9.1944 aufgelöst

Ortskommandantur I/ 827
* 6.8.1940 im WK III

Ortskommandantur I/ 828
* 8.8.1940 in Berlin, WK III, 1944 vernichtet und aufgelöst

Durchgangslager (Dulag) 130[1]
* 20.7.1940 als Front-Stalag 130 im WK IV
am 27.8.1944 aufgelöst

---

[1]   Zu weiteren, zum Teil kurzfristigen Unterstellungen von Kriegsgefangenenlagern vgl. die Angaben in Kap.5.3.

Durchgangslager (Dulag) 131
* 20.7.1940 als Front-Stalag 131 im WK IV
am 15.9.1944 aufgelöst

Durchgangslager (Dulag) 185
* 22.8.1940 als Front-Stalag 185 im WK IX
im Winter 1944/45 aufgelöst

Divisions-Nachschubführer (Sich. Div.) 350/ Kommandeur der Divisions-Nachschubtruppen 350
* 4.4.1941   seit 21.10.1942

Ferner waren der 221. Sicherungsdivision zeitweise unterstellt:

1942
Landesschützen-Regiment 27/ Sicherungs-Regiment 27
* 23.3.1942 in Stettin   seit 1.6.1942
gebildet aus den Landesschützen-Bataillonen 325, 706 und 862

Landesschützen-Regiment 44/ Sicherungs-Regiment 44
* 3.6.1940 im WK IV   seit 5.6.1942
gebildet aus den Landesschützen-Bataillonen 573 und 701

Polizei-Bataillon 91
* 1939 in Offenbach/Main
bis Januar 1943 bei der 221. Sicherungsdivision

Gruppe Geheime Feldpolizei 718
* 21.5.1941 im WK IV
bis Juni 1942 bei der 221. Sicherungsdivision

Gruppe Geheime Feldpolizei 729
* 21.6.1941 im WK IV
ab 19.6.1942 bei der 221. Sicherungsdivision

1943
Landesschützen-Regiment 34/Sicherungs-Regiment 34
* 3.6.1940 im WK III   seit 3.6.1942
gebildet aus den Landesschützen-Bataillonen 546 und 468 und dem Festungs-Bataillon 659

Landesschützen-Regiment 930/ Grenadier-Regiment 930
* 1.3.1942 in Dänemark   seit 15.10.1942

Landesschützen-Regiment 183/ Sicherungs-Regiment 183
* 1.4.1940 im WK XVIII   seit 1.6.1942

Ost-Bataillon 604 „Pripjet"
* 30.9.1942 1943 aufgelöst

Polizei-Bataillon 91/ I. Bataillon, (SS-)Polizei-Regiment 8
* 1939 in Kassel   seit Juli 1942
von Januar 1943 bis Juli 1943 der 221. Sicherungsdivision unterstellt

1944
Landesschützen-Regiment 75/ Sicherungs-Regiment 75
gebildet aus den Landesschützen-Bataillonen 939 und 598 sowie litauisches Bau-Bataillon 5
* 10.4.1940 in München

Landesschützen-Bataillon 446
* 24.6.1941 im WK V

Korück 580: (Stand Juli 1941)

Aufstellung: 1.8.1939 als Übungseinheit im Wehrkreis VI
Mobilmachung: 1.9.1939 mobil im Armeepaket „L", Wehrkreis VI
Wehrkreis: VI (Münster)
Ersatz: 18 Bielefeld, WK VI

Ortskommandantur I/ 646
* 26.8.1939 im WK VIII als Heerestruppe, 1943 aufgelöst

Ortskommandantur I/ 906
* 6.9.1940 in Hamburg

Ortskommandantur I/ 929
* 2.11.1940 im WK XII aus zwei Ortskommandanturen III. Klasse

Wach-Bataillon 552
* 26.8.1939 im WK V
im Winter 1942/43 erweitert durch 4.-10. Ostkompanie, gebildet aus der Kosaken-Abteilung 580, 1943 umgebildet zum Nachschub-Bataillon 557

Wach-Bataillon 582
* 26.8.1939 im WK VI
im Winter 1942/43 erweitert durch 4. und 5. Ostkompanie
am 1.6.1943 umgebildet zum Nachschub-Bataillon 586

Feldgendarmerie-Abteilung 581 (mot.)
* 2.8.1939 durch WK XI mit Hilfe der Ordnungspolizei
am 1.11.1941 Aufstellung einer Kosaken-Abteilung
am 5.8.1942 Verkehrs-Regelung-Bataillon 757 als 4. Kompanie eingegliedert
am 9.10.1942 erweitert durch 4.-6. Ost-Kompanie
am 2.4.1943 erweitert durch die Ost-Reiter-Abteilung 580

Radfahr-Abteilung Bastian

Nachschub-Bataillon 582
* 26.8.1939 in Bad Oeynhausen, WK VI
am 10.2.1942 wurden aus 1. und 2. Kompanie Kriegsgefangenenkompanien

Nachschub-Bataillon 583
* 26.8.1939 im WK VI
am 31.5.1943 auf 2 deutsche und 4 Kriegsgefangenen-Kompanien verstärkt

Bau-Bataillon 133/Kriegsgefangenen-Bau-Bataillon 133
* 26.8.1939 im WK VIII durch den Reichsarbeitsdienst
am 11.11.1941 Umbenennung

Landesschützen-Bataillon 974
* 1.1.1941 durch Umbenennung des Wach-Bataillons 661

Armee-Gefangenen-Sammelstelle 4[2]

Feldpostamt 757

---

[2]   Zu weiteren, zum Teil kurzfristigen Unterstellungen von Kriegsgefangenenlagern vgl. die Angaben in Kap. 5.3.

Gliederung Januar 1942:

Ortskommandantur I/ 271
* 1.8.1941 beim Wehrmachtsbefehlshaber Prag

Ortskommandantur I/ 297
* Juli 1941 im WK XVII

Ortskommandantur I/ 307
* Mai 1941 im WK XV
1943 aufgelöst

Ortskommandantur I/ 507

Ortskommandantur II/ 585
* 26.8.1939 im WK VI
am 8.12.1943 aufgelöst

Ortskommandantur I/ 646
* 26.8.1939 im WK VIII als Heerestruppe, 1943 aufgelöst

Ortskommandantur I/ 906
* 6.9.1940 in Hamburg

Feldkommandantur 200
* Sommer 1941 im WK II

Armee-Gefangenen-Sammelstelle 3

Armee-Gefangenen-Sammelstelle 4

Armee-Gefangenen-Sammelstelle 19

Armee-Gefangenen-Sammelstelle 21

Kriegsgefangenenlager Guchow

Durchgangslager (Dulag) 314
* 8.4.1941 im WK IV
am 20.9.1944 aufgelöst

Wach-Bataillon 552
* 26.8.1939 im WK V
im Winter 1942/43 erweitert durch 4.-10. Ostkompanie, gebildet aus der Kosaken-Abteilung 580
im Sommer 1943 umgebildet zum Nachschub-Bataillon 557

Wach-Bataillon 581
* 26.8.1939 im WK VI
im Winter 1942/43 erweitert durch 4.-10. Ostkompanie, gebildet aus der Kosaken-Abteilung 580
1943 umgebildet zum Nachschub-Bataillon 581

Feldgendarmerie-Abteilung 581
* 2.8.1939 durch WK XI mit Hilfe der Ordnungspolizei
am 1.11.1941 Aufstellung einer Kosaken-Abteilung

am 5.8.1942 Verkehrs-Regelung-Bataillon 757 als 4. Kompanie eingegliedert
am 9.10.1942 erweitert durch 4.-6. Ostkompanie
am 2.4.1943 erweitert durch die Ost-Reiter-Abteilung 580

Feldpostamt 757

Gliederung Sommer 1943:

Feldkommandantur 194
* 15.5.1941 in Leipzig, WK IV

Feldkommandantur 239
* 21.7.1941 im WK IX

I. Bataillon, Sicherungs-Regiment 57
* 10.6.1942 aus den Sicherungs-Bataillonen 414 und 415 und der Reiter-Abteilung 213

Sicherungs-Bataillon 456
* im Sommer 1943 aus dem Nachschub-Bataillon 557
mit 1.-3. Sicherungs- und 4.-7. (Ost-)Sicherungskompanie

Artillerie-Regiments-Stab z. b. V. 618
* 26.8.1939 in Fulda, WK IX

Feldzeugstab z. b. V. 45
* 15.6.1940 in Posen durch Feldzeugstab-Kommando XXI

Nachschub-Bataillon 557
* Sommer 1943 aus dem Wach-Bataillon 552 mit zunächst neun Kompanien
später neugebildet mit zwei deutschen und vier Kriegsgefangenenkompanien

Feldgendarmerie-Abteilung 581
* 2.8.1939 durch WK XI mit Hilfe der Ordnungspolizei
am 1.11.1941 Aufstellung einer Kosaken-Abteilung
am 5.8.1942 Verkehrs-Regelung-Bataillon 757 als 4. Kompanie eingegliedert
am 9.10.1942 erweitert durch 4.-6. Ostkompanie
am 2.4.1943 erweitert durch die Ost-Reiter-Abteilung 580

Feldgendarmerie-Kompanie 23

Heeresstreifendienst z. b. V. 12
* 28.2.1943 im WK III

Kriegsgefangenen-Bezirks-Kommandant E
* 18.12.1940 in Frankreich aus dem Kriegsgefangenenbezirks-Kommandant III
am 1.2.1944 aufgelöst

Stammlager (Stalag) 308
* 8.4.1941 im WK VIII

Durchgangslager (Dulag) 314
* 8.4.1941 im WK IV
am 20.9.1944 aufgelöst

Kriegführung, militärische Besatzungspolitik und Holocaust

Einsatzräume von fünf Wehrmachtsverbänden sowie des SS- und Polizeiapparats in der besetzten Sowjetunion Juni – Dezember 1941

Im Mittelpunkt dieser Tabelle steht die Frage nach der Kooperation zwischen Wehrmacht einerseits und SS- und Polizeiapparat andererseits. Hierfür wurden Marschwege und Einsatzräume der fünf Divisionen, die im Mittelpunkt dieser Studie stehen, auf der Basis der militärischen Akten rekonstruiert, Marschwege und Tatorte der Einsatzgruppen aufgrund der sog. Ereignismeldungen, die der Polizei-Bataillone und der Brigaden der Waffen-SS anhand der Literatur. Zwar ergibt sich daraus ein recht genaues Bild über die Einsatzräume von Wehrmacht, SS und Polizei, doch wirft eine solche Rekonstruktion auch einige Probleme auf: So bestehen zwischen den einzelnen Einsatzorten der militärischen wie der nicht-militärischen Einheiten zum Teil größere Lücken; sie sind räumlicher aber auch zeitlicher Natur. Auch ist es nicht einfach, die zeitlich zum Teil nicht deckungsgleichen Angaben über die Einsatzorte der militärischen und der nicht-militärischen Einheiten aufeinander abzustimmen. Schließlich können die Distanzen schwanken, wenn sich die Einheiten auf dem Marsch befanden, was im Bewegungskrieg natürlich ständig der Fall war (in der Tabelle wird dieser Sachverhalt mit dem Begriff „bis zu" bezeichnet). Als Standortangabe diente bei den großen Wehrmachtsverbänden in der Regel der Standort des Divisionshauptquartiers. Lagen detaillierte Angaben für einzelne Teileinheiten der Division vor, insbesondere bei einer Kooperation mit Einheiten von SS und Polizei, dann wurden diese berücksichtigt. Die Verbrechen, für die die betreffenden Wehrmachtseinheiten ausschließlich die Verantwortung tragen, sind in Kap. 5.4 beschrieben.

Als Quellen und Literatur dienten neben den einschlägigen militärischen Akten vor allem: IfZ-Archiv, MA 91/1–4: Der Chef der Sicherheitspolizei und des SD: Ereignismeldungen UdSSR Nr. 1–66; 67–117; 118–167; 168–195; Headland, Messages of Murder; Tessin/Kannapin (Hrsg.), Waffen-SS und Ordnungspolizei im Kriegseinsatz 1939–1945; Klemp, „Nicht ermittelt"; Curilla, Ordnungspolizei; Baade/Behrendt/Blachstein (Hrsg.), Unsere Ehre heißt Treue; Mallmann (u. a.), Deutscher Osten, S. 143ff.; Gerlach, Morde, S. 555ff., 563ff.; Yerger, Riding East, S. 132ff.

Die Ereignismeldungen enthalten zwar meist genaue Angaben über die Zahl der Opfer, aber nur selten exakte Daten über den Zeitpunkt eines Einsatzes. In solchen Fällen wurde versucht, den betreffenden Zeitraum mit Hilfe des Datums der Ereignismeldung und weiterer Quellen einzugrenzen. Hilfreich waren dabei vor allem Krausnick/Wilhelm, Truppe; Klein (Hrsg.), Einsatzgruppen; Spector (Hrsg.), The Encyclopedia of Jewish Life before and during the Holocaust, 3 Bde.

Für die Unterstützung bei der Erstellung dieser Tabelle sei Stefan Becker herzlich gedankt.

Einsatzgruppe B¹, Polizei-Bataillone, Brigaden der Waffen-SS

4. Pz. Div.

Datum	Standort² Divisionskommando	Entfernung³ Wehrmacht und SS-/Polizeiapparat	Einsatzort	Ereignis
26.6.–29.6.1941	Gebiet zwischen Baranowitschi/ Oblast Brest (Bel) und Dorogi Starye/ Oblast Minsk (Bel)	bis zu ca. 130 km	Lachowicze/ Oblast Brest (Bel)	Am 28.6.1941 wurde eine Anzahl führender Gemeindemitglieder der Stadt ermordet (Encyclopedia of Jewish Life, Bd. 2, S. 698).
29.8.–10.9.1941	Gebiet zwischen Nowgorod-Seewerskij und Bachmatsch/ Oblast Tschernigow (Ukr)	zwischen ca. 75 und 150 km	Starodub/ Oblast Brjansk (Rus)	Vermutlich *Ende August/Anfang September 1941* „überholte" ein Teilkommando des SK 7b⁴ die Stadt (EM 90 vom 21.9.1941).

1 Bis zum 11.7.1941 wurde die spätere Einsatzgruppe C als Einsatzgruppe B und die spätere Einsatzgruppe B als Einsatzgruppe C in den Ereignismeldungen geführt. Erst mit EM 19 vom 11.7.1941 trat aus „organisatorischen Gründen" die Änderung in der Bezeichnung der beiden Einsatzgruppen ein.

2 Die Schreibung der Ortsnamen nach Duden. Wörterbuch geographischer Namen des Baltikums und der Gemeinschaft Unabhängiger Staaten. Mit Angaben zu Schreibweise, Aussprache und Verwendung der Namen im Deutschen. Hrsg. vom Ständigen Ausschuss für geographische Namen, Mannheim 2000.

3 Alle Angaben beruhen auf der Messung der Luftlinie zwischen dem Standort des Divisionskommandos und dem Einsatzort der SS- und Polizeieinheiten.

4 Bis Ereignismeldung 13 vom 5.7.1941 werden die Kommandos 7a und 7b als Einsatzkommandos (EK) geführt. In Ereignismeldung 17 vom 9.7.1941 taucht für die Kommandos erstmals die Bezeichnung Sonderkommando (SK) auf, die dann auch weiterhin so verwendet wird.

45. Inf. Div. *Einsatzgruppe B, Polizei-Bataillone, Brigaden der Waffen-SS*

Datum	Standort Divisionskommando	Entfernung Wehrmacht und SS-/Polizeiapparat	Einsatzort	Ereignis
2.7.–4.7.1941	Gebiet zwischen Kobryn/Oblast Brest (Bel) und Antopol/Oblast Brest (Bel)	zwischen ca. 100 und 130 km	Bielsk-Podlaski (Bel)	Im Zeitraum vom *3.7. bis 5.7.1941* „überholte" ein „Unterstützungstrupp" des EK 9 „alle Stellen" in der Stadt und ermordete die „Führer der jüdischen Intelligenz (insbesondere Lehrer, Rechtsanwälte, Sowjetbeamte)" (EM 13 vom 5.7.1941; Krausnick/Wilhelm, Truppe, S.183).
6.7.–27.7.1941	Gebiet zwischen Pinsk/Oblast Brest (Bel) und Mikaschewitschy/Oblast Brest (Bel)	zwischen ca. 20 und 90 km	Raum Pinsk/Oblast Brest (Bel)	In Pinsk befand sich *Mitte Juli 1941* neben einer Ortskommandantur der Wehrmacht (45. Inf. Div.?) auch ein Trupp aus der Dienststelle des Kommandeurs der Sicherheitspolizei und des SD Lublin. Bis *Ende Juli 1941* ermordete dieser Trupp einzelne Angehörige der jüdischen Gemeinde (Cüppers, Wegbereiter, S.155).
13.7.–27.7.1941	Gebiet zwischen Dawid-Gorodok/Oblast Brest (Bel) und Mikaschewitschy/Oblast Brest (Bel)	zwischen ca. 90-95 km	Hanzawitschy/Oblast Brest (Bel)	Am *19. und 20.7.1941* führte das Polizei-Bataillon 316 unter Mithilfe von Einwohnern der Stadt einen Einsatz durch, bei dem 88 Russen und etwa 200 Juden „ergriffen" wurden (Curilla, Ordnungspolizei, S.534).

13.7.–27.7.1941	Gebiet zwischen Dawid-Gorodok/ Oblast Brest (Bel) und Mikaschewitschy/ Oblast Brest (Bel)	zwischen ca. 105 und 115 km	Telechany/ Oblast Brest (Bel)	Am 24.7.1941 ermordete eine Einheit des Polizei-Bataillons 316 mehrere Angehörige der jüdischen Gemeinde (Cüppers, Wegbereiter, S. 148).
6.9.–16.9.1941	Gebiet zwischen Raum ostwärts Tschernigow/ Oblast Tschernigow und Itschnja/ Oblast Tschernigow (Ukr)	zwischen ca. 50 und 105 km	Tschernigow/ Oblast Tschernigow (Ukr)	Nach der deutschen Eroberung Tschernigows am 9.9.1941 führte das SK 7b in der Stadt und dessen weiterer Umgebung mehrere Aktionen gegen Juden und Parteifunktionäre durch (Krausnick/Wilhelm, Truppe, S. 185 f.; EM 90 vom 21.9.1941; Encyclopedia of Jewish Life, Bd. 1, S. 247).
1.1.–12.3.1942	Smijewka / Oblast Orjol (Rus)	ca. 40 km	Orjol/ Oblast Orjol (Rus)	Ab 22.12.1941 ist u.a. Orjol Standort des SK 7b (Krausnick/Wilhelm, Truppe, S. 186).

296. Inf. Div. Einsatzgruppe C [5], Polizei-Bataillone, Brigaden der Waffen-SS

Datum	Standort Divisionskommando	Entfernung [6] Wehrmacht und SS-/Polizeiapparat	Einsatzort	Ereignis
24.6.1941	2 km südöstlich von Belzec/ Oblast Ljwiu (Ukr)	ca. 60 km		Nach der deutschen Eroberung der Stadt am 23.6.1941 trieb die ukrainische Polizei 400 Juden zusammen, von denen sie die meisten außerhalb der Stadt tötete (Encyclopedia of Jewish Life, Bd. 3, S. 1211).
				Vom 28.6.–30.6.1941 führte das SK 4a [8] drei Erschießungsaktionen durch (EM 24 vom 16.7.1941).
28.6.1941	Rawa Rusjka/ Oblast Ljwiu (Ukr)	ca. 55 km	Sokal/ Oblast Ljwiu (Ukr) [7]	Am 28.6. wurden unter den in Sokal vorgefundenen Zivilgefangenen 17 „kommunistische Funktionäre, Agenten und Heckenschützen" durch das SK 4a erschossen.
				Am 29.6. ermordete das SK 4a mit Hilfe der ukrainischen Miliz weitere 117 „aktive Kommunisten und Agenten des NKWD".
				Am 30.6. wurden „unter Hinzuziehung ortsansässiger, zuverlässiger Ukrainer" 183 als „jüdische Kommunisten" bezeichnete Personen getötet.

[5] Bis zum 11.7.1941 wurde die spätere Einsatzgruppe C als Einsatzgruppe B und die spätere Einsatzgruppe B als Einsatzgruppe C in den Ereignismeldungen geführt. Erst mit EM 19 vom 11.7.1941 trat aus „organisatorischen Gründen" die Änderung in der Bezeichnung der beiden Einsatzgruppen ein.

[6] Alle Angaben beruhen auf der Messung der Luftlinie zwischen dem Standort des Divisionskommandos und dem Einsatzort der SS- und Polizeieinheiten.

[7] Die Stadt Sokal liegt östlich der beiden Divisionsstandorte Belzec und Rawa Rusjka. Zum Zeitpunkt der Ereignisse befand sich die 296. Infanteriedivision also mit großer Wahrscheinlichkeit noch westlich der Tatorte.

[8] In den frühen Ereignismeldungen werden bis ca. Ende August 1941 die Kommandos 4a und 4b als Einsatzkommandos (EK) geführt. In EM 80 vom 11.9.1941 taucht für das Kommando 4a erstmals die Bezeichnung Sonderkommando (SK) auf. Diese Bezeichnung wird danach in den Ereignismeldungen für die beiden Kommandos meist durchgängig verwendet, wobei in Ausnahmen noch von Einsatzkommandos die Rede ist (vgl. EM 128 vom 3.11.1941).

Datum	Ort	Entfernung	Ort	Beschreibung
2.7.1941	Welikije Mosty/ Oblast Ljwiu (Ukr)	ca. 45 km		Unmittelbar nach Einnahme Lwows (Lemberg) am 30.6.1941 führten ukrainische Nationalisten unter Beteiligung von Wehrmacht und Waffen-SS groß angelegte Pogrome durch, bei denen bis zum 3.7.1941 insgesamt 4000 Juden ermordet wurden (Encyclopedia of Jewish Life, Bd. 2, S.774 und EM 11 vom 3.7.1941).
3.7.1941	Lwow/ Oblast Ljwiu (Ukr)	—	Lwow (Lemberg)/ Oblast Ljwiu (Ukr)	Ab dem 2.7.1941 ermordete das EK 5 in Lwow nach eigenen Angaben 7000 Juden als „Vergeltungs-maßnahme" für „Greueltaten" an Ukrainern. Weitere 73 Personen, von denen behauptet wurde, sie seien als Funktionäre und Spitzel des NKWD tätig gewesen, wurden ebenfalls erschossen. 40 Mann, vor allem Juden zwischen 20 und 40 Jahren, wurden auf Grund von Anzeigen aus der Bevölkerung getötet (EM 24 vom 16.7.1941 und Krausnick/Wilhelm, Truppe, S.186 f.).
4.7.– 6.7.1941	Gebiet zwischen Busk/ Oblast Ljwiu (Ukr) und Brody/ Oblast Ljwiu (Ukr)	zwischen ca. 30 und 80 km		
2.7.– 10.7.1941	Gebiet zwischen Welikije Mosty/ Oblast Ljwiu (Ukr) und Jampol/ Oblast Chmelnizki (Ukr)	bis zu ca. 85 km	Solotschew (poln. Zoloćiv)/ Oblast Ljwiu (Ukr)	Nach der deutschen Eroberung von Solotschew am 2.7.1941 wurde von der ukrainischen Miliz vermutlich mit Unterstützung der Stadtkommandantur ein mehrtägiges Pogrom initiiert. Dabei wurde eine nicht genau bekannte Zahl an Personen ermordet. Laut Ereignismeldung 24 belief sich die Zahl der „liquidierten Juden", die von der ukrainischen Miliz „im Auftrag der Wehrmacht" festgenommen und daraufhin erschossen worden waren, auf 300 bis 500 Personen (EM 24 vom 16.7.1941. In diesem Sinne auch Musial, „Konterrevolutionäre Elemente", S.185. Die Encyclopedia of Jewish Life, Bd. 3, S.1515, beziffert die Opferzahl auf ca. 4000 Juden). Bevor ein Kommando des Gruppenstabes der Einsatzgruppe C am 7.7.1941 in Solotschew „tätig" wurde, war die Stadt bereits vor dem 6.7.1941 durch das SK 4b „flüchtig" nach „Agenten und Material überholt" worden (EM 14 vom 6.7.1941; EM 24 vom 16.7.1941).

4.7.–6.7.1941	Gebiet zwischen Busk/ Oblast Ljwiu (Ukr) und Brody/Oblast Ljwiu (Ukr)	zwischen ca. 75 und 100 km	Luzk/ Oblast Volins'ka (Ukr)	*Am 10.7.1941* wurden etwa 300 Angehörige der jüdischen Intelligenz durch deutsche Feldgendarmerie erschossen (Musial, „Konterrevolutionäre Elemente", S. 324, Anmerkung 33).
				Nach Ermordung einiger Ukrainer durch das NKWD erschoss das SK 4a insgesamt 2000 Personen (EM 14 vom 6.7.1941).
4.7.–10.7.1941	Gebiet zwischen Busk/ Oblast Ljwiu (Ukr) und Jampol/ Oblast Chmelnizki (Ukr)	bis zu ca. 85 km	Ternopol/ Oblast Ternopilj (Ukr)	*Am 4.7.1941*, zwei Tage nach der deutschen Einnahme Ternopols, begann eine einwöchige Verfolgungsaktion, bei der etwa 5 000 Juden ermordet wurden (Encyclopedia of Jewish Life, Bd. 3, S. 1293).
				Als „Gegenmaßnahme", begründet mit der vorangegangenen Ermordung von angeblich 2000 Ukrainern, wurden vom SK 4b bei „Festnahmeaktionen gegen die jüdische Intelligenz" 1000 Personen aufgegriffen.
				Am 5.7.1941 erschossen ukrainische Milizen etwa 70 Juden. Weitere 20 wurden durch „Militär und Ukrainer" auf der Straße erschlagen (EM 14 vom 6.7.1941).
				Bis zum Zeitpunkt der Ereignismeldung führte das SK 4b in Ternopol 127 Exekutionen durch. Daneben erfolgte „im Zuge der vom Einsatzkommando inspirierten Judenverfolgungen" die Ermordung von weiteren 600 Juden (EM 19 vom 11.7.1941. Die 127 Exekutionen sind auch erwähnt in EM 28 vom 20.7.1941).
				In Ternopol wurden 180 Juden, die zum Ausgraben von Leichen herangezogen worden waren, erschlagen (EM 24 vom 16.7.1941).

6.7.1941	Brody/Oblast Ljwiu (Ukr)	ca. 50 km	Sborow/Oblast Ternopilj (Ukr)	Waffen-SS ermordete als „Vergeltungsmaßnahme" 600 Juden (EM 19 vom 11.7.1941).
6.7.–16.7.1941	Gebiet zwischen Brody/Oblast Ljwiu (Ukr) und Romanov/Oblast Chmelinizki (Ukr)	zwischen ca. 70 und 100 km	Rowno/Oblast Rowno (Ukr)	*Anfang Juli 1941* durchkämmte ein „z.b.V.-Kommando aus Lublin" zusammen mit der örtlichen ukrainischen Miliz die Stadt Rowno und ihre Umgebung (Krausnick/Wilhelm, Truppe, S. 188). *Bis zum Datum der Ereignismeldung* ermordete das SK 4a in der Stadt „240 bolschewistische, vorwiegend jüdische Funktionäre, Agenten usw." (EM 19 vom 11.7.1941 und EM 28 vom 20.7.1941). Am 9.7.1941 nahm die Einsatzgruppe Shitomir unter Hinzuziehung der „Miliz" „130 Bolschewisten, darunter Funktionäre und Zuträger des NKWD" fest. Die festgenommenen Personen wurden laut Ereignismeldung „zwischenzeitlich liquidiert" (EM 28 vom 20.7.1941). Nachdem in einem Dorf in der Nähe von Rowno „Kommunisten" auf deutsche Truppen geschossen hatten, wurden im Gegenzug „mehrere Dörfer eingeäschert". Die Aktionen wurden vermutlich *kurz nach dem 9.7.1941* durchgeführt (EM 28 vom 20.7.1941).
10.7.1941	Jampol/Oblast Chmelinizkij (Ukr)	ca. 80 km	Proskurow/Oblast Chmelinizkij (Ukr)	*Vom 7.7. bis Ende August 1941* wurden 800 Juden in Proskurow ermordet (Encyclopedia of Jewish Life, Bd. 2, S. 1028).

Datum	Gebiet	km	Ort	Beschreibung
10.7.–20.7.1941	Gebiet zwischen Jampol/ Oblast Chmelinizkij und Shitomir/ Oblast Shitomir (Ukr)	bis zu ca. 110 km [9]	Szepetowka/ Oblast Chmelinizkij (Ukr)	*Vom 5.7. bis Ende August 1941* wurden 4000 Juden in Szepetowka ermordet (Encyclopedia of Jewish Life, Bd. 3, S. 1170).
16.7.–20.7.1941	Gebiet zwischen Romanov/ Oblast Chmelinizkij und Shitomir/ Oblast Shitomir (Ukr)	bis zu ca. 70 km [10]	Baranowka/ Oblast Shitomir (Ukr)	Am *19.7.1941* wurden 74 männliche Juden in der Innenstadt von Baranowka ermordet (Encyclopedia of Jewish Life, Bd. 1, S. 87).
20.7.1941	Shitomir/ Oblast Shitomir (Ukr)	ca. 80 km	Zwiahel/ Oblast Shitomir (Ukr)	„Als Vergeltungsmaßnahme" für Sabotage trieben Wehrmachtseinheiten „sämtliche Zivilisten" zusammen und ermordeten eine unbekannte Zahl an Personen. In Zusammenarbeit von „Wehrmacht und Ukrainern" wurden in den Zivilgefangenenlagern 34 „politische Kommissare, Agenten usw." erfasst und getötet (EM 38 vom 30.7.1941).

[9] Vermutlich bis ca. 15.7.1941 operierte die 296. Infanteriedivision westlich von Szepetowka. Ihr erster bekannter Standort östlich von Szepetowka ist am 16.7.1941 Romanov.

[10] Die Stadt Romanov liegt westlich des Einsatzortes Baranowka. Zum Zeitpunkt des Ereignisses, am 19.7.1941, hatte die 296. Infanteriedivision Baranowka aber vermutlich schon hinter sich gelassen und befand sich mit hoher Wahrscheinlichkeit östlich der Stadt auf dem Weg nach Shitomir.

			Shitomir/ Oblast Shitomir (Ukr)	
20.7.1941	Shitomir/ Oblast Shitomir (Ukr)	–		*Ab der zweiten Julihälfte (vermutlich ab 19./20.7.) 1941* führte ein Vorauskommando des SK 4 a zusammen mit dem Stab der Einsatzgruppe C mehrere „Aktionen" in Shitomir durch (EM 37 vom 29.7.1941 und EM 38 vom 30.7.1941; Krausnick/Wilhelm, Truppe, S. 187 f.).
21.7.1941	Korostyschew/ Oblast Shitomir (Ukr)	ca. 30 km		187 Sowjetrussen und Juden, von der Wehrmacht z.T. als Zivilgefangene an die Einsatzgruppe C überstellt, wurden erschossen (EM 30 vom 22.7.1941).
27.7.–18.9.1941	Makarow/ Oblast Kiew (Ukr)	ca. 85 km		*Bis zum Zeitpunkt der Ereignismeldung* wurden vom Gruppenstab der Einsatzgruppe C und dem Vorauskommando des SK 4 a in Zusammenarbeit 400 „Juden, Kommunisten und Zuträger des NKWD" ermordet (EM 37 vom 29.7.1941).
				Im Einvernehmen mit Generalmajor Fritz Reinhardt, Ober-Feldzeug-Stab 3, wurde mit Unterstützung der Wehrmacht eine Großaktion durchgeführt, bei der von 200 festgenommenen Juden und Kommunisten 180 erschossen wurden. Einsatzgruppe C meldete 41 Exekutionen in Shitomir (EM 38 vom 30.7.41).
				Im Juli und August 1941 wurden insgesamt ca. 4 000 Juden aus Shitomir im nahe der Stadt gelegenen Dovzhik-Gebiet ermordet (Encyclopedia of Jewish Life, Bd. 3, S. 1507).
				Am 7.8.1941 wurden zwei sowjetische Richter, die zuvor in Tschernjachow durch das SK 4 a und eine Einheit des 10. SS-Infanterie-Regiments festgenommen worden waren, öffentlich erhängt. Anwesend war dabei eine große Zahl von Wehrmachtsangehörigen. Im Anschluss wurden

				402 Juden aus Shitomir außerhalb der Stadt durch das SK 4a ermordet (Cüppers, Wegbereiter, S. 172 f., beschreibt ausführlich das Ereignis, das in EM 58 vom 20. 8. 1941 erwähnt ist. EM 47 vom 9. 8. 1941 meldet 400 getötete Juden „in den letzten Tagen").
				Bis zum 20. 8. 1941 wurden „planmäßig nahezu sämtliche" Dörfer und größeren Plätze in der weiteren Umgebung von Berditschew/ Shitomir von Kommandos der Einsatzgruppe C „überholt" (EM 58 vom 20. 8. 1941. Berditschew befindet sich ca. 40 km südlich von Shitomir).
				In Uschomir bei Shitomir erschoss die 1. SS-Infanterie-Brigade „sämtliche männlichen Juden" (EM 86 vom 17. 9. 1941; Cüppers, Wegbereiter, S.173).
27.7.–18.9.1941	Makarow/ Oblast Kiew (Ukr)	ca. 40 km	Radomyschl/ Oblast Shitomir (Ukr)	*Am 6. 9. 1941* führte das SK 4 a eine „Judenaktion" in der Stadt durch (EM 88 vom 19.9.1941).
27.7.–18.9.1941	Makarow/ Oblast Kiew (Ukr)	ca. 55 km	Korostyschew/ Oblast Shitomir (Ukr)	40 Juden wurden wegen „Sabotage, Spionage und Plünderungen" ermordet (EM 47 vom 9. 8. 1941).
27.7.–18.9.1941	Makarow/ Oblast Kiew (Ukr)	ca. 60 km	Fastow/ Oblast Kiew (Ukr)	Im *August 1941* ermordete das SK 4 a in Fastow einen „früheren Terroristen" und mit 262 Personen die gesamte jüdische Bevölkerung im Alter von 12 bis 60 Jahren (EM 80 vom 11.9.1941; Encyclopedia of Jewish Life, Bd. 1, S.378). Zuvor waren bereits etwa 30 „Heckenschützen" und 50 Juden mit Unterstützung durch die Geheime Feldpolizei, die Ortskommandantur und ein Landesschützen-Bataillon ermordet worden (EM 80 vom 11.9.1941).

27.7.–18.9.1941	Makarow/Oblast Kiew (Ukr)	ca. 75–80 km	Belaja Zerkow/Oblast Kiew (Ukr)	Mitte *August 1941* erschoss ein Teilkommando des SK 4 a etwa 70 Jüdinnen und Juden der Stadt. Eine Woche darauf wurden auf Befehl des Oberbefehlshabers der 6. Armee, Generalfeldmarschall Walter von Reichenau, ihre übrig gebliebenen 90 Kinder ebenfalls durch das SK 4 a ermordet (EM 86 vom 17.9.1941; Cüppers, Wegbereiter, S.184).
27.7.–18.9.1941	Makarow/Oblast Kiew (Ukr)	ca. 85 km	Raum Tschernjachow/Oblast Shitomir (Ukr)	*Zwischen dem 7.8. und 9.8.1941* ermordeten Einheiten des 10. SS-Infanterie-Regiments in der Gegend um Tschernjachow insgesamt 339 Juden. Bereits *Ende Juli/Anfang August 1941* hatte ein Bataillon des Infanterie-Regiments 375 der Wehrmacht die Gegend um den Ort Mal-Goroschki nahe Tschernjachow „gesäubert" und dabei „Juden und Bolschewisten" erschossen (Cüppers, S. 171ff. Laut EM 47 vom 9.8.1941 wurden in Tschernjachow 110 „Juden und Bolschewisten" ermordet. „2 jüdische Kommunisten", die versucht hätten, deutsche Kommandos in Hinterhalte zu locken, wurden ebenfalls getötet).
27.7.–18.9.1941	Makarow/Oblast Kiew (Ukr)	ca. 95 km	Tschernobyl/Oblast Kiew (Ukr)	*Zwischen dem 12. und 14.9.1941* führte die 1. SS-Infanterie-Brigade eine Massenerschießung in der Gegend um Tschernobyl durch. Die genaue Opferzahl ist nicht bekannt. Im gesamten Zeitraum ermordete die Brigade 437 Juden (Cüppers, Wegbereiter, S.205).
27.7.–18.9.1941	Makarow/Oblast Kiew (Ukr)	ca. 100 km	Naroditschi/Oblast Shitomir (Ukr)	Bei einer „größeren Aktion" ermordete das SK 4 a 208 angebliche „Terroristen" in der Stadt. In einer in der Umgebung gelegenen Scheune erschoss das Sonderkommando weitere 60 „Terroristen" (EM 80 vom 11.9.1941).

27.7.–18.9.1941	Makarow/Oblast Kiew (Ukr)	ca. 100 km	Korosten/Oblast Shitomir (Ukr)	In der Ereignismeldung wird die Zahl von 30 Exekutionen in Korosten genannt. Nach Durchführung dieser Exekutionen (*genaues Datum unbekannt*) wurden weitere 110 Juden von der Bevölkerung erschlagen (EM 38 vom 30.7.1941). Von der „ukrainischen Miliz" wurden 238 zuvor geflüchtete und nun in die Stadt zurückgekehrte Juden in einem Gebäude zusammengetrieben und erschossen (EM 80 vom 11.9.1941). Das SK 4a ermordete 160 Personen, vermutlich mehrheitlich Juden (EM 86 vom 17.9.1941).
27.7.–18.9.1941	Makarow/Oblast Kiew (Ukr)	ca. 110 km	Berditschew/Oblast Shitomir (Ukr)	Bis zum Eintreffen des EK 5 ermordete eine Abteilung des SK 4a „wegen Plünderns und kommunistischer Betätigung" 148 Juden. Nach Ankunft des EK 5 in Berditschew erschoss dieses Kommando „bis jetzt" weitere 74 Juden (EM 38 vom 30.7.1941; EM 47 vom 9.8.1941). Am *1.9. und 2.9.1941* wurden angeblich von Juden Flugblätter und Hetzschriften in der Stadt verteilt. Da keiner der „Täter" ermittelt werden konnte, ermordete ein Kommando des HSSPF 1303 Juden, darunter 876 Jüdinnen über 12 Jahre (EM 88 vom 19.9.1941).
27.7.–18.9.1941	Makarow/Oblast Kiew (Ukr)	ca. 115 km	Taraschtscha/Oblast Kiew (Ukr)	Das SK 4a führte 17 Exekutionen in der Stadt durch (EM 80 vom 11.9.1941). Das SK 4a ermordete 68 Personen, vermutlich mehrheitlich Juden (EM 86 vom 17.9.1941).

| 19.9.–29.9.1941 | 19.9.–24.9.: Kiew/ Oblast Kiew (Ukr)

24.9.: Browary/ Oblast Kiew (Ukr)

29.9.: Nossowka/ Oblast Tschernigow(Ukr) | zwischen ca. 20 und 90 km | Kiew/ Oblast Kiew (Ukr) | Am 26.9.1941 nahm das SK 4a seine „sicherheitspolizeiliche Tätigkeit" in Kiew auf (EM 111 vom 12.10.1941; Krausnick/Wilhelm, Truppe, S. 189).

Am 29./30.9.1941 führte das SK 4a zusammen mit dem Stab der Einsatzgruppe C und zwei Kommandos des Polizei-Regiments Süd in der nahe Kiew gelegenen Schlucht Babij Jar eine Massenerschießung von insgesamt 33.771 Juden durch (EM 101 vom 2.10.1941, EM 106 vom 7.10.1941 und EM 111 vom 12.10.1941; Krausnick/Wilhelm, Truppe, S. 190).

Ende September 1941 wurden 300 Patienten der Anstalt für Geisteskranke in Pavlov/Kiew ermordet (Encyclopedia of Jewish Life, Bd. 2, S. 625). |
| 29.9.1941 | Nossowka/ Oblast Tschernigow (Ukr) | ca. 70 km | Tschernigow/ Oblast Tschernigow (Ukr) | *Vom 9.9. bis Ende Oktober 1941* wurden in Tschernigow 400 Juden ermordet (Encyclopedia of Jewish Life, Bd. 1, S. 247). |

Bis Jahresende 1941 lassen sich keine weiteren Belege für Einsätze von SS- und Polizeikommandos finden, die dem Operationsraum der 296. Infanteriedivision näher als 100 Kilometer oder weniger gekommen sind.

Einsatzgruppe B[11], Polizei-Bataillone, Brigaden der Waffen-SS

Korück 580

Datum	Standort Kommandantur	Entfernung Wehrmacht und SS-/Polizeiapparat	Einsatzort	Ereignis
27.6.1941	Bielsk-Podlaski (Bel)	ca. 45 km	Bialystok	Nach ihrem Eintreffen in der Stadt ermordete das Polizei-Bataillon 309 (Teil der 221. Sich. Div.) am 27.6.1941 zunächst „rund 250 Juden" bei einer groß angelegten Razzia. Anschließend verbrannte man „mindestens 700 jüdische Männer" in der Synagoge Bialystoks. Bei dem sich ausbreitenden Feuer starben insgesamt zwischen 2000 und 2200 Personen (Vgl. Kap. 3.2).
4.7.1941	Slonim/Oblast Hrodna (Bel)	–	Slonim/Oblast Hrodna (Bel)	Im Laufe des 4.7. und 5.7.1941 erfolgte eine „sicherheits-polizeiliche Durcharbeitung" der Stadt vermutlich durch den Stab der Einsatzgruppe B, dessen Standort sich am 5.7. in Slonim befand (EM 13 vom 5.7.1941).
4.7.1941	Slonim/Oblast Hrodna (Bel)	ca. 55 km	Wolkowysk/Oblast Hrodna (Bel)	Im Laufe des 4.7. und 5.7.1941 erfolgte eine „sicherheits-polizeiliche Durcharbeitung" der Stadt, vermutlich durch ein Vorauskommando des EK 8 (EM 13 vom 5.7.1941. Vgl. auch Tätigkeitsbericht der Einsatzgruppe B für die Zeit vom 23.6. bis 13.7.1941, in: Klein, Einsatzgruppen, S.375–386, hier S.377).

[11] Bis zum 11.7.1941 wurde die spätere Einsatzgruppe C als Einsatzgruppe B und die spätere Einsatzgruppe B als Einsatzgruppe C in den Ereignismeldungen geführt. Erst mit EM 19 vom 11.7.1941 trat aus „organisatorischen Gründen" die Änderung in der Bezeichnung der beiden Einsatzgruppen ein.

4.7.–8.7.1941	Gebiet zwischen Slonim/Oblast Hrodna (Bel) und Baranowitschi/Oblast Brest (Bel)	zwischen ca. 55 und 65 km	Nowogrodek/Oblast Hrodna (Bel)	*Anfang Juli 1941* führte eine Teiltrupp des EK EK 8 eine Erschießungsaktion durch, bei der 60 bis 70 männliche Juden im Alter von 18 bis 60 Jahren ermordet wurden (Curilla, Ordnungspolizei; S. 429, 443. In der Enzyklopädie des Holocaust, Bd. 2, S. 1.018 werden für den 6.7.1941 150 jüdische Intellektuelle und für den 11.7.1941 50 Juden als Opfer angegeben).
4.7.–8.7.1941	Gebiet zwischen Slonim/Oblast Hrodna (Bel) und Baranowitschi/Oblast Brest (Bel)	zwischen ca. 90 und 100 km	Lida/Oblast Hrodna (Bel)	*Anfang Juli 1941* ermordete ein Kommando der Einsatzgruppe B, vermutlich ein Teilkommando des EK 9, über 90 Juden der Stadt (Laut Encyclopedia of Jewish Life, Bd. 2, S. 728, betrug die Opferzahl 92 Personen. EM 21 vom 13.7.1941 nennt für Grodno und Lida 96 ermordete Juden „in den ersten Tagen"). *Der genaue Zeitpunkt lässt sich nicht ermitteln:* Laut EM 13 vom 5.7.1941 rückte das EK 9 am 5.7.1941 von Grodno nach Lida ab. EM 11 vom 3.7.1941 erwähnt aber bereits ein Vorauskommando des EK 9, das von Wilna nach Lida unterwegs ist. Curilla (S. 411) nennt den 2. oder 3.7.1941 als Datum, an dem mindestens 80 jüdische Männer in Grodno oder Lida ermordet wurden.
8.7.1941	Baranowitschi/Oblast Brest (Bel)	–	Baranowitschi/Oblast Brest (Bel)	Seit dem *8.7.1941* führte das EK 8 u.a. in Baranowitschi und Umgebung „sicherheitspolizeiliche Maßnahmen" durch. Vermutlich bei diesen Operationen wurden am 9.7.1941 insgesamt 71 als „Kommunisten" bezeichnete Juden ermordet (Encyclopedia of Jewish Life, Bd. 1, S. 88, und Tätigkeitsbericht der Einsatzgruppe B für die Zeit vom 23.6. bis 13.7.1941, in: Klein, Einsatzgruppen, S. 375–386, hier S. 377f.).
8.7.1941	Baranowitschi/Oblast Brest (Bel)	ca. 20 km	Lachowicze/Oblast Brest (Bel)	*Wenige Tage nach dem 28.6.1941* wurden 82 Juden bei einem Pogrom in Lachowicze getötet (Encyclopedia of Jewish Life, Bd. 2, S. 698).

8.7.1941	Baranowitschi/ Oblast Brest (Bel)	Stolpce/ Oblast Minsk (Bel)	ca. 60–65 km	*Seit dem 8.7.1941* führte das EK 8 u.a. in Stolpce und Umgebung „sicherheitspolizeiliche Maßnahmen" durch (Tätigkeitsbericht der Einsatzgruppe B für die Zeit vom 23.6. bis 13.7.1941, in: Klein, Einsatzgruppen, S. 375–386, hier S. 377f.).
11.7.1941	Minsk/ Oblast Minsk (Bel)	Borissow/ Oblast Minsk (Bel)	ca. 70 km	*Anfang Juli 1941* „überholte" das SK 7 b[12] die Stadt (EM 31 vom 23.7.1941; Krausnick/Wilhelm, Truppe, S. 185).
11.7.1941	Minsk/ Oblast Minsk (Bel)	Sluzk/ Oblast Minsk (Bel)	ca. 95 km	*Mitte Juli 1941* wurde ein Vorauskommando des EK 8 in der bereits vom SK 7b „überholten" Stadt „tätig" (Krausnick/Wilhelm, Truppe, S. 181; EM 24 vom 16.7.1941).
11.7.– 21.7.1941	Gebiet zwischen Minsk/ Oblast Minsk (Bel) und Krupki/ Oblast Minsk (Bel)	Minsk/ Oblast Minsk (Bel)	Korück 580 vor Ort oder im Umkreis von ca. 110 km	Kommandos der Einsatzgruppe B und GFP ermordeten „zunächst" 1050 männliche Juden, Insassen des Zivilgefangenenlagers in Minsk. „Weitere werden täglich laufend zur Exekution gebracht" (EM 21 vom 13.7.1941), täglich etwa 200. „Zielgruppen" waren vor allem „bolschewistische Funktionäre, Agenten, Kriminelle, Asiaten usw.", die aus dem Zivilgefangenenlager aussortiert wurden (EM 36 vom 28.7.1941). In der Zeit *vom 14. bis 16.7.1941* wurden „349 Angehörige der jüdischen Intelligenz als Vergeltungsmaßnahme" durch die Einsatzgruppe B ermordet (Polizeilicher Tätigkeitsbericht der Einsatzgruppe B für das Heereskommando für die Zeit von ca. 9.7. bis 16.7.1941, in: Hürter, Militäropposition, S. 554).

---

[12] Bis Ereignismeldung 13 vom 5.7.1941 werden die Kommandos 7a und 7b als Einsatzkommandos (EK) geführt. In Ereignismeldung 17 vom 9.7.1941 taucht für die Kommandos erstmals die Bezeichnung Sonderkommando (SK) auf, die dann auch weiterhin so verwendet wird, ohne dass dies erklärt wird.

21.7.1941	Krupki/ Oblast Minsk (Bel)	zwischen ca. 40 und 80 km	Rakow/ Oblast Minsk (Bel) und Waldgebiete nördlich der Linie Minsk-Borissow-Krupka	In dem Gebiet ermordete die Einsatzgruppe B insgesamt 58 Juden, kommunistische Funktionäre, Agenten, Zuchthäusler und Soldaten in Zivil sowie 12 Jüdinnen, die angeblich schon während des Polenfeldzuges als „Agitatorinnen für die KP tätig" geworden waren (EM 36 vom 28.7.1941).
31.7.–10.8.1941	Gebiet zwischen Orscha/ Oblast Witebsk (Bel) und Mogiljow/Oblast Mogiljow (Bel)	vermutlich bis zu ca. 70 km	Tschernjowka bei Mogiljow/ Oblast Mogiljow (Bel)	*Anfang August 1941* ermordete das EK 8 etwa 200 jüdische Männer (Curilla, Ordnungspolizei, S.444).
31.7.–10.8.1941	Gebiet zwischen Orscha/ Oblast Witebsk (Bel) und Mogiljow/ Oblast Mogiljow (Bel)	zwischen ca. 80 und 150 km	Witebsk/ Oblast Witebsk (Bel)	Nachdem das EK 9 *Ende Juli/ Anfang August 1941* Witebsk erreicht hatte, führte es in den ersten zehn Tagen seines dortigen Aufenthalts mindestens zwei Erschießungsaktionen durch. Dabei wurden jeweils mindestens 100 Personen getötet (Curilla, Ordnungspolizei, S.419).
10.8.1941	Mogiljow/ Oblast Mogiljow(Bel)	ca. 35 km	Sklov/ Oblast Mogiljow (Bel)	Einheiten der Einsatzgruppe B ermordeten in Sklov 84 Juden, darunter „22 Brandstifter, 25 Plünderer, 22 Terroristen, 11 Funktionäre und Heckenschützen, sowie 4 Personen, die schädliche Gerüchte verbreitet hatten" (EM 50 vom 12.8.1941).
29.8.–9.9.1941	Gebiet zwischen Rogatschow/ Oblast Homelj (Bel) und Homelj/ Oblast Homelj (Bel)	–	Gebiet zwischen Rogatschow/ Oblast Homelj (Bel) und Homelj/ Oblast Homelj (Bel)	*Anfang September 1941* setzte der Korück 580 das Polizei-Bataillon 309 für Befriedungsaktionen ein, u.a. beiderseits der Bahnlinie Shlobin-Gomel (Curilla, Ordnungspolizei, S.519).

29.8.–9.9.1941	Gebiet zwischen Rogatschow/ Oblast Homelj (Bel) und Homelj/ Oblast Homelj (Bel))	Korück 580 vor Ort oder bis zu ca. 90 km	Rogatschow/ Oblast Homelj (Bel)	Vermutlich *Anfang September 1941* „überholte" ein Teilkommando des SK 7 b die Stadt (EM 90 vom 21.9.1941).
29.8.–9.9.1941	Gebiet zwischen Rogatschow/ Oblast Homelj (Bel) und Homelj/ Oblast Homelj (Bel)	zwischen ca. 20 und 125 km	Dobrusch/ Oblast Homelj (Bel)	Vermutlich *Anfang September 1941* „überholte" ein Teilkommando des SK 7 b die Stadt (EM 90 vom 21.9.1941).
29.8.–9.9.1941	Gebiet zwischen Rogatschow/ Oblast Homelj (Bel) und Homelj/ Oblast Homelj (Bel)	zwischen ca. 65 und 140 km	Nowozybkow/ Oblast Brjansk (Rus)[13]	Vermutlich *Anfang September 1941* „überholte" ein Teilkommando des SK 7 b die Stadt (EM 90 vom 21.9.1941).
29.8.–9.9.1941	Gebiet zwischen Rogatschow/ Oblast Homelj (Bel) und Homelj/ Oblast Homelj (Bel)	bis zu ca. 85 km	Shlobin/ Oblast Homelj (Bel)	Vermutlich *Anfang September 1941* „überholte" ein Teilkommando des SK 7 b die Stadt (EM 90 vom 21.9.1941).

[13] Die Stadt Nowozybkow befindet sich östlich des Gebietes Rogatschow–Homelj. Demnach hielt sich das Korück 580 zum Zeitpunkt des Ereignisses vermutlich noch westlich des Tatorts auf.

Datum	Gebiet	Entfernung	Ort	Beschreibung
29.8.–9.9.1941	Gebiet zwischen Rogatschow/Oblast Homelj (Bel) und Homelj/Oblast Homelj (Bel)	bis zu ca. 85 km	Retschyza/Oblast Homelj (Bel)	Vermutlich *Anfang September 1941* „überholte" ein Teilkommando des SK 7 b die Stadt (EM 90 vom 21.9.1941).
29.8.–9.9.1941	Gebiet zwischen Rogatschow/Oblast Homelj (Bel) und Homelj/Oblast Homelj (Bel)	zwischen ca. 90 und 150 km	Klinzy/Oblast Brjansk (Rus)[14]	Vermutlich *Anfang September 1941* „überholte" ein Teilkommando des SK 7 b die Stadt (EM 90 vom 21.9.1941).
2.10.–9.10.1941	Mglin/Oblast Brjansk (Rus) oder bereits auf dem Weg nach Brjansk/Oblast Brjansk (Rus)	zwischen ca. 50 und 100 km	Klinzy/Oblast Brjansk (Rus)[15]	*Anfang Oktober 1941* ermordete das SK 7 b 83 jüdische „Terroristen" und 3 führende Parteifunktionäre. Bei einer weiteren „Überholung" der Stadt wurden „3 kommunistische Funktionäre, 1 Politruk und 82 jüdische Terroristen" „befehlsgemäß behandelt" (EM 108 vom 9.10.1941).
13.10.–22.11.1941	Gebiet zwischen Brjansk/Oblast Brjansk (Rus) und Kromy/Oblast Orjol (Rus)	Korück 580 vor Ort oder bis zu ca. 110 km	Brjansk/Oblast Brjansk (Rus)	Kommandos der Einsatzgruppe B bearbeiteten „SD-mäßig" eine Reihe neu besetzter Städte, u. a. Brjansk (EM 133 vom 14.11.1941).

14 Die Stadt Klinzy befindet sich östlich des Gebietes Rogatschew-Gomel. Vermutlich hielt sich das Korück 580 zum Zeitpunkt des in EM 90 erwähnten Ereignisses noch westlich des Tatorts auf.

15 Die Stadt Klinzy befindet sich östlich des Gebietes Rogatschew-Gomel. Vermutlich hielt sich das Korück 580 zum Zeitpunkt des in EM 90 erwähnten Ereignisses noch westlich des Tatorts auf.

Einsatzgruppe B [16], Polizei-Bataillone, Brigaden der Waffen-SS

221. Sich. Div.

Datum	Standort Divisionskommando	Entfernung Wehrmacht und SS-/Polizeiapparat	Einsatzort	Ereignis
27.6.1941	Bialystok (Bel)	–		Nach ihrem Eintreffen in der Stadt ermordete das Polizei-Bataillon 309 (Teil der 221. Sich. Div.) am 27.6.1941 zunächst „rund 250 Juden" bei einer groß angelegten Razzia. Anschließend verbrannte man „mindestens 700 jüdische Männer" in der Synagoge Bialystoks. Bei dem sich ausbreitenden Feuer starben insgesamt zwischen 2.000 und 2.200 Personen (Vgl. Kap.3.2).
27.6.–1.8.1941	Gebiet zwischen Bialystok (Bel) und Rozana/ Oblast Brest (Bel)	vermutlich bis zu ca. 100 km	Bialystok (Bel)	Vom *1.7. bis 4.7.1941* operierte das EK 8 in Bialystok und Umgebung, dem Einsatzbereich der 221. Sicherungsdivision. Das Kommando führte dort zwei Erschießungsaktionen durch, bei denen einmal mindestens 800 und einmal mindestens 100 männliche Juden im Alter von etwa 18 bis 65 Jahren ermordet wurden (Laut Curilla, Ordnungspolizei, S.428, fand die größere der beiden Erschießungen vermutlich am 3.7.1941 statt, laut Krausnick/Wilhelm, Truppe, S.181, „alsbald" nach dem 3.7.1941. Nach Encyclopedia of Jewish Life, Bd. 1, S.140 wurden am 3.7.1941 insgesamt 300 jüdische Intellektuelle in Pietrasze, außerhalb von Bialystok, ermordet. Vgl. auch zum Einsatzort des EK 8: Tätigkeitsbericht der Einsatzgruppe B für die Zeit vom 23.6. bis 13.7.1941, in: Klein, Einsatzgruppen, S.375-386, hier S.377).

[16] Bis zum 11.7.1941 wurde die spätere Einsatzgruppe C als Einsatzgruppe B und die spätere Einsatzgruppe B als Einsatzgruppe C in den Ereignismeldungen geführt. Erst mit EM 19 vom 11.7.1941 trat aus „organisatorischen Gründen" die Änderung in der Bezeichnung der beiden Einsatzgruppen ein.

Datum	Ort	Entfernung	Bemerkungen
3.7.1941	Bialowieza (Bel)	ca. 45 km	Die Einsatzgruppe B ermordete 215 „jüdische und bolschewistische Funktionäre" und 15 „NKWD-Agenten". „Die Exekutionen erfolgen in gleicher Stärke laufend weiter" (EM 21 vom 13.7.1941). Auf Befehl des HSSPF von dem Bach-Zelewski führten die Polizei-Bataillone 316 und 322 zwischen dem 8. und 11.7.1941 eine Massenfestnahme von jüdischen Männern im Alter von 17 bis 45 Jahren durch. Vermutlich am 12. und 13.7.1941 wurden die festgenommenen Personen außerhalb der Stadt erschossen (Curilla, Ordnungspolizei, S. 528ff., 548 f. Die genauen Opferzahlen sind nicht bekannt. Curilla, Ordnungspolizei, S. 532, 549 geht von etwa 3 000 ermordeten Juden aus. Laut Encyclopedia of Jewish Life, Bd. 1, S. 140 wurden am 12.7.1941 in Pietrasze, außerhalb von Bialystok, 3 000 Juden ermordet. Anderen Quellen zufolge wurden sogar 4 500 Menschen getötet).
	Bielsk-Podlaski (Bel)		Im Zeitraum vom 3.7. bis 5.7.1941 „überholte" ein „Unterstützungstrupp" beim EK 9 „alle Stellen" in der Stadt und ermordete die „Führer der jüdischen Intelligenz (insbesondere Lehrer, Rechtsanwälte, Sowjetbeamte)" (EM 13 vom 5.7.1941; Krausnick/Wilhelm, Truppe, S. 183).
	Slonim/ Oblast Hrodna (Bel)		Im Laufe des 4.7. und 5.7.1941 erfolgte eine „sicherheitspolizeiliche Durcharbeitung" der Stadt vermutlich durch den Stab der Einsatzgruppe C, dessen Standort sich am 5.7. in Slonim befand (EM 13 vom 5.7.1941).
3.7.–1.8.1941	Gebiet zwischen Bialowieza (Bel) und Rozana/Oblast Brest (Bel)[17]	zwischen ca. 40 und 110 km	

[17] Das Gebiet zwischen Bialowieza und Rozana liegt südwestlich der Stadt Slonim, die die 221. Sicherungsdivision vermutlich erst zwischen dem 1.8. und 3.8.1941 passierte.

3.7.–1.8.1941	Bialowieza (Bel)	ca. 65 km	Wolkowysk/Oblast Hrodna (Bel)	„Zwecks Durchführung umfangreicher sicherheits-polizeilicher Maßnahmen im Bereich der Sicherungsdivision 221" operierte das EK 8 seit 8.7.1941 u.a. in Slonim und Umgebung (Tätigkeitsbericht der Einsatzgruppe B für die Zeit vom 23.6. bis 13.7.1941, in: Klein, Einsatzgruppen, S. 375-386, hier S. 377 f.). Vermutlich am 17.7.1941 ermordete ein Teilkommando des EK 8 in Zusammenarbeit mit der 1. Kompanie des Polizei-Bataillons 316 bei einer Großaktion gegen Juden und „andere kommunistisch belastete Elemente" zwischen 1000 und 1200 Personen. Das Kommando allein ermordete dann noch weitere 84 Personen (In EM 32 vom 24.7.1941 beträgt die Opferzahl 1075 Personen. Laut Encyclopedia of Jewish Life, Bd. 3, S. 1201, wurden 1200 Personen getötet. Im Funkspruch des HSSPF Russland-Mitte vom 18.7.1941 werden für den Vortag 1153 ermordete jüdische Plünderer gemeldet. Curilla, Ordnungspolizei, S. 533, schätzt deren Zahl auf ca. 1050 Opfer).
3.7.–1.8.1941	Gebiet zwischen Bialowieza (Bel) und Rozana/Oblast Brest (Bel)	zwischen ca. 70 und 120 km	Brest-Litowsk/Oblast Brest (Bel)	Im Laufe des 4.7. und 5.7.1941 erfolgte eine „sicherheits-polizeiliche Durcharbeitung" der Stadt, vermutlich durch ein Vorauskommando des EK 8 (EM 13 vom 5.7.1941. Vgl. auch Tätigkeitsbericht der Einsatzgruppe B für die Zeit vom 23.6. bis 13.7.1941, in: Klein, Einsatzgruppen, S. 375-386, hier S. 377). Vermutlich kurz nach dem 13.7.1941 ermordete das Polizei-Bataillon 307 mit Unterstützung des in Brest-Litowsk eingesetzten Einsatztrupps der Einsatzgruppe B etwa 4000 Juden und etwa 400 Russen und Weißrussen (EM 32 vom 24.7.1941 nennt eine Opferzahl von 4435 Personen, darunter 400 „Groß- und Weißrussen". So auch Curilla, Ordnungspolizei, S. 570-574).

| 3.7.–1.8.1941 | Gebiet zwischen Bialowieza (Bel) und Rozana/ Oblast Brest (Bel)[18] | zwischen ca. 80 und 155 km | Raum Barano-witschi | *Mitte Juli 1941* (laut Encyclopedia vermutl. am 17.7.) ermordete ein Kommando des EK 8, GFP, Abwehrtrupps und Feldgendarmerie „weitere" 381 Personen, „jüdische Aktivisten, Funktionäre, Plünderer" (EM 32 vom 24.7.1941 und Encyclopedia of Jewish Life, Bd. 1, S. 88). Curilla (S. 534 f.) erwähnt, dass die 2. Kompanie des Po-lizei-Bataillons 316 zwischen dem 17. und 25.7.1941 etwa 100 Personen im Sumpfgebiet südlich von Barano-witschi ermordete.

 Am 23.7.1941 nahm das Polizei-Bataillon 316 an einer Aktion gegen Juden in Baranowitschi teil. Da alle drei Kompanien des Bataillons eingesetzt waren, ist eine Opferzahl von mehreren hundert Personen wahrschein-lich (Curilla, Ordnungspolizei, S. 535).

 Kommandos der Einsatzgruppe B ermordeten im Raum Baranowitschi „67 NKWD-Agenten und -Funktionäre, darunter 3 Kommissare" (EM 32 vom 24.7.1941). |
| 3.7.–1.8.1941 | Gebiet zwischen Bialowieza (Bel) und Rozana/ Oblast Brest (Bel) | vermutlich bis zu ca. 100 km | Waldgebiet von Bialowieza (Bel) | Um im Bialowiezer Forst ein über mehrere 100 Qua-dratkilometer ausgedehntes Waldgelände als Jagdgelände für Reichsmarschall Göring zu errichten, evakuierten die Polizei-Bataillone 322 und 309 vom 25.7. *bis 31.7.1941* insgesamt 34 Dörfer und vertrieben 6446 Einwohner. Im Zuge der Evakuierungen wurden auf der Suche nach Partisanen, Wilderern, Plünderern und Kommunisten mindestens 150 Personen erschossen (Curilla, Ord-nungspolizei, S. 550f.). |

[18] Das Gebiet zwischen Bialowieza und Rozana liegt westlich der Stadt Baranowitschi; die 221. Sicherungsdivision schlug ihr Hauptquartier dort erst am 3.8.1941 auf.

Datum	Ausgangsort	Distanz	Zielort	
3.8.1941	Baranowitschi/ Oblast Brest (Bel)	ca. 60-65 km	Stolpce/ Oblast Minsk (Bel)	Vermutlich *Anfang August 1941* ermordete das EK 8 insgesamt 76 Personen der angeblich „aktivistischen jüdischen Intelligenz" (EM 50 vom 12.8.1941).
3.8.1941	Baranowitschi/ Oblast Brest (Bel)	ca. 95 km	Motal/ Oblast Brest (Bel)	Am *2.8.1941* ermordeten Männer des Abteilungsstabs sowie der 1. Schwadron des 1. SS-Kavallerie-Regiments unter Mithilfe von weißrussischen Kollaborateuren etwa 800 männliche Juden aus Motal außerhalb der Stadt. Am nächsten Tag exekutierten die SS-Männer etwa 2200 jüdische Frauen und Kinder aus Motal, ebenfalls außerhalb des Stadtgebietes. Bei anschließenden Durchsuchungen in Motal wurden weitere Personen, die sich versteckt gehalten hatten, entdeckt und ermordet (Cüppers, Wegbereiter, S. 145-147).
3.8.- 7.8.1941	Raum Baranowitschi/ Oblast Brest (Bel)	vermutlich bis zu ca. 100 km	Raum Telechany/ Oblast Brest (Bel)	Am *5.8.1941* ermordete die 1. Schwadron des 1. SS-Kavallerie-Regiments ungefähr 2000 Juden aus der Stadt Telechany in einem Wald nahe dem Dorf Wulka. Nach einer Durchsuchung der Stadt am nächsten Tag wurden weitere Juden, die in Verstecken gefunden worden waren, erschossen. Im Anschluss an diese Mordaktion ritt die 1. Schwadron weiter nach Swieta Wola (ca. 10 km nordwestlich von Telechany). Dort tötete sie mit Unterstützung der 4. Schwadron am *6.8. und 7.8.1941* mindestens 436 jüdische Männer, Frauen und Kinder (Cüppers, Wegbereiter, S.148f.).
3.8.- 8.8.1941	Raum Baranowitschi/ Oblast Brest (Bel)	vermutlich bis zu ca. 100 km	Wygonitschi und Chotonice/ Oblast Brest (Bel)	Vom *6. bis 8.8.1941* ermordete der Abteilungsstab des 1. SS-Kavallerie-Regiments insgesamt 540 Juden in den beiden Städten (Cüppers, Wegbereiter, S.149).

Datum	Gebiet	Entfernung	Ort	Beschreibung
3.8.–25.8.1941	Gebiet zwischen Baranowitschi/ Oblast Brest (Bel) und Bobruisk/ Oblast Mogiljow (Bel)	vermutlich bis zu ca. 100 km	Hanzawitschy/ Oblast Brest (Bel)	Am Morgen des *12.8.1941* ermordete die 1. Schwadron des 1. SS-Kavallerie-Regiments mit Unterstützung der 4. Schwadron etwa 2500 Juden aus Hanzawitschy außerhalb der Stadt (Cüppers, Wegbereiter, S. 150).
3.8.–25.8.1941	Gebiet zwischen Baranowitschi/ Oblast Brest (Bel) und Bobruisk/ Oblast Mogiljow (Bel)	vermutlich bis zu ca. 100 km	Lachowicze/ Oblast Brest (Bel)	Am *16.8.1941* erschossen Einheiten der 1. SS-Kavallerie-Brigade mehrere hundert Juden außerhalb der Stadt (Cüppers, Wegbereiter, S. 183).
3.8.–25.8.1941	Gebiet zwischen Baranowitschi/ Oblast Brest (Bel) und Bobruisk/ Oblast Mogiljow (Bel)	bis zu ca. 110 km	Raum Sluzk/ Oblast Minsk (Bel)	Die 2. Kompanie des Polizei-Bataillons 307 ermordete im *August 1941* etwa 30 bis 50 Frauen und 4 bis 6 Kinder aus einer Ortschaft im Raum Sluzk (Curilla, Ordnungspolizei, S. 576).
3.8.–Anfang September 1941	Gebiet zwischen Baranowitschi/ Oblast Brest (Bel) und Bobruisk/ Oblast Mogiljow (Bel)	bis zu ca. 130 km	Starobin/ Oblast Minsk (Bel)	Die 2., 3. und 4. Schwadron des 1. SS-Kavallerie-Regiments ermordeten *zwischen dem 22.8. und 29.8.1941* in mehreren Einsätzen die gesamte jüdische Bevölkerung des Ortes Starobin. Die Opferzahl lag wahrscheinlich bei mindestens 500 Männern und Frauen (Cüppers, Wegbereiter, S. 194).
25.8.1941	Bobruisk/ Oblast Mogiljow (Bel)	ca. 110 km	Pohost/ Oblast Minsk (Bel)	*Gegen Ende August 1941* (vermutlich kurz nach dem 24.8.) ermordeten die 4. Schwadron des 1. SS-Kavallerie-Regiments und die 5. Schwadron des 2. SS-Kavallerie-Regiments eine größere Zahl von Juden (laut Bericht eines Augenzeugen bei Cüppers, Wegbereiter, S. 196 f., sollen es über 1000 Juden gewesen sein. Laut Encyclopedia of Jewish Life, Bd. 2, S. 1010, wurden im August 1941 zunächst 150 Juden und später noch einmal 35 oder 80 Personen ermordet).

25.8.–Anfang September 1941	Raum Bobruisk/ Oblast Mogiljow (Bel)	vermutlich bis zu ca. 85 km	Tscherwen/ Oblast Minsk (Bel)	Vermutlich *Ende August 1941* wurden 139 Juden durch das EK 8 getötet (EM 73 vom 4.9.1941).
3.8.–15.9.1941	Gebiet südlich/ vor allem südöstlich von Minsk Standorte u.a.: 3.8. Baranowicze/ Oblast Brest (Bel) 25.8. Bobruisk/ Oblast Mogiljow (Bel) 15.9. Ossipowitschi/ Oblast Mogiljow (Bel)	bis zu ca. 140 km	Minsk/ Oblast Minsk (Bel)	Vermutlich am *15.8.1941* führte das EK 8 gemeinsam mit weiteren Polizei-Einheiten unter Anwesenheit von Reichsführer-SS Heinrich Himmler eine Massenexekution durch, der mindestens 300 Juden zum Opfer fielen (Curilla, Ordnungspolizei, S. 431 f., gibt als Datum 15.8.1941 an. So auch Cüppers, Wegbreiter, S. 183, der aber eine Opferzahl von ungefähr 100 jüdischen Männern und mindestens zwei jüdischen Frauen nennt. Laut Encyclopedia of Jewish Life, Bd. 2, S. 829, erfolgte am 14.8.1941 die Ermordung von mehreren hundert Juden).
			Minsk/ Oblast Minsk (Bel)	Vermutlich im *August 1941* führten das EK 8 und Polizeitrupps gemeinsam sechs Erschießungsaktionen durch. Beim umfangreichsten dieser Einsätze wurden mindestens 400 Juden ermordet, bei den fünf anderen jeweils mindestens 80 Personen jüdischer Abstammung (Curilla, Ordnungspolizei, S. 432).
				In der zweiten *Augusthälfte 1941* wurden im Minsker Ghetto insgesamt 2000 bis 3000 Personen, vermutlich durch das EK 8 und Polizeitrupps, ermordet (Curilla, Ordnungspolizei, S. 432. Laut Encyclopedia of Jewish Life, Bd. 2, S. 829, wurden am 14. und 26.8.1941 ein paar hundert Juden aus dem Ghetto an einen unbekannten Ort transportiert und am 31.8.1941 insgesamt 916 Personen ermordet).
				Im *August 1941* wurden mindestens 1300 Insassen des Zivilgefangenenlagers in Minsk getötet (Genauere Zahlen zu einzelnen Erschießungen finden sich in EM 67 vom 29.8.1941 und EM 73 vom 4.9.1941).

| September 1941 | Raum Bobruisk/Oblast Mogiljow (Bel) | – | Bobruisk/Oblast Mogiljow (Bel) | Anfang September 1941 (vermutlich nach dem 4.9.) führte das 1. SS-Kavallerie-Regiment mit Unterstützung des EK 8 eine Massenerschießung in der Stadt durch, bei der bis zu 7000 Juden ermordet wurden (Cüppers, Wegbereiter, S.198f.). |
| September 1941 | Raum Bobruisk/Oblast Mogiljow (Bel) | –[19] | Klitschew/Oblast Mogiljow (Bel) | Vom 10. bis 12.9.1941 führte das Polizei-Bataillon 322 gemeinsam mit dem Polizei-Regiment Mitte, dem Sicherungs-Regiment 2 und Einheiten der 221. Sicherungsdivision einen Einsatz gegen Partisanen durch (Curilla, Ordnungspolizei, S.557). |

Im Ghetto von Minsk führte das EK 8 unter Beteiligung der Ordnungspolizei und der Feldgendarmerie eine „Großaktion" durch. Dabei ermordeten die Truppen innerhalb von drei Tagen 2.278 Personen, „ausschließlich Saboteure und jüdische Aktivisten" (EM 92 vom 23.9.1941. Laut Curilla, Ordnungspolizei, S.434 und 556 f., fanden die Erschießungen am 31.8. und 1.9.1941 statt, Täter war das EK 8. An einem der Massaker, vermutlich am 1.9.1941, war auch das Polizei-Bataillon 322 beteiligt; vgl. Curilla, Ordnungspolizei, S.556f.).

Vermutlich im September 1941 wurden im Zivilgefangenenlager von Minsk bei einer „Überprüfung" der Gefangenen 377 Mann ermordet, da sie sich für den Arbeitseinsatz als nicht „brauchbar" erwiesen hatten (EM 92 vom 23.9.1941).

[19] Hauptstandort der 221. Sicherungsdivision und Einsatzort der beteiligten Polizeieinheiten waren zum Zeitpunkt des Ereignisses nicht identisch. Da sich Einheiten der Wehrmachtsdivision aber direkt an dem Einsatz beteiligten, wurde auf eine Entfernungsangabe verzichtet.

September 1941	Raum Bobruisk/ Oblast Mogiljow (Bel)	Bobruisk und Umgebung (Bel)	vermutlich bis zu ca. 50 km	Ein Teiltrupp des EK 8 ermordete 407 Einwohner, „vorwiegend Juden und Personen, die offenen Widerstand gegen die Anordnungen der deutschen Besatzungs-behörden zeigten oder offen zu Sabotagehandlungen aufgefordert hatten" (EM 92 vom 23.9.1941).
September 1941	Raum Bobruisk/ Oblast Mogiljow (Bel)	Shlobin/ Oblast Homelj (Bel)	vermutlich ca. 60 km	Durch das SK 7 b wurden 33 Juden, „Saboteure, Brandstifter und Plünderer", „befehlsgemäß behandelt" (EM 92 vom 23.9.1941).
September 1941	Raum Bobruisk/ Oblast Mogiljow (Bel)	Shlobin/ Oblast Homelj (Bel)	vermutlich ca. 60 km	Durch das SK 7 b wurden 33 Juden, „Saboteure, Brandstifter und Plünderer", „befehlsgemäß behandelt" (EM 92 vom 23.9.1941).
Anfang September bis Mitte Oktober 1941	Raum Mogiljow und Gebiet zwischen Bobruisk/ Oblast Mogiljow (Bel) und Kritschew/ Oblast Mogiljow (Bel)	Raum Mogiljow/ Oblast Mogiljow (Bel)	vor Ort und bis zu ca. 115 km	Nachdem das EK 8 am 9.9.1941 Mogiljow erreicht hatte, führte es dort mindestens 9 Erschießungsaktionen durch, bei denen vermutlich insgesamt über 4 000 Menschen ermordet wurden (Curilla, Ordnungspolizei, S. 435).
	Raum Mogiljow und Gebiet zwischen Bobruisk/ Oblast Mogiljow (Bel) und Kritschew/ Oblast Mogiljow (Bel)	Raum Mogiljow/ Oblast Mogiljow (Bel)	vor Ort und bis zu ca. 115 km	Im September 1941 versuchte der Führer der Einsatzgruppe B, Arthur Nebe, zusammen mit dem Führer des EK 8, Otto Bradfisch, Massentötungen mit Hilfe von Gas und Sprengstoff zu realisieren. Dabei wurden 500 bis 600 nicht mehr arbeitsfähige Personen, unter ihnen Juden, in einem abgedichteten Zimmer mit Abgasen aus Fahrzeugen ermordet (Curilla, Ordnungspolizei, S. 466). Am 26.9.1941 führten vermutlich die 7. Kompanie des Polizei-Bataillons 322 und das Sicherungs-Regiment 2 eine „Lehrübung" vor Vertretern von SS, Polizei und Militär in Knjaschizy durch. In Zusammenarbeit mit dem EK 8 ermordete die Polizeieinheit 13 Juden und 19 Jüdinnen (Vgl. Kap. 3.3).

Am *29.9.1941* führte das Polizei-Bataillon 322 eine Befriedungsaktion im Raum Daschkowka, 19 km südlich von Mogiljow, durch. Dabei erschoss das Bataillon mindestens 65 Partisanen und 14 Juden (Curilla, Ordnungspolizei, S. 559).

Vermutlich *Ende September/ Anfang Oktober 1941* führte das EK 8 mehrere Aktionen im Raum Mogiljow durch. Die Opferzahlen bewegten sich dabei zwischen 18 und 25 Personen. In Mogiljow selbst ermordete ein Kommando der Einsatzgruppe B, vermutlich das EK 8, insgesamt 836 psychisch Kranke (EM 108 vom 9.10.1941).

Wegen angeblichen Widerstands und Sabotage ermordete das EK 8 in Mogiljow zunächst 80 Juden, dann weitere 215 Juden und 337 Jüdinnen (EM 108 vom 9.10.1941).

Am *2.10. und 3.10.1941* wurden vom Polizei-Bataillon 322, Angehörigen des EK 8, einer ukrainischen Einheit und Angehörigen des Stabes des HSSPF Russland-Mitte insgesamt 2 208 jüdische Einwohner eines Stadtteils von Mogiljow ermordet (Curilla, Ordnungspolizei, S. 435 und ausführlich S. 560–562. Gleiche Angaben zur Zahl der Opfer in Encyclopedia of Jewish Life, Bd. 2, S. 840. Cüppers, Wegbereiter, S. 223, erwähnt auch die Beteiligung des Polizei-Bataillons 316 an der Aktion sowie eine Opferzahl von 2273 Personen).

Am *19.10.1941* fand in Mogiljow unter Führung des EK 8 eine große Vernichtungsaktion gegen die jüdische Bevölkerung statt. Beteiligt waren das Polizei-Bataillon 316, das Waldenburger Polizeikommando, eine ukrainische Hilfspolizeieinheit und die 5. NSKK-Ver-

Datum	Ort			Beschreibung
				kehrs-Kompanie Berlin. Mindestens 3 600 Personen wurden getötet (EM 133 vom 14. 11. 1941 nennt die Zahl von 3 726 „liquidierten Juden". Curilla, Ordnungspolizei, S. 540, bezeichnet diese Zahl als realistisch. Ausführlich zu der Aktion vgl. Curilla, Ordnungspolizei, S. 538-540. Encyclopedia of Jewish Life, Bd. 2, S. 840, erwähnt die Zahl von 3 600 ermordeten Personen).
10.9.–13.9.1941	Gebiet zwischen Mogiljow und Bobruisk/ Oblast Mogiljow (Bel)	—		Vom 10.9. bis 13.9.1941 waren zwei Trupps des EK 8 im Verband der 221. Sicherungsdivision, des Sicherungs-Regiments 2 und des Polizei-Regiments Mitte „zur Säuberung" des Gebietes eingesetzt (EM 90 vom 21.9.1941).
29.9.1941	Kritschew/ Oblast Mogiljow (Bel)	—[20]	„zwischen Shaskowo und dem Dorf Chalowiki"	Vermutlich Anfang Oktober 1941 stellte der in Bobruisk stationierte Trupp des EK 8 den Aufenthalt einer „größeren Partisanenabteilung" in dem Gebiet „zwischen Shaskowo und dem Dorf Chalowiki" fest und benachrichtigte daraufhin den I c der 221. Sicherungsdivision „zwecks Vorbereitung einer gemeinsamen Aktion" (EM 123 vom 24.10.1941).
29.9.1941	Kritschew/ Oblast Mogiljow (Bel)	—	„Ortschaften Wirkowo, Orliny, Schkawa, Prodischcze und Rudabelke"	Vermutlich Anfang Oktober 1941 trafen beim „Trupp Bobruisk" des EK 8 Meldungen über Partisanengruppen in mehreren Orten ein. Diese Mitteilungen wurden „in jedem Falle" an den I c der 221. Sicherungsdivision weitergeleitet und daraufhin „gemeinsame Aktionen durchgeführt" (EM 123 vom 24.10.1941).

[20] Hauptstandort der 221. Sicherungsdivision und Einsatzort des EK 8 waren zum Zeitpunkt des Ereignisses nicht identisch. Da sich einzelne Einheiten der 221. Sich. Div. aber direkt an dem Einsatz beteiligten, wurde auf eine Entfernungsangabe verzichtet. Dies gilt für alle damaligen Aktionen im Raum Kritschew.

Datum	Ort	Entfernung	Ort	Beschreibung
29.9.1941	Kritschew/Oblast Mogiljow (Bel)	–	Gegend um Kosjolok und Orte ca. 40 km nordöstl. von Mogiljow „an der Straße Gorki – Krassnoje – Smolensk"	In dem Gebiet unternahmen Trupps des EK 8, vermutlich in Zusammenarbeit mit der 221. Sicherungsdivision, mehrere Aktionen gegen Partisanen (EM 123 vom 24.10.1941).
29.9.1941	Kritschew/Oblast Mogiljow (Bel)	ca. 50 km	Dribin/Oblast Mogiljow (Bel)	Laut Encyclopedia wurden *Ende September 1941* insgesamt 450 Juden und Anfang Oktober 1941 die übrigen jüdischen Einwohner der Stadt ermordet. Curilla erwähnt die Vernichtung des Ghettos in Dribin Anfang Oktober 1941; bei der 400 Juden durch das EK 8 getötet wurden (Encyclopedia of Jewish Life, Bd. 1, S. 331; Curilla, Ordnungspolizei, S. 448).
29.9.–Ende Oktober 1941	Gebiet zwischen Kritschew/Oblast Mogiljow (Bel) und Roslawl/Oblast Smolensk (Rus)	zwischen ca. 45 und 120 km	Krassnopillja/Oblast Mogiljow (Bel)	In der Zeit *vom 22.10. bis 25.10.1941* ermordete das Polizei-Bataillon 322 in der Stadt 124 jüdische Männer und 216 jüdische Frauen (Curilla, Ordnungspolizei, S. 563f.).
November 1941	Brjansk/Oblast Brjansk (Rus)	–	Brjansk/Oblast Brjansk (Rus)	Kommandos der Einsatzgruppe B bearbeiteten „SD-mäßig" eine Reihe neu besetzter Städte, u. a. Brjansk (EM 133 vom 14.11.1941).
Dezember 1941	Kritschew/Oblast Mogiljow (Bel)	–	Kritschew/Oblast Mogiljow (Bel)	Ein Teiltrupp des Einsatzkommandos 8 ermorden in Kritschew, dem Standort des Dulag 203 in mehreren Aktionen insgesamt 1 213 Juden (Curilla, Ordnungspolizei, S. 443).

Abkürzungsverzeichnis

AA	Auswärtiges Amt
a. a. O.	am angegebenen Ort
Abs.	Absatz
Abt.	Abteilung
Abw.	Abwehr
ADAP	Akten zur deutschen auswärtigen Politik 1918–1945
AfS	Archiv für Sozialgeschichte
A.G.S./AGSSt	Armee-Gefangenen-Sammelstelle
A.K.	Armeekorps
AHA	Allgemeines Heeresamt
Anl.	Anlage
Anm.	Anmerkung
AOK/A.O.K.	Armeeoberkommando
Ausb.	Ausbildung
a.v.	arbeitsverwendungsfähig
AWA	Allgemeines Wehrmachtsamt
AWiFü	Armeewirtschaftsführer
Az.	Aktenzeichen
b	Bolschewiki
BAB	Bundesarchiv Berlin
BAK	Bundesarchiv Koblenz
BAL	Bundesarchiv Ludwigsburg
BA, ZNS	Bundesarchiv, Zentrale Nachweisstelle Kornelimünster
BA-MA	Bundesarchiv-Militärarchiv Freiburg i. Br.
BayHStA	Bayerisches Hauptstaatsarchiv München, Abt. Kriegsarchiv
Bd., Bde.	Band, Bände
BdE	Befehlshaber des Ersatzheeres
Berück/Brück/B-Rück	Befehlshaber des Rückwärtigen Heeresgebiets
Bfh.	Befehlshaber
BfZ	Bibliothek für Zeitgeschichte Stuttgart
Bl.	Blatt
bpk	Bildarchiv Preußischer Kulturbesitz
Brig.	Brigade
BSB	Bayerische Staatsbibliothek
BStU	Bundesbeauftragte für die Unterlagen des Staatssicherheitsdienstes der ehemaligen DDR Berlin, Zentralarchiv
Btl./Batl.	Bataillon
BVP	Bayerische Volkspartei
Bv. T.O.	Bevollmächtigter Transport-Offizier
CdZ	Chef der Zivilverwaltung
Chefs.	Chefsache
CSDIC	Combined Services Detailed Interrogation Center
d.B.	des Beurlaubtenstandes
Ders.	Derselbe
Div.	Division
Dok.	Dokument
DRK	Deutsches Rotes Kreuz
DRZW	Das Deutsche Reich und der Zweite Weltkrieg
Dulag	Durchgangslager

Ebd./ebda.	Ebenda
EK	Eisernes Kreuz
EK/Ek	Einsatzkommando
E.Gr.	Einsatzgruppe
EM	Ereignismeldung
f.	folgende
Fhr.	Führer
Flak	Flugabwehrkanone
FliVO	Fliegerverbindungsoffizier
F.K.	Feldkommandantur
frz.	französisch
FStO	Friedensstandort
Füs.	Füsilier
g./geh.	geheim
GBA	Generalbevollmächtigter für den Arbeitseinsatz
Gefr.	Gefreiter
geh. Kdos.	geheime Kommandosache
Gen.	General
Gen.Kdo.	Generalkommando
Gen.ltn.	Generalleutnant
Gen.mj.	Generalmajor
Gen.oberst	Generaloberst
Gen.Qu.	Generalquartiermeister
Gen.St.	Generalstab
Gen.St.d.H.	Generalstab des Heeres
GenStOffz.	Generalstabsoffizier
Gestapo	Geheime Staatspolizei
gez.	gezeichnet
GFP	Geheime Feldpolizei
GFM	Generalfeldmarschall
gg.	gegen
GK	Generalkommissariat
GPU	Gosudarstvennoe Političeskoe Upravlenie (Staatliche Politische Verwaltung)
Gr.	Gruppe
Gr. R.	Grenadier-Regiment
Gr. W.	Granatwerfer
GuG	Geschichte und Gesellschaft
GUPVI NKVD	Glavnoe Upravlenie NKVD Po Delam Voennoplennych i Internirovannych (Hauptverwaltung des NKVD für Kriegsgefangene und Internierte)
g.v.	garnisonsverwendungsfähig
H.Dv.	Heeresdruckvorschrift
H.Dv.g.	Heeresdruckvorschrift geheim
H.Gr./Kdo.	Heeresgruppe/nkommando
Hiwi	Hilfswilliger
HKL	Hauptkampflinie
HLKO	Haager Landkriegsordnung
HMS	His/Her Majesty's Ship
Höh. Kdo.	Höheres Kommando
Hrsg.	Herausgeber
HRüst	Heeresrüstung
hs.	handschriftlich

HSA	Hessisches Staatsarchiv
HSSPF	Höherer SS- und Polizeiführer
HStA	Hauptstaatsarchiv
ICC	International Criminal Court
ICTR	International Criminal Tribunal for Rwanda
ICTY	International Criminal Tribunal for the former Yugoslavia
ID/I.D./Inf. Div.	Infanteriedivision
IfZ	Institut für Zeitgeschichte München-Berlin
i.G.	im Generalstab
IKRK	Internationales Komitee vom Roten Kreuz
IMT	Der Prozess gegen die Hauptkriegsverbrecher vor dem Internationalen Militärgerichtshof (International Military Tribunal)
i.V.	in Vertretung
kd.	kommandierend
K.d.F.	Kraft durch Freude
Kdo.	Kommando
Kdos.	Kommandosache
Kdr.	Kommandeur, Kommandierend
Kdr. Gen. d. Sich. Trp.	Kommandierender General der Sicherungstruppen
KdS	Kommandeur der Sicherheitspolizei
Kdt.	Kommandant
K.G.	Kommandierender General
Kgf.	Kriegsgefangene/r
Kgl.	Königlich
Kol.	Kolonne
Korück	Kommandant/Kommandantur des Rückwärtigen Armeegebiets
Kp.	Kompanie
KTB	Kriegstagebuch
KTB OKW	Kriegstagebuch des Oberkommandos der Wehrmacht
Kw.	Kraftwagen
k.v.	kriegsverwendungsfähig
KV	Kriegsverwaltung
KZ	Konzentrationslager
L	Landesverteidigung
La	Landwirtschaft
le.	leicht
LR	Legationsrat
L.S.	Landesschützen
MG, M.G.	Maschinengewehr
MGFA	Militärgeschichtliches Forschungsamt
MGM	Militärgeschichtliche Mitteilungen
MGZ	Militärgeschichtliche Zeitschrift
Mio.	Million/en
Mj.	Major
mot.	motorisiert
MP	Maschinenpistole
M.St.G.B.	Militärstrafgesetzbuch
NA	National Archives Washington D.C.
Nachsch.	Nachschub
Nds.	Niedersächsisch
NKVD/NKWD	Narodnyj Komissariat Vnutrennych Del (Volkskommissariat des Innern)

NOKW	Nuernberg Oberkommando der Wehrmacht
NPL	Neue Politische Literatur
Nr.	Nummer
NS	Nationalsozialismus
NSDAP	Nationalsozialistische Deutsche Arbeiterpartei
NSKK	Nationalsozialistisches Kraftfahrkorps
NSR	Nationalsozialistischer Soldatenring
NSV	Nationalsozialistische Volkswohlfahrt
OB/O.B.	Oberbefehlshaber
Ob.d.H.	Oberbefehlshaber des Heeres
Oberkdo.	Oberkommando
o. D.	ohne Datum
OD	Ordnungsdienst
OEGZ	Österreichische Gesellschaft für Zeitgeschichte
Offz.	Offizier
OFK	Oberfeldkommandantur
Oflag	Offizierslager
Ofw.	Oberfeldwebel
O.K.	Ortskommandantur
OKH	Oberkommando des Heeres
OKL	Oberkommando der Luftwaffe
OKM	Oberkommando der Marine
OKW	Oberkommando der Wehrmacht
o. O.	ohne Ort
Op. Abt.	Operationsabteilung
O.Qu.	Oberquartiermeister
OT	Organisation Todt
PA-AA	Politisches Archiv des Auswärtigen Amts Berlin
Pak	Panzerabwehrkanone
PD/Pz. Div.	Panzerdivision
Pio.	Pionier
Pol.	Polizei
POW	Prisoner of War
pp.	perge, perge (und so weiter)
PRO	Public Record Office Kew
Prop.	Propaganda
Pz. K	Panzerkorps
PURKKA	Političeskoe Upravlenie Rabočej-Krest'janskoi Krasnoj Armii (Politische Verwaltung der Roten Arbeiter- und Bauernarmee)
Pz. AOK	Panzerarmeeoberkommando
Pz. Gr. Kdo.	Panzergruppenkommando
Qu.	Quartiermeister
RAD	Reichsarbeitsdienst
RFSS	Reichsführer SS
Rgt.	Regiment
RLM	Reichsluftfahrtministerium
RSFSR	Russische Sozialistische Föderative Sowjetrepublik
RSHA	Reichssicherheitshauptamt
Rückw. H.Geb.	Rückwärtiges Heeresgebiet
R. Wes.	Rechtswesen
S.	Seite

SA	Sturmabteilung
San.	Sanität
Schtz.	Schützen
SD	Sicherheitsdienst
Sdf.	Sonderführer
Sich. Div.	Sicherungsdivision
Sipo	Sicherheitspolizei
Sk	Sonderkommando
Slg.	Sammlung
SPECNAZ	Podrazdelenija Special'nogo naznačenija
	(Abteilung für Spezielle Aufgaben)
SS	Schutzstaffel
SSR	Sozialistische Sowjetrepublik
StA	Staatsarchiv
Stalag	Stammlager
StO	Standort
StOArt.	Stabsoffizier Artillerie
StS	Staatssekretär
SU	Sowjetunion
sw.	schwer
t, to.	Tonne
Trp.	Truppe/Truppen
UdSSR	Union der Sozialistischen Sowjetrepubliken
Uffz.	Unteroffizier
ung.	ungarisch
UNO	United Nations Organization
UPA	Ukrajinska Powstanska Armija
	(Ukrainische Aufstandsarmee)
USHMM	United States Holocaust Memorial Museum
u.U.	unter Umständen
VAA	Vertreter des Auswärtigen Amts
VfZ	Vierteljahrshefte für Zeitgeschichte
vgl.	vergleiche
VO	Verbindungsoffizier
VKP (b)	Vsesojuznaja Kommunističeskaja Partija (bol' ševikov)
	(Kommunistische Allunionspartei/ der Bolschewisten)
WASt	Wehrmachtsauskunftsstelle
WFSt	Wehrmachtführungsstab
Wi	Wirtschaft
Wi. Kdo.	Wirtschaftskommando
WiOst	Wirtschaftsorganisation Ost
W.Pr.	Wehrmachtpropaganda
WiRüAmt	Wehrwirtschafts- und Rüstungsamt
WR	Wehrmacht, Rechtsabteilung
WuG	Waffen und Geräte
ZAMO	Zentralnyj archiw Ministerstwa oborony Rossijskoj Federazii, Podolsk (Zentralarchiv des Verteidigungsministeriums der Russischen Föderation, Podolsk)
z.b.V.	zur besonderen Verwendung
ZfG	Zeitschrift für Geschichtswissenschaft
zgl.	zugleich

zit.   zitiert
ZK   Zentralkomitee
z. Zt.   zur Zeit

Abteilungen und Offiziere in den Führungskommandos des Heeres:

OB	Oberbefehlshaber
Chef	Chef des Generalstabs
I a	Führungsabteilung, 1. Generalstabsoffizier
O.Qu.	Oberquartiermeisterabteilung, Oberquartiermeister (bei Armeeoberkommandos, später auch bei Heeresgruppen-kommandos)
	Den Oberquartiermeistern waren unterstellt:
Qu. 1	Quartiermeister 1, Unterabteilung für Nachschub und Versorgung
Qu. 2	Quartiermeister 2, Unterabteilung für Sicherungs- und Ordnungsdienste, vollziehende Gewalt, Kriegsgefangenenwesen
I b	Quartiermeisterabteilung, 2. Generalstabsoffizier (bei den Divisionskommandos)
I c	Feindnachrichtenabteilung, 3. Generalstabsoffizier
I c/A.O.	Unterabteilung für Abwehr, Abwehroffizier
I d	Ausbildungsabteilung, 4. Generalstabsoffizier
II a	1. Adjutant (Offizier-Personalien)
II b	2. Adjutant (Unteroffiziere und Mannschaften)
III	Gericht
IV a	Intendant
IV b	Arzt
IV c	Veterinär
IV d	Geistlicher
IV Wi	Wehrwirtschaftsoffizier, Verbindungsoffizier zum WiRüAmt
V	Kraftfahrwesen

Quellen- und Literaturverzeichnis[1]

I. Quellen

I.1 Ungedruckte Quellen

I.1.1 Bayerisches Hauptstaatsarchiv (BayHStA), Abt. IV (Kriegsarchiv), München

Bestand Nachlässe
NL Heinrich Thoma
/2; /3; /4; /5; /6 Tagebücher 1939–1942

Bestand Personalakten
OP 61595: Personalakte Ludwig Ritter von Radlmeier

I.1.2 Bibliothek für Zeitgeschichte (BfZ), Stuttgart

Sammlung Sterz

00560:	Hans K. (296. Inf. Div.)
03711 B/44705:	Ludwig D. (4. Pz. Div.)
04650/05376 A:	Ludwig B. (296. Inf. Div.)
05892 D:	Willi S. (182. Res. Div.)
10731 A:	Adolf K. (Ldschtz. Btl. 772)
16216 C:	Franz T. (45. Inf. Div.)
21705/24636:	Hans W. (4. Pz. Div.)
23000:	Karl S. (45. Volks-Gren. Div.)
26464:	Josef H. (1. Geb. Div.)
28050:	Hans Frhr. von P. (4. Pz. Div.)

I.1.3 Bundesarchiv Berlin (BAB)

Bestand Personalakten
Personalakte Clemens Betzel
Personalakte Walter Braemer
Personalakte Hans Christern
Personalakte Richard Hoppe
Personalakte Walter Klett
Personalakte Gerhard Liegmann
Personalakte Otto Meesmann
Personalakte Hans Reinel
Personalakte Hermann Frhr. v. Rüling
Personalakte Albert von Seewald
Personalakte Erich von Stegmann
Personalakte Hans-Joachim Stever

R 6: *Bestand Reichsministerium für die besetzten Ostgebiete*
/257

---

[1] Im Literaturteil sind nicht nur Sammelbände aufgeführt, sondern teilweise auch einzelne Beiträge aus diesen Sammelbänden, falls sie für diese Arbeit besonders relevant sind.

I.1.4 Bundesarchiv Ludwigsburg (BAL)
(früher Zentrale Stelle der Landesjustizverwaltungen)

Bestand Verfahren

1960: 202 AR-Z 5/60; 205 AR-Z 20/60; 204 AR-Z 269/60; II 202 AR-Z 287/60
1961: V 503 1256/61
1962: 202 AR-Z 287/62
1963: 202 AR-Z 9/63; 205 AR 512/63; 211 AR-Z 13/63
1964: 202 AR-Z 9/64
1965: 319 AR-Z 10/65; 302 AR-Z 33/65; II 204 AR-Nr. 2359/65
1967: 204 AR-Z 3/67; II 207 AR-Z 104/67; II 202 AR-Z 55/67; 204 AR-Z 139/67;
       II 202 AR-Z 196/67; VI 449 AR 455/67; VI 449 AR 471/67; 3 AR-Z 563/67;
       204 AR 2815/67; 449 AR-Z 455/67; 319 AR 455/67; 319 AR 474/67
1968: 205 AR-Z 20/60
1969: VI 449 AR-Z 14/69; VI 319 AR-Z 38/69; AR-Z 57/69; VI 301 AR 423/69
1970: 319 AR-Z 4/70; VI 319 AR-Z 86/70; 319 AR-Z 95/70; VI 449 AR-Z 121/70; II 202 AR
       509/70; 319 AR-Z 75/70
1971: VI 319 AR-Z 41/71; VI 319 AR-Z 74/71; 449 AR-Z 138/71; VI 319 AR-Z 184/71
1972: VI 412 AR-Z 72/72; VI 319AR 187/72; VI 319 AR 1600/72
1976: VI 319 AR 429/76
1977: V 319 AR 327/77
1979: 203 AR-Z 138/79
1982: 203 AR-Z 104/82
1984: 203 AR-Z 86/84
1987: 206 AR-Z 6/87
1993: 110 AR 277/93
1999: 204 AR-Z 24/99

I.1.5 Bundesarchiv-Militärarchiv (BA-MA), Freiburg i. Br.

Nachlässe

N 10: NL Smilo Frhr. von Lüttwitz
/2; /9; /11; /12; /13; /15

N 106: NL Hermann Breith
/5; /6; /7; /8

N 147: NL Nachlass Wolf-Dietrich Frhr. v. Schleinitz
/1

N 245: NL Georg-Hans Reinhardt
/2; /3; /4; /5; /6; /16–22

N 260: NL Rudolf von Bünau
/1–26

N 350: NL Hubert Lendle
/1–7

N 460: NL Gerlach von Gaudecker
/1; /14; /15; /16; /18; /26

N 466: NL Paul Herrmann
/1; /2; /3

N 532: NL Wilhelm Mittermaier
/24; /25; /45; /47

N 592: NL Otto Heidkämper
/3; /4; /12

Staatliches Schriftgut
Zentrale Dienststellen des Oberkommandos der Wehrmacht
RW 4: *Bestand Wehrmachtführungsstab*
/577

Zentrale Dienststellen des Oberkommandos des Heeres
RH 2: *Bestand OKH/GenStdH*
/1326; /1327; /2551

RH 3: *Bestand OKH/GenStdH/Generalquartiermeister (Gen.Qu.)*
/132; /2423

Kommandobehörden des Friedens- und Feldheeres
Bestand Kommandobehörden des Heeres
Heeresgruppenkommandos

RH 19-II: *Heeresgruppe Mitte*
/120

RH 19-III: *Heeresgruppe Nord*
/638; /639

Armeeoberkommandos
RH 20-2: *2. Armee*
/160; /229; /249; /264; /292; /301; /333; /401; /1090–1093; /1152; /1445; /1453; /1455; /1457; /1787

RH 20-6: *6. Armee*
/116; /764; /887

RH 20-9: *9. Armee*
/359

RH 20-11: *11. Armee*
/407

RH 20-18: *18. Armee*
/135; /1209; /1295; /1310; /1954

RH 21-2: *Panzergruppe 2/ 2. Panzerarmee*
/131; /244; /333–338; /367 a; /639; /819; /820; /867; /877; /881–883; /901; /931

RH 21-3: *Panzergruppe 3/ 3. Panzerarmee*
/751

RH 21-4: *Panzergruppe 4/ 4. Panzerarmee*
/336

RH 22: *Befehlshaber des Rückwärtigen Heeresgebiets Mitte/Kommandierender General der Sicherungstruppen und Befehlshaber im Rückwärtigen Heeresgebiet Mitte*
/220; /224; /229; /230; /247-/251; /1248

RH 23: *Kommandantur Rückwärtiges Armeegebiet (Korück)*
Hier: *Korück 580*
/167; /168; /169; /170; /185; /251

Armee- und Panzerkorps
RH 24-4: *IV. Armeekorps*
/38; /39; /40K; /90; /91; /92; /114–120

RH 24-7: *VII. Armeekorps*
/40-51; /56; /137–141; /218

RH 24-12: *XII. Armeekorps*
/19; /20; /21; /59; /90; /91; /92

RH 24-17: *XVII. Armeekorps*
/39; /45; /152–168; /172; /261–269

RH 24-20: *XX. Armeekorps*
/38; /41; /45; 48–52; /81; /82; /106–111

RH 24-23: *XXIII. Armeekorps*
/146–167; /279–296; /553–568

RH 24-24: *XXIV. Panzerkorps*
/72–88; /94–109; /122; /123; /124; /125; /126; /128; /134; /135; /136; /140; /142; /143; /152; /153; /154; /161; /167; /171–176; /321–338; /413–430

RH 24-29: *XXIX. Armeekorps*
/9; /10; /11; /23; /26; /27K; /29–32; /76; /77; /79K, /102–117

RH 24-34: *XXXIV. Höheres Kommando*
/31–47; /53–/63; /120

RH 24–35: *XXXV. Armeekorps*
96; /120

RH 24-47: *XXXXVII. Panzerkorps*
/221

RH 24-55: *LV. Armeekorps*
/75

Infanteriedivisionen
RH 26-45: *45. Infanteriedivision*
/1; /2; /6K; /7; /8; /9; /21; /36; /37K; /44; /46; /46D; /47; /58; /60; /68; /69K; /74; /75; /92; /161

RH 26-221: *221. Infanterie-/ Sicherungsdivision*
/1; /2; /7; /14; /15; /20; /23K, /31K; /36K; /45K; /55; /73

RH 26-258: *258. Infanteriedivision*
/51

RH 26-296: *296. Infanteriedivision*
/14

Panzerdivisionen
RH 27-4: *4. Panzerdivision*
/12; /19; /21; /72; /109; /111; /112; /114; /115; /116; /127; /134; /137–140; /148; /165; /191; /192; /193K; /194; /195; /196; /197; /199; /200; /202; /203; /204; /205; /206K; /373

RH 27-6: *6. Panzerdivision*
/113

RH 37: *Verbände und Einheiten der Infanterie*
/3079; /6306; /6307; /6147; /6467; /6472

RH 39: *Verbände und Einheiten der Schnellen und Panzertruppe*
/372; /373; /377; /512; /570; /603; /604

RH 41: *Verbände und Einheiten der Artillerie*
/408; /751; /753

RH 44: *Verbände und Einheiten der Nachrichtentruppe*
/396

RH 46: *Verbände und Einheiten der Pioniertruppe*
/633

RH 49: *Kriegsgefangeneneinrichtungen*
/9; /74; /77; /78

RH 53-7: *Beobachtungs- Abteilungen*
/206

RL 19: *Luftgau- und Luftkreiskommandos/Luftkreisstäbe*
/606

Bestand Personalakten

Pers. 6
/50:   Personalakte Georg-Hans Reinhardt
/99:   Personalakte Rudolf von Bünau
/121:   Personalakte Heinrich Eberbach
/249:   Personalakte Willibald Frhr. v. Langermann und Erlencamp
/355:   Personalakte Wilhelm Stemmermann
/449:   Personalakte Clemens Betzel
/696:   Personalakte Fritz Kühlwein
/741:   Personalakte Dr. Karl Mauss
/791:   Personalakte Helmuth von Pannwitz
/899:   Personalakte Fritz Schlieper
/933:   Personalakte Helmut Staedke
/1043:   Personalakte Carl André
/1418:   Personalakte Hans Hüttner
/1954:   Personalakte Martin Strahammer
/2102:   Personalakte Walter Braemer
/2514:   Personalakte Kurt Agricola
/2526:   Personalakte Claus Boie

/2577: Personalakte Hubert Lendle
/8620: Personalakte Otto Marschall
/9325: Personalakte Dr. T. G.
/12442: Personalakte Richard Benke
/12867: Personalakte Ludwig Müller

Militärgeschichtliche Sammlungen

Bestand Militärgeschichtliche Sammlung 1 (MSg 1)
/257: Johannes Gutschmidt, Tagebücher
/1147–1148: Joachim Lemelsen, Tagebücher 1941/42
/1513: Wilhelm Hamberger, Persönliche Unterlagen
/3266–3284; /3289; /3290: Fritz Farnbacher, Tagebücher 1941–1945

Bestand Militärgeschichtliche Sammlung 2 (MSg 2)
/4391: Berichte von Angehörigen d. 4. Pz. Div.
/5314–5326: Hans P. Reinert, Tagebücher 1940–1956
/5384: Walter Loos, Die Einnahme von Brest-Litowsk. Als Augenzeugenbericht niedergeschrieben im Sommer 1943.

Bestand Militärgeschichtliche Sammlung 3 (MSg 3)
Schriften der Veteranen- und Traditionsverbände
141/2; 151/1; 175/22; 175/39; 217/1; 281/1

Bestand Strafsachen
I 10 Ost Spezial K 395: XXXXVII. Pz. K., Strafsache Nikolaus B., 6./kl. Kw. Kol. 84

Bestand US-Army, Historical Division
BA-MA, ZA 1/1992: Burkhart Mueller-Hillebrand, Division Slice, Study P-072.
BA-MA, ZA 1/1582: Friedrich John, 45th Infantry Division: Forced Crossing of the Bug
River Advance trough the Russian Border Defences and Capture of
the Fortress of Brest-Litovsk, 1941.

I.1.6 Bundesarchiv-Zentrale Nachweisstelle (BA-ZNS), Aachen-Kornelimünster

Bestand Gerichtsakten
RH 23-G: Gericht des Kommandanten des Rückwärtigen Armeegebiets 580
5 Listen in Strafsachen
3 Listen in Rechtshilfesachen
3 Listen in allgemeinen Gerichtssachen
1 Liste in Disziplinarsachen
214 Bände Verfahrensakten

RH 26–45 G: Gericht der 45. Infanteriedivision
1 Hilfsliste in Strafsachen
6 Bände Verfahrensakten 1944/45

RH 26–296 G: Gericht der 296. Infanteriedivision
1 Hilfsliste in Strafsachen
9 Bände Verfahrensakten 1941–1944

RH 27-4 G: Gericht der 4. Panzerdivision
6 Bde Verfahrensakten 1941–1944

Bestand Personalakten

Heer 3119:	Personalakte Josef Bertele
Heer 26082:	Personalakte Alfred Burgemeister
Heer 63604:	Personalakte Hans Christern
Heer 10252:	Personalakte U. v. E.
Heer 63429:	Personalakte Rudolf Grüner
Heer 17111:	Personalakte Rudolf Haacke
Heer 21377:	Personalakte Georg Hiller
Heer 30775:	Personalakte Hans-Heinrich Kuban
Heer 64188:	Personalakte Heinrich Frhr. von Künsberg
Heer 33137:	Personalakte Günter Leutheußer
Heer 58582:	Personalakte Hans Lutz
Heer 38278:	Personalakte Horst Marticke
Heer 63990:	Personalakte Hildebrand Quehl
Heer 44290:	Personalakte Walter Reinhard
Heer 46957:	Personalakte Peter Sauerbruch
Heer 48286:	Personalakte Erich Schlemminger
Heer 54107:	Personalakte Edwin Steinitz
Heer 54710:	Personalakte Werner Stößlein
Heer 58491:	Personalakte Gerhard Wanfried

Bestand Ordensverleihungen

ZNS: 4. Pz. Div., Verleihungsliste EK 1. und 2. Klasse
ZNS: 45. Inf. Div., Verleihungsliste EK 1. und 2. Klasse
ZNS: 296. Inf. Div., Verleihungsliste EK 1. und 2. Klasse
ZNS: 221. Sich. Div., Verleihungsliste EK 1. und 2. Klasse
ZNS: Karteikasten Ritterkreuzverleihungen

I.1.7 Deutsches Rotes Kreuz Suchdienst, München

4. Pz. Div.:   AD 60–64; BB 227–259; FA 319–320; FO 355–365
45. Inf. Div.:   AD 1–51; BJ 17–94, 204–240, 338–369
296. Inf. Div.:   AG 92–116; BW 134–166, 167–195, 196–226
221. Sich. Div.:   AF 19–23; BR 60–77

I.1.8 Hauptstaatsarchiv (HStA) Stuttgart

M 660, Bü 233: NL Wilhelm Stemmermann

I.1.9 Hauptstaatsarchiv Düsseldorf - Zweigarchiv Schloss Kalkum

Gerichte Rep. 247/1-67. Staatsanwaltschaft Dortmund (Z) (Wuppertal)
45 Js 21/61:   Verfahren gegen Angehörige des Polizei-Bataillons 309
45 Js 13/66:   dgl.
10 Js 56/65:   dgl.
45 Js 7/62 (= Düsseldorf 8 Ks 2/71): Verfahren gegen Angehörige des Polizei-Bataillons 91

I.1.10 Institut für Zeitgeschichte (IfZ), München

Bestand Mikrofilme

Heeresgruppe Mitte
FD 600/1

Panzer-Armeeoberkommando 2
MA 1761; MA 1765

2. Armee, Armeewirtschaftsführer
MA 1755; MFB 4/42870–42888

4. Panzerdivision

MA 1575; MA 1576; MA 1577; MA 1578; MA 1579; MA 1580; MA 1581; MA 1582; MA 1583; MA 1584; MA 1585; MA 1586; MA 1587; MA 1588; MA 1589; MA 1590; MA 1591; MA 1592; MA 1593; MA 1594; MA 1595; MA 1596; MA 1597; MA 1598; MA 1599; MA 1600; MA 1601; MA 1602; MA 1603; MA 1604; MA 1605; MA 1606; MA 1608; MA 1609; MA 1610; MA 1611; MA 1612; MA 1613; MA 1614; MA 1618

45. Infanteriedivision

MA 1615; MA 1616; MA 1617; MA 1618; MA 1619; MA 1620; MA 1621; MA 1622; MA 1623; MA 1624; MA 1625; MA 1626; MA 1627; MA 1628; MA 1629

221. Infanterie-/ Sicherungsdivision

MA 1659; MA 1660; MA 1661; MA 1662; MA 1663; MA 1664; MA 1665; MA 1666; MA 1668; MA 1669; MA 1671; MA 1672; MA 1673; MA 1674; MA 1675; MA 1676; MA 1677; MA 1678; MA 1679; MA 1680; MA 1681

296. Infanteriedivision

MA 1631; MA 1632; MA 1633; MA 1634; MA 1635; MA 1636; MA 1637; MA 1638; MA 1639; MA 1640; MA 1641; MA 1642; MA 1643; MA 1644; MA 1645; MA 1665; MA 1667; MA 1670; MA 1783/1-3

Korück 580

MA 856; MA 876; MA 877; MA 878; MA 885; MA 895/1; MA 895/2; MA 896; MA 907; MA 908; MA 909; MA 910; MA 914; MA 915; MA 918; MA 919

Chef d. SiPo und d. SD, Ereignismeldungen UdSSR 1941/42, Nr. 1-195

MA 91/1; MA 91/2; MA 91/3; MA 91/4

Nürnberger Dokumente, NOKW- Serie

MA 1564/1-47

Sonstiges

MA 483: Aufstellungsliste 4. Pz. Div., o. D.

Bestand Nachlässe

ED 1:   NL Curt Liebmann
/1-3

ED 91:   NL Leo Frhr. Geyr v. Schweppenburg
/9; /10

Bestand Zeugenschrifttum

ZS 30:   Zs Heinrich Eberbach
ZS 74:   Zs Friedrich Hoßbach
ZS 322/I-II: Zs Hasso von Etzdorf

Weitere Archivalien

Da 20.09:   Einsatzbedingungen der Ostarbeiter sowie der sowjetrussischen Kriegsgefangenen. Von Hans Küppers und Rudolf Bannier beim Beauftragten für den Vierjahresplan/Generalbevollmächtigten für den Arbeitseinsatz, Berlin 1942.

Da 033.059:   Schulungshefte für den Unterricht über nationalsozialistische Weltanschauung und nationalpolitische Zielsetzung. Hrsg. vom Oberkommando der Wehrmacht, Abt. Inland, 1 (1939), H. 5.

Da 033.061 b: Kriegsgefangene. Auf Grund der Kriegsakten bearbeitet beim Oberkommando der Wehrmacht, Berlin 1939.

Da 034.006:   Wofür kämpfen wir? Hrsg. vom Personal-Amt des Heeres, Berlin 1944.

Da 034:   OKH/GenStdH/Ausb.Abt. (I a); Marsch und Verkehrsregelung (Gültig für alle Waffen), Berlin 1941.
Db 001.003   Verordnungsblatt der Reichsleitung der NSDAP.
Db 008.024:   NSDAP, Hauptschulungsamt, Sprechabenddienst.
Db 15.06:   Partei-Kanzlei II H.
Db 52.29 a: E. V. von Rudolf [i.e. Rudolf Elmayer von Vestenbrugg], Totengräber der Weltkultur. Der Weg des jüdischen Untermenschentums zur Weltherrschaft, München 1937.
Dc 029.046:   Der Chef des SS-Hauptamtes/Der Abwehrbeauftragte der SS, Abwehr von Spionage, Sabotage und politischer Zersetzung in der Schutzstaffel.
LK 174:   Heereskarte Osteuropa 1:300.000, Y 53 Orel
LK 189:   Heereskarte Osteuropa 1:300.000, Z 53 Liwny

I.1.11 Politisches Archiv des Auswärtigen Amts (PA-AA), Berlin
R 60759: VAA beim AOK 4
R 60704, 60705, 60711, 60740: VAA beim AOK 2

I.1.12 Österreichisches Staatsarchiv (ÖStA), Wien
NLS, B/238: Nachlass Friedrich Materna

I.1.13 The National Archives, Kew (früher Public Record Office)
WO 171/223:   Vernehmungsprotokolle Heinrich Eberbach, September 1944
WO 208/4138: Abhörprotokolle C.S.D.I.C. (U.K.), G.R.G.G. 522–775
WO 208/4139: Abhörprotokolle C.S.D.I.C. (U.K.), G.R.G.G. 802–1023
WO 208/4140: Abhörprotokolle C.S.D.I.C. (U.K.), G.R.G.G. 1124–1205
WO 208/4168: Abhörprotokolle C.S.D.I.C. (U.K.), G.R.G.G. 971–1055
WO 208/4169: Abhörprotokolle C.S.D.I.C. (U.K.), G.R.G.G. 1061–1093
WO 208/4177: Abhörprotokolle C.S.D.I.C. (U.K.), G.R.G.G. 257–278
WO 208/4363: Abhörprotokolle C.S.D.I.C. (U.K.), G.R.G.G. 150–248

I.1.14 Niedersächsisches Landesarchiv-Hauptstaatsarchiv Hannover
Nds. HStA, Nds. 721 Hannover Acc. 90/99

I.1.15 Staatsanwaltschaft Kiel
2 Js 348/64: Verfahren gegen Angehörige der GFP-Gruppe 707 und der 221. Sich. Div.

I.1.16 Staatsanwaltschaft Ludwigsburg
EL 317 III, Nr. 805–807: Verfahren gegen Angehörige des Dulag 142

I.1.17 Staatsanwaltschaft München I
118u Js 204759/75:. Verfahren gegen Unbekannt, u. a. gegen Einheiten der 221. Sich. Div.

I.1.18 Staatsanwaltschaft Nürnberg-Fürth
I 118 Js 204759/75: Verfahren gegen Angehörige der 221. Sich. Div.
1a Js 2087/60:   Verfahren gegen S.L.

I.1.19 Stadtarchiv Bamberg
Bestand Nachlässe

D 2025: NL Hans Schwartze
D 2033: NL Norbert Haas
Pressegeschichtliche Sammlung: Panzer-Regiment 35, Regimentstradition, Veteranentreffen

I.1.20 United States Holocaust Memorial Museum (USHMM), Washington

RG-48.004M: Military Historical Institute (Prague), Records 1941-1944
RG-53.005M. Kopie StA Gomel R-1345-2-7: Gomel Oblast Archive Records

I.1.21 Zentralarchiv des Verteidigungsministeriums der Russischen Föderation/ Zentralnyj archiw Ministerstwa oborony Rossijskoj Federazii, Podolsk (ZAMO)

Findbuch 12454, Akte 396: OKH/GenStdH/Op.Abt.

I.1.22 Heeresdienstvorschriften und sonstige Druckvorschriften

H.Dv. 22: Politisches Handbuch, Teil I (Pol. H. I), Berlin 1938.
H. Dv. 38/2:   Vorschriften für das Kriegsgefangenenwesen.
H. Dv. 38/4:   Dienstanweisung für den Kommandanten eines Kriegsgefangenen-Durch-gangslagers vom 22.5.1939.
H. Dv. 38/5:   Dienstanweisung für den Kommandanten eines Kriegsgefangenen-Mann-schafts-Stammlagers vom 22.5.1939.
H. Dv. 38/6:   Dienstanweisung für den Kommandanten eines Kriegsgefangenen-Offi-zierslager vom 22.5.1939.
H.Dv. 89:   Feindnachrichtendienst (Entwurf), Berlin 1941.
H.Dv. 90:   Versorgung des Feldheeres, Teil 1, Berlin 1938.
H.Dv.g 92:   Handbuch für den Generalstabsdienst im Kriege, 2 Teile, Berlin 1939.
H.Dv. 300/1:   Truppenführung, 1. Teil (Abschnitt I–XIII), Berlin 1936.
H.Dv. 485:   Dienstanweisung Feld- und Ortskommandanturen, Berlin 1939.
H.Dv.g 487:   Führung und Gefecht der verbundenen Waffen, Berlin 1921–1924.
                 Kriegs-Etappen-Ordnung (K.E.O.). Vom Kaiser genehmigter Entwurf. Nur für den Dienstgebrauch, Berlin 1914.

I.1.23 Zeitungsartikel

Der SA-Führer 9 (1944), Heft 9, „Das Ritterkreuz für Generalmajor Betzel".
Frankfurter Allgemeine Zeitung vom 5.3.2005, „Ich habe meinen Vater seitdem nie wieder lachen sehen". Interview mit Richard Frhr. von Weizsäcker.
Fränkischer Tag vom 7.6.1973, „In Wien Kriegskameraden getroffen".
Linzer Tagespost vom März 1942, „Seit Kriegsbeginn ruhmreich bewährt!".
Oberdonau-Zeitung vom 24.7.1944, „Bekanntmachung".
Schlesische Tageszeitung vom 18.11.1939, „Schlesische Landwehr im Kampf. Ruhmestaten einer Landwehrdivision im Osten".
dgl. vom 16.11.1941, „Auf der Rollbahn".

I.1.24 Sonstiges

B. H. (Art. Rgt. 221, 221. Sich. Div.), Feldpostbriefe aus dem Jahr 1942.
Fuhrmann, Anton, (Panzer-Aufkl. Abt. 7, 4. Pz. Div.), Tagebücher.
Hauswedell, Ludwig (45. Inf. Div.), Einsatztagebuch 1938–1939 I.: 16.9.38–29.10.38.
Ders., II.: Kriegstagebuch 1939 (26.8.39–11.10.39).
Ders., Kriegstagebuch 1941/42 (4.5.1941–21.4.1942).
K. H. (Inf. Rgt. 521, 296. Inf. Div.), Manuskript: „Unser Einsatz im Osten", o.D.
Ders., Rückblick und Erinnerung an den Einsatz der 296. Inf. Div. im Osten aus der Sicht des II. Btl./Inf. Rgt. 521.
N. W. (Art. Rgt. 221, 221. Sich. Div.), Nachlass.
Prop. Kp. (mot.) 637, Bericht Dr. Fred Grossenbauer, „Elan gegen Sturheit", o.D.
Richter, Christian: Personalpapiere Richard Richter (Schtz. Rgt. 33).
Schade, Max Freiherr von, Briefe aus dem Krieg. Hrsg. von Herwarth v. Schade, Hamburg 1995 [masch. Manuskript].
Seebach, Alexander Freiherr von, Mit dem Jahrhundert leben. Eine Familie im sozialen Wandel, Oldenburg 1978 [masch. Manuskript].

S. F. (Inf. Rgt. 521, 296. Inf. Div.), Die Truppe und der Weg des Infanterie-(Grenadier-)Regiments 521 der 296. Division 1940–1944, Masch. Manuskript.
Wührer, Max (Inf. Rgt. 130, 45. Inf. Div.), Nachlass.
Zenkner, Oswald (Prop. kp. (mot.) 637), diverse Artikel aus seiner Zeit als Kriegsberichterstatter.
Interview mit Herbert Urban am 4.10.2000.
Interview mit Ludwig Hauswedell am 8.5.2001.

An dieser Stelle sei noch einmal allen, die mir mit der Überlassung der o. g. Papiere sehr weitergeholfen haben, herzlich für Ihre Hilfsbereitschaft und Unterstützung gedankt.

I.2 gedruckte Quellen

Absolon, Rudolf, Die Wehrmacht im Dritten Reich, 6 Bde., Boppard a. Rhein 1969–1995.
Adenauer, Konrad, Konrad Adenauer, Briefe über Deutschland 1945–1951. Bearb. von Hans Peter Mensing, Berlin 1985.
Akten zur deutschen auswärtigen Politik 1918–1945. Aus dem Archiv des Auswärtigen Amts: Serie D, Bd. XIII/1 und 2, Göttingen 1970; Serie E, Bd. I, Göttingen 1969.

Baade, Fritz/Richard F. Behrendt/Peter Blachstein (Hrsg.), „Unsere Ehre heißt Treue". Kriegstagebuch des Kommandostabes Reichsführer-SS. Tätigkeitsberichte der 1. und 2. SS-Infanterie- und der 1. SS-Kavallerie-Brigade und von Sonderkommandos der SS, Wien 1965.
Bähr, Walter/Hans W. Bähr/Hermann J. Meyer/Eberhard Orthbandt (Hrsg.), Kriegsbriefe Gefallener Studenten 1939–1945, Tübingen 1952.
Bezborodova, Irina V., Generäle des Dritten Reiches in sowjetischer Hand 1943–1956, Graz 1998.
Boberach, Heinz (Hrsg.), Meldungen aus dem Reich 1938–1945. Die geheimen Lageberichte des Sicherheitsdienstes der SS, 18 Bde., Herrsching 1984–1985.
Bock, Fedor von, Zwischen Pflicht und Verweigerung. Das Kriegstagebuch. Hrsg. von Klaus Gerbet, München 1995.
Boelcke, Willi A. (Hrsg.), „Wollt Ihr den totalen Krieg?" Die geheimen Goebbels-Konferenzen 1939–1943, München 1969.
Böll, Heinrich, Briefe aus dem Krieg 1939–1945. Hrsg. u. komm. von Jochen Schubert. Mit einem Vorwort von Annemarie Böll und einem Nachwort von James H. Reid, 2 Bde., Köln 2001.
Bradley, Dermot/Schulze-Kossens, Richard (Hrsg.), Tätigkeitsbericht des Chefs des Heerespersonalamtes General der Infanterie Rudolf Schmundt, fortgeführt von General der Infanterie Wilhelm Burgdorf, 1.10.1942–29.10.1944, Osnabrück 1984.
[Bräutigam, Otto,] Aus dem Kriegstagebuch des Diplomaten Otto Bräutigam. Hrsg. von H. D. Heilmann, in: Biedermann und Schreibtischtäter: Materialien zur deutschen Täter-Biographie. Hrsg. von Götz Aly u. a., Berlin 1987, S. 123–187.
Broucek, Peter (Hrsg.), Ein General im Zwielicht. Die Erinnerungen Edmund Glaises von Horstenau, 3 Bde., Wien 1980–1988.
Buchbender, Ortwin/Sterz, Reinhold (Hrsg.), Das andere Gesicht des Krieges. Deutsche Feldpostbriefe 1939–1945, München 1982.

Delacor, Regina M. (Hrsg.), Attentate und Repressionen. Ausgewählte Dokumente zur zyklischen Eskalation des NS-Terrors im besetzten Frankreich 1941/42, Stuttgart 2000.
Deutsche Besatzungspolitik in der UdSSR 1941–1944. Dokumente. Hrsg. von Norbert Müller, Köln ²1982.
Der Dienstkalender Heinrich Himmlers 1941/42. Im Auftrag der Forschungsstelle für Zeitgeschichte in Hamburg bearbeitet, komm. und eingeleitet von Peter Witte, Michael Wildt, Martina Voigt, Dieter Pohl, Peter Klein, Christian Gerlach, Christoph Dieckmann und Andrej Angrick, Hamburg 1999.

Das Diensttagebuch des deutschen Generalgouverneurs in Polen 1939–1945. Hrsg. von Werner Präg und Wolfgang Jacobmeyer, Stuttgart 1975.
Domarus, Max, Hitler. Reden und Proklamationen 1932–1945. Komm. von einem deutschen Zeitgenossen, Bd. II, Würzburg 1963.

Eine Schuld, die nicht erlischt. Dokumente über deutsche Kriegsverbrechen in der Sowjetunion, Köln 1987.
Europa unterm Hakenkreuz. Die Okkupationspolitik des deutschen Faschismus (1938–1945), Bd. 5: Die faschistische Okkupationspolitik in den zeitweilig besetzten Gebieten der Sowjetunion (1941–1944). Dokumentenauswahl und Einleitung von Norbert Müller. Unter Mitarbeit von Uwe Löbel und Ulrich Freye, Berlin 1991.
Ergebnisse der Wahl in den oberösterreichischen Landtag vom 19. April 1931. Hrsg. von der Landesregierung in Linz, Linz 1931.

Fall Barbarossa. Dokumente zur Vorbereitung der faschistischen Wehrmacht auf die Aggression gegen die Sowjetunion (1940/41). Ausgew. u. eingel. von Erhard Moritz, Berlin (Ost) 1970.

Groscurth, Helmuth, Tagebücher eines Abwehroffiziers 1938–1940. Mit weiteren Dokumenten zur Militäropposition gegen Hitler. Hrsg. von Helmut Krausnick und Harold C. Deutsch unter Mitarbeit von Hildegard von Kotze, Stuttgart 1970.
Grützner, Edwin, Aufzeichnungen des Technischen Kriegsverwaltungsinspektors Edwin Grützner vom Rüstungskommando Kiew, 1941–1943, in: Müller (Hrsg.), Die Deutsche Wirtschaftspolitik, a. a. O., S. 587–645.

Halder, [Franz], Kriegstagebuch. Tägliche Aufzeichnungen des Chefs des Generalstabes des Heeres 1939–1942. Hrsg. v. Arbeitskreis für Wehrforschung. Bearb. v. Hans-Adolf Jacobsen, 3 Bde., Stuttgart 1962–1964.
Hassell, Ulrich von, Die Hassell-Tagebücher 1938–1944. Aufzeichnungen vom Andern Deutschland. Nach der Handschrift revidierte und erweiterte Ausgabe unter Mitarbeit von Klaus Peter Reiß, hrsg. von Friedrich Freiherr Hiller von Gaertringen, Berlin 1988.
Heeresadjutant bei Hitler 1938–1943. Die Aufzeichnungen des Majors Engel. Hrsg. und komm. von Hildegard von Kotze, Stuttgart 1974.
Adolf Hitler, Monologe im Führerhauptquartier 1941–1944. Die Aufzeichnungen Heinrich Heims. Hrsg. von Werner Jochmann, Hamburg 1980.
Hitler – Reden, Schriften, Anordnungen Februar 1925 bis Januar 1933, Bd. IV: Von der Reichstagswahl bis zur Reichspräsidentenwahl Oktober 1930–März 1932, Teil 2: Juli 1931–Dezember 1931. Hrsg. und komm. von Christian Hartmann, München 1996.
Hubatsch, Walther (Hrsg.), Hitlers Weisungen für die Kriegführung 1939–1945. Dokumente des Oberkommandos der Wehrmacht, München 1983.
Hürten, Heinz (Hrsg.), Die Anfänge der Ära Seeckt. Militär und Innenpolitik 1920–1922, Düsseldorf 1979.
Hürter, Johannes (Hrsg.), Ein deutscher General an der Ostfront. Die Briefe und Tagebücher des Gotthard Heinrici 1941/42, Erfurt 2001.

Jacobsen, Hans-Adolf, 1939–1945. Der Zweite Weltkrieg in Chronik und Dokumenten, Darmstadt 1961.
Jarausch, Konrad H./Klaus Jochen Arnold (Hrsg.), „Das stille Sterben …". Feldpostbrief von Konrad Jarausch aus Polen und Russland 1939–1942, Paderborn 2008.
Jochmann, Werner (Hrsg.), Adolf Hitler, Monologe im Führerhauptquartier 1941–1944. Die Aufzeichnungen Heinrich Heims, München 1980.

Klein, Peter (Hrsg.), Die Einsatzgruppen in der besetzten Sowjetunion 1941/42. Die Tätigkeits- und Lageberichte des Chefs der Sicherheitspolizei und des SD, Berlin 1997.

Kriegstagebuch des Oberkommandos der Wehrmacht (Wehrmachtführungsstab) 1940–1945. Geführt von Helmuth Greiner (†) und Percy Ernst Schramm. Im Auftrag des Arbeitskreises für Wehrforschung hrsg. von Percy Ernst Schramm. Bearb. von Hans-Adolf Jacobsen, Andreas Hillgruber, Walther Hubatsch, Percy Ernst Schramm, 4 Bde., Frankfurt a. M. 1961–1965.

Lammers, Walther (Hrsg.), „Fahrtberichte" aus der Zeit des deutsch-sowjetischen Krieges 1941. Protokolle des Begleitoffiziers des Kommandierenden Generals LIII. Armeekorps, Boppard a. Rh. 1988.
Generalfeldmarschall Wilhelm Ritter von Leeb, Tagebuchaufzeichnungen und Lagebeurteilungen aus zwei Weltkriegen. Aus dem Nachlass hrsg. u. mit einem Lebensabriss versehen von Georg Meyer, Stuttgart 1976.

Mann, Alfred, Die Ost-Reiterschwadron 299. Ein Studenten-Tagebuch berichtet, ergänzt aus den Akten des Bundes[archiv]-Militärarchivs, Ulm 2003.
Manoschek, Walter (Hrsg.), „Es gibt nur eines für das Judentum: Vernichtung". Das Judenbild in deutschen Soldatenbriefen 1939–1944, Hamburg 1995.
Mehner, Kurt (Hrsg.), Die Geheimen Tagesberichte der deutschen Wehrmachtführung im Zweiten Weltkrieg 1939–1945. Die gegenseitige Lageunterrichtung der Wehrmacht-, Heeres- und Luftwaffenführung über alle Haupt- und Nebenkriegsschauplätze: „Lage West" (OKW-Kriegsschauplätze Nord, West, Italien, Balkan), „Lage Ost" (OKH) und „Luftlage Reich". Aus den Akten im Bundesarchiv-Militärarchiv, Freiburg i. Br., 12 Bde., Osnabrück 1984–1995.
Meier-Welcker, Hans, Aufzeichnungen eines Generalstabsoffiziers 1939–1942, Freiburg i. Br. 1982.
Moll, Martin (Hrsg.), „Führer-Erlasse" 1939–1945: Edition sämtlicher überlieferter, nicht im Reichsgesetzblatt abgedruckter, von Hitler während des Zweiten Weltkrieges schriftlich erteilter Direktiven aus den Bereichen Staat, Partei, Wirtschaft, Besatzungspolitik und Militärverwaltung, Stuttgart 1997.
Moltke, Helmuth James von, Briefe an Freya 1939–1945. Hrsg. von Beate Ruhm von Oppen, München 1988.
Müller, Norbert (Hrsg.), Okkupation, Raub, Vernichtung. Dokumente zur Besatzungspolitik der faschistischen Wehrmacht auf sowjetischem Territorium 1941 bis 1944, Berlin (Ost) 1980.
Müller, Rolf-Dieter (Hrsg.), Die deutsche Wirtschaftspolitik in den besetzten sowjetischen Gebieten 1941–1943. Der Abschlußbericht des Wirtschaftsstabes Ost und Aufzeichnungen eines Angehörigen des Wirtschaftskommandos Kiew, Boppard a. Rh. 1991.

Offiziere im Bild von Dokumenten aus drei Jahrhunderten. Hrsg. vom Militärgeschichtlichen Forschungsamt, Stuttgart 1964.

Der Prozess gegen die Hauptkriegsverbrecher vor dem Internationalen Militärgerichtshof Nürnberg, 14. November 1945 – 1. Oktober 1946, Bd. 1–42, Nürnberg 1947–49. (Abk.: IMT)

Rapport du Comité international de la Croix-Rouge sur son activité pendant la seconde guerre mondiale 1er Septembre 1939–30. Juin 1947, Vol. I, Genève 1948.

Simonow, Konstantin, Kriegstagebücher, Bd. 2: 1942–1945, München 1979.
Singer, Hedwig (Hrsg.), Quellen zur Geschichte der Organisation Todt, Osnabrück 1988–1990.
Smith, Bradley F./Peterson, Agnes (Hrsg.), Heinrich Himmler. Geheimreden 1933 bis 1945 und andere Ansprachen, Berlin 1974.
„Spiegelbild einer Verschwörung". Die Opposition gegen Hitler und der Staatsstreich vom 20. Juli 1944 in der SD-Berichterstattung. Geheime Dokumente aus dem ehemaligen Reichssicherheitshauptamt. Hrsg. von Hans-Adolf Jacobsen, 2 Bde., Stuttgart 1984.

Statistisches Jahrbuch für das Deutsche Reich, hrsg. vom Statistischen Reichsamt, Bde. 1926, 1938 und 1942, Berlin 1926, 1938 und 1942.
Statistisches Jahrbuch für die Bundesrepublik Deutschland 1970, hrsg. vom Statistischen Bundesamt, Wiesbaden 1970.
Dass. Jg. 1995, Wiesbaden 1995.
Statistisches Taschenbuch, hrsg. vom Statistischen Amt der Stadt Breslau, [Breslau] 1935–1938.
Stein, Marcel, Die 11. Armee und die „Endlösung" 1941/42. Eine Dokumentensammlung mit Kommentaren, Bissendorf 2006.
Stieff, Hellmuth, Briefe, hrsg. u. eingel. von Horst Mühleisen, Berlin 1991.

Die Tagebücher von Joseph Goebbels. Im Auftrag des Instituts für Zeitgeschichte und mit Unterstützung des Staatlichen Archivdienstes Rußlands hrsg. von Elke Fröhlich, Teil I, Aufzeichnungen 1923–1941, 14 Bände, München 1998–2005; Teil II, Diktate 1941–1945, 15 Bände, München 1993–1996.
Trials of War Criminals before The Nuernberg Military Tribunals under Control Council Law No. 10, Nuernberg, October 1946–April 1949, Vol. X, Washington 1951.

Die Vier Genfer Abkommen zum Schutze der Opfer des Krieges vom 12.8.1949. Hrsg. Von der Forschungsstelle für Völkerrecht und ausländisches Recht der Universität Hamburg, Frankfurt a. M. 1954.

Wagner, Eduard/Wagner, Elisabeth (Hrsg.), Der Generalquartiermeister. Briefe und Tagebuchaufzeichnungen des Generalquartiermeisters des Heeres General der Artillerie, München 1963.
Wehrmachtsverbrechen. Dokumente aus sowjetischen Archiven. Mit einem Vorwort von Lew Besymenski und einer Einleitung von Gert Meyer, Köln 1997.
Die Wehrmachtberichte 1939–1945, 3 Bde., München 1965.
Widerstand und Verfolgung in Oberösterreich 1934–1945. Eine Dokumentation. Hrsg. vom Dokumentationsarchiv des österreichischen Widerstandes. Bearb. von Brigitte Galanda u. a., 2 Bde., Wien 1982.

II. Literatur

II.1 Bibliographische Hilfsmittel, Nachschlagewerke und militärhistorische Spezialdarstellungen

Barker, Arthur J., Die deutschen Infanteriewaffen des Zweiten Weltkrieges, Stuttgart 1975.
Bean, Tim/Fowler, Will/Page, Joseph, Russian Tanks of World War II. Stalin's Armoured Might, London 2002.
Benz, Wolfgang/Graml, Hermann/Weiß, Hermann (Hrsg.), Enzyklopädie des Nationalsozialismus, München ³1998.
Bibliographie zur Geschichte der Felddivisionen der Deutschen Wehrmacht und Waffen-SS 1939–1945. Teil I. Bearb. von Othmar Tuider, Anton Legler, Hans-Egon Wittas; Teil II/1 und II/2. Bearb. von Othmar Tuider, Masch. Manuskript, Wien 1976–1984.
Biographisches Handbuch des deutschen Auswärtigen Dienstes 1871–1945, Bd. 1. Hrsg. vom Historischen Dienst des Auswärtigen Amts. Bearbeiter: Johannes Hürter, Martin Kröger, Rolf Messerschmidt, Christiane Scheidemann, Paderborn 2000.
Bishop, Chris (Hrsg.), Waffen des Zweiten Weltkriegs. Eine Enzyklopädie, Augsburg 2000.
Böhm, Klaus, Die Organisation Todt im Einsatz 1939–1945. Dargestellt nach Kriegsschauplätzen auf den Feldpostnummern, 1. Teil, Osnabrück 1987.
Buchner, Alex, Das Handbuch der deutschen Infanterie 1939–1945. Gliederung – Uniformen – Bewaffnung – Ausrüstung – Einsätze, Friedberg/Hs. 1987.
Bundesministerium der Verteidigung (Hrsg.), Bestandsaufnahme. Die Bundeswehr an der Schwelle zum 21. Jahrhundert, Bonn 1999.

Dass. (Hrsg.), Die neue Struktur der Bundeswehr, Bonn 1974.
Dass. (Hrsg.), Wissenswertes über die Bundeswehr, Frankfurt a. M. 1960.

Chant, Christopher, The Encyclopedia of Codenames of World War II, London 1986.
Chronik der Garnisonsstadt Passau. Zusammengestellt von Gerold Benkenstein, Passau 1983.
Culver, Bruce, Panzerkampfwagen IV, Bd. 2, Friedberg 1977.

Das Deutsche Heer 1939. Gliederung, Standorte, Stellenbesetzung und Verzeichnis sämtlicher Offiziere am 3.1.1939. Hrsg. von H[ans] H[enning] Podzun, Bad Nauheim 1953.
Divisionsschicksale. Hrsg. vom Suchdienst des Deutschen Roten Kreuzes, 2 Bde., München 1960.
Dörr, Manfred, Die Inhaber der Anerkennungsurkunde des Oberbefehlshaber des Heeres 1941–1945, Osnabrück 1993.

The Encyclopedia of Jewish Life before and during the Holocaust. Editor in Chief: Shmuel Spector, Consulting Editor: Geoffrey Wigoder, Foreword by Elie Wiesel, 3 Bde., New York 2001.
Engelmann, Joachim/Scheibert, Horst, Deutsche Artillerie 1934–1945. Ausrüstung, Gliederung, Ausbildung, Führung, Einsatz. Eine Dokumentation in Text, Skizzen und Bildern, Limburg/Lahn 1974.
Enser, A., A Subject Bibliography of the Second World War. Books in English 1975–1983, Aldershot 1985.
Enzyklopädie Erster Weltkrieg. Hrsg. von Gerhard Hirschfeld, Gerd Krumeich, Irina Renz in Verbindung mit Markus Pöhlmann, Paderborn 2003.

Falter, Jürgen/Lindenberger, Thomas/Schumann, Siegfried, Wahlen und Abstimmungen in der Weimarer Republik. Materialien zum Wahlverhalten 1919–1933. Unter Mitarbeit von Dirk Hänisch, Jan-Bernd Lohmöller und Johann de Rijke, München 1986.
Fellgiebel, Walther-Peer, Die Träger des Ritterkreuzes des Eisernen Kreuzes 1939–1945. Die Inhaber der höchsten Auszeichnung des Zweiten Weltkrieges aller Wehrmachtteile, Friedberg/Hessen 1986, Ergänzungsband Friedberg/Hessen 1988.
Fleischer, Wolfgang/Eiermann, Richard, Die deutsche Panzerjägertruppe 1935–1945. Waffen, Fahrzeuge, Gliederung und Einsatz, Wölfersheim 1998.
Folttmann, Josef/Möller-Witten, Hanns, Opfergang der Generale. Die Verluste der Generale und Admirale und der im gleichen Dienstrang stehenden sonstigen Offiziere und Beamten im Zweiten Weltkrieg, Berlin 1952.
Francke, Hermann (Bearb.), Handbuch der neuzeitlichen Wehrwissenschaften. Hrsg. im Auftrage der Deutschen Gesellschaft für Wehrpolitik und Wehrwissenschaften und unter Mitarbeit umstehend aufgeführter Sachverständiger von Hermann Franke, Bd. II: Das Heer, Berlin 1937.
Freter, Hermann, Heeres-Fla. Die Fliegerabwehrtruppe im Zweiten Weltkrieg, Esslingen 1993.

Geisel- und Partisanentötungen im Zweiten Weltkrieg. Hinweise zur rechtlichen Beurteilung. Hrsg. von der Zentralen Stelle der Landesjustizverwaltungen, Masch. Manuskript, Ludwigsburg 1968.
Geschichte des Zweiten Weltkrieges. Hrsg. von Percy Ernst Schramm u. a. Bd. 1: Die militärischen und politischen Ereignisse, Bd. 2: Die Kriegsmittel, Würzburg ²1960.
Gilbert, Martin, Endlösung. Die Vertreibung und Vernichtung der Juden. Ein Atlas, Reinbek bei Hamburg, 1982.

Hahn, Fritz, Waffen und Geheimwaffen des deutschen Heeres 1933–1945, Bd. 1: Infanteriewaffen, Pionierwaffen, Artilleriewaffen, Pulver-, Spreng- und Kampfstoffe; Bd. 2: Panzer- und Sonderfahrzeuge, „Wunderwaffen", Verbrauch und Verluste, Koblenz 1987.
Handbook of the Organisation Todt by the Supreme Headquarters Allied Expeditionary Force Counter-Intelligence Sub-Division (Reprint), Osnabrück 1992.

Haupt, Werner, Die deutschen Infanterie-Divisionen. Aufstellungsjahre 1939–1945, 3 Bde., Friedberg 1991–1993.

Ders., Die deutschen Luftwaffenfelddivisionen, Friedberg 1993.

Held, Walter, Verbände und Truppen der deutschen Wehrmacht und Waffen-SS im Zweiten Weltkrieg. Eine Bibliographie der deutschsprachigen Nachkriegsliteratur. Hrsg. mit Unterstützung des Arbeitskreises für Wehrforschung, z.Z. 5 Bde., Osnabrück 1978–2002.

Hinrichsen, Horst, Deutsche Feldpost 1939–1945, Wölfersheim 1998.

Ders., Kräder der Kradschützen, Aufklärer und Melder 1935–1945, Wölfersheim 1999.

Hogg, Ian (Hrsg.), German Order of Battle 1944. The Regiments, Formations and Units of the German Ground Forces. Photographic Section by Brian L. Davis, London 1975.

Ders., Munition für Leichtwaffen, Mörser und Artillerie, Stuttgart 1989.

Jahresbibliographie der Bibliothek für Zeitgeschichte, Weltkriegsbücherei Stuttgart. Neue Folge der Bücherschau der Weltkriegsbücherei, Frankfurt a.M. 1960ff.

Jentz, Thomas L., Der Panther. Entwicklung, Ausführungen, Abarten, seltene Varianten, charakteristische Merkmale, Kampfwert, Wölfersheim 1997.

Kampe, Hans-Georg, Die Heeres-Nachrichtentruppe der Wehrmacht 1935–1945, Wölfersheim 1994.

Keilig, Wolf, Das deutsche Heer 1939–1945. Gliederung, Einsatz, Stellenbesetzung. Loseblattwerk in zwei Leinenordnern, Bad Nauheim 1955ff.

Ders., Rangliste des Deutschen Heeres 1944/45, Bad Nauheim 1955.

Klee, Ernst, Das Personenlexikon zum Dritten Reich. Wer war was vor und nach 1945?, Frankfurt a.M. 2003.

Klietmann, Kurt G., Auszeichnungen des Deutschen Reiches 1936–1945. Eine Dokumentation ziviler und militärischer Verdienst- und Ehrenzeichen, Stuttgart 1996.

Kreft, Wolfgang, Das östliche Mitteleuropa im historischen Luftbild. Bildflüge 1942–1945 über Brandenburg, Ostpreußen, Polen, Pommern und Schlesien, Marburg 2000.

Lenfeld, Erwin/ Thomas, Franz, Die Eichenlaubträger 1940–1945, Wiener Neustadt ²1983.

Lidschun, Reiner/Wollert, Günter, Enzyklopädie der Infanteriewaffen 1918 bis 1945, Bd.I., Augsburg 1998.

Lilla, Joachim (Hrsg.), Statisten in Uniform. Die Mitglieder des Reichstags 1933–1945. Ein biographisches Handbuch. Unter Einbeziehung der völkischen und nationalsozialistischen Reichstagsabgeordneten ab Mai 1924. Unter Mitarbeit von Martin Döring und Andreas Schulz, Düsseldorf 2004.

MacLean, French L., The Field Men. The SS Officers who led the Einsatzkommandos – the Nazi Mobile Killing Units, Atglen, PA, 1999.

Madej, W. Victor, German Army Order of Battle 1939–1945, Bd.I, Allentown, PA, 1981.

Mattiello, G[ianfranco]/Vogt, W[olfgang], Deutsche Kriegsgefangenen- und Internierten-Einrichtungen 1939–1945. Handbuch und Katalog: Lagergeschichte und Lagerzensurstempel, 2 Bde., Koblenz 1986–1987.

Mattiello, Gianfranco, Fliegerhorstkommandanturen und Flugplätze der deutschen Luftwaffe 1935–1945. Einsatzorte und Einsatzzeiten, mit einem Anhang von Joachim Streit, Die Lokalisation der deutschen Luftwaffen-Flugplätze im Zweiten Weltkrieg, Osnabrück 2000.

Mehner, Kurt, Die Deutsche Wehrmacht 1939–1945. Führung und Truppe, Norderstedt 1993.

Mohr, Eike, Heeres- und Truppengeschichte des Deutschen Reiches und seiner Länder 1806 bis 1918, Osnabrück 1989.

Müller, Rolf-Dieter/Ueberschär, Gerd, Hitler's War in the East 1941–1945. A Critical Assessment, Providence, RI, 1997. (Dt. Übers.: Hitlers Krieg im Osten 1941–1945. Ein Forschungsbericht, Darmstadt 2000).

Mujzer, Peter, The Royal Hungarian Army 1920–1945, Vol. II: Hungarian Mobile Forces, New York 2000.

Musgrave, Daniel, Deutsche Maschinengewehre. Entwicklung, Technik, Typen, Stuttgart 1995.

Neue Forschungen zum Zweiten Weltkrieg. Literaturberichte und Bibliographien aus 67 Ländern. In Zusammenarbeit mit dem Comité Internationale d'Histoire de la Deuxième Guerre Mondiale und der Commission Internationale d'Histoire Militaire Comparée hrsg. von Jürgen Rohwer und Hildegard Müller, Koblenz 1990.
Niehaus, Werner, Die Nachrichtentruppe. 1914 bis heute. Entstehung und Einsatz. Heer, Luftwaffe, Marine, Stuttgart 1980.

Orden und Ehrenzeichen in der Bundesrepublik Deutschland. Begründet von Hans-Ulrich Krantz. Vollständig neu bearbeitet von Johannes Ottinger, Herford [2]1977.
Oswald, Werner, Kraftfahrzeuge und Panzer der Reichswehr, Wehrmacht und Bundeswehr. Katalog der deutschen Militärfahrzeuge von 1900 bis heute, Stuttgart 1995.
Piesche, Margarete (Hrsg.), Deutschland im Zweiten Weltkrieg. Bibliographie der geschichtswissenschaftlichen Literatur der DDR, in: dies. (Hrsg.), Bulletin des Arbeitskreises „Zweiter Weltkrieg"/Zentralinstitut für Geschichte, Wissenschaftsbereich Deutsche Geschichte 1917-1945, Berlin (Ost) 1982.

Range, Clemens/Düfel, Andreas, Die Ritterkreuzträger in der Bundeswehr, Suderburg 2001.
Ruck, Michael, Bibliographie zum Nationalsozialismus, Darmstadt 2000.
Rüter, C. F./Mildt, D. W. de, Die westdeutschen Strafverfahren wegen nationalsozialistischer Tötungsverbrechen 1945-1997. Eine systematische Verfahrensbeschreibung mit Karten und Registern, Amsterdam/München 1998.

Scheibert, Horst, Die Träger des Deutschen Kreuzes in Gold, Bd. I: Das Heer; Bd. II: Kriegsmarine – Luftwaffe – Waffen-SS; Friedberg/Hessen, o. J.
Ders., Panzergrenadiere, Kradschützen und Panzeraufklärer. Entstehung, Gliederung, Ausrüstung, Einsatz, Friedberg/Hessen 1982.
Ders., Die Träger der Ehrenblattspange des Heeres und der Waffen-SS. Die Träger der Ehrenblattspange der Kriegsmarine. Die Inhaber des Ehrenpokals für besondere Leistung im Luftkrieg, Friedberg/Hessen 1986.
Schlicht, Adolf/Angolia, John R., Die deutsche Wehrmacht. Uniformierung und Ausrüstung 1933-1945, 3 Bde, Stuttgart 1992-2000.
Schmitz, Peter/Thies, Klaus-Jürgen, Die Truppenkennzeichen der Verbände und Einheiten der deutschen Wehrmacht und Waffen-SS und ihre Einsätze im Zweiten Weltkrieg: 1939-1945, z.Z. 4 Bde., Osnabrück 1987-2000.
Schmitz, Peter/Thies, Klaus-Jürgen/Wegmann, Günther/Zweng, Christian, Die deutschen Divisionen 1939-1945. Heer, landgestützte Kriegsmarine, Luftwaffe, Waffen-SS, 4 Bde., Osnabrück 1993-2000.
Seemen, Gerhard von, Die Ritterkreuzträger 1939-1945. Mit einem Anhang über die Verleihungsbestimmungen von Rudolf Absolon, Bad Nauheim 1954.
Senger und Etterlin, Ferdinand Maria von (Hrsg.), Die deutschen Geschütze 1939-1945, Bonn 1998.
Stahl, Friedrich (Hrsg.), Heereseinteilung 1939. Gliederung, Standorte und Kommandeure sämtlicher Einheiten und Dienststellen des Friedensheeres am 3.1.1939 und die Kriegsgliederung vom 1.9.1939, Bad Nauheim 1954.
Stockert, Peter, Die Eichenlaubträger 1940-1945, 4 Bde., Bad Friedrichshall 1996-1998.
Stoves, Rolf, Die gepanzerten und motorisierten deutschen Großverbände (Divisionen und selbständige Brigaden) 1935-1945, Friedberg/Hessen 1986.

Tessin, Georg, Verbände und Truppen der deutschen Wehrmacht und Waffen-SS im Zweiten Weltkrieg 1939-1945. Bearbeitet auf Grund der Unterlagen des Bundesarchiv-Militärarchiv, 17 Bde., Frankfurt a. M. 1965 – Osnabrück 2002.
The Third Reich at War. A Historical Bibliography, Santa Barbara, CA, 1984.

Thomas, Franz/Wegmann, Günther, Die Ritterkreuzträger der deutschen Wehrmacht, Teil I: Sturmartillerie, Osnabrück 1985; Teil II: Fallschirmjäger, Osnabrück 1986; Teil III: Infanterie, Osnabrück 1987–2000; Teil IV: Die U-Boot-Waffe, Osnabrück 1988–1989; Teil V: Die Flugabwehrtruppe, Osnabrück 1991; Teil VI: Die Gebirgstruppe, Osnabrück 1993–1994.

Tolmein, Horst Günter, Spähtrupp bleibt am Feind. Die Geschichte der deutschen Panzer-Aufklärungstruppe, Stuttgart 1980.

Die Träger der Nahkampfspange in Gold. Heer – Luftwaffe – Waffen-SS 1943–1945, Osnabrück 1996.

Uhlich, Werner, Deutsche Decknamen des Zweiten Weltkrieges. Decknamen deutscher Planungen, Vorbereitungen und Unternehmen des Zweiten Weltkrieges, Berg am See 1987.

Waffen-SS und Ordnungspolizei im Kriegseinsatz 1939–1945. Ein Überblick anhand der Feldpostübersicht, bearb. von Georg Tessin und Norbert Kannapin unter Mitarbeit von Brün Meyer, Osnabrück 2000.

Weiß, Hermann (Hrsg.), Biographisches Lexikon zum Dritten Reich, Frankfurt a. M. 1998.

Zaloga, Steven J./Jim Kinnear, Stalin's Heavy Tanks, 1941–45: The KV and IS Heavy Tanks, Hong Kong 1997.

Zweng, Christian (Hrsg.), Die Dienstlaufbahnen der Offiziere des Generalstabes des deutschen Heeres 1935–1945, 2 Bde., Osnabrück 1995–1998.

II.2 Literatur bis 1945

Agricola, [Kurt], Der rote Marschall. Tuchatschewskis Aufstieg und Fall, Berlin 1939.

Altrichter, Friedrich, Der Reserveoffizier. Ein Handbuch für den Offizier und Offizieranwärter des Beurlaubtenstandes aller Waffen, Berlin 1939.

Bamberg. Eine Stätte deutscher Kultur. Fünf Jahre nationalsozialistischer Aufbau 1933/1937. Hrsg. im Auftrag des Oberbürgermeisters durch das Statistische Amt der Stadt Bamberg, Bd. 1, Bamberg 1938.

Bieringer, Nachschubfibel, Berlin [2]1938.

Christern, Hans, Die „Roten Teufel" und ihr Kommandeur, München 1941.

Clausewitz, Carl von, Vom Kriege. Mit einer Einführung von Graf von Schlieffen. Hrsg. von Karl Linnebach, Berlin 1933.

Clausewitz Carl von, Vom Kriege. Hrsg. von Friedrich von Cochenhausen. Um Veraltetes gekürzte Ausgabe, Leipzig 1937.

Diemer-Willroda, Ewald, Schwert und Zirkel. Gedanken über alte und neue Kriegskarten, Potsdam 1939.

Diewerge, Wolfgang, Deutsche Soldaten sehen die Sowjet-Union. Feldpostbriefe aus dem Osten, Berlin 1941.

Dietz, Heinrich, Das Wehrgesetz vom 21. Mai 1935 und seine Ausführung, Dresden 1936.

Doehle, Heinrich, Die Auszeichnungen des Großdeutschen Reiches. Orden, Ehrenzeichen, Abzeichen, Berlin 1945 (ND: Norderstedt 2000).

Endres, Franz Karl, Das Gesicht des Krieges, Leipzig 1924.

Engelhardt, Eugen Frhr. von, Weissruthenien. Volk und Land, Berlin 1943.

Ehrhardt, Arthur, Kleinkrieg. Geschichtliche Erfahrungen und künftige Möglichkeiten, Potsdam [1935].

Feldchirurgie. Leitfaden für den Sanitätsoffizier in der Wehrmacht. Hrsg. von H. Käfer, Dresden 1942.

Fraenkel, Ernst: The Dual State. A Contribution to the Theory of Dictatorship. Transl. from German by E. A. Shils, in Collaboration with Edith Lowenstein and Klaus Knorr, New York 1941 (Dt. Übers.: Der Doppelstaat. Recht und Justiz im „Dritten Reich", Frankfurt a. M. 1984).

Geiger, Theodor, Die soziale Schichtung des Deutschen Volkes. Soziographischer Versuch auf statistischer Grundlage, Stuttgart 1932.
George, Stefan, Der Krieg, Berlin 1917.
Gründel, Ernst G., Die Sendung der Jungen Generation. Versuch einer umfassenden revolutionären Sinndeutung der Krise, München 1933.
Gwynn, Charles, Imperial Policing, London 1934.

Handbuch der neuzeitlichen Wehrwissenschaften. Hrsg. im Auftrage der Deutschen Gesellschaft für Wehrpolitik und Wehrwissenschaften und unter Mitarbeit umstehend aufgeführter Sachverständiger von Hermann Franke, Bd. II: Das Heer, Berlin 1937.
Haussleiter, August, An der Mittleren Ostfront. Ein deutsches Korps im Kampf gegen die Sowjets. Hrsg. vom Stellvertretenden Generalkommando des XIII. Armeekorps im Auftrag eines fränkischen Armeekorps, Nürnberg 1942.
Hedler, Walter, Aufbau des Ersatzwesens der Deutschen Wehrmacht, Berlin 1938.

Jünger, Ernst, Der Kampf als inneres Erlebnis, Berlin 1929.

Kühlwein, Fritz [Friedrich], Felddienst-ABC für den Schützen, Berlin 1932.
Ders., Unterführer-ABC, Berlin 1934.
Ders., Gefechtstaktik des verstärkten Bataillons, Berlin 1936.
Ders., Die Gruppe im Gefecht, Berlin 1938.
Ders., Schützenzug und Kompanie im Gefecht, Berlin 1940.

Guderian, Heinz, Die Panzerwaffe, ihre Entwicklung, ihre Kampftaktik und ihre operativen Möglichkeiten bis zum Beginn des Großdeutschen Freiheitskampfes, Stuttgart [2]1943.

Lippmann, Walter, Public Opinion, New York 1922.
Lodemann, Ernst, Kodifiziertes internationales Deutsches Kriegsrecht in seinem Wortlaut und Geltungsbereich gegenüber dem Ausland (Incl. Haager Landkriegsordnung in der Fassung vom 18. 10. 1907), Berlin 1937.

Mathaesius, Friedrich (Hrsg.), Mit Napoleon in Rußland, Bielefeld 1938.
Mauss, Karl, Zahnanomalien bei Idioten und Imbezillen, Hamburg (Med. Dent. Diss.) 1928.
Militärstrafgesetzbuch, in der Fassung der Verordnung vom 10. Oktober 1940. Mit Einführungsgesetz und Kriegssonderstrafrechtsverordnung, erläutert von Martin Rittau, Berlin [4]1943.
Moltkes Militärische Werke, Bd. IV: Kriegslehren, Dritter Teil. Hrsg. vom Großen Generalstabe, Kriegsgeschichtliche Abteilung I, Berlin 1912.

Napoleon I., Darstellung der Kriege Caesars, Turennes, Friedrichs des Großen. Mit einem Anhang: Der Angriffskrieg in weltgeschichtlichen Beispielen. Übers., erl. u. hrsg. von Hans E. Friedrich, Darmstadt [3]1943.
New Soviet Documents on Nazi Atrocities. Published by authority of "Soviet War News", London 1943.
Niedermayer, Oskar Ritter von, Wehrgeographie, Berlin 1942.

Partei-Statistik, hrsg. vom Organisationsleiter der NSDAP, Bd. IV: Die Deutsche Arbeitsfront, Berlin 1939.
Pfeifer, Helfried (Hrsg.), Die Ostmark: Eingliederung und Neugestaltung. Historisch-systematische Gesetzessammlung nach dem Stande vom 16. April 1941, Wien 1941.

Reibert. Der Dienstunterricht im Heere. Ausgabe für den Panzerabwehrschützen. Neubearbeitet von Guido Allmendinger, Berlin [12]1940.

Sommer, Fedor, Landskunde Schlesien, Breslau [4]1913.
Soviet Government Statements on Nazi Atrocities, London 1945.
Strauß, [Kurt] (Hrsg.), Deutschlands Freie Berufe 1934–1940, Berlin o. J. [1941].

War Department (Hrsg.), US Basic Field Manual. Rules of Land Warfare, Washington 1940.
Der Weltkrieg 1914 bis 1918. Die militärischen Operationen zu Lande. Im Auftrag des OKH bearb. und hrsg. von der Kriegsgeschichtlichen Forschungsanstalt des Heeres, Bd. 12: Die Kriegführung im Frühjahr 1917, Berlin 1939.
Wetzell, Georg, Die Deutsche Wehrmacht 1914–1939. Rückblick und Ausblick, Berlin 1939.

O. Verf., Sturm im Osten. Am Wege einer Panzerdivision. Gemeinschaftsarbeit der Abt. I c einer Panzerdivision. Idee und Gestaltung, Oberleutnant J. von Goetz und Schwanenfliess, Dessau 1942.

II.3 Memoiren

Alvensleben, Udo von, Lauter Abschiede. Tagebuch im Kriege. Hrsg. von Harald von Koenigswald, Darmstadt [2]1972.
Assmann, Kurt, Deutsche Schicksalsjahre. Historische Bilder aus dem Zweiten Weltkrieg, Wiesbaden [2]1951.
Aus dem Feuer gerissen. Die Geschichte des Pjotr Ruwinowitsch Rabzewitsch aus Pinsk. Hrsg. und bearb. von Werner Müller, Köln 2001.

Bamm, Peter, Die unsichtbare Flagge. Erlebnisse aus dem Zweiten Weltkrieg, Stuttgart 1952.
Below, Nicolaus von, Als Hitlers Adjutant 1937–45, Mainz 1980.
Blumentritt, Günther, Moscow. The Fatal Decisions, New York 1956.

Dawletschin, Tamurbek, Von Kasan nach Bergen-Belsen. Erinnerungen eines sowjetischen Kriegsgefangenen. Mit einer Einleitung von Camilla Dawletschin-Linder, Göttingen 2005.
Dönhoff, Marion Gräfin von, Namen, die keiner mehr kennt, Berlin 1989.
Dorniak, Michal, Meine Erinnerungen (1914–1994), Eschwege 1995.

Fretter-Pico, Maximilian, Mißbrauchte Infanterie. Deutsche Infanteriedivisionen im osteuropäischen Großraum 1941 bis 1944. Erlebnisse und Erkenntnisse, Frankfurt a. M. 1957.
Friedman, Benedikt, Ich träumte von Brot und Büchern. Memoiren eines jüdischen Österreichers, Wien 1992.

Den Gefallenen. Ein Buch des Gedenkens und des Trostes. Hrsg. vom Volksbund Deutsche Kriegsgräberfürsorge e. V., München 1952.
Gellhorn, Martha, The Face of War, New York 1959 (dt. Übers.: Das Gesicht des Krieges. Reportagen 1937–1987, München 1989).
Gersdorff, Rudolf-Christoph Frhr. von, Soldat im Untergang, Frankfurt a. M. 1977.
Geschichte des Artillerie-Regiments 103 – Panzer-Artillerie-Regiments 103 vom 1. 8. 1938 bis 9. 5. 1945. Hrsg. von Joachim Neumann, Selbstverlag, Bonn-Bad Godesberg 1995.
Grigat, Wilfred, Heinrich Eberbach: General der Panzertruppe a. D. 1895–1992. Hrsg. von der Kameradschaft ehem. Panzer-Regiment 35, Bamberg 1992.
Gschöpf, Rudolf, Mein Weg mit der 45. Infanterie-Division, Linz a. d. Donau 1955, ND: Nürnberg 2002.
Guderian, Heinz, Erinnerungen eines Soldaten, Heidelberg 1951.

Haffner, Sebastian, Geschichte eines Deutschen. Die Erinnerungen 1914–1933, Stuttgart 2000.

Hubatsch, Walther, 61. Infanterie-Division. Kampf und Opfer ostpreußischer Soldaten, Bad Nauheim ²1961.

In den Wäldern Belorußlands. Erinnerungen sowjetischer Partisanen und deutscher Antifaschisten, Berlin (Ost) 1984.

Kreidel, Hellmuth, Partisanenkampf in Mittelrußland, in: Wehrkunde 4 (1955), S. 380–385.
Ders., Jagd auf Grischin. Deutsche Gegenmaßnahmen im Kampf gegen den Polk Grischin 1942/43 im Heeresgebiet Mitte, in: Wehrkunde 5 (1956), S. 45–47.
Kuby, Erich, Mein Krieg. Aufzeichnung aus 2129 Tagen, München 1975.

Lanz, Hubert, Gebirgsjäger. Die 1. Gebirgsdivision 1935–1945, Bad Nauheim 1954.
Leyen, Ferdinand Prinz von der, Rückblick zum Mauerwald. Vier Kriegsjahre im OKH, München 1965.
Lüttwitz, Smilo Frhr. von, Die „Flucht an die Front", in: Wehrkunde 3 (1954), S. 310–313.
Luther, Hans, SOS im Panzersturm. Ernstes und Heiteres aus Fronteinsätzen und Ruhezeiten, Nürnberg 1971.

Manstein, Erich von, Aus einem Soldatenleben 1887–1939, Bonn 1958.
Middeldorf, Eike, Neuzeitliche Infanterie, in: Wehrwissenschaftliche Rundschau 1953, S. 281–296.
Ders., Taktik im Rußlandfeldzug. Erfahrungen und Folgerungen, Darmstadt 1956.
Neumann, Joachim, Die 4. Panzerdivision 1938–1943. Bericht und Betrachtung zu zwei Blitzfeldzügen und zwei Jahren Krieg in Rußland, Bonn ²1989.

O. Verf., So fiel Brest-Litowsk. Aus den Aufzeichnungen eines Mitkämpfers, in: Der Frontsoldat erzählt … 17 (1953), S. 293–295.
Oechelhaeuser, Justus-Wilhelm von, Leuchtspuren. Soldaten-Schicksale, Berlin 1994.

Praun, Albert, Soldat in der Telegraphen- und Nachrichtentruppe, Würzburg 1965.

Reile, Oscar, Geheime Ostfront. Die deutsche Abwehr im Osten 1921–1945, München 1961.
Reinhardt, Hans-Georg, Die 4. Panzer-Division vor Warschau und an der Bzura vom 9.–20. 9. 1939, in: Wehrkunde 7 (Mai 1958), S. 237–247.
Reinhardt, Hellmuth, Die russischen Luftlandungen im Bereich der deutschen Heeresgruppe Mitte in den ersten Monaten des Jahres 1942, in: Wehrwissenschaftliche Rundschau 8 (1958), S. 372–388.

Saucken, Dietrich von, 4. Panzer-Division, Teil II der Divisionsgeschichte: Der Rußlandfeldzug von Mai 1943 bis Mai 1945, Aschheim 1968.
Sauerbruch, Peter, Bericht eines ehemaligen Generalstabsoffiziers über seine Motive zur Beteiligung am militärischen Widerstand, in: Aufstand des Gewissens. Der militärische Widerstand gegen Hitler und das NS-Regime 1933–1945. Im Auftrag des Bundesministeriums der Verteidigung zur Wanderausstellung. Hrsg. vom Militärgeschichtlichen Forschungsamt, Herford 1985, S. 421–438.
Schaefer-Kehnert, Walter, Kriegstagebuch in Feldpostbriefen 1940–1945, o. O. [Remagen] o. J.
Schäufler, Hans, So lebten und so starben sie. Das Buch vom Panzer-Regiment 35. Unter Mitwirkung von Heinrich Eberbach und Georg Heymer, Bamberg 1968.
Ders., 1945 – Panzer an der Weichsel. Soldaten der letzten Stunde, Stuttgart 1991.
Schaub, Oskar, Aus der Geschichte des Panzer-Grenadier-Regiments 12 (SR. 12), Bergisch Gladbach 1957.
Schlabrendorff, Fabian von, Begegnungen in fünf Jahrzehnten, Tübingen 1979.

Schneider-Janessen, Karlheinz, Arzt im Krieg. Wie deutsche und russische Ärzte den Zweiten Weltkrieg erlebten, Frankfurt a. M. 1993.
Seitz, Hanns Hermann, Verlorene Jahre, Vorra 1974.
Senger und Etterlin, Frido von, Krieg in Europa, Köln 1960.
Shumuk, Danylo, Life Sentence: Memoirs of a Ukrainian Political Prisoner. Ed. by Ivan Jaworsky, Edmonton 1984.
Stahlberg, Alexander, Die verdammte Pflicht. Erinnerungen 1932 bis 1945, Berlin 1987.
Steinhoff, Johannes (u. a. Hrsg.), Deutsche im Zweiten Weltkrieg. Zeitzeugen sprechen. Mit einem Geleitwort von Helmut Schmidt, Bergisch Gladbach 1991.
Szokoll, Carl, Die Rettung Wiens 1945. Mein Leben, mein Anteil an der Verschwörung gegen Hitler und an der Befreiung Österreichs, Wien 2001.

Teske, Hermann, Die silbernen Spiegel. Generalstabsdienst unter der Lupe, Heidelberg 1952.
Thomas, Georg, Geschichte der deutschen Wehr- und Rüstungswirtschaft (1918–1943/45). Hrsg. von Wolfgang Birkenfled, Boppard a. Rh. 1966.

Warlimont, Walter, Im Hauptquartier der deutschen Wehrmacht 39–45. Grundlagen, Formen, Gestalten, München [3]1978.
Weizsäcker, Richard von, Vier Zeiten. Erinnerungen, Berlin 1997.
Werth, Alexander, Rußland im Krieg 1941–1945, München 1965.

Yones, Eliyahu, Die Straße nach Lemberg. Zwangsarbeit und Widerstand in Ostgalizien 1941–1944, Frankfurt a. M. 1999.

Zsolt, Bela, Neun Koffer, Frankfurt a. M. [2]2000.

II.4 Forschungsliteratur und sonstige Darstellungen

Abenheim, Donald, Reforging the Iron Cross. The Search for Tradition in the West German Armed Forces, Princeton, NJ, 1988. (Dt. Übers.: Bundeswehr und Tradition. Die Suche nach dem gültigen Erbe der deutschen Soldaten, München 1989).
Der Abschied von den Toten. Trauerrituale im Kulturvergleich. Hrsg. von Jan Assmann, Franz Maciejewski und Axel Michaels, Göttingen 2005.
Absolon, Rudolf, Das Offizierskorps des Deutschen Heeres 1935–1945, in: Hofmann (Hrsg.), Das deutsche Offizierkorps 1860–1960, a. a. O., S. 247–268.
Adams, Michael C., Retelling the Tale. Wars in Common Memory, in: War Comes Again. Comparative Vistas on the Civil War and World War II. Ed. by Gabor Boritt, New York 1995, S. 197–224.
Addison, Paul/ Calder, Angus (Hrsg.), Time to Kill. The Soldier's Experience of War in the West. 1939–1945, London 1997.
Adonyi-Naredy, Franz von, Ungarns Armee im Zweiten Weltkrieg. Deutschlands letzter Verbündeter, Neckargemünd 1971.
Aharoni, Zvi/Dietl, Wilhelm, Der Jäger. Operation Eichmann. Was wirklich geschah, München 1996.
Ahlbrecht, Heiko, Geschichte der völkerrechtlichen Strafgerichtsbarkeit im 20. Jahrhundert. Unter besonderer Berücksichtigung der völkerrechtlichen Straftatbestände und der Bemühungen um einen Ständigen Internationalen Strafgerichtshof, Baden-Baden 1999.
Ainsztein, Reuben, Jüdischer Widerstand im deutsch besetzten Osteuropa während des Zweiten Weltkriegs, Oldenburg 1993.
Albrecht, A. R., War Reprisals in the War Crimes Tribunals and in the Geneva Convention of 1949, in: American Journal of International Law 47 (1953), S. 590–614.
Alexiew, Alex, Soviet Nationalities in German Wartime Strategy, Santa Monica, CA, 1982.
Altman, Ilja, Schertwy nenawisti [Die Opfer des Hasses]. Cholokost w SSSR 1941–1945 gg. Moskau 2002.

Altrichter, Helmut (Hrsg.), Die Sowjetunion. Von der Oktoberrevolution bis zu Stalins Tod, Bd. 1: Staat und Partei, München 1986.

Altshuler, Mordechai (Hrsg.), Distribution of the Jewish Population of the USSR 1939, Jerusalem 1993.

Ders., Soviet Jewry on the Eve of the Holocaust. A Social and Demographic Profile, Jerusalem 1998.

Aly, Götz, „Endlösung". Völkerverschiebung und der Mord an den europäischen Juden, Frankfurt a. M. 1995.

Ders., Hitlers Volksstaat. Raub, Rassenkrieg und nationaler Sozialismus, Frankfurt a. M. 2005.

Ambrose, Stephen E., Band of Brothers: E Company, 506th Regiment, 101st Airborne. From Normandy to Hitler's Eagle Nest, New York 1992.

Ders., June 6, 1944. D-Day. The Climatic Battle of World War II, New York 1994.

Anderson, Truman O., The Conduct of Reprisals by the German Army of Occupation in the Southern USSR. 1941–1943, Chicago (Phil. Diss.) 1995.

Anfänge westdeutscher Sicherheitspolitik 1945–1956. Hrsg. vom Militärgeschichtlichen Forschungsamt, Bd. 1: Von der Kapitulation bis zum Pleven-Plan; Bd. 2: Die EVG-Phase; Bd. 3: Die Nato-Option; Bd. 4: Wirtschaft und Rüstung, München 1982.

Angrick, Andrej, Zur Rolle der Militärverwaltung bei der Ermordung der sowjetischen Juden, in: Quinkert (Hrsg.), „Wir sind die Herren dieses Landes", a. a. O., S. 104–123.

Ders., Besatzungspolitik und Massenmord. Die Einsatzgruppe D in der südlichen Sowjetunion 1941–1943, Hamburg 2003.

Ders., Das Beispiel Charkow: Massenmord unter deutscher Besatzung, in: Christian Hartmann/Johannes Hürter/Ulrike Jureit (Hrsg.), Verbrechen der Wehrmacht – eine Bilanz. München 2005, S. 117–124.

Ders./Klein, Peter, Die „Endlösung" in Riga. Ausbeutung und Vernichtung 1941–1944, Darmstadt 2006.

Anisimov, Oleg, The German Occupation in Northern Russia during World War II, New York 1954.

Antisemitismus in Österreich. Sozialhistorische und soziologische Studien. Hrsg. von John Bunzl/Bern Marin, Innsbruck 1983.

Arad, Yitzahk, Soviet Jews in the War against Nazi Germany, in: Yad Vashem Studies XXIII (1993), S. 73–125.

Arazi, Doron, Horchdienst und Blitzkrieg: Die deutsche militärische Funkaufklärung im Unternehmen „Barbarossa", in: Zwei Wege nach Moskau. Vom Hitler-Stalin-Pakt zum „Unternehmen Barbarossa". Im Auftrag des Militärgeschichtlichen Forschungsamtes hrsg. von Bernd Wegner, München 1991, S. 221–234.

Aries, Philippe, Geschichte des Todes, München 1982/ München 2003 (ND).

Arlt, Kurt, Die Wehrmacht im Kalkül Stalins, in: Die Wehrmacht, Mythos und Realität, a. a. O., S. 105–122.

Armstrong, John A. (Hrsg.), Soviet Partisans in World War II, Madison, WI, 1964.

Arnold, Klaus Jochen, Die Eroberung und Behandlung der Stadt Kiew durch die Wehrmacht im September 1941. Zur Radikalisierung der Besatzungspolitik, in: MGM 58 (1999), S. 23–63.

Ders., Die Wehrmacht und die Besatzungspolitik in den besetzten Gebieten der Sowjetunion. Kriegführung und Radikalisierung im „Unternehmen Barbarossa", Berlin 2005.

Arnold, Sabine Rosemarie, „Ich bin bisher noch lebendig und gesund". Briefe von den Fronten des sowjetischen „Großen Vaterländischen Krieges", in: Vogel/Wette (Hrsg.), Andere Helme – Andere Menschen?, a. a. O., S. 135–156.

Artzt, Heinz, Zur Abgrenzung von Kriegsverbrechen und NS-Verbrechen, in: NS-Prozesse. Nach 25 Jahren Strafverfolgung: Möglichkeiten – Grenzen – Ergebnisse. Hrsg. von Adalbert Rückerl, Karlsruhe 1971, S. 163–194.

Aschmann, Birgit/Salewski, Michael (Hrsg.), Das Bild „des Anderen". Politische Wahrnehmung im 19. und 20. Jahrhundert. Stuttgart 2000.

Aubrey, Cecil/Heilbrunn, Otto, Communist Guerilla Movement 1941–1944, London 1954.

Aurich, Peter, Der deutsch-polnische September 1939. Eine Volksgruppe zwischen den Fronten, Berlin ³1985.

Ausländer, Fietje, „Zwölf Jahre Zuchthaus! Abzusitzen nach Kriegsende!" Zur Topographie des Strafgefangenenwesens der Deutschen Wehrmacht, in: Haase/Paul (Hrsg.), Die anderen Soldaten, a. a. O., S. 50–65.

Bach, Dieter/Jochen Leyendecker, Ich habe geweint vor Hunger. Deutsche und russische Gefangene in Lagern des Zweiten Weltkriegs, Wuppertal 1993.

Bahlke, Joachim (Hrsg.), Schlesien und die Schlesier, München 2000.

Bahrdt, Hans Paul, Die Gesellschaft und ihre Soldaten. Zur Soziologie des Militärs, München 1987.

Bajohr, Frank/Pohl, Dieter, Massenmord und schlechtes Gewissen. Die deutsche Bevölkerung, die NS-Führung und der Holocaust, Frankfurt a. M. 2008.

Bald, Detlef, Katholiken und Protestanten im deutschen Offizierskorps, in: Wehrwissenschaftliche Rundschau 29 (1980), S. 53–54.

Ders., Der deutsche Offizier: Sozial- und Bildungsgeschichte des deutschen Offizierkorps im 20. Jahrhundert, München 1982.

Ders., Die „Weiße Rose". Von der Front in den Widerstand, Berlin 2003.

Ball, Howard, Prosecuting War Crimes and Genocide. The Twentieth-Century Experience, Lawrence, KS, 1999.

Banach, Jens, Heydrichs Elite. Das Führerkorps der Sicherheitspolizei und des SD 1936–1945, Paderborn 1998.

Barber, John/Harrison, Mark, The Soviet Home Front, 1941–1945. A social and economic History of the USSR in World War II, New York 1991.

Barrett, Frank J., Die Konstruktion hegemonialer Männlichkeit in Organisationen. Das Beispiel der US-Marine, in: Christine Eifler/Ruth Seifert, Soziale Konstruktionen – Militär und Geschlechterverhältnis, Münster 1999, S. 71–79.

Bartosz, Julian/Hofbauer, Hannes (Hrsg.), Schlesien: Europäisches Kernland im Schatten von Wien, Berlin und Warschau, Wien 2000.

Bartov, Omer, Wem gehört die Geschichte? Wehrmacht und Geschichtswissenschaft, in: Heer/ Naumann (Hrsg.), Vernichtungskrieg, a. a. O., S. 601–619.

Ders., Hitler's Army. Soldiers, Nazis and War in the Third Reich, New York 1991 (dt. Übers.: Hitlers Wehrmacht. Soldaten, Fanatismus und die Brutalisierung des Krieges, Hamburg 1995).

Ders., German Soldiers and the Holocaust. Historiography, Research and Implications, in: History and Memory 9 (1997), H. 1,2, S. 162–188.

Ders./Brink, Cornelia/Hirschfeld, Gerhard/Kahlenberg, Friedrich P./Messerschmidt, Manfred/Rürup, Reinhard/Streit, Christian/Thamer, Hans-Ulrich, Bericht der Kommission zur Überprüfung der Ausstellung „Vernichtungskrieg. Verbrechen der Wehrmacht 1941 bis 1944", [Frankfurt a. M.] 2000.

Bartsch, Heinrich, Die Städte Schlesiens (in den Grenzen des Jahres 1937). Daten und Fakten zu ihrer landes-, kultur-, wirtschafts- und sozialgeschichtlichen Entwicklung und Bedeutung, Dortmund 1977.

Bass, Gary Jonathan, Stay the Hand of Vengeance. The Politics of War Crimes Tribunals, Princeton, NJ, 2000.

Bastian, Till, Furchtbare Soldaten. Deutsche Kriegsverbrechen im Zweiten Weltkrieg, München [2]1997.

Bauer, Eddy, Der Panzerkrieg. Die wichtigsten Panzeroperationen des Zweiten Weltkrieges in Europa und Afrika, Bd. 1: Vorstoß und Rückzug der deutschen Panzerverbände, Bonn o. J. [1964].

Baumann, Jürgen, Die strafrechtliche Problematik der nationalsozialistischen Gewaltverbrechen, in: Reinhard Henkys, Die nationalsozialistischen Gewaltverbrechen. Geschichte und Gericht, Stuttgart [2]1965, S. 267–321.

Beck, Birgit, Wehrmacht und sexuelle Gewalt. Sexualverbrechen vor deutschen Militärgerichten 1939-1945, Paderborn 2004.

Becker, Winfried (Hrsg.), Passau in der Zeit des Nationalsozialismus. Ausgewählte Fallstudien, Passau 1999.

Beckett, Ian F. W., Modern Insurgencies and Counter-Insurgencies. Guerilla and their Opponents since 1750, London 2001.

Beese, Dieter, Seelsorger in Uniform. Evangelische Militärseelsorger im Zweiten Weltkrieg; Aufgabe – Leitung – Predigt, Hannover 1995.

Beevor, Antony, Ein Schriftsteller im Krieg. Wassili Grossman und die Rote Armee 1941–1945, München 2007.

Beigbeder, Yves, Judging War Criminals. The Politics of International Justice, Hampshire, MA, 1999.

Ben-Arie, Katriek, La Chute de Brest-Litovsk (1941), in: Guerres Mondiales et Conflits Contemporains 146 (1987), S. 71–96.

Benz, Wigbert, Paul Carell. Ribbentrops Pressechef Paul Karl Schmidt vor und nach 1945, Berlin 2005.

Benz, Wolfgang, Fremdenfeindlichkeit als Vorurteil und politische Aggression, in: ders., Feindbild und Vorurteil. Beiträge über Ausgrenzung und Verfolgung, München 1996.

Ders./Kwiet, Konrad/Matthäus, Jürgen (Hrsg.), Einsatz im „Reichskommissariat Ostland". Dokumente zum Völkermord im Baltikum und in Weißrußland 1941–1944, Berlin 1998.

Berber, Friedrich, Lehrbuch des Völkerrechts, Bd. 2: Kriegsrecht, München 1962.

Berg, Mathew Paul, Challenging Political Culture in Postwar Austria. Veterans' Associations, Identity and the Problem of Contemporary History, in: Central European History 30 (1997), S. 513–544.

Bergander, Götz, Dresden im Luftkrieg, Köln 1977.

Berger, Georg, Die Beratenden Psychiater des deutschen Heeres 1939 bis 1945, Frankfurt a. M. 1998.

Berkhoff, Karel C., Was there a Religious Revival in Soviet Ukraine under the Nazi Regime?, in: Slavonic and East European Review 78 (2000), S. 536–567.

Berning, Cornelia, Vom „Abstammungsnachweis" zum „Zuchtwart". Vokabular des Nationalsozialismus, Berlin 1964.

Bessel, Richard (Ed.), Life after Death. Approaches to a cultural and social History during the 1940s and 1950s, Cambridge 2003.

Best, Geoffrey, Humanity in Warfare. The Modern History of the International Law of Armed Conflicts, London 1980.

Bethge, Eberhard, Dietrich Bonhoeffer, München 1976.

Betz, Herman Dieter, Das OKW und seine Haltung zum Landkriegsvölkerrecht im Zweiten Weltkrieg, Würzburg (Phil. Diss.) 1970.

Beyer, Wilhelm Raimund, Stalingrad – unten, wo das Leben konkret war, Frankfurt a. M. 1987.

Bezymenskij, Lev A., Zähmung des Taifuns, Moskau 1981.

Biege, Bernd, Helfer unter Hitler. Das Rote Kreuz im Dritten Reich, Hamburg 2000.

Birn, Ruth Bettina, Wehrmacht und Wehrmachtangehörige in den deutschen Nachkriegsprozessen, in: Müller/ Volkmann (Hrsg.), Die Wehrmacht, a. a. O., S. 1081–1099.

Dies., Zweierlei Wirklichkeit? Fallbeispiele zur Partisanenbekämpfung im Osten, in: Wegner (Hrsg.), Zwei Wege nach Moskau, a. a. O., S. 275–290.

Dies., Die Höheren SS- und Polizeiführer. Himmlers Vertreter im Reich und in den besetzten Gebieten, Düsseldorf 1986.

Dies., „Zaunkönig" an „Uhrmacher". Große Partisanenaktionen 1942/43 am Beispiel des „Unternehmens Winterzauber", in: MGZ 60 (2001), S. 99–118.

Dies., Die Sicherheitspolizei in Estland 1941–1944. Eine Studie zur Kollaboration im Osten, Paderborn 2006.

Bischof, Günter/Karner, Stefan/Stelzl-Marx, Barbara (Hrsg.), Kriegsgefangene des Zweiten Weltkrieges. Gefangennahme – Lagerleben – Rückkehr. Unter Mitarbeit von Edith Petschnigg, Wien 2005.

Ders., Kriegsgefangenschaft als internationales Forschungsthema, in: Kriegsgefangene des Zweiten Weltkrieges, a. a. O., S. 23–47.

Bitzel, Uwe, Die Konzeption des Blitzkrieges bei der deutschen Wehrmacht, Frankfurt a. M. 1991.

Black, Peter, Ernst Kaltenbrunner. Vasall Himmlers. Eine SS-Karriere, Paderborn 1991.

Blaich, Fritz, Der Schwarze Freitag. Inflation und Wirtschaftskrise, München 1985.

Blazek, Helmut, Männerbünde. Eine Geschichte von Faszination und Macht, Berlin 1999.

Blood, Philip W., Hitler's Bandit Hunters. The SS and the Nazi Occupation in Europe, Washington D.C. 2006 (Bandenbekämpfung: Nazi occupation Security in Eastern Europe and Soviet Russia 1942–45, Cranfield (Bedfordshire, Phil. Diss.) 2001.

Böckle, Karlheinz, Feldgendarmen, Feldjäger, Militärpolizisten. Ihre Geschichte bis heute, Stuttgart 1987.

Böhler, Jochen, Auftakt zum Vernichtungskrieg. Die Wehrmacht in Polen 1939, Frankfurt a. M. 2006.

Böhm Henry/Ueberschär, Gerd R., Aktenüberlieferung zu sowjetischen Kriegsgefangenen im Bundesarchiv-Militärarchiv, in: Die Tragödie der Gefangenschaft in Deutschland und in der Sowjetunion 1941–1956. Hrsg. von Klaus-Dieter Müller, Konstantin Nikischkin und Günther Wagenlehner, Köln 1998, S. 267–279.

Böhme, Kurt W., Gesucht wird … Die dramatische Geschichte des Suchdienstes, München 1965.

Ders., Die deutschen Kriegsgefangenen in sowjetischer Hand. Eine Bilanz. (Zur Geschichte der deutschen Kriegsgefangenen des Zweiten Weltkrieges, Bd. 7), München 1966.

Böll, Heinrich/Lew Kopelew, Warum haben wir aufeinander geschossen?, Bornheim 1981.

Bösch, Frank, Das konservative Milieu. Vereinskultur und lokale Sammlungspolitik in ost- und westdeutschen Regionen (1900–1960), Göttingen 2002.

Bohatiuk, Nicholas G., The Economy of Kiev under Foreign Conquerors, 1941–1944, in: Ukrainian Quarterly 42 (1986), H. 1/2, S. 35–58.

Boll, Bernd, Wehrmacht vor Gericht. Kriegsverbrecherprozesse der Vier Mächte nach 1945, in: GuG 24 (1998), S. 570–594.

Ders., Zloczow, Juli 1941: Die Wehrmacht und der Beginn des Holocaust in Galizien, in: ZfG 50 (2002), S. 899–917.

Bolte, Karl Martin, Die Berufsstruktur im industrialisierten Deutschland. Entwicklungen und Probleme, in: ders. (u. a. Hrsg.), Beruf und Gesellschaft in Deutschland. Berufsstruktur und Berufsprobleme, Opladen 1970.

Ders./Kappe, Dieter/Neidhardt, Friedhelm, Soziale Schichtung, Opladen 1966.

Bonwetsch, Bernd, Sowjetische Partisanen 1941–1944. Legende und Wirklichkeit des „Allgemeinen Volkskrieges", in: Gerhard Schulz (Hrsg.), Partisanen und Volkskrieg. Zur Revolutionierung des Krieges im 20. Jahrhundert, Göttingen 1985, S. 92–124.

Boog, Horst, Die Luftwaffe, in: DRZW, Bd. 4, S. 277–318.

Ders., Der anglo-amerikanische Strategische Luftkrieg über Europa und die deutsche Luftverteidigung, in: DRZW, Bd. 6, S. 429–565.

Ders., Die deutsche Luftwaffenführung 1935–1945. Führungsprobleme, Spitzengliederung, Generalstabsausbildung, Stuttgart 1982.

Boot, Machteld, Genocide, Crimes against Humanity, War Crimes. Nullum crimen sine lege and the Subject Matter of Jurisdiction of the International Criminal Court, Antwerpen 2002.

Bordjugov, Gennadij, Terror der Wehrmacht gegenüber der russischen Zivilbevölkerung, in: Gabriele Gorzka/Knut Stang (Hrsg.), Der Vernichtungskrieg im Osten. Verbrechen der Wehrmacht in der Sowjetunion – aus Sicht russischer Historiker, Kassel 1999, S. 53–68.

Borgert, Ludger, Grundzüge der Landkriegführung von Schlieffen bis Guderian, in: Handbuch zur deutschen Militärgeschichte 1648–1939, Bd. 5, a. a. O., S. 427–584.

Bossle, Lothar, Nationalsozialismus und Widerstand in Schlesien, Sigmaringen 1989.

Bottomore, Thomas B., Elite und Gesellschaft. Eine Übersicht über die Entwicklung des Eliteproblems, München 1969.

Bourke, Joanna, An Intimate History of Killing. Face-to-Face Killing in Twentieth-Century Warfare, London 1999.

Boyer, Christoph/Kučera, Jaroslav, Die Deutschen in Böhmen, die Sudetendeutsche Partei und der Nationalsozialismus, in: Nationalsozialismus in der Region, S. 273–286.

Bradley, Dermot, Generaloberst Heinz Guderian und die Entstehungsgeschichte des modernen Blitzkrieges, Osnabrück 1978.

Brakel, Alexander, Baranowicze 1939–1944. Eine Region der *Kresy wschodnie* unter sowjetischer und deutscher Besatzung, (Phil. Diss.) Mainz 2006.

Ders., „Das allergefährlichste ist die Wut der Bauern." Die Versorgung der Partisanen und ihr Verhältnis zur Zivilbevölkerung. Eine Fallstudie zum Gebiet Baranowicze 1941–1944, in: VfZ 55 (2007), S. 393–424.

Braun, Rainer, Garnisonswünsche 1815–1914. Bemühungen bayerischer Städte und Märkte um Truppen oder militärische Einrichtungen, in: Bernhard Sicken (Hrsg.), Stadt und Militär 1815–1914. Wirtschaftliche Impulse, infrastrukturelle Beziehungen, sicherheitspolitische Aspekte, Paderborn 1998, S. 311–335.

Breit, Gotthard, Das Staats- und Gesellschaftsbild deutscher Generale beider Weltkriege im Spiegel ihrer Memoiren, Boppard a. Rh. 1973.

Breitmann, Richard, Himmler's Police Auxiliaries in the Occupied Soviet Territories, in: Simon Wiesenthal Center Annual 7 (1990), S. 23–39.

Breuer, Stefan, Grundpositionen der deutschen Rechten 1871–1945, Tübingen 1991.

Ders., Ordnungen der Ungleichheit. Die deutsche Rechte im Widerstreit ihrer Ideen, Darmstadt 2001.

Breymayer, Ursula/Angress, Werner T. (Hrsg.), Willensmenschen. Über deutsche Offiziere, Frankfurt a. M. 1999.

Bröckling, Ulrich, Disziplin. Soziologie und Geschichte militärischer Gehorsamsproduktion, München 1997.

Ders./Sikora, Michael (Hrsg.), Armeen und ihre Deserteure. Vernachlässigte Kapitel einer Militärgeschichte der Neuzeit, Göttingen 1998.

Browder, George C., SiPo and SD 1931–1940. Formation of an Instrument of Power, Ann Arbor, MI, 1977.

Brown, Kate, A Biography of no Place. From ethnic Borderland to Soviet Heartland, Cambridge 2004.

Brown, Paul B., The Senior Leadership Cadre of the Geheime Feldpolizei 1939–1945, in: Holocaust and Genocide Studies 17 (2003), S. 278–304.

Browne, Malcolm W., Das neue Gesicht des Krieges, Frauenfeld 1966.

Browning, Christopher R., Ordinary Men: Reserve Police Battalion 101 and the Final Solution in Poland, New York 1992 (Dt.: Ganz normale Männer. Das Reserve-Polizeibataillon 101 und die „Endlösung" in Polen, Hamburg 1999).

Ders., Die Entfesselung der „Endlösung". Nationalsozialistische Judenpolitik 1939–1942. Mit einem Beitrag von Jürgen Matthäus, München 2003.

Brunotte, Ulrike, Zwischen Eros und Krieg. Männerbund und Ritual in der Moderne, Berlin 2004.

Buchbender, Ortwin, Das tönende Erz. Deutsche Propaganda gegen die Rote Armee im Zweiten Weltkrieg, Stuttgart 1978.

Buchheim, Hans/Broszat, Martin/Jacobsen, Hans-Adolf/Krausnick, Helmut (Hrsg.), Anatomie des SS-Staates, Bd. 2, Olten und Freiburg i. Br. 1965.

Buchheim, Hans, Das Problem des sogenannten Befehlsnotstandes aus historischer Sicht, in: Rechtliche und politische Aspekte der NS-Verbrecherprozesse. Hrsg. von Peter Schneider u. a., Mainz 1968, S. 25–37.

Buchheim, Lothar-Günther, Die U-Boot-Fahrer. Die Boote, die Besatzungen und ihr Admiral, München [3]2001.

Buddrus, Michael, Totale Erziehung für den totalen Krieg. Hitlerjugend und nationalsozialistische Jugendpolitik, München 2003.

Bude, Heinz, Bilanz der Nachfolge. Die Bundesrepublik und der Nationalsozialismus, Frankfurt a. M. 1992.

Bücheler, Heinrich, Hoepner. Ein deutsches Soldatenschicksal des Zwanzigsten Jahrhunderts, Herford 1980.

Bukey, Evan Burr, The Nazi Party in Linz, Austria 1919–1939. A sociological perspective, in: German Studies Review 1 (1978), S. 302–326.

Ders., „Patenstadt des Führers". Eine Politik- und Sozialgeschichte von Linz 1908–1945, Frankfurt a. M. 1993.

Ders., Hitler's Austria. Popular sentiment in the Nazi era, 1938–1945, Chapel Hill, NC, 2000.

Buß, Regina, Der Kombattantenstatus. Die kriegsrechtliche Entstehung eines Rechtsbegriffs und seine Ausgestaltung in Verträgen des 19. und 20. Jahrhunderts, Bochum 1992.

Capa, Robert, Das Gesicht des Krieges. Mit Auszügen aus seinen Schriften, München 1965.

Carell, Paul, Unternehmen Barbarossa. Der Marsch nach Rußland, Frankfurt a. M. 1963/[12]1985.

Ders., Unternehmen Barbarossa im Bild. Der Rußlandkrieg fotografiert von Soldaten, Berlin 1985 (ND).

Carland, John M., Winning the Vietnam War: Westmoreland's Approach in two Documents, in: The Journal of Military History 68 (2004), S. 553–574.

Casagrande, Thomas, Die volksdeutsche SS-Division „Prinz Eugen". Die Banater und die nationalsozialistischen Kriegsverbrechen, Frankfurt a. M. 2003.

Caspar, Gustav Adolf, Die militärische Tradition in der Reichswehr und in der Wehrmacht 1919-1945, in: Tradition in deutschen Streitkräften bis 1945, a. a. O., S. 209–310.

Ders./Marwitz, Ullrich/Ottmer, Hans-Martin, Tradition in deutschen Streitkräften bis 1945. Hrsg. vom Militärgeschichtlichen Forschungsamt, Herford 1986.

Cecil, Robert, Hitler's Decision to Invade Russia, London 1975.

Chiari, Bernhard, Die Büchse der Pandora. Ein Dorf in Weißrußland 1939 bis 1944, in: Müller/ Volkmann (Hrsg.), Die Wehrmacht, a. a. O., S. 879–900.

Ders., Zwischen Hoffnung und Hunger. Die sowjetische Zivilbevölkerung unter deutscher Besatzung, in: Hartmann/Hürter/Jureit (Hrsg.), Verbrechen der Wehrmacht, a. a. O., S. 145–154.

Ders., Alltag hinter der Front. Besatzung, Kollaboration und Widerstand in Weißrußland 1941-1944, Düsseldorf 1998.

Ders., Militärgeschichte: Erkenntnis und Praxis, in: Benjamin Ziemann (Hrsg.), Perspektiven der Historischen Friedensforschung, Essen 2002, S. 286–300.

Ders. (Hrsg.), Die polnische Heimatarmee. Geschichte und Mythos der Armia Krajowa seit dem Zweiten Weltkrieg. Im Auftrag des Militärgeschichtlichen Forschungsamts unter Mitarbeit von Jerzy Kochanowski, München 2003.

Chickering, Roger/Förster, Stig/Greiner, Bernd (Hrsg.), A World at Total War. Global Conflict and the Politics of Destruction 1937–1945, Cambridge 2005.

Cholawsky, Shalom, The Jews of Byelorussia during World War II, Amsterdam 1998.

Clasen, Christoph, Generaloberst Hans-Georg Reinhardt (1887–1963), Stuttgart 1996.

Colton, Timothy J., Commissars, Commanders and Civilian Authority: The Structure of Soviet Military Politics, Cambridge, MA, 1979.

Conrads, Norbert, Schlesien, Berlin 1994.

Conze, Eckart, Von deutschem Adel. Die Grafen von Bernstorff im zwanzigsten Jahrhundert, Stuttgart 2000.

Ders., Adel und Adeligkeit im Widerstand des 20. Juli 1944, in: Heinz Reif (Hrsg.), Adel und Bürgertum in Deutschland, Bd. 2, Berlin 2001, S. 195–267.

Ders. (Hrsg.), Adel und Moderne. Deutschland im internationalen Vergleich im 19. und 20. Jahrhundert, Köln 2004.

Conze, Susanne/Fieseler, Beate, Soviet Women as Comrade-in Arms, in: The Peoples's War. Responses to World War II in the Soviet Union. Hrsg. von Robert W. Thurston und Bernd Bonwetsch, Chicago 2001, S. 211–234.

Cooper, Matthew, The Phantom War. The German Struggle against Soviet Partisans 1941–1944, London 1979.

Cottam, Kazimiera Janina, Women in War and Resistance. Selected Biographies of Soviet Women Soldiers, Nepean, Canada, 1998.

Coudry, Georges, „Es sind immer die gleichen, die kämpfen und sich opfern". Feldpostbriefe von Soldaten der 1. französischen Armee (1944–1945), in: Andere Helme – Andere Menschen?, a. a. O., S. 157–172.

Craig, Gordon, Die preußisch-deutsche Armee 1640-1945. Staat im Staate, Düsseldorf 1960.

Creveld, Martin van, Supplying War: Logistics from Wallenstein to Patton, Cambrigde, MA, 1980.

Ders., Technology and War. From 2000 B.C. to the Present, New York 1989.

Ders., Kampfkraft: Organisation und militärische Leistung 1939–1945, Freiburg i. Br. 1992.

Crozier, Michel/Friedberg, Erhard, Die Zwänge kollektiven Handelns. Über Macht und Organisation, Frankfurt a. M. 1993.

Cüppers, Martin, Wegbereiter der Shoah. Die Waffen-SS, der Kommandostab Reichsführer-SS und die Judenvernichtung 1939–1945, Darmstadt 2005.

Curilla, Wolfgang, Die deutsche Ordnungspolizei und der Holocaust im Baltikum und in Weißrußland 1941–1944, Paderborn 2006.

Dallin, Alexander, German Rule in Russia, 1941–1945, New York 1957 (Dt.: Deutsche Herrschaft in Rußland 1941–1945. Eine Studie über Besatzungspolitik, Düsseldorf 1958).

Ders., The Kaminsky Brigade. A Case Study in Soviet Disaffection, in: Revolution and Politics in Russia. Essays in Memory of Boris Ivanovich Nicolaevsky. Hrsg. von Alexander and Janet Rabinowitch, Bloomington, IA, 1972, S. 243–280.

Datner, Szymon, Crimes committed by the Wehrmacht during the September Campaign and the Period of Military Government (1. Sept. 1939 – 25. Oct. 1939), in: Polish Western Affairs 3 (1962), S. 294–338.

Ders., Crimes against POWs. Responsibility of the Wehrmacht, Warszawa 1964.

Davies, Norman/Moorhouse, Roger, Die Blume Europas. Breslau – Wrocław – Vratislavia. Die Geschichte einer mitteleuropäischen Stadt, München 2002.

Dean, Martin, The German *Gendarmerie*, the Ukrainian *Schutzmannschaft* and the ‚Second Wave‘ of Jewish Killings in Occupied Ukraine: German Policing at the Local Level in the Zhitomir Region, 1941–1944, in: German History 14 (1996), S. 168–192.

Ders., Collaboration in the Holocaust. Crimes of the Local Police in Belorussia and Ukraine, 1941–44, New York 2000.

Delacor, Regina M., Weltanschauungskrieg im Westen. Zur Rolle der Wehrmacht bei Geiselexekutionen im besetzten Frankreich 1941/42, in: MGZ 62 (2003), S. 71–99.

Demeter, Karl, Das deutsche Offizierskorps in Gesellschaft und Staat 1650–1945, Frankfurt a. M. 1965.

Deutsch, Harold C., Verschwörung gegen den Krieg. Der Widerstand in den Jahren 1939–1940, München 1969.

Deutsche Dienststelle (WASt) 1939–1999. 60 Jahre im Namen des Völkerrechts einschließlich Arbeitsbericht der Deutschen Dienststelle (WASt) 1997/1998. Bearb. von Wolfgang Remmers, Berlin 1999.

Das Deutsche Reich und der Zweite Weltkrieg. Hrsg. vom Militärgeschichtlichen Forschungsamt, 10 Bde., Stuttgart 1979 – München 2007. (Abk.: DRZW)

Deutsche Verwaltungsgeschichte. Im Auftrag der Freiherr-vom-Stein-Gesellschaft e. V., hrsg. von Kurt G. A. Jeserich, Hans Pohl, Georg-Christoph von Unruh, Bd. 4: Das Reich als Republik und in der Zeit des Nationalsozialismus, Stuttgart 1985.

Deutschland im Zweiten Weltkrieg, Hrsg. von e. Autorenkollektiv unter Leitung von Wolfgang Schumann, 6 Bde., Berlin (Ost) 1974–1985.

Dick, Lutz van (Hrsg.), Lehreropposition im NS-Staat. Biographische Berichte über den „aufrechten Gang", Frankfurt a. M. 1990.

Dieckert, Kurt/Grossmann, Horst, Der Kampf um Ostpreußen. Ein authentischer Dokumentarbericht, München ²1960.

Diehl, James M., The Thanks of the Fatherland. German Veterans after the Second World War, Chapel Hill, NC, 1983.

Dockery, John T. (Hrsg.), The military landscape. Mathematical Models of Combat, Cambridge 1993.

Dörr, Margarete, „Wer die Zeit nicht miterlebt hat" … Frauenerfahrungen im Zweiten Weltkrieg und in den Jahren danach, 3 Bde., Frankfurt a. M. 1998.

Dorn, Günter/Engelmann, Joachim, Die Schlachten Friedrichs des Großen. Führung, Verlauf, Gefechts-Szenen, Gliederung, Karte, Augsburg 1997.

Dornheim, Andreas, Thüringen 1933–1945: Aspekte nationalsozialistischer Herrschaft, Erfurt 1997.

Dreßen, Willi, The Role of the Wehrmacht and the Police in the Anhilation of the Jews, in: Yad Vashem Studies XXIII (1993), S. 295–319.

Dubson, Wadim, On the Problem of Evacuation of the Soviet Jews in 1941 (New Archival Sources), in: Jews in Eastern Europe 40 (1999), H. 3, S. 37–55.

Dudley, Leonard M., The Word and the Sword. How Techniques of Information and Violence have shaped our World, Cambridge, MA, 1991.

Dülffer, Jost, Regeln gegen den Krieg? Die Haager Friedenskonferenzen von 1899 und 1907 in der internationalen Politik, Berlin 1981.

Dülmen, Richard van, Historische Anthropologie. Entwicklung – Probleme – Aufgaben, Köln 2000.

Düsterberg, Rolf, Soldat und Kriegserlebnis. Deutsche militärische Erinnerungsliteratur (1945–1961) zum Zweiten Weltkrieg. Motive, Begriffe, Wertungen, Tübingen 2000.

Dunker, Ulrich, Der Reichsbund jüdischer Frontsoldaten 1919–1938. Geschichte eines jüdischen Abwehrvereins, Düsseldorf 1977.

Dupuy, Trevor Nevitt, A Genius for War. The German Army and the General Staff 1807–1945, London 1977.

Echternkamp, Jörg, Mit dem Krieg seinen Frieden schließen – Wehrmacht und Weltkrieg in der Veteranenkultur, in: Thomas Kühne (Hrsg.), Von der Kriegskultur zur Friedenskultur? Zum Mentalitätswandel in Deutschland seit 1945, Münster 2000, S. 78–93.

Ders., „Kameradenpost bricht auch nie ab" … Ein Kriegsende auf Raten im Spiegel der Briefe deutscher Ostheimkehrer 1946–1951, in: MGZ 60 (2001), S. 437–500.

Eckman, Lester S./Lazar, Chaim, The Jewish Resistance. The History of the Jewish Partisans in Lithuania and White Russia during the Nazi Occupation 1940–1945, New York 1977.

Eckman, Lester S./Hirschler, Gertrude, Menachim Begin. Vom Freiheitskämpfer zum Staatsmann, Bergisch Gladbach 1979.

Eilers, Rolf, Die nationalsozialistische Schulpolitik. Eine Studie zur Funktion der Erziehung im totalitären Staat, Köln 1963.

Ellis, John, One day in a very long war – Wednesday October 25th 1944, London 1998.

Erickson, John, The Soviet High Command. A Military-Political History 1918–1941, London 1962.

Ders., The Road to Stalingrad. Stalin's War with Germany, London 1975.

Ders., World War 2 and the Soviet People. Selected Papers from the Fourth World Congress for Soviet and East European Studies, Harrogate, 1990. Ed. By John Garrard and Carol Garrard, Houndmills 1993, S. 50–76.

Ders., Soviet War Losses. Calculations and Controversies, in: ders. (Ed.), Barbarossa. The Axis and the Allies, Edinburgh 1994, S. 256.

Ders., Red Army Battlefield Performance, 1941–45: the System and the Soldier, in: Time to Kill. The Soldier's Experience of War in the West 1939–1945. Ed. by Paul Addison and Angus Calder, London 1997, S. 233–248 .

Essner, Cornelia/Edouard Conte, „Fernehe", „Leichentrauung" und „Totenscheidung". Metamorphosen des Eherechts im Dritten Reich, in: VfZ 44 (1996), S. 201–227.

Falter, Jürgen, Hitlers Wähler, München 1991.

Fatal-Knaani, Tikva, The Jews of Pinsk, 1939–1943. Trough the Prism of New Documentation, in: Yad Vashem Studies 29 (2001), S. 149–182.

Fehn, Klaus, „Lebensgemeinschaft von Volk und Raum". Zur nationalsozialistischen Raum- und Landschaftsplanung in den eroberten Ostgebieten, in: Joachim Radkau/Frank Uekötter (Hrsg.), Naturschutz und Nationalsozialismus, Frankfurt a. M. 2003, S. 207–224.

„Feindbild Jude". Zur Geschichte des Antisemitismus. Hrsg. von Heimo Halbrainer, Graz 2003.

Feldman, Gerald D./Seibel, Wolfgang (Hrsg.), Networks of Nazi persecution. Bureaucracy, business, and the organization of the Holocaust, New York 2004.

Feldmann, Klaus, Tod und Gesellschaft. Sozialwissenschaftliche Thanatologie im Überblick, Wiesbaden 2004.

Fest, Joachim C., Hitler. Eine Biographie, Frankfurt a. M. 1973.

Fiedler, Siegfried, Taktik und Strategie der Revolutionskriege 1798–1848, Bonn 1988.

Fings, Karola, Krieg, Gesellschaft und KZ: Himmlers SS-Baubrigaden, Paderborn 2005.

Fleck, Dieter (Hrsg.), Handbuch des humanitären Völkerrechts in bewaffneten Konflikten, München 1994.

Flohr, Anne Katrin, Feindbilder in der internationalen Politik. Ihre Entstehung und Funktion, Bonn 1991.

Förster, Gerhard, Totaler Krieg und Blitzkrieg. Die Theorie des Totalen Krieges und des Blitzkrieges in der Militärdoktrin des Faschistischen Deutschlands am Vorabend des 2. Weltkrieges, Berlin (Ost) 1967.

Förster, Jürgen, Die Sicherung des „Lebensraumes", in: DRZW, Bd. 4, S. 1030–1078.

Ders., Geistige Kriegführung in Deutschland 1919 bis 1945, in: DRZW, Bd. 9/1, S. 469–640.

Ders., Das nationalsozialistische Herrschaftssystem und der Krieg gegen die Sowjetunion, in: Jahn/Rürup (Hrsg.), Erobern und Vernichten, a. a. O., S. 28–46.

Ders., Stalingrad. Risse im Bündnis 1942/43, Freiburg i. Br. 1975.

Ders., Das Unternehmen „Barbarossa" als Eroberungs- und Vernichtungskrieg, in: Das Deutsche Reich und der Zweite Weltkrieg, hrsg. vom Militärgeschichtlichen Forschungsamt, Stuttgart 1983.

Ders., Zum Rußlandbild der Militärs vor Beginn des Angriffs auf die Sowjetunion, in: Hans-Erich Volkmann (Hrsg.), Das Rußlandbild im Dritten Reich, Köln/Weimar/Wien 1994, S. 141–163.

Ders., Wehrmacht, Krieg und Holocaust, in: Die Wehrmacht. Mythos und Realität. Im Auftrage des Militärgeschichtlichen Forschungsamtes hrsg. von Rolf-Dieter Müller und Hans-Erich Volkmann, München 1999.

Ders., „Aber für die Juden wird auch noch die Stunde schlagen, und dann wehe ihnen!" Reichswehr und Antisemitismus, in: Jürgen Matthäus/Klaus-Michael Mallmann (Hrsg.), Deutsche, Juden, Völkermord. Der Holocaust als Geschichte und Gegenwart, Darmstadt 2006, S. 21–37.

Ders., Die Wehrmacht im NS-Staat. Eine strukturgeschichtliche Analyse, München 2007.

Foerster, Roland G., Die Wehrpflicht. Entstehung, Erscheinungsformen und politisch-militärische Wirkung, München 1994.

Förster, Stig, Der Krieg der Willensmenschen. Die deutsche Offizierselite auf dem Weg in den Weltkrieg, 1871–1914, in: Breymayer/Angress (Hrsg.), Willensmenschen, a. a. O., S. 23–36.

Ders., Der Deutsche Generalstab und die Illusion des kurzen Krieges, 1871–1914. Metakritik eines Mythos, in: Johannes Burkhardt (Hrsg.), Lange und kurze Wege in den Ersten Weltkrieg: vier Augsburger Beiträge zur Kriegsursachenforschung, München 1996, S. 115–158.

Ders., Operationsgeschichte heute. Eine Einführung, in: MGZ 61 (2002), S. 309–311.

Fogt, Helmut, Politische Generationen. Empirische Bedeutungen und theoretisches Modell, Opladen 1982.

Forrer, Friedrich, Sieger ohne Waffen. Das Deutsche Rote Kreuz im Zweiten Weltkrieg, Hannover 1962.

Foucault, Michel, Überwachen und Strafen. Die Geburt des Gefängnisses, Frankfurt a. M. 1976.

Frei, Norbert, Vergangenheitspolitik. Die Anfänge der Bundesrepublik und die NS-Vergangenheit, München 1996.

Freitag, Gabriele, Aus der Provinz in die Metropole. Die Sesshaftwerdung zuwandernder Juden im Moskau der zwanziger Jahre, in: Forum für osteuropäische Ideen- und Zeitgeschichte 5 (2001), H. 2, S. 215–239.

Frevert, Ute, Die kasernierte Nation. Militärdienst und Zivilgesellschaft in Deutschland, München 2001.

Freytag, Claudia, Kriegsbeute „Flintenweib". Rotarmistinnen in deutscher Gefangenschaft, in: Mascha, Nina und Katjuscha. Frauen in der Roten Armee. Hrsg. von Peter Jahn, Berlin 2002, S. 32–36.

Friedmann, Philip, The Jewish Ghettos of the Nazi Era. Roads to Extinction: Essays on the Holocaust, New York 1980.

Friedrich, Jörg, Das Gesetz des Krieges. Das deutsche Heer in Rußland 1941–1945. Der Prozeß gegen das Oberkommando der Wehrmacht, München ²1996.

Ders., Der Brand. Deutschland im Bombenkrieg 1940–1945, München 2002.

Frieser, Karl Heinz, Die Schlacht im Kursker Bogen, in: DRZW, Bd. 8, S. 83–208.

Ders., Der Rückschlag des Pendels. Das Zurückweichen der Ostfront von Sommer 1943 bis Sommer 1944, in: DRZW, Bd. 8, S. 277–490.

Ders., Der Zusammenbruch der Heeresgruppe Mitte, in: DRZW, Bd. 8, S. 526–603.

Ders., Blitzkrieg-Legende. Der Westfeldzug 1940, München 1996.

Fritz, Stephen G., Frontsoldaten. The German Soldier in World War II, Lexington, KY, 1995 (Dt.: Hitlers Frontsoldaten. Der erzählte Krieg, Berlin 1998).

Fuchs, Conrad, Gestalten und Ereignisse aus Schlesiens Wirtschaft, Kultur und Politik, Dortmund 1994.

Fuchs, Helmut, Wer spricht von Siegen. Der Bericht über unfreiwillige Jahre in Rußland. Mit einem Geleitwort von Lew Kopelew, München 1987.

Funke, Manfred, Starker oder schwacher Diktator? Hitlers Herrschaft und die Deutschen. Ein Essay, Düsseldorf 1989.

Ganzenmüller, Jörg, Ungarische und deutsche Kriegsverbrechen in der Sowjetunion 1941–1944, in: Jahrbücher für Geschichte Osteuropas 49 (2001), S. 602–606.

Ders., Das belagerte Leningrad 1941–1944. Die Stadt in den Strategien von Angreifern und Verteidigern, Paderborn 2005.

Garbe, Detlef, Im Namen des Volkes? Die rechtlichen Grundlagen der Militärjustiz im NS-Staat und ihre „Bewältigung" nach 1945, in: Fietje Ausländer (Hrsg.), Verräter der Vorbilder? Deserteure und ungehorsame Soldaten im Nationalsozialismus, Bremen 1990, S. 90–129.

Gay, Peter, Kult der Gewalt. Aggression im bürgerlichen Zeitalter, München 1996.

Gebel, Ralf, „Heim ins Reich!" Konrad Henlein und der Reichsgau Sudetenland (1938–1945), München ²2000.

Geißler, Harald, Das Eiserne Kreuz 1813 bis heute, Norderstedt 1995.

Der Gelbe Stern in Österreich. Katalog und Einführung zu einer Dokumentation. Hrsg. von Kurt Schubert/Jonny Moser, Eisenstadt 1977.

Geldmacher, Thomas, Strafvollzug. Der Umgang der Deutschen Wehrmacht mit militärgerichtlich verurteilten Soldaten, in: Walter Manoschek (Hrsg.), Opfer der NS-Militärjustiz. Urteilspraxis – Strafvollzug – Entschädigungspolitik in Österreich, Wien 2003, S. 420–481.

Gellermann, Günther W., Der Krieg, der nicht stattfand: Möglichkeiten, Überlegungen und Entscheidungen der deutschen Obersten Führung zur Verwendung chemischer Kampfstoffe im Zweiten Weltkrieg, Koblenz 1986.

Gentile, Carlo, „Politische Soldaten". Die 16. SS-Panzer-Grenadier-Division „Reichsführer SS" in Italien 1944, in: Quellen und Forschungen aus italienischen Archiven und Bibliotheken, Tübingen 2001, S. 529–561.

Ders., Walter Reder, Ein politischer Soldat im „Bandenkampf", in: Klaus-Michael Mallmann/Gerhard Paul (Hrsg.), Karrieren der Gewalt. Nationalsozialistische Täterbiographien, Darmstadt 2004, S. 188–195.

George, Alexander L., Primary Groups, Organization and Military Performance, in: Handbook of Military Institutions. Ed. by Roger W. Little, Beverly Hills, CA, 1971, S. 293–318.

Gerlach, Christian, Die Wannsee-Konferenz, das Schicksal der deutschen Juden und Hitlers politische Grundsatzentscheidungen, alle Juden Europas zu ermorden, in: WerkstattGeschichte 18, S. 7–44.

Ders., Die deutsche Agrarreform und die Bevölkerungspolitik in den besetzten sowjetischen Gebieten, in: Besatzung und Bündnis. Deutsche Herrschaftsstrategien in Ost- und Südosteuropa. Hrsg. von dems. u. a., Berlin 1995, S. 9–60.

Ders., Die Einsatzgruppe B, in: Peter Klein (Hrsg.), Die Einsatzgruppen in der besetzten Sowjetunion 1941/42. Die Tätigkeits- und Lageberichte des Chefs der Sicherheitspolizei und des SD, Berlin 1997, S. 71–87.

Ders., Krieg, Ernährung, Völkermord. Forschungen zur deutschen Vernichtungspolitik im Zweiten Weltkrieg, Hamburg 1998.

Ders., Die Ausweitung der deutschen Massenmorde in den besetzten sowjetischen Gebieten im Herbst 1941. Überlegungen zur Vernichtungspolitik gegen Juden und sowjetische

Kriegsgefangene, in: ders., Krieg, Ernährung, Völkermord. Forschungen zur deutschen Vernichtungspolitik im Zweiten Weltkrieg, Hamburg 1998.

Ders., Deutsche Wirtschaftsinteressen, Besatzungspolitik und der Mord an den Juden in Weißrußland 1941–1943, in: Nationalsozialistische Vernichtungspolitik 1939–1945. Neue Forschungen und Kontroversen. Hrsg. von Ulrich Herbert, Frankfurt a.M. 1998, S. 263–291.

Ders., Verbrechen deutscher Fronttruppen in Weißrußland 1941–1944. Eine Annäherung, in: Karl Heinrich Pohl (Hrsg.), Wehrmacht und Vernichtungspolitik. Militär im nationalsozialistischen System, Göttingen 1999.

Ders., Kalkulierte Morde. Die deutsche Wirtschafts- und Vernichtungspolitik in Weißrußland 1941 bis 1944, Hamburg 2000.

Ders., Besatzungspolitik und Massenverbrechen: Die Rolle des Generalquartiermeisters des Heeres und seiner Dienststellen im Krieg gegen die Sowjetunion, in: Ausbeutung, Vernichtung, Öffentlichkeit. Neue Studien zur nationalsozialistischen Lagerpolitik. Hrsg. im Auftrag des Instituts für Zeitgeschichte von Norbert Frei, München 2000, S. 175–208.

Gersdorff, Ursula von, Frauen im Kriegsdienst 1914–1945, Stuttgart 1969.

Geschichte des Zweiten Weltkrieges 1939–1945 in 12 Bänden, Bd. 4: Die faschistische Aggression gegen die UdSSR. Der Zusammenbruch der Blitzkriegsstrategie, Berlin (Ost) 1977.

Geßner, Klaus, Geheime Feldpolizei – die Gestapo der Wehrmacht, in: Heer/Naumann (Hrsg.), Vernichtungskrieg, a. a. O., S. 343–358.

Ders., Geheime Feldpolizei. Zur Funktion und Organisation des geheimpolizeilichen Exekutivorgans der faschistischen Wehrmacht, Berlin (Ost) 1986.

Gestrich, Andreas, Vergesellschaftungen des Menschen. Einführung in die Historische Sozialisationsforschung, Tübingen 1999.

Geyer, Michael, Aufrüstung oder Sicherheit. Die Reichswehr in der Krise der Machtpolitik 1924–1936, Wiesbaden 1980.

Ders., Das Stigma der Gewalt und das Problem der nationalen Identität in Deutschland, in: Christian Jansen/Lutz Niethammer/Bernd Weisbrod (Hrsg.), Von der Aufgabe der Freiheit. Politische Verantwortung und bürgerliche Gesellschaft im 19. und 20. Jahrhundert. Festschrift für Hans Mommsen zum 5. November 1995, Berlin 1995, S. 673–698.

Ders., Eine Kriegsgeschichte, die vom Tod spricht, in: Mittelweg 36 (1995), S. 57–77.

Gilbert, Martin, Nie wieder! Die Geschichte des Holocaust, Berlin 2001.

Ders., From the Ends of the Earth. The Jews in the 20th Century, London 2001.

Gimmerthal, Michael, Kriegslist und Perfidieverbot im Zusatzprotokoll vom 10. Juni 1977 zu den vier Genfer Rotkreuz-Abkommen von 1949 (Zusatzprotokoll I), Bochum 1990.

Glantz, David M., When Titans Clashed. How the Red Army stopped Hitler, Lawrence, KS, 1995.

Ders., Colossus Reborn. The Red Army at War, 1941–1943, Lawrence, KS, 2005.

Glaser, Hermann, Franken und der Nationalsozialismus – Fränkischer Nationalsozialismus, in: Evangelische Akademie Tutzing (Hrsg.), Der Nationalsozialismus in Franken. Ein Land unter der Last seiner Geschichte, Tutzinger Studien 2/1979, Tutzing 1979, S. 7–19.

Gnatkowski, Michal, Nationalsozialistische Okkupationspolitik im „Bezirk Bialystok" 1941–1944, in: Bialystok in Bielefeld. Nationalsozialistische Verbrechen vor dem Landgericht Bielefeld 1958 bis 1967. Hrsg. von Freia Anders, Hauke-Hendrik Kutscher und Katrin Stoll, Bielefeld 2003, S. 161–185.

Göhri, Josef F., Breisgauer Kriegstagebuch 1939–1946, Horb 1984.

Goeken-Haidl, Der Weg zurück. Die Repatriierung sowjetischer Zwangsarbeiter und Kriegsgefangener während und nach dem Zweiten Weltkrieg, Essen 2006.

Golczewski, Frank, Polen, in: Dimension des Völkermords. Die Zahl der jüdischen Opfer des Nationalsozialismus. Hrsg. von Wolfgang Benz, München 1991.

Goldhagen, Daniel Jonah, Hitlers willige Vollstrecker. Ganz gewöhnliche Deutsche und der Holocaust, Berlin 1996.

Gorodetsky, Gabriel, Die große Täuschung. Hitler, Stalin und das Unternehmen „Barbarossa", Berlin 2001.

Goure, Leon, The Siege of Leningrad, Stanford, CA, 1962.

Graml, Hermann, Die Wehrmacht im Dritten Reich, in: VfZ 45 (1997), S. 365–384.

Ders., Loyalität und Verblendung. Die Heroisierung einer Generation unter der NS-Ideologie, in: Wolfgang und Ute Benz (Hrsg.), Deutschland, deine Kinder. Zur Prägung von Feindbildern in Ost und West, München 2001, S. 14–26.

Ders., Massenmord und Militäropposition. Zur jüngsten Diskussion über den Widerstand im Stab der Heeresgruppe Mitte, in: VfZ 54 (2006), S. 1–24.

Greiner, Bernd, Krieg ohne Fronten. Die USA in Vietnam, Hamburg 2007.

Grenkevich, Leonid, The Soviet Partisan Movement 1941–1944. A Critical Historiographical Analysis, London 1999.

Groehler, Olaf, Der lautlose Tod. Einsatz und Entwicklung deutscher Giftgase von 1914 bis 1945, Reinbek bei Hamburg 1989.

Gross, Jan, The Jewish Community in the Soviet-Annexed Territories on the Eve of the Holocaust, in: Holocaust in the Soviet Union, S. 155–171.

Große Kracht, Klaus, Die zankende Zunft. Historische Kontroversen in Deutschland nach 1945, Göttingen 2005.

Grossman, Dave, On Killing, The Psychological Cost of Learning to Kill in War and Society, Boston 1995.

Grossmann, Wassili/Ehrenburg, Ilja (Hrsg.), Das Schwarzbuch. Der Genozid an den sowjetischen Juden. Dt. Ausgabe hrsg. von Arno Lustiger, Hamburg 1994.

Gruchmann, Lothar, Justiz im Dritten Reich 1933–1940. Anpassung und Unterwerfung in der Ära Gürtner, München ²2001.

Gruner, Wolf, Widerstand in der Rosenstraße. Die Fabrikation und die Verfolgung der „Mischehen" 1943, Frankfurt a. M. 2005.

Gschaider, Peter, Das österreichische Bundesheer 1938 und seine Überführung in die deutsche Wehrmacht, Wien (Phil. Diss.) 1967.

Güsgen, Johannes, Die katholische Militärseelsorge in Deutschland zwischen 1920 und 1945. Ihre Praxis und Entwicklung in der Reichswehr der Weimarer Republik und der Wehrmacht des nationalsozialistischen Deutschlands unter besonderer Berücksichtigung ihrer Rolle bei den Reichskonkordatsverhandlungen, Köln 1989.

Gutmann, Roy/Rieff, David (Hrsg.), Kriegsverbrechen. Was jeder wissen sollte, Stuttgart 1999.

Haase, Norbert (Hrsg.), Das Reichskriegsgericht und der Widerstand gegen die nationalsozialistische Herrschaft. Katalog zur Sonderausstellung der Gedenkstätte Deutscher Widerstand in Zusammenarbeit mit der Neuen Richtervereinigung. Hrsg. von der Gedenkstätte Deutscher Widerstand mit Unterstützung der Senatsverwaltung für Justiz, Berlin 1993.

Ders./Gerhard Paul (Hrsg.), Die anderen Soldaten. Wehrkraftzersetzung, Gehorsamsverweigerung und Fahnenflucht im Zweiten Weltkrieg, Frankfurt a. M. 1995.

Haase, Norbert; Oberleutnant Dr. Albert Battel und Major Max Liedtke. Konfrontation mit der SS im polnischen Przemyśl im Juli 1942, in: Wolfram Wette (Hrsg.), Retter in Uniform. Handlungsspielräume im Vernichtungskrieg der Wehrmacht, Frankfurt a. M. 2002, S. 181–208.

Haber, Eitan, Menahem Begin. The Legend and the Man, New York 1978.

Hämmerle, Christa, Von den Geschlechtern der Kriege und des Militärs. Forschungseinblicke und Bemerkungen zu einer neuen Debatte, in: Was ist Militärgeschichte? a. a. O., S. 229–262.

Hagemann, Karen/Pröve, Ralf (Hrsg.), Landsknechte, Soldatenkrieger und Nationalkrieger. Militär, Krieg und Geschlechterordnung im historischen Wandel, Frankfurt a. M. 1998.

Halter, Helmut, Stadt unterm Hakenkreuz. Kommunalpolitik in Regensburg während der NS-Zeit, Regensburg 1994.

Hambrecht, Rainer, Der Aufstieg der NSDAP in Mittel- und Oberfranken 1925–1933, Nürnberg 1976.

Hamburger Institut für Sozialforschung (Hrsg.), Vernichtungskrieg. Verbrechen der Wehrmacht 1941 bis 1944. Ausstellungskatalog, Hamburg 1996.

Dass. (Hrsg.), Krieg ist ein Gesellschaftszustand. Reden zur Eröffnung der Ausstellung „Vernichtungskrieg. Verbrechen der Wehrmacht 1941 bis 1944", Hamburg 1998.

Dass. (Hrsg.), Eine Ausstellung und ihre Folgen. Zur Rezeption der Ausstellung „Vernichtungskrieg. Verbrechen der Wehrmacht 1941 bis 1944", Hamburg 1999.

Dass. (Hrsg.), Verbrechen der Wehrmacht. Dimensionen des Vernichtungskrieges 1941–1944. Ausstellungskatalog, Hamburg 2002.

Hammel, Klaus, Kompetenzen und Verhalten der Truppe im rückwärtigen Heeresgebiet, in: Poeppel/v. Preußen/v. Hase (Hrsg.), Die Soldaten der Wehrmacht, a. a. O., S. 178–229.

Hammer, Ellen/Salvin, Marina, The Taking of Hostages in Theory and Practice, in: American Journal of International Law 38 (1944), S. 20–33.

Hampl, Franz/Weiler, Ingomar (Hrsg.), Vergleichende Geschichtswissenschaft, Darmstadt 1978.

Handbuch der Geschichte Rußlands, Bd. 3.2. Hrsg. von Gottfried Schramm, Stuttgart 1992.

Handbuch der Geschichte Weißrußlands. Hrsg. von Dietrich Beyrau und Rainer Lindner, Göttingen 2001.

Handbuch zur deutschen Militärgeschichte 1648–1939. Begründet von Hans Meier-Welcker. Hrsg. v. Militärgeschichtlichen Forschungsamt, 6 Bde. (Bd. 1/1; 1/2; 1/3; 2/1; 2/2; 3/1; 3/2; 4/1; 4/2; 5), Frankfurt am Main 1964–1981. (ND: München 1984).

Hanisch, Ernst, Der lange Schatten des Staates. Österreichische Gesellschaftsgeschichte im 20. Jahrhundert, Wien 1994.

Ders., Peripherie und Zentrum: die Entprovinzialisierung während der NS-Herrschaft in Österreich, in: Nationalsozialismus in der Region. Beiträge zur regionalen und lokalen Forschung und zum internationalen Vergleich. Hrsg. von Horst Möller, Andreas Wirsching und Walter Ziegler, München 1996, S. 329–334.

Hard, Gerhard, Auf der Suche nach dem verlorenen Raum, in: Gesellschaft, Wissenschaft, Raum. Beiträge zur modernen Wirtschafts- und Sozialgeographie. Festschrift für Karl Stiglbauer. Hrsg. von Manfred M. Fischer und Michael Sauberer, Wien 1987, S. 24–38.

Hardach, Gerd, Klassen und Schichten in Deutschland 1848–1970. Probleme einer historischen Sozialstrukturanalyse, in: GuG 3 (1977), S. 503–524.

Hartmann, Christian, Halder. Generalstabschef Hitlers 1938–1942, München 1991.

Ders./Zarusky, Jürgen, Stalins „Fackelmänner-Befehl" vom November 1941. Ein verfälschtes Dokument, in: VfZ 48 (2000), S. 667–674.

Ders., Massensterben oder Massenvernichtung? Sowjetische Kriegsgefangene im „Unternehmen Barbarossa". Aus dem Tagebuch eines deutschen Lagerkommandanten, in: VfZ 49 (2001), S. 97–158.

Ders., Verbrecherischer Krieg – verbrecherische Wehrmacht? Überlegungen zur Struktur des deutschen Ostheeres 1941–1944, in: VfZ 52 (2004), S. 1–75.

Ders./Hürter, Johannes/Jureit, Ulrike, Verbrechen der Wehrmacht. Ergebnisse und Kontroversen der Forschung, in: dies. (Hrsg.), Verbrechen der Wehrmacht. Bilanz einer Debatte, München 2005, S. 21–28.

Ders./Hürter, Johannes/Jureit, Ulrike (Hrsg.), Verbrechen der Wehrmacht. Bilanz einer Debatte, München 2005.

Ders. (Hrsg.), Von Feldherren und Gefreiten. Zur biographischen Dimension des Zweiten Weltkriegs, München 2007.

Hartung, Ulrike, Raubzüge in der Sowjetunion. Das Sonderkommando Künsberg 1941–1943, Bremen 1997.

Harvey, Elizabeth, Women and the Nazi East. Agents and Witnesses of Germanization, Cambridge 2003,

Hastings, Max, Das Reich. Resistance and the march of the „2nd SS Panzer Division through France, June 1944, London 1981.

Hauck, Friedrich Wilhelm, Eine Deutsche Division in Rußland und Italien. 305. Infanteriedivision 1941–1945, Dorheim/Hessen 1965.

Haupt, Werner, Heeresgruppe Mitte. 1941–1945, Podzun 1968.

Ders., 1945. Das Ende im Osten. Chronik vom Kampf in Ost- und Mitteldeutschland, Dorheim/Hessen 1970.

Ders., Kurland. Die vergessene Heeresgruppe 1944/45, Friedberg/Hessen 1979.

Ders., Das Buch der Panzertruppe 1916–1945, Friedberg/Hessen 1989.

Hayward, Nicolas F./Morris D. S., The First Nazi Town, New York 1988.

Headland, Ronald, Messages of Murder. A Study of the Reports of the Einsatzgruppen of Security Police and the Security Service, 1941-1943, London 1992.

Hecker, Hans, Die Sowjetunion im Urteil des nationalsozialistischen Deutschland, in: Gottfried Niedhart (Hrsg.), Der Westen und die Sowjetunion. Einstellungen und Politik gegenüber der UdSSR in Europa und den USA seit 1917, Paderborn 1983, S. 61-77.

Heer, Hannes, Killing Fields. Die Wehrmacht und der Holocaust, in: Heer/Naumann (Hrsg.), Vernichtungskrieg, a. a. O., S. 57-77.

Ders., „Stets zu erschießen sind Frauen, die in der Roten Armee dienen." Geständnisse deutscher Kriegsgefangener über ihren Einsatz an der Ostfront, Hamburg 1995.

Ders., Bittere Pflicht. Der Rassenkrieg der Wehrmacht und seine Voraussetzungen, in: Mittelweg 36 (1995).

Ders./Naumann, Klaus (Hrsg.), Vernichtungskrieg. Verbrechen der Wehrmacht 1941-1944, Hamburg 1995.

Heer, Hannes, Nicht Planer, aber Vollstrecker. Die Mitwirkung der Wehrmacht beim Holocaust, in: Genozid in der modernen Geschichte 7 (1998), S. 60-100.

Ders., Tote Zonen. Die deutsche Wehrmacht an der Ostfront, Hamburg 1999.

Ders., Mitwirkung der Wehrmacht am Holocaust, in: Genozid in der modernen Geschichte. Hrsg. von Stig Förster und Gerhard Hirschfeld, Münster 1999, S. 60-100.

Ders., Einübung in den Holocaust. Lemberg Juni/Juli 1941, in: ZfG 49 (2001), S. 409-427.

Ders., Lemberg 1941: Die Instrumentalisierung der NKVD-Verbrechen für den Judenmord, in: Wolfram Wette/Gerd R. Ueberschär (Hrsg.), Kriegsverbrechen im 20. Jahrhundert, Darmstadt 2001, S. 165-177.

Ders., Extreme Normalität. Generalmajor Gustav Freiherr von Mauchenheim gen. Bechtolsheim. Umfeld, Motive und Entschlußbildung eines Holocaust-Täters, in: ZfG 51 (2003), S. 729-753.

Ders., „Hitler war's". Die Befreiung der Deutschen von ihrer Vergangenheit, Berlin 2005.

Heiden, Detlev (Hrsg.), Nationalsozialismus in Thüringen, Weimar 1995.

Ders., Thüringen auf dem Weg ins Dritte Reich, Erfurt 1996.

Heinemann, Isabel, „Rasse, Siedlung, deutsches Blut". Das Rasse- und Siedlungshauptamt der SS und die rassenpolitische Neuordnung Europas, Göttingen 2003.

Heinemann, Ulrich, Ein konservativer Rebell. Fritz-Dietlof Graf von der Schulenburg und der 20. Juli 1944, Berlin 1990.

Heins, Volker/Warburg, Jens, Kampf der Zivilisten. Militär und Gesellschaft im Wandel, Bielefeld 2004.

Heller, Horst P., 2000 Jahre Passau. Von Handwerkern und Kaufleuten, Bischöfen und Bürgermeistern und vom Leben in der Dreiflüssestadt von den Anfängen bis zur Jetztzeit, Tittling ³1991.

Heller, Karl H., The Remodeled Praetorians: The German Ordnungspolizei as Guardians of the „New Order", in: Nazism and the Common Man. Essays in German History (1929-1939), hrsg. von Otis C. Mitchell, Washington D. C. 1981, S. 45-64.

Henke, Klaus Dietmar, Die amerikanische Besetzung Deutschlands, München 1996.

Hentig, Hans von, Die Besiegten. Zur Psychologie der Masse auf dem Rückzug, München 1966.

Herbert, Ulrich, Fremdarbeiter. Politik und Praxis des „Ausländer-Einsatzes" in der Kriegswirtschaft des Dritten Reiches, Bonn 1985/1999 (ND).

Ders., Europa und der „Reichseinsatz". Ausländische Zivilarbeiter, Kriegsgefangene und KZ-Häftlinge in Deutschland 1938-1945. Essen 1991.

Ders., Best. Biographische Studien über Radikalismus, Weltanschauung und Vernunft 1903-1989, Bonn 1996.

Ders., Wer waren die Nationalsozialisten? Typologien des politischen Verhaltens im NS-Staat, in: Gerhard Hirschfeld/Tobias Jersak (Hrsg.), Karrieren im Nationalsozialismus. Funktionseliten zwischen Mitwirkung und Distanz, Frankfurt a. M. 2004, S. 17-42.

Herring, George C., American Strategy in Vietnam: The Postwar Debate, in: Military Affairs 46 (1982), S. 57-63.

Herzstein; Robert Edwin, Anti-Jewish Propaganda in the Orel Region of Great Russia, 1942–1943: The German Army and its Russian Collaborators, in: Simon Wiesenthal Center Annual, Vol. 6 (1989), S. 33–55.

Hesse, Erich, Der sowjetische Partisanenkrieg 1941 bis 1944 im Spiegel deutscher Kampfanweisungen und Befehle, Göttingen 1969/²1993.

Hettinger, Ulrich, Passau als Garnisonsstadt im 19. Jahrhundert, Augsburg 1994.

Heuberger, Valeria/Suppan, Arnold/Vyslonzil, Elisabeth (Hrsg.), Das Bild vom Anderen. Identitäten, Mentalitäten, Mythen und Stereotypen in multiethnischen europäischen Regionen, Frankfurt a. M. 1999.

Heuer, Gerd F., Die Generalobersten des Heeres. Inhaber höchster deutscher Kommandostellen: 1933–1945, Rastatt 1997.

Heuss, Anja, Die „Beuteorganisation" des Auswärtigen Amtes. Das Sonderkommando Künsberg und der Kulturgutraub in der Sowjetunion, in: VfZ 45 (1997), S. 535–556.

Heydorn, Volker Detlef, Nachrichtenaufklärung (Ost) und sowjetrussisches Heeresfunkwesen bis 1945, Freiburg i. Br. 1985.

Higonnet, Margaret R. (u. a. Hrsg.), Behind the Lines. Gender and the Two World Wars, New Haven/London 1987.

Hilberg, Raul, Die Vernichtung der europäischen Juden 1933–1945, Frankfurt a. M. 1996.

Hildebrand, Klaus, Der Zweite Weltkrieg. Probleme und Methoden seiner Darstellung, in: NPL 13 (1968), S. 485–502

Ders., Deutsche Außenpolitik 1933–1945. Kalkül oder Dogma?, Stuttgart 1971/⁵1990.

Ders., Hitlers Ort in der Geschichte des preußisch-deutschen Nationalstaates, in: HZ 217 (1973), S. 584–632.

Ders., Hitlers Programm und seine Realisierung, in: Manfred Funke (Hrsg.), Hitler, Deutschland und die Mächte. Materialien zur Außenpolitik des Dritten Reiches, Düsseldorf 1976, S. 63–93.

Ders., Das Dritte Reich, München 1979/⁶2003.

Ders., Das vergangene Reich. Deutsche Außenpolitik von Bismarck bis Hitler 1871–1945, Stuttgart 1995.

Hildermeier, Manfred, Geschichte der Sowjetunion 1917–1991. Entstehung und Niedergang des ersten sozialistischen Staates, München 1998.

Hilger, Andreas, Deutsche Kriegsgefangene in der Sowjetunion. 1941–1956. Kriegsgefangenenpolitik, Lageralltag und Erinnerung, Essen 2000.

Ders., Sowjetische Justiz und Kriegsverbrechen. Dokumente zu den Verurteilungen deutscher Kriegsgefangener 1941–1957, in: VfZ 54 (2006), S. 461–515.

Hill, Alexander, The War behind the Eastern Front. The Soviet Partisan Movement in North-West Russia 1941–44, London 2005.

Hillgruber, Andreas, Hitlers Strategie. Politik und Kriegführung 1940–1941, Frankfurt a. M. 1965/ ³1993.

Ders., Kontinuität und Diskontinuität in der deutschen Außenpolitik von Bismarck bis Hitler, Düsseldorf, 1969.

Ders., Bismarcks Außenpolitik, Freiburg i. Br. 1972.

Ders., Die „Endlösung" und das deutsche Ostimperium als Kernstück des rassenideologischen Programms des Nationalsozialismus, in: VfZ 20 (1972), S. 133–153.

Ders., Generalfeldmarschall Erich v. Manstein in der Sicht des kritischen Historikers, in: Geschichte und Militärgeschichte. Hrsg. von Ursula von Gersdorff, Frankfurt a. M. 1974, S. 349–362.

Ders., Der Zenit des Zweiten Weltkrieges: Juli 1941, Wiesbaden 1977.

Ders., Das Rußland-Bild der führenden deutschen Militärs vor Beginn des Angriffs auf die Sowjetunion, in: Rußland – Deutschland – Amerika. Festschrift für Fritz T. Epstein zum 80. Geburtstag. Hrsg. von Alexander Fischer u. a., Wiesbaden 1978.

Ders., Der Zweite Weltkrieg 1939–1945. Kriegsziele und Strategien der großen Mächte, Stuttgart 1982.

Hintze, Otto, Soziologische und geschichtliche Staatsauffassung (1929), in: ders., Soziologie und Geschichte. Gesammelte Abhandlungen zur Soziologie, Politik und Theorie der Geschichte. Hrsg. von Gerhard Oesterreich, Bd. 2, Göttingen ²1964, S. 239–305.

Hinze, Rolf, Der Zusammenbruch der Heeresgruppe Mitte im Osten 1944, Stuttgart 1980.

Ders., Der Zusammenbruch der Heeresgruppe Mitte, in: Kriegsjahr 1944. Im Großen und Kleinen. Hrsg. von Michael Salewski und Guntram Schulze-Wegener, Stuttgart 1995, S. 75–103.

Ders., Rückkämpfer 1944. Berichte, Meerbusch ²1996.

Hirschfeld, Gerhard/Krumeich, Gerd/Renz, Irina (Hrsg.), „Keiner fühlt sich hier als Mensch …". Erlebnis und Wirkung des Ersten Weltkrieges, Essen 1993.

Hirszowicz, Lukasz ,The Holocaust in the Soviet Mirror, in: The Holocaust in the Soviet Union, S. 3–27 bzw. S. 29–59.

Hirt, Alexander, Die deutsche Truppenbetreuung im Zweiten Weltkrieg. Konzeption, Organisation und Wirkung, in: MGZ 59 (2000), S. 407–434.

Hittle, James Donald, The Military Staff. Its History and Development, Harrisburg, PA, ³1961.

Hochstetter, Dorothee, Motorisierung und „Volksgemeinschaft". Das Nationalsozialistische Kraftfahrkorps (NSKK) 1931–1945, München 2005.

Hoffmann, Friedrich, Die Verfolgung der nationalsozialistischen Gewaltverbrechen in Hessen, Baden-Baden 2001.

Hoffmann, Joachim, Die Kriegführung aus der Sicht der Sowjetunion, in: DRZW, Bd. 4, S. 713–809.

Ders., Die Ostlegionen 1941–1943. Turkotataren, Kaukasier und Wolgafinnen im Deutschen Heer, Freiburg i. Br. 1976.

Ders., Deutsche und Kalmyken 1942–1945, Freiburg i. Br. ³1977.

Ders., Die Geschichte der Wlassow-Armee, Freiburg i. Br. 1984.

Ders., Kaukasien 1942/43. Das deutsche Heer und die Orientvölker der Sowjetunion, Freiburg i. Br. 1991.

Hoffmann, Peter, Die Sicherheit des Diktators. Hitlers Leibwachen, Schutzmaßnahmen, Residenzen, Hauptquartiere, München 1975.

Ders., Claus Schenk Graf von Stauffenberg und seine Brüder, Stuttgart 1992.

Hofmann, Hanns Hubert (Hrsg.), Das deutsche Offizierkorps 1860–1960; Büdinger Vorträge 1977, Deutsche Führungsschichten in der Neuzeit, Bd. 11, Boppard a. Rh. 1980.

Holzner, Anton, Das fotografische Gesicht des Krieges. Eine Einleitung, in: ders. (Hrsg.), Mit der Kamera bewaffnet. Krieg und Fotografie, Marburg 2003, S. 7–20.

Homze, Edward L., Foreign Labor in Nazi Germany, Princeton , N.J.,1967.

Horne, John/Kramer, Alan, Deutsche Kriegsgreuel 1914. Hamburg 2004.

Howell, Edgar M., The Soviet Partisan Movement 1941–1944, Washington D.C. 1956.

Hubatsch, Walther, „Weserübung". Die deutsche Besetzung von Dänemark und Norwegen 1940. Nach amtlichen Unterlagen dargestellt, mit einem Anhang: Dokumente zum Norwegenfeldzug 1940, Berlin ²1960.

Ders., Das Kriegstagebuch als Geschichtsquelle, in: Wehrwissenschaftliche Rundschau 15 (1965), S. 615–623.

Huber, Christian Thomas, Die Rechtsprechung der deutschen Feldkriegsgerichte bei Straftaten von Wehrmachtsangehörigen gegen Angehörige der Zivilbevölkerung in den besetzten Gebieten, Marburg 2007.

Hürten, Heinz, Deutsche Katholiken 1918–1945, Paderborn 1992.

Hürter, Johannes, Konservative Akteure oder totale Krieger? Zum Transformationsprozess einer militärischen Elite, in: Hartmann/Hürter/Jureit (Hrsg.), Verbrechen der Wehrmacht, a. a. O., S. 50–59.

Ders., Wilhelm Groener. Reichswehrminister am Ende der Weimarer Republik (1928–1932), München 1993.

Ders., Die Wehrmacht vor Leningrad. Krieg und Besatzungspolitik der 18. Armee im Herbst und Winter 1941/42, in: VfZ 49 (2001), S. 377–440.

Ders., Ein deutscher General an der Ostfront. Die Briefe und Tagebücher des Gotthard Heinrici 1941/42, Erfurt 2001.

Ders., Nachrichten aus dem „Zweiten Krimkrieg" (1941/42). Werner Otto v. Hentig als Vertreter des Auswärtigen Amts bei der 11. Armee, in: Internationale Beziehungen im 19. und 20. Jahrhundert. Festschrift für Winfried Baumgart zum 65. Geburtstag. Hrsg. von Wolfgang Elz und Sönke Neitzel, Paderborn 2003, S. 361–387.

Ders., Auf dem Weg zur Militäropposition. Tresckow, Gersdorff, der Vernichtungskrieg und der Judenmord. Neue Dokumente über das Verhältnis der Heeresgruppe Mitte zur Einsatzgruppe B im Jahr 1941, in: VfZ 52 (2004), S. 527–562.

Ders./Römer, Felix, Alte und neue Geschichtsbilder von Widerstand und Ostkrieg. Zu Hermann Gramls Beitrag „Massenmord und Militäroppositon", in: VfZ 54 (2006), S. 300–322.

Ders., Hitlers Heerführer. Die deutschen Oberbefehlshaber im Krieg gegen die Sowjetunion 1941/42, München 2006.

Hüttenberger, Peter, Die Gauleiter. Studie zum Machtwandel des Machgefüges in der NSDAP, Stuttgart 1969.

Hull, Isabel V., Absolute Destruction. Military Culture and the Practices of War in Imperial Germany, Ithaca, NY, 2004.

Humburg, Martin, Das Gesicht des Krieges. Feldpostbriefe von Wehrmachtssoldaten aus der Sowjetunion 1941–1944, Opladen 1998.

Ders., Siegeshoffnungen und „Herbstkrise" im Jahre 1941. Anmerkungen zu Feldpostbriefen aus der Sowjetunion, in: WerkstattGeschichte 22: Feldpostbriefe (1999), S. 25–40.

Hummel, Sebastian, Die sowjetische Nordwest- und Westfront im Sommer 1941. Bereit zum Angriff? Frankfurt a. M. 2001.

Huntington, Samuel P., The Soldier and the State. The Theory and Politics of Civil-Military Relations, Cambridge, MA, 1957.

Irgang, Winfried/Bein, Werner/Neubach, Helmut, Schlesien. Geschichte, Kultur und Wirtschaft, Köln ²1998.

Die Italiener an der Ostfront 1942/43. Dokumente zu Mussolinis Krieg gegen die Sowjetunion, hrsg. und eingel. von Thomas Schlemmer, München 2005.

Jacobsen, Hans-Adolf, Die deutsche Oberste Wehrmachtsführung 1939–1941. Ein systematischer Überblick, in: Kriegstagebuch des Oberkommandos der Wehrmacht, a. a. O., Bd. I, S. 11 E–225 E.

Ders., Kommissarbefehl und Massenexekutionen sowjetischer Kriegsgefangener, in: H. Buchheim/M. Broszat/H.A. Jacobsen/H. Krausnick (Hrsg.), Anatomie des SS-Staates, Bd. II, München 1979, S. 137–232.

Jäckel, Eberhard, Frankreich in Hitlers Europa, Stuttgart 1966.

Ders., Hitlers Weltanschauung. Entwurf einer Herrschaft, Tübingen 1969.

Jäger, Herbert, Verbrechen unter Totalitärer Herrschaft. Studien zur nationalsozialistischen Gewaltkriminalität, Olten 1967.

Jähnl, Otto, Die österreichischen Kriegsblinden der beiden Weltkriege, Wien 1994.

Jäniche, Günter, Blockade Leningrad 1941–1944. Dokumente und Essays von Russen und Deutschen, Reinbek bei Hamburg 1992.

Jahn, Peter, „Russenfurcht" und Antibolschewismus. Zur Entstehung und Wirkung von Feindbildern, in: ders. (Hrsg.), Erobern und Vernichten. Der Krieg gegen die Sowjetunion 1941–1945, Berlin 1991, S. 47–64.

Ders./Rürup, Reinhard (Hrsg.), Erobern und Vernichten. Der Krieg gegen die Sowjetunion 1941–1945. Essays, Berlin 1991.

Jakobson, Max, Diplomatie im Finnischen Winterkrieg, Wien 1970.

Janowitz, Morris, The Professional Soldier. A Social and Political Portrait, Glencoe, IL, 1960.

Jansen, Christian/Weckbecker, Arno, Der „Volksdeutsche Selbstschutz" in Polen 1939/40, München 1992.

Jarausch, Konrad H., Möglichkeiten und Probleme der Quantifizierung in der Geschichtswissenschaft, in: ders. (Hrsg.), Quantifizierung in der Geschichtswissenschaft. Probleme und Möglichkeiten, Düsseldorf 1976, S. 11–30.

Jastrzębski, Włodzimierz, Der Bromberger Blutsonntag. Legende und Wirklichkeit, Poznań 1990.

Jaszowski, Tadeusz, Verlauf der nationalsozialistischen Diversion am 3. September 1939 in Bydgoszcz, in: Polnische Weststudien 2 (1983), S. 313–327.

Jedlicka, Ludwig, Dokumente zur Geschichte der Ereignisse in Wien im April 1945, Graz 1961.

Jeismann, Michael, Einführung in die neue Weltbrutalität. Zweimal „Verbrechen der Wehrmacht": Von der alten zur neuen Bundesrepublik, in: Martin Sabrow/Ralph Jessen/Klaus Große Kracht (Hrsg.), Zeitgeschichte als Streitgeschichte. Große Kontroversen seit 1945, München 2003, S. 229–239.

Jentsch, Hans-Joachim, Die Beurteilung summarischer Exekutionen durch das Völkerrecht, Marburg (Jur. Diss.), 1966.

Jentz, Thomas L., Die deutsche Panzertruppe. Gliederungen, Organisation, Taktik, Gefechtsberichte, Verbandsstärken, Statistiken, 2 Bde., Wölfersheim 1998-1999.

Jochheim, Gernot, Protest in der Rosenstraße, Stuttgart 1990.

Judentum und Antisemitismus. Studien zur Literatur und Germanistik in Österreich. Hrsg. von Anne Betten, Berlin 2003.

Jureit, Ulrike/Meyer, Beate, Verletzungen. Lebensgeschichtliche Verarbeitung von Kriegserfahrungen. Hrsg. für den Hamburger Arbeitskreis Oral History, Hamburg 1994.

Dies./Orth, Karin, Überlebensgeschichten. Gespräche mit Überlebenden des KZ Neuengamme. Mit einem Beitrag von Detlef Garbe. Hrsg. von der KZ-Gedenkstätte Neuengamme, Hamburg 1994.

Jureit, Ulrike, „Zeigen heißt verschweigen". Die Ausstellungen über die Verbrechen der Wehrmacht, in: Mittelweg 36 (2004), S. 1-25.

Kaelble, Hartmut, Der historische Vergleich. Eine Einführung zum 19. und 20. Jahrhundert, Frankfurt a. M. 1999.

Käs, Ferdinand, Wien im Schicksalsjahr 1945, Wien 1965.

Kahanowitz, Moshe, Why no separate Jewish Partisan Movement was established during World War II, in: Yad Vashem Studies 1 (1957), S. 153-167.

Kaindl-Widhalm, Barbara, Demokraten wider Willen. Autoritäre Tendenzen und Antisemitismus in der 2. Republik, Wien 1990.

Karner, Stefan, Im Archipel GUPVI. Kriegsgefangenschaft und Internierung in der Sowjetunion 1941-1956, Wien 1995.

Ders./Selemenev, Vjačeslav (Hrsg.), Österreicher und Sudetendeutsche vor sowjetischen Militär- und Strafgerichten in Weißrußland 1945-1950, Graz/Minsk 2007.

Karschkes, Helmut (Hrsg.), Menschlichkeit im Krieg. Soldaten der deutschen Wehrmacht und ihre Gegner berichten, Graz 2000.

Kaserne und Garnison Melk. Ein historischer Überblick, hrsg. vom Kultur- und Museumsverein Melk, Melk 1983.

Kater, Michael H., Quantifizierung und NS-Geschichte. Methodologische Überlegungen über Grenzen und Möglichkeiten einer EDV-Analyse der NSDAP-Sozialstruktur von 1925-1945, in: GuG 3 (1977), S. 453-484.

Katz, Michael B., Occupational Classification in History, in: Journal of Interdisciplinary History 3 (1972), S. 63-88.

Kaufmann, Stefan, Technisiertes Militär. Methodische Überlegungen zu einem symbiotischen Verhältnis, in: Kühne/Ziemann (Hrsg.), Was ist Militärgeschichte?, a. a. O., S. 195-209.

Ders., Kommunikationstechnik und Kriegführung 1815-1945. Stufen telemedialer Rüstung, München 1996.

Ders., Telefon und Krieg – oder: von der Macht der Liebe zur Schlacht ums Netz, in: Jürgen Bräunlein/Bernd Flessner (Hrsg.), Der sprechende Knochen. Perspektiven von Telefonkulturen, Würzburg 1999, S. 7-25.

Keegan, John, The Face of Battle, London 1975 (Dt. Übers.: Die Schlacht: Azincourt 1415 – Waterloo 1815 – Somme 1916, München 1981).

Ders., A History of Warfare, New York 1993 (Dt. Übers.: Die Kultur des Krieges, Berlin 1995).

Kehr, Ekkehard: Zur Genesis des königlich-preußischen Reserveoffiziers, in: ders. (Hrsg.), Das Primat der Innenpolitik. Gesammelte Aufsätze zur preußisch-deutschen Sozialgeschichte im 19. und 20. Jahrhundert. Hrsg. u. eingel. von Hans-Ulrich Wehler, Berlin 1976.

Keil, Lars Broder/Kellerhoff, Sven Felix, Deutsche Legenden. Vom „Dolchstoß" und anderen Mythen der Geschichte, Berlin 2002.

Keim, Wolfgang, Pädagogen und Pädagogik im Nationalsozialismus. Ein unerledigtes Problem der Erziehungswissenschaft, Frankfurt a. M. 1988.

Keller, Rolf/Otto, Reinhard, Das Massensterben der sowjetischen Kriegsgefangenen und die Wehrmachtbürokratie. Unterlagen zur Registrierung der sowjetischen Kriegsgefangenen 1941–1945 in deutschen und russischen Institutionen, in: MGM 57 (1998), S. 149–180.

Ders., Das deutsch-russische Forschungsprojekt „Sowjetische Kriegsgefangene 1941–1945", in: Günter Bischof, Stefan Karner, Barbara Stelzl-Marx (Hrsg.), Kriegsgefangene des Zweiten Weltkrieges. Gefangennahme – Lagerleben – Rückkehr. Unter Mitarbeit von Edith Petschnigg, Wien 2005, S. 459–474.

Kellett, Anthony, Combat Motivation. The Behavior of Soldiers in Battle, Boston 1982.

Kepplinger, Brigitte, Aspekte nationalsozialistischer Herrschaft in Oberösterreich, in: Emmerich Tálos (u. a. Hrsg.), NS-Herrschaft in Österreich 1938–1945, Wien 2001, S. 214–236.

Kershaw, Ian, Der Hitler-Mythos. Volksmeinung und Propaganda im Dritten Reich, Stuttgart 1980.

Kienitz, Sabine, Beschädigte Helden. Zur Politisierung des kriegsinvaliden Soldatenkörpers in der Weimarer Republik, in: Jost Dülffer/Gerd Krumeich (Hrsg.), Der verlorene Frieden. Politik und Kriegskultur nach 1918. Essen 2002, S. 199–214.

Dies., Body Damage. War Disability and Constructions of Masculinity in Weimar Germany, in: Karen Hagemann/Stefanie Schüler-Springorum (Hrsg.), Home/Front. The Military, War and Gender in 20th Century Germany. Oxford 2002, S. 181–203.

Dies., Der verwundete Körper als Emblem der Niederlage? Kriegsinvaliden in der Weimarer Republik, in: Horst Carl/Hans-Henning Kortüm/Dieter Langewiesche/Friedrich Lenger (Hrsg.), Kriegsniederlagen. Erfahrungen und Erinnerungen. Berlin 2004, S. 329–342.

Killius, Rosemarie, Wehrmachthelferinnen im Zweiten Weltkrieg, in: Militärgeschichte 2/2003, S. 16–21.

Kißener, Michael, Das Dritte Reich, Darmstadt 2005.

Kitchen, Martin, The German Officer Corps 1890–1914, Oxford 1968.

Kittel, Manfred, Provinz zwischen Reich und Republik. Politische Mentalitäten in Deutschland und Frankreich 1918–1933/36, München 2000.

Klarsfeld, Serge (Hrsg.), Die Endlösung der Judenfrage in Frankreich, Paris o. J. [1979].

ders.; Vichy-Auschwitz. Le Rôle de Vichy dans la Solution Finale de la Question Juive en France 1942, Paris 1983.

Klausch, Hans-Peter, „Erziehungsmänner" und „Wehrunwürdige". Die Sonder- und Bewährungseinheiten der Wehrmacht, in: Haase/ Paul (Hrsg.), Die anderen Soldaten, a. a. O., S. 66–82.

Klee, Ernst, Euthanasie im NS-Staat. Die „Vernichtung lebensunwerten Lebens", Frankfurt a. M. 1983.

Ders./Dreßen, Willi/Rieß, Volker (Hrsg.), „Schöne Zeiten". Judenmord aus der Sicht der Täter und Gaffer, Frankfurt a. M. 1988.

Klee, Ernst/Dreßen, Willi, „Gott mit uns". Der deutsche Vernichtungskrieg 1939–1945, Frankfurt a. M. 1989.

Klein, Friedhelm, Militärgeschichte in der Bundesrepublik Deutschland, in: Johann Christoph Allmayer Beck (Hrsg.), Militärgeschichte in Deutschland und Österreich vom 18. Jahrhundert bis in die Gegenwart, Herford 1985, S. 183–214.

Klein, Peter, Zwischen den Fronten. Die Zivilbevölkerung Weißrußlands und der Krieg der Wehrmacht gegen die Partisanen, in: Quinkert (Hrsg.), „Wir sind die Herren dieses Landes", a. a. O., S. 82–103.

Klein, Thoralf/Schumacher, Frank (Hrsg.), Kolonialkriege. Militärische Gewalt im Zeichen des Imperialismus, Hamburg 2006.

Klemp, Stefan, Kölner Polizeibataillone in Osteuropa: Die Polizeibataillone 69, 309, 319 und die Polizeireservekompanie Köln, in: Harald Buhlan/Jung Werner (Hrsg.), Wessen Freund und wessen Helfer? Die Kölner Polizei im Nationalsozialismus, Köln 2000, S. 277–298.

Ders., „Nicht ermittelt". Polizeibataillone und die Nachkriegsjustiz. Ein Handbuch, Essen 2005.

Kleßmann, Christoph, Zeitgeschichte als wissenschaftliche Aufklärung, in: Aus Politik und Zeitgeschichte. Beilage zur Wochenzeitung Das Parlament 51–52 (2002), S. 3–12.

Klewitz, Marion, Lehrersein im Dritten Reich. Analysen lebensgeschichtlicher Erzählungen zum beruflichen Selbstverständnis, Weinheim 1987.

Klink, Ernst, Die militärische Konzeption des Krieges gegen die Sowjetunion, in: DRZW, Bd. 4, S. 190–277.

Ders., Die Operationsführung, in: DRZW, Bd. 4, S. 451–652.

Ders., Das Gesetz des Handelns. Die Operation „Zitadelle" 1943, Stuttgart 1966.

Klinkhammer, Lutz, Der Partisanenkrieg der Wehrmacht 1941–1944, in: Müller/Volkmann (Hrsg.), Wehrmacht, a. a. O., S. 815–836.

Ders., Stragi naziste in Italia. La guerra contro i civili (1943–44), Rom 1997.

Knipping, Andreas/Schulz, Reinhard, Die Deutsche Reichsbahn 1939–1945. Zwischen Ostfront und Atlantikwall, Stuttgart 2006.

Knoch, Habbo, Die Front, in: Alexa Geisthövel/Habbo Knoch (Hrsg.), Orte der Moderne. Erfahrungswelten des 19. und 120. Jahrhunderts, Frankfurt a. M. 2005, S. 270–280.

Knox, MacGregor, 1. October 1942. Adolf Hitler, Wehrmacht Officer Policy, and Social Revolution, in: The Historical Journal 43 (2000), S. 801–825.

Köhler, Karl/Hummel, Karl-Heinz, Die Organisation der Luftwaffe 1933–1939, in: Handbuch zur deutschen Militärgeschichte 1648–1939, Bd. 4/2, a. a. O., S. 501–579.

Koenen, Gerd, Der Russland-Komplex. Die Deutschen und der Osten 1900–1945, München 2005.

König, René (u. a. Hrsg.), Handbuch der empirischen Sozialforschung, Bd. 9: Organisation, Militär, Stuttgart ²1977.

Kohl, Paul, Der Krieg der deutschen Wehrmacht und der Polizei 1941–1944. Sowjetische Überlebende berichten, Frankfurt a. M. 1995.

Kolb, Eberhard, Der schwierige Weg zum Frieden. Das Problem der Kriegsbeendigung 1870/71, München 1985.

Kolkowicz, Roman, The Soviet Military and the Communist Party, Princeton, NJ, 1967.

Kopp, Roland, Die Wehrmacht feiert. Kommandeurs-Reden zu Hitlers 50. Geburtstag am 20. April 1939, in: MGZ 62 (2003), S. 471–534.

Korol, V. E., The Price of Victory. Myths and Realities, in: Journal of Slavic Military Studies 9 (1996), S. 417–424.

Koslow, Viktor I., Die Kriegsverluste der Sowjetunion. Neue Berechnungen eines sowjetischen Wissenschaftlers, in: Osteuropa-Archiv, Deutsche Gesellschaft für Osteuropakunde e. V. (Hrsg.), Stuttgart 1990, S. A 199–A 209.

Kosthorst, Erich, Die Geburt der Tragödie aus dem Geist des Gehorsams. Deutschlands Generäle und Hitler – Erfahrungen und Reflexionen eines Frontoffiziers, Bonn 1998.

Koszuszeck, Paul A., Militärische Traditionspflege in der Nationalen Volksarmee der DDR. Eine Studie zur historischen Legitimation und politisch-ideologischen Erziehung und Bildung der Streitkräfte der DDR, Frankfurt a. M. 1991.

Krakowski, Shmuel, The Fate of the Jewish POWs of the Soviet and Polish Armies, in: Asher Cohen (u. a. Hrsg.), The Shoah and the War, New York 1992, S. 217–231.

Kramer, Alan, „Greueltaten". Zum Problem der deutschen Kriegsverbrechen in Belgien und Frankreich 1914, in: Hirschfeld/Krumeich/Renz (Hrsg.), „Keiner fühlt sich hier als Mensch …", a. a. O., S. 85–114.

Krausnick, Helmut, Denkschrift Himmlers über die Behandlung der Fremdvölkischen im Osten (Mai 1940), in: VfZ 5 (1957), S. 194–198.

Ders., Hitler und die Morde in Polen. Ein Beitrag zum Konflikt zwischen Heer und SS um die Verwaltung der besetzten Gebiete, in: VfZ 11 (1963), S. 196–209.

Ders./Graml, Hermann, Der deutsche Widerstand und die Alliierten, in: Vollmacht des Gewissens, Bd. II, Frankfurt a. M. 1965.

Krausnick, Helmut, Kommissarbefehl und „Gerichtsbarkeitserlaß Barbarossa" in neuer Sicht, in: VfZ 25 (1977), S. 682–738.

Ders./Wilhelm, Hans-Heinrich, Die Truppe des Weltanschauungskrieges. Die Einsatzgruppen der Sicherheitspolizei und des SD 1938–1942, Stuttgart 1981.

Krivosheev, Grigori F. (Ed.), Soviet Casualities and Combat Losses in the Twentieth Century, London 1997.

Kroener, Bernhard R., Die personellen Ressourcen des Dritten Reiches im Spannungsfeld zwischen Wehrmacht, Bürokratie und Kriegswirtschaft 1939–1942, in: DRZW, Bd. 5/1, S. 693–1002.

Ders., „Menschenbewirtschaftung", Bevölkerungsverteilung und personelle Rüstung in der zweiten Kriegshälfte (1942–1944), in: DRZW, Bd. 5/2, S. 775–1001.

Ders., „Frontochsen und Etappenbullen". Zur Ideologisierung militärischer Organisationsstrukturen im Zweiten Weltkrieg, in: Müller/Volkmann (Hrsg.), Die Wehrmacht, a. a. O., S. 371–384.

Ders., Auf dem Weg zu einer „nationalsozialistischen Volksarmee". Die soziale Öffnung des Heeresoffizierskorps im Zweiten Weltkrieg, in: Von Stalingrad zur Währungsreform. Zur Sozialgeschichte des Umbruchs in Deutschland. Hrsg. von Martin Broszat/Klaus-Dietmar Henke/Hans Woller, München 1988, S. 651–682.

Ders., Der „erfrorene Blitzkrieg". Strategische Planungen der deutschen Führung gegen die Sowjetunion und die Ursachen ihres Scheiterns, in: Zwei Wege nach Moskau. Vom Hitler-Stalin-Pakt zum „Unternehmen Barbarossa". Im Auftrag des Militärgeschichtlichen Forschungsamtes hrsg. von Bernd Wegner, München 1991, S. 133–148.

Ders., Strukturelle Veränderungen in der Militärischen Gesellschaft des Dritten Reiches, in: Michael Prinz/Rainer Zitelmann (Hrsg.), Nationalsozialismus und Modernisierung, Darmstadt 1991, S. 267–298.

Ders., Generationserfahrungen und Elitenwandel. Strukturveränderungen im deutschen Offizierkorps 1933–1945, in: Rainer Hudemann/Georges-Henri Soutou (Hrsg.), Eliten in Deutschland und Frankreich im 19. und 20. Jahrhundert – Strukturen und Beziehungen, München 1994, S. 219–233.

Ders., „General Heldenklau". Die „Unruh-Kommission" im Strudel polykratischer Desorganisation 1942–1944, in: Politischer Wandel, organisierte Gewalt und nationale Sicherheit. Beiträge zur neueren Geschichte Deutschlands und Frankreichs. Festschrift für Klaus-Jürgen Müller, hrsg. von Ernst-Willi Hansen u. a., München 1995, S. 269–285.

Ders., Generaloberst Friedrich Fromm: „Der starke Mann im Heimatkriegsgebiet". Eine Biographie, Paderborn 2005.

Krumeich, Gerd/Brandt, Susanne (Hrsg.), Schlachtenmythen. Ereignis – Erzählung – Erinnerung, Köln 2003.

Kühne, Thomas, Kameradschaft – „das Beste im Leben des Mannes". Die deutschen Soldaten des Zweiten Weltkrieges in erfahrungs- und geschlechtergeschichtlicher Perspektive, in: GuG 22 (1996), S. 504–529.

Ders., Zwischen Männerbund und Volksgemeinschaft. Hitlers Soldaten und der Mythos der Kameradschaft, in: AfS 38 (1998), S. 165–189.

Ders., Der nationalsozialistische Vernichtungskrieg und die „ganz normalen" Deutschen. Forschungsprobleme und Forschungstendenzen der Gesellschaftsgeschichte des Zweiten Weltkrieges, in: AfS 39 (1999), S. 580–662.

Ders., Der nationalsozialistische Vernichtungskrieg im kulturellen Kontinuum des Zwanzigsten Jahrhunderts. Forschungsprobleme und Forschungstendenzen des Zweiten Weltkrieges, in: AfS 40 (2000), S. 440–486.

Ders., Die Victimisierungsfalle. Wehrmachtsverbrechen, Geschichtswissenschaft und symbolische Ordnung des Militärs, in: Michael Greven/Oliver von Wrochem (Hrsg.), Der Krieg in der Nachkriegszeit. Der Zweite Weltkrieg in Politik und Gesellschaft der Bundesrepublik, Opladen 2000, S. 183–196.

Ders./Ziemann, Benjamin (Hrsg.), Was ist Militärgeschichte?, Paderborn 2000.

Diess., Militärgeschichte in der Erweiterung. Konjunkturen, Interpretationen, Konzepte, in: ebda., S. 9–46.

Kühne, Thomas, Kameradschaft. Die Soldaten des nationalsozialistischen Krieges und das 20. Jahrhundert, Göttingen 2006.

Küppers, Heinrich, Zum Begriff der Landeszeitgeschichte, in: Geschichte im Westen 7 (1992), S. 23–27.

Kumanyev, G. A., On the Soviet People's Partisan Movement in the Hitlerite Invaders Rear 1941–1944, in: Revue Internationale d'Histoire Militaire 47 (1980), S. 180–188.

Kundrus, Birthe, Nur die halbe Geschichte. Frauen im Umfeld der Wehrmacht zwischen 1939 und 1945. Ein Forschungsbericht, in: Müller/Volkmann (Hrsg.), Wehrmacht, a. a. O., S. 719–735.

Dies., Kriegerfrauen. Familienpolitik und Geschlechterverhältnisse im Ersten und Zweiten Weltkrieg, Hamburg 1995.

Kunz, Norbert, Die Feld- und Ortskommandanturen auf der Krim und der Judenmord 1941/42, in: Wolfgang Kaiser (Hrsg.), Täter im Vernichtungskrieg. Der Überfall auf die Sowjetunion und der Völkermord an den Juden, Berlin 2002, S. 54–70.

Ders., Die Krim unter deutscher Herrschaft (1941–1944). Germanisierungsutopie und Besatzungsrealität, Darmstadt 2005.

Kuropka, Joachim (unter Mitarbeit von Maria-Anna Zumholz), Clemens August Graf von Galen. Sein Leben und Wirken in Bildern und Dokumenten, Cloppenburg 1992.

Kurowski, Josef Franz, Deutsche Offiziere in Staat, Wirtschaft und Wissenschaft. Bewährung im neuen Beruf, Herford 1967.

Ders., Grenadiere – Generale – Kameraden. Der Kampf der motorisierten deutschen Infanterie in Porträts ihrer hochausgezeichneten Soldaten, Rastatt 1968.

Ders., Fränkische Infanterie. Geschichte des Infanterie-Regiments 55 (17. Inf.-Div.), Infanterie-Regiments 170 (73. Inf.-Div.), Infanterie-Regiments 521 (296. Inf.-Div.) und Sanitätskompanie 2./173 (73. Inf.-Div.), Würzburg 1970.

Ders., Verleugnete Vaterschaft. Wehrmachtsoffiziere schufen die Bundeswehr, Selent 2000.

Kwiet, Konrad, Auftakt zum Holocaust. Ein Polizeibataillon im Osteinsatz, in: Wolfgang Benz/Hans Buchheim/Hans Mommsen (Hrsg.), Der Nationalsozialismus. Studien zur Ideologie und Herrschaft, Frankfurt a. M. 1993, S. 191–208.

Ders., Judenmord als Amtsanmaßung. Das Feldurteil vom 12. März 1943 gegen Johann Meißlein, in: Dachauer Hefte 16 (2000), S. 125–135.

Lahne, Werner, Unteroffiziere. Werden, Wesen und Wirken eines Berufsstandes, München 1965.

Lambauer, Barbara, Opportunistischer Antisemitismus. Der deutsche Botschafter Otto Abetz und die Judenverfolgung in Frankreich (1940–1942), in: VfZ 53 (2005), S. 241–273.

Landwehr, Achim, Geschichte des Sagbaren. Einführung in die Historische Diskursanalyse, Tübingen 2001.

Lange, Sven, Der Fahneneid. Die Geschichte der Schwurverpflichtung im deutschen Militär, Bremen 2003.

Latzel, Klaus, Vom Kriegserlebnis zur Kriegserfahrung. Theoretische und methodische Überlegungen zur erfahrungsgeschichtlichen Untersuchung von Feldpostbriefen, in: MGM 56 (1997), S. 1–30.

Ders., Kriegsbriefe und Kriegserfahrung. Wie können Feldpostbriefe zur erfahrungsgeschichtlichen Quelle werden? In: WerkstattGeschichte 22: Feldpostbriefe (1999), S. 7–23.

Ders., Deutsche Soldaten – nationalsozialistischer Krieg? Kriegserlebnis – Kriegserfahrung 1939–1945, Paderborn ²2000.

Leide, Henry, NS-Verbrecher und Staatssicherheit. Die geheime Vergangenheitspolitik der DDR, Göttingen 2005.

Leimbach, Werner, Die Sowjetunion. Natur, Volk und Wirtschaft, Stuttgart 1950.

Leistenschneider, Stephan, Die Entwicklung der Auftragstaktik im deutschen Heer und ihre Bedeutung für das deutsche Führungsdenken, in: Gerhard P. Groß (Hrsg.), Führungsdenken in europäischen und nordamerikanischen Streitkräften im 19. und 20. Jahrhundert, Hamburg 2001, S. 175–190.

Leleu, Jean-Luc, La division SS-Totenkopf face à la population civile du Nord de la France en mai 1940, in: Revue du Nord 83 (2001), S. 821–840.

Ders., La Waffen-SS. Soldats politiques en Guerre, Paris 2007.

Lemberg, Hans, „Der Russe ist genügsam". Zur deutschen Wahrnehmung Rußlands vom Ersten zum Zweiten Weltkrieg, in: Birgit Aschmann/Michael Salewski (Hrsg.), Das Bild „des Anderen". Politische Wahrnehmung im 19. und 20. Jahrhundert, Stuttgart 2000, S. 121–131.

Lepre, George, Himmler's Bosnian division. The Waffen-SS „Handschar" division, 1943–1945, Atglen, PA, 1997.

Lepsius, Rainer, Sozialstruktur und soziale Schichtung in der Bundesrepublik Deutschland, in: Richard Löwenthal/Hans-Peter Schwarz (Hrsg.), Die zweite Republik. 25 Jahre Bundesrepublik Deutschland – eine Bilanz, Stuttgart 1974, S. 263–288.

Leugers, Antonia (Hrsg.), Berlin, Rosenstraße 2–4: Protest in der NS-Diktatur. Neue Forschungen zum Frauenprotest in der Rosenstraße 1943, Annweiler 2005.

Leven, Karl-Heinz, Fleckfieber beim deutschen Heer während des Krieges gegen die Sowjetunion (1941–1945), in: Sanitätswesen im Zweiten Weltkrieg. Hrsg. von Ekkehart Guth, Herford 1990, S. 127–165.

Levin, Nora, The Jews in the Soviet Union since 1917. Paradox of Survival, Vol. I, New York 1988.

Lewin, Dov, The fateful Decision. The Flight of the Jews into the Soviet Interior in the Summer of 1941, in: Yad Vashem Studies 20 (1990), S. 115–142.

Lichtenstein, Heiner, Himmlers grüne Helfer. Die Schutz- und Ordnungspolizei im „Dritten Reich", Köln 1990.

Ders., Ein Lügengewirr – Der Wuppertaler Prozeß gegen Angehörige des Polizeibataillons 309, in: Harald Buhlan/Werner Jung (Hrsg.), Wessen Freund und wessen Helfer? Die Kölner Polizei im Nationalsozialismus, Köln 2000, S. 619–632.

Lieb, Peter, Generalleutnant Harald von Hirschfeld. Eine nationalsozialistische Karriere in der Wehrmacht, in: Hartmann (Hrsg.), Von Feldherren und Gefreiten, a. a. O., S. 45–56.

Ders., Täter aus Überzeugung? Oberst Carl von Andrian und die Judenmorde der 707. Infanteriedivision 1941/42. Das Tagebuch eines Regimentskommandeurs: Ein neuer Zugang zu einer berüchtigten Wehrmachtsdivision, in: VfZ 50 (2002), S. 523–557.

Ders., Konventioneller Krieg oder Weltanschauungskrieg? Kriegführung und Partisanenkrieg in Frankreich 1943/44, München 2007.

Ders., Aufstandsbekämpfung im strategischen Dilemma. Deutsche Besatzung in der Ukraine 1918, in: Stefan Karner und Wolfram Dornik (Hrsg.), Die Besatzung der Ukraine 1918. Historischer Kontext – Forschungsstand – Wirtschaftliche und soziale Folgen, Graz 2008, S. 119–139.

Lockenour, Jay, Soldiers as Citizens. Former German Officers in the Federal Republic of Germany, 1945–1955, Pennsylvania (Phil. Diss.) 1995.

Löwe, Heinz-Dietrich, Die bewaffnete Macht des Sowjetstaates, in: Handbuch der Geschichte Rußlands, Bd. 3.2. Hrsg. von Gottfried Schramm, Stuttgart 1992, S. 1680–1708.

Ders., Stalin. Der entfesselte Revolutionär, Bd. 2, Göttingen 2002.

Longerich, Peter, Hitlers Stellvertreter. Führung der Partei und Kontrolle des Staatsapparates durch den Stab Heß und die Partei-Kanzlei Bormann, München 1992.

Ders., Der Rußlandkrieg als rassistischer Vernichtungskrieg, in: „Der Mensch gegen den Menschen". Überlegungen und Forschungen zum deutschen Überfall auf die Sowjetunion, hrsg. von Hans-Heinrich Nolte, Hannover 1992, S. 78–94.

Ders., Politik der Vernichtung. Eine Gesamtdarstellung der nationalsozialistischen Judenverfolgung, München 1998.

Ders., „Davon haben wir nichts gewusst". Die Deutschen und die Judenverfolgung 1933–1945, München 2006.

Ders., Himmler. Biographie, München 2008.

Lower, Wendy, Nazi Empire-Building and the Holocaust in Ukraine, Chapel Hill, NC, 2005.

Lucas, James/Cooper, Matthew, Panzergrenadiere im Zweiten Weltkrieg, Stuttgart 1981.

Łuczak, Czesław, Polska i Polacy w drugiej wojnie 'swiatowej [Polen und polnische Bürger im Zweiten Weltkrieg], Poznan 1993.

Ludewig, Joachim, Der deutsche Rückzug aus Frankreich 1944, Freiburg i. Br. 1994.

Lübbers, Gert C., Die 6. Armee und die Zivilbevölkerung von Stalingrad, in: VfZ 54 (2006), S. 87-123.

Lück, Moritz F., Partisanenbekämpfung durch SS und Polizei in Weißruthenien 1943. Die Kampfgruppe von Gottberg, in: Alfons Kenkmann/Christoph Spieker (Hrsg.), Im Auftrag. Polizei, Verwaltung und Verantwortung. Begleitband zur gleichnamigen Dauerausstellung – Geschichtsort Villa ten Hompel, Essen 2001, S. 225-247.

Lustiger, Arno, Zum Kampf auf Leben und Tod. Vom Widerstand der Juden 1933-1945, Köln 1994.

Lynn, Nicholas H., Der Raub der Europa. Das Schicksal europäischer Kunstwerke im Dritten Reich, München 1995.

Die Macht der Bilder. Antisemitische Vorurteile und Mythen. Hrsg. vom Jüdischen Museum der Stadt Wien, Wien 1995.

MacKenzie, S. P., The Treatment of Prisoners of War in World War II, in: The Journal of Modern History 66 (1994), S. 487-520.

Macksey, Kenneth, Guderian der Panzergeneral, Düsseldorf 1976.

Madajczyk, Czesław, Die Okkupationspolitik Nazideutschlands in Polen 1939-1945, Berlin (Ost) 1987.

Mai, Gunther, Thüringen in der Weimarer Republik, in: Detlev Heiden (Hrsg.), Thüringen auf dem Weg ins „Dritte Reich", Erfurt 1996.

Maier, Klaus A., Überlegungen zur Zielsetzung und Methode der Militärgeschichtsschreibung im Militärgeschichtlichen Forschungsamt und die Forderung nach deren Nutzen für die Bundeswehr seit Mitte der 70er Jahre, in: MGM 52 (1993), S. 359-370.

Malinowski, Stephan, Vom König zum Führer. Deutscher Adel und Nationalsozialismus, Frankfurt a. M. 2004.

Mallmann, Klaus-Michael, „Aufgeräumt und abgebrannt". Sicherheitspolizei und „Bandenkampf" in der besetzten Sowjetunion, in: Paul, Gerhard/Klaus-Michael Mallmann (Hrsg.), Die Gestapo – Mythos und Realität, Darmstadt 1995, S. 503-520.

Ders., Vom Fußvolk der „Endlösung". Ordnungspolizei, Ostkrieg und Judenmord, in: Tel Aviver Jahrbuch für deutsche Geschichte 26 (1997), S. 355-391.

Ders., Der Einstieg in den Genozid. Das Lübecker Polizeibataillon 307 und das Massaker in Brest-Litowsk Anfang Juli 1941, in: Archiv für Polizeigeschichte 10 (1999), S. 82-88.

Ders., Der qualitative Sprung im Vernichtungsprozeß. Das Massaker von Kamenez-Podolsk Ende August 1941, in: Jahrbuch für Antisemitismus-Forschung 10 (2001), S. 239-264.

Ders./Rieß, Volker/Pyta, Wolfram (Hrsg.), Deutscher Osten 1939-1945. Der Weltanschauungskrieg in Photos und Texten, Darmstadt 2003.

Manig, Bert-Oliver, Die Politik der Ehre. Die Rehabilitierung der Berufssoldaten in der frühen Bundesrepublik, Göttingen 2004.

Mann, Alfred, Die Ost-Reiterschwadron 299. Ein Studenten-Tagebuch berichtet, ergänzt aus Akten des Bundesarchiv-Militärarchivs, Ulm 2005.

Manoschek, Walter, „Serbien ist judenfrei". Militärische Besatzungspolitik und Judenvernichtung in Serbien 1941/42, München 1993.

Ders., Die Vernichtung der Juden in Serbien, in: Nationalsozialistische Vernichtungspolitik 1939-1945. Neue Forschungen und Kontroversen. Hrsg. von Ulrich Herbert, Frankfurt a. M. 1998, S. 209-234.

Ders., „Wo der Partisan ist, ist der Jude, und wo der Jude ist, ist der Partisan." Die Wehrmacht und die Shoah, in: Die Täter der Shoah. Fanatische Nationalsozialisten oder ganz normale Deutsche? Hrsg. von Gerhard Paul, Göttingen 2002, S. 167-185.

Ders. (Hrsg.), Opfer der NS-Militärjustiz. Urteilspraxis – Strafvollzug – Entschädigungspolitik in Österreich, Wien 2003.

Maslov, Aleksander A., Captured Soviet Generals. The Fate of Soviet Generals Captured by the Germans, 1941-1945. Translated and ed. by David M. Glantz and Harold S. Orenstein, London 2001.

Matthäus, Jürgen, „Reibungslos und planmäßig". Die zweite Welle der Judenvernichtung im Generalkommissariat Weißruthenien (1942-1944), in: Jahrbuch für Antisemitismusforschung 4 (1995), S. 254-274.

Ders., An vorderster Front. Voraussetzungen für die Beteiligung der Ordnungspolizei an der Shoah, in: Gerhard Paul (Hrsg.), Die Täter der Shoah. Fanatische Nationalsozialisten oder ganz normale Deutsche?, Göttingen 2002, S. 137–166.

Matuschka, Edgar Graf von, Organisation des Reichsheeres, in: Handbuch zur deutschen Militärgeschichte 1648–1939, Bd. 3/2, S. 305–343.

Maubach, Franka, Als Helferin in der Wehrmacht. Eine paradigmatische Figur des Kriegsendes, in: Osteuropa, 55/4-6 (2005), S. 197–205.

Mawdsley, Evan, The Great Fatherland War. A Post-Soviet Perspective, in: Forum für osteuropäische Ideen und Zeitgeschichte 2 (1998), H. 2, S. 209–225.

Ders., Thunder in the East. The Nazi-Soviet War 1941–1945, London 2007.

Mayer, Arno J., Der Krieg als Kreuzzug. Das Deutsche Reich, Hitlers Wehrmacht und die „Endlösung", Reinbek 1989.

Mayrhofer, Fritz/Schuster, Walter (Hrsg.), Bilder des Nationalsozialismus in Linz. Hrsg. vom Archiv der Stadt Linz, Linz 1997.

Dies., Nationalsozialismus in Linz, 2 Bde., Linz 2002.

Megargee, Geoffrey P., Inside Hitler's High Command, Lawrence, KS, 2000. (Dt. Übersetzung: Hitler und die Generäle. Das Ringen um die Führung der Wehrmacht 1933–1945. Mit einem Vorwort von Williamson Murray, Paderborn 2006).

Meier-Dallach, Hans-Peter, Räumliche Identität, Regionalistische Bewegung und Politik, in: Information zur Raumentwicklung 5 (1980), S. 301–313.

Meier-Welcker, Hans, Seeckt, Frankfurt a. M. 1967.

Meindl, Ralf, Ostpreußens Gauleiter. Erich Koch – eine politische Biographie, Osnabrück 2007.

Mejstrik, Alexander, Raumvorstellungen in den Geschichts-, Sozial- und Kulturwissenschaften. Epistemologische Profile, in: Alexander C. T. Geppert/Uffa Jensen/Jörn Weinhold (Hrsg.), Ortsgespräche. Raum und Kommunikation im 19. und 20. Jahrhundert, Bielefeld 2005, S. 53–78.

Melichar, Peter, Who is a Jew? Antisemitic Defining, Idenitifying and Counting in Pre-1938 Austria, in: Year-book/ Leo Baeck Institute 50 (2005), S. 149–174.

Memming, Rolf B., The Bavarian Governmental District Unterfranken and the City Burgstadt 1922-1939: A Study of the National Socialist Movement and Party-State Affaris, Lincoln, NE, 1974.

„Mensch, was wollt ihr denen sagen?" Katholische Feldseelsorge im Zweiten Weltkrieg. Hrsg. vom Katholischen Militärbischofsamt, Augsburg 1991.

Merridale, Catherine, Iwans Krieg. Die Rote Armee 1939–1945, Frankfurt a. M. 2006.

Merz, Kai-Uwe, Das Schreckbild. Deutschland und der Bolschewismus 1917 bis 1921, Berlin 1995.

Messerschmidt, Manfred, Der Minsker Prozeß 1946. Gedanken zu einem sowjetischen Kriegsverbrechertribunal, in: Heer/Naumann (Hrsg.), Vernichtungskrieg, a. a. O., S. 551–568.

Ders., Aspekte der Militärseelsorgepolitik in nationalsozialistischer Zeit, in: MGM 2 (1968), S. 63–105.

Ders., Die Wehrmacht im NS-Staat: Zeit der Indoktrination. Mit einer Einführung von General a. D. Johann Adolf Graf Kielmansegg, Hamburg 1969.

Ders., Zur Militärseelsorgepolitik im Zweiten Weltkrieg, in: MGM 3 (1969), S. 37–85.

Ders., Deutsche jüdische Soldaten 1914–1945. Hrsg. vom Militärgeschichtlichen Forschungsamt, Herford 1982.

Ders./Wüllner, Fritz, Die Wehrmachtsjustiz im Dienste des Nationalsozialismus. Zerstörung einer Legende, Baden-Baden 1987.

Ders., Der Reflex der Volksgemeinschaftsidee in der Wehrmacht, in: ders. (Hrsg.), Militärgeschichtliche Aspekte der Entwicklung des deutschen Nationalstaates. Hrsg. vom Militärgeschichtlichen Forschungsamt, Düsseldorf 1988, S. 197–220.

Ders., Harte Sühne am Judentum. Befehlswege und Wissen in der deutschen Wehrmacht, in: Jörg Wollenberg (Hrsg.), „Niemand war dabei und keiner hat's gewußt". Die deutsche Öffentlichkeit und die Judenverfolgung 1933–1945, München 1989.

Meyer, Ahlrich, Die deutsche Besatzung in Frankreich 1940–1944. Widerstandsbekämpfung und Judenverfolgung, Darmstadt 2000.

Ders., Täter im Verhör. Die „Endlösung der Judenfrage in Frankreich 1940–1944, Darmstadt 2005.

Meyer, Georg, Zur Situation der westdeutschen militärischen Führungsschicht im Vorfeld des westdeutschen Verteidigungsbeitrages 1945–1950/51, in: Anfänge westdeutscher Sicherheitspolitik 1945–1956, Bd. 1, a. a. O., S. 577–735.

Ders., Soldaten ohne Armee. Berufssoldaten im Kampf um Standesehre und Versorgung, in: Martin Broszat/Klaus-Dietmar Henke/Hans Woller (Hrsg.), Von Stalingrad zur Währungsreform, München 1988, S. 651–682.

Meyer, Herrmann Frank, Von Wien nach Kalavryta. Die blutige Spur der 117. Jäger-Division durch Serbien und Griechenland, Mannheim 2002.

Ders., Blutiges Edelweiß. Die 1. Gebirgs-Division im Zweiten Weltkrieg, Berlin 2008.

Meyer, Peter, Kriegs- und Militärsoziologie, München 1977.

Michaelis, Rolf, Das SS-Sonderkommando Dirlewanger. Ein Beispiel deutscher Besatzungspolitik in Weißrußland, Berlin 1999.

Michailow, Nikolaj/Pokschischewskiy, Vadim, Reise über die Karte der Sowjetunion, Berlin 1947.

Michels, Eckard, Deutsche in der Fremdenlegion 1870–1965. Mythen und Realitäten, Paderborn ⁵2006.

Michulec, Robert, 4. Panzer-Division on the Eastern Front (1) 1941–1943, Ed. by Tom Cockle, Hong Kong 1999.

Ders., 4. Panzer-Division on the Eastern Front (2) 1944, Ed. by Tom Cockle, Hong Kong 2000.

Milson, John, German Military Transport of World War Two, London 1975.

Mintzel, Alf, Regionale politische Traditionen und CSU-Hegemonie in Bayern, in: Dieter Oberndörfer/Karl Schmitt (Hrsg.), Parteien und regionale politische Traditionen in der Bundesrepublik Deutschland, Berlin 1991, S. 125–180.

Mittermaier, Klaus, Vermisst wird … Die Arbeit des deutschen Suchdienstes, Berlin 2002.

Model, Hansgeorg, Der deutsche Generalstabsoffizier. Seine Auswahl und Ausbildung in Reichswehr, Wehrmacht und Bundeswehr, Frankfurt a. M. 1968.

Mohler, Armin, Die konservative Revolution in Deutschland 1918–1932. Ein Handbuch, Darmstadt 1994.

Moldenhauer, Harald, Die Reorganisation der Roten Armee von der „Großen Säuberung" bis zum deutschen Angriff auf die UdSSR (1938–1941), in: MGM 55 (1996), S. 131–164.

Mordal, Jacques, Die letzten Bastionen. Das Schicksal der deutschen Atlantikfestungen 1944, Oldenburg 1966.

Morgenbrod, Birgitt/Merkenich, Stephanie, Das Deutsche Rote Kreuz unter der NS-Diktatur 1933–1945, Paderborn 2008.

Moritz, Erhard, Die Einschätzung der Roten Armee durch den faschistischen deutschen Generalstab von 1935 bis 1941, in: ZMG 8 (1969), S. 154–170.

Morré, Jörg, Hinter den Kulissen des Nationalkomitees. Das Institut 99 in Moskau und die Deutschlandpolitik der UdSSR 1943–1946, München 2001.

Mosen, Wido, Eine Militärsoziologie. Technische Entwicklung und Autoritätsprobleme in modernen Armeen, Neuwied 1967.

Moser, Josef, Oberösterreichs Wirtschaft 1938 bis 1945, Wien 1995.

Mosse, George L., Gefallen für das Vaterland. Nationales Heldentum und namenloses Sterben, Stuttgart 1993.

Muchin, Viktor, Das System der Gefangennahme, Erfassung, Versorgung und Weiterleitung sowjetischer und deutscher Kriegsgefangener in frontnahen Gebieten 1941 bis 1945. Eine vergleichende Analyse, in: Die Tragödie der Gefangenschaft in Deutschland und der Sowjetunion 1941–1956. Hrsg. von Klaus-Dieter Müller, Konstantin Nikischkin und Günther Wagenlehner, Köln 1998, S. 107–128.

Mühlen, Patrick von zur, Zwischen Hakenkreuz und Sowjetstern. Der Nationalismus der sowjetischen Orientvölker im Zweiten Weltkrieg, Düsseldorf 1971.

Müller, Klaus-Dieter, Die Geschichte hat ein Gesicht. Gemeinsame Anstrengungen Deutschlands und osteuropäischer Staaten zur Klärung des Schicksals sowjetischer und deutscher Kriegsgefangener, in: Günter Bischof, Stefan Karner, Barbara Stelzl-Marx (Hrsg.), Kriegsgefangene des Zweiten Weltkrieges. Gefangennahme – Lagerleben – Rückkehr. Unter Mitarbeit von Edith Petschnigg, Wien 2005, S. 61-71.

Müller, Klaus-Jürgen, Das Heer und Hitler: Armee und nationalsozialistisches Regime 1933-1940, Stuttgart 1969.

Ders., Deutsche Militär-Elite in der Vorgeschichte des Zweiten Weltkrieges, in: Martin Broszat/Klaus Schwabe (Hrsg.), Die deutschen Eliten und der Weg in den Zweiten Weltkrieg, München 1989, S. 226-290.

Ders., Generaloberst Ludwig Beck. Eine Biographie, Paderborn 2008.

Müller, Norbert, Wehrmacht und Okkupation 1941-1944. Zur Rolle der Wehrmacht und ihrer Führungsorgane im Okkupationsregime des faschistischen deutschen Imperialismus auf sowjetischem Territorium, Berlin (Ost) 1971.

Müller, Rolf-Dieter, Von der Wirtschaftsallianz zum kolonialen Ausbeutungskrieg, in: DRZW, Bd. 4, S. 98-189.

Ders., Das Scheitern der wirtschaftlichen „Blitzkriegstrategie", in: DRZW, Bd. 4, S. 936-1029.

Ders., Die Mobilisierung der deutschen Wirtschaft für Hitlers Kriegführung, in: DRZW, Bd. 5/1, S. 349-689.

Ders., Albert Speer und die Rüstungspolitik im Totalen Krieg, in: DRZW, Bd. 5/2, S. 275-773.

Ders., Kriegsrecht oder Willkür? Helmuth James Graf von Moltke und die Auffassung im Generalstab des Heeres über die Aufgabe der Militärverwaltung vor Beginn des Rußlandkrieges, in: MGM 42 (1987), S. 125-151.

Ders., Die Zwangsrekrutierung von „Ostarbeitern" 1941-1944, in: Der Zweite Weltkrieg. Analysen, Grundzüge, Forschungsbilanz, hrsg. von Wolfgang Michalka, München 1989, S. 772-783.

Ders., Die Rekrutierung sowjetischer Zwangsarbeiter für die deutsche Kriegswirtschaft, in: Ulrich Herbert (Hrsg.), Europa und der „Reichseinsatz": ausländische Zivilarbeiter, Kriegsgefangene und KZ-Häftlinge in Deutschland 1938-1945, Essen 1991, S. 234-250.

Ders., Hitlers Ostkrieg und die deutsche Siedlungspolitik. Die Zusammenarbeit von Wehrmacht, Wirtschaft und SS, Frankfurt a. M. 1991.

Ders./Volkmann, Hans-Erich (Hrsg.), Die Wehrmacht. Mythos und Realität, München 1999.

Ders., Liebe im Vernichtungskrieg. Geschlechtergeschichtliche Aspekte des Einsatzes deutscher Soldaten im Rußlandkrieg 1941-1944, in: Politische Gewalt in der Moderne. Hrsg. von Frank Becker u. a. Festschrift für Hans-Ulrich Thamer, Münster 2003, S. 239-267.

Ders., Der letzte deutsche Krieg 1939-1945, Stuttgart 2005.

Müller, Sven Oliver, Nationalismus in der deutschen Kriegsgesellschaft 1939-1945, in: DRZW, Bd. 9/2, S. 9-92.

Ders., Deutsche Soldaten und ihre Feinde. Nationalismus an Front und Heimatfront im Zweiten Weltkrieg, Frankfurt a. M. 2007.

Mueller-Hillebrand, Burkhart, Das Heer. Entwicklung des organisatorischen Aufbaus, 3 Bde., Darmstadt 1954-Frankfurt a. M. 1969.

Münkler, Herfried, Der Partisan. Theorie, Strategie, Gestalt, Opladen 1990.

Ders., Der Wandel des Krieges. Von der Symmetrie zur Asymmetrie, Weilerswist 2006.

Mulligan, Timothy P., Reckoning the Cost of People's War. The German Experience in the Central USSR, in: Russian History 9 (1982), S. 27-48.

Ders., The Politics of Illusion and Empire. German Occupation Policy in the Soviet Union, 1942-1943, New York 1988.

Muñoz, Antonio/Romanko, Oleg V., Hitler's White Russians. Collaboration, Extermination and Anti-Partisan Warfare in Byelorussia 1941-1944. A Study of White Russian Collaboration and German Occupation Policies, New York 2003.

Musial, Bogdan, Bilder einer Ausstellung. Kritische Anmerkungen zur Wanderausstellung „Vernichtungskrieg. Verbrechen der Wehrmacht 1941 bis 1944", in: VfZ 47 (1999), S. 563-591.

Ders., Deutsche Zivilverwaltung und Judenverfolgung im Generalgouvernement. Eine Fallstudie zum Distrikt Lublin 1939-1944, Wiesbaden 1999.

Ders., „Konterrevolutionäre Elemente sind zu erschießen". Die Brutalisierung des deutsch-sowjetischen Krieges im Sommer 1941, Berlin 2000.

Ders. (Hrsg.), Sowjetische Partisanen in Weißrußland. Innenansichten aus dem Gebiet Baranoviči 1941–1944. Eine Dokumentation, München 2004.

Nachtigal, Reinhard, Die Kriegsgefangenen-Verluste an der Ostfront. Eine Übersicht zur Statistik und zu Problemen der Heimatfront 1914/15, in: Gerhard P. Groß (Hrsg.), Die vergessene Front. Der Osten 1914/15. Ereignis, Wirkung, Nachwirkung, Paderborn 2006, S. 201–215.

Nachtwei, Winfried, „Ganz normale Männer". Die Verwicklung von Polizeibataillonen aus dem Rheinland und Westfalen in den nationalsozialistischen Vernichtungskrieg, in: Alfons Kenkmann (Hrsg.), Villa ten Hompel. Sitz der Ordnungspolizei im Dritten Reich. Vom Tatort „Schreibtisch" zur Erinnerungsstätte? Münster 1996, S. 54–77.

Nafziger, George, Napoleon's Invasion of Russia, Novato, CA, 1988.

Nagel, Jens/Osterloh, Jörg, Wachmannschaften in Lagern für sowjetische Kriegsgefangene (1941–1945). Eine Annäherung, in: „Durchschnittstäter". Handeln und Motivation, Berlin 2000, S. 73–93.

Nagl, John A., Learning to Eat Soup with a Knife. Counterinsurgency Lessons from Malaya and Vietnam, Chicago 2002.

Nardo, Ricardo L. di, Mechanized Juggernant or Military Anachronism? Horses and the German Army of World War II, London 1991.

Nationalsozialismus in der Region. Beiträge zur regionalen und lokalen Forschung und zum internationalen Vergleich. Hrsg. von Horst Möller, Andreas Wirsching und Walter Ziegler, München 1996.

Das nationalsozialistische Lagersystem (CCP). Hrsg. von Martin Weinmann. Mit Beiträgen von Anne Kaiser und Ursula Krause-Schmitt, Frankfurt ²1990.

Naumov, Vladimir/Rešin, Leonid, Repressionen gegen sowjetische Kriegsgefangene und zivile Repatrianten in der UdSSR 1941 bis 1956, in: Die Tragödie der Gefangenschaft in Deutschland und der Sowjetunion 1941–1956. Hrsg. von Klaus-Dieter Müller, Konstantin Nikischkin und Günther Wagenlehner, Köln 1998, S. 335–364.

Nedoschill, Christof, Suizide von Soldaten der deutschen Wehrmacht 1940–1943, Erlangen-Nürnberg (Phil. Diss.) 1997.

Neitzel, Sönke, Der Kampf um die Atlantik- und Kanalfestungen und sein Einfluß auf den alliierten Nachschub während der Befreiung Frankreichs 1944/45, in: MGM 55 (1996), S. 381–430.

Ders., Des Forschens noch wert? Anmerkungen zur Operationsgeschichte der Waffen-SS, in: MGZ 61 (2002), S. 403–429.

Ders., Deutsche Generäle in britischer Gefangenschaft 1942–1945. Eine Auswahledition der Abhörprotokolle der Combined Services Detailed Interrogation Centre UK, in: VfZ 52 (2004), S. 288–348.

Ders., Abgehört. Deutsche Generäle in britischer Gefangenschaft 1942–1945, Berlin 2005.

Ders., Militärgeschichte ohne Krieg? Eine Standortbestimmung der deutschen Militärgeschichtsschreibung über das Zeitalter der Weltkriege, in: HZ, Beiheft 44 (2007), S. 287–308.

Neliba, Günter, Wilhelm Frick. Der Legalist des Unrechtsstaats. Eine politische Biographie, München 1992.

Neubach, Helmut, Parteien und Politiker in Schlesien, Dortmund 1988.

Neulen, Hans Werner, An deutscher Seite. Internationale Freiwillige von Wehrmacht und Waffen-SS, München 1985.

Neumann, Alexander, „Arzttum ist immer Kämpfertum". Die Heeressanitätsinspektion und das Amt „Chef des Wehrmachtsanitätswesens" im Zweiten Weltkrieg (1939–1945), Düsseldorf 2005.

Niedhart, Gottfried, Perzeption und Image als Gegenstand der Geschichte von den internationalen Beziehungen. Eine Problemskizze, in: Bernd-Jürgen Wendt (Hrsg.), Das britische Deutschlandbild im Wandel des 19. und 20. Jahrhunderts, Bochum 1984, S. 39–52.

Niehorster, Leo W. G., The Royal Hungarian Army 1920–1945, Vol. I: Organization and History, New York 1998.

Nittner, Ernst, Menschenführung im Heer der Wehrmacht und im Zweiten Weltkrieg, in: Allmayer-Beck, Johann Christoph (Hrsg.), Menschenführung im Heer. Hrsg. vom Militärgeschichtlichen Forschungsamt, Herford 1982, S. 139–182.

Nolte, Hans- Heinrich, Partisan War in Belorussia 1941–1944, in: Chickering/Förster/Greiner, A World at Total War, a. a. O., S. 261–276.

Nolzen, Armin, Funktionäre in einer faschistischen Partei: Die Kreisleiter der NSDAP, 1932/33 bis 1944/45, in: Till Kössler (Hrsg.), Vom Funktionieren der Funktionäre. Politische Interessenvertretung und gesellschaftliche Integration in Deutschland nach 1933, Essen 2004, S. 37–75.

Ders., „Verbrannte Erde". Die Rückzüge der Wehrmacht in den besetzten sowjetischen Gebieten 1941–1945, in: Günther Kronenbitter (Hrsg.), Besatzung. Funktion und Gestalt militärischer Fremdherrschaft von der Antike bis zum 20. Jahrhundert, Paderborn 2006, S. 161–175.

Nove, Alec / Newth , J. A.; The Jewish Population: Demographic Trends and Occupational Patterns, in: The Jews in Soviet Russia since 1917. Ed. by Lionel Kochan, Oxford [3]1978, S. 132–167.

Nowak, Edmund, Polnische Kriegsgefangene im „Dritten Reich", in: Kriegsgefangene des Zweiten Weltkrieges. Gefangennahme – Rückkehr – Lagerleben. Hrsg. von Günter Bischof, Stefan Karner und Barbara Stelzl-Marx, München 2005, S. 506–517.

Nowosadtko, Jutta, Krieg, Gewalt und Ordnung. Einführung in die Militärgeschichte, Tübingen 2002.

Oberleitner, Gerhard, Geschichte der Deutschen Feldpost 1937–1945, Innsbruck 1993.

Oeter, Stefan, Die Entwicklung des Kriegsgefangenenrechts. Die Sichtweise eines Völkerrechtlers, in: In der Hand des Feindes. Kriegsgefangenschaft von der Antike bis zum Zweiten Weltkrieg. Hrsg. von Rüdiger Overmans in Verbindung mit dem Arbeitskreis Militärgeschichte e. V., Köln 1999, S. 41–59.

Oetting, Dirk W., Motivation und Gefechtwert. Vom Verhalten des Soldaten im Kriege, Frankfurt a. M. 1988.

Ders., Auftragstaktik. Geschichte und Gegenwart einer Führungskonzeption, Frankfurt a. M. 1993.

Ogorreck, Ralf, Die Einsatzgruppen der Sicherheitspolizei und des SD im Rahmen der „Genesis der Endlösung", Berlin (Phil. Diss.) 1992.

Okroy, Michael, „Man will unserem Batl. was tun …". Der Wuppertaler Bialystok-Prozeß 1967/68 und die Ermittlungen gegen Angehörige des Polizeibataillons 309, in: Alfons Kenkmann/Christoph Spieker (Hrsg.), Im Auftrag. Polizei, Verwaltung und Verantwortung, Essen 2001, S. 301–317.

Oldenburg, Manfred, Ideologie und militärisches Kalkül. Die Besatzungspolitik der Wehrmacht in der Sowjetunion 1942, Köln 2004.

Opitz, Claudia, Von Frauen im Krieg zum Krieg gegen Frauen. Krieg, Gewalt und Geschlechterbeziehungen aus historischer Sicht, in: L'Homme 3/1 (1992), S. 31–44.

Opitz, Eckardt/ Rödiger, Frank S. (Hrsg.), Allgemeine Wehrpflicht. Geschichte, Probleme, Perspektiven, Bremen 1995.

Osterhammel, Jürgen, Die Wiederkehr des Raumes: Geopolitik, Geohistorie und historische Geographie, in: Neue Politische Literatur 43 (1998), S. 374–397.

Osterloh, Jörg, Sowjetische Kriegsgefangene 1941–1945 im Spiegel nationaler und internationaler Untersuchungen. Forschungsüberblick und Bibliographie, Dresden 1995.

Ders., Verdrängt, vergessen, verleugnet. Die Geschichte der sowjetischen Kriegsgefangenen in der historischen Forschung in der Bundesrepublik und der DDR, in: GWU 47 (1996), S. 608–619.

Ostermann, Änne/Nicklas, Hans, Vorurteile und Feindbilder, München [2]1982.

O'Sullivan, Patrick/Miller, Jesse W., The Geography of Warfare, New York 1982.

Ders., Terrain and Tactics, Westport, CT, 1991.

Otto, Reinhard, Sowjetische Kriegsgefangene. Neue Quellen und Erkenntnisse, in: Quinkert (Hrsg.), „Wir sind die Herren dieses Landes", a. a. O., S. 124–135.

Ders., Wehrmacht, Gestapo und sowjetische Kriegsgefangene im deutschen Reichsgebiet 1941/42, München 1998.

Ders., Das Massensterben der sowjetischen Kriegsgefangenen und die Wehrmachtbürokratie. Unterlagen zur Registrierung der sowjetischen Kriegsgefangenen 1941–1945 in deutschen und russischen Institutionen, in: MGM 57 (1998), S. 149–180.

Ders., Sowjetische Kriegsgefangene. Von der Kollektiv- zur Individualbiographie, in: Christian Hartmann (Hrsg.), Von Feldherren und Gefreiten. Zur biographischen Dimension des Zweiten Weltkriegs, München 2007, S. 81–90.

Ders./Keller, Rolf/Nagel, Jens, Sowjetische Kriegsgefangene in deutschem Gewahrsam 1941–1945. Zahlen und Dimensionen, in VfZ 56 (2008), S. 557–602.

Overmans, Rüdiger, Die Kriegsgefangenenpolitik des Deutschen Reiches 1939 bis 1945, in: DRZW, Bd. 9/2, S. 936–1029.

Ders., 55 Millionen Opfer des Zweiten Weltkrieges? Zum Stand der Forschung nach mehr als 40 Jahren, in: MGM 48 (1990), S. 103–121.

Ders., Das andere Gesicht des Krieges: Leben und Sterben der 6. Armee, in: Stalingrad. Ereignis, Wirkung, Symbol. Hrsg. von Jürgen Förster, München ²1993, S. 419–455.

Ders., Deutsche militärische Verluste im Zweiten Weltkrieg, München 1999.

Overy, Richard, Why the Allies won, London 1995 (Dt.: Die Wurzeln des Sieges. Warum die Alliierten den Zweiten Weltkrieg gewannen, Stuttgart 2000).

Ders., Russlands Krieg 1941–1945, Reinbeck 2003.

Øyen, Else, Comparative Methodology. Theory and Practice in International Social Research, London ²1992.

Pankoke, Eckhart, Polis und Regio. Sozialräumliche Dimensionen kommunaler Kultur, in: Sociologica Internationalis 15 (1977), S. 31–61.

Parrish, Michael (Hrsg.), Battle for Moscow. The 1942 Soviet General Staff Study, Washington 1989.

Patze, Hans/Schlesinger, Walter, Geschichte Thüringens, Bd. 5/2: Politische Geschichte in der Neuzeit, Köln 1978.

Paul, Gerhard, „Die verschwanden einfach nachts". Überläufer zu den Alliierten und den europäischen Befreiungsbewegungen, in: Haase/Paul (Hrsg.), Die anderen Soldaten, a. a. O., S. 139–156.

Ders., Ungehorsame Soldaten. Dissens, Verweigerung und Widerstand deutscher Soldaten (1939–1945), St. Ingbert 1994.

Pauley, Bruce F., From Prejudice to Persecution. A History of Austrian Anti-semitism, Chapel Hill 1992.

Pavleno, Irina, Die Ukrainische Aufstandsarmee (UPA). Ein Abriß der Geschichte ihres Widerstandes, in: MGZ 61 (2002), S. 73–90.

Peltner, Michael, Soldatenernährung unter besonderer Berücksichtigung ernährungsphysiologischer und angewandter ernährungswissenschaftlicher Erkenntnisse in der deutschen Wehrmacht, Düsseldorf 1994.

Pennington, Reina, Offensive Women: Women in Combat in the Red Army, in: Time to Kill, a. a. O., S. 249–262.

Perjés, Géza, Die Frage der Verpflegung im Feldzuge Napoleons gegen Rußland, in: MGM 2 (1968), S. 35–64.

Petrov, Nikita, Außergerichtliche Repressionen gegen kriegsgefangene Deutsche 1941 bis 1956, in: Die Tragödie der Gefangenschaft in Deutschland und der Sowjetunion 1941–1956. Hrsg. von Klaus-Dieter Müller, Konstantin Nikischkin und Günther Wagenlehner, Köln 1998, S. 175–196.

Petrow, N. K./Skorkin, K. W., Kto rukowodil NKWD 1934–1941. Sprawotschnik [Wer leitete den NKWD 1934–1941? Ein Handbuch], Redaktion: N. G. Ochotin, A. B. Roginskij, Moskau 1999.

Petter, Wolfgang, Militärische Massengesellschaft und Entprofessionalisierung des Offiziers, in: Müller/Volkmann (Hrsg.), Die Wehrmacht, a. a. O., S. 359–370.

Ders., Wehrmacht und Judenverfolgung, in: Ursula Büttner (Hrsg.), Die Deutschen und die Judenvernichtung im Dritten Reich, Hamburg 1992, S. 194–214.

Pfahlmann, Hans, Fremdarbeiter und Kriegsgefangene in der deutschen Kriegswirtschaft 1939–1945, Darmstadt 1968.

Pfund, Johanna, „Zurück nach Hause!" Aus Feldpostbriefen amerikanischer GIs, in: Vogel/ Wette (Hrsg.), Andere Helme – Andere Menschen?, a. a. O., S. 283–305.

Philippi, Alfred, Das Pripjetproblem. Eine Studie über die operative Bedeutung des Pripjetgebietes für den Feldzug des Jahres 1941, Darmstadt 1956.

Ders./Heim, Ferdinand, Der Feldzug gegen Sowjetrußland 1941 bis 1945. Hrsg. vom Arbeitskreis für Wehrforschung, Stuttgart 1962.

Piekalkiewicz, Janusz, Die Schlacht um Moskau. Die erfrorene Offensive, Bergisch Gladbach 1981.

Pieper, Josef, Tradition in der sich wandelnden Welt, in: Ders., Tradition als Herausforderung. Aufsätze und Reden, München 1963, S. 11–35.

Pietrow-Ennker, Bianka (Hrsg.), Präventivkrieg? Der deutsche Angriff auf die Sowjetunion, Frankfurt a. M. 2000.

Pihurik, Judit, Hungarian Soldiers and Jews on the Eastern Front 1941–1943, in: Yad Vashem Studies 35 (2007), S. 71–102.

Pinkus, Benjamin, The Jews of the Soviet Union. The History of a National Minority, Cambridge 1988.

Poeppel, Hans/Preußen, Wilhelm-Karl Prinz von/Hase, Karl-Günther von (Hrsg.), Die Soldaten der Wehrmacht. Mit einem Vorwort von Gerhard Stoltenberg, München ³1999.

Pohl, Dieter, Die Kooperation zwischen Heer, SS und Polizei in den besetzten sowjetischen Gebieten, in: Hartmann/Hürter/Jureit (Hrsg.), Verbrechen der Wehrmacht, a. a. O., S. 107–116.

Ders., Rückblick auf das „Unternehmen Barbarossa", in: Jahrbücher für Geschichte Osteuropas 42 (1994), S. 77–94.

Ders., Die Holocaust-Forschung und Goldhagens Thesen, in: VfZ 45 (1997), S. 1–48.

Ders., Nationalsozialistische Judenverfolgung in Ostgalizien 1941–1944. Organisation und Durchführung eines staatlichen Massenverbrechens, München ²1997.

Ders., Schauplatz Ukraine. Der Massenmord an den Juden im Militärverwaltungsgebiet und im Reichskommissariat 1941–1943, in: Norbert Frei (Hrsg.), Ausbeutung, Vernichtung, Öffentlichkeit: Neue Studien zur nationalsozialistischen Lagerpolitik. Hrsg. im Auftrag des Instituts für Zeitgeschichte, München 2000, S. 135–173.

Ders., Holocaust. Die Ursachen, das Geschehen, die Folgen, Freiburg [u. a.] 2000.

Ders., Die Wehrmacht und der Mord an den Juden in den besetzten sowjetischen Gebieten, in: Täter im Vernichtungskrieg. Der Überfall auf die Sowjetunion und der Völkermord an den Juden. hrsg. von Wolf Kaiser, Berlin 2002, S. 39–53.

Ders., Das deutsche Militär und die Verbrechen an den Juden im Zweiten Weltkrieg, in: Wehrmacht – Verbrechen – Widerstand. Vier Beiträge zum nationalsozialistischen Weltanschauungskrieg. Hrsg. von Clemens Vollnhals, Dresden 2003, S. 45–61.

Ders., Verfolgung und Massenmord in der NS-Zeit 1933–1945, Darmstadt 2003.

Ders., „Rassenpolitik", Judenverfolgung, Völkermord, in: Die tödliche Utopie. Bilder, Texte, Dokumente, Daten zum Dritten Reich. Hrsg. von Horst Möller, Volker Dahm und Hartmut Mehringer unter Mitarbeit von Albert Feiber, München ⁴2004, S. 206–267.

Ders., Die Herrschaft der Wehrmacht. Deutsche Militärbesatzung und einheimische Bevölkerung in der Sowjetunion 1941–1944. München 2008.

Poljan, Pavel, Sowjetische Juden als Kriegsgefangene. Die ersten Opfer des Holocaust?, in: Bischof/Karner/Stelzl-Marx, Kriegsgefangene des Zweiten Weltkrieges, a. a. O., S. 488–506.

Pollak, Alexander, Die Wehrmachtslegende in Österreich. Das Bild der Wehrmacht im Spiegel der österreichischen Presse nach 1945, Wien 2002.

Pottgiesser, Hans, Die deutsche Reichsbahn im Ostfeldzug 1939–1945, Neckargemünd 1960.

Preradovich, Nikolaus von, Die militärische und soziale Herkunft der Generalität des Deutschen Heeres, 1. Mai 1944, Osnabrück 1978.

Prete, Roy Arnold, Armies of Occupation, Waterloo, Ontario, 1984.

Priemel, Kim, Am Rande des Holocaust. Die Rettung von Juden durch Wehrmachtsangehörige in Vilnius, in: ZfG 52 (2004), H. 11, S. 1017–1034.

Priester in Uniform. Seelsorger, Ordensleute und Theologen als Soldaten im Zweiten Weltkrieg. Hrsg. vom Katholischen Militärbischofsamt und Hans Jürgen Brandt, Augsburg 1994.

Projektgruppe Belarus im Jugendclub Courage Köln e. V. (Hrsg.), „Dann kam die deutsche Macht". Weißrussische Kinderhäftlinge in deutschen Konzentrationslagern 1941–1945. Eine Dokumentation, Köln 1999.

Pulzer, Peter G. J., Die Entstehung des politischen Antisemitismus in Deutschland und Österreich 1867–1914, Gütersloh 1966.

Quinkert, Babette (Hrsg.), „Wir sind die Herren dieses Landes". Ursachen, Verlauf und Folgen des deutschen Überfalls auf die Sowjetunion, Hamburg 2002.

Rabinowitch, Alexander/Rabinowitch, Janet (Hrsg.), Revolution and Politics in Russia. Essays in Memory of Boris Ivanovich Nicolaevsky, Bloomington IA 1972.

Radke, Doro, General der Panzertruppe Dietrich v. Saucken. Zu seinem 10. Todestag, in: Deutsches Soldatenjahrbuch 1990, S. 231–235.

Rathke, Gunther, Die Feldjäger-Kommandos der Wehrmacht und ihr Einsatz für die „Manneszucht", in: Militärgeschichte 9 (1999), S. 37–41.

Rass, Christoph, Das Sozialprofil von Kampfverbänden des deutschen Heeres 1939 bis 1945, in: DRZW, Bd. 9/1, S. 641–737.

Ders., Gab es den Gefreiten Jedermann? Perspektiven der Analyse personenbezogener Akten zum Personal militärischer Institutionen, in: Hartmann (Hrsg.), Von Feldherren und Gefreiten, a. a. O., S. 91–102.

Ders., „Menschenmaterial". Deutsche Soldaten an der Ostfront. Innenansichten einer Infanteriedivision 1939–1945, Paderborn 2003.

Ders., Die überregionale Erschließung personenbezogener Quellen zu Angehörigen der Wehrmacht, Luftwaffe und Waffen-SS, in: Mitteilungen aus dem Bundesarchiv 12 (1/2004), S. 26–31.

Ready, J. Lee, The Forgotten Axis. Germany's Partners and Foreign Volunteers in World War II, Jefferson, NC, 1987.

Rebentisch, Dieter, Führerstaat und Verwaltung im Zweiten Weltkrieg. Verfassungsentwicklung und Verwaltungspolitik 1939–1945, Stuttgart 1989.

Reemtsma, Jan Philipp, Zwei Ausstellungen, in: Mittelweg 36, 13 (2004), S. 53–71.

Reese, Roger R., Stalin's Reluctant Soldiers. A Social History of the Red Army, 1925–1941, Lawrence, KS, 1996.

Regling, Volkmar, Grundzüge der Landkriegführung zur Zeit des Absolutismus und im 19. Jahrhundert, in: Handbuch zur deutschen Militärgeschichte 1648–1939, Bd. 5, a. a. O., S. 11–421.

Reif, Heinz, Adel im 19. und 20. Jahrhundert, in: Lothar Gall (Hrsg.), Enzyklopädie deutscher Geschichte, Bd. 55, München 1999.

Reinhardt, Klaus, Die Wende vor Moskau. Das Scheitern der Strategie Hitlers im Winter 1941/42, Stuttgart 1972.

Reitlinger, Gerald, Ein Haus auf Sand gebaut. Hitlers Gewaltpolitik in Rußland 1941–1944, Hamburg 1962.

Reulecke, Jürgen, „Ich möchte einer werden so wie die …" Männerbünde im 20. Jahrhundert, Frankfurt a. M. 2001.

Reynolds, David, The Creation of the Anglo-American Alliance 1937–1941, London 1982.

Rich, Norman, Hitler's War Aims, Bd. 1: Ideology, the Nazi State and the Course of Expansion, New York 1973.

Richter, Klaus Christian, Die Geschichte der deutschen Kavallerie 1919–1945, Stuttgart 1982.

Ders., Die feldgrauen Reiter. Die berittenen und bespannten Truppen in Reichswehr und Wehrmacht, Augsburg 1994.

Richter, Timm C., Handlungsspielräume am Beispiel der 6. Armee, in: Hartmann/Hürter/Jureit (Hrsg.), Verbrechen der Wehrmacht, a. a. O., S. 60–68.

Ders., „Herrenmensch" und „Bandit". Deutsche Kriegführung und Besatzungspolitik als Kontext des Partisanenkrieges (1941–1944), Münster 1998.

Ders. (Hrsg.), Krieg und Verbrechen. Situation und Intention: Fallbeispiele, München 2006.

Riehn, Richard K., 1812: Napoleon's Russian Campaign, New York 1990.

Rigby, Thomas H., Communist Party Membership in the U.S.S.R. 1917–1967, Princeton, NJ, 1968.

Rigg, Bryan Mark, Hitlers Jüdische Soldaten. Mit einem Geleitwort von Eberhard Jäckel, Paderborn 2003.

Rings, Werner, Leben mit dem Feind. Anpassung und Widerstand in Hitlers Europa 1939–1945, München 1979.

Ringsdorf, Ulrich, Organisatorische Entwicklung und Aufgaben der Abteilung Fremde Heere Ost im Generalstab des Heeres, in: Aus der Arbeit der Archive. Beiträge zum Archivwesen, zur Quellenkunde und zur Geschichte. Festschrift für Hans Booms. Hrsg. von Friedrich P. Kahlenberg, Boppard a. Rh. 1989.

Ringshausen, Gerhard, Der Aussagewert von Paraphen und der Handlungsspielraum des militärischen Widerstandes. Zu Johannes Hürter: Auf dem Weg zur Militäropposition, in: VfZ 53 (2005), S. 141–147.

Rink, Martin, Vom „Partheygänger" zum Partisanen. Die Konzeption des kleinen Krieges in Preußen 1740–1813, Frankfurt a. M. 1999.

Ritgen, Helmut, Die Geschichte der Panzer-Lehr-Division im Westen 1944–1945, Stuttgart 1979.

Ritter, Gerhard, Staatskunst und Kriegshandwerk. Das Problem des Militarismus in Deutschland, Bd. 2, München 1960.

Robel, Gert, Sowjetunion, in: Wolfgang Benz (Hrsg.), Dimension des Völkermords. Die Zahl der jüdischen Opfer des Nationalsozialismus, München 1991, S. 499–560.

Rockenmaier, Dieter, Das Dritte Reich und Würzburg. Versuch einer Bestandsaufnahme, Würzburg 1983.

Rödhammer, Hans, Oberösterreichische Wehrgeschichte seit 1848. Hrsg. vom Kulturverein Schloß Ebelsberg, Linz 1985.

Röhr, Werner, Forschungsprobleme zur deutschen Okkupationspolitik im Spiegel der Reihe „Europa unterm Hakenkreuz", in: Europa unterm Hakenkreuz. Die Okkupationspolitik des deutschen Faschismus (1938–1945). Hrsg. vom Bundesarchiv, Bd. 8: Analysen, Quellen, Register, Heidelberg 1996, S. 25–343.

Römer, Felix, Das Heeresgruppenkommando Mitte und der Vernichtungskrieg im Sommer 1941. Eine Erwiderung auf Gerhard Ringshausen, in: VfZ 53 (2005), S. 451–460.

Ders., „Im Kampf festgestellte Greuel dürften auf das Schuldkonto der politischen Kommissare kommen". Die Befolgung des Kommissarbefehls im Kontext der Brutalisierung des deutsch-sowjetischen Krieges 1941/42, in: Timm C. Richter (Hrsg.), Krieg und Verbrechen. Situation und Intention: Fallbeispiele, München 2006, S. 185–194.

Ders., „Im alten Deutschland wäre solcher Befehl nicht möglich gewesen". Rezeption, Adaption und Umsetzung des Kriegsgerichtsbarkeitserlasses im Ostheer 1941/42, in: VfZ 56 (2008), S. 53–99.

Ders., Der Kommissarbefehl. Wehrmacht und NS-Verbrechen an der Ostfront 1941/42, Paderborn 2008.

Rohde, Horst, Politische Indoktrination in höheren Stäben und in der Truppe – untersucht am Beispiel des Kommissarbefehls, in: Poeppel/v. Preußen/v. Hase (Hrsg.), Die Soldaten der Wehrmacht, a. a. O., S. 124–158.

Ders., Hitlers erster „Blitzkrieg" und seine Auswirkungen auf Nordosteuropa, in: DRZW, Bd. 2, S. 79–158.

Ders., Das deutsche Wehrmachttransportwesen im Zweiten Weltkrieg. Entstehung, Organisation, Aufgaben, Stuttgart 1971.

Rohr, Steffen, Die Erdkampfverbände der Luftwaffe im Ostkrieg unter besonderer Berücksichtigung der Luftwaffen-Felddivisionen. Entstehung, Einsatz und Überführung in das Heer, Dipl. Arbeit, München-Neubiberg 2003.

Rosenwald, Walter, Generalmajor Hans Hüttner 1885–1956. Biographie eines fränkisch-bayerischen Soldaten, Hof 1991.

Rossino, Alexander B., Eastern Europe through German Eyes. Soldiers' Photographs 1939–42, in: History of Photography 23, No. 4 (Winter 1999), S. 313–321.

Ders., Hitler strikes Poland. Blitzkrieg, Ideology, and Atrocity, Lawrence, KS, 2003.

Rotarmisten schreiben aus Deutschland. Briefe von der Front (1945) und historische Analysen. Hrsg. von Elke Scherstjanoi, München 2004.

Ruck, Michael; Korpsgeist und Staatsbewusstsein. Beamte im deutschen Südwesten 1928 bis 1972, München 1996.

Rückerl, Adalbert, NS-Verbrechen vor Gericht. Versuch einer Vergangenheitsbewältigung, Heidelberg 1982.

Rüß, Hartmut, Wer war verantwortlich für das Massaker von Babij Jar, in: MGM 57 (1998), S. 483–508.

Ders., Wehrmachtskritik aus ehemaligen SS-Kreisen nach 1945, in: ZfG 49 (2001), H. 5, S. 428–445.

Rumschöttel, Hermann, Das bayerische Offizierskorps 1866–1914. Beitrag zur einer historischen Strukturanalyse Bayerns vor dem Ersten Weltkrieg, Berlin 1973.

Ders./Walter Ziegler (u. a. Hrsg.), Staat und Gaue in der NS-Zeit: Bayern 1933–1945, München 2004.

Saehrendt, Christian, Der Stellungskrieg der Denkmäler. Kriegerdenkmäler im Berlin der Zwischenkriegszeit (1919–1939), Bonn 2004.

Salewski, Michael, Die deutsche Seekriegsleitung 1935–1945, Bd. 1: 1935–1941, Frankfurt a. M. 1970; Bd. 2: 1942–1945, München 1975; Bd. 3: Denkschriften und Lagebetrachtungen 1938– 1944, München 1973.

Salisbury, Harrison E., 900 Tage. Die Belagerung von Leningrad, Frankfurt a. M. 1970.

Samarin, Vladimir, Civilian Life under German Occupation. 1942–1944, Mimeographed Series, New York 1954.

Samsonov, Aleksandr M., Die große Schlacht vor Moskau 1941–1942, Berlin (Ost) 1959.

Sandkühler, Thomas, „Endlösung" in Galizien. Der Judenmord in Ostpolen und die Rettungsinitiativen von Berthold Beitz 1941–1944, Bonn 1996.

Schaarschmidt, Thomas, Regionalität im Nationalsozialismus, in: Die NS-Gaue. Regionale Mittelinstanzen im zentralistischen „Führerstaat". Hrsg. von Jürgen John, Horst Möller und Thomas Schaarschmidt, München 2007, S. 13–21.

Scheck, Raffael, The Killing of Black Soldiers by the Wehrmacht in 1940, in: German Studies Review 28 (2005), S. 595–605.

Ders., 'They are just Savages'. German Massacres of Black Soldiers from the French Army in 1940, in: The Journal of Modern History 77 (2005), S. 325–344.

Ders., Hitler's African Victims. The German Army Massacres of Black French Soldiers in 1940, Cambridge 2006.

Scheffler, Wolfgang, Zur Praxis der SS- und Polizeigerichtsbarkeit im Dritten Reich, in: Klassenjustiz und Pluralismus. Festschrift für Ernst Fraenkel zum 75. Geburtstag. Hrsg. von Günther Doeker und Winfried Steffani, Hamburg 1973, S. 224–236.

Scheurig, Bodo, Henning von Tresckow. Eine Biographie, Oldenburg ⁴1973.

Ders., Desertion und Deserteure, in: Geschichte, Erziehung, Politik (8/1997), S. 345– 351.

Schilling, René, Die „Helden der Wehrmacht" – Konstruktion und Rezeption, in: Müller/ Volkmann (Hrsg.), Die Wehrmacht, a. a. O., S. 550–572.

Ders., „Kriegshelden". Deutungsmuster heroischer Männlichkeit in Deutschland 1813–1945, Paderborn 2002.

Schlachtfelder. Codierung von Gewalt im medialen Wandel. Hrsg. von Steffen Martus, Marina Münkler und Werner Röcke, Berlin 2003.

Schleicher, Karl-Theodor/Walle, Heinrich (Hrsg.), Aus Feldpostbriefen junger Christen 1939–1945. Ein Beitrag zur Geschichte der Katholischen Jugend im Felde. Mit einem Vorwort des Katholischen Militärbischofs Walter Mixa, Stuttgart 2005.

Schlochauer, Hans-Jürgen (Hrsg.) unter Zusammenarbeit mit Herbert Krüger, Hermann Mosler, Ulrich Scheuner, Wörterbuch des Völkerrechts, begründet von Karl Strupp, 3 Bde., Berlin ²1960–1962.

Schlögel, Karl, Im Raume lesen wir die Zeit. Über Zivilisationsgeschichte und Geopolitik, München 2003.

Ders., Promenade in Jalta und andere Städtebilder, Frankfurt a. M. 2003.

Schmidl, Erwin A., Der „Anschluß" Österreichs. Der deutsche Einmarsch im März 1938, Bonn 1994.

Schmidt, Wolfgang, „Eine Garnison wäre eine feine Sache." Die Bundeswehr als Standort-faktor 1955 bis 1975, in: Bayern im Bund, Bd. 1: Die Erschließung des Landes 1949 bis 1973. Hrsg. von Thomas Schlemmer und Hans Woller, München 2001, S. 357–441.

Schmidt-Neuhaus, Dieter, Die Tarnopol- Stellwand der Wanderausstellung „Vernichtungs-krieg. Verbrechen der Wehrmacht 1941 bis 1944". Eine Falluntersuchung zur Verwen-dung von Bildquellen, in: GWU 50 (1999), S. 596–603.

Schmidt-Richberg, Wiegand, Die Regierungszeit Wilhelms II., in: Handbuch zur deutschen Militärgeschichte 1648–1939, Bd. 3/1, a. a. O., S. 9–155.

Schmied, Gerhard, Sterben und Trauern in der modernen Gesellschaft, München 1988.

Schmitt, Carl, Theorie des Partisanen. Zwischenbemerkung zum Begriff des Politischen, Berlin 1963.

Schmitt, Oliver/Westenberger, Sandra, Der feine Unterschied im Heldentod, in: Volkes Stimme. Skepsis und Führervertrauen im Nationalsozialismus. Hrsg. von Götz Aly, Frankfurt a. M. 2006, S. 96–115.

Schneider, Felix, Oberösterreicher in sowjetischer Kriegsgefangenschaft 1941 bis 1956, Graz 2004.

Schneider, Robert J., Reaktionen auf Gefechtsstress: Erkenntnisse und praktische Erfah-rungen über das U.S. Heer, die israelischen Streitkräfte und die deutsche Wehrmacht, Bonn 1984.

Schneider, Wolf, Das Buch vom Soldaten. Geschichte und Porträt einer umstrittenen Ge-stalt, Düsseldorf 1964.

Schnorbach, Hermann (Hrsg.), Lehrer und Schule unterm Hakenkreuz. Dokumente des Widerstands von 1930 bis 1945, Königstein/Ts. 1983.

Schössler, Dietmar, Militärsoziologie, Königstein/Ts. 1980.

Schottelius, Herbert/Caspar, Gustav-Adolf, Die Organisation des Heeres 1933–1939, in: Handbuch zur deutschen Militärgeschichte 1648–1939, Bd. 4, a. a. O., S. 289–399.

Schröder, Hans Joachim, Kasernenzeit. Arbeiter erzählen von der Militärausbildung im Dritten Reich, Frankfurt a. M. 1985.

Ders., Die gestohlenen Jahre. Erzählgeschichten und Geschichtserzählung im Interview: Der Zweite Weltkrieg aus der Sicht ehemaliger Mannschaftssoldaten, Tübingen 1992.

Schubert, Günter, Das Unternehmen „Bromberger Blutsonntag". Tod einer Legende, Köln 1989.

Schüler, Klaus A., Logistik im Rußlandfeldzug. Die Rolle der Eisenbahn bei Planung, Vor-bereitung und Durchführung des deutschen Angriffs auf die Sowjetunion bis zur Krise vor Moskau im Winter 1941/42, Frankfurt a. M. 1987.

Schulte, Theo J., Korück 582, in: Heer/Naumann (Hrsg.), Vernichtungskrieg, a. a. O., S. 323–342.

Ders., The German Army and Nazi Policies in Occupied Russia, Oxford 1989.

Ders., Die Wehrmacht und die nationalsozialistische Besatzungspolitik in der Sowjetunion, in: Roland G. Foerster (Hrsg.), Unternehmen Barbarossa. Zum historischen Ort der deutsch-sowjetischen Beziehungen von 1933 bis Herbst 1941, München 1993, S. 163–176.

Ders., The German Soldier in Occupied Russia, in: Addison/ Calder (Hrsg.), Time to Kill, London, 1997, S. 274–283.

Schulze, Hagen, Freikorps und Republik 1918–1920, Boppard a. Rh. 1969.

Schuster, Walter, Politische Restauration und Entnazifizierungspolitik in Oberösterreich, in: ders./Wolfgang Weber (Hrsg.), Entnazifizierung im regionalen Vergleich, Linz 2004, S. 157–215.

Schustereit, Hartmut, Planung und Aufbau der Wirtschaftsorganisation Ost vor dem Ruß-landfeldzug-Unternehmen „Barbarossa" 1940/41, in: Vierteljahrschrift für Sozial- und Wirtschaftsgeschichte 70 (1983), S. 50–70.

Schwarz, Angela, Die Reise ins Dritte Reich. Britische Augenzeugen im nationalsozialisti-schen Deutschland (1933–39), Göttingen 1993.

Schweinsberg, Krafft Frhr. Schenk zu, Die Soldatenverbände in der Bundesrepublik, in: Georg Picht: Studien zur Politischen und Gesellschaftlichen Situation der Bundeswehr, Witten 1965, S. 96–177.

Searle, Alaric, Veterans'Associations and Political Radicalism in West Germany, 1951–54: A Case Study of the Traditionsgemeinschaft Großdeutschland, in: Canadian Journal of History 34 (1999), S. 221–248.

Ders., Wehrmacht Generals, West German Society, and the Debate of Rearmament, 1949–1959, Westport, CT, 2003.

Seaton, Albert, Der russisch-deutsche Krieg 1941–1945. Hrsg. von Andreas Hillgruber, Frankfurt a. M. 1973.

Sedlmeyer, Karl, Landeskunde der Sowjetunion, Frankfurt a. M. 1968.

Segbers, Klaus, Die Sowjetunion im Zweiten Weltkrieg. Die Mobilisierung von Verwaltung, Wirtschaft und Gesellschaft im „Großen Vaterländischen Krieg" 1941–1943, München 1987.

Seibel, Wolfgang/Raab, Jörg, Verfolgungsnetzwerke. Zur Messung von Arbeitsteilung und Machtdifferenzierung in den Verfolgungsapparaten des Holocaust, in: Kölner Zeitschrift für Soziologie und Sozialpsychologie 55 (2003), S. 197–230.

Seidler, Franz W., Frauen zu den Waffen? Marketenderinnen, Helferinnen, Soldatinnen, Koblenz 1978.

Ders., Blitzmädchen. Die Geschichte der Helferinnen der deutschen Wehrmacht im Zweiten Weltkrieg, Koblenz 1979.

Ders., Alkoholismus und Vollrauschdelikte in der deutschen Wehrmacht und bei der SS während des Zweiten Weltkrieges, in: Wehrwissenschaftliche Rundschau 28 (1979), S. 183–187.

Ders., Das Nationalsozialistische Kraftfahrkorps und die Organisation Todt im Zweiten Weltkrieg, in: VfZ 32 (1984), S. 625–636.

Ders., Die Organisation Todt. Bauen für Staat und Wehrmacht 1938–1945, Koblenz 1987.

Ders., Die Militärgerichtsbarkeit der Deutschen Wehrmacht 1939–1945. Rechtsprechung und Strafvollzug, München 1991.

Ders. (Hrsg.), Verbrechen an der Wehrmacht. Kriegsgreuel der Roten Armee 1941/42, Selent ³1998.

Seifert, Dieter (Hrsg.), Der Nationalsozialismus in Franken. Ein Land unter der Last seiner Geschichte, Tutzing 1979.

Seifert, Ruth, Gender, Nation und Militär – Aspekte von Männlichkeitskonstruktionen und Gewaltsozialisation durch Militär und Wehrpflicht, in: Eckardt Opitz/Frank S. Rödiger (Hrsg.), Allgemeine Wehrpflicht. Geschichte, Probleme, Perspektiven, Bremen 1995, S. 199–214.

Service, Robert, Stalin. A Biography, London 2004.

Shay, Jonathan, Achill in Vietnam. Kampftrauma und Persönlichkeitsverlust. Mit einem Vorwort von Jan Philipp Reemtsma, Hamburg 1998.

Shepherd, Ben, Hawks, Doves and Tote Zonen: A Wehrmacht Security Division in Central Russia, 1943, in: Journal of Contemporary History 37 (2002), S. 349–369.

Ders., War in the Wild East. The German Army and Soviet Partisans, Cambridge, MA, 2004.

Shils, Edward/Janowitz, Morris, Cohesion and Disintegration in the Wehrmacht, in: Public Opinion Quarterly 12 (1948), S. 280–315 (Neuauflage in: Propaganda in War and Crisis, hrsg. von Daniel Lerner, New York 1972, S. 367–415).

Showalter, Dennis E., Militärgeschichte als Operationsgeschichte: Deutsche und amerikanische Paradigmen, in: Kühne/Ziemann (Hrsg.), Was ist Militärgeschichte?, a. a. O., S. 115–126.

Shumejko, M. F., Die NS-Kriegsgefangenenlager in Weißrussland in den Augen des Militärarztes der Roten Armee, L. Atanasyan, in: Sowjetische und deutsche Kriegsgefangene in den Jahren des Zweiten Weltkriegs. Hrsg. vom Komitee für Archiv- und Schriftführung beim Ministerrat der Republik Belarus, dem Nationalarchiv der Republik Belarus, dem Zentralarchiv des Komitees für Staatssicherheit der Republik Belarus sowie der Stiftung Sächsische Gedenkstätten zur Erinnerung an die Opfer Politischer Gewaltherrschaft, Dresden/Minsk 2004, S. 156–189.

Siebert, Detlef, Die Durchführung des Kommissarbefehls in den Frontverbänden des Heeres. Eine quantifizierende Auswertung der Forschung, unveröffentlichtes Manuskript, 2000.

Siegrist, Hannes (Hrsg.), Bürgerliche Berufe. Zur Sozialgeschichte der freien und akademischen Berufe im internationalen Vergleich, Göttingen 1988.

Simpson, Keith, The German Experience of Rear Area Security on the Eastern Front. 1941–1945, in: Journal of the Royal United Services Institute for Defense Studies 121 (1976), S. 39–46.

Slapnicka, Harry, Oberösterreich – Zwischen Bürgerkrieg und „Anschluß" (1927–1938), Linz 1975.

Ders., Oberösterreich – als es „Oberdonau" hieß (1938–1945), Linz 1978.

Ders., Oberösterreich, in: Erika Weinzierl/Kurt Skalnik (Hrsg.), Österreich 1918–1938. Geschichte der Ersten Republik, Bd. 2, Graz 1983, S. 873–902.

Ders., Hitler und Oberösterreich. Mythos, Propaganda und Wirklichkeit um den „Heimatgau des Führers", Grünbach 1998.

Slepyan, Kenneth D., „The People's Avengers". Soviet Partisans, Stalinist Society and the Politics of Resistance, 1941–1944, Univ. of Michigan (Phil. Diss.) 1994.

Ders., People Avengers or Enemies of the People. Idenitity Politics and the Soviet Partisan Movement, in: Forum für Osteuropäische Ideen- und Zeitgeschichte 2 (1998), S. 141–152.

Ders., The Soviet Partisan Movement and the Holocaust, in: Holocaust and Genocide Studies 14 (2000), No. 1, S. 1–27.

Slezkine, Yuri, Das jüdische Jahrhundert, Göttingen 2006.

Smelser, Ronald, Das Sudetenproblem und das Dritte Reich 1933–1938. Von der Volkstumspolitik zur nationalsozialistischen Außenpolitik, München 1980.

The Sociology of Death: Theory, Culture, Practice. Ed. by David Clark, Cambridge, MA, 1993.

Sokolov, B.V., The Cost of War. Human Losses in the USSR and Germany 1939–1945, in: Journal of Slavic Military Studies 9 (1996), S. 156–171.

Sommer, Theo (Hrsg.), Gehorsam bis zum Mord? Der verschwiegene Krieg der deutschen Wehrmacht – Fakten, Analysen, Debatte (Zeit-Punkte), Hamburg 1995.

Spira, Leopold, Feindbild „Jud". 100 Jahre politischer Antisemitismus in Österreich, Wien 1981.

Spitznagel, Peter, Wähler und Wahlen in Unterfranken 1919–1969. Versuch einer Analyse der Wählerstruktur eines Regierungsbezirkes auf statistischer Grundlage nach den Erhebungen der Volkszählungen 1925, 1950, 1961 und 1970, Würzburg 1979.

Spoerer, Marc, Zwangsarbeit unter dem Hakenkreuz. Ausländische Zivilarbeiter, Kriegsgefangene und Häftlinge im Deutschen Reich und im besetzten Europa, Stuttgart 2001.

Ders., NS-Zwangsarbeiter im Deutschen Reich. Eine Statistik vom 30. September 1944 nach Arbeitsamtsbezirken, in: VfZ 49 (2001), S. 665–684.

Sprenger, Isabell, Groß-Rosen. Ein Konzentrationslager in Schlesien, Köln 1996.

Staff, Ilse (Hrsg.), Justiz im Dritten Reich. Eine Dokumentation, Frankfurt a. M. 1964.

Stahl, Friedrich-Christian, Generaloberst Rudolf Schmidt, in: Gerd R. Ueberschär (Hrsg.), Hitlers militärische Elite, Bd. 2: Vom Kriegsbeginn bis zum Weltkriegsende, Darmstadt 1998, S. 218–225.

Stalag VI A Hemer. Kriegsgefangenenlager 1939–1945. Eine Dokumentation. Hrsg. v. Hans-Hermann Stopsack und Eberhard Thomas, Hemer 1995.

Stang, Werner, Zur Geschichte der Luftwaffenfelddivisionen der faschistischen Wehrmacht, in: Zeitschrift für Militärgeschichte 8 (1969), S. 196–207.

Steiger, Rudolf, Panzertaktik im Spiegel deutscher Kriegstagebücher 1939 bis 1941, Freiburg ⁴1977.

Stein, Marcel, Österreichs Generale im Deutschen Heer 1938–1945. Schwarz/Gelb – Rot/Weiß/Rot – Hakenkreuz, Bissendorf 2002.

Steinberg, John, The Third Reich Reflected: German Civil Administration in the Occupied Soviet Union 1941–44, in: English Historical Review 110 (1995), S. 620–651.

Steiner, John M./von Cornberg, Jobst, Willkür in der Willkür. Befreiungen von den antisemitischen Nürnberger Gesetzen, in: VfZ 46 (1998), S. 143–187.

Steinert, Marlis, Hitlers Krieg und die Deutschen. Stimmung und Haltung der deutschen Bevölkerung im Zweiten Weltkrieg, Düsseldorf 1970.

Stenzel, Thilo, Das Rußlandbild des „kleinen Mannes". Gesellschaftliche Prägung und Fremdwahrnehmung in Feldpostbriefen aus dem Ostfeldzug 1941-1945, München 1998.

Stoltzfus, Nathan, Widerstand des Herzens. Der Aufstand der Berliner Frauen in der Rosenstraße – 1943, München 1999.

Storz, Dieter, Kriegsbild und Rüstung vor 1914. Europäische Landstreitkräfte vor dem Ersten Weltkrieg, Herford 1992.

Strachan, Hew, European Armies and the Conduct of War, London 1983.

Strebel, Bernhard, Feindbild „Flintenweib". Weibliche Kriegsgefangene der Roten Armee im KZ Ravensbrück, in: Johannes Ibel (Hrsg.), Einvernehmliche Zusammenarbeit? Wehrmacht, Gestapo, SS und sowjetische Kriegsgefangene, Berlin 2008, S. 159-180.

Streim, Alfred, Saubere Wehrmacht? Die Verfolgung von Kriegs- und NS-Verbrechen in der Bundesrepublik und in der DDR, in: Heer/Naumann (Hrsg.), Vernichtungskrieg, a. a. O., S. 569-597.

Ders., Die Behandlung sowjetischer Kriegsgefangener im „Fall Barbarossa". Eine Dokumentation unter Berücksichtigung der Unterlagen deutscher Strafverfolgungsbehörden und der Materialien der Zentralen Stelle der Landesjustizverwaltung zur Aufklärung von NS-Verbrechen, Heidelberg 1981.

Ders., Sowjetische Gefangene in Hitlers Vernichtungskrieg. Berichte und Dokumente 1941-1945, Heidelberg 1982.

Ders., Das Völkerrecht und die sowjetischen Kriegsgefangenen, in: Zwei Wege nach Moskau. Vom Hitler-Stalin-Pakt zum „Unternehmen Barbarossa". Im Auftrag des MGFA hrsg. von Bernd Wegner, München 1991, S. 291–308.

Streit, Christian, Das Schicksal der verwundeten sowjetischen Kriegsgefangenen, in: Heer/Naumann (Hrsg.), Vernichtungskrieg, a. a. O., S. 78–91.

Ders., Die Behandlung der sowjetischen Kriegsgefangenen und völkerrechtliche Probleme des Krieges gegen die Sowjetunion, in: Ueberschär/Wette, „Unternehmen Barbarossa", a. a. O., S. 197-218.

Ders., Ostkrieg, Antibolschewismus und „Endlösung", in: GuG 17 (1991), S. 242-255.

Ders., Keine Kameraden. Die Wehrmacht und die sowjetischen Kriegsgefangenen 1941-1945, Bonn [3]1997 (ND).

Ders., Sowjetische Kriegsgefangene in deutscher Hand. Ein Forschungsüberblick, in: Die Tragödie der Gefangenschaft in Deutschland und der Sowjetunion 1941-1956. Hrsg. von Klaus-Dieter Müller, Konstantin Nikischkin und Günther Wagenlehner, Köln 1998, S. 281-290.

Ders., General der Infanterie Hermann Reinecke, in: Gerd R. Ueberschär (Hrsg.), Hitlers Militärische Elite. Bd. 1, Darmstadt 1998, S. 203-209.

Ders., Deutsche und sowjetische Kriegsgefangene, in: Wolfram Wette/Gerd R. Ueberschär (Hrsg.), Kriegsverbrechen im 20. Jahrhundert, Darmstadt 2001, S. 178-192.

Ströbinger, Rudolf, Stalin enthauptet die Rote Armee. Der Fall Tuchatschewski, Stuttgart 1990.

Strupp, Karl/Schlochauer, Hans-Jürgen/Krüger, Herbert (Hrsg.), Wörterbuch des Völkerrechts, 3 Bde., Berlin 1960-1962.

Stubbe, Hannes, Formen der Trauer. Eine kulturanthropologische Untersuchung, Berlin 1985.

Stumpf, Reinhard, Der Krieg im Mittelmeerraum 1942/43: Die Operationen in Nordafrika und im Mittleren Mittelmeer, in: DRZW, Bd. 6, S. 569-761.

Ders., Die Luftwaffe als drittes Heer. Die Luftwaffen-Erdkampfverbände und das Problem der Sonderheere 1933 bis 1945, in: Soziale Bewegungen und politische Verfassung. Beiträge zur Geschichte der modernen Welt. Hrsg. von Ulrich Engelhardt, Volker Sellin und Horst Stuke, Stuttgart, S. 857-894.

Ders., Die Wehrmacht-Elite. Rang- und Herkunftsstruktur der deutschen Generale und Admirale 1933-1945, Boppard a. Rh. 1982.

Sturm, Gabriele, Wege zum Raum. Methodologische Annäherungen an ein Basiskonzept raumbezogener Wissenschaften, Opladen 2000.

Süß, Winfried, Der „Volkskörper" im Krieg. Gesundheitspolitik, Gesundheitsverhältnisse und Krankenmord im nationalsozialistischen Deutschland 1939-1945, München 2003.

Sydnor Jr., Charles W., Soldiers of Destruction. The SS Death Head Division, 1933–1945, Princeton, NJ, 1977 (Dt.: Soldaten des Todes. Die 3. SS-Division „Totenkopf" 1933–1945, Paderborn 2002).

Szejmann, Claus-Christian W., Theoretisch-methodische Chancen und Probleme regionalgeschichtlicher Forschungen zur NS-Zeit, in: Regionen im Nationalsozialismus. Hrsg. von Michael Ruck und Karl Heinrich Pohl, Bielefeld 2003, S. 43–57.

Tapken, Kai Uwe, Bamberg als Garnisonsstadt im 19. und beginnenden 20. Jahrhundert, Bayreuth 1998.

Ders./Kestler, Stefan, „Drum frisch, Kameraden, den Rappen gezäumt ..." Ein historisch-photographischer Streifzug durch die Bamberger Garnisonsgeschichte 1871–1939, Bamberg 1998.

Tec, Nechama, In the Lion's Den. The Life of Oswald Rufeisen, New York 1990.

Teske, Hermann (Hrsg.), General Ernst Köstring. Der militärische Mittler zwischen dem Deutschen Reich und der Sowjetunion 1921/1941, Frankfurt a. M. 1965.

Thamer, Hans-Ulrich, Vom Tabubruch zur Historisierung? Die Auseinandersetzung um die „Wehrmachtsausstellung", in: Martin Sabrow/Ralph Jessen/Klaus Große Kracht (Hrsg.), Zeitgeschichte als Streitgeschichte. Große Kontroversen seit 1945, München 2003, S. 171–186.

Theweleit, Klaus, Männerphantasien. Frauen, Fluten, Körper, Geschichte, Bd. 1, Frankfurt a. M. 1977.

Thiele, Hans-Günther (Hrsg.), Die Wehrmachtsausstellung. Dokumentation einer Kontroverse, Bonn 1997.

Thies, Jochen, Architekt der Weltherrschaft. Die „Endziele" Hitlers, Düsseldorf ²1976.

Thomas, David, Foreign Armies East and German Military Intelligence in Russia 1941–45, in: Journal of Contemporary History 22 (1987), S. 261–301.

Thoms, Ulrike, „Ernährung ist so wichtig wie Munition". Die Verpflegung der deutschen Wehrmacht 1933–1945, in: Medizin im Zweiten Weltkrieg. Militärmedizinische Praxis und medizinische Wissenschaft im „Totalen Krieg". Hrsg. von Wolfgang U. Eckart, Alexander Neumann, Paderborn 2006, S. 207–225.

Thorwald, Jürgen, Die Illusion. Rotarmisten in Hitlers Heeren, München 1976.

Thum, Gregor, Die fremde Stadt. Breslau 1945, Berlin 2003.

Die tödliche Utopie. Bilder, Texte, Dokumente, Daten zum Dritten Reich. Hrsg. von Horst Möller, Volker Dahm und Hartmut Mehringer unter Mitarbeit von Albert Feiber, München ⁴2004.

Töppel, Roman, Legendenbildung in der Geschichtsschreibung. Die Schlacht von Kursk, in: MGZ 61 (2002), S. 369–401.

Tortelli, Valentina, La propaganda antisemita nella pubblicistica austriaca dopo l'Anschluß, in: Italia contemporanea 1997, S. 229–256.

Trunk, Isaiah, Judenrat. The Jewish Councils in Eastern Europe under Nazi Occupation. Introduction by Jacob Robinson, Lincoln, NE, 1972.

Tuider, Othmar, Die Wehrkreise XVII und XVIII 1938–1945, Wien 1975.

Ueberschär, Gerd R., Geschichte der Kriegstagebuchführung in Heer und Luftwaffe (1850 bis 1975), in: Wehrwissenschaftliche Rundschau 28 (1979), S. 83–93.

Ders., „Russland ist unser Indien". Das „Unternehmen Barbarossa" als Lebensraumkrieg, in: „Der Mensch gegen den Menschen". Überlegungen und Forschungen zum deutschen Überfall auf die Sowjetunion. Hrsg. von Hans-Heinrich Nolte, Hannover 1992, S. 66–77.

Ders., Der Mord an den Juden und der Ostkrieg. Zum Forschungsstand über den Holocaust, in: Heiner Lichtenstein/Otto R. Romberg (Hrsg.), Täter – Opfer – Folgen. Der Holocaust in Geschichte und Gegenwart, Bonn ²1997, S. 49–81.

Ders./Bezymenskij, Lev A. (Hrsg.), Der deutsche Angriff auf die Sowjetunion 1941. Die Kontroverse um die Präventivkriegsthese, Darmstadt 1998.

Ueberschär, Gerd R., Die Deutsche Reichspost 1933–1945. Eine politische Verwaltungsgeschichte, Bd. II: 1939–1945, Berlin 1999.

Ders., Mitwirkung der Wehrmacht am Holocaust, in: Genozid in der modernen Geschichte. Hrsg. von Stig Förster und Gerhard Hirschfeld, Münster 1999, S. 60–100.

Ders./Vogel, Winfried, Dienen und Verdienen. Hitlers Geschenke an seine Eliten, Frankfurt a. M. 1999.

Uhlig, Heinrich, Der verbrecherische Befehl. Eine Diskussion und ihre historisch-dokumentarischen Grundlagen, in: Vollmacht des Gewissens. Hrsg. von der Europäischen Publikation e. V. , Bd. II, Frankfurt a. M. 1965, S. 287–410.

Ulrich, Bernd, „Militärgeschichte von unten". Anmerkungen zu ihren Ursprüngen, Quellen und Perspektiven im 20. Jahrhundert, in: GuG 22 (1996), S. 473–503.

Umbreit, Hans, Auf dem Weg zur Kontinentalherrschaft, in: DRZW, Bd. V/1, S. 3–345.

Ders., Die deutsche Herrschaft in den besetzten Gebieten 1942–1945, in: DRZW, Bd. V/2, S. 3–272.

Ders., Die Verantwortlichkeit der Wehrmacht als Okkupationsarmee, in: Müller/Volkmann (Hrsg.), Die Wehrmacht, a. a. O., S. 743–753.

Ders., Die Kriegsverwaltung 1940–1945, in: MGM 2 (1968), S. 105–134.

Ders., Der Militärbefehlshaber in Frankreich 1940–1944, Boppard a. Rh. 1968.

Ders., Deutsche Militärverwaltungen 1938/39. Die militärische Besetzung der Tschechoslowakei und Polens, Stuttgart 1977.

Ders., Das unbewältigte Problem. Der Partisanenkrieg im Rücken der Ostfront, in: Jürgen Förster (Hrsg.), Stalingrad. Ereignis – Wirkung – Symbol, München 1992, S. 130–150.

Ungváry, Krisztián, Das Beispiel der ungarischen Armee. Ideologischer Vernichtungskrieg oder militärisches Kalkül, in: Hartmann/Hürter/Jureit (Hrsg.), Verbrechen der Wehrmacht, a. a. O., S. 98–106.

Ders., Echte Bilder – problematische Aussagen. Eine quantitative und qualitative Analyse des Bildmaterials der Ausstellung „Vernichtungskrieg. Verbrechen der Wehrmacht 1941 bis 1944", in: GWU 50 (1999), S. 584–595.

Ders., Ungarische Besatzungskräfte in der Ukraine 1941–1942, in: Ungarn-Jahrbuch. Zeitschrift für interdisziplinäre Hungarologie, Bd. 26 (2002/2003), S. 125–163.

Ders., Kriegsschauplatz Ungarn, in: DRZW, Bd. 8, S. 849–958.

Unser Heer. 300 Jahre österreichisches Soldatentum. Hrsg. vom Bundesministerium für Landesverteidigung, Wien 1963.

Unverhau, Dagmar, Das „NS-Archiv" des Ministeriums für Staatssicherheit. Stationen einer Entwicklung, Münster ²2004.

Uziel, Daniel, Wehrmacht Propaganda Troops and the Jews, in: Yad Vashem Studies 29 (2001), S. 28–63.

Vestermanis, Margis, Ortskommandantur Libau. Zwei Monate deutscher Besatzung im Sommer 1941, in: Heer/Naumann (Hrsg.), Vernichtungskrieg, a. a. O., S. 241–259.

Vogel, Detlef/Wette, Wolfram (Hrsg.), Andere Helme – andere Menschen? Heimaterfahrung und Frontalltag im Zweiten Weltkrieg. Ein internationaler Vergleich, Essen 1995.

Vogel, Detlef, „… aber man muß halt gehen, und wenn es in den Tod ist". Kleine Leute und der deutsche Kriegsalltag im Spiegel von Feldpostbriefen, in: Vogel/Wette (Hrsg.), Andere Helme – andere Menschen, a. a. O., S. 37–57.

Vogel, Rolf, Ein Stück von uns. Deutsche Juden in deutschen Armeen 1813–1976, Eine Dokumentation, Main 1977.

Vogt, Arnold, Religion im Militär. Seelsorge zwischen Kriegsverherrlichung und Humanität. Eine militärgeschichtliche Studie, Frankfurt a. M. 1984.

Volkmann, Hans-Erich, Die innenpolitische Dimension Adenauerscher Sicherheitspolitik, in: Anfänge westdeutscher Sicherheitspolitik 1945–1956, Bd. 2, a. a. O., S. 235–604.

Ders., Das Russlandbild im Dritten Reich, Köln 1994.

Vorländer, Herwart, Die NSV. Darstellung und Dokumentation einer nationalsozialistischen Organisation, Boppard a. Rh. 1988.

Vossler, Frank, Propaganda in die eigene Truppe. Die Truppenbetreuung in der Wehrmacht 1939–1945, Paderborn 2005.

Wachs, Philipp-Christian, Der Fall Theodor Oberländer (1905–1998). Ein Lehrstück deutscher Geschichte, Frankfurt a. M. 2000.

Wagner, Bernd C., IG Auschwitz. Zwangsarbeit und Vernichtung von Häftlingen des Lagers Monowitz 1941–1945, München 2000.

Wagner, Ray (Hrsg.), The Soviet Air Force in World War II. The Official History, originally published by the Ministry of Defense of the USSR. Transl. by Leland Fetzer, Garden City, NY, 1973.

Walde, Karl J., Guderian, Frankfurt a. M. 1976.

Wallach, Jehuda L., Das Dogma der Vernichtungsschlacht. Die Lehren von Clausewitz und Schlieffen und ihre Wirkung in zwei Weltkriegen. Hrsg. vom Arbeitskreis für Wehrforschung, Frankfurt a. M. 1967.

Walterskirchen, Gudula, Blaues Blut für Österreich. Adelige im Widerstand gegen den Nationalsozialismus, Wien 2000.

Wassermann, Heinz P., Naziland Österreich? Studien zu Antisemitismus, Nation und Nationalsozialismus im öffentlichen Meinungsbild, Innsbruck 2002.

Weber, Max, Wirtschaft und Gesellschaft. Grundriss der Verstehenden Soziologie. Revidierte Auflage mit textkritischen Erläuterungen. Hrsg. von Johannes Winckelmann, 2. Halbbd., Tübingen [5]1976.

Ders., Gesammelte Aufsätze zur Religionssoziologie, Bd. III, Tübingen [7]1983.

Weber, Wolfram, Die innere Sicherheit im besetzten Belgien und Nordfrankreich 1940–44. Ein Beitrag zur Geschichte der Besatzungsverwaltungen, Düsseldorf 1978.

Weckbecker, Gerd, Zwischen Freispruch und Todesstrafe. Die Rechtsprechung der nationalsozialistischen Sondergerichte Frankfurt/Main und Bromberg, Baden-Baden 1998.

Weeks, Gregory, Fifty Years of Pain. The History of Austrian Disabled Veterans after 1945, in: Disabled Veterans in History. Ed. by David A. Gerber, Ann Arbor, MI, 2000.

Wegner, Bernd, Der Krieg gegen die Sowjetunion, in: DRZW, Bd. 6, S. 761–1102.

Ders., Die Aporie des Krieges, in: DRZW, Bd. 8, S. 211–274.

Ders., Wozu Operationsgeschichte?, in: Kühne/Ziemann (Hrsg.), Was ist Militärgeschichte?, a. a. O., S. 105–113.

Ders., Kliometrie des Krieges? Ein Plädoyer für eine quantifizierende Militärgeschichte in vergleichender Absicht, in: Militärgeschichte. Probleme – Thesen – Wege. Im Auftrag des Militärgeschichtlichen Forschungsamts aus Anlaß seines 25jährigen Bestehens ausgew. und zs. gestellt von Manfred Messerschmidt u. a., Stuttgart 1982, S. 60–78.

Ders., Erschriebene Siege. Franz Halder, die ,Historical Division und die Rekonstruktion des Zweiten Weltkrieges im Geiste des deutschen Generalstabes, in: Politischer Wandel, organisierte Gewalt und nationale Sicherheit. Beiträge zur neueren Geschichte Deutschlands und Frankreichs. Festschrift für Klaus-Jürgen Müller hrsg. von Ernst Willi Hansen, Gerhard Schreiber und Bernd Wegner, München 1995, S. 287–302.

Ders., Hitlers Politische Soldaten. Die Waffen-SS 1933–1945. Leitbild, Struktur und Funktion einer nationalsozialistischen Elite, Paderborn [6]1999.

Wehler, Hans-Ulrich, Deutsche Gesellschaftsgeschichte, Bd. 4: Vom Beginn des Ersten Weltkriegs bis zur Gründung der beiden deutschen Staaten 1914–1949, München 2003.

Weidisch, Peter, Machtergreifung in Würzburg, Würzburg 1990.

Weinberg, Gerhard L., Eine Welt in Waffen, Stuttgart 1995.

Weindling, Paul J., Epidemics and Genocide in Eastern Europe 1890–1945, Oxford 2000.

Weiss, Hilde, Antisemitische Vorurteile in Österreich. Theoretische und empirische Analysen, Wien 1984.

Westermann, Edward B. Hitler's Police Battalions. Enforcing Racial War in the East, Lawrence, KS, 2005.

Wette, Wolfram, Ideologien, Propaganda und Innenpolitik als Voraussetzungen der Kriegspolitik des Dritten Reiches, in: DRZW, Bd. 1, S. 25–173.

Ders., Die propagandistische Begleitmusik zum deutschen Überfall auf die Sowjetunion am 22. Juni 1941, in: Ueberschär/Wette (Hrsg.), „Unternehmen Barbarossa", S. 111–129.

Ders., Der Krieg des kleinen Mannes. Eine Militärgeschichte von unten, München 1992.

Ders., Deutsche Erfahrungen mit der Wehrpflicht 1918–1945. Abschaffung in der Republik und Wiedereinführung in der Diktatur, in: Roland G. Foerster (Hrsg.), Die Wehrpflicht. Entstehung, Erscheinungsformen und politisch-militärische Wirkung. Im Auftrag des Militärgeschichtlichen Forschungsamtes, München 1994, S. 91–106.

Ders., „Rassenfeind", Die rassistischen Elemente in der deutschen Propaganda gegen die Sowjetunion, in: Hans-Adolf Jacobsen (u.a. Hrsg.), Deutsch-russische Zeitenwende. Krieg und Frieden 1941–1995, Baden-Baden 1995, S.175–201.

Ders. (Hrsg.), Retter in Uniform. Handlungsspielräume im Vernichtungskrieg der Wehrmacht, Frankfurt a.M. 2002.

Ders., Die Wehrmacht. Feindbilder, Vernichtungskrieg, Legenden, Frankfurt a.M. 2002.

Ders. (Hrsg.), Zivilcourage. Empörte, Helfer und Retter aus Wehrmacht, Polizei und SS, Frankfurt a.M. 2004.

Wetzig, Sonja, Die Stalin-Linie 1941. Bollwerk aus Beton und Stahl. Bau – Bewaffnung – Kämpfe, Wölfersheim 1997.

Wheatcroft, S.G./Davies, R. W./ Harrison, Mark, The economic transformation of the Soviet Union. 1913–1945, Cambridge 1994.

Wiehn, Erhard Roy (Hrsg.), Die Schoáh von Babij Jar. Die Massaker deutscher Sonderkommandos an der jüdischen Bevölkerung von Kiew 1941 fünfzig Jahre danach zum Gedenken, Konstanz 1991.

Ders.(Hrsg.), Babij Jar 1941. Das Massaker deutscher Exekutionskommandos an der jüdischen Bevölkerung von Kiew 1941 sechzig Jahre danach zum Gedenken, Konstanz 2001.

Wieland, Karin, Die Offizierstochter. Marlene Dietrich aus Berlin, in: Ursula Breymayer/ Bernd Ulrich/Karin Wieland (Hrsg.), Willensmenschen. Über deutsche Offiziere, Frankfurt a.M. 1999, S.173–188.

Wieland, Lothar, Belgien 1914. Die Frage des belgischen „Franktireurkrieges und die deutsche öffentliche Meinung von 1914 bis 1936, Frankfurt a.M. 1984.

Wildhagen, Karl-Heinz, Erich Fellgiebel. Meister operativer Nachrichtenverbindungen, Wennigsen (Selbstverlag)1970.

Wildt, Michael, Generation des Unbedingten. Das Führungskorps des Reichssicherheitshauptamtes, Hamburg 2002.

Ders., Alys Volksstaat. Hybris und Simplizität einer Wissenschaft, in: Mittelweg 36 (2005), S.69–80.

Wilenchik, Witalij, Die Partisanenbewegung in Weißrußland 1941–1944, in: Forschungen zur Osteuropäischen Geschichte 34 (1984), S.129–297.

Wilhelm, Friedrich, Die Polizei im NS-Staat. Die Geschichte ihrer Organisation im Überblick, Paderborn 1997.

Wilhelm, Hans-Heinrich, Die Prognosen der Abteilung Fremde Heere Ost 1942–1945, in: Zwei Legenden aus dem Dritten Reich, Stuttgart 1974, S.7–75.

Ders., Die „nationalkonservativen Eliten" und das Schreckgespenst vom „jüdischen Bolschewismus", in: ZfG 43 (1995), S.333–349.

Wimpffen, Hans, Die 2. ungarische Armee im Feldzug gegen die Sowjetunion. Ein Beitrag zur Koalitionskriegführung im Zweiten Weltkrieg, (Phil. Diss.) Würzburg, 1968.

Winkle, Ralph, Für eine Symbolgeschichte soldatischer Orden und Ehrenzeichen, in: Nikolaus Buschmann/Horst Carl: Die Erfahrung des Krieges. Erfahrungsgeschichtliche Perspektiven von der Französischen Revolution bis zum Zweiten Weltkrieg, Paderborn 2001, S.195–214.

Winkler, Heinrich August, Der Weg in die Katastrophe. Arbeiter und Arbeiterbewegung in der Weimarer Republik 1930 bis 1933, Berlin/Bonn 1987.

Winkler, Richard, Oberfranken. Grundzüge seiner Geschichte, München 1996.

Wippermann, Wolfgang, Nur eine Fußnote? Die Verfolgung der sowjetischen Roma, in: Gegen das Vergessen. Deutsch-sowjetische Historikerkonferenz im Juni 1991 in Berlin über Ursachen, Opfer, Folgen des deutschen Angriffs auf die Sowjetunion. Hrsg. von Klaus Meyer und Wolfgang Wippermann, Frankfurt a.M. 1992, S.75–90.

Wirl, Manfred, Die Öffentliche Meinung unter dem NS-Regime. Eine Untersuchung zum sozialpsychologischen Konzept öffentlicher Meinung auf der Grundlage der geheimen Lageberichte des SD über die Stimmung und Haltung der Bevölkerung im Zweiten Weltkrieg, Mainz (Phil. Diss.) 1990.

Wirsching, Andreas, Vom Weltkrieg zum Bürgerkrieg? Politischer Extremismus in Deutschland und Frankreich 1918–1933/39. Berlin und Paris im Vergleich, München 1999.

Wladika, Michael, Hitlers Vätergeneration. Die Ursprünge des Nationalsozialismus in der k.u.k.-Monarchie, Wien 2005.

Wohlfeil, Rainer, Wehr-, Kriegs- oder Militärgeschichte? in: Geschichte und Militärgeschichte. Wege der Forschung. Hrsg. von Ursula von Gersdorff mit Unterstützung des Militärgeschichtlichen Forschungsamtes, Frankfurt a. M. 1974, S. 165-175.

Ders., Militärgeschichte. Zu Geschichte und Problemen einer Disziplin der Geschichtswissenschaft (1952-1967), in: MGM 52 (1993), S. 323-344.

Wrochem, Oliver von, Erich von Manstein: Vernichtungskrieg und Geschichtspolitik, Paderborn 2006.

Wüllner, Fritz, Die NS-Militärjustiz und das Elend der Geschichtsschreibung. Ein grundlegender Forschungsbericht, Baden-Baden 1991.

Wydra, Thilo, Rosenstraße. Ein Film von Margarethe von Trotta; die Geschichte, die Hintergründe, die Regisseurin, Berlin 2003.

Yerger, Mark C., Riding East. The SS Cavalry Brigade in Poland and Russia 1939-1942, Atglen 1996.

Zayas, Alfred M. de, Die Wehrmacht-Untersuchungsstelle. Deutsche Ermittlungen über alliierte Völkerrechtsverletzungen im Zweiten Weltkrieg unter Mitarbeit von Walter Rabus, München ²1980.

Zeidler, Manfred, Reichswehr und Rote Armee 1920-1933. Wege und Stationen einer ungewöhnlichen Zusammenarbeit, München 1993.

Ders./Schmidt, Ute, Gefangene in deutschem und sowjetischem Gewahrsam 1941-1956: Dimensionen und Definitionen, Dresden 1999.

Ders., Der Minsker Kriegsverbrecherprozeß vom Januar 1946. Kritische Anmerkungen zu einem sowjetischen Schauprozeß gegen deutsche Kriegsgefangene, in: VfZ 52 (2004), S. 211-244.

Zellhuber, Andreas, „Unsere Verwaltung treibt einer Katastrophe zu …": Das Reichsministerium für die besetzten Ostgebiete und die deutsche Besatzungsherrschaft in der Sowjetunion 1941-1945, München 2006.

Ziemke, Earl F., Franz Halder at Orsha: The German General Staff seeks a Consensus, in: Military Affairs 39 (1975), S. 173-176.

Ders./Bauer, Magna E., Moscow to Stalingrad: Decision in the East, Washington, D. C. 1987.

Zimmermann, Hermann, Der Griff ins Ungewisse. Die ersten Kriegstage 1940 beim XVI. Panzerkorps im Kampf um die Deyle-Stellung 10.-17. Mai, Neckargemünd 1964.

Zimmermann, Michael, Rassenutopie und Genozid. Die nationalsozialistische „Lösung der Zigeunerfrage", Hamburg 1996.

Zinnhobler, Rudolf, Das Bistum Linz im Dritten Reich, Linz 1979.

Zipfel, Gaby, Wie führen Frauen Krieg? in: Heer/Naumann (Hrsg.), Vernichtungskrieg, a. a. O., S. 460-474.

Zittel, Bernhard, Die Volksstimmung im Dritten Reich, aufgezeigt an den Geheimberichten des Regierungspräsidenten von Niederbayern-Oberpfalz, in: Verhandlungen des Historischen Vereins für Oberpfalz und Regensburg 98 (1972), S. 96-139.

Zoepf, Arne W. G., Wehrmacht zwischen Tradition und Ideologie. Der NS-Führungsoffizier im Zweiten Weltkrieg, Frankfurt a. M. 1988.

Zorn, Wolfgang, Bayerns Geschichte im 20. Jahrhundert. Von der Monarchie zum Bundesland, München 1986.

Zubkova, Elena, Russia after the War. Hopes, Illusions, and Disappointments, 1945-1957, New York 1998.

Dies., Die sowjetische Gesellschaft nach dem Krieg. Lage und Stimmung der Bevölkerung 1945/46, in: VfZ 47 (1999), S. 363-383.

Zweck, Erich, Die Nationalsozialistische Deutsche Arbeiterpartei in Regensburg von 1922 bis 1933, in: Verhandlungen des Historischen Vereins für Oberpfalz und Regensburg 124 (1984), S. 149-260.

II.5 Literarische Werke

aicher, otl, innenseiten des kriegs, Frankfurt a. M. 1998.

Andersch, Alfred, Winterspelt. Roman, Zürich 1977.

Baudelaire, Charles, Les Fleurs du mal. Introduction et notes de Blaise Allan, Paris 1995.

Böll, Heinrich, Wo warst du, Adam? Roman, München [10]1979.

Ders., Das Vermächtnis. Erzählung, München [6]2002.

Bruyn, Günter de, Zwischenbilanz. Eine Jugend in Berlin, Frankfurt a. M. 1992.

Buchheim, Lothar-Günther, Das Boot, München 1976.

Ders., Die Festung. Roman, München 1997.

Fernau, Joachim, Hauptmann Pax. Erzählung, München 1975.

Fontane, Theodor, Der Stechlin, München 1959.

Grass, Günther, Katz und Maus. Eine Novelle, Neuwied 1961/Göttingen [11]2002.

Heinrich, Willi, Steiner. Das geduldige Fleisch. Roman, München 1999.

Jünger, Ernst, Der Kampf als inneres Erlebnis, Berlin 1929.

Ders., In Stahlgewittern, Stuttgart 1961.

Ders., Strahlungen I/Gärten und Straßen, München [4]1998.

Kempowski, Walter, Das Echolot. Ein kollektives Tagebuch. Januar und Februar 1943, 4 Bde., München 1993.

Ders., Fuga furiosa. Winter 1945, 4 Bde., München 1999.

Ders., Barbarossa '41 München 2002.

Ders., Abgesang '45, München 2005.

Kluge, Alexander, Schlachtbeschreibung, Olten 1964.

Kopelew, Lew, Aufbewahren für alle Zeit! Nachwort von Heinrich Böll, München [7]1983.

Ders., Kinder und Stiefkinder der Revolution. Unersonnene Geschichten, München 1983.

Ledig, Gert, Die Stalinorgel. Roman, Frankfurt a. M. 2000.

Mann, Thomas, Der Zauberberg. Roman, Frankfurt a. M. [5]2005.

Ders., Doktor Faustus. Das Leben des deutschen Tonsetzers Adrian Leverkühn, erzählt von einem Freunde, Frankfurt a. M. [33]2002.

Reese, Willy Peter, Mir selber seltsam fremd. Russland 1941–44. Hrsg. von Stefan Schmitz, Berlin 2004.

Salomon, Ernst von, Die Kadetten, Reinbek bei Hamburg 1957.

Schiller, Friedrich von, Geschichte des Dreißigjährigen Krieges, Bd. 2, in: Schiller's Werke. Mit Lebensbeschreibung, Einleitungen und Anmerkungen hrsg. von Robert Boxberger, Bd. 6, Berlin [7]1904.

[The Arden] Shakespeare, King Henry V. Ed. by T. W. Clark, London 1995.

Solschenizyn, Alexander, Der Archipel Gulag, Bern 1974.

Steinbeck, John, An den Pforten der Hölle. Kriegstagebuch 1943, München 1993.

Timm, Uwe, Am Beispiel meines Bruders, Köln [4]2003.

Tolstoi, Leo, Krieg und Frieden, 2 Bde., Berlin 1947.

Wellershoff, Dieter, Der Ernstfall. Innenansichten des Krieges, Köln 1995.

Wimschneider, Anna, Herbstmilch. Erinnerungen einer Bäuerin, München [19]1990.

Register

Personenregister

Nicht aufgenommen wurden Autoren der Forschungsliteratur.
Historische Personen, die in den Anmerkungen erwähnt sind, sind dann im Personen-
register erfasst, wenn sie im Text der Anmerkungen als handelnde Personen auftreten.

---

[1] In der Personalakte finden sich beide Schreibweisen des Namens: Leutheusser und Leutheußer.
[2] Zuweilen findet sich auch der Vorname Hans-Georg, in der Personalakte aber: Georg-Hans.

Ortsregister

Die Orthographie der Ortsnamen orientiert sich an der Schreibweise in den deutschen Quellen; das gilt insbesondere für Zitate. Teilweise ergänzt wurden diese Angaben durch die des Duden .
Nicht aufgenommen wurden die Ortsangaben in den Anhängen. [1]

[1] Duden. Wörterbuch geographischer Namen des Baltikums und der Gemeinschaft Unabhängiger Staaten. Mit Angaben zu Schreibweise, Aussprache und Verwendung der Namen im Deutschen. Hrsg. vom Ständigen Ausschuss für geographische Namen, Mannheim 2000.